KOREANISCHES
VERWALTUNGSRECHT

제32판
[2024년판]

행정법원론(하)

홍정선 저

박영사

KOREAN ADMINISTRATIVE LAW Ⅱ

BY

JEONG-SUN HONG, DR.JUR.

PROFESSOR OF PUBLIC LAW
LAW SCHOOL

YONSEI UNIVERSITY

2024

Parkyoung Publishing & Company
Seoul, Korea

제32판(2024년판) 머리말

[1] 제32판에서는 국무총리 소속 행정청의 법적 성격, 지방의회의 교섭단체, 지방자치단체의 인사청문, 광역지방자치단체의 행정 특례, 대도시 등에 대한 특례, 공무원법상 직위해제, 경찰장비의 사용, 부동산거래의 신고, 주택 임대차 계약의 변경 및 해제 신고, 외국인 등의 부동산 취득 등에 관한 특례, 토지거래계약허가제의 적용배제, 학생의 인권보장과 징계, 자연유산의 보존 등 여러 부분에서 기존 내용을 수정하거나 보완하였고, 새로운 내용을 추가하기도 하였다.

[2] 지난해에도 정부조직법, 지방세기본법, 지방세징수법, 지방행정제재·부과금의 징수 등에 관한 법률, 문화유산의 보존 및 활용에 관한 법률, 부패방지 및 국민권익위원회의 설치와 운영에 관한 법률, 지방자치법, 소방기본법, 자연재해대책법, 지방재정법, 한부모가족지원법, 국가공무원법, 도로법, 부동산 거래신고 등에 관한 법률, 공익사업을 위한 토지 등의 취득 및 보상에 관한 법률, 노인복지법, 장애인복지법, 감정평가 및 감정평가사에 관한 법률, 강원특별자치도 설치 등에 관한 특별법, 병역법, 군인사법, 공무원연금법, 지방자치분권 및 지방행정체제개편에 관한 특별법, 영유아보육법, 아동복지법, 부담금관리 기본법 등 많은 법률의 개정이 있었다. 이러한 상황도 반영하였다.

[3] 지난해 가을까지 선고된 대법원과 헌법재판소의 주요 판례도 반영하였다. 같은 취지의 판례는 새로운 판례로 대체하려고 하였다.

[4] 끝으로, 이 책을 출간해주신 박영사 안종만 회장님, 편집 등을 맡아준 이승현 차장님에게 감사한다. 제32판을 발간하게 된 것도 독자들의 성원이 있었기에 가능하다고 믿는다. 독자들의 건승을 기원하면서 …

2024년 1월 1일
우거에서
홍 정 선 씀

제30판[2022년판](전면개정 지방자치법 반영) 머리말

[1] 2021. 3. 23. 행정기본법이 제정·시행에 들어갔다. 2020년 말~2021년 말 사이에도 교육기본법, 공익사업을 위한 토지 등의 취득 및 보상에 관한 법률, 공휴일에 관한 법률, 정부조직법, 국가재정법, 지방자치법, 지방공무원법, 국가공무원법, 공직자의 이해충돌방지법, 공직자윤리법, 도시 및 주거환경정비법, 병역법, 공유재산 및 물품 관리법, 국가경찰과 자치경찰의 조직 및 운영에 관한 법률, 감염병의 예방 및 관리에 관한 법률, 교원의 지위 향상 및 교육활동보호를 위한 특별법, 해양경찰법, 주민조례발안에 관한 법률 등의 제정·개정이 있었다. 뿐만 아니라 지난해에도 많은 대법원 판례와 헌법재판소 결정례가 있었다, 이러한 상황을 반영하고자 제30판을 출간한다.

[2] 지난 해 가을까지 선고된 대법원과 헌법재판소의 주요 판례를 반영하였다. 금년 판에도 새로운 내용의 판례를 많이 반영하였다. 같은 취지의 판례는 새로운 판례로 대체하였다. 한편, 이 책에 인용된 조문들은 2022년 1월 1일을 기준으로 하였다.

[3] 머리말을 이용하여 저자가 지난해 5월 출간한 「행정기본법 해설」을 소개하고 싶다. 행정기본법안 마련에 중심적 역할을 하였던 「행정법제 혁신 자문위원회」에 관여하였던 저자는 행정기본법에 관심이 있는 이들의 길라잡이로 이 책을 출간하였다. 이 책은 행정기본법의 조문마다 해설을 하고 있다. 행정기본법의 전 내용을 개관하고자 하는 이에게 상당한 도움을 줄 것으로 생각한다.

[4] 행정기본법의 제정·시행은 엄청난 사건이기에 「행정기본법 해설」의 머리말에 기술한 내용의 한 부분을 아래에 옮긴다. "평등원칙·비례원칙 등 법치행정에 필수적인 사항들을 규정하는 행정기본법이 2021. 3. 23. 제정·시행에 들어갔다. 국가와 지방자치단체의 모든 행정기관과 공무원은 행정기본법을 따라야 한다. 행정법령의 주춧돌인 행정기본법의 제정·시행으로 우리의 법치행정은 궤도에 오르게 되었다. 뿐만 아니라 행정기본법은 세계에서 가장 앞서가는 법률이다. 행정기본법과 유사한 법률을 가진 나라는 서구에서도 찾아보기 어렵다. 이러한 행정기본법의 제정·시

행은 한국 행정법의 역사, 행정법학의 역사에 영원히 기록될 사건이다.”

[5] 끝으로, 교정을 맡아준 최윤영 박사에게 감사의 마음을 전한다. 이 책을 출간해주신 박영사 안종만 회장님, 편집 등을 맡아준 이승현 과장님에게 감사한다. 제30판을 발간하게 된 것도 독자들의 끊임없는 큰 호응이 있었기에 가능하다고 믿는다. 독자들의 건승을 기원하면서 …

2022년 1월 1일
우거에서
홍 정 선 씀

제21판(2013년판) 머리말

끊임없는 독자들의 호응에 감사하는 마음으로 제21판(2013년판)을 출간한다. 해를 거듭해도 언제나 느끼는 것이지만, 학문의 길은 끝없는 인내와 노력의 길인 것 같다. 이 시대에 적합한 행정법 전문서가 되도록 하기 위해 최선을 다하려고 하였지만, 어느 정도 그 목적이 달성되었는지 저자로서는 가늠하기 쉽지 않다.

제21판에서는 행정조직법상 권한의 대행, 지방자치법상 자치권보장의 핵심영역과 지방자치단체의 정부·국회·다른 지방자치단체에 대한 권한쟁의, 지방자치단체의 조직형태(기관대립형)와 관련된 판례 모음, 조례의 본질, 독일법상 기관소송의 유형, 경찰법상 경찰책임, 공물법상 인접주민의 강화된 이용권, 경제행정법상 보조금반환청구권, 환경법상 환경영향평가 등의 부분에서 수정하기도 하고, 보완하기도 하고, 새로이 추가하기도 하였다.

한편, 학교로부터 지난해 상반기 연구년을 허락받아 독일 베를린에 있는 자유베를린대학 법학부 도서관에서 독일 행정법 문헌을 접하는 소중한 기회를 가졌다. 이 기회를 활용하여 본서에서 참고했던 독일문헌의 내용을 가능한 한 최신판으로 업데이트하려고 하였고, 또한 새로운 문헌의 내용을 담으려고 하였다.

이 책에 인용된 조문들은 2013년 1월 1일을 기준으로 하였다. 여러 개정 법률의 반영을 위해 이 책 여러 부분에서 조문 내용의 수정과 아울러 많은 자구의 수정이 이루어졌다. 그리고 지난해 연말까지 선고된 대법원과 헌법재판소의 주요 판례를 반영하였다. 오래된 판례를 최신의 판례로 대체하려 하였고, 같은 취지의 판례는 가능한 한 새로운 판례로 대체하려고 하였다. 대체되거나 새로이 추가된 판례의 수는 적지 않다.

머리말을 이용하여 저자가 쓴 2권의 책을 소개하고 싶다.

저자가 쓴 「기본 행정법(초판)(박영사 간)」이 금년 초에 출간되었다. 「기본 행정법」은 법과대학·로스쿨의 행정법 기본강의 교재로 개발한 것이다. 「기본 행정법」에서는 행정법 전반(행정법총론, 행정법각론, 행정구제법)이 비교적 쉽게 기술되고 있으므로, 독자들이 행정법 전반을 보다 쉽게 체계적으로 이해하는 데 많은 도움을 줄 것이다.

저자가 쓴 「기본 경찰행정법(초판)(박영사 간)」이 또한 금년 초에 출간되었다. 「기본 경찰행정법」은 경찰행정 관련학과의 경찰행정법 기본강의 교재로 개발한 것이다. 「기본 경찰행정법」에서는 경찰행정법 전반(경찰행정법일반론, 경찰행정조직법, 경찰행정작용법)이 비교적 쉽게 기술되고 있으므로, 독자들이 경찰행정법 전반을 보다 쉽게 체계적으로 이해하는 데 많은 도움을 줄 것이다.

이 책의 내용에 도움을 준 고마운 분들에게 감사를 표하고자 한다. 상당한 시간을 할애하여 이 책의 내용을 새로이 하는 데 최선을 다해준 김기홍 강사, 원고를 비판적으로 검토해준 홍강훈 교수, 늘 도움을 주는 진석원 강사와 김정환 박사, 그리고 성봉근 강사에게도 감사의 마음을 표한다. 그동안 저자의 행정법교실에서 공부하였던 김수진, 안정민, 김기홍, 홍강훈, 류치환, 성민경, 진석원, 김정환, 방동희, 송인호, 이안의, 문기욱, 이학수, 이현섭, 김강주, 박지훈, 정지택, 최지훈, 김성현, 진승기, 홍정의, 이용주, 김명철, 최희주 등도 이 책에 많은 도움이 되었기에 고마움을 적어둔다.

이 책을 출간해주신 박영사 안종만 회장님, 편집과 교정을 맡아준 김선민 부장님과 문선미 대리님 그리고 언제나 묵묵히 서무를 처리해주는 조성호 부장님에게도 감사한다. 본서와 자매관계에 있는 「행정법원론(상)(박영사 간)(2013년판)」도 출간되었음을 첨언하면서…

2013년 1월 1일
우거에서
홍 정 선 씀

전면개정판(2000년판) 머리말

저자는 지난 1년간(1999. 2~2000. 1) 독일에 체재하면서 최근까지 발전된 독일의 행정법과 지방자치법을 다시 전반적으로 연구할 수 있는 기회를 가졌다. 행정법 전반에 걸쳐 다소 변화가 있었고, 특히 지방자치법의 경우에는 상당한 변화가 있었음을 확인하였다. 이에 최근의 독일 특별행정법론을 반영하고자 행정법원론(하) 전면개정판을 출간한다. 여기에는 논리의 체계를 새로이 한 부분과 내용을 신설한 부분 외에 내용을 수정한 부분도 있다. 물론 지난 해의 제정·개정법률뿐만 아니라, 지난 해에 이루어진 대법원판례와 헌법재판소의 결정까지 반영하였다. 그러다 보니 이번 개정판은 전면개정판이 되었고, 초판과는 내용과 형태에 있어서 상당히 달라지게 되었다. 이번 개정판에서는 지방자치법의 부분에 특히 많은 손질을 가하였다. 한편, 빈번한 개정판의 출간이 독자와 저자 모두에게 부담스러울 수 있을 것이다. 그러나 변화하는 학문의 세계에 부단히 대응하는 것은 학자들의 가장 기본적인 책무라 믿고, 이에 전면개정판을 출간하는바, 독자들의 깊은 이해를 구하고자 한다.

이제 2000년대의 첫날이 밝았다. 이제는 진실로 과거와 달라져야 한다. 민주국가·법치국가·사회복지국가의 원리가 보다 실질적으로 실현되어야 한다. 그리하여 진정한 자유와 평화와 사회적 정의가 살아 숨쉬는 우리 사회가 되어야 한다. 이를 위해 진정한 법질서를 생각하고, 진정한 법질서를 세우는 우리 국민들이 되어야 한다. 이를 위해 국회·정부·법원 모두 이제는 새로워져야 한다. 2000년대의 새 시대는 진정한 우리 모두의 시대이어야 한다. 이 책이 이러한 바람에 조금이나마 도움이 되기를 기대해 본다.

전면개정판(2000년판)의 출간에는 특히 많은 분들의 도움이 있었다. 먼저, 저자가 해외에서 연구에만 몰두할 수 있도록 연구년을 허락해 주신 이화여자대학교 장상 총장님께 깊은 감사를 드린다. 저자의 연구활동을 한결같이 독려해 주시는 이화여자대학교 법과대학 이재상 학장님께도 감사드리지 않을 수 없다. 그리고 본서에 대해 비판적 조언을 아끼지 아니한 이화여자대학교 법과대학의 동료 최승원 교수님에게도 감사한다.

한편, 저자가 독일에 체재하는 동안 연구실과 많은 연구자료를 제공하여 주었을 뿐만 아니라, 아울러 저자를 위해 여러 차례 자그마한 Konferenz를 마련하여 저자의 독일행정법에 대한 이해를 도와준 Universität Wuppertal의 로쉬 교수님(Prof.

Dr. Dr. Bernhard Losch)의 도움도 잊을 수 없는바, 이에 감사를 표한다. 또한 독일행정법과 지방자치법에 관한 저자의 여러 의문에 대해 자세히 조언을 해준 Losch교수의 Mitarbeiterin인 Wilrtrud Christine Radau변호사와 Mitarbeiter인 Jörg Gottmann 변호사에게도 감사한다.

물론 본서의 각주작업과 교정에 도움을 준 이한나 법학석사와 사법연수원 입소를 앞두고 법령확인작업을 맡아 준 임영심 법학사, 이번 개정판도 기꺼이 출간해 주신 박영사 안종만 사장님, 그리고 편집·교정으로 애쓰신 이희정 님께도 감사를 드린다.

특히 외환문제로 인해 경제사정이 매우 어려운 시기였음에도 불구하고 저자를 해외연구교수로 선정하여 해외체재비를 지원하여 준 서암학술장학재단(이사장 : 윤세영)의 도움에 대하여 저자는 마음으로부터 깊은 감사를 표한다. 실무를 신속히 처리해 준 동 재단의 허철 사무국장님에게도 감사한다. 그리고 요양을 취하여야 하는 어려운 상태임에도 뒷바라지에 정성을 쏟아준 아내에게도 감사하고 싶다.

끝으로, 본서의 출간과 함께 본서의 자매편인 「행정법원론(상)」이 역시 전면개정판(2000년판)으로 출간됨을 알리고자 한다. 행정법원론(상)의 개정취지는 본서와 같다. 본서가 진실로 독자들의 특별행정법에 대한 이해에 도움이 되는 친구이기를 기대하면서…

2000년 1월 1일
Universit○at Wuppertal Gästehaus에서
홍 정 선 씀

머 리 말

특별행정법을 다루는 본서는 저자가 이미 출간한 「행정법원론(상)」의 자매편이다. 본서의 출간으로 저자의 행정법이론서는 일단 골격을 갖추게 되었다. 본서 역시 저자의 강의를 듣는 학생들이나 국가시험준비생들의 편의를 위하여 저자의 강의안·저서·논문 등을 토대로 엮었다. 논리적이고 체계적인 구성, 다양하고 풍부한 내용, 간결한 문장, 많은 판례, 최대한 한글의 사용이라는 집필의 기본방침은 상권에 이어 본서에서도 그대로 유지하려고 하였다. 다만 본서는 그 내용이 상권과는 다르기 때문에, 이와 관련하여 몇 가지 언급해 두고자 한다.

첫째, 특별행정법을 어떻게 구성하는 것이 보다 체계적인가에 대해서 아직까지 확립된 방법론은 없다고 본다. 본서는 현재 독일에서 비교적 광범위하게 채택되고 있는 바와 같이 주요 행정영역별로 특별행정법을 구성하였다. 특별행정법을 영역별로 다룬다고 하지만 행정영역의 구분이 반드시 명백하게 이루어질 수 있는 것만은 아니다. 물론 본서에서 다루어지지 않은 행정영역도 있으나, 그러한 것은 앞으로의 연구성과에 따라 추가될 것이다. 그러나 국내의 이론서에서 나타나고 있는 내용은 본서에서도 거의 다루고 있음을 첨언해 두기로 한다.

둘째, 본서는 경제행정법을 독립의 장으로 다룬다. 경제국가라 불리우는 현대국가에서 경제행정문제를 체계적인 법적 고찰 밖에 둔다는 것은 결코 바람직한 일이 아니다. 경제행정법을 고찰함에 있어서 본서는 독일의 경제행정법(Wirtschafts-verwaltungsrecht)을 모델로 하였다. 특히 Püttner 교수, Stober 교수 등의 저서가 많은 도움을 주었다.

셋째, 토지행정법·사회행정법·교육행정법·문화행정법·환경행정법 등도 독립의 장으로 구성하였다. 그 내용이 앞으로 많이 보완되어야 한다는 것을 저자는 잘 알고 있다. 보완은 저자에게 주어진 앞으로의 과제이다. 그럼에도 이러한 구성은 한국의 특별행정법론의 체계화를 위한 자리매김으로 이해될 수도 있을 것이다. 한편 방향을 바꾸어 생각할 때, 특별행정법은 법영역마다 단행의 이론서로 출간되고 또한 독립의 강좌로 개설되어야 할 것이라는 점을 강조하고 싶다. 물론 이것은 특별행정법을 연구하는 학자들이 증대될 때 비로소 가능하게 될 것이다.

하여튼 급변하는 행정환경에 뒤떨어지지 않는 행정법이론서를 만들겠다는 당초의 의도가 과연 얼마나 달성되었는지는 의문이다. 미흡한 부분은 앞으로 계속 손질할 것이다. 모든 행정영역에서 법치행정이 실질적으로 뿌리를 내리는 데 본서가 조그마한 기여라도 할 수 있기를 기대해 본다.

끝으로 본서를 출간하기까지 도움을 준 분들을 여기에 기재하여 따뜻한 마음을 전하고자 한다. 지금도 저자의 학문활동에 가르침을 주시는 은사님이신 서울대학교 법과대학의 김철수 교수님께 먼저 감사를 드리고, 여러 자료를 제공해준 법제처의 정태용 서기관, 교정을 맡아 준 이화여자대학교 대학원 박사과정의 안경희 법학석사, 동 석사과정의 황지원 법학사, 그리고 최희경 법학석사, 본서의 출간을 동의 · 지원해 주신 안종만 사장님, 이명재 상무님, 본서의 편집 · 교정을 위해 애쓴 윤석원 과장님, 조판에 힘써 준 봉동문화사 여러분에게 감사한다. 상권에 이어 하권의 집필이 가능하도록 도움을 주고 인내해 준 사랑하는 아내와 나의 아이들(승재 · 승은)에게도 감사와 위로의 말을 전하고 싶다. 독자 여러분의 건승을 빌면서…

1993년 1월 1일
우거에서
홍 정 선 씀

목　　차

제 2 편 지방자치법

제 1 장 일 반 론

제2장 지방자치단체의 조직

제 3 장 지방자치단체의 사무

제 4 장 지방자치단체의 협력과 통제

제 2 장 공무원법관계

제 4 편 경 찰 법

제 1 장 경찰법서설

제 2 장 경찰조직법

제 3 장 경찰작용법

제 5 편 공적 시설법

제 1 장 공 물 법

제 2 장 영조물법

제 3 장 공기업법

제 6 편 공용부담법

제 1 장 일 반 론

제 2 장 인적 공용부담

제 3 장 공용제한(물적 공용부담 1)

제 4 장 공용수용(물적 공용부담 2)

제 5 장 공용환지·공용환권

제 7 편 토지행정법

제 1 장 일 반 론

제 2 장 국토의 계획

제 3 장 국토의 이용질서

제 8 편 경제행정법

제 1 장 일 반 론

제 2 장 경제행정의 임무

제 3 장 경제행정의 행위형식

제 4 장 실효성확보와 권리보호

제 9 편 기 타

제 1 장 사회행정법(사회복지행정법)

제 2 장 교육행정법

제 3 장 문화행정법

제 4 장 환경행정법

제 6 장　군사행정법

법 령 약 어

1. 본문에서 법령의 인용시 한글의 약어로 표기한다.
2. 본문에서 아래에 없는 법령은 원래의 명칭으로 표기한다.
3. 법령의 내용은 2024년 1월 1일(국회통과일)을 기준으로 한다.

가스법	도시가스사업법
감사법	감사원법
감염법	감염병의 예방 및 관리에 관한 법률
개제법	개발제한구역의 지정 및 관리에 관한 특별조치법
건보법	국민건강보험법
경공법	경찰공무원법
경응법	경찰직무 응원법
경직법	경찰관직무집행법
경찰법	국가경찰과 자치경찰의 조직 및 운영에 관한 법률
고등법	고등교육법
고용법	고용보험법
공개법	공공기관의 정보공개에 관한 법률
공노법	공무원의 노동조합 설립 및 운영 등에 관한 법률
공선법	공직선거법
공위법	공중위생관리법
공육법	공무원 인재개발법
공재법	공유재산 및 물품관리법
교공법	교육공무원법
교세법	지방교부세법
교원법	교원지위 향상 및 교육활동 보호를 위한 특별법
교육법	교육기본법
국군법	국군조직법
국공법	국가공무원법
국배법	국가배상법
국세법	국세기본법
국연법	국민연금법
국유법	국가유산기본법
국재법	국유재산법
국정법	국가재정법
국징법	국세징수법
국채법	국가채권 관리법
국토법	국토기본법
군인법	군인사법
기본법	행정기본법
노인법	노인복지법
농재법	농어업재해대책법
농협법	농업협동조합법
담배법	담배사업법
대기법	대기환경보전법
도개법	도시개발법
도교법	도로교통법
도주법	도시 및 주거환경정비법
독점법	독점규제 및 공정거래에 관한 법률
등기법	부동산등기법
무역법	대외무역법

문보법 문화유산의 보존 및 활용에 관한 법률
문예법 문화예술진흥법
물가법 물가안정에 관한 법률
물품법 물품관리법
물환법 물환경보전법
민소법 민사소송법
민집법 민사집행법
방통법 방송통신위원회의 설치 및 운영에 관한 법률
보조법 보조금 관리에 관한 법률
복사법 사회복지사업법
부공법 부동산 가격공시에 관한 법률
부담법 부담금관리 기본법
분쟁법 환경분쟁 조정법
비송법 비송사건절차법
사방법 사방사업법
산기법 산림기본법
산재법 산업재해보상보험법
상의법 상공회의소법
생활법 국민기초생활 보장법
서특법 서울특별시 행정특례에 관한 법률
성보법 성매매방지 및 피해자보호 등에 관한 법률
소득법 소득세법
소방법 소방기본법
소비법 소비자기본법
소음법 소음·진동관리법
수산법 수산업법
수협법 수산업협동조합법
식품법 식품위생법
신문법 신문 등의 진흥에 관한 법률
실용법 실용신안법
아동법 아동복지법
안보법 국가안전보장회의법
연금법 공무원연금법
영진법 영화 및 비디오물의 진흥에 관한 법률
외환법 외국환거래법
운수법 여객자동차 운수사업법
유아법 영유아보육법
유통법 유통산업발전법
윤리법 공직자윤리법
의급법 의료급여법
인지법 인지세법
자보법 자연환경보전법
자해법 자연재해대책법
잡지법 잡지 등 정기간행물의 진흥에 관한 법률
장애법 장애인복지법
재해법 재해구호법
저작법 저작권법
전기법 전기사업법
절차법 행정절차법
정보법 개인정보 보호법
정조법 정부조직법
제국법 제주특별자치도 설치 및 국제자유도시 조성을 위한 특별법
조처법 조세범 처벌절차법
주민법 주민등록법
주소법 주민소환에 관한 법률
주조법 주민조례발안에 관한 법률
지공법 지방공무원법
지기법 지방세기본법
지세법 지방세법
지업법 지방공기업법
지육법 지방교육자치에 관한 법률
지자법 지방자치법
지정법 지방재정법
집시법 집회 및 시위에 관한 법률
청기법 청소년기본법

청보법 청소년 보호법
초중법 초·중등교육법
총포법 총포·도검·화약류 등의 안전관리에 관한 법률
출입법 출입국관리법
토기법 토지이용규제 기본법
토상법 공익사업을 위한 토지 등의 취득 및 보상에 관한 법률
토용법 국토의 계획 및 이용에 관한 법률
평교법 평생교육법
폐기법 폐기물관리법
한은법 한국은행법
한전법 한국전력공사법
한지법 한부모가족지원법
항공법 항공안전법
행소법 행정소송법
행심법 행정심판법
헌재법 헌법재판소법
형소법 형사소송법
화질법 화학물질관리법
환기법 환경정책기본법
환수법 개발이익환수에 관한 법률
환평법 환경영향평가법
회책법 회계관계직원 등의 책임에 관한 법률
고충정 공무원고충처리규정
공임령 공무원임용령
공징령 공무원 징계령
보수정 공무원보수규정
서민조 서울특별시 행정사무의 민간위탁에 관한 조례
연금령 공무원연금법 시행령
임탁정 행정권한의 위임 및 위탁에 관한 규정
지업령 지방공기업법 시행령
지임령 지방공무원 임용령
지자령 지방자치법 시행령
지정령 지방재정법 시행령
지징정 지방공무원 징계 및 소청 규정
직무정 직무대리규정
행운정 행정업무의 운영 및 혁신에 관한 규정

주요참고문헌

※ 기타의 참고문헌(단행본·논문 등)은 본문에서 표기한다.

〈국내문헌〉

김철수	헌법학(상)(하), 박영사, 2008.
강구철	강의행정법(Ⅰ), 형설출판사, 1998.
김남진	행정법(Ⅱ), 법문사, 2001.
김남진·김연태	행정법(Ⅱ), 법문사, 2019.
김남철	행정법강론, 박영사, 2022.
김도창	일반행정법(하), 청운사, 1992.
김동희	행정법(Ⅱ), 박영사, 2019; 2021.
김성수	개별행정법, 법문사, 2004.
김중권	김중권의 행정법, 법문사, 2019.
김철용	행정법(Ⅱ), 박영사, 2009.
______	행정법, 고시계사, 2018.
류지태·박종수	행정법신론, 박영사, 2019.
박균성	행정법론(하), 박영사, 2019; 2022
박수혁	행정법요론, 법문사, 1998.
박윤흔·정형근	최신행정법강의(하), 박영사, 2009.
석종현·송동수	일반행정법(하), 삼영사, 2013.
유상현	한국행정법(하), 환인출판사, 1996.
윤세창·이호승	행정법(하), 박영사, 1994.
이상규	신행정법론(하), 법문사, 1995.
정하중	행정법개론, 법문사, 2014.
천병태	행정법(Ⅱ), 청운출판사, 1994.
최정일	행정법의 정석(Ⅱ), 박영사, 2009.
하명호	행정법, 박영사, 2022.
한견우	현대행정법신론, 세창출판사, 2014.
한견우·최진수	현대행정법, 세창출판사, 2009.
허 영	한국헌법론, 박영사, 2012.
홍정선	경찰행정법, 박영사, 2013.
______	공직자주식백지신탁법, 박영사, 2018.
______	신지방자치법, 박영사, 2022.

______ 행정기본법 해설, 박영사, 2022.

______ 행정법연습, 신조사, 2009.

______ 행정법원론(상), 박영사, 2022.

홍준형 행정법, 한울아카데미, 2017.

고영훈 환경법, 법문사, 2000.

김명식·김중양 공무원법, 박영사, 2000.

〈외국문헌〉

Badura Öffentliches Wirtschaftsrecht, in : Schmidt-Aßmann(Hrsg.), Besonderes Verwaltungsrecht, 13. Aufl., 2005.

Badura Wirtschaftsverwaltungsrecht, in : Schmidt-Aßmann(Hrsg.), Besonderes Verwaltungsrecht, 11. Aufl., 1999.

Bachmann/Baumgartner, u.a. Besonderes Verwaltungsrecht, 2000.

Borchmann/Breithaupt/Kaiser Kommunalrecht, in Hessen, 1997.

Bull/Mehde Allgemeines Verwaltungsrecht mit Verwaltungslehre, 7. Aufl.

Burgi, Martin Kommunalrecht, 5. Aufl., 2015.

Detterbeck, Steffen Allgemeines Verwaltungsrecht, 9. Aufl., 2011.

Detterbeck, Steffen Allgemeines Verwaltungsrecht mit Verwaltungsprozess-recht, 13. Aufl., 2015; 15. Aufl., 2017.

Dols/Plate Kommunalrecht, 1999.

Drew/Wacke/Vogel/Martens Gefahrenabwehr, Allgemeines Polizeirecht(Ordnungsrecht) des Bundes und Länder, 9. Aufl., 1986.

Erbguth, Wilfried Allgemeines Verwaltungsrecht, 4. Aufl., 2011.

Erbguth/Guckelberger Allgemeines Verwaltungsrecht, 9. Aufl., 2018.

Erichsen, Hans-Uwe Kommunalrecht des Landes Nordrhein Westfalen, 1997.

Erichsen/Ehlers(Hrsg.) Allgemeines Verwaltungsrecht, 12. Aufl., 2002; 13. Aufl., 2006.

Frotscher, Werner Wirtschaftsverfassungs- und Wirtschaftsverwaltungsrecht, 1994.

Gern, Alfons Deutsches Kommunalrecht, 1997.

Gern, Alfons Kommunalrecht, Baden-Württemberg, 9. Aufl., 2005.

Gern, Alfons Sächsisches Kommunalrecht, 2000.

Geis, Max-Emanuel Kommunalrecht, 3. Aufl., 2014.

Götz, Volkmar Allgemeines Polizei- und Ordnungsrecht, 14. Aufl., 2008.

Gusy, Christoph Polizeirecht, 6. Aufl., 2006.

Gusy, Christoph Polizei- und Ordnungsrecht, 8. Aufl., 2011; 9. Aufl., 2014.

Hegele/Evert Kommunalrecht im Freistaat Sachsen, 1997.

Ipsen, Jörn Allgemeines Verwaltungsrecht, 7. Aufl., 2011; 10. Aufl.,

2017.

Jarass, Hans D.	Wirtschaftsverwaltungsrecht mit Wirtschaftsverfassungsrecht, 1997.
Kahl/Weber	Allgemeines Verwaltungsrecht, 6. Aufl., 2017.
Knemeyer, Franz-Ludwig	Polizei- und Ordnungsrecht, 11. Aufl., 2007.
Koch/Rubel/Heselhaus	Allgemeines Verwaltungsrecht, 3. Aufl., 2003, §5, Rn. 110f.
Kröls, Albert	Das Grundgesetz als Verfassung des staatlich organisierten Kapitalismus : Politische Ökonomie des Verfassungsrechts, 1998.
Köpp, Klaus	Öffentliches Dienstrecht, in : Steiner(Hrsg.), Besonderes Verwaltungsrecht, 7. Aufl., 2003.
Kugelmann, Dieter	Polizei- und Ordnungsrecht, 2006.
Kugelmann, Dieter	Polizei- und Ordnungsrecht, 2. Aufl., 2011.
Kunich, Philip	Das Recht des öffentlichen Dienstes, in : Schmidt-Aßmann (Hrsg.), Besonderes Verwaltungsrecht, 13. Aufl., 2005.
Lisken/Denninger	Handbuch des Polizeirecht, 3. Aufl., 2001.
Lissack, Gernot	Bayerisches Kommunalrecht, 1997.
Lorenz, Diete	Verwaltungsprozessrecht, 2000.
Maurer	Allgemeines Verwaltungsrecht, 16. Aufl., 2009.
Meyer, Hubert	Kommunalrecht(Landesrecht Mecklenburg-Vorpommern), 1998.
Monhemius, Jürgen	Beamtenrecht, 1995.
Pagenkopf, Hans	Kommunalrecht Ⅰ(1975), Ⅱ(1976).
Papier, Hans-Jürgen	Recht der öffentlichen Sachen, 1998.
Papier, Hans-Jürgen	Recht der öffentlichen Sachen, in: Erichsen/Ehlers(Hrsg.), Allgemeines Verwaltungsrecht, 13. Aufl., 2006.
Peine, Franz-Joseph	Allgemeines Verwaltungsrecht, 10. Aufl., 2011.
Pewes/Söllner/Tölle	Polizei- und Ordnungsrecht, 2009.
Pieroth/Schlink/Kniesel	Polizei- und Ordnungsrecht, 4. Aufl., 2007.
Pieroth/Scklink/Kniesel	Polizei- und Ordnungsrecht mit Versammlungsrecht, 6. Aufl., 2010.
Pieroth/Schlink/Kniesel	Polizei- und Ordnungsrecht mit Versammlungsrecht, 8. Aufl., 2014.
Püttner, Günter	Die öffentlichen Unternehmen, 1985.
Püttner, Günter	Kommunalrecht, Baden-Württemberg, 3. Aufl., 2004.
Püttner, Günter	Wirtschaftsverwaltungsrecht, 1989.
Raschauer/Wessely	Besondderes Verwaltungsrecht, 2001.
Reichert/Röber	Kommunalrecht, 1986.
Rinck/Schwark	Wirtschaftsrecht, 1986.
Schenke, Wolf-Rüdiger	Polizei- und Ordnungsrecht, 5. Aufl., 2007.
Schenke, Wolf-Rüdiger	Polizei- und Ordnungsrecht, 7. Aufl., 2011.
Schmidt/Seidel	Besonderes Verwaltungsrecht, 2001.

Schmidt, Reiner	Einführung in das Umweltrecht, 1999.
Schmidt, Rolf	Allgemeines Verwaltungsrecht, 18. Aufl., 2015.
Schmidt, Rolf	Polizei- und Ordnungsrecht, 15. Aufl., 2014.
Schmidt, Thorsten Ingo	Kommunalrecht, 2. Aufl., 2014.
Schmidt-Aßmann/Röhl	Kommunalrecht, in : Schmidt-Aßmann(Hrsg.), Besonderes Verwaltungsrecht, 13. Aufl., 2005.
Schoch, Friedrich	Polizei- und Ordnungsrecht, in: Schmidt-Aßmann/Schoch (Hrsg.), 14. Aufl., 2008.
Scholler, Heinlich	Grundzüge des Kommunalrechts in der Bundesrepublik Deutschland, 1990.
Scholler/Schloer	Grundzüge des Polizei- und Ordnungsrecht in der Bundes-republik Deutschland, 1993.
Schröder, Meinhard	Kommunalrecht, in : Achterberg/Püttner/Würtenberger(Hrsg.), Besonderes Verwaltungsrecht, Bd. Ⅱ, 2. Aufl., 2000.
Schweickhardt/Vondung (Hrsg.)	Allgemeines Verwaltungsrecht, 9. Aufl., 2009.
Seewald, Otfried	Kommunalrecht, in : Steiner(Hrsg.), Besonderes Verwaltungs-recht, 8. Aufl., 2006.
Steiner(Hrsg.)	Besonderes Verwaltungsrecht, 8. Aufl., 2006.
Steiner(Hrsg.)	Besonderes Verwaltungsrecht, 7. Aufl., 2003.
Stober, Rolf	Allgemeines Wirtschaftsverwaltungsrecht, 1998.
Stober, Rolf	Kommunalrecht in der Bundesrepublik Deutschland, 1996.
Storm, Peter-Christoph	Umweltrecht, 1995.
Storr/Schröder	Allgemeines Verwaltungsrecht, 2010.
Suckow/Weidemann	Allgemeines Verwaltungsrecht, 15. Aufl., 2008.
Susanne Fürst/Oskar Taakacs	Allgemeines Verwaltungsrecht, 9. Aufl., 2017.
Tettinger/Erbguth/Mann	Besonderes Verwaltungsrecht, 9. Aufl., 2007.
Tettinger, Peter J.	Rechtsanwendung und gerichtliche Kontrolle im Wirtschafts-verwaltungsrecht, 1980.
Vogelgesang/Lübking/Jahn	Kommunale Selbstverwaltung, 1997.
Waechter, Kay	Kommunalrecht, 1995.
Waibel, Gehard	Gemeindeverfassungsrecht Baden-Württemberg, 5. Aufl., 2006.
Wallerath, Maximilian	Allgemeines Verwaltungsrecht, 6. Aufl., 2009.
Wohlfarth, Jürgen	Kommunalrecht, 1998.
Wolff/Bachof/Stober/Kluth	Verwaltungsrecht Ⅰ, 12. Aufl., 2007.
Wolff/Bachof	Verwaltungsrecht Ⅰ, 9. Aufl., 1974.
Wolff/Bachof/Stober	Verwaltungsrecht, Bd. 2, 6. Aufl., 2000.
Wolff/Bachof/Stober	Verwaltungsrecht Ⅱ, 5. Aufl., 1987.
Wolff/Bachof/Stober	Verwaltungsrecht, Bd. 3, 5. Aufl., 2004.
Wüstebecker	Kommunalrecht, 1998.

제3부 특별행정법

제1편 • 행정조직법

제2편 • 지방자치법

제3편 • 공무원법

제4편 • 경 찰 법

제5편 • 공적 시설법

제6편 • 공용부담법

제7편 • 토지행정법

제8편 • 경제행정법

제9편 • 기 타

제1편 행정조직법

제1장 • 일 반 론

제2장 • 국가행정조직법

행정법의 이론체계상 행정조직법 일반이론(일반행정조직법론)은 행정법총론(일반행정법)을 다루는 행정법원론(상)에서 기술하는 것이 바른 방법이다. 그러나 제11판(2003년판)부터는 행정법각론(특별행정법)을 다루는 행정법원론(하)에서 기술한다. 그 이유는 다만 모든 국내 행정법이론서가 행정조직법일반이론(일반행정조직법론)을 행정법각론(특별행정법)에서 다루고 있고, 독자들이 이러한 일반적인 경향에 익숙해 있음을 고려하였기 때문이다.

제1장 일 반 론

제1절 행정조직법의 관념

제1항 행정주체

1. 행정주체의 개념

1 주권은 국민에게 있고 모든 권력은 국민으로부터 나오기 때문에 민주헌법국가에서 근원적인 행정의 주체는 국민이다. 이러한 의미의 행정주체를 국법상 개념의 행정주체라 부른다. 그런데 행정현실의 면에서 볼 때 국민 모두가 행정의 주체로서 행정을 담당할 수 없음은 자명하다. 이 때문에 나타나는 것이 행정조직법상 행정주체의 개념이다. 행정조직법상 행정주체란 행정임무를 수행하고 또한 행정임무수행을 위해 필요한 권리·의무를 가진 독자적인 임무의 수행자로서 공법에 근거한 권리의 주체를 뜻한다.

2. 행정주체의 종류

2 기본적인 행정의 주체로 ① 시원적인 행정주체인 국가와 ② 전래적인 권력을 갖는 공법인으로서 독립의 행정주체인 지방자치단체가 있다. 국가는 시원적인 행정주체이다. 국가를 법적으로 파악하기 위해 법인이라는 개념이 도출·활용되고 있다. 국민·영토·주권으로 구성되는 국가(3요소론, Drei-Elementen-Lehre)가 법인으로서 공법상 사단으로 이해됨에는 별 다툼이 없으나, 그것이 인적 사단인지 아니면 지역적 사단인지는 다툼이 있다. 주민·구역·자치권으로 구성되는 지방자치단체는 헌법과 법률(지방자치법)에 의해 전래적인 권력을 갖는 공법인으로서 독립의 행정주체이다. 지방자치단체는 지역적 사단의 성질을 갖는다. ③ 기타의 행정주체로 공법상 법인인 공법상 사단(공공조합)·공법상 영조물·공법상 재단과 ④ 국가적 공권을 위탁받은 수탁사인을 볼 수 있다. 한편 사인에게 행정임무가 주어져도 그 자에게 고권적으로 활동할 수 있는 권한이 주어지지 않는 한(예 : 과학실습시간에 교사를 돕는 학생), 그 자는 수탁사인이 아니고 단지 행정의 보조자(Verwaltungshelfer)일 뿐이다.

제2항 행정조직법

I. 관 념

1. 개 념

일반적으로 행정조직법(Verwaltungsorganisationsrecht)이란 행정주체의 조직에 3
관한 법을 총칭하는 개념으로 이해된다. 이러한 개념방식에 따르면 ① 행정주체를 위해 행정권을 행사하는 행정기관의 설치·변경·폐지, 행정기관의 권한 및 행정기관 상호간의 관계에 관한 법(행정기관법), ② 행정기관의 인적 구성요소로서 현실적으로 행정활동을 담당하는 공무원에 관한 법(공무원법), ③ 행정기관의 물적 구성요소로서 직접적으로 행정목적에 제공되는 물건에 관한 법(공물법), ④ 행정목적에 제공되는 인적·물적 종합체에 관한 법(영조물법) 내지 공적 기업에 관한 법(공기업법) 등이 행정조직법의 문제로서 검토를 요한다. 용례상 상기의 ①·②·③·④ 모두를 합하여 광의의 행정조직법, ①만을 협의의 행정조직법, ① 중에서도 직접국가행정기관의 조직법만을 최협의의 행정조직법이라 부르기도 한다.[1] 이러한 개념방식은 지방자치행정조직법의 경우에도 적용될 수 있다.

2. 지 위

행정조직법은 권력분립원리에 입각한 우리나라 통치구조의 근간의 하나인 4
행정권의 조직을 규율하는 법이다. 말하자면 입법조직법(국회법)·사법조직법(법원조직법)과 더불어 행정조직법(정부조직법)은 우리나라의 통치구조에 대한 기본법을 구성한다. 한편 행정조직법이 행정법의 전체 체계에서 갖는 지위는 다음과 같이 도해할 수 있을 것이다.

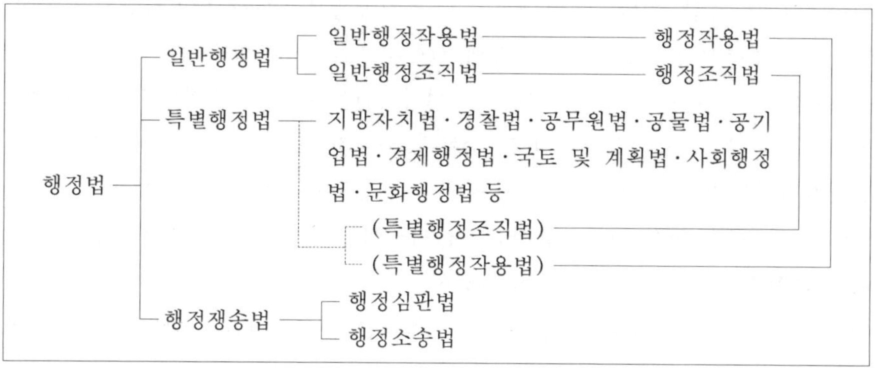

1) 김도창, 일반행정법론(하), 45쪽.

Ⅱ. 행정조직법의 종류

행정조직법은 개념상 광의·협의·최협의로 나눌 수 있음은 이미 본 바와 같다. 이것 역시 행정조직법의 한 종류일 것이다. 이하에서는 행정주체를 기준으로 하여 행정조직법의 종류를 보기로 한다.

1. 국가행정조직법

5 국가행정조직법이란 시원적인 행정주체인 국가의 행정권의 조직에 관한 법의 총괄개념이다. 국가행정조직법은 다시 직접국가행정조직법과 간접국가행정조직법으로 구분되며, 직접국가행정조직법은 다시 중앙행정조직법과 지방행정조직법으로 구분된다.

6 ⑴ **직접국가행정조직법** 직접국가행정조직법이란 직접국가행정을 수행하는 국가기관의 조직에 관한 법을 의미한다. 여기서 직접국가행정(unmittelbare Staatsverwaltung)이란 국가가 자신의 고유한 기관을 통해 행하는 국가행정을 말한다. 직접국가행정은 계층적으로 구성된 조직에 의해 수행되며, 상급기관의 하급기관에 대한 엄격한 지휘·감독이 특징적이다.

㈎ **중앙행정조직법** 직접국가행정 중에서도 중앙행정기관에 의해 수행되는 행정을 중앙행정이라 부른다. 이러한 중앙행정을 수행하는 중앙행정기관의 조직에 관한 법이 중앙행정조직법이다.

㈏ **지방행정조직법** 직접국가행정 중에서도 일정지역에서만 권한을 갖는 일정기관이 중앙행정기관의 감독하에 수행하는 국가행정을 지방행정이라 부른다. 이러한 지방행정을 수행하는 지방행정기관의 조직에 관한 법이 지방행정조직법이다. 국가의 지방행정기관에는 보통지방행정기관과 특별지방행정기관이 있다. ① 보통지방행정기관이란 당해 관할구역 내에서 널리 일반국가행정사무를 수행하는 기관을 말한다. 보통지방행정기관은 특정의 중앙행정기관에 소속되지 않고, 각 사무의 소속에 따라 주무관청의 지휘를 받는다. 현재로서 보통지방행정기관은 없다. 다만 지방자치단체나 그 장이 국가의 위임사무를 처리하는 한에서 보통지방행정기관에 유사한 지위를 가질 뿐이다. ② 특별지방행정기관이란 특정의 중앙행정기관에 소속하면서 특정지역에서 그 특정의 중앙행정기관의 권한에 속하는 특정의 행정사무를 수행하는 행정기관을 말한다(예 : 세무서장·경찰서장).

7 ⑵ **간접국가행정조직법** 간접국가행정조직법이란 간접국가행정을 수행하

는 법인(예 : 각종의 공사·공단)의 조직에 관한 법을 의미한다. 여기서 간접국가행정(mittelbare Staatsverwaltung)이란 법적으로 독립된 법인에 의해 행해지는 국가행정을 말한다.[1] 간접국가행정은 타 기관의 지휘·감독이 아니라, 원칙적으로 법률에만 구속되면서 당해법인의 고유의 책임으로 수행되는 것이 특징적이다.

2. 지방자치(행정)조직법

지방자치(행정)조직법이란 지방자치단체의 조직에 관한 법을 말한다. 이것 8
은 다시 보통지방자치단체조직법과 특별지방자치단체조직법으로 구분이 가능하다. 여기에서 보통지방자치단체법이라 하지 않고 보통지방자치단체조직법이라 한 것은 지방자치법(또는 지방자치단체법)과 지방자치단체조직법은 개념상 구분되어야 하기 때문이다. 종래 우리의 학자들은 지방자치법을 행정조직법의 문제로 다루어 오고 있으나, 이는 잘못된 방법이라 본다. 왜냐하면 지방자치법에는 조직의 문제 외에도 작용의 문제가 있으며, 사실 지방자치에서도 조직뿐만 아니라 작용도 매우 중요한 문제이기 때문이다. 보통지방자치단체조직법은 특정지방자치구역의 일반자치사무를 담당하는 기관의 조직에 관한 법을 말하고, 그 구역에 특수한 목적을 위해 설립된 기관(예 : 지방자치단체조합)의 조직에 관한 법이 특별지방자치단체조직법이다. 전자가 지방자치단체조직법의 중심이 된다.

제 2 절 행정조직법과 헌법

제 1 항 행정조직법과 법치주의원리

1. 행정조직법정주의

(1) 의 의 민주헌법국가에서 모든 국가적인 권능은 규범상의 근거를 9
가져야 한다. 국가기능에 내재하는 권력이 있다는 것은 허용될 수 없다. 특별권력관계의 해체 후에는 국가조직의 내부영역에도 법관계를 위해 규범상의 근거가 필요하다.[2] 우리 헌법은 여러 조문에서 행정조직을 법률로써 정하도록 하여(헌법 제96조·제100조·제90조 제3항·제91조 제3항·제92조 제2항·제93조 제2항) 행정조직법정주의를 택하고 있다. 헌법의 이러한 태도는 ① 행정조직은 그 자체가 국

---

1) 지방자치행정조직을 포함하여 자치행정조직은 본질적으로 간접국가행정에 속한다. 다만, 본서는 행정주체로서의 지방자치단체의 독자성을 고려하여 국가행정조직과 지방자치행정조직을 대비하는 입장을 취하였다.

2) Wolff/Bachof/Stober, Verwaltungsrecht 3(5. Aufl.), §82, Rn. 1.

민의 권리·의무에 직접 관계가 없다고 하여도 행정조직의 존재목적은 행정권의 행사에 있고, 따라서 행정기관의 설치여부·권한 등은 바로 국민생활에 지대한 영향을 미치고, ② 행정기관의 설치·운영은 일반국민에게 상당한 경제적 부담(세금 등)을 가하게 되는바, 결국 행정조직의 문제는 국가의 형성유지에 중요한 사항이 되고, 따라서 이를 국회에 유보시킬 필요가 있다고 본 것에 기인한다(중요사항유보). 그렇다고 모든 사항을 법률로 정하여야 함을 의미하는 것은 아니다. 법률에서 구체적인 범위를 정하여 위임하면 행정권은 그 위임의 범위 내에서 행정입법으로 세부적인 사항을 정할 수도 있다(헌법 제75조·제95조). 한편, 개념상 정부조직에 관한 기본적인 사항을 법률로 정하지 아니하는 형식을 행정조직비법정주의라 부르는데, 이의 대표적인 예가 프랑스의 경우이다.[1]

10 (2) **의미의 약화** 국가행정조직의 기본법인 정부조직법은 조직상 구체적인 사항의 상당부분을 대통령령으로 정하도록 규정하는바, 실제상 행정조직법정주의의 의미는 상당히 퇴색되고 있다. 논자에 따라서는 정부조직법의 이러한 태도가 행정의 기동성·탄력성·능률성의 확보를 위해 필요하다고 주장할 수도 있을 것이다. 그러나 행정조직법정주의는 행정조직법의 영역에서 법치주의원리의 반영·실현을 뜻하는 것임을 유념하여야 한다.

2. 행정조직법의 법원

11 (1) **국가행정조직법의 법원** 일반법으로 정부조직법이 있다. 특별법으로는 국군조직법·국가안전보장회의법·민주평화통일자문회의법·감사원법·국가정보원법·검찰청법 등을 들 수 있다. 그 밖에 독립기관인 선거관리위원회의 조직과 직무를 규정하는 선거관리위원회법이 있다.

12 정부조직법 제3조 제1항에 의거 특별지방행정기관은 특히 법률로 정한 경우를 제외하고는 대통령령으로 정하게 되어 있다. 행정조직을 정하는 대통령령을 직제라 부른다(행정기관의 조직과 정원에 관한 통칙 제4조). 특별지방행정기관의 직제의 예로 국세청과 그 소속기관 직제·관세청과 그 소속기관 직제 등을 들 수 있다. 한편 현재로서 보통지방행정기관은 없고, 일반법도 없다. 다만 위임사무를 처리하는 한에 있어서 지방자치단체나 그 장은 보통지방행정기관에 접근한다고 할 수 있는바, 이러한 범위 안에서 지방자치법 제102조는 사실상 보통지방행정기관의 근거법으로서 기능한다고 할 수 있을 것이다.

13 (2) **지방자치행정조직법** 헌법이 최상위의 법원임은 국가행정조직법의 경

---

1) 성낙인, 프랑스헌법학, 478쪽 이하.

우와 마찬가지이다(헌법 제117조·제118조). 지방자치행정조직에 관한 기본법은 헌법 제118조에 근거하여 제정된 지방자치법이다. 지방교육자치에 관한 법률도 지방자치행정조직법의 한 종류이다.

제2항 행정조직법과 민주주의원리

1. 민주적 정부형태

헌법은 권력분립원리를 전제로 대통령제정부형태를 채택하여 행정의 최 14
고책임자인 대통령을 국민이 직접 선출케 하는 민주적 정부형태를 취하고 있다(헌법 제67조). 동시에 헌법은 의원내각제적인 요소도 가미하고 있다. 민주적 정부형태는 행정조직법의 영역에서 헌법원리의 하나인 민주주의원리의 반영을 의미한다.

2. 지방자치제도

헌법은 분권주의에 입각하여 지방자치제를 보장하고 있다. 그간 헌법상의 15
보장에도 불구하고 실시가 중단되었던 지방자치제가 지난 1991년부터 부분적으로, 그리고 1995년부터 전면적으로 실시되기 시작하였다. 지방자치제도는 민주주의원리와 분권의 원리의 반영을 의미한다.

제3항 행정조직법과 사회복지주의원리

헌법은 사회복지국가를 지향하고 있다. 따라서 행정조직법은 사회복지국가 16
의 이념을 실천하는 조직(기구)을 내용으로 가져야 한다. 정부조직법상 보건복지부·고용노동부·국가보훈부 등은 바로 사회복지국가이념의 실현을 위한 기관이다. 생활수준의 향상과 더불어 사회복지국가원리는 보다 강조되며, 사회복지국가원리의 강조는 사회복지에 관련된 행정조직의 확대·강화를 가져온다.

제 3 절 행정기관

제 1 항 행정기관의 관념

1. 행정기관의 의의

17 (1) 개 념 공무수탁사인의 경우와 같은 예외적인 경우를 제외한다면, 행정주체는 공법인이다. 행정주체는 법인이기에 그 자체로 권리능력을 갖지만 현실적으로 행위를 할 수 있는 것은 아니다. 이 때문에 현실적으로 행정을 실현 가능하게 하기 위하여 행정주체는 일정한 행정기구를 두어 이로 하여금 자신의 임무를 수행하도록 한다. 이 때 그 행정기구의 작용은 바로 행정주체의 고권작용으로 귀속되며, 여기서 그 행정기구가 바로 행정주체의 기관인 것이다. 모든 행정기관의 체계적인 전체가 행정조직이라 하겠고, 조직은 기관을 본질적인 구성부분으로 갖는다고도 하겠다.

18 (2) 개념적 특징 기관개념은 모든 법영역에서 모든 법인의 행위능력의 근거마련을 위해 사용되는 일반법리론상의 개념이다. 이것은 행정조직의 기능적 결합을 체계적으로 파악하기 위해 법이론상 발전된 개념이다. 행정기관의 개념은 두 방향에서 특징적으로 언급될 수 있다.[1] ① 제도상 행정기관은 ⓐ 행정주체 그 자체가 아니라 행정주체의 한 부분이며, ⓑ 행정기관을 구성하는 자연인(기관구성자)에 관계없이 독립적이고, ⓒ 조직상 독립적이다. ② 기능상 행정기관은 특정한 권한을 갖는다. 그 권한은 기관을 위한 것이 아니라 그 기관이 속한 행정주체를 위한 것이다.

19 (3) 입법기관·사법기관과 구분 행정기관은 소관사무가 행정사무이므로 입법사무를 담당하는 입법기관과 사법사무를 담당하는 사법기관과 대비된다. 이와 관련하여 볼 때, 국회사무처나 법원행정처 등은 성질상 행정사무를 담당하여도 역시 기본적으로 입법기관·사법기관에 속하므로 행정조직법상 행정기관의 개념에서 제외된다. 이들 조직의 문제는 입법조직법·사법조직법의 문제가 된다. 헌법재판소나 군사법원의 경우도 마찬가지이다.

2. 행정기관의 법인격성

20 행정기관은 조직규범에 의해 행정주체의 임무를 담당하는 현실적인 주체로서, 행정기관이 행하는 행위는 자신을 위한 것이 아니라 행정주체를 위한 것이

1) H. Maurer, Allgemeines Verwaltungsrecht, § 21, Rn. 23f.

기 때문에 행정기관은 권리능력을 갖는 것이 아니다.[1)]

한편 실정법은 행정기관을 법률관계의 일방당사자로 규정하는 경우가 있는 21
데(예 : 행정소송법 제13조 제1항은 행정청에 피고인적격을, 행정심판법 제17조 제1항은 행정청에 피청구인적격을 부여하고 있다), 이러한 경우에는 예외적으로 행정청이 인격을 갖는다고 말할 수도 있을 것이다.[2)] 그러나 엄밀히 말한다면, 이 경우에도 행정청은 인격을 갖는다고 할 수는 없다.[3)] 왜냐하면 행정청의 소송행위 내지 심판행위의 법적 효과의 귀속주체는 당해 행정청이 아니라 국가나 지방자치단체이기 때문이다. 따라서 이러한 경우 행정기관은 인격의 소유자가 아니라 인격의 소유자에 유사한 취급을 받는다고 하는 것이 보다 합리적이다.

3. 행정기관간의 관계(내부법)

(1) 내부법의 의의 행정주체 내의 상이한 행정기관 사이의 관계 및 행 22
정주체와 그 기관 사이의 관계도 법령상 규율되어야 한다. 예컨대 행정주체의 어떠한 사무를 어떠한 기관이 맡을 것이며, 개별 기관의 구성원을 어떻게 임명할 것인가 등이 법령으로 규율되어야 한다. 이러한 사항은 조직법(Organisationsrecht) 또는 내부법(Innenrecht)에서 규율된다. 이러한 법은 법인의 내부에서 법관계를 규율한다는 점에서 법인 사이의 법관계를 규율하는 외부법(Außenrecht)과 구별된다.[4)] 내부법의 상대방(수명자)은 기관 또는 기관의 구성부분(예 : 지방의회 위원회의 위원장)이다. 그러나 만약 기관이 자신이 속한 행정주체의 행정사무를 수행한다면, 행정주체를 위해 외부적으로 작용하는 것이 된다.

(2) 내부법의 형식 내부법과 외부법은 언제나 명백하게 구분되고 분리되 23
는 것이 아니라, 상호 중복되기도 한다. 내부법은 형식적 의미의 법률, 법규명령 그리고 자치법규의 형식으로 존재하며, 동시에 그것은 외부법과 마찬가지로 법원이 된다. 내부법은 행정규칙(업무규칙)으로도 존재한다. 뿐만 아니라 외부법과 내부법의 양면성을 갖는 법규범도 있다(예 : 권한규정은 내부법상뿐만 아니라 외부법상 작용한다. 바꾸어 말하면, 권한규정은 내부법적으로는 어떠한 행정기관의 권한을 다른 행정기관의 권한으로부터 한계를 지우는 것이 되고, 외부법적으로는 사인에 대하여 권한을 가진 기관을 정하는 것이 된다).[5)] 외부법적인 효과로 인하여 권한규정을 침해하는 행정행

1) Adamovich/Funk, Allgemeines Verwaltungsrecht, S. 293f.; 대판 1987. 4. 28, 86누93(서울국제우체국장에 대한 관세부과처분은 당연무효이다).
2) 이상규, 신행정법론(하), 57쪽; 김남진·김연태, 행정법(Ⅱ), 10쪽(2019).
3) 김도창, 일반행정법론(하), 55쪽; 석종현·송동수, 일반행정법(하), 17쪽.
4) Maurer, Allgemeines Verwaltungsrecht, § 21, Rn. 26.
5) Maurer, Allgemeines Verwaltungsrecht, § 21, Rn. 28.

위는 위법한 것이 된다.

제2항 행정기관의 구성방식과 종류

1. 행정기관의 구성방식

24 행정기관은 ① 1인의 우두머리 공무원이 결정을 내리고 책임을 지는 독임제와 기관구성자가 다수인이며, 그 다수인의 등가치적인 의사의 합의(다수결)에 의해 결정을 내리고 구성원 전원이 그 결정에 책임을 지는 합의제, ② 일정한 자격·능력을 갖춘 자를 기관구성자로 선임하는 전문직제와 자격·능력에 무관하게 기관구성자를 선임하는 명예직제, ③ 기관구성자의 선임이 일정기관의 일방적인 임명행위로 이루어지는 임명제와 기관구성자의 선임이 국민 또는 그 대표, 주민 또는 그 대표의 선거에 의해 이루어지는 선거제로 구분된다.

2. 행정기관의 종류

25 (1) **행정관청**(의사기관) 행정청이란 법상 주어진 권한의 범위 내에서 행정주체의 행정에 관한 의사를 결정하고 이를 외부에 대하여 표시하는 권한을 가진 행정기관을 말한다(예 : 부·처 및 청의 장, 지방자치단체의 장). 이를 의사기관,[1] 행정청 또는 관청이라 부르기도 한다. 실정법상으로는 행정청(행심법 제2조 제4호·제17조 제1항 등), 행정기관, 행정기관의 장(정조법 제2조·제7조) 등으로 불린다.

26 (2) **의결기관**(참여기관) 경우에 따라서는 의사기관의 의사결정권한과 표시권한이 분리되는 경우도 있다. 즉 행정청은 표시권한만 갖고 의사결정권한은 별도의 합의제행정기관에 부여되는 경우도 있다(예 : 국가공무원법상 징계위원회). 이 때 이러한 합의제행정기관을 의결기관이라 부른다. 의결기관은 참여기관이라 불리기도 한다. 의결기관과 의사기관의 관계를 보면 의결기관은 의결권한만 갖지 표시권한은 갖지 못하며, 또한 의사기관은 의결기관의 의결에 기속된다. 따라서 의결기관의 의결이 없거나, 그 의결에 반한 행정청의 의사표시는 하자 있는 행위로서 무효가 된다. 합의제행정기관으로서 의결기관과 합의제행정관청은 구분되어야 한다. 전자는 대외적으로 의사를 표시할 권한을 갖지 못한다.

27 (3) **보조기관** 보조기관이란 의사기관의 보조를 임무로 하는 기관, 즉 행정청의 의사결정을 보조하거나 행정청의 명을 받아 사무에 종사하는 기관을 말한다(예 : 차관·차장· 실장·국장·과장). 보조기관은 스스로 의사를 결정·표시할 권

1) 윤세창·이호승, 행정법(상), 594쪽.

한이 없으나, 의사기관으로부터 권한의 위임이 있으면 위임의 범위 안에서 의사기관, 즉 행정청의 지위에 서게 된다.

(4) **보좌기관** 장관이 특히 지시하는 사항에 관해 장관과 차관을 직접 보 28
좌하는 차관보, 정책의 기획이나 계획의 입안 또는 연구조사 등을 통하여 행정청이나 보조기관을 보좌하는 기관(예 : 담당관)을 보좌기관이라 한다. 보조기관은 행정의사결정·집행에 직접 참여하나, 보좌기관은 행정의사결정·집행에 간접적으로 지원하는 기관이다. 그러나 행정의 실제상 양자는 엄격히 구분되고 있는 것으로 보이지 않는다. 보좌기관을 보조기관의 일종으로 보는 견해도 있다.[1)]

(5) **집행기관** 집행기관이란 행정청의 명을 받아 행정청이 발한 의사를 29
집행하여 행정상 필요한 상태를 실현하는 기관을 말한다(예 : 해양경찰청 소속 경찰공무원·의무경찰대·경찰공무원·소방공무원·세무공무원). 한편 지방자치법상으로 집행기관은 의결기관(지방의회)에 대칭되는 개념으로 사용되기도 한다.

(6) **감독기관**(감사기관) 감독기관이란 행정기관의 업무나 회계를 감독하 30
고 조사하는 기관을 말한다. 감독기관에는 일반감독기관(예 : 소속행정기관에 대한 상급기관)과 특별감독기관(예 : 감사원)이 있다. 용례상 감사원같이 감독 내지 감사를 고유한 임무로 하는 기관을 특히 감사기관 또는 특별감사기관이라 부르기도 한다.[2)]

(7) **현업기관**(공기업기관) 현업기관이란 공익사업을 경영하고 관리하는 기 31
관을 말한다(예 : 우편관서·국공립학교). 이를 공기업기관 또는 기업기관이라고도 한다. 이러한 기관의 장은 사업경영권 내지 기업경영권의 범위 안에서 행정청의 지위에 서기도 한다.

(8) **부속기관** 부속기관이란 행정기관의 지원을 목적으로 하는 기관이다. 32
부속기관에는 그 목적에 따라 시험연구기관(예 : 국립과학수사연구원·한국학중앙연구원)·교육훈련기관(예 : 각급 국립학교·중앙공무원교육원)·문화기관(예 : 국립박물관·국립극장)·의료기관(예 : 국립의료원·국립대학부속병원)·제조기관(예 : 한국정책방송원)·자문기관(예 : 각종심의회)·관리기관(예 : 국가기록원) 등으로 나누어 볼 수 있다.

---

1) 김남진·김연태, 행정법(Ⅱ), 11쪽(2019); 이상규, 신행정법론(하), 58쪽.
2) 서원우, 현대행정법론(상), 243쪽.

제 4 절 행정관청

제 1 항 행정관청의 관념

Ⅰ. 행정관청의 개념

33 행정관청(Verwaltungsbehörde) 또는 관청(Behörde)은 행정조직법상 중심개념이다. 그러나 관청개념은 다의적이다. 이하에서 그것을 조직상 의미의 관청개념과 기능상 의미의 관청개념으로 나누어 살펴보기로 한다.

1. 조직법상 의미의 행정관청

34 **(1) 포괄적 행정관청개념** 넓은 의미에서 행정관청이란 직 또는 직무를 중심으로 하는 개념이다. 조직상 최소의 단일체로서 1인의 공무원이 담당하는 공행정의 일정한 범위를 직(Amt)이라 할 때, 다수의 직으로 구성되는 조직상의 단일체가 포괄적 행정관청개념에 해당한다.[1] 그런데 여기서 다수의 직으로 구성되는 조직상의 단일체의 담당사무를 소관사무라 부른다면, 한 단위의 소관사무를 수행하는 데 참여하는 모든 기관의 포괄적인 통일체를 포괄적 행정관청개념이라 정의할 수도 있다. 이러한 개념방식에 따르면, 예컨대 법무부의 장관·차관·실장·국장·과장, 그리고 소속공무원 전체로 구성되는 법무부 전체 조직을 행정관청이라 부르게 된다. 이를 넓은 의미의 행정관청이라 부르기도 한다.[2]

35 한편, 포괄적 행정관청개념과 관련하여 다수의 직으로 구성되는 조직상의 단일체의 의미가 문제된다. 그것은 “국가행정조직의 내부에 놓이는 조직상의 단일체로서, 어느 정도 독자성을 갖고서 공적인 권위 하에 국가의 목표나 국가에 의해 추구되는 목표의 달성을 위해 활동하도록 소명을 받은 다수의 사람과 여러 물적 수단의 단일체”라[3] 할 수 있을 것이다.

(2) 전통적 행정관청개념

36 **(가) 개 념** 행정관청이란 전통적으로 의사기관, 즉 행정에 관한 행정주체의 의사를 결정하고 표시하는 권한을 가진 기관을 의미하는 것으로 사용되고 있다. 따라서 포괄적 행정관청개념에서 그 관청의 우두머리(최상위의 직)가 전통

---

1) 행정조직법성 사무의 범위로서 직(Amt)의 개념은 사무와 결합된다. 직을 보유하는 자가 직무수행자(Amtswalter, Amtsträger)이다. 모든 직에는 원칙적으로 1인의 직무수행자가 배치된다. 한편, 공무원법상 직이란 공무원의 근무관계와 관련한다. 그것은 추상적으로 공직자의 지위를 의미한다.

2) 윤세창·이호승, 행정법(상), 601쪽.

3) BVerfGE 10, 20, 48.

적 의미의 행정관청에 해당된다.[1] 이 책에서 행정관청(행정청)이란 기본적으로 전통적 행정관청개념으로 사용하기로 한다.

(나) 용 어 례 전통적인 입장은 행정관청과 행정청을 구분하기도 한다. 즉 전통적인 입장은 ① 국가행정기관 중 의사기관을 행정관청 또는 행정청으로, ② 지방자치단체의 의사기관을 행정청으로 부르며, ③ 양자를 합하여 행정청으로 부르기도 한다. 37

2. 기능상 의미의 행정관청

기능상 의미의 행정관청이란 외부관계에서 공법상으로 구체적인 행정상 처분을 행할 수 있는 모든 기관을 의미한다. 이러한 외부적 권한은 먼저 조직상 의미의 행정관청이 가지는 것이나, 그 밖의 여러 기관(예 : 국회사무총장 · 법원행정처장 등)도 행정행위를 발하거나 기타의 공법상의 개별처분을 외부에 행하는 한 기능상 의미의 행정관청에 해당한다.[2] 행정절차법상 행정청의 개념(행정에 관한 의사를 결정하여 표시하는 국가 또는 지방자치단체의 기관, 그 밖에 법령 또는 자치법규에 따라 행정권한을 가지고 있거나 위임 또는 위탁받은 공공단체 또는 그 기관이나 사인)도 기능상 의미의 행정관청개념에 해당한다(절차법 제2조 제1호). 또한 행정쟁송법상 행정청(예 : 행심법 제2조 제4호; 행소법 제2조 제2항의 행정청)의 개념도 기능상 의미의 행정관청개념에 속한다고 볼 것이다. 38

Ⅱ. 행정관청의 법적 지위와 기능

1. 법적 지위

행정관청은 그 자체가 고유한 권리능력자(행정주체)는 아니고[3] 행정주체를 위하여 고권을 갖는 행정기관일 뿐이다. 그렇지만 행정관청은 고유의 책임으로, 그리고 자기의 이름으로 주어진 권한을 독자적으로 행사하고 임무를 수행한다. 따라서 행정관청에 있어서는 권한이 중요한 문제가 된다. 39

2. 기 능

행정관청은 외부적으로 권한을 갖고서 다른 법주체와 구체적인 법관계를 형성한다. 행정행위의 발령은 행정관청의 기능 중 가장 대표적인 것이 된다. 그리고 행정관청의 권한행사의 효과는 행정관청구성자의 변화와 무관하게 독립적 40

1) Püttner, Allgemeines Verwaltungsrecht, S. 17.
2) Maurer, Allgemeines Verwaltungsrecht, § 21, Rn. 32.
3) 대판 1989. 4. 25, 87후131(행정관청인 경기도 지사는 권리 · 의무의 주체가 아니다).

이다. 또한 행정관청은 행정소송(항고소송)에서 피고가 된다(행소법 제13조).

Ⅲ. 행정관청의 종류

41 행정관청은 ① 기관구성자의 수에 따라 단독관청(예 : 행정각부의 장)과 합의제관청(예 : 감사원·중앙토지수용위원회), ② 권한이 미치는 지역적 관할범위에 따라 중앙관청(예 : 국세청장)과 지방관청(예 : 서울지방국세청장),[1] ③ 권한이 미치는 사물적 관할범위에 따라 보통관청(예 : 기획재정부장관)과 특별관청(예 : 세무서장),[2] ④ 감독권을 기준으로 상급관청(예 : 세무서장에 대한 지방국세청장)과 하급관청(예 : 지방국세청장에 대한 세무서장)으로 구분되며, ⑤ 정부조직법상 규정되고 있는 중앙행정관청에는 부·처·청의 장과 위원회 등의 합의제행정기관이 있다(정조법 제2조 제2항·제5조).

제 2 항 행정관청의 권한

Ⅰ. 권한의 관념

1. 권한의 의의

42 권한이란 조직의 단일체가 갖는 사무의 범위 내지 그 사무수행에 필요한 각종의 권능과 의무의 총체를 말한다. 직무권한이라는 용어가 사용되기도 한다. 한편, 특정기관에 특정의 권한이 주어져 있다고 하여도 그 기관의 소관사무수행에 필요하다고 여겨지는 모든 수단이 수권되어 있는 것은 아니다. 따라서 개인의 권리침해를 위해서는 조직법상 권한 외에 개인의 권리에 대한 침해를 가능하게 하는 수권규범이 필요하다. 하여간 행정관청의 권한이란 행정관청이 국가를 위하여, 그리고 국가의 행위로써 유효하게 사무를 처리할 수 있는 능력 또는 사무의 범위라 정의된다.

2. 권한의 분배

43 국법상 권한의 분배는 ① 먼저 헌법이 국가임무를 입법부·집행부·사법부에 각각 배분한다(헌법 제40조·제66조 제4항·제101조 제1항). 다음으로 ② 행정권에 관해서 보면, 국가의 중첩적인 구조상 행정임무의 분배는 수직적으로 국가(정부)와 지방자치단체에 분배된다. ③ 이렇게 분배된 권한은 다시 정부나 지방자치단

1) Wittern, Grundriß des Verwaltungsrechts, §6, Rn. 37.
2) Wittern, Grundriß des Verwaltungsrechts, §6, Rn. 37.

체 내부의 행정관청 간에 재분배되며, ④ 끝으로 행정관청내부에서 권한행사부서와 권한행사공무원이 정해지게 된다. 행정과 시민 간의 법관계에서 결정적인 것은 행정관청의 권한이다.

Ⅱ. 권한의 성질

권한은 그 권한이 부여된 특정의 행정관청만이 행사할 수 있고 다른 행정 44
관청은 행사할 수 없다. 권한행사는 그 권한이 부여된 특정행정관청의 의무이기도 하다. 주어진 권한이 재량적인 것이라 하여도 재량행사 자체는 있어야 한다는 의미에서 재량권의 행사 역시 의무적이다.

Ⅲ. 권한의 획정과 충돌

1. 권한의 획정

행정관청 간의 권한획정은 본질적으로 두 가지 목적을 갖는다. ① 그것은 45
ⓐ 행정의 중복·모순, 그리고 책임의 불분명을 피하고, ⓑ 행정의 전문화를 도모하고, ⓒ 외부적 영향으로부터의 차단을 통해 행정임무의 최상의 수행을 보장하는 데에 의미를 갖는다. 그리고 ② 그것은 명백한 권한의 획정을 통해 사인의 권리보호에 기여하고자 함에 의미를 갖는다. 이러한 목적의 충분한 달성을 위해서 권한을 정하는 규정들은 반드시 명백하여야 할 것이다.[1]

2. 권한의 충돌

(1) 의 의 행정관청은 자신의 권한범위 내에서만 행위할 수 있을 뿐, 46
다른 행정관청의 권한을 행사할 수 없음은 자명하다. 이와 관련하여 권한의 충돌이 문제가 된다. 이에는 적극적인 경우와 소극적인 경우가 있다. 적극적 권한충돌(Positiver Kompetenzkonflikt)이란 하나의 임무수행에 다수의 관청이 권한을 갖는 경우이고, 소극적 권한충돌(Negativer Kompetenzkonflikt)이란 어떠한 관청도 권한을 갖지 않는다고 하는 경우이다.

(2) 해결방법 ① 동일한 행정주체내부에서 행정청의 관할이 분명하지 아 47
니하는 경우에는 당해행정청을 공동으로 감독하는 상급행정청이 그 관할을 결정하며, 공동으로 감독하는 상급행정청이 없는 경우에는 각 상급행정청의 협의로 그 관할을 결정한다(절차법 제6조 제2항). 예외적인 경우에는 기관쟁송(Organ-

1) Maurer, Allgemeines Verwaltungsrecht, § 21, Rn. 46; Battis, Allgemeines Verwaltungsrecht, S. 76.

streit)으로 해결할 수 있다(예 : 지방의회와 지방자치단체의 장 사이의 충돌 시 지방자치법 제172조 제3항에 따른 기관소송). 한편 ② 상이한 행정주체소속의 행정관청 간의 충돌의 경우에는 공통의 감독청(예 : 광역지방자치단체의 장)이(절차법 제6조 제2항 제1문), 만약 공통의 감독청이 없다면 각각의 감독청 간의 협의로 해결할 수도 있을 것이고(절차법 제6조 제2항 제2문), 경우에 따라서는 단지 사법적으로 헌법재판소에 의해 해결될 수도 있다(헌재법 제62조 제1항 제2호·제3호).

Ⅳ. 권한의 내용

행정관청의 권한의 내용과 범위는 헌법·법률·명령 등에 의해 정해지는데, 그 종류를 다음과 같이 구분해 볼 수 있다.

1. 사물적 권한

48 사물적 권한(Sachliche Zuständigkeit)이란 행정관청에 주어진 사물적인 임무영역을 말한다. 이것은 행정사무의 목적·종류에 따른 권한이라고 할 수도 있다. 예컨대 법무부장관이 검찰·행형·인권옹호·출입국관리 기타 법무에 관한 사무를 관장한다(정조법 제32조 제1항)는 것과 같은 것이다. 사항적 권한이라고도 한다. 한편 사물적 권한범위가 일반적인 행정관청을 보통관청(예 : 행정각부장관), 특별한 행정관청을 특별관청(예 : 국세청장)이라 부른다.

2. 지역적 권한

49 지역적 권한(Örtliche Zuständigkeit)이란 행정관청의 공간상의 활동영역을 말한다. 즉 사물적 권한을 행사하는 공간 내지 지역상의 권한이다. 그 지역을 관할구역이라 부르기도 한다. 한편 관할구역이 전국인 행정관청을 중앙관청, 관할구역이 일정지역인 행정관청을 지방관청 또는 지방행정청이라 부른다.

3. 인적 권한

50 인적 권한(Persönliche Zuständigkeit)이란 권한이 미치는 사람에 대한 권한을 말한다. 예컨대 국방부장관은 군인 또는 군무원의 신분을 가진 자에게만 권한을 가진다고 할 때의 권한이 인적 권한이 된다.

4. 형식적 권한

51 형식적 권한(Förmliche Zuständigkeit)이란 일정형식을 배타적으로 행사할 수 있는 권한을 의미한다. 예컨대 대통령령은 대통령에게만, 총리령·부령은 국무총리와 행정각부의 장에만 부여된 형식상의 권한이다.

5. 심급상 권한

심급상 권한(Instanzielle Zuständigkeit)이란 행정관청 간의 계층적인 구조상 상급관청과 하급관청 간에 어느 관청이 어떠한 권한을 갖는가의 문제이다. 법률상 특별히 정함이 없는 한 상급관청은 하급관청에 관련된 권한사항을 스스로 결정할 수 없다. 즉 자기개입권(Selbsteintrittsrecht)이 없다. 예컨대 강남구청장의 정보비공개결정에 대한 이의신청에 대한 결정권한은 강남구청장의 권한이지만, 강남구청장의 정보비공개결정에 대한 행정심판의 청구에 대한 재결권은 서울특별시 행정심판위원회의 권한이다. 52

Ⅴ. 권한의 행사

1. 권한행사의 방식

행정관청은 자기에게 주어진 권한을 자기 스스로 법이 정한 바에 따라 행사하는 것이 원칙이다. 그러나 예외적으로는 업무처리의 효율성이나 기관구성자의 사고 등을 이유로 다른 기관으로 하여금 권한을 행사에게 하는 경우도 있다. 이를 권한의 대행이라 한다. 이에는 권한의 위임과 권한의 대리가 있다. 53

2. 권한 행사상 의무

① 행정청은 법령등에 따른 의무를 성실히 수행하여야 한다(기본법 제11조 제1항). ② 행정청은 행정권한을 남용하거나 그 권한의 범위를 넘어서는 아니 된다(기본법 제11조 제2항). 이를 위반하면 하자 있는 권한행사가 된다. 53a

3. 권한행사의 효과

행정관청이 자기에게 주어진 권한의 범위 내에서 행한 행위는 바로 행정주체인 국가의 행위로서 효력을 발생시킨다. 그리고 일단 발생한 효력은 행정관청 구성자의 변동이나 해당 행정관청의 폐지·변동에 영향을 받지 않는다. 그 권한이 법적인 행위인가, 사실상의 행위인가를 가리지 않는다. 54

4. 관할이송

행정청이 그 관할에 속하지 아니하는 사안을 접수하였거나 이송받은 경우에는 지체 없이 이를 관할행정청에 이송하여야 하고, 그 사실을 신청인에게 통지하여야 한다(절차법 제6조 제1항 제1문). 행정청이 접수하거나 이송받은 후 관할이 변경된 경우에도 또한 같다(절차법 제6조 제1항 제2문). 55

5. 하자있는 권한행사

56 행정청은 법령등에 따른 의무를 성실히 수행하여야 하며(기본법 제11조 제1항). 행정청은 행정권한을 남용하거나 그 권한의 범위를 넘어서는 아니 된다(기본법 제11조 제2항). 뿐만 아니라 행정청은 자기에게 주어지지 않은 권한을 행사하여서는 아니 된다. 이를 위반하면 하자 있는 권한행사가 된다. 이러한 행정행위는 무효 또는 취소, 이러한 법규명령은 무효가 된다. 행정청의 하자 있는 권한행사로 인해 권익을 침해당한 자는 국가나 지방자치단체를 상대로 행정쟁송을 제기하거나 손해배상을 청구할 수 있고, 가해공무원은 경우에 따라 책임을 지기도 할 것이다.

제 3 항 권한의 대리와 위임(권한행사의 예외적 방식)

Ⅰ. 권한의 대리

1. 의 의

57 ⑴ 개념·종류 권한의 대리란 일정한 사유에 의거 행정관청(피대리관청)이 자신의 권한의 전부 또는 일부를 타 기관(대리관청)으로 하여금 행사하게 하는 경우로서, 이 때 대리관청은 피대리관청을 위한 것임을 표시하면서 대리관청 자신의 이름으로 행위하되 그 효과는 직접 피대리관청에 귀속하게 하는 제도를 말한다. 권한의 대행(헌법 제71조) 또는 직무대행(정조법 제7조 제2항·제22조)이라 불리기도 한다. 권한의 대리는 대리권의 발생원인에 따라 임의대리와 법정대리가 있다.

⑵ 유사개념과 구별

58 ㈎ 대 표 대표자의 행위는 바로 대표되는 기관의 행위이지 대리행위가 아니다. 대통령이 국가를 대표하는 경우, 대통령의 행위는 바로 국가행위가 된다. '국가를 당사자로 하는 소송에 관한 법률'에 의거하여 국가를 대표하는 법무부장관도 역시 여기서 말하는 대표에 해당한다(동법 제2조).

59 ㈏ 권한의 위임·이양 권한의 위임은 위임입법의 법리에 따라 수임 행정청에게 권한이 실질적으로 이전되나 근거 법률(모법)상으로는 여전히 위임 행정청의 권한이지만, 권한의 이양은 이양하는 권한이 법령상 이양을 받는 행정청에 이전되어 이양하는 행정청은 전혀 권한을 갖지 아니하는 것을 말한다. 대리의 경우에는 실질적으로나 법률상으로 권한의 이전이 전혀 없다. 권한의 위임·이

양은 법적 근거를 요하나, 권한의 대리 중 수권대리는 반드시 법적 근거를 요하는 것이 아니다.

(다) **사무의 대결·위임전결** 사무의 대결은 행정관청구성자의 일시부재시에 행정조직내부적으로 사실상 이루어지는 권한의 대리행사이나 대리는 법적 제도이다. 위임전결은 대리와 유사하나 행정기관구성자의 부재와 관계없이 이루어지는 권한행사이다. 위임전결은 전결로 불리기도 한다. 60

2. 임의대리

(1) **의 의** 임의대리란 피대리관청이 스스로의 의사에 기해 대리관청에게 대리권을 부여함으로써, 즉 수권행위로써 이루어지는 대리를 말한다. 위임대리 또는 수권대리라고도 한다. 실제상 임의대리가 활용되는 경우는 많지 않은 것으로 보인다. 수권행위는 상대방의 동의를 요하지 않는 일방적 행위이다. 61

(2) **법적 근거** 대리는 권한의 일시적 대리행사의 문제로서 권한의 이전을 가져오는 것은 아니므로, 권한의 위임과는 달리 반드시 법적 근거를 요하는 것은 아니다. 따라서 명문의 규정 유무를 불문하고 임의대리는 원칙적으로 가능하다고 본다(적극설).[1] 법률에 의한 행정의 원리와 관련하여 권한의 대리도 법이 정한 권한분배에 변경을 가져오는 것이므로 법의 명시적 근거를 요한다는 반론도 있다(소극설).[2] 62

(3) **대리권의 범위와 제한** 대리권의 범위는 수권행위에서 정해진다. 그러나 법령에서 특별히 정한 바가 없는 한 다음의 제한이 따른다. 첫째, 법령이 특정의 행위를 반드시 특정기관만이 하도록 규정하거나 성질상 그러한 행위(예: 총리령·부령)는 수권의 대상이 될 수 없다. 역으로 말한다면 대리는 일반적 권한에 관해서만 가능하다. 둘째, 대리는 권한의 일부에 한하는 것이지 권한의 전부를 대리시킬 수는 없다. 권한의 전부의 대리는 그 권한을 해당 행정청에 준 취지에 반하고, 아울러 실제상 당해 관청의 일시적 폐지를 의미하기 때문이다.[3] 63

(4) **대리행위의 효과** 대리관청의 행위는 피대리관청이 직접 행한 것과 다를 바 없다. 행정쟁송법상 행위도 마찬가지이다.[4] 권한초과의 경우에는 민법규 64

1) 김도창, 일반행정법론(하), 72쪽; 석종현·송동수, 일반행정법(하), 26쪽.
2) 박윤흔·정형근, 최신행정법강의(하), 22쪽.
3) 김남진·김연태, 행정법(Ⅱ), 21쪽(2019).
4) 대결 2006. 2. 23, 2005부4(대리권을 수여받은 데 불과하여 그 자신의 명의로는 행정처분을 할 권한이 없는 행정청의 경우 대리관계를 밝힘이 없이 그 자신의 명의로 행정처분을 하였다면 그에 대하여는 처분명의자인 당해 행정청이 항고소송의 피고가 되어야 하는 것이 원칙이지만, 비록 대리관계를 명시적으로 밝히지는 아니하였다 하더라도 처분명의자가 피대리 행정청 산하의 행정기관으로서 실제로 피대리 행정청으로부터 대리권한을 수여받아 피대리 행정청을 대리

정(제126조)이 유추적용될 수 있을 것이다.

65 (5) **대리관청과 피대리관청의 지위** 임의대리에서 대리관청은 피대리관청의 권한을 피대리관청의 책임하에 자기이름으로 행사하게 되며, 이때 대리관청의 행위는 바로 피대리관청의 행위로 된다. 한편 피대리관청은 대리관청을 선임, 지휘·감독권을 행사할 수 있으나 대리권수권의 위법성이나 부당성에 대해 책임을 지고, 또한 대리관청의 행위에 대해 감독상 책임을 부담한다.

66 (6) **종 료** 임의대리는 수권행위의 철회나 수권행위에서 정한 기한의 경과, 조건의 성취 등으로 종료된다.

67 (7) **복 대 리** 임의대리에서 대리관청이 대리권을 다시 다른 기관으로 하여금 행사하게 할 수 있는가의 문제가 있다. 이것이 복대리의 문제이다. 생각건대 임의대리에서는 신뢰관계가 기초가 되므로 복대리는 원칙적으로 부인된다.[1]

3. 법정대리

68 (1) **의 의** 법정대리란 법정사실이 발생하는 경우에 직접 법령의 규정에 의거하여 이루어지는 대리를 말한다. 법정대리에는 수권행위의 문제가 생기지 아니한다.

69 (2) **근 거** 법제상 법정대리에 관한 근거로 헌법 제71조, 정부조직법 제7조 제2항·제12조 제2항·제22조, 지방자치법 제124조 제5항 등이 있다.

70 (3) **종 류** 법정대리는 대리권발생원인과 관련된 개념이나, 대리관청의 결정방법과 관련하여 다시 협의의 법정대리와 지정대리로 구분할 수 있다. 그러나 논자에 따라서는 지정대리를 법정대리와 구분하여 다루기도 한다.

71 (가) **협의의 법정대리** 이것은 법정사실이 발생하면 법상 당연히 특정한 자에게 대리권이 부여되어 대리관계가 성립되는 경우를 말한다(예 : 장관의 유고시 정부조직법 제7조 제2항 본문에 의거 당연히 차관이 대리하게 되는 경우).

72 (나) **지정대리** 이것은 법정사실의 발생 시에 일정한 자가 다른 일정한 자를 대리관청으로 지정함으로써 대리관계가 발생하는 경우를 말한다(예 : 정부조직법 제22조에 의거 국무총리와 부총리가 모두 직무를 수행할 수 없는 경우, 대통령의 지명이 있으면 그 지명을 받은 국무위원이 국무총리의 직무를 대행하는 경우). 지정대리의 경우 대리인의 지정은 대리 명령서에 의한다(직무정 제6조 제2항).

한다는 의사로 행정처분을 하였고 처분명의자는 물론 그 상대방도 그 행정처분이 피대리 행정청을 대리하여 한 것임을 알고서 이를 받아들인 예외적인 경우에는 피대리 행정청이 피고가 되어야 한다).

1) 박윤흔·정형근, 최신행정법강의(하), 24쪽; 서원우, 현대행정법론(상), 255쪽; 이상규, 신행정법론(하), 71쪽.

㈐ **성질의 차이** 협의의 법정대리와 지정대리 사이에 대리관청의 결정방법에 차이가 있으나, 양자 모두 대리권 자체가 법령에서 직접 규정되고 있으므로 법정대리에 속한다. 양자 간에 성질상 특별한 차이는 없다. 73

⑷ **대리권의 범위와 효과** 협의의 법정대리인가, 지정대리인가를 불문하고 양자 모두 대리권은 피대리관청의 권한의 전부에 미친다. 그리고 대리관청의 행위는 당연히 피대리관청의 행위로서 효과를 발생한다. 74

⑸ **대리관청과 피대리관청의 지위** 대리관청은 피대리관청의 권한을 자기의 책임하에 행사한다. 그러나 피대리관청은 대리관청의 선임·감독·지휘에 대해 책임을 지지 아니한다. 왜냐하면 대리관계가 피대리관청의 의사가 아니라 법령에 의해 강제된 것이기 때문이다. 75

⑹ **기 타** 법정대리의 발생원인이 소멸되면 당연히 대리관계는 소멸된다. 그리고 법정대리에서는 복대리가 가능한 것으로 본다.[1] 76

⑺ **권한의 서리**

㈎ **의 의** 행정관청의 구성자가 사망·해임 등의 사유로 궐위된 경우에 새로운 관청구성자가 정식으로 임명되기 전에 일시 대리관청을 두어 그로 하여금 당해 관청의 권한을 행사하게 하는 경우를 서리라 한다. 77

㈏ **인정여부** 권한의 서리는 특히 국무총리서리제도와 관련하여 위헌성이 논의되고 있다. 학설은 ① 위헌설(국무총리의 임명에는 국회의 사전동의가 필요하다는 점, 정부조직법 제22조는 일정한 경우에 국무총리의 직무대행에 관해 규정하고 있어 서리의 임용이 불필요하다는 점 등을 논거로 한다), ② 합헌설(헌법상 국무총리제도는 대통령제와 부합하지 아니함을 전제로 국무총리서리제도는 이런 모순에서 생겨난 헌법관례라는 견해), ③ 예외적 합헌설(원칙적으로 국무총리서리제도는 위헌이지만, 예외적으로 교전상황 등으로 인해 국회구성이나 국회소집이 불가능하여 국회의 사전동의가 곤란한 경우에는 합헌이라는 견해)로 나뉘고 있으나, 예외적 합헌설이 타당하다고 본다. 78

㈐ **성 질** 권한의 대리는 행정기관 간의 문제이나, 권한의 서리는 기관구성자의 궐위시의 문제이므로 양자 간에 다소 성질상 차이가 있다. 그러나 대리든 서리든 양자 모두 행정사무의 대행인 점에서는 본질적인 차이가 없다. 따라서 서리를 법정대리의 하나인 지정대리로 보아 무방할 것이다.[2] 79

㈑ **지 위** 서리는 자기의 책임하에 자기의 이름으로 해당 기관의 전권한을 행사한다. 해당 기관의 구성자가 정식으로 임명되거나 서리의 지정행위가 80

1) 서원우, 현대행정법론(상), 255쪽.
2) 김도창, 일반행정법론(하), 75쪽; 김동희, 행정법(Ⅱ), 18쪽(2019); 박윤흔·정형근, 최신행정법강의(하), 24쪽; 서원우, 현대행정법론(상), 254쪽; 정하중, 행정법개론, 879쪽(2019).

철회되면 그 때부터 서리관계는 종료한다.

Ⅱ. 권한의 위임

1. 의 의

81 (1) 개 념 행정관청이 자기에게 주어진 권한을 스스로 행사하지 않고 법령에 근거하여 타자에게 사무처리권한의 일부를 실질적으로 이전하여 그 자의 이름과 권한과 책임으로 특정의 사무를 처리하게 하는 것을 넓은 의미에서 권한의 위임이라고 한다.[1] 여기서 '실질적으로'란 모법(수권법)상으로는 위임행정청의 권한이지만, 위임의 법리에 따른 위임입법에 의해 그 권한이 이전됨을 의미한다. 그런데 법제상으로는 지휘·감독관계에 있는 자 사이의 이전과 대등관계에 있는 자 사이의 이전을 구분하여, 전자의 경우를 좁은 의미의 위임이라 하고, 후자의 경우를 위탁이라고 한다. 그러나 양자 간에 성질상 차이가 없다. 위임과 위탁을 합하여 임탁이라고도 한다. 한편 행정사무 중 특히 등기·소송에 관한 사무의 처리를 위탁하는 것을 촉탁이라 부른다(부동산등기법 제22조).

(2) 유사개념과 구분

82 (가) 권한의 이양 권한의 이양은 권한 자체가 법률상 이전되는 것이나, 권한의 위임은 권한 자체가 모법(수권규범)상으로는 위임자에 유보되고 위임입법에 의해 권한행사의 권한·의무와 책임이 수임자에게 이전되는 것을 말한다. 권한의 이양은 수권규범의 변경이 있으나, 권한의 위임의 경우에는 수권규범의 변경 없이 위임근거규정을 통해 이루어진다. 따라서 법률의 개정이 없는 한 권한의 이양의 경우에는 권한의 회수가 불가하나, 권한의 위임의 경우에는 가능하다.

83 (나) 권한의 대리 권한의 대리는 권한의 이전이 아니고 단지 피대리관청을 위한 권한의 대리행사일 뿐이나, 권한의 위임은 권한의 이전의 문제이다. 따라서 권한의 위임의 경우에는 법적 근거가 중요한 문제이다.

84 (다) 권한의 내부위임

1) 의 의 권한의 내부위임이란 행정조직내부에서 수임자가 위임자의 권한을 위임자의 명의와 책임으로 사실상 행사하는 것을 말한다.[2] 권한의 내부위임은 행정청의 권한이 과다함으로써 발생할 수 있는 행정의 신속성과 능률성의 저해를 방지하기 위한 것이다.

---

1) 대판 2023. 2. 23, 2021두44548(행정권한의 위임이 있는 경우, 그 사무권한은 수임청에게 이전되고 수임청은 스스로의 책임 아래 그 사무권한을 행사하여야 한다. 또한 시·군 및 자치구나 그 장이 위임받아 처리하는 시·도의 사무에 관하여는 시·도지사의 지도·감독을 받는다).

2) 대판 1998. 2. 27, 97누1105(법률이 위임을 허용하지 않는 경우에도 내부위임은 인정된다).

2) 종 류 내부위임에는 위임전결과 대결이 있다. 위임전결이란 행정청이 내부적으로 행정청의 보조기관 등에게 일정한 경미한 사항의 결정권을 위임하여 보조기관 등이 사실상 그 권한을 행사하는 것을 의미한다(행운정 제10조 제2항). 위임전결은 행정사무를 간편하고 신속하게 처리하기 위한 것이다. 한편 대결이란 기관구성자의 일시부재시에 보조기관이 사실상 권한을 대리하는 것을 말하는데, 대통령령인 행정업무의 운영 및 혁신에 관한 규정에 따르면 내용이 중요한 문서에 대해서는 결재권자에게 사후에 보고하는 것을 말한다(행운정 제10조 제3항). 이를 후열이라고도 한다. 84a

3) 권한의 위임과의 구별 ① 권한의 위임은 법정권한의 실질적 변경을 의미하므로 법률의 근거를 요하나,[1] 권한의 내부위임은 권한의 대외적 변경이 없으므로 법률의 근거를 요하지 아니한다.[2] ② 권한행사방식에 있어서 권한의 위임은 수임기관이 자신의 이름으로 권한을 행사하나, 내부위임은 수임기관이 위임기관의 명의로 권한을 행사한다. ③ 행정소송과 관련하여서 권한의 위임의 경우에는 수임기관이 행정소송의 피고가 되나 내부위임의 경우에는 위임자가 행정소송의 피고가 된다.[3] 그러나 내부위임의 경우에도 수임기관이 자신의 명의로 처분을 하였다면, 대외적인 행위를 한 자는 수임기관이 되기 때문에 수임기관이 피고가 된다.[4] 84b

4) 권한행사방식 위반의 효과 ① 권한의 내부위임의 경우 수임자의 명의로 행정처분을 하였다면, 일반적으로 그 하자는 중대하고 명백하다고 볼 것이므로 그 처분은 원칙적으로 무효로 볼 것이다.[5] 한편 ② 권한의 내부위임에 있어 전결권자가 아닌 자가 행정처분을 한 경우 무권한의 처분으로서 무효의 처분은 아니라고 한 판례가 있다.[6] 무효행위인지 또는 취소할 수 있는 행위인지는 별 84c

1) 대판 1995. 11. 28, 94누6475(행정권한의 위임은 행정관청이 법률에 따라 특정한 권한을 다른 행정관청에 이전하여 수임관청의 권한으로 행사하도록 하는 것이어서 권한의 법적인 귀속을 변경하는 것이므로 법률이 위임을 허용하고 있는 경우에 한하여 인정된다 할 것이고, 이에 반하여 행정권한의 내부위임은 법률이 위임을 허용하고 있지 아니한 경우에도 행정관청의 내부적인 사무처리의 편의를 도모하기 위하여 그의 보조기관 또는 하급행정관청으로 하여금 그의 권한을 사실상 행사하게 하는 것이므로, 권한위임의 경우에는 수임관청이 자기의 이름으로 그 권한행사를 할 수 있지만 내부위임의 경우에는 수임관청은 위임관청의 이름으로만 그 권한을 행사할 수 있을 뿐 자기의 이름으로는 그 권한을 행사할 수 없다); 대판 1992. 4. 24, 91누5792; 대판 1989. 9. 12, 89누671.
2) 대판 1995. 11. 28, 94누6475.
3) 대판 1991. 10. 8, 91누520.
4) 대판 1994. 6. 14, 94누1197.
5) 대판 1986. 12. 9, 86누569.
6) 대판 1998. 2. 27, 97누1105(전결과 같은 행정권한의 내부위임은 법령상 처분권자인 행정관청이

론으로 하고, 권한의 내부위임에 있어서 전결권자도 법적 관점에서는 권한 행정청이 아니므로 국민과의 관계에서 전결권자의 행위와 전결권자가 아닌 자의 행위 사이에 특별한 차이는 없다.

(라) 권한의 대행 학문상으로 확립된 권한의 대행의 의미는 보이지 아니한다. 실정법상 대행이라는 용어는 다양하게 사용되고 있다. 실정법상 사용되는 대행의 의미는 아래와 같이 여러 유형으로 나누어 볼 수 있다.

84d 1) 법정대리로서의 대행 헌법 제71조(대통령이 궐위되거나 사고로 인하여 직무를 수행할 수 없을 때에는 국무총리, 법률이 정한 국무위원의 순서로 그 권한을 대행한다)에서 말하는 국무총리의 대통령 권한대행은 법정대리의 일종이다. 권한의 대행자가 자기의 명의로 권한을 행사하지만(예 : 대통령 권한대행 국무총리 ○○○), 그 법적 효과는 본래의 권한자인 피대행자가 행한 것과 동일한 것으로 간주된다.

84e 2) 위임·위탁으로서 대행 판례는 국세징수법 제61조 제5항(세무서장은 압류한 재산의 공매에 전문 지식이 필요하거나 그 밖에 특수한 사정이 있어 직접 공매하기에 적당하지 아니하다고 인정할 때에는 대통령령으로 정하는 바에 따라 한국자산관리공사로 하여금 공매를 대행하게 할 수 있으며 이 경우의 공매는 세무서장이 한 것으로 본다)에 따른 한국자산관리공사(과거에는 성업공사)의 공매를 세무서장의 공매권한의 위임에 의하여 압류재산을 공매하는 것으로 보았다.[1]

84f 3) 행정사무지원으로서 대행

a) 의 의 여권법 제21조 제1항(외교부장관은 여권 등의 발급, 재발급과 기재사항변경에 관한 사무의 일부를 대통령령으로 정하는 바에 따라 영사나 지방자치단체의 장에게 대행하게 할 수 있다), 자동차관리법 제20조 제1항(시·도지사는 필요하다고 인정하면 국토교통부령으로 정하는 바에 따라 제19조에 따른 등록번호판의 제작·발급 및 봉인 업무를 대행하는 자(이하 "등록번호판발급대행자"라 한다)를 지정할 수 있다. 이 경우 그 지정방법 및 대행기간은 해당 지방자치단체의 조례로 정할 수 있다) 등의 대행은 대행하는 자(기관)의 이름이 아니라 피대행기관, 즉 대행을 맡긴 기관(여권법 제21조의 외교부장관)의 이름으로 하는바, 이 점에서 위임 또는 위탁과 다르다. 말하자면 행정기관이 법령상의 권한을 그(여권법 제21조의 외교부장관)의 명의와 책임하에 행사하되 권한의 행사에 따른 실무를 대행기관으로 하여금 행하게 하는 것을 말한다. 이

내부적인 사무처리의 편의를 도모하기 위하여 그의 보조기관 또는 하급 행정관청으로 하여금 그의 권한을 사실상 행사하게 하는 것으로서 법률이 위임을 허용하지 않는 경우에도 인정되는 것이므로, 설사 행정관청 내부의 사무처리규정에 불과한 전결규정에 위반하여 원래의 전결권자 아닌 보조기관 등이 처분권자인 행정관청의 이름으로 행정처분을 하였다고 하더라도 그 처분이 권한 없는 자에 의하여 행하여진 무효의 처분이라고는 할 수 없다).

1) 대판 1996. 9. 6, 95누12026; 대판 1997. 2. 28, 96누1757.

러한 권한의 대행은 행정사무의 지원을 위한 것으로서 이해될 수 있다.[1]

b) 대행기관과 피대행기관의 지위 권한을 대행하는 자는 대행을 맡긴 기관의 집행기관의 성질을 갖는다. 따라서 대행기관의 위법행위는 피대행기관의 위법이 되고, 따라서 피대행기관이 배상법상 책임을 진다. 피대행기관이 행정소송상 피고가 된다.

85 (마) 민사상 위임 위임받은 사항을 수임자가 자기의 명의·책임으로 수행하는 것은 같으나 민사상 위임이 계약에 의한 것이고 사법상의 제도인 반면, 권한의 위임은 법률의 규정 내지 일방적 행위 등에 의한 것이고 공법상의 제도이다.

2. 근 거

86 (1) 법적 근거의 필요성 권한의 위임이 위임자의 권한을 법률상 수임자에게 이전하는 것을 뜻하는 것은 아니라고 할지라도 권한의 위임은 법률에서 정한 권한분배가 대외적으로 변경됨을 가져오고, 이로 인해 법적 지위가 상이한 수임자로 하여금 새로운 책임과 의무를 부담시키므로 권한의 위임(재위임포함)은 법적 근거를 요한다고 본다.[2] 판례의 입장도 같다.[3]

(2) 법적 근거의 내용

87 (가) 일반적 근거 현행법상 권한의 위임에 관한 일반적 근거법으로는 정부조직법 제6조와 이에 근거한 대통령령인 행정권한의 위임 및 위탁에 관한 규정, 지방자치법 제115조·제117조 등이 있다.

88 (나) 개별적 근거 각 단행법이 개별적으로 권한의 위임을 규정하는 경우도 적지 않다(예 : 식품법 제91조; 공위법 제18조). 그런데 이러한 개별법률들은 위임되는 사무를 구체적으로 정하는 경우도 있겠으나, 권한의 위임의 내용을 개괄적으로 규정하고 있는 경우도 적지 아니하다.

89 (다) 정부조직법 제6조의 성격 다른 법령에 특별한 규정이 없는 경우에 정

---

1) 행정사무지원으로서 대행이라 하든 실무대행이라 하든 이러한 경우는 대행하는 자의 명의로 하는 것이 아니라는 점에서 위탁받은 자의 명의로 하는 민간위탁과는 구별된다.

2) 서원우, 현대행정법론(상), 247쪽.

3) 대판 1992. 4. 24, 91누5792(행정권한의 위임은 행정관청이 법률에 따라 특정한 권한을 다른 행정관청에 이전하여 수임관청의 권한으로 행사하도록 하는 것이어서 권한의 법적인 귀속을 변경하는 것이므로 법률의 위임을 허용하고 있는 경우에 한하여 인정된다 할 것이고, 이에 반하여 행정권한의 내부위임은 법률이 위임을 허용하고 있지 아니한 경우에도 행정관청의 내부적인 사무처리의 편의를 도모하기 위하여 그의 보조기관 또는 하급행정관청으로 하여금 그의 권한을 사실상 행사하게 하는 것이므로, 권한위임의 경우에는 수임관청이 자기의 이름으로 그 권한행사를 할 수 있지만 내부위임의 경우에는 수임관청은 위임관청의 이름으로만 그 권한을 행사할 수 있을 뿐 자기의 이름으로는 그 권한을 행사할 수 없는 것이다); 대판 1989. 9. 12, 89누671.

부조직법 제6조에 근거하여 권한을 위임할 수 있을 것인가의 문제가 있다. 이에 관해서는 ① 정부조직법 제6조는 행정관청의 권한은 위임이 가능하다는 일반원칙을 선언한 것에 불과하다는 견해와[1] ② 동조는 위임의 근거가 된다는 견해의[2] 대립이 있다. ③ 생각건대 정부조직법 제6조가 권한의 위임의 일반적인 근거가 된다고 하면, 그것은 권한을 법령으로 명확히 정하라는 행정조직법정주의에 상치되는 결과를 가져오고, 아울러 시민의 입장에서는 권한의 소재를 판단하는 데에 많은 어려움을 갖게 될 것이다. 따라서 ①설이 타당하다고 본다. 그러나 ④ 판례는 ②설을 취한다. 즉 동조를 위임과 재위임의 일반적 근거규정으로 본다.[3] 판례의 입장에 서면 권한의 위임은 매우 용이하게 이루어질 수 있을 것이다.

3. 한 계

90 (1) **일부위임** 권한의 위임은 권한의 일부의 위임을 의미하는 것이지 권한의 전부의 위임을 의미하는 것은 아니다. 왜냐하면 권한의 전부의 위임은 사실상 위임행정청의 권한 자체의 폐지를 뜻하는 것이 되기 때문이다. 따라서 규정의 유무를 불문하고 권한의 위임은 권한의 일부의 위임으로 새겨야 한다.[4]

91 (2) **재 위 임** 권한의 위임을 받은 자는 특히 필요한 때, 법령이 정하는 바에 의하여 위임받은 사무의 일부를 보조기관 또는 하급행정기관 등에 재위임할 수 있다는 것이 실정법의 태도이고(정조법 제6조 제1항 후단), 판례의 입장이다.[5]

---

1) 박균성, 행정법론(하), 33쪽(2019); 정하중, 행정법개론, 883쪽(2019).
2) 김남진·김연태, 행정법(Ⅱ), 28쪽(2019); 류지태·박종수, 행정법신론, 806쪽(2019).
3) 대판 1995. 7. 11, 94누4615(구 건설업법(1994. 1. 7. 법률 제4724호로 개정되기 전의 것) 제57조 제1항, 같은법시행령 제53조 제1항 제1호에 의하면 건설부장관의 권한에 속하는 같은 법 제50조 제2항 제3호 소정의 영업정지 등 처분권한은 서울특별시장·직할시장 또는 도지사에게 위임되었을 뿐 시·도지사가 이를 구청장·시장·군수에게 재위임할 수 있는 근거규정은 없으나, 정부조직법 제5조(현행법 제6조) 제1항과 이에 기한 행정권한의위임및위탁에관한규정 제4조에 재위임에 관한 일반적인 근거규정이 있으므로 시·도지사는 그 재위임에 관한 일반적인 규정에 따라 위임받은 위 처분권한을 구청장 등에게 재위임할 수 있다); 대판 1990. 2. 27, 89누5287; 대판 1989. 9. 26, 89누12127.
4) 이상규, 신행정법론(하), 74쪽.
5) 대판 1995. 7. 11, 94누4615; 대판 1990. 2. 27, 89누5287(정부조직법 제5조 제1항은 법문상 권한의 위임 및 재위임의 근거규정임이 명백하고 같은 법이 국가행정기관의 설치, 조직, 직무범위의 대상을 정하는데 그 목적이 있다는 이유만으로 권한위임, 재위임에 관한 위 규정마저 권한위임 등에 관한 대강을 정한 것에 불과할 뿐 권한위임의 근거규정이 아니라고 할 수는 없으므로 충청남도지사가 자기의 수임권한을 위임기관인 동력자원부장관의 승인을 얻은 후 충청남도의 사무 시, 군 위임규칙에 따라 군수에게 재위임하였다면 이는 위 조항후문 및 행정권한의 위임및위탁에관한규정 제4조에 근거를 둔 것으로서 적법한 권한의 재위임에 해당하는 것이다); 대판 1990. 2. 13, 89누3625.

한편 지방자치법은 "지방자치단체의 장이 위임받거나 위탁받은 사무의 일 92
부를 제1항부터 제3항까지의 규정에 따라 다시 위임하거나 위탁하려면 미리 그 사무를 위임하거나 위탁한 기관의 장의 승인을 받아야 한다"고 하여 재위임에 제한을 가하고 있다(지자법 제117조 제4항). 따라서 기관위임사무의 경우, 수임자는 위임자의 승인을 얻어 규칙으로 재위임을 할 수 있다.

4. 효 과

(1) 수임기관의 지위 권한을 위임받은 기관은 자기의 명의·책임·권한으 93
로 사무를 수행하며(임탁정 제8조 제1항·제2항), 행정쟁송법상으로는 수임청이 피청구인 또는 피고가 된다.[1] 수임사무의 처리에 관해 위임기관은 수임기관에 대하여 사전승인을 얻거나 협의를 할 것을 요구할 수 없다(임탁정 제7조 본문). 만약 수임기관이 보조기관이면 위임받은 사항에 관해 보조기관은 행정청의 지위에 서게 된다(정조법 제6조 제2항).

(2) 위임기관의 권한 위임기관은 위임한 권한을 스스로 행사할 수 없다.[2] 94
그러나 위임기관은 수임기관의 수임사무의 처리에 대하여 지휘·감독하고 그 처리가 위법 또는 부당하다고 인정되는 때에는 이를 취소하거나 정지시킬 수 있다(임탁정 제6조·제14조). 다만 보조기관이나 하급기관이 아닌 다른 기관에 위임하는 경우에는 위임청의 지휘·감독권이 없다고 보는 것이 타당하다는 견해도 있다.[3] 판례는 위임 행정청이 「수임 행정청이 발급한 처분의 상대방」에 대한 통지행위를 처분으로 보지 아니한다.[4]

1) 대판 2013. 2. 28, 2012두22904(항고소송은 원칙적으로 소송의 대상인 행정처분 등을 외부적으로 그의 명의로 행한 행정청을 피고로 하여야 하는 것으로서, 그 행정처분을 하게 된 연유가 상급행정청이나 타행정청의 지시나 통보에 의한 것이라 하여 다르지 않고, 권한의 위임이나 위탁을 받아 수임행정청이 자신의 명의로 한 처분에 관하여도 마찬가지이다).

2) 대판 1996. 11. 8, 96다21331(도로의 유지·관리에 관한 상위 지방자치단체의 행정권한이 행정권한 위임조례에 의하여 하위 지방자치단체장에게 위임되었다면 그것은 기관위임이지 단순한 내부위임이 아니고 권한을 위임받은 하위 지방자치단체장은 도로의 관리청이 되며 위임 관청은 사무처리의 권한을 잃는다); 대판 1982. 3. 9, 80누334.

3) 서원우, 현대행정법론(상), 250쪽.

4) 대판 2023. 2. 23, 2021두44548(원고는 피고들에게 위 조례에 근거한 보조금 지급을 신청하였다고 볼 수 있다. 그런데 앞에서 본 바와 같이 이 사건에서 위 조례에 따른 보조금 지급 사무는 피고 광명시장에게 위임되었으므로 원고가 피고들에 대하여 한 위 신청에 대한 응답은 그 사무처리를 위임받은 피고 광명시장이 하여야 하고, 피고 경기도지사는 원고의 보조금 지급신청에 대한 처분권한자가 아니다. 또한 앞에서 본 이 사건 통보 내용을 비롯한 여러 가지 사정을 종합하면, 이 사건 통보는 피고 경기도지사가 원고의 보조금 신청에 대한 최종적인 결정을 통보하는 것이라기보다는 피고 광명시장의 사무에 대한 지도·감독권자로서 원고에 대하여는 보조금 지급신청에 대한 의견을 표명함과 아울러 피고 광명시장에 대하여는 피고 경기도지사의 의견에 따라 원고의 보조금 신청을 받아들일지 여부를

95 (3) **비용부담** 국가기관 사이에서나 국가와 지방자치단체 사이에 있어서도 위임기관은 수임기관에 필요한 인력 및 예산을 이관하여야 한다(임탁정 제3조 제2항). 이와 관련하여 지방재정법은 "국가가 스스로 하여야 할 사무를 지방자치단체나 그 기관에 위임하여 수행하는 경우 그 경비는 국가가 전부를 지방자치단체에 교부하여야 한다"(지정법 제21조 제2항)고 규정하고 있다(유사한 취지의 규정으로 지방재정법 제28조 및 지방자치법 제141조 참조).

5. 형식(수임기관의 유형)

현행법제상 행정권한의 위임은 여러 종류의 기관에 대하여 이루어질 수 있다. 이하에서 그 종류를 보기로 한다(정조법 제6조; 지자법 제104조).

96 (1) **보조기관에 위임** 이것이 위임의 가장 대표적인 경우이다. 보조기관은 위임사무에 정통하기 때문이다. 법무부장관이 법무부차관에게 권한을 위임하는 경우가 이의 예에 해당한다. 이 때 법무부차관은 위임의 범위 안에서 행정관청의 지위에 선다(정조법 제6조 제2항).

97 (2) **하급행정기관에 위임** 예컨대 상급행정청인 국세청장이 하급행정청인 세무서장에게 권한을 위임하는 경우가 이에 해당한다. 하급행정기관 역시 위임사무에 밝다. 위임의 범위 안에서 하급행정기관은 행정관청의 지위에 선다.

98 (3) **다른 행정기관에 위임** 이것은 지휘·감독관계가 없는 행정기관 사이(대등관청 사이 또는 자기의 감독하에 있지 않은 하급행정기관)의 위임을 의미한다. 이를 위탁이라고도 한다(정조법 제6조). 예컨대 법무부장관이 국방부장관에게 위탁하거나, 국방부장관이 세무서장에 위임하는 경우가 이에 해당한다.

99 (4) **지방자치단체에 위임** 예컨대 산업통상자원부장관이 권한을 지방자치단체에 위임하는 경우가 이에 해당한다. 이러한 위임을 단체위임이라 하고, 그 사무를 단체위임사무라 부른다. 단체위임사무를 처리하는 수임지방자치단체의 행위의 효과는 위임한 행정주체에 귀속한다.

100 (5) **지방자치단체의 기관에 위임** 예컨대 지방에 시행하는 국가행정사무를 지방자치단체의 장에게 위임하거나(지자법 제115조), 지방자치단체의 장이 사무의 일부를 관할구역 내에 있는 지방자치단체의 장에게 위임하는 경우(지자법 제117조 제2항)가 이에 해당한다. 이러한 위임을 기관위임이라 하고, 그 사무를 기관위

심사하여 원고에게 통지할 것을 촉구하는 내용으로 봄이 타당하다. 따라서 피고 경기도지사의 이 사건 통보는 원고의 권리·의무에 직접적인 영향을 주는 것이라고 할 수 없어 항고소송의 대상이 되는 처분으로 볼 수 없으므로, 주위적 피고 경기도지사에 대한 소는 부적법하여 각하되어야 한다).

임사무라 한다. 일반적으로 기관위임(Organleihe)이란 동일한 행정주체 내부에서 다른 행정기관에 위임하는 경우가 아니라, 다른 행정주체의 행정기관에 위임하는 경우를 말한다.[1)]

(6) **비행정기관에 위임**(민간위탁) 이 밖에도 권한의 위임은 비행정기관인 101
① 공공단체, ② 법인, ③ 민간단체, ④ 개인에게 이루어질 수도 있다. 다만 이들에게는 조사·검사·관리업무 등 국민이나 주민의 권리·의무와 직접 관계되지 아니하는 사항만이 위임될 수 있다(정조법 제6조 제3항; 지자법 제117조 제3항).

6. 종 료

권한의 위임은 법령 또는 위임관청의 의사표시에 의한 위임의 해제, 위임근 102
거의 소멸, 조건의 성취, 기한의 경과 등으로 종료된다. 위임의 종료로 위임된 권한은 당연히 위임기관에 회복된다.

7. 문 제 점

위임행정은 행정의 효율성과 경제에 기여한다. 특히 기관위임의 경우, 위임 103
자는 자신의 행정관청이나 행정기구를 설치하고 유지하는 것을 절약할 수 있다. 그리고 이미 설치되어 있는 기관의 전문지식과 현장성(지역성)을 활용할 수도 있다.

그러나 위임행정은 행정조직법정주의를 침해할 가능성이 농후하다는 점, 위임행정은 책임만 이전되고 법률상의 권한은 이전되지 않기 때문에 수임자는 위임행정에 대하여 자기의 고유사무에 대하는 만큼의 책임감을 느끼지 않는 점, 국민의 입장에서는 어느 기관이 권한기관인지 알기 어렵기 때문에 불편을 갖게 된다는 점 등을 이유로 권한의 위임에 대한 비판적 시각도 있다.[2)]

---

1) Maurer, Allgemeines Verwaltungsrecht, § 21, Rn. 54.
2) 김도창, 일반행정법론(하), 80쪽.

제 4 항 행정관청간의 관계[1)]

104

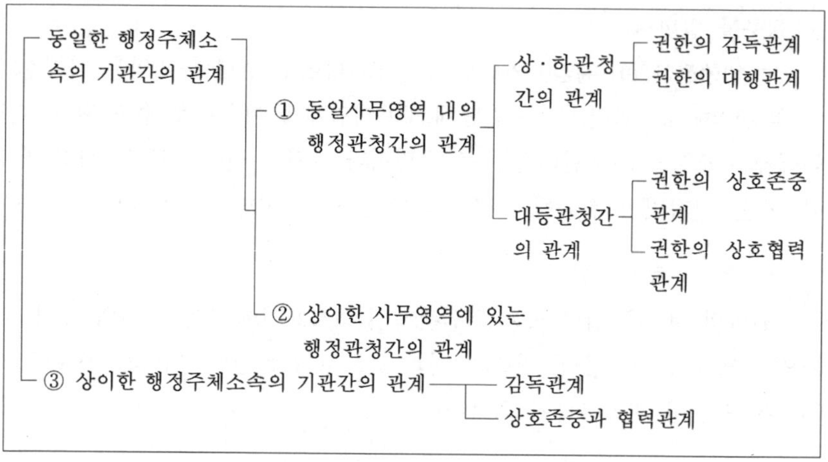

Ⅰ. 동일 사무영역 내의 행정관청간의 관계

국가행정관청간 또는 동일지방자치단체의 행정청간의 관계 중 동일한 사무영역 내의 행정관청간의 관계는 다시 상·하관청간의 관계(예 : 국세청장과 지방국세청장간의 관계)와 대등관청간의 관계(예 : 동대문세무서장과 서대문세무서장간의 관계)로 나누어진다.

1. 상·하관청간의 관계

상·하관청간의 관계는 계층적 통일체로서의 행정조직의 성격과 관련하여 권한의 감독관계와 권한의 대행관계가 문제된다.

⑴ 권한의 감독관계

105 ㈎ 감독의 의의 　행정조직은 행정의 통일적인 수행을 위해 상명하복을 주된 특징으로 하는 여러 상하기관의 계층적 통일체이다. 여기서 하급관청의 권한행사가 합법성·합목적성을 확보할 수 있도록 하기 위해 상급관청이 하급관청에 대하여 행하는 여러 종류의 지도적 내지 통제적 작용을 권한의 감독이라 한다.

106 ㈏ 감독권의 근거 　일반적으로 말해 하급관청의 행정작용마다 법적 근거

1) 행정관청간의 관계를 구성하는 방법이 학자들간에 다소 다르다. 말하자면 ① 권한의 감독관계, 권한의 대행관계, 행정관청의 협력관계로 구성하는 입장(윤세창·이호승, 행정법(상), 606쪽 이하), ② 협력관계·감독관계·조정관계로 구성하는 입장(이상규, 신행정법론(하), 65쪽 이하), ③ 상하관청간의 관계, 대등관청간의 관계로 구성하는 입장(김남진·김연태, 행정법(Ⅱ), 32쪽(2019) 이하; 김도창, 일반행정법론(하), 75쪽 이하; 김동희, 행정법(Ⅱ), 26쪽(2019) 이하; 박윤흔·정형근, 최신행정법강의(하), 35쪽 이하) 등이 있다.

가 있어야만 상급관청이 감독권을 갖는 것은 아니다. 그러한 것은 실제상 곤란할 뿐만 아니라 계층적 조직체로서의 행정조직의 원리에도 합당하지 않기 때문이다. 그러나 상급관청이 하급관청에 대해 일반적으로 감독권을 갖는다는 감독권 자체에 대한 법적 근거는 필요하다. 현행법상 근거로는 정부조직법 제11조, 지방자치법 제185조·제188조 등이 있다.

107 (다) 감독의 종류 넓게 본다면, 행정에 대한 감독에는 ① 감독의 주체에 따라 행정관청에 의해 이루어지는 행정에 대한 감독(행정감독), 국회에 의해 이루어지는 행정에 대한 감독(입법감독), 법원에 의해 이루어지는 행정에 대한 감독(사법감독)이 있는데, 여기서는 행정감독이 문제의 대상이 된다. ② 행정감독도 감독청과 피감독청간의 관계를 기준으로 볼 때, 감독관청이 피감독관청의 상급관청인 경우(예 : 국세청장의 세무서장에 대한 감독)인 경우와 감독관청이 조직상 피감독관청과 별개의 관청(예 : 감사원의 세무서장감독)인 경우도 있다. 전자를 직계감독, 후자를 방계감독이라고도 한다.[1] ③ 감독작용의 성질을 기준으로 보면, 하급관청의 권한행사가 위법·부당한 것이 되지 않도록 방지하기 위하여 하급관청의 권한행사 이전에 이루어지는 감독(예방적 감독)과, 이미 위법·부당하게 이루어진 하급관청의 권한행사를 사후에 시정하기 위해 이루어지는 감독(교정적 감독)의 구분이 이루어지고 있다. 전자를 사전감독, 후자를 사후감독이라고도 말한다.

④ 감독의 내용을 기준으로 보면, 법규감독, 전문감독 및 근무감독으로 나 108
눌 수 있다.[2] 모든 종류의 감독은 최소한 행정작용의 적법성을 보장하는 기능을 갖는다. 법규감독(Rechtsaufsicht)이란 행정작용의 적법성의 통제만을 위한 감독을 말한다(예 : 지방자치단체의 자치사무에 대한 국가의 감독). 법규감독은 일반감독이라고도 한다. 전문감독(Fachaufsicht)이란 적법성의 통제뿐만 아니라 행정작용의 합목적성의 통제까지 포함한다(예 : 지방자치단체가 수행하는 국가의 위임사무에 대한 국가의 감독, 기관위임사무에 대한 감독, 국가 또는 지방자치단체의 내부에서의 감독). 근무감독(Dienstaufsicht)이란 근무규칙준수에 대한 감독을 의미한다(예 : 국가 또는 지방자치단체의 내부).

(라) 감독의 방법

1) 감 시 권 감시권이란 하급관청이 행하는 권한행사의 상황을 파악하 109
기 위하여 상급관청이 하급관청의 사무를 감사하거나, 하급관청으로 하여금 사무처리의 내용을 정기적으로 또는 수시로 보고하게 하는 권한을 말한다. 감시권

---

1) 윤세창·이호승, 행정법(상), 606쪽.
2) Hofmann/Gerke, Allgemeines Verwaltungsrecht, S. 23.

의 행사는 사전예방적인 것이 일반적이나 사후교정적인 경우도 있다. 감시권은 특별한 법적 근거를 요하는 것이 아니다.

2) 훈 령 권

110 a) 의 의 훈령이란 상급관청이 하급관청의 권한행사를 지휘하기 위하여 발하는 명령을 말한다. 훈령을 발할 수 있는 권한이 훈령권이다. 훈령권은 지휘권이라고도 한다. 훈령은 예방적 수단으로도 교정적 수단으로도 활용되나 전자의 경우가 일반적이다.

111 b) **직무명령과 구별** 훈령은 상·하관청간의 문제이므로 상급공무원이 부하공무원에게 발하는 공무원간의 문제인 직무명령(국공법 제57조; 지공법 제49조)과는 구별된다. 훈령은 행정기관에 대한 명령이므로 상급기관구성자의 변경에 불구하고 효력을 가지나 직무명령은 특정한 공무원 개인에 대하여 발령되므로 그 공무원의 변경·교체가 있으면 당연히 그 효력이 소멸된다. 또한 훈령은 하급관청의 소관사무에 대한 권한행사와 관련하여 발령되나, 직무명령은 공무원의 직무수행과 관련되는 한 공무원 개인의 일상 생활상의 행위와도 관련되어 발령될 수 있다. 그러나 훈령은 동시에 직무명령으로서의 기능을 가질 수도 있다.[1] 공무원이 행정기관의 지위에 있는 경우 그가 훈령에 따라 권한을 행사해야 하는 것은 공무원 개인의 의무이기도 하기 때문이다. 그러나 직무명령은 훈령으로서의 성질을 당연히 갖는 것은 아니다.[2]

112 c) **법적 성질** 훈령은 행정조직내부에서의 작용으로 하급관청을 구속할 뿐 일반국민을 구속하는 것은 아니라는 것이 통설·판례의 입장이다. 말하자면 통설과 판례는 훈령을 행정규칙으로 보고 있다.

113 d) 근 거 훈령권이 법령상 명문으로 규정되는 경우도 있으나(예 : 정조법 제11조 제1항·제18조 제1항·제26조 제3항; 지자법 제118조), 그렇다고 반드시 명문의 근거가 있어야만 훈령권이 인정되는 것은 아니다. 훈령권은 감독권의 한 부분이다.

114 e) 종 류 행정업무의 운영 및 혁신에 관한 규정 제4조 제2호는 하급기관에 대하여 일정한 사항을 지시하는 형식(즉 광의의 훈령)을 협의의 훈령·지시·예규·일일명령의 네 가지로 구분하여 규정하고 있다. 법적 성질에 있어서 이들간에 차이가 없고, 효력상 우열도 없다.

115 f) 요 건 훈령이 유효한 행위로서 하급관청을 구속하기 위해서는

1) 김남진·김연태, 행정법(Ⅱ), 36쪽(2019); 김도창, 일반행정법론(하), 82쪽.
2) 김남진·김연태, 행정법(Ⅱ), 36쪽(2019).

다음의 요건을 갖추어야 한다. 형식적 요건으로 ① 훈령의 주체는 훈령권 있는 상급관청이어야 한다. ② 훈령의 상대방은 훈령권 있는 관청의 지휘를 받을 수 있는 관청이어야 한다. ③ 훈령사항은 하급관청의 권한에 속하는 사항으로서 직무상 하급관청의 독립적인 권한에 속하는 사항이 아니어야 한다. ④ 실질적 내용으로 훈령사항(훈령내용)은 또한 적법하고 공익에 적합한 것이어야 한다. 훈령의 절차는 중요한 요건이 아니다.

g) 효 과 요건이 구비된 적법한 훈령이 발해지면 하급관청은 훈령 116
에 구속되고 훈령에 복종해야 한다. 통설에 따르면, 훈령에 위반하여 행정행위를 하여도 당연히 위법하게 되지 않고, 위법성은 성문법 및 불문법 위반여부를 기준으로 판단한다. 다만, 행정조직내부에서는 직무상 복종의무위반으로 징계책임을 질 수 있다. 또한 불복종시 상급관청이 하급관청의 권한을 대집행할 수는 없다. 왜냐하면 훈령은 권한행사의 지휘만을 내용으로 하는 것일 뿐이기 때문이다.

h) 심 사 하급관청이 훈령의 요건충족 여부를 심사할 권한이 있는 117
지 아니면 무조건 복종하여야 하는지 문제된다. 학설은 ① 행정의 계층적 조직의 원리상 하급관청은 상급관청의 명령을 반드시 따라야 한다는 부정설, ② 형식적 요건은 당연히 심사가 가능하므로 요건미비시에 복종을 거부할 수 있지만, 실질적 요건의 경우는 훈령에 중대하고 명백한 하자가 있으면 무효로서 거부할 수 있고, 그러한 정도에 이르지 아니한 경우에는 복종하여야 한다는 절충설,[1] ③ 법치주의의 관점에서 공무원의 법령준수의무를 복종의무에 우선하여 단순한 법령위반이라도 그 법령위반이 명백한 경우에는 복종하여서는 아니 된다는 긍정설로[2] 나누어 볼 수 있다. 생각건대 절충설이 타당하다.

i) 경 합 내용이 서로 모순되는 둘 이상의 훈령이 경합하는 경우, 118
하급관청이 따라야 할 훈령은 다음의 기준에 따라야 할 것이다. 첫째, 훈령행정청이 모두 주관상급청이 아니라면 주관쟁의의 방법에 따라야 하고, 둘째, 훈령행정청 중에 주관상급관청이 있으면 주관상급관청의 훈령에 따라야 하고, 셋째, 훈령행정청이 모두 주관상급관청이라면 직근상급관청의 훈령에 따라야 할 것이다.

3) 인 가 권 하급관청이 특정한 권한을 행사함에 있어서 미리 상급관 119
청의 승인(인가)을 받아야 하는 경우가 있는데, 이 때 상급관청이 갖는 권한이

---

1) 김도창, 일반행정법론(하), 84쪽; 석종현·송동수, 일반행정법(하), 35쪽.
2) 김남진·김연태, 행정법(Ⅱ), 37쪽(2019); 박윤흔·정형근, 최신행정법강의(하), 39쪽; 류지태·박종수, 행정법신론, 813쪽(2019).

인가권이다. 개념상 인가권의 행사는 예방감독적인 수단의 하나가 된다. 인가권은 ① 법령에서 명시적으로 규정될 때도 있고, ② 상급관청이 필요하다고 판단할 때 하급관청에 인가받을 것을 지시하는 경우도 있다. 후자의 경우 인가권의 남용이 문제될 수도 있다. 전자의 경우 인가는 행위의 유효요건이 된다. 요구되는 인가를 거치지 않고 한 행위는 경우에 따라서 무효가 된다고 볼 것이다.

120 4) 취소권·정지권 하급관청의 위법·부당한 행위를 취소하거나 정지하는 상급관청의 권한을 취소권·정지권이라 한다. 취소권·정지권은 성질상 교정적 감독수단의 하나이다. 취소는 영속적으로 효과를 제거하는 경우이며, 정지는 일시적으로 효과를 무력화시키는 것을 말한다. 문제는 상급관청이 하급관청의 행위를 취소·정지하기 위해서 특별한 법령의 근거를 요하는가 아니면 요하지 않는가의 여부이다. 감독청의 취소·정지는 하급관청권한의 대집행을 의미하므로 법령의 근거를 요한다는 견해도 있으나,[1] 취소·정지의 대상이 되는 행위가 위법·부당한 행위임을 감안한다면, 개별적인 법령의 근거가 없이도 감독권의 당연한 작용으로 상급관청은 직접 취소·정지할 수 있다고 보는 것이 타당하다. 현행법제상 명문으로 상급관청의 취소·정지를 규정하고 있는 경우로는 정부조직법 제11조 제2항·제18조 제2항, 행정권한의 위임 및 위탁에 관한 규정 제6조, 지방자치법 제169조가 있다.

121 5) 주관쟁의결정권 하급관청 사이에 권한의 분쟁이 있는 경우, 상급관청은 그 분쟁을 해결하고 결정하는 권한을 갖는바, 이를 주관쟁의결정권이라고 한다. 권한분쟁의 해결 또한 예방적 감독수단의 하나이다. 주관쟁의에는 서로 권한이 있다는 적극적 권한쟁의와 서로 권한이 없다는 소극적 권한쟁의가 있다. 행정관청간의 권한쟁의는 행정조직내부의 문제로서 법률상 쟁송이 아니므로 법원에 제소할 수도 없고, 헌법재판소법 제62조 제1항에도 해당하지 않으므로 권한쟁의심판의 대상도 아니다.

122 (2) **권한의 대행관계** 여기서 권한의 대행관계란 하급관청이 상급관청의 권한을 대신 행사하는 관계를 말한다. 대행관계에는 권한의 위임관계와 권한의 대리관계가 있다. 이에 관해서는 이미 살펴본 바 있다. 권한의 대행관계는 반드시 상하관청간의 문제만은 아니라는 점을 유념하여야 한다.

---

1) 박윤흔·정형근, 최신행정법강의(하), 43쪽; 김남진·김연태, 행정법(Ⅱ), 39쪽(2019); 류지태·박종수, 행정법신론, 811쪽(2019).

2. 대등관청간의 관계

행정청은 행정의 원활한 수행을 위하여 서로 협조하여야 한다(절차법 제7조 제1항). 행정청간의 협조는 ① 권한의 상호존중과 ② 권한의 상호협력으로 나타난다.

(1) **권한의 상호존중관계**(주관쟁의) 대등관청간에 있어서 행정관청은 다른 123
관청의 권한을 존중하고 침범하지 못한다. 관청의 권한은 관청 스스로가 정하는 사항이 아니라 법령상 정해지는 것이기 때문이다. 다른 행정청의 행위는 구성요건적 효력을 갖는다. 관청 사이에 권한에 관해 분쟁이 있는 경우, 이를 해결하고 결정하는 절차를 주관쟁의라 부른다. 주관쟁의에는 적극적 쟁의와 소극적 쟁의가 있는데, 이 의미와 그 해결방식은 기술하였다.

(2) **권한의 상호협력관계**

(가) **협 의** 어떠한 사항이 둘 이상의 행정관청의 권한에 관련되면, 그 124
사항은 관련있는 관청간의 협의에 따라 결정되고 처리된다. 관련의 형태로는 ① 어떠한 사항이 둘 이상의 행정관청의 공동관할에 속하는 경우(토용법 제11조 제1항 제2호)와 ② 어떠한 사항이 특정관청(주관관청)의 관할에 속하나 다른 관청(관계관청)이 관계를 갖는 경우(예 : 토용법 제16조 제2항)가 있을 수 있다. ①의 경우는 관련관청이 대등하게 협의하고 공동의 명의로 표시될 것이며, ②의 경우는 주관관청과 관계관청이 협의를 하되 주관관청의 명의로 표시될 것이다. 협의가 없이 이루어지면 ①의 경우는 언제나 무효가 될 것이고, ②의 경우는 반드시 무효가 되는 것은 아니다.

(나) **사무의 위탁**(촉탁) 사무의 위탁이란 권한의 위임의 한 종류로서 대등 125
관청간에 이루어지는 권한의 위임을 말한다. 이를 사무의 촉탁이라고도 한다. 사무의 위탁은 법령의 근거를 요한다. 위탁을 받은 관청은 위탁을 거부할 수 없다.

(다) **행정응원**

1) **의 의** 행정응원은 광·협의 두 가지 의미를 갖는다. 협의로는 천 126
재지변 기타 비상시에 다른 행정청의 청구나 자발적으로 이루어지는 행정응원을 말한다. 이에는 소방응원(소방법 제11조)·경찰응원(경응법 제1조) 등이 있다. 광의의 행정응원에는 협의의 행정응원 외에 평시응원이 있다. 평시응원이란 직무수행의 필요상 한 관청이 다른 관청에 대해 인적·물적 협력(예 : 문서나 의견의 제출, 공무원의 파견 등)을 요구하는 바가 있을 때에 이루어지는 행정응원을 말한다.

행정응원은 행정상 공조라 부르기도 한다.[1)]

127 2) 법적 근거 행정응원에 관한 일반법으로 행정절차법이 있으나, 개별 법령에서도 행정응원에 관한 규정이 나타난다(예 : 경응법 제1조). 다만 이하에서는 행정절차법의 규정을 보기로 한다.

128 3) 응원의 요청 행정청은 다음 각 호(1. 법령등의 이유로 독자적인 직무 수행이 어려운 경우, 2. 인원·장비의 부족 등 사실상의 이유로 독자적인 직무 수행이 어려운 경우, 3. 다른 행정청에 소속되어 있는 전문기관의 협조가 필요한 경우, 4. 다른 행정청이 관리하고 있는 문서(전자문서를 포함한다. 이하 같다)·통계 등 행정자료가 직무 수행을 위하여 필요한 경우, 5. 다른 행정청의 응원을 받아 처리하는 것이 보다 능률적이고 경제적인 경우)의 어느 하나에 해당하는 경우에는 다른 행정청에 행정응원을 요청할 수 있다(절차법 제8조 제1항). 한편 행정응원은 해당직무를 직접 응원할 수 있는 행정청에 요청하여야 한다(절차법 제8조 제3항).

129 4) 응원의 거부 제1항에 따라 행정응원을 요청받은 행정청은 다음 각 호(1. 다른 행정청이 보다 능률적이거나 경제적으로 응원할 수 있는 명백한 이유가 있는 경우, 2. 행정응원으로 인하여 고유의 직무 수행이 현저히 지장받을 것으로 인정되는 명백한 이유가 있는 경우)의 어느 하나에 해당하는 경우에는 응원을 거부할 수 있다(절차법 제8조 제2항). 행정응원을 요청받은 행정청은 응원을 거부하는 경우 그 사유를 응원을 요청한 행정청에 통지하여야 한다(절차법 제8조 제4항).

130 5) 지휘·감독 행정응원을 위하여 파견된 직원은 응원을 요청한 행정청의 지휘·감독을 받는다(절차법 제8조 제5항 본문). 다만, 해당직원의 복무에 관하여 다른 법령 등에 특별한 규정이 있는 경우에는 그에 따른다(절차법 제8조 제5항 단서).

131 6) 비용부담 행정응원에 드는 비용은 응원을 요청한 행정청이 부담하며, 그 부담금액 및 부담방법은 응원을 요청한 행정청과 응원을 하는 행정청이 협의하여 결정한다(절차법 제8조 제6항).

Ⅱ. 상이한 사무영역에 있는 행정관청간의 관계

132 동일행정주체의 행정관청간의 관계 중 상이한 사무영역에 있는 행정관청간에는 특별한 규정이 없는 한 상하관계가 문제되지 아니한다. 예컨대 법무부장관과 세무서장간에는 상하관계가 놓이지 않는다. 계층적 조직은 동일한 사무영역 내에서만 타당한 것이기 때문이다. 다만 동일한 상급기관(예 : 법무부장관과 국방부장관)은 동등한 지위에 놓인다. 여기서는 동일한 임무영역에 있는 대등관청

1) 이상규, 신행정법론(하), 79쪽.

간의 경우와 동일한 관계, 즉 권한의 상호존중관계와 권한의 상호협력관계가 적용된다.

Ⅲ. 상이한 행정주체 소속의 행정관청간의 관계

1. 감독관계

상이한 행정주체소속의 행정관청간(예 : 국가행정관청과 간접국가행정조직체의 기 133
관간 또는 국가행정관청과 지방자치단체의 기관간)에는 상·하관계가 나타나지 않는다. 왜냐하면 두 기관은 법인격을 달리하는 행정주체에 속하기 때문이다. 그러나 간접국가행정이나 지방자치행정 모두 국가행정의 한 부분을 구성한다고 볼 수 있으므로, 이 모든 행정은 전체로서 조화를 이루어야 한다. 이 때문에 법령은 국가에 직무감독권(간접국가행정에 대해서는 합법성의 감독과 합목적성의 감독, 지방자치단체에 대해서는 합법성의 감독만 가능)을 부여하기도 한다. 이러한 범위 안에서 감독관계가 성립된다. 특기할 것은 이 경우에 감독의 상대방은 행정청이나 공무원이 아니라 법인격자로서의 행정주체인 지방자치단체나 기타의 공법상 법인 그 자체라는 점이다.

2. 상호존중과 협력관계

상이한 행정주체소속의 행정기관간일지라도 이러한 관계에는 동일한 사무 134
영역에 있는 대등관청간의 경우와 동일한 관계, 즉 권한의 상호존중관계와 권한의 상호협력관계가 또한 적용된다.

제 2 장 국가행정조직법

제 1 절 직접국가행정조직법

제 1 항 정부조직법

Ⅰ. 정부조직법의 지위

135 정부조직법은 국가행정사무의 체계적이고 능률적인 수행을 위하여 국가행정기관의 설치·조직과 직무범위의 대강을 정하는 국가행정조직에 대한 일반법이다(정조법 제1조). 정부조직법은 국회법 및 법원조직법과 더불어 우리 나라의 국가조직을 정하는 가장 기본적인 조직법을 구성한다.[1)]

Ⅱ. 정부조직법의 규정내용

136 정부조직법은 국가행정기관에 관해 규정할 뿐 지방자치행정기관에 관해서는 규정하지 않는다. 그것도 직접국가행정사무를 담당하는 국가행정기관에 관해서만 규정한다. 국가행정기관 중에서도 중앙행정기관에 관해서는 비교적 자세히 규정하나, 특별지방행정기관에 관해서는 설치근거만을 규정하고 있고 보통지방행정기관에 대해서는 규정하는 바가 없다. 정부조직법은 행정기관의 설치·조직의 대강만을 규정할 뿐이고 구체적인 사항은 대통령령에 많이 위임되고 있다. 한편 넓은 의미에서 중앙행정기관으로 볼 수 있는 감사원과 같은 헌법상 독립기관은 본법에서 규율되고 있지 않다.

Ⅲ. 정부조직법상 행정기관의 종류

1. 행정관청(중앙행정기관)

137 중앙행정기관은 정부조직법에 따라 설치된 부·처·청과 다음 각 호(1. 「방송

---

1) 헌재 2021. 1. 28, 2020헌마264, 681(병합)(정부조직법은 국가행정기관의 설치와 조직에 관한 일반법으로서 공수처법보다 상위의 법이라 할 수 없고, 정부조직법의 2020. 6. 9.자 개정도 정부조직 관리의 통일성을 확보하고 정부 구성에 대한 국민의 알 권리를 보장하기 위하여 중앙행정기관을 명시하는 일반원칙을 규정하기 위한 것으로 볼 수 있다. 따라서 개정된 정부조직법 제2조 제2항을 들어 정부조직법에서 정하지 않은 중앙행정기관을 다른 법률로 설치하는 것이 헌법상 금지된다고 보기는 어렵다).

통신위원회의 설치 및 운영에 관한 법률」 제3조에 따른 방송통신위원회, 2. 「독점규제 및 공정거래에 관한 법률」 제35조에 따른 공정거래위원회, 3. 「부패방지 및 국민권익위원회의 설치와 운영에 관한 법률」 제11조에 따른 국민권익위원회, 4. 「금융위원회의 설치 등에 관한 법률」 제3조에 따른 금융위원회, 5. 「원자력안전위원회의 설치 및 운영에 관한 법률」 제3조에 따른 원자력안전위원회, 6. 「신행정수도 후속대책을 위한 연기·공주지역 행정중심복합도시 건설을 위한 특별법」 제38조에 따른 행정중심복합도시건설청, 7. 「새만금사업 추진 및 지원에 관한 특별법」 제34조에 따른 새만금개발청)의 행정기관으로 하되, 중앙행정기관은 이 법 및 다음 각 호의 법률에 따르지 아니하고는 설치할 수 없다(정조법 제2조 제2항). 중앙행정기관이란 용례상 포괄적 행정관청개념에 해당한다. 왜냐하면 정부조직법은 기본적으로 '행정기관'과 '행정기관의 장'을 구분하고 있기 때문이다. 따라서 행정기관의 장이 전통적 행정관청개념에 해당한다. 정부조직법의 전내용을 고려할 때, 부·처의 사무는 원칙적으로 목적에 따른 수평적 입장에서의 사무분배를, 청은 업무의 과다·특이성에 따른 부의 사무의 재분배를 전제로 한 것으로 보안다.

2. 보조기관

(1) 종 류　중앙행정기관의 보조기관은 정부조직법과 다른 법률에 특별한 규정이 있는 경우를 제외하고는 차관·차장·실장·국장 및 과장으로 한다. 다만, 실장·국장 및 과장의 명칭은 대통령령으로 정하는 바에 따라 본부장·단장·부장·팀장 등으로 달리 정할 수 있으며, 실장·국장 및 과장의 명칭을 달리 정한 보조기관은 이 법을 적용할 때 실장·국장 및 과장으로 본다(정조법 제2조 제3항). 138

(2) **보조기관의 설치와 사무분장**　보조기관의 설치와 사무분장은 법률로 정한 것을 제외하고는 대통령령으로 정한다. 다만, 과의 설치와 사무분장은 총리령 또는 부령으로 정할 수 있다(정조법 제2조 제4항). 139

(3) **보조기관에 보하는 공무원 유형**　중앙행정기관의 보조기관 및 보좌기관은 이 법과 다른 법률에 특별한 규정이 있는 경우를 제외하고는 일반직공무원·특정직공무원(경찰공무원 및 교육공무원만 해당한다) 또는 별정직공무원으로 보(補)하되, 다음 각 호에 따른 중앙행정기관의 보조기관 및 보좌기관은 대통령령으로 정하는 바에 따라 다음 각 호(1. 외교부: 외무공무원, 2. 법무부: 검사, 3. 국방부, 병무청 및 방위사업청: 현역군인, 4. 행정안전부의 안전·재난 업무 담당: 소방공무원, 5. 소방청: 소방공무원)의 구분에 따른 특정직공무원으로도 보할 수 있다. 다만, 별정직공무원으로 보하는 국장은 중앙행정기관마다 1명을 초과할 수 없다(정조법 제2조 제6항). 139a

3. 보좌기관

140 (1) 종 류 행정각부에는 대통령령으로 정하는 특정 업무에 관하여 장관과 차관(제34조 제3항 및 제38조 제2항에 따라 행정안전부 및 산업통상자원부에 두는 본부장을 포함한다)을 직접 보좌하기 위하여 차관보를 둘 수 있으며, 중앙행정기관에는 그 기관의 장, 차관(제29조 제2항·제34조 제3항 및 제38조 제2항에 따라 과학기술정보통신부·행정안전부 및 산업통상자원부에 두는 본부장을 포함한다)·차장·실장·국장 밑에 정책의 기획, 계획의 입안, 연구·조사, 심사·평가 및 홍보 등을 통하여 그를 보좌하는 보좌기관을 대통령령으로 정하는 바에 따라 둘 수 있다. 다만, 과에 상당하는 보좌기관은 총리령 또는 부령으로 정할 수 있다(정조법 제2조 제5항). 보좌기관에는 행정관청의 외부에 위치하는 것(예 : 대통령실)과 내부에 위치하는 것이 있는데, 여기서의 보좌기관은 후자의 경우를 말한다. 1973년 1월 정부조직법의 개정 전까지 차관보는 보조기관이었다.

141 (2) **보좌기관에 보하는 공무원 유형** 옆번호 139a(정조법 제2조 제6항)와 같다.

4. 부속기관

142 행정기관에는 그 소관사무의 범위에서 필요한 때에는 대통령령으로 정하는 바에 따라 시험연구기관·교육훈련기관·문화기관·의료기관·제조기관 및 자문기관 등을 둘 수 있다(정조법 제4조).

Ⅳ. 정부조직법상 행정기관의 설치근거

1. 행정관청(중앙행정기관)

143 중앙행정기관의 설치와 직무범위는 법률로 정한다(정조법 제2조 제1항). 행정기관에는 그 소관사무의 일부를 독립하여 수행할 필요가 있는 때에는 법률로 정하는 바에 따라 행정위원회 등 합의제행정기관을 둘 수 있다(정조법 제5조).

2. 보조기관

144 제3항에 따른 보조기관의 설치와 사무분장은 법률로 정한 것을 제외하고는 대통령령으로 정한다(정조법 제2조 제4항 본문). 차관(정조법 제26조 제2항)과 차장(정조법 제27조 제4항 등)의 설치는 정부조직법에 규정되어 있으나, 실·국의 설치는 대통령령으로 정하게 되어 있다(정조법 제2조 제4항 전단). 다만 과의 설치와 사무분장은 총리령 또는 부령으로 정할 수 있다(정조법 제2조 제4항 단서). 대통령령에

의한 보조기관의 설치의 구체적인 기준은 대통령령인 '행정기관의 조직과 정원에 관한 통칙'에서 정하고 있다.

3. 보좌기관

차관보는 정부조직법에서 직접 설치근거가 마련되어 있고(정조법 제27조 제2항·제28조 제2항·제30조 제2항·제33조 제2항·제34조 제4항·제36조 제2항·제37조 제2항·제38조 제3항·제43조 제2항), 보좌기관의 설치는 대통령령에 위임되어 있다(정조법 제2조 제5항 본문). 다만 과에 상당하는 보좌기관은 총리령 또는 부령으로 둘 수 있다(정조법 제2조 제5항 단서). 부속기관은 대통령령으로 설치된다(정조법 제4조). 145

Ⅴ. 정부조직법상 행정기관의 지위

1. 행정기관의 장과 보조기관

각 행정기관의 장은 소관사무를 통할하고 소속공무원을 지휘·감독한다(정조법 제7조 제1항). 차관(제29조 제2항·제34조 제3항 및 제38조 제2항에 따라 과학기술정보통신부·행정안전부 및 산업통상자원부에 두는 본부장을 포함한다. 이하 이 조에서 같다) 또는 차장(국무조정실 차장을 포함한다)은 그 기관의 장을 보좌하여 소관사무를 처리하고 소속공무원을 지휘·감독하며, 그 기관의 장이 사고로 직무를 수행할 수 없으면 그 직무를 대행한다(정조법 제7조 제2항 본문). 다만, 차관 또는 차장이 2명 이상인 기관의 장이 사고로 직무를 수행할 수 없으면 대통령령으로 정하는 순서에 따라 그 직무를 대행한다(정조법 제7조 제2항 단서). 각 행정기관의 보조기관은 그 기관의 장, 차관 또는 차장을 보좌하여 소관사무를 처리하고 소속공무원을 지휘·감독한다(정조법 제7조 제3항). 146

2. 중앙행정기관과 소속행정기관(청)의 관계

각 행정기관의 장과 차관 또는 차장은 소속청에 대하여는 중요정책수립에 관하여 그 청의 장을 직접 지휘할 수 있다(정조법 제7조 제4항). 147

3. 업무조정의 요청 및 정부위원

① 부·처의 장은 그 소관사무의 효율적 추진을 위하여 필요한 경우에는 국무총리에게 소관사무와 관련되는 다른 행정기관의 사무에 대한 조정을 요청할 수 있다(정조법 제7조 제5항). ② 국무조정실의 실장 및 차장, 부·처·청의 처장·차관·청장·차장·실장·국장 및 차관보와 제29조 제2항·제34조 제3항 및 제38 148

조 제2항에 따라 과학기술정보통신부·행정안전부 및 산업통상자원부에 두는 본부장은 정부위원이 된다(정조법 제10조). 정부는 국무총리와 국무위원 및 정부위원인 공무원을 임면하였을 때에는 이를 국회에 통지한다(국회법 제119조). 제1항(본회의는 의결로 국무총리, 국무위원 또는 정부위원의 출석을 요구할 수 있다. 이 경우 그 발의는 의원 20명 이상이 이유를 구체적으로 밝힌 서면으로 하여야 한다)이나 제2항(위원회는 의결로 국무총리, 국무위원 또는 정부위원의 출석을 요구할 수 있다. 이 경우 위원장은 의장에게 그 사실을 보고하여야 한다)에 따라 출석 요구를 받은 국무총리, 국무위원 또는 정부위원은 출석하여 답변을 하여야 한다(국회법 제121조 제3항). 제3항에도 불구하고 국무총리나 국무위원은 의장 또는 위원장의 승인을 받아 국무총리는 국무위원으로 하여금, 국무위원은 정부위원으로 하여금 대리하여 출석·답변하게 할 수 있다. 이 경우 의장은 각 교섭단체 대표의원과, 위원장은 간사와 협의하여야 한다(국회법 제121조 제4항).

제 2 항 중앙행정조직

Ⅰ. 종 류

149 중앙행정조직은 ① 대통령과 그 소속기관(예 : 감사원·국가정보원, 국가안전보장회의·민주평화통일자문회의·국민경제자문회의, 대통령비서실), ② 국무회의(헌법 제88조 제1항),[1] ③ 국무총리와 그 소속기관(예 : 부총리·국무조정실·인사혁신처·법제처·식품의약품안전처), ④ 행정각부와 그 소속기관, ⑤ 독립중앙행정기관(예 : 중앙선거관리위원회) 그리고 ⑥ 합의제행정기관이 있다. 국무총리·감사원장의 임명은 국회 인사청문특별위원회의 인사청문회를 거쳐야 한다(국회법 제46조의3; 인사청문회법 제4조 등).

▮참고▮ 국무총리 소속 행정청의 법적 성격

149a [1] 헌법상 행정권한은 ① 대통령·국무총리·행정각부의 장(장관) 사이에는 수직적으로 분산되어 있고, ② 행정각부의 장(장관) 사이에는 사항별로 수평적으로 분산이 예정되어 있다. ②는 정부조직법에서 구체적으로 규정되고 있다.

1) 헌재 2022. 1. 27, 2016헌마364(구체적으로 어떤 정책을 필수적으로 국무회의 심의를 거쳐야 하는 중요한 정책으로 보아야 하는지는 국무회의에 의안을 상정할 수 있는 권한자인 대통령이나 국무위원에게 일정 정도의 판단재량이 인정되는 것으로 보아야 하고, 그에 관한 대통령이나 국무위원의 일차적 판단이 명백히 비합리적이거나 자의적인 것이 아닌 한 존중되어야 한다).

대통령	(헌법 제66조 ④ 행정권은 대통령을 수반으로 하는 정부에 속한다)
↓	
국무총리	(헌법 제86조 ② 국무총리는 대통령을 보좌하며, 행정에 관하여 대통령의 명을 받아 행정각부를 통할한다)
↓	
행정각부	(헌법 제96조 행정각부의 설치·조직과 직무범위는 법률로 정한다)

또한 행정권과 관련하여 국무회의(헌법 제88조, 제89조), 국가원로자문회의(헌법 제90조), 국가안전보장회의(헌법 제91조), 민주평화통일자문회의(헌법 제92조), 국민경제자문회의(헌법 제93조), 감사원(헌법 제97조~제100조) 등도 규정되어 있다.

[2] 국무총리는 행정각부를 통할하는 사무를 관장한다. 김철수 교수는 "행정각부의 통할적 사무란 행정각부의 사무의 조정업무(기획조정) 및 성질상 어느 한 부에 관장시키는 것이 불합리한 성질의 사무(법제관리사무, 행정관리사무) 등을 말한다"고 하였다.[1] 저자는 이를 범행정각부사무라 하고, 이에 대비하여 행정각부 각각의 소관사무를 행정각부사무로 부르고 있다.[2]

[3] 국무총리의 소관 사무는 국무총리가 보조기관 등의 도움을 받아 스스로 처리하는 것이 원칙이다. 그러나 국무총리의 소관 사무가 광범위하면 보조기관으로 하여금 자기의 이름과 권한과 책임 하에 수행하게 할 수도 있다. 이러한 경우에는 보조기관에게 행정청의 성격을 부여하는 입법이 필요하다. 법제처나 인사혁신처는 정부조직법에서 이러한 원리에 따라 설치된 행정청이다.

[4] 범행정각부사무와 행정각부사무 사이에는 우열이 없으므로 법률에 근거하여 행정청의 성격이 부여되는 국무총리 소속 중앙행정기관의 장이 범행정각부사무를 처리하는 경우, 그 장의 지위는 적어도 행정각부의 장의 지위와 동등하게 설정하는 것이 합당하다.

[5] 국가행정사무는 헌법이 정하는 바에 따라 합당하게 국무총리와 행정각부의 장에게 배분되어야 한다. 현행 정부조직법상 국무총리 소속 행정청의 조직과 소관사무는 헌법 정하는 바에 따라 합당하게 조직되고 배분된 것이라고 말하기 어렵다.

Ⅱ. 행정각부

1. 행정각부의 의의

행정각부란 행정권의 수반인 대통령과 그의 명을 받는 국무총리의 통할 하 150
에 정부의 권한에 속하는 사무를 부문별로 처리하기 위하여 설치되는 중앙행정

1) 김철수, 헌법학신론, 박영사, 2010, 1393쪽.
2) 이에 관하여 졸고, "행정각부 사무와 범행정각부 사무 : 행정각부법정주의의 원리에 따른 행정법제 관리·운용이 이루어져야," 법제(2021. 9), 9쪽 이하 참조.

기관을 말한다. 행정임무의 다양성·전문성 등으로 모든 행정을 행정수반인 대통령이 처리하는 것은 불가능하다. 이 때문에 행정수반의 통제하에 행정임무를 분업적으로 처리하고자 도입된 것이 바로 행정각부의 제도인 것이다. 행정각부는 헌법에 의해 설치가 예정되고 있는 기관이다(헌법 제96조).

2. 행정각부의 수

151 행정각부의 수는 헌법상 명시되고 있지 않다. 다만 행정각부의 장은 국무위원 중에서 임명되어야 하고(정조법 제26조 제2항), 국무회의는 15인 이상 30인 이하의 국무위원으로 구성되므로(헌법 제88조 제2항), 행정각부는 이러한 범위 내에서 설치가 가능하다.

3. 행정각부의 조직

152 행정각부에 장관 1명과 차관 1명을 두되, 장관은 국무위원으로 보하고, 차관은 정무직으로 한다. 다만 기획재정부·과학기술정보통신부·외교부·문화체육관광부·산업통상자원부·국토교통부에는 차관 2명을 둔다(정조법 제26조 제2항). 장관이란 용어는 정부조직법이 지은 이름이다. 헌법은 행정각부의 장이라 부르고 있을 뿐이다. 하부조직은 각 행정각부의 직제가 규정하고 있다.

4. 행정각부의 장(장관)

153 (1) **장관의 지위** 행정각부의 장관은 국무위원 중에서 국무총리의 제청으로 대통령이 임명한다. 따라서 장관은 국무위원의 신분과 행정각부의 장의 신분을 동시에 갖는다. 국무위원으로서 장관은 국무회의의 구성원이 된다. 이러한 지위에서 그는 대통령이나 국무총리와 신분상 차이가 없다. 이러한 지위에서 그는 국무회의에서 심의할 안을 제출하고, 심의에 참여하고 표결에 참여한다. 행정각부의 장으로서 그는 자신이 장으로 되어 있는 행정각부의 소관사무에 관해 스스로 의사결정을 행하고, 그것을 외부에 표시할 수 있는 지위에 서는 중앙행정관청이 된다. 장관이 사고로 직무를 수행할 수 없으면 차관이 그 직무를 대행한다(정조법 제7조 제2항 본문). 다만, 차관 또는 차장이 2명 이상인 기관의 장이 사고로 직무를 수행할 수 없으면 대통령령으로 정하는 순서에 따라 그 직무를 대행한다(정조법 제7조 제2항 단서).

154 (2) **장관의 권한** 중앙행정관청으로서 행정각부의 장관은 소관사무통할권, 소속공무원 지휘·감독권(정조법 제7조 제1항), 소속공무원임면(제청)권(국공법 제32조), 인·허가 등의 각종 행정처분권, 부령을 발하는 권한(헌법 제95조), 예산

의 편성·집행권 등을 가지며, 아울러 국가의 중앙행정관청으로서 지방행정의 장에 대해 지휘·감독권을 갖는다(정조법 제26조 제3항). 여기서 지방행정의 장이란 특별지방행정기관의 장뿐만 아니라 국가행정사무를 위임받아 처리하는 지위에 서는 지방자치단체의 장도 포함한다. 국무위원으로서 행정각부의 장은 법률안이나 대통령령안 기타 의안을 국무회의에 제출할 권한을 갖는다.

5. 행정각부의 종류

대통령의 통할하에 기획재정부·교육부·과학기술정보통신부·외교부·통일 155
부·법무부·국방부·행정안전부·국가보훈부·문화체육관광부·농림축산식품부·산업통상자원부·보건복지부·환경부·고용노동부·여성가족부·국토교통부·해양수산부·중소벤처기업부로 구성되는 18개의 행정각부를 둔다(정조법 제26조 제1항).

6. 소속행정기관

(1) **행정관청** 행정각부장관에 소속하면서 그의 소관사무의 일부를 독립 156
적으로 관장하는 행정관청으로 청(예 : 국세청·관세청·조달청·통계청, 재외동포청, 검찰청, 병무청·방위사업청, 경찰청·소방청, 문화재청, 농촌진흥청·산림청, 특허청, 기상청, 행정중심복합도시건설청·새만금개발청, 해양경찰청)이 있다. 각부장관은 소속청에 대하여는 중요정책수립에 관하여 그 청의 장을 직접 지휘할 수 있다(정조법 제7조 제4항).

(2) **기 타** 장관소속의 기관으로 행정관청 외에 각종의 시험연구기관 157
(예 : 각종연구소)·교육기관(예 : 공무원교육원) 등이 있다.

7. 행정각부에 속하지 않는 행정기관

헌법재판소는 "고위공직자범죄수사처 설치 및 운영에 관한 법률의 위헌확 157a
인을 구한 헌법소원심판사건에서 대통령과 행정부, 국무총리에 관한 헌법 규정의 해석상 국무총리는 행정에 관하여 독자적인 권한을 가지지 못하고 대통령의 명을 받아 행정각부를 통할하는 기관으로서의 지위만을 가지며 행정권 행사에 대한 최후의 결정권자는 대통령으로 보아야 할 것이므로, 국무총리의 통할을 받는 '행정각부'에 모든 행정기관이 포함된다고 볼 수 없다. 다시 말해 정부의 구성단위로서 그 권한에 속하는 사항을 집행하는 중앙행정기관을 반드시 국무총리의 통할을 받는 '행정각부'의 형태로 설치하거나 '행정각부'에 속하는 기관으로 두어야 하는 것이 헌법상 강제되는 것은 아니라 할 것이므로, 법률로써 '행정각부'에 속하지 않는 독립된 형태의 행정기관을 설치하는 것이 헌법상 금지된

다고 할 수 없다"고 하였다.[1)]

Ⅲ. 합의제행정기관

1. 합의제행정기관의 의의

158 합의제행정기관(합의제행정청)이란 기관구성자가 다수인으로 구성되며, 그 다수인의 등가치적인 의사의 합치(다수결)에 의하여 결정을 내리고, 그 구성원이 그 결정에 책임을 지는 행정기관을 의미한다. 합의제행정기관은 1인이 결정을 내리고 책임을 지는 독임제행정기관에 대비되는 개념이다. 합의제행정기관은 독임제에 비하여 신중·공정의 확보에 장점을 가지나, 의사결정의 장기화, 책임 소재의 불분명이라는 단점도 갖는다.

2. 합의제행정기관의 설치근거

159 합의제행정기관의 설치근거는 정부조직법 제5조(행정기관에는 그 소관사무의 일부를 독립하여 수행할 필요가 있는 때에는 법률로 정하는 바에 따라 행정위원회 등 합의제 행정기관을 둘 수 있다)이다. 부속기관은 대통령령에 의해 설치될 수 있음(정조법 제4조)에 비해 합의제행정기관의 설치를 법률로 하도록 한 것은 중앙행정관청의 설치를 법률로 한다는 정부조직법 제2조 제1항 제1문과 보조를 맞춘 것으로 이해되고, 동시에 행정조직법률주의에 따른 것으로 이해된다.

3. 합의제행정기관의 지위

160 정부조직법상 합의제행정기관은 ① 합의제기관인 점, ② 의사기관으로서의 행정기관인 점, ③ 소관사무의 일부를 처리한다는 점, ④ 직무를 독립하여 수행한다는 점을 특징으로 한다.

4. 합의제행정기관의 설치요건

160a 「정부조직법」 제5조에 따라 합의제행정기관(이하 "행정위원회"라 한다)을 설치할 경우에는 다음 각 호(1. 업무의 내용이 전문적인 지식이나 경험이 있는 사람의 의견을 들어 결정할 필요가 있을 것, 2. 업무의 성질상 특히 신중한 절차를 거쳐 처리할 필요가 있을 것, 3. 기존 행정기관의 업무와 중복되지 아니하고 독자성(獨自性)이 있을 것, 4. 업무가 계속성·상시성이 있을 것)의 요건을 갖추어야 한다(행정기관 소속 위원회의 설치·운영에 관한 법률 제5조 제1항).

---

1) 헌재 2021. 1. 28, 2020헌마264, 681(병합).

5. 위 원 회

(1) 의 의 행정의 실제상 위원회라는 명칭을 가진 기관은 그 종류·내 161
용이 다양하다. 그것은 합의제행정기관(예 : 인사혁신처소속의 소청심사위원회, 국무총리 소속의 조세심판원, 법무부소속의 본부심의회, 국방부소속의 특별배상심의회, 고용노동부소속의 중앙노동위원회,[1] 국토교통부소속의 중앙토지수용위원회, 해양수산부소속의 선원노동위원회)·의결기관(예 : 징계위원회·도시계획위원회)·자문기관으로 구분할 수 있다. 의결기관으로서의 위원회는 의결권만을 가질 뿐 정해진 의사를 대외적으로 표시할 권한을 갖지 못한 기관을 말한다. 자문기관은 다만 행정청에 대하여 자문만을 행하는 기관일 뿐이다. 자문기관은 의사결정권도 없고, 대외적으로 의사를 표시할 권한도 갖지 못한다. 행정의 실제상 각종 위원회의 대부분은 자문기관으로서의 위원회이다.

(2) 설치요건 행정위원회(정부조직법 제5조에 따른 합의제행정기관)를 제외한 161a
위원회(이하 "자문위원회등"이라 한다)는 제1항 제1호(업무의 내용이 전문적인 지식이나 경험이 있는 사람의 의견을 들어 결정할 필요가 있을 것) 및 제2호(업무의 성질상 특히 신중한 절차를 거쳐 처리할 필요가 있을 것)의 요건을 갖추어야 한다(행정기관 소속 위원회의 설치·운영에 관한 법률 제5조 제2항).

제 3 항 지방행정조직

Ⅰ. 정부조직법상 지방행정조직

정부조직법은 보통지방행정기관에 대해 규정하는 바가 없고, 특별지방행정 162
기관에 관해서만 규정하고 있다. 즉 중앙행정기관의 소관사무를 수행하기 위해 필요한 경우 법률로 특별지방행정기관을 둘 수 있는데, 정부조직법은 법률로 정한 경우를 제외하고는 특별지방행정기관을 대통령령으로 정하도록 하고 있다(정조법 제3조 제1항).

Ⅱ. 보통지방행정기관

1. 의 의

보통지방행정기관이란 중앙행정기관(장관 등)의 지휘·감독하에 일정지역에 163

1) 대판 1997. 6. 27, 95누17380(노동위원회는 노동관계에 있어서 판정·조정업무의 신속·공정한 수행을 위하여 설치된 독립성을 가진 합의체 행정기관이므로 같은 위원회가 행하는 절차 및 조치는 행정작용으로서의 성격을 가지므로 사법상의 절차 및 조치와는 구별된다).

서 그 지역에 시행되는 국가행정사무전반을 수행하는 행정기관을 의미한다. 개념상 보통지방행정기관은 특정의 중앙행정기관에 소속되지 않는 관청이다. 보통지방행정기관의 사무는 국가사무 중 중앙행정기관의 직할사무와 특별지방행정기관의 사무를 제외한 사무라 할 수 있다.

2. 실정법상 예

164 현재 국가행정사무만을 담당하기 위하여 설치된 보통지방행정기관은 없다. 다만, 지방자치법상 시·도와 시·군 및 자치구에서 시행하는 국가사무는 법령에 다른 규정이 없으면 시·도지사와 시장·군수 및 자치구의 구청장에게 위임하여 행하게 되어 있는바(지자법 제115조), 이러한 수임기관들은 기능상 보통지방행정관청에 해당한다고 할 수 있을 뿐이다.[1)]

3. 지방자치단체장의 지위의 이중성

165 국가사무를 위임받아 처리하는 경우 지방자치단체의 장은 지방행정관청의 성격도 갖게 되어 이중적인 지위를 갖게 된다.[2)] 여기서 지방자치단체의 장이 갖는 국가의 지방행정관청으로서의 지위가 임시적·부가적인 것인가, 아니면 처음부터 예정되어 있는 것인가의 문제가 있다. 국가의 지방자치단체는 법인격을 달리하기 때문에 전자의 경우로 새기는 것이 타당하다고 본다.[3)]

Ⅲ. 특별지방행정기관

1. 의 의

166 특별지방행정기관이란 특정의 중앙행정기관에 소속하면서 당해 관할구역 내에서 그 특정의 중앙행정기관의 권한에 속하는 사무를 그 특정의 중앙행정기관의 지휘·감독하에 수행하는 국가의 지방행정기관을 말한다. 특별지방행정기

---

1) 대판 1984. 7. 10, 82누563(지방자치법 제102조, 제106조 및 지방자치에관한임시조치법 제5조의2의 각 규정취지를 종합하면 국가행정사무를 지방자치단체의 장에게 위임하여 수행할 수 있으므로 지방자치단체의 장은 국가사무를 처리하는 범위 내에서는 국가의 보통 지방행정기관의 지위에 있는 것이며, 공유수면관리법 제3조에 공유수면은 도지사가 관리하도록 되어 있으니 도지사는 위 규정들에 의하여 조례가 정하는 바에 따라 그 권한에 속하는 사무의 일부를 시장에게 위임할 수 있다고 해석되므로 피고(삼천포 시장)의 이 사건 공유수면에 대한 점용허가의 취소처분의 당부를 심리판단함이 없이 공유수면 관리법 및 동법시행령에 도지사의 위임에 관한 규정이 없다는 직권판단만으로 피고의 위 점용허가취소 처분이 당연무효라고 단정함은 위법하다).

2) 대판 1975. 12. 23, 74다606(구 도시계획법 제23조가 규정하고 있는 도시계획사업의 시행자로서 시장·군수는 반드시 국가의 행정청으로서의 시장 군수만을 뜻하고, 지방자치단체의 장으로서 그 고유사무를 처리하는 경우를 포함하지 않는 것이라고 새겨지지 않는다).

3) 김도창, 일반행정법론(하), 116쪽; 이상규, 신행정법론(하), 115쪽.

관과 보통지방행정기관은 관장하는 사무의 내용, 지휘·감독청이 상이하다.

2. 설치근거

헌법에는 조직법상 조직의 유형에 제한이 없다. 입법자는 헌법원칙을 준수 167
하면서 새로운 기관을 형성할 수 있다. 정부조직법은 제3조에서 법률로 정한 경우를 제외하고는 대통령령으로 특별지방행정기관을 설치할 수 있도록 규정하고 있다. 1973년 1월의 정부조직법 개정 전에는 법률로 설치하게 되어 있었다. 특별지방행정기관도 국민과의 사이에서 여러 가지의 의사교섭관계를 갖는 이상, 행정조직법정주의의 견지에서 그 설치근거를 법률로 함이 타당하다.

3. 설치기준

정부조직법 등의 법률의 집행을 위한 대통령령인 행정기관의 조직과 정원 168
에 관한 통칙에 의하면, 특별지방행정기관은 중앙행정기관의 업무를 지역적으로 분담하여 수행할 필요가 있고, 당해 업무의 전문성과 특수성으로 인하여 지방자치단체 또는 그 기관에 위임하여 처리하는 것이 적합하지 아니한 경우에 이를 둘 수 있다(동 통칙 제18조 제1항). 제1항의 규정에 의하여 특별지방행정기관을 두는 경우에는 지역적인 특수성, 행정수요, 다른 기관과의 관계 및 적정한 관할구역 등을 감안하여야 한다(동 통칙 제18조 제2항). 중앙행정기관의 지시를 받아 일선행정기관을 지휘·감독함을 주된 기능으로 하는 중간 감독기관인 특별지방행정기관은 특별한 경우를 제외하고는 이를 둘 수 없다(동 통칙 제18조 제3항).

4. 예

정부조직법 제3조 제1항에 의거 대통령령으로 설치되고 있는 특별지방행정 169
기관을 아래에서 도표를 통하여 행정부처별로 일견하기로 한다.

이 밖에도 특수한 것으로 시·도의 선거관리위원회, 선거구선거관리위원회, 170
구·시·군선거관리위원회, 읍·면·동선거관리위원회 등 각급 선거관리위원회도 중앙선거관리위원회소속의 특별지방행정기관에 준하는 것으로 볼 수 있다.

중앙행정기관	소속특별지방행정기관
기획재정부	조달청장소속의 지방조달청 국세청장소속의 지방국세청 · 세무서 관세청장소속의 세관 · 출장소 · 감시서
국가보훈부	장관소속의 지방보훈청
행정안전부	경찰청장소속의 지방경찰청 · 경찰서
법무부	장관소속 출입국관리사무소 · 출장소
국방부	병무청장소속의 지방병무청 · 병무지청
농림축산식품부	장관소속 국립농산물품질관리원 · 농림축산검역본부 산림청장소속의 지방산림관리청
국토교통부	장관소속의 지방국토관리청 · 지방항공청

Ⅳ. 통합운영

171 특별지방행정기관은 업무의 관련성이나 지역적인 특수성에 따라 통합하여 수행함이 효율적이라고 인정되는 경우에는 대통령령으로 정하는 바에 따라 관련되는 다른 중앙행정기관의 소관사무를 통합하여 수행할 수 있다(정조법 제3조 제2항).

제 2 절 간접국가행정조직법

Ⅰ. 의 의

172 국가의 행정은 반드시 국가의 고유기관에 의해서만 수행되어야 하는 것은 아니다. 경우에 따라서는 국가로부터 독립한 법인[1]을 설립하여 그로 하여금 국가행정을 수행하게 하는 경우도 있는바,[2] 이와 같이 법인격있는 단체를 통해 수행되는 국가행정을 간접국가행정이라 하고, 이러한 행정을 행하는 법인의 조직에 관한 법을 간접국가행정조직법이라 부른다. 이러한 개념방식에 따르게 되면, 간접국가행정조직법이란 지방자치단체를 제외한 자치단체 중에서 그 사무

1) 대판 1978. 10. 10, 78다1246(한국도로공사법에 의하면 한국도로공사는 원고(대한민국)와는 별개로 동법에 의하여 설립된 독립한 특수법인임이 분명하므로(동법 제2조 참조) 동 공사가 비록 동법에 의하여 원고의 통제와 감독을 받는다 할지라도 원고에 속하는 단체이거나 기관이 아니라 할 것이다).

2) 대판 1988. 9. 27, 86누827(사단법인 부산항부두관리협회가 부산항만 내의 관유시설 및 국유물의 보관, 관리 및 경비, 부두 내 질서유지와 청소 및 부산항부두발전과 근대화를 위한 시책의 건의 등 본래 국가 또는 공공단체가 행할 행정적인 업무에 속하는 일을 감독관청의 감독 아래 대행케 하기 위하여 설립된 것이라면 이는 비영리법인으로서 이른바 행정보완적 기능을 가진 공익법인이다).

가 국가행정인 자치단체의 조직에 관한 법을 뜻하게 된다.

Ⅱ. 공법상 사단(공공조합)

1. 관 념

(1) 의 의 공법상 사단(Körperschaften des öffentlichen Rechts)이란 특정의 공행정목적을 위하여 일정한 자(조합원 또는 사원)로 구성되는 공법상 법인을 말한다(예 : 상공회의소, 대한변호사협회,[1] 법무사회,[2] 대한의사협회).[3] 여기서 일정한 자란 공통의 직업(예 : 상공업) 또는 공통의 신분(예 : 예비역군인) 등을 가진 자를 의미한다. 공법상 사단은 공행정목적을 위한 공법상의 단체이므로 사법상의 조합이나 사단법인과는 구분된다. 공법상 사단을 공공조합(예 : 토지구획정리조합·토지개량조합·농지개량조합·도시재개발조합) 또는 공사단이라고도 한다. 공법상 사단은 구성원의 교체(변화)에 관계없이 존속한다. 공법상 사단의 구성원이 반드시 사인이어야 하는 것도 아니다. 다른 공법상 사단·재단·영조물법인도 사단의 구성원이 될 수 있다. 공법상 사단의 성립 및 조직은 공법에서 규율된다. 국가나 지방자치단체도 공법상 사단의 일종이다. 국가나 지방자치단체가 아닌 공법상 사단도 행정권을 행사하는 한, 그러한 범위 안에서 행정주체가 된다.[4] 173

---

1) 헌재 2019. 11. 28, 2017헌마759(변호사 등록은 그 목적이 변호사들 간의 결속력 강화나 친목도모라기 보다는 변호사의 자격을 가진 자들로 하여금 법률사무를 취급하도록 하여 법률사무에 대한 전문성, 공정성 및 신뢰성을 확보하여 일반 국민의 기본권을 보호하고 사회정의를 실현하고자 하는 공공의 목적을 달성하기 위해 시행되는 것으로, 본질적으로 국가의 공행정사무에 해당한다. 만약, 변호사 등록이 단순히 사법상의 제한을 해제하여 주는 것에 불과하다면 그 위반행위에 대하여 형사처벌을 할 수 없을 것이므로, 미등록 변호사에 대한 제재가 형사처벌이라는 것(변호사법 제112조 제4호)은 변호사 등록이 공행정사무임을 당연한 전제로 하고 있는 것이라 볼 수 있다. 또한 변호사 등록은 변호사법이 제정된 1949년부터 법무부장관이 수행하던 업무였는데[구 변호사법(1949. 11. 7. 법률 제63호로 제정된 것) 제7조, 제8조, 제12조], 1982년 변호사단체의 자율성 강화의 일환으로 변호사법을 개정하여 변협으로 이관된 것이므로 연혁적으로도 국가의 공행정사무에 해당한다. … 변호사 등록에 관한 한 공법인 성격을 가지는 변협이 등록사무의 수행과 관련하여 정립한 규범을 단순히 내부 기준이라거나 사법적인 성질을 지니는 것이라 볼 수는 없고, 변호사 등록을 하려는 자와의 관계에서 대외적 구속력을 가지는 공권력 행사에 해당한다).

2) 대판 2020. 4. 9, 2015다34444(법무사 사무원 채용승인 제도의 법적 성질 및 연혁, 사무원 채용승인 거부에 대한 불복절차로서 소관 지방법원장에게 이의신청을 하도록 제도를 규정한 점 등에 비추어 보면, 지방법무사회의 법무사 사무원 채용승인은 단순히 지방법무사회와 소속 법무사 사이의 내부 법률문제라거나 지방법무사회의 고유사무라고 볼 수 없고, 법무사 감독이라는 국가사무를 위임받아 수행하는 것이라고 보아야 한다. 따라서 지방법무사회는 법무사 감독 사무를 수행하기 위하여 법률에 의하여 설립과 법무사의 회원 가입이 강제된 공법인으로서 법무사 사무원 채용승인에 관한 한 공권력 행사의 주체라고 보아야 한다); 헌재 2019. 11. 28, 2017헌마759.

3) Schmidt, Allgemeines Verwaltungsrecht(18. Aufl.), S. 31, Rn. 83.

4) Hofmann/Gerke, Allgemeines Verwaltungsrecht, S. 14.

174 (2) **인정취지** 국가행정사무 중 직업이나 신분 등과 관련하여 일부의 국민들만이 상호 이해관계를 갖는 사무는 국가가 직접 관장하기보다 그들 이해관계자들로 하여금 단체를 만들게 하고, 그 단체로 하여금 사무를 수행하게 하는 것이 보다 효율적이라는 데에 공법상 사단의 존재의미가 있다. 공법상 사단은 자기책임으로 사무를 수행한다.

2. 설립근거

174a 공법상 사단은 법률로 설립되거나 아니면 법률에 근거하여 설립될 수 있다. 입법자는 공법상 사단의 핵심적인 사항을 스스로 규정하여야 한다(중요사항 유보설).

3. 종　류

175 (1) **구성원자격의 강제성여부에 따른 구분** 구성원자격의 강제성여부와 관련하여 강제사단(강제조합)과 임의사단(임의조합)의 구분이 이루어진다. 강제사단이란 사단의 설립과 사단에의 가입이 강제되는 경우의 사단을 말하고, 임의사단이란 사단의 설립과 사단에의 가입이 사단구성원의 임의적인 의사에 따르는 사단을 말한다.

176 (2) **구성원의 자격요건에 따른 구분** 공법상 사단은 그 구성원의 자격요건과 관련하여 지역적 사단(Gebietskörperschaften)·인적 사단(Personalkörperschaften)·물적 사단(Realkörperschaften)·조합사단(Verbandskörperschaften)으로 구분할 수 있다. 지역적 사단(예 : 지방자치단체)이나 조합사단(예 : 지방자치단체조합)은 지방자치행정조직의 문제가 되는바,[1] 통상 간접국가행정의 문제로는 인적 사단과 물적 사단이 중심적인 것이 된다. 인적 사단은 구성원자격이 일정한 직업 또는 일정한 인적 단체의 성격과 관련하여 주어지는 사단을 말하고(예 : 의사회·치과의사회·변호사회 등), 물적 사단은 구성원자격이 일정의 물건 또는 물적인 권리를 가진 자에게 주어지는 사단을 말한다(예 : 상공회의소·각종 협동조합).

4. 권리능력과 구성원

177 공법상 사단은 권리능력을 가지며, 따라서 권리와 의무의 귀속주체가 된다. 공법상 사단은 구성원을 갖는다. 그런데 공법상 사단은 구성원을 갖는다는 것만으로는 부족하고, 구성원이 사단의 사무의 형성에 영향력을 가져야 한다. 중요하고 본질적인 결정은 전체로서 구성원에 의하거나 아니면 구성원에 의해 선출

---

1) Schmidt, Allgemeines Verwaltungsrecht(18. Aufl.), S. 31, Rn. 87f.

된 대표기관에 유보되어야 한다.[1] 일상적인 사무는 구성원이 선출한 대표에 의해 수행된다. 장의 선출 등 임원의 선출이 주무부장관의 승인을 받게 하는 경우가 많다.

한편, 공법상 사단의 설립과 공법상 사단에의 가입이 강제되는 경우가 많다. 여기서 강제가입이 헌법상 보장되는 결사의 자유의 침해가 아닌가의 문제가 있다. 그러나 공법상 사단의 목적이 불가피한 공적 사무의 수행에 있고, 그 사무가 모든 구성원에 의해 수행되어야 하는 것이라면, 그러한 범위 안에서의 가입의 강제는 결사의 자유에 대한 침해가 아니다.[2] 한편, 가입이 강제되는 경우에 헌법위반 여부가 문제된다. 가입의 강제를 결사의 자유의 문제가 아니라 인격발현의 권리의 문제로 보아 합헌으로 이해하기도 한다.[3] 178

5. 사무의 범위

공법상 사단의 사무는 성질상 공법상 사단의 설립을 통해 추구하고자 하는 목적을 통해 정해진다.[4] 공법상 사단의 사무는 공적 목적을 위한 것이어야 한다. 사무의 전권한성을 가지는 지방자치단체를 제외한 공법상 사단의 사무는 일반적으로 열기주의에 따른다. 구체적인 사무는 공법상 사단마다 다르다. 179

6. 법관계의 특징

공법상 사단은 공법상 제도이다. 공법상 사단의 내부조직은 공법관계이며 공법상 사단과 구성원의 관계도 공법관계이다. 공법상 사단은 자신의 사무수행을 위하여 국가로부터 각종의 공권(예 : 회비미납자에 대한 강제징수권)이나 특권(예 : 보조금지급)이 부여되기도 한다. 법령상 권한이 주어지면, 공법상 사단은 행정행위를 발할 수도 있다.[5] 한편, 공법상 사단은 국가의 감독 하에 놓인다. 공법상 사단은 독립의 법인이므로, 국가의 감독은 원칙적으로 적법성의 감독에 한정된다.[6] 법령에 규정이 있다면, 합목적성의 감독도 가능하다. 180

1) Maurer, Allgemeines Verwaltungsrecht, § 23, Rn. 40; Schmidt, Allgemeines Verwaltungsrecht (18. Aufl.), S. 34, Rn. 91a.
2) BVerwGE 39, 100; Battis, Allgemeines Verwaltungsrecht, S. 66; Maurer, Allgemeines Verwaltungsrecht, § 23, Rn. 43; Wallerath, Allgemeines Verwaltungsrecht, S. 72.
3) Schmidt, Allgemeines Verwaltungsrecht(18. Aufl.), S. 36, Rn. 92.
4) Schmidt, Allgemeines Verwaltungsrecht(18. Aufl.), S. 33, Rn. 91.
5) 대판 2021. 1. 28, 2019다260197(대한변호사협회는 변호사와 지방변호사회의 지도·감독에 관한 사무를 처리하기 위하여 변호사법에 의하여 설립된 공법인으로서, 변호사등록은 피고 협회가 변호사법에 의하여 국가로부터 위탁받아 수행하는 공행정사무에 해당한다. 따라서 피고 2는 피고 협회의 장으로서 국가로부터 위탁받은 공행정사무인 '변호사등록에 관한 사무'를 수행하는 범위 내에서는 국가배상법 제2조에서 정한 공무원에 해당한다).

Ⅲ. 공법상 재단

181 공법에 의해 설립된 재단을 의미한다(예 : 한국연구재단, 한국학중앙연구원, 중소기업진흥공단, 에너지공단, 한국소비자원, 한국디자인진흥원). 공법상 재단(Stiftung des öffentlichen Rechts)은 공적 목적(재단목적)에 기여하는 법상 독립의 재산이다.[1] 공법상 재단의 설립과 조직은 공법에 따른다. 재단은 필수적으로 권리능력을 갖는다.[2] 재단재산은 행정재산과 별도로 관리된다. 재단의 수익은 오로지 재단목적을 위해서만 활용된다. 재단은 설립자의 의사의 고려하에 계속적으로 재단목적을 실현하기 위해 자신의 기관에 의해 관리된다. 공재단은 공공조합과 달리 구성원이 없고, 영조물법인과 달리 이용자가 없으며 수혜자만 있을 뿐이다. 따라서 공법상 재단을 자치단체라 부르기는 곤란한 점이 있다.

Ⅳ. 공법상 영조물법인

1. 관 념

182 (1) 의 의 공법상 영조물법인이란 공행정목적을 영속적으로 수행하기 위하여 설립되는 인적·물적 결합체인 공법상 영조물(Anstalten des öffentlichen Rechts)로서 권리능력 있는 행정의 단일체를 말한다(예 : 서울대학교병원, 한국교육방송공사, 한국도로공사, 한국토지주택공사, 한국산업은행). 공법상 영조물법인, 즉 권리능력 있는 영조물은 자신에게 부여된 사무를 자기책임으로 수행할 수 있는 권리와 의무를 가진다. 즉, 공법상 영조물법인은 권리와 의무의 귀속주체이다. 행정사무를 수행하는 한, 영조물법인은 행정주체이다. 공법상 영조물법인은 분권(Dezentralisation)의 원리에 기여한다. 즉, 독립의 행정주체에게 국가적인 사무를 이전함으로써 국가행정의 부담완화에 기여한다. 법인격 없는 영조물은[3] 직접국가행정조직의 한 부분이지 간접국가행정조직을 구성하는 것은 아니다. 법인격 없는 영조물은 조직상 독립적이기는 하지만 법상 독립적이 아니다.

---

6) Schmidt, Allgemeines Verwaltungsrecht(18. Aufl.), S. 35, Rn. 91a.

1) 대판 2021. 12. 30, 2018다241458(총포·도검·화약류 등의 안전관리에 관한 법률(총포화약법)의 규정 내용과 피고가 수행하는 업무, 총포화약류로 인한 위험과 재해를 미리 방지함으로써 공공의 안전을 유지하고자 하는 총포화약법의 입법 취지(제1조)를 고려하면, 피고는 총포화약류의 안전관리와 기술지원 등에 관한 국가사무를 수행하기 위하여 법률에 따라 설립된 '공법상 재단법인'이라고 보아야 한다).

2) Hofmann/Gerke, Allgemeines Verwaltungsrecht, S. 15.

3) 영조물은 독일어 Die öffentlichen Anstalten의 번역어이다. 영조물을 공법상 제도로 기초를 세운 Otto Mayer는 영조물을 "공행정주체의 수중에서 특별한 공적목적에 계속적으로 기여하도록 정해진 인적·물적의 결합체"로 정의하였다(Deutsches Verwaltungsrecht, Bd. Ⅱ, S. 268).

(2) 특 징 영조물법인은 독립의 행정주체이지만, 공법상 사단과 달리 구성원이 없고, 다만 이용자만 있을 뿐이다. 영조물법인에 관련하는 인적 요소로는 영조물의 사무를 수행하는 영조물의 직원과 영조물의 외부에서 영조물의 급부를 향유하는 이용자가 있을 뿐이다. 영조물의 존속과 형성의 상당부분은 타자, 즉 영조물법인 외부에 있는 영조물주체(국가 또는 지방자치단체)에 종속된다.[1] 183

2. 법 관 계

(1) 의 의 영조물법인은 법률에 의해 직접 설립되는 것이 일반적이다. 영조물법인은 공법상 조직이다. 영조물법인의 조직상 중요한 사항은 일반적으로 법률에서 규정된다.[2] 영조물조직의 내부구조는 공법관계이다. 영조물과 영조물수행자의 관계도 공법관계이다. 184

(2) KBS직원의 채용관계 헌법재판소는 「전역과 동시에 피청구인인 한국방송공사에 입사하기 위하여 피청구인이 주관하는 예비사원 채용시험에 미리 응시하려 하였으나, 피청구인이 2005. 9. 16. 행한 '2006년도 예비사원 채용공고'에서 "병역필 또는 면제받은 분. 단, 2005. 12. 31. 이전 전역 예정자는 응시 가능합니다"라는 응시자격의 제한으로 인해 군복무중이라 응시자격이 없었던 청구인이 그 공고 내용이 자신의 직업선택의 자유와 평등권 등을 침해한다」며 2005. 9. 8. 제기한 헌법소원심판청구사건의 결정에서[3] 한국방송공사직원의 채

1) Rüfner, in : Erichsen(Hrsg.), Allgemeines Verwaltungsrecht, § 52, Rn. 16.
2) 대판 2005. 3. 25, 2003다39644(국가의 방송사업이 한국방송공사로 이관되어 종전 국영방송국에서 근무하던 임시직 공무원이 해임 후 위 공사에 신규채용된 경우, 한국방송공사법 또는 위 공사의 정관이나 취업규칙에 근로관계 승계에 관한 별개의 규정이 없는 한, 공사 설립 전 해당 공무원들의 근로관계가 위 공사에 승계된다고 볼 수 없다).
3) 헌재 2006. 11. 30, 2005헌마855(피청구인은 방송법에 따라 정부가 자본금을 전액 출자하여 설립한 법인으로(제43조 2항·5항), 공정하고 건전한 방송문화를 정착시키는 등 공익적 목적을 실현하기 위한(제43조 1항·제44조) 공법인이다. 공법인의 행위는 일반적으로 헌법소원의 대상이 될 수 있으나, 그 중 대외적 구속력을 갖지 않는 단순한 내부적 행위나 사법적(사법적)인 성질을 지니는 것은 헌법소원의 대상이 되는 공권력의 행사에 해당한다 할 수 없다. 그러한 취지에서 헌법재판소는 공법인인 한국토지공사의 출자로 설립된 한국토지신탁의 내부 근무관계에 관한 사항은 이를 규율하는 특별한 공법적 규정이 존재하지 않으므로 사법관계에 속하고 따라서 이를 헌법소원의 대상이 되는 공권력의 행사에 해당되지 않는다고 판시한 바 있다(헌재 2002. 3. 28, 2001헌마464). 방송법은 "한국방송공사 직원은 정관이 정하는 바에 따라 사장이 임면한다"고 규정하는 외에는(제52조) 직원의 채용관계에 관하여 달리 특별한 규정을 두고 있지 않으므로, 피청구인의 이 사건 공고 내지 직원 채용은 피청구인의 정관과 내부 인사규정 및 그 시행세칙에 근거하여 이루어질 수밖에 없다. 그렇다면 피청구인의 직원 채용관계는 특별한 공법적 규제 없이 피청구인의 자율에 맡겨진 셈이 되므로 이는 사법적인 관계에 해당한다고 봄이 상당하다. 또한 직원 채용관계가 사법적인 것이라면, 그러한 채용에 필수적으로 따르는 사전절차로서 채용시험의 응시자격을 정한 이 사건 공고 또한 사법적인 성격을 지닌다고 할 것이다. 그렇다면 이 사건 공고는 헌법소원으로 다툴 수 있는 '공권력의 행사'에 해당하지

용관계를 사법관계로 보았다. 그러나 "오늘날 국가기능의 확대 내지 민간화 추세에 따라 국가기관은 아니면서 그 기능의 일부를 대신하거나 공익적 업무를 수행하는 공공기관 내지 공법인이 늘어나고 있음은 주지의 사실이다. 이런 연유로 국민의 기본권은 주로 국가에 의해 침해될 수 있다는 전통적 이론도 새로운 관점에서 재조명해 볼 필요성이 대두되었다. 미국, 독일 등 선진 각국에서는 이미 산업사회의 발달과 더불어 사적 집단이나 세력에 의한 기본권 침해가 증대될 수 있다는 측면을 중시하여 이른바 '국가행위이론(state action doctrine)'이나 '기본권의 대사인적 효력 이론' 등을 들어서 헌법상 기본권이 사인 상호간의 법률관계에도 적용될 수 있는 방안을 모색하고 있는 추세이다"라는 전제하에 피청구인의 예비사원채용공고가 공권력 행사에 준하는 것으로 보아 헌법소원의 대상으로 삼아야 한다는 동 결정례의 반대견해가 설득력이 있다고 본다. 영조물법인도 공적 임무를 수행하기 위한 것인 까닭에 국가적 공권이 부여되기도 하고(예 : 시청료 강제징수), 국가의 보호와 국가의 특별한 감독하에 놓이기도 한다. 한편 국가의 영조물법인에 대해서는 공공기관의 운영에 관한 법률이, 지방자치단체의 영조물법인에 대해서는 지방공기업법이 일반적으로 적용된다.

3. 영조물의 이용

185 영조물의 이용은 임의적인 것이 원칙이다. 그러나 법령에서 영조물의 이용이 강제되는 경우도 있다. 공법상 사단에의 강제가입과 마찬가지로 영조물의 강제이용도 동일한 취지에서 합헌적이다.

Ⅴ. 기 타

186 앞에서 본 공법상 사단법인·재단법인·영조물법인 외에 공법상으로 조직된 간접행정주체를 찾아볼 수는 없다.[1] 그러나 급부행정의 영역에서 공행정주체는 사법상으로 조직된 공기업을 활용하기도 한다. 공기업은 형식상 공행정주체에 속하지 아니한다. 그러나 행정사무를 수행하므로, 이로서 간접행정이라 부를 수 있다.[2] 공기업의 경우에는 기능적 의미의 행정이 문제된다. 공기업의 조직형식은 주식회사가 중심적이다. 행정조직의 민영화는[3] 사법상으로 조직된 회사의

않는다).

1) 사법상의 조직으로서 공공기관의 성격을 갖는 것(예 : 공공기관이 출자하여 설립한 주식회사 강원랜드, 재단법인 명동·정동극장, 사단법인 전국문예회관연합회)도 볼 수 있다.
2) Püttner, Allgemeines Verwaltungsrecht, S. 15.
3) 졸저, 행정법원론(상), 옆번호 432 이하 참조.

설립의 용이성, 경영의 탄력성 등을 근거로 한다.

또한 공행정의 분산과 행정청의 부담완화를 위하여 행정사무를 사인으로 187
하여금 수행하게 하기도 한다. 이러한 사인을 공무수탁사인이라 부른다. 사인에게 공행정사무를 위탁하기 위해서는 법령상의 근거를 필요로 한다. 법령상 근거가 미약하면, 계약도 근거일 수가 있다. 공무수탁사인의 권리와 의무는 근거법률이나 계약에서 정해진다. 공무수탁사인이 공법규범에 근거하여 행위하는 한, 공무수탁사인과 제3자(사인) 사이의 법률관계는 공법관계이다.

제2편 지방자치법

제1장 일 반 론

제1절 지방자치법의 관념

제1항 지방자치법의 의의

1. 실질적 의미의 지방자치법

188 실질적 의미의 지방자치법이란 지방자치단체의 법적 지위·조직·임무와 작용형식에 관한 법규의 전체를 말한다.[1] 이러한 의미의 지방자치법에는 국가의 전체구조 내에서 지방자치단체가 갖는 법적 지위, 그리고 지방자치단체의 조직과 임무영역에 관한 법, 지방자치단체가 지방자치법에 근거하여 주민이나 거주자에 대하여 행하는 임무에 관한 법, 지방자치단체의 경제적인 관계의 규율에 관한 법 등이 포함된다.

189 현재 실질적 의미의 지방자치법은 완결된 단일의 법전으로 구성되어 있는 것이 아니다. 그것은 지방자치법·지방공무원법·지방세법 등 여러 법률로 구성되어 있다. 학문상 지방자치법이란 일반적으로 실질적 의미의 지방자치법으로 이해되어야 할 것이다. 본서에서 다루는 것도 실질적 의미의 지방자치법이다.

2. 형식적 의미의 지방자치법

190 형식적 의미의 지방자치법이란 「지방자치법」이라는 명칭을 가진 하나의 법률을 말한다. 이것은 "지방자치단체의 종류는 법률로 정한다"는 헌법 제117조 제2항 및 "지방의회의 조직·권한, 의원선거와 지방자치단체의 장의 선임방법 기타 지방자치단체의 조직과 운영에 관한 사항은 법률로 정한다"는 헌법 제118조 제2항에 의거하여 제정된 지방자치에 관한 기본적인 법률이다.

191 형식적 의미의 현행 지방자치법은 전 12장 211개 조와 부칙으로 구성되어 있다. 형식적 의미의 지방자치법이 실질적 의미의 지방자치법의 중심을 이룬다. 이 법은 지방자치단체의 종류와 조직 및 운영에 관한 사항, 국가와 지방자치단

1) Erichsen, Kommunalrecht, S. 1; Schmidt-Aßmann/Röhl, Kommunalrecht, in : Schmidt-Aßmann(Hrsg.), Besonderes Verwalungsrecht, Rn. 1; Seewald, Kommunalrecht, in : Steiner (Hrsg.), Besonderes Verwaltungsrecht, Rn. 1; Tettinger/Erbguth/Mann, Besonderes Verwaltungsrecht(9. Aufl.), Rn. 5; Stober, Kommunalrecht in der Bundesrepublik Deutschland, S. 12.

체 사이의 기본적인 관계를 정하고 있다(지자법 제1조).

제2항 지방자치법의 헌법적 기초

1. 헌법과 지방자치법의 관계

헌법은 지방자치법의 개념과 독자성의 근거이다. 지방자치법은 헌법의 한 192
부분이 되며, 지방자치법은 헌법을 전제로 하는바, 양자는 질적으로 상이하다. 지방자치법은 소위 구체화된 헌법이다.[1]

지방자치법상 지방자치단체는 사법권을 가지지 못하는 점에서 국가와 기본 193
적으로 다르다. 지방자치단체는 자치행정권만을 가질 뿐이다. 그렇지만 지방자치단체도 공행정조직의 한 부분인 까닭에 공행정에 타당한 헌법원칙은 당연히 지방자치법에도 적용된다. 지방자치법에 대한 헌법상 기본원칙으로 지방자치제의 보장, 민주국가원리, 법치국가원리, 사회복지국가원리를 들 수 있다. 지방자치제는 논리상 민주국가원리의 한 내용이기도 하다.

2. 행정법과의 관계

지방자치법은 본질적으로 특별행정법의 한 부분이다. 왜냐하면 그것은 지 194
방자치단체의 행정조직과 작용을 규범화하고 있기 때문이다. 따라서 일반행정법원리는 특별행정법으로서의 지방자치법의 영역에서도 당연히 적용된다.

지방자치법은 경찰법·경제행정법·건축법·문화행정법·사회행정법 등과 같 194a
은 다른 특별행정법과도 밀접한 관계에 놓인다. 왜냐하면 지방자치단체는 그러한 법영역에서도 많은 임무를 수행해야 하기 때문이다. 따라서 지방자치법은 상기의 특별행정법을 존중하여야 한다.

제3항 지방자치법의 법원

1. 법원의 개념

지방자치법의 법원이란 지방자치의 영역에서 행정권이 준수하여야 할 지방 195
자치법의 인식근거를 말한다. 지방자치법의 법원의 종류로 성문법·불문법·국제법 및 행정법의 일반원칙 등이 있다. 성문법은 국가입법권에 의한 법원(헌법·법률·명령 등)과 자치입법권에 의한 법원(조례·규칙·교육규칙)으로 구분된다.

1) Stober, Kommunalrecht in der Bundesrepublik Deutschland, S. 14.

2. 국가입법

196 (1) 헌 법 지방자치단체는 국가의 구성부분이므로, 국가의 최고법인 헌법은 지방자치법의 영역에서도 최상위의 법원이다. 지방자치법의 법원으로서 헌법은 추상적·공백적이다. 즉, 헌법은 다만 지방자치제도의 보장을 규정하고, 그 형성을 법률로 정하도록 하고 있을 뿐(헌법 제117조·제118조) 지방자치제도가 입각하여야 할 원리에 관하여는 자세히 언급하고 있지 않다. 지방자치단체의 조직형태에 대해서도 지방의회를 두는 것 이외에 특별히 정하는 바가 없다. 헌법은 최소한만을 규정하고 있다고도 말할 수 있다. 이 때문에 지방자치제도의 구체적인 형성은 입법자의 임무가 되는 동시에 헌법과 관련 법률의 해석문제가 된다.

197 (2) 법 률 지방자치단체는 국가의 구성부분이므로, 법률을 따라야 하는 것은 당연하다. 법률중에서도 형식적 의미의 지방자치법이 가장 기본적인 법률이다. 그 밖에 주민등록법·지방공무원법·지방재정법·지방공기업법·지방세법·지방교부세법·지방교육자치에 관한 법률·지방교육재정교부금법·서울특별시 행정특례에 관한 법률 등이 있다.

198 (3) 행정입법 행정권에 의하여 정립되는 법형식을 일반적으로 명령이라 부른다. 통상 명령은 법규명령과 행정규칙으로 구분된다. 법규명령이 법원임은 분명하지만, 행정규칙이 법원에 포함되는가의 여부는 법원의 개념과 관련된 문제이다. 법규명령으로는 지방자치법시행령(지자법 제5조 제2항·제21조 제14항 등) 등 상기 법률의 시행령과 시행규칙이 중심적인 것이 된다. 행정규칙은 법규의 통일적인 집행, 지방자치단체의 내부조직, 그리고 지방자치단체의 공무원의 근무에 관한 기준 등을 정하는 것이므로, 지방자치행정의 실제상 중요한 위치에 놓인다. 일반적으로 행정규칙은 내부적인 구속효만을 갖지만, 외부적 구속효를 갖는 경우도 있다.

3. 자치입법

199 지방자치단체에서 가장 전형적이고, 가장 중요한 법원이 조례와 규칙 및 교육규칙이다. 조례와 규칙은 헌법 제117조와 지방자치법 제28조·제29조에 의해, 지방자치단체(지방의회·집행기관의 장)가 법령의 범위 안에서 제정하는 자치에 관한 법을 의미한다. 조례와 규칙 및 교육규칙의 발령은 지방사정에 어두운 국가의 입법자의 입법부담을 덜어준다. 조례와 규칙 및 교육규칙은 그 지역적 적용범위가 제한적인 점에서 국가의 법과 기본적인 차이가 난다. 조례와 규칙 및 교

육규칙은 국가의 법, 즉 법령의 아래에 놓인다. 현재 각 지방자치단체가 갖는 조례와 규칙 및 교육규칙 등은 여기서 일일이 나열할 수 없을 정도로 많다.

4. 국 제 법

헌법에 의하여 체결·공포된 조약과 일반적으로 승인된 국제법규는 국내법 200
과 동일한 효력을 가지므로(헌법 제6조 제1항), 지방자치의 영역에 있어서도 국제법은 법원이 될 수 있다.

5. 불문법과 행정법의 일반원칙

불문법원으로 관습법·판례법 및 행정법의 일반원칙이 검토를 요한다. 관습 201
법의 경우에는 지역적 관습법과 행정선례법이 중심이 되지만, 지방자치법과 관련하여서는 특히 지역적 관습법이 의미를 갖는다. 관습법은 주민들의 장기간의 관행과 모든 주민의 법적 확신으로 성립된다. 그러나 그 예(예 : 도로이용권·입어권)는 흔하지 아니하다. 판례법은 엄격한 의미에서는 법원이라고 하기 곤란하다. 물론 그것이 법원으로서 사실상 기능하는 것은 부인할 수 없다. 한편, 지방자치법의 체계가 완벽한 것이 아닌 이상, 행정법의 일반원칙이 기능할 영역은 비교적 많다고 볼 것이다. 행정법의 일반원칙으로 비례원칙·행정의 자기구속의 법리·신뢰보호의 원칙·부당결부금지의 원칙 등이 있다.

6. 협 정

지방자치단체 사이의 협정(협약),[1] 또는 지방자치단체와 국가 사이의 협정 202
도 지방자치법의 법원일 수가 있다. 이러한 협정은 지방자치단체의 경계를 넘어서는 문제(예 : 폐수처리, 하천보호 등)에 대하여 지방자치단체가 다른 지방자치단체 또는 국가와 공동으로 대응하기 위하여 의미를 갖는다. 외국의 지방자치단체와의 협정도 여기서 말하는 협정에 포함될 수 있을 것이다(예컨대, 국경도시 사이의 하천보호와 폐수처리를 위한 협정을 생각할 수 있다). 현재 우리나라에서 이에 관한 적절한 예를 찾기는 어렵다.

1) Hofmann/Gerke, Allgemeines Verwaltungsrecht, S. 47.

제 2 절 지방자치의 관념

제 1 항 자치행정의 의의

1. 정치적 의미의 자치행정

203 정치적 의미의 자치행정(Die Selbstverwaltung im politischen Sinne)이란 직업공무원이 아닌 일반시민이 행정에 참여함을 기본적인 특징으로 하는 자치행정을 의미한다. 행정에 참여하는 시민에게는 보수가 주어지지 않는 것이 일반적이나 반드시 그런 것은 아니다. 일반시민 참여의 목적은 행정결정과정에 시민의 직접적인 참여를 통해 국가와 사회간의 거리감을 좁히고자 하는 데 있다. 정치적 의미의 자치행정은 정치적 원리로서의 자치행정을 의미하고, 또한 그것은 주민자치(Bürgerliche Selbstverwaltung)를 의미한다. 정치적 의미의 자치행정은 영미의 자치행정제도를 특징적으로 표현하는 개념이라 할 수 있다.

204 〈주민자치와 단체자치의 비교〉

사 항	주민자치	단체자치
발달	영국·미국	독일·프랑스
내재하는 원리	민주주의	지방분권
자치권의 성질	자연권으로서 주민의 권리 (고유권)	실정권으로서 단체의 권리 (전래권)
자치기관의 성격	국가의 지방행정청	독립기관으로서 자치기관
자치의 중점	주민의 참여	국가로부터 독립
지방정부형태	기관통합주의	기관대립주의
국가의 감독형식	입법적·사법적 감독이 중심	행정적 감독이 중심

2. 법적 의미의 자치행정

205 법적 의미의 자치행정(Die Selbstverwaltung im juristischen Sinne)이란 국가로부터 독립되어 스스로 책임을 부담하는 단체에 의한 공적 임무의 수행을 주요 특징으로 하는 자치행정을 말한다. 이러한 법적 의미의 자치행정은 ① 고유의 임무를 가지고, ② 고유책임으로 그 임무를 수행하고, ③ 공법적으로 구성되고, ④ 내용상 행정적 기능을 갖고, ⑤ 궁극적으로는 국가의 감독하에 놓이는 단체에 의한 행정을 의미한다.[1] 법적 의미의 자치행정은 단체자치(Korporative

1) 졸저, 신지방자치법(제5판), 4쪽.

Selbstverwaltung)라 불린다. 법적 의미의 자치행정은 독일의 자치행정제도를 특징적으로 표현하는 개념이라 할 수 있다.

3. 본서에서 자치행정의 의의

우리의 학자들은 대체로 우리의 자치행정(특히 지방자치)을 주민자치와 단체 206
자치가 결합된 형태라고 설명한다. 그러나 엄밀히 말한다면, 헌법 제117조 및 제118조와 관련하여 우리의 제도는 대륙법계의 전통에 근거하여 단체자치에 입각하고 있으되, 내용상으로는 주민자치의 요소(예 : 주민소환·주민투표)를 가미하고 있다고 보겠다. 왜냐하면 원래 주민자치와 단체자치는 개념파악의 관심방향에 차이가 있는 것이고, 또한 Forsthoff 교수 말대로[1] 자치행정의 관념은 정치적 의미와 법적 의미를 동시에 갖는 것이기 때문이다. 따라서 지방자치에 대한 법적 문제를 규범적으로 연구하는 본서에서도 지방자치의 의미는 법적 의미의 자치행정을 기본으로 하면서 정치적 의미의 그것을 한 내용으로 갖는 것으로 새기기로 한다.

4. 지방자치와 기타 자치행정

(1) **자치행정영역** 법적 의미의 자치행정원칙은 지방자치의 경우에만 특 207
유한 것은 아니다. 그것은 그 밖의 행정영역에서도 적용이 문제된다(예 : 상공회의소·변호사회 등). 지방자치행정은 ① 헌법상 보장되는 것인 동시에, ② 그 임무의 범위가 광범위하다는 점에서 여타의 자치행정과 차이를 갖는다.

(2) **자치행정주체의 법형식** 법적 의미의 지방자치행정주체는 뒤에서 보는 208
바와 같이 공법상 사단의 형식을 취한다. 그렇다고 자치행정주체가 반드시 사단의 형식(예 : 농지개량조합 등 각종 조합, 변호사회·상공회의소 등)을 취해야 하는 것은 아니다. 공법상 영조물(예 : 한국교육방송공사·한국은행·한국조폐공사·서울특별시지하철공사 등)이나 공법상 재단(예 : 한국연구재단·한국학중앙연구원 등)에 자치행정권이 주어지는 것도 가능하다. 다만 이 경우에 문제는 독립적인 의사결정을 가능하게 하는 조직을 형성하고, 스스로의 책임으로 임무를 수행할 수 있는 지위가 주어지면 되는 것이다.

1) Forsthoff, Lehrbuch des Verwaltungsrecht, 1973, S. 473.

제 2 항 지방자치의 본질(지방자치행정과 국가행정간의 관계)

Ⅰ. 자치위임설과 고유권설

1. 학 설

209 (1) **고유권설** 고유권설은 지방자치권은 지방자치단체의 고유한 권리라는 견해이다. 독립설이라고도 한다. 고유권설은 지방자치단체의 자치권은 자연권에 속한다는 것을 근거로 하거나 아니면 지방자치단체는 국가 이전부터 생성된 단체라는 것을 근거로 한다.

210 (2) **신고유권설** 신고유권설이란 개인이 자연권으로서 기본권을 향유하는 것과 같이 지방자치단체도 기본권유사의 권리를 갖는다는 견해이다. 신고유권설은 고유권설이 갖는 비논리성을 극복하면서 지방자치단체에 폭넓은 자치권의 확보를 위한 논리이다. 신고유권설은 국민주권이 아니라 주민주권론까지 주장되고 있는 일본의 지배적 견해이다. 주민주권론의 근거는 일본헌법 제95조(하나의 지방공공단체만에 적용되는 특별법은, …그 지방공공단체의 주민투표에 있어서 그 과반수의 동의를 얻지 아니하면 국회는 이것을 제정할 수 없다)인 것으로 보인다.

211 (3) **자치위임설** 자치위임설이란 지방자치권은 국가로부터 나온다는 견해이다. 자치위임설은 국가권력의 단일성에 근거한다. 즉, 국가영역 내에서 국가로부터 나오지 아니하는 고권은 있을 수 없다는 논리에 근거한다. 전래설이라고도 한다. 통설이기도 하다. 자치위임설에 의하면, 지방자치단체는 자유가 아니라 다만 권한을 갖는다고 하게 된다. 이 견해도 지방자치단체는 국가내부의 행정단일체라는 입장과 지방자치단체는 국가와 동등지위, 즉 국가차원의 행정단일체라는 입장으로 구분되지만, 전자가 지배적 견해이다.

212 (4) **절 충 설** 절충설이란 고유권설과 자치위임설의 기본입장을 절충하는 견해이다. 절충설에 의하면, 지방자치단체(특히 기초지방자치단체)차원은 국가적으로 설치된 행정차원이지만, 이 차원에서 민주적 정당성의 강조를 통해 지방자치단체의 사회적 관련을 강조한다. 여기서는 국가적인 이해(전래된 고권)의 요소와 사회적 위치(정치적인 지방행정)의 결합이 특징적이다.[1]

2. 사 견

213 고유권설은 민주주의헌법국가의 논리로 부적합하고, 지방자치단체가 개인의 기본권에 유사하는 자치권을 갖는다는 신고유권설은 하나의 가설에 불과하

1) 졸저, 신지방자치법(제5판), 8쪽.

다. 절충설 역시 고유권설이 갖는 문제점을 갖는다. 근대국가이론과 민주주의국가관념에 따라, 지방자치단체와 국가간의 법관계는 헌법에 의해 근거가 주어진다고 이해되고, 헌법제정을 통해 국가를 건설하면서 지방자치를 국가제도로 편입하였다고 이해되므로 자치위임설이 타당하다.

Ⅱ. 간접국가행정으로서의 지방자치행정

214 지방자치행정을 국가행정과 대비시키는 것이 이론의 일반적인 입장이긴 하나[1] 양자가 반드시 대립개념인 것은 아니다. 지방자치행정은 간접국가행정으로 분류할 수도 있다. 왜냐하면 지방자치행정사무도 궁극적으로는 모두 국가사무이기 때문이다. 지방자치행정을 간접국가행정으로 분류할 것인가, 아니면 국가행정에 대비시킬 것인가는 동일한 대상을 보는 시각의 차이에 기인하는 것이다. 즉 전자는 지방자치단체의 국가에의 종속을, 후자는 행정하는 주체의 고유한 존재의미를 강조한 것에 불과하다. 생각건대, 국가행정과 지방자치행정간의 관계는 양영역의 엄격한 구분으로 특징지을 것이 아니라 상호보완 내지 통합의 관계로 특징지어야 할 것이다.[2]

제3항 지방자치의 기능

215 상부상조를 내실로 하는 전원적이고도 낭만적인 고전적 지방자치에 이어 19세기의 시민사회의 자유주의적 지방자치를 거치고 난 오늘날에 있어서도 지방자치는 여전히 많은 의미를 갖는 것으로 이해되고 있다.[3] 지방자치행정의 의미 내지 체계적인 기능은 다음과 같이 구분할 수 있다.[4]

1) 졸저, 신지방자치법(제5판), 10쪽.

2) Seewald, Kommunalrecht, in : Steiner(Hrsg.), Besonderesverwaltungsrecht, Rn. 12 참조.

3) 헌재 1991. 3. 11, 91헌마21(지방자치제도라 함은 … 소위 '풀뿌리 민주주의'를 그 이념적 배경으로 하고 있는 것이다. …지방자치제도는 현대 입헌민주국가의 통치원리인 권력분립 및 통제·법치주의·기본권보장 등의 제원리를 주민의 직접적인 관심과 참여속에서 구현시킬 수 있어 바로 자율과 책임을 중시하는 자유민주주의 이념에 부합되는 것이다); 헌재 2009. 3. 26, 2007헌마843(지방자치는 민주주의의 요체이고, 현대의 복합사회가 요구하는 정치적 다원주의를 실현시키기 위한 제도적 장치로서 지방의 공동 관심사를 자율적으로 처결함과 동시에 주민의 자치역량을 배양하여 국민주권주의와 자유민주주의의 이념구현에 이바지함을 목적으로 하는 제도이며(헌재 1991. 3. 11. 91헌마21, 판례집 3, 91, 100; 헌재 1998. 4. 30. 96헌바62, 판례집 10－1, 380, 384 참조), 이러한 지방자치제의 헌법적 보장은 국민주권의 기본원리에서 출발하여 주권의 지역적 주체인 주민에 의하여 자기통치를 실현하는 것으로 요약될 수 있고, 이러한 지방자치의 본질적이고 핵심적인 내용은 입법 기타 중앙정부의 침해로부터 보호되어야 한다는 것이 헌법상의 요청이기도 하다).

4) 일설(류지태·박종수, 행정법신론, 901쪽 이하(2019))은 지방자치의 기능으로 정치형성적 기

1. 지방자치와 민주주의(국가정책적 의미)

지방자치와 민주주의는 아무런 상관관계를 갖지 아니한다는 주장도 없지 아니하나, 양자간에 밀접한 관계가 있다고 보는 것이 일반적이다. 후자의 입장에서 다음의 지적이 가능하다.

216 (1) **민주국가의 구성원리** 법적 의미의 자치행정은 개념상 민주적으로 정당화된, 분권화된 행정형식을 뜻하는바, 지방자치행정은 아래에서부터 위로의 민주주의의 구조에 기여한다. 그것은 민주적인 국가구성의 기초이며, 민주적인 삶의 구성부분이다.

217 (2) **민주적 지방자치단체** 지방자치행정은 국가와의 관계에서 민주주의의 한 구성부분이나, 또 한편으로 지방자치행정조직 그 자체도 민주주의원리에 입각해야 함은 당연하다. 우리 헌법은 독일기본법에서와 같이 지방자치단체가 민주적 법치국가원칙에 부합해야 한다는 명문의 규정(독일기본법 제28조 제1항)을 두고 있지는 않다. 그러나 헌법상 지방의회를 둔다는 규정은 바로 지방자치단체가 보통·직접·자유·평등·비밀선거에 의해 구성되는 대표기관을 둔다는 취지인바, 그것은 바로 우리의 지방자치단체가 민주주의원리에 입각해야 함을 나타내는 것이 된다.

218 (3) **민주주의의 학교** 지방자치제도가 민주주의의 학교이자 민주주의의 훈련장임은 빈번히 언급되는 바이다. 이것은 지방자치가 구성원인 주민에게 민주주의에 대한 교육의 장이자, 주민대표의 양성을 위한 장임을 뜻하는 것이다. 민주정치의 교육은 민주주의의 실현의 성패에 결정적인 요인이 된다. 민주정치의 교육과 관련하여서는 정치적 다원주의가 실현될 수 있는 지방자치제도가 마련되어야 한다.[1]

2. 지방자치와 권력분립(법정책적 의미)

219 지방자치행정은 민주주의기능 외에 권력분립기능을 갖는다. 입법권·행정권·사법권의 수평적 분립 외에 행정권을 국가와 지방자치단체에 분배(국가권력의 수직적 분배)[2]한다는 것은 권력의 분립, 권력의 남용방지에 기여하는 것이 된

능·권력분립적 기능·기본권의 실현기능·보충성의 원리실현기능·지역발전적 기능을 들고, 일설(김남진·김연태, 행정법(Ⅱ), 72쪽(2019))은 지방자치의 이념과 가치라는 제목하에 친근한 행정·자유의 보장·민주주의의 실현·공공심의 함양을 들고, 일설(박윤흔·정형근, 최신행정법강의(하), 71쪽)은 지방자치의 존재의의라는 표현하에 지방행정의 민주화·지방실정에 맞는 지방행정·민주정치의 기초·주민의 통합·기능적 권력통제를 들기도 한다.

1) 허영, 한국헌법론, 825쪽.

2) Geis, Kommunalrecht(3. Aufl.), § 5, Rn. 3.

다. 말하자면 그것은 견제와 균형의 원리를 내용으로 하는 수평적인 3권분립을 보완하는 것이다. 이 때문에 그것은 실질적 의미의 법치국가의 구성요소가 된다. 요컨대 지방자치행정제도는 권력분립적이고 지방분권적인 기능을 통해 주민의 자유보장(기본권보장)에 이바지한다. 연혁적으로 볼 때, 자유의 보장이 지방자치의 연원이기도 하다.[1]

3. 지방자치와 지역의 특수성(행정정책적 의미)

지방자치행정은 경제적·사회적·문화적 수요의 충족을 위한 당해 지역주민 220
에 의한 행정을 뜻하는바, 그것은 자신들의 사무를 기술적으로나 내용상으로 당해 지역에 가장 적합하고 신속하고 명료한 방식으로 수행하는 것을 가능하게 한다. 그러나 오늘날에 있어서는 광역행정의 요구와 더불어 이러한 의미가 다소 감소되고 있는 것도 사실이다. 하여튼 지역주민에 의한 자기사무의 처리는 참여를 통해 현대사회에서 나타나는 인간성상실의 방지 내지 회복에 의미를 갖는다고 말해지기도 한다.

4. 지방자치와 통합(사회정책적 의미)

지방자치단체와 그에 의한 지방자치행정은 당해 지역주민들의 결속, 연대 221
를 통해 주민들의 통합에 기여한다. 말하자면 지방자치는 행정형식일 뿐만 아니라 더 나아가서 조정과 통합이라는 공동사회적인 기능을 수행한다. 그것은 정치적인 여러 세력간의 대화의 장이 되는 것이다.

제4항 지방자치의 위기

1. 위기요인

(1) 재정의 국가의존 지방자치의 성패는 지방재정에 결정적으로 의존된 222
다. 왜냐하면 지방자치제의 핵심은 주민의 생활배려에 있고 생활배려는 많은 재정을 요구하는 것이기 때문이다. 그런데 현실에 있어서 생활배려 내지 복지의 요구는 무한히 증대되어 가는 것이고, 그것은 동시에 재정의 증대를 요구하게 된다. 그러나 지방재정에는 한도가 있는 것이므로, 지방자치단체는 재정상 국가에 의존하는 경향을 띠기 쉽다. 이러한 재정상의 의존은 지방자치단체의 자치가 국가에 의해 많이 제약될 수 있음을 의미하게 되는 것이다.

(2) 광역행정의 필요 동일하거나 유사한 지방자치사무는 전국적으로 또 223

1) 김남진·김연태, 행정법(Ⅱ), 72쪽(2019).

는 광역적으로 시행하는 것이 효율적이고 합목적적인 것이 된다. 이것은 광역적인 계획행정의 도입을 의미하게 되는데, 광역적인 계획행정은 개별 지방자치단체의 개성의 상실을 가져오기 쉽다. 여기서 개성의 상실은 바로 지방자치제의 제약요인이 된다.

224 (3) **지방적 특성의 감소** 교통과 경제의 급속한 발전은 전국을 현대화로 이끌게 되고, 현대화는 동시에 각 지방의 지방적 특성의 감소 내지 상실을 가져오게 된다. 지방적 특성의 감소는 그만큼의 지방자치제도의 의미의 감소를 초래하게 되는 것이다.

225 (4) **중앙집권화** 위에서 말한 여러 요인들은 결국 지방자치제와 상충되는 중앙집권화를 초래함을 의미한다. 새로운 중앙집권화의 경향에 어떻게 대처할 것인가는 앞으로 행정법학(행정과학)의 주요 연구과제가 된다. 하여간 문제의 핵심은 중앙집권화의 필요성을 충족하면서 지방분권을 도모하는 데에 있다.

2. 대 응 책

226 상기의 요인 등으로 인하여 전통적 의미의 자치행정은 확실히 그 의미가 퇴색되어 가고 있다. 이것은 자치행정의 위기를 뜻하는 것일 수도 있다. 이러한 위기를 극복하고 지방자치제가 갖는 고유한 의미를 되살리는 것은 법학뿐만 아니라 행정학·정치학 등 여러 학문분야의 공동임무가 된다. 이러한 자치행정의 의미를 되살리려는 노력으로서 오늘날 많은 관심의 대상이 되고 있는 방안으로는 지방자치행정과정에의 주민의 참여, 지방재정의 강화, 중앙정부 권한의 대폭적인 지방자치단체에의 이전문제 등을 들 수 있다.

제 3 절 지방자치의 보장과 제한

227 우리의 역대헌법은 내용상으로 다소 차이가 있으나, 한결같이 지방자치제도에 관한 규정을 두어왔다. 현행 헌법도 제117조 제1항에서 “지방자치단체는 주민의 복리에 관한 사무를 처리하고 재산을 관리하며 법령의 범위 안에서 자치에 관한 규정을 제정할 수 있다”고 하고, 제2항에서 “지방자치단체의 종류는 법률로 정한다”고 하고, 제118조 제1항에서 “지방자치단체에는 의회를 둔다”고 하며, 제2항에서 “지방의회의 조직·권한, 의원선거와 지방자치단체의 장의 선임방법, 기타 지방자치단체의 조직과 운영에 관한 사항은 법률로 정한다”고 하

여 지방자치제를 헌법상으로 보장하고 있다.

제1항 지방자치제도의 헌법적 보장

228 성립의 방식과 관련하여 공적 임무를 수행하는 단체의 행위주체성이 원시적으로 주어진 경우와 사후적인 승인행위에 의하여 주어지는 경우로 나누어 볼 때, 지방자치단체는 후자에 해당한다. 왜냐하면 지방자치단체와 그에 관한 법관계는 국가에 의해서만 정당화될 수 있기 때문이다. 물론 객관적으로 사실상의 성립을 따진다면, 사회적 구성체로서의 지방자치단체는 국가 이전부터 생긴 것, 국가보다 오래된 것이라 할 수도 있다. 그러나 법리상 지방자치단체는 헌법에 의해 만들어진 단체이며, 동시에 헌법에 의해 국가의 한 구성부분으로 보장되고 있다. 달리 말한다면, 법리상 지방자치단체는 국가 이전의 단체가 아니다. 지방자치의 보장도 헌법에 의하여 비로소 '일정 공동체에 일정의 권한 내지 기능이 보장되는 것으로 이해되는 것'이다. 헌법상 지방자치(행정)의 보장은 ① 지방자치제도의 제도보장, ② 권리주체성의 보장, ③ 주관적인 법적 지위보장의 세 가지 면으로 살펴볼 수 있다.[1)]

1. 제도보장

229 헌법은 지방자치행정을 기본권으로서가 아니라 객관적인 제도로서 보장한다. 그 이유는 ① 바이마르헌법과 달리 우리 나라의 헌법 체계상 지방자치제도가 기본권목록에서 규정되고 있지 않으며, ② 지방자치제도의 보장이 특정·개별의 지방자치단체의 구역의 존속보장을 목적으로 하는 것도 아니며,[2)] 또한 ③ 지방자치제도의 보장이 국가에 대한 개인의 보호를 목적으로 하는 것도 아니라는 데 있다. 여기서 헌법상 제도적 보장(Institutionelle Garantie)이란 권한 있는 입

1) 이에 관해 자세한 것은 졸저, 신지방자치법(제5판), 32쪽 이하를 보라. 제도적인 법주체 보장(Die institutionelle Rechtssubjektsgarantie), 객관적인 법제도 보장(Die objektive Rechtsinstitu-tionsgarantie)과 주관적인 법지위 보장(Die subjektive Rechtsstellungsgarantie)으로 구성하는 견해도 있다(Kirchner, Das Recht der Berliner Verwaltung, Rn. 36). 한편, 일설은 헌법조문에서 직접 나온 것이 아니라 해석상 다른 행정주체의 지방자치단체 친화적 행위의 원칙과 국가계획에 대한 지방자치단체의 협력권을 지방자치의 헌법적 보장의 한 부분으로 추가하여 다루기도 한다(Schmidt-Aßmann/Röhl, Kommunalrecht, in : Schmidt-Aßmann(Hrsg.), Besonderes Verwalungsrecht(13. Aufl.), Rn. 25f.).

2) 헌재 2006. 3. 30, 2003헌라2(헌법 제117조, 제118조가 제도적으로 보장하고 있는 지방자치의 본질적 내용은 '자치단체의 보장, 자치기능의 보장 및 자치사무의 보장'이라고 할 것이나, 지방자치제도의 보장은 지방자치단체에 의한 자치행정을 일반적으로 보장한다는 것뿐이고 특정자치단체의 존속을 보장한다는 것은 아니다).

법자가 그 제도를 법상 형성할 수는 있지만 내용상 공허하게 할 수는 없는 것을 뜻한다. 그리고 여기서 제도의 형성·구체화와 실질적인 공동화의 구분은 당해 제도의 본질적 내용 또는 핵심영역의 개념에 따라 판단될 것이다. 지방자치제도의 제도보장은 다시 ① 포괄적인 사무의 보장, ② 고유책임성의 보장, ③ 자치권의 보장을 내용으로 갖는다.

230 (1) **포괄적인 사무의 보장** 헌법은 지방자치단체의 사무로 '주민의 복리에 관한 사무', '재산의 관리', '법령의 범위 안에서의 자치법규제정'을 보장하고 있다. 헌법 규정상 보장되는 지방자치단체의 사무는 매우 포괄적이다. 이를 지방자치단체의 관할사무의 전권한성, 보편성 또는 일반성으로 특징지을 수 있다.[1] 관할사무의 포괄성으로부터 권한의 추정이 나온다.[2] 즉 법률로 다른 기관에 주어진 것이 아닌 한, 지방자치단체는 그 지역 내의 모든 사무에 권한을 갖는 것으로 추정된다 볼 것이다.[3]

231 (2) **고유책임성의 보장** 자치행정은 자신의 사무를 자신의 고유의 책임으로 수행하여야 한다는 데 그 뜻이 있다. 용례상 고유의 책임은 자기책임으로 표현되기도 한다.[4] 여기서 고유책임이란 자치사무수행에 있어서 다른 행정주체(특히 국가)로부터 합목적성에 관하여 명령·지시를 받지 않는 것을 의미한다. 바꾸어 말하면, 고유책임성이란 자치임무의 수행여부, 시기, 방법의 선택·결정이 당해 지방자치단체의 자유의사에 놓임을 뜻한다. 이것은 바로 자치사무에 대한 국가의 감독은 적법성의 감독에 한정됨을 의미한다.

232 (3) **자치권의 보장** 자치행정고권, 즉 자치권의 보장은 지방자치행정의 제도보장과 분리하여 생각될 수 없다. 자치권이 국가로부터 전래된 것이기는 하지만, 자치권은 자치임무의 효율적인 수행의 전제가 되기 때문이다. 자치권은 발동대상이 일반적이고, 그 발동의 형식이나 과정이 국가로부터 독립적이다.

2. 권리주체성의 보장

233 헌법은 행정조직의 한 부분으로서 지방자치단체가 권리주체일 것을 예정하

1) Wolff/Bachof/Stober, Verwaltungsrecht Ⅱ(5. Aufl.), §86, Rn. 45.
2) Reichert/Röber, Kommunalrecht, 1986, S. 30.
3) 대판 1973. 10. 23, 73다1212(국가 또는 상급지방자치단체가 지방자치단체에 대하여 그 사무를 위임하려면 반드시 법률 또는 법률의 위임을 받은 명령의 근거가 있어야 하고, 이러한 법령에 의한 위임사무를 제외하고는 지방자치단체는 널리 지방주민의 공공의 이익을 위한 사무를 그 고유사무로서 행할 수 있는 것인바 기업체의 생산실적사실증명에 관한 사무는 달리 법령상의 위임근거를 찾아볼 수 없으므로 이는 지방자치단체가 그 주민의 복지를 위한 고유사무처리에 수반하여 하는 사실증명업무라 할 것이다).
4) 김남진·김연태, 행정법(Ⅱ), 76쪽(2019).

고 있다. 왜냐하면 헌법상 지방자치단체는 당해 지역에서 '주민의 복리에 관한 사무를 처리하고 재산을 관리'하는 것을 임무로 하는바, 이것은 지방자치단체가 독자적인 헌법상의 행위주체임을 전제로 하는 것이며, 따라서 이것은 지방자치단체가 법적으로 바로 권리능력을 가질 것을 전제로 하는 것이기 때문이다. 역으로 말한다면 지방자치단체가 권리능력을 가짐으로 해서 법적 행위에서 활동능력을 갖게 되고, 또한 국가와의 관계에서 법기술상 독자성의 보장이 가능하게 되는 것이다. 이에 지방자치법은 지방자치단체를 법인으로 하고 있다(지자법 제3조 제1항).

3. 주관적인 법적 지위의 보장

헌법이 지방자치제도를 기본권으로 보장하는 것은 아니다. 그렇다고 그것 234
이 단순히 객관적인 제도의 보장에 머무르는 것은 아니다. 제도보장으로서 지방자치제도의 보장은 순수한 주관적인 권리와 객관적인 법적 보장 사이에 위치한다고 본다. 지방자치제도의 보장은 객관적인 제도로서의 보장과 아울러 지방자치단체에 주관적인 법적 지위까지 보장하는 것을 내용으로 한다고 보겠다. 따라서 개별지방자치단체는 어느 정도 주관적인 지위에서 국가(제도보장의무자)에 대하여 헌법이 보장하는 지방자치제의 내용을 준수하는 것을 요구할 수 있게 되는 것이다. 이에 관한 분쟁은 헌법재판소의 관할대상이 된다(헌법 제111조 제1항 제4호). 이러한 지방자치단체의 권리보호가능성은 자치임무영역 내지 지방자치단체에게 부여된 각종의 고권이 축소·박탈될 때 문제가 될 것이다.

제 2 항 지방자치제의 형성과 제한

Ⅰ. 형성·제한의 원리로서 법률의 유보

지방자치(행정)제도의 보장은 법률에 의한 형성을 필요로 한다. 절대적으로 235
보호되는 핵심영역 외에 입법자는 그 밖의 영역(외곽영역)에서도 자치행정의 특수한 기능을 고려하여야 한다. 법률유보는 지역적인 사무의 수행의 종류와 방법뿐만 아니라, 또한 사무를 위한 공동체의 권한을 규정함에도 요구된다.[1)]

지방자치단체의 자치권이 제한될 수 있다는 점에 대해서는 의문이 없다. 다 236
만 제한에는 법률이 필요하다. 왜냐하면 지방자치제도의 내용은 헌법상 법률로

---

1) BVerfGE 79, 127, 143; Tettinger/Erbguth/Mann, Besonderes Verwaltungsrecht(9. Aufl.), Rn. 62.

정하게 되어 있는바, 입법자인 국회는 자치행정권을 형성함과 동시에 제한할 수도 있는 것이기 때문이다. 법률의 유보는 국가행정권에 의한 임의적인 침해로부터 지방자치단체를 보호한다. 법규명령도 그것이 헌법과 법률의 위임에 따른 것인 한 자치행정권에 제한을 가할 수도 있다.[1)]

Ⅱ. 자치권의 제한의 기준

237 자치권을 제한하는 법령은 헌법에 적합한 것이어야 하는바,[2)] 그것은 먼저 주민의 복지와 관련성을 가져야만 한다(공익요건). 자치행정권을 제한하는 법규범은 법치국가원리에 근거하는 넓은 의미의 비례원칙(적합성의 원칙, 필요성의 원칙, 좁은 의미의 비례원칙) 내지 과잉금지의 원칙과 자의금지의 원칙을 또한 준수하여야 한다.[3)] 도입하는 국가적 수단이 추구하는 목표에 적합한가의 여부는 처음부터 명백한 것이 아니다. 필요성의 원칙과 좁은 의미의 비례원칙의 적합 여부의 판단에 있어서도 입법자에게 판단여지 내지 예측여지가 주어진다고 볼 것이다. 왜냐하면 수단의 목적적합성에 대한 판단이 여러 가지로 가능하므로, 따라서 그에 후속되는 필요성의 원칙과 좁은 의미의 비례원칙의 판단은 당연히 다양한 상황에 놓일 수밖에 없기 때문이다. 핵심영역에 대한 침해가 없다고 하여도, 비례원칙의 위반이 있으면, 그것만으로 입법자의 제한은 헌법위반이 된다.

Ⅲ. 자치권의 제한의 단계

238 지방자치제도의 헌법적 보장이라는 면과 관련하여 입법에 의한 자치행정권의 제한은 지엽적인 영역의 제한, 중간영역의 제한, 핵심영역의 제한의 3단계로 구분하여 살펴볼 수 있다.[4)] 즉 ① 지엽적인 영역(가장자리영역, Randbereich)에서 입법자의 제한 내지 침해는 자유이다. ② 중간영역에서 입법자는 공익상 정당한 사유가 있고, 또한 시간적으로나 사항적으로 불가피한 경우에는 제한할 수 있다. 그러나 ③ 입법자는 자치행정권의 핵심영역(Kernbereich)을[5)] 침해할 수 없

1) BVerfGE 26, 228, 237; 56, 289, 309; Tettinger/Erbguth/Mann, Besonderes Verwaltungsrecht (9. Aufl.), Rn. 62.
2) Schmidt-Jortzig, Kommunalrecht, 1982, S. 177.
3) Tettinger/Erbguth/Mann, Besonderes Verwaltungsrecht(9. Aufl.), Rn. 66; Wolff/Bachof/Stober, Verwaltungsrecht Ⅱ(5. Aufl.), §86, Rn. 165f.
4) Stober, Kommunalrecht in der Bundesrepublik Deutschland, S. 101.
5) 용례상 핵심영역은 기본적 내용(Fundamentalgehalt), 본질적 내용(Wesengehalt) 또는 최소내용(Mindestgehalt)이라고도 한다. 일설은 연방헌법재판소의 입장은 핵심영역(Kernbereich)과

다[1](절대적 한계). 핵심영역의 보장이 특정 지방자치단체의 절대적 보호를 의미하는 것은 아니다.

Ⅳ. 제한의 한계로서 핵심영역

1. 의 의

독일의 판례는 자치행정을 공동화로 이끌고, 자치단체가 활발한 활동을 할 수 없고, 따라서 지방자치단체를 다만 외관상·형태상으로만 존재하는 것으로 만드는 침해를 본질적 침해로 본다.[2] 학설은 핵심영역을 그 구조나 유형을 변경함이 없이는 당해 제도로부터 배제될 수 없는, 그 제도의 필수부분이라 정의하기도 한다.[3] 이러한 이론에 따르게 되면, 지방자치(행정)의 전형적인 현상형태 내지 지방자치(행정)에 필수적인 것으로 인정되는 전형적인 임무와 관련되는 침해가 본질적 내용의 침해 또는 핵심적 영역의 침해가 된다. 239

2. 판단방법

(1) 학 설

(가) 공 제 법　　공제법은 소극적·분량적 방법으로 핵심영역을 규명하는 방법이다. 잔여론이라고도 부른다. 공제법은 독일의 연방행정재판소에 의해 발전된 방법이다. 공제법은 입법에 의한 침해의 결과 지방자치단체에 남는 작용은 어떠한 것인가를 기준으로 하여 지방자치단체에 덜 중요한 임무영역이 박탈되면 자치행정의 핵심영역의 침해가 아니라고 하게 된다. 말하자면 침해 후 남는 부분이 의미가 있는 것이고, 또한 그것으로도 지방자치단체에 고유책임 있는 활동을 인정하는 것이 가능하다면 기본적인 임무영역에 대한 침해도 핵심영역의 침해는 아니라는 것이다. 240

(나) 역사적 방법　　역사적 방법이란 지방자치행정의 사적 발전과 상이하게 생성된 현상형식인가의 여부를 판단의 기준으로 삼는 방식이다. 역사적 방법은 독일의 연방헌법재판소에 의해 발전된 방법이다. 역사적 방법은 자치행정의 핵심영역은 소극적·분량적으로 정해질 수 없고, 나열될 수도 없고, 일반적 형식으로 241

가장자리영역(Randbereich)으로 구분한다고 하고, 핵심영역은 침해불가하나, 가장자리영역은 일정한 요건하에서 가능하다고 한다(Schmidt, Kommunalrecht, §3, Rn. 83).

1) 헌재 2021. 3. 25, 2018헌바348(헌법상 지방자치단체의 자치권의 범위는 법령에 의하여 형성되고 제한되나, 지방자치단체의 자치권은 헌법상 보장되고 있으므로 비록 법령에 의하여 이를 제한하는 것이 가능하다고 하더라도 그 제한이 불합리하여 자치권의 본질을 훼손하는 정도에 이른다면 이는 헌법에 위반된다).

2) BVerfGE 38, 258, 279; 79, 127, 146; 91, 228.

3) Stober, Kommunalrecht in der Bundesrepublik Deutschland, S. 101.

정해질 수도 없으며, 입법상 권한의 한계설정은 개별 경우에만 가능하다는 전제하에, 자치행정의 전통적인 형상과 일치할 수 없는 침해는 핵심영역의 침해가 된다고 한다. 따라서 모든 전통적인 제한은 적법하다고 본다.

241a ▌참고▐ Rastede 판결

기초지방자치단체인 게마인데의 폐기물처리에 관한 사무권한을 광역지방자치단체인 란트크라이스로 이전하는 것이 기본법 제28조 제2항 제1문(게마인데는 모든 지역공동체의 사무를 법률의 범위 안에서 자기책임으로 처리할 권리를 갖는다)에 합치되는지의 여부를 쟁점으로 하여 니데작센의 2개의 게마인데가 제기한 헌법소원에서 이루어진 연방헌법재판소의 판결을 말한다(BVerfGE 79, 128)(1988. 11. 23). 판결요지는 다음과 같다.

1. 기본법 제28조 제2항 제1문의 법률의 유보는 지역공동체의 사무의 종류와 처리방법뿐만 아니라 이러한 사무에 대한 게마인데의 권한에도 적용된다.

2. 대상적으로 특정할 수 있거나 또는 확정할 수 있는 징표에 따라 정할 수 있는 사무의 목록이 게마인데 자치행정의 본질적 내용(핵심영역)에 속하는 것이 아니라, 법률로써 다른 공행정주체에 부여된 것이 아닌 지역공동체의 모든 사무에 대하여 특별한 권한배분이 없이도 수행할 수 있는 권능이 자치행정의 본질적 내용(핵심영역)에 속한다.

3a. 기본법 제28조 제2항 제1문은, 보장의 핵심영역 밖에서 권한을 배분하는 입법자가 고려하여야 하는 「지역공동체의 사무는 게마인데가 처리한다」는 헌법상의 사무배분의 원칙을 내포한다.

3b. 입법자는 지역적 성질을 갖는 게마인데의 사무를 오로지 공익, 특히 질서에 적합한 사무의 수행이 보장되지 아니하고, 사무이전의 근거가 기본법 제28조 제2항 제1문의 헌법적인 사무분배원칙을 능가하는 경우에(게마인데로부터 크라이스에) 이전할 수 있다.

4. 기본법 제28조 제2항 제1문에서 뜻하는 지역공동체의 사무는 게마인데에서 인간의 공동생활과 관련하면서 지역공동체에 뿌리를 두거나 그와 특별한 관계를 갖거나 주민에게 공통적인 필요와 이익을 말한다. 게마인데의 행정력은 중요한 것이 아니다.

241b (다) 비례원칙활용법 독일 연방헌법재판소는 라스테데 판결에서 헌법제정자가 입법자에게 광범위한 형성영역을 부여하였다는 전제하에 광역지방자치단체인 크라이스가 보다 큰 행정력을 가지고 수임사무를 보다 잘 수행할 상태에 있는지의 여부, 그리고 그 사무를 최상으로 수행할 수 있는지의 여부의 문제를 판단함에 있어서 개별 기초지방자치단체인 게마인데의 이익상태에 주목하지 않고, 비례

원칙만을 따랐다.[1] 달리 말한다면 라스테데 판결은 핵심영역의 해당여부에 대한 판단에 있어서 공제법이나 역사적 방법이 아니라 비례원칙을 주요 척도로 사용하였다. 라스테데 판결 이후 독일의 일반적 견해는 라스테데 판결에서 연방헌법재판소가 취한 핵심영역의 판단기준에 대하여 긍정적인 입장을 취하고 있다.

(2) **판 례** 헌법재판소는 「법령에 의하여 지방자치단체의 지방자치권을 제한하는 것이 가능하다고 하더라도, 지방자치단체의 존재 자체를 부인하거나 각종 권한을 말살하는 것과 같이 그 제한이 불합리하여 지방자치권의 본질적인 내용을 침해하여서는 아니 된다. 따라서 국회의 입법에 의하여 지방자치권이 침해되었는지 여부를 심사함에 있어서는 지방자치권의 본질적 내용이 침해되었는지 여부만을 심사하면 족하고, 기본권침해를 심사하는 데 적용되는 과잉금지원칙이나 평등원칙 등을 적용할 것은 아니다」라 한다.[2]

(3) **사 견**

(개) **종래 방법론 비판** 공제법과 역사적 방법은 지방자치가 「주민의 복지를 증진시키고 지역의 역사를 보존함을 목적으로 지역공동체의 주민의 힘으로 자기 고장의 고유한 공적 사무를 자기책임으로 수행하는 것」으로 이해하는 경우에는 의미가 있었다. 그러나 국가 간의 경쟁이 치열해지고 주민의 삶의 질의 향상에 대한 요구가 크게 증대하고 있는 오늘날에는 국가사무와 지방자치단체의 사무가 명백히 구분되는 것이 아니라 혼재하기도 한다는 점에서 종래의 방법은 더 이상 적합하지 않다. 242

(내) **비례원칙 등의 적용** 핵심영역의 의미는 지방자치의 이러한 의미변화를 고려하면서 정하여야 한다. 이러한 시각에서 볼 때, 라스테데 판결에서 연방헌법재판소가 취한 핵심영역의 판단기준은 우리에게도 적용할만하다. 우리의 헌법재판소가 「국회의 입법에 의하여 지방자치권이 침해되었는지 여부를 심사함에 있어서는 … 과잉금지원칙 … 등을 적용할 것은 아니다」라고 단언한 것은 문제가 있어 보인다. 입법자가 제한 가능한 영역과 침해 불가능한 핵심영역 사이의 정밀한 한계를 설정하는 것은 가능하지 않지만, 그럼에도 그것은 미래지향적으로, 그리고 시대에 적합하게 해석·해결되어야 한다. 그것은 역사와 현실을 인식하면서 비례원칙 등 여러 관점을 고려하면서 판단되어야 한다. 핵심영역의 판단에 지역성의 요소가 배제될 수 없으나 종래와 같이 특별히 강조되어서도 아니 된다. 242a

1) Seewald, Otfried, in : Steiner(Hrsg.), Besonderes Verwaltungsrecht, Rn. 380.

2) 헌재 2010. 10. 28, 2007헌라4.

제 3 항 지방자치단체의 권리보호

1. 위헌법률심사제(구체적 규범통제)

243 헌법과 헌법재판소법은 구체적 규범통제를 규정하고 있을 뿐, 추상적 규범통제를 규정하고 있지는 않다. 현재로서는 구체적 규범통제만이 인정되고 있다. 따라서, 자치행정권을 침해하는 위헌법률의 제정이 있고, 그러한 법률에 따른 처분으로 인하여 사인의 권리가 침해되면, 그 사인은 그러한 처분의 취소 또는 무효를 주장하면서 위헌법률심사를 신청할 수 있다. 그러나 이러한 구체적 규범통제는 사인의 신청에 의한 것이지, 지방자치단체에 의한 권리구제가 아니다.

244 지방자치단체도 구체적 규범통제를 신청할 수 있는가의 문제가 있다. 생각건대 위헌법률에 의한 국가의 처분이 행정소송법상 처분개념에 해당하는 한, 지방자치단체도 항고소송의 제기를 통해 구체적 규범통제를 신청할 수 있다고 하겠다. 행정소송법은 지방자치단체라는 이유만으로 항고소송을 제기할 수 없다고 규정하고 있지는 아니하기 때문이다.[1]

2. 권한쟁의심판

245 (1) **정부에 대한 권한쟁의** 정부가 지방자치단체의 권한을 침해하면,[2] 지방자치단체는[3] 권한쟁의심판을 청구할 수 있다.[4] 권한쟁의심판은 자치사무를

1) 독일 바이에른의 경우에는 자치행정권을 기본권유사의 권리로 보기 때문에 지방자치단체는 자치권을 침해하는 법률이나 명령을 경우에 따라 다툴 수 있다고 하며, 이를 민중소송이라 부르고 있다(Lissack, Bayerisches Kommunalrecht, S. 38).

2) 헌재 2008. 12. 26, 2005헌라11 전원재판부(헌법재판소법 제61조 제1항은 "국가기관 상호간, 국가기관과 지방자치단체 간 및 지방자치단체 상호간에 권한의 존부 또는 범위에 관하여 다툼이 있을 때에는 당해 국가기관 또는 지방자치단체는 헌법재판소에 권한쟁의심판을 청구할 수 있다"고 규정하고, 같은 조 제2항은 "제1항의 심판청구는 피청구인의 처분 또는 부작위가 헌법 또는 법률에 의하여 부여받은 청구인의 권한을 침해하였거나 침해할 현저한 위험이 있는 때에 한하여 이를 할 수 있다"고 규정하고 있으므로, 권한쟁의심판을 청구하려면 청구인과 피청구인 상호간에 헌법 또는 법률에 의하여 부여받은 권한의 존부 또는 범위에 관하여 다툼이 있어야 하고, 피청구인의 처분 또는 부작위가 헌법 또는 법률에 의하여 부여받은 청구인의 권한을 침해하였거나 침해할 현저한 위험이 있는 경우이어야 한다).

3) 헌재 2006. 8. 31, 2003헌라1(권한쟁의심판청구는 헌법과 법률에 의하여 권한을 부여받은 자가 그 권한의 침해를 다투는 헌법소송으로서 이러한 권한쟁의심판을 청구할 수 있는 자에 대하여는 헌법 제111조 제1항 제4호와 헌법재판소법 제62조 제1항 제3호가 정하고 있는바, 이에 의하면 지방자치단체의 장은 원칙적으로 권한쟁의 심판청구의 당사자가 될 수 없다. 다만 지방자치단체의 장이 국가위임 사무에 대해 국가기관의 지위에서 처분을 행한 경우에는 권한쟁의 심판청구의 당사자가 될 수 있다. 그런데 이 사건 ○○ 주식회사에 대한 피청구인 순천시장의 과세처분은 지방자치단체의 권한에 속하는 사항에 대하여 지방자치단체사무의 집행기관으로서 한 과세처분에 불과하므로 피청구인 순천시장은 이 사건 지방세 과세 권한을 둘러싼 다툼에 있어 권한쟁의 심판청구의 당사자가 될 수 없고, 청구인 광양시장 또한 마찬가지이다. 따라서

대상으로 한다.[1] 기관위임사무는 국가사무이므로 권한쟁의심판을 제기하면 부적법각하될 것이다.[2]

(2) **국회에 대한 권한쟁의** 지방자치제의 의미가 강화되고 있는 오늘날의 상황에 비추어 지방자치단체의 권리보호수단을 확대하는 노력이 필요하다. 이러한 시각에서 헌법재판소법 제62조 제1항 제2호의 정부를 예시적인 것으로 보아 국회도 국가와 지방자치단체의 권한쟁의심판의 당사자가 될 수 있다고 볼 것이다.[3] 246

청구인 광양시장의 피청구인들에 대한 심판청구와 청구인 광양시의 피청구인 순천시장에 대한 심판청구는 모두 당사자능력을 결한 청구로서 부적법하다).

4) 헌재 2006. 8. 31, 2004헌라2(지방자치단체의 지방자치사무에 관해 단체장이 행한 처분은 지방자치단체의 대표이자 집행기관인 단체장이 지방자치법 제9조 소정의 지방자치단체의 사무 처리의 일환으로 당해 지방자치단체의 이름과 책임으로 행한 것이므로 지방자치단체를 피청구인으로 한 권한쟁의심판절차에서 단체장의 처분을 취소할 수 있다)(참고 : 본건은 부산광역시 강서구가 진해시를 상대로, 진해시 용원동 내의 일부인 계쟁 토지가 법률에 의해 그 관할이 자신에게 옮겨졌다고 주장하면서 관할확인을 구하고, 진해시가 계쟁 토지에 대한 사무와 재산을 인계하지 아니하는 부작위가 위법하다는 확인을 구하고, 위 계쟁토지에 대해 진해시장이 한 점용료부과처분의 취소를 구하는 권한쟁의심판사건에서 청구인의 심판청구를 인용한 사례임).

1) 헌재 2006. 8. 31, 2004헌라2(이 사건 도로들, 제방, 섬들은 청구인의 관할구역으로 변경되었으므로, 피청구인은 지방자치법 제5조에 따라 새로 그 지역을 관할하게 된 지방자치단체인 청구인에게 그 사무와 재산을 인계할 의무(법률상 작위의무)가 있다. 지방자치법 제5조 소정의 의무는 관할구역 변경으로 인한 행정의 공백이나 혼란을 제거하고 행정의 안정성과 지속성을 유지함으로써 주민을 위한 행정에 소홀하지 않도록 하는데 그 목적이 있는 것이다. 따라서, 피청구인이 청구인에게 현재까지 위 토지들에 대한 사무와 재산을 인계하지 않고 있는 이 사건 부작위는 지방자치법 제5조를 위반한 위법이 있고, 이러한 위법한 부작위는 위 토지들을 관할구역으로 하는 청구인의 자치권한을 침해하는 것이다); 헌재 1999. 7. 22, 98헌라4(지방자치단체는 헌법 또는 법률에 의하여 부여받은 그의 권한, 즉 지방자치단체의 사무에 관한 권한이 침해되거나 침해될 우려가 있는 때에 한하여 권한쟁의심판을 청구할 수 있다고 할 것인데, 도시계획사업실시계획인가사무는 건설교통부장관으로부터 시·도지사에게 위임되었고, 다시 시장·군수에게 재위임된 기관위임사무로서 국가사무라고 할 것이므로, 청구인의 이 사건 심판청구 중 도시계획사업실시계획인가처분에 대한 부분은 지방자치단체의 권한에 속하지 아니하는 사무에 관한 것으로서 부적법하다고 할 것이다).

2) 헌재 2008. 12. 26, 2005헌라11 전원재판부(지방자치단체가 권한쟁의심판을 청구하기 위하여는 헌법 또는 법률에 의하여 부여받은 권한, 즉 지방자치단체의 사무에 관한 권한이 침해되거나 침해될 우려가 있어야 한다. 그런데 지방자치단체의 사무 중 국가가 지방자치단체의 장에게 위임한 기관위임사무는 그 처리의 효과가 국가에 귀속되는 국가의 사무로서 지방자치단체의 사무라 할 수 없고, 지방자치단체의 장은 기관위임사무의 집행권한과 관련된 범위에서는 그 사무를 위임한 국가기관의 지위에 서게 될 뿐 지방자치단체의 기관이 아니므로, 지방자치단체는 기관위임사무의 집행에 관한 권한의 존부 및 범위에 관한 권한분쟁을 이유로 기관위임사무를 집행하는 국가기관 또는 다른 지방자치단체의 장을 상대로 권한쟁의심판을 청구할 수 없다 할 것이다. 결국 국가사무로서의 성격을 가지고 있는 기관위임사무의 집행권한의 존부 및 범위에 관하여 지방자치단체가 청구한 권한쟁의심판 청구는 지방자치단체의 권한에 속하지 아니하는 사무에 관한 심판청구로서 그 청구가 부적법하다고 할 것이다).

3) 헌재 2006. 5. 25, 2005헌라4(헌법재판소법 제61조 제2항에 따라 권한쟁의심판을 청구하려면 피청구인의 처분 또는 부작위가 존재하여야 한다. 여기서의 처분은 입법행위와 같은 법률의 제정과 관련된 권한의 존부 및 행사상의 다툼, 행정처분은 물론 행정입법과 같은 모든 행정작용

246a (3) **지방자치단체에 대한 권한쟁의** 판례는 국가로부터 위임받은 사무를 처리하는 지방자치단체가 역시 국가로부터 위임받은 사무를 처리하는 다른 지방자치단체를 상대로 권한쟁의심판을 청구할 수 없다고 한다. 또한 판례는 지방자치단체의 의결기관인 지방의회를 구성하는 지방의회 의원과 그 지방의회의 대표자인 지방의회 의장 간의 권한쟁의심판을 인정하지 아니한다.[1]

3. 헌법소원

247 헌법재판소법상 기본권이 침해된 자만이 헌법소원을 제기할 수 있는바, 기본권의 주체성이 부인되는 지방자치단체는 헌법소원을 제기할 수 없다(헌재법 제68조). 그러나 입법정책의 변화에 따라서는 헌법소원이 문제될 수 있다.[2]

4. 행정소송

248 헌법 제117조 제1항에 의한 지방자치단체의 헌법적 보장은 지방자치제의 제도적 성격과 무관하게 행정소송절차로 나아갈 수 있는 주관적인 권리를 보장한다. 이것은 행정소송법이 허용하는 범위 안에서 행정소송을 제기할 수 있음을 뜻한다.[3]

제 4 절 지방자치단체의 관념

제 1 항 지방자치단체의 의의

1. 지방자치단체의 개념

249 지방자치법은 지방자치단체의 정의에 관련하는 약간의 규정을 가지고 있을 뿐, 지방자치단체의 개념 그 자체를 정의하는 규정을 갖지 아니한다. 지방자치단

그리고 법원의 재판 및 사법행정작용 등을 포함하는 넓은 의미의 공권력 처분을 의미하는 것으로 보아야 할 것이므로, 법률에 대한 권한쟁의심판도 허용된다고 봄이 일반적이나 다만, '법률 그 자체'가 아니라 '법률제정행위'를 그 심판대상으로 하여야 할 것이다).

1) 헌재 2010. 4. 29, 2009헌라11 전원재판부 다수의견(지방자치단체의 의결기관인 지방의회를 구성하는 지방의회 의원과 그 지방의회의 대표자인 지방의회 의장 간의 권한쟁의심판은 헌법 및 헌법재판소법에 의하여 헌법재판소가 관장하는 지방자치단체 상호간의 권한쟁의심판의 범위에 속한다고 볼 수 없으므로 부적법하다).

2) 독일에서는 헌법상 보장되는 지방자치권이 법률에 의하여 침해되면, 지방자치단체는 헌법재판소[연방법률에 대해서는 연방헌법재판소(독일기본법 제93조 제1항 제4b호, 연방헌법재판소법 제91조), 란트법률에 대해서는 란트헌법재판소(예, 독일의 작센헌법 제90조의5)]에 헌법소원의 제기를 통하여 구제를 받을 수 있다. 이러한 권리보호제도도 일종의 규범통제라고 불린다(Tettinger, Besonderes Verwaltungsrecht/1(6. Aufl.), Rn. 50). 이에 관해 자세한 것은 졸저, 신지방자치법(제5판), 77쪽 이하를 보라.

3) Stober, Kommunalrecht in der Bundesrepublik Deutschland, S. 113.

체는 주민에 의하여 선출된 기관으로 하여금 주민의 복지를 실현하기 위하여 조직된 지역적인 공법상 법인으로서의(지자법 제3조 제1항) 사단으로 정의될 수 있다.[1)]

(1) 법 인 지방자치단체는 법상 독립의 행정단일체로서 공법상 권리 250 능력이 있는 법인이다. 지방자치단체는 주민의 복리에 관한 사무를 처리하고 재산을 관리하며, 법령의 범위 안에서 자치에 관한 규정을 제정할 수 있다는 헌법규정은 지방자치단체를 권리능력있는 공법상의 단체로 예정하고 있음을 뜻한다. 자치행정주체는 개념필수적으로 국가로부터 독립된 외부의 독자적인 의사주체로서 행정주체일 것을 요한다. 지방자치단체는 법인이므로 사권과 사의무의 주체가 될 수 있다.

(2) 사 단 국가 외에 독립적인 행정주체의 법형식으로는 사단(구성원), 251 재단(재산), 영조물(이용자)[2)] 등이 있으나, 지방자치단체가 주민이라는 구성원을 갖는 관계상 지방자치단체는 사단의 형식을 취할 수밖에 없다. 재단이나 영조물에는 구성원이 없다. 지방자치단체는 사단이기에 그 구성원의 변화에 관계없이 법상 단일성을 유지한다.[3)] 지방자치단체는 강제적인 사단이다. 당해 구역에 주소를 갖는 자는 본인의 선택과 무관하게 당연히 그 지방자치단체의 구성원이 된다.

(3) 공법상 법인 지방자치단체는 사법상 행위에 근거하여 설립되는 것이 252 아니다. 지방자치단체는 공적 목적을 위하여 공법에 의해 설립된 공공단체의 한 종류이다. 말하자면 지방자치단체는 공법상 법인이다. 지방자치단체가 공법상 법인이라는 것은 지방자치단체가 공공사무를 처리하기 위하여 설립된 공법규범의 귀속주체임을 뜻하는 것이다. 지방자치단체는 공법인이므로 단순한 국가의 행정구역과 구별되며, 그 설립·해산·사무 등이 법률로 정해지고, 또한 일정한 국가적 공권(예 : 공과금징수권)이 부여되며 동시에 국가의 감독하에 놓이기도 한다.

2. 지방자치단체의 성격(국가와의 관계)

(1) 민주국가의 기초로서 지방자치단체 오늘날의 일반적인 이해에 따르면, 253 지방자치단체는 국가의 기초이자 한 부분이다. 그것은 단계적으로 실현되는 민주적인 구조의 한 요소이다. 이 때문에 지방정책은 국가의 정책·정치의 한 구

1) Dols/Plate, Kommunalrecht, Rn. 22.
2) 영조물(öffentliche Anstalt)은 Otto Mayer 이래 "특정한 공적 목적을 계속적으로 실현하기 위하여 행정주체에 의해 구성된 인적 행정수단과 물적 행정수단의 결합체"로 정의되고 있다(O. Mayer, Deutsches Verwaltungsrecht, Bd.2, S. 331). 영조물에 법인격이 부여되면, 법상 독립의 행정주체가 된다.
3) Erichsen, Kommunalrecht des Landes Nordrhein-Westfalen, S. 41; Lissack, Bauerisches Kommunalrecht, S. 3; Wolff/Bachof/Stober, Verwaltungsrecht Ⅱ(5. Aufl.), §84, Rn. 10.

성부분이 된다. 지방자치단체는 헌법 제1조 제2항에 따라 국민으로부터 나오는 국가권력을 행사하는 기관이기도 하다. 지방자치단체는 행정권의 한 주체로서 궁극적으로는 3권(입법권·집행권·사법권)의 하나인 집행권에 귀속되는 것이다.[1)]

254 (2) **국가의 협력자로서 지방자치단체** 지방자치단체는 고유한 임무영역을 갖는 지역적인 단체로서, 법적으로는 기본적으로 국가와 대등한 관계에 놓인다. 여기서 대등하다는 의미는 법인으로서 고유한 법적 지위를 갖는다는 것을 의미한다. 말하자면 지방자치단체는 주어진 임무수행과 관련하는 한, 국가로부터 자주성과 독립성을 가진다. 이러한 의미에서 국가는 원칙적으로 지방자치단체의 감독자일 수 없다. 지방자치단체는 법상 자신의 사무로 주어진 것을 자신의 판단에 따라 수행하는 것이다. 그러나 지방자치단체도 국가의 한 부분인 이상 국가의 이념과 목표에 봉사하지 아니하면 아니 된다. 이 때문에 국가가 지방자치단체에 대하여 협력과 통제라는 의미로서 개입(관여)할 수 있는 가능성이 생겨난다. 그렇지만 지방자치단체가 독립의 법인격자인 까닭에 국가의 관여는 법에 의해 근거가 마련되지 아니하면 아니 된다.

3. 지방자치단체의 능력

255 (1) **권리능력** 지방자치단체는 공법상 사단이자 법인이므로(지자법 제3조 제1항) 권리·의무의 주체로서의 능력을 갖는다(권리능력). 따라서 지방자치단체는 고유의 공권을 갖고 공의무를 부담할 수 있다. 지방자치단체는 사법의 귀속 주체가 될 수도 있다.[2)] 말하자면, 지방자치단체는 국가와도 타 지방자치단체와도 그리고 사인과도 공·사법상의 법률관계를 맺을 수 있다. 그러나 지방자치단체의 권리능력은 무제한이 아니라, 지방자치단체가 수행하는 사무의 범위 내에 제한된다.

256 (2) **행위능력** 지방자치단체는 자신의 권한의 범위 내에서 자신의 기관(지방자치단체의 장 또는 그 대리인)을 통하여 의사를 주고받을 수 있는 능력, 즉 법률행위를 할 수 있는 능력을 갖는다(행위능력). 행위능력은 공·사법의 두 영역 모두에서 인정된다. 그러나 그 작용범위에는 제한이 가해진다. 지방자치단체는 법률이나 조례에 의하여 정해진 사무의 범위 내에서만, 그리고 예산과 지방자치단체의 경제가 허용하는 범위 내에서만 법적 행위를 할 수 있다.[3)]

---

1) Schmidt－Aßmann/Röhl, Kommunalrecht, in : Schmidt－Aßmann(Hrsg.), Besonderes Verwaltungsrecht, Rn. 519.
2) Schmidt－Jortzig, Kommunalrecht, 1982, S. 33; Erichsen, Kommunalrecht des Landes Nordrhein－Westfalen, S. 41; Waechter, Kommunalrecht, Rn. 22.
3) Pagenkopf, Kommunalrecht Ⅰ, S. 34.

(3) **당사자능력과 소송능력** 지방자치단체는 권리능력이 있으므로 소송상 일방 당사자가 될 수 있는 능력을 갖는다(당사자능력). 지방자치단체는 민사소송의 원고가 될 수 있고, 피고도 될 수 있다. 물론 다른 권리주체에 의하여 자신의 실질적인 법적 지위가 침해되면, 침해받은 지방자치단체는 경우에 따라 행정소송을 제기할 수도 있다. 또 한편으로 기본적인 행위능력에 상응하여 지방자치단체는 스스로 또는 대리인을 통하여 소송상 행위를 할 수도 있고 받을 수도 있는 능력을 갖는다(소송능력). 257

(4) **책임능력** 지방자치단체가 법률행위 내지 법적 행위를 한다는 것은 자신의 법률행위 내지 법적 행위에 대하여 책임을 져야함을 의미한다. 그런데 지방자치단체의 법률행위 내지 법적 행위는 현실적으로 공무원에 의해 이루어지므로, 지방자치단체는 직무와 관련된 소속공무원의 공·사법상의 불법행위에 대하여도 책임을 진다. 이러한 의미의 책임능력은 불법행위능력이라고도 한다. 지방자치단체의 불법행위에 대한 책임을 규정하는 단일의 법률은 없다. 그것은 국가배상법 및 일반행정법원리에 따른다. 258

(5) **기 타** 지방자치단체는 형법에 따른 범죄능력, 형사법상 책임능력을 갖지 아니한다고 한다.[1] 다만, 질서위반과 관련하여 양벌규정이 있는 경우에는 과태료부과의 대상이 될 수 있을 것이다. 259

지방자치단체는 공무원을 임용·보유할 수 있는 능력, 즉 임용능력을 갖는다. 지방자치단체가 수행하는 핵심적인 사무는 자치사무인바, 자치사무의 수행과 관련하여 임용능력을 갖는다. 지방자치단체의 임용능력은 지방자치단체의 인적고권과 관련을 맺는다. 260

4. 지방자치단체와 기본권

(1) **지방자치단체의 기본권주체성** 법인으로서 지방자치단체는 기본권의 주체인가? 이것은 헌법체계적인 문제이자 동시에 실체적이고 내용적인 문제이다. 자치사무인가 위임사무인가를 불문하고, 그리고 공법적인 것인가 사법적인 것인가를 불문하고 공적 사무를 수행하는 한, 지방자치단체의 기본권주체성은 부인되어야 한다.[2] 이러한 영역에서 지방자치단체에 기본권 또는 기본권 유사의 261

1) 이재상, 형법총론, 2000, 94쪽.

2) 헌재 2013. 9. 26, 2012헌마271(공법인이나 이에 준하는 지위를 가진 자라 하더라도 공무를 수행하거나 고권적 행위를 하는 경우가 아닌 사경제 주체로서 활동하는 경우나 조직법상 국가로부터 독립한 고유 업무를 수행하는 경우, 그리고 다른 공권력 주체와의 관계에서 지배복종관계가 성립되어 일반 사인처럼 그 지배하에 있는 경우 등에는 기본권 주체가 될 수 있다. 이러한 경우에는 이들이 기본권을 보호해야 하는 국가적 기능을 담당하고 있다고 볼 수 없기 때문이다); 헌

권리가 침해될 여지는 없다고 본다.[1] 왜냐하면 지방자치단체는 행정주체로서 기본권실현에 의무를 지는 것, 즉 기본권에 구속되는 것이기 때문이다. 요컨대 지방자치단체에는 자치행정권이 보장되는 것이지 기본권이 보장되는 것은 아니다. 한편, 지방자치단체에는 당사자능력·소송능력이 인정되므로(즉, 절차에 참가할 수 있는바), 헌법상 재판청구권은 지방자치단체에도 적용된다고 볼 것이다. 즉 절차적 권리와 관련하여서는 지방자치단체가 예외적으로 기본권 내지 기본권유사의 권리를 갖는다고 볼 것이다.[2]

262 **(2) 지방자치단체의 기본권구속** 지방자치단체는 사법적으로 행위하여도 기본권에 구속된다. 헌법 제10조에서 규정하는 국가의 기본권보장의무는 지방자치단체의 작용에서도 당연히 적용되며, 아울러 행정주체의 행위의 근거가 되는 법의 형식을 가리지 아니한다. 만약 행정주체의 사법작용에 기본권이 적용되지 아니한다면, 행정주체의 사법에로의 도피(Flucht ins Privatrecht)가 가능해질 것이다.

제 2 항 지방자치단체의 명칭

1. 명칭의 결정

263 권리·의무의 주체로서, 단일의 기능체로서 지방자치단체는 자신의 동일성을 나타내는 이름을 필요로 한다. 지방자치단체는 각기 고유한 명칭(이름)을 갖는다. 지방자치단체의 이름과 관련하여 현행법제는 역사적으로 사용되어 온 종전의 이름을 당해 지방자치단체의 명칭으로 하고 있다(지자법 제5조 제1항). 자치구가 아닌 구와 읍·면·동의 명칭도 종전과 같이 하고(지자법 제7조 제1항), 리의 명칭도 종전과 같이 한다(지자법 제7조 제2항).

2. 명칭의 의미

264 행정실제상 지방자치단체의 명칭의 보호는 중요한 의미를 갖는다. 그것은 다른 지방자치단체에 대한 관계에서 특정 지방자치단체의 인격성 내지 동일성을 나타내는 것일 뿐만 아니라, 지방자치단체의 실체적·정신적 가치, 주민을 통

재 2006. 2. 23, 2004헌바50; 헌재 1998. 3. 26, 96헌마345; Dols/Plate, Kommunalrecht, Rn. 24; Erichsen, Kommunalrecht des Landes Nordrhein－Westfalen, S. 43; Geis, Kommunalrecht(3. Aufl.), § 5, Rn. 17; Schmidt－Aßmann/Röhl, Kommunalrecht, in : Schmidt－ Aßmann(Hrsg.), Besonderes Verwaltungsrecht, Rn. 29; BVerfGE 45, 78; 61, 82; 68, 193; 70, 1; 75, 192.

1) BVerfGE 21, 362, 372(지방자치단체는 기본권유형의 위험상태를 갖지 아니한다. 기본권은 그 본질상(기본법 제19조 3항) 이런 공법상 법인에는 적용되지 아니한다).

2) 이에 관해 자세한 것은 졸저, 신지방자치법(제5판), 100쪽 이하를 보라.

합하는 효과를 내포하기도 한다.[1] 지방자치단체의 명칭권에 행정동의 명칭의 보호는 포함되지 아니한다.[2]

3. 명칭의 변경

① 지방자치단체의 명칭을 바꿀 때에는 법률로 정한다(지자법 제5조 제1항). 265
지방자치단체의 명칭을 변경할 때(한자 명칭을 변경할 때를 포함한다)에는 관계 지방의회의 의견을 들어야 한다. 다만, 「주민투표법」 제8조에 따라 주민투표를 한 경우에는 그러하지 아니하다(지자법 제5조 제3항). ② 자치구가 아닌 구와 읍·면·동의 명칭의 변경은 그 지방자치단체의 조례로 정하고, 그 결과를 특별시장·광역시장·도지사에게 보고하여야 한다(지자법 제7조 제1항). 리의 명칭을 변경할 때에는 그 지방자치단체의 조례로 정한다(지자법 제7조 제2항).

4. 명칭 외 상징물

지방자치단체의 명칭 외에도 각 지방자치단체는 자신을 상징하는 고유한 266
기(Flagge)나 문장(Wappen), 나무, 꽃, 새 등을 갖기도 한다.[3] 이러한 상징물은 주민으로 하여금 소속 지방자치단체에 대한 관심, 애정, 소속감을 갖게 하고, 따라서 주민전체의 일체감을 조성하는 의미를 갖는다. 지방자치법은 지방자치단

---

1) 헌재 2009. 11. 26, 2008헌라3(법인인 지방자치단체의 명칭은 특정 지방자치단체의 인격성 내지 동일성을 표상하는 것으로서 보호되어야 하고, 이러한 지방자치단체의 명칭은 지적제도, 도로교통, 우편배달 등 공익과 직접적인 관련을 가진다. 이와 같은 견지에서 지방자치법은 지방자치단체의 명칭의 변경은 법률로 정하도록 하고(지방자치법 제4조 제1항 제2문), 관계 지방자치단체의 의회의 의견을 듣도록 하고 있다(지방자치법 제4조 제2항). 이처럼 지방자치단체의 명칭 결정에 있어 해당 지방자치단체의 관여를 인정하고 있는 것은, 사람의 이름이 인격권과 불가분의 관계를 이루듯 지방자치단체의 명칭은 해당 지방자치단체의 정체성과 불가분의 관계를 이루기 때문이라고 할 것이다).

2) 헌재 2009. 11. 26, 2008헌라3(시와 구의 관할구역 내에 있는 명소나 공공시설물, 도로의 명칭은 지방자치단체의 명칭과는 구분되는 것으로서, 그 명칭이 지방자치단체의 정체성과 불가분의 관계를 이루는 것이라고 보기는 어려우므로, 지방자치단체의 명칭에 대한 것과 같은 보호의 대상이 된다고 볼 수 없다. 나아가 행정동은 행정 능률과 주민의 편의를 위하여 조례로 설정하는 행정 운영상의 구역 단위일 뿐이므로(지방자치법 제4조 제5항), 행정동의 명칭이 당해 지방자치단체의 동일성·정체성과 직접 연관되어 있다고 보기 어려울 뿐만 아니라, 이러한 행정동 명칭이 변경된다 하더라도, 주민등록주소나 등기부등본, 토지대장, 건축물대장 등 각종 공부상의 동(법정동) 주소가 변경되는 것도 아니므로, 행정동의 명칭 변경이 공익에 미치는 영향도 상대적으로 미약하다고 할 것이다. 또한, 지방자치단체의 관할구역 내 행정동이나 명소, 시설물, 도로 등의 명칭은 그 자체가 독자적으로 사용되기보다는 지방자치단체(자치구)의 명칭과 함께 사용되는 것이 일반적이므로, 어느 지방자치단체의 행정동 명칭이 인접 지방자치단체의 행정동이나 명소, 시설물, 도로 등의 명칭과 동일 내지 유사하다는 사정만으로는 그 식별력에 현저한 지장이 초래된다고 보기도 어렵다. 따라서 지방자치단체의 이른바 명칭권의 보호범위에 그 지방자치단체의 명소나 시설물, 도로의 명칭이나 행정동의 명칭까지 포함된다고 볼 수는 없다).

3) 졸저, 신지방자치법(제5판), 107쪽을 보라.

체의 상징과 관련하여 명칭에 관해서만 규정할 뿐, 그 밖의 것에 관해서는 언급하는 바가 없다. 그러나 명칭 이외의 상징물의 의미가 명칭의 의미와 반드시 동일한 것은 아닐지라도 중요한 것임은 분명하므로, 기타의 상징물(특히 기와 문장)의 결정·변경·보호(예 : 지방자치단체의 기의무단사용으로부터의 보호) 등에 관한 규정이 지방자치법에 마련될 필요가 있다.

제 3 항 지방자치단체의 종류와 사무소의 소재지

Ⅰ. 지방자치단체의 종류

1. 보통지방자치단체

267 **(1) 의의·종류** 보통지방자치단체란 그 조직과 수행사무가 일반적이고 보편적인 지방자치단체를 말한다. 현행법상 보통지방자치단체는 광역지방자치단체와 기초지방자치단체로 구분된다. 광역지방자치단체로는 특별시·광역시, 특별자치시(2012. 7. 1. 시행), 도 및 특별자치도가 있고, 기초지방자치단체로는 시·군 및 구가 있다(지자법 제2조 제1항). 광역지방자치단체는 상급지방자치단체 또는 2차적 지방자치단체로, 기초지방자치단체는 하급지방자치단체 또는 1차적 지방자치단체로 불리기도 한다.

268 **(2) 직할·관할** ① 광역지방자치단체인 특별시, 광역시, 특별자치시, 도, 특별자치도는 정부의 직할로 두고, 시는 도 또는 특별자치도의 관할 구역 안에, 군은 광역시·도 또는 특별자치도의 관할 구역 안에 두며, 자치구는 특별시와 광역시, 특별자치시의 관할 구역 안에 둔다. 다만, 특별자치도의 경우에는 법률이 정하는 바에 따라 관할 구역 안에 시 또는 군을 두지 아니할 수 있다(지자법 제3조 제2항). 여기서 '직할' 또는 '관할 구역 안'에 둔다는 것은 통제하에 둔다는 의미가 아니고 그 구역 내에 위치한다는 뜻이다. 한편, 지방자치단체인 구(자치구)는 특별시와 광역시의 관할 구역 안의 구만을 말하며, 자치구의 자치권의 범위는 법령으로 정하는 바에 따라 시·군과 다르게 할 수 있다(지자법 제2조 제2항). ② 특별시·광역시 및 특별자치시가 아닌 인구 50만 이상의 시에는 자치구가 아닌 구를 둘 수 있고, 군에는 읍·면을 두며, 시와 구(자치구를 포함한다)에는 동을, 읍·면에는 리를 둔다(지자법 제3조 제3항). ③ 제10조 제2항에 따라 설치된 시에는 도시의 형태를 갖춘 지역에는 동을, 그 밖의 지역에는 읍·면을 두되, 자치구가 아닌 구를 둘 경우에는 그 구에 읍·면·동을 둘 수 있다(지자법 제3조 제4항). ④ 특별자치시와 특별자치도의 하부행정기관에 관한 사항은 따로 법률로 정한

다(지자법 제3조 제5항).

(3) **관 계** 광역지방자치단체나 기초지방자치단체는 모두 독립의 법인 269
이므로(지자법 제3조 제1항), 이들 사이에는 법령에서 정함이 없는 한 상하관계·감독관계가 존재하지 아니한다. 현행 지방자치법상 이들 상호간에 관한 규정으로, 직무대행자지정권(지자법 제110조), 분쟁조정권(지자법 제165조 제1항), 사무위탁권(지자법 제168조), 위임사무처리감독권(지자법 제185조), 지방자치단체조합설립승인권(지자법 제176조), 자치사무감사권(지자법 제190조), 지방의회의결재의요구권(지자법 제192조 제1항) 등이 있다.

현행 지방자치법이 군과 구를 자치단체로 함에 대하여, 농촌지역에서 실제 270
적인 생활권은 읍·면이므로 군은 지방자치단체로서 적합한 것이 아니고, 대도시의 구를 지방자치단체로 한 것은 대도시가 갖는 종합생활권적 생리를 외면한 것이라는 비판이 가해지기도 한다.

〈지방자치단체의 관할〉 271

특별시 –	자치구 –	동		
광역시 –	자치구 –	동		
	군 –	읍·면 –	리	
특별자치시				
도 –	시(인구 50만 이상의 시) –	자치구 아닌 구 –	동	
	시(인구 50만 이하의 시) –	–	동	
–	도농 복합형태의 시 –	–	동(시 도시의 형태를 갖춘 지역)	
	–		읍·면(그 밖의 지역)	
	–	자치구 아닌 구	동	
	–	자치구 아닌 구	읍·면	–리
–	군 –		읍·면	–리
특별자치도 –	시(인구 50만 이상의 시)→	자치구 아닌 구 –	동	
	–군 →		읍·면 →	리
* 법률이 정하는 바에 따라 특별자치도 관할 구역 안에 시 또는 군을 두지 아니할 수 있다.				
세종특별자치시	–		읍·면·동	
제주특별자치도	–	(자치시 아닌) 행정시 →	읍·면·동	

(4) **시·읍의 설치기준**

(가) **시** ① 시는 그 대부분이 도시의 형태를 갖추고 인구 5만 이상이 되 272
어야 한다(지자법 제10조 제1항). ② 다음 각 호(1. 제1항에 따라 설치된 시와 군을 통합한 지역, 2. 인구 5만 이상의 도시 형태를 갖춘 지역이 있는 군, 3. 인구 2만 이상의 도시 형태를 갖춘 2개 이상의 지역의 인구가 5만 이상인 군. 이 경우 군의 인구는 15만 이상으로서 대통령령으로 정하는 요건을 갖추어야 한다. 4. 국가의 정책으로 인하여 도시가 형성되고, 제128조에 따라 도의 출장소가 설치된 지역으로서 그 지역의 인구가 3만 이상이며, 인구 15만 이상의 도농 복합형태의 시의 일부인 지역)의 어느 하나에 해당하는 지역은 도농 복합형태의 시로 할 수 있다(지자법 제10조 제2항).

272a (나) 읍 읍은 그 대부분이 도시의 형태를 갖추고 인구 2만 이상이 되어야 한다. 다음 각 호(1. 군사무소 소재지의 면, 2. 읍이 없는 도농 복합형태의 시에서 그 시에 있는 면 중 1개 면)의 어느 하나에 해당하면 인구 2만 미만인 경우에도 읍으로 할 수 있다(지자법 제10조 제3항).

272b (5) **설치의 법형식** ① 지방자치단체를 설치할 때에는 법률로 정한다(지자법 제5조 제1항). 제1항에 따라 지방자치단체를 설치할 때에는 관계 지방의회의 의견을 들어야 한다. 다만, 「주민투표법」 제8조에 따라 주민투표를 한 경우에는 그러하지 아니하다(지자법 제5조 제3항). ② 동을 설치할 때에는 행정안전부장관의 승인을 받아 그 지방자치단체의 조례로 정한다(지자법 제7조 제1항). 리를 설치할 때에는 그 지방자치단체의 조례로 정한다(지자법 제7조 제2항).

272c (6) **행정동·리** 동·리에서는 행정 능률과 주민의 편의를 위하여 그 지방자치단체의 조례로 정하는 바에 따라 하나의 동·리를 2개 이상의 동·리로 운영하거나 2개 이상의 동·리를 하나의 동·리로 운영하는 등 행정 운영상 동·리를 따로 둘 수 있다(지자법 제7조 제4항). 이를 행정동·리라 한다. 행정동·리에 그 지방자치단체의 조례로 정하는 바에 따라 하부 조직을 둘 수 있다(지자법 제7조 제5항).

(7) **제주특별자치도의 특례**

273 (가) **지방자치단체로서 시·군의 폐지** 제주자치도는 「지방자치법」 제2조 제1항 및 제3조 제2항에도 불구하고 그 관할구역에 지방자치단체인 시와 군을 두지 아니한다(제국법 제10조 제1항). 지방자치단체로서 종래의 제주도의 제주시·서귀포시·북제주군 및 남제주군은 2006년 7월 1일에 폐지되었다.[1]

273a (나) **행 정 시** 제주자치도의 관할구역에 지방자치단체가 아닌 시(행정시)를

1) 헌재 2006. 4. 27, 2005헌마1190(헌법 제117조 제2항은 지방자치단체의 종류를 법률로 정하도록 규정하고 있을 뿐 지방자치단체의 종류 및 구조를 명시하고 있지 않으므로 이에 관한 사항은 기본적으로 입법자에게 위임된 것으로 볼 수 있다. 헌법상 지방자치제도보장의 핵심영역 내지 본질적 부분이 특정 지방자치단체의 존속을 보장하는 것이 아니며 지방자치단체에 의한 자치행정을 일반적으로 보장하는 것이므로, 현행법에 따른 지방자치단체의 중층구조 또는 지방자치단체로서 특별시·광역시 및 도와 함께 시·군 및 구를 계속하여 존속하도록 할지 여부는 결국 입법자의 입법형성권의 범위에 들어가는 것으로 보아야 한다. 같은 이유로 일정구역에 한하여 당해 지역 내의 지방자치단체인 시·군을 모두 폐지하여 중층구조를 단층화하는 것 역시 입법자의 선택범위에 들어가는 것이다).

둔다(제국법 제10조 제2항). 행정시에는 도시의 형태를 갖춘 지역에는 동을, 그 밖의 지역에는 읍·면을 둔다(제국법 제16조 제1항). 「지방자치법」의 규정 중 읍·면·동에 관한 사항은 행정시에 두는 읍·면·동에 대하여 적용한다. 다만, 행정시에 두는 읍·면·동을 폐지하거나 설치하거나 나누거나 합칠 때에는 「지방자치법」 제4조의2 제1항에도 불구하고 행정안전부장관의 승인이 필요하지 아니하되, 도지사는 그 결과를 행정안전부장관에게 보고하여야 한다(제국법 제16조 제2항).

2. 특별지방자치단체

(1) **의 의** 보통지방자치단체 외에 특정한 목적을 수행하기 위하여 필 274
요한 경우에 설치되는 지방자치단체가 특별지방자치단체이다(지자법 제2조 제3항). 특별지방자치단체는 자치권의 범위가 특별한 목적에 한정된 지방자치단체이다.

(2) **유 형** 근거법을 기준으로 할 때 특별지방자치단체에는 지방자치 274a
법에 의한 특별지방자치단체와 특별법에 의한 특별지방자치단체로 구분할 수 있다. 지방자치법에 의한 특별지방자치단체에는 지방자치법 제12장(특별지방자치단체)에 따른 특별지방자치단체와 지방자치법 제176조 이하에서 규정되고 있는 지방자치단체조합을 볼 수 있다.[1)]

(3) **확장된 의미의 지방자치단체** 지방자치단체조합과 지방자치법 제12장 275
에 규정된 특별지방자치단체는 주민을 구성요소로 하는 것은 아니라는 점에서 주민·구역·자치권의 3요소로 구성되는 본래적 의미의 지방자치단체는 아니다. 그것은 확장된 의미 또는 넓은 의미에서 지방자치단체의 한 종류로 볼 것이다.

Ⅱ. 지방자치단체의 사무소의 소재지

지방자치단체의 사무소 소재지는 종전과 같이 한다. 자치구가 아닌 구 및 276
읍·면·동의 경우에도 같다(지자법 제9조 제1항 제1문). 지방자치단체의 사무소의 변경 또는 신설시, 그 소재지는 지역주민의 편익, 편리한 행정서비스제공 등과 관련하여 교통·거리·지형 등을 고려하여 결정되어야 한다. 사무소의 소재지의 빈번한 변경은 민원을 야기하고, 행정능률의 저하를 가져오고, 재정상 낭비를 초래할 가능성을 갖는다.

사무소 소재지를 변경하거나 새로 설정하려면 지방자치단체의 조례로 정한 277
다(지자법 제9조 제1항 제1문). 이 경우 면·동은 행정면·행정동을 말한다(지자법 제9조 제1항 제2문). 지방자치단체의 사무소의 소재지를 변경하거나 새로 설정하는

---

1) 김남진·김연태, 행정법(Ⅱ), 79쪽(2019); 류지태·박종수, 행정법신론, 913쪽(2019).

조례는 그 지방의회의 재적의원 과반수의 찬성을 받아야 한다(지자법 제9조 제2항). 한편, 「지방자치법」의 규정 중 읍·면·동에 관한 사항은 행정시에 두는 읍·면·동에 적용한다. 다만, 행정시에 두는 읍·면·동을 폐지하거나 설치하거나 나누거나 합칠 때에는 「지방자치법」 제7조 제1항에도 불구하고 행정안전부장관의 승인이 필요하지 아니하되, 도지사는 그 결과를 행정안전부장관에게 보고하여야 한다(제국법 제16조 제2항).

제 5 절 지방자치단체의 구성요소

제 1 항 주 민

제 1 목 주민의 의의

Ⅰ. 주민의 개념

1. 지방자치단체의 구성요소로서 주민

278 지방자치단체의 제1의 구성요소로서 주민이란 지방자치단체의 구역 안에 주소를 가진 자를 말한다(지자법 제16조). 다른 법률에 특별한 규정이 없으면 주민등록법에 따른 주민등록지를 공법 관계에서의 주소로 한다(주민법 제23조 제1항), 따라서 지방자치단체의 주민이 되는 것은 공법관계의 문제이므로 지방자치단체의 구역 안에 주소를 가진 자란 지방자치단체의 구역 안에 주민등록법에 따른 주민등록지를 가진 자를 말한다. 시·군· 구는 시·도의 구역 안에 있으므로 시·군·구의 주민은 관할을 같이하는 시·도의 주민이 된다. 한편, 외국인의 경우에는 출입국관리법상 외국인등록제도가 마련되어 있다(출입국관리법 제31조(외국인등록) ① 외국인이 입국한 날부터 90일을 초과하여 대한민국에 체류하려면 대통령령으로 정하는바에 따라 입국한 날부터 90일 이내에 그의 체류지를 관할하는 지방출입국·외국인관서의 장에게 외국인등록을 하여야 한다. 다만, 다음 각 호[1. 주한외국공관(대사관과 영사관을 포함한다)과 국제기구의 직원 및 그의 가족, 2. 대한민국정부와의 협정에 따라 외교관 또는 영사와 유사한 특권 및 면제를 누리는 사람과 그의 가족, 3. 대한민국정부가 초청한 사람 등으로서 법무부령으로 정하는 사람]의 어느 하나에 해당하는 외국인의 경우에는 그러하지 아니하다). 출입국관리법에 따라 등록을 한 외국인은 그 등록지에서 주민의 지위를 갖는다.

2. 지방자치법상 주민 개념의 다의성

278a "지방자치법은 여러 조항에서 권리· 의무의 주체이자 법적 규율의 상대방으

로서 '주민'이라는 용어를 사용하고 있다. 지방자치법에 '주민'의 개념을 구체적으로 정의하는 규정이 없는데, 그 입법목적, 요건과 효과를 달리하는 다양한 제도들이 포함되어 있는 점을 고려하면, 지방자치법이 단일한 주민 개념을 전제하고 있는 것으로 보기 어렵다. 자연인이든 법인이든 누군가가 지방자치법상 주민에 해당하는지 여부는 개별 제도별로 제도의 목적과 특성, 지방자치법뿐만 아니라 관계 법령에 산재해 있는 관련 규정들의 문언, 내용과 체계 등을 고려하여 개별적으로 판단할 수밖에 없다."[1)]

Ⅱ. 신고와 등록

1. 기초지방자치단체장의 등록의무

시장·군수 또는 구청장은 30일 이상 거주할 목적으로 그 관할 구역에 주소 278b
나 거소(이하 "거주지"라 한다)를 가진 다음 각 호(1. 거주자 : 거주지가 분명한 사람(제3호의 재외국민은 제외한다), 2. 거주불명자 : 제20조 제6항에 따라 거주불명으로 등록된 사람, 3. 재외국민 : 「재외동포의 출입국과 법적 지위에 관한 법률」 제2조 제1호에 따른 국민으로서 「해외이주법」 제12조에 따른 영주귀국의 신고를 하지 아니한 사람 중 다음 각 목(가. 주민등록이 말소되었던 사람이 귀국 후 재등록 신고를 하는 경우, 나. 주민등록이 없었던 사람이 귀국 후 최초로 주민등록 신고를 하는 경우)의 어느 하나의 경우)의 사람(이하 "주민"이라 한다)을 이 법의 규정에 따라 등록하여야 한다.[2)] 다만, 외국인은 예외로 한다(주민법 제6조 제1항).

2. 신고에 따른 등록

주민의 등록 또는 그 등록사항의 정정 또는 말소는 주민의 신고에 따라 한 278c
다. 다만, 이 법에 특별한 규정이 있으면 예외로 한다(주민법 제8조).

---

1) 대판 2021. 4. 29, 2016두45240; 대판 2022. 4. 14, 2020두58427(구 지방자치법(2021. 1. 12. 법률 제17893호로 전부 개정되기 전의 것, 이하 같다) 제138조에 따른 분담금 납부의무자인 '주민'은 구 지방세법(2020. 12. 29. 법률 제17769호로 개정되기 전의 것)에서 정한 균등분 주민세의 납부의무자인 '주민'과 기본적으로 동일한 의미이므로, 법인이 해당 지방자치단체의 구역 안에 주된 사무소 또는 본점을 두고 있지 않더라도 '사업소'를 두고 있다면 구 지방자치법 제138조에 따른 분담금 납부의무자인 '주민'에 해당한다).

2) 대판 2005. 3. 25, 2004두11329(전입신고의 요건인 '거주지를 이동한 때'라 함은 30일 이상 생활의 근거로서 거주할 목적으로 거주지를 실질적으로 옮기는 것을 의미하므로, 30일 이상 생활의 근거로서 거주할 목적으로 거주지를 실질적으로 옮기지 아니하였음에도 거주지를 이동하였다는 이유로 전입신고를 하였다면 이는 주민등록법 제17조의2 제2항 소정의 '신고의무자가 신고한 내용이 사실과 다른 때'에 해당한다 할 것이어서 이러한 경우 시장 등은 주민등록법 제17조의2 각 항에서 규정한 절차에 따라 그 등록사항을 직권으로 말소할 수 있다).

3. 주민의 신고의무

278d 주민(재외국민은 제외한다)은 다음 각 호(1. 성명, 2. 성별, 3. 생년월일, 4. 세대주와의 관계, 5. 합숙하는 곳은 관리책임자, 6.「가족관계의 등록 등에 관한 법률」 제10조 제1항에 따른 등록기준지(이하 "등록기준지"라 한다), 7. 주소, 8. 가족관계등록이 되어 있지 아니한 자 또는 가족관계등록의 여부가 분명하지 아니한 자는 그 사유, 9. 대한민국의 국적을 가지지 아니한 자는 그 국적명이나 국적의 유무, 10. 거주지를 이동하는 경우에는 전입 전의 주소 또는 전입지와 해당 연월일, 11. 삭제)의 사항을 해당 거주지를 관할하는 시장·군수 또는 구청장에게 신고하여야 한다(주민법 제10조 제1항).

▮참고▮ 주민등록신고의 이중적 성격

1. 주민등록의 신고와 등록의 관계

278e 주민등록을 위한 신고(주민법 제16조)와 주민의 신고에 따라 주민등록표를 작성함으로써(주민법 제7조) 이루어지는 주민등록(주민법 제8조)을 각각 독립된 별개의 행위로 볼 것인지, 아니면 전체로서 하나의 행위로 볼 것인지의 여부가 문제된다. 본서는 주민등록을 위한 신고(주민법 제16조)와 주민의 신고에 따라 주민등록표를 작성함으로써(주민법 제7조) 이루어지는 주민등록(주민법 제8조)은 각각 독립된 별개의 행위로 본다. 말하자면 주민등록법상 주민등록의 신고는 ① 주민 지위의 발생을 가져오는 행위의 면(전입신고를 생각하라)과 ② 발생된 주민의 지위에서 주민의 권리행사(지방선거참여를 생각하라)를 위한 요건인 주민등록의 한 부분 절차로서의 면도 갖는다. ①의 면에서 신고는 수리를 요하지 않는 사인의 공법행위이지만, ②의 면에서 신고는 수리를 요하는 사인의 공법행위에 해당한다. 아래에서 ①은 독자적인 행위로서 신고, ②는 등록절차의 구성부분으로서 신고로 살핀다.

2. 독자적인 행위로서 신고

278f ⑴ 주민등록법은 제10조와 제16조에서 신고의무를 부과하고 있고, 제40조 제4항에서 신고의무를 불이행한 자에게 과태료부과를 예정하고 있다. 특히 제40조 제4항의 규정취지상 신고 기간 내에 신고만 하면 권한행정청의 수리 여부를 불문하고, 과태료부과대상자가 되지 아니한다고 해석된다. 말하자면 과태료부과와 관련하여 주민등록의 신고는 수리를 요하지 않는 사인의 공법행위라 말할 수 있다.

278g ⑵ 지방자치법상 지방자치단체의 구역 안에 주소를 가진 자는 그 지방자치단체의 주민이 된다(지자법 제12조). 그리고 다른 법률에 특별한 규정이 없으면 주민등록법에 따른 주민등록지를 공법관계에서의 주소로 한다(주민법 제23조 제1항). 그런데 어느 지방자치단체의 주민이 되는지의 여부는 공법상 문제이므로 지방자치법 제12조의 주소지는 주민등록법에 따른 주민등록지이다. 어느 지방자치단체의 주민

이 되는지의 여부는 주민이 자신의 자유의사에 따라 스스로 결정하는 것이며 행정청의 의사에 영향을 받아서는 아니 된다. 헌법상 보장되는 거주이전의 자유에 비추어 볼 때, 주민의 신고가 주민등록법상 요건을 갖춘 것이면, 당연히 주민등록의 효력은 발생하는 것으로 볼 것이며, 주민등록의 효력발생여부가 행정청의 수리여부에 의존한다고 볼 수는 없다. 이러한 시각에서 보면, 주민등록의 신고는 수리를 요하지 않는 사인의 공법행위라 말할 수 있다. 뿐만 아니라 만약 주민등록의 신고를 「수리를 요하는 신고」로 본다면, 주민등록의 신고가 도달하였다고 하여도 공무원이 수리행위를 게을리 하면 신고인은 신고의 도달일에 신거주지의 주민이 되지 못한다는 결론이 나오게 된다. 이러한 결론은 명백히 불합리하다.

(3) 주민등록법 제23조 제2항이 "제1항에 따라 주민등록지를 공법 관계에서의 주소로 하는 경우에 신고의무자가 신거주지에 전입신고를 하면 신거주지에서의 주민등록이 전입신고일에 된 것으로 본다"고 규정하고 있다. 주민등록법 제23조 제2항은 거주지 이전의 경우에 이루어지는 주민등록의 신고는 수리를 요하지 않는 사인의 공법행위라는 것을 명시적으로 규정하는 것이라 하겠다. 278h

(4) 주민등록표의 작성은 주민의 적법한 신고를 관리하고, 위법한 신고를 가려내며, 주민신고를 공적으로 증명하는 것 등을 목적으로 하는 공적 장부의 작성행위로서 독립의 행정처분이다. 이러한 시각에서 보면, "시장·군수 또는 구청장으로부터 제20조 제5항·제6항 또는 제20조의2 제2항 제1호·제2호에 따른 주민등록 또는 등록사항의 정정이나 말소 또는 거주불명 등록의 처분을 받은 자가 그 처분에 대하여 이의가 있으면 그 처분일이나 제20조 제7항 또는 제20조의2 제3항에 따른 통지를 받거나 공고된 날부터 30일 이내에 서면으로 해당 시장·군수 또는 구청장에게 이의를 신청할 수 있다"는 주민등록법 제21조가 주민등록의 신고를 「수리를 요하는 신고」로 보아야 하는 논거는 아니라고 말할 수 있다. 278i

(5) 앞에서의 논의는 적법한 신고를 전제로 한 것이다. 거주의 의사 없이 이루어지는 전입신고와 같은 위법한 신고는 관할관청에 도달한다고 하여도 효과가 발생하지 아니한다고 볼 것이다. 278j

3. 등록절차의 구성부분으로서 신고

(1) 주민등록표의 작성을 통해 주민등록이 되어 있어야 현실적으로 주민으로서의 권리와 의무를 향유할 수 있으므로, 등록은 주민의 권리행사의 요건이 된다고 말할 수 있다. 이러한 관점에서 보면, 주민등록법은 주민지위의 발생과 주민의 권리행사의 요건을 구분하고 있다고 말할 수 있다. 278k

(2) 주민의 권리행사의 요건으로서 주민등록은 주민등록의 신고와 수리로 이루어진다. 이러한 절차에서 주민등록의 신고는 행정청에 도달하기만 하면 신고로서의 효력이 발생하는 것이 아니라 행정청이 수리한 경우에 비로소 신고의 효력이 발생한다고 말할 수 있다. 278l

4. 판례 비판

278m 판례가 "주민등록의 신고는 행정청에 도달하기만 하면 신고로서의 효력이 발생하는 것이 아니라 행정청이 수리한 경우에 비로소 신고의 효력이 발생한다(대판 2009. 1. 30, 2006다17850)"라고 한 것이 주민등록법상 주민등록의 신고의 이중적 성격을 부인하는 입장에서 나온 것이라면 동의하기 어렵다.

Ⅲ. 관련개념

279 ① 지방자치단체의 선거에서 선거권을 가진 주민을 유권자인 주민이라고 부르기도 한다. 유권자인 주민은 참정권의 주체로서의 주민 또는 공민이라고 하며,[1) 공민된 자격을 공민권이라 부르기도 한다. ② 명예시민은 당해 자치구역의 주민일 것을 요하지 아니한다. 외국인도 명예시민이 될 수 있다. 다만 외국인에 대한 명예시민권의 부여에 대하여는 국가적인 기준을 마련하는 것이 바람직할 것이다. 명예시민권은 재산적 가치 있는 권리가 아니고, 상속대상도 아니다. 일반적으로 명예시민권은 당해 지방자치단체에 공로가 있는 자에게 주어진다.

제 2 목 주민의 권리

주민의 권리란 주민이 지방자치단체에 대하여 작위·부작위·급부 등을 청구할 수 있는 법적인 힘을 말한다. 주민의 권리는 개인적 공권(주관적 공권)으로서 단순한 사실상의 이익인 반사적 이익과 구별을 요한다. 지방자치법이 규정하는 주민의 권리는 다양하다.

Ⅰ. 정책 결정·집행 과정 참여권

1. 의 의

280 주민은 법령으로 정하는 바에 따라 주민생활에 영향을 미치는 지방자치단체의 정책의 결정 및 집행 과정에 참여할 권리를 가진다(지자법 제17조 제1항). 주민에게 정책 결정·집행 과정 참여권을 보장하는 것은 지방자치단체가 주민들의 요구를 보다 효과적으로 반영하고 실행하는데 기여한다.

2. 법적 성질

280a 지방자치법 제17조 제1항이 규정하는 주민의 정책 결정·집행 과정 참여권은 법령으로 정하는 바에 따라 그 내용이 정해진다. 말하자면 주민의 정책 결

1) 김남진·김연태, 행정법(Ⅱ), 84쪽(2019); 이기우, 지방자치행정법, 58쪽.

정·집행 과정 참여권은 개인적 공권이지만, 구체적인 내용은 법령에 의해 정해지는바, 지방자치법 제17조 제1항이 규정하는 주민의 정책 결정·집행 과정 참여권 그 자체는 추상적 권리에 해당한다.

3. 대　　상

주민의 정책 결정·집행 과정 참여권은 주민생활에 영향을 미치는 지방자치 280b
단체의 정책을 대상으로 한다. 주민생활에 영향을 미치지 않는 지방자치단체의 정책은 주민의 정책 결정·집행 과정 참여권의 대상이 아니다. 주민에게 권리를 부여하거나 의무를 발생시키는 내용의 정책은 주민생활에 영향을 미치는 지방자치단체의 정책에 해당한다. 그렇다고 이것만이 주민생활에 영향을 미치는 지방자치단체의 정책이라 말할 수는 없다. 주민생활에 영향을 미치는 지방자치단체의 정책인지 여부는 궁극적으로는 사회통념에 따라 판단할 수밖에 없다.

Ⅱ. 공적 재산·공공시설이용권

1. 이용권의 의의

주민은 법령으로 정하는 바에 따라 소속지방자치단체의 재산과 공공시설을 281
이용할 권리를 가진다(지자법 제17조 제2항 전단). 예컨대 공립 도서관·회관 등의 이용권이 이에 해당한다. 지방자치법상 "재산"이란 현금 외의 모든 재산적 가치가 있는 물건 및 권리를 말하고(지자법 제159조 제1항), 공공시설이란 지방자치단체가 주민의 복지를 증진하기 위하여 설치하는 시설을 말한다(지자법 제161조 제1항). 공공시설과 재산이 같은 개념인지 여부가 논란이 있으나, 여기서 말하는 재산은, 주민의 이용을 전제로 하는 것이므로 그 자체로서 공공시설의 성격을 가진다는 지적이[1] 타당하다. 따라서 여기서(공적)재산과 공공시설을 동의어로 보는 것이 온당할 것이다. 이 때문에 주민의 이용에 제공되는 것이라면 공물, 영조물과 공기업의 물적 요소가 모두 공공시설에 해당한다고 볼 것이다. 공공시설의 소유권자가 누구인가의 여부는 문제되지 아니한다. 그리고 공공시설은 단순한 물적 개념이 아니라 기능적 개념으로 새겨야 할 것이다.

2. 이용권의 성질

주민의 공공시설이용권은 주민의 지위에서 공평하게 이용할 수 있는 것 282

1) 김남진·김연태, 행정법(Ⅱ), 85쪽(2019); 박윤흔·정형근, 최신행정법강의(하), 91쪽. 한편, 법률의 표현내용과 현실적인 구분의 필요성관점에서 양자를 달리 보는 견해로 류지태·박종수, 행정법신론, 933쪽(2019).

이므로 그것은 권리라기보다 일종의 반사적 이익이라는 견해가 있다.[1] 정당한 이유 없이 이용이 거부되면 이의 시정을 구할 수 있는 청구권을 개인이 갖는다고 볼 것이므로 공공시설이용권은 개인적 공권이라 할 것이다.

3. 이용권의 주체

283 공공시설이용권은 주민의 권리이지 비주민의 권리가 아니다. 비주민에게는 공공시설의 이용이 제한될 수도 있다. 다만, 이러한 차별은 합리적인 범위 내이어야 한다. 그리고 주민은 자연인뿐만 아니라 법인도 포함된다. 한편, 지방자치단체의 주민은 아니지만, 그 지방자치단체의 구역 내에 토지나 영업소를 가지고 있는 자는 그 토지나 영업소와 관련되는 범위 안에서 당해 지방자치단체의 주민에 유사한 공공시설이용권을 갖는다고 볼 것이다.[2]

4. 이용권의 내용과 한계

284 내용과 한계는 법령(법률·명령·조례·규칙·관습법 등)이나 공용지정행위에 의해 정해진다. 공적 재산·공공시설이용에 이용수수료의 납부가 반드시 요구되는 것은 아니나(예 : 지방도의 무료이용), 요구되는 경우가 있을 수 있다(예 : 터널통행료). 공공시설의 수용능력 때문에 공공시설이용권은 사실상 제한도 받는다. 행정규칙으로 주민의 공공시설이용권을 제한할 수는 없다.

5. 이용자의 보호

285 공적 재산·공공시설이용과 관련하여 관리주체가 이용자에게 위법한 처분을 발령하게 되면(예 : 운동장사용허가신청에 대한 허가거부처분), 경우에 따라 신청인은 행정소송으로 다툴 수 있다. 공적 재산·공공시설의 설치·관리상의 하자로 인해 이용자에게 피해가 발생하면 이용자는 국가 또는 지방자치단체에 대하여 국가배상을 청구할 수 있다.

Ⅲ. 균등하게 행정의 혜택을 받을 권리

1. 의 의

286 주민은 소속 지방자치단체로부터 균등하게 행정의 혜택을 받을 권리를 가진다(지자법 제17조 제2항). 주민이 소속 지방자치단체로부터 균등하게 행정의 혜택을 받을 권리를 갖는다는 것은 지방자치단체가 주민을 위한 주민의 단체라는

---

1) 윤세창·이호승, 행정법(상), 653쪽.

2) Seewald, Kommunalrecht, in : Steiner(Hrsg.), Besonderes Verwaltungsrecht, Rn. 149.

점과 주민은 소속 지방자치단체의 구성원이라는 점 등에서 당연하다.

2. 법적 성질

지방자치법 제17조 제2항이 규정하는 주민의 균등하게 행정의 혜택을 받을 권리는 법령으로 정하는 바에 따라 그 내용이 정해진다. 말하자면 주민의 균등하게 행정의 혜택을 받을 권리는 개인적 공권이지만, 구체적인 내용은 법령에 의해 정해지는바, 지방자치법 제17조 제2항이 규정하는 주민의 균등하게 행정의 혜택을 받을 권리는 그 자체는 추상적 권리에 해당한다. 대법원도 지방자치법 제17조 제1항(현행법 제2항)은 주민이 지방자치단체로부터 행정적 혜택을 균등하게 받을 수 있다는 권리를 추상적·선언적으로 규정한 것이므로 이 규정에 의하여 주민이 지방자치단체에 대하여 구체적이고 특정한 권리가 발생하는 것이 아니라고 하였다.[1] 286a

3. 내 용

주민의 균등하게 행정의 혜택을 받을 권리는 균등하게 혜택을 받을 권리와 행정의 혜택을 받을 권리로 구성된다. ① 균등하게 혜택을 받을 권리란 합리적인 사유가 없는 한, 행정의 혜택은 모든 주민에게 평등한 것이어야 한다(헌법 제11조). ② 행정의 혜택을 받을 권리란 지방자치법 제17조 제2항 전단이 규정하는 공적 재산·공공시설의 이용을 제외한 그 밖의 일체의 행정서비스의 혜택을 받을 수 있는 권리를 의미한다. 286b

Ⅳ. 선거권·피선거권

1. 선 거 권

국민인 주민은 법령으로 정하는 바에 따라 그 지방자치단체에서 실시하는 지방의회의원과 지방자치단체의 장의 선거에 참여할 권리를 가진다(지자법 제17조 제3항). 구체적인 것은 공직선거법에서 규정되고 있는데 공직선거법은 외국인에게도 선거권을 부여하고 있다. 즉, 18세 이상으로서 제37조 제1항에 따른 선거인명부 작성기준일 현재 다음 각 호(1. 「주민등록법」 제6조 제1항 제1호 또는 제2호에 해당하는 사람으로서 해당 지방자치단체의 관할 구역에 주민등록이 되어 있는 사람, 2. 「주민등록법」 제6조 제1항 제3호에 해당하는 사람으로서 주민등록표에 3개월 이상 계속하여 올라 있고 해당 지방자치단체의 관할구역에 주민등록이 되어 있는 사람, 3. 「출입국관리법」 제10조에 따른 영주의 체류자격 취득일 후 3년이 경과한 외국인으로서 같은 법 제34조에 따라 해당 지방자치단 287

1) 대판 2008. 6. 12, 2007추42.

체의 외국인등록대장에 올라 있는 사람)의 어느 하나에 해당하는 사람은 그 구역에서 선거하는 지방자치단체의 의회의원 및 장의 선거권이 있다(공선법 제15조 제2항).

2. 피선거권

287a 선거일 현재 계속하여 60일 이상(공무로 외국에 파견되어 선거일전 60일후에 귀국한 자는 선거인명부작성기준일부터 계속하여 선거일까지) 해당 지방자치단체의 관할구역에 주민등록이 되어 있는 주민으로서 25세 이상의 국민은 그 지방의회의원 및 지방자치단체의 장의 피선거권이 있다. 이 경우 60일의 기간은 그 지방자치단체의 설치·폐지·분할·합병 또는 구역변경(제28조 각 호의 어느 하나에 따른 구역변경을 포함한다)에 의하여 중단되지 아니한다(공선법 제16조 제3항). 제3항 전단의 경우에 지방자치단체의 사무소 소재지가 다른 지방자치단체의 관할 구역에 있어 해당 지방자치단체의 장의 주민등록이 다른 지방자치단체의 관할 구역에 있게 된 때에는 해당 지방자치단체의 관할 구역에 주민등록이 되어 있는 것으로 본다(공선법 제16조 제4항).[1]

Ⅴ. 주민투표권

1. 의 의

288 지방자치단체의 장은 주민에게 과도한 부담을 주거나 중대한 영향을 미치는 지방자치단체의 주요 결정사항 등에 대하여 주민투표에 부칠 수 있다(지자법 제18조 제1항). 국가 및 지방자치단체는 주민투표권자가 주민투표권을 행사할 수 있도록 필요한 조치를 취하여야 한다(주민투표법 제2조 제1항). 이에 따라 주민은 소속 지방자치단체의 구성원으로서 주민투표에 참여할 수 있는 권리를 갖는바, 이를 주민투표권이라 한다.

2. 법적 성질

288a 주민투표는 지방자치단체의 주요결정사항에 관한 주민의 직접참여를 보장하기 위한 제도인데(주민투표법 제2조 제1항), 이와 관련하여 헌법재판소는 주민투표권을 헌법이 아니라 법률이 보장하는 참정권으로 본다.[2]

---

1) 이에 관해 자세한 것은 졸저, 신지방자치법(제5판), 162쪽 이하를 보라.

2) 헌재 2005. 12. 22, 2004헌마530(① 우리 헌법은 간접적인 참정권으로 선거권(헌법 제24조), 공무담임권(헌법 제25조)을, 직접적인 참정권으로 국민투표권(헌법 제72조, 제130조)을 규정하고 있을 뿐 주민투표권을 기본권으로 규정한 바가 없고 제117조, 제118조에서 제도적으로 보장하고 있는 지방자치단체의 자치의 내용도 자치단체의 설치와 존속 그리고 그 자치기능 및 자치사무로서 지방자치단체의 자치권의 본질적 사항에 관한 것이므로 주민투표권을 헌법상 보장되는 기본권이라고 하거나 헌법 제37조 제1항의 "헌법에 열거되지 아니한 권리"의 하나로 보기

3. 주민투표법

지방자치법은 "주민투표의 대상·발의자·발의요건, 그 밖에 투표절차 등에 관하여는 따로 법률로 정한다"고 규정하고 있고(지자법 제18조 제2항), 이에 근거하여 주민투표법이 제정되었다. 주민투표법의 제정 전에 헌법재판소는 국회에 입법의무가 있는 것은 아니라고 하였다.[1) 288b

4. 주민투표권자

(1) **의 의** 18세 이상의 주민 중 제6조 제1항에 따른 투표인명부 작성 기준일 현재 다음 각 호(1. 그 지방자치단체의 관할 구역에 주민등록이 되어 있는 사람, 2. 출입국관리 관계 법령에 따라 대한민국에 계속 거주할 수 있는 자격(체류자격변경허가 또는 체류기간연장허가를 통하여 계속 거주할 수 있는 경우를 포함한다)을 갖춘 외국인으로서 지방자치단체의 조례로 정한 사람)의 어느 하나에 해당하는 사람에게는 주민투표권이 있다. 다만, 「공직선거법」 제18조에 따라 선거권이 없는 사람에게는 주민투표권이 없다(주민투표법 제5조 제1항). 주민투표권자의 연령은 투표일 현재를 기준으로 산정한다(주민투표법 제5조 제2항). 288c

(2) **투표권행사의 보장** ① 국가 및 지방자치단체는 주민투표권자가 주민투표권을 행사할 수 있도록 필요한 조치를 취하여야 한다(주민투표법 제2조 제1항). ② 국가 또는 지방자치단체는 제5조 제1항에 따라 투표권을 부여받은 재외국민 또는 외국인이 주민투표에 참여할 수 있도록 외국어와 한국어를 함께 표기하여 관련 정보를 제공하는 등 필요한 조치를 취하여야 한다(주민투표법 제2조 288d

---

어렵다. ② 지방자치법이 주민에게 주민투표권(제13조의2), 조례의 제정 및 개폐청구권(제13조의3), 감사청구권(제13조의4) 등을 부여함으로써 주민이 지방자치사무에 직접 참여할 수 있는 길을 일부 열어 놓고 있지만 이러한 제도는 어디까지나 입법에 의하여 채택된 것일 뿐 헌법에 의하여 보장되고 있는 것은 아니므로 주민투표권은 법률이 보장하는 권리일 뿐 헌법이 보장하는 기본권 또는 헌법상 제도적으로 보장되는 주관적 공권으로 볼 수 없다); 헌재 2001. 6. 28, 2000헌마735; 헌재 2005. 10. 4, 2005헌마848; 헌재 2008. 12. 26, 2005헌마1158 전원재판부.

1) 헌재 2001. 6. 28, 2000헌마735(헌법 제117조 및 제118조가 보장하고 있는 본질적인 내용은 자치단체의 보장, 자치기능의 보장 및 자치사무의 보장으로 어디까지나 지방자치단체의 자치권으로 헌법은 지역 주민들이 자신들이 선출한 자치단체의 장과 지방의회를 통하여 자치사무를 처리할 수 있는 대의제 또는 대표제 지방자치를 보장하고 있을 뿐이지 주민투표에 대하여는 어떠한 규정도 두고 있지 않다. 따라서 우리의 지방자치법이 비록 주민에게 주민투표권(제13조의2)과 조례의 제정 및 개폐청구권(제13조의3) 및 감사청구권(제13조의4)을 부여함으로써 주민이 지방자치사무에 직접 참여할 수 있는 길을 열어 놓고 있다 하더라도 이러한 제도는 어디까지나 입법자의 결단에 의하여 채택된 것일 뿐, 헌법이 이러한 제도의 도입을 보장하고 있는 것은 아니다. 그러므로 지방자치법 제13조의2가 주민투표의 법률적 근거를 마련하면서, 주민투표에 관련된 구체적 절차와 사항에 관하여는 따로 법률로 정하도록 하였다고 하더라도 주민투표에 관련된 구체적인 절차와 사항에 대하여 입법하여야 할 헌법상 의무가 국회에게 발생하였다고 할 수는 없다).

제2항). ③ 공무원·학생 또는 다른 사람에게 고용된 자가 투표인명부를 열람하거나 투표를 하기 위하여 필요한 시간은 보장되어야 하며, 이를 휴무 또는 휴업으로 보지 아니한다(주민투표법 제2조 제3항).

5. 주민투표의 대상

288e (1) 대 상 주민에게 과도한 부담을 주거나 중대한 영향을 미치는 지방자치단체의 주요결정사항은 주민투표에 부칠 수 있다(주민투표법 제7조 제1항). 지방자치단체의 모든 결정사항이 아니라 주민에게 과도한 부담을 주거나 중대한 영향을 미치는 주요 결정사항만 주민투표의 대상이 된다. 주민에게 과도한 부담을 주거나 중대한 영향을 미치는 주요 결정사항을 망라적으로 나열할 수는 없다. 과도한 부담이나 중대한 영향은 불확정개념으로서 그 의미는 법해석의 문제가 된다.

288f (2) 제외사항 제1항에도 불구하고 다음 각 호[1. 법령에 위반되거나 재판중인 사항, 2. 국가 또는 다른 지방자치단체의 권한 또는 사무에 속하는 사항, 3. 지방자치단체가 수행하는 다음 각 목(가. 예산 편성·의결 및 집행, 나. 회계·계약 및 재산관리, 3의2. 지방세·사용료·수수료·분담금 등 각종 공과금의 부과 또는 감면에 관한 사항)의 어느 하나에 해당하는 사무의 처리에 관한 사항, 4. 행정기구의 설치·변경에 관한 사항과 공무원의 인사·정원 등 신분과 보수에 관한 사항, 5. 다른 법률에 의하여 주민대표가 직접 의사결정주체로서 참여할 수 있는 공공시설의 설치에 관한 사항. 다만, 제9조 제5항의 규정에 의하여 지방의회가 주민투표의 실시를 청구하는 경우에는 그러하지 아니하다, 6. 동일한 사항(그 사항과 취지가 동일한 경우를 포함한다)에 대하여 주민투표가 실시된 후 2년이 경과되지 아니한 사항]의 어느 하나에 해당하는 사항은 주민투표에 부칠 수 없다(주민투표법 제7조 제2항).

6. 주민투표의 실시요건

288g (1) 실시의 유형 지방자치단체의 장은 다음 각 호(1. 주민이 제2항에 따라 주민투표의 실시를 청구하는 경우, 2. 지방의회가 제5항에 따라 주민투표의 실시를 청구하는 경우, 3. 지방자치단체의 장이 주민의 의견을 듣기 위하여 필요하다고 판단하는 경우)의 어느 하나에 해당하는 경우에는 주민투표를 실시할 수 있다. 이 경우 제1호 또는 제2호에 해당하는 경우에는 주민투표를 실시하여야 한다(주민투표법 제9조 제1항).

288h (2) 주민 청구의 요건 18세 이상 주민 중 제5조 제1항 각 호의 어느 하나에 해당하는 사람(같은 항 각 호 외의 부분 단서에 따라 주민투표권이 없는 사람은 제외한다. 이하 "주민투표청구권자"라 한다)은 주민투표청구권자 총수의 20분의 1 이상 5분의 1 이하의 범위에서 지방자치단체의 조례로 정하는 수 이상의 서명으로 그 지

방자치단체의 장에게 주민투표의 실시를 청구할 수 있다(주민투표법 제9조 제2항).

(3) **지방의회 청구의 요건** 지방의회는 재적의원 과반수의 출석과 출석의원 3분의 2 이상의 찬성으로 그 지방자치단체의 장에게 주민투표의 실시를 청구할 수 있다(주민투표법 제9조 제5항). 288i

(4) **단체장 직권 실시의 요건** 자치단체의 장은 직권에 의하여 주민투표를 실시하고자 하는 때에는 그 지방의회 재적의원 과반수의 출석과 출석의원 과반수의 동의를 얻어야 한다(주민투표법 제9조 제6항). 288j

7. 주민투표 실시의 구역

주민투표는 그 지방자치단체의 관할구역 전체를 대상으로 실시한다. 다만, 특정한 지역 또는 주민에게만 이해관계가 있는 사항인 경우 지방자치단체의 장은 그 지방자치단체의 관할구역 중 일부를 대상으로 지방의회의 동의를 얻어 주민투표를 실시할 수 있다(주민투표법 제16조 제1항). 289

8. 주민투표의 방법과 개표

(1) **투표방법** 투표는 「공직선거법」 제159조의 규정에 의한 기표방법에 의한 투표로 한다(주민투표법 제18조 제1항). 투표는 직접 또는 우편으로 하되, 1인 1표로 한다(주민투표법 제18조 제2항). 투표를 하는 때에는 투표인의 성명 등 투표인을 추정할 수 있는 표시를 하여서는 아니 된다(주민투표법 제18조 제4항). 289a

(2) **전자적 방법에 의한 투표·개표** 제18조에도 불구하고 지방자치단체의 장은 다음 각 호(1. 청구인대표자가 요구하는 경우, 2. 지방의회가 요구하는 경우, 3. 지방자치단체의 장이 필요하다고 판단하는 경우)의 어느 하나에 해당하는 경우에는 중앙선거관리위원회규칙으로 정하는 정보시스템을 사용하는 방법에 따른 투표(이하 이 조에서 "전자투표"라 한다) 및 개표(이하 이 조에서 "전자개표"라 한다)를 실시할 수 있다(주민투표법 제18조의2 제1항). 289b

9. 주민투표결과의 확정

(1) **확정방법** ① 주민투표에 부쳐진 사항은 주민투표권자 총수의 4분의 1 이상의 투표와 유효투표수 과반수의 득표로 확정된다. 다만, 다음 각 호(1. 전체 투표수가 주민투표권자 총수의 4분의 1에 미달되는 경우, 2. 주민투표에 부쳐진 사항에 관한 유효득표수가 동수인 경우)의 어느 하나에 해당하는 경우에는 찬성과 반대 양자를 모두 수용하지 아니하거나, 양자택일의 대상이 되는 사항 모두를 선택하지 아니하기로 확정된 것으로 본다(주민투표법 제24조 제1항). 289c

289d (2) **확정 후 후속절차** 관할선거관리위원회는 개표가 끝나면 지체 없이 그 결과를 공표한 후 지방자치단체의 장에게 통지하여야 한다(주민투표법 제24조 제3항). 지방자치단체의 장은 제3항의 규정에 의하여 주민투표결과를 통지받은 때에는 지체없이 이를 지방의회에 보고하여야 하며, 제8조의 규정에 의한 국가정책에 관한 주민투표인 때에는 관계 중앙행정기관의 장에게 주민투표결과를 통지하여야 한다(주민투표법 제24조 제4항). 지방자치단체의 장 및 지방의회는 주민투표결과 확정된 내용대로 행정·재정상의 필요한 조치를 하여야 한다(주민투표법 제24조 제5항).

289e (3) **확정내용의 변경 등** 지방자치단체의 장 및 지방의회는 주민투표결과 확정된 사항에 대하여 2년 이내에는 이를 변경하거나 새로운 결정을 할 수 없다. 다만, 제1항 단서의 규정에 의하여 찬성과 반대 양자를 모두 수용하지 아니하거나 양자택일의 대상이 되는 사항 모두를 선택하지 아니하기로 확정된 때에는 그러하지 아니하다(주민투표법 제24조 제6항).

10. 주민투표쟁송

289f (1) **소 청** 주민투표의 효력에 관하여 이의가 있는 주민투표권자는 주민투표권자 총수의 100분의 1 이상의 서명으로 제24조 제3항에 따라 주민투표결과가 공표된 날부터 14일 이내에 관할선거관리위원회 위원장을 피소청인으로 하여 시·군·구의 경우에는 시·도선거관리위원회에, 시·도의 경우에는 중앙선거관리위원회에 소청할 수 있다(주민투표법 제25조 제1항).

289g (2) **소 송** 소청인은 제1항에 따른 소청에 대한 결정에 불복하려는 경우 관할선거관리위원회위원장을 피고로 하여 그 결정서를 받은 날(결정서를 받지 못한 때에는 결정기간이 종료된 날을 말한다)부터 10일 이내에 시·도의 경우에는 대법원에, 시·군·구의 경우에는 관할 고등법원에 소를 제기할 수 있다(주민투표법 제25조 제2항).

11. 국가정책에 관한 주민투표

289h (1) **의 의** 중앙행정기관의 장은 지방자치단체를 폐지하거나 설치하거나 나누거나 합치는 경우 또는 지방자치단체의 구역을 변경하거나 주요시설을 설치하는 등 국가정책의 수립에 관하여 주민의 의견을 듣기 위하여 필요하다고 인정하는 때에는 주민투표의 실시구역을 정하여 관계 지방자치단체의 장에게 주민투표의 실시를 요구할 수 있다.[1] 이 경우 중앙행정기관의 장은 미리 행정

1) 헌재 2005. 12. 22, 2005헌라5(주민투표법 제8조는 국가정책의 수립에 참고하기 위한 주민투표

안전부장관과 협의하여야 한다(주민투표법 제8조 제1항).

(2) 특 징 국가정책에 관한 주민투표는 본래적 의미의 주민투표에 해당하지 아니한다. 국가정책에 관한 주민투표에 대해서는 주민투표쟁송이 인정되지 아니한다(주민투표법 제8조 제4항).[1] 289i

Ⅵ. 조례제정·개정·폐지청구권

1. 관 념

(1) 의 의 주민은 지방자치단체의 조례를 제정하거나 개정하거나 폐지할 것을 청구할 수 있다(지자법 제19조 제1항). 이에 따라 주민은 조례제정·개폐를 청구할 수 있는 권리를 갖는바, 이를 조례제정·개정·폐지청구권이라 한다. 조례제정·개폐청구권은 조례를 제정하거나 개정하거나 폐지할 것을 청구할 수 있는 권리일 뿐, 주민이 직접 조례를 제정하거나 개정하거나 폐지할 수 있는 권리가 아니다.[2] 따라서 직접적인 주민참여제도로 보기 어려운 면도 있다. 290

(2) 성 질 헌법재판소는 조례제정·개폐청구권을 헌법상 보장되는 기본권이라거나 헌법 제37조 제1항의 '헌법에 열거되지 아니한 권리'로 보지 아니하고 법률에 의하여 보장되는 권리로 본다.[3] 290a

---

에 대해 규정하고 있는데 규정의 문언으로 볼 때 중앙행정기관의 장은 실시 여부 및 구체적 실시구역에 관해 상당한 범위의 재량을 가진다고 볼 수 있다. 이를 감안할 때 중앙행정기관의 장으로부터 실시요구를 받은 지방자치단체 내지 지방자치단체장으로서는 주민투표 발의에 관한 결정권한, 의회의 의견표명을 비롯하여 투표시행에 관련되는 권한을 가지게 된다고 하더라도, 나아가 지방자치단체가 중앙행정기관장으로부터 제8조의 주민투표 실시요구를 받지 않은 상태에서 일정한 경우 중앙행정기관에게 실시요구를 해 줄 것을 요구할 수 있는 권한까지 가지고 있다고 보기는 어렵다. 그렇다면 피청구인 행정안전부장관이 청구인들에게 주민투표 실시요구를 하지 않은 상태에서 청구인들에게 실시권한이 발생하였다고 볼 수는 없으므로 그 권한의 발생을 전제로 하는 침해 여지도 없어서 이를 다투는 청구는 부적법하다).

1) 헌재 2009. 3. 26, 2006헌마99 전원재판부(주민투표법은 국가정책에 관한 주민투표의 경우에 지방자치단체의 결정사항에 관한 주민투표와 동일하게 주민투표운동의 원칙 내지 금지사항을 규정하고 그에 위반한 행위에 대하여 관할 선거관리위원회에 의한 행정제재처분이나 사법기관에 의한 형사처벌을 가하도록 규정하는 등 공정성과 절차적 정당성을 확보하도록 하는 한편, 지방자치단체의 주요결정사항에 관한 주민투표와 국가정책사항에 관한 주민투표 사이의 본질적인 차이를 감안하여, 이 사건 법률조항에 의하여 지방자치단체의 주요결정사항에 관한 주민투표와는 달리 주민투표소송의 적용을 배제하고 있는 것이므로, 이 사건 법률조항이 현저히 불합리하게 입법재량의 범위를 벗어나 청구인들의 주민투표소송 등 재판청구권을 침해하였다고 보기는 어렵다).

2) 조례제정개폐청구제도는 청원과 주민투표의 중간 정도의 구속력을 가지는 것으로 이해하는 견해도 있다(김수진, "독일과 한국의 지방의사결정과정에의 주민참여제도," 공법연구, 제30집 제3호, 316쪽).

3) 헌재 2014. 4. 24, 2012헌마287.

2. 청구의 주체와 상대방

290b (1) 청구의 주체 18세 이상의 주민으로서 다음 각 호(1. 해당 지방자치단체의 관할 구역에 주민등록이 되어 있는 사람, 2. 「출입국관리법」 제10조에 따른 영주할 수 있는 체류자격 취득일 후 3년이 지난 외국인으로서 같은 법 제34조에 따라 해당 지방자치단체의 외국인등록대장에 올라 있는 사람)의 어느 하나에 해당하는 사람(「공직선거법」 제18조에 따른 선거권이 없는 사람은 제외한다. 이하 "청구권자"라 한다)은 해당 지방자치단체의 의회(이하 "지방의회"라 한다)에 조례를 제정하거나 개정 또는 폐지할 것을 청구(이하 "주민조례청구"라 한다)할 수 있다(주조법 제2조). 청구권자가 주민조례청구를 하려는 경우에는 다음 각 호(1. 특별시 및 인구 800만 이상의 광역시나 도: 청구권자 총수의 200분의 1, 2. 인구 800만 미만의 광역시·도, 특별자치시, 특별자치도 및 인구 100만 이상의 시: 청구권자 총수의 150분의 1, 3. 인구 50만 이상 100만 미만의 시·군 및 자치구: 청구권자 총수의 100분의 1, 4. 인구 10만 이상 50만 미만의 시·군 및 자치구: 청구권자 총수의 70분의 1, 5. 인구 5만 이상 10만 미만의 시·군 및 자치구: 청구권자 총수의 50분의 1, 6. 인구 5만 미만의 시·군 및 자치구: 청구권자 총수의 20분의 1)의 구분에 따른 기준 이내에서 해당 지방자치단체의 조례로 정하는 청구권자 수 이상이 연대 서명하여야 한다(주조법 제5조 제1항).

290c (2) 청구의 상대방 조례제정·개폐청구의 상대방은 해당 지방자치단체의 의회이다(주조법 제2조). 2022년 시행 전부개정법률 전의 구법 하에서는 해당 지방자치단체의 장이 주민조례청구의 상대방이었다(구 지자법 제15조 제1항).

3. 청구의 대상

290d 지방의회의 조례제정권이 미치는 모든 조례규정사항이 조례제정·개폐의 청구대상이 된다. 조례규정사항이란 자치사무와 단체위임사무에 속하는 사항을 말한다. 다만, ① 법령을 위반하는 사항, ② 지방세·사용료·수수료·부담금의 부과·징수 또는 감면에 관한 사항, ③ 행정기구를 설치하거나 변경하는 것에 관한 사항이나 공공시설의 설치를 반대하는 사항은 청구대상에서 제외한다(주조법 제4조).

4. 청구의 수리 및 각하

291 (1) 사 유 지방의회의 의장은 다음 각 호[1. 제11조 제2항(같은 조 제5항에 따라 준용되는 경우를 포함하며, 이하 같다)에 따른 이의신청이 없는 경우, 2. 제11조 제2항에 따라 제기된 모든 이의신청에 대하여 같은 조 제3항(같은 조 제5항에 따라 준용되는 경우를 포함한다)에 따른 결정이 끝난 경우]의 어느 하나에 해당하는 경우로서 제4조, 제5조

및 제10조 제1항(제11조 제5항에서 준용하는 경우를 포함한다)에 따른 요건에 적합한 경우에는 주민조례청구를 수리(受理)하고, 요건에 적합하지 아니한 경우에는 주민조례청구를 각하(却下)하여야 한다. 이 경우 수리 또는 각하 사실을 대표자에게 알려야 한다(주조법 제12조 제1항).

⑵ 처리기간 지방의회의 의장은 다음 각 호(1. 제1항 제1호에 해당하는 경우: 제10조 제2항에 따른 열람기간이 끝난 날(제11조 제5항에 따라 준용되는 경우에는 보정된 청구인명부에 대한 열람기간이 끝난 날)부터 3개월 이내, 2. 제1항 제2호에 해당하는 경우: 모든 이의신청에 대하여 제11조 제3항에 따른 심사·결정이 끝난 날(제11조 제5항에 따라 준용되는 경우에는 보정된 청구인명부의 서명에 제기된 모든 이의신청에 대한 심사·결정이 끝난 날)부터 3개월 이내)의 구분에 따른 기간의 범위에서 해당 지방자치단체의 조례로 정하는 기간 이내에 제1항에 따라 주민조례청구를 수리하거나 각하하여야 한다(주조법 제12조 제2항). 291a

⑶ 각하 시 의견제출 기회 부여 등 지방의회의 의장은 제1항에 따라 주민조례청구를 각하하려면 대표자에게 의견을 제출할 기회를 주어야 한다(주조법 제12조 제3항). 제1항부터 제3항까지에서 규정한 사항 외에 주민조례청구의 수리 절차에 관하여 필요한 사항은 지방의회의 회의규칙으로 정한다(주조법 제12조 제5항). 291b

5. 조례안의 발의와 심사

⑴ 조례안의 발의 지방의회의 의장은 「지방자치법」 제76조 제1항에도 불구하고 제1항에 따라 주민조례청구를 수리한 날부터 30일 이내에 지방의회의 의장 명의로 주민청구조례안을 발의하여야 한다(주조법 제12조 제3항). 291c

⑵ 조례안의 심사 절차

㈎ 의결기한 지방의회는 제12조 제1항에 따라 주민청구조례안이 수리된 날부터 1년 이내에 주민청구조례안을 의결하여야 한다. 다만, 필요한 경우에는 본회의 의결로 1년 이내의 범위에서 한 차례만 그 기간을 연장할 수 있다(주조법 제13조 제1항). 291d

㈏ 대표자의 의견청취 지방의회는 심사 안건으로 부쳐진 주민청구조례안을 의결하기 전에 대표자를 회의에 참석시켜 그 청구취지(대표자와의 질의·답변을 포함한다)를 들을 수 있다(주조법 제13조 제2항).[1] 291e

---

1) 대판 1993. 2. 26, 92추109(지방자치법상의 의회대표제하에서 의회의원과 주민은 엄연히 다른 지위를 지니는 것으로서 의원과는 달리 정치적, 법적으로 아무런 책임을 지지 아니하는 주민이 본회의 또는 위원회의 안건 심의중 안건에 관하여 발언한다는 것은 선거제도를 통한 대표제원

291f (다) 폐기의 제한 「지방자치법」 제79조 단서에도 불구하고 주민청구조례안은 제12조 제1항에 따라 주민청구조례안을 수리한 당시의 지방의회의 의원의 임기가 끝나더라도 다음 지방의회의 의원의 임기까지는 의결되지 못한 것 때문에 폐기되지 아니한다(주조법 제13조 제3항).

Ⅶ. 규칙 제정·개정·폐지 의견 제출권

1. 의 의

292 주민은 제29조에 따른 규칙(권리·의무와 직접 관련되는 사항으로 한정한다)의 제정, 개정 또는 폐지와 관련된 의견을 해당 지방자치단체의 장에게 제출할 수 있다(지자법 제20조 제1항). 이에 따라 주민은 규칙의 제정·개정·폐지에 관련된 의견을 지방자치단체의 장에게 제출할 수 있는 권리를 갖는바, 이를 규칙 제정·개정·폐지 의견제출권이라 한다.

2. 의견제출대상

292a 주민이 규칙의 제정·개정·폐지와 관련하여 제출할 수 있는 의견은 주민의 권리·의무와 직접 관련되는 사항에 한한다(지자법 제20조 제1항). 또한 법령이나 조례를 위반하거나 법령이나 조례에서 위임한 범위를 벗어나는 사항은 제1항에 따른 의견 제출 대상에서 제외한다(지자법 제20조 제2항).

3. 지방자치단체장의 조치

292b 지방자치단체의 장은 제1항에 따라 제출된 의견에 대하여 의견이 제출된 날부터 30일 이내에 검토 결과를 그 의견을 제출한 주민에게 통보하여야 한다(지자법 제20조 제3항). 지방자치단체의 장은 주민이 제출한 의견에 구속되는 것은 아니다.

Ⅷ. 주민감사청구권

1. 의 의

293 지방자치단체의 18세 이상의 주민은 그 지방자치단체와 그 장의 권한에 속하는 사무의 처리가 법령에 위반되거나 공익을 현저히 해친다고 인정되면[1]

리에 정면으로 위반되는 것으로서 허용될 수 없고, 다만 간접민주제를 보완하기 위하여 의회대표제의 본질을 해하지 않고 의회의 기능수행을 저해하지 아니하는 범위 내에서 주민이 의회의 기능수행에 참여하는 것—예컨대 공청회에서 발언하거나 본회의, 위원회에서 참고인, 증인, 청원인의 자격으로 발언하는 것—은 허용된다).

1) 대판 2020. 6. 25, 2018두67251(지방자치법 제16조 제1항에서 규정한 '해당 사무의 처리가 법령

시·도에서는 주무부장관에게, 시·군 및 자치구에서는 시·도지사에게 감사를 청구할 수 있는바(지자법 제21조 제1항), 주민이 갖는 이러한 권리를 주민감사청구권이라 한다. 주민감사청구제도는 주민에 의한 자치행정의 감시기능과 주민의 참여를 통한 주민의 권익보호기능을 갖는다.

2. 청구의 주체와 상대방

(1) **주 체** 시·도는 500명, 제198조에 따른 50만 이상 대도시는 200명, 그 밖의 시·군 및 자치구는 150명 이내에서 그 지방자치단체의 조례로 정하는 18세 이상의 주민이 청구의 주체가 된다(지자법 제21조 제1항 본문). 한편, 19세 미만의 자는 감사청구의 절차에 참여할 수 없다. 그러나 조례제정개폐청구권을 갖는 외국인은 감사청구권도 갖는다. 293a

(2) **상 대 방** 감사청구의 상대방은 해당 지방자치단체의 장이 아니라 감독청이다. 즉, 시·도에서는 주무부장관, 시·군 및 자치구에서는 시·도지사가 주민감사청구의 상대방이 된다(지자법 제21조 제1항 본문). 293b

3. 청구의 대상

그 지방자치단체와 그 장의 권한에 속하는 사무의 처리가 법령에 위반되거나 공익을 현저히 해친다고 인정되는 사항이 주민감사청구의 대상이다(지자법 제21조 제1항 본문). 다만 ① 수사나 재판에 관여하게 되는 사항, ② 개인의 사생활을 침해할 우려가 있는 사항, ③ 다른 기관에서 감사했거나 감사 중인 사항(다만, 다른 기관에서 감사한 사항이라도 새로운 사항이 발견되거나 중요 사항이 감사에서 누락된 경우와 제22조 제1항에 따라 주민소송의 대상이 되는 경우에는 그러하지 아니하다), ④ 동일한 사항에 대하여 제22조 제2항 각 호의 어느 하나에 해당하는 소송이 진행 중이거나 그 판결이 확정된 사항은 청구대상에서 제외한다(지자법 제21조 제2항). 294

에 위반되거나 공익을 현저히 해친다고 인정되면'이란 감사기관이 감사를 실시한 결과 피감기관에 대하여 시정요구 등의 조치를 하기 위한 요건 및 주민소송에서 법원이 본안에서 청구를 인용하기 위한 요건일 뿐이고, 주민들이 주민감사를 청구하거나 주민소송을 제기하는 단계에서는 '해당 사무의 처리가 법령에 반하거나 공익을 현저히 해친다고 인정될 가능성'을 주장하는 것으로 족하며, '해당 사무의 처리가 법령에 반하거나 공익을 현저히 해친다고 인정될 것'이 주민감사청구 또는 주민소송의 적법요건이라고 볼 수는 없다. 왜냐하면 '해당 사무의 처리가 법령에 위반되거나 공익을 현저히 해친다고 인정되는지 여부'는 감사기관이나 주민소송의 법원이 구체적인 사실관계를 조사·심리해 보아야지 비로소 판단할 수 있는 사항이기 때문이다. 만약 이를 주민감사청구의 적법요건이라고 볼 경우 본안의 문제가 본안 전(전) 단계에서 먼저 다루어지게 되는 모순이 발생할 뿐만 아니라, 주민감사를 청구하는 주민들로 하여금 주민감사청구의 적법요건으로서 '해당 사무의 처리가 법령에 위반되거나 공익을 현저히 해친다고 인정될 것'을 증명할 것까지 요구하는 불합리한 결과가 야기될 수 있다).

4. 청구의 기한

294a 제1항에 따른 청구는 사무처리가 있었던 날이나 끝난 날부터 3년이 지나면 제기할 수 없다(지자법 제21조 제3항). 주민감사의 청구에 기간상 제한을 둔 것은 지방자치단체의 행정의 안정성을 도모하기 위한 것이다.

5. 청구의 절차

295 ⑴ **청구인명부·청구서의 제출** 지방자치단체의 18세 이상의 주민이 제1항에 따라 감사를 청구하려면 청구인의 대표자를 선정하여 청구인명부에 적어야 하며, 청구인의 대표자는 감사청구서를 작성하여 주무부장관 또는 시·도지사에게 제출하여야 한다(지자법 제21조 제4항).

295a ⑵ **공표와 공람** 주무부장관이나 시·도지사는 제1항에 따른 청구를 받으면 청구를 받은 날부터 5일 이내에 그 내용을 공표하여야 하며, 청구를 공표한 날부터 10일간 청구인명부나 그 사본을 공개된 장소에 갖추어 두어 열람할 수 있도록 하여야 한다(지자법 제21조 제5항).

295b ⑶ **이의신청과 조치** 청구인명부의 서명에 관하여 이의가 있는 사람은 제5항에 따른 열람기간에 해당 주무부장관이나 시·도지사에게 이의를 신청할 수 있다(지자법 제21조 제6항). 주무부장관이나 시·도지사는 제6항에 따른 이의신청을 받으면 제5항에 따른 열람기간이 끝난 날부터 14일 이내에 심사·결정하되, 그 신청이 이유 있다고 결정한 경우에는 청구인명부를 수정하고, 그 사실을 이의신청을 한 사람과 제4항에 따른 청구인의 대표자에게 알려야 하며, 그 이의신청이 이유 없다고 결정한 경우에는 그 사실을 즉시 이의신청을 한 사람에게 알려야 한다(지자법 제21조 제7항).

6. 감사의 실시와 후속절차

296 ⑴ **감사기간과 감사결과 통지·공표** 주무부장관이나 시·도지사는 감사 청구를 수리한 날부터 60일 이내에 감사 청구된 사항에 대하여 감사를 끝내야 하며, 감사 결과를 청구인의 대표자와 해당 지방자치단체의 장에게 서면으로 알리고, 공표하여야 한다. 다만, 그 기간에 감사를 끝내기가 어려운 정당한 사유가 있으면 그 기간을 연장할 수 있으며, 기간을 연장할 때에는 미리 청구인의 대표자와 해당 지방자치단체의 장에게 알리고, 공표하여야 한다(지자법 제21조 제9항).

296a ⑵ **감사 중인 사항 등의 경우** 주무부장관이나 시·도지사는 주민이 감사를 청구한 사항이 다른 기관에서 이미 감사한 사항이거나 감사 중인 사항이면

그 기관에서 한 감사 결과 또는 감사 중인 사실과 감사가 끝난 후 그 결과를 알리겠다는 사실을 청구인의 대표자와 해당 기관에 지체 없이 알려야 한다(지자법 제21조 제10항).

(3) **의견진술의 기회 보장**　주무부장관이나 시·도지사는 주민 감사 청구를 처리(각하를 포함한다)할 때 청구인의 대표자에게 반드시 증거 제출 및 의견 진술의 기회를 주어야 한다(지자법 제21조 제11항). 296b

(4) **감독청의 필요한 조치 요구**　주무부장관이나 시·도지사는 제9항에 따른 감사 결과에 따라 기간을 정하여 해당 지방자치단체의 장에게 필요한 조치를 요구할 수 있다(지자법 제21조 제12항 제1문). 297

(5) **지방자치단체의 장의 조치**　① 기술한 감독청의 요구가 있는 경우, 그 지방자치단체의 장은 이를 성실히 이행하여야 하고, 그 조치 결과를 지방의회와 주무부장관 또는 시·도지사에게 보고하여야 한다(지자법 제21조 제12항 제2문). ② 주무부장관이나 시·도지사는 제12항에 따른 조치 요구 내용과 지방자치단체의 장의 조치 결과를 청구인의 대표자에게 서면으로 알리고, 공표하여야 한다(지자법 제21조 제13항). 297a

7. 시 행 령

제1항부터 제13항까지에서 규정한 사항 외에 18세 이상의 주민의 감사 청구에 필요한 사항은 대통령령으로 정한다(지자법 제21조 제14항). 297b

Ⅸ. 주민소송권

1. 일 반 론

(1) **의 의**　지방자치법 제21조 제1항에 따라 공금의 지출에 관한 사항, 재산의 취득·관리·처분에 관한 사항[1] 등을 감사청구한 주민은 그 감사청구한 사항과 관련이 있는 위법한 행위나 업무를 게을리한 사실에 대하여 해당 지방자치단체의 장을 상대방으로 하여 소송을 제기할 수 있는바(지자법 제22조 제1항), 주민이 갖는 이러한 권리를 주민소송권이라 한다. 298

(2) **제도의 취지**　주민소송 제도는 지방자치단체 주민이 지방자치단체의 위법한 재무회계행위의 방지 또는 시정을 구하거나 그로 인한 손해의 회복 청구를 요구할 수 있도록 함으로써 지방자치단체의 재무행정의 적법성, 지방재정의 298a

1) 헌재 2021. 11. 25, 2019헌바450(지방자치법은 '관리·처분'의 의미에 관한 별도의 규정을 두고 있지 아니하나, '공유재산 및 물품 관리법'의 관련 규정(제2조 제4호, 제2조 제6호)을 통해 심판대상조항 중 '관리·처분'의 의미를 파악할 수 있다).

건전하고 적정한 운영을 확보하려는 데 그 목적이 있다.[1] 주민소송제도는 주민의 직접참여에 의한 지방행정의 공정성과 투명성 강화의 기능을 갖는다.[2] 주민참여를 확대하여 지방행정의 책임성을 높이려는 목적에서 도입된 제도이다.[3]

298b (3) **주민감사청구 전치주의** 지방자치법이 "주민감사를 청구한 주민에 한하여 주민소송을 제기할 수 있도록 '주민감사청구 전치 요건'을 규정한 것은 감사기관에게 스스로 전문지식을 활용하여 간이·신속하게 문제를 1차적으로 시정할 수 있는 기회를 부여하고 이를 통해 법원의 부담도 경감하려는 데에 그 입법 취지가 있다."[4] 주민소송은 감사기관의 위법한 결정을 다투는 소송이지 감사결과의 당부를 다투는 소송은 아니다.[5]

298c (4) **적용법규** 제1항에 따른 소송에 관하여 지방자치법에 규정된 것 외에는 「행정소송법」에 따른다(지자법 제22조 제18항).

2. 소의 대상

298d (1) **규정내용** 지방자치법 제21조 제1항에 따라 감사청구한 사항 중 "공금의 지출에 관한 사항,[6] 재산의 취득·관리·처분에 관한 사항,[7] 해당 지방자

---

1) 헌재 2021. 11. 25, 2019헌바450.
2) 대판 2020. 7. 29, 2017두63467(주민소송 제도는 지방자치단체 주민이 지방자치단체의 위법한 재무회계행위의 방지 또는 시정을 구하거나 그로 인한 손해의 회복 청구를 요구할 수 있도록 함으로써 지방자치단체의 재무행정의 적법성, 지방재정의 건전하고 적정한 운영을 확보하려는 데 그 목적이 있다).
3) 대판 2020. 6. 25, 2018두67251.
4) 대판 2020. 6. 25, 2018두67251.
5) 대판 2020. 6. 25, 2018두67251(지방자치법 제17조 제1항에 따른 주민소송은 주민들이 해당 지방자치단체의 장을 상대방으로 하여 감사청구한 사항과 관련이 있는 해당 지방자치단체의 조치나 부작위의 당부를 다투어 위법한 조치나 부작위를 시정하거나 또는 이와 관련하여 해당 지방자치단체에 손해를 야기한 행위자들을 상대로 손해배상청구 등을 할 것을 요구하는 소송이지, 감사기관이 한 감사결과의 당부를 다투는 소송이 아니다).
6) 대판 2015. 9. 10, 2013두16746(주민소송의 대상이 되는 '재산의 관리·처분에 관한 사항'이나 '공금의 부과·징수를 게을리한 사항'이라 함은, 지방자치단체의 소유에 속하는 재산의 가치를 유지·보전 또는 실현함을 직접 목적으로 하는 행위 또는 그와 관련된 공금의 부과·징수를 게을리한 행위를 말하고, 그 밖에 재무회계와 관련이 없는 행위는 설령 그것이 지방자치단체의 재정에 어떤 영향을 미친다고 하더라도, 주민소송의 대상이 되는 '재산의 관리·처분에 관한 사항' 또는 '공금의 부과·징수를 게을리한 사항'에 해당하지 않는다); 대판 2011. 12. 22, 2009두14309[(구 지방자치법 제13조의4 제1항, 제13조의5 제1항, 제2항 제4호, 구 지방재정법) 제67조 제1항, 제69조, 제70조의 내용, 형식 및 취지 등을 종합해 보면, 구 지방자치법 제13조의5 제1항에 규정된 주민소송의 대상으로서 '공금의 지출에 관한 사항'이란 지출원인행위 즉, 지방자치단체의 지출원인이 되는 계약 그 밖의 행위로서 당해 행위에 의하여 지방자치단체가 지출의무를 부담하는 예산집행의 최초 행위와 그에 따른 지급명령 및 지출 등에 한정되고, 특별한 사정이 없는 한 이러한 지출원인행위 등에 선행하여 그러한 지출원인행위를 수반하게 하는 당해 지방자치단체의 장 및 직원, 지방의회 의원의 결정 등과 같은 행위는 포함되지 않는다].
7) 대판 2016. 5. 27, 2014두8490(주민소송은 원칙적으로 지방자치단체의 재무회계에 관한 사항의

치단체를 당사자로 하는 매매·임차·도급 계약이나 그 밖의 계약의 체결·이행에 관한 사항 또는 지방세·사용료·수수료·과태료 등 공금의 부과·징수를 게을리한 사항"과 관련이 있는 위법한 행위나 업무를 게을리 한 사실이 주민소송의 대상이 된다(지자법 제22조 제1항).

⑵ **주민감사청구사항과의 관련성** 주민소송의 대상은 주민감사를 청구한 사항과 반드시 동일해야 하는 것은 아니다.[1] 그러나 관련성은 있어야 한다. 판례는 관련성 유무는 주민감사청구사항의 기초인 사회적 사실관계와 기본적인 점에서 동일한지 여부에 따라 결정된다는 견해를 취한다.[2] 298e

⑶ **주민감사청구절차에서 감사기관의 위법한 결정의 다툼 방식** 판례는 감사기관이 해당 주민감사청구가 부적법하다고 오인하여 더 나아가 구체적인 조사·판단을 하지 않은 채 각하하는 결정을 한 경우, 감사청구한 주민은 위법한 각하결정 자체를 별도의 항고소송이 아니라 주민소송으로 다툴 수 있다고 본다.[3)4)] 298f

---

처리를 직접 목적으로 하는 행위에 대하여 제기할 수 있고, 지방자치법 제17조 제1항에서 주민소송의 대상으로 규정한 '재산의 취득·관리·처분에 관한 사항'에 해당하는지 여부도 그 기준에 의하여 판단하여야 한다. 특히 도로 등 공물이나 공공용물을 특정 사인이 배타적으로 사용하도록 하는 점용허가가 도로 등의 본래 기능 및 목적과 무관하게 그 사용가치를 실현·활용하기 위한 것으로 평가되는 경우에는 주민소송의 대상이 되는 재산의 관리·처분에 해당한다고 보아야 한다).

1) 대판 2020. 7. 29, 2017두63467(주민감사청구가 '지방자치단체와 그 장의 권한에 속하는 사무의 처리'를 대상으로 하는 데 반하여, 주민소송은 '그 감사청구한 사항과 관련이 있는 위법한 행위나 업무를 게을리한 사실'에 대하여 제기할 수 있는 것이므로, 주민소송의 대상은 주민감사를 청구한 사항과 관련이 있는 것으로 충분하고, 주민감사를 청구한 사항과 반드시 동일할 필요는 없다).

2) 대판 2020. 7. 29, 2017두63467(주민감사를 청구한 사항과 관련성이 있는지 여부는 주민감사청구사항의 기초인 사회적 사실관계와 기본적인 점에서 동일한지 여부에 따라 결정되는 것이며 그로부터 파생되거나 후속하여 발생하는 행위나 사실은 주민감사청구사항과 관련이 있다고 보아야 한다).

3) 대판 2020. 6. 25, 2018두67251(지방자치법 제17조 제1항은 주민감사를 청구한 주민에 한하여 주민소송을 제기할 수 있도록 하여 '주민감사청구 전치'를 주민소송의 소송요건으로 규정하고 있으므로, 주민감사청구 전치 요건을 충족하였는지 여부는 주민소송의 수소법원이 직권으로 조사하여 판단하여야 한다. 주민소송이 주민감사청구 전치 요건을 충족하였다고 하려면 주민감사청구가 지방자치법 제16조에서 정한 적법요건을 모두 갖추고, 나아가 지방자치법 제17조 제1항 각호에서 정한 사유에도 해당하여야 한다. 지방자치법 제17조 제1항 제2호에 정한 '감사결과'에는 감사기관이 주민감사청구를 수리하여 일정한 조사를 거친 후 주민감사청구사항의 실체에 관하여 본안판단을 하는 내용의 결정을 하는 경우뿐만 아니라, 감사기관이 주민감사청구가 부적법하다고 오인하여 위법한 각하결정을 하는 경우까지 포함한다. 주민감사청구가 지방자치법에서 정한 적법요건을 모두 갖추었음에도, 감사기관이 해당 주민감사청구가 부적법하다고 오인하여 더 나아가 구체적인 조사·판단을 하지 않은 채 각하하는 결정을 한 경우에는, 감사청구한 주민은 위법한 각하결정 자체를 별도의 항고소송으로 다툴 필요 없이, 지방자치법이 규정한 다음 단계의 권리구제절차인 주민소송을 제기할 수 있다고 보아야 한다).

4) 대판 2020. 6. 25, 2018두67251(감사기관의 위법한 각하결정에 대하여 별도의 항고소송으로 다투도록 할 경우에는, 그 항고소송에서 해당 각하결정을 취소하거나 무효임을 확인하는 판결이

3. 제소사유 · 위법성

298g 주민소송의 대상이 되는 감사청구사항에 대하여 ① 주무부장관이나 시 · 도지사가 감사 청구를 수리한 날부터 60일(제21조 제9항 단서에 따라 감사기간이 연장된 경우에는 연장된 기간이 끝난 날을 말한다)이 지나도 감사를 끝내지 아니한 경우, ② 제21조 제9항 및 제10항에 따른 감사결과 또는 같은 조 제12항에 따른 조치요구에 불복하는 경우, ③ 제21조 제12항에 따른 주무부장관이나 시 · 도지사의 조치요구를 지방자치단체의 장이 이행하지 아니한 경우, ④ 제21조 제12항에 따른 지방자치단체의 장의 이행 조치에 불복하는 경우에 주민소송을 제기할 수 있다(지자법 제22조 제1항). 한편, 주민소송에서 다툼의 대상이 된 처분의 위법성은 행정소송법상 항고소송의 경우와 같은 기준으로 판단하여야 한다.[1)]

4. 주민소송의 종류

298h 지방자치법 제22조 제2항은 주민소송을 4가지 종류로 구분하여 규정하고 있다.

299 (1) 제1호 소송

㈎ 의 의 제1호 소송은 '해당 행위를 계속하면 회복하기 어려운 손해를 발생시킬 우려가 있는 경우에는 그 행위의 전부나 일부를 중지할 것을 요구하는 소송'이다. 재무행위의 위법성을 소송물로 한다.[2)]

㈏ 대 상 제1호 소송의 대상이 되는 행위는 공권력 행사 외에도 비권력적인 행위나 사실행위도 포함된다. 예를 들어 공금지출의 중지, 계약체결의 중지, 계약이행의 중지를 구하는 등의 소송이 있다.

㈐ 요 건 요건은 ① 당해 행위가 행해지기 이전이거나 현재 행해지고 있을 것, ② 해당 행위를 계속하면 지방자치단체에 회복하기 어려운 손해를 발생시킬 우려가 있을 것, ③ 해당 행위를 중지할 경우에도 생명이나 신체에 중대한 위해가 생길 우려나 그 밖에 공공복리를 현저하게 저해할 우려가 없을 것(지

확정된 다음, 감사기관이 취소 · 무효확인판결의 기속력(행정소송법 제30조 제1항, 제2항, 제38조 제1항 참조)에 따라 감사청구사항의 실체에 관하여 본안판단을 하는 내용의 감사결과를 통보한 후에야 비로소 지방자치법 제17조 제1항 제2호에 근거하여 주민소송을 제기할 수 있게 되는데, 그러한 항고소송은 주민들에게는 간접적이고 우회적인 분쟁해결절차에 불과하고 직접적인 분쟁해결절차인 주민소송의 제기를 장기간 지연시키는 문제가 있다).

1) 대판 2019. 10. 17, 2018두104(주민소송에서 다툼의 대상이 된 처분의 위법성은 행정소송법상 항고소송에서와 마찬가지로 헌법, 법률, 그 하위의 법규명령, 법의 일반원칙 등 객관적 법질서를 구성하는 모든 법규범에 위반되는지 여부를 기준으로 판단하여야 하는 것이지, 해당 처분으로 인하여 지방자치단체의 재정에 손실이 발생하였는지만을 기준으로 판단할 것은 아니다).

2) 졸저, 신지방자치법(제5판), 185쪽.

자법 제22조 제3항)이다.

㈑ 효 과 이 소송에서 원고승소판결이 확정되면 지방자치단체는 중지소송의 대상이 된 재무회계행위를 해서는 안 되는 부작위의무가 확정된다. 다만 중지의 대상이 된 행위의 상대방에게는 판결의 효력이 미치지 않는다.

⑵ 제2호 소송 299a

㈎ 의 의 제2호 소송은 '행정처분인 해당 행위의 취소 또는 변경을 요구하거나 그 행위의 효력 유무 또는 존재 여부의 확인을 요구하는 소송'이다. 재무회계행위 중 행정처분의 성질을 갖는 행위를 취소하거나 무효 등임을 확인하는 소송이다. 이 소송은 처분의 위법 또는 존부를 소송물로 한다.[1]

㈏ 제소기간 행정소송법과는 달리 취소소송 외에 무효등확인소송도 제소기간의 제한이 있다(지자법 제22조 제4항).

⑶ 제3호 소송 299b

㈎ 의 의 제3호 소송은 '게을리한 사실의 위법 확인을 요구하는 소송'이다. 제3호 소송은 재무회계행위 중 게을리 한 사실이라는 부작위를 대상으로 한다는 점에서 적극적 행위인 공금의 지출, 재산의 취득·관리·처분, 계약의 체결·이행을 대상으로 하는 제1호나 제2호 소송과는 성격을 달리한다.

㈏ 부작위위법확인소송과의 관계 부작위위법확인소송은 그 대상을 처분의 부작위에 한정하고 있지만, 제3호 소송은 공법상의 행위뿐만 아니라 사법상의 행위 나아가 행정내부적인 행위나 사실행위도 포함된다.

⑷ 제4호 소송 299c

㈎ 의 의 제4호 본문과 단서 소송 두 가지가 있다. 본문 소송은 '해당 지방자치단체의 장 및 직원, 지방의회의원, 해당 행위와 관련이 있는 상대방에게 손해배상청구 또는 부당이득반환청구를 할 것을 요구하는 소송(이행청구소송)'을 말하며, 단서 소송은 '지방자치단체의 직원이 「회계관계직원 등의 책임에 관한 법률」 제4조에 따른 변상책임을 져야 하는 경우에는 변상명령을 할 것을 요구하는 소송(변상명령요구소송)'을 말한다.[2]

---

1) 졸저, 신지방자치법(제5판), 186쪽.

2) 대판 2020. 7. 29, 2017두63467(지방자치법 제17조 제2항 제1호부터 제3호까지의 주민소송은 해당 지방자치단체의 장을 상대방으로 하여 위법한 재무회계행위의 방지, 시정 또는 확인 등을 직접적으로 구하는 것인 데 반하여, 제4호 주민소송은 감사청구한 사항과 관련이 있는 위법한 행위나 업무를 게을리한 사실에 대하여 지방자치단체의 장 및 직원, 지방의회의원, 해당 행위와 관련이 있는 상대방(이하 '상대방'이라고 통칭한다)에게 손해배상청구, 부당이득반환청구, 변상명령등을 할 것을 요구하는 소송이다. 따라서 제4호 주민소송 판결이 확정되면 지방자치단체의 장인 피고는 상대방에 대하여 그 판결에 따라 결정된 손해배상금이나 부당이득반환금의 지불 등을 청구 의무가 있으므로, 제4호 주민소송을 제기하는 자는 상대방, 재무회계행위의 내용,

㈏ 제4호 본문 소송

1) 종 류 제4호 본문 소송은 전단소송(해당 지방자치단체의 장 및 직원, 지방의회의원을 상대로 하는 소송)과 후단소송(해당 행위와 관련이 있는 상대방에게 하는 소송(제1단계 소송))으로 나눌 수 있다. ① 전단소송은 예컨대 지방자치단체의 직원 등이 위법한 급여의 지급이나 보조금의 교부, 공유지의 매각 등을 통해 지방자치단체에 손해를 발생시킨 경우 해당 직원 등에게 손해배상을 요구하는 소송을 말한다. ② 후단소송이란 예컨대 위법하게 보조금을 수령한 자에게 손해배상청구 또는 부당이득반환청구할 것을 요구하는 소송을 말한다. 이 소송은 손해배상청구권의 존부 등을 소송물로 한다.[1]

2) 효 과 ① 지방자치단체의 장(해당 사항의 사무처리에 관한 권한을 소속 기관의 장에게 위임한 경우에는 그 소속 기관의 장을 말한다. 이하 이 조에서 같다)은 제22조 제2항 제4호 본문에 따른 소송에 대하여 손해배상청구나 부당이득반환청구를 명하는 판결이 확정되면 판결이 확정된 날부터 60일 이내를 기한으로 하여 당사자에게 그 판결에 따라 결정된 손해배상금이나 부당이득반환금의 지급을 청구하여야 한다. 다만, 손해배상금이나 부당이득반환금을 지급하여야 할 당사자가 지방자치단체의 장이면 지방의회의 의장이 지급을 청구하여야 한다(지자법 제23조 제1항). ② 지방자치단체는 제1항에 따라 지급청구를 받은 자가 같은 항의 기한까지 손해배상금이나 부당이득반환금을 지급하지 아니하면 손해배상·부당이득반환의 청구를 목적으로 하는 소송을 제기하여야 한다. 이 경우 그 소송의 상대방이 지방자치단체의 장이면 그 지방의회의 의장이 그 지방자치단체를 대표한다(지자법 제23조 제2항). 판례는 국가배상법 제2조 제2항, 회계직원책임법 제4조 제1항에 비추어 지방자치단체의 장이나 공무원은 그 위법행위에 대하여 고의 또는 중대한 과실이 있는 경우에 제4호 주민소송의 손해배상책임을 부담하는 것으로 본다.[2]

㈐ 제4호 단서 소송의 효과

1) 변상명령의 발령 지방자치단체의 장은 제22조 제2항 제4호 단서에 따른 소송에 대하여 변상할 것을 명하는 판결이 확정되면 판결이 확정된 날부터 60일 이내를 기한으로 하여 당사자에게 그 판결에 따라 결정된 금액을 변상할 것을 명령하여야 한다(지자법 제24조 제1항).

감사청구와의 관련성, 상대방에게 요구할 손해배상금 내지 부당이득금 등을 특정하여야 한다).

1) 졸저, 신지방자치법(제5판), 190쪽.

2) 대판 2020. 7. 29, 2017두63467.

2) **변상금의 징수** 제1항에 따라 변상할 것을 명령받은 자가 같은 항의 기한까지 변상금을 지불하지 아니하면 지방세 체납처분의 예에 따라 징수할 수 있다(지자법 제24조 제2항).

3) **변상명령에의 불복** 제1항에 따라 변상할 것을 명령받은 자는 그 명령에 불복하는 경우 행정소송을 제기할 수 있다. 다만, 행정심판법에 따른 행정심판청구는 제기할 수 없다(지자법 제24조 제3항).

5. 당사자등

(1) **원 고** 지방자치법 제21조 제1항에 따라 공금의 지출에 관한 사항 300
등을 감사 청구한 주민이 원고가 된다(지자법 제22조 제1항). 주민소송의 대상이 되는 사항에 대하여 감사 청구한 주민이면 누구나 제소할 수 있다. 1인에 의한 제소도 가능하다. 그러나 제2항 각 호의 소송이 진행 중이면 다른 주민은 같은 사항에 대하여 별도의 소송을 제기할 수 없다(지자법 제22조 제5항).

(2) **소송절차의 중단과 수계** 소송의 계속 중에 소송을 제기한 주민이 사망 300a
하거나 제16조에 따른 주민의 자격을 잃으면 소송절차는 중단된다. 소송대리인이 있는 경우에도 또한 같다(지자법 제22조 제6항). 감사 청구에 연대 서명한 다른 주민은 제6항에 따른 사유가 발생한 사실을 안 날부터 6개월 이내에 소송절차를 수계할 수 있다. 이 기간에 수계절차가 이루어지지 아니할 경우 그 소송절차는 종료된다(지자법 제22조 제7항). 법원은 제6항에 따라 소송이 중단되면 감사 청구에 연대 서명한 다른 주민에게 소송절차를 중단한 사유와 소송절차 수계방법을 지체 없이 알려야 한다. 이 경우 법원은 감사 청구에 적힌 주소로 통지서를 우편으로 보낼 수 있고, 우편물이 통상 도달할 수 있을 때에 감사 청구에 연대 서명한 다른 주민은 제6항의 사유가 발생한 사실을 안 것으로 본다(지자법 제22조 제8항).

(3) **피 고** 해당 지방자치단체의 장(해당 사항의 사무처리에 관한 권한을 소 300b
속 기관의 장에게 위임한 경우에는 그 소속 기관의 장을 말한다)이 피고가 된다(지자법 제22조 제1항). 비위를 저지른 공무원이나 지방의회의원이 피고가 아니다.

(4) **소송고지** ① 해당 지방자치단체의 장은 제2항 제1호부터 제3호까지 300c
의 규정에 따른 소송이 제기된 경우 그 소송 결과에 따라 권리나 이익의 침해를 받을 제3자가 있으면 그 제3자에 대하여, 제2항 제4호에 따른 소송이 제기된 경우 그 직원, 지방의회의원 또는 상대방에 대하여 소송고지를 해 줄 것을 법원에 신청하여야 한다(지자법 제22조 제10항). ② 제2항 제4호에 따른 소송이 제기된 경우에 지방자치단체의 장이 한 소송고지신청은 그 소송에 관한 손해배상청구권 또는 부당이득반환청구권의 시효중단에 관하여 「민법」 제168조 제1호에 따른 청구로 본다(지자법 제22조 제11항). ③ 제11항에 따른 시효중단의 효력은 그 소송이 끝난 날부터 6개월 이내에 재판상 청구, 파산절차참가, 압류 또는 가압류, 가처분을 하지 아니하면 효력이 생기지 아니한다(지자법 제22조 제12항).

300d (5) **소송참가** 국가, 상급 지방자치단체 및 감사 청구에 연대 서명한 다른 주민과 제10항에 따라 소송고지를 받은 자는 법원에서 계속 중인 소송에 참가할 수 있다(지자법 제22조 제13항).

6. 제소기간

301 제1호 소송은 해당 60일이 끝난 날(제21조 제9항 단서에 따라 감사기간이 연장된 경우에는 연장기간이 끝난 날을 말한다)부터, 제2호 소송은 해당 감사결과나 조치 요구 내용에 대한 통지를 받은 날부터, 제3호 소송은 해당 조치를 요구할 때에 지정한 처리기간이 끝난 날부터, 제4호 소송은 해당 이행 조치결과에 대한 통지를 받은 날부터 각각 90일 이내에 제기하여야 한다(지자법 제22조 제4항).

7. 관할법원

301a 제2항에 따른 소송은 해당 지방자치단체의 사무소 소재지를 관할하는 행정법원(행정법원이 설치되지 아니한 지역에서는 행정법원의 권한에 속하는 사건을 관할하는 지방법원 본원을 말한다)의 관할로 한다(지자법 제22조 제9항).

8. 소의 취하

301b 제2항에 따른 소송에서 당사자는 법원의 허가를 받지 아니하고는 소의 취하, 소송의 화해 또는 청구의 포기를 할 수 없다(지자법 제22조 제14항). 법원은 제14항에 따른 허가를 하기 전에 감사 청구에 연대 서명한 다른 주민에게 그 사실을 알려야 하며, 알린 때부터 1개월 이내에 허가 여부를 결정하여야 한다. 이 경우 통지방법 등에 관하여는 제8항 후단을 준용한다(지자법 제22조 제15항).

9. 소 가

301c 제2항에 따른 소송은 「민사소송 등 인지법」 제2조 제4항(재산권에 관한 소(訴)로서 그 소송목적의 값을 계산할 수 없는 것과 비(非)재산권을 목적으로 하는 소송의 소송목적의 값은 대법원규칙으로 정한다)에 따른 비재산권을 목적으로 하는 소송으로 본다(지자법 제22조 제16항).

10. 실비의 보상

소송을 제기한 주민은 승소(일부 승소를 포함한다)한 경우 그 지방자치단체에 대하여 변호사 보수 등의 소송비용, 감사청구절차의 진행 등을 위하여 사용된 여비, 그 밖에 실제로 든 비용을 보상할 것을 청구할 수 있다. 이 경우 지방자치단체는 청구된 금액의 범위에서 그 소송을 진행하는 데에 객관적으로 사용된 것으로 인정되는 금액을 지급하여야 한다(지자법 제22조 제17항). 302

11. 손해배상금의 지급청구 등과 제소

(1) **지급청구** 지방자치단체의 장(해당 사항의 사무처리에 관한 권한을 소속 기관의 장에게 위임한 경우에는 그 소속 기관의 장을 말한다)은 제22조 제2항 제4호 본문에 따른 소송에 대하여 손해배상청구나 부당이득반환청구를 명하는 판결이 확정되면 판결이 확정된 날부터 60일 이내를 기한으로 하여 당사자에게 그 판결에 따라 결정된 손해배상금이나 부당이득반환금의 지불을 청구하여야 한다. 다만, 손해배상금이나 부당이득반환금을 지불하여야 할 당사자가 지방자치단체의 장이면 지방의회의 의장이 지불을 청구하여야 한다(지자법 제23조 제1항). 303

(2) **소송제기** 지방자치단체는 제1항에 따라 지급청구를 받은 자가 같은 항의 기한까지 손해배상금이나 부당이득반환금을 지불하지 아니하면 손해배상·부당이득반환의 청구를 목적으로 하는 소송을 제기하여야 한다. 이 경우 그 소송의 상대방이 지방자치단체의 장이면 그 지방의회의 의장이 그 지방자치단체를 대표한다(지자법 제23조 제2항). 303a

12. 변상명령

(1) **변상명령과 강제징수** 지방자치단체의 장은 제22조 제2항 제4호 단서에 따른 소송에 대하여 변상할 것을 명하는 판결이 확정되면 판결이 확정된 날부터 60일 이내를 기한으로 하여 당사자에게 그 판결에 따라 결정된 금액을 변상할 것을 명령하여야 한다(지자법 제24조 제1항). 제1항에 따라 변상할 것을 명령받은 자가 같은 항의 기한까지 변상금을 지급하지 아니하면 지방세 체납처분의 예에 따라 징수할 수 있다(지자법 제24조 제2항). 304

(2) **제소금지** 제1항에 따라 변상할 것을 명령받은 자는 그 명령에 불복하는 경우 행정소송을 제기할 수 있다. 다만, 「행정심판법」에 따른 행정심판청구는 제기할 수 없다(지자법 제24조 제3항). 304a

X. 주민소환권

1. 관 념

305 (1) 의 의 주민은 그 지방자치단체의 장 및 지방의회의원(비례대표지방의회의원을 제외한다)을 소환할 권리를 가지는바(지자법 제25조 제1항), 이를 주민소환권이라 한다. 주민소환제도는 지방자치에 관한 주민의 직접참여의 확대와 지방행정의 민주성과 책임성의 제고를 목적으로 한다(주소법 제1조).[1] 주민소환의 청구사유에는 제한이 없다.[2] 이 때문에 주민소환제도는 정치적 절차로서의 성격을 강하게 갖는다.[3]

305a (2) **적용법률** 주민소환의 투표 청구권자·청구요건·절차 및 효력 등에 관하여는 따로 법률로 정한다(지자법 제25조 제2항). 이에 따라 주민소환에 관한 법률이 제정되어 있다. 주민소환에 관하여 「제주특별자치도 설치 및 국제자유도시 조성을 위한 특별법」 등 다른 법률에 특별한 규정이 있는 경우를 제외하

---

1) 헌재 2009. 3. 26, 2007헌마843(주민소환은 주민의 의사에 의하여 공직자를 공직에서 해임시키는 것으로서 직접민주제 원리에 충실한 제도이다. 주민소환은 주민이 지방의원·지방자치단체장 기타 지방자치단체의 공무원을 임기 중에 주민의 청원과 투표로써 해임하는 제도이고, 이는 주민에 의한 지방행정 통제의 가장 강력한 수단으로서 주민의 참정기회를 확대하고 주민대표의 정책이나 행정처리가 주민의사에 반하지 않도록 주민대표자기관이나 행정기관을 통제하여 주민에 대한 책임성을 확보하는 데 그 목적이 있다).

2) 헌재 2011. 3. 31, 2008헌마355(대의민주주의 아래에서 대표자에 대한 선출과 신임은 선거의 형태로 이루어지는 것이 바람직하고, 주민소환은 대표자에 대한 신임을 묻는 것으로서 그 속성은 재선거와 다를 바 없으므로 선거와 마찬가지로 그 사유를 묻지 않는 것이 제도의 취지에 부합한다. 또한, 주민소환제는 역사적으로도 위법·탈법행위에 대한 규제보다 비민주적·독선적행위에 대한 광범위한 통제의 필요성이 강조되어 왔으므로 주민소환의 청구사유에 제한을 둘 필요가 없고, 또 업무의 광범위성이나 입법기술적 측면에서 소환사유를 구체적으로 적시하는 것도 쉽지 않다. 다만, 청구사유에 제한을 두지 않음으로써 주민소환제가 남용될 소지는 있으나, 법에서 그 남용의 가능성을 제도적으로 방지하고 있을 뿐만 아니라, 현실적으로도 시민의식 또한 성장하여 남용의 위험성은 점차 줄어들 것으로 예상할 수 있다. 그리고 청구사유를 제한하는 경우 그 해당여부를 사법기관에서 심사하는 것이 과연 가능하고 적정한지 의문이고, 이 경우 절차가 지연됨으로써 조기에 문제를 해결하지 못할 위험성이 크다 할 수 있으므로 법이 주민소환의 청구사유에 제한을 두지 않는 데에는 상당한 이유가 있고, 입법자가 주민소환제 형성에 있어서 반드시 청구사유를 제한하여야 할 의무가 있다고 할 수도 없으며, 달리 그와 같이 청구사유를 제한하지 아니한 입법자의 판단이 현저하게 잘못되었다고 볼 사정 또한 찾아볼 수 없다. 따라서 이 사건 법률조항은 과잉금지의 원칙에 위배하여 청구인의 공무담임권을 침해한다고 볼 수 없다).

3) 헌재 2009. 3. 26, 2007헌마843(주민소환제를 규범적인 차원에서 정치적인 절차로 설계할 것인지, 아니면 사법적인 절차로 할 것인지는 현실적인 차원에서 입법자가 여러 가지 사정을 고려하여 정책적으로 결정할 사항이라 할 것이다. 그런데 주민소환법에 주민소환의 청구사유를 두지 않은 것은 입법자가 주민소환을 기본적으로 정치적인 절차로 설정한 것으로 볼 수 있고, 외국의 입법례도 청구사유에 제한을 두지 않는 경우가 많다는 점을 고려할 때 우리의 주민소환제는 기본적으로 정치적인 절차로서의 성격이 강한 것으로 평가될 수 있다 할 것이다).

고는 주민소환에 관한 법률이 정하는 바에 따른다(주소법 제6조). 한편, 주민소환투표에 관한 소청 및 소송의 절차에 관하여는 이 법에 규정된 사항을 제외하고는 「공직선거법」의 일부 규정을 준용한다(주소법 제24조 제3항). 주민소환투표와 관련하여 주민소환에 관한 법률에 정한 사항을 제외하고는 「주민투표법」의 일부 규정을 준용한다(주소법 제27조 제1항).

2. 주민소환투표권자와 청구권자, 대상자

305b (1) 주민소환투표권자 제4조 제1항의 규정에 의한 주민소환투표인명부 작성기준일 현재 다음 각 호(1. 19세 이상의 주민으로서 당해 지방자치단체 관할구역에 주민등록이 되어 있는 자(「공직선거법」 제18조의 규정에 의하여 선거권이 없는 자를 제외한다), 2. 19세 이상의 외국인으로서 「출입국관리법」 제10조의 규정에 따른 영주의 체류자격 취득일 후 3년이 경과한 자 중 같은 법 제34조의 규정에 따라 당해 지방자치단체 관할구역의 외국인등록대장에 등재된 자)의 어느 하나에 해당하는 자는 주민소환투표권이 있다(주소법 제3조 제1항). 주민소환투표권자의 연령은 주민소환투표일 현재를 기준으로 계산한다(주소법 제3조 제2항).

(2) 주민소환투표의 청구권자

305c (가) 해당 지방자치단체별 주민소환투표청구권자의 수 전년도 12월 31일 현재 주민등록표 및 외국인등록표에 등록된 제3조 제1항 제1호 및 제2호에 해당하는 자(이하 "주민소환투표청구권자"라 한다)는 다음 각 호(1. 특별시장·광역시장·도지사(이하 "시·도지사"라 한다) : 당해 지방자치단체의 주민소환투표청구권자 총수의 100분의 10 이상, 2. 시장·군수·자치구의 구청장 : 당해 지방자치단체의 주민소환투표청구권자 총수의 100분의 15 이상, 3. 지역선거구시·도의회의원(이하 "지역구시·도의원"이라 한다) 및 지역선거구자치구·시·군의회의 원(이하 "지역구자치구·시·군의원"이라 한다) : 당해 지방의회의원의 선거구안의 주민소환투표청구권자 총수의 100분의 20 이상)에 해당하는 주민의 서명으로 그 소환사유를 서면에 구체적으로 명시하여 관할선거관리위원회에 주민소환투표의 실시를 청구할 수 있다(주소법 제7조 제1항).

305d (나) 관할구역 안의 지방자치단체별 주민소환투표청구권자의 수 ① 제1항의 규정에 의하여 시·도지사에 대한 주민소환투표를 청구함에 있어서 당해 지방자치단체 관할구역 안의 시·군·자치구 전체의 수가 3개 이상인 경우에는 3분의 1 이상의 시·군·자치구에서 각각 주민소환투표청구권자 총수의 1만분의 5이상 1천분의 10 이하의 범위 안에서 대통령령이 정하는 수 이상의 서명을 받아야 한다. 다만, 당해 지방자치단체 관할구역 안의 시·군·자치구 전체의 수가 2개인 경우에는 각각 주민소환투표청구권자 총수의 100분의 1 이상의 서명을 받아야

한다(주소법 제7조 제2항). ② 제1항의 규정에 의하여 시장·군수·자치구의 구청장 및 지역구지방의회의원(지역구시·도의원과 지역구자치구·시·군의원을 말한다. 이하 같다)에 대한 주민소환투표를 청구함에 있어서 당해 시장·군수·자치구의 구청장 및 당해 지역구지방의회의원 선거구 안의 읍·면·동 전체의 수가 3개 이상인 경우에는 3분의 1 이상의 읍·면·동에서 각각 주민소환투표청구권자 총수의 1만분의 5 이상 1천분의 10 이하의 범위 안에서 대통령령이 정하는 수 이상의 서명을 받아야 한다. 다만, 당해 시장·군수·자치구의 구청장 및 당해 지역구지방의회의원 선거구 안의 읍·면·동 전체의 수가 2개인 경우에는 각각 주민소환투표청구권자 총수의 100분의 1 이상의 서명을 받아야 한다(주소법 제7조 제3항).

305e (다) **서명요청 활동** 주민소환투표청구인대표자(이하 "소환청구인대표자"라 한다)와 서면에 의하여 소환청구인대표자로부터 서명요청권을 위임받은 자는 대통령령이 정하는 서명요청 활동기간 동안 주민소환투표의 청구사유가 기재되고 관할선거관리위원회가 검인하여 교부한 주민소환투표청구인서명부(이하 "소환청구인서명부"라 한다)를 사용하여 주민소환투표청구권자에게 서명할 것을 요청할 수 있다. 이 경우 제10조의 규정에 따라 서명이 제한되는 기간은 서명요청 활동기간에 산입하지 아니한다(주소법 제9조 제1항). 소환청구인서명부에 서명을 한 자가 그 서명을 철회하고자 하는 때에는 그 소환청구인서명부가 관할선거관리위원회에 제출되기 전에 이를 철회하여야 한다. 이 경우 소환청구인대표자는 즉시 소환청구인서명부에서 그 서명을 삭제하여야 한다(주소법 제9조 제3항).

305f (3) **주민소환투표의 대상자** 지방자치법상 주민소환은 당해 지방자치단체의 장 및 지방의회의원(비례대표지방의회의원을 제외한다)을 대상으로 한다(지자법 제25조 제1항). 주민소환에 관한 법률도 주민소환투표의 대상자로 ① 특별시장·광역시장·도지사, ② 시장·군수·자치구의 구청장, 그리고 ③ 지역선거구시·도의회의원 및 지역선거구자치구·시·군의회의원을 규정하고 있다(주소법 제7조 제1항 참조). 한편, 지방교육자치에 관한 법률은 교육감을 주민소환투표의 대상자로 규정하고 있다(지육법 제24조의2).

3. 주민소환투표의 청구기간제한

305g 제7조 제1항 내지 제3항의 규정에 불구하고, 다음 각 호(1. 선출직 지방공직자의 임기개시일부터 1년이 경과하지 아니한 때, 2. 선출직 지방공직자의 임기만료일부터 1년 미만일 때, 3. 해당선출직 지방공직자에 대한 주민소환투표를 실시한 날부터 1년 이내인 때)의 어느 하나에 해당하는 때에는 주민소환투표의 실시를 청구할 수 없다(주소법

제8조).

4. 주민소환투표의 발의절차와 권한정지

(1) **주민소환투표청구의 각하** 관할선거관리위원회는 제27조 제1항의 규정 306
에 의하여 준용되는 「주민투표법」 제12조 제1항의 규정에 의하여 소환청구인대표자가 제출한 주민소환투표청구가 다음 각 호(1. 유효한 서명의 총수(제27조 제1항의 규정에 하여 준용되는 「주민투표법」 제12조 제7항의 규정에 의하여 보정(補正)을 요구한 때에는 그 보정된 서명을 포함한다)가 제7조 제1항 내지 제3항의 규정에 의한 요건에 미달되는 경우, 2. 제8조의 규정에 의한 주민소환투표의 청구제한기간 이내에 청구한 경우, 3. 주민소환투표청구서(이하 "소환청구서"라 한다)와 소환청구인서명부가 제27조 제1항의 규정에 의하여 준용되는 「주민투표법」 제12조 제1항의 규정에 의한 기간을 경과하여 제출된 경우, 4. 제27조 제1항의 규정에 의하여 준용되는 「주민투표법」 제12조 제7항의 규정에 의한 보정기간 이내에 보정하지 아니한 경우)의 어느 하나에 해당하는 경우에는 이를 각하하여야 한다. 이 경우 관할선거관리위원회는 소환청구인대표자에게 그 사유를 통지하고 이를 공표하여야 한다(주소법 제11조).

(2) **주민소환투표대상자에 대한 소명기회의 보장** 관할선거관리위원회는 제7 306a
조 제1항 내지 제3항의 규정에 의한 주민소환투표청구가 적법하다고 인정하는 때에는 지체 없이 주민소환투표대상자에게 서면으로 소명할 것을 요청하여야 한다(주소법 제14조 제1항). 제1항의 규정에 의하여 소명요청을 받은 주민소환투표대상자는 그 요청을 받은 날부터 20일 이내에 500자 이내의 소명요지와 소명서(필요한 자료를 기재한 소명자료를 포함한다)를 관할선거관리위원회에 제출하여야 한다. 이 경우 소명서 또는 소명요지를 제출하지 아니한 때에는 소명이 없는 것으로 본다(주소법 제14조 제2항).

(3) **주민소환투표의 발의** 관할선거관리위원회는 제7조 제1항 내지 제3항 306b
의 규정에 의한 주민소환투표청구가 적법하다고 인정하는 경우에는 지체 없이 그 요지를 공표하고, 소환청구인대표자 및 해당선출직 지방공직자에게 그 사실을 통지하여야 한다(주소법 제12조 제1항). 관할선거관리위원회는 제1항의 규정에 따른 통지를 받은 선출직 지방공직자(이하 "주민소환투표대상자"라 한다)에 대한 주민소환투표를 발의하고자 하는 때에는 제14조 제2항의 규정에 의한 주민소환투표대상자의 소명요지 또는 소명서 제출기간이 경과한 날부터 7일 이내에 주민소환투표일과 주민소환투표안(소환청구서 요지를 포함한다)을 공고하여 주민소환투표를 발의하여야 한다(주소법 제12조 제2항). 제12조 제2항의 규정에 의하여 주민소환투표일과 주민소환투표안을 공고하는 때에는 제14조 제2항의 규정에 의한 소명요지를 함께 공고하여야 한다(주소법 제14조 제3항). 주민소환투표일은 제12조 제2항의 규정에 의한 공고일부터 20일 이상 30일 이하의 범위 안에서 관할선거관리위원회가 정한다(주소법 제13조 제1항 본문).

306c (4) **권한행사의 정지 및 권한대행** 주민소환투표대상자는 관할선거관리위원회가 제12조 제2항의 규정에 의하여 주민소환투표안을 공고한 때부터 제22조 제3항의 규정에 의하여 주민소환투표결과를 공표할 때까지 그 권한행사가 정지된다(주소법 제21조 제1항). 제1항의 규정에 의하여 지방자치단체의 장의 권한이 정지된 경우에는 부지사·부시장·부군수·부구청장(이하 "부단체장"이라 한다)이 「지방자치법」 제111조 제4항의 규정을 준용하여 그 권한을 대행하고, 부단체장이 권한을 대행할 수 없는 경우에는 「지방자치법」 제111조 제5항의 규정을 준용하여 그 권한을 대행한다(주소법 제21조 제2항). 제1항의 규정에 따라 권한행사가 정지된 지방의회의원은 그 정지기간 동안 「공직선거법」 제111조의 규정에 의한 의정활동보고를 할 수 없다. 다만, 인터넷에 의정활동보고서를 게재할 수는 있다(주소법 제21조 제3항).

5. 주민소환투표의 실시

307 (1) **병합 또는 동시 실시와 미실시** 제12조 제2항의 규정에 의한 주민소환투표 공고일 이후 90일 이내에 ① 「주민투표법」에 의한 주민투표, ② 「공직선거법」에 의한 선거·재선거 및 보궐선거(대통령 및 국회의원선거를 제외한다), ③ 동일 또는 다른 선출직 지방공직자에 대한 주민소환투표가 있을 때에는 제1항의 규정에 불구하고 주민소환투표를 그에 병합하거나 동시에 실시할 수 있다(주소법 제13조 제2항). 한편, 주민소환투표대상자가 자진사퇴, 피선거권 상실 또는 사망 등으로 궐위된 때에는 주민소환투표를 실시하지 아니한다(주소법 제13조 제1항 단서).

307a (2) **주민소환투표의 형식** 주민소환투표는 찬성 또는 반대를 선택하는 형식으로 실시한다(주소법 제15조 제1항). 지방자치단체의 동일 관할구역에 2인 이상의 주민소환투표대상자가 있을 때에는 관할선거관리위원회는 하나의 투표용지에 그 대상자별로 제1항의 규정에 의한 형식으로 주민소환투표를 실시할 수 있다(주소법 제15조 제2항).

307b (3) **주민소환투표의 실시구역** 지방자치단체의 장에 대한 주민소환투표는 당해 지방자치단체 관할구역 전체를 대상으로 한다(주소법 제16조 제1항). 지역구지방의회의원에 대한 주민소환투표는 당해 지방의회의원의 지역선거구를 대상으로 한다(주소법 제16조 제2항).

(4) **주민소환투표의 투표시간** 주민소환투표의 투표시간은 오전 6시부터 저녁 8시까지로 한다(주소법 제27조 제2항). 307c

6. 주민소환투표운동

(1) **주민소환투표운동의 의의** 이 법에서 "주민소환투표운동"이라 함은 주민소환투표에 부쳐지거나 부쳐질 사항에 관하여 찬성 또는 반대하는 행위를 말한다. 다만, ① 주민소환투표에 부쳐지거나 부쳐질 사항에 관한 단순한 의견개진 및 의사표시와 ② 주민소환투표운동에 관한 준비행위는 주민소환투표운동으로 보지 아니한다(주소법 제17조). 308

(2) **주민소환투표운동의 기간** 주민소환투표운동은 제12조 제2항의 규정에 의한 주민소환투표 공고일의 다음날부터 투표일 전일까지(이하 "주민소환투표운동기간"이라 한다) 할 수 있다(주소법 제18조 제1항). 제1항의 규정에 불구하고, 제13조 제2항의 규정에 의하여 주민소환투표가 실시될 경우의 주민투표운동기간은 주민소환투표일 전 25일부터 투표일 전일까지로 한다(주소법 제18조 제2항). 308a

(3) **주민소환투표운동을 할 수 없는 자** 「공직선거법」 제60조 제1항 각 호의 어느 하나에 해당하는 자는 주민소환투표운동을 할 수 없다. 다만, 당해 주민소환투표대상자는 그러하지 아니하다(주소법 제18조 제3항). 308b

(4) **주민소환투표운동의 방법** 주민소환투표운동의 방법은 해당주민소환투표대상자의 선거에 관한 규정에 한하여 「공직선거법」 제61조·제63조(선거운동기구에 관한 사항에 한한다)·제69조·제79조·제82조(제1항 단서를 제외한다)·제82조의4 및 제82조의6의 규정을 준용한다(주소법 제19조 제1문). 308c

(5) **주민소환투표운동의 제한** 누구든지 주민소환투표운동기간중 이 법에서 준용하는 「공직선거법」에 따른 선거운동기구의 설치, 신문광고, 공개장소에서의 연설·대담, 언론기관 초청 대담·토론회, 정보통신망을 이용한 선거운동 및 인터넷 광고와 제27조 제1항의 규정에 의하여 준용되는 「주민투표법」 제17조의 규정에 의한 관할선거관리위원회가 주관하는 주민소환투표공보의 발행·배부, 「공직선거법」 제8조의7의 규정에 따른 선거방송토론위원회가 중앙선거관리위원회규칙으로 정하는 방법으로 개최하는 토론회(부득이한 사유로 토론회를 개최할 수 없는 경우에는 옥내합동연설회를 말한다)를 제외하고는 어떠한 방법의 주민소환투표운동도 하여서는 아니 된다(주소법 제20조 제1항). 제1항의 규정에 따라 주민소환투표운동을 하는 경우에는 다음 각 호(「공직선거법」 제80조의 규정에 따른 연설금지장소에서의 연설행위, 2. 「공직선거법」 제82조의5의 규정을 위반하여 전자우편을 이용한 308d

주민소환투표운동정보를 전송하는 행위, 3.「공직선거법」 제91조에서 정하는 확성장치 및 자동차 사용제한에 관한 규정을 위반하는 행위, 4.「공직선거법」 제102조의 규정을 위반하여 야간에 연설·대담을 하는 행위, 5.「공직선거법」 제106조의 규정을 위반하여 호별방문을 하는 행위, 6. 주민소환투표운동을 목적으로 서명 또는 날인을 받는 행위)의 어느 하나에 해당하는 행위를 할 수 없다(주소법 제20조 제2항).

7. 주민소환투표결과의 확정과 효력

309 (1) **정족수·공표·통지** 주민소환은 제3조의 규정에 의한 주민소환투표권자(이하 "주민소환투표권자"라 한다) 총수의 3분의 1 이상의 투표와 유효투표 총수 과반수의 찬성으로 확정된다(주소법 제22조 제1항). 전체 주민소환투표자의 수가 주민소환투표권자 총수의 3분의 1에 미달하는 때에는 개표를 하지 아니한다(주소법 제22조 제2항). 관할선거관리위원회는 개표가 끝난 때에는 지체 없이 그 결과를 공표한 후 소환청구인대표자, 주민소환투표대상자, 관계중앙행정기관의 장, 당해 지방자치단체의 장(지방자치단체의 장이 주민소환투표대상자인 경우에는 제21조 제2항의 규정에 의하여 권한을 대행하는 당해 지방자치단체의 부단체장 등을 말한다) 및 당해 지방의회의 의장(지방의회의원이 주민소환투표대상자인 경우에 한하며, 지방의회의 의장이 주민소환투표대상자인경우에는 당해 지방의회의 부의장을 말한다)에게 통지하여야 한다. 제2항의 규정에 의하여 개표를 하지 아니한 때에도 또한 같다(주소법 제22조 제3항).

309a (2) **주민소환투표의 효력**(공직상실) 제22조 제1항의 규정에 의하여 주민소환이 확정된 때에는 주민소환투표대상자는 그 결과가 공표된 시점부터 그 직을 상실한다(주소법 제23조 제1항). 제1항의 규정에 의하여 그 직을 상실한 자는 그로 인하여 실시하는 이 법 또는「공직선거법」에 의한 해당보궐선거에 후보자로 등록할 수 없다(주소법 제23조 제2항).

8. 주민소환투표쟁송(소청과 소송)

310 (1) **주민소환투표소청** 주민소환투표의 효력에 관하여 이의가 있는 해당 주민소환투표대상자 또는 주민소환투표권자(주민소환투표권자 총수의 100분의 1 이상의 서명을 받아야 한다)는 제22조 제3항의 규정에 의하여 주민소환투표결과가 공표된 날부터 14일 이내에 관할선거관리위원회 위원장을 피소청인으로 하여 지역구시·도의원, 지역구자치구·시·군의원 또는 시장·군수·자치구의 구청장을 대상으로 한 주민소환투표에 있어서는 특별시·광역시·도선거관리위원회에, 시·도지사를 대상으로 한 주민소환투표에 있어서는 중앙선거관리위원회에 소청할

수 있다(주소법 제24조 제1항).

(2) **주민소환투표소송** 제1항의 규정에 따른 소청에 대한 결정에 관하여 310a
불복이 있는 소청인은 관할선거관리위원회 위원장을 피고로 하여 그 결정서를 받은 날(결정서를 받지 못한 때에는 「공직선거법」 제220조 제1항의 규정에 의한 결정기간이 종료된 날을 말한다)부터 10일 이내에 지역구시·도의원, 지역구자치구·시·군의원 또는 시장·군수·자치구의 구청장을 대상으로 한 주민소환투표에 있어서는 그 선거구를 관할하는 고등법원에, 시·도지사를 대상으로 한 주민소환투표에 있어서는 대법원에 소를 제기할 수 있다(주소법 제24조 제2항).

9. 주민소환투표관리경비

주민소환투표사무의 관리에 필요한 다음 각 호(1. 주민소환투표의 준비·관리 및 311
실시에 필요한 비용, 2. 주민소환투표공보의 발행, 토론회 등의 개최 및 불법 주민소환투표운동의 단속에 필요한 경비, 3. 주민소환투표에 관한 소청 및 소송과 관련된 경비, 4. 주민소환투표결과에 대한 자료의 정리, 그 밖에 주민소환투표사무의 관리를 위한 관할선거관리위원회의 운영 및 사무처리에 필요한 경비)의 비용은 당해 지방자치단체가 부담하되, 소환청구인대표자 및 주민소환투표대상자가 주민소환투표운동을 위하여 지출한 비용은 각자 부담한다(주소법 제26조 제1항). 지방자치단체는 제1항의 규정에 의한 경비를 주민소환투표 발의일부터 5일 이내에 관할선거관리위원회에 납부하여야 한다(주소법 제26조 제2항).

XI. 청 원 권

1. 의의·성격

주민은 지방의회에 청원을 할 수 있다(지자법 제85조 제1항). 국민의 국가기관 312
에 대한 청원권은 헌법상 보장되는 기본권의 하나이다(헌법 제26조). 그러나 지방의회에 대한 주민의 청원권은 기본권으로서의 공권이 아니라 법률로써 인정되는 개인적 공권이라 볼 수 있다. 청원권은 개인의 주관적인 이익이나 객관적인 공익을 위해서도 행사될 수 있는 권리이다. 다수주민의 공동의 청원은 주민공동결정제도에 접근하는 효과를 가져올 수도 있다.

2. 행 사

청원은 지방의회의원의 소개를[1] 얻어 청원서제출로 행한다(지자법 제85조 제 312a

1) 헌재 2023. 3. 23, 2018헌마596(지방의회에 청원을 할 때에 의원의 소개를 필요적 요건으로 한 것은 청원의 남발을 규제하는 방법으로 의원 중 1인이 미리 청원의 내용을 확인하고 이를 소개하게 함으로써 심사의 효율성을 제고하려는 데에 그 목적이 있다. 지방의회의원 모두가 청원의

1항). 청원서에는 청원자의 성명(법인인 경우에는 그 명칭과 대표자의 성명) 및 주소를 적고 서명·날인하여야 한다(지자법 제85조 제2항). 청원사항에는 제한이 없다. 다만 재판에 간섭하거나 법령에 위배되는 내용의 청원은 수리하지 아니한다(지자법 제86조).

3. 처　　리

312b 지방의회의 의장은 청원서를 접수하면 소관 위원회나 본회의에 회부하여 심사를 하게 한다(지자법 제87조 제1항). 청원을 소개한 의원은 소관 위원회나 본회의가 요구하면 청원의 취지를 설명하여야 한다(지자법 제87조 제2항). 위원회가 청원을 심사하여 본회의에 부칠 필요가 없다고 결정하면 그 처리결과를 의장에게 보고하고, 의장은 청원한 자에게 알려야 한다(지자법 제87조 제3항).

312c 한편 지방의회가 채택한 청원으로서 그 지방자치단체의 장이 처리하는 것이 타당하다고 인정되는 청원은 의견서를 첨부하여 지방자치단체의 장에게 이송한다(지자법 제88조 제1항). 이 경우에 지방자치단체의 장은 그 청원을 처리하고, 그 처리결과를 지체 없이 지방의회에 보고하여야 한다(지자법 제88조 제2항).

4. 통보의 성질

312d "적법한 청원에 대하여 국가기관이 이를 수리, 심사하여 그 결과를 청원인에게 통보하였다면 이로써 당해 국가기관은 헌법 및 청원법상의 의무이행을 다한 것이고, 그 통보 자체에 의하여 청구인의 권리의무나 법률관계가 직접 무슨 영향을 받는 것도 아니므로 비록 그 통보내용이 청원인이 기대하는 바에는 미치지 못한다고 하더라도 그러한 통보조치가 헌법소원의 대상이 되는 구체적인 공권력의 행사 내지 불행사라고 볼 수는 없다"는 것이 헌법재판소의 입장이다.[1)]

5. 청원법과의 관계

312e 청원법은 청원에 관한 일반법이다. 지방자치법상 청원 관련 규정은 특별법에 해당한다. 청원에 관하여 다른 법률에 특별한 규정이 있는 경우를 제외하고는 청원법에 따른다(청원법 제2조). 따라서 지방자치법(제85조~제88조)에 따른 청원

소개의원이 되기를 거절하였다면 그 청원내용에 찬성하는 의원이 없는 것이므로 이를 지방의회에서 심사할 실익이 없으며, 지방의회의원이 소개를 주저하는 청원은 진정의 형식을 빌려 어느 정도 청원을 한 것과 같은 목적을 달성할 수도 있다. 결론적으로, 구 지방자치법 제65조 제1항은 청원의 효율적인 심사·처리를 제고하기 위한 것이고, 청원의 소개의원은 1인으로 족한 점 등을 감안할 때 그 제한은 헌법 제37조 제2항이 규정한 공공복리를 위한 필요·최소한의 것으로 기본권 제한의 한계를 벗어난 것이라고 볼 수 없다); 헌재 1999. 11. 25, 97헌마54.

1) 헌재 2000. 10. 25, 99헌마458.

을 함에 있어 미흡한 사항이 있는 경우, 청원법을 적용하게 된다. 이러한 경우에도 지방의회에 대하여 청원법 제8조부터 제10조까지, 제11조 제2항, 제13조부터 제15조까지 및 제21조부터 제23조까지를 적용하지 아니한다(청원법 제3조).

XII. 기 타

313 위에서 언급한 것 외에도 주민은 ① 지방자치단체의 위법한 처분에 대하여 행정심판법에 의거하여 행정심판을 제기할 수 있는 행정심판청구권, ② 국가배상법에 따른 손해배상청구권, ③ 공익사업을 위한 토지 등의 취득 및 보상에 관한 법률에 따른 손실보상청구권 등을 가지며, 그 밖에도 ④ 지방의회 방청권과 지방의회 의사록의 열람권도 갖는다고 본다. ⑤ 구지방자치법 제153조는 지방자치단체의 조례 또는 그 장의 명령이나 처분이 헌법이나 법률에 위반된다고 인정할때에, 주민 100인 이상의 연서로써 그 취소 등을 직접 청구할 수 있도록 하여 주민의 소청권을 인정하였으나, 현행 지방자치법은 이러한 제도를 채택하지 아니한다. 소청제도의 폐지는 주민의 지위향상과 역행되는 것으로 잘못된 것이다.

제 3 목 주민의 의무

I. 주민의 부담

314 주민은 법령으로 정하는 바에 따라 소속 지방자치단체의 비용을 분담하는 의무를 진다(지자법 제27조). 말하자면 주민은 공적부과금, 즉 공과금의 납부의무를 진다. 공과금에는 지방세(지자법 제152조)·사용료·수수료·분담금(지자법 제153조~제155조) 등이 있다. 이 밖에 주민은 노력·물품제공의무를 부담하기도 한다. 이의 예를 "지방자치단체의 장은 재해가 발생하거나 발생할 우려가 있어 응급조치가 필요하면 해당 지역의 주민을 응급조치에 종사하게 할 수 있으며, 그 지역의 토지·가옥·시설·물자를 사용 또는 수용하거나 제거할 수 있다"는 농어업재해대책법 제7조 제1항(응급조치)에서 볼 수 있다.

▌참고▐ 수수료와 사용료 314a

[1] 수 수 료

행정기본법 제35조 제1항은 "행정청은 특정인을 위한 행정서비스를 제공받는 자에게 법령으로 정하는 바에 따라 수수료를 받을 수 있다."고 규정하고 있다. 즉, 수수료 법정주의를 규정하고 있다. 수수료 법정주의로 인해 법령에 정함이 없음에도 행정청이 임의로 수수료를 징수하는 것은 금지된다. 수수료는 공동체의 중요사항이라는 점을 고려할 때, 수수료를 징수할 것인가의 여부, 징수하는 경우에 금액·감액·면제 기준 등에 관한 기본적인 사항은 법률에서 정하고, 금액·감액·면제 기준 등의 세부적인 사항은 행정입법으로 규정하여야 할 것이다. 수수료의 예로 출입국관리법에 따른 출입국에 관한 사실증명 발급수수료 등을 볼 수 있다.[1)]

[2] 사 용 료

행정기본법 제35조 제2항은 "행정청은 공공시설 및 재산 등의 이용 또는 사용에 대하여 사전에 공개된 금액이나 기준에 따라 사용료를 받을 수 있다."고 규정하고 있다. 한편, 행정기본법은 제35조 제1항에서 수수료에 대해서는 법정주의를 규정하면서 제35조 제2항에서 사용료에 대해서는 법정주의를 규정하고 있지 않다. 그러나 사용료 또한 국민들에게는 경시할 수 없는 사항이므로, 사용료에 대해서도 기본적인 사항은 법령에서 정하도록 하는 법정주의를 도입할 필요가 있다. 사용료의 예로 도로법상 도로점용료, 자연공원법상 입장료 등을 볼 수 있다.[2)]

Ⅱ. 이용강제

315 독일에서는 주민이 일정한 시설을 이용하도록 강제되는 것을 이용강제라 부르는데, 우리의 경우에도 주민이 일정한 시설을 이용하도록 강제되는 것(예 : 공설상하수도 이용 또는 사설 화장장이 없는 지역에서 공설화장장의 이용 등. 후자의 경우에 관해서는 장사 등에 관한 법률 제7조 제2항)을 이용강제라 부를 수 있을 것이다.

▮참고▮ 이용제공강제

독일의 경우, 지방자치단체구역 내의 주민의 토지는 공적 필요를 위해(예컨대, 상하수도 등 주민 건강을 위한 시설의 설치) 공적 사용에 제공하도록 강제될 수 있으며 이를 이용제공의 강제 또는 연결강제라 부른다. 이때 경우에 따라서는 공적 보상이 주어질 수도 있다고 한다. 우리의 경우에는 민법 제218조에서 이에 관한 사항을 볼 수 있다.[3)]

1) 이와 관련하여 졸저, 행정기본법 해설(제2판), 249쪽 이하 참조.
2) 이와 관련하여 졸저, 행정기본법 해설(제2판), 250쪽 이하 참조.
3) 대판 2016. 12. 15, 2015다247325(수도 등 시설권은 법정의 요건(민법 제218조 제1항 본문 : 토지 소유자는 타인의 토지를 통과하지 아니하면 필요한 수도, 소수관, 까스관, 전선 등을 시설할 수 없거나 과다한 비용을 요하는 경우에는 타인의 토지를 통과하여 이를 시설할 수 있다)을 갖추면 당연히 인정되는 것이고, 그 시설권에 근거하여 수도 등 시설공사를 시행하기 위해 따로 수도 등이 통과하는 토지 소유자의 동의나 승낙을 받아야 하는 것이 아니다. 따라서 이러한 토지 소유자의 동의나 승낙은 민법 제218조에 기초한 수도 등 시설권의 성립이나 효력 등에 어떠한 영향을 미치는 법률행위나 준법률행위라고 볼 수 없다. … 원고로서는, 피고가 토지사용승낙서의 작성을 거절하는 경우라도 위와 같은 진술을 소로써 구할 것이 아니라, 원고에게 이 사건 도로 중 이 사건 사용부분에 대하여 민법 제218조의 수도 등 시설권이 있다는 확인을 구하는 소 등을 제기하여 승소판결을 받은 다음, 이를 이 사건 사용부분에 대한 원고의 사용권한

제 4 목 지방자치와 주민의 참여

Ⅰ. 의 미

지방자치의 위기문제와 관련하여 지방자치에 주민의 참여가 주요 문제로서 논의되고 있다. 주민의 참여는 지방행정의 민주화, 사권의 보장, 행정의 합리화의 기능을 갖는다고 설명되기도 한다.[1] 보다 구체적으로 말한다면 주민참여는 ① 공동체의 운영에 대하여 주민이 책임을 부담하고, ② 지방자치단체에 대한 주민의 관심을 제고시키고, ③ 행정의 관료적인 경직성과 독립성의 경향에 예방적으로 작용하고, ④ 지방자치단체의 정치적 의사형성의 연원으로서 기능한다는 데에 큰 의미가 있다.[2] 지방자치단체의 의사형성에 주민이 참여한다는 것은 자치행정의 결정적인 요소이다.[3] 316

Ⅱ. 주민에 대한 정보공개

지방자치단체는 사무처리의 투명성을 높이기 위하여 「공공기관의 정보공개에 관한 법률」에서 정하는 바에 따라 지방의회의 의정활동, 집행기관의 조직, 재무 등 지방자치에 관한 정보(이하 “지방자치정보”라 한다)를 주민에게 공개하여야 한다(지자법 제26조 제1항). 행정안전부장관은 주민의 지방자치정보에 대한 접근성을 높이기 위하여 이 법 또는 다른 법령에 따라 공개된 지방자치정보를 체계적으로 수집하고 주민에게 제공하기 위한 정보공개시스템을 구축·운영할 수 있다(지자법 제26조 제2항). 지방자치단체의 지방자치정보의 공개는 주민참여제의 의미를 보다 강화하는 의미를 갖는다. 316a

Ⅲ. 참여방법[4]

1. 선거에 참여

주민은 해당 지방자치단체의 구역에서 실시하는 지방의회의원의 선거와 지방자치단체의 장의 선거에 참여한다(지자법 제17조 제3항). 이것은 주민이 지방자치행정에 참여하는 가장 기본적인 형식이다. 317

을 증명하는 자료로 제출하여 성남시에 이 사건 급수공사의 시행을 신청하면 된다).

1) 이상규, 신행정법론(하), 124쪽.
2) 졸저, 신지방자치법(제3판), 198쪽 이하.
3) T. I. Schmidt, Kommunalrecht(2. Aufl.), § 16, Rn. 557.
4) 독일지방자치법상 주민참여제도에 관해서는 졸저, 신지방자치법(제4판), 223쪽 이하를 보라.

2. 명예직활동

318 이것은 전통적인 참여방식이다. 그 예로서 선거사무의 보조자로서 참여하거나 전문가로서 각종 위원회에 참여하는 경우를 들 수 있다. 명예직활동에 참여하는 주민에게도 ① 업무상 지득한 비밀을 지켜야 할 의무가 있고, ② 자기와 이해관계 있는 사무로부터는 물러나야 하는 제척제도가 적용되며, ③ 공무수행과 관련하는 한 그는 국가배상법상(책임법상) 공무원에 해당한다.

3. 주민투표에 참여

319 기술한 「주민의 권리」 부분(옆번호 288 이하)을 보라.

4. 조례의 제정·개폐의 청구

320 기술한 「주민의 권리」 부분(옆번호 290 이하)을 보라.

5. 감사청구

321 기술한 「주민의 권리」 부분(옆번호 293 이하)을 보라.

6. 주민소환

321a 기술한 「주민의 권리」 부분(옆번호 305 이하)을 보라.

제 2 항 구 역

1. 의의와 범위

322 (1) 의 의 지방자치단체의 구역은 토지를 기초로 이루어진다.[1] 이 때문에 지방자치단체는 '지역적' 사단이다. 구역은 행정상의 구획이 아니다. 구역은 지방자치단체 구성요소의 하나로서 자치권이 미치는 지역적 범위를 말한다.[2] 구역설정에는 주민의 단합, 결속력과 급부력 등이 반드시 고려되어야 할 것이다.

---

1) 헌재 2020. 7. 16, 2015헌라3(헌법 제117조 제1항은 지방자치제도의 보장과 지방자치단체의 자치권을 규정하고 있다. 지방자치단체의 관할구역은 인적요건으로서의 주민 및 자치를 위한 권능으로서 자치권한과 더불어 지방자치의 3요소를 이루는 것으로, '지방자치단체가 자치권한을 행사할 수 있는 장소적 범위'를 뜻한다. 헌법 제118조 제2항은 '지방자치단체의 조직과 운영에 관한 사항'을 법률로 정하도록 하고 있는바, 이에는 지방자치단체의 관할구역이 포함된다).

2) 헌재 2019. 4. 11, 2015헌라2(헌법 제117조 제1항이 보장하는 지방자치단체는 자신의 구역 내에서 자신의 자치권을 행사할 수 있다. 지방자치단체의 구역은 주민·자치권과 함께 지방자치단체의 구성요소로서 자치권을 행사할 수 있는 장소적 범위를 말하며, 다른 지방자치단체와의 관할범위를 명확하게 구분해 준다. 지방자치단체는 자신의 관할구역 내에서 헌법 제117조 제1항과 지방자치법 제9조 및 기타 개별 법령에서 부여한 자치권한 내지 관할권한을 가진다).

(2) 범 위 지방자치단체의 구역은 종전과 같이 한다(지자법 제5조 제1항). 자치구가 아닌 구와 읍·면·동의 구역은 종전과 같이 한다(지자법 제7조 제1항). 리의 구역은 자연 촌락을 기준으로 하되, 그 구역은 종전과 같이 한다(지자법 제7조 제2항). 여기서 '종전'이란 지역의 자연적인 발전을 기초로 하여 일제시대를 거치면서 역사적으로 정해져 온 구획을 의미한다.[1] 하천이나 바다도 구역에 속한다.[2] 제1항 및 제2항에도 불구하고 다음 각 호(1. 「공유수면 관리 및 매립에 관한 법률」에 따른 매립지, 2. 「공간정보의 구축 및 관리 등에 관한 법률」 제2조 제19호의 지적공부(이하 "지적공부"라 한다)에 등록이 누락되어 있는 토지)의 지역이 속할 지방자치단체는 제5항부터 제8항까지의 규정에 따라 행정안전부장관이 결정한다(지자법 제5조 제4항). 헌법재판소는 국가기본도상의 해상경계선을 불문법상의 해상경계선으로 인정하였으나 그 후 견해를 변경하였다.[3][4] 한편 구역은 변경될 수 있다. (넓은 323

1) 헌재 2019. 4. 11, 2015헌라2('지방자치단체의 관할구역은 종전과 같이 한다'는 것은 지방자치법 시행 시 존재한 구역을 그대로 답습한다는 것을 의미하며, 이에 관한 사항을 규정한 법령의 개정 연혁에 비추어 보면, '종전'이라는 기준은 최초로 제정된 법률조항까지 순차 거슬러 올라가게 되어 결국 1948. 8. 15. 당시 존재하던 관할구역의 경계가 원천적인 기준이 된다. 따라서 지방자치법 제4조 제1항을 비롯한 관할구역에 관한 규정들은 대한민국 법률이 제정되기 이전부터 지방자치단체의 관할구역 경계에 대하여 법적 효력을 부여하고 있는 것이고, 이러한 지방자치단체의 관할구역 경계는 각 법령이 관할구역을 정하는 기준으로 삼고 있는 법률 또는 대통령령에 의하여 달리 정하여지지 않은 이상 현재까지 유지되고 있음이 원칙이다).

2) 헌재 2021. 2. 25, 2015헌라7(자치권이 미치는 관할구역의 범위에는 육지는 물론 바다도 포함되므로, 공유수면에 대해서도 지방자치단체의 자치권한이 존재한다고 보아야 한다. 공유수면에 대한 지방자치단체의 관할구역 경계획정은 이에 관한 명시적인 법령상의 규정이 존재한다면 그에 따르고, 명시적인 법령상의 규정이 존재하지 않는다면 불문법상 해상경계에 따라야 한다. 불문법마저 존재하지 않는다면, 주민, 구역과 자치권을 구성요소로 하는 지방자치단체의 본질에 비추어 지방자치단체의 관할구역에 경계가 없는 부분이 있다는 것은 상정할 수 없으므로, 권한쟁의심판권을 가지고 있는 헌법재판소가 지리상의 자연적 조건, 관련 법령의 현황, 연혁적인 상황, 행정권한 행사 내용, 사무 처리의 실상, 주민의 사회·경제적 편익 등을 종합하여 형평의 원칙에 따라 합리적이고 공평하게 해상경계선을 획정할 수밖에 없다).

3) 헌재 2020. 7. 16, 2015헌라3(지방자치법의 취지와 공유수면과 매립지의 성질상 차이 등을 종합하여 볼 때, 신생 매립지는 개정 지방자치법 제4조 제3항에 따라 같은 조 제1항이 처음부터 배제되어 종전의 관할구역과의 연관성이 단절되고, 행정안전부장관의 결정이 확정됨으로써 비로소 관할 지방자치단체가 정해지며, 그 전까지 해당 매립지는 어느 지방자치단체에도 속하지 않는다 할 것이다. 그렇다면 이 사건 매립지의 매립 전 공유수면에 대한 관할권을 가졌을 뿐인 청구인들이, 그 후 새로이 형성된 이 사건 매립지에 대해서까지 어떠한 권한을 보유하고 있다고 볼 수 없으므로, 이 사건에서 청구인들의 자치권한이 침해되거나 침해될 현저한 위험이 있다고 보기는 어렵다).

4) 헌재 2015. 7. 30, 2014헌라2(국가기본도상의 해상경계선은 그것이 왜 그와 같은 모습으로 그와 같은 위치에 그어지는지에 관하여 어떠한 필연적인 논리적 근거가 없는 상태에서, 단지 도서 간의 소속을 표시하고자 하는 목적으로 적당한 위치에 적절하다고 생각되는 형태로 그어진다는 것이다. 같은 해역을 대상으로 상이한 시기에 작성된 각 국가기본도상의 해상경계선이 작성된 시기별로 서로 다른 모습으로 그어져 있는 점 및 그 결과 동일한 해역을 대상으로 한 각 시기별 국가기본도상의 해상경계선 중 서로 완전히 일치하는 해상경계선을 찾아보기 힘든 점 등은 위와 같은 해상경계선 작성 방식으로부터 비롯된 것이다. 심지어 국가기본도의 제작을 담당

의미의) 구역의 변경에는 (좁은 의미의 구역변경인) 경계변경과 폐치·분합이 있다.

2. 구역변경

324 (1) **구역변경의 의의** 자치행정의 효율성, 행정력의 증대와 관련하여 지방자치단체의 구역의 변경(Umgliederung)은 중요하다. 그것은 관련지방자치단체나 그 단체의 주민의 이해와도 직결되는 문제이고, 자칫하면 관련 주민의 저항을 가져오기 쉽다. 따라서 관할구역의 변경에는 공공복지의 관점에서 사항상의 정당성과 민주적인 절차에 따른 신중한 방식이 요구되어야 한다. 이와 관련하여 지방자치법은 "지방자치단체의 구역을 변경할 때(경계변경을 할 때는 제외한다) 관계 지방의회의 의견을 들어야 한다. 다만, 「주민투표법」 제8조에 따라 주민투표를 한 경우에는 그러하지 아니하다"고 규정하고 있다(지자법 제5조 제3항 제2호).

325 (2) **구역변경의 법형식** ① 지방자치단체의 구역을 바꿀 때에는 법률로 정하되, 관할 구역 경계변경은 대통령령으로 정한다(지자법 제5조 제1항). ② 자치구가 아닌 구와 읍·면·동의 구역의 변경은 그 지방자치단체의 조례로 정하고, 그 결과를 특별시장·광역시장·도지사(이하 "시·도지사"라 한다)에게 보고하여야 한다(지자법 제7조 제1항). 리의 구역을 변경할 때에는 그 지방자치단체의 조례로 정한다(지자법 제7조 제2항).

326 (3) **사무와 재산의 승계** 지방자치단체의 구역을 변경할 때에는 새로 그 지역을 관할하게 된 지방자치단체가 그 사무와 재산을 승계한다(지자법 제8조 제1항). 이것은 행정의 계속적 수행의 보장과 주민 편익의 계속적인 제공을 위한 것이다. 그런데 제1항의 경우에 지역으로 지방자치단체의 사무와 재산을 구분하기 곤란하면 시·도에서는 행정안전부장관이, 시·군 및 자치구에서는 특별시장·광역시장·특별자치시장(2012. 7. 1. 시행)·도지사·특별자치도지사(이하 "시·도지사"라 한다)가 그 사무와 재산의 한계 및 승계할 지방자치단체를 지정한다(지자법 제8조 제2항). 이것은 행정의 혼란·혼동·무질서의 방지를 위한 것이다.[1)]

하는 국토지리정보원조차도 이러한 해상경계선은 행정구역과 관련하여 섬의 소속을 인지하기 위한 것으로서, 실지측량 없이 적당한 곳에 표시한 것에 불과하다는 견해를 밝히고 있는 실정이다. 따라서 국가기본도상의 해상경계선에 어떠한 규범적 효력을 인정할 수는 없다. 설사 국가기본도상의 해상경계선이 현실에서 공유수면의 해상경계에 관한 일종의 사실상의 지침과 같은 역할을 하는 경우가 있다 하더라도, 이 해상경계선에 규범적 효력을 인정할 수 없다는 결론에는 변함이 없다. … 이에 우리 재판소가 이 결정과 견해를 달리하여 국가기본도상의 해상경계선을 불문법상의 해상경계선으로 인정해 온 헌재 2004. 9. 23. 2000헌라2 결정 등은 이 결정의 견해와 저촉되는 범위 내에서 이를 변경하기로 한다).

1) 대판 1991. 10. 22, 91다5594(지방자치법 제5조 제1항 소정의 '구역변경으로 새로 그 지역을 관할하게 된 지방자치단체가 승계하게 되는 사무와 재산'은 당해 지방자치단체 고유의 재산이나 사무를 지칭하는 것이라 할 것이고, 하천부속물 관리사무와 같이 하천법 등 별개의 법률규정에

3. 폐치·분합

(1) 의 의 구역(의 경계)변경은 지방자치단체의 경계와 관련된 것으로 327
서 관련 지방자치단체의 존립 그 자체는 문제되지 아니하나, 폐치·분합은 하나 또는 둘 이상의 지방자치단체의 신설 또는 폐지와 관련한다. 폐치·분합이란 하나의 지방자치단체(A)를 폐지하면서 인접한 다른 지방자치단체(B)에 편입시키는 것(폐)(B의 입장에서는 흡수합병이 된다), 하나의 지방자치단체의 구역의 일부를 새로운 지방자치단체로 구성하는 것(치), 기존의 지방자치단체를 폐지하면서 수개의 새로운 지방자치단체를 설치하는 것(분), 둘 이상의 지방자치단체를 합하여 하나의 새로운 지방자치단체를 설치하는 것(합)(신설합병에 해당한다)을 말한다. 합병에는 흡수합병과 신설합병이 있다. 전자는 하나의 지방자치단체에 다른 지방자치단체가 흡수되는 형식을 말하고, 후자는 여러 지방자치단체를 합하여 하나의 새로운 지방자치단체를 설립하는 형식을 말한다. 흡수합병은 편입, 신설합병은 합체라고도 한다. 흡수합병이나 신설합병은 헌법상 지방자치제도의 보장에 반하는 것이 아니다. 지방자치제도의 보장은 지방자치단체에 의한 자치행정을 일반적으로 보장하는 것이지 특정 지방자치단체의 존속을 보장하는 것은 아니기 때문이다. 하여튼 폐치·분합은 경계변경의 경우와 마찬가지로 지역개발의 촉진, 주민편의의 제고, 행정능률의 향상을 기본적인 목적으로 한다.

(2) 법 형 식 ① 지방자치단체를 폐지하거나 설치하거나 나누거나 합칠 328
때에는 법률로 정한다(지자법 제5조 제1항). 제1항에 따라 지방자치단체를 폐지하거나 설치하거나 나누거나 합칠 때에는 관계 지방의회의 의견을 들어야 한다. 다만, 「주민투표법」 제8조에 따라 주민투표를 한 경우에는 그러하지 아니하다(지자법 제5조 제3항).[1] ② 자치구가 아닌 구와 읍·면·동을 폐지하거나 설치하거나 나

의하여 국가로부터 관할 지방자치단체의 장에게 기관위임된 국가사무까지 관할구역의 변경에 따라 당연히 이전된다고 볼 수 없다); 대판 1991. 10. 22, 91다17207(지방자치단체의 구역변경이나 폐치·분합이 있는 때에 새로 그 지역을 관할하게 된 지방자치단체에게 승계되도록 규정한 지방자치법 제5조 제1항 소정의 '재산'은 같은 법 제133조 제1항 및 제3항의 규정 내용에 비추어 볼 때 현금 외의 모든 재산적 가치가 있는 물건 및 권리만을 말하는 것으로서 '채무'는 이에 포함되지 않는다).

1) 헌재 2005. 12. 22, 2005헌라5(지방자치단체의 폐치는 국회의 입법에 의해 이루어지므로 앞으로 기초지방자치단체인 청구인들 시, 군이 필연적으로 폐치됨을 전제로 자치권한 침해를 다투는 청구는 아직 존재하지 않고, 입법자가 아닌 피청구인들에 의해 이루어질 수도 없는 행위를 대상으로 하므로 부적법하다)(소수의견 : 지방자치법 제4조 제2항에서는 지방자치단체의 폐치·분합시 지방의회의 의견을 듣도록 하고 있고, 주민투표법 제8조의 주민투표로 이를 대체할 수 있도록 하고 있다. 그렇다면 주민투표법 제8조에 의한 주민투표 실시요구를 하고 이를 실시하는 이상 폐치되는 당사자인 청구인들이 배제되어서는 안 된다고 해석해야 하고, 4개 시, 군과 이해관계가 대립되는 당사자인 제주도에게만 투표실시요구를 하고 4개 시, 군의 폐치를 계속

누거나 합칠 때에는 행정안전부장관의 승인을 받아 그 지방자치단체의 조례로 정한다(지자법 제7조 제1항). 리를 폐지하거나 설치하거나 나누거나 합칠 때에는 그 지방자치단체의 조례로 정한다(지자법 제7조 제2항).

329 (3) **관련문제** ① 폐치·분합이 있는 경우 사무와 재산의 승계는 관할구역의 변경의 경우와 같다(지자법 제8조 제1항·제2항).[1] 그리고 ② 지방자치단체를 나누거나 합하여 새로운 지방자치단체가 설치되거나 지방자치단체의 격이 변경되면 그 지방자치단체의 장은 필요한 사항에 관하여 새로운 조례나 규칙이 제정·시행될 때까지 종래 그 지역에 시행되던 조례나 규칙을 계속 시행할 수 있다(지자법 제31조).

4. 전면적 재구획

330 이것은 여태까지의 지방자치단체의 구역을 전면적으로 다시 구획하는 것을 말한다. 전면적 재구획에 의한 지방자치단체는 종전의 지방자치단체와는 완전히 상이한 것이 된다. 규모재편이라고도 한다. 현행 지방자치법은 이에 관해 아무런 규정을 두고 있지 아니하다.

제 3 항 자 치 권

331 국가는 지방자치단체에 대하여 기능에 적합한 임무수행을 위하여 일련의 자치고권을 보장한다.[2] 전권한성으로 표현될 수도 있는 지방자치단체의 자치권은 국가의 주권과 마찬가지로 포괄적인 것이지 개별적인 고권의 단순한 집합체가 아니다. 고권을 일일이 열거할 수는 없다. 설령 열거한다고 하여도, 개개의 고권의 내용이 명백하게 구분되는 것은 아니다. 새로운 영역에서 새로운 기능의 고권이 형성될 수도 있다. 자치권을 통치권과 동일시할 수는 없다.[3] 자치권이

추진하는 것은 폐치가 검토되는 당사자인 청구인들의 제8조의 주민투표실시권한을 침해한 것이라고 보는 것이 사안의 실질에 부합한다).

1) 대판 1995. 12. 8, 95다36053(경기도남양주시등33개도농복합형태의시설치등에관한법률에 따라 '거제군'과 '장승포시'가 폐지되고 위 '거제군'과 '장승포시'의 전 관할구역을 그 관할구역으로 하는 '거제시'가 새로이 설치된 경우와 같이, 종전의 두 지방자치단체가 완전히 폐지되고 그 지방자치단체들이 관할하는 전 구역을 그 관할구역으로 하여 새로운 지방자치단체가 설치되는 흡수합병 내지 합체의 경우에는, 그 채무를 부담할 주체인 기존의 지방자치단체는 소멸되었으므로 그 기존의 지방자치단체가 부담하고 있던 채무는 새로운 지방 자치단체가 이를 승계한다).

2) Dols/Plate, Kommunalrecht, Rn. 30; Pagenkopf, Kommunalrecht, 1, 67ff.; Schmidt-Aßmann/Röhl, Kommunalrecht, in : Schmidt-Aßmann(Hrsg.), Besonderes Verwaltungsrecht, Rn. 23.; Seewald, Kommunalrecht in : Steiner(Hrsg.), Besonderes Verwaltungsrecht, Rn.60ff.; Stober, Kommunalrecht in der Bundesrepublik Deutschland, S. 76ff.

개인적 공권은 아니다.[1)]

고권의 법적 성질과 관련하여 다음이 언급되어야 한다. 즉 ① 고권(자치권)은 지방자치에 본질적인 요소라는 점과 ② 지방자치단체의 고권은 고유권이 아니라 국가에 의하여 승인된 것이므로 법령의 범위 내에서만 인정되는 것이라는 점, ③ 자치권은 발동대상이 일반적이고(자치권의 일반성), 발동의 형식이나 과정이 국가로부터 독립적이라는 점 등이다. 이러한 지방자치단체의 자치권은 기능이 상이한 여러 종류의 고권으로 구성된다. 332

1. 지역고권

지역고권은 지방자치단체가 해당 지방자치단체 구역과 그 구역에 주소를 갖거나 또는 영업을 통해 그 지역과 관련을 갖는 모든 사람에 대하여 지배권(자치권)을 가진다는 것을 의미한다. 지역고권은 해당 지역에서 지방자치단체가 갖는 장소상의 권한의 보장을 의미한다. 지역고권에 의거하여 그 지역에 들어오는 자는 모두 지방자치단체의 지배권하에 놓인다. 이러한 지역성으로 인해 지방자치단체는 지역적 사단이라 불리기도 한다. 지역고권은 당해 지방자치단체의 구역 안에만 미친다. 333

2. 조직고권

조직고권이란 지방자치단체 스스로가 자신의 내부조직을 형성·변경·폐지할 수 있는 권능을 의미한다. 조직의 구체적인 것은 조례 등에 의해 이루어진다(지자법 제7조·제13조 제2항 제1호·제64조·제103조 제1항·제125조 제2항·제126조·제127조 등 참조). 조직고권은 새로운 자치사무의 효율적인 수행과 관련하여 보다 큰 의미를 갖는다. 조직고권은 자치사무수행의 보조기능일 뿐만 아니라 그 자체 지방자치행정의 본질적 요소로서 보장된다. 334

---

3) 헌재 2006. 3. 30, 2003헌라2(헌법 제117조, 제118조가 제도적으로 보장하고 있는 지방자치의 본질적 내용은 '자치단체의 보장, 자치기능의 보장 및 자치사무의 보장'이라고 할 것이나, 지방자치제도의 보장은 지방자치단체에 의한 자치행정을 일반적으로 보장한다는 것뿐이고 특정자치단체의 존속을 보장한다는 것은 아니므로, 마치 국가가 영토고권을 가지는 것과 마찬가지로, 지방자치단체에게 자신의 관할구역 내에 속하는 영토, 영해, 영공을 자유로이 관리하고 관할구역 내의 사람과 물건을 독점적, 배타적으로 지배할 수 있는 권리가 부여되어 있다고 할 수는 없다).

1) 헌재 2006. 3. 30, 2003헌마837(① 지방자치단체 주민으로서의 자치권 또는 주민권은 "헌법에 의하여 직접 보장된 개인의 주관적 공권"이 아니어서, 그 침해만을 이유로 하여 국가사무인 고속철도의 역의 명칭 결정의 취소를 구하는 헌법소원심판을 청구할 수 없다. ② 고속철도역의 명칭은 역 소재지 주민들의 권리관계나 법적 지위에 영향을 주는 것이 아니므로, "천안아산역(온양온천)"이라는 역명 결정은 아산시에 거주하는 주민들에 대하여 어떠한 기본권 기타 법률상 지위를 변동시키거나 지역 자긍심을 저하시키거나 기타 불이익한 영향을 준다고 볼 수 없다).

3. 인적 고권

335 인적 고권이란 지방자치단체가 질서에 합당한 자신의 임무수행을 위해 필요한 공무원을 국가로부터 독립적으로 선발·임용·해임할 수 있는 지방자치단체의 권능을 의미한다(지자법 제103조 제2항·제118조; 지공법 제4장·제9장 참조). 인적 고권은 공무종사자의 수와 보수 등을 정하고, 징계권을 행사하는 가능성을 포함한다. 인적 고권 역시 상대적인 것, 즉 법령의 범위 안에서만 인정된다.

4. 재정고권

336 재정고권이란 법정의 예산제도에 따라 고유의 책임으로 세입·세출을 유지하는 지방자치단체의 권능을 말한다(지자법 제152조 이하; 지정법 제5장 참조).[1] 고유책임으로 세입을 유지한다는 것은 지방자치단체가 국가에 의해 자신에게 부여된 수입원으로부터 수입을 확보할 수 있음을 뜻한다. 지방자치단체의 수입으로서는 공과금이 중요하며, 공과금에는 지방세와 수수료·분담금 등이 있다. 용례상 지방세·수수료·분담금은 지방자치단체의 공과권의 내용을 구성한다고 말한다. 공과권은 재정고권의 한 부분이다. 재정고권 역시 지방자치행정의 본질적인 구성부분이다. 다른 고권과 마찬가지로 상대적인 것이다.

337 〈지방세의 종류〉

	특별시·광역시	자치구	도*	시·군**
보통세	취득세·레저세·담배소비세·지방소비세·주민세·지방소득세·자동차세	등록면허세·재산세	취득세·등록면허세·레저세·지방소비세	담배소비세·주민세·지방소득세·재산세·자동차세
목적세	지역자원시설세·지방교육세		지역자원시설세·지방교육세	

* 광역시에 두는 군 지역의 광역시세로 한다.
** 광역시에 두는 군 지역의 군세이기도 하다.

5. 자치입법고권

338 헌법은 제117조 제1항 제2문에서 "지방자치단체는… 법령의 범위 안에서

1) 헌재 2021. 3. 25, 2018헌바348(자치재정권은 지방자치단체가 법령의 범위 내에서 국가의 지시를 받지 않고 자기 책임 하에 수입과 지출을 운영할 수 있는 권한이다. 자치재정권 중 자치수입권은 지방자치단체가 법령의 범위 내에서 자기 책임 하에 그에 허용된 수입원으로부터 수입정책을 결정할 수 있는 권한인데, 여기에는 지방세, 분담금 등을 부과·징수할 수 있는 권한이 포함된다).

자치에 관한 규정을 제정할 수 있다"라고 하여 자치입법고권을 보장하고 있고, 지방자치법은 지방자치단체에 조례제정권(지자법 제28조)을, 그 장에게 규칙제정권(지자법 제29조)을 규정하고 있고, 지방교육자치에 관한 법률은 교육감에게 교육규칙의 제정권(지육법 제25조)을 부여하고 있다. 이러한 법규정들은 지방자치단체에게 자치입법고권을 부여하는 것이 된다. 지방자치단체에 자치입법권을 부여한다는 것은 지방자치단체가 자신의 문제를 스스로 정함으로써 국가가 간과할 수 있는 영역을 당사자로 하여금 전문적인 입장에서 판단케 하고 또한 고유책임으로 판단케 하여, 이로써 규범정립자와 규범수범자간의 간격을 줄임으로써 사회적인 힘을 활성화시키는 데 그 기본적인 의미가 있다. 자치입법권 역시 자치행정권의 본질적인 구성부분이다. 다만 헌법은 자치입법권의 범위와 행사에 제한을 가하고 있다. 즉 자치입법권은 법령이 정한 범위 안에서만 보장된다. 따라서 자치입법권은 상대적인 것이다.

6. 계획고권

계획고권이란 지방자치단체의 영역 내에 들어오는 지역적인 계획임무를 권 339
한의 범위 안에서 자신의 책임으로 수행하는 권리와 해당 지방자치단체와 관련을 갖는 상위계획과정에 참여하는 권능을 말한다. 토지관련계획인가, 아닌가, 그리고 총괄계획인가, 개별계획인가는 묻지 않는다. 엄밀히 말한다면, 계획이란 그 자체가 임무영역이 아니고 단지 임무수행방식일 뿐이다. 그러나 용례상 지방자치단체의 계획고권은 국가의 계획에 엄격하게 구속됨이 없이 고유의 건물·토지에 대한 정치적·행정적 결정을 행할 수 있는 권리로 이해되기도 한다. 이러한 입장에서 보면, 계획고권은 지방자치단체의 구역 내에서 공간관련행위의 전체질서를 능동적·형성적으로 발전시키고 구속적으로 행하는 지방자치단체의 권한이라고 하게 된다. 지방자치단체의 계획고권이 침해될 수 없는 지방자치행정권에 속하는지, 그리고 어느 범위까지가 침해될 수 없는 것인지는 분명하지 않다.

7. 행정고권

행정고권이란 일반적이고 추상적인 자치입법고권을 보충·보완하는 고권이 340
다. 행정고권은 법령의 범위 안에서 자치사무 또는 단체위임사무와 관련하여 법규의 시행을 위해 필요한 개별적인 결정을 행하고 집행하는 권능을 의미한다. 행정고권은 지방자치단체의 공과금에도 미친다.

8. 협력고권

341 협력고권이란 지방자치단체가 개별적인 사무수행에 있어서 다른 기관들, 특히 다른 지방자치단체와 공동의 행정수단을 창설하거나, 공동으로 결정하거나, 공동의 기구를 설치할 수 있거나 하는 등의 협력을 할 수 있는 권능을 의미한다. 협력고권은 조직고권의 한 부분으로 이해되기도 하나, 협력고권은 조직상 협력에만 한정된 개념은 아니다. 협력고권은 외국의 지방자치단체와 협력할 수 있는 권능까지 포함한다. 외국지방자치단체와의 협력은 국제화·세계화의 경향과 더불어 증대할 것이다.

9. 기　타

342 그 밖에 지방자치단체는 주민의 복지를 위한 각종 기구를 설치·유지할 수 있는 권능을 가진다(지자법 제161조). 그리고 박물관·도서관, 각종 교육시설·교향악단·스포츠시설·연극무대 등을 설치·유지할 수 있는 문화고권 또한 지방자치단체가 갖는 고권 중의 하나이다(지자법 제13조 제2항 제5호). 지방자치단체의 문화고권은 다른 고권과 달리 국가적인 규율을 그리 심하게 받는 것은 아니다. 지방자치단체는 문화의 영역에서 보다 많은 임무영역을 확충해 나아가야 할 것이다. 미래에 대한 배려, 미래세대에 대한 지방자치단체의 책임이 또한 중요한 관심사로 부각되어야 할 것이다.

제 2 장　지방자치단체의 조직

343 헌법은 지방자치단체의 종류·조직·권한을 법률로 정하도록 규정하고 있다. 이에 근거한 지방자치법은 지방자치단체의 의사를 내부적으로 결정하는 최고의결기관으로 지방의회를, 외부에 대하여 지방자치단체의 대표로서 지방자치단체의 의사를 표명하고 그 사무를 통할하는 집행기관으로 단체장을 각 독립한 기관으로 두고, 의회와 단체장에게 독자적인 권한을 부여하여 상호 견제와 균형을 이루도록 하고 있다.[1] 지방자치법은 ① 의결기관으로 지방의회, ② 집행기관으로 특별시장·광역시장·특별자치시장·도지사·특별자치도지사와 구청장·시장·군수를 두고 있으며, ③ 지방교육자치에 관한 법률은 시·도의 교육·학예에 관한 집행기관으로 교육감을 두고 있다. ④ 이러한 기관들 외에도 개별법률에 의해 지방자치단체에 각종의 기관이 설치되고 있다(예 : 지방공무원법 제7조에 따른 인사위원회와 제13조에 따른 지방소청심사위원회, 행정심판법 제6조 제3항에 따른 행정심판위원회, 공익사업을 위한 토지 등의 취득 및 보상에 관한 법률 제53조에 따른 지방토지수용위원회, 국토의 계획 및 이용에 관한 법률 제113조에 따른 지방도시계획위원회). 이하에서는 ①·②·③의 경우를 살펴보기로 한다.

▮참고▮　지방자치단체의 조직형태(기관대립형)와 관련된 판례 모음

A. 현행 제도가 기관대립형이라는 판례

■ 지방자치법은 지방자치단체의 의사를 내부적으로 결정하는 최고의결기관으로 지방의회를, 외부에 대하여 지방자치단체의 대표로서 지방자치단체의 의사를 표명하고 그 사무를 통할하는 집행기관으로 단체장을 독립한 기관으로 두고, 의회와 단체장에게 독자적인 권한을 부여하여 상호 견제와 균형을 이루도록 하고 있다(대판 2012. 11. 29, 2011추87; 대판 2011. 4. 28, 2011추18; 대판 2011. 2. 10, 2010추11; 대판 2009. 4. 9, 2007추103; 대판 2003. 9. 23, 2003추13; 대판 1992. 7. 28, 92추31).

■ 지방자치법은 의결기관으로서의 지방의회와 집행기관으로서의 지방자치단체의 장에게 독자적 권한을 부여하는 한편, 지방의회는 행정사무감사와 조사권 등에 의하여 지방자치단체의 장의 사무집행을 감시·통제할 수 있게 하고 지방자치단체의 장은 지방의회의 의결에 대한 재의 요구권 등으로 의회의 의결권 행사에 제동을

1) 대판 2009. 4. 9, 2007추103.

가할 수 있게 함으로써 상호 견제와 균형을 유지하도록 하고 있다(대판 2023. 7. 13, 2022추5156).

B. 상호견제의 범위의 일반적 원칙에 관한 판례

■ 법률에 특별한 규정이 없는 한 조례로써 그 견제의 범위를 넘어서 상대방의 고유권한을 침해하는 규정을 제정할 수 없다(대판 2009. 4. 9, 2007추103).

■ 지방의회는 집행기관의 고유 권한에 속하는 사항의 행사에 관하여는 견제의 범위 내에서 소극적·사후적으로 개입할 수 있을 뿐 사전에 적극적으로 개입하는 것은 허용되지 아니한다(대판 2005. 8. 19, 2005추48; 대판 2001. 2. 23, 2000추67).

■ 집행기관을 비판·감시·견제하기 위한 의결권·승인권·동의권 등의 권한도 법상 의결기관인 지방의회에 있는 것이지 의원 개인에게 있는 것이 아니다(대판 2001. 12. 11, 2001추64; 대판 2000. 11. 10, 2000추36).

C. 상호견제의 범위의 개별적 평가에 관한 판례

[1] 새로운 견제장치를 규정하는 조례안에 관한 판례 제2편 지방자치법 제2장 지방자치단체의 조직

■(지방의회에 의한 공무원 문책·징계요구의 신설)

① 이 사건 조례안규정(서울특별시 서초구 행정사무감사 및 조사에 관한 조례 중 일부 개정 조례안)에 따르면, 지방의회가 의결로 집행기관 소속 특정 공무원에 대하여 의원의 자료제출 요구에 성실히 이행하지 않았다는 구체적인 징계사유를 들어 징계를 요청할 수 있다는 것인바, 이 같은 징계요청은 집행기관에 정치적·심리적 압박으로 작용하여 견제수단으로서 실질적으로 기능할 수 있다고 보인다. 이 같은 견제장치는 법령에 없는 새로운 것으로서 지방의회가 지방자치단체장의 소속 직원에 대한 징계권 행사에 미리 적극적으로 개입하는 것을 허용하는 것이므로, 집행기관의 고유권한을 침해하여 위법하다고 할 것이다(대판 2011. 4. 28, 2011추18).

② 지방자치법시행령 제19조 제2항에서 '관계자의 문책 등을 포함한다.'라는 문구를 규정하지 않은 것은 지방자치법 제96조에서 지방자치단체의 장이 소속직원에 대한 임면·징계권을 가지도록 하고, 지방공무원법 제69조 및 제72조에서 지방공무원에 대한 징계는 인사위원회의 징계의결을 거쳐 임용권자가 행하도록 하고 있기 때문에 집행기관의 소속직원에 대한 인사나 징계에 관한 고유권한을 침해하지 않도록 하기 위하여 의도적으로 배제한 것이지 단순히 착오로 이를 누락한 것이 아니라 할 것이므로, 지방의회로 하여금 시정뿐만 아니라 관계자의 문책 등까지 요구할 수 있도록 한 개정조례안은 지방의회가 법령에 의하여 주어진 권한의 범위를 넘어 집행기관의 행정작용에 대하여 직접 간섭하는 것으로서 법령에 없는 새로운 견제장치를 만드는 것이 되어 결국 상위법령인 지방자치법시행령 제19조 제2항에 위반된다(대판 2003. 9. 23, 2003추13; 대판 2009. 4. 9, 2007추103).

■(지방의회에 의한 행정처분의 정당성 여부의 심사) 당해 지방자치단체의 주민

을 상대로 한 모든 행정기관의 행정처분에 대한 행정심판청구를 지원하는 것을 내용으로 하는 조례안은… 가사 그 조례안이 당해 지방자치단체의 행정처분에 대한 행정심판청구만을 지원한다는 의미로 이해한다고 하더라도, 그 지원 여부를 결정하기 위한 전제로서 당해 행정처분의 정당성 여부를 지방의회에서 판단하도록 규정하고 있다면 이는 결국 지방의회가 스스로 행정처분의 정당성 판단을 함으로써 자치단체의 장을 견제하려는 것으로서 이는 법률에 규정이 없는 새로운 견제장치를 만드는 것이 되어 지방자치단체의 장의 고유권한을 침해하는 것이 되어 효력이 없다(대판 1997. 3. 28, 96추60).

[2] 단체장의 권한행사에 대한 지방의회의 사전 관여를 규정하는 조례안에 관한 판례

■(인사권행사에 대한 지방의회의 사전관여)

① 공공기관의 장이 정보공개심의회 위원의 과반수 이상을 반드시 외부인사로 위촉하여야 하고 부위원장을 시민복지국장으로 한다고 규정한 조례안은 지방의회가 단순한 견제의 범위를 넘어 집행기관의 장의 인사권의 본질적 부분을 사전에 적극적으로 침해한 것으로 관련 법령의 규정 취지에 위배된다(대판 2002. 3. 15, 2001추95).

② 집행기관의 고유권한에 속하는 인사권의 행사에 있어서도 지방의회는 견제의 범위 내에서 소극적·사후적으로 개입할 수 있을 뿐 사전에 적극적으로 개입하는 것은 허용되지 아니하고, 또 집행기관을 비판·감시·견제하기 위한 의결권·승인권·동의권 등의 권한도 지방자치법상 의결기관인 지방의회에 있는 것이지 의원 개인에게 있는 것이 아니므로, 지방의회가 재의결한 조례안에서 구청장이 주민자치위원회 위원을 위촉함에 있어 동장과 당해 지역 구의원 개인과의 사전 협의 절차가 필요한 것으로 규정함으로써 지방의회 의원 개인이 구청장의 고유권한인 인사권 행사에 사전 관여할 수 있도록 규정하고 있는 것 또한 지방자치법상 허용되지 아니하는 것이다(대판 2000. 11. 10, 2000추36).

③ 지방자치단체의 집행기관의 구성원을 집행기관의 장이 임면하되 다만 그 임면에 지방의회의 동의를 얻도록 하는 것은 지방의회가 집행기관의 인사권에 소극적으로 개입하는 것으로서 지방자치법이 정하고 있는 지방의회의 집행기관에 대한 견제권의 범위 안에 드는 적법한 것이므로, 지방의회가 조례로써 옴부즈맨의 위촉(임명)·해촉시에 지방의회의 동의를 얻도록 정하였다고 해서 집행기관의 인사권을 침해한 것이라 할 수 없다(대판 1997. 4. 11, 96추138).

④ 상위 법령에서 지방자치단체의 장에게 기관구성원 임명·위촉권한을 부여하면서도 임명·위촉권의 행사에 대한 지방의회의 동의를 받도록 하는 등의 견제나 제약을 규정하고 있거나 그러한 제약을 조례 등에서 할 수 있다고 규정하고 있지 아니하는 한, 당해 법령에 의한 임명·위촉권은 지방자치단체의 장에게 전속적으로 부여된 것이라고 보아야 한다. 따라서 하위 법규인 조례로써는 지방자치단체장의 임명·위촉권을 제약할 수 없고, 지방의회의 지방자치단체 사무에 대한 비판, 감시, 통제를 위한 행정사무감사 및 조사권 행사의 일환으로 위와 같은 제약을 규정하는

조례를 제정할 수도 없다(대판 2017. 12. 13, 2014추644).

⑤ 이 사건 개정 조례안의 제6조 제2항은 지방자치단체의 장인 시장이 재단법인 광주비엔날레의 업무수행을 지원하기 위하여 소속 지방공무원을 위 재단법인에 파견함에 있어서는 그 파견기간과 인원을 정하여 지방의회인 시의회의 동의를 얻어야 하는 것으로 규정하고, 부칙 제2항은 이미 위 재단법인에 파견된 소속 지방공무원에 대하여는 이 사건 개정 조례안이 조례로서 시행된 후 최초로 개회되는 시의회에서 동의를 얻도록 규정하고 있음이 분명하고, 이러한 조례 규정의 취지는 결국 지방자치단체의 장의 고유권한에 속하는 소속 지방공무원에 대한 임용권 행사에 대하여 지방의회가 동의 절차를 통하여 단순한 견제의 범위를 넘어 적극적으로 관여하는 것을 조례로써 허용하고 있는 것에 다름 아니라고 할 것이다. 의원은 의회의 본회의 및 위원회의 활동과 아무런 관련 없이 의원 개인의 자격에서 집행기관의 사무집행에 간섭할 권한이 없으며, 이러한 권한은 법이 규정하는 의회의 권한 밖의 일로서 집행기관과의 권한한계를 침해하는 것이어서 허용될 수 없는 것이다(대판 2001. 2. 23, 2000추67).

⑥ 이 사건에서 문제된 자문위원회개정조례안 중 먼저 제3조 제2항 및 제11조 제1항의 규정을 보면 동정자치위원회를 구성하는 위원의 위촉과 해촉에 관한 권한을 동장에게 부여하면서 그 위촉과 해촉에 있어서 당해 지역 구의원과 협의하도록 규정하고 있다. 위 규정은 지방자치단체의 하부집행기관인 동장에게 인사와 관련된 사무권한의 행사에 있어서 당해 지역 구의원과 협의하도록 의무를 부과하는 한편 구의원에게는 협의의 권능을 부여한 것이나, 이는 구의회의 본회의 또는 위원회의 활동과 관련 없이 구의원 개인에게 하부집행기관의 사무집행에 관여하도록 함으로써 하부집행기관의 권능을 제약한 것에 다름 아니므로, 이러한 규정은 법이 정한 의결기관과 집행기관 사이의 권한분리 및 배분의 취지에 위반되는 위법한 규정이라고 볼 수밖에 없다(대판 1992. 7. 28, 92추31).

⑦ 이 사건 재의결 조례안(서울특별시강남구주민자치센터설치·운영조례안) 제17조 제4항에서 당해 동 구의원 개인이 운영위원회의 당연직 위원장이 된다고 규정하고 있는 것은 지방의회 의원 개인이 하부 행정기관인 동장의 권한에 속하는 주민자치센터의 설치와 운영을 심의하는 보조기관인 운영위원회의 구성과 운영에 적극적·실질적으로 사전에 개입하여 관여할 수 있게 함을 내용으로 하는 것으로서 지방의회 의원의 법령상 권한 범위를 넘어 법령에 위반된다(대판 2001. 12. 11, 2001추64).

⑧ 지방의회의원이 그 의원의 자격이라기보다 지방자치단체의 전체 주민의 대표자라는 지위에서 주민의 권리신장과 공익을 위하여 행정정보공개조례안의 행정정보공개심의위원회에 집행기관의 공무원 및 전문가 등과 동수의 비율로 참여하는 것이 반드시 법령에 위배된다고 볼 수 없다(대판 1992. 6. 23, 92추17).

■(재량권행사에 대한 지방의회의 사전관여) 도시가스공급안정에관한조례안이 가스공급시설 설치지역의 우선 순위도 그 시설 설치를 위한 공사비 소요 규모, 기

존 공급시설과의 거리, 공사의 난이도, 가스 수요의 예상량, 가스공급의 사업성 여부 등에 대한 고려 없이 민원을 제기한 지역의 주민의 수만으로 결정하게 하는 것은 시장의 공급시설 설치지역과 규모 등에 관한 우선 순위 결정에 관한 집행기관으로서의 권한을 본질적으로 침해하는 것으로 위 관련 법령에 위배된다(대판 2001. 11. 27, 2001추57).

■(예산편성에 대한 지방의회의 사전관여) 이 사건 조례안은 지방자치단체장이 경로당에 대한 지원계획을 수립하고, 예산 편성 전까지 그에 대해 군의회와 협의하여야 한다고 규정하고 있기는 하나, 지방자치단체장이 반드시 그 협의 결과에 따라야 하는 등의 법적 구속은 없을 뿐만 아니라, 오히려 지방자치단체 사무의 원활한 집행을 위해서는 집행기관과 입법기관의 협력이 필요하다는 점에 비추어 보면, 이 사건 조례안이 지방자치단체장의 고유한 집행권을 침해하는 것으로 보기는 어렵다(대판 2009. 8. 20, 2009추77).

■(공유재산관리권 행사에 대한 지방의회의 사전관여) 일반적으로 공유재산의 관리가 그 행위의 성질 등에 있어 그 취득이나 처분과는 달리 지방자치단체장의 고유권한에 속하는 것으로서 지방의회가 사전에 관여하여서는 아니되는 사항이라고 볼 근거는 없는 것이므로, 지방자치법과 지방재정법 등의 국가 법령에서 위와 같이 중요재산의 취득과 처분에 관하여 지방의회의 의결을 받도록 규정하면서 공유재산의 관리행위에 관하여는 별도의 규정을 두고 있지 아니하더라도 이는 공유재산의 관리행위를 지방의회의 의결사항으로 하는 것을 일률적으로 배제하고자 하는 취지는 아니고 각각의 지방자치단체에서 그에 관하여 조례로써 별도로 정할 것을 용인하고 있는 것이라고 보아야 한다(대판 2000. 11. 24, 2000추29).

■(자체평가업무에 대한 지방의회의 사전관여) 정부업무평가기본법 제18조에서 지방자치단체의 장의 권한으로 정하고 있는 자체평가업무에 관한 사항에 대하여 지방의회가 견제의 범위 내에서 소극적·사후적으로 개입하는 정도가 아니라 사전에 적극적으로 개입하는 내용을 지방자치단체의 조례로 정하는 것은 허용되지 아니한다. 이 사건 조례안 중 자체평가의 지침작성에 관한 제8조, 자체평가 계획의 수립에 관한 제9조, 정기평가에 관한 제10조, 자체평가결과의 처리에 관한 제11조 등은 법령의 근거없이 지방의회가 견제의 범위 내에서 소극적·사후적으로 개입한 정도를 넘어서서 직접 자체평가의 대상 및 절차 등을 규정하는 것으로서 정부업무평가기본법 제18조에 위반된 규정이라고 할 것이고, 그 각 규정이 법령에 위반된 이상, 설사 다른 규정이 법령에 위반되지 아니한다고 하더라도 이 사건 조례안에 대한 재의결은 그 효력을 모두 부정할 수밖에 없다(대판 2007. 2. 9, 2006추45).

■(주민투표회부권 행사에 대한 지방의회의 사전관여) 지방자치법 제13조의2 제1항에 의하면, 주민투표의 대상이 되는 사항이라 하더라도 주민투표의 시행 여부는 지방자치단체의 장의 임의적 재량에 맡겨져 있음이 분명하므로, 지방자치단체의 장의 재량으로서 투표실시 여부를 결정할 수 있도록 한 법규정에 반하여 지방의회

가 조례로 정한 특정한 사항에 관하여는 일정한 기간 내에 반드시 투표를 실시하도록 규정한 조례안은 지방자치단체의 장의 고유권한을 침해하는 규정이다(대판 2002. 4. 26, 2002추23).

■(민간위탁에 대한 지방의회의 사전관여) 이 사건 조례안(서울특별시 중구 사무의 민간위탁에 관한 조례안)이 지방자치단체 사무의 민간위탁에 관하여 지방의회의 사전 동의를 받도록 한 것은 지방자치단체장의 민간위탁에 대한 일방적인 독주를 제어하여 민간위탁의 남용을 방지하고 그 효율성과 공정성을 담보하기 위한 장치에 불과하고, 민간위탁의 권한을 지방자치단체장으로부터 박탈하려는 것이 아니므로, 지방자치단체장의 집행권한을 본질적으로 침해하는 것으로 볼 수 없다. 또한 지방자치단체장이 동일 수탁자에게 위탁사무를 재위탁하거나 기간연장 등 기존 위탁계약의 중요한 사항을 변경하고자 할 때 지방의회의 동의를 받도록 한 목적은 민간위탁에 관한 지방의회의 적절한 견제기능이 최초의 민간위탁 시뿐만 아니라 그 이후에도 지속적으로 이루어질 수 있도록 하는 데 있으므로, 이에 관한 이 사건 조례안 역시 지방자치단체장의 집행권한을 본질적으로 침해하는 것으로 볼 수 없다(대판 2011. 2. 10, 2010추11; 대판 2009. 12. 24, 2009추121).

■(행정기구의 개폐를 정하는 조례안)

① 지방자치법 제116조에 그 설치의 근거가 마련된 합의제 행정기관은 지방자치단체의 장이 통할하여 관리·집행하는 지방자치단체의 사무를 일부 분담하여 수행하는 기관으로서 그 사무를 독립하여 수행한다 할지라도 이는 어디까지나 집행기관에 속하는 것이지 지방의회에 속한다거나 집행기관이나 지방의회 어디에도 속하지 않는 독립된 제3의 기관에 해당하지 않는 점, 지방자치단체의 행정기구와 정원기준 등에 관한 규정 제3조 제1항의 규정에 비추어 지방자치단체의 장은 집행기관에 속하는 행정기관 전반에 대하여 조직편성권을 가진다고 해석되는 점을 종합해 보면, 지방자치단체의 장은 합의제 행정기관을 설치할 고유의 권한을 가지며 이러한 고유권한에는 그 설치를 위한 조례안의 제안권이 포함된다고 봄이 상당하므로, 지방의회가 합의제 행정기관의 설치에 관한 조례안을 발의하여 이를 그대로 의결, 재의결하는 것은 지방자치단체장의 고유권한에 속하는 사항의 행사에 관하여 지방의회가 사전에 적극적으로 개입하는 것으로서 관련 법령에 위반되어 허용되지 않는다(대판 2009. 9. 24, 2009추53).

② 원고가 광주광역시 북구의 경우 자치정책과의 업무를 지역의 특색 있는 행정수요로 판단하여 그 처리를 위한 여유기구로 자치정책과를 설치하는 이 사건 개정안을 제안한 이상, 설사 피고의 주장과 같이 위 북구의 경우 자치정책과의 업무보다는 가정복지과의 업무가 지역의 특색 있는 행정수요라고 하더라도 여유기구로 자치정책과를 설치하도록 한 이 사건 개정안에 대하여 자치정책과를 축소하거나 통폐합하는 것은 별론으로 하고, 자치정책과와 업무가 다른 가정복지과를 여유기구로 신설하는 내용의 이 사건 수정안의 재의결은 지방자치단체의 장의 고유 권한에 속

하는 행정기구의 설치권과 조례제안권에 사전에 적극적으로 개입하는 것으로서 지방자치법 제15조, 행정기구규정 제6조의2, 제24조 제2항에 위반된다고 할 것이다(대판 2005. 8. 19, 2005추48).

[3] 지방의회의 권한의 제한·박탈에 관해 규정하는 조례안에 관한 판례

지방자치단체의 집행기관의 사무집행에 관한 감시·통제기능은 지방의회의 고유권한이므로 이러한 지방의회의 권한을 제한·박탈하거나 제3의 기관 또는 집행기관 소속의 어느 특정 행정기관에 일임하는 내용의 조례를 제정한다면 이는 지방의회의 권한을 본질적으로 침해하거나 그 권한을 스스로 저버리는 내용의 것으로서 지방자치법령에 위반되어 무효이다(대판 1997. 4. 11, 96추138).

제 1 절 지방의회

제1항 일 반 론

1. 의의와 성격

지방자치단체에 주민의 대의기관인 의회를 둔다(지자법 제37조). 구성원을 갖 344
는 모든 조직체는 자신의 의사를 형성하는 기관을 필요로 한다. 헌법은 지방자치단체에서 이러한 기관을 '지방의회'라 부르고 있고(헌법 제118조), 지방자치법도 이를 따르고 있다. 이 때문에 지방의회는 바로 주민의 대표기관을 뜻하게 된다. 이러한 의회로 특별시의회·광역시의회·특별자치시의회·도의회·특별자치도의회, 구의회·시의회·군의회가 있다. 지방의회는 스스로 권리능력을 갖는 것이 아니다. 권리능력은 지방자치단체가 갖는 것이고, 지방의회는 지방자치단체의 한 구성부분일 뿐이다(지자법 제37조). 그러나 지방자치단체 내부에서는 다른 기관과의 관계에서 지방의회가 조직법상의 권리를 가질 수 있다.

2. 지 위

(1) 주민대표기관으로서의 지위 　지방의회는 주민에 의해 선출된 의원으로 345
구성되는 까닭에 주민대표기관이라 할 수 있다. 여기서 대표기관이란 지방의회가 주민의 정치적 대표기관이기도 하면서, 지방의회의 행위는 법적으로 모든 주민의 행위와 동일시된다는 의미에서 법적 대표기관이기도 하다는 것을 뜻한다. 국회가 국가정책적인 견지에서 국가이익의 전체를 위한 국민의 대표기관이라면, 지방의회는 지방이익의 전체를 위한 주민의 대표기관인 것이다. 그렇다고 지방의회가 국가이익을 무시해도 좋다는 것은 아니다. 국가이익과 지방이익은

조화되어야 한다.

346 (2) **지방최상위의결기관으로서의 지위** 지방의회는 해당 자치구역 내의 최상위의결기관으로서, 기본적으로 모든 자치사무수행에 관한 의사결정권한을 가진다. 지방의회는 의결기관으로서 다음 사항을 의결한다(지자법 제47조 제1항). 물론 지방자치단체는 아래의 사항 외에 조례로 정하는 바에 따라 지방의회에서 의결되어야 할 사항을 따로 정할 수 있다(지자법 제47조 제2항).

① 조례의 제정·개정 및 폐지
② 예산의 심의·확정
③ 결산의 승인
④ 법령에 규정된 것을 제외한 사용료·수수료·분담금·지방세 또는 가입금의 부과와 징수
⑤ 기금의 설치·운용
⑥ 대통령령으로 정하는 중요재산의 취득·처분[1)]
⑦ 대통령령으로 정하는 공공시설의 설치·처분
⑧ 법령과 조례에 규정된 것을 제외한 예산 외 의무부담이나 권리의 포기
⑨ 청원의 수리와 처리
⑩ 외국 지방자치단체와의 교류협력에 관한 사항
⑪ 그 밖에 법령에 따라 그 권한에 속하는 사항[2)]

347 (3) **집행기관의 통제기관으로서의 지위** 지방의회는 지방자치단체 내부에서

---

1) 대판 2000. 11. 24, 2000추29(지방자치법 제35조 제1항 제6호 및 그 시행령 제15조의3과 지방재정법 제77조 및 그 시행령 제84조는 일정한 중요재산의 취득과 처분에 관하여는 관리계획으로 정하여 지방의회의 의결을 받도록 규정하면서도 공유재산의 대부와 같은 관리행위가 지방의회의 의결사항인지 여부에 관하여는 명시적으로 규정하고 있지 아니하지만, 우선 지방자치법 제35조 제2항에서 그 제1항이 정하고 있는 사항 이외에 지방의회에서 의결되어야 할 사항을 조례로써 정할 수 있도록 규정하고 있을 뿐만 아니라, 일반적으로 공유재산의 관리가 그 행위의 성질 등에 있어 그 취득이나 처분과는 달리 지방자치단체장의 고유권한에 속하는 것으로서 지방의회가 사전에 관여하여서는 아니 되는 사항이라고 볼 근거는 없는 것이므로, 지방자치법과 지방재정법 등의 국가 법령에서 위와 같이 중요재산의 취득과 처분에 관하여 지방의회의 의결을 받도록 규정하면서 공유재산의 관리행위에 관하여는 별도의 규정을 두고 있지 아니하더라도 이는 공유재산의 관리행위를 지방의회의 의결사항으로 하는 것을 일률적으로 배제하고자 하는 취지는 아니고 각각의 지방자치단체에서 그에 관하여 조례로써 별도로 정할 것을 용인하고 있는 것이라고 보아야 한다).

2) 대결 1997. 7. 9, 97마1110(지방자치법 제130조 제1항에서 조례로 정하도록 한 '사용료의 징수에 관한 사항'에는 사용료의 요율에 관한 사항도 포함되어 있으므로 사용료의 요율을 정하고 있는 '서울특별시립체육시설에대한사용료징수조례' 제5조를 법률의 위임근거 없이 제정된 무효의 규정이라고 볼 수 없고, 자치단체가 관리하는 공공시설의 사용료의 요율을 법률로 정하지 아니하고 주민들의 대의기관인 지방의회의 자치입법인 조례로 정하도록 위임하였다고 하여 그 위임에 관한 지방자치법 제130조 제1항의 규정을 무효라고 볼 수도 없다).

집행기관의 행정을 통제하는 기관으로서의 지위를 갖는다. 대집행기관의 통제를 통해 지방의회는 자신의 의결사항이 집행기관에 의해 잘 집행되고 있는가를 확인하고 보장할 수 있는 것이고, 주민의 대표기관으로서의 책임을 다 할 수 있는 것이다.[1)]

(4) **행정기관으로서의 지위** 지방의회가 국회와 유사한 방법으로 구성된다 348
고 하여도 법적 의미에서 지방의회는 국회와 같은 소위 헌법상 의미의 의회는 아니다. 왜냐하면 ① 전체로서 지방자치단체는 집행부의 한 구성부분인데, 지방의회는 바로 이러한 지방자치단체의 한 구성부분인 것이고, 따라서 체계상 지방의회는 합의제의결기관으로서 지방행정권에 귀속되는 것이며, ② 지방의회에 주어지는 실질적인 입법기능은 시원적인 입법권이 아니라 명시적으로 법령에 의한 자치권의 승인에 근거하여 나오는 것이기 때문이다.[2)] 논자에 따라서는 ① 지방의회가 주민의 직접선거에 의해 선출·구성되는 기관, 즉 민주적 정당성을 갖는 주민대표기관이라는 점, 그리고 ② 그 기능이 국회와 유사하다는 점을 들어 지방의회를 입법기관으로 보는 견해도 있다.[3)]

(5) **자치입법기관으로서의 지위문제** 학자에 따라서는 지방의회의 법적 지 349
위의 한 종류로서 자치입법기관성을 들기도 한다. 여기서 자치입법기관이란 조례의 제정 및 개폐에 대한 의결권이 지방의회에 있다는 의미로 이해되고 있다. 이러한 표현은 지방의회가 국회의 성격과 동일한 것이 아니라는 인식을 전제로 한 입장임은 물론이다. 동시에 이 견해는 지방의회의 입법기관성을 부인하고 행정기관으로서의 지위만을 인정하는 견해는 찬성하기 어렵다고 비판하고 있다.[4)] 그러나 이러한 비판에 대해서는 다음을 지적해 두기로 한다. 즉 저자가 지방의회를 행정기관의 일종으로 본다는 것이 지방의회가 조례제정기관임을 부인하는 것은 아니고, 지방의회가 국가조직체계상 궁극적으로 국회가 아니라 정부에 귀속한다는 점을 강조하기 위함이었고, 또한 자치입법기관성은 지방최상위의결기관으로서의 지위에서 찾아볼 수 있다고 보았기 때문이다.

---

1) 대판 2012. 11. 29, 2011추87(지방자치법은 지방자치단체의 의사를 내부적으로 결정하는 최고 의결기관으로 지방의회를, 외부에 대하여 지방자치단체의 대표로서 지방자치단체의 의사를 표명하고 그 사무를 통할하는 집행기관으로 단체장을 독립한 기관으로 두고, 의회와 단체장에게 독자적인 권한을 부여하여 상호 견제와 균형을 이루도록 하고 있으므로, 법률에 특별한 규정이 없는 한 조례로써 견제의 범위를 넘어서 상대방의 고유권한을 침해하는 규정을 제정할 수 없다).
2) Schmidt－Jortzig, Kommunalrecht, 1982, S. 42.
3) K.－U. Meyn, Gesetzesvorbehalt und Rechtsetzungsbefugnis der Gemeinde, 1977, S. 39ff.
4) 김남진·김연태, 행정법(Ⅱ), 150쪽(2019).

3. 지방의회와 정당

350 (1) **정당참여론과 참여배제론** 지방자치단체의 선거에 정당을 참여시키는 것이 바람직한 것인가에 관해서는 찬반양론이 있다. 찬성론은 ① 정당을 통하여 주민의 의사를 용이하게 조직화하고, ② 집행부의 독주를 용이하게 견제하고, ③ 정당발전의 기초를 튼튼히 하고, ④ 입후보자의 파악을 용이하게 하기 위해 지방선거에 정당참여를 주장하며, 반대론은 ① 지방이 중앙정치의 종속으로부터 벗어나야 하며, ② 지방의 지도자들이 중앙의 지도자들을 맹목적으로 추종하는 가능성을 배제하기 위해, 그리고 ③ 정당제도의 현실이 취약하기 때문에 지방선거의 정당참여반대를 주장한다.[1)]

351 (2) **구법의 경우** 1994년 3월 공직선거및선거부정방지법이 제정되기 전까지 시행되었던 지방의회의원선거법이나 지방자치단체의장선거법은 시·도의회의원이나 장의 선거의 경우에만 정당에서 후보자추천을 할 수 있도록 규정하였고, 정당은 이들 선거의 경우에만 선거운동을 할 수 있도록 규정하였을 뿐, 시·군 및 자치구의회의원이나 장 선거의 경우에는 정당의 후보자추천이나 선거운동을 규정하지는 않았다. 말하자면 구법상 시·군 및 구의 의원이나 장 선거의 경우에는 정당의 참가가 배제되었다(구 의원선거법 제31조·제41조; 구 장선거법 제27조·제37조).

352 (3) **현행제도** 종전의 대통령선거법·국회의원선거법·지방의회의원선거법·지방자치단체의 장 선거법을 하나의 단일·통합선거법으로 대체시킨 공직선거법은 1995년 4월의 개정에서 자치구·시·군의회의원선거를 제외한 모든 선거에 정당의 후보자추천을 규정하였다(구 공선법 제47조 제1항). 1995년 4월에 개정되기 전의 공직선거및선거부정방지법은 자치구·시·군의회의원선거를 포함하여 모든 선거에 정당의 후보자추천을 허용하였다.[2)] 한편, 2005년 8월에 개정된 공

1) 졸저, 신지방자치법(제5판), 227쪽.

2) 헌재 2003. 5. 15, 2003헌가9·10(이 사건 법률조항(기초의회의원선거 후보자로 하여금 특정 정당으로부터의 지지 또는 추천받음을 표방할 수 없도록 한 공직선거및선거부정방지법 제84조)의 의미와 목적이 정당의 영향을 배제하고 인물 본위의 선거가 이루어지도록 하여 지방분권 및 지방의 자율성을 확립시키겠다는 것이라면, 이는 기초의회의원선거뿐만 아니라 광역의회의원선거, 광역자치단체장선거 및 기초자치단체장선거에서도 함께 통용될 수 있다. 그러나 기초의회의원선거를 그 외의 지방선거와 다르게 취급을 할 만한 본질적인 차이점이 있는가를 볼 때 그러한 차별성을 발견할 수 없다. 그렇다면, 위 조항은 아무런 합리적 이유 없이 유독 기초의회의원 후보자만을 다른 지방선거의 후보자에 비해 불리하게 차별하고 있으므로 평등원칙에 위배된다); 헌재 2003. 1. 30, 2001헌가4(공직선거및부정선거방지법 제84조는 … 정당표방을 금지함으로써 얻는 공익적 성과와 그로부터 초래되는 부정적인 효과 사이에 합리적인 비례관계를 인정하기 어려워, 법익의 균형성을 현저히 잃고 있다. …불확실한 입법목적을 실현하기 위하여

직선거법은 다시 모든 선거에 정당의 후보자추천을 허용하고 있다(공선법 제47조 제1항). 정당이 비례대표지방의회의원선거에 후보자를 추천하는 때에는 그 후보자 중 100분의 50 이상을 여성으로 추천하되, 그 후보자명부의 순위의 매 홀수에는 여성을 추천하여야 한다(공선법 제47조 제3항). 정당이 임기만료에 따른 지역구지방의회의원선거에 후보자를 추천하는 때에는 각각 전국지역구총수의 100분의 30 이상을 여성으로 추천하도록 노력하여야 한다(공선법 제47조 제4항).

(4) 사 견 원리적으로 본다면, 건전한 지방자치의 발전, 건전한 정당 353
제도의 발전을 위해 모든 지방선거에 정당의 참여를 허용하는 것이 바람직하다. 그러나 정당참여반대론이 지적하는 문제점이 지방자치현실에서 강하게 나타나고 있음을 고려하면, 현재로서는 적어도 기초지방자치단체의 경우에는 의원선거뿐만 아니라 단체장선거에도 정당참여를 배제하는 것이 바람직하다.

제 2 항 지방의회의 구성과 운영

Ⅰ. 지방의회의 구성방법

지방의회는 주민에 의해 선출되는 지방의회의원으로 구성된다. 지방선거에 354
관하여 지방자치법에서 정한 것 외에 필요한 사항은 따로 법률로 정한다(지자법 제36조). 따로 정한 법률이 공직선거법이다. 공직선거법상 지방의회는 비례대표지방의회의원과 지역구지방의회의원으로 구성된다. 비례대표시·도의원은 당해 시·도를 단위로 선거하며, 비례대표자치구·시·군의원은 당해 자치구·시·군을 단위로 선거한다(공선법 제20조 제2항).[1] 지역구국회의원, 지역구지방의회의원(지역구시·도의원 및 지역구자치구·시·군의원을 말한다)은 당해 의원의 선거구를 단위로 하여 선거한다(공선법 제20조 제3항).[2][3] 동법상 선거권연령은 18세이다

그다지 실효성도 없고 불분명한 방법으로 과잉금지원칙에 위배하여 후보자의 정치적 표현의 자유를 과도하게 침해하고 있다고 할 것이다. … 아무런 합리적 이유 없이 유독 기초의회의원 후보자만을 다른 지방선거의 후보자에 비해 불리하게 차별하고 있으므로 평등원칙에 위배된다).

1) 헌재 2013. 10. 24, 2012헌마311(비례대표선거제란 정당이나 후보자에 대한 선거권자의 지지에 비례하여 의석을 배분하는 선거제도를 말한다. 비례대표제는 거대정당에게 일방적으로 유리하고 다양해진 국민의 목소리를 제대로 대표하지 못하며 사표를 양산하는 다수대표제의 문제점에 대한 보완책으로 고안·시행되었다. 비례대표제는 그것이 적절히 운용될 경우 사회세력에 상응한 대표를 형성하고 정당정치를 활성화하며 정당 간의 경쟁을 촉진하여 정치적 독점을 배제하는 장점을 가진다).

2) 헌재 2007. 3. 29, 2005헌마985·1037, 2006헌마11(병합)(시·도의원 지역선거구의 획정에는 인구 외에 행정구역·지세·교통 등 여러 가지 조건을 고려하여야 하므로, 그 기준은 선거구 획정에 있어서 투표가치의 평등으로서 가장 중요한 요소인 인구비례의 원칙과 우리 나라의 특수사정으로서 시·도의원의 지역대표성 및 인구의 도시집중으로 인한 도시와 농어촌 간의 극심한

(공선법 제15조).[1] 선거권연령을 몇 세로 할 것인가는 입법적 결단의 문제라 하겠다.[2)3)]

인구편차 등 3개의 요소를 합리적으로 참작하여 결정되어야 할 것이며, 현시점에서는 상하 60%의 인구편차(상한 인구수와 하한 인구수의 비율은 4 : 1) 기준을 시·도의원 지역선거구 획정에서 헌법상 허용되는 인구편차기준으로 삼는 것이 가장 적절하다고 할 것이다).

3) 헌재 2007. 3. 29, 2005헌마985·1037, 2006헌마11(병합)(시·도의원 의원정수 배분 및 선거구구역표 획정의 문제는 자치구·시·군의 인구규모, 행정구역, 지세, 교통, 도시·농촌 간 인구편차, 지역별 개발 불균형 등 복합적인 요인에 의해 영향을 받을 수 있기 때문에, 우리 재판소가 이에 관하여 일정한 개선입법의 방향까지 제시하기란 지극히 어려운 것이며, 위와 같은 사정을 종합적으로 고려하여 여기서는 단지 시·도의원정수를 2인으로 일률적으로 규정한 공직선거법 제22조 제1항 및 이에 기초한 이 사건 선거구구역표 중 해당 부분에 대한 위헌선언을 하는데 그치기로 한다. … 입법자가 2008. 12. 31을 시한으로 이를 개정할 때까지 위 법률조항과 선거구구역표의 잠정적 적용을 명하는 헌법불합치결정을 하기로 한다).

1) 헌재 2013. 7. 25, 2012헌마174(선거권 행사는 일정한 수준의 정치적 판단능력이 전제되어야 하는데, 입법자는 우리의 현실상 19세 미만의 미성년자의 경우, 아직 정치적·사회적 시각을 형성하는 과정에 있거나, 독자적인 정치적 판단을 할 수 있을 정도로 정신적·신체적 자율성을 충분히 갖추었다고 보기 어렵다고 보고, 선거권 연령을 19세 이상으로 정한 것이다. 또한 많은 국가에서 선거권 연령을 18세 이상으로 정하고 있으나, 선거권 연령은 국가마다 특수한 상황 등을 고려하여 결정할 사항이고, 다른 법령에서 18세 이상의 사람에게 근로능력이나 군복무능력 등을 인정한다고 하여 선거권 행사능력 반드시 동일한 기준에 따라 정하여야 하는 것은 아니므로 선거권 연령을 19세 이상으로 정한 것이 불합리하다고 볼 수 없다. 따라서 선거권 연령을 19세 이상으로 정한 것이 입법자의 합리적인 입법재량의 범위를 벗어난 것으로 볼 수 없으므로, 19세 미만인 사람의 선거권 등을 침해하였다고 볼 수 없다).

2) 헌재 2013. 8. 29, 2012헌마288(헌법 제118조 제2항은 "지방의회의 조직·권한·의원선거와 지방자치단체의 장의 선임방법 기타 지방자치단체의 조직과 운영에 관한 사항은 법률로 정한다."라고 규정하고 있는데, 국회의원 및 지방의회의원 선거 피선거권의 자격요건을 어떻게 규정할 것인지에 대하여는 입법자의 입법형성권에 맡겨져 있다. 따라서 입법자는 국회의원 및 지방의회의원 선거의 피선거권 행사연령을 정함에 있어서 대의제 민주주의 원리하에서 선거가 가지는 의미와 기능, 국회의원 및 지방의회의원의 지위와 직무, 국민의 정치의식과 교육수준, 정치문화 및 선거풍토 등 여러 가지 요소를 종합적으로 고려하여 재량에 따라 결정할 수 있다); 헌재 1997. 6. 26, 96헌마89(입법자가 공직선거및선거부정방지법에서 민법상의 성년인 20세 이상으로 선거권연령을 합의한 것은 미성년자의 정신적·신체적 자율성의 불충분 외에도 교육적 측면에서 예견되는 부작용과 일상생활 여건상 독자적으로 정치적인 판단을 할 수 있는 능력에 대한 의문 등을 고려한 것이다. 선거권과 공무담임권의 연령을 어떻게 규정할 것인가는 입법자가 입법목적 달성을 위한 선택의 문제이고 입법자가 선택한 수단이 현저하게 불합리하고 불공정한 것이 아닌 한 재량에 속하는 것인바, 선거권연령을 공무담임권의 연령인 18세와 달리 20세로 규정한 것은 입법부에 주어진 합리적인 재량의 범위를 벗어난 것으로 볼 수 없다).

3) 참고로, 민법상 성년연령은 19세(제4조), 민법상 혼인이 가능한 연령은 남자 18세, 여자 16세이고(제807조), 근로기준법상 18세 미만자는 위험한 사업에 종사가 불가하고(제51조), 병역법상 남자는 18세부터 제1국민역에 편입되고(제8조 1항), 공무원임용및시험시행규칙상 18세 이상의 자는 8급·9급 공무원, 기능직 7등급 이상 8등급 이하에 임용될 수 있고(제3조), 도로교통법상 18세 미만의 자는 운전면허를 받을 수 없다(제70조 제1항 제1호).

Ⅱ. 지방의회의 내부조직[1)]

1. 의장과 부의장

(1) 의장의 직무상 지위

㈎ 회의의 주재자로서 의장 지방의회의 의장은 의사를 정리한다(지자법 제58조). 지방의회의 의장은 회의장 내의 질서를 유지한다(지자법 제58조). 지방의회의 의장은 지방의회의 회의를 소집하고 회의를 운영한다(회의의 주재자). 이러한 입장에서 의장은 상이한 정치적 견해 앞에서 중립성을 유지하여야 한다. 법률에 근거가 없는 한, 의장은 위법한 의안임을 이유로 심의를 배척할 권한을 갖지 아니한다. 355

㈏ 지방의회의 대표자로서 의장 지방의회의 의장은 지방의회의 외부에 대하여 지방의회를 대표한다(지방의회의 대표자)(지자법 제58조). 이러한 지위에서 의장은 지방의회의 의결을 집행기관의 장에게 송부한다. 356

㈐ 행정청으로서 의장 의장은 소속지방의회의 일반사무에 대한 책임을 진다. 따라서 의장은 의회의 사무를 감독한다(지자법 제58조). 동시에 의장은 지방의회소속의 공무원에 대하여 지휘감독권을 갖는다. 이러한 사무를 수행하는 범위 안에서 의장은 행정청의 성격을 갖는다. 따라서 의장의 처분이 행정쟁송법상 처분에 해당하는 한, 그것은 행정쟁송의 대상이 될 수 있다. 357

(2) 수·선거·임기 지방의회는 지방의회의원 중에서 시·도의 경우 의장 1명과 부의장 2명을, 시·군 및 자치구의 경우 의장과 부의장 각 1명을 무기명투표로 선출하여야 한다(지자법 제57조 제1항).[2)] 지방의회의원 총선거 후 처음으로 선출하는 의장·부의장 선거는 최초집회일에 실시한다(지자법 제57조 제2항). 의장과 부의장의 임기는 2년으로 한다(지자법 제57조 제3항). 임기를 의원임기와 같이 4년으로 하지 않고 2년으로 한 것은 의장단에 대한 신임을 묻고 지방의회의 민주적 운영을 확보하기 위한 것이라 하겠다. 의장이나 부의장이 궐위된 경우에는 보궐선거를 실시한다(지자법 제61조 제1항). 보궐선거로 당선된 의장이나 부의장의 임기는 전임자의 남은 임기로 한다(지자법 제61조 제2항). 358

---

1) 지방자치법에서 교섭단체에 관한 규정을 찾아볼 수 없다. 이와 관련하여 졸저, 신지방자치법(제5판), 252쪽 이하를 보라.

2) 대판 1995. 1. 12, 94누2602(지방의회의 의장은 지방자치법 제43조, 제44조의 규정에 의하여 의회를 대표하고 의사를 정리하며, 회의장 내의 질서를 유지하고 의회의 사무를 감독할 뿐만 아니라 위원회에 출석하여 발언할 수 있는 등의 직무권한을 가지는 것이므로, 지방의회의 의사를 결정 공표하여 그 당선자에게 이와 같은 의장으로서의 직무권한을 부여하는 지방의회의 의장선거는 행정처분의 일종으로서 항고소송의 대상이 된다고 할 것이다).

359 (3) **불 신 임** 지방의회의 의장이나 부의장이 법령을 위반하거나 정당한 사유 없이 직무를 수행하지 아니하면 지방의회는 불신임을 의결할 수 있다(지자법 제62조 제1항). 불신임의결은 재적의원 4분의 1 이상의 발의와 재적의원 과반수의 찬성으로 행한다(지자법 제62조 제2항). 불신임의결이 있으면 지방의회의 의장이나 부의장은 그 직에서 해임된다(지자법 제62조 제3항). 다만 불신임제도는 의장단의 직무태만·위법행위견제·권한남용방지를 위해 인정되는 것이므로 그 요건은 엄격하게 해석되어야 한다.[1)]

360 (4) **권 한** 지방의회의장은 지방의회대표권(지자법 제58조), 임시회소집공고권(지자법 제54조 제2항), 회의장 내 질서유지권(지자법 제58조), 의회사무감독권(지자법 제58조), 의결된 조례안의 지방자치단체의 장에의 이송권(지자법 제32조 제1항), 확정된 조례의 예외적인 공포권(지자법 제32조 제6항), 폐회 중 의원의 사직허가권(지자법 제89조) 등을 갖는다.

360a (5) **직무대리 등** 지방의회의 부의장은 의장이 사고가 있을 때에는 그 직무를 대리한다(지자법 제59조). 지방의회의 의장과 부의장이 모두 부득이한 사유로 직무를 수행할 수 없을 때에는 임시의장을 선출하여 의장의 직무를 대행하게 한다(지자법 제60조). 제57조 제1항, 제60조 또는 제61조 제1항에 따른 선거(이하 이 조에서 "의장등의 선거"라 한다)를 실시할 때 의장의 직무를 수행할 사람이 없으면 출석의원 중 최다선의원이, 최다선의원이 2명 이상이면 그 중 연장자가 그 직무를 대행한다. 이 경우 직무를 대행하는 지방의회의원이 정당한 사유 없이 의장등의 선거를 실시할 직무를 이행하지 아니할 때에는 다음 순위의 지방의회의원이 그 직무를 대행한다(지자법 제63조).

2. 위 원 회

361 (1) **설 치** ① 지방의회는 조례로 정하는 바에 따라 위원회를 둘 수 있다(지자법 제64조 제1항).[2)] ② 위원회의 위원은 본회의에서 선임한다(지자법 제64조 제3항). 위원회에는 위원장을 둔다(지자법 제68조 제1항 참조). 위원회에 관하여 지방자치법에서 정한 것 외에 필요한 사항은 조례로 정한다(지자법 제71조 제1항).

361a (2) **종 류** 위원회의 종류는 다음 각 호(1. 소관 의안과 청원 등을 심사·

---

1) 대판 1994. 10. 11, 94두23(지방의회를 대표하고 의사를 정리하며 회의장 내의 질서를 유지하고 의회의 사무를 감독하며 위원회에 출석하여 발언할 수 있는 등의 직무권한을 가지는 지방의회 의장에 대한 불신임의결은 의장으로서의 권한을 박탈하는 행정처분의 일종으로서 항고소송의 대상이 된다).

2) 위원회제도에 관해 자세한 것을 졸저, 신지방자치법(제5판), 244쪽 이하를 보라.

처리하는 상임위원회, 2. 특정한 안건을 심사·처리하는 특별위원회)와 같다(지자법 제64조 제2항).

(3) **권 한** 위원회는 그 소관에 속하는 의안과 청원 등 또는 지방의회가 위임한 특정한 안건을 심사한다(지자법 제67조). 361b

(4) **개 회** 위원회는 본회의의 의결이 있거나 지방의회의 의장 또는 위원장이 필요하다고 인정할 때, 재적위원 3분의 1 이상의 요구가 있는 때에 개회한다(지자법 제70조 제1항). 폐회 중에는 지방자치단체의 장도 의장 또는 위원장에게 이유서를 붙여 위원회의 개회를 요구할 수 있다(지자법 제70조 제2항). 361c

(5) **전문위원** 위원회에는 위원장과 위원의 자치입법활동을 지원하기 위하여 지방의회의원이 아닌 전문지식을 가진 위원(이하 "전문위원"이라 한다)을 둔다(지자법 제68조 제1항). 전문위원은 위원회에서 의안과 청원 등의 심사, 행정사무감사 및 조사, 그 밖의 소관 사항과 관련하여 검토보고 및 관련 자료의 수집·조사·연구를 한다(지자법 제68조 제2항). 위원회에 두는 전문위원의 직급과 정수 등에 관하여 필요한 사항은 대통령령으로 정한다(지자법 제68조 제3항). 361d

(6) **위원회에서의 방청 등** 위원회에서는 해당 지방의회의원이 아닌 사람은 위원장의 허가를 받아 방청할 수 있다(지자법 제69조 제1항). 위원장은 질서를 유지하기 위하여 필요할 때에는 방청인의 퇴장을 명할 수 있다(지자법 제69조 제2항). 361e

3. 교섭단체

지방의회에 교섭단체를 둘 수 있다. 이 경우 조례로 정하는 수 이상의 소속의원을 가진 정당은 하나의 교섭단체가 된다(지자법 제63조의2 제1항). 제1항 후단에도 불구하고 다른 교섭단체에 속하지 아니하는 의원 중 조례로 정하는 수 이상의 의원은 따로 교섭단체를 구성할 수 있다(지자법 제63조의2 제2항). 그 밖에 교섭단체의 구성 및 운영 등에 필요한 사항은 조례로 정한다(지자법 제63조의2 제3항). 361f

4. 사무처와 정책지원 전문인력

(1) **사 무 처** 362

(가) **사무처 등의 설치** 시·도의회에는 사무를 처리하기 위하여 조례로 정하는 바에 따라 사무처를 둘 수 있으며, 사무처에는 사무처장과 직원을 둔다(지자법 제102조 제1항). 시·군 및 자치구의회에는 사무를 처리하기 위하여 조례로 정하는 바에 따라 사무국이나 사무과를 둘 수 있으며, 사무국·사무과에는 사무국장 또는 사무과장과 직원을 둘 수 있다(지자법 제102조 제2항). 제1항과 제2항에

따른 사무처장·사무국장·사무과장 및 직원(이하 제103조, 제104조 및 제118조에서 "사무직원"이라 한다)은 지방공무원으로 보한다(지자법 제102조 제3항).

(나) **사무직원의 정원 등** 지방의회에 두는 사무직원의 수는 인건비 등 대통령령으로 정하는 기준에 따라 조례로 정한다(지자법 제103조 제1항). 지방의회의 의장은 지방의회 사무직원을 지휘·감독하고 법령과 조례·의회규칙으로 정하는 바에 따라 그 임면·교육·훈련·복무·징계 등에 관한 사항을 처리한다(지자법 제103조 제2항).

(2) **정책지원 전문인력** 지방의회의원의 의정활동을 지원하기 위하여 지방의회의원 정수의 2분의 1 범위에서 해당 지방자치단체의 조례로 정하는 바에 따라 지방의회에 정책지원 전문인력을 둘 수 있다(지자법 제41조 제1항). 정책지원 전문인력은 지방공무원으로 보하며, 직급·직무 및 임용절차 등 운영에 필요한 사항은 대통령령으로 정한다(지자법 제41조 제2항). 2022. 1. 13. 시행 지방자치법전부개정법률에 신설된 조항이다. 과거에 판례는 지방의회의원에 대하여 유급 보좌 인력을 두는 것은 지방의회의원의 신분·지위 및 그 처우에 관한 현행 법령상의 제도에 중대한 변경을 초래하는 것으로서 국회의 법률로 규정하여야 할 입법사항이라 하였다.[1] 본 조항은 이러한 판례의 입장을 반영한 것으로 보인다.

Ⅲ. 지방의회의 회의[2]

1. 지방의회의 회기

363 (1) **의 의** ① 지방의회가 의사를 형성하고 결정하기 위하여 현실적으로 활동할 수 있는 일정한 기간을 회기라 한다. 회기에는 정례회와 임시회가 있다. ② 지방의회의 개회·휴회·폐회와 회기는 지방의회가 의결로 정한다(지자법 제56조 제1항). 연간 회의 총일수와 정례회 및 임시회의 회기는 해당 지방자치단체의 조례로 정한다(지자법 제56조 제2항). ③ 지방자치단체의 장이 지방의회에 부의할 안건은 지방자치단체의 장이 미리 공고하여야 한다. 다만, 회의 중 긴급한 안건을 부의할 때에는 그러하지 아니하다(지자법 제55조).

364 (2) **정 례 회** 지방의회는 매년 2회 정례회를 개최한다(지자법 제53조 제1항). 정례회의 집회일, 그 밖에 정례회의 운영에 관하여 필요한 사항은 해당 지

1) 대판 2017. 3. 30, 2016추5087.
2) 지방자치법에서 의사일정에 관한 규정을 찾아볼 수 없다. 이와 관련하여 자세한 것은 졸저, 신지방자치법(제5판), 267쪽 이하를 보라.

방자치단체의 조례로 정한다(지자법 제53조 제2항).

(3) 임 시 회 ① 총선거 후 최초로 집회되는 임시회는 지방의회 사무처 365
장·사무국장·사무과장이 지방의회의원 임기 개시일부터 25일 이내에 소집한다(지자법 제54조 제1항). ② 지방자치단체를 폐지하거나 설치하거나 나누거나 합쳐 새로운 지방자치단체가 설치된 경우에 최초의 임시회는 지방의회 사무처장·사무국장·사무과장이 해당 지방자치단체가 설치되는 날에 소집한다(지자법 제54조 제2항). ③ 지방의회의 의장은 지방자치단체의 장이나 조례로 정하는 수 이상의 지방의회의원이 요구하면 15일 이내에 임시회를 소집하여야 한다. 다만, 지방의회 의장과 부의장이 부득이한 사유로 임시회를 소집할 수 없을 때에는 지방의회의원 중 최다선의원이, 최다선의원이 2명 이상인 경우에는 그 중 연장자의 순으로 소집할 수 있다(지자법 제54조 제3항). ④ 임시회의 소집은 집회일 3일 전에 공고하여야 한다. 다만, 긴급할 때에는 그러하지 아니하다(지자법 제54조 제4항).

2. 정 족 수

(1) 의 의 정족수에는 의사정족수와 의결정족수가 있다. 의사정족수란 366
지방의회가 회의(의사)를 하는 데 필요한 의원의 수를 말하고, 의결정족수란 지방의회가 의결을 하는 데 필요한 의원의 수를 말한다.

(2) 의사정족수 지방의회는 재적의원 3분의 1 이상의 출석으로 개의한다 366a
(지자법 제72조 제1항). 회의 참석 인원이 제1항의 정족수에 미치지 못할 때에는 의장은 회의를 중지하거나 산회를 선포한다(지자법 제72조 제2항).

(3) 의결정족수 의결 사항은 이 법에 특별히 규정된 경우 외에는 재적의 366b
원 과반수의 출석과 출석의원 과반수의 찬성으로 의결한다(지자법 제73조 제1항). 의결정족수에는 원칙적인 의결정족수인 일반의결정족수와 특별의결정족수가 있고, 특별의결정족수란 의결에 필요한 수가 강화된 경우(예 : 지방자치법 제9조 제2항의 재적의원 과반수의 찬성)를 말하는데, 지방자치법 제73조 제1항은 특별의결정족수를 "이 법에 특별히 규정된 경우"로 표현하고 있다. 한편, 의장은 의결에서 표결권을 가지며, 찬성과 반대가 같으면 부결된 것으로 본다(지자법 제73조 제2항).

3. 회의의 원칙

(1) 회의의 공개원칙

(가) 관 념 지방의회의 회의는 공개한다(지자법 제75조 제1항 본문). 공개원 367
칙은 민주국가원리의 결과이다. 공개원칙은 의회활동의 투명성을 위한 것이고, 공정한 의사처리를 위한 것이다. 회의의 공개로 인해 주민이 의회활동을 알 수 있고, 이로써 의회활동·의원활동에 대한 판단과 통제를 가능하도록 해준다.[1] 지방자치법 제75조에 따른 회의의 공개는 단순한 법적 보장이 아니라 의원 개인의 주관적인 권리에 속한다고 볼 것이며, 주민의 개인적 공권으로 보기는 어렵다.

368 (나) 내 용 회의의 공개원칙은 방청의 자유, 보도의 자유, 회의록의 공개를 포함한다. 정보의 자유는 법적으로나 사실상으로도 침해되어서는 아니 된다. 동일한 원칙에 따라 모든 이해관계자에게 방청의 가능성이 허용되면 방청의 자유는 보장되는 것이다. 다만, 공간의 협소에 기인한 일반적인 제한은 허용된다. 이와 관련하여 주민등록증 등 신분증명서의 제출을 요구하는 것은 방청의 자유의 침해가 아니다. 그러나 공개원칙으로 인해 지방자치단체는 지방의회의 회의실에 상당수의 주민의 참관할 수 있는 공간을 확보하여야 하는 의무를 진다.[2]

369 (다) 예 외 지방의회의원 3명 이상이 발의하고 출석의원 3분의 2 이상이 찬성한 경우 또는 지방의회의 의장이 사회의 안녕질서의 유지를 위하여 필요하다고 인정하는 경우에는 공개하지 아니할 수 있다(지자법 제75조 제1항 단서). 의원의 발의에 의하여 회의를 공개하지 아니하기로 하는 의결에 지방자치법상 정족수 이외의 사항에 대해 특별한 제한이 없다. 이것은 공개원칙의 취지에 비추어 문제이다. 의장에 의한 비공개결정의 경우와 유사한 제약이 필요하다고 본다. 하여간 의장에 의한 비공개의 결정은 사회의 안녕질서를 위하여 필요한 경우에 한정된다.

370 (라) 위반의 효과 공개원칙위반에 대하여 지방자치법은 아무런 규정을 두고 있지 않다. 그 효과를 한 마디로 단언하기는 어렵다. 만약 그 의결이 행정처분의 성질을 갖는다면, 행정절차법에 따라 판단되어야 할 것이다. 일반적으로 공개원칙위반은 외관상 명백한 흠의 원인이 된다고 볼 것이다.

371 (2) 회기계속의 원칙 지방의회에 제출된 의안은 회기 중에 의결되지 못한 것 때문에 폐기되지 아니한다(지자법 제79조 본문). 왜냐하면 이 경우에는 지방의회의 구성에 동질성이 유지되기 때문이다. 다만 지방의회의원의 임기가 끝나는 경우에는 그러하지 아니하다(지자법 제79조 단서). 이 경우는 지방의회의 구성에 동질성이 상실되기 때문이다. 회기계속의 원칙은 의사처리의 경제를 위한 것이다.

1) Geis, Kommunalrecht(3. Aufl.), § 11, Rn. 125.
2) Meyer, Kommunalrecht(Landesrecht Mecklenburg–Vorpommern), Rn. 412; Seewald, Kommunalrecht, in : Steiner(Hrsg.), Besonderes Verwaltungsrecht, Rn. 212.

⑶ **일사부재의의 원칙** 지방의회에서 부결된 의안은 같은 회기중에 다시 발의하거나 제출할 수 없다(지자법 제80조). 이 원칙은 의사진행의 원활을 위한 것이다. 372

4. 의안의 발의 등

⑴ **의안의 발의** 지방의회에서 의결할 의안은 지방자치단체의 장이나 조례로 정하는 수 이상의 지방의회의원의 찬성으로 발의한다(지자법 제76조 제1항). 위원회는 그 직무에 속하는 사항에 관하여 의안을 제출할 수 있다(지자법 제76조 제2항). 의안은 그 안을 갖추어 지방의회의 의장에게 제출하여야 한다(지자법 제76조 제3항). 예산안·추가경정예산안은 일반의안과 달리 지방자치단체의 장만이 제출한다(지자법 제142조 제1항·제145조 제1항). 373

⑵ **위원회에서 폐기된 의안** 위원회에서 본회의에 부칠 필요가 없다고 결정된 의안은 본회의에 부칠 수 없다(지자법 제81조 제1항 본문). 다만 위원회의 결정이 본회의에 보고된 날부터 폐회나 휴회 중의 기간을 제외한 7일 이내에 의장이나 재적의원 3분의 1 이상이 요구하면 그 의안을 본회의에 부쳐야 한다(지자법 제81조 제1항 단서). 이를 위원회의 해임(Discharge of committee)이라 한다. 제1항 단서의 요구가 없으면 그 의안은 폐기된다(지자법 제81조 제2항). 374

⑶ **의　결**

㈎ **의결의 의의** 의결은 의사결정절차에서의 결과이다. 의결은 종료기능을 갖는다. 심의가 종결되면 의결이 이루어져야 한다. 의결정족수가 미달하면, 의결은 이루어질 수 없다. 심의가 종결된 후 의결이 이루어져야 하는 시간적인 제한을 규정하는 명문의 규정은 보이지 아니한다. 그러나 성질상 다음에 이루어지는 회의 내지 회기에서 당연히 의결절차가 있어야 할 것이다. 375

㈏ **의결의 법적 성질** 지방의회의 의결은 조례 또는 기타 의결의 형태로 나타난다. 일반적으로 지방의회의 의결 그 자체는 외부적으로 직접 법적 효력을 발생하지 아니한다. 그것은 행정행위가 아니다. 그것은 의사형성기관으로서의 지방의회의 내부의 법적행위 내지 의사행위이다.[1] 지방의회의 의결은 지방의회의 의장 또는 집행기관의 장의 집행을 통하여 행정행위, 법률행위 또는 법정립행위 또는 사실행위 등으로 전환된다. 따라서 지방의회의결 그 자체가 시민의 권리를 침해하는 경우는 예상하기 어렵다. 376

㈐ **의결의 변경과 폐지** 의결은 지방의회의 독자적인 의결, 집행기관의 장 377

1) Hegele/Ewert, Kommunalrecht im freistaat Sachsen, S. 130.

의 이의에 따른 지방의회의 의결, 감독청 또는 행정법원에 의해 소급적으로 폐지될 수 있다. 지방의회 자신에 의한 변경이나 폐지는 의사일정이 종료된 후 새로이 소집되는 회의에서 가능하다고 볼 것이다. 이미 집행된 의결의 경우, 그 집행이 변경될 수도 있을 때에는 변경의결이 가능하다고 볼 것이다. 종래의 판례도 같은 입장이다.[1]

377a (라) **의결방법**(표결방법) 본회의에서 표결할 때에는 조례 또는 회의규칙으로 정하는 표결방식에 의한 기록표결로 가부(可否)를 결정한다. 다만, 다음 각 호(1. 제57조에 따른 의장·부의장 선거, 2. 제60조에 따른 임시의장 선출, 3. 제62조에 따른 의장·부의장 불신임 의결, 4. 제92조에 따른 자격상실 의결, 5. 제100조에 따른 징계 의결, 6. 제32조, 제120조 또는 제121조, 제192조에 따른 재의 요구에 관한 의결, 7. 그 밖에 지방의회에서 하는 각종 선거 및 인사에 관한 사항)의 어느 하나에 해당하는 경우에는 무기명투표로 표결한다(지자법 제74조).

(4) 회의규칙

378 (가) **의 의** 지방의회는 회의의 운영에 관하여 지방자치법에서 정한 것 외에 필요한 사항은 회의규칙으로 정한다(지자법 제83조). 회의규칙은 기관내부적인 규정인바, 즉 구성원만 구속하는 것이므로 조례가 아니다. 따라서 회의규칙으로 제3자에 새로운 의무를 부과할 수는 없다. 회의규칙위반이 관련결정사항을 무효로 하는가는 의문이다. 회의규칙의 제정권은 지방의회의 자율권에 속한다.[2]

379 (나) **회의규칙과 의회규칙의 관계** 지방자치법은 회의규칙 외에 "지방의회는 내부운영에 관하여 이 법에 정한 것 외에 필요한 사항을 규칙으로 정할 수 있다(지자법 제52조)"고 하여 의회규칙의 제정가능성을 규정하고 있다. 여기서 회의규칙과 의회규칙의 관계가 문제된다. 생각건대 회의규칙도 넓은 의미에서 의회규칙의 일종이라 할 것이나, 지방자치법상 양자 사이에는 규율대상에 차이가 있다. 즉, 회의규칙은 회의의 운영에 관한 것이고, 의회규칙은(회의의 운영에 관한 사항을 제외한) 기타 내부운영에 관한 사항이다.

5. 제척제도

380 (1) **제척제도의 의의** 지방자치법은 "지방의회의 의장이나 지방의회의원은

---

1) 대판 1963. 11. 28, 63다362(면의회에서 피고들의 부정지출을 사전에 승인한 사실은 인정하지 않고 다만 면의회가 1959년도 결산안을 승인한 바 있으나 그 후 면민의 불평과 원성에 의하여 결산안 승인을 철회하고 다시 사무감사를 실시하여 피고들의 부정지출을 적발하여 그 피해 변상과 원상회복을 명하였으므로, 면의회의 결의라 하여 적법한 절차에 의하여 철회 내지 취소할 수 없는 것은 아니다).

2) 회의규칙에 관해 자세한 것은 졸저, 신지방자치법(제5판), 277쪽 이하를 보라.

본인·배우자·직계존비속 또는 형제자매와 직접 이해관계가 있는 안건에 관하여는 그 의사에 참여할 수 없다. 다만, 의회의 동의가 있는 때에는 의회에 출석하여 발언할 수 있다"(제82조)고 규정하고 있는바, 이것이 지방의회의원의 제척제도이다.[1]

(2) **제척제도의 취지** 지방자치법상 제척제도는 먼저 ① 공정한 의회심의 381
의 확보를 목적으로 한다. 지방자치법상 제척제도는 대표위임의 법리에 의거하여 지방의회의원이 자유의사로 심의에 참여함으로써 생겨날 수 있는 공익과 사익의 충돌을 방지하기 위한 것으로 이해된다. ② 제척제도는 지방의회에 대한 주민의 신뢰확보를 목적으로 한다. 지방의회의원의 제척제도는 지방의회에 대한 좋지 않은 외관 또는 그릇된 외관의 형성을 방지함으로써 맑고 깨끗한 지방자치를 도모하기 위한 제도라 하겠다.

(3) **제척제도의 적용범위** 제척제도의 적용범위는 인적 범위와 사항적 범 382
위로 나누어 살펴볼 필요가 있다. ① 인적 범위를 보면, 지방자치법은 '본인·배우자·직계존비속 또는 형제자매'의 이해관계 있는 안건에 한정하고 있다. 배우자의 직계존속과 배우자의 형제자매가 배제된 것과 이들이 중심적인 역할을 하는 법인이 배제된 것은 잘못이라 하겠다. 입법적 보완이 필요하다고 본다. ② 사항적인 범위를 보면, 지방자치법이 말하는 '이해관계'란 넓게 이해되어야 할 것이다.[2] 여기에는 지방의회의원의 지위에 관련된 이해관계뿐만 아니라 그 밖에 의원 개인의 재산상의 이해관계도 포함된다고 볼 것이다. 다만, 안건이 일정의 직업단체나 주민단체의 공동의 이익에 관련된 탓으로 지방의회의원이 관련을 맺는 경우는 여기서 말하는 직접적인 이해관계에 해당하지 않는다(예 : 일정사업자에 대하여 도로사용료의 증액·감액을 결정하여야 하는 경우, 의원이 당해 업종의 종사자인 경우).

(4) **제척의 효과** 제척사유를 갖는 지방의회의원은 의사에 참여할 수 없 383
다. ① 의사에 참여할 수 없다는 것은 표결뿐만 아니라 심의에도 참여할 수 없을뿐더러 그 의안에 관한 일체의 과정에 참여가 배제되어야 하는 것으로 본다. 금지하고자 하는 바는 심의나 의결이 아닌 단계를 통해서도 실현되어서는 아니

1) 이에 관해 자세한 것은 졸고, 지방의회의원과 제척제도(제20회 한국공법학회 학술발표회 발표문, 1991. 9. 28) 참조.
2) 대판 1997. 5. 8, 96두47(교육감선출투표권을 가지고 있는 교육위원이 교육감으로 피선될 자격도 아울러 가지고 있어서 그 자신에 대하여 투표를 하였다고 하더라도 이를 가리켜 교육위원이 그와 직접적인 이해관계에 있는 안건의 의사에 참여한 것으로서 그 교육감선출을 무효라고 할 수 없다).

되기 때문이다. 또한 ② 의사에 참여할 수 없다는 것은 의사가 진행되는 장소에서 떠나야 함을 의미한다. 다만, 공개회의의 경우라면 방청석에 있을 수 있을 것이다.

384 (5) **제척위반의 효과** 제척사유 있는 지방의회의원이 의사에 참가하면, 그 의사는 위법한 것이 된다. ① 이러한 경우에 재의의 요구제도가 활용될 수 있을 것이다(지자법 제120조·제192조). ② 문제는 제척사유 있는 의원이 의사에 참여하여 이루어진 결정이 무효인가 또는 취소할 수 있는 것인가의 여부이다. 입법례를 볼 때, 무효로 하는 경우(독일 Mecklenburg-Vorpommern)도 있고, 이해관계 있는 의원의 투표참가가 결정적인 때에는 무효로 하는 경우(독일 Bayern)도 있다.[1] 생각건대 제척제도의 취지가 심의·의결의 공정뿐만 아니라 지방의회에 대한 주민의 신뢰확보에도 있다는 점을 고려하면, 그 효과는 무효로 보는 것이 타당할 것이다.

제 3 항 지방의회의 권한

385 지방의회의 권한은 형식적인 관점에서 보면 ① 의결권, ② 승인권, ③ 통제권 등이 있고, 실질적인 관점에서 보면 ① 입법(조례제정)에 관한 권한, ② 재정에 관한 권한, ③ 대집행기관통제에 관한 권한, ④ 일반사무에 관한 의결권한, ⑤ 지방의회 내부에 관한 권한 등이 있다.

Ⅰ. 입법에 관한 권한(조례제정권)

386 지방의회는 조례제정권을 갖는다. 조례제정권은 지방의회의 권한 중 가장 기본적인 것일 뿐만 아니라, 또한 다루어야 할 쟁점이 적지 않은바, 이에 관해서는 뒤(제4항)에서 다루기로 한다.

Ⅱ. 재정에 관한 권한

387 지방의회는 재정과 관련하여 ① 예산의 심의·확정, ② 결산의 승인, ③ 법령에 규정된 것을 제외한 사용료·수수료·분담금·지방세 또는 가입금의 부과와 징수, ④ 기금의 설치·운용, ⑤ 대통령령으로 정하는 중요재산의 취득·처분,[2]

1) 이에 관해 자세한 것은 졸저, 신지방자치법(제5판), 274쪽을 보라.
2) 대판 1978. 10. 10, 78다1024(중요재산인지 여부는 처분 당시 지방자치단체의 재정상태를 위시한 기타 지방자치단체의 모든 사정과 처분재산에 대한 그 종별, 수량, 가격 기타 모든 사정들을 종합해서 결정하여야 한다).

⑥ 법령과 조례에 규정된 것을 제외한 예산 외 의무부담이나 권리의 포기 등에 관해 의결권을 갖는다(지자법 제47조 제1항 제2호 내지 제6호·제8호).

Ⅲ. 대집행기관통제권

지방의회가 갖는 각종의 권한 모두가 정도에 차이가 있겠으나 대집행기관에 대한 통제기능을 갖는다고 할 수 있다. 다만 여기서는 그 성질상 행정통제 그 자체에 중점이 있다고 생각되는 제도, 즉 ① 행정사무의 감사와 조사, ② 행정사무처리상황의 보고와 질문·응답, ③ 자료제출요구, ④ 결산의 승인, ⑤ 인사청문에 관해서만 살펴보기로 한다.

1. 행정사무감사와 조사

(1) 의 의　① 지방의회는 매년 1회 그 지방자치단체의 사무에 대하여 388
시·도에 있어서는 14일의 범위에서, 시·군 및 자치구에 있어서는 9일의 범위에서 감사를 실시하고, ② 지방자치단체의 사무 중 특정 사안에 관하여 본회의 의결로 본회의나 위원회에서 조사하게 할 수 있는바(지자법 제49조 제1항), ①의 경우를 행정사무감사, ②의 경우를 행정사무조사라 부른다. 행정사무조사·감사권은 지방의회 자체의 권한이지 의회를 구성하는 의원 개개인의 권한은 아니라는 것이 판례의 입장이다.[1)]

(2) 감사·조사의 개시　행정사무감사는 매년 1회씩 실시되나, 행정사무조 389
사는 본회의의결이 있어야만 가능하다. 구체적인 것은 시행령으로 정해진다(지자법 제49조 제7항 제1문). 행정사무조사를 발의할 때에는 이유를 밝힌 서면으로 하여야 하며, 재적의원 3분의 1 이상의 찬성이 있어야 한다(지자법 제49조 제2항).

(3) 감사·조사의 범위·기간　행정사무감사의 범위는 지방자치단체의 사무 390
전반에 미치고, 행정사무조사는 특정 사안에만 미친다. 여기서 지방자치단체의 사무란 자치사무를 의미하는 것으로 이해된다. 왜냐하면 단체위임사무와 기관위임사무에 관해서는 지방자치법 제49조 제3항이 특별히 규정하는 바가 있기

1) 대판 1992. 7. 28, 92추31(의회의 의결권과 집행기관에 대한 행정감사 및 조사권은 의결기관인 의회 자체의 권한이고 의회를 구성하는 의원 개개인의 권한이 아닌바, 의원은 의회의 본회의 및 위원회의 의결과 안건의 심사 처리에 있어서 발의권, 질문권, 토론권 및 표결권을 가지며 의회가 행하는 지방자치단체사무에 대한 행정감사 및 조사에서 직접 감사 및 조사를 담당하여 시행하는 권능이 있으나, 이는 의회의 구성원으로서 의회의 권한행사를 담당하는 권능이지 의원 개인의 자격으로 가지는 권능이 아니므로 의원은 의회의 본회의 및 위원회의 활동과 아무런 관련 없이 의원 개인의 자격에서 집행기관의 사무집행에 간섭할 권한이 없으며, 이러한 권한은 법이 규정하는 의회의 권한 밖의 일로서 집행기관과의 권한한계를 침해하는 것이어서 허용될 수 없다).

때문이다. 행정사무감사는 연 1회에 한정되며, 그것도 시·도의 경우는 14일 이내, 시·군 및 자치구에 있어서는 9일 이내로 한정된다. 조사의 경우는 시행령에서 정해진다(지자법 제49조 제1항).

391 (4) **감사·조사의 방법** 감사 또는 조사를 위하여 필요하면 ① 현지확인을 하거나, ② 서류제출을 요구할 수 있으며, ③ 지방자치단체의 장 또는 관계공무원이나 그 사무에 관계되는 자를 출석하게 하여 증인으로서 선서한 후 증언하게 하거나, ④ 참고인으로서 의견의 진술을 요구할 수 있고(지자법 제49조 제4항), 이때 증언에서 거짓증언을 한 자는 고발할 수 있으며, 제4항에 따라 서류제출을 요구받은 자가 정당한 사유 없이 서류를 정해진 기한까지 제출하지 아니한 경우, 같은 항에 따라 출석요구를 받은 증인이 정당한 사유 없이 출석하지 아니하거나 선서 또는 증언을 거부한 경우에는 500만원 이하의 과태료를 부과할 수 있다(지자법 제49조 제5항).[1] 그리고 이상에서 언급한 과태료의 부과절차는 지방자치법 제34조의 규정에 따르고(지자법 제49조 제6항), 선서·증언·감정 등에 관한 절차는 국회에서의 증언·감정 등에 관한 법률에 준하여 대통령령으로 정한다(지자법 제49조 제7항).

(5) **단체·기관위임사무의 감사**

392 (가) **현행법의 태도** 지방자치단체 및 그 장이 위임받아 처리하는 국가사무와 시·도의 사무에 대하여 국회와 시·도의회가 직접 감사하기로 한 사무 외에는 그 감사를 각각 해당 시·도의회와 시·군 및 자치구의회가 행할 수 있다(지자법 제49조 제3항 제1문).

▮참고▮ 국정감사와 지방자치단체

393 ① 지방자치단체 중 특별시·광역시·도는 국회의 감사대상기관이다(국정감사 및 조사에 관한 법률 제7조 제2호 본문). 지방자치단체 중 특별시·광역시·도를 제외한 지방자치단체는 국회의 본회의가 특히 필요하다고 의결한 경우에 한하여 감사대상기관이 된다(국정감사 및 조사에 관한 법률 제7조 제4호). ② 감사범위는 국가위임사무와 국가가 보조금 등 예산을 지원하는 사업으로 한다(국정감사 및 조사에 관한 법률 제7조 제2호 단서). 지방자치단체에 대한 감사는 2 이상의 위원회가 합동으로

---

1) 대판 1997. 2. 25, 96추213(조례안이 지방의회의 감사 또는 조사를 위하여 출석요구를 받은 증인이 5급 이상 공무원인지 여부, 기관(법인)의 대표나 임원인지 여부 등 증인의 사회적 신분에 따라 미리부터 과태료의 액수에 차등을 두고 있는 경우, 그와 같은 차별은 증인의 불출석이나 증언거부에 대하여 과태료를 부과하는 목적에 비추어 볼 때 그 합리성을 인정할 수 없고 지위의 높고 낮음만을 기준으로 한 부당한 차별대우라고 할 것이어서 헌법에 규정된 평등의 원칙에 위배되어 무효이다).

반을 구성하여 이를 행할 수 있다(국정감사 및 조사에 관한 법률 제7조의2).

(나) 취　지　　비록 사무의 단체·기관위임이 있었다고 하여도 국가사무는 국회, 시·도의 사무는 시·도의회가 감사하는 것이 논리적이다. 그럼에도 현행법이 수임지방자치단체의 의회가 단체·기관위임사무에 대해 감사할 수 있는 가능성을 열어 두고 있는 것은 감사의 중복(국회감사·자체감사·감사원감사 등)으로 인한 혼란과 낭비를 제거하기 위한 것이라 하겠다. 394

(다) 성　질　　시·도의회나 시·군 및 자치구의회에 의한 단체·기관위임사무의 감사는 국회나 시·도의회의 위임에 의한 것이 아니다. 그것은 국회나 시·도의회가 직접 감사할 것을 정하지 않는 한, 지방자치법 제49조 제3항으로부터 직접 나온다. 따라서 시·도의회나 시·군 및 자치구의회의 단체·기관위임사무에 대한 감사는 법률의 규정에 따른 사무의 성질을 갖는 셈이 된다. 395

(라) 자료의 요구　　국회나 시·도의회가 감사하기로 한 사무가 아니어서 시·도의회나 시·군 및 구의회가 단체·기관위임사무에 대하여 감사한 경우, 국회와 시·도의회는 그 감사결과에 대하여 그 지방의회에 필요한 자료를 요구할 수 있다(지자법 제49조 제3항). 그것은 원래 국회나 시·도의회의 사무인 것이기 때문이다. 396

(마) 감사의 방법　　감사의 방법은 앞에서 언급한 통상의 행정사무감사·조사의 경우와 같다(지자법 제49조 제7항). 397

(6) 행정사무 감사 또는 조사 보고의 처리　　지방의회는 본회의의 의결로 감사 또는 조사 결과를 처리한다(지자법 제50조 제1항). 지방의회는 감사 또는 조사 결과 해당 지방자치단체나 기관의 시정이 필요한 사유가 있을 때에는 시정을 요구하고, 그 지방자치단체나 기관에서 처리함이 타당하다고 인정되는 사항은 그 지방자치단체나 기관으로 이송한다(지자법 제50조 제2항). 지방자치단체나 기관은 제2항에 따라 시정 요구를 받거나 이송받은 사항을 지체 없이 처리하고 그 결과를 지방의회에 보고하여야 한다(지자법 제50조 제3항). 397a

2. 행정사무처리의 보고와 질문·응답

① 지방자치단체의 장이나 관계 공무원은 지방의회나 그 위원회에 출석하여 행정사무의 처리상황을 보고하거나 의견을 진술하고 질문에 답변할 수 있다(지자법 제51조 제1항). ② 지방자치단체의 장이나 관계 공무원은 지방의회나 그 위원회가 요구하면 출석·답변하여야 한다. 다만, 특별한 이유가 있으면 지방자 398

치단체의 장은 관계 공무원에게 출석·답변하게 할 수 있다(지자법 제51조 제2항). ③ 제1항이나 제2항에 따라 지방의회나 그 위원회에 출석하여 답변할 수 있는 관계 공무원은 조례로 정한다(지자법 제51조 제3항).

3. 서류제출요구

399 ① 본회의나 위원회는 그 의결로 안건의 심의와 직접 관련된 서류의 제출을 해당 지방자치단체의 장에게 요구할 수 있다(지자법 제48조 제1항). ② 위원회가 제1항의 요구를 할 때에는 지방의회의 의장에게 그 사실을 보고하여야 한다(지자법 제48조 제2항). ③ 제1항에도 불구하고 폐회 중에는 지방의회의 의장이 서류의 제출을 해당 지방자치단체의 장에게 요구할 수 있다(지자법 제48조 제3항). ④ 제1항 또는 제3항에 따라 서류제출을 요구할 때에는 서면, 전자문서 또는 컴퓨터의 자기테이프·자기디스크, 그 밖에 이와 유사한 매체에 기록된 상태 등 제출 형식을 지정할 수 있다(지자법 제48조 제4항).

4. 결산의 승인

400 (1) 의 의 지방자치단체의 장은 출납 폐쇄 후 80일 이내에 결산서와 증빙서류를 작성하고 지방의회가 선임한 검사위원의 검사의견서를 첨부하여 다음 연도 지방의회의 승인을 받아야 한다(지자법 제150조 제1항 제1문). 지방자치단체의 장은 제1항에 따른 승인을 받으면 5일 이내에 시·도에서는 행정안전부장관에게, 시·군 및 자치구에서는 시·도지사에게 각각 보고하고 그 내용을 고시하여야 한다(지자법 제150조 제2항).

400a (2) **시정요구** 결산의 심사결과 위법 또는 부당한 사항이 있는 경우에 지방의회는 본회의 의결 후 지방자치단체 또는 해당 기관에 변상 및 징계 조치 등 그 시정을 요구하고, 지방자치단체 또는 해당 기관은 시정요구를 받은 사항을 지체 없이 처리하여 그 결과를 지방의회에 보고하여야 한다(지자법 제150조 제1항 제2문).

5. 인사청문

400b 지방자치단체의 장은 다음 각 호(1. 제123조 제2항에 따라 정무직 국가공무원으로 보하는 부시장·부지사, 2. 「제주특별자치도 설치 및 국제자유도시 조성을 위한 특별법」 제11조에 따른 행정시장, 3. 「지방공기업법」 제49조에 따른 지방공사의 사장과 같은 법 제76조에 따른 지방공단의 이사장, 4. 「지방자치단체 출자·출연 기관의 운영에 관한 법률」 제2조 제1항 전단에 따른 출자·출연 기관의 기관장)의 어느 하나에 해당하는 직위 중 조례로 정하

는 직위의 후보자에 대하여 지방의회에 인사청문을 요청할 수 있다(지자법 제47조의2 제1항). 지방의회의 의장은 제1항에 따른 인사청문 요청이 있는 경우 인사청문회를 실시한 후 그 경과를 지방자치단체의 장에게 송부하여야 한다(지자법 제47조의2 제2항). 그 밖에 인사청문회의 절차 및 운영 등에 필요한 사항은 조례로 정한다(지자법 제47조의2 제3항). 인사청문제도는 2023. 3. 21. 개정 지방자치법에 신설되었다.

Ⅳ. 일반사무에 관한 의결권한

지방의회는 ① 대통령령으로 정하는 공공시설의 설치·처분, ② 청원의 수 401
리와 처리, ③ 그 밖의 법령에 따라 그 권한에 속하는 사항, ④ 그 밖에 조례로 정하는 바에 따라 지방의회에서 의결되어야 할 사항에 대하여 의결권을 갖는다(지자법 제47조 제1항 제7호·제9호·제11호, 제2항). 그리고 ⑤ 결산과 관련하여 검사위원을 선임한다(지자법 제151조 제1항).

Ⅴ. 지방의회내부에 관한 권한

지방의회는 자신의 조직·활동 및 내부사항에 대해서 자주적으로 이를 정할 수 있는 자율권을 가진다. 지방의회에 자율권이 인정되는 것은 지방의회가 그 기능을 충분히 발휘할 수 있게 하기 위함이다.

1. 내부운영의 자율권(의회규칙)

지방의회의 운영은 지방자치법에 따르게 된다. 내부운영에 관하여 지방자 402
치법에서 정한 것 외에 필요한 사항을 '규칙'으로 정할 수 있다(지자법 제52조). 지방의회의 운영에 관하여 지방자치법이 스스로 규정하고 있는 예로 "지방의회의 개회·휴회·폐회와 회기는 지방의회가 의결로 이를 정한다"는 규정을 볼 수 있다(지자법 제56조 제1항).

2. 내부경찰권

(1) **회의의 질서유지** ① 지방의회의 의장이나 위원장은 지방의회의원이 403
본회의나 위원회의 회의장에서 이 법이나 회의규칙에 위배되는 발언이나 행위를 하여 회의장의 질서를 어지럽히면 경고 또는 제지를 하거나 발언의 취소를 명할 수 있다(지자법 제94조 제1항). ② 지방의회의 의장이나 위원장은 제1항의 명에 따르지 아니한 지방의회의원이 있으면 그 지방의회의원에 대하여 당일의 회의에서 발언하는 것을 금지하거나 퇴장시킬 수 있다(지자법 제94조 제2항). ③ 지방의회의 의장이나 위원장은 회의장이 소란하여 질서를 유지하기 어려우면 회의를 중지하거나 산회를 선포할 수 있다(지자법 제94조 제3항). 의장이나 위원장이 갖는 이러한 권한은 내부경찰권의 성질을 갖는다.

403a (2) **방청인에 대한 단속** 방청인은 의안에 대하여 찬성·반대를 표명하거나 소란한 행위를 하여서는 아니 된다(지자법 제97조 제1항). 지방의회의 의장은 회의장의 질서를 방해하는 방청인의 퇴장을 명할 수 있으며, 필요하면 경찰관서에 인도할 수 있다(지자법 제97조 제2항). 지방의회의 의장은 방청석이 소란하면 모든 방청인을 퇴장시킬 수 있다(지자법 제97조 제3항). 제1항부터 제3항까지에서 규정한 사항 외에 방청인 단속에 필요한 사항은 회의규칙으로 정한다(지자법 제97조 제4항). 의장이 갖는 이러한 권한은 내부경찰권의 성질을 갖는다.

3. 내부조직권

404 ① 지방의회는 의장과 부의장을 선출하며(지자법 제57조 제1항), 임시의장도 선출한다(지자법 제60조). 그 밖에 지방의회는 지방의회의 의장이나 부의장이 법령을 위반하거나 정당한 사유 없이 직무를 수행하지 아니하면 불신임을 의결할 수 있다(지자법 제62조 제1항). 불신임의결이 있는 때에는 의장 또는 부의장은 그 직에서 해임된다(지자법 제62조 제3항). ② 지방의회는 조례가 정하는 바에 의하여 위원회를 둘 수 있고(지자법 제64조 제1항), 위원회의 위원을 선임한다(지자법 제64조 제3항). ③ 지방의회는 조례로써 사무기구를 설치하고 사무직원을 둘 수 있다(지자법 제102조~제104조).

4. 지방의회의원의 신분에 관한 심사

405 (1) **자격심사** 지방의회의원은 다른 의원의 자격에 대하여 이의가 있으면 재적의원 4분의 1 이상의 찬성으로 지방의회의 의장에게 자격심사를 청구할 수 있다(지자법 제91조 제1항). 심사 대상인 지방의회의원은 자기의 자격심사에 관한 회의에 출석하여 의견을 진술할 수 있으나, 의결에는 참가할 수 없다(지자법 제91조 제1항). 제91조 제1항의 심사 대상인 지방의회의원에 대한 자격상실 의결은 재적의원 3분의 2 이상의 찬성이 있어야 한다(지자법 제92조 제1항). 심사 대상인 지방의회의원은 제1항에 따라 자격상실이 확정될 때까지는 그 직을 상실하지 아니한다(지자법 제92조 제2항).

406 (2) **징 계**

(가) **징계의 사유와 요구절차** 지방의회는 지방의회의원이 이 법이나 자치법규에 위배되는 행위를 하면 윤리특별위원회의 심사를 거쳐 의결로써 징계할 수

있다(지자법 제98조). 지방의회의 의장은 제98조에 따른 징계대상 지방의회의원이 있어 징계 요구를 받으면 윤리특별위원회에 회부한다(지자법 제99조 제1항). 제95조 제1항을 위반한 지방의회의원에 대하여 모욕을 당한 지방의회의원이 징계를 요구하려면 징계사유를 적은 요구서를 지방의회의 의장에게 제출하여야 한다(지자법 제99조 제2항). 지방의회의 의장은 제2항의 징계 요구를 받으면 윤리특별위원회에 회부한다(지자법 제99조 제3항).

(나) **징계의 종류 등** 징계의 종류는 다음(1. 공개회의에서의 경고, 2. 공개회의에서의 사과, 3. 30일 이내의 출석정지, 4. 제명)과 같다(지자법 제100조 제1항). 제1항 제4호에 따른 제명 의결에는 재적의원 3분의 2 이상의 찬성이 있어야 한다(지자법 제100조 제2항). 징계에 관하여 이 법에서 정한 사항 외에 필요한 사항은 회의규칙으로 정한다(지자법 제101조). 징계는 일종의 행정행위로서 행정소송의 대상이 된다고 보며, 아울러 행정소송법이 적용된다고 볼 것이다. 이것은 판례의 입장이기도 하다.[1)]

(3) **사직허가** 지방의회는 그 의결로 소속 지방의회의원의 사직을 허가할 407
수 있다. 다만 폐회중에는 지방의회의 의장이 이를 허가할 수 있다(지자법 제89조).

제 4 항 조례제정권[2)]

Ⅰ. 조례의 관념

1. 의 의

헌법 제117조 제1항은 지방자치단체가 법령의 범위 안에서 자치에 관한 규 408
정을 제정할 수 있음을 규정하고 있다. 자치에 관한 규정 중 지방의회가 제정하는 조례는 지방자치단체가 자기책임으로 임무를 수행하기 위한 전형적인 도구이다. 조례는 주민에 대하여 발하는 일반추상적인 규율이지만, 규율내용의 일반추상성이 필수적인 특징이라고 볼 수는 없다. 조례는 구체적인 사항을 규정할 수도 있다. 외부적 효과를 가져야만 조례인 것은 아니다. 내부적인 효과만을 갖는 조례도 있을 수 있다. 지방자치단체의 사무에 관한 조례와 규칙 중 조례가 상위규범이다.[3)] 독일에서는 조례가 기본조례와 일반조례로 구분되고,

1) 대판 1993. 11. 26, 93누7341(지방자치법 제78조 내지 제81조의 규정에 의거한 지방의회의 의원징계의결은 그로 인해 의원의 권리에 직접 법률효과를 미치는 행정처분의 일종으로서 행정소송의 대상이 되고, 그와 같은 의원징계의결의 당부를 다투는 소송의 관할법원에 관하여는 동법에 특별한 규정이 없으므로 일반법인 행정소송법의 규정에 따른다).
2) 조례제정권에 관해 자세한 것은 졸저, 신지방자치법(제5판), 293쪽 이하를 보라.

기본조례는 일반조례의 상위이며, 기본조례에 반하는 일반조례는 위법한 것이 된다.[1]

2. 성 질

409 (1) 실질적 의미의 법률(법규) 조례는 기본적으로 불특정다수인에 대해 구속력을 갖는 법규이다. 그것은 형식적 의미의 법률은 아니지만 실질적 의미의 법률에 해당한다. 조례의 구속력은 해당 지방자치단체의 모든 주민과 모든 기관 그리고 감독청과 법원에도 미친다. 외부적 구속효를 갖지 않는 조례도 있음은 이미 본 바와 같다. 조례는 일정 구역에서만 효력을 갖는다는 의미에서 지역법이고 지방자치단체 스스로의 의사에 기한 지방자치단체의 고유의 법이라는 의미에서 자주법이다.

(2) 전래적 입법

(가) 조례자주입법설

409a 1) 고유권설에 입각한 조례자주입법설 조례제정권은 원시적인 권리로서 국가의 위임을 요하지 않는 권리이고, 헌법 제117조 제1항은 이러한 조례제정권을 지방자치제의 제도적 보장의 한 내용으로 규정한 것으로 보아야 한다는 견해이다.[2] 따라서 지방자치단체의 고유사무에 관한 한 조례의 전권사항이라는 입장이다.[3] 이 견해는 지방자치단체의 자치권은 자연권적 고유권이라는 인식을 전제로 한다.

409b 2) 전래설에 입각한 조례자주입법설 지방자치단체의 자치입법권은 시원적인 것이 아니라 국가로부터 전래된 것으로서 법률이 지방자치의 본질을 침해하지 않는 한 법령이 조례에 우선한다는 견해이다.[4] 달리 말하면 조례제정권은 국가로부터 전래된 것이므로 자치사무(고유사무)에 관한 조례도 법령을 위반할 수 없지만, 법령의 개별적인 위임이 없다고 하여도 조례를 제정할 수 있다는 견해이다.[5] 즉 행정입법에 적용되는 법률의 우위의 원칙은 조례에 그대로 적용되지만, 법률의 유보의 원칙은 그대로 적용되는 것은 아니라는 견해이다.

409c (나) 전래설에 따른 조례위임입법설 이 견해는 지방자치단체의 모든 권능은

3) 대판 1995. 7. 11, 94누4615(지방자치단체의 사무에 관한 조례와 규칙은 조례가 보다 상위규범이라고 할 수 있다).

1) T. I. Schmidt, Kommunalrecht(2. Aufl.), § 8, Rn. 301.

2) 류지태, 지방자치법주해, 135쪽.

3) 김재광, "지방분권개혁과 조례제정권의 범위," 지방자치법연구, 통권 제10호, 101쪽 참조.

4) 신봉기, "자치입법권의 범위와 실효성확보방안," 지방자치법연구, 통권 제2호, 85쪽; 김동희, 행정법 Ⅱ, 85쪽.

5) 김재광, "지방분권개혁과 조례제정권의 범위," 지방자치법연구, 통권 제10호, 101쪽.

국가권력으로부터 전래된 것이므로 조례제정권도 당연히 국가권력으로부터 나오는 것으로 본다. 따라서 이 견해는 조례와 행정입법은 본질적으로 차이가 없고, 따라서 조례도 행정입법에 적용되는 법률의 우위의 원칙과 법률의 유보의 원칙이 그대로 적용된다는 견해이다.[1)]

(다) 사 견 국가만이 고권을 독점하고,[2)] 국가만이 국가권력의 연원이며, 특히 민주헌법국가에서 국가권력도 성문헌법을 통하여 국민으로부터 나온다는 것이 근대국가의 본질적인 특징이라는 점에 대하여 이설이 없다. 이러한 입장에 따르면 지방자치단체와 그 기관의 임무범위는 헌법에서 근거되는 것이고 따라서 자치권·자치입법권 또한 시원적인 것이 아니라 전래적인 것이 된다.[3)] 말하자면 법률이 본래적 법원임에 반하여, 조례는 법령의 범위내에서 또는 법령의 위임에 의하여 이루어진다는 의미에서 전래적 법원이다. 다만, 조례는 민주적 정당성을 가진 지방의회에 의해 제정되는 것이므로 법령의 위임이 반드시 구체적이어야 하는 것은 아니고 추상적이어도 가능하다는 점을 유념할 필요가 있다(수정 조례위임입법설). 409d

3. 법규명령과의 구분

410 조례와 법규명령(대통령령·총리령·부령 등)은 모두 행정주체에 의한 입법이지만 형성대상에 대한 권한의 귀속에 차이가 있다. 법규명령발령권은 권한상 국가의 영역에 귀속하는 것이나, 조례제정권은 지방자치단체의 권한에 속하며 자기책임으로 행사되는 것이다. 조례제정은 자치를 의미하나, 법규명령의 제정은 타율적인 법정립을 의미한다. 따라서 양자는 규율대상이 아니라, 법정립권능의 성질 여하에 따라 기본적인 차이가 난다. 이 때문에 법규명령은 발령시마다 특별한 법률상의 근거를 요하는 것이나(헌법 제75조·제95조), 조례는 일반적인 수권(포괄적인 수권)으로도 이루어진다. 그리고 법률로 조례에 위임하는 경우에도 구체적으로 범위를 정하여야 하는 것은 아니다.[4)] 이것은 조례제정기관인 지방의회

---

1) 이상규, 신행정법론(하), 160쪽.

2) Zippelius, Allgemeines Staatsrecht, Kapitel Ⅲ, 9 Ⅲ.

3) Keller, Die staatliche Genehmigung von Rechtsakten der Selbstverwaltungsträger, 1976, S. 54; Meyer, Kommunalrecht, S. 16.

4) 헌재 2004. 9. 23, 2002헌바76(지방자치단체는 헌법상 자치입법권이 인정되고, 법령의 범위 안에서 그 권한에 속하는 모든 사무에 관하여 조례를 제정할 수 있다는 점과 조례는 선거를 통하여 선출된 그 지역의 지방의원으로 구성된 주민의 대표기관인 지방의회에서 제정되므로 지역적인 민주적 정당성까지 갖고 있다는 점을 고려하면, 조례에 위임할 사항은 헌법 제75조 소정의 행정입법에 위임할 사항보다 더 포괄적이어도 헌법에 반하지 않는다고 할 것이다).

[참고조문] 하수도법 제61조(원인자부담금 등) ② 공공하수도관리청은 대통령령이 정하는 타공사 또는 공공하수도의 신설·증설 등을 수반하는 개발행위(이하 "타행위"라 한다)로 인하여

가 민주적으로 선출·구성되는 기관인 까닭이다. 그러나 개별적 수권과 구체적 위임이 필요하다는 견해도 있다.[1)]

4. 근 거

411 지방자치단체가 자치입법권을 가진다는 것은 권력분립원칙위반의 헌법위반이 아니라 바로 헌법에서 명문으로 그 근거가 주어져 있다(헌법 제117조 제1항). 조례에 관한 규정인 지방자치법 제28조는 헌법 제117조의 제1항의 구체화일 뿐이다. 헌법이 지방적인 의미를 갖는 법규범의 정립권한을 지방자치단체에 부여한 것은 규범의 정립자와 규범의 수범자간의 간격을 줄임으로써 사회적인 힘을 활성화하게 하고, 지역적인 특성의 고려하에 탄력적인 규율을 가능하게 하고, 국가입법기관의 부담을 경감하게 하려는 데 있다. 따라서 법률에서 조례규정사항으로 정한 결과, 지방자치단체별로 상이한 조례가 나타나는 것은 당연한 현상이다.[2)]

5. 법치행정의 원칙(행정의 법률적합성의 원칙)과의 관계

412 헌법 제117조 제1항은 "지방자치단체는 … 법령의 범위 안에서 자치에 관한 규정을 제정할 수 있다"고 규정하고 있다.[3)] 행정기본법 제8조는 법치행정의 원칙이라는 제목 하에 "행정작용은 법률에 위반되어서는 아니 되며, 국민의 권리를 제한하거나 의무를 부과하는 경우와 그 밖에 국민생활에 중요한 영향을 미치는 경우에는 법률에 근거하여야 한다"고 규정하고 있다. 지방자치단체의 자치입법은 행정의 한 부분이므로 당연히 헌법 제117조 제1항과 행정기본법 제8조의 적용을 받는다. 행정기본법 제8조는 헌법 제117조 제1항의 구체화의 의미를 갖는다. 달리 말하면, 행정기본법 제8조를 헌법 제117조 제1항과 관련하여

필요하게 된 공공하수도에 관한 공사에 소요되는 비용의 전부 또는 일부를 타공사 또는 타행위의 비용을 부담하여야 할 자에게 부담시키거나 필요한 공사를 시행하게 할 수 있다.

③ 제1항 및 제2항의 규정에 따른 원인자부담금의 산정기준·징수방법 그 밖의 필요한 사항은 당해 지방자치단체의 조례로 정한다.

1) 이광윤, 의회유보와 조례에 대한 위임의 정도, 법률신문, 2003. 9. 18, 15쪽.

2) 헌재 2016. 5. 26, 2014헌마374.

3) 대판 2023. 7. 13, 2022추5149(지방자치법 제28조 제1항 본문 중 '법령의 범위에서'란 '법령에 위반되지 않는 범위 내에서'를 가리키므로 지방자치단체가 제정한 조례가 법령에 위반되는 경우에는 효력이 없다); 대판 2022. 10. 27, 2022추5026(구 지방자치법 제22조 본문은 "지방자치단체는 법령의 범위 안에서 그 사무에 관하여 조례를 제정할 수 있다."라고 규정한다. 이때 '법령의 범위 안에서'는 '법령에 위반되지 않는 범위 안에서'를 의미하므로 지방자치단체가 제정한 조례가 법령에 위반되는 경우에는 효력이 없다. 조례가 법령에 위반되는지 여부는 법령과 조례의 각 규정 취지, 규정의 목적과 내용 및 효과 등을 비교하여 양자 사이에 모순·저촉이 있는지 여부에 따라 개별적·구체적으로 판단하여야 한다).

고려하면, 지방자치단체의 자치에 관한 규정은 행정기본법 제8조 전단이 규정하는 법률의 우위의 원칙과 제8조 후단이 규정하는 법률의 유보의 원칙의 적용을 받는다. 강학상 법률의 우위의 원칙과 법률의 유보의 원칙을 합하여 행정의 법률적합성의 원칙이라 부른다.[1] 이하에서 조례와 법률의 우위의 원칙과 법률의 유보의 원칙과의 관계를 분석하기로 한다.

(1) 법률의 우위의 원칙과의 관계

(가) 의 의 법률의 우위의 원칙은 조례에도 적용된다.[2] 법률에서 정함 413
이 없는 사항에 대해서는 조례로 정할 수 있다는 법률선점이론도[3] 법률의 우위의 원칙을 위반할 수는 없다. 법률의 우위의 원칙에 반하는 조례는 무효이다.

(나) 법률우위의 원칙의 위반 여부의 판단기준

1) 조례규율 대상에 관해 법령상 규정이 없는 경우 조례로 규율하려는 사 413a
항이 수익적이지만 법령에 규정이 없는 경우에는 지방자치법 제28조(구법 제22조) 단서의 법률유보의 원칙에 반하지 않는 한 조례로서 규정할 수 있다. 한편, 지방의회가 집행기관을 통제하는 것을 내용으로 하는 조례의 경우에는 지방의회와 집

---

1) 졸저, 행정법원론(상), 옆번호 260 이하 참조.

2) 대판 2013. 9. 27, 2011두20734('법령의 범위 안에서'란 '법령에 위배되지 아니하는 범위 내에서'를 말하고, 지방자치단체가 제정한 조례가 법령에 위배되는 경우에는 효력이 없다. 나아가 조례가 법령에 위배되는지는 법령과 조례의 각각의 규정 취지, 규정의 목적과 내용 및 효과 등을 비교하여 양자 사이에 모순·저촉이 있는지에 따라서 개별적·구체적으로 결정하여야 한다); 대판 1997. 4. 25, 96추244(지방자치단체는 법령에 위반되지 아니하는 범위 내에서 그 사무에 관하여 조례를 제정할 수 있는 것이고, 조례가 규율하는 특정사항에 관하여 그것을 규율하는 국가의 법령이 이미 존재하는 경우에도 조례가 법령과 별도의 목적에 기하여 규율함을 의도하는 것으로서 그 적용에 의하여 법령의 규정이 의도하는 목적과 효과를 전혀 저해하는 바가 없는 때, 또는 양자가 동일한 목적에서 출발한 것이라고 할지라도 국가의 법령이 반드시 그 규정에 의하여 전국에 걸쳐 일률적으로 동일한 내용을 규율하려는 취지가 아니고 각 지방자치단체가 그 지방의 실정에 맞게 별도로 규율하는 것을 용인하는 취지라고 해석되는 때에는 그 조례가 국가의 법령에 위반되는 것은 아니다).

3) 법률선점이론이란 법률로 규율하는 영역에 대하여 조례가 다시 동일한 목적으로 규율하는 것은 법률이 이미 선점한 영역을 침해하는 것이므로 법률에서 특별한 위임이 없는 한 허용되지 않는다는 이론을 말한다. 국법선점이론이라고도 한다. 법률선점이론은 일본에서 폭넓게 논의되어 온 이론이다.
법률선점이론은 주민주권론의 근거가 되는 일본국헌법 제95조(하나의 지방공공단체만에 적용되는 특별법은, …그 지방공공단체의 주민투표에 있어서 그 과반수의 동의를 얻지 아니하면 국회는 이것을 제정할 수 없다)를 바탕으로 하는 것으로 보인다(杉原 太雄, 地方自治の憲法的基礎, 지방자치법연구, 한국지방자치법학회, 제2권 제2호(2002.12), 39쪽 이하 참조). 일본국헌법 제95조로 인해 일본에서는 조례로 국민의 자유와 권리를 제한할 수 있는 가능성이 열린다. 일본국헌법 제95조와 같은 헌법조문을 갖지 아니하는 우리나라에서 일본식의 법률선점이론이 그대로 적용되기는 어렵다. 우리의 경우에는 헌법 제37조 제2항으로 인해 법률의 근거 없이 조례만으로 주민의 자유와 권리를 제한할 수는 없다. 일설이 "법률선점이론은 법치행정의 원칙(행정의 법률적합성의 원칙)에서 당연히 도출되는 이론"이라 하나(김홍대, 지방자치입법론, 172쪽) 동의하기 어렵다.

행기관의 상호견제의 원리를 깨뜨리지 아니하는 범위 안에서 규정할 수 있다.[1)]

413b **2) 조례규율 대상에 관해 법령상 규정이 있는 경우** ① 조례와 법령이 동일한 사항을 규율하는 경우에도 서로 다른 목적으로 규정하는 경우에는 지방자치법 제28조에 반하지 않는 한 조례를 제정할 수 있다. 즉 주민의 권리제한·의무부과사항을 조례로 규정하기 위해서는 상위법령의 위임이 있어야 하고, 상위법령의 내용에 반하지 않아야 한다. ② 조례와 법령이 입법목적이 동일하나 법령이 정하지 아니한 사항을 조례로 정하는 경우(추가조례)에는 수익적 행정의 경우에는 재정법상 문제가 없으면 조례로 규정할 수 있지만, 침익적 행정행위의 경우에는 지방자치법 제28조 단서에 따라 법률의 근거가 있어야 한다. ③ 조례와 법령이 동일한 사항을 규율하고 입법목적도 동일한 경우에 법령이 정한 요건을 강화하는 기준을 정하는 조례가 ⓐ 침익적 행정에 대한 것이면 그러한 조례는 인정할 수 없다.[2)] 다만 법령이 전국적으로 일률적인 규율을 하려는 취지가 아

1) 대판 2021. 9. 16, 2020추5138(지방자치법상 지방자치단체의 집행기관과 지방의회는 서로 분립되어 각기 그 고유 권한을 행사하되 상호 견제의 범위 내에서 상대방의 권한 행사에 대한 관여가 허용된다. 지방의회는 집행기관의 고유 권한에 속하는 사항의 행사에 관하여 사전에 적극적으로 개입하는 것은 허용되지 않으나, 견제의 범위 내에서 소극적·사후적으로 개입하는 것은 허용된다); 대판 2007. 2. 9, 2006추45(지방자치법은 지방의회와 지방자치단체의 장에게 독자적 권한을 부여하고 상호견제와 균형을 이루도록 하고 있으므로, 지방의회는 법률에 특별한 규정이 없는 한 견제의 범위를 넘어서 상대방의 고유권한을 침해하는 내용의 조례를 제정할 수 없다. 정부업무평가기본법 제18조에서 지방자치단체의 장의 권한으로 정하고 있는 자체평가업무에 관한 사항에 대하여 지방의회가 견제의 범위 내에서 소극적·사후적으로 개입한 정도가 아니라 사전에 적극적으로 개입하는 내용을 지방자치단체의 조례로 정하는 것은 허용되지 않는다).

2) 대판 1997. 4. 25, 96추251(자동차관리법 및 자동차등록령은 그 법 제5조에서 자동차등록원부에 등록한 후가 아니면 자동차(이륜자동차 제외)를 운행할 수 없도록 규정한 다음 그 법 제9조, 제11조 제2항, 제12조 제6항과 그 영 제17조에서 자동차등록(신규·변경·이전)의 거부사유를 열거하면서 차고지를 확보하지 아니한 것(차고지확보 입증서류의 미제출)을 그 거부사유로 들고 있지 아니하고 달리 조례로 별도의 등록거부사유를 정할 수 있도록 위임하고 있지도 아니하므로, 하위법령인 조례로서 위 법령이 정한 자동차 등록기준보다 더 높은 수준의 기준(차고지 확보)을 부가하고 있는 이 사건 조례안 제4조, 제5조는 자동차관리법령에 위반된다고 할 것이다. 또한 자동차운수사업법령 및 시행규칙은 그 법 제4조에서 사업용자동차를 사용하여 여객과 화물을 유상으로 운송하는 자동차운송사업을 경영하고자 하는 자는 면허를 받도록 규정하고 그 법 제56조 제1항과 그 영 제8조에서 자가용자동차 중 승차정원 16인 이상의 승합자동차와 적재정량 2.5t 이상의 화물자동차를 사용하여 여객과 화물을 운송하려는 자는 사용신고를 하도록 규정한 다음 그 법 제6조 제1항 제3호, 그 시행규칙 제10조 제2항 제3호, 제13조[별표 1]의 3에서 자동차운송사업면허를 받으려는 자는 자동차의 종류에 따라 차량 1대당 10m2 내지 40m2 규모의 차고를 확보하여야 하도록 규정하고 그 시행규칙 제56조 제2항에서 위 자가용자동차의 사용신고를 하려는 자에게 차고지확보서류를 신청서에 첨부하여 제출하도록 규정하며 달리 조례로 차고지확보의 대상 및 기준을 정할 수 있도록 위임하고 있지도 아니하므로, 하위법령인 조례로서 차고지확보의 대상을 위 법령이 정한 것보다 확대하고(자가용자동차 중 승차정원 16인 미만의 승합자동차와 적재정량 2.5t 미만의 화물자동차에까지) 또한 확보해야 할 차고지의 면적 등을 조례안시행규칙이 정하는 바에 따라 위 법령이 정한 기준보다 확대 또는 감축할 수 있도록 하는 이 사건 조례안 제4조는 자동차운수사업법령에 위반된다).

니고 법령은 규제의 최소기준만을 정하고 각 지방자치단체가 그 지방의 실정에 맞게 별도로 규율하려는 것을 용인하려는 취지라고 해석되는 때에는 그 조례는 법령에 반하지 않는다는 것이 일반적 견해이자 판례이다.[1] 학설은 판례를 학설과 동일한 태도를 취하는 것으로 보고 있으나 판례에서 문제된 사안은 수익적 조례임에 유의하여야 한다. 한편 ⓑ 수익적 행정의 경우, 법령이 정한 급부조건을 강화하는 조례는 침익적이므로 허용되지 않지만 급부조건을 완화하는 조례는 법령이 최소한의 기준만을 정하고 있고 지방의 실정에 맞게 규율하려는 것을 허용하는 취지라고 해석되는 경우에는 인정될 수 있을 것이다.[2]

▮참고▮ 법률의 우위의 원칙을 위반한 조례 모음

[1] (지방의회가 선임한 검사위원이 결산에 대한 검사 결과, 필요한 경우 결산검사의견서에 추징, 환수, 변상 및 책임공무원에 대한 징계 등의 시정조치에 관한 의견을 담을 수 있고, 그 의견에 대하여 시장이 시정조치 결과나 시정조치 계획을 의회에 알리도록 하는 내용의 개정조례안의 위법을 다툰 개정조례안재의결무효확

---

1) 대판 1997. 4. 25, 96추244(지방자치단체는 법령에 위반되지 아니하는 범위 내에서 그 사무에 관하여 조례를 제정할 수 있는 것이고, 조례가 규율하는 특정사항에 관하여 그것을 규율하는 국가의 법령이 이미 존재하는 경우에도 조례가 법령과 별도의 목적에 기하여 규율함을 의도하는 것으로서 그 적용에 의하여 법령의 규정이 의도하는 목적과 효과를 전혀 저해하는 바가 없는 때, 또는 양자가 동일한 목적에서 출발한 것이라고 할지라도 국가의 법령이 반드시 그 규정에 의하여 전국에 걸쳐 일률적으로 동일한 내용을 규율하려는 취지가 아니고 각 지방자치단체가 그 지방의 실정에 맞게 별도로 규율하는 것을 용인하는 취지라고 해석되는 때에는 그 조례가 국가의 법령에 위반되는 것은 아니다. …조례안의 내용은 생활유지의 능력이 없거나 생활이 어려운 자에게 보호를 행하여 이들의 최저생활을 보장하고 자활을 조성함으로써 구민의 사회복지의 향상에 기여함을 목적으로 하는 것으로서 생활보호법과 그 목적 및 취지를 같이 하는 것이나, 보호대상자 선정의 기준 및 방법, 보호의 내용을 생활보호법의 그것과는 다르게 규정함과 동시에 생활보호법 소정의 자활보호대상자 중에서 사실상 생계유지가 어려운 자에게 생활보호법과는 별도로 생계비를 지원하는 것을 그 내용으로 하는 것이라는 점에서 생활보호법과는 다른 점이 있고, 당해 조례안에 의하여 생활보호법 소정의 자활보호대상자 중 일부에 대하여 생계비를 지원한다고 하여 생활보호법이 의도하는 목적과 효과를 저해할 우려는 없다고 보여지며, 비록 생활보호법이 자활보호대상자에게는 생계비를 지원하지 아니하도록 규정하고 있다고 할지라도 그 규정에 의한 자활보호대상자에게는 전국에 걸쳐 일률적으로 동일한 내용의 보호만을 실시하여야 한다는 취지로는 보이지 아니하고, 각 지방자치단체가 그 지방의 실정에 맞게 별도의 생활보호를 실시하는 것을 용인하는 취지라고 보아야 할 것이라는 이유로, 당해 조례안의 내용이 생활보호법의 규정과 모순·저촉되는 것이라고 할 수 없다).

2) 대판 2006. 10. 12, 2006추38(지방자치단체는 법령에 위반되지 아니하는 범위 내에서 그 사무에 관하여 조례를 제정할 수 있는 것이고, 조례가 규율하는 특정사항에 관하여 그것을 규율하는 국가의 법령이 이미 존재하는 경우에도 조례가 법령과 별도의 목적에 기하여 규율함을 의도하는 것으로서 그 적용에 의하여 법령의 규정이 의도하는 목적과 효과를 전혀 저해하는 바가 없는 때, 또는 양자가 동일한 목적에서 출발한 것이라고 할지라도 국가의 법령이 반드시 그 규정에 의하여 전국에 걸쳐 일률적으로 동일한 내용을 규율하려는 취지가 아니고 각 지방자치단체가 그 지방의 실정에 맞게 별도로 규율하는 것을 용인하는 취지라고 해석되는 때에는 그 조례가 국가의 법령에 위반되는 것은 아니다).

인청구소송에서) 지방의회가 선임한 검사위원이 결산에 대한 검사 결과, 필요한 경우 결산검사의견서에 추징, 환수, 변상 및 책임공무원에 대한 징계 등의 시정조치에 관한 의견을 담을 수 있고, 그 의견에 대하여 시장이 시정조치 결과나 시정조치 계획을 의회에 알리도록 하는 내용의 개정조례안은, 사실상 지방의회가 단체장에 대하여 직접 추징 등이나 책임공무원에 대한 징계 등을 요구하는 것으로서 지방의회가 법령에 의하여 주어진 권한의 범위를 넘어서 집행기관에 대하여 새로운 견제장치를 만드는 것에 해당하여 위법하다(대판 2009. 4. 9, 2007추103).

[2] (제주특별자치도 연구위원회 설치 및 운영에 관한 조례안재의결무효확인소송에서) 지방자치법령은 지방자치단체의 장으로 하여금 지방자치단체의 대표자로서 당해 지방자치단체의 사무와 법령에 의하여 위임된 사무를 관리·집행하는 데 필요한 행정기구를 설치할 고유권한과 이를 위한 조례안의 제안권을 가지도록 하는 반면 지방의회로 하여금 지방자치단체장의 행정기구 설치권한을 견제하도록 하기 위하여 지방자치단체의 장이 조례안으로써 제안한 행정기구를 축소·통폐합할 권한을 가지도록 하고 있다. 이에 더하여, 지방자치법 제116조에 그 설치의 근거가 마련된 합의제 행정기관은 지방자치단체의 장이 통할하여 관리·집행하는 지방자치단체의 사무를 일부 분담하여 수행하는 기관으로서 그 사무를 독립하여 수행한다 할지라도 이는 어디까지나 집행기관에 속하는 것이지 지방의회에 속한다거나 집행기관이나 지방의회 어디에도 속하지 않는 독립된 제3의 기관에 해당하지 않는 점, 행정기구규정 제3조 제1항의 규정에 비추어 지방자치단체의 장은 집행기관에 속하는 행정기관 전반에 대하여 조직편성권을 가진다고 해석되는 점을 종합해 보면, 지방자치단체의 장은 합의제 행정기관을 설치할 고유의 권한을 가지며 이러한 고유권한에는 그 설치를 위한 조례안의 제안권이 포함된다고 봄이 상당하므로, 지방의회가 합의제 행정기관의 설치에 관한 조례안을 발의하여 이를 그대로 의결, 재의결하는 것은 지방자치단체장의 고유권한에 속하는 사항의 행사에 관하여 지방의회가 사전에 적극적으로 개입하는 것으로서 위 관련 법령에 위반되어 허용되지 아니한다(대판 2009. 9. 24, 2009추53).

413c (다) **법률우위의 원칙의 배제** 법률에서 「조례로 국가의 법령이 정하는 내용보다 더 침익적인 규율을 할 수 있다」고 규정하는 것은 가능하다(예: 대기환경보전법 제16조 제3항). 이러한 조례는 법률의 우위의 원칙에 반하는 것이 아니다.

413d (라) **위임사항에 대한 제한의 금지** 법령에서 조례로 정하도록 위임한 사항은 그 법령의 하위 법령에서 그 위임의 내용과 범위를 제한하거나 직접 규정할 수 없다(지자법 제28조 제2항). 위임법령의 하위법령에 의한 조례제정권의 제한을 막기 위한 조항이다.

414 (2) **법률의 유보의 원칙과의 관계**(침해유보)(지방자치법 제28조 제1항 단서의 위헌 여부)

지방자치법 제28조 제1항 단서는 "주민의 권리 제한 또는 의무 부과에 관한 사항이나 벌칙을 정할 때에는 법률의 위임이 있어야 한다"고 규정하여 침해유보론을 채택하고 있는데, 이 조항의 합헌성 여부와 관련하여 견해가 나뉘고 있다.

(가) 학　설　　학설은 합헌설(동 조항은 법률유보원칙의 적용이라는 입장)[1]·위헌설(동 조항은 헌법이 부여하는 지방자치단체의 자치입법권(조례제정권)을 지나치게 제약하고 있다는 입장[2] 또는 동 조항은 헌법이 지방자치단체에 포괄적인 입법권을 부여한 취지에 반한다는 입장[3])·절충설(법령에 의한 규율이 없는 경우에는 법령의 위임이 없이도 직접 규율을 할 수 있다고 보아 동 조항을 헌법합치적으로 새기는 입장)[4]으로 나뉘고 있다. 415

(나) 판　례　　헌법재판소는 "이 사건 조례들은 담배소매업을 영위하는 주민들에게 자판기 설치를 제한하는 것을 내용으로 하고 있으므로 주민의 직업선택의 자유 특히 직업수행의 자유를 제한하는 것이 되어 지방자치법 제22조 단서 소정의 주민의 권리의무에 관한 사항을 규율하는 조례라고 할 수 있으므로 지방자치단체가 이러한 조례를 제정함에 있어서는 법률의 위임을 필요로 한다"고[5] 하여 동 조항이 합헌이라는 입장을 따르고 있다. 대법원도 같은 입장이다.[6] 416

(다) 사　견　　지방자치단체는 자치행정주체인 까닭에 그들의 행정을 직접 국가행정과 동일시할 수는 없다. 지방자치단체는 주민에 의해 선출된 자로 구성된 지방의회를 통해 고유한 민주적인 정당성을 갖기 때문이다. 그럼에도 헌법 417

---

1) 김동희, 행정법(Ⅱ), 86쪽(2019).
2) 박윤흔·정형근, 최신행정법강의(하), 131쪽; 유상현, 한국행정법(하), 103쪽.
3) 김남진, 행정법(Ⅱ), 109쪽.
4) 류지태·박종수, 행정법신론, 965쪽(2019).
5) 헌재 1995. 4. 20, 92헌마264·279(병합).
6) 대판 2006. 9. 8, 2004두947(법률이 주민의 권리의무에 관한 사항에 관하여 구체적으로 아무런 범위도 정하지 아니한 채 조례로 정하도록 포괄적으로 위임하였다고 하더라도, 행정관청의 명령과는 달라 조례도 주민의 대표기관인 지방의회의 의결로 제정되는 지방자치단체의 자주법인 만큼 지방자치단체가 법령에 위반되지 않는 범위 내에서 주민의 권리의무에 관한 사항을 조례로 제정할 수 있으므로, 구 하천법(1999. 2. 8. 법률 제5893호로 전문 개정되기 전의 것) 제33조 제4항이 부당이득금의 금액과 징수방법 등에 관하여 구체적으로 범위를 정하지 아니한 채 포괄적으로 조례에 위임하고 있고, 위 법률규정에 따라 지방자치단체의 하천·공유수면 점용료 및 사용료 징수조례가 부당이득금의 금액과 징수방법 등에 관하여 필요한 사항을 구체적으로 정하였다 하여, 위 법률규정이 포괄위임금지의 원칙에 반하는 것으로서 헌법에 위반된다고 볼 수 없다); 대판 1995. 5. 12, 94추28(지방자치법 제15조는 원칙적으로 헌법 제117조 제1항의 규정과 같이 지방자치단체의 자치입법권을 보장하면서, 그 단서에서 국민의 권리제한·의무부과에 관한 사항을 규정하는 조례의 중대성에 비추어 입법정책적 고려에서 법률의 위임을 요구한다고 규정하고 있는바, 이는 기본권 제한에 대하여 법률유보원칙을 선언한 헌법 제37조 제2항의 취지에 부합하므로 조례제정에 있어서 위와 같은 경우에 법률의 위임근거를 요구하는 것이 위헌성이 있다고 할 수 없다); 대판 1997. 4. 25, 96추251.

제10조 및 제37조가 정하는 기본권질서 등 국가의 기본질서를 형성하는 국회의 질서기능은 포기될 수 없다. 따라서 주민의 자유와 재산을 침해하거나 침해를 가능하게 하는 자치입법은 법률상 근거를 요한다고 보아야 한다.[1] 요컨대 지방자치법 제22조 단서는 합헌으로 이해되어야 한다. 물론 주민의 권리제한이나 의무부과에 관한 사항이 아니면서 자치사무나 단체위임사무에 속하는 사항에 대해서는 법률의 위임이 없어도 제정이 가능하다.[2]

▌참고▐ 법률의 유보의 원칙을 위반한 조례

(법률의 위임 없이 보육시설 종사자의 정년을 규정한 '서울특별시 중구 영유아 보육조례 일부개정조례안'에 대한 재의결의 무효확인을 구한 사건에서) 영유아보육법이 보육시설 종사자의 정년에 관한 규정을 두거나 이를 지방자치단체의 조례에 위임한다는 규정을 두고 있지 않음에도 보육시설 종사자의 정년을 규정한 '서울특별시 중구 영유아 보육조례 일부개정조례안' 제17조 제3항은, 법률의 위임 없이 헌법이 보장하는 직업을 선택하여 수행할 권리의 제한에 관한 사항을 정한 것이어서 그 효력을 인정할 수 없으므로, 위 조례안에 대한 재의결은 무효이다(대판 2009. 5. 28, 2007추134).

▌참고▐ 법률과 조례의 관계

418 [1] 법령에 규정이 없는 경우, 조례제정은 지방자치법 제28조에 따른다.

[2] 법령에 규정이 있는 경우

⑴ 입법목적이 상이하다면, 조례제정은 지방자치법 제28조에 따른다.

⑵ 입법목적이 동일하다면,

① 법령상 규정대상 이외의 사항을 조례로 정하는 경우(추가조례), 수익적 행정의 경우에는 재정법상 문제 없으면 일반적으로 조례로 규율이 가능하지만, 침익적 행정의 경우에는 지방자치법 제28조 제1항 단서에 따라야 한다.

② 침해행정에서 법령상 요건을 넘어선 사항을 조례로 정하는 경우(초과조례), 그러한 조례제정을 인정할 수 없다. 다만, 법령상 요건이 최저기준이라면,

---

1) 지방자치법 제15조 단서의 위헌논쟁과 관련하여 졸고, 고시계, 1993.4, 104쪽(졸저, 신지방자치법(제5판), 328쪽 이하에도 수록) 이하 참조.

2) 대판 2006. 10. 12, 2006추38(지방자치법 제15조에 의하면 지방자치단체는 그 내용이 주민의 권리의 제한 또는 의무의 부과에 관한 사항이거나 벌칙에 관한 사항이 아닌 한 법률의 위임이 없더라도 그의 사무에 관하여 조례를 제정할 수 있는바, 지방자치단체의 세 자녀 이상 세대 양육비 등 지원에 관한 조례안은 저출산 문제의 국가적·사회적 심각성을 십분 감안하여 향후 지방자치단체의 출산을 적극 장려토록 하여 인구정책을 보다 전향적으로 실효성 있게 추진하고자 세 자녀 이상 세대 중 세 번째 이후 자녀에게 양육비 등을 지원할 수 있도록 하는 것으로서, 위와 같은 사무는 지방자치단체 고유의 자치사무 중 주민의 복지증진에 관한 사무를 규정한 지방자치법 제9조 제2항 제2호(라)목에서 예시하고 있는 아동·청소년 및 부녀의 보호와 복지증진에 해당되는 사무이고, 또한 위 조례안에는 주민의 편의 및 복리증진에 관한 내용을 담고 있어 그 제정에 있어서 반드시 법률의 개별적 위임이 따로 필요한 것은 아니다).

조례제정을 인정할 수 있다. 이러한 경우는 법령에 근거가 있는 것이고, 법령상 요건을 넘어선 경우가 아니다.

▌참고▌ 추가조례와 초과조례 418a

추가조례와 초과조례는 조례규율의 대상에 관해 법령상 규정이 있는 경우와 관련한다. 일본에서 유래된 개념이다.[1)]

1. 추가조례

① 조례와 법령의 입법목적은 동일하지만, 법령이 정하지 아니한 사항을 정하는 조례를 추가조례라 부른다. ② 수익적 행정의 경우에는 재정법상 문제가 없으면 추가조례를 정할 수 있다. ③ 침익적 행정의 경우에는 지방자치법 제28조 제1항 단서에 따라 법률의 근거가 있어야 한다.

2. 초과조례

① 조례와 법령이 동일한 사항을 규율하고 입법목적도 동일한 경우에 법령이 정하는 요건을 보다 강화하는 기준으로 정하는 조례를 초과조례라 부른다. ② 침익적 행정에 있어서 그러한 조례는 인정될 수 없다. 다만, 법령이 전국적으로 일률적인 규율을 하려는 취지는 아니고 법령은 규제의 최소기준만을 정하고 각 지방자치단체가 그 지방의 실정에 맞게 별도로 규율하려는 것을 용인하려는 취지라고 해석되는 때에는 그 조례는 법령에 반하지 않는다는 것이 일반적인 견해이다. ③ 수익적 행정에 있어서 법령이 정한 급부조건을 강화하는 조례는 침익적이므로 허용되지 않지만, 급부조건을 완화하는 조례는 법령이 최소기준만을 정하고 각 지방자치단체가 그 지방의 실정에 맞게 별도로 규율하려는 것을 용인하려는 취지라고 해석되는 때에는 인정될 수 있을 것이다.

(3) 포괄적 위임 419

(개) 의 의 　지방자치법 제28조 제1항 단서는 "주민의 권리제한 또는 의무부과에 관한 사항이나 벌칙을 정할 때에는 법률의 위임이 있어야 한다"고 규정하지만, 위임은 반드시 구체적인 위임만을 뜻하는 것은 아니고, 포괄적(개괄적)인 위임도 가능하다. 학설과[2)] 판례(헌법재판소·대법원)가[3)] 모두 같은 입장이다.[4)]

---

1) 졸저, 신지방자치법, 제3판(2015), 310쪽.

2) 김남진·김연태, 행정법(Ⅱ), 129쪽(2019).

3) 헌재 1995. 4. 20, 92헌마264·279(병합)(조례의 제정권자인 지방의회는 선거를 통해서 그 지역적인 민주적 정당성을 지니고 있는 주민의 대표기관이고 헌법이 지방자치단체에 포괄적인 자치권을 보장하고 있는 취지로 볼 때, 조례에 대한 법률의 위임은 법규명령에 대한 법률의 위임과 같이 반드시 구체적으로 범위를 정하여 할 필요가 없으며 포괄적인 것으로 족하다); 대판 2019. 10. 17, 2018두40744(헌법 제117조 제1항은 지방자치단체에 포괄적인 자치권을 보장하고 있으므로 자치사무와 관련한 조례에 대한 법률의 위임은 법규명령에 대한 법률의 위임과 같이

419a ㈏ 위임의 한계 준수 여부 판단방법 법령에서 조례에 위임을 한 경우 조례가 위임의 한계를 준수하고 있는지를 판단할 때에는, 해당 법령 규정의 입법 목적과 규정 내용, 규정의 체계, 다른 규정과의 관계 등을 종합적으로 살펴야 하고, 위임 규정의 문언에서 그 의미를 명확하게 알 수 있는 용어를 사용하여 위임의 범위를 분명히 하고 있는데도 그 의미의 한계를 벗어났는지, 수권 규정에서 사용하고 있는 용어의 의미를 넘어 그 범위를 확장하거나 축소함으로써 위임 내용을 구체화하는 데에서 벗어나 새로운 입법을 한 것으로 볼 수 있는지 등도 아울러 고려해야 한다.[1)]

⑷ 지방자치법 제34조(과태료)

420 ㈎ 법적 근거 지방자치법은 "지방자치단체는 조례를 위반한 행위에 대하여 조례로써 1천만원 이하의 과태료를 정할 수 있다"고 규정하고 있다(지자법 제34조 제1항). 1994년 3월 개정 전의 지방자치법 제20조는 "시·도는 당해 지방자치단체의 조례로서 3월 이하의 징역 또는 금고, 10만원 이하의 벌금, 구류, 과료 또는 50만원 이하의 과태료의 벌칙을 정할 수 있다"고 규정하였는데, 이를 둘러싸고 위헌논의가 있었다(본서는 합헌의 입장이었다). 현행의 과태료조항에 대해서도 여전히 위헌문제가 제기될 수 있을 것이다. 항을 바꾸어서 살펴보기로 한다.

421 ㈏ 합헌성의 문제(제34조와 제28조의 관계) 지방자치법 제34조와 벌칙 등을 정할 때에는 법률의 위임이 있어야 한다는 제28조 제1항 단서와의 관계가 문제된다. 생각건대 지방자치법 제28조 제1항 단서는 지방자치단체의 벌칙 등의 제정가능성에 관한 원칙적인 규정이고, 제34조는 제28조 제1항 단서에 근거한 지방자치단체의 벌칙제정의 일반적 근거규정이자 벌칙의 범위를 정하는 규정이라 할 것이다. 벌칙을 조례로 정할 수 있도록 하는 지방자치법 제34조는 일반적인 위임규정임이나, 처벌에 관해서는(개별)법률로 정하라는 헌법규정(제12조 제1항·

구체적으로 범위를 정하여서 할 엄격성이 반드시 요구되지는 않는다. 법률이 주민의 권리의무에 관한 사항에 관하여 구체적으로 범위를 정하지 않은 채 조례로 정하도록 포괄적으로 위임한 경우에도 지방자치단체는 법령에 위반되지 않는 범위 내에서 각 지역의 실정에 맞게 주민의 권리의무에 관한 사항을 조례로 제정할 수 있다).

4) 헌재 2012. 11. 29, 2012헌바97(대통령령의 경우는 헌법 제75조에서 위임의 구체적인 방법까지 명시하고 있음에 반하여 조례에 대하여는 이를 명시적으로 규정하지 않고 있고, 또 조례의 제정권자인 지방의회는 선거를 통해서 그 지역적인 민주적 정당성을 지니고 있는 주민의 대표기관이고, 헌법이 지방자치단체에 대해 포괄적인 자치권을 보장하고 있는 취지로 볼 때 조례제정권에 대한 지나친 제약은 바람직하지 않으므로 조례에 대한 법률의 위임은 반드시 구체적으로 범위를 정하여 할 필요가 없으며 포괄적으로도 가능하므로 이 사건 법률조항이 포괄위임금지의 원칙에 위배되지 아니하여 위임입법의 한계를 일탈한 것이라고 할 수 없다).

1) 대판 2019. 10. 17, 2018두40744.

제13조 제1항)의 위반은 아니다. 왜냐하면 조례는 벌칙 등의 제정에 법률상 추상적인 근거만 가져도 족하기 때문이다. 행정입법의 위임의 경우와 달리 조례는 주민에 의해 직선된 대표기관에 의해 정해지는 것이기 때문이다. 요컨대 지방자치법 제34조는 국회의(법률에 의한) 질서기능과 지방의회의(조례에 의한) 자율기능을 조화시키는 규정인 것이다. 그 밖에 예외적으로 지방자치법 제34조가 아닌 특별법에 근거하여 지방자치단체는 조례로 벌칙을 제정할 수도 있을 것이다. 이러한 경우에 수권법상 벌칙의 내용은 지방자치법 제34조와 달리 규정될 수도 있을 것이다.

(다) 내 용 지방자치법 제34조에 근거하여서는 지방자치단체는 다만 과 422
태료부과만의 벌칙을 정할 수 있을 뿐이다. 1994년 3월 개정 전의 구법에 비해 벌칙의 종류가 많이 제한되었다. 그러나 구법과는 달리 시·군 및 자치구도 벌칙을 정할 수 있다는 점이 특징적이다.

(라) 부과·징수절차와 권리보호

1) 부과·징수권자 지방자치법 제34조 제1항에 따른 과태료는 그 지방 423
자치단체의 조례로 정하는 바에 따라 해당 지방자치단체의 장이나 그 관할 구역의 지방자치단체의 장이 부과·징수한다(지자법 제34조 제2항). 해당 지방자치단체의 장이란 과태료의 조례를 정한 해당 지방자치단체의 장을 의미하고, 그 관할 구역 안의 지방자치단체의 장이란 시·군 및 자치구의 장을 의미한다. 후자의 경우는 시·도의 조례가 과태료의 부과·징수를 시·군 및 자치구의 장에게 위임하는 경우에 의미를 갖는다.

2) 부과·징수의 절차 과태료의 부과와 징수의 절차는 질서위반행위규 424
제법이 정하는 바에 의한다.

3) 권리보호 과태료의 부과와 징수에 대한 권리보호절차 역시 질서위 425
반행위규제법이 정하는 바에 의한다.

(마) 과태료 이외의 벌칙 지방자치법 제34조를 근거로 지방자치단체가 과태 426
료 이외의 벌칙을 정할 수는 없지만, 개별법률상의 위임이 있다면 지방자치단체가 그러한 벌칙을 정할 수 있다. 지방자치법 제34조의 개정으로 인하여 국회는 지방자치와 관련 있는 법률을 제정할 때마다 과태료 이외의 벌칙제정권을 지방자치단체에 부여할 것인가의 판단을 하여야 하는 입법적 부담을 안게 됨 셈이다.

(5) 부정면탈·부정사용에 대한 과태료 사기나 그 밖의 부정한 방법으로 427
사용료·수수료 또는 분담금의 징수를 면한 자에게는 그 징수를 면한 금액의 5배 이내의 과태료를, 공공시설을 부정사용한 자에게는 50만원 이하의 과태료를 부과하는 규정을 조례로 정할 수 있다(지자법 제156조 제2항). 제2항에 따른 과태료의 부과·징수, 재판 및 집행 등의 절차에 관한 사항은 「질서위반행위규제법」에 따른다(지자법 제156조 제3항).

Ⅱ. 적법요건

1. 주 체

428 지방의회가 조례제정의 주체임은 자치입법의 본질상 당연하다(지자법 제28조·제47조 제1항 제1호). 지방의회는 주민의 대표기관으로서 민주적 정당성을 갖기 때문이다. 지방자치단체의 장은 조례제정의 주체가 아니고, 규칙의 제정주체일 뿐이다.

2. 내 용

429 ⑴ **조례제정사항인 사무** 지방자치법 제28조 제1항 전단은 '지방자치단체는 법령의 범위에서 그 사무에 관하여 조례를 제정할 수 있다'고 규정하고, 동법 제13조 제1항은 '지방자치단체는 관할 구역의 자치사무와 법령에 따라 지방자치단체에 속하는 사무를 처리한다'고 규정하므로 결국 조례로 제정할 수 있는 사항은 자치사무와 단체위임사무에 한정되며, 기관위임사무는 조례의 제정대상이 아니다.[1] 그러나 개별법률에서 기관위임사무를 조례로 규율하도록 규정한다면(예 : 구 도시공원법 제30조(조례에의 위임) 이 법 또는 이 법에 의한 명령에 규정된 것을 제외하고는 도시공원 또는 녹지의 설치 및 관리에 관하여 필요한 사항은 당해 지방자치단체의 조례로 정한다), 그것은 바람직한 것은 아니지만 위헌이라고 보기는 어렵다.[2]

430 ⑵ **법률우위의 원칙의 적용** ① 조례는 법령의 범위 내에서 인정되는 것

---

1) 대판 2017. 12. 5, 2016추5162(지방자치단체는 주민의 복리에 관한 사무를 처리하고 재산을 관리하며, 법령의 범위 안에서 자치에 관한 규정을 제정할 수 있다(헌법 제117조 제1항). 지방자치법 제22조, 제9조에 따르면, 지방자치단체가 조례를 제정할 수 있는 사항은 지방자치단체의 고유사무인 자치사무와 개별 법령에 따라 지방자치단체에 위임된 단체위임사무에 한정된다. 국가사무가 지방자치단체의 장에게 위임되거나 상위 지방자치단체의 사무가 하위 지방자치단체의 장에게 위임된 기관위임사무에 관한 사항은 원칙적으로 조례의 제정범위에 속하지 않는다).

2) 대판 1995. 12. 22, 95추32(지방자치법 제15조 본문에 의하여 지방자치단체가 조례를 제정할 수 있는 사항은 지방자치단체의 고유사무인 자치사무와 개별법령에 의하여 지방자치단체에 위임된, 이른바 단체위임사무에 한하고, 국가사무로서 지방자치단체의 장에게 위임되거나 상위 지방자치단체의 사무로서 하위 지방자치단체의 장에게 위임된 이른바 기관위임사무에 관한 사항은 조례제정의 범위 밖이라고 할 것이다); 대판 2000. 5. 30, 99추85(지방자치법 제15조, 제9조에 의하면, 지방자치단체가 자치조례를 제정할 수 있는 사항은 지방자치단체의 고유사무인 자치사무와 개별법령에 의하여 지방자치단체에 위임된 단체위임사무에 한하는 것이고, 국가사무가 지방자치단체의 장에게 위임된 기관위임사무는 원칙적으로 자치조례의 제정범위에 속하지 않는다 할 것이고, 다만 기관위임사무에 있어서도 그에 관한 개별법령에서 일정한 사항을 조례로 정하도록 위임하고 있는 경우에는 위임받은 사항에 관하여 개별법령의 취지에 부합하는 범위 내에서 이른바 위임조례를 정할 수 있다); 대판 2000. 11. 24, 2000추29; 대판 1999. 9. 17, 99추30.

이므로 기본권을 침해할 수 없다. 무엇보다도 정의의 원칙, 법적 안정성의 원칙, 비례원칙, 평등원칙이 준수되어야 한다.[1] ② 시·군 및 자치구의 조례나 규칙은 시·도의 조례나 규칙을 위반하여서는 아니 된다(지자법 제30조). 시·도의 조례나 규칙에 반하는 시·군 및 자치구의 조례나 규칙은 무효가 된다.

(3) 법률유보의 원칙의 적용

(가) 침익적 조례와 법률의 위임 주민의 권리 제한 또는 의무 부과에 관한 430a
사항이나 벌칙을 정할 때에는 법률의 위임이 있어야 한다(지자법 제28조 제1항 단서).[2] 이에 반하는 조례는 효력이 없다.[3] 포괄적 위임도 가능하다.[4]

(나) 위임의 범위 준수 여부 판단방법 특정 사안과 관련하여 법령에서 조례 430b
에 위임을 한 경우 조례가 위임의 한계를 준수하고 있는지 여부를 판단할 때는 당해 법령 규정의 입법목적과 규정 내용, 규정의 체계, 다른 규정과의 관계 등을 종합적으로 살펴야 하고, 수권 규정에서 사용하고 있는 용어의 의미를 넘어 그 범위를 확장하거나 축소하여 위임 내용을 구체화하는 단계를 벗어나 새로운 입법을 하였는지 여부 등도 아울러 고려하여야 한다.[5]

(4) 명확성의 원칙의 적용 조례의 내용은 충분히 명확해야 한다. 조례의 431
내용은 이행하여야 할 의무자가 다른 도움 없이 그 규범내용을 인식할 수 없으

---

1) 대결 1997. 7. 9, 97마1110(자치단체의 체육시설에 대한 사용료징수조례가 전용사용료 외에 관람수입에 의한 사용료를 별도로 징수하면서 관람수입에 의한 사용료의 요율을 사용 시간, 사용자 수, 사용방법 등을 고려하지 않고 일률적으로 관람수입 총액의 25%의 금액으로 정하는 것도 충분히 합리성이 있으므로, 이와 같은 내용의 '서울특별시립체육시설에대한사용료징수조례' 제5조가 평등의 원칙에 위반된다거나 부당하게 높은 요율을 정한 것이어서 무효라고 볼 수도 없다).
2) 조례와 법률유보의 원칙과의 관계 전반에 관해서는 옆번호 414 이하를 보라.
3) 대판 2017. 12. 13, 2014추644(지방자치법 제22조 단서, 행정규제기본법 제4조 제3항에 따르면 지방자치단체가 조례를 제정할 때 내용이 주민의 권리제한 또는 의무부과에 관한 사항이거나 벌칙인 경우에는 법률의 위임이 있어야 하므로, 법률의 위임 없이 주민의 권리제한 또는 의무부과에 관한 사항을 정한 조례는 효력이 없다. … 조례안 중 인사검증에 관한 조례 규정에 따른 출연기관 등의 장에 대한 도의회의 인사검증은 상위 법령의 근거 없이 조례로써 도지사의 임명·위촉권을 제약하는 것이므로 허용되지 않고, 자료제출에 관한 조례 규정은 법률의 위임 없이 주민의 의무부과에 관한 사항을 조례로 규정한 것이므로 지방자치법 제22조 단서에 위반되어 허용되지 않으며, 이와 같은 것이 허용되지 않는 이상 개인정보제출에 관한 조례 규정은 개인정보 보호법 제15조 제1항 제3호, 지방자치법 제40조 제1항 및 제41조 제4항의 허용범위를 벗어나므로, 위 조례안 중 인사검증, 자료제출, 개인정보제출에 관한 조례 규정이 위법하여 조례안에 대한 재의결은 전부의 효력이 부정된다).
4) 대판 2022. 4. 28, 2021추5036(조례에 대한 법률의 위임은 법규명령에 대한 법률의 위임과 같이 반드시 구체적으로 범위를 정하여 할 필요가 없고, 법률이 주민의 권리의무에 관한 사항에 관하여 구체적으로 범위를 정하지 않은 채 조례로 정하도록 포괄적으로 위임한 경우나 법률규정이 예정하고 있는 사항을 구체화·명확화한 것으로 볼 수 있는 경우에는 지방자치단체는 법령에 위반되지 않는 범위 내에서 각 지역의 실정에 맞게 주민의 권리의무에 관한 사항을 조례로 제정할 수 있다).
5) 대판 2018. 8. 30, 2017두56193.

면 그 조례는 명확성을 갖는 것이 아니다.

432 (5) **단체장의 권한에 대한 통제 등** ① 지방의회는 단체장에 대하여 법률에 규정이 없는 견제장치를 조례로 만들 수 없다.[1] ② 단체장의 사무집행권에 대한 본질적인 침해[2] 또는 사전의 적극적 개입을[3] 규정하는 조례도 만들 수 없다. 뿐만 아니라 ③ 지방의회의 통제권을 박탈하는 조례도 허용되지 아니한다.[4]

3. 절 차

433 (1) **발 의** 조례안은 지방자치단체의 장이나 조례로 정하는 수 이상의 지방의회의원의 찬성으로 발의한다(지자법 제76조 제1항). 위원회도 그 직무에 속하는 사항에 관하여 조례안을 제출할 수 있다(지자법 제76조 제2항). 조례안은 그 안을 갖추어 지방의회의 의장에게 제출하여야 한다(지자법 제76조 제3항). 지방의회는 새로운 재정부담을 수반하는 조례나 안건을 의결하려면 미리 지방자치단

---

1) 대판 1997. 3. 28, 96추60(당해 지방자치단체의 주민을 상대로 한 모든 행정기관의 행정처분에 대한 행정심판청구를 지원하는 것을 내용으로 하는 조례안은 지방자치단체의 사무에 관한 조례제정권의 한계를 벗어난 것일 뿐 아니라, 가사 그 조례안이 당해 지방자치단체의 행정처분에 대한 행정심판청구만을 지원한다는 의미로 이해한다고 하더라도, 그 지원 여부를 결정하기 위한 전제로서 당해 행정처분의 정당성 여부를 지방의회에서 판단하도록 규정하고 있다면 이는 결국 지방의회가 스스로 행정처분의 정당성 판단을 함으로써 자치단체의 장을 견제하려는 것으로서 이는 법률에 규정이 없는 새로운 견제장치를 만드는 것이 되어 지방자치단체의 장의 고유권한을 침해하는 것이 되어 효력이 없다).

2) 대판 2001. 11. 27, 2001추57(지방자치단체가 그 자치사무에 관하여 조례로 제정할 수 있다고 하더라도 상위 법령에 위배할 수는 없고(지방자치법 제15조), 특별한 규정이 없는 한 지방자치법이 규정하고 있는 지방자치단체의 집행기관과 지방의회의 고유권한에 관하여는 조례로 이를 침해할 수 없고, 나아가 지방의회가 지방자치단체장의 고유권한이 아닌 사항에 대하여도 그 사무집행에 관한 집행권을 본질적으로 침해하는 것은 지방자치법의 관련 규정에 위반되어 허용될 수 없다).

3) 대판 2002. 3. 15, 2001추95; 대판 2001. 12. 11, 2001추64(지방자치법상 지방자치단체의 집행기관과 지방의회는 서로 분립되어 각기 그 고유 권한을 행사하되 상호 견제의 범위 내에서 상대방의 권한 행사에 대한 관여가 허용되나, 지방의회는 집행기관의 고유 권한에 속하는 사항의 행사에 관하여는 견제의 범위 내에서 소극적·사후적으로 개입할 수 있을 뿐 사전에 적극적으로 개입하는 것은 허용되지 아니하고, 또 집행기관을 비판·감시·견제하기 위한 의결권·승인권·동의권 등의 권한도 법상 의결기관인 지방의회에 있는 것이지 의원 개인에게 있는 것이 아닌바, 주민자치센터설치·운영조례안에서 당해 동 구의원 개인이 그 운영위원회의 당연직 위원장이 된다고 규정하고 있는 것은 지방의회 의원 개인이 하부 행정기관인 동장의 권한에 속하는 주민자치센터의 설치와 운영을 심의하는 보조기관인 운영위원회의 구성과 운영에 적극적·실질적으로 사전에 개입하여 관여할 수 있게 함을 내용으로 하는 것으로서 지방의회 의원의 법령상 권한 범위를 넘어 법령에 위반된다).

4) 대판 1997. 4. 11, 96추138(지방자치단체의 집행기관의 사무집행에 관한 감시·통제기능은 지방의회의 고유권한이므로 이러한 지방의회의 권한을 제한·박탈하거나 제3의 기관 또는 집행기관 소속의 어느 특정 행정기관에 일임하는 내용의 조례를 제정한다면 이는 지방의회의 권한을 본질적으로 침해하거나 그 권한을 스스로 저버리는 내용의 것으로서 지방자치법령에 위반되어 무효이다).

체의 장의 의견을 들어야 한다(지자법 제148조).

(2) **이송·이의제기** ① 조례안이 지방의회에서 의결되면 지방의회의 의장 434
은 의결된 날부터 5일 이내에 그 지방자치단체의 장에게 이송하여야 한다(지자법 제32조 제1항). ② 지방자치단체의 장은 이송받은 조례안에 대하여 이의가 있으면 제2항의 기간에 이유를 붙여 지방의회로 환부하고, 재의를 요구할 수 있다. 이 경우 지방자치단체의 장은 조례안의 일부에 대하여 또는 조례안을 수정하여 재의를 요구할 수 없다(지자법 제32조 제3항).

(3) **확 정** ① 지방의회는 제3항에 따라 재의 요구를 받으면 조례안을 434a
재의에 부치고 재적의원 과반수의 출석과 출석의원 3분의 2 이상의 찬성으로 전과 같은 의결을 하면 그 조례안은 조례로서 확정된다(지자법 제32조 제4항). ② 지방자치단체의 장이 제2항의 기간에 공포하지 아니하거나 재의요구를 하지 아니하더라도 그 조례안은 조례로서 확정된다(지자법 제32조 제5항).

(4) **승 인** 기본적으로 조례는 감독청의 승인을 요하지 아니한다. 그것 435
은 자치입법이기 때문이다. 경우에 따라서는 법률로써 조례안이나 조례를 국회에 제출하게 할 수도 있을 것이다. 일반적으로 감독청의 승인제도는 합목적성이 아니라 합법성의 통제에 목적이 있다. 그리고 이것은 지방자치단체에 대한 국가의 감독의 한 예가 된다. 만약 예외적으로 법률상 감독청의 승인을 요하게 하는 경우가 있다면, 이러한 예외적 승인은 효력요건이 된다.[1] 현행 지방자치법은 감독청의 승인이 아니라 감독청에 보고하는 제도를 채택하고 있다(지자법 제35조).

4. 공 포

(1) **공포권자** ① 지방자치단체의 장은 제1항의 조례안을 이송받으면 20 436
일 이내에 공포하여야 한다(지자법 제32조 제2항). ② 지방자치단체의 장은 제4항과 제5항에 따라 확정된 조례를 지체 없이 공포하여야 한다. 이 경우 제5항에 따라 조례가 확정된 후 또는 제4항에 따라 확정된 조례가 지방자치단체의 장에게 이송된 후 5일 이내에 지방자치단체의 장이 공포하지 아니하면 지방의회의 의장이 공포한다(지자법 제32조 제6항).

(2) **공포 방법 등** ① 조례와 규칙의 공포는 해당 지방자치단체의 공보에 436b
게재하는 방법으로 한다. 다만, 제32조 제6항 후단에 따라 지방의회의 의장이 조례를 공포하는 경우에는 공보나 일간신문에 게재하거나 게시판에 게시한다(지자법 제33조 제1항). ② 제1항에 따른 공보는 종이로 발행되는 공보(이하 이 조에서

1) 승인제도에 관해 자세한 것은 졸저, 신지방자치법(제4판), 358쪽 이하를 보라.

"종이공보"라 한다) 또는 전자적인 형태로 발행되는 공보(이하 이 조에서 "전자공보"라 한다)로 운영한다(지자법 제33조 제2항). ③ 공보의 내용 해석 및 적용 시기 등에 대하여 종이공보와 전자공보는 동일한 효력을 가진다(지자법 제33조 제3항). ④ 조례와 규칙의 공포에 관하여 그 밖에 필요한 사항은 대통령령으로 정한다(지자법 제33조 제4항).

436d (3) **공포의 통지** 제2항 및 제6항 전단에 따라 지방자치단체의 장이 조례를 공포한 때에는 즉시 해당 지방의회의 의장에게 통지하여야 하며, 제6항 후단에 따라 지방의회의 의장이 조례를 공포하였을 때에는 그 사실을 즉시 해당 지방자치단체의 장에게 통지하여야 한다(지자법 제32조 제7항).

Ⅲ. 효력과 흠(하자)

1. 효력발생(시간적 효력범위)

437 (1) **효력발생시점** 조례는 특별한 규정이 없으면 공포한 날부터 20일이 지나면 효력을 발생한다(지자법 제32조 제8항).

438 (2) **효력불소급의 원칙** 과거에 완결된 사실관계에 대한 조례의 효력의 소급발생, 즉 진정소급은 법률의 경우와 마찬가지로 금지된다.[1] 다만 법치국가원리(법적 안정성의 원칙)에 비추어 주민의 신뢰보호에 문제를 야기시키지 않는 경우(예 : 수익적인 내용의 조례)에는 효력을 소급적으로 발생하게 할 수도 있다. 그런데 독일연방헌법재판소는[2] 소급이 예견가능하고, 개인에게 중요하지 않고, 사항의 성질상 정당화될 수 있거나, 개인이 여태까지의 규율내용의 존속에 대하여 보호할 만한 신뢰를 갖지 못한 경우에는 예외적으로 침익적인 진정소급이 인정된다고 한다. 완결되지 아니한 사실관계에의 소급인 부진정소급은 원칙적으로 허용된다고 본다. 그것은 개인의 법적 안정에 반드시 침해를 가져온다고 보기는 곤란하기 때문이다.

2. 구 속 력

439 조례는 법규범으로서, 관계되는 모든 개인·국가행정기관·법원 그리고 관

---

1) 대판 2011. 9. 2, 2008두17363 전원합의체(조세법률주의를 규정한 헌법 제38조, 제59조의 취지에 의하면 국민에게 새로운 납세의무나 종전보다 가중된 납세의무를 부과하는 규정은 그 시행 이후에 부과요건이 충족되는 경우만을 적용대상으로 삼을 수 있음이 원칙이므로, 법률에서 특별히 예외규정을 두지 아니하였음에도 하위 법령인 조례에서 새로운 납세의무를 부과하는 요건에 관한 규정을 신설하면서 그 시행시기 이전에 이미 종결한 과세요건사실에 소급하여 이를 적용하도록 하는 것은 허용될 수 없다).

2) BVerGE 13, 272.

련지방자치단체까지도 구속한다. 다만 법률상 또는 조례에서 명시적으로 정하고 있는 경우에는 구속으로부터 자유로운 예외가 있을 수 있다. 조례의 적용을 회피하기 위한 공법상의 계약은 법률상 또는 조례상 근거 없이는 불가능하다.

3. 효력의 소멸

일반적으로 조례는 기간의 제한없이 효력을 갖는다. 그러나 ① 효력의 존속 440
기간에 관한 규정이 있는 경우에는 그 기간의 경과로, ② 조례의 내용에 반하는 상위법의 제정·개정, ③ 조례의 사후적인 폐지행위, ④ 내용이 충돌되는 새로운 조례의 제정, ⑤ 지방자치단체의 구역변경, ⑥ 근거법령의 폐지 등으로 인해 조례는 효력이 소멸된다.

4. 흠(하자)

(1) **무 효** 조례의 적법요건의 일부나 전부가 준수되지 아니하면, 그 441
조례는 흠(하자)이 있는 것이 된다.[1] 하자 있는 조례는 무효이다.[2] 행정행위에서는 위법하며 무효가 아닌 경우도 있으나, 법규범에서는 그러하지 아니하다. 위법조례는 행정소송을 통해 무효로 확인될 수 있는 것이다.

(2) **무효주장의 제한** 이론상 법적 안정성의 견지에서 절차나 형식요건에 위 442
반한 조례는 일정기간 경과 후에는 다툴 수 없게 하는 것도 입법정책상 가능하다.

(3) **위헌·위법의 조례에 근거한 행정행위의 효력** 위헌·위법의 조례에 근거 442a
한 행정행위는 내용상 중대한 하자가 있는 것이 된다. 그 하자의 효과는 중대명백설에 따라 판단하여야 한다. 조례가 위헌·위법으로 선언되기 전에는 하자가 명백하지 아니하므로[3] 그러한 조례에 근거한 행정행위에 대해서는 취소가 선

---

1) 대판 2021. 4. 8, 2015두38788(특정 사안과 관련하여 법령에서 조례에 위임을 한 경우 조례가 위임의 한계를 준수하고 있는지 여부를 판단할 때는 해당 법령 규정의 입법 목적과 규정 내용, 규정의 체계, 다른 규정과의 관계 등을 종합적으로 살펴야 하고, 수권 규정에서 사용하고 있는 용어의 의미를 넘어 그 범위를 확장하거나 축소하여 위임 내용을 구체화하는 단계를 벗어나 새로운 입법을 하였는지 여부 등도 아울러 고려하여야 한다).

2) 대판 2022. 4. 28, 2021추5036; 대판 2023. 7. 13, 2022추5149(지방자치법 제28조 제1항 본문은 "지방자치단체는 법령의 범위에서 그 사무에 관하여 조례를 제정할 수 있다."라고 규정하는바, 여기서 말하는 '법령의 범위에서'란 '법령에 위반되지 않는 범위 내에서'를 가리키므로 지방자치단체가 제정한 조례가 법령에 위반되는 경우에는 효력이 없다); 대판 2023. 3. 9, 2022추5118(지방자치법 제28조 제1항 단서, 행정규제기본법 제4조 제3항에 의하면 지방자치단체가 조례를 제정할 때 그 내용이 주민의 권리 제한 또는 의무 부과에 관한 사항이나 벌칙인 경우에는 법률의 위임이 있어야 하므로, 법률의 위임 없이 주민의 권리 제한 또는 의무 부과에 관한 사항을 정한 조례는 그 효력이 없다).

3) 대판 2009. 10. 29, 2007두26285(일반적으로 조례가 법률 등 상위법령에 위배된다는 사정은 그 조례의 규정을 위법하여 무효라고 선언한 대법원의 판결이 선고되지 아니한 상태에서는 그 조례 규정의 위법 여부가 해석상 다툼의 여지가 없을 정도로 명백하였다고 인정되지 아니하는

언되어야 하고, 위헌·위법으로 선언된 조례에 따른 처분이나 위헌·위법으로 선언되기 전이라도 위헌·위법이 명백한 경우에는 무효가 선언되어야 한다.

5. 조례안의 일부무효

443 재의결의 내용 전부가 아니라 그 일부만이 위법한 경우에도 의결 전부의 효력을 부인할 수밖에 없다는 것이 판례의 입장이다.[1] 그러나 의결 중 일부만의 효력배제가 조례의 전체적인 의미를 변질시키는 것이 아닌 한 일부무효를 인정하는 것이 새로운 조례제정을 위한 지방의회절차의 무용한 반복을 피할 수 있다는 점에서, 그리고 만약 법원에 의한 일부만의 효력배제가 조례의 전체적인 의미를 변질시켰다고 당해 지방의회가 판단하는 경우에는 조례의 개정을 통해 지방의회의사를 바로잡을 수 있다는 점에서 볼 때, 일부무효를 부인하는 판례의 태도는 정당하지 않다.

Ⅳ. 통 제

조례(안)에 대한 통제에는 당해 지방자치단체의 장에 의한 통제, 감독청에 의한 통제, 법원에 의한 통제 등으로 나누어 볼 수 있다.

1. 지방자치단체의 장에 의한 통제

444 조례에 대하여 지방자치단체의 장이 가할 수 있는 통제수단으로는 지방자치법 제32조에 의한 경우와 지방자치법 제120조에 의한 경우가 있다. 제소가 인정됨을 고려할 때 제120조에 따른 통제가 보다 강력한 것이라 하겠다.

(1) 제32조에 따른 통제

445 **(가) 재의요구** 지방자치단체의 장은 이송받은 조례안에 대하여 이의가 있

이상 객관적으로 명백한 것이라 할 수 없으므로, 이러한 조례에 근거한 행정처분의 하자는 취소사유에 해당할 뿐 무효사유가 된다고 볼 수는 없다); 헌재 2005. 3. 31, 2003헌바113(대법원 및 헌법재판소의 판례에 비추어 볼 때 … 국회에서 헌법과 법률이 정한 절차에 의하여 제정·공포된 법률이 헌법에 위반된다는 사정은 헌법재판소의 위헌재정이 있기 전에는 객관적으로 명백한 것이라고 할 수는 없으므로 특별한 사정이 없는 한 이러한 하자는 행정처분의 취소사유에 해당할 뿐 당연무효 사유는 아니다).

1) 대판 2023. 7. 13, 2022추5149; 대판 2017. 12. 5, 2016추5162(조례안의 일부가 법령에 위반되어 위법한 경우에 의결 일부에 대한 효력을 배제하는 것은 결과적으로 전체적인 의결 내용을 변경하는 것으로 의결기관인 지방의회의 고유권한을 침해하는 것이 된다. 뿐만 아니라 그 일부만의 효력 배제는 자칫 전체적인 의결 내용을 지방의회의 당초 의도와는 다른 내용으로 변질시킬 우려가 있다. 또한 재의요구가 있는 때에는 재의요구에서 지적한 이의사항이 의결 일부에 관한 것이더라도 의결 전체가 실효되고 재의결만이 새로운 의결로서 효력이 생긴다. 따라서 의결 일부에 대한 재의요구나 수정 재의요구는 허용되지 않는다. 이러한 점들을 종합하면, 재의결 내용 전부가 아니라 그 일부만 위법한 경우에도 대법원은 의결 전부의 효력을 부인하여야 한다); 대판 1992. 7. 28, 92추31.

으면 20일 내에 이유를 붙여 지방의회로 환부하고 재의를 요구할 수 있다. 이 경우에 지방자치단체의 장은 조례안의 일부에 대하여 또는 조례안을 수정하여 재의를 요구할 수 없다(지자법 제32조 제3항). 제32조에 따른 이의제기의 경우에는 사유에 제한이 없다는 점이 뒤에서 보는 제120조에 따른 이의제기와 다르다.

(나) 재 의 결　지방의회는 제3항에 따라 재의 요구를 받으면 조례안을 재의에 부치고 재적의원 과반수의 출석과 출석의원 3분의 2 이상의 찬성으로 전과 같은 의결을 하면 그 조례안은 조례로서 확정된다(지자법 제32조 제4항). 446

(2) 제120조에 따른 통제

(가) 재의요구　지방자치단체의 장은 지방의회의 의결이 월권이거나 법령에 위반되거나 공익을 현저히 해한다고 인정되면 그 의결사항을 이송받은 날부터 20일 이내에 이유를 붙여 재의를 요구할 수 있다(지자법 제120조 제1항). 재의요구를 위한 사유 중 공익을 현저히 해하는 경우는 1994년 3월의 지방자치법 개정시에 추가된 것이다. 447

(나) 재 의 결　상기의 요구에 대하여 재의한 결과 재적의원 과반수의 출석과 출석의원 3분의 2 이상의 찬성으로 전과 같은 의결을 하면 그 의결사항은 확정된다(지자법 제120조 제2항). 448

(다) 소의 제기·집행정지의 신청　① 지방자치단체의 장은 재의결된 사항이 법령에 위반된다고 인정되면 대법원에 소를 제기할 수 있다(지자법 제120조 제3항 제1문). 법문의 표현상 재의요구의 사유에 비해 소제기의 사유는 법령위반에 한정되고 있다. 그러나 월권도 일종의 법령위반에 해당한다고 볼 것이고, 공익을 현저히 해한다는 것도 공익법으로서의 행정법의 위반에 해당하는 경우가 적지 않다고 본다면, 실제상 소제기의 사유도 좁은 것만은 아닌 셈이다. 한편, ② 제소의 경우에 지방자치단체의 장은 필요하다고 인정되면 그 의결의 집행을 정지하게 하는 집행정지결정을 신청할 수 있다(지자법 제120조 제3항 제2문·제192조 제4항 제2문). 449

(3) 제32조와 제120조의 관계　제32조의 경우에는 소의 제기에 관한 규정이 없으므로, 지방자치단체의 장은 재의결된 조례를 제120조에 근거하여 대법원에 소를 제기할 수 있는가의 문제가 발생한다. 시각에 따라서는 적극·소극의 입장이 있을 수 있을 것이나, ① 제120조가 재의를 요구할 수 있는 의결에 제한을 가하고 있지 아니한바, 그 의결에 조례가 배제된다고 할 특별한 이유는 없어 보이고, 또한 ② 제120조 제2항의 재의결요건과 제32조 제4항의 재의결요건이 동일한 점을 고려할 때, 본서는 적극적으로 이해하기로 한다.[1] 450

---

1) 대판 1999. 4. 27, 99추23(지방자치법 제19조 제3항은 지방의회의 의결사항 중 하나인 조례안에

▮참고▮ 지방자치법 제120조 제3항의 소송과 제192조의 소송

1. 소송의 성질

451 ① 제120조 제3항의 소송은 기관소송이다(지배적 견해). ② 제192조 제4항의 소송은 기관소송이라는 견해와 특수한 소송이라는 견해로 나뉘고 있다. 기관소송설은 소송의 당사자가 제120조 제3항의 경우와 같고, 소의 대상이 당해 지방자치단체의 사무이고, 재의요구는 단순히 후견적인 성질의 사무임을 논거로 한다. 특수소송설은 제192조 제4항의 원고는 감독청의 연장된 팔(arm)로서 감독청의 지위를 대신하는 자이고, 재의요구는 감독청의 고유한 사무임을 논거로 한다. 본서는 기관소송설을 취한다. ③ 제192조 제5항 중 감독청의 제소지시에 의한 소송은 제192조 제4항의 경우와 같다. ④ 제192조 제5항 중 감독청이 제기하는 소송 역시 기관소송이라는 견해와 특수한 소송이라는 견해가 있다. 기관소송을 단일의 법주체 내부의 기관간의 소송이라 보는 입장(본서를 포함하여 다수견해임)에서는 제192조 제5항 중 감독청이 제기하는 소송을 기관소송으로 보지 아니한다.

2. 적용법규

452 지방자치법 제120조와 제192조의 소송 중에서 기관소송으로 이해되는 소송은 행정소송법 제46조에 의하여야 한다. 재의결된 사항이 처분등의 성질을 갖는 경우에는 행정소송법 제46조 제1항과 제2항이 적용되고, 처분등의 성질을 갖지 아니하는 경우에는 행정소송법 제46조 제3항이 적용된다.

3. 소송의 대상

453 제120조의 소송과 제192조의 소송은 조문상 모두 "재의결된 사항이 법령에 위반된다"고 할 때 인정된다. 이와 관련하여 소송의 대상이 조례안(재의결된사항)이라는 견해, 재의결이라는 견해로 나뉜다. 판례는 재의결을 심판대상으로 본다. 판례는 판결이유에서 조례안이 법령에 위반된다고 하면서, 판결주문에서는 재의결은 효력이 없다(예 : 피고가 2000. 2. 20.에 한 안양시 건축조례 중 개정조례안에 대한 재의결은 효력이 없다)는 방식을 취한다. 생각건대 재의결된 사항을 소송의 대상으로 하는 것이 법문에 충실한 해석일 것이다.

2. 감독청에 의한 통제

2-1. 주무부장관, 시·도지사의 재의 요구 지시와 감독청의 제소

454 이것은 국가(주무부장관) 또는 광역지방자치단체의 장(시·도지사)에 의한 통

대하여 지방자치단체의 장에게 재의요구권을 폭넓게 인정한 것으로서 지방자치단체의 장의 재의요구권을 일반적으로 인정한 지방자치법 제98조 제1항에 대한 특별규정이라고 할 것이므로, 지방자치단체의 장의 재의요구에도 불구하고 조례안이 원안대로 재의결되었을 때에는 지방자치단체의 장은 지방자치법 제98조 제3항에 따라 그 재의결에 법령위반이 있음을 내세워 대법원에 제소할 수 있는 것이다).

제를 말한다. 지방자치단체의 모든 기능에서와 같이 지방자치단체의 조례의 발령도 국가 등 감독청의 법규감독, 즉 법률적합성의 감독하에 놓인다. 지방자치법은 이 통제방식을 다음과 같이 규정하고 있다.

⑴ **주무부장관, 시·도지사의 재의 요구 지시** 지방의회의 의결이 법령에 455
위반되거나 공익을 현저히 해친다고 판단되면 시·도에 대해서는 주무부장관이, 시·군 및 자치구에 대해서는 시·도지사가 해당 지방자치단체의 장에게 재의를 요구하게 할 수 있고, 재의 요구 지시를 받은 지방자치단체의 장은 의결사항을 이송받은 날부터 20일 이내에 지방의회에 이유를 붙여 재의를 요구하여야 한다(지자법 제192조 제1항). 지방자치법 제32조 제3항 제1문에 따른 재의요구는 당해 지방자치단체의 장의 자율적인 판단에 따른 것이지만, 본조에 의한 재의요구는 타율적인 재의요구이다.

⑵ **시·도지사가 재의 요구를 하지 않는 경우** 시·군 및 자치구의회의 의결 455a
이 법령에 위반된다고 판단됨에도 불구하고 시·도지사가 제1항에 따라 재의를 요구하게 하지 아니한 경우 주무부장관이 직접 시장·군수 및 자치구의 구청장에게 재의를 요구하게 할 수 있고, 재의 요구 지시를 받은 시장·군수 및 자치구의 구청장은 의결사항을 이송받은 날부터 20일 이내에 지방의회에 이유를 붙여 재의를 요구하여야 한다(지자법 제192조 제2항).

⑶ **해당 지방자치단체장의 불응 시, 주무부장관, 시·도지사의 제소**

㈎ **의 의** 제1항 또는 제2항에 따라 지방의회의 의결이 법령에 위반된 458a
다고 판단되어 주무부장관이나 시·도지사로부터 재의 요구 지시를 받은 해당 지방자치단체의 장이 재의를 요구하지 아니하는 경우(법령에 위반되는 지방의회의 의결사항이 조례안인 경우로서 재의 요구 지시를 받기 전에 그 조례안을 공포한 경우를 포함한다)에는 주무부장관이나 시·도지사는 제1항 또는 제2항에 따른 기간이 지난 날부터 7일 이내에 대법원에 직접 제소 및 집행정지 결정을 신청할 수 있다(지자법 제192조 제8항).

㈏ **당 사 자** 지방자치법 제192조 제8항에 따른 소송에서 ① 원고는 주 458b
무부장관 또는 시·도지사가 될 것이고, ② 피고는 ⓐ 재의요구지시를 받기 전에 당해 조례안을 공포한 경우에는 해당 지방자치단체의 대표자인 당해 지방자치단체의 장(재의요구지시에 불응한 지방자치단체의 장)이다. 판례는 지방의회를 피고로 본다.[1] ⓑ 해당 조례안을 공포하기 전에는 지방자치법 제172조 제7항(주무부

---

1) 대판 2013. 5. 23, 2012추176. 이 판결은 서울특별시의회가 서울시 및 산하기관의 퇴직공무원으로 구성된 사단법인 서울시 시우회와 서울시의회 전·현직의원으로 구성된 사단법인 서울시 의

장관이나 시·도지사는 제5항의 기간이 지난 날부터 7일 이내에 직접 제소할 수 있다)과의 균형상 재의요구지시에 불응한 지방자치단체의 장과 대비되는 지방의회이다. 이 규정은 2005. 1. 27. 개정 지방자치법에 도입되었다.

2-2. 해당 지방자치단체장의 제소

458c (1) 의 의 지방자치단체의 장은 제3항에 따라 재의결된 사항이 법령에 위반된다고 판단되면 재의결된 날부터 20일 이내에 대법원에 소를 제기할 수 있다(지자법 제192조 제4항 제1문).

458d (2) **집행정지의 신청** 소를 제기하는 경우에 필요하다고 인정되면 그 의결의 집행을 정지하게 하는 집행정지결정을 신청할 수 있다(지자법 제192조 제3항 제2문). 1994년 3월 개정 전까지의 구 지방자치법에서는 소의 제기가 있는 경우에 의결의 효력은 대법원의 판결이 있을 때까지 당연히 정지되었다(구 지자법 제159조 제3항). 조례는 다수의 주민과 관계되므로 다수인의 법률관계의 안정을 고려하면, 구법의 태도가 바람직하다.

2-3. 해당 지방자치단체장이 위법한 재의결에 대하여 제소하지 않는 경우

458e (1) **주무부장관, 시·도지사의 제소 지시** 주무부장관이나 시·도지사는 재의결된 사항이 법령에 위반된다고 판단됨에도 불구하고 해당 지방자치단체의 장이 소를 제기하지 아니하면 시·도에 대해서는 주무부장관이, 시·군 및 자치구에 대해서는 시·도지사(제2항에 따라 주무부장관이 직접 재의 요구 지시를 한 경우에는 주무부장관을 말한다. 이하 이 조에서 같다)가 그 지방자치단체의 장에게 제소를 지시…할 수 있다(지자법 제192조 제5항). "제2항에 따라 주무부장관이 직접 재의 요구 지시를 한 경우에는 주무부장관을 말한다"는 부분은 2022. 1. 3. 시행 지방자치법 전부개정법률에 신설된 것이다.[1] 제5항에 따른 제소의 지시는 제4항의 기간이 지난 날부터 7일 이내에 하고, 해당 지방자치단체의 장은 제소 지시를 받은 날부터 7일 이내에 제소하여야 한다(지자법 제192조 제6항).

458f (2) **주무부장관, 시·도지사의 직접제소** 주무부장관이나 시·도지사는 재의결된 사항이 법령에 위반된다고 판단됨에도 불구하고 해당 지방자치단체의 장

정회가 추진하는 사업에 대하여 사업비를 보조할 수 있도록 하는 내용의 '서울특별시 시우회 등 육성 및 지원 조례안'을 의결하고 서울특별시장에게 이송하였고, 원고 행정안전부장관이 주무부장관의 권한으로 서울시장에게 이 사건 조례안의 재의를 요구하였으나, 서울시장은 원고의 재의요구지시를 따르지 않고 이 사건 조례안을 그대로 공포하였다. 이에 원고가 서울특별시의회를 피고로 하여 제기한 조례안의결무효확인의소송에 대한 것이다..

1) 종전에는 주무부장관이 시장·군수·구청장을 피고로 할 수 있는가의 여부가 법문상 불분명하였고, 판례는 부정적인 입장을 취하였다(대판 2016. 9. 22, 2014추521).

이 소를 제기하지 아니하면 시·도에 대해서는 주무부장관이, 시·군 및 자치구에 대해서는 시·도지사(제2항에 따라 주무부장관이 직접 재의 요구 지시를 한 경우에는 주무부장관을 말한다. 이하 이 조에서 같다)가 … 직접 제소 및 집행정지결정을 신청할 수 있다(지자법 제192조 제5항). "제2항에 따라 주무부장관이 직접 재의 요구 지시를 한 경우에는 주무부장관을 말한다"는 부분은 2022. 1. 3. 시행 지방자치법 전부개정법률에 신설된 것이다.[1] 주무부장관이나 시·도지사는 제6항의 기간이 지난 날부터 7일 이내에 제5항에 따른 직접 제소 및 집행정지결정을 신청할 수 있다(지자법 제192조 제7항).

2-4. 주무부장관이 불분명한 경우 등

제1항 또는 제2항에 따른 지방의회의 의결이나 제3항에 따라 재의결된 사항이 둘 이상의 부처와 관련되거나 주무부장관이 불분명하면 행정안전부장관이 재의 요구 또는 제소를 지시하거나 직접 제소 및 집행정지 결정을 신청할 수 있다(지자법 제192조 제9항). 458g

3. 법원에 의한 통제

① 주민은 특정조례에 근거하여 발해진 처분(행정행위)을 행정소송상 취소나 무효 등을 주장함으로써 간접적으로 조례의 효과를 다툴 수가 있다(구체적 규범통제). ② 조례 그 자체가 직접 주민의 법률상 이익을 침해한다면, 그러한 조례는 항고소송의 대상이 되는 처분에 해당하고, 따라서 무효확인소송의 대상이 된다고 볼 것이다(항고소송).[2] 이러한 경우에 피고는 지방자치단체의 장[3] 또는 교육감이 된다고 하겠다.[4] ③ 행정소송법 제3조 제4호 및 동법 제46조가 정한 바에 의거하여 경우에 따라서는 기관소송에 의한 통제도 가능할 것이다(기관소송). 459

1) 종전에는 주무부장관이 시장·군수·구청장을 피고로 할 수 있는가의 여부가 법문상 불분명하였고, 판례는 부정적인 입장을 취하였다(대판 2016. 9. 22, 2014추521).

2) 대판 1996. 9. 20, 95누8003(조례가 집행행위의 개입 없이도 그 자체로서 직접 국민의 구체적인 권리의무나 법적 이익에 영향을 미치는 등의 법률상 효과를 발생하는 경우 그 조례는 항고소송의 대상이 되는 행정처분에 해당한다).

3) 대판 1996. 9. 20, 95누8003(항고소송의 대상이 되는 조례에 대한 무효확인소송을 제기함에 있어서 행정소송법 제38조 제1항, 제13조에 의하여 피고적격이 있는 처분 등을 행한 행정청은, 행정주체인 지방자치단체 또는 지방자치단체의 내부적 의결기관으로서 지방자치단체의 의사를 외부에 표시한 권한이 없는 지방의회가 아니라, 구 지방자치법(1994. 3. 16. 법률 제4741호로 개정되기 전의 것) 제19조 제2항, 제92조에 의하여 지방자치단체의 집행기관으로서 조례로서의 효력을 발생시키는 공포권이 있는 지방자치단체의 장이다).

4) 대판 1996. 9. 20, 95누8003(구 지방교육자치에관한법률 제14조 제5항, 제25조에 의하면 시·도의 교육·학예에 관한 사무의 집행기관은 시·도 교육감이고 시·도 교육감에게 지방교육에 관한 조례안의 공포권이 있다고 규정되어 있으므로, 교육에 관한 조례의 무효확인소송을 제기함에 있어서는 그 집행기관인 시·도 교육감을 피고로 하여야 한다).

④ 민중소송은 인정되지 않는다. 구법상의 주민소송제도는 폐지되었다.

4. 헌법소원

460 경우에 따라서 주민은 조례에 근거한 처분에 대하여 헌법소원의 제기를 통해 조례를 다툴 수도 있을 것이다(헌법 제111조 제1항 제5호; 헌재법 제68조).[1)2)] 한편 헌법재판소법상으로 헌법소원은 기본권이 침해된 자에게만 인정되므로(헌재법 제68조), 현재로서 지방자치단체의 집행기관이 헌법소원을 제기할 수 있는 가능성은 없다.

5. 주민에 의한 통제

461 현재로서 조례에 대하여 주민이 직접 통제를 가하는 방법은 없다. 구지방자치법에서 인정되었던 소청제도도 인정되지 아니한다. 다만, 지방자치법 제19조에 따른 조례의 제정·개폐청구제도는 간접적이긴 하지만 주민에 의한 통제수단의 성격을 갖는다.

제 5 항 지방의회의원

Ⅰ. 지방의회의원의 지위

1. 지방의회구성원으로서의 지위

462 지방의회의원은 주민의 대표기관인 지방의회의 구성원으로서의 지위를 가진다.[3)] 지방의회의원 역시 넓은 의미의 공무원으로서, 헌법 제7조의 공무원에

---

1) 헌재 1998. 10. 15, 96헌바77(조례는 헌법재판소법 제68조 제2항에 의한 헌법소원의 대상이 아니다); 헌재 1994. 12. 29, 92헌마216(헌법재판소법 제68조 제1항에서 말하는 '공권력'에는 입법작용이 포함되며, 지방자치단체에서 제정하는 조례도 불특정다수인에 대해 구속력을 가지는 법규이므로 조례제정행위도 입법작용의 일종으로서 헌법소원의 대상이 된다).

2) 헌재 2009. 7. 30, 2006헌마358 전원재판부(헌법 제33조 제2항과 지방공무원법 제58조 제1항 단서 및 제2항에 의하면 조례에 의하여 '사실상 노무에 종사하는 공무원'으로 규정되는 지방공무원만이 단체행동권을 보장받게 되므로 조례가 아예 제정되지 아니하면 지방공무원 중 누구도 단체행동권을 보장받을 수 없게 된다. 따라서 이 사건 부작위는 청구인들이 단체행동권을 향유할 가능성조차 봉쇄하여 버리는 것으로 청구인들의 기본권을 침해한다).

[사건개요] 서울특별시·인천광역시·경기도·전라북도의 각급 학교에서 지방방호원·지방난방원·지방조무원·지방운전원·지방전기원 등으로 근무하고 있는 기능직 공무원들이 지방공무원법 제58조 제2항에서 노동운동을 할 수 있는 '사실상 노무에 종사하는 공무원의 범위'를 조례에서 정하도록 위임하였음에도 불구하고 피청구인들이 그러한 내용의 조례를 제정하지 아니함으로써 헌법 제33조 제2항에 위반하여 청구인들의 근로3권을 침해한다고 주장하면서 제기한 헌법소원심판 청구사건에서의 헌법재판소 결정이다.

3) 헌재 2010. 4. 29, 2009헌라11 전원재판부(지방자치단체의 의결기관인 지방의회를 구성하는 지방의회 의원과 그 지방의회의 대표자인 지방의회 의장 간의 권한쟁의심판은 헌법 및 헌법재판소법에 의하여 헌법재판소가 관장하는 지방자치단체 상호간의 권한쟁의심판의 범위에 속한다

해당한다. 따라서 지방의회의원도 주민과 국민전체의 봉사자이다.

2. 주민대표자로서의 지위

지방의회의원은 자치구역주민의 대표자이다. 여기서 대표자란 지방의회의 463
원이 정치적으로 주민의 의사를 대표하는 기관이라는 의미이지, 반드시 주민의 정확한 의사만을 대표하여야 한다는 것은 아니다. 지방의회가 비록 선거에 의해 구성되었다고 하여도 지방의회의원은 주민의 위임에 구속되는 것은 아니다. 지방의회의원은 공공의 이익을 우선하여 양심에 따라 그 직무를 성실히 수행하여야 한다(지자법 제44조 제1항).

3. 명예직으로서의 지위의 문제

구 지방자치법 제32조 제1항에서 지방의회의원의 직은 명예직으로 규정되 464
어 있었으나, 2003년 7월의 개정 지방자치법에서 명예직이라는 표현은 삭제되었다. 구법이 지방의회의원의 직을 명예직으로 하였던 것은 지방의회의원의 봉사와 명예, 업무의 비전문성 등을 고려하였던 것으로 생각된다. 동 개정법률에서 명예직의 표현을 삭제한 것은 오늘날의 행정의 전문성, 의원의 품위유지와 직무에의 전념 등을 고려한 것으로 생각된다. 지방의회의원에게는 의정 자료를 수집하고 연구하거나 이를 위한 보조 활동에 사용되는 비용을 보전하기 위한 의정활동비가 매월 지급된다(지자법 제40조 제1항 제1호). 한편, 판례는 구법하에서 지방의회의원의 직이 명예직인바, 지방의회의원에 유급보좌관을 둘 수 없다고 하였으나,[1] 명예직을 폐기한 현행법하에서는 동일한 해석이 유지되기 어렵다고 본다. 판례의 입장은 달라 보인다.[2]

고 볼 수 없으므로 부적법하다).

[소수의견] 헌법재판소법 제62조 제1항 제3호가 지방의회 의원과 지방의회 또는 그 기관 사이의 권한쟁의를 헌법재판소의 심판대상으로 규정하지 않았다고 하더라도, 그러한 규정은 헌법재판소의 권한쟁의 심판사항을 한정적으로 제한하는 것이 아니고, 지방의회의 의결절차도 법률을 위반하지 않도록 통제하여 적법성을 확보할 필요가 있는 이상, 지방의회 의원도 지방의회나 위원회의 의결절차가 위법하게 자신의 심의표결권을 침해하는 경우에는 지방의회나 위원회 또는 그 의장을 상대로 권한쟁의심판을 청구할 수 있다고 봄이 상당하다.

1) 대판 1996. 12. 10, 96추121(지방자치법 제32조는 우리 나라의 지방재정 상태와 지방의회의 의원정수 및 지방의회의 조직(대의회제)을 고려하여 지방의회의원을 명예직으로 한다고 규정하고 있는바, 지방의회의원에 대하여 유급 보좌관을 두는 것은 지방의회의원을 명예직으로 한다고 한 위 규정에 위반되고, 나아가 조례로써 지방의회의원에 유급보좌관을 둘 경우에는 지방의회의원에 대하여 같은 법이 예정하고 있지 않는 전혀 새로운 항목의 비용을 변칙적으로 지출하는 것이고, 이는 결국 법령의 범위 안에서 그 사무에 관하여 조례를 제정하도록 한 같은 법 제15조의 규정에 위반된다).

2) 대판 2013. 1. 16, 2012추84(지방의회의원에 대하여 유급보좌인력을 두는 것은 지방의회의원의 신분·지위 및 그 처우에 관한 현행 법령상의 제도에 중대한 변경을 초래하는 것으로서, 이는

Ⅱ. 지방의회의원지위의 발생과 소멸

1. 지위의 발생

465 지방의회의원은 주민이 보통·평등·직접·비밀선거에 따라 선출한다(지자법 제38조).[1] 지방선거에 관하여 지방자치법에서 정한 것 외에 필요한 사항은 따로 법률로 정한다(지자법 제36조). 따로 정한 법률이 공직선거법이다. 공직선거법에 의하면, 선거일 현재 계속하여 60일 이상(공무로 외국에 파견되어 선거일 전 60일 후에 귀국한 자는 선거인명부작성기준일부터 계속하여 선거일까지) 해당 지방자치단체의 관할구역에 주민등록이 되어 있는 주민으로서 25세 이상의 국민은 그 지방의회의원 및 지방자치단체의 장의 피선거권이 있다. 이 경우 60일의 기간은 그 지방자치단체의 설치·폐지·분할·합병 또는 구역변경(제28조 각호의 어느 하나에 따른 구역변경을 포함한다)에 의하여 중단되지 아니한다(공선법 제16조 제3항). 지방의회의원의 임기는 총선거에 의한 전임의원의 임기만료일의 다음날부터 개시된다(공선법 제14조 제2항 본문). 다만 의원의 임기가 개시된 후에 실시하는 선거와 지방의회의원의 증원선거에 의한 의원의 임기는 당선이 결정된 때부터 개시되어 전임자 또는 같은 종류의 의원의 잔임기간으로 한다(공선법 제14조 제2항 단서).

2. 지위의 소멸

466 지방의회의원은 임기(4년)의 만료(지자법 제39조), 지방의회의 의결(폐회중에는 의장의 허가)이 요구되는 사직(지자법 제89조),[2] 퇴직사유의 발생(지자법 제90조)(제

개별 지방의회의 조례로써 규정할 사항이 아니라 국회의 법률로써 규정하여야 할 입법사항이다(국회의원의 입법활동을 지원하기 위한 보좌직원으로서의 보좌관도 국회의원수당 등에 관한 법률 제9조에서 규정하고 있다). 지방자치법은 물론 기타 다른 법령에서 지방의회의원에 대하여 유급보좌인력을 둘 수 있는 법적 근거가 있음을 찾아볼 수가 없다. 그리고 지방자치법 제90조는 지방의회의원에 대하여 유급보좌인력을 둘 수 있는 근거가 될 수도 없다(대법원 1996. 12. 10. 선고 96추121 판결 참조). 이 사건 근로자의 담당업무, 채용규모 및 이 사건 예산안 재의결 경위 등을 종합하여 보면, 지방의회에서 이 사건 근로자를 두어 의정활동을 지원하는 것은 지방의회의원이 담당하고 있는 의정 자료의 수집·연구 및 이를 위한 보조활동에 대하여 의정활동비를 지급하는 것에서 더 나아가 실질적으로 유급보좌인력을 두는 것과 마찬가지로 봄이 상당하며, 이 사건 근로자가 기간제근로자라고 하여 달리 볼 것은 아니다. 따라서 이는 개별 지방의회에서 정할 사항이 아니라 국회의 법률로써 규정하여야 할 입법사항에 해당하는데, 지방자치법은 물론 다른 법령에서도 이 사건 근로자를 지방의회에 둘 수 있는 법적 근거를 찾아볼 수 없다).

1) 이에 관해 자세한 것은 졸저, 신지방자치법(제5판), 352쪽 이하를 보라.

2) 대판 1997. 11. 14, 97누14705(지방의회 의원이 사직하고자 하는 때에는 본인이 서명·날인한 사직서를 의장에게 제출하여야 한다고 규정한 지방자치법시행령 제25조의 취지는, 의원의 사직이 의원의 신분에 관한 중대한 문제이므로 그 사직의 의사표시가 본인의 의사에 기한 것임을 서면으로 명확하게 하기 위하여 본인 명의의 서명·날인이 되어 있는 사직서를 제출하도록 한 것일 뿐 반드시 본인이 그 사직서에 직접 서명·날인하여야 한다거나 본인이 직접 의장에게

43조 제1항 각 호의 어느 하나에 해당하는 직에 취임할 때, 피선거권이 없게 될 때(지방자치단체의 구역변경이나 없어지거나 합한 것 외의 사유로 그 지방자치단체의 구역 밖으로 주민등록을 이전하였을 때를 포함한다), 징계에 따라 제명될 때이다), 재적의원 3분의 2 이상의 찬성이 요구되는 자격상실의결(지자법 제91조 제1항·제92조 제1항), 재적의원 3분의 2 이상의 찬성이 요구되는 제명(지자법 제100조 제1항 제4호·제2항), 의원의 사망, 선거무효판결, 당선무효판결, 지방의회의 임의적 해산 등으로 자격을 상실한다.

Ⅲ. 지방의회의원의 권리와 의무

1. 권　　리

(1) **직무상 권리**　　지방의회의원이 주민의 대표자로서 그 직무를 충실히 467
수행할 수 있도록 하기 위해 지방자치법은 의원에게 발의권(지자법 제76조 제1항), 질문권(지자법 제51조 제1항·제2항), 질의권·토론권·표결권을 인정한다. 그러나 지방의회의 장이나 의원은 본인·배우자·직계존비속 또는 형제자매와 직접 이해관계가 있는 안건에 관하여는 그 의사에 참여할 수 없다. 다만 의회의 동의가 있으면 의회에 출석하여 발언할 수 있다(지자법 제82조). 이해관계 있는 의원이 표결에 참여한 경우에는 그 효과가 문제된다. 이 밖에도 지방의회의원은 지방의회의장과 부의장의 선거권(지자법 제57조 제1항), 지방의회의 임시회의 소집요구권(지자법 제54조 제2항) 등의 권리를 갖는다.

(2) **재산상 권리**

(가) **의정활동비 등**　　지방의회의원에게는 다음 각 호(1. 의정 자료를 수집하고 468
연구하거나 이를 위한 보조 활동에 사용되는 비용을 보전하기 위하여 매월 지급하는 의정활동비, 2. 지방의회의원의 직무활동에 대하여 지급하는 월정수당,[1] 3. 본회의 의결, 위원회 의결

출석하여 그 사직서를 제출하도록 요구하는 것은 아니다).

1) 대판 2009. 1. 30, 2007두13487(지방자치법(2007. 5. 11. 법률 제8423호로 전부 개정되기 전의 것) 제32조 제1항(현행 지방자치법 제33조 제1항 참조)은 지방의회 의원에게 지급하는 비용으로 의정활동비(제1호)와 여비(제2호) 외에 월정수당(제3호)을 규정하고 있는바, 이 규정의 입법연혁과 함께 특히 월정수당(제3호)은 지방의회 의원의 직무활동에 대하여 매월 지급되는 것으로서, 지방의회 의원이 전문성을 가지고 의정활동에 전념할 수 있도록 하는 기틀을 마련하고자 하는 데에 그 입법취지가 있다는 점을 고려해 보면, 지방의회 의원에게 지급되는 비용 중 적어도 월정수당(제3호)은 지방의회 의원의 직무활동에 대한 대가로 지급되는 보수의 일종으로 봄이 상당하다. 따라서 원고가 이 사건 제명의결 취소소송 계속 중 임기가 만료되어 제명의결의 취소로 지방의회 의원으로서의 지위를 회복할 수는 없다 할지라도, 그 취소로 인하여 최소한 제명의결시부터 임기만료일까지의 기간에 대해 월정수당의 지급을 구할 수 있는 등 여전히 그 제명의결의 취소를 구할 법률상 이익은 남아 있다고 보아야 한다. 그런데도 이 사건 제1심과 원심은 단순히 원고가 임기 만료로 지방의회의원으로서의 지위를 회복할 수 없게 되었다는 이유만으로 이 사건 제명의결의 취소를 구할 법률상 이익이 없다고 판단하고 말았으니, 이러한 판단에는 취소소송에서의 소의 이익에 관한 법리를 오해하여 판결결과에 영향을 미친 위

또는 지방의회의 의장의 명에 따라 공무로 여행할 때 지급하는 여비)의 비용을 지급한다(지자법 제40조 제1항). 제1항 각 호에 규정된 비용은 대통령령으로 정하는 기준을 고려하여 해당 지방자치단체의 의정비심의위원회에서 결정하는 금액 이내에서 지방자치단체의 조례로 정한다. 다만, 제1항 제3호에 따른 비용은 의정비심의위원회 결정 대상에서 제외한다(지자법 제40조 제2항).

469 (나) 상해·사망 등의 보상금 지방의회의원이 직무로 인하여 신체에 상해를 입거나 사망한 경우와 그 상해나 직무로 인한 질병으로 사망한 경우에는 보상금을 지급할 수 있다(지자법 제42조 제1항).[1] 보상금의 지급기준은 대통령령으로 정하는 범위에서 해당 지방자치단체의 조례로 정한다(지자법 제42조 제2항).

470 (3) 특권의 문제 지방의회의원에게도 국회의원과 같이 면책특권, 불체포특권이 인정되는가? 이에 대하여는 부정적으로 보아야 한다. 지방의회는 국회가 아니다. 지방의회는 정치적 기관이라기보다 행정적 기관이다. 이 때문에 지방의회의원에게는 면책특권이나 불체포특권이 인정되지 아니한다. 헌법은 국회의원에게만 그러한 특권을 인정하고 있다(헌법 제44조·제45조).

2. 의 무

471 (1) 공직자로서 의무 ① 지방의회의원은 공공의 이익을 우선하여 양심에 따라 그 직무를 성실히 수행하여야 한다(지자법 제44조 제1항). 지방의회의원은 주민에 대한 봉사자이기 때문이다. ② 지방의회의원은 청렴의 의무를 지며, 지방의회의원으로서의 품위를 유지하여야 한다(지자법 제44조 제2항). 따라서 ③ 지방의회의원은 지위를 남용하여 재산상의 권리·이익 또는 직위를 취득하거나 다른 사람을 위하여 그 취득을 알선해서는 아니 된다(지자법 제44조 제3항). 지방의회의원은 해당 지방자치단체, 제43조 제5항 각 호의 어느 하나에 해당하는 기관·단체 및 그 기관·단체가 설립·운영하는 시설과 영리를 목적으로 하는 거래를 하여서는 아니 된다(지자법 제44조 제4항). 지방의회의원은 소관 상임위원회의 직무

법이 있다).

1) 대판 2004. 7. 22, 2003추51(지방의회의원에 대한 회기수당의 지급요건으로서의 '회기'는 정례회 및 임시회의 회기만을 의미하는 것이라고 해석함이 상당하므로, 행정사무조사특별위원회가 지방자치법 제53조의 규정에 의하여 폐회중에도 본회의의 의결이 있거나 의장이 필요하다고 인정할 때, 재적위원 3분의 1 이상의 요구 또는 지방자치단체의 장의 요구가 있는 때에 한하여 개회할 수 있고, 같은 법 제36조의 규정에 의하여 본회의 의결로 활동기간을 부여받는 것이라 하더라도 그러한 사유만으로 '비회기중의 회의 등 활동'을 정례회 및 임시회의 '회기중의 활동'에 준하는 것이라거나 '회기중의 활동'이라고 의제할 수는 없는바, 행정사무조사특별위원회가 비회기중에 회의 등 활동할 경우 그 활동에 참석한 위원에게 참석 일수에 따라 수당을 지급할 수 있도록 한 조례안은 헌법 제117조, 지방자치법 제15조, 제32조 제1항 제3호의 규정에 위반되어 위법하고 이와 같은 경우에는 이 조례안에 대한 재의결은 전부 효력이 부인되어야 한다).

와 관련된 영리행위를 할 수 없으며, 그 범위는 해당 지방자치단체의 조례로 정한다(지자법 제44조 제5항). ④ 또한 다음의 겸직금지의 의무도 부담한다.

(2) **겸직금지의 의무** 지방의회의원은 다음 각 호의 어느 하나에 해당하는 직을 겸할 수 없다(지자법 제43조 제1항). 겸직금지의 의무는 공평무사한 임무수행과 의원직무에의 전념을 확보하기 위한 것이다. 472

① 국회의원, 다른 지방의회의원

② 헌법재판소 재판관, 각급 선거관리위원회위원

③ 「국가공무원법」 제2조에 따른 국가공무원과 「지방공무원법」 제2조에 따른 지방공무원(정당법 제22조에 따라 정당의 당원이 될 수 있는 교원은 제외한다)

④ 「공공기관의 운영에 관한 법률」 제4조에 따른 공공기관(한국방송공사, 한국교육방송공사 및 한국은행을 포함한다)의 임직원

⑤ 「지방공기업법」 제2조에 규정된 지방공사와 지방공단의 임직원[1]

⑥ 농업협동조합, 수산업협동조합, 산림조합, 엽연초생산협동조합, 신용협동조합, 새마을금고(이들 조합·금고의 중앙회와 연합회를 포함한다)의 임직원과 이들 조합·금고의 중앙회장이나 연합회장

⑦ 「정당법」 제22조에 따라 정당의 당원이 될 수 없는 교원

⑧ 다른 법령에 따라 공무원의 신분을 가지는 직

⑨ 그 밖에 다른 법률에서 겸임할 수 없도록 정하는 직

(3) **회의체구성원으로서의 의무** 회의체인 지방의회의 구성원으로서 지방의회의원은 ① 본회의와 위원회에 출석하여야 하고(지자법 제72조), ② 회의에 있어서는 의사에 관한 법령, 회의규칙을 준수하여 회의장의 질서를 문란케 하여서는 아니되고(지자법 제94조 제1항), ③ 또한 질서의 유지를 위한 의장의 명령에 복종하고(지자법 제94조 제2항), 본회의 또는 위원회에서 타인을 모욕하거나 타인의 사생활에 대한 발언을 하여서는 아니 된다(지자법 제95조 제1항). 그리고 ④ 지방의회의원은 회의 중에 폭력을 행사하거나 소란한 행위를 하여 타인의 발언을 방해할 수 없으며, 의장이나 위원장의 허가 없이 연단이나 단상에 올라가서는 아니 된다(지자법 제96조). 473

1) 헌재 2004. 12. 16, 2002헌마333(지방공사는 그 사업내용이나 목적에 있어 사기업에 비하여 공공적 성격이 강하고, 그 조직·운영·이용관계 등에 있어서도 강한 공법적 특수성이 인정된다. 또한 지방공사의 임원뿐만 아니라 직원들도 지방공사의 소유와 이익의 귀속주체인 지방자치단체의 이익을 대변할 지위에 있는 자들로서 국고업무를 담당하는 공무원과 별다른 차이가 없다. 따라서, 지방자치단체의 영향력하에 있는 지방공사의 직원이 지방의회에 진출할 수 있도록 하는 것은 권력분립 내지는 정치적 중립성 보장의 원칙에 위배되고, 결과적으로 주민의 이익과 지역의 균형된 발전을 목적으로 하는 지방자치의 제도적 취지에도 어긋난다).

473a (4) **윤리강령상 의무** 지방의회는 지방의회의원이 준수해야 할 지방의회의원의 윤리강령과 윤리실천규범을 조례로 정하여야 한다(지자법 제46조 제1항). 지방의회의원은 당연히 이러한 조례상의 의무를 준수하여야 한다.

제 2 절 지방자치단체의 집행기관

474 지방의회의 의결사항과 지방자치단체의 임무로 주어진 행정사무의 수행을 위해 지방자치단체는 집행기능을 갖는 행정조직체를 필요로 한다. 이러한 조직체가 여기서 말하는 지방자치단체의 집행기관이다. 이것을 넓은 의미의 집행기관이라 할 수 있다. 이러한 의미의 집행기관에는 집행기관의 장(지방자치단체의 장), 보조기관, 일정수의 소속공무원, 이 밖에 여타의 소속행정기관 및 하부행정기관 등으로 이루어진다. 통상 지방자치단체의 집행기관이라 함은 집행기관의 장, 즉 지방자치단체의 장을 뜻한다. 이를 좁은 의미의 집행기관이라 할 수도 있다. 용례상으로는 행정조직 내부에서 정해진 의사를 실력으로 사실상 실행하는 직무를 담당하는 기관을 의미할 때도 있다(예 : 불법건축물철거시의 철거공무원). 집행기관으로는 지방자치단체의 일반적인 사무의 집행기관인 지방자치단체의 장, 교육·과학 및 체육에 관한 사무의 집행기관인 교육감, 그 밖에 특별한 기관으로 인사위원회,[1] 소청심사위원회, 선거관리위원회가 있다. 이하에서는 일반적인 집행기관에 관해서 살펴보기로 하고, 교육·과학 및 체육에 관한 집행기관은 절을 바꾸어서 보기로 한다.

제 1 항 지방자치단체의 장

I. 지방자치단체의 장의 지위

475 지방자치단체의 장으로서 특별시에는 특별시장, 광역시에는 광역시장, 특별자치시에 특별자치시장, 도와 특별자치도에는 도지사를 두고, 시에는 시장, 군에는 군수, 자치구에는 구청장을 둔다(지자법 제106조).

---

1) 대판 1997. 3. 28, 95누7055(구 지방공무원법 제7조, 제8조, 제9조, 제32조, 지방공무원임용령 제42조의2 등 관계 규정에 의하면, 시·도 인사위원회는 독립된 합의제행정기관으로서 7급 지방공무원의 신규임용시험의 실시를 관장한다고 할 것이므로, 그 관서장인 시·도 인사위원회 위원장은 그의 명의로 한 7급 지방공무원의 신규임용시험 불합격결정에 대한 취소소송의 피고적격을 가진다).

1. 지방자치단체의 대표기관

(1) **대표기관의 의의** 지방자치단체의 장은 법적으로 당해 지방자치단체를 대표한다(지자법 제114조).[1] 대표는 대리가 아니다. 지방자치단체의 장이 법적으로 당해 지방자치단체를 대표한다는 것은 지방자치단체의 장이 공·사법상의 법률관계에서 지방자치단체를 위해 구속적인 의사표시를 할 수 있는 권능을 가짐을 의미한다.[2] 476

지방자치단체의 장의 이러한 지위는 법률행위에 의해 부여된 것이 아니라 바로 법률에 의해 직접 주어진 것이다. 따라서 지방의회의 개별적인 의결로 지방자치단체의 장의 대표권한(대표권)은 제한되지 아니한다. 476a

(2) **대표권의 제한** 지방자치단체의 장의 대표권은 포괄적이다. 기술한 바와 같이 대표권은 지방의회의 의결로 제한되지 아니한다. 대표권은 법률에 의해서만 제한될 수 있을 뿐이다. 지방자치단체의 장은 법률상의 제한(예 : 지방의회의 사전 동의 등)을 준수하여야 한다. 지방자치단체와 계약을 체결하는 사인을 보호하여야 하는 필요성 때문에 사법영역에서 이러한 제한의 위반은 원칙적으로 외부적으로 아무런 영향을 미치지 아니한다. 사인이 사전에 이를 알았다면 사정은 다르다. 한편, 공법영역에서 이러한 제한의 위반은 중대한 절차상의 하자를 구성하게 된다. 따라서 이로 인한 행정행위는 위법한 것이 된다. 477

(3) **무권한의 행위** 지방자치단체의 장이 무권한으로 발령하는 행정행위는 무효이다. 왜냐하면 그러한 행위는 하자가 중대할 뿐만 아니라 명백하기 때문이다. 사법영역에서 무권한으로 체결하는 계약도 효력을 발생하지 아니한다. 사법영역에서 권한을 초과하여 계약을 체결한 경우에는 원칙적으로 효력을 발생한다. 다만 사인이 이를 사전에 알았다면 사정이 다르다. 478

2. 최고독임제 행정청

① 지방자치단체의 장은 그 지방자치단체의 사무와 법령에 따라 그 지방자치단체의 장에게 위임된 사무를 관리하고 집행한다(지자법 제116조). 바꾸어 말하면 지방자치단체의 장은 일상의 행정임무를 수행하는 행정청이다. ② 지방자치단체의 장은 지방자치단체의 사무를 총괄한다(지자법 제114조 제2문). 이 때문에 그는 당해 지방자치단체의 행정의 지도자이다(최고행정청). 이러한 지위에서 지 479

---

1) 지방자치법상 내적의사형성권능과 외부대표권능은 구분된다. 전자는 자치단체 내부에서 분배되는 것이고, 후자는 단일하게 지방자치단체의 장에게 주어진다.

2) Schmidt－Aßmann/Röhl, Kommunalrecht, in : Schmidt－Aßmann(Hrsg.), Besonderes Verwaltungsrecht(13. Aufl.), Rn. 78.

방자치단체의 장은 소속 직원(지방의회의 사무직원은 제외한다)을 지휘·감독하고 법령과 조례·규칙으로 정하는 바에 따라 그 임면·교육훈련·복무·징계 등에 관한 사항을 처리한다(지자법 제118조). ③ 집행기관의 장은 합의제 행정청이 아니라 독임제 행정청이다. 지방자치단체의 장이 독임제기관이므로 합의제기관에 비하여 행정임무의 수행에 있어서 보다 많은 능률과 보다 많은 책임이 요구된다.

3. 자치권의 한 행사기관

480 지방자치단체의 장은 주민의 대표자로서 자치권을 행사한다. 자치권의 행사주체에는 주민·지방의회·지방자치단체의 장이 있다. 자치권의 한 행사주체로서 지방자치단체의 장은 위법 또는 월권의 지방의회의결 또는 예산상 집행할 수 없는 경비가 포함되어 있는 의결에 대하여, 지방의회에 재의를 요구할 수 있다(지자법 제120조·제121조). 이러한 지방자치단체의 장의 이의권은 공동체내부적인 적법성의 통제와 권력 간의 균형에 기여한다.

4. 국가행정기관

481 지방자치단체의 장은 지방자치단체의 기관이지 국가기관은 아니다. 그러나 예외적으로 법령에 의거하여 자치구역에서 국가사무를 수행하는 경우도 있다. 이 때 국가위임사무를 수행하는 한에 있어서, 지방자치단체의 장은 국가행정기관의 지위에 놓인다.[1)]

Ⅱ. 지방자치단체의 장의 신분

1. 신분의 취득

482 지방자치단체의 장은 주민이 보통·평등·직접·비밀선거에 따라 선출한다(지자법 제107조). 지방선거에 관하여 지방자치법에서 정한 것 외에 필요한 사항은 따로 법률로 정한다(지자법 제36조). 따로 정한 법률이 공직선거법이다. 공직선거법에 의하면, 선거일 현재 계속해서 60일 이상 해당 지방자치단체의 관할구역 안에 주민등록이 되어 있는 주민으로서 25세 이상의 국민은 그 지방자치

1) 대판 1982. 11. 24, 80다2303(지방자치단체의 장의 직무상 위법행위에 대한 손해배상책임은 다른 사정이 없는 이상 자치단체의 집행기관으로서의 직무에 대하여는 자치단체가 책임을 지나, 국가로부터 자치단체에 시행하는 국가행정사무를 위임받아 행하는, 국가의 보통지방행정기관으로서의 직무에 대하여는 국가가 그 책임을 진다. 따라서, 경기도지사가 행하는 공유수면매립에 관한 사무는 국가행정기관으로서의 사무라고 할 것이니 경기도는 그 직무상의 위법행위에 대한 책임이 없다).

단체의 장의 피선거권이 있다(공선법 제16조 제3항 제1문).[1] 지방자치단체의 장의 선거에 관해 구체적인 것은 「공직선거법」에서 규정되고 있다. 동법상 기탁금제도는 원칙적으로 합헌적인 것으로 이해되고 있다.[2] 지방자치단체의 장의 임기는 4년으로 하며, 3기 내에서만 계속 재임할 수 있다(지자법 제108조).[3] 지방자치단체의 신설합병의 경우, 합병 전의 지방자치단체의 장이 합병으로 신설되는 지방자치단체의 장의 선거에 출마하는 것은 지방자치법 제108조에 위반되지 아니한다.[4]

2. 신분의 상실

지방자치단체의 장은 ① 4년의 임기의 만료로 그 지위를 상실할 뿐만 아니 483

---

1) 헌재 2004. 12. 16, 2004헌마376(이 사건 법률조항은 헌법이 보장한 주민자치를 원리로 하는 지방자치제도에 있어서 지연적 관계를 고려하여 당해 지역사정을 잘 알거나 지역과 사회적·지리적 이해관계가 있어 당해 지역행정에 대한 관심과 애향심이 많은 사람에게 피선거권을 부여함으로써 지방자치행정의 민주성과 능률성을 도모함과 아울러 우리나라 지방자치제도의 정착을 위한 규정으로서 과잉금지원칙에 위배하여 청구인의 공무담임권을 제한하고 있다고 볼 수 없다).

2) 헌재 1996. 8. 29, 95헌마108(시·도지사선거의 경우 선거구의 규모 및 이에 따른 비용의 면에 있어서 국회의원선거나 다른 지방선거와의 차이가 크고, 성공적인 지방자치제도의 정착을 위하여는 민선 시·도지사의 역할이 매우 중대하며, 이에 따라 후보난립방지의 필요성도 절실하다는 점 등을 고려할 때, 그 기탁금을 다른 선거들에 비하여 많게 규정하고 있다고 하더라도 그것만으로 다른 선거의 기탁금액에 비하여 합리적인 이유 없이 지나치게 많은 것이라고는 할 수 없다).

3) 헌재 2006. 2. 23, 2005헌마403(지방자치단체 장의 계속 재임을 3기로 제한한 규정의 입법취지는 장기집권으로 인한 지역발전저해 방지와 유능한 인사의 자치단체 장 진출확대로 대별할 수 있는바, 그 목적의 정당성, 방법의 적절성, 피해의 최소성, 법익의 균형성이 충족되므로 헌법에 위반되지 아니한다. 같은 선출직공무원인 지방의회의원 등과 비교해볼 때, 지방자치의 민주성과 능률성, 지방의 균형적 발전의 저해요인이 될 가능성이 상대적으로 큰 지방자치단체 장의 장기 재임만을 규제대상으로 삼아 달리 취급하는 데에는 합리적인 이유가 있다고 할 것이므로, 평등권을 침해하지 않는다); 헌재 2010. 6. 24, 2010헌마167(지방자치법은 지방자치단체장의 계속 재임을 3기로 제한하고 있는데, 지방자치단체의 폐지·통합시 지방자치단체장의 계속 재임을 3기로 제한함에 있어 폐지되는 지방자치단체장으로 재임한 것까지 포함시킬지 여부는 입법자의 재량에 달려 있다. 우리 헌법 어디에도 지방자치단체의 폐지·통합시 새로 설치되는 지방자치단체의 장으로 선출된 자에 대하여 폐지되는 지방자치단체장으로 재임한 기간을 포함하여 계속 재임을 3기로 제한하도록 입법자에게 입법위임을 하는 규정을 찾아볼 수 없으며, 달리 헌법해석상 그러한 법령을 제정하여야 할 입법자의 의무가 발생하였다고 볼 여지 또한 없다. 따라서 이 사건 입법부작위에 대한 심판청구는 진정입법부작위에 대하여 헌법소원을 제기할 수 있는 경우에 해당하지 아니한다).

4) 그 이유로 신설합병의 경우, 합병 전의 지방자치단체와 합병으로 신설되는 지방자치단체의 법인격은 서로 달리한다는 점(법적 관점), 지방자치단체는 주민·구역·자치권으로 구성되는데, 합병으로 주민·구역·자치권에 상당한 변화를 초래한다면, 합병 전의 지방자치단체와 합병으로 신설되는 지방자치단체는 서로 실체를 달리하는 것으로 볼 수밖에 없다는 점(사실적 관점), 헌법재판소가 지방자치법 제95조를 합헌으로 보았지만 위헌으로 본 소수의견도 있었다는 점을 고려할 때, 지방자치법 제95조의 적용범위는 최소한으로 새기는 것이 바람직하다는 점(정책적 관점) 등을 들 수 있다.

라(지자법 제108조), ② 지방자치단체의 장이 겸임할 수 없는 직에 취임할 때, 피선거권이 없게 될 때. 이 경우 지방자치단체의 구역이 변경되거나 없어지거나 합한 것 외의 다른 사유로 그 지방자치단체의 구역 밖으로 주민등록을 이전하였을 때를 포함한다. 제110조에 따라 지방자치단체의 장의 직을 상실할 때에 그 직에서 퇴직되며(지자법 제112조), ③ 지방자치단체의 장은 사임할 수도 있다. 지방자치단체의 장은 그 직을 사임하려면 지방의회의 의장에게 미리 사임일을 적은 서면(사임통지서)으로 알려야 한다(지자법 제111조 제1항). 지방자치단체의 장은 사임통지서에 적힌 사임일에 사임된다. 다만, 사임통지서에 적힌 사임일까지 지방의회의 의장에게 사임통지가 되지 아니하면 지방의회의 의장에게 사임통지가 된 날에 사임된다(지자법 제111조 제2항).

3. 장의 체포 및 확정판결의 통지

484 **(1) 체 포** 체포 또는 구금된 지방자치단체의 장이 있으면 관계 수사기관의 장은 지체 없이 영장의 사본을 첨부하여 해당 지방자치단체에 알려야 한다. 이 경우 통지를 받은 지방자치단체는 그 사실을 즉시 행정안전부장관에게 보고하여야 한다. 시·군 및 자치구가 행정안전부장관에게 보고하는 경우에는 시·도지사를 거쳐야 한다(지자법 제113조 제1항).

484a **(2) 확정판결의 통지** 지방자치단체의 장이 형사사건으로 공소가 제기되어 그 판결이 확정되면 각급 법원장은 지체 없이 해당 지방자치단체에 알려야 한다. 이 경우 통지를 받은 지방자치단체는 그 사실을 즉시 행정안전부장관에게 보고하여야 한다. 시·군 및 자치구가 행정안전부장관에게 보고하는 경우에는 시·도지사를 거쳐야 한다(지자법 제113조 제2항).

4. 장의 의무

485 **(1) 공직자로서의 의무** 지방자치단체의 장은 주민의 대표자로서 그 직무범위가 넓을 뿐만 아니라 그 임무가 주민의 일반적인 복지증진에 있으므로 대표자로서의 품위를 유지해야 하며, 아울러 직무에 전념해야 하는바, ① 지방자치단체의 장은 재임 중 그 지방자치단체와 영리를 목적으로 하는 거래를 하거나 그 지방자치단체와 관계있는 영리사업에 종사할 수 없고(지자법 제109조 제2항), ② 다음의 겸직금지의 의무도 부담하며, ③ 퇴직할 때에는 그 소관 사무의 일체를 후임자에게 인계하여야 할 의무를 부담한다(지자법 제119조). 이러한 사무인계의무는 퇴직시 나타날 수 있는 행정의 공백·혼란·누수를 방지하기 위한 것이다.

(2) **겸직금지의 의무** 지방자치단체의 장은 다음 각 호의 어느 하나에 해 486
당하는 직을 겸임할 수 없다(지자법 제109조 제1항).

① 대통령, 국회의원, 헌법재판소재판관, 각급 선거관리위원회 위원, 지방의회의원
② 「국가공무원법」 제2조에 규정된 국가공무원과 「지방공무원법」 제2조에 규정된 지방공무원
③ 다른 법령의 규정에 따라 공무원의 신분을 가지는 직
④ 「공공기관의 운영에 관한 법률」 제4조에 따른 공공기관(한국방송공사, 한국교육방송공사 및 한국은행을 포함한다)의 임직원
⑤ 농업협동조합, 수산업협동조합, 산림조합, 엽연초생산협동조합, 신용협동조합 및 새마을금고(이들 조합·금고의 중앙회와 연합회를 포함한다)의 임직원
⑥ 교원
⑦ 「지방공기업법」 제2조에 규정된 지방공사와 지방공단의 임직원
⑧ 그 밖에 다른 법률이 겸임할 수 없도록 정하는 직

5. 직무의 대행과 대리 등

(1) 대 행

(가) **폐치·분합과 대행** 지방자치단체를 폐지하거나 설치하거나 나누거나 487
합쳐 새로 지방자치단체의 장을 선거하여야 하는 경우에는 그 지방자치단체의 장이 선출될 때까지 시·도지사는 행정안전부장관이, 시장·군수 및 자치구의 구청장은 시·도지사가 각각 그 직무를 대행할 사람을 지정하여야 한다. 다만, 둘 이상의 동격의 지방자치단체를 통·폐합하여 새로운 지방자치단체를 설치하는 경우에는 종전의 지방자치단체의 장 중에서 해당 지방자치단체의 장의 직무를 대행할 자를 지정한다(지자법 제110조).

(나) **궐위 등과 대행** 지방자치단체의 장이 ① 궐위된 경우, ② 공소제기된 488
후 구금상태에 있는 경우, ③ 「의료법」에 따른 의료기관에 60일 이상 계속하여 입원한 경우에는 부단체장(부지사·부시장·부군수·부구청장)이 그 권한을 대행한다(지자법 제124조 제1항).

(다) **입후보와 대행** 지방자치단체의 장이 그 직을 가지고 그 지방자치단 489
체의 장 선거에 입후보하면 예비후보자 또는 후보자로 등록한 날부터 선거일까지 부단체장이 그 지방자치단체의 장의 권한을 대행한다(지자법 제124조 제2항).

(라) **출장 등과 대리** 지방자치단체의 장이 출장·휴가 등 일시적 사유로 직 490

무를 수행할 수 없으면 부단체장이 그 직무를 대리한다(지자법 제124조 제3항).

491 (마) **대행자의 순서** 앞의 (나)·(다)·(라)의 경우에 부지사 또는 부시장이 2명 이상인 시·도에는 대통령령이 정하는 순서에 따라 그 권한을 대행하거나 직무를 대리한다(지자법 제124조 제4항). 권한을 대행하거나 직무를 대리할 부단체장이 부득이한 사유로 직무를 수행할 수 없으면 그 지방자치단체의 규칙에 정하여진 직제 순서에 따른 공무원이 그 권한을 대행하거나 직무를 대리한다(지자법 제124조 제5항).

492 (2) **임 탁** 지방자치단체의 장은 조례나 규칙이 정하는 바에 따라 그 권한에 속하는 사무의 일부를 ① 보조기관, 소속행정기관 또는 하부행정기관에 위임할 수 있고(지자법 제117조 제1항), ② 관할지방자치단체나 공공단체 또는 그 기관(사무소·출장소를 포함한다)에 위임하거나 위탁할 수 있고(지자법 제117조 제2항), ③ 조사·검사·검정·관리업무 등 주민의 권리·의무와 직접 관련되지 아니하는 사무를 법인·단체 또는 그 기관이나 개인에게 위탁할 수 있다(지자법 제117조 제3항). 상하관계의 기관간의 경우를 위임이라 하고, 그러하지 않은 관계의 경우를 위탁이라고 한다. 위임과 위탁을 합하여 임탁이라고 한다. 위임 또는 위탁은 행정청이 법령에 근거하여 자신의 권한의 일부를 다른 기관에 이전하고, 위임받은 자(수임자)가 그것을 자기의 책임과 권한으로 수행하는 것을 말하는 것으로, 단순한 사실상의 위임인 내부위임과는 다르다.

Ⅲ. 지방자치단체의 장의 권한

1. 지방자치단체의 대표권

493 지방자치단체의 장은 정치적으로나 법적으로 당해 지방자치단체를 대표하는 권한을 가진다(지자법 제114조 제1문). 그는 이러한 권한을 기초로 하여 대외적으로 지방자치단체를 위해 각종의 법률관계를 형성한다.

2. 행정에 관한 권한

494 (1) **사무총괄·관리·집행권** 지방자치단체의 장은 당해 지방자치단체의 사무를 총괄한다(지자법 제114조 제2문). 여기서 총괄한다는 것은 당해 지방자치단체의 전체사무(교육·학예·체육사무 제외)의 기본방향을 정하고 동시에 전체사무의 통일성과 일체성을 유지하는 것을 말한다. 한편 시·도와 시·군 및 자치구에서 시행하는 국가사무는 시·도지사와 시장·군수 및 자치구의 구청장에게 위임하여 수행하는 것을 원칙으로 한다. 다만, 법령에 다른 규정이 있는 경우에는 그

러하지 아니하다(기관위임사무)(지자법 제115조).

(2) **하부기관에 대한 감독권** 지방자치단체의 장은 하부행정기관에 대해 지도·감독권을 갖는다. 자치구가 아닌 구를 가진 시의 시장은 구청장을, 시장 또는 군수는 읍장·면장을, 시장(구가 없는 시의 시장)이나 구청장(자치구의 구청장 포함)은 동장을 지휘·감독한다(지자법 제133조). 495

(3) **기초지방자치단체에 대한 감독권**

(가) **사무 처리의 지도·감독** ① 시·군 및 자치구나 그 장이 위임받아 처리하는 국가사무에 관하여 시·군 및 자치구에서는 1차로 시·도지사의 지도·감독을 받는다(지자법 제185조 제1항). ② 시·군 및 자치구나 그 장이 위임받아 처리하는 시·도의 사무에 관하여는 시·도지사의 지도·감독을 받는다(지자법 제185조 제2항). 496

(나) **위법·부당한 명령·처분의 시정** 지방자치단체의 사무에 관한 지방자치단체의 장(제103조 제2항에 따른 사무의 경우에는 지방의회의 의장을 말한다. 이하 이 조에서 같다)의 명령이나 처분이 법령에 위반되거나 현저히 부당하여 공익을 해친다고 인정되면 … 시·군 및 자치구에 대해서는 시·도지사가 기간을 정하여 서면으로 시정할 것을 명하고, 그 기간에 이행하지 아니하면 이를 취소하거나 정지할 수 있다(지자법 제188조 제1항). 496a

(다) **직무이행명령** 지방자치단체의 장이 법령에 따라 그 의무에 속하는 국가위임사무나 시·도위임사무의 관리와 집행을 명백히 게을리하고 있다고 인정되면 시·도에 대해서는 주무부장관이, 시·군 및 자치구에 대해서는 시·도지사가 기간을 정하여 서면으로 이행할 사항을 명령할 수 있다(지자법 제189조 제1항). 496b

(라) **감 사** 시·도지사는 지방자치단체의 자치사무에 관하여 보고를 받거나 서류·장부 또는 회계를 감사할 수 있다. 이 경우 감사는 법령위반사항에 대하여만 실시한다(지자법 제191조). 496c

(마) **재의요구 등** 지방의회의 의결이 법령에 위반되거나 공익을 현저히 해친다고 판단되면 … 시·군 및 자치구에 대해서는 시·도지사가 해당 지방자치단체의 장에게 재의를 요구하게 할 수 있다(지자법 제192조 제1항). 496d

3. 소속직원에 대한 권한

지방자치단체의 장은 소속 직원(지방의회의 사무직원은 제외한다)을 지휘·감독하고, 소속직원의 임면권을 갖는다(지자법 제118조).[1] 이 권한의 행사는 법령과 497

1) 대판 2013. 9. 27, 2012추169(상위법령에서 지방자치단체장에게 기관구성원 임명·위촉권한을

조례·규칙에서 정한 바에 따라 이루어진다. 그리고 시·도지사는 부시장·부지사의 임명에 추천권을 갖는다(지자법 제123조 제3항). 한편 집행기관의 인사권에 대한 지방의회에 개입이 반드시 배제되어야 한다고 볼 필요는 없는 것이다.[1]

4. 재정에 관한 권한

498 지방자치단체의 장은 재정과 관련하여 예산편성(지자법 제142조 제1항), 지방채발행 등의 권한을 갖는다(지자법 제139조 제1항; 지정법 제11조).

5. 지방의회에 관한 권한

499 (1) **의회출석·진술권** 지방자치단체의 장은 지방의회나 그 위원회에 출석하여 행정사무의 처리상황을 보고하거나 의견을 진술하고 질문에 응답할 수 있

부여하면서도 임명·위촉권의 행사에 지방의회의 동의를 받도록 하는 등의 견제나 제약을 규정하고 있거나 그러한 제약을 조례 등에서 할 수 있다고 규정하고 있지 않는 한 당해 법령에 의한 임명·위촉권은 지방자치단체의 장에게 전속적으로 부여된 것이라고 보아야 한다. 따라서 하위법규인 조례로는 지방자치단체장의 임명·위촉권을 제약할 수 없고, 지방의회의 지방자치단체 사무에 대한 비판, 감시, 통제를 위한 행정사무감사 및 조사권 행사의 일환으로 위와 같은 제약을 규정하는 조례를 제정할 수도 없다).

1) 대판 2000. 11. 10, 2000추36(지방자치법상 지방자치단체의 집행기관과 지방의회는 서로 분립되어 제각각 그 고유권한을 행사하되 상호견제의 범위 내에서 상대방의 권한 행사에 대한 관여가 허용되는 것이므로, 집행기관의 고유권한에 속하는 인사권의 행사에 있어서도 지방의회는 견제의 범위 내에서 소극적·사후적으로 개입할 수 있을 뿐 사전에 적극적으로 개입하는 것은 허용되지 아니하고, 또 집행기관을 비판·감시·견제하기 위한 의결권·승인권·동의권 등의 권한도 지방자치법상 의결기관인 지방의회에 있는 것이지 의원 개인에게 있는 것이 아니므로, 지방의회가 재의결한 조례안에서 구청장이 주민자치위원회 위원을 위촉함에 있어 동장과 당해 지역 구의원 개인과의 사전 협의 절차가 필요한 것으로 규정함으로써 지방의회 의원 개인이 구청장의 고유권한인 인사권 행사에 사전 관여할 수 있도록 규정하고 있는 것 또한 지방자치법상 허용되지 아니하는 것이다); 대판 1994. 4. 26, 93추175; 대판 1997. 4. 11, 96추138; 대판 2001. 2. 23, 2000추67(조례안에서 지방자치단체의 장이 재단법인 광주비엔날레의 업무수행을 지원하기 위하여 소속 지방공무원을 위 재단법인에 파견함에 있어 그 파견기관과 인원을 정하여 지방의회의 동의를 얻도록 하고, 이미 위 재단법인에 파견된 소속 지방공무원에 대하여는 조례안이 조례로서 시행된 후 최초로 개회되는 지방의회에서 동의를 얻도록 규정하고 있는 경우, 그 조례안 규정은 지방자치단체의 장의 고유권한에 속하는 소속 지방공무원에 대한 임용권 행사에 대하여 지방의회가 동의 절차를 통하여 단순한 견제의 범위를 넘어 적극적으로 관여하는 것을 허용하고 있으므로 법령에 위반된다); 대판 2004. 7. 22, 2003추44(상위법령에서 지방자치단체의 장에게 기관구성원 임명·위촉권한을 부여하면서도 임명·위촉권의 행사에 대한 지방의회의 동의를 받도록 하는 등의 견제나 제약을 규정하고 있거나 그러한 제약을 조례 등에서 할 수 있다고 규정하고 있지 아니하는 한 당해 법령에 의한 임명·위촉권은 지방자치단체의 장에게 전속적으로 부여된 것이라고 보아야 할 것이어서 하위법규인 조례로써는 지방자치단체의 장의 임명·위촉권을 제약할 수 없다 할 것이고 지방의회의 지방자치단체 사무에 대한 비판, 감시, 통제를 위한 행정사무감사 및 조사권의 행사의 일환으로 위와 같은 제약을 규정하는 조례를 제정할 수도 없다); 대판 2004. 7. 22, 2003추44(지방자치단체의 장으로 하여금 지방자치단체가 설립한 지방공기업 등의 대표에 대한 임명권의 행사에 앞서 지방의회의 인사청문회를 거치도록 한 조례안은 지방자치단체의 장의 임명권에 대한 견제나 제약에 해당한다는 이유로 법령에 위반된다).

다(지자법 제51조 제1항).

⑵ **재의요구권** 지방자치단체의 장은 지방의회에 대하여 다음의 여러 종류의 재의요구권을 갖는다.

㈎ **조례의 재의요구** 지방자치단체의 장은 이송받은 조례안에 대하여 이의가 있으면 이송을 받은 때로부터 20일 이내에 이유를 붙여 지방의회로 환부하고 그 재의를 요구할 수 있다. 이 경우 지방자치단체의 장은 조례안의 일부에 대하여 또는 조례안을 수정하여 재의를 요구할 수 없다(지자법 제32조 제3항). 500

㈏ **법령위반의결의 재의요구 등** 지방자치단체의 장은 지방의회의 의결이 월권이거나 법령에 위반되거나 공익을 현저히 해친다고 인정되면 그 의결사항을 이송받은 날부터 20일 이내에 이유를 붙여 재의를 요구할 수 있다(지자법 제120조 제1항). 판례는 재의요구를 철회할 수 있다고 한다.[1) 501

㈐ **예산상 집행불가능한 의결의 재의요구 등** ① 지방자치단체의 장은 지방의회의 의결이 예산상 집행할 수 없는 경비를 포함하고 있다고 인정되면 그 의결사항을 이송받은 날부터 20일 이내에 이유를 붙여 재의를 요구할 수 있고(지자법 제121조 제1항), ② 지방의회가 법령에 따라 지방자치단체에서 의무적으로 부담하여야 할 경비 또는 비상재해로 인한 시설의 응급 복구를 위하여 필요한 경비를 줄이는 의결을 할 때에도 ①의 경우와 동일하게 재의를 요구할 수 있다(지자법 제121조 제2항). 502

㈑ **감독청의 요구에 따른 재의요구** 지방의회의 의결이 법령에 위반되거나 공익을 현저히 해친다고 판단되면 시·도에 대해서는 주무부장관이, 시·군 및 자치구에 대해서는 시·도지사가 해당 지방자치단체의 장에게 재의를 요구하게 할 수 있고, 재의 요구 지시를 받은 지방자치단체의 장은 의결사항을 이송받은 날부터 20일 이내에 지방의회에 이유를 붙여 재의를 요구하여야 한다(지자법 제192조 제1항). 503

---

1) 헌재 2013. 9. 26, 2012헌라1('지방교육자치에 관한 법률' 제28조 제1항은 교육감에게 시·도의회 등의 의결에 대한 재의요구 권한이 있다는 점만 규정하고 있고 재의요구를 철회할 권한이 있다는 점에 대하여는 명시적인 규정을 두고 있지 않음은 청구인의 주장과 같다. 그러나 조례안에 대한 교육감의 재의요구 권한은 조례안의 완성에 대한 조건부의 정지적인 권한에 지나지 않으므로, 시·도의회의 재의결 전에는 언제든지 재의요구를 철회할 수 있다고 보아야 한다. 이런 법리에 따라 대통령이 1956. 10. 15. 귀속재산처리특별회계법(1956. 11. 1. 법률 제404호로 공포됨)에 대한 재의요구를 철회하고, 1964. 12. 31. 탄핵심판법(1964. 12. 31. 법률 제1683호로 공포됨)에 대한 재의요구를 철회한 전례도 있다. 이 사건에서도 서울특별시교육감은 청구인의 요청에 따라 재의요구를 한 것이 아니고, 자신의 독자적인 권한으로 재의요구를 한 것이므로 이를 철회할 권한이 있다고 보아야 한다).

⑶ 조례안공포권·조례안거부권

504 ㈎ 공 포 권 조례안이 지방의회에서 의결되면 지방의회의 의장은 의결된 날부터 5일 이내에 그 지방자치단체의 장에게 이송하여야 한다(지자법 제32조 제1항). 지방자치단체의 장은 제1항의 조례안을 이송받으면 20일 이내에 공포하여야 한다(지자법 제32조 제2항).

㈏ 거 부 권

(a) 거부권의 행사 지방자치단체의 장은 이송받은 조례안에 대하여 이의가 있으면 제2항의 기간에 이유를 붙여 지방의회로 환부(還付)하고, 재의(再議)를 요구할 수 있다. 이 경우 지방자치단체의 장은 조례안의 일부에 대하여 또는 조례안을 수정하여 재의를 요구할 수 없다(지자법 제32조 제3항).

(b) 조례안 확정 지방의회는 제3항에 따라 재의 요구를 받으면 조례안을 재의에 부치고 재적의원 과반수의 출석과 출석의원 3분의 2 이상의 찬성으로 전(前)과 같은 의결을 하면 그 조례안은 조례로서 확정된다(지자법 제32조 제4항). 지방자치단체의 장이 제2항의 기간에 공포하지 아니하거나 재의 요구를 하지 아니하더라도 그 조례안은 조례로서 확정된다(지자법 제32조 제5항). 다만 예외적으로 지방의회의원의 임기가 만료되거나 해산되어 환부할 지방의회가 없을 때, 공포하지 않고 공포기간이 경과하면 그 조례안은 폐기된다고 볼 것이다.

(c) 공 포 지방자치단체의 장은 제4항 또는 제5항에 따라 확정된 조례를 지체 없이 공포하여야 한다. 이 경우 제5항에 따라 조례가 확정된 후 또는 제4항에 따라 확정된 조례가 지방자치단체의 장에게 이송된 후 5일 이내에 지방자치단체의 장이 공포하지 아니하면 지방의회의 의장이 공포한다(지자법 제32조 제6항). 제2항 및 제6항 전단에 따라 지방자치단체의 장이 조례를 공포하였을 때에는 즉시 해당 지방의회의 의장에게 통지하여야 하며, 제6항 후단에 따라 지방의회의 의장이 조례를 공포하였을 때에는 그 사실을 즉시 해당 지방자치단체의 장에게 통지하여야 한다(지자법 제32조 제7항).

⑷ 선결처분권

505 ㈎ 의 의 지방자치단체의 장은 지방의회가 지방의회의원이 구속되는 등의 사유로 제73조에 따른 의결정족수에 미달될 때와 지방의회의 의결사항[1] 중 주민의 생명과 재산보호를 위하여 긴급하게 필요한 사항으로서 지방의회를 소집할 시간적인 여유가 없거나 지방의회에서 의결이 지체되어 의결되지 아니

1) 조례의 제정·개정도 여기서 말하는 의결사항에 포함되는가의 문제에 관해, 졸저, 신지방자치법(제5판), 387쪽을 보라.

할 때에는 선결처분을 할 수 있다(지자법 제122조 제1항). 선결처분권은 지방자치단체의 장의 임무수행에 지방의회의 협력이 요구되는 영역에서 그것이 기대될 수 없는 경우에 지방자치단체의 장이 갖는 일종의 긴급권이라 하겠다.

506 (나) 요 건 　선결처분은 먼저 ① 지방자치단체의 장은 지방의회가 지방의회의원이 구속되는 등의 사유로 제73조에 따른 의결정족수에 미달될 때에 가능하다(지자법 제122조 제1항). 그 사유의 예로 지방의회의원의 사직의 경우를 들 수 있다. 다음으로 ② 지방의회가 성립되었다고 하여도 다음의 요인을 모두 구비하는 경우에 장은 선결처분을 할 수 있다(지자법 제122조 제1항 제2문). 즉 ⓐ 처분대상은 주민의 생명과 재산보호에 관한 사항이어야 하며, ⓑ 그 보호의 요구가 시간적으로 보아 긴급한 것이어야 하고, ⓒ 지방의회를 소집한 시간적 여유가 없거나 지방의회에서 의결이 지체되어 의결되지 아니한 경우이어야 한다.

507 (다) 통 제 　지방자치단체의 장이 선결처분을 하면, 지체 없이 지방의회에 보고하고 승인을 얻어야 한다(지자법 제122조 제2항). 만약 지방의회에서 승인을 얻지 못한 때에는 그 선결처분은 그 때부터 효력을 상실한다(지자법 제122조 제3항). 그리고 지방자치단체의 장은 선결처분의 보고와 의회의 승인 여부 및 승인 거부시 선결처분의 효력상실을 지체 없이 공고하여야 한다(지자법 제122조 제4항).

508 (라) 유사제도 　선결처분의 특수한 형태로 예산상 선결처분제도, 즉 예산불성립시의 예산집행제도인 준예산제도(지자법 제146조)가 있다. 예산상 선결처분제도는 처분의 내용이 미리 고정되어 있다는 점에서 원래의 선결처분과 다르다.

509 (5) 기 타 　그 밖에 지방자치단체의 장은 조례안 제안권(지자법 시행령 제28조 제1항 제1호),[1] 지방의회임시회소집요구권(지자법 제54조 제3항), 지방자치단체의 장이 지방의회에 부의할 안건의 공고권(지자법 제55조), 지방의회에서 의결할 의안의 발의권(지자법 제76조 제1항)을 갖는다.

6. 규칙제정권

510 (1) 의의·종류 　지방자치단체의 장은 법령 또는 조례의 범위에서 그 권한에 속하는 사무에 관하여 규칙을 제정할 수 있다(지자법 제29조). ① 규칙이란 지

1) 대판 2021. 9. 16, 2020추5138(지방자치법, 지방교육자치에 관한 법률의 관련 규정 내용을 종합하면, 시·도교육청의 직속기관을 포함한 기구의 설치는 기본적으로 법령의 범위 안에서 조례로써 결정할 사항이다. 교육감은 시·도의 교육·학예에 관한 사무를 집행하는 데 필요한 때에는 법령 또는 조례가 정하는 바에 따라 기구를 직접 설치할 권한과 이를 위한 조례안의 제안권을 가지며, 설치된 기구 전반에 대하여 조직편성권을 가질 뿐이다. 지방의회는 교육감의 지방교육행정기구 설치권한과 조직편성권을 견제하기 위하여 조례로써 직접 교육행정기관을 설치·폐지하거나 교육감이 조례안으로써 제안한 기구의 축소, 통폐합, 정원 감축의 권한을 가진다).

방자치단체의 장이 지방자치법 등이 정하는 바에 따라 정립하는 법형식을 말한다. ② 규칙에는 지방자치단체의 장이 법령 또는 조례가 위임한 범위 안에서 그 권한에 속하는 사무에 관하여 발하는 위임규칙과 법령이나 조례의 시행을 위한 직권규칙이 있다. 다만 교육과 학예에 관하여 교육감이 발하는 규칙은 교육규칙이라 부르며, 이에 관해서는 지방교육자치에 관한 법률에서 규정하고 있다.

511 (2) **성 질** ① 자주법의 한 형식인 규칙이 법규로서 외부적 효력을 가지는 것은 조례의 경우와 같다. 그렇다고 규칙이 언제나 외부적 효과를 갖는다고 볼 수는 없다.[1] ② 한편 지방자치단체의 장은 '법령이나 조례가 위임한 범위에서' 그 권한에 속하는 사무에 관하여 규칙을 제정할 수 있는바(지자법 제29조), 규칙은 법령이나 조례에 하위하는 지위를 갖는 법형식이다. 따라서 "현행제도에 있어서의 조례와 규칙은 그 제정절차상에 차이가 있을 뿐이다"[2]라는 표현은 정당하지 않다.

512 (3) **법규명령으로서의 고시와 구별** "법령의 규정이 지방자치단체장(허가관청)에게 그 법령내용의 구체적인 사항을 정할 수 있는 권한을 부여하면서 그 권한행사의 절차나 방법을 정하지 아니하고 있는 경우, 그 법령의 내용이 될 사항을 구체적으로 규정한 지방자치단체장의 고시는, 당해 법률 및 그 시행령의 위임한계를 벗어나지 아니하는 한 그 법령의 규정과 결합하여 대외적인 구속력이 있는 법규명령으로서의 효력을 갖게 되고, 허가관청인 지방자치단체장이 그 범위 내에서 허가기준을 정하였다면 그 허가기준의 내용이 관계 법령의 목적이나 근본취지에 명백히 배치되거나 서로 모순되는 등의 특별한 사정이 없는 한 그 허가기준이 효력이 없는 것이라고 볼 수는 없다."[3] 이러한 고시는 위임입법이므로, 자치입법으로서의 규칙과 구별되어야 한다.

513 (4) **근 거** ① 법령 또는 조례의 위임이 있는 사항에 대하여 지방자치단체의 장이 제정한 규칙을 위임규칙이라 한다. 위임규칙의 경우에는 위임입법의 법리가 적용된다고 보며, 따라서 법령이나 조례의 위임은 개별·구체적인 위임이어야 하고, 법령 또는 조례의 위임이 있는 사항에 관하여서만 규정할 수 있다.[4] ② 지방자치단체의 장이 새로운 법규사항을 규정함이 없이 법령이나 조례

---

1) 대판 2002. 1. 22, 2001두8414(구 여객자동차운수사업법시행규칙(2001. 6. 30. 건설교통부령 제285호로 개정되기 전의 것) 제17조 제1항에 따라 지방자치단체가 제정한 개인택시운송사업면허사무처리규칙은 재량권 행사의 기준으로 마련된 행정청 내부의 사무처리준칙에 불과하고, 그 규칙에서 정하고 있는 서류 이외에 이에 준하는 객관적이고 합리적인 증거자료에 의하여 개인택시운송사업면허를 받고자 하는 사람의 운전경력을 인정할 수 있다).
2) 구병삭, 주석 지방자치법, 1990, 170쪽.
3) 대판 2002. 9. 27, 2000두7933.

를 시행하기 위하여 제정한 규칙을 직권규칙이라 한다. 이와 관련하여 법령의 수권없이 집행명령으로서의 직권규칙을 제정할 수 있는가가 문제된다. 규칙제정권은 법령이나 조례의 개별적·구체적 위임이 있는 경우에 한정된다는 견해도 있으나,[1] 통설은 법령의 수권없이 법령이나 조례를 시행하기 위한 직권규칙을 제정할 수 있다고 한다.[2] 생각건대, 지방자치단체의 장은 명문의 규정이 없어도 비침익적인 사항에 관하여 직권규칙을 제정할 수 있다고 볼 때, 규칙은 반드시 법령이 조례의 위임이 있어야만 하는 것은 아니라 하겠다.

(5) 규칙제정권의 한계

(가) 규칙제정사항 규칙을 제정할 수 있는 사항은 교육·학예에 관한 사항 514
을 제외한, 법령과 조례가 위임한 범위 내에서 지방자치단체의 장의 권한에 속하는 모든 사항이다. 자치사무·단체위임사무·기관위임사무임을 묻지 않는다. 특히 기관위임사무의 경우에는 조례가 아니라 규칙으로 정하여야 한다.[3]

(나) 법률우위의 원칙 규칙은 '법령 또는 조례가 위임한 범위 안에서' 제정 514a
할 수 있으므로 상위의 법령이나 조례의 내용에 반할 수 없다. 지방자치단체의 사무에 관한 조례와 규칙은 조례가 상위규범이다.[4] 한편 지방자치법은 시·군 및 자치구의 규칙은 시·도의 조례나 규칙에 위반하여서는 아니 됨을 규정하고 있다(지자법 제30조).

(다) 법률유보의 원칙 위임규칙의 경우에는 법령이나 조례의 개별·구체적 514b
인 위임이 있어야 한다. 포괄적 위임이 가능한 조례와는 이 점에서 구별된다. 특히 주민의 권리제한·의무부과에 관한 사항을 정하기 위해서는 법령의 개별·구체적인 위임이 있어야 한다. 또한 규칙으로는 벌칙을 정할 수 있도록 위임하고 있지 않으므로 개별적인 법령의 근거가 없는 한 규칙으로 벌칙을 정할 수 없다(지자법 제34조 참조).

---

4) 김남진·김연태, 행정법(Ⅱ), 137쪽(2019); 졸고, 자치법규로서 규칙의 법적 문제(한국공법학회 학술발표회, 1994. 5. 21 발표문).

1) 류지태·박종수, 행정법신론, 972쪽(2019).

2) 김동희, 행정법(Ⅱ), 91쪽(2019); 박균성, 행정법론(하), 206쪽(2019); 정하중, 행정법개론, 948쪽(2019).

3) 대판 1995. 11. 14, 94누13572(구 도시재개발법에 의한 사업시행변경인가, 관리처분계획인가 및 각 고시에 관한 사무는 국가사무로서 지방자치단체의 장에게 위임된 이른바 기관위임사무에 해당하므로, 시·도지사가 지방자치단체의 조례에 의하여 이를 구청장 등에게 재위임할 수는 없고, 정부조직법 제5조 제1항 및 이에 기한 행정권한의 위임 및 위탁에 관한 규정 제4조에 의하여 위임기관의 장의 승인을 얻은 후 지방자치단체의 장이 제정한 규칙이 정하는 바에 따라 재위임하는 것만이 가능하다).

4) 대판 1995. 8. 22, 94누5694.

515 ⑹ **효력발생** 규칙은 특별한 규정이 없으면 공포한 날부터 20일이 지나면 효력을 발생한다(지자법 제32조 제8항).

516 ⑺ **보고·승인** 규칙을 제정하거나 개정하거나 폐지할 경우 공포 예정일 15일 전에 시·도지사는 행정안전부장관에게, 시장·군수 및 자치구의 구청장은 시·도지사에게 그 전문(全文)을 첨부하여 각각 보고하여야 하며, 보고를 받은 행정안전부장관은 그 내용을 관계 중앙행정기관의 장에게 통보하여야 한다(지자법 제35조).

517 ⑻ **지방자치단체의 신설, 격의 변경시의 규칙의 시행** 지방자치단체를 나누거나 합하여 새로운 지방자치단체가 설치되거나 지방자치단체의 격이 변경되면 그 지방자치단체의 장은 필요한 사항에 관하여 새로운 조례나 규칙이 제정·시행될 때까지 종래 그 지역에 시행되던 조례나 규칙을 계속 시행할 수 있다(지자법 제31조).

7. 주민투표회부권

518 지방자치단체의 장은 주민에게 과도한 부담을 주거나 중대한 영향을 미치는 지방자치단체의 주요 결정사항 등에 대하여 주민투표에 부칠 수 있다(지자법 제18조 제1항). 주민투표의 대상·발의자·발의요건 기타 투표절차 등에 관한 사항은 따로 법률로 정한다(지자법 제18조 제2항).

제 2 항 보조기관과 행정기구

Ⅰ. 보조기관

1. 의 의

519 행정청인 집행기관의 장의 의사결정을 직접 보조하는 기관을 보조기관이라 한다. 보조기관으로 특별시와 광역시 및 특별자치시에 부시장, 도와 특별자치도에 부지사, 시에 부시장, 군에 부군수, 자치구에 부구청장을 둔다(지자법 제123조 제1항). 그 밖의 보조기관에 관해서는 대통령령으로 정하는 기준에 따라 그 지방자치단체의 조례로 정한다(지자법 제125조 제2항).

2. 부시장·부지사, 부시장·부군수·부구청장

520 ⑴ **정 수** ① 특별시의 부시장은 3명을 넘지 아니하는 범위에서 대통령령으로 정하고, ② 광역시와 특별자치시(2012. 7. 1 시행)의 부시장 및 도와 특별자치도의 부지사는 2명(인구 800만 이상의 광역시나 도는 3명)을 넘지 아니하는 범위에서 대통령령으로 정하며, ③ 시의 부시장, 군의 부군수 및 자치구의 부구청장

은 1명으로 한다(지자법 제123조 제1항).

(2) **직급·임명** ① 특별시·광역시 및 특별자치시의 부시장, 도와 특별자치도의 부지사는 대통령령으로 정하는 바에 따라 정무직 또는 일반직 국가공무원으로 보한다. 다만 특별시·광역시 및 특별자치시의 부시장과 도와 특별자치도의 부지사를 2명이나 3명을 두는 경우에 1명은 대통령령으로 정하는 바에 따라 정무직·일반직 또는 별정직 지방공무원으로 보하되, 정무직과 별정직 지방공무원으로 보할 때의 자격기준은 해당 지방자치단체의 조례로 정한다(지자법 제123조 제2항). 그리고 시·도의 부시장과 부지사를 2명이나 3명을 두는 경우에 그 사무 분장은 대통령령으로 정한다(지자법 제123조 제6항 제1문). 이 경우 부시장·부지사를 3명 두는 시·도에서는 그 중 1명에게 특정지역의 사무를 담당하게 할 수 있다(지자법 제123조 제6항 제2문). 한편 정무직 또는 일반직 국가공무원으로 보하는 부시장·부지사는 시·도지사의 제청으로 행정안전부장관을 거쳐 대통령이 임명한다. 이 경우 제청된 자에게 법적 결격사유가 없으면 30일 이내에 그 임명 절차를 마쳐야 한다(지자법 제123조 제3항). ② 한편 시의 부시장, 군의 부군수, 자치구의 부구청장은 일반직 지방공무원으로 보하되 그 직급은 대통령령으로 정하며, 시장·군수·구청장이 임명한다(지자법 제123조 제4항). 521

(3) **임무와 권한** ① 시·도의 부시장과 부지사, 시의 부시장·부군수·부구청장은 해당 지방자치단체의 장을 보좌하여 사무를 총괄한다(지자법 제123조 제5항). ② 시·도의 부시장과 부지사, 시의 부시장·부군수·부구청장은 소속직원을 지휘·감독한다(지자법 제123조 제5항). 522

(4) **장의 권한대행** 지방자치단체의 장이 다음 각 호(1. 궐위된 경우, 2. 공소 제기된 후 구금상태에 있는 경우, 3. 「의료법」에 따른 의료기관에 60일 이상 계속하여 입원한 경우)의 어느 하나에 해당되면 부지사·부시장·부군수·부구청장(부단체장)이 그 권한을 대행한다(지자법 제124조 제1항).[1] 지방자치단체의 장이 그 직을 가지고 그 지방자치단체의 장 선거에 입후보하면 예비후보자 또는 후보자로 등록한 날부터 선거일까지 부단체장이 그 지방자치단체의 장의 권한을 대행한다(지자법 제124조 제2항). 지방자치단체의 장이 출장·휴가 등 일시적 사유로 직무를 수행할 수 없으면 부단체장이 그 직무를 대리한다(지자법 제124조 제3항). 그런데 부지사 또는 부시장이 2명 이상인 시·도에서는 대통령령으로 정하는 순서에 따라 그 523

1) 헌재 2010헌마418, 2010. 9. 2(지방자치법(2007. 5. 11. 법률 제8423호로 전부개정된 것) 제111조 제1항 제3호는 헌법에 합치되지 아니한다. 위 법률조항은 입법자가 2011. 12. 31.까지 개정하지 아니하면 2012. 1. 1.부터 그 효력을 상실한다. 법원 기타 국가기관 및 지방자치단체는 입법자가 개정할 때까지 위 법률조항의 적용을 중지하여야 한다).

권한을 대행하거나 직무를 대리한다(지자법 제124조 제4항). 한편, 권한을 대행하거나 직무를 대리할 부단체장이 부득이한 사유로 직무를 수행할 수 없으면 그 지방자치단체의 규칙에 정하여진 직제 순서에 따른 공무원이 그 권한을 대행하거나 직무를 대리한다(지자법 제124조 제5항).

Ⅱ. 행정기구와 공무원

1. 일 반 론

524 (1) **설 치** 지방자치단체는 그 사무를 분장하기 위하여 필요한 행정기구와 지방공무원을 둔다(지자법 제125조 제1항). 제1항에 따른 행정기구의 설치와 지방공무원의 정원은 인건비 등 대통령령이 정하는 기준에 따라 그 지방자치단체의 조례로 정한다(지자법 제125조 제2항).[1]

525 (2) **균형의 유지** 행정안전부장관은 지방자치단체의 행정기구와 지방공무원의 정원이 적정하게 운영되고 다른 지방자치단체와의 균형이 유지되도록 하기 위하여 필요한 사항을 권고할 수 있다(지자법 제125조 제3항).

2. 공무원의 임용·신분보장

526 (1) **입법형식** 지방공무원의 임용과 시험·자격·보수·복무·신분보장·징계·교육훈련 등에 관한 사항은 따로 법률로 정한다(지자법 제125조 제4항). 이에 근거한 법률로 지방공무원법이 있다.

527 (2) **국가공무원의 임용** 지방자치단체에는 제1항의 규정에 불구하고 법률이 정하는 바에 따라 국가공무원을 둘 수 있다(지자법 제125조 제5항). 제5항에 규정된 국가공무원의 경우 「국가공무원법」 제32조 제1항부터 제3항까지의 규정에도 불구하고 5급 이상의 국가공무원이나 고위공무원단에 속하는 공무원은 해당 지방자치단체의 장의 제청으로 소속 장관을 거쳐 대통령이 임명하고, 6급 이하의 국가공무원은 그 지방자치단체의 장의 제청으로 소속 장관이 임명한다(지자법 제125조 제6항).

---

1) 대판 2005. 8. 19, 2005추48(지방자치법령은 지방자치단체의 장으로 하여금 지방자치단체의 대표자로서 당해 지방자치단체의 사무와 법령에 의하여 위임된 사무를 관리·집행하는 데 필요한 행정기구를 설치할 고유한 권한과 이를 위한 조례안의 제안권을 가지도록 하는 반면 지방의회로 하여금 지방자치단체의 장의 행정기구의 설치권한을 견제하도록 하기 위하여 지방자치단체의 장이 조례안으로서 제안한 행정기구의 축소, 통폐합의 권한을 가지는 것으로 하고 있으므로, 지방의회의원이 지방자치단체의 장이 조례안으로서 제안한 행정기구를 종류 및 업무가 다른 행정기구로 전환하는 수정안을 발의하여 지방의회가 의결 및 재의결하는 것은 지방자치단체의 장의 고유 권한에 속하는 사항의 행사에 관하여 사전에 적극적으로 개입하는 것으로서 허용되지 아니한다).

제 3 항 소속행정기관

1. 직속기관

지방자치단체는 그 소관사무의 범위 안에서 필요하면 대통령령이나 대통령령으로 정하는 바에 따라 지방자치단체의 조례로 자치경찰기관(제주특별자치도에 한한다)·소방기관·교육훈련기관·보건진료기관·시험연구기관 및 중소기업지도기관 등을 직속기관으로 설치할 수 있다(지자법 제126조). 528

2. 사 업 소

지방자치단체는 특정 업무를 효율적으로 수행하기 위하여 필요하면 대통령령으로 정하는 바에 따라 그 지방자치단체의 조례로 사업소(예 : 한강관리사업소)를 설치할 수 있다(지자법 제127조). 사업소는 ① 업무의 성격이나 업무량 등으로 보아 별도의 기관에서 업무를 수행함이 효율적이고, 또한 ② 사업장의 위치상 현장에서 업무를 추진하는 것이 효율적인 경우에 설치할 수 있다(지자령 제75조). 529

3. 출 장 소

지방자치단체는 원격지 주민의 편의와 특정지역의 개발 촉진을 위하여 필요하면 대통령령으로 정하는 바에 따라 그 지방자치단체의 조례로 출장소를 설치할 수 있다(지자법 제128조). 사업소가 특정업무를 위한 것인 데 반해, 출장소는 일반적인 권한을 가진 종합적인 행정기관의 성질을 갖는 점이 다르다. 530

4. 합의제행정기관

지방자치단체는 그 소관 사무의 일부를 독립하여 수행할 필요가 있으면 법령이나 그 지방자치단체의 조례로 정하는 바에 따라 합의제행정기관[1]을 설치할 수 있다(지자법 제129조 제1항). 이러한 합의제행정기관의 설치·운영에 관하여 531

1) 대판 2000. 11. 10, 2000추36(지방자치법 제107조와 같은 법 시행령 제41조 및 제42조의 규정에 따르니, 지방자치단체는 그 소관 사무의 범위 내에서 필요한 경우에는 심의 등을 목적으로 자문기관을 조례로 설치할 수 있는 외에, 그 소관 사무의 일부를 독립하여 수행할 필요가 있을 경우에는 합의제 행정기관을 조례가 정하는 바에 의하여 설치할 수 있는바, 그러한 합의제 행정기관에는 그 의사와 판단을 결정하여 외부에 표시하는 권한을 가지는 합의제 행정관청뿐만 아니라 행정주체 내부에서 행정에 관한 의사 또는 판단을 결정할 수 있는 권한만을 가지는 의결기관도 포함되는 것이므로, 지방의회가 재의결한 조례안에서 주민자치위원회가 지역주민이 이용할 수 있도록 동사무소에 설치된 각종 문화·복지·편익시설과 프로그램을 총칭하는 주민자치센터의 운영에 관하여 의결을 할 수 있는 것으로 규정하고 있는 것 자체는, 그러한 의결기관으로서의 주민자치위원회의 설치에 관하여 같은 법 시행령 제41조에서 규정하고 있는 행정안전부 장관의 승인이 가능한 것인지의 여부는 별론으로 하고, 같은 법 제159조 제3항에서 재의결의 효력 배제의 사유로 정하고 있는 법령 위반에 해당한다고 단정할 수 없다).

필요한 사항은 대통령령이나 그 지방자치단체의 조례로 정한다(지자법 제129조 제2항).[1)]

5. 자문기관

532 지방자치단체는 소관 사무의 범위에서 법령이나 그 지방자치단체의 조례로 정하는 바에 따라 자문기관(소관 사무에 대한 자문에 응하거나 협의, 심의 등을 목적으로 하는 심의회, 위원회 등을 말한다. 이하 같다)을 설치·운영할 수 있다(지자법 제130조 제1항).

제 4 항 하부행정기관

533 하부행정기관이란 지방자치단체의 장에 소속하면서, 지방자치단체의 장의 지휘·감독을 받으나, 어느 정도 독립성을 갖고서 소속지방자치단체의 사무를 지역적으로 분담·처리하는 기관을 의미한다. 스스로 사무를 처리하는 점에서 내부적으로 보조만 하는 보조기관과 구별되고, 그 처리사무가 일반적인 것인 점에서 처리사무가 전문적인 것인 소방기관·교육훈련기관·보건진료기관·시험연구기관 등의 직속기관과 구분된다.

1. 하부행정기관의 장

534 (1) 임 명 자치구가 아닌 구에 구청장, 읍에 읍장, 면에 면장, 동에 동장을 둔다. 이 경우 면·동은 행정면·행정동을 말한다(지자법 제131조). ① 자치구가 아닌 구의 구청장은 일반직 지방공무원으로 보하되 시장이 임명한다(지자법 제132조 제1항). ② 읍장·면장·동장은 일반직 지방공무원으로 보하되, 시장·군수 및 자치구의 구청장이 임명한다(지자법 제132조 제2항).

534a (2) 권 한 자치구가 아닌 구의 구청장은 시장, 읍장·면장은 시장이나 군수의, 동장은 시장(구가 없는 시의 시장을 말한다)이나 구청장(자치구의 구청장을 포함한다)의 지휘·감독을 받아 소관 국가사무와 지방자치단체의 사무를 맡아 처리하고 소속직원을 지휘·감독한다(지자법 제133조).[2)] 한편, 위임된 사무는 자신의

1) 대판 1997. 4. 11, 96추138(지방자치법시행령 제41조는 "지방자치단체가 법 제107조의 규정에 의하여 합의제 행정기관을 설치하고자 하는 때에는 따로 법령으로 정한 경우를 제외하고는 내무부장관의 승인을 얻어야 한다"고 규정하고 있지만, 이는 국가가 지방자치단체의 행정조직을 통제하기 위한 내부 절차규정에 불과할 뿐 지방의회의 의결권을 제한하는 규정으로 보여지지 아니하므로, 합의제 행정기관의 설치에 관한 내무부장관의 승인은 조례의 시행단계에서 취하여져야 할 절차로서 그 승인 여부가 합의제 행정기관의 설치를 규정한 조례안의 의결의 효력을 좌우하는 전제조건으로 되는 것은 아니다).

2) 대판 1976. 5. 11, 76다581(읍이 지방자치단체인 피고 군의 예하기관이라 하더라도 읍장은 법률

이름과 권한으로 처리한다.[1] 그리고 위임관청의 감독권한은 위법한 처분뿐만 아니라 부당한 처분에도 미친다.[2] 동장의 권한을 사인에게 위탁하는 일반적인 근거규정은 없다.[3]

2. 하부행정기구

지방자치단체는 조례로 정하는 바에 따라 자치구가 아닌 구와 읍·면·동에 535
그 소관 행정사무를 분장하기 위하여 필요한 행정기구를 들 수 있다. 이 경우 면·동은 행정면·행정동을 말한다(지자법 제134조). 한편, 제주도의 행정시에 소관 행정사무를 분장하기 위하여 필요한 행정기구를 도조례로 정하는 바에 따라 두되, 직급은 대통령령으로 정하는 기준에 따라 도조례로 정한다(제국법 제15조).

3. 특　　례

(1) 의　　의　　특별자치시와 관할 구역 안에 시 또는 군을 두지 아니하는 536
특별자치도의 하부행정기관에 관한 사항은 따로 법률로 정한다(지자법 제3조 제5

상 군을 대리하여 채무부담행위를 할 아무런 권한도 없으며 또 그러한 권한을 군으로부터 위임받았거나 군이 이를 추인하지 아니한 이상 읍장의 부락민에게 판매하는 건축자재 외상대금의 지급보증행위는 군에 대하여 아무런 효력도 생길 수 없는 것이다).

1) 대판 1997. 2. 14, 96누15428(지방자치법 제95조 제1항의 위임은 내부적으로 집행사무만을 위임하는 것이 아니라 외부적 권한위임에 해당한다. 군수가 군사무위임조례의 규정에 따라 무허가 건축물에 대한 철거대집행 사무를 하부 행정기관인 읍·면에 위임하였다면, 읍·면장에게는 관할구역 내의 무허가 건축물에 대하여 그 철거대집행을 위한 계고처분을 할 권한이 있다).

2) 대판 1996. 12. 23, 96추114(지방자치법은 행정의 통일적 수행을 기하기 위하여 군수에게 읍·면장에 대한 일반적 지휘·감독권을 부여함으로써 군수와 읍·면장은 상급 행정관청과 하급 행정관청의 관계에 있어 상명하복의 기관계층체를 구성하는 것이고, 지방자치법이 상급 지방자치단체의 장에게 하급 지방자치단체의 장의 위임사무처리에 대한 지휘·감독권을 규정하면서 하급 지방자치단체의 장의 자치사무 이외의 사무처리에 관한 위법하거나 현저히 부당한 명령·처분에 대하여 취소·정지권을 부여하고 있는 점에 비추어 볼 때, 동일한 지방자치단체 내에서 상급 행정관청이 하급 행정관청에 사무를 위임한 경우에도 위임관청으로서의 수임관청에 대한 지휘·감독권의 범위는 그 사무처리에 관한 처분의 합법성뿐만 아니라 합목적성의 확보에까지 미친다. 하급 행정관청으로서 군수의 일반적 지휘·감독을 받는 읍·면장의 위임사무처리에 관한 위법한 처분에 대하여만 군수에게 취소·정지권을 부여하고 부당한 처분에 대하여는 이를 배제한 조례안은, 지방자치법에 위배되어 허용되지 않으므로 그 효력이 없다).

3) 대판 2000. 11. 10, 2000추36(동장이 주민자치센터의 운영을 다시 민간에 위탁하는 것은 그 수임사무의 재위탁에 해당하는 것이므로 그에 관하여는 별도의 법령상 근거가 필요하다고 할 것인데, 지방자치법 제95조 제3항은 소정 사무의 민간위탁은 지방자치단체의 장이 할 수 있는 것으로 규정하고 있을 뿐 동장과 같은 하부행정기관이 할 수 있는 것으로는 규정하고 있지 아니하고, 행정권한의위임및위탁에관한규정 제4조 역시 동장이 자치사무에 관한 수임권한을 재위임 또는 재위탁할 수 있는 근거가 될 수 없음은 그 규정 내용상 분명하며, 달리 동장이 그 수임권한을 재위임 또는 재위탁할 수 있도록 규정하고 있는 근거 법령이 없으므로, 지방의회가 재의결한 조례안에서 동장이 주민자치센터의 운영을 다시 민간에 위탁할 수 있는 것으로 규정하고 있는 것은 결국 법령상의 근거 없이 동장이 그 수임사무를 재위탁할 수 있는 것으로 규정하고 있는 것이어서 법령에 위반된 규정이다).

항).

(2) 제주특별자치도의 경우

536a (가) 시 장 행정시에 시장을 둔다(제국법 제11조 제1항). 행정시의 시장(이하 "행정시장"이라 한다)은 일반직 지방공무원으로 보하되, 도지사가 임명한다(제국법 제11조 제2항 본문). 다만, 제12조 제1항에 따라 행정시장으로 예고한 사람을 임명할 경우에는 정무직 지방공무원으로 임명한다(제국법 제11조 제2항 단서). 행정시장은 도지사의 지휘·감독을 받아 소관 국가사무와 지방자치단체의 사무를 맡아 처리하고 소속직원을 지휘·감독한다(제국법 제11조 제5항).

536b (나) 부 시 장 행정시에 부시장을 둔다(제국법 제14조 제1항). 행정시의 부시장은 일반직지방공무원으로 보하되, 도지사가 임명한다(제국법 제14조 제2항). 행정시의 부시장은 행정시장을 보좌하여 사무를 총괄하고, 소속직원을 지휘·감독한다(제국법 제14조 제3항).

제 3 절 교육·학예에 관한 집행기관

제 1 항 일 반 론

1. 교육자치와 자방자치의 관계

537 교육·과학 및 체육(이하 "교육·학예"라 부르기로 한다)에 관한 사무의 자치(이하 "교육자치"라 부르기로 한다)가 지방자치와 별개의 자치영역인가 아니면 교육자치는 지방자치의 한 부분영역인가의 문제가 있다. 생각건대 지방자치는 국가(정부)와 수직적 권력분립의 문제이고, 교육자치는 수직적으로 구분된 지방자치의 영역 내에서 사항의 특수성에 따른 기능적 분립의 한 경우라 볼 것이다. 여기서 사항의 교육의 자주성(헌법 제31조 제4항; 교육법 제5조), 교육의 내용상 전문성으로서 전문가에 의한 교육 등을 들 수 있다(지육법 제1조).

2. 교육자치의 법적 근거

538 지방자치단체의 교육·과학 및 체육에 관한 사무를 분장하기 위하여 별도의 기관을 둔다(지자법 제135조 제1항). 제1항에 따른 기관의 조직과 운영에 관하여 필요한 사항은 따로 법률로 정한다(지자법 제135조 제2항). 지방자치법 제135조 제2항에 따라 「지방교육자치에 관한 법률」이 제정되어 있다. 지방자치단체의 교육·학예에 관한 사무를 관장하는 기관의 설치와 그 조직 및 운영 등에 관하여

이 법에서 규정한 사항을 제외하고는 그 성질에 반하지 않는 한 「지방자치법」의 관련 규정을 준용한다(지육법 제3조 본문). 다만, 제주특별자치도의 교육·과학·기술·체육 그 밖의 학예의 사무와 관련하여서는 「제주특별자치도 설치 및 국제자유도시 조성을 위한 특별법」 제63조 이하에서 규정되고 있다.

3. 교육자치의 주체

지방자치단체의 교육·과학·기술·체육 그 밖의 학예(이하 "교육·학예"라 한다)에 관한 사무는 특별시·광역시 및 도(이하 "시·도"라 한다)의 사무로 한다(지육법 제2조). 구·시·군 등의 기초지방자치단체에는 교육·학예사무의 자치가 인정되지 아니한다. 539

4. 교육자치의 기관

(1) 의결기관 종전에는 교육자치를 위한 의결기관으로서 지방의회와 별도로 교육위원회를 두었다. 그러나 2010년 2월 26일에 개정된 지방교육자치에 관한 법률(법률 제10046호) 부칙 제2조 제1항에 따라 2014년 7월 1일부터 의결기관으로서 교육위원회는 폐지되고, 종전에 교육위원회가 가졌던 권한은 지방의회에 흡수되었다. 이로서 지방자치의 영역에서 의결기관은 지방의회·교육위원회의 이원구조에서 지방의회 단일구조로 바뀌었다. 540

(2) 집행기관 집행기관은 종전과 같이 교육감을 두고 있다. 지방자치의 영역에서 집행기관으로 통상의 지방자치단체의 장인 시·도지사 외에 교육감을 따로 두는 것이 바람직한 것인지, 아니면 시·도지사가 교육사무까지 관장하는 것이 바람직한 것인지에 관해서는 검토를 요한다.[1] 541

제2항 교 육 감

Ⅰ. 교육감의 지위

1. 직무상 지위

(1) 지방자치단체의 기관 시·도의 교육감은 지방자치단체의 기관이다. 시·도의 교육감은 교육·학예에 관한 소관사무의 집행과 관련하는 한 당해 지방자치단체의 자치권을 행사하는 기관 중의 하나이다. 550

(2) 교육·학예사무의 집행기관 시·도의 교육·학예에 관한 사무의 집행기 551

1) 이에 관한 논문으로 조성규, "지방교육자치의 본질과 지방교육행정기관의 구성," 지방자치법연구 통권 제32호, 2011. 11. 20, 303쪽 이하 참조.

관으로 시·도에 교육감을 둔다(지육법 제18조 제1항). 집행기관으로서 교육감은 교육·학예에 관한 소관 사무로 인한 소송이나 재산의 등기 등에 대하여 당해 시·도를 대표한다(지육법 제18조 제2항).

552 (3) **최고독임제행정청** 교육감은 교육·학예에 관한 소관 사무를 처리함에 있어서 당해 지방자치단체의 최고독임제행정청의 지위를 갖는다. 최고독임제행정청의 의미는 지방자치단체의 경우와 같다.

553 (4) **국가행정기관** 국가행정사무 중 시·도에 위임하여 시행하는 사무로서 교육·학예에 관한 사무는 교육감에게 위임하여 행한다. 다만, 법령에 다른 규정이 있는 경우에는 그러하지 아니하다(지육법 제19조). 이러한 위임사무를 처리하는 범위 안에서 교육감은 국가기관의 지위도 갖는다.

2. 신분상 지위

554 (1) **임 기** 교육감의 임기는 4년으로 하며, 교육감의 계속 재임은 3기에 한한다(지육법 제21조).

554a (2) **겸직제한** 교육감은 다음 각 호(1. 국회의원·지방의회의원·교육의원, 2. 「국가공무원법」 제2조에 규정된 국가공무원과 「지방공무원법」 제2조에 규정된 지방공무원 및 「사립학교법」 제2조의 규정에 따른 사립학교의 교원, 3. 사립학교경영자 또는 사립학교를 설치·경영하는 법인의 임·직원)의 어느 하나에 해당하는 직을 겸할 수 없다(지육법 제23조 제1항). 교육감이 당선 전부터 제1항의 겸직이 금지된 직을 가진 경우에는 임기개시일 전일에 그 직에서 당연퇴직된다(지육법 제23조 제2항).

(3) **선 거**

555 (가) **교육감후보자의 자격** 교육감후보자가 되려는 사람은 해당 시·도지사의 피선거권이 있는 사람으로서 후보자등록신청개시일부터 과거 1년 동안 정당의 당원이 아닌 사람이어야 한다(지육법 제24조 제1항).

555a (나) **선 출** 교육감은 주민의 보통·평등·직접·비밀선거에 따라 선출한다(지육법 제43조). 교육감은 시·도를 단위로 하여 선출한다(지육법 제45조). 정당은 교육감선거에 후보자를 추천할 수 없다(지육법 제46조 제1항). 정당의 대표자·간부(「정당법」 제12조부터 제14조까지의 규정에 따라 등록된 대표자·간부를 말한다) 및 유급사무직원은 특정 후보자(후보자가 되려는 사람을 포함한다. 이하 이 조에서 같다)를 지지·반대하는 등 선거에 영향을 미치게 하기 위하여 선거에 관여하는 행위(이하 이 항에서 "선거관여행위"라 한다)를 할 수 없으며, 그 밖의 당원은 소속 정당의 명칭을 밝히거나 추정할 수 있는 방법으로 선거관여행위를 할 수 없다(지육법 제

46조 제2항). 후보자는 특정 정당을 지지·반대하거나 특정 정당으로부터 지지·추천받고 있음을 표방(당원경력의 표시를 포함한다)하여서는 아니 된다(지육법 제46조 제3항).

(다) 공무원 등의 입후보 「공직선거법」 제53조 제1항 각 호의 어느 하나에 555b
해당하는 사람 중 후보자가 되려는 사람은 선거일 전 90일(제49조 제1항에서 준용되는 「공직선거법」 제35조 제4항의 보궐선거등의 경우에는 후보자등록신청 전을 말한다)까지 그 직을 그만두어야 한다. 다만, 교육감선거에서 해당 지방자치단체의 교육감이 그 직을 가지고 입후보하는 경우에는 그러하지 아니하다(지육법 제47조 제1항). 제1항을 적용하는 경우 그 소속 기관·단체의 장 또는 소속 위원회에 사직원이 접수된 때에 그 직을 그만둔 것으로 본다(지육법 제47조 제2항).

(라) 교육감직인수위원회 이 법에 따라 교육감으로 당선된 사람을 보좌하여 555c
교육감직의 인수와 관련된 업무를 담당하기 위하여 해당 시·도 교육청에 교육감직인수위원회(이하 이 조에서 "인수위원회"라 한다)를 둘 수 있다(지육법 제50조의2 제1항). 인수위원회는 교육감의 임기개시일 이후 30일의 범위까지 존속할 수 있다(지육법 제50조의2 제2항). 인수위원회는 다음 각 호(1. 해당 시·도의 교육·학예에 관한 사무의 현황 파악, 2. 해당 시·도의 교육기조를 설정하기 위한 준비, 3. 그 밖에 교육감직의 인수에 필요한 사항)의 업무를 수행한다(지육법 제50조의2 제3항).

(4) 소 환 주민은 교육감을 소환할 권리를 가진다(지육법 제24조의2 제1 556
항). 교육감에 대한 주민소환투표사무는 제44조에 따른 선거관리위원회가 관리한다(지육법 제24조의2 제2항). 교육감의 주민소환에 관하여는 이 법에서 규정한 사항을 제외하고는 그 성질에 반하지 아니하는 범위에서 「주민소환에 관한 법률」의 시·도지사에 관한 규정을 준용한다. 다만, 이 법에서 「공직선거법」을 준용할 때 「주민소환에 관한 법률」에서 준용하는 「공직선거법」의 해당 규정과 다르게 정하고 있는 경우에는 이 법에서 준용하는 「공직선거법」의 해당 규정을 인용한 것으로 본다(지육법 제24조의2 제3항).

(5) 당연퇴직 교육감이 다음 각 호(1. 교육감이 제23조 제1항의 겸임할 수 없는 556a
직에 취임한 때, 2. 피선거권이 없게 된 때(지방자치단체의 구역이 변경되거나, 지방자치단체가 없어지거나 합쳐진 경우 외의 다른 사유로 교육감이 그 지방자치단체의 구역 밖으로 주민등록을 이전함으로써 피선거권이 없게 된 때를 포함한다), 3. 정당의 당원이 된 때, 4. 제3조에서 준용하는 「지방자치법」 제110조에 따라 교육감의 직을 상실할 때)의 어느 하나에 해당된 때에는 그 직에서 퇴직된다(지육법 제24조의3).

Ⅱ. 교육감의 권한

557 교육감의 권한은 지방교육자치에 관한 법률에서 직접 규정되고 있는 것도 있고, 동법에서 직접 규정되고 있지 아니하나 동법 제3조에 의거하여 지방자치법이 준용되는 범위 안에서 인정되는 권한(예 : 지방의회출석·발언권)도 있다.

1. 대 표 권

558 지방교육자치에 관한 법률은 집행기관으로서 "교육감은 교육·학예에 관한 소관 사무로 인한 소송이나 재산의 등기 등에 대하여 당해 시·도를 대표한다(지육법 제18조 제2항)"고 규정하고 있으나, 소송이나 재산의 등기 외에도 교육·학예에 관한 소관 사무에 관련하는 한 당해 지방자치단체의 대표권을 갖는다. 대표권의 의미는 지방자치단체의 장의 경우와 같다.

2. 행정에 관한 권한

559 (1) **사무통할권** 교육감은 법령에 다른 규정이 없는 한, 당해 지방자치단체의 교육·학예에 관한 사무를 통할한다. 이러한 통할권은 교육감이 당해 지방자치단체의 교육·학예에 관한 사무의 최고행정청으로서 교육행정의 단일성·동질성의 확보를 위해 인정되는 필수적 권한이다.

560 (2) **사무집행권** 집행기관으로서 교육감은 교육·학예에 관한 다음 각 호(1. 조례안의 작성 및 제출에 관한 사항, 2. 예산안의 편성 및 제출에 관한 사항, 3. 결산서의 작성 및 제출에 관한 사항, 4. 교육규칙의 제정에 관한 사항, 5. 학교, 그 밖의 교육기관의 설치·이전 및 폐지에 관한 사항, 6. 교육과정의 운영에 관한 사항, 7. 과학·기술교육의 진흥에 관한 사항, 8. 평생교육, 그 밖의 교육·학예진흥에 관한 사항, 9. 학교체육·보건 및 학교환경정화에 관한 사항, 10. 학생통학구역에 관한 사항, 11. 교육·학예의 시설·설비 및 교구(教具)에 관한 사항, 12. 재산의 취득·처분에 관한 사항, 13. 특별부과금·사용료·수수료·분담금 및 가입금에 관한 사항, 14. 기채(起債)·차입금 또는 예산 외의 의무부담에 관한 사항, 15. 기금의 설치·운용에 관한 사항, 16. 소속 국가공무원 및 지방공무원의 인사관리에 관한 사항, 17. 그 밖에 해당 시·도의 교육·학예에 관한 사항과 위임된 사항)의 사항에 관한 사무를 관장한다(지육법 제20조).

561 (3) **직원의 임용권 등** 교육감은 소속 공무원을 지휘·감독하고 법령과 조례·교육규칙으로 정하는 바에 따라 그 임용·교육훈련·복무·징계 등에 관한 사항을 처리한다(지육법 제27조).

3. 교육규칙제정권

교육감은 법령 또는 조례의 범위 안에서 그 권한에 속하는 사무에 관하여 교육규칙을 제정할 수 있다(지육법 제25조 제1항). 교육감은 대통령령으로 정하는 절차와 방식에 따라 교육규칙을 공포하여야 하며, 교육규칙은 특별한 규정이 없는 한 공포한 날부터 20일이 지남으로써 효력을 발생한다(지육법 제25조 제2항). 562

4. 시·도의회 등의 의결에 대한 재의와 제소의 권한

(1) **재의요구** 교육감은 교육·학예에 관한 시·도의회의 의결이 법령에 위반되거나 공익을 현저히 저해한다고 판단될 때에는 그 의결사항을 이송받은 날부터 20일 이내에 이유를 붙여 재의를 요구할 수 있다. 교육감이 교육부장관으로부터 재의요구를 하도록 요청받은 경우에는 시·도의회에 재의를 요구하여야 한다(지육법 제28조 제1항). 563

(2) **재의결과 확정** 제28조 제1항의 규정에 따른 재의요구가 있을 때에는 재의요구를 받은 시·도의회는 재의에 붙이고 시·도의회 재적의원 과반수의 출석과 시·도의회 출석의원 3분의 2 이상의 찬성으로 전과 같은 의결을 하면 그 의결사항은 확정된다(지육법 제28조 제2항). 564

(3) **교육감의 제소** 제28조 제2항의 규정에 따라 재의결된 사항이 법령에 위반된다고 판단될 때에는 교육감은 재의결된 날부터 20일 이내에 대법원에 제소할 수 있다(지육법 제28조 제3항). 565

(4) **교육부장관의 제소지시·직접제소 등** 교육부장관은 재의결된 사항이 법령에 위반된다고 판단됨에도 해당교육감이 소를 제기하지 않은 때에는 해당교육감에게 제소를 지시하거나 직접 제소할 수 있다(지육법 제28조 제4항). 제4항의 규정에 따른 제소의 지시는 제3항의 기간이 경과한 날부터 7일 이내에 하고, 해당교육감은 제소 지시를 받은 날부터 7일 이내에 제소하여야 한다(지육법 제28조 제5항). 교육부장관은 제5항의 기간이 경과한 날부터 7일 이내에 직접 제소할 수 있다(지육법 제28조 제6항). 제3항 및 제4항의 규정에 따라 재의결된 사항을 대법원에 제소한 경우 제소를 한 교육부장관 또는 교육감은 그 의결의 집행을 정지하게 하는 집행정지결정을 신청할 수 있다(지육법 제28조 제7항). 566

5. 선결처분권

(1) **의의·요건** 교육감은 소관 사무 중 시·도의회의 의결을 요하는 사항에 대하여 다음 각 호(1. 시·도의회가 성립되지 아니한 때(시·도의회의원의 구속 등의 사 567

유로 「지방자치법」 제64조의 규정에 따른 의결정족수에 미달하게 된 때를 말한다), 2. 학생의 안전과 교육기관 등의 재산보호를 위하여 긴급하게 필요한 사항으로서 시·도의회가 소집될 시간적 여유가 없거나 시·도의회에서 의결이 지체되어 의결되지 아니한 때)의 어느 하나에 해당하는 경우에는 선결처분을 할 수 있다(지육법 제29조 제1항).

568 (2) **보고·승인** 제29조 제1항의 규정에 따른 선결처분은 지체 없이 시·도의회에 보고하여 승인을 얻어야 한다(지육법 제29조 제2항). 시·도의회에서 제2항의 승인을 얻지 못한 때에는 그 선결처분은 그 때부터 효력을 상실한다(지육법 제29조 제3항). 교육감은 제2항 및 제3항에 관한 사항을 지체 없이 공고하여야 한다(지육법 제29조 제4항).

6. 의안의 제출 등

568a 교육감은 교육·학예에 관한 의안 중 다음 각 호(1. 주민의 재정적 부담이나 의무부과에 관한 조례안, 2. 지방자치단체의 일반회계와 관련되는 사항)의 어느 하나에 해당하는 의안을 시·도의회에 제출하고자 할 때에는 미리 시·도지사와 협의하여야 한다(지육법 제29조의2 제1항).

7. 사무의 위임·위탁 등

569 (1) **소속기관에 위임** 교육감은 조례 또는 교육규칙으로 정하는 바에 따라 그 권한에 속하는 사무의 일부를 보조기관, 소속교육기관 또는 하급교육행정기관에 위임할 수 있다(지육법 제26조 제1항).

570 (2) **구·출장소 또는 읍·면·동에 위임** 교육감은 교육규칙으로 정하는 바에 따라 그 권한에 속하는 사무의 일부를 당해 지방자치단체의 장과 협의하여 구·출장소 또는 읍·면·동(특별시·광역시 및 시의 동을 말한다. 이하 이 조에서 같다)의 장에게 위임할 수 있다. 이 경우 교육감은 당해 사무의 집행에 관하여 구·출장소 또는 읍·면·동의 장을 지휘·감독할 수 있다(지육법 제26조 제2항).

571 (3) **민간위탁** 교육감은 조례 또는 교육규칙으로 정하는 바에 따라 그 권한에 속하는 사무 중 조사·검사·검정·관리 등 주민의 권리·의무와 직접 관계되지 아니하는 사무를 법인·단체 또는 그 기관이나 개인에게 위탁할 수 있다(지육법 제26조 제3항).

572 (4) **재위임·재위탁** 교육감이 위임 또는 위탁받은 사무의 일부를 제1항부터 제3항까지의 규정에 따라 다시 위임 또는 위탁하고자 하는 경우에는 미리 해당 사무를 위임 또는 위탁한 기관의 장의 승인을 얻어야 한다(지육법 제26조 제4항).

Ⅲ. 교육감의 보조기관 등 행정기구

1. 보조기관(부교육감)

⑴ **부교육감의 임명** 교육감 소속하에 국가공무원으로 보하는 부교육감 1인(인구 800만명 이상이고 학생 150만명 이상인 시·도는 2인)을 두되, 대통령령으로 정하는 바에 따라 「국가공무원법」 제2조의2의 규정에 따른 고위공무원단에 속하는 일반직공무원 또는 장학관으로 보한다(지육법 제30조 제1항). 부교육감은 해당 시·도의 교육감이 추천한 사람을 교육부장관의 제청으로 국무총리를 거쳐 대통령이 임명한다(지육법 제30조 제2항). 573

⑵ **부교육감의 직무** 부교육감은 교육감을 보좌하여 사무를 처리한다(지육법 제30조 제3항). 제1항의 규정에 따라 부교육감 2인을 두는 경우에 그 사무 분장에 관한 사항은 대통령령으로 정한다. 이 경우 그중 1인으로 하여금 특정 지역의 사무를 담당하게 할 수 있다(지육법 제30조 제4항). 574

⑶ **교육감의 권한대행·직무대리** 교육감의 권한대행·직무대리에 관하여는 「지방자치법」 제111조의 규정을 준용한다. 이 경우 "부지사·부시장·부군수·부구청장"은 "부교육감"으로, "지방자치단체의 규칙"은 "교육규칙"으로 본다(지육법 제31조). 575

2. 하급교육행정기관

⑴ **설 치** 시·도의 교육·학예에 관한 사무를 분장하기 위하여 1개 또는 2개 이상의 시·군 및 자치구를 관할구역으로 하는 하급교육행정기관으로서 교육지원청을 둔다(지육법 제34조 제1항). 교육지원청에 교육장을 두되 장학관으로 보하고, 그 임용에 관하여 필요한 사항은 대통령령으로 정한다(지육법 제34조 제3항). 576

⑵ **교육장의 분장 사무** 교육장은 시·도의 교육·학예에 관한 사무 중 다음 각 호(1. 공·사립의 유치원·초등학교·중학교·고등공민학교 및 이에 준하는 각종학교의 운영·관리에 관한 지도·감독, 2. 그 밖에 조례로 정하는 사무)의 사무를 위임받아 분장한다(지육법 제35조). 577

Ⅳ. 지방교육협의체

1. 지방교육행정협의회의 설치

지방자치단체의 교육·학예에 관한 사무를 효율적으로 처리하기 위하여 지 578

방교육행정협의회를 둔다(지육법 제41조 제1항). 제1항의 규정에 따른 지방교육행정협의회의 구성·운영에 관하여 필요한 사항은 교육감과 시·도지사가 협의하여 조례로 정한다(지육법 제41조 제2항).

2. 교육감 협의체

579 교육감은 상호간의 교류와 협력을 증진하고, 공동의 문제를 협의하기 위하여 전국적인 협의체를 설립할 수 있다(지육법 제42조 제1항). 제1항의 규정에 따른 협의체를 설립한 때에는 해당 협의체의 대표자는 이를 지체 없이 교육부장관에게 신고하여야 한다(지육법 제42조 제2항). 제1항의 규정에 따른 협의체는 지방교육자치에 직접적 영향을 미치는 법령 등에 관하여 교육부장관을 거쳐 정부에 의견을 제출할 수 있다(지육법 제42조 제3항). 제1항의 규정에 따른 협의체의 설립신고와 운영 그 밖의 필요한 사항은 대통령령으로 정한다(지육법 제42조 제8항).

제 3 장 지방자치단체의 사무

제 1 절 지방자치단체의 사무의 유형

제 1 항 사무일원론과 사무이원론

1. 의 의

(1) **사무일원론** 지방자치단체가 담당하는 사무의 구성방식은 일원론적 구성(모델)과 이원론적 구성(모델)이 가능하다. 일원적 모델이란, 특정 법률상 달리 정함이 없는 한, 지방자치단체의 구역에서 모든 공적 사무를 해당 지방자치단체가 자기의 책임으로 수행하는 것을 말한다. 이에 따르면 지방자치단체는 특별한 지방자치단체의 사무의 주체일 뿐만 아니라 모든 국가적인 사무도 지방기관으로서 처리한다. 일원적 모델은 자치행정사무에는 하나의 영역만 있다는 논리에서 출발한다. 일원적 모델에서는 자치행정사무와 위임사무의 구분이 없다. 임의적 자치사무와 의무적 자치사무의 구분은 있다. 590

(2) **사무이원론** 국가와 지방자치단체 사이의 변화된 관계에 근거하는 이원적 모델은 국가는 전체와 관련되는 모든 사무를 수행하고, 지방자치단체는 지역공동체에 뿌리를 둔 사무를 수행하는 것을 말한다. 이원적 모델에 따르면, 지방자치단체의 사무는 자치행정사무와 국가사무로 구분된다. 자치행정사무는 지방자치단체의 고유한 작용영역을 구성하고, 국가사무는 위임된 작용영역의 사무로서 법률의 위임을 통해 지방자치단체가 수행한다. 종래부터 후자의 사무를 (단체)위임사무라 불렀다.[1) 591

2. 지방자치법과 이원론

지방자치법은 지방자치단체의 임무의 포괄성을 "지방자치단체는 관할 구역의 자치사무와 법령에 따라 지방자치단체에 속하는 사무를 처리한다(지자법 제13조 제1항)"는 내용으로 표현하고 있는바, 지방자치법상 지방자치단체의 사무는 「자치사무」와 「법령에 의하여 지방자치단체에 속하는 사무」로 구성하고 있다. 지방자치법은 이원적 모델에 속한다. 따라서 현행법상 자치행정사무는 지방 592

1) Stober, Kommunalrecht in der Bundesrepublik Deutschland, S. 33.

자치단체의 고유임무영역이 되고, 국가사무는 단지 법령의 위임에 의거하여(단체) 위임사무로서 지방자치단체에게 부과된다. 이원적 모델에서 말하는 자치사무는 국가로부터 별개의 존재가 아니라 국가의 한 구성부분으로서 지방자치단체에 고유한 사무로 이해되어야 한다.

제 2 항 지방자치단체의 사무의 종류

Ⅰ. 구분의 다양성

593 지방자치단체가 수행하는 사무는 국가의 지시(감독)로부터 자유로운 사무와 지시에 구속되는 사무, 사무수행의 의무성 여하에 따라 의무적인 사무와 임의적인 사무로 구분할 수 있고, 또한 시간적인 계속성 여부에 따라 계속적인 사무와 일시적인 사무의 구분이 가능하고, 지방자치단체의 종류에 따라 광역지방자치단체의 사무와 기초지방자치단체의 사무의 구분이 가능하다.

Ⅱ. 자치사무와 위임사무

1. 구분의 의미

594 전통적인 구분방식이 사용하는 용어사용방식에 따라 자치사무와 위임사무로 구분하여 살피기로 한다. 여기서 자치사무란 주민의 복리에 관한 사무로서 헌법과 법률이 지방자치단체의 사무로 정한 사무로 이해하고, 위임사무란 헌법과 법률이 국가나 광역지방자치단체의 사무로 한 것을 법령이 이의 수행을 광역 또는 기초지방자치단체에 위임한 사무로 이해하기로 한다. 용례상 지방자치단체의 사무로서 위임사무란 단체위임사무를 말한다. 한편, 현실적으로는 소속공무원에 의해 처리되고 있다고 하여도 기관위임사무는 지방자치단체의 기관에 위임된 것이지, 지방자치단체 자체에 위임된 것은 아니므로 지방자치단체의 사무라고 말하기 어렵다. 그러나 경우에 따라서는 단체위임사무와 기관위임사무를 합하여 위임사무라 부르기도 한다. 지방자치단체의 사무를 유형적으로 구분하는 것은, 사무수행에 관하여 지방자치단체가 갖는 자유로운 판단영역, 감독청과 감독범위, 비용부담 그리고 지방의회의 관여가능성 등에 차이가 있기 때문이다.

594a

	자치사무	단체위임사무	기관위임사무
사무의 성격	자신의 사무	국가·광역단체의 사무	국가·광역단체의 사무
사무의 범위	포괄적	개별적	포괄적+개별적
자치법형식	조례·규칙	조례·규칙	규칙
사무의 비용	지방자치단체 부담	위임자부담의 원칙	위임자부담의 원칙
손해배상	지방자치단체부담	위임자부담* (국배법 제2조 제1항) 지방자치단체부담 (국배법 제6조 제1항)	위임자부담 (국배법 제2조 제1항) 지방자치단체부담 (국배법 제6조 제1항)
사무처리기준	법령에만 구속	법령과 위임자지시에 구속	법령과 위임자지시에 구속
지방의회 관여	가능	가능	불가능 (예외 : 지자법 제41조 제3항)
사무감독	적법성감독	적법성감독+합목적성감독	적법성감독+합목적성감독
감독처분에 대한 제소	제소가능	제소불가능	제소불가능 (예외 : 직무이행명령)
양벌규정에 의한 처벌(판례)[1]	처벌가능	처벌불가	처벌불가

* 일설은 단체위임사무의 경우, 국가배상법 제2조의 사무의 귀속주체로서 배상책임자는 지방자치단체라고 한다. 이러한 주장은 단체위임사무는 지방자치단체의 사무로 전환된 것이고, 그에 따른 법적 효과의 귀속주체는 지방자치단체임을 논거로 한다. 그러나 단체위임사무는 여전히 위임사무일 뿐이고, 법적 효과는 궁극적으로 위임자에게 귀속하는 것이므로 상기 주장은 정당하지 않다. 따라서 단체위임사무의 경우, 국가배상법 제2조의 사무의 귀속주체로서 배상책임자는 위임자인 국가 등으로 보아야 한다.

2. 구별기준

(1) **실 정 법** 지방자치법 제13조(지방자치단체의 사무 범위) 제2항이 지방자 595
치단체의 사무를 예시하고 있지만, 그것은 예시일 뿐, 개별구체적인 경우에 어떠한 사무가 자치사무인지 여부를 용이하게 판단할 수 있게 하는 일반적 기준

1) 대판 2009. 6. 11, 2008도6530(국가가 본래 그의 사무의 일부를 지방자치단체의 장에게 위임하여 그 사무를 처리하게 하는 기관위임사무의 경우에는 지방자치단체는 국가기관의 일부로 볼 수 있고, 이러한 경우에 지방자치단체인 피고인을 양벌규정에 의한 처벌대상이 되는 법인에 해당하는 것으로 보아 처벌할 수는 없다. 그러나 지방자치단체가 그 고유의 자치사무를 처리하는 경우에 지방자치단체는 국가기관의 일부가 아니라 국가기관과는 별도의 독립한 공법인으로서 양벌규정에 의한 처벌대상이 되는 법인에 해당한다).

을 규정하는 조항은 찾아볼 수 없다.[1] 법률만 보면 어떠한 사무가 자치사무인지 아니면 기관위임사무인지의 여부를 손쉽게 판단할 수 있도록 법률이 정비되어야 한다.

⑵ 학 설

595a ㈎ 내 용 일설은[2] ① 개별법에서 대통령, 국무총리, 각 중앙부처의 장 등 중앙행정기관의 장의 권한으로 규정하고 있는 사무는 국가사무라 하고, ② 개별법령에서 「지방자치단체장이 행한다」는 권한규정의 경우에는 개별법령의 취지와 내용을 구체적으로 판단하여 해당사무가 주무부장관의 통제 하에 적극적 기준에 의하여 처리되어야 할 사무는 국가의 기관위임사무로, 해당사무가 지방자치법 제13조 제2항 소정의 지방자치단체의 사무로 예시되어 있는 사무 중에 포함되어 있거나 그렇지 아니하더라도 특히 지역적 특성에 따라 자율적으로 처리되는 것이 바람직한 사무는 자치사무라 한다.

595b ㈏ 비 판 입법자는 국가의 권한과 지방자치단체의 권한을 배분하는 기관이지, 국가에 배분한 권한을 다시 지방자치단체에 위임하는 기관은 아니다. 그리고 지방자치단체의 장은 기본적으로 지방자치단체의 대표인 것이지, 국가의 지방행정기관은 아니다. 따라서 개별법령상의 「지방자치단체장이 행한다」는 권한규정의 경우, 그 사무는 지방자치단체장이 대표하는 해당 지방자치단체의 사무로 보아야 한다. 상기 학설의 주장은 동의하기 어렵다.

⑶ 판 례

595c ㈎ 일반적 기준 대법원은 "법령상 지방자치단체의 장이 처리하도록 규정하고 있는 사무가 자치사무인지 기관위임사무인지를 판단할 때 그에 관한 법령의 규정 형식과 취지를 우선 고려하여야 하지만, 그 밖에도 사무의 성질이 전국적으로 통일적인 처리가 요구되는 사무인지 여부나 그에 관한 경비부담과 최종적인 책임귀속의 주체 등도 아울러 고려하여야 한다"는[3] 것을 기본적인 입장으로 하고 있다.[4] 이러한 시각에서 판례는 골재채취법이 골재채취업의 등록관청을 시장·군수 또는 구청장으로 규정하였고(당시 골재채취법 제14조 제1항), 골재채취허가사무의 관장기관을 시장·군수 또는 구청장으로 규정하였음에도(당시 골재

1) 문상덕, "지방자치단체의 사무구분체계," 지방자치법연구, 통권 제8호, 384쪽.
2) 김남진·김연태, 행정법(Ⅱ), 120쪽(2019).
3) 대판 2017. 12. 5, 2016추5162.
4) 대판 2008. 6. 12, 2007추42(인천광역시의회가 의결한 '인천광역시 공항고속도로 통행료지원 조례안'이 규정하고 있는 인천국제공항고속도로를 이용하는 지역주민에게 통행료를 지원하는 내용의 사무는, 구 지방자치법 제9조 제2항 제2호 (가)목에 정한 주민복지에 관한 사업으로서 지방자치사무이다); 대판 2001. 11. 27, 2001추57.

채취법 제22조 제1항) 불구하고, 골재채취업등록 및 골재채취허가사무는 전국적으로 통일적 처리가 요구되는 중앙행정기관인 건설교통부장관의 고유업무인 국가사무로서 지방자치단체의 장에게 위임된 기관위임사무에 해당한다고 하였다.[1)]

(나) 판례비판 대법원의 입장에 대해서도 상기 학설에 가한 비판과 동일한 비판이 가해져야 한다. 595d

(4) 사 견(권한의 배분과 위임)

(가) 법률상 직접 위임가능 여부 헌법 제75조와 제95조에 비추어 국회는 정부에 대하여 법률로써 권한부여와 동시에 그 권한의 위임가능성을 설정해주고, 실제상 위임 여부의 결정은 정부로 하여금 시행령(대통령령)이나 시행규칙(총리령·부령)으로 하는 것이 헌법상 명령이다. 권한의 위임이나 국가와 지방자치단체 사이의 사무의 배분은 형태상 유사하므로 권한의 위임의 법리의 논리구조는 사무의 배분에도 적용되어야 한다. 따라서 국회가 법률로써 일정한 사무를 국가사무로 배분하면서 다시 동일 법률에서 바로 지방자치단체에 위임한다는 것은 위임의 논리에 반한다. 국회가 법률로써 일정한 사무를 국가사무로 배분하였다면, 국회는 정부로 하여금 그 사무를 위임할 수 있는 권능을 부여하는데 그쳐야 한다. 국회가 법률에서 일정 사무를 국가사무로 규정하면서 동시에 지방자치단체의 사무로 위임하는 규정을 두는 것은 헌법에 반한다. 595e

(나) 해석론과 입법적 보완 ① 입법자가 법률에서 지방자치단체의 사무로서 규정하였다면, 지방자치단체의 사무로 보아야 한다. 왜냐하면 지방자치단체의 장은 기본적으로 소속 지방자치단체를 대표하고, 그 사무를 총괄하기 때문에(지자법 제114조) 입법자가 지방자치단체의 장의 사무로 규정한 것은 바로 그 장이 소속된 지방자치단체에 부여한 것으로 보아야 할 것이기 때문이다. 따라서 법률에서 상호 관련 있는 사무 중 일부는 국가, 일부는 지방자치단체를 사무의 관장주체로 하고 있다면, 전자는 국가사무, 후자는 자치사무로 보아야 한다. 만약 이러한 해석으로 사무의 수행이 어렵다면, 지방자치단체가 관장하는 사무를 국가가 관장하는 사무로 개정하면서, 동시에 그러한 사무의 권한을 대통령령 등으로 지방자치단체나 그 장에게 위임할 수 있도록 규정하여야 할 것이다. ② 법령상 권한의 주체에 대한 규정이 없거나 무의미한 경우에는 지방자치법 제13조(지방자치단체의 사무 범위) 내지 제15조(국가사무의 처리 제한) 외에 사무의 성질이 전국적으로 통일적인 처리가 요구되는 사무인지 여부, 경비부담의 주체와 최종적인 595f

1) 대판 2004. 6. 11, 2004추34; 박해식, "행정사무 배분의 기준, 문제점 및 개선방향," 지방자치법연구, 통권 제10호, 177쪽.

책임귀속의 주체 등을 고려하면서 판단하여야 할 것이다. ③ 해석상의 논란을 최소화하기 위하여 자치사무의 개념규정을 세밀히 설정할 필요가 있다.[1)]

제 2 절 자치사무의 관념

제 1 항 자치사무개념의 전제

1. 복리사무

596 "지방자치단체는 주민의 복리에 관한 사무를 처리하고…"라는 헌법 제117조 제1항에 따라 지방자치단체가 처리하는 사무는 주민의 복리사무이다. 지방자치단체는 복리사무의 주체로서 주민의 복리를 배려할 의무를 진다. 여기서 복리사무의 의미가 문제된다. 일반적으로 복리사무는 생활배려의 사무에서 발전된 개념으로 이해되는 것으로 보인다.

2. 생활배려

597 생활배려(Daseinsvorsorge)라는 개념은 전통적으로 급부행정의 핵심적인 내용을 지칭하는 용어로 사용되고 있다. 생활배려란 말은 포르슈토프(Forsthoff) 교수가 고권적인 침해행정으로부터 대비되는 급부행정을 그 구조적인 특성과 의미속에서 서술코자 발전시킨 개념이다.[2)] Forsthoff는 생활배려의 개념을 생활상 필요한 급부를 가져오는 것에 한정하려 하였으나, 이 개념의 광범위한 발전으로 그는 이러한 제한을 포기했다고 말해진다.[3)] 사실 인간에 대한 배려의 필요는 일반적인 생활환경과 분리되어 생각될 수는 없다. 생활배려의 개념에 분량적으로나 질적인 관점에서 제한을 가한다는 것은 가능하지 않다.[4)] 따라서 생활배려란 국민에 대한 행정의 모든 급부 내지 일반공중이나 객관적인 특징에 따라 특정의 인적 단체로 하여금 유용하게 향유케 하기 위하여 행정에 의해 이루어지는 모든 급부를 의미한다고 본다.[5)]

1) 졸저, 신지방자치법(제4판), 442쪽 각주 참조.
2) Forsthoff, Die Verwaltung als Leistungsträger, S. 15ff.
3) Stober, Kommunalrecht in der Bundesrepublik Deutschland, S. 166.
4) Forsthoff, Rechtsfragen der leistenden Verwaltung, S. 12.
5) Stober, Kommunalrecht in der Bundesrepublik Deutschland, S. 166.

제 2 항 자치사무의 의의

1. 자치사무의 범위

자치사무는 법령에 의거 지방자치단체의 임무영역으로부터 나오는 사무로서 이러한 사무가 지방자치단체에 존재의미를 부여한다. 자치사무(고유사무)가 없는 지방자치단체는 존재의 의미가 없다. 이원적 모델에 따르면, 법률에서 달리 규정하는 것이 없는 한, 지방자치단체의 전권한성으로부터 나오는 주민의 복리를 위한 지역공동체의 모든 사무가 고유한 작용영역에 속하는 사무이다. 이러한 사무의 목록은 어느 시대에도 정확하게 구속적으로 확정될 수는 없다. 이러한 사무의 목록은 망라적으로 열거될 수 없다. 598

2. 자치사무의 종류

(1) **의무사무와 임의사무** 자치사무는 의무적 자치사무와 임의적 자치사무로 구분된다.[1] 전자는 필요사무, 후자는 수의사무라고도 한다. 의무적 자치사무는 통상 법령으로 정해진다(예 : 초등학교의 설립과 유지, 청소년 보호, 소방, 묘지와 화장장의 설치, 상·하수도 설치와 유지 등). 그것은 지방자치단체 본연의 사무의 최소한이라 할 수 있다. 599

임의적 자치사무는 예술주간, 체육주간 설정, 주택개량, 지역경제촉진, 교부지원, 박물관, 도서관, 영화관 설립, 스포츠시설 설치 등을 들 수가 있다. 임의적 자치사무는 법령상 정함이 없어도 지방자치단체가 자기책임으로 시행여부를 결정할 수 있는 대상이다. 600

(2) **고권사무와 비고권사무** 국가행정의 경우와 마찬가지로 지방자치단체의 자치사무도 그 수행수단의 법적 성질과 관련하여 고권행정사무와 비고권행정사무(국고사무)의 구분이 가능하다. 고권사무란 공법적으로 이루어지는 사무를 말한다. 고권행정은 다시 권력행정사무와 단순고권행정사무로 구분된다. 권력행정사무란 지방자치단체가 주민에 대하여 자신의 의사관철을 위해 명령과 강제를 수단으로 하는 행정을 말한다(예 : 지방세, 이용수수료, 행정수수료, 분담금 등 공과금의 부과). 단순고권행정사무란 명령·강제가 아닌 공법상의 수단이 도입되는 사무를 말한다. 단순고권행정사무는 생활보호(Daseinsvorsorge)의 영역(예 : 청소년체력단련장, 박물관, 극장 등의 운영)과 사회보장(Füsorgewesen)의 영역(예 : 양로원, 병원의 601

1) H. Klüber, Das Gemeinderecht in den Ländern der Bundesrepublik Deutschland, 1972, S. 37ff.; Seewald, Kommunalrecht, in : Steiner(Hrsg.), Besonderes Verwaltungsrecht, Rn. 96.

운영) 등에서 그 예를 볼 수 있다. 한편, 국고사무란 지방자치단체가 사법상의 주체로서, 사법에 근거하여 활동하는 경우의 행정사무를 말한다(예 : 일반재산의 매각).

제 3 항 자치사무의 특징

1. 사무처리의 자율성

602 임의적인 자치사무의 경우에 지방자치단체는 독자적인 책임으로 결정을 행한다. 말하자면 지방자치단체는 법률상 특별한 제한이 없는 한, 임무수행의 여부, 방법 등을 스스로, 독자적으로 결정하게 된다(재량결정).[1] 그러나 그 임무수행이 법상으로 지방자치단체에 의무지워진 의무적인 자치사무는 그 사무수행의 여부에 대한 결정의 자유가 지방자치단체에 없다. 즉 소위 결정재량이 부인된다. 그 수행방법만이 지방자치단체에 자유이다.[2] 즉 선택재량만이 인정된다.

2. 법적 근거

603 임의적인 자치사무의 법적 근거로는 당해 지방자치단체의 자치법규로도 충분하다. 그러나 의무적인 자치사무는 법률이나 법규명령에 의하여 부과됨이 일반적이다.

3. 비용부담

604 지방자치단체는 그 자치사무의 수행에 필요한 경비를 지출할 의무를 진다(지자법 제158조 본문). 지방자치단체의 관할구역 자치사무에 필요한 경비는 그 지방자치단체가 전액을 부담한다(지정법 제20조). 이 때문에 지방자치단체의 비용부담의 한계가 지방자치단체가 수행할 수 있는 자치사무의 한계가 된다. 따라서 지방자치단체의 충분한 재정력의 확보는 바로 주민을 위한 지방자치단체의 충분한 복지사무수행의 전제요건이 된다.

4. 지방의회의 관여

605 자치사무는 해당 지방자치단체 자신의 사무이므로, 지방의회는 자치사무에 관여한다. 지방의회는 자치사무와 관련하여 그 지방자치단체의 사무를 감사하거나 그 사무 중 특정 사안에 관하여 본회의의 의결로 조사할 수 있다(지자법 제

---

1) Schloller/Broß, Grundzüge des Kommunalrechts in der Bundesrepublik Deutschland, 1984, S. 50; Seewald, Kommunalrecht, in : Steiner(Hrsg.), Besonderes Verwaltungsrecht, Rn. 97.
2) Schmidt－Jortzig, Kommunalrecht, 1982, S. 180; Seewald, Kommunalrecht, in : Steiner (Hrsg.), Besonderes Verwaltungsrecht, Rn. 101.

49조 제1항 제1문). 지방의회는 지방자치단체의 장이나 관계 공무원의 출석·답변을 요구할 수도 있다(지자법 제51조 제2항). 지방의회는 조례로 자치사무를 규율할 수 있다.[1)]

5. 자치사무의 감독

606 자치사무는 국가의 적법성통제, 즉 법규감독 하에 놓이며, 합목적성의 통제의 대상은 아니다. 지방자치법은 자치사무에 대한 감독으로서의 시정명령은 '자치사무에 관한 명령이나 처분에 대하여는 법령에 위반하는 것에 한한다'고 명시적으로 규정하고 있다(지자법 제188조 제5항).[2)] 한편, 감독수단의 하나로서 행정안전부장관이나 시·도지사는 지방자치단체의 자치사무에 관하여 보고를 받거나 서류·장부 또는 회계를 감사할 수 있다(지자법 제190조 제1항 제1문). 이 경우 감사는 법령위반사항에 대하여만 실시한다(지자법 제190조 제1항 제2문). 자치사무에 대한 감독처분이 행정쟁송법상 처분에 해당하는 경우에는 취소소송의 대상이 된다.

제 4 항 자치사무의 민간위탁[3)]

Ⅰ. 민간위탁의 의의

1. 민간영역화

607 (1) 의 의 근년에 이르러 국가나 지방자치단체에 의한 공공사무(국가사무+지방자치단체사무)의 수행에 많은 변화가 일어나고 있다. 예컨대, 공공사무가 민간사무로 전환되기도 하고, 공공사무를 민간으로 하여금 수행하게 하기도 하고, 공공사무를 사법의 형식으로 수행하기도 한다. 이와 같이 공공사무가 민간의 협력을 통해 수행되는 경우가 증대하는 경향을 이 책에서는 민간영역화(民間領域化, Privatiesierung) 또는 민영화(民領化)라 부르기로 한다.[4)] 민영화의 개념에

---

1) 대판 1992. 6. 23, 92추17(지방자치단체는 그 내용이 주민의 권리의 제한 또는 의무의 부과에 관한 사항이거나 벌칙에 관한 사항이 아닌 한 법률의 위임이 없더라도 조례를 제정할 수 있다 할 것인데 청주시의회에서 의결한 청주시행정정보공개조례안은 행정에 대한 주민의 알 권리의 실현을 그 근본내용으로 하면서도 이로 인한 개인의 권익침해 가능성을 배제하고 있으므로 이를 들어 주민의 권리를 제한하거나 의무를 부과하는 조례라고는 단정할 수 없고 따라서 그 제정에 있어서 반드시 법률의 개별적 위임이 따로 필요한 것은 아니다).

2) 개별 법률로 자치사무에 대한 합목적성의 통제를 규정한다면, 그것은 예외적인 현상으로 보아야 할 것이다.

3) 민간위탁의 전반에 관해 졸저, 민간위탁의 법리와 행정실무(2015, 박영사)를 보라.

4) 본서는 민영화를 제16판(2008년판)까지 사임무화라 불렀다. 제17판부터는 민간의 협력을 통한 공공사무의 수행의 형태가 다양해지는 현상을 반영하여 사임무화를 민간영역화(民間領域化)

관해 통일된 견해는 없다.[1] 민간영역화는 국가임무를 사법영역으로 확장하는 것이기도 하다.[2]

607a (2) 형 태 민영화의 형태로 조직의 민영화(공행정이 사법의 조직형식을 활용하는 경우), 사무의 민영화(일정한 사무를 사인에게 이양하는 경우), 재산의 민영화(행정주체의 공법상 재산적 가치가 있는 것(예 : 토지)을 사인에게 매각하는 경우), 행위형식의 민영화(공행정이 행정사무를 수행하기 위하여 사인을 사용하는 경우), 기능적 민영화(공적사무의 수행에 필요한 실제행위를 사인에게 이전하는 경우), 재정조달민영화(공공사업의 실현을 위해 민간의 자금을 조달하는 경우), 절차민영화(행정절차의 한 단계나 전 단계를 민간에게 넘기는 경우), 사회적 민영화(공적인 사무를 이윤추구가 아니라 공동체의 복지를 추구하는 조직에 넘기는 것), 인적 민영화(공법상 근무관계에 공법적 신분을 가진 자(공무원)의 투입을 줄이는 경우) 등을 볼 수 있다.[3]

2. 민간위탁

607b 지방자치단체가 수행하는 사무를 민간에 위탁하여 수행하도록 하는 것을 민간위탁이라 부른다. 민간위탁은 민간영역화의 한 형태로서 기능적 민영화 또는 경영의 민영화라 부를 수 있다. 대통령령인 행정권한의 위임 및 위탁에 관한 규정은 "민간위탁"이라 함은 각종 법률에 규정된 행정기관의 사무 중 일부를 지방자치단체가 아닌 법인·단체 또는 그 기관이나 개인에게 맡겨 그의 명의와 책임하에 행사하도록 하는 것을 말한다"고 규정하고 있다(임탁정 제2조 제3호).

3. 민간위탁의 배경

608 실제적 관점에서 본다면, 민간위탁은 보다 많은 형성의 자유를 갖는 것과 재정적·정치적 부담으로부터 완화를 배경으로 갖는다. 그것은 행정비용의 절감, 행정서비스의 향상, 행정의 민주화, 사업의 전문화에 기여한다. 법리적 관점에서도 지방자치단체의 민간위탁을 부인할 이유는 없다. 왜냐하면 자치행정의 보장이 지방자치단체 스스로에 의한 행정사무수행의 의무를 뜻하는 것은 아니기 때문이다.[4]

내지 민영화(民領化)로 부르기로 하였다.

1) 독일에서도 민영화(Privatiesierung)는 입법, 문헌, 판례, 행정현실에서 사용되고 있으나 단일의 개념은 없다고 한다(Wolff/Bachof/Stober, Verwaltungsrecht, Bd. 3(5. Aufl.), Rn. 10).

2) Maurer/Waldhoff, Allgemeines Verwaltungsrecht(2017), § 23, Rn. 67.

3) 졸저, 행정법원론(상), 옆번호 432 참조; Detterbeck, Allgemeines Verwaltungsrecht mit Verwaltungsprozessrecht(2017), Rn. 897f.; Ipsen, Allgemeines Verwaltungsrecht(2017), Rn. 267f.

4) 대판 2011. 2. 10, 2010추11(지방자치단체가 그 권한에 속한 업무를 민간에 위탁하는 이유는, 그 업무를 민간으로 하여금 대신 수행하도록 함으로써 행정조직의 방대화를 억제하고, 위탁되

Ⅱ. 민간위탁의 법적 근거

1. 법적 근거의 필요성

공적 사무를 사인에게 위탁함에는 법적 근거를 요한다. 왜냐하면 임무수행 609
주체의 법인격이 변동되기 때문이다. 일반법적 근거로 지방자치법 제117조 제3항이 있다. 동 조항은 "지방자치단체의 장은 조례나 규칙으로 정하는 바에 따라 그 권한에 속하는 사무 중 조사·검사·검정·관리업무 등 주민의 권리·의무와 직접 관련되지 아니하는 사무를 법인·단체 또는 그 기관이나 개인에게 위탁할 수 있다"고 규정하고 있다. 그 밖에 개별법률로 위임할 수도 있다. 개별법률상의 근거가 있다면, 주민의 권리·의무와 직접 관련되는 사무도 경우에 따라서는 위탁할 수 있다고 볼 것이다.

2. 조례에 의한 민간위탁의 제한

판례는 지방자치단체 사무의 민간위탁에 관하여 지방의회의 사전 동의를 609a
받도록 하는 것이 위법하지 않다고 한다.[1] 그러나 판례가 개별 조례에서 민간위탁을 할 수 있음을 일반적으로 규정하면서 다시 개별적인 사무의 민간위탁의 경우마다 지방의회의 동의를 받도록 하는 것은 행정능률의 확보라는 관점에서 보면 바람직하지 않다.

Ⅲ. 민간위탁의 법관계

1. 사　　인

행정사무를 수탁받은 사인은 수탁받은 사무를 자기의 이름과 책임으로 처 610
리한다(임탁정 제2조 제3호 참조). 수탁자는 사무처리를 위법·부당하게 처리해서는

는 사무와 동일한 업무를 수행하는 자에게 이를 담당하도록 하여 행정사무의 능률성을 높이고 비용도 절감하며, 민간의 특수한 전문기술을 활용함과 아울러, 국민생활과 직결되는 단순 행정업무를 신속하게 처리하기 위한 것이라 할 것이다); 대판 2009. 12. 24, 2009추121; Susanne Fürst/Oskar Taakacs, M.B.L, Allgemeines Verwaltungsrecht(2017), S. 18.

1) 대판 2011. 2. 10, 2010추11(이 사건 조례안이 지방자치단체 사무의 민간위탁에 관하여 지방의회의 사전 동의를 받도록 한 것은 지방자치단체장의 민간위탁에 대한 일방적인 독주를 제어하여 민간위탁의 남용을 방지하고 그 효율성과 공정성을 담보하기 위한 장치에 불과하고, 민간위탁의 권한을 지방자치단체장으로부터 박탈하려는 것이 아니므로, 지방자치단체장의 집행권한을 본질적으로 침해하는 것으로 볼 수 없다. 또한 지방자치단체장이 동일 수탁자에게 위탁사무를 재위탁하거나 기간연장 등 기존 위탁계약의 중요한 사항을 변경하고자 할 때 지방의회의 동의를 받도록 한 목적은 민간위탁에 관한 지방의회의 적절한 견제기능이 최초의 민간위탁 시뿐만 아니라 그 이후에도 지속적으로 이루어질 수 있도록 하는 데 있으므로, 이에 관한 이 사건 조례안 역시 지방자치단체장의 집행권한을 본질적으로 침해하는 것으로 볼 수 없다).

아니 되고, 사무처리를 지연해서도 아니 되고, 수수료를 부당하게 징수해서도 아니 된다(임탁정 제12조 제3항 참조).

2. 지방자치단체

610a 위탁지방자치단체는 수탁사인에 대하여 지휘·감독하며, 그 사무처리가 위법·부당하다고 인정할 때에는 그 처리를 취소·정지시킬 수 있고, 필요하다고 인정할 때에는 필요한 지시를 하거나 또는 필요한 조치를 명령할 수 있으며 또한 필요한 사항에 관하여 보고를 요구할 수 있다(임탁정 제14조 참조).

Ⅳ. 서울특별시의 경우[1)]

1. 법적 근거

611 서울특별시는 지방자치법 제117조에 근거하여 서울특별시 행정사무의 민간위탁에 관한 조례(서민조)를 제정하였다. 동 조례에서 민간위탁이란 "각종 법령 및 조례, 규칙에 규정된 서울특별시장의 사무 중 일부를 법인·단체 또는 그 기관이나 개인에게 맡겨 그의 명의와 책임하에 행사하도록 하는 것"을 말하고(서민조 제2조 제1호), "시장의 권한을 위탁받은 법인·단체 또는 그 기관이나 개인," 즉 수탁사인을 수탁기관이라 부르고 있다(서민조 제2조 제2호).

2. 위탁대상사무

611a 법령이나 조례에 정한 시장의 소관사무 중 조사·검사·검정·관리업무 등 시민의 권리·의무와 직접 관계되지 아니하는 다음의 사무(1. 단순 사실행위인 행정작용, 2. 능률성이 현저히 요청되는 사무, 3. 특수한 전문지식이나 기술을 요하는 사무, 4. 그 밖에 시설관리 등 단순행정 관리사무)를 민간위탁할 수 있다(서민조 제4조 제1항). 현재에는 한강공원 시민이용시설과 장애인복지관의 운영 등에 대하여 민간위탁이 이루어지고 있다.

3. 위탁협약

611b ① 시장은 사무를 위탁할 경우 수탁기관과 다음 각 호의 내용(1. 수탁기관의 성명 및 주소, 2. 위탁기간, 3. 위탁사무 및 그 내용, 4. 시설의 안전관리에 관한 사항, 5. 노동자에 대한 고용·노동조건 개선 노력, 6. 지도·점검, 종합성과평가 등에 관한 사항, 7. 그 밖에 위탁사무의 수행을 위하여 시장이 필요하다고 인정하는 사항)이 포함된 위탁협약을 체결하여야 하며 협약내용은 공증을 하도록 해야 한다(서민조 제11조 제1항). 위탁협약

---

1) 상세는 졸저, 민간위탁의 법리와 행정실무 참조.

은 공법상 계약의 성질을 갖는다. 위탁기간은 3년 이내로 한다(서민조 제11조 제3항). 협약체결의 상대방인 수탁기관의 선정은 공개모집을 원칙으로 한다(서민조 제8조 제1항). 한편, ② 시장은 다음 각 호(1. 수탁기관이 제15조의 의무를 이행하지 아니한 때, 2. 수탁기관이 위탁계약 조건을 위반한 때)의 어느 하나에 해당하는 사유가 발생한 때에는 위탁을 취소할 수 있다(서민조 제19조 제1항). 위탁의 취소는 위탁협약(위탁계약)의 해지에 해당한다. 시장이 제1항에 따라 위탁을 취소하고자 하는 경우에는 사전에 수탁기관에게 의견진술의 기회를 주어야 한다(서민조 제19조 제2항). 시장은 민간위탁 사무의 선정 및 운영상황의 평가 등을 심의하기 위하여 민간위탁 운영평가위원회(이하 "운영위원회"라 한다)를 설치한다(서민조 제5조 제1항).

4. 수탁기관의 지위

① 수탁사무의 처리에 관한 책임은 수탁기관에 있다(서민조 제10조 제1항 제1 611c
문). 수탁사무에 관한 권한을 행사함에 있어서는 수탁기관의 명의로 한다(서민조 제10조 제2항). ② 수탁기관은 위탁사무를 처리함에 있어 사무의 지연처리·불필요한 서류의 요구·불공정한 사무처리 및 비용 등의 부당 징수행위를 하여서는 아니 된다(서민조 제15조 제1항). 수탁기관은 위탁받은 목적 외에 위탁시설·장비·비용 등을 사용하여서는 아니 된다(서민조 제15조 제2항). ③ 수탁기관은 수탁사무의 종류별로 처리부서·처리기간·처리과정·처리기준·구비서류·서식과 수수료 등을 구분하여 명시한 사무편람을 작성·비치하여야 한다(서민조 제17조 제1항). 수탁기관은 제1항의 편람을 작성한 때에는 시장의 승인을 얻어야 한다(서민조 제17조 제2항).

5. 위탁기관의 지위

위탁기관인 서울특별시장은 수탁사무의 처리에 대한 감독책임을 진다(서민 611d
조 제10조 제1항). 시장은 수탁기관에 대하여 위탁사무의 처리와 관련하여 필요한 사항을 보고하게 할 수 있다(서민조 제16조 제1항). 시장은 수탁기관에 대하여 매년 1회 이상 지도·점검을 실시하여야 하며, 지도·점검 시 필요한 서류, 시설 등을 검사할 수 있다(서민조 제16조 제2항). 시장은 제1항 및 제2항에 따른 보고 및 지도·점검 결과 위탁사무의 처리가 중대하고 명백하게 위법하거나 부당하다고 인정될 때에는 수탁기관의 사무를 취소하거나 정지시킬 수 있으며, 수탁기관에 위탁사무에 대하여 시정요구 등 필요한 조치를 하여야 한다(서민조 제16조 제3항). 시장은 제3항에 따라 취소·정지 및 시정조치를 할 경우 문서로 수탁기관에 통보하고 사전에 의견진술의 기회를 주어야 한다(서민조 제16조 제4항). 시장은 위탁사무에 대한 감사가 필요하다고 인정할 경우 감사를 실시할 수 있다(서민조 제16조 제5항).

6. 수탁기관의 지원

611e ① 시장은 수탁기관이 수탁사무의 수행에 필요하다고 인정할 때에는 공유재산 및 물품을 사용하게 하거나, 소요되는 비용을 예산의 범위 내에서 수탁기관에 지원할 수 있다(서민조 제13조 제1항). ② 시장은 위탁사무의 수행과 관련하여 이용자 등에게 법령 또는 별도의 조례 등에서 정하는 소정의 사용료·수수료·비용 등을 수탁기관이 징수하게 할 수 있다(서민조 제14조 제1항).

제 3 절 자치사무의 내용

제1항 일 반 론

1. 사무의 예시

612 지방자치법은 "지방자치단체는 관할 구역의 자치사무와 법령에 따라 지방자치단체에 속하는 사무를 처리한다(지자법 제13조 제1항)," "제1항에 따른 지방자치단체의 사무를 예시하면 다음 각 호와 같다(지자법 제13조 제2항 본문). 다만, 법률에 이와 다른 규정이 있으면 그러하지 아니하다(지자법 제13조 제2항 단서)"고 규정하고 있다. 그런데 지방자치법 제13조 제2항에서 말하는 "제1항에 따른 지방자치단체의 사무"란 자치사무를 뜻하는 것으로 이해된다. 왜냐하면 제1항에서 말하는 "법령에 따라 지방자치단체에 속하는 사무"는 개별법령에서 정해질 사항이기 때문이다.

2. 사무의 경합

613 지방자치법 제13조 제2항에 규정되어 있다고 하여 반드시 지방자치단체에 의해 수행되어야 하는 사무로 이해될 수는 없다. 사무에 따라서는 국가에 의해 수행될 수도 있고, 또한 수행되어야 할 경우도 있다(예 : 중소기업의 육성). 지방자치법 제13조 제2항에서 규정되고 있는 사무라도 개별 법령에서 국가의 사무로 규정하고 있다면, 그것은 지방자치단체의 사무가 아니라 국가의 사무이다. 지방자치법 제13조 제2항은 지방자치단체의 사무의 윤곽을 정하는 규정이다.

3. 현대적 사무

새로운 시대는 새로운 사무를 요구한다. 지방자치단체의 행정작용에 대한 현대적인 요구는 사회국가적·문화적·생태적·경제적 사항과 관련한다. 지방자치단체는 주민의 사회적·문화적·생태적·경제적 복지를 위해 필요한 각종의 시설·기구·제도 등을 마련하도록 요구받고 있다. 국제적 관련도 요구된다(예 : 외국도시와 자매결연). 이러한 것은 주민의 재정부담능력과 관련하여 지방자치단체의 급부력에서 한계를 갖게 된다. 614

4. 권한의 추정

지방자치법 제13조 제2항에서도 예시되어 있지 아니하고 다른 법률에도 특별한 규정이 없는 사무의 귀속주체는 누구인가의 문제가 있다. 구체적인 경우에 특정사무가 지방자치단체의 사무인지 또는 국가사무인지의 구분이 명확하지 아니한 경우에는, 헌법과 지방자치법의 합목적적인 해석을 전제로 하여, 지방자치단체의 사무의 포괄성의 원칙이 적용되어 지방자치단체의 사무로 추정되어야 한다. 615

제 2 항 구체적 내용

1. 지방자치단체의 구역, 조직, 행정관리 등

지방자치단체는 지방자치단체의 구역, 조직 및 행정관리에 관한 다음의 사무를 처리한다(지자법 제13조 제2항 제1호). 616

가. 관할 구역 행정구역의 명칭·위치 및 구역의 조정
나. 조례·규칙의 제정·개정·폐지 및 그 운영·관리
다. 산하 행정기관의 조직관리
라. 산하 행정기관 및 단체의 지도·감독
마. 소속 공무원의 인사·후생복지 및 교육
바. 지방세와 지방세 외 수입의 부과 및 징수
사. 예산의 편성·집행 및 회계감사와 재산관리
아. 행정장비관리, 행정전산화 및 행정관리개선
자. 공유재산 관리
차. 주민등록관리[1)]

1) 대판 1995. 3. 28, 94다45654(호적법에 의하면 호적에 관한 사무는 시, 읍, 면의 장이 이를 관장

카. 지방자치단체에 필요한 각종 조사 및 통계의 작성

2. 주민의 복지증진

617 지방자치단체는 주민의 복지증진에 관한 다음의 사무를 처리한다(지자법 제13조 제2항 제2호).

가. 주민복지에 관한 사업[1]

나. 사회복지시설의 설치·운영 및 관리

다. 생활이 어려운 사람의 보호 및 지원

라. 노인·아동·장애인·청소년 및 여성의 보호와 복지증진[2]

마. 공공의료기관의 설립·운영

바. 감염병과 그 밖의 질병의 예방과 방역

사. 묘지·화장장 및 봉안당의 운영·관리

아. 공중접객업소의 위생을 개선하기 위한 지도

자. 청소, 오물의 수거 및 처리

차. 지방공기업의 설치 및 운영

하되(제2조), 이는 시, 읍, 면의 사무소의 소재지를 관할하는 가정법원장 또는 가정법원장의 명을 받은 가정법원지원장이 감독한다(제4조)고 규정되어 있고, 구 호적법(1990. 12. 31. 법 제4298호로 개정되기 전의 것)에 의하면 호적법의 규정에 의하여 납부하는 수수료 및 과태료를 서울특별시, 직할시, 시, 읍, 면의 수입으로 하고(제6조 제1항), 시, 읍, 면의 장이 관장하는 호적사무에 요하는 비용은 당해 시, 읍, 면의 부담으로 한다(제7조)라고 규정되어 있으며, 지방자치법 제9조 제1항은 지방자치단체는 그 관할구역의 자치사무와 법령에 의하여 지방자치단체에 속하는 사무를 처리한다고 규정하고, 같은 조 제2항은 각호에서 제1항의 규정에 의한 지방자치단체의 사무를 열거하면서 제1호 차목으로 호적 및 주민등록관리를 예시하되, 그 단서에서 법률에 이와 다른 규정이 있는 경우에는 그러하지 아니하다고 규정하고 있는바, 이와 같은 호적법 및 지방자치법의 제규정에 비추어 보면 호적사무는 국가의 사무로서 국가의 기관위임에 의하여 수행되는 사무가 아니고 지방자치법 제9조가 정하는 지방자치단체의 사무라고 할 것이다).

1) 대판 2023. 7. 13, 2022추5156(시의 공공기관 소속 근로자, 시와 공공계약을 체결한 기관·단체 또는 업체에 소속된 근로자 등에 대하여 생활임금을 지급하도록 하는 사무는 그 주민이 되는 근로자가 시에서의 기본적인 생활여건을 형성할 수 있도록 하는 것으로 주민복지에 관한 사업이라 할 것이고, 이는 경제적 여건이 상이한 지방자치단체의 현실을 고려하여 결정되는 것이므로, 이러한 생활임금의 지급에 관한 사무는 지방자치단체 고유의 자치사무인 지방자치법 제13조 제2항 제2호 소정의 주민의 복지증진에 관한 사무 중 주민복지에 관한 사업에 해당되는 사무라고 할 것이다).

2) 대판 2013. 4. 11, 2012추22(수업료, 입학금 그 자체에 관한 사무는 교육·학예에 관한 사무로서 지방자치단체 중 특별시·광역시·도의 사무에 해당한다고 할 것이나, 수업료, 입학금의 지원에 관한 사무는 학생 자녀를 둔 주민들의 수업료, 입학금 등에 관한 부담을 경감시킴으로써 청소년에 대한 기본적인 교육여건을 형성함과 동시에 청소년이 평등하게 교육을 받을 수 있도록 하는 것이므로, 이와 같은 사무는 지방자치단체 고유의 자치사무인 지방자치법 제9조 제2항 제2호 소정의 주민의 복지증진에 관한 사무 중 주민복지에 관한 사업(가목) 및 노인·아동·심신장애인·청소년 및 부녀의 보호와 복지증진(라목)에 해당되는 사무라고 할 것이다).

3. 농림·수산·상공업 등 산업 진흥

지방자치단체는 농림·수산·상공업 등 산업 진흥에 관한 다음의 사무를 처리한다(지자법 제13조 제2항 제3호). 618

가. 못·늪지·보(洑) 등 농업용수시설의 설치 및 관리

나. 농산물·임산물·축산물·수산물의 생산 및 유통지원

다. 농업자재의 관리

라. 복합영농의 운영·지도

마. 농업외 소득사업의 육성·지도

바. 농가 부업의 장려

사. 공유림 관리

아. 소규모 축산 개발사업 및 낙농 진흥사업

자 가축전염병 예방

차. 지역산업의 육성·지원

카. 소비자 보호 및 저축 장려

타. 중소기업의 육성

파. 지역특화산업의 개발과 육성·지원

하. 우수토산품 개발과 관광민예품 개발

4. 지역개발과 자연환경보전 및 생활환경시설의 설치·관리

지방자치단체는 지역개발과 자연환경보전 및 생활환경시설의 설치·관리에 관한 다음의 사무를 처리한다(지자법 제13조 제2항 제4호). 619

가. 지역개발사업

나. 지방 토목·건설사업의 시행

다. 도시·군계획사업의 시행

라. 지방도(地方道), 시도(市道)·군도(郡道)·구도(區道)의 신설·개선·보수 및 유지

마. 주거생활환경 개선의 장려 및 지원

바. 농어촌주택 개량 및 취락구조 개선

사. 자연보호활동

아. 지방하천 및 소하천의 관리

자. 상수도·하수도의 설치 및 관리

차. 소규모급수시설의 설치 및 관리

카. 도립공원, 광역시립공원, 군립공원, 시립공원 및 구립공원 등의 지정 및 관리

타. 도시공원 및 공원시설, 녹지, 유원지 등과 그 휴양시설의 설치 및 관리

파. 관광지, 관광단지 및 관광시설의 설치 및 관리

하. 지방 궤도사업의 경영

거. 주차장·교통표지 등 교통편의시설의 설치 및 관리

너. 재해대책의 수립 및 집행

더. 지역경제의 육성 및 지원

5. 교육·체육·문화·예술의 진흥

620 지방자치단체는 교육·체육·문화·예술의 진흥에 관한 다음의 사무를 처리한다(지자법 제13조 제2항 제5호).

가. 어린이집·유치원·초등학교·중학교·고등학교 및 이에 준하는 각종 학교의 설치[1]·운영[2]·지도

나. 도서관·운동장·광장·체육관·박물관·공연장·미술관·음악당 등 공공교육·체육·문화시설의 설치 및 관리

다. 지방문화재의 지정·등록·보존 및 관리

라. 지방문화·예술의 진흥[3]

마. 지방문화·예술단체의 육성

---

1) 대판 2017. 9. 21, 2014두43073(지방자치법령과 교육 관련 법령의 문언과 취지 등을 종합하여 보면, 기초 지방자치단체가 교육에 관한 사무로서 설립·운영할 수 있는 학교는 공립학교 형태의 초등학교나 중학교라고 해석되며, 이에 불구하고 기초 지방자치단체가 그 재산을 출연하여 학교법인을 직접 설립·운영하면서 그 학교법인을 통하여 실질적으로 사립 고등학교를 설치·경영하는 행위는 지방자치법령 및 교육 관련 법령의 해석상 허용되지 아니하는 행위로서 결국 이를 위반한 행위라고 보아야 한다).

2) 대판 1996. 11. 29, 96추84(학교급식의 실시에 관한 사항은 고등학교 이하 각급 학교의 설립·경영·지휘·감독에 관한 사무로서 지방자치단체 중 특별시·광역시·도의 사무에 해당하나, 학교급식시설의 지원에 관한 사무는 고등학교 이하 각급 학교에서 학교급식의 실시에 필요한 경비의 일부를 보조하는 것이어서 그것이 곧 학교급식의 실시에 관한 사무에 해당한다고 보기 어려울 뿐만 아니라, 지방교육재정교부금법 제11조 제5항은 시·군·자치구가 관할구역 안에 있는 고등학교 이하 각급 학교의 교육에 소요되는 경비의 일부를 보조할 수 있다고 규정하고 있으므로, 학교급식시설의 지원에 관한 사무는 시·군·자치구의 자치사무에 해당한다).

3) 대판 2009. 2. 12, 2008추63(문화예술진흥법은 제1조, 제3조 제1항에서 국가와 지방자치단체로 하여금 문화예술의 계승·발전이나 보호·육성에 관한 시책과 권장사항 등을 규율하고 있으나, 나아가 지방자치단체에 구체적으로 관악단의 설립을 강제하는 등의 특정한 의무를 부과하거나 위임하고 있지는 않으므로, 구립 관악단의 설치와 운영에 관한 근거가 되는 조례를 예산 등의 이유로 폐지하는 내용의 구의회 조례안이 문화예술진흥법에 위배되는 것이라고 보기는 어렵다).

6. 지역민방위 및 지방소방

지방자치단체는 지역민방위 및 지방소방에 관한 다음의 사무를 처리한다(지자법 제13조 제2항 제6호). 621

가. 지역 및 직장 민방위조직(의용소방대를 포함한다)의 편성과 운영 및 지도·감독

나. 지역의 화재예방·경계·진압·조사 및 구조·구급

7. 국제교류 및 협력

지방자치단체는 국제교류 및 협력에 관한 다음의 사무를 처리한다(지자법 제13조 제2항 제7호). 621a

가. 국제기구·행사·대회의 유치·지원

나. 외국 지방자치단체와의 교류·협력

제 4 절 자치사무의 배분

제 1 항 자치사무배분의 원리

1. 배분의 필요

기술한 지방자치단체의 모든 사무가 동일한 구역 내에서 동시에 광역지방자치단체와 기초지방자치단체에 의하여 시행되어서는 아니 된다. 성질상 불가피한 사무(예 : 존재사무) 등을 제외한 사무를 광역지방자치단체와 기초지방자치단체가 동시에 수행한다면, 그것은 예산의 낭비를 초래할 뿐더러 행정의 혼란과 혼선을 가져올 수 있다. 말하자면, 그러한 사무는 광역지방자치단체와 기초지방자치단체 사이에 경합적이어서는 아니 된다(불경합의 원칙). 따라서 광역지방자치단체와 기초지방자치단체 사이에 사무의 분담이 필요하게 된다. 622

2. 존재사무(기초·광역지방자치단체의 공통사무)

시·도와 시·군·구의 조직 등 자신의 존재에 관한 사무, 즉 존재사무는 광역지방자치단체와 기초지방자치단체의 양자에 공통하는 사무일 수밖에 없다. "다만, 제13조 제2항 제1호의 사무(지방자치단체의 구역, 조직, 행정관리 등에 관한 사무)는 각 지방자치단체에 공통된 사무로 한다"는 지방자치법 제14조 제1항 단서도 이러한 취지의 규정이다. 623

3. 광역지방자치단체의 사무

624 (1) **일반적 기준** 헌법상 광역지방자치단체와 기초지방자치단체 사이의 사무의 구분에 관한 아무런 기준도 없다. 광역지방자치단체와 기초지방자치단체의 사무를 정하는 것은 입법자의 임무이다. 그것은 입법상 열거적이 아니라 예시적 또는 일반적 조항으로 표현된다. 광역지방자치단체가 처리하는 사무의 유형에 관하여 확립된 견해는 없다. 입법의 기술상 지방자치법은 광역지방자치단체의 사무를 광역적 사무로 표현하는 일반조항을 두고 있다. 보완적 사무 또한 광역지방자치단체의 사무의 내용이 된다. 이러한 기준은 보충성의 원칙[1] 및 비례원칙에 근거한다.

625 (2) **광역적 사무** 본래적으로 광역적 사무란 기초지방자치단체의 구역을 능가하는 사무를 말한다(예 : 전국적인 계획이 아닌 것으로서 범지역적 계획으로서의 도로계획). 달리 말한다면 광역적 사무란 하나의 기초지방자치단체가 공간적으로 보아 단독으로 처리하기 곤란한 사무를 말한다. 그것은 또한 지역에 뿌리를 둔 것이 아닌, 광역지방자치단체의 영역에서 필요하고, 광역지방자치단체의 주민에 필요한 사무를 의미한다. 지방자치법 제14조 제1항 제1호의 사무는 이러한 사무의 성질을 갖는다.

626 (3) **보완적 사무** 보완적 사무란 개별 기초지방자치단체의 행정력과 재정력을 능가하는 사무를 말한다. 이러한 사무는 특히 소규모의 기초지방자치단체의 행정력을 광역지방자치단체를 통해 보완하기 위한 것이다. 그러나 자기의 구역에 한정된 행정력으로 인해 기초지방자치단체가 수행이 곤란한 것은 광역지방자치단체의 사무라는 점에서 보충적 사무의 의미는 있다. 지방자치법 제10조 제1항 제1호 마목의 사무는 이러한 사무의 성질도 갖는다.

제 2 항 지방자치법상 배분의 기준

1. 시·도의 사무

627 지방자치법 제13조 제2항 제1호가 정하는 「지방자치단체의 구역·조직, 행

---

1) 일설은, 카톨릭 사회학에서 나오는 보충성의 원칙(Subsidiarit(tsprinzip)에 의하면, 작은(좁은, 하위의) 단일체는 사무수행에 있어서 큰(넓은, 상위의) 단일체에 우선한다. 이것은 인간의 공동생활의 조직에 의미를 갖는다. 보충성의 원칙은 작은 단일체가 사무수행이 어려울 때에 큰 단일체가 이를 맡아 수행함을 정당화한다. 지방자치단체와 국가의 관계에서도 그렇다고 말하기도 한다(Reinhard Hendler, Grundbegriffe der Selbstverwaltung, in : Mann/Püttner(Hrsg.), Handbuch der Kommunalen Wissenschaft und Praxis, § 1, Rn. 28).

정관리 등에 관한 사무」는 각 지방자치단체에 공통된 사무이다(지자법 제14조 제1항 단서). 그 밖에 지방자치법이 시·도의 사무로 배분하는 기준은 다음과 같다(지자법 제14조 제1항 본문).

가. 행정처리 결과가 2 개 이상의 시·군 및 자치구에 미치는 광역적 사무
나. 시·도 단위로 동일한 기준에 따라 처리되어야 할 성질의 사무
다. 지역적 특성을 살리면서 시·도 단위로 통일성을 유지할 필요가 있는 사무
라. 국가와 시·군 및 자치구 간의 연락·조정 등의 사무
마. 시·군 및 자치구가 독자적으로 처리하기 어려운 사무
바. 2개 이상의 시·군 및 자치구가 공동으로 설치하는 것이 적당하다고 인정되는 규모의 시설을 설치하고 관리하는 사무

이러한 배분기준에 따른 광역지방자치단체의 사무는 대통령령으로 정한다(지자법 제14조 제2항). 한편, 이러한 기준에 따른 사무는 광역지방자치단체의 고유한 자치사무이지, 위임사무가 아님을 유념할 필요가 있다.

2. 시·군 및 자치구의 사무

시·도가 처리하는 것으로 되어 있는 사무를 제외한 사무가 시·군 및 자치 628
구의 사무이다(지자법 제14조 제1항 제2호 본문). 다만, 인구 50만 이상의 시에 대하여는 도가 처리하는 사무의 일부를 직접 처리하게 할 수 있다(지자법 제14조 제1항 제2호 단서). 이러한 배분기준에 따른 구체적인 사무는 대통령령으로 정한다(지자법 제14조 제2항).

3. 기초지방자치단체우선의 원칙 등

시·도와 시·군 및 자치구는 사무를 처리할 때 서로 겹치지 아니하도록 하 629
여야 하며, 사무가 서로 겹치면 시·군 및 자치구에서 먼저 처리한다(지자법 제14조 제3항). 이와 같이 사무가 겹치는 경우 하급지방자치단체를 우선하는 것을 기초지방자치단체우선의 원칙 또는 현지성의 원칙이라고도 한다. 이것은 기초지방자치단체의 기초를 튼튼히 하기 위한 것이다. 또한 새로이 나타나는 사무도 기초지방자치단체의 기초를 튼튼히 하기 위하여 기초지방자치단체의 사무로 추정되어야 한다. 이러한 원칙을 추정의 원칙이라 부른다.

제 3 항 사무의 이전

1. 입법에 의한 이전

630 입법자는 광역적 사무·보완적 사무가 아닌 기초지방자치단체의 사무를 광역지방자치단체의 사무로 이전할 수 있을 것인가의 문제가 있다. 기초지방자치단체에 의한 사무의 수행이 질서에 적합한 것으로 보장되지 아니하는 경우에는 이전을 허용하는 것도 가능할 것이다. 말하자면 입법자는 기초지방자치단체의 특정한 자치사무를 특별법으로 광역지방자치단체의 사무로 규정할 수도 있다고 본다. 이 경우 입법자는 평가의 특권을 갖지만 비례원칙을 준수하여야 할 것이다.

2. 신청에 의한 이전

631 입법례에 따라서는 기초지방자치단체가 광역지방자치단체에 사무를 위임하는 것도 가능하다(예 : Mecklenburg－Vorpommern지방자치법 제89조 제4항). 동법에 의하면, 그것은 기초지방자치단체의 신청과 광역지방자치단체의회(크라이스의회)의 3분의 2 이상의 찬성으로 결정한다. 동법상 기초지방자치단체의 회복(반환청구)가능성에 관한 명시적인 규정은 보이지 아니한다.

제 5 절 단체위임사무·기관위임사무

제 1 항 단체위임사무

Ⅰ. 단체위임사무의 관념

1. 단체위임사무의 의의

632 법률은 일정한 사무를 국가사무 또는 광역지방자치단체의 사무로 정한 후, 대통령령이나 부령 등이 정하는 바에 따라 그 사무를 광역지방자치단체나 기초지방자치단체에 위임하여 수행할 수 있음을 규정하기도 한다. 이러한 법령에 따라 광역지방자치단체나 기초지방자치단체가 처리하는 사무를 위임사무라 한다. 위임사무는 후술하는 기관위임사무와 구분하여 단체위임사무라 불리기도 한다. 사무처리의 권한이 모법상으로는 위임자의 권한이지만, 위임의 법리에 의하여 그 권한이 수임자에게 이전된다는 점에서 단체위임사무나 기관위임사무는 동일하나, 수임자가 단체위임사무는 지방자치단체(집행기관＋지방의회)이지만 기관위임사무는 지방자치단체의 기관(집행기관)이라는 점에서 다르다. 일반적으로 위임

사무란 단체위임사무를 뜻한다. 단체위임사무는 성질상 국가 또는 광역지방자치단체의 사무이다. 현행 지방자치법에서 위임사무는 「법령에 따라 지방자치단체에 속하는 사무(지자법 제13조 제1항)」, 「지방자치단체 …가 위임받아 처리하는 국가사무(지자법 제185조 제1항)」 또는 「시·군 및 자치구 …가 위임받아 처리하는 사무(지자법 제185조 제2항)」로 표현되고 있다. 실제상 자치사무와 단체위임사무의 구분은 용이한 것이 아니다. 한편, 단체위임사무의 예를 현재로서 찾아보기는 어렵다.[1)]

2. 단체위임사무의 배경

단체위임사무는 국가나 광역지방자치단체의 사무를 경제적으로 처리하기 633
위한 것이다.[2)] 단체위임사무는 효율성·실용성·합목적성(예 : 시민근접행정 및 경비의 절약)을 근거로 한다. 국가사무를 지방자치단체에 위임할 것인가의 여부는 지방자치단체의 규모와 경제를 고려하여 판단되어야 한다.

Ⅱ. 단체위임사무의 특징

1. 법적 근거

단체위임사무에서 수임지방자치단체는 수행의무만을 질뿐이고 해당 사무에 634
대한 권한은 위임자인 국가나 광역지방자치단체에 있다.[3)] 이 때문에 단체위임사무의 위임에는 개별법령상의 법적 근거를 요한다.[4)] 광역지방자치단체 사무의

1) 구 지방세법 제53조 제1항(시, 군은 그 시, 군내의 도세를 징수하여 도에 납입할 의무를 진다. 다만, 필요할 때에는 도지사는 납세의무자 또는 특별징수의무자에게 직접 납세고지서 또는 납입통지서를 교부할 수 있다)에 따른 도세징수사무가 단체위임사무의 예로 언급되기도 하고, 이에 대한 반론도 있었다. 그러나 지방세기본법이 제정되면서 그 조문은 지방세기본법(제67조(도세 징수의 위임) ① 시장·군수는 그 시·군 내의 도세를 징수하여 도에 납입할 의무를 진다. 다만, 필요할 때에는 도지사는 납세자에게 직접 납세고지서를 발급할 수 있다)에 편입되면서 징수주체가 시, 군에서 시장·군수로 바뀌었다. 따라서 도세징수사무를 더 이상 단체위임사무(시, 군의 수임사무)로 보기는 어렵다. 뿐만 아니라 기관위임사무로 보기도 어렵다. 왜냐하면 ① 지방세기본법 제67조 제1항 본문이 도세징수사무의 위임가능성을 규정한 것이라면, 그리하여 대통령령이나 조례가 정하는 바에 따라 도세징수사무의 위임이 구체적으로 이루어진다면 수임의 주체가 시장·군수이므로 도세징수사무를 기관위임사무로 볼 수 있다. 그러나 ② 지방세기본법 제67조 제1항 본문이 도세징수사무를 시장·군수의 사무로 구체적으로 규정한 것이라면, 동조의 제목에서 도세징수의 '위임'이라는 용어가 사용됨에도 불구하고 도세징수사무를 시·군의 자치사무로 보아야 한다. 왜냐하면 동조문은 국가와 지방자치단체 사이의 권한배분을 규정한 것이지, 권한배분을 전제로 다시 구체적으로 위임을 규정하는 조문으로 보기는 어렵기 때문이다. 말하자면 권한배분을 잘 규정하면, 권한배분을 하고 다시 구체적으로 위임을 규정할 필요는 없기 때문이다.

2) Seewald, Kommunalrecht, in : Steiner(Hrsg.), Besonderes Verwaltungsrecht, Rn. 108.

3) Seewald, Kommunalrecht, in : Steiner(Hrsg.), Besonderes Verwaltungsrecht, Rn. 108.

4) 서원우, 현대행정법론(상), 233쪽.

단체위임의 가능성은 지방자치법 제117조 제2항에서 규정되고 있다.

2. 사무처리의 자율성

635 단체위임사무에 있어서 국가는 지방자치단체에 대하여 일정 사무를 부여함과 아울러 그 사무의 수행을 개별적이고도 전문적인 지시에 따라 행하도록 하는 권한을 유보해 둘 수도 있다(지시의 유보).

3. 사무수행의 명의인

636 단체위임사무는 수임지방자치단체가 국가나 광역지방자치단체의 감독 하에 자신의 이름과 책임으로 수행하게 된다. 말하자면 단체위임사무는 위임자인 국가의 이름으로 하는 것도 아니고, 국가의 대리인으로서 하는 것도 아니다. 그것은 수임지방자치단체 자신의 이름으로 한다. 또한 소송상 피고적격도 수임지방자치단체의 장이 갖는다.

4. 비용부담과 손해배상

637 위임되는 사무의 수행에 비용이 소요된다면, 사무의 위임에는 반드시 비용부담이 따라야 한다. 아니면 사후에 반드시 비용이 보상되어야 한다. 국가사무나 지방자치단체사무를 위임할 때에는 이를 위임한 국가나 지방자치단체에서 그 경비를 부담하여야 한다(지자법 제158조 단서). 지방재정법도 단체위임사무의 집행에 소요되는 경비는 광역지방자치단체가 부담하여야 한다고 규정하고 있다(지정법 제28조).

638 단체위임사무의 수행과 관련하여 불법행위가 발생한 경우, 지방자치단체는 국가배상법 제6조가 정하는 바에 따라 비용부담자로서 배상책임을 부담한다. 그리고 국가 또는 광역지방자치단체는 사무의 귀속주체로서 국가배상법 제2조가 정하는 바에 따라 배상책임을 부담한다. 왜냐하면 단체위임사무도 기관위임사무와 마찬가지로 사무의 귀속주체는 위임자인 국가 또는 광역지방자치단체이기 때문이다. 일설은 단체위임사무의 경우, 국가배상법 제2조의 사무의 귀속주체로서 배상책임자는 지방자치단체라고 한다. 이러한 주장은 단체위임사무는 지방자치단체의 사무로 전환된 것이고, 그에 따른 법적 효과의 귀속주체는 지방자치단체임을 논거로 한다. 그러나 단체위임사무는 여전히 위임사무일 뿐, 법적 효과는 궁극적으로 위임자에게 귀속하는 것이므로 일설의 주장은 정당하지 않다.

5. 지방의회의 관여와 조례

지방의회는 단체위임사무에 관여한다. 자치사무와 마찬가지로 단체위임사무 639
와 관련하여서도 행정사무감사 및 조사(지자법 제49조 제1항), 지방자치단체의 장이나 관계공무원의 출석요구(지자법 제51조 제2항) 등이 적용된다. 왜냐하면 단체위임사무는 자치사무가 아니지만 역시 당해 지방자치단체의 사무이기 때문이다.

단체위임사무는 본래 위임자의 사무이지, 수임지방자치단체의 사무는 아니 640
므로 단체위임사무는 성질상 수임지방자치단체의 자치사무에 대한 입법형식인 조례의 규정사항이 아니라고 볼 것이다. 그러나 적합한 실정법형식이 현재로서 없다. 뿐만 아니라 현행 지방자치법 제28조는 자치사무인가 또는 위임사무인가를 구분함이 없이 지방자치단체의 사무에 관하여 조례를 제정할 수 있다고 규정하기 때문에, 단체위임사무에 대해서도 조례가 활용될 수밖에 없다.[1)]

6. 감 독

(1) 의 의 단체위임사무에 대해서는 국가나 광역지방자치단체가 광범 641
위한 감독권을 갖는다(지자법 제185조·제188조). 단체위임사무는 실체적인 내용상 국가 또는 광역지방자치단체의 사무이다. 따라서 사무수행과 관련하여 국가 또는 광역지방자치단체는 광역지방자치단체 또는 기초지방자치단체에 지시권이 있어야 한다. 입법자는 이러한 지시권을 사무영역에 따라 축소 또는 배제할 수도 있다. 지시권으로 인해 단체위임사무에 있어서 국가나 광역지방자치단체는 광역지방자치단체 또는 기초지방자치단체에 대하여 합목적성의 통제까지 행할 수 있다(지자법 제185조 제1항·제2항, 제188조 제1항). 이 때 국가나 광역지방자치단체의 합목적성의 통제에 대해 수임지방자치단체는 다툴 수 없다. 왜냐하면 내용상의 지도는 원래 국가 또는 광역지방자치단체의 사무영역에 속하는 것이지, 수임지방자치단체의 이해와 직결된 것이 아니기 때문이다.[2)]

(2) 감 독 청 지방자치단체가 위임받아 처리하는 국가사무에 관하여는 642
시·도에 있어서는 주무부장관의, 시·군 및 자치구에 있어서는 1차로 시·도지사의, 2차로 주무부장관의 지휘·감독을 받는다(지자법 제185조 제1항), 그리고 시·

1) 대판 1992. 6. 23, 92추17(행정정보공개조례안이 …'집행기관이 직무상 작성 또는 취득한 문서 등'을… 집행기관이 지방행정기관으로서의 지위가 아니라 지방자치단체의 집행기관으로서의 지위에서 …자치사무 및 단체위임사무에 관하여 작성 또는 취득한 문서 등만을 가리키는 것으로 풀이되고 국가사무에 관하여 작성 또는 취득한 문서까지 포함되는 것으로는 보여지지 아니하므로 조례제정권의 범위를 일탈하지 아니하였다).

2) Schmidt－Jortzig, Kommunalrecht, 1982, S. 188.

군 및 자치구가 위임받아 처리하는 시·도의 사무에 관하여는 시·도지사의 지휘·감독을 받는다(지자법 제185조 제2항).

643 (3) **감독처분** 감독처분의 법적 성질에 관하여서는 견해가 나뉜다. 일설은 단체위임사무의 영역에서 감독처분은 여전히 행정행위로 본다. 왜냐하면 지방자치단체는 독립된 사단으로서 외부법에 속하는 권리의무의 고유한 주체이기 때문이라는 것이다.[1] 한편, 독일의 지배적 견해는 행정행위가 아닌 것으로 본다. 즉 수임지방자치단체는 국가사무를 수행하는 것이며, 국가관청의 지위에서 행위하는 것이므로 감독청과의 관계에서 수임지방자치단체는 상하관계에 놓이는바, 감독청의 지시는 내부효적인 것으로서 직접적인 외부효가 없고, 따라서 수임지방자치단체는 고유한 권리의 침해가 없기 때문이라는 것이다. 이 견해가 타당하다.

Ⅲ. 위임에서 배제되는 국가사무

1. 국가사무의 범위

644 헌법은 주민의 복리에 관한 사무를 지방자치단체의 사무로 규정하고 있는데 이것은 주민의 복리사무 이외의 사무는 국가사무임을 전제로 한 것이라고 볼 수 있다. 전체로서 국가의 모든 구성원의 요청을 보장하고 국가의 문화의 발전과 경제를 보장하는 것은 국가의 임무의 본질에 해당한다. 따라서 국토를 방위하고, 국가를 대표하고, 대외무역(관세제도 포함)을 보장하는 것, 그리고 문화의 영역에서 한 지역을 능가하는 의미를 갖는 대학이나 전국가내에 보편적이어야 하는 학교제도의 일반원리는 당연히 국가의 임무일 수밖에 없다. 사법제도 또한 그러하다.

2. 지방자치단체에 의한 처리가 제한되는 국가사무

645 국가의 사무라고 하여 반드시 국가기관에 의해 수행되어야 하는 것은 아니다. 그것은 다른 기관(주로 지방자치단체)에 위임하여 수행될 수도 있다. 그러나 국가사무 중 보다 기본적인 것, 전국적인 것, 광역적인 것 등은 반드시 국가가 수행하는 것이 국가의 존재목적에 부합할 것이다. 이러한 연유로 지방자치단체는 다음 각 호의 국가사무를 처리할 수 없다. 다만, 법률에 이와 다른 규정이 있는 경우에는 국가사무를 처리할 수 있다(지자법 제15조).

1. 외교, 국방, 사법, 국세 등 국가의 존립에 필요한 사무

---
1) Schröder, JuS 1986, 371, 375.

2. 물가정책, 금융정책, 수출입정책 등 전국적으로 통일적 처리를 할 필요가 있는 사무
3. 농산물·임산물·축산물·수산물 및 양곡의 수급조절과 수출입 등 전국적 규모의 사무
4. 국가종합경제개발계획, 국가하천, 국유림, 국토종합개발계획, 지정항만, 고속국도·일반국도, 국립공원 등 전국적 규모나 이와 비슷한 규모의 사무
5. 근로기준, 측량단위 등 전국적으로 기준을 통일하고 조정하여야 할 필요가 있는 사무
6. 우편, 철도 등 전국적 규모나 이와 비슷한 규모의 사무
7. 고도의 기술이 필요한 검사·시험·연구, 항공관리, 기상행정, 원자력개발 등 지방자치단체의 기술과 재정능력으로 감당하기 어려운 사무

제 2 항 기관위임사무

Ⅰ. 기관위임사무의 관념

1. 기관위임사무의 의의

법률은 일정한 사무를 국가사무 또는 광역지방자치단체의 사무로 정한 후, 646
대통령령이나 부령 등이 정하는 바에 따라 그 사무를 광역지방자치단체의 장이나 기초지방자치단체의 장에 위임하여 수행할 수 있음을 규정하기도 한다. 이러한 법령의 위임에 따라 광역지방자치단체의 장이나 기초지방자치단체의 장이 처리하는 사무를 기관위임사무라 한다. 용례상 기관위임(Organleihe)이란 국가 또는 광역지방자치단체의 사무가 광역지방자치단체 또는 기초지방자치단체가 아니라 광역지방자치단체 또는 기초지방자치단체의 기관에 위임되는 것을 말한다. 이 경우 수임기관은 그가 소속하는 지방자치단체와는 관련이 없이, 국가행정조직 또는 위임지방자치단체의 조직의 한 부분으로 간주되며,[1] 국가관청 또는 위임지방자치단체의 감독 하에 놓일 뿐이다.[2] 지방자치법에서 기관위임사무는 「지방자치단체 … 장이 위임받아 처리하는 국가사무(지자법 제185조 제1항)」 또는 「시·군 및 자치구 … 장이 위임받아 처리하는 사무(지자법 제185조 제2항)」로 표현되고 있다. 단체위임사무와 달리 기관위임사무는 많이 볼 수 있다(예 : 공

1) Seewald, Kommunalrecht, in : Steiner(Hrsg.), Besonderes Verwaltungsrecht, Rn. 117.
2) Seewald, Kommunalrecht, in : Steiner(Hrsg.), Besonderes Verwaltungsrecht, Rn. 117; Wolff/Bachof/Stober, Verwaltungsrecht Ⅱ (5. Aufl.), § 86, Rn. 197.

직선거법에 따른 국회의원선거준비사무, 경찰사무).[1] 일반적으로 기관위임(Organleihe)이란 동일한 행정주체 내부에서 다른 행정기관에 위임하는 경우가 아니라, 다른 행정주체의 행정기관에 위임하는 경우를 말한다.[2] 기관위임사무 해당여부의 판단은 관련법령 등을 기준으로 한다.[3]

2. 기관위임사무의 성격과 문제점

647 기관위임사무는 국가의 경비절약, 지방에서 국가사무의 지방민에 의한 수행의 목적으로 생겨난 것으로 이해된다.[4] 현재 우리 나라에서 이루어지고 있는 지방차원으로의 국가사무의 위임은 거의 모두가 기관위임이다. 기관위임사무는 지방자치의 본래의 취지와는 거리가 먼 것인바, 여러 가지의 문제점이 지적되고 있다.[5] 기관위임사무가 많다는 것은 자치사무의 효율적인 시행에 부정적인 영향을 미칠 수 있다. 따라서 기관위임사무는 가능한 한 지방자치단체의 사무로 이양되든지 아니면 위임주체가 위임을 철회하는 것이 필요하다.

Ⅱ. 기관위임사무의 특징

1. 법적 근거

648 기관위임사무에서 수임청은 수행의무만을 질 뿐이고, 해당 사무에 대한 권한은 위임자인 국가나 광역지방자치단체에 있다. 이 때문에 기관위임사무의 위임에는 법적 근거를 요한다. 국가사무의 기관위임의 일반적인 법적 근거로 지방

---

1) 대판 1972. 2. 22, 71다253(시·도 경찰국 순경이 경찰국 직원들을 출근시키기 위하여 그 소속 통근버스를 운행한 것도 경찰업무에 포함되고, 경찰업무는 국가의 위임사무이다).

2) 지방자치단체의 장이 그 소속기관에 위임하여 처리하는 사무도 기관위임사무로 보는 견해도 있어 보인다.

3) 대판 2006. 7. 28, 2004다759(① 지방자치단체의 장이 처리하고 있는 사무가 기관위임사무에 해당하는지 여부를 판단함에 있어서는 그에 관한 법규의 규정 형식과 취지를 우선 고려하여야 할 것이지만 그 외에도 그 사무의 성질이 전국적으로 통일적인 처리가 요구되는 사무인지 여부나 그에 관한 경비부담과 최종적인 책임귀속의 주체 등도 아울러 고려하여 판단하여야 한다. ② 부랑인선도시설 및 정신질환자요양시설의 지도·감독사무에 관한 법규의 규정 형식과 취지가 보건사회부장관 또는 보건복지부장관이 위 각 시설에 대한 지도·감독권한을 시장·군수·구청장에게 위임 또는 재위임하고 있는 것으로 보이는 점, 위 각 시설에 대한 지도·감독사무가 성질상 전국적으로 통일적인 처리가 요구되는 것인 점, 위 각 시설에 대한 대부분의 시설운영비 등의 보조금을 국가가 부담하고 있는 점, 장관이 정기적인 보고를 받는 방법으로 최종적인 책임을 지고 있는 것으로 보이는 점 등을 종합하여, 부랑인선도시설 및 정신질환자요양시설에 대한 지방자치단체장의 지도·감독사무를 보건복지부장관 등으로부터 기관위임된 국가사무이다).

4) 박윤흔·정형근, 최신행정강의(하), 106쪽.

5) 기관위임행정은 ① 행정조직법정주의를 허물고 있고, ② 권한과 책임의 분리를 가져오며, ③ 수임자는 고유사무만큼 책임을 느끼지 아니하며, ④ 법상의 권한자와 실제상의 권한행사자의 분리에서 행정적 혼란이 온다는 등이 문제점으로 지적되고 있다(김도창, 일반행정법론(상), 84쪽).

자치법 제115조(시·도와 시·군 및 자치구에서 시행하는 국가사무는 시·도지사와 시장·군수 및 자치구의 구청장에게 위임하여 수행하는 것을 원칙으로 한다. 다만, 법령에 다른 규정이 있는 경우에는 그러하지 아니하다)와 정부조직법 제6조 제1항(행정기관은 법령이 정하는 바에 따라 그 소관사무의 일부를 … 지방자치단체 또는 그 기관에 위탁 또는 위임할 수 있다 …)이 있고, 광역지방자치단체의 사무의 기관위임의 가능성은 지방자치법 제117조 제2항(지방자치단체의 장은 조례나 규칙으로 정하는 바에 따라 그 권한에 속하는 사무의 일부를 관할지방자치단체나 공공단체 또는 그 기관(사무소·출장소를 포함한다)에 위임…할 수 있다)에서 규정되고 있다. 개별법률상의 근거규정이 있으면, 그에 따라야 한다.

2. 사무처리의 자율성

광역지방자치단체의 사무의 기관위임에는 지방자치법 제117조 제2항에 의 649
거하여 조례의 근거가 필요하다. 기관위임사무에 있어서 위임자는 수임청에 대하여 일정 사무를 부여함과 아울러 그 사무의 수행을 개별적이고도 전문적인 지시에 따라 행하도록 하는 권한을 유보해 둘 수도 있다(지시의 유보).

3. 사무수행의 명의인

기관위임사무는 위임자인 국가나 광역지방자치단체의 감독하에 수임자 자 650
신의 이름과 책임으로 수행하게 된다. 말하자면 기관위임사무는 위임자인 국가의 이름으로 하는 것도 아니고, 국가의 대리인으로서 하는 것도 아니다. 그것은 수임청 자신의 이름으로 한다. 소송상 피고적격도 수임자가 갖는다.[1)]

4. 비용부담과 손해배상

위임되는 사무의 수행에 비용이 소요된다면, 사무의 위임에는 반드시 비용 651
부담이 따라야 한다. 아니면 사후에 반드시 비용이 보상되어야 한다. 국가사무나 지방자치단체사무를 위임할 때에는 이를 위임한 국가나 지방자치단체에서

1) 대판 2007. 8. 23, 2005두3776(구 지방자치법 제95조 제2항[현행 제104조 제2항] 및 조례[서울특별시 도시개발공사 설립 및 운영에 관한 조례]의 관계 규정과 대행계약서[위 조례에 근거하여 서울특별시장과 피고 공사 사장 사이에 체결된 서울특별시 도시개발사업 대행계약서]의 내용 등을 종합하여 보면, 피고 공사는 서울특별시장으로부터 서울특별시가 사업시행자가 된 이 사건 택지개발사업지구 내에 거주하다가 사업시행에 필요한 가옥을 제공함으로 인하여 생활의 근거를 상실하게 되는 이주자들에게 택지개발촉진법과 구 공공용지의 취득 및 손실보상에 관한 특례법[2002. 2. 4. 법률 6656호로 폐지되기 전의 것] 및 주택공급에 관한 규칙 등의 법령에 따라서 위 택지개발사업의 시행으로 조성된 토지를 분양하여 주거나 분양아파트 입주권을 부여하는 내용의 이주대책 수립권한을 포함한 택지개발사업에 따른 권한을 위임 또는 위탁받았다고 할 것이므로, 서울특별시가 사업시행자가 된 이 사건 택지개발사업과 관련하여 이주대책 대상자라고 주장하는 자들이 피고 공사 명의로 이루어진 이주대책에 관한 처분에 대한 취소소송을 제기함에 있어 정당한 피고는 피고 공사가 된다고 할 것이다).

그 경비를 부담하여야 한다(지자법 제158조 단서). 지방재정법도 기관위임사무의 집행에 소요되는 경비는 광역지방자치단체가 부담하여야 한다고 규정하고 있다(지정법 제28조).

652 기관위임사무의 수행과 관련하여 직무상 불법행위가 발생한 경우, 위임자가 국가배상법상책임을 져야 한다.[1] 그러나 수임자가 속한 지방자치단체는 비용부담자로서 배상책임자가 될 수 있다.[2]

5. 지방의회의 관여와 조례

653 기관위임사무에 대하여 지방의회의 관여는[3] 배제된다. 기관위임사무는 지방자치단체의 사무가 아니기 때문이다. 그렇다고 기관위임사무에 대한 지방의회의 관여가 완전히 배제되어야 한다고 보기는 어렵다. 생각건대 지방자치단체의 장은 기관위임사무의 수행과 관련하여 지방의회에 적어도 보고하는 제도는 확보되어야 할 것이다. 왜냐하면 기관위임사무의 수행에 있어서도 지방자치단체의 인적·물적 수단이 활용되는데, 이러한 수단은 상당한 부분이 예산의 형식으로 지방의회의 관여 하에 확정되기 때문이다.[4]

654 지방자치법 제49조 제3항은 "지방자치단체 및 그 장이 위임받아 처리하는 국가사무와 시·도의 사무에 대하여 국회와 시·도의회가 직접 감사하기로 한 사무 외에는 그 감사를 각각 해당 시·도의회와 시·군 및 자치구의회가 할 수 있다. 이 경우 국회와 시·도의회는 그 감사결과에 대하여 그 지방의회에 필요한 자료를 요구할 수 있다"고 하여 기관위임사무에 대한 감사가능성을 규정하고 있다. 이러한 범위 안에서 지방의회는 기관위임사무에 관여한다.

655 기관위임사무는 본래 위임자의 사무이지 수임청이 속한 지방자치단체의 사무는 아니다. 따라서 수임청이 속하는 지방자치단체의 자치사무에 대하여 수임

---

1) Schmidt-Jortzig, Kommuanlrecht, 1982, S. 187.

2) 대판 1994. 12. 9, 94다38137(국가배상법 제6조 제1항 소정의 '공무원의 봉급·급여 기타의 비용'이란 공무원의 인건비만을 가리키는 것이 아니라 당해사무에 필요한 일체의 경비를 의미한다고 할 것이고, 적어도 대외적으로 그러한 경비를 지출하는 자는 경비의 실질적·궁극적 부담자가 아니더라도 그러한 경비를 부담하는 자에 포함된다. …구 지방자치법(1988. 4. 6. 법률 제4004호로 전문 개정되기 전의 것) 제131조(현행 제140조), 구 지방재정법(1988. 4. 6. 법률 제4006호로 전문 개정되기 전의 것) 제16조 제2항(현행 제33조 제6항)의 규정상, 지방자치단체의 장이 기관위임된 국가행정사무를 처리하는 경우 그에 소요되는 경비의 실질적·궁극적 부담자는 국가라고 하더라도 당해 지방자치단체는 국가로부터 내부적으로 교부된 금원으로 그 사무에 필요한 경비를 대외적으로 지출하는 자이므로, 이러한 경우 지방자치단체는 국가배상법 제6조 제1항 소정의 비용부담자로서 공무원의 불법행위로 인한 같은 법에 의한 손해를 배상할 책임이 있다).

3) Seewald, Kommunalrecht, in : Steiner(Hrsg.), Besonderes Verwaltungsrecht, Rn. 117.

4) H. Meyer, Kommunalrecht(Landesrecht Mecklenburg－Vorpommern), Rn. 105.

청이 발하는 입법형식인 규칙으로 기관위임사무를 규정하는 것은 성질상 적절하지 않다. 적합한 실정법형식이 현재로서 없다. 현행 지방자치법 제23조는 자치사무·단체위임사무·기관위임사무의 구별 없이 지방자치단체의 장은 법령이나 조례가 위임한 범위에서 그 권한에 속하는 사무에 관하여 규칙을 제정할 수 있다고 규정하고 있기 때문에, 기관위임사무에 대하여 규칙이 활용될 수밖에 없다. 물론 조례는 활용될 수 없다.[1] 법령이 기관위임사무를 조례로 규정하도록 규정한다면, 바람직한 것은 아니지만 조례로 규정할 수밖에 없을 것이다(위임조례).[2]

6. 감 독

(1) 의 의 기관위임사무에 대해서는 국가나 광역지방자치단체가 광범위한 감독권을 갖는다(지자법 제185조·제188조). 기관위임사무는 실체적인 내용상 국가 또는 광역지방자치단체의 사무이다. 따라서 사무수행과 관련하여 국가나 광역지방자치단체는 수임청에 대하여 지시권을 갖는다. 지시권으로 인해 기관위임사무에 있어서 국가나 광역지방자치단체는 수임청에 대하여 합목적성의 통제까지 할 수 있다(지자법 제185조 제1항·제2항, 제188조 제1항).[3] 656

(2) **감 독 청** 지방자치단체의 장이 위임받아 처리하는 국가사무에 관하여는 시·도에 있어서는 주무부장관의, 시·군 및 자치구에 있어서는 1차로 시·도지사의, 2차로 주무부장관의 지휘·감독을 받는다(지자법 제185조 제1항). 그리고 시·군 및 자치구의 장이 위임받아 처리하는 시·도의 사무에 관하여는 시·도지사의 지휘·감독을 받는다(지자법 제185조 제2항). 657

(3) **감독처분** 기관위임사무에 대한 감독처분은 행정행위가 아니다. 수임청은 감독처분에 대해 소송을 제기할 수 없다(지자법 제188조 제6항 참조). 왜냐하 658

---

1) 대판 1992. 9. 17, 99추30(헌법 제117조 제1항과 지방자치법 제15조에 의하면 지방자치단체는 법령의 범위 안에서 그 사무에 관하여 자치조례를 제정할 수 있으나 이 때 사무란 지방자치법 제9조 제1항에서 말하는 지방자치단체의 자치사무와 법령에 의하여 지방자치단체에 속하게 된 단체위임사무를 가리키므로 지방자치단체가 자치조례를 제정할 수 있는 것은 원칙적으로 이러한 자치사무와 단체위임사무에 한하므로, 국가사무가 지방자치단체의 장에게 위임된 기관위임사무와 같이 지방자치단체의 장이 국가기관의 지위에서 수행하는 사무일 뿐 지방자치단체 자체의 사무라고 할 수 없는 것은 원칙적으로 자치조례의 제정범위에 속하지 않는다); 대판 1992. 7. 28, 92추31.

2) 대판 1999. 9. 17, 99추30(기관위임사무에 있어서도 그에 관한 개별 법령에서 일정한 사항을 조례로 정하도록 위임하고 있는 경우에는 지방자치단체의 자치조례 제정권과 무관하게 이른바 위임조례를 정할 수 있다고 하겠으나 이 때에도 그 내용은 개별 법령이 위임하고 있는 사항에 관한 것으로서 개별 법령의 취지에 부합하는 것이라야만 하고, 그 범위를 벗어난 경우에는 위임조례로서의 효력도 인정할 수 없다); 대판 2000. 5. 30, 99추85.

3) Seewald, Kommunalrecht, in : Steiner(Hrsg.), Besonderes Verwaltungsrecht, Rn. 108.

면 수임청은 위임자의 지위에서 위임자(국가사무 또는 광역지방자치단체)의 사무를 수행하는 것으로서, 감독청인 위임자와의 관계에서 상하관계에 놓이고, 감독청의 지시는 내부효만을 가질 뿐 직접적인 외부효를 갖지 않고, 따라서 수임자의 고유한 권리는 침해되는 바가 없기 때문이다.

제 3 항 공동사무

1. 의 의

659 행정실제상 국가와 지방자치단체는 여러 사무를 공동으로 수행하기도 하는데, 이러한 사무를 공동사무(Gemeinschaftsaufgaben)라 부른다.[1] 일설은 공동사무를 공관사무라 부르기도 한다.[2] 이러한 공동사무를 국가와 지방자치단체의 콘도미니움(Kondominium)이라 부르기도 한다. 이러한 국가와 지방자치단체 간의 공동사무는 국가의 협력이 필요한 경우 내지 양자가 공동으로 이해를 가지는 경우에 나타난다. 이러한 사무는 주로 공간계획과 지방자치단체에 대한 국가의 재정지원 분야에서 나타난다. 이러한 공동사무는 경제기반이나 전체경제의 이해에 기여한다(예 : 국토계획, 지역경제구조의 개선, 농업구조의 개선, 병원제도, 도시미화 등).

2. 공통사무와 구분

659a 지방자치법은 "제13조 제2항 제1호(1. 지방자치단체의 구역, 조직, 행정관리 등)의 사무는 각 지방자치단체에 공통된 사무로 한다"고 규정하고 있다(지자법 제14조 제1항 단서). 줄여 말하면, 지방자치법 제13조 제2항 제1호가 정하는 사무를 공통사무라 부를 것이다. 공통사무는 개별 지방자치단체의 사무인 데 반해, 공동사무는 여러 지방자치단체가 함께 처리하는 사무라는 점에서 개념상 차이가 난다.

3. 인정가능성

660 지방자치단체에 대한 어떠한 침해나 협력도 헌법 제117조 제1항의 범위 내에 들어와야 한다는 점, 공동사무의 적용분야를 분명히 구획하는 것도 어렵다는 점, 공동사무의 개념에는 법적·정치적 책임이 혼재하게 된다는 점, 뿐만 아니라 공동사무에서 공동이 아니라 일방이 사무주체이고 타방은 협조자가 아닌가의

---

1) Seewald, Kommunalrecht, in : Steiner(Hrsg.), Besonderes Verwaltungsrecht, Rn. 115; Stober, Kommunalrecht in der Bundesrepublik Deutschland, S. 38.

2) 김남진·김연태, 행정법(Ⅱ), 122쪽(2019).

문제가 있다는 점 등을 고려할 때, 공동사무의 개념을 인정하기에는 어려움이 따른다. 이러한 사유로 인해 국가와 지방자치단체의 관계에서 이러한 공동사무를 지방자치단체의 새로운 유형의 사무영역으로 볼 것인가는 앞으로 검토를 요한다.

제 4 장 지방자치단체의 협력과 통제

제 1 절 지방자치단체의 협력

교통의 발전, 인구의 증가 등은 필히 지방자치단체의 임무의 증대를 가져온다. 지방자치단체의 임무 중에는 그 지방자치단체가 갖는 재정력이나 행정력의 한계를 능가하는 것도 있다. 사무의 성질상 하나의 지방자치단체의 관할구역을 능가하는 것도 있다. 이러한 사무들을 효율적으로 수행하기 위해서는 다른 행정주체의 도움을 받거나 아니면 여러 행정주체가 공동으로 사무를 수행할 것이 요구되기도 한다. 여기에 지방자치단체와 다른 행정주체간의 협력문제가 나타나게 된다. 지방자치법은 지방자치단체간의 협력문제에 관해서만 규정하고 있으나 지방자치단체와 국가간의 협력문제도 중요하다. 지방자치단체와 다른 행정주체간의 협력문제는 각 지방자치단체가 결코 고립된 존재가 아님을 뜻하는 것이기도 하다.

제 1 항 지방자치단체 상호간의 협력과 분쟁

Ⅰ. 협력의무와 협력의 방식

1. 협력의무

661 지방자치단체는 다른 지방자치단체로부터 사무의 공동처리에 관한 요청이나 사무처리에 관한 협의·조정·승인 또는 지원의 요청을 받으면 법령의 범위에서 협력하여야 한다(지자법 제164조 제1항). 사무의 공동처리는 행정력·재정력·효율상의 필요성에서 요구되는 것이라고 보겠다.

2. 협력의 방식

662 지방자치단체간의 협력방식은 공법상의 형식과 사법상의 형식으로 나누어 볼 수 있다.[1] 공법상 협력방식은 다시 ① 상호합의에 따른 공동의 조직체의 구

1) Scholler/Broß, Grundzüge des Kommunalrechts in der Bundesrepublik Deutschland, 1984, S. 40.

성을 통한 협력방식과 ② 그러한 조직체의 구성 없는 협력방식이 있다. ①의 경우에는 그 조직체가 법인격을 갖는 경우와 갖지 않는 경우로 나누어진다. 지방자치법은 법인격을 갖는 경우의 조직체로 지방자치단체조합, 법인격을 갖지 않는 경우의 조직체로 행정협의회를 규정하고 있다. 한편 ②의 경우로는 사무위탁에 따른 협력방식이 예정되고 있다. 직원의 파견 또한 ②의 경우에 해당한다. 이상을 도표로 나타내면 다음과 같다.[1]

663

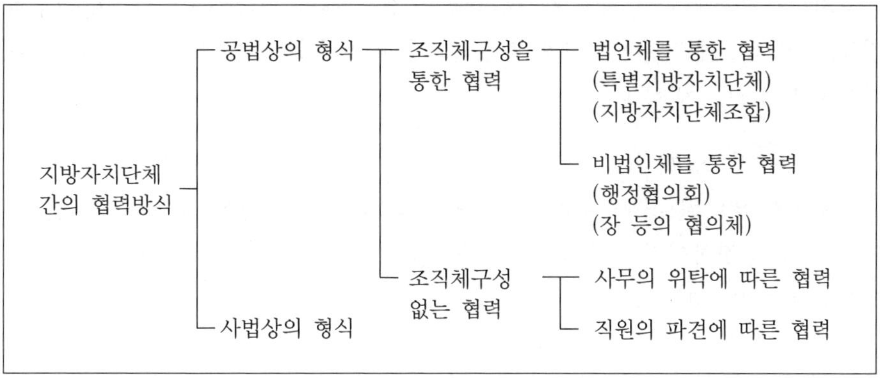

Ⅱ. 사무의 위탁

1. 의 의

지방자치단체나 그 장은 소관 사무의 일부를 다른 지방자치단체나 그 장에 664
게 위탁하여 처리하게 할 수 있다(지자법 제168조 제1항). 이를 사무의 위탁이라 한다. 사무의 위탁은 소관 사무의 일부에 대해서만 가능하다. 왜냐하면 소관 사무의 전부의 위탁은 당해 지방자치단체의 존재의미를 부정하는 것이 되기 때문이다.

2. 절 차

지방자치단체나 그 장은 사무를 위탁하려면 관계 지방자치단체와의 협의에 665
따라 규약을 정하여 고시하여야 한다(지자법 제168조 제2항). 사무위탁에 관한 규

1) 논자에 따라서는 지방자치단체 상호간의 협력관계를 지방자치관계법률상의 사무의 공동처리방식(사무의 위탁, 행정협의회의 구성, 지방자치단체조합의 설립, 공공시설의 구역 외 설치 및 공동이용, 지방자치단체 장의 협의체, 지방공사·지방공단의 공동설립)과 지방자치관계법 이외의 법률에 의한 사무의 공동처리(도시계획법상 광역시설의 설치·관리에 관한 협력, 도시교통정비촉진법상 도시교통정비에 관한 협의, 수도권정비계획법상 수도권정비에 관한 협력)로 나누기도 한다(박윤흔·정형근, 최신행정법강의(하), 166쪽 이하).

약에는 다음 각 호(1. 사무를 위탁하는 지방자치단체와 사무를 위탁받는 지방자치단체, 2. 위탁사무의 내용과 범위, 3. 위탁사무의 관리와 처리방법, 4. 위탁사무의 관리와 처리에 드는 경비의 부담과 지출방법, 5. 그 밖에 사무위탁에 관하여 필요한 사항)의 사항이 포함되어야 한다(지자법 제168조 제3항). 고시는 사무위탁관계를 법적으로 명확하게 하기 위한 것이다. 규약작성은 일종의 공법상 계약의 성질을 가진다.

3. 사무위탁의 변경·폐지

666 지방자치단체나 그 장은 사무위탁을 변경하거나 해지할 수 있다. 이 경우의 절차도 역시 관계 지방자치단체 또는 그 장과 협의를 거쳐 이를 고시하여야 한다(지자법 제168조 제4항).

4. 적용할 조례

666a 사무가 위탁된 경우 위탁된 사무의 관리와 처리에 관한 조례나 규칙은 규약에 다르게 정하여진 경우 외에는 사무를 위탁받은 지방자치단체에 대하여도 적용한다(지자법 제168조 제5항).

Ⅲ. 행정협의회

1. 의 의

667 지방자치단체는 2개 이상의 지방자치단체에 관련된 사무의 일부를 공동으로 처리하기 위하여 관계 지방자치단체 간의 행정협의회를 구성할 수 있다(지자법 제169조 제1항 제1문). 행정협의회는 동급의 지방자치단체 간에 그 구성이 예정되고 있다(지자법 제173조 제1항 참조). 행정협의회는 ① 관련 지방자치단체의 독자적인 판단에 따라 구성될 수도 있고(지자법 제169조 제2항), ② 행정안전부장관이나 시·도지사가 공익상 필요하다고 보아 지방자치단체에 그 구성을 권고함에 따라 구성될 수도 있다(지자법 제169조 제3항).

2. 구성절차

668 지방자치단체는 행정협의회를 구성하려면 관계 지방자치단체 간의 협의에 따라 규약을 정하여 관계 지방의회에 각각 보고한 다음 고시하여야 한다(지자법 제169조 제2항). 협의회의 규약에는 다음 각 호(1. 협의회의 명칭, 2. 협의회를 구성하는 지방자치단체, 3. 협의회가 처리하는 사무, 4. 협의회의 조직과 회장 및 위원의 선임방법, 5. 협의회의 운영과 사무 처리에 필요한 경비의 부담이나 지출방법, 6. 그 밖에 협의회의 구성과 운영에 관하여 필요한 사항)의 사항이 포함되어야 한다(지자법 제171조). 행정협의회

를 구성하는 지방자치단체의 장은 시·도가 구성원이면 행정안전부장관과 관계 중앙행정기관의 장에게, 시·군 또는 자치구가 구성원이면 시·도지사에게 이를 보고하여야 한다(지자법 제169조 제1항 제2문).

3. 내부조직

협의회는 회장과 위원으로 구성한다(지자법 제170조 제1항). 회장과 위원은 규약으로 정하는 바에 따라 관계 지방자치단체의 직원 중에서 선임한다(지자법 제170조 제2항). 회장은 협의회를 대표하며 회의를 소집하고 협의회의 사무를 총괄한다(지자법 제170조 제3항). 669

4. 운 영

(1) **회 의** 협의회는 정기 또는 수시로 회의를 개최한다(지자령 제100조 제1항). 정기회는 상·하반기로 나누어 연 2회 소집하고 임시회는 규약에서 정하는 바에 따라 관계 지방자치단체의 장이 요구할 때에 회장이 소집한다(지자령 제100조 제2항). 행정안전부장관이나 시·도지사는 협의회의 개회를 권고할 수 있다(지자령 제100조 제3항 참조). 670

(2) **자료제출요구** 협의회는 사무를 처리하기 위하여 필요하다고 인정하면 관계 지방자치단체의 장에 대하여 자료 제출, 의견 개진, 그 밖에 필요한 협조를 요구할 수 있다(지자법 제172조). 671

(3) **합의불성립시 조정** 협의회에서 합의가 이루어지지 아니한 사항에 대하여 관계 지방자치단체의 장이 조정 요청을 하면 시·도 간의 협의사항에 대하여는 행정안전부장관이, 시·군 및 자치구 간의 협의사항에 대하여는 시·도지사가 조정할 수 있다(지자법 제173조 제1항 본문). 다만, 관계 시·군 및 자치구가 2개 이상의 시·도에 걸치는 경우에는 행정안전부장관이 조정할 수 있다(지자법 제173조 제1항 단서). 행정안전부장관이나 시·도지사가 조정을 하려면 관계 중앙행정기관의 장과의 협의를 거쳐 분쟁조정위원회의 의결에 따라 조정하여야 한다(지자법 제173조 제2항). 672

5. 협의·사무처리의 효과

협의회를 구성한 관계 지방자치단체는 협의회가 결정한 사항이 있으면 그 결정에 따라 사무를 처리하여야 한다(지자법 제174조 제1항). 제176조 제1항에 따라 행정안전부장관이나 시·도지사가 조정한 사항에 관하여는 제168조 제3항부터 제6항까지의 규정을 준용한다(지자법 제174조 제2항). 협의회가 관계 지방자치 673

단체나 그 장의 명의로 한 사무의 처리는 관계 지방자치단체 또는 그 장이 행한 것으로 본다(지자법 제174조 제3항).

6. 규약의 변경·폐지

673a 지방자치단체가 협의회의 규약을 변경하거나 협의회를 없애려는 경우에는 제169조 제1항과 제2항을 준용한다(지자법 제175조).

Ⅳ. 장 등의 협의체

1. 종 류

674 지방자치단체의 장이나 지방의회의 의장은 상호 간의 교류와 협력을 증진하고, 공동의 문제를 협의하기 위하여 다음 각 호(① 시·도지사, ② 시·도의회의 의장, ③ 시장·군수·자치구의 구청장, ④ 시·군·자치구의회의 의장)의 구분에 따라 각각 전국적 협의체를 설립할 수 있다(지자법 제182조 제1항). 제1항 각호의 전국적 협의체는 그들 모두 참가하는 지방자치단체 연합체를 설립할 수 있다(지자법 제182조 제2항).

2. 설립절차

674a 제1항에 따른 협의체나 제2항에 따른 연합체를 설립하였을 때에는 그 협의체·연합체의 대표자는 지체 없이 행정안전부장관에게 신고하여야 한다(지자법 제182조 제3항). 제1항에 따른 협의체나 제2항에 따른 연합체의 설립신고와 운영, 그 밖에 필요한 사항은 대통령령으로 정한다(지자법 제182조 제7항).

3. 협력방법

674b (1) **정부에 의견제출** 제1항에 따른 협의체나 제2항에 따른 연합체는 지방자치에 직접적인 영향을 미치는 법령 등에 관한 의견을 행정안전부장관에게 제출할 수 있으며, 행정안전부장관은 제출된 의견을 관계 중앙행정기관의 장에게 통보하여야 한다(지자법 제182조 제4항). 관계 중앙행정기관의 장은 제4항에 따라 통보된 내용에 대하여 통보를 받은 날부터 2개월 이내에 타당성을 검토하여 행정안전부장관에게 그 결과를 통보하여야 하고, 행정안전부장관은 통보받은 검토 결과를 해당 협의체나 연합체에 지체 없이 통보하여야 한다. 이 경우 관계 중앙행정기관의 장은 검토 결과 타당성이 없다고 인정하면 구체적인 사유 및 내용을 명시하여 통보하여야 하며, 타당하다고 인정하면 관계 법령에 그 내용이 반영될 수 있도록 적극 협력하여야 한다(지자법 제182조 제5항).

(2) **국회에 의견제출** 제1항에 따른 협의체나 제2항에 따른 연합체는 지방자치와 관련된 법률의 제정·개정 또는 폐지가 필요하다고 인정하는 경우에는 국회에 서면으로 의견을 제출할 수 있다(지자법 제182조 제6항). 674c

Ⅴ. 지방자치단체조합

1. 의의와 성질

675 지방자치단체조합이란 2개 이상의 지방자치단체가 하나 또는 둘 이상의 사무를 공동으로 처리하기 위해 설립한 공법인으로서의 특별지방자치단체를 말한다(지자법 제176조 제1항·제2항). 지방자치단체조합은 지방자치단체사무의 일부의 공동처리를 위한 것이지, 모든 사무의 공동처리를 위한 것은 아니다. 모든 사무의 공동처리를 위한 지방자치단체조합은 지방자치단체의 합병을 뜻하는 것이기 때문이다. 일부사무처리를 위한 조합을 일부사무조합, 모든 사무처리를 위한 조합을 전부사무조합이라 부르기도 한다.[1)]

2. 설립절차

676 2개 이상의 지방자치단체는 ① 규약을 정하여 ② 그 지방의회의 의결을 거쳐 ③ 시·도는 행정안전부장관의, 시·군 및 자치구는 시·도지사의 승인을 받아 지방자치단체조합을 설립할 수 있다. 다만, 지방자치단체조합의 구성원인 시·군 및 자치구가 2개 이상의 시·도에 걸치는 지방자치단체조합은 행정안전부장관의 승인을 받아야 한다(지자법 제176조 제1항). 지방자치단체조합의 규약에는 다음 각 호(1. 지방자치단체조합의 명칭, 2. 지방자치단체조합을 구성하는 지방자치단체, 3. 사무소의 위치, 4. 지방자치단체조합의 사무, 5. 지방자치단체조합회의의 조직과 위원의 선임방법, 6. 집행기관의 조직과 선임방법, 7. 지방자치단체조합의 운영 및 사무처리에 필요한 경비의 부담과 지출방법, 8. 그 밖에 지방자치단체조합의 구성과 운영에 관한 사항)의 사항이 포함되어야 한다(지자법 제179조). 한편, 행정안전부장관은 공익상 필요하면 지방자치단체조합의 설립이나 해산 또는 규약의 변경을 명할 수 있다(지자법 제180조 제2항). 지방자치단체조합은 법인으로 한다(지자법 제176조 제2항).

3. 조 직

677 지방자치단체조합에는 지방자치단체조합회의와 지방자치단체조합장 및 사무직원을 둔다(지자법 제177조 제1항). 지방자치단체조합회의의 위원과 지방자치단체조합장 및 사무직원은 지방자치단체조합규약으로 정하는 바에 따라 선임한다

1) 김남진·김연태, 행정법(Ⅱ), 190쪽(2019).

(지자법 제177조 제2항). 관계 지방자치단체의 의회 의원과 그 지방자치단체의 장은 제46조(겸직 등 금지) 제1항과 제112조(겸임 등의 제한) 제1항에도 불구하고 지방자치단체조합회의의 위원이나 지방자치단체조합장을 겸할 수 있다(지자법 제177조 제3항). 지방자치단체조합장은 지방자치단체조합을 대표하며 지방자치단체조합의 사무를 총괄한다(지자법 제178조 제3항). 한편, 지방자치단체조합회의는 지방자치단체조합의 규약으로 정하는 바에 따라 지방자치단체조합의 중요 사무를 심의·의결한다(지자법 제178조 제1항). 지방자치단체조합회의는 지방자치단체조합이 제공하는 역무에 대한 사용료·수수료 또는 분담금을 제156조 제1항에 따른 조례의 범위 안에서 정할 수 있다(지자법 제178조 제2항).

4. 지도·감독

678 시·도가 구성원인 지방자치단체조합은 행정안전부장관의, 시·군 및 자치구가 구성원인 지방자치단체조합은 1차로 시·도지사의, 2차로 행정안전부장관의 지도·감독을 받는다. 다만, 지방자치단체조합의 구성원인 시·군 및 자치구가 2개 이상의 시·도에 걸치는 지방자치단체조합은 행정안전부장관의 지도·감독을 받는다(지자법 제180조 제1항). 행정안전부장관은 공익상 필요하면 지방자치단체조합의 설립이나 해산 또는 규약의 변경을 명할 수 있다(지자법 제180조 제2항). 한편, 지방자치단체조합의 규약을 변경하거나 지방자치단체조합을 해산하려는 경우에는 제179조(지방자치단체조합의 설립) 제1항을 준용한다(지자법 제181조 제1항). 지방자치단체조합을 해산한 경우에 그 재산의 처분은 관계 지방자치단체의 협의에 따른다(지자법 제181조 제2항).

Ⅵ. 사법상 형식에 따른 협력

679 지방자치단체들은 그 임무수행이 고권적으로 이루어지도록 규정된 것이 아니면, 경우에 따라서 사법형식을 통해 다른 지방자치단체와 협력할 수 있다. 예컨대 여러 지방자치단체가 원활한 교통을 위해 공동의 출자자가 되어 주식회사인 운수회사를 설립할 수 있다. 사법형식을 통한 지방자치단체간의 협력의 이점은 경제적인 임무수행상의 기동력과 상황변화에 따른 신속한 적응성에 있다.[1)]

Ⅶ. 공·사법형식의 결합가능성

680 지방자치단체간의 협력방식으로 공·사법형식이 결합된 형태도 가능하다. 즉

1) Seewald, Kommunalrecht, in : Steiner(Hrsg.), Besonderes Verwaltungsrecht, Rn. 418.

설립은 공법적으로 하되, 경영은 사법적으로 하게 할 수도 있을 것이다.

Ⅷ. 지방자치단체 상호간 등의 분쟁조정 등

1. 분쟁조정

(1) **분쟁조정권자** 지방자치단체 상호간이나 지방자치단체의 장 상호간 681
사무를 처리할 때 의견이 달라 다툼(이하 "분쟁"이라 한다)이 생기면 다른 법률에 특별한 규정이 없으면 행정안전부장관이나 시·도지사가 당사자의 신청에 따라 조정할 수 있다(지자법 제165조 제1항 본문).

(2) **분쟁조정절차** ① 분쟁조정은 당사자의 신청에 의한다(지자법 제165조 682
제1항 본문). 그러나 그 분쟁이 공익을 현저히 저해하여 조속한 조정이 필요하다고 인정되면 당사자의 신청이 없어도 직권으로 조정할 수 있다(지자법 제165조 제1항 단서). 이 경우, 행정안전부장관이나 시·도지사가 분쟁을 조정하는 경우에는 그 취지를 미리 당사자에게 알려야 한다(지자법 제165조 제2항). 하여간 행정안전부장관이나 시·도지사가 분쟁을 조정하고자 할 때에는 관계 중앙행정기관의 장과의 협의를 거쳐 제166조에 따른 지방자치단체중앙분쟁조정위원회나 지방자치단체지방분쟁조정위원회의 의결에 따라 조정하여야 한다(지자법 제165조 제3항). 그리고 ② 분쟁조정권자가 조정의 결정을 하면 서면으로 지체 없이 관계 지방자치단체의 장에게 통보하여야 한다(지자법 제165조 제4항 제1문).

(3) **이해의 조절** 분쟁조정권자는 조정결정에 따른 시설의 설치 또는 역무 683
의 제공으로 이익을 받거나 그 원인을 일으켰다고 인정되는 지방자치단체에 대해서는 그 시설비나 운영비 등의 전부나 일부를 행정안전부장관이 정하는 기준에 따라 부담하게 할 수 있다(지자법 제165조 제6항).

(4) **조정사항의 이행** ① 행정안전부장관이나 시·도지사는 제3항에 따라 684
조정을 결정하면 서면으로 지체 없이 관계 지방자치단체의 장에게 통보하여야 하며, 통보를 받은 지방자치단체의 장은 그 조정 결정 사항을 이행하여야 한다(지자법 제165조 제4항). ② 제3항에 따른 조정 결정 사항 중 예산이 필요한 사항에 대해서는 관계 지방자치단체는 필요한 예산을 우선적으로 편성하여야 한다. 이 경우 연차적으로 추진하여야 할 사항은 연도별 추진계획을 행정안전부장관이나 시·도지사에게 보고하여야 한다(지자법 제165조 제5항). 한편 ③ 분쟁조정권자인 행정안전부장관이나 시·도지사는 제4항부터 제6항까지의 규정에 따른 조정결정사항이 성실히 이행되지 아니하면 그 지방자치단체에 대하여 제192조(지방자치단체의 장에 대한 직무이행명령)를 준용하여 이행하게 할 수 있다(지자법 제165

조 제7항).[1)]

⑸ 분쟁조정위원회

685 ㈎ 설 치 제165조(지방자치단체 상호간의 분쟁조정) 제1항에 따른 분쟁의 조정과 제173조 제1항에 따른 협의사항의 조정에 필요한 사항을 심의·의결하기 위하여 행정안전부에 지방자치단체중앙분쟁조정위원회(이하 "중앙분쟁조정위원회"라 한다)와 시·도에 지방자치단체지방분쟁조정위원회(이하 "지방분쟁조정위원회"라 한다)를 둔다(지자법 제166조 제1항). 이 법에서 정한 사항 외에 분쟁조정위원회의 구성과 운영 등에 관하여 필요한 사항은 대통령령으로 정한다(지자법 제167조 제3항).

685a ㈏ 사 무 중앙분쟁조정위원회는 다음 각 호(1. 시·도 간 또는 그 장 간의 분쟁, 2. 시·도를 달리하는 시·군 및 자치구 간 또는 그 장 간의 분쟁, 3. 시·도와 시·군 및 자치구 간 또는 그 장 간의 분쟁, 4. 시·도와 지방자치단체조합 간 또는 그 장 간의 분쟁, 5. 시·도를 달리하는 시·군 및 자치구와 지방자치단체조합 간 또는 그 장 간의 분쟁, 6. 시·도를 달리하는 지방자치단체조합 간 또는 그 장 간의 분쟁)의 분쟁을 심의·의결한다(지자법 제166조 제2항). 지방분쟁조정위원회는 제2항 각 호에 해당하지 아니하는 지방자치단체·지방자치단체조합 간 또는 그 장 간의 분쟁을 심의·의결한다(지자법 제166조 제3항).

685b ㈐ 구 성 ① 중앙분쟁조정위원회와 지방분쟁조정위원회(이하 "분쟁조정위원회"라 한다)는 각각 위원장을 포함한 11명 이내의 위원으로 구성한다(지자법 제166조 제4항). ② 중앙분쟁조정위원회의 위원장과 위원 중 5명은 다음 각 호(1. 대학에서 부교수 이상으로 3년 이상 재직 중이거나 재직한 자, 2. 판사·검사 또는 변호사의 직에 6년 이상 재직 중이거나 재직한 자, 3. 그 밖에 지방자치사무에 관한 학식과 경험이 풍부한 자)에 해당하는 자 중에서 행정안전부장관의 제청으로 대통령이 임명하거나 위촉하고, 대통령령으로 정하는 중앙행정기관 소속 공무원은 당연직위원이 된다(지자법 제166조 제5항). ③ 지방분쟁조정위원회의 위원장과 위원 중 5명은 제5항 각 호에 해당하는 자 중에서 시·도지사가 임명하거나 위촉하고, 조례로 정

1) 대판 2015. 9. 24, 2014추613(지방자치법 제148조 제4항, 제7항, 제170조 제3항의 내용과 체계, 지방자치법 제148조 제1항에 따른 지방자치단체 또는 지방자치단체의 장 상호 간 분쟁에 대한 조정결정(이하 '분쟁조정결정'이라 한다)의 법적 성격 및 분쟁조정결정과 이행명령 사이의 관계 등에 비추어 보면, 행정안전부장관이나 시·도지사의 분쟁조정결정에 대하여는 후속의 이행명령을 기다려 대법원에 이행명령을 다투는 소를 제기한 후 그 사건에서 이행의무의 존부와 관련하여 분쟁조정결정의 위법까지 함께 다투는 것이 가능할 뿐, 별도로 분쟁조정결정 자체의 취소를 구하는 소송을 대법원에 제기하는 것은 지방자치법상 허용되지 아니한다. 나아가 분쟁조정결정은 상대방이나 내용 등에 비추어 행정소송법상 항고소송의 대상이 되는 처분에 해당한다고 보기 어려우므로, 통상의 항고소송을 통한 불복의 여지도 없다).

하는 해당 지방자치단체 소속 공무원은 당연직위원이 된다(지자법 제166조 제6항). ④ 공무원이 아닌 위원장 및 위원의 임기는 3년으로 하되, 연임할 수 있다. 다만, 보궐위원의 임기는 전임자의 남은 임기로 한다(지자법 제166조 제7항).

(라) 운 영 분쟁조정위원회는 위원장을 포함한 위원 7명 이상의 출석으 685c
로 개의하고, 출석위원 3분의 2 이상의 찬성으로 의결한다(지자법 제167조 제1항). 분쟁조정위원회의 위원장은 분쟁의 조정과 관련하여 필요하다고 인정하면 관계 공무원, 지방자치단체조합의 직원 또는 관계 전문가를 출석시켜 의견을 듣거나 관계 기관이나 단체에 대하여 자료 및 의견 제출 등을 요구할 수 있다. 이 경우 분쟁의 당사자에게는 의견을 진술할 기회를 주어야 한다(지자법 제167조 제2항).

2. 권한쟁의심판

(1) 의 의 지방자치단체 상호간에 권한의 유무 또는 범위에 관하여 685d
다툼이 있을 때에는 해당 국가기관 또는 지방자치단체는 헌법재판소에 권한쟁의심판을 청구할 수 있다(헌재법 제61조 제1항). 제1항의 심판청구는 피청구인의 처분 또는 부작위(不作爲)가 헌법 또는 법률에 의하여 부여받은 청구인의 권한을 침해하였거나 침해할 현저한 위험이 있는 경우에만 할 수 있다(헌재법 제61조 제2항).

(2) 종 류 지방자치단체 상호간의 권한쟁의심판에는 ① 특별시·광역 685e
시·특별자치시·도 또는 특별자치도 상호간의 권한쟁의심판, ② 시·군 또는 자치구 상호간의 권한쟁의심판, ③ 특별시·광역시·특별자치시·도 또는 특별자치도와 시·군 또는 자치구 간의 권한쟁의심판이 있다(헌재법 제62조 제1항 제3호).

(3) 교육·학예 사무 권한쟁의가 「지방교육자치에 관한 법률」 제2조에 따 685f
른 교육·학예에 관한 지방자치단체의 사무에 관한 것인 경우에는 교육감이 제1항 제2호 및 제3호의 당사자가 된다(헌재법 제62조 제2항).

제 2 항 지방자치단체와 국가간의 협력과 분쟁

Ⅰ. 국가에 의한 협력

1. 의 의

중앙행정기관의 장이나 시·도지사는 지방자치단체의 사무에 관하여 조언 686
또는 권고하거나 지도할 수 있다(지자법 제184조 제1항 제1문). 국가나 시·도는 지방자치단체가 그 지방자치단체의 사무를 처리하는 데 필요하다고 인정하면 재정지원이나 기술지원을 할 수 있다(지자법 제184조 제2항). 국가의 지방자치단체에 대한 재정지원, 국가가 정보나 자료, 전문지식이나 기술을 지방자치단체에 공급하는 것은 지방자치제도의 실질적 보장 내지 내실화를 위한 중요한 제도가 된다.

2. 단체장의 의견제출

686a 지방자치단체의 장은 제1항의 조언·권고 또는 지도와 관련하여 중앙행정기관의 장이나 시·도지사에게 의견을 제출할 수 있다(지자법 제184조 제3항).

Ⅱ. 지방자치단체에 의한 협력

687 국가에 대한 지방자치단체의 협력문제와 관련하여서는, 국회나 정부의 의사결정과정상 지방자치단체가 의사를 표현할 기회확보가 필요하게 된다. 이러한 것은 지방자치단체의 기능확대를 뜻하는 것이기도 하다.

1. 협력의 주체·방식

688 ① 지방자치단체에 의한 협력은 실제상 지방자치단체의 장에 의한 협력이라고 볼 것이다. 그것은 지방자치단체의 장이 지방의회와의 협력하에 국가의사결정과정에 참여하는 형식이 될 것이다. ② 각 지방자치단체의 장으로 구성되는 협의체(지방자치단체의 장협의회)가 국가와 협력문제를 논의하는 방식도 검토를 요한다.

2. 협력의 의미

689 이러한 협력체는 내부적으로는 구성원간의 행정경험을 교환하고, 유사한 자치행정사항에 대하여는 가능한 한 자치행정의 단일화를 도모할 뿐만 아니라 외부적으로는 국가에 대한 구성원들의 공동의 이익을 대변할 수 있을 것이다. 하여튼 이러한 협력은 부분적인 공공이익을 국가적으로 통합한다는 의미와 국가적인 의사결정과정상 효율·효과의 증대수단이 된다는 데 그 의미가 있다.[1)]

3. 협력의 한계

690 국회나 정부에 대한 비구속적인 조언에 머무르는 것인 한, 지방자치단체의 장의 협의회의 협력은 법상 문제가 되지 아니한다. 문제는 동 협의회가 구속적인 조언을 할 수 있는가이다. 생각건대 국회의원은 직접 국민으로부터 선출되는 까닭에, 동 협의회의 구속적인 조언 또는 동 협의회와 국가의 공동결정권은 인

1) R. Voigt, Kommunale Partizipation am staatlichen Entsheidungsprozeß, 1976, S. 12.

정할 수가 없을 것이다. 절차상의 권리 내지 협력권으로서 다음의 것들은 인정이 가능할 것이다.[1)]

① 국회에서의 청문권(입법안 사전열람 및 의견제시)

② 정부계획수립과정에 참여

③ 국무회의 출석·발언

④ 행정 각부에 의견전달

⑤ 행정입법공포 전 사전열람 및 의견제시 등

Ⅲ. 국가와 지방자치단체의 상호협력

1. 중앙지방협력회의의 설치

국가와 지방자치단체 간의 협력을 도모하고 지방자치 발전과 지역 간 균형 690a
발전에 관련되는 중요 정책을 심의하기 위하여 중앙지방협력회의를 둔다(지자법 제186조 제1항). 제1항에 따른 중앙지방협력회의의 구성과 운영에 관한 사항은 따로 법률로 정한다(지자법 제186조 제2항).

2. 중앙지방협력회의의 기능

중앙지방협력회의(이하 "협력회의"라 한다)는 다음 각 호(1. 국가와 지방자치단체 690b
간 협력에 관한 사항, 2. 국가와 지방자치단체의 권한, 사무 및 재원의 배분에 관한 사항, 3. 지역 간 균형발전에 관한 사항, 4. 지방자치단체의 재정 및 세제에 영향을 미치는 국가 정책에 관한 사항, 5. 그 밖에 지방자치 발전에 관한 사항)의 사항을 심의한다(중앙지방협력회의의 구성 및 운영에 관한 법률 제2조).

3. 중앙지방협력회의의 구성 및 운영

협력회의는 대통령, 국무총리, 기획재정부장관, 교육부장관, 행정안전부장 690c
관, 국무조정실장, 법제처장, 특별시장·광역시장·특별자치시장·도지사·특별자치도지사(이하 "시·도지사"라 한다), 「지방자치법」 제182조 제1항 제2호부터 제4호까지의 규정에 따른 전국적 협의체의 대표자 및 그 밖에 대통령령으로 정하는 사람으로 구성한다(동법 제3조 제1항). 협력회의의 의장(이하 "의장"이라 한다)은 대통령이 된다(동법 제3조 제2항). 협력회의의 부의장(이하 "부의장"이라 한다)은 국무총리와 「지방자치법」 제182조 제1항 제1호에 따라 설립된 시·도지사 협의체의 대표자(이하 "시·도지사협의회장"이라 한다)가 공동으로 된다(동법 제3조 제3항).

1) R. Voigt, Kommunale Partizipation am staatlichen Entsheidungsprozeß, 1976, S. 60.

4. 심의 결과의 활용

690d 국가 및 지방자치단체는 협력회의의 심의 결과를 존중하고 성실히 이행하여야 한다(동법 제4조 제1항). 국가 및 지방자치단체는 심의 결과에 따른 조치 계획 및 이행 결과를 협력회의에 보고하여야 한다(동법 제4조 제1항). 국가 또는 지방자치단체는 제1항에도 불구하고 심의 결과를 이행하기 어려운 특별한 사유가 있는 경우에는 그 사유와 향후 조치 계획을 협력회의에 보고하여야 한다(동법 제4조 제3항).

Ⅳ. 지방자치단체와 국가 간의 분쟁조정 등

1. 행정협의조정위원회

691 ⑴ 설 치 중앙행정기관의 장과 지방자치단체의 장이 사무를 처리할 때 의견을 달리하는 경우 이를 협의·조정하기 위하여 국무총리 소속으로 행정협의조정위원회를 둔다(지자법 제187조 제1항).

691a ⑵ 구 성 행정협의조정위원회는 위원장 1명을 포함하여 13명 이내의 위원으로 구성한다(지자법 제187조 제2항). 행정협의조정위원회의 위원은 다음 각 호(1. 기획재정부장관, 행정안전부장관, 국무조정실장 및 법제처장, 2. 안건과 관련된 중앙행정기관의 장과 시·도지사 중 위원장이 지명하는 사람, 3. 그 밖에 지방자치에 관한 학식과 경험이 풍부한 사람 중에서 국무총리가 위촉하는 사람 4명)의 사람이 되고, 위원장은 제3호의 위촉위원 중에서 국무총리가 위촉한다(지자법 제187조 제3항).

691b ⑶ 운영 등 제1항부터 제3항까지에서 규정한 사항 외에 행정협의조정위원회의 구성과 운영 등에 필요한 사항은 대통령령으로 정한다(지자법 제187조 제4항).

2. 권한쟁의심판

691c ⑴ 의 의 국가기관과 지방자치단체 간에 권한의 유무 또는 범위에 관하여 다툼이 있을 때에는 해당 국가기관 또는 지방자치단체는 헌법재판소에 권한쟁의심판을 청구할 수 있다(헌재법 제61조 제1항). 제1항의 심판청구는 피청구인의 처분 또는 부작위(不作爲)가 헌법 또는 법률에 의하여 부여받은 청구인의 권한을 침해하였거나 침해할 현저한 위험이 있는 경우에만 할 수 있다(헌재법 제61조 제2항).

691d ⑵ 종 류 국가기관과 지방자치단체 간의 권한쟁의심판에는 ① 정부와 특별시·광역시·특별자치시·도 또는 특별자치도 간의 권한쟁의심판과 ② 정부와 시·군 또는 지방자치단체인 구(이하 "자치구"라 한다) 간의 권한쟁의심판이 있

다(헌재법 제62조 제1항 제2호).

(3) **교육·학예 사무** 권한쟁의가 「지방교육자치에 관한 법률」 제2조에 따 691e
른 교육·학예에 관한 지방자치단체의 사무에 관한 것인 경우에는 교육감이 제1항 제2호 및 제3호의 당사자가 된다(헌재법 제62조 제2항).

제 2 절 지방자치단체의 통제

692

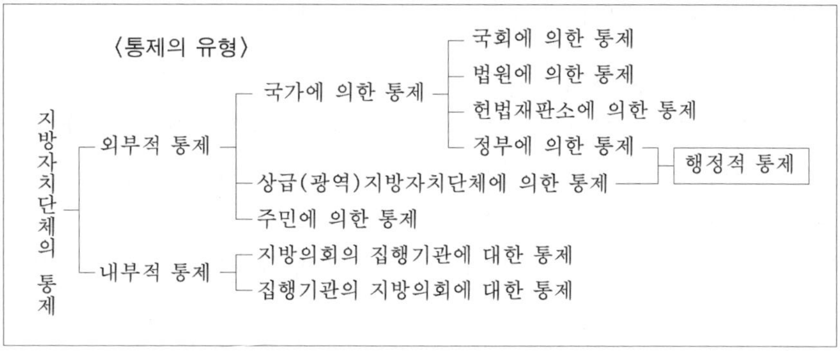

제 1 항 외부적 통제의 유형

Ⅰ. 국가에 의한 통제

1. 국회에 의한 통제

(1) 개 관 국회에 의한 통제 중 기본적인 것은 법률의 제정·개정을 693
통해 지방자치단체의 권한행사에 국가의사를 반영시키는 것이다(헌법 제118조 참조). 입법적 통제는 기본적으로 지방자치단체의 의사형성의 전제를 제공한다는 의미에서 사전적 통제수단으로서의 의미를 갖는다고 할 수 있다. 입법적 통제는 통제이자 법률에 의한 지방자치단체의 권한의 보장의 성질도 갖는다. 그 밖에 국회에 의한 통제로는 예산을 통한 통제, 국정감사나 국정조사를 통한 통제도 가능하다.

(2) 국정감사

(개) 감사대상기관 지방자치단체 중 특별시·광역시·도는 국회의 감사대상 694
기관이다(국정감사 및 조사에 관한 법률 제7조 제2호 본문). 지방자치단체 중 특별시·광역시·도를 제외한 지방자치단체는 국회의 본회의가 특히 필요하다고 의결한 경우에 한하여 감사대상기관이 된다(국정감사 및 조사에 관한 법률 제7조 제4호).

(나) 감사범위 등 감사범위는 국가위임사무와 국가가 보조금 등 예산을 지원하는 사업으로 한다(국정감사 및 조사에 관한 법률 제7조 제2호 단서). 지방자치단체에 대한 감사는 2 이상의 위원회가 합동으로 반을 구성하여 이를 행할 수 있다(국정감사 및 조사에 관한 법률 제7조의2).

(다) 감사의 위임 지방자치단체 및 그 장이 위임받아 처리하는 국가사무와 …대하여 국회…가 직접 감사하기로 한 사무를 제외하고는 그 감사를 각각 당해 시·도의회…가 행할 수 있다. 이 경우 국회 … 는 그 감사 결과에 대하여 당해 지방의회에 필요한 자료를 요구할 수 있다(지자법 제49조 제3항).

2. 법원에 의한 통제

695 (1) 행정소송 법원에 의한 감독은 재판을 통하여 지방자치단체의 권한행사의 적법성 여부를 가리는 것을 말한다(헌법 제107조 제2항; 행소법 제3조). 법원에 의한 감독은 성질상 사법적 통제로서 기본적으로 사후적 통제의 성질을 가진다. 법원에 의한 통제로서 행정소송에는 항고소송·당사자소송·기관소송·민중소송이 있다.

(2) 기관소송

696 (가) 필 요 성 지방자치법상 기관의 권한·권리·의무의 존부·범위·행사 등에 관하여 관련기관 사이에 견해의 차이가 발생할 수 있고, 이로 인해 관련기관 사이에서 분쟁이 발생할 수 있다. 공동의 상급기관이 있어서 이를 조정할 수 있다면, 문제가 해결될 것이다. 상급기관이 없거나 상급기관이 있어도 조정이 불가능하다면, 최종적으로 법원에 의해 사법적으로 해결될 수밖에 없다. 여기에서 기관소송의 필요성이 나타난다.

697 (나) 실정법상 의의 행정소송법은 기관소송과 관련하여 "국가 또는 공공단체의 기관 상호간에 있어서의 권한의 존부 또는 그 행사에 관한 다툼이 있을 때에 이에 대하여 제기하는 소송. 다만, 헌법재판소법 제2조의 규정에 의하여 헌법재판소의 관장사항으로 되는 소송은 제외한다(행소법 제3조 제4호)"고 규정하고 있다. 헌법재판소의 관할사항인 국가기관 상호간의 소송이 행정소송법 제3조 제4호 단서에 의해 행정소송에서 제외되므로, 행정소송법상 기관소송은 다만 공공단체의 기관 상호간의 소송에 한정된다. 그런데 여기서 말하는 공공단체에는 지방자치단체 외에 공법인도 포함된다고 볼 것이지만, 현재로서 지방자치단체를 제외한 공법인의 기관 간에 기관소송을 규정하는 예는 찾아보기 어렵다.[1]

(다) **항고소송과 구분** 기관소송과 감독청의 처분을 다투는 소송은 구분되어야 한다. 후자는 기관내부의 법적 문제를 다투는 것이 아니라, 국가와 지방자치단체 사이의 법적 문제를 다툰다. 기관소송은 기관 또는 부분기관(예 : 지방의원이나 위원회)이 참여하지만, 후자의 경우에는 국가 또는 지방자치단체가 참여한다. 현행 행정소송법의 문면을 볼 때, 행정소송법상 기관소송은 동일한 법주체 내부(사단 내부)의 기관간의 분쟁을 의미하지, 법주체 사이(사단 사이)의 분쟁을 의미하는 것은 아니다. 이것은 기술한 기관소송이 인정되는 논거를 보아서도 그러하다. 따라서 지방자치단체 사이의 분쟁은 기관소송에 속하지 아니한다. 698

(라) **기관소송의 예** 기관소송의 대표적인 예로는 지방자치법 제120조 제3항 및 지방자치법 제192조 제4항에 따른 지방의회와 지방자치단체의 장 사이의 기관소송을 들 수 있다. 상이한 법주체 사이에도 기관소송이 인정된다는 견해는 지방자치법 제192조에 따른 소송과 지방자치법 제189조에 따른 소송을 기관소송의 한 유형으로 든다.[1] 699

(마) **성 질** 기관소송은 헌법소송이 아니다. 행정소송법상 기관소송은 행정소송의 일종으로서 객관적 소송으로 규정되고 있다. 기관소송을 제기할 수 있는 권능은 기본권이 아니다.[2] 그것은 단지 넓은 의미에서 주관적인 성질을 띠는 객관적인 권리이다. 그것은 객관적 소송의 한 종류이다. 기관소송은 평등관계 있는 자 사이의 소송이지, 불평등관계에 있는 자 사이의 소송은 아니다. 행정소송법상 취소소송은 후자의 예에 해당한다. 기관소송은 단일의 행정주체 내부의 기관간의 문제이므로 기관소송을 제기할 수 있는 권리는 헌법상 기본권 700

---

1) [참고] 독일법상 기관소송의 유형
기관소송의 당사자인 기관으로 시장, 의회, 교섭단체, 소수자, 위원회, 위원회 구성원이 있고, 기관소송의 유형으로 일반적 급부소송과 확인소송이 논급되고 있다[Otto Madejczyk, Kommunalrecht und Kommunalabgabenrecht, in : Fricke/Ott(Hrsg.), Verwaltungsrecht, § 32. Rn. 116f.].
(1) 일반적 급부소송으로 다음의 예를 볼 수 있다.
- 일정 수의 의원이 회기에 의사일정에 포함시킬 것을 요구하는 소송
- 교섭단체가 지방자치단체에 업무수행에 필요한 재정지원을 할 것을 구하는 소송
(2) 확인소송으로 다음의 예를 볼 수 있다.
- 지방의회의원이 질서에 적합한 회기소집을 구할 수 있는 권리의 확인을 구하는 소송
- 지방의회의원이 회기에 출석하고, 발언하고, 신청할 수 있는 권리의 확인을 구하는 소송
- 회기에 필요한 서류의 송부를 구할 수 있는 권리의 확인을 구하는 소송
- 선거상 원칙의 준수를 요구할 수 있는 권리의 확인을 구하는 소송
- 질문권, 통지받을 권리, 정보권의 확인을 구하는 소송

1) 박윤흔·정형근, 최신행정법강의(하), 175쪽.

2) Schmidt－Aßmann/Röhl, Kommunalrecht, in : Schmidt-Aßmann(Hrsg.), Besonderes Verwaltungsrecht, Rn. 83.

으로 보호되는 것이 아니다.

3. 헌법재판소에 의한 통제

701 (1) **권한쟁의심판** 헌법재판소는 권한쟁의심판을 통해 지방자치단체의 감독에 관여한다. 국가기관과 지방자치단체간 및 지방자치단체 상호간에 권한의 유무 또는 범위에 관하여 다툼이 있는 때에는 해당 국가기관 또는 지방자치단체는 헌법재판소에 권한쟁의심판을 청구할 수 있다(헌재법 제61조 제1항). 기관소송에서는 지방자치단체의 기관이 당사자이지만, 권한쟁의심판에서는 지방자치단체 자체가 당사자가 된다. 헌법재판소의 권한쟁의심판의 결정은 모든 국가기관과 지방자치단체를 기속한다(헌재법 제67조 제1항).

702 (2) **헌법소원** 헌법재판소는 또한 헌법소원심판을 통해 지방자치단체의 감독에 관여한다. 지방자치단체의 공권력의 행사 또는 불행사로 인하여 헌법상 보장된 기본권을 침해받은 자는 법원의 재판을 제외하고는 헌법재판소에 헌법소원심판을 청구할 수 있다(헌재법 제68조 제1항 본문). 지방자치단체가 헌법소원을 제기할 수 있다면, 그것 역시 지방자치단체에 대한 헌법재판소의 감독의 성질을 가질 것이다. 현행법상 지방자치단체가 헌법소원을 제기하는 것은 인정되지 아니한다.

4. 정부에 의한 통제

703 정부에 의한 통제란 국가행정권에 의한 지방자치단체의 통제를 의미한다. 국가행정권은 법이 정한 바에 따라 지방자치단체에 대하여 감독과 협력을 행한다. 감독으로는 합법성의 감독과 합목적성(전문성의 감독)의 감독이 있다. 정부에 의한 통제는 행정적 통제라고도 불린다. 이에 대해서는 아래에서 행정적 통제의 문제로 보다 자세히 보기로 한다.

Ⅱ. 광역지방자치단체에 의한 통제

704 이것은 정부에 의한 통제에 준하여 생각하면 된다. 정부에 의한 통제가 기본적으로 광역지방자치단체에 향한 것인 반면, 광역지방자치단체에 의한 통제는 기초지방자치단체에 향한 것으로, 그 통제의 대상에 있어서 양자에 차이가 있는 것이고, 통제의 내용에 있어서는 차이가 없다. 광역지방자치단체에 의한 통제는 성질상 행정적 통제가 된다. 아래에서 자세히 보기로 한다.

Ⅲ. 주민에 의한 통제

주민에 의한 통제는 지방자치행정에 주민의 참여를 통한 통제를 의미한다. 705
이러한 것은 지방자치와 주민의 참여의 문제로서 논의된다.

Ⅳ. 행정적 통제(지방자치단체의 감독)

헌법상 지방자치행정은 법률이 정한 범위 내에서 인정된다(헌법 제117조 제1 706
항). 지방자치단체의 독립성, 고유책임성은 조직상으로 지방자치단체가 국가나 다른 지방자치단체의 행정조직의 한 부분으로 되어 있지 않다는 데에서 단적으로 나타난다. 그런데 국가와 지방자치단체 또는 상급지방자치단체와 하급지방자치단체간의 결합은 무엇보다 먼저 국가나 상급지방자치단체의 감독에 의해 이루어진다. 국가나 상급지방자치단체의 감독은 지방자치단체의 임무수행에 관해 권고하고, 그 임무를 위법으로부터 보호하고, 지방자치기관의 결정능력과 자기책임성을 강화시켜 주는 데 그 의의를 갖는다.[1] 달리 말한다면 지방자치단체에 대한 감독은 기본적으로 ① 지방자치단체가 헌법과 법률에 적합한 행정을 행할 것을 보장하고, ② 지방자치단체 자신의 권리를 보호하고, ③ 지방자치단체의 의무의 이행을 확실하게 하기 위함에 그 의미가 있다.[2] 지방자치단체에 대한 국가나 상급지방자치단체의 감독은 자치사무에 대해서는 적법성의 감독, 위탁사무에 대해서는 적법성의 감독과 타당성(합목적성)의 감독을 내용으로 한다.

제 2 항 자치사무에 대한 감독

Ⅰ. 일 반 론

1. 의 의

지방자치단체 자신의 고유한 책임으로 수행되는 자치행정에 대한 국가나 707
광역지방자치단체의 감독은 적법성의 감독에 한정된다. 적법성의 감독은 지방자치단체가 법률을 준수하고 법률에 합당하게 행정을 하고 있는가의 여부를 감독하는 것이다. 적법성의 감독은 법규감독, 일반감독 또는 지방자치단체감독 등

---

1) Seewald, Kommunalrecht, in : Steiner(Hrsg.), Besonderes Verwaltungsrecht, Rn. 351; Wolff/Bachof/Stober, Verwaltungsrecht)(5. Aufl.), §86, Rn. 179.
2) Seeger/Wunsch, Kommunalrecht in Baden-Württenberg, 1987, S. 237f.

으로 불린다.[1)]

2. 법적 근거

708 적법성의 감독에 대한 일반적인 법적 근거로 지방자치법 제188조 · 제190조 · 제192조 등이 있다. 적법성의 감독은 지방자치단체의 행위의 적법성의 심사이며, 타당성의 심사는 아니다. 적법성의 심사와 타당성의 심사가 반드시 분명하게 구분되는 것은 아니다. 기준이 되는 법이 없다면, 법규감독은 통제수단이 없게 된다. 지방자치단체의 자치사무에 대한 감독이 적법성의 감독에 한정되는 것은 지방자치단체가 고유의 의사에 따라 자신의 임무를 수행하는 고권주체이기 때문이다.

3. 필 요 성

709 지방자치행정에 국가나 광역지방자치단체의 적법성의 통제가 요구되는 것은 다음에 그 이유가 있다. 즉 국가행정과 자치행정 또는 광역지방자치단체의 자치행정과 기초지방자치단체의 자치행정은 조직상 분리되어 있으나 기능상으로는 단일체를 구성하고 있는바, 국가나 광역지방자치단체는 지방자치행정 내부에서 행정임무가 적법하게 수행되고 행정의 법률적합성의 원칙이 유지되어야 하는 데 대한 책임을 부담해야 하기 때문이다. 요컨대 모든 자치단체의 사무는 국가의 목표 · 목적에 부합하여야만 하기 때문이다.

4. 감 독 청

710 광역지방자치단체에 대한 감독의 주체는 국가, 기초지방자치단체에 대한 감독의 주체는 광역지방자치단체이다(지자법 제188조 제1항 · 제192조 제1항). 국가가 감독기관인 경우를 구체적으로 보면, 지방자치단체에 대한 일반적 감독청은 행정안전부장관이고(정조법 제34조 제1항), 교육감에 대한 감독청은 교육부장관이며(지육법 제28조), 행정각부의 장관은 소관사무에 관하여 감독청이 되고(정조법 제26조 제3항), 감사원은 모든 회계감사와 직무감찰을 행한다(감사원법 제22조 · 제24조).

5. 감독범위

711 감독청이 사법에 근거하여 행한 작용까지 감독을 행할 수 있는가는 문제이다. 생각건대 사법규정을 준수할 것을 권고하는 것은 적법성 보장이라는 면과 관련하여 별문제가 없다. 그러나 감독청이 사법상의 의무를 강제할 수 있는가에

---

1) Schmidt－Aßmann/Röhl, Kommunalrecht, in : Schmidt－Aßmann(Hrsg.), Besonderes Verwaltungsrecht, Rn. 41.

대해서는 의문이 있다. 독일의 일반적 견해는 지방자치단체의 의무의 이행이 공익, 즉 주민공동의 이익과 무관한 것이라면 강제수단에 의한 법규감독은 배제된다고 본다.[1] 한편 적법성 여부의 감독, 즉 공법규정 준수 여부를 감독한다고 할 때, ① 법상 의무의 이행 여부, ② 법상 권한의 남용 여부, ③ 법상 절차규정 준수 여부, ④ 재량남용 여부, ⑤ 불확정개념의 해석과 적용의 적정 여부 등이 감독의 주된 내용이 될 것이다.

6. 감독수단도입의 전제요건

(1) **행위의 위법성** 정보권과 승인유보제도는 예방적 수단이나 그 밖의 수단은 기본적으로 사후적인 수단이다. 사후적인 수단은 위법한 지방자치단체의 행위가 있어야만 사용될 수 있다. 위법은 기본적으로 공법규정의 위반을 말하고 순수 사적 거래의 이익에 기여하는 사법규정의 위반의 경우에는 해당하지 않는다. 왜냐하면 공법상의 사무수행의 보장이 지방자치단체의 법규감독에 내재적인 것이기 때문이다. 따라서 법규감독의 대상은 최소한 공법적 성격을 가져야 한다(예 : 행정사법작용). 712

(2) **비례원칙** 모든 감독수단은 단지 공공의 복지를 위하여 비례원칙(적합성의원칙, 필요성의 원칙, 좁은 의미의 비례원칙)에 따라 선택·사용되어야 한다(기본법 제8조). 따라서 지방자치행정에 대하여 가장 경미한 침해를 가져오는 수단이 도입되어야 한다. 만약 지방자치단체의 내부적인 통제수단이 먼저 활용되어야 한다는 것이 명시적으로 규정되어 있다면, 그에 따라야 할 것이다. 그러한 규정이 없다고 하여도, 가능한 한 당해 지방자치단체의 내부적 통제수단이 먼저 활용되도록 하는 것이 온당하다. 713

7. 감독처분

감독처분의 수명자, 즉 상대방은 외부관계에서 감독청과 대비되는 지방자치단체의 장이다. 지방자치단체가 공법상 법인으로서 국가와 상하의 권력관계로서 관련되는 한, 감독청의 의사표시로서 감독처분은 행정행위의 성질을 갖는 것으로 이해된다.[2] 그것은 입법행위도 사법행위도 아니다.[3] 지방자치단체는 독립의 인격을 갖는바, 국가의 지방자치단체에 대한 일방적인 감독처분은 외부효와 규율의 성격을 가지므로 행정행위의 성질을 갖는 것으로 본다. 714

---

1) Seewald, Kommunalrecht, in : Steiner(Hrsg.), Besonderes Verwaltungsrecht, Rn. 360.
2) Dols/Plate, Kommunalrecht, Rn. 388.
3) Klüber, Das Gemeinderecht in den L(ndern der Bundesrepublik Deutschland, 1972, S. 349.

8. 권리보호

715 자치사무에 관한 국가의 감독처분에 대하여 지방자치단체는 자신의 자치행정권이 침해됨을 이유로 소송을 제기할 수 있음이 원칙이라 하겠다.[1] 그런데 지방자치법은 이에 관하여 제188조 제6항 및 제192조 제4항에서 대법원에의 출소가능성을 규정하고 있다. 감독처분을 행정행위로 보는 이상 감독처분에 대한 소송은 항고소송으로 이해된다.[2] 동조항은 피고 등과 관련하여 행정소송법상의 항고소송에 대한 특칙의 성질을 갖는다.

9. 감독수단의 유형

716 감독과정은 실제상 지방자치단체와 감독청 간의 비공식적인 접촉(예 : 권고·협의)을 통해서(지자법 제184조 제1항 참조) 빈번히 이루어지기도 한다(사실상 수단). 행정의 실제상으로는 상당한 경우에 감독청과 지방자치단체 사이의 비공식적인 접촉을 통한 사실상 통제가 우선할 것이지만, 사실상 통제가 의미를 갖지 못하면, 법령상 통제가 가해질 수밖에 없을 것이다. 비형식적 수단으로서 권고는 감독청이 갖는 중요하고도 소중한 임무이다. 법적 의미에서는 형식적인 수단이 중요하다.

Ⅱ. 사전적 수단

717 사전적·예방적 감독은 위법의 사전방지라는 점에서 사후적인 감독보다 효과에 있어서 의미가 더 크다. 예방적 감독은 자칫 지방자치단체의 고유한 임무형성을 감독청과의 공동형성으로 변질시킬 가능성도 없지 않다. 따라서 예방적인 감독은 법률에서 세심하게 규정되어야 한다. 특히 지방자치단체를 구속하는 감독수단들은 반드시 법률상의 근거를 요한다.

1. 조언·권고·지원

718 중앙행정기관의 장이나 시·도지사는 지방자치단체의 사무에 관하여 조언 또는 권고하거나 지도할 수 있고, 이를 위하여 필요하면 지방자치단체에 대하여 자료의 제출을 요구할 수 있다(지자법 제184조 제1항). 지방자치단체의 장은 제1항의 조언·권고 또는 지도와 관련하여 중앙행정기관의 장이나 시·도지사에게 의견을 제출할 수 있다(지자법 제184조 제3항).

---

1) Pagenkopf, Kommunalrecht), S. 390.

2) Seewald, Kommunalrecht, in : Steiner(Hrsg.), Besonderes Verwaltungsrecht, Rn. 367.

2. 보고제도(정보권)와 감사

(1) 보 고 　임무수행에 필요한 것인 한, 감독청은 관련지방자치단체에 719
게 개개의 사무에 관해 자신에게 보고토록 할 수 있다. 말하자면 행정안전부장관이나 시·도지사는 지방자치단체의 자치사무에 관하여 보고를 받을 수 있다(보고징수)(지자법 제190조 제1항의 보고, 제35조의 조례·규칙의 제정·개폐의 보고, 제149조 제2항의 의결된 예산의 보고, 제150조 제2항의 결산의 승인의 보고 등).

(2) 감 사

(가) 의 의 　행정안전부장관이나 시·도지사는 지방자치단체의 자치사 719a
무에 관하여 서류·장부 또는 회계를 감사할 수 있다. 이 경우 감사는 법령위반사항에 대하여만 실시한다(지자법 제190조 제1항). 행정안전부장관이 지방자치법 제190조에 따라 서울특별시의 자치사무에 관한 감사를 하고자 할 때에는 국무총리의 조정을 거쳐야 한다(서특법 제4조 제2항).

(나) 감사절차의 제한 　행정안전부장관 또는 시·도지사는 제1항에 따라 감 719b
사를 실시하기 전에 해당 사무의 처리가 법령에 위반되는지 여부 등을 확인하여야 한다(지자법 제190조 제2항). 이 조항은 아래의 2009년 5월 28일자 헌법재판소의 결정을 반영하기 위하여 2010년 6월 8일 개정 지방자치법에서 신설되었다.

(다) 감사대상의 제한 　감사의 대상은 특정되어야 한다.[1] 주무부장관, 행정 719c
안전부장관 또는 시·도지사는 이미 감사원 감사 등이 실시된 사안에 대하여는 새로운 사실이 발견되거나 중요한 사항이 누락된 경우 등 대통령령으로 정하는 경우를 제외하고는 감사대상에서 제외하고 종전의 감사결과를 활용하여야 한다(지자법 제191조 제1항).

(라) 동시감사의 특례 　주무부장관과 행정안전부장관은 다음 각 호(1. 제188 719d
조에 따른 주무부장관의 위임사무 감사, 2. 제193조에 따른 행정안전부장관의 자치사무 감사)의 어느 하나에 해당하는 감사를 실시하고자 하는 때에는 지방자치단체의 수감부담을 줄이고 감사의 효율성을 높이기 위하여 같은 기간 동안 함께 감사를 실시할 수 있다(지자법 제191조 제2항).

---

1) 헌재 2023. 3. 23, 2020헌라5(감사대상의 특정은 지방자치단체의 자치사무에 대한 감사의 개시요건이다. 중앙행정기관 및 광역지방자치단체의 지방자치단체의 자치사무에 대한 감사권을 사전적·일반적인 포괄감사권이 아닌 그 대상과 범위가 한정된 감사권으로 보는 이상, 자치사무에 대한 감사에 착수하기 위해서는 감사대상이 특정되어야 함은 당연하다).

▮참고▮ 지방자치법 제190조의 성격(헌재 2009. 5. 28, 2006헌라6 전원재판부)

[1] 사건개요

당시 행정안전부장관이 청구인인 서울특별시에 대하여 정부합동감사를 실시하자 '합동감사대상으로 지정된 사무 중 일정 사무는 자치사무인데, 그에 관한 법령위반가능성에 대한 합리적인 의심조차 없는 상황에서 구 지방자치법 제158조 단서에 위반하여 사전적·포괄적으로 합동감사를 실시하는 것은 헌법과 지방자치법이 청구인에게 부여한 자치행정권, 자치재정권 등 지방자치권을 침해하였다'고 주장하면서 제기한 권한쟁의심판청구사건이다.

[2] 중앙행정기관의 지방자치단체의 자치사무에 대한 감사를 법령위반사항으로 한정하는 구 지방자치법 제158조(현행법 제190조) 단서규정이 사전적·일반적인 포괄감사권인지 여부

지방자치제실시를 유보하던 개정전 헌법부칙 10조를 삭제한 현행 헌법 및 이에 따라 자치사무에 관한 감사규정은 존치하되 '위법성감사'라는 단서를 추가하여 자치사무에 대한 감사를 축소한 구 지방자치법 제158조 신설경위, 자치사무에 관한 한 중앙행정기관과 지방자치단체의 관계가 상하의 감독관계에서 상호보완적 지도·지원의 관계로 변화된 지방자치법의 취지, 중앙행정기관의 감독권 발동은 지방자치단체의 구체적 법위반을 전제로 하여 작동되도록 제한되어 있는 점, 그리고 국가감독권 행사로서 지방자치단체의 자치사무에 대한 감사원의 사전적·포괄적 합목적성 감사가 인정되므로 국가의 중복감사의 필요성이 없는 점 등을 종합하여 보면, 중앙행정기관의 지방자치단체의 자치사무에 대한 구 지방자치법 제158조 단서규정의 감사권은 사전적·일반적인 포괄감사권이 아니라 그 대상과 범위가 한정적인 제한된 감사권이라 해석함이 마땅하다.

[3] 구 지방자치법 제158조(현행법 제190조) 단서규정이 중앙행정기관의 지방자치단체의 자치사무에 대한 감사개시요건을 규정한 것인지 여부

중앙행정기관이 구 지방자치법 제158조 단서규정상의 감사에 착수하기 위해서는 자치사무에 관하여 특정한 법령위반 행위가 확인되었거나 위법행위가 있었으리라는 합리적 의심이 가능한 경우이어야 하고, 또한 그 감사대상을 특정해야 한다. 따라서 전반기 또는 후반기 감사와 같은 포괄적·사전적 일반감사나 위법사항을 특정하지 않고 개시하는 감사 또는 법령위반사항을 적발하기 위한 감사는 모두 허용될 수 없다.

[4] 법령위반 여부를 밝히지 아니한 감사의 지방자치권 침해 여부

행정안전부장관 등이 감사실시를 통보한 사무는 서울특별시의 거의 모든 자치사무를 감사대상으로 하고 있어 사실상 피감사대상이 특정되지 아니하였고 행정안전부장관 등은 합동감사실시계획을 보하면서 구체적으로 어떠한 자치사무가 어떤

법령에 위반되는지 여부를 밝히지 아니하였는바, 그렇다면 행정안전부장관 등의 합동감사는 구 지방자치법 제158조 단서규정상의 감사개시요건을 전혀 충족하지 못하였다 할 것이므로 헌법 및 지방자치법에 의하여 부여된 서울특별시의 지방자치권을 침해한 것이다.

3. 승인유보제도

(1) **의 의** 법적인 승인유보제도(Genehmigungsvorbehalte) 또한 예방적 감독수단의 하나이다. 이것은 지방자치단체의 어떠한 행위에 감독청의 승인·동의·확인 등을 요구하는 것을 말한다(예 : 지방자치법 제7조 제1항에 따른 자치구가 아닌 구와 읍·면·동을 폐지하거나 설치하거나 나누거나 합칠 때에 그 지방자치단체가 받아야 하는 행정안전부장관의 승인, 지방자치법 제176조 제1항에 따른 지방자치단체조합의 설립시 국가나 광역방자치단체의 승인). 승인유보제도는 협력을 통한 통제의 의미도 갖는다.[1] 말하자면 이것은 감독청의 협력이 통제의 기능을 갖는 경우를 말한다. 승인의 시기는 승인을 요하는 사항의 성질에 따라 당해 행위에 선행할 수도 있고(사전적 협력), 후행할 수도 있을 것이다(사후적 협력). 현행 제도상으로는 사전적 승인이 일반적이다. 720

(2) **법적 근거와 절차법** 승인의 법적 근거는 일반적 형식으로 규정되는 것이 아니고, 개별규정으로 주어진다. 현행 지방자치법상 감독청의 승인을 요하는 사항으로는 구와 읍·면·동을 폐지하거나 설치하거나 나누거나 합칠 경우의 승인(지자법 제7조 제1항), 지방자치단체조합 설립의 승인(지자법 제176조 제1항) 등이 있다. 한편, 지방자치단체의 자치사무와 관련하여 발령되는 감독청의 승인행위는 형성적인 행정행위이므로, 그 절차에는 개별법률상 특별규정이 없는 한, 행정절차법이 적용된다. 721

(3) **승인심사의 범위** 승인유보의 경우에 감독청의 심사범위는 승인을 요하는 행위의 적법성에 한정되는가 아니면 적법성뿐만 아니라 합목적성에까지 미치는가에 대하여 통일된 견해는 독일의 경우에도 없어 보인다.[2] 일반적인 견해는 적법성의 심사에 한정되는 경우도 있고, 합목적성까지 심사할 수 있는 경우도 있다고 하여 승인유보의 심사범위를 유형적으로 검토한다.[3] 국가와 지방자치단체가 공공결정의 의미를 갖는 경우(예 : 지방자치단체의 기채에 대한 승인)에는 722

---

1) Scholler/Broß, Grundzüge des Kommunalrechts in der Bundesrepublik Deutschland, 1984, S. 236.
2) Schmidt－A(mann/Röhl, Kommunalrecht, in : Schmidt－Aßmann(Hrsg.), Besonderes Verwaltungsrecht, Rn. 47.
3) Wolff/Bachof/Stober, Verwaltungsrecht Ⅱ(5. Aufl.), § 86, Rn. 180.

후자에 해당한다고 본다.

723 (4) **승인의 재량성** 감독청의 승인행위는 의무에 합당한 재량에 따라 이루어져야 한다. 그것은 법으로부터 자유로운 행위가 아니기 때문이다. 승인을 요하는 행위에 대하여 감독청이 승인을 거부하거나 승인을 방치하면, 그 승인을 요하는 행위는 원래의 효과를 발할 수 없다. 이 경우 관련 지방자치단체는 승인의 거부에 대하여 승인발령청구권을 갖는가의 문제가 있다. 독일의 지배적인 견해는 승인발령청구권을 부인하고, 승인청에 대하여 승인발령과 관련하여 재량여지·판단여지를 보장한다.

724 (5) **승인행위의 존속력** 감독청의 승인행위가 일단 효력을 발생하면, 그 승인행위는 형성적 행위로서 법적 안정성과 신뢰보호의 원칙에 따라 원칙적으로 철회나 취소의 대상이 될 수 없다고 본다.[1] 즉 수익적 행정행위의 취소·철회에 대한 일반원리가 여기에도 타당한 것이 된다.

725 (6) **승인 없는 행위의 효과** 사전적 승인을 요하는 행위에 있어서 지방자치단체가 감독청의 승인을 받음이 없이 그 행위를 한 경우에 법적 효과는 그 행위의 성질에 따라 상이하다. 예컨대, 지방채발행과 같은 사법상의 법률행위에 있어서는 반드시 무효가 된다고 볼 수는 없다. 왜냐하면 승인의 요구가 절대적인 금지를 뜻하는 것은 아니기 때문이다.[2] 그러나 지방자치단체조합의 설립과 같은 공법상의 행위는 무효가 된다고 본다. 이 경우 승인은 필수적인 절차이기 때문이다.

Ⅲ. 사후적 수단

1. 이의제도(지방의회에 대한 감독)

726 (1) **의 의** 이의제도란 지방의회의 의결에 대하여 감독청이 이의를 제기하고, 그 시정을 요구하는 제도를 말한다. 이의를 제기할 수 있는 감독청의 권한이 이의권이다. 감독청의 이의권은 지방의회의 의결에 대한 것이지, 지방자치단체의 장에 대한 것이 아니다. 이의제도는 자치사무 외에 단체위임사무에도 적용된다. 왜냐하면 단체위임사무도 지방의회의 의결의 대상이기 때문이다. 지방자치법상 이의제도는 다음에서 보는 바와 같이 다단계의 구조로 규정되고 있다.

---

1) D. Keller, Die staaltiche Genehmigung von Rechtsakten der Selbstverwaltungsträger, 1976, S. 64.

2) D. Keller, Die staaltiche Genehmigung von Rechtsakten der Selbstverwaltungsträger, 1976, S. 59.

⑵ 재의요구의 지시

㈎ 주무부장관, 시·도지사의 재의 요구 지시 지방의회의 의결이 위반되거나[1] 공익을 현저히 해친다고 판단되면 시·도에 대해서는 주무부장관이, 시·군 및 자치구에 대해서는 시·도지사가 해당 지방자치단체의 장에게 재의를 요구하게 할 수 있다(지자법 제192조 제1항 제1문). 재의요구명령의 대상은 지방의회의 의결이다. 의결의 종류에는 특별한 제한이 없다. 조례안의 의결도 당연히 포함된다. 다만 대내·대외적으로 구속력이 없는 의결은 성질상 재의요구의 대상과 거리가 멀다. 727

㈏ 시·도지사의 재의 요구 지시권 불행사 시, 주무부장관의 재의 요구 지시 시·군 및 자치구의회의 의결이 법령에 위반된다고 판단됨에도 불구하고 시·도지사가 제1항에 따라 재의를 요구하게 하지 아니한 경우 주무부장관이 직접 시장·군수 및 자치구의 구청장에게 재의를 요구하게 할 수 있다(지자법 제192조 제2항 제1문). 727a

㈐ 재의요구권과 감독청의 재의요구 요청권의 관계 판례는 "교육감의 재의 요구 권한은 교육·학예에 관한 지방자치단체의 장인 교육감과 지방의회 사이의 상호 견제와 균형을 위한 것이며, 청구인의 재의요구 요청 권한은 국가와 지방자치단체 사이의 권한 통제 또는 국가의 지도·감독을 위한 것으로, 교육·학예에 관한 시·도의회의 의결사항에 대한 교육감의 재의요구 권한과 청구인의 재의요구 요청 권한은 중복하여 행사될 수 있는 별개의 독립된 권한"으로 이해한다.[2] 727b

---

1) 대판 2007. 3. 22, 2005추62(헌법이 보장하는 지방자치제도의 본질상 재량판단의 영역에서는 국가나 상급 지방자치단체가 하급 지방자치단체의 자치사무 처리에 개입하는 것을 엄격히 금지하여야 할 필요성이 있으므로, 지방자치법 제157조 제1항 후문은 지방자치제도의 본질적 내용이 침해되지 않도록 헌법합치적으로 조화롭게 해석하여야 하는바, 일반적으로 '법령위반'의 개념에 '재량권의 일탈·남용'도 포함된다고 보고 있기는 하나, 지방자치법 제157조 제1항에서 정한 취소권의 행사요건은 위임사무에 관하여는 '법령에 위반되거나 현저히 부당하여 공익을 해한다고 인정될 때', 자치사무에 관하여는 '법령에 위반하는 때'라고 규정되어 있어, 여기에서의 '법령위반'이라는 문구는 '현저히 부당하여 공익을 해한다고 인정될 때'와 대비적으로 쓰이고 있고, 재량권의 한계 위반 여부를 판단할 때에 통상적으로는 '현저히 부당하여 공익을 해하는' 경우를 바로 '재량권이 일탈·남용된 경우'로 보는 견해가 일반적이므로, 위 법조항에서 '현저히 부당하여 공익을 해하는 경우'와 대비되어 규정된 '법령에 위반하는 때'의 개념 속에는 일반적인 '법령위반'의 개념과는 다르게 '재량권의 일탈·남용'은 포함되지 않는 것으로 해석하여야 한다. 가사 이론적으로는 합목적성과 합법성의 심사가 명확히 구분된다고 하더라도 '현저히 부당하여 공익을 해한다는 것'과 '재량권의 한계를 일탈하였다는 것'을 실무적으로 구별하기 매우 어렵다는 점까지 보태어 보면, 지방자치법 제157조 제1항 후문의 '법령위반'에 '재량권의 일탈·남용'이 포함된다고 보는 다수의견의 해석은 잘못된 것이다).

2) 헌재 2013. 9. 26, 2012헌라1; 대판 2013. 11. 28, 2012추15.

⑶ 재의요구, 재의결

728 ㈎ 의무적 요구 재의 요구 지시를 받은 지방자치단체의 장은 의결사항을 이송받은 날부터 20일 이내에 지방의회에 이유를 붙여 재의를 요구하여야 한다(지자법 제192조 제1항 제2문, 제2항 제2문). 재의요구의 주체는 지방자치단체의 장이고, 재의요구의 상대방은 지방의회이다. 재의요구에는 이유를 붙여야 한다. 재의요구는 재량적이 아니라, 의무적이다.

728a ㈏ 재 의 결 제1항 또는 제2항의 요구에 대하여 재의한 결과 재적의원 과반수의 출석과 출석의원 3분의 2 이상의 찬성으로 전과 같은 의결을 하면 그 의결사항은 확정된다(지자법 제192조 제3항). 재의의 의결에는 일반정족수가 아니라 재적의원 과반수의 출석과 출석의원 3분의 2 이상의 찬성이 요구되는 특별정족수가 적용된다.

729 ⑷ 단체장의 제소와 집행정지의 신청 ① 지방자치단체의 장은 제3항에 따라 재의결된 사항이 법령에 위반된다고 판단되면 재의결된 날부터 20일 이내에 대법원에 소를 제기할 수 있다. 이 경우 필요하다고 인정되면 그 의결의 집행을 정지하게 하는 집행정지결정을 신청할 수 있다(지자법 제192조 제4항). 제소사유는 법령위반에 한한다. 공익을 현저히 해하는 것은 제소사유가 아니다. ② 1994년 3월 16일에 개정된 지방자치법 이전의 지방자치법에서는 지방자치단체의 장이 대법원에 소를 제기하면 그 의결의 효력은 대법원의 판결이 있을 때까지 당연히 정지되었으나, 현행 지방자치법을 포함하여 1994년 3월 16일에 개정된 지방자치법 이후에는 지방자치단체의 장이 집행정지결정을 신청할 수 있도록 하였다.

730 ⑸ 단체장이 재의 요구 지시에 따르지 않는 경우 제1항 또는 제2항에 따라 지방의회의 의결이 법령에 위반된다고 판단되어 주무부장관이나 시·도지사로부터 재의 요구 지시를 받은 해당 지방자치단체의 장이 재의를 요구하지 아니하는 경우(법령에 위반되는 지방의회의 의결사항이 조례안인 경우로서 재의 요구 지시를 받기 전에 그 조례안을 공포한 경우를 포함한다)에는 주무부장관이나 시·도지사는 제1항 또는 제2항에 따른 기간이 지난 날부터 7일 이내에 대법원에 직접 제소 및 집행정지 결정을 신청할 수 있다(지자법 제192조 제8항). 공포된 조례의 의결무효를 다투는 소송에서 판례는 지방의회를 피고로 본다.[1] 그러나 공포는 지방자치단체의 장이 하며, 공포된 조례는 해당 지방자치단체의 입법이고 보면, 지방자치단체의 장을 피고로 하는 것이 논리적이라 판단된다.

1) 대판 2013. 5. 23, 2012추176.

⑹ **단체장이 재의결된 사항의 법령 위반에도 제소하는 않는 경우**

㈎ **의 의** 주무부장관이나 시·도지사는 재의결된 사항이 법령에 위반 731
된다고 판단됨에도 불구하고 해당 지방자치단체의 장이 소를 제기하지 아니하면 시·도에 대해서는 주무부장관이, 시·군 및 자치구에 대해서는 시·도지사(제2항에 따라 주무부장관이 직접 재의 요구 지시를 한 경우에는 주무부장관을 말한다. 이하 이 조에서 같다)가 그 지방자치단체의 장에게 제소를 지시하거나 직접 제소 및 집행정지결정을 신청할 수 있다(지자법 제192조 제5항).

㈏ **감독청의 제소지시** 제5항에 따른 제소의 지시는 제4항의 기간이 지난 731a
날부터 7일 이내에 하고, 해당 지방자치단체의 장은 제소지시를 받은 날부터 7일 이내에 제소하여야 한다(지자법 제192조 제6항). 판례는 단체장이 제소지시를 받고 제소를 하였다가 감독청의 동의 없이 이를 취하한 경우에는 소취하의 효력 발생을 안 날로부터 7일 이내에 제소하여야 한다는 입장이다.[1] 제소지시의 사유는 법령위반에 한한다.

㈐ **감독청의 직접제소** 주무부장관이나 시·도지사는 제6항의 기간(감독청 731b
의 제소지시에 따라 단체장이 제소하여야 하는 기간)이 지난 날부터 7일 이내에 제5항에 따른 직접 제소 및 집행정지결정을 신청할 수 있다(지자법 제192조 제7항). 감독청이 직접 제소하는 경우, 그 소송은 일종의 특수한 규범소송의 성질을 갖는다.[2] 판례는 단체장이 제소지시를 받고 제소를 하였다가 감독청의 동의 없이 이를 취하한 경우에는 소취하의 효력 발생을 안 날로부터 7일 이내에 제소하여야 한다는 입장이다.[3]

⑺ **감독청이 복수인 경우 등의 특례** 지방자치법 제192조 제1항 또는 제2 732
항에 따른 지방의회의 의결이나 제3항에 따라 재의결된 사항이 둘 이상의 부처와 관련되거나 주무부장관이 불분명하면 행정안전부장관이 재의 요구 또는 제소를 지시하거나 직접 제소 및 집행정지 결정을 신청할 수 있다(지자법 제192조

1) 대판 2002. 5. 31, 2001추88.
2) 문상덕, "지방자치쟁송과 민주주의," 지방자치법연구, 통권 제26호, 33쪽.
3) 대판 2002. 5. 31, 2001추88(지방자치단체의 장이 재의결된 사항이 법령에 위반된다고 판단됨에도 재의결된 날부터 20일 이내에 대법원에 소를 제기하지 아니하던 중 시·도지사 등의 제소지시를 받고 제소를 하였다가 시·도지사 등의 동의 없이 이를 취하하였다면 소취하의 소급효에 의하여 처음부터 소가 제기되지 아니한 셈이므로, 이는 결국 지방자치법 제159조 제4항의 '당해 지방자치단체의 장이 소를 제기하지 아니하는 때'에 준하는 경우로 볼 수 있고, 따라서 시·도지사 등은 직접 제소할 수 있다 할 것인데, 이 경우의 제소기간은 지방자치법 제159조 제6항에서 시·도지사 등의 독자적인 제소기간을 당해 지방자치단체의 장의 제소기간 경과일부터 7일로 규정한 취지에 비추어 지방자치단체의 장에 의한 소취하의 효력 발생을 안 날로부터 7일 이내로 봄이 상당하다).

제9항). "이는 주무부처가 중복되거나 주무부장관이 불분명한 경우에 행정안전부장관이 소송상의 필요에 따라 재량으로 주무부장관의 권한을 대신 행사할 수 있다는 것일 뿐이고, 언제나 주무부장관의 권한행사를 배제하고 오로지 행정안전부장관만이 그러한 권한을 전속적으로 행사하도록 하려는 취지가 아니다"라는 것이 판례의 견해이다.[1)]

733 (8) **이의제도의 한계** 현행 지방자치법상 이의제도는 지방의회의 적극적인 의사결정작용인 의결만을 대상으로 할 뿐, 의사결정의 부작위(예 : 의무조례의 미제정)를 대상으로 하지 아니한다. 여기에 현행 이의제도의 한계가 놓인다. 지방의회의 의사결정의 부작위도 경우에 따라서는 위법하게 주민권리를 침해할 수도 있으므로, 이에 대한 보완책의 마련이 필요하다.[2)]

2. 시정제도(지방자치단체장에 대한 감독)

734 (1) **시정제도의 의의** 시정제도란 지방자치단체의 장의 위법·부당한 명령이나 처분에 대하여 감독청이 그 시정을 요구하고, 해당 지방자치단체가 시정요구에 응하지 아니하면 감독청이 직접 시정하는 제도를 말한다. 감독청이 시정을 요구하는 것을 시정명령이라 하고, 시정하는 방식은 지방자치단체의 장의 명령 또는 처분을 취소하거나 정지하는 것이다. 감독청의 시정명령은 사후적 수단이다. 사후적 수단은 위법 또는 부당한 지방자치단체의 행위가 있어야만 사용될 수 있다. 시정명령은 지방자치단체의 장에 대한 것이지, 지방의회의 의결에 대한 것이 아니다.

(2) **감독청의 시정명령과 취소·정지**

735 (가) **의 의** 지방자치단체의 사무에 관한 지방자치단체의 장(제103조 제2항에 따른 사무의 경우에는 지방의회의 의장을 말한다. 이하 이 조에서 같다)의 명령이나 처분이 법령에 위반되거나[3)] 현저히 부당하여 공익을 해친다고 인정되면 시·도에 대해서는 주무부장관이, 시·군 및 자치구에 대해서는 시·도지사가 기간을 정하여 서면으로 시정할 것을 명할 수 있다(지자법 제188조 제1항). 시정명령의 대상은 장의 명령이나 처분이다. 명령이란 일반추상적인 법규정립행위(예 : 규칙발

1) 대판 2017. 12. 5, 2016추5162.
2) 독일의 경우, 조례의 발령이 법령상 명령됨에도 불구하고, 지방의회가 부작위하는 경우에 감독청은 감독의 일반적인 규율에 따라 개입할 수 있다(Meyer, Kommunalrecht(Landesrecht Mecklenburg－orpommern), Rn. 158).
3) 대판 2018. 7. 12, 2014추33(교육감의 명령이나 처분이 법령에 위반되는 경우란, '명령·처분이 현저히 부당하여 공익을 해하는 경우', 즉 합목적성을 현저히 결하는 경우와 대비되는 개념으로서, 교육감의 사무 집행이 명시적인 법령의 규정을 구체적으로 위반한 경우뿐만 아니라 그러한 사무의 집행이 재량권을 일탈·남용하여 위법하게 되는 경우를 포함한다).

령)를 뜻하고, 처분이란 개별구체적인 행위(예 : 행정행위)를 뜻한다. 판례는 처분을 넓게 새긴다.[1] 시정명령은 취소소송의 대상이 되는 처분에 해당한다고 볼 것인데, 대법원은 전라북도교육감의 자율형 사립고등학교 지정·고시처분의 취소에 대한 정부의 시정명령의 취소를 구한 사건에서 시정명령에 대한 소제기의 규정이 없다는 이유로 각하판결을 선고하였다.[2]

(나) 대상사무　① 시정명령은 지방자치단체의 사무를 대상으로 한다. 지방자치단체의 사무에는 자치사무와 단체위임사무가 있으므로 시정명령은 자치사무와 단체위임사무를 대상으로 하며,[3] 기관위임사무는 시정명령과 취소·정지의 대상이 아니다. 기관위임사무는 지방자치단체의 사무가 아니지만, 성질상 지방자치단체의 사무에 포함될 수 있다는 이유로 시정명령과 취소·정지의 대상으로 보는 반대견해도 있다.[4] ② 시정명령은 지방자치단체의 사무에 관한 그 장의 명령이나 처분을 대상으로 한다. 명령이란 일반추상적인 법규정립행위(예: 규칙발령)를 뜻하고, 처분이란 개별구체적인 행위(예: 행정행위)를 뜻한다. 735a

(다) 사　유　시정명령의 사유는 법령에 위반되거나 현저히 부당하여 공익을 해치는 경우이다. 그 의미는 재의요구의 경우와 같다. 다만 자치사무에 관한 명령이나 처분에 대한 주무부장관 또는 시·도지사의 시정명령은 법령을 위반한 것에 한정한다(지자법 제188조 제5항). 따라서 현저히 부당하여 공익을 해치는 경우는 단체위임사무의 경우에 의미를 갖는다. 735b

---

1) 대판 2017. 3. 30, 2016추5087(행정소송법상 항고소송은 행정청이 행하는 구체적 사실에 관한 법집행으로서의 공권력의 행사 또는 그 거부와 그 밖에 이에 준하는 행정작용을 대상으로 하여 그 위법상태를 배제함으로써 국민의 권익을 구제함을 목적으로 하는 것과 달리, 지방자치법 제169조 제1항은 지방자치단체의 자치행정 사무처리가 법령 및 공익의 범위 내에서 행해지도록 감독하기 위한 규정이므로 그 적용대상을 항고소송의 대상이 되는 행정처분으로 제한할 이유가 없다. 이 사건 채용공고는 지방자치법 제169조 제1항의 직권취소의 대상이 될 수 있는 지방자치단체의 사무에 관한 '처분'에 해당한다고 봄이 타당하며, 이를 다투는 원고의 주장은 받아들일 수 없다).

2) 대판 2017. 10. 12, 2016추5148(지방자치법 제169조 제2항은 '시·군 및 자치구의 자치사무에 관한 지방자치단체의 장의 명령이나 처분에 대하여 시·도지사가 행한 취소 또는 정지'에 대하여 해당 지방자치단체의 장이 대법원에 소를 제기할 수 있다고 규정하고 있을 뿐 '시·도지사가 지방자치법 제169조 제1항에 따라 시·군 및 자치구에 대하여 행한 시정명령'에 대하여도 대법원에 소를 제기할 수 있다고 규정하고 있지 않으므로, 이러한 시정명령의 취소를 구하는 소송은 허용되지 않는다고 보아야 한다); 대판 2011. 1. 27, 2010추42; 대판 2014. 2. 27, 2012추183.

3) 대판 2018. 7. 12, 2014추33(지방교육자치에 관한 법률 제3조, 지방자치법 제169조 제1항에 따르면, 시·도의 교육·학예에 관한 사무에 대한 교육감의 명령이나 처분이 법령에 위반되거나 현저히 부당하여 공익을 해친다고 인정되면 교육부장관이 기간을 정하여 서면으로 시정할 것을 명하고, 그 기간에 이행하지 아니하면 이를 취소하거나 정지할 수 있다. 특히 교육·학예에 관한 사무 중 '자치사무'에 대한 명령이나 처분에 대하여는 법령 위반 사항이 있어야 한다).

4) 정하중, 행정법개론, 법문사, 2014, 954쪽.

㈑ 효 과

736 1) 시정의무의 발생 시정명령으로 인해 시정명령을 받은 지방자치단체는 위법행위 등을 시정할 의무를 진다.[1] 제 3 자의 보호를 위해 이미 집행된 처분이나 명령에는 영향을 미치지 아니한다.[2] 다만 이미 집행된 처분이나 명령이 침익적인 것이라면 시정명령에 따라 시정할 수도 있을 것이다.

736a 2) 취소·정지 시정명령에 정해진 기간에 시정명령을 이행하지 아니하면 감독청은 이를 취소하거나 정지할 수 있다(지자법 제188조 제1항).[3]

⑶ 단체장의 제소

737 ㈎ 의 의 지방자치단체의 장은 제1항, 제3항 또는 제4항에 따른 자치사무에 관한 명령이나 처분의 취소 또는 정지에 대하여 이의가 있으면 그 취소처분 또는 정지처분을 통보받은 날부터 15일 이내에 대법원에 소를 제기할 수 있다(지자법 제188조 제6항).

737a ㈏ 요 건 ① 원고는 지방자치단체의 대표기관인 지방자치단체의 장이고, 피고는 감독청이다. ② 소의 대상은 자치사무에 관한 장의 명령이나 처분의 취소처분 또는 정지처분이다. ③ 제소기간은 취소처분 또는 정지처분을 통보받은 날부터 15일 이내이다. ④ 관할 법원은 대법원이다.

737b ㈐ 성 질 감독청의 취소처분과 정지처분은 행정소송법상 처분개념에 해당한다. 지방자치법 제188조 제6항이 취소처분과 정지처분에 대하여 출소할 수 있음을 규정한 것도 자치사무에 대한 취소처분과 정지처분이 행정소송법상 처분개념으로 해당한다는 것을 전제로 한 것이다. 본 조항에 따른 소송은 항고소송의 한 특수한 경우이다.[4] 한편, 단체위임사무에 대한 취소처분과 정지처분

---

1) 김기진, 지방자치법주해, 711쪽.
2) 이기우, 지방자치행정법, 1991, 129쪽.
3) 대판 1998. 7. 10, 97추67(기초자치단체장의 산하 내무과장에 대한 승진임용 당시 위 내무과장은 지방공무원법위반 등으로 구속기소된 바 있는데, 그 사안의 내용에 비추어 보면, 이는 지방공무원법 제69조 제1항 소정의 징계사유에 해당된다고 볼 수 있고, 따라서 위 자치단체장으로서는 위 내무과장에 대하여 지체 없이 징계의결의 요구를 할 의무가 있다고 할 것이며, 나아가 직위해제를 할 필요성도 매우 높은 경우라고 보아야 할 것이다. 그럼에도 불구하고 위 자치단체장은 위 내무과장에 대하여 징계의결요구나 직위해제처분을 하지 않았을 뿐만 아니라, 오히려 지방서기관으로 그를 승진임용시켰는바, 이는 법률이 임용권자에게 부여한 승진임용에 관한 재량권의 범위를 일탈한 것으로서 현저히 부당하여 공익을 해하는 위법한 처분이다.… 광역자치단체장이 지방자치법 제157조 제1항 소정의 기간을 정하여 기초자치단체장의 위와 같은 위법한 승진임용의 시정을 명하고 기초자치단체장이 그 기간 내에 이를 이행하지 아니하자 그 승진임용을 취소한 것이 적법하다).
4) 김남철, 지방자치법주해, 715쪽; 문상덕, "지방자치쟁송과 민주주의," 지방자치법연구, 통권 제26호, 33쪽; 이일세, "지방자치단체에 대한 국가통제수단의 법적 문제," 지방자치법연구, 통권 제45호, 17쪽. 한편, 이러한 소송을 기관소송으로 보는 견해도 있으나(김도창, 일반행정법론

은 내부적 행위에 해당한다. 한편, 제188조 제6항의 소송은 헌법재판소의 권한쟁의심판의 대상으로 하여야 하므로 입법론상 삭제되어야 한다는 주장도 있으나,[1] 제188조 제2항의 소송의 대상은 헌법재판소의 권한쟁의의 대상으로 할만한 헌법적 사항은 아니므로 현행과 같이 행정소송의 일종으로 규정하는 것이 타당하다.

(4) 시·도지사가 시장·군수 및 자치구 구청장에게 시정명령을 하지 않는 경우

(가) 의 의 주무부장관은 지방자치단체의 사무에 관한 시장·군수 및 자치구의 구청장의 명령이나 처분이 법령에 위반되거나 현저히 부당하여 공익을 해침에도 불구하고 시·도지사가 제1항에 따른 시정명령을 하지 아니하면 시·도지사에게 기간을 정하여 시정명령을 하도록 명할 수 있다(지자법 제188조 제2항). 이 조항은 2022. 1. 13. 시행 지방자치법 전부개정법률에 신설된 것이다. 738

(나) 주무부장관의 시정명령, 취소·정지 주무부장관은 시·도지사가 제2항에 따른 기간에 시정명령을 하지 아니하면 제2항에 따른 기간이 지난 날부터 7일 이내에 직접 시장·군수 및 자치구의 구청장에게 기간을 정하여 서면으로 시정할 것을 명하고, 그 기간에 이행하지 아니하면 주무부장관이 시장·군수 및 자치구의 구청장의 명령이나 처분을 취소하거나 정지할 수 있다(지자법 제188조 제3항). 이 조항은 2022. 1. 13. 시행 지방자치법 전부개정법률에 신설된 것이다. 738a

(다) 사 유 자치사무에 관한 명령이나 처분에 대한 주무부장관의 시정명령, 취소 또는 정지는 법령을 위반한 것에 한정된다(지자법 제188조 제5항). 738b

(라) 제 소 지방자치단체의 장은 제1항, 제3항 또는 제4항에 따른 자치사무에 관한 명령이나 처분의 취소 또는 정지에 대하여 이의가 있으면 그 취소처분 또는 정지처분을 통보받은 날부터 15일 이내에 대법원에 소를 제기할 수 있다(지자법 제188조 제6항). 738c

(5) 시·도지사의 시정명령을 시장·군수 및 자치구 구청장이 불이행함에도 시·도지사가 취소·정지를 하지 않는 경우

(가) 의 의 주무부장관은 시·도지사가 시장·군수 및 자치구의 구청장 739

(상), 132쪽) 동의하기 어렵다. 왜냐하면 ① 이러한 소송은 상이한 법주체 사이의 문제이므로 행정소송법의 기관소송의 문제는 아니고, ② 헌법재판소법상 권한쟁의는 권한의 전부 또는 범위에 관한 다툼에 대한 것이지 권한의 행사에 관한 것은 아니고, ③ 장으로 대표되는 지방자치단체는 고유한 법주체로서 당해 지방민의 이익, 즉 자치사무와 관련하여 주관적인 지위를 갖는 것이고, ④ 감독청의 시정명령이나 취소·정지는 일반행정법상 행정행위의 성질도 갖는 것이기 때문이다. 따라서 관할 법원을 대법원으로 하는 지방자치법의 동 조항은 행정소송법에 대한 특칙으로 볼 것이다.

1) 류지태·박종수, 행정법신론, 1008쪽(2019).

에게 제1항에 따라 시정명령을 하였으나 이를 이행하지 아니한 데 따른 취소·정지를 하지 아니하는 경우에는 시·도지사에게 기간을 정하여 시장·군수 및 자치구의 구청장의 명령이나 처분을 취소하거나 정지할 것을 명하고, 그 기간에 이행하지 아니하면 주무부장관이 이를 직접 취소하거나 정지할 수 있다(지자법 제188조 제4항).[1)]

739a (나) **사 유** 자치사무에 관한 명령이나 처분에 대한 주무부장관 또는 시·도지사의 취소 또는 정지는 법령을 위반한 것에 한정한다(지자법 제188조 제5항). 단체위임사무의 경우에는 법령위반 외에 현저히 부당하여 공익을 해하는 명령이나 처분도 감독청의 취소·정지의 사유가 된다.

739b (다) **효 과** 주무부장관에 의한 취소·정지가 이루어지면, 그것만으로 명령이나 처분은 취소되거나 정지된다. 지방자치단체가 별도로 취소처분이나 정지처분을 하여야 취소나 정지의 효력이 발생하는 것은 아니다. 말하자면, 주무부장관의 취소·정지는 형성적 행정행위에 해당한다.[2)]

739c (라) **제 소** 지방자치단체의 장은 제1항, 제3항 또는 제4항에 따른 자치사무에 관한 명령이나 처분의 취소 또는 정지에 대하여 이의가 있으면 그 취소처분 또는 정지처분을 통보받은 날부터 15일 이내에 대법원에 소를 제기할 수 있다(지자법 제188조 제6항).

740 (6) **사인의 권리보호** 자치사무에 관한 피감독청(지방자치단체의 장)의 명령이나 처분에 대한 감독청의 취소 또는 정지로 인하여 사인이 법률상 이익이 위법하게 침해당하면, 그 사인은 감독청과 피감독청 중에서 누구를 피고로 하여 다툴 수 있는가의 문제가 있다. 독일의 지배적인 견해는 피감독청을 피고로 본다. 왜냐하면 대집행의 방식으로 감독청에 의해 수행된 처분은 외부관계에서 지방자치단체에 귀속되기 때문이라는 것이다.

741 (7) **시정명령제도의 한계** ① 현행 지방자치법상 시정명령제도는 지방자치단체의 장의 적극적인 의사결정작용인 명령이나 처분만을 대상으로 할 뿐, 의사결정의 부작위(예 : 의무규칙의 미제정)는 대상으로 하지 아니한다. 여기에 현행 시정명령제도는 한계를 갖는다. 지방자치단체의 장의 의사결정의 부작위도 경우에 따라서는 위법하게 주민권리를 침해할 수도 있으므로, 이에 대한 보완책의 마련이 필요하다. ② 시정명령의 불이행시에 가해지는 감독청의 취소·정지처분

---

1) 대판 1998. 7. 10, 97추67.
2) 김기진, 지방자치법주해, 714쪽; 이일세, "지방자치단체에 대한 국가통제수단의 법적 문제," 지방자치법연구, 통권 제45호, 17쪽.

에 대하여 지방자치단체의 장이 제소할 수 있음은 이미 본 바와 같이 지방자치법에서 명시적으로 규정되고 있지만, 감독청의 시정명령 그 자체에 대한 제소에 관해서는 규정하는 바가 없다. 지방자치단체의 자치권의 효과적인 보호를 위해 지방자치단체의 장이 감독청의 시정명령 그 자체를 다툴 수 있도록 하는 입법적 보완이 필요하다는 견해도 있다.[1] 그러나 시정명령은 행정소송법상 처분에 해당하므로 행정소송법이 정하는 바에 따라 다툴 수 있다.

제 3 항 단체위임사무에 대한 감독

1. 일 반 론

⑴ **의 의** 단체위임사무에 대한 감독에는 적법성의 감독 외에 타당성 742
의 감독이 있다. 말하자면 자치사무에는 적법성의 감독이 가해지지만, 단체위임사무에는 적법성의 감독(예 : 판단여지의 하자, 불확정개념, 비례원칙위반의 통제)뿐만 아니라 타당성의 감독(예 : 다수의 동등하게 적법한 선택 중에서 여론·비용 등을 고려하여 전문감독청의 최상의 합목적적인 지시에 따르도록 하는 명령)도 가해진다(법률로 적법성의 감독만을 규정할 수도 있다). 지방자치단체의 단체위임사무에 대한 감독에 타당성의 감독이 포함되는 것은 그 사무가 원래 위임자의 사무이기 때문이다. 적법성의 감독의 의미는 자치사무에서 언급한 바와 같다. 타당성의 감독과 적법성의 감독을 합하여 전문감독이라 불리기도 한다. 타당성의 감독은 직무상의 감독과 다르다. 직무상의 감독은 자연인인 공무원의 근무상의 감독이다.

⑵ **법적 근거** 단체위임사무의 감독에 관한 일반적인 법적 근거로 지방 743
자치법 제185조·제188조·제192조 등이 있다. 이러한 조항들은 '법령위반'이라는 용어로서 적법성 감독을, '현저히 부당하여 공익을 해한다'는 표현으로서 타당성 감독을 나타내고 있다.

⑶ **감 독 청** 지방자치단체나 그 장이 위임받아 처리하는 국가사무에 관 744
하여 시·도에서는 주무부장관의, 시·군 및 자치구에서는 1차로 시·도지사의, 2차로 주무부장관의 지도·감독을 받는다(지자법 제185조 제1항). 제2차 감독의 원인은 제1차 감독기관이 의무에 반하여 활동하지 아니하거나, 위법하게 활동하는 경우이다. 한편, 시·군 및 자치구나 그 장이 위임받아 처리하는 시·도의 사무에 관하여는 시·도지사의 지도·감독을 받는다(지자법 제185조 제2항). 그리고 감사원은 모든 회계감사와 직무감찰을 행한다(감사원법 제22조·제24조).

---
1) 김남진, 행정법(Ⅱ), 178쪽; 류지태·박종수, 행정법신론, 999쪽(2019).

745 (4) **감독범위** 감독청은 공법에 근거한 작용에 대하여 감독할 수 있다. 그리고 자치사무의 경우와 달리 단체위임사무의 경우에는 감독청이 사법에 근거하여 행한 작용까지 감독을 행할 수 있다고 볼 것이다. 왜냐하면 단체위임사무는 기본적으로 위임자의 사무이기 때문이다.

746 (5) **감독수단도입의 전제요건** 정보권과 승인유보제도는 예방적 수단이나 그 밖의 수단은 기본적으로 사후적인 수단이다. 사후적인 수단은 위법 또는 부당한 지방자치단체의 행위가 있어야만 사용될 수 있다고 볼 것이다. 그리고 자치사무에 대한 경우와 마찬가지로 모든 감독수단은 단지 공공의 복지를 위하여 비례원칙(적합성의 원칙, 필요성의 원칙, 좁은 의미의 비례원칙)에 따라 선택·사용되어야 한다. 또한 자치사무의 경우와 마찬가지로 감독수단의 선택은 일반적으로 감독청의 재량에 놓인다. 그 재량은 자의가 아니라 의무에 합당한 재량을 말한다.

747 (6) **감독처분** 감독처분, 즉 전문감독상의 지시의 법적 성질이 문제된다. 전문감독상의 지시가 행정행위에 해당한다는 견해와 그렇지 않다는 견해가 대립한다. 후자가 독일의 판례와 지배적 견해의 입장이기도 하다.[1] 이러한 견해에 의하면, 위임사무를 처리하는 경우에 있어서 지방자치단체는 국가행정의 하부기관으로서 행위하는 것으로 간주되고, 따라서 이러한 경우에 있어서 국가와 지방자치단체와의 관계는 내부관계로 이해하는바, 감독처분은 원칙적으로 외부효를 갖지 아니하고 내부효만을 갖는다고 한다.

748 (7) **권리보호** 지방자치단체는 일반적으로 전문감독상의 처분에 대하여 출소할 수 없다는 점에 대해서는 큰 다툼이 없다. 전문감독상의 처분을 행정행위로 보지 아니하는 독일의 지배적 견해와 판례는 당연히 전문감독상의 처분에 대한 지방자치단체의 출소가능성을 부인한다.[2] 이러한 견해가 정당하다.

749 그렇다고 전문감독상의 처분에 대하여 지방자치단체는 행정법원에 전혀 출소할 수 없다고 말할 수는 없다. 전문감독상의 처분이 언제나 재판으로부터 자유로운 행위는 아니다. 만약 전문감독상의 처분이 지방자치단체의 고유한 권한인 자치권을 침해하는 처분, 즉 전문감독권을 넘는 처분에 대하여는 권리구제가 가능하여야 한다. 말하자면 감독처분으로 인해 지방자치단체의 법적으로 보호

1) Dols/Plate, Kommunalrecht, Rn. 390; H. Meyer, Kommunalrecht(Landesrecht Mecklenburg-Vorpommern), Rn. 739; Seewald, Kommunalrecht, in : Steiner(Hrsg.), Besonderes Verwaltungsrecht, Rn. 367; BVerwG, NVwZ 1983, 610, 611; NVwZ 1995, 165, 166; NVwZ 1995, 910.

2) Dols/Plate, Kommunalrecht, Rn. 390; H. Meyer, Kommunalrecht(Landesrecht Mecklenburg-Vorpommern), Rn. 739; Seewald, Kommunalrecht, in : Steiner(Hrsg.), Besonderes Verwaltungsrecht, Rn. 367; BVerwG, NVwZ 1983, 610, 611; NVwZ 1995, 165, 166; NVwZ 1995, 910.

되는 고유한 이익이 침해되면, 그러한 감독처분은 행정행위인바, 지방자치단체는 물론 출소할 수 있다고 본다.[1)]

(8) **감독수단의 유형** 단체위임사무에 대한 감독수단의 유형은 기본적으 750
로 자치사무의 경우와 유사하다. 즉, 감독과정은 실제상 지방자치단체와 감독청 간의 비공식적인 접촉(예 : 권고·협의)을 통해서(지자법 제184조 제1항 참조) 빈번히 이루어지기도 한다(사실상 수단). 행정의 실제상으로는 상당한 경우에 감독청과 지방자치단체 사이의 비공식적인 접촉을 통한 사실상 통제가 우선할 것이지만, 사실상 통제가 의미를 갖지 못하면, 법령상 통제가 가해질 수밖에 없을 것이다.

2. 사전적 수단

(1) **조언·권고·지도** 자치사무의 경우와 마찬가지로 단체위임사무의 경 751
우에도 중앙행정기관의 장이나 시·도지사는 지방자치단체의 사무에 관하여 조언 또는 권고하거나 지도할 수 있으며(지자법 제184조 제1문), 이를 위하여 필요하면 지방자치단체에 대하여 자료의 제출을 요구할 수 있다(지자법 제184조 제2문). 지방자치단체의 장은 제1항의 조언·권고 또는 지도와 관련하여 중앙행정기관의 장이나 시·도지사에게 의견을 제출할 수 있다(지자법 제184조 제3항).

(2) **보고징수** 지방자치법은 단체위임사무와 관련하여 보고징수에 관한 752
규정을 두고 있지 않다. 그러나 단체위임사무의 경우에는 후술하는 기관위임사무에 대한 감독원리를 유추하여 감독청은 지휘·감독의 수단으로서 관련 지방자치단체로부터 개개의 사무에 관하여 보고를 받을 수 있다고 보겠다(임탁정 제6조 참조).

(3) **감 사** 지방자치법은 단체위임사무와 관련하여 감사에 관한 규정 753
을 두고 있지 않다. 그러나 단체위임사무의 경우에는 위임에 관한 일반규정 및 감독에 관한 일반규정인 지방자치법 제185조에 근거하여 사무수행에 필요한 범위 안에서 감독청(행정안전부장관 또는 시·도지사)은 관련 지방자치단체의 사무에 관하여 서류·장부 또는 회계를 감사할 수 있다고 볼 것이다.

3. 사후적 수단

(1) **이의제도**(지방의회에 대한 감독) 단체위임사무에 관한 지방의회의 의 754
결이 법령에 위반되거나 공익을 현저히 해한다고 판단되는 경우에도(자치사무에 관한 지방의회의 의결이 법령에 위반되거나 공익을 현저히 해한다고 판단되는 경우와 마찬가지로) 지방자치법상 감독청의 재의요구의 명령, 당해 지방자치단체의 장의 재의

1) Dols/Plate, Kommunalrecht, Rn. 390; BVerwG, NVwZ 1995, 910.

요구, 재의결, 당해 지방자치단체의 장의 제소, 감독청의 제소지시와 직접제소의 내용이 그대로 적용된다(이에 관하여 자세한 것은 옆번호 726 이하 자치사무의 부분을 보라).

755 한편, 현행 지방자치법상 이의제도는 지방의회의 적극적인 의사결정작용인 의결만을 대상으로 할 뿐, 의사결정의 부작위(예 : 의무조례의 미제정)는 대상으로 하지 아니하므로, 자치사무의 경우와 같이 단체위임사무의 경우에도 이의제도는 한계를 갖는다. 지방의회의 의사결정의 부작위도 경우에 따라서는 위법하게 주민권리를 침해할 수도 있으므로, 이에 대한 보완책의 마련이 역시 필요하다.

756 (2) **시정명령**(지방자치단체장에 대한 감독) 시정명령이란 지방자치단체의 장의 위법·부당한 명령이나 처분에 대하여 감독청이 그 시정을 요구하는 제도를 말한다. 의미와 내용은 자치사무에 대한 감독에서 논급한 바와 같다. 시정명령제도는 자치사무 외에 단체위임사무에도 적용된다. 왜냐하면 단체위임사무도 지방자치단체의 사무에 속하기 때문이다. 그러나 단체위임사무에 대한 시정명령의 사유에 법령위반 외에 부당이 포함된다는 점, 시정명령은 감독청의 자신의 권한에 속하는 사항에 관한 것이므로 내부적 행위의 성격을 가지는바, 행정절차법상 행정처분의 일종으로 보기 어렵다는 점, 시정명령의 불이행시에 가해지는 취소·정지처분에 대하여 대법원에 출소가 허용되지 아니한다는 점에서 자치사무에 대한 시정명령과 차이점을 갖는다.

757 현행 지방자치법상 시정명령제도는 지방자치단체의 장의 적극적인 의사결정작용인 명령이나 처분만을 대상으로 할 뿐, 의사결정의 부작위(예 : 의무규칙의 미제정)는 대상으로 하지 아니한다. 그러나 감독청은 위임에 관한 일반규정에 근거하여 부작위된 행위의 이행을 명할 수 있다고 볼 것이다.

제 4 항 기관위임사무에 대한 감독

Ⅰ. 일 반 론

1. 의 의

758 기관위임사무에 대한 감독에도 단체위임사무와 마찬가지로 적법성의 감독 외에 타당성의 감독이 있다. 적법성의 감독과 타당성의 감독을 합하여 전문감독(Fachaufsicht)이라 불리기도 한다. 적법성의 감독과 타당성의 감독의 의미내용은 단체위임사무의 경우와 같다. 한편, 지방기관위임사무의 감독에 관한 법적 근거로 지방자치법 제185조·제189조, 정부조직법 제6조 제1항이 있다.

2. 감 독 청

지방자치단체의 장이 위임받아 처리하는 국가사무에 관하여 시·도에서는 주무부장관이, 시·군 및 자치구에서는 1차로 시·도지사의, 2차로 주무부장관의 지도·감독을 받는다(지자법 제185조 제1항). 제2차 감독과 관련하여 제2차 감독의 원인과 제2차 감독의 방법의 내용은 단체위임사무의 경우와 같다. 한편, 시·군 및 자치구나 그 장이 위임받아 처리하는 시·도의 사무에 관하여 시·도지사의 지도·감독을 받는다(지자법 제185조 제2항). 그리고 감사원은 모든 회계감사와 직무감찰을 행한다(감사원법 제22조·제24조). 759

3. 기 타

단체위임사무에서 논급한 감독의 범위, 감독수단도입의 전제요건, 감독처분의 성질, 권리보호, 사인의 감독청구권 등은 기관위임사무에도 동일하게 적용된다. 그러나 감독수단의 구체적인 내용에는 양자간에 상당한 차이가 있다. 760

Ⅱ. 사전적 수단

1. 조언·권고·지도

단체위임사무의 경우와 달리 지방자치법상 명문의 규정이 없지만, 위임에 관한 일반규정에 의하여 기관위임사무의 경우에도 중앙행정기관의 장 또는 시·도지사는 지방자치단체의 사무에 관하여 조언 또는 권고하거나 지도할 수 있다고 볼 것이다(임탁정 제6조 참조). 다만 지도의 경우에는 지방자치법 제167조에서 근거를 찾을 수 있다. 761

2. 보고징수

지방자치법은 기관위임사무와 관련하여 보고징수에 관한 규정을 두고 있지 않다. 그러나 기관위임사무의 경우에도 위임에 관한 일반규정에 의해 임무수행에 필요한 것인 한, 감독청은 관련 지방자치단체로부터 개개의 사무에 관하여 보고를 받을 수 있다고 볼 것이다(임탁정 제6조 참조). 수임 및 수탁사무의 처리에 관하여 위임 및 위탁기관은 수임 및 수탁기관에 대하여 사전승인을 받거나 협의를 할 것을 요구할 수 없다(임탁정 제7조). 762

3. 감 사

지방자치법은 기관위임사무와 관련하여 감사에 관한 규정을 두고 있지 않다. 그러나 기관위임사무에도 위임에 관한 일반규정 및 감사에 관한 일반규정에 763

근거하여 사무수행에 필요한 범위 안에서 감독청(행정안전부장관 또는 시·도지사)은 관련 지방자치단체의 사무에 관하여 수임사무처리상황, 서류·장부 또는 회계를 감사할 수 있다고 볼 것이다(임탁정 제9조 참조).

Ⅲ. 사후적 수단

1. 이의제도·시정제도

764 지방자치법이 규정하는 지방의회에 대한 감독수단인 이의제도와 지방자치단체의 장에 대한 감독수단인 시정제도는 자치사무와 단체위임사무에 적용될 뿐, 기관위임사무에는 적용되지 아니한다. 그러나 기관위임사무는 지방자치법이 아니라 위임에 관한 일반규정에 의하여 감독청의 시정명령이나 취소·정지의 대상이 된다(임탁정 제6조). 지방자치법 제185조의 감독청의 지도·감독권의 일환으로 단체위임사무와 기관위임사무에 대하여 시정명령을 발할 수 있다는 견해도[1] 같은 입장이라 본다.

2. 직무이행명령제도

⑴ 제도의 의의와 취지

765 ㈎ 의 의 지방자치법은 기관위임사무에 대한 감독수단으로 직무이행명령제도를 규정하고 있다. 직무이행명령이란 지방자치단체의 장이 기관위임사무의 집행 등을 게을리하는 경우에 감독청이 그 이행을 명하여 부작위를 시정하는 제도를 말한다. 이행을 명령할 수 있는 감독청의 권한이 직무이행명령권이다. 감독청의 직무이행명령권은 지방자치단체의 장에 대한 것이지, 지방의회에 대한 것이 아니다. 직무이행명령은 기관위임사무에만 적용될 뿐이고,[2] 자치사무나 단체위임사무에는 적용되지 아니한다. 지방자치법상 직무이행명령제도의 내용은 다음에서 보는 바와 같이 다단계로 구성되고 있다.

㈏ 제도의 취지 "직무이행명령 및 이에 대한 이의소송 제도의 취지는 국가위임사무의 관리·집행에서 주무부장관과 해당 지방자치단체의 장 사이의 지위와 권한, 상호 관계 등을 고려하여, 지방자치단체의 장이 해당 국가위임사무

1) 김연태, 행정법사례연습, 699쪽.
2) 김남진·김연태, 행정법(Ⅱ), 203쪽(2019); 류지태·박종수, 행정법신론, 957쪽. 한편, 직무이행명령은 단체위임사무를 대상으로 한다는 견해도 있다(홍준형, 고시계, 1996. 5, 76쪽); 대판 2013. 6. 27, 2009추206(지방교육자치에 관한 법률 제3조, 지방자치법 제170조 제1항에 따르면, 교육부장관이 교육감에 대하여 할 수 있는 직무이행명령의 대상사무는 '국가위임사무의 관리와 집행'이다. 그 규정의 문언과 함께 직무이행명령 제도의 취지, 즉 교육감이나 지방자치단체의 장 등, 기관에 위임된 국가사무의 통일적 실현을 강제하고자 하는 점 등을 고려하면, 여기서 국가위임사무란 교육감 등에 위임된 국가사무, 즉 기관위임 국가사무를 뜻한다고 보는 것이 타당하다).

에 관한 사실관계의 인식이나 법령의 해석·적용에서 주무부장관과 견해를 달리하여 해당 사무의 관리·집행을 하지 아니할 때, 주무부장관에게는 그 사무집행의 실효성을 확보하기 위하여 지방자치단체의 장에 대한 직무이행명령과 그 불이행에 따른 후속 조치를 할 권한을 부여하는 한편, 해당 지방자치단체의 장에게는 직무이행명령에 대한 이의의 소를 제기할 수 있도록 함으로써, 국가위임사무의 관리·집행에 관한 양 기관 사이의 분쟁을 대법원의 재판을 통하여 합리적으로 해결함으로써 그 사무집행의 적법성과 실효성을 보장하려는 데 있다."[1]

⑵ 직무이행명령

㈎ 의 의 지방자치단체의 장이 법령에 따라 그 의무에 속하는 국가위 766
임사무나 시·도위임사무의 관리와 집행을 명백히 게을리하고 있다고 인정되면 시·도에 대해서는 주무부장관이, 시·군 및 자치구에 대해서는 시·도지사가 기간을 정하여 서면으로 이행할 사항을 명령할 수 있다(지자법 제189조 제1항).

㈏ 대상사무 직무이행명령의 대상은 법령의 규정에 따라 장의 의무에 속 766a
하는 국가위임사무나 시·도위임사무, 즉 장의 기관위임사무이다.[2] 그 사무의 내용에는 일반추상적인 법규정립행위(예 : 규칙발령)뿐만 아니라 개별구체적인 행위(예 : 행정행위)도 포함되며, 사실행위도 포함된다. 직무이행명령의 사유는 장이 기관위임사무의 관리와 집행을 명백히 게을리하는 것이다. 위임사무의 이행을 준비하고 있으나 예산부족 등의 이유로 집행하지 못하는 경우는 이에 해당하지 않는다.

㈐ 판단대상 판례는 법령상 의무의 존부를 판단대상으로 보며, 지방자치 766b
단체의 장이 그 사무의 관리·집행을 하지 아니한 데 합리적 이유가 있는지 여부는 판단 대상이 아니라 한다.[3]

㈑ 형 식 시정명령의 형식은 서면으로 하여야 한다. 그리고 그 서면에 766c
는 기간을 정하여야 한다. 그 기간은 직무이행명령을 수행하는 데 필요한 상당한 기간이어야 한다.

---

1) 대판 2013. 6. 27, 2009추206; 대판 2020. 3. 27, 2017추5060.
2) 대판 2015. 9. 10, 2013추517(지방교육자치에 관한 법률 제3조, 지방자치법 제170조 제1항에 따르면, 교육부장관이 교육감에 대하여 할 수 있는 직무이행명령의 대상사무는 교육감 등에 위임된 국가사무, 즉 기관위임 국가사무의 관리와 집행을 뜻한다).
3) 대판 2020. 3. 27, 2017추5060(직무이행명령의 요건 중 '법령의 규정에 따라 지방자치단체의 장에게 특정 국가위임사무나 시·도위임사무를 관리·집행할 의무가 있는지' 여부의 판단대상은 문언대로 그 법령상 의무의 존부이지, 지방자치단체의 장이 그 사무의 관리·집행을 하지 아니한 데 합리적 이유가 있는지 여부가 아니다. 그 법령상 의무의 존부는 원칙적으로 직무이행명령 당시의 사실관계에 관련 법령을 해석·적용하여 판단하되, 직무이행명령 이후의 정황도 고려할 수 있다).

767 ⑶ **대집행 등** 주무부장관이나 시·도지사는 해당 지방자치단체의 장이 직무이행명령에서 정한 기간에 이행명령을 이행하지 아니하면 그 지방자치단체의 비용부담으로 대집행하거나 행정상·재정상 필요한 조치(이하 이 조에서 "대집행등"이라 한다)를 할 수 있다(지자법 제189조 제2항 본문). 이 경우 행정대집행에 관하여는 행정대집행법을 준용한다(지자법 제189조 제2항 단서). 불이행의 사유는 원칙적으로 문제되지 아니한다. 법문의 표현상 대집행과 행정상·재정상 필요한 조치는 선택관계에 있는 것으로 보이지만, 대집행과 행정상·재정상 필요한 조치는 병합적으로 동시에 이루어질 수도 있다고 볼 것이다. 대집행의 경우에는 행정대집행법이 적용된다.

768 ⑷ **지방자치단체의 장의 제소** 지방자치단체의 장은 감독청의 직무이행명령에 이의가 있으면 이행명령서를 접수한 날부터 15일 이내에 대법원에 소를 제기할 수 있다. 이 경우 지방자치단체의 장은 이행명령의 집행을 정지하게 하는 집행정지결정을 신청할 수 있다(지자법 제189조 제6항). 감독청의 직무이행명령은 기관위임사무에 관한 것이므로, 직무이행명령은 행정행위가 아니라 행정내부적인 행위로 보인다. 따라서 본조항에 따른 소송을 통상의 항고소송으로 보기는 어렵다. 본조항에 따른 소송은 지방자치법이 특별히 규정하는 특수한 소송으로 이해되어야 할 것이다. 한편, 제189조 제6항의 소송은 헌법재판소의 권한쟁의심판의 대상으로 하여야 하므로 입법론상 삭제되어야 한다는 주장도 있으나,[1] 제189조 제6항의 소송의 대상은 헌법재판소의 권한쟁의의 대상으로 할 만한 헌법적 사항은 아니므로 제189조 제6항의 소송을 헌법재판소의 권한쟁의심판의 대상으로 하여야 한다는 주장에 동의하기 어렵다.

⑸ **시·도지사가 시장·군수 및 자치구에 이행명령을 하지 않는 경우**

768a ㈎ **「시·도지사는 이행명령을 하라」는 주무부장관의 명령** 주무부장관은 시장·군수 및 자치구의 구청장이 법령에 따라 그 의무에 속하는 국가위임사무의 관리와 집행을 명백히 게을리하고 있다고 인정됨에도 불구하고 시·도지사가 제1항에 따른 이행명령을 하지 아니하는 경우 시·도지사에게 기간을 정하여 이행명령을 하도록 명할 수 있다(지자법 제189조 제3항). 이 조항은 2022. 1. 13. 시행 지방자치법 전부개정법률에 신설된 것이다.

768b ㈏ **시·도지사의 불응 시, 주무부장관의 취소·정지** 주무부장관은 시·도지사가 제3항에 따른 기간에 이행명령을 하지 아니하면 제3항에 따른 기간이 지난 날부터 7일 이내에 직접 시장·군수 및 자치구의 구청장에게 기간을 정하여 이

1) 류지태·박종수, 행정법신론, 1009쪽(2019).

행명령을 하고, 그 기간에 이행하지 아니하면 주무부장관이 직접 대집행등을 할 수 있다(지자법 제189조 제4항). 이 조항은 2022. 1. 13. 시행 지방자치법 전부개정법률에 신설된 것이다.

(다) **제 소** 지방자치단체의 장은 제1항 또는 제4항에 따른 이행명령에 이의가 있으면 이행명령서를 접수한 날부터 15일 이내에 대법원에 소를 제기할 수 있다. 이 경우 지방자치단체의 장은 이행명령의 집행을 정지하게 하는 집행정지결정을 신청할 수 있다(지자법 제189조 제6항). 768c

(6) **시·도지사의 시정명령을 시장·군수 및 자치구 구청장이 불이행함에도 시·도지사가 대집행 등을 하지 않는 경우** 주무부장관은 시·도지사가 시장·군수 및 자치구의 구청장에게 제1항에 따라 이행명령을 하였으나 이를 이행하지 아니한데 따른 대집행등을 하지 아니하는 경우에는 시·도지사에게 기간을 정하여 대집행등을 하도록 명하고, 그 기간에 대집행등을 하지 아니하면 주무부장관이 직접 대집행등을 할 수 있다(지자법 제189조 제5항). 이 조항은 2022. 1. 13. 시행 지방자치법 전부개정법률에 신설된 것이다. 768d

제 5 항 내부적 통제의 유형

1. 통제수단

(1) **지방의회의 통제수단** 집행기관에 대한 지방의회의 감독수단을 넓게 말한다면, 조례제정권을 포함하여 지방의회가 갖는 모든 권한이 집행기관에 대하여 감독의 성질을 갖는다고 할 수 있다. 통제 그 자체에 중심을 둔 것으로는 지방자치단체의 집행기관의 사무처리에 대한 지방의회의 행정사무감사와 조사(지자법 제49조), 지방자치단체의 장이나 관계공무원의 출석·답변요구(지자법 제51조 제2항), 지방의회의 회계검사, 즉 결산의 승인제도(지자법 제150조) 등을 들 수 있다. 769

(2) **집행기관의 통제수단** 지방의회에 대한 집행기관의 감독수단으로는 조례에 대한 재의요구(지자법 제32조 제3항), 법령에 위반된 의결 등에 대한 재의요구(지자법 제120조 제1항), 예산상 집행불가능한 의결에 대한 재의요구(지자법 제121조 제1항), 감독청의 요구에 따른 법령위반의 지방의회의결 등에 대한 재의요구(지자법 제192조 제1항), 선결처분권(지자법 제122조 제1항) 등이 있다. 지방의회임시회소집요구제도(지자법 제54조 제3항) 및 의안의 발의제도(지자법 제76조 제1항) 등도 지방의회에 대한 통제수단으로서의 성격을 갖는다. 770

2. 통제의 의의

771 지방자치단체의 자신에 의한 내부적 감독은 이중의 목표를 갖는다. 즉, 하나는 지방자치단체의 이익을 최적상태로 실현하는 것이고, 또 하나는 지방자치단체에 의한 법률에 의한 행정의 원리를 확보하는 것이다. 전자는 정치적 합목적성의 문제이고, 후자는 법치국가원리의 실현의 문제이다.

제5장 행정 특례

제1절 광역지방자치단체의 행정 특례

지방자치법은 지방자치단체를 광역지방자치단체인 「특별시·광역시·특별자치시·도·특별자치도」와 기초지방자치단체인 「시·군·구」의 2종류로 구분하면서 지방자치단체의 조직과 사무를 규정하고 있다. 동시에 광역지방자치단체인 서울특별시, 세종특별자치시와 제주특별자치도의 행정특례를 규정하고 있다(지자법 제197조 제1항, 제2항). 한편, 강원특별자치도와 전북특별자치도의 경우, 지방자치법에는 규정이 없지만 개별 법률로 특례가 인정되고 있다. 772

지방자치단체	지방자치법상 근거	설치 법률	특례이유
서울특별시	제197조 제1항	서울특별시 행정특례에 관한 법률	수도의 특수성 고려
세종특별자치시	제197조 제2항	세종특별자치시 설치 등에 관한 특별법	행정체제 특수성 고려
제주특별자치도	제197조 제2항	제주특별자치도 설치 및 국제자유도시 조성을 위한 특별법	행정체제 특수성 고려
강원특별자치도	없음	강원특별자치도 설치 등에 관한 특별법	지방분권보장·미래산업글로벌도시 조성
전북특별자치도	없음	전북특별자치도 설치 등에 관한 특별법	지방분권보장·지역경쟁력제고

Ⅰ. 서울특별시의 특례

서울특별시의 지위·조직 및 운영에 대하여는 수도로서의 특수성을 고려하여 법률로 정하는 바에 따라 특례를 둘 수 있다(지자법 제197조 제1항). 이에 의거 제정된 법률이 바로 「서울특별시 행정특례에 관한 법률」이다. 이하에서 동 법률의 주요내용을 보기로 한다.

1. 서울특별시의 지위

서울특별시는 정부의 직할로 두되, 서울특별시 행정특례에 관한 법률이 정 773

하는 범위에서 수도로서의 특수한 지위를 가진다(서특법 제2조). 동법이 정하는 특례에는 일반행정 운영상의 특례·수도권 광역행정 운영상의 특례의 두 유형이 있다. 한편 종전의 서울특별시 행정에 관한 특별조치법은 “서울특별시는 국무총리 소속 하에 둔다”고 규정하였다(서특법 제2조). 따라서 구법상 서울특별시에 대한 행정안전부장관의 일반적인 지휘감독권은 배제되어 있었다.

2. 일반행정상의 특례

773a (1) **지방채발행** 행정안전부장관이 지방재정법 제11조에 따라 서울특별시의 지방채 발행의 승인 여부를 결정하려는 경우에는 국무총리에게 보고하여야 한다(서특법 제4조 제1항).

773b (2) **자치사무감사** 행정안전부장관은 지방자치법 제190조에 따라 서울특별시의 자치사무에 관한 감사를 하려는 경우에는 국무총리의 조정을 거쳐야 한다(서특법 제4조 제2항).

773c (3) **공무원임용** 서울특별시 소속 국가공무원의 임용 등에 관한 국가공무원법 제32조 제1항부터 제3항까지, 제78조 제1항·제4항 및 제82조에 따른 소속 장관 또는 중앙행정기관의 장의 권한 중 대통령령으로 정하는 사항은 서울특별시장이 행사하며, 이와 관련된 행정소송의 피고는 같은법 제16조에도 불구하고 서울특별시장이 된다(서특법 제4조 제5항).

773d (4) **공무원상훈** 서울특별시 소속 공무원 등에 대한 서훈의 추천은 상훈법 제5조 제1항에도 불구하고 서울특별시장이 한다(서특법 제4조 제7항).

3. 수도권광역행정상의 특례

773e 수도권지역에서 서울특별시와 관련된 도로·교통·환경 등에 관한 계획을 수립하고 그 집행을 할 때 관계 중앙행정기관의 장과 서울특별시장의 의견이 다른 경우에는 다른 법률에 특별한 규정이 없으면, 국무총리가 이를 조정한다(서특법 제5조 제1항). 조정에 필요한 사항은 대통령령으로 정한다(서특법 제5조 제2항).

Ⅱ. 세종특별자치시의 특례

1. 관련 법률

774 (1) **근거 법률** 세종특별자치시의 지위·조직 및 행정·재정 등의 운영에 대하여는 행정체제의 특수성을 고려하여 법률로 정하는 바에 따라 특례를 둘 수 있다(지자법 제197조 제2항). 이에 따라 세종특별자치시 설치 등에 관한 특별법(약칭: 세종시법)이 제정되었다.

⑵ **세종시법과 다른 법률과의 관계** 세종시법에 규정된 세종특별자치시의 조직 운영, 특례 등은 다른 법률의 규정에 우선하여 적용한다. 다만, 다른 법률에 세종특별자치시에 관하여 특별한 규정이 있는 경우에는 그러하지 아니하다(세종시법 제5조). 774a

2. 세종특별자치시의 설치

정부의 직할(直轄)로 세종특별자치시를 설치한다(세종시법 제6조 제1항). 세종특별자치시의 관할구역에는 「지방자치법」 제2조 제1항 제2호의 지방자치단체를 두지 아니한다(세종시법 제6조 제2항). 지방자치법」 제3조 제3항에도 불구하고 세종특별자치시의 관할구역에 도시의 형태를 갖춘 지역에는 동을 두고, 그 밖의 지역에는 읍·면을 둔다(세종시법 제6조 제3항). 지방자치법의 읍·면·동에 관한 규정은 세종특별자치시에 두는 읍·면·동에 대하여도 적용한다(세종시법 제6조 제4항). 774b

3. 세종특별자치시지원위원회의 설치

세종특별자치시가 지역발전과 국토균형발전에 기여할 수 있도록 다음 각 호(1. 세종특별자치시의 중장기적 발전방안에 관한 사항, 2. 세종특별자치시의 행정·재정 자주권 제고 및 사무처리 지원에 관한 사항, 3. 공주시와 청원군 등 세종특별자치시에 관할구역의 일부가 편입되는 해당 지방자치단체에 대한 행정적·재정적 지원과 공동화 방지 지원 대책에 관한 사항, 4. 제4조 제2항에 따른 협약체결 및 그 평가결과 활용에 관한 사항, 5. 그 밖에 지원위원회의 위원장 또는 시장이 필요하다고 인정하여 지원위원회에 부의하는 사항)의 사항을 심의하기 위하여 국무총리 소속으로 세종특별자치시지원위원회(이하 "지원위원회"라 한다)를 둔다(세종시법 제9조 제1항). 774c

4. 사무위탁 특례

세종특별자치시나 시장 또는 시교육감은 소관 사무와 법령에 따라 위임된 사무의 일부를 다른 지방자치단체나 그 장 또는 교육감에게 위탁하여 처리하게 할 수 있다(세종시법 제11조 제1항). 사무위탁에 관하여 이 법에서 규정한 사항을 제외하고는 「지방자치법」 제168조의 사무의 위탁에 관한 규정을 준용한다(세종시법 제11조 제2항). 774d

5. 재정 특례

시장은 「지방세기본법」 제8조 제1항 및 제3항에도 불구하고 광역시세 및 구세 세목을 세종특별자치시세의 세목으로 부과·징수한다(세종시법 제14조 제1 774e

항). 세종시법 제14조 제2항 이하에서는 지방교부세법, 지방교육재정교부금법의 특례를 규정하고 있다.

6. 조직 특례

774f 「지방자치법」 제125조에도 불구하고 세종특별자치시에 두는 행정기구의 설치와 지방공무원의 정원은 인구규모·면적·도시발전단계 등 행정수요를 감안하여 대통령령으로 정하는 바에 따라 시조례로 정할 수 있다(세종시법 제15조 제1항).

7. 조례의 제정·개정 또는 폐지 청구에 관한 특례

774g 18세 이상의 주민(공직선거법 제18조에 따라 선거권이 없는 자는 제외한다)으로서 다음 각 호[1. 세종특별자치시의 관할구역에 주민등록이 되어 있는 사람, 2. 「재외동포의 출입국과 법적 지위에 관한 법률」 제6조 제1항에 따라 세종특별자치시의 국내거소신고인명부에 올라있는 국민, 3. 출입국관리 관계 법령에 따라 대한민국에 계속 거주할 수 있는 자격(체류자격변경허가 또는 체류기간연장허가를 통하여 계속 거주할 수 있는 경우를 포함한다)을 갖추고 「출입국관리법」 제34조에 따라 세종특별자치시의 외국인등록대장에 등재된 자로서 시조례로 정하는 사람]의 어느 하나에 해당하는 사람은 「주민조례발안에 관한 법률」 제5조 제1항에도 불구하고 18세 이상 주민 총수의 100분의 1 이상 20분의 1 이하의 범위에서 시조례로 정하는 주민 수 이상의 연서로 시의회에 조례의 제정이나 개정 또는 폐지를 청구할 수 있다(세종시법 제20조 제1항).

8. 감사위원회

774h 지방자치법 제190조(「지방교육자치에 관한 법률」 제3조에 따라 준용되는 경우를 포함한다), 지방공무원법 제81조에도 불구하고 감사대상 기관 및 그 기관에 속한 자의 제반 업무와 활동 등을 조사·점검·확인·분석·검증하고 제26조에 따라 그 결과를 처리하는 행위(이하 "자치감사"라 한다)를 수행하기 위하여 시장 소속하에 감사위원회를 둔다(세종시법 제21조 제1항). 감사위원회는 그 직무에 있어서는 독립된 지위를 가진다(세종시법 제21조 제2항).

9. 주민참여 예산제도

774i 시장은 예산편성 과정에 주민이 공모방식 등에 의하여 참여할 수 있도록 하여야 한다(세종시법 제30조 제1항). 주민참여 예산의 범위, 참여 주민의 선정 방법 및 절차, 주민참여과정 등에 관하여 필요한 사항은 시조례로 정한다(세종시법 제30조 제2항).

Ⅲ. 제주특별자치도의 특례

제주특별자치도의 지위·조직 및 행정·재정 등의 운영에 대하여는 행정체제의 특수성을 고려하여 법률로 정하는 바에 따라 특례를 둘 수 있다(지자법 제197조 제2항). 이에 의거하여 제정된 법률이 「제주특별자치도 설치 및 국제자유도시 조성을 위한 특별법」이다. 이하에서 동 법률의 주요 내용을 보기로 한다.

1. 제주특별자치도의 지위

정부의 직할하에 제주특별자치도(제주자치도)를 설치한다(제국법 제7조 제1항). 775
제주자치도의 관할구역은 종전의 제주도의 관할구역으로 한다(제국법 제7조 제2항). 제주자치도는 「지방자치법」 제2조 제1항 및 제3조 제2항에도 불구하고 그 관할구역에 지방자치단체인 시와 군을 두지 아니한다(제국법 제10조 제1항). 지방자치단체로서 종래의 제주도의 제주시·서귀포시·북제주군 및 남제주군은 2006년 7월 1일에 폐지되었다.

2. 행정시의 특례

(1) 설 치 제주자치도의 관할구역 안에 지방자치단체가 아닌 시(행정 775a
시)를 둔다(제국법 제10조 제2항). 행정시의 폐지·설치·분리·합병, 명칭 및 구역은 도조례로 정한다. 이 경우 도지사는 그 결과를 행정안전부장관에게 보고하여야 한다(제국법 제10조 제4항). 행정시의 사무소 소재지는 도조례로 정하되, 제주특별자치도의회의 재적의원 과반수의 찬성을 받아야 한다(제국법 제10조 제5항).

(2) 행정시장 775b

(가) 정무직 지방공무원으로 임명 제12조 제1항(「공직선거법」에 따른 도지사 선거(재선거와 보궐선거를 포함한다)의 도지사 후보자로 등록하려는 사람(이하 “도지사후보자”라 한다)은 제11조 제2항 단서에 따라 임명할 행정시장을 행정시별로 각각 1명을 예고할 수 있다)에 따라 행정시장으로 예고한 사람을 임명할 경우에는 정무직 지방공무원으로 임명한다(제국법 제11조 제2항 단서).

(나) 일반직 지방공무원으로 임명 행정시의 시장(이하 “행정시장”이라 한다)은 일반직 지방공무원으로 보하되, 도지사가 임명한다(제국법 제11조 제2항 본문). 행정시장으로 임명할 사람을 예고하지 아니하거나 행정시장으로 예고되거나 임명된 사람의 사망, 사퇴, 퇴직 또는 임기 만료 등으로 새로 행정시장을 임명하는 것이 필요한 경우에는 일반직 지방공무원으로 임명하되, 「지방공무원법」 제29조의4에 따라 개방형직위로 운영한다(제국법 제11조 제4항).

㈐ **직 무** 행정시장은 도지사의 지휘·감독을 받아 소관 국가사무와 지방자치단체의 사무를 맡아 처리하고 소속직원을 지휘·감독한다(제국법 제11조 제5항).

775c ⑶ **부 시 장** 행정시에 부시장을 둔다(제국법 제14조 제1항). 행정시의 부시장은 일반직 지방공무원으로 임명하되, 도지사가 임명한다(제국법 제14조 제2항). 행정시의 부시장은 행정시장을 보좌하여 사무를 총괄하고, 소속직원을 지휘·감독한다(제국법 제14조 제3항).

775d ⑷ **행정기구** 행정시에 소관 행정사무를 분장하기 위하여 필요한 행정기구를 도조례로 정하는 바에 따라 두되, 직급은 대통령령으로 정하는 기준에 따라 도조례로 정한다(제국법 제15조).

775e ⑸ **동, 읍·면** 행정시에는 도시의 형태를 갖춘 지역에는 동을, 그 밖의 지역에는 읍·면을 둔다(제국법 제16조 제1항). 「지방자치법」의 규정 중 읍·면·동에 관한 사항은 행정시에 두는 읍·면·동에 대하여 적용한다. 다만, 행정시에 두는 읍·면·동을 폐지하거나 설치하거나 나누거나 합칠 때에는 「지방자치법」 제7조 제1항에 불구하고 행정안전부장관의 승인이 필요하지 아니하되, 도지사는 그 결과를 행정안전부장관에게 보고하여야 한다(제국법 제16조 제2항). 읍·면·동에는 주민의 편의 및 복지 증진에 관한 사항, 주민자치의 강화에 관한 사항, 지역공동체의 형성에 관한 사항을 처리하기 위하여 주민자치센터를 설치한다(제국법 제45조 제1항).

3. 자치사무의 특례

775f 제주특별자치도지원위원회(지원위원회)는 제주자치도의 경우 외교, 국방, 사법 등 국가존립사무를 제외한 사무에 대하여 제주자치도의 지역 여건, 역량 및 재정능력 등을 고려하여 단계별로 제주자치도에 이양하기 위한 계획(이양계획)을 수립하여야 한다(제국법 제20조 제1항).

4. 자치조직의 특례

775g ⑴ **지방의회 및 집행기관의 구성** 「지방자치법」의 지방의회와 집행기관에 관한 규정에 불구하고 따로 법률이 정하는 바에 따라 제주자치도의 지방의회 및 집행기관의 구성을 달리 할 수 있다(제국법 제8조 제1항). 이 경우에 주민투표가 실시될 수 있다(제국법 제8조 제2항·제3항).

775h ⑵ **규율 법규** 「지방자치법」 제68조 제3항(수에 관한 사항으로 한정한다), 제102조 제3항, 제103조 제2항(「지방공무원법」 제2조 제2항 제1호의 일반직공무원 중 대통

령령으로 정하는 공무원의 임용권에 관한 사항은 제외한다), 제123조 제1항, 같은 조 제2항 단서(수에 관한 사항으로 한정한다), 같은 조 제6항, 제125조 제1항·제2항(직급기준에 관한 사항은 제외한다) 및 제126조부터 제128조까지의 규정에도 불구하고 제주자치도의 다음 각 호(1. 의회사무처에 두는 사무직원의 임용과 절차, 2. 부지사의 수와 사무분장, 3. 행정기구의 설치·운영 기준, 4. 지방공무원(도의회 위원회에 두는 전문위원을 포함한다)의 정원기준, 5. 직속기관·사업소·출장소의 설치요건, 6. 하부 행정기구의 설치 등)에 필요한 사항은 도조례로 정할 수 있다(제국법 제44조 제1항).

⑶ **국가공무원의 임용** ② 제1항에 따라 제주자치도에 두는 부지사 1명은 「지방자치법」 제123조 제2항 본문에 따른 국가공무원으로 임명한다(제국법 제44조 제2항). 「지방자치단체에 두는 국가공무원의 정원에 관한 법률」 제2조 및 제3조에도 불구하고 제2항에 따른 부지사 1명 외에는 제주자치도에 국가공무원을 두지 아니한다. 다만, 도지사가 필요하다고 인정하는 경우에는 행정안전부장관과 협의하여 「지방자치단체에 두는 국가공무원의 정원에 관한 법률」 제2조(제1호의 국가공무원은 제외한다) 및 제3조에 따라 국가공무원을 둘 수 있다(제국법 제44조 제3항). 775i

⑷ **인사청문회**

㈎ **부지사의 인사청문** 도지사는 「지방자치법」 제123조 제2항 단서에 따라 별정직 지방공무원으로 보하는 부지사에 대해서는 관계 법령의 규정에도 불구하고 그 임용 전에 도의회에 인사청문의 실시를 요청하여야 한다(제국법 제43조 제1항). 도의회는 제1항의 규정에 따라 도지사가 인사청문의 실시를 요청한 사람에 대하여 인사청문을 실시하기 위하여 인사청문 특별위원회를 둔다(제국법 제43조 제2항). 775j

㈏ **감사위원회 위원장의 인사청문** 도의회는 제132조 제1항에 따라 감사위원회의 위원장에 대한 임명동의안을 심사하기 위하여 인사청문 특별위원회를 둔다(제국법 제43조 제3항). 775k

㈐ **인사청문회의 구성** 제2항 및 제3항에 따른 인사청문 특별위원회는 도의회의 동의가 필요한 사항에 대한 임명동의안과 도지사로부터 요청된 인사청문요청안(이하 "임명동의안등"이라 한다)이 도의회에 제출된 때에 구성된 것으로 보고, 그 임명동의안등이 도의회 본회의에서 의결될 때 또는 인사청문경과가 도의회 본회의에 보고될 때까지 존속한다(제국법 제43조 제4항). 인사청문 특별위원회는 제2항 및 제3항에 따른 인사청문 또는 심사를 위하여 인사에 관한 청문회(이하 "인사청문회"라 한다)를 연다(제국법 제43조 제5항). 제1항부터 제5항까지 규정한 775l

사항 외에 인사청문회에 관하여는 「인사청문회법」 제4조 제2항, 제5조부터 제9조까지, 제10조 제1항·제2항, 제11조, 제12조부터 제15조까지, 제15조의2 및 제16조부터 제18조까지의 규정을 준용한다(제국법 제43조 제6항 제1문).

775m (5) 도 의 회 ① 「지방자치법」 제41조에도 불구하고 도의회의 조례의 제정·개정·폐지, 예산·결산 심사, 행정사무 감사와 조사 등의 활동을 지원하고, 도의회의원 또는 「지방자치법」 제64조에 따른 위원회(제63조에 따른 교육위원회를 포함한다)의 의정활동을 지원하기 위하여 도의회에 최대 21명의 정책연구위원을 둘 수 있다(제국법 제39조 제1항). ② 「지방자치법」 제40조에도 불구하고 도의원에게 지급하는 비용의 종류와 그 지급기준은 도조례로 정한다(제국법 제40조 제1항). ③ 도지사는 도조례로 정하는 대규모 개발사업을 시행하거나 그 개발사업의 승인·허가·인가 등을 할 때에는 미리 그 개발사업계획의 내용을 도의회에 보고하여야 한다(제국법 제41조).

775n (6) 감사위원회 「지방자치법」 제190조(「지방교육자치에 관한 법률」 제3조에 따라 준용되는 경우를 포함한다) 및 「지방공무원법」 제81조에도 불구하고 제주특별자치도와 그 소속기관 등 도조례로 정하는 기관(이하 "감사대상기관"이라 한다) 및 그 기관에 속한 사람의 모든 업무와 활동 등을 조사·점검·확인·분석·검증하고 이 법 제135조에 따라 그 결과를 처리하는 사무(이하 "자치감사"라 한다)를 수행하기 위하여 도지사 소속으로 감사위원회(이하 "감사위원회"라 한다)를 둔다(제국법 제131조 제1항). 감사위원회는 직무상 독립된 지위를 가지고, 조직·인사 및 감사활동에 필요한 예산의 편성에서 독립성이 최대한 존중되어야 한다(제국법 제131조 제7항).

감사위원회는 감사위원회의 위원장(이하 "감사위원장"이라 한다) 1명을 포함한 7명 이내의 감사위원으로 성별을 고려하여 구성한다(제국법 제131조 제2항). 감사위원장은 도의회의 동의를 받아 도지사가 임명한다(제국법 제132조 제1항). 감사위원은 도조례로 정하는 자격을 갖춘 사람 중에서 도지사가 임명하거나 위촉하되, 감사위원 중 3명은 도의회가 추천한 사람을 위촉하고, 1명은 도교육감이 추천한 사람을 임명·위촉한다(제국법 제131조 제3항). 제주자치도 소속 공무원이 아닌 감사위원의 임기는 3년으로 한다(제국법 제131조 제6항).

5. 주민참여의 특례

775o (1) 주민투표 도지사는 「주민투표법」 제7조 제2항 제3호에도 불구하고 도조례로 정하는 예산 이상이 필요한 대규모 투자사업에 대하여는 주민투표에 부

칠 수 있다(제국법 제28조 제1항). 「주민투표법」 제9조 제2항에도 불구하고 주민투표청구권자 총수의 50분의 1 이상 5분의 1 이하의 범위 안에서 도조례로 정하는 수 이상의 서명으로 주민투표의 실시를 청구할 수 있다(제국법 제28조 제2항).

⑵ **주민소환** 주민소환이란 주민들의 투표를 통해 선출직 공직자의 공직을 상실하게 하는 것을 말한다. 주민소환에 관하여 제주특별자치도 설치 및 국제자유도시 조성을 위한 특별법 등 다른 법률에 특별한 규정이 있는 경우를 제외하고는 주민소환에 관한 법률이 적용된다(주소법 제6조). 제주특별자치도 설치 및 국제자유도시 조성을 위한 특별법 제30조에서 제35조에 걸쳐 주민소환투표의 청구 등에 관한 특례가 규정되어 있다. 775q

6. 재정상의 특례

⑴ **국가의 재정지원** 국가는 제주자치도에 대한 재정지원이 제주자치도 설치 이전에 지원한 수준 이상이 되도록 보장한다(제국법 제125조 제1항). 국가는 제주자치도의 발전을 위한 안정적인 재정확보를 위하여 중앙행정기관의 권한 이양과 각종 국가보조사업의 수행 등에 소요되는 비용에 대하여 「지방자치분권 및 지역균형발전에 관한 특별법」의 지역균형발전특별회계에 별도 계정을 설치하여 지원할 수 있다(제국법 제125조 제2항). 775r

⑵ **지방채 등의 발행** 도지사는 제주자치도의 발전과 관계가 있는 사업을 위하여 필요하면 「지방재정법」 제11조에도 불구하고 도의회의 의결을 마친 후 외채 발행과 지방채 발행 한도액의 범위를 초과한 지방채 발행을 할 수 있다. 이 경우 「지방재정법」 제11조 제2항에서 대통령령으로 정하는 지방채 발행 한도액을 초과하여 지방채를 발행하려면 도의회 재적의원 과반수가 출석하고 출석의원 3분의 2 이상의 찬성을 받아야 한다(제국법 제126조). 775s

⑶ **예산편성 과정에 주민참여** 도지사는 예산편성 과정에 주민이 공모방식 등으로 참여할 수 있도록 하여야 한다(제국법 제127조 제1항). 주민참여 예산의 범위, 참여 주민의 선정방법·절차, 주민참여과정 등에 관하여 필요한 사항은 도조례로 정한다(제국법 제127조 제2항). 775t

7. 교육자치의 특례

⑴ **교육위원회** 제주자치도는 「지방자치법」 제64조에도 불구하고 도의회에 교육·과학·기술·체육 그 밖의 학예(이하 "교육·학예"라 한다)에 관한 소관사항을 심의·의결하기 위하여 상임위원회(이하 "교육위원회"라 한다)를 둔다(제국법 제63조). 교육위원회는 9인으로 구성하되, 도의회의원 4인과 「지방자치법」 제38조 775u

및 「공직선거법」의 지역선거구시·도의회의원선거에 관한 규정에 따라 별도로 선출한 도의회의원(이하 "교육의원"이라 한다) 5명으로 구성한다(제국법 제64조 제1항).

775v ⑵ **교육의원** 정당은 「공직선거법」 제47조의 규정에도 불구하고 교육의원선거에 후보자를 추천할 수 없으며, 교육의원 후보자의 추천과 등록에 관하여는 「공직선거법」 제48조 및 제49조에 따른 지역선거구시·도의회의원선거의 무소속후보자의 추천과 등록에 관한 사항을 준용한다(제국법 제65조 제1항). 교육의원 선거에 관하여 이 법에서 규정한 사항을 제외하고는 그 성질에 반하지 아니하는 범위에서 「공직선거법」 및 「정치자금법」의 지역선거구시·도의회의원선거에 관한 규정을 준용한다. 다만, 투표용지의 후보자 게재순위 등에 관하여는 「지방교육자치에 관한 법률」 제48조를 준용한다(제국법 제65조 제2항).

775w ⑶ **교육위원회의 심의·의결사항** 교육위원회는 제주자치도의 교육·학예에 관한 ① 조례안, ② 예산안과 결산, ③ 특별부과금·사용료·수수료·분담금 및 가입금의 부과와 징수에 관한 사항, ④ 공채(公債)모집안, ⑤ 기금의 설치·운용에 관한 사항, ⑥ 도조례로 정하는 중요재산의 취득·처분에 관한 사항, ⑦ 도조례로 정하는 공공시설의 설치·관리 및 처분에 관한 사항, ⑧ 법령과 조례에서 정한 사항을 제외한 예산 외 의무부담이나 권리의 포기에 관한 사항, ⑨ 청원의 수리와 처리, ⑩ 외국 지방자치단체와의 교류협력에 관한 사항, ⑪ 그 밖에 법령과 도조례에 따라 그 권한에 속하는 사항을 심의·의결한다(제국법 제68조 제1항). ⑤ 내지 ⑪에 규정된 사항에 대하여 행한 교육위원회의 의결은 도의회 본회의의 의결로 본다(제국법 제68조 제2항).

775x ⑷ **도교육감** 도교육감은 주민의 보통·평등·직접·비밀선거에 의하여 선출한다(제국법 제74조 제1항). 도교육감선거에 관하여 이 법에 규정한 사항을 제외하고는 「지방교육자치에 관한 법률」 제6장 및 제8장을 준용한다(제국법 제74조 제2항).

775y **8. 자치경찰의 특례** 옆번호 1137 이하를 보라.

9. 기 타

775z 이 밖에도 제주특별자치도 설치 및 국제자유도시 조성을 위한 특별법은 제3편에서 국제자유도시의 개발 및 기반 조성(국제자유도시의 개발에 관한 계획, 외국인의 자유왕래 및 정주환경 조성, 교육환경의 조성, 세계평화의 섬 지정), 제4편에서 산업발전 및 자치분권 강화(관광 및 문화의 진흥, 농업·임업·축산업·수산업 및 식품산업의 진흥, 지식경제산업의 진흥, 의료·보건복지 및 보훈의 증진, 환경의 보전, 고용 및 노동서비스

증진, 토지의 이용 및 교통·항만 등의 개선, 소비자보호 및 소방·안전의 강화), 제6편에서 벌칙을 규정하고 있다.

Ⅳ. 강원특별자치도의 특례[1)]

1. 관련 법률

(1) **근거 법률** 종전의 강원도의 지역적·역사적·인문적 특성을 살려 시·군의 자율과 책임, 창의성과 다양성을 바탕으로 고도의 자치권이 보장되는 강원특별자치도를 설치하여 실질적인 지방분권을 보장하고, 규제혁신을 통한 자유로운 경제활동과 환경자원의 효율적인 관리를 통하여 미래산업글로벌도시를 조성함으로써 도민의 복리증진과 국가발전에 이바지함을 목적으로 강원특별자치도 설치 및 미래산업글로벌도시 조성을 위한 특별법(약칭: 강원특별법)이 제정되어 있다. 이 법률은 2024. 6. 8.부터 시행에 들어갔다. 776

(2) **강원특별법과 다른 법률과의 관계** 강원특별법은 강원자치도의 조직·운영, 중앙행정기관의 권한 이양 및 규제완화 등에 관하여 다른 법률에 우선하여 적용한다. 다만, 다른 법률에 강원자치도에 관하여 특별한 규정이 있는 경우에는 그 법률에서 정하는 바에 따른다(강원특별법 제6조 제1항). 776a

2. 강원특별자치도의 설치

정부의 직할(直轄)로 강원특별자치도를 설치한다(강원특별법 제7조 제1항). 강원특별자치도의 관할구역은 종전의 강원도의 관할구역으로 한다(강원특별법 제7조 제2항). 강원특별자치도는 이 법에서 정하는 범위에서 특수한 지위를 가진다(강원특별법 제7조 제3항). 776b

3. 사무위탁 특례

강원특별자치도지사 또는 강원특별자치도교육감은 소관 사무와 법령에 따라 위임된 사무의 일부를 다른 지방자치단체나 그 장에게 위탁하여 처리하게 할 수 있다(강원특별법 제9조 제1항). 사무위탁에 관하여 이 법에서 규정한 사항을 제외하고는「지방자치법」제168조의 사무의 위탁에 관한 규정을 준용한다(강원 776c

---

1) 종전의 강원도의 지역적·역사적·인문적 특성을 살려 고도의 자치권이 보장되는 강원특별자치도를 설치하여 실질적인 지방분권을 보장하고 지역의 경쟁력을 제고하여 도민의 복리증진을 실현하고 국가발전에 이바지함을 목적으로 강원특별자치도 설치 등에 관한 특별법이 제정되어 2023. 6. 11.부터 시행에 들어가면서, 종전의 강원도는 폐지되었다(동법 부칙 제2조). 그러나 이 법률은 강원특별자치도 설치 및 미래산업글로벌도시 조성을 위한 특별법(약칭: 강원특별법)으로 전면 개정되었다.

특별법 제9조 제2항).

4. 주민투표에 관한 특례

776d 주민투표법 제9조 제2항에도 불구하고 주민투표청구권자 총수의 30분의 1 이상 5분의 1 이하의 범위에서 도조례로 정하는 수 이상의 서명으로 주민투표의 실시를 청구할 수 있다(강원특별법 제14조).

5. 지역인재의 선발채용

776e 도지사 또는 도교육감은 도조례로 정하는 바에 따라 지역인재를 선발하여 3년의 범위에서 수습으로 근무하게 하고, 그 근무기간 동안 근무성적과 자질이 우수하다고 인정되는 사람은 수습기간이 끝나기 1개월 전까지 도인사위원회 또는 도교육청인사위원회의 심의를 마친 후 7급 이하의 공무원으로 임용할 수 있다(강원특별법 제16조 제1항). 제1항에 따라 수습으로 근무하고 있는 사람을 7급 이하의 공무원으로 임용할 때에는 「지방공무원법」 제28조 제1항에도 불구하고 시보 임용을 면제한다(강원특별법 제16조 제2항).

6. 주민참여 예산제도

776f 도지사는 예산편성 과정에 주민이 공모방식 등에 의하여 참여할 수 있도록 하여야 한다(강원특별법 제18조 제1항). 주민참여 예산의 범위, 참여 주민의 선정 방법 및 절차, 주민참여과정 등에 관하여 필요한 사항은 도조례로 정한다(강원특별법 제18조 제2항).

7. 감사위원회

776g 「지방자치법」 제190조(지방교육자치에 관한 법률 제3조에 따라 준용되는 경우를 포함한다), 지방공무원법 제81조에도 불구하고 감사대상 기관 및 그 기관에 속한 자의 제반 업무와 활동 등을 조사·점검·확인·분석·검증하고 제25조에 따라 그 결과를 처리하는 행위(이하 "자치감사"라 한다)를 수행하기 위하여 도지사 소속으로 감사위원회를 둔다(강원특별법 제21조 제1항). 감사위원회는 그 직무에 있어서는 독립된 지위를 가진다(강원특별법 제21조 제2항).

8. 시·군에 대한 특례

776h 강원자치도의 시장·군수는 도지사와 협의를 거쳐 지방자치법 제198조 제2항 제2호에 따라 해당 시·군에 대한 특례 부여를 행정안전부장관에게 요청할 수 있다(강원특별법 제17조 제1항). 행정안전부장관은 제1항에 따른 요청을 받은

경우 관계 중앙행정기관의 장과의 협의를 거쳐 관계 법률에서 정하는 바에 따라 특례를 부여할 수 있다(강원특별법 제17조 제2항). 강원자치도는 특례를 부여받은 시·군이 수행하는 사업에 대하여 행정적·재정적 지원을 할 수 있다(강원특별법 제17조 제3항).

Ⅴ. 전북특별자치도의 특례

1. 관련 법률

(1) **근거 법률** 종전의 전라북도의 지역적·역사적·인문적 특성을 살려 776j1
고도의 자치권이 보장되는 전북특별자치도를 설치하여 실질적인 지방분권을 보장하고 지역의 경쟁력을 제고하여 도민의 복리증진을 실현하고 국가발전에 이바지함을 목적으로 전북특별자치도 설치 등에 관한 특별법(약칭: 전북특별법)이 제정되어 있다. 이 법률은 2024. 1. 18.부터 시행에 들어갔다. 종전의 전라북도는 폐지되었다(전북특별법 부칙 제2조).

(2) **전북특별법과 다른 법률의 관계** 전북특별법은 전북자치도의 조직·운 776j2
영, 중앙행정기관의 권한 이양 및 규제완화 등에 관하여 다른 법률에 우선하여 적용한다. 다만, 다른 법률에 전북자치도에 관하여 특별한 규정이 있는 경우에는 그 법률에서 정하는 바에 따른다(전북특별법 제5조 제1항).

2. 전북특별자치도의 설치

정부의 직할로 전북특별자치도를 설치한다(전북특별법 제6조 제1항). 전북특별 776j3
자치도의 관할구역은 종전의 전라북도의 관할구역으로 한다(전북특별법 제6조 제2항). 전북특별자치도는 이 법에서 정하는 범위에서 특수한 지위를 가진다(전북특별법 제6조 제3항).

3. 사무위탁 특례

전북특별자치도지사 또는 전북특별자치도교육감은 소관 사무와 법령에 따 776j4
라 위임된 사무의 일부를 다른 지방자치단체나 그 장에게 위탁하여 처리하게 할 수 있다(전북특별법 제9조 제1항). 사무위탁에 관하여 이 법에서 규정한 사항을 제외하고는 「지방자치법」 제168조의 사무의 위탁에 관한 규정을 준용한다(전북특별법 제9조 제2항).

4. 주민투표에 관한 특례

주민투표법 제9조 제2항에도 불구하고 주민투표청구권자 총수의 30분의 1 776j5

이상 5분의 1 이하의 범위에서 도조례로 정하는 수 이상의 서명으로 주민투표의 실시를 청구할 수 있다(전북특별법 제13조).

5. 지역인재의 선발채용

776j6 도지사 또는 도교육감은 도조례로 정하는 바에 따라 지역인재를 선발하여 3년의 범위에서 수습으로 근무하게 하고, 그 근무기간 동안 근무성적과 자질이 우수하다고 인정되는 사람은 수습기간이 끝나기 1개월 전까지 도인사위원회 또는 도교육청인사위원회의 심의를 마친 후 7급 이하의 공무원으로 임용할 수 있다(전북특별법 제15조 제1항). 제1항에 따라 수습으로 근무하고 있는 사람을 7급 이하의 공무원으로 임용할 때에는 「지방공무원법」 제28조 제1항에도 불구하고 시보 임용을 면제한다(전북특별법 제15조 제2항).

6. 주민참여 예산제도

776j7 도지사는 예산편성 과정에 주민이 공모방식 등에 의하여 참여할 수 있도록 하여야 한다(전북특별법 제16조 제1항). 주민참여 예산의 범위, 참여 주민의 선정방법 및 절차, 주민참여과정 등에 관하여 필요한 사항은 도조례로 정한다(전북특별법 제16조 제2항).

7. 감사위원회

776j8 지방자치법 제190조(지방교육자치에 관한 법률 제3조에 따라 준용되는 경우를 포함한다), 「지방공무원법」 제81조에도 불구하고 감사대상 기관 및 그 기관에 속한 자의 제반 업무와 활동 등을 조사·점검·확인·분석·검증하고 제21조에 따라 그 결과를 처리하는 행위(이하 "자치감사"라 한다)를 수행하기 위하여 도지사 소속으로 감사위원회를 둔다(전북특별법 제17조 제1항). 감사위원회는 그 직무에 있어서는 독립된 지위를 가진다(전북특별법 제17조 제2항).

8. 시·군에 대한 특례

776j9 전북자치도의 시장·군수는 도지사와 협의를 거쳐 지방자치법 제198조 제2항 제2호에 따라 해당 시·군에 대한 특례 부여를 행정안전부장관에게 요청할 수 있다(전북특별법 제24조 제1항). 행정안전부장관은 제1항에 따른 요청을 받은 경우 관계 중앙행정기관의 장과의 협의를 거쳐 관계 법률에서 정하는 바에 따라 특례를 부여할 수 있다(전북특별법 제24조 제2항). 전북자치도는 특례를 부여받은 시·군이 수행하는 사업에 대하여 행정적·재정적 지원을 할 수 있다(전북특별법 제24조 제3항).

제 2 절 기타 행정 특례

Ⅰ. 자치구의 재원 조정

1. 의 의

특별시장이나 광역시장은 「지방재정법」에서 정하는 바에 따라 해당 지방자치단체의 관할 구역의 자치구 상호 간의 재원을 조정하여야 한다(지자법 제196조). 특별시장 및 광역시장은 대통령령으로 정하는 보통세 수입의 일정액을 조정교부금으로 확보하여 조례로 정하는 바에 따라 해당 지방자치단체 관할구역의 자치구 간 재정력 격차를 조정하여야 한다(지정법 제29조의2 제1항). 재원조정은 특별시·광역시 자치구 간에 나타나는 재정격차의 해소를 통해 자치구 간에 균형 있는 행정서비스의 제공이 이루어지도록 하기 위한 것이다. 776k

2. 종 류

지방재정법 제29조의2에 따른 조정교부금은 일반적 재정수요에 충당하기 위한 일반조정교부금과 특정한 재정수요에 충당하기 위한 특별조정교부금으로 구분하여 운영하되, 특별조정교부금은 민간에 지원하는 보조사업의 재원으로 사용할 수 없다(지정법 제29조의3). 776k1

3. 내 용

(1) **지방자치법에 따른 조정교부금** 지방자치법 제196조에 따른 자치구 상호 간의 조정 재원은 해당 시세 중 「지방세기본법」 제8조 제1항 제1호 각 목의 보통세(광역시의 경우에는 「지방세법」 제7장 제3절의 주민세 사업소분과 같은 장 제4절의 주민세 종업원분은 제외한다)로 한다(지자령 제117조 제1항). 776k2

(2) **지방재정법에 따른 조정교부금** 특별시장 및 광역시장은 「지방세법」 제43조 제2호의 장외발매소(같은 법 같은 조 제1호의 경륜등의 사업장과 함께 있는 장외발매소는 제외한다)에서 발매한 승자투표권등에 대하여 자치구에서 징수한 레저세의 100분의 20에 해당하는 금액을 그 장외발매소가 있는 자치구에 각각 배분하여야 한다(지정법 제29조의2 제2항).[1] 776k3

---

1) 지방재정법은 자치구의 재원 조정 수단으로서 조정교부금 외에 시·도(특별시 제외)의 시·군 간의 재정력 격차를 조정하기 위한 조정교부금도 규정하고 있다(지정법 제29조).

Ⅱ. 대도시 등에 대한 특례

대도시 등에 대한 특례는 지방자치법, 지방자치분권 및 지방행정체제개편에 관한 특별법 그리고 개별 법률에서[1] 볼 수 있다.

1. 지방자치법상 내용

776m (1) **특례의 필요성** "인구에 따른 행정수요에 대응하는 실질적 지방자치의 구현, 국가균형발전과 지역경쟁력 강화, 사무이양에 따른 사무배분과 재정분권의 실현, 대도시의 자치권한 행사, 지역특성과 다양성 기반의 실질적 지방자치 실현" 등이 특례·특례시가 필요한 이유로 제시되고 있다.

(2) **특례의 유형**

776m1 (가) **지방자치법 제198조 제1항의 특례** 서울특별시·광역시 및 특별자치시를 제외한 인구 50만 이상 대도시의 행정, 재정 운영 및 국가의 지도·감독에 대해서는 그 특성을 고려하여 관계 법률로 정하는 바에 따라 특례를 둘 수 있다(지자법 제198조 제1항). 지방자치법 제198조 제1항에 따른 특례는 서울특별시·광역시 및 특별자치시를 제외한 인구 50만 이상 대도시를 대상으로 한다. 제1항에 따른 인구 50만 이상 대도시 … 의 인구 인정기준은 대통령령으로 정한다(지자법 제198조 제3항).

776m2 (나) **지방자치법 제198조 제2항의 특례** 제1항에도 불구하고 서울특별시·광역시 및 특별자치시를 제외한 다음 각 호[1. 인구 100만 이상 대도시(이하 "특례시"라 한다), 2. 실질적인 행정수요, 국가균형발전 및 지방소멸위기 등을 고려하여 대통령령으로 정하는 기준과 절차에 따라 행정안전부장관이 지정하는 시·군·구]의 어느 하나에 해당하는 대도시 및 시·군·구의 행정, 재정 운영 및 국가의 지도·감독에 대해서는 그 특성을 고려하여 관계 법률로 정하는 바에 따라 추가로 특례를 둘 수 있다(지자법 제198조 제2항).

776m3 1) **인구 100만 이상 대도시** 서울특별시·광역시 및 특별자치시를 제외한 인구 100만 이상 대도시가 특례 적용의 대상이 된다. 이러한 대도시를 특례시라 한다(지자법 제198조 제2항 제1호). 제2항 제1호에 따른 특례시의 인구 인정기준은

---

1) 개별 법률로 ① 온천법, 산업집적법, 대기환경보전법, 물환경보전법, 악취방지법, 환경영향평가법, 국토계획법, 도시개발법, 도시정비법, 도시재정비법, 산업입지법, 주택법, 지적재조사에 관한 특별법, 공간정보법 등에서 인구 50만 명 이상의 대도시에 대한 특례를 규정하고 있고, ② 지방공기업법, 건축법, 지방연구원법, 택지개발촉진법, 도시재정비법, 농지법, 박물관미술관법, 농지법, 개발제한구역법 등 8개 법률에서 인구 100만 명 이상의 대도시에 대한 특례를 규정하고 있다고 한다(김남욱, "실질적 지방자치의 실현을 위한 법제도로서 특례시 제도의 법적 쟁점," 지방자치법연구, 통권 제62호, 89쪽 이하).

대통령령으로 정한다(지자법 제198조 제3항).

2) 행정안전부장관이 지정하는 시·군·구 실질적인 행정수요, 국가균형발전 및 지방소멸위기 등을 고려하여 대통령령으로 정하는 기준과 절차에 따라 행정안전부장관이 지정하는 시·군·구가 또한 특례 적용의 대상이 된다. 776m4

(3) 특례의 법형식 특례는 법률로 정한다. 특례를 규정하는 법률에서 구체적으로 범위를 정하여 행정입법에 위임할 수도 있다. 776m5

(4) 특례의 내용

1) 의 의 ① 특례는 해당 지방자치단체의 행정, 재정 운영 및 국가의 지도·감독을 규정 대상으로 한다. ② 제198조 제2항 제1호에 따라 특례가 인정된 대도시에 제198조 제2항에 따라 다시 특례가 인정되면, 그 대도시에는 「제198조 제1항에 따라 50만 이상 대도시에 부여되는 특례」를 초과하는 새로운 사항이 특례로 인정받게 된다. 776m6

2) 지방자치법 제14조 제1항 제2호와의 관계 지방자치법 제14조 제1항 제2호는 "인구 50만 이상의 시에 대해서는 도가 처리하는 사무의 일부를 직접 처리하게 할 수 있다"고 하여 인구 50만 이상의 시에 대해서 인구 50만 이상의 시에 사무처리권한의 확대를 규정하고 있다. 지방자치법 제14조 제1항 제2호에 따른 인구 50만 이상의 시의 사무처리권한의 확대와 지방자치법 제198조 제1항에 따른 사무처리권한의 확대는 별개의 제도이다. 전자에 따른 사무처리권한의 배분기준은 대통령령으로 정하지만, 후자에 따른 사무처리권한의 확대는 법률로 규정한다. 776m7

2. 지방자치분권 및 지방행정체제개편에 관한 특별법상 내용

(1) 대도시에 대한 사무특례 특별시와 광역시가 아닌 다음 각 호[1. 인구 50만 이상 대도시, 2. 인구 100만 이상 대도시(이하 "특례시"라 한다)]의 어느 하나에 해당하는 대도시의 행정·재정 운영 및 지도·감독에 대하여는 그 특성을 고려하여 관계 법률에서 정하는 바에 따라 특례를 둘 수 있다. 다만, 인구 30만 이상인 지방자치단체로서 면적이 1천제곱킬로미터 이상인 경우 이를 인구 50만 이상 대도시로 본다(동법 제40조 제1항). 자치분권위원회는 제1항에 따른 특례를 발굴하고 그 이행방안을 마련하여야 한다(동법 제40조 제2항). 776n

(2) 특례시의 사무특례 특별시와 광역시가 아닌 특례시의 장은 관계 법률의 규정에도 불구하고 다음 각 호의 사무를 처리할 수 있다(동법 제41조). 776o

1. 「지방공기업법」 제19조 제2항에 따른 지역개발채권의 발행. 이 경우 미리 지방의회의 승인을 받아야 한다.

2. 「건축법」 제11조 제2항 제1호에 따른 건축물에 대한 허가. 다만, 다음 각 목의 어느 하나에 해당하는 건축물의 경우에는 미리 도지사의 승인을 받아야 한다.
가. 51층 이상인 건축물(연면적의 100분의 30 이상을 증축하여 층수가 51층 이상이 되는 경우를 포함한다)
나. 연면적 합계가 20만제곱미터 이상인 건축물(연면적의 100분의 30 이상을 증축하여 연면적 합계가 20만제곱미터 이상이 되는 경우를 포함한다)
3. 「택지개발촉진법」 제3조 제1항에 따른 택지개발지구의 지정(도지사가 지정하는 경우에 한한다). 이 경우 미리 관할 도지사와 협의하여야 한다.
4. 「소방기본법」 제3조 및 제6조에 따른 화재 예방·경계·진압 및 조사와 화재, 재난·재해, 그 밖의 위급한 상황에서의 구조·구급 등의 업무
5. 도지사를 경유하지 아니하고 「농지법」 제34조에 따른 농지전용허가 신청서의 제출
6. 「지방자치법」 제112조에 따라 지방자치단체별 정원의 범위에서 정하는 5급 이하 직급별·기관별 정원의 책정
7. 도지사를 경유하지 아니하고 「개발제한구역의 지정 및 관리에 관한 특별조치법」 제4조에 따른 개발제한구역의 지정 및 해제에 관한 도시·군관리계획 변경 결정 요청. 이 경우 미리 관할 도지사와 협의하여야 한다.
8. 「환경개선비용 부담법」 제9조 제5항 및 제22조에 따른 환경개선부담금의 부과·징수
9. 「항만법」 제2조 제6호 나목에 따라 지방관리무역항에서 시·도가 행정주체이거나 시·도지사가 관리청으로서 수행하는 항만의 개발 및 관리에 관한 행정 업무, 「선박의 입항 및 출항 등에 관한 법률」 제2조 제2호의2 나목에 따라 지방관리무역항에서 시·도가 행정주체이거나 시·도지사가 관리청으로서 수행하는 선박의 입항 및 출항 등에 관한 행정 업무, 「항만운송사업법」 제2조 제7항 제2호에 따라 지방관리무역항에서 시·도가 행정주체이거나 시·도지사가 관리청으로서 수행하는 항만운송사업 및 항만운송관련사업의 등록, 신고 및 관리 등에 관한 행정 업무, 「해양환경관리법」 제33조 제1항 제2호에 따른 해양시설의 신고 및 변경신고 업무, 같은 법 제115조 제2항에 따른 출입검사·보고 등의 업무 및 같은 법 제133조에 따른 과태료(제132조 제2항 제2호에 따른 과태료로 한정한다)의 부과·징수 업무

10. 「공유수면 관리 및 매립에 관한 법률」 제6조, 제8조부터 제10조까지, 제13조부터 제21조까지, 제55조, 제57조, 제58조 및 제66조에 따른 지방관리무역항 항만구역 안에서의 방치 선박 제거 및 공유수면 점용·사용허가 등 공유수면의 관리
11. 「산지관리법」 제14조 제1항에 따른 산지전용허가[산지전용허가를 받으려는 산지면적이 50만제곱미터 이상 200만제곱미터 미만(보전산지의 경우에는 3만제곱미터 이상 100만제곱미터 미만)인 경우로서 산림청장 소관이 아닌 국유림, 공유림 또는 사유림의 산지로 한정한다]의 절차 및 심사에 관한 업무
12. 「건설기술 진흥법」 제5조 제1항에 따른 지방건설기술심의위원회의 구성·기능 및 운영에 관한 업무
13. 「물류시설의 개발 및 운영에 관한 법률」 제22조, 제22조의2, 제22조의3, 제22조의5부터 제22조의7까지, 제26조부터 제28조까지, 제44조, 제46조, 제50조의3, 제52조의2, 제52조의3, 제53조, 제54조, 제57조에 따른 물류단지의 지정·지정해제 및 개발·운영 등의 업무

(3) **특례시의 보조기관 등** ① 「지방자치법」 제123조 제1항에도 불구하고 776p
특례시의 부시장은 2명으로 한다. 이 경우 부시장 1명은 「지방자치법」 제123조 제4항에도 불구하고 일반직, 별정직 또는 임기제 지방공무원으로 보(補)할 수 있다(동법 제42조 제1항). ② 제1항에 따라 부시장 2명을 두는 경우에 명칭은 각각 제1부시장 및 제2부시장으로 하고, 그 사무 분장은 해당 지방자치단체의 조례로 정한다(동법 제42조 제2항). ③ 「지방자치법」 제68조, 제102조 및 제125조에도 불구하고 특례시의 행정기구 및 정원은 인구, 도시 특성, 면적 등을 고려하여 대통령령으로 정할 수 있다(동법 제42조 제3항).

(4) **대도시에 대한 재정특례** ① 도지사는 「지방재정법」 제29조에 따라 배 776q
분되는 조정교부금과 별도로 제40조 제1항에 따른 대도시의 경우에는 해당 시에서 징수하는 도세(원자력발전에 대한 지역자원시설세, 소방분 지역자원시설세 및 지방교육세는 제외한다) 중 100분의 10 이하의 범위에서 일정 비율을 추가로 확보하여 해당 시에 직접 교부하여야 한다(동법 제43조 제1항). ② 제1항에 따라 대도시에 추가로 교부하는 도세의 비율은 사무이양 규모 및 내용 등을 고려하여 대통령령으로 정한다(동법 제43조 제2항). ③ 특례시의 경우 「지방세법」 제142조 제1항에 따른 소방분 지역자원시설세는 「지방세기본법」 제8조 제2항 제2호 가목에도 불구하고 시세로 한다(동법 제43조 제3항).

제 6 장 특별지방자치단체

Ⅰ. 관 념

1. 의 의

777 2개 이상의 지방자치단체가 공동으로 특정한 목적을 위하여 광역적으로 사무를 처리할 필요가 있을 때에는 특별지방자치단체를 설치할 수 있다. 이 경우 특별지방자치단체를 구성하는 지방자치단체(이하 "구성 지방자치단체"라 한다)는 상호 협의에 따른 규약을 정하여 구성 지방자치단체의 지방의회 의결을 거쳐 행정안전부장관의 승인을 받아야 한다(지자법 제199조 제1항). 이 조항은 2022. 1. 13. 시행 지방자치법전부개정법률에 신설되었다. 입법의 취지는 지역균형 발전의 흐름에 맞추어 초광역권 협력체계(메가시티)를[1] 용이하게 구축할 수 있도록 하는 법적 근거를 마련하기 위한 것으로 보인다.

2. 성 질

777a ① 특별지방자치단체는 법인으로 한다(지자법 제199조 제3항). 지방자치법 제12장이 규정하는 특별지방자치단체는 지방자치법에 근거를 둔 공법인으로서 독자적으로 권리능력과 행위능력 등을 갖는다. ② 특별지방자치단체는 광의의 특별지방자치단체의[2] 일종이다. ③ 특별지방자치단체는 주민을 구성원으로 하고 있는 것이 아니므로 지역사단으로 보기는 어려운 면도 있다.

3. 구 성 원

777b ① 특별지방자치단체의 구성원은 지방자치단체이며, 지방자치단체의 주민이나 장은 구성원이 아니다. ② 특별지방자치단체의 구성원은 반드시 지역적으로 접속되어 있는 지방자치단체이어야 하는 것은 아니다. ③ 특별지방자치단체의 구성원인 시·군 및 자치구는 반드시 동일한 광역지방자치단체에 속하여야 하는 것도 아니다. ④ 광역지방자치단체와 기초지방자치단체를 동시에 구성원

1) 연합뉴스(인터넷판), 2012. 7. 29., "'메가시티에 한 걸음 더' 부울경 특별지자체 합동추진단 개소" 참조.
2) 제2절 제1항 Ⅱ. 특별지방자치단체를 보라.

으로 하는 특별지방자치단체는 인정되지 어려워 보인다. 즉, 특별지방자치단체는 법인격을 갖는 단체이고, 상대방이나 제 3 자와의 법률관계의 안정성과 명확성 등을 고려할 때 법인격의 부여는 법률의 명시적 규정에 의해서만 가능하다고 볼 것이므로, 광역지방자치단체와 기초지방자치단체 간에 광역적으로 사무를 처리를 위하여 특별지방자치단체조합의 결성을 허용하는 것은 어렵다.

4. 구 역

특별지방자치단체의 구역은 구성 지방자치단체의 구역을 합한 것으로 한 777c
다. 다만, 특별지방자치단체의 사무가 구성 지방자치단체 구역의 일부에만 관계되는 등 특별한 사정이 있을 때에는 해당 지방자치단체 구역의 일부만을 구역으로 할 수 있다(지자법 제201조).

5. 처리사무

특별지방자치단체의 처리사무에 자치사무는 당연히 포함된다. 지방자치법 777d
은 단순히 지방자치단체의 사무라고 규정하고 있을 뿐, 특별한 제한은 가하고 있지 아니하므로 단체위임사무도 포함된다. 다만, 특별지방자치단체를 설치하기 위하여 국가 또는 시·도 사무의 위임이 필요할 때에는 구성 지방자치단체의 장이 관계 중앙행정기관의 장 또는 시·도지사에게 그 사무의 위임을 요청할 수 있다(지자법 제199조 제4항). 그러나 기관위임사무는 포함된다고 보기 어렵다. 기관위임사무는 지방자치단체의 장의 사무이지 지방자치단체의 사무는 아니기 때문이다.

Ⅱ. 설 립

1. 임의설립과 설립의 권고

(1) **임의설립** ① 2개 이상의 지방자치단체는 자유로운 판단에 따라 특별 777e
지방자치단체를 설립할 수 있다(지자법 제199조 제1항). ② 특별지방자치단체를 설치하기 위하여 국가 또는 시·도 사무의 위임이 필요할 때에는 구성 지방자치단체의 장이 관계 중앙행정기관의 장 또는 시·도지사에게 그 사무의 위임을 요청할 수 있다(지자법 제199조 제4항).

(2) **설립의 권고** 지방자치단체의 사무수행을 위해 국가가 조합의 설립을 777f
강제하는 것은 지방자치단체의 조직고권에 대한 침해를 가져온다. 다만, 행정안전부장관은 공익상 필요하다고 인정할 때에는 관계 지방자치단체에 대하여 특별지방자치단체의 설치, 해산 또는 규약 변경을 권고할 수 있다. 이 경우 행정안전부장관의 권고가 국가 또는 시·도 사무의 위임을 포함하고 있을 때에는 사전에 관계 중앙행정기관의 장 또는 시·도지사와 협의하여야 한다(지자법 제200조).

2. 규 약

777g 규약의 작성을 위한 협의는 공법상 합동행위의 일종이다. 특별지방자치단체의 규약은 조례는 아니지만, 조례에 준하는 일종의 자치법규의 성질을 갖는다.

777h ⑴ **규약에 포함될 사항** 특별지방자치단체의 규약에는 법령의 범위에서 다음 각 호(1. 특별지방자치단체의 목적, 2. 특별지방자치단체의 명칭, 3. 구성 지방자치단체, 4. 특별지방자치단체의 관할 구역, 5. 특별지방자치단체의 사무소의 위치, 6. 특별지방자치단체의 사무, 7. 특별지방자치단체의 사무처리를 위한 기본계획에 포함되어야 할 사항, 8. 특별지방자치단체의 지방의회의 조직, 운영 및 의원의 선임방법, 9. 특별지방자치단체의 집행기관의 조직, 운영 및 장의 선임방법, 10. 특별지방자치단체의 운영 및 사무처리에 필요한 경비의 부담 및 지출방법, 11. 특별지방자치단체의 사무처리 개시일, 12. 그 밖에 특별지방자치단체의 구성 및 운영에 필요한 사항)의 사항이 포함되어야 한다(지자법 제202조 제1항).

777i ⑵ **지방의회의 의결 등** ① 특별지방자치단체를 구성하는 지방자치단체(이하 "구성 지방자치단체"라 한다)는 상호 협의에 따른 규약을 정하여 구성 지방자치단체의 지방의회 의결을 거쳐 행정안전부장관의 승인을 받아야 한다(지자법 제199조 제1항). ② 구성 지방자치단체의 장이 제1항 후단에 따라 행정안전부장관의 승인을 받았을 때에는 규약의 내용을 지체 없이 고시하여야 한다. 이 경우 구성 지방자치단체의 장이 시장·군수 및 자치구의 구청장일 때에는 그 승인사항을 시·도지사에게 알려야 한다(지자법 제199조 제6항).

⑶ **행정안전부장관 승인**

777j ㈎ **승인의 법적 성질** 특별지방자치단체의 설립에 감독청의 승인을 요하게 한 것은 지방자치단체의 조직고권에 대한 침해를 뜻하지만, 조합이 법인으로서 권리주체의 지위를 갖게 된다는 점을 고려하면, 본질적 내용에 대한 침해로 보기 어렵다. 감독기관의 승인행위의 성질은 일반행정법상 인가에 해당한다. 승인요건의 구비여부의 심사는 적법성 심사에 한정되어야 한다.

777k ㈏ **관계 중앙행정기관의 장, 시·도지사에 통지** ① 행정안전부장관은 제1항 후단에 따라 규약에 대하여 승인하는 경우 관계 중앙행정기관의 장 또는 시·도지사에게 그 사실을 알려야 한다(지자법 제199조 제2항). ② 행정안전부장관이 국가 또는 시·도 사무의 위임이 포함된 규약에 대하여 승인할 때에는 사전에 관계 중앙행정기관의 장 또는 시·도지사와 협의하여야 한다(지자법 제199조 제5항).

⑷ 규약의 변경

㈎ 지방의회의 의결과 행정안전부장관의 승인 구성 지방자치단체의 장은 제1항의 규약을 변경하려는 경우에는 구성 지방자치단체의 지방의회 의결을 거쳐 행정안전부장관의 승인을 받아야 한다. 이 경우 국가 또는 시·도 사무의 위임에 관하여는 제199조 제4항 및 제5항을 준용한다(지자법 제202조 제2항). 777l

㈏ 고시·통지 구성 지방자치단체의 장은 제2항에 따라 행정안전부장관의 승인을 받았을 때에는 지체 없이 그 사실을 고시하여야 한다. 이 경우 구성 지방자치단체의 장이 시장·군수 및 자치구의 구청장일 때에는 그 승인사항을 시·도지사에게 알려야 한다(지자법 제202조 제3항). 777m

⑸ 설립의 효과 특별지방자치단체가 설립되면 규약에 따른 사무의 처리권은 특별지방자치단체에 이전되고, 이로써 특별지방자치단체를 구성하는 지방자치단체는 그 사무의 처리권을 잃게 된다. 특별지방자치단체의 설립은 사무처리권의 범위에 변화를 가져오므로 사무처리권의 범위로 인한 분쟁을 방지하기 위하여 특별지방자치단체의 사무의 범위를 분명하게 해 둘 필요가 있다. 777n

Ⅲ. 조 직

1. 의 회

특별지방자치단체의 의회는 규약으로 정하는 바에 따라 구성 지방자치단체의 의회 의원으로 구성한다(지자법 제204조 제1항). 제1항의 지방의회의원은 제43조제1항에도 불구하고 특별지방자치단체의 의회 의원을 겸할 수 있다(지자법 제204조 제2항). 특별지방자치단체의 의회가 의결하여야 할 안건 중 대통령령으로 정하는 중요한 사항에 대해서는 특별지방자치단체의 장에게 미리 통지하고, 특별지방자치단체의 장은 그 내용을 구성 지방자치단체의 장에게 통지하여야 한다. 그 의결의 결과에 대해서도 또한 같다(지자법 제204조 제3항). 778

2. 지방자치단체의 장

특별지방자치단체의 장은 규약으로 정하는 바에 따라 특별지방자치단체의 의회에서 선출한다(지자법 제205조 제1항). 구성 지방자치단체의 장은 제109조에도 불구하고 특별지방자치단체의 장을 겸할 수 있다(지자법 제205조 제2항). 778a

3. 직 원

특별지방자치단체의 의회 및 집행기관의 직원은 규약으로 정하는 바에 따라 특별지방자치단체 소속인 지방공무원과 구성 지방자치단체의 지방공무원 중 778b

에서 파견된 사람으로 구성한다(지자법 제205조 제3항).

Ⅳ. 운 영

1. 기본계획

778c 특별지방자치단체의 장은 소관 사무를 처리하기 위한 기본계획(이하 "기본계획"이라 한다)을 수립하여 특별지방자치단체 의회의 의결을 받아야 한다. 기본계획을 변경하는 경우에도 또한 같다(지자법 제203조 제1항). 특별지방자치단체는 기본계획에 따라 사무를 처리하여야 한다(지자법 제203조 제2항). 특별지방자치단체의 장은 구성 지방자치단체의 사무처리가 기본계획의 시행에 지장을 주거나 지장을 줄 우려가 있을 때에는 특별지방자치단체의 의회 의결을 거쳐 구성 지방자치단체의 장에게 필요한 조치를 요청할 수 있다(지자법 제203조 제3항).

2. 사무처리상황 등의 통지

778d 특별지방자치단체의 장은 대통령령으로 정하는 바에 따라 사무처리 상황 등을 구성 지방자치단체의 장 및 행정안전부장관(시·군 및 자치구만으로 구성하는 경우에는 시·도지사를 포함한다)에게 통지하여야 한다(지자법 제207조).

3. 재 정

778e 특별지방자치단체의 운영 및 사무처리에 필요한 경비는 구성 지방자치단체의 인구, 사무처리의 수혜범위 등을 고려하여 규약으로 정하는 바에 따라 구성 지방자치단체가 분담한다(지자법 제206조 제1항). 구성 지방자치단체는 제1항의 경비에 대하여 특별회계를 설치하여 운영하여야 한다(지자법 제206조 제2항). 국가 또는 시·도가 사무를 위임하는 경우에는 그 사무를 수행하는 데 필요한 재정적 지원을 할 수 있다(지자법 제206조 제3항).

Ⅴ. 가입·탈퇴, 해산

1. 가입·탈퇴

778f 특별지방자치단체에 가입하거나 특별지방자치단체에서 탈퇴하려는 지방자치단체의 장은 해당 지방의회의 의결을 거쳐 특별지방자치단체의 장에게 가입 또는 탈퇴를 신청하여야 한다(지자법 제208조 제1항). 제1항에 따른 가입 또는 탈퇴의 신청을 받은 특별지방자치단체의 장은 특별지방자치단체 의회의 동의를 받아 신청의 수용 여부를 결정하되, 특별한 사유가 없으면 가입하거나 탈퇴하려는 지방자치단체의 의견을 존중하여야 한다(지자법 제208조 제2항). 제2항에 따른

가입 및 탈퇴에 관하여는 제199조를 준용한다(지자법 제208조 제3항).

2. 해　　산

구성 지방자치단체는 특별지방자치단체가 그 설치 목적을 달성하는 등 해 778g
산의 사유가 있을 때에는 해당 지방의회의 의결을 거쳐 행정안전부장관의 승인을 받아 특별지방자치단체를 해산하여야 한다(지자법 제209조 제1항). 구성 지방자치단체는 제1항에 따라 특별지방자치단체를 해산할 경우에는 상호 협의에 따라 그 재산을 처분하고 사무와 직원의 재배치를 하여야 하며, 국가 또는 시·도 사무를 위임받았을 때에는 관계 중앙행정기관의 장 또는 시·도지사와 협의하여야 한다. 다만, 협의가 성립하지 아니할 때에는 당사자의 신청을 받아 행정안전부장관이 조정할 수 있다(지자법 제209조 제2항). 특별지방자치단체 설립시 미리 규약으로 정할 수도 있을 것이다.

Ⅵ. 관련 규정의 적용

1. 지방자치단체에 관한 규정의 준용

시·도, 시·도와 시·군 및 자치구 또는 2개 이상의 시·도에 걸쳐 있는 시· 779
군 및 자치구로 구성되는 특별지방자치단체는 시·도에 관한 규정을, 시·군 및 자치구로 구성하는 특별지방자치단체는 시·군 및 자치구에 관한 규정을 준용한다. 다만, 제3조, 제1장 제2절, 제11조부터 제14조까지, 제17조 제3항, 제25조, 제4장, 제38조, 제39조, 제40조 제1항 제1호 및 제2호, 같은 조 제3항, 제41조, 제6장 제1절 제1관, 제106조부터 제108조까지, 제110조, 제112조 제2호 후단, 같은 조 제3호, 제123조, 제124조, 제6장 제3절(제130조는 제외한다)부터 제5절까지, 제152조, 제166조, 제167조 및 제8장 제2절부터 제4절까지, 제11장에 관하여는 그러하지 아니하다(지자법 제210조).

2. 다른 법률과의 관계

(1) **지방자치단체, 지방자치단체의 장**　　다른 법률에서 지방자치단체 또는 779a
지방자치단체의 장을 인용하고 있는 경우에는 제202조 제1항에 따른 규약으로 정하는 사무를 처리하기 위한 범위에서는 특별지방자치단체 또는 특별지방자치단체의 장을 인용한 것으로 본다(지자법 제211조 제1항).

(2) **시·도, 시·도지사**　　다 법률에서 시·도 또는 시·도지사를 인용하고 779b
있는 경우에는 제202조 제1항에 따른 규약으로 정하는 사무를 처리하기 위한 범위에서는 시·도, 시·도와 시·군 및 자치구 또는 2개 이상의 시·도에 걸쳐 있는 시·군 및 자치구로 구성하는 특별지방자치단체 또는 특별지방자치단체의 장을 인용한 것으로 본다(지자법 제211조 제2항).

779c (3) **시·군 및 자치구, 시장·군수 및 자치구의 구청장** 다른 법률에서 시·군 및 자치구 또는 시장·군수 및 자치구의 구청장을 인용하고 있는 경우에는 제202조제1항에 따른 규약으로 정하는 사무를 처리하기 위한 범위에서는 동일한 시·도 관할 구역의 시·군 및 자치구로 구성하는 특별지방자치단체 또는 특별지방자치단체의 장을 인용한 것으로 본다(지자법 제211조 제3항).

제3편 공무원법

제 1 장 공무원법서설

제 1 절 일 반 론

제 1 항 공무원제도

1. 관료제도

780 국가와 지방자치단체 등 행정주체는 여러 행정기관으로 구성되는 통일적이고 단일한 조직체이다. 행정기관이 행위하기 위해서는 기관구성자가 필요한데, 그 기관구성자가 바로 공무원이다. 공무원 또는 전공무원의 집단을 관료라 지칭하기도 한다. 국민에 대해 직접 책임을 지지 않는 행정관집단의 조직을 관료제라고[1] 부를 때, 관료제는 서구의 경우 절대관료제·정당관료제·현대적 관료제의 3단계의 발전을 거친 것으로 이해되고 있다. 절대관료제는 국왕에 의해 임명되는 관료로 구성되며, 국왕의 절대권력을 확립하고 옹호하는 데 기여하였다. 정당관료제는 근대민주정치의 발전 및 정당제도의 확립과 더불어 형성되었는데, 정치과정에서 승리한 정당과 그 압력단체에 의해 정실관계로 임명되는 관료와 아울러 정당에 봉사하는 관료를 내실로 하는 엽관주의를 특징으로 하였다.

2. 현대적 공무원제도

781 자유민주주의를 지향하는 오늘날의 현대국가에서 관료제는 절대관료제일 수 없고 정당관료제일 수도 없다. 오늘날의 관료제는 먼저 민주주의원리에 적합한 것이어야 한다. 현대적 관료제, 즉 공무원제도의 존재목적은 국민을 위함에 있다. 말하자면 공무원제도는 국민전체에 대한 봉사를 위한 것이다. 현대사회가 고도의 기술·산업사회임을 고려할 때, 오늘날의 관료제는 전문적이고도 직업적인 지식·경험·기술로 무장되고, 고도로 훈련된 관료집단을 필요로 한다. 말하자면 관료의 인사와 관련하여 직업공무원제도, 성적제도 등이 요구된다. 본서에서 공무원제란 현대적 공무원제를 의미한다.

---

1) 관료제란 다의적인 개념이다. 그것은 ① 일정 공무원집단이 정치권력의 중심적인 지위를 갖는 통치구조의 의미로, ② 국가나 사회의 합리적인 조직을 나타내는 의미로 사용된다. 이 밖에 관료제란 앞의 의미의 관료제가 갖는 병폐적 요소를 나타내는 의미(예 : 선례고수·획일·책임회피 등)로 사용되기도 한다.

제 2 항 공무원법의 관념

1. 공무원법의 의의

공무원법이란 행정을 행하는 인적 요소인 공무원의 법관계를 규율하는 법규의 총괄개념이다.[1] 당연히 공무원법은 공무원을 대상으로 한다. 공무원법은 국가조직 또는 지방자치단체조직의 내부관계를 중심으로 한다. 그러나 공무원법은 행정조직법이 아니다. 왜냐하면 공무원은 공무원법을 통해 국가나 지방자치단체의 기관이 아니라 기관의 구성자로서 나타나고, 외부적으로는 그 기관에 의해 대표되기 때문이다.[2] 공무원 없이 국가 또는 지방자치단체는 행위할 수 없기 때문에 공무원법이 중요하지만, 학문상으로는 행정법에 대한 체계적인 접근을 위해 행정법의 한 분과로서 공무원법의 중요성이 인식될 필요가 있다. 782

2. 공무원법의 법원

공무원법의 법원이란 공무원법의 존재형식을 말한다. 공무원법의 법원도 다른 특별행정법의 경우와 마찬가지로 다양한 형식으로 존재한다. 헌법 제7조가 최상위의 공무원법의 법원의 하나임은 물론이다. 783

제 2 절 공무원법의 헌법적 기초

제 1 항 공무원제도의 법적 성격

1. 제도보장

헌법 제7조 제2항은 "공무원의 신분과 정치적 중립성은 법률이 정하는 바에 의하여 보장된다"고 규정하고 있다. 이것은 우리 헌법이 공무원제도를 공법상 제도로서 보장하고 있음을 의미한다. 말하자면 공무원제도는 우리 헌법이 보장하는 공법상 제도보장(institutionelle Garantie)[3]의 한 경우가 된다. 공무원제도가 헌법상 보장된다는 것은 국가나 지방자치단체의 공법적 사무는 기본적으로 공무원에 의해 수행되어야 함을 의미한다(공무원에 의한 기능유보). 경찰사무와 조세사무가 공법적 사무에 속한다고 함에는 의문이 없으나, 그 밖에 어떠한 사무 784

---

1) Monhemius, Beamtenrecht, Rn. 22.

2) Kunig, Das Recht des öffentlichen Dienstes, in : Schmidt－Aßmann(Hrsg.), Besonderes Verwaltungsrecht, Rn. 2.

3) 헌재 1997. 4. 24, 95헌바48(직업공무원제도는 헌법이 보장하는 제도적 보장중의 하나임이 분명하다).

가 공법적 사무에 속하는가의 판단은 용이하지 않다. 공공의 복지의 실현에 특별히 의미를 강하게 가지면 가질수록 공법적 성격을 보다 강하게 갖는다고 말할 수 있다. 순수한 국고행위는 공무원의 기능유보영역에 속하지 아니한다.[1)]

2. 입법자에 의한 형성

785 헌법은 직업공무원제도를 제도로서 보장하나, 그 구체적인 형성은 입법자로 하여금 법률로 정하도록 하고 있다. 이러한 형성임무를 수행함에 있어 입법자는 기본적으로 광범위한 재량영역을 갖는다.[2)] 재량행사와 관련하여 입법자는 민주국가의 요구에 적합하고 또한 국가의 장래의 발전에 적합한 공무원제도를 형성하여야 한다. 이러한 형성에는 다음의 일반원칙들이 준수되어야 할 것이다.

제 2 항 공무원제도형성의 원칙

Ⅰ. 민주적 공무원제도

1. 국민전체의 봉사자

786 **(1) 봉사자의 의미** 공무원은 국민전체의 봉사자이다(헌법 제7조 제1항 제1문). 공무원이 국민전체의 봉사자라는 규정은 제헌헌법 이래 한결같이 규정되어 오고 있다. 그것은 대한민국이 국민주권주의에 입각한 민주공화국인 까닭이다. 공무원이 국민전체에 대한 봉사자라는 헌법의 정신은 공무원에 관한 기본법인 국가공무원법의 여러 규정(국공법 제1조·제59조)에서 나타나고 있다. 공무원이 국민전체의 봉사자라는 것은 공무원의 근무관계가 공평무사한 직무수행의무의 원칙에 따라 정해져야 한다는 것을 의미한다. 말하자면 공무원이 처리하여야 할 공무는 민주주의원리와 관련하여 다수결의 원칙에 따라 정해진 입법이나 정책에 따른 것이어야 하고, 또한 그 공무의 처리방법은 국민전체의 최대이익에 부합하는 것이어야 한다. 공무원은 정당의 봉사자도 아니고 각종의 부분사회의 봉사자도 아니기 때문이다.

787 **(2) 봉사의 자세** 공무원이 국민전체의 봉사자이기는 하지만 봉사의 자세

1) Kunig, Das Recht des öffentlichen Dienstes, in : Schmidt－Aßmann(Hrsg.), Besonderes Verwaltungsrecht, Rn. 32.

2) 헌재 1997. 4. 24, 95헌바48(입법자는 직업공무원제도에 관하여 '최소한 보장'의 원칙의 한계안에서 폭넓은 입법형성의 자유를 가진다. 따라서 입법자가 동장의 임용의 방법이나 직무의 특성 등을 고려하여 이 사건 법률조항에서 동장의 공직상의 신분을 지방공무원법상 신분보장의 적용을 받지 아니하는 별정직공무원의 범주에 넣었다 하여 바로 그 법률조항부분을 위헌이라고 할 수는 없다); Kunig, Das Recht des öffentlichen Dienstes, in : Schmidt－Aßmann(Hrsg.), Besonderes Verwaltungsrecht, Rn. 37.

는 정치적 공무원과 비정치적 공무원 사이에 차이가 있다. 정치적 공무원은 자신의 정치적 신조에 따른 정치적 활동을 통해 국가의 의사결정에 참여할 것이나, 비정치적 공무원은 법령에 의해 정해진 직무범위 안에서 자신의 지식과 기술을 활용하여 충실한 법의 집행자로서 직무를 수행하여야 한다.

(3) 적극행정의 장려

(가) 의　의　　각 기관의 장은 소속 공무원의 적극행정(공무원이 불합리한 787a
규제의 개선 등 공공의 이익을 위해 업무를 적극적으로 처리하는 행위를 말한다. 이하 이 조에서 같다)을 장려하기 위하여 대통령령등으로 정하는 바에 따라 인사상 우대 및 교육의 실시 등에 관한 계획을 수립·시행할 수 있다(국공법 제50조의2 제1항). 적극행정의 장려는 공무원이 국민에 대한 봉사에 적극적으로 임하도록 하기 위한 것이다.

(나) 적극행정위원회　　② 적극행정 추진에 관한 다음 각 호(1. 제1항에 따른 787b
계획 수립에 관한 사항, 2. 공무원이 불합리한 규제의 개선 등 공공의 이익을 위해 업무를 적극적으로 추진하기 위하여 해당 업무의 처리 기준, 절차, 방법 등에 관한 의견 제시를 요청한 사항, 3. 그 밖에 적극행정 추진을 위하여 필요하다고 대통령령등으로 정하는 사항)의 사항을 심의하기 위하여 각 기관에 적극행정위원회를 설치·운영할 수 있다(국공법 제50조의2 제2항).

(다) 공무원 책임의 완화　　공무원이 적극행정을 추진한 결과에 대하여 해당 787c
공무원의 행위에 고의 또는 중대한 과실이 없다고 인정되는 경우에는 대통령령등으로 정하는 바에 따라 이 법 또는 다른 공무원 인사 관계 법령에 따른 징계 또는 징계부가금 부과 의결을 하지 아니한다(국공법 제50조의2 제3항).

2. 국민에 대한 책임

(1) 책임의 의미와 성질　　국민의 수임자로서, 국민전체의 봉사자로서 공무 788
원이 자기에게 주어진 책무를 수행함에 있어 문제를 야기한 경우, 해당 공무원에 대하여 책임을 묻는 것은 민주적 공무원제의 중요한 내용이 된다. 이러한 취지에서 헌법 제7조 제1항 제2문은 공무원이 국민에 대하여 책임을 진다고 규정하고 있다. 헌법에서 규정하는 이러한 공무원의 책임이 법적 책임인가 아니면 정치적·윤리적 책임인가? 생각건대 헌법에서 책임추궁의 구체적인 내용이 언급되어 있지 않으나, 헌법에서 규정한 책임은 단순한 도의적인 책임이 아니라 헌법이 직접 인정하는 헌법적 책임이라 볼 것이다.[1] 책임의 구체적인 내용은 입

1) 김철수, 헌법학(상), 287쪽.

법자에 의해 형성된다.

789 ⑵ **책임추궁의 방식** 공무원의 책임을 추궁하는 방식은 공무원의 지위에 따라 다양할 것이다. 국회의원의 경우는 선거를 통해서(정치적 추궁), 대통령·국무총리·국무위원 등은 탄핵심판을 통해서 책임을 추궁(법적 추궁)할 수 있음을 헌법은 예정하고 있다. 이에 비하여 일반의 직업공무원에 대한 책임추궁방식의 구체적인 것은 입법자가 정할 것이지만, 현행법제상으로는 징계책임·변상책임·형사책임 등이 규정되고 있다.

3. 공무담임의 평등

790 모든 국민은 주권자로서 공무담임권을 갖는다.[1] 이와 관련하여 헌법 제25조는 "모든 국민은 법률이 정하는 바에 의하여 공무담임권을 가진다"고 규정하고, 아울러 헌법 제11조는 평등권에 관하여 규정하고 있는바, 입법자는 모든 국민에게 평등한 공무담임권을 부여하는 입법을 형성하게 되어 있다.[2] 이와 관련하여 다음의 지적이 가능하다.

791 ⑴ **공무담임권의 성질** 일반적인 경우 공무담임권의 보장은 추상적인 권리의 보장이지 구체적인 개인적 공권으로서의 보장이 아니다. 국가나 지방자치단체는 헌법과 법률이 정한 범위 내에서 인적 고권에 근거하여 공무원을 선택할 자유를 갖는다. 여기서 자유란 순수한 자유재량을 뜻하는 것이 아니라, 임명주체인 국가나 지방자치단체에게 주어진 평가적인 인식행위를 말한다. 임명주체로서의 권한을 가진 기관이 임명·승진 등을 확약한 경우에는 예외적으로 상대방은 임명주체에 대하여 그에 상응하는 행위의 발령청구권을 갖는다고 본다. 왜냐하면 확약이란 미래에 특정의 작위·부작위를 하겠다는 구속적

---

1) 헌재 2023. 2. 23, 2019헌마401(공무담임권이란 입법부, 집행부, 사법부는 물론 지방자치단체 등 국가, 공공단체의 구성원으로서 그 직무를 담당할 수 있는 기본권을 말하고, 그 직무를 담당한다는 것은 국민이 공무담임에 관하여 자의적이지 않고 평등한 기회를 보장받음을 의미하며, 공무담임권의 보호영역에는 공직취임 기회의 자의적인 배제와 공무원 신분의 부당한 박탈 등이 포함된다); 헌재 2014. 4. 24, 2010헌마747(공무담임권은 선거직공무원을 비롯한 모든 국가기간의 공직에 취임할 수 있는 권리이므로 여러 가지 선거에 입후보해서 당선될 수 있는 피선거권을 포함하는 개념이다); 헌재 2005. 12. 22, 2004헌마947.

2) 대판 2016. 7. 28, 2014헌바437(헌법 제25조는 "모든 국민은 법률이 정하는 바에 의하여 공무담임권을 가진다."라고 규정하고 있으므로, 공무담임권의 내용에 관하여는 입법자에게 넓은 입법형성권이 인정된다. 즉 공무담임권은 원하는 경우에 언제나 공직을 담당할 수 있는 현실적인 권리가 아니라 공무담임의 기회를 보장하는 성격을 갖는 것으로서 선거에 당선되거나 또는 공직채용시험에 합격하는 등 일정한 공무담임에 필요한 요건을 충족하는 때에만 그 권리가 구체화되고 현실화되는바, 공무담임권을 누구에게, 어떤 조건으로 부여할 것인지는 입법자가 그의 입법형성권의 범위 내에서 스스로 정할 사항이지만, 이때에도 헌법이 공무담임권을 기본권으로 보장하는 취지 등이 고려되어야 하는 등 헌법상 일정한 한계가 있다).

인 의사로서 자기에게 고권적인 의무를 부과하는 행위로 보아야 할 것이기 때문이다.

(2) **평등의 보장** 공무담임권은 모든 국민에게 평등하게 보장된다.[1] 공무 792
원임명에 있어서 남녀성별·혈통·언어·출신지·신앙·정치적 견해 등이 고려되어서는 아니 된다. 헌법상 평등원칙은 공무담임의 경우에도 마찬가지로 적용된다. 합리적인 차별은 평등에 반하지 아니한다.

(3) **공무담임의 전제** ① 공무담임권을 갖는 자는 무엇보다 한국인임을 원 793
칙으로 한다. ② 아울러 헌법질서를 긍정하는 자일 것을 요구한다. 헌법은 사상의 자유를 인정한다. 그러나 그것이 우리의 헌법질서를 부정할 수 있는 자유까지 보장하는 것은 아니다. 모든 국민은 헌법에 충실·충성해야 할 의무를 갖는다. 이 때문에 우리 법질서의 제1차적인 수호자인 공무원은 헌법질서를 긍정하는 자이어야 함은 당연하다. ③ 이 밖에 공무담임에 일정한 자격(예 : 연령요건·거주요건·무결격사유) 등을 갖출 것을 요구하기도 한다.

Ⅱ. 직업공무원제도

1. 의 의

헌법은 직업공무원제도라는 표현을 사용하고 있지 않다. 그러나 헌법 제7조 794
제2항은 "공무원의 신분과 정치적 중립성은 법률이 정하는 바에 의하여 보장된다"고 규정하고 있는바, 이것은 헌법이 직업공무원제도에 관한 일반원칙을 공무원제도형성의 기본적인 내용 중의 하나로 전제하고 있는 것으로 이해된다.[2] 이것은 또한 정치과정에서 승리한 정당원에게 관직이 주어지는 엽관제(Spoil System)의 배제를 의미한다(엽관제의 문제점으로는 유능한 인재확보곤란, 불필요한 관직의 증대,

1) 헌재 2021. 4. 29, 2020헌마999(헌법 제25조는 "모든 국민은 법률이 정하는 바에 의하여 공무담임권을 가진다"고 규정하고 있는데, 공무담임권이란 입법부, 집행부, 사법부는 물론 지방자치단체 등 국가, 공공단체의 구성원으로서 그 직무를 담당할 수 있는 권리를 말한다. 여기서 직무를 담당한다는 것은 모든 국민이 현실적으로 그 직무를 담당할 수 있다는 의미가 아니라, 국민이 공무담임에 관해서 자의적이지 않고 평등한 기회를 보장받음을 의미한다. 특히, 직업공무원에게는 정치적 중립성과 더불어 효율적으로 업무를 수행할 수 있는 능력이 요구되므로, 직업공무원으로의 공직취임권에 관하여 규율함에 있어서는 임용희망자의 능력·전문성·적성·품성을 기준으로 하는 이른바 능력주의 또는 성과주의를 바탕으로 하여야 한다. 그러므로 결국 헌법 제25조의 공무담임권 조항은 '모든 국민이 누구나 그 능력과 적성에 따라 공직에 취임할 수 있는 균등한 기회를 보장함'을 내용으로 한다).

2) 헌재 2021. 6. 24, 2020헌마1614(공무원의 정치적 중립성과 신분의 보장을 규정한 헌법 조항은 직업공무원제도의 핵심적인 보장 내용을 명문화한 것으로 설명된다. 직업공무원제도는 정권교체나 정당에 의한 권력통합현상에도 불구하고, 국가의 일상적 권력작용이 정치권력의 변동에 영향을 크게 받지 않고 지속적이고 일관되게 이루어지게 함으로써 국가생활의 안정성과 계속성을 실현하는 기능을 한다).

행정비용의 과다소요 등이 언급된다). 일반적으로 직업공무원제(Berufsbeamtentum)란 정권교체에 관계없이 행정의 일관성과 독자성을 유지하기 위해 헌법과 법률에 의해 공무원의 신분, 즉 공무원의 임용이 공무원 개인의 능력이나 업적에 따라 보장되는 공무원제도를 말한다. 이는 공직의 영속성과 전문성의 확보에 기여한다. 직업공무원제는 영구적 공무원제라고도 한다. 국가의 공무원에 대한 노동력 제공의 요구와 관련하여 공무원의 직은 주된 직업으로서의 활동을 의미한다. 따라서 부업은 주된 직업인 공무원의 직을 침해하지 않는 범위에서만 허용될 수 있다. 이것은 공무원의 부업이 국가의 승인이 있는 경우에만 가능함을 의미한다(국공법 제64조). 직업공무원제의 확립에는 공무원의 신분보장, 공무원의 정치적 중립성, 성적주의 등이 요구된다.[1)]

2. 신분의 보장

795 (1) 의 의 직업공무원제도와 그에 관한 규율은 공무원의 신분보장, 특히 공무원직의 보장을 내용의 하나로 하여야 한다. 신분보장의 의의가 엽관주의의 폐단을 방지하고, 국민전체의 봉사자로서 공무원이 공무에 전념할 수 있게 하고 아울러 공무의 영속성을 확보하고자 하는 데 있음은 물론이다.[2)] 이와 관련하여 국가공무원법(제68조)과 지방공무원법(제60조)은 "공무원은 형의 선고, 징계처분 또는 이 법에서 정하는 사유에 따르지 아니하고는 본인의 의사에 반하여 휴직·강임 또는 면직을 당하지 아니한다. 다만 1급 공무원과 국가공무원법 제23조에 따라 배정된 직무등급이 가장 높은 등급의 직위에 임용된 고위공무원단에 속하는 공무원은 그러하지 아니하다"라고 하여 신분보장을 선언하고 있다. 공무원의 신분보장이 모든 공무원에 동일한 것은 아니다. 정치적 공무원의 경우는 신분보장의 정도가 미약하나 법관이나 검사 등의 경우는 보다 강력하게 신

1) 헌재 1989. 12. 18, 89헌마32·33(우리 나라는 직업공무원제도를 채택하고 있는데, 이는 공무원이 집권세력의 논공행상의 제물이 되는 엽관제도를 지양하고 정권교체에 따른 국가작용의 중단과 혼란을 예방하고 일관성있는 공무수행의 독자성을 유지하기 위하여 헌법과 법률에 의하여 공무원의 신분이 보장되는 공직구조에 관한 제도이다).

2) 헌재 2021. 6. 24, 2020헌마1614(헌법재판소는 공무담임권의 보호영역에 공직취임 기회의 자의적인 배제뿐 아니라 '공무원 신분의 부당한 박탈이나 권한(직무)의 부당한 정지의 금지'도 포함된다고 보고 있다(헌재 2011. 12. 29, 2009헌바282 등 참조). 이처럼 이미 공무원이 된 국민의 공무원 신분과 그 직무상 권한까지 공무담임권의 보호영역에서 보장하는 취지는, 헌법 제7조 제1항이 정한 공무원의 국민전체에 대한 봉사자로서의 지위와 책임, 같은 조 제2항이 정한 공무원의 정치적 중립성 보장과 연관하여 이러한 책임의 실현과 정치적 중립성의 보장을 실효적으로 하려는 것이며, 공무원의 특권을 보장하기 위한 것이 아니라고 할 것이다. 특히, 직업공무원의 경우에는 헌법 제7조 제2항에서 명문으로 정하고 있는 바와 같이 직무수행상 정치적 중립성을 보장해야 하고, 그 신분 보장도 정치적 중립성을 보장하는 전제에서 이루어져야 한다).

분이 보장되기도 한다.

(2) **문 제 점** ① 직업공무원의 하나인 1급 공무원의 신분보장이 이루어 796
지지 않는 것은 다소 문제가 있어 보인다. ② 행정현실상 권고사직(교육공무원법 제43조 제3항은 명문으로 이를 금지하고 있다)은 신분보장의 정신에 반하는 것이 아닌가 하는 의문이 있다.

(3) **정 년 제** 신분보장을 정함에 있어서 직업공무원의 경우, 그 직을 반 797
드시 종신직으로 하여야 하는 것은 아니다. 정년제를 도입하는 것도 허용되며, 이것이 일반적인 현상이다. 일정기간 공무원의 직이 보장된다는 것은 공무원 자신의 의사에 반하는, 그리고 법이 정한 내용과 절차에 반하는 국가의 의사에 의하여 공무원의 직이 임의로 박탈될 수 없음을 의미한다.

3. 정치적 중립성

공무원은 특정당파의 봉사자가 아니므로, 정치적 중립성을 유지하여야 한 798
다(헌법 제7조 제2항).[1] 이것은 엽관제를 부인하는 당연한 결과이다. 정치적 중립성이란 정치적 활동의 금지를 의미한다. 금지되는 정치적 활동의 구체적인 내용은 입법자가 형성하여야 할 사항이다.[2] 현행의 국가공무원법(제65조·제66조)과 지방공무원법(제57조·제58조)은 이에 관해 규정하고 있다. 정치적 중립성을 이유로 공무원의 일반적인 정치적 자유권(특히 정치적 표현의 자유)이 무조건 부인될 수는 없다. 공무원의 정치적 중립이란 필요한 최소한의 범위 내에서의 정치행위의 제한이라는 의미로 새겨야 한다. 공무원의 정치적 중립성이 모든 공무원에게 동일하게 요구되는 것은 아니다. 정치적 공무원은 자기의 정치적 신념에 따라 활동하는 자이므로 정치적 중립성의 요구와 거리가 멀다.

4. 성적주의

성적주의(Merit System)란 정치세력에 의한 간섭 없이 개인의 성적을 기초로 799
하여 인사행정이 이루어지는 원칙을 말한다. 우리의 입법자도 이러한 원칙을 채

---

1) 헌재 2018. 4. 26, 2016헌마611(헌법 제7조 제2항의 공무원의 정치적 중립성 요청은, 공무원이 국민 전체에 대한 봉사자로서 중립적 위치에서 공익을 추구하도록 하고, 정권교체로 행정의 일관성과 계속성이 상실되지 않도록 하며, 행정이 공무원 개인의 정치적 신조에 따라 좌우되지 않도록 하여, 공무 집행상 혼란을 예방하고 국민의 신뢰를 확보하기 위한 것이다); 헌재 2014. 3. 27, 2011헌바42; 헌재 2012. 7. 26, 2009헌바298; 헌재 2004. 3. 25, 2001헌마710; 헌재 1995. 5. 25, 91헌마67.

2) 헌재 2020. 3. 26, 2018헌바90(선거에서의 공무원의 정치적 중립의무는 국민 전체에 대한 봉사자로서 공무원의 지위를 규정하는 헌법 제7조 제1항, 자유선거원칙을 규정하는 헌법 제41조 제1항, 제67조 제1항 및 정당의 기회균등을 보장하는 헌법 제116조 제1항으로부터 나오는 헌법적 요청이다).

택하고 있다. 여러 법률이 “공무원의 임용은 시험성적·근무성적 그 밖의 능력의 실증에 따라 행한다”고 규정하고 있다(국공법 제26조 본문; 지공법 제25조; 경공법 제11조 제1항; 교공법 제10조 등). 성적주의는 신규채용뿐만 아니라 승진에도 적용된다.

5. 직위분류제

800 ⑴ **직위분류제의 원칙** 직위분류를 할 때에는 모든 대상 직위를 직무의 종류와 곤란성 및 책임도에 따라 직군·직렬·직급 또는 직무등급별로 분류하되, 같은 직급이나 같은 직무등급에 속하는 직위에 대하여는 동일하거나 유사한 보수가 지급되도록 하여야 한다(국공법 제22조).

801 ⑵ **직위·직렬 등의 의의** 국가공무원법상 직위분류제란 1명의 공무원에게 부여할 수 있는 직무와 책임(양자를 합하여 직위라 한다. 국공법 제5조 제1호)을 그 직위를 담당할 특정인과 관계 없이 직무가 객관적으로 갖는 종류·곤란성·책임도 및 자격요건에 따라 직군·직렬·직급 또는 직무등급별로 분류하는 제도를 말한다(국공법 제22조). 직위분류제는 직위를 체계적으로 분류·표준화함으로써 행정사무의 능률과 전문화 및 객관화를 도모하기 위한 것이다. 직위분류제는 직계제라고도 한다. 직렬이란 직무의 종류가 유사하고 그 책임과 곤란성의 정도가 상이한 직급의 군을 말하고(예 : 경찰직·교정직 등), 직급이란 직무의 종류·곤란성과 책임도가 상당히 유사한 직위의 군을 말하며(예 : 경무관·총경), 직무의 성질이 유사한 직렬의 군을 직군이라 하고(예 : 직렬로서 학예연구와 편사연구를 합하여 직군으로서 학예직), 동일한 직렬 내에서 담당분야가 동일한 직무의 군을 직류(예 : 직렬로서 수산직과 그 세부분류로서 수산제조직과 수산증식직)라 한다(국공법 제5조).

802 ⑶ **직위의 정급(定級)** 국회사무총장, 법원행정처장, 헌법재판소사무처장, 중앙선거관리위원회사무총장 또는 인사혁신처장은 법령(국회규칙, 대법원규칙, 헌법재판소규칙 및 중앙선거관리위원회규칙을 포함한다)으로 정하는 바에 따라 직위분류제의 적용을 받는 모든 직위를 어느 하나의 직급 또는 직무등급에 배정하여야 한다(국공법 제23조 제1항). 직위분류제와 관련하여 국가공무원법에 규정이 없는 사항은 대통령령으로 정한다(국공법 제21조).

803 ⑷ **계 급** 직위가 1인의 공무원이 담당하는 직무와 책임을 말한다면, 계급은 공무원 개인의 능력과 자격을 기초로 한 개념이다. 현재 일반직공무원은 1급부터 9급까지의 계급으로 직군(職群)과 직렬(職列)별로 분류한다. 다만, 고위공무원단에 속하는 공무원은 그러하지 아니하다(국공법 제4조 제1항). 다음 각 호

(1. 특수 업무 분야에 종사하는 공무원, 2. 연구·지도·특수기술 직렬의 공무원, 3. 인사관리의 효율성과 기관성과를 높이기 위하여 제1항의 계급 구분이나 직군 및 직렬의 분류를 달리 적용하는 것이 특히 필요하다고 인정되는 기관에 속한 공무원)의 공무원에 대하여는 대통령령등으로 정하는 바에 따라 제1항에 따른 계급 구분이나 직군 및 직렬의 분류를 적용하지 아니할 수 있다(국공법 제4조 제2항).

제 3 항 공무원과 기본권

1. 기본권의 보장과 제한

공무원에게도 일반국민과 마찬가지로 모든 기본권이 보장된다. 그러나 헌 804
법 제7조 제2항은 공무의 온전한 수행을 위하여 공무원의 기본권의 제한을 예정하고 있기도 하다. 특별권력관계라는 이름으로 법적 근거없이 공무원의 기본권을 제한할 수는 없다. 공무원의 기본권 역시 법적 보장이 주어지는 것이므로, 그 제한도 역시 법률에 근거하여야 하기 때문이다(헌법 제37조 제2항).[1] 헌법의 최고성, 법률의 헌법적합성 등과 관련하여 공무원의 기본권을 제한하는 법률은 다음의 사항을 준수하여야 한다.[2] ① 공무원의 특별한 지위는 헌법에 합당한 것이어야 한다. 제한의 근거는 헌법에서 찾아야 한다. ② 공무원의 기본권 제한은 공무원관계의 성질상 불가피한 것이어야 한다. ③ 제한의 범위는 공무원의 기본권과 그 기본권제한을 요구하는 헌법적인 법익 사이의 실질적인 관계가 비례관계에 놓일 것을 요구한다(직업공무원제도의 보장). 말하자면 공무원 역시 기본권의 주체이나, 동시에 국가와의 관계에서 특별한 구속하에 놓일 수도 있다. 요컨대 공무원의 기본권은 제한될 수 있다. 다만 공무원의 기본권제한은 국가적으로 필수불가결한 법익의 보호와 공무원 개인의 기본권보장의 조화에 그 한계가 있다.[3] 이것은 결국 공무원관계의 주된 내용을 이루는 근무관계·성실관계의 의미와 목적의 규명을 통해서만 기본권제한이 이루어질 수 있음을 뜻한다.[4]

1) 헌재 2020. 3. 26, 2018헌바90(공무원은 공직자인 동시에 국민의 한 사람이므로 '국민 전체에 대한 봉사자'와 '기본권을 향유하는 주체'라는 이중적 지위를 가진다. 따라서 공무원이라 하여 기본권이 무시·경시되어서는 안 되지만, 공무원의 신분과 지위의 특수성에 비추어 공무원에 대해서는 일반 국민보다 강화된 기본권 제한이 가능하다).

2) Wiese, Beamtenrecht, 1988, S. 27.

3) Kunig, Das Recht des öffentlichen Dienstes, in : Schmidt－Aßmann(Hrsg.), Besonderes Verwaltungsrecht, Rn. 48.

4) 헌재 2012. 3. 29, 2010헌마97(공무원은 공직자인 동시에 국민의 한 사람이기도 하므로, 공무원은 공인으로서의 지위와 사인으로서의 지위, 국민전체에 대한 봉사자로서의 지위와 기본권을 향유하는 기본권주체로서의 지위라는 이중적 지위를 가진다. 따라서 공무원이라고 하여 기본

2. 개별적 검토

805 (1) **생명권·신체의 불가침** 경찰공무원·소방공무원 등 일정 공무원의 의무는 그러한 공무원의 생명권·신체의 불가침권과 충돌관계에 놓이는 것이 아닌가 문제된다. 이들 공무원이 갖는 직무상의 생명·건강의 위험은 국가에 의한 침해가 아니라, 오히려 사적 자치에 근거를 둔 고용관계에서와 같이 일정 유형의 직업상의 위험을 당사자인 공무원이 자유로이 선택하였다는 점에 특징이 있다.

806 (2) **군인·군무원의 경우** 헌법은 군인·군무원의 기본권제한에 관하여 약간의 특별규정을 두고 있다. ① 헌법상 군인과 군무원은 일반법원이 아닌 군사법원의 재판을 받으며(헌법 제110조), ② 국가배상에서 이중배상이 금지되며(헌법 제29조 제2항), ③ 군인들에게는 영내대기의 제한(군인의 지위 및 복무에 관한 기본법 제12조), 대외발표 및 활동의 제한(군인의 지위 및 복무에 관한 기본법 제16조), 정치운동의 금지(군인의 지위 및 복무에 관한 기본법 제33조) 등이 따른다.

807 (3) **일반공무원의 기본권제한** 국민전체에 대한 봉사자로서의 지위로 인해 공무원의 기본권에 여러 제한이 가해진다. ① 공무원은 법률이 정한 바에 따라 정당가입이나 정치활동이 제한되며(헌법 제7조 제2항), ② 경찰 등 법률이 정하는 공무원은 국가배상에서 이중배상이 금지되며(헌법 제29조 제2항), ③ 법률로 인정된 자를 제외하고는 노동조합결성·단체교섭 및 단체행동을 할 수 없다(헌법 제33조 제2항). 또한 공무원 중 근로3권이 인정되는 자라고 하더라도 단체행동권에 대해서는 다시 법률로 제한할 수 있다(헌법 제33조 제3항).[1] ④ 이 밖에 헌법 제37조 제2항에 의거, 법률로써 기본권에 제한이 가해질 수도 있다.

권이 무시되거나 경시되어서는 안 되지만, 공무원의 신분과 지위의 특수성상 공무원에 대해서는 일반 국민에 비해 보다 넓고 강한 기본권 제한이 가능하게 된다. 특히 선거관리위원회는 민주주의의 근간이 되는 선거와 투표, 정당 사무에 대한 관리업무를 행하는 기관이라는 점에서 선관위 공무원은 다른 어떤 공무원보다도 정치적으로 중립적인 입장에 서서 공정하고 객관적으로 직무를 수행할 의무를 지닌다).

1) 독일의 경우, 공무원에게는 파업이 금지되지만 사무원과 단순근로자에게는 파업이 허용된다(Köpp, öffentliches Dienstrecht, in : Steiner(Hrsg.), Besonderes Verwaltungsrecht, Rn. 42, 47; Monhemius, Beamtenrecht, Rn. 251).

제2장 공무원법관계

제1절 공무원법관계의 관념

제1항 공무원법관계의 의의

공무원법관계는 기본적으로 자연인인 공무원과 임용주체의 지위를 갖는 공법상 법인(국가 또는 지방자치단체 등) 사이에 존재하는 공법상 근무관계·공법상 성실관계를 의미한다. 판례는 이러한 관계를 묶어 특별한 근로관계로 표현하고 있다.[1] 이하에서 분설하기로 한다. 808

1. 공법관계

공무원관계는 소위 특별권력관계가 아니다. 그것은 특별한 행정법관계이다. 공무원관계는 공법관계로 형성된다. 이것은 국가가 공무원에 대해 공법상 우월적인 지위에 있음을 의미한다. 따라서 개개인의 공무원에 대한 법관계는 계약관계가 아니라 원칙적으로 행정행위를 통해 규율되어야 한다. 여기서 공무원관계의 내용을 형성하는 많은 행정행위들은 국가도 구속되는 법률이 정함에 따라야 한다. 한편 그러한 행정행위들은 — 특히 공무원신분의 취득·소멸과 관련하여 — 공무원의 신청이나 동의가 필요한 경우도 있다. 따라서 모든 공무원관계가 일반적인 상하관계라 말하기는 어렵다. 809

2. 근무관계

공무원의 근무관계·근무의무는 영속적인 근무태세, 완전한 임무수행을 특징적인 내용으로 하여 형성되어야 한다. 근무의무는 평생직(또는 정년제)을 통해 법적·경제적으로 보장되어야 한다. 근무의무는 엄정한 직무수행을 요구하고, 특별한 경우의 근무의무는 공무원의 단체행동권을 허용하지 아니하기도 한다. 810

---

1) 헌재 2023. 2. 23, 2018헌바240(공무원은 각종 노무의 대가로 얻는 수입에 의존하여 생활하는 사람이라는 점에서 통상적인 의미의 근로자적인 성격을 갖지만, 국민전체에 대하여 봉사하고 책임을 져야 하는 특별한 지위에 있고 직무를 수행함에 있어서도 공공성·공정성·성실성 및 중립성 등이 요구되기 때문에, 일반근로자와는 달리 특별한 근로관계에 있다).

3. 성실관계

811 공무원은 단순히 명령에만 복종하는 자가 아니라, 그 이상의 국가임무수행자이다. 공무원은 성실하고 도덕적이고 국가적 이념에 충실한 근무를 하여야 한다. 그렇다고 무한정의 충성이 요구되는 것도 아니고, 단순한 노무자도 아니다. 그것은 윤리적 근무관계라고 할 수도 있다. 이러한 성실의무로부터 다음과 같은 의무가 파생된다.

첫째, 공무원은 국민이 존경하고 신뢰할 만한 행위를 하여야 한다. 이러한 의무로부터 공무원에게 공무원관계가 종료된 후에도 직무상 비밀엄수의무가 부과된다. 일정 공무의 경우에는 노동쟁의가 부인된다.

둘째, 성실의무로부터 공무원에게는 국가와 국가의 헌법질서를 항상 보장할 의무가 부과된다. 모든 공무원은 헌법의 수호자인 것이다.

셋째, 상호적인 성실관계로서의 공무원관계의 성격으로부터 공무원에 대한 국가의 배려의무가 나온다. 국가의 배려의무란 부당한 비난으로부터 공무원을 보호하고 개성과 능력에 따라 공무원 개인의 발전을 도모하고 또한 국가의사결정시 공무원의 이익도 고려하여야 함을 의미한다.

넷째, 성실관계로부터 국가의 부양원칙이 나온다. 즉 국가는 공무원에게 적절한 봉급을 지급하고, 공무원과 그 가족을 부양하여야 한다. 국가의 부양원칙은 공무원이 공무를 성실하게 수행하도록 하는 기본적인 원동력이 된다.

제 2 항 공무원법관계의 형성

1. 법률의 유보(법정주의)

812 공무원법관계의 형성에 있어서 법정주의란 입법자만이 공무원법의 입법권을 가진다는 것을 의미한다. 국가와 공무원간의 자유로운 계약으로 공무원법질서를 형성하는 것은 원칙적으로 인정되지 아니한다. 앞서 본 국가의 부양의무의 내용도 법률에서 정해지는 것이지 노동협약에 의해 정해지는 것이 아니다. 요컨대 공무원의 법적 지위는 법률에서 정하는 바와 달리 설정·변경될 수 없다(법률의 유보). 그렇다고 법률의 유보가 공무원관계의 변경·종류에 관하여 반드시 법률에서 세부적인 사항까지 다 규정할 것을 요하는 것은 아니다.

2. 징 계

813 법정주의의 보장은 공무원에 대한 징계의 경우도 마찬가지로 적용된다. 공

무원관계의 종료나 법적 지위의 축소를 가져오는 행위는 법률에서 명시적으로 규정된 경우에만, 그리고 그에 관한 명시적인 특별절차에 따라서만 가능하다. 특별권력관계론을 근거로 하여 법령의 근거 없이도 징계를 할 수는 없다.

3. 권리보호

모든 국민은 헌법과 법률이 정한 법관에 의하여 법률에 의한 재판을 받을 814
권리를 가진다(헌법 제27조 제1항). 공무원의 경우도 예외일 수 없다. 권리가 침해된 공무원은 행정소송법의 일반원칙에 따라 행정심판과 행정소송을 제기할 수 있다. 다만 군인이나 군무원 또는 일반인이라 하더라도 비상계엄이 선포된 경우에는 군사법원에 의한 재판이 헌법상 예정되고 있다(헌법 제27조 제2항). 개별법령이 정하는 바가 있다면, 권리가 침해된 공무원은 그 법령에 따라 피해의 구제를 청구할 수 있음은 물론이다(예 : 국가공무원법상 고충처리제도·소청심사제도).

제 3 항 공무원법관계의 당사자

1. 임용주체로서의 공법인

공무원관계는 국가나 국가 내부적으로 인적 고권을 가진 조직체의 존재를 815
전제로 한다. 이러한 조직체는 법인으로서 임용주체가 된다. 법인의 기관이나 그 법인을 위한 기관구성자가 임용주체인 것은 아니다. 국가나 지방자치단체는 시원적인 임용주체이다. 지방자치단체의 인적 고권은 국가에 의해 통제될 수 있고, 국가로부터 협력을 받을 수도 있다. 그 밖의 공법상의 사단·영조물·재단은 법령에 의해 임명주체의 지위를 가질 수 있다. 공법인이 임용주체로서의 능력이 없이 어떠한 자를 공무원으로 임용하였다면, 거기에는 사법상의 근무관계가 성립할 수 있을 것이다.

2. 공 무 원

(1) **최광의·광의·협의의 공무원** 일설은[1] 실정법상 개념으로서 공무원의 816
개념을 최광의·광의·협의의 세 가지 경우로 나누기도 한다. 이에 의하면 ① 최광의의 공무원이란 일체의 공무담당자, 즉 국가나 지방자치단체의 모든 기관구성자를 의미하고, 이에는 사법상 계약·사무위임 등에 의해 한정된 공무를 담당하는 자까지 포함된다. ② 광의의 공무원이란 국가 또는 지방자치단체와 광의의 공법상 근무관계를 맺고 공무를 담당하는 기관구성자를 의미하며, 여기에는

1) 김도창, 일반행정법론(하), 204쪽 이하.

국가최고기관의 구성자, 그리고 국가 또는 지방자치단체와 특별행정법관계를 맺고 공무를 담당하는 기관구성자를 포함한다. ③ 협의의 공무원이란 국가 또는 지방자치단체와 특별행정법관계를 맺고 공무를 담당하는 기관구성자를 의미한다.

817 (2) **공무원법상·책임법상·형법상 공무원** 공무원의 개념은 공무원법상, 책임법상(배상법상), 형법상으로도 사용되고 있다. ① 권한 있는 기관의 임명(장의 교부)에 의해 공무원관계에 놓이는 공무원을 공무원법상 공무원이라 한다. 이를 국법상 공무원개념이라고도 한다. 공무원법상 공무원개념은 공무원관계의 근거의 내용·형식에 의해 정해진다. ② 권한 있는 기관에 의해 공무수행을 위탁받은 자는 책임법상 공무원에 해당한다. 여기서는 단순히 사법상의 이해관계를 위한 행위가 아닌 모든 공적 활동이 문제된다. 이러한 개념에는 지위·성격 여하를 불문하고 공무를 수행하는 모든 자가 포함된다. 책임법상 공무원개념은 수행된 행위가 공법작용이라는 것이 핵심적이다. ③ 형법상 공무원개념은 형법의 입장에서 정의되는 개념이다.[1] 형법상 공무원개념에는 수행되는 공무의 종류가 아니라 공행정수행 그 자체가 핵심적이다. ④ 개념상 공무원법상의 공무원개념이 가장 좁고, 그 다음이 책임법상 공무원이고, 형법상 공무원개념이 가장 넓다. 그렇다고 공무원법상 모든 공무원이 반드시 책임법상 공무원이라 할 수 없고(예 : 사법상의 임무를 수행하는 공무원), 또한 책임법상 모든 공무원이 반드시 형법상 공무원이라고 할 수도 없다(예 : 운전기사). 모든 법영역에 타당한 단일의 공무원개념이 존재하지 아니하는 것이 비판의 대상이 되기도 하지만, 그것은 다양한 국가작용이 갖는 상이한 기능상의 요구에 기인하는 것으로서 불가피하다.[2]

제4항 공무원의 종류

1. 국가공무원·지방공무원

818 (1) 의 의 일반적으로 국가공무원이란 국가에 의해 임명되는 공무원, 지방공무원이란 지방자치단체에 의해 임명되는 공무원으로 이해되어 왔다. 그

1) 대판 1994. 5. 10, 94도474(자연공원법 제49조의12의 규정 취지는 국립공원관리공단의 임직원에게 형법이나 자연공원법 등에 의한 벌칙을 적용하는 경우에 이들 임직원을 공무원으로 의제한다는 의미에 불과하고 그 이외의 경우에 있어서도 국립공원관리공단의 임직원이 당연히 공무원으로 의제된다거나 공무원의 신분을 보유한다는 취지는 아니므로, 국립공원관리공단의 임직원은 구 변호사법 제78조에서 규정하는 공무원이라고 할 수 없다).

2) Kunig, Das Recht des öffentlichen Dienstes, in : Schmidt－Aßmann(Hrsg.), Besonderes Verwaltungsrecht, Rn. 60.

러나 임명이 아니라 선거에 의하여 선출되는 공무원도 있고, 입법 여하에 따라서는 국가에 의해 임명되는 지방공무원도 있을 수 있으므로 임명주체를 기준으로 구분하는 것은 다소 문제가 있다.

⑵ **담당사무와 경비부담** 국가공무원은 국가사무를 담당하는 것이 원칙이 819
나 경우에 따라서는 지방자치단체의 사무를 담당할 때도 있고(예 : 지자법 제112조 제5항 참조), 또한 지방공무원이 국가사무를 담당할 때도 있다(예 : 국가위임사무의 경우). 국가공무원의 보수 기타 경비는 국가가 부담하는 것이 원칙이나, 경우에 따라서는 지방자치단체가 부담할 수도 있고(예 : 지방기관에 파견된 국가공무원의 경우), 지방공무원의 보수 기타 경비는 지방자치단체가 부담하는 것이 원칙이나 경우에 따라서는 국가가 부담하는 경우도 있을 수 있다.

⑶ **적용법규** 국가공무원의 경우에는 일반법으로 국가공무원법·공무원 820
임용령 등, 특별법으로 여러 단행법률(예 : 교육공무원법·경찰공무원법·외무공무원법 등)이 적용된다. 지방공무원의 경우에는 일반법으로 지방공무원법과 지방공무원 임용령 등이 적용된다.

2. 경력직공무원·특수경력직공무원, 고위공무원단

⑴ 경력직공무원

㈎ **국가공무원법상 경력직공무원** "경력직공무원"이란 실적과 자격에 따라 821
임용되고 그 신분이 보장되며 평생 동안(근무기간을 정하여 임용하는 공무원의 경우에는 그 기간 동안을 말한다) 공무원으로 근무할 것이 예정되는 공무원을 말하며, 그 종류는 다음 각 호와 같다(국공법 제2조 제2항).

1. 일반직공무원 : 기술·연구 또는 행정 일반에 대한 업무를 담당하는 공무원
2. 특정직공무원 : 법관, 검사, 외무공무원, 경찰공무원, 소방공무원, 교육공무원, 군인, 군무원, 헌법재판소 헌법연구관, 국가정보원의 직원과 특수분야의 업무를 담당하는 공무원으로서 다른 법률에서 특정직공무원으로 지정하는 공무원

㈏ **지방공무원법상 경력직공무원** "경력직공무원"이란 실적과 자격에 따라 822
임용되고 그 신분이 보장되며 평생 동안(근무기간을 정하여 임용하는 공무원의 경우에는 그 기간 동안을 말한다) 공무원으로 근무할 것이 예정되는 공무원을 말하며, 그 종류는 다음 각 호와 같다(지공법 제2조 제2항).

1. 일반직공무원 : 기술·연구 또는 행정 일반에 대한 업무를 담당하는 공무원
2. 특정직공무원 : 공립 대학 및 전문대학에 근무하는 교육공무원, 교육감

소속의 교육전문직원, 자치경찰공무원과 그 밖에 특수 분야의 업무를 담당하는 공무원으로서 다른 법률에서 특정직공무원으로 지정하는 공무원

(2) **특수경력직공무원**

823 (가) **국가공무원법상 특수경력직공무원** "특수경력직공무원"이란 경력직공무원 외의 공무원을 말하며, 그 종류는 다음 각 호와 같다(국공법 제2조 제3항).[1]

1. 정무직공무원
   가. 선거로 취임하거나 임명할 때 국회의 동의가 필요한 공무원
   나. 고도의 정책결정 업무를 담당하거나 이러한 업무를 보조하는 공무원으로서 법률이나 대통령령(대통령비서실 및 국가안보실의 조직에 관한 대통령령만 해당한다)에서 정무직으로 지정하는 공무원
2. 별정직공무원 : 비서관·비서 등 보좌업무 등을 수행하거나 특정한 업무 수행을 위하여 법령에서 별정직으로 지정하는 공무원

824 (나) **지방공무원법상 특수경력직공무원** "특수경력직공무원"이란 경력직공무원 외의 공무원을 말하며, 그 종류는 다음 각 호와 같다(지공법 제2조 제3항).

1. 정무직공무원
   가. 선거로 취임하거나 임명할 때 지방의회의 동의가 필요한 공무원
   나. 고도의 정책결정업무를 담당하거나 이러한 업무를 보조하는 공무원으로서 법령 또는 조례에서 정무직으로 지정하는 공무원
2. 별정직공무원 : 비서관·비서 등 보좌업무 등을 수행하거나 특정한 업무 수행을 위하여 법령에서 별정직으로 지정하는 공무원

826 (3) **고위공무원단** 국가의 고위공무원을 범정부적 차원에서 효율적으로 인사관리하여 정부의 경쟁력을 높이기 위하여 고위공무원단을 구성한다(국공법 제2조의2 제1항). 제1항의 "고위공무원단"이란 직무의 곤란성과 책임도가 높은 다음 각 호(1. 「정부조직법」 제2조에 따른 중앙행정기관의 실장·국장 및 이에 상당하는 보좌기관, 2. 행정부 각급 기관(감사원은 제외한다)의 직위 중 제1호의 직위에 상당하는 직위, 3.

1) 우리의 공무원법과 달리 독일은 상시 공무를 수행하는 자(기능직 포함)를 공무원·사무원·단순근로자로 구분한다. 공무원(Beamten)의 법관계는 공법관계로 형성되지만, 사무원(Angestellten)과 단순근로자(Arbeiter)의 법관계는 사법관계로 형성된다. 양자의 차이를 도표로 보기로 한다.

	공무원	사무원
신분설정행위	행정행위(임명)	사법상 계약
신분내용결정	법령	단체협약과 개별계약
신분의 내용	평생직·승진 있음·파업불가	기간제·승진 없음·파업가능

「지방자치법」 제110조 제2항·제112조 제5항 및 「지방교육자치에 관한 법률」 제33조 제2항에 따라 국가공무원으로 보하는 지방자치단체 및 지방교육행정기관의 직위 중 제1호의 직위에 상당하는 직위, 4. 그 밖에 다른 법령에서 고위공무원단에 속하는 공무원으로 임용할 수 있도록 정한 직위)의 직위(이하 "고위공무원단 직위"라 한다)에 임용되어 재직 중이거나 파견·휴직 등으로 인사관리되고 있는 일반직공무원, 별정직공무원 및 특정직공무원(특정직공무원은 다른 법률에서 고위공무원단에 속하는 공무원으로 임용할 수 있도록 규정하고 있는 경우만 해당한다)의 군(群)을 말한다(국공법 제2조의2 제2항).

3. 입법공무원·행정공무원·사법공무원

이것은 공무원이 소속하는 국가기관을 기준으로 한 구분이다. ① 입법부에 827
소속하면서 입법부의 사무를 담당하는 공무원이 입법공무원, ② 행정부에 소속하면서 행정부의 사무를 담당하는 공무원이 행정공무원, ③ 사법부에 소속하면서 사법부의 사무를 담당하는 공무원이 사법공무원이다. 경우에 따라서는 파견이라는 형식하에 행정공무원이나 사법공무원이 국회에 파견되어 입법활동을 지원하는 경우도 있다. 위의 세 가지 중 어느 것에 속하든지 불문하고 경력직공무원은 모두 국가공무원법의 적용을 받으며, 보충적으로는 국회규칙·법원규칙·대통령령의 적용을 받는다.

4. 정치적 공무원·비정치적 공무원

이것은 업무의 내용과 행위의 방식이 정치적인 것인가의 여부에 따른 구분 828
이다. 정치적 공무원이란 국가의 최고정책수립에 직접·간접으로 참여하고 자기의 정치노선에 따라 적극적인 정치활동을 통해 국가에 봉사하는 공무원을 말한다. 정치적 공무원 이외의 공무원이 비정치적 공무원이다. 정치적 공무원에게는 정치적 중립성의 보장이 문제되지 아니하며 정당가입이나 정당활동 등이 가능하다. 현재로서 정치활동이 가능한 공무원으로는 ① 대통령, ② 국무총리, ③ 국무위원, ④ 국회의원, ⑤ 처의 장, ⑥ 각원·부·처의 차관, ⑦ 정무차관, ⑧ 앞의 ①·②·③·⑤·⑥의 비서실장 및 비서관과 전직대통령의 비서관, ⑨ 국회의장·국회부의장 및 국회의원의 비서실장·보좌관·비서관 및 비서와 교섭단체의 정책연구위원이 있다(국가공무원법제3조제3항의공무원의범위에관한규정 제2조). 지방자치단체의 경우는 정치적 공무원으로 지방의회의원과 선거에 의하여 취임한 지방자치단체의 장이 있다(지방공무원 복무규정 제8조).

5. 직접공무원 · 간접공무원

829 이것은 임명주체와의 관계에 따른 구분이다. 직접국가(지방)공무원이란 국가(지방자치단체)가 임명주체인 경우의 공무원을 말하고, 간접국가(지방)공무원이란 그 밖의 공법인이 임명주체인 공무원을 말한다.

6. 직업공무원 · 명예직공무원

830 이것은 공무의 직업성과 관련된 부분이다. 직업공무원은 일정기한까지 임명주체에 대해 법이 정한 바에 따라 계속적으로 주된 직업으로서 그의 노동력을 제공하여야 하는 공무원을 말한다. 직업공무원은 공무원관계의 계속성에 따라 다시 정년직공무원, 임기직공무원, 수습직공무원으로 구분이 가능하다. ① 정년직공무원이란 법이 정한 정년시까지 공무원이라는 직업이 주된 직업으로서 보장되는 공무원을 말하고, ② 임기직공무원이란 법으로 정해진 일정기간 동안만 공무원이라는 직업이 주된 직업으로 보장되는 공무원을 말하고, 선거직공무원이 대표적이며, ③ 수습직공무원이란 사후에 정년직공무원이 되기를 원하는 자로서, 공무원이 주된 직업으로서 적합한가의 시험기간 중에 있는 공무원을 말한다. 정치적 공무원의 경우에는 수습제도가 없다. 수습공무원은 기본적으로 신분이 보장되지 아니한다(국공법 제29조 제3항).

831 명예직공무원이란 자신의 노동력을 2차적인 직업으로서의 공무를 위하여 국가나 지방자치단체에 위탁한 공무원을 말한다(예 : 명예영사). 명예직공무원에게는 직업공무원에게 주어지는 보수청구권이나 각종의 생활배려청구권이 주어지지 아니한다. 명예직공무원 역시 종신직과 임기직으로 구분될 수 있을 것이다.

7. 기 타

832 이상의 구분 외에도 공무원은 ① 담당사무의 전문성 여하에 따라 전문직공무원과 비전문직공무원으로, ② 신분에 따라 정공무원과 준공무원으로 구분할 수 있다. 준공무원이란 법률상 정공무원에 준하는 취급을 받는 공무원을 말하는데, 공공기업체의 임원과 직원 중에서 이를 볼 수 있다. 이 밖에 공무원의 신분취득방식에 따라 선거직공무원, 임명직공무원, 임기제공무원으로 구분할 수도 있다.

제 2 절 공무원법관계의 발생·변경·소멸

제 1 항 공무원법관계의 발생

공무원법관계의 발생원인은 ① 법률의 규정에 의해 당연히 성립하는 경우 833 (예 : 예비군의 소집, 공공기업체의 임원), ② 임명에 의한 경우, ③ 선거에 의한 경우 (예 : 대통령·국회의원), ④ 계약에 의한 경우, ⑤ 사무위탁에 의한 경우(예 : 조세원천징수의무자) 등이 있다. 이하에서는 경력직공무원의 임명을 중심으로 살펴보기로 한다.

Ⅰ. 임명의 의의

1. 임용과 임명

용례상 임용이란 넓게는 신규채용·승진임용·전직·전보·겸임·파견·강임· 834 휴직·직위해제·정직·강등·복직·면직·해임 및 파면을 의미하기도 하고(공임령 제2조 제1호; 지임령 제2조 제1호), 좁게는 신규채용·승진임용·강임·전직·전보를 의미하기도 하며(국공법 제27조 및 지공법 제26조 참조), 가장 좁게는 공무원관계를 처음으로 발생시키는 신규채용행위로서의 임명행위를 뜻하기도 한다.[1] 한편 임명이란 좁게는 공무원신분의 신규설정행위를 뜻하나, 넓게는 면직을 포함하는 의미로 사용되기도 한다. 본서에서는 임용은 넓은 의미, 임명은 좁은 의미로 사용한다. 따라서 임용이란 공무원법관계의 발생·변경·소멸의 원인이 되는 모든 행위를 지칭하며, 임명이란 공무원법관계 발생원인의 하나를 뜻한다.

2. 보직과 임명

보직과 임명은 구분되어야 한다. 임명은 공무원신분의 설정행위이나, 보직 835 은 공무원의 신분을 가진 자에게 일정한 직위를 부여하여 일정한 직무를 담당하도록 명하는 행위를 말한다(국공법 제32조의5; 공임령 제43조; 지공법 제30조의5; 지임령 제7조 등 참조). 임명과 보직은 동시에 이루어지는 경우도 있고 그러하지 않은 경우도 있다. 전자는 임관과 직위부여가 결합되어 있는 경우이고(예 : 법제처장에 임하는 경우), 후자는 임관(예 : 서기관에 임하는 행위, 임명)과 직위부여(예 : ㅇㅇ과장에 보하는 행위, 보직)가 분리된 경우이다(예 : 서기관 임명 후 ㅇㅇ과장에 보직하는 경우). 후자의 경우는 보직행위가 없는 한 구체적인 공무담임의 내용은 성립하지

---

1) 윤세창·이호승, 행정법(하), 23쪽.

않는다. 따라서 후자와 관련하여 임용권자 또는 임용제청권자는 법령에서 따로 정하는 경우를 제외하고는 소속공무원의 직급과 직위를 고려하여 그 직급에 상응하는 직위를 부여하여야 한다(국공법 제32조의5; 지공법 제30조의5).

Ⅱ. 임명행위의 성질

1. 공무원신분취득의 형태

836 헌법상 공무원신분을 취득하는 방식에 따라 공무원을 구분하면, ① 선거에 의해 취임하는 공무원(예 : 대통령·지방자치단체의 장), ② 국회에서 선출하는 공무원(예 : 중앙선거관리위원회 위원 3인), ③ 대법원장이 지명하는 공무원(예 : 중앙선거관리위원회 위원 3인), ④ 국회의 동의를 받아 임명되는 공무원(예 : 국무총리·감사원장), 그리고 ⑤ 대통령이 임명하는 공무원이 있다. ⑤의 경우도 ⓐ 대통령이 임명하는 공무원(중앙선거관리위원회 위원 3인·헌법재판소 재판관 3인), ⓑ 국회가 선출한 자를 대통령이 임명하는 공무원(헌법재판소 재판관 3인), ⓒ 대법원장이 지명한 자를 대통령이 임명하는 공무원(헌법재판소 재판관 3인), ⓓ 국무총리의 제청으로 대통령이 임명하는 공무원(예 : 장관) 등으로 구분된다. 대통령은 헌법 제78조에 헌법과 법률이 정하는 바에 의하여 그 밖의 공무원도 임명한다.

2. 임명행위 1(협력을 요하는 행정행위)

837 (1) 성 질 일반적인 공무원임명행위의 성질을 둘러싸고 공법상 계약설[1]·단독적 행정행위설·쌍방적 행정행위설[2]이 논급되어 왔다. 생각건대 임용주체의 의사와 공무원이 되고자 하는 자의 의사가치가 반드시 대등하다고 보기는 어렵다는 점(공법상 계약설에 대한 비판), 공무원이 되고자 하는 자의 의사는 필수적인 것인바 도외시 될 수 없다는 점(단독적 행정행위설에 대한 비판)에서 쌍방적 행정행위설이 타당하다. 그러나 쌍방적이란 용어는 계약을 연상시키는바, 협력을 요하는 행위라고 부르는 것이 바람직하다. 보직행위는 국가의 일방적인 행위이다.

838 일설은[3] 대부분의 공무원은 행정행위를 통해 임명되지만 임기제공무원같이 계약에 의해 임명되는 공무원도 있다는 것을 이유로 상기의 학설대립은 무

---

1) 이상규, 신행정법론(하), 213쪽.

2) 김도창, 일반행정법론(상), 222쪽; 박윤흔·정형근, 최신행정법강의(하), 209쪽; 김동희, 행정법(Ⅱ), 141쪽(2019); 박균성, 행정법론(하), 252쪽(2019); 류지태·박종수, 행정법신론, 850쪽(2019). Köpp, in : Steiner(Hrsg.), Besonderes Verwaltungsrecht(7. Aufl.), Rn. 74.

3) 김남진·김연태, 행정법(Ⅱ), 223쪽(2019).

의미한 것으로 본다. 그러나 계약이 아닌 방식에 의한 공무원의 임명이 일반적인 것이고 동시에 그러한 임명행위의 성질을 밝히는 것은 여전히 필요한 것이므로, 상기의 학설대립을 무의미한 것으로 보기는 곤란하다.

(2) **협력의 결여** 임명행위 중 협력을 요하는 임명행위에 있어서 공무원이 되고자 하는 상대방의 신청이나 동의가 결여되었다면, 그러한 임명행위는 무효가 된다.[1] 임명행위 중 상대방의 협력을 요하는 임명행위를 행정행위로 보는 한, 공무원임명행위에 대한 법적 분쟁은 항고소송의 대상이 된다. 839

3. 임명행위 2(공법상 계약)

국가공무원법과 지방공무원법에서 계약직 공무원에 관한 규정이 삭제되었지만(두 법률 모두 2012. 12. 11. 개정시), 공법상 계약을 통해 공무원을 임용하는 방법(예 : 국가공무원 복무규정 제28조의 우정직공무원의 정원을 대체하여 임용된 일반임기제공무원 및 시간선택제일반임기제공무원)이 배제된다고 보기 어렵다.[2] 임명행위 중 공법상 계약을 통해 이루어지는 임명행위에 대한 법적 분쟁은 당사자소송의 대상이 된다. 840

4. 임명청구권

특정행위청구권인 개인적 공권으로서의 임용청구권은 인정되지 아니한다.[3] 다만 적법한 재량행사를 구할 권리(무하자재량행사청구권)는[4] 인정될 수 있 841

---

1) 김도창, 일반행정법론(상), 222쪽.

2) 대판 1996. 5. 31, 95누10617(관계 법령의 규정내용에 미루어 보면 현행 실정법이 전문직공무원인 공중보건의사의 채용계약 해지의 의사표시는 일반공무원에 대한 징계처분과는 달라서 항고소송의 대상이 되는 처분 등의 성격을 가진 것으로 인정되지 아니하고, 일정한 사유가 있을 때에 관할 도지사가 채용계약 관계의 한쪽 당사자로서 대등한 지위에서 행하는 의사표시로 취급하고 있는 것으로 이해되므로, 공중보건의사 채용계약 해지의 의사표시에 대하여는 대등한 당사자간의 소송형식인 공법상의 당사자소송으로 그 의사표시의 무효확인을 청구할 수 있는 것이지, 이를 항고소송의 대상이 되는 행정처분이라는 전제하에서 그 취소를 구하는 항고소송을 제기할 수는 없다); 대판 1993. 9. 14, 92누4611(현행 실정법이 지방전문직공무원 채용계약 해지의 의사표시를 일반공무원에 대한 징계처분과는 달리 항고소송의 대상이 되는 처분 등의 성격을 가진 것으로 인정하지 아니하고, 지방전문직공무원규정 제7조 각호의 1에 해당하는 사유가 있을 때 지방자치단체가 채용계약관계의 한쪽 당사자로서 대등한 지위에서 행하는 의사표시로 취급하고 있는 것으로 이해되므로, 지방전문직공무원채용계약 해지의 의사표시에 대하여는 대등한 당사자간의 소송형식인 공법상 당사자소송으로 그 의사표시의 무효확인을 청구할 수 있다).

3) 대판 2005. 4. 15, 2004두11626(교사에 대한 임용권자가 교육공무원법 제12조에 따라 임용지원자를 특별채용할 것인지 여부는 임용권자의 판단에 따른 재량에 속하는 것이고, 임용권자가 임용지원자의 임용 신청에 기속을 받아 그를 특별채용하여야 할 의무는 없으며 임용지원자로서도 자신의 임용을 요구할 법규상 또는 조리상 권리가 있다고 할 수 없다).

4) Köpp, öffentliches Dienstrecht, in : Steiner(Hrsg.), Besonderes Verwaltungsrecht, Rn. 91.

다. 그러나 이것도 행정소송상 관철하기는 어렵다. 왜냐하면 공무원의 임명을 위한 판단은 대체로 사법통제가 곤란한 판단여지에 해당하기 때문이다. 임명에 관한 확약이 존재하는 경우에는 예외적으로 임명청구권이 존재할 수도 있을 것이다.[1)]

Ⅲ. 중앙인사관장기관과 임명권자

1. 중앙인사관장기관

842 (1) **관장기관** 인사행정에 관한 기본정책의 수립과 이 법의 시행·운영에 관한 사무는 다음 각 호(1. 국회는 국회사무총장, 2. 법원은 법원행정처장, 3. 헌법재판소는 헌법재판소사무처장, 4. 선거관리위원회는 중앙선거관리위원회사무총장, 5. 행정부는 인사혁신처장)의 구분에 따라 관장한다(국공법 제6조 제1항). 중앙인사관장기관의 장(행정부의 경우에는 인사혁신처장을 말한다)은 각 기관의 균형적인 인사 운영을 도모하고 인력의 효율적인 활용과 능력 개발을 위하여 법령으로 정하는 바에 따라 인사관리에 관한 총괄적인 사항을 관장한다(국공법 제6조 제2항). 중앙인사관장기관의 장은 다음 각 호(1. 조직의 개편 등으로 현원이 정원을 초과하는경우, 2. 행정기관별로 고위공무원단에 속하는 공무원의 현원이 정원을 초과하는 경우)의 어느 하나에 해당하는 경우에는 그 초과된 현원을 총괄하여 관리할 수 있다. 이 경우 결원이 있는 기관의 장은 중앙인사관장기관의 장과 협의하여 결원을 보충하여야 한다(국공법 제6조 제3항).

843 (2) **협 의** 행정부 내 각급 기관은 공무원의 임용·인재개발·보수 등 인사 관계 법령(특정직공무원의 인사 관계 법령을 포함하되, 총리령·부령을 제외한다)의 제정 또는 개폐 시에는 인사혁신처장과 협의하여야 한다(국공법 제6조 제4항).

844 (3) **교 류** 인사혁신처장은 행정기관 상호간, 행정기관과 교육·연구기관 또는 공공기관 간에 인사교류가 필요하다고 인정하면 인사교류계획을 수립하고, 국무총리의 승인을 받아 이를 실시할 수 있다(국공법 제32조의2).

2. 임용권자

845 (1) **정 부** 행정기관 소속 5급 이상 공무원 및 고위공무원단에 속하는 일반직공무원은 소속 장관의 제청으로 인사혁신처장과 협의를 거친 후에 국무총리를 거쳐 대통령이 임용하되, 고위공무원단에 속하는 일반직공무원의 경우

---

1) Kunig, Das Recht des öffentlichen Dienstes, in : Schmidt－Aßmann(Hrsg.), Besonderes Verwaltungsrecht, Rn. 89; Köpp, in : Steiner(Hrsg.), Besonderes Verwaltungsrecht(7. Aufl.), Rn. 74.

소속 장관은 해당 기관에 소속되지 아니한 공무원에 대하여도 임용제청할 수 있다. 이 경우 국세청장은 국회의 인사청문을 거쳐 대통령이 임명한다(국공법 제32조 제1항). 소속 장관은 소속 공무원에 대하여 제1항 외의 모든 임용권을 가진다(국공법 제32조 제2항). 대통령은 대통령령으로 정하는 바에 따라 제1항에 따른 임용권의 일부를 소속 장관에게 위임할 수 있으며, 소속 장관은 대통령령으로 정하는 바에 따라 제2항에 따른 임용권의 일부와 대통령으로부터 위임받은 임용권의 일부를 그 보조기관 또는 소속 기관의 장에게 위임하거나 재위임할 수 있다(국공법 제32조 제3항).

(2) **국 회** 국회 소속 공무원은 국회의장이 임용하되, 국회규칙으로 정 845a
하는 바에 따라 그 임용권의 일부를 소속 기관의 장에게 위임할 수 있다(국공법 제32조 제4항).

(3) **법 원** 법원 소속 공무원은 대법원장이 임용하되, 대법원규칙으로 845b
정하는 바에 따라 그 임용권의 일부를 소속 기관의 장에게 위임할 수 있다(국공법 제32조 제5항).

(4) **헌법재판소** 헌법재판소 소속 공무원은 헌법재판소장이 임용하되, 헌 845c
법재판소규칙으로 정하는 바에 따라 그 임용권의 일부를 헌법재판소사무처장에게 위임할 수 있다(국공법 제32조 제6항).

(5) **선거관리위원회** 선거관리위원회 소속 5급 이상 공무원은 중앙선거 845d
관리위원회의 의결을 거쳐 중앙선거관리위원회위원장이 임용하고, 6급 이하 및 기능직공무원은 중앙선거관리위원회사무총장이 임용한다. 이 경우 중앙선거관리위원회위원장은 중앙선거관리위원회규칙으로 정하는 바에 따라 중앙선거관리위원회 상임위원·사무총장 및 시·도선거관리위원회위원장에게, 중앙선거관리위원회사무총장은 시·도선거관리위원회위원장에게 그 임용권의 일부를 각각 위임할 수 있다(국공법 제32조 제7항).

(6) **지방자치단체** 지방공무원법상 임용권자는 지방자치단체의 장(교육감 845e
포함)과 지방의회의 의장이다(지자법 제103조 제2항·제118조; 지공법 제6조; 지육법 제27조).

Ⅳ. 임용요건과 채용시험 등

1. 임용요건

(1) **능력요건** 결격사유를 규정하는 국가공무원법 제33조(지공법 제31조도 846
같은 내용이다)의 각 호의 어느 하나에 해당하는 자는 공무원으로 임용될 수 없다. 그리고 그 결격사유는 공무원의 당연퇴직사유이기도 하다(국공법 제69조; 지공법 제61조. 다만 아래의 5.는 그러하지 아니하다). 이러한 것은 공무에 대한 국민의 신뢰확보를 위한 것이다. 동조가 규정하는 결격사유는 다음과 같다(외무공무원의 경우에는 다음의 사유 외에 대한민국 국적을 가지지 아니한 자도 결격사유가 된다. 외무공무원법 제9조 제2항 참조).

1. 피성년후견인 또는 피한정후견인(주 : 종래의 금치산자 또는 한정치산자)
2. 파산선고를 받고 복권되지 아니한 자
3. 금고 이상의 실형을 선고받고 그 집행이 종료되거나 집행을 받지 아니하기로 확정된 후 5년이 지나지 아니한 자[1)]
4. 금고 이상의 형을 선고받고 그 집행유예 기간이 끝난 날부터 2년이 지나지 아니한 자
5. 금고 이상의 형의 선고유예를 받은 경우에 그 선고유예 기간 중에 있는 자
6. 법원의 판결 또는 다른 법률에 따라 자격이 상실되거나 정지된 자

6의2. 공무원으로 재직기간 중 직무와 관련하여 「형법」 제355조 및 제356조에 규정된 죄를 범한 자로서 300만원 이상의 벌금형을 선고받고 그 형이 확정된 후 2년이 지나지 아니한 자

6의3. 다음 각 목의 어느 하나에 해당하는 죄를 범한 사람으로서 100만원 이상의 벌금형을 선고받고 그 형이 확정된 후 3년이 지나지 아니한 사람
가. 「성폭력범죄의 처벌 등에 관한 특례법」 제2조에 따른 성폭력범죄
나. 「정보통신망 이용촉진 및 정보보호 등에 관한 법률」 제74조 제1항 제2호 및 제3호에 규정된 죄
다. 「스토킹범죄의 처벌 등에 관한 법률」 제2조 제2호에 따른 스토킹범죄

6의4. 미성년자에 대한 다음 각 목의 어느 하나에 해당하는 죄를 저질러 파면·해임되거나 형 또는 치료감호를 선고받아 그 형 또는 치료감호가 확정된 사람(집행유예를 선고받은 후 그 집행유예기간이 경과한 사람을 포함한다)
가. 「성폭력범죄의 처벌 등에 관한 특례법」 제2조에 따른 성폭력범죄

---

1) 헌재 2007. 7. 26, 2006헌마764[준강도 및 절도죄로 징역 1년 6월을 선고받은 자가 형 집행후 5년간 공무원으로 임용될 수 없게 되자 공무담임권의 침해를 이유로 제기한 국가공무원법 제33조 위헌확인 심판청구사건에서](헌법재판소는 1997. 11. 27. 선고 95헌바14 등 결정에서 "금고 이상의 형을 받고 그 집행유예의 기간이 만료된 날로부터 2년을 경과하지 아니한 자는 공무원에 임용될 수 없다"고 규정한 국가공무원법 제33조 제1항 제4호에 대하여 합헌으로 판단한 바 있고, 일반적으로 실형인 경우 집행유예보다 공직에 대한 신뢰를 해하는 정도가 더 크고 그만큼 원활한 공무수행에 지장을 초래할 우려도 더 높은 점을 감안하면, 이 사건 법률조항이 위 선례의 경우보다 공무원 임용을 불합리하게 더 제한하고 있다고 할 수 없으므로 이 사건 법률조항 또한 공무담임권을 침해한다고 볼 수 없다).

나. 「아동·청소년의 성보호에 관한 법률」 제2조 제2호에 따른 아동·청소년대상 성범죄

7. 징계로 파면처분을 받은 때부터 5년이 지나지 아니한 자

8. 징계로 해임처분을 받은 때부터 3년이 지나지 아니한 자

판례는 공무원관계는 국가의 임용이 있는 때에 설정되는 것이라는 전제하에 공무원임용 결격사유가 있는지의 여부는(국가공무원법 제38조 및 공무원임용령 제11조의 규정에 의한) 채용후보자명부에 등록한 때가 아닌 임용당시에 시행되던 법률을 기준으로 하여 판단하여야 한다는 입장이다.[1] 847

(2) **성적요건**(자격요건)

(가) **성적주의** 공무원의 임용은 시험성적·근무성적, 그 밖의 능력의 실증에 따라 행한다(국공법 제26조 본문). 다만, 국가기관의 장은 신규채용의 경우, 공무원은 공개경쟁시험으로 채용한다(국공법 제28조 제1항; 지공법 제27조 제1항). 경우에 따라서는 경력 등 응시요건을 정하여 같은 사유에 해당하는 다수인을 대상으로 경쟁의 방법으로 채용하는 시험(경력경쟁채용시험)으로 공무원을 채용할 수 있다(국공법 제28조 제2항 본문). 848

(나) **우대정책** 국가기관의 장은 대통령령등으로 정하는 바에 따라 장애인·이공계전공자·저소득층 등에 대한 채용·승진·전보 등 인사관리상의 우대와 실질적인 양성 평등을 구현하기 위한 적극적인 정책을 실시할 수 있다(국공법 제26조 단서). 남녀의 실질적 평등의 실현을 위해 최소한의 할당제를 실시하는 것은 헌법상 평등원칙의 위반은 아니다.[2] 849

(3) **요건결여의 효과** 이상의 요건이 결여된 자에 대한 임용의 효과는 능력요건과 성적요건을 구분하여 살펴볼 필요가 있다. ① 능력요건이 결여된 자에 대한 임용은 무효가 된다.[3] 국가의 과실은 문제되지 아니한다.[4] 재직 중에 능력 850

---

1) 대판 1987. 4. 14, 86누459(국가공무원법에 규정되어 있는 공무원임용 결격사유는 공무원으로 임용되기 위한 절대적인 소극적 요건으로서 공무원 관계는 국가공무원법 제38조, 공무원임용령 제11조의 규정에 의한 채용후보자 명부에 등록한 때가 아니라 국가의 임용이 있는 때에 설정되는 것이므로 공무원임용결격사유가 있는지의 여부는 채용후보자 명부에 등록한 때가 아닌 임용 당시에 시행되던 법률을 기준으로 하여 판단하여야 한다. 임용 당시 공무원임용 결격사유가 있었다면 비록 국가의 과실에 의하여 임용 결격자임을 밝혀내지 못하였다 하더라도 그 임용행위는 당연무효로 보아야 한다).

2) Kunich, Das Recht des öffentlichen Dienstes, in : Schmidt-Aßmann(Hrsg.), Besonderes Verwaltungsrecht(13. Aufl.), Rn. 87.

3) 대판 2019. 2. 14, 2017두62587; 헌재 2016. 7. 28, 2014헌바437(지방공무원법 제31조 제5호의 임용결격사유는 임용을 위한 소극적 자격요건에 관한 규정으로서, 이는 임용결격사유 있는 자의 임용을 금지할 뿐만 아니라 여하한 사유로 임용결격사유 있는 자에 대한 임용행위가 이루어진 경우라도 그 임용은 자격요건을 결한 자에 대한 임용으로서 법률상 당연히 무효가 되도

요건을 결여하게 되면, 그 공무원은 당연히 퇴직하게 된다(국공법 제69조 제1호).[1] ② 성적요건이 결여된 자에 대한 임용은 취소할 수 있는 행위가 된다고 볼 것이다.[2] ③ 임용요건이 결여된 공무원이 행한 행위는 사실상 공무원의 이론(법적 의미에서 공무원은 아니지만 공무원에 준하는 것으로 보아 그 자의 행위를 법적 의미의 공무원의 행위와 동일한 것으로 보는 이론)에 의하여 유효한 것으로 보아야 할 경우도 있을 것이다. 그러한 자가 현실적으로 공무를 수행하였다면, 그러한 자가 받은 보수를 부당이득으로 볼 수는 없을 것이다. 판례는 연금·퇴직급여를 청구할 수 없다는 견해를 취한다.[3]

록 하는 규정이다).

4) 대판 1998. 1. 23, 97누16985(공무원연금법에 의한 퇴직급여 등은 적법한 공무원으로서의 신분을 취득하여 근무하다가 퇴직하는 경우에 지급되는 것이고, 임용 당시 공무원 임용 결격사유가 있었다면 비록 국가의 과실에 의하여 임용 결격자임을 밝혀내지 못하였다고 하더라도 그 임용행위는 당연무효로 보아야 하고, 당연무효인 임용행위에 의하여 공무원의 신분을 취득할 수는 없으므로, 임용 결격자가 공무원으로 임용되어 사실상 근무하여 왔다고 하더라도 적법한 공무원으로서의 신분을 취득하지 못한 자로서는 공무원연금법 소정의 퇴직급여 등을 청구할 수 없으며, 임용 결격사유가 소멸된 후에 계속 근무하여 왔다고 하더라도 그 때부터 무효인 임용행위가 유효로 되어 적법한 공무원의 신분을 회복하고 퇴직급여 등을 청구할 수 있다고 볼 수 없다).

1) 대판 1997. 7. 8, 96누4275(직위해제처분은 형사사건으로 기소되는 등 국가공무원법 제73조의2 제1항 각 호에 정하는 귀책사유가 있을 때 당해 공무원에게 직위를 부여하지 아니하는 처분이고, 복직처분은 직위해제사유가 소멸되었을 때 직위해제된 공무원에게 국가공무원법 제73조의2 제2항의 규정에 의하여 다시 직위를 부여하는 처분일 뿐, 이들 처분들이 공무원의 신분을 박탈하거나 설정하는 처분은 아닌 것이므로, 임용권자가 임용결격사유의 발생 사실을 알지 못하고 직위해제되어 있던 중 임용결격사유가 발생하여 당연퇴직된 자에게 복직처분을 하였다고 하더라도 이 때문에 그 자가 공무원의 신분을 회복하는 것은 아니다). 한편, 정부는 지난 1998년에 능력요건이 결여되었음에도 불구하고 공직에 재직중인 많은 공무원을 정리하였다. 당시 정리된 자의 배려를 위해 「임용결격공무원등에대한퇴직보상금지급등에관한특례법」이 제정되기도 하였다.

2) 대판 1998. 10. 23, 98두12932(당초 임용 이래 공무원으로 근무하여 온 경력에 바탕을 두고 구 지방공무원법 제27조 제2항 제3호 등을 근거로 하여 특별임용 방식으로 임용이 이루어졌다면 이는 당초 임용과는 별도로 그 자체가 하나의 신규임용이라고 할 것이므로, 그 효력도 특별임용이 이루어질 당시를 기준으로 판단하여야 할 것인데, 당초 임용 당시에는 집행유예 기간중에 있었으나 특별임용 당시 이미 집행유예 기간 만료일로부터 2년이 경과하였다면 같은 법 제31조 제4호에서 정하는 공무원 결격사유에 해당할 수 없고, 다만 당초 임용과의 관계에서는 공무원 결격사유에 해당하여 당초 처분 이후 공무원으로 근무하였다고 하더라도 그것이 적법한 공무원 경력으로 되지 아니하는 점에서 특별임용의 효력에 영향을 미친다고 할 수 있으나, 위 특별임용의 하자는 결국 소정의 경력을 갖추지 못한 자에 대하여 특별임용시험의 방식으로 신규임용을 한 하자에 불과하여 취소사유가 된다고 함은 별론으로 하고, 그 하자가 중대·명백하여 특별임용이 당연무효로 된다고 할 수는 없다).

3) 대판 2017. 5. 11, 2012다200486(공무원연금법이나 근로자퇴직급여 보장법에서 정한 퇴직급여는 적법한 공무원으로서의 신분을 취득하거나 근로고용관계가 성립하여 근무하다가 퇴직하는 경우에 지급되는 것이다. 임용 당시 공무원 임용결격사유가 있었다면, 비록 국가의 과실에 의하여 임용결격자임을 밝혀내지 못하였다 하더라도 임용행위는 당연무효로 보아야 하고, 당연무효인 임용행위에 의하여 공무원의 신분을 취득한다거나 근로고용관계가 성립할 수는 없다. 따라서 임용결격자가 공무원으로 임용되어 사실상 근무하여 왔다 하더라도 적법한 공무원으로서의 신분을 취득하지 못한 자로서는 공무원연금법이나 근로자퇴직급여 보장법에서 정한 퇴직

2. 채용시험

⑴ **임용시험제와 자격시험제** 현행 공무원법상 공무원의 채용시험은 임용 851
시험제를 의미하고 자격시험제를 뜻하는 것은 아니다. 과거 고등고시행정과나 보통고시와 같이 자격시험제를 채택한 경우도 있었으나, 현재는 최신의 전문지식의 중요성에 중점을 두어 임용시험제를 택하고 있다. 양 제도는 서로 상반되는 장단점을 갖는다.

⑵ **시험실시기관**

㈎ **행정기관** 행정기관 소속 공무원의 채용시험·승진시험, 그 밖의 시험 852
은 인사혁신처장 또는 인사혁신처장이 지정하는 소속기관의 장이 실시한다. 다만, 인사혁신처장 또는 그 소속기관의 장이 단독으로 실시하기 곤란하면 관계기관과 공동으로 실시할 수 있으며, 인사혁신처장은 대통령령으로 정하는 바에 따라 그 시험의 일부를 다른 행정기관의 장에게 위임하여 실시할 수 있다(국공법 제34조 제1항).

㈏ **국회·법원** 국회 및 법원 소속 공무원의 채용시험·승진시험, 그 밖의 852a
시험은 국회사무처 또는 법원행정처에서 실시한다. 이 경우 국회사무총장 또는 법원행정처장은 국회규칙 또는 대법원규칙으로 정하는 바에 따라 그 시험의 일부를 소속 기관에 위임하여 실시할 수 있다(국공법 제34조 제3항).

㈐ **헌법재판소** 헌법재판소 소속 공무원의 채용시험·승진시험, 그 밖의 852b
시험은 헌법재판소사무처에서 실시한다. 다만, 헌법재판소사무처장은 그 시험의 전부나 일부를 인사혁신처장 또는 법원행정처장에게 위탁하여 실시할 수 있다(국공법 제34조 제4항).

㈑ **선거관리위원회** 선거관리위원회 소속 공무원의 채용시험·승진시험, 852c
그 밖의 시험은 중앙선거관리위원회사무처에서 실시하되, 중앙선거관리위원회규칙으로 정하는 바에 따라 그 시험의 일부를 시·도선거관리위원회에 위임하여 실시할 수 있다. 다만, 중앙선거관리위원회사무총장은 시험의 전부나 일부를 인사혁신처장에게 위탁하여 실시하거나 인사혁신처장이 실시한 공개경쟁 채용시험에 합격한 자를 선거관리위원회에서 실시한 공개경쟁 채용시험에 합격한 자로 보아 임용할 수 있다(국공법 제34조 제5항).

⑶ **공개경쟁 채용시험과 평등원칙** 공개경쟁에 따른 채용시험은 같은 자 853

급여를 청구할 수 없다. 나아가 이와 같은 법리는 임용결격사유로 인하여 임용행위가 당연무효인 경우뿐만 아니라 임용행위의 하자로 임용행위가 취소되어 소급적으로 지위를 상실한 경우에도 마찬가지로 적용된다).

격을 가진 모든 국민에게 평등하게 공개하여야 하며, 시험의 시기 및 장소는 응시자의 편의를 고려하여 결정하여야 한다(국공법 제35조; 지공법 제33조).

854 (4) **응시자격** 각종 시험에 있어서 담당할 직무 수행에 필요한 최소한도의 자격요건은 대통령령등으로 정한다(국공법 제36조). 지방공무원법상 각종 수험자격은 대통령령으로 정한다(지공법 제34조).

855 (5) **시험의 공고** 공개경쟁 채용시험, 공개경쟁 승진시험 또는 경력경쟁채용시험을 실시할 때에는 임용예정 직급·직위, 응시 자격, 선발 예정 인원, 시험의 방법·시기·장소, 그 밖에 필요한 사항을 대통령령등으로 정하는 바에 따라 공고하여야 한다(국공법 제37조 제1항 본문). 원활한 결원 보충을 위하여 필요하면 근무예정 지역 또는 근무예정 기관을 미리 정하여 공개경쟁 채용시험을 실시할 수 있다. 이 경우 그 시험에 따라 채용된 공무원은 대통령령등으로 정하는 기간 동안 해당 근무 지역 또는 근무 기관에 근무하여야 한다(국공법 제37조 제2항).

3. 임용의 특례

856 (1) **개방형직위** 임용권자나 임용제청권자는 해당 기관의 직위 중 전문성이 특히 요구되거나 효율적인 정책 수립을 위하여 필요하다고 판단되어 공직 내부나 외부에서 적격자를 임용할 필요가 있는 직위에 대하여는 개방형 직위로 지정하여 운영할 수 있다. 다만, 「정부조직법」 등 조직 관계 법령에 따라 1급부터 3급까지의 공무원 또는 이에 상당하는 공무원으로 보할 수 있는 직위(고위공무원단 직위를 포함하며, 실장·국장 밑에 두는 보조기관 또는 이에 상당하는 직위는 제외한다) 중 임기제공무원으로도 보할 수 있는 직위(대통령령으로 정하는 직위는 제외한다)는 개방형 직위로 지정된 것으로 본다(국공법 제28조의4 제1항).

856a (2) **공모직위** 임용권자나 임용제청권자는 해당 기관의 직위 중 효율적인 정책 수립 또는 관리를 위하여 해당 기관 내부 또는 외부의 공무원 중에서 적격자를 임용할 필요가 있는 직위에 대하여는 공모 직위로 지정하여 운영할 수 있다(국공법 제28조의5 제1항).

856b (3) **고위공무원단 공무원임용** 고위공무원단에 속하는 공무원의 채용과 고위공무원단 직위로의 승진임용, 고위공무원으로서 적격한지 여부 및 그 밖에 고위공무원 임용 제도와 관련하여 대통령령으로 정하는 사항을 심사하기 위하여 인사혁신처에 고위공무원임용심사위원회를 둔다(국공법 제28조의6 제1항). 고위공무원임용심사위원회는 위원장을 포함하여 5명 이상 9명 이하의 위원으로 구성하며, 위원장은 인사혁신처장이 된다(국공법 제28조의6 제2항). 임용권자 또는 임용

제청권자는 고위공무원단에 속하는 공무원의 채용 또는 고위공무원단 직위로 승진임용하고자 하는 경우 임용대상자를 선정하여 고위공무원임용심사위원회의 심사를 거쳐 임용 또는 임용제청하여야 한다(국공법 제28조의6 제3항 본문).

⑷ **시보 임용** 5급 공무원(제4조 제2항에 따라 같은 조 제1항의 계급 구분이나 직군 및 직렬의 분류를 적용하지 아니하는 공무원 중 5급에 상당하는 공무원을 포함한다. 이하 같다)을 신규 채용하는 경우에는 1년, 6급 이하의 공무원을 신규 채용하는 경우에는 6개월간 각각 시보로 임용하고 그 기간의 근무성적·교육훈련성적과 공무원으로서의 자질을 고려하여 정규 공무원으로 임용한다. 다만, 대통령령등으로 정하는 경우에는 시보 임용을 면제하거나 그 기간을 단축할 수 있다(국공법 제29조 제1항). 시보 임용 기간 중에 있는 공무원이 근무성적·교육훈련성적이 나쁘거나 이 법 또는 이 법에 따른 명령을 위반하여 공무원으로서의 자질이 부족하다고 판단되는 경우에는 제68조와 제70조에도 불구하고 면직시키거나 면직을 제청할 수 있다. 이 경우 구체적인 사유 및 절차 등에 필요한 사항은 대통령령등으로 정한다(국공법 제29조 제3항). 857

⑸ **국가유공자 등의 우선임용** 국가유공자·상이군경 및 전몰군경의 유족은 법률이 정하는 바에 의하여 우선적으로 근로의 기회를 부여받는다(헌법 제32조 제6항). 이에 따라 국가공무원법과 지방공무원법은 공무원의 임용에 있어 국가유공자를 법령으로 정하는 바에 따라 우선 임용토록 규정하고 있다(국공법 제42조 제1항; 지공법 제40조). 858

⑹ **장학금지급 조건부 임용** 국회사무총장, 법원행정처장, 헌법재판소사무처장, 중앙선거관리위원회사무총장 또는 인사혁신처장은 우수한 공무원을 확보하기 위하여 필요하면 「초·중등교육법」, 「고등교육법」, 그 밖에 다른 법률에 따라 설치된 각급 학교(기능대학과 학위과정이 설치된 교육기관을 포함한다)의 재학생으로서 공무원으로 임용되기를 원하는 자에게 장학금을 지급하고 졸업 후 일정한 의무복무 기간을 부과하여 공무원으로 근무하게 할 수 있다(국공법 제85조 제1항). 859

⑺ **근무시간의 단축임용** 국가기관의 장은 업무의 특성이나 기관의 사정 등을 고려하여 소속 공무원을 대통령령등으로 정하는 바에 따라 통상적인 근무시간보다 짧게 근무하는 공무원으로 임용할 수 있다(국공법 제26조의2). 860

⑻ **외국인의 임용** 국가기관의 장은 국가안보 및 보안·기밀에 관계되는 분야를 제외하고 대통령령등으로 정하는 바에 따라 외국인을 공무원으로 임용할 수 있다(국공법 제26조의3 제1항). 국가기관의 장은 다음 각 호(1. 국가의 존립과 헌법 기본질서의 유지를 위한 국가안보 분야, 2. 내용이 누설되는 경우국가의 이익을 해하게 861

되는 보안·기밀 분야, 3. 외교, 국가 간 이해관계와 관련된 정책결정 및 집행 등 복수국적자의 임용이 부적합한 분야)의 어느 하나에 해당하는 분야로서 대통령령등으로 정하는 분야에는 복수국적자(대한민국 국적과 외국 국적을 함께 가진 사람을 말한다. 이하 같다)의 임용을 제한할 수 있다(국공법 제26조의3 제2항).

861a (9) **지역 인재의 추천 임용** 임용권자는 우수한 인재를 공직에 유치하기 위하여 학업 성적 등이 뛰어난 고등학교 이상 졸업자나 졸업 예정자를 추천·선발하여 3년의 범위에서 견습으로 근무하게 하고, 그 근무기간 동안 근무성적과 자질이 우수하다고 인정되는 자는 6급 이하의 공무원(제4조 제2항에 따라 같은 조 제1항의 계급 구분이나 직군 및 직렬의 분류를 적용하지 아니하는 공무원 중 6급 이하에 상당하는 공무원을 포함한다)으로 임용할 수 있다(국공법 제26조의4 제1항).

Ⅴ. 임명의 형식과 효력발생

1. 임명의 형식

862 공무원의 임용은 행정절차법이 정하는 행정처분에 해당한다. 행정절차법은 "행정청이 처분을 할 때에는 다른 법령등에 특별한 규정이 있는 경우를 제외하고는 문서로 하여야 한다"고 규정하는바(절차법 제24조 제1항), 공무원의 임용은 문서로 하여야 할 것이다. 공무원임용령도 공무원의 임용에 임용장이나 임용통지서의 교부를 규정하고 있는바(공임령 제6조 제1항), 공무원의 임용은 문서에 의한 행위이다.

2. 임용의 효력발생

863 공무원은 임용장이나 임용통지서에 적힌 날짜에 임용된 것으로 보며, 임용일자를 소급해서는 아니 된다(공임령 제6조 제1항). 사망으로 인한 면직은 사망한 다음 날에 면직된 것으로 본다(공임령 제6조 제2항). 임용할 때에는 임용일자까지 그 임용장 또는 임용통지서가 임용될 사람에게 도달할 수 있도록 발령하여야 한다(공임령 제6조 제3항). 제6조 제1항에도 불구하고 다음 각 호의 어느 하나에 해당하는 경우에는 다음 각 호의 구분에 따른 일자(1. 법 제40조의4 제1항 제5호에 따라 다음 각 목의 어느 하나에 해당하는 날을 임용일자로 하여 특별승진임용하는 경우, 가. 재직 중 사망한 경우: 사망일의 전날, 나. 퇴직 후 사망한 경우: 퇴직일의 전날, 2. 법 제70조 제1항 제4호에 따라 직권으로 면직시키는 경우: 휴직기간의 만료일 또는 휴직사유의 소멸일, 3. 시보임용이 될 사람이 제24조 제1항에 따른 공무원의 직무수행과 관련된 실무수습 중 사망한 경우: 사망일의 전날)에 임용된 것으로 본다(공임령 제7조).

3. 하자 있는 임명

(1) **일 반 론** ① 임명행위에 필수적으로 요구되는 구성요건요소가 결여 865
되고, 따라서 법상 공무원임명으로 볼 수 없는 경우에 임명행위는 존재하지 않는 것으로 된다(예 : 사인에 의한 임명). 임명이 부존재하는 경우에 공무원관계가 발생할 수 없다. ② 임명에 하자가 있다면, 하자의 중대성과 명백성 여하에 따라 무효 또는 취소할 수 있는 행위가 된다.

(2) **채용 비위 관련자의 합격 등 취소** 시험실시기관의 장 또는 임용권자는 865a
누구든지 공무원 채용과 관련하여 대통령령등으로 정하는 비위를 저질러 유죄판결이 확정된 경우에는 그 비위 행위로 인하여 채용시험에 합격하거나 임용된 사람에 대하여 대통령령등으로 정하는 바에 따라 합격 또는 임용을 취소할 수 있다. 이 경우 취소 처분을 하기 전에 미리 그 내용과 사유를 당사자에게 통지하고 소명할 기회를 주어야 한다(국공법 제45조의3 제1항; 지공법 제43조의3 제1항).

제 2 항 공무원법관계의 변경

공무원법관계의 변경이란 공무원의 신분은 유지하되, 공무원법관계의 내용 866
에 변경이 있는 것을 말한다. 공무원법관계의 변경에는 ① 공무원에게 부여된 기존의 특정의 직위를 다른 직위로 변경시키는 경우와 ② 그 특정의 직위를 박탈하여 무직위로 변경하는 경우가 있다. 전자의 경우에는 ⓐ 상위직급의 직위로의 변경, ⓑ 동등직급 내의 직위로의 변경, ⓒ 하급직급의 직위로의 변경 및 ⓓ 이중 직위의 부여 등이 있다. ②의 경우에는 휴직·직위해제·정직이 문제된다. 공무원법관계의 변경을 가져오는 행위는 행정청의 일방적인 단독행위이다.

Ⅰ. 다른 직위에로의 변경

1. 상위직급에로의 변경(승진)

(1) **승진의 의의** 승진이란 하위직급에서 바로 상위직급으로 임용되는 것 867
을 말한다. 직급에 따라 승진의 의미내용에 다소 차이가 있다. 1급 공무원으로의 승진은 바로 하급 공무원 중에서, 2급 및 3급 공무원으로의 승진은 같은 직군 내의 바로 하급 공무원 중에서 각각 임용하거나 임용제청하며, 고위공무원단 직위로의 승진임용은 대통령령으로 정하는 자격·경력 등을 갖춘 자 중에서 임용하거나 임용제청한다(국공법 제40조의2 제1항). 승진임용처분은 재량행위이다.[1]

한편 개인적 공권으로서 승진청구권은 존재하지 아니한다.[1] 승진은 자격·능력·전문적 지식 등에 따라 판단될 성질의 것이며, 그 판단은 임명권자의 평가적인 인식행위로서 제한된 범위 내에서만 사법심사의 대상이 될 수 있을 것이다.

868 ⑵ **승진의 기준** ① 승진임용은 근무성적평정·경력평정, 그 밖에 능력의 실증에 따른다. 다만, 1급부터 3급까지의 공무원으로의 승진임용 및 고위공무원단 직위로의 승진임용의 경우에는 능력과 경력 등을 고려하여 임용하며, 5급 공무원으로의 승진임용의 경우에는 승진시험을 거치도록 하되, 필요하다고 인정하면 대통령령등으로 정하는 바에 따라 승진심사위원회의 심사를 거쳐 임용할 수 있다(국공법 제40조 제1항; 지공법 제38조 제1항). ② 6급 이하 공무원으로의 승진임용의 경우 필요하다고 인정하면 대통령령등으로 정하는 바에 따라 승진시험을 병용할 수 있다(국공법 제40조 제2항; 지공법 제38조 제2항).

869 ⑶ **승진제한** 승진에 필요한 계급별 최저 근무연수, 승진 제한, 그 밖에 승진에 필요한 사항은 대통령령등으로 정한다(국공법 제40조 제3항; 지공법 제38조 제3항). 공무원이 승진하려면 다음 각 호(1. 일반직공무원(우정직공무원은 제외한다). 가. 4급 : 3년 이상, 나. 5급 : 4년 이상, 다. 6급 : 3년 6개월 이상, 라. 7급 및 8급 : 2년 이상, 마. 9급 : 1년 6개월 이상. 2. 우정직공무원. 가. 우정2급 : 4년 이상, 나. 우정3급, 우정4급, 우정5급 및 우정6급 : 3년 이상, 다. 우정7급 및 우정8급 : 2년 이상, 라. 우정9급 : 1년 6개월 이상)의 구분에 따른 기간 동안 해당 계급에 재직하여야 한다(공임령 제31조 제1항; 지임령 제33조 제1항).

870 ⑷ **특별승진** 공무원이 다음 각 호(1. 청렴하고 투철한 봉사 정신으로 직무에 모든 힘을 다하여 공무 집행의 공정성을 유지하고 깨끗한 공직 사회를 구현하는 데에 다른 공

---

1) 대판 2022. 2. 11, 2021도13197(지방공무원의 승진임용에 관해서는 임용권자에게 일반 국민에 대한 행정처분이나 공무원에 대한 징계처분에서와는 비교할 수 없을 정도의 광범위한 재량이 부여되어 있다. 따라서 승진임용자의 자격을 정한 관련 법령 규정에 위배되지 아니하고 사회통념상 합리성을 갖춘 사유에 따른 것이라는 일응의 주장·증명이 있다면 쉽사리 위법하다고 판단하여서는 아니 된다).

1) 대판 2009. 7. 23, 2008두10560(지방공무원법 제8조, 제38조 제1항, 지방공무원임용령 제38조의3의 각 규정을 종합하면, 2급 내지 4급 공무원의 승진임용은 임용권자가 행정실적·능력·경력·전공분야·인품 및 적성 등을 고려하여 하되, 인사위원회의 사전심의를 거치도록 하고 있는바, 4급 공무원이 당해 지방자치단체 인사위원회의 심의를 거쳐 3급 승진대상자로 결정되고 임용권자가 그 사실을 대내외에 공표까지 하였다면, 그 공무원은 승진임용에 관한 법률상 이익을 가진 자로서 임용권자에 대하여 3급 승진임용을 신청할 조리상의 권리가 있다); 헌재 2007. 6. 28, 2005헌마1179(공무담임권의 보호영역에는 일반적으로 공직취임의 기회보장, 신분박탈, 직무의 정지가 포함될 뿐이고 청구인이 주장하는 '승진시험의 응시제한'이나 이를 통한 승진기회의 보장 문제는 공직신분의 유지나 업무수행에는 영향을 주지 않는 단순한 내부 승진인사에 관한 문제에 불과하여 공무담임권의 보호영역에 포함된다고 보기는 어려우므로 결국 이 사건 심판대상 규정은 청구인의 공무담임권을 침해한다고 볼 수 없다).

무원의 귀감이 되는 자, 2. 직무수행 능력이 탁월하여 행정 발전에 큰 공헌을 한 자, 3. 제53조에 따른 제안의 채택·시행으로 국가 예산을 절감하는 등 행정 운영 발전에 뚜렷한 실적이 있는 자, 4. 재직 중 공적이 특히 뚜렷한 자가 제74조의2에 따라 명예퇴직할 때, 5. 재직 중 공적이 특히 뚜렷한 자가 공무로 사망한 때)의 어느 하나에 해당하면 제40조 및 제40조의2에도 불구하고 특별승진임용하거나 일반 승진시험에 우선 응시하게 할 수 있다(국공법 제40조의4; 지공법 제39조의3).

2. 동위직급 내의 변경(전직·전보·복직)

(1) **전 직** 전직이란 직렬을 달리하는 임명을 말한다(국공법 제5조 제5호; 871
지공법 제5조 제5호). 예컨대 행정사무관을 외무사무관으로 임용하는 경우가 이에 해당한다. 전직은 직위분류제의 원칙에 예외가 되므로 공무원을 전직 임용하려는 때에는 전직시험을 거쳐야 한다. 대통령령등으로 정하는 전직의 경우에는 시험의 전부 또는 일부를 면제할 수 있다(국공법 제28조의3; 지공법 제29조의2). 용례상 전직과 구별할 것으로 전입이 있다.

▌참고▐ 전입·전출

(1) **의 의** 전입에는 국가공무원법상 전입과 지방공무원법상 전입이 있다. 국가공무원법상으로는 국회, 법원, 헌법재판소, 선거관리위원회 및 행정부 상호 간에 다른 기관 소속 공무원을 받아들이는 것을 말하고(국공법 제28조의2), 지방공무원법상으로는 다른 지방자치단체 소속 공무원을 받아들이는 것을 말한다(지공법 제29조의3). 한편, 전입에 대응하는 개념으로서 공무원을 내보는 것을 전출이라 한다.

(2) **국가공무원의 전입요건** 국회, 법원, 헌법재판소, 선거관리위원회 및 행정부 상호 간에 다른 기관 소속 공무원을 전입하려는 때에는 시험을 거쳐 임용하여야 한다. 이 경우 임용 자격 요건 또는 승진소요최저연수·시험과목이 같을 때에는 대통령령등으로 정하는 바에 따라 그 시험의 일부나 전부를 면제할 수 있다(국공법 제28조의2).

(3) **지방공무원의 전입** 지방자치단체의 장은 다른 지방자치단체의 장의 동의를 받아 그 소속 공무원을 전입하도록 할 수 있다(지공법 제29조의3). 명시적 규정은 없지만, 전입에는 반드시 해당 공무원 본인의 동의가 있어야 한다는 것이 판례의 입장이다.[1)]

---

1) 대판 2001. 12. 11, 99두1823(지방공무원법 제29조의3은 지방자치단체의 장은 다른 지방자치단체의 장의 동의를 얻어 그 소속공무원을 전입할 수 있다고 규정하고 있는바, 위 규정에 의하여 동의를 한 지방자치단체의 장이 소속 공무원을 전출하는 것은 임명권자를 달리하는 지방자치단체로의 이동인 점에 비추어 반드시 당해 공무원 본인의 동의를 전제로 하는 것이고, 위 법규정도 본인의 동의를 배제하는 취지의 규정은 아니어서 위헌·무효의 규정은 아니다. 당해 공무원의 동의 없는 지방공무원법 제29조의3의 규정에 의한 전출명령은 위법하여 취소되어야 한다.

(2) 전 보

872 (가) 의 의 전보란 같은 직급 내에서의 보직 변경 또는 고위공무원단 직위 간의 보직 변경(제4조 제2항에 따라 같은 조 제1항의 계급 구분을 적용하지 아니하는 공무원은 고위공무원단 직위와 대통령령으로 정하는 직위 간의 보직 변경을 포함한다)을 말한다(국공법 제5조 제6호; 지공법 제5조 제6호). 예컨대 세무1과장 서기관 갑을 세무2과장으로 보하는 경우가 이에 해당한다. 이것은 공무원으로 하여금 일정기간 안정된 공무원생활을 가능하게 하기 위함이다.

872a (나) 국가공무원 국가공무원의 경우, 임용권자 또는 임용제청권자는 소속 공무원을 해당 직위에 임용된 날부터 필수보직기간(휴직기간, 직위해제처분기간, 강등 및 정직 처분으로 인하여 직무에 종사하지 아니한 기간은 포함하지 아니한다. 이하 이 조에서 같다)이 지나야 다른 직위에 전보할 수 있다. 이 경우 필수보직기간은 3년으로 하되, 「정부조직법」 제2조 제3항 본문에 따라 실장·국장 밑에 두는 보조기관 또는 이에 상당하는 보좌기관인 직위에 보직된 3급 또는 4급 공무원과 고위공무원단 직위에 재직 중인 공무원의 필수보직기간은 2년으로 한다(공임령 제45조 제1항).

872b (다) 지방공무원 임용권자는 다음 각 호(1. 직제상 최저 단위의 보조기관 내에서 전보, 강등, 강임 또는 승진된 경우, 2. 시보공무원이 정규공무원으로 임용된 경우, 3. 기구 개편, 직제 변경이나 정원 변경에 따라 소속·직위 또는 직급의 명칭만 변경하고 담당 직무는 그대로 유지한 상태로 재발령된 경우)의 어느 하나에 해당하는 경우를 제외하고는 소속 공무원을 해당 직위에 임용한 날부터 2년이 경과하여야 다른 직위에 전보할 수 있다(지임령 제27조 제1항).

873 (3) 복 직 복직이란 휴직, 직위해제, 정직 중이거나 강등으로 직무에 종사하지 못한 공무원을 직위에 복귀시키는 것을 말한다(공임령 제2조 제2호; 지임령 제2조 제2호).

3. 하위직급에로의 변경(강임)

874 (1) 강 임 ① 강임이란 같은 직렬 내에서 하위 직급에 임명하거나 하위 직급이 없어 다른 직렬의 하위 직급으로 임명하거나 고위공무원단에 속하는 일반직공무원(제4조 제2항에 따라 같은 조 제1항의 계급 구분을 적용하지 아니하는 공무원은 제외한다)을 고위공무원단 직위가 아닌 하위 직위에 임명하는 것을 말한다(국공법 제5조 제4호; 지공법 제5조 제4호). ② 임용권자는 직제 또는 정원의 변경이나 예산의 감소 등으로 직위가 폐직되거나 하위의 직위로 변경되어 과원이 된 경

우 또는 본인이 동의한 경우에는 소속 공무원을 강임할 수 있다(국공법 제73조의4 제1항; 지공법 제65조의4 제1항). 제1항에 따라 강임된 공무원은 상위 직급 또는 고위공무원단 직위에 결원이 생기면 제40조·제40조의2·제40조의4 및 제41조에도 불구하고 우선 임용된다. 다만, 본인이 동의하여 강임된 공무원은 본인의 경력과 해당 기관의 인력 사정 등을 고려하여 우선 임용될 수 있다(국공법 제73조의4 제2항; 지공법 제65조의4 제2항).

(2) 강 등 ① 강등은 징계처분의 하나로서 1계급 아래로 직급을 내리 874a
는 것(고위공무원단에 속하는 공무원은 3급으로 임용하고, 연구관 및 지도관은 연구사 및 지도사로 한다)을 말한다(국공법 제80조 제1항 본문; 지공법 제71조 제1항 본문). 다만, 제4조 제2항에 따라 계급을 구분하지 아니하는 공무원과 임기제공무원에 대해서는 강등을 적용하지 아니한다(국공법 제80조 제1항 단서). ② 공무원신분은 보유하나 3개월간 직무에 종사하지 못하며 그 기간 중 보수는 전액을 감한다(국공법 제80조; 지공법 제71조 제1항 본문).

4. 이중직위의 부여 등(겸임·파견근무)

(1) 겸 임 직위와 직무 내용이 유사하고 담당 직무 수행에 지장이 없 875
다고 인정하면 대통령령등으로 정하는 바에 따라 경력직공무원 상호 간에 겸임하게 하거나 경력직공무원과 대통령령으로 정하는 관련 교육·연구기관, 그 밖의 기관·단체의 임직원과 서로 겸임하게 할 수 있다(국공법 제32조의3; 지공법 제30조의3).

(2) 파견근무 국가기관의 장은 국가적 사업의 수행 또는 그 업무 수행과 876
관련된 행정 지원이나 연수, 그 밖에 능력 개발 등을 위하여 필요하면 소속 공무원을 다른 국가기관·공공단체·정부투자기관·국내외의 교육기관·연구기관, 그 밖의 기관에 일정 기간 파견근무하게 할 수 있으며, 국가적 사업의 공동 수행 또는 전문성이 특히 요구되는 특수 업무의 효율적 수행 등을 위하여 필요하면 국가기관 외의 기관·단체의 임직원을 파견받아 근무하게 할 수 있다(국공법 제32조의4 제1항; 지공법 제30조의4 제1항). 파견권자는 파견 사유가 소멸하거나 파견 목적이 달성될 가망이 없으면 그 공무원을 지체 없이 원래의 소속 기관에 복귀시켜야 한다(국공법 제32조의4 제2항; 지공법 제30조의4 제2항). 제1항에 따라 국가기관 외의 기관·단체에서 파견된 임직원은 직무상 행위를 하거나 「형법」, 그 밖의 법률에 따른 벌칙을 적용할 때 공무원으로 본다(국공법 제32조의4 제3항; 지공법 제30조의4 제3항).

Ⅱ. 무직위에로의 변경

1. 휴 직

877 (1) 의 의 휴직이란 공무원의 신분은 보유하게 하나 직무에는 종사하지 못하게 하는 것을 말한다(국공법 제73조 제1항; 지공법 제65조 제1항). 휴직에는 직권휴직과 의원휴직이 있다.

878 (가) 직권휴직 직권휴직이란 공무원에게 일정한 사유가 발생하는 경우, 임용권자가 공무원의 의사와 무관하게 일방적으로 명하는 휴직을 말한다.

878a 1) 사 유 공무원이 다음 각 호(1. 신체·정신상의 장애로 장기 요양이 필요할 때, 2. 삭제, 3. 「병역법」에 따른 병역 복무를 마치기 위하여 징집 또는 소집된 때, 4. 천재지변이나 전시·사변, 그 밖의 사유로 생사(生死) 또는 소재(所在)가 불명확하게 된 때, 5. 그 밖에 법률의 규정에 따른 의무를 수행하기 위하여 직무를 이탈하게 된 때, 6. 「공무원의 노동조합 설립 및 운영 등에 관한 법률」 제7조에 따라 노동조합 전임자로 종사하게 된 때)의 어느 하나에 해당하면 임용권자는 본인의 의사에도 불구하고 휴직을 명하여야 한다(국공법 제71조 제1항).

878b 2) 기 간 휴직 기간은 다음과 같다(국공법 제72조 제1호 내지 제3호, 제9호). 즉, ① 제71조 제1항 제1호에 따른 휴직기간은 1년 이내로 하되, 부득이한 경우 1년의 범위에서 연장할 수 있다. 다만, 다음 각 목(가. 「공무원 재해보상법」 제22조 제1항에 따른 요양급여 지급 대상 부상 또는 질병, 나. 「산업재해보상보험법」 제40조에 따른 요양급여 결정 대상 질병 또는 부상)의 어느 하나에 해당하는 공무상 질병 또는 부상으로 인한 휴직기간은 3년 이내로 하되, 의학적 소견 등을 고려하여 대통령령등으로 정하는 바에 따라 2년의 범위에서 연장할 수 있다. ② 제71조 제1항 제3호와 제5호에 따른 휴직 기간은 그 복무 기간이 끝날 때까지로 한다. ③ 제71조 제1항 제4호에 따른 휴직 기간은 3개월 이내로 한다. ④ 제71조 제1항 제6호에 따른 휴직 기간은 그 전임 기간으로 한다.

879 (나) 의원휴직 의원휴직이란 공무원 본인이 휴직을 원하는 경우에 임용권자가 명하는 휴직을 말한다.

879a 1) 사 유 임용권자는 공무원이 다음 각 호[1. 국제기구, 외국 기관, 국내외의 대학·연구기관, 다른 국가기관 또는 대통령령으로 정하는 민간기업, 그 밖의 기관에 임시로 채용될 때, 2. 국외 유학을 하게 된 때, 3. 중앙인사관장기관의 장이 지정하는 연구기관이나 교육기관 등에서 연수하게 된 때, 4. 만 8세 이하 또는 초등학교 2학년 이하의 자녀를 양육하기 위하여 필요하거나 여성공무원이 임신 또는 출산하게 된 때,[1] 5. 조부모, 부모(배우자

의 부모를 포함한다), 배우자, 자녀 또는 손자녀를 부양하거나 돌보기 위하여 필요한 경우. 다만, 조부모나 손자녀의 돌봄을 위하여 휴직할 수 있는 경우는 본인 외에 돌볼 사람이 없는 등 대통령령등으로 정하는 요건을 갖춘 경우로 한정한다. 6. 외국에서 근무·유학 또는 연수하게 되는 배우자를 동반하게 된 때, 7. 대통령령등으로 정하는 기간 동안 재직한 공무원이 직무 관련 연구과제 수행 또는 자기개발을 위하여 학습·연구 등을 하게 된 때]의 어느 하나에 해당하는 사유로 휴직을 원하면 휴직을 명할 수 있다. 다만, 제4호의 경우에는 대통령령으로 정하는 특별한 사정이 없으면 휴직을 명하여야 한다(국공법 제71조 제2항).

2) 기 간 휴직 기간은 다음과 같다(국공법 제72조 제4호 내지 제8호, 제 879b
10호). 즉, ① 제71조 제2항 제1호에 따른 휴직 기간은 그 채용 기간으로 한다. 다만, 민간기업이나 그 밖의 기관에 채용되면 3년 이내로 한다. ② 제71조 제2항 제2호와 제6호에 따른 휴직 기간은 3년 이내로 하되, 부득이한 경우에는 2년의 범위에서 연장할 수 있다. ③ 제71조 제2항 제3호에 따른 휴직 기간은 2년 이내로 한다. ④ 제71조 제2항 제4호에 따른 휴직 기간은 자녀 1명에 대하여 3년 이내로 한다. ⑤ 제71조 제2항 제5호에 따른 휴직 기간은 1년 이내로 하되, 재직 기간 중 총 3년을 넘을 수 없다. ⑥ 제71조 제2항 제7호에 따른 휴직 기간은 1년 이내로 한다.

(2) 효 력 휴직중인 공무원은 공무원의 신분은 보유하나 직무에 종사 880
하지 못한다(국공법 제73조 제1항; 지공법 제65조 제1항). 휴직기간중 그 사유가 없어지면 30일 이내에 임용권자 또는 임용제청권자에게 이를 신고하여야 하며, 임용권자는 지체 없이 복직을 명하여야 한다(국공법 제73조 제2항; 지공법 제65조 제2항). 휴직기간이 끝난 공무원이 30일 이내에 복귀 신고를 하면 당연히 복직된다(국공법 제73조 제3항; 지공법 제65조 제3항).

2. 직위해제

(1) 의 의 직위해제란 공무원 본인에게 직위를 계속 보유하게 할 수 881
없는 일정한 귀책사유가 있어서 그 공무원에게 직위를 부여하지 아니하는 것을 말한다(국공법 제73조의3 제1항 및 지공법 제65조의3 제1항 참조). 직위해제는 당해 공무원이 장래에 계속 직무를 담당하게 될 경우 예상되는 업무상의 장애 등을 예

1) 대판 2014. 6. 12, 2012두4852(출산휴가와 육아휴직은 그 목적과 근거 법령을 달리하는 제도이므로 여성 교육공무원은 육아휴직과 별도로 출산휴가를 신청할 수 있으나, 휴직 중인 공무원은 직무에 종사하지 못하므로(국가공무원법 제73조 제1항), 직무에 종사하는 것을 전제로 하여 일정한 사유가 발생한 경우 그 의무를 면제해 주는 휴가를 받을 수 없고, 육아휴직 중인 여성 교육공무원이 출산휴가를 받기 위해서는 복직이 선행되어야 한다).

방하기 위하여 일시적으로 당해 공무원에게 직위를 부여하지 아니함으로써 직무에 종사하지 못하도록 하는 잠정적인 조치로서, 임용권자가 일방적으로 보직을 박탈시키는 것을 의미한다.[1] 직위해제는 징계처분이 아니다.[2]

881a (2) **성 질** 직위해제는 휴직과 달리 본인에게 귀책사유가 있을 때에 행하는 것으로서 제재적인 성격을 갖는다. 직위해제는 공무원의 비위행위에 대한 징벌적 제재인 징계와 법적 성질이 다르지만, 해당 공무원에게 보수·승진·승급 등 다양한 측면에서 직·간접적으로 불리한 효력을 발생시키는 침익적 처분이라는 점에서 그것이 부당하게 장기화될 경우에는 결과적으로 해임과 유사한 수준의 불이익을 초래할 가능성까지 내재되어 있으므로, 직위해제의 요건 및 효력상실·소멸시점 등은 문언에 따라 엄격하게 해석하여야 하고, 특히 헌법 제7조 제2항 및 국가공무원법 제68조에 따른 공무원에 대한 신분보장의 관점은 물론 헌법상 비례원칙에 비추어 보더라도 직위해제처분의 대상자에게 불리한 방향으로 유추·확장해석을 하여서는 아니 된다.[3]

882 (3) **사 유** 직위해제의 사유가 있는 공무원은 ① 직무수행능력이 부족하거나 근무성적이 극히 나쁜 자, ② 파면·해임·강등 또는 정직에 해당하는 징계 의결이 요구중인 자,[4] ③ 형사 사건으로 기소된 자(약식명령이 청구된 자는 제외한다),[5] ④ 고위공무원단에 속하는 일반직공무원으로서 제70조의2 제1항 제2호

1) 대판 2022. 10. 14, 2022두45623.
2) 대판 2003. 10. 10, 2003두5945.
3) 대판 2022. 10. 14, 2022두45623.
4) 대판 2022. 10. 14, 2022두45623(국가공무원법 제73조의3 제2항은 직위해제처분을 한 경우에도 그 사유가 소멸되면 지체 없이 직위를 부여하여야 함을 명시하였다. 이는 같은 조 제1항 제3호의 요건 중 하나인 '중징계의결이 요구 중인 자'의 의미 및 '중징계의결 요구'의 종기에 관한 해석과 관계된다. 국가공무원법은 '징계의결 요구(제78조), 징계의결(제82조 제1항), 징계의결 통보(공무원 징계령 제18조), 징계처분(제78조 및 공무원 징계령 제19조) 또는 심사·재심사 청구(제82조 제2항 및 공무원 징계령 제24조)' 등 징계절차와 그 각 단계를 명확히 구분하여 규정하였고, '재징계의결 요구(제78조의3)'는 징계처분이 무효·취소된 경우에 한하는 것으로 명시함으로써 '심사·재심사 청구'가 이에 포함되지 않는다는 점 역시 문언상 분명하다. 이러한 관련 규정의 문언 내용·체계에 비추어 보면, '중징계의결이 요구 중인 자'는 국가공무원법 제82조 제1항 및 공무원 징계령 제12조에 따른 징계의결이 이루어질 때까지로 한정된다고 봄이 타당하다).
5) 헌재 2006. 5. 25, 2004헌바12(이 사건 법률조항[국가공무원법 제73조의2(직위의 해제) ① 임용권자는 다음 각 호의 1에 해당하는 자에 대하여는 직위를 부여하지 아니할 수 있다. 4. 형사사건으로 기소된 자(약식명령이 청구된 자는 제외한다)]의 입법목적은 형사소추를 받은 공무원이 계속 직무를 집행함으로써 발생할 수 있는 공직 및 공무집행의 공정성과 그에 대한 국민의 신뢰를 해할 위험을 예방하기 위한 것으로 정당하고, 직위해제는 이러한 입법목적을 달성하기에 적합한 수단이다. 이 사건 법률조항이 임용권자로 하여금 구체적인 경우에 따라 개별성과 특수성을 판단하여 직위해제 여부를 결정하도록 한 것이지 직무와 전혀 관련이 없는 범죄나 지극히 경미한 범죄로 기소된 경우까지 임용권자의 자의적인 판단에 따라 직위해제를 할 수 있

부터 제5호까지의 사유로 적격심사를 요구받은 자, ⑤ 금품비위, 성범죄 등 대통령령으로 정하는 비위행위로 인하여 감사원 및 검찰·경찰 등 수사기관에서 조사나 수사 중인 자로서 비위의 정도가 중대하고 이로 인하여 정상적인 업무수행을 기대하기 현저히 어려운 자 등이다(국공법 제73조의3 제1항; 지공법 제65조의3 제1항). 직위해제 여부는 의무에 합당한 재량으로 결정하여야 한다. 공무원에 대하여 ①의 직위해제 사유와, ②·③ 또는 ⑤의 직위해제 사유가 경합(競合)할 때에는 ②·③ 또는 ⑤의 직위해제 처분을 하여야 한다(국공법 제73조의3 제5항; 지공법 제65조의3 제5항). 한편, 공무원이 형사 사건으로 기소되었다는 이유만으로 직위해제처분을 하는 것이 정당하지 않다는 것이 판례의 견해이다.[1)]

(4) **부가처분** 위의 ①의 사유로 직위해제처분을 하는 경우에 임용권자는 883
직위해제된 자에게 3개월의 범위에서 대기를 명하고(국공법 제73조의3 제3항; 지공법 제65조의3 제3항), 아울러 대기명령을 받은 자에게 능력회복이나 태도개선을 위한 교육훈련 또는 특별한 연구과제의 부여 등 필요한 조치를 하여야 한다(국공법 제73조의3 제4항; 지공법 제65조의2 제4항).

(5) **효 과** 직위가 해제되면 직무에 종사하지 못한다. 출근의무도 없 884
다. 부가처분을 받은 자는 부가처분을 이행하여야 한다. 직위해제된 사람에게는 다음 각 호(1. 「국가공무원법」 제73조의3 제1항 제2호, 「교육공무원법」 제44조의2 제1항 제1호 또는 「군무원인사법」 제29조 제1항 제1호에 따라 직위해제된 사람: 봉급의 80퍼센트, 2. 「국가공무원법」 제73조의3 제1항 제5호에 따라 직위해제된 사람: 봉급의 70퍼센트. 다만, 직

도록 허용하는 것은 아니고, 기소된 범죄의 법정형이나 범죄의 성질에 따라 그 요건을 보다 한정적, 제한적으로 규정하는 방법을 찾기 어렵다는 점에서 이 사건 법률조항이 필요최소한도를 넘어 공무담임권을 제한하였다고 보기 어렵다. 그리고 이 사건 법률조항에 의한 공무담임권의 제한은 잠정적이고 그 경우에도 공무원의 신분은 유지되고 있다는 점에서 공무원에게 가해지는 신분상 불이익과 보호하려는 공익을 비교할 때 공무집행의 공정성과 그에 대한 국민의 신뢰를 유지하고자 하는 공익이 더욱 크다. 따라서 이 사건 법률조항은 공무담임권을 침해하지 않는다).

1) 대판 2017. 6. 8, 2016두38273(헌법 제27조 제4항은, 형사피고인은 유죄의 판결이 확정될 때까지는 무죄로 추정된다고 규정하고 있다. 한편, 외무공무원법 제30조, 구 국가공무원법(2015. 12. 24. 법률 제13618호로 개정되기 전의 것, 이하 '국가공무원법'이라고 한다) 제73조의3 제1항 제4호에 정한 직위해제 제도는 유죄의 확정판결을 받아 당연퇴직되기 전 단계에서 형사소추를 받은 공무원이 계속 직위를 보유하고 직무를 수행한다면 공무집행의 공정성과 그에 대한 국민의 신뢰를 저해할 구체적인 위험이 생길 우려가 있으므로 이를 사전에 방지하고자 하는 데 그 목적이 있다. 따라서 헌법상의 무죄추정의 원칙이나 위와 같은 직위해제 제도의 목적에 비추어 볼 때, 형사 사건으로 기소되었다는 이유만으로 직위해제처분을 하는 것은 정당화될 수 없고, 당사자가 당연퇴직 사유인 국가공무원법 제33조 제3호 내지 제6호의2에 해당하는 유죄판결을 받을 고도의 개연성이 있는지 여부, 당사자가 계속 직무를 수행함으로 인하여 공정한 공무집행에 위험을 초래하는지 여부 등 구체적인 사정을 고려하여 그 위법 여부를 판단하여야 한다).

위해제일부터 3개월이 지나도 직위를 부여받지 못한 경우에는 그 3개월이 지난 후의 기간 중에는 봉급의 40퍼센트를 지급한다. 3. 「국가공무원법」 제73조의3 제1항 제3호·제4호·제6호, 「교육공무원법」 제44조의2 제1항 제2호부터 제4호까지 또는 「군무원인사법」 제29조 제1항 제2호부터 제4호까지의 규정에 따라 직위해제된 사람: 봉급의 50퍼센트. 다만, 직위해제일부터 3개월이 지나도 직위를 부여받지 못한 경우에는 그 3개월이 지난 후의 기간 중에는 봉급의 30퍼센트를 지급한다)의 구분에 따라 봉급(외무공무원의 경우에는 직위해제 직전의 봉급을 말한다. 이하 이 조에서 같다)의 일부를 지급한다(공보수 제29조).

884a (6) **사후조치** 직위해제중 해제사유가 소멸되면 임용권자는 지체없이 직위를 부여하여야 한다(국공법 제73조의3 제2항; 지공법 제65조의3 제2항). 만약 위의 ①의 사유로 직위해제된 자가 대기명령을 받은 기간중 능력 또는 근무성적의 향상을 기대하기 어렵다고 인정되면 징계위원회(지방공무원의 경우는 인사위원회)의 동의를 받아 임용권자는 직권으로 면직시킬 수 있다(국공법 제70조 제1항 제5호·제2항; 지공법 제62조 제2항).

884b (7) **직위해제처분과 직권면직의 관계**

(가) **처분의 성질과 일사부재리** 종전 판례는 해임처분과 직위해제사유 변경처분은 각 별개의 처분으로서 해임처분이 직위해제사유 변경처분의 유효 여부에 따라서 영향을 받는 것이 아니라 하고, 아울러 직위해제처분은 공무원에 대하여 불이익한 처분이긴 하나 징계처분과 같은 성질의 처분이라고는 볼 수 없으므로 동일한 사유에 대한 직위해제처분이 있은 후 다시 해임처분이 있었다 하여 일사부재리의 법리에 어긋난다고 할 수 없다는 견해를 취하였다.[1)]

(나) **직위해제처분의 하자의 직권면직처분 승계 여부** 판례는 직위해제처분의 하자가 직권면직처분에 승계되는지 여부와 관련하여 부정적인 입장을 취한다.[2)] 직위해제처분과 직권면직처분이 목적을 달리하는 제도라고 볼 때, 판례의 태도는 정당하다. 한편, 3개월의 대기기간 동안 직위해제된 공무원이 직위해제처분을 소송상 다투는 것은 사실상 기대하기 어려우므로, 3개월의 대기기간과 동시에 90일(3개월)의 제소기간이 경과된 후 직위해제된 자를 직권면직시키는 경우

---

1) 대판 1984. 2. 28, 83누489

2) 대판 1970. 1. 27, 68누10(원고가 그 의사에 반한 불리한 직위해제처분을 받고 그 처분에 대하여 불복이 있을 때에는 국가공무원법 제76조 제1항에 의하여 소청심사위원회에 심사를 청구하여야 되고 만약 심사청구도 하지 않고 그 소정 청구기간을 도과하였을 때에는 그 처분이 당연무효인 경우를 제외하고는 다시 위법·부당을 다툴 수 없다. … 본건에 있어서 원고는 직위해제처분에 대하여 소정기간 내에 소청심사청구나 행정소송을 제기한 바 없고, 그 후의 면직처분에 대한 불복의 행정소송에서(설사 본건 직위해제처분이 원고주장대로 사실조사도 없이 행한 것이라 하더라도 이것만으로 당연무효의 처분이라고 볼 수 없고 취소사유에 불과하다) 직위해제처분의 취소사유를 들어 다시 위법을 주장할 수 없다).

에 직권면직절차를 다투는 소송에서 직위해제의 위법을 다툴 수 없다고 하는 것은 비례원칙에 비추어 문제가 있다는 지적은[1] 경청할 만하다.

⑻ 제소 관련 문제

㈎ 직위해제처분 소멸 후 그 직위해제처분에 대한 제소가능성 판례는 "직위해 884c
제처분이 효력을 상실한다는 것은 직위해제처분이 소급적으로 소멸하여 처음부터 직위해제처분이 없었던 것과 같은 상태로 되는 것이 아니라 사후적으로 그 효력이 소멸한다는 의미이다. 따라서 직위해제처분에 기하여 발생한 효과는 당해 직위해제처분이 실효되더라도 소급하여 소멸하는 것이 아니므로, 인사규정 등에서 직위해제처분에 따른 효과로 승진·승급에 제한을 가하는 등의 법률상 불이익을 규정하고 있는 경우에는 직위해제처분을 받은 근로자는 이러한 법률상 불이익을 제거하기 위하여 그 실효된 직위해제처분에 대한 구제를 신청할 이익이 있다"는 견해를 취한다.[2]

㈏ 새로운 직위해제처분 후 종전처분에 대한 제소가능성 ① 판례는 "행정청 884d
이 공무원에 대하여 새로운 직위해제사유에 기한 직위해제처분을 한 경우 그 이전에 한 직위해제처분은 이를 묵시적으로 철회하였다고 봄이 상당하므로, 그 이전 처분의 취소를 구하는 부분은 존재하지 않는 행정처분을 대상으로 한 것으로서 그 소의 이익이 없어 부적법하다"는 견해를 취한다.[3] 또한 ② 판례는[4] 직위해제처분을 한 후, 그 직위해제사유와 동일한 사유를 이유로 파면처분을 하였다면 뒤에 하여진 파면처분에 의하여 그 전에 하였던 직위해제처분은 그 효력을 상실한다고 본다.

3. 정 직

정직은 공무원의 신분을 유지하되 직무에는 종사하지 못하는 것을 말한다. 885
정직기간은 1개월 이상 3개월 이하의 기간으로 하고 보수는 전액을 감한다(국공법 제80조 제3항; 지공법 제71조 제3항). 정직은 징계처분의 하나인 점에서 휴직이나 직위해제와 성질을 달리한다.

---

1) 김남진, 행정법의 기본문제, 982쪽.
2) 대판 2010. 7. 29, 2007두18406.
3) 대판 2003. 10. 10, 2003두5945.
4) 대판 1985. 3. 26, 84누677; 헌재 2005. 12. 22, 2003헌바76.

제 3 항 공무원법관계의 소멸

886 공무원법관계의 소멸이란 공무원의 신분이 해소되어 공무원으로서의 법적 지위에서 완전히 벗어나는 것을 말한다. 공무원법관계는 법정주의원칙에 따라 법이 정하거나 허용하는 일정전제요건과 형식에 따라서만 종료될 수 있다. 법정주의로 인해 임용주체에 의한 공무원법관계의 자의적인 종료는 방지될 수 있다. 공무원법관계의 소멸을 가져오는 원인에는 당연퇴직과 면직의 경우가 있다.

Ⅰ. 당연퇴직

1. 의 의

887 당연퇴직이란 임용권자의 의사와 관계없이 법이 정한 일정한 사유의 발생으로 당연히 공무원관계가 소멸되는 것을 말한다. 공무원관계법에서 공무원의 임용결격사유 및 당연퇴직에 관한 규정을 두고 있는 것은 임용결격사유에 해당하는 자를 공무원의 직무로부터 배제함으로써 그 직무수행에 대한 국민의 신뢰, 공무원직에 대한 신용 등을 유지하고 그 직무의 정상적인 운영을 확보하기 위한 것 뿐만 아니라, 공무원범죄를 사전에 예방하고 공직사회의 질서를 유지하고자 함에 그 목적이 있다.[1] 당연퇴직제도는 지방공무원법뿐 아니라, 국가공무원법, 경찰공무원법 등 다수의 공무원관계법령에서 다양하게 규정하고 있는바, 그 효과는 지방공무원법 등 관계법령에 규정된 임용결격사유가 발생하는 것 자체에 의하여 법률상 당연히 퇴직하는 것이지, 공무원법관계를 소멸시키기 위한 별도의 행정처분을 요하는 것이 아니다.[2] 따라서 퇴직발령통지서의 발부는 퇴직의 유효요건이 아니며 사실상의 확인행위에 불과할 뿐이다.[3] 다만, 판례는 대학교원에 대하여 재임용을 거부하는 취지로 한 임용기간만료의 통지는 행정소

1) 대판 1996. 5. 14, 95누7307; 헌재 2022. 12. 22, 2020헌가8.
2) 헌재 2002. 8. 29, 2001헌마788, 2002헌마173(병합).
3) 대판 1994. 12. 27, 91누9244(국가안전기획부장이 같은 법률에 따라 계급정년으로 인한 퇴직인사명령을 한 것은 그들이 같은 법률상 계급정년자에 해당하여 당연히 퇴직하였다는 것을 공적으로 확인하여 알려 주는 사실의 통보에 불과한 것이지 징계파면이나 직권면직과 같이 공무원의 신분을 상실시키는 새로운 형성적 행위가 아니어서 항고소송의 대상이 되는 행정처분에 해당하지 않는다); 대판 1992. 1. 21, 91누2687(지방공무원법 제61조의 규정에 의하면 공무원에게 같은 법 제31조 소정의 결격사유가 있을 때에는 당연히 퇴직한다고 되어 있으므로 이러한 당연퇴직의 경우에는 결격사유가 있어 법률상 당연퇴직되는 것이지 공무원관계를 소멸시키기 위한 별도의 행정처분을 요하지 아니한다 할 것이며 위와 같은 사유의 발생으로 당연퇴직의 인사발령이 있었다 하여도 이는 퇴직사실을 알리는 이른바 관념의 통지에 불과하여 행정소송의 대상이 되지 아니한다).

송의 대상이 되는 처분에 해당한다고 하였다.[1]

2. 사 유

첫째, 공무원이 다음 각 호(1. 제33조 각 호의 어느 하나에 해당하는 경우.[2] 다만, 888
제33조 제2호는 파산선고를 받은 사람으로서 「채무자 회생 및 파산에 관한 법률」에 따라 신청기한 내에 면책신청을 하지 아니하였거나 면책불허가 결정 또는 면책 취소가 확정된 경우만 해당하고, 제33조 제5호는 「형법」 제129조부터 제132조까지, 「성폭력범죄의 처벌 등에 관한 특례법」 제2조, 「정보통신망 이용촉진 및 정보보호 등에 관한 법률」 제74조 제1항 제2호 · 제3호, 「스토킹범죄의 처벌 등에 관한 법률」 제2조 제2호, 「아동 · 청소년의 성보호에 관한 법률」 제2조 제2호 및 직무와 관련하여 「형법」 제355조 또는 제356조에 규정된 죄를 범한 사람으로서 금고 이상의 형의 선고유예를 받은 경우만 해당한다. 2. 임기제공무원의 근무기간이 만료된 경우)의 어느 하나에 해당할 때에는 당연히 퇴직한다(국공법 제69조; 지공법 제61조).[3]

둘째, 사망이나 임기만료 또는 정년에 달하면 당연히 퇴직한다. 공무원의 정년은 다른 법률에 특별한 규정이 있는 경우를 제외하고는 60세로 한다(국공법 제74조 제1항; 지공법 제66조 제1항).[4] 공무원 정년을 몇 세로 정할 것인가는 국회의 입법재량에 속한다.[5] 공무원의 정년을 어느 정도 단축하거나[6] 정년제를 임기

1) 대판 2004. 4. 22, 2000두7735.

2) 헌재 2003. 12. 18, 2003헌마409(범죄행위로 형사처벌을 받은 공무원에 대하여 형사처벌사실 그 자체를 이유로 신분상 불이익처분을 하는 방법과 별도의 징계절차를 거쳐 불이익처분을 하는 방법 중 어느 방법을 선택할 것인가는 입법자의 재량에 속하는 것인바, 공무원에게 부과되는 신분상 불이익과 보호하려는 공익이 합리적 균형을 이루는 한 법원이 범죄의 모든 정황을 고려하여 금고 이상의 형의 집행유예 판결을 하였다면 그 범죄행위가 직무와 직접적 관련이 없거나 과실에 의한 것이라 하더라도 공무원의 품위를 손상하는 것으로 당해 공무원에 대한 사회적 비난가능성이 결코 적지 아니함을 의미하므로 이를 공무원의 당연퇴직사유로 규정한 것을 위헌의 법률조항이라고 볼 수 없다).

3) 헌재 2002. 8. 29, 2001헌마788, 2002헌마173(병합)(오늘날 사회구조의 변화로 인하여 '모든 범죄로부터 순결한 공직자 집단'이라는 신뢰를 요구하는 것은 지나치게 공익만을 우선한 것이며, 오늘날 사회국가원리에 입각한 공직제도의 중요성이 강조되면서 개개 공무원의 공무담임권 보장의 중요성이 더욱 큰 의미를 가지고 있다. 일단 공무원으로 채용된 공무원을 퇴직시키는 것은 공무원이 장기간 쌓은 지위를 박탈해 버리는 것이므로 같은 입법목적을 위한 것이라고 하여도 당연퇴직사유를 임용결격사유와 동일하게 취급하는 것은 타당하다고 할 수 없다. 결국, 지방공무원법 제61조 중 제31조 제5호 부분은 헌법 제25조의 공무담임권을 침해하였다고 할 것이다. 따라서 헌법재판소가 종전에 1990. 6. 25. 89헌마220 결정에서 위 규정이 헌법에 위반되지 아니한다고 판시한 의견은 이를 변경하기로 한다).

4) 헌재 1997. 3. 27, 96헌바86(국가공무원법상의 공무원정년제도는 공무원에게 정년까지 계속 근무를 보장함으로써 그 신분을 보장하는 한편 공무원에 대한 계획적인 교체를 통하여 조직의 능률을 유지 · 향상시킴으로써 직업공무원제를 보완하는 기능을 수행하고 있는 것이므로 이 사건 심판대상조항은 공무원의 신분보장과 직업공무원제도를 규정한 헌법 제7조에 위반되지 아니한다).

5) 헌재 2016. 3. 31, 2014헌마581(공무원 정년제도는, 한편으로 공무원에게 정년까지 계속 근무를 보장함으로써 그 신분을 보장하고 다른 한편으로 공무원에 대한 계획적인 교체를 통하여 조직

제로 변경하는 것은 정당한 이유가 있는 한 적법하다.[1] 공무원의 사망의 경우, 공무원법관계는 법률에 의거 종료한다. 그러나 사망시점까지 발생된 재산적 가치 있는 권리·의무는 상속인에게 상속된다. 파면처분취소청구소송의 계속중에 공무원이 정년에 달하게 되면, 경우에 따라 권리보호의 필요(협의의 소의 이익)가 부인되기도 한다.[2] 셋째, 국적상실. 물론 외국인이 임용될 수 있는 직(국공법 제26조의3; 지공법 제25조의2)에 임용된 자의 경우에는 그러하지 아니하다.

3. 효 과

889 퇴직사유가 발생하면 공무원법관계는 당연히 소멸되고,[3] 퇴직된 자는 더

의 능률을 유지·향상시킴으로써 직업공무원제도를 보완하는 기능을 수행하는바, 공무원 정년제도를 어떻게 구성할 것인가 또 그 구체적인 정년연령은 몇 세로 할 것인가는 특별한 사정이 없는 한 입법정책의 문제로서 입법부에 광범위한 입법재량 내지 형성의 자유가 인정되어야 할 사항이라 할 것이어서 입법자로서는 정년제도의 목적, 국민의 평균수명과 실업률 등 사회경제적 여건과 공무원 조직의 신진대사 등 공직 내부의 사정을 종합적으로 고려하여 합리적인 재량의 범위 내에서 이를 규정할 수 있다 할 것이다).

6) 헌재 2000. 12. 14, 99헌마112·137(병합)(입법자는 우리나라의 교육여건, 공교육 정상화 등 교육개혁에 대한 국민적 열망 등 여러 가지 사정을 종합할 때, 젊고 활기찬 교육분위기 조성을 위한 교직사회의 신진대사가 필요하고 바람직한 것이라고 보아 초·중등교원의 정년을 3년간 단축하여 62세로 설정하고 있는바, 입법자의 이러한 교육정책적 판단과 결정은 나름대로 합리성이 있는 것으로 인정되고, 우리나라 다른 공무원들의 정년연령에 비교하여 보거나 외국의 교원정년제도와 비교하여 보더라도 교원정년을 62세로 한 것이 입법형성권의 한계를 일탈하여 불합리할 정도로 지나치게 단축한 것이라고 보기 어렵다).

1) 대판 1997. 3. 14, 95누17625(공직사회의 무사안일을 방지하고 인사적체를 해소하며 공직참여의 기회를 확대하고 관료제의 민주화를 추구하며 동 행정을 활성화하려는 근무상한기간제 도입의 목적은 직업공무원제도를 합리적으로 보완·운영하기 위한 것으로서 그 정당성이 인정되고, … 동장임용등에관한규칙 제11조가 종전의 정년제에다가 근무상한기간제를 추가로 규정함으로써 종전의 규칙에 따라 임용되어 근무중인 기존 동장들이 정년까지 근무할 수 있으리라고 예상하고 있던 기대와 신뢰를 침해받게 되었다고 하더라도, 그것은 입법재량의 범위 내에 있는 것으로서 직업공무원제도의 본질적 내용을 침해하거나 비례의 원칙(과잉금지의 원칙) 또는 신뢰보호의 원칙에 위반되거나 헌법 제10조(인간으로서의 존엄과 가치 및 행복추구권), 제11조 제1항(평등과 차별금지), 제15조(직업선택의 자유), 제23조(재산권의 보장), 제32조(근로의 권리), 제34조(인간다운 생활을 할 권리)의 규정들에 위배된다고 할 수 없다).

2) 대판 1993. 1. 15, 91누5747(원고들은 상고심 계속중에 이미 국가공무원법 소정의 정년이 지났으므로 면직처분이 무효로 확인된다 하더라도 공무원의 신분을 다시 회복할 수 없기 때문에, 비록 면직으로 인한 퇴직기간을 재직기간으로 인정받지 못함으로써 퇴직급여, 승진소요연수의 계산 및 호봉승급에 과거의 불이익이 남아 있긴 하나 이러한 불이익이 현재는 계속되고 있지 아니하고, 면직처분으로 인한 급료청구소송 또는 명예침해 등을 이유로 한 손해배상청구소송에서 위 처분의 무효를 주장하여 과거에 입은 권익의 침해를 구제받을 수 있는 이상, 소로써 면직처분의 무효확인을 받는 것이 원고들의 권리 또는 법률상 지위에 현존하는 불안, 위험을 제거하는 데 필요하고도 적절한 것이라 할 수 없으므로 확인의 이익이 없다); 대판 1991. 6. 28, 90누9346; 대판 1984. 6. 12, 82다카139.

3) 헌재 2022. 12. 22, 2020헌가8(당연퇴직 제도는 결격사유가 발생하는 것 자체에 의하여 임용권자의 의사표시 없이 결격사유에 해당하게 된 시점에 당연히 그 공무원으로서의 신분을 상실하게 하는 것이다. 따라서 결격사유가 발생하였음이 뒤늦게 밝혀진 경우에도 그 사유 발생일에

이상 공무원이 아니다.[1] 그 자가 행한 행위는 무권한의 행위가 된다. 그러나 이러한 경우에도 외부적으로 국민에 대한 관계에서 국민의 신뢰보호와 법적 안정성을 위해 사실상의 공무원이론에 의거, 그러한 행위는 유효한 행위로 볼 수 있을 때도 있다. 그러나 내부관계에서 사실상의 공무원이론을 원용하여 공무원의 권리를 주장할 수는 없다.

Ⅱ. 면 직

면직이란 특별한 행위로 공무원법관계를 소멸시키는 것을 말한다. 특별한 행위에 의한다는 점에서 법정사유로 인한 당연퇴직과 다르다. 면직에는 공무원 자신의 원에 의한 의원면직과 그러하지 않은 강제면직이 있다. 면직처분을 할 때에는 그 처분권자 또는 처분제청권자는 처분사유를 적은 설명서를 교부하여야 한다. 다만 본인의 원에 따른 경우에는 그러하지 아니하다(국공법 제75조; 지공법 제67조 제1항). 890

1. 의원면직

(1) **의의와 성질** ① 의원면직이란 공무원 자신의 사직의 의사표시에 의거하여 임용권자가 공무원법관계를 종료시키는 처분을 말한다. ② 의원면직(처분)은 상대방의 신청을 요하는 행정행위(협력을 요하는 행정행위, 쌍방적 행정행위)이다. 891

(2) **사직의 의사표시** ① 사직의 의사표시(통상적 사직원의 제출을 통해 이루어진다)는 행정요건적 사인의 공법행위에 해당한다. ② 사직의 의사표시는 정상적인 의사작용에 의한 것이어야 한다. 사직원의 제출이 강박에 의한 것이라면 무효가 된다.[2] ③ 판례는 사직의 의사표시에 민법 제107조(비진의 의사표시)가 적용 892

소급하여 국가공무원 신분이 상실된다); 대판 2016. 12. 29, 2014두43806(공무원 당연퇴직제도는 결격사유가 발생하는 것 자체에 의해 임용권자의 의사표시 없이 결격사유에 해당하게 된 시점에 법률상 당연히 퇴직하는 것이고, 공무원관계를 소멸시키기 위한 별도의 행정처분을 요하지 아니하므로, 당연퇴직사유의 존재는 객관적으로 명확하여야 한다).

1) 대판 2011. 3. 24, 2008다92022(구 국가공무원법(2002. 12. 18.법률 제6788호로 개정되기 전의 것) 제69조는 "공무원이 제33조 각 호의 1에 해당할 때에는 당연히 퇴직한다."고 규정하고, 같은 법 제33조 제1항 제4호는 결격사유 중의 하나로 '금고 이상의 형을 받고 그 집행유예의 기간이 완료된 날로부터 2년을 경과하지 아니한 자'를 들고 있다. 같은 법 제69조에서 규정하고 있는 당연퇴직제도는 같은 법 제33조 제1항 각 호에 규정되어 있는 결격사유가 발생하는 것 자체에 의하여 임용권자의 의사표시 없이 결격사유에 해당하게 된 시점에 당연히 공무원 신분을 상실하게 하는 것이고, 당연퇴직의 효력이 생긴 후에 당연퇴직사유가 소멸한다는 것은 있을 수 없으므로, 국가공무원이 금고 이상의 형의 집행유예를 받은 경우에는 그 이후 형법 제65조에 따라 형의 선고가 효력을 잃게 되었다 하더라도 이미 발생한 당연퇴직의 효력에는 영향이 없다).

2) 대판 1997. 12. 12, 97누13962(사직서의 제출이 감사기관이나 상급관청 등의 강박에 의한 경우

되지 아니한다는 입장이다.[1] ④ 사직의 의사표시는 행정절차법 제17조 제8항에 의하여 사직원이 수리되기 전까지 철회될 수 있다.[2] 그러나 신의칙에 반하는 경우에는 그러하지 않다는 것이 판례의 입장이다.[3]

893 (3) **사직의 자유와 수리의무** ① 직업선택의 자유와 관련하여 원칙적으로 공무원은 사임의 자유를 가진다. ② 공무담임은 권리이고 자유이지 의무만은 아닌 것이므로 임용권자에게 수리의무가 있다. ③ 사임의 의사표시가 있어도 임용권자가 수리할 때까지는 사임의 의사표시를 한 자는 여전히 공무원이다. 따라서 그 자는 여전히 공무원으로서 각종의 의무를 부담하며, 이에 위반하면 책임이 추궁될 수 있다.[4] ④ 수리는 상당한 기간 내에 이루어져야 한다. 상당한 기간은 업무수행의 공백방지 등을 고려하면서 판단되어야 한다.

894 (4) **명예퇴직제** 의원면직의 특별한 경우로 명예퇴직제가 있다. 명예퇴직이란 20년 이상 근속한 자가 정년 전에 스스로 퇴직하는 것을 말하며, 이 경우에는 예산의 범위에서 명예퇴직수당이 지급될 수 있다(국공법 제74조의2; 지공법 제66조의2). 명예퇴직제도는 정년 이전에 퇴직하는 공무원에게 정년 이전의 퇴직으로 받게 되는 불이익, 즉 계속 근로로 받을 수 있는 수입의 상실이나 새로운 직

에는 그 정도가 의사결정의 자유를 박탈할 정도에 이른 것이라면 그 의사표시가 무효로 될 것이고 그렇지 않고 의사결정의 자유를 제한하는 정도에 그친 경우라면 그 성질에 반하지 아니하는 한 의사표시에 관한 민법 제110조의 규정을 준용하여 그 효력을 따져보아야 할 것이나, 감사담당 직원이 당해 공무원에 대한 비리를 조사하는 과정에서 사직하지 아니하면 징계파면이 될 것이고 또한 그렇게 되면 퇴직금 지급상의 불이익을 당하게 될 것이라는 등의 강경한 태도를 취하였다고 할지라도 그 취지가 단지 비리에 따른 객관적 상황을 고지하면서 사직을 권고·종용한 것에 지나지 않고 위 공무원이 그 비리로 인하여 징계파면이 될 경우 퇴직금 지급상의 불이익을 당하게 될 것 등 여러 사정을 고려하여 사직서를 제출한 경우라면 그 의사결정이 의원면직처분의 효력에 영향을 미칠 하자가 있었다고는 볼 수 없다); 대판 1975. 6. 24, 75누46.

1) 대판 2001. 8. 24, 99두9971(비록 사직원 제출자의 내심의 의사가 사직할 뜻이 아니었다 하더라도 그 의사가 외부에 객관적으로 표시된 이상 그 의사는 표시된 대로 효력을 발하는 것이며, 민법 제107조 제1항 단서의 비진의의사표시의 무효에 관한 규정은 그 성질상 사인의 공법행위에 적용되지 아니하므로 원고의 사직원을 받아들여 의원면직처분한 것을 당연무효라고 할 수 없다).

2) 대판 2001. 8. 24, 99두9971(사직의사의 철회 및 취소의 점에 대하여 공무원이 한 사직 의사표시의 철회나 취소는 그에 터잡은 의원면직처분이 있을 때까지 할 수 있는 것이고(대법원 1993. 7. 27. 선고 92누16942 판결), 일단 면직처분이 있고 난 이후에는 철회나 취소할 여지가 없다).

3) 대판 1993. 7. 27, 92누16942(공무원이 한 사직의 의사표시는 그에 터잡은 의원면직처분이 있을 때까지는 원칙적으로 이를 철회할 수 있는 것이지만, 다만 의원면직처분이 있기 전이라도 사직의 의사표시를 철회하는 것이 신의칙에 반한다고 인정되는 특별한 사정이 있는 경우에는 그 철회는 허용되지 아니한다).

4) 대판 1971. 3. 23, 71누7(순경이 전투경찰대 근무발령을 받고도 3일간 지연부임하였을 뿐더러 지연부임한 당일 가정사정을 이유로 제출한 사직원이 수리되기 전에 귀가하여 무단이탈한 행위에 대하여 파면처분한 것은 정당하다).

업을 얻기 위한 비용지출 등에 대한 보상으로 명예퇴직수당을 지급함으로써 정년 이전의 퇴직을 유도하여 조직의 신진대사를 촉진하려는 제도이다.[1)]

(5) **사직(퇴직)의 제한** 임용권자 또는 임용제청권자는 공무원이 퇴직을 희망하는 경우에는 제78조 제1항에 따른 징계사유가 있는지 및 제2항 각 호의 어느 하나에 해당하는지 여부를 감사원과 검찰·경찰 등 조사 및 수사기관의 장에게 확인하여야 한다(국공법 제78조의4 제1항; 지공법 제69조의4 제1항). 제1항에 따른 확인 결과 퇴직을 희망하는 공무원이 파면, 해임, 강등 또는 정직에 해당하는 징계사유가 있거나 다음 각 호(1. 비위와 관련하여 형사사건으로 기소된 때, 2. 징계위원회에 파면·해임·강등 또는 정직에 해당하는 징계 의결이 요구 중인 때, 3. 조사 및 수사기관에서 비위와 관련하여 조사 또는 수사 중인 때, 4. 각급 행정기관의 감사부서 등에서 비위와 관련하여 내부 감사 또는 조사 중인 때)의 어느 하나에 해당하는 경우(제1호·제3호 및 제4호의 경우에는 해당 공무원이 파면·해임·강등 또는 정직의 징계에 해당한다고 판단되는 경우에 한정한다) 제78조 제4항에 따른 소속 장관 등은 지체 없이 징계의결등을 요구하여야 하고, 퇴직을 허용하여서는 아니 된다(국공법 제78조의4 제2항; 지공법 제69조의4 제2항). 894a

2. 강제면직

895 강제면직이란 공무원 본인의 의사에 관계없이 임용권자가 일방적으로 공무원관계를 소멸시키는 처분이다. 일방적 면직이라고도 한다. 이에도 징계면직과 직권면직이 있다. 본서에서 말하는 강제면직을 직권면직으로, 직권면직을 협의의 직권면직으로 부르기도 한다.[2)]

896 (1) **징계면직** 징계면직이란 공무원이 공무원법상 요구되는 의무를 위반할 때, 그에 대하여 가해지는 제재로서의 징계처분에 의한 파면과 해임을 의미한다. 이에 관해서는 공무원의 책임문제로서 뒤에서 상론하기로 한다.

897 (2) **직권면직** 임용권자는 공무원이 다음 각 호(1. 삭제, 2. 삭제, 3. 직제와 정원의 개폐 또는 예산의 감소 등에 따라 폐직 또는 과원이 되었을 때,[3)] 4. 휴직 기간이 끝나

1) 대판 2001. 11. 9, 2000두2389; 대판 2007. 11. 15, 2005다24646(행정청이 명예퇴직한 교사를 재임용하면서 명예퇴직수당을 환수함에 있어, 명예퇴직시부터 재임용시까지의 퇴직기간을 고려하지 않은 채 기지급된 명예퇴직수당 전액을 반환하도록 한 것은 그 하자가 중대하고 명백하여 당연무효에 해당한다).

2) 이상규, 신행정법론(하), 222쪽.

3) 대판 2010. 6. 24, 2010두3770(문화체육관광부 소속 홍보자료제작과장직으로 재직하던 별정직 공무원을 조직개편에 따라 직권면직한 사안에서, 임용하게 된 조건과 과정, 조직개편과 홍보체제 정비로 담당업무가 달라지고 이로 인하여 직권면직에 이르게 된 사정 등을 종합하여 볼 때, 임용권자가 행정관련 업무의 비중이 높은 홍보자료제작과장에 별정직공무원으로서 주로 간행물 제작 업무만을 담당해 온 사람보다는 행정능력을 갖춘 일반직공무원이 적합하다고 판단한

거나 휴직 사유가 소멸된 후에도 직무에 복귀하지 아니하거나 직무를 감당할 수 없을 때, 5. 제73조의3 제3항에 따라 대기 명령을 받은 자가 그 기간에 능력 또는 근무성적의 향상을 기대하기 어렵다고 인정된 때, 6. 전직시험에서 세 번 이상 불합격한 자로서 직무수행 능력이 부족하다고 인정된 때, 7. 징병검사·입영 또는 소집의 명령을 받고 정당한 사유 없이 이를 기피하거나 군복무를 위하여 휴직 중에 있는 자가 군복무 중 군무를 이탈하였을 때, 8. 해당 직급·직위에서 직무를 수행하는 데 필요한 자격증의 효력이 없어지거나 면허가 취소되어 담당 직무를 수행할 수 없게 된 때, 9. 고위공무원단에 속하는 공무원이 제70조의2에 따른 적격심사 결과 부적격 결정을 받은 때)의 어느 하나에 해당하면 직권으로 면직시킬 수 있다(국공법 제70조 제1항; 지공법 제62조 제1항). 임용권자는 제1항 제3호부터 제8호까지의 규정에 따라 면직시킬 경우에는 미리 관할 징계위원회의 의견을 들어야 한다. 다만, 제1항 제5호에 따라 면직시킬 경우에는 징계위원회의 동의를 받아야 한다(국공법 제70조 제2항; 지공법 제62조 제2항).

3. 면직효력의 발생

898 판례는 면직의 효력발생도 임용의 경우와 마찬가지로 면직발령장 또는 면직통지서에 기재된 일자에 면직의 효과가 발생하여 그 날 영시(00:00)부터 공무원의 신분을 상실하는 것으로 본다.[1)]

4. 적격심사

898a (1) **적격심사의 의의** 고위공무원단에 속하는 일반직공무원은 다음 각호(1. 삭제, 2. 근무성적평정에서 최하위 등급의 평정을 총 2년 이상 받은 때. 이 경우 고위공무원단에 속하는 일반직공무원으로 임용되기 전에 고위공무원단에 속하는 별정직공무원으로 재직한 경우에는 그 재직기간 중에 받은 최하위등급의 평정을 포함한다. 3. 대통령령으로 정하는 정당한 사유 없이 직위를 부여받지 못한 기간이 총 1년에 이른 때, 4. 다음 각 목[가. 근무성적평정에서 최하위 등급을 1년 이상 받은 사실이 있는 경우. 이 경우 고위공무원단에 속하는 일반직공무원으로 임용되기 전에 고위공무원단에 속하는 별정직공무원으로 재직한 경우에는 그 재직기간 중에 받은 최하위 등급을 포함한다. 나. 대통령령으로 정하는 정당한 사유 없이 6개월 이상 직위를 부여받지 못한 사실이 있는 경우]의 경우에 모두 해당할 때, 5. 제3항

후, 문화체육관광부와 그 소속기관 직제 시행규칙을 개정하여 위 공무원을 면직시켰던 것으로 보이므로, 위 면직처분은 객관적이고도 합리적인 근거에 의하여 이루어진 것으로서 재량권을 일탈하였거나 남용하지 않았다).

1) 대판 1985. 12. 24, 85누531(공무원임용령 제6조 제1항 본문의 규정에 의하면 공무원의 임용시기에 관하여 공무원은 임용장 또는 임용통지서에 기재된 일자에 임용된 것으로 본다고 되어 있고 이는 임용장 또는 임용통지서에 기재된 일자에 임용의 효과가 발생함을 말하는 것이므로, 임용중 면직의 경우(동령 제2조 제1호 참조)에는 면직발령장 또는 면직통지서에 기재된 일자에 면직의 효과가 발생하여 그날 영시(00:00)부터 공무원의 신분을 상실한다).

단서에 따른 조건부 적격자가 교육훈련을 이수하지 아니하거나 연구과제를 수행하지 아니한 때)의 어느 하나에 해당하면 고위공무원으로서 적격한지 여부에 대한 심사(적격심사)를 받아야 한다(국공법 제70조의2 제1항).

(2) **적격심사의 요구** 소속 장관은 소속 공무원이 제1항 각 호의 어느 하나에 해당되면 지체 없이 인사혁신처장에게 적격심사를 요구하여야 한다(국공법 제70조의2 제6항). 898b

(3) **적격심사의 실시시기** 적격심사는 제1항 각 호의 어느 하나에 해당하게 된 때부터 6개월 이내에 실시하여야 한다(국공법 제70조의2 제2항). 898c

(4) **부적격자의 결정** 적격심사는 근무성적, 능력 및 자질의 평정에 따르되, 고위공무원의 직무를 계속 수행하게 하는 것이 곤란하다고 판단되는 사람을 부적격자로 결정한다. 다만, 교육훈련 또는 연구과제 등을 통하여 근무성적 및 능력의 향상이 기대되는 사람은 조건부 적격자로 결정할 수 있다(국공법 제70조의2 제3항). 898d

제 3 절 공무원법관계의 내용

제 1 항 공무원의 권리

Ⅰ. 신분상 권리

공무원은 신분보유권·직위보유권과 직명을 사용할 수 있는 권리를 가지며, 일정한 공무원은 제복을 착용할 권리도 갖는다(예 : 군인·군무원·경찰공무원·세관공무원). 제복의 착용은 의무의 성질도 갖는다. 그 밖에 공무원은 공무원법상 불이익처분에 대하여 고충심사를 청구할 수 있고, 행정쟁송을 제기할 수도 있다. 이하에서 신분보유권·직위보유권·고충처리제도 등에 관해 살펴보기로 한다. 899

1. 신분보유권

공무원은 법이 정한 사유와 절차에 따르지 않는 한 공무원의 신분을 박탈당하지 아니할 신분보유권을 갖는다. 공무원의 신분보유권은 "공무원의 신분은 법률이 정하는 바에 의하여 보장된다"는 헌법 제7조 제2항, "공무원은 형의 선고, 징계처분 또는 이 법에서 정하는 사유에 따르지 아니하고는 본인의 의사에 반하여(휴직 또는 강임) 면직을 당하지 아니한다"는 국가공무원법 제68조(지방공무원법 제60조) 본문에 의거 명문으로 보장되고 있다. 다만, 1급 공무원과 국가공무 900

원법 제23조(직위의정급)에 따라 배정된 직무등급이 가장 높은 등급의 직위에 임용된 고위공무원단에 속하는 공무원은 그러하지 아니하다(국공법 제3조·제29조 제3항·제68조 단서; 지공법 제3조·제28조 제3항·제60조 단서). 그러나 법관·검사 등은 일반공무원보다 더 강력하게 신분이 보장되기도 한다.

2. 직위보유권

901 임용권자나 임용제청권자는 법령으로 따로 정하는 경우 외에는 소속 공무원의 직급과 직류를 고려하여 그 직급에 상응하는 일정한 직위를 부여하여야 한다. 다만, 고위공무원단에 속하는 일반직공무원과 제4조 제2항 제1호에 따른 공무원 중 계급 구분 및 직군·직렬의 분류가 적용되지 아니하는 공무원에 대하여는 자격·경력 등을 고려하여 그에 상응하는 일정한 직위를 부여하여야 한다(국공법 제32조의5 제1항; 지공법 제30조의5 제1항). 이로 인해 공무원은 직위보유권을 갖는다. 직위보유권이 특정 공무원이 원하는 특정한 직위를 보유할 수 있는 권한을 뜻하는 것은 아니다. 공무원은 직위보유권을 갖는 관계로 당연히 직무를 집행할 권리와 의무를 갖는다.[1] 직무집행권은 직위보유권의 한 내용이 된다. 일설은 직무집행권을 직무수행권이라 부르고, 이를 직위보유권과 구별하여 다루기도 한다.[2]

3. 고충심사청구권(고충심사처리제도)

(1) 고충처리제도의 관념

902 (가) 의 의 고충처리제도란 공무원이 인사·조직·처우 등 각종 직무 조건과 그 밖에 신상문제와 관련된 고충에 대하여 일정한 기관에 상담을 신청하거나 심사를 청구하여 그 신청이나 청구를 받은 기관으로 하여금 심사하게 하고, 그 심사결과에 따라 고충의 해소 등의 처리를 도모하는 제도를 말한다(국공법 제76조의2 제1항; 지공법 제67조의2 제1항 참조).

903 (나) 취 지 공무원이 갖는 불만이나 어려움을 해소함으로써 근무의욕을 드높이고, 이로써 직무에 보다 충실을 기하게 하고자 하는 데 제도의 뜻이 있다. 행정상 쟁송 또는 국가배상청구의 방법에 비해 보다 포괄적이고 광범위한 행정구제수단이다. 고충처리제도는 공무원이면 누구나 위법한 처분의 존재를 전제로 함이 없이 직무조건·신상문제 등 그 어떠한 문제에 대해서도 기간의 제약이 없이 심사의 청구가 가능한 제도이다. 공무원의 고충심사제도는 공무원에

---

1) 윤세창·이호승, 행정법(하), 43쪽.
2) 김남진·김연태, 행정법(Ⅱ), 244쪽(2019).

게 근로3권의 제약에 대한 대상적 의미를 갖는다고 말하기도 한다.[1] 판례는 고충심사결정이 행정상 쟁송의 대상이 되는 처분이 아니라 한다.[2]

(다) **법적 근거** 공무원의 고충처리에 관한 관련 법률 규정으로는 국가공무 904
원법 제76조의2, 동법 제76조의3, 경찰공무원법 제25조, 소방공무원법 제22조, 교육공무원법 제49조가 있다. 또한 이러한 법률규정에 의거 공무원의 인사상담 및 고충심사에 관한 고충심사위원회의 구성과 심사절차 등을 규정하기 위해 공무원고충처리규정이 제정되어 있다. 지방공무원의 경우는 지방공무원법 제67조의2에서 규정되고 있다.

(2) **고충심사청구권자와 청구대상** 공무원이면 누구나 인사·조직·처우 등 905
각종 직무조건 그 밖에 신상 문제와 관련된 고충에 대하여 상담을 신청하거나 심사를 청구할 수 있다(국공법 제76조의2 제1항; 지공법 제67조의2 제1항). 청구대상은 위법·부당한 처분에 한정되지 아니한다.

(3) **고충심사의 청구** 공무원이 고충심사를 청구할 때에는 설치기관의 장 906
에게 다음 각호(1. 주소·성명 및 생년월일, 2. 소속기관명 및 직급 또는 직위, 3. 고충심사청구의 취지 및 이유)의 사항을 기재한 인사상담 및 고충심사청구서(이하 "청구서"라 한다)를 제출하여야 하며, 재심을 청구하는 경우에는 당해 고충심사위원회의 고충심사결정서(이하 "결정서"라 한다) 사본을 첨부하여야 한다(고충정 제4조 제1항). 고충심사의 청구를 받은 설치기관의 장은 이를 지체 없이 소속 고충심사위원회에 부의하여 심사하게 하고(고충정 제4조 제2항) 고충심사위원회는 청구서에 흠이 있다고 인정할 때 보완요구를 할 수 있다(고충정 제5조).

(4) **심사결정과 결과처리** 고충심사위원회가 고충심사청구에 대하여 결 907
정을 한 때에는 결정서를 작성하고 위원장과 출석한 위원이 서명·날인하여야 한다(고충정 제11조 제1항). 결정서가 작성된 경우에는 지체 없이 이를 설치기관의 장에게 송부하여야 한다(고충정 제11조 제2항). 중앙인사관장기관의 장, 임용권자 또는 임용제청권자는 심사 결과 필요하다고 인정되면 처분청이나 관계 기관의 장에게 그 시정을 요청할 수 있으며, 요청받은 처분청이나 관계 기관의 장은 특별한 사유가 없으면 이를 이행하고, 그 처리 결과를 알려야 한다. 다만, 부득

---

1) 김남진·김연태, 행정법(Ⅱ), 242쪽(2019); 이상규, 신행정법론(하), 224쪽.

2) 대판 1987. 12. 8, 87누657(지방공무원법 제67조의2에서 규정하고 있는 고충심사제도는 공무원으로서의 권익을 보장하고 적정한 근무환경을 조성하여 주기 위하여 근무조건 또는 인사관리 기타 신상문제에 대하여 법률적인 쟁송의 절차에 의하여서가 아니라 사실상의 절차에 의하여 그 시정과 개선책을 청구하여 줄 것을 임용권자에게 청구할 수 있도록 한 제도로서, 고충심사결정 자체에 의하여는 어떠한 법률관계의 변동이나 이익의 침해가 직접적으로 생기는 것은 아니므로 고충심사의 결정은 행정상 쟁송의 대상이 되는 행정처분이라고 할 수 없다).

이한 사유로 이행하지 못하면 그 사유를 알려야 한다(국공법 제76조의2 제7항).

908 ⑸ **특수경력직공무원의 고충처리** 별정직공무원도 공무원고충처리규정에 따라 고충심사를 청구할 수 있다. 이 경우 고충심사위원회의 관할과 고충의 처리에 있어서는 그에 상응하는 계급 또는 직위의 경력직공무원의 예(고용직의 경우에는 일반직 9급 공무원)에 의한다(고충정 제13조의2; 국공법 제76조의3).

909 ⑹ **지방공무원의 경우** 지방공무원의 경우도 국가공무원의 경우와 유사한 고충처리제도가 마련되고 있다(지공법 제67조의2 참조).

4. 직장협의회설립·운영권

910 ⑴ **직장협의회의 설립·운영** 국가기관, 지방자치단체 및 그 하부기관에 근무하는 공무원은 직장협의회를 설립할 수 있다(공무원직장협의회의 설립·운영에 관한 법률 제2조 제1항). 협의회는 기관 단위로 설립하되, 하나의 기관에는 하나의 협의회만을 설립할 수 있다(공무원직장협의회의 설립·운영에 관한 법률 제2조 제2항). 협의회를 설립한 경우 그 대표자는 소속 기관의 장에게 설립 사실을 통보하여야 한다(공무원직장협의회의 설립·운영에 관한 법률 제2조 제3항). 협의회는 공무원의 근무환경 개선·업무능률 향상 및 고충처리 등을 목적으로 한다(공무원직장협의회의 설립·운영에 관한 법률 제1조). 협의회는 다음 각 호(1. 국회·법원·헌법재판소·선거관리위원회, 2.「정부조직법」제2조에 따른 중앙행정기관과 감사원 및 그 밖에 대통령령으로 정하는 기관, 3. 특별시·광역시·특별자치시·도·특별자치도 및 특별시·광역시·특별자치시·도·특별자치도의 교육청)의 국가기관 또는 지방자치단체 내에 설립된 협의회를 대표하는 하나의 연합협의회를 설립할 수 있다(공무원직장협의회의 설립·운영에 관한 법률 제2조의2 제1항).

911 ⑵ **가입범위** 협의회에 가입할 수 있는 공무원의 범위는 다음 각 호[1. 일반직공무원, 2. 특정직공무원 중 다음 각 목(가. 외무영사직렬·외교정보기술직렬 외무공무원, 나. 경찰공무원, 다. 소방공무원)의 어느 하나에 해당하는 공무원, 3. 삭제, 4. 삭제, 5. 별정직공무원]와 같다(공무원직장협의회의 설립·운영에 관한 법률 제3조 제1항). 제1항에도 불구하고 다음 각 호(1. 삭제, 2. 업무의 주된 내용이 지휘·감독권을 행사하거나 다른 공무원의 업무를 총괄하는 업무에 종사하는 공무원, 3. 업무의 주된 내용이 인사, 예산, 경리, 물품출납, 비서, 기밀, 보안, 경비 및 그 밖에 이와 유사한 업무에 종사하는 공무원)의 어느 하나에 해당하는 공무원은 협의회에 가입할 수 없다(공무원직장협의회의 설립·운영에 관한 법률 제3조 제2항). 기관장은 해당 기관의 직책 또는 업무 중 제2항 제2호 및 제3호에 따라 협의회에의 가입이 금지되는 직책 또는 업무를 협의회와 협의하여 지정하고 이를 공고하여야 한다(공무원직장협의회의 설립·운영에 관한 법률 제3조

제3항).

(3) **협의회 등의 기능** 협의회 및 연합협의회(이하 "협의회등"이라 한다)는 소속 기관장 또는 제2조의2 제1항 각 호의 기관의 장과 다음 각 호(1. 해당 기관 고유의 근무환경 개선에 관한 사항, 2. 업무능률 향상에 관한 사항, 3. 소속 공무원의 공무와 관련된 일반적 고충에 관한 사항, 4. 소속 공무원의 모성보호 및 일과 가정생활의 양립을 지원하기 위한 사항, 5. 기관 내 성희롱, 괴롭힘 예방 등에 관한 사항, 6. 그 밖에 기관의 발전에 관한 사항)의 사항을 협의한다(공무원직장협의회의 설립·운영에 관한 법률 제5조 제1항). 협의회등은 제1항에 따른 협의를 할 때 협의회등 구성원의 직급 등을 고려하여 협의회등 구성원의 의사를 고루 대변할 수 있는 협의위원을 선임(選任)하여야 한다(공무원직장협의회의 설립·운영에 관한 법률 제5조 제2항). 912

(4) **기관장의 의무** 기관장 또는 제2조의2 제1항 각 호의 기관의 장은 협의회등이 문서로 명시하여 협의를 요구하면 성실히 협의하여야 한다(공무원직장협의회의 설립·운영에 관한 법률 제6조 제1항). 기관장 또는 제2조의2 제1항 각 호의 기관의 장은 협의회등과 문서로 합의한 사항에 대하여는 최대한 이를 이행하도록 노력하여야 한다(공무원직장협의회의 설립·운영에 관한 법률 제6조 제2항). 기관장 또는 제2조의2 제1항 각 호의 기관의 장은 협의회등의 조직 및 운영과 관련하여 소속 공무원에게 불리한 조치를 하여서는 아니 된다(공무원직장협의회의 설립·운영에 관한 법률 제6조 제3항). 기관장 또는 제2조의2 제1항 각 호의 기관의 장은 협의회등과의 합의사항이 있는 경우 그 이행현황을 공개하여야 하고, 구체적인 방법은 대통령령으로 정한다(공무원직장협의회의 설립·운영에 관한 법률 제6조 제4항). 912a

5. 노동조합설립·운영권

(1) **노동조합의 설립** 국가공무원법 제2조 및 지방공무원법 제2조에서 규정하고 있는 공무원(국가공무원법 제66조 제1항 단서 및 지방공무원법 제58조 제1항 단서에 따른 사실상 노무에 종사하는 공무원과 교원의 노동조합 설립 및 운영 등에 관한 법률의 적용을 받는 교원인 공무원 제외)은 노동조합을 설립할 수 있다(공노법 제2조·제5조). 913

(2) **노동조합의 설립단위** 공무원이 노동조합을 설립하려는 경우에는 국회·법원·헌법재판소·선거관리위원회·행정부·특별시·광역시·특별자치시·도·특별자치도·시·군·구(자치구를 말한다) 및 특별시·광역시·특별자치시·도·특별자치도의 교육청을 최소 단위로 한다(공노법 제5조 제1항). 913a

(3) **가입범위** 노동조합에 가입할 수 있는 사람의 범위는 다음 각 호 913b
[1. 일반직공무원, 2. 특정직공무원 중 외무영사직렬·외교정보기술직렬 외무공무원, 소방공무원 및 교육공무원(다만, 교원은 제외한다), 3. 별정직공무원, 4. 제1호부터 제3호까지의 어느

하나에 해당하는 공무원이었던 사람으로서 노동조합 규약으로 정하는 사람]와 같다(공노법 제6조 제1항).

제1항에도 불구하고 다음 각 호(1. 업무의 주된 내용이 다른 공무원에 대하여 지휘·감독권을 행사하거나 다른 공무원의 업무를 총괄하는 업무에 종사하는 공무원, 2. 업무의 주된 내용이 인사·보수 또는 노동관계의 조정·감독 등 노동조합의 조합원 지위를 가지고 수행하기에 적절하지 아니한 업무에 종사하는 공무원, 3. 교정·수사 등 공공의 안녕과 국가안전보장에 관한 업무에 종사하는 공무원)의 어느 하나에 해당하는 공무원은 노동조합에 가입할 수 없다(공노법 제6조 제1항).

913c (4) **교섭 및 체결권** 노동조합의 대표자는 그 노동조합에 관한 사항 또는 조합원의 보수·복지, 그 밖의 근무조건에 관하여 국회사무총장·법원행정처장·헌법재판소사무처장·중앙선거관리위원회사무총장·인사혁신처장(행정부를 대표한다)·특별시장·광역시장·특별자치시장·도지사·특별자치도지사·시장·군수·구청장(자치구의 구청장을 말한다) 또는 특별시·광역시·특별자치시·도·특별자치도의 교육감 중 어느 하나에 해당하는 사람(이하 "정부교섭대표"라 한다)과 각각 교섭하고 단체협약을 체결할 권한을 가진다(공노법 제8조 제1항 본문). 다만, 법령 등에 따라 국가나 지방자치단체가 그 권한으로 행하는 정책결정에 관한 사항, 임용권의 행사 등 그 기관의 관리·운영에 관한 사항으로서 근무조건과 직접 관련되지 아니하는 사항은 교섭의 대상이 될 수 없다(공노법 제8조 제1항 단서).

913d (5) **정치활동과 쟁의행위의 금지** ① 노동조합과 그 조합원은 정치활동을 하여서는 아니 된다(공노법 제4조). ② 노동조합과 그 조합원은 파업, 태업 또는 그 밖에 업무의 정상적인 운영을 방해하는 일체의 행위를 하여서는 아니 된다(공노법 제11조).

913e (6) **직장협의회와의 관계** 공무원의 노동조합 설립 및 운영 등에 관한 법률의 규정은 공무원이 공무원직장협의회의 설립·운영에 관한 법률에 따라 직장협의회를 설립·운영하는 것을 방해하지 아니한다(공노법 제17조 제1항).

913f (7) **노동조합 전임자의 지위** 공무원은 임용권자의 동의를 받아 노동조합으로부터 급여를 지급받으면서 노동조합의 업무에만 종사할 수 있다(공노법 제7조 제1항). 제1항에 따른 동의를 받아 노동조합의 업무에만 종사하는 사람(이하 "전임자"라 한다)에 대하여는 그 기간 중 「국가공무원법」 제71조 또는 「지방공무원법」 제63조에 따라 휴직명령을 하여야 한다(공노법 제7조 제2항). 국가와 지방자치단체는 공무원이 전임자임을 이유로 승급이나 그 밖에 신분과 관련하여 불리한 처우를 하여서는 아니 된다(공노법 제7조 제3항).

6. 소청·행정소송의 제기권

(1) 소 청 ① 행정기관 소속 공무원의 징계처분, 그 밖에 그 의사에 반하는 불리한 처분이나 부작위에 대한 소청을 심사·결정하게 하기 위하여 인사혁신처에 소청심사위원회를 둔다(국공법 제9조 제1항). 국회, 법원, 헌법재판소 및 선거관리위원회 소속 공무원의 소청에 관한 사항을 심사·결정하게 하기 위하여 국회사무처, 법원행정처, 헌법재판소사무처 및 중앙선거관리위원회사무처에 각각 해당 소청심사위원회를 둔다(국공법 제9조 제2항). ② 각급학교 교원의 징계처분과 그 밖에 그 의사에 반하는 불리한 처분(「교육공무원법」 제11조의3 제4항 및 「사립학교법」 제53조의2 제6항에 따른 교원에 대한 재임용 거부처분을 포함한다)에 대한 소청심사를 하기 위하여 교육부에 교원소청심사위원회를 둔다(교원의 지위 향상 및 교육활동 보호를 위한 특별법 제7조 제1항). 914

(2) **행정소송** ① 국가공무원법 제75조에 따른 처분, 그 밖에 본인의 의사에 반한 불리한 처분이나 부작위에 관한 행정소송은 소청심사위원회의 심사·결정을 거치지 아니하면 제기할 수 없다(국공법 제16조 제1항)(필요적 심판전치). 제1항에 따른 행정소송을 제기할 때에는 대통령의 처분 또는 부작위의 경우에는 소속 장관(대통령령으로 정하는 기관의 장을 포함한다)을, 중앙선거관리위원회위원장의 처분 또는 부작위의 경우에는 중앙선거관리위원회사무총장을 각각 피고로 한다(국공법 제16조 제2항). ② 교원의 지위 향상 및 교육활동 보호를 위한 특별법 제10조 제1항에 따른 심사위원회의 결정에 대하여 교원, 「사립학교법」 제2조에 따른 학교법인 또는 사립학교 경영자 등 당사자는 그 결정서를 송달받은 날부터 90일 이내에 「행정소송법」으로 정하는 바에 따라 소송을 제기할 수 있다(교원의 지위 향상 및 교육활동 보호를 위한 특별법 제10조 제3항). 914a

915

	고충처리제도	소청심사제도
행정소송과의 관계	관계가 없다	관계있다(행정소송의 전심절차이다)
심사의 대상	근무조건·처우 등 일상의 모든 신상문제가 대상이다	주로 신분상 불이익처분이 대상이다
관할행정청	복수기관(중앙인사기관의 장·임용권자 등)이 관장한다	소청심사위원회가 전담한다
결정의 효력(기속력)	법적 기속력을 갖지 아니한다	법적 기속력을 갖는다

Ⅱ. 재산상 권리

1. 보수청구권

916 (1) 보 수

(가) 보수의 의의 공무원은 국가나 지방자치단체에 대하여 보수를 청구할 권리를 가진다. 여기서 보수란 봉급과 그 밖의 각종 수당을 합산한 금액을 말한다(공보수 제4조 제1호 본문; 지보수 제3조 제1호 본문). 다만, 연봉제 적용대상 공무원은 연봉과 그 밖의 각종 수당을 합산한 금액을 말한다(공보수 제4조 제1호 단서; 지보수 제3조 제1호 단서).

916a 1) 봉 급 봉급이란 직무의 곤란성과 책임의 정도에 따라 직책별로 지급되는 기본급여 또는 직무의 곤란성과 책임의 정도 및 재직기간 등에 따라 계급(직무등급 또는 직위를 포함한다)별·호봉별로 지급되는 기본급여를 말한다(공보수 제4조 제2호; 지보수 제3조 제2호).

916b 2) 수 당 한편 공무원에게는 예산의 범위에서 봉급 외에 필요한 수당을 지급할 수 있다(공보수 제31조 제1항; 지보수 제30조 제1항). 수당이란 직무여건 및 생활여건 등에 따라 지급되는 부가급여를 말한다(공보수 제4조 제3호; 지보수 제3조 제3호). 현재 수당으로 상여수당·가계보전수당·특수지근무수당·특수근무수당·초과근무수당 등이 있다(공무원 수당 등에 관한 규정).[1] 특기할 것으로 명예퇴직수당이 있다.[2] 명예퇴직수당이란 공무원으로서 20년 이상 근속한 자가 정년 전에 자진하여 퇴직하는 경우에 지급되는 수당을 말한다(국공법 제74조의2 제1항; 지공법 제66조의2 제1항). 지급액은 국가공무원명예퇴직수당지급규정(지방공무원의 경우는 지방공무원명예퇴직수당지급규정)에서 정하고 있다.

917 (나) 보수의 성격 보수는 공무원의 노동력에 대한 반대급부인가 아니면 공무원의 생활보장을 위한 생활자료인가의 문제가 있다. 생각건대 우리의 법제상 보수는 양자의 성질을 모두 갖는다고 하겠다.[3] 왜냐하면 보수의 결정에 표준생계비(생활자료의 의미) 등을 고려하고 아울러 책임의 곤란성(반대급부의 의미) 등도 고

1) 헌재 2022. 3. 31, 2020헌마211(정근수당은 공무원의 성실한 근무에 대한 보상과 격려 차원에서 지급되는 부가적 급여이다).
2) 헌재 2020. 4. 23, 2017헌마321(국가공무원법상 명예퇴직수당은 정년이 보장된 공무원이 정년이 되기 전에 공무원 신분을 종료하는 경우 엄격한 요건 하에, 공무원으로서의 특별한 책임과 의무를 성실히 수행한 데 대해 공로를 보상하고 자발적인 명예퇴직을 유도하여 공무원의 인사 적체를 해소하며 공무원 조직의 능률을 향상시킴으로써 궁극적으로는 국민에게 보다 양질의 행정서비스를 제공하기 위한 것이다).
3) 이상규, 신행정법론(하), 231쪽.

려하여야 하기 때문이다. 공무원에게는 청렴의무·영리업무 및 겸직금지의무 등이 부과되는데, 이것은 보수가 생활자료임을 나타내는 간접적인 근거일 것이다.

918 (다) 보수결정기준　공무원의 보수는 직무의 곤란성과 책임의 정도에 맞도록 계급별·직위별 또는 직무등급별로 정한다. 다만, 다음 각 호(1. 직무의 곤란성과 책임도가 매우 특수하거나 결원을 보충하는 것이 곤란한 직무에 종사하는 공무원, 2. 제4조 제2항에 따라 같은 조 제1항의 계급 구분이나 직군 및 직렬의 분류를 적용하지 아니하는 공무원, 3. 임기제공무원)의 어느 하나에 해당하는 공무원의 보수는 따로 정할 수 있다(국공법 제46조 제1항; 지공법 제44조 제1항). 공무원의 보수는 일반의 표준 생계비, 물가 수준, 그 밖의 사정을 고려하여 정하되, 민간 부문의 임금 수준과 적절한 균형을 유지하도록 노력하여야 한다(국공법 제46조 제2항; 지공법 제44조 제2항). 이 법이나 그 밖의 법률에 따른 보수에 관한 규정에 따르지 아니하고는 어떠한 금전이나 유가물(有價物)도 공무원의 보수로 지급할 수 없다(국공법 제46조 제5항; 지공법 제44조 제5항).

(2) 보수청구권

919 (가) 성립요건　공무원이 국가를 상대로 그 실질이 보수에 해당하는 금원의 지급을 구하려면 공무원의 '근무조건 법정주의'에 따라 국가공무원법령 등 공무원의 보수에 관한 법률에 그 지급근거가 되는 명시적 규정이 존재하여야 하고, 나아가 해당 보수 항목이 국가예산에도 계상되어 있어야만 한다.[1]

919a (나) 재 산 권　"공무원의 보수청구권은 법률 및 법률의 위임을 받은 하위 법령에 의해 그 구체적 내용이 형성되면 재산적 가치가 있는 권리가 되어 재산권의 내용에 포함된다."[2]

919b (다) 공법상 권리　보수에 관한 분쟁해결은 민사소송에 의할 것인가 아니면 행정소송에 의할 것인가의 문제가 있다. 논리적으로 본다면 보수청구권은 공무원법관계에서 발생하는 것이므로 공법상의 권리가 되어 행정상 쟁송에 의하여야 할 것이다.[3] 한편, "국가공무원법 제67조 … 등의 각 규정에 비추어 보면, 공무원의 연가보상비청구권은 공무원이 연가를 실시하지 아니하는 등 법령상

1) 대판 2018. 2. 28, 2017두64606.
2) 헌재 2022. 3. 31, 2020헌마211.
3) 대판 1991. 5. 10, 90다10766(교육부장관(당시 문교부장관)의 권한을 재위임받은 공립교육기관의 장에 의하여 공립유치원의 임용기간을 정한 전임강사로 임용되어 지방자치단체로부터 보수를 지급받으면서 공무원복무규정을 적용받고 사실상 유치원 교사의 업무를 담당하여 온 유치원 교사의 자격이 있는 자는 교육공무원에 준하여 신분보장을 받는 정원 외의 임시직 공무원으로 봄이 상당하므로 그에 대한 해임처분의 시정 및 수령지체된 보수의 지급을 구하는 소송은 행정소송의 대상이지 민사소송의 대상이 아니다).

정해진 요건이 충족되면 그 자체만으로 지급기준일 또는 보수지급기관의 장이 정한 지급일에 구체적으로 발생하고 행정청의 지급결정에 의하여 비로소 발생하는 것은 아니라고 할 것이므로, 행정청이 공무원에게 연가보상비를 지급하지 아니한 행위로 인하여 공무원의 연가보상비청구권 등 법률상 지위에 아무런 영향을 미친다고 할 수는 없으므로 행정청의 연가보상비 부지급 행위는 항고소송의 대상이 되는 처분이라고 볼 수 없다"는 것이 판례의 태도이다.[1)]

920 **㈑ 보수청구권의 압류와 시효** 보수는 생활자료의 성격도 갖는 것이므로 임의로 포기할 수 없고, 압류에도 제한이 따른다. 보수청구권의 압류는 원칙적으로 보수금액의 2분의 1을 초과하지 못한다(국징법 제33조). 판례는 보수청구권의 소멸시효기간을 민법 제163조 제1호에 의거하여 3년으로 본다.

2. 실비변상청구권

921 공무원은 보수 외에 대통령령등으로 정하는 바에 따라 직무 수행에 필요한 실비 변상을 받을 수 있다(국공법 제48조 제1항; 지공법 제46조 제1항). 공무원이 소속 기관장의 허가를 받아 본래의 업무 수행에 지장이 없는 범위에서 담당 직무 외의 특수한 연구과제를 위탁받아 처리하면 그 보상을 지급받을 수 있다(국공법 제48조 제2항; 지공법 제46조 제2항).

3. 연금청구권

922 **⑴ 의 의** 국가공무원법(제77조 제1항)과 지방공무원법(제68조 제1항)은 공무원이 질병·부상·폐질·퇴직·사망 또는 재해를 입으면 본인이나 유족에게 법률에서 정하는 바에 따라 적절한 급여를 지급하도록 규정하고 있다. 이 법률들이 규정하는 내용 중 공무원 및 그 유족의 생활안정과 복리향상을 위한 공무원연금제도 부분을 구체화하기 위해 공무원연금법 및 동법 시행령 등이 제정되어 있다.[2)] 공무원연금제도는 공무원의 퇴직, 장해 또는 사망에 대하여 적절한 급여를 지급하고 후생복지를 지원함으로써 공무원 또는 그 유족의 생활안정과 복지 향상에 이바지함을 목적으로 한다(연금법 제1조). 공무원연금제도는 사회보

---

1) 대판 1999. 7. 23, 97누10857.

2) 대판 1992. 5. 12, 91누13632(공무원연금법은 그 제1조에 명시되어 있는 바와 같이 공무원의 퇴직 또는 사망과 공무로 인한 부상·질병·폐질에 대하여 적절한 급여를 실시함으로써, 공무원 및 그 유족의 생활안정과 복리향상에 기여함을 목적으로 하는 법률로서, 이 법에 의한 공무원연금제도는 불법행위로 인한 손해를 배상하는 제도와는 그 취지나 목적을 달리하는 관계로, 이 법에 의한 급여지급책임에는 법률에 특별한 규정이 없는 한 과실책임의 원칙이나 과실상계의 이론이 적용되지 않는 것이므로 이 법 제62조 제3항 제1호 소정의 급여의 감액사유가 되는 '중대한 과실'은 되도록 엄격하게 해석하여야 할 것이다).

장제도의 하나로 볼 수 있다.[1)]

(2) **수급권자로서 공무원** "수급권자가 될 수 있는 공무원"이란 공무에 종 922a
사하는 다음 각 목(가. 「국가공무원법」, 「지방공무원법」, 그 밖의 법률에 따른 공무원. 다만, 군인과 선거에 의하여 취임하는 공무원은 제외한다. 나. 그 밖에 국가기관이나 지방자치단체에 근무하는 직원 중 대통령령으로 정하는 사람)의 어느 하나에 해당하는 사람을 말한다(연금법 제3조 제1항 제1호). 연금은 적법하게 임용된 공무원에게만 주어진다.[2)] 연금에는 단기급여(공무상 요양비·재해부조금·사망조위금)와 장기급여(퇴직급여·장해급여·유족급여·퇴직수당)가 있다(연금법 제28조).

(3) **성 질** 연금청구권의 성질에 관해서는 봉급연불설(연금은 지급이 연기 923
된 봉급이라는 입장)·사회보장설(연금은 퇴직공무원이나 공무원의 유족에 대한 사회보장이라는 입장)·은혜설(연금은 은혜적으로 지급되는 것이라는 입장)로 견해가 나뉜다. 생각건대 공무원이 기여금을 납부한다는 점(봉급연불적 성적), 그리고 퇴직뿐만 아니라 질병이나 부상의 경우에도 연금이 주어진다는 점(사회보장적 성격)을 고려하면 연금은 양면적인 성격을 갖는다고 보겠다.[3)] 연금청구권은 공법상 권리로서[4)] 재산권적 성질을 갖는다.[5)]

---

1) 헌재 2022. 8. 31, 2019헌가31(공무원연금제도는 공무원의 퇴직 또는 사망, 공무로 인한 부상·질병·폐질에 대하여 적절한 급여를 실시함으로써 공무원 및 그 유족의 생활안정과 복리향상에 기여하기 위해 마련된 사회보장제도로서 보험원리에 의하여 운용되는 사회보험의 하나이다); 헌재 2016. 3. 31, 2015헌바18(공무원연금은 기여금 납부를 통해 공무원 자신도 재원의 형성에 일부 기여한다는 점에서 후불임금의 성격도 가지고 있다. 그러므로 공무원연금법상 연금수급권은 사회적 기본권의 하나인 사회보장수급권의 성격과 재산권의 성격을 아울러 지니고 있다).
2) 대판 1998. 1. 23, 97누16985(공무원연금법에 의한 퇴직급여 등은 적법한 공무원으로서의 신분을 취득하여 근무하다가 퇴직하는 경우에 지급되는 것이고, 임용 당시 공무원 임용 결격사유가 있었다면 비록 국가의 과실에 의하여 임용 결격자임을 밝혀내지 못하였다고 하더라도 그 임용행위는 당연무효로 보아야 하고, 당연무효인 임용행위에 의하여 공무원의 신분을 취득할 수는 없으므로, 임용 결격자가 공무원으로 임용되어 사실상 근무하여 왔다고 하더라도 적법한 공무원으로서의 신분을 취득하지 못한 자로서는 공무원연금법 소정의 퇴직급여 등을 청구할 수 없으며, 임용 결격사유가 소멸된 후에 계속 근무하여 왔다고 하더라도 그 때부터 무효인 임용행위가 유효로 되어 적법한 공무원의 신분을 회복하고 퇴직급여 등을 청구할 수 있다고 볼 수 없다).
3) 헌재 2020. 6. 25, 2018헌마865(공무원연금법상의 연금수급권은 **사회보장수급권**의 성격과 아울러 **재산권**적 성격을 가지고 있다는 점에서 양 권리의 성격이 불가분적으로 혼재되어 있으므로, 비록 연금수급권에 재산권의 성격이 일부 있다 하더라도 그것은 사회보장법리의 강한 영향을 받지 않을 수 없다. 사회보장수급권과 재산권의 두 요소가 불가분적으로 혼재되어 있다면, 입법자로서는 연금수급권의 구체적 내용을 정함에 있어 이를 하나의 전체로서 파악하여 어느 한 쪽의 요소에 보다 중점을 둘 수도 있다).
4) 헌재 2013. 9. 26, 2011헌바272(공무원연금 수급권과 같은 사회보장수급권은 '모든 국민은 인간다운 생활을 할 권리를 가지고, 국가는 사회보장·사회복지의 증진에 노력할 의무를 진다.'고 규정한 헌법 제34조 제1항 및 제2항으로부터 도출되는 사회적 기본권 중의 하나로서, 이는 국가에 대하여 적극적으로 급부를 요구하는 것이므로 헌법규정만으로는 이를 실현할 수 없어 법률에 의한 형성이 필요하고, 그 구체적인 내용 즉 수급요건, 수급권자의 범위 및 급여금액 등

924 (4) **종 류** 공무원의 퇴직·사망 및 비공무상 장해에 대하여 다음 각 호[1. 퇴직급여(가. 퇴직연금, 나. 퇴직연금일시금, 다. 퇴직연금공제일시금, 라. 퇴직일시금), 2. 퇴직유족급여(가. 퇴직유족연금, 나. 퇴직유족연금부가금, 다. 퇴직유족연금특별부가금, 라. 퇴직유족연금일시금, 마. 퇴직유족일시금),[1] 3. 비공무상 장해급여(가. 비공무상 장해연금, 나. 비공무상 장해일시금), 4. 퇴직수당]에 따른 급여를 지급한다(연금법 제28조).

(5) **청구권의 행사**

925 (가) **심사의 청구** 급여에 관한 결정, 기여금의 징수, 그 밖에 이 법에 따른 급여에 관하여 이의가 있는 사람은 대통령령으로 정하는 바에 따라 「공무원 재해보상법」 제52조에 따른 공무원재해보상연금위원회에 심사를 청구할 수 있다(연금법 제87조 제1항). 제1항의 심사 청구는 급여에 관한 결정 등이 있었던 날부터 180일, 그 사실을 안 날부터 90일 이내에 하여야 한다. 다만, 정당한 사유가 있어 그 기간에 심사 청구를 할 수 없었던 것을 증명한 경우는 예외로 한다(연금법 제87조 제2항). 급여에 관한 결정, 기여금의 징수, 그 밖에 이 법에 따른 급여에 관하여는 「행정심판법」에 따른 행정심판을 청구할 수 없다(연금법 제87조 제3항).

925a (나) **행정소송** "구 공무원연금법에 의한 퇴직수당 등의 급여를 받을 권리는 법령의 규정에 의하여 직접 발생하는 것이 아니라 위와 같은 급여를 받으려고 하는 자가 소속하였던 기관장의 확인을 얻어 신청함에 따라 공무원연금관리공단(이하 '공단'이라고만 한다)이 그 지급결정을 함으로써 구체적인 권리가 발생한다. 여기서 공단이 하는 급여지급결정의 의미는 단순히 급여수급 대상자를 확인·결정하는 것에 그치는 것이 아니라 구체적인 급여수급액을 확인·결정하는 것까지 포함한다. 따라서 "공무원연금법령상 급여를 받으려고 하는 자는 우선 관계 법령에 따라 피고(공무원연금공단)에게 급여지급을 신청하여 피고가 이를 거부하거나 일부 금액만 인정하는 급여지급결정을 하는 경우 그 결정을 대상으로 항고소송을 제기하는 등으로 구체적 권리를 인정받아야 할 것이고, 구체적인 권리

은 법률에 의하여 비로소 확정된다).

5) 대판 2012. 8. 23, 2010헌바425(공무원 퇴직연금수급권은 국가의 재정상황, 국민 전체의 소득 및 생활수준 기타 여러 가지 사회·경제적인 여건 등을 종합하여 합리적인 수준에서 결정할 수 있는 광범위한 입법형성의 재량이 인정되기 때문에 법정요건을 갖춘 후 발생하는 공무원 퇴직연금수급권만이 경제적·재산적 가치가 있는 공법상의 권리로서 헌법 제23조 제1항이 보장하고 있는 재산권에 포함되는 것이다); 헌재 2017. 7. 27, 2015헌마1052; 헌재 2002. 7. 18, 2000헌바57; 헌재 1994. 6. 30, 92헌가9.

1) 헌재 2022. 8. 31, 2019헌가31(공무원연금법상 유족급여는 공무원의 사망으로 갑작스럽게 생계를 위협받게 된 유족의 생활을 보장하기 위하여 지급되는 급여이다. 유족급여는 보험료 납부에 상응하여 결정되는 급여가 아니라 사망 당시의 혼인관계나 생계의존성 등 유족급여의 필요성 및 중요성을 고려하여 결정되는 파생적 급여이다).

가 발생하지 않은 상태에서 곧바로 피고를 상대로 한 당사자소송으로 그 권리의 확인이나 급여의 지급을 소구하는 것은 허용되지 아니한다."[1]

(6) 권리의 보호

(가) **양도·압류 등의 금지** 급여를 받을 권리는 양도, 압류하거나 담보로 제공할 수 없다.[2] 다만 연금인 급여를 받을 권리는 대통령령으로 정하는 금융회사에 담보로 제공할 수 있고, 국세징수법·지방세기본법 그 밖의 법률에 따른 체납처분의 대상으로 할 수 있다(연금법 제39조). 수급권자에게 지급된 급여 중 「민사집행법」 제195조 제3호에서 정하는 금액 이하는 압류할 수 없다(연금법 제39조 제2항). 925b

(나) **시 효** 이 법에 따른 급여를 받을 권리는 급여의 사유가 발생한 날부터 5년간 행사하지 아니하면 시효로 인하여 소멸한다(연금법 제88조 제1항).[3] 잘못 납부한 기여금을 반환받을 권리는 퇴직급여 또는 퇴직유족급여의 지급 결정일부터 5년간 행사하지 아니하면 시효로 인하여 소멸한다(연금법 제88조 제2항). 이 법에 따른 기여금, 환수금 및 그 밖의 징수금 등을 징수하거나 환수할 공단의 권리는 징수 및 환수 사유가 발생한 날부터 5년간 행사하지 아니하면 시효로 인하여 소멸한다(연금법 제88조 제3항). 사실상 공무원으로 근무한 기간은 공무원연금법상 재직기간으로 계산하지 아니한다.[4] 925c

---

1) 대판 2017. 2. 9, 2014두43264; 대판 2010. 5. 27, 2008두5636.

2) 헌재 2000. 3. 30, 98헌마401, 99헌바53, 2000헌바9(병합)(공무원연금법상의 각종 급여는 기본적으로 사법상의 급여와는 달리 퇴직공무원 및 그 유족의 생활안정과 복리향상을 위한 사회보장적 급여로서의 성질을 가지므로, 본질상 일신전속성이 강하여 권리자로부터 분리되기 어렵고, 사적 거래의 대상으로 삼기에 적합하지 아니할 뿐만 아니라, 압류를 금지할 필요성이 훨씬 크며, 공무원연금법상 각종 급여의 액수는 공무원의 보수월액을 기준으로 산정되는데, 공무원연금법이 제정될 당시부터 공무원의 보수수준은 일반기업의 급료에 비하여 상대적으로 낮은 편이고, 더구나 이 사건 법률조항은 수급권자가 법상의 급여를 받기 전에 그 급여수급권에 대하여만 압류를 금지하는 것일 뿐 법상의 급여를 받은 이후까지 압류를 금지하는 것은 아니므로, 이 사건 법률조항에서 공무원연금법상의 각종 급여수급권 전액에 대하여 압류를 금지한 것이 기본권 제한의 입법적 한계를 넘어서 재산권의 본질적 내용을 침해한 것이거나 헌법상의 경제질서에 위반된다고 볼 수는 없다).

3) 헌재 2009. 5. 28, 2008헌바107 전원재판부(공무원연금은 퇴직 후 공무원의 장기적인 생활안정을 보장하기 위한 것으로서, 장기적이고 안정적인 재정운영이 그 중요한 과제이다. 이 사건 법률조항은 권리의무관계를 조기에 확정하고 예산수립의 불안정성을 제거하여 연금재정을 합리적으로 운용하기 위한 것으로서 합리적인 이유가 있고, 공무원연금이라는 사회보장제도의 운영목적과 성격, 정부의 재정상황 등 및 다른 법률에 정한 급여수급권에 관한 소멸시효규정과 비교할 때 입법형성권을 자의적으로 행사하여 지나치게 단기로 정한 것이라고 할 수 없으므로, 이 사건 법률조항은 청구인의 재산권이나 평등권을 지나치게 제한함으로써 헌법 제37조 제2항의 기본권제한의 한계를 벗어난 것으로 볼 수 없다).

4) 대판 2002. 7. 26, 2001두205(공무원연금법에 의한 퇴직금은 적법한 공무원으로서의 신분을 취득하여 근무하다가 퇴직하는 경우에 지급되는 것이므로, 당연퇴직사유에 해당되어 공무원으로

4. 재해보상금청구권

926 (1) 의 의 국가공무원법(제77조 제1항)과 지방공무원법(제68조 제1항)은 공무원이 질병·부상·폐질·퇴직·사망 또는 재해를 입으면 본인이나 유족에게 법률에서 정하는 바에 따라 적절한 급여를 지급하도록 규정하고 있다. 이 법률들이 규정하는 내용 중 공무원 재해보상제도 부분을 구체화하기 위해 공무원 재해보상법 및 동법 시행령 등이 제정되어 있다. 공무원재해보상제도는 공무원의 공무로 인한 부상·질병·장해·사망에 대하여 적합한 보상을 하고, 공무상 재해를 입은 공무원의 재활 및 직무복귀를 지원하며, 재해예방을 위한 사업을 시행함으로써 공무원이 직무에 전념할 수 있는 여건을 조성하고, 공무원 및 그 유족의 복지 향상에 이바지함을 목적으로 한다(공무원 재해보상법 제1조).

926a (2) **공무상 재해의 인정기준** 공무원이 다음 각 호[1. 공무상 부상: 다음 각 목(가. 공무수행 또는 그에 따르는 행위를 하던 중 발생한 사고, 나. 통상적인 경로와 방법으로 출퇴근하던 중 발생한 사고, 다. 그 밖에 공무수행과 관련하여 발생한 사고)의 어느 하나에 해당하는 사고(이하 "공무상 사고"라 한다)로 인한 부상, 2. 공무상 질병: 다음 각 목(가. 공무수행 과정에서 물리적·화학적·생물학적 요인에 의하여 발생한 질병, 나. 공무수행과정에서 신체적·정신적 부담을 주는 업무가 원인이 되어 발생한 질병, 다. 공무상 부상이 원인이 되어 발생한 질병, 라. 그 밖에 공무수행과 관련하여 발생한 질병)의 어느 하나에 해당하는 질병]의 어느 하나에 해당하는 부상을 당하거나 질병에 걸리는 경우와 그 부상 또는 질병으로 장해를 입거나 사망한 경우에는 공무상 재해로 본다. 다만, 공무와 재해 사이에 상당한 인과관계가 없는 경우에는 공무상 재해로 보지 아니한다(공무원 재해보상법 제4조 제1항).

926b (3) **급여의 종류** 공무원 재해보상법에 따른 급여는 다음 각 호[1. 요양급여, 2. 재활급여(가. 재활운동비, 나. 심리상담비), 3. 장해급여(가. 장해연금, 나. 장해일시금), 4. 간병급여, 5. 재해유족급여(가. 장해유족연금, 나. 순직유족급여{1) 순직유족연금, 2) 순직유족보상금}, 다. 위험직무순직유족급여{1) 위험직무순직유족연금, 2) 위험직무순직유족보상금}), 6. 부조급여(가. 재난부조금, 나. 사망조위금)]와 같다(공무원 재해보상법 제8조 제1항). 괄호 부분 내용 중 1.~5.는 재해보상급여로서 6.과 대비된다.

926c (4) **급여의 청구 및 결정** 제8조에 따른 급여를 받으려는 사람은 인사혁신처장에게 급여를 청구하여야 한다(공무원 재해보상법 제9조 제1항). 인사혁신처장은 제1항에 따른 급여의 청구를 받으면 급여의 요건을 확인한 후 급여를 결정하고

서의 신분을 상실한 자가 그 이후 사실상 공무원으로 계속 근무하여 왔다고 하더라도 당연퇴직 후의 사실상의 근무기간은 공무원연금법상의 재직기간에 합산될 수 없다).

지급한다. 이 경우 제2항 각 호의 급여를 결정할 때에는 제6조 제2항에 해당하는 경우를 제외하고는 심의회의 심의를 거쳐야 한다(공무원 재해보상법 제9조 제3항). 제1항부터 제3항까지의 규정에도 불구하고 지방자치단체 공무원의 재난부조금 및 사망조위금은 해당 지방자치단체의 장에게 청구하고, 지방자치단체의 장의 결정으로 지방자치단체가 지급한다(공무원 재해보상법 제9조 제4항).

(5) **권리의 보호**

(가) **양도·압류 등의 금지** 급여를 받을 권리는 양도, 압류하거나 담보로 제 926d
공할 수 없다. 다만, 연금인 급여를 받을 권리는 대통령령으로 정하는 금융회사에 담보로 제공할 수 있고, 「국세징수법」, 「지방세징수법」, 그 밖의 법률에 따른 체납처분의 대상으로 할 수 있다(공무원 재해보상법 제18조 제1항). 수급권자에게 지급된 급여 중 「민사집행법」 제195조 제3호에서 정하는 금액 이하는 압류할 수 없다(공무원 재해보상법 제18조 제2항).

(나) **시 효** 이 법에 따른 급여를 받을 권리는 그 급여의 사유가 발생한 926e
날부터 요양급여·재활급여·간병급여·부조급여는 3년간, 그 밖의 급여는 5년간 행사하지 아니하면 시효로 인하여 소멸한다(공무원 재해보상법 제54조 제2항). 이 법에 따른 환수금 및 그 밖의 징수금을 환수하거나 징수할 인사혁신처장 및 지방자치단체의 장의 권리는 환수 및 징수 사유가 발생한 날부터 5년간 행사하지 아니하면 시효로 인하여 소멸한다(공무원 재해보상법 제54조 제2항).

(6) **심사의 청구** 급여에 관한 결정, 그 밖에 이 법에 따른 급여 등에 관하 926f
여 이의가 있는 사람은 대통령령으로 정하는 바에 따라 제52조에 따른 공무원재해보상연금위원회에 심사를 청구할 수 있다(공무원 재해보상법 제51조 제1항). 제1항의 심사 청구는 그 결정 등이 있었던 날부터 180일, 그 사실을 안 날부터 90일 이내에 하여야 한다. 다만, 그 기간 내에 정당한 사유가 있어 심사 청구를 할 수 없었던 것을 증명한 경우는 예외로 한다(공무원 재해보상법 제51조 제2항). 급여에 관한 결정, 그 밖에 이 법에 따른 급여 등에 관하여는 「행정심판법」에 따른 행정심판을 청구할 수 없다(공무원 재해보상법 제51조 제4항).

제 2 항 공무원의 의무

Ⅰ. 관 념

1. 의 의

국민전체의 봉사자로서 공무원은 국리민복의 증진이라는 기본적인 자신의 927

임무수행과 관련하여 각종의 의무를 진다. 공무원의 의무는 자기 목적적인 것이 아니다. 그것은 국가임무수행의 보장이란 목적을 위한 수단이다.

2. 법적 근거

928 공무원이 부담하는 의무는 공무원이 특별권력관계에 놓이기 때문에 법적 근거 없이도 당연히 인정된다는 논리는 타당하지 않다. 공무원에게 부과되는 의무도 반드시 법적 근거를 요한다. 왜냐하면 공무원관계도 공법상의 법관계이고, 그 법관계는 법치주의원칙 내에서만 존재하는 것이기 때문이다.

3. 헌법에 대한 충성과 중립성

929 공무원의무의 기본은 근무의무와 헌법과 국가에 대한 충성의무일 것이다. 공무원은 국민 전체에 대한 봉사자로서 자신의 임무를 불편부당하고 정의롭게 수행하여야 하고, 자신의 사익과 무관하게 수행하여야 한다. 이를 위해 겸직금지, 수뢰·선물금지, 외국으로부터 영예의 제한 등이 가해진다. 한편 충성의무는 공무원의 헌법에 대한 충성의 보장으로서 공무원이 되기 위한 전제요건이기도 하다.

4. 공무원의 적극적 직무수행을 의한 여건 조성

929a 행정은 공공의 이익을 위하여 적극적으로 추진되어야 한다(기본법 제4조 제1항). 이를 위해 국가와 지방자치단체는 소속 공무원이 공공의 이익을 위하여 적극적으로 직무를 수행할 수 있도록 제반 여건을 조성하고, 이와 관련된 시책 및 조치를 추진하여야 한다(기본법 제4조 제2항).[1]

Ⅱ. 국가공무원법·지방공무원법상 의무

국가공무원법·지방공무원법상 공무원의 의무를 기술의 편의상 선서의무, 일반적 의무, 직무상 의무로 나누어 살피기로 한다. 공무원의 의무는 노동조합 전임자인 공무원이라 하여 면제되는 것이 아니다.[2]

---

1) 이와 관련하여 졸저, 행정기본법 해설(제2판), 48쪽 이하 참조.

2) 대판 2008. 10. 9, 2006두13626(공무원은 누구나 국가공무원법 제56조의 성실의무, 제57조의 복종의무, 제58조의 직장이탈금지의무가 있고, 공무원이 노동조합 전임자가 되어 근로제공의무가 면제된다고 하더라도 이는 노동조합 전임자로서 정당한 노동조합의 활동에 전념하는 것을 보장하기 위한 것에 그 의미가 있다 할 것이므로, 노동조합 전임자인 공무원이라 하여도 정당한 노동조합활동의 범위를 벗어난 경우까지 국가공무원법에 정한 위 의무들이 전적으로 면제된다고 할 수는 없다. 노동조합의 전임자로서 이 사건 파업을 주동하고, 위 파업에 스스로 참가하였으며 다른 조합원의 파업 참가를 선동한 행위는 정당한 노동조합의 활동을 벗어난 것이어서 국가공무원법 제56조의 성실의무, 제58조 제1항의 직장이탈금지의무에 위반되고, 위 원고들이 철도청장이 내린 직장 복귀명령에도 불구하고, 복귀시한까지 노조사무실 등 지정된 장소에 복귀하지 아니한 것은 국가공무원법 제57조에 정한 복종의무를 위반한 것이다).

1. 선서의무

공무원은 취임할 때에 소속 기관장 앞에서 대통령령등(지방공무원의 경우는 조례)으로 정하는 바에 따라 선서하여야 한다. 다만, 불가피한 사유가 있으면 취임 후에 선서하게 할 수 있다(국공법 제55조; 지공법 제47조). 930

2. 일반적 의무

후술하는 직무상 의무가 구체적인 직무수행과 직결된 의무라고 한다면, 여기서 말하는 일반적 의무는 구체적인 직무집행과 관계 없이도 공무원이기에 반드시 준수하여야 할 의무를 말한다. 931

(1) 품위유지의무 공무원은 직무의 내외를 불문하고 그 품위가[1] 손상되는 행위를 하여서는 아니 된다(국공법 제63조; 지공법 제55조). 여기서 품위손상행위란 국가의 권위·위신·체면·신용 등에 영향을 미칠 수 있는 공무원의 불량하거나 불건전한 행위를 말한다(예 : 축첩·도박·마약이나 알코올 중독). 품위유지의무는 직무집행중 뿐만 아니라 직무집행과 관계없이도 존재하며, 만약 이에 위반하면 역시 징계사유가 된다(국공법 제78조; 지공법 제69조).[2] 932

(2) 청렴의무 공무원은 직무와 관련하여 직접적이든 간접적이든 사례·증여 또는 향응을 주거나 받을 수 없고(국공법 제61조 제1항; 지공법 제53조 제1항), 또한 공무원은 직무상의 관계가 있든 없든 그 소속 상관에게 증여하거나 소속 공무원으로부터 증여를 받아서는 아니 된다(국공법 제61조 제2항; 지공법 제53조 제2항). 청렴의무도 넓게는 품위유지의무의 내용이 되나 현행 공무원법은 이를 별도로 규정하고 있다. 청렴의무 위반은 징계사유가 될 뿐만 아니라 경우에 따라서는 형법상 뇌물에 관한 죄를 구성할 수도 있다(형법 제129조 내지 제135조). 933

(3) 비밀 엄수 의무 공무원은 재직 중은 물론 퇴직 후에도 직무상 알게 된 비밀을 엄수하여야 한다(국공법 제60조; 지공법 제52조).

(가) 제도의 취지 공무원의 비밀 엄수 의무는 공무원이 직무상 알게 된 비 934

---

1) 대판 2017. 4. 13, 2014두8469('품위'는 공직의 체면, 위신, 신용을 유지하고, 주권자인 국민의 수임을 받은 국민 전체 봉사자로서의 직책을 다함에 손색이 없는 몸가짐을 뜻하는 것으로서, 직무의 내외를 불문하고, 국민의 수임자로서의 직책을 맡아 수행해 나가기에 손색이 없는 인품을 말한다).

2) 대판 2013. 9. 12, 2011두20079(모든 공무원은 국가공무원법 제63조 및 지방공무원법 제55조에 따라 직무의 내외를 불문하고 그 품위를 손상하는 행위를 해서는 안 되고, 여기서 품위란 주권자인 국민의 수임자로서 직책을 맡아 수행해 나가기에 손색이 없는 인품을 말한다); 대판 2002. 9. 27, 2000두2969(감사원 공무원이 허위의 사실을 기자회견을 통하여 공표한 것이 감사원의 명예를 실추시키고 공무원으로서 품위를 손상한 행위로서 국가공무원법이 정하는 징계사유에 해당된다).

밀을 엄수함으로써 행정상 비밀을 보호하고 이로써 행정상 질서를 확보함을 목적으로 한다. 공무원의 비밀 엄수 의무로 인해 보호되는 이익은 특정한 개인의 이익이 아니라 국민전체의 이익이라 하겠다. 공무원의 비밀 엄수 의무가 특정 정파의 정치적 이익의 보호를 위한 도구로 전락되어서는 곤란하다.

935 (나) 직무상 비밀 ① 직무상 비밀사항이란 폐쇄된 또는 일정한 범위의 사람에게만 알려진 사실로서 그에 대한 인식이 공무수행에 요구되는 사항을 말한다. ② 직무상 비밀사항에는 「법률이 직무상 비밀로 정한 사항(예 : 군사기밀보호법 제2조)」과 「법률이 비밀로 정한 것은 아니지만 비밀인 사항」이 있다. ③ 후자(법령이 비밀로 정한 것은 아니지만 비밀인 사항)와 관련하여 직무상 비밀사항의 판단기준으로 형식설(행정기관이 비밀로 취급하는 사항은 모두 비밀이라는 견해)과 실질설(객관적·실질적으로 보호할 가치 있는 것인가의 여부를 기준으로 비밀성을 판단하는 견해)로 나뉜다. 국민의 알권리의 보장 및 정보공개의 원칙에 비추어 실질설이 타당하다.[1] 판례도 실질설을 취하고 있다.[2]

(다) 비밀의 엄수

936 1) 엄수의 의의 비밀을 엄수하여야 한다는 것은 비밀을 누설하지 말아야 함을 의미한다. 비밀을 누설하지 말아야 하는 의무는 부작위의무이다.

937 2) 엄수의 제한

a) 소송절차상 제한 공무원 또는 공무원이었던 자가 그 직무에 관하여 알게 된 사실에 관하여 증인이나 감정인으로서 심문을 받을 경우에는 소속기관의 장의 승인을 받은 사항에 관해서만 진술할 수 있다(형소법 제147조·제177조; 민소법 제306조·제333조).

b) 국회 증언절차상 제한 국회로부터 공무원 또는 공무원이었던 자가 증언의 요구를 받거나, 국가기관이 서류 등의 제출을 요구받은 경우에 증언할 사실이나 제출할 서류 등의 내용이 직무상 비밀에 속한다는 이유로 증언이나 서류 등의 제출을 거부할 수 없다(국회에서의 증언·감정 등에 관한 법률 제4조 제1항 본문). 다만, 군사·외교·대북관계의 국가기밀에 관한 사항으로서 그 발표로 말

1) 박윤흔·정형근, 최신행정법강의(하), 256쪽.
2) 대판 1996. 10. 11, 94누7171(국가공무원법상 직무상 비밀이라 함은 국가 공무의 민주적, 능률적 운영을 확보하여야 한다는 이념에 비추어 볼 때 당해 사실이 일반에 알려질 경우 그러한 행정의 목적을 해할 우려가 있는지 여부를 기준으로 판단하여야 하며, 구체적으로는 행정기관이 비밀이라고 형식적으로 정한 것에 따를 것이 아니라 실질적으로 비밀로서 보호할 가치가 있는지, 즉 그것이 통상의 지식과 경험을 가진 다수인에게 알려지지 아니한 비밀성을 가졌는지, 또한 정부나 국민의 이익 또는 행정목적 달성을 위하여 비밀로서 보호할 필요성이 있는지 등이 객관적으로 검토되어야 한다).

미암아 국가안위에 중대한 영향을 미친다는 주무부장관(대통령 및 국무총리의 소속 기관에서는 당해 관서의 장)의 소명이 증언 등의 요구를 받은 날로부터 5일 이내에 있는 경우에는 그러하지 아니하다(동법 제4조 제1항 단서). 국회가 소명을 수락하지 아니할 경우에는 본회의의 의결로, 폐회중에는 해당위원회의 의결로 국회가 요구한 증언 또는 서류 등의 제출이 국가의 중대한 이익을 해친다는 취지의 국무총리의 성명을 요구할 수 있다(동법 제4조 제2항). 국무총리가 성명의 요구를 받은 날로부터 7일 이내에 그 성명을 발표하지 아니하는 경우에는 증언이나 서류 등의 제출을 거부할 수 없다(동법 제4조 제3항).

3) 엄수의 시기 비밀엄수의 시기는 재직중인가 또는 퇴직 후인가를 가리지 않는다. 938

㈑ 의무의 위반 비밀엄수의무를 위반하면 징계처분이 대상이 된다(국공법 제78조 제1항 제2호; 지공법 제69조 제1항 제2호). 퇴직 후에 누설하면 징계처분은 성질상 불가할 것이다. 뿐만 아니라 형사처벌의 대상도 된다(형법 제126조·제127조). 939

㈒ 제도의 한계 940

1) 내부고발 제도에 따른 한계 부패방지 및 국민권익위원회의 설치와 운영에 관한 법률 제56조(공직자는 그 직무를 행함에 있어 다른 공직자가 부패행위를 한 사실을 알게 되었거나 부패행위를 강요 또는 제의받은 경우에는 지체 없이 이를 수사기관·감사원 또는 위원회에 신고하여야 한다)와 고위공직자범죄수사처 설치 및 운영에 관한 법률 제46조 제1항(누구든지 고위공직자범죄등에 대하여 알게 된 때에는 이에 대한 정보를 수사처에 제공할 수 있으며, 이를 이유로 불이익한 조치를 받지 아니한다)에 따른 내부고발은 공무원의 비밀 엄수 의무 위반에 해당하지 아니한다.

2) 공공기관의 정보공개에 관한 법률상 정보공개 제도에 따른 한계 공공기관이 보유·관리하는 정보는 국민의 알권리 보장 등을 위하여 공공기관의 정보공개에 관한 법률에서 정하는 바에 따라 적극적으로 공개하여야 한다(공개법 제3조). 정보의 공개에 관하여는 다른 법률에 특별한 규정이 있는 경우를 제외하고는 공공기관의 정보공개에 관한 법률에서 정하는 바에 따른다(공개법 제4조 제1항). 국가공무원법 제60조와 공공기관의 정보공개에 관한 법률 제4조 제1항은 규정목적을 달리하므로, 국가공무원법 제60조는 공공기관의 정보공개에 관한 법률 제4조 제1항의 다른 법률의 특별한 규정에 해당하는 것이 아닌바, 공공기관의 정보공개에 관한 법률에 따른 비밀의 공개는 공무원의 비밀 엄수 의무 위반에 해당하지 아니한다.

3. 직무상 의무

941 (1) **법령준수의무** 모든 공무원은 법령을 준수하여야 한다(국공법 제56조; 지공법 제48조). 법령준수의무는 법치국가에서 공무원이 부담하는 가장 기본적인 의무 중의 하나가 된다. 공무원의 법령위반행위는 그 행위의 무효·취소, 손해배상, 공무원 개인의 책임의 문제를 야기시킨다.

942 (2) **성실의무** 모든 공무원은 성실히 직무를 수행하여야 한다(국공법 제56조; 지공법 제48조). 여기서 성실이란 자신의 임무수행에 있어서 자신의 인격과 양심에 입각하여 최선을 다하여야 함을 뜻한다.[1] 그렇다고 성실의무라는 것이 공무원에게 무한정의 희생·헌신·충성을 요구하는 것은 아니다. 성실의무위반 여부의 판단이 용이한 것은 아니나, 그것은 정치적·윤리적 의무에 불과한 것이 아니라 법적 의무임에 틀림없다. 성실의무는 때와 장소를 가리지 않는다.[2]

943 (3) **친절공정의무** 공무원은 국민전체에 대한 봉사자로서 친절하고 공정하게 직무를 수행하여야 한다(국공법 제59조; 지공법 제51조). 친절의무는 공무원이 국민에 대하여 봉사하는 자라는 지위에서 나오는 것이며, 공정의무는 공무원이 특정국민이 아니라 모든 국민을 위한다는 지위에서 나온다. 이것 역시 법적 의무이다.

943a (4) **종교중립의 의무** 공무원은 종교에 따른 차별 없이 직무를 수행하여야 한다(국공법 제59조의2 제1항). 공무원은 소속 상관이 제1항에 위배되는 직무상 명령을 한 경우에는 이에 따르지 아니할 수 있다(국공법 제59조의2 제2항). 종교중립의 의무는 기본권으로 보장되는 종교의 자유와 정교분리의 원칙에 대한 침해를 방지하기 위한 것이다.

944 (5) **복종의무** 공무원은 직무를 수행할 때 소속 상관의 직무상 명령에 복종하여야 한다(국공법 제57조; 지공법 제49조). 이는 계층적 조직체로서 행정조직의 원리상 필수적이다. 상명하복의 원칙 없이는 조직의 유지가 곤란하다.

945 (가) **소속 상관** 소속 상관이란 당해 공무원의 직무에 관해 지휘·감독할 수

---

1) 대판 2017. 11. 9, 2017두47472(성실의무는 공무원의 가장 기본적이고 중요한 의무로서 최대한으로 공공의 이익을 도모하고 그 불이익을 방지하기 위하여 전인격과 양심을 바쳐서 성실히 직무를 수행하여야 하는 것을 그 내용으로 한다); 대판 1989. 5. 23, 88누3161.

2) 대판 1997. 2. 11, 96누2125(전국기관차협의회가 주도하는 집회 및 철도파업은 정당한 단체행동의 범위 내에 있는 것으로 보기 어렵고, 또한 그 집회가 적법한 절차를 거쳐 개최되었고 근무시간 외에 사업장 밖에서 개최되었다고 하더라도 철도의 정상적인 운행을 수행하여야 할 철도기관사로서의 성실의무는 철도의 정상운행에 지장을 초래할 가능성이 높은 집회에 참석하지 아니할 의무에까지도 미친다고 보아, 철도기관사에 대하여 그 집회에 참석하지 못하도록 한 지방철도청장의 명령은 정당한 직무상 명령이다).

있는 권한을 가진 기관을 말한다. 신분상 소속 상관이 아니라 직무상 소속 상관을 뜻한다. 소속 상관은 언제나 1인만을 의미하는 것은 아니고, 소속 상관은 행정관청일 수도 있고, 보조기관일 수도 있다.

(나) 직무상 명령

1) 의 의　　직무상의 명령 또는 직무명령이란 상급공무원이 부하공무원에 대해 직무상 발하는 명령을 총칭하는 개념이다. 그 내용은 개별·구체적일 수도 있고, 일반·추상적일 수도 있다.[1] 946

2) 구별개념　　직무상 명령은 개념상 훈령과 구별을 요한다. 훈령이란 상급행정청이 하급행정청에 대해 사무의 지휘·감독을 위해 발하는 명령이다. 양자는 다음과 같은 차이를 갖는다. ① 직무상 명령은 상하급공무원간의 문제이나, 훈령은 상하급관청간의 문제이다. ② 직무상 명령은 상하공무원의 신분의 변동에 따라 효력이 상실되나, 훈령은 상급관청이 폐지하지 않는 한 기관구성자의 변동에 관계 없이 효력을 지속한다. 하급관청에 대한 훈령은 하급기관의 구성자인 공무원에게도 미치므로 훈령은 직무명령의 성질을 갖기도 한다.[2] 기능상 훈령이 직무상 명령과 유사한 면을 갖는 경우도 있으나, 개념상으로는 상하공무원간의 개념인 직무상 명령과 상하관청간의 개념인 훈령은 구별되어야 할 것이다. 947

3) 성 질　　직무상 명령은 하급공무원을 구속할 뿐 일반국민을 구속하는 것은 아니다. 말하자면 직무상 명령은 법규가 아니다. 따라서 직무상 명령 위반은 위법이 아니고 징계사유가 될 뿐이다. 948

4) 명령사항　　직무상 명령의 대상이 될 수 있는 사항은 ① 상관의 권한에 속하고, 아울러 ② 부하공무원의 권한에 속하는 직무에 관련 있는 사항이다.[3] ③ 부하공무원에게 직무상 독립이 인정되는 사항이 아니어야 한다. ④ 헌 949

---

1) 여기서 일반·추상적이란 내용이 일반·추상적이라는 것이지, 그렇다고 그것이 법규범을 뜻하는 것은 아니다. 일설은 여기서 말하는 직무상 명령에 개별·구체적인 규율 외에 법규명령인 일반·추상적인 규율도 포함된다고 하는데(김남진, 고시 Journal, 1996. 3, 23쪽), 직무상 명령을 상하급의 공무원간의 개념으로 이해하는 한 법규명령을 직무상 개념에 포함시키는 데에는 무리가 있어 보인다.

2) 박윤흔·정형근, 최신행정법강의(하), 248쪽.

3) 대판 2001. 8. 24, 2000두7704(검사가 대질신문을 받기 위하여 대검찰청에 출석하는 행위는 검찰청법 제4조 제1항에서 규정하고 있는 검사의 고유한 직무인 검찰사무에 속하지 아니할 뿐만 아니라, 또한 그 검사가 소속 검찰청의 구성원으로서 맡아 처리하는 이른바 검찰행정사무에 속한다고 볼 수도 없는 것이고, 따라서 위 출석명령은 그 검사의 직무범위 내에 속하지 아니하는 사항을 대상으로 한 것이므로 그 검사에게 복종의무를 발생시키는 직무상의 명령이라고 볼 수는 없다).

법, 법률 또는 상급의 명령에 반하는 것이 아니어야 한다.

950 5) 형 식 법령상 특별한 규정이 없는 한 직무상 명령의 형식에는 제한이 없다. 구술이나 서면으로 하면 된다.

951 6) 경 합 둘 이상의 상관으로부터 내용이 모순되는 직무명령이 있는 경우에 직무상 명령의 경합의 문제가 생긴다. 상관 사이에 우열이 없다면 공무원 자신의 판단에 의할 것이나, 우열이 있다면 직근상관의 직무명령에 따라야 한다.

(다) 복 종

952 1) 의 의 적법한 직무상 명령이 있으면 공무원은 그 명령에 복종하여야 하는데, 여기서 '복종하여야 한다'는 것은 소속상관의 명령을 이행하여야 함을 의미한다. 직무상 명령을 받은 공무원은 그 명령의 내용에 따라 작위의무·부작위의무·수인의무를 이행하여야 한다.

2) 한 계(직무상 명령에 대한 심사권)

953 a) 학 설 위법한 직무명령에 대한 복종의무와 관련하여 학설은 부하공무원은 ① 형식적 요건(직무상 명령이 상관 및 자기의 권한에 속하는가, 법정의 형식과 절차를 거쳤는가의 판단)의 구비여부만을 심사할 수 있다는 견해(실질적 요건심사 부정설), ② 형식적 요건과 실질적 요건(직무상 명령의 내용상 적법성) 모두 심사할 수 있다는 견해(실질적 요건심사 긍정설), ③ 형식적 요건과 위법성이 중대·명백하여 당연무효인 경우뿐만 아니라 위법성이 명백한 경우에는 실질적 요건도 심사할 수 있다는 견해(절충설)로[1] 나뉜다.

954 b) 판 례 판례는 절충설의 입장을 취하는 것으로 보인다.[2]

955 c) 사 견 형식적 요건 구비여부의 판단은 외관상 명백하므로 부하공무원이 이를 심사할 수 있고, 따라서 만약 그 요건이 결여되었다면 부하공무원이 복종을 거부할 수 있다. 일반적 견해이기도 하다. 실질적 요건은 그 내용이 명백히 당연무효인 경우(예 : 범죄행위의 명령)에는 심사할 수 있으나, 단순위법 또는 부당의 문제가 있는 경우에는 심사할 수 없다고 보아야 한다. 왜냐하면 이 경우까지 심사할 수 있다면 법령해석에서 부하가 상관을 극복하는 권한을 갖게

---

1) 박균성, 행정법론(하), 309쪽(2019); 류지태·박종수, 행정법신론, 877쪽(2019).

2) 대판 1988. 2. 23, 87도2358(설령 대공수사단 직원은 상관의 명령에 절대복종하여야 한다는 것이 불문율로 되어 있다 할지라도 국민의 기본권인 신체의 자유를 침해하는 고문행위 등이 금지되어 있는 우리의 국법질서에 비추어 볼 때 그와 같은 불문율이 있다는 것만으로는 고문치사와 같이 중대하고도 명백한 위법명령에 따른 행위가 정당한 행위에 해당하거나 강요된 행위로서 적법행위에 대한 기대가능성이 없는 경우에 해당하게 되는 것이라고는 볼 수 없다).

되어 행정의 계층적 질서는 무너지게 될 것이기 때문이다. 직무상 독립이 보장되는 공무원(예 : 법관·감사위원·교수)의 경우에는 직무의 성질상 복종의무는 문제되지 아니한다.

3) 의견진술 국가공무원법과 달리 지방공무원법은 공무원의 복종의무와 관련하여 "다만, 이에 대한 의견을 진술할 수 있다"고 규정하고 있는바(지공법 제49조 단서), 상기의 요건에 비추어 직무상 명령이 위법·부당하다고 판단되면 직무상 명령을 받은 공무원은 상관에게 자기의 의견을 진술할 수 있다고 하겠다. 이러한 것은 명문의 규정이 없는 국가공무원법의 경우에도 마찬가지라 하겠다. 956

4) 불 복 종 ① 적법한 직무상 명령, 단순위법한 직무상 명령 또는 단순히 내용상 부당한 명령에 대해서는 복종하여야 하며, 만약 이에 불복종하면 징계가 가해질 수 있다.[1] 왜냐하면 공무원법상 공무원의 의무위반은 징계사유로 규정되고 있기 때문이다(국공법 제78조 제1항 제1호; 지공법 제69조 제1항 제1호). 그러나 ② 당연무효의 직무상 명령에 대해서는 복종을 거부하여야 하며, 만약 이에 복종하면 그 명령을 한 상관은 물론이고 그 명령을 집행한 공무원도 책임을 면할 수 없다. 957

⑹ 직장이탈금지의무 공무원은 소속상관의 허가 또는 정당한 사유가 없으면 직장을 이탈하지 못한다(국공법 제58조 제1항; 지공법 제50조 제1항).[2] 이러한 의무는 근무시간뿐만 아니라(국가공무원 복무규정 제9조 ① 공무원의 1주간의 근무시간은 점심시간을 제외하고 40시간으로 하며, 토요일은 휴무함을 원칙으로 한다. ② 공무원의 1일의 근무시간은 9시부터 18시까지로 하며, 점심시간은 12시부터 13시까지로 한다. 다만, 행정기관의 장은 직무의 성질, 지역 또는 기관의 특수성을 감안하여 필요하다고 인정할 때에는 1시간의 범위 안에서 점심시간을 달리 정하여 운영할 수 있다. ③ 주 40시간 근무에 관하여 필요한 사항은 인사혁신처장이 정한다), 행정기관의 장이 근무시간외근무(국가공무원 958

---

1) 대판 2001. 8. 24, 2000두7704(검찰청법 제11조의 위임에 기한 검찰근무규칙 제13조 제1항은, 검찰청의 장이 출장 등의 사유로 근무지를 떠날 때에는 미리 바로 윗 검찰청의 장 및 검찰총장의 승인을 얻어야 한다고 규정하고 있는바, 이는 검찰조직 내부에서 검찰청의 장의 근무수칙을 정한 이른바 행정규칙으로서 검찰청의 장에 대하여 일반적인 구속력을 가지므로, 그 위반행위는 직무상의 의무위반으로 검사징계법 제2조 제2호의 징계사유에 해당한다).

2) 대판 1991. 11. 12, 91누3666(경찰서 수사과 형사계 반장인 원고의 부하직원에 대한 뇌물수수사건의 검찰수사과정에서 뇌물을 받은 사람이 원고라는 제공자의 진술에 따라 원고에게까지 수사가 확대되자, 원고가 수사를 피하기 위하여 사직원을 제출하였으나 수리도 되지 아니한 상태에서 소속상관의 허가 없이 3개월여 동안 직장을 이탈하고 출근하지 아니하여 뇌물수수 등의 죄로 지명수배된 경우, 원고의 위와 같은 행위는 국가공무원법상의 직장이탈이어서 같은 법 제78조 제1항 제1호에 해당한다는 이유로 원고에 대하여 한 파면처분에 재량권을 남용 또는 일탈한 위법이 없다).

복무규정 제11조 제1항)를 명한 경우에도 존재한다. 공휴일[1]·휴가중·휴직중·직위해제중에는 이러한 의무는 인정되지 않는다. 그러나 행정기관의 장이 공휴일근무(국가공무원 복무규정 제11조 제1항)를 명한 경우는 사정이 다르다. 이 의무를 위반하면 징계책임뿐만 아니라 형사상 책임(형법 제122조 참조)을 질 수도 있게 된다. 수사기관이 공무원을 구속하려면 그 소속 기관의 장에게 미리 통보하여야 한다. 다만 현행범인은 그러하지 아니하다(국공법 제58조 제2항; 지공법 제50조 제2항).

959 직장이탈금지의무는 휴가를 신청한 것만으로 면해지는 것이 아니다.[2] 휴가신청에 대한 권한행정청의 휴가명령이 있을 때부터 면해진다고 볼 것이다.

960 **(7) 영리업무 및 겸직금지의무** 공무원은 공무 외에 영리를 목적으로 하는 업무에 종사하지 못하며, 소속 기관장의 허가 없이 다른 직무를 겸할 수 없다. 그리고 영리를 목적으로 하는 업무의 한계는 국회규칙·대법원규칙·헌법재판소규칙·중앙선거관리위원회규칙 또는 대통령령으로 정한다(국공법 제64조; 지공법 제56조).

961 **(가) 영리업무의 금지** 공무원의 직무상의 능률의 저하, 공무에 대한 부당한 영향, 국가의 이익과 상반되는 이득의 취득 또는 정부에 대한 불명예스러운 영향의 초래 등을 방지하기 위해 공무원에게 영리업무의 종사가 금지된다. 공무원은 다음 각 호(1. 공무원이 상업, 공업, 금융업 또는 그 밖의 영리적인 업무를 스스로 경영하여 영리를 추구함이 뚜렷한 업무, 2. 공무원이 상업, 공업, 금융업 또는 그 밖에 영리를 목적으로 하는 사기업체의 이사·감사 업무를 집행하는 무한책임사원·지배인·발기인 또는 그 밖의 임원이 되는 것, 3. 공무원 본인의 직무와 관련 있는 타인의 기업에 대한 투자, 4. 그 밖에

---

1) 공휴일에 관한 법률 제2조(공휴일) 공휴일은 다음 각 호와 같다.
1. 「국경일에 관한 법률」에 따른 국경일 중 3·1절, 광복절, 개천절 및 한글날
2. 1월 1일
3. 설날 전날, 설날, 설날 다음 날(음력 12월 말일, 1월 1일, 2일)
4. 부처님 오신 날(음력 4월 8일)
5. 어린이날(5월 5일)
6. 현충일(6월 6일)
7. 추석 전날, 추석, 추석 다음 날(음력 8월 14일, 15일, 16일)
8. 기독탄신일(12월 25일)
9. 「공직선거법」 제34조에 따른 임기 만료에 의한 선거의 선거일
10. 기타 정부에서 수시 지정하는 날
제3조(대체공휴일) ① 제2조에 따른 공휴일이 토요일이나 일요일, 다른 공휴일과 겹칠 경우에는 대체공휴일로 지정하여 운영할 수 있다.
② 제1항의 대체공휴일의 지정 및 운영에 관한 사항은 대통령령으로 정한다.

2) 대판 1996. 6. 14, 96누2521(공무원이 그 법정 연가일수의 범위 내에서 연가를 신청하였다고 할지라도 그에 대한 소속 행정기관의 장의 허가가 있기 이전에 근무지를 이탈한 행위는 특단의 사정이 없는 한 국가공무원법 제58조에 위반되는 행위로서 징계사유가 된다).

계속적으로 재산상 이득을 목적으로 하는 업무)의 어느 하나에 해당하는 업무에 종사함으로써 공무원의 직무 능률을 떨어뜨리거나, 공무에 대하여 부당한 영향을 끼치거나, 국가의 이익과 상반되는 이익을 취득하거나, 정부에 불명예스러운 영향을 끼칠 우려가 있는 경우에는 그 업무에 종사할 수 없다(국가공무원 복무규정 제25조).

(나) 겸직허가 공무원이 제25조의 영리 업무에 해당하지 아니하는 다른 962
직무를 겸하려는 경우에는 소속 기관의 장의 사전 허가를 받아야 한다(국가공무원 복무규정 제26조 제1항). 제1항의 허가는 담당 직무 수행에 지장이 없는 경우에만 한다(국가공무원 복무규정 제26조 제2항).

(8) 영예의 제한 공무원이 외국정부로부터 영예나 증여를 받을 경우에는 963
대통령의 허가를 받아야 한다(국공법 제62조; 지공법 제54조).

(9) 정치운동금지의무 국민전체의 봉사자로서 공무원은 정치적 중립성을 964
지켜야 하는바(헌법 제7조 제2항), 이에 공무원에게는 정치운동이 금지된다. 물론 예외적으로 정치운동이 허용되는 공무원(정치적 공무원)이 있음은 물론이다.

(가) 정당결성등 금지 공무원은 정당이나 그 밖의 정치단체의 결성에 관여 965
하거나 이에 가입할 수 없다(국공법 제65조 제1항; 지공법 제57조 제1항). 그 한계는 국회규칙, 대법원 규칙, 헌법재판소규칙, 중앙선거관리위원회규칙 또는 대통령령 등으로 정한다(국공법 제65조 제4항).

(나) 선거운동금지 공무원은 선거에서 특정 정당 또는 특정인을 지지 또는 966
반대하기 위한 다음의 행위(1. 투표를 하거나 하지 아니하도록 권유 운동을 하는 것, 2. 서명 운동을 기도(企圖)·주재(主宰)하거나 권유하는 것, 3. 문서나 도서를 공공시설 등에 게시하거나 게시하게 하는 것, 4. 기부금을 모집 또는 모집하게 하거나, 공공자금을 이용 또는 이용하게 하는 것, 5. 타인에게 정당이나 그 밖의 정치단체에 가입하게 하거나 가입하지 아니하도록 권유 운동을 하는 것)를 하여서는 아니 된다(국공법 제65조 제2항).

(다) 다른 공무원에 대한 정치적 운동금지 공무원은 다른 공무원에게 앞의 (가) 967
와 (나)에 위배되는 행위를 하도록 요구하거나, 정치적 행위에 대한 보상 또는 보복으로서 이익 또는 불이익을 약속하여서는 아니 된다(국공법 제65조 제3항; 지공법 제57조 제3항).

(라) 벌 칙 공무원이 위의 정치운동금지의무에 위반하면 다른 법률에 968
특별히 규정된 경우 외에는 3년 이하의 징역 또는 3년 이하의 자격정지에 처한다(국공법 제84조; 지공법 제82조).

(10) 집단행위의 금지

(가) 취 지 공무원은 국민전체의 이익을 위해 봉사하는 자이므로 공무 969

원 자신의 개인적 이익을 위한 집단행동은 금지된다.[1] 헌법 제33조 제2항은 "공무원인 근로자는 법률이 정하는 자에 한하여 단결권·단체교섭권 및 단체행동권을 가진다"고 규정하고 있다. 이와 같은 맥락에서 공무원법은 "공무원은 노동운동이나[2] 그 밖에 공무 외의 일을 위한 집단행위를 하여서는 아니 된다"고 하여 집단행위[3]를 금하고 있으며(국공법 제66조 제1항; 지공법 제58조 제1항), 다만 '사실상 노무에 종사하는 공무원'은 예외로 하고 있다(국공법 제66조 제1항 단서; 지공법 제58조 제1항 단서).[4] 아울러 대통령령으로 정하는 공무원에게도 이러한 의무는 없다(국공법 제3조 단서; 지공법 제3조 단서). 판례는 집단적 행위를 공무원으로서 직무에 관한 기강을 저해하거나 기타 그 본분에 배치되는 등 공무의 본질을

1) 헌재 2020. 4. 23, 2018헌마550(법원은 '공무 외의 일을 위한 집단행위'란 공무에 속하지 아니하는 어떤 일을 위하여 공무원들이 하는 모든 집단적 행위를 의미하는 것이 아니라 언론의 자유를 보장하고 있는 헌법 제21조 제1항과 국가공무원법의 입법취지, 국가공무원법상의 성실의무와 직무전념의무 등을 종합적으로 고려하여 '공익에 반하는 목적을 위하여 직무전념의무를 해태하는 등의 영향을 가져오는 집단적 행위'라고 한정하여 해석하고 있다. 또한 국가공무원법이 공무원의 집단행위를 금지하는 취지에 비추어 보면, 여기서의 집단행위는 공무원의 직무전념성을 해치거나 공무에 대한 국민의 신뢰에 손상을 가져올 수 있는 다수의 결집된 행위로 봄이 상당하다. 나아가 국가공무원법 조항의 해석을 통해 나온 '공익' 개념은 개인 또는 특정 단체나 집단의 이익이 아니라 일반 다수 국민의 이익 내지는 사회공동의 이익을 의미한다 할 것이다. 다만 심판대상조항의 의미를 구체화하는 과정에서 다시 공익과 같은 추상적 개념을 사용하면 그 의미의 불명확성을 완전하게 해소하지 못할 가능성은 있으나 이는 통상적 법해석 또는 법보충 작용을 통해 보완함이 바람직하다).

2) 대판 2005. 4. 15, 2003도2960(국가공무원법 제66조에서 금지한 '노동운동'은 헌법과 국가공무원법과의 관계 및 우리 헌법이 근로삼권을 집회, 결사의 자유와 구분하여 보장하면서도 근로삼권에 한하여 공무원에 대한 헌법적 제한규정을 두고 있는 점에 비추어 헌법 및 노동법적 개념으로서의 근로삼권, 즉 단결권, 단체교섭권, 단체행동권을 의미한다고 해석하여야 할 것이고, 제한되는 단결권은 종속근로자들이 사용자에 대하여 근로조건의 유지, 개선 등을 목적으로 조직한 경제적 결사인 노동조합을 결성하고 그에 가입, 활동하는 권리를 말한다).

3) 대판 2017. 4. 13, 2014두8469(공무원들의 어느 행위가 국가공무원법 제66조 제1항에 규정된 '집단행위'에 해당하려면, 그 행위가 반드시 같은 시간, 장소에서 행하여져야 하는 것은 아니지만, 공익에 반하는 어떤 목적을 위한 다수인의 행위로서 집단성이라는 표지를 갖추어야만 한다고 해석함이 타당하다. 따라서 여럿이 같은 시간에 한 장소에 모여 집단의 위세를 과시하는 방법으로 의사를 표현하거나 여럿이 단체를 결성하여 그 단체 명의로 의사를 표현하는 경우, 실제 여럿이 모이는 형태로 의사표현을 하는 것은 아니지만 발표문에 서명날인을 하는 등의 수단으로 여럿이 가담한 행위임을 표명하는 경우 또는 일제 휴가나 집단적인 조퇴, 초과근무 거부 등과 같이 정부활동의 능률을 저해하기 위한 집단적 태업 행위로 볼 수 있는 경우에 속하거나 이에 준할 정도로 행위의 집단성이 인정되어야 국가공무원법 제66조 제1항에 해당한다고 볼 수 있다).

4) 헌재 2007. 8. 30, 2003헌바51·2005헌가5(병합)(노동운동의 개념은 근로자의 근로조건의 향상을 위한 단결권·단체교섭권·단체행동권 등 근로3권을 기초로 하여 이에 직접 관련된 행위를 의미하는 것으로 좁게 해석하여야 하고, 공무 이외의 일을 위한 집단행위의 개념도 모든 집단행위를 의미하는 것이 아니라 공무 이외의 일을 위한 집단행위 중 공익에 반하는 행위로 축소하여 해석하여야 하는데, 법원도 위 개념들을 해석·적용함에 있어서 위와 유사하게 해석하고 있다. 아울러 사실상 노무에 종사하는 공무원의 개념은 공무원의 주된 직무를 정신활동으로 보고 이에 대비되는 신체활동에 종사하는 공무원으로 명확하게 해석된다).

해치는 특정목적을 위한 다수인의 행위로써 단체의 결성단계에 이르지 아니한 상태의 행위로 이해한다.[1]

(나) 사실상 노무에 종사하는 공무원 ① 법 제66조에 따른 사실상 노무에 종 970
사하는 공무원은 과학기술정보통신부 소속 현업기관의 작업 현장에서 노무에 종사하는 우정직공무원(우정직공무원의 정원을 대체하여 임용된 일반임기제공무원 및 시간선택제일반임기제공무원을 포함한다)으로서 다음 각 호(1. 서무·인사 및 기밀 업무에 종사하는 공무원, 2. 경리 및 물품출납 사무에 종사하는 공무원, 3. 노무자 감독 사무에 종사하는 공무원, 4. 「보안업무규정」에 따른 국가보안시설의 경비 업무에 종사하는 공무원, 5. 승용자동차 및 구급차의 운전에 종사하는 공무원)의 어느 하나에 해당하지 아니하는 공무원으로 한다(국가공무원 복무규정 제28조; 국공법 제66조 제2항). ② 사실상 노무에 종사하는 공무원으로서 노동조합에 가입된 자가 조합 업무에 전임하려면 소속 장관(지방공무원의 경우는 소속 지방자치단체의 장)의 허가를 받아야 한다(국공법 제66조 제3항; 지공법 제58조 제3항). 그리고 허가에는 필요한 조건을 붙일 수 있다(국공법 제66조 제4항; 지공법 제58조 제4항).

(다) 법률에서 의제된 공무원 판례는 법률구조법 제32조(공단의 임직원은 형법 971
이나 그 밖의 법률에 따른 벌칙을 적용할 때에는 공무원으로 본다)에서 보는 바와 같이 개별 법률에서 의제된 공무원에게는 국가공무원법 제66조 제1항의 의무를 부담하지 않는다는 견해를 취한다.[2]

(라) 벌 칙 공무원이 집단행위금지의무에 위반하면 다른 법률에 특별히 972
규정된 경우 외에는 1년 이하의 징역 또는 1천만원 이하의 벌금에 처한다(국공

1) 대판 1992. 3. 27, 91누9145(장관 주재의 정례조회에서의 집단퇴장행위는 공무원으로서 직무에 관한 기강을 저해하거나 기타 그 본분에 배치되는 등 공무의 본질을 해치는 다수인의 행위라 할 것이므로, 비록 그것이 건설행정기구의 개편안에 관한 불만의 의사표시에서 비롯되었다 하더라도, '공무 외의 집단적 행위'에 해당한다).

2) 대판 2023. 4. 13, 2021다254799(공무원은 국민전체에 대한 봉사자로서 국민에 대하여 책임을 지고, 공무원의 신분과 정치적 중립성은 법률이 정하는 바에 의하여 보장된다(헌법 제7조 제1항, 제2항). 국가공무원법은 공무원의 헌법상 지위를 구현하기 위한 법률로서 공무원의 임용과 승진, 보수, 훈련과 근무성적의 평정, 신분과 권익의 보장, 징계 등을 규정하면서 공무원으로서 각종 의무를 규정하고 있는데, 제66조 제1항에서는 노동운동과 그 밖에 공무 외의 일을 위한 집단행위를 하지 않을 의무를 규정하고 있다. 이러한 헌법과 국가공무원법의 입법 내용과 취지를 고려하면 국가공무원법 제66조 제1항의 의무는 원칙적으로 헌법과 국가공무원법에서 규정하는 책임을 부담하고 이를 위해 신분과 지위가 보장됨을 전제로 국가공무원에게 지우는 의무이다. 따라서 위와 같은 정도의 책임과 신분 및 지위 보장을 받는 정도가 아닌 경우에는 일률적으로 국가공무원법 제66조 제1항이 적용된다고 할 수 없다)(참고: 원심은 법률구조법 제32조의 "공단의 임직원은 형법이나 그 밖의 법률에 따른 벌칙을 적용할 때에는 공무원으로 본다"라는 규정을 근거로, 원고들에게 국가공무원법 제84조의2, 제66조 제1항에 따라 직무 외의 일을 위한 집단행동을 하지 않을 의무가 있으므로 위 집회 참석은 정당한 징계사유로 인정된다고 판단하였다).

법 제84조의2; 지공법 제83조).

973 ㈎ **문 제 점** 공무원이 국민전체의 봉사자이긴 하나 근로자이기도 한바, 일부공무원 이외의 모든 공무원에게 집단행위를 금한다는 것은 다소 문제가 있다고 본다.

974 ㈏ **교원의 경우** 교원의 노동조합 설립 및 운영 등에 관한 법률에 의하면, 교원(「초·중등교육법」 제19조 제1항에서 규정하고 있는 교원을 말한다. 다만, 해고된 사람으로서 「노동조합 및 노동관계조정법」 제82조 제1항에 따라 노동위원회에 부당노동행위의 구제신청을 한 사람은 「노동위원회법」 제2조에 따른 중앙노동위원회(이하 "중앙노동위원회"라 한다)의 재심판정이 있을 때까지 교원으로 본다. 교원의 노동조합 설립 및 운영 등에 관한 법률 제2조)은 특별시·광역시·도·특별자치도(이하 "시·도"라 한다) 단위 또는 전국 단위로만 노동조합을 설립할 수 있다(동법 제4조 제1항). 교원의 노동조합(이하 "노동조합"이라 한다)은 일체의 정치활동을 하여서는 아니 된다(동법 제3조). 노동조합과 그 조합원은 파업, 태업 또는 그 밖에 업무의 정상적인 운영을 방해하는 일체의 쟁의행위를 하여서는 아니 된다(동법 제8조).

974a ㈐ **공무원노동조합원의 경우** 2006년부터 시행된 공무원의 노동조합 설립 및 운영 등에 관한 법률에 근거하여 설립된 노동조합의 공무원은 국가공무원법 제66조 제1항과 지방공무원법 제58조 제1항의 본문(집단행위의 금지)을 적용하지 아니한다(공노법 제3조 제1항). 공무원의 노동조합에 관해서는 공무원의 신분상 권리 부분 중 「노동조합설립·운영권」 부분(옆번호 913 이하)을 보라.

Ⅲ. 공직자윤리법상 의무

975 공직자 및 공직후보자의 재산등록, 등록재산 공개 및 재산형성과정 소명과 공직을 이용한 재산취득의 규제, 공직자의 선물신고 및 주식백지신탁, 퇴직공직자의 취업제한 등을 규정함으로써 공직자의 부정한 재산 증식을 방지하고, 공무집행의 공정성을 확보하는 등 공익과 사익의 이해충돌을 방지하여 국민에 대한 봉사자로서 가져야 할 공직자의 윤리를 확립함을 목적으로 공직자윤리법이 제정되어 있다.

1. 재산등록의무

976 ⑴ **등록의무자** 다음 각 호[1. 대통령·국무총리·국무위원·국회의원 등 국가의 정무직공무원, 2. 지방자치단체의 장, 지방의회의원 등 지방자치단체의 정무직공무원, 3. 4급 이상의 일반직 국가공무원(고위공무원단에 속하는 일반직공무원을 포함한다) 및 지방공무원과 이에 상당하는 보수를 받는 별정직공무원(고위공무원단에 속하는 별정직공무원을 포함한

다), 4. 대통령령으로 정하는 외무공무원과 4급 이상의 국가정보원 직원 및 대통령경호처 경호공무원, 5. 법관 및 검사, 6. 헌법재판소 헌법연구관, 7. 대령 이상의 장교 및 이에 상당하는 군무원, 8. 교육공무원 중 총장·부총장·대학원장·학장(대학교의 학장을 포함한다) 및 전문대학의 장과 대학에 준하는 각종 학교의 장, 특별시·광역시·특별자치시·도·특별자치도의 교육감 및 교육장, 9. 총경(자치총경을 포함한다) 이상의 경찰공무원과 소방정 이상의 소방공무원, 10. 제3호부터 제7호까지 및 제9호의 공무원으로 임명할 수 있는 직위 또는 이에 상당하는 직위에 임용된 「국가공무원법」 제26조의5 및 「지방공무원법」 제25조의5에 따른 임기제공무원, 11. 「공공기관의 운영에 관한 법률」에 따른 공기업(이하 "공기업"이라 한다)의 장·부기관장·상임이사 및 상임감사, 한국은행의 총재·부총재·감사 및 금융통화위원회의 추천직 위원, 금융감독원의 원장·부원장·부원장보 및 감사, 농업협동조합중앙회·수산업협동조합중앙회의 회장 및 상임감사, 12. 제3조의2에 따른 공직유관단체(이하 "공직유관단체"라 한다)의 임원, 12의2. 「한국토지주택공사법」에 따른 한국토지주택공사 등 부동산 관련 업무나 정보를 취급하는 대통령령으로 정하는 공직유관단체의 직원, 13. 그 밖에 국회규칙, 대법원규칙, 헌법재판소규칙, 중앙선거관리위원회규칙 및 대통령령으로 정하는 특정 분야의 공무원과 공직유관단체의 직원]의 어느 하나에 해당하는 공직자(이하 "등록의무자"라 한다)는 이 법에서 정하는 바에 따라 재산을 등록하여야 한다(윤리법 제3조 제1항).

⑵ **등록대상재산의 소유자** 등록의무자가 등록할 재산은 다음 각 호 977
[1. 본인, 2. 배우자(사실상의 혼인관계에 있는 사람을 포함한다. 이하 같다), 3. 본인의 직계존속·직계비속. 다만, 혼인한 직계비속인 여성과 외증조부모, 외조부모, 외손자녀 및 외증손자녀는 제외한다]의 어느 하나에 해당하는 사람의 재산(소유 명의와 관계없이 사실상 소유하는 재산, 비영리법인에 출연한 재산과 외국에 있는 재산을 포함한다)으로 한다(윤리법 제4조 제1항).

⑶ **등록대상재산의 종류** 등록의무자가 등록할 재산은 다음 각 호[1. 부동 978
산에 관한 소유권·지상권 및 전세권, 2. 광업권·어업권·양식어업권, 그 밖에 부동산에 관한 규정이 준용되는 권리, 3. 다음 각 목의 동산·증권·채권·채무 및 지식재산권(知識財産權) 가. 소유자별 합계액 1천만원 이상의 현금(수표를 포함한다), 나. 소유자별 합계액 1천만원 이상의 예금, 다. 소유자별 합계액 1천만원 이상의 주식·국채·공채·회사채 등 증권, 라. 소유자별 합계액 1천만원 이상의 채권, 마. 소유자별 합계액 1천만원 이상의 채무, 바. 소유자별 합계액 500만원 이상의 금 및 백금(금제품 및 백금제품을 포함한다), 사. 품목당 500만원 이상의 보석류, 아. 품목당 500만원 이상의 골동품 및 예술품, 자. 권당 500만원 이상의 회원권, 차. 소유자별 연간 1천만원 이상의 소득이 있는 지식재산권, 카. 자동차·건설기계·선박 및 항공기, 4. 합명회사·합자회사 및 유한회사의 출자지분, 5. 주식매수선택권]와 같다(윤리법 제4조 제2항).

⑷ **재산의 산정·표시의 방법** 이에 관해서는 공직자윤리법 제4조 제3항부 979
터 제6항까지 규정되고 있다.

980 ⑸ **등록기관·등록시기** 이에 관해서는 공직자윤리법 제5조에 규정되고 있다.

981 ⑹ **등록사항의 심사** 공직자윤리위원회는 등록된 사항을 심사하여야 한다(윤리법 제8조 제1항). 공직자윤리위원회는 제1항에 따른 심사를 위하여 필요하면 등록의무자에게 자료의 제출요구 또는 서면질의를 하거나 사실 확인을 위한 조사를 할 수 있다. 이 경우 공직자윤리위원회는 등록의무자에게 해명 및 소명자료를 제출할 기회를 주어야 한다(윤리법 제8조 제3항).

982 ⑺ **등록재산의 공개** 공직자윤리위원회는 관할 등록의무자 중 다음 각 호 [1. 대통령, 국무총리, 국무위원, 국회의원, 국가정보원의 원장 및 차장 등 국가의 정무직공무원, 2. 지방자치단체의 장, 지방의회의원 등 지방자치단체의 정무직공무원, 3. 일반직 1급 국가공무원(「국가공무원법」 제23조에 따라 배정된 직무등급이 가장 높은 등급의 직위에 임용된 고위공무원단에 속하는 일반직공무원을 포함한다) 및 지방공무원과 이에 상응하는 보수를 받는 별정직공무원(고위공무원단에 속하는 별정직공무원을 포함한다), 4. 대통령령으로 정하는 외무공무원과 국가정보원의 기획조정실장, 5. 고등법원 부장판사급 이상의 법관과 대검찰청 검사급 이상의 검사, 6. 중장 이상의 장관급 장교, 7. 교육공무원 중 총장·부총장·학장(대학교의 학장은 제외한다) 및 전문대학의 장과 대학에 준하는 각종 학교의 장, 특별시·광역시·특별자치시·도·특별자치도의 교육감, 8. 치안감 이상의 경찰공무원 및 특별시·광역시·특별자치시·도·특별자치도의 지방경찰청장, 8의2. 소방정감 이상의 소방공무원, 9. 지방 국세청장 및 3급 공무원 또는 고위공무원단에 속하는 공무원인 세관장, 10. 제3호부터 제6호까지, 제8호 및 제9호의 공무원으로 임명할 수 있는 직위 또는 이에 상당하는 직위에 임용된「국가공무원법」 제26조의5 및「지방공무원법」 제25조의5에 따른 임기제공무원. 다만, 제4호·제5호·제8호 및 제9호 중 직위가 지정된 경우에는 그 직위에 임용된「국가공무원법」 제26조의5 및「지방공무원법」 제25조의5에 따른 임기제공무원만 해당된다. 11. 공기업의 장·부기관장 및 상임감사, 한국은행의 총재·부총재·감사 및 금융통화위원회의 추천직 위원, 금융감독원의 원장·부원장·부원장보 및 감사, 농업협동조합중앙회·수산업협동조합중앙회의 회장 및 상임감사, 12. 그 밖에 대통령령으로 정하는 정부의 공무원 및 공직유관단체의 임원, 13. 제1호부터 제12호까지의 직(職)에서 퇴직한 사람(제6조 제2항의 경우에만 공개한다)]의 어느 하나에 해당하는 공직자 본인과 배우자 및 본인의 직계존속·직계비속의 재산에 관한 등록사항과 제6조에 따른 변동사항 신고내용을 등록기간 또는 신고기간 만료 후 1개월 이내에 관보 또는 공보에 게재하여 공개하여야 한다(윤리법 제10조 제1항).

983 ⑻ **공직선거후보자 등의 재산공개** 대통령, 국회의원, 지방자치단체의 장, 지방의회의원 선거의 후보자가 되려는 사람이 후보자등록을 할 때에는 전년도 12월 31일 현재의 제4조에 따른 등록대상재산에 관한 신고서를 관할 선거관리

위원회에 제출하고, 관할 선거관리위원회는 후보자 등록 공고 시에 후보자의 재산신고사항을 공개하여야 한다(윤리법 제10조의2 제1항). 대법원장·헌법재판소장·국무총리·감사원장·대법관·국회사무총장 등 임명에 국회의 동의가 필요한 공직자의 임명동의안 또는 헌법재판소재판관·중앙선거관리위원회위원 등 국회에서 선출하는 공직자의 선출안을 제출할 때에는 그 공직후보자에 대하여 제4조에 따른 등록대상재산에 관한 신고서를 국회에 제출하고, 국회의장은 지체 없이 그 공직후보자의 재산신고사항을 공개하여야 한다. 다만, 그 공직후보자가 전년도 12월 31일 현재 또는 그 이후의 등록대상재산에 관하여 해당 임명동의안 또는 선출안 제출 전까지 제10조 제1항에 따라 등록대상재산을 공개한 경우에는 그러하지 아니하되, 등록대상재산을 공개하였음을 확인할 수 있는 서류를 국회에 제출하여야 한다(윤리법 제10조의2 제2항). 중앙선거관리위원회 공직자윤리위원회와 국회 공직자윤리위원회는 제1항 또는 제2항의 재산신고사항을 심사하여 심사결과를 공개할 수 있다(윤리법 제10조의2 제3항).

(9) **주식의 매각 또는 신탁**[1] 등록의무자 중 제10조 제1항에 따른 공개대 984
상자와 기획재정부 및 금융위원회 소속 공무원 중 대통령령으로 정하는 사람(이하 "공개대상자등"이라 한다)은 본인 및 그 이해관계자(제4조 제1항 제2호 또는 제3호에 해당하는 사람을 말하되, 제4조 제1항 제3호의 사람 중 제12조 제4항에 따라 재산등록사항의 고지를 거부한 사람은 제외한다. 이하 같다) 모두가 보유한 주식의 총 가액이 1천만원 이상 5천만원 이하의 범위에서 대통령령으로 정하는 금액을 초과할 때에는 초과하게 된 날(공개대상자등이 된 날 또는 제6조의3 제1항·제2항에 따른 유예사유가 소멸된 날 현재 주식의 총 가액이 1천만원 이상 5천만원 이하의 범위에서 대통령령으로 정하는 금액을 초과할 때에는 공개대상자등이 된 날 또는 유예사유가 소멸된 날을, 제14조의5 제6항에 따라 주식백지신탁 심사위원회에 직무관련성 유무에 관한 심사를 청구할 때에는 직무관련성이 있다는 결정을 통지받은 날을, 제14조의12에 따른 직권 재심사 결과 직무관련성이 있다는 결정을 통지받은 경우에는 그 통지를 받은 날을 말한다)부터 2개월 이내에 다음 각 호[1. 해당 주식의 매각, 2. 다음 각 목의 요건을 갖춘 신탁 또는 투자신탁(이하 "주식백지신탁"이라 한다)에 관한 계약의 체결. 가. 수탁기관은 신탁계약이 체결된 날부터 60일 이내에 처음 신탁된 주식을 처분할 것. 다만, 60일 이내에 주식을 처분하기 어려운 사정이 있는 경우로서 수탁기관이 공직자윤리위원회의 승인을 받은 때에는 주식의 처분시한을 연장할 수 있으며, 이 경우 1회의 연장기간은 30일 이내로 하여야 한다. 나. 공개대상자등 또는 그 이해관계자는 신탁재산의 관리·운용·처분에 관여하지 아니할 것. 다. 공개대상자등 또는 그 이해관계자는 신탁재산의 관리·운용·처분에 관한 정보의 제공을 요구하지 아니하며, 수탁기관은 정보를 제공

1) 이에 관한 자세한 것은 졸저, 공직자주식백지신탁법, 박영사 참조.

하지 아니할 것. 다만, 수탁기관은 신탁계약을 체결할 때에 대통령령으로 정하는 범위에서 미리 신탁재산의 기본적인 운용방법을 제시할 수 있다. 라. 제14조의10 제2항 각 호의 어느 하나에 해당하는 사유가 발생하는 경우에는 신탁자가 신탁계약을 해지할 수 있을 것. 마. 수탁기관이 선량한 관리자의 주의의무로써 신탁업무를 수행한 경우에는 이로 인한 일체의 손해에 대하여 책임을 지지 아니할 것. 바. 수탁기관은 신탁업무를 수행하는 기관으로서 「자본시장과 금융투자업에 관한 법률」에 따른 신탁업자 또는 집합투자업자일 것. 다만, 공개대상자등 또는 그 이해관계자가 최근 3년 이내에 임직원으로 재직한 회사는 제외한다.]의 어느 하나에 해당하는 행위를 직접 하거나 이해관계자로 하여금 하도록 하고 그 행위를 한 사실을 등록기관에 신고하여야 한다. 다만, 제14조의5 제7항 또는 제14조의12에 따라 주식백지신탁 심사위원회로부터 직무관련성이 없다는 결정을 통지받은 경우에는 그러하지 아니하다(윤리법 제14조의4 제1항).

985 ⑽ **직무상비밀을 이용한 재물취득의 금지** 등록의무자는 직무상 알게 된 비밀을 이용하여 재물이나 재산상 이익을 취득하여서는 아니 된다(윤리법 제14조의2).

2. 선물신고

986 공무원(지방의회의원을 포함한다) 또는 공직유관단체의 임직원은 외국으로부터 선물(대가 없이 제공되는 물품 및 그 밖에 이에 준하는 것을 말하되, 현금은 제외한다. 이하 같다)을 받거나 그 직무와 관련하여 외국인(외국단체를 포함한다)에게 선물을 받으면 지체 없이 소속 기관·단체의 장에게 신고하고 그 선물을 인도하여야 한다. 이들의 가족이 외국으로부터 선물을 받거나 그 공무원이나 공직유관단체 임직원의 직무와 관련하여 외국인에게 선물을 받은 경우에도 또한 같다(윤리법 제15조 제1항).[1] 제15조 제1항에 따라 신고된 선물은 신고 즉시 국고 또는 지방자치단체에 귀속된다(윤리법 제16조 제1항).

3. 취업금지의무 등

(1) 퇴직공직자의 관련 사기업체 등 취업제한

987 ㈎ 취업제한업무 제3조 제1항 제1호부터 제12호까지의 어느 하나에 해당하는 공직자와 부당한 영향력 행사 가능성 및 공정한 직무수행을 저해할 가능성 등을 고려하여 국회규칙, 대법원규칙, 헌법재판소규칙, 중앙선거관리위원회규칙 또는 대통령령으로 정하는 공무원과 공직유관단체의 직원(이하 이 장에서

---

1) 대판 2023. 3. 30, 2022두59783(관계규정의 내용을 종합하여 볼 때, 공무원이 외국인이나 외국단체로부터 일정한 가액 이상의 선물을 받았다면, 그 선물을 반환하였는지 여부와 관계없이 신고의무를 부담한다고 할 것이고, 이와 달리 선물의 반환에 따라 신고의무가 면제 또는 소멸된다고 해석할 법령상 근거가 없다).

"취업심사대상자"라 한다)은 퇴직일부터 3년간 다음 각 호(1. 자본금과 연간 외형거래액(「부가가치세법」 제29조에 따른 공급가액을 말한다. 이하 같다)이 일정 규모 이상인 영리를 목적으로 하는 사기업체. 2호 이하 생략)의 어느 하나에 해당하는 기관(이하 "취업심사대상기관"이라 한다)에 취업할 수 없다. 다만, 관할 공직자윤리위원회로부터 취업심사대상자가 퇴직 전 5년 동안 소속하였던 부서 또는 기관의 업무와 취업심사대상기관 간에 밀접한 관련성이 없다는 확인을 받거나 취업승인을 받은 때에는 취업할 수 있다(윤리법 제17조 제1항).

(나) **취업자의 해임 요구 등** 관할 공직자윤리위원회는 제17조 제1항을 위반 987a
하여 취업한 사람이 있는 때에는 국가기관의 장 또는 지방자치단체의 장에게 해당인에 대한 취업해제조치를 하도록 요청하여야 하며, 요청을 받은 국가기관의 장 또는 지방자치단체의 장은 해당인이 취업하고 있는 취업심사대상기관의 장에게 해당인의 해임을 요구하여야 한다(윤리법 제19조 제1항). 제1항에 따라 해임 요구를 받은 취업심사대상기관의 장은 지체 없이 이에 응하여야 한다. 이 경우 취업제한기관의 장은 그 결과를 국가기관의 장 또는 지방자치단체의 장에게 통보하고, 국가기관의 장 또는 지방자치단체의 장은 관할 공직자윤리위원회에 통보하여야 한다(윤리법 제19조 제2항).

(2) **퇴직공직자의 업무취급 제한** 모든 공무원 또는 공직유관단체 임직원 987b
은 다른 법률에 특별한 규정이 있는 경우를 제외하고는 재직 중에 직접 처리한 제17조 제2항 각 호의 업무를 퇴직 후에 취급할 수 없다(윤리법 제18조의2 제1항).

(3) **퇴직공직자 등에 대한 행위제한** 퇴직한 모든 공무원과 공직유관단체의 987c
임직원(이하 "퇴직공직자"라 한다)은 본인 또는 제3자의 이익을 위하여 퇴직 전 소속 기관의 공무원과 임직원(이하 "재직자"라 한다)에게 법령을 위반하게 하거나 지위 또는 권한을 남용하게 하는 등 공정한 직무수행을 저해하는 부정한 청탁 또는 알선을 해서는 아니 된다(윤리법 제18조의4 제1항). 재직자는 퇴직공직자로부터 직무와 관련한 청탁 또는 알선을 받은 경우 이를 소속 기관의 장에게 신고하여야 한다(윤리법 제18조의4 제2항).

(4) **재직자 등의 취업청탁 등 제한** 재직 중인 취업심사대상자는 퇴직 전 987d
5년 동안 처리한 업무 중 제17조 제2항 각 호에서 정하는 업무와 관련한 취업심사대상기관을 상대로 하여 재직 중 본인의 취업을 위한 청탁행위를 하여서는 아니 된다(윤리법 제18조의5 제1항). 국가기관, 지방자치단체 또는 공직유관단체의 장은 해당 기관의 취업심사대상자를 퇴직 전 5년 동안 처리한 제17조 제2항 각 호에 따른 업무와 관련된 취업심사대상기관으로의 취업을 알선하는 행위를 하여서는 아니 된다(윤리법 제18조의5 제2항).

Ⅳ. 공직자의 이해충돌 방지법상 의무

1. 입법의 목적

988 공직자의 직무수행과 관련한 사적 이익추구를 금지함으로써 공직자의 직무수행 중 발생할 수 있는 이해충돌을 방지하여 공정한 직무수행을 보장하고 공공기관에 대한 국민의 신뢰를 확보하는 것을 목적으로 공직자의 이해충돌 방지법이 제정되었다(동법 제1조).

2. 이해충돌의 의의

988a "이해충돌"이란 공직자가 직무를 수행할 때에 자신의 사적 이해관계가 관련되어 공정하고 청렴한 직무수행이 저해되거나 저해될 우려가 있는 상황을 말한다(동법 제2조 제4호).

3. 공직자의 의무

988b 공직자는 사적 이해관계에 영향을 받지 아니하고 직무를 공정하고 청렴하게 수행하여야 한다(동법 제4조 제1항). 공직자는 직무수행과 관련하여 공평무사하게 처신하고 직무관련자를 우대하거나 차별하여서는 아니 된다(동법 제4조 제2항). 공직자는 사적 이해관계로 인하여 공정하고 청렴한 직무수행이 곤란하다고 판단하는 경우에는 직무수행을 회피하는 등 이해충돌을 방지하여야 한다(동법 제4조 제3항).

4. 이해충돌 방지의 수단

988c (1) **사적이해관계자의 신고 및 회피·기피 신청** ① 다음 각 호(1. 인가·허가·면허·특허·승인·검사·검정·시험·인증·확인, 지정·등록, 등재·인정·증명, 신고·심사, 보호·감호, 보상 또는 이에 준하는 직무. 제2호 이하 생략)의 어느 하나에 해당하는 직무를 수행하는 공직자는 직무관련자(직무관련자의 대리인을 포함한다. 이하 이 조에서 같다)가 사적이해관계자임을 안 경우 안 날부터 14일 이내에 소속기관장에게 그 사실을 서면(전자문서를 포함한다. 이하 같다)으로 신고하고 회피를 신청하여야 한다(동법 제5조 제1항). ② 직무관련자 또는 공직자의 직무수행과 관련하여 직접적인 이해관계가 있는 자는 해당 공직자에게 제1항에 따른 신고 및 회피 의무가 있거나 그 밖에 공정한 직무수행을 저해할 우려가 있는 사적 이해관계가 있다고 판단하는 경우에는 그 공직자의 소속기관장에게 기피를 신청할 수 있다(동법 제5

조 제2항). ③ 다음 각 호(1. 제1항 각 호에 해당하는 직무와 관련하여 불특정다수를 대상으로 하는 법률이나 대통령령의 제정·개정 또는 폐지를 수반하는 경우, 2. 특정한 사실 또는 법률관계에 관한 확인·증명을 신청하는 민원에 따라 해당 서류를 발급하는 경우)의 어느 하나에 해당하는 경우에는 제1항 및 제2항을 적용하지 아니한다(동법 제5조 제3항).

(2) **공공기관 직무 관련 부동산 보유·매수 신고** ① 부동산을 직접적으로 988d
취급하는 대통령령으로 정하는 공공기관의 공직자는 다음 각 호[1. 공직자 자신, 배우자, 2. 공직자와 생계를 같이하는 직계존속·비속(배우자의 직계존속·비속으로 생계를 같이하는 경우를 포함한다)]의 어느 하나에 해당하는 사람이 소속 공공기관의 업무와 관련된 부동산을 보유하고 있거나 매수하는 경우 소속기관장에게 그 사실을 서면으로 신고하여야 한다(동법 제6조 제1항). ② 제1항에 따른 공공기관 외의 공공기관의 공직자는 소속 공공기관이 택지개발, 지구 지정 등 대통령령으로 정하는 부동산 개발 업무를 하는 경우 제1항 각 호의 어느 하나에 해당하는 사람이 그 부동산을 보유하고 있거나 매수하는 경우 소속기관장에게 그 사실을 서면으로 신고하여야 한다(동법 제6조 제2항).

(3) **고위공직자의 민간 부문 업무활동 내역 제출 및 공개** ① 고위공직자는 988e
그 직위에 임용되거나 임기를 개시하기 전 3년 이내에 민간 부문에서 업무활동을 한 경우, 그 활동 내역을 그 직위에 임용되거나 임기를 개시한 날부터 30일 이내에 소속기관장에게 제출하여야 한다(동법 제8조 제1항).

(4) **직무관련자와의 거래 신고** ① 공직자는 자신, 배우자 또는 직계존속·비 988f
속(배우자의 직계존속·비속으로 생계를 같이하는 경우를 포함한다. 이하 이 조에서 같다) 또는 특수관계사업자(자신, 배우자 또는 직계존속·비속이 대통령령으로 정하는 일정 비율 이상의 주식·지분 등을 소유하고 있는 법인 또는 단체를 말한다. 이하 같다)가 공직자 자신의 직무관련자(「민법」 제777조에 따른 친족인 경우는 제외한다)와 다음 각 호(1. 금전을 빌리거나 빌려주는 행위 및 유가증권을 거래하는 행위. 다만, 「금융실명거래 및 비밀보장에 관한 법률」에 따른 금융회사등, 「대부업 등의 등록 및 금융이용자 보호에 관한 법률」에 따른 대부업자등이나 그 밖의 금융회사로부터 통상적인 조건으로 금전을 빌리는 행위 및 유가증권을 거래하는 행위는 제외한다. 제2호 이하 생략)의 어느 하나에 해당하는 행위를 한다는 것을 사전에 안 경우에는 안 날부터 14일 이내에 소속기관장에게 그 사실을 서면으로 신고하여야 한다(동법 제9조 제1항).

(5) **직무 관련 외부활동의 제한** 공직자는 다음 각 호(1. 직무관련자에게 사적 988g
으로 노무 또는 조언·자문 등을 제공하고 대가를 받는 행위. 제2호 이하 생략)의 행위를 하여서는 아니 된다. 다만, 「국가공무원법」 등 다른 법령·기준에 따라 허용되는 경우는 그러하지 아니하다(동법 제10조).

988h ⑹ **가족 채용 제한** 공공기관(공공기관으로부터 출연금·보조금 등을 받거나 법령에 따라 업무를 위탁받는 산하 공공기관과 「상법」 제342조의2에 따른 자회사를 포함한다)은 다음 각 호(1. 소속 고위공직자, 2. 채용업무를 담당하는 공직자, 3. 해당 산하 공공기관의 감독기관인 공공기관 소속 고위공직자, 4. 해당 자회사의 모회사인 공공기관 소속 고위공직자)의 어느 하나에 해당하는 공직자의 가족을 채용할 수 없다(동법 제11조 제1항). 그러나 다음 각 호[1. 「국가공무원법」 등 다른 법령(제2조 제1호 라목 또는 마목에 해당하는 공공기관의 인사 관련 규정을 포함한다. 이하 이 조에서 같다)에서 정하는 공개경쟁채용시험 또는 경력 등 응시요건을 정하여 같은 사유에 해당하는 다수인을 대상으로 하는 채용시험에 합격한 경우. 제2호 이하 생략]의 어느 하나에 해당하는 경우에는 제1항을 적용하지 아니한다(동법 제11조 제2항).

988i ⑺ **수의계약 체결 제한** 공공기관(공공기관으로부터 출연금·보조금 등을 받거나 법령에 따라 업무를 위탁받는 산하 공공기관과 「상법」 제342조의2에 따른 자회사를 포함한다)은 다음 각 호(1. 소속 고위공직자, 2. 해당 계약업무를 법령상·사실상 담당하는 소속 공직자, 제3호 이하 생략)의 어느 하나에 해당하는 자와 물품·용역·공사 등의 수의계약(이하 "수의계약"이라 한다)을 체결할 수 없다. 다만, 해당 물품의 생산자가 1명뿐인 경우 등 대통령령으로 정하는 불가피한 사유가 있는 경우에는 그러하지 아니하다(동법 제12조 제1항).

988j ⑻ **공기관 물품 등의 사적 사용·수익 금지** 공직자는 공공기관이 소유하거나 임차한 물품·차량·선박·항공기·건물·토지·시설 등을 사적인 용도로 사용·수익하거나 제3자로 하여금 사용·수익하게 하여서는 아니 된다. 다만, 다른 법령·기준 또는 사회상규에 따라 허용되는 경우에는 그러하지 아니하다(동법 제13조).

988k ⑼ **직무상 비밀 등 이용 금지** ① 공직자(공직자가 아니게 된 날부터 3년이 경과하지 아니한 사람을 포함하되, 다른 법률에서 이와 달리 규정하고 있는 경우에는 그 법률에서 규정한 바에 따른다. 이하 이 조, 제27조 제1항, 같은 조 제2항 제1호 및 같은 조 제3항 제1호에서 같다)는 직무수행 중 알게 된 비밀 또는 소속 공공기관의 미공개정보(재물 또는 재산상 이익의 취득 여부의 판단에 중대한 영향을 미칠 수 있는 정보로서 불특정 다수인이 알 수 있도록 공개되기 전의 것을 말한다. 이하 같다)를 이용하여 재물 또는 재산상의 이익을 취득하거나 제3자로 하여금 재물 또는 재산상의 이익을 취득하게 하여서는 아니 된다(동법 제14조 제1항). ② 공직자로부터 직무상 비밀 또는 소속 공공기관의 미공개정보임을 알면서도 제공받거나 부정한 방법으로 취득한 자는 이

를 이용하여 재물 또는 재산상의 이익을 취득하여서는 아니 된다(동법 제14조 제2항). ③ 공직자는 직무수행 중 알게 된 비밀 또는 소속 공공기관의 미공개정보를 사적 이익을 위하여 이용하거나 제3자로 하여금 이용하게 하여서는 아니 된다(동법 제14조 제3항).

⑽ **퇴직자 사적 접촉 신고** 공직자는 직무관련자인 소속 기관의 퇴직자(공 988l
직자가 아니게 된 날부터 2년이 지나지 아니한 사람만 해당한다)와 사적 접촉(골프, 여행, 사행성 오락을 같이 하는 행위를 말한다)을 하는 경우 소속기관장에게 신고하여야 한다. 다만, 사회상규에 따라 허용되는 경우에는 그러하지 아니하다(동법 제15조 제1항). 제1항에 따른 신고 내용 및 신고 방법, 기록 관리 등 필요한 사항은 국회규칙, 대법원규칙, 헌법재판소규칙, 중앙선거관리위원회규칙 또는 대통령령으로 정한다(동법 제15조 제2항).

⑾ **공무수행사인의 공무수행과 관련된 행위제한 등** 다음 각 호[1. 「행정기관 988m
소속 위원회의 설치·운영에 관한 법률」 또는 다른 법령에 따라 설치된 각종 위원회의 위원 중 공직자가 아닌 위원, 2. 법령에 따라 공공기관의 권한을 위임·위탁받은 개인이나 법인 또는 단체(법인 또는 단체에 소속되어 위임·위탁받은 권한에 관계되는 업무를 수행하는 임직원을 포함한다), 3. 공무를 수행하기 위하여 민간부문에서 공공기관에 파견 나온 사람, 4. 법령에 따라 공무상 심의·평가 등을 하는 개인이나 법인 또는 단체(법인 또는 단체에 소속되어 심의·평가 등을 하는 임직원을 포함한다)]의 어느 하나에 해당하는 자(이하 "공무수행사인"이라 한다)의 공무수행에 관하여는 제5조, 제7조, 제14조, 제21조(제5조 및 제14조에 관한 사항에 한정한다. 이하 이 조에서 같다), 제22조 제1항·제3항 및 제25조 제1항을 준용한다(동법 제16조 제1항).

V. 공직자 등의 병역사항 신고 및 공개에 관한 법률상 의무

1. 의 의

동법 제2조 각 호의 어느 하나에 해당하는 공직자(이하 "신고의무자"라 한다)는 989
제3조에 따른 신고대상자의 병역사항을 신고(「정보통신망 이용촉진 및 정보보호 등에 관한 법률」에 따른 정보통신망을 이용하여 신고하는 경우를 포함한다. 이하 같다)하여야 한다(동법 제2조).

2. 신고의무자

동법 제2조 각 호가 정하는 신고의무자는 다음과 같다. 989a

1. 대통령, 국무총리, 국무위원, 국회의원, 국가정보원의 원장·차장 등 국가의 정무직 공무원

2. 지방자치단체의 장과 지방의회의원
3. 4급 이상의 일반직 국가공무원(고위공무원단에 속하는 일반직 공무원을 포함한다) 및 지방공무원과 이에 상당하는 보수를 받는 별정직 공무원(고위공무원단에 속하는 별정직 공무원을 포함한다)
4. 직무등급 6등급 이상인 직위의 외무공무원, 4급 이상의 국가정보원의 직원 및 대통령경호처의 경호공무원
5. 법관 및 검사
6. 헌법재판소 헌법연구관
7. 대령 이상의 장교 및 2급 이상의 군무원
8. 교육공무원 중 대학의 장, 부총장, 대학원장, 단과대학장 및 대학에 준하는 각종 학교의 장과 대학(대학에 준하는 각종 학교를 포함한다)의 처장·실장, 특별시·광역시·특별자치시·도·특별자치도의 교육감 및 교육장
9. 총경(자치총경을 포함한다) 이상의 경찰공무원과 소방정 이상의 소방공무원
10. 4급 이상의 일반직 공무원에 상당하는 직위에 보직된 연구관·지도관·장학관 및 교육연구관
11. 제3호부터 제7호까지, 제9호 및 제10호의 공무원으로 보(補)할 수 있는 직위 또는 이에 상당하는 직위에 임용된 「국가공무원법」 제26조의5 및 「지방공무원법」 제25조의5에 따른 임기제공무원
12. 「공직자윤리법」 제3조 제1항 제11호 또는 제12호에 해당하는 재산등록의무자

3. 신고대상자와 신고사항

989b 신고의무자는 본인과 본인의 배우자(신고의무자와의 혼인기간 중에 현역 복무를 마친 사람 등 대통령령으로 정하는 사람으로 한다) 및 18세 이상인 직계비속(이하 "신고대상자"라 한다)에 대한 다음 각 호의 병역사항을 신고하여야 한다(동법 제3조).

1. 18세인 신고대상자는 병역준비역 편입사항
2. 병역판정검사 또는 징집·소집의 대상인 신고대상자는 병역판정검사 연도 및 병역처분 내용
3. 징집 또는 소집 복무를 마쳤거나 마친 것으로 보는 신고대상자의 경우에는 다음 각 목의 사항

   가. 복무 분야

   나. 복무부대 또는 복무기관

다. 계급
라. 병과 및 군사특기(군인의 경우에 해당한다)
마. 삭제
바. 입영 연월일
사. 전역·소집해제 연월일
아. 전역·소집해제 사유

4. 현역·보충역·대체역·전환복무 등 복무 중인 신고대상자의 경우에는 다음 각 목의 사항
가. 복무 분야
나. 복무부대 또는 복무기관
다. 계급
라. 병과 및 군사특기(군인의 경우에 해당한다)
마. 입영 또는 편입 연월일

5. 다음 각 목의 어느 하나에 해당하는 신고대상자의 경우에는 「병역법」 제11조에 따른 병역판정검사를 할 때부터 같은 법 제72조에 따른 병역의무기간을 마칠 때까지의 병역사항(최종 병역처분을 할 때의 질병명·심신장애 내용 또는 처분사유를 포함한다)
가. 전시근로역에 편입(전시근로역에 편입된 것으로 보는 경우를 포함한다. 이하 제8조 제3항에서 같다)된 자
나. 병역이 면제되거나 병적(兵籍)에서 제적된 자
다. 현역, 보충역 또는 대체역의 복무나 의무복무를 마치지 아니하고 병역의무가 종료된 자

4. 특 례

동법 제9조는 선거의 후보자가 되려는 자가 병역사항을 신고할 기관으로서 선거관리위원회를, 제10조는 임명에 국회의 동의를 필요로 하는 공직후보자의 병력사항의 신고의 기간 등에 관한 특례를 규정하고 있다. 989c

Ⅵ. 부패방지 및 국민권익위원회의 설치와 운영에 관한 법률상 의무

1. 의 의

공직자는 법령을 준수하고 친절하고 공정하게 집무하여야 하며 일체의 부패행위와 품위를 손상하는 행위를 하여서는 아니 된다(동법 제7조). 제7조에 따라 989d

공직자가 준수하여야 할 행동강령은 대통령령·국회규칙·대법원규칙·헌법재판소규칙 또는 중앙선거관리위원회규칙 또는 공직유관단체의 내부규정으로 정한다(동법 제8조 제1항). 이에 따라 공무원 행동강령(대통령령)·법관 및 법원공무원 행동강령(대법원규칙)·선거관리위원회 공무원행동강령(선거관리위원회규칙)·헌법재판소 공무원행동강령(헌법재판소규칙)이 제정되었다. 행동강령은 공무원에 대하여 구속력을 갖는다.

2. 행동강령의 규정사항

989e 제1항에 따른 공직자 행동강령은 다음 각 호(1. 직무관련자로부터의 향응·금품 등을 받는 행위의 금지·제한에 관한 사항, 2. 직위를 이용한 인사관여·이권개입·알선·청탁 행위의 금지·제한에 관한 사항, 3. 공정한 인사 등 건전한 공직풍토 조성을 위하여 공직자가 지켜야 할 사항, 4. 그 밖에 부패의 방지와 공직자의 직무의 청렴성 및 품위유지 등을 위하여 필요한 사항)의 사항을 규정한다(동법 제8조 제2항).

3. 징　　계

989f 공직자가 공직자 행동강령을 위반한 때에는 징계처분을 할 수 있다(동법 제8조 제3항). 징계의 종류, 절차 및 효력 등은 당해 공직자가 소속된 기관 또는 단체의 징계관련 사항을 규정한 법령 또는 내부규정이 정하는 바에 따른다(동법 제8조 제4항).

4. 비위면직자의 취업제한

989g (1) **비위면직자의 의의** 비위면직자 등은 다음 각 호(1. 공직자가 재직 중 직무와 관련된 부패행위로 당연퇴직, 파면 또는 해임된 자, 2. 공직자였던 자가 재직 중 직무와 관련된 부패행위로 벌금 300만원 이상의 형의 선고를 받은 자)의 어느 하나에 해당하는 자를 말한다(동법 제82조 제1항).

989h (2) **취업의 제한** 비위면직자 등은 당연퇴직, 파면, 해임된 경우에는 퇴직일, 벌금 300만원 이상의 형의 선고를 받은 경우에는 그 집행이 종료(종료된 것으로 보는 경우를 포함한다)되거나 집행을 받지 아니하기로 확정된 날부터 5년 동안 다음 각 호(1. 공공기관, 2. 대통령령으로 정하는 부패행위 관련 기관, 3호 이하 생략)의 취업제한기관에 취업할 수 없다(동법 제82조 제2항).

989i (3) **취업자의 해임요구** 위원회는 제82조 제2항에 위반하여 공공기관에 취업한 자가 있는 경우 당해 공공기관의 장에게 그의 해임을 요구하여야 하며, 해임요구를 받은 공공기관의 장은 정당한 사유가 없는 한 이에 응하여야 한다(동

법 제83 제1항). 위원회는 제82조 제2항에 위반하여 대통령령으로 정하는 부패행위 관련 기관, 영리사기업체 등 또는 협회에 취업한 자가 있는 경우 관계공공기관의 장에게 그 취업자에 대한 취업해제조치의 강구를 요구하여야 하며, 요구를 받은 관계공공기관의 장은 그 취업자가 취업하고 있는 부패행위 관련 기관, 영리사기업체 등 또는 협회의 장에게 그의 해임을 요구하여야 한다. 이 경우 해임요구를 받은 부패행위 관련 기관, 영리사기업체 등 또는 협회의 장은 정당한 사유가 없는 한 지체 없이 이에 응하여야 한다(동법 제83조 제2항).

제 3 항 공무원의 책임

Ⅰ. 서 설

1. 의 의

공무원의 책임이란 널리 공무원이 공무원으로서 부담하는 의무에 위반하여 990
위헌·위법의 행위를 하거나 부당한 행위를 하는 등의 과오를 범한 경우, 불이익한 법적 제재를 받게 되는 지위를 말한다. 따라서 공무원이 일반 국민의 지위에서 행한 행위에 대하여 부담하는 책임은 공무원의 책임과는 무관하다.

2. 유 형

공무원의 책임문제는 책임이 인정되는 법적 근거 내지 법의 분야와 관련하 991
여 헌법상 책임·행정법상 책임·형사법상 책임 그리고 민사법상 책임으로 나누어 볼 수 있다. 행정법의 영역에서 공무원의 책임문제는 행정법상의 책임문제가 논의의 중심이 된다.

Ⅱ. 헌법상 책임

1. 종 류

공무원의 책임을 추궁하는 방식 중 헌법적 차원의 것으로는 ① 선거(헌법 제 992
41조)를 통한 책임추궁(예 : 국회의원), ② 헌법 제65조의 탄핵에 의한 책임추궁(예 : 대통령·국무총리·국무위원·행정각부의 장·법관 등), ③ 헌법 제63조의 해임건의에 의한 추궁(예 : 국무총리·국무위원), ④ 헌법 제26조의 파면의 청원을 통한 책임추궁 등의 경우가 있다.

2. 성 질

선거·탄핵·해임건의에 의한 책임추궁은 주로 정무직 또는 특정직공무원에 993

대한 것이고, 청원권행사를 통한 책임추궁의 경우에는 대상자는 제한이 없으나 그 효과가 비강제적이다. 헌법상 책임추궁의 문제는 헌법학의 연구과제이다.

Ⅲ. 행정법상 책임

994 행정법상 나타나는 공무원의 책임문제는 징계책임·변상책임 그리고 행정범으로서의 책임의 세 경우가 있다. 학자들은 통상 징계책임과 변상책임을 합하여 공무원법상의 책임이라 부르고,[1] 행정범의 문제를 형사책임의 문제로 다루기도 한다. 본서에서도 행정범의 문제를 형사책임의 문제로 구성하기로 한다.

1. 징계책임

(1) 징계책임의 관념

995 (가) 징계의 의의 징계란 공무원이 공무원으로서 부담하는 의무를 위반하였을 때, 공무원법관계의 질서유지를 위해 공무원법에 따라 해당 공무원에게 법적 제재, 즉 벌을 가하는 것을 말한다. 의무위반에 대하여 가해지는 처벌이 징계벌이고, 처벌을 받게 되는 지위를 징계책임이라고 한다.

(나) 징계벌과 형벌

996 1) 징계벌과 형벌의 차이 징계벌도 고통 내지 불이익의 부과라는 점에서는 형벌과 다를 바가 없다. 그러나 그 목적과 불이익의 구체적인 내용에 있어서는 차이가 있다. ① 형벌은 국가와 일반사회공공의 질서유지를 목적으로 하나, 징계벌은 행정조직 내부에서 공무원법관계의 질서유지를 목적으로 하는바, ② 형벌은 일반국민을 대상으로 하나, 징계벌은 공무원을 대상으로 하며, ③ 형벌은 공무원의 퇴직 여하에 관계가 없으나, 징계벌은 퇴직 후에는 문제되지 아니한다. ④ 처벌의 내용도 징계벌은 형벌과는 달리 공무원이라는 신분상 갖는 이익의 박탈 내지 제한과 관련한다.

997 2) 징계벌과 형벌의 병과 양자는 목적·내용 등에 있어서 상이하므로, 하나의 행위(예 : 뇌물수수)에 대하여 양자를 병과할 수 있다. 양자의 병과는 일사부재리의 원칙(헌법 제13조 제1항)에 반하는 것이 아니다.[2]

997a 3) 징계벌과 형벌의 부과 절차상 관련성 ① 징계벌과 형벌은 목적을 달리한다. 따라서 공무원에게 징계사유가 인정되는 이상 관련된 형사사건이 아직 유죄로 확정되지 아니하였다고 하더라도 징계처분을 할 수 있다.[3] 뿐만 아니라

---

1) 김남진·김연태, 행정법(Ⅱ), 268쪽(2019); 김도창, 일반행정법론(하), 244쪽; 박윤흔·정형근, 최신행정법강의(하), 261쪽.
2) 김남진·김연태, 행정법(Ⅱ), 269쪽(2019); 이상규, 신행정법론(하), 243쪽.

② 검찰·경찰, 그 밖의 수사기관에서 수사 중인 사건에 대하여는 제3항에 따른 수사개시 통보를 받은 날부터 징계 의결의 요구나 그 밖의 징계 절차를 진행하지 아니할 수 있다(국공법 제83조 제2항).

(다) 징계벌과 직위해제 징계벌은 공무원법상 의무위반에 대한 제재이지만, 직위해제는 제재가 아니라 특정한 사유로 인해 공무상 발생할 수 있는 장애를 미연에 방지하기 위한 예방적 조치인 점에서 양자는 성질을 달리한다.[1] 998

(2) 징계벌과 법치주의

(가) 법치주의의 적용 징계벌도 형벌과 마찬가지로 법치주의의 적용을 받는가, 즉 법률의 근거를 요하는가에 대해 종래 견해는 나뉘어 있었다. ① 부정설은 헌법 또는 법률의 특별한 요구가 없는 한 징계벌은 법률로써 정할 필요가 없다고 하며, 그 논거로서 공무원은 국가 또는 지방자치단체에 대하여 특별권력관계에 있는 것이고, 징계벌은 다만 공무원의 신분을 박탈함으로써 특별권력관계를 해체하는 것 이상의 것이 될 수 없기 때문이라 하였다.[2] ② 긍정설은 징계는 공무원의 의사에 반하여 그에게 불이익을 주는 처분이며 국민으로서 향유하는 공무담임권을 부당하게 침해할 우려가 있다는 취지에서 징계벌에도 일반적으로 법치주의가 적용된다고 한다.[3] ③ 특별권력관계를 부인하는 본서의 입장에서는 긍정설이 타당하다고 본다. 999

(나) 법적 근거 징계벌에 관한 현행의 실정법상의 근거로는 일반직공무원에 관한 것으로 국가공무원법과 공무원 징계령, 지방공무원법과 지방공무원 징계 및 소청규정이 있고, 그 밖에 특정직공무원에 관한 것으로 교육공무원 징계령·법관징계법·검사징계법 등이 있다. 1000

(다) 징계와 일사부재리 동일한 징계원인으로 거듭 징계될 수 없다는 의미에서 일사부재리의 원칙은 징계벌에도 적용된다. 다만 징계처분과 직위해제는 그 성질이 상이하므로 직위해제의 사유로 징계처분을 할 수도 있다.[4] 일사부재 1001

3) 대판 2001. 11. 9, 2001두4184.

1) 대판 2003. 10. 10, 2003두5945(구 국가공무원법(2002. 1. 19. 법률 제6622호로 개정되기 전의 것)상 직위해제는 일반적으로 공무원이 직무수행능력이 부족하거나 근무성적이 극히 불량한 경우, 공무원에 대한 징계절차가 진행중인 경우, 공무원이 형사사건으로 기소된 경우 등에 있어서 당해 공무원이 장래에 있어서 계속 직무를 담당하게 될 경우 예상되는 업무상의 장애 등을 예방하기 위하여 일시적으로 당해 공무원에게 직위를 부여하지 아니함으로써 직무에 종사하지 못하도록 하는 잠정적인 조치로서의 보직의 해제를 의미하므로 과거의 공무원의 비위행위에 대하여 기업질서 유지를 목적으로 행하여지는 징벌적 제재로서의 징계와는 그 성질이 다르다).

2) 윤세창·이호승, 행정법(하), 67쪽.

3) 김남진·김연태, 행정법(Ⅱ), 270쪽(2019); 이상규, 신행정법론(하), 244쪽.

4) 대판 1983. 10. 25, 83누184(직위해제처분이 공무원에 대한 불이익한 처분이긴 하나 징계처분과

리의 원칙은 다른 법률의 적용을 받는 공무원이 국가공무원법이나 지방공무원법의 적용을 받는 공무원으로 임용된 경우나, 특수경력직공무원이 경력직공무원으로 임용된 경우에도 확장 적용된다.

(3) 징계의 원인 징계원인은 다음과 같다.

1002 **(가) 국가공무원법·지방공무원법의 경우** ① 공무원법은 「국가공무원법 및 국가공무원법에 따른 명령을 위반한 경우」,[1] 「직무상의 의무(다른 법령에서 공무원의 신분으로 인하여 부과된 의무를 포함한다)를 위반하거나 직무를 태만히 한 때」, 「직무의 내외를 불문하고 그 체면 또는 위신을 손상하는 행위를 한 때」를 징계원인으로 규정하고 있다(국공법 제78조 제1항; 지공법 제69조 제1항). ⓐ 이러한 행위에 반드시 고의나 과실이 있을 것을 요하는 것은 아니라고 본다. 그렇다고 공무원의 무과실책임을 의미하는 것은 아닐 것이다. 징계사유가 만약 불가항력에 기인하는 것이라면 공무원의 책임은 면제될 수밖에 없을 것이다. ⓑ 경우에 따라서는 임용 전의 행위도 징계원인이 될 수 있을 것이다.[2] 이에 대해서는 부정설의 입장도 있다.[3] ② 징계에 관하여 다른 법률의 적용을 받는 공무원이 이 법의 징계에 관한 규정을 적용받는 공무원으로 임용된 경우에 임용 이전의 다른 법률에 따른 징계 사유는 그 사유가 발생한 날부터 이 법에 따른 징계 사유가 발생한 것으로 본다(국공법 제78조 제2항; 지공법 제69조 제2항). ③ 특수경력직공무원이 경력직공무원으로 임용된 경우에 임용 전의 해당 특수경력직공무원의 징계를 규율하는 법령상의 징계 사유는 그 사유가 발생한 날부터 이 장에 따른 징계 사유가 발생한 것으로 본다(국공법 제78조 제3항; 지공법 제69조 제3항). ④ 한편,

---

같은 성질의 처분이라 할 수 없으므로 동일한 사유로 직위해제 처분을 하고 다시 감봉처분을 하였다 하여 일사부재리원칙에 위배된다 할 수 없다).

1) 대판 2020. 11. 26, 2020두42262(공무원이 상급행정기관이나 감독권자의 직무상 명령을 위반하였다는 점을 징계사유로 삼으려면 그 직무상 명령이 상위법령에 반하지 않는 적법·유효한 것이어야 한다).

2) 김남진·김연태, 행정법(Ⅱ), 271쪽(2019); 박윤흔·정형근, 최신행정법강의(하), 263쪽; 대판 1990. 5. 22, 89누7368(국가공무원으로 임용되기 전의 행위는 국가공무원법 제78조 제2항·제3항의 경우 외에는 원칙적으로 재직중의 징계사유로 삼을 수 없다 할 것이나, 비록 임용 전의 행위라 하더라도 이로 인하여 임용 후의 공무원의 체면 또는 위신을 손상하게 된 경우에는 위 제1항 제3호의 징계사유로 삼을 수 있다고 보아야 할 것인바, 원고가 장학사 또는 공립학교 교사로 임용해 달라는 등의 인사청탁과 함께 금 1,000만 원을 제3자를 통하여 서울시 교육감에게 전달함으로써 뇌물을 공여하였고, 그후 공립학교 교사로 임용되어 재직중 검찰에 의하여 위 뇌물공여죄로 수사를 받다가 기소되기에 이르렀으며 그와 같은 사실이 언론기관을 통하여 널리 알려졌다면, 비록 위와 같은 뇌물을 공여한 행위는 공립학교 교사로 임용되기 전이었더라도 그 때문에 임용후의 공립학교 교사로서의 체면과 위신이 크게 손상되었다고 하지 않을 수 없으므로 이를 징계사유로 삼은 것은 정당하다).

3) 이상규, 신행정법론(하), 245쪽.

판례는 "공무원인 근로자의 비위행위에 관하여 징계를 하지 않기로 하는 면책 합의를 하였다 하더라도 이는 그 비위행위를 징계사유로 삼는 것을 허용하지 않는 것일 뿐 그 밖의 다른 비위행위를 징계사유로 하여 근로자를 징계함에 있어 면책합의된 비위행위가 있었던 점을 징계양정의 판단자료로 삼는 것까지 금하는 것은 아니다"라고 한다.[1)]

(나) **특별법의 경우** 개별법률이 특정직공무원의 징계원인에 관해 따로 특별히 규정하기도 한다(법관징계법 제2조; 검사징계법 제2조; 교육공무원법 제51조 제1항; 군인법 제56조; 군무원인사법 제39조; 외무공무원법 제28조 등). 1003

(4) **징계의 종류** 징계의 종류는 법률에 따라 상이하나, 국가공무원법과 지방공무원법은 일반직공무원에 대한 징계로 파면·해임·강등·정직·감봉·견책의 여섯 가지를 규정하고 있다(국공법 제79조; 지공법 제70조). 단순한 경고(권고)는 여기서 말하는 징계에 해당하지 아니한다.[2)] 파면과 해임이 공무원법관계의 배제를 내용으로 하는 배제징계라고 하면, 강등·정직·감봉·견책은 교정징계라 할 수 있다. 징계종류의 선택은 의무에 합당한 재량에 따라 이루어져야 할 것이다.[3)4)] 공무원으로서 징계처분을 받은 자에 대하여는 그 처분을 받은 날 또는 그 집행이 종료된 날로부터 대통령령등으로 정하는 기간 승진임용 또는 승급할 수 없다. 다만, 징계처분을 받은 후 직무수행상의 공적으로 포상 등을 받은 공무원에 대하여는 대통령령등으로 정하는 바에 따라 승진임용이나 승급의 제한기간을 단축하거나 면제할 수 있다(국공법 제80조 제6항; 지공법 제71조 제6항). 1004

1) 대판 2008. 10. 9, 2006두13626.

2) 대판 1991. 11. 12, 91누2700(공무원이 소속 장관으로부터 받은 "직상급자와 다투고 폭언하는 행위 등에 대하여 엄중 경고하니 차후 이러한 사례가 없도록 각별히 유념하기 바람"이라는 내용의 서면에 의한 경고가 공무원의 신분에 영향을 미치는 국가공무원법상의 징계의 종류에 해당하지 아니하고, 근무충실에 관한 권고행위 내지 지도행위로서 그 때문에 공무원으로서의 신분에 불이익을 초래하는 법률상의 효과가 발생하는 것도 아니므로, 경고가 국가공무원법상의 징계처분이나 행정소송의 대상이 되는 행정처분이라고 할 수 없어 그 취소를 구할 법률상의 이익이 없다).

3) 대판 2002. 9. 24, 2002두6620(공무원인 피징계자에게 징계사유가 있어 징계처분을 하는 경우 어떠한 처분을 할 것인지는 징계권자의 재량에 맡겨진 것이고, 다만 징계권자가 그 재량권의 행사로서 한 징계처분이 사회통념상 현저하게 타당성을 잃어 징계권자에게 맡겨진 재량권을 남용한 것이라고 인정되는 경우에 한하여 그 처분을 위법한 것이라 할 것이고, 공무원에 대한 징계처분이 사회통념상 현저하게 타당성을 잃었다고 하려면 구체적인 사례에 따라 징계의 원인이 된 비위사실의 내용과 성질, 징계에 의하여 달성하려고 하는 행정목적, 징계 양정의 기준 등 여러 요소를 종합하여 판단할 때에 그 징계 내용이 객관적으로 명백히 부당하다고 인정할 수 있는 경우라야 한다).

4) 대판 1997. 2. 14, 96누4244(징계처분에서 징계사유로 삼지 아니한 비위행위라고 하더라도 징계종류 선택의 자료로서 피징계자의 평소의 소행과 근무성적, 당해 징계처분사유 이후에 저지른 비위행위사실 등은 징계양정에 있어서의 참작자료로 삼을 수 있다).

첫째, 파면이란 공무원의 신분을 박탈하여 공무원관계를 배제하는 징계처분이다. 파면의 처분을 받은 자는 파면처분을 받은 때로부터 5년을 경과하여야만 다시 공무원에 임용될 수 있다(국공법 제33조 제7호; 지공법 제31조 제7호). 그리고 파면의 경우에는 퇴직급여·퇴직수당의 감액이 따른다(연금법 제65조 제1항; 연금령 제61조 제1항).

둘째, 해임이란 역시 공무원신분을 박탈하여 공무원관계를 배제하는 징계처분이나, 다음의 점에서 파면과 다르다. 즉 해임의 처분을 받은 자는 5년이 아니라 3년간 공무원에 임용될 수 없고(국공법 제33조 제8호; 지공법 제31조 제8호), 금품 및 향응 수수, 공금의 횡령·유용으로 징계에 의하여 해임된 경우에는 퇴직급여 및 퇴직수당의 감액이 따른다(연금법 제65조 제1항; 연금령 제61조 제1항).

셋째, 강등은 1계급 아래로 직급을 내리는(고위공무원단에 속하는 공무원은 3급으로 임용하고, 연구관 및 지도관은 연구사 및 지도사로 한다) 징계처분이다. 공무원신분은 보유하나 3개월간 직무에 종사하지 못하며 그 기간 중 보수는 전액을 감한다(국공법 제80조 제1항 본문). 다만, 제4조 제2항에 따라 계급을 구분하지 아니하는 공무원과 임기제공무원에 대해서는 강등을 적용하지 아니한다(국공법 제80조 제1항 단서).

넷째, 정직이란 공무원의 신분을 보유하되 일정기간 직무에 종사하지 못하게 하는 징계처분이다. 정직기간은 1개월 이상 3개월 이하이며, 이 기간 중에 보수는 전액이 감해진다(국공법 제80조 제3항; 지공법 제71조 제3항).

다섯째, 감봉이란 1개월 이상 3개월 이하의 기간 보수의 3분의 1을 감하는 징계처분이다(국공법 제80조 제4항; 지공법 제71조 제4항).

여섯째, 견책이란 전과에 대하여 훈계하고 회개하게 하는 징계처분이다(국공법 제80조 제5항; 지공법 제71조 제5항).

1005 ⑸ **징계기관** 국가공무원법상 징계와 관련된 기관으로는 징계위원회의 의결에 따라 징계의 권한을 가진 징계권자, 징계를 요구할 수 있는 징계요구권자, 징계의결기관으로서 징계위원회가 있다.

⑹ **징계절차**

㈎ **징계의결의 요구**

1006 1) **요구권자** 제1항의 징계 의결 요구는 5급 이상 공무원 및 고위공무원단에 속하는 일반직공무원은 소속 장관이, 6급 이하 공무원 및 기능직공무원은 소속 기관의 장 또는 소속 상급기관의 장이 한다. 다만, 국무총리·인사혁신처장 및 대통령령등으로 정하는 각급 기관의 장은 다른 기관 소속 공무원이 징

계 사유가 있다고 인정하면 관계 공무원에 대하여 관할 징계위원회에 직접 징계를 요구할 수 있다(국공법 제78조 제4항). 감사원법에 따라 감사원도 징계를 요구할 수 있다(감사원법 제32조).[1]

2) 요구의 기속성 공무원에게 징계사유가 발생하면, 반드시 징계 의결을 요구하여야 하고 그 징계 의결의 결과에 따라 징계처분을 하여야 한다(국공법 제78조 제1항; 지공법 제69조 제1항). 징계의결의 요구는 기속적이다.[2] 그러나 징계의 종류의 선택은 재량적이다.[3] 1006a

(나) 요구의 방식 징계의결등을 요구할 때에는 징계등 사유에 대한 충분한 조사를 한 후에 그 증명에 필요한 다음 각 호[1. 별지 제1호 서식의 공무원 징계의결등 요구서, 2. 공무원 인사 및 성과 기록 출력물, 3. 별지 제1호의2 서식의 확인서, 4. 혐의 내용을 증명할 수 있는 공문서 등 관계 증거자료, 5. 혐의 내용에 대한 조사기록 또는 수사기록, 6. 관련자에 대한 조치사항 및 그에 대한 증거자료, 7. 관계 법규, 지시문서 등의 발췌문, 8. 징계등 사유가 다음 각 목(가. 「성폭력범죄의 처벌 등에 관한 특례법」 제2조에 따른 성폭력범죄, 나. 「국가인권위원회법」 제2조 제3호 라목에 따른 성희롱)의 어느 하나에 해당하는 경우에는 정신건강의학과의사, 심리학자, 사회복지학자 또는 그 밖의 관련 전문가가 작성한 별지 제1호의 3 서식의 전문가 의견서]의 관계 자료를 첨부하여 관할 징계위원회에 제출하여야 하고, 중징계 또는 경징계로 구분하여 요구하여야 한다. 다만, 「감사원법」 제32조 제1항 및 제10항에 따라 감사원장이 「국가공무원법」 제79조에서 정한 징계의 종류를 구체적으로 지정하여 징계요구를 한 경우에는 그러하지 아니하다(공징령 제7조 제6항; 지징정 제2조 제7항). 1007

(다) 징계 및 징계부가금 사유의 시효 징계의결등의 요구는 징계 등 사유가 발생한 날부터 다음 각 호[1. 징계 등 사유가 다음 각 목(가. 「성매매알선 등 행위의 처벌에 관한 법률」 제4조에 따른 금지행위, 나. 「성폭력범죄의 처벌 등에 관한 특례법」 제2조에 따 1008

---

1) 대판 2016. 12. 27, 2014두5637(징계 요구는 징계 요구를 받은 기관의 장이 요구받은 내용대로 처분하지 않더라도 불이익을 받는 규정도 없고, 징계 요구 내용대로 효과가 발생하는 것도 아니며, 징계 요구에 의하여 행정청이 일정한 행정처분을 하였을 때 비로소 이해관계인의 권리관계에 영향을 미칠 뿐, 징계 요구 자체만으로는 징계 요구 대상 공무원의 권리·의무에 직접적인 변동을 초래하지도 아니하므로, 행정청 사이의 내부적인 의사결정의 경로로서 '징계 요구, 징계 절차 회부, 징계'로 이어지는 과정에서의 중간처분에 불과하여, 감사원의 징계 요구와 재심의결정이 항고소송의 대상이 되는 행정처분이라고 할 수 없다).

2) 대판 2007. 7. 12, 2006도1390(지방공무원의 징계와 관련된 규정을 종합해 보면, 징계권자이자 임용권자인 지방자치단체장은 소속 공무원의 구체적인 행위가 과연 지방공무원법 제69조 제1항에 규정된 징계사유에 해당하는지 여부에 관하여 판단할 재량은 있지만, 징계사유에 해당하는 것이 명백한 경우에는 관할 인사위원회에 징계를 요구할 의무가 있다).

3) 대판 2017. 10. 31, 2014두45734(징계사유에 해당하는 행위가 있더라도, 징계권자가 그에 대하여 징계처분을 할 것인지, 징계처분을 하면 어떠한 종류의 징계를 할 것인지는 징계권자의 재량에 맡겨져 있다); 대판 2008. 10. 9, 2008두11853·11860.

른 성폭력범죄, 다. 「아동·청소년의 성보호에 관한 법률」 제2조 제2호에 따른 아동·청소년대상 성범죄, 라. 「양성평등기본법」 제3조 제2호에 따른 성희롱)의 어느 하나에 해당하는 경우: 10년. 2. 징계 등 사유가 제78조의2 제1항 각 호의 어느 하나에 해당하는 경우: 5년. 3. 그 밖의 징계 등 사유에 해당하는 경우: 3년]의 구분에 따른 기간이 지나면 하지 못한다(국공법 제83조의2 제1항; 지공법 제73조의2 제1항).[1] 특별 규정도 있다[예: 교육공무원법 제52조(징계사유의 시효에 관한 특례) 교육공무원에 대한 징계사유가 다음 각 호의 어느 하나에 해당하는 경우에는 「국가공무원법」 제83조의2 제1항에도 불구하고 징계사유가 발생한 날부터 10년 이내에 징계의결을 요구할 수 있다. (각호 생략)]. 징계시효의 기산점은 원칙적으로 징계사유가 발생한 때이고, 징계권자가 징계사유의 존재를 알게 되었을 때가 아니다.[2] 징계사유가 계속적으로 행하여진 일련의 행위인 경우에는 최종의 행위를 기준으로 하여야 할 것이다. 판례의 입장이기도 하다.[3] 한편, 임용 전에 징계사유가 발생한 경우에 있어서 징계시효의 기산점은 공무원으로 임용된 때이다.[4] 징계위원회의 구성·징계의결등, 그 밖에 절차상의 흠이나 징계양정 및 징계부가금의 과다(過多)를 이유로 소청심사위원회 또는 법원에서 징계처분등의 무효 또는 취소의 결정이나 판결을 한 경우에는 제1항의 기간이 지나거나 그 남은 기간이 3개월 미만인 경우에도 그 결정 또는 판결이 확정된 날부터 3개월 이내에는 다시 징계의결등을 요구할 수 있다(국공법 제83조의2 제3항).

1009 (라) **심의방식** 징계사건의 심의에서 징계위원회(지방공무원의 경우는 인사위원회)는 징계혐의자를 출석시킴이 원칙이나[5] 본인이 출석을 원치 아니하거나, 해외체재, 여행 기타의 사유가 있는 경우에는 출석 없이 징계의결할 수 있다(공징령 제10조 제4항·제5항; 지징정 제4조). 징계위원회는 출석한 징계혐의자에게 혐의내용에

1) 대판 2021. 12. 16, 2021두48083(군인사법이 징계시효 제도를 둔 취지는 군인에게 징계사유에 해당하는 비위가 있더라도 그에 따른 징계절차를 진행하지 않았거나 못한 경우 그 사실상태가 일정 기간 계속되면 그 적법·타당성 등을 묻지 아니하고 그 상태를 존중함으로써 군인 직무의 안정성을 보장하려는 데 있다).

2) 대판 2021. 12. 16, 2021두48083.

3) 대판 1986. 1. 21, 85누841(원고의 비위가 모두 소송사건에 관련하여 계속적으로 행하여진 일련의 행위라면 설사 그 중에 본건 징계의결시 2년이 경과한 것이 있다 할지라도 그 징계시효의 기산점은 위 일련의 행위 중 최종의 것을 기준하여야 한다).

4) 대판 1990. 5. 22, 89누7368(원고가 공무원 임용과 관련하여 부정한 청탁과 함께 뇌물을 공여하고 공무원으로 임용되었다면 공무원의 신분을 취득하기까지의 일련의 행위가 국가공무원법상의 징계사유에 해당한다고 할 것이므로 국가공무원법 제83조의2 제1항에 정하는 징계시효의 기산점은 원고가 뇌물을 공여한 때가 아니라 공무원으로 임용된 때로부터 기산하여야 할 것이다).

5) 대판 1987. 7. 21, 86누623(교육공무원법의 위임에 의하여 제정된 교육공무원징계령 제8조 소정의 징계혐의자에 대한 출석통지는 징계혐의자로 하여금 징계심의 개최일을 알게 하고 동시에 자기에게 이익되는 사실을 진술하거나 증거자료를 제출할 기회를 부여하기 위한 조치에서 나온 강행규정이므로 적법한 출석통지 없이 한 징계심의 절차는 위법하다).

관한 심문을 하고 필요하다고 인정할 때에는 관계인의 출석을 요구하여 심문할 수 있다(공징령 제11조 제1항; 지징정 제5조 제1항). 징계혐의자도 위원회에 증인심문을 신청할 수 있다. 징계위원회는 징계혐의자에게 진술 기회를 부여하여야 하며, 진술 기회를 주지 아니한 징계의결은 무효이다(국공법 제81조 제3항·제13조 제2항; 공징령 제11조 제2항). 징계위원회의 위원에 제척·기피제도가 적용되며(공징령 제15조; 지징정 제7조), 징계위원회의 회의는 비공개로 한다(공징령 제20조; 지징정 제11조).

(마) **징계절차의 중단** 감사원에서 조사 중인 사건에 대하여는 제3항에 따 1010
른 조사개시 통보를 받은 날부터 징계 의결의 요구나 그 밖의 징계 절차를 진행하지 못한다(국공법 제83조 제1항; 지공법 제73조 제3항). 그러나 검찰·경찰, 그 밖의 수사기관에서 수사 중인 사건에 대하여는 제3항에 따른 수사개시 통보를 받은 날부터 징계 의결의 요구나 그 밖의 징계 절차를 진행하지 아니할 수 있다(국공법 제83조 제2항; 지공법 제73조 제2항).[1] 감사원과 검찰·경찰, 그 밖의 수사기관은 조사나 수사를 시작한 때와 이를 마친 때에는 10일 내에 소속 기관의 장에게 그 사실을 통보하여야 한다(국공법 제83조 제3항).

(바) **징계의 의결** 징계위원회는 징계의결 요구서를 접수한 날부터 30일(중 1011
앙징계위원회의 경우는 60일) 이내에 징계에 관한 의결을 하여야 한다. 다만, 부득이한 사유가 있을 때에는 해당 위원회의 의결로 30일(중앙징계위원회의 경우는 60일)의 범위에서 그 기간을 연장할 수 있다(공징령 제9조 제1항; 지징정 제3조 제1항). 징계위원회가 징계등 사건을 의결할 때에는 징계등 혐의자의 평소 행실, 근무성적, 공적(功績), 뉘우치는 정도, 징계등 요구의 내용 또는 그 밖의 정상을 참작하여야 한다(공징령 제17조; 지징정 제8조 제2항). 징계위원회가 징계의결등(징계부가금 감면의결을 포함한다. 이하 같다)을 하였을 때에는 지체 없이 징계등 의결서 또는 별지 제3호의 3 서식의 징계부가금 감면 의결서의 정본(正本)을 첨부하여 징계의결등의 요구자에게 통보하여야 한다. 다만, 5급이상 공무원등(고위공무원단에 속하는 공무원을 포함한다)의 파면 또는 해임 의결을 한 경우를 제외하고는 징계의결등의 요구자와 징계처분, 징계부가금 부과처분 또는 징계부가금 감면처분(이하 "징계처분등"이라 한다)의 처분권자가 다를 때에는 징계처분등의 처분권자에게도 징계의결등의 결과를 통보하여야 한다(공징령 제18조; 지징정 제9조).

(사) **재심사청구** 징계의결등을 요구한 기관의 장은 징계위원회의 의결이 1012

---

1) 대판 1986. 11. 11, 86누59(공무원에게 징계사유가 인정되는 이상, 관련된 형사사건이 아직 유죄로 확정되지 아니하였다 하더라도 징계처분을 할 수 있음은 물론, 그 징계처분에 대한 행정소송을 진행함에도 아무런 소장이 있을 수 없다).

가볍다고 인정하면 그 처분을 하기 전에 다음 각 호(1. 국무총리 소속으로 설치된 징계위원회의 의결: 해당 징계위원회에 재심사를 청구, 2. 중앙행정기관에 설치된 징계위원회(중앙행정기관의 소속기관에 설치된 징계위원회는 제외한다)의 의결: 국무총리 소속으로 설치된 징계위원회에 심사를 청구, 3. 제1호 및 제2호 외의 징계위원회의 의결: 직근 상급기관에 설치된 징계위원회에 심사를 청구)의 구분에 따라 심사나 재심사를 청구할 수 있다. 이 경우 소속 공무원을 대리인으로 지정할 수 있다(국공법 제82조 제2항; 지공법 제69조의4 제2항). 징계위원회는 제2항에 따라 심사나 재심사가 청구된 경우에는 다른 징계 사건에 우선하여 심사나 재심사를 하여야 한다(국공법 제82조 제3항; 지공법 제69조의4 제3항).

1013 **(아) 징계의 집행** ① 공무원의 징계처분등은 징계위원회의 의결을 거쳐 징계위원회가 설치된 소속 기관의 장이 하되, 국무총리 소속으로 설치된 징계위원회(국회·법원·헌법재판소·선거관리위원회에 있어서는 해당 중앙인사관장기관에 설치된 상급 징계위원회를 말한다.)에서 한 징계의결등에 대하여는 중앙행정기관의 장이 한다. 다만, 파면과 해임은 징계위원회의 의결을 거쳐 각 임용권자 또는 임용권을 위임한 상급 감독기관의 장이 한다(국공법 제82조 제1항). ② 징계처분권자는 징계의결서를 받은 날부터 15일 이내에 징계를 집행하여야 한다(공징령 제19조 제1항; 지징령 제10조 제3항). 징계처분등의 처분권자는 제1항에 따라 징계처분등을 할 때에는 별지 제4호 서식에 따른 징계처분등의 사유설명서에 징계등 의결서 또는 징계부가금 감면 의결서 사본을 첨부하여 징계처분등의 대상자에게 교부하여야 한다. 다만, 5급이상 공무원등(고위공무원단에 속하는 공무원을 포함한다)을 파면하거나 해임한 경우에는 임용제청권자가 징계처분등의 사유설명서를 교부한다(공징령 제19조 제2항). 지방공무원의 경우에는 지방공무원 징계 및 소청 규정(제10조)에서 규정하고 있다.[1)]

1014 **(자) 하자 있는 징계** 징계행위에 명백하고 중대한 하자가 있다면 징계행위는 무효의 행위가 된다.[2)] 그러나 단순위법의 하자가 있는 경우에는 취소할 수

---

1) 대판 1991. 12. 24, 90누1007(지방공무원법 제67조 제1항의 규정은 징계처분이 정당한 이유에 의하여 한 것이라는 것을 분명히 하고 또 피처분자로 하여금 불복이 있는 경우에 출소의 기회를 부여하는 데 그 법의가 있다고 할 것이므로 그 처분사유설명서의 교부를 처분의 효력발생요건이라고 할 수 없을 뿐만 아니라 직권에 의한 면직처분을 한 경우 그 인사발령통지서에 처분사유에 대한 구체적인 적시 없이 단순히 당해 처분의 법적 근거를 제시하는 내용을 기재한 데 그친 것이더라도 그러한 기재는 위 법조 소정의 처분사유설명서로 볼 수 있다).

2) 대판 1990. 11. 27, 90누5580(징계권자가 징계처분을 함에 있어서 사실관계를 오인한 하자가 있는 경우에 그 하자가 중대하더라도 외형상 객관적으로 명백하지 않다면 그 징계처분은 취소할 수 있음에 불과하고 당연무효라고 볼 수 없는바, 징계원인사실관계의 오인이 잘못된 징계자료에 기인한 경우에 그 징계자료가 외형상 상태성을 결여하고 객관적으로 그 성립이나 내용의

있는 행위가 될 것이다.[1] 징계행위가 부당한 것이라면 행정심판의 대상이 될 수 있을 것이다. 다만, 국가공무원의 경우에 피징계자에 진술 기회를 주지 아니한 결정은 무효가 된다(국공법 제81조 제3항·제13조 제2항).

(차) **징계부가금** 제78조에 따라 공무원의 징계 의결을 요구하는 경우 그 징계 사유가 다음 각 호[1. 금전, 물품, 부동산, 향응 또는 그 밖에 대통령령으로 정하는 재산상 이익을 취득하거나 제공한 경우, 2. 다음 각 목(가.「국가재정법」에 따른 예산 및 기금, 나.「지방재정법」에 따른 예산 및「지방자치단체 기금관리기본법」에 따른 기금, 다.「국고금 관리법」 제2조 제1호에 따른 국고금, 라.「보조금 관리에 관한 법률」 제2조 제1호에 따른 보조금, 마.「국유재산법」 제2조 제1호에 따른 국유재산 및「물품관리법」 제2조 제1항에 따른 물품, 바.「공유재산 및 물품 관리법」 제2조 제1호 및 제2호에 따른 공유재산 및 물품, 사. 그 밖에 가목부터 바목까지에 준하는 것으로서 대통령령으로 정하는 것)에 해당하는 것을 횡령(橫領), 배임(背任), 절도, 사기 또는 유용(流用)한 경우]의 어느 하나에 해당하는 경우에는 해당 징계 외에 다음 각 호의 행위로 취득하거나 제공한 금전 또는 재산상 이득(금전이 아닌 재산상 이득의 경우에는 금전으로 환산한 금액을 말한다)의 5배 내의 징계부가금 부과 의결을 징계위원회에 요구하여야 한다(국공법 제78조의2 제1항). 1014a

(7) **소 청**(징계처분 등 불이익처분에 대한 불복)

(가) **소청의 의의** 소청이란 공무원의 징계처분 그 밖에 그 의사에 반하는 불리한 처분(예 : 의원면직·전보·복직청구·강임·휴직·면직처분 등)이나 부작위에 대한 불복신청을 말한다(국공법 제9조 제1항). 항고쟁송으로서 행정심판의 일종이다. 소청은 공무원 개인의 권익보호와 행정질서의 확립을 목적으로 한다고 본다. 징계처분에 대한 소청은 처분사유설명서를 받은 날부터 30일 이내에 청구하여야 한다(국공법 제75조·제76조 제1항; 지공법 제67조 제1항·제2항). 1015

(나) **소청심사위원회** 행정기관 소속 공무원의 징계처분, 그 밖에 그 의사에 반하는 불리한 처분이나 부작위에 대한 소청을 심사·결정하게 하기 위하여 인사혁신처에 소청심사위원회를 둔다(국공법 제9조 제1항). 국회, 법원, 헌법재판소 및 선거관리위원회 소속 공무원의 소청에 관한 사항을 심사·결정하게 하기 위하여 국회사무처, 법원행정처, 헌법재판소사무처 및 중앙선거관리위원회사무처에 각각 해당 소청심사위원회를 둔다(국공법 제9조 제2항). 소청심사위원회는 합의 1016

진정을 인정할 수 없는 것임이 명백한 경우가 아닌 한 그 징계자료에 기인한 사실관계의 오인을 외형상 객관적으로 명백한 하자라고 보기는 어려울 것이다).

1) 대판 1981. 7. 28, 80누84(원고가 이 건 징계사유로 문제된 잘못으로 인하여 법원의 형사재판까지 받았다면(1심은 유죄) 비록 위 징계처분이 결과적으로 증거없이 이루어진 셈이 되었다 하여도 이는 결국 증거판단을 그르쳐서 사실을 오인한 경우에 불과하고, 이와 같은 위법사유는 징계처분의 취소사유는 될지언정 당연 무효사유는 되지 않는다).

제 행정기관이다. 인사혁신처에 설치된 위원회는 상설기관이다. 소청심사위원회의 위원은 일정자격이 요구되고 신분이 보장된다(국공법 제10조·제11조)(지방의 경우는 지방공무원법 제13조 참조). 소청심사위원에게는 제척(국공법 제14조 제3항; 지공법 제19조 제3항), 기피(국공법 제14조 제4항; 지공법 제19조 제4항), 회피(국공법 제14조 제5항; 지공법 제19조 제5항)의 제도가 적용된다. 제14조 제3항부터 제5항까지의 규정에 따른 소청심사위원회 위원의 제척·기피 또는 회피 등으로 심사·결정에 참여할 수 있는 위원 수가 3명 미만이 된 경우에는 3명이 될 때까지 국회사무총장, 법원행정처장, 헌법재판소사무처장, 중앙선거관리위원회사무총장 또는 인사혁신처장은 임시위원을 임명하여 해당 사건의 심사·결정에 참여하도록 하여야 한다(국공법 제14조의2 제1항; 지공법 제19조의2 제1항).

1017 (다) 절 차 소청심사위원회의 심사결정은 일정한 절차를 거쳐야 한다(국공법 제12조 내지 제14조 제2항 및 소청절차규정). 소청인의 진술권은 보장된다. 소청심사위원회가 소청 사건을 심사할 때에는 대통령령등으로 정하는 바에 따라 소청인 또는 제76조 제1항 후단에 따른 대리인에게 진술 기회를 주어야 한다(국공법 제13조 제1항; 지공법 제18조 제1항).[1] 제1항에 따른 진술 기회를 주지 아니한 결정은 무효로 한다(국공법 제13조 제2항; 지공법 제18조 제2항). 위원회의 결정은 그 이유를 구체적으로 밝힌 결정서로 하여야 한다(국공법 제14조 제9항; 지공법 제19조 제9항). 소청심사위원회는 제3항에 따른 임시결정을 한 경우 외에는 소청심사청구를 접수한 날부터 60일 이내에 이에 대한 결정을 하여야 한다. 다만, 불가피하다고 인정되면 소청심사위원회의 의결로 30일을 연장할 수 있다(국공법 제76조 제5항; 지공법 제67조 제7항).

1019 (라) 결 정 ① 소청 사건의 결정은 재적 위원 3분의 2 이상의 출석과 출석 위원 과반수의 합의에 따르되, 의견이 나뉘어 출석 위원 과반수의 합의에 이르지 못하였을 때에는 과반수에 이를 때까지 소청인에게 가장 불리한 의견에 차례로 유리한 의견을 더하여 그 중 가장 유리한 의견을 합의된 의견으로 본다(국공법 제14조 제1항). 제1항에도 불구하고 파면·해임·강등 또는 정직에 해당하

---

1) 대판 2018. 3. 13, 2016두33339(행정절차법 제12조 제1항 제3호, 제2항, 제11조 제4항 본문에 따르면, 당사자 등은 변호사를 대리인으로 선임할 수 있고, 대리인으로 선임된 변호사는 당사자 등을 위하여 행정절차에 관한 모든 행위를 할 수 있다고 규정되어 있다. 위와 같은 행정절차법령의 규정과 취지, 헌법상 법치국가원리와 적법절차원칙에 비추어 징계와 같은 불이익처분절차에서 징계심의대상자에게 변호사를 통한 방어권의 행사를 보장하는 것이 필요하고, 징계심의대상자가 선임한 변호사가 징계위원회에 출석하여 징계심의대상자를 위하여 필요한 의견을 진술하는 것은 방어권 행사의 본질적 내용에 해당하므로, 행정청은 특별한 사정이 없는 한 이를 거부할 수 없다고 할 것이다).

는 징계처분을 취소 또는 변경하려는 경우와 효력 유무 또는 존재 여부에 대한 확인을 하려는 경우에는 재적 위원 3분의 2 이상의 출석과 출석 위원 3분의 2 이상의 합의가 있어야 한다. 이 경우 구체적인 결정의 내용은 출석 위원 과반수의 합의에 따르되, 의견이 나뉘어 출석 위원 과반수의 합의에 이르지 못하였을 때에는 과반수에 이를 때까지 소청인에게 가장 불리한 의견에 차례로 유리한 의견을 더하여 그 중 가장 유리한 의견을 합의된 의견으로 본다(국공법 제14조 제2항). ② 소청심사위원회의 취소명령 또는 변경명령 결정은 그에 따른 징계나 그 밖의 처분이 있을 때까지는 종전에 행한 징계처분 또는 제78조의2에 따른 징계부가금(이하 "징계부가금"이라 한다) 부과처분에 영향을 미치지 아니한다(국공법 제14조 제7항).[1] ③ 소청심사위원회의 결정은 처분 행정청을 기속한다(국공법 제15조; 지공법 제20조).

(마) **소청인의 보호** 소청심사위원회가 징계처분 또는 징계부가금 부과처분 1020
(이하 "징계처분등"이라 한다)을 받은 자의 청구에 따라 소청을 심사할 경우에는 원징계처분보다 무거운 징계 또는 원징계부가금 부과처분보다 무거운 징계부가금을 부과하는 결정을 하지 못한다(국공법 제14조 제8항; 지공법 제19조 제8항). 이를 불이익변경금지의 원칙이라 한다. 이 원칙은 소청인에게 소청의 권리를 보장하기 위한 것이다. 한편, 판례는 절차상 하자를 이유로 소청심사위원회에서 의원면직처분이 취소된 후, 징계권자가 징계절차에 따라 당해 공무원에게 징계처분을 하는 경우에는 국가공무원법 제14조 제6항의 불이익변경금지의 원칙이 적용되지 않는다고 한다.[2] 그리고 소청이 있는 경우, 일정요건하에서 후임자의 보충발령이

1) 대판 2010. 9. 9, 2008다6953('교원지위향상을 위한 특별법' 제7조 제1항, 제10조 제2항에 의하면, 교원소청심사위원회는 각급학교 교원에 대한 징계처분과 그 밖에 그 의사에 반하는 불리한 처분(임용기간이 만료된 교원에 대한 재임용거부처분을 포함한다)에 대한 소청을 심사하고 그 소청심사결정은 처분권자를 기속한다. 이와 같은 교원소청심사위원회의 소청심사결정 중 임용기간이 만료된 교원에 대한 재임용거부처분을 취소하는 결정은 재임용거부처분을 취소함으로써 학교법인 등에게 해당 교원에 대한 재임용심사를 다시 하도록 하는 절차적 의무를 부과하는 데 그칠 뿐 학교법인 등에게 반드시 해당 교원을 재임용하여야 하는 의무를 부과하거나 혹은 그 교원이 바로 재임용되는 것과 같은 법적 효과까지 인정되는 것은 아니다).

2) 대판 2008. 10. 9, 2008두11853·11860(국가공무원법 제14조 제6항은 소청심사결정에서 당초의 원처분청의 징계처분보다 청구인에게 불리한 결정을 할 수 없다는 의미인데, 의원면직처분에 대하여 소청심사청구를 한 결과 소청심사위원회가 의원면직처분의 전제가 된 사의표시에 절차상 하자가 있다는 이유로 의원면직처분을 취소하는 결정을 하였다고 하더라도, 그 효력은 의원면직처분을 취소하여 당해 공무원으로 하여금 공무원으로서의 신분 을 유지하게 하는 것에 그치고, 이때 당해 공무원이 국가공무원법 제78조 제1항 각 호에 정한 징계사유에 해당하는 이상 같은 항에 따라 징계권자로서는 반드시 징계절차를 열어 징계처분을 하여야 하므로, 이러한 징계절차는 소청심사위원회의 의원면직처분취소 결정과는 별개의 절차로서 여기에 국가공무원법 제14조 제6항에 정한 불이익변경금지의 원칙이 적용될 여지는 없다).

금지된다(국공법 제76조). 한편 파면처분·해임처분·면직처분 또는 강등처분에 대하여 소청심사위원회나 법원에서 무효나 취소의 결정 또는 판결을 하면 그 파면처분·해임처분·면직처분 또는 강등처분에 따라 결원을 보충하였던 때부터 파면처분·해임처분·면직처분 또는 강등처분을 받은 사람의 처분 전 직급·직위에 해당하는 정원이 따로 있는 것으로 본다(국공법 제43조 제3항). 이로써 불복신청자는 후임자의 유무에 불구하고 당연히 원직위에 복귀하게 된다.

1021 (바) 지방공무원의 경우 지방공무원법 제13조 내지 제19조의2 및 지방공무원징계 및 소청 규정 제15조에 의거 소청절차에 관하여는 국가공무원에 적용되는 소청절차규정이 적용된다.

1022 (사) 행정소송 ① 소청심사위원회의 결정에 불복이 있으면 행정소송을 제기할 수 있다. 만약 소청심사위원회의 결정에 고유한 위법이 있다면, 위원회의 결정을 소의 대상으로 할 것이고, 고유의 위법이 없다면 원징계처분을 소의 대상으로 하여야 한다(행소법 제19조 단서). ② 제75조(공무원에 대하여 징계처분을 할 때나 강임·휴직·직위해제 또는 면직처분을 할 때에는 그 처분권자 또는 처분제청권자는 처분사유를 적은 설명서를 교부하여야 한다. 다만, 본인의 원에 따른 강임·휴직 또는 면직처분은 그러하지 아니하다)에 따른 처분, 그 밖에 본인의 의사에 반한 불리한 처분이나 부작위에 관한 행정소송은 소청심사위원회의 심사·결정을 거치지 아니하면 제기할 수 없다(국공법 제16조 제1항; 지공법 제20조의2).[1] ③ 제1항에 따른 행정소송을 제기할 때에는 대통령의 처분 또는 부작위의 경우에는 소속 장관(대통령령으로 정하는 기관의 장을 포함한다)을, 중앙선거관리위원회위원장의 처분 또는 부작위의 경우에는 중앙선거관리위원회사무총장을 각각 피고로 한다(국공법 제16조 제2항).

1022a (아) 재징계의결 요구 처분권자(대통령이 처분권자인 경우에는 처분 제청권자)는 다음 각 호에 해당하는 사유(1. 법령의 적용, 증거 및 사실 조사에 명백한 흠이 있는 경우, 2. 징계위원회의 구성 또는 징계의결등, 그 밖에 절차상의 흠이 있는 경우, 3. 징계양정 및 징계부가금이 과다한 경우)로 소청심사위원회 또는 법원에서 징계처분 등의 무효 또는 취소(취소명령포함)의 결정이나 판결을 받은 경우에는 다시 징계 의결 또는 징

1) 헌재 2015. 3. 26, 2013헌바186(이 사건 필요적 전치조항이 직권면직처분을 받은 지방공무원이 행정소송의 제기에 앞서 반드시 소청심사를 거치도록 규정한 것은 일반적인 행정처분에 대한 다툼과는 달리 지방공무원의 신분에 직결된 직권면직처분에 대한 적법성 판단에 관하여는 법원의 재판에 앞서 지방공무원에 대한 불이익처분에 관한 분쟁만 다루는 당해 지방자치단체 내의 소청심사위원회의 심사를 거치는 것이 행정기관 내부의 인사행정에 관한 전문성을 반영할 수 있는 등 더 적절한 측면이 있다는 점을 고려한 것이고, 이는 자율적 통제, 신속성의 추구라는 행정심판의 목적에 부합할 뿐만 아니라 위 절차를 통해 부수적으로 쟁점이 정리될 수 있으므로, 사법부의 부담경감이라는 목적에도 부합한다).

계부가금의 부과 의결(이하 "징계의결등"이라 한다)을 요구하여야 한다. 다만, 제3호의 사유로 무효 또는 취소(취소명령포함)의 결정이나 판결을 받은 감봉·견책처분에 대하여는 징계의결을 요구하지 아니할 수 있다(국공법 제78조의3 제1항).

2. 변상책임

(1) 변상책임의 의의 변상책임이란 공무원이 의무위반행위를 함으로써 1023
국가나 지방자치단체에 재산상의 손해를 발생케 한 경우, 그에 대하여 공무원이 부담하는 재산상의 책임을 말한다. 변상책임에는 회계관계직원 등의 변상책임과 국가배상법상 변상책임의 두 가지 경우가 있다.

(2) 회계관계직원 등의 변상책임

(가) 일반법으로서 「회계관계직원 등의 책임에 관한 법률」 ① 국가회계법은 회 1024
계관계공무원 등의 책임에 관하여는 '다른 법률로 정하는 바에 따른다'고 규정하고 있고(국가회계법 제28조), ② 물품관리법도 물품관리관·물품운용관·물품출납공무원 및 제12조 제2항에 따라 그 사무를 대리하는 공무원과 물품을 사용하는 공무원의 책임에 관하여는 '따로 법률로 정한다'고 규정하고 있으며(물품법 제45조), ③ 군수품관리법도 물품관리법과 유사한 규정을 두고 있다(동법 제28조·제29조). ④ 이상의 법률에 의거 제정된 법률이 '회계관계직원 등의 책임에 관한 법률'이다. 따라서 동법은 회계관계직원 등의 변상책임에 관하여 일반법의 지위에 선다고 할 수 있다.

(나) 회계관계직원 등의 책임의 내용

1) 책임의 유형 회계관계직원은 고의 또는 중대한 과실로 법령이나 그 1025
밖의 관계 규정 및 예산에 정하여진 바를 위반하여 국가, 지방자치단체, 그 밖에 감사원의 감사를 받는 단체 등의 재산에 손해를 끼친 경우에는 변상할 책임이 있다(회책법 제4조 제1항). 현금 또는 물품을 출납·보관하는 회계관계직원은 선량한 관리자로서의 주의를 게을리하여 그가 보관하는 현금 또는 물품이 망실되거나 훼손된 경우에는 변상할 책임이 있다(회책법 제4조 제2항).

2) 통지의무 중앙관서의 장, 지방자치단체의 장, 감독기관의 장 또는 1026
해당 기관의 장은 제4조 제1항 또는 제2항에 따른 변상책임이 있는 손해가 발생한 경우에는 지체 없이 기획재정부장관과 감사원에 알려야 한다(회책법 제7조).

3) 변상책임의 판정 변상책임의 판정에는 감사원에 의한 판정과 소속 1027
장관 또는 감독기관의 장이 하는 변상판정이 있다. ① 감사원은 감사 결과에 따라 따로 법률에서 정하는 바에 따라 회계관계직원 등(제23조 제7호에 해당하는 자

중 제22조 제1항 제3호 및 제4호 또는 제23조 제1호부터 제6호까지 및 제8호부터 제10호까지에 해당하지 아니한 자의 소속 직원은 제외한다)에 대한 변상책임의 유무를 심리하고 판정한다(감사법 제31조 제1항). ② 다음 각 호(1. 중앙관서의 장(「국가재정법」 제6조에 따른 중앙관서의 장을 말한다. 이하 같다), 2. 지방자치단체의 장, 3. 감독기관(국가기관이나 지방자치단체의 기관이 아닌 경우만 해당한다. 이하 같다)의 장, 4. 해당 기관(국가기관이나 지방자치단체의 기관이 아닌 경우로서 감독기관이 없거나 분명하지 아니한 경우만 해당한다. 이하 같다)의 장)의 어느 하나에 해당하는 사람은 회계관계직원이 제4조에 따른 변상책임이 있다고 인정되는 경우에는 감사원이 판정하기 전이라도 해당 회계관계직원에 대하여 변상을 명할 수 있다(회책법 제6조 제1항).

1028 (3) **국가배상법에 의한 변상책임** 국가배상법상 변상책임은 ① 공무원의 직무상 불법행위로 타인에게 손해를 가한 경우, 국가나 지방자치단체가 공무원에 대위하여 책임을 지는바, 이 때 공무원에게 고의나 중대한 과실이 있을 때 당해 공무원이 국가나 지방자치단체의 구상권에 응해 부담하는 변상책임(국배법 제2조 제2항)과 ② 영조물의 설치나 관리상의 하자로 타인에게 손해를 가한 경우에 공무원에게 그 원인에 대해 책임을 물을 수 있을 때, 타인에게 손해를 배상한 국가나 지방자치단체에 대해 당해 공무원이 부담하는 변상책임(국배법 제5조 제2항)의 두 경우가 있다.

Ⅳ. 형사법상 책임

1029 형사법상 공무원의 책임이란 공무원의 행정법상의 의무위반행위가 동시에 형법 등의 형사법에 위반하는 범죄가 되어, 공무원이 이 범죄에 대하여 부담하는 책임을 말한다. 광의로 형사법상 책임에는 형사법에 위반한 경우뿐만 아니라(이 경우가 협의의 형사법상 책임의 문제가 된다) 행정형벌이 따르는 행정법규에 위반한 경우에 부담하는 책임까지 포함한다고 보겠다.

1030 협의의 형사법상 책임에는 직무범죄로 인한 책임과 준직무범죄로 인한 책임의 두 가지 경우로 나눌 수 있다. 직무범죄란 직무행위 그 자체가 범죄를 구성하는 경우를 말하고(예 : 형법 제122조 내지 제128조 참조), 준직무범죄란 직무행위 그 자체가 범죄를 구성하는 것이 아니라 공무원이라는 신분상 또는 그 행위가 직무와 관련되기 때문에 범죄가 되는 경우를 말한다(예 : 형법 제129조 내지 제133조 참조). 협의의 형사법상 책임문제에는 형법이론이 적용된다. 한편, 공무원의 행정법상 의무위반의 경우에 대해 제재로서 처벌을 예정하고 있는 경우(예 : 국공법 제84조; 지공법 제82조)에는 행정범(行政犯)의 이론이 적용될 것이다.

V. 민사법상 책임

1031 공무원의 민사법상 책임문제는 공무원이 공법상의 직무집행과 관련하여 일반국민에게 손해를 가한 경우, 국민에 대하여 직접 민사법상 책임을 지는가의 문제이다. 생각건대 국가배상법상 국가의 책임을 위험책임설적 자기책임으로 보고, 또한 피해자가 배상청구권을 국가나 가해 공무원에게 선택적으로 행사할 수 없다고 보는 본서의 입장에서는 공무원의 민사상 책임문제는 생기지 않는다고 본다. 그러나 판례는 현재 공무원에게 경과실이 있는 경우에는 공무원 개인에게 배상청구가 불가능하지만, 공무원에게 고의나 중대한 과실이 있는 경우에는 공무원 개인에게도 배상청구가 가능하다는 입장을 취한다.[1] 종전에 판례는 공무원의 고의·과실(경과실 포함)을 불문하고 공무원 개인에 대한 배상청구가 가능하다고 하였다가[2] 그 후에는 공무원 개인에 대한 배상청구가 불가능하다고 한 바 있었다.[3]

---

1) 대판 1996. 2. 15, 95다38677.
2) 대판 1972. 10. 10, 69다701.
3) 대판 1994. 4. 12, 93다11807.

제4편 경찰법(경찰행정법)

제 1 장　경찰법서설

제 1 절　경찰의 관념

1032 위험의 발생을 예방하거나 이미 발생된 교란의 제거를 통해 공공의 안녕과 질서를 보호하려는 국가작용을 경찰이라 부른다. 경찰은 어떠한 국가에서도 필수적이고 기본적인 국가기능의 하나를 구성한다. 왜냐하면 개인과 공동체를 위험으로부터 보호하는 것은 질서와 평화의 단체로서 국가의 본질적인 내용의 하나이기 때문이다.[1] 요컨대 경찰의 기능은 바로 위험의 방지이다. 공공의 안녕과 질서를 위협하는 위험의 방지는 기본권보장에 이바지하기도 하면서 기본권보장과 긴장관계에 놓이기도 하는바, 실질적 법치국가의 실현과 관련하여 경찰·경찰법에 대한 검토는 중요한 과제일 수밖에 없다.

제 1 항　경찰의 개념과 종류

Ⅰ. 경찰개념의 유형

1. 실질적 경찰개념의 정의

1033 실질적 의미의 경찰은 국가활동의 성질을 기준으로 한 것이다. 독일이나[2] 오늘날 우리 나라의 지배적인 견해에 따르면, 경찰이란 "공공의 안녕(공적 안전)과 공공의 질서(공적 질서)를 위협하는 위험으로부터 개인이나 공중을 보호하거나, 공공의 안녕이나 공공의 질서에 대한 장해(교란)의 제거를 목적으로 하는 국가적 활동"으로 이해된다. 이와 관련하여 경찰은 ① 소극적인 작용(이 점에서 적극적 목적의 복리작용과 구분된다), ② 사회목적적인 작용(이 점에서 국가목적적인 작용인 군정·재정작용과 구분된다), ③ 권력적인 작용(이 점에서 비권력적인 복리작용과 기본적으로 구분된다)으로 이해되고 있다. 실질적 의미의 경찰의 동의어로 위험방지라는 용어가 사용되기도 한다.[3] 이러한 작용이 국민의 권리를 침해하는 경우에는

---

1) Friauf, Polizei– und Ordnungsrecht, in : Schmidt–Aßmann(Hrsg.), Besonderes Verwaltungsrecht, Rn. 2.
2) 독일 경찰법률은 경찰의 의의를 명시적으로 규정하고 있다(MEPolG 제1조, SPolG 제1조 등).
3) Ipsen, Niedersächsisches Gefahrenabwehrrecht, Rn. 8.

헌법 제37조 제2항에 의하여 법적 근거를 요한다. 실질적 의미의 경찰은 제도적 의미의 경찰에 의해서만 수행되는 것은 아니고, 다른 행정기관에 의해서도 수행된다. 실질적 의미의 경찰개념은 역사적 발전과정의 결과로써 나타난 것이다.[1] 실질적 경찰개념은 경찰법 제3조 제7호와 경찰관 직무집행법 제2조 제7호에서 "공공의 안녕과 질서유지"라는 용어로 표현되고 있다. 공공의 안녕과 공공의 안전 내지 공적 안전은 동의어로 이해된다.[2]

	실질적 의미의 경찰행정	군사행정	복리행정
목적	공공의 안녕과 질서유지	국가의 안전의 유지	인간다운 삶의 보장
방향	사회목적적 행정	국가목적적 행정	사회목적적 행정
성질	소극적 위험방지 작용	소극적 안전보장 작용	적극적 복리증진 작용
수단	권력작용(명령·강제)중심	권력작용(명령·강제)중심	비권력작용(급부)중심
권력	일반통치권	일반통치권	일반통치권
대상	국민, 외국인	군인·군무원	국민, 외국인

2. 제도적 경찰개념의 정의

제도적 의미의 경찰개념은 행정조직법상 경찰행정기관의 조직과 관련된다. 1034
제도적 의미의 경찰이란 조직법상 경찰이라 불리는 조직에 속하는 행정기관의 전체 체계를 말한다.[3] 제도적 의미의 경찰의 범위는 정부조직법과 경찰법령에서 정해진다. 정부조직법 제34조 제5항은 "치안에 관한 사무를 관장하기 위해 행정안전부장관소속으로 경찰청을 둔다"고 하였는바, 경찰청과 그 소속기관(시·도경찰청, 경찰서 등)의 총체가 제도적 의미의 경찰에 해당한다. 제도적 의미의 경찰은 조직상 의미의 경찰이라 부르기도 한다. 한편, 제주특별자치도 설치 및 국제자유도시 조성을 위한 특별법(제국법)(2006. 7. 1 시행)의 시행과 더불어 제주특별

1) Schenke, Polizei– und Ordnungsrecht, Rn. 2. 한편, 고대 페르시아·이집트·그리스·로마와 근대의 서구(독일·영국·프랑스·러시아)에서 경찰의 발전에 관해서는 K. Melcher, Die Geschichte der Polizei, 1926 참조.

2) 일본 경찰법 제2조 제1항은 "공공의 안전과 질서유지"라는 용어를 사용하고 있다. 일본 경찰법에서 말하는 공공의 안전과 우리의 경찰법 제3조와 경찰관 직무집행법 제2조 제5호에서 말하는 공공의 안녕은 동의어로 볼 것이다.

3) Knemeyer, Polizei– und Ordnungsrecht, Rn. 26. 한편, 국내학자에 따라서는 형식적 의미의 경찰을 제도적 의미의 경찰과 동일한 개념으로 사용하기도 한다(박균성, 행정법론(하), 627쪽(2019); 박윤흔·정형근, 최신행정법강의(하), 288쪽). 물론 이러한 견해는 본서가 사용하는 제도적 의미의 경찰개념을 경찰개념의 한 유형으로 다루지 아니한다.

자치도에 자치경찰제가 도입되었으므로, 제주자치도의 자치경찰조직도 제도적 의미의 경찰의 한 부분이 되었다.

3. 형식적 경찰개념의 정의

1035 **(1) 의 의** 형식적 의미의 경찰이란 실질적인 성질을 불문하고 제도적 의미의 경찰이 관장하는 모든 사무를 말한다.[1] 형식적 의미의 경찰은 입법자가 경찰에 부여한 모든 사무를 의미하는바, 그 내용이 무엇인가를 가리지 않는다. 형식적 의미의 경찰개념이 필요한 것은 제도적 의미의 경찰이 위험방지임무 외에 법규상 부여된 다른 행정활동(예 : 청소년보호 등 복지활동·범죄수사 등)도 수행하고 있기 때문이다. 따라서 형식적 의미의 경찰개념은 실정법에 의한 경찰권의 확대를 뜻한다고 볼 수 있다.[2] 행정조직법정주의의 원리에 비추어 경찰은 법률이 정한 바에 따라 임무를 수행하여야 하기 때문에 경찰사무의 근거와 한계는 법률이 정한 바에 따른다고 할 것이므로 형식적 경찰개념은 제도적 의미의 경찰의 사무범위와 관련하여 중요한 의미를 갖는다.

1036 **(2) 국가경찰에 관한 현행법의 내용** ① 정부조직법은 "치안에 관한 사무"를 경찰청의 사무로 규정하고 있고(정조법 제34조 제5항), ② 정부조직법(제34조 제5항)에 따른 국가경찰과 자치경찰의 조직 및 운영에 관한 법률(약칭 경찰법)은 국가경찰의 임무를 "1. 국민의 생명·신체 및 재산의 보호, 2. 범죄의 예방·진압 및 수사, 3. 범죄피해자 보호, 4. 경비·요인경호 및 대간첩·대테러 작전 수행, 5. 공공안녕에 대한 위험의 예방과 대응을 위한 정보의 수집·작성 및 배포, 6. 교통의 단속과 위해의 방지, 7. 외국 정부기관 및 국제기구와의 국제협력, 8. 그 밖에 공공의 안녕과 질서유지"로 규정하고 있고(경찰법 제3조), ③ 경찰관 직무집행법도 경찰관의 직무를 경찰법과 동일하게 규정하고 있다(경직법 제2조). 경찰의 사무를 단순화해서 말한다면, 경찰법령이 제도적 의미의 경찰에 부여한 사무는 위험방지와 범죄수사를 축으로 한다. 이 두 가지 사무를 경찰의 이중기능이라 부를 수 있다.[3] 경찰법령이 제도적 의미의 경찰에 부여한 권한을 도해하면 다음과 같다.

---

1) Götz, Allgemeines Polizei- und Ordnungsrecht, §2, Rn. 14; Knemeyer, Polizei- und Ordnungsrecht, Rn. 25; Schenke, Polizei- und Ordnungsrecht, Rn. 16.

2) 그러나 제도적 의미의 경찰의 권한을 제한하는 입법례하에서는 오히려 제도적 경찰이 갖는 권한의 축소를 가져온다. 예컨대 독일 헤선(Hessen)에서 보는 바와 같이 위험방지(경찰)의 사무를 담당하는 기구로 위험방지행정청과 경찰행정청을 설치하게 되면, 당연히 경찰행정청의 권한축소는 불가피하다(Pausch, Polizei- und Ordnungsrecht in Hessen, Kapital Ⅰ, 2).

3) Pausch, Polizei- und Ordnungsrecht in Hessen, Kapital Ⅳ, 1.1 참조.

경찰의 임무	근거법률
1. 국민의 생명·신체 및 재산의 보호	경찰법 제3조 제1호 경직법 제2조 제1호
2. 범죄의 예방·진압 및 수사	경찰법 제3조 제2호 경직법 제2조 제2호
3. 범죄피해자 보호	경찰법 제3조 제3호 경직법 제2조 제2의2호
4. 경비·요인경호 및 대간첩·대테러 작전 수행	경찰법 제3조 제4호 경직법 제2조 제3호
5. 공공안녕에 대한 위험의 예방과 대응을 위한 정보의 수집·작성 및 배포	경찰법 제3조 제5호 경직법 제2조 제4호
6. 교통의 단속과 위해의 방지	경찰법 제3조 제6호 경직법 제2조 제5호
7. 외국 정부기관 및 국제기구와의 국제협력	경찰법 제3조 제7호 경직법 제2조 제6호
8. 그 밖에 공공의 안녕과 질서유지	경찰법 제3조 제8호 경직법 제2조 제7호

(3) **제주자치도 자치경찰에 관한 현행법의 내용** 제주특별자치도 설치 및 국 1037
제자유도시 조성을 위한 특별법은 제주자치경찰단이 처리하는 사무(자치경찰사무)로 ① 주민의 생활안전활동에 관한 사무(생활안전을 위한 순찰 및 시설 운영, 주민참여 방범활동의 지원 및 지도, 안전사고 및 재해재난 등으로부터의 주민보호, 아동·청소년·노인·여성 등 사회적 보호가 필요한 자에 대한 보호 및 가정·학교폭력 등의 예방, 주민의 일상생활과 관련된 사회질서의 유지 및 그 위반행위의 지도·단속), ② 지역교통활동에 관한 사무(교통안전 및 교통소통에 관한 사무, 교통법규위반 지도·단속, 주민참여 지역교통활동의 지원 및 지도), ③ 공공시설 및 지역행사장 등의 지역경비에 관한 사무, ④「사법경찰관리의 직무를 수행할 자와 그 직무범위에 관한 법률」에서 자치경찰공무원의 직무로 규정하고 있는 사법경찰관리의 직무, ⑤「즉결심판에 관한 절차법」 등에 따라「도로교통법」 또는「경범죄 처벌법」 위반에 따른 통고처분 불이행자 등에 대한 즉결심판 청구 사무를 규정하고 있다(제국법 제90조).

Ⅱ. 실질적 의미의 경찰개념

1. 실질적 경찰개념의 요소

실질적 경찰개념을 "공공의 안녕과 공공의 질서를 위협하는 위험으로부터 1038

개인이나 공중을 보호하거나, 공공의 안녕과 공공의 질서에 대한 장해(교란)의 제거를 통해 피해(가치감소)의 방지를 목적으로 하는 국가적 활동(국가작용)"으로 이해할 때, 실질적 경찰개념은 ① 공공의 안녕(공적 안전), ② 공공의 질서(공적 질서),[1] ③ 위험, ④ 장해, ⑤ 피해(가치감소)를 개념요소로 갖는다고 말할 수 있다. 경찰법은 공공의 안녕과 공공의 질서를 기본개념으로 하고 있다(경찰법 제3조; 경직법 제2조 제7호). 이러한 개념들은 일반행정법상 불확정법개념에 해당되며 구체화를 요하는 것으로서 그 의미의 해석이 용이하지 않다. 불확정개념의 해석에는 판단여지가 인정될 뿐, 재량이 인정될 수는 없다.[2] 이하에서 위의 개념요소를 살펴보기로 한다.

1039 (1) **공공의 안녕** 공공의 안녕(öffentliche Sicherheit)이란 일반적으로 객관적인 법질서, 즉 국가의 법질서, 국가와 국가의 여러 기관의 존속과 기능, 그리고 개인의 주관적 권리와 법익(생명·건강·자유·명예와 재산)의 무사온전성·불가침성을 뜻하는 것으로 이해된다.[3] 따라서 공공의 안녕의 개념은 공동체의 법익의 보호뿐만 아니라, 개인적 법익의 보호까지 포함하는 개념이다. ① 개인적 법익의 경찰상 보호에는 두 가지의 제한이 따른다.[4] 먼저, 사권(예 : 채권)은 기본적으로 경찰이 아니라 민사법원에 의해 보호된다. 여기에서 민사작용과 경찰작용은 구분된다. 그리고 공공의 안녕은 공공성을 요소로 하는 것이므로 개인적인 법익보호는 공익과 관련되는 범위 안에서 경찰법상 보호된다. 즉 관계자의 사익을 위한 것이라면 경찰에 의한 개입은 인정되지 아니한다. ② 공동체법익의 보

1) ⓐ 공적 안전(공공의 안녕)과 공적 질서를 구분하는 견해도 있고(김남진, 경찰행정법, 18쪽; 박균성, 행정법론(하), 637쪽(2019); 한견우·최진수, 현대행정법, 776쪽), ⓑ 양자를 일원적으로 파악하여 단순히 '공공의 안녕과 질서'로 파악하는 견해도 있다(이광윤 등, 행정작용법론 4쪽). 저자는 종전부터 ⓐ의 입장을 취하고 있다. 그 이유는 경찰행정법의 근거조항인 헌법 제37조 제2항에서 표현된 "질서유지"라는 개념을 넓은 의미로 이해하고, 그것을 공공의 안녕과 공공의 질서(협의의 의미)를 내포하는 개념으로 보았기 때문이다. 다만 본서 제15판부터는 경찰관 직무집행법 제2조 제5호에 유의하면서 저자가 종래 사용하였던 '공적 안전'이라는 개념을 '공공의 안녕'으로, '공적 질서'를 '공공의 질서'로 바꾸어 사용한다.

2) 김남진·김연태, 행정법(Ⅱ), 300쪽(2019).

3) Friauf, Polizei- und Ordnungsrecht, in : Schmidt-Aßmann(Hrsg.), Besonderes Verwaltungsrecht, Rn. 33; Götz, Allgemeines Polizei- und Ordnungsrecht, §4 Rn. 3; Ipsen, Niedersächsisches Gefahrenabwehrrecht, Rn. 84; Knemeyer, Polizei- und Ordnungsrecht, Rn. 100; Pieroth/Schlink/Kniesel, Polizei- und Ordnungsrecht, §8, Rn. 3f.; Schenke, in : Steiner(Hrsg.), Besonderes Verwaltungsrecht Ⅱ, Rn. 30; Schmidbauer/Steiner/Roese, Bayerisches Polizeiaufgabengesetz, Kommentar, Art.11, Rn. 57; Tettinger/Erbguth/Mann, BesonderesVerwaltungsrecht, Rn. 440ff.; Schenke, Polizei- und Ordnungsrecht, Rn. 53. 한편, 실정법상 공공의 안녕에 대한 이러한 내용의 정의규정의 예는 브레멘경찰법률(Bremisches Polizeigesetz) 제2조 제2호에서 볼 수 있다.

4) Schenke, Polizei- und Ordnungsrecht, Rn. 54.

호는 국가·국가기관의 존속·기능의 보장과 공동체법질서의 보호를 뜻한다.

(2) **공공의 질서** 공공의 질서(öffentliche Ordnung)란 독일에서는 전통적으 1040
로 헌법질서 안에서 건전한 공동생활을 위한 필수적인 전제로서의 지배적인 사회관·윤리관의 준수에 관한 모든 규율의 총괄개념으로 이해되고 있다.[1] 공공의 질서는 공공의 안녕에 대한 보충적인 개념으로 볼 수 있다. 여기서 말하는 모든 규율이란 공공의 안녕에서 보장되는 법규범을 제외한 불문의 행위규범을 의미한다.[2] 그것은 공동체의 가치상황을 나타내는 관습과 도덕을 의미한다. 공공의 질서 개념과 관련하여 동성애,[3] 이성간의 동거, 노약자를 조롱하는 행위, 종교행사에 참여하는 자에 대한 조롱행위, 스트립쇼 등이 문제된다.

(3) **위 험** 경찰법상 위험(Gefahr)이란 의미충족을 필요로 하는 불확정 1041
개념이다.[4] 경찰법상 위험이란 일반적인 생활경험상 판단에 의할 때, 어떠한 행

1) Friauf, Polizei– und Ordnungsrecht, in : Schmidt–Aßmann(Hrsg.), Besonderes Verwaltungsrecht, Rn. 39; Götz, Allgemeines Polizei– und Ordnungsrecht, §5, Rn. 1; Gusy, Polizeirecht, Rn. 96; Knemeyer, Polizei– und Ordnungsrecht, Rn. 102; Pausch, Polizei– und Ordnungsrecht in Hessen, Kapital Ⅳ, 4; Schenke, in : Steiner(Hrsg.), Besonderes Verwaltungsrecht, Ⅱ, Rn. 40; Schenke, Polizei– und Ordnungsrecht, Rn. 63; Schmidbauer/Steiner/Roese, Bayerisches Polizeiaufgabengesetz, Kommentar, Art.11, Rn. 71; Tettinger/Erbguth/Mann, Besonderes Verwaltungsrecht, Rn. 452.

2) Lisken/Denninger, Handbuch des Polizeirecht(4. Aufl.), E.Rn. 25.

3) 대판 2007. 6. 14, 2004두619(구 청소년보호법 제10조 제3항의 위임에 따라 같은 법 시행령(2001. 8. 25. 대통령령 제17344호로 개정되기 전의 것) 제7조와 [별표 1]의 제2호(다)목은 '동성애를 조장하는 것'을 청소년유해매체물 개별 심의기준의 하나로 규정하고 있는바, 현재까지 위 시행령 규정에 관하여 이를 위헌이거나 위법하여 무효라고 선언한 대법원의 판결이 선고된 바는 없는 점, 한편 동성애에 관하여는 이를 이성애와 같은 정상적인 성적 지향의 하나로 보아야 한다는 주장이 있는 반면 이성간의 성적 결합과 이를 기초로 한 혼인 및 가족생활을 정상적인 것으로 간주하는 전통적인 성에 대한 관념 및 시각에 비추어 이를 사회통념상 허용되지 않는 것으로 보는 견해도 있는 점, 동성애를 유해한 것으로 취급하여 그에 관한 정보의 생산과 유포를 규제하는 경우 성적 소수자인 동성애자들의 인격권·행복추구권에 속하는 성적 자기결정권 및 알 권리, 표현의 자유, 평등권 등 헌법상 기본권을 제한할 우려가 있다는 견해도 있으나, 또한 동성애자가 아닌 다수의 청소년들에 있어서는 동성애에 관한 정보의 제공이 성적 자기정체성에 대한 진지한 성찰의 계기를 제공하는 것이 아니라 성적 상상이나 호기심을 불필요하게 부추기거나 조장하는 부작용을 야기하여 인격형성에 지장을 초래할 우려 역시 부정할 수 없다 할 것인 점 등에 비추어 보면, 이 사건 청소년유해매체물 결정 및 고시처분 당시 위 시행령의 규정이 헌법이나 모법에 위반되는 것인지 여부가 해석상 다툼의 여지가 없을 정도로 객관적으로 명백하였다고 단정할 수 없고, 따라서 위 시행령의 규정에 따른 위 처분의 하자가 객관적으로 명백하다고 볼 수 없다).

4) 용어의 사용방식이 다양하다. ① '위해(Gefahr)＝위험＋장해'로 사용하는 견해(박윤흔·정형근, 최신행정법강의(하), 292쪽), ② '위해＝위험(Gefahr)＋장해(Störungs)'로 사용하는 견해(김남진·김연태, 행정법(Ⅱ), 299쪽(2019); 김도창, 일반행정법론(하), 290쪽; 조연홍, 한국행정법원론(하), 374쪽; 최영규, 경찰행정법, 8쪽), ③ 위험(Gefahr)과 장해(Störungs)로 구분하되 상위개념을 특별히 사용하지 아니하는 견해(정하중, 행정법개론, 1079쪽 이하(2019)), ④ 위해(Gefahr)와 장해(Störungs)로 구분하되 상위개념을 특별히 사용하지 아니하는 견해(김성수, 개별행정법, 465쪽, 469쪽; 박균성, 행정법론(하), 638쪽(2019)) 등이 있다. ①과 ②는 외국어표기

위나 상태가 방해를 받지 아니하고 진전되면 멀지 아니한 시점에 경찰상 보호이익(공공의 안녕·공공의 질서)에 피해를 가져올 충분한 개연성(Wahrscheinlichkeit)이 있는 상황을 말한다.[1] 위험의 존부는 손해(피해)의 발생과 직결된다. 피해발생의 개연성은 이론상 확실성과 단순한 가능성 사이에서 존재한다. 구체적인 개연성의 정도는 개별 법령상 규정된 위험의 내용(예 : 현저한 위험, 긴급한 위험, 현재의 위험, 중대한 위험, 생명·신체에 대한 위험)에 따라 상이하다. 위험의 유무의 판단은 과학적인 인식이나 경험과학에 의한다. 경찰의 개입은 대부분 구체적 위험과 관련한다. 경찰은 구체적인 위험을 가져올 수 있는, 일반적으로 존재하는 위험에 대하여 개입하기도 한다(예 : 특정범죄자에 대한 정보수집). 그러나 이러한 경우의 경찰의 개입도 개인의 권리에 침해를 가져오는 것이라면, 법적 근거가 필요하다.

1042 (4) 장 해(교란) 경찰작용은 위험이 있는 경우뿐만 아니라 위험이 현실화되어 피해(가치)가 직접적이고도 객관적으로 감소되고 있는 경우에도 이루어진다.[2] 후자의 경우를 경찰상 장해 또는 교란이라 부른다. 장해로 인하여 새로운 위험이 발생하는 것은 방지되어야 하기 때문에, 장해 역시 위험의 한 종류라 볼 수 있다.[3] 따라서 경찰상 위험과 장해를 구별하여 다루어야 할 특별한 이유는 없다. 좁은 의미의 위험방지를 위해 도입되는 처분은 예방적이지만, 장해의 제거를 위해 도입되는 처분은 진압적이다. 형법위반행위가 장해를 가져온다면, 경찰은 위험방지를 위해 개입할 수 있을 뿐만 아니라 범죄수사를 위해서도 개입할 수 있다.

1043 (5) 피 해(가치의 감소) 피해란 경찰상 보호법익의 감소, 즉 사실상 존재하는 생활상의 이익이 비정상적이고도 외부적인 영향에 의거하여 중대하게 침해되는 것을 말한다.[4] 경찰상 보호법익은 사실상의 상태와 관련되는 것이므로 법익의 감소에는 소극적인 감소(기대이익의 감소)는 포함되지 아니한다. 법익의 감

상의 차이가 있을 뿐, 내용상 차이는 없어 보인다. 저자는 '광의의 위험 = 위험 + 장해'의 방식을 취한다. 장해도 위험의 일종으로 보기 때문이다.

1) Berner/Köhler, Polizeiaufgabengesetz, Art.2, S. 9; Friauf, Polizei- und Ordnungsrecht, in : Schmidt-Aßmann(Hrsg.), Besonderes Verwaltungsrecht, Rn. 45; Gusy, Polizeirecht, Rn. 108; Hensen, Allgemeines Verwaltungsrecht der Polizei, Rn. 183; Götz, Allgemeines Polizei- und Ordnungsrecht, § 6. Rn. 3; Knemeyer, Polizei- und Ordnungsrecht, Rn. 87; Lisken/Denninger, Handbuch des Polizeirecht(4. Aufl.), E.Rn. 29; Pausch, Polizei- und Ordnungsrecht in Hessen, Kapital Ⅳ, 2.1.1; Tettinger/Erbguth/Mann, Besonderes Verwaltungsrecht, Rn. 463.
2) Pausch, Polizei- und Ordnungsrecht in Hessen, Kapital Ⅳ, 2.2; Schenke, Polizei- und Ordnungsrecht, Rn. 92.
3) Lisken/Denninger, Handbuch des Polizeirecht(4. Aufl.), E.Rn. 45.
4) Habermehl, Kai, Polizei- und Ordnungsrecht, Rn. 63.

소는 현재적이어야 한다. 이익이나 가치의 증대를 위해 경찰권이 발동될 수는 없다. 법익이란 모든 이익을 말하는 것이 아니라, 법질서에 의해 형성되고 구체화되고 보호되는 이익을 말한다.[1] 안전 그 자체는 법익이 아니다. 그것은 법익이 있어야 할 상태를 의미한다.[2]

▌참고▐ 위험방지–위험대비–잔여위험 1043a

1) 독일법상 위험개념과 관련하여 Gefahrenabwehr, Risikovorsorge, Restrisiko 등 다양한 용어가 사용되고 있다. ① 위험방지(Gefahrenabwehr)란 구체적인 위험의 방지를 내용으로 하는 개념이다. 전통적 경찰개념의 중심요소이다. ② 위험대비(Risikovorsorge)란(구체적인) 위험(Gefahren)으로 발전할 수 있는 위험(Risken)에 대한 대응적인 조정작용이다. 위험대비는 구체적 위험의 전 단계와 관련된 개념이다. 위험대비는 현재 존재하지 아니하는 위험(Gefahren)을 대상으로 한다. 따라서 위험대비는 구체적 위험을 전제로 하는 전통적 위험방지를 능가하는 개념이라 한다. 위험대비는 특별법이 있는 경우에 가능한데, 그것은 환경법과 기술상 안전법 — 특히 임미시온보호법과 원자력법 — 에서 나타나고 있다고 하며, Gefahrenvorsorge가 Risikovorsorge와 동의어로 사용되기도 한다.[3] ③ 단순한 도로교통의 참여가 위험하여도(riskant), 경찰은 개입할 수 없고,[4] 인과관계가 학문상 불분명하고, 경험상으로도 극복되지 아니한 경우(예 : 어떤 물질에 발암성분이 있는지의 여부가 불분명한 경우)에는 위험(Risiken)이 존재하여도 일반 경찰법상 위험(Gefahr)이 아니다.[5] 이러한 위험을 잔여위험(Restrisiko)이라 부른다. 잔여위험에 대하여 특별법이 특별한 규정을 두고 있다면, 그것은 위험대비의 문제가 된다.

2) 위험이라는 용어를 인간생활에 불행한 결과를 가져오는 것과 관련되는 개념으로 전제할 때, Gefahrenabwehr와 Risikovorsorge는 위험의 시간적 선후 관계, 위험의 구체성과 추상성, 위험의 현실화의 가능성 등에 차이가 있지만, 그 차이는 상대적일 뿐 본질적인 것은 아니라는 점, 위험대비도 광의의 위험방지의 한 종류로 볼 수 있다는 점 등을 고려하여 이 책에서는 Gefahr와 Risiko를 특별히 구별하지 않고 모두 위험이라는 용어로 표현하기로 한다. 물론 위험개념을 위험방지 – 위험대비 – 잔여위험의 3단계로 구분하는 것은 위험의 제어를 위한 경찰권발동의 가능성과 관련하여 여전히 의미가 있다고 본다.

---

1) Gusy, Polizei– und Ordnungsrecht(8. Aufl.), §3, Rn. 80.
2) Gusy, Polizei– und Ordnungsrecht(8. Aufl.), §3, Rn. 80.
3) Lisken/Denninger, Handbuch des Polizeirecht(4. Aufl.), D.V. 3, 9, E, 3.
4) Gusy, Polizeirecht, Rn. 108.
5) Götz, Allgemeines Polizei– und Ordnungsrecht(14. Aufl.), §6, Rn. 9.

2. 실질적 경찰개념의 의미

1044 (1) **경찰법과 실질적 경찰개념** 경찰법학(경찰행정법학)은 위험방지에 기여하는 모든 국가작용을 포괄하는 실질적 경찰개념을 기초로 한다. 전통적으로 실질적 경찰개념은 예방적인 작용인 「위험의 방지」와 진압적인 작용인 「위험이 현실화된 상태인 장해(교란)의 제거」를 축으로 하였기 때문에 경찰법도 당연히 예방작용과 진압작용을 기본적인 연구대상으로 하였다. 근래에는 이러한 양대 작용 외에 제3의 영역으로서 위험예방 이전 단계로서 위험예방을 위한 사전활동(Vorfeldtätigkeit)도 경찰법의 연구대상이 되고 있다.[1] 개인정보의 수집·관리 등의 작용이 이에 해당한다. 요컨대 위험의 발생을 저지하거나 현재로서는 구체적인 위험이 아니지만 장래 현실화될 수 있는 위험을 극복하는 위험의 예방을 위한 사전대비도 위험방지에 포함된다.[2] 그러나 형사소추 그 자체는 위험방지에 해당하지 아니한다. 경우에 따라서는 실질적 경찰작용인 위험방지사무가 복지사무를 수행하는 행정기관에 부과되기도 한다(예 : 건축법은 건축물의 기능과 미관을 향상시키는 건축상 복지행정에 관한 권한 외에 건축상 위험방지를 도모하기 위한 건축상 경찰행정에 관한 권한(예 : 건축법 제11조의 건축허가권)도 건축행정청에 부여하고 있다).

1045 (2) **위험방지영역의 다양성** 실질적 의미의 경찰개념, 즉 모든 위험방지작용을 경찰이라고 하게 되면, 위험방지가 요구되는 다양한 개별적인 행정영역에 경찰이라는 접미어의 활용으로써 많은 종류의 하위경찰개념을 구성할 수 있게 된다(예 : 건축경찰·소방경찰·영업경찰·청소년경찰·어업경찰·보건경찰·시장경찰·도량형경찰·식품위생경찰·집회경찰·결사경찰).

1046 (3) **실질적 경찰개념의 유형** 학자에[3] 따라서는 실질적 의미의 경찰개념을 최광의·광의·협의로 나누어 정의하기도 한다. 즉 ① 협의의 경찰이란 보안경찰(일반경찰), ② 광의의 경찰이란 보안경찰 외에 협의의 행정경찰(특별경찰), ③ 최광의의 경찰이란 보안경찰·협의의 행정경찰 외에 규제행정·정서행정을 포함하는 개념으로 이해하고 있다. 행정법학자들은 경찰개념을 광의로 새기는 것이 일반적인 것으로 보인다. 본서에서 말하는 실질적 경찰개념 역시 위의 ②의 개념에 상응한다.

1047 (4) **실질적 경찰개념의 중요성** 경찰개념은 경찰법의 해석과 적용에 있어서 중요한 의미를 갖는다. 왜냐하면 위험방지임무가 존재하는 경우, 특별법이 특별

---

1) Knemeyer, Polizei- und Ordnungsrecht, Rn. 71.
2) Schenke, Polizei- und Ordnungsrecht, Rn. 10.
3) 김도창, 일반행정법론(하), 288쪽.

히 정하고 있는 것이 아닌 한 일반경찰법이 적용될 수 있기 때문이다. 예컨대 건축행정청의 건축경찰상의 임무는 개념적으로나 본질적으로 경찰임무와 같다. 이 때 건축관계법이 규정하는 한에 있어서는 건축행정청의 작용이 우선하며(즉, 건축행정청이 경찰의 한 부분으로서 경찰행정청으로 작용하며), 일반경찰법의 적용은 배제되고, 건축관계법이 규정하고 있지 않은 경우에만 일반경찰의 개입이 허용된다. 이 때 일반경찰의 개입이 허용되기 위한 제1의 전제가 경찰작용이어야 하는바, 이 때문에 경찰개념의 정립은 중요한 문제가 된다.

Ⅲ. 경찰의 종류

1. 행정경찰과 사법경찰

행정경찰이란 본래적인 의미의 경찰을 말하는바, 그것은 공공의 안녕과 질서의 유지를 위한 행정작용을 말한다. 사법경찰이란 사법사무인 범죄의 수사작용을 말한다. 사법경찰은 형사사법작용의 일부이므로 실질적 의미의 경찰작용에 해당하지 아니한다. 다만 실정법은 검사의 지휘하에 경찰공무원인 사법경찰관리로 하여금 구속영장을 집행하고 수사를 하도록 하고 있는바(형소법 제81조·제196조), 사법경찰작용은 형식적 의미의 경찰작용에 해당한다. 따라서 제도적 의미의 보통경찰기관(제도적 의미의 경찰)은 양자의 임무를 모두 수행하는 셈이다. 그러나 양자는 적용법규를 달리하는 까닭에 구분되어야 한다.[1] 본서의 중심연구대상은 물론 행정경찰이다. 1048

2. 국가경찰과 지방자치단체경찰

(1) 의 의 국가경찰이란 국가사무로서의 경찰사무를 수행하기 위해 국가가 설치·유지하는 경찰을 말하고,[2] 지방자치단체경찰이란 지방자치단체사무로서의 경찰사무를 수행하기 위해 지방자치단체가 설치·유지하는 경찰을 말한다.[3] 1049

1) 헌재 2018. 8. 30, 2014헌마843(경찰의 촬영행위는 범죄수사를 위한 증거자료를 확보하기 위한 것일 수도 있고, 집회 및 시위와 관련해서 침해될 수 있는 법익 등을 보호하고 범죄를 예방하여 공공의 안녕과 질서를 유지하기 위한 것일 수도 있다. 양자는 그 목적, 성질, 권한의 법적 근거가 상이하므로, 어느 것에 해당하는지는 행위의 성격과 함께 업무수행자의 의사를 기준으로 판단되어야 한다).

2) 유럽대륙의 경우 경찰작용은 예로부터 국가의 권한영역에 속해 왔다(Drew/Wacke/Vogel/Martens, Gefahrenabwehr, S. 46f.; W. Rudolf, Polizei gegen Hoheitsträger, 1965, S. 6). 그것은 국가가 내적 안전에 대한 책임을 지며, 또한 내적 안전을 보장해야 할 주체이기 때문이었다. 이를 경찰권의 단일성의 원칙이라 부르기도 한다. 따라서 유럽의 경우에 경찰임무가 지방자치단체나 지방자치단체의 장에 위임되어 수행될 수 있을지라도 그것은 자치경찰이 아니라 여전히 국가경찰로 이해된다(경찰권의 국가독점).

3) 용례상 지방자치단체경찰과 지방경찰은 구별할 필요가 있다. 지방경찰이란 지방에 설치되는

입법례에 따라서는 국가경찰을 원칙으로 하는 경우(예 : 독일)도 있고, 국가경찰 외에 지방자치단체경찰을 두는 경우(예 : 미국)도 있다. 지방자치단체경찰을 단순히 자치경찰이라 부르기도 한다.[1)]

1049a (2) **우리나라의 상황** 2020. 12. 9. 국회를 통과한 국가경찰과 자치경찰의 조직 및 운영에 관한 법률(명칭을 포함하여 종래의 경찰법이 전부 개정된 법률)은 경찰사무를 국가경찰사무와 자치경찰사무로 구분하고 있으나(경찰법 제4조), 그 사무를 국가경찰인 시·도경찰청장과 경찰서장이 수행토록 하고 있다. 시·도경찰청장과 경찰서장은 자치경찰사무를 수행하는 범위에서 자치경찰행정청의 지위를 갖는 바, 시·도경찰청장과 경찰서장의 지위는 이중적이다. 시·도경찰청장의 지위가 이중적이라는 것은 자치경찰제가 온전한 것이 아님을 의미한다. 그것은 과도기적이다. 지방자치단체 소속기관인 자치경찰기관이 자치경찰사무를 전담하는 것이 온전한 자치경찰제라 할 것이다. 한편, 제주특별자치도에는 제주특별자치도 설치 및 국제자유도시 조성을 위한 특별법(2006. 7. 1. 시행)의 시행과 더불어 자치경찰제가 도입되었다.

3. 보안경찰(일반경찰)과 협의의 행정경찰(특별경찰)

1050 보안경찰(Sicherheitspolizei)이란 일반적인 공공의 안녕과 질서의 유지를 위한 행정작용을 말한다. 보안경찰은 '일반적인 공공의 안녕과 질서의 유지' 그 자체가 독립적인 경찰작용을 말한다. 그것은 제도적 의미의 경찰에 의해 이루어진다. 그러나 경우에 따라서는 행정영역별로 그 행정이 갖는 특별한 행정목적의 달성을 위하여 경찰작용이 나타나기도 하는데(예 : 산림경찰·어업경찰·보건경찰 등), 이러한 작용을 협의의 행정경찰(Verwaltungspolizei)이라 부른다.[2)] 협의의 행정경찰은 각 주무부장관 등의 소관 하에 수행된다. 일반적으로 경찰이란 보안경찰을

국가경찰을 말한다(경찰법 제4장), 말하자면 지방경찰은 국가의 지방경찰을 의미한다.

1) 독일의 경우, Beyern에서는 예외적으로 자치경찰이 자치행정의 한 부분으로 헌법상 보장되고 있다(Bayern 헌법 제83조 제1항).

2) 일설은 "협의의 행정경찰은 그 대부분이 적극목적을 위한 권력적 작용인 규제작용 내지 그 본체가 되는 급부작용에 융화시켜 볼 수 있는 것들이라는 점에서 보안경찰에 대한 개념으로서 협의의 행정경찰을 따로이 인정할 실익은 매우 희박하다"고 한다(이상규, 신행정법론(하), 289쪽; 박윤흔·정형근, 최신행정법강의(하), 314쪽). 그러나 국가공동체에서 발생할 수 있는 모든 종류의 위험과 그에 대한 방지에 대한 체계적인 학문적 접근이 필요하다는 점, 위험이 규제 내지 복리와 융화된다고 하여도, 규제와 복리에 결합된 위험을 분리하는 것이 불가능한 것만은 아니고 아울러 각 위험마다 성질이 다르므로 각 위험을 비교하는 것이 학문적 관점에서 필요하다는 점에서 특별경찰(협의의 행정경찰)의 개념을 경시하는 것은 동의하기 어렵다. 요컨대 제도적 의미의 경찰기관의 권한의 관점이 아니라 국가작용의 체계화의 관점에서 특별경찰(협의의 행정경찰)의 개념은 여전히 의미를 갖는다.

말한다. 보안경찰은 일반경찰, 협의의 행정경찰은 특별경찰로 부르기도 한다. 본서는 보안경찰과 협의의 행정경찰이라는 용어 대신에 일반경찰과 특별경찰이라는 용어를 사용한다.[1]

4. 광의의 경찰과 협의의 경찰

일설은[2] 전통적 견해가 보안경찰과 협의의 행정경찰을 포함하여 새기는 실 1051
질적 경찰개념을 광의의 경찰이라 부르고, 일설은[3] 보안경찰만으로 이해하는 실질적 경찰개념을 협의의 경찰로 부르기도 한다(광의의 실질적 의미의 경찰=보안경찰(협의의 실질적 의미의 경찰)+협의의 행정경찰).

5. 예방경찰과 진압경찰

예방경찰(Präventive Polizei)이란 공공의 안녕과 질서의 유지를 위해 위험을 1052
사전에 방지하기 위하여 이루어지는 경찰작용을 말하고, 진압경찰(Repressive Polizei)이란 위험이 현실화되어 장해가 생긴 경우에 공공의 안녕과 질서의 회복을 위한 경찰작용을 말한다. 예방경찰은 행정경찰의 한 내용이 되며, 진압경찰은 행정경찰의 의미(예 : 기존의 장해에 의해 야기되는 또 다른 장해의 방지) 외에 사법경찰의 의미(예 : 범인의 체포)도 갖는다. 진압경찰을 오로지 사법경찰의 의미로만 파악하는 것은 오늘날의 시각에서는 바람직하지 않다.

6. 평시경찰과 비상경찰

평시경찰은 평상시에 있어서 일반경찰법규에 근거하여 제도적 의미의 경찰 1053
에 의해 이루어지는 경찰작용을 말하고, 비상경찰이란 천재·지변이나 전쟁 등의 국가의 비상시에 특별한 경찰법규에 근거하여 특별한 경찰기관에 의해 이루어지는 경찰작용을 말한다(예 : 비상계엄·긴급명령 등이 발령된 경우).

7. 일반경찰과 청원경찰

일반경찰이란 제도적 의미의 경찰에 의해 이루어지는 일반적인 경찰작용 1054
또는 제도적 의미의 경찰을 말하고, 청원경찰이란 청원경찰법에 의해 이루어지는 경찰을 말한다. 통상 경찰이란 일반경찰을 의미한다.

8. 보통경찰과 고등경찰

보통경찰이란 개인의 안전을 보호하는 경찰을 말하고, 고등경찰은 국가의 1055

1) 본서와 같은 입장으로 김성수, 개별행정법, 457쪽.
2) 최영규, 경찰행정법, 13쪽.
3) 김도창, 일반행정법(하), 289쪽; 석종현·송동수, 일반행정법(하), 296쪽.

안전을 보호하는 경찰을 말한다(예 : 정치적 집회, 정치범의 감시, 선거운동 단속). 이러한 구분은 일제강점기하에서 사용되었고, 오늘날에는 사용되지 아니한다.

제 2 항 경찰법의 의의와 종류

Ⅰ. 경찰법의 의의

1. 경찰법의 개념

1056 경찰법의 개념은 경찰개념에 좌우된다. 경찰의 개념을 위험방지에 기여하는 국가활동으로 이해한다면,[1] 경찰법(Polizeirecht)은 위험방지법(Das Recht der Gefahrenabwehr), 즉 위험방지에 타당한 법원칙과 법규범의 총체로 정의될 수 있다.[2] 독일의 일부 란트에서 보는 바와 같이 제도적 의미의 경찰의 권능을 제한하고, 그 권능을 질서행정청으로 하여금 수행하게 하는 경우에 제도적 의미의 경찰행정청에 의해 수행되는 위험방지활동을 경찰법의 대상으로 구성하고, 질서행정청에 의해 이루어지는 위험방지활동을 질서법의 대상으로 구성하기도 한다.[3] 양자 모두 본래적 의미의 경찰작용임은 물론이다. 요컨대 경찰이라 불리는 국가작용의 내용·형식과 범위에 관한 성문·불문의 법규의 전체가 경찰법이다.

2. 경찰법의 필요성

1057 경찰법이 필요한 이유는 헌법에서 찾을 수 있다. 헌법상 기본권은 국민 개개인에게 자신의 삶을 자신이 원하는 바대로 영위할 수 있는 권리를 부여한다. 그러나 무제한의 기본권행사는 타인의 기본권과의 관계에서 충돌을 가져오게 된다. 이러한 충돌을 방지하기 위해서는 국가가 개인의 생활에 구체적으로 개입하지 않을 수 없는바, 이러한 작용의 하나가 바로 경찰이다. 이와 관련하여 헌법은 제37조 제2항에서 질서유지를 위해 기본권을 제한할 수 있음을 규정하고 있는바, 이것은 명문으로 경찰작용의 필요성을 나타내고 있는 것이 된다. 그렇다고 위험극복을 위한 경찰의 권능은 무제한이 아니다. 그것은 국민의 기본권, 비례원칙 기타 성문법규에 의해 제한을 받는다.

---

1) Knemeyer, Polizei- und Ordnungsrecht, Rn. 1.

2) 독일의 란트 중 분리시스템을 취한 란트의 경우, 경찰법은 제도적 의미의 경찰이 관장하는 위험방지활동을 경찰법의 대상으로 하고, 다른 행정청(예 : 질서행정청)에 의한 위험방지활동은 질서법(Ordnungsrecht)의 대상이 된다.

3) Schenke, in : Steiner(Hrsg.), Besonderes Verwaltungsrecht Ⅱ, Rn. 13.

3. 경찰법의 성격

(1) **특별행정법으로서 경찰법** 경찰법은 특별행정법의 한 부분이다. 경찰 1058
법은 행정법의 이론과 실제의 핵심영역 중의 한 부분이다. 비례원칙 등 적지 아니한 행정법상 일반원칙은 경찰법에 관한 판례나 성문법을 통해 발전되었다.

(2) **경찰법과 헌법** 공공의 안녕과 질서의 확보를 위한 임무와 권능, 그리 1059
고 이에 필요한 조직에 관한 법으로서의 경찰법은 헌법의 특별한 영향 하에 놓인다. 경찰법은 헌법의 지배, 즉 기본권의 지배 하에 놓인다. 경찰법의 개념을 구성하는 공공의 안녕·공공의 질서·위험·장해 등의 불확정개념은 헌법이 예상하는 인간상에 대한 고려 없이는 논의될 수도 없고 해석될 수도 없다. 경찰법과 헌법과의 관계는 뒤에서 보다 자세히 살핀다.

(3) **경찰법과 형사법** 경찰은 위험방지, 장해의 제거뿐만 아니라 관련 법 1060
률에 의거하여 범죄의 수사에도 참여하여야 하기 때문에 경찰법은 형사법과도 관련을 갖는다. 형사법상 구성요건은 위험방지를 위한 예방적이거나 진압적인 행위를 위한 전제요건일 뿐만 아니라 범죄수사상의 처분을 위한 전제요건이기도 하다. 따라서 형사법은 당연히 경찰조직법·경찰권한법과도 관련을 맺는다.

(4) **경찰법과 법철학·사회철학** 경찰법과 관련하여 법철학·사회철학이 도 1061
외시 되어서는 아니 된다. 경찰법상 강제는 공권력의 표현임을 의미하는데, 그 공권력과 관련하여 권력의 정당성, 권력의 국가독점, 권력의 목적과 근거 등은 법철학·국가철학 그리고 일반국가론의 대상이기도 한 점을 기억할 필요가 있다.

Ⅱ. 경찰법의 종류

1. 일반경찰법과 특별경찰법

일반경찰법이란 위험방지에 관한 일반규정·일반법원칙을 총괄하는 개념이 1062
다. 특별경찰법이란 특별법상으로 규정된 실질적 경찰관련법(소위 협의의 행정경찰법)을 말한다. 건축법상의 경찰규정, 영업법상의 경찰규정, 환경보호법상의 경찰규정, 집회 및 시위에 관한 법률상의 경찰규정 등이 특별경찰법에 해당한다. 일반경찰법과 특별경찰법 사이에서는 특별경찰법이 우선한다. 특별경찰법이 없는 경우에 일반경찰법(소위 보안경찰에 관한 법)이 적용된다. 경찰법과 경찰관 직무집행법이 일반경찰법의 기본적인 법이다. 경찰법상 일반원칙도 일반경찰법에 속한다.[1] 오늘날에 있어서는 위험방지의 실제상 특별법으로 규율되는 특수한 위

1) Schenke, in : Steiner(Hrsg.), Besonderes Verwaltungsrecht Ⅱ, Rn. 14.

험방지임무가 특별법으로 독립성을 갖지 못하는 일반적 종류의 위험방지임무보다 본질적으로 보다 중요한 의미를 갖는 것으로 여겨지기도 한다.[1)]

2. 실질적 경찰법과 형식적 경찰법

1063 실질적 경찰법이란 위험방지라는 국가임무와 그 임무수행을 위한 권한을 갖는 경찰관청에 관한 경찰법을 말한다. 형식적 경찰법이란 경찰관청의 임무·권한·조직에 관한 법 외에 경찰작용의 형식까지 포함하는 개념이다.

제 3 항 경찰법의 법원

1. 경찰법의 법원의 관념

1064 (1) 경찰법의 법원의 의의 경찰법의 법원이란 경찰행정권이 준수해야 할 경찰법의 인식근거를 말한다. 경찰법의 법원에는 헌법, 법률, 행정입법 등이 있다. 행정법의 일반원칙도 경찰법의 법원의 일부를 구성한다. 자치경찰제가 실시되는 경우에는 자치입법인 조례와 규칙도 경찰법의 법원이 된다.

1065 (2) 경찰법의 법원의 특징(경찰법과 성문법주의) 경찰법은 성문법주의를 원칙으로 한다. 성문법이란 절차적으로 규율되는 법정립행위를 통해 문서상으로 확정된 법을 말한다. 성문법주의원칙은 헌법의 여러 조항(헌법 제37조의 기본권제한규정, 헌법 제96조의 행정조직법정주의에 관한 규정 등)으로부터 발견될 수 있다. 경찰법의 법원이 성문법주의를 택하는 이유는 ① 경찰법은 국민의 권리와 의무에 관한 것을 주된 규율대상으로 한다는 점, ② 그 규율도 경찰이 일방적으로 정한다는 점, ③ 국민의 안정된 법생활을 위해서는 국민이 경찰의 규율을 예측할 수 있어야 한다는 점, 그리고 ④ 구제에 관한 사항도 명백하여야 한다는 점에 있다. 그러나 경찰법의 조직과 작용에 관한 전반적인 사항을 규율하는 의미의 단일의 통일 경찰법은 아직까지 존재하지 아니한다.

2. 경찰법의 법원의 내용

1066 (1) 헌 법 헌법은 경찰법에 관한 명시적이고도 직접적인 규정을 두고 있지 아니하나, 제37조 제2항에서 질서유지를 위해 법률을 제정할 수 있음을 예정하고 있는바, 이 조항이 경찰법률 제정의 헌법적 근거가 된다. 또한 헌법은 비상시와 관련하여 긴급명령(헌법 제76조 제2항)·계엄(헌법 제77조) 등에 관한 규정을 두고 있다. 이러한 규정 역시 경찰법의 법원이다.

1) Götz, Allgemeines Polizei‒ und Ordnungsrecht, §1, Rn. 6ff.

(2) **법 률** 경찰법의 법원으로서 법률을 일반경찰법의 법원과 특별경찰법의 법원으로 구분할 수 있다. ① 일반경찰법의 법원으로 ⓐ 경찰의 조직과 관련하여서는 경찰법·의무경찰대 설치 및 운영에 관한 법률·경찰공무원법 등이 있고, ⓑ 경찰의 작용과 관련하여서는 경찰관 직무집행법·경찰직무 응원법 등이 있고, ⓒ 자치경찰과 관련하여 제주특별자치도 설치 및 국제자유도시 조성을 위한 특별법이 있다. 한편 ② 특별경찰법의 법원으로는 집회 및 시위에 관한 법률·경범죄처벌법·경비업법·공중위생관리법·폐기물관리법·소방기본법·「화재예방, 소방시설 설치·유지 및 안전관리에 관한 법률」·야생생물 보호 및 관리에 관한 법률·「수상에서의 수색·구조 등에 관한 법률」·건축법·산림기본법·산림자원의 조성 및 관리에 관한 법률·출입국관리법·항공안전법·사법경찰관리의 직무를 수행할 자와 그 직무범위에 관한 법률·식품위생법·도로교통법·도로법 등이 있다. 1067

(3) **기 타** 경찰법의 법원으로 그 밖에 행정입법(법규명령·행정규칙), 자치법규, 행정주체간의 합의(예 : 위험방지에 관한 지방자치단체간의 협약), 국제법, 관습법(침익적 관습법은 제외)이 있다. 경찰법에도 당연히 행정법의 일반원칙(조리)이 적용된다. 1068

제 2 절 경찰법과 헌법

제 1 항 경찰법과 헌법의 관계

1. 헌법의 구체화법으로서 경찰법

(1) **헌법상 사무로서 경찰** 헌법의 지도목표인 인간의 존엄과 가치, 기본권, 그리고 민주국가와 법치국가 등의 보호는 경찰작용의 필요성의 근거이면서 경찰작용의 한계를 이룬다. 경찰작용(위험방지작용)은 헌법상 요구되는 국가임무이다. 경찰상 위험방지는 국가의 의무이자 민주법치국가에서 포기할 수 없는 기본적 기능이다.[1] 한편, 헌법은 위험방지에 관해 명시적으로, 그리고 포괄적으로 규정하는 바가 없다. 그럼에도 헌법 제37조 제2항에서 말하는 질서유지의 개념에 비추어 보아도 경찰작용이 헌법상 요구되는 국가작용임에는 의문이 없다. 1069

(2) **헌법에 적합한 경찰법** 경찰의 조직과 작용에 관한 법인 경찰법은 국가의 최상위의 법원인 헌법에 반할 수 없을 뿐만 아니라 헌법의 목적(인간의 존 1070

1) Würtenberger/Heckman, Polizeirecht in Baden-Württemberg, Rn. 23.

엄과 가치)을 실천하는 데 봉사하여야 한다. 헌법은 모든 국민에게 인간으로서의 존엄과 가치를 보장하기 위해 모든 국가작용에 대하여 법치주의를 따를 것을 요구한다. 경찰작용도 당연히 법치주의를 따라야 하며, 예외일 수가 없다. 오히려 경찰작용에서는 권력행사 내지 인권에 대한 침해와 상당한 관련을 가지므로 법치주의를 보다 엄격하게 준수할 것을 요구한다. 요컨대 경찰법은 헌법에 적합한 것이어야 한다.

2. 법치주의와 경찰법

1070 **(1) 법치주의의 의의** 법치주의란 형식적 의미로는 국가가 국민의 자유와 권리를 제한하거나, 국민에게 새로운 의무를 부과하는 때에는 국회가 제정한 법률에 의하거나 법률에 근거가 있어야 하며, 또 법률은 국민만이 아니고 국가권력의 담당자도 규율한다는 원리를 말한다. 따라서 형식적 의미로는 모든 국가권력의 행사가 법률로써 예측이 가능한 국가를 법치국가라고 부른다. 실질적 의미로는 정의의 이념에 근거하고 정의의 실현을 추구하는 국가원리를 말한다. 헌법상 법치주의는 양자의 개념을 모두 포함하는 것으로 이해된다.[1)]

1072 **(2) 법치행정과 경찰법** 행정의 영역에서 법치주의의 반영이 법치행정이다. 법치행정이란 행정은 법률의 근거 하에서 법률의 기속을 받으며 행해져야 하며, 이에 위반하여 개인에게 피해가 생기면 이에 대해 사법적인 구제가 주어지는 법원리를 말한다. 법치행정은 행정의 자의로부터 개인을 보호하고, 행정작용의 예견가능성을 보장하고자 하는 데 있다. 이러한 법치행정은 경찰행정의 경우에 전형적으로 적용된다. 법치주의 내지 법치행정과 관련하여 경찰법의 영역에서 특히 ① 법치행정의 원칙과 경찰, ② 비례원칙과 경찰, ③ 기본권과 경찰, ④ 재량과 경찰에 관한 검토가 중요하다.

제 2 항 법치행정의 원칙과 경찰

Ⅰ. 경찰조직과 법치행정

1. 행정조직법정주의

1078 헌법은 여러 조문에서 행정조직을 법률로써 정하도록 하여(헌법 제96조 · 제100조 · 제90조 제3항 · 제91조 제3항 · 제92조 제2항 · 제93조 제2항) 행정조직법정주의를 택하고 있다. 헌법의 이러한 태도는 ① 행정조직은 그 자체가 국민의 권리 · 의무에

1) 자세한 것은 졸저, 행정법원론(상), 옆번호 140 이하 참조.

직접 관계가 없다고 하여도 행정조직의 존재목적은 행정권의 행사에 있고, 따라서 행정기관의 설치여부·권한 등은 바로 국민생활에 지대한 영향을 미치고, ② 행정기관의 설치·운영은 일반국민에게 상당한 경제적 부담을 가하게 되는바, 결국 행정조직의 문제는 국가의 형성유지에 중요한 사항이 되고, 따라서 이를 국회에 유보시킬 필요가 있다고 본 것에 기인한다(중요사항유보설). 개념상 정부조직에 관한 기본적인 사항을 법률로 정하지 아니하는 형식을 행정조직비법정주의라 부른다.

2. 경찰조직법

⑴ **국가경찰** 국가경찰조직에 관한 법적 근거 중 기본적인 법률로 헌법 1079
제96조에 근거한 정부조직법 제34조 제5항(치안에 관한 사무를 관장하기 위하여 행정안전부장관 소속으로 경찰청을 둔다)과 제6항(경찰청의 조직·직무범위 그 밖에 필요한 사항은 따로 법률로 정한다)에 근거한 경찰법이 있다. 경찰법은 "치안에 관한 사무를 관장하게 하기 위하여 행정안전부장관 소속으로 경찰청을 둔다(경찰법 제12조 제1항)"고 하고, 아울러 "경찰의 사무를 지역적으로 분담하여 수행하게 하기 위하여 특별시·광역시·특별자치시·도·특별자치도(이하 "시·도"라 한다)에 시·도경찰청을 두고, 시·도경찰청장 소속으로 경찰서를 둔다. 이 경우 인구, 행정구역, 면적, 지리적 특성, 교통 및 그 밖의 조건을 고려하여 시·도에 2개의 시·도경찰청을 둘 수 있다(경찰법 제13조)"고 규정하고 있다.

⑵ **자치경찰** 제주자치도에 설치되는 자치경찰조직에 관한 법적 근거로 1080
제주특별자치도 설치 및 국제자유도시 조성을 위한 특별법이 있다. 동법은 자치경찰단을 규정하고 있고, 자치경찰단에 자치경찰단장을 도지사가 임명한다(제국법 제88조·제89조 제1항). 자치경찰단의 조직과 자치경찰공무원의 정원 등에 관한 사항은 도조례로 정한다(제국법 제88조 제2항).

Ⅱ. 경찰작용과 법치행정

1. 행정기본법 제8조

행정기본법 제8조는 "행정작용은 법률에 위반되어서는 아니 되며, 국민의 1081
권리를 제한하거나 의무를 부과하는 경우와 그 밖에 국민생활에 중요한 영향을 미치는 경우에는 법률에 근거하여야 한다"고 규정하고 있다. 행정기본법은 경찰행정에도 적용되는 일반법이다. 행정기본법 제8조 전단은 법률의 우위의 원칙, 후단은 법률유보의 원칙을 규정하고 있다.

2. 법률우위의 원칙의 적용

1081a 행정작용은 법률에 위반되어서는 아니 된다(기본법 제8조 전단). 이것은 경찰행정은 합헌적 절차에 따라 제정된 법률에 위반되어서는 아니 된다"는 것을 의미한다. 물론 그 법률의 내용은 헌법에 합치되는 것이어야 한다. 그 법률에는 헌법, 국회제정의 형식적 의미의 법률, 법률의 위임에 따른 법규명령 등이 포함된다. 법률의 우위의 원칙은 집행권은 법률을 개정할 수 있는 권능을 갖지 아니한다는 것을 내포한다.

3. 법률유보의 원칙의 적용

1082 (1) 의 의 국민의 권리를 제한하거나 의무를 부과하는 경우와 그 밖에 국민생활에 중요한 영향을 미치는 경우에는 법률에 근거하여야 한다(기본법 제8조 후단). 이것은 "경찰행정은 법적 근거를 갖고서 이루어져야 한다"는 것을 의미한다. 법률의 우위의 원칙은 소극적으로 기존법률의 침해를 금지하는 것이지만, 법률의 유보의 원칙은 적극적으로 경찰행정기관이 행위를 할 수 있게 하는 법적 근거의 문제이다. 법률의 우위의 원칙은 법의 단계질서의 문제이지만, 법률의 유보의 원칙은 입법과 행정 사이의 권한의 문제이다.

1082a (2) **경찰상 법률유보의 방식** 경찰작용의 법률유보의 방식에는 법기술상 ① 일반경찰법상 일반조항(개괄조항)에 의한 일반수권의 방식, ② 일반경찰법상 특별조항에 의한 특별수권의 방식, ③ 특별경찰법상 조항에 의한 특별수권의 방식이 있다. 우리의 법제상 ②와 ③이 인정되고 있음은 의문이 없다. 문제는 ①의 경우가 인정되는가의 여부이다. 경찰상 법률유보의 방식에 관해 자세한 것은 제3장 제1절에서 살핀다.

제 3 항 비례원칙과 경찰

1. 비례원칙의 관념

1083 (1) 개 념 경찰법상 비례원칙이란 경찰행정의 목적과 그 목적을 실현하기 위한 수단의 관계에서 그 수단은 목적을 실현하는 데에 적합하고 또한 최소침해를 가져오는 것이어야 할뿐만 아니라, 아울러 그 수단의 도입으로 인해 생겨나는 침해가 의도하는 이익·효과를 능가하여서는 아니 된다는 원칙을 말한다.[1)]

---

1) 용어사용방식이 통일되어 있지 않다. 넓은 의미의 비례원칙을 과잉금지(übermaßverbot)라 부르기도 하고(Ipsen, Niedersächsisches Gefahrenabwehrrecht, Rn. 283; Lisken/Denninger,

비례원칙은 행정의 목적과 그 목적을 실현하기 위한 수단의 관계는 이성적인 관계이어야 함을 뜻한다. 비례원칙은 빈번히 "대포로 참새를 쏘아서는 아니 된다"는 표현에 비유되기도 한다. 비례원칙은 경찰의 처분(수단)이 이행가능함을 전제로 한다. 법적으로나 사실상으로 불가능한 것은 경찰처분(경찰수단)의 대상일 수가 없다.

(2) **법적 근거** 비례원칙의 헌법적 근거는 헌법 제37조 제2항이다. 헌법 1084
제37조 제2항에서 말하는 '필요한 경우'란 바로 (광의의) 비례원칙(적합성의 원칙+필요성의 원칙+상당성의 원칙)을 뜻하는 것으로 해석되기 때문이다.[1] 따라서 비례원칙은 헌법적 지위의 원칙이다. 행정기본법 제정 전에는 비례원칙의 일반적인 적용을 규정하는 법률이 없었는바, 학설은 비례원칙을 행정법의 일반원칙의 하나로 이해하였다. 비례원칙을 규정하는 행정기본법의 제정으로 비례원칙은 성문법상 법원칙이 되었다.[2] 경찰관 직무집행법 제1조 제2항은 "이 법에 규정된 경찰관의 직권은 그 직무 수행에 필요한 최소한도에서 행사되어야 하며 남용되어서는 아니 된다"고 하여 비례원칙을 명시적으로 규정하고 있다. 판례는[3] 행정기본법 제정 전에도 비례원칙을 인정하였다.

(3) **전통적 견해** 우리의 전통적 견해는 경찰비례의 원칙을 경찰권발동요 1085
건과 경찰권발동효과의 양면에 적용되는 원칙으로 설명하였고, 이를 따르는 견해도 적지 않다.[4] 그러나 이러한 논리방식은 정당하지 않다. 왜냐하면 비례원칙은 목적(공공의 안녕·공공의 질서)과 수단(예 : 보호조치·위험발생방지)의 관계를 규율하는 법원칙이고, 동시에 비례원칙은 경찰권발동요건이 구비된 후에 수단의 도입여부 및 도입수단의 종류와 관련하여 적용되는 법원칙이기 때문이다. 경찰권발동요건의 구비여부는 경찰법령상 규정하는 요건의 구비여부에 대한 인식의

Handbuch des Polizeirecht(4. Aufl.), F. Rn. 152; Prümm/Sigrist, Allgemeines Sicherheits- und Ordnungsrecht, Rn. 60; Schenke, in : Steiner(Hrsg.), Besonderes Verwaltungsrecht Ⅱ, Rn. 200; Tettinger/Erbguth/Mann, Besonderes Verwaltungsrecht, Rn. 539), 최소침해의 원칙과 좁은 의미의 비례원칙을 합하여 과잉금지라 부르기도 한다(Götz, Allgemeines Polizei- und Ordnungsrecht, §11, Rn. 11).

1) 오스트리아연방안전경찰법 제29조는 비례원칙을 포괄적으로 규정하지 아니하고 적합성의 원칙과 필요성의 원칙 그리고 상당성의 원칙으로 나누어서 규정하고 있다.

2) Götz, Allgemeines Polizei- und Ordnungsrecht, §11, Rn. 12; Knemeyer, Polizei- und Ordnungsrecht, Rn. 285; Schenke, in : Steiner(Hrsg.), Besonderes Verwaltungsrecht Ⅱ, Rn. 201ff.

3) 대판 2003. 3. 14, 2002다57218.

4) 김도창, 일반행정법론(하), 312쪽; 김철용, 행정법(Ⅱ), 275쪽; 박윤흔·정형근, 최신행정법강의(하), 325쪽; 석종현·송동수, 일반행정법(하), 313쪽; 윤세창·이호승, 행정법(하), 147쪽; 이광윤, 행정작용법, 28쪽; 류지태·박종수, 행정법신론, 1047쪽(2019).

문제일 뿐이다. 따라서 비례원칙은 경찰권발동의 효과와 관련을 갖는다고 보아야 한다.[1]

2. 비례원칙의 내용

1086 (1) **적합성의 원칙** 경찰(행정)작용은 경찰(행정)목적을 달성하는 데 유효하고 적절하여야 한다(기본법 제10조 제1호). 바꾸어 말하면, 경찰목적을 위해 도입되는 수단은 추구하는 목표(위험방지)의 달성에 법적으로나 사실상으로 유용한 것이어야 한다. 이를 적합성의 원칙이라 한다.[2] 수단의 적합성의 원칙에 따라 위험극복에 적합한 수단만을 도입할 수 있다. 경찰법규상 수단의 적합성이라는 요구가 없다고 하여도 법문상 '필요한' 또는 '적합한' 처분이라는 표현에서 적합성의 원칙을 읽을 수 있다. 유용한 수단 또는 적합한 수단이라는 것은 위험방지에 가능한 수단이라는 것을 전제한다.[3]

1087 (2) **최소침해의 원칙**(필요성의 원칙) 경찰(행정)작용은 경찰(행정)목적을 달성하는 데 필요한 최소한도에 그쳐야 한다(기본법 제10조 제2호). 바꾸어 말하면, 목표달성을 위해 채택된 수단은 많은 적합한 수단 중에서 개인이나 공공에 최소한의 침해를 가져오는 것이어야 한다. 이를 최소침해의 원칙이라 한다.[4] 경찰상 최소침해의 원칙으로 인해 경찰행정청은 위험이나 장해의 극복을 위한 많은 수단 중에서 반드시 공공과 위험극복을 위해 경찰처분이 가해지는 자에게 예측상 최소의 침해를 가져오는 수단을 선택하여야 한다.[5]

1088 (3) **좁은 의미의 비례원칙**(상당성의 원칙) 경찰(행정)작용은 경찰(행정)작용으로 인한 국민의 이익 침해가 그 경찰행정작용이 의도하는 공익보다 크지 아니

---

1) 최영규, 경찰행정법, 190쪽.

2) Pieroth/Schlink/Kniesel, Polizei- und Ordnungsrecht, §10, Rn. 15; Würtenberger/Heckman, Polizeirecht in Baden-Württemberg, Rn. 523.

3) 독일의 일반적인 견해는 광의의 비례원칙의 내용을 적합성의 원칙, 필요성의 원칙과 상당성의 원칙으로 구성하면서, 처분의 가능성의 문제를 적합성의 문제로 본다(Knemeyer, Polizei- und Ordnungsrecht, Rn. 280; Würtenberger/Heckman, Polizeirecht in Baden-Württemberg, Rn. 523). 그러나 비례원칙의 내용을 가능성의 원칙, 적합성의 원칙, 필요성의 원칙과 상당성의 원칙으로 설명하는 견해도 있고(Prümm/Sigrist, Allgemeines Sicherheits- und Ordnungsrecht, Rn. 64f.), 가능성의 문제를 비례원칙과 별개의 문제로 다루는 경우도 있다(Habermehl, Kai, Polizei- und Ordnungsrecht, Rn. 106f.). 과잉금지원칙을 법률상 규정된 목적에의 구속과 넓은 의미의 비례원칙(적합성의 원칙, 필요성의 원칙과 협의의 비례원칙)을 포함하는 의미로 사용하는 경우도 있다(Gusy, Polizei- und Ordnungsrecht(8. Aufl.), §6, Rn. 397).

4) Pieroth/Schlink/Kniesel, Polizei- und Ordnungsrecht, §10, Rn. 25; Würtenberger/Heckman, Polizeirecht in Baden-Württemberg, Rn. 523.

5) Drew/Wacke/Vogel/Martens, Gefahrenabwehr, S. 422; Götz, Allgemeines Polizei- und Ordnungsrecht, §11, Rn.24; Knemeyer, Polizei- und Ordnungsrecht, Rn. 291.

하여야 한다(기본법 제10조 제3호). 바꾸어 말하면, 경찰상 목표달성을 위해 적용하고자 하는 수단으로부터 나오는 침해가 목적하는 효과를 능가하여서는 아니 된다. 이를 좁은 의미의 비례원칙이라 한다.[1] 경찰행정청이 필요한 모든 수단이나 모든 대가를 치르고서라도 사인의 권리보호임무를 수행한다면, 그것은 좁은 의미의 비례원칙에 반하는 것이 된다. 좁은 의미의 비례원칙은 상당성의 원칙이라고도 한다.

(4) **3원칙의 상호관계** 적합성의 원칙, 필요성의 원칙, 그리고 좁은 의미의 1089
비례원칙은 단계구조를 이룬다. 많은 적합한 수단 중에서도 필요한 수단만이, 필요한 수단 중에서도 상당성 있는 수단만이 선택되어야 한다. 달리 말하면, 필요성의 원칙은 다수의 적합한 수단이 있는 경우에 문제되고, 상당성의 원칙은 필요한 수단이 있는 경우에 문제된다.[2] 만약 가능성도 동일하고, 적합성도 동일한 정도이고, 최소침해성도 동일한 정도이고, 상당성도 동일한 정도의 수단이 여러 개 존재한다면, 이 중에서의 선택은 경찰의 자유로운 판단에 의한다. 이러한 경우에 있어서 경찰의 선택의 자유는 진정한 의미의 재량에 해당한다.[3]

3. 비례원칙의 위반

비례원칙에 반하는 경찰상 명령·처분 등은 위헌·위법을 면할 수 없다. 비 1090
례원칙에 위반되는 경찰상 행정행위는 항고소송의 대상이 되며, 경우에 따라서는 국가의 손해배상책임을 발생시킨다.

4. 시간상 과잉금지

입법례에[4] 따라서는 "경찰처분은 목적이 달성될 때까지 또는 그 처분으로 1091
달성될 수 없다는 것이 판명되는 때까지만 허용된다"는 것을 비례원칙의 한 부분으로 규정하기도 한다. 이것을 시간상 과잉금지라 부른다.[5] 이러한 원칙은 「경찰처분은 위험의 방지, 장해의 제거에 그 목적이 있다」는 점에서 나온다. 따라서 위험이 방지되거나, 그 처분으로는 방지될 수 없다는 것이 판명되면, 경찰은 더 이상 그 처분을 행할 수 없다는 것은 당연한 요청이다.

---

1) Pieroth/Schlink/Kniesel, Polizei- und Ordnungsrecht, § 10, Rn. 30.
2) Ipsen, Niedersächsisches Gefahrenabwehrrecht, Rn. 289ff,; 최영규, 경찰행정법, 193쪽.
3) Knemeyer, Polizei- und Ordnungsrecht, Rn. 315.
4) Bayern 경찰직무법 제4조 제2항; Niedersachsen 위험방지법 제3조 제3항; Nordrhein-Westfalen 경찰법 제2조 제3항 등.
5) Drew/Wacke/Vogel/Martens, Gefahrenabwehr, S. 423f.; Knemeyer, Polizei- und Ordnungsrecht, Rn. 310ff.; 독일연방과란트의단일경찰법표준초안 제2조 제3항.

제 4 항 기본권과 경찰

1. 기본권의 지위

1092 (1) 기본권과 경찰법의 관계 헌법의 구체화법으로서 경찰법은 헌법의 목표에 봉사하여야 한다. 헌법은 중용의 인격주의에 입각하여 개인가치의 실현을 가장 기본적인 목표로 삼고 있다. 따라서 경찰법도 당연히 인간의 존엄과 가치, 행복추구권의 보장과 실현에 초점을 두고 구성되어야 한다. 말하자면 기본권은 경찰법을 제한한다. 한편, 경찰법상 경찰작용은 공공의 안녕이나 질서에 대한 위험을 방지하여 공익을 보장하는 데 뜻이 있으나, 그것은 개인에 대한 기본권 침해를 수반하는 경우가 적지 않다. 말하자면 경찰법은 기본권을 제약한다. 따라서 「기본권은 경찰법을 제약한다」는 것과 「경찰법은 기본권을 제약한다」는 것의 조화가 중요하다.

1093 (2) 기본권 우선의 원칙 경찰이 위험방지사무와 관련하여 보호하여야 할 모든 이익이 동등한 것은 아니다. 명시적인 규정은 없지만, 위험방지의 직무를 수행함에 있어서 경찰은 사람의 생명이나 건강의 보호를 다른 법익의 보호보다 우선하여야 한다.[1] 위험방지작용을 위해 이루어질 수 있는 사람에 대한 침해는 다만 다른 방법으로는 목적달성을 기대하기 어렵거나 또는 다른 방법의 도입이 비례원칙에 어긋나는 경우에 한정되어야 할 것이다.[2]

2. 경찰인권위원회의 설치문제

1094 인권의 보장과 보호에 관해 경찰청장에 자문하는 경찰인권위원회의 설치를 검토할 필요가 있다. 위원들이 어느 누구의 지시나 명령에도 구속되지 아니하는 직무상 독립성을 가지면서, 어느 경찰기관도 방문할 수 있고, 경찰에 구금되고 있는 자를 만날 수도 있도록 하는 경찰인권위원회의 설치를 검토할 필요가 있다.[3]

제 5 항 정보와 경찰

Ⅰ. 정보상 자기결정권(자기정보결정권, 정보자기결정권)

1095 위험방지는 그에 관한 정보를 전제로 한다. 경찰은 일반공중에 대한 구체적인 위험을 방지 또는 예방하기 위해 잠재적인 범행자나 증인 같은 제3자의

1) 입법례로 오스트리아연방안전경찰법 제28조 참조.
2) 입법례로 오스트리아연방안전경찰법 제28a조 참조.
3) 입법례로 오스트리아연방안전경찰법 제15a조 내지 제15조.

인적 자료를 필요로 한다. 인적 관련자료를 수집·가공·관리하는 것은 경찰의 실제이다. 이러한 현상은 비교적 오래된 일이다. 다만 그 수집·관리 등이 완전한 자동기계(컴퓨터)에 의한다는 점이 과거와 다른 오늘날의 특징이다. 컴퓨터에 의한 자료의 처리·보관은 급속히 증대하고 있다. 이와 관련하여 사인의 정보상 자기결정권에 대한 검토가 필요하다. 「경찰이 정보에 관한 사무를 수행한다는 것」과 「경찰이 정보사무로 개인의 기본권을 침해하기 위해서는 법적 근거가 필요하다는 것」은 구분되어야 한다. 이것은 경찰상 정보의 영역에서도 임무규정과 권한규정은 구분되어야 함을 뜻한다. 실제상 논의의 중점은 권한규정에 놓인다.

1. 일 반 론

(1) 의 의 개인은 누구나 자신에 관한 정보를[1] 관리하고, 통제하고, 1096
외부로 표현함에 있어 스스로 결정할 수 있는 권리를 가진다고 볼 때, 이러한 권리를 정보상 자기결정권, 자기정보결정권 또는 개인정보자기결정권이라 한다.[2] 정보상 자기결정권이라는 표현은 독일의 연방헌법재판소판결에서 유래한다.[3] 정보상 자기결정권 내지 인적 자료보호는 헌법적 지위를 갖는다.[4] 정보상 자기결정권은 자기정보결정권이라고도 한다.

(2) 법적 근거 ① 정보상 자기결정권의 헌법적 근거로 사생활의 비밀과 1097
자유를 보장하는 헌법 제17조가 있다. 동 조항은 개개인에게 인적 자료의 사용과 교부에 관해 스스로 결정할 수 있는 권리까지 보장하는 규정이다. 판례의 입장도 같다.[5] 헌법재판소의 입장은 다소 다르다.[6] 한편, ② 헌법의 구체화로서

1) 헌재 2005. 7. 21, 2003헌마282; 헌재 2005. 5. 26, 99헌마513.
2) 헌재 2005. 5. 26, 99헌마513, 2004헌마190(병합); 헌재 2005. 7. 21, 2003헌마282.
3) 독일연방헌법재판소는 1983년 12월 15일 국세조사법판결(BVerfGE 65, 1ff.)에서 ① 현대의 정보처리시스템하에서 공공기관에 의한 개인정보의 무제한의 수집·저장·사용 및 제3자에의 교부로부터 개인이 보호되어야 함은 일반적 인격권의 내용을 이룬다. ② 개인은 자신의 인적 자료의 교부나 사용에 대해 원칙적으로 스스로 결정할 권리, 즉 정보상 자기결정권을 가진다. ③ 이러한 권리의 제한은 중대한 공익상의 요구에 의해, 그리고 합헌적인 법률에 의해서만 가능하다. 물론 이러한 제한의 경우, 그 내용은 명확하고 또한 비례원칙을 준수하는 것이어야 한다고 판시하였다.
4) A. Kowalczyk, Datenschutz im Polizeirecht, 1989, S. 10ff.
5) 대판 1998. 7. 24, 96다42789.
6) 헌재 2005. 5. 26, 99헌마513, 2004헌마190(개인정보자기결정권의 헌법상 근거로는 헌법 제17조의 사생활의 비밀과 자유, 헌법 제10조 제1문의 인간의 존엄과 가치 및 행복추구권에 근거를 둔 일반적 인격권 또는 위 조문들과 동시에 우리 헌법의 자유민주적 기본질서 규정 또는 국민주권원리와 민주주의원리 등을 고려할 수 있으나, 개인정보자기결정권으로 보호하려는 내용을 위 각 기본권들 및 헌법원리들 중 일부에 완전히 포섭시키는 것은 불가능하다고 할 것이므로, 그 헌법적 근거를 굳이 어느 한두 개에 국한시키는 것은 바람직하지 않은 것으로 보이고, 오히

공공기관 등에 의하여 처리되는 개인정보의 보호를 위한 일반법으로 '개인정보보호법'이 있으며, 경찰작용과 관련하여 국가경찰과 자치경찰의 조직 및 운영에 관한 법률 제3조 제5호(공공안녕에 대한 위험의 예방과 대응을 위한 정보의 수집·작성 및 배포) 및 경찰관 직무집행법 제2조 제4호(치안정보의 수집·작성 및 배포)를 볼 수 있다. 경찰작용에 공공기관의 개인정보보호에 관한 법률이 적용됨은 물론이다. 이 밖에도 정보통신망 이용촉진 및 정보보호 등에 관한 법률·형법·통신비밀보호법·통계법·가족관계의 등록 등에 관한 법률 등에서도 단편적으로 개인의 정보보호에 관한 규정을 두고 있다. 행정절차법도 비밀누설금지·목적 외 사용금지 등을 규정하고 있다(절차법 제37조 제6항).

1098 (3) **제한의 방향** 개인의 정보상 자기결정권은 한계가 없는 것이 아니다. 공동체관련성과 공동체구속성에 근거하여 개인의 정보상 자기결정권은 공동체의 이익을 위해 제한될 수 있다. 예방경찰상 개인의 정보상 자기결정권에 대한 제한은 대체로 다음의 3가지 방향에서 이루어진다. 첫째, 관계자에 대한 정보의 확보라는 의미의 정보수집(자료수집)의 면에서 이루어진다.[1] 둘째, 인적 관련 정보의 저장·변경·저장·교부·폐기라는 의미의 정보의 처리(자료처리)의 면에서 이루어진다.[2] 셋째, 인적 자료의 활용(이용)이라는 의미의 정보이용(자료이용)의 면에서 이루어진다.[3]

1099 (4) **제한의 한계** 모든 국민은 공익을 위해 정보상 자기결정권을 제한하는 국가의 침해를 어느 정도 수인해야 한다. 왜냐하면 개인은 사회공동체 내부에서 자기를 발현하고 타인과의 소통 속에 인격을 실현하는 존재이기 때문이다. 여기에서 개인의 정보상 자기결정권은 한계를 갖는다. 개인의 정보상 자기결정권의 침해는 법률로 정해져야 한다(법률유보사항). 한편, 개인의 정보상 자기결정권을 제한하는 법률은 헌법질서에 따른 것이어야 한다. 그러한 법률은 헌법상 한계를 갖는다. 그 한계는 형식적인 것과 실질적인 것으로 구분할 수 있다.[4]

2. 경찰법·경찰관 직무집행법

1100 (1) **규정내용** 경찰법은 치안정보의 수집·작성 및 배포를 경찰의 임무 중의 하나로 규정하고 있고(경찰법 제3조 제5호), 경찰관 직무집행법도 치안정보

려 개인정보자기결정권은 이들을 이념적 기초로 하는 독자적 기본권으로서 헌법에 명시되지 아니한 기본권이라고 보아야 할 것이다); 헌재 2005. 7. 21, 2003헌마282.

1) 헌재 2005. 5. 26, 99헌마513, 2004헌마190(병합).
2) 헌재 2005. 5. 26, 99헌마513, 2004헌마190(병합).
3) 헌재 2005. 5. 26, 99헌마513, 2004헌마190(병합).
4) A. Kowalczyk, Datenschutz im Polizeirecht, 1989, S. 28ff.

의 수집·작성 및 배포를 경찰관의 직무 중의 하나로 규정하고 있다(경직법 제2조 제4호).

⑵ **임무규정으로서의 한계** 경찰에 의한 인적 정보의 수집·관리·활용의 상당부분은 정보상 자기결정에 대한 침해의 성질을 갖는다고 볼 것인데, 이에 대한 법적 근거가 문제된다. 형사소송법은 범죄의 수사·예방에 관한 정보의 수집·관리·활용의 일반법일 뿐, 경찰의 일반적 위험방지활동을 위한 정보의 수집·관리·활용의 일반법이라 보기는 어렵다. 경찰관 직무집행법도 인적 정보의 수집·관리·활용의 일반법으로서는 미흡하다. 왜냐하면 비록 동법 제2조 제4호가 공공안녕에 대한 위험의 예방과 대응을 위한 정보의 수집·작성 및 배포를 경찰관의 직무로 규정하고 있지만, 동조항은 임무규정(직무규정)일 뿐 개인의 정보상 자기결정권을 침해할 수 있는 권한규정은 아니기 때문이다.[1] 1101

⑶ **입법적 보완** 경찰법이 갖는 광범위한 위험방지작용의 특성을 고려하여, 경찰상 인적 정보의 수집·관리·활용에 관한 사항 등을 경찰관 직무집행법의 개정을 통해 동법에서 규정하는 것이 바람직하다. 동법의 개정에는 권한규정으로서 경찰상 인적 정보의 수집·관리·정정·활용·폐기 등에 관한 규정 및 정보수집의 대상(사람의 행동, 물건의 상태 등)·방법(일반원칙, 장기관찰을 통한 정보수집, 주거에서 기계장치를 통한 수집, 감독자를 통한 수집 등)·한계(저장기간이나 이용기간의 제한 등) 등을 자세히 규정하여야 할 것이다.[2] 뿐만 아니라 위험방지사무의 수행이나 공익에 대한 중대한 침해의 방지 등을 위해 경찰이 인적 관련 정보를 사인에게 교부할 수 있다는 것도 내용으로 규정할 필요가 있을 것이다.[3] 1102

Ⅱ. 정보공개청구권

1. 정보공개청구권의 관념

정보공개청구권이란 사인이 공공기관에 대하여 정보를 제공해 줄 것을 요구할 수 있는 개인적 공권을 말한다. 정보공개청구권은 자기와 직접적인 이해관 1103

1) 독일의 경우, 1983년의 국세조사법판결(BVerfGE 65, 1) 전까지는 인적 정보의 수집·처리·활용이 비침해적 행위로 이해되었고, 따라서 임무조항(직무조항)을 근거로 인적 정보를 수집·처리·활용할 수 있는 것으로 보았다. 다만 강제수단이 따르는 정보수집(예 : 수색)에는 권한규범이 필요한 것으로 보았다. 그러나 동 판결 후에는 인적 정보의 수집·처리·활용이 정보상 자기결정권에 대한 침해로 이해되고 있으며, 따라서 각 란트는 경찰의 인적 정보의 수집·처리·활용을 위한 권한규범을 마련하였다(Götz, Allgemeines Polizei- und Ordnungsrecht, §7, Rn. 9).
2) 이와 관련하여 1986년에 보완된 독일의 연방과란트의단일경찰법률표준초안의 제8a조에서 제8d조, 그리고 제10a조에서 제10h조까지는 중요 참고자료가 될 수 있을 것이다.
3) 입법례로 바이에른국가경찰직무법(Gesetz über die Aufgaben und Befugnisse der Bayerischen Staatlichen Polizei, Polizeiaufgabengesetz) 제41조 등을 볼 수 있다.

계 있는 특정한 사안에 관한 '개별적' 정보공개청구권(예 : 행정절차법상 정보공개청구권으로서 문서열람·복사청구권)과 자기와 직접적인 이해관계가 없는 '일반적' 정보공개청구권으로 구분될 수 있다. 공공기관의 정보공개에 관한 법률의 정보공개청구권은 양자를 포함하는 개념이다. 동법률은 특정인의 특정사안에 대한 이해관련성의 유무를 불문하고 정보에 대한 이익 그 자체를 권리로서 보장하고 있다(공개법 제5조 제1항).[1] 경찰상 정보공개를 경찰공개라고도 한다.[2]

2. 법적 근거

1104 (1) 헌 법 정보공개청구권의 헌법상 근거조항에 관해서는 견해가 갈린다. 일설은 행복추구권(헌법 제10조), 일설은 표현의 자유(헌법 제21조 제1항)에서 찾기도 한다. 판례는 후자의 견해를 취한다.[3] 정보공개청구권은 헌법적 지위의 권리이다. 사인의 정보공개청구권은 알 권리의 실현에 기여한다. 알 권리는 헌법상 원리로서의 참정권의 전제가 된다.

1105 (2) 법 률 다른 법률에 특별한 규정이 있는 경우를 제외하고는 공공기관의 정보공개에 관한 법률이 일반법으로서 적용된다(공개법 제4조 제1항). 다만, 국가안전보장에 관련되는 정보 및 보안업무를 관장하는 기관에서 국가안전보장과 관련된 정보분석을 목적으로 수집되거나 작성된 정보에 대해서는 적용되지 아니한다(공개법 제4조 제3항). 한편, 정보공개청구권과 관련된 규정을 갖는 개별법률도 없지 않다(예 : 민원 처리에 관한 법률 제13조의 민원편람의 비치·행정절차법 제19조의 처리기간의 설정 및 공표·제20조의 처분기준의 설정 및 공표·제23조의 처분의 이유제시).

1106 (3) 조 례 공공기관의 정보공개에 관한 법률은 "지방자치단체는 그 소관 사무에 관하여 법령의 범위 안에서 정보공개에 관한 조례를 정할 수 있다(공개법 제4조 제2항)"고 규정하여 지방자치단체의 정보공개조례의 법적 근거를 명시적으로 마련하고 있다. 따라서 지방자치단체의 주민은 조례에 근거하여 정보공개청구권을 가질 수도 있다. 본 조항에 의한 정보공개대상에는 침익적인 사항도 포함된다. 동법이 제정되기 이전에도 판례는[4] 법률의 위임이 없이도 지방자치단체가 비침익적인 내용의 정보공개조례를 제정할 수 있다고 하였다.

---

1) 대판 1999. 9. 21, 97누5114.
2) 김남진·김연태, 행정법(Ⅱ), 356쪽(2019).
3) 헌재 1989. 9. 4, 88헌마22.
4) 대판 1992. 6. 23, 92추17.

Ⅲ. 정보상 협력

1. 조　　회

경찰관서의 장은 직무수행에 필요하다고 인정되는 상당한 이유가 있을 때에는 국가기관 또는 공사(公私)단체 등에 대하여 직무수행에 관련된 사실을 조회할 수 있다(경직법 제8조 제1항 본문). 다만 긴급을 요할 때에는 소속경찰관으로 하여금 현장에 나가 해당 기관 또는 단체의 장의 협조를 얻어 그 사실을 확인할 수 있다(경직법 제8조 제1항 단서). 이 조항은 임무규정이 아니라 권한규정이다. 이 조항에 의한 사실의 조회제도는 행정기관 사이에서의 정보상 협력의 한 방식에 해당한다. 조회에 응하는 기관은 법령이 정하는 범위 내에서 당해 기관이 수집·관리하고 있는 정보에 한하여 협력할 수 있을 뿐이다. 본 조항에서 말하는 공사단체의 의미는 분명하지 아니하다. 그러나 입법취지에 비추어 일체의 공법상 기관 외에 국가나 지방자치단체에 의해 설립된 사법상 기관도 포함된다고 본다. 사인에 의한 순수한 사법상 단체가 이에 포함된다고 볼 것인지는 검토를 요한다. 1107

2. 행정응원

경찰은 '다른 행정청이 관리하고 있는 문서·통계 등 행정자료가 직무수행을 위하여 필요한 경우'에 행정응원을 요청할 수 있다(절차법 제8조 제1항 제4호). 이 조항은 경찰의 정보상 협력의 근거이지만, 경찰은 이 조항에 근거하여 개인에 관한 모든 정보를 요구할 수는 없다. 이 규정은 임무규정(직무규정)이지 권한규정은 아니다. 경찰이 개인의 정보상 자기결정권을 침해하는 정보에 관하여 다른 행정기관에 협력을 구하기 위해서는 경찰관 직무집행법에 의하거나, 아니면 개인의 권리보호를 전제하고 나타나는 다른 특별규정(권한규정)에 의하여야 한다.[1] 행정절차법은 개인의 정보상 자기결정권에 대한 침해를 가져오지 아니하는 범위 내에서만 경찰의 정보상 협력의 근거로서 적용될 수 있다고 볼 것이다. 1108

제 6 항　판단여지·재량과 경찰

Ⅰ. 불확정개념과 판단여지(요건의 면에서 경찰의 자유와 법적 구속)

1. 불확정개념의 의의

불확정개념이란 공공의 안녕·공공의 질서·위험 등의 용어와 같이, 그 의미 1109

---

1) Tettinger/Erbguth/Mann, Besonderes Verwaltungsrecht, Rn. 433.

내용이 일의적인 것이 아니라 다의적인 것이어서 진정한 의미내용의 확정이 구체적 상황에 따라 그때그때 판단되어지는 개념을 말한다. 불확정개념이 도입될 수밖에 없는 이유는 ① 모든 경우를 구체적으로 나열하는 것이 불가능한 바 추상적으로 규정할 수밖에 없고, ② 정치·기술·도덕 등의 변화에도 불구하고 법은 영속성을 가져야 하고, ③ 법률의 경우 국회를 통과시키기 위해 정치과정상 타협으로서 애매모호한 표현을 사용하기도 하기 때문이다. 불확정개념은 불확정법개념 또는 불확정법률개념이라고도 한다.

2. 사법심사의 대상성

1110 불확정개념의 해석·적용은 특정한 사실관계가 요건에 해당하는가의 여부에 대한 인식의 문제로서의 법적 문제이기 때문에, 그것은 원칙적으로 사법심사의 대상이 되어야 한다. 그러나 구체적인 경우 무엇이 하나의 정당한 해석인가와 관련하여 어려운 문제가 생긴다. 왜냐하면 동일한 불확정개념을 적용함에 있어 법을 적용하는 기관마다 서로 다른 결정을 할 수도 있기 때문이다. 이 때문에 행정기관에 대해 불확정개념의 해석·적용시 어느 정도 자유로운 판단의 여지를 인정할 것인가의 문제가 나타난다. 바꾸어 말하면 불확정개념의 의미내용은 법원이 최종적으로 결정하는 것이 원칙이지만, 예외적으로 행정청도 최종적인 결정자가 될 수 있는가의 문제가 나타난다. 이와 관련하여 판단여지가 문제된다.

3. 판단여지(판단여지설)

1111 불확정개념의 적용에는 하나의 정당한 결론만이 있는 것이고, 불확정개념은 당연히 사법심사의 대상이지만, 불확정개념과 관련하여 사법심사가 되지 아니하는 행정청의 평가영역·결정영역이 있고, 법원은 다만 행정청이 그 영역의 한계를 준수하였는가의 여부만을 심사할 뿐이라는 견해가 있다. 이러한 견해를 판단여지설이라 부른다. 그 한계영역을 판단여지라 부른다.

Ⅱ. 행정재량(효과의 면에서 경찰의 자유와 법적 구속)

1. 재량행위의 관념

1112 경찰법령은 법령상 구성요건에서 정한 전제요건이 충족될 때 행정청이 선택할 수 있는 법효과를 다수 설정하고 있는 경우도 적지 않다. 이 때 특정효과의 선택·결정권은 경찰행정청에 부여된 것이 된다. 여기서 경찰행정청에 수권된, 그리고 합목적성의 고려 하에 이루어지는 선택과 결정의 자유가 재량(행위재량·행정재량)이고, 재량에 따른 행위가 재량행위이다. 재량은 경찰작용에 탄력성

을 부여한다.[1)] 재량행위에 대비되는 개념은 기속행위이다.[2)]

2. 위험방지와 편의주의

위험방지를 위한 경찰법은 대체로 "할 수 있다"는 규정형식을 취하는바 (예 : 경직법 제3조 제1항의 불심검문, 제4조의 보호조치, 제5조의 위험발생의 방지 등), 경찰법상 위험방지에는 편의주의(Opportunitätsprinzip)가 원칙적으로 적용된다.[3)] 어떠한 처분이 경찰상 허용되는 것인지, 허용되는 많은 처분 중에서 어떠한 처분을 선택할 것인지, 많은 위험을 동시에 예방할 것인지, 아니면 순차적으로 할 것인지 등에 관하여 경찰은 선택의 자유를 갖는다. 이러한 편의주의는 위험방지법(경찰법)상 원칙으로 이해된다.[4)] 편의주의는 당연히 의무에 합당한 재량에 따른 것이어야 한다. 1113

3. 결정재량과 선택재량

결정재량이란 법령상 수권의 내용에 따라 어떠한 처분을 할 것인가 아니할 것인가의 재량을 말한다. 공공의 안녕과 질서에 대한 위험이 있는 경우, 경찰행정청은 행위를 할 것인가의 여부를 결정하여야 한다. 경우에 따라서는 공공의 안녕과 질서에 대한 위험이나 장해가 있는 경우에 아무런 행위를 하지 않는 것이 적법한 것일 수도 있다. 선택재량이란 법령상 허용되는 많은 가능한 처분 중에서 어떠한 처분을 할 것인가의 재량을 말한다. 경찰행정청이 개입을 결정하더라도 그것이 오로지 특정의 경찰처분의 도입만을 의미하지는 않는다는 것이 일반적이다. 대개의 경우, 위험의 극복을 위해 상이한 여러 수단이 고려의 대상이 된다. 또한 처분의 상대방의 선택도 선택재량의 대상이 될 수 있다.[5)] 1114

---

1) Prümm/Sigrist, Allgemeines Sicherheits- und Ordnungsrecht, Rn. 70.
2) 대판 2004. 11. 12, 2003두12042.
3) Ipsen, Niedersächsisches Gefahrenabwehrrecht, Rn. 254; Mandelartz/Helmut/Strube, Saarländisches Polizeigesetz, Kommentar für Studium und Praxis, § 2.2; Knemeyer, Polizei- und Ordnungsrecht, Rn. 54.
4) Knemeyer, Polizei- und Ordnungsrecht, Rn. 128; Pausch, Polizei- und Ordnungsrecht in Hessen, Kapital Ⅳ, 1.2.2; 대판 2017. 11. 9, 2017다228083(경찰은 범죄의 예방, 진압 및 수사와 함께 국민의 생명, 신체 및 재산의 보호 기타 공공의 안녕과 질서유지를 직무로 하고 있고, 직무의 원활한 수행을 위하여 경찰관 직무집행법, 형사소송법 등 관계 법령에 의하여 여러 가지 권한이 부여되어 있으므로, 구체적인 직무를 수행하는 경찰관으로서는 제반 상황에 대응하여 자신에게 부여된 여러 가지 권한을 적절하게 행사하여 필요한 조치를 취할 수 있는 것이고, 그러한 권한은 일반적으로 경찰관의 전문적 판단에 기한 합리적인 재량에 위임되어 있는 것이다).
5) Brandt/Schlabach, Polizeirecht, 1987, S. 182.

4. 영으로의 재량축소

1115 (1) 의 의 특별히 예외적인 경우에는 재량의 모든 외적 제한을 준수할 때, 단지 하나의 결정만이 정당한 것이 되는 경우도 있게 된다. 이러한 경우를 이론은 영으로의 재량축소(Ermessensreduzierung auf Null) 또는 재량수축(Ermessensschrumpfung)이라 부른다.[1)]

1116 (2) 개입의무 의무에 합당한 재량행사가 따를 때, 특정한 결정 외에 아무런 다른 결정도 그 위험이나 장해제거에 적합한 것이 아니라고 한다면, 경찰에 그 특정한 결정을 행할 의무, 즉 개입의무가 발생한다.[2)] 개입의무는 생명이나 신체 또는 중대한 재산상의 가치가 문제되거나 위험의 강도가 상당할 때에 주로 문제된다.[3)] 개입의무(Pflicht zum Einschreiten)와 관련하여 개입청구권(Anspruch auf Einschreiten)(후술한다)과 국가배상청구권이 문제된다.[4)] 경찰의 부작위가 국가배상법이 정하는 요건을 구비하는 경우, 국가는 국가배상책임을 부담한다.[5)]

1117 (3) 개입청구권 위험방지법인 경찰법은 개괄적인 법이다. 경찰법은 공공의 안녕과 질서의 확보를 위해 경찰권을 발동할 수 있는 요건을 규정하고 있다. 과거에는 경찰상 위험방지를 위한 일반조항이나 특별조항은 다만 공익을 위한 작용만을 규정한 것으로 보았다. 이 때문에 재량권을 부여하는 법규범은 다만

---

1) 영으로의 재량축소(재량수축)는 독일의 판례상 인정되고 있다(BVerfGE 11, 95, 97).
2) Lisken/Denninger, Handbuch des Polizeirecht(4. Aufl.), F. Rn. 133; 대판 1998. 5. 8, 97다54482(경찰관의 주취운전자에 대한 권한 행사가 관계 법률의 규정 형식상 경찰관의 재량에 맡겨져 있다고 하더라도, 그러한 권한을 행사하지 아니한 것이 구체적인 상황하에서 현저하게 합리성을 잃어 사회적 타당성이 없는 경우에는 경찰관의 직무상 의무를 위배한 것으로서 위법하게 된다); 대판 1996. 10. 25, 95다45927.
3) Berner/Köhler, Polizeiaufgabengesetz, Art. 5, S. 53(5.2).
4) 대판 2004. 9. 23, 2003다49009(윤락녀들이 윤락업소에 감금된 채로 윤락을 강요받으면서 생활하고 있음을 쉽게 알 수 있는 상황이었음에도, 경찰관이 이러한 감금 및 윤락강요행위를 제지하거나 윤락업주들을 체포·수사하는 등 필요한 조치를 취하지 아니하고 오히려 업주들로부터 뇌물을 수수하며 그와 같은 행위를 방치한 것은 경찰관의 직무상 의무에 위반하여 위법하므로 국가는 이로 인한 정신적 고통에 대하여 위자료를 지급할 의무가 있다); Lisken/Denninger, Handbuch des Polizeirecht(4. Aufl.), F. Rn. 138.
5) 대판 2016. 4. 15, 2013다20427(경찰은 범죄의 예방, 진압 및 수사와 함께 국민의 생명, 신체 및 재산의 보호 기타 공공의 안녕과 질서유지를 직무로 하고 있고, 그 직무의 원활한 수행을 위하여 경찰관 직무집행법, 형사소송법 등 관계 법령에 의하여 여러 가지 권한이 부여되어 있으므로, 구체적인 직무를 수행하는 경찰관으로서는 제반 상황에 대응하여 자신에게 부여된 여러 가지 권한을 적절하게 행사하여 필요한 조치를 취할 수 있는 것이고, 그러한 권한은 일반적으로 경찰관의 전문적 판단에 기한 합리적인 재량에 위임되어 있는 것이나, 경찰관에게 권한을 부여한 취지와 목적에 비추어 볼 때 구체적인 사정에 따라 경찰관이 그 권한을 행사하여 필요한 조치를 취하지 아니하는 것이 현저하게 불합리하다고 인정되는 경우에는 그러한 권한의 불행사는 직무상의 의무를 위반한 것이 되어 위법하게 된다).

공익에 기여하는 것이지 관계된 사익에 기여하는 것으로 보지 않았다.[1] 이러한 전제 하에서는 사인이 하자 없는 재량결정을 구할 권리를 가질 수가 없었다. 그러나 오늘날에는 위험방지를 위한 경찰상 일반조항이나 특별조항은 기본권으로부터 나오는 국가적 보호의무를 사인에 대하여 실천하는데 기여하는 것으로 이해되고 있다. 이 때문에 경찰상 수권조항은 개인의 법익을 위협하는 위험의 방지와 관련하는 한, 사인보호의 성격도 갖는다. 달리 말한다면 국가가 권력을 독점하기 때문에 개인의 자유보호와 공공의 이익을 위해 권력적 수단을 발동할 의무를 갖는다. 경찰권의 발동은 국가가 독자적인 판단에 따라 이루어지지만, 예외적으로 사인이 경찰에 다른 사인에 대하여 경찰권을 발동을 요구할 수 있는 권리(개입청구권)를 갖게 된다. 달리 말한다면 권한행정청은 공공의 안녕과 질서에 위험이 있는 경우, 편의주의에 따라 개입의무를 지지 아니하고 재량결정을 하기 때문에, 사인에게는 경찰의 개입을 요구할 수 있는 청구권이 없고, 다만 형식적 주관적 공권인 무하자재량행사청구의 권리만 갖는다. 그러나 재량이 영으로 수축하는 경우에는 하나의 결정만이 적법하므로 사인에게 개입청구권이 인정된다.[2]

1) Würtenberger/Heckman, Polizeirecht in Baden–Württemberg, Rn. 498.
2) Tettinger/Erbguth/Mann, Besonderes Verwaltungsrecht, Rn. 549.

제 2 장 경찰조직법

제 1 절 경찰행정기관법(협의의 경찰조직법)

제 1 항 경찰행정기관법의 관념

1. 경찰행정기관법의 의의

1118 행정사무를 수행하고 또한 행정사무수행을 위해 필요한 권리·의무를 가진 독자적인 임무의 수행자로서 공법에 근거한 권리의 주체를 행정조직법상 행정주체라 부르고, 행정주체의 조직에 관한 법의 총체를 협의의 행정조직법이라 부른다. 협의의 행정조직법은 행정기관법이라 부르기도 한다. 협의의 행정조직법은 국가행정조직법과 지방자치행정조직법으로 구분할 수 있다. 그리고 협의의 행정조직법 중 경찰의 조직에 관한 법의 총체가 협의의 경찰조직법이다. 이를 경찰행정기관법이라 부를 수 있다. 달리 말한다면 공공의 안녕과 질서의 유지라는 임무수행을 위한 공적 조직에 관한 법의 총체가 협의의 경찰조직법이다.

2. 경찰조직법정주의

1119 ① 행정조직은 그 자체가 국민의 권리·의무에 직접 관계가 없다고 하여도 행정조직의 존재목적은 행정권의 행사에 있고, 따라서 행정기관의 설치여부·권한 등은 바로 국민생활에 지대한 영향을 미치고, ② 행정기관의 설치·운영은 일반국민에게 상당한 경제적 부담을 가하게 되는바, 결국 행정조직의 문제는 국가의 형성유지에 중요한 사항이 되는바(중요사항유보설), 헌법은 행정각부 등의 조직을 법률로써 정하도록 규정하고 있다(헌법 제96조·제100조·제90조 제3항·제91조 제3항·제92조 제2항·제93조 제2항). 이를 행정조직법정주의라 부른다. 행정조직법정주의는 행정조직법의 영역에서 법치주의원리의 반영·실현을 뜻한다. 행정조직법정주의의 원칙상 경찰조직도 당연히 법률로 정하여야 한다.

제 2 항 경찰기관(경찰행정기관)의 종류

Ⅰ. 국가일반경찰행정관청

1. 국가중앙경찰관청

(1) 경찰청장 — 중앙 경찰행정청 치안에 관한 사무를 관장하기 위하여 행 1120
정안전부장관 소속으로 경찰청을 둔다(정조법 제34조 제5항; 경찰법 제12조). ① 경찰청에 경찰청장을 두며, 경찰청장은 치안총감으로 보한다(경찰법 제14조 제1항). ② 경찰청장은 경찰위원회의 동의를 받아 행정안전부장관의 제청으로 국무총리를 거쳐 대통령이 임명한다. 이 경우 국회의 인사청문을 거쳐야 한다(경찰법 제14조 제2항). ③ 경찰청장은 국가경찰사무를 총괄하고 경찰청 업무를 관장하며 소속 공무원 및 각급 경찰기관의 장을 지휘·감독한다(경찰법 제14조 제3항). ⑤ 경찰청장의 임기는 2년으로 하고, 중임(重任)할 수 없다(경찰법 제14조 제4항). ⑥ 경찰청장이 직무를 집행하면서 헌법이나 법률을 위배하였을 때에는 국회는 탄핵 소추를 의결할 수 있다(경찰법 제14조 제5항).

(2) 해양경찰청장 해양에서의 경찰 및 오염방제에 관한 사무를 관장하기 1121
위하여 해양수산부장관 소속으로 해양경찰청을 둔다(정조법 제43조 제2항). 해양경찰청장은 치안총감으로 보한다(해양경찰청과 그 소속기관 직제 제4조).

〈해양경찰사무 관장기관의 변천〉

시 기	관장기관	비 고
1996. 8. 8. 정부조직법 개정 이전	내무부 장관 소속의 경찰청	
1996. 8. 8. 정부조직법 개정 법률	해양수산부 장관 소속의 해양경찰청	해양수산부 신설
2008. 2. 29. 정부조직법 개정 법률	국토해양부 장관 소속의 해양경찰청	해양수산부 폐지
2013. 3. 23. 정부조직법 개정 법률	해양수산부 장관 소속의 해양경찰청	해양수산부 신설
2014. 11. 19. 정부조직법 개정 법률	국무총리 소속의 국민안전처장관·해양경비안전본부장	국민안전처 신설
2017. 10. 19. 정부조직법 개정 법률	해양수산부 장관 소속의 해양경찰청	해양수산부 신설

2. 국가지방상급경찰관청

1122 (1) **시·도경찰청장 — 지방상급 경찰행정청** 경찰의 사무를 지역적으로 분담하여 수행하게 하기 위하여 특별시·광역시·특별자치시·도·특별자치도(이하 "시·도"라 한다)에 시·도경찰청을 둔다(경찰법 제14조 본문 전단). 시·도경찰청에 시·도경찰청장을 두며, 시·도경찰청장은 치안정감·치안감 또는 경무관으로 보한다(경찰법 제28조 제1항). ②「경찰공무원법」 제7조에도 불구하고 시·도경찰청장은 경찰청장이 시·도자치경찰위원회와 협의하여 추천한 사람 중에서 행정안전부장관의 제청으로 국무총리를 거쳐 대통령이 임용한다(경찰법 제28조 제2항). 시·도경찰청장은 국가경찰사무에 대해서는 경찰청장의 지휘·감독을 … 받아 관할구역의 소관 사무를 관장하고 소속 공무원 및 소속 경찰기관의 장을 지휘·감독한다. 다만, 수사에 관한 사무에 대해서는 국가수사본부장의 지휘·감독을 받아 관할구역의 소관 사무를 관장하고 소속 공무원 및 소속 경찰기관의 장을 지휘·감독한다(경찰법 제28조 제3항).

1123 (2) **지방해양경찰청장** 해양경찰청장의 관장사무를 분장하기 위하여 해양경찰청장 소속으로 지방해양경찰청을 둔다(해양경찰청과 그 소속기관 직제 제2조 제2항 제1문). 지방해양경찰청에 청장 1명을 둔다(해양경찰청과 그 소속기관 직제 제26조 제1항). 중부지방해양경찰청장은 치안정감으로, 서해지방해양경찰청과 남해지방해양경찰청의 청장은 치안감으로, 그 밖의 지방해양경찰청장은 경무관으로 보하며(해양경찰청과 그 소속기관 직제 제26조 제2항), 지방해양경찰청장은 해양경찰청장의 명을 받아 소관사무를 총괄하고, 소속 공무원을 지휘·감독한다(해양경찰청과 그 소속기관 직제 제26조 제3항).

3. 국가지방하급경찰관청

1124 (1) **경찰서장 — 지방하급 경찰행정청** 경찰의 사무를 지역적으로 분담하여 수행하게 하기 위하여 … 시·도경찰청장 소속으로 경찰서를 둔다(경찰법 제13조 본문 후단). 경찰서에 경찰서장을 두며, 경찰서장은 경무관, 총경 또는 경정으로 보한다(경찰법 제30조 제1항). 경찰서장은 시·도경찰청장의 지휘·감독을 받아 관할구역의 소관 사무를 관장하고 소속 공무원을 지휘·감독한다(경찰법 제30조 제2항).

1125 (2) **해양경찰서장** 지방해양경찰청장 소속으로 해양경찰서를 둔다(해양경찰청과 그 소속기관 직제 제2조 제2항 제2문). 해양경찰서에 서장 1명을 둔다(해양경찰청과 그 소속기관 직제 제30조 제1항). 서장은 총경으로 보한다(해양경찰청과 그 소속기관 직제 제30조 제2항). 서장은 지방해양경찰청장의 명을 받아 소관사무를 총괄하

고, 소속 공무원을 지휘·감독한다(해양경찰청과 그 소속기관 직제 제30조 제3항).

서장은 지방해양경찰청장의 명을 받아 소관사무를 총괄하고 소속 공무원을 지휘·감독한다(해양경찰청과 그 소속기관 직제 제30조 제3항).

Ⅱ. 국가특별경찰행정관청

1. 조 직

특별경찰행정청의 조직과 임무는 관련 특별법에서 규정되고 있다. 특별경 1126
찰행정청은 일반적으로 각 주무부장관, 외청의 장, 특별행정기관의 장, 지방자치단체의 장으로 이루어진다. 경우에 따라서는 주무부장관, 외청의 장, 특별행정기관의 장의 권한이 지방자치단체의 장에게 위임되기도 한다. 수임의 범위 안에서 지방자치단체의 장은 국가기관으로서의 지위를 갖는다. 위임의 범위 안에서 주무부장관 등은 지방자치단체의 장을 지휘·감독한다. 한편, 국가특별경찰행정관청 중 특수한 경우로 비상시의 경찰인 국가정보원장과 계엄사령관을 볼 수 있다.

2. 종 류

특별경찰행정청의 종류는 다양하다. 예시해 본다면 다음과 같다. ① 산림경 1127
찰의 경우에 산림청장, ② 보건위생경찰의 경우에 보건복지부장관, ③ 영업경찰의 경우에 산업통상자원부장관 등, ④ 상공경찰의 경우에 산업통상자원부장관, ⑤ 출입국경찰의 경우에 법무부장관, ⑥ 관세경찰의 경우에 관세청장, ⑦ 항공경찰의 경우에 국토교통부장관, ⑧ 항만·해운경찰의 경우에 해양수산부장관, ⑨ 군경찰의 경우에 국방부장관(평상시에는 병사의 안전, 비상시인 전쟁과 계엄선포의 경우는 국민의 보호), ⑩ 청소년경찰의 경우에 보건복지부장관·여성가족부장관 등을 들 수 있다.

3. 특수경찰

(1) **국가정보원장** 국가정보원(이하 "국정원"이라 한다)은 대통령 소속으로 1128
두며, 대통령의 지시와 감독을 받는다(국가정보원법 제2조). 국정원은 다음 각 호 [1. 다음 각 목에 해당하는 정보의 수집·작성·배포(가. 국외 및 북한에 관한 정보. 나목 이하 생략), 2. 국가 기밀(국가의 안전에 대한 중대한 불이익을 피하기 위하여 한정된 인원만이 알 수 있도록 허용되고 다른 국가 또는 집단에 대하여 비밀로 할 사실·물건 또는 지식으로서 국가 기밀로 분류된 사항만을 말한다. 이하 같다)에 속하는 문서·자재·시설·지역 및 국가안전보장에 한정된 국가 기밀을 취급하는 인원에 대한 보안 업무. 다만, 각급 기관에 대한 보안감사는 제외한다. 3. 제1호 및 제2호의 직무수행에 관련된 조치로서 국가안보와 국익에 반하는 북한, 외국 및 외국인·외국단체·초국가행위자 또는 이와 연계된 내국인의 활동을 확인·견제·차단하고, 국민의 안전을 보호하기 위하여 취하는 대응조치, 4. 다음 각 목의 기관 대상 사이버공격 및 위협에 대한 예방 및 대응(각 목 생략), 5. 정보 및 보안 업무의 기획·조정, 6. 그 밖에 다른 법률에 따라 국정원의 직무로 규정된 사항]의 직무를 수행한다(국가정보원법 제4조). 국정원에 원장을 둔다(국가정보원법 제7조 제1항). 위험방지사무를 수행하는 범위 안에서 국정원장은 경찰행정청의 성격을 갖는다.

1129 (2) **계엄사령관** 대통령은 전시·사변 또는 이에 준하는 국가비상사태에 있어서 병력으로써 군사상의 필요에 응하거나 공공의 안녕질서를 유지할 필요가 있을 때에는 법률이 정하는 바에 의하여 계엄을 선포할 수 있다(헌법 제77조 제1항). 계엄은 비상계엄과 경비계엄으로 한다(헌법 제77조 제2항). 비상계엄의 선포와 동시에 계엄사령관은 계엄지역 안의 모든 행정사무와 사법사무를 관장한다(계엄법 제7조 제1항). 경비계엄의 선포와 동시에 계엄사령관은 계엄지역 안의 군사에 관한 행정사무와 사법사무를 관장한다(계엄법 제7조 제2항). 계엄사령관은 행정사무 중 위험방지사무와 관련하는 한 경찰행정청의 성격을 갖는다.

▌참고▌ 국회와 경찰

1. 경호권과 가택권

1130 삼권분립의 원칙상 국회에서의 경찰작용은 정부가 아니라 국회에 의해 이루어진다. 국회에서의 위험방지와 관련하여 국회의장은 국회법에 의거하여 일종의 경찰권인 경호권(국회법 제143조)과 가택권(국회법 제151조·제152조)을 갖는다. 국회의장의 가택권은 국회의사당이 국가의 재산이라는 데서 나오는 권리이다.

2. 집행경찰

1131 국회의장이 활용가능한 집행경찰에는 국회소속의 경위와 행정부소속의 경찰의 두 종류가 있다. 먼저 ① 위험방지를 목적으로 하는 경찰권의 행사를 위해 국회의장은 국회소속의 경위를 활용할 수 있다(국회법 제144조 제1항). 경위는 국회의장의 지휘를 받아 회의장건물 안에서 경호한다(국회법 제144조 제3항). 또한 ② 국회의장은 국회의 경호를 위하여 필요한 때에는 국회운영위원회의 동의를 얻어 일정한 기간을 정하여 정부에 대하여 필요한 경찰관의 파견을 요구할 수 있다(국회법 제144조 제2항). 경찰관은 국회의장의 지휘를 받아 회의장건물 밖에서 경호한다(국회법 제144조 제3항).

Ⅲ. 국가경찰 의결기관·자문기관

1. 국가경찰위원회

국가경찰행정에 관하여 제10조 제1항 각 호(1. 국가경찰사무에 관한 인사, 예산, 장비, 통신 등에 관한 주요정책 및 경찰 업무 발전에 관한 사항, 2. 국가경찰사무에 관한 인권보호와 관련되는 경찰의 운영·개선에 관한 사항, 3. 국가경찰사무 담당 공무원의 부패 방지와 청렴도 향상에 관한 주요 정책사항, 4. 국가경찰사무 외에 다른 국가기관으로부터의 업무협조 요청에 관한 사항, 5. 제주특별자치도의 자치경찰에 대한 경찰의 지원·협조 및 협약체결의 조정 등에 관한 주요 정책사항, 6. 제18조에 따른 시·도자치경찰위원회 위원 추천, 자치경찰사무에 대한 주요 법령·정책 등에 관한 사항, 제25조 제4항에 따른 시·도자치경찰위원회 의결에 대한 재의 요구에 관한 사항, 7. 제2조에 따른 시책 수립에 관한 사항, 8. 제32조에 따른 비상사태 등 전국적 치안유지를 위한 경찰청장의 지휘·명령에 관한 사항, 9. 그 밖에 행정안전부장관 및 경찰청장이 중요하다고 인정하여 국가경찰위원회의 회의에 부친 사항)의 사항을 심의·의결하기 위하여 행정안전부에 국가경찰위원회를 둔다(경찰법 제7조 제1항). 국가경찰위원회는 대외적으로 의사를 표시하는 기관은 아니기 때문이다. 따라서 경찰위원회를 중앙경찰관청이라 부르기는 곤란하다. 1132

2. 경찰공무원인사위원회

경찰공무원의 인사에 관한 중요 사항에 대하여 경찰청장 또는 해양경찰청장의 자문에 응하게 하기 위하여 경찰청과 해양경찰청에 경찰공무원인사위원회("이하 인사위원회"라 한다)를 둔다(경공법 제5조). 인사위원회는 다음 각 호(1. 경찰공무원의 인사행정에 관한 방침과 기준 및 기본계획, 2. 경찰공무원의 인사에 관한 법령의 제정·개정 또는 폐지에 관한 사항, 3. 그 밖에 경찰청장, 해양경찰청장이 인사위원회의 회의에 부치는 사항)의 사항을 심의한다(경공법 제6조). 1134

Ⅳ. 국가경찰집행기관

1. 의 의

국가경찰집행기관이란 경찰행정관청이 명한 사항을 현장에서 현실적으로 직접 수행하는 경찰기관을 말한다. 이를 집행경찰이라 부르기도 한다. 1135

2. 종 류

국가경찰집행기관은 그 임무의 내용의 상이에 따라 ① 제복을 착용하고 무기를 휴대하는 것을 특징으로 하면서 일반경비에 임하는 경비경찰(경공법 제26조), ② 긴급한 상황에 대처하는 기동경찰(경응법 제4조), ③ 해양경비사무를 집행 1136

하는 해양경찰(해양경찰청과 그 소속기관 직제 제11조 등), ④ 간첩침투거부 등을 위한 의무경찰(의무경찰대 설치 및 운영에 관한 법률 제1조), ⑤ 특별경찰행정관청에 소속하면서 그 관청의 소관사무를 집행하는 공무원, ⑥ 군인·군무원의 범죄예방 등에 관한 사무를 집행하는 군사경찰과에 속하는 군인(군사경찰)인 병(군사법원법 제46조 제1항), ⑦ 비상사태시 출병하는 군인(헌법 제77조; 계엄법 제1조) 등으로 구분할 수 있다.

Ⅴ. 자치경찰기관

1. 지방자치단체 소속 자치경찰기관

1137 국가경찰과 자치경찰의 조직 및 운영에 관한 법률은 경찰사무를 국가경찰사무와 자치경찰사무로 나누고 있다(경찰법 제4조 제1항). 그러나 이 법률에서 자치경찰사무를 전담하는 지방자치단체 소속의 자치경찰기관에 관한 규정은 찾아볼 수 없다.

2. 시·도자치경찰위원회와 시·도경찰청장

(1) 시·도자치경찰위원회

1138 (가) 설치·소관사무 ① 자치경찰사무를 관장하게 하기 위하여 특별시장·광역시장·특별자치시장·도지사·특별자치도지사(이하 "시·도지사"라 한다) 소속으로 시·도자치경찰위원회를 둔다. 다만, 제13조 후단에 따라 시·도에 2개의 시·도경찰청을 두는 경우 시·도지사 소속으로 2개의 시·도자치경찰위원회를 둘 수 있다(경찰법 제18조 제1항). ② 시·도자치경찰위원회는 합의제 행정기관으로서 그 권한에 속하는 업무를 독립적으로 수행한다(경찰법 제18조 제2항). ③ 시·도자치경찰위원회의 소관 사무는 다양하다(경찰법 제24조).

1138a (나) 법적 지위 시·도자치경찰위원회의 소속이라는 점, 독립의 합의제 행정기관이라는 점, 소관사무가 대부분 자치경찰사무에 관한 것이라는 점에 비추어, 시·도자치경찰위원회는 자치경찰기관의 성격을 갖는다. 국가경찰과 자치경찰의 조직 및 운영에 관한 법률 제25조에 비추어 시·도자치경찰위원회는 기본적으로 의결기관의 성격을 갖지만, 순수한 의결기관은 아니다.

(2) 시·도경찰청장

1139 (가) 자치경찰사무의 수행기관 시·도경찰청장은 … 자치경찰사무에 대해서는 시·도자치경찰위원회의 지휘·감독을 받아 관할구역의 소관 사무를 관장하고 소속 공무원 및 소속 경찰기관의 장을 지휘·감독한다. 다만, 수사에 관한 사

무에 대해서는 국가수사본부장의 지휘·감독을 받아 관할구역의 소관 사무를 관장하고 소속 공무원 및 소속 경찰기관의 장을 지휘·감독한다(경찰법 제28조 제3항 본문). 즉, 자치경찰사무를 수행하는 기관은 국가경찰행정청인 시·도경찰청장이다.

(나) 시·도경찰청장의 자치경찰사무에 대한 감독기관 제3항 본문의 경우 시· 1140
도자치경찰위원회는 자치경찰사무에 대해 심의·의결을 통하여 시·도경찰청장을 지휘·감독한다. 다만, 시·도자치경찰위원회가 심의·의결할 시간적 여유가 없거나 심의·의결이 곤란한 경우 대통령령으로 정하는 바에 따라 시·도자치경찰위원회의 지휘·감독권을 시·도경찰청장에게 위임한 것으로 본다(경찰법 제28조 제4항). 즉, 시·도경찰청장의 자치경찰사무에 대한 감독기관은 시·도자치경찰위원회이다.

(다) 법적 지위 ① 국회 행정안전위원장이 제안한 경찰법 전부개정법률안 1140a
(대안) 2. 제안이유에 "현행법을 개정하여 경찰사무를 국가경찰사무와 자치경찰사무로 나누고 각 사무별 지휘·감독권자를 분산하며 시·도자치경찰위원회가 자치경찰사무를 지휘·감독하도록 하는 등 자치경찰제 도입의 법적 근거를 마련함으로써"라는 표현이 나온다. ② 이러한 입법취지를 볼 때, 시·도경찰청장은 국가경찰사무를 수행하는 범위에서 국가의 경찰행정청의 지위도 갖지만, 자치경찰사무를 수행하는 범위에서 자치경찰행정청의 지위도 갖는다. 따라서 국가경찰과 자치경찰의 조직 및 운영에 관한 법률상 시·도경찰청장의 지위는 이중적이다. ③ 시·도경찰청장의 지위가 이중적이라는 것은 자치경찰제가 온전한 것이 아님을 의미한다. 그것은 과도기적이다. 지방자치단체 소속기관인 자치경찰기관이 자치경찰사무를 전담하는 방향으로 발전이 있어야 할 것이다.

3. 제주특별자치도의 경우

현재로서 지방자치단체에 소속하는 경찰(자치경찰)은 제주특별자치도 설치 1141
및 국제자유도시 조성을 위한 특별법(약칭: 제국법)에 근거하여 제주특별자치도에서 설치되고 있다. 제주특별법 제90조가 정하는 자치경찰사무를 처리하기 위하여 제주특별자치도지사 소속으로 자치경찰단을 둔다(제국법 제88조 제1항). 자치경찰단장은 자치경찰행정청의 성격을 갖는다.

Ⅵ. 소방기관

1. 의 의

화재의 예방·경계·진압, 재난·재해 그 밖의 위급한 상황에서의 구조·구급 1142

활동 등을 내용으로 하는 소방사무는 위험방지사무, 즉 경찰사무의 한 부분이지만, 소방기관은 일반경찰기관으로부터 분리되어 있다. 소방사무는 소방기본법에서 규정되고 있다. 소방사무는 국가와 지방자치단체의 공통사무로 보인다(소방법 제2조의2). 소방행정청에는 국가의 행정청으로 소방청장과 지방자치단체의 행정청으로 시·도지사(특별시장·광역시장·특별자치시장·도지사 또는 특별자치도지사), 소방본부장, 소방서장이 있다.

2. 소방행정청

1143 (1) **소방청장** 소방에 관한 사무를 관장하기 위하여 행정안전부장관 소속으로 소방청을 둔다(정조법 제34조 제7항). 소방청에 청장 1명과 차장 1명을 두되, 청장 및 차장은 소방공무원으로 보한다(정조법 제34조 제8항). 청장은 소방총감으로 보한다(소방청과 그 소속기관 직제 제4조). 차장은 소방정감으로 보한다(소방청과 그 소속기관 직제 제5조). 소방청장은 화재, 재난·재해, 그 밖의 위급한 상황으로부터 국민의 생명·신체 및 재산을 보호하기 위하여 소방업무에 관한 종합계획을 5년마다 수립·시행하여야 하고, 이에 필요한 재원을 확보하도록 노력하여야 한다(소방법 제6조 제1항).

(2) **시·도지사, 소방본부장, 소방서장**

1144 (가) **시·도지사** 시·도지사는 관할 지역의 특성을 고려하여 종합계획의 시행에 필요한 세부계획을 매년 수립하여 소방청장에게 제출하여야 하며, 세부계획에 따른 소방업무를 성실히 수행하여야 한다(소방법 제6조 제4항).

1144a (나) **소방본부장** 소방본부장이란 시·도에서 화재의 예방·경계·진압·조사 및 구조·구급 등의 업무를 담당하는 부서의 장을 말한다(소방법 제2조 제4호). 소방본부는 시·도지사의 직속기관이다(소방법 제3조 제4항). 소방본부장은 조직법상으로는 시·도지사의 보조기관이지만, 소방기본법상 규정된 권한(예: 소방법 제12조)을 행사하는 범위 안에서 행정청의 성질을 갖는다.

1144b (다) **소방서장** 시·도는 그 관할구역의 소방업무를 담당하게 하기 위하여 해당 시·도의 조례로 소방서를 설치한다(지방소방기관 설치에 관한 규정 제5조, 소방법 제3조 제1항). 소방서에는 서장 1명을 둔다(지방소방기관 설치에 관한 규정 제6조 제1항). 서장은 시·도지사의 명을 받아 소관 사무를 총괄하고, 소속 공무원을 지휘·감독한다(지방소방기관 설치에 관한 규정 제6조 제2항).

1145 (3) **지휘·감독** 소방업무를 수행하는 소방본부장 또는 소방서장은 그 소재지를 관할하는 시·도지사의 지휘와 감독을 받는다(소방법 제3조 제2항). 제2항

에도 불구하고 소방청장은 화재 예방 및 대형 재난 등 필요한 경우 시·도 소방본부장 및 소방서장을 지휘·감독할 수 있다(소방법 제3조 제3항).

3. 소방집행기관

소방집행기관으로 소방대가 있다. 소방대는 화재를 진압하고 화재, 재난· 1146
재해 그 밖의 위급한 상황에서의 구조·구급활동 등을 하기 위하여 ① 소방공무원법에 따른 소방공무원, ② 의무소방대설치법 제3조에 따라 임용된 의무소방대원, ③ 소방기본법 제37조에 따른 의용소방대원으로 구성된 조직체를 말한다(소방법 제2조 제5호). ④ 소방기본법 제34조의 규정에 따른 구조대와 구급대도 있다.

제 3 항 사인과 경찰

Ⅰ. 공무수탁사인

법률이나 법률에 근거한 행위로 특정의 공적인 임무를 자기의 이름으로 수 1147
행하도록 공적 권한이 주어진 사인(자연인 또는 법인)을 공무수탁사인이라 한다. 경찰상 공무수탁사인에는 법률에서 직접 경찰권이 부여되는 경우도 있고, 법률에 근거한 행정행위를 통해 경찰권이 부여되는 경우도 있다. 전자의 경우로 항공보안법 제22조 제1항(기장이나 기장으로부터 권한을 위임받은 승무원(이하 "기장등"이라 한다) 또는 승객의 항공기 탑승 관련 업무를 지원하는 항공운송사업자 소속 직원 중 기장의 지원요청을 받은 사람은 다음 각 호의 어느 하나에 해당하는 행위를 하려는 사람에 대하여 그 행위를 저지하기 위한 필요한 조치를 할 수 있다)에 따른 비행기의 기장, 선원법 제6조에 따른 선장, 민영교도소 등의 설치 운영에 관한 법률 제3조 제1항에 따라 교정업무를 수행하는 교정법인 또는 민영교도소 등을 볼 수 있고, 후자의 경우로 정부조직법 제6조 제3항 또는 지방자치법 제104조 제3항을 근거로 하여 행정행위를 통해 사인에게 위험방지목적의 어업감시·사냥감시·삼림감시 등의 임무를 부여하는 행위가 가능할 것이다.

Ⅱ. 청원경찰

청원경찰의 직무·임용·배치·보수·사회보장 및 그 밖에 필요한 사항을 규정함으로써 청원경찰의 원활한 운영을 목적으로 청원경찰법이 제정되어 있다.

1. 의 의

이 법에서 "청원경찰"이란 다음 각 호(1. 국가기관 또는 공공단체와 그 관리하에 1148

있는 중요 시설 또는 사업장, 2. 국내 주재 외국기관, 3. 그 밖에 행정안전부령으로 정하는 중요시설, 사업장 또는 장소)의 어느 하나에 해당하는 기관의 장 또는 시설·사업장 등의 경영자가 경비(청원경찰경비)를 부담할 것을 조건으로 경찰의 배치를 신청하는 경우 그 기관·시설 또는 사업장 등의 경비를 담당하게 하기 위하여 배치하는 경찰을 말한다(청경법 제2조).[1)]

2. 직 무

1148a 청원경찰은 제4조 제2항에 따라 청원경찰의 배치 결정을 받은 자(청원주)와 배치된 기관·시설 또는 사업장 등의 구역을 관할하는 경찰서장의 감독을 받아 그 경비구역만의 경비를 목적으로 필요한 범위에서 「경찰관 직무집행법」에 따른 경찰관의 직무를 수행한다(청경법 제3조).

3. 감 독

1148b 청원주는 항상 소속 청원경찰의 근무 상황을 감독하고, 근무 수행에 필요한 교육을 하여야 한다(청경법 제9조의3 제1항). 지방경찰청장은 청원경찰의 효율적인 운영을 위하여 청원주를 지도하며 감독상 필요한 명령을 할 수 있다(청경법 제9조의3 제2항).

4. 지 위

1148c (1) 근로자 청원경찰은 사용자인 청원주(청원경찰의 배치 결정을 받은 자)와의 고용계약에 의한 근로자로서 공무원 신분이 아니다(청경법 제5조 제1항, 같은 법 시행령 제7조, 제18조).[2)] 청원경찰의 신분은 형법이나 그 밖의 법령에 따른 벌칙의

---

1) 헌재 2018. 1. 25, 2017헌가26(청원경찰은 경찰인력의 부족을 보완하고 국가기관 등 중요 시설, 사업체 또는 장소의 경비 및 공안업무에 만전을 기하려는 취지에서 국가기관 등 중요 시설의 경영자가 경비를 부담할 것을 조건으로 경찰의 배치를 신청하는 경우에 이에 응하여 임용, 배치된다. 청원경찰은 제복을 착용하고 무기를 휴대하여 경비 및 공안업무라는 경찰관에 준하는 공적인 업무를 하고 있으므로 그 업무를 원활하게 수행하기 위해서는 청원경찰 개개인이 고도의 윤리·도덕성을 갖추어야 할 뿐 아니라 청원경찰직에 대한 국민의 신뢰가 기본바탕이 되어야 한다).

2) 헌재 2022. 5. 26, 2019헌바530; 헌재 2017. 9. 28, 2015헌마653(청원경찰은 사용자인 청원주와의 고용계약에 의한 근로자일 뿐, 국민전체에 대한 봉사자로서 국민에 대하여 책임을 지며 그 신분과 정치적 중립성이 법률에 의해 보장되는 공무원 신분이 아니다); 헌재 2010. 2. 25, 2008헌바160 전원재판부(헌법상 법치주의의 한 내용인 법률유보의 원칙은 국민의 기본권 실현에 관련된 영역에 있어서 국가 행정권의 행사에 관하여 적용되는 것이지, 기본권규범과 관련 없는 경우에까지 준수되도록 요청되는 것은 아니라 할 것인데, 청원경찰은 근무의 공공성 때문에 일정한 경우에 공무원과 유사한 대우를 받고 있는 등으로 일반 근로자와 공무원의 복합적 성질을 가지고 있지만, 그 임면주체는 국가 행정권이 아니라 청원경찰법상의 청원주로서 그 근로관계의 창설과 존속 등이 본질적으로 사법상 고용계약의 성질을 가지는바, 청원경찰의 징계로 인하여 사적 고용계약상의 문제인 근로관계의 존속에 영향을 받을 수 있다 하더라

적용과 청원경찰법 및 이 법 시행령에서 특히 규정하는 경우를 제외하고는 공무원으로 보지 않는다(청경법 제10조 제2항, 같은 법 시행령 제18조).

(2) **불법행위의 경우** 국가기관·지방자치단체에 근무하는 청원경찰은 직무상 불법행위에 따른 배상책임에 있어 공무원으로 간주되지만, 국가기관 또는 지방자치단체 외의 곳에서 근무하는 청원경찰의 경우 불법행위에 대한 배상책임에 관하여는 민법의 규정이 적용된다(청경법 제10조의2). 1148d

Ⅲ. 자율방범대

자율방범대의 활동을 증진하고 치안유지·범죄예방·청소년 선도 등 지역사회 안전에 기여함을 목적으로 자율방범대 설치 및 운영에 관한 법률(약칭: 자율방범대법)이 제정되어 있다.

1. 의　　의

자율방범대란 범죄예방 등 지역사회 안전을 위하여 지역 주민들이 자발적으로 조직하여 봉사활동을 하는 단체로 제4조에 따라 경찰서장에게 신고한 단체를 말한다(자율방범대법 제2조 제1호). 제4조에 따라 신고한 단체의 구성원 중 경찰서장이 위촉한 사람을 자율방범대원이라 한다(자율방범대법 제2조 제2호). 1148e

2. 조직·구성

자율방범대는 읍·면·동 단위로 1개의 조직을 구성하는 것을 원칙으로 한다. 다만, 인구·면적 등 지역 여건을 고려하여 2개 이상의 조직을 둘 수 있다(자율방범대법 제3조 제1항). 자율방범대에는 대장, 부대장, 총무 및 대원을 둔다(자율방범대법 제3조 제2항). 1148f

3. 자율방범활동

(1) **활동범위** 자율방범대는 다음 각 호[1. 범죄예방을 위한 순찰 및 범죄의 신고, 2. 청소년 선도 및 보호, 3. 시·도경찰청장·경찰서장·지구대장·파출소장(이하 "시·도경찰청장등"이라 한다)이 지역사회의 안전을 위하여 요청하는 활동, 4. 특별시장·광역시장·특별자치시장·도지사·특별자치도지사(이하 "시·도지사"라 한다), 시장·군수·구청장 또는 읍장·면장·동장이 지역사회의 안전을 위하여 요청하는 활동]의 활동(이하 "자율방범활동"이라 한다)을 한다(자율방범대법 제7조). 1148g

---

도 이는 국가 행정주체와 관련되고 기본권의 보호가 문제되는 것이 아니어서 여기에 법률유보의 원칙이 적용될 여지가 없으므로, 그 징계에 관한 사항을 법률에 정하지 않았다고 하여 법률유보의 원칙에 위반된다 할 수 없다).

1148h (2) **특 징** 자율방범대는 지역주민의 자율적인 조직이므로 제7조 제1호와 제2호에 따른 활동을 함에 있어서는 침해적인 경찰활동은 할 수 없다. 그러나 자율방범대법 제7조 제3호와 제4호에 따른 활동의 경우에는 경찰행정의 보조자의 역할을 하는 것이므로 경우에 따라 침해적인 경찰활동이 가능하다. 제7조 제3호 및 제4호에 따른 활동을 하는 자율방범대원은「형법」제127조 및 제129조부터 제132조까지의 규정을 적용할 때에는 공무원으로 본다(자율방범대법 제17조).

4. 복장·장비

1148i 자율방범대원은 자율방범활동을 하는 때에는 자율방범활동 중임을 표시할 수 있는 복장을 착용하고 자율방범대원의 신분을 증명하는 신분증을 소지하여야 한다(자율방범대법 제8조 제1항). 자율방범대원은 경찰과 유사한 복장을 착용하여서는 아니 되며, 자율방범대 차량에 경찰과 유사한 도장이나 표지 등을 하거나 그러한 도장이나 표지 등을 한 차량을 운전하여서는 아니 된다(자율방범대법 제8조 제2항). 경찰청장, 시·도경찰청장 또는 경찰서장이 자율방범활동에 필요하다고 인정하는 경우에는 자율방범대 차량에 행정안전부령으로 정하는 기준에 적합한 경광등을 설치할 수 있다(자율방범대법 제8조 제3항).

5. 기 타

1148j (1) **지도·감독** 시·도경찰청장등은 범죄예방 등 지역사회 안전을 위하여 행정안전부령으로 정하는 바에 따라 자율방범대원의 활동을 지도·감독한다(자율방범대법 제9조).

1148k (2) **교육·훈련** 시·도경찰청장등은 자율방범대원에 대하여 자율방범활동에 필요한 교육 및 훈련을 실시할 수 있다(자율방범대법 제10조).

1148l (3) **경비지원** 국가와 지방자치단체는 대통령령으로 정하는 바에 따라 예산의 범위에서 자율방범대와 중앙회등의 활동에 필요한 복장·장비의 구입, 교육·훈련, 포상 및 운영 등에 소요되는 경비의 전부 또는 일부를 지원할 수 있다(자율방범대법 제14조 제1항). 국가와 지방자치단체는 자율방범대가 자율방범활동이나 제10조에 따른 교육·훈련으로 인하여 발생하는 사망 또는 부상 등의 위험으로부터 자율방범대원을 보호하기 위하여 보험에 가입하는 경우 예산의 범위에서 그 보험 가입에 소요되는 비용의 전부 또는 일부를 지원할 수 있다(자율방범대법 제14조 제2항).

Ⅳ. 경 비

경비업법은 시설경비업무(경비를 필요로 하는 시설 및 장소에서의 도난·화재 그 밖의 혼잡 등으로 인한 위험발생을 방지하는 업무)·호송경비업무(운반중에 있는 현금·유가증권·귀금속·상품 그 밖의 물건에 대하여 도난·화재 등 위험발생을 방지하는 업무)·신변보호업무(사람의 생명이나 신체에 대한 위해의 발생을 방지하고 그 신변을 보호하는 업무)·기계경비업무(경비대상시설에 설치한 기기에 의하여 감지·송신된 정보를 그 경비대상시설 외의 장소에 설치한 관제시설의 기기로 수신하여 도난·화재 등 위험발생을 방지하는 업무)·특수경비업무(공항(항공기를 포함한다) 등 대통령령이 정하는 국가중요시설의 경비 및 도난·화재 그 밖의 위험발생을 방지하는 업무)의 전부 또는 일부를 도급받아 행하는 영업을 경비업이라 부르고 있다(경비업법 제2조 제1호).[1) 1149

제 2 절 경찰공무원법

제 1 항 일 반 론

Ⅰ. 경찰공무원법의 관념

1. 경찰공무원법의 의의

경찰공무원법이란 경찰행정을 행하는 인적 요소인 경찰공무원의 법관계를 규율하는 법규의 총괄개념이다. 경찰공무원법은 경찰공무원을 대상으로 한다. 경찰공무원법은 국가경찰조직 또는 지방자치단체경찰조직의 내부관계를 중심으로 한다. 경찰공무원법은 경찰조직법이 아니다. 왜냐하면 경찰공무원은 경찰공무원법을 통해 국가나 지방자치단체의 경찰기관 그 자체가 아니라 경찰기관의 구성자로서 나타나고, 외부적으로는 그 경찰기관에 의해 대표되기 때문이다. 1150

2. 경찰공무원법의 법원

(1) **국가경찰공무원** "국가경찰공무원의 책임 및 직무의 중요성과 신분 및 근무 조건의 특수성에 비추어 그 임용, 교육훈련, 복무, 신분보장 등에 관하여 1151

---

1) 우리나라에서 민간경비는 1960년대 미8군부대의 경비를 당담하면서 출발하여 경비업법이 제정된 1976년부터 본격적으로 체계를 잡기 시작하였고, 2005년에는 2,515개 업체에 122,327명의 경비원이 종사하고 있었고(2006 경찰백서, 경찰청), 2017년 6월 기사에 따르면 4,500여 개의 경비회사와 50만여 명의 경비원이 종사하는 것으로 추산된다고 한다(충청일보 2017. 6. 14.).

「국가공무원법」에 대한 특례를 규정함을 목적"으로 경찰공무원법이 제정되어 있다(경공법 제1조). 여기서 경찰공무원이란 제도적 의미의 국가경찰에 소속하는 공무원을 말한다. 이 밖에도 국가경찰공무원법의 법원으로 경찰공무원 임용령, 경찰공무원 승진임용 규정, 경찰공무원 징계령, 경찰공무원 교육훈련규정, 경찰공무원 복무규정, 경찰관복제 등이 있다.

1152 (2) **제주자치도 자치경찰공무원** 제주자치도 자치경찰공무원에 관해서는 제주특별자치도 설치 및 국제자유도시 조성을 위한 특별법이 규정하고 있다. 제주특별자치도 설치 및 국제자유도시 조성을 위한 특별법은 경찰공무원법의 여러 규정을 준용하고 있다(제국법 제119조).

Ⅱ. 경찰공무원과 기본권

1. 기본권의 보장

1153 경찰공무원에게도 일반국민과 마찬가지로 모든 기본권이 보장된다. 그 밖에 기본권유사의 각종 권리가 보장된다.[1] 그러나 헌법 제7조 제2항은 공무의 온전한 수행을 위하여 공무원의 기본권의 제한을 예정하고 있다. 특별권력관계라는 이름으로 법적 근거없이 경찰공무원의 기본권을 제한할 수는 없다. 경찰공무원의 기본권 역시 법적 보장이 주어지는 것이므로, 그 제한도 역시 법률에 근거하여야 한다(헌법 제37조 제2항).

2. 기본권의 제한

1154 ① 경찰공무원은 법률이 정한 바에 따라 정당가입이나 정치활동이 제한되며(헌법 제7조 제2항), ② 경찰공무원은 국가배상에서 이중배상이 금지되며(헌법 제29조 제2항), ③ 법률로 인정된 자를 제외하고는 노동조합결성·단체교섭 및 단체행동을 할 수 없다(헌법 제33조 제2항). ④ 헌법 제37조 제2항에 의거, 법률로써 기본권에 제한이 가해질 수도 있다.

---

1) 헌재 2009. 3. 24, 2009헌마118 제2지정재판부(일반적으로 청구인과 같은 경찰공무원은 기본권의 주체가 아니라 국민 모두에 대한 봉사자로서 공공의 안전 및 질서유지라는 공익을 실현할 의무가 인정되는 기본권의 수범자라 할 것이다. 그런데 벌금미납자에 대하여 검사가 발부한 형집행장은 구속영장과 동일한 효력이 있고(형사소송법 제474조 제2항) 경찰서 유치장은 "구속된 자 또는 신체의 자유를 제한하는 판결 또는 처분을 받은 자를 수용하는 시설"이므로(경찰관직무집행법 제9조), 위와 같이 검사가 발부한 형집행장에 의하여 검거된 벌금미납자의 신병에 관한 업무는 국가 조직영역 내에서 수행되는 공적과제 내지 직무영역에 대한 것이다. 따라서 이러한 직무를 수행하는 청구인은 국가기관의 일부 또는 그 구성원으로서 공법상의 권한을 행사하는 공권력 행사의 주체일 뿐, 기본권의 주체라 할 수 없으므로 이 사건에서 청구인에게 헌법소원을 제기할 청구인적격을 인정할 수 없다).

3. 기본권의 특징

경찰공무원·소방공무원의 의무는 경찰공무원·소방공무원의 생명권·신체 1155
의 불가침권과 충돌관계에 놓이는 것이 아닌가의 여부가 문제된다. 그러나 경찰공무원·소방공무원이 갖는 직무상의 생명·건강의 위험은 국가에 의한 침해가 아니라, 오히려 사적 자치에 근거를 둔 고용관계에서와 같이 일정 유형의 직업상의 위험을 당사자인 공무원이 자유로이 선택하였다는 점에 특징이 있다.

제 2 항 경찰공무원의 법관계의 발생·변경·소멸

Ⅰ. 경찰공무원의 법관계의 관념

1. 의 의

경찰공무원의 법관계는 기본적으로 자연인인 경찰공무원과 임용주체의 지 1156
위를 갖는 공법상 법인(예 : 국가 또는 제주특별자치도) 사이에 존재하는 공법상 근무관계·성실관계이다. ① 공무원관계는 소위 특별권력관계가 아니다. 그것은 특별한 행정법관계이다. 공무원관계는 공법관계로 형성된다. ② 경찰공무원의 근무관계는 영속적인 근무태세, 완전한 임무수행을 특징적인 내용으로 한다. ③ 경찰공무원은 성실하고 도덕적이고 국가적 이념에 충실한 근무를 하여야 한다. 그렇다고 무한정의 충성이 요구되는 것은 아니다. 그것은 윤리적 근무관계이다.

2. 임용주체로서의 국가 또는 지방자치단체

(1) 국가경찰공무원

(가) 총경 이상의 경찰공무원　총경 이상 경찰공무원은 경찰청장 또는 해양 1157
경찰청장의 추천을 받아 행정안전부장관 또는 해양수산부장관의 제청으로 국무총리를 거쳐 대통령이 임용한다. 다만, 총경의 전보, 휴직, 직위해제, 강등, 정직 및 복직은 경찰청장 또는 해양경찰청장이 한다(경공법 제7조 제1항).

(나) 경정 이하의 경찰공무원　경정 이하의 경찰공무원은 경찰청장 또는 해 1157a
양경찰청장이 임용한다. 다만, 경정으로의 신규채용, 승진임용 및 면직은 경찰청장 또는 해양경찰청장의 제청으로 국무총리를 거쳐 대통령이 한다(경공법 제7조 제2항).

(다) 권한의 위임　경찰청장은 대통령령으로 정하는 바에 따라 경찰공무원 1157b
의 임용에 관한 권한의 일부를 특별시장·광역시장·도지사·특별자치시장 또는 특별자치도시자(이하 "시·도지사"라 한다), 국가수사본부장, 소속 기관의 장, 시·도

경찰청장에게 위임할 수 있다. 이 경우 시·도지사는 위임받은 권한의 일부를 대통령령으로 정하는 바에 따라 「국가경찰과 자치경찰의 조직 및 운영에 관한 법률」 제18조에 따른 시·도자치경찰위원회(이하 "시·도자치경찰위원회"라 한다), 시·도경찰청장에게 다시 위임할 수 있다(경공법 제7조 제3항).

1158 **(2) 제주자치도 자치경찰공무원** 제주특별자치도의 도지사는 소속 자치경찰공무원의 임명·휴직·면직과 징계를 할 권한을 가진다(제국법 제107조). 자치경찰단장은 도지사가 임명하며, 도지사의 지휘·감독을 받는다(제국법 제89조 제1항).

3. 임용의 상대방으로서 경찰공무원

(1) 경찰공무원의 임용자격(능력요건)

1159 **(가) 국가경찰공무원** 국가경찰공무원은 신체 및 사상이 건전하고, 품행이 방정한 사람 중에서 임용한다(경공법 제8조 제1항). 특히 공무에 대한 국민의 신뢰 확보를 위해[1] 경찰공무원에 대하여 다음의 능력요건을 요구한다. 즉, 다음 각 호[1. 대한민국 국적을 가지지 아니한 사람, 2. 「국적법」 제11조의2 제1항에 따른 복수국적자, 3. 피성년후견인 또는 피한정후견인, 4. 파산선고를 받고 복권되지 아니한 사람, 5. 자격정지 이상의 형(刑)을 선고받은 사람, 6. 자격정지 이상의 형의 선고유예를 선고받고 그 유예기간 중에 있는 사람, 7. 공무원으로 재직기간 중 직무와 관련하여 「형법」 제355조 및 제356조에 규정된 죄를 범한 자로서 300만원 이상의 벌금형을 선고받고 그 형이 확정된 후 2년이 지나지 아니한 사람, 8. 「성폭력범죄의 처벌 등에 관한 특례법」 제2조에 규정된 죄를 범한 사람으로서 100만원 이상의 벌금형을 선고받고 그 형이 확정된 후 3년이 지나지 아니한 사람, 9. 미성년자에 대한 다음 각 목(가. 「성폭력범죄의 처벌 등에 관한 특례법」 제2조에 따른 성폭력범죄, 나. 「아동·청소년의 성보호에 관한 법률」 제2조 제2호에 따른 아동·청소년대상 성범죄)의 어느 하나에 해당하는 죄를 저질러 형 또는 치료감호가 확정된 사람(집행유예를 선고받은 후 그 집행유예기간이 경과한 사람을 포함한다), 10. 징계에 의하여 파면 또는 해임처분을 받은 사람]의 어느 하나에 해당하는 사람은 경찰공무원으로 임용될 수 없다(경공법 제8조 제2항).[2] 이러한 능력요건이 결여된 임용은 무효가 된다. 국가의 과실은 문제되

---

1) 대판 1997. 7. 8, 96누4275(국가공무원법 제33조 제1항, 제69조 및 경찰공무원법 제7조 제2항, 제21조가 일정한 유죄판결을 받은 자 등을 국가공무원(경찰공무원 포함)에 임용될 수 없도록 정함과 동시에 국가공무원(경찰공무원 포함)으로 임용된 후에 임용결격자에 해당하게 된 자가 당연퇴직되도록 정하고 있는 것은 그러한 자로 하여금 국가의 공무를 집행하도록 허용한다면 그 공무는 물론 국가의 공무 일반에 대한 국민의 신뢰가 손상될 우려가 있으므로 그러한 자를 공무의 집행에서 배제함으로써 공무에 대한 국민의 신뢰를 확보하려는 것을 목적으로 하는 것이다).

2) 헌재 2010. 9. 30, 2009헌바122(공무원의 임용결격사유에 대한 규정은 공무원의 직무를 수행하기에 부적격한 자를 그 직무로부터 사전에 배제함으로써 공무원직에 대한 국민의 신뢰를 유지하고 직무의 정상적인 운영을 확보하기 위한 것이다. 특히 경찰공무원은 국민의 생명·신체와 재산에 대한 보호, 범죄의 예방과 수사를 주된 임무로 하는바, 그러한 경찰공무원 직무의 성격

지 아니한다.[1] 판례는 공무원법관계는 국가의 임용이 있는 때에 설정되는 것이라는 전제하에 공무원임용결격사유가 있는지의 여부는 채용후보자명부에 등록한 때가 아닌 임용당시에 시행되던 법률을 기준으로 하여 판단하여야 한다는 입장이다.[2] 요건의 결여는 당연퇴직사유가 된다. 즉, 경찰공무원이 제7조 제2항 각 호의 어느 하나에 해당하게 된 경우에는 당연히 퇴직한다. 다만, 제8조 제2항 제4호는 파산선고를 받은 사람으로서 「채무자 회생 및 파산에 관한 법률」에 따라 신청기한 내에 면책신청을 하지 아니하였거나 면책불허가 결정 또는 면책취소가 확정된 경우만 해당하고, 제8조 제2항 제6호는 「형법」 제129조부터 제132조까지, 「성폭력범죄의 처벌 등에 관한 특례법」 제2조, 「아동·청소년의 성보호에 관한 법률」 제2조 제2호 및 직무와 관련하여 「형법」 제355조 또는 제356조에 규정된 죄를 범한 사람으로서 자격정지 이상의 형의 선고유예를 받은 경우만 해당한다(경공법 제27조).[3]

(내) **제주자치도 자치경찰공무원** 제주자치도 자치경찰공무원의 임용자격(능 1160
력요건)에 관해서는 경찰공무원법 제8조가 준용된다(제국법 제119조 제1항). 따라서 그 내용은 국가경찰공무원의 경우와 동일하다.

(2) **경찰공무원의 종류**(국가의 경찰공무원과 지방자치단체의 경찰공무원) 경찰공 1161
무원에는 국가공무원인 국가경찰공무원과 제주자치도 자치경찰공무원이 있다. 국가경찰공무원은 국가에 의해 임명된다. 국가경찰공무원은 국가사무로서 경찰사무를 수행하며 보수 기타 경비는 국가가 부담하는 것이 원칙이다. 국가공무원법상 국가경찰공무원은 특정직 공무원으로 분류되고 있다. 한편, 제주자치도 자치경찰공무원은 제주자치도지사에 의해 임명된다(제국법 제107조). 제주자치도 자치경찰공무원은 자치사무로서 경찰사무를 수행하며 보수 기타 경비는 제주자치도가 부담한다.

(3) **경찰공무원의 계급** 국가경찰공무원의 계급은 치안총감, 치안정감, 치 1162
안감, 경무관, 총경, 경정, 경감, 경위, 경사, 경장, 순경으로 구분한다(경공법 제3

상 고도의 직업적 윤리성이 요청된다. 그런데 해임은 파면과 더불어 중징계 중 하나로서 그 행위에 대한 비난가능성이 크며, 징계절차를 거쳐 해임처분을 받은 이상 당해 직무의 수행이 부적절하다고 판단된 것으로 볼 수 있다. 따라서 위와 같은 경찰공무원직의 특수성과 중요성을 고려할 때 이 사건 법률조항(경찰공무원법 제7조(임용자격 및 결격사유) ② 다음 각 호의 1에 해당하는 자는 경찰공무원으로 임용될 수 없다. 6. 징계에 의하여 파면 또는 해임의 처분을 받은 자)은 과잉금지원칙에 위배되어 공무담임권에 대한 과도한 제한이라고 할 수 없다); 대판 1996. 2. 27, 95누9617.

1) 대판 2005. 7. 28, 2003두469.
2) 대판 1987. 4. 14, 86누459.
3) 대판 1997. 7. 8, 96누4275.

조).[1] 제주자치도 자치경찰공무원의 계급은 자치경무관, 자치총경, 자치경정, 자치경감, 자치경위, 자치경사, 자치경장, 자치순경으로 구분한다(제국법 제106조).

1163 (4) **경찰공무원의 경과** 경찰공무원은 그 직무의 종류에 따라 경과(警科)에 의하여 구분할 수 있다(경공법 제4조 제1항). 경과의 구분에 필요한 사항은 대통령령으로 정한다(경공법 제4조 제2항).

Ⅱ. 경찰공무원의 법관계의 발생

1. 신규임용(일반채용)

1164 (1) **국가경찰공무원** 경정 및 순경의 신규채용은 공개경쟁시험으로 한다(경공법 제10조 제1항). 경위의 신규채용은 경찰대학을 졸업한 사람 및 대통령령으로 정하는 자격을 갖추고 공개경쟁시험으로 선발된 사람(경찰간부후보생)으로서 교육훈련을 마치고 정하여진 시험에 합격한 사람 중에서 한다(경공법 제10조 제2항). 특별채용의 경우도 있다(경공법 제10조 제3항). 성적요건이 결여된 자에 대한 임용은 취소할 수 있는 행위가 된다. 임용요건이 결여된 공무원이 행한 행위는 사실상 공무원의 이론에 의하여 유효한 것으로 보아야 할 경우도 있다. 그러한 자가 현실적으로 공무를 수행하였다면, 그러한 자가 받은 보수를 부당이득으로 볼 수는 없다.

1165 (2) **제주자치도 자치경찰공무원** 제주자치도 자치경찰공무원의 신규임용은 공개경쟁시험으로 한다(제국법 제110조 제1항).

2. 시보임용

1166 (1) **국가경찰공무원** 경정 이하의 경찰공무원을 신규채용할 때에는 1년간 시보로 임용하고, 그 기간이 만료된 다음 날에 정규 경찰공무원으로 임용한다(경공법 제13조 제1항). 시보임용기간 중에 있는 경찰공무원이 근무성적 또는 교육훈련성적이 불량할 때에는「국가공무원법」제68조 및 이 법 제28조에도 불구하고 면직시키거나 면직을 제청할 수 있다(경공법 제13조 제3항). 다음 각 호(1. 경찰대학을 졸업한 사람 또는 경찰간부후보생으로서 정하여진 교육을 마친 사람을 경위로 임용하는 경우, 2. 경찰공무원으로서 대통령령으로 정하는 상위계급으로의 승진에 필요한 자격 요건을 갖추고 임용예정 계급에 상응하는 공개경쟁 채용시험에 합격한 사람을 해당 계급의 경찰공

1) 헌재 2014. 1. 28, 2012헌마267(경찰공무원의 계급을 공안직공무원에 비하여 세분화하고 있는 것은, 경찰공무원의 경우 일선에서 범죄 예방·진압 등의 업무를 주로 담당하는 만큼, 업무의 긴급성·돌발성, 위험성 등이 커서 보다 엄격한 계급체계와 강력한 지휘계통을 확립할 필요가 있기 때문이고, 경찰공무원의 인력이 하위계급에 편중되어 있는 것은 경찰공무원의 경우 현장에서의 집행업무의 비중이 보다 더 크기 때문이다).

무원으로 임용하는 경우, 3. 퇴직한 경찰공무원으로서 퇴직 시에 재직하였던 계급의 채용시험에 합격한 사람을 재임용하는 경우, 4. 자치경찰공무원을 그 계급에 상응하는 경찰공무원으로 임용하는 경우)의 어느 하나에 해당하는 경우에는 시보임용을 거치지 아니한다(경공법 제13조 제4항).

(2) **제주자치도 자치경찰공무원** 제주자치도 자치경찰공무원의 시보임용에 관해서는 경찰공무원법 제13조가 준용된다(제국법 제119조 제1항). 따라서 그 내용은 국가경찰공무원의 경우와 동일하다. 1167

Ⅲ. 경찰공무원의 법관계의 소멸

1. 당연퇴직

(1) **의 의** 당연퇴직이란 임용권자의 의사와 관계없이 법이 정한 일정한 사유의 발생으로 당연히[1] 공무원관계가 소멸되는 것을 말한다.[2] 퇴직발령통지서의 발부는 퇴직의 유효요건이 아니며 사실상의 확인행위에 불과할 뿐, 행정쟁송의 대상이 되지 아니한다.[3] 경찰공무원이 제8조 제2항 각 호의 어느 하나에 해당하게 된 경우에는 당연히 퇴직한다. 다만, 제8조 제2항 제4호는 파산선고를 받은 사람으로서 「채무자 회생 및 파산에 관한 법률」에 따라 신청기한 내에 면책신청을 하지 아니하였거나 면책불허가 결정 또는 면책 취소가 확정된 경우만 해당하고, 제8조 제2항 제6호는 「형법」 제129조부터 제132조까지, 「성폭력범죄의 처벌 등에 관한 특례법」 제2조, 「아동·청소년의 성보호에 관한 법률」 제2조 제2호 및 직무와 관련하여 「형법」 제355조 또는 제356조에 규정된 죄를 범한 사람으로서 자격정지 이상의 형의 선고유예를 받은 경우만 해당한다(경공법 제27조). 제주자치도 자치경찰공무원의 결격사유에 관해서는 경찰공무원법 제27조(당연퇴직)가 준용된다(제국법 제119조 제1항). 따라서 그 내용은 국가경찰공무원의 경우와 동일하다. 1168

(2) **정 년** ① 국가경찰공무원 역시 정년에 달하면 당연퇴직한다. 국가경찰공무원의 정년에는 연령정년과 계급정년이 있다. 경찰공무원의 연령정년은 60세이다(경공법 제30조 제1항 제1호). 경찰공무원의 계급정년은 치안감은 4년, 경무관은 6년, 총경은 11년, 경정은 14년이다(경공법 제30조 제1항 제2호). 한편, ② 자치경찰공무원의 연령정년은 자치경정 이상은 60세로 한다(제국법 제117조). 1169

1) 헌재 2002. 9. 27, 2002두3775.
2) 헌재 2002. 9. 27, 2002두3775.
3) 대판 1983. 2. 8, 81누263; 대판 1992. 1. 21, 91누2687; 대판 1994. 12. 27, 91누9244.

2. 면 직

1170 (1) **의원면직** 의원면직이란 경찰공무원 자신의 사의표시에 의거, 임용권자가 공무원관계를 소멸시키는 처분을 말한다. 그 법적 성질은 상대방의 신청을 요하는 행정행위(협력을 요하는 행정행위 또는 쌍방적 행정행위)이다. 사직의 의사표시는 정상적인 의사작용에 의한 것이어야 한다.[1] 직업선택의 자유와 관련하여 원칙적으로 경찰공무원은 사직의 자유를 가진다. 사임의 자유와 관련하여 임용권자에게 수리의무가 있는가의 문제가 있다. 공무담임은 권리이고 자유이지 의무만은 아닌 것이므로 임용권자에게 수리의무가 있다고 볼 것이다 다만 사임의 의사표시가 있어도 임용권자가 수리할 때까지는 사임의 의사표시를 한 자는 여전히 경찰공무원이다. 따라서 그 자는 여전히 경찰공무원으로서 각종의 의무를 부담하며, 이에 위반하면 책임이 추궁될 수 있다.[2]

1171 (2) **강제면직** 강제면직이란 공무원 본인의 의사에 관계없이 임용권자가 일방적으로 공무원관계를 소멸시키는 처분이다. 일방적 면직이라고도 한다. 이에도 징계면직과 직권면직이 있다.

1172 (가) **징계면직** 징계면직이란 경찰공무원이 공무원법상 요구되는 의무를 위반할 때, 그에 대하여 가해지는 제재로서의[3] 징계처분에 의한 파면과 해임을 의미한다. 이에 관해서는 경찰공무원의 책임문제로서 보기로 한다.

1173 (나) **직권면직** 임용권자는 경찰공무원이 다음 각 호(1. 「국가공무원법」 제70조 제1항 제3호부터 제5호까지의 규정 중 어느 하나에 해당될 때, 2. 경찰공무원으로는 부적합할 정도로 직무 수행능력이나 성실성이 현저하게 결여된 사람으로서 대통령령으로 정하는 사유에 해당된다고 인정될 때, 3. 직무를 수행하는 데에 위험을 일으킬 우려가 있을 정도의 성격적 또는 도덕적 결함이 있는 사람으로서 대통령령으로 정하는 사유에 해당된다고 인정될 때, 4. 해당 경과에서 직무를 수행하는 데 필요한 자격증의 효력이 상실되거나 면허가 취소되어 담당 직무를 수행할 수 없게 되었을 때)의 어느 하나에 해당될 때에는 직권으로 면직시킬 수 있다(경공법 제28조 제1항). 제1항 제2호·제3호 또는 「국가공무원법」 제70조 제1항 제5호의 사유로 면직시키는 경우에는 제26조에 따른 징계위원회의 동의를 받아야 한다(경공법 제28조 제2항).

---

1) 대판 1997. 12. 12, 97누13962; 대판 1986. 7. 22, 86누43.

2) 대판 1971. 3. 23, 71누7.

3) 대판 2006. 12. 21, 2006두16274(경찰공무원이 그 단속의 대상이 되는 신호위반자에게 먼저 적극적으로 돈을 요구하고 다른 사람이 볼 수 없도록 돈을 접어 건네주도록 전달방법을 구체적으로 알려주었으며 동승자에게 신고시 범칙금 처분을 받게 된다는 등 비위신고를 막기 위한 말까지 하고 금품을 수수한 경우, 비록 그 받은 돈이 1만 원에 불과하더라도 위 금품수수행위를 징계사유로 하여 당해 경찰공무원을 해임처분한 것은 징계재량권의 일탈·남용이 아니다).

제 3 장 경찰작용법

제 1 절 경찰작용의 법적 근거

제 1 항 경찰작용과 법률유보

1. 법률유보의 원칙

위험방지가 경찰행정청의 임무라고 하여도 "경찰은 법적 근거 없이 국민에게 법적 부담을 가져오는 수단을 사용할 수 없다"는 것은 오늘날 일반적으로 승인되고 있는 법치국가의 기본원칙 중의 하나이다.[1] 우리 헌법도 제37조 제2항에서 "모든 자유와 권리는 국가안전보장·질서유지 또는 공공복리를 위하여 필요한 경우에 한하여 법률로써 제한할 수 있으며, 제한하는 경우에도 자유와 권리의 본질적인 내용을 침해할 수 없다"고 규정하고 또한 행정기본법 제8조 후단도 "국민의 권리를 제한하거나 의무를 부과하는 경우와 그 밖에 국민생활에 중요한 영향을 미치는 경우에는 법률에 근거하여야 한다"고 규정하는바, 침해적인 경찰작용에는 법적 근거가 요구된다. 법률의 구체적인 위임이 있으면 법규명령도 근거가 될 수 있다. 비상계엄이나 긴급명령이 발동되는 경우에는 그러한 명령도 법적 근거가 될 것이다. 관습법이 침해적인 경찰작용의 발동의 근거가 된다고 볼 수는 없다. 수익적인 경찰작용에는 반드시 법률의 근거가 요구되는 것은 아니다. 1174

2. 법률유보의 방식

경찰작용의 법적 근거의 방식에는 법기술상 ① 특별경찰법상 조항에 의한 특별수권의 방식, ② 일반경찰법상 특별조항에 의한 특별수권의 방식, ③ 일반경찰법상 일반조항(개괄조항)에 의한 일반수권의 방식이 있을 수 있다.[2] 현행 경찰법제상 ①의 예는 식품위생법·공중위생관리법 등 여러 법률에서 찾아볼 수 있고, ②의 예는 경찰관 직무집행법 제3조 이하에서 찾을 수 있다. 문제는 ③의 1175

1) Schenke, Polizei- und Ordnungsrecht, Rn. 40.
2) Friauf, Polizei- und Ordnungsrecht, in : Schmidt-Aßmann(Hrsg.), Besonderes Verwaltungsrecht, Rn. 23; Giemulla/Jaworsky/Müller-Uri, Verwaltungsrecht, Rn. 654; Götz, Allgemeines Polizei- und Ordnungsrecht, § 8, Rn. 1.

경우이다. 한편, 특별법은 일반법에 우선하는 것이므로, ①의 법적 근거가 ②의 법적 근거에 우선하고, ②의 법적 근거가 ③의 법적 근거에 우선한다.[1)]

제 2 항 특별경찰법상 특별수권

1. 의 의

1176 위험방지의 목적에 기여하는 법규는 일반경찰법 외에 특별경찰법에서 규정되기도 한다. 이를 특별경찰법에 의한 특별수권이라 부른다. 특별경찰법에 따른 위험방지는 반드시 제도적 의미의 경찰에 의해서만 수행되는 것은 아니다. 그것은 관련주무부장관 등에 의해 수행되기도 한다. 특별경찰법이 적용되는 한, 일반경찰법의 적용은 배제된다. 말하자면 특별경찰법은 일반경찰법에 우선한다.[2)] 경찰작용의 실제상 특별경찰법에 따른 경찰작용의 범위는 매우 넓고 경시될 수 없다. 특별경찰법은 개별 행정의 목적을 달성하기 위한 부수적인 것이라는 점에서 위험방지 자체가 목적인 일반경찰법과 구별된다. 이하에서 몇몇 특별경찰법상 특별수권조항을 보기로 한다.

2. 건강상 위험의 방지(건강경찰작용)

1177 **(1) 의료로 인한 위험의 방지** 의료법상 위험방지와 관련된 것으로 ① 의료인의 면허제(의료법 제5조 내지 제7조), ② 세탁물의 처리자의 신고(의료법 제16조 제1항), ③ 의료인의 변사체의 신고(의료법 제26조), ④ 무면허의료행위 등 금지(의료법 제27조 제1항), ⑤ 업무개시명령(의료법 제59조 제2항) 등을 볼 수 있다.

1178 **(2) 약사로 인한 위험의 방지** 약사법상 위험방지와 관련된 것으로 ① 약사·한약사의 면허제(약사법 제3조 내지 제4조). ② 약국개설의 등록제(약사법 제20조 제2항), ③ 제조업의 허가제와 신고제(약사법 제31조 제1항), ④ 의약품등의 수입허가(약사법 제42조 제1항), ⑤ 의약품판매업의 허가(약사법 제45조 제1항), ⑥ 불량의약품 등에 대한 회수·폐기명령(약사법 제71조 제3항) 등을 볼 수 있다.

1179 **(3) 감염병으로 인한 위험의 방지** 감염병의 예방 및 관리에 관한 법률상 위험방지와 관련된 것으로 ① 역학조사(감염법 제18조), ② 건강진단(감염법 제19조), ③ 고위험병원체의 반입 허가(감염법 제22조), ④ 임시예방접종(감염법 제25조), ⑤ 감염병에 관한 강제처분(감염법 제42조) 등을 볼 수 있다.

---

1) Pausch, Polizei- und Ordnungsrecht in Hessen, Kapital Ⅴ, 2.2 참조.
2) Schenke, Polizei- und Ordnungsrecht, Rn. 38.

⑷ **식품위생으로 인한 위험의 방지** 식품위생법상 위험방지와 관련된 것으로 ① 위해식품 등의 판매 등 금지(식품법 제4조), ② 병든 고기 등의 판매 등 금지(식품법 제5조), ③ 유독기구 등의 판매·사용금지(식품법 제8조), ④ 특정식품 등의 판매 등 금지(식품법 제21조 제1항), ⑤ 위해식품 등의 회수(식품법 제45조 제1항), ⑥ 영업의 허가제(식품법 제37조 제1항)와 신고제(식품법 제37조 제4항), ⑦ 영업자의 건강진단(식품법 제40조), ⑧ 폐기처분 등(식품법 제72조 제1항) 등이 있다. 1180

3. 도로·하천으로 인한 위험의 방지(도로경찰작용·하천경찰작용)

⑴ **도로로 인한 위험의 방지** 도로법상 위험방지와 관련된 것으로 ① 도로에 관한 금지행위(도로법 제75조), ② 접도구역의 지정(도로법 제40조 제1항), ③ 통행의 금지·제한(도로법 제76조 제1항), ④ 차량의 운행제한 및 운행허가(도로법 제77조 제1항) 등이 있다. 1181

⑵ **하천으로 인한 위험의 방지** 하천법상 위험방지와 관련된 것으로 하천의 점용허가(하천법 제33조), 홍수관리구역 안에서의 행위제한(하천법 제38조), 홍수조절을 위한 조치(하천법 제41조), 하천의 사용금지(하천법 제47조) 등이 있다. 1182

4. 교통상 위험의 방지(교통경찰작용)

⑴ **도로교통상 위험의 방지** 도로교통법상 위험방지와 관련된 것으로 ① 신호 또는 지시에 따를 의무(도교법 제5조 제1항), ② 통행의 금지 및 제한(도교법 제6조 제4항), ③ 어린이 등에 대한 보호(도교법 제11조), ④ 어린이 보호구역의 지정 및 관리(도교법 제12조 제1항), ⑤ 노인보호구역의 지정 및 관리(도교법 제12조의2 제1항), ⑥ 자동차의 속도제한(도교법 제17조 제2항), ⑦ 횡단 등의 금지(도교법 제18조 제3항), ⑧ 안전거리확보(도교법 제19조 제1항), ⑨ 운전면허제(도교법 제80조 제1항) 등이 있다. 1183

⑵ **해상교통상 위험의 방지**

㈎ **선박안전법상 위험의 방지** 선박안전법상 위험방지와 관련된 것으로 ① 선박의 검사(선박안전법 제7조 제1항), ② 복원성의 유지(선박안전법 제28조), ③ 위험물의 운송(선박안전법 제41조) 등이 있다. 1184

㈏ **선원법상 위험의 방지** 선원법상 위험방지와 관련된 것으로 ① 선박위험 시의 조치(선원법 제11조), ② 선박 충돌 시의 조치(선원법 제12조), ③ 조난 선박 등의 구조(선원법 제13조), ④ 위험물 등에 대한 조치(선원법 제23조) 등이 있다. 1185

⑶ **항공교통상 위험의 방지** 항공안전법상 위험방지와 관련된 것으로 ① 형식증명(항공법 제20조), ② 항공종사자의 자격제도(항공법 제34조), ③ 항공신체검 1186

사명령(항공법 제41조), ④ 항공기의 등불(항공법 제54조), ⑤ 기장의 안전의무(항공법 제62조 제1항), ⑥ 조종사의 운항자격제(항공법 제63조 제1항) 등이 있다.

5. 건축상 위험의 방지(건축경찰작용)

1187 건축법상 위험방지와 관련된 것으로 ① 건축의 허가제(건축법 제11조 제1항·제4항), ② 구조내력 등(건축법 제48조), ③ 건축물의 내화구조 및 방화벽(건축법 제50조) 등이 있다.

6. 영업상 위험의 방지(영업경찰작용)

1188 영업상 경찰작용에 관해서는 여러 종류의 법률이 있다. 물론 이러한 법률들은 위험방지를 능가하는 경제의 질서와 지도기능도 가진다. 그리고 이러한 법률들이 예상하고 있는 위험에는 ① 시설위험(예 : 유류판매업의 경우에 유류판매시설에 따르는 위험), ② 사람위험(예 : 의약품 판매업의 경우에 무자격판매자로 인한 위험), ③ 영업행위에 따른 위험(예 : 인신매매)의 세 가지로 나눌 수 있다. 이 세 가지가 언제나 반드시 명확하게 구분되는 것은 아니다. 이하에서 영업행위에 따른 위험방지와 관련하여 살펴보기로 한다.

1189 (1) **직업소개에 따른 위험의 방지** 직업안정법상 위험방지와 관련된 것으로 ① 무료직업소개사업의 신고(직업안정법 제18조 제1항), ② 유료직업소개사업의 등록(직업안정법 제19조 제1항), ③ 18세 미만의 자에 대한 직업소개의 제한(직업안정법 제21조의3), ④ 위법한 소개의 금지(직업안정법 제46조) 등이 있다.

1190 (2) **풍속영업에 따른 위험의 방지** 풍속영업의 규제에 관한 법률상 위험방지와 관련된 것으로 ① 영업자의 준수사항(풍속영업의 규제에 관한 법률 제3조), ② 풍속영업의 통보(풍속영업의 규제에 관한 법률 제4조), ③ 위반사항의 통보 등(풍속영업의 규제에 관한 법률 제6조) 등이 있다.

1191 (3) **사행행위에 따른 위험의 방지** 사행행위 등 규제 및 처벌 특례법상 위험방지와 관련된 것으로 ① 사행행위영업의 허가제(사행행위 등 규제 및 처벌 특례법 제4조), ② 사행기구제조업 등의 허가제(사행행위 등 규제 및 처벌 특례법 제13조 제2항), ③ 출입검사(사행행위 등 규제 및 처벌 특례법 제18조), ④ 행정지도 및 시정명령 등(사행행위 등 규제 및 처벌 특례법 제19조 제2항), ⑤ 폐기처분 등(사행행위 등 규제 및 처벌 특례법 제20조) 등이 있다.

7. 무기·폭발물·수렵으로 인한 위험의 방지(무기·폭발물·수렵경찰작용)

1192 (1) **총포·도검·화약류 등으로부터 위험의 방지** 총포·도검·화약류 등의 안

전관리에 관한 법률상 위험방지와 관련된 것으로 ① 제조업의 허가(총포법 제4조), ② 판매업의 허가(총포법 제6조 제1항), ③ 수출입의 허가(총포법 제9조), ④ 총포·도검·화약류·분사기·전자충격기·석궁의 소지허가(총포법 제12조 제1항) 등이 있다.

1193 (2) **사격 및 사격장으로부터 위험의 방지** 사격 및 사격장 안전관리에 관한 법률상 위험방지와 관련된 것으로 ① 사격장의 설치허가제(사격 및 사격장 안전관리에 관한 법률 제6조), ② 사격의 제한(사격 및 사격장 안전관리에 관한 법률 제13조), ③ 사고발생의 신고(사격 및 사격장 안전관리에 관한 법률 제14조) 등이 있다.

1194 (3) **수렵으로 인한 위험의 방지** 야생생물 보호 및 관리에 관한 법률상 위험방지와 관련된 것으로 ① 야생동물로 인한 피해의 예방(야생법 제12조 제1항), ② 수렵장의 설정(야생법 제42조 제1항), ③ 수렵면허제(야생법 제44조) 등이 있다.

8. 집회·시위로 인한 위험의 방지(집시경찰작용)

1195 집회 및 시위에 관한 법률상 위험방지와 관련된 것으로 ① 불법적인 집회 및 시위의 금지(집시법 제5조 제1항), ② 옥외집회 및 시위의 신고(집시법 제6조 제1항 본문), ③ 옥외집회 및 시위의 시간상 제한(집시법 제10조), 공간상 제한(집시법 제11조),[1] 그리고 교통소통을 위한 제한(집시법 제12조 제2항), ④ 경찰관의 출입(집시법 제19조 제1항), ⑤ 집회·시위의 해산(집시법 제20조 제1항) 등이 있다.

9. 외국인으로 인한 위험의 방지(외국인경찰작용)

1196 출입국관리법상 위험방지와 관련된 것으로 ① 외국인의 입국사증제도(출입법 제7조 제1항), ② 입국의 금지(출입법 제11조 제1항), ③ 입국심사(출입법 제12조 제1

1) 헌재 2009. 9. 24, 2008헌가25 전원재판부(재판관 5명의 의견) 헌법 제21조 제2항은, 집회에 대한 허가제는 집회에 대한 검열제와 마찬가지이므로 이를 절대적으로 금지하겠다는 헌법개정권력자인 국민들의 헌법가치적 합의이며 헌법적 결단이다. 또한 위 조항은 헌법 자체에서 직접 집회의 자유에 대한 제한의 한계를 명시한 것이므로 기본권제한에 관한 일반적 법률유보조항인 헌법 제37조 제2항에 앞서서, 우선적이고 제1차적인 위헌심사기준이 되어야 한다. 헌법 제21조 제2항에서 금지하고 있는 '허가'는 행정권이 주체가 되어 집회 이전에 예방적 조치로서 집회의 내용·시간·장소 등을 사전심사하여 일반적인 집회금지를 특정한 경우에 해제함으로써 집회를 할 수 있게 하는 제도, 즉 허가를 받지 아니한 집회를 금지하는 제도를 의미한다. 집시법 제10조 본문은 야간옥외집회를 일반적으로 금지하고, 그 단서는 행정권인 관할경찰서장이 집회의 성격 등을 포함하여 야간옥외집회의 허용 여부를 사전에 심사하여 결정한다는 것이므로, 결국 야간옥외집회에 관한 일반적 금지를 규정한 집시법 제10조 본문과 관할 경찰서장에 의한 예외적 허용을 규정한 단서는 그 전체로서 야간옥외집회에 대한 허가를 규정한 것이라고 보지 않을 수 없고, 이는 헌법 제21조 제2항에 정면으로 위반된다. 따라서 집시법 제10조 중 "옥외집회" 부분은 헌법 제21조 제2항에 의하여 금지되는 허가제를 규정한 것으로서 헌법에 위반되고, 이에 위반한 경우에 적용되는 처벌조항인 집시법 제23조 제1호 중 "제10조 본문의 옥외집회" 부분도 헌법에 위반된다).

항), ④ 외국인의 체류 및 활동범위제한(출입법 제17조), ⑤ 외국인고용의 제한(출입법 제18조 제1항). ⑥ 외국인등록제(출입법 제31조 제1항), ⑦ 강제력의 행사(출입법 제56조의4) 등이 있다.

10. 재난으로 인한 위험의 방지(재난경찰작용)

1197 (1) **재난관리** 재난 및 안전관리 기본법상 위험방지와 관련된 것으로 ① 재난의 신고와 보고(동법 제19조 제1항·제20조 제1항), ② 재난사태 선포(동법 제36조), ③ 응급조치(동법 제37조 제1항), ④ 동원명령(동법 제39조 제1항), ⑤ 대피명령(동법 제40조), ⑥ 강제대피조치(동법 제42조 제1항), ⑦ 통행제한(동법 제43조 제1항) 등이 있다.

1198 (2) **민 방 위** 민방위기본법상 위험방지와 관련된 것으로 ① 민방위 준비(동법 제15조), ② 민방위대(동법 제17조), ③ 민방위 훈련(동법 제25조), ④ 민방위대의 동원(동법 제26조) 등이 있다.

1199 (3) **수난구호** 수상에서의 수색·구조 등에 관한 법률상 위험방지와 관련된 것으로 구조대 및 구급대의 편성·운영(동법 제7조), 구조본부 등의 조치(동법 제16조) 등이 있다.

1200 (4) **자연재해대책** 자연재해대책법상 위험방지와 관련된 것으로 ① 재해영향평가등의 협의(동법 제4조 제1항), ② 개발사업의 사전 허가 등의 금지(동법 제7조), ③ 풍수해저감종합계획의 수립(동법 제16조), ④ 내풍설계기준의 설정(동법 제20조), ⑤ 설해예방 및 경감대책(동법 제26조), ⑥ 가뭄극복을 위한 제한 급수·발전(동법 제30조) 등이 있다.

1201 (5) **재해구호** 재해구호법상 위험방지와 관련된 것으로 ① 응급구호실시 및 재해구호상황의 보고(동법 제7조), ② 토지 또는 건물 등의 사용(동법 제9조), ③ 현장조사(동법 제10조), ④ 시설·물자의 우선사용 등(동법 제11조) 등이 있다.

1202 (6) **소 방** 소방기본법상 위험방지와 관련된 것으로 ① 소방기관의 설치 등(소방법 제3조 제1항), ② 소방용수시설의 설치 및 관리 등(소방법 제10조 제1항), ③ 화재의 예방조치(소방법 제12조 제1항), ④ 화재경계지구의 지정(소방법 제13조), ⑤ 소방대의 긴급통행(소방법 제22조), ⑥ 소방활동 종사명령(소방법 제24조), ⑦ 강제처분(소방법 제25조), ⑧ 피난명령(소방법 제26조), ⑨ 위험시설 등에 대한 긴급조치(소방법 제27조 제2항), ⑩ 소방용수시설의 사용금지(소방법 제28조) 등이 있다.

제 3 항 일반경찰법상 특별수권(경찰상 표준처분)

Ⅰ. 일 반 론

1. 의 의

위험방지에 관한 일반적인 규정으로 이루어진 경찰법을 일반경찰법이라 부른다. 경찰관 직무집행법이 일반경찰법에 해당한다.[1] 경찰관 직무집행법은 공공의 안녕과 질서의 유지를 위하여 개인의 자유영역에 대하여 빈번히 침해를 가져오는 특별구성요건을 갖고 있다. 이를 소위 표준처분(Standardmaßnahmen) 이라 부른다. 표준처분은 개인의 자유에 대한 전형적·유형적 침해를 의미한다. 표준처분은 특정의 위험을 방지하기 위해 설정된 유형화된 권한조항이라 할 수 있다. 표준처분(법규정으로서의 표준처분)에 따른 개별 처분 자체를 표준처분(경찰에 의한 행위로서 표준처분)이라 부르기도 한다. 양자는 혼용되고 있다. 표준처분을 표준적 직무행위,[2] 표준적 경찰조치,[3] 표준적 경찰작용,[4] 표준조치,[5] 또는 경찰조치라[6] 부르기도 한다. 1203

2. 성 질

(1) **행정행위와 사실행위** 표준처분의 법적 성질은 이중적이다. 대개의 표준처분은 행정행위의 성질과 사실행위의 양면을 갖는다. 한편으로, 표준처분은 침해적인 것으로서 상대방 등에게 작위·부작위·수인의 의무를 가져오는 행정행위의 성질을 갖는다.[7] 또 한편으로 표준처분은 사실상의 요소(사실행위), 즉 처분의 사실상의 수행의 의미를 갖는다. 사실상의 수행은 대집행에서의 집행행위와 성질이 다르다. 1204

---

1) 박평준·박창석, 경찰행정법, 276쪽. 한편, 다수견해는 경찰관 직무집행법을 경찰상 즉시강제의 일반법으로 보는 듯하다(김도창, 일반행정법(하), 340쪽; 김동희, 행정법(Ⅱ), 246쪽(2019); 류지태·박종수, 행정법신론, 1070쪽(2019); 박윤흔·정형근, 최신행정법강의(하), 349쪽; 이상규, 신행정법론(하), 345쪽). 경찰관 직무집행법은 경찰상 즉시강제작용 외에 경찰상 조사 등 다른 작용에 관한 것도 규정하고 있으므로, 일반경찰법으로 부를 수 있다. 뿐만 아니라 경찰관 직무집행법에 경찰조사에 관한 조항 등이 있다고 하여 경찰관 직무집행법이 경찰공무원이 수행하는 경찰작용영역에서 경찰상 즉시강제의 일반법이 아니라고 말할 수도 없다.
2) 김남진·김연태, 행정법(Ⅱ), 361쪽(2019).
3) 최영규, 경찰행정법, 277쪽.
4) 김성수, 개별행정법, 474쪽.
5) 김동희, 행정법(Ⅱ), 207쪽(2019).
6) 박평준·박창석, 경찰행정법, 276쪽.
7) Schmidt, Besonderes Verwaltungsrecht Ⅱ, Rn. 119ff.

▌참고▌ 경찰관 직무집행법 제3조 제3항에 따라 경찰관이 불심검문의 상대방에게 흉기소지 여부에 대하여 조사를 하겠다고 말하는 경우, 그것은 상대방에게 조사를 수인토록 하는 의무를 부과하는 행정행위(하명)가 된다. 이에 따라 조사가 사실상으로 이루어진다. 흉기조사의 사실상의 수행은 행정대집행에서 대집행행위와 다르다. 구별의 실익은 권리보호의 방법에 있다. 이론상 표준처분은 행정행위와 사실상의 요소로 구분된다고 하지만 전체로서 하나의 과정이므로, 표준처분의 사실상의 요소는 독립하여 취소소송의 대상이 되지 아니한다. 그러나 행정대집행에서 대집행행위는 그 자체가 항소소송의 대상이 된다.

1205 (2) **영장주의의 예외** 표준처분에는 영장이 요구되지 아니한다.[1] 표준처분은 영장주의의 예외가 되는 셈인데, 여기에 표준처분의 또 하나의 의미가 있다.

3. 결과제거청구권

1206 표준처분의 집행(예 : 임시영치의 실행)에 의해 상대방 등에게 계속되는 침해가 있다면, 그 상대방 등은 집행된 처분의 위법을 이유로 취소소송을 통해 표준처분의 폐지를 구할 수 있으며, 폐지 후에도 위법상태가 지속된다면 결과제거청구권의 행사를 통해 위법상태의 제거를 구할 수도 있다. 예컨대 임시영치의 위법을 이유로 취소소송에서 처분으로서의 임시영치의 취소를 구할 수 있고, 취소판결이 있음에도 불구하고 임시영치가 계속된다면(즉, 경찰이 취소판결에도 불구하고 임시영치물을 반환하지 않고 있다면) 결과제거청구권의 행사를 통해 위법한 결과의 제거를 도모할 수 있다. 결과제거청구권의 인정근거로 행정의 법률적합성의 원칙, 법치국가원리, 민법상 방해제거청구권 등의 유추가 언급된다.[2]

4. 유 형

1207 경찰관 직무집행법상 인정되고 있는 표준처분으로는 불심검문, 보호조치, 위험발생의 방지, 범죄의 예방과 제지, 위험방지를 위한 출입, 확인을 위한 출석요구 등이 있다(경직법 제3조 내지 제8조).[3]

5. 제주자치도 자치경찰과 경찰관 직무집행법

1208 ① 자치경찰공무원이 자치경찰사무를 수행할 때에는 「경찰관 직무집행법」 제3조(불심검문) · 제4조(보호조치 등) · 제5조(위험 발생의 방지) · 제6조(범죄의 예방과 제지) · 제7조(위험방지를 위한 출입) · 제10조(경찰장비의 사용 등) · 제10조의2(경찰장구의

1) 이광윤 등, 행정작용법론, 17쪽.
2) Schenke, Polizei- und Ordnungsrecht, Rn. 117
3) 우리의 행정법이론서들은 이러한 수단들을 경찰상 즉시강제·행정조사의 문제로 다루고 있다.

사용)·제10조의3(분사기 등의 사용)·제10조의4(무기의 사용)·제11조(사용기록의 보관) 및 제12조(벌칙)를 준용한다(제국법 제96조 제1항). ② 제1항에 따라 「경찰관 직무집행법」을 준용할 때에는 다음 각 호(1. "경찰관"은 "자치경찰공무원"으로 본다. 2. 「경찰관 직무집행법」 제3조 제2항 전단 중 "경찰서·지구대·파출소 또는 출장소(지방해양경찰관서를 포함하며, 이하 "경찰관서"라 한다)"는 "경찰서·지구대·파출소·출장소(지방해양경찰관서를 포함한다) 또는 자치경찰단 사무소"로 보고, 같은 조 제6항 중 "경찰관서"는 "경찰서·지구대·파출소·출장소(지방해양경찰관서를 포함한다) 또는 자치경찰단 사무소"로 보며, 같은 법 제4조 제1항 각 호 외의 부분, 같은 조 제3항 및 제7항 중 "경찰관서"는 각각 "자치경찰단 사무소"로 보고, 같은 법 제4조 제5항 및 제6항 중 "소속 경찰서장 또는 지방해양경찰관서의 장"은 각각 "자치경찰단장"으로 본다)에 따른다(제국법 제96조 제2항).

Ⅱ. 불심검문

1. 관 념

(1) 의 의 경찰관 직무집행법 제3조는 불심검문이라는 제목하에 제1 1209
항에서 질문, 제2항에서 동행요구, 제3항에서 흉기소지여부조사, 제4항 내지 제7항은 제1항 내지 제3항과 관련하여 절차 등에 관한 사항을 규정하고 있는바, 경찰관 직무집행법 제3조의 불심검문이란 질문과 동행요구 및 흉기소지여부조사를 내용으로 하는 개념이다.[1] 질문에 어느 정도의 신체적 접촉이 불가피하고 소지품을 검사하는 등의 사유로 즉시강제의 성질을 갖는다는 견해도 있으나[2] 그러한 불심검문은 조사를 목적으로 하는바 행정조사로서 경찰조사의 성질을 갖는다.[3]

(2) 주 체 경찰관 직무집행법 제3조는 불심검문의 주체로 경찰관을 1210
규정하고 있다. 경찰관이란 경찰공무원법이 규정하는 공무원을 뜻한다.

---

1) 대판 2014. 2. 27, 2011도13999(경찰관 직무집행법(이하 '법'이라고 한다)의 목적, 법 제1조 제1항, 제2항, 제3조 제1항, 제2항, 제3항, 제7항의 내용 및 체계 등을 종합하면, 경찰관이 법 제3조 제1항에 규정된 대상자(이하 '불심검문 대상자'라 한다) 해당 여부를 판단할 때에는 불심검문 당시의 구체적 상황은 물론 사전에 얻은 정보나 전문적 지식 등에 기초하여 불심검문 대상자인지를 객관적·합리적인 기준에 따라 판단하여야 하나, 반드시 불심검문 대상자에게 형사소송법상 체포나 구속에 이를 정도의 혐의가 있을 것을 요한다고 할 수는 없다. 그리고 경찰관은 불심검문 대상자에게 질문을 하기 위하여 범행의 경중, 범행과의 관련성, 상황의 긴박성, 혐의의 정도, 질문의 필요성 등에 비추어 목적 달성에 필요한 최소한의 범위 내에서 사회통념상 용인될 수 있는 상당한 방법으로 대상자를 정지시킬 수 있고 질문에 수반하여 흉기의 소지 여부도 조사할 수 있다).

2) 박윤흔·정형근, 최신행정법강의(하), 352쪽.

3) 김동희, 행정법(Ⅱ), 210쪽(2019); 정하중, 행정법개론, 1091쪽(2019).

2. 질 문

1211 (1) 의 의 경찰관은 다음 각 호(1. 수상한 행동이나 그 밖의 주위 사정을 합리적으로 판단하여 볼 때 어떠한 죄를 범하였거나 범하려 하고 있다고 의심할 만한 상당한 이유가 있는 사람, 2. 이미 행하여진 범죄나 행하여지려고 하는 범죄행위에 관한 사실을 안다고 인정되는 사람)의 어느 하나에 해당하는 사람을 정지시켜 질문할 수 있다(경직법 제3조 제1항). 경찰관 직무집행법 제3조 제1항의 규정내용 중 "어떠한 죄를 범하였…다고 의심할 만한 상당한 이유가 있는 사람" 또는 "이미 행하여진 범죄…에 관한 사실을 안다고 인정되는 사람"에 대한 질문은 범죄사실을 인지하기 위한 사법경찰작용이라는 주장도 있으나,[1] 그것 역시 사법경찰작용 외에 새로운 범죄를 방지하기 위한 예방경찰의 성격도 동시에 갖는다고 볼 것이다.[2]

(2) 법적 성질

1212 (가) 정 지 정지는 경찰관 앞에서 장소적 이동을 하지 아니하는 것을 말한다. 질문을 위해 정지는 불가피하게 요구된다. 질문을 위한 정지는 동시에 피질문자에게 행동의 자유의 일시정지를 가져올 수 있다. 그러나 이러한 일시정지는 침해의 경미성으로 인해 헌법 제12조가 보장하는 기본권인 신체의 자유의 침해에 해당하지 아니한다. 한편, 질문을 위한 정지의 성질은 하명에 해당하지만,[3] 이에 불응하는 경우에 대한 강제수단은 보이지 아니한다. 따라서 질문을 위해 정지를 요구하였으나, 이에 불응하여도 강제적으로 정지시킬 수는 없다.[4] 형사소송절차에 따라 강제하는 것은 별개의 문제이다. 정지를 위해 경찰관이 상대방에게 가하는 행위가 "강제적"인 행위에 해당하는지의 여부는 객관적·합리적으로 판단할 사항이다. 경찰관이 단순히 길을 막아서거나 팔을 가볍게 붙잡는 정도는 강제행위로 보기 어렵다.[5] 상대방의 의사에 반하는 강제수단을 예외적

---

1) 김남진, 경찰행정법, 230쪽; 김동희, 행정법(Ⅱ), 207쪽(2019); 김성수, 개별행정법, 475쪽; 정하중, 행정법개론, 1089쪽(2019); 최영규, 경찰행정법, 278쪽.

2) 박윤흔·정형근, 최신행정법강의(하), 350쪽.

3) 최영규, 경찰행정법, 279쪽.

4) 최영규, 경찰행정법, 279쪽.

5) 다수견해는 이것을 허용되는 물리력행사로 보는 듯하다(김동희, 행정법(Ⅱ), 208쪽(2019); 김성수, 개별행정법, 475쪽; 류지태·박종수, 행정법신론, 985쪽; 박윤흔·정형근, 최신행정법강의(하), 351쪽; 정하중, 행정법개론, 1090쪽(2019); 한견우, 현대행정법강의, 691쪽). 대판 1992. 5. 26, 91다38334(경찰관인 피고 A 등이 원고가 임의동행요구에 응하지 않는다 하여 강제연행하려고 원고의 양팔을 잡아 끈 행위는 적법한 공무집행이라고 할 수 없으므로, 원고가 이러한 불법연행으로부터 벗어나기 위하여 원심판시와 같이 저항한 행위는 정당한 행위라고 할 것이고 이러한 행위에 무슨 과실이 있다고 할 수 없는 것이다. 원심이 불법연행에 저항한 원고의 행위를 과실상계사유와 위자료참작사유로 삼았음은 잘못이라고 하지 않을 수 없다); 대판 1999. 12. 28, 98도138(경찰관이 임의동행을 요구하며 손목을 잡고 뒤로 꺾어 올리는 등으로 제

으로 행사할 수 있다는 견해도 있다.[1)]

(나) 질 문 질문은 무엇인가를 알기 위해서 묻는 행위이다. 따라서 질문 1213
은 성질상 경찰상 조사의 성질을 갖는다.[2)] 질문은 정보수집의 성격을 갖는다. 질문은 비권력적 사실행위이다.[3)] 질문에 행정절차법상 사전통지가 필요한 것도 아니다.

(3) **증표의 제시 등** 질문을 하는 경찰관은 당해인에게 자신의 신분을 표 1214
시하는 증표를 제시하면서 소속과 성명을 밝히고 그 목적과 이유를 설명하여야 한다(경직법 제3조 제4항). 이것은 경찰관의 권한남용을 방지하기 위한 것이다. 이 조항에 반하는 경찰관의 직무집행행위는 위법한 직무집행행위가 된다. 경찰관이 자신의 신분을 표시하는 증표를 제시하면서 소속과 성명을 밝히고 그 목적과 이유를 설명하면, 당해인은 질문에 수인하여야 할 의무가 발생한다. 수인의무가 무한정 지속되는 것은 아니다.

(4) **신체구속·답변강요의 금지** 질문시 당해인은 형사소송에 관한 법률에 1215
의하지 아니하고는 신체를 구속당하지 아니하며, 그 의사에 반하여 답변을 강요당하지 아니한다(경직법 제3조 제7항). 질문 자체에는 영장주의가 적용되지 아니하지만, 신체구속에는 당연히 영장주의가 적용된다. 경찰관 직무집행법상 질문은 상대방의 임의적인 협력(답변)을 전제로 하는 제도의 성격도 갖는다.

3. 흉기소지여부의 조사

(1) **의 의** 경찰관은 제1항 각 호의 어느 하나에 해당하는 사람에게 1216
질문을 할 때에 그 사람이 흉기를 가지고 있는지를 조사할 수 있다(경직법 제3조 제3항). 흉기소지 여부조사는 신체나 소지품에 대한 검색을 전제로 한다. 신체의 조사 역시 자유의 제한이므로, 신체의 조사에는 헌법에 따라 법률상의 근거가 필요하다. 본조가 바로 그 근거조항이다. ① 일설은 "흉기의 소지여부의 조사는 실질적으로 수색에 해당하는 것임에 비추어 볼 때, 수색은 법관이 발부한 영장에 의하도록 한 헌법 제12조 제3항(수색 등의 영장주의)과의 관계에서 경찰관 직무집행법의 위 규정에는 문제가 없지 아니하다"는 지적을 하고 있다.[4)] ② 일설은 본조의 흉기소지여부의 조사가 헌법 제12조 제3항의 수색에 해당하지 아니

압하자 거기에서 벗어나려고 몸싸움을 하는 과정에서 경찰관에게 경미한 상해를 입힌 경우, 위법성이 결여된 행위이다).

1) 정경선, 경찰행정법, 336쪽.
2) 김철용, 행정법(Ⅱ), 293쪽; 최영규, 경찰행정법, 278쪽.
3) 박균성, 행정법론(하), 645쪽(2019).
4) 이상규, 신행정법론(하), 351쪽.

한다고 하나,[1] 수색의 일종이 아니라고 말하기 어렵다. ③ 일설은 흉기소지여부의 조사를 임의적 조사로 보면서 '흉기의 소지여부조사에 강제조사까지 포함한다고 보면서 원칙적으로 영장이 불필요하다고 보는 견해는 설득력이 없다'고 하는데,[2] 본조가 영장주의의 예외를 규정한 것으로 본다면, 이러한 지적이 오히려 설득력이 없다고 할 수 있다. ④ 일설은 "흉기의 사용으로 다시 범죄가 행해지는 것을 방지하는 의미" 등에 비추어 본 조항을 긍정적으로 본다.[3] ⑤ 생각건대 입법자는 흉기소지여부의 조사를 위험방지를 위한 예방적인 처분으로 이해하고, 아울러 그 침해가 경미하다고 보아 영장주의의 예외로서 경찰관 직무집행법 제3조 제3항을 규정한 것으로 보는 것이 합리적인 해석이다. 본조에 따른 흉기소지여부조사는 영장 없이 이루어지는 강제조사의 성격을 갖는다. 흉기란 경찰관 직무집행법 제4조 제3항에서 말하는 흉기개념과 달리 위험을 야기할 수 있는 일체의 물건으로서 무기 등을 포함하는 넓은 개념이다.

1217 (2) 방 법 흉기소지여부의 조사는 당해인의 신체나 소지품에 대하여 이루어진다. 신체의 조사에는 ① 관계자의 의복이나 신체상의 물건 또는 물건의 흔적을 찾는 경우(Durchsuchung)와 ② 신체의 상태 그 자체의 검사(Untersuchung)의 두 가지 경우가 있으나, 흉기소지여부의 조사는 ①의 경우에 속한다. ①의 구체적인 조사방법으로 ⓐ 소지품의 외부에서의 관찰, ⓑ 소지품에 대한 질문, ⓒ 흉기의 임의제시, ⓓ 소지품의 외부를 손으로 만지는 방법, ⓔ 당사자의 승낙 없이 피조사자의 호주머니에 손을 넣거나 가방 등을 직접 열어보는 방법 등을 생각할 수 있다. 흉기소지여부조사는 영장 없이 이루어지는 강제조사라고 볼 때, ⓐ 내지 ⓔ의 방법을 모두 활용할 수 있다.[4] 그러나 그 방법의 활용에는 비례원칙이 준수되어야 한다. 학설로서는 경찰관이 ⓓ와 ⓔ의 방법은 활용할 수 없다는 견해,[5] ⓔ의 방법만 활용할 수 없다는 견해 등이 있다.[6]

4. 동행요구

1218 (1) 의 의 경찰관은 제1항에 따라 같은 항 각 호의 사람을 정지시킨 장소에서 질문을 하는 것이 그 사람에게 불리하거나 교통에 방해가 된다고 인정될 때에는 질문을 하기 위하여 가까운 경찰서·지구대·파출소 또는 출장소(지

1) 박윤흔·정형근, 최신행정법강의(하), 351쪽.
2) 김철용, 행정법(Ⅱ), 296쪽.
3) 류지태·박종수, 행정법신론, 1034쪽(2019).
4) 류지태·박종수, 행정법신론, 1034쪽(2019).
5) 김철용, 행정법(Ⅱ), 295쪽.
6) 박평준·박창석, 경찰행정법, 284쪽; 최영규, 경찰행정법, 281쪽; 정경선, 경찰행정법, 337쪽.

방해양경찰관서를 포함하며, 이하 "경찰관서"라 한다)로 동행할 것을 요구할 수 있다(경직법 제3조 제2항 본문). 이를 동행요구라 부른다.[1] 본 조항의 동행요구에 따른 동행을 임의동행이라 부른다. 본조의 임의동행은 위험방지의 목적을 위한 경찰행정법상 제도이고, 수사목적의 임의동행은[2] 형사소송법상 제도로서 양자는 목적이 다르다.

1219 (2) **성 질**(비강제성) 동행을 요구받은 사람은 그 요구를 거절할 수 있다(경직법 제3조 제2항 단서). 동행요구는 당해인의 협력을 전제로 하는 비강제적인 수단이다. 임의동행인지 강제동행인지의 여부에 대한 판단은 동행한 자의 의사를 존중하면서 객관적으로 이루어져야 한다. 임의성의 판단은 평균인을 기준으로 할 것이다.[3] 경찰의 강제나 심리적 압박에 의해 동행을 승낙하고 동행하였다면, 그러한 동행은 임의동행이 아니라 강제연행으로서 불법행위가 된다.[4] 강제동행에 대항하는 행위는 공무집행방해죄를 구성하지 아니한다.[5]

1220 (3) **요 건** ① 동행요구는 사람을 정지시킨 장소에서 질문하는 것이 그 사람에게 불리하거나(예 : 당해인에게 수치심을 야기시키는 경우, 추운 겨울 노상에서

1) 대판 2020. 5. 14, 2020도398(임의동행은 경찰관 직무집행법 제3조 제2항에 따른 행정경찰 목적의 경찰활동으로 행하여지는 것 외에도 형사소송법 제199조 제1항에 따라 범죄 수사를 위하여 수사관이 동행에 앞서 피의자에게 동행을 거부할 수 있음을 알려 주었거나 동행한 피의자가 언제든지 자유로이 동행과정에서 이탈 또는 동행장소로부터 퇴거할 수 있었음이 인정되는 등 오로지 피의자의 자발적인 의사에 의하여 이루어진 경우에도 가능하다).

2) 대판 2006. 7. 6, 2005도6810(행정경찰 목적의 경찰활동으로 행하여지는 경찰관 직무집행법 제3조 제2항 소정의 질문을 위한 동행요구도 형사소송법의 규율을 받는 수사로 이어지는 경우에는 역시 위에서 본 법리, 즉 형사소송법 제199조 제1항은 "수사에 관하여 그 목적을 달성하기 위하여 필요한 조사를 할 수 있다. 다만, 강제처분은 이 법률에 특별한 규정이 있는 경우에 한하며, 필요한 최소한도의 범위 안에서만 하여야 한다"고 규정하여 임의수사의 원칙을 명시하고 있는바, 수사관이 수사과정에서 당사자의 동의를 받는 형식으로 피의자를 수사관서 등에 동행하는 것은, 상대방의 신체의 자유가 현실적으로 제한되어 실질적으로 체포와 유사한 상태에 놓이게 됨에도, 영장에 의하지 아니하고 그 밖에 강제성을 띤 동행을 억제할 방법도 없어서 제도적으로는 물론 현실적으로도 임의성이 보장되지 않을 뿐만 아니라, 아직 정식의 체포·구속단계 이전이라는 이유로 상대방에게 헌법 및 형사소송법이 체포·구속된 피의자에게 부여하는 각종의 권리보장 장치가 제공되지 않는 등 형사소송법의 원리에 반하는 결과를 초래할 가능성이 크므로, 수사관이 동행에 앞서 피의자에게 동행을 거부할 수 있음을 알려 주었거나 동행한 피의자가 언제든지 자유로이 동행과정에서 이탈 또는 동행장소로부터 퇴거할 수 있었음이 인정되는 등 오로지 피의자의 자발적인 의사에 의하여 수사관서 등에의 동행이 이루어졌음이 객관적인 사정에 의하여 명백하게 입증된 경우에 한하여, 그 적법성이 인정되는 것으로 봄이 상당하다. 형사소송법 제200조 제1항에 의하여 검사 또는 사법경찰관이 피의자에 대하여 임의적 출석을 요구할 수는 있겠으나, 그 경우에도 수사관이 단순히 출석을 요구함에 그치지 않고 일정 장소로의 동행을 요구하여 실행한다면 위에서 본 법리가 적용되어야 한다).

3) 김철용, 행정법(Ⅱ), 295쪽.

4) 대판 1992. 5. 26, 91다38334.

5) 대판 1976. 3. 9, 75도3779.

질문하는 경우) 교통에 방해가 된다(예 : 당해인 자체가 교통에 방해되거나, 당해인에게 많은 사람이 모여드는 경우)고 인정될 때에 가능하다. 그 사람에게 불리한지 또는 교통에 방해가 되는지의 여부에 대한 판단은 객관적·합리적으로 이루어져야 한다. 교통방해를 동행요구의 하나로 규정한 것은 바람직하지 않다.[1] 그러나 동행요구는 임의적인 것이므로 교통방해를 이유로 한 동행요구가 위법하다고 볼 수는 없다. 한편, 사람을 정지시킨 장소에서 질문하는 것이 경찰관에게 불리한 경우에 동행요구를 할 수는 없다. ② 동행을 요구하는 장소는 가까운 경찰서·지구대·파출소 또는 출장소(지방해양경찰관서를 포함하며, 이하 "경찰관서"라 한다)이지만, 상대방의 동의가 있다면 그 밖의 장소에의 동행도 가능할 것이다.[2] 경찰서·지구대·파출소 또는 출장소에의 동행이 반드시 당해인에게 유익하다고 보기는 어렵기 때문이다.

1221 (4) **시간상 제한** 경찰관은 제2항에 따라 동행한 사람을 6시간을 초과하여 경찰관서에 머물게 할 수 없다(경직법 제3조 제6항).[3] 6시간을 초과하여 계속 머물게 할 필요가 있다고 하여도 6시간을 초과하면 그 사람을 일단 경찰관서 밖으로 내보낸 후 다시 그 사람의 동의를 얻어 경찰관서에 머물게 할 수 있다. 그 사람의 동의가 있다고 하여 6시간을 초과하여 계속 경찰관서에 머물게 할 수 있다고 한다면, 6시간의 제한을 둔 본 조항의 취지는 거의 몰각될 것이다. 따라서 6시간을 초과한 후 그 사람을 경찰관서 밖으로 내보내지 아니한다면 그 것은 불법행위에 해당한다. 6시간이 경과하기 전이라도 동행사유가 소멸되면 즉시 내보내야 한다.[4]

1222 (5) **증표의 제시 등** 경찰관은 제1항이나 제2항에 따라 질문을 하거나 동행을 요구할 경우 자신의 신분을 표시하는 증표를 제시하면서 소속과 성명을 밝히고 질문이나 동행의 목적과 이유를 설명하여야 하며, 동행을 요구하는 경우에는 동행 장소를 밝혀야 한다(경직법 제3조 제4항). 이것은 경찰관의 권한남용을 방지하기 위한 것이다. 이 조항에 위반하는 경찰관의 직무집행행위는 위법한 직무집행행위가 된다.

1223 (6) **친지에 고지 등** 경찰관은 제2항에 따라 동행한 사람의 가족이나 친지 등에게 동행한 경찰관의 신분, 동행 장소, 동행 목적과 이유를 알리거나 본인으

1) 박윤흔·정형근, 최신행정법강의(하), 351쪽; 류지태·박종수, 행정법신론, 1034쪽(2019).
2) 박평준·박창석, 경찰행정법, 280쪽.
3) 독일의 경찰법상 신원확인을 위한 경우에는 12시간까지 자유제한이 가능하다(SPolG 제16조 제2항).
4) 대판 1997. 8. 22, 97도1240.

로 하여금 즉시 연락할 수 있는 기회를 주어야 하며,[1] 변호인의 도움을 받을 권리가 있음을 알려야 한다(경직법 제3조 제5항). 이 조항은 동행을 한 자의 인신보호를 위한 것으로서, 경찰관의 직무상 의무를 규정하고 있다. 이 조항은 예외 없이 적용되어야 한다.[2]

(7) **신체구속·답변강요의 금지** 제1항부터 제3항까지의 규정에 따라 질문 1224
을 받거나 동행을 요구받은 사람은 형사소송에 관한 법률에 따르지 아니하고는 신체를 구속당하지 아니하며, 그 의사에 반하여 답변을 강요당하지 아니한다(경직법 제3조 제7항). 질문 자체에는 영장주의가 적용되지 아니하지만, 신체구속에는 형사소송법이 정하는 바에 따른 영장주의가 적용된다. 경찰관 직무집행법상 질문은 상대방의 임의적인 협력(답변)을 전제로 하는 제도의 성격도 갖는다.

Ⅲ. 보호조치

1. 의 의

경찰관은 수상한 행동이나 그 밖의 주위 사정을 합리적으로 판단해 볼 때 1225
다음 각 호(1. 정신착란을 일으키거나 술에 취하여 자신 또는 다른 사람의 생명·신체·재산에 위해를 끼칠 우려가 있는 사람, 2. 자살을 시도하는 사람, 3. 미아, 병자, 부상자 등으로서 적당한 보호자가 없으며 응급구호가 필요하다고 인정되는 사람. 다만, 본인이 구호를 거절하는 경우는 제외한다)의 어느 하나에 해당하는 것이 명백하고 응급구호가 필요하다고 믿을 만한 상당한 이유가 있는 사람(이하 "구호대상자"라 한다)을 발견하였을 때에는 보건의료기관이나 공공구호기관에 긴급구호를 요청하거나 경찰관서에 보호하는 등 적절한 조치를 할 수 있다(경직법 제4조 제1항). 경찰관 직무집행법은 이를 보호조치라 부르고 있다.

2. 대 상 자

(1) **강제보호**(경직법 제4조 제1항 제1호) 강제보호란 보호대상자의 의사와 1226
관계없이 이루어지는 보호를 말한다. 강제보호는 감금을 위한 유치를 가져온다(감금유치). 강제보호는 정신착란을 일으키거나 술에 취하여 자신 또는 다른 사람의 생명·신체·재산에 위해를 끼칠 우려가 있는 사람과[3] 자살을 시도하는 사

---

1) MEPolG 제15조 제2항; SPolG 제15조 제2항 참조.
2) 대판 1995. 5. 26, 94다37226.
3) 대판 2012. 12. 13, 2012도11162(이 사건 조항의 '술에 취한 상태'란 피구호자가 술에 만취하여 정상적인 판단능력이나 의사능력을 상실할 정도에 이른 것을 말하고, 이 사건 조항에 따른 보호조치를 필요로 하는 피구호자에 해당하는지는 구체적인 상황을 고려하여 경찰관 평균인을 기준으로 판단하되, 그 판단은 보호조치의 취지와 목적에 비추어 현저하게 불합리하여서는 아

람을 대상으로 한다(감금유치).[1] 정신착란을 일으키거나 술에 취하여 자신 또는 다른 사람의 생명·신체·재산에 위해를 끼칠 우려가 있는 사람이란 모두 통상적인 의사능력·판단능력과 통제력이 상실된 상태에 있는 자들이다.

1227 (2) **임의보호**(경직법 제4조 제1항 제3호) 임의보호란 보호대상자의 거부의 의사표시가 없는 경우에만 이루어질 수 있는 보호를 말한다. 임의보호는 보호를 위한 유치를 가져온다. 임의보호는 미아, 병자, 부상자 등으로서 적당한 보호자가 없으며 응급구호가 필요하다고 인정되는 사람(다만, 본인이 구호를 거절하는 경우는 제외한다)(보호유치)을 대상으로 한다. 미아·병자·부상자란 모두 스스로 집이나 병원으로 찾아갈 능력이 없다는 특징을 갖는다. 병약한 노인이나 임산부 등도 임의보호의 대상자가 될 수 있다. 구호자란 부양의무자만을 뜻하는 것은 아니다.

3. 성 질

1228 (1) **자유의 침해** 경찰상 유치는 헌법 제12조의 개인의 자유에 대한 침해를 뜻하므로 형식적 의미의 법률에 의해서만 허용된다. 본조가 근거규정이다. 보호조치(감금유치·보호유치)는 헌법상 보장되는 자유의 제한이므로, 보호조치에 관한 경찰관 직무집행법의 규정은 제한적으로 해석되어야 한다.[2] 보호조치가 생명이나 신체 등의 보호를 위한 것임은 물론이다. 강제보호조치는 대인적 즉시강제의 성질을 가지며, 임의보호조치는 비권력적 사실행위의 성질을 갖는다.[3]

1229 (2) **감금유치** 경찰이 감금유치(Ingewahrsamnahme)를 할 수 있는 경우로 ① 직접 목전에 급박한 범행이나 범죄행위의 계속 또는 중대한 위험을 가진 질서위반의 계속을 방지하기 위해 불가피한 경우, ② 다른 방법으로 급박한 공공의 안녕이나 질서에 대한 급박한 위험방지가 불가할 때, ③ 기존의 장해의 제거가 불가할 때,[4] ④ 퇴거명령의 관철을 위해 불가피한 경우를 예상할 수 있으나, 본조는 정신착란 등으로 인한 경우에 관해 제한적으로 규정하고 있다. 이러한 예방적인 경찰상 유치는 범죄수사와 관련하여 허용되는 체포·구금과 구분되어

니 되며, 피구호자의 가족 등에게 피구호자를 인계할 수 있다면 특별한 사정이 없는 한 경찰관서에서 피구호자를 보호하는 것은 허용되지 않는다); 대판 1998. 5. 8, 97다54482.

1) 대판 1998. 2. 13, 96다28578.
2) 대판 2012. 12. 13, 2012도11162(경찰관 직무집행법 제4조 제1항 제1호에서 규정하는 술에 취한 상태로 인하여 자기 또는 타인의 생명·신체와 재산에 위해를 미칠 우려가 있는 피구호자에 대한 보호조치는 경찰 행정상 즉시강제에 해당하므로, 그 조치가 불가피한 최소한도 내에서만 행사되도록 발동·행사 요건을 신중하고 엄격하게 해석하여야 한다).
3) 박평준·박창석, 경찰행정법, 286쪽.
4) Drew/Wacke/Vogel/Martens, Gefahrenabwehr, S. 198.

야 한다.

(3) **보호유치** 건강·생명은 최상위의 법익이다. 그것의 보호를 위해서는 일시(단기간) 경찰상 유치를 통한 자유제한도 법적으로 정당화된다. 물론 당사자가 해결능력이 없는 경우의 보호유치(Schutzgewahrsamnahme)는 유치되는 자의 고유한 보호에 기여한다.[1] 보호유치는 ① 생명·자유에 대한 위협으로부터 보호의 필요가 있는 경우, ② 자유의사결정을 배제하는 상태에 놓여 있거나 보호받을 수 없는 상태에 놓인 경우, ③ 위험상태를 스스로 초래한 경우에 문제된다. 본조는 바로 이러한 경우를 규정하고 있다. 1230

(4) **재 량 성** 경찰관 직무집행법 제4조 제1항은 「… 적절한 조치를 할 수 있다」고 규정하여, 보호조치를 재량행위로 규정하고 있다. 재량행사에 하자가 없어야 한다. 경우에 따라서는 재량권이 영으로 수축될 수도 있다.[2] 1231

4. 구호·보호

(1) 보건의료기관·공공구호기관의 구호

(가) **긴급구호요청** 경찰관은 구호대상자를 발견하였을 때에는 보건의료기관 또는 공공구호기관에 긴급구호를 요청할 수 있다(경직법 제4조 제1항). 보건의료기관이나 공공구호기관의 의미에 관해 경찰관 직무집행법에서 구체적으로 적시하는 바는 없다. 보건의료기관으로 각종 공공병원과 보건소 등이 있다. 1232

(나) **보호의무** 경찰관으로부터 긴급구호를 요청받은 보건의료기관이나 공공구호기관은 정당한 이유 없이 긴급구호를 거절할 수 없다(경직법 제4조 제2항). 정당한 이유의 유무는 객관적으로 판단되어야 한다. 객관적으로 진료가 불가능하다면 정당한 이유가 있는 것이 된다. 정당한 이유 없이 거부하면 불이익을 받을 수도 있다.[3] 1233

(2) 경찰관서에서의 보호

(가) **의 의** 경찰관은 구호대상자를 발견하였을 때에는 경찰관서에 보호할 수 있다(경직법 제4조 제1항). 경찰관서에서의 보호는 보호를 요하는 사유가 소멸하기까지, 또는 보호자나 보호기관에 인계할 때까지 일시적으로 이루어질 것 1234

---

1) Drew/Wacke/Vogel/Martens, Gefahrenabwehr, S. 197.
2) 대판 1996. 10. 25, 95다45927.
3) 응급의료에 관한 법률 제6조(응급의료의 거부금지 등) ② 응급의료종사자는 업무 중에 응급의료를 요청받거나 응급환자를 발견하면 즉시 응급의료를 하여야 하며 정당한 사유 없이 이를 거부하거나 기피하지 못한다.
제60조(벌칙) ② 다음 각 호의 어느 하나에 해당하는 사람은 3년 이하의 징역 또는 1천만원 이하의 벌금에 처한다. 1. 제6조 제2항을 위반하여 응급의료를 거부 또는 기피한 응급의료종사자

이다.

1235 (나) **보호실과 유치장** 긴급구호를 요하는 자를 보호하기 위하여 수용하는 공간이 보호실이다. 보호실은 유치장과 다르다. 경찰관 직무집행법에는 보호실에 관한 규정이 없다. 입법적 보완이 필요하다. 긴급구호를 요하는 자의 인권보장에 관한 사항도 아울러 규정할 필요가 있다.

1236 (3) **기타 적절한 조치** 경찰관은 구호대상자를 위해 기타 적절한 조치를 할 수도 있다. 적절한 조치의 의미는 분명하지 않다. 생각건대 적절한 조치의 예로서 ① 보건의료기관 또는 공공구호기관에 긴급구호를 요청하기 전 또는 경찰관서에 보호하기 전에 시급히 요구되는 응급조치를 하거나 또는 ② 보건의료기관이나 공공구호기관 또는 경찰관서에 소속되지 아니한 민간인(예 : 법정대리인·형제·교사)의 활용 등을 예상할 수 있다.

5. 보호기간

1237 보건의료기관이나 공공구호기관에서의 보호기간에는 제한이 없으나, 경찰관서에서 보호하는 기간은 24시간을 초과할 수 없다(경직법 제4조 제7항). 경찰관서에서의 보호에 기간 상 제한을 둔 것은 혹시 있을 수도 있는 경찰권의 남용을 방지하고 경찰의 임무를 경감시키기 위한 것이다. 만약 경찰관이 구속영장을 받음이 없이 24시간을 초과하여 경찰서 보호실에 유치하는 것은 영장주의에 위배되는 위법한 구금이다.[1]

6. 임시영치

1238 경찰관은 제1항의 조치를 하는 경우에 구호대상자가 휴대하고 있는 무기·흉기 등 위험을 일으킬 수 있는 것으로 인정되는 물건을 경찰관서에 임시로 영치(領置)하여 놓을 수 있다(경직법 제4조 제3항). 흉기란 위험을 야기할 수 있는 것으로 인정되는 일체의 물건으로서 무기를 제외한 것을 말한다. 임시영치는 영장 없이 이루어지는 강제처분의 성격을 갖는다.[2] 임시영치는 대물적 즉시강제의 성격을 갖는다.[3] 임시영치기간은 10일을 초과할 수 없다(경직법 제4조 제7항). 영치당한 자의 주소가 불명하다면, 영치된 물건의 반환은 불가할 것이다. 이에 관한 입법적 보완이 필요하다.

---

1) 대판 1995. 5. 26, 94다37226; 대판 1994. 3. 11, 93도958.
2) 류지태·박종수, 행정법신론, 1036쪽(2019); 최영규, 경찰행정법, 284쪽.
3) 박평준·박창석, 경찰행정법, 286쪽.

7. 통 제(사후조치)

(1) **가족 등에 통지** 경찰관은 제1항의 조치를 하였을 때에는 지체 없이 구호대상자의 가족, 친지 또는 그 밖의 연고자에게 그 사실을 알려야 하며,[1] 연고자가 발견되지 아니할 때에는 구호대상자를 적당한 공중보건의료기관이나 공공구호기관에 즉시 인계하여야 한다(경직법 제4조 제4항). 1239

(2) **경찰서장 등에 통지** 경찰관은 제4항에 따라 구호대상자를 공공보건의료기관이나 공공구호기관에 인계하였을 때에는 즉시 그 사실을 소속 경찰서장이나 해양경찰서장에게 보고하여야 한다(경직법 제4조 제5항). 경찰서장 등에 대한 통지는 보호대상자의 소재파악을 용이하게 하고 강제수용시설에 무단으로 보호되는 것을 방지하는데 기여할 것이다. 1240

(3) **감독행정청 등에 보고** 제5항에 따라 보고를 받은 소속 경찰서장이나 해양경찰서장은 대통령령으로 정하는 바에 따라 구호대상자를 인계한 사실을 지체 없이 해당 공공보건의료기관 또는 공공구호기관의 장 및 그 감독행정청에 통보하여야 한다(경직법 제4조 제6항). 감독행정청이란 공중보건의료기관·공공구호기관의 관할 행정청(예 : 시장·군수·구청장)을 말한다. 1241

Ⅳ. 위험발생의 방지

1. 의 의

경찰관은 사람의 생명 또는 신체에 위해를 끼치거나 재산에 중대한 손해를 끼칠 우려가 있는 천재, 사변, 인공구조물의 파손이나 붕괴, 교통사고, 위험물의 폭발, 위험한 동물 등의 출현, 극도의 혼잡, 그 밖의 위험한 사태가 있을 때에는 다음 각 호(1. 그 장소에 모인 사람, 사물의 관리자, 그 밖의 관계인에게 필요한 경고를 하는 것, 2. 매우 긴급한 경우에는 위해를 입을 우려가 있는 사람을 필요한 한도에서 억류하거나 피난시키는 것, 3. 그 장소에 있는 사람, 사물의 관리자, 그 밖의 관계인에게 위해를 방지하기 위하여 필요하다고 인정되는 조치를 하게 하거나 직접 그 조치를 하는 것)의 조치를 할 수 있다(경직법 제5조 제1항). 경찰관 직무집행법은 이를 위험발생의 방지라 부르고 있다. 1242

2. 조치의 요건

위험발생의 방지를 위한 조치는 사람의 생명 또는 신체에 위해를 끼치거나 재산에 중대한 손해를 끼칠 우려가 있는 위험한 사태가 있을 때에 가능하다. 위 1243

---

1) 대판 1994. 3. 11, 93도958.

험한 사태의 예로 경찰관 직무집행법은 천재, 사변, 인공구조물의 파손이나 붕괴, 교통사고, 위험물의 폭발, 위험한 동물 등의 출현, 극도의 혼잡 등을 들고 있다. 천재는 자연재해(예 : 화산폭발, 대홍수), 사변은 사회적 변란(예 : 전쟁, 내란, 폭동)을 뜻한다.

3. 조치의 내용

1244 (1) 개 관 위험발생의 방지를 위해 경찰관은 ① 그 장소에 모인 사람, 사물(事物)의 관리자, 그 밖의 관계인에게 필요한 경고를 하는 것, ② 매우 긴급한 경우에는 위해를 입을 우려가 있는 사람을 필요한 한도에서 억류하거나 피난시키는 것, ③ 그 장소에 있는 사람, 사물의 관리자, 그 밖의 관계인에게 위해를 방지하기 위하여 필요하다고 인정되는 조치를 하게 하거나 직접 그 조치를 하는 것을 할 수 있다(경직법 제5조 제1항).

1245 (2) 경 고 경찰관은 인명과 신체, 그리고 재산의 보호를 "그 장소에 모인 사람, 사물의 관리자, 그 밖의 관계인에게 필요한 경고를 하는 것(경직법 제5조 제1항)"을 할 수 있다. 이것을 경고조치라 부르기도 한다. 사물의 관리자란 그 사물에 대한 법률상 또는 사실상 지배권을 갖고 있는 자를 말한다(예 : 자동차의 운전자, 동물의 주인, 흥행사업의 주최자). 경고란 위험이 존재한다는 것을 알리고 동시에 위험에 대비하도록 하는 행위(예 : 홍수로 인해 조만간 제방붕괴의 가능성이 있으니 대피를 준비하라는 통지)로서의 지도·권고 등을 말한다. 경고는 위험의 존재와 대비를 알리는 사실행위일 뿐, 상대방에게 법적 효과를 가져오는 행정행위는 아니다. 요컨대 비권력적 사실행위로서 경찰지도의 성격을 갖는다.[1)]

(3) 억류(출입제한) 또는 피난(퇴거명령)

1246 (가) 의 의 경찰관은 인명과 신체, 그리고 재산의 보호를 위해 "매우 긴급한 경우에는 위해를 입을 우려가 있는 사람을 필요한 한도에서 억류하거나 피난시키는 것(경직법 제5조 제1항)"을 할 수 있다. 매우 긴급한 경우란 위험에 대한 사전 경고를 발할 만큼 시간적 여유가 있는 것이 아니라 위험의 현실화가 목전에 급박하다는 것을 의미한다. 필요한 한도란 억류 또는 도피시키는 것이 비례원칙에 따라야 한다는 것을 의미한다. 억류란 위험한 장소에의 출입을 막는 것을 의미하고(출입제한), 피난이란 위험한 장소로부터 떠나는 것을 말한다(퇴거명령). 요컨대 위험발생의 방지를 위한 구체적인 방법으로서 경찰관은 일정한 장소로부터 떠날 것을 또는 일정한 장소의 출입을 금할 것을 명할 수 있다.

1) 최영규, 경찰행정법, 287쪽.

(나) 성 질 퇴거명령이나 출입제한은 일반적으로 '거주이전의 자유'를 침해하는 것이 아니다. 왜냐하면 그러한 명령이나 제한은 단지 특정의 짧은 기간 동안만 제한을 가하는 것에 불과하기 때문이다. 퇴거명령이나 출입제한은 기본권인 행동의 자유에 대한 헌법상 허용되는 침해이다. 한편, 퇴거명령이나 출입제한은 행정절차법에서 규정하는 처분에 해당한다. 다수자에 대한 퇴거명령이나 출입제한은 일반처분에 해당하는 경우도 있다. 퇴거명령이나 출입제한은 경찰상 즉시강제의 성질을 갖는다. 1247

(4) 기타 필요한 위험방지조치 경찰관은 인명과 신체, 그리고 재산의 보호를 위해 "그 장소에 있는 사람, 사물의 관리자, 그 밖의 관계인에게 위해를 방지하기 위하여 필요하다고 인정되는 조치를 하게 하거나 직접 그 조치를 하는 것(경직법 제5조 제1항 제3호)"을 할 수 있다. "필요하다고 인정되는 조치"는 불확정개념에 해당한다. 필요하다고 인정되는 조치에 해당하는지의 여부에 대한 판단은 객관적으로 이루어져야 한다. 1248

4. 보고(통제)와 협조

경찰관은 제1항의 조치를 하였을 때에는 지체 없이 그 사실을 소속 경찰관서의 장에게 보고하여야 한다(경직법 제5조 제3항). 보고를 받은 경찰관서의 장은 관계기관의 협조를 구하는 등 적절한 조치를 하여야 한다(경직법 제5조 제4항). 1249

5. 대간첩작전 등의 특례

경찰관서의 장은 대간첩 작전의 수행이나 소요 사태의 진압을 위하여 필요하다고 인정되는 상당한 이유가 있을 때에는 대간첩 작전지역 또는 경찰관서·무기고 등 국가중요시설에 대한 접근 또는 통행을 제한하거나 금지할 수 있다(경직법 제5조 제2항). 제2항에 따른 접근 또는 통행의 제한과 금지는 제1항에 대한 특례가 된다. 1250

V. 범죄의 예방과 제지

1. 의 의

경찰관은 범죄행위가 목전(目前)에 행하여지려고 하고 있다고 인정될 때에는 이를 예방하기 위하여 관계인에게 필요한 경고를 하고, 그 행위로 인하여 사람의 생명·신체에 위해를 끼치거나 재산에 중대한 손해를 끼칠 우려가 있는 긴급한 경우에는 그 행위를 제지할 수 있다(경직법 제6조). 1251

2. 성　　질

1252 범죄행위의 예방 그 자체도 위험방지작용으로서의 경찰작용에 해당한다. 본 조항에 따라 경찰관이 경고를 발하거나 그 행위를 제지할 수 있는 범죄행위의 종류에는 제한이 없다. 경찰관은 본 조항에 근거하여 모든 종류의 범죄행위에 대하여 경고를 발하거나 그 행위를 제지할 수 있다. 경고는 비권력적 사실행위로서 경찰지도의 성격을 갖지만, 범죄의 제지는 대인적 즉시강제의 성질을 갖는다.[1)]

3. 요　　건

1253 (1) **상황요건**　　제6조에 의한 경찰권의 발동은 ① 목전에 행하여지려고 하고 있다고 인정되는 범죄행위를 예방하기 위하거나, 또는 ② 그 행위로 인하여 사람의 생명·신체에 위해를 끼치거나 재산에 중대한 손해를 끼칠 우려가 있는 긴급한 경우에 이루어진다. ①에서 목전이란 범죄행위의 실현이 급박함을 의미하고, 범죄란 근거법령을 불문하고 처벌(형벌·행정형벌)이 예정된 모든 행위를 말한다.[2)] 행정질서벌(과태료부과)이나 제재적 행정처분의 원인이 되는 행위는 여기서 말하는 범죄에 해당하지 아니한다. 예방이란 범죄의 실행을 막는 것과 범죄로 인한 피해의 발생을 방지하는 것을 의미한다. ②에서의 범죄도 ①의 경우와 같다. 중대한 손해란 불확정개념에 해당하므로 판단여지가 적용될 수 있다. 제지란 물리적 강제력 등을 활용하여 범죄행위를 실행에 옮기지 못하도록 하는 것을 말한다.

1254 (2) **대 상 자**　　관계인을 대상으로 한다. 관계인이란 범죄행위를 하려고 하는 자뿐만 아니라 그 자와 관련 있는 자(예 : 범죄행위의 대상자, 시설의 관리인)를 포함한다.

---

1) 대판 2021. 11. 11, 2018다288631(경찰관 직무집행법 제6조 중 경찰관의 제지에 관한 부분은 범죄의 예방을 위한 경찰행정상 즉시강제, 즉 눈앞의 급박한 경찰상 장해를 제거하여야 할 필요가 있고 의무를 명할 시간적 여유가 없거나 의무를 명하는 방법으로는 그 목적을 달성하기 어려운 상황에서 의무불이행을 전제로 하지 아니하고 경찰이 직접 실력을 행사하여 경찰상 필요한 상태를 실현하는 권력적 사실행위에 관한 근거조항이다. 경찰행정상 즉시강제는 그 본질상 행정 목적 달성을 위하여 불가피한 한도 내에서 예외적으로 허용되는 것이므로, 위 조항에 의한 경찰관의 제지 조치 역시 그러한 조치가 불가피한 최소한도 내에서만 행사되도록 그 발동·행사 요건을 신중하고 엄격하게 해석하여야 하고, 그러한 해석·적용의 범위 내에서만 우리 헌법상 신체의 자유 등 기본권 보장 조항과 그 정신 및 해석 원칙에 합치될 수 있다).

2) 대판 2017. 3. 15, 2013도2168(범죄를 예방하기 위한 경찰관의 제지 조치가 적법한 직무집행으로 평가될 수 있기 위해서는 형사처벌의 대상이 되는 행위가 눈앞에서 막 이루어지려고 하는 것이 객관적으로 인정될 수 있는 상황이고, 그 행위를 당장 제지하지 않으면 곧 생명·신체에 위해를 미치거나 재산에 중대한 손해를 끼칠 우려가 있는 상황이어서, 직접 제지하는 방법 외에는 위와 같은 결과를 막을 수 없는 절박한 사태가 있어야 한다).

4. 방 법

(1) **경 고** 목전에 행하여지려는 범죄행위를 예방하기 위한 경우에는 경고의 수단을 활용한다. 경고란 범죄행위로 나아가지 말 것을 통고·권고하는 것이다. 경고의 방법에는 특별한 제한이 없다. 구두로 할 수도 있고 경적이나 확성기사용을 통해 할 수도 있다. 경고는 사실행위이고 행정행위는 아니다. 1255

(2) **제 지** 목전에 행하여지려고 하고 있다고 인정되는 범죄행위로 인하여 사람의 생명·신체에 위해를 끼치거나 재산에 중대한 손해를 끼칠 우려가 있는 긴급한 경우에는 제지라는 수단을 활용한다.[1] 제지란 경찰관이 신체상의 힘 또는 경찰장구를 이용하여 범죄행위를 실행에 옮기지 못하도록 하는 것을 말한다.[2] 경찰장구의 사용은 경찰관 직무집행법 제10조의2에 따라야 한다. 제지를 위해 사전에 반드시 경고를 거쳐야만 하는 것은 아니다. 제지를 위해 도입되는 수단은 비례원칙을 준수하여야 한다. 1256

Ⅵ. 위험방지를 위한 출입

1. 의 의

경찰관은 제5조(위험 발생의 방지 등) 제1항·제2항 및 제6조(범죄의 예방과 제지)에 따른 위험한 사태가 발생하여 사람의 생명·신체 또는 재산에 대한 위해가 임박한 때에 그 위해를 방지하거나 피해자를 구조하기 위하여 부득이하다고 인정하면 합리적으로 판단하여 필요한 한도에서 다른 사람의 토지·건물·배 또는 차에 출입할 수 있고(경직법 제7조 제1항), 흥행장, 여관, 음식점, 역, 그 밖에 많은 사람이 출입하는 장소의 관리자나 그에 준하는 관계인은 경찰관이 범죄나 사람의 생명·신체·재산에 대한 위해를 예방하기 위하여 해당 장소의 영업시간이나 해당 장소가 일반인에게 공개된 시간에 그 장소에 출입하겠다고 요구하면 정당 1257

---

1) 대판 2018. 12. 13, 2016도19417(경찰관 직무집행법 제6조에 따른 경찰관의 제지 조치가 적법한 직무집행으로 평가되기 위해서는, 형사처벌의 대상이 되는 행위가 눈앞에서 막 이루어지려고 하는 것이 객관적으로 인정될 수 있는 상황이고, 그 행위를 당장 제지하지 않으면 곧 인명·신체에 위해를 미치거나 재산에 중대한 손해를 끼칠 우려가 있는 상황이어서, 직접 제지하는 방법 외에는 위와 같은 결과를 막을 수 없는 절박한 사태이어야 한다. 다만 경찰관의 제지 조치가 적법한지는 제지 조치 당시의 구체적 상황을 기초로 판단하여야 하고 사후적으로 순수한 객관적 기준에서 판단할 것은 아니다); 대판 2013. 6. 13, 2012도9937; 대판 1990. 8. 14, 90도870.

2) 대판 2018. 12. 13, 2016도19417(경찰관 직무집행법 제6조 중 경찰관의 제지에 관한 부분은 범죄 예방을 위한 경찰 행정상 즉시강제, 즉 눈앞의 급박한 경찰상 장해를 제거할 필요가 있고 의무를 명할 시간적 여유가 없거나 의무를 명하는 방법으로는 그 목적을 달성하기 어려운 상황에서 의무불이행을 전제로 하지 않고 경찰이 직접 실력을 행사하여 경찰상 필요한 상태를 실현하는 권력적 사실행위에 관한 근거조항이다).

한 이유 없이 그 요구를 거절할 수 없다(경직법 제7조 제2항). 경찰관 직무집행법은 양자를 합하여 위험방지를 위한 출입이라 부르고 있다. 한편, 경찰관 직무집행법 제7조에 의한 출입 외에 개별 법률의 규정에 따른 출입도 있다(예 : 총포법 제44조). 한편, 경찰관 직무집행법 제7조에 의한 출입은 경찰상 즉시강제의 의미도 갖는다.

2. 성 질

1258 헌법 제16조는 주거의 자유를 보장한다. 주거권은 기본권으로서 보호된다. 본조에 의거하여 이루어지는 주거자의 동의 없는 가택출입·검색은 현재의 사람의 생명·신체·자유·물건의 안전 등에 대한 위험방지목적으로만 가능하다. 이와 관련하여 주거의 개념을 명확히 하는 것이 필요하다. 주거개념은 넓게 해석되어야 한다. 그것은 좁은 의미의 주거(예 : 침실과 거실)뿐만 아니라 부속공간(예 : 마루·창고·정원)까지도 포함한다. 헌법상 주거개념에는 그 밖에도 천막(텐트), 호텔의 객실, 학생의 기숙사도 포함된다.

3. 간접출입

1259 경찰관이 출입을 하지 아니하면서 출입의 효과를 갖는 방법들, 예컨대 사인의 토지·건물 또는 흥행장·여관·음식점 등에 대한 상시적 관찰이나 도청, 또는 망원카메라나 적외선카메라를 통한 감시는 허용되지 아니한다. 이러한 행위들은 헌법상 기본권으로 보장되는 프라이버시권에 대한 침해를 가져오기 때문에 개별 법률상 근거 없이는 허용될 수 없다.

4. 출입의 유형

⑴ 긴급출입(제7조 제1항에 따른 출입)

1260 ㈎ 의 의 경찰관은 제5조(위험 발생의 방지 등) 제1항·제2항 및 제6조(범죄의 예방과 제지)에 따른 위험한 사태가 발생하여 사람의 생명·신체 또는 재산에 대한 위해가 임박한 때에 그 위해를 방지하거나 피해자를 구조하기 위하여 부득이하다고 인정하면 합리적으로 판단하여 필요한 한도에서 다른 사람의 토지·건물·배 또는 차에 출입할 수 있다(경직법 제7조 제1항).[1] 이러한 출입을 긴급출입이라 부른다.[2] 긴급출입을 일반출입이라 부르기도 한다.[3] 이 경우의 출입은 대가택 즉시강제의 성질을 갖는다.

1) 대판 1990. 8. 14, 90도870.
2) 최영규, 경찰행정법, 291쪽; 정경선, 경찰행정법, 355쪽.
3) 박균성, 행정법론(하), 654쪽(2019).

(나) **적용범위** 제7조 제1항에 따른 긴급출입은 다만 제5조(위험발생의 방지) 1261
제1항·제2항 및 제6조(범죄의 예방과 제지) 제1항과 관련된 위험의 방지나 피해자의 구조를 위해서만 가능하다. 그것도 위해를 방지하거나 피해자를 구조하기 위하여 부득이 하다고 인정할 때에만 출입할 수 있다. 따라서 다른 적절한 방법이 있으면 출입할 수 없다(보충성의 원칙). 제7조 제1항을 근거로 하여 범죄수사를 목적으로 출입할 수는 없다.

(다) **출 입** 출입은 타인의 토지·건물 또는 선차 내에 들어가는 것을 1262
의미한다. 타인의 동의를 요하지 아니한다. 타인이 경찰관의 정당한 출입을 거부하면 공무집행방해죄에 의해 처벌될 수 있다. 한편, 제7조 제1항은 "합리적으로 판단하여 필요한 한도 내에서" 출입할 수 있다고 규정하는바, 경미한 장해제거를 위한 출입은 필요한 한도 내에 해당하지 아니한다. 출입 후에는 제7조 제1항의 목적을 달성하기 위해 동법에서 규정된 수단(예 : 불심검문, 동행요구, 위험발생의 방지, 범죄의 제지)을 활용할 수 있다.

(2) **예방출입**(제7조 제2항에 따른 출입)

(가) **의 의** 흥행장, 여관, 음식점, 역, 그 밖에 많은 사람이 출입하는 1263
장소의 관리자나 그에 준하는 관계인은 경찰관이 범죄나 사람의 생명·신체·재산에 대한 위해를 예방하기 위하여 해당 장소의 영업시간이나 해당 장소가 일반인에게 공개된 시간에 그 장소에 출입하겠다고 요구하면 정당한 이유 없이 그 요구를 거절할 수 없다(경직법 제7조 제2항). 이러한 출입을 예방출입이라 부른다.[1] 이 경우의 출입은 경찰조사의 성질을 갖는다.

(나) **적용범위** 제7조 제1항에 따른 긴급출입은 "제5조(위험발생의 방지) 제1 1264
항·제2항 및 제6조(범죄의 예방과 제지) 제1항에 규정한 위험한 사태가 발생하여 사람의 생명·신체 또는 재산에 대한 위해가 임박한 때에 그 위해를 방지하거나 피해자를 구조하기 위하여 부득이하다고 인정할 때"에 가능하지만, 제7조 제2항에 따른 예방출입의 경우에는 단순한 조사를 위해서도 출입할 수 있다. 물론 그것도 "범죄나 사람의 생명·신체·재산에 대한 위해를 예방하기 위하여" 출입이 가능하다.

(다) **출 입** 출입은 위험방지의 목적으로 개인사업장 등에 들어가는 것 1265
을 말한다. 관리자 또는 이에 준하는 관계인은 정당한 이유가 없는 한 경찰관의 출입을 거절할 수 없다. 정당한 이유란 불확정개념이다. 제7조 제2항이 정하는 장소가 아니라는 주장은 정당한 이유에 해당한다. 정당한 이유를 나열하기는 어

1) 최영규, 경찰행정법, 292쪽; 정경선, 경찰행정법, 357쪽.

렵다. 한편, 정당한 이유가 없는 한 관리자 또는 이에 준하는 관계인은 경찰관의 출입에 수인의무를 진다.

1266 **㈑ 시간상 적용범위** 제7조 제2항에 따른 출입은 영업 또는 공개시간 내에 허용되고 있다. 그러나 제7조 제2항에서 규정하는 장소의 경우에도 제7조 제1항의 요건이 구비되는 경우에는 출입시간에 제한을 받지 아니한다. 이것은 제7조 제1항의 문제가 된다.

1267 **⑶ 대간첩작전검색**(제7조 제3항에 따른 검색) 경찰관은 대간첩 작전 수행에 필요할 때에는 작전지역에서 제2항에 따른 장소를 검색할 수 있다(경직법 제7조 제3항). 대간첩작전검색의 요건이 예방출입(경직법 제7조 제2항에 따른 출입)의 경우보다 많이 완화되어 있다.[1)]

5. 통 제(증표의 제시 등)

1268 경찰관은 제1항부터 제3항까지의 규정에 따라 필요한 장소에 출입할 때에는 그 신분을 표시하는 증표를 제시하여야 하며, 함부로 관계인이 하는 정당한 업무를 방해해서는 아니 된다(경직법 제7조 제4항). 이것은 주거권자 등의 보호를 위한 것이다. 뿐만 아니라 명시적으로 규정된 것은 아닐지라도 출입시에는 출입의 목적을 알려야 할 것이다.

Ⅶ. 사실의 확인 등

1. 사실의 조회

1269 경찰관서의 장은 직무 수행에 필요하다고 인정되는 상당한 이유가 있을 때에는 국가기관이나 공사(公私) 단체 등에 직무 수행에 관련된 사실을 조회할 수 있다. 다만, 긴급한 경우에는 소속 경찰관으로 하여금 현장에 나가 해당 기관 또는 단체의 장의 협조를 받아 그 사실을 확인하게 할 수 있다(경직법 제8조 제1항).[2)]

2. 출석요구

1270 경찰관은 다음 각 호(1. 미아를 인수할 보호자 확인, 2. 유실물을 인수할 권리자 확인, 3. 사고로 인한 사상자 확인, 4. 행정처분을 위한 교통사고 조사에 필요한 사실 확인)의

1) 이것을 문제점으로 지적하는 견해도 있다(류지태·박종수, 행정법신론, 1040쪽(2019)).

2) 헌재 2018. 8. 30, 2014헌마368(이 사건 사실조회행위의 근거조항인 이 사건 사실조회조항은 수사기관에 공사단체 등에 대한 사실조회의 권한을 부여하고 있을 뿐이고, 국민건강보험공단은 수사기관의 사실조회에 응하거나 협조하여야 할 의무를 부담하지 않는다. 따라서 이 사건 사실조회조항과 이 사건 사실조회행위만으로는 청구인들의 법적 지위에 어떠한 영향을 미친다고 보기 어렵고, 국민건강보험공단의 자발적인 협조가 있어야만 비로소 청구인들의 개인정보자기결정권이 제한된다).

직무를 수행하기 위하여 필요하면 관계인에게 출석하여야 하는 사유·일시 및 장소를 명확히 적은 출석 요구서를 보내 경찰관서에 출석할 것을 요구할 수 있다(경직법 제8조 제2항).

Ⅷ. 경찰장비의 사용 등

1. 의 의

경찰관은 직무수행 중 경찰장비를 사용할 수 있다. 다만, 사람의 생명이나 1271
신체에 위해를 끼칠 수 있는 경찰장비(이하 이 조에서 "위해성 경찰장비"라 한다)를 사용할 때에는 필요한 안전교육과 안전검사를 받은 후 사용하여야 한다(경직법 제10조 제1항). 제1항 본문에서 "경찰장비"란 무기, 경찰장구, 최루제와 그 발사장치, 살수차, 감식기구, 해안 감시기구, 통신기기, 차량·선박·항공기 등 경찰이 직무를 수행할 때 필요한 장치와 기구를 말한다(경직법 제10조 제2항). 경찰상 즉시강제와 관련하여 무기, 경찰장구, 최루제 및 그 발사장치가 중요한 수단이 된다.[1] 경찰관은 경찰장비를 함부로 개조하거나 경찰장비에 임의의 장비를 부착하여 일반적인 사용법과 달리 사용함으로써 다른 사람의 생명·신체에 위해를 끼쳐서는 아니 된다(경직법 제10조 제3항).

2. 성 질

경찰장비의 사용은 경찰상 즉시강제의 성질을 갖는다. 또 한편으로 경찰장 1272
비의 사용은 경찰관 직무집행법 제3조 내지 제7조 등에서 규정하는 경찰상 즉시강제 내지 조사수단의 도입시에 활용되는 힘(실력)의 한 종류로서의 성질도 갖는다. 경찰장비의 사용에도 비례원칙이 적용된다.[2]

---

1) 헌재 2018. 5. 31, 2015헌마476(위해성 경찰장비 사용의 위험성과 기본권 보호 필요성에 비추어 볼 때, '경찰관 직무집행법'과 이 사건 대통령령에 규정된 위해성 경찰장비의 사용방법은 법률유보원칙에 따라 엄격하게 제한적으로 해석하여야 한다. 위해성 경찰장비는 본래의 사용방법에 따라 지정된 용도로 사용되어야 하며 다른 용도나 방법으로 사용하기 위해서는 반드시 법령에 근거가 있어야 한다. 예컨대, 별도의 근거규정 없이 기타장비인 석궁을 이용하여 무기인 폭약류를 발사하는 것은 허용되지 않는다고 해석하여야 한다. 살수차는 고압의 물줄기를 분사하여 사람의 신체에 대한 훼손을 최소화하면서 군중을 해산하는 데 사용하는 기타장비다. 살수차는 물줄기의 압력을 이용하여 군중을 제압하는 장비이므로 그 용도로만 사용되어야 한다. 살수차로 최루액을 분사하여 살상능력을 증가시키려면 법령에 근거가 있어야 한다. 최루액을 물에 섞어 살수하는 '혼합살수' 방법도 이 사건 대통령령에 열거되지 않은 새로운 위해성 경찰장비에 해당한다. '기타장비'인 살수차와 '분사기·최루탄 등'인 최루제를 혼합 사용하는 방법의 최루액 혼합살수는 이 사건 지침에만 근거를 두고 있는데, 이 사건 지침에 혼합살수의 근거 규정을 둘 수 있도록 위임하고 있는 법령은 어디에도 없다).

2) 대판 2022. 11. 30, 2016다26662(구 경찰관직무집행법 제10조 제3항은 "경찰장비를 임의로 개조하거나 임의의 장비를 부착하여 통상의 용법과 달리 사용함으로써 타인의 생명·신체에 위해

제 4 항 일반경찰법상 일반수권(일반조항 · 개괄조항)

Ⅰ. 관 념

1. 의 의

1274 위험의 예방·진압이 필요한 경우이지만, 그 위험의 예방·진압을 위한 법적 근거가 특별경찰법에도 없고 일반경찰법(기본적으로 위험방지에 관한 일반적인 규정으로 이루어진 경찰법을 일반경찰법이라 부른다. 현행법제상 경찰관 직무집행법이 일반경찰법에 해당한다)에도 특별한 규정(예 : 경찰관 직무집행법 제3조 이하의 규정)으로 존재하지 아니하는 경우에 최종적으로 그 위험의 예방·진압을 위한 법적 근거로서 적용되는 일반경찰법상 개괄적인 조항을 일반조항이라 부른다.[1)] 일반조항을 개괄조항이라 부르기도 한다.[2)]

2. 필 요 성

1275 ① 개별적인 경찰상의 위험극복을 위해 특별법이 증가하고 있으나, 입법보다 앞서가는 기술의 진보, 사회의 변화, 위험발생상황의 다양성 때문에 경찰상의 일반조항이 완전히 포기될 수는 없다.[3)] 따라서 입법의 공백을 메우기 위해서는 경찰의 영역에서 일반조항에 따른 일반수권제도가 필요하다.[4)] ② 일반조항을 두는 경우에도 법적 안정성, 법적 명확성을 위해 입법자가 구체적인 개별경우를 위해 일반조항을 특별조항으로 대치시키는 노력이 필요하다. 그렇다고 특별법으로 미래의 모든 위험을 다 규정할 수는 없다. 이 때문에 일반조항을 두는 경우에는 일반조항을 내용·목적·범위 등에서 상세히 정하려는 노력이 학문

를 주어서는 아니된다."라고 정하고, 구 「경찰장비의 사용기준 등에 관한 규정」 제3조는 "경찰장비는 통상의 용법에 따라 필요한 최소한의 범위 안에서 사용하여야 한다."라고 정하고 있는바, 위 조항에서 말하는 경찰장비는 '인명 또는 신체에 위해를 가할 수 있는 경찰장비(이하 '위해성 경찰장비'라 한다)'를 뜻한다(위 규정 제2조 참조). 위 규정들은 경찰비례의 원칙에 따라 경찰관의 직무수행 중 경찰장비의 사용 여부, 용도, 방법 및 범위에 관하여 재량의 한계를 정한 것이라 할 수 있고, 특히 위해성 경찰장비는 그 사용의 위험성과 기본권 보호 필요성에 비추어 볼 때 본래의 사용방법에 따라 지정된 용도로 사용되어야 하며 다른 용도나 방법으로 사용하기 위해서는 반드시 법령에 근거가 있어야 한다).

1) 일반조항의 대표적인 예로 "경찰행정청은 공적 안전이나 공적 질서를 위협하는 위험을 방지함으로써 공공이나 개인을 보호하기 위해 법률이 정한 범위 안에서 의무에 합당한 재량으로 필요한 처분을 하여야 한다"고 규정하였던 프로이센 경찰행정법(1931년) 제14조 제1항을 볼 수 있다. 현재의 독일의 모든 란트는 일반조항을 갖고 있다.

2) 김남진·김연태, 행정법(Ⅱ), 295쪽(2019).

3) Friauf, Polizei- und Ordnungsrecht, in : Schmidt-Aßmann(Hrsg.), Besonderes Verwaltungsrecht, Rn. 25; Schenke, in : Steiner(Hrsg.), Besonderes Verwaltungsrecht Ⅱ, Rn. 26.

4) 김동희, 행정법(Ⅱ), 215쪽(2019); 김철용, 행정법(Ⅱ), 266쪽; 김성수, 개별행정법, 460쪽; 류지태·박종수, 행정법신론, 1025쪽(2019); 정하중, 행정법개론, 1087쪽(2019).

상·판례상 요구될 수밖에 없다.

Ⅱ. 합헌성·보충성

1. 합 헌 성

일반조항은 법치국가의 요청인 명확성의 원칙에 반하므로 헌법위반이 아닌 1276
가라는 문제를 갖는다. ① 위헌설(부정설)은 "경찰권을 포함한 권력적 행정작용에는 법률의 근거를 요한다. … 그 경우의 법률은 당연히 개별적인 작용법률을 의미한다"는 것을 논거로 하고,[1] ② 합헌설(긍정설)은 "경찰권 발동상황의 다양성과 경찰권발동의 필요상황을 모두 예측하는 것이 불가능한 점 및 일반적 수권조항의 경우에도 법률의 수권이 있는 점" 등을 논거로 한다.[2] ③ 생각건대 일반조항의 불확정개념은 학설과 판례에 의해 그 내용이나 목적 또는 범위가 세밀하게 논해질 수 있으므로 헌법상 명확성을 갖는다고 볼 것인바,[3] 합헌적이라 하겠다.

2. 보 충 성

① 일반조항을 둔다면, 일반조항은 성질상 특별조항이 없는 경우에 보충적 1277
으로 적용되어야 한다. 특별조항이 있는 한, 일반조항은 활용될 수 없다.[4] 따라서 특별조항이 증대한다면, 일반조항의 활용범위는 그 만큼 좁아질 것이다. 그리고 ② 일반조항은 공공의 안녕이나 질서를 위협하는 위험의 예방을 위해서만 활용되는 것이지, 그 밖의 모든 위험의 예방을 위해 활용될 수는 없다. 말하자면 일반조항은 경찰법에서만 적용되는 것이지 형법 등에서 적용되는 것은 아니다. ③ 경찰관 직무집행법상 표준처분이 적용되는 영역에서는 일반조항에 근거하여 처분이 발령될 수 없다. 왜냐하면 표준조항이 일반조항에 비하여 침해의 요건을 강하게 제한하고 있기 때문이다.[5]

---

1) 박윤흔·정형근, 최신행정법강의(하), 312쪽; 이상규, 신행정법론(하), 303쪽.
2) 박균성, 행정법론(하), 633쪽(2019); 한견우, 현대행정법신론, 391쪽(2014).
3) Schmidbauer/Steiner/Roese, Bayerisches Polizeiaufgabengesetz, Kommentar, Art.11, Rn. 110.
4) 예컨대 Bayern경찰직무법 제11조 제1항(제12조 내지 제48조에서 경찰의 권한을 특별히 규정하는 바가 없다면, 경찰은 개별적인 경우에 공적 안전과 공적 질서에 대한 현존하는 위험을 방지하기 위하여 필요한 처분을 할 수 있다).
5) Gusy, Polizeirecht, Rn. 313.

Ⅲ. 인정가능성

1. 학 설

1278 (1) **긍 정 설** ① 이 견해는 경찰관의 직무범위를 규정하고 있는 "경찰관 직무집행법 제2조 제7호의 '공공의 안녕과 질서유지'에 관한 규정을 우리의 실정법상의 경찰(관)에 대한 개괄적 수권조항으로 볼 수 있다. 그러나 개괄조항은 어디까지나 개별적 수권조항이 없는 경우에 있어서의 제2차적·보충적 수권조항으로 이해되어야 한다"는 입장이다.[1] 이 밖에 긍정설로 ② 경찰관 직무집행법 제5조에 "기타 위험한 사태"까지 규정되어 있음을 주요 논거의 하나로 하여 경찰관 직무집행법 제5조를 근거로 보는 견해도 있고,[2] ③ 경찰관 직무집행법 제2조와 제5조 그리고 제6조를 종합하여 근거로 보는 견해도 있다.[3]

1279 (2) **부 정 설** 부정설은 "경찰권을 포함한 권력적 행정작용에는 법률의 근거를 요한다는 점에서는 견해가 일치되어 있으며, 또한 그 경우의 법률은 당연히 개별적인 작용법률만을 의미한다고 본다. 따라서 우리 헌법상 경찰권발동의 수권조항으로서 개괄조항을 인정하기는 어렵다"는 견해로서, 이 경우 법률은 당연히 개별적인 작용법이어야 하고, 포괄적·일반적인 수권법은 허용되지 아니한다고 본다. 그러한 점에서 "위의 경찰관 직무집행법 제2조 제7호(공공의 안녕과 질서유지)는 경찰권의 발동근거에 관한 개괄조항은 아니고, 그것은 다만 경찰의 직무범위를 정한 것으로서, 본질적으로는 조직법적인 성질의 규정이라 할 것이다"라는 입장이다.[4]

1280 (3) **입법필요설** 이 견해는 현행법상 일반조항은 인정되고 있지 아니하지만, 경찰법의 개정을 통해 일반조항이 규정되어야 한다는 입장이다.[5] 말하자면

---

1) 김남진·김연태, 행정법(Ⅱ), 296쪽(2019); 김성수, 개별행정법, 461쪽; 류지태·박종수, 행정법신론, 976쪽; 남승길, 경찰관 직무집행법, 공법연구, 제25집 제3호, 1997.6, 99쪽; 석종현·송동수, 일반행정법(하), 310쪽; 이광윤 등, 행정작용법론, 16쪽. 그리고 Götz, Allgemeines Polizei- und Ordnungsrecht, §8, Rn. 5f.; Knemeyer, Polizei- und Ordnungsrecht, Rn. 148 참조.

2) 이운주, 경찰법상의 개괄수권조항에 관한 연구, 서울대학교 법학박사학위논문, 2005, 200쪽 이하.

3) 박정훈, 사권보호를 위한 경찰권 발동에 관한 연구, 22쪽 이하.

4) 박윤흔·정형근, 최신행정법강의(하), 313쪽; 박균성, 행정법론(하), 636쪽(2019); 이상규, 신행정법론(하), 303쪽; 최영규, 경찰행정법, 175쪽.

5) 김재광, 경찰관 직무집행법의 개선방안에 관한 연구, 55쪽; 김남현, 경찰행정법, 149쪽; 정하중, 행정법개론, 1087쪽(2019); 김철용, 행정법(Ⅱ), 268쪽. 한편, 국내에서는 본서가 이 견해를 제일 먼저 주장하였다. 김동희 교수는 종래 부정설을 취하였으나, 근래에 입장을 바꾸어 기본적으로 입법필요설이 타당하지만, 개별적 수권조항들이 경찰상의 많은 위험들을 포괄하고 있으므로 실무상 그리 필요한 것은 아니라 하고 있다(동 교수, 행정법(Ⅱ), 218쪽(2019)). 그러나 개별적 수권조항들이 경찰상의 많은 위험들을 포괄하고 있다는 것이 모든 종류의 위험에 대비하고 있는 것은 아니므로 동 교수의 주장은 철저한 것이 되지 못한다.

현행 헌법하에서 일반조항은 인정될 수 있고 또한 인정되어야 하지만, 아직까지 우리의 입법은 이를 수용하고 있지 않다는 입장이다.

2. 판 례

판례는 경찰관 직무집행법 제2조를 일반조항으로 보는 듯하다.[1] 1281

3. 사 견

(1) **접근방법** 현행 경찰법제상 일반조항(개괄조항)을 인정할 수 있는가의 1282
문제는 ① 침해적인 위험방지의 근거규범으로서 일반조항의 인정가능성의 문제와 ② 비침해적인 위험방지의 근거규범으로서의 일반조항의 인정가능성의 문제를 구분하여 살펴볼 필요가 있다.

(2) **침해작용**

(가) **권한규범과 임무규범의 구분** 관련법규의 표현내용이 명확한 것이 아니 1283
라고 하여도 개념상 경찰의 임무규범(직무규정)과 권한규범(권한규정)은 구분되어야 한다.[2] 임무규범은 임무영역(사무범위)을 나타낸다. 그것은 경찰행정청의 활동의 외부적 한계를 나타낸다.[3] 임무규범은 경찰기관이 공익을 위하여 활동할 수 있는지의 여부를 규정한다. 경찰은 공공의 안녕과 질서보호를 임무로 한다. 한편, 권한규범은 경찰에 의한 사무수행의 여부가 아니라 방법을 규정한다.[4] 권한규범은 법치국가원리 내지 헌법 제37조 제2항에 근거하여 경찰이 사인의 권리를 침해할 수 있는 법적 근거를 말하는 것으로 이해되기도 한다.[5] 따라서 경찰의 임무수행이 사인의 권리를 침해하게 되면, 침해의 근거로서 권한규범이 필요하게 되는 것이다.[6] 이러한 권한규범의 한 종류가 일반조항의 형식인 것이다. 요컨대 권한규범과 임무규범은 구분되어야 할 것이다(예컨대 경찰이 범죄수사의 임무를 수행한다고 하여 임의적인 강제연행 등 어떠한 수단이라도 도입할 수 있는 것은 아니고 다만 법이 허용한 침해수단만을 행할 수 있는 것과 같다).[7] 법리상 어떠한 침해도

---

1) 대판 1986. 1. 28, 85도2448(군도시과 단속계요원인 청원경찰관이 경찰관 직무집행법 제2조에 따라 허가 없이 창고를 주택으로 개축하는 것을 단속하는 것은 정당한 공무집행에 속한다).
2) Knemeyer, Polizei– und Ordnungsrecht, Rn. 77, 141; Schenke, in : Steiner(Hrsg.), Besonderes Verwaltungsrecht Ⅱ, Rn. 20.; 김동희, 행정법(Ⅱ), 207쪽.
3) Tettinger/Erbguth/Mann, Besonderes Verwaltungsrecht, Rn. 422.
4) Gusy, Polizeirecht, Rn. 11.
5) Schmidbauer/Steiner/Roese, Bayerisches Polizeiaufgabengesetz, Art.2 Rn. 4.
6) Knemeyer, Polizei– und Ordnungsrecht, Rn. 141.
7) 독일의 경우, 프로이센 경찰법에서는 이러한 임무규정과 권한규정의 구분이 없다고 한다(Götz, Allgemeines Polizei– und Ordnungsrecht, §7, Rn. 1; Knemeyer, Polizei– und Ordnungsrecht, Rn. 53).

가능하게 하는 일반적인 침해수권은 있을 수 없다.

1284 (나) **입법의 필요** 현행 경찰법제상 침해적인 위험방지작용의 근거규범으로서 일반조항을 찾아보기는 어렵다. ① 긍정설 중 경찰관 직무집행법 제2조 제7호를 근거로 하는 견해에 대해서는, 동 조항은 경찰관의 임무를 정하는 규범일 뿐이지, 경찰의 임무수행에 필요한 사인에 대한 침해까지 가능하게 하는 규정으로 보아서는 아니 된다는 지적이 가해진다. ② 긍정설 중 경찰관 직무집행법 제5조를 근거로 하는 견해에 대해서는 "기타 위험한 사태"는 모든 종류의 위험한 사태가 아니라 동 조항에서 예시된 위험과 유사한 위험에 한정된다고 보아야 할 것이므로 문제점이 있다는 지적이 가해진다.[1] ③ 경찰관 직무집행법 제2조, 제5조 그리고 제6조를 근거로 하는 긍정설에 대해서도 ①과 ②에서 지적된 문제점이 그대로 적용된다는 점에서 문제점을 갖는다. 일반조항이 필요한 것인 이상, 법률(경찰관 직무집행법)의 개정을 통해 일반조항을 도입하는 것이 필요하다.[2]

1285 (3) **비침해작용** 침해수단의 도입으로 특징지워지는 진정한 위험방지영역 외에 단순한 위험방지영역도 있다(예 : 차선·계몽교육에 의한 교통감시를 통하여 공공의 안녕에 대한 위험의 예방). 이러한 작용도 다른 모든 경찰작용과 마찬가지로 법적 근거를 요한다. 그러나 이러한 경우의 법적 근거는 임무규정만으로도 족하다.[3] 이러한 작용과 관련하여 개인의 권리·이익을 침해하기 위해서는 앞서 말한 권한규범의 근거를 요한다(기본권보장·법률유보).

제 2 절 경찰권의 한계

I. 관 념

1. 의 의

1286 법치행정의 원칙상 경찰권은 법령이 정하는 범위 내에서 합목적적으로 행사될 때, 적법·타당한 것이 된다. 만약 그 범위를 벗어나면 위법하거나 부당한 것이 된다. 이와 같이 경찰권의 행사가 적법·타당한 것으로서 효과를 발생할

1) 김동희, 행정법(Ⅱ), 218쪽(2019).
2) 일반조항의 입법시에는 프로이센 경찰법률 제14조, 독일의 단일경찰법률표준초안(Musterentwurf eines einheitlichen Polizeigesetzes) 제8조, 독일의 연방과 란트의 단일경찰법률선택안(Alternativentwurf einheitlicher Polizeigesetze des Bundes und der Länder) 제10조가 중요한 참고가 될 수 있을 것이다.
3) 최영규, 경찰행정법, 175쪽; Knemeyer, Polizei- und Ordnungsrecht, Rn. 141.

수 있는 경찰권행사 범위의 한계를 경찰권의 한계라 한다. 달리 말하면, 경찰권의 한계는 경찰권 발동과 관련 있는 법령의 내용상 한계이기도 하다.

2. 종 류

경찰권의 한계는 경찰의 법적 성질에서 나오는 한계와 행정의 법원칙으로 1287
부터 나오는 한계로 나누어 볼 수 있다. 차례로 보기로 한다.

Ⅱ. 경찰의 본질에서 나오는 한계

경찰의 본질에서 나오는 한계란 경찰행정을 규정하는 실정법의 해석상 도 1288
출되는 한계를 말한다. 경찰행정을 규정하는 실정법이란 일반경찰법인 국가경찰과 자치경찰의 조직 및 운영에 관한 법률과 경찰관 직무집행법, 집회 및 시위에 관한 법률 등 특별(개별) 경찰법률을 말한다.

1. 위험방지 목적의 한계(경찰소극의 원칙)

(1) 의 의 경찰법은 공공의 안녕과 질서유지를 경찰의 임무로 규정하 1289
고 있다(경찰법 제3조 제8호). 이것은 경찰권은 적극적인 복리의 증진이 아니라 소극적인 질서의 유지를 위해서만 발동될 수 있다는 것을 의미한다. 달리 말하면, 헌법 제37조 제2항의 표현방식에 따르면, 국가의 임무에는 국가의 안전보장·질서유지·공공복리의 세 가지가 있는데, 이 중에서 경찰권은 질서유지와 관련된 개념으로서 경찰권은 질서유지를 위해서 발동되어야 한다는 것을 의미한다.

(2) 성질(실정법상 한계) 지배적 견해는 위험방지 목적의 한계를 조리상 한 1290
계로 보면서 경찰소극의 원칙이라 불러왔다. 그러나 위험방지 목적의 한계는 경찰법에서 나오는 실정법상 한계이지 조리상 한계로 볼 것은 아니다.

2. 공공 목적의 한계

(1) 의 의 국가경찰과 자치경찰의 조직 및 운영에 관한 법률은 공공의 1291
안녕과 질서유지를 경찰의 임무로 규정하고 있다. 이것은 경찰권은 공공의 안녕과 질서의 유지를 위해서만 발동될 수 있는 것이며, 사적 이익만을 위해 발동될 수는 없다는 것을 의미한다. 사익의 문제는 사생활불가침의 문제·사주소불가침의 문제·민사관계불관여의 문제와 관련한다. 일설은 사경제자유의 원칙을 들기도 하나,[1] 일설은 그것을 민사관계불간섭의 원칙에 포함된다고 본다.[2] 본서는

---

1) 김도창, 일반행정법론(하), 311쪽.
2) 이상규, 신행정법론(하), 308쪽.

후자의 입장을 취한다.

1292 (2) **성질**(실정법상 한계) 지배적 견해는 공공 목적의 한계를 조리상의 한계로 보면서 경찰공공의 원칙이라 불러왔다. 그러나 공공 목적의 한계는 국가경찰과 자치경찰의 조직 및 운영에 관한 법률에서 나오는 실정법상 한계이지 조리상 한계로 볼 것은 아니다.

(3) **유 형**

1293 (가) **사생활불간섭의 한계** 사생활불간섭의 한계란 경찰권은 공공의 안녕과 질서에 관계가 없는 개인의 사생활영역에는 개입할 수 없다는 것을 말한다. 사생활은 헌법상으로 보호되는 영역이다(헌법 제17조). 사생활의 보호가 헌법상 보호되는 기본권이라 하여도 특정인의 사생활을 방치하는 것이 공공의 안녕과 질서에 중대한 위험을 가져올 수 있다면 경찰이 개입하지 않을 수 없다(예 : AIDS환자나 법정감염병감염자의 강제격리 및 치료).

1293a (나) **사주소불간섭의 한계** 사주소불간섭의 한계란 경찰권은 사인의 주소 내에서 일어나는 행위에 대해서는 침해(관여)할 수 없다는 것을 말한다. 사주소는 헌법상 주거의 자유로 보호되는 영역이기 때문이다(헌법 제16조). 사주소의 개념은 사회통념에 따라 정해질 수밖에 없다. 주택뿐만 아니라 연구실·사무실 등도 사주소에 해당한다. 그러나 사주소불간섭에도 한계가 있다. 말하자면 사주소 내의 행위가 공공의 안녕이나 질서에 직접 중대한 장해를 가져오는 경우(예 : 지나친 소음·악취·음향의 발생)에는 경찰의 개입이 가능하게 된다. 그리고 사주소라도 공개된 사주소의 경우(예 : 흥행장·여관·음식점)는 사주소로 보기가 곤란하고 경찰권발동의 대상이 된다(경직법 제7조 제2항).

1293b (다) **민사관계불관여의 한계** 민사관계불관여의 한계란 경찰권은 민사상의 법률관계 내지 권리관계에 개입할 수 없다는 것을 말한다. 민사관계는 직접 공공의 안녕이나 질서에 위해를 가하는 것은 아니기 때문이다. 민사상의 행위가 특정인의 이해관계를 능가하여 사회공공에 직접 위해를 가하게 되는 경우에는(예 : 암표매매행위) 공공의 안녕과 질서에 장해를 야기하는 것이므로 경찰의 개입이 가능하다. 한편, 민사상의 거래에 경찰상 허가를 요하게 하는 경우도 있다(예 : 총포·도검·화약류 등의 안전관리에 관한 법률 제21조(양도·양수 등의 제한) ① 화약류를 양도하거나 양수하려는 자는 행정안전부령으로 정하는 바에 따라 그 주소지 또는 화약류의 사용장소를 관할하는 경찰서장의 허가를 받아야 한다. 다만, 다음 각 호의 어느 하나에 해당하는 경우에는 그러하지 아니하다. 1. 제조업자가 제조할 목적으로 화약류를 양수하거나 제조한 화약류를 양도하는 경우. 이하 생략).

3. 경찰책임에 따른 한계

(1) 의 의 경찰책임에 따른 한계란 경찰권은 관련경찰법령이 정하는 「경찰상 위험의 발생 또는 위험의 제거에 책임이 있는 자」에게 발동되어야 한다는 것을 말한다. 경찰책임에 따른 한계는 경찰권발동의 상대방이 누구인가에 관련된 문제이다 1294

(2) **성질**(실정법상 한계) 지배적 견해는 경찰책임에 따른 한계를 조리상 한계로 보면서 경찰책임의 원칙이라 불러왔다. 그러나 침익적인 경찰작용에서 책임의 문제는 법률의 근거가 필요한 것이므로, 경찰책임은 실정법의 문제이다. 따라서 경찰책임의 문제를 조리의 문제로 접근하여서는 아니 된다. 1295

(3) **경찰책임을 부담하는 자**(경찰책임자) 모든 국민은 자신의 행위나 자신의 물건으로 인하여 사회의 평화를 깨뜨리지 않도록 하여야 한다. 그것은 공동체구성원의 최소한의 의무이다. 경찰책임자의 요건에는 공공의 안녕이나 질서의 장해에 대하여 고의나 과실을 요하지 아니하고, 국적을 가리지 아니한다. 경찰책임은 공법상의 의무이다. 1296

Ⅲ. 행정의 법원칙으로부터 나오는 한계

1. 의 의

행정의 법원칙으로부터 나오는 한계란 행정기본법이 정하는 행정의 법 원칙으로부터 나오는 한계를 말한다. 행정에 관하여 다른 법률에 특별한 규정이 있는 경우를 제외하고는 행정기본법에서 정하는 바에 따른다(기본법 제1조). 따라서 경찰행정의 영역에서도 특별한 규정이 없으면, 행정기본법이 적용된다. 따라서 경찰권의 행사에도 행정기본법이 규정하는 평등의 원칙(기본법 제9조), 비례의 원칙(기본법 제10조), 성실의무와 권한남용금지의 원칙(기본법 제11조), 신뢰보호의 원칙(기본법 제12조), 부당결부금지의 원칙(기본법 제13조)에 따른 한계가 준수되어야 한다. 1297

2. 평등의 원칙에 따른 한계

행정청은 합리적 이유 없이 국민을 차별하여서는 아니 된다(기본법 제9조). 경찰권의 행사에 있어서 성별·종교·사회적 신분 등을 이유로 차별이 있어서는 아니 된다. 이것은 헌법상 평등원칙의 경찰행정영역에서의 표현이기도 하다. 1298

3. 비례의 원칙에 따른 한계

1299 행정작용은 다음 각 호(1. 행정목적을 달성하는 데 유효하고 적절할 것 2. 행정목적을 달성하는 데 필요한 최소한도에 그칠 것, 3. 행정작용으로 인한 국민의 이익 침해가 그 행정작용이 의도하는 공익보다 크지 아니할 것)의 원칙에 따라야 한다(기본법 제10조). 비례의 원칙에 따른 한계란 경찰권 발동의 목적과 그 목적을 위해 도입되는 경찰상 수단이 비례관계를 벗어나면, 그러한 경찰권의 발동은 비례원칙의 한계를 벗어난 것이 된다.

4. 성실의무 및 권한남용금지의 원칙에 따른 한계

1300 행정청은 법령등에 따른 의무를 성실히 수행하여야 한다(기본법 제11조 제1항). 행정청은 행정권한을 남용하거나 그 권한의 범위를 넘어서는 아니 된다(기본법 제11조 제2항). 이를 벗어난 경찰권의 행사는 성실의무 및 권한남용금지의 원칙에 따른 한계를 벗어난 것이 된다.

5. 신뢰보호의 원칙에 따른 한계

1301 행정청은 공익 또는 제3자의 이익을 현저히 해칠 우려가 있는 경우를 제외하고는 행정에 대한 국민의 정당하고 합리적인 신뢰를 보호하여야 한다(기본법 제12조 제1항). 행정청은 권한 행사의 기회가 있음에도 불구하고 장기간 권한을 행사하지 아니하여 국민이 그 권한이 행사되지 아니할 것으로 믿을 만한 정당한 사유가 있는 경우에는 그 권한을 행사해서는 아니 된다. 다만, 공익 또는 제3자의 이익을 현저히 해칠 우려가 있는 경우는 예외로 한다(기본법 제12조 제2항). 이를 벗어난 경찰권의 행사는 신뢰보호의 원칙에 따른 한계를 벗어난 것이 된다.

6. 부당결부금지의 원칙에 따른 한계

1302 행정청은 행정작용을 할 때 상대방에게 해당 행정작용과 실질적인 관련이 없는 의무를 부과해서는 아니 된다(기본법 제13조). 이를 벗어난 경찰권의 행사는 부당결부금지의 원칙에 따른 한계를 벗어난 것이 된다.

Ⅳ. 경찰권의 적극적 한계(경찰권발동의 의무성)

1304 일설은[1] 경찰권의 한계의 한 종류로서 경찰권이 소극적으로 발동되지 말아야 하는 한계(소극적 한계) 외에 적극적으로 발동되어야 할 한계(적극적 한계)(경찰권발동의 의무성)를 논급하기도 한다. 후자와 관련하여 ① 경찰재량권의 영으로

---

1) 김도창, 일반행정법론(하), 318쪽.

의 수축과 ② 개입청구권을 내용으로 들고 있다. 경찰권의 적극적 한계의 문제를 경찰권발동의 의무의 문제로 접근하는 견해도 있다.[1] 내용상 양자 사이에 별다른 차이가 없다. 본서에서는 경찰의 재량의 문제로서 검토한다.[2]

제 3 절 경찰책임(경찰작용의 상대방)

제1항 일 반 론

Ⅰ. 문제상황

1. 경찰의 임무수행방식

경찰행정청(위험방지행정청)은 자신에 부여된 임무를 두 가지 방식으로 수행 1305
한다. 하나는 자신의 고유한 인적·물적 조직에 따라 제3자에 대하여 어떠한 행위를 요구함이 없이 스스로 수행하는 경우이고, 또 하나는 일정한 작위·부작위·수인의 명령을 통해 사인에게 의무를 부과하는 방식의 경우이다. 일방적인 예방활동·경고·안내 등은 대개 전자의 경우에 해당하고 그 중요성도 크다. 그럼에도 공공의 안녕과 질서에 대한 위험의 예방·제거를 위해 사인에게 의무를 부과하는 후자의 방식도 중요한 의미를 갖는다. 후자의 의무부과는 헌법상 법치국가원리에 따라 법률의 유보 하에 놓인다.

▮참고▮ 경찰책임의 문제를 검토함에 있어서는 ① 누가 위험의 제거를 위한 조치를 하여야 하는가(여기에는 4가지의 유형, 즉 위험에 빠진 자, 위험의 원인제공자, 위험방지행정청, 위험을 인식한 제3자가 있다)의 문제, ② 누가 위험의 제거를 위한 조치를 수인하여야 하는가의 문제(이익이 침해되는 자)(제거의무자와 구분을 요한다), 그리고 ③ 누가 위험극복을 위한 비용을 부담하여야 하는가(제거의무자와 다를 수 있다)의 문제는 구분되어야 한다.

2. 의무부과 대상자로서 사인의 유형

경찰이 위험방지를 위해 의무를 부과하는 경우, 그러한 사인에는 ① 위험제 1306
공자(위험을 야기한 자와 위험을 현실화시킨 자인 장해자)와 ② 위험제공(위험의 야기와 위험의 현실화)과 무관한 자가 있다. ①의 경우가 일반적 현상인데, 이것은 자신의 지배영역 내에서의 위험발생에 따른 경찰상 책임, 즉 자신의 경찰상 의무위

1) 이상규, 신행정법론(하), 315쪽.
2) 옆번호 1117을 보라.

반에 따른 경찰상 책임문제와 관련되고, ②의 경우는 예외적인 현상인데, 이것은 타인의 지배영역 내에서의 위험발생에 따른 경찰상 책임, 즉 자신의 경찰상 의무와 무관하게 부담하는 경찰상 책임문제가 된다.

3. 경찰책임론의 의미

1307 경찰상 책임에는 일정한 법적 의무가 따르는 것이므로, 경찰책임은 개별 법률규정에 의해 정해져야 하는 것이고, 따라서 경찰책임론은 특별한 의미가 없다고 지적할 수도 있다. 그러나 경찰책임이 개별 법률규정에 의해 정해진다고 하여도 그 개별 법률의 의미를 정확히 이해하기 위해 경찰책임론은 필요할 뿐만 아니라, 경찰상 긴급상태의 경우에는 경찰책임론을 통해 경찰책임자를 확정할 수 있다는 점 등에 비추어 경찰책임론은 중요한 의미를 가진다.[1] 그런데 경찰책임은 실정 경찰법의 해석문제이므로, 경찰책임을 단순히 경찰권의 조리상의 한계문제로 접근하는 것은 지양되어야 한다.

Ⅱ. 경찰책임의 관념

1. 경찰책임의 개념

1308 (1) **실질적 의미의 경찰책임** 국가공동체의 모든 구성원은 자신의 행위와 자신의 물건이 공동체의 평화를 깨뜨리지 않도록 하여야 한다. 누구든지 이에 반한다면, 그는 위험제공자로서 자신의 비용으로 위험·장해를 제거하여야 한다. 공공의 안녕이나 질서를 침해하지 말아야 하는, 그리고 장해가 발생한 경우에는 장해의 근원과 결과를 제거해야 할 의무의 전체를 실질적 의미의 경찰의무라 부른다.[2] 실질적 경찰책임은 국가권력에 복종하는 주체가 성문·불문의 모든 경찰법규를 준수·유지해야 하는 의무라고 할 수도 있다. 경찰의무(Polizeipflicht)라는 말은 오늘날에 있어서는 경찰책임(Verantwortlichkeit)으로 표현된다.[3]

1309 (2) **형식적 의미의 경찰책임** 형식적 경찰책임이란 실질적 경찰책임을 위반(불이행)한 자가 공공의 안녕과 질서의 회복을 위한 경찰행정청의 명령에 복종하여야 하는 책임을 말한다.

2. 경찰책임과 고의·과실

1310 경찰책임은 책임자의 고의·과실과 무관하다.[4] 경찰책임은 위법행위에 대

1) 박균성, 행정법론(하), 663쪽(2019).
2) Drew/Wacke/Vogel/Martens, Gefahrenabwehr, S. 293; S.Schultes, Die Polizeipflicht von Hoheitsträgern, 1984, S. 2.
3) Götz, Allgemeines Polizei- und Ordnungsrecht, §9, Rn. 6.

한 처벌이 아니다. 경찰책임은 오로지 공공의 안녕이나 질서에 대한 위험을 제거하는 데 봉사하는 것일 뿐이다. 경찰은 원인규명을 위한 과거지향적인 것이 아니다. 그것은 기본적으로 법익보호를 위한 목적을 가진 효과지향적이다.

Ⅲ. 경찰책임의 주체

1. 자 연 인

(1) **행위능력의 요부** 자연인은 모두 경찰책임의 주체가 된다. 경찰의 목 1311
적과 관련하여 볼 때, 행위능력·불법행위능력을 갖는가를 가리지 않는다. 제한능력자에게는 행정절차상 행위능력이 없는 것으로 보아야 하기 때문에 그에 대한 행정행위는 기본적으로 그의 법정대리인에게 도달하게 하여야 한다.[1] 제한능력자의 경우에는 제한능력자 자신 외에 그들의 법정대리인이 또한 부가적인 책임(Zusatzverantwortlichkeit)을 진다.

(2) **경찰책임의 종류** 자연인은 실질적 경찰책임 외에 형식적 경찰책임도 1312
진다. 다만, 헌법 제45조(국회의원은 국회에서 직무상 행한 발언과 표결에 관하여 국회 외에서 책임을 지지 아니한다)에 따라 국회의원이 면책특권을 갖는 경우에는 형식적 경찰책임을 인정하기 어렵다. 면책특권은 국회의원을 보호하기 위한 것이 아니라 국회의 기능을 보장하기 위한 것임은 물론이다.[2]

(3) **외 국 인** 경찰책임은 국적과 무관하다. 외국인이나 무국적자도 경찰 1313
책임을 부담한다. 다만 면책특권을 가진 외국인은 우리나라의 경찰권 밖에 놓인다. 논리상 면책특권을 가진 자의 특권은 실질적 경찰책임의 면제, 즉 주재국의 법질서의 불준수의 보장을 뜻하는 것이 아니라 주재국의 법률에의 구속의 현실화를 위한 국가적인 처분으로부터의 면제라 볼 것이다.

2. 사법상 법인

사법상 사단법인(예 : 상법상의 법인과 아울러 민법상의 법인 등 포함)뿐만 아니라 1314
사법상 권리능력 없는 사단도 위험제공자의 성격을 가질 수 있다.[3] 피용자의 경찰책임과 병행하여 사용자 또한 부가적인 경찰책임을 진다. 사법상 법인도 실질적 경찰책임뿐만 아니라 형식적 경찰책임도 진다. 국가와 지방자치단체를 제

---

4) Schenke, Polizei- und Ordnungsrecht, Rn. 231.

1) Schenke, Polizei- und Ordnungsrecht, Rn. 231. 한편, 독일의 입법례는 14세 미만의 미성년자의 경우에 감독권자에게 처분을 발할 수 있다고 규정하고 있다(MEPolG 제4조 2항; SPolG 제4조 2항 등).

2) Lisken/Denninger, Handbuch des Polizeirecht(4. Aufl.), E.Rn. 79.

3) Schenke, Polizei- und Ordnungsrecht, Rn. 231.

외한 공법상 법인은 사법상 법인과 별다른 차이가 없다.

3. 고권주체(국가와 지방자치단체)

1315 고권적(공법적)으로 이루어지는 국가기관의 행위나 공적 임무의 수행에 봉사하는 물건의 상태가 공공의 안녕이나 질서에 대한 위험을 가져올 수 있다. 이와 관련하여 고권주체의 경찰책임이 문제된다.

1316 (1) **실질적 경찰책임** 고권주체의 실질적 경찰책임이란 고권주체가 위험방지법규에 구속되는가의 여부이다. 독일의 과거의 지배적 견해는 고권주체는 위험제공자가 될 수 없다고 하였으나, 오늘날에 있어서는 고권주체도 경찰책임자 내지 위험제공자가 될 수 있다고 본다.[1] 이러한 주장은 모든 국가기관은 헌법과 법에 구속된다는 것, 즉 모든 국가작용은 실질적 경찰법을 포함하여 법질서에 일치하여야 한다는 것을 논거로 한다.

(2) **형식적 경찰책임**

1317 (가) **공법작용과 형식적 경찰책임** 형식적 경찰책임은 경찰기관의 권한문제이다. 형식적 경찰책임은 경찰행정청이 공공의 안녕이나 질서에 위험을 야기한 고권주체에 대하여 경찰상 명령이나 금지로 개입할 수 있는가의 문제이다. 이에 관해서는 견해가 갈린다.

1318 1) **부 정 설** 부정설은[2] ① 공법적(고권적)으로 행위하는 고권주체나 그 행정기관이 제3자에 의해 자신의 활동이 장해되는 것은 방지되어야 하고, ② 자신의 권한영역 내에서의 활동과 결합되어 나오는 위험은 스스로가 극복해야 한다는 것은 국가적인 권한질서상 당연히 나오는 것이기 때문이라는 점을 논거로 한다. 만약 그렇지 않다면, 그것은 다른 고권주체 내지 동일고권주체 내의 다른 기관에 대한 경찰행정청의 우위를 뜻하게 된다는 것이다. 이 경우에 경찰은 그

---

1) Friauf, Polizei- und Ordnungsrecht, in : Schmidt-Aßmann(Hrsg.), Besonderes Verwaltungsrecht, Rn. 103; Götz, Allgemeines Polizei- und Ordnungsrecht, §9, Rn. 75; Knemeyer, Polizei- und Ordnungsrecht, Rn. 351; Pausch, Polizei- und Ordnungsrecht in Hessen, Kapital Ⅳ, 5.8; Schenke, Polizei- und Ordnungsrecht, Rn. 233; Schenke, in : Steiner (Hrsg.), Besonderes Verwaltungsrecht Ⅱ, Rn. 146; Schmidbauer/Steiner/Roese, Bayerisches Polizeiaufgabengesetz, Kommentar, Art. 11, Rn. 114; Tettinger/Erbguth/Mann, Besonderes Verwaltungsrecht, Rn. 522; Würtenberger/Heckman, Polizeirecht in Baden- Württemberg, Rn. 490.

2) Gusy, Polizeirecht, Rn. 142; Knemeyer, Polizei- und Ordnungsrecht, Rn. 352; Schmidt-Aßmann(Hrsg.), Besonderes Verwaltungsrecht, Rn. 102; Mandelartz/Helmut/Strube, Saarländisches Polizeigesetz, Kommentar für Studium und Praxis, §4.3.; Schenke, Polizei- und Ordnungsrecht, Rn. 234; Würtenberger/Heckman/Riggert, Polizeirecht in Baden-Württemberg, Rn. 491; 김성수, 개별행정법, 498쪽; 정하중, 행정법개론, 1104쪽(2019).

행정기관에 시정의 권고를 하거나, 그 행정기관의 감독기관에 대하여 위험을 알리는 것만을 할 수 있을 뿐이라 하게 된다.[1)]

2) 제한적 긍정설 제한적 긍정설에도 ① 원칙적으로 부정설에 입각하면서도 다만 그 고권주체나 행정기관에 주어진 임무의 적법한 수행을 방해하지 않는 범위 내에서 경찰행정청의 위험방지처분은 가능하다고 보는 견해와[2)] ② 원칙적으로 긍정설에 입각하면서도 다만 그 고권주체나 행정기관에 주어진 임무의 적법한 수행을 방해하지 않는 범위 내에서 경찰행정청의 위험방지처분은 가능하다고 보는 견해가 있고,[3)] ③ 앞에서 언급한 ①의 입장인지, ②의 입장인지 분명하지 아니하지만 "경우에 따라 긍정될 수 있다"는 견해나[4)] "다른 국가기관의 적법한 업무수행을 방해하지 않는 범위 내에서 경찰권을 발동할 수 있다"는 견해도[5)] 제한적 긍정설로 볼 수 있을 것이다. 1319

3) 긍 정 설 긍정론자들은 모든 공법적인 기능이 기본적으로 동등하다는 것이 가치에 있어서 동등을 뜻하는 것은 아니라 하고, 이러한 상이한 가치는 일반적으로 승인되어 있고, 또한 이것이 실제상으로 많은 조정 메커니즘에서 활용되고 있음을 전제로 한다. 그리하여 이익형량을 통해 우선순위의 설정과 그 관철이 가능하다는 것이고, 아울러 이 때 경찰목적이 우월하고 또한 관철되어야 할 의미를 갖는다는 것이다.[6)] 만약 형식적 경찰의무를 인정하게 되면, 그것의 실현과 관련하여 다른 행정주체나 다른 행정기관에 대한 강제집행과 권리구제 등이 문제된다.[7)] 이러한 입장은 형식적 경찰책임의 존재 여부가 국가작용이 공법작용인가 국고작용인가에 따라 달라질 수 없다고 하게 된다.[8)] 1320

4) 사 견 생각건대 부정설의 논리가 보다 설득력이 있다고 본다. 긍정설이 말하는 여러 고권적인 기능이 가치에 있어서 상이하다는 것을 인정한 1321

---

1) Berner/Köhler, Polizeiaufgabengesetz, Art.7, S. 64(7.1).
2) Friauf, Polizei- und Ordnungsrecht, in : Schmidt-Aßmann(Hrsg.), Besonderes Verwaltungsrecht, Rn. 104; Götz, Allgemeines Polizei- und Ordnungsrecht, §9, Rn. 76; Schenke, in : Steiner(Hrsg.), Besonderes Verwaltungsrecht Ⅱ, Rn. 147.
3) 김남현 등, 경찰행정법, 161쪽; 박균성, 행정법론(하), 665쪽(2019); 박윤흔·정형근, 최신행정법강의(하), 325쪽; 박평준·박창석, 경찰행정법, 187쪽; 류지태·박종수, 행정법신론, 1052쪽(2019); 이광윤 등, 행정작용법론, 25쪽.
4) 김남진·김연태, 행정법(Ⅱ), 304쪽(2019).
5) 한견우, 현대행정법신론, 391쪽(2014).
6) S. Schultes, Die Polizeipflicht von Hoheitsträgern, 1984, S. 96ff.; W. Wagner, Die. Polizeipflicht von Hoheitsträgern, 1971, S. 97ff.
7) 이에 관해 자세한 것은 Schultes, a.a.O., S. 97ff. 참조.
8) S. Schultes, Die Polizeipflicht von Hoheitsträgern, 1984, S. 143; W. Wagner, Die. Polizeipflicht von Hoheitsträgern, 1971, S. 94ff.

다고 하여도, 그 상이한 가치의 현실적인 측정이 언제나 용이하다고는 보기 어려울 것이다. 그러나 예외적으로 현재의 중대한 위험으로 중대한 법익(예 : 사람의 생명)의 침해가 목전에 급박한 경우, 경찰은 잠정적으로 보호조치를 강구하여야 할 것이다.[1] 제한적 긍정설이 형식적 경찰책임을 긍정하는 부분에 대해서는 긍정설에 대한 비판이 그대로 적용될 수 있다. 한편, 고권주체가 실질적 경찰책임을 위반하였음에도 불구하고 형식적 경찰책임이 없다고 하여도, 그 침해가 사인인 제3자의 법률상 이익을 침해한다면, 그 제3자는 경우에 따라 국가배상을 청구할 수도 있을 것이다.[2]

(나) 사법작용과 형식적 경찰책임

1322 **1) 행정사법작용** 공법인의 형식적 경찰책임은 고권작용(공법작용)의 경우뿐만 아니라 행정사법활동의 경우에도 부인되어야 한다.[3] 왜냐하면 사법수단의 도입에도 불구하고 행정사법작용은 특별한 공법상의 목적에 이바지하는 것이기 때문이다.[4] 따라서 수돗물공급·쓰레기수거 같은 생활배려임무가 사법상의 수단으로 이루어지고 있고, 또한 그것이 실제상 경찰위반(예 : 도로교통위반)으로 이루어지고 있어도 경찰행정청은 그러한 생활배려임무의 책임을 지고 있는 지방자치단체에 개입할 수는 없다. 국가기관의 형식적 경찰책임에 대하여 제한적 긍정설 중 ②설을 취하면서 행정사법의 영역에서도 국가기관의 형식적 경찰책임을 긍정하는 견해도 있다.[5] 그러나 행정사무의 수행을 위해 행정주체에 의해 설립된 사법상 법인(예 : 지방자치단체가 설립한 주식회사)의 경우에는 당연히 형식적 경찰책임을 진다.[6]

1323 **2) 좁은 의미의 국고작용** 고권주체가 좁은 의미의 국고작용을 통해 경찰상 위험을 야기하는 경우에는 사인이 위험을 야기하는 경우와 같이 경찰행정청의 개입이 가능하다(예컨대 우체국의 신축 후 도로상에 남은 건축자재를 방치하여 교통에 장애를 주는 경우에 우체국은 방치한 물건에 대하여 책임을 져야 한다).[7] 이러한 활동

---

1) Lisken/Denninger, Handbuch des Polizeirecht(4. Aufl.), E.Rn. 86.
2) Knemeyer, Polizei- und Ordnungsrecht, Rn. 354 참조.
3) Mandelartz/Helmut/Strube, Saarländisches Polizeigesetz, Kommentar für Studium und Praxis, §4.3.
4) Götz, Allgemeines Polizei- und Ordnungsrecht, §9. Rn. 243; Knemeyer, Polizei- und Ordnungsrecht, Rn. 353; Schenke, Polizei- und Ordnungsrecht, Rn. 236; Schenke, in : Steiner(Hrsg.), Besonderes Verwaltungsrecht Ⅱ, Rn. 149.
5) 류지태·박종수, 행정법신론, 1052쪽(2019).
6) Schenke, in : Steiner(Hrsg.), Besonderes Verwaltungsrecht Ⅰ, Rn.149; Würtenberger/Heckman, Polizeirecht in Baden-Württemberg, Rn.493.
7) Friauf, Polizei- und Ordnungsrecht, in : Schmidt-Aßmann(Hrsg.), Besonderes Ver-

의 경우에는 고권주체를 사인과 달리 취급하여야 할 아무런 이유도 없기 때문이다.

3) 예외적 인정 국고작용 외에 형식적 경찰책임이 예외적으로 인정되어야 하는 경우도 있다. 예컨대 공행정기관이 일반교통에 참여하거나(예 : 공공기관 소속의 차량이 주차위반을 한 때에도 경찰은 견인할 수 있다고 보아야 한다), 긴급을 요하는 즉시강제의 경우가 이에 해당한다. 1324

Ⅳ. 경찰책임의 유형

경찰책임의 유형은 행위책임·상태책임 그리고 책임의 경합의 세 가지로 구분할 수 있다. ① 행위책임이란 자연인이나 법인이 자신의 행위나 자신을 위해 행위하는 타인의 행위로 인해 경찰법상 의미의 공공의 안녕이나 질서에 대한 위험을 야기함으로써 발생되는 경찰책임을 말하고, ② 상태책임이란 물건으로 인해 위험이나 장해를 야기함으로써 발생되는 경찰책임을 말하며, ③ 행위책임과 상태책임의 병합은 예컨대 승용차의 소유자가 사고를 낸 경우에 사고행위에 대한 소유자의 행위책임과 고철로 변해버린 차량이 교통방해를 야기하는 상태책임이 동시에 나타나는 경우에 볼 수 있다. 1325

제 2 항 행위책임

Ⅰ. 관 념

1. 개 념

행위책임은 위험(Gefahr)이나 장해(Störung)를 직접 야기하는 사람의 행위(예 : 지하철의 선로 위에 누운 행위)와 관련된 개념이다. 말하자면 행위책임이란 사람의 행위로 인해 야기되는 위험에 대하여 부담하는 경찰책임을 말한다. 행위책임은 고의나 과실과 무관하다. 행위자가 성년인가 미성년인가는 가리지 않는다. 작위에 의한 장해의 경우에 행위자의 행위의사는 요구되지 아니한다(예 : 만취자도 행위장해자일 수 있다). 장해란 위험을 포함하는 개념으로 사용되기도 한다. 1326

waltungsrecht, Rn. 102; Götz, Allgemeines Polizei- und Ordnungsrecht, §9, Rn. 77; Knemeyer, Polizei- und Ordnungsrecht, Rn. 353; Schenke, Polizei- und Ordnungsrecht, Rn. 237; Schenke, in : Steiner(Hrsg.), Besonderes Verwaltungsrecht Ⅱ, Rn. 150; Tettinger/Erbguth/Mann, Besoneres Verwaltungsrecht, Rn. 521; Würtenberger/Heckman, Polizeirecht in Baden-Württemberg, Rn. 493.

2. 일 반 법

1326a 현재로서 행위책임에 관한 일반적인 규정을 둔 법률은 찾아볼 수 없다.[1]

Ⅱ. 행위와 위험 사이의 인과관계

1. 문제상황

1327 구체적인 경우에 있어서 과연 행위자가 위험을 야기하고 있는가의 판단은 용이하지 않다. 그 원인제공의 판단에 책임조건(고의·과실)이나 책임능력은 문제되지 아니한다.[2] 그것은 오로지 객관적인 상태에 의존한다.[3] 그것은 경찰법 독자의 입장에서 판단할 사항이다. 이에 관한 논리가 바로 학문(경찰법론)상 행위와 위험 사이의 인과관계의 문제이다.

2. 학 설

1328 (1) **형법상 등가설의 적용가능성** 경찰법상 원인제공자개념(Verursacherbegriff)은 자연과학적 의미의 인과관계론에 따를 수 없다. 만약 이에 따른다면 책임자의 범위가 확대된다(예 : 자연과학적 인과관계론을 따른다면, 자동차제조자는 자동차 운행에 따른 책임까지 져야 한다). 따라서 독일의 경우, 자연과학적 인과관계개념에 상당히 의존하는 형법상 지배적인 조건설 내지 등가설(äquivalenztheorie)이 경찰법에 적용될 수 없다는 견해가 있다.[4] 이 견해는 고의범에 대한 처벌을 원칙으로 하는 형법과 달리 경찰법에서는 행위자의 고의와 과실을 문제삼지 아니하므로 형법상의 등가설을 경찰법에 그대로 적용하는 것은 곤란하다는 입장이다.[5] 이 견해에 의하면, 「위험이나 장해가 있다고 하는 것을 부인할 수 없는 모든 행위」들이 경찰법상 의미에서 원인으로 간주될 수 있는 것은 아니라 하게 된다.

1329 (2) **민법상 상당인과관계론의 적용가능성** 민법상 지배적인 상당인과관계론(Adäquanztheorie),[6] 즉 정통한 그리고 사후적으로 판단하는 관찰자의 관점에서 인간의 생활경험상 어떠한 행위로부터 어떠한 결과의 발생이 인정될 수 있는 때에는 그 행위는 결과발생에 원인을 제공하였다고 보는 견해도 경찰법의 목적으로 활용할 수는 없다. 왜냐하면 여기에는 경찰책임개념과는 무관한 책임

---

1) 행위책임에 관한 일반적인 규정을 둔 입법례로 MEPolG 제4조, SPolG 제4조 등을 볼 수 있다.
2) Schenke, Polizei- und Ordnungsrecht, Rn. 241.
3) C. H. Ule, Streik und Polizei, 1972, S. 47; Schenke, in : Steiner(Hrsg.), Besonderes Verwaltungsrecht Ⅱ, Rn. 154.
4) Knemeyer, Polizei- und Ordnungsrecht, Rn. 323.
5) Ipsen, Niedersächsisches Gefahrenabwehrrecht, Rn. 170 참조.
6) 적합성이론으로 옮기는 견해도 있다(김성수, 개별행정법, 502쪽).

(고의·과실)이라는 주관적 요소를 고려하기 때문이고,[1] 경찰상 위험에는 비유형적인 그리고 일반적으로는 예측하기 곤란한 위험도 있기 때문이다.

(3) 경찰법 고유의 인과관계론

(가) 의 의 경찰법 고유의 인과관계론에 대한 견해도 다양하다. ①설은 1330
오로지 위법한 원인제공자만이 경찰법상 의미에서 인과적이라 하고, ②설은 사회적으로 상당한 원인제공만이 경찰법상 의미에서 인과적이라 하고, ③설은 위험을 직접 구체적으로 야기하는 행위만이 원인제공적이라 한다.[2] ③설을 직접원인설이라 하며, 오늘날 독일의 판례와 지배적인 견해이다. 우리의 지배적 견해이기도 하다.[3] ③설에 의하면, 원칙적으로 위험에 대하여 직접적으로 원인을 야기하는 행위만이 원인제공적이고, 그러한 행위를 한 자만이 경찰상 책임을 부담하는 것으로 본다(직접원인제공이론). 그리고 직접성의 유무는 모든 상황을 고려하여 판단되어야 한다는 입장이다.

(나) 비 판 상기의 세 가지의 이론 모두 결과에 있어서는 별 차이가 없 1331
다. 이 세 가지의 이론은 모두 존재론적인 것이 아니라 경찰법상 원인제공 여부의 결정이 가치문제와 관련한다는 점에서 동일하다.[4] ①설에 대한 비판으로는 경찰상 위험은 적법행위의 경우에도 가능하다는 점이 지적되고, ②설에 대한 비판으로는 사회적 상당성의 개념이 모호하다는 점이 지적되고, ③설에 대한 비판으로는 ②설과 별다른 차이가 없다는 지적이 가해지는바, 즉 어떠한 행위가 직접 경찰상의 위험을 가져올 수 있다면, 그것은 사회적으로 상당한 것이라는 점이다. 그러나 ②설은 ③설보다 그 범위가 넓다.

Ⅲ. 타인의 행위에 대한 책임

1. 의 의

자신의 지배영역 내에서 위험이 발생한 경우에도 자기 스스로 직접 위험을 1332
야기한 경우의 책임문제 외에 타인의 행위로 야기된 위험에 대한 책임이 문제되

---

1) Knemeyer, Polizei- und Ordnungsrecht, Rn. 324.
2) Ipsen, Niedersächsisches Gefahrenabwehrrecht, Rn. 176; Schenke, Polizei- und Ordnungsrecht, Rn. 242.
3) Friauf, Polizei- und Ordnungsrecht, in : Schmidt-Aßmann(Hrsg.), Besonderes Verwaltungsrecht, Rn. 76; Götz, Allgemeines Polizei- und Ordnungsrecht, § 9, Rn. 11; Schenke, in : Steiner(Hrsg.), Besonderes Verwaltungsrecht Ⅱ, Rn. 156; Tettinger/Erbguth/Mann, Besonderes Verwaltungsrecht, Rn. 491; 김남진·김연태, 행정법(Ⅱ), 303쪽(2019); 류지태·박종수, 행정법신론, 1054쪽(2019).
4) Schenke, Polizei- und Ordnungsrecht, Rn. 243.

는 경우가 있다. 이와 관련하여 2가지 경우가 있다. ① 하나는 자신이 보호하여야 하는 미성년자 등에 대한 감독의무 내지 후견권을 가진 자의 경찰책임의 경우이고, 즉 미성년자 등 제한능력자의 행위로 위험이 야기되는 경우에 그 친권자나 후견인들의 책임이 인정되는 경우이고, ② 또 하나는 자신이 고용한 자의 사무처리행위에 대하여 사용자가 부담하는 경찰책임의 경우, 즉 직무보조자가 직무주체의 지시에 종속하는 경우에 직무주체의 책임이 인정되는 경우이다.[1] 이러한 경우는 사무처리와 관련된 범위 안에서 감독자가 책임을 부담한다.[2]

2. 책임의 성격

1333 제한능력자의 법정대리인이나 사용자의 책임은 원인제공자로서의 책임이 아니다. 원인제공자인 제한능력자나 피용자의 책임과 병행하는 책임이다. 왜냐하면 제한능력자나 피용자도 경찰상의 의무를 지고 있기 때문이다.[3] 따라서 제한능력자의 법정대리인 또는 피용자와 사용자 사이에서 누구에게 구체적인 처분을 할 것인가는 경찰의 의무에 합당한 재량에 따라 정할 사항이다.

제 3 항 상태책임

Ⅰ. 관 념

1334 상태책임이란 사람의 행위가 아니라 물건의 상태(예 : 동물, 가스연료 등 포함)로부터 위험 또는 장해가 야기되는 경우의 책임을 말한다. 상태책임은 "물건으로부터 이익을 얻는 자는 그 물건으로부터 발생하는 위험에 대하여도 원칙적으로 책임을 부담하여야 한다"는 사고에 근거한다.[4] 원칙적으로 상태책임은 물건의 속성(예 : 공간에서 물건의 위치)에 의한 것이므로, 상태책임은 질서를 깨뜨리는 물건의 사실상의 지배자와 관련하여 문제된다. 많은 경우에 상태책임은 행위책임과 함께 나타난다. 현재로서 상태책임에 관한 일반적인 규정을 둔 법률은 찾아볼 수 없다.[5]

---

1) Götz, Allgemeines Polizei- und Ordnungsrecht, §9, Rn. 41; Lisken/Denninger, Handbuch des Polizeirecht(4. Aufl.), E.Rn. 100f.
2) Berner/Köhler, Polizeiaufgabengesetz, Art.7, S. 65(7.5).
3) Friauf, Polizei- und Ordnungsrecht, in : Schmidt-Aßmann(Hrsg.), Besonderes Verwaltungsrecht, Rn. 82.
4) Mandelartz/Helmut/Strube, Saarländisches Polizeigesetz, Kommentar für Studium und Praxis, §5.1.
5) 행위책임에 관한 일반적인 규정을 둔 입법례로 MEPolG 제5조, SPolG 제5조 등을 볼 수 있다.

Ⅱ. 상태와 위험 사이의 인과관계

상태책임의 전제요건으로서 위험이란 ① 경찰위반상태에 놓인 물건이 위험·장해를 야기시키거나(예 : 차도상 주차) 또는 ② 물건 자체가 위험한 경우(예 : 사인이 폭발물을 보관하는 경우)를 말한다. ②의 경우에는 인과관계가 특별히 문제되지 아니하지만, ①의 경우에는 행위책임의 경우와 같이 그 물건의 상태와 위험발생의 개연성 사이에 인과관계가 있어야 한다. 이 경우의 인과관계 역시 직접원인제공이론(경찰상 위험은 물건으로부터 직접 나오는 것이어야 한다는 이론)에 따라 책임성이 판단되어야 할 것이다. 1335

Ⅲ. 상태책임의 주체

1. 정당한 권리자

소유권자나 임차인 등 기타 정당한 권리자들이 상태책임의 주체가 된다. 소유권자의 상태책임은 양도의 경우에 종료한다.[1] 양도가 있게 되면 새로운 양수인이 경찰책임을 진다. 포기의 경우에도 종료한다. 그런데 포기의 경우에는 행위책임에 변함이 없는 경우에 한하여 상태책임이 사후적으로 소멸될 수도 있다(예 : 승용차의 소유자가 사고 후에 폐차처리비용의 절약을 위해 소유권을 포기하여도 운전자로서 그는 여전히 경찰상의 책임이 있다). 1336

2. 사실상 지배권자

(1) 의 의　소유권자 등 정당한 권리자의 의사에 관계없이 사실상 지배권을 행사하는 자가 있는 경우에는 이들이 책임자가 된다. 사실상 지배권을 행사하는 자의 책임은 그 지배권의 근거 여하와 무관하다. 그 지배권을 부당하게 가져도 책임이 있다.[2] 사실상 지배권은 정당한 권원에 의함이 일반적일 것이다. 사실상의 지배권의 종료로 사실상 지배권자의 상태책임은 소멸한다.[3] 1337

(2) 정당한 권리자의 책임　사실상 지배권을 행사하는 자가 있는 경우에 소유권자나 기타 정당한 권리자들은 사실상 지배권을 행사하는 자의 책임에 대해 부가적인 책임을 부담하지만, 그것도 자신의 처분권이 법률상 또는 사실상 미치지 않는 범위에서는 상태책임이 없다(예 : 도난, 국가에 의한 압류의 경우).[4] 정 1338

---

1) Götz, Allgemeines Polizei- und Ordnungsrecht, §9, Rn. 63.
2) Berner/Köhler, Polizeiaufgabengesetz, Art.8, S. 74(8.3).
3) Drew/Wacke/Vogel/Martens, Gefahrenabwehr, S. 330.
4) Götz, Allgemeines Polizei- und Ordnungsrecht, §9, Rn. 50, 56.

당한 권리자가 정당한 지배권을 상실하게 되면, 상태책임은 소멸된다.[1)]

Ⅳ. 상태책임의 범위

1. 의 의

1339 독일의 지배적인 견해에 따르면, 소유권자의 상태책임의 범위는 기본적으로 무제한적이다. 그러나 현실적으로 개입이 불가능한 것까지 책임의 내용이 될 수는 없다. 소유권자는 원인에 관계없이(즉, 자신의 행위에 의한 것이든, 자연현상이든, 다른 상위의 힘의 행사에 의한 것이든, 우연이든 불문하고) 자신의 물건의 상태로 인한 위험에 대하여 책임을 져야 한다. 상태책임의 범위와 관련하여 문제되는 몇몇 경우를 보기로 한다.

2. 정당한 재산권의 행사

1340 재산권으로 보장되는 물건을 통상적인 방법으로 이용할 때 나타나는 위험은 상태책임을 가져오는 위험이 아니다. 말하자면 위험에 대한 직접적인 원인제공이 아니다. 왜냐하면 통상의 이용은 위험의 한계를 넘는 것이 아니기 때문이다. 예컨대 도로의 교차로를 옮긴 경우, 옮긴 장소부근의 사소유지에 나무가 있어서 교차로의 시야가 침해받고, 그로 인해 교통상의 위험이 야기된다고 하여도 그 나무로 인해 위험이 야기된다고 할 수 없다. 이것은 소유자에 의한 위험의 발생이 아니다.

3. 잠재적 장해

1341 위험은 상황에 종속적이다. 현재에는 전혀 위험하지 아니한 상황도 후일에는 위험한 것으로 바뀔 수 있다. 예컨대 교통량의 증가로 일정 건축물이 위험물건이 될 수도 있다. 이 때문에 상태책임과 관련하여서도 잠재적 위험, 잠재적 장해의 문제가 생겨난다. 이에 대한 논리는 행위의 책임의 경우와 동일하다. 오늘날 독일에서 잠재적 위험의 문제는 경찰법이 아니라 임미씨온보호법과 건축법의 문제로 되고 있다고 한다.[2)]

4. 제3자에 의한 장해

1342 위험을 야기하는 상태는 제3자에 의해서도 생겨날 수 있다. 예컨대 제3자가 타인의 자동차를 위법하게 사용하고 도로상에 버린 경우, 즉 제3자가 더 이

---

1) Berner/Köhler, Polizeiaufgabengesetz, Art.8, S. 75(8.8).

2) Mandelartz/Helmut/Strube, Saarländisches Polizeigesetz, Kommentar für Studium und Praxis, § 5.4.

상 사실상 지배권을 행사하지 아니하는 경우, 자동차의 소유권자는 제3자에 의해 발생한 위험에 대하여 그 제3자와 아울러 책임을 져야 한다.[1)]

5. 자연재해

위험상태의 발생이 재산권자의 지배영역 밖에 놓이는 예외적인 경우인 자연재해에 의한 경우(예 : 대폭풍우로 유조탱크가 파괴된 경우)에도 소유권자는 상태책임을 져야 한다.[2)] 왜냐하면 위험·장해를 예방·제거하여 공공의 안녕과 질서를 도모하는 것이 경찰개념의 핵심이기 때문이다. 1343

제 4 항 경찰책임자의 경합

1. 관　　념

(1) 의　　의　　동일한 위험이 다수의 장해자(위험야기자)에 의해 생겨나는 경우도 적지 않다. 이러한 경우, 경찰행정청은 그 다수의 장해자 모두에게 필요한 처분을 할 것인가 아니면 선택재량의 관점에서 그 다수의 장해자 중 제한된 범위의 장해자에게만 처분을 할 것인가의 문제가 있다. 이러한 것은 위험이 행위장해자(행위를 통한 위험야기자)뿐만 아니라 동시에 상태장해자(상태를 통한 위험야기자)에 의해 야기된 경우에 더욱 문제되며, 이러한 경우가 책임자 경합 문제의 중심에 놓인다. 1344

(2) **부분책임론**　　경찰책임의 경합과 관련하여 다수인이 각각 독립적으로 경찰상 위험을 야기한 경우에 장해자는 각각 부분적으로만(비례적으로, 자기 몫만큼만) 경찰책임을 진다는 견해도 나타나고 있다.[3)] 그러나 경찰상 충분한 위험을 가져오는 원인을 제공한 자는 그것만으로 독자적인 경찰책임을 부담하여야 할 것이므로, 부분적으로만 경찰책임을 부담한다는 것은 타당하지 않다.[4)] 1345

2. 처분의 상대방

(1) 원　　칙　　기본적으로 경찰상의 처분은 효과적인 위험방지의 원칙상 위험이나 장해를 가장 신속하고도 효과적으로 제거할 수 있는 위치에 있는 자 1346

1) Drew/Wacke/Vogel/Martens, Gefahrenabwehr, S. 328. 반대견해로 Friauf, Polizei– und Ordnungsrecht, in : Schmidt–Aßmann(Hrsg.), Besonderes Verwaltungsrecht, Rn. 85.
2) 반대견해로 Schenke, in : Steiner(Hrsg.), Besonderes Verwaltungsrecht Ⅱ, Rn. 173.
3) Schenke, Polizei– und Ordnungsrecht, Rn. 284 참조.
4) Schenke, Polizei– und Ordnungsrecht, Rn. 284; Schenke, in : Steiner(Hrsg.), Besonderes Verwaltungsrecht Ⅱ, Rn. 182.

에게 행해져야 한다.[1] 원칙적으로 말한다면, 시간적으로나 장소적으로 위험에 가장 근접해 있는 자가 처분의 상대방이 될 것이지만, 종국적으로 그것은 비례원칙을 고려하여 의무에 합당한 재량으로 정할 문제이다.[2]

1347 (2) **재량의 제한** 근래의 독일의 판례는 재량을 부분적으로 제한하려는 경향에 있다고 한다.[3] 즉 ① 많은 행위장해자 중에서 시간적으로 그리고 장소적으로 위해에 가장 근접한 자에게,[4] ② 행위책임과 상태책임이 경합하는 경우(예 : 갑이 을의 토지에 오물을 버린 결과 제3자에게 경찰상 장해(악취)를 가져오는 경우)에는 행위장해자(행위교란자)에게,[5] 왜냐하면 일반적으로 상태책임자는 행위책임자의 희생자이기 때문에, ③ 하나의 책임사유를 가진 자보다는 동시에 여러 개의 책임사유를 가진 자에게 우선 책임이 부여되어야 한다는 것이다. 생각건대 이러한 기준이 일면 정당하다고 보이지만, 개개의 경우에는 결국 비례원칙에 따라 판단할 수밖에 없을 것이다.[6]

3. 상환청구

1348 (1) **의 의** 경찰행정청에 의해 특정한 행위가 요구된 장해자는 특정한 행위가 요구되지 아니한 다른 장해자에게 비용의 일부의 상환을 요구할 수 있을 것인가의 문제가 있다. 이것은 불법행위에 기한 배상청구와 별개의 문제이다. 이러한 문제에 대하여 독일의 판례는 부정적이지만, 다수의 학설은 긍정적이다.[7]

1349 (2) **사 견** 특정인만이 현실적인 경찰책임의 대상이 되고 있다고 평가되는 경우, 그 특정인에 대한 재량행사에 대해서는 다른 경찰책임자에게 민법상

---

1) Berner/Köhler, Polizeiaufgabengesetz, Art.7, S. 65(7.6); Brandt/Schlabach, Polizeirecht, 1987, S. 139; Mandelartz/Helmut/Strube, Saarländisches Polizeigesetz, Kommentar für Studium und Praxis, §3.12; Schenke, Polizei- und Ordnungsrecht, Rn. 285; Schenke, in : Steiner (Hrsg.), Besonderes Verwaltungsrecht Ⅱ, Rn.183; Würtenberger/Heckman, Polizeirecht in Baden-Württemberg, Rn. 503.

2) Götz, Allgemeines Polizei- und Ordnungsrecht, §9, Rn. 86; Knemeyer, Polizei- und Ordnungsrecht, Rn. 337; Lisken/Denninger, Handbuch des Polizeirecht(4. Aufl.), E. Rn. 129; Pausch, Polizei- und Ordnungsrecht in Hessen, Kapital Ⅳ, 5.6.

3) Friauf, Polizei- und Ordnungsrecht, in : Schmidt-Aßmann(Hrsg.), Besonderes Verwaltungsrecht, Rn. 98; Pausch, Polizei- und Ordnungsrecht in Hessen, Kapital Ⅳ, 5.6; Würtenberger/Heckman, Polizeirecht in Baden-Württemberg, Rn. 503.

4) 정하중, 행정법개론, 1103쪽(2019).

5) 김남진, 경찰행정법, 137쪽; 박윤흔·정형근, 최신행정법강의(하), 323쪽; 류지태·박종수, 행정법신론, 1057쪽(2019).

6) 김도창, 일반행정법론(하), 318쪽; 김철용, 행정법(Ⅱ), 273쪽.

7) Friauf, Polizei- und Ordnungsrecht, in : Schmidt-Aßmann(Hrsg.), Besonderes Verwaltungsrecht, Rn. 100, 100a.

사무관리규정이나 연대채무에 기한 비용상환청구권이 인정되지 않지만, 각 행위자등에게 부과되어 있는 의무내용들이 서로 동일한 경우 민법상의 연대채무자간의 내부구상권은 유추적용될 수 있다는 견해가 있으나,[1] 다수의 장해자가 있는 경우 경찰처분의 상대방인 장해자는 경찰의 하자 없는 재량행사에 따라 위험방지를 위한 광범위한 책임 있는 자로 판단되었기 때문에 다른 장해자에게 상환청구를 할 수 없다고 본다. 여기서는 민법상 사무관리규정이 적용될 수 없다. 그러나 경찰의 재량행사에 하자가 있었거나 경찰처분의 대상으로 정해진 것이 오로지 우연에 의한 것이라면 사정이 다르다.

제 5 항 경찰책임의 법적 승계

Ⅰ. 관 념

1. 의 의

경찰책임자가 사망하거나 물건을 양도한 경우, 경찰책임이 상속인이나 양 1350
수인에게 승계되는가의 문제를 경찰책임의 법적 승계의 문제라 한다. 경찰책임의 법적 승계의 문제는 경찰책임자가 사망하거나 물건을 양도한 경우, 경찰책임이 상속인이나 양수인에게 승계되는가의 여부에 관하여 법령이 명시적인 규정을 두지 아니한 경우에 특히 문제된다. 경찰책임의 승계문제는 경찰책임자에게 발해진 처분의 효력이 그 승계인에게도 미치는가의 여부를 논의의 대상으로 한다.[2] 실제적인 문제는 건축법의 경우이다. 예컨대, 위법건축물에 대한 철거처분이 존속력을 가진 후, 사법상 법적 승계가 이루어진다면(예 : 사망과 상속, 위험한 물건의 매각, 영업양도) 계속하여 처분의 집행이 가능한가의 문제이다. 단순하게 보면, 승계인에게 새로운 절차를 개시하는 것이 타당할 것이나, 합목적적으로 본다면, 실제상 존속력이 발생한 경우에 반드시 그렇게 하여야 하는가는 문제이다. 요즈음 처분을 통해 구체화되지 아니한 경찰의무의 승계를 중심으로 논란이 있다.[3]

2. 의 미

경찰책임의 승계가 인정된다면 승계인에게 새로운 행정행위를 발함이 없이 1351

1) 류지태·박종수, 행정법신론, 1058쪽(2019).
2) Ipsen, Niedersächsisches Gefahrenabwehrrecht, Rn. 207. 오늘날 독일에서의 논의에 관해서는 졸저, 경찰행정법, 제3판, 284쪽 이하 참조.
3) F. Schoch, Polizei- und Ordnungsrecht, in : E. Schmidt-Aßmann/F. Schoch(Hrsg.), Besonderes Verwaltungsrecht(14. Aufl.), 2 Kap., Rn. 159.

피승계인에게 발해진 행정행위를 근거로 하여 승계인에 대하여 집행할 수 있는 것이 되고, 승계가 부정된다면 피승계인에게 발한 행정행위는 승계인에게 효과가 없고, 승계인에게 새로운 명령을 발한 후 집행할 수 있다는 의미이다.

Ⅱ. 행위책임의 법적 승계

1. 학 설

1352 (1) **제한적 승계긍정설** 일설은 "행위책임은 인적 성질의 책임이고 공법상 책임이므로 원칙상 양수인에게 양도가 인정되지 않는다고 보아야 한다. 그러나, 상속은 포괄적인 승계이므로 행위책임도 원칙상 상속인에게 승계된다고 한다"는 입장을 취한다.[1] 일설은 행위책임이 대체가능한 의무를 내용으로 하느냐에 따라, 그 의무가 대체가능하고 또한 승계를 인정하는 법규가 있는 경우에는 승계가 된다고 한다.[2]

1353 (2) **승계부정설** 전통적 견해는 승계부정설을 취한다.[3] 말하자면 행위책임의 경우에는 법적 승계가 인정되지 아니한다는 것이 독일의 전통적 견해이다.[4] 전통적 견해는 경찰상 행위책임을 특정인의 행위에 대한 법적 평가와 관련된 것으로 파악하기 때문이다.

1353a (3) **승계가능성과 법적근거가 모두 필요하다는 설** 경찰책임이 승계되려면 그러한 의무의 승계가능성(이전가능성)과 법적근거(승계요건)가 모두 구비되어야 한다는 견해이다. '승계가능성'이란 법적 지위가 주체간에 이전될 수 있는 속성을 가지고 있어야 한다는 것을 말하는데, 일신전속적인지(분리가능성이 있는지) 여부를 기준으로 한다고 한다. 그리고 국민에게 의무를 부담시키는 경우에 법률유보가 필요하듯이 의무를 승계하는 경우에도 승계인에게는 침익적이기 때문에 행정의 법률적합성의 원칙에 비추어 법적근거(승계규범)가 필요하다는 견해이다.[5]

---

1) 박균성, 행정법론(하), 674쪽(2019).
2) 이상규, 신행정법론(하), 323쪽; 정하중, 행정법개론, 1157쪽.
3) 김동희, 행정법(Ⅱ), 224쪽(2019); 류지태·박종수, 행정법신론, 1055쪽(2019); 박윤흔·정형근, 최신행정법강의(하), 323쪽; 박평준·박창석, 경찰행정법, 187쪽; 조연홍, 한국행정법원론(하), 446쪽; 최영규, 경찰행정법, 201쪽.
4) Pieroth/Schlink/Kniesel, Polizei- und Ordnungsrecht, §9, Rn. 49; Tettinger/Erbguth/Mann, Besonderes Verwaltungsrecht, Rn. 516.
5) 김중권, 김중권의 행정법, 128쪽(2019); 정하중, 행정법개론, 1105쪽(2019); 김성수, 개별행정법, 506쪽.

2. 사 견

행위책임은 위험을 야기한 자에게만 문제되고, 그 자의 사명으로 책임문제 1353b
는 끝난다고 보는 승계부정설이 타당하다. 다만, 법률이 명시적으로 승계를 규정한다면, 그것은 예외적인 경우에 해당한다. 승계가능성과 법적근거가 모두 필요하다는 견해는 결과에 있어 승계부정설과 별 차이가 없어 보인다.

Ⅲ. 상태책임의 법적 승계

1. 학 설

(1) **승계긍정설** 상태책임은 물건의 상태와 관련된 책임이기 때문에 승계 1354
가 원칙적으로 허용된다는 것이 지배적 견해이다.[1] 승계긍정설은 상태책임과 관련된 행정행위는 사람의 개성과 무관한 물적 행위라는 점과 절차상의 경제를 논거로 한다.

(2) **제한적 승계긍정설** 상태책임은 의무내용의 핵심이 물건의 상태에 관 1355
한 규율이며, 이것은 의무자의 변경에도 불구하고 변함없이 존속하기 때문에 그 승계가능성이 인정되지만 상태책임의 승계문제는 물건의 구소유자나 관리자의 상태책임이 이미 경찰하명에 의하여 구체화된 경우에 비로소 문제가 된다는 견해이다.[2]

(3) **개별검토설** 일설은 상태책임이 포괄승계인가 특정승계인가, 구체적 1356
책임의 승계인가 추상적 책임의 승계인가에 따라 승계여부를 구체적으로 판단하여야 한다고 주장한다.[3]

(4) **신규책임설** 양수인이 양수 후에 상태책임을 지는 것은 양도인의 책 1357
임을 승계하는 것이 아니라 양수인 자신이 권리취득으로 상태책임에 관한 요건을 충족하여 새로운 상태책임을 지는 것이라는 견해이다.[4] 소유권자로서 책임을 부담한다는 견해도 같은 취지로 보인다.[5] 승계부정설의 일종이다. 이 견해에 의하면 양수인에게 새로운 경찰명령을 발한 후에 필요한 집행을 할 수 있다.

(5) **승계가능성과 법적근거가 모두 필요하다는 설** 경찰책임이 승계되려면 1357a

---

1) 박윤흔·정형근, 최신행정법강의(하), 323쪽; 류지태·박종수, 행정법신론, 1057쪽(2019); 이상규, 신행정법론(하), 323쪽; 조연홍, 한국행정법원론(하), 446쪽; Tettinger/Erbguth/Mann, Besonderes Verwaltungsrecht, Rn. 517.
2) 정하중, 제25집 제3호, 136쪽.
3) 김남진·김연태, 행정법(Ⅱ), 306쪽(2019). 자세한 것은 졸저, 경찰행정법, 제3판, 287쪽 참조.
4) 박균성, 행정법론(하), 675쪽(2019). 동 교수는 양수인이 상태책임을 지는 경우에도 양도인이 상태책임을 면하는 것은 아니라고 한다(같은 책, 597쪽).
5) Pieroth/Schlink/Kniesel, Polizei- und Ordnungsrecht, §9, Rn. 50.

그러한 의무의 승계가능성(이전가능성)과 법적 근거(승계요건)가 모두 구비되어야 한다는 견해이다. '승계가능성'이란 법적 지위가 주체간에 이전될 수 있는 속성을 가지고 있어야 한다는 것을 말하는데, 일신전속적인지(분리가능성이 있는지) 여부를 기준으로 한다고 한다. 그리고 국민에게 의무를 부담시키는 경우에 법률유보가 필요하듯이 의무를 승계하는 경우에도 승계인에게는 침익적이기 때문에 행정의 법률적합성의 원칙에 비추어 법적 근거(승계규범)가 필요하다는 견해이다.[1)]

2. 사 견

1358 승계긍정설이 타당하다. 상태책임의 승계는 행정행위를 통해 구체화된 상태책임의 경우뿐만 아니라 법률에서 구체화되어 있는 상태책임의 경우에도 이루어진다(예 : 물환경보전법 제15조 제2항에 의한 오염의 방지·제거의무와 같이 법률에서 구체화되어 있는 상태책임도 승계된다. 개별검토설에 의하면 이를 추상적 책임이라 하여 동 규정에 의한 상태책임의 발생과 책임의 승계를 부정하나 이는 타당하지 않다). 구체화되지 아니한 책임은 승계의 대상이 아니다. 상태책임은 물건의 상태와 관련된 것이므로 반드시 승계규범이 필요하다고 보기 어렵다.

제 6 항 경찰상 긴급상태(경찰책임자로서 제3자)

1. 관 념

1359 (1) 의 의 공공의 안녕이나 질서에 대한 구체적인 위험이 있는 경우, 경찰행정청은 그 위험의 극복을 위해 ① 경찰 스스로 직접 적절한 수단을 도입하거나, 아니면 ② 위험야기자(장해자)자에게 의무를 부과함이 일반적이다. 그러나 이러한 두 가지 방법으로도 위험의 극복이 실현되지 아니하는 경우가 있다. 이와 같이 경찰상 위험의 원인제공과 무관한 자에 대한 경찰의 개입이 이루어지는 상태를 경찰상 긴급상태(Polizeilicher Notstand)라 부른다.[2)] 긴급상태의 예로 자동차운전자가 교통사고로 중태에 빠진 자를 병원에 긴급 후송토록 경찰로부터 명령을 받거나, 또는 적법하게 집회(A집회)가 열리고 있음에도 불구하고, 폭력을 수반한 A집회의 반대집회(B집회)가 열리게 되고, 경찰이 B집회에 대하여 무력으로 진압을 하는 경우, 예기치 않은 위험이 A집회의 참가자에게 발생할

---

1) 김중권, 김중권의 행정법, 128쪽(2019); 정하중, 행정법개론, 1105쪽(2019); 김성수, 개별행정법, 506쪽.

2) Drew/Wacke/Vogel/Martens, Gefahrenabwehr, S. 331; Götz, Allgemeines Polizei- und Ordnungsrecht, §10, Rn. 2; Ipsen, Niedersächsisches Gefahrenabwehrrecht, Rn. 228; Schenke, Polizei- und Ordnungsrecht, Rn. 312.

수 있으므로 경찰은 A집회의 주최자와 참가자에게도 해산을 명할 수 있게 되는 바, 여기서 A집회의 주최자와 참가자에 대하여 경찰이 해산명령을 내리는 경우 등을 볼 수 있다.

(2) 특 징 위험에 무관계한 자에게 침익적 처분을 가져오는 경찰상 1360
긴급상태는 법치국가에서 예외적인 상황이다.[1] 경찰상 긴급상태에 있어서는 ① 경찰이 중대한 위험을 방관할 수 없다는 점, ② 위험에 무관계한 자가 책임이 있다는 점이 고려되어야 할 핵심적 요소이다. 따라서 장해자에 대한 경찰개입의 경우에 비해 비장해자에 대한 경찰의 개입은 보다 엄격한 전제요건에 구속되어야 하고, 개입범위도 보다 제한적이어야 한다.[2]

(3) 법적 근거 ① 우리의 경찰법상으로 경찰상 긴급상태에 대한 일반규 1361
정은 보이지 않는다.[3] 다만 몇몇의 단행법률에서 나타나고 있을 뿐이다(예 : 경직법 제5조 제1항, 소방법 제24조, 자연재해대책법 제11조). ② 경찰관 직무집행법 제2조 제7호를 일반적 수권조항으로 보는 견해는[4] 동 조항을 경찰상 긴급상태의 근거로 본다. ③ 본서는 경찰관 직무집행법 제2조 제7호를 일반적 수권조항으로 보지 아니하므로 동 조항을 경찰상 긴급상태의 근거로 보지 아니한다. 그러나 인간생활의 실제상 경찰상 긴급상태의 발생은 불가피하다. 따라서 경찰상 긴급상태에 관한 일반적인 규정을 두는 것이 필요하다. 이에 관한 입법적 보완이 요청된다. 현재로서는 경찰관 직무집행법 제5조 제1항, 경범죄 처벌법 제3조 제1항 제29호(① 다음 각 호의 어느 하나에 해당하는 사람은 10만원 이하의 벌금, 구류 또는 과료의 형으로 처벌한다. 29.(공무원 원조불응) 눈·비·바람·해일·지진 등으로 인한 재해 또는 화재·교통사고·범죄 그 밖의 급작스러운 사고가 발생한 때에 그곳에 있으면서도 정당한 이유없이 관계공무원 또는 이를 돕는 사람의 현장출입에 관한 지시에 따르지 아니하거나 공무원이 도움을 청하여도 도움을 주지 아니한 사람) 등이 제한된 범위 안에서 경찰상 긴급상태의 법적 근거로 기능할 수 있을 것이다. 경찰상 긴급상태는 처분의 상대방에 기본권의 침해를 가져오므로 법률의 근거 없는 경찰상 긴급상태는 인정될 수 없다.[5]

1) Lisken/Denninger, Handbuch des Polizeirecht(4. Aufl.), E, Rn. 138.
2) Lisken/Denninger, Handbuch des Polizeirecht(4. Aufl.), E, Rn. 138.
3) 경찰상 긴급상태에 관한 입법례로 MEPolG 제6조, SPolG 제6조 등을 볼 수 있다.
4) 김남진, 경찰행정법, 138쪽; 류지태·박종수, 행정법신론, 1058쪽(2019); 석종현·송동수, 일반행정법(하), 316쪽.
5) 김도창, 일반행정법(하), 318쪽; 김동희, 행정법(Ⅱ), 225쪽(2019); 박윤흔·정형근, 최신행정법강의(하), 324쪽; 최영규, 경찰행정법, 204쪽. 일설은 저자의 견해를 잘못 인용하고 있는 것으로 보인다(김남현, 경찰행정법, 167쪽 각주 49).

1362 (4) 제3자의 성격 경찰상 긴급상태에서 경찰책임자로서 제3자는 현재의 중대한 위험을 방지하는 일을 돕는 경찰의 도구에 해당한다. 따라서 장해자가 그 제3자에 저항하면, 그것은 공무방해에 해당한다.[1] 그리고 그 제3자의 행위에 대한 법적 책임은 그 제3자가 아니라 경찰이 부담한다.[2] 경찰의 개입으로 인해 제3자에게 손실이 발생하면 보상되어야 한다.

2. 요 건

1363 개별 법률에 경찰상 긴급상태에 관한 규정이 있다면, 그러한 규정에 따르면 된다. 기술한 바와 같이 경찰관 직무집행법 제2조 제7호를 일반적 수권조항으로 보지 않는 본서의 입장에서는 경범죄 처벌법 제3조 제1항 제29호를 근거로 제한적으로 경찰상 긴급상태가 인정된다고 보며, 그 요건은 다음과 같다.

1364 (1) 현재의 중대한 위험의 방지 경찰상 긴급상태가 적용되기 위해서는 우선 위험이 이미 실현되었거나 또는 위험의 현실화가 목전에 급박하여야 한다. 급박하여야 한다는 것은 위험의 현실화가 시간적으로 근접하여야 함을 의미한다.[3] 비례원칙에 의거하여 극복하려는 위험이 중대해야 한다.[4] 중대한 위험은 생명, 신체, 자유, 재산 등의 법익과 관련한다. 손해발생의 개연성의 강도가 강하여야 한다.[5]

1365 (2) 장해자에 대한 처분이 무의미할 것 위험 내지 장해의 방지가 장해자에 대한 처분을 통해서는 실현이 불가능하여야 한다. 장해자에 대한 처분이 위험 내지 장해의 방지·제거에 무의미하여야 한다. 여기서 무의미란 장해자에 대하여 적시에 처분할 수 없거나, 그 처분에 아무런 효과가 없음을 의미한다. 실현불가능 여부와 무의미 여부의 판단은 경찰작용의 시점에서 경찰행정청의 관점에서 이성적으로 판단되어야 한다.

1366 (3) 경찰 자신이나 위임에 의해서 해결이 불가능할 것 경찰상 긴급상태의 개념상 경찰 스스로 또는 경찰의 위임에 의거하여 제3가 적시에 위험을 방지할 수 있는 상태에 있지 않아야 한다. 경찰이나 위임받은 제3자가 그러한 상태에 있다면, 그러한 자가 위험을 방지하여야 한다. 처분에 비용이 발생한다는 것이

1) Schmidbauer/Steiner/Roese, Bayerisches Polizeiaufgabengesetz, Art.10, Rn. 27.
2) Schmidbauer/Steiner/Roese, Bayerisches Polizeiaufgabengesetz, Art.10, Rn. 28.
3) Berner/Köhler, Polizeiaufgabengesetz, Art.10, S. 86(10.2); Schmidbauer/Steiner/Roese, Bayerisches Polizeiaufgabengesetz, Art.10, Rn. 9.
4) Ipsen, Niedersächsisches Gefahrenabwehrrecht, Rn. 229; Schmidbauer/Steiner/Roese, Bayerisches Polizeiaufgabengesetz, Art.10, Rn. 10.
5) Schenke, Polizei- und Ordnungsrecht, Rn. 314.

비장해자에 대한 처분을 정당화시켜 주는 요소는 아니다.[1)]

(4) **비장해자에 수인가능성이 있을 것** 비례원칙에서 나오는 수인가능성의 1367
관점에서 볼 때,[2)] 비장해자에 대한 경찰상의 처분이 비장해자 자신에 중대한 위험이나 침해를 가져올 수 있는 경우에는 경찰상 긴급상태의 성립이 인정될 수 없다.[3)] 예컨대 심장병환자에게 신체적으로 힘이 드는 일에 참여할 것을 요구하는 행위를 할 수는 없다. 그러한 경찰처분은 수인할 수 없고 따라서 위법한 것이 된다.

3. 처 분

(1) **처분의 방식** 앞에서 말한 요건이 갖추어진 경우, 경찰상 긴급상태의 1368
예외적인 성격에 비추어 비장해자에 대한 처분은 행정행위에 의해서만 가능하다(농재법 제7조 제2항 참조). 특별한 형식을 요하는 것은 아니라 하겠다. 문서나 구두 또는 전화 등으로도 이루어질 수 있다. 한편, 특별한 위기상황에서는 법령의 위임이 있는 경우에 비장해자에 대해 경찰상 법규명령이 가능할 수도 있다(헌법 제76조 제2항 참조).[4)]

(2) **처분의 유형** 비장해자에 대한 처분은 두 경우로 구분될 수 있다. 하 1369
나는 자신의 이익침해에 수인하도록 의무를 부과하는 것이고, 또 하나는 특정의 행위(예 : 육체적 조력 또는 의약품·식품 등의 물건의 제공) 또는 부작위(예 : 불량우유제조업자에 원유공급중단)를 부과하는 것이다.[5)]

(3) **다수의 제3자 중에서 선택** 경찰상 긴급상태의 경우, 발생된 장해를 제 1370
거하거나 구체적인 위험의 발생을 방지할 수 있는 제3자가 다수인이 있는 경우에, 그 선택은 의무에 합당한 재량에 따를 수밖에 없다. 이러한 선택에서는 불공평한 차별인식을 방지하기 위해 고도의 경찰의 상식과 정의관념이 중요하다. 일반적으로는 위험에 물적으로나 장소상 가장 근접되어 있는 자가 선택될 것이다. 물론 선택받은 자의 급부력, 그 자가 받은 불이익의 정도 등도 고려되어야 한다.[6)]

(4) **최소침해·폐지** 내용상으로 보아 위험의 원인제공과 무관계한 자에 1371
대한 처분은 다른 방법으로는 위험방지가 불가능하여야 하고 또한 과잉금지의 원칙상 물적이나 시간적으로 무조건 최소한의 범위에 그쳐야 한다.[7)] 시간의 경

1) Schenke, Polizei- und Ordnungsrecht, Rn. 317.
2) Ipsen, Niedersächsisches Gefahrenabwehrrecht, Rn. 236.
3) Berner/Köhler, Polizeiaufgabengesetz, Art.10, S. 86(10.3).
4) Drew/Wacke/Vogel/Martens, Gefahrenabwehr, S. 336.
5) Schmidbauer/Steiner/Roese, Bayerisches Polizeiaufgabengesetz, Art.10, Rn. 26.
6) Drew/Wacke/Vogel/Martens, Gefahrenabwehr, S. 306.

과 등으로 비장해자에 대한 처분요건이 없어지면, 경찰행정청은 즉시 비장해자에 대한 처분을 폐지하여야 한다.[1]

4. 결과제거와 보상

1372 (1) **결과제거청구권** 경찰행정청은 결과제거의 관점에서 비장해자에 대한 처분으로 인하여 발생한 직접적인 사실상의 위법한 결과를 제거하여야 한다. 비장해자(위험의 원인제공과 관계없이 경찰책임이 부여된 제3자)는 결과제거청구권을 갖는다(예 : 갑작스런 교통사고의 발생시, 사고지점에 근접한 주민에게 경찰과 공동으로 안전조치를 취하면서 경찰이 그 주민의 주택에 경찰장비를 무단으로 방치한 경우에 그 주민은 위법하게 방치된 경찰장비의 제거를 청구할 권리를 갖는다). 결과제거청구권은 비장해자와 경찰 사이에서 문제되는 것이지, 장해자와 경찰상 긴급상태로 인해 수익을 받은 제3자와의 사이에서 문제되는 것은 아니다.

1373 (2) **보상청구권** 비장해자는 방지하는 위험에 대해 원칙적으로 책임을 부담할 자가 아니므로, 그 비장해자는 자신에게 책임을 부과한 경찰행정청에 대하여 그 책임의 이행으로 인해 생긴 불이익의 보전을 청구할 수 있다(농재법 제7조 제3항 참조). 보상의 대상은 재산상의 피해에 한정된다. 하여간 그 보상은 기본적으로 희생보상청구권의 성질을 갖는다.[2] 한편, 보상을 한 행정주체는 경우에 따라 위험의 원인을 제공한 자에게 자신이 부담한 비용(보상금)에 대한 변상을 요구할 수도 있을 것이다. 경찰책임을 부담한 제3자는 경우에 따라서는 경찰에 대하여 결과제거청구권과 손해배상청구권을 동시에 행사할 수도 있다.[3]

제 4 절 경찰작용의 행위형식

제 1 항 경찰상 행정입법

경찰상 행정입법이란 국가 등의 행정주체가 경찰상 일반적·추상적인 규범을 정립하는 작용 또는 그에 따라 정립된 규범을 의미한다. 국가행정권에 의한

---

7) Schenke, Polizei– und Ordnungsrecht, Rn. 320; Schmidbauer/Steiner/Roese, Bayerisches Polizeiaufgabengesetz, Art.10, Rn. 21f.

1) Ipsen, Niedersächsisches Gefahrenabwehrrecht, Rn. 237; Schenke, Polizei– und Ordnungsrecht, Rn. 321.

2) Ipsen, Niedersächsisches Gefahrenabwehrrecht, Rn. 239.

3) Friauf, Polizei– und Ordnungsrecht, in : Schmidt–Aßmann(Hrsg.), Besonderes Verwaltungsrecht, Rn. 116.

경찰상 행정입법은 경찰상 법규명령과 경찰상 행정규칙으로 구분한다.

1. 경찰상 법규명령(경찰명령)

(1) 의 의 전통적인 견해는 경찰상 법규명령을 법령상의 수권에 근거 1374
하여 행정권이 정립하는 규범으로서 국민과의 관계에서 일반구속적인 경찰법규범으로 정의한다. 본서는 경찰상 법규명령을 법령상의 수권에 근거하여 행정권이 정립하는 경찰법규범으로서 국민과의 관계에서 통상적으로 법규성을 갖는 행정입법으로 정의한다. 이러한 본서의 태도는 「법령의 근거」는 법규명령개념의 필수요소로 보지만, 「법규성」은 필수요소가 아니라 통상적으로 요구되는 요소로 보는 입장에 근거한다. 따라서 본서는 직제를[1] 법규명령의 일종으로 본다. 경찰상 법규명령은 경찰명령[2] 또는 위험방지명령이라고도 한다.

(2) 성질 등 경찰상 법규명령의 성질, 종류, 적법요건, 효력범위, 하자, 1375
통제 등은 일반행정법(행정법총론)의 법규명령에서 논하는 바와 동일하다.[3]

2. 경찰상 행정규칙

(1) 의 의 전통적인 견해는 경찰상 행정규칙을 행정조직내부 또는 특별 1376
한 공법상의 법률관계내부에서 그 조직과 활동을 규율하는 일반추상적인 명령으로서 법규적 성질(외부법으로서의 효력. 대 국민에 대한 구속력)을 갖지 않는 것으로 정의한다. 본서는 경찰상 행정규칙을 행정조직내부에서 상급행정기관이 행정권에 내재하는 고유한 권능에 근거하여 하급행정기관에 대하여 행정의 조직이나 활동을 보다 자세히 규율하기 위하여 발하는 일반추상적인 명령으로 정의한다. 이러

1) 행정기관의 조직과 정원에 관한 통칙(대통령령) 제4조(직제 등) ① 행정기관의 조직과 정원을 규정하는 대통령령은 특별한 사유가 없는 한(정부조직)법 제2조 제2항의 규정에 의한 중앙행정기관 단위로 정하고, 그 명칭을 "ㅇㅇ직제"로 한다.
제4조의2(직제시행규칙) ①(정부조직) 법 제2조 제4항 단서 및 제5항 단서의 규정에 의한 보조기관 또는 이에 상당하는 보좌기관의 설치와 사무분장을 정하는 총리령 또는 부령의 명칭은 특별한 사유가 없는 한 ㅇㅇ직제시행규칙(이하 "직제시행규칙"이라 한다)으로 한다.

2) 김남진·김연태, 행정법(Ⅱ), 317쪽(2019); 최영규, 경찰행정법, 212쪽. 한편, 독일경찰법상 경찰명령도 법규명령의 일종으로 이해되지만(Drew/Wacke/Vogel/Martens, Gefahrenabwehr, S. 485), 제도적 의미의 경찰의 책임자(예 : 란트의 내무부장관, 지방자치단체인 게마인데와 크라이스 등)가 발령한다는 점, 경찰법상 일반수권(포괄적 수권)에 의해서도 가능하다는 점 등에서 본서에서 말하는 우리의 경찰명령과 상이하다(Schenke, Polizei- und Ordnungsrecht, Rn. 620, 625). 일반수권조항의 예로 Niedersachsen위험방지법 제55조(법규명령의 수권) 제1항은 추상적 위험의 방지를 위해 지방자치단체인 게마인데와 란트크라이스, 내무부 등은 법규명령을 발령할 수 있다고 규정하고 있다. 법규명령의 발령에 관한 일반조항은 바이에른을 제외하고 독일의 모든 란트가 갖고 있다. 바이에른에서는 경찰명령의 발령을 위해서는 특별수권조항이 필요하다(Pieroth/ Schlink/Kniesel, Polizei- und Ordnungsrecht, §11, Rn. 3).

3) 자세한 것은 졸저, 행정법원론(상), 옆번호 810 이하 참조.

한 본서의 태도는 ① 행정규칙을 행정조직내부에서의 규범에 한정하고, 특별한 공법상의 법률관계내부에서의 조직과 활동의 규율문제는 특별명령의 문제로 분리하여 다루며, ②「비법규성」을 행정규칙개념의 필수요소가 아니라 통상적으로 요구되는 요소(常素)로 보는 데 기인한다. 행정규칙의 본질은 행정규칙의 제정권능이「행정권에 내재하는 고유한 권능」이라는 점에 있다. 행정규칙의 발령권한은 행정권의 사무집행권 내지 상급행정청의 지시권에 근거한다고 말할 수 있다.[1] 경찰상 행정규칙은 경찰상 행정명령이라고도 하고 경찰규칙이라고도 한다.[2]

1377 (2) **성질 등** 경찰상 행정규칙의 성질, 종류, 적법요건, 효력범위, 하자, 통제 등은 일반행정법(행정법총론)의 행정규칙에서 논하는 바와 동일하다.[3]

제 2 항 경찰상 행정행위

Ⅰ. 경찰상 행정행위로서 하명(경찰상 하명)

1. 경찰상 하명의 관념

1378 (1) **경찰상 하명의 개념** 경찰상 하명이란 특정인이나 특정다수인에 대해 발해지는 작위(예 : 경직법 제5조 제1항 제3호에 의한 위험시설제거명령에 따른 제거의무)·부작위(도교법 제6조 제4항에 의한 통행금지명령에 따른 통행하지 말하야 할 의무)·수인(예 : 경직법 제3조에 따른 불심검문에 응할 의무)·급부(예 : 도교법 제160조에 따른 과태료 납부의무)를 명하는 처분을 말한다. 경찰상 하명은 경찰기관이 위험방지임무의 수행시에 활용하는 중요한 행위형식이다. 경찰상 하명은 실질적 경찰임무와 관련된 경찰상 행정행위의 일종이다. 경찰상 하명은 경찰처분 또는 질서하명 등으로 불리기도 한다.[4]

---

1) BVerwGE 67, 222, 229; Maurer, Allgemeines Verwaltungsrecht, § 24, Rn. 1.
2) 최영규, 경찰행정법, 221쪽.
3) 자세한 것은 졸저, 행정법원론(상), 옆번호 916 이하 참조.
4) 국내학자들의 용어사용과 이론구성에는 다소 차이가 있다. ① 경찰법규명령과 경찰명령처분을 합하여 경찰명령(하명)이라는 입장(김도창, 일반행정법론(하), 320쪽), ② 법규에 의한 하명과 경찰처분에 의한 하명을 합하여 경찰하명이라는 입장(박윤흔·정형근, 최신행정법강의(하), 330쪽; 윤세창·이호승, 행정법(하), 154쪽), ③ 법규하명과 행정행위인 협의의 경찰하명을 합하여 경찰하명으로 부르는 입장(이상규, 신행정법론(하), 317쪽) 등이 그것이다. 동시에 이러한 견해들은 행정입법인 경찰명령과 행정행위인 경찰처분을 구분하여 다루고 있지 않은데, 이것은 논리적으로 철저한 것이 못된다고 본다. 왜냐하면 이러한 학자들도 일반행정법(행정법총론)의 행정의 행위형식론에서는 행정상 입법과 행정행위를 구분하여 설명하고 있기 때문이다(Knemeyer, Polizei- und Ordnungsrecht, Rn. 31 참조). 한편, ⓐ 경찰처분의 개념을 경찰상 행정행위로서 하명으로 사용하는 입장도 있고(김남진, 경찰행정법, 152쪽; 류지태·박종수, 행정법신론, 1061쪽(2019); 석종현·송동수, 일반행정법(하), 317쪽), ⓑ 경찰상 행정행위를 총칭하는 개념으로 사용하는 입장도 있다(김철용, 행정법(Ⅱ), 281쪽; 정하중, 행정법개론, 1111쪽

(2) 경찰상 일반처분 경찰상 일반처분은 공법영역에서 사인에게 직접적 1379
인 효과를 갖는 경찰상 하명에 해당한다. 일반처분은 일반적인 표지에 따라 특정 또는 특정할 수 있는 인적 범위의 사람들에게 향한 것이거나 물건의 공적 성격 또는 일반에 의한 이용과 관련한다(예 : 교통표지나 도로상 경찰의 지시). 경찰상 일반처분은 경찰명령이 아니라 경찰상 행정행위의 일종이다. 따라서 이해관계자는 개별처분에서와 같은 권리구제수단(예 : 행정심판·행정소송의 제기권)을 갖는다.

2. 경찰상 하명의 적법요건

(1) 권한요건 경찰상 하명은 정당한 권한을 가진 경찰행정청이 발령하여 1380
야 한다. 경찰법령은 현장의 경찰공무원에게 권한을 부여하기도 한다(경직법 제3조 내지 제7조). 이러한 경우에 경찰공무원은 기능적 의미의 경찰행정청이 된다. 한편, 명령·금지 등의 사항은 경찰의 임무영역에 속하는 것이어야 하며, 경찰상 하명을 발령하는 경찰기관의 사항적·지역적 권한에 속하는 것이어야 한다.

(2) 형식요건 경찰행정청이 처분을 할 때에는 다른 법령등에 특별한 규 1381
정이 있는 경우를 제외하고는 문서로 하여야 하며, 전자문서로 하는 경우에는 당사자 등의 동의가 있어야 한다. 다만, 신속히 처리할 필요가 있거나 사안이 경미한 경우에는 말 또는 그 밖의 방법으로 할 수 있다. 이 경우 당사자가 요청하면 지체 없이 처분에 관한 문서를 주어야 한다(절차법 제24조 제2항). 현장에서의 경찰상 하명은 신속을 요하는 경우가 많기 때문에 구두로 이루어지는 경우도 적지 아니할 것이다. 특정 표지 내지 표지판이나 자동화된 기계에 의한 경찰처분도 가능하다.

(3) 절차요건

(가) 처분의 사전통지 행정청은 당사자에게 의무를 부과하거나 권익을 제 1382
한하는 처분을 하는 경우에는 미리 다음 각 호(1. 처분의 제목, 2. 당사자의 성명 또는 명칭과 주소, 3. 처분하려는 원인이 되는 사실과 처분의 내용 및 법적 근거, 4. 제3호에 대하여 의견을 제출할 수 있다는 뜻과 의견을 제출하지 아니하는 경우의 처리방법, 5. 의견제출기관의 명칭과 주소, 6. 의견제출기한, 7. 그 밖에 필요한 사항)의 사항을 당사자등에게 통지하여야 한다(절차법 제21조 제1항).

(나) 의견청취 ① 행정청이 처분을 할 때 다음 각 호(1. 다른 법령등에서 청문 1382a

(2019); 최영규, 경찰행정법, 227쪽). 저자는 종전에 ⓐ의 입장이었으나, 본서 제15판부터는 행정절차법·행정심판법·행정소송법상 처분개념과 행정행위의 개념이 반드시 일치하는 것은 아니라는 전제하에 경찰처분이라는 개념을 행정절차법·행정심판법·행정소송법상 처분으로서 경찰행정의 영역에 속하는 것을 지칭하는 의미로 사용하기로 한다.

을 하도록 규정하고 있는 경우, 2. 행정청이 필요하다고 인정하는 경우, 3. 다음 각 목(가. 인허가 등의 취소, 나. 신분·자격의 박탈, 다. 법인이나 조합 등의 설립허가의 취소)의 처분 시 제21조 제1항 제6호에 따른 의견제출기한 내에 당사자등의 신청이 있는 경우)의 어느 하나에 해당하는 경우에는 청문을 한다(절차법 제22조 제1항). ② 행정청이 처분을 할 때 다음 각 호(1. 다른 법령등에서 공청회를 개최하도록 규정하고 있는 경우, 2. 해당 처분의 영향이 광범위하여 널리 의견을 수렴할 필요가 있다고 행정청이 인정하는 경우, 3. 국민생활에 큰 영향을 미치는 처분으로서 대통령령으로 정하는 처분에 대하여 대통령령으로 정하는 수 이상의 당사자등이 공청회 개최를 요구하는 경우)의 어느 하나에 해당하는 경우에는 공청회를 개최한다(절차법 제22조 제2항). ③ 행정청이 당사자에게 의무를 부과하거나 권익을 제한하는 처분을 할 때 제1항 또는 제2항의 경우 외에는 당사자등에게 의견제출의 기회를 주어야 한다(절차법 제22조 제3항).

1382b (다) 이유제시 행정청은 처분을 할 때에는 다음 각 호(1. 신청 내용을 모두 그대로 인정하는 처분인 경우, 2. 단순·반복적인 처분 또는 경미한 처분으로서 당사자가 그 이유를 명백히 알 수 있는 경우, 3. 긴급히 처분을 할 필요가 있는 경우)의 어느 하나에 해당하는 경우를 제외하고는 당사자에게 그 근거와 이유를 제시하여야 한다(절차법 제23조 제1항).

(4) 내용요건

1383 (가) 법적 근거 헌법 제37조 제2항이 정하는 법률의 유보의 원리상 침익적인 경찰상 하명은 법적 근거를 가져야 한다(예 : 출입국관리법 제4조와 제5조에 의한 여행금지나 여권압수, 건축법 제79조에 의한 철거). 그것은 권한규범에 근거한 것이어야 한다.

1383a (나) 무하자재량 경찰행정청의 재량행사는 하자 없는 것이어야 한다. 재량권의 행사에 일탈이나 남용이 있다면, 재량하자가 있는 것이 된다. 예컨대 주관적 동기(예 : 자의·복수심·악의)에 근거한 재량행사는 재량권남용의 하자 있는 처분이 된다. 재량하자가 있는 경찰처분은 위법한 행위가 된다.

1383b (다) 상 대 방 경찰상 하명은 기본적으로 위험의 원인제공자에게 발령되어야 한다. 여기서 행위책임과 상태책임이 문제된다. 한편, 경찰상 긴급상태 하에서는 위험의 원인제공과 무관계한 자에게도 경찰상 하명이 발령될 수 있다.

1383c (라) 명 확 성 경찰상 하명은 어떠한 경찰행정청이 누구에게 어떠한 내용으로 발한 것인지를 알 수 있을 정도로 명확하여야 한다.[1] 이것은 법치국가의

---

1) Berner/Köhler, Polizeiaufgabengesetz, Art.4, S. 49(4.2); Götz, Allgemeines Polizei- und Ordnungsrecht, § 12, Rn. 6.

기본적인 요청이다. 경찰상 하명의 상대방인 수범자가 어떠한 행위가 자기에게 요구되는가 알 수 있는 정도이면 명확하다. 더 이상의 구체화가 없어도 특정의 경찰상 하명이 경찰집행작용의 근거로서 활용될 수 있다면, 그 경찰상 하명은 내용상 명확성을 갖는다.[1]

(마) **상위법의 준수** 경찰상 하명은 헌법과 법률에 적합한 것이어야 한다. 1383d
바꾸어 말하면, 경찰상 하명은 비례원칙 등의 헌법원칙과 기본권, 기타의 관련 법규를 준수하여야 한다. 특히 비례원칙과 관련하여 본다면, 경찰상 하명은 육체적으로나 정신적으로 사실상 수행이 불가능한 것을 요구할 수는 없다.[2] 가능한 수단만이 위험의 제거에 적합하기 때문이다. 위험을 야기한 자의 경제상의 무능력은 반드시 불가능을 의미하는 것은 아니다. 경제상의 무능력은 경찰의무와 직접 관련이 없다.[3] 경찰상 하명은 법상 수행이 불가능한 것을 요구할 수도 없다. 그리고 공공의 질서·공공의 안녕을 침해하는 것도 요구할 수 없음은 물론이다.

(5) **통지요건**

(가) **송 달** 수령을 요하는 경찰상 하명은 통지(송달)되어야 한다. 송달은 1384
우편, 교부 또는 정보통신망 이용 등의 방법으로 하되 송달받을 자(대표자 또는 대리인을 포함한다)의 주소·거소·영업소·사무소 또는 전자우편주소(주소등)로 한다. 다만, 송달받을 자가 동의하는 경우에는 그를 만나는 장소에서 송달할 수 있다(절차법 제14조 제1항). 교부에 의한 송달은 수령확인서를 받고 문서를 교부함으로써 하며, 송달하는 장소에서 송달받을 자를 만나지 못한 경우에는 그 사무원·피용자 또는 동거인으로서 사리를 분별할 지능이 있는 자에게 문서를 교부할 수 있다(절차법 제14조 제2항 본문).

(나) **도달주의** 송달은 다른 법령등에 특별한 규정이 있는 경우를 제외하 1384a
고는 해당 문서가 송달받을 자에게 도달됨으로써 그 효력이 발생한다(절차법 제15조 제1항). 제14조 제4항(다음 각 호(1. 송달받을 자의 주소 등을 통상적인 방법으로 확인할 수 없는 경우, 2. 송달이 불가능한 경우)의 어느 하나에 해당하는 경우에는 송달받을 자가 알기 쉽도록 관보, 공보, 게시판, 일간신문 중 하나 이상에 공고하고 인터넷에도 공고하여야 한다)의 경우에는 다른 법령등에 특별한 규정이 있는 경우를 제외하고는 공고일부터 14일이 경과한 때에 그 효력이 발생한다. 다만, 긴급히 시행하여야 할

1) Pieroth/Schlink/Kniesel, Polizei- und Ordnungsrecht, § 10, Rn. 47.
2) Berner/Köhler, Polizeiaufgabengesetz, Art.4, S. 49(4.2).
3) Drew/Wacke/Vogel/Martens, Gefahrenabwehr, S. 418.

특별한 사유가 있어 효력발생시기를 달리 정하여 공고한 경우에는 그에 의한다(절차법 제15조 제3항).

3. 경찰상 하명의 효과

1385 (1) **효과의 내용** ① 경찰상 하명은 내용상 처분의 상대방에 대하여 작위(예 : 위험시설제거의무·집회해산의무)·부작위(예 : 출입금지의무)·수인(예 : 불심검문에 응할 의무)·급부(예 : 범칙금을 납부할 의무) 등의 의무를 부과하게 된다. ② 경찰상 하명에 따른 의무의 이행이 법률관계의 발생원인이 될 수도 있다(예 : 감염병환자의 강제입원은 영조물이용관계를 가져온다).

1386 (2) **효과가 미치는 범위** ① 인적 범위에 관해서 보면, 대인적 처분은 특정인에게 효과가 미치지만(예 : 특정인에 대한 운전면허정지처분은 정지처분을 받은 자에게만 미친다), 대물적 처분은 처분의 상대방이 아닌 자에게도 미친다(예 : 위법건축물의 철거명령은 그 건물의 매수자에게도 미친다). 혼합적 허가는 인적 요소와 물적 요소를 모두 고려하여 판단할 수밖에 없다. ② 지역적 범위에 관해서 보면, 경찰상 하명은 원칙적으로 처분청의 관할구역에 미치지만, 그러하지 아니한 경우도 있다(예 : 도로교통법 제93조에 따라 운전면허정지처분권자는 지방경찰청장이지만, 지방경찰청장의 정지처분은 전국에 미친다).

1387 (3) **효과의 소멸** 경찰상 하명은 경찰상 하명의 취소와 철회, 기간의 경과, 조건의 성취, 근거법의 폐지 등으로 인해 소멸된다.

4. 경찰상 하명의 위반

1388 경찰상 하명의 내용인 작위의무·부작위의무·수인의무·급부의무를 불이행하거나 위반하게 되면, 경찰상 강제집행이나 경찰행정벌이 부과된다. 명시적 규정이 없는 한, 의무를 위반하면서 이루어진 법률행위는 무효인 행위가 된다고 볼 수는 없다.

5. 경찰상 하명의 하자

1389 (1) **하자의 유형** ① 하자가 중대하고 명백한 경찰상 하명은 무효이다. 경찰상 하명의 일부가 무효인 경우에는 무효부분이 중대하여 그것 없이는 경찰상 하명을 행하지 아니하였으리라는 경우에만 전체 경찰상 하명은 무효가 된다. 무효인 경찰상 하명은 경찰이 직권으로 언제나 그 무효를 확인할 수 있다. ② 하자가 중대하지만 명백하지 않거나 명백하지만 중대하지 아니한 경찰상 하명은 취소할 수 있는 행위가 된다. ③ 위법한 경찰상 하명은 쟁송취소의 대상이 된

다. 쟁송취소가 불가능한 경우에도 직권취소는 가능하다.

(2) **하자의 치유와 전환** ① 경우에 따라서 취소할 수 있는 경찰상 하명은 요건의 사후보완 등을 통해 완전한 행위로 치유될 수 있고, 하자 있는 행위는 일정한 전제요건 하에 다른 경찰상 하명으로 전환될 수도 있다. ② 적법한 경찰상 하명도 일반행정법상의 철회의 법리에 따라 철회될 수 있다. 1390

6. 권리보호

① 하자 있는 경찰상 하명으로 인해 권리(법률상 이익)가 침해된 자는 행정심판법과 행정소송법이 정하는 바에 따라 행정심판이나 행정소송을 제기할 수 있다. ② 경찰관의 위법한 경찰상 하명으로 피해를 입은 자는 국가배상법이 정하는 바에 따라 손해배상을 청구할 수 있고, 경찰관의 적법한 경찰상 하명으로 피해를 입은 자는 손실보상을 청구할 수 있다. ③ 진정이나 청원, 결과제거청구 등도 권리보호수단으로서 기능할 수 있다. 1391

Ⅱ. 경찰상 행정행위로서 허가(경찰상 허가)

1. 경찰상 허가의 관념

(1) **경찰상 허가의 개념** 경찰상 허가(Polizeiliche Erlaubnisse)란 법규상 예방적 통제의 목적으로 규정된 잠정적 금지를 개별적인 경우에 해제하는 경찰상 행정행위를 말한다. 헌법상 모든 국민은 신체나 직업상 행동의 자유를 가지지만 제한이 따른다. 일정한 방식의 행위는 제3자의 권리에 대해 위험한 것으로 보아, 입법자에 의해 원칙적으로 금지되며, 다만 어떠한 전제요건이 갖추어지면 그 금지를 해제시켜 주는 경우가 있다(예 : 운전면허). 이러한 경우의 예방적인 금지의 해제가 여기서 말하는 경찰상 허가이다. 법규허가는 없다.[1)] 실정법상으로 허가는 승인·면허·인가 등으로 불리기도 한다. 1392

1) 일설은 "경찰허가의 형식과 관련하여 경찰허가는 항상 처분(행정행위)의 형식으로만 행해지고 법규에 의한 허가는 있을 수 없음을 강조하는 경우가 많다. 그러나 그것은 경찰하명만이 아니라 모든 경찰처분에 공통되는 것이며, 경찰처분과 경찰명령을 구별하는 입장에서는 당연한 것이어서 오히려 무의미하다"고 지적한다(최영규, 경찰행정법, 256쪽). 논리상 법령상 규정된 금지를 처분의 형식으로 해제하는 것은 가능하지만, 법령의 형식으로 해제하는 것은 가능하지 않다. 왜냐하면 법령 자체가 금지한 것을 법령 자체가 해제할 바에야 애초에 법령이 그러한 금지를 하지 말아야 하기 때문이다. 그러나 작위·부작위·수인·급부를 내용으로 하는 의무는 법령에서 바로 부과할 수도 있고(예 : 터널 안 및 다리 위에서의 주차금지의무는 도로교통법 제33조에서 제1호에서 바로 나온다), 처분을 통해서 부과할 수도 있다(예 : 도로교통법 제32조 제3호에 따라 경찰공무원의 지시가 있으면, 운전자는 차를 안전지대에 정차 또는 주차하여야 할 의무를 진다). 저자로서는 상기의 견해가 어떠한 시각에서 그러한 주장을 하였는지 이해하지 못하고 있다.

⑵ 경찰상 허가의 법적 성질

1393 ㈎ 수익적 행정행위 경찰상 허가는 수익적 행정행위이다. 경우에 따라서는 수익에 부가하여 침익을 동시에 부과하는 경찰허가도 가능하다(예 : 통행금지를 일시 해제하되, 통행료를 납부토록 하는 경우).

1393a ㈏ 기속행위·재량행위 경찰법령이 요건을 구비한 경찰상 허가신청에 대하여 의무적으로 허가할 것을 규정한다면, 그 허가는 기속행위이다. 선택적(재량적)으로 허가할 것을 규정한다면(예 : 건축법 제11조 제4항의 숙박용 건축물이나 위락용 건축물의 건축허가), 그 허가는 재량행위이다. 법문에서 명백히 규정하고 있지 않다면, 원칙적으로 기속행위로 보아야 한다는 견해[1]도 있다. 그러나 기본권의 최대한의 보장과 공익의 실현이라는 헌법상의 명령을 기준으로 하여 판단하여야 할 것인바, 기본권의 최대한 보장이 보다 중요한 경우라면 허가는 기속행위로, 허가의 철회는 재량행위로 보아야 할 것이고, 공익의 실현이 보다 중요한 경우라면 재량행위로 보아야 할 것이다.

1393b ㈐ 명령적 행위 ① 경찰상 허가(예 : 도로사용허가·건축허가·단란주점허가)는 자연적 자유의 회복이라는 점에서 명령적 행위로 이해되어 왔다.[2] 그러나 오늘날에는 허가가 형성적 행위로서의 성질도 갖는 것으로 보는 경향이 있음을 유념할 필요가 있다. 예컨대 단란주점허가로 인해 허가를 받은 자는 타인과의 거래를 할 수 있는 법적 지위가 형성되었다고 볼 수도 있기 때문이다.[3] 한편, ② 허가로 인해 누리는 경제상 이익이 예외적으로 법률상 이익의 성격을 갖는 경우에는 형성적 행위의 성격도 갖게 된다.

1393c ㈑ 협력을 요하는 행정행위 경찰상 허가는 수익적인 행위인 까닭에 상대방의 신청에 따라 이루어지는 경우가 많다. 경찰상 허가는 통상 신청을 요하는 행위로서 협력을 요하는 행정행위(쌍방적 행정행위)라 할 수 있다(예 : 운전면허). 신청을 요하지 아니하는 경우도 있다(예 : 도로통행금지의 해제).

1393d ㈒ 처벌요건 허가는 통상 처벌요건이 된다. 허가가 요구됨에도 불구하고 허가를 받지 않고 한 행위에 대해서는 벌칙이 가해짐이 일반적이다. 그러나 별다른 규정이 없는 한, 허가없이 행한 법률행위 역시 효력을 갖는다.

⑶ 경찰상 허가의 종류

1394 ㈎ 일반적 허가·예외적 허가 일반적 허가, 즉 일반적 금지해제는 어떠한

1) 김동희, 행정법(Ⅱ), 235쪽(2019); 김철용, 행정법(Ⅱ), 286쪽; 정하중, 행정법개론, 1115쪽(2019).
2) 이상규, 신행정법론(하), 327쪽.
3) 정하중, 행정법개론, 1115쪽(2019).

행위를 궁극적으로 금지하는 것이 아니라 잠정적으로 금지하는 것으로서 일정한 전제요건 하에 그 행위를 하도록 하는 것을 말한다. 실정법상으로는 허가·승인·동의 등으로 불리기도 한다. 일반적 허가는 본래의 허가, 협의의 허가, 또는 예방적 금지해제라고도 한다.[1] 한편 예외적 허가(승인), 즉 예외적 금지해제는 입법자가 개인에게 특정행위를 기본적으로 금하고, 다만 예외적으로만 허용하는 경우를 말한다(예 : 치료목적 등 특정의 경우에만 아편사용의 허가). 예외적 금지해제는 통제가 아니라 배제를 목적으로 하는 억제적인 금지의 해제이다. 형식상으로 보면 양자 모두 금지의 해제라는 점에서는 동일하다. 예외적 허가는 재량행위의 성질을 갖는다.[2]

(나) 기속허가·재량허가　기속허가(Gebundene Erlaubnisse)란 허가의 요건이 1394a
충족되면 반드시 발령되어야 하는 허가를 말한다. 이러한 경우에 경찰허가의 신청자는 일정요건 하에 허가발령청구권을 갖지만 경찰은 아무런 재량도 갖지 못한다. 재량허가(Freie Erlaubnisse)란 발령이 경찰행정청의 재량에 놓이는 허가를 말한다.

(다) 인적 허가·물적 허가·혼합적 허가　인적 허가란 허가요건이 인적 특성 1394b
(예 : 기술·전문성)과 관련이 있는 경우의 허가를 말한다(예 : 운전면허·외국인의 체류허가·무기소지허가). 물적 허가란 물건의 안정성이 허가절차에서 통제되는 허가를 말한다(예 : 화약류저장소설치허가·건축허가·원자력시설허가). 혼합적 허가란 인적 요소와 물적 요소가 고려되어 이루어지는 허가를 말한다. 예컨대 혼합적 허가인 카지노업의 허가를 받기 위해서는 물적 요소로서 문화체육관광부령으로 정하는 시설과 기구를 갖추어야 할 뿐만 아니라(관광진흥법 제5조 제1항), 인적 요소로서 관광진흥법을 위반하여 징역 이상의 실형을 선고받고 그 집행이 끝나거나 집행을 받지 아니하기로 확정된 후 2년이 지나지 아니한 자 또는 형의 집행유예 기간 중에 있는 자가 아니어야 한다(관광진흥법 제7조 제1항 제4호).

(라) 일회적 허가·계속효 있는 허가　일회적 허가란 1회적 상황의 규율을 내 1394c
용으로 하는 허가를 말하고(예 : 총포·도검·화약류 등의 안전관리에 관한 법률 제18조에 따른 화약류의 사용허가), 계속효 있는 허가란 영속적인 법률관계를 가져오는 허가를 말한다(예 : 운전면허). 계속효 있는 허가의 경우에 사후적인 물적 상황과 법적 상황의 변화는 그 행위의 철회사유가 된다.

(4) 경찰상 허가의 근거법　경찰상 허가의 신청이 있은 후 그러나 경찰상 1395

1) 대판 1999. 7. 23, 99두3690.
2) 대판 2004. 3. 25, 2003두12837.

허가가 발급되기 전에 근거법령의 개정으로 허가기준에 변경이 있는 경우, 그 경찰상 허가는 원칙적으로 개정시(처분시)의 법령에 따라야 한다. 판례 입장도 같다.[1)]

2. 경찰상 허가의 적법요건

경찰하명의 적법요건(주체·형식·절차·내용·표시요건)[2)]에서 살펴본 바와 같다. 여기서는 허가제도에 초점을 맞추어 실질적 요건과 형식적 요건으로 구분하여 살펴본다.

1396 ⑴ **실질적 요건** 개별법령이 규정하는 허가요건의 구체적인 내용은 상이하지만, 일반적으로 허가요건은 무위험성(예 : 자동차운행허가는 자동차의 안전성확보를 전제로 한다)·신뢰성(예 : 교통상의 위험과 장해를 일으킬 수 있는 마약·대마·향정신성의약품 또는 알콜중독자로서 대통령령이 정하는 사람은 운전면허를 받을 수 없다. 도교법 제82조 제1항 제5호)·전문성(예 : 운전면허를 받기 위해서는 운전지식을 테스트하는 운전면허시험에 합격하여야 한다)이다.

⑵ **형식적 요건**

1397 ㈎ **신청(출원)의 요부** 경찰상 허가에 상대방의 신청이 요구되는 것이 일반적이지만, 상대방의 신청 없이 허가가 발령되는 경우도 있다.[3)] 예컨대 지방경찰청장이나 경찰서장은 보행자의 통행을 보호하기 위하여 특히 필요한 경우에는 도로에 보행자전용도로를 설치할 수 있고(도교법 제28조 제1항), 차마 또는 노면전차의 운전자는 그러한 보행자전용도로를 통행하여서는 아니 되지만(도교법 제28조 제2항 본문), 지방경찰청장이나 경찰서장은 특히 필요하다고 인정하는 경우에는 보행자전용도로에 차마의 통행을 허용할 수 있다(도교법 제28조 제2항 단서). 여기서 도로교통법 제28조 제2항 단서에 의한 지방경찰청장 또는 경찰서장의 차마의 통행의 허용은 차마의 운전자의 신청을 전제로 하지 아니하면서 도로교통법 제28조 제2항 본문에 의한 법률상 통행금지를 해제하는 경찰상 행정행위로서 허가의 성질을 갖는다.[4)] 따라서 경찰상 허가는 상대방의 출원, 즉 신

1) 대판 2005. 7. 29, 2003두3550; 대판 2006. 8. 25, 2004두2974.
2) 운전면허의 효력은 본인 또는 대리인이 제2항의 규정(지방경찰청장은 운전면허시험에 합격한 사람에 대하여 행정안전부령이 정하는 운전면허증을 교부하여야 한다)에 의한 운전면허증을 교부받은 때부터 발생한다(도교법 제85조 제3항).
3) 김동희, 행정법(Ⅱ), 236쪽(2019); 조연홍, 한국행정법원론(하), 403쪽.
4) 일설은 만일 일반적 허가가 행하여진다면, 허가의 전제가 되는 일반적 금지는 소멸되고 말 것이므로, 그것은 허가의 일종으로 볼 것이 아니라 일반적 금지의 철회 또는 정지로 보아야 한다고 한다(이상규, 신행정법론(하), 330쪽)고 하면서 신청 없는 허가에 대하여 부정적인 입장을 취하는 것으로 보인다. 그러나 본문에서 본 바와 같이 일반적 금지를 유지하면서 금지의 일부

청을 필수적 요건으로 하는 행위이며, 신청 없는 허가는 무효라고 하는 주장은[1] 정당하지 않다. 요컨대 허가가 신청을 요하는지의 여부는 일반론적으로 단정할 수 있는 것이 아니고 개별 법률의 해석문제임을 유의하여야 한다.[2]

(나) **신청 없이 발령된 허가** 신청 없는 허가의 효력이 문제되는 것은 모든 1397a
경찰상 허가의 경우가 아니라 신청을 요하는 경찰상 허가의 경우임을 유의하여야 한다. 신청을 요하는 경찰상 허가에서 신청이 없음에도 경찰상 허가가 발령된 경우, 신청의 결여는 경찰상 허가의 무효사유 내지 취소사유가 될 것이다. 다만 취소사유인 경우에는 신청을 추완할 수 있을 것이다.

(다) **시험·확인·수수료** 경찰상 허가를 위해 경우에 따라서는 ① 시험이 부 1397b
과되기도 한다(예 : 도교법 제83조 제1항). 시험의 합격·불합격은 준법률행위적 행정행위로서 확인행위의 성질을 갖는다. 따라서 불합격처분은 항고소송의 대상이 된다. ② 물건에 대한 확인(품질검사)이 요구되기도 한다(예 : 식품법 제17조). 품질검사의 불합격 역시 확인행위의 성질을 가지며, 불합격처분은 항고소송의 대상이 된다. ③ 수수료나 조세의 납부 등이 요구되기도 한다(예 : 도교법 제139조). 다만 수수료나 조세의 부과에는 법적 근거를 요한다.

(라) **동의·협력** ① 법률상 이웃주민의 동의가 경찰상 허가의 요건으로 요 1397c
구될 수도 있다. 이것은 제3자효 있는 행위에서 특히 문제된다.[3] 허가청이 법령에 근거 없이 이웃주민의 동의를 요구해서는 아니 된다.[4] ② 경찰상 허가가 다른 행정청의 동의 또는 합의를 얻어야만 가능한 경우도 있다(구 소방시설설치유지 및 안전관리에 관한 법률 제7조).[5] 이러한 경우가 기속허가의 경우라면, 협력을 하여야 하는 행정청에 동의나 합의의 절차에 응할 의무가 부과된다. 그러나 재량행위라면, 그 재량을 하자 없이 행사하도록 의무지어진다. 만약 동의·합의를 거부한다면, 그리고 거부가 적법하면 허가청은 이에 구속된다.

(마) **타 법령상 요건** 특정한 경찰상 허가(A허가)를 규정하는 법률이 2개 이 1397d
상인 경우, 그 허가를 받기 위해서는 그 허가에 관해 규정하는 모든 법률의 요

를 해제할 수도 있고(본문에서 차마의 통행의 허용), 또한 그 일부의 해제를 다시 철회할 수도 있다고 판단되므로 일설의 주장은 다소 문제가 있다고 본다.

1) 김도창, 일반행정법론(하), 329쪽; 박평준·박창석, 경찰행정법, 237쪽; 최영규, 경찰행정법, 254쪽; 김남현, 경찰행정법, 180쪽.
2) "출원은 법령에 특별한 규정이 없으면 경찰허가의 필요적 요건이라고는 할 수 없다"는 지적(이상규, 신행정법론(하), 330쪽)도 저자와 같은 입장인 것으로 보인다.
3) 대판 1991. 4. 9, 90누4112.
4) 대판 1997. 10. 14, 96누14944.
5) 대판 1992. 9. 22, 91누8876.

건을 구비하여야 한다. 입법론상 하나의 행위에 관하여 여러 법률에서 규정하는 것은 바람직하지 않다.

3. 경찰상 허가의 효과

(1) 효과의 내용

1398 **(가) 금지의 해제**(기본권의 회복) 경찰상 허가로 인해 금지된 자유는 회복된다(예 : 영업허가로 인해 금지되었던 영업의 자유가 회복된다). 자유의 회복은 기본권의 회복을 의미한다(예 : 직업의 자유의 회복). 피허가자가 기본권으로서 누리는 이익은 법적 이익(법률상 이익)이다. 따라서 소극적인 관점에서 볼 때, 허가로 인한 이익은 법률상 이익에 해당한다. 허가로 인한 이익이 법률상 이익이라면, 허가를 구할 수 있는 이익도 당연히 법률상 이익이다(예 : 운전면허시험응시의 이익). 한편, 경찰상 허가가 다른 법령상의 제한까지 자동적으로 해제하는 것은 아니다(예 : 공무원이 식품위생법상 영업허가를 받았다고 하여도 현실적으로 영업을 하기 위해서는 공무원법상 허가까지 받아야 한다).

1398a **(나) 경영상 이익** 경찰상 허가를 받아 경영(영업)함으로써 누리는 이익은 사실상의 이익, 즉 반사적 이익에 불과하다(특허기업의 경우에 특허로 인해 누리는 경영상 이익은 법률상 이익으로서 독점적인 경영권이라는 점에서 허가영업의 허가로 인한 경영상의 이익과 다르다). 따라서 제3자가 위법하게 허가를 받아 동종의 허가영업을 한다고 하여도 기존업자는 이를 다툴 수 없다. 기존업자가 침해받은 이익은 반사적 이익에 불과하기 때문이다. 한편, 관련법령이 허가의 경우에도 경영상의 이익을 법률상 이익으로 보호할 수 있음은 물론이다. 그러나 그 예는 흔하지 않다.[1)]

(2) 효과가 미치는 범위

1399 **(가) 인적 범위** 대인적 허가는 특정인에게 효과가 미치지만(예 : 운전면허), 대물적 허가는 처분의 상대방이 아닌 자에게도 미친다(예 : 건축허가). 혼합적 허가는 인적 요소와 물적 요소를 모두 고려하여 판단할 수밖에 없다. 한편, 경찰상 허가에 따른 법적 지위의 승계는 허가의 종류에 따라 다르다.[2)] 물적 허가(예 : 건축허가)에 따른 법적 지위는 허가취득자의 개성과 무관하므로 승계될 수 있다.[3)] 그러나 허가를 받은 자의 개성과 관련이 있는 인적 허가(예 : 운전면허)에

1) 대판 2006. 7. 28, 2004두6716; 대판 1989. 12. 22, 89누46.
2) 학자에 따라서는 이 부분, 즉 경찰책임의 승계문제를 "경찰허가의 대인적 효과"의 문제로 다루기도 한다(예 : 김남진, 경찰행정법, 182쪽).
3) 대판 2005. 8. 19, 2003두9817 · 9824.

따른 법적 지위는 승계되지 아니한다. 혼합적 허가는 상황에 따라 다르다. 물론 개별 법령[식품위생법 제39조(영업 승계)·제78조(행정제재처분효과의 승계), 공중위생관리법 제3조의2(공중위생영업의 승계)·제11조의3(행정제재처분효과의 승계), 대기환경보전법 제27조(권리와 의무의 승계)]에 정함이 있으면, 그에 따른다.

1399a (나) **지역적 효력범위** 경찰상 허가의 효과는 허가청의 관할구역 안에 미치는 것이 원칙이지만, 타구역에 미치는 경우도 적지 않다[예 : 도로교통법 제80조(운전면허) 제1항(자동차 등을 운전하고자 하는 사람은 지방경찰청장으로부터 운전면허를 받아야 한다) 등에 따라 운전면허권자는 지방경찰청장이지만, 지방경찰청장의 운전면허가 있으면 전국 어디에서나 운전을 할 수 있다].

1400 (3) **타 법령상 제한** 경찰상 허가의 효과는 근거법상의 금지를 해제하는 효과만 있을 뿐, 다른 법령상의 금지까지 해제하는 효과가 있는 것은 아니다(예 : 국가공무원이 총포제조업의 허가를 받았다고 하여도 국가공무원법상 영리행위의 금지의무가 해제되는 것은 아니므로 총포제조업의 허가만으로 영업을 할 수는 없다).

4. 경찰상 허가의 위반(무허가행위)

1401 허가를 요하는 행위임에도 무허가로 행하면 행정상 강제 또는 행정벌이 가해진다. 무허가행위에 대하여 무효를 규정하는 경우를 찾아보기는 어렵다. 경찰허가는 위험방지를 목적으로 하는 것이므로 허가를 요하는 행위(예 : 총포법 제21조 제1항에 의거하여 화약류를 양도 또는 양수하고자 하는 사람은 행정안전부령이 정하는 바에 의하여 그 주소지 또는 화약류의 사용지를 관할하는 경찰서장의 허가를 받아야 한다)를 무허가로 한 경우에도 유효하다고 볼 것이다. 물론 행정벌이 가해지는 것은 별개의 문제이다(총포법 제71조(벌칙) 다음 각 호의 어느 하나에 해당하는 자는 5년 이하의 징역 또는 1천만원 이하의 벌금에 처한다. 3. 제21조 제1항·제3항·제4항 또는 제5항을 위반한 자).

5. 경찰상 허가의 소멸과 갱신

1402 (1) **소 멸** 경찰상 허가의 효과는 허가기간의 경과, 목적물의 소멸, 사업의 불착수, 허가 효과의 포기, 상대방의 사망, 경찰허가의 취소·철회 등으로 해소된다.

1403 (2) **갱 신** ① 기존의 행위의 기한을 연장하는 것을 허가의 갱신이라 부른다. 갱신이 기속적인 것인지 아니면 재량적인 것인지의 여부는 법령에 특별한 규정이 없는 한, 원칙적으로 갱신대상인 행위가 기속행위인지 아니면 재량행위인지의 여부를 기준으로 판단하여야 한다. 갱신을 기속행위(기속재량)라고 단

언하는 것은[1] 정당하지 아니하다.

② 허가의 갱신은 기한의 도래 전에 이루어져야 한다. 기한의 도래 전에 갱신이 이루어지면, 갱신 전후의 행위는 하나의 행위가 된다. 이 경우 갱신은 종래의 경찰상 허가를 전제로 하여 그 효과를 존속시키는 행위[2] 또는 기한의 연장이라고 설명하기도 한다.[3]

③ 기한의 도래 전에 갱신신청을 하였으나, 도래 후에 갱신이 이루어진 경우에도 특별한 사정이 없는 한 기한의 도래 전에 이루어진 것과 동일하게 볼 것이다.

④ 기한의 도래 후에 갱신신청을 하였고, 갱신이 이루어지면, 갱신 전후의 행위는 별개의 행위로 볼 것이다. 종전의 허가가 기한의 도래로 실효한 후에 이루어진 신청에 따른 허가는 갱신허가가 아니고 별개의 새로운 행위이다.[4]

⑤ 문제는 기한의 도래 전에 갱신신청을 하였으나, 기한의 도래 후에 갱신이 거부된 경우, 종래 허가의 효력과 관련하여 종기의 도래로 당연히 소멸한다는 견해,[5] 갱신의 거부는 장래를 향해서만 허가의 효력을 소멸시킨다는 견해,[6] 신의칙에 비추어 개별적으로 판단하여야 한다는 견해[7] 등이 있다. 생각건대 상대방의 보호를 위해 경우에 따라서는 종기의 도래로 당연히 소멸한다고 보아야 할 때도 있고, 경우에 따라서는 거부처분시에 소멸한다고 보아야 할 경우도 있을 것이므로 신의칙에 비추어 개별적으로 판단하여야 한다는 견해가 타당하다.

6. 경찰상 허가의 하자

1404 (1) 하자의 유형 ① 하자가 중대하고 명백한 경찰허가는 무효이다. 경찰상 허가의 일부가 무효인 경우에는 무효부분이 중대하여 그것 없이는 경찰상 허가를 하지 아니하였으리라고 판단되는 경우에만 전체 경찰상 허가는 무효가

1) 이상규, 신행정법론(하), 336쪽.
2) 박윤흔·정형근, 최신행정법강의(하), 342쪽; 정하중, 행정법개론, 1118쪽(2019).
3) 이상규, 신행정법론(하), 336쪽.
4) 대판 1995. 11. 10, 94누11866(종전의 허가가 기한의 도래로 실효한 이상 원고가 종전 허가의 유효기간이 지나서 신청한 이 사건 기간연장신청은 그에 대한 종전의 허가처분을 전제로 하여 단순히 그 유효기간을 연장하여 주는 행정처분을 구하는 것이라기보다는 종전의 허가처분과는 별도의 새로운 허가를 내용으로 하는 행정처분을 구하는 것이라고 보아야 할 것이어서, 이러한 경우 허가권자는 이를 새로운 허가신청으로 보아 법의 관계 규정에 의하여 허가요건의 적합 여부를 새로이 판단하여 그 허가 여부를 결정하여야 할 것이다).
5) 이상규, 신행정법론(하), 336쪽.
6) 박윤흔·정형근, 최신행정법강의(하), 343쪽; 김동희, 행정법(Ⅱ), 239쪽(2019); 류지태·박종수, 행정법신론, 1068쪽(2019); 박평준·박창석, 경찰행정법, 187쪽; 조연홍, 한국행정법원론(하), 413쪽.
7) 김남진·김연태, 행정법(Ⅱ), 342쪽(2019); 정하중, 행정법개론, 1118쪽(2019).

된다. 무효인 경찰상 허가는 경찰이 직권으로 언제나 그 무효를 확인할 수 있다. ② 하자가 중대하지만 명백하지 않거나 명백하지만 중대하지 아니한 경찰허가는 취소할 수 있는 행위가 된다. ③ 위법한 경찰상 허가는 쟁송취소의 대상이 된다. 쟁송취소가 불가능한 경우에도 직권취소는 가능하다.

(2) **하자의 치유와 전환** ① 경우에 따라서 취소할 수 있는 경찰상 허가는 1405 요건의 사후보완 등을 통해 완전한 행위로 치유될 수 있고, 하자 있는 행위는 일정한 전제요건 하에 다른 경찰상 허가로 전환될 수 있다. ② 적법한 경찰상 허가도 사후에 일반행정법상 철회의 법리에 따라 철회될 수 있다.

7. 권리보호

① 하자 있는 경찰상 허가로 인해 권리(법률상 이익)가 침해된 자는 행정심판 1406 법과 행정소송법이 정하는 바에 따라 행정심판이나 행정소송을 제기할 수 있다. 실제상 하자 있는 경찰상 허가로 인한 권리침해는 경찰상 허가를 통해 제3자의 권리가 위법하게 침해되는 경우에 주로 문제될 것이다. 물론 하자 있는 경찰상 허가가 부관부 경찰상 허가인 경우에는 허가의 상대방도 당연히 권리보호를 주장할 수 있다. ② 경찰관의 위법한 경찰상 허가로 피해를 입은 자는 국가배상법이 정하는 바에 따라 손해배상을 청구할 수 있고, 경찰관의 적법한 경찰상 허가로 피해를 입은 자는 손실보상을 청구할 수 있다. ③ 그 밖에 진정이나 청원, 결과제거청구 등도 권리보호수단으로서 기능할 수 있다.

제 3 항 경찰상 사실행위

Ⅰ. 경찰상 사실행위 일반론

1. 경찰상 사실행위의 개념

경찰상 사실행위란 경찰상 일정한 법적 효과의 발생을 목적으로 하는 것 1407 이 아니라 도로상 위험물의 제거에서 보는 바와 같이 직접 어떠한 사실상의 효과·결과의 실현을 목적으로 하는 경찰작용을 말한다. 경찰상 사실행위에서는 의사표시가 아니라 사실로서의 어떤 상태의 실현이 사고의 중심에 놓인다. 사실행위는 경찰기관이 스스로의 수단으로 위험을 예방하거나 장해를 제거할 수 있는 경우에 나타난다.[1)]

---

1) Pausch, Polizei- und Ordnungsrecht in Hessen, Kapital Ⅴ, 1.1.

2. 경찰상 사실행위의 법적 근거 등

1407a 경찰상 사실행위의 법적 근거, 법적 한계, 권리보호 등은 일반행정법(행정법총론)상 사실행위에서 논하는 바와 동일하다.[1]

3. 경찰상 사실행위로서 공적 경고

1407b (1) 의 의 공적 경고의 확립된 개념은 없다. 공적 경고는 공적으로 이루어지는 공중이나 특정의 제3자에 대한 특정의 작위나 부작위에 관한 정보제공이라 할 수 있다. 공적 경고는 특정 공산품이나 농산품의 위험과 관련하여 사인에 발해지는 행정청의 설명·성명·공고·고시 등으로 이해된다. 공적 경고는 행정상 경고라고 부를 수 있다. 공적 경고는 법적 구속이 미약하지만 그 효과에 있어서는 결코 미약하지 않다. 특정 상품에 대한 공적 경고가 발해지면, 그리고 사인이 그것을 진지하게 받아들이게 되면, 그 상품은 더 이상 판매되기 어렵다. 그것은 판매금지와 유사한 효과를 가져온다. 유사한 상품에도 영향을 미치게 된다.

1407c (2) 법적 성격 공적 경고가 오로지 사실행위의 개념 속에 들어오는 것인지의 여부, 공적 경고가 행정법상 행정청의 고유한 행위형식인지의 여부는 불분명하다. 공적 경고의 종류와 효과는 매우 상이하므로, 현재로서 공적 경고를 개념상 명백하게 파악하는 것은 어려울 뿐만 아니라 그에 관한 법적 효과를 정립하는 것도 가능하지 않다.[2] 현재로서 공적 경고는 사실행위의 특별한 경우로 이해되고 있을 뿐이다. 공적 경고가 정보제공의 의미를 갖는다는 것은 분명하다.

1407d (3) 법적 근거 공적 경고와 관련하여 ① 공적 경고가 직업선택의 자유에 대한 본질적인 침해가 아닌가의 여부, ② 공적 경고에 법률의 근거를 요하는가의 여부에 관해 검토를 요한다. 공적 경고는 중대한 공익을 위한 것이며, 직업선택의 자유도 일정한 제약을 전제로 하는 것이므로 원칙적으로 공적 경고가 직업선택의 자유에 대한 본질적 침해로 보기는 어려우며, 또한 공적 경고는 특정인의 이익을 직접 침해하는 것을 목적으로 하는 것이 아니므로 조직법상 직무에 관한 규정(경찰법상으로는 경찰관 직무집행법상 직무조항인 제2조)만으로도 가능

---

1) 자세한 것은 졸저, 행정법원론(상), 옆번호 1851 이하 참조.

2) 독일에서는 공법상 사실행위로서 경고는 특별한 행위형식으로 볼 수 있을 정도로 독자성을 얻고 있다. 독일연방행정재판소는 '경고는 국가권위의 활용과 목적성을 개념요소'로 파악한다(BVerwGE 87, 37). 따라서 이러한 징표가 있으면, 기본권침해가 있는 것이 된다. 이 때문에 경찰영역에서 경고에는 법률의 근거를 필요로 하며, 단순한 직무규정(임무규정)으로는 충분하지 않다고 하게 된다(Friauf, Polizei- und Ordnungsrecht, in : Schmidt-Aßmann(Hrsg.), Besonderes Verwaltungsrecht, Rn. 190a).

하다고 볼 것이다. 그러나 개인의 이해와 직결된 경고(예 : 특정 회사의 제품의 음용에 대한 경고)는 경찰상 임무규정(직무규정)만으로는 부족하고 경찰상 침해를 가능하게 하는 권한규정이 필요하다고 볼 것이다.[1] 독일의 경우, 기본권침해를 가져오는 공적 경고의 법적 근거로 경찰법상 일반조항이 활용되고 있다.[2]

(4) 적법요건 공적 경고의 대상은 조직규범(임무규범)에서 규정하는 권한 1407e
행정청의 임무범위 내에 들어오는 것이어야 한다. 공적 경고는 공공의 안녕과 질서를 위한 것으로서 법령의 범위 내에서 이루어져야 한다. 공적 경고는 내용상 정당성을 가져야 한다. 그것은 사후심사가 가능하고, 절차상 하자가 없고, 또한 자의가 없어야 한다. 그리고 공적 경고가 기본권침해를 가져오는 경우에는 권한규범의 근거가 있어야 할 것이다.[3]

Ⅱ. 경찰상 행정지도

1. 개 념

경찰상 행정지도란 "경찰행정기관이 그 소관사무의 범위에서 일정한 행정 1408
목적을 실현하기 위하여 특정인에게 일정한 행위를 하거나 하지 아니하도록 지도, 권고, 조언 등을 하는 행정작용"을 말한다(절차법 제2조 제3호). 개별법령상으로는 지도(사행행위 등 규제 및 처벌특례법 제19조 제1항)·권고(주택법 제37조 제1항) 등으로 불리기도 한다. 경찰행정법학에서는 경찰지도라고 부르기도 한다. 경찰상 행정지도는 비정식적 행정작용의 일종이다.

2. 성질 등

경찰상 행정지도의 성질, 유용성과 문제점, 법적 근거와 한계, 원칙과 방식, 1408a
권리보호 등은 일반행정법(행정법총론)상 행정지도에서 논하는 바와 동일하다.[4]

---

1) Schenke, Polizei- und Ordnungsrecht, Rn. 653.
2) Gusy, Polizeirecht, Rn. 317.
3) Gusy, Polizei- und Ordnungsrecht(8. Aufl.), §4, Rn. 317.
4) 자세한 것은 졸저, 행정법원론(상), 옆번호 1876 이하 참조.

제 5 절 경찰작용의 실효성확보

제 1 항 경찰벌(경찰상 행정벌)

1. 의 의

1409 경찰벌이란 경찰작용의 상대방이 경찰법상의 의무를 위반한 경우에 국가가 그 상대방에 과하는 경찰법상의 제재로서의 처벌을 말한다. 경찰벌은 행정벌의 일종이다. 경찰벌은 간접적으로 경찰법상의 의무의 이행을 확보하는 수단이 된다.

2. 법적 근거 등

1409a 경찰벌의 법적 근거, 종류, 경찰벌의 특수성, 처벌절차 등은 일반행정법(행정법총론)상 실효성확보수단에서 논하는 바와 동일하다.[1)]

제 2 항 경찰상 강제집행

1. 의 의

1410 경찰상 강제집행이란 경찰법상 개별·구체적인 의무의 불이행이 있는 경우에 경찰행정주체가 의무자의 신체 또는 재산에 직접 실력을 가하여 그 의무를 이행하게 하거나 또는 그 의무가 이행된 것과 같은 상태를 실현하는 공행정작용을 말한다. 행정상 강제집행은 언제나 행정법상 개별·구체적인 의무의 불이행을 전제로 한다. 행정상 강제집행은 명령적 행위에서 문제된다. 경찰상 강제집행은 행정상 강제집행의 일종이다.

2. 법적 근거 등

1410a 경찰상 강제집행의 법적 근거, 대집행, 강제징수, 이행강제금, 직접강제 등은 일반행정법(행정법총론)상 실효성확보수단에서 논하는 바와 동일하다.[2)]

---

1) 자세한 것은 졸저, 행정법원론(상), 옆번호 2401 이하 참조.
2) 자세한 것은 졸저, 행정법원론(상), 옆번호 2475 이하 참조.

제 3 항 경찰상 즉시강제

Ⅰ. 일 반 론

1. 의 의

경찰상 즉시강제란 경찰상 장해가 존재하거나 장해의 발생이 목전에 급박 한 경우에 성질상 개인에게 의무를 명해서는 경찰행정목적을 달성할 수 없거나 또는 미리 의무를 명할 시간적 여유가 없는 경우에 경찰행정기관이 직접 개인의 신체나 재산에 실력을 가하여 경찰상 필요한 상태의 실현을 목적으로 하는 작용을 말한다(전통적 견해). 경찰상 즉시강제는 행정상 즉시강제의 일종이다. 1411

2. 성질 등

경찰상 즉시강제의 성질, 법적 근거, 영장주의, 구제 등은 일반행정법(행정법총론)상 실효성확보수단에서 논하는 바와 동일하다.[1] 1411a

Ⅱ. 수 단

1. 경찰관 직무집행법상 수단

경찰관 직무집행법상 대인적 강제수단으로는 보호조치(경직법 제4조), 위험발생의 방지(경직법 제5조), 범죄의 예방과 제지(경직법 제6조), 경찰장비의 사용(경직법 제10조), 무기의 사용(경직법 제10조의4 제1항)이 있고, 대물적 강제수단으로는 무기 등 물건의 임시영치(경직법 제4조 제3항), 위험방지조치(경직법 제5조 제1항·제6조 제1항)가 있으며, 대가택강제수단으로는 위험방지를 위한 출입(경직법 제7조)이 있다. 한편, 경찰관 직무집행법상 일반적 수권조항이 인정된다는 견해는 동조항이 경찰상 즉시강제의 일반적 근거가 된다고 보지만,[2] 현행 경찰관 직무집행법상 일반적 수권조항이 인정될 수 없다는 것은 이미 살펴본 바 있다. 1411b

2. 개별법상 수단

대인적 강제수단에는 강제적인 진찰·치료·입원(감염법 제42조 제1항) 등, 대물적 강제수단에는 물건의 파기 등의 강제처분(소방법 제25조), 물건의 폐기(식품법 제72조; 약사법 제71조), 도로의 위법공작물 등에 대한 제거(도교법 제71조 제2항·제72조 제2항) 등이 있고, 대가택강제수단에는 수색(조처법 제9조) 등이 있다. 1411c

1) 자세한 것은 졸저, 행정법원론(상), 옆번호 2584 이하 참조.
2) 김남진·김연태, 행정법(Ⅱ), 363쪽(2019).

3. 수단의 특징

1411d 경찰상 즉시강제의 수단은 대체적 작위의무의 집행뿐만 아니라 비대체적 작위의무의 집행을 위해서도 적용될 수 있다는 점, 상기의 수단은 대집행이나 기타의 수단으로 효과의 달성이 곤란한 경우에만 적용되어야 한다는 점(보충성의 원칙), 상기의 수단의 도입이 요구되는 경우에는 경찰력의 신속한 투입이 특히 중요한바, 법규에서 경찰공무원의 직무상 명령에의 복종이 특히 강조되어야 한다는 점, 따라서 위법명령에 대한 이의제기는 제한된다는 점, 그러나 인간의 가치를 부정하는 명령, 경찰목적에 반하는 명령에는 거부하여야 하고 준수할 의무가 없다는 점이 중요하다.

4. 수단선택과 실력행사

1411e ⑴ 일 반 론　상기의 수단이 도입되는 경우에 사용할 수 있는 실력의 행사방법은 법상 예정되어 있는 것에 한한다. 그 종류에는 ① 경찰공무원의 단순한 신체상의 힘(체력, 즉 경찰공무원의 육체적인 힘), ② 체력의 보조수단(예 : 경찰견·경찰마·경찰차·폭약·수갑·포승 등), ③ 무기(칼·방독면·최루가스·총기 등) 등으로 나눌 수 있다(경찰관 직무집행법은 최루탄을 무기와 구분하여 규정하고 있다). 이러한 힘(공무원의 체력, 체력의 보조수단, 무기)의 행사에도 당연히 비례원칙이 적용된다(예컨대, 경찰관 직무집행법 제5조에 의거하여 경찰이 위험의 발생의 방지를 위해 필요한 조치를 취하는 경우에 경찰은 제1차적으로 자신의 체력에 의하여야 할 것이고, 제2차적으로 동법 제10조의2와 제10조의3이 허용하는 경우에는 장구 또는 최루탄을 사용할 수 있을 것이고, 제3차적으로 동법 제10조의4가 허용되는 경우에는 무기를 사용할 수도 있다). 경찰관 직무집행법은 체력의 보조수단과 무기를 합하여 경찰장비라 부르고 있다. 한편, 제주자치도 자치경찰공무원이 사용하는 경찰장비에는 표지를 부착하되, 국가경찰의 장비와 구별될 수 있도록 하여야 한다(제국법 제97조 제3항).

1411f ⑵ 경찰장비의 사용　경찰관은 직무수행 중 경찰장비를 사용할 수 있다. 다만, 사람의 생명이나 신체에 위해를 끼칠 수 있는 경찰장비(이하 이 조에서 “위해성 경찰장비”라 한다)를 사용할 때에는 필요한 안전교육과 안전검사를 받은 후 사용하여야 한다(경직법 제10조 제1항). 제1항 본문에서 “경찰장비”란 무기, 경찰장구, 최루제와 그 발사장치, 살수차, 감식기구, 해안 감시기구, 통신기기, 차량·선박·항공기 등 경찰이 직무를 수행할 때 필요한 장치와 기구를 말한다(경직법 제10조 제2항). 경찰관은 경찰장비를 함부로 개조하거나 경찰장비에 임의의 장비를 부착하여 일반적인 사용법과 달리 사용함으로써 다른 사람의 생명·신체에

위해를 끼쳐서는 아니 된다(경직법 제10조 제3항). 경찰장비의 사용은 대체로 경찰상 즉시강제의 성질을 갖는다.[1] 또 한편으로 경찰장비의 사용은 경찰관 직무집행법 제3조 내지 제7조 등에서 규정하는 경찰상 즉시강제 내지 경찰상 조사수단의 도입시에 활용되는 힘(실력)의 한 종류로서의 성질도 갖는다.

(3) 장구의 사용 경찰관은 다음 각 호(1. 현행범이나 사형·무기 또는 장기 3년 이상의 징역이나 금고에 해당하는 죄를 범한 범인의 체포 또는 도주 방지, 2. 자신이나 다른 사람의 생명·신체의 방어 및 보호, 3. 공무집행에 대한 항거 제지)의 직무를 수행하기 위하여 필요하다고 인정되는 상당한 이유가 있을 때에는 그 사태를 합리적으로 판단하여 필요한 한도에서 경찰장구를 사용할 수 있다(경직법 제10조의2 제1항). 제1항에서 "경찰장구"란 경찰관이 휴대하여 범인 검거와 범죄 진압 등의 직무 수행에 사용하는 수갑, 포승(捕繩), 경찰봉, 방패 등을 말한다(경직법 제10조의2 제2항). 1411g

(4) 분사기·최루탄의 사용 경찰관은 다음 각 호(1. 범인의 체포 또는 범인의 도주 방지, 2. 불법집회·시위로 인한 자신이나 다른 사람의 생명·신체와 재산 및 공공시설 안전에 대한 현저한 위해의 발생 억제)의 직무를 수행하기 위하여 부득이한 경우에는 현장책임자가 판단하여 필요한 최소한의 범위에서 분사기(「총포·도검·화약류 등의 안전관리에 관한 법률」에 따른 분사기를 말하며, 그에 사용하는 최루 등의 작용제를 포함한다. 이하 같다) 또는 최루탄을 사용할 수 있다(경직법 제10조의3). 「위해성 경찰장비의 사용기준 등에 관한 규정」은 분사기·최루탄 등을 "근접분사기·가스분사기·가스발사총(고무탄 발사겸용을 포함한다) 및 최루탄(그 발사장치를 포함한다)"으로 정의하고 있다(장비정 제2조 제3호). 1411h

(5) 무기의 사용

(가) 사용요건 경찰관은 범인의 체포, 범인의 도주 방지, 자신이나 다른 사람의 생명·신체의 방어 및 보호, 공무집행에 대한 항거의 제지를 위하여 필요하다고 인정되는 상당한 이유가 있을 때에는 그 사태를 합리적으로 판단하여 필요한 한도에서 무기를 사용할 수 있다. 다만, 다음 각 호(1. 「형법」에 규정된 정당방위와 긴급피난에 해당할 때, 2. 다음 각 목(가. 사형·무기 또는 장기 3년 이상의 징역이나 금고에 해당하는 죄를 범하거나 범하였다고 의심할 만한 충분한 이유가 있는 사람이 경찰관의 직무집행에 항거하거나 도주하려고 할 때, 나. 체포·구속영장과 압수·수색영장을 집행하는 과정에서 경찰관의 직무집행에 항거하거나 도주하려고 할 때, 다. 제3자가 가목 또는 나목에 해당하는 사람을 도주시키려고 경찰관에게 항거할 때, 라. 범인이나 소요를 일으킨 사람이 무 1411i

1) 우리의 이론서들은 경찰관 직무집행법상의 대인적 강제수단으로 본문의 내용 외에도 장구사용, 최루탄의 사용, 무기사용 등을 열거하고 있음이 일반적이다(김남진 교수, 김도창 교수, 박윤흔 교수, 석종현 교수 등).

기·흉기 등 위험한 물건을 지니고 경찰관으로부터 3회 이상 물건을 버리라는 명령이나 항복하라는 명령을 받고도 따르지 아니하면서 계속 항거할 때)의 어느 하나에 해당하는 때에 그 행위를 방지하거나 그 행위자를 체포하기 위하여 무기를 사용하지 아니하고는 다른 수단이 없다고 인정되는 상당한 이유가 있을 때, 3. 대간첩 작전 수행 과정에서 무장간첩이 항복하라는 경찰관의 명령을 받고도 따르지 아니할 때)의 어느 하나에 해당할 때를 제외하고는 사람에게 위해를 끼쳐서는 아니 된다(경직법 제10조의4 제1항).[1)]

1411j (나) **무기의 개념** 제1항에서 "무기"란 사람의 생명이나 신체에 위해를 끼칠 수 있도록 제작된 권총·소총·도검 등을 말한다(경직법 제10조의4 제2항).

1411k (다) **공용화기의 사용** 대간첩·대테러 작전 등 국가안전에 관련되는 작전을 수행할 때에는 개인화기(個人火器) 외에 공용화기(共用火器)를 사용할 수 있다(경직법 제10조의4 제3항).

1411l (6) **총기의 사용** 실력행사방법으로서 무기사용 중에서도 총기사용은 그 자체가 목적이 아니다. 총기사용은 정당한 고권적인 처분과 명령상의 특정목적의 실현을 위한 도구일 뿐이다. 그것은 오로지 목적을 위한 수단이며, 특정한 고권적인 목적 없는 총기사용은 예상할 수 없다. 이것은 결국 총기사용에 비례원칙이 반드시 적용되어야 함을 의미한다. 일반적으로 말한다면, 총기의 사용은 경찰책임자(경찰의무자)의 공격이나 도주시에 가능할 것이다. 총기사용은 개개인의 신체의 온전성에 관련되는 국가권력의 작용인 까닭에 헌법 제10조(인간의 존엄과 가치), 제12조(신체의 자유)에 의거, 법률의 근거 하에서만 사용가능하다. 현행법상 그 근거로 경찰관 직무집행법 제10조의4를 들 수 있다. 총기사용의 요건은 엄격하여야 한다.[2)]

제 4 항 경찰상 행정조사(경찰조사)

1. 의 의

1412 경찰상 행정조사란 적정하고도 효과적인 경찰행정을 위해 경찰행정기관이 개인에 관한 자료·정보를 수집하는 사실행위 또는 사실행위와 법적 행위의 합성적 행위로서의 조사작용을 말한다. 경찰상 행정조사를 경찰상 조사[3)] 또는 경찰조사라고도 한다.[4)] 경찰조사는 경찰기관에 의한 조사작용이다. 경찰조사는

---

1) 대판 1999. 3. 23, 98다63445.
2) 대판 2004. 5. 13, 2003다57956; 대판 2004. 3. 25, 2003도3842.
3) 박윤흔·정형근, 최신행정법강의(하), 360쪽; 윤세창·이호승, 행정법(하), 172쪽.
4) 김남진·김연태, 행정법(Ⅱ), 350쪽(2019); 박평준·박창석, 경찰행정법, 347쪽.

반드시 권력적인 조사작용만을 뜻하는 것은 아니고, 비권력적 조사도 경찰조사에 포함된다.[1] 경찰조사는 통상 그 자체가 법적 효과를 가져오는 행위는 아니다. 그것은 사실행위일 뿐이다. 경우에 따라서는 상대방에게 수인의무를 발생시키기도 한다. 경찰조사는 행정조사의 일종이다. 경찰조사와 경찰상 즉시강제는 목적과 성질에서 다르다.

	경찰조사	경찰상 즉시강제
목적	준비작용으로서 조사 목적	행정상 필요한 상태의 실현
성질	권력적 작용+비권력적 작용(이설 있다)	권력적 작용

2. 법적 근거 등

경찰조사와 법적 근거, 한계, 실력행사와 위법조사, 구제 등은 일반행정법 1412a
(행정법총론)상 실효성확보수단에서 논하는 바와 동일하다.[2]

제 6 절 국가책임과 비용상환

전통적으로 국가책임은 위법한 경찰작용으로 인한 손해배상책임과 적법한 1413
경찰작용과 관련된 손실보상의 문제로 다루어져 왔다. 경찰작용과 관련된 국가책임에 관해 규정하는 일반법은 없다. 따라서 현재로서는 경찰작용으로 인한 국가의 책임은 일반행정작용의 경우와 마찬가지로 국가배상법(손해배상의 경우)과 공익사업을 위한 토지 등의 취득 및 보상에 관한 법률(손실보상의 경우) 및 기타 개별법률(손해배상과 손실보상의 경우)에서 정하는 바에 의할 수밖에 없다. 위험방지작용에는 전통적인 손해배상이나 손실보상으로 해결되지 아니하는 영역(위법하나 무책한 경찰의 행위로 인한 피해의 보상)도 있으므로, 경찰법에서 경찰작용으로 인해 발생하는 국가책임에 관한 일반적 규정을 두는 것이 바람직하다. 현재로서 입법상 미비된 부분은 학설과 판례로 메워야 할 것이다.

---

1) 권력적 조사만을 행정조사로 보는 견해도 있다(김남현, 경찰행정법, 206쪽).
2) 자세한 것은 졸저, 행정법원론(상), 옆번호 2611 이하 참조.

제 1 항 경찰관 직무집행법상 위험방지조치에 따른 손실의 보상

1414 ① 헌법 제23조 제3항은 경찰행정의 영역에서도 당연히 적용된다. 말하자면 국가 또는 지방자치단체가 경찰행정목적을 위해 재산권을 수용·사용 또한 제한을 하는 경우, 국가 또는 지방자치단체는 손실보상의 법리에 따라 손실보상 책임을 진다. 손실보상의 법리에 관한 자세한 연구는 일반행정법에서 이루어진다.[1] ② 다만 경찰관 직무집행법상 경찰관의 직무집행으로 인한 손실의 보상에 관해서는 경찰관 직무집행법 제11조의2에서 규정되고 있다. 이하에서는 ②에 관해서 보기로 한다.

Ⅰ. 일 반 론

1. 경찰관 직무집행법 제11조의2 제1항에 따른 손실보상유형

1415 (1) **규정내용** 경찰관 직무집행법 제11조의2 제1항은 경찰관의 적법한 직무집행으로 인하여 손실을 입은 자에 대한 정당한 보상을 규정하고 있다. 동 조항은 손실을 입은 자를 손실발생의 원인에 대하여 책임이 없는 자(경직법 제11조의2 제1항 제1호)와 책임이 있는 자(경직법 제11조의2 제1항 제2호)로 구분하여 규정하고 있다.

> 경찰관 직무집행법 제11조의2(손실보상) ① 국가는 경찰관의 적법한 직무집행으로 인하여 다음 각 호의 어느 하나에 해당하는 손실을 입은 자에 대하여 정당한 보상을 하여야 한다.
>
> 1. 손실발생의 원인에 대하여 책임이 없는 자가 생명·신체 또는 재산상의 손실을 입은 경우(손실발생의 원인에 대하여 책임이 없는 자가 경찰관의 직무집행에 자발적으로 협조하거나 물건을 제공하여 생명·신체 또는 재산상의 손실을 입은 경우를 포함한다)
> 2. 손실발생의 원인에 대하여 책임이 있는 자가 자신의 책임에 상응하는 정도를 초과하는 생명·신체 또는 재산상의 손실을 입은 경우

1415a (2) **피해자·피해의 유형과 관련조항** 경찰관 직무집행법 제11조의2 제1항이 규정하는 피해자·피해의 유형과 관련조항은 다음의 표에서 보는 바와 같이 여러 가지로 구분해 볼 수 있다.

---

1) 손실보상책임에 관해 자세한 것은, 졸저, 행정법원론(상), 옆번호 2987 이하를 보라.

피해자의 유형	피해의 내용	일 반 법
경찰책임자로서 장해야기자	재산상 피해	경찰관 직무집행법 제11조의2 제1항 제2호
	생명·신체상 피해	경찰관 직무집행법 제11조의2 제1항 제2호
경찰책임자로서 비장해야기자	재산상 피해	경찰관 직무집행법 제11조의2 제1항 제1호
	생명·신체상 피해	경찰관 직무집행법 제11조의2 제1항 제1호
경찰책임과 무관한 자	재산상 피해	경찰관 직무집행법 제11조의2 제1항 제1호
	생명·신체상 피해	경찰관 직무집행법 제11조의2 제1항 제1호
경찰의 보조자	재산상 피해	경찰관 직무집행법 제11조의2 제1항 제1호
	생명·신체상 피해	경찰관 직무집행법 제11조의2 제1항 제1호

2. 손실보상금의 지급과 환수

(1) **손실보상금의 지급** 제1항에 따른 손실보상신청 사건을 심의하기 위하 1415b 여 손실보상심의위원회를 둔다(경직법 제11조의2 제3항). 경찰청장 또는 지방경찰청장은 제3항의 손실보상심의위원회의 심의·의결에 따라 보상금을 지급 … 한다(경직법 제11조의2 제4항). 보상금이 지급된 경우 손실보상심의위원회는 대통령령으로 정하는 바에 따라 경찰위원회에 심사자료와 결과를 보고하여야 한다. 이 경우 경찰위원회는 손실보상의 적법성 및 적정성 확인을 위하여 필요한 자료의 제출을 요구할 수 있다(경직법 제11조의2 제5항).

(2) **손실보상금의 환수** 경찰청장 또는 지방경찰청장은 … 거짓 또는 부정 1415c 한 방법으로 보상금을 받은 사람에 대하여는 해당 보상금을 환수하여야 한다(경직법 제11조의2 제4항). 경찰청장 또는 지방경찰청장은 제4항에 따라 보상금을 반환하여야 할 사람이 대통령령으로 정한 기한까지 그 금액을 납부하지 아니한 때에는 국세 체납처분의 예에 따라 징수할 수 있다(경직법 제11조의2 제6항).

3. 소멸시효 등

(1) **소멸시효** 제1항에 따른 보상을 청구할 수 있는 권리는 손실이 있음을 1415d 안 날부터 3년, 손실이 발생한 날부터 5년간 행사하지 아니하면 시효의 완성으로 소멸한다(경직법 제11조의2 제2항).

(2) **시 행 령** 제1항에 따른 손실보상의 기준, 보상금액, 지급 절차 및 방 1415e 법, 제3항에 따른 손실보상심의위원회의 구성 및 운영, 제4항 및 제6항에 따른 환수절차, 그 밖에 손실보상에 관하여 필요한 사항은 대통령령으로 정한다(경직법 제11조의2 제7항).

Ⅱ. 경찰책임자로서 장해야기자의 피해의 보상

1. 재산권침해로 인한 피해의 보상

1416 (1) 원 칙 경찰법상 경찰책임자는 경찰관 직무집행법에 따른 적법한 경찰작용을 통해 피해를 입었다고 하여도 보상청구권을 갖지 아니한다. 달리 말한다면 적법한 경찰작용으로 인해 장해야기자(교란자)에게 재산상 손실이 생긴 경우에는 기본적으로 보상이 인정될 수 없다(무보상의 원칙). 왜냐하면 장해야기자는 자신의 행위나 자신의 책임영역 내에 있는 물건의 상태를 통해 위험을 가져왔고, 그로 인해 피해를 야기시키는 경찰처분을 초래했기 때문이다. 달리 말한다면 장해는 처음부터 장해야기자의 재산의 사회적 구속성의 한계 안에서 이루어진 것이고, 그러한 장해의 제거에 따르는 손실은 재산권의 사회적 의무에 속하는 것이기 때문이다.[1)]

1416a (2) 예 외 비례원칙에 반하는 과도한 경찰작용의 경우, 과도한 부분으로 인해 발생한 손실에 대해서는 국가가 책임을 부담하여야 한다. 이러한 취지에서 경찰관 직무집행법 제11조의2 제1항 제2호는 “손실발생의 원인에 대하여 책임이 있는 자가 자신의 책임에 상응하는 정도를 초과하는 생명·신체 또는 재산상의 손실을 입은 경우”에 국가의 보상책임을 규정하고 있다.

2. 생명·신체상 침해로 인한 피해의 보상

1416b 2018. 12. 24.자로 개정되기 이전의 경찰관 직무집행법에는 경찰관의 적법한 직무집행으로 인하여 생명·신체상 손실이 발생한 경우, 국가의 손실보상책임에 관한 규정이 없었다. 학설상 인정 여부에 관해 논란이 있었다. 그러나 2018. 12. 24. 개정 경찰관 직무집행법은 이러한 경우에 국가가 보상책임을 부담하도록 하였다. 따라서 이제는 경찰관의 적법한 직무집행으로 인하여 생명·신체상 손실을 입는 자는 재산상 손실을 입은 자의 경우와 동일하게 손실보상을 받을 수 있다. 말하자면 비례원칙에 반하는 과도한 경찰작용으로 인해 생명·신체상 손실을 입은 자는 과도한 부분으로 인해 발생한 생명·신체상 손실에 대하여 국가로부터 손실보상을 받을 수 있다(경직법 제11조의2 제1항 제2호).

---

1) Götz, Allgemeines Polizei－und Ordnungsrecht, Rn. 428; Lisken/Denninger, Handbuch des Polizeirecht, L, 41; Pieroth/Schlink/Kniesel, Polizei－ und Ordnungsrecht, § 22, Rn.13; Schenke, Polizei－ und Ordnungsrecht, in : Steiner(Hg.), Besonderes Verwaltungsrecht, Rn. 339.

Ⅲ. 경찰책임자로서 비장해야기자의 피해의 보상

1. 문제 상황

경찰상 긴급상태에서 위험상황의 발생과 무관계한 자에게 법적 명령이나 사실상의 강제를 통해 재산권침해가 발생한 경우, 그 자에게 특별한 희생(예 : 경찰관 직무집행법 제5조 제1항에 따라 위험물의 폭발을 우려하여 위험물 주위에 있는 주택사용을 일정한 기간 동안 금지한 경우, 그 금지된 기간 동안의 임차료 상당의 금액)이 있음을 근거로 하여 보상이 이루어져야 할 것인가의 문제가 있다. 1417

2. 재산권침해로 인한 피해의 보상(손실보상청구권)

경찰관 직무집행법 제11조의2 제1항 제1호에 경찰상 긴급상태라는 용어는 나타나지 않는다. 그러나 해석상 경찰관 직무집행법 제11조의2 제1항 제1호는 「경찰상 긴급상태에서 경찰책임자인 비장해야기자에 가해진 재산상 피해에 대한 국가의 손실보상배상책임」도 내포하는 규정으로 이해된다. 경찰상 긴급상태라는 용어를 명시적으로 사용하는 입법례도 있다.[1)] 한편, 경찰처분이 위법하나 책임 없는 경우도 마찬가지로 국가의 손실보상책임이 인정되어야 할 것이다. 독일에서는 경찰처분이 위법하고 책임 있는 경우(위법·유책)도 손실보상청구권이 인정된다.[2)] 1417a

3. 생명·신체상 침해로 인한 피해의 보상

2018. 12. 24.자로 개정되기 이전의 경찰관 직무집행법에는 경찰관의 적법한 직무집행으로 인하여 생명·신체상 손실을 입은 경우, 국가의 손실보상책임에 관한 규정이 없었다. 학설상 인정 여부에 관해 논란이 있었다. 그러나 2018. 12. 24. 개정 경찰관 직무집행법은 경찰관의 적법한 직무집행으로 인하여 생명·신체상 손실을 입은 경우에도 국가의 보상책임을 도입하였다. 따라서 이제는 경찰관의 적법한 직무집행으로 인하여 생명·신체상 손실을 입는 경우에도 재산상 손실을 입는 경우와 동일하게 보상을 받을 수 있다(경직법 제11조의2 제1항 제1호). 1417b

---

1) 입법례로 니더작센 위험방지법 제60조, 바이에른경찰직무법 제70조 등.
[참고] 바이에른경찰직무법 제70조(보상청구권) ① 제10조(경찰상 긴급상태)에 따른 처분으로 인해 피해를 입은 자는 경찰처분으로 인해 발생한 피해의 범위 안에서, 그리고 피해에 대하여 다른 보상이 주어지지 아니하는 때에 보상을 받을 수 있다.
③ 사망의 경우에는 민법 제844조 제2항의 적용을 통해 부양권리자에게 보상하여야 한다.
④ 처분이 직접 사람의 보호 또는 피해자의 재산의 보호를 위한 것인 때에는 제1항 내지 제3항에 따른 보상청구권은 인정되지 아니한다.

2) Berner/Köhler, Polizeiaufgabengesetz, Art.70.2.

그러나 경찰상 긴급상태에서 이루어진 처분이 피해자나 피해자의 재산보호를 위해 행해진 경우에는 보상청구권이 없다고 볼 것이다.[1)]

Ⅳ. 경찰책임과 무관한 자의 피해의 보상

1. 문제상황

1418a 경찰상 긴급상태에서 비장해야기자가 피해를 입는 경우와 구별되어야 할 것으로 경찰관의 적법하고 책임 없는 처분으로 무관계자인 제3자가 손해를 입게 되는 경우가 있다. 전자에 있어서 비장해야기자는 긴급상태에 있어서 경찰상 책임자이지만, 후자에 있어서 무관계자인 제3자는 경찰책임자가 아니다. 아래에서 경찰책임과 무관계한 자의 피해의 대한 보상을 보기로 한다.

2. 재산권침해로 인한 피해의 보상(손실보상청구권)

1418b 경찰관 직무집행법에 따른 적법한 경찰작용이지만 경찰의 책임 없는 처분으로 무관계자인 제3자가 재산상 손해를 입게 되면(예 : 경찰이 흉악범에 발사한 총격의 파편에 의해 제3자의 건물이 파손된 경우), 즉 손실발생의 원인에 대하여 책임이 없는 자가 재산상의 손실을 입은 경우, 그 제3자는 피해보상청구권(손실보상청구권)을 갖는다(경직법 제11조의2 제1항 제1호). 적법한 경찰작용이지만 경찰관 직무집행법이 아니라 다른 법률에 근거한 것이라면 그 법률이 정하는 바에 따라, 그 법률에 정함이 없다면 헌법 제23조 제1항과 제11조의 평등조항 등으로부터 보상청구권이 나온다고 볼 것이다.[2)]

3. 생명·신체상 침해로 인한 피해의 보상

1418c 2018. 12. 24.자로 개정되기 이전의 경찰관 직무집행법에는 경찰관의 적법한 직무집행으로 인하여 생명·신체상 손실을 입은 경우, 국가의 손실보상책임에 관한 규정이 없었다. 학설상 인정 여부에 관해 논란이 있었다. 그러나 2018. 12. 24. 개정 경찰관 직무집행법은 경찰관의 적법한 직무집행으로 인하여 생명·신체상 손실을 입은 경우에도 국가의 보상책임을 도입하였다. 따라서 이제는 경찰관의 적법한 직무집행으로 인하여 경찰책임과 무관한 자도 생명·신체상 손실을 입는 경우에도 재산상 손실을 입는 경우와 동일하게 보상을 받을 수 있다(경직법 제11조의2 제1항 제1호).[3)]

---

1) 입법례로 바이에른경찰직무법 제70조(보상청구권) 제4항 참조.
2) 자세한 것은, 졸저, 행정법원론(상), 옆번호 3118 이하 참조.
3) 입법례로 바이에른경찰직무법 제70조(보상청구권) ② 제7조(사람의 행위로 인한 책임)와 제8조(물건의 상태로 인한 책임)에 따른 책임을 부담하지 아니하는 자와 제10조에 따른 처분의 상대

Ⅴ. 경찰의 보조자의 피해의 보상

1. 문제상황

경찰의 보조자에 대한 보상이란 사인이 경찰의 동의하에 경찰의 직무수행 1419
에 자발적으로 협력하다가 입은 피해에 대한 보상을 말한다. 이러한 보상은 경찰의 요청에 따라 경찰의 직무수행을 돕는 자가 비장해야기자보다 불리한 대우를 받아서는 아니 된다는 점에서 문제된다.

2. 재산권침해로 인한 피해의 보상(손실보상청구권)

경찰관 직무집행법에 따른 적법한 경찰작용으로 인해 경찰의 보조자에게 1419a
재산상 손해가 발생하면, 이 경우는 손실발생의 원인에 대하여 책임이 없는 자가 재산상의 손실을 입은 경우(손실발생의 원인에 대하여 책임이 없는 자가 경찰관의 직무집행에 자발적으로 협조하거나 물건을 제공하여 재산상의 손실을 입은 경우를 포함한다)에 해당하는바(경직법 제11조의2 제1항 제1호), 경찰의 보조자는 보상청구권(손실보상청구권)을 갖는다.

3. 생명·신체상 침해로 인한 피해의 보상

2018. 12. 24.로 개정되기 이전의 경찰관 직무집행법에는 경찰관의 적법한 1419b
직무집행으로 인하여 생명·신체상 손실을 입은 경우, 국가의 손실보상책임에 관한 규정이 없었다. 학설상 인정 여부에 관해 논란이 있었다. 그러나 2018. 12. 24. 개정 경찰관 직무집행법은 경찰관의 적법한 직무집행으로 인하여 생명·신체상 손실을 입은 경우에도 국가의 보상책임을 도입하였다. 따라서 이제는 경찰관의 적법한 직무집행으로 인하여 생명·신체상 손실을 입는 경찰의 보조자도 재산상 손실을 입는 경우와 동일하게 보상을 받을 수 있다(경직법 제11조의2 제1항 제1호).

Ⅵ. 경찰허가의 취소·철회와 보상

경찰상 허가처분이 상대방의 귀책사유가 없음에도 불구하고, 경찰행정청에 1420
의해 취소 또는 철회되면, 이로 인해 상대방이 받는 피해는 보상되어야 한다.

방이 아닌 자가 경찰처분으로 사망하거나 다치거나 또는 수인할 수 없는 피해를 입었을 때에도 제1항과 같다.

③ 사망의 경우에는 민법 제844조 제2항의 적용을 통해 부양권리자에게 보상하여야 한다.

④ 처분이 직접 사람의 보호 또는 피해자의 재산의 보호를 위한 것인 때에는 제1항 내지 제3항에 따른 보상청구권은 인정되지 아니한다.

우리의 경우, 이에 관한 일반법은 없다. 입법례에 따라서는 행정절차법에서 일반적인 규정을 두기도 한다(예 : 독일행정절차법 제48조 제3항·제49조 제6항).

제 2 항 손해배상

1. 경찰공무원의 불법행위로 인한 손해배상책임

1421 국가 또는 지방자치단체는 국가배상법 제2조 제1항 본문에 의거하여 경찰공무원이 그 직무를 집행함에 당하여 고의 또는 과실로 법령에 위반하여 타인에게 손해를 가하거나,[1] 자동차손해배상보장법의 규정에 의하여 손해배상의 책임이 있는 때에는 국가배상법에 의하여 그 손해를 배상하여야 한다.[2] 피해자가 장해자인가 비장해자인가를 가릴 필요가 없다. 공무원 자신의 책임은 면제되지 아니한다(헌법 제29조 제1항 단서).

2. 영조물의 하자로 인한 손해배상책임

1422 국가 또는 지방자치단체는 국가배상법 제5조 제1항 제1문에 의거하여 도로·하천 기타 공공의 영조물의 설치 또는 관리에 하자가 있기 때문에 타인에게 손해를 발생하게 하였을 때에는 그 손해를 배상하여야 한다.[3]

제 3 항 경찰행정청의 비용상환청구권 등

경찰기관은 위험방지사무를 위해 인적·물적 비용(예 : 무단주차차량의 견인에 따르는 운전자의 보수, 보관에 소요되는 비용 등)을 지출하게 된다. 이러한 비용을 경

1) 대판 2004. 9. 23, 2003다49009(경찰은 범죄의 예방, 진압 및 수사와 함께 국민의 생명, 신체 및 재산의 보호 등과 기타 공공의 안녕과 질서유지도 직무로 하고 있고, 그 직무의 원활한 수행을 위하여 경찰관 직무집행법, 형사소송법 등 관계 법령에 의하여 여러 가지 권한이 부여되어 있으므로, 구체적인 직무를 수행하는 경찰관으로서는 제반 상황에 대응하여 자신에게 부여된 여러 가지 권한을 적절하게 행사하여 필요한 조치를 취할 수 있는 것이고, 그러한 권한은 일반적으로 경찰관의 전문적 판단에 기한 합리적인 재량에 위임되어 있는 것이나, 경찰관에게 권한을 부여한 취지와 목적에 비추어 볼 때 구체적인 사정에 따라 경찰관이 그 권한을 행사하여 필요한 조치를 취하지 아니하는 것이 현저하게 불합리하다고 인정되는 경우에는 그러한 권한의 불행사는 직무상의 의무를 위반한 것이 되어 위법하게 된다. 윤락녀들이 윤락업소에 감금된 채로 윤락을 강요받으면서 생활하고 있음을 쉽게 알 수 있는 상황이었음에도, 경찰관이 이러한 감금 및 윤락강요행위를 제지하거나 윤락업주들을 체포·수사하는 등 필요한 조치를 취하지 아니하고 오히려 업주들로부터 뇌물을 수수하며 그와 같은 행위를 방치한 것은 경찰관의 직무상 의무에 위반하여 위법하므로 국가는 이로 인한 정신적 고통에 대하여 위자료를 지급할 의무가 있다).

2) 자세한 것은 졸저, 행정법원론(상), 옆번호 2818 이하 참조.

3) 자세한 것은 졸저, 행정법원론(상), 옆번호 2939 이하 참조.

찰비용이라 부르기로 한다. 경찰비용은 공적 시설(예 : 터널통행료)의 단순한 사용대가인 사용수수료와 다르다. 경찰의 위험방지작용으로 인해 발생되는 비용부담에 관한 경찰법상 일반규정을 찾아볼 수 없다. 학설과 판례가 정리하여야 한다.

Ⅰ. 비용상환청구권

1. 장해자에 대한 상환청구권

(1) **명문의 규정** 법률에 근거가 있는 경우라면, 경찰은 장해야기자로 인 1428
해 경찰행정청에 생긴 비용의 상환을 청구할 수 있다. 한편, 헌법적 관점에서 본다면 경찰의 감시·안전유지활동은 헌법상 명령된 공적 임무인바, 그것은 일반납세자의 부담으로 해결되어야 할 것이라는 주장도 가능하다.[1] 이에 대하여 위험을 야기시킨 자의 행위에 대하여 일반납세자의 부담으로 해결하는 것은 정당하지 않다는 주장도 가능하다. 바람직한 것은 경찰상 비용부담에 관한 법률을 마련하는 일이다.

(2) **대 집 행** 대집행의 경우에는 행정대집행법이 정하는 바에 따라 비용 1429
상환을 청구할 수 있다. 대집행에 따른 경찰행정청의 상환청구권은 대집행이 적법한 경우에만 인정된다고 볼 것이다.[2] 대집행의 전제가 된 경찰상의 행위가 적법한 것인가는 묻지 아니한다. 경찰의 대집행이 행정대집행법에 따른 것이 아닌 한, 행정대집행법에 따른 비용의 상환을 청구할 수는 없다. 경찰관 직무집행법 등에 행정대집행에 관한 특례조항을 두는 것도 필요하다.

(3) **직접강제·즉시강제** 직접강제나 즉시강제의 경우에 경찰이 비용상환 1430
을 청구할 수 있다는 규정을 찾아보기는 어렵다. 법령에 규정이 없는 한, 비용상환의 청구는 인정되기 어렵다. 왜냐하면 통상적으로 경찰은 자신의 인적·물적 수단으로 위험방지사무를 처리할 수 있다고 보기 때문이다. 다만 통상의 비용을 능가하는 많은 비용이 드는 경우에는 예외적으로 의무자에게 비용을 부담시킬 수도 있을 것이다. 그러나 이러한 경우에 의무자에게 비용을 부담시키기 위해서는 법률의 근거가 필요하다. 한편, 독일의 경우에도 직접강제나 즉시강제로 발생하는 비용은 일반적으로 경찰부담으로 이해되고 있다.[3]

---

1) Friauf, Polizei- und Ordnungsrecht, in : Schmidt-Aßmann(Hrsg.), Besonderes Verwaltungsrecht, Rn. 205.
2) Götz, S. 163; Schenke, in : Steiner(Hrsg.), Besonderes Verwaltungsrecht Ⅱ, Rn. 355.
3) Pieroth/Schlink/Kniesel, Polizei- und Ordnungsrecht, § 25, Rn. 11ff.

2. 비장해자에 대한 상환청구권

1431 비장해야기자는 원칙적으로 경찰행위로 인해 발생한 비용을 상환할 의무가 없다. 비장해야기자 자신의 이익을 위해 경찰상의 처분이 가해졌더라도 마찬가지이다. 다만, 비장해야기자가 경찰상 처분으로 인해 부당이득을 하게 되는 경우에는 공법상 사무관리의 법리에 의해 상환의무를 부담한다고 볼 것이다.[1)] 그리고 특별규정이 있다면, 그에 따라야 한다.

3. 수수료(비용)의 예납문제

1432 위험방지처분을 야기시킬 가능성이 있는 자에게 위험야기를 억제하기 위한 수단으로서 일정 금액의 수수료(비용)를 미리 예납하게 하는 방안에 대하여서도 검토할 필요가 있다(예 : 위험물수송경호나 도난의 경보를 위한 기구의 그릇된 작동으로 인한 경찰출동의 경우의 보상문제 등).

Ⅱ. 보상금의 지급

1. 의 의

1432a 경찰청장, 지방경찰청장 또는 경찰서장은 다음 각 호(1. 범인 또는 범인의 소재를 신고하여 검거하게 한 사람, 2. 범인을 검거하여 경찰공무원에게 인도한 사람, 3. 테러범죄의 예방활동에 현저한 공로가 있는 사람, 4. 그 밖에 제1호부터 제3호까지의 규정에 준하는 사람으로서 대통령령으로 정하는 사람)의 어느 하나에 해당하는 사람에게 보상금을 지급할 수 있다(경직법 제11조의3 제1항).

2. 취 지

1432b 국가나 지방자치단체의 경찰조직만으로 공동체의 위험방지를 충분히 할 수 있는 것은 아니므로, 위험방지에는 국민의 협력도 필수적이라는 점에 대해서는 논란의 여지가 없을 것이다. 위험방지에 기여한 사람들에게 보상금을 지급하는 것은 위험방지에 국민의 협력을 이끌어내는 데 도움을 줄 것이다.

1) Friauf, Polizei- und Ordnungsrecht, in : Schmidt-Aßmann(Hrsg.), Besonderes Verwaltungsrecht, Rn. 206.

제5편 공적 시설법

(1) 공공시설을 광의로 공물·영조물의 물적 요소·공기업의 물적 요소를 포괄하는 상위개념으로 이해한다고 하여도, 공적 시설법을 공물법·영조물법·공기업법을 포괄하는 상위개념으로 사용하기에는 다소 문제가 있다. 그럼에도 본서에서 초판(1992)부터 이렇게 사용하는 것은 오로지 저자의 편의를 위한 것이다.

(2) 일설은 공물·영조물·공기업을 합하여 공급행정이라 부른다.[1] 그리고 다수 학자들은 공물법·영조물법·공기업법·사회보장법·조성행정법을 합하여 급부행정법이라 부르면서[2] 한결같이 Wolff/Bachof의 소론에[3] 의거하여[4] 급부행정의 기본원리로 사회국가원칙·보충성의 원칙·법률적합성의 원칙·평등의 원칙·비례원칙(과잉금지의 원칙)·부당결부금지의 원칙·신뢰보호의 원칙을 논급하고 있다. 동시에 이러한 학자들은 급부행정법 외에 경제행정법 등도 특별행정법(행정법각론·특별행정작용법)의 구성부분으로서 기술하고 있다.

(3) 그러나 다수 견해의 태도는 방법론상 타당하지 않다. 왜냐하면 질서행정에 대비되는 급부행정의 개념은 특정한 행정영역을 능가하는 개념으로서 경제행정의 상당부분 등도 포함하는 개념이므로, 특별행정법(행정법각론·특별행정작용법)을 질서행정법·급부행정법으로 구성하든지 아니면 행정영역별로 구성하는 것(본서의 입장)이 합리적이기 때문이다. 요컨대 공물법·영조물법·공기업법·사회보장법·조성행정법을 합하여 급부행정법이라 부르는 것도 급부행정(법)개념을 남용하는 것으로서 바람직한 것은 아니라 하겠다.

1) 박윤흔, 최신행정법강의(하), 393쪽.
2) 김남진·김연태, 행정법(Ⅱ), 384쪽(2019); 김동희, 행정법(Ⅱ), 252쪽(2019); 박윤흔, 최신행정법강의(하), 393쪽 이하.
3) Wolff/Bachof, Verwaltungsrecht Ⅲ, S. 189ff.
4) 김동희, 행정법(Ⅱ), 256쪽(2019).

제1장 공 물 법

제1절 일 반 론

1433 공물법(Recht der öffentlichen Sachen)이란 오래전부터 알려진 법의 한 영역이나 아직까지 그 내용이 체계적으로 명백하게 한계지어져 있지 아니하며, 또한 단일의 법전으로 구성되어 있지도 않다. 현재로서는 도로법·하천법 등의 여러 개의 단행법률로 규정되어 있을 뿐이다. 공물법은 특별규정과 판례, 그리고 이론에 의해 일반법원칙으로 발전되어 오고 있으며, 동시에 발전되어야 할 부분이다. 공물법의 일반법원칙은 기존의 성문법규 해석·적용에도 기본이 되면서, 명문의 규정이 없는 법규흠결의 경우에 그 흠결을 보충하는 기능을 수행하기도 한다. 공물법은 공물의 법적 지위, 공물의 관리와 이용 등을 규율의 중심 대상으로 한다.

제1항 공물의 개념·본질

1. 공물개념의 특징

1434 공물은 실정법상의 개념이 아니라 학문상의 개념이다. 공물은 상이한 여러 종류의 물건의 집합개념이다. 공물은 ① 공적 목적에 봉사한다는 점(공공복지기능, Gemeinwohlfunktion)과 ② 사법에 의해서 규율되는 면도 중요하나 행정법상의 특별법질서(공법상 법적 지위, öffentlichrechtlicher Rechtsstatus)도 중요한 내용으로 한다는 점, 즉 공법상 물적 지배권(Sachenherrschaft)도 개념요소로 한다는 점을 특징으로 한다.[1] 공물의 예는 매우 많다(예 : 도로·지하철).

2. 공물개념의 광·협

1435 공물개념은 다양하게 사용되기도 한다. ① 광의로는 행정주체(국가·지방자치단체 등)가 직접 행정목적에 제공한 행정재산과 그 밖에 간접적으로 행정목적에

1) Papier, in : Erichsen/Ehlers(Hrsg.), Allgemeines Verwaltungsrecht(13. Aufl.), §37, Rn. 1. Papier, Recht der öffentlichen Sachen, S. 1; Schweickhardt/Vondung(Hrsg.), Allgemeines Verwaltungsrecht, Rn. 1024.

이바지하는 재정재산을 포함하는 개념으로 이해된다. ② 협의로는 행정재산으로 이해된다. 행정재산은 다시 행정주체 자신의 이용에 제공된 공용물과 일반공중에 제공된 공공용물로 구성된다. ③ 최협의로는 공공용물만을 공물로 부르기도 한다. ④ 일반적으로 공물이란 협의로 사용되고 있는 것으로 보인다.[1] 그럼에도 공물개념의 중심은 일반국민의 이용과 직접 관련하는 공공용물에 있다.

3. 공물개념의 정의

① 전통적 견해는 공물을 '행정주체가 직접 행정목적(공공목적)에 제공한 개 1436
개의 유체물'로 정의한다.[2] ② 근년에는 공물을 '관습법을 포함하여 법령이나 행정주체에 의해 직접 공적 목적에 제공된 유체물과 무체물 및 물건의 집합체(시설, 집합물)'로 정의한다.[3] ③ 생각건대 공물에는 개개의 유체물 외에도 무체물(예 : 대기)과 집합물(예 : 강·바다)이 있다는 점, 관습법에 의해서도 공물성립이 가능하다는 점에서 ②의 정의가 타당하다.

(1) **물건으로서의 공물** 공물도 물건이다. 따라서 공물개념을 정의하기 위 1437
해서는 먼저 물건의 개념이 정의되어야 한다. 민법(제98조)은 물건개념을 '유체물 및 전기 기타 관리할 수 있는 자연력'으로 정의하고 있으나, 그것이 공물에도 그대로 적용된다고 보기는 어렵다.[4] 대기나 영해가 유체물도 아니고 반드시 관리가능한 것도 아니지만 공법상 의미로는 물건에 해당하고, 사법상 종물개념이 공법상 특별지위를 설정하는 행정주체를 구속하는 것도 아니며, 사법상으로는 독립적인 여러 물건도 하나의 공물(예 : 도로·광장 등)일 수 있기 때문이다.[5] 따라서 개개의 유체물만을 공물로 볼 필요는 없다. 그러나 공물은 기본적으로 물적 개념을 의미하는 까닭에 특허권 같은 무체재산권은 공물이 아니다. 공물은 물적 개념을 의미하는 까닭에 인적·물적 결합체인 영조물과 구분된다. 영조물이 갖는 개개의 물적 요소가 공물이 될 수 있음은 물론이다.

(2) **목적의 공공성과 공물** 공행정주체는 자신의 임무수행을 위해 인적 보 1438
조수단뿐만 아니라 물적 수단(공용물)도 필요로 한다. 행정주체는 사인의 이용에 놓이는 물건(공공용물)의 확보와 이용가능성도 배려하여야 한다. 공물은 직접[6]

1) 김도창, 일반행정법론(하), 400쪽; 이상규, 신행정법론(하), 430쪽.
2) 김도창, 일반행정법론(하), 400쪽; 윤세창·이호승, 행정법(하), 242쪽; 이상규, 신행정법론(하), 430쪽; 석종현, 일반행정법(하), 409쪽.
3) 김남진·김연태, 행정법(Ⅱ), 393쪽(2019); 박윤흔·정형근, 최신행정법강의(하), 414쪽.
4) Papier, in : Erichsen/Ehlers(Hrsg.), Allgemeines Verwaltungsrecht(13. Aufl.), §37, Rn. 3; Battis, Allgemeines Verwaltungsrecht, S. 272.
5) Papier, Recht der öffentlichen Sachen, S. 3.
6) Erbguth, Allgemeines Verwaltungsrecht(7. Aufl.), §30, Rn. 4.

공공목적을 위하여 사용된다는 데에 의미를 갖는다. 이러한 물건들은 목적에 적합한 존속을 보장하고 이용을 규율하는 특별행정법 하에 놓인다. 이러한 대상들은 공적 기능을 사항에 적합하게 실현하기 위하여 사법이 아니라 행정법의 지배질서와 이용질서에 놓인다.

1439 (3) **직접 공적 사용목적과 공물** 공물은 직접 공적 목적을 위해 사용되고 있는 물건을 말한다. 공행정의 목적에 직접적으로 사용되는 것이 아니라 재산상의 가치나 수익을 통해 간접적으로 공행정목적에 기여하는 물건인 재정재산(일반재산)은 공물에 속하지 않는다.[1] 그것은 기본적으로 사법의 적용을 받을 뿐이다. 넓은 의미에서 공물은 직접 사용을 통해 공공복지 또는 공행정주체의 고유한 필요에 계속적으로 봉사토록 정해진, 그리고 특히 공적 지배권에 놓이는 물건을 말한다.

1440 (4) **공물의 결정권자로서 행정청 등** 공공복지기능과 사실상의 제공만으로 공물이 되는 것은 아니다. 법률상·관습법상 또는 행정청에 의해 물건에 공법적 지위를 부여하는 근거인 공용지정이 있어야 한다. 공용지정이 없는 한 사인의 물건이 공적목적에 기여하고 있다고 하여도 사법의 적용을 받는다면 그것은 공물이 아니고 사실상의 공물일 뿐이다(예 : 사인의 미술관).[2] 뿐만 아니라, 국유재산 또는 공유재산이 공적 목적으로 사용되고 있다고 하여도 공용지정이 없다면 공물로 보기 어렵지만,[3] 이러한 물건의 관리와 이용 등에 관해서는 유사한 공물에 적용되는 공물법의 유추적용이 가능할 것이다.

1441 (5) **소유권의 주체와 공물** 공물개념과 공물의 소유권의 귀속과는 무관하다. 말하자면 모든 국유재산이나 공유재산이 공물인 것은 아니며(예 : 일반재산), 사인소유의 물건이라도 공용지정이 있게 되면 공물이 되는 것이다.

4. 공물의 본질

1442 공물의 본질은 사법의 적용을 받는 물건이라도 일정 관점과 일정 범위에서 공적 목적을 위해 공법상 제약을 받는 고유한 지위를 갖는다[4]는 것, 즉 공법의 적용을 받는다는 점이다. 공법의 적용을 받는 범위 내에서 그 물건에 결합되어 있는 소유자·점유자 등의 민법에 따른 권리는 배제된다. 공물의 지위와 공물과

1) E. Forsthoff, Lehrbuch des Verwaltungsrecht S. 376; Papier, Recht der öffentlichen Sachen, S. 4.
2) Papier, Recht der öffentlichen Sachen, S. 3.
3) 이러한 공물을 법정 외 공물이라 부르기도 하는데(박균성, 행정법론(하)(2022), 387쪽), 공물의 성립에 공용지정이 필요하다는 시각에서 보면, 법정 외 공물이라는 개념은 부적절해 보인다.
4) Erbguth, Allgemeines Verwaltungsrecht(7. Aufl.), § 30, Rn. 1.

관련한 공법상의 관계는 그것이 사법에 따른 사소유권을 제한하는 효과를 가져오는 한, 기본적으로 법률로써 또는 법률에 근거한 처분으로써만 설정·변경·폐지할 수 있다. 요컨대 공물의 실질적인 전제는 공공복지기능과 공법의 적용이라는 점에 있다.

제2항 공물의 종류

1. 국유공물·공유공물·사유공물

국유공물이란 공물의 소유권자가 국가인 경우(예 : 국유의 도로·항만)를 말하 1443
고, 공유공물이란 공물의 소유권자가 지방자치단체인 경우(예 : 지방자치단체 소유의 사무용 건물)를 말하며, 사유공물이란 공물의 소유권자가 사인인 경우(예 : 공도로로 지정된 사인 소유의 토지)를 말한다.

2. 자유공물·타유공물

자유공물이란 공물의 관리주체와 공물의 소유권자가 동일한 경우(예 : 국가 1444
소유의 사무용 건물)를 말하고, 타유공물이란 공물의 관리주체와 공물의 소유권자가 상이한 공물(예 : 국가가 사무용 건물로 임차한 사인 소유의 건물)을 말한다.

3. 자연공물·인공공물

자연공물이란 자연의 상태 그대로가 공물로 된 경우(예 : 하천·해변)를 말하 1445
고, 인공공물이란 인위적인 가공을 가함으로써 비로소 공물이 되는 경우(예 : 정부의 청사·군함)를 말한다.

4. 공공용물·공용물·공적 보존물

국유재산법은 용도에 따라 국유재산을 행정재산과 일반재산으로 나누고 있 1446
고, 행정재산은 다시 공용재산·공공용재산·기업용재산·보존용재산으로 구분하고 있는바(국재법 제5조), 이를 기준으로 공공용물·공용물·공적 보존물의 구분이 이루어진다. 공공용물이란 직접 일반공중의 사용을 위하여 제공되어 있는 공물(예 : 도로)을 말하고, 공용물이란 국가나 지방자치단체의 사용을 위하여 제공된 물건(예 : 정부종합청사)을 말하며, 공적 보존물이란 문화보전 등의 공적 목적을 위하여 보전에 중점이 놓이는 공물(예 : 국보)을 말한다. 시민의 이용에 제공되는 공공용물은 외부적 사용에 기여하는 것이다. 공공용물은 사인사용공물이라 부르기도 한다. 공공용물은 다시 사인이 아무런 허가 없이 사용할 수 있는 공물인 자유사용공물(예 : 교통목적으로 사용하는 도로), 공물관리청의 명시적이거나 묵시적인 허가를 받아야 사용할 수 있는 공물인 특별사용공물(예 : 기업목적으로 사용하는 하천의 물), 그리고 영조물관리청의 명시적 또는 묵시적 허가를 받아 사용하는 영조물사용공물(예 : 도서관의 도서)로 구분되기도 한다.[1]

1447 공용물은 국가나 지방자치단체의 기관구성자의 사용에 제공되는 공물을 말한다. 이것은 내부적 사용에 기여하는 것이다. 이것은 기관구성자의 사용을 통해 직접 공적 임무수행에 기여하는 물건을 말한다(예 : 국회·정부·법원의 청사, 경찰의 장비, 공무용 차량). 공용물은 경우에 따라 사인의 사용에 제공되기도 한다(지하철로 연결되는 도로의 제공). 사인의 사용은 오로지 공행정임무수행 목적의 범위 내에서 주어진다. 공용물에 대해서 시원적이고 고유하고 직접적인 사인의 공법상 사용권은 존재하지 않는다.[2] 공용물은 행정사용공물이라 부르기도 한다.[3]

5. 예정공물

1448 장래에 어떠한 물건들을 공적 목적에 제공할 것임을 정하는 의사표시를 공물의 예정이라 하고, 그 물건을 예정공물이라 부른다. 공용지정은 있었으나, 현실적으로 완전한 공용제공이 이루어지지 아니한 물건도 예정공물에 해당한다고 본다. 예정공물은 공물에 준하여 취급되기도 한다(구 하천법 제11조의 하천예정지; 구 도로법 제7조의 도로예정지).[4]

▌참고▌ 하천예정지로 지정된 후 그 하천에 관한 사업이 3년 이내에 착수되지 아니하여 대부분 지정의 효력을 잃고 있었고, 하천예정지의 지정으로 인한 손실을 제대로 보상하지 않은 채 행위제한만 이루어지고 있어 국민의 사유재산권을 침해하고 불편을 가중시키고 있었던 바, 불필요한 규제를 완화하고 국민의 불편을 해소하려는 취지에서 2015. 8. 11. 개정 하천법에서 하천예정지 지정 규정이 삭제되었다.

---

1) Papier, in : Erichsen/Ehlers(Hrsg.), Allgemeines Verwaltungsrecht(13. Aufl.), §38, Rn. 3ff.; Papier, Recht der öffentlichen Sachen, S. 17ff.
2) Papier, Recht der öffentlichen Sachen, S. 34f.
3) Papier, Recht der öffentlichen Sachen, S. 34f.; Wolff/Bachof, Verwaltungsrecht Ⅰ(9. Aufl.), §55, Ⅲ.
4) 대판 1994. 5. 10, 93다23442(예정공물인 토지도 시효취득의 대상이 아니다).

제2절 공법적 지위의 성립·소멸·변경

제1항 공법적 지위의 성립(공물의 성립)

일반적 견해에 따르면, ① 어떠한 물건이 특별한 공법상의 행위에 의해 특별한 공법적 이용질서에 놓일 때, 공물이 된다고 한다. 그 공법상의 행위가 이른바 공용지정(Widmung)이며, 공용지정은 입법행위나 행정적인 행위에 의한다. 이를 공물성립의 의사적 요소 또는 의사적 행위라고도 한다. 한편 ② 이러한 법적인 행위 외에 공법적인 지위의 효과의 전제요건으로 사실상의 제공(Tatsächliche Indienststellung)이 요구된다. 이를 공물성립의 형체적 요소 또는 형태적 요소라고도 부른다. 그러나 공물성립의 구체적인 내용은 공물에 따라 다소 상이한바, 이하에서 구분하여 살펴보기로 한다. 1449

Ⅰ. 공용지정(의사적 요소)

1. 공용지정의 의의

공물의 법적 지위는 특별한 법적 행위(공용지정, Widmung)를 통해서 이루어진다. 공용지정은 공용개시[1] 또는 공용개시행위[2]로 불리기도 한다. 공용지정이란 권한을 가진 기관이 어떠한 물건이 특정한 공적 목적에 봉사한다는 것과 그 때문에 특별한 공법상의 이용질서하에 놓인다는 것을 선언하는 법적 행위를 말한다. 물건에 대한 공법적 성격의 부여, 즉 공용지정은 물건의 공법적 지위의 내용과 범위를 정하는 법적인 행위이다. 그 내용과 범위가 명백하지 않다면, 학설과 판례에 의해 보충되어야 할 것이다. 만약 공용지정처분이 내용이나 범위를 특별히 정하는 바가 없다면, 행정법의 일반원칙에 따라 판단하여야 할 것이다. 공용지정을 통해 근거가 주어지는 행정법상 특별지위는 물건에 대한 물적인 공권이다. 요컨대 공법적 성격의 부여(공용지정과 제공)로 인해 공물은 특별한 공법상의 지배질서와 이용질서하에 놓이게 된다. 사인의 재산에 공용지정이 있으면, 사유재산에 부담이 가해진다.[3] 사인인 재산권자는 다만 공용지정의 목적을 침해하지 아니하는 범위 안에서만 재산권을 행사할 수 있다. 요컨대 공용지정은 3가지 기능을 갖는다. 즉, 공법상 지배권을 설정하고, 공물이 봉사하는 공적 목적 1450

1) 김도창, 일반행정법론(하), 409쪽.
2) 이상규, 신행정법론(하), 440쪽; 석종현·송동수, 일반행정법(하), 398쪽.
3) Detterbeck, Allgemeines Verwaltungsrecht mit Verwaltungsprozessrecht(13. Aufl.), § 19, Rn. 377.

을 정하고, 가능한 이용의 범위를 규율하는 기능을 갖는다.[1)]

2. 공용지정의 필요여부

1451 (1) **공 용 물** 일설은 공공용물이나 공적 보존물의 성립에는 공용지정이 필요하지만, 공용물은 행정주체가 자기의 사용에 제공하는 물건이므로 그 성립에 공용지정이 필요하지 않다고 한다.[2)] 그러나 공물은 사유의 물건일지라도 공법상 제약을 받는다는 점, 즉 사법적용에 제한을 받는다는 점을 특징으로 갖는데, 이러한 법적인 구속(공법상의 제약)은 논리상 단순히 사실적인 것(예 : 단순한 사실상의 제공)으로부터 생겨날 수는 없는 것이고, 법적 작용을 근거로 하여 생겨날 수 있다고 보아야 할 것이므로(존재로서의 사실과 당위로서의 규범의 구별) 공용물의 경우에도 명시적이거나 묵시적인 공용지정이 필요하다고 볼 것이다. 그런데 묵시적인 공용지정이 가능하기 위해서는 동일한 작용이 반복적이어서 그 물건이 이제는 공적 목적에 제공되고 있는 것이라는 의사를 인식할 수 있어야 한다.[3)] 공용지정이 없는 공용물은 인정하기 어렵다.

1452 (2) **자연공물** 일설은 공공용물의 경우에도 자연공물과 인공공물을 구분하여 자연공물은 자연적 상태로 당연히 공물의 성질을 취득하므로 공용지정이 불필요하다고 한다.[4)] 그러나 이러한 경우에도 공용물의 경우와 동일한 논리에서 명시적 또는 묵시적인 공용지정이 필요하다고 볼 것이다. 이 경우, 법규·관습법도 의사적 요소를 구성한다. 요컨대 공용지정은 명시나 묵시의 법적 행위에 근거하여 성립된다.[5)]

3. 공용지정의 형식

1453 공용지정의 형식은 다양하다. 그것은 형식적 의미의 법률·법규명령·자치법규·관습법 또는 행정행위에 의해 이루어진다.[6)]

---

1) Erbguth, Allgemeines Verwaltungsrecht(7. Aufl.), §30, Rn. 9.
2) 김도창, 일반행정법론(하), 411쪽; 윤세창·이호승, 행정법(하), 249쪽; 이상규, 신행정법론(하), 440쪽.
3) 졸저, 행정법원리, 291쪽.
4) 김도창, 일반행정법(하), 408쪽.
5) Papier, Recht der öffentlichen Sachen, S. 4; Wolff/Bachof, Verwaltungsrecht Ⅰ(9. Aufl.), §56, Ⅱ.
6) Erbguth/Guckelberger, Allgemeines Verwaltungsrecht(2018), §30 Rn. 11; Schweickhardt/Vondung (Hrsg.), Allgemeines Verwaltungsrecht, Rn. 1029; Wallerath, Allgemeines Verwaltungsrecht (6. Aufl.), §14, Rn. 21; Papier, Recht der öffentlichen Sachen, S. 30f.; Papier, in : Erichsen/Ehlers (Hrsg.), Allgemeines Verwaltungsrecht(13. Aufl.), §39, Rn. 2.; Wolff/Bachof, Verwaltungsrecht Ⅰ(9. Aufl.), §56, Ⅱ; Wittern, Grundriß des Verwaltungsrechts, 1994, §14, Rn. 8ff.; Battis, Allgemeines Verwaltungsrecht, 1997, S. 321; 하명호, 행정법(2022), 912쪽,

⑴ **법규에 의한 공용지정** 어떠한 물건이 법규의 구성요건상의 전제를 충족하여 공법상 특별한 지위에 놓일 때 법규에 의한 공용지정이 있는 것이 된다. 공법적인 지위를 설정하는 법규에는 형식적 의미의 법률·법규명령·자치법규 그리고 관습법이 있다. ① 법률에 의한 공용지정의 예로 하천법 제2조 제3호 가목 등(하천법 제2조(정의) 이 법에서 사용하는 용어의 정의는 다음과 같다. … 3. "하천시설"이라 함은 하천의 기능을 보전하고 효용을 증진하며 홍수피해를 줄이기 위하여 설치하는 다음 각 목의 시설을 말한다 …. 가. 제방·호안·수제 등 물길의 안정을 위한 시설, 나. 댐·하구둑(…)·홍수조절지·저류지·지하하천·방수로·배수펌프장(…)·수문 등 하천수위의 조절을 위한 시설, 다. 운하·안벽·물양장·선착장·갑문 등 선박의 운항과 관련된 시설)을 볼 수 있다.[1] ② 법규명령에 의한 공용지정의 예로 하천법 제2조 제3호 라목(하천법 제2조(정의) 이 법에서 사용하는 용어의 정의는 다음과 같다. 3. "하천시설"이라 함은 하천의 기능을 보전하고 효용을 증진하며 홍수피해를 줄이기 위하여 설치하는 다음 각 목의 시설을 말한다 …. 라. 그 밖에 대통령령으로 정하는 시설)을 볼 수 있다. 여기서 하천지정의 성격을 둘러싸고 견해가 갈린다. 일설은 그것이 확인적 행위의 성질을 갖는다고 하고,[2] 일설은 창설적 행위의 성질을 갖는다고 본다.[3] 본서는 여기서 하천지정의 행위를 법규명령에 의한 공용지정으로 보아 창설적 행위로 이해하고자 한다. ③ 자치법규에 의한 공용지정의 예로는 지방자치단체가 자치법규의 발령을 통해 공공시설이나 영조물의 이용을 가능하게 하는 경우에 볼 수 있다. ④ 관습법에 의한 경우로는 공공사용에 놓이는 해변을 그 예로 볼 수 있다.[4] 다수설은 이러한 경우를 공용지정의 불필요한 경우로 보기도 한다. 1454

⑵ (물적) **행정행위에 의한 공용지정** 지배적인 견해에 따르면, 행정행위를 통한 공용지정은 공물의 형성에 가장 일반적이고도 중요한 형식이 된다. 행정행위에 의한 공용지정은 무엇보다도 도로의 공용지정 등에서 볼 수 있다(하천법 제2조 제1호·제7조 제6항; 도로법 제13조 이하; 문보법 제23조, 제25조, 제26조, 제27조). 이러한 사유토지에 대한 공용지정은 사유재산에 행정법상 목적에의 제공이라는 부담을 가한다. 이 때문에 이러한 공용지정은 물적 행정행위(dinglicher Verwaltungsakt) 1455

---

1) 대판 1992. 6. 9, 91다42640; 대판 1988. 12. 20, 87다카3029(하천법 제2조 제1항 제2호에 해당하는 구역은 당연히 하천구역이 된다).
2) 박윤흔·정형근, 최신행정법강의(하), 426쪽; 이상규, 신행정법론(하), 440쪽; 박균성, 행정법론(하), 376쪽(2019).
3) 김남진, 월간고시, 1991.3, 60쪽.
4) Papier, in : Erichsen/Ehlers(Hrsg.), Allgemeines Verwaltungsrecht(13. Aufl.), § 39, Rn. 6.; Wolff/Bachof, Verwaltungsrecht Ⅰ(9. Aufl.), § 56, Ⅱ; Erbguth, Allgemeines Verwaltungsrecht, § 26, Rn. 11.

라고도 한다.[1] 독일의 경우, 물적 행정행위는 일반처분의 한 형태로 간주되고 있다(VwVfG 제35조 제2문). 공용지정은 직접적으로 인적인 법적 관계를 규율하는 것이 아니고, 오히려 법적으로 중요한 물건의 성질에 관해 그 근거를 제공한다. 제3자(소유권자나 시설관리유지책임자)가 공법상 공물주체가 아닌 한, 제3자나 이용자의 권리와 의무는 이러한 공물에 법효과를 결부시킨 법률에 의해 발생한다.

4. 공용지정과 권원

1456 공용지정은 소유권자에 대한 불법의 침해행위는 아니다. 공용지정을 위해 공용지정의 권한을 가진 행정청 등은 처분권을 가져야 한다. 말하자면 공물관리주체는 사법상 계약(예 : 지상권·임차권설정계약)을 통해, 또는 사소유권자의 동의·기부 등을 통해 물건에 대한 지배권을 확보하든가, 아니면 공법상 계약이나 기타 공법적인 근거에 의해 물건에 대한 지배권을 확보하여야 한다.

5. 하자 있는 공용지정처분

1457 공용지정 그 자체는 물적 행정행위로서 하나의 행정행위이다. 따라서 공용지정도 행정행위의 적법요건을 갖추어야 한다. 적법요건에 흠이 있는 공용지정은 당연히 하자있는 것이 된다. 공용지정의 하자와 관련하여 문제되는 것은 권원 없이 이루어진 공용지정의 경우이다. 전통적인 견해는 권원 없이 이루어진 공용지정은 무효행위라고 본다.[2] 만약 무효라고 본다면, 권원 없이 이루어진 공용지정은 원상회복의 문제, 손해배상청구의 문제, 그리고 부당이득반환의 문제 등을 가져온다. 공용지정의 경우에 행정행위의 무효와 취소의 구별기준인 중대명백설을 적용하지 말아야 할 특별한 사정은 보이지 아니한다. 따라서 권원 없는 공용지정도 하자가 중대하고 명백하면 무효이지만, 그러하지 아니한 위법의 경우에는 취소할 수 있는 행위에 불과하다고 볼 것이다. 일반적으로 말해 권원 없는 공용지정이 명백하다고 보기는 어려우므로 취소할 수 있는 행위로 볼 것이다.[3] 권원 없는 공용지정을 행정쟁송절차에서 다툴 수 있다. 공용지정을 취소·변경하는 것이 현저히 공공복리에 적합하지 아니한 경우에는 사정재결이나 사정판결이 적용될 수 있다(행심법 제44조; 행소법 제28조).

---

1) Erbguth, Allgemeines Verwaltungsrecht(7. Aufl.), §30, Rn. 12; Ipsen, Allgemeines Verwaltungsrecht(9. Aufl.), §7, Rn. 430.

2) 김도창, 일반행정법론(하), 411쪽; 윤세창·이호승, 행정법(하), 249쪽; 이상규, 신행정법론(하), 438쪽; Forsthoff, Lehrbuch des Verwaltungsrecht, 1973, S. 386.

3) Erbguth, Allgemeines Verwaltungsrecht(7. Aufl.), §30, Rn. 30; Papier, in : Erichsen/Ehlers (Hrsg.), Allgemeines Verwaltungsrecht(13. Aufl.), §39, Rn. 25.; Wolff/Bachof, Verwaltungsrecht Ⅰ(9. Aufl.), §56 Ⅳa 2.

Ⅱ. 제 공(형태적 요소)

공용지정은 물건을 공물로 만드는 것과 공용지정의 법적 효과를 발생하게 하는 것만으로는 충분하지 않다. 물건의 이용가능성의 사실상 확보라는 사실적인 면도 요구된다. 말하자면 물건의 설치(Herstellung)와 그 물건의 실제 이용에의 제공(Indienststellung)이 필요하다. 물건의 설치란 수영장의 건립, 도로나 조명시설의 설치와 같은 물건의 사실상의 축조를 말한다. 물건의 설치만으로 자동적으로 개인이 그것을 이용할 수 있는 상태에 놓이는 것은 아니다. 개인의 이용가능성은 이용에의 제공을 통해 이루어진다. 이용에의 제공은 명시적으로 이루어질 수도 있고(예 : 도로개통식 또는 새로운 시설완공에 대한 언론보도), 묵시적으로 이루어질 수도 있다(예 : 행정관청의 청사이전과 그에 따른 새 청사에 접속된 도로이용). 설치나 제공은 행정행위가 아니고 사실행위일 뿐이다.[1] 형태적 요소는 자연공물이 아니라 인공공물에서 주로 문제된다. 1458

Ⅲ. 공물성립의 예(도로의 경우)

공용지정과 사실상의 제공은 다단계의 행정절차상 최종의 단계이고, 핵심적인 내용이다. 전체적으로 보면 신규도로가 공용에 제공되기까지는 여러 절차를 거친다. 예컨대 ① 계획결정, ② 부지확보, ③ 건설, ④ 공용지정, ⑤ 사실상의 제공 등의 과정을 거친다. 말하자면 ① 먼저 정치적 성질의 결정이 이루어진다. 공도로의 건설·성격·노선은 정치적인 원칙의 결정이다. 그것은 통치행위이다. 이 단계에서 제3자의 권리의 침해는 문제되지 아니한다. 이것은 전체 도로망의 계획(임무계획, Aufgabenplanung)과 관련한다. ② 다음으로, 구체적인 도로계획확정절차가 문제된다. 계획확정절차는 다단계이다. 그것은 입안부터 시작한다. 이것은 개개의 도로계획이다(목적계획, Objektplanung). ③ 다음으로, 경우에 따라서는 수용절차가 따른다. 수용절차는 확정된 계획을 전제로 한다. ④ 다음으로, 수용된 토지에 도로건설공사가 이루어진다. ⑤ 다음으로, 공용지정이 있게 된다. 말하자면 공용지정으로 도로의 등급·이용목적·이용범위 등등이 정해지게 된다. 공용지정으로 공적 목적과 공법상 지배권이 미치는 범위 안에서 소유권자의 처분권에 제한이 생겨난다. 도로법상 도로가 공공용에 제공되기까지는 첫째, 노선인정(도로법 제19조 내지 제20조), 둘째는 도로구역의 결정고시(도로법 제25조), 셋째는 도로사용개시공고의 절차를 거치게 되는데(도로법 제39조), 판례 1459

1) Forsthoff, Lehrbuch des Verwaltungsrechts, S. 387.

는 이 중 두 번째의 도로구역의 결정고시를 공물로서의 성격 부여, 즉 공용지정으로 본다.

제 2 항 공법적 지위의 종료(공물의 소멸)와 공용변경

I. 공용폐지

1. 의의·효과

1460 성립의 경우와 마찬가지로 공물의 공법적 특별지위의 종료도 법적인 행위, 즉 공용폐지(Entwidmung)를 필요로 한다(공재법 제11조 제1호, 도로법 제21조. 한편 독일의 경우 도로법에서는 공용폐지를 Einziehung이라 부른다). 공용폐지의 법형식은 원칙적으로 공용지정의 법형식에 상응한다(예 : 일반처분에 의한 공용지정의 공물에 있어서 공용폐지는 역시 일반처분으로 이루어진다). 공용폐지로써 공용지정으로 인한 모든 효과(예 : 공용에 제공의무·도로유지의무·사용제공의무)는 해제된다. 만약 공물이 국유라면 공용폐지로 인해 그것은 일반재산으로 돌아가고, 시효취득의 대상이 된다.[1] 사유재산이라면 원래상태로 돌아가서 사법상 권리를 완전히 향유하게 된다. 공용폐지에 대한 입증책임은 이를 주장하는 자가 부담한다고 볼 것이다.[2]

2. 요 건

1461 공용폐지는 공물주체의 임의로 이루어져서는 아니 된다. 공용폐지가 있기 위해서는 공물의 공적 목적이 상실되었거나(도로의 경우라면 도로의 의미의 상실) 공용폐지를 위한 중대한 공익상의 근거(도로의 경우라면 교통상의 안전 또는 도시건축상의 질서)가 있어야 한다.

3. 절차·법형식·권리보호

1462 공용폐지 역시 공법적인 행위의 하나이다. 공용폐지는 원칙적으로 공용지정과 같은 방식으로 이루어져야 할 것이다. 그것은 관계자로 하여금 이의를 제기할 수 있도록 하기 위하여 공고 내지 통지되어야 한다. 공용폐지로 권리가 침해된 자는 경우에 따라서 취소소송을 제기할 수 있을 것이다. 문제는 권리가 침해된 자의 의미이다. 보통사용의 경우는 권리침해를 인정하기 어렵다. 다만 도

---

1) 대판 1996. 5. 28, 95다52383(행정재산은 공용폐지가 되지 아니하는 한 사법상 거래의 대상이 될 수 없으므로 시효취득의 대상이 되지 아니하고, 관재당국이 이를 모르고 행정재산을 매각하였다 하더라도 그 매매는 당연무효이다).

2) 대판 1997. 8. 22, 96다10737(원래의 행정재산이 공용폐지되어 취득시효의 대상이 된다는 입증책임은 시효취득을 주장하는 자가 부담한다).

로변에 접해 있는 자의 경우는 사정이 다르다. 이러한 자는 자유사용의 경우와 달리 일종의 개인적 공권으로서 강화된 사용권을 갖는다고 볼 것이다.

4. 부분폐지

공용폐지로 재산에 가해지던 공법상의 역무는 종료한다. 부분폐지도 가능 1463
할 것이다(예 : 도로에의 공용지정을 도보자 전용구역으로 일부 폐지). 후술하는 공용변경은 공동사용을 직접 건드리지는 않는다. 그러나 부분폐지는 이용종류·이용목적·이용범위 등과 관련하여 공동사용을 사후적으로 제한한다. 부분폐지행위는 행정행위임이 일반적일 것이다.

Ⅱ. 형태적 요소의 소멸

공용폐지로 인해 공물로서의 지위를 상실하는 것은 분명하다. 문제는 형태적 요소의 소멸만으로도 공물의 지위를 상실하는가의 여부이다.

1. 자연공물

(1) 학 설 지배적 견해는 자연적 상태의 영구확정적 멸실로 자연공물 1464
은 당연히 공물로서의 성질을 상실한다는 입장이다.[1] 자연공물은 행정주체의 별도의 의사적 행위 없이 당연히 공물로서의 성격을 취득하므로 자연적 상태의 영구적 멸실은 당연히 공물로서의 성질의 상실을 가져온다는 것이다. 자연적 상태의 영구확정적 멸실 외에 공용폐지가 필요하다는 견해는 보이지 아니한다.

(2) 판 례 판례는 자연공물이라 할지라도 형태적 요소의 멸실 외에 의 1464a
사적 요소인 공용폐지가 있어야 공물로서의 성질이 소멸된다는 입장이다.[2] 그리고 자연공물인 바다의 경우 공용폐지의 의사표시는 명시적 의사표시뿐만 아니라 묵시적 의사표시도 가능하다는 입장이다.[3]

---

1) 박윤흔·정형근, 최신행정법강의(하), 428쪽; 김철용, 행정법, 856쪽(2018); 박균성, 행정법론(하), 380쪽(2019).

2) 대판 2009. 12. 10, 2006다8753(공유수면으로서 자연공물인 바다의 일부가 매립에 의하여 토지로 변경된 경우에 다른 공물과 마찬가지로 공용폐지가 가능하다); 대판 1999. 4. 9, 98다34003(빈지는 만조수위선으로부터 지적공부에 등록된 지역까지의 사이를 말하는 것으로서 자연의 상태 그대로 공공용에 제공될 수 있는 실체를 갖추고 있는 이른바 자연공물이고, 성토 등을 통하여 사실상 빈지로서의 성질을 상실하였더라도 국유재산법령에 의한 용도폐지를 하지 않은 이상 당연히 시효취득의 대상인 잡종재산으로 된다고 할 수 없다); 대판 1995. 11. 14, 94다42877(공유수면인 갯벌은 자연의 상태 그대로 공공용에 제공될 수 있는 실체를 갖추고 있는 이른바 자연공물로서 간척에 의하여 사실상 갯벌로서의 성질을 상실하였더라도 당시 시행되던 국유재산법령에 의한 용도폐지를 하지 않은 이상 당연히 잡종재산으로 된다고는 할 수 없다).

3) 대판 2009. 12. 10, 2006다87538.

1464b (3) 사 견 생각건대 공물의 성립에 의사적 요소(공용폐지)와 형태적 요소(제공)가 필요하므로, 이 중에서 하나만 소멸하여도 당연히 공물로서의 성질을 상실한다고 보는 것이 합리적이다.[1] 물론 여기서 형태적 요소의 소멸이란 사회통념상으로 보아 회복이 불가능한 완전소멸을 말한다. 기술한 바와 같이 자연공물은 행정주체의 별도의 의사적 행위 없이 당연히 공물로서의 성격을 취득한다는 지배적 견해는 타당하지 않다.

2. 인공공물

1464c (1) 학 설 인공공물이 사회관념상 회복이 불가능할 정도로 형태적 요소를 상실하면 공물로서의 성질을 상실한다는 견해와[2] 형태적 요소의 소멸은 다만 공용폐지의 원인이 될 뿐이라는 견해의[3] 대립이 있다.

1464d (2) 판 례 판례는 형태적 요소가 상실되면 묵시적 공용폐지가 인정될 수 있는 경우에 공물로서의 성질을 상실한다는 입장이다.[4] 요컨대 판례는 공용폐지를 필요로 하는 입장이다.[5]

1464e (3) 사 견 자연공물의 경우와 마찬가지로 공물의 성립에 의사적 요소(공용폐지)와 형태적 요소(제공)가 필요하므로, 이 중에서 하나만 소멸하여도 당연히 공물로서의 성질을 상실한다. 따라서 인공공물이 사회관념상 회복이 불가능할 정도로 형태적 요소를 상실하면 공물로서의 성질을 상실한다.

3. 공 용 물

1464f (1) 학설·판례 다수설은 공용물은 그 성립에 있어서 공용개시행위를 필요로 하지 아니하므로 그 소멸에 있어서도 별도의 공용폐지행위를 필요로 하지

---

1) 김남진·김연태, 행정법(Ⅱ), 407쪽(2019).
2) 김남진·김연태, 행정법(Ⅱ), 407쪽(2019); 김철용, 행정법, 854쪽(2018); 박균성, 행정법론(하), 380쪽(2019).
3) 김도창, 일반행정법론(하), 414쪽.
4) 대판 1998. 11. 10, 98다42974[행정재산이 기능을 상실하여 본래의 용도에 제공되지 않는 상태에 있다 하더라도 관계 법령에 의하여 용도폐지가 되지 아니한 이상 당연히 취득시효의 대상이 되는 잡종재산이 되는 것은 아니고, 공용폐지의 의사표시는 묵시적인 방법으로도 가능하나 행정재산이 본래의 용도에 제공되지 않는 상태에 있다는 사정만으로는 묵시적인 공용폐지의 의사표시가 있다고 볼 수 없으며, 또한 공용폐지의 의사표시는 적법한 것이어야 하는바, 행정재산은 공용폐지가 되지 아니한 상태에서는 사법상 거래의 대상이 될 수 없으므로 관재당국이 착오로 행정재산을 다른 재산과 교환하였다 하여 그러한 사정만으로 적법한 공용폐지의 의사표시가 있다고 볼 수도 없다(대판 1997. 8. 22, 96다10737; 대판 1996. 5. 28, 95다52383 등 참조)].
5) 대판 2013. 6. 13, 2012두2764(공유수면은 소위 자연공물로서 그 자체가 직접 공공의 사용에 제공되는 것이므로 공유수면의 일부가 사실상 매립되어 대지화되었다고 하더라도 국가가 공유수면으로서의 공용폐지를 하지 아니하는 이상 법률상으로는 여전히 공유수면으로서의 성질을 보유하고 있다).

아니한다는 입장이다.[1] 그러나 판례는 공용폐지행위가 필요하다는 입장이다.[2]

(2) 사 견 자연공물의 경우와 마찬가지로 공물의 성립에 의사적 요소(공용폐지)와 형태적 요소(제공)가 필요하므로, 이 중에서 하나만 소멸하여도 당연히 공물로서의 성질을 상실한다. 따라서 공용물이 사회관념상 회복이 불가능할 정도로 형태적 요소를 상실하면 공물로서의 성질을 상실한다. 1464g

4. 공적 보존물(보존공물)

(1) 학 설 형태적 요소의 소멸로 공물로서의 성질을 상실한다는 견해와 형태적 요소의 소멸은 다만 공용폐지의 사유가 될 뿐이라는 견해로 나뉜다. 말하자면 공적 보조물의 지정해제를 전자는 공적 보존물의 소멸의 확인으로 보고, 후자는 공적 보존물의 소멸사유로 본다. 1464h

(2) 사 견 공물의 경우와 마찬가지로 공물의 성립에 의사적 요소(공용폐지)와 형태적 요소(제공)가 필요하므로, 이 중에서 하나만 소멸된다면 당연히 공물로서의 성질을 상실한다. 따라서 공적 보존물의 경우에도 형태적 요소의 소멸은 공물로서의 성격의 소멸을 가져온다. 1464i

Ⅲ. 공용변경

물건의 공법적 지위의 내용과 범위가 공용지정처분을 통해 정해지는 한, 그 지위의 변경은 변경처분을 필요로 한다. 이러한 처분이 공용변경(Umstufung)이다. 공용변경에는 상위급으로 변경하는 상위변경(Aufstufung)과 하위급으로 내리는 하위변경(Abstufung)이 있다. 공용변경의 법형식은 원칙적으로 공용지정의 법형식에 상응한다(예 : 일반처분에 의한 공용지정의 공물에 있어서 공용변경은 역시 일반처분으로 이루어진다).[3] 공용변경으로 공물의 공적 목적은 변경된다. 1465

---

1) 박윤흔·정형근, 최신행정법강의(하), 430쪽; 박균성, 행정법론(하), 381쪽(2019).

2) 대판 1997. 3. 14, 96다43508(행정재산(교육청사부지)에 대한 공용폐지의 의사표시는 명시적이든 묵시적이든 상관이 없으나 적법한 의사표시가 있어야 하고, 행정재산이 사실상 본래의 용도에 사용되지 않고 있다는 사실만으로 용도폐지의 의사표시가 있었다고 볼 수는 없으므로 행정청이 행정재산에 속하는 1필지 토지 중 일부를 그 필지에 속하는 토지인줄 모르고 본래의 용도에 사용하지 않는다는 사실만으로 묵시적으로나마 그 부분에 대한 용도폐지의 의사표시가 있었다고 할 수 없다).

3) Erbguth, Allgemeines Verwaltungsrecht(7. Aufl.), § 30, Rn. 13.

제3절 공물의 법적 특질

제1항 공물권의 성질(공물법제)

1466 공물은 공적 목적에 봉사하는 것이므로, 그 목적달성을 위하여 공물에는 공법적 규율이 가해지고 있다. 여기서 공법적 규율이란 공물에는 오로지 공법만 적용된다는 것인지, 아니면 사법이 원칙적으로 적용되지만, 공적 목적의 수행을 위한 범위 안에서만 공법이 적용되는가의 문제가 있다. 이와 관련하여 종래에 공소유권설과 사소유권설의 대립이 있었다.

1. 사소유권설

1467 공물의 이중적인 법적 지위는 사법상의 소유권자와 공법상의 공물주체의 구분을 가져온다. 사소유권설(사소유권제)이란 공물이 반드시 공소유권의 대상이어야 하는 것은 아니고 사소유권의 대상일 수 있으며, 후자의 경우에는 공용지정을 통해 정해지는 범위 안에서 사소유권의 행사가 제한을 받는다는 원리(법제)를 말한다. 오늘날 사소유권설에 이의를 제기하는 입장은 없다고 본다. 사소유권설은 사소유권제로 불리기도 한다.

2. 공소유권설

1468 과거에는 공법상의 물건에 대한 지배권은 공법에 속하는 것이므로 공물은 공법의 적용을 받는 공소유권의 대상이 된다고 하였다. 즉, 공물권은 완전성과 포괄성에 있어서 사유재산권에 비교할만한 권리로서 공소유권으로 이해되기도 하였다.[1] 이를 공소유권설이라 부른다. 이 견해에 따르게 되면 공물에 대하여는 사법의 적용을 부인하게 되고, 따라서 공물에는 사권의 성립도 부인하게 된다. 공소유권설은 공소유권제라 불리기도 한다. 요컨대 공소유권설(공소유권제)이란 공물은 반드시 공소유권의 대상이어야 한다는 원리(법제)를 말한다.

3. 사 견(법적 지위의 이중구조)

1469 공물을 공소유권의 대상으로 할 것인가는 입법정책의 문제로서 입법자가 선택할 문제이다. 구 하천법상 하천은 공소유권의 대상이었으나(구 하천법 제3조), 현행법상 하천은 사소유권의 대상이 될 수도 있다(하천법 제4조 제2항). 도로 역시 사소유권의 대상이 될 수도 있다(도로법 제4조). 독일의 경우, 공물은 이중구조하

---

1) O. Mayer, Deutsches Verwaltungsrecht Ⅱ, 1924, S. 49ff.

에 놓인다고 새긴다(공물의 공·사법 혼합개념).[1] 공물은 단일의 재산법질서에 놓이지만, 공적 목적을 위한 공용지정으로 인하여 사유재산에 주어진 물적인 권리에 대하여 일정한 제한이 가해짐을 특징으로 한다. 말하자면 사법상의 재산권의 권능이 공법상 물적 지배의 일정범위에서 배제되는 소극적 효과를 갖는다. 공물도 기본적으로 사법의 적용대상이지만, 공용개시로 인해 사유재산에 부담을 가하는 공법적 성격을 부여하게 되는 것이다.[2] 이를 공법으로 수정된 사유재산이론이라고도 부른다.[3] 이것은 사소유권설의 내용이기도 하다. 공물은 사소유권의 대상이 되는 물건이지만 공적 목적으로 인해 공법상의 특별한 지배를 받고 있을 뿐이다. 사소유권설이 합리적이다.

제2항 사법적용의 한계

공물이 공적 목적을 이유로 공법적 제한을 받고 있다는 것은 결국 공물에 1470
대한 사법의 적용이 어느 정도 제한을 받고 있다는 것을 의미한다.

1. 처분등의 제한(융통성의 제한)

사물은 처분이 자유로우나, 공물은 처분이 가능한 경우도 있고 처분이 금지 1471
되는 경우도 있다. ① 공물의 처분이 금지되는 경우로는 국유로 선언되고 있는 하천(구 하천법 제3조)과 공유수면(구 공수법 제2조) 등을 볼 수 있다(이를 절대적 융통제한이라 부른다). 이와 관련하여 "행정재산은 처분하지 못한다(국재법 제27조 제1항 본문)"고 하고, 아울러 "중앙관서의 장은 다음 각 호(1. 공용·공공용·기업용 재산 : 그 용도나 목적에 장애가 되지 아니하는 범위, 2. 보존용재산 : 보존목적의 수행에 필요한 범위)의 범위에서만 행정재산의 사용허가를 할 수 있다(국재법 제30조 제1항)"고 하는바, 제한된 범위 안에서 융통성을 예정하고 있다(이를 상대적 융통제한이라 부르기도 한다). ② 처분이 가능한 경우도 있다. 신고를 전제로 한 국가지정문화유산의 이전(문보법 제40조 제1항 제2호. 이러한 경우를 융통신고주의라 부르기도 한다), 도로를 구성하는 부지 등의 이전이나 저당권의 설정의 경우(도로법 제4조, 하천법 제4조 제2항)를 볼 수 있다(이를 일부융통제한이라 부르기도 한다).

---

1) Papier, in : Erichsen/Ehlers(Hrsg.), Allgemeines Verwaltungsrecht(13. Aufl.), § 37, Rn. 18.; Papier, Recht der öffentlichen Sachen, S. 10.
2) Detterbeck, Allgemeines Verwaltungsrecht, Rn. 969.
3) Erbguth/Guckelberger, Allgemeines Verwaltungsrecht(2018), § 30 Rn. 7.; Battis, Allgemeines Verwaltungsrecht, S. 272; Schweickhardt/Vondung(Hrsg.), Allgemeines Verwaltungsrecht, Rn. 1025.

2. 사용·수익의 제한

1472 공물은 해당 공물의 목적과 달리 사용 또는 수익할 수 없음이 원칙이다(도로법 제4조 참조).[1] 그러나 그 목적을 침해하지 않는 한에 있어서는 사용이나 수익을 인정할 수 있을 것이다(예 : 초등학교 운동장을 선거유세장으로 활용 또는 초등학교 시설 일부를 매점으로 임대하는 경우). 이와 관련하여 국유재산법도 "중앙관서의 장은 다음 각 호(1. 공용·공공용·기업용 재산 : 그 용도나 목적에 장애가 되지 아니하는 범위, 2. 보존용 재산 : 보존목적의 수행에 필요한 범위)의 범위에서만 행정재산의 사용허가를 할 수 있다(국재법 제30조 제1항)"고 규정하고 있다.

3. 취득시효

1473 (1) **국·공유 공물과 시효취득** 행정재산은 민법 제245조에도 불구하고 시효취득의 대상이 되지 아니한다(국재법 제7조 제2항 본문; 공재법 제6조 제2항 본문). 따라서 국유재산·공유재산 중 일반재산이 아닌 재산인 공물은 공용폐지가 없는 한 시효취득의 대상이 될 수 없다. 공용폐지에는 명시적 공용폐지 외에 묵시적 공용폐지도 포함된다. 판례도 같은 입장이다.[2] 한편, 판례는 "원래 잡종재산(현행법상 일반재산)이던 것이 행정재산으로 된 경우 잡종재산일 당시에 취득시효가 완성되었다고 하더라도 행정재산으로 된 이상 이를 원인으로 하는 소유권이전등기를 청구할 수 없다"고 한다.[3] 공유재산에 대한 취득시효가 완성되기 위하

1) 헌재 2013. 10. 24, 2012헌바376(도로법상 심판대상조항을 두어 사권을 제한하는 취지는 공공용물로서의 도로의 기능을 보전하기 위해서이다. 만약 도로의 경우에도 사권의 행사를 전면 허용한다면 도로의 기능이 제대로 수행될 수 없게 되어 공중의 통행 및 물건의 운송에 큰 불편을 초래하게 될 것이기 때문이다. 다만 도로법 제3조 단서는 소유자가 교체되거나 도로에 저당권을 설정하는 것을 예외적으로 허용하고 있다. 도로 부지를 처분하는 것은 도로의 공익적 목적에 위반되지 않기 때문이다. … 심판대상조항(도로법 제3조)은 도로관리청이 도로법 또는 구 도시계획법 등 근거 법률이 정하는 절차에 따라 개설한 도로의 경우 토지의 소유권 등 사법상 권원을 취득하였는지를 불문하고 소유자의 도로부지 인도청구 등을 불허하여 도로개설행위에 의하여 제한된 재산권의 상태를 유지하는 규정이다. 따라서 심판대상조항은 이미 형성된 구체적인 재산권을 공익을 위하여 개별적·구체적으로 박탈하거나 제한하는 것으로서 보상을 요하는 헌법 제23조 제3항의 수용·사용 또는 제한을 규정한 것이라고 할 수는 없고, 헌법 제23조 제1항 및 제2항에 따라 도로부지 등에 관한 재산권의 내용과 한계를 규정한 것이라고 보아야 한다).

2) (묵시적 공용폐지로 보지 않은 경우) 대판 1996. 5. 28, 95다52383(행정재산은 공용폐지가 되지 아니하는 한 사법상 거래의 대상이 될 수 없으므로 시효취득의 대상이 되지 아니하고, … 공용폐지의 의사표시는 명시적 의사표시뿐 아니라 묵시적 의사표시이어도 무방하나 적법한 의사표시이어야 하고, 행정재산이 본래의 용도에 제공되지 않는 상태에 놓여 있다는 사실만으로 관리청의 이에 대한 공용폐지의 의사표시가 있었다고 볼 수 없다); (묵시적 공용폐지로 본 경우) 대판 1990. 11. 27, 90다5948(1949. 6. 4. 대구국도사무소가 폐지되고, 그 소장관사로 사용되던 부동산이 그 이래 달리 공용으로 사용된 바 없다면, 그 부동산은 이로 인하여 묵시적으로 공용이 폐지되어 시효취득의 대상이 되었다 할 것이다).

여는 그 공유재산이 취득시효기간 동안 계속하여 시효취득의 대상이 될 수 있는 일반재산이어야 한다.[1)]

(2) **사유공물과 시효취득** 사유공물은 시효취득의 대상이 될 수 있다. 그러나 공적 목적에 제공하여야 하는 공법상 제한은 여전히 존속한다. 1474

▌참고▐ 구 국유재산법·지방재정법상 시효취득

(구) 국유재산법 제5조 제2항은 "국유재산은 민법 제245조의 규정에 불구하고 시효취득의 대상이 되지 아니한다"고 규정하였는데, 헌법재판소는 한 사건에서 국유재산법 제5조 제2항이 잡종재산에 적용하는 경우에는 헌법 제11조 제1항·제23조 제1항 및 제37조 제2항에 위반된다고 하였고,[2)] 공유재산 중 잡종재산의 경우에도 동일한 내용의 헌법재판소 결정례가 있으며,[3)] 그 후 국유재산법과 지방재정법(현재 공유재산 및 물품 관리법에서 규정)은 개정되었다. 1475

4. 강제집행

공물로서 제공되어 있는 한 공물은 민사집행법에 의한 강제집행의 대상이 될 수 없다고 볼 것이다. 공물을 압류하는 것은 공물의 목적에 반하기 때문이다. 압류가 있다고 하여도 공물의 목적 실현에 장애를 가져오지 아니하는 경우라면 압류의 대상이 될 수도 있을 것이다. 그러나 국가에 대한 강제집행은 국고금의 압류에 의해야 하기 때문에(민집법 제192조), 국유의 공물에 대한 강제집행은 문제될 여지가 없다. 다만 사유공물이 압류된 경우에는 강제집행이 가능할 것이다. 강제집행의 결과 취득자는 역시 공공목적을 위한 제공의 제한을 받는다. 1476

5. 토지수용

공물이 수용의 대상이 되는가는 문제이다. 이와 관련하여 공익사업을 위한 1477

3) 대판 1997. 11. 14, 96다10782.

1) 대판 2009. 12. 10, 2006다19177.

2) 헌재 1991. 5. 13, 89헌가97(국유잡종재산은 사경제적 거래의 대상으로서 사적 자치의 원칙이 지배되고 있으므로 시효제도의 적용에 있어서도 동일하게 보아야 하고, 국유잡종재산에 대한 시효취득을 부인하는 동 규정은 합리적 근거 없이 국가만을 우대하는 불평등한 규정으로서 헌법상의 평등의 원칙과 사유재산권 보장의 이념 및 과잉금지의 원칙에 반한다).

3) 헌재 1992. 10. 1, 82헌가6·7(병합)(지방재정법 제74조 제2항이 같은 법 제72조 제2항에 정한 공유재산 중 잡종재산에 대하여까지 시효취득의 대상이 되지 아니한다고 규정한 것은, 사권을 규율하는 법률관계에 있어서는 그 권리주체가 누구냐에 따라 차별대우가 있어서는 아니 되며 비록 지방자치단체라 할지라도 사경제적 작용으로 인한 민사관계에 있어서는 사인과 대등하게 다루어져야 한다는 헌법의 기본원리에 반하고, 공유재산의 사유화로 인한 잠식을 방지하고 그 효율적인 보존을 위한 적정한 수단도 되지 아니하여 법률에 의한 기본권 제한에 있어서 비례의 원칙 또는 과잉금지의 원칙에 위배된다).

토지 등의 취득 및 보상에 관한 법률(제19조 제2항)은 "공익사업에 수용되거나 사용되고 있는 토지등은 특별히 필요한 경우가 아니면 이를 다른 공익사업을 위하여 수용하거나 사용할 수 없다"고 규정하고 있다. 원칙적으로 말해 공물은 수용의 대상이 된다고 할 수 없다. 왜냐하면 공물은 이미 공적 목적에 제공된 것이기 때문이다. 다만 특별한 필요가 있는 경우에는 토지를 수용할 수 있는 사업에 사용되고 있는 공물(예 : 도로)을 수용할 수도 있다. 이러한 경우에는 먼저 공용폐지가 선행되어야 할 것이다.[1)]

6. 기 타

1478 ① 공물주체(공물의 관리청)는 행정처분으로써 공물의 범위를 결정하기도 한다(도로법 제25조에 따른 도로구역결정). 공물의 범위결정은 공물에 가해지는 공법상 제한의 범위를 말한다. ② 공물에도 민법상 상린관계가 적용되는 것이 원칙이다. 상린관계는 인접하는 토지의 이용의 조절을 위한 것이기 때문이다. 경우에 따라서 실정법은 그 적용을 제한하기도 한다(예 : 도로법 제40조의 접도구역). ③ 공물도 부동산이라면 등기하여야 물권의 변동이 생긴다. 국유재산법(제14조 제2항 본문)은 "등기·등록이나 명의개서가 필요한 국유재산인 경우 그 권리자의 명의는 국(國)으로 하되 소관 중앙관서의 명칭을 함께 적어야 한다"고 규정하고 있다. ④ 공물의 설치·관리상의 하자로 인한 국가나 지방자치단체의 배상책임은 민법이 아니라 국가배상법에 의한다(국배법 제5조).

제4절 공물의 관리

제1항 공물의 관리권

1. 관리권의 의의

1479 공물이 공적 목적에 바쳐진 공물로서의 임무를 충실히 다할 수 있기 위해서는 여러 종류의 행위를 필요로 한다. 이러한 행위를 공물의 관리라 하고, 공물(관리)주체가 공물관리를 위하여 행사할 수 있는 지배권을 공물의 관리권이라 한다.

2. 관리권의 성질

1480 공물의 관리권의 성질과 관련하여 ① 소유권설(공물관리권은 소유권 그 자체의

1) 이와 관련하여 본서, 옆번호 1744를 보라.

작용에 불과하다는 견해)과 공법상 물권적 지배권설(공물관리권은 공물주체의 공법적 권한에 속하는 물권적 지배권이라는 견해)로 나뉘나 후자가 일반적인 견해이다. ② 판례는 "도로법 제80조의2의 규정(현행법 제72조)에 의한 변상금 부과권한은 적정한 도로관리를 위하여 도로의 관리청에게 부여된 권한이라 할 것이지 도로부지의 소유권에 기한 권한이라고 할 수 없으므로, 도로의 관리청은 도로부지에 대한 소유권을 취득하였는지 여부와는 관계없이 도로를 무단점용하는 자에 대하여 변상금을 부과할 수 있다."고 하여 공법상 물권적 지배권설을 취하고 있다.[1] ③ 생각건대 공물관리권은 공물의 소유권의 한 권능이 아니다. 관리권은 공법상 인정되는 특별한 종류의 물권적 지배권의 한 종류라 할 수 있다. 자유공물의 경우에는 자신의 재산권에 대한 자율적인 제한을 내용으로 하고, 타유공물의 경우에는 타인소유의 재산에 대해 일종의 제한물권의 성질을 갖게 된다.

3. 관리권의 근거와 형식

① 공물관리권은 공용지정의 근거되는 법규에서 규정됨이 일반적이다(예 : 1481
도로의 경우는 도로법 제23조, 하천의 경우는 하천법 제8조). 수익적인 행위 내지 단순관리행위에 관한 사항은 법률의 근거가 없어도 관리주체가 독자적으로 공물규칙을 제정할 수 있을 것이나, 침익적인 사항에 관해서는 반드시 법률의 근거가 있어야 한다(침해유보. 헌법 제37조 제2항). ② 한편 관리권은 법령의 형식(예 : 공물관리규칙)으로 발동되는 경우도 있고, 법령에 근거한 개별구체적인 형식(예 : 행정행위·공법상 계약·사실행위 또는 사법작용)으로 발동될 수도 있다.

4. 관리권의 주체

공물의 관리는 공물의 관리권을 가진 행정주체가 행하는 것이 원칙이다. 국 1482
가의 공물은 국가, 지방자치단체의 공물은 지방자치단체가 관리함이 원칙이다. 경우에 따라서는 공물의 관리권자가 다른 기관에 관리를 위임하여 행하게 하는 경우도 있다(예 : 도로법 제31조 제2항에 의거 국도의 수선·유지에 관한 관리를 도지사에게 위임하는 경우. 문보법 제82조; 하천법 제92조 참조).

5. 관리권의 내용

공물의 관리권의 내용은 공물이 그 목적을 충실히 달성할 수 있도록 하는 1483
적극적 작용과 공물에 대하여 나타나는 장해를 제거하는 소극적인 작용으로 이루어질 것이나, 구체적인 내용은 공물마다 상이할 것이다.

---

1) 대판 2005. 11. 25, 2003두7194.

1484 (1) **공물의 범위결정** 공물주체는 공물관리권에 근거하여 공물의 범위를 결정할 수 있다(예 : 도로법 제25조에 의한 도로구역결정; 하천법 제2조 제2호에 의한 하천구역결정; 자연공원법 제4조 내지 제6조에 의한 공원구역 결정).

1485 (2) **공물의 관리·공용부담특권** ① 공물주체는 공물의 관리자로서 공물의 유지·수선·보수 등의 임무를 수행한다(예 : 도로법 제31조 이하의 도로의 공사와 유지·관리 등; 도로법 제56조의 도로대장의 작성 등). ② 공물의 유지·보존의 특별한 방법으로서 공물의 사용을 일시 제한하거나 금지시키거나(예 : 도로법 제75조), 일정한 행위를 금지시키기도 한다(예 : 하천법 제46조). ③ 공물주체는 공용부담특권을 갖기도 한다. 예를 "도로관리청 또는 도로관리청으로부터 명령이나 위임을 받은 자는 도로공사, 도로에 대한 조사·측량 또는 도로의 유지·관리를 위하여 필요하면 타인의 토지에 출입하거나 타인의 토지를 재료적치장, 통로 또는 임시도로로 일시 사용할 수 있고, 특히 필요하면 입목·죽이나 그 밖의 장애물을 변경 또는 제거할 수 있다"는 도로법(제81조 제1항)에서 볼 수 있다(이 밖에도 하천법 제75조 제1항; 문보법 제44조 제4항 등 참조).

1486 (3) **공적 사용에 제공** 공물은 공적 사용에 제공되는 데에 그 목적이 있는 것이므로, 사용관계에 관한 원칙을 정하고 아울러 특정인에게 사용 또는 점용하게 하는 작용이 공물관리권의 중심적인 내용이 된다(도로법 제61조 참조).

6. 공물관리의 비용

1487 공물의 관리비용은 관리주체가 부담하는 것이 원칙이다. 공물의 관리가 관리주체 자신의 임무이기 때문이다. 그러나 실정법으로는 이러한 원칙에 대하여 다음의 예외가 나타난다. ① 일정한 경우에는 국가가 관리하는 공물의 관리비용을 지방자치단체나 사인이 부담하는 경우가 있다(지방자치단체가 부담하는 경우로 도로법 제87조, 사인이 부담하는 경우로 도로법 제91조·제92조). ② 지방자치단체가 관리하는 공물의 경우에도 그 비용을 다른 지방자치단체 또는 사인으로 하여금 부담하게 하는 경우도 있다(예 : 도로법 제85조 제2항 등).

제2항 손해배상과 손실보상

1. 손해배상

1488 공물의 설치나 관리에 하자로 인해 타인에게 손해가 발생하면 국가나 지방자치단체는 손해배상책임을 부담하여야 한다(국배법 제5조 제1항).[1] 비용부담자와

관리자가 상이한 경우에 공물의 설치·관리의 하자로 인해 손해배상책임이 문제되는 경우에는 양자 모두 배상책임이 있다는 것이 국가배상법의 입장이다(국배법 제6조 제1항).[1]

2. 손실보상

공물의 설치·관리를 위해 적법하게 사인의 재산권을 침해한 경우에는 손실 1489
보상이 이루어져야 한다(예 : 도로법 제97조 제2항·제99조; 하천법 제76조·제77조 등). 그것은 헌법상의 명령이기도 하다.

제 3 항 공물의 관리와 경찰

1. 의의·목적

공물의 관리작용(관리권)과 공물에 대한 경찰작용(경찰권)은 구분되어야 한 1490
다. 공물의 관리권은 공물 자체의 관리(예 : 도로보수를 위한 통행금지)를 위한 권한을 말하나, 공물에 대한 경찰권은 공물과 관련된 장해가 일반사회질서에 위해를 가하게 되는 경우에 이의 방지를 위해 발동되는 권한(예 : 화재진화를 위한 통행금지)을 말한다. 요컨대 공물관리권은 공물 본래의 목적달성을 위한 것이나, 공물경찰은 위험방지를 위한 것이다.

2. 법적 근거와 범위

① 공물의 관리권의 근거와 범위는 해당 공물에 관한 법규에서 나오는 것 1491
이나, 경찰권은 일반경찰법에서 근거를 갖는다. ② 공물관리권에 의해서는 독점적 사용권의 부여가 가능하나, 공물경찰권으로서는 일시적 허가만이 가능하다.

---

1) 대판 2000. 1. 14, 99다24201(도로교통법 제3조 제1항에 의하여 특별시장·광역시장 또는 시장·군수의 권한으로 규정되어 있는 도로에서의 신호기 및 안전표지의 설치·관리에 관한 권한은 같은법시행령 제71조의2 제1항 제1호에 의하여 지방경찰청장 또는 경찰서장에게 위탁되었으나, 이와 같은 권한의 위탁은 이른바 기관위임으로서 경찰서장 등은 권한을 위임한 시장 등이 속한 지방자치단체의 산하 행정기관의 지위에서 그 사무를 처리하는 것이므로, 경찰서장 등이 설치·관리하는 신호기의 하자로 인한 국가배상법 제5조 소정의 배상책임은 그 사무의 귀속 주체인 시장 등이 속한 지방자치단체가 부담한다).

1) 대판 1993. 1. 26, 92다2684(시가 국도의 관리상 비용부담자로서 책임을 지는 것은 국가배상법이 정한 자신의 고유한 배상책임이므로 도로의 하자로 인한 손해에 대하여 시는 부진정연대채무자인 공동불법행위자와의 내부관계에서 배상책임을 분담하는 관계에 있으며 국가배상법 제6조 제2항의 규정은 도로의 관리주체인 국가와 그 비용을 부담하는 경제주체인 시 상호간에 내부적으로 구상의 범위를 정하는 데 적용될 뿐 이를 들어 구상권자인 공동불법행위자에게 대항할 수 없다).

3. 강 제

1492 의무위반이나 의무의 불이행이 있는 경우, ① 공물관리의 경우에는 사용의 배제, 민사상의 강제가 가능할 뿐이고, 명문의 규정이 없는 한 행정상 강제가 불가능하나, ② 공물경찰의 경우에는 행정상 강제가 가능하다.

4. 경 합

1493 공물에 하자가 생긴 경우에 그 하자가 사회일반의 공적 안전에 위해를 가져올 수 있는 경우에는 공물의 관리권과 경찰권이 동시에 발동될 수도 있을 것이다(도로법 제77조(차량의 운행 제한 및 운행 허가)와 도로교통법 제6조(통행의 금지 및 제한)를 비교하라). 그럼에도 개념상 양자는 구분되어야 한다.

5. 실 례(도로법과 도로교통법)

1494 도로법은 상태법(Statusrecht)이고 도로교통법은 질서법(Ordnungsrecht)이다. 도로관리청은 공용지정을 통해 어떠한 전제하에, 그리고 어떠한 범위 안에서 도로를 개인에 사용시킬 것인가를 정한다. 이러한 것을 근거로 도로교통법과 도로교통청은 위험을 방지하고 교통의 안전과 원활을 보장하기 위하여 교통에 대한 경찰상의 요구와 교통참가자를 규율한다. 따라서 공용지정이나 공용폐지의 내용은 도로법의 문제이다. 보행구역 결정유무는 도로교통법상의 처분의 대상이 아니다. 다만 질서법상 명령되는 한에 있어서는 도로교통법상 교통금지나 교통의 제한은 가능하다. 어느 범위에서 도로교통법상 금지나 제한이 가능한지, 특히 도로법을 능가하여 가능한지는 문제이다. 계속적인 교통제한은 도로교통법의 범위를 넘는 것이라 본다.

제 5 절 공물의 사용관계

1495 공물(특히 공공용물)은 공공의 사용에 제공되는 것이 목적이다. 사용이란 공물주체인 행정주체의 사용이 아니라 일반시민의 사용을 의미한다. 공물의 사용은 우리의 경우 공법상 사용과 사법상 사용으로 나누고, 공법상 사용은 다시 ① 자유사용, ② 허가사용, ③ 특허사용, ④ 관습법상 사용의 네 가지로 구분되어 다루어지고 있다. 학자에 따라서는 ①을 보통사용(공물의 통상의 용도에 통상적으로 사용하는 것), 나머지를 특별사용(공물의 본래의 목적범위를 넘어서 보통 이상의 정도로

사용하는 것)이라 부르기도 한다.

제1항 자유사용

1. 의 의

공물의 자유사용이란 공물주체의 특별한 행위 없이 모든 사인이 자유롭게 공물을 사용하는 것(예 : 도로상 통행, 호숫가의 산책)을 말한다. 자유사용에 놓이는 공물은 공용지정시에 이미 일반공중의 이용에 놓이는 것을 적시하기 때문에, 일반시민의 사용을 위해 사후에 새로운 행위(예 : 사용허가)를 요하지 아니한다. 자유사용은 일반사용 또는 보통사용이라 부르기도 한다. 소유권자는 자유사용에 따른 물건의 이용에 대하여 수인하여야 한다. 1496

2. 성 질

공물의 자유사용관계에서 사인이 갖는 이익, 즉 관리주체가 공물을 설치·운영함으로써 사인이 받는 이익이 반사적 이익인가 아니면 개인적 공권인가의 문제가 있다. ① 일설은 이러한 이익이 반사적 이익일 뿐이라고 한다(반사적 이익설).[1] 그러나 이러한 견해에 동의하기는 곤란하다. ② 사인이 행정주체에 대하여 특정공물의 신설 또는 유지를 주장할 수 있는 권리는 없으나, 이미 제공된 공물의 이용을 관리청이 합리적인 이유 없이 거부하는 경우에는 해당 사인은 이의 배제 또는 손해배상을 구할 수 있는 권리는 갖는다고 보아야 할 것이다.[2] 말하자면 행복추구권과 신체의 자유(행동의 자유) 등에 근거하여 기존의 자유사용에 참여할 수 있는 청구권을 가지고, 이러한 범위 내에서 주관적이고 공적인 지위를 갖는 것이다.[3] 따라서 자유사용의 경우에도 사인이 개인적 공권을 갖는 경우가 있다고 하겠다. ③ 일설은[4] 사인이 받는 이익을 반사적 이익과 공권의 중간에 위치하는 보호이익으로 본다(보호이익설). 그러나 권리와 법률상 보호이익을 동일시하는 본서의 입장에서는 보호이익설을 따로 인정할 필요성을 느끼지 아니한다. 1497

1) 윤세창·이호승, 행정법(하), 269쪽; O. Mayer, Deutsches Verwaltungsrecht Ⅱ, S. 276ff.; G. Jellinek, System der subjektiven öffentlichen Rechts, 1919, S. 70ff.
2) 김남진·김연태, 행정법(Ⅱ), 421쪽(2019); 이상규, 신행정법론(하), 460쪽; Papier, Recht der öffentlichen Sachen, S. 111.
3) 졸저, 행정법원리, 294쪽.
4) 석종현·송동수, 일반행정법(하), 423쪽 이하.

3. 범 위(한계)

1498 공물의 자유사용의 범위와 한계는 공물에 따라 상이할 것이나, 구체적인 것은 공물의 관리규칙에서 규정될 것이다. 적어도 타인의 자유사용에 침해를 가해서는 아니 된다. 자신의 사용이 방해를 받으면, 경우에 따라서 방해배제의 청구 또는 손해배상의 청구도 가능할 것이다. 관리규칙에서 허용된 사용이라고 하여도 그것이 공적 안전과 질서에 위해를 가져올 수 있는 경우라면 경찰권에 의해 그 사용이 제한받을 수 있을 것이다. 개발사업 등으로 인해 자유사용이 제한받을 수도 있다.[1] 관리규칙에서 명백히 규정된 바 없다면 최종적으로는 사회통념 또는 관습에 따라 판단하여야 할 것이다.

4. 사 용 료

1499 사용대가(사용료)의 징수 여부는 자유사용의 결정적인 개념요소가 아니다. 만약 사용료징수가 이루어지고 아울러 미납시에 강제징수가 예정되어 있다면(예 : 도로법 제69조), 사용료징수권은 공법상 권리의 성격을 가진다고 하겠다.

5. 인접주민의 강화된 이용

1500 인접주민, 즉 도로에 접하여 거주하는 자(소유권자·임차인)는 일반적으로 도로에 대하여 특별한 이익을 갖는다.[2]

6. 공용물의 경우

1501 앞에서 지적한 사항은 대체로 공공용물의 경우이고, 공용물의 경우는 사정이 다르다. 공용물의 경우에는 자유사용이 예외적으로만 인정된다. 이의 예로 학자들은 학교부지의 일부를 통로로 사용하는 경우를 든다.

제2항 허가사용

1. 의 의

1502 공물(특히 공공용물)의 허가사용이란 사인이 행정청의 사전허가를 받은 후에

1) 대판 2002. 2. 26, 99다35300(일반 공중의 이용에 제공되는 공공용물에 대하여 특허 또는 허가를 받지 않고 하는 일반사용은 다른 개인의 자유이용과 국가 또는 지방자치단체 등의 공공목적을 위한 개발 또는 관리·보존행위를 방해하지 않는 범위 내에서만 허용된다 할 것이므로, 공공용물에 관하여 적법한 개발행위 등이 이루어짐으로 말미암아 이에 대한 일정범위의 사람들의 일반사용이 종전에 비하여 제한받게 되었다 하더라도 특별한 사정이 없는 한 그로 인한 불이익은 손실보상의 대상이 되는 특별한 손실에 해당한다고 할 수 없다).
2) 자세한 것은 본서, 옆번호 1544 이하 참조.

공물을 사용하는 것을 말한다. 공물은 원칙적으로 사인이 자유롭게 사용할 수 있어야 할 것이다. 그러나 자유로운 사용이 공물의 목적달성이나 공물의 유지·보전에 문제를 야기할 수 있는 경우도 생겨날 수 있다. 이러한 경우에는 공물의 자유사용을 일단 금지하고 나서 사후에 사인으로 하여금 선별적으로 허가를 받아 사용하게 하는 것이 합리적일 수도 있다. 여기에 허가사용의 의미가 나타난다. 말하자면 허가사용이란 자유사용이 갖는 문제를 시정·보완하기 위한 것이라고 할 수 있다. 허가사용은 주로 일시적 사용을 의미하는 것으로 이해된다.

2. 유 형

허가사용에도 공물관리청의 허가에 의한 사용과 경찰행정청의 허가에 의한 1503
사용의 경우로 구분된다. ① 공물관리청의 공물관리권에 따른 허가사용은 당해 공물의 목적달성을 위해 금지하였던 바를 사인의 신청을 전제로 공물관리청이 해제하여 사인으로 하여금 공물을 사용하게 하는 경우(예 : 국공립도서관의 대출허가에 따른 도서이용)를 말한다. ② 경찰행정청에 의한 허가사용은 경찰상 과해진 금지를 해제함으로써 사인이 공물을 사용하게 되는 경우(예 : 위험방지목적의 도로통행금지처분의 예외적 해제, 도로교통법 제6조 제3항)를 말한다. ②의 경우, 공물의 사용은 본래 의미의 공물의 사용관계가 아닌 것임을 유념하여야 한다.

3. 성 질

공물의 사용관계 역시 공법상 관계임은 물론이다. 그런데 허가사용에서 사 1504
인이 갖는 이익이 반사적 이익인가 아니면 권리로서의 이익인가는 문제이다. ① 일설은[1] 공물의 허가사용도 자유사용과 마찬가지로 보통사용인 이상 사용자의 지위를 권리로 볼 수 없다고 한다(반사적 이익설). ② 그러나 허가요건을 갖추었음에도 불구하고 합리적인 사유 없이 허가를 거부하는 것은 평등의 원칙의 침해로서 사인이 다툴 수 있다고 볼 때, 경우에 따라서는 사인도 허가사용과 관련하여 개인적 공권을 갖는다고 볼 것이다(공권설).

4. 사 용 료

허가사용의 경우에 사용료(허가료)가 징수되기도 하나, 사용료징수를 허가사 1505
용의 본질적 요소로 보기는 어렵다. 실정법이 사용료의 징수를 규정하면서(예 : 도로법 제66조; 하천법 제37조) 동시에 강제징수의 가능성을 규정하는 한(예 : 도로법 제69조; 하천법 제67조), 그것은 공권의 성질을 갖는 것으로 이해될 수 있다.

---

1) 윤세창·이호승, 행정법(하), 272쪽; 이상규, 신행정법론(하), 462쪽.

5. 종 료

1506 허가사용은 공물의 소멸, 사용자의 사용포기, 허가된 사업의 종료, 종기의 도래나 조건의 성취, 허가의 취소나 철회 등으로 인하여 소멸한다.

6. 공용물의 경우

1507 앞에서 지적한 사항은 대체로 공공용물의 경우이고, 공용물의 경우는 사정이 다르다. 말하자면 공용물의 경우에는 허가사용이 예외적이다.

제3항 특허사용

1. 의 의

1508 공물의 특허사용이란 공물주체의 특허를 받아 사인이 공물을 사용하는 것(예 : 도로법 제61조의 도로점용허가; 하천법 제33조의 토지의 점용허가; 공유수면 관리 및 매립에 관한 법률 제8조의 공유수면의 점용허가)을 말한다. 특허사용은 해당 공물의 일반적인 목적·범위를 능가하여 공물을 사용하게 하는 것인바, 공물의 사용의 방식에 있어서는 예외적인 경우가 된다. 이러한 예외적인 사용은 공물의 통상의 사용(자유사용)을 방해하지 아니하는 범위 내에서 인정된다. 통상의 사용이 제한된다면, 그러한 물건은 공물이라고 보기 곤란할 것이기 때문이다. 특허사용은 영속적인 사용을 내용으로 한다.

2. 성 질

1509 ① 특허사용의 원인행위, 즉 특허행위는 공법상 계약인가 아니면 협력을 요하는 행정행위(쌍방적 행정행위)인가가 문제된다. 일반적으로 특허는 협력(상대방의 신청)을 요하는 행위로 이해되고 있다.[1] 점용을 '허가'한다는 여러 실정법상의 표현은 특허가 행정행위임을 나타낸다는 근거가 된다. ② 특허사용은 권리로서의 사용을 의미한다. 특허처분은 사인에게 권리를 부여하는 형성적 행위(설권행위)이다. ③ 판례와 지배적인 견해는 특허처분을 재량행위로 이해하고 있다.[2]

---

1) 김남진·김연태, 행정법(Ⅱ), 426쪽(2019); 김도창, 일반행정법론(하), 426쪽; 김동희, 행정법(Ⅱ), 291쪽(2019); 박윤흔·정형근, 최신행정법강의(하), 456쪽; 이상규, 신행정법론(하), 464쪽.

2) 헌재 2013. 9. 26, 2012헌바16(공유수면의 점용·사용은 공유수면에 대하여 일반사용과는 별도로 특정부분을 유형적, 고정적으로 사용하는 이른바 특별사용을 뜻하는 것으로, 공유수면에 대한 점용·사용허가는 그러한 특별사용권을 설정해주는 행정행위로서 강학상 특허이며, 재량행위로 볼 수 있다. 점용·사용허가에 의하여 부여되는 특별사용권은 행정주체에 대하여 공공용물의 배타적, 독점적인 사용을 청구할 수 있는 권리로서 공법상의 채권에 해당한다).

3. 특허사용자의 지위

(1) **특허사용자의 권리** 특허사용자가 갖는 권리에 관해 다음이 지적되고 있다. ① 특허사용권은 공법에 의해 성립·취득하는 권리이므로 공권이다.[1] ② 특허사용권은 공권인 까닭에 공익상 제한이 따른다(예 : 도로법 제97조; 하천법 제70조). ③ 특허사용권이 침해되면 그것은 공권인 까닭에 행정쟁송의 방법으로 다툴 수 있다. ④ 특허사용권이 공권이기는 하나 재산권적인 색채가 강한 것이어서 이전성을 가진다(예 : 도로법 제106조; 하천법 제5조). 특허사용권은 채권적인 성질을 갖기도 하고 물권적 성질을 갖기도 한다. ⑤ 특허사용권은 공물폐지시까지만 의미를 갖는 것이고, 그 후에는 권리로서 의미를 갖는다고 보기는 곤란하다. ⑥ 특허사용권을 침해하는 사인이 있는 경우에는, 그 자에 대하여 민사법상의 구제수단(예 : 침해행위의 배제·예방, 원상회복, 손해배상)을 행사할 수 있다.[2] ⑦ 특허사용권은 목적달성에 필요한 범위에 한정된다. 왜냐하면 공물은 원래 일반공중의 사용에 제공된 것이고 그들의 사용을 고려하여야 하기 때문이다. 1510

(2) **특허사용자의 의무** 특허사용자의 구체적인 의무는 공물에 따라 상이하겠으나 여기에서는 다음의 몇 가지를 보기로 한다. ① 특허사용은 사용자에게 권리를 설정하는 것이므로 사용자로부터 대가(사용료·점용료)를 징수함이 일반적이다. 징수에 관한 근거규정(예 : 도로법 제66조; 하천법 제37조)이 없이도 징수가 가능할 것이다(다수설).[3] 반대견해도 있다.[4] 특허사용이 오로지 공익을 위한 사용인 경우에는 사용료나 점용료가 감면될 수 있을 것이다(예 : 도로법 제68조; 하천법 제37조 참조). 사용료나 점용료납부는 공법상 의무이므로 행정상 강제징수의 대상이 된다(예 : 도로법 제69조; 하천법 제67조). ② 공물의 특허사용으로 인하여 제3자나 공익에 대하여 침해를 가져오는 경우에는 공물관리청은 특허사용자에게 손해배상 또는 위험방지·제거의 시설을 할 의무를 부과할 수도 있다(예 : 도로법 제33조·제35조). 1511

4. 종　　료

공물의 특허사용은 공물의 소멸, 공물사용권의 포기, 특허기간의 경과, 해 1512

---

1) 김남진·김연태, 행정법(Ⅱ), 428쪽(2019); 김도창, 일반행정법론(하), 427쪽; 석종현·송동수, 일반행정법(하), 429쪽; 이상규, 신행정법론(하), 424쪽.
2) 대판 1994. 9. 9, 94다45920(하천부지의 점용허가를 받은 자는 권원 없이 그 하천부지를 점용·사용하는 자에게 직접 부당이득의 반환을 청구할 수 있다).
3) 박균성, 행정법론(하), 425쪽(2019); 류지태·박종수, 행정법신론, 1103쪽(2019).
4) 김철용, 행정법, 875쪽(2018).

제조건의 성취, 특허행위의 철회 등의 사유로 소멸한다.

제4항 관습법상 사용

1. 의 의

1513 공물의 관습법상 사용이란 공물의 사용권이 관습법으로 인정된 경우의 사용(예 : 관개용수로로서의 하천사용)을 의미한다. 수산업법상 입어자의 입어권의 경우도 이에 해당할 것이다(수산법 제2조 제11호).

2. 성립요건

1514 관습법상 사용권이 인정되기 위해서는 ① 사인이 해당 공물을 장기간 분쟁없이 사용하였어야 하고, ② 사용자가 제한된 범위 내이어야 하며, 즉 자유사용에 제공된 것이 아니어야 하고, ③ 그 사용의 정도가 특별한 것이어야 한다.

3. 내 용

1515 관습법상 사용권의 내용은 근거가 되는 관습법에서 정해진다. 성문법에서 그 내용이 제한될 수도 있을 것이다(수산법 제2조 제10호·제46조 참조). 관습법상 사용권도 역시 공법상의 사용권의 성질을 갖는다. 관습법상 사용권의 성질은 특허사용의 경우에 준해서 판단하면 된다.

제5항 사법상 사용

1. 의 의

1516 공물의 사법상 사용이란 사법상의 계약을 통하여 공물을 사용하는 것을 말한다. 사법상 계약이란 대체로 임대차계약을 의미한다. 사법상 사용에서 사인이 갖는 권리와 의무는 사권과 사의무로서 민사법의 적용을 받는다. 그런데 공물의 사법상 사용은 주로 공물주체가 재정상의 수입을 위하여 특정인에게 특별한 사용을 허용하는 경우에 나타난다.

2. 가 능 성

1517 특히 공공용물을 둘러싸고, 그것이 사법상 사용의 대상이 될 수 있을 것인가에 관해서는 의문이 없지 않다.

3. 국유재산법 제30조의 사용허가

(1) 사용허가의 법적 성질

(가) 문제상황 국유재산법 제30조(① 중앙관서의 장은 다음 각 호의 범위에서만 행정재산의 사용허가를 할 수 있다. 1. 공용·공공용·기업용 재산 : 그 용도나 목적에 장애가 되지 아니하는 범위, 2. 보존용 재산 : 보존목적의 수행에 필요한 범위)에 의한 행정재산의 사용허가의 성질이 사법상 계약인지 아니면 행정처분인지의 문제가 있다. 공유재산 및 물품 관리법 제20조(① 지방자치단체의 장은 행정재산에 대하여 그 목적 또는 용도에 장애가 되지 아니하는 범위에서 사용 또는 수익을 허가할 수 있다)의 경우도 동일한 문제가 있다. 1518

(나) 학 설

1) 행정처분설 이 견해는 ① 국유재산법이 사용료의 징수를 조세체납절차에 의하도록 규정하고 있다는 점(국재법 제73조 제2항), ② 사용허가에 관한 규정(국재법 제30조)과 사용허가의 취소·철회에 관한 규정(국재법 제36조)을 각각 독립시켜 놓고 있어서 공법적 규율이 강화되고 있다는 점, ③ 발생원인이 처분의 형식인 점들을 논거로 한다. 지배적인 견해이다.[1) 1518a

2) 사법상 계약설 이 견해는 ① 국유재산법 제30조 제1항에 의한 사용이 「원래의 목적 외의 사용」이라는 점, ② 관리청과 사인 사이에 우열관계 내지 상하관계가 존재한다고 보기 어렵다는 점, ③ 조세체납절차에 의한 강제징수가 가능하다는 것이 반드시 법관계를 공법관계로 보아야 한다는 것은 아니라는 점, ④ 국유재산법상 사용허가는 승낙으로, 사용허가의 취소·철회는 계약의 해제 등으로 볼 수 있다는 점, ⑤ 사용·수익의 내용이나 효과가 사적 이익에 관한 것이라는 점 등을 논거로 한다.[2)]

3) 이원적 법률관계설 원칙적으로 행정재산의 사용·수익관계의 발생·소멸, 사용료의 징수관계는 공법관계이지만, 행정재산의 사용·수익관계는 그 실질에 있어서는 사법상의 임대차와 같다고 할 것이므로 특수한 공법적 규율이 있는 사항을 제외하고는 행정재산의 목적외 사용의 법률관계는 사법관계라 할 것이라는 견해이다.[3)]

(다) 판 례 판례는 행정처분설을 취한다.[4)] 1518b

---

1) 김남진·김연태, 행정법(Ⅱ), 435쪽(2019); 김동희, 행정법(Ⅱ), 296쪽(2019); 류지태·박종수, 행정법신론, 1105쪽(2019); 한견우, 현대행정법신론, 123~124쪽(2014).
2) 이상규, 신행정법론(하), 429쪽.
3) 박윤흔·정형근, 최신행정법강의(하), 464쪽.
4) 대판 1996. 2. 13, 95누11023(국유재산의 관리청이 행정재산의 사용·수익을 허가한 다음 그 사

㈑ 사 견

1518c 1) 행정처분설 ① 국유재산법은 국가 외의 자의 행정재산의 사용·수익은 사용허가라 하고(국재법 제2조 제7호), 국가 외의 자의 일반재산의 사용·수익은 대부계약이라 하여(국재법 제2조 제8호) 양자를 구분하고 있고, ② 동법 제2조 제7호는 사용허가를 "행정재산을 국가 외의 자가 일정 기간 유상이나 무상으로 사용·수익할 수 있도록 「허용하는 것」을 말한다"고 하여 사용허가를 관리청의 일방적인 의사표시로 규정하고 있다. ③ 동법 제36조가 관리청의 사용허가의 취소와 철회를 규정하여 관리청의 우월한 지위를 인정하고 있고, ④ 동법 제73조 제3항이 사용료의 체납시에 국세징수법에 따른 강제징수를 규정하고 있음에 비추어 행정재산의 사용허가는 행정처분으로 볼 것이다.[1)]

1519 ⑵ 사용허가의 과정 사용허가의 원칙적 방법은 입찰이다(국재법 제31조 제1항). 행정재산의 사용허가에 관하여 국유재산법에 규정한 것을 제외하고는 국가를 당사자로 하는 계약에 관한 법률의 규정을 준용한다(국재법 제31조 제3항). 국가를 당사자로 하는 계약에 관한 법률상 사용허가의 절차는 ① 입찰공고, ② 입찰, ③ 낙찰자 결정, ④ 계약서 작성의 순으로 이루어진다. 입찰공고는 사용허가의 절차요건이며, 입찰은 사인의 공법행위로서 신청에 해당하며, 낙찰자 결정은 관리청이 행하는 처분이며, 계약서의 작성은 낙찰자 결정시에 정해진 사항 등을 확인하고 문서화하는 법적 절차로서 낙찰자 결정의 이행행위에 해당한다.[2)]

1519a ⑶ 사용허가의 기간 ① 행정재산의 사용허가기간은 5년 이내로 한다. 다만, 제34조 제1항 제1호의 경우에는 사용료의 총액이 기부를 받은 재산의 가액

용·수익하는 자에 대하여 하는 사용료부과는 순전히 사경제주체로서 행하는 사법상의 이행청구라 할 수 없고, 이는 관리청이 공권력을 가진 우월적 지위에서 행한 것으로서 항고소송의 대상이 되는 행정처분이라 할 것이다); 대판 1997. 4. 11, 96누17325; 대판 1998. 2. 27, 97누1105; 대판 1998. 2. 27, 97누1105(공유재산의 관리청이 행정재산의 사용·수익에 대한 허가는 순전히 사경제주체로서 행하는 사법상의 행위가 아니라 관리청이 공권력을 가진 우월적 지위에서 행하는 행정처분이다).

1) 구 국유재산법 제24조의 행정재산의 사용허가의 성질을 둘러싸고 종래 사법상 계약설을 취하였다. 그러나 구법에 비해 현행 국유재산법(2009. 1. 30 전부개정법률)에서는 사용허가의 정의 규정과 사용허가의 방법에 관한 규정 등이 추가되었고 아울러 조문체계에도 손질이 가해졌다. 이러한 새로운 변화를 반영하여 국유재산법 제30조의 공용재산 등의 사용허가의 성질을 행정처분으로 이해하는 행정처분설로 견해를 변경한다.

2) 사용허가를 사법상 계약으로 이해하게 되면, ① 입찰공고는 예약의 유인, 입찰은 예약의 청약, 낙찰자 결정은 예약의 승낙, 계약서 작성은 본 계약의 체결에 해당한다고 볼 것이고, ② 입찰공고를 청약의 유인, 입찰을 청약, 낙찰자 결정을 계약의 승낙, 계약서 작성을 계약의 청약과 승낙에 정해진 사항을 단순히 확인하는 의미의 이행행위로서 사실행위라 말하기는 어렵다. 왜냐하면 국가를 당사자로 하는 계약에 관한 법률 제11조 제2항(제1항의 규정에 의하여 계약서를 작성하는 경우에는 그 담당공무원과 계약상대자가 계약서에 기명·날인 또는 서명함으로써 계약이 확정된다)에 비추어 계약서의 작성을 단순한 사실행위로 보기 어렵기 때문이다.

에 이르는 기간 이내로 한다(국재법 제35조 제1항). 제1항의 허가기간이 끝난 재산에 대하여 대통령령으로 정하는 경우를 제외하고는 5년을 초과하지 아니하는 범위에서 종전의 사용허가를 갱신할 수 있다. 다만, 수의의 방법으로 사용허가를 할 수 있는 경우가 아니면 1회만 갱신할 수 있다(국재법 제35조 제2항).

(4) **사 용 료** 행정재산을 사용허가한 때에는 대통령령으로 정하는 요율 1519b
(料率)과 산출방법에 따라 매년 사용료를 징수한다. 다만, 연간 사용료가 대통령령으로 정하는 금액 이하인 경우에는 사용허가기간의 사용료를 일시에 통합 징수할 수 있다(국재법 제32조 제1항). 경우에 따라 사용료의 조정(국재법 제33조 제1항), 감면(국재법 제34조 제1항)이 가능하다.

(5) **사용허가의 취소·철회** 1520

(가) **사 유** ① 중앙관서의 장은 행정재산의 사용허가를 받은 자가 다음 각 호(1. 거짓 진술을 하거나 부실한 증명서류를 제시하거나 그 밖에 부정한 방법으로 사용허가를 받은 경우, 2. 사용허가 받은 재산을 제30조 제2항을 위반하여 다른 사람에게 사용·수익하게 한 경우, 3. 해당 재산의 보존을 게을리하였거나 그 사용목적을 위배한 경우, 4. 납부기한까지 사용료를 납부하지 아니하거나 제32조 제2항 후단에 따른 보증금 예치나 이행보증조치를 하지 아니한 경우, 5. 중앙관서의 장의 승인 없이 사용허가를 받은 재산의 원래 상태를 변경한 경우)의 어느 하나에 해당하면 그 허가를 취소하거나 철회할 수 있다(국재법 제36조 제1항). ② 중앙관서의 장은 사용허가한 행정재산을 국가나 지방자치단체가 직접 공용이나 공공용으로 사용하기 위하여 필요하게 된 경우에는 그 허가를 철회할 수 있다(국재법 제36조 제2항).

(나) **손실보상** 제2항의 경우에 그 철회로 인하여 해당 사용허가를 받은 자에게 손실이 발생하면 그 재산을 사용할 기관은 대통령령으로 정하는 바에 따라 보상한다(국재법 제36조 제3항).

(6) **원상회복과 재재** 1520a

(가) **원상회복** 사용허가를 받은 자는 허가기간이 끝나거나 제36조에 따라 사용허가가 취소 또는 철회된 경우에는 그 재산을 원래 상태대로 반환하여야 한다. 다만, 중앙관서의 장이 미리 상태의 변경을 승인한 경우에는 변경된 상태로 반환할 수 있다(국재법 제38조).

(나) **관리 소홀에 대한 제재** 행정재산의 사용허가를 받은 자가 그 행정재산의 관리를 소홀히 하여 재산상의 손해를 발생하게 한 경우에는 사용료 외에 대통령령으로 정하는 바에 따라 그 사용료를 넘지 아니하는 범위에서 가산금을 징수할 수 있다(국재법 제39조).

제6절 공물로서의 도로

제1항 도로의 관념

1. 도로의 개념

1521 "도로"란 차도, 보도, 자전거도로, 측도, 터널, 교량, 육교 등 대통령령으로 정하는 시설로 구성된 것으로서 제10조에 열거된 것을 말하며, 도로의 부속물을 포함한다(도로법 제2조 제1호).[1] "도로의 부속물"이란 도로관리청이 도로의 편리한 이용과 안전 및 원활한 도로교통의 확보, 그 밖에 도로의 관리를 위하여 설치하는 다음 각 목(가. 주차장, 버스정류시설, 휴게시설 등 도로이용 지원시설, 나. 시선유도표지, 중앙분리대, 과속방지시설 등 도로안전시설, 다. 통행료 징수시설, 도로관제시설, 도로관리사업소 등 도로관리시설, 라. 도로표지 및 교통량 측정시설 등 교통관리시설, 마. 낙석방지시설, 제설시설, 식수대 등 도로에서의 재해 예방 및 구조 활동, 도로환경의 개선·유지 등을 위한 도로부대시설, 바. 그 밖에 도로의 기능 유지 등을 위한 시설로서 대통령령으로 정하는 시설)의 어느 하나에 해당하는 시설 또는 공작물을 말한다(도로법 제2조 제2호).

2. 도로 노선의 지정·고시

1522 (1) 의 의 도로법상 도로는 도로 노선의 지정·고시(노선인정)에 의하여 도로법의 적용을 받는 도로가 된다. 도로 노선의 지정·고시(도로 노선인정)란 신설 도로나 기존의 도로의 종류·등급을 결정하는 도로관리청의 행위를 말한다. 도로 노선의 변경과 폐지는 인정된 도로 노선의 전부 또는 일부의 변경과 폐지를 의미한다. 판례는 도로 노선인정이 아니라 도로구역의 결정고시를 공용지정으로 본다.

1522a (2) **권한행정청** 고속국도의 도로 노선 지정·고시, 일반국도의 도로 노선 지정·고시, 일반국도의 지선의 지정·고시는 국토교통부장관이 한다(도로법 제11조·제12조·제13조). 특별시도·광역시도의 도로 노선의 지정·고시는 특별시장·광역시장이 한다(도로법 제14조). 지방도의 도로 노선의 지정·고시는 도지사 또는 특별자치도지사가 한다(도로법 제15조). 시도의 도로 노선의 지정·고시는 특별자치시장 또는 시장(행정시의 경우에는 특별자치도지사를 말한다)이 한다(도로법 제16조). 군도의 도로 노선의 지정·고시는 군수가 한다(도로법 제17조). 구도의 도로 노선의

---

1) 도로의 의미에 통행목적 외에 도로에서 산보(보행자전용과 자동차통행금지구역), 만남과 소통의 장소, 정치적·문화적·종교적 공간 등의 의미도 포함시킬 것인지의 여부에 대한 검토가 있어야 할 것이다(Schweickhardt/Vondung(Hrsg.), Allgemeines Verwaltungsrecht, Rn. 1037).

지정·고시는 구청장이 한다(도로법 제18조).

(3) **지정·고시 방법** 제11조부터 제13조까지 및 제15조 제2항에 따른 고속국도, 일반국도, 지선 및 국가지원지방도의 노선 지정·고시는 관보에 하고, 제14조, 제15조 제1항 및 제16조부터 제18조까지의 규정에 따른 특별시도·광역시도, 지방도, 시도, 군도 및 구도의 노선 지정·고시는 해당 지방자치단체의 공보에 하여야 한다(도로법 제19조 제1항). 1522b

(4) **지정·고시의 내용** 제1항에 따른 도로 노선의 지정·고시에는 다음 각 호(1. 노선번호, 2. 노선명, 3. 기점, 종점, 4. 주요 통과지, 5. 그 밖에 필요한 사항)의 사항을 포함하여야 한다(도로법 제19조 제2항). 1522c

3. 도로구역의 결정

(1) **의 의** 도로관리청은 도로 노선의 지정·변경 또는 폐지의 고시가 있으면 지체 없이 해당 도로의 도로구역을 결정·변경 또는 폐지하여야 한다(도로법 제25조 제1항). 상급도로의 도로관리청(이하 "상급도로관리청"이라 한다)은 제1항에도 불구하고 해당 상급도로에 접속되거나 연결되는 하급도로(제10조 각 호에 따른 도로의 순위를 기준으로 해당 도로보다 낮은 순위의 도로를 말한다. 이하 같다)의 접속구간 또는 연결구간의 도로구역을 결정·변경 또는 폐지할 수 있다. 이 경우 상급도로관리청은 미리 하급도로의 도로관리청(이하 "하급도로관리청"이라 한다)의 동의를 받아야 한다(도로법 제25조 제2항). 도로구역이란 도로의 부지구역을 말한다. 1523

(2) **법적 성질** 판례는 도로구역의 결정고시를 공용지정으로 본다.[1] 도로관리청은 도로구역의 결정에 형성의 자유를 갖는다.[2] 1523a

---

1) 대판 2018. 5. 11, 2015다41671; 대판 2000. 4. 25, 2000다348(도로와 같은 인공적 공공용 재산은 법령에 의하여 지정되거나 행정처분으로 공공용으로 사용하기로 결정한 경우 또는 행정재산으로 실제 사용하는 경우의 어느 하나에 해당하여야 행정재산이 되는 것이며, 도로는 도로로서의 형태를 갖추어야 하고, 도로법에 따른 노선의 지정 또는 인정의 공고 및 도로구역의 결정·고시가 있는 때부터 또는 도시계획법 소정의 절차를 거쳐 도로를 설치하였을 때부터 공공용물로서 공용개시행위가 있는 것이며, 토지에 대하여 도로로서의 도시계획시설결정 및 지적승인만 있었을 뿐 그 도시계획사업이 실시되었거나 그 토지가 자연공로로 이용된 적이 없는 경우에는 도시계획결정 및 지적승인의 고시만으로는 아직 공용개시행위가 있었다고 할 수 없어 그 토지가 행정재산이 되었다고 할 수 없다).

2) 대판 2015. 6. 11, 2015두35215(도로법 제24조에 의한 도로구역의 결정은 행정에 관한 전문적·기술적 판단을 기초로 하여 도로망의 정비를 통한 교통의 발달과 공공복리의 향상이라는 행정목표를 달성하기 위한 행정작용으로서, 구 도로법과 그 하위법령에는 추상적인 행정목표와 절차만이 규정되어 있을 뿐 도로구역을 결정하는 기준이나 요건에 관하여는 별다른 규정을 두고 있지 않아 행정주체는 해당 노선을 이루는 구체적인 도로구역을 결정함에 있어서 비교적 광범위한 형성의 자유를 가진다).

(3) 결정절차

1523b ㈎ 주민 등의 의견청취 도로관리청은 제25조에 따라 도로구역을 결정·변경 또는 폐지하려는 경우에는 미리 해당 도로구역에 대한 주소, 도면, 면적 등 대통령령으로 정하는 사항을 공고하여 주민 및 관계 전문가 등의 의견을 들어야 한다. 다만, 대통령령으로 정하는 경미한 사항을 변경하는 경우에는 그러하지 아니하다(도로법 제26조 제1항).

1523c ㈏ 고시·열람 도로관리청은 도로법 제25조 제1항이나 제2항에 따라 도로구역을 결정·변경 또는 폐지하면 그 사유, 위치, 면적 등 대통령령으로 정하는 사항을 구체적으로 밝혀 국토교통부령으로 정하는 바에 따라 고시하고, 그 도면을 일반인이 열람할 수 있도록 하여야 한다(도로법 제25조 제3항).

4. 사용 개시·폐지의 공고

1524 도로관리청은 도로 구간의 전부 또는 일부의 사용을 개시하거나 폐지하려면 국토교통부령으로 정하는 바에 따라 이를 공고하고 그 도면을 일반인이 열람할 수 있게 하여야 한다. 다만, 기존 도로와 중복하여 노선을 지정하였거나 변경하였을 경우 그 중복되는 구간의 도로에 대해서는 그러하지 아니하다(도로법 제39조 제1항). 새로 건설된 일반국도의 사용을 개시하는 경우 해당 도로관리청은 새로 건설된 일반국도가 대체하는 기존 일반국도 구간에 대해서는 제1항에 따라 일반국도의 사용을 폐지하여야 한다. 다만, 기존 일반국도 구간을 일반국도로 계속 사용할 필요가 있는 경우에는 그러하지 아니하다(도로법 제39조 제2항).

제2항 도로의 관리

Ⅰ. 도로관리청

1525 도로관리청은 다음 각 호(1. 제11조 및 제12조에 따른 고속국도와[1] 일반국도 : 국토교통부장관, 2. 제15조 제2항에 따른 국가지원지방도(이하 "국가지원지방도"라 한다) : 도지사·특별자치도지사(특별시, 광역시 또는 특별자치시 관할구역에 있는 구간은 해당 특별시장, 광역시장 또는 특별자치시장), 3. 그 밖의 도로 : 해당 도로 노선을 지정한 행정청)의 구분에 따른다(도로법 제23조 제1항). 제1항에도 불구하고 특별시·광역시·특별자치시·특

1) 대판 1988. 10. 25, 86다카115(고속국도법 제5조, 제6조, 한국도로공사법 제1조, 제2조, 제18조의 규정들에 비추어 보면 남해고속도로는 국유로서 건설부장관이 관리청이고 한국도로공사는 건설부장관의 권한의 일부를 대행하는 지위에 있는 데 지나지 아니하며 그 대행하는 범위 내에서 그 관리청이 되는 것뿐이므로 위 고속도로의 소유권이 침해되는 경우에는 그로 인한 손해배상청구권은 국가에 있다).

별자치도 또는 시의 관할구역에 있는 일반국도(우회국도 및 지정국도는 제외한다. 이하 이 조에서 같다)와 지방도는 각각 다음 각 호(1. 특별시·광역시·특별자치시·특별자치도 관할구역의 동(洞) 지역에 있는 일반국도 : 해당 특별시장·광역시 장·특별자치시장·특별자치도지사, 2. 특별자치시 관할구역의 동 지역에 있는 지방도 : 해당 특별자치시장, 3. 시 관할구역의 동 지역에 있는 일반국도 및 지방도 : 해당 시장)의 구분에 따라 해당 시·도지사 또는 시장이 도로관리청이 된다(도로법 제23조 제2항).

Ⅱ. 도로관리권

1. 공사와 유지

(1) 의 의 도로공사와 도로의 유지·관리는 이 법이나 다른 법률에 특 1526
별한 규정이 있는 경우를 제외하고는 해당 도로의 도로관리청이 수행한다(도로법 제31조 제1항). 제1항에도 불구하고 국토교통부장관은 일반국도의 일부 구간에 대한 도로공사와 도로의 유지·관리에 관한 업무를 대통령령으로 정하는 바에 따라 도지사 또는 특별자치도지사가 수행하도록 할 수 있다. 이 경우 국토교통부장관은 미리 도지사 또는 특별자치도지사와 협의하여야 한다(도로법 제31조 제2항).

(2) 범 위 도로관리청은 도로의 경우, 급부능력의 범위 내에서 통상의 1527
교통의 사용에 적합한 상태를 계획·건설·유지·확장·개선토록 하는 의무를 부담한다. 이에는 새로운 도로의 건설까지 요구되며 교통에 적합한 청소도 포함된다. 말하자면 "도로관리청은 도로를 설치하고 존립을 유지하여 이를 일반교통에 제공함으로써 도로로서 본래의 기능이 발휘될 수 있도록 하기 위한 포괄적 관리권을 가지고, 이러한 도로관리권에는 도로 시설물 등을 기능에 적합하도록 유지·관리하는 것뿐 아니라, 도로 관리를 위한 직무집행 행위로서 합리적 상당성이 인정되는 범위 내에서 도로의 기능 발휘에 장애가 되는 행위를 금지하거나 제지하는 등의 사실행위를 할 권한도 포함된다."[1)]

2. 접도구역

도로관리청은 도로 구조의 파손 방지, 미관(美觀)의 훼손 또는 교통에 대한 1528
위험 방지를 위하여 필요하면 소관 도로의 경계선에서 20미터(고속국도의 경우 50미터)를 초과하지 아니하는 범위에서 대통령령으로 정하는 바에 따라 접도구역(接道區域)을 지정할 수 있다(도로법 제40조 제1항). 누구든지 접도구역에서는 다음 각 호(1. 토지의 형질을 변경하는 행위, 2. 건축물, 그 밖의 공작물을 신축·개축 또는 증축하

1) 대판 2014. 2. 13, 2011도10625.

는 행위)의 행위를 하여서는 아니 된다. 다만, 도로 구조의 파손, 미관의 훼손 또는 교통에 대한 위험을 가져오지 아니하는 범위에서 하는 행위로서 대통령령으로 정하는 행위는 그러하지 아니하다(도로법 제40조 제3항).

3. 입체적 도로구역

1529 도로관리청은 제25조에 따라 도로구역을 결정하거나 변경하는 경우 그 도로가 있는 지역의 토지를 적절하고 합리적으로 이용하기 위하여 필요하다고 인정하면 지상이나 지하 공간 등 도로의 상하의 범위를 정하여 도로구역으로 지정할 수 있다(도로법 제28조 제1항). 도로관리청은 제1항에 따른 도로구역(이하 "입체적 도로구역"이라 한다)을 지정할 때에는 토지·건물 또는 토지에 정착한 물건의 소유권이나 그 밖의 권리를 가진 자와 구분지상권(區分地上權)의 설정이나 이전을 위한 협의를 하여야 하며, 지상의 공간에 대한 협의가 이루어지지 아니하면 입체적 도로구역으로 지정할 수 없다. 이 경우 협의의 목적이 되는 소유권이나 그 밖의 권리, 구분지상권의 범위 등 협의의 내용에 포함되어야 할 사항은 대통령령으로 정한다(도로법 제28조 제2항).

4. 도로보전입체구역

1529a 도로관리청은 입체적 도로구역을 지정한 경우 그 도로의 구조를 보전하거나 교통의 위험을 방지하기 위하여 필요하면 그 도로에 상하의 범위를 정하여 도로를 보호하기 위한 구역(이하 "도로보전입체구역"이라 한다)을 지정할 수 있다(도로법 제45조 제1항). 도로보전입체구역은 해당 도로의 구조를 보전하거나 교통의 위험을 방지하기 위하여 필요한 최소한도의 범위로 지정하여야 한다(도로법 제45조 제2항). 도로관리청은 도로보전입체구역을 지정하려면 국토교통부령으로 정하는 바에 따라 미리 그 사실을 고시하고, 그 도면을 일반인이 열람할 수 있도록 하여야 한다. 그 지정을 변경하거나 해제하려는 경우에도 같다(도로법 제45조 제3항).

5. 도로의 점용

1530 (1) **점용허가** 공작물·물건, 그 밖의 시설을 신설·개축·변경 또는 제거하거나 그 밖의 사유로 도로(도로구역을 포함한다. 이하 이 장에서 같다)를 점용하려는 자는 도로관리청의 허가를 받아야 한다. 허가받은 기간을 연장하거나 허가받은 사항을 변경(허가받은 사항 외에 도로 구조나 교통안전에 위험이 되는 물건을 새로 설치하는 행위를 포함한다)하려는 때에도 같다(도로법 제61조 제1항). 도로점용허가는 재량행위인 경우도 있고, 기속행위인 경우도 있다.

(2) **점용허가의 거부** 도로관리청은 다른 법률의 규정에 따라 토지를 수용 하거나 사용할 수 있는 공익사업을 위한 도로점용허가를 거부할 수 없다. 다만, 다음 각 호(1. 교통량이 현저히 증가하는 경우, 2. 특별히 너비가 좁은 도로로서 교통을 위하여 부득이한 경우, 3. 그 밖에 정당한 사유가 있는 경우)의 어느 하나에 해당하는 경우에는 그러하지 아니하다(도로법 제64조). 1530a

(3) **점용허가의 취소** 도로관리청은 도로점용허가를 받은 자가 다음 각 호(1. 도로점용허가 목적과 다른 목적으로 도로를 점용한 경우, 2. 도로점용허가를 받은 날부터 1년 이내에 해당 도로점용허가의 목적이 된 공사에 착수하지 아니한 경우. 다만, 정당한 사유가 있는 경우에는 1년의 범위에서 공사의 착수기간을 연장할 수 있다. 3. 제66조에 따른 점용료를 납부하지 아니하는 경우, 4. 도로점용허가를 받은 자가 스스로 도로점용허가의 취소를 신청하는 경우)의 어느 하나에 해당하면 그 도로점용허가를 취소할 수 있다(도로법 제63조). 1530b

Ⅲ. 비용의 부담

1. 원 칙

도로에 관한 비용은 이 법 또는 다른 법률에 특별한 규정이 있는 경우 외에는 도로관리청이 국토교통부장관인 도로에 관한 것은 국가가 부담하고, 그 밖의 도로에 관한 것은 해당 도로의 도로관리청이 속해 있는 지방자치단체가 부담한다. 이 경우 제31조 제2항에 따라 국토교통부장관이 도지사 또는 특별자치도지사에게 일반국도의 일부 구간에 대한 도로공사와 도로의 유지·관리에 관한 업무를 수행하게 한 경우에 그 비용은 국가가 부담한다(도로법 제85조 제1항).[1] 제1항에도 불구하고 제20조에 따라 노선이 지정된 도로나 행정구역의 경계에 있는 도로에 관한 비용은 관계 지방자치단체가 협의하여 부담 금액과 분담 방법을 정할 수 있다(도로법 제85조 제2항). 1531

---

1) 대판 1991. 11. 12, 91다22148(도로법 제15조, 제22조 제1항, 제24조에 의하면, 관할 도지사가 노선을 인정한 지방도에 대한 도로의 관리유지책임은 그 관할 도지사에게 있고, 한편 지방자치법 제95조 제2항은 지방자치단체의 장은 조례가 정하는 바에 의하여 그 권한에 속하는 사무의 일부를 관할 지방자치단체나 공공단체 또는 그 기관에 위임할 수 있도록 되어 있으므로 도지사가 그 노선을 인정한 지방도이나 도의 사무위임조례로써 도로의 관리유지사무를 관할 군수에게 위임하였다면 관할 군수가 도로에 대한 관리유지사무에 관한 한 그 관리청이 된다. 도로법 제56조에 의하면, 도로에 관한 비용은 건설부장관이 관리하는 도로 이외의 도로에 관한 것은 관리청이 속하는 지방자치단체의 부담으로 하도록 규정되어 있으므로, 위 "가"항의 경우 도로의 관리유지의 하자로 인한 손해배상책임은 그 도로의 관리, 유지업무에 관한 관리청인 관할 군수가 속하는 군에게 있다).

2. 예 외

1531a 국토교통부장관은 제85조 제1항에 따라 국가가 부담하는 도로에 관한 비용의 일부를 대통령령으로 정하는 바에 따라 그 도로가 있는 특별자치시·도 또는 특별자치도나 그 도로로 인하여 이익을 얻는 시·도에 부담시킬 수 있다(도로법 제87조 제1항). 제85조, 제86조 제1항, 제88조 및 이 조 제1항에 따라 특별시·광역시 또는 도가 부담하여야 할 비용은 대통령령으로 정하는 바에 따라 이익을 얻는 시·군 또는 구(자치구를 말한다. 이하 같다)에 그 일부를 부담시킬 수 있다(도로법 제87조 제2항).

3. 도로법 제23조와 판례

1531b (1) **도로법 제23조**(도로관리청) ① 도로의 관리청은 다음 각 호의 구분에 따른다.

1. 제11조 및 제12조에 따른 고속국도와 일반국도 : 국토교통부장관
2. 제15조 제2항에 따른 국가지원지방도(이하 "국가지원지방도"라 한다) : 도지사·특별자치도지사(특별시, 광역시 또는 특별자치시 관할구역에 있는 구간은 해당 특별시장, 광역시장 또는 특별자치시장)
3. 그 밖의 도로 : 해당 도로 노선을 지정한 행정청

② 제1항에도 불구하고 특별시·광역시·특별자치시·특별자치도 또는 시의 관할구역에 있는 일반국도(우회국도 및 지정국도는 제외한다. 이하 이 조에서 같다)와 지방도는 각각 다음 각 호의 구분에 따라 해당 시·도지사 또는 시장이 도로관리청이 된다.

1. 특별시·광역시·특별자치시·특별자치도 관할구역의 동(洞) 지역에 있는 일반국도 : 해당 특별시장·광역시장·특별자치시장·특별자치도지사
2. 특별자치시 관할구역의 동 지역에 있는 지방도 : 해당 특별자치시장
3. 시 관할구역의 동 지역에 있는 일반국도 및 지방도 : 해당 시장

1531c (2) **판례의 해석** 판례는 구 도로법 제22조 제2항(현행법 제23조 제2항)에 의하여 지방자치단체의 장인 시장이 국도의 관리청이 되었다 하더라도 이는 시장이 국가로부터 관리업무를 위임받아 국가행정기관의 지위에서 집행하는 것이므로 국가는 도로관리상 하자로 인한 손해배상책임을 면할 수 없다"는 입장을 취한다.[1] 이러한 판례의 태도는 구 도로법 제22조 제2항을 위임의 근거규정으로 본 데 기인한다. 그러나 구 도로법 제22조 제2항은 권한의 위임의 근거규정이

1) 대판 1993. 1. 26, 92다2684.

아니라 국가와 지방자치단체 사이의 권한배분에 관한 규정으로 보아야 한다. 법률에서 권한의 위임가능성(예 : '권한의 일부를 대통령령이 정하는 바에 따라 시장에게 위임한다'는 등의 방식)을 규정하는 것은 이해되지만, 법률에서 권한의 위임 그 자체를 규정하는 것은 논리적으로 이해하기 어렵다. 왜냐하면 권한의 위임은 권한의 배분을 전제로 하는 것인데, 법률에서 권한을 배분하고 다시 권한의 위임을 규정하기보다는 바로 법률에서 권한의 배분이 잘 이루어지면 권한의 위임은 불요하기 때문이다. 따라서 구 도로법 제22조 제2항에 따른 사무는 관리청이 속한 지방자치단체의 자치사무로 보는 것이 타당하다. 이러한 시각에서 보면, 비용부담에 관해 규정하는 구 도로법 제56조(현행 도로법 제85조)는 당연한 사항을 규정하고 있는 셈이다.

제 3 항 도로관리청과 교통경찰

1. 설치 · 관리

도로교통법은 도로법에 대해 독립적이다.[1] 도로교통법의 시행과 유지에 권 1532
한 있는 기관은 도로교통행정청이다. 도로를 안전하게 관리 · 보전할 의무는 이를 위하여 필요한 처분을 할 수 있는 자가 부담하여야 하는 것이므로 소유권자가 아니라 공법상 물적 지배권을 갖는 자가 부담하여야 한다. 말하자면 도로의 건설 · 유지에 책임이 있는 도로관리청이 부담하여야 한다. 교통경찰은 도로교통의 감시에 대해 권한을 갖는다. 경찰은 또한 표시 · 지시 · 신호기를 통해 교통을 규율하는 권한을 갖는다. 도로교통의 구체적인 감시는 교통경찰의 임무이다. 현행 도로법은 경찰법의 성격까지 갖는다(도로법 제77조 참조).

2. 도로의 청소

교통에 적합한 청소(Reinigung)와 경찰상의 청소는 구분되어야 한다. 교통상 1533
의 청소는 교통의 안전과 원활을 위한 것으로서 교통의 장해요소를 제거하는 것을 말한다. 이것은 도로유지의 한 부분이다. 경찰상의 청소(Polizeimäßige

1) 대판 2000. 1. 14, 99다24201(도로교통법에서 말하는 '도로'에는 도로법에 의한 도로나 유료도로법에 의한 유료도로뿐만 아니라 '일반교통에 사용되는 모든 곳'도 포함되고, 여기에서 '일반교통에 사용되는 모든 곳'이라 함은 '현실적으로 불특정 다수의 사람 또는 차량의 통행을 위하여 공개된 장소로서 교통질서유지 등을 목적으로 하는 일반교통경찰권이 미치는 공공성이 있는 모든 곳'을 의미한다); 대판 1999. 12. 28, 99다39227 · 39234(도로법 제5조의 적용을 받는 도로는 적어도 도로법에 의한 노선인정과 도로구역결정 또는 이에 준하는 도시계획법 소정 절차를 거친 도로를 말하므로, 이러한 절차를 거친 바 없는 도로에 대하여는 도로법 제5조를 적용할 여지가 없다).

Reinigung)는 교통에 적합한 청소를 능가한다. 그것은 질서에 반하는 더러움을 제거하고 겨울의 위험을 제거하는 경우(눈(雪) 제거)이다.

제4항 도로의 사용

Ⅰ. 자유사용(공동사용)

1534 도로는 공용지정 및 교통법규가 정하는 범위 안에서 모든 사람의 자유사용에 제공된다.[1] 자유사용에 해당하는 모든 물건의 이용을 소유권자는 수인하여야 한다.

1. 사권의 제한

1535 (1) **사법상 처분·이용권능** 도로법에 의거, 소유권자에게 부여되는 지배권은 기본적으로 공법상 목적을 침해하지 않는 범위에서 물건의 재산권과 이용권을 포함한다. 이와 관련하여 도로법(제4조)은 "도로를 구성하는 부지, 옹벽, 그 밖의 시설물에 대해서는 사권(私權)을 행사할 수 없다. 다만, 소유권을 이전하거나 저당권을 설정하는 경우에는 사권을 행사할 수 있다"고 규정하여 사권에 제한을 가하고 있다.[2] 공용지정을 통해 근거지워진 공법상의 제한은 재산권의 승계인에도 미친다. 도로로 공용지정된 토지의 소유권자가 제3자에게 공중의 공동사용을 배제하는 사적인 처분권을 부여하면, 그러한 처분은 무효이다.

1536 (2) **재산권자의 사실행위** 공법상 목적규정에 반하는 재산권자의 법률행위적인 처분 또는 그러한 효과를 갖는 소유권자에 대한 고권행위뿐만 아니라 공동사용을 능가하는, 그리고 그것을 무효화하거나 침해하는 소유권자의 사실행위도 허용되지 아니한다. 다만 그러한 침해가 있다면, 어떠한 규정에 따라서, 그리고 누가 다툴 수 있는가는 의문이다.[3]

2. 자유사용과 개인적 공권

1537 ① 종래에는 자유사용에 대한 사인의 주관적 공권이 부인되었다. 자유사용은 법상 주어진 단순한 법적 지위에 불과한 것이라 보았다. 말하자면 누구나 공용지정의 목적에 따라 도로를 사용할 수 있고 그것은 마치 사실상의 일(예 : 숨쉬

1) 대판 2021. 3. 11, 2020다229239(불특정 다수인인 일반 공중의 통행에 공용된 도로, 즉 공로를 통행하고자 하는 자는 그 도로에 관하여 다른 사람이 가지는 권리 등을 침해한다는 등의 특별한 사정이 없는 한, 일상생활상 필요한 범위 내에서 다른 사람들과 같은 방법으로 그 도로를 통행할 자유가 있다).

2) 대판 1988. 9. 13, 87다카205(도로법 제5조의 규정은 도로로서의 관리, 이용에 저촉되는 사권을 행사할 수 없다는 것이지 부당이득반환청구권 행사를 배제하는 것은 아니다).

3) Papier, in : Erichsen/Ehlers(Hrsg.), Allgemeines Verwaltungsrecht(14. Aufl.), §40, Rn. 8.

는 권리와 같은 것)과 같은 것으로서[1] 반사적 이익에 불과하다고 하였다. ② 오늘날에는 도로의 자유사용이 개인적 공권으로 인정되고 있다. 말하자면 사인은 공물주체·도로 관리청·도로 감독청에 대하여 개인의 자유사용에 대하여 수인(즉 위법한 제한이나 방해로부터 부작위)을 청구할 수 있는 권리를 갖는다고 새긴다. 이러한 방어권(수인청구권·부작위청구권)은 공물의 물적 이용권에 기초한 것이다.[2] ③ 이러한 권리가 특정물건의 공동사용에의 제공과 유지의 청구권은 아니다. 사인은 특정도로의 공용지정청구권을 갖지 아니할 뿐만 아니라 공용변경청구권도 갖지 아니한다.

3. 사 용 료

자유사용은 특별한 허가를 요하는 특별사용과 달리 사용료를 요구하지 아 1538
니한다. 종전의 독일의 이론은 자유사용은 성질상 사용료징수와 거리가 멀다고 보았다. 그러나 사용료불징수가 반드시 공동사용의 본질에 속하는 것이라고 보기는 어렵다. 징수시에는 사회국가적 원리도 고려되어야 할 것이다.

Ⅱ. 특별사용

1. 특별사용의 의의

특별사용이란 자유사용을 능가하는 공물의 이용을 말한다(예 : 교통목적인 도 1539
로를 교통목적 이외의 목적으로 사용하는 경우). 특별사용은 공법상 특별사용(특별사용이 자유사용에 침해를 가져오는 경우)과 사법상 특별사용(특별사용이 자유사용에 침해를 가져오지 아니하는 경우)으로 구분되기도 한다. 공법상 특별사용으로 영업목적의 도로사용(예 : 차량을 이용하여 도로상에서 영업하는 경우), 정치적 의사표현목적의 도로사용(예 : 전단살포·플래카드설치·정치도서판매), 도로에서의 예술행위(예 : 도로상 연주행위), 도로상 포교행위, 그리고 도로에 접하여 거주하고 있는 자의 사용 등이 있다.[3] 특별사용을 위해서는 특별이용허가를 필요로 한다. 허가행위는 재량행위로 이해된다. 경우에 따라서는 재량이 영으로 축소되는 경우도 있다. 사법상 특별사용은 교통과 관련이 없는 도로의 부분을 이용하는 경우에 볼 수 있다(예 : 도로 깊은 곳에 가스관의 매설. 물론 설치하는 동안은 사정이 다르다). 이러한 도로사

1) Papier, in : Erichsen/Ehlers(Hrsg.), Allgemeines Verwaltungsrecht(14. Aufl.), § 40, Rn. 60 참조.
2) Papier, in : Erichsen/Ehlers(Hrsg.), Allgemeines Verwaltungsrecht(14. Aufl.), § 40, Rn. 61.
3) 학자에 따라 도로사용의 경우, 도로상 차량 주차, 전단지배부, 피켓을 들고 하는 행진은 보통사용이지만, 비교통 목적으로 허가된 차량의 주차, 영업목적의 도로이용, 도로상 미술품전시, 종교집회는 특별사용으로 보기도 한다(Detterbeck, Allgemeines Verwaltungsrecht mit Verwaltungsprozessrecht(2017), Rn. 978).

용은 도로소유자와 사법상 계약에 의한다. 만약 도로소유자가 행정주체라면, 행정사법이 적용된다.[1] 한편, 특별사용이 독점적·배타적 사용만을 뜻하는 것은 아니다.[2] 특별사용에는 허가사용과 특허사용이 있다.

2. 허가청·요건·형식·내용

1540 허가는 수익적 행정행위로 이루어진다. 그것은 기한이 부과될 수도 있고, 철회될 수도 있다. 그것의 발령은 권한 행정청의 재량에 놓인다. 이와 관련하여 도로법(제61조 제1항 본문)은 "공작물·물건, 그 밖의 시설을 신설·개축·변경 또는 제거하거나 그 밖의 사유로 도로(도로구역을 포함한다. 이하 이 장에서 같다)를 점용하려는 자는 도로관리청의 허가를 받아야 한다"고 규정하고 있다. 여기서 관리청이 허가청이 됨은 물론이고 또한 여기서 허가란 경우에 따라서는 특허의 성질을 갖는 경우도 있다. 한편, 특별이용의 허가는 원칙적으로 행정청의 재량에 놓이므로, 사인은 다만 하자 없는 재량행사청구권만을 가진다. 예외적인 경우에 재량이 영으로 축소되면, 관련 사인은 허가발령청구권을 갖게 된다.

3. 사용수수료 등

1541 ① 허가발령을 위한 행정수수료 외에 특별이용수수료가 징수될 수 있다. 이와 관련하여 도로법(제66조 제1항)은 "도로관리청은 도로점용허가를 받아 도로를 점용하는 자로부터 점용료를 징수할 수 있다"고 규정하고 있다. 점용료액수는 특별사용으로 인해 받는 경제적 이익을 기준으로 책정할 수 있을 것이다. ② 특별이용허가가 다른 행정법상 요구되는 허가(예 : 건축허가)를 대체할 수 없다. ③ 소유권자는 특별사용을 수인하여야 한다. 허가발령에 소유권자의 동의는 요구되지 아니한다. 소유권자에 대한 사법상 사용료의 지급도 문제되지 아니한다.

---

1) Hendler, Allgemeines Verwaltungsrecht, 1998, Rn. 605ff.

2) 대판 1995. 2. 14, 94누5830(도로법 제40조, 제43조, 제80조의2에 규정된 도로의 점용이라 함은, 일반공중의 교통에 공용되는 도로에 대하여 이러한 일반사용과는 별도로 도로의 특정부분을 유형적·고정적으로 사용하는 이른바 특별사용을 뜻하는 것이고, 그와 같은 도로의 특별사용은 반드시 독점적·배타적인 것이 아니라 그 사용목적에 따라서는 도로의 일반사용과 병존이 가능한 경우도 있고, 이러한 경우에는 도로점용부분이 동시에 일반공중의 교통에 공용되고 있다고 하여 도로점용이 아니라고 말할 수 없는 것이며, 한편 당해 도로의 점용을 위와 같은 특별사용으로 볼 것인지 아니면 일반사용으로 볼 것인지는 그 도로점용의 주된 용도와 기능이 무엇인지에 따라 가려져야 한다).

제5항 이웃의 보호

Ⅰ. 보호의 필요

공물의 이용을 통해 이웃은 침해받을 수 있다(예 : 도로·활주로의 사용으로 인한 소음발생의 경우). 이것은 건강이나 토지에 대한 침해를 가져온다. 이에 대한 통일적이고 포괄적인 공법상의 규정은 없다. 사법상의 방해제거청구권은 부적합하다. 그것은 대등당사자간의 이해조절을 위한 것이기 때문이다. 대체로 보아 ① 사법상 이웃 보호와 관련하여서는 민법의 상린관계가 적용될 것이다. ② 공법상 이웃 보호와 관련하여서는 공법상 부작위청구권과 방해배제청구권, 그리고 수용적 침해보상청구권과 희생보상청구권이 문제될 수 있다. 1542

Ⅱ. 특별한 공법적 보호

1. 도로계획시 고려사항

도로의 경우 도로관리청은 계획확정시에 다음 사항, 즉 ① 방음조치할 것, ② 주거지에 대한 침해가 적은 쪽으로 도로를 낼 것, ③ 소음방지곤란시 보상을 할 것(보상청구권) 등을 고려하고 준수하여야 한다. 한편 도로의 건설을 위한 건설계획시에 관리청은 ① 도로선 확정시 관계자의 이익을 정당하게 형량하여야 하고, ② 소음방지시설을 하고, ③ 이것도 안 되면 피해자에게 보상하여야 한다. 1543

2. 인접주민의 강화된 이용권(특별이용)

(1) 의 의 도로에 인접한 토지나 영업장의 소유자인 도로의 인접주민 1544
은 그 인접한 도로를 그 토지 또는 그 영업을 위해 적정하게 이용할 수 있는 권리, 즉 강화된 이용권을 갖는다.[1)] 공도로에 인접한 주민(소유권자·임차인 등)은 도로의 일반사용(공동사용), 즉 누구나 누리는 단순한 공동사용의 일반적인 범위(예 : 사람의 통행이나 물건의 수송)를 능가하여 토지의 이용권(예 : 집·가게 앞 도로에서 짐을 싣고 내리기, 집 앞 도로에 자전거받침대 설치, 집 앞 도로모퉁이에 쓰레기통 일시 세워두기, 건축물자의 일시적 적치)뿐만 아니라[2)] 토지나 건물의 소유권자가 공공 도로망에의 접속할 수 있는 권리인 외부와의 접속권을 갖는바,[3)] 인접주민이 갖는

---

1) 대판 2006. 12. 22, 2004다68311·68328; Detterbeck, Allgemeines Verwaltungsrecht mit Verwaltungsprozessrecht(13. Aufl.), § 19, Rn. 985; Erbguth, Allgemeines Verwaltungsrecht, § 27, Rn. 8.

2) 인접주민이 허가청으로부터 도로상 자판기 설치, 가게 상품진열대 설치, 음식점 식탁설치를 허가받은 경우, 이러한 사용은 도로의 특별이용에 해당하지만, 인접주민으로서 갖는 강화된 이용권으로서 특별이용은 아니라는 점에서 유의할 필요가 있다(Detterbeck, Allgemeines Verwaltungsrecht mit Verwaltungsprozessrecht(2017), Rn. 985 참조).

3) 대판 2006. 12. 22, 2004다68311, 68328(공물의 인접주민은 다른 일반인보다 인접공물의 일반

이러한 권리를 강화된 이용권, 강화된 인접주민의 권리 또는 인접주민이용권이라 한다.[1)]

1544a (2) 성 질 인접주민이 갖는 강화된 이용권은 개인적 공권으로 이해된다.[2)] 인접주민이 갖는 강화된 권리는 특정 도로의 공용지정의 변경을 방지하는 청구권은 아니다. 강화된 이용권에 따른 이용은 일반사용(예 : 사람의 통행)을 능가하는 특별이용에 해당한다. 이러한 권리가 도로건설주체, 도로소유권자, 또는 제3자에 의해 위법하게 제한되면, 관계자는 교란자(방해자)에 대하여 개인적 공권(방어권)을 갖는다.[3)]

1544b (3) 근 거 강화된 이용권에 관한 개별 법률 규정이 없다고 하여도 강화된 이용권은 헌법 제23조 제1항, 즉 헌법상 보장되는 재산권보장으로부터 나온다고 본다.[4)] 독일 연방행정재판소는 재산권의 내용규정이자 제한규정으로서 도로법은 허가를 요하지 않는 인접주민의 이용권(강화된 사용권)을 보장한다고 하여[5)] 인접주민의 강화된 이용권이 기본법 제14조 제1항이 아니라 해당 도로법에서 나온다고 보았다.[6)] 하여간 인접주민의 강화된 이용권은 허가 없이 나오는 권리라 하겠다.[7)]

1544c (4) 요 건 인접주민의 강화된 이용권은 ① 인접주민의 토지가 도로의 존재와 도로의 이용에 종속적일 때, ② 자유사용(공동사용)을 영속적으로 배제하지 아니하는 범위 안에서 인정된다. ①은 인접주민의 이용의 전제이자 특징이다.

사용에 있어 특별한 이해관계를 가지는 경우가 있고, 그러한 의미에서 다른 사람에게 인정되지 아니하는 이른바 고양된 일반사용권이 보장될 수 있으며, 이러한 고양된 일반사용권이 침해된 경우 다른 개인과의 관계에서 민법상으로도 보호될 수 있으나, 그 권리도 공물의 일반사용의 범위 안에서 인정되는 것이므로, 특정인에게 어느 범위에서 이른바 고양된 일반사용권으로서의 권리가 인정될 수 있는지의 여부는 당해 공물의 목적과 효용, 일반사용관계, 고양된 일반사용권을 주장하는 사람의 법률상의 지위와 당해 공물의 사용관계의 인접성, 특수성 등을 종합적으로 고려하여 판단하여야 한다. 따라서 구체적으로 공물을 사용하지 않고 있는 이상 그 공물의 인접주민이라는 사정만으로는 공물에 대한 고양된 일반사용권이 인정될 수 없다); Erbguth, Allgemeines Verwaltungsrecht(7. Aufl.), §31, Rn. 8; Detterbeck, Allgemeines Verwaltungsrecht mit Verwaltungsprozessrecht(2017), Rn. 986.

1) Erbguth, Allgemeines Verwaltungsrecht(4. Aufl.), §30, Rn. 11; Schweickhardt/Vondung (Hrsg.), Allgemeines Verwaltungsrecht, Rn. 1040; Wallerath, Allgemeines Verwaltungsrecht (6. Aufl.), §15, Rn. 10.
2) 대판 1992. 9. 22, 91누13212; BVerwGE 30, 238.
3) Wallerath, Allgemeines Verwaltungsrecht(6. Aufl.), §15, Rn. 12.
4) Detterbeck, Allgemeines Verwaltungsrecht mit Verwaltungsprozessrecht(13. Aufl.), §19, Rn. 986.
5) BVerwGE 30, 239.
6) Schweickhardt/Vondung(Hrsg.), Allgemeines Verwaltungsrecht, Rn. 1040.
7) Detterbeck, Allgemeines Verwaltungsrecht, Rn. 978.

⑸ 내 용

㈎ 도로의 이용권 인접주민의 강화된 이용권은 「인접주민의 토지가 도로의 존재 및 도로의 이용에 종속적이다」라는 점을 전제로 한다. 따라서 인접주민의 자신의 토지에의 출입이 강화된 이용권의 가장 핵심적인 보장내용이다.[1] 강화된 이용권에는 도로목적을 침해하지 않는 범위 안에서 도로상 주차하는 권리, 뿐만 아니라 보행자전용구역에 거주하는 자가 자신의 주거에 이르기까지 차량을 운행할 수 있는 권리가 포함된다. 1544d

㈏ 공물존속보장청구권 일반적으로 사인은 기존도로를 공동사용에 유지할 것을 구할 수 있는 개인적 공권은 갖지 아니한다.[2] 인접주민의 이용권으로부터 도로존속에 대한 권리가 나오지 아니하며, 인접주민의 이용이 도로의 확장이나 축소에 대한 제한을 주장할 수 있는 권리가 나오지 아니한다.[3] 인접주민의 외부에의 접속권은 별개의 문제이다. 1544e

⑹ 수 인 인접주민은 도로의 일반이용자를 위한 공동사용에 제한을 받으며, 도로로부터 발생하는 소음 등에 대해서도 수인하여야 할 부담을 진다. 인접주민은 도로의 개선을 위한 작업으로부터 나오는 방해는 보상 없이 수인하여야 한다. 인접주민은 자유사용(공동사용)의 유지·보호·촉진을 위한 처분으로부터 나오는 방해를 수인하여야 한다. 1544f

⑺ 침 해 인접주민의 강화된 이용권에 대한 침해는 법률에 근거하여서만 가능하고, 이에 대한 보상이 따라야 한다. 이러한 침해는 수용은 아니지만, 보상이 따를 때에만 비례원칙에 적합한 것이 된다. 1544g

1) 대판 1992. 9. 22, 91누13212.
2) Wallerath, Allgemeines Verwaltungsrecht(6. Aufl.), §15, Rn. 13.
3) Erbguth/Guckelberger, Allgemeines Verwaltungsrecht(2018), §31, Rn. 8.

제 2 장 영조물법

제 1 절 영조물의 관념

제 1 항 영조물의 관념

Ⅰ. 개념의 정의와 분석

1. 개념의 정의

1545 영조물개념은 이중적이다. ① 하나는 조직기술상 의미에서 공법상의 영조물이고, ② 다른 하나는 공동사용이 아니라 특별한 이용질서에 근거하여 사용되는 공행정주체의 수중에 놓인 물건의 의미이다. 전자의 의미가 보다 중요하다. 영조물의 개념은 예나 지금이나 국가조직 내지 행정조직상 의미를 갖는다. O. Mayer 이래[1)] 영조물(öffentliche Anstalt)이란 "공행정조직의 일부분으로서 특별한 공적목적에 계속적으로 봉사하기 위한 인적·물적 결합체"로 이해되고 있다.

2. 개념의 분석

1546 ① 영조물은 공행정조직의 일부분이다. 사인이 공익을 위해 일정시설(예 : 도서관·병원·학교)을 설치·운영한다고 하여도 그것은 영조물이 아니다. 영조물은 공법상의 문제이지 사법상의 문제가 아니다. ② 영조물은 직접 공적 목적을 위한 것이다. 직접 공적 목적이란 영조물이 직접적으로 일반공공의 이익을 위한 것이어야 함을 의미한다. 국가나 지방자치단체가 오로지 재정상의 수입의 증대를 위해 설치하는 기구는 간접적으로 공적 목적을 위한다고 할 수 있을 뿐, 직접 공적 목적을 위한 영조물이 아니다. ③ 영조물은 공적 목적에 계속적으로 봉사하기 위한 것이다. 계속성이 또한 영조물개념에 특징적이다. 영조물의 계속성은 영조물이 일정한 조직을 가질 것을 요구한다. 영조물의 개념은 학문과 실제상 사단과 재단으로부터 구분되는 조직형식으로서 의미를 갖는다. 영조물에는 공법상 법적으로 독립성을 갖는 영조물과 조직상으로는 독립적이나 법인격을 갖지 못하는 행정단일체가 있다. ④ 영조물은 인적 수단과 물적 수단의 결합체

1) O. Mayer, Deutsches Verwaltungsrecht Ⅱ, 1924, S. 268; Wolff/Bachof/Stober, Verwaltungsrecht 3(5. Aufl.), §88, Rn. 2.

이다. 그것은 단순한 물적 요소인 공물과 구별된다. 영조물은 물적인 요소를 지배하는 인적 요소가 결합되어 있다는 것이 특징적이다. 영조물도 그 존재의미가 이용에 있는 것인데, 이용이라는 측면에서 보면, 공물과 영조물에 근본적인 차이가 있는 것은 아니다. 이 때문에 영조물은 행정조직상 의미를 갖는다고 말해지기도 한다.

Ⅱ. 개념의 광·협

일설은 영조물의 개념을 광·협으로 구분하기도 한다.[1] 이러한 입장에 따 1547
르면, ① 국가 등 행정주체가 그의 목적을 달성하기 위하여 제공한 인적·물적 시설의 종합체를 광의의 영조물이라 하고, ② 광의의 영조물 중 주로 정신적·문화적 또는 진료적 목적에 계속적으로 제공된 것을 협의의 영조물이라 부른다.

Ⅲ. 구분을 요하는 개념

1. 공 기 업

영조물과 공기업의 구분이 현재로서 분명하게 이루어지고 있지는 않다. 양자를 동일시하는 입장도 있다. 그러나 양자는 다음의 유사점과 차이점을 갖는다.

⑴ **유 사 점** 공기업이나 영조물은 ① 국가나 공공단체에 의해 설치·경 1548
영·관리·유지된다는 점, ② 그 작용이 비권력적인 행정작용이라는 점, ③ 공적 목적을 위한 것이라는 점에서 유사성을 갖는다.

⑵ **차 이 점** ① 영조물은 영리추구가 아니라 공익실현을 직접적인 목적 1549
으로 하나, 공기업은 공익실현 외에 영리추구도 주요 목표로 한다(목적상 차이). ② 영조물은 계속적으로 서비스를 제공하는 것이나, 공기업은 계속적인 경우 외에 일시적으로 사업을 수행하는 경우도 있다(사업의 계속성의 차이). ③ 영조물은 종합시설이 관심의 주된 대상이 되나, 공기업은 기업 그 자체가 관심의 중심에 놓인다(관심방향의 차이). 따라서 도서관·박물관·병원 등은 영조물로 관념하게 된다. ④ 영조물은 이용이라는 면에 초점을 둔 정적인 개념이나, 공기업이란 기업활동이라는 동적인 개념이라 할 수 있다(개념의 동태성과 정태성). ⑤ 그렇다고 영조물과 공기업이 언제나 명백히 구분될 수 있는 것은 아니다(구분의 상대성). 영조물이 그 이용에 이용료를 실비 이상으로 징수하는 경우에는 공기업의 성질도 가질 수 있다.

⑶ **구분기준으로서의 조직형식·이용형식** 조직형식이 법인인가의 여부, 이

1) 김남진·김연태, 행정법(Ⅱ), 441쪽(2019).

용형식이 공법적인가 사법적인가는 양자의 구분에 중요한 기능을 할 수 없다. 영조물이나 공기업 모두 법인이나 법인 아닌 형식으로 존재할 수 있는 것이고, 영조물이나 공기업의 이용관계도 공법적으로나 사법적으로도 형성될 수 있기 때문이다.

2. 공공시설·공적 시설

1550 공공시설이라는 개념을 영조물과 동일시하는 입장도 있고,[1] 상이한 것으로 보는 입장[2]도 있다. 지방자치법은 광의로는 공공시설을 주민이 이용할 수 있는 지방자치단체의 물적 요소(공물 및 영조물이나 공기업의 물적 요소)를 의미하기도 하고(지자법 제17조 제2항), 협의로는 공공시설을 지방공기업과 구분하여 사용하기도 한다(지자법 제161조·제163조). 지방자치법 제17조 제2항의 공공시설은 기능적 의미의 공공시설이라고도 부른다.[3]

제2항 영조물의 종류

1. 국가의 영조물·지방자치단체의 영조물

1551 이것은 해당 영조물의 관리주체를 기준으로 한 구분이다. 국가의 영조물은 국가가 관리주체인 영조물(예 : 국립대학교·국립도서관·국립병원)을 말하고, 지방자치단체의 영조물은 지방자치단체가 관리주체인 영조물(예 : 시립대학교·시립도서관·시립병원)을 말한다.

2. 임의사용영조물·강제사용영조물

1552 이것은 이용이 강제되는가의 여부에 따른 구분이다. 전자는 그 사용이 사인의 임의로운 판단에 따르는 영조물(예 : 국립도서관·국립병원)을 말하고, 후자는 그 사용이 사인의 의사 여하에 불구하고 강제되는 영조물(예 : 국공립초등학교)을 말한다. 영조물의 이용을 강제하기 위해서는 법률의 근거를 요한다.

3. 공용영조물·공공용영조물

1553 이것은 영조물을 이용할 수 있는 인적 범위를 기준으로 한 구분이다. 공용영조물은 공무원만이 이용가능한 영조물(예 : 국군수도병원)을 말하고, 공공용영조

1) 김도창, 일반행정법론(하), 368쪽.
2) 김남진·김연태, 행정법(Ⅱ), 442쪽(2019); 윤세창·이호승, 행정법(하), 286쪽; 이상규, 신행정법론(하), 379쪽.
3) 졸저, 신지방자치법(제5판), 557쪽 참조.

물은 일반사인도 이용가능한 영조물(예 : 국립의료원)을 말한다.

4. 법인영조물·비법인영조물

이것은 영조물이 법인격을 가지고 있는가의 여부를 기준으로 한 구분이다. 1554
법인인 영조물은 영조물법인이라 부른다. 영조물법인은 행정주체의 하나이다.

제 3 항 영조물주체의 고권(영조물권력)

1. 영조물과 법률의 유보

(1) 의 의 침익적 행위로서 명령은 수권의 근거를 필요로 한다. 독일 1555
의 경우, 수권의 근거로서 관습법적으로 근거가 주어지는 영조물권력(Anstaltsgewalt)이 나타난다. 독일의 전통적인 견해에 따르면, 그것은 영조물목적의 실현과 보장에 필요한 처분을 할 수 있도록 한다.[1] 관습법도 법률의 유보의 한 형태일 수 있다. 그러나 수권의 근거로서 영조물권력은 재음미되어야 한다는 것이 오늘날의 상황이다. 말하자면 공동체에 중요한 사항은 입법자가 스스로 정하여야 한다는 것이다(중요사항유보설). 따라서 재학관계나 수형자관계는 형식적 의미의 법률로 정하여야 할 것이다(법률의 유보). 중요사항이 아닌 경우에는 영조물권력에 근거하여 행정규칙(영조물이용규칙)으로 정할 수 있을 것이다(예 : 국립대학의 강당의 이용방법). 영조물권력은 법적 문제로서 영조물의 이용관계와 관련하여 영조물개념과 마찬가지로 필요하다. 영조물권력은 영조물의 목적의 보장에 필요한 만큼만 미친다. 이상은 독일의 상황이지만 우리의 경우에도 적용될 수 있을 것이다.

(2) **영조물규칙**(특별명령) 영조물이용규칙을 특별명령의 한 종류로 볼 것 1556
인가는 문제이다. 이것은 특별명령의 관념이 인정될 수 있는가의 문제이기도 하다. 부정적으로 새기는 것이 독일의 일반적인 상황이다. 우리의 경우도 사정이 같다고 볼 것이다.

2. 영조물권력의 내용

영조물주체의 영조물권력은 기본적으로 법률에서 근거를 갖는 것인데, 그 1557
내용으로 영조물주체는 ① 영조물이용에 관한 조건을 설정하고(이용조건제정권), 이용료를 징수하며(이용대가징수권), 이용규칙위반자에게 제재를 가하는 권한(명령·징계권)을 가질 뿐만 아니라, ② 법령과 자치법규가 정하는 바에 따라 영조물

1) Papperman/Löhr/Andriske, Recht der öffentlichen Sachen, 1987, S. 132.

을 설치·유지·관리하고(유지·관리의무), 일반공중 등 이용자에게 이용에 제공하여야 할 의무(이용제공의무)를 진다. 그것도 평등하게 제공할 의무를 진다(평등제공의무). ③ 이러한 권한과 의무는 영조물의 설치근거에서 규정됨이 일반적이다.

제2절 영조물의 이용관계

제1항 이용관계의 의의와 성질

1. 의 의

1558 영조물은 일반공중이나 특정인들의 이용을 위해 존재한다. 영조물의 이용을 둘러싸고 영조물주체와 영조물이용자간에 법관계가 나타난다. 이것을 영조물의 이용관계라 부른다.[1] 영조물주체와 영조물을 구성하는 인적 요소와의 관계는 여기서 말하는 이용관계에 해당하지 아니한다.

2. 성 질

1559 종래에는 영조물의 이용관계를 특별권력관계의 한 종류로 인식하여 왔다. 특별권력관계에서의 행위에는 법률의 유보의 적용이 없고, 사법심사의 대상도 되지 아니한다고 하였다. 오늘날에 있어서는 소위 종전의 특별권력관계에도 법치주의는 적용된다고 하는 것이 일반적이다. 이용관계는 공법적인 경우뿐만 아니라 사법적인 경우도 있고, 공·사법의 혼합적인 경우도 있다.

3. 공법적 기속

1560 이용관계가 공법관계인 경우에는 공법적 규율이 가해지는 것은 당연하다. 이용관계가 사법관계로 형성되는 경우에도 영조물은 공적 목적을 위한 것이므로 여러 방향에서 공적 기속이 가해진다. 개별법령에서 명문의 규정을 두고 있으면 그것에 따라야 하고(예 : 초·중등교육법 제10조 제2항), 두고 있지 않다고 하여도 행정사법의 원리의 적용이 있다고 할 것이다.

---

1) 대판 2015. 6. 25, 2014다5531(국가가 설립·경영하는 대학인 국립대학(고등교육법 제2조, 제3조)은 대학교육이라는 특정한 국가목적에 제공된 인적·물적 종합시설로서 공법상의 영조물에 해당한다. 이러한 국립대학과 학생 사이의 재학관계는 국립대학이 학생에게 강의, 실습, 실험 등 교육활동을 실시하는 방법으로 대학의 목적에 부합하는 역무를 제공하고 교육시설 등을 이용하게 하는 한편, 학생은 국립대학에 그와 같은 역무제공에 대한 대가를 지급하는 등의 의무를 부담하는 영조물 이용관계에 해당한다).

제 2 항 이용관계의 성립과 종료

1. 이용관계의 성립

① 임의사용 영조물의 이용관계(예 : 국립병원의 이용)는 영조물주체와 이용자 간의 합의(공법상 계약 또는 사법상 계약)에 의해 성립하는 것이 일반적이다. ② 강제사용 영조물의 이용관계(예 : 국공립초등학교입학·감염병자의 강제입원)는 행정권의 일방적인 행위인 행정행위에 의해 성립한다. ②의 경우에는 이용이 강제되는 경우도 있는바, 이를 이용강제라고 부르기도 한다.[1] ②의 경우에 허가 또는 허가의 거부는 영조물주체의 자의에 놓이는 것이 아니다. 영조물은 공적목적을 위한 공적시설이고, 모든 사인은 헌법 제11조에 따라서 평등한 이용허가청구권을 갖는다. 이용허가청구권은 무제한적인 것이 아니다. 각 영조물의 본질에 비추어 합리적인 범위 안에서 제한이 따를 수 있다(예 : 피부병환자의 수영장출입금지, 공립고등학교입학에 중학교졸업 등의 자격요구). 용량·능력의 한계가 또한 제한의 사유일 수 있다(예 : 수용인원초과의 경우에 수영장의 입장거부). 1561

2. 이용관계의 종료

이용목적의 달성(예 : 국공립학교졸업·완치로 인한 국공립병원의 퇴원), 이용관계로부터 임의탈퇴(예 : 국공립학교재학중 자퇴·진료중 사설병원으로 변경치료), 영조물주체로부터의 배제(국공립학교재학중 퇴학·국공립도서관이용시 이용규칙 위반으로 인한 도서관 이용금지), 영조물의 폐지(예 : 폐교·국공립병원의 폐쇄·국공립도서관의 폐관) 등으로 인해 영조물의 이용관계는 종료한다. 1562

제 3 항 이용관계의 종류

영조물의 이용권은 물건에 대한 물적인 권리가 아니라, 공법 또는 사법상의 이용관계의 기준에 따른 것이다. 공법에 속하는 이용관계는 계약에 근거하는 것이 아니고, 행정행위(특히 이용허가)에 의하는 것이 일반적이다. 여기서는 이용자에게 물적인 권리 또는 물권이 생기지 않고 행정법의 영역에서 채무관계상의 특별구속이 생길 뿐이다. 한편 행정법상 특별구속으로 인해 이용가능한 공물인 영조물에 있어서 이용도 통상의 이용과 특별이용의 두 가지가 있다. 1563

1) 졸저, 신지방자치법(제4판), 213쪽.

1. 통상의 이용

1564 ① 통상의 이용이란 자유로운 이용이거나 또는 공법상 이용의무에 근거하는 이용이다. 이용권은 특별한 법규에 근거하여 나타날 수도 있다(예 : 지방자치단체의 시설). 법상 이용청구권이 없는 경우라면, 물건을 그 영조물의 목적에 따라 사용하는 자는 영조물주체에 대하여 다만 이용허가에 대한 무하자재량행사청구권을 갖는다고 본다. ② 통상이용은 모든 자가 이용할 수 있다는 의미에서 공개적인 이용의 경우(예 : 교통시설·극장·병원)와 특정의 물적 또는 인적 특징을 통해 특별한 자에게만 이용되는 제한이용의 경우(예 : 학교·유치원)가 있다.

2. 특별이용

1565 영조물의 특별이용은 영조물의 목적상 이용토록 정해진 인적범위에 속하지 않는 사람들이 사용하거나, 영조물을 공적목표와 상이하게 사용하는 경우(예 : 운하에서 선박용 비품의 판매)를 말한다. 영조물목적에 맞는 이용의 경우에도 특별이용은 가능하다(예 : 공영수영장에서 수영협회의 독점이용). 자유사용공물의 특별이용의 경우와 달리 영조물사용공물의 특별이용의 경우에는 이용관계의 근거나 내용에 대한 법적인 근거가 통상 요구되지 아니한다. 영조물목적 외의 목적으로 특별이용을 하려는 자는 허가청구권도 무하자재량결정청구권도 갖지 않는다는 것이 독일의 학설의 입장이다.[1]

제 4 항 이용자의 법적 지위

I. 이용자의 권리

1. 영조물이용권

1566 (1) 의 의 영조물이용자의 권리에는 무엇보다도 영조물이용권이 중심에 놓인다. 여기서 영조물이용권이란 영조물의 이용자가 법령이나 자치법규가 정하는 바에 따라 영조물주체에 대하여 영조물의 이용을 청구할 수 있는 권리를 말한다. 영조물이용권의 구체적인 내용은 영조물이용규칙에서 정한 바에 따른다.

(2) 성 질 ① 영조물이용권이 공권인가 아니면 사권인가는 문제이다. 이것은 이용관계를 근거지어 주는 법형식이 공법적인가 아니면 사법적인가에 따라 판단하여야 할 것이다. 공권이라고 한다면, 여기서 이용권은 개인적 공권

1) Papier, Recht der öffentlichen Sachen, S. 33f.

으로서의 이용권을 말한다. 공권의 성립요건을 갖추지 못하는 이용자의 이익은 반사적 이익일 뿐이다. ② 영조물이용권은 영조물주체에 대하여 채권적인 성질을 갖는다.

2. 부수적인 권리

(1) **손해배상청구권** 영조물이용자는 영조물의 설치·관리상의 하자로 인 1567
하여 손해를 입은 경우에 국가배상법에 따라 국가나 지방자치단체에 손해배상을 청구할 수 있다(국배법 제5조 제1항·제2항). 국가배상법상 영조물이란 표현을 공물을 뜻하는 것으로 이해할 때, 영조물의 물적 요소 역시 공물에 해당한다.

(2) **행정쟁송제기권** 영조물이용자는 영조물주체의 위법한 처분에 대해서 1568
는 행정쟁송법이 정하는 바에 따라 다툴 수 있다. 더 이상 영조물의 이용관계를 사법심사가 배제되는 특별권력관계로 볼 수 없다.

Ⅱ. 이용자의 의무

이용자는 이용규칙이 정하는 바를 준수하여야 할 의무를 진다. 이용규칙은 1569
이용의 방법과 시기(시간), 이용료의 납부, 이용상의 의무 등을 규정함이 일반적이다. 질서유지의무 또한 포함될 것이다.

제 3 장 공기업법

제 1 절 공기업의 관념

제1항 공기업의 개념

Ⅰ. 세 가지 개념

1570 국가나 지방자치단체도 기업을 경영하거나 기업에 참여한다. 이와 관련하여 공기업(Öffentliche Unternehmen)의 개념이 나타난다. 공기업이란 개념은 실정법상으로도 나타나고 있다(예 : 지방자치법 제163조; 지방공기업법 제5조 이하). 공행정주체의 경제상의 기업이라는 의미로서 공기업은 경제학상의 용어이기도 하나 법학의 문헌에 나타난 지도 오래이다. 공기업의 개념은 형식적 개념·실질적 개념·제도적 개념으로 나누어서 살펴볼 수 있다.[1)]

1. 형식적 공기업개념

1571 공행정주체와 사인 중에서 누가 설립한 기업인가의 기준에 따라 전자에 의한 것이 공기업이라고 할 때의 개념이 형식적 공기업개념이다. 형식적 공기업개념은 기업의 소유자와 관련된 개념일 뿐, 실질적인 기준(기업의 목적 등)과는 무관한 개념이다. 이러한 개념과 관련하여 다음의 문제가 있다. ① 설립에 관여한 자가 모두 행정주체인 경우(예 : 여러 지방자치단체가 공동으로 설립한 경우)에 그 기업은 당연히 공기업이다. ② 행정주체와 사인이 공동으로 설립한 기업은 공·사혼합기업으로 불린다. 이 경우 공행정주체의 결정권이 과반수 이상인 때에는 개념상 공기업은 아니나 공기업과 같이 취급되어야 할 것이다. ③ 공행정주체가 기업적인 활동을 하지 않고 오로지 주식만을 보유하고 있는 경우에는 그것이 재정재산(일반재산)일 뿐이다.

2. 실질적 공기업개념

1572 (1) 실질적 개념의 필요성　형식적 공기업개념상으로는 공행정주체의 작용이 어느 범위에서 경제상의 기업의 영역에 속하는지, 그리고 어느 범위에서 그것이 다른 종류의 국가작용에 속하게 되는지가 공백적이다. 이러한 문제의 해결

1) Püttner, Die öffentlichen Unternehmen, S. 25ff.

을 위해서는 공행정주체의 질서작용과 급부작용에 대한 경제상 기업작용의 본질적 특징이 먼저 정해져야 한다. 왜냐하면 이러한 특징은 많은 법률의 해석에 중요하기 때문이다. 여기에서 실질적 공기업개념이 의미를 갖게 된다.

(2) **실질적 공기업개념의 요소** ① 조직상 지위를 기준으로 국가에 대한 독 1573
립적인 조직을 경제상의 기업으로 볼 수도 있겠으나, 실질적 공기업의 개념을 이러한 경우에 한정할 특별한 이유는 보이지 않는다. ② 법적 행위형식이 공법적인가 아니면 사법적인가를 기준으로 생각할 수 있다. 그러나 사법형식으로 행위하는 공기업도 많다. ③ 공행정주체 내부에서 이윤추구를 기준으로 경제상의 기구와 비경제상의 기구의 구분이 이루어지기도 한다. 물론 국가나 기타 공행정주체는 사회생활의 질서·공공의 복지의 증진의 임무를 자발적으로, 그리고 이익의 고려 없이 수행하여야 하나, 그렇다고 영리성을 공기업개념에서 배제할 이유도 없다. 이윤추구는 시장경제에서 경제기업의 본질에 속하기 때문이다.

(3) **실질적 공기업개념의 정의** 공기업개념을 실질적으로 정의하기 위해서 1574
는 공행정주체의 경제상 기업인 공기업의 본질적인 활동의 대상에 따라 정하고 아울러 그것은 경제상 활동방식의 특징(예 : 이윤추구·행위형식·조직형식 및 생활배려) 등을 고려하여 정하여야 할 것이다. 이러한 전제에서 보면, 공기업이란 "① 사회공공의 이익의 증진이라는 공적 목적을 수행하는 공행정주체의 조직으로서(이 점에서 특허기업과 구분된다), ② 비경제행정에 대하여 사실상 또는 법적으로 독립성을 가지고(이 점에서 단순한 물적 개념으로서의 공물과 구분된다), ③ 경제적인 활동방식과 계산으로(이 점에서 영조물과 구분된다), ④ 경제상의 가치창조를 통해 실질적인 경제상의 수요의 충족을 위해 경제의 영역에서 생산·분배·용역활동을 하는 조직체"(이 점에서 문화·예술목적의 영조물과 구분된다)로 정의될 수 있을 것이다.[1] 그러나 이러한 개념파악에 있어서 ① 법형식과 조직형식, ② 급부수령자에 대한 관계의 법적 성질, ③ 추구하는 경제상의 결과(이윤 또는 손실), ④ 공적 목표 또는 공적 임무, ⑤ 특별한 권리 또는 특권은 중요한 문제가 아니다.

3. 제도적 공기업개념

이것은 실정법에 의해 제도화된 공기업개념을 말한다. 지방공기업법은 지 1575
방직영기업·지방공사·지방공단을 지방공기업으로 하고, 이중에서 지방직영기업의 사업대상으로는 "수도사업(마을상수도산업은 제외한다)·공업용수도사업·궤도사업(도시철도사업을 포함한다)·자동차운송사업·지방도로사업(유료도로사업만 해당한

1) Püttner, Die öffentlichen Unternehmen, S. 35.

다)·하수도사업·주택사업·토지개발사업” 등을 들고 있다(지업법 제2조 제1항).

Ⅱ. 공기업개념의 광·협

1. 내 용

1576 우리의 학자들은 일반적으로 공기업개념을 광의·협의·최협의의 세 가지로 구분함이 일반적이다.[1] 여기서 ① 광의란 주체를 표준으로 하여 공기업을 ‘국가 또는 공공단체가 경영하는 모든 사업’, ② 협의란 주체와 목적을 표준으로 ‘급부주체가 직접 국민에 대한 생활배려를 위하여 인적·물적 종합시설을 갖추어 경영하는 비권력적 사업’, ③ 최협의란 주체·목적·수익성을 표준으로 하여 ‘국가 또는 공공단체가 직접 사회공공의 이익을 위하여 경영하는 기업’을 의미한다. 일설[2]은 상기의 개념 외에 다시 제4의 것으로 ④ 공기업을 ‘국가·지방자치단체 및 그에 의하여 설립된 법인이 사회공공의 이익을 위하여 직접 경영하거나 경영에 참가하는 기업’으로 정의하기도 한다.

2. 평 가

1577 ①은 개념이 광범위한 탓으로 지지하는 학자를 찾아볼 수 없고, ②는 기업성(이윤추구)의 결여로 영조물과의 구분이 곤란하며(②의 입장에 서면 박물관·미술관도 공기업이라 하게 된다), ③은 공기업을 국가나 공공단체가 직접 경영하는 기업으로 정의하면서 특허기업을 포함하고 있다.[3] ④는 국가 등이 직접 경영하는 경우 외에 국가 등이 경영에 참가하는 경우까지 포함하나 특허기업을 제외하는 점이 특징적이다.[4] 특허기업은 공기업과는 성격이 상이하다는 점 등을 고려하면 네 가지 견해 중에서는 ④의 견해가 비교적 논리적이고 합리적이라고 본다.

3. 사 견

1578 이론과 실정법 모두에 공통하는 보편적인 공기업의 개념은 아직까지 없다. 일설은 그 개념이 반드시 명백한 것은 아니나 일반적으로 공기업이란 사기업에 반대되는 개념으로서 공행정기관이 재산이나 재정상의 참여, 자치입법권 또는 그 밖에 기업활동을 규율할 수 있는 규정에 의거하여 직접적으로나 간접적으로

---

1) 박윤흔·정형근, 최신행정법강의(하), 378쪽; 석종현·송동수, 일반행정법(하), 359쪽; 이상규, 신행정법론(하), 376쪽.
2) 김남진·김연태, 행정법(Ⅱ), 453쪽(2019).
3) 이상규, 신행정법론(하), 377쪽.
4) 김남진·김연태, 행정법(Ⅱ), 453쪽(2019); 석종현·송동수, 일반행정법(하), 360쪽.

지배적인 영향력을 행사할 수 있는 모든 기업으로 파악한다.[1] 본서에서 공기업이란 상기의 실질적 의미로 사용하기로 한다. 본서에서 말하는 실질적 의미의 공기업개념은 위의 ④의 의미와 비교적 유사하다.

제 2 항 공기업의 종류

Ⅰ. 경영주체에 따른 구분

기업은 경영주체에 따라서 국가의 공기업(국영기업)·지방자치단체의 공기업 1579
(공영기업)·법인체 공기업으로 구분된다. ① 국영기업이란 국가가 자기의 계산(경제적 부담)으로 스스로 관리·경영하는 기업을 말한다(예 : 우편). 국영기업은 정부기업이라고도 한다. 국영기업의 특수한 예로 국영공비기업이 있다. 이것은 국가가 부담하여야 할 비용을 지방자치단체에 부담하게 하는 경우의 기업을 말한다. ② 공영기업이란 지방자치단체가 자기의 계산(경제적 부담)으로 스스로 관리·경영하는 기업을 말한다(지방공기업법은 이것을 지방직영기업이라 부르고 있다. 지업법 제2조 제1항). ③ 법인체공기업이란 특정한 공기업의 경영을 위하여 법인의 형식으로 설치되는 공기업을 말한다. 한국토지주택공사·한국가스공사 등 공공기관의 운영에 관한 법률의 적용을 받는 공공기관 및 지방공기업법의 적용을 받는 지방공사 등을 볼 수 있다. 법인체 공기업은 특수법인기업이라고도 한다. 그리고 ④ 공기업개념을 최협의로 이해하는 입장은 경영주체에 따른 구분으로 특허기업을 들기도 하나, 본서의 입장에서는 공기업과 구분하여 다룬다.

Ⅱ. 시장지위(독점권유무)에 따른 구분

1. 독점공기업

(1) 의 의 　독점공기업이란 공기업경영주체가 당해 기업경영에 법률상 1580
의 독점권을 갖는 경우를 말한다. 독점권이 부여된 자 이외의 자는 그러한 독점사업을 할 수가 없다. 독점은 공익을 위한 것이지 국가의 재정목적을 위한 독점이 아니다. 독점공기업에는 국가의 독점공기업과 지방자치단체 등 공공단체의 독점공기업이 있다. 전자의 예로 우편(우편법 제2조·제46조)을, 후자의 예로 수도사업(구 수도법 제6조) 등을 볼 수 있다.

(2) 근 거 　직업선택의 자유와 시장경제 등을 원리로 하는 헌법체계하 1581

---

1) Arndt, Wirtschaftsverwaltungsrecht, in : Steiner(Hrsg.), Besonderes Verwaltungsrecht, Rn. 125.

에서 독점은 예외적이어야 할 것이다. 이와 관련하여 헌법은 주요자원의 경우에 독점을 예정해 두고 있고(헌법 제120조), 국방상 또는 국민경제상 긴절한 경우에도 독점을 예정해 두고 있다고 볼 것이다(헌법 제126조). 어떠한 경우에 독점을 인정할 것인가는 입법정책의 문제이며, 구체적인 경우에 있어서 독점은 법적인 근거 위에서만 허용된다고 볼 것이다.

1582 (3) **유 형** 독점이 인정되는 유형으로 ① 기업의 성질상 불가피한 경우(화폐의 발행. 한은법 제47조·제48조), ② 이용자의 편익을 위한 경우(우편. 우편법 제1조·제2조), ③ 사영의 부인이 공익에 유익한 경우(종래의 수도. 구 수도법 제6조), ④ 과거의 역사적 유물인 경우(중요자원의 국유. 헌법 제120조 제1항) 등을 들기도 한다.[1] ④의 경우를 반드시 소극적으로만 볼 수는 없을 것이다. 자원고갈·환경보전이라는 점 등에서 중요자원의 국유 등은 그 나름대로 의미를 갖는다고 볼 것이다.

1583 (4) **사실상 독점** 독점기업은 법률상 독점만을 의미하는 것이 일반적이나[2] 학자에 따라서는 사실상 독점을 포함시키는 경우도 있다.[3]

2. 비독점공기업

1584 독점기업 이외의 공기업이 비독점공기업이다. 비독점공기업도 자연독점을 하는 경우가 있다(예 : 원자력발전사업). 자연독점은 전국적인 규모의 사업이나 기업에 고유한 영업상의 비밀이나 재산으로 인한 경우에 나타날 수 있다.[4]

3. 기 타

1585 ① 경제활동의 내용에 따라 에너지관련공기업·금융관련공기업, ② 추구하는 목적·목표에 따라 질서목적의 공기업·촉진목적의 공기업, 보장임무의 공기업, ③ 경제상의 성과에 따라 이윤추구공기업·결손공기업·비용정도수익공기업, ④ 법형식과 법적 조직에 따라 직영기업(조직상으로도 독립성 없는 기업)·권리주체성 없는 독립기업(조직상으로는 독립성 있는 기업)·법상 독립성 있는 기업(법인체기업이라고도 한다), ⑤ 법적 근거에 따라 공법상 기업과 사법상 기업으로 구분하는 것도 가능하다.

---

1) 이상규, 신행정법론(하), 384쪽.
2) 김남진·김연태, 행정법(Ⅱ), 457쪽(2019); 박윤흔·정형근, 최신행정법강의(하), 381쪽; 석종현·송동수, 일반행정법(하), 362쪽; 이상규, 신행정법론(하), 383쪽.
3) 김도창, 일반행정법론(하), 368쪽.
4) 김도창, 일반행정법론(하), 375쪽; 이상규, 신행정법론(하), 385쪽.

제 3 항 공기업의 목적과 형식

1. 목 적

개별공기업의 목적은 설치의 근거되는 법에서 나타난다. 전체적인 입장에 1586
서 공기업의 목적을 개관한다면 공기업은 ① 영리목적(영리목적이 영리취득 그 자체만을 최종적인 목적으로 하는 것은 아니다. 영리는 공익을 위해 사용된다는 점을 유념하여야 한다), ② 독점의 통제목적(사기업의 과다한 경제력의 통제가 또한 공기업의 주된 목적 중의 하나이다), ③ 행정의 지원목적(질서임무수행의 보장과 원활도 목적이 된다. 국가의 중요한 조달물자의 보장을 위해 경쟁기업을 둔다. 예 : 군수품기업), ④ 경제촉진 또는 경제조장목적(공기업을 세워서 경제촉진토록 한다. 오늘날 이러한 의미는 약화되었다), ⑤ 긴급사태대비목적(긴급시의 공급과 일자리의 확보를 위하여, 예컨대 전시에 생필품조달의 확보를 위해), ⑥ 사회정책·소비자보호 등을 목적으로 한다.

2. 형 식

공기업을 조직형식과 법형식에 따라 구분하면 공법상 조직형식의 공기업과 1587
사법상 조직형식의 공기업이 있다. 양자간에는 조직규범의 법적 성질도 상이할 뿐만 아니라 행정에 대한 관계도 상이하다. 독일의 일반적인 견해에 따르면, 공기업의 조직형식과 관련하여 행정권은 공·사법 중 선택의 자유, 즉 공법에 따라 기업을 설립할 것인가 아니면 사법에 따라 기업을 설립할 것인가에서 선택의 자유를 갖는다고 한다(조직형식의 자유). 그러나 이러한 선택의 자유가 공법상 제약으로부터 자유를 의미하는 것은 아니다. 임무수행을 위해 사법형식을 선택한다고 하여도 그것이 사적자치의 자유와 가능성을 보장하는 것은 아니다. 거기에는 공법규정(기본권)의 적용도 있게 된다.

제 2 절 공기업의 설립·보호·감독

제 1 항 공기업의 설립

1. 국영공기업의 설립

국가가 경영주체인 공기업(예 : 우편)을 국영공기업이라 부른다. 국가는 행정 1588
조직법(정조법 제4조)이 정하는 바에 따라 자유로이 국영기업을 설치할 수 있다. 물론 예산상의 제한을 받음은 별문제이다. 이러한 공기업은 행정조직의 한 부분을 구성한다. 국영공기업에 법상 독립성은 없어도 조직상 독립성을 인정함이 일반적이다. 국영공기업이 이용자에게 침익적인 행위(예 : 공용부담·제재)를 하기 위해서는 법적 근거를 요한다(침해유보).

2. 공영공기업의 설립

1589 지방자치단체가 경영주체인 공기업(예 : 수도사업)을 공영공기업이라 부른다. 지방자치단체가 직접 설치·경영하는 공기업 중 일정기업은 지방공기업법의 적용을 받는다(지업법 제2조). 지방자치단체는 조례로 지방직영기업을 설치·운영할 수 있다(지업법 제5조). 지방공기업법의 적용이 없는 공기업은 조례에 의하지 않고서도 조직법규에 반하지 않는 범위 내에서, 그리고 예산이 허용하는 범위 안에서 지방자치단체가 설치·운영할 수 있을 것이다.

3. 법인체공기업의 설립

1590 공기업은 법인의 형태로 설립·운영되기도 한다. 법인은 법적으로나 조직상으로도 독립적인 성질을 갖는다. 국가에 의한 법인으로서의 공기업은 통상 법률에 의해 직접 설치된다(예 : 한국도로공사·한국방송공사·한국토지주택공사). 지방공기업법에 의하면 일정지방자치단체는 등기 등을 거쳐 법인인 지방공사·지방공단을 설립할 수 있다(지업법 제49조·제51조·제57조·제76조). 지방공사와 지방공단도 물론 협의의 공기업의 일종이다.

제 2 항 공기업의 자치

1. 의 의

1591 공기업이 성과 있는 것이 되기 위해서는 어느 정도 독립성을 가져야 한다. 그 독립성은 자치(Autonomie)로 불린다. 공기업의 독립성의 종류와 정도는 법형식에 의존된다. 사법상의 회사는 비교적 자유롭다. 공기업의 자치의 한 내용으로 공기업의 독립채산제가 도입되고 있다.

2. 독립채산제

1592 독립채산제는 수지의 독자성, 자본의 자기조달, 이익금의 자기처분을 내용으로 한다.[1] 수지의 독자성은 기업회계가 특별회계로 설치됨을 내용으로 한다. 자본의 자기조달이란 공기업의 세입과 세출이 자기의 고유자본과 특별기금에

1) 윤세창·이호승, 행정법(하), 303쪽 이하.

의하는 것을 의미한다. 이익금의 자기처분이란 공기업의 경영의 결과 이윤이 있는 경우 이를 일반회계에 전입하지 아니하고 이익잉여금으로 적립하여야 하고, 만약 결손이 있는 경우에는 이익금 중에서 이를 정리하여야 함을 의미한다.

3. 인사관리 등

법인체공기업이 아닌 소위 행정청형공기업(국영공기업·공영공기업)은 국가나 1593
지방자치단체의 조직의 일부인 까닭에 그 구성원의 인사에 관한 것은 국가공무원법이나 지방공무원법 등이 적용되고, 법인체 공기업은 독립의 법인인 까닭에 그 구성원의 인사에 관한 것은 해당 법인체의 근거법과 정관이 정한 바에 따르게 된다. 경영관리나 재무관리에 관해서는 행정청형공기업의 경우에는 원칙적으로 정부기업예산회계법이, 독립법인체 공기업의 경우에는 공공기관의 운영에 관한 법률이 적용된다. 판례는 법인체공기업의 임직원의 근무관계를 사법관계로 본다.[1)]

제 3 항 공기업의 보호

공기업의 목적달성을 위하여 개별법률은 사기업의 경우와는 달리 공기업을 특별히 보호하는 제도를 두고 있다. 그 내용은 공기업마다 상이하다.

1. 독점권의 보장

공기업의 보호를 위해 공기업에 독점권이 인정되기도 한다. 독점은 법률상 1594
독점과 사실상의 독점으로 구분할 수 있다. 우편법은 명문(제2조)으로 우편사업이 국가의 독점사업임을 규정하고 있다. 한편 궤도운송법(제4조)은 궤도사업을 경영하려는 자는 특별자치시장·특별자치도지사·시장·군수 또는 자치구의 구청장의 허가를 받아야 한다고 규정하는바, 이러한 허가가 있기까지 국가의 철도사업은 사실상 독점사업인 셈이다.

2. 공용부담특권

공기업이 원활하게 사업을 수행할 수 있도록 하기 위하여 공기업에 여러 1595

1) 대판 1989. 9. 12, 89누2103(서울특별시지하철공사의 임원과 직원의 근무관계의 성질은 지방공기업법의 모든 규정을 살펴보아도 공법상의 특별권력 관계라고는 볼 수 없고 사법관계에 속할 뿐만 아니라, 위 지하철공사의 사장이 그 이사회의 결의를 거쳐 제정된 인사규정에 의거하여 소속직원에 대한 징계처분을 한 경우 위 사장은 행정소송법 제13조 제1항 본문과 제2조 제2항 소정의 행정청에 해당되지 않으므로 공권력발동 주체로서 위 징계처분을 행한 것으로 볼 수 없고, 따라서 이에 대한 불복절차는 민사소송에 의할 것이지 행정소송에 의할 수는 없다).

종류의 공용부담특권이 인정되기도 한다. 그 내용을 예시한다면, ① 공기업은 공익사업을 위한 토지 등의 취득 및 보상에 관한 법률에 의거하여 토지를 수용할 수 있고(토상법 제19조), ② 경우에 따라서는 타인의 토지에 출입·사용·통행할 수도 있다(우편법 제5조).

3. 경제상 보호

1596 ① 공기업은 이윤추구가 아니라 공익실현을 주목적으로 하는바, 과세의 대상에서 제외되기도 하고, 감면되기도 하고, ② 보조금이 교부되기도 하며(한국도로공사법 제16조 제1항, 보조법 제2조 제1항), ③ 국유재산의 무상대부(국재법 제47조, 제34조 제1항 제2호·제3호), ④ 이용료의 강제징수(우편법 제24조), ⑤ 손해배상의 제한(우편법 제38조) 등이 따르기도 한다.

4. 형사상 보호

1597 공기업목적의 효과적인 수행을 위해 관련법령은 이용자나 기업자 또는 일반국민이 공기업법상 의무를 위반하거나 또는 공기업의 안전한 경영에 대하여 침해를 가한 경우에 형벌을 부과할 것을 예정해 둔다(예 : 우편법 제46조·제47조). 이러한 형벌을 공기업벌이라 부른다. 그것은 행정벌의 일종이다.

제 4 항 공기업의 감독(통제)

1598 공기업이 공행정의 한 부분인 한 행정통제의 전체계는 기업활동에도 적용된다. 국영기업이나 공영기업의 경우에는 특히 그러하다. 문제는 법인체 공기업의 경우이다. 후자의 경우에는 공기업의 공공성으로 인해 기업의 자율성을 존중하고(공공기관의 운영에 관한 법률 제3조) 그에 대한 감독은 최소한에 머물러야 한다. 하여튼 통제는 내용상 두 가지 중요한 것을 갖는다. 하나는 재정통제(경제상의 통제)이고 또 하나는 공적 임무수행통제이다. 이러한 통제들은 감독청이나 감사원에 의해 이루어지게 된다.

1. 감독청에 의한 감독

1599 ① 직영공기업이나 법인형식의 공기업이거나를 막론하고 감독청에 의한 통제를 받는다. 국영공기업의 경우는 소속장관 또는 외청의 장이 감독청이 되고, 지방공기업의 경우는 지방자치단체의 장이 감독기관이 된다. 법인체 공기업의 경우에는 주무부장관이 감독청이 되며, 감독권에는 일반적인 감독권(감시권)(예 :

지공법 제23조)과 개별적인 감독권(예 : 기관의 임면·인가)이 있다. 한편, ② 기획재정부장관은 제7항에 따른 경영실적 평가 결과 경영실적이 부진한 공기업·준정부기관에 대하여 운영위원회의 심의·의결을 거쳐 제25조 및 제26조의 규정에 따른 기관장·상임이사의 임명권자에게 그 해임을 건의하거나 요구할 수 있고(공공기관의 운영에 관한 법률 제48조 제8항), 기획재정부장관은 제1항에 따른 경영실적 평가 결과 인건비 과다편성 및 제50조 제1항에 따른 경영지침 위반으로 경영부실을 초래한 공기업·준정부기관에 대하여는 운영위원회의 심의·의결을 거쳐 향후 경영책임성 확보 및 경영개선을 위하여 필요한 인사상 또는 예산상의 조치 등을 취하도록 요청할 수 있다(공공기관의 운영에 관한 법률 제48조 제9항). 기획재정부장관의 이러한 권한행사 역시 넓은 의미에서 감독청에 의한 감독의 하나로 볼 수 있다.

2. 감사원에 의한 감독

헌법(제97조)은 국가의 세입·세출의 결산, 국가 및 법률이 정한 단체의 회계 1600
검사와 행정기관 및 공무원의 직무에 관한 감찰을 감사원의 직무로 규정하고 있는바, 감사원은 일정 공기업에 대해서도 감사권을 가진다(감사법 제22조 제3호·제23조). 감사원은 감사의 결과 시정을 요하는 사항에 대하여는 시정·주의 등을 요구할 수 있다(감사법 제33조).

3. 기 타

① 국정감사·국정조사·대정부질문, 예산심의와 결산, 공기업관련법령의 개 1601
폐 등을 통한 국회에 의한 감독, ② 재판에 의한 법원의 감독도 넓은 의미에서 공기업의 감독수단이 된다고 보겠다.

제 3 절 공기업의 이용관계

제 1 항 이용관계의 의의와 종류

1. 의 의

공기업의 이용은 이용하는 자와 공기업자 사이에 권리·의무관계를 가져온 1602
다. 공기업으로부터 재화나 서비스를 공급받거나 설비를 이용하는 법률관계를 가져오는바, 이를 공기업의 이용관계라 부른다. 공기업의 이용관계는 공기업자 측이 이용자에게 급부를 제공하는 것이 주목적이므로 공기업의 이용관계는 급부관계라 할 수도 있다.

2. 종 류

1603 공기업의 이용관계는 급부의 제공이 일시적인 것인가 아니면 계속적인 것인가에 따라 일시적 이용관계(예 : 우편발송·국민주택분양)와 계속적 이용관계(예 : 물의 공급)로 구분이 가능하다. 법적 검토에서 특히 중요성을 갖는 것은 계속적 이용관계의 경우이다.

제 2 항 이용관계의 성질

1. 성질판단의 필요

1604 공·사법의 이원적 체계를 가지고 있는 우리의 법제상 공기업의 이용을 둘러싸고 분쟁이 발생한 경우에 관할법원의 판단을 위해서 그 성질이 공법적인가 또는 사법적인가의 구분이 필요하다. 공기업이용관계에서 적용할 법규가 미비한 경우에도 이용관계의 성질이 문제된다. 왜냐하면 그 성질이 정해져야 미비된 법규의 보충방법이 판단될 수 있기 때문이다.

2. 판단의 기준

1605 (1) 학 설 ① 논리적으로 본다면, 공기업은 공공의 복지를 위한 것이라는 점에서 이용관계를 공법관계로 보는 견해(공법관계설), 공기업작용은 비권력작용이라는 입장에서 사법관계로 보는 견해(사법관계설), 양자의 성질을 모두 가진다는 견해(사회법관계설) 등이 있을 수 있을 것이다. ② 그러나 현재의 학설은 공기업의 이용관계는 그것이 계속적이든 일시적이든 간에 원칙적으로 사법관계라고 하면서 아울러 사법관계인 경우와 공법관계로 나누어서 검토하는 것이 일반적이다.[1)]

1605a (2) 판 례 판례는 종전의 국유철도이용과 관련하여 "국가의 철도운행사업은 국가가 공권력의 행사로서 하는 것이 아니고 사경제적 작용이라 할 것이므로, 이로 인한 사고에 공무원이 관여하였다고 하더라도 국가배상법을 적용할 것이 아니고 일반 민법의 규정에 따라야 한다"는 입장이었다.[2)]

1606 (3) 구체적 기준 일반적인 학설의 입장에서 분석적으로 살펴본다면, 다음

1) 윤세창·이호승, 행정법(하), 315쪽; 이상규, 신행정법론(하), 401쪽; 석종현·송동수, 일반행정법(하), 375쪽.

2) 대판 1997. 7. 22, 95다6991; 대판 1999. 6. 22, 99다7008.

의 지적이 가능하다. ① 명문의 규정이 있다면 문제가 없다. ② 관련법규가 행정쟁송이나 행정상 강제징수(수도법 제68조 제1항; 우편법 제24조)에 관한 규정을 두고 있는 이용관계는 공법관계로 볼 수 있다.[1] ③ 아무런 규정도 두고 있지 아니하는 경우가 문제이나, 대체로 말해 공급되는 급부의 내용이 공공적 성격·윤리적 성격을 강하게 띠는 경우에는 공법적인 것으로 보고, 그러하지 않은 경우는 사법적인 것으로 보는 것이 타당할 것이다.

제 3 항 이용관계의 성립과 종료

Ⅰ. 이용관계의 성립과 특색

1. 이용관계의 성립

(1) **합의이용** 공기업의 이용관계는 법률이나 공기업규칙이 정하는 바에 1607
따라 합의로써 성립하는 것(합의이용)이 일반적이다. 합의에는 명시적인 합의(예 : 우편물발송계약, 철도의 이용)도 있고 묵시적인 합의(예 : 우체통에 우편투입)도 있다.

(2) **이용강제** 공기업의 이용관계에는 적지 않은 경우에 이용자에게 이용 1608
이 강제되어 성립되는 경우도 있다(공기업의 강제이용). 학자들은 이용강제의 유형을 ① 계약이 강제되는 계약강제, ② 사실상 독점을 포함하여 독점기업에서 보는 바와 같이 계약이 간접적으로 강제되는 간접계약강제(예 : 수도), ③ 법률에 의하여 이용이 강제되는 법률상 이용강제(산업재해보상보험법 제6조·제7조), ④ 행정강제권에 의하여 이용이 강제되는 경우(예 : 감염법 제41조 제2항)를 들기도 한다.[2] ①과 ④는 영조물의 이용강제의 성격이 더 강하다고 하겠다.

2. 내용상의 특색

공기업의 이용이 강제되든 아니되든 간에 계약내용은 법률이나 공기업 규 1609
칙상 정형화·획일화되어 있음이 일반적이다. 이러한 계약을 부합계약이라 부른다. 이러한 범위 안에서 계약의 자유의 원칙은 어느 정도 제한을 받는다. 이용자의 사정이 고려되지 아니하고 획일적으로 처리되는 점(예 : 우편이용관계에서 제한능력자를 능력자로 보는 것)을 내용상의 특징(외형성)의 하나로 들기도 한다.[3]

---

1) 대판 1979. 12. 28, 79누218(단수처분을 두고 그것이 항고소송의 대상이 되는가에 관하여 원심이 약간의 의문을 가지고 있었음이 판시이유에서 간취된다 하더라도 결론에 있어 항고소송의 대상이 되는 것으로 보고 판단하고 있으니 원심의 판단은 옳다).
2) 김도창, 일반행정법론(하), 382쪽; 석종현·송동수, 일반행정법(하), 377쪽.
3) 김남진·김연태, 행정법(Ⅱ), 468쪽(2019).

Ⅱ. 이용관계의 종료

1610 공기업의 이용관계는 이용목적의 완료(예 : 우편물의 배달), 이용관계에서 임의탈퇴(예 : 이용자의 수도공급중단 신청), 공기업측의 이용관계에서 일방적 배제(예 : 불법건물에 대한 수도공급중단), 공기업의 폐지(예 : 가스회사폐지) 등에 의해 종료된다.

제 4 항 이용관계의 내용

Ⅰ. 이용자의 권리

1. 기본적인 권리로서 공기업이용권

1611 ① 공기업의 이용관계가 성립하면, 이용자는 법령·조례·규칙·정관 등이 정하는 바에 따라 공기업을 이용할 권리를 가진다. 말하자면 이용자는 공기업으로부터 서비스를 공급받거나 시설을 이용할 수 있는 권리를 가진다. 이를 공기업이용권이라 부른다. 공기업이용권이 이용자의 권리의 핵심을 이룬다. 공기업이용권은 사법상 채권의 성질을 갖는다. ② 합리적인 사유가 없는 한 공기업이용권은 모든 이용자에게 평등한 것이어야 한다. 공기업의 이용관계가 사법관계라고 하여도 마찬가지이다(행정사법의 적용).[1] ③ 이용자의 공기업이용권에 상응하여 공기업자는 이용제공의무를 진다(예 : 수도법 제39조 제1항).

2. 부수적인 권리

1612 (1) **손해배상청구권** ① 공기업의 이용자가 공무원인 공기업 구성원의 직무상 불법행위로 인하여 손해를 받거나 또는 공기업의 물적 요소(공물)의 설치·관리상의 하자로 인하여 손해를 받은 경우에는 국가배상법에 따라 국가나 지방자치단체에 손해배상을 청구할 수 있다(국배법 제2조·제5조). ② 이용자가 공무원이 아닌 공기업의 구성원의 불법행위로 인하여 손해를 받거나 국가배상법 제5조의 적용이 없는 시설 등으로 손해를 받은 경우에는 국가나 지방자치단체에 대하여 민법에 따라 손해배상을 청구할 수 있다(민법 제750조·제756조·제758조). ③ 그러나 법률에 따라서는 손해배상책임을 부인·제한하기도 한다(우편법 제38조 이하).

1613 (2) **행정쟁송권** 공법상 계약에 따른 이용관계에서 법적 분쟁이 생기거나 공법적인 이용관계에서 기업자측의 위법한 처분이 있는 경우에 이용자는 기업

1) 김남진·김연태, 행정법(Ⅱ), 469쪽(2019); 김도창, 일반행정법론(하), 383쪽.

자를 상대로 행정심판이나 행정소송을 제기할 수도 있다. 통상은 공기업이용관계가 사법적인 까닭에 공기업에 대한 소송은 민사소송으로 다루어질 것이다.

Ⅱ. 공기업자의 권리

1. 이용조건제정권

공기업자는 이용자의 이용시간·이용방법·이용료·이용장소 등의 이용조건 1614
을 정하거나 변경할 권리를 가진다. 이것을 이용조건제정권이라 한다. 공기업의 이용조건은 법령이나 조례(예 : 수도법 제38조)에서 정해질 수도 있고, 법령이나 조례의 범위 안에서 공기업규칙의 형식으로 정해질 수도 있다.

2. 이용료징수권

① 공기업자는 공기업을 이용한 자로부터 이용의 대가를 징수할 수 있다. 1615
② 공기업의 이용이 이용자의 자발적인 의사에 의한 경우에는 이용료징수에 반드시 법적 근거를 가져야 하는 것은 아니다. 이용이 강제되는 경우(예 : 독점기업)에는 법적 근거가 필요할 것이다. ③ 이용료의 부과·징수에 관하여 행정쟁송을 인정하고 있는 경우(예 : 지자법 제140조) 또는 행정상 강제징수를 예정하고 있는 경우(예 : 우편법 제24조)에 이용료는 공법적 성질을 가지나, 그러하지 않은 경우의 이용료는 사법적 성질을 가진다. 후자의 경우에 분쟁이 있으면 민사소송법의 적용을 받게 된다.

3. 기 타

① 공기업법상 의무에 위반이 있는 경우에는 행정벌이 가해질 수도 있다. 물 1616
론 이러한 처벌은 법적 근거를 요한다. ② 공기업자는 이용자에 대하여 명령·징계권을 갖는다고 하는 견해도 있고,[1] 영조물과 공기업을 구분하는 입장에서 공기업자가 이용자를 배제할 수 있다는 의미에서 제재권을 공기업주체의 권리로 드는 견해도 있다.[2] 후자의 견해가 타당하다. 이러한 제재권을 이용관계의 해지·정지로 부르기도 한다.[3]

1) 석종현·송동수, 일반행정법(하), 380쪽; 이상규, 신행정법론(하), 409쪽.
2) 김남진·김연태, 행정법(Ⅱ), 472쪽(2019).
3) 김동희, 행정법(Ⅱ), 321쪽(2019).

제4절 특허기업

제1항 특허기업의 개념

1617 특허기업의 개념은 실정법상의 개념이 아니고 학문상의 개념이다. 학문상 특허기업이 통일적으로 정의되고 있는 것은 아니다. 그것은 현재 광의와 협의의 두 가지 의미로 사용되고 있다.

1. 협의의 특허기업

1618 협의의 특허기업이란 국가나 지방자치단체가 공익사업을 목적으로 하는 기업을 사인에게 특허하는 경우, 그 특허받은 기업을 의미한다. 국공영으로 할 수도 있는 사업을 사인으로 하여금 경영하게 하는 경우에 협의의 특허기업을 볼 수 있다(예 : 자동차운수사업). 협의의 특허기업을 특허처분기업이라고도 한다.[1)]

2. 광의의 특허기업

1619 광의의 특허기업이란 협의의 특허기업 외에 독립의 법인인 공기업을 포함하는 개념이다. 독립의 법인인 공기업이란 특수법인기업이라고도 부르는데, 이것은 법률이나 조례에 의해서 설립되는 법인인 공기업을 말한다. 이러한 입장에 서게 되면 공기업특허에는 법규특허와 특허처분이 있다고 하게 된다.[2)]

3. 본서에서의 개념

1620 본서에서는 특허기업을 협의의 개념으로 사용하기로 한다. 왜냐하면 특수법인기업과 특허처분기업은 적용되는 법원리가 동일하다고 할 수 없고(특수법인기업에 대한 법적 문제는 기본적으로 근거법에서 규정된다), 따라서 성질이 상이한 것은 상이하게 검토하는 것이 정당하다고 보기 때문이다. 따라서 본서에서 말하는 특허기업은 사인이 경영하는 기업이라는 점에서 정부나 지방자치단체의 조직의 한 부분인 직영기업으로서의 공기업과 구분되며, 그 자체가 독립의 법인격을 갖는 특수법인기업과도 구분된다. 이 모든 기업이 공적 목적(공익사업)을 위한 것이라는 점에서 다를 바 없다.

---

1) 김남진·김연태, 행정법(Ⅱ), 473쪽(2019).

2) 김도창, 일반행정법론(하), 395쪽; 이상규, 신행정법론(하), 418쪽.

제 2 항 특허기업의 특허

Ⅰ. 특허기업의 특허의 의미

특허기업의 특허란 국가나 지방자치단체가 특정 공익사업의 경영권을 사인 1621
에게 부여하는 형성적 행정행위를 말한다.

1. 특허(기업)의 목적·주체·상대방

특허기업제도가 일반공중의 이익(공공복리)을 위하여 인정되고 있음은 재론 1622
을 요하지 아니한다. 특허기업의 특허는 행정주체(국가나 지방자치단체)가 사인을 상대방으로 하여 행하는 행정행위이다. 행정청은 결국 행정주체를 위해 행위하는 기관이고 또한 행정기관은 권리·의무의 주체가 아닌 까닭에 특허기업특허의 주체는 행정청이 아니라 행정주체라 하였다. 그리고 행위의 상대방은 사인이다. 본서에서 특허기업의 의미는 전술한 대로 행정주체의 직영기업이나 특수법인기업으로부터 구분하여 경영주체가 사인인 경우로 한정하기로 한 바 있다.

2. 특허의 대상

특허기업의 특허는 특정 공익사업의 경영권을 대상으로 한다. 특허는 국가 1623
나 지방자치단체가 행할 공익사업(예 : 자동차운수사업)을 사인으로 하여금 수행하게 하는 데 의미를 갖는다. 여기서 공익사업이란 반드시 독점사업을 뜻하는 것은 아니다(예 : 주택사업). 경영권보장의 측면에서 어느 정도 독점권이 주어지는 것이 일반적이다.

3. 특허의 성질

(1) **형성적 행위** 특허기업의 특허는 형성적 행정행위이다. 특허기업의 특 1624
허는 명령적 행위인 허가와 구별되는 형성적 행위이다. 형성대상이 무엇인가와 관련하여서는 포괄적 법률관계설정설(특허기업특허란 특정한 특허기업경영에 관한 각종의 권리·의무를 포괄적으로 설정하는 행위라는 견해)[1]·독점적 경영권설정설(특허기업특허란 특정인에게 특허기업경영에 관한 독점권을 부여하는 설권행위라는 견해)[2]·허가설(특허기업특허는 영업금지의 해제라는 견해) 등으로 나뉘고 있다. 특허기업특허제도의 핵심이 공익을 위해 일정사업을 독점적으로 경영하게 한다는 점에 있는 것임을

---

1) 석종현·송동수, 일반행정법(하), 383쪽; 이상규, 신행정법론(하), 414쪽; 김성수, 개별행정법, 769쪽.

2) 김남진·김연태, 행정법(Ⅱ), 477쪽(2019); 박윤흔·정형근, 최신행정법강의(하), 406쪽; 류지태·박종수, 행정법신론, 1125쪽(2019).

고려하여, 독점적 경영권설을 따르기로 한다.

1625 (2) **협력을 요하는 행위** 특허기업의 특허는 상대방의 신청을 전제로 하는 행정행위이다. 따라서 그것은 협력을 요하는 행정행위 또는 쌍방적 행정행위이다.

1626 (3) **행위의 재량성** 특허기업의 특허는 행정청의 재량행위라 하는 것이 일반적이다. 엄밀히는 관련법규의 의미·내용의 해석문제가 될 것이다. 일반적으로 관련법규는 행정청에 재량을 부여하게 될 것이다.

4. 법규특허와 특허처분

1627 특허기업의 특허는 행정행위로서의 특허를 말한다. 학설상으로 특허라는 용어는 통일적으로 사용되고 있지 아니하다. 학자에 따라서는 특허를 법률에 의한 특허(법규특허)와 행정처분에 의한 특허(특허처분)로 구분한다. 법규특허와 특허처분은 적용법규를 달리하므로 양자를 구분하여 다루는 것이 합리적이다. 법규특허는 관련법규에서 구체적인 사항이 규율되는 것이 일반적이나 특허처분의 경우는 특허명령서에서 구체적인 사항이 규율되는 것이 일반적이다.

Ⅱ. 특허기업과 허가기업

1. 유 사 점

1628 특허기업의 특허나 허가기업의 허가는 ① 모두 법률행위적 행정행위이고, ② 신청을 전제로 하는 행위이고, ③ 수익적인 행위이고, ④ 특허나 허가 없이 경영하면 제재가 가해지기도 하고, ⑤ 국가에 의한 감독·통제가 따르고, ⑥ 명칭이 혼용되기도 한다는 점에서 유사한 점을 갖는다.

2. 차 이 점

1629 (1) **제도의 목적**(소극목적·적극목적) 목적상 허가기업의 허가는 주로 소극적인 경찰상의 목적에서 일정한 행위를 금지하였다가 해제하는 것이나, 특허기업의 특허는 적극적으로 복리목적(공익실현)을 위하여 이루어진다. 허가는 공적 안전과 질서를 위한 것이라면, 특허는 공공복리의 효율적이고도 적극적인 실현과 관련된 개념이다. 허가기업의 허가는 경찰상 영업허가라 불리기도 한다.

1630 (2) **대상사업**(사익사업·공익사업) 허가기업의 허가는 대체로 각자의 생활영역에서 각자가 해결하여야 할 업종(예 : 식품구매)을 대상으로 하나, 특허기업의 특허는 국민생활상 이용이 필수적으로 요구되어 공급이나 제공이 광역적·통일적으로 이루어져야 하는 업종(예 : 전기·도시가스·운수)을 대상으로 한다. 양자의 구분이 명백하게 이루어질 수 있는 것은 아니다. 대체로 공공성이 큰 것이 특허

기업의 특허의 대상이 된다고 하겠으나, 종국적으로는 국가의 입법정책 여하에 따라서 판단될 성질의 문제이다.

⑶ **행위의 종류**(명령적 행위·형성적 행위) 허가기업의 허가는 금지를 해제 1631
하여 원래의 자유를 회복해 주는 명령적 행위이나 특허기업의 특허는 권리를 부여하는 형성적 행위라는 점에서 차이가 있다는 것이 종래의 통설적 견해였다. 근자에는 허가로 인해 사인은 적법한 행위를 할 수 있게 된다는 의미에서 형성적 행위의 성질을 갖기도 한다는 견해도 있다.

⑷ **이익의 성질**(반사적 이익·법률상 이익) ① 허가나 특허 모두 기본권의 1632
회복이라는 점에서 상대방이 갖는 이익은 당연히 법률상 이익이다(소극적 관점에서의 이익의 성질).[1] 그러나 ② 허가는 허가를 받은 자에게 독점적인 경영권을 법적으로 보장하는 것이 아니지만, 특허는 특허를 받은 자에게 독점적인 경영권을 법적으로 보장한다는 점에서 다르다. 따라서 허가로 인한 경영상의 이익은 반사적 이익이지만, 특허로 인한 경영상의 이익은 법률상 이익이다(적극적 관점에서의 이익의 성질). 종래에는 허가기업의 허가로 인한 이익은 반사적 이익이고, 특허기업의 특허로 인한 이익은 권리(법률상 이익)로서의 이익으로 이해하였다. 이러한 인식은 ②의 경우만을 대상으로 한 것, 즉 허가와 특허로 인한 이익의 한 단면만을 대상으로 한 것인바, 허가와 특허의 이익에 관한 논급으로서는 충분한 것이 아니라 하겠다.

⑸ **행위의 재량성**(기속행위·재량행위) 허가기업의 허가나 허가의 취소는 1633
기속재량행위이나 특허기업의 특허나 그 거부는 공익(자유)재량에 속한다는 것이 일반적인 견해와 판례의 태도이다. 그러나 기속재량행위와 공익(자유)재량행위의 구분은 별의미가 없고, 기속행위와 재량행위의 구분은 관련법규에 따라야 한다. 만약 법문상 분명하지 아니하면 기본권의 최대한 보장과 행정의 공익성을 기속행위와 재량행위의 구별기준으로 삼아야 할 것이다. 이러한 입장에서 보면, 허가의 취소는 재량행위로 보게 된다.

⑹ **행위의 요건**(공익성·판단여지) 양자간에 엄격한 차이가 있다고 할 수는 1634
없을 것이나, 허가기업의 허가의 경우에는 허가의 요건으로 일정자격이나 일정기준에 부합하는 물적 시설이 요구되기도 하며, 특허기업의 특허의 경우에는 목

1) 대판 1999. 11. 23, 98다11529(어업허가는 일정한 종류의 어업을 일반적으로 금지하였다가 일정한 경우 이를 해제하여 주는 것으로서 어업면허에 의하여 취득하게 되는 어업권과는 그 성질이 다른 것이기는 하나, 어업허가를 받은 자가 그 허가에 따라 해당 어업을 함으로써 재산적인 이익을 얻는 면에서 보면 어업허가를 받은 자의 해당 어업을 할 수 있는 지위는 재산권으로 보호받을 가치가 있다).

적의 공익성과 사업능력 등이 요구되기도 한다. 그리고 특허의 경우에는 목적의 공익성 및 사업능력의 판단과 관련하여 행정청에 판단여지가 인정될 경우가 비교적 많다고 하겠다.

1635 (7) 보호·특전과 감독 허가기업의 경우에는 경찰상 위해를 가져오지 아니하는 한 국가의 개입도 없고, 동시에 국가에 의한 보호나 특권의 부여도 없음이 일반적이다. 그러나 특허기업의 경우에는 그것이 공익의 실현과 밀접한 관련을 가지므로 아래와 같은 국가의 감독과 보호 및 특전이 부여되기도 한다.

제 3 항 특허기업자의 법적 지위 등

Ⅰ. 특허기업자의 권리

1636 특허기업자는 다음과 같은 여러 종류의 권리를 갖는다. 학자에 따라서는[1] 다음의 권리 중 부수적인 권리를 특허기업자의 특권이라 부르기도 한다. 특권 역시 권리의 일종이다.

1. 기본적인 권리로서 기업경영권

1637 특허기업자는 특허기업의 특허에 의해 특허기업을 경영할 수 있는 권리를 갖는다. 이를 기업경영권이라 한다. 기업경영권이 독점권까지 포함하는가는 일률적으로 말할 수 없다. 그것은 관련법 규정의 해석에 따를 성질의 문제이다. 기본적으로는 긍정하여야 할 것이다.[2] 기업경영권은 사실상의 이익이 아니다. 그것은 국가에 대한 공권으로서의 기업경영권이므로 기업자는 기업경영권을 침해하는 국가나 지방자치단체의 위법행위에 대해서는 행정상 쟁송으로 다툴 수가 있다. 그러나 특허기업자와 제3자간의 관계는 사법이 적용되는 관계이다.

2. 부수적인 권리(특권)

1638 (1) 공용부담권 특허기업을 경영하는 사인도 예외적으로는 타인의 재산 또는 토지를 사용하는 등의 권리를 갖기도 한다(전기법 제87조 이하). 특허기업이 이러한 권리, 즉 공용부담권을 갖는 것은 그러한 기업이 수행하는 임무가 사익을 위한 것이 아니라 공익을 위한 것이기 때문이다.

---

1) 김남진·김연태, 행정법(Ⅱ), 483쪽(2019).

2) 대판 1992. 4. 28, 91누10220(자동차운송사업면허는 특정인에게 권리를 설정하는 행위로서 법령에 특별히 규정된 바가 없으면 행정청의 재량에 속하는 것이고, 그 면허를 위한 기준 역시 법령에 특별히 규정된 바가 없으면 행정청의 자유재량에 속하는 것이다); 김남진·김연태, 행정법(Ⅱ), 483쪽(2019).

⑵ **공물사용권** 특허기업자는 특허기업의 경영을 위하여 필요한 경우에 1639
는 공물을 사용하지 않을 수 없는 경우도 있는바, 이러한 경우에는 관련법령에 근거하여 공물을 사용할 수 있는 권리(공물사용권)를 갖기도 한다(예 : 전기법 제92조). 특허기업자가 공물관리청에 공물사용의 허가를 신청하는 경우에 공물관리청은 원칙적으로 이를 거부하지 못한다.

⑶ **경제상의 보호** 특허기업자는 국가로부터 보조금을 받을 수 있고, 필 1640
요한 때에는 정부의 보증을 받아 자금을 차입할 수도 있고, 법률이 정함에 따라서는 세금의 감면혜택을 받을 수도 있고, 국유재산을 무상으로 대부받을 수도 있다.

Ⅱ. 특허기업자의 의무

1. 기본적인 의무로서 기업경영의무

특허기업의 특허를 받은 자는 특허받은 기업을 일정한 기간 내에 개시하여 1641
야 할 기업개시의무(운수법 제7조; 전기법 제9조 제1항), 사업의 개시 등을 국가 등에 신고할 의무(가스법 제8조·제10조의4), 또는 감독청의 허가를 받기 전에는 휴업·폐업 없이 계속하여야 할 기업계속의무(운수법 제16조)를 진다.

2. 부수적인 의무

⑴ **이용제공의무** 특허기업자는 이용을 원하는 자에게 재화나 서비스를 1642
공급하여야 할 의무를 진다. 그리고 특허기업자는 이용자에 대하여 정당한 사유 없이 공급을 거부하여서는 아니 된다(가스법 제19조; 전기법 제14조). 경우에 따라서는 이용료를 저렴하게 할 의무가 특허기업자에게 부과되기도 한다.

⑵ **각종 감독을 받을 의무** 특허기업자는 기업경영과 관련하여 관할행정 1643
청으로부터 각종의 감시·감독을 받고 이에 응하여야 할 의무를 부담한다. 물론 이러한 의무는 특허기업자에게는 침익적인 것이므로 법령의 근거를 요한다. 그 구체적인 내용으로는 ① 기업의 현황파악을 위한 감시작용(예 : 자료의 보고·제출)(예 : 가스법 제41조 이하), ② 기업활동내용의 감독(예 : 가스사용제한명령)(가스법 제24조), ③ 기업종료에 관한 감독(예 : 기업의 양수·양도 또는 합병의 인가)(전기법 제10조) 등을 들 수 있다.

⑶ **기 타** ① 특허기업자는 법률 또는 특허명령서에서 정하는 바에 1644
따라 독점적 이익을 누리는 대가로 특허료를 납부하여야 할 의무를 부담하기도 하며(가스법 제44조 참조), ② 경우에 따라서는 국가 등의 매수청구에 응하여야 할

의무가 특허기업자에게 부과될 수도 있고, ③ 최저의 저렴한 가격으로 공급하도록 부담이 가해지기도 한다(가스법 제20조 제3항 제1호 참조).

Ⅲ. 특허기업의 이용관계의 성질

1645 특허기업을 둘러싸고 생각될 수 있는 법관계는 ① 국가나 지방자치단체와 특허기업자간의 관계, ② 특허기업자와 이용자간의 관계, ③ 국가나 지방자치단체와 이용자간의 관계의 세 종류가 있다. 여기서 말하는 이용관계란 ②의 경우를 말한다. 특허기업자와 특허기업을 이용하는 자간의 법률관계(예 : 도시가스공급회사와 수급자), 즉 특허기업의 이용관계는 사법상의 관계이다. 특허기업자는 국가나 지방자치단체로부터 감독을 받기는 하나 그럼에도 사법상의 기업(사기업)일 뿐이기 때문이다. 다만 법령에 의거, 특허기업자에게 강제징수권 등이 인정되는 경우에는 그러한 한도 내에서 공법적 성질을 띠게 된다.

제 4 항 특허기업의 이전·위탁·종료

1. 특허기업의 이전

1646 특허기업은 공익의 실현을 목적으로 하는 것이므로 특허기업의 이전에는 제한이 따르는 것이 일반적이다. 여기서 이전이란 기업경영권을 타인에게 이전하는 것을 말한다. 즉 양도·합병·상속 등을 말한다. 양도나 합병에는 주무관청의 인가가 요구되거나(전기법 제10조 제1항) 신고가 요구되기도 한다(운수법 제14조 제1항). 상속(승계)의 경우에는 신고가 요구되기도 한다(가스법 제7조 제3항; 운수법 제15조 제1항).

2. 특허기업의 위탁(위임)

1647 특허기업의 위탁이란 특허기업자가 기업경영권을 여전히 가지면서, 다만 운영·관리권만을 타인에게 위임·위탁하는 것을 말한다. 특허기업의 특허는 기업자의 개성과 사업의 공익성 등을 고려하여 이루어지는 것이므로, 특허기업의 위탁은 법령의 규정(운수법 제13조)이 없는 한 원칙적으로 인정되지 않는다고 볼 것이다. 일설은 특허기업의 위탁을 다시 임의위탁과 강제관리로 구분하기도 한다.[1] 여기서 강제관리란 법원의 결정에 의하여 또는 특허기업자의 의무위반에 대한 감독수단으로서 감독청이 특허기업자의 의사에 불구하고 타인으로 하여금

1) 윤세창·이호승, 행정법(하), 314쪽; 이상규, 신행정법론(하), 427쪽.

그 사업을 관리하게 하는 경우를 의미한다.

3. 특허기업의 종료

특허기업은 공익의 실현을 목적으로 하는 까닭에 임의로 폐지할 수 없다. 1648
공익의 실현은 통상 계속적으로 이루어져야 하는 것이기 때문이다. 그러나 특허의 철회, 특허의 실효나 특허기간의 경과, 특허기업자의 사업폐지가 있는 경우에 특허기업은 종료하게 된다. 특히 특허기업자에 의한 사업의 폐지의 경우에는 감독청에 그 사실을 신고하거나(가스법 제8조), 감독청의 허가를 받아야 한다(운수법 제16조 제1항).

제6편　공용부담법

제1장 일 반 론

제1절 공용부담의 관념

1. 공용부담의 개념

공용부담은 실정법상 용어가 아니고 학문상 용어이다. 공용부담이란 공익사업 등의 복리작용을 위하여, 또는 물건의 효용을 확보하기 위하여 행정주체가 법규에 근거하여 강제적으로 사인에게 가하는 인적·물적 부담으로 이해되고 있다.

1649 (1) **공용부담의 목적** ① 공용부담은 공익사업 등의 복리행정을 위한 작용이다. 공용부담은 일반적으로 복리행정상 목적을 위한 것으로 이해되고 있다. 따라서 재정목적이나 군정목적 또는 경찰목적을 위한 부담과 공용부담은 구별된다. 오늘날에 있어서는 공용부담이 인정되는 복리행정의 범위가 확대되고 있는 경향에 있다. ② 공용부담은 물건의 효용의 확보(공물의 관리 또는 사물의 보존)를 목적으로 하기도 한다.

1650 (2) **공용부담의 주체와 상대방** ① 공용부담의 주체는 행정주체임이 원칙이다. 행정주체에는 국가나 지방자치단체가 있다. 법률이나 법률에 근거한 행정행위로서 공용부담특권을 부여받게 되면, 공공단체나 사인도 공용부담의 주체가 될 수 있다. 이러한 경우에 수탁사인과 제3자인 사인 사이에는 공법관계가 생겨난다. ② 공용부담의 상대방은 개인으로서의 국민이다. 따라서 국가나 지방자치단체가 지는 부담은 공용부담이 아니다.

1651 (3) **공용부담의 성질과 내용** ① 공용부담은 강제적인 부담이다. 공용부담의 상대방의 의사 여하에 관계 없이 공용부담주체의 일방적인 의사에 의해 부과되는 강제적인 것이다. 따라서 그것은 공법상의 제도이고 권력적인 제도라 할 수 있다. 공용부담은 통상 법률에 근거하여 행정행위로써 이루어지는 것이나 법규가 직접 부과하는 부담도 있다. 이들은 법정공용부담이라 부른다.[1] ② 공용부담은 경제적 부담, 즉 금전적 가치 있는 부담을 의미한다. 따라서 충성의무 같은 윤리적인 것은 공용부담의 대상이 아니다.

1) 김도창, 일반행정법론(하), 579쪽.

2. 공용부담의 법적 근거

① 공용부담은 개인의 재산권에 대한 침해를 가져오는 것이므로 법률에 1652
근거가 있어야 한다. 이것은 재산권을 보장하고 사유재산제를 보장하는 우리 나라의 헌법체계하에서 당연한 요청이다. "공공필요에 의한 재산권의 수용·사용 또는 제한 및 그에 대한 보상은 법률로써 하되, 정당한 보상을 지급하여야 한다"는 헌법규정(제23조 제3항)은 공용부담에 법률의 근거가 필요하다는 것을 명시적으로 나타내고 있다. ② 공용부담과 관련 있는 법률은 많다. 이의 예로 국토의 계획 및 이용에 관한 법률·공익사업을 위한 토지 등의 취득 및 보상에 관한 법률·도시 및 주거환경정비법·도로법·하천법·도시철도법·산림법 등이 있다.

제 2 절 공용부담의 종류

1. 내용에 따른 분류

(1) **인적 공용부담** 공용부담은 내용에 따라 인적 공용부담과 물적 공용부 1653
담으로 구분되고 있다. 인적 공용부담이란 특정인에게 작위·부작위·급부의 의무를 부과하는 부담을 말한다. 인적 공용부담은 대인적 성질을 가지는 것인바, 원칙적으로 이전이 곤란하다. 인적 공용부담에는 ① 부담금, ② 부역·현품, ③ 노역·물품, ④ 시설부담, ⑤ 부작위부담이 있다. 인적 공용부담은 인적 부담이라고도 한다.

(2) **물적 공용부담** 물적 공용부담이란 특정의 재산권에 대하여 일정한 제 1654
한이나 침해를 가하는 부담을 말한다. 물적 공용부담은 재산권에 부착하며, 재산권의 이전과 더불어 타인에게 이전된다. 물적 공용부담에는 ① 공용제한(공용사용 포함), ② 공용수용, ③ 공용환지·공용환권 등이 언급되고 있다. 본서에서 ③의 경우는 토지행정법에서 다루어진다. 물적 공용부담은 물적 부담이라고도 한다.

2. 기 타

이 밖에도 공용부담은 ① 공용부담의 목적에 따라 도로부담·하천부담·우 1655
편부담·철도부담 등으로 구분되며, ② 권리자에 따라 국가에 의한 부담·공공단체에 의한 부담·사인에 의한 부담으로 구분된다. ③ 학자에 따라서는 공용부담의 발생원인에 따라 강제부담과 임의부담으로 나누기도 한다.[1] 특별한 경우가 아닌 한 본서에서 공용부담이란 강제부담을 의미한다.

1) 김도창, 일반행정법론(하), 581쪽; 이상규, 신행정법론(하), 596쪽.

제 2 장 인적 공용부담

인적 공용부담이란 공익사업 등의 복리행정을 위해 특정의 사인에게 작위·부작위·급부의 의무를 부과하는 부담을 말한다. 인적 공용부담은 ① 의무자를 기준으로 하여 일반부담(모든 국민에게 균등하게 과하는 부담. 예 : 국세조사시 통계자료 제공의무)·특별부담(특별한 수익자·이해관계자에게 과하는 부담)·우발부담(우연히 그 사업의 수요를 충족시킬 수 있는 지위에 있는 자에 과하는 부담)으로 구분할 수 있고, ② 부과방법에 따라 개별부담(개개인에 개별적으로 과하는 부담)·연합부담(연합체에 공동으로 과하는 부담)으로 구분할 수 있고, ③ 내용에 따라 부담금, 부역·현품, 노역·물품, 시설부담 및 부작위부담으로 구분할 수 있다. 1656

제 1 절 부 담 금

I. 부담금의 관념

1. 부담금의 개념

(1) **전통적 개념** 부담금이란 국가나 지방자치단체 등의 행정주체가 특정의 공익사업과 관련이 있는 사인에게 그 사업에 필요한 경비의 전부 또는 일부를 부담하게 하는 경우, 이로 인해 사인이 공법상 납부의무를 부담하는 금전으로 이해되었다. 분담금이라 부르기도 한다. 전통적인 공용부담제도는 일면에서는 공익상의 수요충족의 관점에서, 또 다른 면에서는 공익과 사익의 조화를 통한 부담의 합리적 조정이라는 관점에서 인정되는 것이다.[1) 1657

(2) **실정법상 개념** 부담금관리 기본법은 부담금을 "중앙행정기관의 장, 지방자치단체의 장, 행정권한을 위탁받은 공공단체 또는 법인의 장 등 법률에 따라 금전적 부담의 부과권한을 부여받은 자(이하 "부과권자"라 한다)가 분담금, 부과금, 기여금, 그 밖의 명칭에도 불구하고 재화 또는 용역의 제공과 관계없이 특정 공익사업과 관련하여 법률에서 정하는 바에 따라 부과하는 조세 외의 금전지급의무(특정한 의무이행을 담보하기 위한 예치금 또는 보증금의 성격을 가진 것은 제외한다)(부담법 제2조)"로 정의하고 있다.[2) 1657a

1) 헌재 2003. 7. 24, 2001헌바96; 헌재 2002. 9. 19, 2001헌바56.

2. 부담금·조세·수수료의 구별

1658 부담금은 공법상 금전채무인 점에서 조세나 수수료와 다를 바 없다. 그러나 부담금은 특정의 공익사업과 이해관계 있는 자에게 그 사업비용의 전부나 일부의 충당을 위해 부과되는 것이지만, ① 조세는 특정사업과 관계없이 재정상의 수입목적을 위해 일반인에게 부과되는 것인 점에서 부담금과 조세는 차이가 있다. 헌법재판소는 부담금은 예외적으로만 인정되어야 하며 일반적 공익사업을 수행하는 데 사용할 목적이라면 부담금을 남용하여서는 안 되고, 부담금 납부의무자는 일반국민에 비해 '특별히 밀접한 관련성'을 가져야 하고, 부담금이 장기적으로 유지되는 경우에 있어서는 그 징수의 타당성이나 적정성이 입법자에 의해 지속적으로 심사되어야 한다고 하였다.[1] ② 수수료는 행정주체가 제공한 서비스의 대가인 점에서 사업비용의 부담인 분담금(부담금)과 차이를 갖는다.

1659

	부담금	조 세	수수료
부과목적	특정공익사업의 소요경비충당	일반재정수입	서비스대가
부과대상자	특정공익사업의 이해관계자	국민·주민	서비스받은 자
부과기준	특정사업비 또는 특정사업이해관계	담세력	서비스제공비용

Ⅱ. 법률의 유보

1. 부담금의 설치근거

1660 임의부담을 인적 공용부담의 한 종류로 드는 경우도 있으나, 부담을 강제적인 것으로 이해하는 한 부담금은 행정주체의 일방적인 행위에 의해 강제적으로 부과되는 것만을 뜻한다. 강제적인 부담금은 사인에게 재산상의 침해를 가하는

2) 대판 2021. 12. 30, 2018다241458(어떤 공과금이 부담금에 해당하는지 여부는 그 명칭이 아니라 실질적인 내용을 기준으로 판단하여야 한다. 부담금부과에 관한 명확한 법률 규정이 존재한다면 반드시 별도로 「부담금관리 기본법」 별표에 그 부담금이 포함되어야만 그 부담금 부과가 유효하게 되는 것은 아니다).

1) 헌재 2005. 3. 31, 2003헌가20(의무교육에 필요한 학교시설은 국가의 일반적 과제이고, 학교용지는 의무교육을 시행하기 위한 물적 기반으로서 필수조건임은 말할 필요도 없다. 따라서 이를 달성하기 위한 비용은 국가의 일반재정으로 충당하여야 한다. 헌법 제31조 제6항은 교육재정에 관한 기본적인 사항을 법률로 정하도록 하고 있는바, 이는 무상에 의한 교육을 받을 권리의 실효성을 보장하기 위한 최소한의 국가적 책무를 헌법에 정한 것으로서 무상의 의무교육제도가 국민보다는 국가에 대한 의무부과의 측면이 더 강하다는 점을 고려하면, 확보되거나 확보할 일반재정 중 다른 부분을 희생해서라도 헌법과 법률이 정한 의무교육의 무상원칙을 달성하여야 한다는 국가의 의무를 밝힌 것이라고 보아야 한다. 그렇다면, 적어도 의무교육에 관한 한 일반재정이 아닌 부담금과 같은 별도의 재정수단을 동원하여 특정한 집단으로부터 그 비용을 추가로 징수하여 충당하는 것은 의무교육의 무상성을 선언한 헌법에 반한다고 할 것이다).

것이므로 부담금의 설치에는 법률의 근거를 요한다. 부담금관리 기본법은 "부담금은 별표에 규정된 법률에 따르지 아니하고는 설치할 수 없다(부담법 제3조)"고 하여 부담금의 설치에 법률의 근거가 필요함을 명시하고 있다.

2. 부담금의 부과·징수의 근거

부담금의 부과와 강제징수는 재산권의 침해를 가져오므로, 부과와 강제징 1661
수를 위해서는 법률의 근거를 필요로 한다. 부담금은 공법상 금전채무인 까닭에 불이행시에는 행정상 강제징수제도에 의하여 징수하게 된다. 부담금부과의 근거법은 동시에 강제징수의 근거를 규정하여야 한다. 말하자면 부담금 부과의 근거가 되는 법률에는 부담금의 부과 및 징수주체, 설치목적, 부과요건, 산정기준, 산정방법, 부과요율 등(부과요건 등)이 구체적이고 명확하게 규정되어야 한다(부담법 제4조 본문).[1] 다만, 부과요건 등의 세부적인 내용은 해당 법률에서 구체적으로 범위를 정하여 위임한 바에 따라 대통령령·총리령·부령 또는 조례·규칙으로 정할 수 있다(부담법 제4조 단서).

Ⅲ. 부담금부과의 한도

1. 비례원칙

부담금은 설치목적을 달성하기 위하여 필요한 최소한의 범위에서 공정성 1662
및 투명성이 확보되도록 부과되어야 한다(부담법 제5조 제1항 제1문). ① 수익자부담금의 경우에는 특별한 수익을 한도, ② 원인자부담금의 경우는 원인자로 인하여 필요로 하게 된 공사비 등을 한도, ③ 손괴자부담금의 경우에는 소요비용의 일부의 부담을 한도로 하여 공정성 및 투명성이 확보되도록 부과되어야 한다.

2. 이중부과의 금지

부담금은 특별한 사유가 없으면 하나의 부과대상에 이중으로 부과되어서는 1663
아니 된다(부담법 제5조 제1항 제2문).

Ⅳ. 부담금의 종류

부담금은 특정 공익사업과 관련된 개념으로서 종래 수익자부담금, 손괴자부담금, 원인자부담금으로 구분되었는데,[2] 근년에는 특정 공익사업과는 거리가

1) 대판 2023. 9. 21, 2023두39724(조세나 부과금 등의 부담금에 관한 법률의 해석에 관하여, 그 부과요건이거나 감면요건을 막론하고 특별한 사정이 없는 한 법문대로 해석하여야 하고 합리적 이유 없이 확장해석하거나 유추해석하는 것은 허용되지 않는다).

2) 헌재 2020. 8. 28, 2018헌바425(부담금은 인적 공용부담의 일종으로서 국가 또는 공공단체가 특

비교적 먼 개념인 특별부담금도 도입되고 있다.

1. 수익자부담금

1664 수익자부담금이란 특정의 공익사업의 시행으로 인하여 특별한 이익을 받는 자가 그 이익의 범위 내에서 사업의 경비를 부담토록 하기 위하여 부과되는 부담금을 말한다(예 : 도로법 제92조; 항만법 제66조 제3항).[1]

2. 원인자부담금

1665 원인자부담금이란 특정의 공익사업을 하도록 하는 원인을 제공한 자가 납부하여야 하는 부담금을 말한다(도로법 제91조; 하천법 제29조 제2항; 수도법 제71조).[2] 원인자부담금은 원인자의 행위로 인해 필요하게 된 공사의 비용을 초과할 수는 없다(예 : 도로법 제91조; 하천법 제29조 제2항; 수도법 제71조).

3. 손괴자부담금

1666 과거에는 특정의 공익사업을 손괴하는 사업이나 행위를 한 자가 그 사업이

정한 공익사업과 특별한 관계에 있는 자에 대하여 그 사업에 필요한 경비를 부담시키기 위하여 과하는 금전지급의무를 말하고, 이러한 전통적인 공용부담제도는 일면에서는 공익상의 수요충족의 관점에서, 또 다른 면에서 공익과 사익의 조화를 통한 부담의 합리적 조정이라는 관점에서 인정되는 것인바, 공익사업과의 관계가 어떤 것인지에 따라 수익자부담금, 원인자부담금, 손상자부담금으로 나누어진다).

1) 헌재 2020. 8. 28, 2018헌바425(물이용부담금은 앞서 본 바와 같이 상수원 수질보전을 위한 토지이용 규제에 따른 기회비용을 보전하고 수자원 이용을 위한 수질관리비용에 충당되는데, 이와 같이 기금의 집행을 통해 수질이 관리된 상수원에서 취수한 물의 최종수요자에게 물이용량에 비례해서 부과되는바, 이는 상수원 수질개선을 통해 밀접하고 직접적인 이익을 얻는 수돗물의 최종수요자로부터 그 비용을 환수한다는 성격을 가지고 있다. 따라서 부과원인이나 내용의 측면에서는 수익자 부담금의 성격을 갖는다).

2) 대판 2022. 4. 14, 2020두58427(수도법 제71조 및 동법 시행령 제65조에서 정한 '원인자부담금'은 주택단지 등의 시설이 설치됨에 따라 상수도시설의 신설·증설 등이 필요한 경우에 그 원인을 제공한 자를 상대로 새로운 급수지역 내에서 설치하는 상수도시설의 공사비용을 부담시키는 것이다); 대판 2022. 8. 25, 2019두58773(하수도법 제61조 제2항이 규정한 원인자부담금 제도의 취지는 타 행위로 인하여 발생할 것이 예상되는 하수 등의 유출, 처리에 필요한 공공하수도의 설치 등에 소요되는 비용에 대하여는 그 원인을 조성한 자로 하여금 이를 부담하게 하려는 데에 있다. 그런데 주민친화시설은 타 행위로 인하여 발생할 것이 예상되는 하수 등의 유출, 처리와는 관련이 없고, 타 행위자가 공공하수도의 설치 등에 대한 원인을 조성한 데에서 더 나아가 주민친화시설의 설치에 대한 원인까지 제공한 것이라고 보기는 어렵다. 그러므로 타 행위자에게 주민친화시설 설치비용을 부담시키는 것은 하수도법 제61조 제2항의 원인자부담금 제도의 취지에도 부합하지 않는다); 대판 2023. 8. 18, 2023두37568(수도법에서는 상수도원인자부담금의 부과권과 징수권을 구별하여 제척기간이나 소멸시효의 적용 대상으로 규정하고 있지 않으므로, 지방자치단체가 수도사업자인 경우 상수도원인자부담금의 부과권 및 징수권은 지방재정법 제82조 제1항에 따라 5년의 소멸시효가 적용된다. 수도공사로 인한 상수도원인자부담금 부과권의 소멸시효는 수도공사로 인한 상수도원인자부담금의 부과요건이 충족되어 상수도원인자부담금 부과권을 행사할 수 있는 시기로서 수도법 등 관계법령에 따라 수도공사 등에 드는 비용을 산출할 수 있는 때부터 진행한다).

나 행위로 인해 필요하게 된 공익사업의 경비충당을 위해 납부하여야 하는 부담금을 손괴자부담금(손괴자 부담금)이라 하였다(예 : 구 도로법 제67조). 손괴자부담금(손궤자 부담금)도 원인자부담금의 한 종류에 해당한다고 볼 것이다(예 : 수도법 제71조 제1항 후단은 손괴자부담금을 원인자부담금으로 규정하고 있다).

4. 특별부담금

조세나 부담금과 같은 전통적인 공과금체계와 성질을 달리하는 특별부담금의 개념이 일반화되어 가고 있다. 행정법체계상 그 위치가 명확하지 않다. 편의상 여기서 언급하기로 한다.

(1) 의 의 헌법재판소는[1] "특별부담금은, 특별한 과제를 위한 재정에 1666a
충당하기 위하여 특정집단에게 과업과의 관계 등을 기준으로 부과되고 공적 기관에 의한 반대급부가 보장되지 않는 금전급부의무를 말하는 것인데 이 부담금은 특정과제의 수행을 위하여 별도로 지출·관리된다. 따라서 특별부담금은 일반적인 국가재정수요의 충당을 위하여 일반 국민으로부터 그 담세능력에 따라 징수되는 조세와 구별된다"고 한다.

(2) 종 류 헌법재판소는 특별부담금을 그 부과목적과 기능에 따라 ① 1666b
순수하게 재정조달의 목적만 가지는 재정조달목적 부담금과[2] ② 재정조달 목적뿐만 아니라 부담금의 부과 자체로써 국민의 행위를 특정한 방향으로 유도하거나 특정한 공법적 의무의 이행 또는 공공출연으로부터의 특별한 이익과 관련된 집단 간의 형평성 문제를 조정하여 특정한 사회·경제정책을 실현하기 위한 정책실현목적 부담금으로[3] 구분하면서, 전자의 경우에는 공적 과제가 부담금

---

1) 헌재 2003. 12. 18, 2002헌가2; 헌재 1999. 10. 21, 97헌바84.

2) 헌재 2008. 11. 27, 2007헌마860(영화발전기금의 재원 마련을 위하여 영화 및 비디오물의 진흥에 관한 법률 제25조의2 제1항, 제2항 등에 근거하여 영화 관람객에 부과되고 영화상영관 경영자의 징수가 징수하는 부과금은 그 부과의 목적이 한국영화산업의 진흥 발전을 위한 각종 사업의 용도로 쓰일 영화발전기금의 재원을 마련하는 것으로서, 그 부과 자체로써 부과금의 부담주체인 영화상영관 관람객의 행위를 특정한 방향으로 유도하거나 관람객 이외의 다른 사람들과의 형평성 문제를 조정하고자 하는 등의 목적은 없으며, 또한 추구하는 공적 과제가 부과금으로 재원이 마련된 영화발전기금의 집행 단계에서 실현되므로 순수한 재정조달목적 부담금에 해당한다).

3) 헌재 2018. 4. 26, 2015헌가13(어떤 공과금이 조세인지 부담금인지는 단순히 법률에서 그 성격을 무엇으로 규정하고 있느냐를 기준으로 할 것이 아니라, 그 실질적인 내용을 결정적인 기준으로 삼아야 한다. 부담금은 그 부과 목적과 기능에 따라 순수하게 재정조달의 목적만 가지는 재정조달목적 부담금과 재정조달의 목적뿐만 아니라 부담금의 부과 자체로써 국민의 행위를 특정한 방향으로 유도하거나 특정한 공법적 의무의 이행 또는 공공출연으로부터의 특별한 이익과 관련된 집단 간의 형평성 문제를 조정하여 특정한 사회·경제정책을 실현하기 위한 정책실현목적 부담금으로 구분될 수 있다. 전자의 경우에는 공적 과제가 부담금 수입의 지출 단계에서 비로소 실현되나, 후자의 경우에는 공적 과제의 전부 또는 일부가 부담금의 부과 단계에

수입의 지출 단계에서 비로소 실현되나, 후자의 경우에는 공적 과제의 전부 혹은 일부가 부담금의 부과 단계에서 이미 실현된다고 한다.[1] 정책실현목적 부담금도 유도적 부담금과 조정적 부담금으로 구분한다.[2]

1666c (3) **헌법적 정당화 요건** 헌법재판소는 재정조달목적 부담금의 헌법적 정당화요건과 관련하여 "재정조달목적 부담금은 특정한 반대급부 없이 부과될 수 있다는 점에서 조세와 매우 유사하므로 헌법 제38조가 정한 조세법률주의, 헌법 제11조 제1항이 정한 법 앞의 평등원칙에서 파생되는 공과금 부담의 형평성, 헌법 제54조 제1항이 정한 국회의 예산심의·확정권에 의한 재정감독권과의 관계에서 오는 한계를 고려하여, 그 부과가 헌법적으로 정당화되기 위하여는 ① 조세에 대한 관계에서 예외적으로만 인정되어야 하며 국가의 일반적 과제를 수행하는 데에 부담금 형식을 남용하여서는 아니 되고, ② 부담금 납부의무자는 일반 국민에 비해 부담금을 통해 추구하고자 하는 공적 과제에 대하여 특별히 밀접한 관련성을 가져야 하며, ③ 부담금이 장기적으로 유지되는 경우 그 징수의 타당성이나 적정성이 입법자에 의해 지속적으로 심사되어야 한다"는 입장을 취한다.[3]

Ⅴ. 부담금에 대한 통제

1. 부담금의 신설과 심사

1667 중앙행정기관의 장은 소관 사무와 관련하여 부담금을 신설 또는 변경(부담금의 부과대상을 확대·축소하는 경우와 부담금의 부과요율을 인상·인하하는 경우를 포함한다. 이하 같다)하려는 경우에는 해당 법령안을 입법예고하거나 해당 중앙행정기관의 장이 정하기 전에 기획재정부장관에게 부담금 신설 또는 변경의 타당성에 관한 심사를 요청하여야 한다(부담법 제6조 제1항).

2. 부담금운용종합보고서의 국회제출

1668 부담금의 소관 중앙행정기관의 장은 매년 전년도 부담금의 부과실적 및 사용명세, 제8조에 따른 부담금운용 평가 결과의 이행 실적이 포함된 부담금운용보고서를 작성하여 기획재정부장관에게 제출하여야 한다(부담법 제7조 제1항). 기

서 이미 실현된다); 헌재 2003. 7. 24, 2001헌바96.

1) 헌재 2020. 8. 28, 2018헌바425; 헌재 2008. 11. 27, 2007헌마860.

2) 헌재 2022. 6. 30, 2019헌바440(정책실현목적 부담금은 부담금이라는 경제적 부담을 지우는 것 자체가 국민의 행위를 일정한 정책적 방향으로 유도하는 수단이 되는 경우(유도적 부담금) 또는 특정한 공법적 의무를 이행하지 않은 사람과 그것을 이행한 사람 사이 혹은 공공의 출연(出捐)으로부터 특별한 이익을 얻은 사람과 그 외의 사람 사이에 발생하는 형평성 문제를 조정하는 수단이 되는 경우(조정적 부담금)로 구별할 수 있다).

3) 헌재 2008. 11. 27, 2007헌마860; 헌재 2019. 12. 27, 2017헌가21.

획재정부장관은 제1항에 따라 부담금운용보고서를 받으면 이를 기초로 부담금운용종합보고서를 작성하여 매년 5월 31일까지 국회에 제출하여야 한다(부담법 제7조 제2항).

제 2 절 부역·현품

1. 의 의

부역·현품이란 노역·물품 또는 금전 중에서 선택적으로 납부할 의무를 부담하는 인적 공용부담을 말한다. 노역과 금전 중에서 선택적 납부의무가 부역이고, 물품과 금전 중에서 선택적 납부의무가 현품이다. 부역은 노역과 금전에 대한 선택적인 것인 점에서 후술하는 노역이 노역 그 자체가 납부의무인 점에서 다르고, 현품은 물품과 금전에 대한 선택적인 것인 점에서 후술하는 물품이 물품 그 자체가 납부의무인 점에서 다르다. 그리고 기술한 부담금 역시 금전 그 자체가 납부의무인 점에서 다르다. 1669

2. 법률의 유보

부역·현품은 사인의 신체·재산에 대한 침해를 가져오는 것이므로 법률의 근거를 요한다(침해유보). 구 지방자치법상으로는 이에 관한 규정이 있었으나(동법 제129조·제130조) 현행법상에는 규정되어 있지 아니하다. 따라서 부역·현품제도가 현행법상으로는 일반적인 제도, 즉 일반부담으로서의 부역·현품으로는 존재하지 않는다. 실물경제의 유물이라 할 수 있는 부역·현품은 오늘날의 화폐경제시대에는 적합하지 않다. 다만 개별법상 특별한 제도(특별부담)로서 부역·현품이 나타날 수는 있다. 실정법상 부역·현품의 예로 과거의 농촌근대화촉진법(제39조 제1항·제3항)의[1] 경우에 볼 수 있었다. 현행법상으로는 그 예를 찾아보기 어렵다. 1670

3. 부과·징수

만약 실정법이 부역·현품을 규정한다면, 그 법률에서 부과·징수에 관해서도 규정하게 될 것이다(예 : 과거의 농촌근대화촉진법 제45조·제46조). 1671

1) 농촌근대화촉진법은 1995년 12월에 제정된 농지개량조합법에 의해 폐지되었다(농지개량조합법 부칙 제2조).

제 3 절 노역·물품

1. 의 의

1672 노역 또는 물품부담이란 특정 공익사업을 위해 특정의 사인이 노동력 또는 물품을 납부하여야 하는 인적 부담을 말한다. 노동력의 납부의무를 노역부담이라 하고, 물품의 납부의무를 물품부담이라 부른다. 노역·물품부담은 금전으로 대납이 되지 않는 점에서 부역·현품과 구별된다.

2. 법률의 유보

1673 노역·물품부담 역시 사인의 신체·재산에 침해를 가하는 것이므로 법률의 근거를 요한다(침해유보). 뿐만 아니라 노역·물품부담은 금전으로 대납이 가능하지 아니하기 때문에, 불가피한 경우가 아니면 인정될 수 없다고 보아야 한다. 말하자면 노역·물품은 예외적인 경우에만 인정되어야 할 것이다. 그것은 천재지변 등의 재난이 있는 경우에 인정될 수 있을 것이다. 노역이나 물품에 관한 일반법은 없다. 단행법에서 가끔 나타난다(예 : 도로법 제83조; 수상에서의 수색·구조 등에 관한 법률 제16조 제3항).

3. 종 류

1674 (1) **노역부담** 노역부담이란 천재지변 등의 긴급한 경우에 법률에 근거하여 사인에게 노력의 제공을 명하는 인적 부담을 말한다. 노역부담은 특정한 공익사업을 위한 것이 아니다. 그것은 긴급한 경우에 나타나는 인적 부담이다(예 : 도로법 제83조; 수상에서의 수색·구조 등에 관한 법률 제16조 제3항). 노역은 비대체적인 작위의무이므로, 의무의 불이행시에 대집행의 방법이 적용될 수 없다. 그것은 행정벌이나 강제금(집행벌) 등의 방법으로 강제되어야 할 것이다. 노역부담으로 인해 특별한 희생을 입은 자가 있다면, 보상이 주어져야 할 것이다.

1675 (2) **물품부담** 예컨대 "도로관리청은 재해로 인한 도로구조나 교통에 대한 위험을 방지하기 위하여 특히 필요하다고 인정하면 다음 각 호(1. 재해 현장에서 구호, 복구 활동을 위하여 필요한 토지, 가옥, 그 밖의 공작물을 일시 사용하는 행위, 2. 장애물을 변경 또는 제거하거나 토석·입목·죽·운반기구, 그 밖의 물건(공작물은 제외한다)을 사용하거나 수용하는 행위, 3. 도로 인근에 거주하는 사람에게 노무(勞務)의 제공을 요청하는 행위)의 행위를 할 수 있다"고 규정하는 도로법 제83조에서 노역과 물품의 예를 볼 수 있다. 엄밀한 의미에서 도로법 제83조를 물품부담의 예로 제시하는 것은

무리가 있다. 왜냐하면 개념상 물품부담은 복리행정목적의 공익사업을 위한 제도인 데 반해, 도로법 제83조는 기본적으로 위험방지를 위한 경찰작용으로 보이기 때문이다. 그렇다고 도로법 제83조가 공익사업적인 측면과 전혀 무관하다고 보기는 어려울 것이다.

제 4 절 시설부담

1. 의 의

시설부담이란 공익사업의 한 내용으로서 일정한 시설을 완성하게 하는 의 1676
무를 부과하는 인적 부담을 말한다(예 : 사인으로 하여금 하천부속물에 관한 공사를 시키는 경우). ① 시설부담도 노력의 제공이 포함되는 점에서 부역·노역의 경우와 같다. 그러나 부역·노역은 노력 그 자체의 제공을 목적으로 하는 데 반하여, 시설부담은 시설의 공사 그 자체를 목적으로 하는 점에서 차이를 갖는다. 따라서 부역·현품의 경우에 노력의 사용은 부담을 부과한 자의 판단에 따를 것이나, 시설부담의 경우에는 부담자의 판단에 따르게 된다. ② 시설부담자와 특허기업자 사이의 구분도 문제된다. 예컨대 도로축조의 경우 특허기업자는 자신의 사업으로서 도로를 축조하는 것이나 시설부담자는 다른 사업주체(예 : 국가나 지방자치단체)를 위해 도로를 축조하는 것이 된다(사업의 대행).

2. 법률의 유보

시설부담 역시 관련사인의 자유와 재산을 침해하는 국가작용이므로, 법률 1677
의 근거를 요한다고 하겠다(침해유보). 일반법은 없고, 몇몇 단행법률에서 이에 관한 조항을 발견할 수 있다(예 : 하천법 제39조).

3. 종 류

시설부담은 내용에 따라 도로부담·하천부담·철도부담 등으로 구분될 수 1678
있다.

4. 강제집행·손실보상

(1) **강제집행 등** 시설부담 중에서도 대체성이 있는 경우에는 의무자의 1679
불이행의 경우에 대집행이 가능할 것이다. 대체성이 없는 경우에는 행정벌이나 강제금(집행벌)으로써 이행을 확보할 수밖에 없을 것이다.

(2) **손실보상** 시설부담은 공공의 복지를 위해 사인에게 가해지는 침해이 1680

기도 하다. 만약 그 침해가 관계자에게 특별한 희생을 가져오면 그 손실은 보상되어야 할 것이다.

제 5 절 부작위부담

1. 의 의

1681 부작위부담이란 사인에게 부작위의무(즉 일정한 행위를 하지 아니할 의무)를 부과하는 인적 부담을 말한다(도로법 제47조). 부작위부담은 특정한 공익사업을 위한 것인 점에서 경찰상 금지 또는 재정상 금지와 그 목적을 달리한다.

2. 종 류

1682 부작위부담에는 ① 독점사업(예 : 우편·전신)의 독점권확보를 위하여 사인에게 그러한 사업을 금하는 경우(예 : 우편법 제2조 제2항)와 ② 사업 그 자체의 보호를 위하여 일정한 행위(예 : 우편물의 개봉이나 훼손 등)를 금하는 경우(예 : 우편법 제48조)가 있다.

3. 강제·보상

1683 부작위부담의 불이행의 경우에는 벌칙이 가해짐이 일반적이다(도로법 제114조 제7호). 부작위부담은 사인에게 특별한 희생을 가져오는 것이 아니므로 손실보상의 문제는 생기지 않는다.

제3장 공용제한(물적 공용부담 1)

제1절 공용제한의 관념

제1항 공용제한의 의의

공용제한이란 공적 시설이나 공적 사업을 위하여 국가 또는 지방자치단체 등이 사인의 재산권의 행사에 제한을 가하는 행정작용을 말한다. 공용제한은 헌법상 '제한'이라는 말로 표현되고 있다(헌법 제23조 제3항). 1684

1. 공용제한의 주체

공용제한은 복리행정상의 목적을 위한 작용으로서 국가나 지방자치단체 등의 행정주체가 행하는 작용이다. 그러나 사인도 국가나 지방자치단체로부터 공익사업의 수행을 위탁받은 경우에는 공용제한의 주체가 될 수 있다. 1685

2. 공용제한의 성질

공용제한은 사인의 노력을 대상으로 하는 것이 아니라 재산권에 가해지는 제한인 점에서 물적 공용부담에 속한다. 물적 공용부담에는 공용제한 외에도 공용사용·공용수용이 있다. 모두가 공적 목적을 위해 사인의 재산권에 가해지는 강제적인 행정작용이라는 점은 동일하나, 사용은 일시사용을, 수용은 재산권의 강제적인 이전을 내용으로 하며, 제한은 오로지 사인의 재산권을 일정기간 또는 일정범위 안에서 제한하는 것을 내용으로 할 뿐이다. 공용사용은 공용제한의 일종으로 다루기도 한다. 본서도 이러한 입장을 따른다. 1686

3. 공용제한의 대상

공용제한의 대상이 되는 재산권에는 동산·부동산·무체재산권 등이 있으나, 중심적인 것은 부동산이다. 부동산 중 특히 토지에 대한 공용제한을 공용지역(öffentlichrechtliche Dienstbarkeiten)이라 부르기도 한다.[1] 1687

4. 손실보상

공용제한이 공적 목적을 위해 인정되는 것이지만, 그것은 동시에 사인의 기 1688

1) 윤세창·이호승, 행정법(하), 610쪽; 이상규, 신행정법론(하), 610쪽.

본권의 침해를 가져온다. 이 때문에 공용제한에는 법률상의 근거(침해유보)가 요구된다(헌법 제23조 제3항, 제37조 제2항). 공용제한에 관한 일반법은 없다. 개개의 단행법률에서 공용제한에 관한 규정을 발견할 수 있을 뿐이다(예 : 토용법 제6장; 도로법 제97조). 공용제한은 간혹 관련사인에게 특별한 재산상의 침해를 가져오게 된다. 이러한 경우에 관련사인에게는 손실보상의 법리에 따라 피해가 보상되어야 할 것이다. 공용제한을 규정하는 법률들은 동시에 보상규정을 두고 있음이 일반적이다(예 : 도로법 제99조; 토상법 제61조 이하).

제 2 항 개발제한구역

Ⅰ. 의 의

1689 국토교통부장관은 도시의 무질서한 확산을 방지하고 도시 주변의 자연환경을 보전하여 도시민의 건전한 생활환경을 확보하기 위하여 도시의 개발을 제한할 필요가 있거나 국방부장관의 요청으로 보안상 도시의 개발을 제한할 필요가 있다고 인정되면 개발제한구역의 지정 및 해제를 도시·군관리계획으로 결정할 수 있는바(개제법 제3조 제1항), 그 제한구역을 바로 개발제한구역(Green Belt)이라 부른다. 종래에는 개발제한구역이 도시계획법에서 규정되었으나, 현재는 국토의 계획 및 이용에 관한 법률 제38조 제2항(개발제한구역의 지정 또는 변경에 관하여 필요한 사항은 따로 법률로 정한다)에 근거하여 제정된 개발제한구역의 지정 및 관리에 관한 특별조치법에서 규정되고 있다.[1)]

Ⅱ. 법적 성질

1690 개발제한구역에서는 건축물의 건축 및 용도변경, 공작물의 설치, 토지의 형질변경, 죽목의 벌채, 토지의 분할, 물건을 쌓아놓는 행위 또는 「국토의 계획 및 이용에 관한 법률」 제2조 제11호에 따른 도시·군계획사업(이하 "도시·군계획사업"이라 한다)의 시행을 할 수 없다(개제법 제12조 제1항 본문). 말하자면 개발제한구역 안에서는 재산권의 행사에 제한이 가해지는바, 개발제한구역제도는 대표적인 공용제한의 예에 해당한다.

---

1) 대판 2014. 5. 16, 2013두4590(구 국토의 계획 및 이용에 관한 법률 제38조 제1항·제2항, 제80조, 제43조 제2항, 구 개발제한구역의 지정 및 관리에 관한 특별조치법 제1조, 제12조 등의 체계와 내용, 위 법률들의 입법 취지와 목적 등을 종합하여 보면, 개발제한구역에서의 행위 제한에 관하여는 구 개발제한구역법이 구 국토계획법에 대하여 특별법의 관계에 있다).

Ⅲ. 보 상

1. 문 제 점

헌법은 공용제한과 그에 대한 보상을 법률로써 하되, 정당한 보상을 지급하도록 규정하고 있다(제23조 제3항). 과거에 개발제한구역에 관해 규정하였던 도시계획법은 개발제한구역지정으로 인한 손실에 대하여 아무런 보상규정도 두고 있지 않았다. 개발제한구역의 지정으로 인한 손실의 보상문제를 둘러싸고 논란이 있었다. 문제는 개발제한구역지정으로 인한 손실이 특별한 희생에 해당하는가의 여부이었다. 학자에 따라서는 보상이 주어져야 함을 주장하기도 하였다.[1] 1691

2. 판 례

(1) **대 법 원** 대법원은 "구 도시계획법 제21조 제1항·제2항의 규정에 의한 개발제한구역 안에 있는 토지의 소유자는 재산상의 권리행사에 많은 제한을 받게 되고, 그 한도 내에서 일반토지소유자에 비하여 불이익을 받게 되었음은 명백하지만 '도시의 무질서한 확산을 방지하고 도시주변의 자연환경을 보전하여 건전한 생활환경을 확보하기 위하여, 또는 국방부장관의 요청이 있어 보안상 도시의 개발을 제한할 필요가 있다고 인정되는 때'에 한하여 가하여지는 위와 같은 제한은 공공복리에 적합한 합리적인 제한이라 볼 것이고, 그 제한으로 인한 토지소유자의 불이익은 공공의 복리를 위하여 감수하지 아니하면 안 될 정도의 것이라고 인정되므로 이에 대하여 손실보상의 규정을 하지 아니하였다 하여 구 도시계획법 제21조 제1항·제2항의 규정을 헌법 제23조 제3항이나 제37조 제2항에 위배되는 것이라고 할 수 없다"고 하여,[2] 개발제한구역지정으로 인한 피해에 대해 손실보상을 인정하지 아니한다는 입장을 취하였다. 1692

(2) **헌법재판소** 헌법재판소는[3] 그린벨트제도 그 자체는 헌법적으로 하자가 없는 것으로서 이를 그대로 유지해야 할 필요성과 당위성이 있고, 다만 개발제한구역 지정으로 말미암아 일부 토지소유자(예 : 나대지나 오염된 도시근교 농지 1693

1) 김남진·김연태, 행정법(Ⅱ), 586쪽(2019).
2) 대판 1996. 6. 28, 94다545110; 대판 1990. 5. 8, 89부2.
3) 헌재 1998. 12. 24, 89헌마214 등(구 도시계획법 제21조에 의한 재산권의 제한은 개발제한구역으로 지정된 토지를 원칙적으로 지정 당시의 지목과 토지현황에 의한 이용방법에 따라 사용할 수 있는 한, 재산권에 내재하는 사회적 제약을 비례의 원칙에 합치하게 합헌적으로 구체화한 것이라고 할 것이나, 종래의 지목과 토지현황에 의한 이용방법에 따른 토지의 사용도 할 수 없거나 실질적으로 사용·수익을 전혀 할 수 없는 예외적인 경우에도 아무런 보상 없이 이를 감수하도록 하고 있는 한, 비례의 원칙에 위반되어 당해 토지소유자의 재산권을 과도하게 침해하는 것으로서 헌법에 위반된다).

의 소유자)에게 사회적 제약의 범위를 넘는 가혹한 부담이 발생하는 예외적인 경우에 대하여 보상규정을 두지 않은 것에는 위헌성이 있다고 하였다. 헌법재판소는 보상의 구체적인 기준설정은 입법자의 임무로 본다.[1)]

3. 사 견

1694 모든 개발제한구역이 아니라 특별한 희생이 가해지고 있는 개발제한구역에 대해서는 손실보상이 주어져야 할 것이다. 이와 관련하여서는 ① 어떠한 개발제한구역이 특별한 희생이 가해지는 경우에 해당하는가의 문제와 ② 보상의 법적 근거의 문제에 관해 검토를 요한다.

4. 입법적 보완 1(국토의 계획 및 이용에 관한 법률의 개정)

1695 기술한 헌법재판소결정에 영향을 받아 도시계획법이 전면적으로 개정되었고, 도시계획법은 2002년 말에 폐지되고, 그 규율내용은 국토의 계획 및 이용에 관한 법률에서 규정되고 있다. 도시계획(도시계획시설)으로 인한 피해의 구제와 관련된 조항을 보기로 한다.

1696 (1) **도시·군계획시설의 공중 및 지하 설치기준과 보상** 도시·군계획시설을 공중·수중·수상 또는 지하에 설치하는 경우 그 높이나 깊이의 기준과 그 설치로 인하여 토지나 건물의 소유권 행사에 제한을 받는 자에 대한 보상 등에 관하여는 따로 법률로 정한다(토용법 제46조).

1697 (2) **도시·군계획시설부지의 매수청구** 도시·군계획시설에 대한 도시·군관리계획의 결정(이하 "도시·군계획시설결정"이라 한다)의 고시일부터 10년 이내에 그 도시·군계획시설의 설치에 관한 도시·군계획시설사업이 시행되지 아니하는 경우(제88조에 따른 실시계획의 인가나 그에 상당하는 절차가 진행된 경우는 제외한다) 그 도시·군계획시설의 부지로 되어 있는 토지 중 지목(地目)이 대(垈)인 토지(그 토지에 있는 건축물 및 정착물을 포함한다)의 소유자는 대통령령으로 정하는 바에 따라 특별시장·광역시장·특별자치시장·특별자치도지사·시장 또는 군수에게 그 토지의 매수를 청구할 수 있다. 다만, 다음 각 호(1. 이 법에 따라 해당 도시계획시설사업

1) 헌재 1998. 12. 24, 89헌마214, 90헌바16, 97헌바78(병합)(보상의 구체적 기준과 방법은 헌법재판소가 결정할 성질의 것이 아니라 광범위한 입법형성권을 가진 입법자가 입법정책적으로 정할 사항이므로, 입법자가 보상입법을 마련함으로써 위헌적인 상태를 제거할 때까지 위 조항을 형식적으로 존속케 하기 위하여 헌법불합치결정을 하는 것인바, 입법자는 되도록 빠른 시일 내에 보상입법을 하여 위헌적 상태를 제거할 의무가 있고, 행정청은 보상입법이 마련되기 전에는 새로 개발제한구역을 지정하여서는 아니 되며, 토지소유자는 보상입법을 기다려 그에 따른 권리행사를 할 수 있을 뿐 개발제한구역의 지정이나 그에 따른 토지재산권의 제한 그 자체의 효력을 다투거나 위 조항에 위반하여 행한 자신들의 행위의 정당성을 주장할 수는 없다).

의 시행자가 정하여진 경우에는 그 시행자, 2. 이 법 또는 다른 법률에 따라 도시·군계획시설을 설치하거나 관리하여야 할 의무가 있는 자가 있으면 그 의무가 있는 자. 이 경우 도시·군계획시설을 설치하거나 관리하여야 할 의무가 있는 자가 서로 다른 경우에는 설치하여야 할 의무가 있는 자에게 매수 청구하여야 한다)의 어느 하나에 해당하는 경우에는 그에 해당하는 자(특별시장·광역시장·특별자치시장·특별자치도지사·시장 또는 군수를 포함한다)에게 그 토지의 매수를 청구할 수 있다(토용법 제47조 제1항).

(3) **도시·군계획시설결정의 실효** 도시·군계획시설결정이 고시된 도시·군 1698
계획시설에 대하여 그 고시일부터 20년이 지날 때까지 그 시설의 설치에 관한 도시·군계획시설사업이 시행되지 아니하는 경우 그 도시·군계획시설결정은 그 고시일부터 20년이 되는 날의 다음날에 그 효력을 상실한다(토용법 제48조 제1항).

5. 입법적 보완 2(개발제한구역의 지정 및 관리에 관한 특별조치법의 제정)

기술한 헌법재판소의 판결취지에 따르기 위하여 개발제한구역의 지정 및 1699
관리에 관한 특별조치법이 제정되었다.

(1) **존속중인 건축물 등에 대한 특례** 시장·군수·구청장은 법령의 개정·폐 1700
지나 그 밖에 대통령령으로 정하는 사유로 인하여 그 사유가 발생할 당시에 이미 존재하고 있던 대지·건축물 또는 공작물이 이 법에 적합하지 아니하게 된 경우에는 대통령령으로 정하는 바에 따라 건축물의 건축이나 공작물의 설치를 허가할 수 있다(개제법 제13조).

(2) **취락지구에 대한 특례** 시·도지사는 개발제한구역에서 주민이 집단적 1701
으로 거주하는 취락(제12조 제1항 제3호에 따른 이주단지를 포함한다)을 「국토의 계획 및 이용에 관한 법률」 제37조 제1항 제8호에 따른 취락지구(이하 "취락지구"라 한다)로 지정할 수 있다(개제법 제15조 제1항).

(3) **주민지원사업** 시·도지사 및 시장·군수·구청장은 관리계획에 따라 1702
다음 각 호(1. 개발제한구역 주민의 생활편익과 복지의 증진 및 생활비용의 보조 등을 위한 지원사업, 2. 개발제한구역 보전과 관리 등을 위한 훼손지 복구사업)의 사업을 시행할 수 있다(개제법 제16조 제1항). 국토교통부장관은 제15조 제1항에 따라 지정된 취락지구에 건설하는 주택에 대하여는 「주택도시기금법」에 따른 주택도시기금을 우선적으로 지원할 수 있다(개제법 제16조 제3항).

(4) **토지매수의 청구** 개발제한구역의 지정에 따라 개발제한구역의 토지 1703
를 종래의 용도로 사용할 수 없어 그 효용이 현저히 감소된 토지나 그 토지의 사용 및 수익이 사실상 불가능하게 된 토지(이하 "매수대상토지"라 한다)의 소유자로서 다음 각 호(1. 개발제한구역으로 지정될 당시부터 계속하여 해당 토지를 소유한 자, 2. 토지의 사용·수익이 사실상 불가능하게 되기 전에 해당 토지를 취득하여 계속 소유한 자, 3. 제1호나 제2호에 해당하는 자로부터 해당 토지를 상속받아 계속하여 소유한 자)의 어느 하나에 해당하는 자는 국토교통부장관에게 그 토지의 매수를 청구할 수 있다(개제법 제17조 제1항). 국토교통부장관은 제1항에 따라 매수청구를 받은 토지가 제3항에 따른 기준에 해당되면 그 토지를 매수하여야 한다(개제법 제17조 제2항).

제2절 종 류

1704 공용제한은 ① 내용을 기준으로 하여 작위의 공용제한(예 : 도로법 제35조)·부작위의 공용제한(예 : 도로법 제40조 제3항)·수인의 공용제한(예 : 도로법 제81조)으로 구분할 수 있고, ② 행태를 기준으로 하여 공물제한·부담제한·사용제한으로 구분할 수 있다. 이하에서는 ②의 내용을 살펴보기로 한다.

제1항 공물제한

1. 의 의

1705 사인소유의 물건이 특정의 공적 목적에 제공된 경우(즉 사유공물인 경우)에 사인의 공물에 대한 소유권은 공적 목적달성을 위해 필요한 범위 내에서 공법상 일정한 제한을 받지 않을 수 없는바, 공물에 대한 이러한 공법상의 제한을 공물제한이라 한다. 공물제한은 특히 사유공물에서 많이 문제된다.

2. 종 류

1706 공물제한의 예로는 ① 사유공물에서 공물제한의 경우로 사권행사의 제한(도로법 제4조), ② 공적 보존물에 대한 공물제한의 경우로는 수출·반출의 제한(문보법 제39조) 등에서 볼 수 있다.

제2항 부담제한

Ⅰ. 의 의

1707 부담제한이란 공물제한과 달리 직접 공적 목적에 제공되어 있는 것이 아닌

물건과 관련하여 재산권의 주체에게 공법상의 작위·부작위·수인의 의무를 부과하는 것을 의미한다. 말하자면 일정물건이 사인의 완전한 지배권 하에 놓이나, 다만 공적 사업의 관리 또는 보호의 필요상 행정주체는 그 물건에 대하여 일정한 제한을 가하기도 하는바, 이 경우의 제한이 바로 부담제한이다.

Ⅱ. 종 류

1. 내용에 따른 분류

(1) **작위부담** 도로관리청은 도로 구조나 교통안전에 대한 위험을 예방하 1708
기 위하여 필요하면 접도구역에 있는 토지, 나무, 시설, 건축물, 그 밖의 공작물(이하 "시설등"이라 한다)의 소유자나 점유자에게 상당한 기간을 정하여 다음 각 호(1. 시설등이 시야에 장애를 주는 경우에는 그 장애물을 제거할 것, 2. 시설등이 붕괴하여 도로에 위해(危害)를 끼치거나 끼칠 우려가 있으면 그 위해를 제거하거나 위해 방지시설을 설치할 것, 3. 도로에 토사 등이 쌓이거나 쌓일 우려가 있으면 그 토사 등을 제거하거나 토사가 쌓이는 것을 방지할 수 있는 시설을 설치할 것, 4. 시설등으로 인하여 도로의 배수시설에 장애가 발생하거나 발생할 우려가 있으면 그 장애를 제거하거나 장애의 발생을 방지할 수 있는 시설을 설치할 것)의 조치를 하게 할 수 있다(도로법 제40조 제4항). 이에 따라 소유자나 점유자가 부담하는 의무가 작위의무의 예가 된다.

(2) **부작위부담** ① 접도구역에서 토지의 형질을 변경하는 행위의 금지와 1709
건축물이나 그 밖의 공작물을 신축·개축 또는 증축하는 행위의 금지(도로법 제40조 제3항), ② 도시계획구역에서 허가 없는 형질의 변경금지(토용법 제56조) 등의 경우를 볼 수 있다.

(3) **수인부담** ① 문화유산조사의 경우(문보법 제44조)에 수인할 의무, 비상 1710
재해의 경우(도로법 제83조)에 관리청의 토지 등의 사용 등에 대하여 수인할 의무가 이의 예에 해당한다. 수인부담은 후술하는 사용제한의 경우와 중복되는 경우도 많다. ② 수인의 의무는 법률로 정해지기도 하고(도로법 제81조 제1항; 토상법 제11조), 행정행위로 정해지기도 한다(도로법 제47조).

2. 목적에 따른 분류

(1) **계획제한** 이에는 도시관리계획제한(토용법 제79조) 등이 있다. 1711

(2) **사업제한** 공익사업의 성공적인 수행을 위해 타인의 재산권에 가하는 1712
제한이다. 예로서 ① 사업시행에 장해가 될 건축 등의 제한·금지(도로법 제40조 제3항), ② 작위의무의 부과(도로법 제40조 제4항), ③ 토지출입 등의 재산권침해행위시 수인의무의 부과(토상법 제11조; 도로법 제81조) 등을 볼 수 있다.

Ⅲ. 강제와 보상

1713 ① 부담제한으로 인해 사인에 가해지는 침해는 일반적으로 재산권의 사회적 구속하에 들어오는 것으로서 특별한 희생으로 보기가 어려우므로, 손실보상이 주어지기 곤란하다. 그러나 그 침해가 특별한 희생을 가져온다면, 손실보상이 이루어져야 할 것이다. ② 의무불이행이나 위반의 경우에는 행정벌과 강제집행이 가해질 수 있을 것이다.

제3항 사용제한(공용사용)

1. 공용사용의 개념

1714 공용사용이란 공익사업(토상법 제2조 제2호·제4조 참조)을 위하여 토지소유권을 포함하여 사인의 재산권을 강제적으로 사용하는 것을 말한다. 공용사용은 공적 목적을 위하여 공법에 의거하여 인정되는 공법상의 사용이다. 공적 목적을 위한 것이라도 사법상에 의한 경우는 공용사용에 해당하지 않는다.

2. 법률의 유보

1715 공용사용도 사인의 기본권(재산권)의 침해를 가져오는 것이므로 법률의 근거를 요한다(침해유보. 헌법 제23조 제3항·제37조 제2항). 공익사업을 위한 토지등의 공용사용에 관한 일반법으로 공익사업을 위한 토지 등의 취득 및 보상에 관한 법률을 볼 수 있다(토상법 제1조 참조). 개개의 단행법에서도 공용사용에 관한 규정을 발견할 수 있다(예 : 도로법 제81조; 하천법 제75조 제1항; 철도건설법 제10조 제1항 등).

3. 공용사용의 종류

(1) 일반적 사용

1716 (가) 일시적 사용 일시적 사용이란 공용사용이 일시적으로 이루어지는 경우를 말한다. 이것은 재산권에 대한 가벼운 침해를 가져온다. 공익사업을 위해 타인의 토지에 일시적으로 출입하는 경우(도로법 제81조·제83조; 하천법 제75조)가 이의 예가 된다.

1717 (나) 계속적 사용 계속적 사용이란 장기간에 걸쳐 공용사용이 이루어지는 경우를 말한다. 계속적 사용은 사인의 재산권에 대한 중대한 침해를 가져오게

되므로 법적 근거를 요할 뿐만 아니라 손실의 보상이 이루어져야 한다(헌법 제23조 제3항). 사용의 대상은 주로 토지와 관련한다. 계속적 사용에 관한 법률로 공익사업을 위한 토지 등의 취득 및 보상에 관한 법률을 들 수 있다.

⑵ 예외적 사용

㈎ 천재·지변시 사용 　천재지변이나 그 밖의 사변으로 인하여 공공의 안 1718
전을 유지하기 위한 공익사업을 긴급히 시행할 필요가 있는 때에는 사업시행자는 대통령령으로 정하는 바에 따라 특별자치도지사·시장·군수 또는 구청장의 허가를 받아 즉시 타인의 토지를 사용할 수 있다(토상법 제38조 제1항 본문). 다만, 사업시행자가 국가일 때에는 그 사업을 시행할 관계 중앙행정기관의 장이 특별자치도지사, 시장·군수 또는 구청장에게, 사업시행자가 특별시·광역시 또는 도인 때에는 특별시장·광역시장 또는 도지사가 시장·군수 또는 구청장에게 각각 통지하고 사용할 수 있으며, 사업시행자가 특별자치도, 시·군 또는 구인 때에는 특별자치도지사, 시장·군수 또는 구청장이 허가나 통지없이 사용할 수 있다(토상법 제38조 제1항 단서). 특별자치도지사, 시장·군수 또는 구청장은 제1항에 따라 허가를 하거나 통지를 받은 경우 또는 특별자치도지사, 시장·군수·구청장이 제1항 단서에 따라 타인의 토지를 사용하려는 경우에는 대통령령으로 정하는 사항을 즉시 토지의 소유자 및 점유자에게 통지하여야 한다(토상법 제38조 제2항). 제1항에 따른 토지의 사용기간은 6개월을 넘지 못한다(토상법 제38조 제3항).

㈏ 긴급사용 　제28조에 따른 재결신청을 받은 토지수용위원회는 그 재결 1719
을 기다려서는 재해를 방지하기 곤란하거나 그 밖에 공공의 이익에 현저한 지장을 줄 우려가 있다고 인정할 때에는 사업시행자의 신청을 받아 대통령령으로 정하는 바에 따라 담보를 제공하게 한 후 즉시 해당 토지의 사용을 허가할 수 있다(토상법 제39조 제1항 본문). 다만, 국가나 지방자치단체가 사업시행자인 경우에는 담보를 제공하지 아니할 수 있다(토상법 제39조 제1항 단서). 제1항에 따른 토지의 사용기간은 6개월을 넘지 못한다(토상법 제39조 제2항).

4. 절차·보상·강제

① 공용사용의 절차는 관련 법률이 정하는 바에 의한다. 공익사업을 위한 1720
토지의 공용사용에 관해서는 공익사업을 위한 토지 등의 취득 및 보상에 관한 법률에서 규정하고 있다. ② 사용제한으로 사인에 특별한 침해가 가해진다면, 그 침해에 대한 손실보상이 이루어져야 할 것이다(도로법 제99조; 하천법 제76조 참

조). 토지의 사용에 대한 보상과 관련하여 ⓐ 천재·지변시 사용의 경우에는 "사업시행자는 제1항에 따라 타인의 토지를 사용함으로써 발생하는 손실을 보상하여야 한다(토상법 제38조 제4항)." ⓑ 제39조에 따라 토지를 사용하는 경우 토지수용위원회의 재결이 있기 전에 토지소유자나 관계인이 청구할 때에는 사업시행자는 자기가 산정한 보상금을 토지소유자나 관계인에게 지급하여야 한다(토상법 제41조 제1항). 토지소유자나 관계인은 사업시행자가 토지수용위원회의 재결에 따른 보상금의 지급시기까지 보상금을 지급하지 아니하면 제39조에 따라 제공된 담보의 전부 또는 일부를 취득한다(토상법 제41조 제2항)." ③ 보상의 내용·효과 등은 동법의 일반적인 규정에 따른다. 동법상 일반적인 규정의 내용은 「제4장 공용수용」에서 살피기로 한다. ④ 한편 의무불이행이나 의무위반이 있는 경우에는 행정벌 또는 행정상 강제가 가해질 수 있을 것이다(도로법 제83조 제1호, 제114조 제9호 참조).

제 4 장 공용수용(물적 공용부담 2)

제 1 절 공용수용의 관념

제 1 항 공용수용의 개념

공용수용이란 국가 또는 지방자치단체 등이 특정의 공익사업을 위하여 법령이 정하는 바에 따라 사인의 재산권을 강제적으로 취득하고 아울러 피수용자에게는 손실보상이 주어지는 물적 공용부담을 의미한다. 1721

1. 공용수용의 주체

공용수용은 공익사업의 주체에 의해 이루어진다. 따라서 국가나 지방자치단체가 공용주체가 되는 것이 일반적이다. 사인도 공적 임무를 위하는 경우라면 국가나 지방자치단체로부터 공용수용을 할 수 있는 권한을 부여받을 수 있다(토상법 제4조 제4호·제5호, 제20조 제1항 참조).[1][2] 공익사업을 위한 토지 등의 취득 및 보상에 관한 법률은 공용수용의 주체(공익사업을 수행하는 자)를 사업시행자라 부른다(토상법 제2조 제3호). 1722

2. 공용수용의 목적

공용수용은 특정의 공익사업을 위한 것이다. 공익사업을 위한 것인 점에서 경찰상의 목적(예 : 몰수)이나 재정상의 목적(예 : 세금징수)을 위한 재산권침해작용 1723

---

1) 사인에 의한 수용에 관해 자세한 것은 장은혜, "사인수용의 가능성과 한계에 관한 공법적 연구", 2013. 2. 아주대학교 박사학위청구논문, 참조.

2) 헌재 2013. 2. 28, 2011헌바250(헌법 제23조 제3항은 정당한 보상을 전제로 하여 재산권의 수용 등에 관한 가능성을 규정하고 있지만, 수용의 주체를 한정하지 않고 있으므로, 위 조항의 핵심은 그 수용의 주체가 국가인지 민간개발자인지에 달려 있다고 볼 수 없다. 또한, 관광단지의 지정은 시장 등의 신청에 의하여 시·도지사가 사전에 문화체육관광부장관 및 관계 행정기관의 장과 협의하여 정하도록 되어 있어 민간개발자가 수용의 주체가 된다 하더라도 궁극적으로 수용에 요구되는 공공의 필요성 등에 대한 최종적인 판단권한은 공적 기관에 유보되어 있음을 알 수 있다. 나아가 민간개발자에게 관광단지의 개발권한을 부여한 이상 사업이 효과적으로 진행되게 하기 위해서 다른 공적인 사업시행자와 마찬가지로 토지 수용권을 인정하는 것이 관광진흥법의 입법취지에 부합한다. 따라서 관광단지 조성사업에 있어 일정 비율의 토지취득을 요건으로 하여 민간개발자를 수용의 주체로 규정한 것 자체를 두고 헌법에 위반된다고 볼 수 없다); 헌재 2011. 6. 30, 2008헌바166; 헌재 2009. 9. 24, 2007헌바114; 헌재 2009. 11. 27, 2008헌바133.

과 구별된다. 사익을 위해서 공용수용이 이루어질 수 없음은 물론이다. 토지수용이 가능한 사업으로서 공익사업을 위한 토지 등의 취득 및 보상에 관한 법률은 다음을 규정하고 있다(토상법 제2조 제2호·제4조).

1724 1. 국방·군사에 관한 사업
2. 관계법률에 따라 허가·인가·승인·지정 등을 받아 공익을 목적으로 시행하는 철도·도로·공항·항만·주차장·공영차고지·화물터미널·궤도·하천·제방·댐·운하·수도·하수도·하수종말처리·폐수처리·사방·방풍·방화·방조(防潮)·방수·저수지·용수로·배수로·석유비축·송유·폐기물처리·전기·전기통신·방송·가스 및 기상 관측에 관한 사업
3. 국가나 지방자치단체가 설치하는 청사·공장·연구소·시험소·보건시설·문화시설·공원·수목원·광장·운동장·시장·묘지·화장장·도축장 또는 그 밖의 공공용 시설에 관한 사업
4. 관계법률에 따라 허가·인가·승인·지정 등을 받아 공익을 목적으로 시행하는 학교·도서관·박물관 및 미술관의 건립에 관한 사업
5. 국가·지방자치단체, 「공공기관의 운영에 관한 법률」 제4조에 따른 공공기관, 「지방공기업법」에 따른 개방공기업 또는 국가나 지방자치단체가 지정한 자가 임대나 양도의 목적으로 시행하는 주택 건설 또는 택지 및 산업단지 조성에 관한 사업
6. 제1호부터 제5호까지의 사업을 시행하기 위하여 필요한 통로·교량·전선로·재료 적치장 또는 그 밖의 부속시설에 관한 사업
7. 제1호부터 제5호까지의 사업을 시행하기 위하여 필요한 주택, 공장 등의 이주단지 조성에 관한 사업
8. 그 밖에 별표에 규정된 법률에 따라 토지등을 수용하거나 사용할 수 있는 사업

3. 공용수용의 절차

1725 공용수용은 관계법령이 정하는 바의 절차에 따라 이루어진다. 공용수용은 사인의 재산권을 침해하는 작용이기 때문에 관련법령은 피수용자의 권익의 보호를 위해 신중한 공용수용의 절차를 규정하고 있다.

4. 공용수용의 목적물

1726 공용수용은 소유권 등 사인의 재산권을 목적물로 한다. 사인의 재산권에는 소유권이 중심적인 것이라 하겠으나 지상권·저당권 등의 물권도 대상이 될 수

있다(토상법 제3조 참조). 동산은 대체성이 강하기 때문에 공용수용의 필요성이 많지 않을 것이다. 지방자치단체가 공용수용의 주체인 경우에는 국가도 사인에 해당할 수 있다.[1)]

5. 공용수용의 수단

공용수용은 사인의 재산권을 법령에 근거하여 강제적으로 취득한다. 공용 1727
수용의 수단은 임의적인 수단이 아니라 피수용자의 의사 여하를 불문하고 재산권의 이전을 가져오는 강제적인 수단이며,[2)] 그것은 또한 재산권을 이전토록 명하는 수단이 아니라 재산권 그 자체의 이전을 직접 가져오는 수단이다.

6. 공용수용의 보상

공용수용은 피수용자에게 특별한 희생을 강요하는 것인 까닭에 손실보상의 1728
법리에 따라 피수용자에게 정당한 보상이 주어진다. 헌법(제23조 제3항)은 공용수용의 경우에 정당한 보상을 지급할 것을 명문으로 규정하고 있다.

7. 공용수용의 법적 근거

공용수용은 기본권(재산권)에 대한 중대한 침해인 까닭에 법률의 근거를 요 1729
한다(침해유보). ① 헌법(제23조 제3항)은 "공공필요에 의한 재산권의 수용·사용 또는 제한 및 그에 대한 보상은 법률로써 하되, 정당한 보상을 지급하여야 한다"고 규정하여 공용수용에 법적 근거가 필요함을 규정하고 있고, 이에 의거하여 ② 여러 종류의 법률이 제정되어 있다. 토지 등의 수용·사용에 관하여 공익사업을 위한 토지 등의 취득 및 보상에 관한 법률이 있고(토상법 제1조 참조), 그 밖에 광업법·도로법·도시 및 주거환경정비법·하천법 등을 볼 수 있다.

제 2 항 공용수용의 유형

1. 토지수용

토지수용이란 공익목적을 위해 사인소유의 토지를 강제취득하는 것을 말한 1730
다. 공익사업을 위한 토지 등의 취득 및 보상에 관한 법률이 중심적인 법률이

---

1) 대판 1981. 6. 9, 80다316(토지수용법에 의하여 수용의 대상이 되는 토지에 대하여는 동법 제5조의 규정에 의한 제한 외에는 아무런 제한이 없으므로 국유의 토지도 이를 수용할 수 있다).
2) 국가나 지방자치단체 등이 공익사업에 필요한 토지등을 확보하는 방식에는 공용수용이나 공용사용에 의한 강제취득 외에 협의에 의한 취득 또는 사용의 방법이 있다. 현행 공익사업을위한토지등의취득및보상에관한법률은 양자를 모두 규율하는바, 제3장에서 협의에 의한 취득 또는 사용, 제4장에서 수용에 의한 취득 및 사용을 규정하고 있다.

다. 몇몇 단행법들은 수용에 관한 규정을 두고 있다. 토지수용은 복리행정목적을 위한 물적 공용부담의 전형적인 경우이다.

2. 매수수용

1731 매수수용이란 국가나 공공단체가 공익을 위해 일정시설을 일방적으로 매수하는 형식의 수용을 말한다. 매수수용은 토지수용의 변형된 형태이다. 매수수용 역시 물적 공용부담의 한 특수한 경우라 할 수 있다.

3. 재해수용

1732 재해수용이란 재해에 대처하기 위하여 이루어지는 응급처분으로서의 공용수용을 말한다. 이의 예를 ① "도로관리청은 재해로 인한 도로구조나 교통에 대한 위험을 방지하기 위하여 특히 필요하다고 인정하면 다음 각 호(1. 재해 현장에서 구호, 복구 활동을 위하여 필요한 토지, 가옥, 그 밖의 공작물을 일시 사용하는 행위, 2. 장애물을 변경 또는 제거하거나 토석·입목·죽·운반기구, 그 밖의 물건(공작물은 제외한다)을 사용하거나 수용하는 행위, 3. 도로 인근에 거주하는 사람에게 노무(勞務)의 제공을 요청하는 행위)의 행위를 할 수 있다"는 도로법 제83조에서, 그리고 ② "구조본부의 장 및 소방관서의 장은 수난구호를 위하여 부득이하다고 인정할 때에는 필요한 범위에서 … 선박, 자동차, 항공기, 다른 사람의 토지·건물 또는 그 밖의 물건 등을 일시적으로 사용할 수 있다"는 수상에서의 수색·구조 등에 관한 법률 제29조 제1항에서 볼 수 있다. 재해수용에서는 수용이 먼저 이루어지고 보상은 사후에 따르게 된다. 엄밀한 의미에서 재해수용은 복리행정상의 물적 공용부담으로 보기는 어렵다. 오히려 재해수용은 경찰목적상의 수용이라 함이 타당하다고 보겠다.

제 2 절 공용수용의 당사자

제 1 항 공용수용의 주체

1. 수용권자

1733 공용수용에 있어서 공용수용의 주체(공용수용권자)가 누구인가에 관해 국가수용권설과 사업시행자수용권설(기업자수용권설)의 대립이 있다. 이러한 견해의 대립은 국가 이외에 사인도 공익사업을 위해 수용을 할 수 있으나, 수용절차는 국가에 의해 주도되고 있는 데 기인하는 것이다. 요컨대 공용수용의 주체의 문제는 사업시행자가 국가가 아닌 경우(공공단체·사인)와 관련하여 제기된다는 점

을 유념할 필요가 있다.

(1) **국가수용권설** 국가수용권설은 수용권자를 자기의 행위로 수용의 효과를 발생시킬 수 있는 능력을 가진 주체로 이해하고, 이러한 능력을 가진 자는 국가뿐이기 때문에 국가만이 수용권자라는 입장이다.[1] 이 견해는 공용수용권의 본질을 수용의 효과를 발생시킬 수 있는 힘으로 보면서, 사인인 사업시행자는 국가에 대하여 다만 자기의 사업을 위하여 토지 등을 수용해 줄 것을 청구할 수 있는 권리(수용청구권)만을 갖는다는 입장이다. 1734

(2) **사업시행자수용권설** 공공단체 또는 사인인 사업시행자도 자기의 이익을 위해 토지를 수용하고 그 효과도 자기에게 귀속하는 것이므로 사업시행자 자신이 수용권자라는 입장으로 이 견해가 다수설이다.[2] 1735

(3) **사 견** 생각건대 공용수용은 공익사업을 위해 사인의 재산권을 '강제'로 '취득한다'는 데에 그 의미가 있는 것임을 고려하면, 그리고 수용의 강제성은 수용의 효과를 위한 원인행위에 불과하다는 점을 고려할 때, 사업시행자수용권설이 합리적이다. 1736

2. 사업시행자

(1) **사업시행자의 의의** 공익사업을 위한 토지 등의 취득 및 보상에 관한 법률은 사업시행자를 동법 제4조에 해당하는 사업인 공익사업을 수행하는 자로 정의하고 있다(토상법 제2조 제3호). 국가·공법인·사법인 모두 사업시행자가 될 수 있다. 동법에 따라 이행한 절차와 그 밖의 행위는 사업시행자, 토지소유자 및 관계인의 승계인에게도 그 효력이 미친다(토상법 제5조 제2항). 1737

(2) **사업시행자의 지위** 동법에 따른 사업시행자의 권리·의무는 그 사업을 승계한 자에게 이전한다(토상법 제5조 제1항). 사업시행자, 토지소유자 및 관계인은 사업인정의 신청, 재결의 신청, 의견서 제출 등의 행위를 할 때 변호사나 그 밖의 자를 대리인으로 할 수 있다(토상법 제7조). 1738

제 2 항 공용수용의 상대방

1. 피수용자

(1) **피수용자의 의의** 공용수용의 상대방은 수용되는 재산권의 소유자 및 1739

---

1) 윤세창·이호승, 행정법(하), 356쪽.
2) 김남진·김연태, 행정법(Ⅱ), 596쪽(2019); 김동희, 행정법(Ⅱ), 389쪽(2019); 박윤흔·정형근, 최신행정법강의(하), 544쪽; 이상규, 신행정법론(하), 632쪽.

기타의 권리자를 의미한다. 공법인인가 사법인인가를 불문하고 피수용자가 될 수 있다.[1] 경우에 따라서는 국가도 피수용자가 될 수 있다(예 : 지방자치단체가 국가의 일반재산을 수용하여 공익사업을 경영하고자 하는 경우). 공익사업을 위한 토지 등의 취득 및 보상에 관한 법률상 토지소유자라 함은 공익사업에 필요한 토지의 소유자를 말한다(토상법 제2조 제4호).

1740 (2) **피수용자의 지위** 공익사업을 위한 토지 등의 취득 및 보상에 관한 법률에 따라 이행한 절차와 그 밖의 행위는 사업시행자, 토지소유자 및 관계인의 승계인에게도 그 효력이 미친다(토상법 제5조 제2항). 물론 피수용자는 손실보상청구권 및 그 밖의 각종의 권리(예 : 재결신청권·수용청구권·환매권)를 가진다. 그리고 사업시행자와 마찬가지로 대리인을 선임할 수 있다(토상법 제7조).

2. 관 계 인

1741 (1) **관계인의 의의** 공익사업을 위한 토지 등의 취득 및 보상에 관한 법률상 관계인이라 함은 사업시행자가 취득하거나 사용할 토지에 관하여 지상권·지역권·전세권·저당권·사용대차 또는 임대차에 따른 권리 또는 그 밖에 토지에 관한 소유권 외의 권리를 가진 자나 그 토지에 있는 물건에 관하여 소유권이나 그 밖의 권리를 가진 자를 말한다(토상법 제2조 제5호 본문). 다만, 제22조에 따른 사업인정의 고시가 된 후에 권리를 취득한 자는 기존의 권리를 승계한 자를 제외하고는 관계인에 포함되지 아니한다(토상법 제2조 제5호 단서).

1742 (2) **관계인의 지위** 공익사업을 위한 토지 등의 취득 및 보상에 관한 법률에 따라 이행한 절차 그 밖의 행위는 사업시행자·토지소유자 및 관계인의 승계인에게도 그 효력이 미친다(토상법 제5조 제2항). 그리고 사업시행자와 마찬가지로 대리인을 선임할 수 있다(토상법 제7조).

---

1) 대판 1991. 11. 12, 91다27617; 대판 1991. 5. 10, 91다8651(구 토지수용법 등에 의한 토지수용의 경우 기업자가 과실 없이 진정한 토지소유자를 알지 못하여 등기부상 소유명의자를 토지소유자로 보고 그를 피수용자로 하여 수용절차를 마쳤다면 그 수용의 효과를 부인할 수 없으며 수용목적물의 소유자가 누구임을 막론하고 이미 가지고 있던 소유권은 소멸함과 동시에 기업자가 그 권리를 원시취득하며 기업자나 중앙토지수용위원회가 수용토지의 소유자가 따로이 있음을 알 수 있음에도 과실로 인하여 타인의 소유로 다루고 실체적 소유권자의 참여 없이 수용절차가 이루어진 것은 위법이라 하더라도 그 사유만으로 이미 이루어진 수용재결이 당연무효라고는 할 수 없다).

제 3 절 공용수용의 목적물

제 1 항 목적물의 종류·제한·범위

1. 종 류

공용수용의 기본적인 목적물은 토지수용의 경우에는 토지소유권이다(토상법 제3조·제19조 제1항). 사업시행자가 다음 각 호(1. 토지 및 이에 관한 소유권 외의 권리, 2. 토지와 함께 공익사업을 위하여 필요한 입목(立木), 건물, 그 밖에 토지에 정착된 물건 및 이에 관한 소유권 외의 권리, 3. 광업권·어업권·양식업권 또는 물의 사용에 관한 권리, 4. 토지에 속한 흙·돌·모래 또는 자갈에 관한 권리)에 해당하는 토지·물건 및 권리를 취득하거나 사용하는 경우에는 이 법을 적용한다(토상법 제3조). 1743

2. 제 한

공용수용의 목적물로 제한을 받는 것으로 다음의 몇 가지의 경우를 생각할 수 있다. ① 먼저 국가의 행정재산의 경우이다. 국가의 행정재산은 양도의 대상이 될 수 없기 때문에(국재법 제27조) 공용수용의 대상이 될 수 없다. 그러나 특정의 행정재산이 특별히 더 큰 공익사업에 필요하다면 공용폐지를 거쳐 수용의 대상이 될 수도 있다. ② 공익사업에 수용되거나 사용되고 있는 토지등은 특별히 필요한 경우가 아니면 다른 공익사업을 위하여 수용하거나 사용할 수 없다(토상법 제19조 제2항).[1] 특별히 필요한 경우에 수용이 가능하다고 하여도,[2] 기존의 공익사업에 대한 명시적 또는 묵시적 공용폐지가 있어야 수용이 가능하다.[3] 1744

---

1) 헌재 2000. 10. 25, 2000헌바32(구 토지수용법 제5조는 이른바 공익 또는 수용권의 충돌 문제를 해결하기 위한 것으로서, 수용적격사업이 경합하여 충돌하는 공익의 조정을 목적으로 한 규정이다. 즉, 현재 공익사업에 이용되고 있는 토지는 가능하면 그 용도를 유지하도록 하기 위하여 수용의 목적물이 될 수 없도록 하는 것이 그 공익사업의 목적을 달성하기 위하여 합리적이라는 이유로, 보다 더 중요한 공익사업을 위하여 특별한 필요가 있는 경우에 한하여 예외적으로 수용의 목적물이 될 수 있다고 규정한 것이고, 토지 등을 수용할 수 있는 요건 또는 그 한계를 정한 것이 아니다).

2) 대판 1996. 4. 26, 95누13241(구 토지수용법은 제5조의 규정(토지를 수용 또는 사용할 수 있는 사업에 이용되고 있는 토지는 특별한 필요가 있는 경우가 아니면 이를 수용 또는 사용할 수 없다)에 의한 제한 이외에는 수용의 대상이 되는 토지에 관하여 아무런 제한을 하지 아니하고 있을 뿐만 아니라, 토지수용법 제5조, 문화재보호법 제20조 제4호, 제58조 제1항, 부칙 제3조 제2항 등의 규정을 종합하면 구 문화재보호법 제54조의2 제1항에 의하여 지방문화재로 지정된 토지가 수용의 대상이 될 수 없다고 볼 수는 없다).

3) "공물이 수용되는 경우에도 수용 후 실제적인 현상변경의 시점에서 묵시적인 공용폐지가 있는 것으로 볼 여지도 있으므로 사업인정단계에서 반드시 공용폐지된 공물만이 수용의 대상이 될 수 있다고 볼 필요는 없다"는 견해도 있으나(손태호, 공물의 수용가능여부, 재판연구관 세미나 자료, 대법원판례해설 제25호(1996년 상반기), 법원도서관, 379쪽 이하), 묵시적 공용폐지도 공

③ 외교관의 특권이 인정되는 영역 역시 제한을 받는다.

3. 범 위

1745 공용수용은 공익사업을 위하여 타인의 특정한 재산권을 법률의 힘에 의하여 강제적으로 취득하는 것이므로 목적물의 범위는 원칙적으로 사업을 위하여 필요한 최소한도에 그쳐야 한다.[1] 수용의 경우에도 비례원칙은 적용된다.

제 2 항 목적물의 확장

공용수용의 목적물은 공익사업에 필요한 범위 내에 한정되는 것이 원칙이지만, 토지의 수용의 경우에는 그 목적물이 확장된다. 확장수용 역시 공용수용이다.

1. 전부수용(잔지수용)

1746 동일한 소유자에게 속하는 일단의 토지의 일부가 협의에 의하여 매수되거나 수용됨으로 인하여 잔여지를 종래의 목적에 사용하는 것이 현저히 곤란할 때에는 해당 토지소유자는 사업시행자에게 잔여지를 매수하여 줄 것을 청구할 수 있으며, 사업인정 이후에는 관할 토지수용위원회에 수용을 청구할 수 있다(토상법 제74조 제1항 제1문). 이를 전부수용 또는 잔지수용이라 한다. 이 경우 수용의 청구는 매수에 관한 협의가 성립되지 아니한 경우에만 할 수 있으며, 그 사업의 공사완료일까지 하여야 한다(토상법 제74조 제1항 제2문). 한편, 제1항에 따라 매수 또는 수용의 청구가 있는 잔여지 및 잔여지에 있는 물건에 관하여 권리를 가진 자는 사업시행자나 관할 토지수용위원회에 그 권리의 존속을 청구할 수 있다(토상법 제74조 제2항).

2. 완전수용

1747 사업인정고시가 된 후 다음 각 호(1. 토지를 사용하는 기간이 3년 이상인 경우, 2. 토지의 사용으로 인하여 토지의 형질이 변경되는 경우, 3. 사용하려는 토지에 그 토지소유자의 건축물이 있는 경우)의 어느 하나에 해당할 때에는 해당 토지소유자는 사업시행자에게 해당 토지의 매수를 청구하거나 관할 토지수용위원회에 그 토지의 수용

용폐지의 한 종류임을 고려한다면 이러한 주장은 다소 문제가 있다.

1) 대판 1987. 9. 8, 87누395(공용수용은 공익사업을 위하여 타인의 특정한 재산권을 법률의 힘에 의하여 강제적으로 취득하는 것이므로 수용할 목적물의 범위는 원칙적으로 사업을 위하여 필요한 최소한도에 그쳐야 한다).

을 청구할 수 있다(토상법 제72조 제1문). 이를 완전수용이라 한다. 이 경우 관계인은 사업시행자나 관할 토지수용위원회에 그 권리의 존속을 청구할 수 있다(토상법 제72조 제2문).

3. 이전수용

건축물·입목·공작물과 그 밖에 토지에 정착한 물건(이하 "건축물등"이라 한다)에 대하여는 이전에 필요한 비용(이하 "이전비"라 한다)으로 보상하여야 한다(토상법 제75조 제1항 본문). 다만, 다음 각 호(1. 건축물등을 이전하기 어렵거나 그 이전으로 인하여 건축물등을 종래의 목적대로 사용할 수 없게 된 경우, 2. 건축물등의 이전비가 그 물건의 가격을 넘는 경우, 3. 사업시행자가 공익사업에 직접 사용할 목적으로 취득하는 경우)의 어느 하나에 해당하는 경우에는 해당 물건의 가격으로 보상하여야 한다(토상법 제75조 제1항 단서). 이를 이전수용이라 한다. 1748

제 4 절 사업의 준비(토지수용의 경우를 중심으로 살피기로 한다)

제 1 항 출입의 허가

1. 출입허가의 신청

사업시행자는 공익사업을 준비하기 위하여 타인이 점유하는 토지에 출입하여 측량하거나 조사할 수 있다(토상법 제9조 제1항). 사업시행자(특별자치도, 시·군 또는 자치구가 사업시행자인 경우는 제외한다)는 제1항에 따라 측량이나 조사를 하려면 사업의 종류와 출입할 토지의 구역 및 기간을 정하여 특별자치도지사, 시장·군수 또는 구청장(자치구의 구청장을 말한다)의 허가를 받아야 한다(토상법 제9조 제2항 본문). 다만, 사업시행자가 국가일 때에는 그 사업을 시행할 관계 중앙행정기관의 장이 특별자치도지사, 시장·군수 또는 구청장에게 통지하고, 사업시행자가 특별시·광역시 또는 도일 때에는 특별시장·광역시장 또는 도지사가 시장·군수 또는 구청장에게 통지하여야 한다(토상법 제9조 제2항 단서). 1749

2. 출입허가의 공고

특별자치도지사, 시장·군수 또는 구청장은 다음 각 호(1. 제2항 본문에 따라 허가를 한 경우, 2. 제2항 단서에 따라 통지를 받은 경우, 3. 특별자치도, 시·군 또는 구(자치구인 구를 말한다. 이하 같다)가 사업시행자인 경우로서 제1항에 따라 타인이 점유하는 토지에 출입하여 측량 또는 조사를 하려는 경우)의 어느 하나에 해당할 때에는 사업시행 1750

자, 사업의 종류와 출입할 토지의 구역 및 기간을 공고하고 이를 토지점유자에게 통지하여야 한다(토상법 제9조 제3항). 허가는 사업시행자에게 토지에 출입하여 측량 등을 할 수 있는 권리를 부여하고 토지의 점유자에게는 이를 수인하여야 할 의무를 부과한다. 전체로서 허가는 공용제한에 해당한다.

제 2 항 출입과 장해물의 제거 등

1. 출입의 통지와 공고

1751 제9조 제2항에 따라 타인이 점유하는 토지에 출입하려는 자는 출입하려는 날의 5일 전까지 그 일시 및 장소를 특별자치도지사, 시장·군수 또는 구청장에게 통지하여야 한다(토상법 제10조 제1항). 특별자치도지사, 시장·군수 또는 구청장은 제1항에 따른 통지를 받은 경우 또는 특별자치도, 시·군 또는 구가 사업시행자인 경우에 특별자치도지사, 시장·군수 또는 구청장이 타인이 점유하는 토지에 출입하려는 경우에는 지체없이 이를 공고하고 그 토지점유자에게 통지하여야 한다(토상법 제10조 제2항). 토지점유자는 정당한 사유없이 사업시행자가 제10조에 따라 통지하고 출입·측량 또는 조사하는 행위를 방해하지 못한다(토상법 제11조). 해가 뜨기 전이나 해가 진 후에는 토지점유자의 승낙없이 그 주거나 경계표·담 등으로 둘러싸인 토지에 출입할 수 없다(토상법 제10조 제3항).

2. 장해물의 제거등

1752 사업시행자는 제9조에 따라 타인이 점유하는 토지에 출입하여 측량 또는 조사를 할 때 장해물을 제거하거나 토지를 파는 행위(장해물의 제거 등)를 하여야 할 부득이한 사유가 있는 경우에는 그 소유자 및 점유자의 동의를 받아야 한다. 다만, 그 소유자 및 점유자의 동의를 받지 못하였을 때에는 사업시행자(특별자치도, 시·군 또는 구가 사업시행자인 경우는 제외한다)는 특별자치도지사, 시장·군수 또는 구청장의 허가를 받아 장해물 제거등을 할 수 있으며, 특별자치도, 시·군 또는 구가 사업시행자인 경우에 특별자치도지사, 시장·군수 또는 구청장은 허가 없이 장해물 제거등을 할 수 있다(토상법 제12조 제1항). 특별자치도지사, 시장·군수 또는 구청장은 제1항 단서에 따라 허가를 하거나 장해물 제거등을 하려면 미리 그 소유자 및 점유자의 의견을 들어야 한다(토상법 제12조 제2항). 제1항에 따라 장해물 제거등을 하려는 자는 장해물 제거등을 하려는 날의 3일 전까지

그 소유자 및 점유자에게 통지하여야 한다(토상법 제12조 제3항).

3. 증표 등의 휴대

제9조 제2항 본문에 따라 특별자치도지사, 시장·군수 또는 구청장의 허가를 받고 타인이 점유하는 토지에 출입하려는 사람과 제12조에 따라 장해물 제거등을 하려는 사람(특별자치도, 시·군 또는 구가 사업시행자인 경우는 제외한다)은 그 신분을 표시하는 증표와 특별자치도지사, 시장·군수 또는 구청장의 허가증을 지녀야 한다(토상법 제13조 제1항). 제9조 제2항 단서에 따라 특별자치도지사, 시장·군수 또는 구청장에게 통지하고 타인이 점유하는 토지에 출입하려는 사람과 사업시행자가 특별자치도, 시·군 또는 구인 경우로서 제9조 제3항 제3호 또는 제12조 제1항 단서에 따라 타인이 점유하는 토지에 출입하거나 장해물 제거등을 하려는 사람은 그 신분을 표시하는 증표를 지녀야 한다(토상법 제13조 제2항). 제1항과 제2항에 따른 증표 및 허가증은 토지 또는 장해물의 소유자 및 점유자 그 밖의 이해관계인에게 보여 주어야 한다(토상법 제13조 제3항). 1753

4. 손실의 보상

① 사업시행자는 공익사업을 위한 토지 등의 취득 및 보상에 관한 법률 제9조(사업의 준비를 위한 출입의 허가등) 제1항에 따라 타인이 점유하는 토지에 출입하여 측량·조사함으로써 발생하는 손실을 보상하여야 한다(토상법 제9조 제4항). 제4항에 따른 손실의 보상은 손실이 있음을 안 날부터 1년이 지났거나 손실이 발생한 날부터 3년이 지난 후에는 청구할 수 없다(토상법 제9조 제5항). 제4항에 따른 손실의 보상은 사업시행자와 손실을 입은 자가 협의하여 결정한다(토상법 제9조 제6항). 제6항에 따른 협의가 성립되지 아니하면 사업시행자나 손실을 입은 자는 대통령령으로 정하는 바에 따라 제51조에 따른 관할 토지수용위원회에 재결을 신청할 수 있다(토상법 제9조 제7항). ② 사업시행자는 공익사업을 위한 토지 등의 취득 및 보상에 관한 법률 제12조(장해물의 제거 등) 제1항에 따라 장해물 제거등을 함으로써 발생하는 손실을 보상하여야 한다(토상법 제12조 제4항). 제4항에 따른 손실보상에 관하여는 제9조 제5항부터 제7항까지의 규정을 준용한다(토상법 제12조 제5항). 1754

제5절 공용수용의 절차

1755 공용수용은 방식에 있어서 법률수용과 행정수용의 두 가지로 구별된다. 법률수용이란 법률에 의거하여 직접 수용이 이루어지고 별다른 절차를 요하지 않는 경우의 수용을 말하며, 행정수용이란 법률이 정하는 일련의 절차에 따라 이루어지는 수용을 말한다. 법률수용은 급박한 경우 등에 예외적으로 나타나고, 행정수용이 일반적인 현상이다. 행정수용이 피수용자의 권리보호에 보다 더 효과적이다. 이하에서 공익사업을 위한 토지 등의 취득 및 보상에 관한 법률에서 정하는 행정수용에 관해 보기로 한다. 후자는 다시 보통절차와 약식절차로 나누어진다.

▮참고▮ 공익사업을 위한 토지 등의 취득 및 보상에 관한 법률은 사인의 재산권을 강제취득하는 공용수용절차의 핵심절차인 사업인정 이전에 사업시행자가 토지소유자·관계인 사이의 협의를 통해 토지등을 취득하거나 사용할 수 있음을 규정하고 있다(토상법 제14조 이하).[1] 임의적 협의절차와 관련하여 토지조서와 물건조서를 작성하여 서명 또는 날인(토상법 제14조 제1항), 공익사업의 개요, 토지조서 및 물건조서의 내용과 보상의 시기·방법 및 절차 등이 포함된 보상계획의 공고·통지와 열람(토상법 제15조), 협의(토상법 제16조), 계약의 체결(토상법 제17조)을 규정하고 있다. 토지조서와 물건조서의 작성과 보상계획의 공고·통지와 열람은 사업인정 이후의 절차에도 준용되고 있다.

---

1) 대판 2017. 4. 13, 2016두64241(토지보상법은 사업시행자로 하여금 우선 협의취득 절차를 거치도록 하고, 그 협의가 성립되지 않거나 협의를 할 수 없을 때에 수용재결취득 절차를 밟도록 예정하고 있기는 하다. 그렇지만 ① 일단 토지수용위원회가 수용재결을 하였더라도 사업시행자로서는 수용 또는 사용의 개시일까지 토지수용위원회가 재결한 보상금을 지급 또는 공탁하지 아니함으로써 그 재결의 효력을 상실시킬 수 있는 점, ② 토지소유자 등은 수용재결에 대하여 이의를 신청하거나 행정소송을 제기하여 보상금의 적정 여부를 다툴 수 있는데, 그 절차에서 사업시행자와 보상금액에 관하여 임의로 합의할 수 있는 점, ③ 공익사업의 효율적인 수행을 통하여 공공복리를 증진시키고, 재산권을 적정하게 보호하려는 토지보상법의 입법 목적(제1조)에 비추어 보더라도 수용재결이 있은 후에 사법상 계약의 실질을 가지는 협의취득 절차를 금지해야 할 별다른 필요성을 찾기 어려운 점 등을 종합해 보면, 토지수용위원회의 수용재결이 있은 후라고 하더라도 토지소유자 등과 사업시행자가 다시 협의하여 토지 등의 취득이나 사용 및 그에 대한 보상에 관하여 임의로 계약을 체결할 수 있다고 보아야 한다).

제 1 항 사업의 인정

1. 사업인정의 의의

(1) 의 의 사업시행자는 공익사업의 수행을 위하여 필요하면 공익사업을 위한 토지 등의 취득 및 보상에 관한 법률에서 정하는 바에 따라 토지등을 수용하거나 사용할 수 있다(토상법 제19조 제1항). 사업시행자는 제19조에 따라 토지등을 수용하거나 사용하려면 대통령령으로 정하는 바에 따라 국토교통부장관의 사업인정을 받아야 한다(토상법 제20조 제1항). 여기서 사업인정이란 공익사업을 토지등을 수용하거나 사용할 사업으로 결정하는 것을 말하며(토상법 제2조 제7호), 사업인정의 권한은 국토교통부장관에게 있다. 제1항에 따른 사업인정을 신청하려는 자는 국토교통부령으로 정하는 수수료를 내야 한다(토상법 제20조 제2항). 1756

(2) **의제된 사업인정** 한편, 하나의 인허가(이하 "주된 인허가"라 한다)를 받으면 법률로 정하는 바에 따라 그와 관련된 여러 인허가(이하 "관련 인허가"라 한다)를 받은 것으로 보는 것을 인허가의제라 한다(기본법 제24조 제1항).[1] 관련인허가가 공익사업인 경우, 그 공익사업은 사업인정을 받은 것으로 의제되는바(예: 전원개발촉진법 제6조), 별도로 사업인정을 받을 필요가 없다. 이와 같이 의제된 사업인정을 의제사업인정이라 부르기도 한다. 효과에 있어서 원래의 사업인정과 의제된 사업인정에 차이가 없다. 1576a

2. 사업인정의 성질

(1) **형성행위** 사업인정의 법적 성질에 관해서는 확인행위설과 형성행위설로 견해가 나뉜다. ① 소수설인 확인행위설은 사업인정을 특정사업이 공익사업을 위한 토지 등의 취득 및 보상에 관한 법률에 규정된 공익사업에 해당됨을 공권적으로 확인하는 행위라고 한다. 이 견해는 사업시행자의 수용권은 사업인정에 의하여 발생하는 것이 아니라 사업인정 후의 협의 또는 토지수용위원회의 재결에 의하여 발생한다고 한다.[2] ② 다수설인 형성행위설은 사업인정으로 토지소유자 등은 토지형질변경금지의무가 발생하고, 건축물의 신축 등에 허가를 요하는 등의 법적 효과가 발생하므로 행정행위에 해당하고, 특히 사업인정은 일정한 절차를 거칠 것을 조건으로 하여 사업시행자에게 수용권을 발생시키므로 형성적 행정행위에 해당된다고 한다.[3] 판례의 입장이기도 하다.[4] 1757

1) 인허가의제에 관한 상세는 졸저, 행정법원론(상), 옆번호 1292 이하 참조.
2) 윤세창·이호승, 행정법(하), 364쪽.

1758 (2) **재량행위** 사업인정의 성질과 관련하여 일설은[1] 기속행위(사업시행자가 사업인정에 필요한 요건을 충족하고 있는 한, 행정청은 사업인정을 하여야 하는바, 사업인정은 기속행위의 성질을 가진다)라 한 바 있고, 일설은[2] 재량행위(당해 사업이 비록 토상법 제4조에 열거된 사업에 해당한다고 하더라도, 과연 그 사업이 공용수용을 할 만한 공익성이 있는지의 여부를 구체적으로 판단하여야 할 것이므로 인정관청의 자유재량에 속하는 행위이다)라 한다. 생각건대 토지수용은 수용자(특히 사인)의 기본권의 최대한 보장의 관점이 아니라, 공익의 실현이라는 점에 중점을 두고 판단되어야 한다. 따라서 사업인정은 재량행위로 볼 것이다. 판례의 입장도 같다.[3]

3. 사업인정의 요건

1758a (1) **공익사업 해당** 사업인정은 공익사업을 토지등을 수용하거나 사용할 사업으로 결정하는 것을 말하므로, 사업의 공익성의 존부는 사업인정의 요건이 된다. 사업의 공익성이 있다고 하기 위해서는 ① 외형상 해당 사업이 공익사업을 위한 토지등의 취득 및 보상에 관한 법률 제4조가 정하는 공익사업에 해당

---

3) 김남진·김연태, 행정법(Ⅱ), 602쪽(2019); 김도창, 일반행정법론(하), 607쪽; 김동희, 행정법(Ⅱ), 393쪽(2019); 박윤흔·정형근, 최신행정법강의(하), 549쪽; 이상규, 신행정법론(하), 642쪽; 박균성, 행정법론(하), 391쪽(2019); 류지태·박종수, 행정법신론, 1152쪽(2019).

4) 대판 2019. 12. 12, 2019두47629(「공익사업을 위한 토지 등의 취득 및 보상에 관한 법률」(토지보상법) 제20조 제1항, 제22조 제3항은 사업시행자가 토지 등을 수용하거나 사용하려면 국토교통부장관의 사업인정을 받아야 하고, 사업인정은 고시한 날부터 효력이 발생한다고 규정하고 있다. 이러한 사업인정은 수용권을 설정해 주는 행정처분으로서, 이에 따라 수용할 목적물의 범위가 확정되고, 수용권자가 목적물에 대한 현재 및 장래의 권리자에게 대항할 수 있는 공법상 권한이 생긴다); 헌재 2014. 7. 24, 2012헌바294(공익사업법 제20조에 따른 사업인정은 특정한 사업이 토지등을 수용할 수 있는 공익사업에 해당함을 인정하여 사업시행자에게 일정한 절차를 거칠 것을 조건으로 특정한 재산권의 수용권을 설정하는 행정행위이다).

1) 김남진·김연태, 행정법(Ⅱ), 602쪽(2019). 동 교수는 수용하고 있는 토지 등이 공공필요의 요건을 충족하고 있는가를 판단함에 있어서는 이른바 '판단여지'가 인정될 수 있으며, 이와 관련하여는 행정청에 계획재량에 유사한 '형성적 자유'가 인정된다고 보고 있다(김남진·김연태, 행정법(Ⅱ), 587쪽(2014).

2) 박윤흔·정형근, 최신행정법강의(하), 549쪽; 박균성, 행정법론(하), 491쪽(2019).

3) 대판 2005. 4. 29, 2004두14670(공익사업을위한토지등의취득및보상에관한법률의 규정에 의한 사업인정처분이라 함은 공익사업을 토지 등을 수용 또는 사용할 사업으로 결정하는 것으로서(같은 법 제2조 제7호) 단순한 확인행위가 아니라 형성행위이므로, 당해 사업이 외형상 토지등을 수용 또는 사용할 수 있는 사업에 해당된다 하더라도 행정주체로서는 그 사업이 공용수용을 할 만한 공익성이 있는지의 여부와 공익성이 있는 경우에도 그 사업의 내용과 방법에 대하여 사업인정처분에 관련된 자들의 이익을 공익과 사익 간에서는 물론, 공익 상호간 및 사익 상호간에도 정당하게 비교·교량하여야 하고, 그 비교·교량은 비례의 원칙에 적합하도록 하여야 한다); 대판 1992. 11. 13, 92누596(광업법 제87조 내지 제89조, 구 토지수용법 제14조에 의한 토지수용을 위한 사업인정은 단순한 확인행위가 아니라 형성행위이고 당해 사업이 비록 토지를 수용할 수 있는 사업에 해당된다 하더라도 행정청으로서는 그 사업이 공용수용을 할 만한 공익성이 있는지의 여부를 모든 사정을 참작하여 구체적으로 판단하여야 하는 것이므로 사업인정의 여부는 행정청의 재량에 속한다).

하여야 하고, ② 내용상 해당 사업이 공용수용을 할 만한 공익성이 있어야 한다. 공익성 유무의 판단에는 비례원칙 등이 적용된다.[1)]

(2) **사업수행 의사와 능력** 사업인정은 공익사업이 현실적으로 이루어질 것을 전제로 하는바, 해당 공익사업을 수행할 의사와 능력이 없는 사업시행자에게 사업인정은 허용될 수 없다. 따라서 사업시행자에게 해당 사업을 수행할 의사와 능력이 있어야 한다는 것도 사업인정의 요건의 하나가 된다.[2)] 1758b

4. 사업인정의 절차

(1) **의견청취** 국토교통부장관은 사업인정을 하려면 관계 중앙행정기관의 장 및 특별시장·광역시장·도지사·특별자치도지사(이하 "시·도지사"라 한다)와 협의하여야 하며, 대통령령으로 정하는 바에 따라 미리 제49조에 따른 중앙토지수용위원회 및 사업인정에 이해관계가 있는 자의 의견을 들어야 한다(토상법 제21조 제1항). 1759

(2) **통지와 고시** 국토교통부장관은 제20조에 따른 사업인정을 하였을 때에는 지체없이 그 뜻을 사업시행자, 토지소유자 및 관계인, 관계 시·도지사에게 통지하고 사업시행자의 성명이나 명칭, 사업의 종류, 사업지역 및 수용하거나 사용할 토지의 세목을 관보에 고시하여야 한다(토상법 제22조 제1항). 제1항에 따라 사업인정의 사실을 통지받은 시·도지사(특별자치도지사는 제외한다)는 관계 시장·군수 및 구청장에게 이를 통지하여야 한다(토상법 제22조 제2항). 1760

5. 사업인정의 효과

(1) **효력의 발생** 사업인정은 제22조 제1항에 따라 고시한 날부터 효력이 발생한다(토상법 제22조 제3항). 사업인정의 고시로 수용의 목적물은 확정된다. 이 1761

---

1) 대판 2019. 2. 28, 2017두71031(해당 사업이 외형상 토지 등을 수용 또는 사용할 수 있는 사업에 해당하더라도 사업인정기관으로서는 그 사업이 공용수용을 할 만한 공익성이 있는지 여부와 공익성이 있는 경우에도 그 사업의 내용과 방법에 관하여 사업인정에 관련된 자들의 이익을 공익과 사익 사이에서는 물론, 공익 상호 간 및 사익 상호 간에도 정당하게 비교·교량하여야 하고, 비교·교량은 비례의 원칙에 적합하도록 하여야 한다).

2) 대판 2011. 1. 27, 2009두1051(해당 사업이 외형상 토지 등을 수용 또는 사용할 수 있는 사업에 해당한다고 하더라도 사업인정기관으로서는 그 사업이 공용수용을 할 만한 공익성이 있는지의 여부와 공익성이 있는 경우에도 그 사업의 내용과 방법에 관하여 사업인정에 관련된 자들의 이익을 공익과 사익 사이에서는 물론, 공익 상호간 및 사익 상호간에도 정당하게 비교·교량하여야 하고, 그 비교·교량은 비례의 원칙에 적합하도록 하여야 한다. 그뿐만 아니라 해당 공익사업을 수행하여 공익을 실현할 의사나 능력이 없는 자에게 타인의 재산권을 공권력적·강제적으로 박탈할 수 있는 수용권을 설정하여 줄 수는 없으므로, 사업시행자에게 해당 공익사업을 수행할 의사와 능력이 있어야 한다는 것도 사업인정의 한 요건이라고 보아야 한다); 대판 2019. 2. 28, 2017두71031.

것이 사업인정의 기본적인 효과이다. 부수적인 효과로 관계인의 범위제한, 형질변경 등의 제한, 토지등에 대한 조사권발생 등이 따른다.

1762 ⑵ **관계인의 범위제한** 토상법 제22조에 따른 사업인정의 고시가 된 후에 권리를 취득한 자는 기존의 권리를 승계한 자를 제외하고는 동법상 관계인에 포함되지 아니한다(토상법 제2조 제5호 단서).

1763 ⑶ **형질변경 등의 제한** 사업인정고시가 된 후에는 누구든지 고시된 토지에 대하여 사업에 지장을 초래할 우려가 있는 형질의 변경이나 제3조 제2호 또는 제4호에 규정된 물건을 손괴하거나 수거하는 행위를 하지 못한다(토상법 제25조 제1항). 사업인정고시가 된 후에 고시된 토지에 건축물의 건축·대수선, 공작물의 설치 또는 물건의 부가(附加)·증치(增置)를 하려는 자는 특별자치도지사, 시장·군수 또는 구청장의 허가를 받아야 한다. 이 경우 특별자치도지사, 시장·군수 또는 구청장은 미리 사업시행자의 의견을 들어야 한다(토상법 제25조 제2항). 제2항을 위반하여 건축물의 건축·대수선, 공작물의 설치 또는 물건의 부가·증치를 한 토지소유자 또는 관계인은 해당 건축물·공작물 또는 물건을 원상으로 회복하여야 하며 이에 관한 손실의 보상을 청구할 수 없다(토상법 제25조 제3항).

⑷ **토지·물건에 대한 조사**

1764 ㈎ **측량·조사** 사업인정의 고시가 된 후에는 사업시행자 또는 제68조에 따라 감정평가를 의뢰받은 감정평가법인등(「감정평가 및 감정평가사에 관한 법률」에 따른 감정평가사 또는 감정평가법인을 말한다. 이하 "감정평가법인등"이라 한다)은 다음 각 호(1. 사업시행자가 사업의 준비나 토지조서 및 물건조서를 작성하기 위하여 필요한 경우, 2. 감정평가법인등이 감정평가를 의뢰받은 토지등의 감정평가를 위하여 필요한 경우)에 해당하는 경우에는 제9조에도 불구하고 해당 토지나 물건에 출입하여 측량하거나 조사할 수 있다(토상법 제27조 제1항 제1문). 이 경우 제10조(출입의 통지)·제11조(토지점유자의 인용의무) 및 제13조(증표 등의 휴대)를 준용한다(토상법 제27조 제1항 제2문).

1765 ㈏ **이의제기의 제한** 사업인정고시가 된 후에는 제26조(협의 등 절차의 준용) 제1항에서 준용되는 제15조(보상계획의 열람 등) 제3항에 따라 토지소유자나 관계인이 토지조서 및 물건조서의 내용에 대하여 열람기간 이내에 이의를 제기하는 경우를 제외하고는 제26조 제1항에서 준용되는 제14조(토지조서 및 물건조서의 작성)에 따라 작성된 토지조서 및 물건조서의 내용에 대하여 이의를 제기할 수 없다(토상법 제27조 제2항 본문). 다만, 토지조서 및 물건조서의 내용이 진실과 다르다는 것을 입증할 때에는 그러하지 아니하다(토상법 제27조 제3항 단서).

1766 ㈐ **손실의 보상** 사업시행자는 제1항에 따라 타인이 점유하는 토지에 출

입하여 측량·조사함으로써 발생하는 손실(감정평가업자가 제1항 제2호에 따른 감정평가를 위하여 측량·조사함으로써 발생하는 손실을 포함한다)을 보상하여야 한다(토상법 제27조 제4항). 제4항에 따른 손실보상에 관하여는 제9조 제5항부터 제7항까지의 규정을 준용한다(토상법 제27조 제5항).

6. 사업인정의 실효와 사업의 폐지·변경

(1) 사업의 실효 사업시행자가 제22조 제1항에 따른 사업인정의 고시(이 1767
하 "사업인정고시"라 한다)가 된 날부터 1년 이내에 제28조 제1항에 따른 재결신청을 하지 아니한 경우에는 사업인정고시가 있은 날부터 1년이 되는 날의 다음날에 사업인정은 그 효력을 상실한다(토상법 제23조 제1항). 사업시행자는 제1항에 따라 사업인정이 실효됨으로 인하여 토지소유자나 관계인이 입은 손실을 보상하여야 한다(토상법 제23조 제2항). 제2항에 따른 손실보상에 관하여는 제9조 제5항부터 제7항까지의 규정을 준용한다(토상법 제23조 제3항).

(2) 사업의 폐지·변경

(개) 통지·고시·보고 ① 사업인정고시가 된 후 사업의 전부 또는 일부를 1768
폐지하거나 변경함으로 인하여 토지등의 전부 또는 일부를 수용하거나 사용할 필요가 없게 되었을 때에는 사업시행자는 지체없이 사업지역을 관할하는 시·도지사에게 신고하고, 토지소유자 및 관계인에게 이를 통지하여야 한다(토상법 제24조 제1항). ② 시·도지사는 제1항에 따른 신고를 받으면 사업의 전부 또는 일부가 폐지되거나 변경된 내용을 관보에 고시하여야 한다(토상법 제24조 제2항). 시·도지사는 제1항에 따른 신고가 없는 경우에도 사업시행자가 사업의 전부 또는 일부를 폐지하거나 변경함으로 인하여 토지를 수용하거나 사용할 필요가 없게 된 것을 알았을 때에는 미리 사업시행자의 의견을 듣고 제2항에 따른 고시를 하여야 한다(토상법 제24조 제3항). ③ 시·도지사는 제2항 및 제3항의 규정에 의한 고시를 한 때에 지체 없이 그 사실을 국토교통부장관에게 보고하여야 한다(토상법 제24조 제4항).

(내) 효력발생시기 제2항 및 제3항에 따른 고시가 있은 날부터 그 고시된 1769
내용에 따라 사업인정의 전부 또는 일부는 그 효력을 상실한다(토상법 제24조 제6항).

(대) 손실의 보상 사업시행자는 제1항에 따라 사업의 전부 또는 일부를 폐 1770
지·변경함으로 인하여 토지소유자 또는 관계인이 입은 손실을 보상하여야 한다(토상법 제24조 제7항). 제7항에 따른 손실보상에 관하여는 제9조 제5항부터 제7항까지의 규정을 준용한다(토상법 제24조 제8항).

1770a (3) **사업의 완료** 사업이 완료된 경우 사업시행자는 지체 없이 사업시행자의 성명이나 명칭, 사업의 종류, 사업지역, 사업인정고시일 및 취득한 토지의 세목을 사업지역을 관할하는 시·도지사에게 신고하여야 한다(토상법 제24조의2 제1항). 시·도지사는 제1항에 따른 신고를 받으면 사업시행자의 성명이나 명칭, 사업의 종류, 사업지역 및 사업인정고시일을 관보에 고시하여야 한다(토상법 제24조의2 제2항). 시·도지사는 제1항에 따른 신고가 없는 경우에도 사업이 완료된 것을 알았을 때에는 미리 사업시행자의 의견을 듣고 제2항에 따른 고시를 하여야 한다(토상법 제24조의2 제3항).

1771 (4) **반환·원상회복** 사업시행자는 토지나 물건의 사용기간이 끝났을 때나 사업의 폐지·변경 또는 그 밖의 사유로 사용할 필요가 없게 되었을 때에는 지체없이 그 토지나 물건을 그 토지나 물건의 소유자 또는 그 승계인에게 반환하여야 한다(토상법 제48조 제1항). 제1항의 경우에 사업시행자는 토지소유자가 원상회복을 청구하면 미리 그 손실을 보상한 경우를 제외하고는 그 토지를 원상으로 회복하여 반환하여야 한다(토상법 제48조 제2항).

7. 사업인정의 후속절차

1772 (1) **수용취득의 경우** 제20조에 따른 사업인정을 받은 사업시행자는 토지조서 및 물건조서의 작성, 보상계획의 공고·통지 및 열람, 보상액의 산정과 토지소유자 및 관계인과의 협의의 절차를 거쳐야 한다(토상법 제26조 제1항 본문). 이 경우 제14조부터 제16조까지 및 제68조의 규정을 준용한다(토상법 제26조 제1항 단서). 자세한 것은 후술한다.

1773 (2) **협의취득불성립의 경우** 사업인정 이전에 제14조부터 제16조까지 및 제68조에 따른 절차를 거쳤으나 협의가 성립되지 아니하고 제20조에 따른 사업인정을 받은 사업으로서 토지조서 및 물건조서의 내용에 변동이 없을 때에는 제1항에도 불구하고 제14조부터 제16조까지의 절차를 거치지 아니할 수 있다. 다만, 사업시행자나 토지소유자 및 관계인이 제16조에 따른 협의를 요구할 때에는 협의하여야 한다(토상법 제26조 제2항).

8. 사업인정에 대한 불복(권리보호)

1773a ① 사업인정으로 법률상 이익이 침해된 자는 행정상 쟁송을 제기할 수 있다.[1)] ② 하자 있는 사업인정의 경우, 그 사업인정이 무효행위인지 또는 취소할 수 있는 행위인지 여부의 판단은 하자의 중대명백설에 따른다.[2)] ③ 사업인정은

1) 이에 관한 상세는 졸저, 행정법원론(상), 옆번호 3401 이하 참조.

공익사업을 토지등을 수용하거나 사용할 사업으로 사업인정처분 자체의 위법은 사업인정단계에서 다투어야 하고 이미 그 쟁송기간이 도과한 수용재결단계에서는 사업인정처분이 당연무효라고 볼 만한 특단의 사정이 없는 한 그 위법을 이유로 재결의 취소를 구할 수는 없다.[1]

제 2 항 토지조서·물건조서, 보상계획 및 보상액의 산정

1. 토지조서·물건조서

(1) **조서의 작성** 사업시행자는 … 토지조서와 물건조서를 작성하여 서명 1774
또는 날인을 하고 토지소유자와 관계인의 서명 또는 날인을 받아야 한다(토상법 제26조 제1항 제2문·제14조 제1항 본문). 다만, 다음 각 호(1. 토지소유자 및 관계인이 정당한 사유 없이 서명 또는 날인을 거부하는 경우, 2. 토지소유자 및 관계인을 알 수 없거나 그 주소·거소를 알 수 없는 등의 사유로 서명 또는 날인을 받을 수 없는 경우)의 어느 하나에 해당하는 경우에는 그러하지 아니하다. 이 경우 사업시행자는 해당 토지조서와 물건조서에 그 사유를 적어야 한다(토상법 제26조 제1항 제2문·제14조 제1항). 토지와 물건의 소재지, 토지소유자 및 관계인 등 토지조서 및 물건조서의 기재사항과 그 작성에 필요한 사항은 대통령령으로 정한다(토상법 제26조 제1항 제2문·제14조 제2항).

(2) **조서에 대한 이의** 조서에 대한 이의는 후술하는 보상계획절차에서 언 1775
급한다.

2. 보상계획

(1) **보상계획의 공고** 사업시행자는 … 토지조서와 물건조서를 작성하였을 1776
때에는 공익사업의 개요, 토지조서 및 물건조서의 내용과 보상의 시기·방법 및 절차 등이 포함된 보상계획을 전국을 보급지역으로 하는 일간신문에 공고하고, 토지소유자 및 관계인에게 각각 통지하여야 하며, 제2항 단서에 따라 열람을 의뢰하는 사업시행자를 제외하고는 특별자치도지사, 시장·군수 또는 구청장에게도 통지하여야 한다(토상법 제26조 제1항 제2문·제15조 제1항 본문). 다만, 토지소유자와 관계인이 20인 이하인 경우에는 공고를 생략할 수 있다(토상법 제26조 제1항 제2문·제15조 제1항 단서).

(2) **보상계획의 열람** 사업시행자는 제1항에 따른 공고나 통지를 하였을 1777

2) 이에 관한 상세는 졸저, 행정법원론(상), 옆번호 1491 이하 참조.
1) 대판 1992. 3. 13, 91누4324. 그리고 졸저, 행정법원론(상), 옆번호 1550 이하 참조.

때에는 그 내용을 14일 이상 일반인이 열람할 수 있도록 하여야 한다(토상법 제26조 제1항 제2문·제15조 제2항 본문). 다만, 사업지역이 둘 이상의 시·군 또는 구에 걸쳐 있거나 사업시행자가 행정청이 아닌 경우에는 해당 특별자치도지사, 시장·군수 또는 구청장에게도 그 사본을 송부하여 열람을 의뢰하여야 한다(토상법 제26조 제1항 제2문·제15조 제2항 단서).

1778 ⑶ 조서에 대한 이의 제15조 제1항에 따라 공고되거나 통지된 토지조서 및 물건조서의 내용에 대하여 이의가 있는 토지소유자 또는 관계인은 제2항에 따른 열람기간 이내에 사업시행자에게 서면으로 이의를 제기할 수 있다(토상법 제26조 제1항 제2문·제15조 제3항). 사업시행자는 해당 토지조서 및 물건조서에 제3항에 따라 제기된 이의를 부기하고 그 이의가 이유 있다고 인정하는 때에는 적절한 조치를 하여야 한다(토상법 제26조 제1항 제2문·제15조 제4항).

3. 보상액의 산정

1779 ① 사업시행자는 토지등에 대한 보상액을 산정하려는 경우에는 부동산가격공시 및 감정평가에 관한 법률(부동산공시법)에 의한 감정평가업자(이하 "감정평가법인등"이라 한다) 3인(제2항에 따라 시·도지사와 토지소유자가 모두 감정평가업자를 추천하지 아니하거나 시·도지사 또는 토지소유자 어느 한쪽이 감정평가법인등을 추천하지 아니하는 경우에는 2인)을 선정하여 토지등의 평가를 의뢰하여야 한다(토상법 제26조 제1항 제2문·제68조 제1항 본문). 다만, 사업시행자가 국토교통부령으로 정하는 기준에 따라 직접 보상액을 산정할 수 있을 때에는 그러하지 아니하다(토상법 제26조 제1항 제2문·제68조 제1항 단서). ② 제1항 본문에 따라 사업시행자가 감정평가법인등을 선정할 때 해당 토지를 관할하는 시·도지사와 토지소유자는 대통령령으로 정하는 바에 따라 감정평가법인등을 각 1인씩 추천할 수 있다. 이 경우 사업시행자는 추천된 감정평가법인등을 포함하여 선정하여야 한다(토상법 제26조 제1항 제2문·제68조 제2항). ③ 제1항 및 제2항에 따른 평가의뢰의 절차 및 방법, 보상액의 산정기준 등에 관하여 필요한 사항은 국토교통부령으로 정한다(토상법 제26조 제1항 제2문·제68조 제3항).

제 3 항 협 의

1. 협의의 의의

1780 사업시행자는 토지등에 대한 보상에 관하여 토지소유자 및 관계인(사업시행

자가 취득하거나 사용할 토지에 관하여 지상권·지역권·전세권·저당권·사용대차 또는 임대차에 의한 권리 또는 그 밖에 토지에 관한 소유권 외의 권리를 가진 자나 그 토지에 있는 물건에 관하여 소유권 그 밖의 권리를 가진 자를 말한다. 다만, 제22조에 따른 사업인정의 고시가 된 후에 권리를 취득한 자는 기존의 권리를 승계한 자를 제외하고는 관계인에 포함되지 아니한다. 토상법 제2조 제5호)과 성실하게 협의하여야 하며, 협의의 절차 및 방법 등 협의에 필요한 사항은 대통령령으로 정한다(토상법 제26조 제1항 제2문·제16조). 한편, 사업인정 이전에 제14조부터 제16조까지 및 제68조에 따른 절차를 거쳤으나 협의가 성립되지 아니하고 제20조에 따른 사업인정을 받은 사업으로서 토지조서 및 물건조서의 내용에 변동이 없을 때에는 제1항에도 불구하고 … 제16조까지의 (협의)절차를 거치지 아니할 수 있다(토상법 제26조 제2항 본문). 다만, 사업시행자나 토지소유자 및 관계인이 제16조에 따른 협의를 요구할 때에는 협의하여야 한다(토상법 제26조 제2항 단서).

2. 협의의 성질

통설은 협의의 법적 성질을 공법상 계약으로 본다.[1] 협의는 일방적인 행위 1781
가 아니고 쌍방행위이며, 협의는 공익을 목적으로 하는바 공법상 계약이다. 판례의 견해는 다르다.[2]

3. 협의성립의 확인

(1) **확인의 신청** 사업시행자와 토지소유자 및 관계인간에 제26조에 따른 1782
절차를 거쳐 협의가 성립되었을 때에는 사업시행자는 제28조 제1항에 따른 재결 신청기간 이내에 해당 토지소유자 및 관계인의 동의를 받아 대통령령으로 정하는 바에 따라 관할 토지수용위원회에 협의성립의 확인을 신청할 수 있다(토상법 제29조 제1항). 협의성립 확인제도는 수용과 손실보상을 신속하게 실현시키기 위한 것이다. 즉 사업시행자의 원활한 공익사업 수행, 토지수용위원회의 업무 간소화, 토지소유자 등의 간편하고 신속한 이익실현을 위한 것이다.[3]

---

1) 김남진·김연태, 행정법(Ⅱ), 605쪽(2019); 김도창, 일반행정법론(하), 610쪽; 박윤흔·정형근, 최신행정법강의(하), 554쪽; 이상규, 신행정법론(하), 647쪽.

2) 대판 2020. 5. 28, 2017다265389(한국토지공사가 택지개발사업을 시행하기 위하여 공익사업을 위한 토지 등의 취득 및 보상에 관한 법률(이하 '토지보상법'이라 한다)에 따라 토지소유자로부터 사업 시행을 위한 토지를 매수하는 행위를 하더라도 한국토지공사를 상인이라 할 수 없고, 한국토지공사가 택지개발사업 지구 내에 있는 토지에 관하여 토지소유자와 매매계약을 체결한 행위를 상행위로 볼 수 없다. 토지보상법에 따라 공공사업의 시행자가 토지를 협의취득하는 행위는 사법상의 법률행위로 일방 당사자의 채무불이행에 대하여 민법에 따른 손해배상 또는 하자담보책임을 물을 수 있다).

3) 대판 2018. 12. 13, 2016두51719.

1783 (2) **확인의 절차** 제1항에 따른 협의 성립의 확인에 관하여는 제28조 제2항(수수료)·제31조(열람)·제32조(심리)·제34조(재결)·제35조(재결기간)·제52조 제7항(의결정족수)·제53조 제4항(의결정족수)·제57조(위원의 제척·기피·회피) 및 제58조(심리조사상의 권한)를 준용한다(토상법 제29조 제2항). 사업시행자가 협의가 성립된 토지의 소재지·지번·지목 및 면적 등 대통령령으로 정하는 사항에 대하여 공증인법에 따른 공증을 받아 제1항에 따른 협의 성립의 확인을 신청하였을 때에는 관할 토지수용위원회가 이를 수리함으로써 협의성립이 확인된 것으로 본다(토상법 제29조 제3항).

1784 (3) **확인의 효과** 제1항 및 제3항에 따른 확인은 이 법에 따른 재결로 보며,[1] 사업시행자, 토지소유자 및 관계인은 그 확인된 협의의 성립이나 내용을 다툴 수 없다(토상법 제29조 제4항).

제4항 재 결

1. 재결의 신청

1785 제26조에 따른 협의가 성립되지 아니하거나[2] 협의를 할 수 없을 때(제26조 제2항 단서에 따른 협의의 요구가 없을 때를 포함한다)에는 사업시행자는 사업인정고시가 된 날부터 1년 이내에 대통령령으로 정하는 바에 따라 관할 토지수용위원회에 재결을 신청할 수 있다(토상법 제28조 제1항). 제1항에 따라 재결을 신청하는 자는 국토교통부령으로 정하는 바에 따라 수수료를 내야 한다(토상법 제28조 제2항).

1) 대판 1978. 11. 14, 78다1528(협의매수에 의한 토지수용의 경우, 관할 토지수용위원회의 협의성립의 확인을 받지 아니한 것이면 원시취득이 아니라 승계취득이 된다).

2) 대판 2011. 7. 14, 2011두2309(공익사업을 위한 토지 등의 취득 및 보상에 관한 법률(이하 '공익사업법'이라 한다) 제30조 제1항은 재결신청을 청구할 수 있는 경우를 사업시행자와 토지소유자 및 관계인 사이에 '협의가 성립하지 아니한 때'로 정하고 있을 뿐 손실보상대상에 관한 이견으로 협의가 성립하지 아니한 경우를 제외하는 등 그 사유를 제한하고 있지 않은 점, 위 조항이 토지소유자 등에게 재결신청청구권을 부여한 취지는 공익사업에 필요한 토지 등을 수용에 의하여 취득하거나 사용할 때 손실보상에 관한 법률관계를 조속히 확정함으로써 공익사업을 효율적으로 수행하고 토지소유자 등의 재산권을 적정하게 보호하기 위한 것인데, 손실보상대상에 관한 이견으로 손실보상협의가 성립하지 아니한 경우에도 재결을 통해 손실보상에 관한 법률관계를 조속히 확정할 필요가 있는 점 등에 비추어 볼 때, '협의가 성립되지 아니한 때'에는 사업시행자가 토지소유자 등과 공익사업법 제26조에서 정한 협의절차를 거쳤으나 보상액 등에 관하여 협의가 성립하지 아니한 경우는 물론 토지소유자 등이 손실보상대상에 해당한다고 주장하며 보상을 요구하는데도 사업시행자가 손실보상대상에 해당하지 아니한다며 보상대상에서 이를 제외한 채 협의를 하지 않아 결국 협의가 성립하지 않은 경우도 포함된다고 보아야 한다).

2. 재결신청의 청구

사업인정고시가 된 후 협의가 성립되지 아니하였을 때에는 토지소유자와 관계인은 대통령령으로 정하는 바에 따라 서면으로 사업시행자에게 재결을 신청할 것을 청구할 수 있다(토상법 제30조 제1항).[1] 사업시행자는 제1항에 따른 청구를 받았을 때에는 그 청구를 받은 날부터 60일 이내에 대통령령으로 정하는 바에 따라 관할 토지수용위원회에 재결을 신청하여야 한다(토상법 제30조 제2항 제1문). 이 경우 수수료에 관하여는 제28조 제2항을 준용한다(토상법 제30조 제2항 제2문). 사업시행자가 제2항에 따른 기간을 넘겨서 재결을 신청하였을 때에는 그 지연된 기간에 대하여 소송촉진 등에 관한 특례법 제3조에 따른 법정이율을 적용하여 산정한 금액을 관할 토지수용위원회에서 재결한 보상금에 가산하여 지급하여야 한다(토상법 제30조 제3항). 지연배상금에 대한 소송은 수용보상금의 증액에 관한 소(보상금증감소송)에 의하여야 한다는 것이 판례의 입장이다.[2] 또한 종래의 판례는 사업시행자가 토지소유자 등의 재결신청의 청구를 거부한다고 하여 이를 이유로 민사소송의 방법으로 그 절차이행을 구할 수는 없다는 입장이다.[3] 1786

1) 대판 2000. 10. 27, 98두18381(구 토지수용법이 제25조의3의 각 항으로 토지 소유자 및 관계인에게 재결신청의 청구권을 부여한 이유는, 사업시행자는 사업인정의 고시 후 1년 이내에는 언제든지 재결을 신청할 수 있는 반면에 토지 소유자 및 관계인은 재결신청권이 없으므로, 수용을 둘러싼 법률관계의 조속한 확정을 바라는 토지 소유자 및 관계인의 이익을 보호하고 수용당사자간의 공평을 기하기 위한 것이라 할 것이다); 대판 1997. 10. 24, 97다31175.

2) 대판 1997. 10. 24, 97다31175(구 토지수용법 제25조의3 제3항이 정한 지연가산금은 수용보상금에 대한 법정 지연손해금의 성격을 갖는 것이므로 이에 대한 불복은 수용보상금에 대한 불복절차에 의함이 상당할 뿐 아니라, 토지수용법시행령 제16조의3은 "법 제25조의3 제3항의 규정에 의하여 가산하여 지급할 금액은 관할 토지수용위원회가 재결서에 기재하여야 하며, 기업자는 수용 시기까지 보상금과 함께 이를 지급하여야 한다"라고 하여 지연가산금은 수용보상금과 함께 수용재결로 정하도록 규정하고 있으므로, 지연가산금에 대한 불복은 수용보상금의 증액에 관한 소에 의하여야 한다).

3) 대판 1997. 11. 14, 97다13016(구 토지수용법이 토지소유자 등에게 재결신청의 청구권을 부여한 이유는 협의가 성립되지 아니하는 경우 기업자는 사업인정의 고시가 있은 날로부터 1년 이내(전원개발사업은 그 사업의 시행기간 내)에는 언제든지 재결신청을 할 수 있는 반면에, 토지소유자는 재결신청권이 없으므로, 수용을 둘러싼 법률관계의 조속한 확정을 바라는 토지소유자 등의 이익을 보호함과 동시에 수용 당사자 사이의 공평을 기하기 위한 것이라고 해석되는 점, 위 청구권의 실효를 확보하기 위하여 가산금 제도를 두어 간접적으로 이를 강제하고 있는 점(구 토지수용법 제25조의3 제3항), 기업자가 위 신청기간 내에 재결신청을 하지 아니한 때에는 사업인정은 그 기간만료일의 익일부터 당연히 효력을 상실하고, 그로 인하여 토지소유자 등이 입은 손실을 보상하여야 하는 점(같은 법 제17조, 제55조 제1항) 등을 종합해 보면, 기업자가 토지소유자 등의 재결신청의 청구를 거부한다고 하여 이를 이유로 민사소송의 방법으로 그 절차 이행을 구할 수는 없다).

3. 토지수용위원회(재결기관)

1787 (1) **토지수용위원회의 설치** 토지등의 수용과 사용에 관한 재결을 하기 위하여 국토교통부에 중앙토지수용위원회를 두고, 특별시·광역시·도·특별자치도(시·도)에 지방토지수용위원회를 둔다(토상법 제49조).

1788 (가) **중앙토지수용위원회** 중앙토지수용위원회는 위원장 1명을 포함한 20명 이내의 위원으로 구성하며, 위원 중 대통령령으로 정하는 수의 위원은 상임으로 한다(토상법 제52조 제1항). 중앙토지수용위원회의 위원장은 국토교통부장관이 되며, 위원장이 부득이한 사유로 직무를 수행할 수 없을 때에는 위원장이 지명하는 위원이 그 직무를 대행한다(토상법 제52조 제2항). 중앙토지수용위원회의 위원장은 위원회를 대표하며, 위원회의 업무를 총괄한다(토상법 제52조 제3항). 중앙토지수용위원회의 회의는 위원장이 소집하며, 위원장 및 상임위원 1명과 위원장이 회의마다 지정하는 위원 7명으로 구성한다(토상법 제52조 제6항). 중앙토지수용위원회의 회의는 제6항에 따른 구성원 과반수의 출석과 출석위원 과반수의 찬성으로 의결한다(토상법 제52조 제7항).

1789 (나) **지방토지수용위원회** 지방토지수용위원회는 위원장 1명을 포함한 20명 이내의 위원으로 구성한다(토상법 제53조 제1항). 지방토지수용위원회의 위원장은 시·도지사가 되며, 위원장이 부득이한 사유로 직무를 수행할 수 없을 때에는 위원장이 지명하는 위원이 그 직무를 대행한다(토상법 제53조 제2항). 지방토지수용위원회의 위원은 시·도지사가 소속 공무원 중에서 임명하는 사람 1명을 포함하여 토지 수용에 관한 학식과 경험이 풍부한 사람 중에서 위촉한다(토상법 제53조 제3항). 지방토지수용위원회의 회의는 위원장이 소집하며, 위원장과 위원장이 회의마다 지정하는 위원 8명으로 구성한다(토상법 제53조 제4항). 지방토지수용위원회의 회의는 제4항에 따른 구성원 과반수의 출석과 출석위원 과반수의 찬성으로 의결한다(토상법 제53조 제5항).

1790 (다) **토지수용위원회의 위원** 피성년후견인·피한정후견인 또는 파산선고를 받고 복권되지 아니한 사람 등은 위원이 될 수 없으며(토상법 제54조), 위원이 이에 해당하게 되면 당연히 퇴직한다(토상법 제54조 제2항). 토지수용위원회의 상임위원 및 위촉위원의 임기는 각각 3년으로 하며, 연임할 수 있다(토상법 제55조). 위촉위원은 해당 토지수용위원회의 의결로 다음 각 호(1. 신체상 또는 정신상의 장해로 그 직무를 수행할 수 없을 때, 2. 직무상의 의무를 위반하였을 때)의 어느 하나에 해당하는 사유가 있다고 인정된 경우를 제외하고는 재임 중 그 의사에 반하여 해

임되지 아니한다(토상법 제56조). 그리고 위원에게는 제척·기피·회피의 제도가 적용되며(토상법 제57조), 수당과 여비가 지급될 수 있다(토상법 제59조).

(2) **토지수용위원회의 관할** 중앙토지수용위원회는 ① 국가 또는 시·도가 1791
사업시행자인 사업, ② 수용하거나 사용할 토지가 둘 이상의 시·도에 걸쳐 있는 사업의 재결에 관한 사항을 관장한다(토상법 제51조 제1항). 지방토지수용위원회는 제1항 각 호 외의 사업의 재결에 관한 사항을 관장한다(토상법 제51조 제2항).

(3) **토지수용위원회의 직무범위**

(가) **재결사항** 토지수용위원회의 재결사항은 ① 수용하거나 사용할 토지 1792
의 구역 및 사용방법, ② 손실보상, ③ 수용 또는 사용의 개시일과 기간, ④ 그 밖에 이 법 및 다른 법률에서 규정한 사항이다(토상법 제50조 제1항).[1]

(나) **재결범위** 토지수용위원회는 사업시행자, 토지소유자 또는 관계인이 1793
신청한 범위 안에서 재결하여야 한다(토상법 제50조 제2항 본문). 다만, 제1항 제2호의 손실보상의 경우에는 증액재결을 할 수 있다(토상법 제50조 제2항 단서).

(4) **토지수용위원회의 심리권한** 토지수용위원회는 심리에 필요하다고 인 1794
정할 때에는 다음 각 호(1. 사업시행자, 토지소유자, 관계인 또는 참고인에게 토지수용위원회에 출석하여 진술하게 하거나 그 의견서 또는 자료의 제출을 요구하는 것, 2. 감정평가법인등이나 그 밖의 감정인에게 감정평가를 의뢰하거나 토지수용위원회에 출석하여 진술하게 하는 것, 3. 토지수용위원회의 위원 또는 제52조 제8항에 따른 사무기구의 직원이나 지방토지수용위원회의 업무를 담당하는 직원으로 하여금 실지조사를 하게 하는 것)의 행위를 할 수 있다(토상법 제58조 제1항). 제1항 제3호에 따라 위원 또는 직원이 실지조사를 하는 경우에는 제13조를 준용한다(토상법 제58조 제2항).

4. 재결절차

(1) **공고와 열람** 제49조에 따른 중앙토지수용위원회 또는 지방토지수용 1795
위원회(토지수용위원회)는 제28조(재결의 신청) 제1항에 따라 재결신청서를 접수하였을 때에는 대통령령으로 정하는 바에 따라 지체 없이 이를 공고하고 공고한

1) 대판 2019. 6. 13, 2018두42641(제1항에 따르면 토지수용위원회의 재결은 서면으로 하여야 하고, 같은 법 제50조 제1항에 따르면 토지수용위원회의 재결사항은 수용하거나 사용할 토지의 구역 및 사용방법(제1호), 손실보상(제2호), 수용 또는 사용의 개시일과 기간(제3호), 그 밖에 토지보상법 및 다른 법률에서 규정한 사항(제4호)인데, 이와 같이 토지보상법령이 재결을 서면으로 하도록 하고, '사용할 토지의 구역, 사용의 방법과 기간'을 재결사항의 하나로 규정한 취지는, 재결에 의하여 설정되는 사용권의 내용을 구체적으로 특정함으로써 재결 내용의 명확성을 확보하고 재결로 인하여 제한받는 권리의 구체적인 내용이나 범위 등에 관한 다툼을 방지하기 위한 것이다. 따라서 관할 토지수용위원회가 토지에 관하여 사용재결을 하는 경우에는 그 재결서에 사용할 토지의 위치와 면적, 권리자, 손실보상액, 사용 개시일 외에도 사용방법, 사용기간을 구체적으로 특정하여야 한다).

날부터 14일 이상 관계서류의 사본을 일반인이 열람할 수 있도록 하여야 한다(토상법 제31조 제1항). 토지수용위원회가 제1항에 따른 공고를 하였을 때에는 관계 서류의 열람기간 중에 토지소유자 또는 관계인은 의견을 제시할 수 있다(토상법 제31조 제2항).

1796 (2) 심 리 토지수용위원회는 제31조 제1항에 따른 열람기간이 지났을 때에는 지체 없이 해당 신청에 대한 조사 및 심리를 하여야 한다(토상법 제32조 제1항). 토지수용위원회는 심리를 할 때 필요하다고 인정하면 사업시행자, 토지소유자 및 관계인을 출석시켜 그 의견을 진술하게 할 수 있다(토상법 제32조 제2항). 토지수용위원회는 제2항에 따라 사업시행자, 토지소유자 및 관계인을 출석하게 하는 경우에는 사업시행자, 토지소유자 및 관계인에게 미리 그 심리의 일시 및 장소를 통지하여야 한다(토상법 제32조 제3항).

(3) 재 결

1797 (가) 재결방식 토지수용위원회의 재결은 서면으로 한다(토상법 제34조 제1항). 제1항에 따른 재결서에는 주문 및 그 이유와 재결일을 적고, 위원장 및 회의에 참석한 위원이 기명날인한 후 그 정본을 사업시행자, 토지소유자 및 관계인에게 송달하여야 한다(토상법 제34조 제2항).

1797a (나) 사업인정에 반하는 재결 판례상 토지수용위원회의 재결에는 한계가 따른다. 즉 토지수용위원회는 행정쟁송에 의하여 사업인정이 취소되지 않는 한, 사업인정 자체를 무의미하게 하는 재결, 즉 사업의 시행을 불가능하게 하는 효과를 가져오는 재결을 행할 수는 없다는 것이 판례의 입장이다.[1] 근년에 대법원은 "… 여전히 그 사업인정에 기하여 수용권을 행사하는 것은 수용권의 공익목적에 반하는 수용권의 남용에 해당하여 허용되지 않는다"고 하였다.[2] 전자(대판 1994. 11. 11, 93누19375)는 대법원이 사업인정을 적법한 것으로 본 경우의 판례

---

1) 대판 2007. 1. 11, 2004두8538(구 토지수용법은 수용·사용의 일차단계인 사업인정에 속하는 부분은 사업의 공익성 판단으로 사업인정기관에 일임하고, 그 이후의 구체적인 수용·사용의 결정은 토지수용위원회에 맡기고 있는바, 이와 같은 토지수용절차의 2분화 및 사업인정의 성격과 토지수용위원회의 재결사항을 열거하고 있는 같은 법 제29조 제2항의 규정내용에 비추어 볼 때, 토지수용위원회는 행정쟁송에 의하여 사업인정이 취소되지 않는 한 그 기능상 사업인정 자체를 무의미하게 하는, 즉 사업의 시행이 불가능하게 되는 것과 같은 재결을 행할 수는 없다).

2) 대판 2011. 1. 27, 2009두1051(공용수용은 헌법상의 재산권 보장의 요청상 불가피한 최소한에 그쳐야 한다는 헌법 제23조의 근본취지에 비추어 볼 때, 사업시행자가 사업인정을 받은 후 그 사업이 공용수용을 할 만한 공익성을 상실하거나 사업인정에 관련된 자들의 이익이 현저히 비례의 원칙에 어긋나게 된 경우 또는 사업시행자가 해당 공익사업을 수행할 의사나 능력을 상실하였음에도 여전히 그 사업인정에 기하여 수용권을 행사하는 것은 수용권의 공익 목적에 반하는 수용권의 남용에 해당하여 허용되지 않는다).

이고, 후자(대판 2011. 1. 27, 2009두1051)는 대법원이 사업인정을 위법한 것으로 본 경우의 판례로 보인다. 양자를 종합하면, 토지수용위원회는 사업인정이 적법한 경우에는 사업인정을 무의미하게 하는 재결을 할 수 없지만, 사업인정이 공익성을 결하여 위법한 경우에는 수용재결을 거부할 수 있다는 것이 판례의 입장이라 하겠다. 후자(대판 2011. 1. 27, 2009두1051)의 경우, 사업인정은 적법한 처분이지만 후발적인 사유로 인해 수용권의 "행사"가 위법하다는 것이므로, 이 판례는 사업인정을 위법한 것으로 본 경우라고 말하기 어렵다는 주장도 있을 수 있다. 그러나 공익성을 사업인정의 요건으로 본다면, 이 판례에서는 공익성이 사업인정 시에는 구비된 것으로 추정되었으나, 사후적으로 결여되었다는 것이 밝혀진 것으로 이해될 수 있으므로, 후자는 사업인정이 위법한 경우라고 볼 수도 있다.

(다) 재결기간 토지수용위원회는 제32조에 따른 심리를 시작한 날부터 14 1798
일 이내에 재결을 하여야 한다(토상법 제35조 본문). 다만, 특별한 사유가 있을 때에는 14일의 범위에서 한 차례만 연장할 수 있다(토상법 제35조 단서).

(라) 재결의 경정 재결에 계산상 또는 기재상의 잘못이나 그 밖에 이와 비 1799
슷한 잘못이 있는 것이 명백할 때에는 토지수용위원회는 직권으로 또는 당사자의 신청에 의하여 경정재결을 할 수 있다(토상법 제36조 제1항). 경정재결은 원재결서의 원본과 정본에 부기하여야 한다(토상법 제36조 제2항 본문). 다만, 정본에 부기할 수 없을 때에는 경정재결의 정본을 작성하여 당사자에게 송달하여야 한다(토상법 제36조 제2항 단서).

(마) 재결의 유탈 토지수용위원회가 신청의 일부에 대한 재결을 빠뜨린 경 1800
우에는 그 빠뜨린 부분의 신청은 계속하여 당해 토지수용위원회에 계속(係屬)된다(토상법 제37조).

(바) 재결의 실효 사업시행자가 수용 또는 사용의 개시일까지 관할 토지수 1801
용위원회가 재결한 보상금을 지급하거나 공탁하지 아니하였을 때에는 해당 토지수용위원회의 재결은 효력을 상실한다(토상법 제42조 제1항). 사업시행자는 제1항에 따라 재결의 효력이 상실됨으로 인하여 토지소유자 또는 관계인이 입은 손실을 보상하여야 한다(토상법 제42조 제2항). 제2항에 따른 손실보상에 관하여는 제9조 제5항부터 제7항까지의 규정을 준용한다(토상법 제42조 제3항).

5. 화해의 권고

(1) 의 의 토지수용위원회는 그 재결이 있기 전에는 그 위원 3명으로 1802
구성되는 소위원회로 하여금 사업시행자, 토지소유자 및 관계인에게 화해를 권고하게 할 수 있다(토상법 제33조 제1항 제1문). 이 경우 소위원회는 위원장이 지명하거나 위원회에서 선임한 위원으로 구성하며, 그 밖에 그 구성에 관하여 필요한 사항은 대통령령으로 정한다(토상법 제33조 제1항 제2문).

(2) **화해조서의 작성** 제1항에 따른 화해가 성립되었을 때에는 해당 토지수용위원회는 화해조서를 작성하여 화해에 참여한 위원, 사업시행자, 토지소유자 및 관계인이 서명 또는 날인을 하도록 하여야 한다(토상법 제33조 제2항).

(3) **효 력** 제2항에 따라 화해조서에 서명 또는 날인이 된 경우에는 당사자간에 화해조서와 동일한 내용의 합의가 성립된 것으로 본다(토상법 제33조 제3항). 판례는 화해의 권고를 임의적인 절차로 본다.[1)]

제 5 항 이의신청

1. 이의의 신청

1803 ① 중앙토지수용위원회의 제34조에 따른 재결에 이의가 있는 자는 중앙토지수용위원회에 이의를 신청할 수 있다(토상법 제83조 제1항). ② 지방토지수용위원회의 제34조에 따른 재결에 이의가 있는 자는 해당 지방토지수용위원회를 거쳐 중앙토지수용위원회에 이의를 신청할 수 있다(토상법 제83조 제2항). ③ 제1항 및 제2항에 따른 이의의 신청은 재결서의 정본을 받은 날부터 30일 이내에 하여야 한다(토상법 제83조 제3항). 한편, 이의신청의 절차에는 행정심판법이 준용된다.[2)]

2. 이의신청에 대한 재결

1804 (1) **재결의 종류** 중앙토지수용위원회는 제83조에 따른 이의신청을 받은 경우 제34조에 따른 재결이 위법하거나 부당하다고 인정할 때에는 그 재결의 전부 또는 일부를 취소하거나 보상액을 변경할 수 있다(토상법 제84조 제1항).

1805 (2) **증액보상금의 지급** 제84조 제1항에 따라 보상금이 늘어난 경우 사업시행자는 재결의 취소 또는 변경의 재결서 정본을 받은 날부터 30일 이내에 보상금을 받을 자에게 그 늘어난 보상금을 지급하여야 한다(토상법 제84조 제2항 본

---

1) 대판 1986. 6. 24, 84누554(구 토지수용법 제40조 소정의 토지수용위원회의 기업자, 토지소유자 또는 관계인에 대한 화해의 권고는 반드시 거쳐야 하는 필요적인 절차가 아니라 토지수용위원회의 재량에 따른 임의적인 절차이다).

2) 대판 1992. 6. 9, 92누565(토지수용위원회의 수용재결에 대한 이의절차는 구 토지수용법에 특별한 규정이 있는 것을 제외하고는 행정심판법의 규정이 준용된다).

문). 다만, 제40조(보상금의 지급 또는 공탁) 제2항 제1호·제2호 또는 제4호에 해당할 때에는 그 금액을 공탁할 수 있다(토상법 제84조 제2항 단서).

⑶ 재결의 효력

㈎ 집 행 력　제85조 제1항에 따른 기간 이내에 소송이 제기되지 아니하 1806
거나 그 밖의 사유로 이의신청에 대한 재결이 확정된 때에는 민사소송법상의 확정판결이 있은 것으로 보며, 재결서 정본은 집행력 있는 판결의 정본과 동일한 효력을 가진다(토상법 제86조 제1항). 사업시행자, 토지소유자 또는 관계인은 이의신청에 대한 재결이 확정되었을 때에는 관할 토지수용위원회에 대통령령으로 정하는 바에 따라 재결확정증명서의 발급을 청구할 수 있다(토상법 제86조 제2항).

㈏ 집행부정지　제83조에 따른 이의의 신청이나 제85조에 따른 행정소송 1807
의 제기는 사업의 진행 및 토지의 수용 또는 사용을 정지시키지 아니한다(토상법 제88조).

⑷ 재결의 실효　사업시행자가 수용 또는 사용의 개시일까지 관할 토지 1808
수용위원회가 재결한 보상금을 지급하거나 공탁하지 아니하였을 때에는 해당 토지수용위원회의 재결은 효력을 상실한다(토상법 제42조 제1항). 사업시행자는 제1항에 따라 재결의 효력이 상실됨으로 인하여 토지소유자 또는 관계인이 입은 손실을 보상하여야 한다(토상법 제42조 제2항). 제2항에 따른 손실보상에 관하여는 제9조 제5항부터 제7항까지의 규정을 준용한다(토상법 제42조 제3항). 공익사업을 위한 토지 등의 취득 및 보상에 관한 법률 제42조 제1항은 수용재결과 관련된 것이지 이의재결절차와 관련된 것은 아니다.[1)]

제 6 항 행정소송

1. 행정소송의 제기

⑴ 제소기간　사업시행자, 토지소유자 또는 관계인은 제34조에 따른 재 1809
결에 불복할 때에는 재결서를 받은 날부터 90일 이내에, 이의신청을 거쳤을 때에는 이의신청에 대한 재결서를 받은 날부터 60일 이내에 각각 행정소송을 제기할 수 있다(토상법 제85조 제1항 제1문). 30일의 단기출소기간은 헌법위반이 아니다.[2)]

---

1) 대판 1992. 3. 10, 91누8081(구 토지수용법상의 이의재결절차는 수용재결에 대한 불복절차이면서 수용재결과는 확정의 효력 등을 달리하는 별개의 절차이므로 기업자가 이의재결에서 증액된 보상금을 일정한 기한 내에 지급 또는 공탁하지 아니하였다 하더라도 그 때문에 이의재결 자체가 당연히 실효된다고는 할 수 없다).

2) 헌재 1996. 8. 29, 93헌바63, 95헌바8(병합)(구 토지수용법 제75조의2 제1항은 토지수용재결에

뿐만 아니라 행정심판법 제27조(행정심판제기기간)와 행정소송법 제20조(제소기간)의 규정은 적용되지 아니한다.

1810 (2) 공 탁 사업시행자는 행정소송을 제기하기 전에 제84조에 따라 늘어난 보상금을 공탁하여야 하며, 보상금을 받을 자는 공탁된 보상금을 소송이 종결될 때까지 수령할 수 없다(토상법 제85조 제1항 제2문).

1811 (3) **집행부정지** 제83조에 따른 이의의 신청이나 제85조에 따른 행정소송의 제기는 사업의 진행 및 토지의 수용 또는 사용을 정지시키지 아니한다(토상법 제88조).

1811a (4) **손실보상금청구소송** "공공사업의 시행에 따른 손실보상청구권은 적법한 공익사업에 따라 필연적으로 발생하는 손실에 대한 보상을 구하는 권리로서 국가배상법에 따른 손해배상청구권이나 민법상 채무불이행 또는 불법행위로 인한 손해배상청구권 등과 같은 사법상의 권리와는 그 성질을 달리하는 것으로, 그에 관한 쟁송은 민사소송이 아니라 행정소송법 제3조 제2호에서 정하고 있는 공법상 당사자소송 절차에 의하여야 한다."[1]

2. 보상금증감소송

1812 (1) 의 의 제85조 제1항에 따라 제기하려는 행정소송이 보상금의 증감에 관한 소송인 경우 그 소송을 제기하는 자가 토지소유자 또는 관계인일 때에는 사업시행자를, 사업시행자인 때에는 토지소유자 또는 관계인을 각각 피고로 한다(토상법 제85조 제2항).

(2) **불복범위**

1812a (가) **보상항목별 보상청구** "하나의 재결에서 피보상자별로 여러 가지의 토지, 물건, 권리 또는 영업(이처럼 손실보상 대상에 해당하는지, 나아가 그 보상금액이 얼마

대한 이의신청이 있어 중앙토지수용위원회가 이의재결을 한 경우 다시 이에 대한 불복을 하려면, 재결서가 송달된 날로부터 1월 이내에 행정소송을 제기하여야 하도록 규정함으로써, 제소기간을 행정소송법상의 제소기간 60일보다 짧게 규정하고 있다. 그러나, 토지수용에 관련된 공익사업은 국민경제에 중대한 영향을 미치는 경우가 대부분이므로 수용할 토지의 구역이나 손실보상을 둘러싼 분쟁 등 토지수용에 관한 법률관계를 신속하게 확정하는 것이 공익사업을 신속·원활하게 수행하기 위하여 매우 요긴하다. 또한 토지수용절차는 사업시행자가 토지수용에 따른 보상문제 등에 관하여 미리 소유자 등과 충분한 협의를 거치고, 그 뒤에 수용재결, 이의신청, 이의재결 등의 사전구제절차를 거치도록 되어 있어 이미 오랜 시간에 걸쳐 보상 등이 적정한지에 관하여 서로 다투어 온 당사자로서는 재결의 의미와 이에 대하여 불복할 것인지 여부에 관하여 생각할 충분한 시간이 주어진 바이므로 중앙토지수용위원회의 재결에 대하여 행정소송을 제기할 것인지 여부의 결정이나 제소에 따른 준비에 많은 시간이 필요한 경우가 아닌 점에 비추어 볼 때 위 제소기간 1개월은 결코 그 기간이 지나치게 짧아 국민의 재판청구권 행사를 불가능하게 하거나 현저히 곤란하게 한다고 말할 수 없다).

1) 대판 2019. 11. 28, 2018두227.

인지를 심리·판단하는 기초 단위를 이하 '보상항목'이라고 한다)의 손실에 관하여 심리·판단이 이루어졌을 때, 피보상자 또는 사업시행자가 반드시 그 재결 전부에 관하여 불복하여야 하는 것은 아니며, 여러 보상항목들 중 일부에 관해서만 불복하는 경우에는 그 부분에 관해서만 개별적으로 불복의 사유를 주장하여 행정소송을 제기할 수 있다. 이러한 보상금 증감 소송에서 법원의 심판범위는 하나의 재결 내에서 소송당사자가 구체적으로 불복신청을 한 보상항목들로 제한된다."[1)]

(나) **보상대상이 아니라는 재결에 대한 소송** "어떤 보상항목이 토지보상법령 1812b
상 손실보상대상에 해당함에도 관할 토지수용위원회가 사실을 오인하거나 법리를 오해함으로써 손실보상대상에 해당하지 않는다고 잘못된 내용의 재결을 한 경우에는, 피보상자는 관할 토지수용위원회를 상대로 그 재결에 대한 취소소송을 제기할 것이 아니라, 사업시행자를 상대로 토지보상법 제85조 제2항에 따른 보상금증감소송을 제기하여야 한다."[2)]

(3) **형식적 당사자소송** ① 공익사업을 위한 토지 등의 취득 및 보상에 관 1812c
한 법률상 보상금증감소송은 형식적 당사자소송에 해당한다. 한편, 구 토지수용법은 "제1항의 규정에 의하여 제기하고자 하는 행정소송이 보상금의 증감에 관한 소송인 때에는, 당해 소송을 제기하는 자가 토지소유자 또는 관계인인 경우에는 재결청 외에 기업자를, 기업자인 경우에는 재결청 외에 토지소유자 또는 관계인을 각각 피고로 한다"고 하여 보상금증감소송을 필요적 공동소송으로 규정하였으나, 현행 공익사업을 위한 토지 등의 취득 및 보상에 관한 법률은 보상금증감소송을 공동소송의 형식이 아니라 단일소송의 형식으로 규정하고 있다.[3)] ② 판례는 잔여지 수용청구를 받아들이지 않은 토지수용위원회의 재결에 불복하여 제기하는 소송도 보상금의 증감에 관한 소송에 해당한다고 한다.[4)]

---

1) 대판 2019. 11. 28, 2018두227; 대판 2018. 5. 15, 2017두41221.

2) 대판 2018. 7. 20, 2015두4044

3) 헌재 2013. 9. 26, 2012헌바23(보상금증감소송에서 실질적인 이해관계인은 피수용자와 사업시행자일 뿐 재결청은 이해관계가 없으므로, 이 사건 법률조항은 실질적인 당사자들 사이에서만 소송이 이루어지도록 합리적으로 조정하고, 절차의 반복 없이 분쟁을 신속하게 종결하여 소송경제를 도모하며, 항고소송의 형태를 취할 경우 발생할 수 있는 수용처분의 취소로 인한 공익사업절차의 중단을 최소화하기 위하여, 소송당사자에서 재결청을 제외하고 사업시행자만을 상대로 다투도록 피고적격을 규정한 것이다).

4) 대판 2010. 8. 19, 2008두822(구 '공익사업을 위한 토지 등의 취득 및 보상에 관한 법률'(2007. 10. 17. 법률 제8665호로 개정되기 전의 것) 제74조 제1항에 규정되어 있는 잔여지 수용청구권은 손실보상의 일환으로 토지소유자에게 부여되는 권리로서 그 요건을 구비한 때에는 잔여지를 수용하는 토지수용위원회의 재결이 없더라도 그 청구에 의하여 수용의 효과가 발생하는 형성권적 성질을 가지므로, 잔여지 수용청구를 받아들이지 않은 토지수용위원회의 재결에 대하여 토지소유자가 불복하여 제기하는 소송은 위 법 제85조 제2항에 규정되어 있는 '보상금의 증감에 관한 소송'에 해당하여 사업시행자를 피고로 하여야 한다).

제6절 공용수용의 효과

제1항 손실의 보상

Ⅰ. 보상금의 지급과 보상협의회

1. 보상금의 지급시한

1813 사업시행자는 제38조(천재·지변시의 토지의 사용) 또는 제39조(시급을 요하는 토지의 사용)에 따른 사용의 경우를 제외하고는 수용 또는 사용의 개시일(토지수용위원회가 재결로써 결정한 수용 또는 사용을 시작하는 날을 말한다. 이하 같다)까지 관할 토지수용위원회가 재결한 보상금을 지급하여야 한다(토상법 제40조 제1항). 사업인정고시가 된 후 권리의 변동이 있을 때에는 그 권리를 승계한 자가 제1항에 따른 보상금 또는 제2항에 따른 공탁금을 받는다(토상법 제40조 제3항). 사업인정고시는 손실보상의무의 발생요건이 아니다.[1)] 사업시행자가 수용 또는 사용의 개시일까지 관할 토지수용위원회가 재결한 보상금을 지급하거나 공탁하지 아니하였을 때에는 해당 토지수용위원회의 재결은 효력을 상실한다(토상법 제42조 제1항).[2)]

2. 공 탁

1814 사업시행자는 다음 각 호(1. 보상금을 받을 자가 그 수령을 거부하거나 보상금을 수령할 수 없을 때, 2. 사업시행자의 과실 없이 보상금을 받을 자를 알 수 없을 때, 3. 관할 토지수용위원회가 재결한 보상금에 대하여 사업시행자가 불복할 때, 4. 압류나 가압류에 의하여 보상금의 지급이 금지되었을 때)의 어느 하나에 해당할 때에는 수용 또는 사용의 개시일까지 수용하거나 사용하려는 토지등의 소재지의 공탁소에 보상금을 공탁(供

---

1) 대판 2021. 11. 11, 2018다204022(사업인정고시는 수용재결절차로 나아가 강제적인 방식으로 토지소유자나 관계인의 권리를 취득·보상하기 위한 절차적 요건에 지나지 않고 영업손실보상의 요건이 아니다. 토지보상법령도 반드시 사업인정이나 수용이 전제되어야 영업손실 보상의무가 발생한다고 규정하고 있지 않다. 따라서 피고가 시행하는 사업이 토지보상법상 공익사업에 해당하고 원고들의 영업이 해당 공익사업으로 폐업하거나 휴업하게 된 것이어서 토지보상법령에서 정한 영업손실 보상대상에 해당하면, 사업인정고시가 없더라도 피고는 원고들에게 영업손실을 보상할 의무가 있다).

2) 대판 1987. 3. 10, 84누158(토지수용의 내용이 공익사업을 위해서 기업자에게 타인의 재산권을 강제적으로 취득시키는 효과를 나타내는 데 있다고 하더라도 이는 그 보상금의 지급을 조건으로 하고 있는 것인 만큼 구 토지수용법 제65조의 규정내용 역시 기업자가 그 재결된 보상금을 그 수용시기까지 지급 또는 공탁하지 않은 이상 위 수용위원회의 재결은 물론 재결의 전제가 되는 재결신청도 아울러 그 효력을 상실하는 것이라고 해석함이 상당하다. 재결의 효력이 상실되면 재결신청 역시 그 효력을 상실하게 되는 것이므로 그로 인하여 구 토지수용법 제17조 소정의 사업인정의 고시가 있은 날로부터 1년 이내에 재결신청을 하지 않는 것으로 되었다면 사업인정도 역시 효력을 상실하여 결국 그 수용절차 일체가 백지상태로 환원된다).

託)할 수 있다(토상법 제40조 제2항). 한편, 사업시행자는 제2항 제3호의 경우 보상금을 받을 자에게 자기가 산정한 보상금을 지급하고 그 금액과 토지수용위원회가 재결한 보상금과의 차액을 공탁하여야 한다. 이 경우 보상금을 받을 자는 그 불복의 절차가 종결될 때까지 공탁된 보상금을 수령할 수 없다(토상법 제40조 제4항).

3. 보상업무의 위탁

사업시행자는 보상 또는 이주대책에 관한 업무를 다음 각 호(1. 지방자치단체, 1815
2. 보상실적이 있거나 보상업무에 관한 전문성이 있는 「공공기관의 운영에 관한 법률」 제4조에 따른 공공기관 또는 「지방공기업법」에 따른 지방공사로서 대통령령으로 정하는 기관)의 기관에 위탁할 수 있다(토상법 제81조 제1항). 제1항에 따른 위탁 시 업무범위, 수수료 등에 관하여 필요한 사항은 대통령령으로 정한다(토상법 제81조 제2항).

4. 보상협의회

공익사업이 시행되는 해당 지방자치단체의 장은 필요한 경우에는 다음 각 1816
호(1. 보상액 평가를 위한 사전 의견수렴에 관한 사항, 2. 잔여지의 범위 및 이주대책 수립에 관한 사항, 3. 해당 사업지역 내 공공시설의 이전 등에 관한 사항, 4. 토지소유자나 관계인 등이 요구하는 사항 중 지방자치단체의 장이 필요하다고 인정하는 사항, 5. 그 밖에 지방자치단체의 장이 회의에 부치는 사항)의 사항을 협의하기 위하여 보상협의회를 둘 수 있다(토상법 제82조 제1항 본문). 다만, 대통령령으로 정하는 규모 이상의 공익사업을 시행하는 경우에는 대통령령으로 정하는 바에 따라 보상협의회를 두어야 한다(토상법 제82조 제1항 단서). 보상협의회 위원은 다음 각 호(1. 토지소유자 및 관계인, 2. 법관, 변호사, 공증인 또는 감정평가나 보상업무에 5년 이상 종사한 경험이 있는 사람, 3. 해당 지방자치단체의 공무원, 4. 사업시행자)의 사람 중에서 해당 지방자치단체의 장이 임명하거나 위촉한다(토상법 제82조 제2항 본문). 다만, 제1항 각 호 외의 부분 단서에 따라 보상협의회를 설치하는 경우에는 대통령령으로 정하는 사람이 임명하거나 위촉한다(토상법 제82조 제2항 단서). 보상협의회의 설치·구성 및 운영 등에 필요한 사항은 대통령령으로 정한다(토상법 제82조 제3항).

Ⅱ. 손실보상의 일반원칙

1. 정당한 보상의 원칙

재산권의 수용·사용 또는 제한에는 정당한 보상을 지급하여야 한다(헌법 제23 1817
조 제3항). 정당한 보상의 의미에 관해서는 완전보상설과 상당보상설로 견해가 나뉜다. 완전보상설이 판례와[1)] 다수설의 입장이지만 본서는 상당보상설을 취한다.

2. 사업시행자보상의 원칙

1818 공익사업에 필요한 토지등의 취득 또는 사용으로 인하여 토지소유자나 관계인이 입은 손실은 사업시행자가 보상하여야 한다(토상법 제61조).

3. 사전보상의 원칙

1819 사업시행자는 당해 공익사업을 위한 공사에 착수하기 이전에 토지소유자 및 관계인에 대하여 보상액의 전액을 지급하여야 한다(토상법 제62조 본문). 다만, 제38조에 따른 천재·지변시의 토지의 사용과 제39조에 따른 시급을 요하는 토지의 사용 또는 토지소유자 및 관계인의 승낙이 있은 때에는 그러하지 아니하다(토상법 제62조 단서).

4. 현금보상의 원칙

1820 (1) **현금보상** 손실보상은 다른 법률에 특별한 규정이 있는 경우를 제외하고는 현금으로 지급하여야 한다(토상법 제63조 제1항 본문). 현금보상은 금전보상이라고도 한다.

(2) **대토보상**

1820a (가) **의 의** 대토보상이란 토지소유자가 원하는 경우로서 사업시행자가 해당 공익사업의 합리적인 토지이용계획과 사업계획 등을 고려하여 토지로 보상이 가능한 경우, 그 공익사업의 시행으로 조성한 토지로 보상하는 것을 말한다(토상법 제63조 제1항 단서).

1820b (나) **토지로 보상받을 수 있는 자** 「건축법」 제57조 제1항에 따른 대지의 분할 제한 면적 이상의 토지를 사업시행자에게 양도한 자가 된다. 이 경우 대상자가 경합(競合)할 때에는 제7항 제2호에 따른 부재부동산(不在不動産) 소유자가 아닌 자로서 제7항에 따라 채권으로 보상을 받는 자에게 우선하여 토지로 보상하며, 그 밖의 우선순위 및 대상자 결정방법 등은 사업시행자가 정하여 공고한다(토상법 제63조 제1항 제1호).

1820c (다) **보상하는 토지가격의 산정 기준금액** 다른 법률에 특별한 규정이 있는 경우를 제외하고는 일반 분양가격으로 한다(토상법 제63조 제1항 제2호).

1820d (라) **보상기준 등의 공고** 제15조에 따라 보상계획을 공고할 때에 토지로 보

1) 헌재 2010. 2. 25, 2008헌바6 전원재판부(헌법 제23조 제3항에 규정된 "정당한 보상"이란 원칙적으로 수용되는 재산의 객관적인 재산가치를 완전하게 보상하여야 한다는 이른바 "완전보상"을 뜻하는데, 토지의 경우에는 그 특성상 인근 유사토지의 거래가격을 기준으로 하여 그 가격형성에 미치는 제 요소를 종합적으로 고려한 합리적 조정을 거쳐서 객관적인 가치를 평가할 수밖에 없다(헌재 1998. 3. 26, 93헌바12, 판례집 10-1, 226, 249 참조).

상하는 기준을 포함하여 공고하거나 토지로 보상하는 기준을 따로 일간신문에 공고할 것이라는 내용을 포함하여 공고한다(토상법 제63조 제1항 제3호).

(마) 보상면적의 제한 제1항 단서에 따라 토지소유자에게 토지로 보상하는 1820e
면적은 사업시행자가 그 공익사업의 토지이용계획과 사업계획 등을 고려하여 정한다. 이 경우 그 보상면적은 주택용지는 990제곱미터, 상업용지는 1천100제곱미터를 초과할 수 없다(토상법 제63조 제2항).

(바) 전매의 제한 제1항 단서에 따라 토지로 보상받기로 결정된 권리(제4항 1820f
에 따라 현금으로 보상받을 권리를 포함한다)는 그 보상계약의 체결일부터 소유권이전등기를 마칠 때까지 전매(매매, 증여, 그 밖에 권리의 변동을 수반하는 모든 행위를 포함하되, 상속 및 「부동산투자회사법」에 따른 개발전문 부동산투자회사에 현물출자를 하는 경우는 제외한다)할 수 없으며, 이를 위반할 때에는 사업시행자는 토지로 보상하기로 한 보상금을 현금으로 보상할 수 있다. 이 경우 현금보상액에 대한 이자율은 제9항 제1호 가목에 따른 이자율의 2분의 1로 한다(토상법 제63조 제3항).

(사) 현금보상으로 전환 1820g

1) 기간경과의 경우 제1항 단서에 따라 토지소유자가 토지로 보상받기로 한 경우 그 보상계약 체결일부터 1년이 지나면 이를 현금으로 전환하여 보상해 줄 것을 요청할 수 있다. 이 경우 현금보상액에 대한 이자율은 제9항 제2호 가목에 따른 이자율로 한다(토상법 제63조 제4항).

2) 토지보상 불가의 경우 사업시행자는 해당 사업계획의 변경 등 국토교통부령으로 정하는 사유로 보상하기로 한 토지의 전부 또는 일부를 토지로 보상할 수 없는 경우에는 현금으로 보상할 수 있다. 이 경우 현금보상액에 대한 이자율은 제9항 제2호 가목에 따른 이자율로 한다(토상법 제63조 제5항).

3) 토지소유자의 사정에 기인한 경우 사업시행자는 토지소유자가 다음 각 호(1. 국세 및 지방세의 체납처분 또는 강제집행을 받는 경우, 2. 세대원 전원이 해외로 이주하거나 2년 이상 해외에 체류하려는 경우, 3. 그 밖에 제1호·제2호와 유사한 경우로서 국토교통부령으로 정하는 경우)의 어느 하나에 해당하여 토지로 보상받기로 한 보상금에 대하여 현금보상을 요청한 경우에는 현금으로 보상하여야 한다. 이 경우 현금보상액에 대한 이자율은 제9항 제2호 가목에 따른 이자율로 한다.

(3) 채권보상 ① 사업시행자가 국가·지방자치단체 그 밖에 대통령령으 1820h
로 정하는 「공공기관의 운영에 관한 법률」에 따라 지정·고시된 공공기관 및 공공단체인 경우로서 다음 각 호(1. 토지소유자나 관계인이 원하는 경우, 2. 사업인정을 받은 사업의 경우에는 대통령령으로 정하는 부재부동산 소유자의 토지에 대한 보상금이 대통령령으로 정하는 일정금액을 초과하는 경우로서 그 초과하는 금액에 대하여 보상하는 경우)의 어느 하나에 해당되는 경우에는 제1항 본문에도 불구하고 해당 사업시행자가 발행하는 채권으로 지급할 수 있다(토상법 제63조 제7항). ② 토지투기가 우려되는 지역으로서 대통령령으로 정하는 지역에서 다음 각 호(1. 「택지개발촉진법」에 따른 택지개발사업, 2. 「산업입지 및 개발에 관한 법률」에 따른 산업단지개발사업, 3. 그 밖에 대규모 개발사업으로서 대통령령으로 정하는 사업)의 어느 하나에 해당하는 공익사업을 시행하는 자 중 대통령령으로 정하는 「공공기관의 운영에 관한 법률」에 따라 지정·고시된 공공기관 및 공공단체는 제7항에도 불구하고 제7항 제2호에 따른 부재부동산 소유자의 토지에 대한 보상금 중 대통령령으로 정하는 1억원 이상의 일정금액을 초과하는 부분에 대해서는 해당 사업시행자가 발행하는 채권으로 지급하여야 한다(토상법 제63조 제7항). ③ 제7항 및 제8항에 따라 채권으로 지급하는 경우 채권의 상환기한은 5년을 넘지 아니하는 범위에서 정한다(토상법 제63조 제9항 제1문).

5. 개인별 보상의 원칙

1821 손실보상은 토지소유자나 관계인에게 개인별로 하여야 한다(토상법 제64조 본문). 다만, 개인별로 보상액을 산정할 수 없을 때에는 그러하지 아니하다(토상법 제64조 단서).

6. 일괄보상의 원칙

1822 사업시행자는 동일한 사업지역에 보상시기를 달리하는 동일인 소유의 토지등이 여러 개 있는 경우 토지소유자나 관계인이 요구할 때에는 한꺼번에 보상금을 지급하도록 하여야 한다(토상법 제65조).

7. 사업시행이익과의 상계금지의 원칙

1823 사업시행자는 동일한 토지소유자에게 속하는 일단의 토지의 일부를 취득하거나 사용하는 경우 해당 공익사업의 시행으로 인하여 잔여지의 가격이 증가하거나 그 밖의 이익이 발생한 때에도 그 이익을 그 취득 또는 사용으로 인한 손실과 상계할 수 없다(토상법 제66조).[1] 사업시행이익과의 상계금지를 기업이익과의 상계금지라고도 한다.

---

1) 대판 2000. 2. 25, 99두6439(잔여지가 토지수용의 목적사업인 도시계획사업에 의하여 설치되는 너비 10m의 도로에 접하게 되는 이익을 누리게 되었더라도 그 이익을 수용 자체의 법률효과에 의한 가격감소의 손실(이른바 수용손실)과 상계할 수는 없는 것이므로 그와 같은 이익을 참작하여 잔여지 손실보상액을 산정할 것은 아니다); 대판 1998. 9. 18, 97누13375.

Ⅲ. 보상액의 산정

1. 보상액산정의 기준시점(시가보상의 원칙)

보상액의 산정은 협의에 의한 경우에는 협의성립 당시의 가격을, 재결에 의한 경우에는 수용 또는 사용의 재결 당시의 가격을 기준으로 한다(토상법 제67조 제1항). 동법은 이 조항에 의해 보상액산정의 기준이 되는 시점을 가격시점이라 부른다(토상법 제2조 제6호). 한편, 보상액을 산정할 경우에 해당 공익사업으로 인하여 토지등의 가격이 변동되었을 때에는 이를 고려하지 아니한다(토상법 제67조 제2항). 이 조합에 대하여 헌법재판소는 합헌결정을 해오고 있다.[1) 1824

2. 보상액산정의 의뢰

사업시행자는 토지등에 대한 보상액을 산정하려는 경우에는 감정평가법인등 3인(제2항에 따라 시·도지사와 토지소유자가 모두 감정평가법인등을 추천하지 아니하거나 시·도지사 또는 토지소유자 어느 한쪽이 감정평가법인등을 추천하지 아니하는 경우에는 2인)을 선정하여 토지등의 평가를 의뢰하여야 한다(토상법 제68조 제1항 본문). 다만, 사업시행자가 국토교통부령으로 정하는 기준에 따라 직접 보상액을 산정할 수 있을 때에는 그러하지 아니하다(토상법 제68조 제1항 단서). 제1항 본문에 따라 사업시행자가 감정평가법인등을 선정할 때 해당 토지를 관할하는 시·도지사와 토지소유자는 대통령령으로 정하는 바에 따라 감정평가법인등을 각 1인씩 추천할 수 있다. 이 경우 사업시행자는 추천된 감정평가법인등을 포함하여 선정하여야 한다(토상법 제68조 제2항). 제1항 및 제2항에 따른 평가의뢰의 절차 및 방법, 보상액의 산정기준 등에 관하여 필요한 사항은 국토교통부령으로 정한다(토상법 제68조 제3항). 1825

Ⅳ. 손실보상의 종류·내용

1. 토지에 대한 보상

(1) **수용보상**(공시지가) 협의나 재결에 의하여 취득하는 토지에 대하여는 부동산 가격공시에 관한 법률에 따른 공시지가를 기준으로 하여 보상하되, 그 공시기준일부터 가격시점까지의 관계 법령에 따른 그 토지의 이용계획, 해당 공익사업으로 인한 지가의 영향을 받지 아니하는 지역의 대통령령으로 정하는 지가변동률, 생산자물가상승률(한국은행법 제86조에 따라 한국은행이 조사·발표하는 생산 1826

1) 헌재 2009. 12. 29, 2009헌바142; 헌재 2007. 11. 29, 2006헌바79.

자물가지수에 따라 산정된 비율을 말한다) 그 밖에 그 토지의 위치·형상·환경·이용상황 등을 고려하여 평가한 적정가격으로 보상하여야 한다(토상법 제70조 제1항).[1) 토지에 대한 보상액은 가격시점에서의 현실적인 이용상황과 일반적인 이용방법에 의한 객관적 상황을 고려하여 산정하되, 일시적인 이용상황과 토지소유자나 관계인이 갖는 주관적 가치 및 특별한 용도에 사용할 것을 전제로 한 경우 등은 고려하지 아니한다(토상법 제70조 제2항).[2)] 사업인정 후의 취득의 경우에 제1항에 따른 공시지가는 사업인정고시일 전의 시점을 공시기준일로 하는 공시지가로서, 해당 토지에 관한 협의의 성립 또는 재결 당시 공시된 공시지가 중 그 사업인정고시일과 가장 가까운 시점에 공시된 공시지가로 한다(토상법 제70조 제4항).[3)] 제3항 및 제4항에도 불구하고 공익사업의 계획 또는 시행이 공고되거나 고시됨으로 인하여 취득하여야 할 토지의 가격이 변동되었다고 인정되는 경우에는 제

1) 헌재 2009. 9. 24, 2008헌바112 전원재판부(토지수용으로 인한 손실보상액의 산정을 공시지가를 기준으로 하되 공시기준일부터 재결시까지의 시점보정을 지가상승률 등에 의하여 행하도록 규정한 것은 공시지가가 공시기준일 당시의 표준지의 객관적 가치를 정당하게 반영하는 것이고, 표준지와 지가산정 대상토지 사이에 가격의 유사성을 인정할 수 있도록 표준지의 선정이 적정하며, 공시기준일 이후 수용시까지의 시가변동을 산출하는 시점보정의 방법이 적정한 것으로 보이므로 재산권을 침해하였다고 볼 수 없다. 또한 당해 토지의 협의성립 또는 재결 당시 공시된 공시지가 중 당해 사업인정의 고시일에 가장 근접한 시점에 공시된 공시지가로 하도록 규정한 것은 시점보정의 기준이 되는 공시지가에 개발이익이 포함되는 것을 방지하기 위한 것으로서 개발이익이 배제된 손실보상액을 산정하는 적정한 수단에 해당되므로 헌법 제23조 제3항에 위반된다고 볼 수 없다).

2) 대판 2005. 2. 18, 2003두14222(공법상의 제한을 받는 토지의 수용보상액을 산정함에 있어서는 그 공법상의 제한이 당해 공공사업의 시행을 직접 목적으로 하여 가하여진 경우에는 그 제한을 받지 아니하는 상태대로 평가하여야 할 것이지만, 공법상 제한이 당해 공공사업의 시행을 직접 목적으로 하여 가하여진 경우가 아니라면 그러한 제한을 받는 상태 그대로 평가하여야 하고, 그와 같은 제한이 당해 공공사업의 시행 이후에 가하여진 경우라고 하여 달리 볼 것은 아니다); 대판 2005. 2. 18, 2003두14222(문화재보호구역의 확대 지정이 당해 공공사업인 택지개발사업의 시행을 직접 목적으로 하여 가하여진 것이 아님이 명백하므로 토지의 수용보상액은 그러한 공법상 제한을 받는 상태대로 평가하여야 한다).

3) 헌재 2012. 3. 29, 2010헌바370(손실보상액 산정의 기준이 되는 공시지가를 사업인정고시일 전의 시점을 공시기준일로 하는 공시지가로 한 것은 손실보상액 산정에 있어 시점보정의 기준이 되는 공시지가에 개발이익이 포함되는 것을 방지하기 위한 것으로서(헌재 2007. 11. 29, 2006헌바79), 공익사업이 시행되기도 전에 미리 그 시행으로 기대되는 이용가치의 상승을 감안한 지가의 상승분을 보상액에 포함시킨다는 것은 피수용 토지에 대한 사업시행 당시의 객관적 가치를 초과하여 보상액을 산정하는 셈이 되어 이러한 개발이익은 그 성질상 완전보상의 범위에 포함되는 피수용자의 손실이라고 볼 수 없으므로, 이러한 개발이 익을 배제하고 손실보상액을 산정한다 하여 헌법이 규정한 정당보상의 원리에 어긋나는 것이라고 할 수 없다(헌재 2009. 9. 24, 2008헌바112). 비록 사업인정고시일 무렵의 공시지가와 수용재결일 무렵의 공시지가의 변동폭이 큰 경우가 발생할 수 있다 하더라도 공익사업법 제70조 제1항에서 토지수용으로 인한 손실보상액의 산정은 공시지가를 기준으로 하되 개발이익을 배제하고, 공시기준일부터 수용 시까지의 시점보정을 인근토지의 가격변동률과 생산자물가상승률 등에 의하여 행하도록 규정하여 공시기준일 이후 수용 시까지 시가변동을 산출하는 적정한 시점보정 방법을 채택하고 있으므로 위 법률조항이 헌법상 정당보상의 원칙에 반한다고 할 수 없다); 헌재 2011. 8. 30, 2009헌바245.

1항에 따른 공시지가는 해당 공고일 또는 고시일 전의 시점을 공시기준일로 하는 공시지가로서 그 토지의 가격시점 당시 공시된 공시지가 중 그 공익사업의 공고일 또는 고시일과 가장 가까운 시점에 공시된 공시지가로 한다(토상법 제70조 제5항).[1)]

취득하는 토지와 이에 관한 소유권 외의 권리에 대한 구체적인 보상액 산정 및 평가방법은 투자비용·예상수익 및 거래가격 등을 고려하여 국토교통부령으로 정한다(토상법 제70조 제6항).

(2) **사용보상** 협의 또는 재결에 의하여 사용하는 토지에 대해서는 그 토 1827
지와 인근 유사토지의 지료(地料), 임대료, 사용방법, 사용기간 및 그 토지의 가격 등을 고려하여 평가한 적정가격으로 보상하여야 한다(토상법 제71조 제1항). 사용하는 토지와 그 지하 및 지상의 공간 사용에 대한 구체적인 보상액 산정 및 평가방법은 투자비용, 예상수익 및 거래가격 등을 고려하여 국토교통부령으로 정한다(토상법 제71조 제2항).

(3) **사용토지의 매수·수용의 청구** 사업인정고시가 된 후 다음 각 호(1. 토 1828
지를 사용하는 기간이 3년 이상인 경우, 2. 토지의 사용으로 인하여 토지의 형질이 변경되는 경우, 3. 사용하려는 토지에 그 토지소유자의 건축물이 있는 경우)의 어느 하나에 해당할 때에는 해당 토지소유자는 사업시행자에게 해당 토지의 매수를 청구하거나 관할 토지수용위원회에 그 토지의 수용을 청구할 수 있다. 이 경우 관계인은 사업시행자나 관할 토지수용위원회에 그 권리의 존속을 청구할 수 있다(토상법 제72조).

(4) **잔여지의 보상·수용청구** ① 사업시행자는 동일한 토지소유자에게 속 1829
하는 일단의 토지의 일부가 취득되거나 사용됨으로 인하여 잔여지의 가격이 감소하거나 그 밖의 손실이 있을 때 또는 잔여지에 통로·도랑·담장 등의 신설이

1) 대판 2022. 5. 26, 2021두45848(토지보상법 및 같은 법 시행령은 토지보상법 제70조 제5항에서 규정하고 있는 공익사업의 계획 또는 시행의 공고·고시의 절차, 형식이나 기타 요건에 관하여 따로 규정하고 있지 않다. 공익사업의 근거법령에서 공고·고시의 절차, 형식이나 기타 요건을 정하고 있는 경우에는 원칙적으로 공고·고시가 그 법령에서 정한 바에 따라 이루어져야 보상금 산정의 기준이 되는 공시지가의 공시기준일이 해당 공고·고시일 전의 시점으로 앞당겨지는 효과가 발생할 수 있다. 공익사업의 근거법령에서 공고·고시의 절차, 형식 및 기타 요건을 정하고 있지 않은 경우, '행정 효율과 협업 촉진에 관한 규정'(이하 '이 사건 규정'이라 한다)이 적용될 수 있다(제2조). 위 규정은 고시·공고 등 행정기관이 일정한 사항을 일반에게 알리는 문서를 공고문서로 정하고 있으므로(제4조 제3호), 위 규정에서 정하는 바에 따라 공고문서가 기안되고 해당 행정기관의 장이 이를 결재하여 그의 명의로 일반에 공표한 경우 위와 같은 효과가 발생할 수 있다. 다만, 당해 공익사업의 시행으로 인한 개발이익을 배제하려는 토지보상법령의 입법취지에 비추어 이 사건 규정에 따라 기안, 결재 및 공표가 이루어지지 않았다고 하더라도 공익사업의 계획 또는 시행에 관한 내용을 공고문서에 준하는 정도의 형식을 갖추어 일반에게 알린 경우에는 토지보상법 제70조 제5항에서 정한 '공익사업의 계획 또는 시행의 공고·고시'에 해당한다고 볼 수 있다).

나 그 밖의 공사가 필요할 때에는 국토교통부령으로 정하는 바에 따라 그 손실이나 공사의 비용을 보상하여야 한다(토상법 제73조 제1항 본문). 다만, 잔여지의 가격 감소분과 잔여지에 대한 공사의 비용을 합한 금액이 잔여지의 가격보다 큰 경우에는 사업시행자는 그 잔여지를 매수할 수 있다(토상법 제73조 제1항 단서). 제1항 본문에 따른 손실 또는 비용의 보상은 관계 법률에 따라 사업이 완료된 날 또는 제24조의2에 따른 사업완료의 고시가 있는 날(이하 "사업완료일"이라 한다)부터 1년이 지난 후에는 청구할 수 없다(토상법 제73조 제2항). ② 동일한 소유자에게 속하는 일단의 토지의 일부가 협의에 의하여 매수되거나 수용됨으로 인하여 잔여지를 종래의 목적에 사용하는 것이 현저히 곤란할 때에는 해당 토지소유자는 사업시행자에게 잔여지를 매수해 줄 것을 청구할 수 있으며, 사업인정 이후에는 관할 토지수용위원회에 수용을 청구할 수 있다(토상법 제74조 제1항 제1문).[1] 이 경우 수용의 청구는 매수에 관한 협의가 성립되지 아니한 경우에만 할 수 있으며, 사업완료일까지 하여야 한다(토상법 제74조 제1항 제2문). 잔여지수용청구권은 형성권이고, 그 권리의 행사에는 기간상 제한이 따른다.[2] 제1항에 따라 매수 또는 수용의 청구가 있는 잔여지 및 잔여지에 있는 물건에 관하여 권리를 가진 자는 사업시행자나 관할 토지수용위원회에 그 권리의 존속을 청구할 수 있다(토상법 제74조 제2항). 제1항에 따른 토지의 취득에 관하여는 제73조 제3항을 준용한다(토상법 제74조 제3항). 잔여지 및 잔여지에 있는 물건에 대한 구체적인

1) 대판 2004. 9. 24, 2002다68713(구 토지수용법 제48조 제1항은 공익사업을 위해 기업자에 의한 토지의 강제취득에 따라 남게 된 일단의 토지의 일부를 종래의 목적에 사용하는 것이 현저히 곤란한 경우에는 당해 토지소유자에게 형성권으로서 잔여지 수용청구권을 인정하고 있고, 이에 따라 잔여지에 대한 수용청구를 하려면 우선 기업자에게 잔여지매수에 관한 협의를 요청하여 협의가 성립되지 아니한 경우에 한하여 그 일단의 토지의 일부 수용에 대한 토지수용위원회의 재결이 있기 전까지 관할 토지수용위원회에 잔여지를 포함한 일단의 토지 전부의 수용을 청구할 수 있고, 그 수용재결 및 이의재결에 불복이 있으면 재결청과 기업자를 공동피고로 하여 그 이의재결의 취소 및 보상금의 증액을 구하는 행정소송을 제기하여야 하며, 곧바로 기업자를 상대로 하여 민사소송으로 잔여지에 대한 보상금의 지급을 구할 수는 없다).

2) 대판 2001. 9. 4, 99두11080(구 토지수용법에 의한 잔여지수용청구권은 그 요건을 구비한 때에는 토지수용위원회의 특별한 조치를 기다릴 것 없이 청구에 의하여 수용의 효과가 발생하는 형성권적 성질을 가지고, 그 행사기간은 제척기간으로서, 토지소유자가 그 행사기간 내에 잔여지수용청구권을 행사하지 아니하면 그 권리가 소멸하므로, 토지소유자는, 잔여지수용청구권의 행사기간에 관하여 제한이 없었던 구 토지수용법(1990. 4. 7. 법률 제4231호로 개정되기 전의 것) 제48조 제1항이 적용되던 당시에는 토지수용위원회에 대하여 토지수용의 보상가액을 다투는 방법에 의하여도 잔여지수용청구권을 행사할 수 있었던 것과 달리, 위 법 조항이 개정되어 행사기간에 관한 규정이 신설된 이후에는 그 규정에서 정한 바에 따라 재결신청의 공고일로부터 2주간의 열람기간 내(1999. 2. 8. 법률 제5909호로 개정되기 전의 토지수용법 제48조 제1항) 또는 관할 지방토지수용위원회의 재결이 있기 전까지(개정된 위 조항 시행 후) 이를 행사하여야 하고, 구 도시계획법에 의한 토지수용이라 하여 달리 볼 것은 아니다).

보상액 산정 및 평가방법 등에 대하여는 제70조·제75조·제76조·제77조 및 제78조 제4항, 같은 조 제6항 및 제7항을 준용한다(토상법 제74조 제4항).

2. 건축물 등 물건에 대한 보상

(1) 건축물의 경우

(가) 이전비 등 보상 건축물·입목·공작물과 그 밖에 토지에 정착한 물건 1830
(이하 "건축물등"이라 한다)에 대하여는 이전에 필요한 비용(이하 "이전비"라 한다)으로 보상하여야 한다.[1] 다만, 다음 각 호(1. 건축물등을 이전하기 어렵거나 그 이전으로 인하여 건축물등을 종래의 목적대로 사용할 수 없게 된 경우, 2. 건축물등의 이전비가 그 물건의 가격을 넘는 경우, 3. 사업시행자가 공익사업에 직접 사용할 목적으로 취득하는 경우)의 어느 하나에 해당하는 경우에는 해당 물건의 가격으로 보상하여야 한다(토상법 제75조 제1항). 위법한 건축물의 경우에는 보상이 되지 아니할 수도 있다.[2]

(나) 잔여 건축물 손실보상

1) 가격감소의 경우 사업시행자는 동일한 소유자에게 속하는 일단의 건 1830a
축물의 일부가 취득되거나 사용됨으로 인하여 잔여 건축물의 가격이 감소하거나 그 밖의 손실이 있을 때에는 국토교통부령으로 정하는 바에 따라 그 손실을 보상하여야 한다. 다만, 잔여 건축물의 가격 감소분과 보수비(건축물의 나머지 부분을 종래의 목적대로 사용할 수 있도록 그 유용성을 동일하게 유지하는 데에 일반적으로 필요하다고 볼 수 있는 공사에 사용되는 비용을 말한다. 다만, 「건축법」 등 관계 법령에 따라 요구되는 시설 개선에 필요한 비용은 포함하지 아니한다)를 합한 금액이 잔여 건축물의 가격보다 큰 경우에는 사업시행자는 그 잔여 건축물을 매수할 수 있다(토상법 제75조의2 제1항).

2) 사용이 곤란하게 되는 경우 동일한 소유자에게 속하는 일단의 건축물 1830b
의 일부가 협의에 의하여 매수되거나 수용됨으로 인하여 잔여 건축물을 종래의 목적에 사용하는 것이 현저히 곤란할 때에는 그 건축물소유자는 사업시행자에

1) 대판 2017. 10. 31, 2017두40068(토지보상법령의 규정에 의하여 공익사업 시행에 따라 이주하는 주거용 건축물의 세입자에게 지급하는 주거이전비는 공익사업 시행지구 안에 거주하는 세입자들의 조기 이주를 장려하고 사업추진을 원활하게 하려는 정책적인 목적과 주거이전으로 특별한 어려움을 겪게 될 세입자들에게 사회보장적인 차원에서 지급하는 금원이다).

2) 대판 2001. 4. 13, 2000두6411(구 토지수용법상의 사업인정 고시 이전에 건축되고 공공사업용지 내의 토지에 정착한 지장물인 건물은 통상 적법한 건축허가를 받았는지 여부에 관계없이 손실보상의 대상이 되나, 주거용 건물이 아닌 위법 건축물의 경우에는 관계 법령의 입법 취지와 그 법령에 위반된 행위에 대한 비난가능성과 위법성의 정도, 합법화될 가능성, 사회통념상 거래 객체가 되는지 여부 등을 종합하여 구체적·개별적으로 판단한 결과 그 위법의 정도가 관계 법령의 규정이나 사회통념상 용인할 수 없을 정도로 크고 객관적으로도 합법화될 가능성이 거의 없어 거래의 객체도 되지 아니하는 경우에는 예외적으로 수용보상 대상이 되지 아니한다).

게 잔여 건축물을 매수해 줄 것을 청구할 수 있으며, 사업인정 이후에는 관할 토지수용위원회에 수용을 청구할 수 있다. 이 경우 수용 청구는 매수에 관한 협의가 성립되지 아니한 경우에만 하되, 그 사업의 공사완료일까지 하여야 한다(토상법 제75조의2 제2항).

1830c ㈐ **사업예정지에 있는 건물 보상** 사업시행자는 사업예정지에 있는 건축물 등이 제75조 제1항 제1호 또는 제2호에 해당하는 경우에는 관할 토지수용위원회에 그 물건의 수용 재결을 신청할 수 있다(토상법 제75조 제5항).

1830d ⑵ **농작물의 경우** 농작물에 대한 손실은 그 종류와 성장의 정도 등을 종합적으로 고려하여 보상하여야 한다(토상법 제75조 제2항).

1830e ⑶ **자갈·모래 등의 경우** 토지에 속한 흙·돌·모래 또는 자갈(흙·돌·모래 또는 자갈이 해당 토지와 별도로 취득 또는 사용의 대상이 되는 경우만 해당한다)에 대하여는 거래가격 등을 고려하여 평가한 적정가격으로 보상하여야 한다(토상법 제75조 제3항).

1830f ⑷ **분묘의 경우** 분묘에 대해서는 이장(移葬)에 드는 비용 등을 산정하여 보상하여야 한다(토상법 제75조 제4항).

3. 권리의 보상

1831 광업권·어업권·양식업권 및 물(용수시설을 포함한다) 등의 사용에 관한 권리에 대하여는 투자비용, 예상수익 및 거래가격 등을 고려하여 평가한 적정가격으로 보상하여야 한다(토상법 제76조 제1항). 제1항에 따른 보상액의 구체적인 산정 및 평가방법은 국토교통부령으로 정한다(토상법 제76조 제2항).

4. 영업손실 등에 대한 보상

1832 ① 영업을 폐지하거나[1] 휴업함에 따른 영업손실에[2] 대해서는 영업이익과

1) 대판 2012. 10. 11, 2010다23210(구 공익사업을 위한 토지 등의 취득 및 보상에 관한 법률 제26조, 제28조, 제30조, 제34조, 제50조, 제61조, 제83조 내지 제85조의 규정 내용·체계 및 입법 취지 등을 종합하여 보면, 공익사업으로 인한 사업폐지 등으로 손실을 입게 된 자는 구 공익사업법 제34조, 제50조 등에 규정된 재결절차를 거친 다음 그 재결에 대하여 불복이 있는 때에 비로소 구 공익사업법 제83조 내지 제85조에 따라 권리구제를 받을 수 있다고 보아야 한다).

2) 대판 2019. 11. 28, 2018두227(공익사업시행지구 밖 영업손실보상의 특성과 헌법이 정한 '정당한 보상의 원칙'에 비추어 보면, 공익사업시행지구 밖 영업손실보상의 요건인 '공익사업의 시행으로 인한 그 밖의 부득이한 사유로 일정 기간 동안 휴업이 불가피한 경우'란 공익사업의 시행 또는 시행 당시 발생한 사유로 휴업이 불가피한 경우만을 의미하는 것이 아니라 공익사업의 시행 결과, 즉 그 공익사업의 시행으로 설치되는 시설의 형태·구조·사용 등에 기인하여 휴업이 불가피한 경우도 포함된다고 해석함이 타당하다).

시설의 이전비용 등을 고려하여 보상하여야 한다(토상법 제77조 제1항). ② 농업의 손실에 대하여는 농지의 단위면적당 소득 등을 고려하여 실제 경작자에게 보상하여야 한다(토상법 제77조 제2항 본문).[1] 다만, 농지소유자가 해당 지역에 거주하는 농민인 경우에는 농지소유자와 실제 경작자가 협의하는 바에 따라 보상할 수 있다(토상법 제77조 제2항 단서). ③ 휴직하거나 실직하는 근로자의 임금손실에 대하여는 근로기준법에 따른 평균임금 등을 고려하여 보상하여야 한다(토상법 제77조 제3항). ④ 제1항부터 제3항까지의 규정에 따른 보상액의 구체적인 산정 및 평가방법과 보상기준, 제2항에 따른 실제 경작자 인정기준에 관한 사항은 국토교통부령으로 정한다(토상법 제77조 제4항).

5. 이주대책

(1) 이주대책의 의의 　　토상법상 이주대책이란 공익사업의 시행으로 인하 1833
여 주거용 건축물을 제공함에 따라 생활의 근거를 상실하게 되는 자(이하 "이주대책대상자"라 한다)를 다른 지역으로 이주시키는 방법을 총칭하는 개념이다. 이주대책은 이주자들에 대하여 종전의 생활상태를 원상으로 회복시키면서 동시에 인간다운 생활을 보장하여 주기 위한 이른바 생활보상의 일환으로 국가의 적극적이고 정책적인 배려에 의하여 마련된 제도이다.[2] 판례는 이주대책 수립·실시 의무를 정하고 있는 공익사업을 위한 토지 등의 취득 및 보상에 관한 법률 제78조 제1항과 이주대책의 내용을 정하고 있는 같은 조 제4항 본문을 강행법규로 본다.[3] 판례는 개발사업에서 이주대책을 헌법 제23조 제3항의 정당한 보상에 포함되는 것으로 보지 아니한다.[4]

---

1) 대판 2023. 8. 18, 2022두34913(구 토지보상법 제77조 제2항, 구 토지보상법 시행규칙 제48조 제2항 본문에서 정한 영농보상은 편입토지 및 지장물에 관한 손실보상과는 별개로 이루어지는 것으로서, 농작물과 농지의 특수성으로 인하여 같은 시행규칙 제46조에서 정한 폐업보상과 구별해서 농지가 공익사업시행지구에 편입되어 공익사업의 시행으로 더 이상 영농을 계속할 수 없게 됨에 따라 발생하는 손실에 대하여 원칙적으로 같은 시행규칙 제46조에서 정한 폐업보상과 마찬가지로 장래의 2년간 일실소득을 보상함으로써, 농민이 대체 농지를 구입하여 영농을 재개하거나 다른 업종으로 전환하는 것을 보장하기 위한 것이다. 즉 영농보상은 원칙적으로 농민이 기존 농업을 폐지한 후 새로운 직업 활동을 개시하기까지의 준비기간 동안에 농민의 생계를 지원하는 간접보상이자 생활보상으로서의 성격을 가진다).

2) 대판 2016. 9. 28, 2016다20244; 대판 2013. 8. 23, 2012두24900; 대판 2011. 11. 24, 2010다80749; 헌재 2015. 10. 21, 2013헌바10; 헌재 2006. 2. 23, 2004헌마19 전원재판부.

3) 대판 2011. 6. 23, 2007다63089·63096 전원합의체.

4) 헌재 2023. 9. 26, 2023헌마785, 786(병합)(개발사업에서의 이주대책은 이주자들에 대한 생활보호차원의 시혜적 조치에 불과하여 헌법 제23조 제3항에서 규정하고 있는 정당한 보상에 포함된다고 볼 수 없으므로, 이주대책의 실시여부는 입법정책적 재량의 영역에 속한다).

(2) 이주대책의 수립

1833a (가) 일반적 이주대책 ① 사업시행자는 공익사업의 시행으로 인하여 주거용 건축물을 제공함에 따라 생활의 근거를 상실하게 되는 자(이하 "이주대책대상자"라 한다)를 위하여 대통령령으로 정하는 바에 따라 이주대책을 수립·실시하거나 이주정착금을 지급하여야 한다(토상법 제78조 제1항). 이주대책의 수립은 의무적이다. 사업시행자는 제1항에 따라 이주대책을 수립하려면 미리 관할 지방자치단체의 장과 협의하여야 한다(토상법 제78조 제2항). 사업시행자는 이주대책기준을 정하여 이주대책대상자 중에서 이주대책을 수립·실시하여야 할 자를 선정하여 그들에게 공급할 택지 또는 주택의 내용이나 수량을 정할 수 있고 이를 정하는 데 재량을 가진다.[1] ② 이주대책의 수립은 공익사업의 시행으로 인하여 주거용 건축물을 제공함에 따라 생활의 근거를 상실하게 되는 자(이주대책대상자)를 대상으로 한다(토상법 제78조 제1항).

1833b (나) 공장의 이주대책 사업시행자는 대통령령으로 정하는 공익사업의 시행으로 인하여 공장부지가 협의 양도되거나 수용됨에 따라 더 이상 해당 지역에서 공장(「산업집적활성화 및 공장설립에 관한 법률」 제2조 제1호에 따른 공장을 말한다)을 가동할 수 없게 된 자가 희망하는 경우 「산업입지 및 개발에 관한 법률」에 따라 지정·개발된 인근 산업단지에 입주하게 하는 등 대통령령으로 정하는 이주대책에 관한 계획을 수립하여야 한다(토상법 제78조의2).

(3) 이주대책의 내용

1834 (가) 개 관 ① 이주대책의 내용으로는 주택의 특별공급, 건축용지의 분양, 개발제한구역에서의 건축허가, 이주정착금의 지급, 주거이전비의 지급 등을 볼 수 있다. ② 이주대책의 내용에는 이주정착지(이주대책의 실시로 건설하는 주택단지를 포함한다)에 대한 도로, 급수시설, 배수시설, 그 밖의 공공시설 등 통상적인 수준의 생활기본시설이 포함되어야 하며, 이에 필요한 비용은 사업시행자가 부담한다. 다만, 행정청이 아닌 사업시행자가 이주대책을 수립·실시하는 경우에 지방자치단체는 비용의 일부를 보조할 수 있다 한다(토상법 제78조 제4항). ③ 주거용 건물의 거주자에 대하여는 주거 이전에 필요한 비용과 가재도구 등 동산의 운반에 필요한 비용을 산정하여 보상하여야 한다(토상법 제78조 제6항). ④ 공익사업의 시행으로 인하여 영위하던 농업·어업을 계속할 수 없게 되어 다른 지역으로 이주하는 농민·어민이 받을 보상금이 없거나 그 총액이 국토교통부령으로 정하는 금액에 미치지 못하는 경우에는 그 금액 또는 그 차액을 보상하여야

1) 대판 2010. 3. 25, 2009두23709.

한다(토상법 제78조 제7항). ⑤ 사업시행자는 해당 공익사업이 시행되는 지역에 거주하고 있는 「국민기초생활 보장법」 제2조 제1호·제11호에 따른 수급권자 및 차상위계층이 취업을 희망하는 경우에는 그 공익사업과 관련된 업무에 우선적으로 고용할 수 있으며, 이들의 취업 알선을 위하여 노력하여야 한다(토상법 제78조 제8항). 이러한 경우는 생활대책(생계대책)의 의미를 보다 강하게 갖는다.

㈏ 주거이전비와 이사비　주거이전비는 당해 공익사업시행지구에 거주하 1834a
는 세입자들의 조기이주를 장려하여 사업추진을 원활하게 하려는 정책적인 목적과 주거이전으로 인하여 특별한 어려움을 겪게 될 세입자들을 대상으로 하는 사회보장적인 차원에서 지급되는 금원이며,[1] 따라서 적법하게 시행된 공익사업으로 인하여 이주하게 된 주거용 건축물 세입자의 주거이전비 보상청구권은 공법상의 권리라는 것이 판례의 입장이다.[2]

⑷ 이주대책대상자의 권리

㈎ 특별공급신청권　판례는, 이주대책은 공공사업에 협력한 자에게 특별공 1835
급의 기회를 요구할 수 있는 법적인 이익을 부여하고 있는 것으로 그들에게는 특별공급신청권이 인정된다고 한다.[3]

㈏ 아파트수분양권　판례는, 사업시행자가 신청을 받아 이주대책대상자로 1835a
확인·결정하여야만 신청인이 비로소 아파트수분양권을 취득하게 된다고 한다.[4]

⑸ 행정소송

㈎ 이주대책　① 권한을 위임 또는 위탁받아 이주대책에 관한 처분을 한 1836
경우, 취소소송에서 피고는 권한을 위임받은 자이다.[5] ② 판례는, 이주대책대상자로 선정된 자는 비록 아직 이주택지에 대한 분양예정통보 및 분양공고에 따른 택지분양신청을 하지는 않았다고 하더라도 분양예정통보 및 분양공고상의 공급조건에 강행법규 위반의 점이 있어 분양계약의 체결에 응하지 못하고 있다면 법적 불안정을 해소하기 위하여 위 공급조건의 무효확인을 구할 법적 이익이 있다고 한다.[6]

㈏ 주거이전비　판례는, 주거이전비 등은 토지보상법 제78조와 관계 법령 1836a
에서 정하는 요건을 충족하면 당연히 발생하고 그에 관한 보상청구소송은 행정

1) 대판 2010. 12. 9, 2008두10829; 대판 2006. 4. 27, 2006두2435.
2) 대판 2008. 5. 29, 2007다8129.
3) 대판 2003. 7. 25, 2001다57778.
4) 대판 2011. 5. 26, 2010다102991; 대판 2003. 7. 25, 2001다57778.
5) 대판 2007. 8. 23, 2005두3776.
6) 대판 2003. 7. 25, 2001다57778.

소송법 제3조 제2호에서 정하는 당사자소송으로 해야 한다고 하며,[1] 다만 세입자의 주거이전비 보상에 관하여 재결이 이루어진 다음 세입자가 보상금의 증감 부분을 다투는 경우에는 같은 법 제85조 제2항에 규정된 행정소송(보상금증감청구소송)에 따라, 보상금의 증감 이외의 부분을 다투는 경우에는 같은 조 제1항에 규정된 행정소송(항고소송)에 따라 권리구제를 받을 수 있다고 한다.[2]

6. 기타 토지에 관한 비용보상

1837 (1) **공사비보상 등** ① 사업시행자는 공익사업의 시행으로 인하여 취득하거나 사용하는 토지(잔여지를 포함한다) 외의 토지에 통로·도랑·담장 등의 신설이나 그 밖의 공사가 필요할 때에는 그 비용의 전부 또는 일부를 보상하여야 한다(토상법 제79조 제1항 본문). 다만, 그 토지에 대한 공사의 비용이 그 토지의 가격보다 큰 경우에는 사업시행자는 그 토지를 매수할 수 있다(토상법 제79조 제1항 단서). 공익사업이 시행되는 지역 밖에 있는 토지등이 공익사업의 시행으로 인하여 본래의 기능을 다할 수 없게 되는 경우에는 국토교통부령으로 정하는 바에 따라 그 손실을 보상하여야 한다(토상법 제79조 제2항). ② 제1항 본문 및 제2항에 따른 비용 또는 손실의 보상에 관하여는 제73조 제2항을 준용한다(토상법 제79조 제5항). ③ 제79조 제1항 및 제2항에 따른 비용 또는 손실이나 토지의 취득에 대한 보상은 사업시행자와 손실을 입은 자가 협의하여 결정한다(토상법 제80조 제1항). 제1항에 따른 협의가 성립되지 아니하였을 때에는 사업시행자나 손실을 입은 자는 대통령령으로 정하는 바에 따라 관할 토지수용위원회에 재결을 신청할 수 있다(토상법 제80조 제2항).

1838 (2) **기 타** 공익사업이 시행되는 지역 밖에 있는 토지등이 공익사업의 시행으로 인하여 본래의 기능을 다할 수 없게 되는 경우에는 국토교통부령으로 정하는 바에 따라 그 손실을 보상하여야 한다(토상법 제79조 제2항).

7. 담보물권과 보상금

1839 담보물권의 목적물이 수용되거나 사용된 경우 그 담보물권은 그 목적물의 수용 또는 사용으로 인하여 채무자가 받을 보상금에 대하여 행사할 수 있다. 다만, 그 보상금이 채무자에게 지급되기 전에 압류하여야 한다(토상법 제47조).

---

1) 대판 2022. 6. 30, 2021다310088·310095.
2) 대판 2008. 5. 29, 2007다8129.

제 2 항 대물적 효과

1. 권리의 취득과 제한

(1) 내 용 사업시행자는 수용의 개시일에 토지나 물건의 소유권을 취득하며, 그 토지나 물건에 관한 다른 권리는 이와 동시에 소멸한다(토상법 제45조 제1항). 사업시행자는 사용의 개시일에 토지나 물건의 사용권을 취득하며, 그 토지나 물건에 관한 다른 권리는 사용 기간 중에는 행사하지 못한다(토상법 제45조 제2항). 토지수용위원회의 재결로 인정된 권리는 제1항 및 제2항에도 불구하고 소멸되거나 그 행사가 정지되지 아니한다(토상법 제45조 제3항). 수용 또는 사용의 개시일과 기간은 토지수용위원회의 재결사항이다(토상법 제50조 제1항 제3호). 1840

(2) 성 질 사업시행자의 이러한 권리취득은 원시취득이다.[1] 민법상의 하자담보책임이 문제되지 아니한다. 그것은 법률행위에 의한 것이 아니라 법률의 규정에 의한 것이 된다. 따라서 등기 없이도 수용 또는 사용의 시기에 권리의 취득이 이루어진다(민법 제187조 본문).[2] 다만 처분을 위해서는 등기가 필요하다(민법 제187조 단서). 공용수용으로 인한 소유권이전등기절차에 관한 특칙이 부동산등기법에 규정되고 있다(등기법 제99조). 1841

2. 위험부담

토지수용위원회에 재결이 있은 후 수용하거나 사용할 토지나 물건이 토지소유자 또는 관계인의 고의나 과실 없이 멸실되거나 훼손된 경우 그로 인한 손실은 사업시행자가 부담한다(토상법 제46조). 위험부담의 이전의 시점이 수용이나 사용의 시기가 아니라 재결시인 점을 유념할 필요가 있다. 1842

3. 토지·물건의 인도 등

(1) 인도·이전의무 토지소유자 및 관계인과 그 밖에 토지소유자나 관계인에 포함되지 않는 자로서 수용하거나 사용할 토지나 그 토지에 있는 물건에 관한 권리를 가진 자는 수용 또는 사용의 개시일까지 그 토지나 물건을 사업시행자에게 인도하거나 이전하여야 한다(토상법 제43조). 사업시행자는 인도나 이전 1843

---

1) 대판 2018. 12. 13, 2016두51719.

2) 대판 1997. 7. 8, 96다53826(기업자와 토지 소유자 사이에 구 토지수용법 제25조가 정하는 협의가 성립하였으나 기업자가 같은 법 제25조의2가 정하는 바에 따라 협의성립에 관하여 관할 토지수용위원회의 확인을 받지 아니한 경우에 기업자가 토지소유권을 취득하기 위하여는 법률행위로 인한 부동산물권변동의 일반원칙에 따라 소유권이전등기를 마쳐야 하고, 소유권이전등기를 마치지 아니하고도 토지소유권을 원시취득하는 것은 아니다).

으로 권리를 취득하는 것이 아니고 수용 또는 사용일에 취득하는 것이다. 목적물의 인도·이전과 손실보상이 동시이행의 관계에 놓이는 것도 아니다. 사업시행자가 수용 또는 사용의 개시일까지 관할 토지수용위원회가 재결한 보상금을 지급하거나 공탁하지 아니하였을 때에는 해당 토지수용위원회의 재결은 그 효력을 상실한다(토상법 제42조 제1항). 하자담보책임은 문제되지 아니한다.[1)]

1844 (2) **대 집 행** 사업시행자가 보상금을 지급·공탁하였음에도 목적물의 인도·이전의무자가 의무를 이행하지 않으면 형평을 깨뜨리는 것이 된다. 이러한 경우 등과 관련하여 공익사업을 위한 토지 등의 취득 및 보상에 관한 법률은 강제집행에 관한 규정을 두고 있다. 즉 "이 법 또는 이 법에 따른 처분으로 인한 의무를 이행하여야 할 자가 그 정하여진 기간 이내에 의무를 이행하지 아니하거나 완료하기 어려운 경우 또는 그로 하여금 그 의무를 이행하게 하는 것이 현저히 공익을 해친다고 인정되는 사유가 있는 경우에는 사업시행자는 시·도지사나 시장·군수 또는 구청장에게 행정대집행법에서 정하는 바에 따라 대집행을 신청할 수 있다(토상법 제89조 제1항 제1문). 이 경우 신청을 받은 시·도지사나 시장·군수 또는 구청장은 정당한 사유가 없으면 이에 따라야 한다(토상법 제89조 제1항 제2문). 사업시행자가 국가나 지방자치단체인 경우에는 제1항에도 불구하고 행정대집행법으로 정하는 바에 따라 직접 대집행을 할 수 있다(토상법 제89조 제2항)"고 규정하고 있다.[2)]

1845 (3) **인도·이전의 대행** 특별자치도지사, 시장·군수 또는 구청장은 다음 각 호(1. 토지나 물건을 인도하거나 이전하여야 할 자가 고의나 과실 없이 그 의무를 이행할 수 없을 때, 2. 사업시행자가 과실 없이 토지나 물건을 인도하거나 이전하여야 할 의무가 있는 자를 알 수 없을 때)의 어느 하나에 해당할 때에는 사업시행자의 청구에 의하여 토지나 물건의 인도 또는 이전을 대행하여야 한다(토상법 제44조 제1항). 제1항에 따라 특별자치도지사, 시장·군수 또는 구청장이 토지나 물건의 인도 또는 이전을 대행하는 경우 그로 인한 비용은 그 의무자가 부담한다(토상법 제44조 제2항). 특별자

1) 대판 2001. 1. 16, 98다58511(구 토지수용법에 의한 수용재결의 효과로서 수용에 의한 기업자의 토지소유권취득은 토지소유자와 수용자와의 법률행위에 의하여 승계취득하는 것이 아니라, 법률의 규정에 의하여 원시취득하는 것이므로, 토지소유자가 구 토지수용법 제63조의 규정에 의하여 부담하는 토지의 인도의무에는 수용목적물에 숨은 하자가 있는 경우에도 하자담보책임이 포함되지 아니하여 토지소유자는 수용시기까지 수용 대상 토지를 현존 상태 그대로 기업자에게 인도할 의무가 있을 뿐이다).

2) 대판 1998. 10. 23, 97누157(지방재정법 제85조는 철거 대집행에 관한 개별적인 근거 규정을 마련함과 동시에 행정대집행법상의 대집행 요건 및 절차에 관한 일부 규정만을 준용한다는 취지에 그치는 것이고, 그것이 대체적 작위의무에 속하지 아니하여 원칙적으로 대집행의 대상이 될 수 없는 다른 종류의 의무에 대하여서까지 강제집행을 허용하는 취지는 아니다).

치도지사, 시장·군수 또는 구청장은 제44조 제2항에 따른 의무자가 그 비용을 내지 아니할 때에는 지방세체납처분의 예에 따라 징수할 수 있다(토상법 제90조).

제 7 절 환 매 권

제 1 항 환매권의 관념

1. 환매권의 의의

환매권이란 공용수용의 목적물이 사업의 폐지 등의 사유로 불필요하게 된 1846
경우, 그 목적물의 피수용자가 일정한 대가를 지급하고 그 목적물의 소유권을 다시 취득할 수 있는 권리를 말한다. 사업시행자의 매각의 의사를 요건으로 하는 선매권과 달리 환매권은 사업시행자의 매각의 의사표시를 요건으로 하지 아니한다. 판례는 환매권을 환매권자가 이미 성립된 협의 또는 수용을 해제하고 수용이 없었던 상태로 원상회복을 구할 수 있는 권리가 아니라, 환매권자가 해당 토지의 소유권을 회복하기 위하여 새로운 매매계약을 체결할 수 있는 권리로 본다.[1)]

2. 환매권의 인정배경

환매권은 피수용자의 감정을 존중하는 데 그 뜻이 있다고 말해진다.[2)] 자기 1847
의 의사에 반하여 권리를 침해당한 피수용자가 보상금을 받았다고 하여도 그 자의 감정은 보상되는 것이 아니므로, 수용의 필요성이 없게 된 경우에는 수용물을 피수용자에게 돌려주는 것이 당연하다는 것이다. 재산권의 존속보장을 근거로 드는 견해도 있다.[3)] 헌법재판소도 유사한 입장으로 보인다.[4)] 대법원은 환

1) 헌재 2016. 9. 29, 2014헌바400.
2) 박윤흔·정형근, 최신행정법강의(하), 579쪽; 이상규, 신행법론(하), 669쪽; 류지태·박종수, 행정법신론, 1163쪽(2019).
3) 김남진, 월간고시, 1992.1, 81쪽; 박균성, 행정법론(하), 522쪽(2019).
4) 헌재 2023. 8. 31, 2020헌바178(환매권의 취지는 토지수용 등의 원인이 된 공익사업의 폐지·변경 등으로 공공필요성이 소멸된 경우에 소유권을 박탈당했던 원소유자에 대하여 재산권의 존속을 보장할 기회를 부여하는 것이다); 헌재 2006. 11. 30, 2005헌가20; 헌재 2005. 5. 26, 2004헌가10(수용된 토지 등이 공공사업에 필요 없게 되었을 경우에는 피수용자가 그 토지 등의 소유권을 회복할 수 있는 권리 즉 환매권은 헌법이 보장하는 재산권에 포함된다); 헌재 1994. 2. 24, 92헌가15 내지 17, 20 내지 24(공용수용은 헌법 제23조 제3항에 명시되어 있는 대로 국민의 재산권을 그 의사에 반하여 강제적으로라도 취득해야 할 공익적 필요성이 있을 것, 법률에 의할 것, 정당한 보상을 지급할 것의 요건을 갖추어야 하므로 일단 공용수용의 요건을 갖추어 수용절차가 종료되었다고 하더라도 그 후에 수용의 목적인 공공사업이 수행되지 아니하거나 또는 수용된 재산이 당해 공공사업에 필요 없게 되거나 이용되지 아니하게 되었다면 수용의 헌

매제도가 원소유자의 보호와 공평의 원칙에 근거를 둔 제도로 이해한다.[1)]

3. 환매권의 법적 근거

1848 환매권은 개별 법령상의 근거가 있어야만 인정되는가, 아니면 개별 규정이 없이도 헌법상 재산권보장규정에 근거하여 인정될 수 있는가의 문제가 있다. 독일의 경우는 개별 법령상 명문의 규정이 없어도 기본법상 재산권보장규정(제14조 제3항 제1문)에 의해 환매권이 인정될 수 있다고 한다.[2)] 우리나라의 경우, 판례는 개별법령상 명문의 규정 없이는 환매권을 인정하지 않는 입장을 취한다.[3)]

법상 정당성과 공공사업자에 의한 재산권 취득의 근거가 장래를 향하여 소멸한다고 보아야 한다. 따라서 토지수용법 제71조 소정의 환매권은 헌법상의 재산권보장규정으로부터 도출되는 것으로서 헌법이 보장하는 재산권의 내용에 포함되는 권리이며, 피수용자가 손실보상을 받고 소유권의 박탈을 수할 의무는 그 재산권의 목적물이 공공사업에 이용되는 것을 전제로 하기 때문에 위 헌법상 권리는 피수용자가 수용당시 이미 정당한 손실보상을 받았다는 사실로 말미암아 부인되지 않는다); 헌재 1996. 4. 25, 95헌바9(징발법상 환매의 경우).

1) 대판 2021. 4. 29, 2020다280890(토지보상법이 환매권을 인정하는 취지는, 토지의 원소유자가 사업시행자로부터 토지 등의 대가로 정당한 손실보상을 받았다고 하더라도 원래 자신의 자발적인 의사에 기하여 그 토지 등의 소유권을 상실하는 것이 아니어서 그 토지 등을 더 이상 당해 공익사업에 이용할 필요가 없게 된 때, 즉 공익상의 필요가 소멸한 때에는 원소유자의 의사에 따라 그 토지 등의 소유권을 회복시켜 주는 것이 공평의 원칙에 부합한다는 데에 있다).

2) Erbguth, Allgemeines Verwaltungsrecht(7. Aufl.), § 39, Rn. 22; Nüssgens/Boujong, Eigentums, Sozialbindung, Enteignung, 1987, S. 165.

3) 헌재 2006. 11. 30, 2005헌가20(환매권은 개별법규가 인정한 민사법상의 권리이다); 헌재 1994. 2. 24, 92헌마283; 대판 1992. 4. 24, 92다4673; 대판 1998. 4. 10, 96다52359(재산권 보장규정인 헌법 제23조 제1항·제3항의 근본취지에 비추어 볼 때, 어느 토지에 관하여 공공필요에 의한 수용절차가 종료되었다고 하더라도 그 후에 수용의 목적인 공공사업이 수행되지 아니하거나 또는 수용된 토지를 당해 공공사업에 이용할 필요가 없게 된 경우에는 특별한 사정이 없는 한 피수용자에게 그의 의사에 따라 수용토지의 소유권을 회복할 수 있는 권리를 인정하여야 할 것이다. 그러나 한편, 국가가 공공필요에 의하여 보상금을 지급하고 토지 소유권을 수용함으로써 이를 취득한 마당에 사후적으로 그 토지에 대한 수용목적이 소멸하였다고 하여 피수용자가 오랜 세월이 지난 후에도 언제든지 일방적으로 수용토지의 소유권을 회복할 수 있다고 한다면 수용토지를 둘러싼 권리관계를 심히 불안정하게 하고 이로 인하여 그 토지의 효율적인 이용이나 개발을 저해하는 등의 불합리한 결과를 초래할 수 있다고 할 것인바, 이러한 결과는 헌법이 기본원리로 하고 있는 법치주의의 요소인 법적 안정성 등에는 반하는 것이라고 할 것이다. 뿐만 아니라 수용된 토지에 국가나 기업자가 투자하여 개발한 이익이 있는 경우 그 이익이 공평하게 분배될 수 있도록 하는 조치도 필요하다. 그러므로 입법자는 수용토지에 대한 수용목적이 소멸한 경우에 피수용자가 그 토지의 소유권을 회복할 수 있는 권리의 내용, 성립요건, 행사기간·방법 및 소유권 회복시 국가나 기업자에게 지급하여야 할 대금 등을 규정함으로써 그 권리를 구체적으로 형성하여 보장함과 동시에 이를 법적 안정성, 형평성 등 다른 헌법적 요청과 조화시키는 내용의 법령을 제정하여야 할 것이고, 피수용자로서는 입법자가 제정한 법령에 의하여 수용토지 소유권의 회복에 관한 권리를 행사할 수 있는 것이라고 해석함이 상당하다. 따라서 입법자가 법령을 제정하지 않고 있거나 이미 제정된 법령이 소멸하였다고 하여 피수용자가 곧바로 헌법상 재산권 보장규정을 근거로 하여 국가나 기업자를 상대로 수용목적이 소멸한 토지의 소유권 이전을 청구할 수 있는 것은 아니라고 보아야 할 것이며, 피수용자의 토지가 위헌인 법률에 의하여 수용되었다고 하여 달리 볼 것도 아니다).

실정법상으로는 공익사업을 위한 토지 등의 취득 및 보상에 관한 법률 외에 택지개발촉진법 등에서 환매에 관한 규정을 볼 수 있다.

4. 환매권의 법적 성질

(1) 공 권 성

㈎ 사 권 설 　일설은[1] "공익사업을 위한 토지 등의 취득 및 보상에 관한 1849
법률상 환매는 개인이 행정청에 대하여 청구를 하고 이에 따라 행정청이 수용을 해제하는 것이 아니고, 개인이 전적으로 그의 이익을 위하여 일방적으로 이미 불용으로 되거나 또는 이용되지 않고 있는 수용의 목적물을 다시 취득할 수 있는 권리이기 때문에" 환매권은 사법상의 권리라 한다. 사업인정 전 취득으로 인한 인한 환매권의 경우는 물론이고, 환매권 행사에 의해 발생하는 매매관계에 사업시행자가 공권력의 담당자로서 참가하고 있다고 보기 어렵고, 강제력을 가지고 활동한다고 볼 수도 없다는 이유로 사건설을 취하는 견해도 있다.[2]

㈏ 공 권 설 　일설은[3] 공법과 사법의 구별기준으로 귀속설을 지지하는 1850
입장에서 환매권이 사업시행자라고 하는 '공권력의 주체에 대한 권리'라는 의미에서 공권으로 본다.

㈐ 판 　례 　판례는 환매권을 사권으로 본다.[4] 1851

㈑ 사 　견 　공법적 원인에 기하여 야기된 법적 상태를 원상으로 회복하 1852
는 수단 역시 공법적인 것으로 새기는 것이 논리적이다. 따라서 본서는 공권설을 따른다. 다만 귀속설의 입장에서 환매권을 공권으로 보는 견해는 귀속설이 정당할 때에 타당할 것이다. 그런데 현재로서 귀속설은 문제가 있어 보인다.

---

1) 박윤흔·정형근, 최신행정법강의(하), 578쪽; 유상현, 한국행정법(하), 335쪽.
2) 하명호, 행정법(2022), 17쪽.
3) 김남진, 행정법(Ⅱ), 544쪽; 류지태·박종수, 행정법신론, 1163쪽 이하(2019).
4) 대판 1992. 4. 24, 92다4673(징발재산정리에관한특별조치법 제20조 소정의 환매권은 일종의 형성권으로서 그 존속기간은 제척기간으로 보아야 할 것이며, 위 환매권은 재판상이든 재판 외이든 그 기간 내에 행사하면 이로써 매매의 효력이 생기고, 위 매매는 같은 조 제 1항에 적힌 환매권자와 국가간의 사법상의 매매라 할 것이다); 헌재 1994. 2. 24, 92헌마283(청구인들이 주장하는 환매권의 행사는 그것이 공공용지의취득및손실보상에관한특례법 제9조에 의한 것이든, 구 토지수용법 제71조에 의한 것이든, 환매권자의 일방적 의사표시만으로 성립하는 것이지, 상대방인 사업시행자 또는 기업자의 동의를 얻어야 하거나 그 의사 여하에 따라 그 효과가 좌우되는 것은 아니다. 따라서 이 사건의 경우 피청구인이 설사 청구인들의 환매권 행사를 부인하는 어떤 의사표시를 하였다 하더라도, 이는 환매권의 발생 여부 또는 그 행사의 가부에 관한 사법관계의 다툼을 둘러싸고 사전에 피청구인의 의견을 밝히고, 그 다툼의 연장인 민사소송절차에서 상대방의 주장을 부인하는 것에 불과하므로, 그것을 가리켜 헌법소원심판의 대상이 되는 공권력의 행사라고 볼 수는 없다); 헌재 2006. 11. 30, 2005헌가20(환매권은 개별법규가 인정한 민사법상의 권리이다).

1853 (2) **형 성 권** 환매는 환매기간 내에 환매의 요건이 발생하면 환매권자가 수령한 보상금의 상당금액을 사업시행자에게 지급하고 일방적으로 의사표시를 함으로써 사업시행자의 의사에 관계 없이 성립되는 것이므로,[1] 환매권은 형성권의 일종이다.

제 2 항 환매의 요건

1. 환매권자

1854 환매권자는 취득일 당시의 토지소유자 또는 포괄승계인(자연인의 상속인 또는 합병 후의 새로운 법인)이다(토상법 제91조 제1항). 따라서 지상권자 등 다른 권리자는 환매권자가 아니다.

2. 환매목적물

1855 ① 환매의 목적물은 토지소유권이다(토상법 제91조 제1항). 토지 이외의 물건(건물·입목·토석)이나 토지소유권 이외의 권리는 환매의 대상이 되지 아니한다.[2]
② 수용된 토지의 일부도 환매의 목적물이 될 수 있다(토상법 제91조 제1항).

3. 환매권 발생사유

1856 환매권은 공익사업의 폐지·변경 또는 그 밖의 사유로 취득한 토지의 전부 또는 일부가 필요 없게 된 경우에 발생한다(토상법 제91조 제1항).[3] 필요성의 판

1) 대판 2006. 12. 21, 2006다49277(공익사업을 위한 토지 등의 취득 및 보상에 관한 법률 제91조에 의한 환매는 환매기간 내에 환매의 요건이 발생하면 환매권자가 지급받은 보상금에 상당한 금액을 사업시행자에게 미리 지급하고 일방적으로 의사표시를 함으로써 사업시행자의 의사와 관계없이 환매가 성립하고, 토지 등의 가격이 취득 당시에 비하여 현저히 변경되었더라도 같은 법 제91조 제4항에 의하여 당사자 간에 금액에 관하여 협의가 성립하거나 사업시행자 또는 환매권자가 그 금액의 증감을 법원에 청구하여 법원에서 그 금액이 확정되지 않는 한, 그 가격이 현저히 등귀한 경우이거나 하락한 경우이거나를 묻지 않고 환매권을 행사하기 위하여는 지급받은 보상금 상당액을 미리 지급하여야 하고 또한 이로써 족한 것이며, 사업시행자는 소로써 법원에 환매대금의 증액을 청구할 수 있을 뿐 환매권 행사로 인한 소유권이전등기 청구소송에서 환매대금 증액청구권을 내세워 증액된 환매대금과 보상금 상당액의 차액을 지급할 것을 선이행 또는 동시이행의 항변으로 주장할 수 없다).

2) 헌재 2005. 5. 26, 2004헌가10(공익사업을위한토지등의취득및보상에관한법률(2002. 2. 4. 법률 제6656호로 제정된 것) 제91조 제1항 중 '토지' 부분(제청법원은 동법률 제91조 제1항의 위헌여부를 제청하면서 환매권의 대상을 '토지'에 한정하고 '건물'을 포함하지 않고 있는 것을 다툰다)으로 인한 기본권 제한의 정도와 피해는 미비하고 이 사건 조항이 공익에 비하여 사익을 과도하게 침해하는 것은 아니다. 입법자가 건물에 대한 환매권을 부인한 것은 헌법적 한계 내에 있는 입법재량권의 행사이므로 재산권을 침해하는 것이라 볼 수 없다).

3) 대판 2019. 10. 31, 2018다233242(구 「공익사업을 위한 토지 등의 취득 및 보상에 관한 법률」 제91조 제1항 … 의 '당해 사업'이란 토지의 협의취득 또는 수용의 목적이 된 구체적인 특정 공

단은 객관적으로 이루어져야 한다.[1] 한편, 제74조(잔여지 등의 매수 및 수용청구) 제1항에 따라 매수하거나 수용한 잔여지는 그 잔여지에 접한 일단의 토지가 필요 없게 된 경우가 아니면 환매할 수 없다(토상법 제91조 제3항).

4. 환매권 행사기간

(1) **행사기간**　환매는 ① 사업의 폐지·변경으로 취득한 토지의 전부 또는 일부가 필요 없게 된 경우에는 관계 법률에 따라 사업이 폐지·변경된 날 또는 제24조에 따른 사업의 폐지·변경 고시가 있는 날, ② 그 밖의 사유로 취득한 토지의 전부 또는 일부가 필요 없게 된 경우에는 사업완료일부터 10년 이내에 하여야 한다(토상법 제91조 제1항). 취득일부터 5년 이내에 취득한 토지의 전부를 해당 사업에 이용하지 아니하였을 때에는 취득일부터 6년 이내에 행사하여야 한다(토상법 제91조 제2항). 1857

(2) **기 산 일**　국가, 지방자치단체 또는 「공공기관의 운영에 관한 법률」 제4조에 따른 공공기관 중 대통령령으로 정하는 공공기관이 사업인정을 받아 공익사업에 필요한 토지를 협의취득하거나 수용한 후 해당 공익사업이 제4조 제1호부터 제5호까지에 규정된 다른 공익사업(별표에 따른 사업이 제4조 제1호부터 제5호까지에 규정된 공익사업에 해당하는 경우를 포함한다)으로 변경된 경우 제1항 및 제2항에 따른 환매권 행사기간은 관보에 해당 공익사업의 변경을 고시한 날부터 기산한다.[2] 이 경우 국가, 지방자치단체 또는 「공공기관의 운영에 관한 법 1857a

---

익사업을 가리키는 것이고, 취득한 토지의 전부 또는 일부가 '필요 없게 된 때'란 사업시행자가 취득한 토지의 전부 또는 일부가 그 취득 목적사업을 위하여 사용할 필요 자체가 없어진 경우를 말하며, 협의취득 또는 수용된 토지가 필요 없게 되었는지 여부는 사업시행자의 주관적인 의사를 표준으로 할 것이 아니라 당해 사업의 목적과 내용, 협의취득의 경위와 범위, 당해 토지와 사업의 관계, 용도 등 제반 사정에 비추어 객관적·합리적으로 판단하여야 한다).

1) 대판 1994. 1. 25, 93다11760, 93다11777, 93다11784(수용되거나 협의취득된 토지의 환매권에 관하여 규정한 구 토지수용법 제71조 제1항과 구 공공용지의취득및손실보상에관한특례법 제9조 제1항 소정의 "사업(또는 당해 공공사업)의 폐지 변경 기타의 사유로 인하여 수용한(또는 취득한) 토지의 전부 또는 일부가 필요 없게 된(또는 되었을) 때"라 함은 수용 또는 협의취득의 목적이 된 구체적인 특정의 공익사업이 폐지되거나 변경되는 등의 사유로 인하여 당해 토지가 더 이상 그 공익사업에 직접 이용될 필요가 없어졌다고 볼 만한 객관적인 사정이 발생한 경우를 말하는 것이므로, 당해 토지의 취득목적사업인 공익사업의 내용이 변경됨에 따라 새로이 필요하게 된 다른 토지 등을 취득하기 위하여 당해 토지를 활용하는 것이, 당초 당해 토지를 수용하거나 협의취득한 목적을 궁극적으로 달성하는 데 필요하다고 하더라도, 이와 같은 사정만으로는 당해 토지에 대한 환매권의 발생에 아무런 영향도 미칠 수 없다).

2) 대판 2010. 9. 30, 2010다30782(공익사업의 변환을 인정한 입법 취지 등에 비추어 볼 때, '공익사업을 위한 토지 등의 취득 및 보상에 관한 법률' 제91조 제6항은 사업인정을 받은 당해 공익사업의 폐지·변경으로 인하여 협의취득하거나 수용한 토지가 필요 없게 된 때라도 위 규정에 의하여 공익사업의 변환이 허용되는 다른 공익사업으로 변경되는 경우에는 당해 토지의 원소유자 또는 그 포괄승계인에게 환매권이 발생하지 않는다는 취지를 규정한 것이라고 보아야 하

률」 제4조에 따른 공공기관 중 대통령령으로 정하는 공공기관은 공익사업이 변경된 사실을 대통령령으로 정하는 바에 따라 환매권자에게 통지하여야 한다(토상법 제91조 제6항). 그리고 환매권의 행사에도 도달주의가 적용된다.[1)]

5. 환매가격

1858 환매가격은 그 토지에 대하여 받은 보상금에 상당하는 금액이다(토상법 제91조 제1항). 그러나 토지의 가격이 취득일 당시에 비하여 현저히 변동된 경우 사업시행자와 환매권자는 환매금액에 대하여 서로 협의하되, 협의가 성립되지 아니하면 그 금액의 증감을 법원에 청구할 수 있다(토상법 제91조 제4항).

1859 보상금 상당액의 지급은 환매의 요건이지 환매권의 성립요건은 아니다.[2)] 보상액 상당액의 지급은 선이행의무이므로 보상액 상당액을 지급하지 아니하거나 공탁을 하지 아니하고서 무조건 또는 상환으로 소유권이전등기를 구하는 것은 허용되지 아니한다는 것이 판례의 입장이다.[3)] 환매대금의 선이행의무는 위헌이 아니다.[4)]

고, 위 조항에서 정한 "제1항 및 제2항의 규정에 의한 환매권 행사기간은 관보에 당해 공익사업의 변경을 고시한 날로부터 기산한다"는 의미는 새로 변경된 공익사업을 기준으로 다시 환매권 행사의 요건을 갖추지 못하는 한 환매권을 행사할 수 없고 환매권 행사 요건을 갖추어 제1항 및 제2항에 정한 환매권을 행사할 수 있는 경우에 그 환매권 행사기간은 당해 공익사업의 변경을 관보에 고시한 날로부터 기산한다는 의미로 해석해야 한다).

1) 대판 1999. 4. 9, 98다46945(환매권은 재판상이든 재판 외이든 그 기간 내에 행사하면 되는 것이나, 환매권은 상대방에 대한 의사표시를 요하는 형성권의 일종으로서 환매의 의사표시가 상대방에게 도달한 때에 비로소 환매권 행사의 효력이 발생함이 원칙이다).

2) 대판 2012. 8. 30, 2011다74109(공익사업을 위한 토지 등의 취득 및 보상에 관한 법률 제91조에 의한 환매는 환매기간 내에 환매의 요건이 발생하면 환매권자가 지급 받은 보상금에 상당한 금액을 사업시행자에게 미리 지급하고 일방적으로 의사표시를 함으로써 사업시행자의 의사와 관계없이 환매가 성립한다. 따라서 환매기간 내에 환매대금 상당을 지급하거나 공탁하지 아니한 경우에는 환매로 인한 소유권이전등기 청구를 할 수 없다).

3) 대판 1993. 9. 14, 92다56810, 92다56827, 92다56834(구 공공용지의취득및손실보상에관한특례법 제9조 및 구 토지수용법 제71조에 의한 환매권의 경우 환매대금의 선이행을 명문으로 규정하고 있으므로 환매대금 상당을 지급하거나 공탁하지 아니한 경우는 환매로 인한 소유권이전등기청구는 물론 환매대금의 지급과 상환으로 소유권이전등기를 구할 수 없다).

4) 헌재 2006. 11. 30, 2005헌가20(이 사건 법률조항(공토법, 토상법 제91조 1항)에 의하여 실현하고자 하는 공익은 공익사업의 효율적인 수행을 통한 공공복리의 증진인 반면, 이 사건 법률조항으로 인하여 환매권자가 입을 수 있는 피해는 환매대금의 선이행으로 인한 재산권의 일시적인 제한으로서 그 제한의 정도와 피해가 크지 않다고 할 것이므로 사익을 과도하게 제한한 것이라 볼 수 없다. 따라서 이 사건 법률조항은 비례의 원칙에 어긋나게 환매권자의 재산권을 침해하는 위헌의 법률이라고 할 수 없다고 할 것이다. 공토법상의 환매제도는 공익적 필요에 의해 협의취득 또는 수용된 토지의 원소유자에게 재산권을 보장하고 공익사업의 수행을 원활하게 하기 위하여 마련된 것으로서, 환매권의 행사는 당사자 사이의 협의를 전제로 하는 것이 아니므로 환매권자의 환매권행사만으로 사업시행자의 의사와 관계없이 환매가 성립되어 협의취득 또는 수용의 효력을 상실시키기 때문에, 사업시행자에게 환매대금의 지급을 확실하게 보장할 필요가 있는 것이다. 따라서 환매대금의 선이행의무를 규정한 이 사건 법률조항이 사업시행

6. 환매권의 대항력

환매권은 부동산등기법에서 정하는 바에 따라 공익사업에 필요한 토지의 협의취득 또는 수용의 등기되었을 때에는 제3자에게 대항할 수 있다(토상법 제91조 제5항).[1] 즉 등기되었을 때에는 환매의 목적물(토지)이 제3자에게 이전된 경우에도 환매권자는 제3자에 대하여 환매권을 행사할 수 있다(물권적 효력). 1860

제 3 항 환매의 절차

1. 통지·공고

사업시행자는 제91조 제1항 및 동조 제2항에 따라 환매할 토지가 생겼을 때에는 지체없이 그 사실을 환매권자에게 통지하여야 한다(토상법 제92조 제1항 본문). 다만, 사업시행자가 과실 없이 환매권자를 알 수 없을 때에는 대통령령으로 정하는 바에 따라 공고하여야 한다(토상법 제92조 제1항 단서). 통지의 성질은 최고라 하겠다. 환매의 통지나 공고를 하지 아니함으로 인해 환매권을 상실시키는 것은 불법행위에 해당한다.[2] 1861

자와 환매권자를 합리적 이유없이 자의적으로 차별하는 것으로 볼 수 없으므로 평등원칙에 반한다고 할 수 없다).

1) 대판 2017. 3. 15, 2015다238963(구 공익사업을 위한 토지 등의 취득 및 보상에 관한 법률 제91조 제5항은 '환매권은 부동산등기법이 정하는 바에 의하여 공익사업에 필요한 토지의 협의취득 또는 수용의 등기가 된 때에는 제3자에게 대항할 수 있다'고 정하고 있다. 이는 협의취득 또는 수용의 **목적물이 제3자에게 이전되더라도 협의취득 또는 수용의 등기가 되어 있으면 환매권자의 지위가 그대로 유지되어 환매권자는 환매권을 행사할 수 있고, 제3자에 대해서도 이를 주장할 수 있다**는 의미이다. 이 사건 각 토지에 관하여 피고 앞으로 공공용지 협의취득을 원인으로 한 소유권이전등기를 마쳤으므로, 원고들로서는 환매권이 발생한 때부터 제척기간 도과로 소멸할 때까지 사이에 언제라도 이 사건 각 토지에 관하여 환매권을 행사하고, 이로써 제3자에게 대항할 수 있다).

2) 대판 2000. 11. 14, 99다45864(구 공공용지의취득및손실보상에관한특례법 제9조 제5항에 의하여 준용되는 구 토지수용법 제72조 제1항이 환매할 토지가 생겼을 때에는 기업자(사업시행자)가 지체없이 이를 원소유자 등에게 통지하거나 공고하도록 규정한 취지는 원래 공적인 부담의 최소한성의 요청과 비자발적으로 소유권을 상실한 원소유자를 보호할 필요성 및 공평의 원칙 등 환매권을 규정한 입법이유에 비추어 공익목적에 필요 없게 된 토지가 있을 때에는 먼저 원소유자에게 그 사실을 알려 주어 환매할 것인지 여부를 최고하도록 함으로써 법률상 당연히 인정되는 환매권 행사의 실효성을 보장하기 위한 것이라고 할 것이므로 위 규정은 단순한 선언적인 것이 아니라 기업자(사업시행자)의 법적인 의무를 정한 것이라고 보아야 할 것인바, 구 공공용지의취득및손실보상에관한특례법상의 사업시행자가 위 각 규정에 의한 통지나 공고를 하여야 할 의무가 있는데도 불구하고 이러한 의무에 위배한 채 원소유자 등에게 통지나 공고를 하지 아니하여, 원소유자 등으로 하여금 환매권 행사기간이 도과되도록 하여 이로 인하여 법률에 의하여 인정되는 환매권 행사가 불가능하게 되어 환매권 그 자체를 상실하게 하는 손해를 가한 때에는 원소유자 등에 대하여 불법행위를 구성한다고 할 것이다).

2. 환매권의 소멸

1861a 환매권자는 제1항에 따른 통지를 받은 날 또는 공고를 한 날부터 6개월이 지난 후에는 제91조 제1항 및 동조 제2항에도 불구하고 환매권을 행사하지 못한다(토상법 제92조 제2항). 환매권행사가 이루어진 이상, 환매권행사기간이 경과하여도 환매가격결정을 위한 절차는 진행될 수 있다.[1)]

3. 공익사업의 변환과 기산일의 변경

1862 (1) 의 의 공익사업 변환이란 국가, 지방자치단체 또는 「공공기관의 운영에 관한 법률」 제4조에 따른 공공기관 중 대통령령으로 정하는 공공기관이 사업인정을 받아 공익사업에 필요한 토지를 협의취득하거나 수용한 후 해당 공익사업이 제4조 제1호부터 제5호까지에 규정된 다른 공익사업(별표에 따른 사업이 제4조 제1호부터 제5호까지에 규정된 공익사업에 해당하는 경우를 포함한다)으로 변경된 경우, 별도의 새로운 절차(협의취득 또는 수용) 없이 그 토지를 변경된 다른 공익사업에 이용하는 제도를 말한다(토상법 제91조 제6항 참조).

1862a (2) 취 지 특정 공익사업이 다른 공익사업으로 변경된 경우에 환매권자에게 환매하도록 한 후 새로운 공익사업의 시행을 위해 다시 수용하는 것이 원칙일 것이다. 여기서 토지의 환매를 인정하여 사유화한 후 다시 같은 토지를 수용하는 번거로운 절차의 반복을 피하기 위하여[2)] 도입된 것이 바로 공익사업의 변환에 따른 기산일의 변경제도이다.[3)]

---

1) 대판 2000. 11. 28, 99두3416(구 공공용지의취득및손실보상에관한특례법과 같은 법 시행령 및 그에 의하여 준용되는 구 토지수용법의 규정을 살펴보아도 환매대상토지의 가격이 취득 당시에 비하여 현저히 변경된 경우 환매가격을 결정하기 위하여 사업시행자 또는 환매권자가 협의 및 재결신청을 할 수 있는 기간을 특별히 제한하지 않고 있는바, 환매권의 행사와 환매가격 결정을 위한 절차는 그 성질을 달리하는 것이므로 구 공공용지의취득및손실보상에관한특례법 제9조 제5항에 의하여 준용되는 구 토지수용법 제72조 제2항에 의하여 환매권의 행사기간이 통지를 받은 날로부터 6개월로 정하여져 있다고 하여 환매가격 결정을 위한 협의 및 재결 신청도 그 기간 내에 하여야 한다고 볼 것은 아니고, 또 환매대상토지가 수용되었다고 하더라도 환매대상토지 또는 환매권이 소멸하는 것이 아니라 단지 소유권이전등기의무만이 이행불능으로 되는 것이고 환매권자로서는 환매가 성립되었음을 전제로 사업시행자에 대하여 대상청구를 할 수 있으므로 여전히 환매가격 결정을 위한 협의 및 재결절차에 나아갈 수 있다).

2) 대판 2015. 8. 19, 2014다201391(이는 당초의 공익사업이 공익성의 정도가 높은 다른 공익사업으로 변경되고 그 다른 공익사업을 위하여 토지를 계속 이용할 필요가 있을 경우에는, 환매권의 행사를 인정한 다음 다시 협의취득이나 수용 등의 방법으로 그 토지를 취득하는 번거로운 절차를 되풀이하지 않게 하기 위하여 이른바 '공익사업의 변환'을 인정함으로써 환매권의 행사를 제한하려는 것이다).

3) 헌재 2012. 11. 29, 2011헌바49(사업인정을 받은 당해 공익사업의 폐지·변경으로 인하여 협의취득하거나 수용한 토지가 필요 없게 된 때라도 공익사업의 변환이 허용되는 다른 공익사업으로 변경되는 경우에는 당해 토지의 원소유자 또는 그 포괄승계인에게 환매권이 발생하지 않는

⑶ 요 건

㈎ 주 체 수용주체는 국가·지방자치단체 또는 「공공기관의 운영에 관한 법률」 제4조에 따른 공공기관 중 대통령령으로 정하는 공공기관이다. 문제는 공익사업변경 전·후의 사업주체가 다른 경우 공익사업변환을 인정할 것인지의 여부이다. ① ⓐ 공익사업 변환과정에서 해당 토지가격이 상승하여 토지의 시세차익이 발생하는 경우(변경 후 사업주체는 상승된 가격으로 변경 전 사업주체로부터 협의 취득할 것이므로) 변경 전 사업주체에게 시세차익을 귀속시키는 것보다는 원토지소유자에게 이를 귀속시키는 것이 정당하다는 점을 근거로 부정하는 입장과 ⓑ 토상법이 사업시행자가 동일할 것을 공익사업의 변환의 요건으로 명시적으로 규정하고 있지 않고, 수용에서 중요한 것은 사업의 공익성이지 그 주체가 아니라는 점을 근거로 긍정하는 입장이 대립한다. ② 판례는 공익사업의 변경 전과 변경 후의 사업주체가 동일하지 않은 경우에도 공익사업의 변환을 인정하고 있다.[1] ③ 토상법이 공익사업변경 전·후의 사업주체가 동일할 것을 공익사업변환의 요건으로 규정하고 있지 않으며, 원토지소유자가 아니라 변경 전 사업주체에게 시세차익을 귀속시킨다는 비판이 있으나 공익을 위한 것이라면 변경 전 사업주체에게 이익을 귀속시켜도 무방할 것이므로, 결국 공익실현을 위한 것 1862b

다는 취지의 규정인바, 공익사업 변환으로 환매권이 제한되는 경우 그 환매권 행사기간은 관보에 당해 공익사업의 변경을 고시한 날로부터 기산하게 되어 새로 변경된 공익사업을 기준으로 다시 환매권 행사의 요건을 갖추지 못하는 한 피수용자는 환매권을 행사할 수 없게 된다(대법원 2010. 9. 30. 선고 2010다30782 판결 참조). 이는 수용된 토지가 애초의 사업목적이 폐지·변경되었다는 사유만으로 다른 공익사업을 위한 필요가 있음에도 예외 없이 원소유자에게 당해 토지를 반환하고 나서 다시 수용절차를 거칠 경우 발생할 수 있는 행정력 낭비를 막고 소유권 취득 지연에 따른 공익사업 시행에 차질이 없도록 하여 공익사업을 원활하고 효율적으로 시행하려는 데 그 목적이 있다. 이러한 입법목적은 정당하며, 이 사건 법률조항은 이를 위하여 적절한 수단이라고 할 것이다).

1) 대판 2015. 8. 19, 2014다201391; 대판 2010. 9. 30, 2010다30782(지방자치단체가 도시관리계획상 초등학교 건립사업을 위하여 학교용지를 협의취득하였으나 위 학교용지 인근에서 아파트 건설사업을 하던 주택건설사업 시행자와 그 아파트 단지 내에 들어설 새 초등학교 부지와 위 학교용지를 교환하고 위 학교용지에 중학교를 건립하는 것으로 도시관리계획을 변경한 사안에서, 위 학교용지에 대한 협의취득의 목적이 된 당해 사업인 '초등학교 건립사업'의 폐지·변경으로 위 토지는 당해 사업에 필요 없게 되었고, 나아가 '중학교 건립사업'에 관하여 사업인정을 받지 않았을 뿐만 아니라 위 학교용지가 중학교 건립사업의 시행자 아닌 제3자에게 처분되었으므로 공익사업의 변환도 인정할 수 없으므로 위 학교용지에 관한 환매권 행사는 정당하다); 대판 1994. 1. 25, 93다11760·11777·11784(이른바 "공익사업의 변환"이 국가·지방자치단체 또는 정부투자기관이 사업인정을 받아 토지를 협의취득 또는 수용한 경우에 한하여, 그것도 사업인정을 받은 공익사업이 공익성의 정도가 높은 토지수용법 제3조 제1호 내지 제4호에 규정된 다른 공익사업으로 변경된 경우에만 허용되도록 규정하고 있는 토지수용법 제71조 제7항 등 관계법령의 규정내용이나 그 입법이유 등으로 미루어 볼 때, 같은 법 제71조 제7항 소정의 "공익사업의 변환"이 국가·지방자치단체 또는 정부투자기관 등 기업자(또는 사업시행자)가 동일한 경우에만 허용되는 것으로 해석되지는 않는다).

이라면 비례원칙을 준수하는 한 공익사업변경 전·후의 사업주체가 동일할 필요가 없다는 견해가 타당하다. 한편, 판례는 공익사업의 변환을 인정하기 위해서는 적어도 변경된 사업의 사업시행자가 당해 토지를 소유하고 있어야 한다는 입장이다.[1)]

1862c (나) 대상사업 변환되는 새로운 사업은 공익사업을 위한 토지 등의 취득 및 보상에 관한 법률 제4조 제1호부터 제5호(국방·군사에 관한 사업 등)까지에 규정된 공익사업이어야 한다.

1862d (다) 통 지 공익사업변환이 있는 경우 국가·지방자치단체 또는 「공공기관의 운영에 관한 법률」 제4조에 따른 공공기관 중 대통령령으로 정하는 공공기관은 공익사업이 변경된 사실을 대통령령으로 정하는 바에 따라 환매권자에게 통지하여야 한다(토상법 제91조 제6항 제2문).

1862e (4) 효 과(기산일) 국가, 지방자치단체 또는 「공공기관의 운영에 관한 법률」 제4조에 따른 공공기관 중 대통령령으로 정하는 공공기관이 사업인정을 받아 공익사업에 필요한 토지를 협의취득하거나 수용한 후 해당 공익사업이 제4조 제1호부터 제5호까지에 규정된 다른 공익사업으로 변경된 경우 제1항 및 제2항에 따른 환매권 행사기간은 관보에 해당 공익사업의 변경을 고시한 날부터 기산한다(토상법 제91조 제6항 제1문).

1862f (5) 위헌 여부 공익사업의 변환제도는 환매권제도를 실효시키고, 토지소유자의 재산권침해문제를 야기할 수 있어 위헌가능성이 있다는 지적이[2)] 있다. 그러나 헌법재판소는 합헌으로 본다.[3)]

---

1) 대판 2010. 9. 30, 2010다30782(공익사업의 원활한 시행을 위한 무익한 절차의 반복 방지라는 '공익사업의 변환'을 인정한 입법 취지에 비추어 볼 때, 만약 사업시행자가 협의취득하거나 수용한 당해 토지를 제3자에게 처분해 버린 경우에는 어차피 변경된 사업시행자는 그 사업의 시행을 위하여 제3자로부터 토지를 재취득해야 하는 절차를 새로 거쳐야 하는 관계로 위와 같은 공익사업의 변환을 인정할 필요성도 없게 되므로, 공익사업의 변환을 인정하기 위해서는 적어도 변경된 사업의 사업시행자가 당해 토지를 소유하고 있어야 한다. 나아가 공익사업을 위해 협의취득하거나 수용한 토지가 제3자에게 처분된 경우에는 특별한 사정이 없는 한 그 토지는 당해 공익사업에는 필요 없게 된 것이라고 보아야 하고, 변경된 공익사업에 관해서도 마찬가지이므로, 그 토지가 변경된 사업의 사업시행자 아닌 제3자에게 처분된 경우에는 공익사업의 변환을 인정할 여지도 없다).

2) 류지태·박종수, 행정법신론, 1169쪽(2019).

3) 헌재 1997. 6. 26, 96헌바94(심판대상조항(구 토지수용법 제71조 제7항(공익사업변환제도)은 공익사업의 원활한 시행을 확보하기 위한 목적에서 신설된 것으로 우선 그 입법목적에 있어서 정당하고 나아가 변경사용이 허용되는 사업시행자의 범위를 국가·지방자치단체 또는 정부투자기관으로 한정하고 사업목적 또한 상대적으로 공익성이 높은 토지수용법 제3조 제1호 내지 제4호의 공익사업으로 한정하여 규정하고 있어서 그 입법목적 달성을 위한 수단으로서의 적정성이 인정될 뿐 아니라 피해최소성의 원칙 및 법익균형의 원칙에도 부합된다 할 것이므로 위 법률조항은 헌법 제37조 제2항이 규정하는 기본권 제한에 관한 과잉금지의 원칙에 위배되지

제 4 항 환매권에 관한 소송

환매권에 관해 분쟁이 있는 경우에 소송을 제기할 수 있으나, 환매권에 관한 소송이 행정소송인가 아니면 민사소송인가의 문제가 있다. 환매권을 사권으로 새기면 민사소송사항으로, 공권으로 새기면 행정소송(당사자소송)사항으로 보게 될 것이다. 판례는 민사소송으로 다룬다. 다만 판례는 구 토지수용법 제75조의2 제2항에 따른 경우를 행정소송으로 다루었다.[1) 1863

아니한다).

1) 대판 2000. 11. 28, 99두3416(구 공공용지의취득및손실보상에관한특례법 제9조 제3항, 같은법 시행령 제7조 제1항·제3항 및 구 토지수용법 제73조 내지 제75조의2의 각 규정에 의하면 구 토지수용법 제75조의2 제2항에 의하여 사업시행자가 환매권자를 상대로 하는 소송은 공법상의 당사자소송으로 사업시행자로서는 환매가격이 환매대상토지의 취득 당시 지급한 보상금 상당액보다 증액 변경될 것을 전제로 하여 환매권자에게 그 환매가격과 위 보상금 상당액의 차액의 지급을 구할 수 있다).

제 5 장 공용환지·공용환권

제 1 절 공용환지

Ⅰ. 공용환지의 관념

1. 개 념

1864 공용환지란 토지의 합리적인 이용을 증진하기 위해 일정 지구 내의 토지의 구획·형질을 변경하고, 권리자의 의사와 무관하게 종전의 토지에 대한 소유권 기타의 권리를 강제적으로 교환·분합하는 것을 말한다. 공용환지로 권리자는 종전의 토지에 관한 권리를 상실하고, 그에 상당한 토지에 대한 권리를 다른 곳에서 새로 취득하게 된다. 공용환지는 물적 공용부담의 한 종류이다. 도시개발법상 도시개발사업, 농어촌정비법상 농업생산기반 정비사업과 생활환경 정비사업에서 그 예를 볼 수 있다. 이하에서 도시개발법을 중심으로 보기로 한다.

2. 공용환권과 구별

1864a 공용환지란 평면적인 토지정리에 그치고 토지와 토지를 교환·분합하는 것을 말하고, 공용환권이란 토지·건물에 대한 권리를 토지 정리 후에 새로 건축된 건축물과 그 부지에 관한 권리로 변환·이행하게 하는 입체적인 환지의 방식을 말한다.

Ⅱ. 도시개발법상 도시개발사업 일반론

1. 관련 개념

1865 (1) **도시개발구역** 도시개발법상 도시개발구역이란 도시개발사업을 시행하기 위하여 도시개발법 제3조와 제9조에 따라 지정·고시된 구역을 말한다(도개법 제2조 제2항 제1호).

1865a (2) **도시개발사업** 도시개발법상 도시개발사업이란 도시개발구역에서 주거, 상업, 산업, 유통, 정보통신, 생태, 문화, 보건 및 복지 등의 기능이 있는 단지 또는 시가지를 조성하기 위하여 시행하는 사업을 말한다(도개법 제2조 제2항 제2호).

2. 도시개발사업의 시행 방식

⑴ 수용 · 사용 방식과 환지 방식 도시개발사업은 시행자가 도시개발구역의 토지등을 수용 또는 사용하는 방식이나 환지 방식 또는 이를 혼용하는 방식으로 시행할 수 있다(도개법 제21조 제1항). 1865b

⑵ 시행방식의 변경 지정권자는 도시개발구역지정 이후 다음 각 호(1. 제11조 제1항 제1호부터 제4호까지의 시행자가 대통령령으로 정하는 기준에 따라 제1항에 따른 도시개발사업의 시행방식을 수용 또는 사용방식에서 전부 환지 방식으로 변경하는 경우, 제2호 이하 생략)의 어느 하나에 해당하는 경우에는 도시개발사업의 시행방식을 변경할 수 있다(도개법 제21조 제2항). 1865c

3. 도시개발사업의 시행 과정

⑴ 제1단계(구역 지정 및 개발계획 수립 단계) 도시개발구역으로 지정될 구역에 대한 기초조사, 주민 등의 의견 청취, 관계 행정기관과의 협의, 도시계획위원회의 심의를 거쳐 도시개발구역을 지정하고 개발계획을 수립하며 사업시행자를 지정하여 고시하는 단계이다(도개법 제3조 · 제6조 내지 제9조 · 제11조). 1865d

⑵ 제2단계(실시계획 수립 단계) 도시개발사업의 시행자가 개발계획을 토대로 사업을 시행할 구체적인 세부계획과 보상계획 및 이주대책 등이 포함된 실시계획을 수립하고 인가받아 고시하는 단계이다(도개법 제17조 · 제18조). 1865e

⑶ 제3단계(토지수용 단계 또는 공용환지단계) ① 수용 또는 사용 방식에 의한 사업 시행의 경우에는 도시개발사업의 시행자가 토지소유자 및 관계인과의 협의를 통하여(협의가 성립되지 아니하거나 협의를 할 수 없을 때에는 재결 절차를 통하여) 토지 등을 취득하거나 보상하고, 이주대책에 따라 주민들을 이주시키는 단계(도시개발법 제22조 · 제24조). ② 환지 방식에 의한 사업 시행의 경우에는 도시개발사업의 시행자가 환지 계획의 작성, 환지예정지의 지정, 환지처분 등이 이루어지는 단계이다. 1865f

⑷ 제4단계(공사 단계) 사업시행에 필요한 위 절차들을 모두 마친 후 사업에 착공, 시행한 후 완공하는 단계이다(도개법 제50조 · 제51조). 시행자(지정권자가 시행자인 경우는 제외한다)가 도시개발사업의 공사를 끝낸 때에는 국토교통부령으로 정하는 바에 따라 공사완료 보고서를 작성하여 지정권자의 준공검사를 받아야 한다(도시개발법 제50조 제1항). 지정권자는 제50조 제2항에 따른 준공검사를 한 결과 도시개발사업이 실시계획대로 끝났다고 인정되면 시행자에게 준공검사 증명서를 내어주고 공사 완료 공고를 하여야 하며, 실시계획대로 끝나지 아니하 1865g

였으면 지체 없이 보완 시공 등 필요한 조치를 하도록 명하여야 한다(도시개발법 제51조 제1항).

Ⅲ. 도시개발법상 환지계획

1. 환지계획의 의의

1866 환지계획이란 도시개발사업이 완료된 후에 행할 환지처분에 대한 계획을 말하는 것으로 환지처분의 내용을 결정하는 것을 말한다.

2. 환지계획의 법적 성질

1866a 판례는[1] "환지예정지 지정이나 환지처분은 그에 의하여 직접 토지소유자 등의 권리의무가 변동되므로 이를 항고소송의 대상이 되는 처분이라고 볼 수 있으나, 환지계획은 위와 같은 환지예정지 지정이나 환지처분의 근거가 될 뿐 그 자체가 직접 토지소유자 등의 법률상의 지위를 변동시키거나 또는 환지예정지 지정이나 환지처분과는 다른 고유한 법률효과를 수반하는 것이 아니어서 이를 항고소송의 대상이 되는 처분에 해당한다고 할 수가 없다"라고 하여 환지계획은 항고소송의 대상이 되지 않는다고 본다.

3. 환지계획의 작성, 인가

1866b ① 시행자는 도시개발사업의 전부 또는 일부를 환지 방식으로 시행하려면 다음 각 호(1. 환지 설계, 2. 필지별로 된 환지 명세, 3. 필지별과 권리별로 된 청산 대상 토지 명세, 4. 제34조에 따른 체비지 또는 보류지의 명세, 5. 제32조에 따른 입체 환지를 계획하는 경우에는 입체 환지용 건축물의 명세와 제32조의3에 따른 공급 방법·규모에 관한 사항, 6. 그 밖에 국토교통부령으로 정하는 사항)의 사항이 포함된 환지 계획을 작성하여야 한다(도개법 제28조). ② 행정청이 아닌 시행자가 제28조에 따라 환지 계획을 작성한 경우에는 특별자치도지사·시장·군수 또는 구청장의 인가를 받아야 한다(도개법 제29조 제1항).

4. 입체환지, 보류지·체비지

1866c (1) **입체환지** 시행자는 도시개발사업을 원활히 시행하기 위하여 특히 필요한 경우에는 토지 또는 건축물 소유자의 신청을 받아 건축물의 일부와 그 건축물이 있는 토지의 공유지분을 부여할 수 있다. 다만, 토지 또는 건축물이 대통령령으로 정하는 기준 이하인 경우에는 시행자가 규약·정관 또는 시행규정으

---

1) 대판 1999. 8. 20, 97누6889.

로 신청대상에서 제외할 수 있다(도개법 제32조 제1항).

(2) **보류지·체비지** 시행자는 도시개발사업에 필요한 경비에 충당하거나 규약·정관·시행규정 또는 실시계획으로 정하는 목적을 위하여 일정한 토지를 환지로 정하지 아니하고 보류지로 정할 수 있으며, 그 중 일부를 체비지로 정하여 도시개발사업에 필요한 경비에 충당할 수 있다(도개법 제34조 제1항). 1866d

5. 환지 예정지의 지정

(1) **의 의** 환지예정지란 환지처분이 행해지기 전에 종전의 토지 대신 사용하거나 수익하도록 지정된 토지를 말한다. 도시개발사업은 상당한 시간이 걸리는 것이므로 도시개발사업이 완료되기 전이라도 환지처분이 있은 것과 같은 상태를 만들어 줄 필요가 있기 때문에 사업완료 전에 환지처분이 있는 것과 같이 새로운 토지에 대한 권리를 미리 행사할 수 있게 하는 것이 환지예정지 지정제도의 취지이다. 1866e

(2) **지 정** 시행자는 도시개발사업의 시행을 위하여 필요하면 도시개발구역의 토지에 대하여 환지 예정지를 지정할 수 있다. 이 경우 종전의 토지에 대한 임차권자등이 있으면 해당 환지 예정지에 대하여 해당 권리의 목적인 토지 또는 그 부분을 아울러 지정하여야 한다(도개법 제35조 제1항). 1866f

(3) **효 과** 환지 예정지가 지정되면 종전의 토지의 소유자와 임차권자등은 환지 예정지 지정의 효력발생일부터 환지처분이 공고되는 날까지 환지 예정지나 해당 부분에 대하여 종전과 같은 내용의 권리를 행사할 수 있으며 종전의 토지는 사용하거나 수익할 수 없다(도개법 제36조 제1항). 다만, 환지예정지가 지정된다고 소유권의 변동이 생기는 것은 아니므로 종전의 토지소유자는 그 토지를 처분할 수 있다.[1] 1866g

(4) **권리보호(불복)** 환지예정지 지정은 공권력행사로서 항고소송의 대상인 처분이다.[2] 그러나 환지처분이 공고되어 효력을 발생하면 환지예정지 지정처분은 효력이 소멸되기 때문에 환지처분이 공고된 후 환지예정지 지정처분을 다투는 것은 협의의 소익이 없다는 것이 판례의 견해이다.[3] 1866h

---

1) 대판 1963. 5. 21, 63누21.

2) 대판 1999. 8. 20, 97누6889; 대판 1962. 5. 17, 62누10(환지예정지 지정처분은 그 처분의 성질상 관계토지 소유자에게 막대한 이해관계를 미치는 것이므로 반드시 그 소유자에게 개별적으로 서면통지를 필요로 하는 상대방있는 행정처분이라 할 것이다).

3) 대판 1999. 10. 8, 99두6873(환지예정지 지정처분은 사업시행자가 사업시행지구 내의 종전 토지 소유자로 하여금 환지예정지 지정처분의 효력발생일로부터 환지처분의 공고가 있는 날까지 당해 환지예정지를 사용수익할 수 있게 하는 한편 종전의 토지에 대하여는 사용수익을 할 수 없게 하는 처분에 불과하고 환지처분이 일단 공고되어 효력을 발생하게 되면 환지예정지 지정처

Ⅳ. 도시개발법상 환지처분

1. 의 의

1867 (1) **개 념** 환지처분이란 공사가 완료된 환지계획구역의 토지를 사업시행자가 환지계획에 따라 환지교부 등을 하는 처분을 말한다.

1867a (2) **환지계획과의 관계** 환지계획과 별도의 내용을 가진 환지처분은 있을 수 없는 것이므로 환지계획에 의하지 아니하고 환지계획에도 없는 사항을 내용으로 하는 환지처분은 무효이다.[1)]

2. 처분시기, 통지·공고

1867b (1) **처분시기** 시행자는 지정권자에 의한 준공검사를 받은 경우(지정권자가 시행자인 경우에는 제51조에 따른 공사 완료 공고가 있는 때)에는 대통령령으로 정하는 기간에 환지처분을 하여야 한다(도개법 제50조 제4항).

1867c (2) **통지·공고** 시행자는 환지처분을 하려는 경우에는 환지 계획에서 정한 사항을 토지 소유자에게 알리고 대통령령으로 정하는 바에 따라 이를 공고하여야 한다(도개법 제50조 제5항).

3. 효 과

1867d (1) **소유권 등 권리의 변동** 환지계획에서 정하여진 환지는 그 환지처분이 공고된 날의 다음 날부터 종전의 토지로 보며, 환지계획에서 환지를 정하지 아니한 종전의 토지에 있던 권리는 그 환지처분이 공고된 날이 끝나는 때에 소멸한다(도개법 제42조 제1항). 종전의 토지에 대하여 존재하던 소유권 기타 권리관계는 동일성을 유지하면서 환지에 그대로 옮겨지게 된다.[2)]

1867e (2) **청 산 금** ③ 환지를 정하거나 그 대상에서 제외한 경우 그 과부족분은 종전의 토지(제32조에 따라 입체 환지 방식으로 사업을 시행하는 경우에는 환지 대상 건축물을 포함한다. 이하 제42조 및 제45조에서 같다) 및 환지의 위치·지목·면적·토질·수리·이용 상황·환경, 그 밖의 사항을 종합적으로 고려하여 금전으로 청산하여야 한다(도개법 제41조).

분은 그 효력이 소멸되는 것이므로, 환지처분이 공고된 후에는 환지예정지 지정처분에 대하여 그 취소를 구할 법률상 이익은 없다).

1) 대판 1993. 5. 27, 92다14878.

2) 대판 2011. 5. 13, 2009다94384·94391·94407.

4. 변 경

판례는 "토지구획정리사업법에 따른 환지처분은 사업시행자가 환지계획구역의 전부 또는 그 구역 내의 일부 공구에 대하여 공사를 완료한 후 환지계획에 따라 환지교부 등을 하는 처분으로서 일단 공고되어 효력을 발생하게 된 이후에는 환지 전체의 절차를 처음부터 다시 밟지 않는 한 그 일부만을 따로 떼어 환지처분을 변경할 수는 없다"는[1] 견해를 취한다. 1867f

5. 권리보호(불복)

토지구획정리사업법 제57조, 제62조 등의 규정상 환지예정지 지정이나 환지처분은 그에 의하여 직접 토지소유자 등의 권리의무가 변동되므로 이를 항고소송의 대상이 되는 처분이라고 볼 수 있다.[2] 환지처분은 공권력 행사로서 항고소송의 대상인 처분이므로,[3] 환지처분으로 법률상 이익이 침해된 자는 항고쟁송을 제기할 수 있다. 1867g

제 2 절 공용환권

Ⅰ. 공용환권의 관념

1. 개 념

공용환권이란 토지의 합리적인 이용을 증진하기 위해 일정 지구 내의 토지의 구획·형질을 변경하고, 권리자의 의사와 무관하게 종전의 토지·건축물에 대한 권리를 토지정리 후의 새로운 건축물 및 토지에 대한 권리로 강제로 변환시키는 것을 말한다. 공용환권으로 권리자는 종전의 토지와 건축물에 관한 권리를 상실하고, 그에 상당한 새로운 토지와 건축물에 대한 권리를 새로 취득하게 된다. 공용환권은 물적 공용부담의 한 종류이다. 도시 및 주거환경정비법에서 그 예를 볼 수 있다. 도시 및 주거환경정비법은 환권을 분양으로, 환권처분의 내용이 정해지는 환권계획을 관리처분계획으로 부르고 있다. 이하에서 도시 및 주거 1868

1) 대판 1993. 5. 27, 92다14878.
2) 헌재 2012. 5. 31, 2010헌바49; 대판 1999. 8. 20, 97누6889.
3) 대판 2014. 7. 10, 2011다102462(구 농촌근대화촉진법(1994. 12. 22. 법률 제4823호로 개정되기 전의 것)에 의한 농지개량사업의 일환으로 이루어지는 환지처분은 시행구역 내의 종전 토지에 대신하여 농지정리 공사 완료 후에 새로 지번을 붙인 다른 토지를 지정하여 이를 종전의 토지로 보는 일종의 대물적 행정행위로서, 환지계획을 고시한 날의 다음날부터 종전의 토지소유자는 같은 법 제133조에 의한 환지등기가 없어도 환지된 토지의 소유권을 취득한다).

환경정비법을 중심으로 보기로 한다.

2. 공용환지와 구별

1868a 공용환권이란 토지·건물에 대한 권리를 토지 정리 후에 새로 건축된 건축물과 그 부지에 관한 권리로 변환·이행하게 하는 입체적인 환지의 방식을 말하고, 공용환지란 평면적인 토지정리에 그치고 토지와 토지를 교환·분합하는 것을 말한다.

Ⅱ. 도시 및 주거환경정비법상 일반론

1. 관련 개념

1869 (1) **정비구역** 정비구역이란 정비사업을 계획적으로 시행하기 위하여 도시 및 주거환경정비법 제16조에 따라 지정·고시된 구역을 말한다(도주법 제2조 제1호).

1869a (2) **정비사업** 정비사업이란 이 법에서 정한 절차에 따라 도시기능을 회복하기 위하여 정비구역에서 정비기반시설을 정비하거나 주택 등 건축물을 개량 또는 건설하는 다음 각 목(주거환경개선사업·재개발사업·재건축사업)의 사업을 말한다(도주법 제2조 제2호).

2. 정비사업의 시행방법

1869b (1) **주거환경개선사업** 주거환경개선사업은 다음 각 호의 어느 하나에 해당하는 방법 또는 이를 혼용하는 방법으로 한다(도주법 제23조 제1항).

1. 제24조에 따른 사업시행자가 정비구역에서 정비기반시설 및 공동이용시설을 새로 설치하거나 확대하고 토지등소유자가 스스로 주택을 보전·정비하거나 개량하는 방법
2. 제24조에 따른 사업시행자가 제63조에 따라 정비구역의 전부 또는 일부를 수용하여 주택을 건설한 후 토지등소유자에게 우선 공급하거나 대지를 토지등소유자 또는 토지등소유자 외의 자에게 공급하는 방법
3. 제24조에 따른 사업시행자가 제69조 제2항에 따라 환지로 공급하는 방법
4. 제24조에 따른 사업시행자가 정비구역에서 제74조에 따라 인가받은 관리처분계획에 따라 주택 및 부대시설·복리시설을 건설하여 공급하는 방법

1869c (2) **재개발사업** 재개발사업은 정비구역에서 제74조에 따라 인가받은 관리처분계획에 따라 건축물을 건설하여 공급하거나 제69조 제2항에 따라 환지로 공급하는 방법으로 한다(도주법 제23조 제2항).

⑶ **재건축사업** 재건축사업은 정비구역에서 제74조에 따라 인가받은 관리처분계획에 따라 주택, 부대시설·복리시설 및 오피스텔(「건축법」 제2조 제2항에 따른 오피스텔을 말한다. 이하 같다)을 건설하여 공급하는 방법으로 한다. 다만, 주택단지에 있지 아니하는 건축물의 경우에는 지형여건·주변의 환경으로 보아 사업시행상 불가피한 경우로서 정비구역으로 보는 사업에 한정한다(도주법 제23조 제항). 1869d

3. 정비사업의 시행 과정

⑴ **제1단계(기본계획 수립 단계)** 도시·주거환경정비기본계획의 수립(도주법 제4조), 기본계획 수립을 위한 주민의견청취(도주법 제6조), 기본계획의 확정·고시(도주법 제7조) 등의 단계이다. 1869e

⑵ **제2단계(정비계획 수립 및 시행 단계)**

㈎ **정비계획 수립** 정비계획의 입안 제안(도주법 제4조), 정비계획 입안 제안(도주법 제14조), 정비계획 입안을 위한 주민의견청취(도주법 제15조), 정비계획의 결정 및 정비구역의 지정·고시(도주법 제16조) 등의 단계이다. 1869f

㈏ **정비계획 시행** ① 사업시행자의 결정(도주법 제24조~제28조), 계약의 방법 및 시공자 선정 등(도주법 제29조), 사업시행계획서의 작성(도주법 제52조), 시행규정의 작성(도주법 제53조), 사업시행계획인가(도주법 제50조) 등의 단계이다. 아울러 ② 사업시행을 위한 임시거주시설·임시상가의 설치(도주법 제61조), 토지 등의 수용 또는 사용(도주법 제63조) 등의 단계이다. 1869g

⑶ **제3단계(관리처분 관련 단계)** 분양공고 및 분양신청(도주법 제72조), 관리처분계획의 인가(도주법 제74조) 등의 단계이다. 1869h

⑷ **제4단계(공사 단계)** 사업시행에 필요한 위 절차들을 모두 마친 후 사업에 착공, 시행한 후 완공하는 단계이다. 즉, 정비사업의 준공인가(도주법 제83조), 준공인가 등에 따른 정비구역의 해제(도주법 제84조), 이전고시(도주법 제86조) 등의 단계이다. 1869i

Ⅲ. 도시 및 주거환경정비법상 조합의 설립

정비사업의 시행자는 정비사업의 유형에 따라 다양하다(도주법 제24조~제28조). 여기서는 재건축사업의 시행자로서 재건축조합에 관해 보기로 한다.

1. 조합설립추진위원회

⑴ **조합설립추진위원회의 구성·승인** 조합을 설립하려는 경우에는 제16조 1870

에 따른 정비구역 지정·고시 후 다음 각 호[1. 추진위원회 위원장(이하 "추진위원장"이라 한다)을 포함한 5명 이상의 추진위원회 위원(이하 "추진위원"이라 한다), 2. 제34조 제1항에 따른 운영규정]의 사항에 대하여 토지등소유자 과반수의 동의를 받아 조합설립을 위한 추진위원회를 구성하여 국토교통부령으로 정하는 방법과 절차에 따라 시장·군수등의 승인을 받아야 한다(도주법 제31조 제1항).

1870a (2) **조합설립추진위원회 승인의 법적 성질** 추진위원회 구성승인은 조합의 설립을 위한 주체인 추진위원회의 구성행위를 보충하여 그 효력을 부여하는 처분이다.[1] 판례는 추진위원회 구성승인처분을 다투는 소송계속 중에 조합설립인가처분이 이루어진 경우에는 직접 조합설립인가처분을 다툼으로써 정비사업의 진행을 저지하여야 할 것이고, 이와는 별도로 추진위원회 구성승인처분에 대하여 취소 또는 무효확인을 구할 법률상의 이익은 없다고 본다.[2]

1870b (3) **조합설립추진위원회의 기능** 추진위원회는 다음 각 호[1. 제102조에 따른 정비사업전문관리업자(이하 "정비사업전문관리업자"라 한다)의 선정 및 변경, 2. 설계자의 선정 및 변경, 3. 개략적인 정비사업 시행계획서의 작성, 4. 조합설립인가를 받기 위한 준비업무, 5. 그 밖에 조합설립을 추진하기 위하여 대통령령으로 정하는 업무]의 업무를 수행할 수 있다(도주법 제32조 제1항).

2. 조합의 설립 과정

시장·군수등, 토지주택공사등 또는 지정개발자가 아닌 자가 정비사업을 시행하려는 경우에는 토지등소유자로 구성된 조합을 설립하여야 한다. 다만, 제25조 제1항 제2호에 따라 토지등소유자가 재개발사업을 시행하려는 경우에는 그러하지 아니하다(도주법 제35조 제1항).

1870c (1) **설립 요건** 재건축사업의 추진위원회(제31조 제4항에 따라 추진위원회를 구성하지 아니하는 경우에는 토지등소유자를 말한다)가 조합을 설립하려는 때에는 주택단지의 공동주택의 각 동(복리시설의 경우에는 주택단지의 복리시설 전체를 하나의 동으로 본다)별 구분소유자의 과반수 동의(공동주택의 각 동별 구분소유자가 5 이하인 경우는 제외한다)와 주택단지의 전체 구분소유자의 4분의 3 이상 및 토지면적의 4분의 3 이상의 토지소유자의 동의를 받아 제2항 각 호(1. 정관, 2. 정비사업비와 관련된 자료 등 국토교통부령으로 정하는 서류, 3. 그 밖에 시·도조례로 정하는 서류)의 사항을 첨부하여 시장·군수등의 인가를 받아야 한다(도주법 제35조 제3항).

1) 대판 2012. 12. 27, 2011두11112, 2011두11129(병합).
2) 대판 2012. 12. 27, 2011두11112, 2011두11129(병합).

⑵ 조합설립결의

㈎ 의 의 추진위원회는 제35조 제2항, 제3항 및 제5항에 따른 조합설립인가를 신청하기 전에 대통령령으로 정하는 방법 및 절차에 따라 조합설립을 위한 창립총회를 개최하여야 한다(도주법 제32조 제3항). 창립총회에서 이루어지는 조합설립결의는 공법상 합동행위에 해당한다. 1870d

㈏ 하 자 판례는[1] "조합설립결의는 조합설립인가처분이라는 행정처분을 하는데 필요한 요건 중 하나에 불과한 것이어서, 조합설립결의에 하자가 있다면 그 하자를 이유로 직접 항고소송의 방법으로 조합설립인가처분의 취소 또는 무효확인을 구하여야 하고, 이와는 별도로 조합설립결의 부분만을 따로 떼어내어 그 효력 유무를 다투는 확인의 소를 제기하는 것은 원고의 권리 또는 법률상의 지위에 현존하는 불안·위험을 제거하는 데에 가장 유효·적절한 수단이라 할 수 없어 특별한 사정이 없는 한 확인의 이익은 인정되지 아니한다"고 하여 조합설립인가가 있은 후에는 조합설립결의를 다툴 수 없다고 보았다. 1870e

⑶ 조합설립인가

㈎ 의 의 조합설립인가는 조합이 정비사업을 시행하는 목적 범위 내에서 법령이 정하는 바에 따라 일정한 행정작용을 행할 수 있도록 하는 행정청의 행위이다. 조합설립인가로 조합은 행정주체로서의 지위를 갖는다. 1870f

㈏ 법적 성질 조합설립행위에 대한 행정기관의 인가처분의 법적 성질과 관련하여 ① 학설은 인가설과 특허설로 나뉜다. ⓐ 인가설은 조합설립행위는 기본행위로, 조합 설립인가는 이를 보충하는 행위(인가)로 보는 견해이며, ⓑ 특허설은 조합설립행위는 조합 설립인가(특허)를 받기 위한 요건으로 보는 견해로, 조합설립인가는 행정주체인 도시 및 주거환경정비법(도시정비법)상의 정비사업조합을 만드는 행위(형성적 행위)로 보는 견해이다. 판례는 인가설을 취하다가[2] 특허설로 변경한 것으로 보인다.[3] ③ 도시정비법상 조합설립인가처분은 조합이 정비사업을 시행할 수 있는 권한을 갖는 행정주체로서의 지위를 부여하는 능력 1870g

---

1) 대판 2009. 9. 24, 2008다60568.
2) 대판 2000. 9. 5, 99두1854(주택건설촉진법에서 규정한 바에 따른 관할시장 등의 재건축조합설립인가는 불량·노후한 주택의 소유자들이 재건축을 위하여 한 재건축조합설립행위를 보충하여 그 법률상 효력을 완성시키는 보충행위일 뿐이다).
3) 대판 2023. 8. 18, 2022두51901; 대판 2009. 9. 24, 2008다60568(행정청이 도시 및 주거환경정비법 등 관련 법령에 근거하여 행하는 조합설립인가처분은 단순히 사인들의 조합설립행위에 대한 보충행위로서의 성질을 갖는 것에 그치는 것이 아니라 법령상 요건을 갖출 경우 도시 및 주거환경정비법상 주택재건축사업을 시행할 수 있는 권한을 갖는 행정주체(공법인)로서의 지위를 부여하는 일종의 설권적 처분의 성격을 갖는다고 보아야 한다).

설정행위이므로 학문상 특허로 보는 것이 타당하다.

㈐ 조합설립추진위원회 구성승인처분과 조합설립인가처분의 관계

1) 별개의 처분　"구성승인처분은 조합의 설립을 위한 주체인 추진위원회의 구성행위를 보충하여 그 효력을 부여하는 처분으로서 조합설립이라는 종국적 목적을 달성하기 위한 중간단계의 처분에 해당하지만, 그 법률요건이나 효과가 조합설립인가처분의 그것과는 다른 독립적인 처분이다."[1)]

1870i 2) 구성승인처분의 취소·무효 판결과 설립인가를 받은 조합의 관계　"추진위원회 구성승인처분에 대한 취소 또는 무효확인 판결의 확정만으로는 이미 조합설립인가를 받은 조합에 의한 정비사업의 진행을 저지할 수 없다. 따라서 추진위원회 구성승인처분을 다투는 소송 계속 중에 조합설립인가처분이 이루어진 경우에는, 추진위원회 구성승인처분에 위법이 존재하여 조합설립인가 신청행위가 무효라는 점 등을 들어 직접 조합설립인가처분을 다툼으로써 정비사업의 진행을 저지하여야 하고, 이와는 별도로 추진위원회 구성승인처분에 대하여 취소 또는 무효확인을 구할 법률상의 이익은 없다."[2)]

1870j ㈑ 조합설립인가처분 취소의 효과　"도시 및 주거환경정비법상 주택재개발사업조합의 조합설립인가처분이 법원의 재판에 의하여 취소된 경우, 그 조합설립인가처분은 소급하여 효력을 상실하고, 이에 따라 당해 주택재개발사업조합 역시 조합설립인가처분 당시로 소급하여 도시정비법상 주택재개발사업을 시행할 수 있는 행정주체인 공법인으로서의 지위를 상실하므로, 당해 주택재개발사업조합이 조합설립인가처분 취소 전에 도시정비법상 적법한 행정주체 또는 사업시행자로서 한 결의 등 처분은 달리 특별한 사정이 없는 한 소급하여 효력을 상실한다고 보아야 한다. 다만 그 효력 상실로 인한 잔존사무의 처리와 같은 업무는 여전히 수행되어야 하므로, 종전에 결의 등 처분의 법률효과를 다투는 소송에서의 당사자지위까지 함께 소멸한다고 할 수는 없다."[3)]

⑷ 조합의 지위, 총회·대의원회, 조합원과의 관계

1870k ㈎ 법인격　조합은 법인으로 한다(도주법 제38조 제1항).[4)] 조합은 조합설립

1) 대판 2013. 1. 31, 2011두11112, 2011두11129.
2) 대판 2013. 1. 31, 2011두11112, 2011두11129.
3) 대판 2012. 3. 29, 2008다95885.
4) 대판 2022. 7. 14, 2022다206391(도시 및 주거환경정비법(이하 '도시정비법'이라 한다)에 따른 주택재건축정비사업조합은 관할 행정청의 감독 아래 도시정비법상의 주택재건축사업을 시행하는 공법인(도시정비법 제38조)으로서, 그 목적 범위 내에서 법령이 정하는 바에 따라 일정한 행정작용을 행하는 행정주체의 지위를 갖는다).
[참고] 헌재 2022. 7. 21, 2019헌바543, 2020헌바199(병합)(재개발조합은 노후·불량한 건축물

인가를 받은 날부터 30일 이내에 주된 사무소의 소재지에서 대통령령으로 정하는 사항을 등기하는 때에 성립한다(도주법 제38조 제2항). 조합은 명칭에 "정비사업조합"이라는 문자를 사용하여야 한다(도주법 제38조 제3항).

(나) 총회·대의원회 ① 조합에는 조합원으로 구성되는 총회를 둔다(도주법 제44조 제1항). 다음 각 호[1. 정관의 변경(제40조 제4항에 따른 경미한 사항의 변경은 이 법 또는 정관에서 총회의결사항으로 정한 경우로 한정한다), 2. 자금의 차입과 그 방법·이자율 및 상환방법, 제3호 이하 생략]의 사항은 총회의 의결을 거쳐야 한다(도주법 제45조 제1항). ② 조합원의 수가 100명 이상인 조합은 대의원회를 두어야 한다(도주법 제46조 제1항). 조합장이 아닌 조합임원은 대의원이 될 수 없다(도주법 제46조 제3항). 1870l

(다) 조합원과의 관계 "도시재개발법에 의한 재개발조합은 조합원에 대한 법률관계에서 적어도 특수한 존립목적을 부여받은 특수한 행정주체로서 국가의 감독하에 그 존립 목적인 특정한 공공사무를 행하고 있다고 볼 수 있는 범위 내에서는 공법상의 권리의무관계에 서 있는 것이다."[1] 그러한 관계가 아닌 것은 사법관계가 된다. 1870m

Ⅳ. 도시 및 주거환경정비법상 사업시행인가

1. 사업시행인가의 절차

(1) 인가의 신청 사업시행자(제25조 제1항 및 제2항에 따른 공동시행의 경우를 포함하되, 사업시행자가 시장·군수등인 경우는 제외한다)는 정비사업을 시행하려는 경우에는 제52조에 따른 사업시행계획서(이하 "사업시행계획서"라 한다)에 정관등과 그 밖에 국토교통부령으로 정하는 서류를 첨부하여 시장·군수등에게 제출하고 사업시행계획인가를 받아야 하고, 인가받은 사항을 변경하거나 정비사업을 중지 또는 폐지하려는 경우에도 또한 같다. 다만, 대통령령으로 정하는 경미한 사항을 변경하려는 때에는 시장·군수등에게 신고하여야 한다(도주법 제50조 제1항). 1871

이 밀집한 지역에서 주거환경을 개선하여 도시의 기능을 정비하고 주거생활의 질을 높여야 할 국가의 의무를 국가를 대신하여 실현하는 기능을 수행하고 있다. 그리고 도시정비법은 이 사건에서 문제된 청산금부과를 비롯하여 관리처분계획 등 적극적 질서형성이 필요한 일부 영역에 관하여는 재개발조합에게 시장·군수 등의 감독하에 행정처분을 할 권한도 부여하고 있다. 위와 같은 재개발조합의 공공성과 도시정비법에서 위 조합에 행정처분을 할 수 있는 권한을 부여한 취지 등을 종합하여 볼 때, 재개발조합이 공법인의 지위에서 행정처분의 주체가 되는 경우에 있어서는, 위 조합은 재개발사업에 관한 국가의 기능을 대신하여 수행하는 공권력 행사자 내지 기본권 수범자의 지위에 있다고 할 것이다).

1) 대판 2002. 12. 10, 2001두6333.

1871a (2) **인가 여부의 통지** 시장·군수등은 특별한 사유가 없으면 제1항에 따라 사업시행계획서의 제출이 있은 날부터 60일 이내에 인가 여부를 결정하여 사업시행자에게 통보하여야 한다(도주법 제50조 제4항).

2. 사업시행인가의 법적 성질

1871b (1) **특 허** 사업시행인가에서 인가는 강학상 인가에 해당한다는 것이 판례의 견해이다.[1] 사업시행인가로 인해 사업시행자의 지위가 창설된다는 점에서 볼 때, 사업시행인가는 특허로 볼 것이다.

1871c (2) **재량행위** 판례는 사업시행인가를 재량행위로 본다.[2]

3. 사업시행인가의 효과로서 인·허가등의 의제 등

1871d 사업시행자가 사업시행계획인가를 받은 때(시장·군수등이 직접 정비사업을 시행하는 경우에는 사업시행계획서를 작성한 때를 말한다. 이하 이 조에서 같다)에는 다음 각 호(1.「주택법」 제15조에 따른 사업계획의 승인, 2.「공공주택 특별법」 제35조에 따른 주택건설사업계획의 승인, 3.「건축법」 제11조에 따른 건축허가, 같은 법 제20조에 따른 가설건축물의 건축허가 또는 축조신고 및 같은 법 제29조에 따른 건축협의, 4.「도로법」 제36조에 따른 도로관리청이 아닌 자에 대한 도로공사 시행의 허가 및 같은 법 제61조에 따른 도로의 점용 허가, 제5호 이하 생략)의 인가·허가·결정·승인·신고·등록·협의·동의·심사·지정 또는 해제(이하 "인·허가등"이라 한다)가 있은 것으로 보며, 제50조 제9항에 따른 사업시행계획인가의 고시가 있은 때에는 다음 각 호의 관계 법률에 따른 인·허가등의 고시·공고 등이 있은 것으로 본다(도주법 제57조 제1항).

Ⅴ. 도시 및 주거환경정비법상 관리처분계획(환권계획)

1. 관리처분계획의 의의

1872 관리처분계획이란 토지나 건물의 소유자 등이 가지는 종전의 토지 및 건물에 대한 권리를 정비사업으로 새로 조성되는 토지 및 건물에 대한 권리로 변환시켜 배분하는 계획을 말한다.

---

1) 대판 2021. 2. 10, 2020두48031(구「도시 및 주거환경정비법」에 기초하여 주택재개발정비사업조합이 수립한 사업시행계획은 관할 행정청의 인가·고시가 이루어지면 이해관계인들에게 구속력이 발생하는 독립된 행정처분에 해당하고, 관할 행정청의 사업시행계획 인가처분은 사업시행계획의 법률상 효력을 완성시키는 보충행위에 해당한다).

2) 대판 2007. 7. 12, 2007두6663(주택재건축사업시행의 인가는 상대방에게 권리나 이익을 부여하는 효과를 가진 이른바 수익적 행정처분으로서 법령에 행정처분의 요건에 관하여 일의적으로 규정되어 있지 아니한 이상 행정청의 재량행위에 속한다).

2. 관리처분계획의 법적 성질

(가) 행정계획으로서 관리처분계획 ① 관리처분계획은 조합이 조합에 귀속되었던 권리와 의무를 조합원 개개인에게 배분하기 위해 수립 · 작성한 구속력 있는 행정계획이며, 행정청의 인가를 통하여 본래의 효력을 발생하게 된다. ② 판례도 행정계획으로 본다.[1)2)] 1872a

(나) 처분으로서 관리처분계획 ① 관리처분계획에 후속하는 집행행위는 관리처분계획에서 확정된 권리관계의 내용에 위반할 수 없다는 점에서 관리처분계획은 종국적인 행정작용이며 국민의 권리 · 의무에 영향을 미치는 행위라는 점에서 항고소송의 대상인 처분이다. ② 판례의 입장도 같다. 즉 판례는 "관리처분계획은 사업시행자가 작성하는 포괄적 행정계획으로서 사업시행의 결과 설치되는 대지를 포함한 각종 시설물의 권리귀속에 관한 사항과 그 비용 분담에 관한 사항을 정하는 행정처분이므로,[3)] 관리처분계획의 내용에 관하여 다툼이 있는 경우에는 … 항고소송에 의하여 관리처분계획 또는 그 내용인 분양거부처분 등의 취소를 구할 수 있다고 한다.[4)] 다만, 이전고시(환권처분)가 효력을 발생하면 대다수 조합원 등의 권리가 획일적 · 일률적으로 귀속되기 때문에 이전고시가 그 효력을 발생하게 된 이후에는 조합원 등이 관리처분계획의 취소 또는 무효확인을 구할 법률상 이익이 없다고 한다.[5)] 1872b

3. 관리처분계획의 확정절차

(가) 총회의결 ① 제74조에 따른 관리처분계획의 수립 및 변경(제74조 제1항 각 호 외의 부분 단서에 따른 경미한 변경은 제외한다)사항은 총회의 의결을 거쳐야 1872c

---

1) 대판 2022. 7. 14, 2022다206391(재건축조합이 행정주체의 지위에서 도시정비법 제74조에 따라 수립하는 관리처분계획은 정비사업의 시행 결과 조성되는 대지 또는 건축물의 권리귀속에 관한 사항과 조합원의 비용 분담에 관한 사항 등을 정함으로써 조합원의 재산상 권리 · 의무 등에 구체적이고 직접적인 영향을 미치게 되므로, 이는 구속적 행정계획으로서 재건축조합이 행하는 독립된 행정처분에 해당한다); 대판 1996. 2. 15, 94다31235(관리처분계획은 정비사업의 시행 결과 조성되는 대지 또는 건축물의 권리귀속에 관한 사항과 조합원의 비용 분담에 관한 사항 등을 정함으로써 조합원의 재산상 권리 · 의무 등에 구체적이고 직접적인 영향을 미치는 구속적 행정계획이다).

2) 대판 2022. 7. 14, 2022다206391(재건축조합이 행정주체의 지위에서 수립하는 관리처분계획은 행정계획의 일종으로서 이에 관하여는 재건축조합에 상당한 재량이 인정되므로, 재건축조합은 종전의 토지 또는 건축물의 면적 · 이용상황 · 환경 그 밖의 사항을 종합적으로 고려하여 대지 또는 건축물이 균형 있게 분양신청자에게 배분되고 합리적으로 이용되도록 그 재량을 행사해야 한다).

3) 대판 2022. 7. 14, 2022다206391; 대판 2007. 9. 6, 2005두11951.

4) 대판 1996. 2. 15, 94다31235.

5) 대판 2012. 3. 22, 2011두6400.

한다(도주법 제45조 제1항 제10호). ② 사업시행자는 제74조에 따른 관리처분계획인가를 신청하기 전에 관계 서류의 사본을 30일 이상 토지등소유자에게 공람하게 하고 의견을 들어야 한다. 다만, 제74조 제1항 각 호 외의 부분 단서에 따라 대통령령으로 정하는 경미한 사항을 변경하려는 경우에는 토지등소유자의 공람 및 의견청취 절차를 거치지 아니할 수 있다(도주법 제78조 제1항).

1872d (나) **시장·군수등의 인가** ① 사업시행자는 제72조에 따른 분양신청기간이 종료된 때에는 분양신청의 현황을 기초로 다음 각 호[1. 분양설계, 2. 분양대상자의 주소 및 성명, 3. 분양대상자별 분양예정인 대지 또는 건축물의 추산액(임대관리 위탁주택에 관한 내용을 포함한다), 제4호 이하 생략]의 사항이 포함된 관리처분계획을 수립하여 시장·군수등의 인가를 받아야 하며, 관리처분계획을 변경·중지 또는 폐지하려는 경우에도 또한 같다. 다만, 대통령령으로 정하는 경미한 사항을 변경하려는 경우에는 시장·군수등에게 신고하여야 한다(도주법 제74조 제1항). ② 시장·군수등은 사업시행자의 관리처분계획인가의 신청이 있은 날부터 30일 이내에 인가 여부를 결정하여 사업시행자에게 통보하여야 한다. 다만, 시장·군수등은 제3항에 따라 관리처분계획의 타당성 검증을 요청하는 경우에는 관리처분계획인가의 신청을 받은 날부터 60일 이내에 인가 여부를 결정하여 사업시행자에게 통지하여야 한다(도주법 제78조 제2항).

4. 관리처분계획 인가의 법적 성질

1872e (1) **학 설** 도시 및 주거환경정비법 제74조 제1항에 따른 관리처분계획인가의 법적 성질에 관해 강학상 인가라는 견해, 강학상 허가 또는 특허라는 견해, 인가는 관리처분계획의 사전절차에 불과하며 독립된 처분이 아니라는 견해가 대립된다.

1872f (2) **판 례** 판례는[1] "구 도시재개발법 제34조에 의한 행정청의 인가는 주택개량재개발조합의 관리처분계획에 대한 법률상의 효력을 완성시키는 보충행위"라고 하여 관리처분계획인가를 강학상 인가라고 본다.

1872g (3) **사 견** 관리처분계획의 인가는 관리처분계획의 효력을 완성시키는 보충행위로 강학상 인가에 해당한다. 따라서 기본행위인 관리처분계획의 무효를 이유로 행정청의 인가처분의 취소 또는 무효확인을 구할 법률상 이익은 인정되지 않는다.[2]

---

1) 대판 2001. 12. 11, 2001두7541.
2) 대판 2001. 12. 11, 2001두7541.

5. 권리보호(불복)

(1) 「관리처분계획에 대한 조합총회결의」에 대한 소송(당사자소송) 판례는 과거 관리처분계획안에 대한 총회결의 무효확인소송을 민사소송으로 보았으나 "행정주체인 재건축조합을 상대로 관리처분계획안에 대한 조합 총회결의의 효력 등을 다투는 소송은 행정처분에 이르는 절차적 요건의 존부나 효력 유무에 관한 소송으로서 그 소송결과에 따라 행정처분의 위법여부에 직접 영향을 미치는 공법상 법률관계에 관한 것이므로, 이는 행정소송법상의 당사자소송에 해당한다"로 입장을 변경하여 공법관계로 보면서 법률관계에 관한 소송이므로 공법상 당사자소송으로 본다.[1] 1872h

(2) 인가 · 고시 후 총회결의에 대한 소송 판례는 "도시 및 주거환경정비법상 주택재건축정비사업조합이 수립한 관리처분계획에 대하여 관할 행정청의 인가 · 고시까지 있게 되면 관리처분계획은 행정처분으로서 효력이 발생하게 되므로, 총회결의의 하자를 이유로 하여 행정처분의 효력을 다투는 항고소송의 방법으로 관리처분계획의 취소 또는 무효확인을 구하여야 하고, 그와 별도로 행정처분에 이르는 절차적 요건 중 하나에 불과한 총회결의 부분만을 따로 떼어내어 효력 유무를 다투는 확인의 소를 제기하는 것은 특별한 사정이 없는 한 허용되지 않는다"고[2] 보았다. 1872i

Ⅵ. 도시 및 주거환경정비법상 관리처분(환권처분)

1. 의 의

관리처분(환권처분)이란 환권계획에 따라 권리를 변환하는 형성적 행정행위를 말한다. 환권처분은 관리처분계획에 따른다. 즉, 정비사업의 시행으로 조성된 대지 및 건축물은 관리처분계획에 따라 처분 또는 관리하여야 한다(도주법 제79조 제1항). 사업시행자는 정비사업의 시행으로 건설된 건축물을 제74조에 따라 인가받은 관리처분계획에 따라 토지등 소유자에게 공급하여야 한다(도주법 제79조 제2항). 환권처분은 이전고시 및 청산의 절차를 거친다. 1873

2. 이전고시

(1) 의 의 사업시행자는 제83조 제3항 및 제4항에 따른 고시가 있은 때에는 지체 없이 대지확정측량을 하고 토지의 분할절차를 거쳐 관리처분계획 1873a

1) 대판(전원) 2009. 9. 17, 2007다2428; 대결 2015. 8. 21, 2015무26.
2) 대판(전원) 2009. 9. 17, 2007다2428.

에서 정한 사항을 분양받을 자에게 통지하고 대지 또는 건축물의 소유권을 이전하여야 한다. 다만, 정비사업의 효율적인 추진을 위하여 필요한 경우에는 해당 정비사업에 관한 공사가 전부 완료되기 전이라도 완공된 부분은 준공인가를 받아 대지 또는 건축물별로 분양받을 자에게 소유권을 이전할 수 있다(도주법 제86조 제1항).

1873b (2) **법적 성질** "도시 및 주거환경정비법에 따른 이전고시는 준공인가의 고시로 사업시행이 완료된 이후에 관리처분계획에서 정한 바에 따라 종전의 토지 또는 건축물에 대하여 정비사업으로 조성된 대지 또는 건축물의 위치 및 범위 등을 정하여 소유권을 분양받을 자에게 이전하고 가격의 차액에 상당하는 금액을 청산하거나 대지 또는 건축물을 정하지 않고 금전적으로 청산하는 공법상 처분이다."[1)]

(3) **효 과**

1873c (가) **새로운 대지 또는 건축물 소유권의 취득** 사업시행자는 제1항에 따라 대지 및 건축물의 소유권을 이전하려는 때에는 그 내용을 해당 지방자치단체의 공보에 고시한 후 시장·군수등에게 보고하여야 한다. 이 경우 대지 또는 건축물을 분양받을 자는 고시가 있은 날의 다음 날에 그 대지 또는 건축물의 소유권을 취득한다(도주법 제86조 제2항). 이로써 공용환권이 이루어진다.

1873d (나) **종전의 토지 또는 건축물에 설정된 권리의 이전** 대지 또는 건축물을 분양받을 자에게 제86조 제2항에 따라 소유권을 이전한 경우 종전의 토지 또는 건축물에 설정된 지상권·전세권·저당권·임차권·가등기담보권·가압류 등 등기된 권리 및 「주택임대차보호법」 제3조 제1항의 요건을 갖춘 임차권은 소유권을 이전받은 대지 또는 건축물에 설정된 것으로 본다(도주법 제87조 제1항).

(4) **이전고시 효력 발생 후 쟁송 가능성**

1873e (가) **일부 변경의 가부** "대지 또는 건축물의 소유권 이전에 관한 고시의 효력이 발생하면 조합원 등이 관리처분계획에 따라 분양받을 대지 또는 건축물에 관한 권리의 귀속이 확정되고 조합원 등은 이를 토대로 다시 새로운 법률관계를 형성하게 되는데, 이전고시의 효력 발생으로 대다수 조합원 등에 대하여 권리귀속 관계가 획일적·일률적으로 처리되는 이상 그 후 일부 내용만을 분리하여 변경할 수 없고, 그렇다고 하여 전체 이전고시를 모두 무효화시켜 처음부터 다시 관리처분계획을 수립하여 이전고시 절차를 거치도록 하는 것도 정비사업의 공익적·단체법적 성격에 배치되어 허용될 수 없다."[2)] 분양처분에 위법이 있

1) 대판 2016. 12. 29, 2013다73551.

다면, 손해배상을 구하는 것은 가능하다.[1)]

(나) **수용재결 등의 취소의 가부** "정비사업의 공익적·단체법적 성격과 이전 1873f
고시에 따라 이미 형성된 법률관계를 유지하여 법적 안정성을 보호할 필요성이 현저한 점 등을 고려할 때, 이전고시의 효력이 발생한 이후에는 조합원 등이 해당 정비사업을 위하여 이루어진 수용재결이나 이의재결의 취소 또는 무효확인을 구할 법률상 이익이 없다고 해석함이 타당하다."[2)]

3. 청 산(청산금의 징수·지급)

대지 또는 건축물을 분양받은 자가 종전에 소유하고 있던 토지 또는 건축 1873g
물의 가격과 분양받은 대지 또는 건축물의 가격 사이에 차이가 있는 경우 사업시행자는 제86조 제2항에 따른 이전고시가 있은 후에 그 차액에 상당하는 금액(이하 "청산금"이라 한다)을 분양받은 자로부터 징수하거나 분양받은 자에게 지급하여야 한다(도주법 제89조 제1항).

---

2) 대판 2019. 4. 23, 2018두55326.

1) 대판 1991. 10. 8, 90누10032(도시재개발법에 의한 도시재개발사업에 있어서의 분양처분은 사업시행자가 관리처분계획구역의 전부에 대하여 공사를 완료한 후 관리처분계획에 따라 토지교부 등을 하는 처분으로서 일단 공고되어 효력을 발생하게 된 이후에는 그 전체의 절차를 처음부터 다시 밟지 않는 한 그 일부만을 따로 떼어 분양처분을 변경할 길이 없으며 가사 그 분양처분에 위법이 있다 하여 취소 혹은 무효확인을 하더라도 다른 토지에 대한 분양처분까지 무효라고는 할 수 없을 것이고 다만 그 위법을 이유로 하여 민사상의 절차에 따라 권리관계의 존부를 확정하거나 손해의 배상을 구하는 길이 있을 뿐이므로 그 분양처분의 일부에 대하여 취소 또는 무효확인을 구할 법률상의 이익이 없다고 하여야 할 것이다).

2) 대판 2019. 4. 23, 2018두55326.

제7편 토지행정법

제1장 일 반 론

제1절 토지행정법의 관념

제1항 토지행정법의 의의

1. 토지행정법의 필요성

1874 토지는 자손만대에 영속적으로 사용되어야 하며(항구성), 자연적으로 증가되는 것이 아니고(불증성), 다른 물건으로 대체가 가능한 것도 아니고(비대체성), 이동이 가능한 것도 아니다(불이동성). 이러한 자연의 성질을 갖는 토지는 국가의 한 구성부분이자 동시에 사인의 소유의 대상이 되기도 하는바, 토지의 보존·이용·관리·개발은 국가와 사회(개인)의 공동의 과제이며 책임이 된다. 삶의 근원인 토지는 한정되어 있으나, 토지에 대한 수요는 증대하는 것이 현재의 상황이고 보면, 건전한 토지질서의 유지·확보는 국가적인 과업일 수밖에 없다. 토지질서의 혼란은 국민의 삶의 기반에 중대한 타격을 가할 수도 있는 것이므로, 토지에 대한 국가의 개입은 중요한 일이 된다. 이러한 연유로 헌법은 "국가는 국민 모두의 생산 및 생활의 기반이 되는 국토의 효율적이고 균형 있는 이용·개발과 보전을 위하여 법률이 정하는 바에 의하여 그에 관한 필요한 제한과 의무를 과할 수 있다"고 규정한다(제122조). 여기에 토지에 대한 공법적 규율, 즉 토지행정법의 필요성이 나타난다.

2. 토지행정법의 개념

1874a 토지에 대한 공법적 규율의 필요성을 바탕으로 본서는 토지행정법을 토지의 소유·이용·개발·거래 등에 관한 공법적 규율의 총괄개념으로 정의하고자 한다.

제2항 토지공개념과 법원

1. 투기의 대상으로서의 토지

1875 과거에 경제개발 5개년계획의 효과적인 수행과 더불어 토지소유에 대한 욕

구의 증대가 사회일반의 관심사가 되면서 부동산투기라는 심각한 사회적 문제가 대두되었다. 삶의 터전이고 생산의 기초가 되어야 할 토지가 투기의 대상으로 되었다는 것은 토지가 가지는 공공적 성격의 상실을 의미한다. 토지의 특성을 고려할 때, 토지는 결코 재산증식의 도구로만 사용될 수는 없는 것이다. 그것은 특정인의 사익에 기여하는 면도 분명히 가져야 하는 것이나, 또 한편으로는 국민 모두의 이익에 봉사하여야 하는 것이다. 이러한 시각에서 1970년대 중반, 특히 1980년대 후반부터 토지의 공공성에 대한 강조가 국민들과 정부에 의해 공동의 관심사로 떠오르게 되었다. 이러한 경향을 단적으로 나타내는 표현으로 토지공개념이라는 용어가 만인의 입에 오르내리게 되었다.

2. 소위 토지공개념

(1) 의 의 토지공개념의 의미는 논자에 따라 상이하게 파악·사용되었 1875a
다. 토지공개념이라는 용어는 학문상으로나 실정법상으로도 정립된 것이 아니다. 그것은 행정실무와 언론에서 널리 사용하고 있을 뿐이다. 일부의 학자는 토지공개념에 의한 토지소유권의 제한을 ① 사회주의체제로의 접근을 의미하는 참으로 위험한 발상,[1] 또는 ② 다분히 초기사회주의적 이데올로기에 의해서 오염된 초헌법적 사고의 결과[2]로 보기도 하였다. ③ 일반적으로는 토지공개념을 토지가 가지는 다른 재화와 다른 의미와 성격에 기초하여 토지의 공적 성격을 강조하고 토지의 이용 및 거래의 사적자치가 초래하는 사회적 문제를 극복하기 위하여 토지재산권이 광범위한 구속을 받는다는 것을 총체적으로 표현하는 의미로 새겼던 것으로 보였다.[3)4)] 말하자면 토지가 갖는 공공성·사회적 기속성을 종전과는 차원을 달리하여 보다 강조하고자 하는 의미로 토지공개념이라는 용어를 사용한 것이 일반적인 경향이었다.

(2) **법적 근거** 학자에 따라서는 소위 토지공개념의 헌법적 근거로서 ① 1875b
일반적 근거로 헌법 제23조 제2항과 동조 제1항 제2문을 제시하고, ② 이를 구체화한 개별적 근거로 헌법 제120조 제2항·제121조·제122조를 들고, ③ 관련조항으로 사회복지국가원리와 사회적 시장경제질서에 관한 헌법조항을 들었

1) 조규창, 월간고시, 1989.8, 50쪽.
2) 허영, 월간고시, 1989.8, 187쪽.
3) 김문현, 법과 사회, 1990, 제2호, 7쪽.
4) 이러한 입장에서 보면, 용례상 토지공개념이라는 단어는 다소 문제가 있다. 왜냐하면 토지의 공개념이라고 하면 토지의 사개념을 연상시키게 되는데, 토지의 개념은 하나뿐이고 토지의 사개념이 따로 있는 것은 아니기 때문이다. 따라서 그러한 용어의 사용은 피하는 것이 좋을 것이다. 같은 취지로 곽윤직, 물권법, 1992, 294쪽.

다.[1] 이를 구현하는 법률로는 국토의 계획 및 이용에 관한 법률이 있다.

1875c (3) **실현형태** 토지행정법의 주요내용은 거의 모두가 토지의 공적 특성을 확보하기 위한 것이라 할 수 있다. 특히 국민적 관심이 집중되었던 것은 토지거래계약허가제·개발이익환수제(개발부담금) 등이었다.

3. 토지행정법의 법원

1876 현행법상 토지행정법으로, ① 전국토와 관련하여 국토기본법·국토의 계획 및 이용에 관한 법률, ② 광역권과 관련하여 수도권정비계획법, ③ 도시와 관련하여 국토의 계획 및 이용에 관한 법률·도시개발법·도시 및 주거환경정비법 등을 볼 수 있고, ④ 특정의 목적과 관련하여 택지개발촉진법·산업입지 및 개발에 관한 법률·농지법·초지법·산림자원의 조성 및 관리에 관한 법률·자연공원법·공익사업을 위한 토지 등의 취득 및 보상에 관한 법률 등을 볼 수 있다. 상기 법률들의 시행령·시행규칙 등이 있다.[2]

제 2 절 토지행정법상 행위형식

1. 일 반 론

1877 특별행정법의 한 부분으로서 토지행정법도 행정법인바, 토지행정법에 일반행정법상 기본원리가 적용된다. 즉 일반행정법상 행정의 행위형식인 행정입법·행정계획·행정행위(행정처분)·행정지도 등에서 언급한 것은 토지행정법에 그대로 의미를 갖는다. 그럼에도 다른 행정영역에 비추어 토지행정의 경우에 특기할

---

1) 김문현, 법과 사회, 제2호, 1990, 7쪽.

2) 참고로, 독일의 경우, 토지질서에 관한 법체계는 기본적으로 공간질서법－도시건설법－건설질서법으로 구성된다. ① 공간질서법(Raumordnungsrecht)은 공간에 관한 포괄적인 것으로서 상위의 계획과 질서에 관한 법을 말하며, 동법에 의한 공간계획(Raumplanung)은 전독일지역의 질서를 위한 계획으로서 도시건설법에 따른 계획에 우선한다. ② 도시건설법(Städtebaurecht)은 평지이용과 관련하는, 그리고 도시건설의 관점에서 게마인데(기초지방자치단체) 내부의 공간이용과 공간형성에 관한 법을 말하며, 종래 건설계획법(Bauplan-ungsrecht)이라 불렀다. 동법에 의한 건설기준계획과정(Bauleitplanung)은 게마인데토지를 건축 등의 용도에 이용하는 데에 관한 준비와 지도의 과정으로서, 2개의 건설기준계획(Bauleitpläne), 즉 평지이용계획(Flächennutzungsplan)과 건설계획(Bebauungsplan)으로 귀결된다. 평지이용계획은 전체 게마인데의 토지이용의 원칙에 관한 계획이고, 건설계획은 시민의 토지이용을 법적으로 규율하는 것을 내용으로 한다. 건설계획은 토지재산권의 내용규정·한계규정의 성질을 갖는다. ③ 건설질서법(Bauordnungsrecht)은 구체적인 건설행위에 관한 질서법적 요건(예, 건축허가·건설감독)을 규정하는 법이다(Kreb, Baurecht, in : Schmidt－Aßmann(Hrsg.), Besonderes Verwaltungsrecht(13. Aufl.), Rn. 4, 5, 6, 34, 73, 75, 82).

점은 (공간)계획작용이 광범위하게 도입되고 있다는 점이다.

2. 국토계획

헌법(제120조 제2항)은 "국토와 자원은 국가의 보호를 받으며, 국가는 그 균형있는 개발과 이용을 위하여 필요한 계획을 수립한다"고 규정하고 있다. 이것은 헌법이 토지행정의 영역에서는 계획작용이 광범위하게 이루어지게 됨을 예정하고 있음을 뜻한다. 이러한 헌법의 규정에 부응하여 국토계획에 관한 법률로 국토기본법 및 국토의 계획 및 이용에 관한 법률이 제정되어 있다. 1878

제 3 절 토지행정작용의 주요내용

토지에 가해지는 공법적 규율내용은[1] 토지가 갖는 의미에 따라 구분해 볼 수 있다. 토지는 소유·이용·수익·처분의 대상이므로 이에 따라 행정법적 규율(대체로 규제적인 규율이다)의 주요내용을 보기로 한다.

1. 토지의 소유에 관한 사항

토지의 소유와 관련하여서는 ① 토지소유상한제와 ② 토지수용제도가 있다. ① 농지는[2] ⓐ 원칙적으로 자기의 농업경영에 이용하거나 이용할 자가 아니면 이를 소유하지 못하며(농지법 제6조 제1항), ⓑ 상속으로 농지를 취득한 자로서 농업경영을 하지 아니하는 자는 그 상속 농지 중에서 총 1만제곱미터까지만 소유할 수 있다(농지법 제7조 제1항). 대통령령으로 정하는 기간 이상 농업경영을 한 후 이농한 자는 이농 당시 소유 농지 중에서 총 1만제곱미터까지만 소유할 수 있다(농지법 제7조 제2항). 주말·체험영농을 하려는 자는 총 1천제곱미터 미만 1879

1) 헌재 2017. 9. 28, 2016헌마18(토지는 원칙적으로 생산이나 대체가 불가능하여 공급이 제한되어 있고, 우리나라의 가용토지면적은 인구에 비하여 절대적으로 부족한 반면, 모든 국민이 생산 및 생활의 기반으로서 토지의 합리적인 이용에 의존하고 있으므로, 그 이용에 있어 공동체의 이익이 보다 강하게 관철되어야 한다. 이와 같은 토지의 사회성 내지는 공공성으로 인해 토지재산권에 대하여는 다른 재산권에 비하여 강한 제한과 의무가 부과될 수 있다. 헌법 제122조 역시 국가는 국토의 효율적이고 균형있는 이용·개발과 보전을 위하여 법률이 정하는 바에 의하여 필요한 제한과 의무를 과할 수 있다고 규정함으로써 토지재산권에 대한 광범위한 입법형성권을 부여하고 있다); 헌재 1998. 12. 24, 89헌마214.

2) 대판 2019. 2. 14, 2017두65357(어떤 토지가 농지법 제2조 제1호 (가)목 전단에서 정한 '농지'인지는 공부상의 지목과 관계없이 그 토지의 사실상 현상에 따라 판단하여야 하지만, 농지법상 '농지'였던 토지가 현실적으로 다른 용도로 이용되고 있더라도 그 토지가 농지전용허가 등을 받지 아니하고 불법 전용된 것이어서 농지로 원상회복되어야 하는 것이라면 그 변경 상태는 일시적인 것에 불과하고 여전히 농지법상 '농지'에 해당한다).

의 농지를 소유할 수 있다. 이 경우 면적 계산은 그 세대원 전부가 소유하는 총 면적으로 한다(농지법 제7조 제3항). ② 특정의 공익사업을 위해서는 사인의 토지 재산권을 강제적으로 수용할 수도 있다. ③ 농지취득자격증명제도(농지법 제8조)도 토지의 소유에 관한 공법적 제약으로 볼 것이다.[1)]

2. 토지의 이용에 관한 사항

1880 ⑴ **일 반 론** 토지의 이용과 관련하여서는 ① 용도지역제와 ② 토지이용 강제제도를 볼 수 있다. ① 전자는 토지를 그 성질에 따른 적정한 용도에 이용토록 하고, 그에 부합하지 않은 이용을 규제하여 합리적이고 능률적인 토지이용을 확보하려는 제도이다(토용법 제36조 이하 참조). ② 후자는 토지를 용도에 적합하게 이용하도록 하는 적극적인 방식이다. 이러한 방식에는 대리경작제(유휴농지의 대리경작제도. 농지법 제20조)·산림사업의 대행제도[「산림자원의 조성 및 관리에 관한 법률」 제23조 ① 국가 또는 지방자치단체는 다음 각 호(1. 산림병해충·산사태·산불 등 재해의 예방·방제 및 복구사업, 2. 산림자원의 조성·육성·관리를 위하여 산림기술 진흥 및 관리에 관한 법률 제15조 제3항에 따른 설계·감리를 실시하여야 하는 사업, 3. 국가 또는 지방자치단체의 산림시책 수행을 위하여 필요한 사업으로서 대통령령으로 정하는 사업)의 산림사업을 산림조합 또는 산림조합중앙회에 대행하게 하거나 위탁하여 시행할 수 있다] 등이 있다.

⑵ **토지이용규제기본법**

1880a ㈎ **목 적** 토지이용과 관련된 지역·지구등의 지정과 관리에 관한 기본적인 사항을 규정함으로써 토지이용규제의 투명성을 확보하여 국민의 토지이용상의 불편을 줄이고 국민경제의 발전에 이바지함을 목적으로 토지이용규제 기본법이 제정되었다(토기법 제1조).

1880b ㈏ **다른 법률과의 관계** 지역·지구등의 지정(따로 지정 절차 없이 법령 또는 자치법규에 따라 지역·지구등의 범위가 직접 지정되는 경우를 포함한다)과 운영 등에 관하여 다른 법률에 제8조와 다른 규정이 있는 경우에는 이 법에 따른다(토기법 제3조).

1880c ㈐ **지역·지구등의 신설 제한 등** 지역·지구등은 다음 각 호(1. 별표에 규정된 지역·지구등, 2. 다른 법률의 위임에 따라 대통령령에 규정된 지역·지구등으로서 이 법의 대

---

1) 대판 2018. 7. 11, 2014두36518(농지취득자격증명은 농지를 취득하는 자에게 농지취득의 자격이 있다는 것을 증명하는 것으로, 농지를 취득하려는 자는 농지 소재지를 관할하는 시장, 구청장, 읍장 또는 면장으로부터 농지취득자격증명을 발급받아 농지의 소유권에 관한 등기를 신청할 때에 이를 첨부하여야 한다(농지법 제8조 제1항, 제4항). 농지를 취득하려는 자가 농지에 관하여 소유권이전등기를 마쳤다 하더라도 농지취득자격증명을 발급받지 못한 이상 그 소유권을 취득하지 못하고, 농지에 관한 경매절차에서 농지취득자격증명의 발급은 매각허가요건에 해당한다).

통령령에 규정된 지역·지구등, 3. 다른 법령의 위임에 따라 총리령, 부령 및 자치법규에 규정된 지역·지구등으로서 국토교통부장관이 관보에 고시하는 지역·지구등)에 규정된 것 외에는 신설(지역·지구등을 세분하거나 변경하는 것을 포함한다)할 수 없다(토기법 제5조).

㈑ 지역·지구등의 지정 등 중앙행정기관의 장이나 지방자치단체의 장이 지역·지구등을 지정(변경 및 해제를 포함한다)하려면 대통령령으로 정하는 바에 따라 미리 주민의 의견을 들어야 한다. 다만, 다음 각 호(1. 따로 지정 절차 없이 법령이나 자치법규에 따라 지역·지구등의 범위가 직접 지정되는 경우, 2. 다른 법령 또는 자치법규에 주민의 의견을 듣는 절차가 규정되어 있는 경우, 3. 국방상 기밀유지가 필요한 경우, 4. 그 밖에 대통령령으로 정하는 경우)의 어느 하나에 해당하거나 대통령령으로 정하는 경미한 사항을 변경하는 경우에는 그러하지 아니하다(토기법 제8조 제1항). 1880d

3. 토지의 수익에 관한 사항

토지의 수익과 관련하여서는 개발이익의 환수제도로서 개발부담금의 제도가 있다. 개발이익환수에 관한 법률은 개발사업의 시행이나 토지이용계획의 변경, 그 밖에 사회적·경제적 요인에 따라 정상지가상승분을 초과하여 개발사업을 시행하는 자나 토지 소유자에게 귀속되는 토지 가액의 증가분을 "개발이익"이라 하고(환수법 제2조 제1호), 개발이익 중 이 법에 따라 국가가 부과·징수하는 금액을 "개발부담금"으로 정의하고 있다(환수법 제2조 제4호). 농지의 임대차·사용대차의 제한(농지법 제23조)도 토지의 수익에 관련된 공법상 제약에 해당한다. 1881

4. 토지의 처분에 관한 사항

토지의 처분과 관련하여서는 토지거래계약허가제(일정 규제구역에서 토지거래계약체결시 미리 허가를 받아야 하는 제도. 부신법 제11조 이하)·선매협의제도(일정구역안의 토지로서 토지거래계약에 관한 허가신청이 있는 경우에 국가 등이 협의·매수토록 하는 제도. 부신법 제15조) 등이 있다. 농지처분의무(소유농지를 정당한 사유 없이 자기의 농업경영에 이용하지 아니하는 등 일정사유가 있는 경우에 농지를 처분하여야 하는 제도. 농지법 제10조)제도 역시 토지의 처분에 관련된 공법상 제약에 해당한다. 1882

제 2 장 국토의 계획

제 1 절 국토계획

제 1 항 국토계획의 개념

1. 국토계획의 의의

1883 국토기본법은 국토를 이용·개발 및 보전할 때 미래의 경제적·사회적 변동에 대응하여 국토가 지향하여야 할 발전방향을 설정하고 이를 달성하기 위한 계획을 "국토계획"으로 정의하면서(국토법 제6조 제1항), 국토계획을 국토종합계획(국토 전역을 대상으로 하여 국토의 장기적인 발전방향을 제시하는 종합계획), 도종합계획(도 또는 특별자치도의 관할구역을 대상으로 하여 해당 지역의 장기적인 발전방향을 제시하는 종합계획), 시·군종합계획(특별시·광역시·특별자치시·시 또는 군(광역시의 군을 제외한다)의 관할구역을 대상으로 하여 해당 지역의 기본적인 공간구조와 장기 발전 방향을 제시하고, 토지이용, 교통, 환경, 안전, 산업, 정보통신, 보건, 후생, 문화 등에 관하여 수립하는 계획으로서 국토의 계획 및 이용에 관한 법률에 의하여 수립되는 도시계획), 지역계획(특정 지역을 대상으로 특별한 정책목적을 달성하기 위하여 수립하는 계획), 부문별계획(국토전역을 대상으로 하여 특정 부문에 대한 장기적인 발전방향을 제시하는 계획)으로 구분하고 있다(국토법 제6조 제2항).

1884 국토계획의 체계[1]

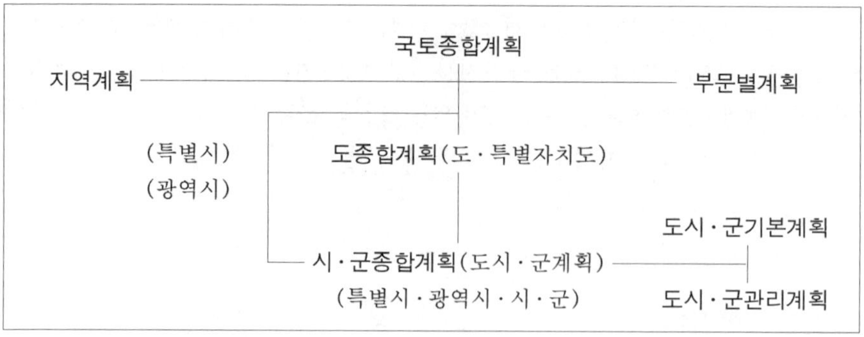

1) 정태용, "지방자치와 도시계획," 지방자치법연구, 통권 제17호, 85쪽.

2. 국토계획의 상호관계

국토종합계획은 도종합계획 및 시·군종합계획의 기본이 되며, 부문별계획 과 지역계획은 국토종합계획과 조화를 이루어야 한다(국토법 제7조 제1항). 도종합계획은 해당 도의 관할 구역에서 수립되는 시·군종합계획의 기본이 된다(국토법 제7조 제2항). 국토종합계획은 20년을 단위로 하여 수립하며, 도종합계획·시군종합계획·지역계획 및 부문별계획의 수립권자는 국토종합계획의 수립 주기를 감안하여 그 수립 주기를 정하여야 한다(국토법 제7조 제3항). 국토계획의 계획기간이 만료되었음에도 불구하고 차기 계획이 수립되지 아니한 경우에는 해당 계획의 기본이 되는 계획과 저촉되지 아니하는 범위에서 종전의 계획을 따를 수 있다(국토법 제7조 제4항). 한편, 국토기본법에 따른 국토종합계획은 다른 법령에 따라 수립되는 국토에 관한 계획에 우선하며 그 기본이 된다(국토법 제8조 본문). 다만, 군사에 관한 계획에 대하여는 그러하지 아니하다(국토법 제8조 단서). 1885

제 2 항 국토계획의 수립과 추진

1. 국토계획의 수립

국토교통부장관은 국토종합계획을 수립하여야 한다(국토법 제9조 제1항). 도지사(특별자치도지사 포함)는 원칙적으로 도종합계획을 수립하여야 한다(국토법 제13조). 중앙행정기관의 장 또는 지방자치단체의 장은 지역 특성에 맞는 정비나 개발을 위하여 필요하다고 인정하면 관계 중앙행정기관의 장과 협의하여 관계 법률에서 정하는 바에 따라 다음 각 호(1. 수도권 발전계획 : 수도권에 과도하게 집중된 인구와 산업의 분산 및 적정배치를 유도하기 위하여 수립하는 계획, 2. 지역개발계획 : 성장 잠재력을 보유한 낙후지역 또는 거점지역 등과 그 인근지역을 종합적·체계적으로 발전시키기 위하여 수립하는 계획, 3. 삭제, 4. 삭제, 5. 그 밖에 다른 법률에 따라 수립하는 지역계획)의 구분에 따른 지역계획을 수립할 수 있다(국토법 제16조 제1항). 중앙행정기관의 장은 국토전역을 대상으로 하여 소관업무에 관한 부문별계획을 수립할 수 있다(국토법 제17조 제1항). 국토교통부장관은 국토에 관한 계획 및 정책을 수립하는 과정에서 국민들의 의견이 반영될 수 있도록 노력하여야 한다(국토법 제17조의2 제1항). 1886

2. 국토계획의 추진

중앙행정기관의 장 및 시·도지사는 국토종합계획의 내용을 소관 업무와 관 1887
련된 정책 및 계획에 반영하여야 하며, 대통령령으로 정하는 바에 따라 국토종합계획을 실행하기 위한 소관별 실천계획을 수립하여 국토교통부장관에게 제출하여야 한다(국토법 제18조 제1항). 중앙행정기관의 장 및 시·도지사는 소관별 실천계획의 추진 실적서를 작성하여 대통령령으로 정하는 바에 따라 국토교통부장관에게 제출하여야 한다(국토법 제18조 제2항). 국토교통부장관은 제2항에 따라 받은 추진 실적을 종합하여 대통령령으로 정하는 바에 따라 국토종합계획의 성과를 정기적으로 평가하고 그 결과를 국토정책의 수립·집행에 반영하여야 한다(국토법 제18조 제3항).

3. 국토계획의 정비

1888 국토교통부장관은 제18조 제3항에 따른 평가 결과와 사회적·경제적 여건 변화를 고려하여 5년마다 국토종합계획을 전반적으로 재검토하고 필요하면 정비하여야 한다(국토법 제19조). 국토교통부장관은 도종합계획, 시·군종합계획, 지역계획 및 부문별계획이 다음 각 호(1. 서로 상충되거나 국토종합계획에 부합하지 아니한다고 판단되는 경우, 2. 제19조의3 제2항에 따른 국토계획평가 실시 결과 해당 국토계획을 보완·조정할 필요가 있다고 인정되는 경우, 3. 「환경정책기본법」에 따른 환경보전계획과의 연계성이 부족하여 상호 보완·조정할 필요가 있다고 인정되는 경우)의 어느 하나에 해당하는 경우에는 중앙행정기관의 장 또는 지방자치단체의 장에게 해당 계획을 조정할 것을 요청할 수 있다(국토법 제20조 제1항). 국토교통부장관은 중앙행정기관의 장 또는 지방자치단체의 장이 국토계획의 시행을 위하여 하는 처분이나 사업이 상충되어 국토계획의 원활한 실시에 지장을 줄 우려가 있다고 인정하는 경우에는 국토정책위원회의 심의를 거쳐 그 처분이나 사업을 조정할 수 있다(국토법 제21조 제1항).

제 3 항 국토조사와 국회보고

1. 국토조사

1889 국토교통부장관은 국토에 관한 계획 또는 정책의 수립, 「국가공간정보기본법」 제32조 제2항에 따른 공간정보의 제작, 연차보고서의 작성 등을 위하여 필요할 때에는 미리 인구, 경제, 사회, 문화, 교통, 환경, 토지이용, 그 밖에 대통령령으로 정하는 사항에 대하여 조사할 수 있다(국토법 제25조 제1항). 국토교통부장관은 중앙행정기관의 장 또는 지방자치단체의 장에게 조사에 필요한 자료의 제출을 요청하거나 제1항의 국토조사 사항 중 일부를 직접 조사하도록 요청할 수

있다. 이 경우 요청을 받은 중앙행정기관의 장 또는 지방자치단체의 장은 특별한 사유가 없으면 요청에 따라야 한다(국토법 제25조 제2항).

2. 국회보고

정부는 국토의 계획 및 이용의 주요 시책에 관한 보고서(이하 "연차보고서"라 한다)를 작성하여 매년 정기국회 개최 전까지 국회에 제출하여야 한다(국토법 제24조 제1항). 제1항의 보고서에는 다음 각 호(1. 국토계획의 수립 및 관리, 2. 국토의 계획 및 이용에 관하여 추진된 시책과 추진하려는 시책, 3. 지역개발현황 및 주요 시책, 4. 사회간접자본의 현황, 5. 국토자원의 이용현황, 6. 국토 환경 현황 및 주요시책, 7. 용도지역별 토지이용현황 및 토지거래동향, 8. 그 밖에 국토계획 및 국토이용에 관한 중요사항)의 내용이 포함되어야 한다(국토법 제24조 제2항). 1890

제 2 절 도시·군계획

제 1 항 도시·군계획의 관념

1. 도시·군계획의 의의

(1) **도시·군계획** 도시·군계획이란 특별시·광역시·특별자치시·특별자치도·시 또는 군(광역시의 관할 구역에 있는 군은 제외한다. 이하 같다)의 관할 구역에 대하여 수립하는 공간구조와 발전방향에 대한 계획으로서 도시·군기본계획과 도시·군관리계획으로 구분한다(토용법 제2조 제2호). 1891

(2) **광역도시계획** 광역도시계획이란 제10조(① 국토교통부장관 또는 도지사는 둘 이상의 특별시·광역시·특별자치시·특별자치도·시 또는 군의 공간구조 및 기능을 상호 연계시키고 환경을 보전하며 광역시설을 체계적으로 정비하기 위하여 필요한 경우에는 다음 각 호(1. 광역계획권이 둘 이상의 특별시·광역시·특별자치시·도 또는 특별자치도(이하 "시·도"라 한다)의 관할 구역에 걸쳐 있는 경우 : 국토교통부장관이 지정, 2. 광역계획권이 도의 관할 구역에 속하여 있는 경우 : 도지사가 지정)의 구분에 따라 인접한 둘 이상의 특별시·광역시·특별자치시·특별자치도·시 또는 군의 관할 구역 전부 또는 일부를 대통령령으로 정하는 바에 따라 광역계획권으로 지정할 수 있다)에 따라 지정된 광역계획권의 장기발전방향을 제시하는 계획을 말한다(토용법 제2조 제1호). 1892

2. 도시·군계획의 지위

도시·군계획은 특별시·광역시·특별자치시·특별자치도·시 또는 군의 관 1893

할 구역에서 수립되는 다른 법률에 따른 토지의 이용·개발 및 보전에 관한 계획의 기본이 된다(토용법 제4조 제1항). 특별시장·광역시장·특별자치시장·특별자치도지사·시장 또는 군수… 가 관할 구역에 대하여 다른 법률에 따른 환경·교통·수도·하수도·주택 등에 관한 부문별 계획을 수립할 때에는 도시·군기본계획의 내용에 부합되게 하여야 한다(토용법 제4조 제4항).

제2항 도시·군기본계획

1. 도시·군기본계획의 의의

1894 도시·군기본계획이란 특별시·광역시·특별자치시·특별자치도·시 또는 군의 관할 구역에 대하여 기본적인 공간구조와 장기발전방향을 제시하는 종합계획으로서 도시·군관리계획 수립의 지침이 되는 계획을 말한다(토용법 제2조 제3호). 특별시장·광역시장·특별자치시장·특별자치도지사·시장 또는 군수는 관할 구역에 대하여 도시·군기본계획을 수립하여야 한다. 다만, 시 또는 군의 위치, 인구의 규모, 인구감소율 등을 고려하여 대통령령으로 정하는 시 또는 군은 도시·군기본계획을 수립하지 아니할 수 있다(토용법 제18조 제1항).

2. 지방의회의 의견청취

1895 특별시장·광역시장·특별자치시장·특별자치도지사·시장 또는 군수는 도시·군기본계획을 수립하거나 변경하려면 미리 그 특별시·광역시·특별자치시·특별자치도·시 또는 군 의회의 의견을 들어야 한다(토용법 제21조 제1항). 제1항에 따른 특별시·광역시·특별자치시·특별자치도·시 또는 군의 의회는 특별한 사유가 없으면 30일 이내에 특별시장·광역시장·특별자치시장·특별자치도지사·시장 또는 군수에게 의견을 제시하여야 한다(토용법 제21조 제2항).

3. 도시·군기본계획의 확정과 승인

1896 (1) **특별시·광역시·특별자치시·특별자치도 도시·군기본계획** 특별시장·광역시장·특별자치시장 또는 특별자치도지사는 도시·군기본계획을 수립하거나 변경하려면 관계 행정기관의 장(국토교통부장관을 포함한다. 이하 이 조 및 제22조의2에서 같다)과 협의한 후 지방도시계획위원회의 심의를 거쳐야 한다(토용법 제22조 제1항). 특별시장·광역시장·특별자치시장 또는 특별자치도지사는 도시·군기본계획을 수립하거나 변경한 경우에는 관계 행정기관의 장에게 관계 서류를 송부하여야 하며, 대통령령으로 정하는 바에 따라 그 계획을 공고하고 일반인이 열람

할 수 있도록 하여야 한다(토용법 제22조 제3항).

(2) **시·군 도시·군기본계획** 시장 또는 군수는 도시·군기본계획을 수립하 1896a
거나 변경하려면 대통령령으로 정하는 바에 따라 도지사의 승인을 받아야 한다(토용법 제22조의2 제1항). 도지사는 제1항에 따라 도시·군기본계획을 승인하려면 관계 행정기관의 장과 협의한 후 지방도시계획위원회의 심의를 거쳐야 한다(토용법 제22조의2 제2항). 도지사는 도시·군기본계획을 승인하면 관계 행정기관의 장과 시장 또는 군수에게 관계 서류를 송부하여야 하며, 관계 서류를 받은 시장 또는 군수는 대통령령으로 정하는 바에 따라 그 계획을 공고하고 일반인이 열람할 수 있도록 하여야 한다(토용법 제22조의2 제4항).

제 3 항 도시·군관리계획

1. 도시·군관리계획의 의의

(1) **정 의** 도시·군관리계획이란 특별시·광역시·특별자치시·특별자 1897
치도·시 또는 군의 개발·정비 및 보전을 위하여 수립하는 토지 이용, 교통, 환경, 경관, 안전, 산업, 정보통신, 보건, 복지, 안보, 문화 등에 관한 다음 각 목(가. 용도지역·용도지구의 지정 또는 변경에 관한 계획, 나. 개발제한구역, 도시자연공원구역, 시가화조정구역, 수산자원보호구역의 지정 또는 변경에 관한 계획, 다. 기반시설의 설치·정비 또는 개량에 관한 계획, 라. 도시개발사업이나 정비사업에 관한 계획, 마. 지구단위계획구역의 지정 또는 변경에 관한 계획과 지구단위계획, 바. 입지규제최소구역의 지정 또는 변경에 관한 계획과 입지규제최소구역계획)의 계획을 말한다(토용법 제2조 제4호).

(2) **도시·군관리계획의 법적 성질** ① 도시·군관리계획의 입안자는 형성 1897a
의 자유를 갖는다.[1] ② 도시·군관리계획은 구속효를 갖는 행정계획에 해당한다.[2] ③ 도시·군관리계획은 처분성을 갖는바, 행정상 쟁송의 대상이 된다.[3]

---

1) 졸저, 행정법원론(상), 옆번호 1054 참조.
2) 졸저, 행정법원론(상), 옆번호 1026 참조.
3) 대판 1982. 3. 9, 80누105(도시계획법 제12조 소정의 고시된 도시계획결정은 특정 개인의 권리 내지 법률상의 이익을 개별적이고 구체적으로 규제하는 효과를 가져오게 하는 행정청의 처분이라 할 것이고, 이는 행정소송의 대상이 된다); 대판 1992. 8. 14, 91누11582(택지개발촉진법 제3조에 의한 건설부장관의 택지개발예정지구의지정과, 같은법 제8조에 의한 건설부장관의 택지개발사업 시행자에 대한 택지개발계획의 승인은 그 처분의 고시에 의하여 개발할 토지의 위치 면적 권리내용 등이 특정되어 그 후 사업시행자에게 택지개발사업을 실시할 수 있는 권한이 설정되고, 나아가 일정한 절차를 거칠 것을 조건으로 하여 일정한 내용의 수용권이 주어지며 고시된 바에 따라 특정 개인의 권리나 법률상 이익이 개별적이고 구체적으로 규제 받게 되므로 건설부장관의 위 각 처분은 행정처분의 성격을 갖는다).

2. 도시·군관리계획의 수립

1898 (1) **도시·군관리계획의 입안** 특별시장·광역시장·특별자치시장·특별자치도지사·시장 또는 군수는 관할 구역에 대하여 도시·군관리계획을 입안하여야 한다(토용법 제24조 제1항). 국토교통부장관, 시·도지사, 시장 또는 군수는 도시·군관리계획을 조속히 입안하여야 할 필요가 있다고 인정되면 광역도시계획이나 도시·군기본계획을 수립할 때에 도시·군관리계획을 함께 입안할 수 있다(토용법 제35조 제1항).

1899 (2) **도시·군관리계획의 입안의 제안** 주민(이해관계자를 포함한다. 이하 같다)은 다음 각 호[1. 기반시설의 설치·정비 또는 개량에 관한 사항, 2. 지구단위계획구역의 지정 및 변경과 지구단위계획의 수립 및 변경에 관한 사항, 3. 다음 각 목(가. 개발진흥지구 중 공업기능 또는 유통물류기능 등을 집중적으로 개발·정비하기 위한 개발진흥지구로서 대통령령으로 정하는 개발진흥지구, 나. 제37조에 따라 지정된 용도지구 중 해당 용도지구에 따른 건축물이나 그 밖의 시설의 용도·종류 및 규모 등의 제한을 지구단위계획으로 대체하기 위한 용도지구)의 어느 하나에 해당하는 용도지구의 지정 및 변경에 관한 사항, 4. 입지규제최소구역의 지정 및 변경과 입지규제최소구역계획의 수립 및 변경에 관한 사항]의 사항에 대하여 제24조에 따라 도시·군관리계획을 입안할 수 있는 자에게 도시·군관리계획의 입안을 제안할 수 있다. 이 경우 제안서에는 도시·군관리계획도서와 계획설명서를 첨부하여야 한다(토용법 제26조 제1항). 제1항에 따라 도시·군관리계획의 입안을 제안받은 자는 그 처리 결과를 제안자에게 알려야 한다(토용법 제26조 제2항).

1900 (3) **주민과 지방의회의 의견 청취** 국토교통부장관(제40조에 따른 수산자원보호구역의 경우 해양수산부장관을 말한다. 이하 이 조에서 같다), 시·도지사, 시장 또는 군수는 제25조에 따라 도시·군관리계획을 입안할 때에는 주민의 의견을 들어야 하며, 그 의견이 타당하다고 인정되면 도시·군관리계획안에 반영하여야 한다. 다만, 국방상 또는 국가안전보장상 기밀을 지켜야 할 필요가 있는 사항(관계 중앙행정기관의 장이 요청하는 것만 해당한다)이거나 대통령령으로 정하는 경미한 사항인 경우에는 그러하지 아니하다(토용법 제28조 제1항). 국토교통부장관, 시·도지사, 시장 또는 군수는 도시·군관리계획을 입안하려면 대통령령으로 정하는 사항에 대하여 해당 지방의회의 의견을 들어야 한다(토용법 제28조 제6항).

1901 (4) **도시·군관리계획의 결정** 도시·군관리계획은 시·도지사가 직접 또는 시장·군수의 신청에 따라 결정한다. 다만, 「지방자치법」 제175조에 따른 서울특별시와 광역시 및 특별자치시를 제외한 인구 50만 이상의 대도시(이하 "대도시"라 한다)의 경우에는 해당 시장(이하 "대도시 시장"이라 한다)이 직접 결정하고, 다음

각 호[1. 시장 또는 군수가 입안한 지구단위계획구역의 지정·변경과 지구단위계획의 수립·변경에 관한 도시·군관리계획, 2. 제52조 제1항 제1호의2에 따라 지구단위계획으로 대체하는 용도지구 폐지에 관한 도시·군관리계획(해당 시장(대도시 시장은 제외한다) 또는 군수가 도지사와 미리 협의한 경우에 한정한다)]의 도시·군관리계획은 시장 또는 군수가 직접 결정한다(토용법 제29조 제1항). 국토교통부장관이나 해양수산부장관이 결정하는 경우도 있다(토용법 제29조 제2항). 국토교통부장관이나 시·도지사는 도시·군관리계획을 결정하면 대통령령으로 정하는 바에 따라 그 결정을 고시하고, 국토교통부장관이나 도지사는 관계 서류를 관계 특별시장·광역시장·특별자치시장·특별자치도지사·시장 또는 군수에게 송부하여 일반이 열람할 수 있도록 하여야 하며, 특별시장·광역시장·특별자치시장·특별자치도지사는 관계 서류를 일반이 열람할 수 있도록 하여야 한다(토용법 제30조 제6항).

3. 도시·군관리계획의 효력

(1) **외부적 구속효** 도시·군관리계획은 개발행위허가의 제한요소가 되기 1902
도 하는바, 외부적 구속효를 갖는다(토용법 제58조 제1항 제2호, 제3호 등). 기술한 바와 같이 도시·군관리계획은 처분성을 갖는바, 행정상 쟁송의 대상이 된다.

(2) **효력의 발생시점** 도시·군관리계획 결정의 효력은 제32조 제4항에 따 1902a
라 지형도면을 고시한 날부터 발생한다(토용법 제31조 제1항). 도시·군관리계획 결정 당시 이미 사업이나 공사에 착수한 자(이 법 또는 다른 법률에 따라 허가·인가·승인 등을 받아야 하는 경우에는 그 허가·인가·승인 등을 받아 사업이나 공사에 착수한 자를 말한다)는 그 도시·군관리계획 결정과 관계없이 그 사업이나 공사를 계속할 수 있다. 다만, 시가화조정구역이나 수산자원보호구역의 지정에 관한 도시·군관리계획 결정이 있는 경우에는 대통령령으로 정하는 바에 따라 특별시장·광역시장·특별자치시장·특별자치도지사·시장 또는 군수에게 신고하고 그 사업이나 공사를 계속할 수 있다(토용법 제31조 제2항).

(3) **지형도면의 작성·고시**

(가) **의 의** 지형도면란 도시·군관리계획(지구단위계획구역의 지정·변경과 1902b
지구단위계획의 수립·변경에 관한 도시·군관리계획은 제외한다)에 관한 사항을 자세히 밝힌 도면을 말한다(토용법 제32조 제2항).

(나) **법적 성질** 지형도면의 작성·고시는 행정청이 공법의 영역에서 법적 1902c
효과를 발생시키는 일방적 행위에 해당하는바,[1)] 행정기본법이나 행정심판법 또

1) 대판 2020. 12. 24, 2020두46769(가축분뇨의 관리 및 이용에 관한 법률(이하 '가축분뇨법'이라 한다) 제8조 제1항, 토지이용규제 기본법 제2조 제1호, 제5조 제1호 [별표], 제3조, 제8조 제2

는 행정소송법상 처분에 해당한다.

㈐ 작 성

1902d 1) 지방자치단체장의 작성, 도지사의 승인 ① 특별시장·광역시장·특별자치시장·특별자치도지사·시장 또는 군수는 제30조에 따른 도시·군관리계획결정(이하 "도시·군관리계획결정"이라 한다)이 고시되면 지적이 표시된 지형도에 도시·군관리계획에 관한 사항을 자세히 밝힌 도면을 작성하여야 한다(토용법 제32조 제1항). ② 시장(대도시 시장은 제외한다)이나 군수는 제1항에 따른 지형도에 도시·군관리계획(지구단위계획구역의 지정·변경과 지구단위계획의 수립·변경에 관한 도시·군관리계획은 제외한다)에 관한 사항을 자세히 밝힌 도면(이하 "지형도면"이라 한다)을 작성하면 도지사의 승인을 받아야 한다. 이 경우 지형도면의 승인 신청을 받은 도지사는 그 지형도면과 결정·고시된 도시·군관리계획을 대조하여 착오가 없다고 인정되면 대통령령으로 정하는 기간에 그 지형도면을 승인하여야 한다(토용법 제32조 제2항).

1902e 2) 국토교통부장관의 작성 국토교통부장관(제40조에 따른 수산자원보호구역의 경우 해양수산부장관을 말한다. 이하 이 조에서 같다)이나 도지사는 도시·군관리계획을 직접 입안한 경우에는 제1항과 제2항에도 불구하고 관계 특별시장·광역시장·특별자치시장·특별자치도지사·시장 또는 군수의 의견을 들어 직접 지형도면을 작성할 수 있다(토용법 제32조 제3항).

1902f 3) 고 시 ① 시장(대도시 시장은 제외한다)이나 군수는 제1항에 따른 지형도에 도시·군관리계획(지구단위계획구역의 지정·변경과 지구단위계획의 수립·변경에 관한 도시·군관리계획은 제외한다)에 관한 사항을 자세히 밝힌 도면(이하 "지형도면"이라 한다)을 작성하면 도지사의 승인을 받아야 한다. 이 경우 지형도면의 승인 신청을 받은 도지사는 그 지형도면과 결정·고시된 도시·군관리계획을 대조하여 착오가 없다고 인정되면 대통령령으로 정하는 기간에 그 지형도면을 승인하여야 한다(토용법 제32조 제2항). ② 국토교통부장관, 시·도지사, 시장 또는 군수는 직접 지형도면을 작성하거나 지형도면을 승인한 경우에는 이를 고시하여야 한다(토용법 제32조 제4항).

1902g ㈑ 지형도면과 도시·군관리계획의 관계 ① 지형도면은 도시·군관리계획(지구단위계획구역의 지정·변경과 지구단위계획의 수립·변경에 관한 도시·군관리계획은 제외한

항 본문, 제3항 본문을 종합하면, 가축분뇨법에 따라 가축의 사육을 제한하기 위해서는 원칙적으로 시장·군수·구청장이 조례가 정하는 바에 따라 일정한 구역을 가축사육 제한구역으로 지정하여 토지이용규제 기본법에서 정한 바에 따라 지형도면을 작성·고시하여야 하고, 이러한 지형도면 작성·고시 전에는 가축사육 제한구역 지정의 효력이 발생하지 아니한다).

다)에 관한 사항을 자세히 밝힌 도면(토용법 제32조 제2항)이라는 점에서 지형도면은 도시·군관리계획을 바탕으로 한다. ② 지형도면은 도시·군관리계획의 구체적, 개별적인 범위를 확정하는 의미를 갖는다.[1] ③ 도시·군관리계획에 포함되지 아니한 사항은 지형도면에 포함될 수 없다. 포함되었다고 하여도 효력을 갖지 못한다. ④ 지형도면에 포함되지 아니한 사항은 도시·군관리계획의 내용으로 실현되기 어렵다.[2] 다만, 도시·군관리계획의 내용으로 명백히 추론될 수 있는 사항이 지형도면에 포함되지 아니한 경우에는 사정이 다를 수 있을 것이다.

4. 도시·군관리계획의 정비

특별시장·광역시장·특별자치시장·특별자치도지사·시장 또는 군수는 5년 1903
마다 관할 구역의 도시·군관리계획에 대하여 대통령령으로 정하는 바에 따라 그 타당성을 전반적으로 재검토하여 정비하여야 한다(토용법 제34조).

제 4 항 지구단위계획

1. 지구단위계획의 의의

지구단위계획이란 도시·군계획 수립 대상지역의 일부에 대하여 토지 이용 1904
을 합리화하고 그 기능을 증진시키며 미관을 개선하고 양호한 환경을 확보하며, 그 지역을 체계적·계획적으로 관리하기 위하여 수립하는 도시·군관리계획을 말한다(토용법 제2조 제5호). 지구단위계획구역 및 지구단위계획은 도시·군관리계획으로 결정한다(토용법 제50조).

2. 지구단위계획의 수립

지구단위계획은 다음 각 호(1. 도시의 정비·관리·보전·개발 등 지구단위계획구역 1905
의 지정 목적, 2. 주거·산업·유통·관광휴양·복합 등 지구단위계획구역의 중심기능, 3. 해당 용도지역의 특성, 4. 그 밖에 대통령령으로 정하는 사항)의 사항을 고려하여 수립한다(토용법 제49조 제1항).

---

1) 대판 1999. 2. 9, 98두13195(도시계획결정의 효력은 도시계획결정고시로 인하여 생기고 지적고시도면의 승인고시로 인하여 생기는 것은 아니라고 할 것이나, 일반적으로 도시계획결정고시의 도면만으로는 구체적인 범위나 개별토지의 도시계획선을 특정할 수 없으므로 결국 도시계획결정의 구체적, 개별적인 범위는 지적고시도면에 의하여 확정된다).

2) 대판 1979. 10. 10, 78누476(애초부터 지적 고시가 없거나 있었으나 계획이 실효된 경우에는 그 토지는 도시계획사업과는 아무런 관계도 없고 따라서 이런 토지에 대하여서는 그 계획의 실시를 위한 수용을 할 수 없다).

3. 지구단위계획의 내용

1906 지구단위계획구역의 지정목적을 이루기 위하여 지구단위계획에는 다음 각 호(1. 용도지역이나 용도지구를 대통령령으로 정하는 범위에서 세분하거나 변경하는 사항, 1의2. 기존의 용도지구를 폐지하고 그 용도지구에서의 건축물이나 그 밖의 시설의 용도·종류 및 규모 등의 제한을 대체하는 사항, 2. 대통령령으로 정하는 기반시설의 배치와 규모, 3. 도로로 둘러싸인 일단의 지역 또는 계획적인 개발·정비를 위하여 구획된 일단의 토지의 규모와 조성계획, 4. 건축물의 용도제한, 건축물의 건폐율 또는 용적률, 건축물 높이의 최고한도 또는 최저한도, 5. 건축물의 배치·형태·색채 또는 건축선에 관한 계획, 6. 환경관리계획 또는 경관계획, 7. 보행안전 등을 고려한 교통처리계획, 8. 그 밖에 토지 이용의 합리화, 도시나 농·산·어촌의 기능 증진 등에 필요한 사항으로서 대통령령으로 정하는 사항)의 사항 중 제2호와 제4호의 사항을 포함한 둘 이상의 사항이 포함되어야 한다. 다만, 제1호의 2를 내용으로 하는 지구단위계획의 경우에는 그러하지 아니하다(토용법 제52조 제1항).

제 5 항 용도지역·용도지구·용도구역

1. 용도지역

1908 (1) **용도지역의 의의** "용도지역"이란 토지의 이용 및 건축물의 용도, 건폐율(「건축법」 제55조의 건폐율을 말한다. 이하 같다), 용적률(「건축법」 제56조의 용적률을 말한다. 이하 같다), 높이 등을 제한함으로써 토지를 경제적·효율적으로 이용하고 공공복리의 증진을 도모하기 위하여 서로 중복되지 아니하게 도시·군관리계획으로 결정하는 지역을 말한다(토용법 제2조 제15호).

1909 (2) **용도지역의 구분** 국토는 토지의 이용실태 및 특성, 장래의 토지 이용 방향 등을 고려하여 다음(1. 도시지역 : 인구와 산업이 밀집되어 있거나 밀집이 예상되어 그 지역에 대하여 체계적인 개발·정비·관리·보전 등이 필요한 지역, 2. 관리지역 : 도시지역의 인구와 산업을 수용하기 위하여 도시지역에 준하여 체계적으로 관리하거나 농림업의 진흥, 자연환경 또는 산림의 보전을 위하여 농림지역 또는 자연환경보전지역에 준하여 관리할 필요가 있는 지역, 3. 농림지역 : 도시지역에 속하지 아니하는 「농지법」에 따른 농업진흥지역 또는 「산지관리법」에 따른 보전산지 등으로서 농림업을 진흥시키고 산림을 보전하기 위하여 필요한 지역, 4. 자연환경보전지역 : 자연환경·수자원·해안·생태계·상수원 및 「국가유산기본법」 제3조에 따른 국가유산의 보전과 수산자원의 보호·육성 등을 위하여 필요한 지역)과 같은 용도지역으로 구분한다(토용법 제6조).

2. 용도지구

⑴ **용도지구의 의의** 용도지구란 토지의 이용 및 건축물의 용도·건폐율·용 1914
적률·높이 등에 대한 용도지역의 제한을 강화하거나 완화하여 적용함으로써 용도지역의 기능을 증진시키고 경관·안전 등을 도모하기 위하여 도시·군관리계획으로 결정하는 지역을 말한다(토용법 제2조 제16호).

⑵ **용도지구의 구분** 국토교통부장관, 시·도지사 또는 대도시 시장은 다 1915
음 각 호[1. 경관지구: 경관의 보전·관리 및 형성을 위하여 필요한 지구, 2. 고도지구: 쾌적한 환경 조성 및 토지의 효율적 이용을 위하여 건축물 높이의 최고한도를 규제할 필요가 있는 지구, 3. 방화지구: 화재의 위험을 예방하기 위하여 필요한 지구, 4. 방재지구: 풍수해, 산사태, 지반의 붕괴, 그 밖의 재해를 예방하기 위하여 필요한 지구, 5. 보호지구: 「국가유산기본법」 제3조에 따른 국가유산, 중요 시설물(항만, 공항 등 대통령령으로 정하는 시설물을 말한다) 및 문화적·생태적으로 보존가치가 큰 지역의 보호와 보존을 위하여 필요한 지구, 6. 취락지구: 녹지지역·관리지역·농림지역·자연환경보전지역·개발제한구역 또는 도시자연공원구역의 취락을 정비하기 위한 지구, 7. 개발진흥지구: 주거기능·상업기능·공업기능·유통물류기능·관광기능·휴양기능 등을 집중적으로 개발·정비할 필요가 있는 지구, 8. 특정용도제한지구: 주거 및 교육 환경 보호나 청소년 보호 등의 목적으로 오염물질 배출시설, 청소년 유해시설 등 특정시설의 입지를 제한할 필요가 있는 지구, 9. 복합용도지구: 지역의 토지이용 상황, 개발 수요 및 주변 여건 등을 고려하여 효율적이고 복합적인 토지이용을 도모하기 위하여 특정시설의 입지를 완화할 필요가 있는 지구, 10. 그 밖에 대통령령으로 정하는 지구]의 어느 하나에 해당하는 용도지구의 지정 또는 변경을 도시·군관리계획으로 결정한다(토용법 제37조 제1항).

3. 용도구역

⑴ **용도구역의 의의** "용도구역"이란 토지의 이용 및 건축물의 용도·건 1916
폐율·용적률·높이 등에 대한 용도지역 및 용도지구의 제한을 강화하거나 완화하여 따로 정함으로써 시가지의 무질서한 확산방지, 계획적이고 단계적인 토지이용의 도모, 토지이용의 종합적 조정·관리 등을 위하여 도시·군관리계획으로 결정하는 지역을 말한다(토용법 제2조 제17호).

⑵ **개발제한구역** 국토교통부장관은 도시의 무질서한 확산을 방지하고 1917
도시주변의 자연환경을 보전하여 도시민의 건전한 생활환경을 확보하기 위하여 도시의 개발을 제한할 필요가 있거나 국방부장관의 요청이 있어 보안상 도시의 개발을 제한할 필요가 있다고 인정되면 개발제한구역의 지정 또는 변경을 도시·군관리계획으로 결정할 수 있다(토용법 제38조 제1항). 개발제한구역의 지정 또는 변경에 필요한 사항은 따로 법률로 정한다(토용법 제38조 제2항). 개발제한구

역에 관해서는 뒤에서 보다 자세히 살핀다.

1918 ⑶ **도시자연공원구역** 시·도지사 또는 대도시 시장은 도시의 자연환경 및 경관을 보호하고 도시민에게 건전한 여가·휴식공간을 제공하기 위하여 도시지역 안에서 식생(植生)이 양호한 산지(山地)의 개발을 제한할 필요가 있다고 인정하면 도시자연공원구역의 지정 또는 변경을 도시·군관리계획으로 결정할 수 있다(토용법 제38조의2 제1항).

1919 ⑷ **시가화조정구역** 시·도지사는 직접 또는 관계 행정기관의 장의 요청을 받아 도시지역과 그 주변지역의 무질서한 시가화를 방지하고 계획적·단계적인 개발을 도모하기 위하여 대통령령으로 정하는 기간 동안 시가화를 유보할 필요가 있다고 인정되면 시가화조정구역의 지정 또는 변경을 도시·군관리계획으로 결정할 수 있다(토용법 제39조 제1항 본문).

1919a ⑸ **수자원보호구역** 해양수산부장관은 직접 또는 관계 행정기관의 장의 요청을 받아 수산자원을 보호·육성하기 위하여 필요한 공유수면이나 그에 인접한 토지에 대한 수산자원보호구역의 지정 또는 변경을 도시·군관리계획으로 결정할 수 있다(토용법 제40조).

1919b ⑹ **입지규제최소구역** 국토교통부장관은 도시지역에서 복합적인 토지이용을 증진시켜 도시 정비를 촉진하고 지역 거점을 육성할 필요가 있다고 인정되면 다음 각 호(1. 도시·군기본계획에 따른 도심·부도심 또는 생활권의 중심지역, 2. 철도역사, 터미널, 항만, 공공청사, 문화시설 등의 기반시설 중 지역의 거점 역할을 수행하는 시설을 중심으로 주변지역을 집중적으로 정비할 필요가 있는 지역, 3. 세 개 이상의 노선이 교차하는 대중교통 결절지로부터 1킬로미터 이내에 위치한 지역, 4. 「도시 및 주거환경정비법」 제2조 제3호에 따른 노후·불량건축물이 밀집한 주거지역 또는 공업지역으로 정비가 시급한 지역, 5. 「도시재생 활성화 및 지원에 관한 특별법」 제2조 제1항 제5호에 따른 도시재생활성화지역 중 같은 법 제2조 제1항 제6호에 따른 도시경제기반형 활성화계획을 수립하는 지역, 6. 그 밖에 창의적인 지역개발이 필요한 지역으로 대통령령으로 정하는 지역)의 어느 하나에 해당하는 지역과 그 주변지역의 전부 또는 일부를 입지규제최소구역으로 지정할 수 있다(토용법 제40조의2 제1항).

1919c ⑺ **성장관리계획구역** 특별시장·광역시장·특별자치시장·특별자치도지사·시장 또는 군수는 녹지지역, 관리지역, 농림지역 및 자연환경보전지역 중 다음 각 호(1. 개발수요가 많아 무질서한 개발이 진행되고 있거나 진행될 것으로 예상되는 지역, 2. 주변의 토지이용이나 교통여건 변화 등으로 향후 시가화가 예상되는 지역, 3. 주변지역과 연계하여 체계적인 관리가 필요한 지역, 4. 「토지이용규제 기본법」 제2조 제1호에 따른 지

역·지구 등의 변경으로 토지이용에 대한 행위제한이 완화되는 지역, 5. 그 밖에 난개발의 방지와 체계적인 관리가 필요한 지역으로서 대통령령으로 정하는 지역)의 어느 하나에 해당하는 지역의 전부 또는 일부에 대하여 성장관리계획구역을 지정할 수 있다(토용법 제75조의2 제1항).

4. 행위제한

용도지역 및 용도지구 안에서는 건축물의 건축에 제한이 따른다(토용법 제76 1920
조). 특히 용도지역에서는 건폐율과 용적률의 제한이 따른다(토용법 제77조·제78조). 개발제한구역 등의 경우에도 행위제한 등이 따른다(토용법 제80조 내지 제82조).

제 6 항 개발제한구역

「국토의 계획 및 이용에 관한 법률」 제38조에 따른 개발제한구역의 지정과 1921
개발제한구역에서의 행위 제한, 주민에 대한 지원, 토지 매수, 그 밖에 개발제한구역을 효율적으로 관리하는 데에 필요한 사항을 정함으로써 도시의 무질서한 확산을 방지하고 도시 주변의 자연환경을 보전하여 도시민의 건전한 생활환경을 확보하는 것을 목적으로 개발제한구역의 지정 및 관리에 관한 특별조치법이 제정되어 있다.

1. 일 반 론

(1) **개발제한구역의 의의** 국토교통부장관은 도시의 무질서한 확산을 방지 1922
하고 도시 주변의 자연환경을 보전하여 도시민의 건전한 생활환경을 확보하기 위하여 도시의 개발을 제한할 필요가 있거나 국방부장관의 요청으로 보안상 도시의 개발을 제한할 필요가 있다고 인정되면 개발제한구역의 지정 및 해제를 도시·군관리계획으로 결정할 수 있다(개제법 제3조 제1항).

(2) **개발제한구역의 지정기준** 개발제한구역의 지정 및 해제의 기준은 대 1923
상 도시의 인구·산업·교통 및 토지이용 등 경제적·사회적 여건과 도시 확산 추세, 그 밖의 지형 등 자연환경 여건을 종합적으로 고려하여 대통령령으로 정한다(개제법 제3조 제2항).

(3) **개발제한구역 보전부담금** 국토교통부장관은 개발제한구역의 보전과 1924
관리를 위한 재원을 확보하기 위하여 다음 각 호(1. 해제대상지역 개발사업자 중 제4조 제6항에 따라 복구계획을 제시하지 아니하거나 복구를 하지 아니하기로 한 자, 2. 제12조 제1항 단서 또는 제13조에 따른 허가(토지의 형질변경 허가나 건축물의 건축 허가에 해당하며, 다른 법령에 따라 제12조 제1항 단서 또는 제13조에 따른 허가가 의제되는 협의를 거친 경우를 포함한다)를 받은 자)의 어느 하나에 해당하는 자에게 개발제한구역 보전부담금(이하 "부담금"이라 한다)을 부과·징수한다(개제법 제21조 제1항). 부담금을 내야 할 자(이하 "납부의무자"라 한다)가 대통령령으로 정하는 조합으로서 다음 각 호(1. 조합이 해산된 경우, 2. 조합의 재산으로 그 조합에 부과되거나 그 조합이 내야 할 부담금·가산금 등을 충당하여도 부족한 경우)의 어느 하나에 해당하면 그 조합원(조합이 해산된 경우에는 해산 당시의 조합원을 말한다)이 부담금을 내야 한다(개제법 제21조 제2항).

2. 개발제한구역의 입안절차

1925 (1) **입안권자** 개발제한구역의 지정 및 해제에 관한 도시·군관리계획(이하 "도시·군관리계획"이라 한다)은 해당 도시지역을 관할하는 특별시장·광역시장·특별자치시장·특별자치도지사·시장 또는 군수가 입안(立案)한다. 다만, 국가계획과 관련된 경우에는 국토교통부장관이 직접 도시·군관리계획을 입안하거나 관계 중앙행정기관의 장의 요청에 따라 관할 특별시장·광역시장·특별자치시장·도지사·특별자치도지사(이하 "시·도지사"라 한다), 시장 및 군수의 의견을 들은 후 도시·군관리계획을 입안할 수 있으며, 「국토의 계획 및 이용에 관한 법률」 제2조 제1호에 따른 광역도시계획과 관련된 경우에는 도지사가 직접 도시·군관리계획을 입안하거나 관계 시장 또는 군수의 요청에 따라 관할 시장이나 군수의 의견을 들은 후 도시·군관리계획을 입안할 수 있다(개제법 제4조 제1항).

1926 (2) **작성기준** 도시·군관리계획은 「국토의 계획 및 이용에 관한 법률」 제2조 제1호에 따른 광역도시계획이나 같은 조 제3호에 따른 도시·군기본계획에 부합되도록 입안하여야 한다(개제법 제4조 제2항).

1927 (3) **주민의 의견청취** 국토교통부장관, 시·도지사, 시장 또는 군수는 제4조에 따라 도시·군관리계획을 입안할 때 주민의 의견을 들어야 하며, 그 의견이 타당하다고 인정되면 그 도시·군관리계획안에 반영하여야 한다. 다만, 국방상 기밀을 요하는 사항(국방부장관의 요청이 있는 것만 해당한다)이거나 대통령령으로 정하는 경미한 사항은 그러하지 아니하다(개제법 제7조 제1항).

1928 (4) **지방의회의 의견청취** 국토교통부장관, 시·도지사, 시장 또는 군수가 도시·군관리계획을 입안하려는 때에는 대통령령으로 정하는 사항에 대하여 해당 지방의회의 의견을 들어야 한다(개제법 제7조 제5항).

3. 개발제한구역의 결정절차

1929 (1) **협의·심의·결정** 도시·군관리계획은 국토교통부장관이 결정한다(개제

법 제8조 제1항). 국토교통부장관은 도시·군관리계획을 결정하려는 때에는 관계 중앙행정기관의 장과 미리 협의하여야 한다. 이 경우 협의를 요청받은 기관의 장은 그 요청을 받은 날부터 30일 이내에 의견을 제시하여야 한다(개제법 제8조 제2항). 국토교통부장관은 도시·군관리계획을 결정하려는 때에는 「국토의 계획 및 이용에 관한 법률」 제106조에 따른 중앙도시계획위원회의 심의를 거쳐야 한다(개제법 제8조 제3항). 국토교통부장관은 국방상 기밀을 요한다고 인정되는 경우(국방부장관의 요청이 있는 때에만 해당한다)에는 그 도시·군관리계획의 전부 또는 일부에 대하여 제2항과 제3항에 따른 절차를 생략할 수 있다(개제법 제8조 제4항).

(2) **공 람** 국토교통부장관은 도시·군관리계획을 결정하면 대통령령으 1930
로 정하는 바에 따라 고시하고 관계 서류를 일반인에게 공람시켜야 한다. 이 경우 국토교통부장관은 자신이 결정한 도시·군관리계획에 대하여 관계 특별시장·광역시장·특별자치시장·특별자치도지사·시장 또는 군수에게 관계 서류를 보내어 이를 일반인이 공람할 수 있도록 하여야 한다(개제법 제8조 제6항).

(3) **효력발생** 도시·군관리계획 결정은 제6항에 따른 고시를 한 날부터 1931
그 효력이 발생한다(개제법 제8조 제7항).

(4) **지형도면의 고시** 국토교통부장관은 제8조 제6항에 따라 도시·군관리 1932
계획 결정을 고시하는 경우에는 대통령령으로 정하는 바에 따라 해당 도시지역의 토지에 관하여 지적이 표시된 지형도에 도시·군관리계획 사항을 명시한 도면(이하 "지형도면"이라 한다)을 작성하여 함께 고시하여야 한다. 이 경우 지형도면의 작성·고시 등에 관하여는 「토지이용규제 기본법」 제8조에 따른다(개제법 제9조).

4. 개발제한구역에서의 행위제한

(1) **금지사항** 개발제한구역에서는 건축물의 건축 및 용도변경, 공작물의 1933
설치, 토지의 형질변경, 죽목(竹木)의 벌채, 토지의 분할, 물건을 쌓아놓는 행위 또는 「국토의 계획 및 이용에 관한 법률」 제2조 제11호에 따른 도시계획사업(이하 "도시·군계획사업"이라 한다)의 시행을 할 수 없다(개제법 제12조 제1항 본문).[1)]

(2) **허가사항** 다음 각 호[1. 다음 각 목(가. 공원, 녹지, 실외체육시설, 시장·군 1934
수·구청장이 설치하는 노인의 여가활용을 위한 소규모 실내 생활체육시설 등 개발제한구역의 존치 및 보전관리에 도움이 될 수 있는 시설, 나. 도로, 철도 등 개발제한구역을 통과하는 선

1) 대판 1991. 11. 26, 91도2234(구 도시계획법 제21조 제1항에 의하여 개발제한구역을 지정하는 목적은 주로 도시민의 건전한 생활환경을 확보하기 위한 환경보전의 필요에 있으므로 개발제한구역 안에서 허가를 받지 않으면 안 되는 형질변경의 범위도 널리 해석할 필요가 있다 할 것이어서 같은 조 제2항의 형질변경이라 함은 토지의 형상을 일시적이 아닌 방법으로 변경하는 행위를 포괄적으로 가리키는 것이라고 보아야 한다).

형(線形)시설과 이에 필수적으로 수반되는 시설, 다. 개발제한구역이 아닌 지역에 입지가 곤란하여 개발제한구역 내에 입지하여야만 그 기능과 목적이 달성되는 시설, 라. 국방·군사에 관한 시설 및 교정시설, 마. 개발제한구역 주민과 「공익사업을 위한 토지 등의 취득 및 보상에 관한 법률」 제4조에 따른 공익사업의 추진으로 인하여 개발제한구역이 해제된 지역 주민의 주거·생활편익·생업을 위한 시설, 1의2. 도시공원, 물류창고 등 정비사업을 위하여 필요한 시설로서 대통령령으로 정하는 시설을 정비사업 구역에 설치하는 행위와 이에 따르는 토지의 형질변경, 2. 개발제한구역의 건축물로서 제15조에 따라 지정된 취락지구로의 이축(移築), 3. 「공익사업을 위한 토지 등의 취득 및 보상에 관한 법률」 제4조에 따른 공익사업(개발제한구역에서 시행하는 공익사업만 해당한다. 이하 이 항에서 같다)의 시행에 따라 철거된 건축물을 이축하기 위한 이주단지의 조성, 3의2. 「공익사업을 위한 토지 등의 취득 및 보상에 관한 법률」 제4조에 따른 공익사업의 시행에 따라 철거되는 건축물 중 취락지구로 이축이 곤란한 건축물로서 개발제한구역 지정 당시부터 있던 주택, 공장 또는 종교시설을 취락지구가 아닌 지역으로 이축하는 행위, 4. 건축물의 건축을 수반하지 아니하는 토지의 형질변경으로서 영농을 위한 경우 등 대통령령으로 정하는 토지의 형질변경, 5. 벌채 면적 및 수량(樹量), 그 밖에 대통령령으로 정하는 규모 이상의 죽목(竹木) 벌채, 6. 대통령령으로 정하는 범위의 토지 분할, 7. 모래·자갈·토석 등 대통령령으로 정하는 물건을 대통령령으로 정하는 기간까지 쌓아 놓는 행위, 8. 제1호 또는 제13조에 따른 건축물 중 대통령령으로 정하는 건축물을 근린생활시설 등 대통령령으로 정하는 용도로 용도변경하는 행위, 9. 개발제한구역 지정 당시 지목(地目)이 대(垈)인 토지가 개발제한구역 지정 이후 지목이 변경된 경우로서 제1호마목의 시설 중 대통령령으로 정하는 건축물의 건축과 이에 따르는 토지의 형질변경]의 어느 하나에 해당하는 행위를 하려는 자는 특별자치시장·특별자치도지사·시장·군수 또는 구청장(이하 "시장·군수·구청장"이라 한다)의 허가를 받아 그 행위를 할 수 있다(개제법 제12조 제1항 단서).

1935 시장·군수·구청장은 제1항 단서에 따라 허가를 하는 경우 허가 대상 행위가 제11조에 따라 관리계획을 수립하여야만 할 수 있는 행위인 경우에는 미리 관리계획이 수립되어 있는 경우에만 그 행위를 허가할 수 있다(개제법 제12조 제2항).

1936 ⑶ **신고사항 등** 제1항 단서에도 불구하고 주택 및 근린생활시설의 대수선 등 대통령령으로 정하는 행위는 시장·군수·구청장에게 신고하고 할 수 있다(개제법 제12조 제3항). 제1항 단서와 제3항에도 불구하고 국토교통부령으로 정하는 경미한 행위는 허가를 받지 아니하거나 신고를 하지 아니하고 할 수 있다(개제법 제12조 제5항).

1937 ⑷ **주민의 의견청취 등** 시장·군수·구청장이 제1항 각 호의 행위 중 대통령령으로 정하는 규모 이상으로 건축물을 건축하거나 토지의 형질을 변경하

는 행위 등을 허가하려면 대통령령으로 정하는 바에 따라 주민의 의견을 듣고 관계 행정기관의 장과 협의한 후 특별자치시·특별자치도·시·군·구 도시계획 위원회의 심의를 거쳐야 한다. 다만, 도시·군계획시설 또는 제1항 제1호 사목에 해당하는 시설의 설치와 그 시설의 설치를 위하여 토지의 형질을 변경하는 경우에는 그러하지 아니하다(개제법 제12조 제6항).

(5) **이행보증금 등** 제1항 단서에 따라 허가를 하는 경우에는 「국토의 계 1938
획 및 이용에 관한 법률」 제60조, 제64조 제3항 및 제4항의 이행보증금·원상회복에 관한 규정과 같은 법 제62조의 준공검사에 관한 규정을 준용한다(개제법 제12조 제7항).

5. 주민의 보호

(1) **존속중인 건축물 등에 대한 특례** 시장·군수·구청장은 법령의 개정·폐 1939
지나 그 밖에 대통령령으로 정하는 사유로 인하여 그 사유가 발생할 당시에 이미 존재하고 있던 대지·건축물 또는 공작물이 이 법에 적합하지 아니하게 된 경우에는 대통령령으로 정하는 바에 따라 건축물의 건축이나 공작물의 설치를 허가할 수 있다(개제법 제13조).

(2) **취락지구에 대한 특례** 시·도지사는 개발제한구역에서 주민이 집단적 1940
으로 거주하는 취락(제12조 제1항 제3호에 따른 이주단지를 포함한다)을 「국토의 계획 및 이용에 관한 법률」 제37조 제1항 제8호에 따른 취락지구(이하 "취락지구"라 한다)로 지정할 수 있다(개제법 제15조).

(3) **주민지원사업** 시장·군수·구청장은 관리계획에 따라 다음 각 호(1. 개 1941
발제한구역 주민의 생활편익과 복지의 증진 및 생활비용의 보조 등을 위한 지원사업, 2. 개발제한구역 보전과 관리 등을 위한 훼손지 복구사업)의 사업을 시행할 수 있다(개제법 제16조 제1항). 국토교통부장관은 「국가균형발전 특별법」에 따른 국가균형발전특별회계에서 제1항 각 호의 사업에 드는 비용을 지원할 수 있다(개제법 제16조 제2항 본문). 국토교통부장관은 제15조 제1항에 따라 지정된 취락지구에 건설하는 주택에 대하여는 「주택도시기금법」에 따른 주택도시기금을 우선적으로 지원할 수 있다(개제법 제16조 제3항).

(4) **토지매수의 청구** 개발제한구역의 지정에 따라 개발제한구역의 토지 1942
를 종래의 용도로 사용할 수 없어 그 효용이 현저히 감소된 토지나 그 토지의 사용 및 수익이 사실상 불가능하게 된 토지(이하 "매수대상토지"라 한다)의 소유자로서 다음 각 호(1. 개발제한구역으로 지정될 당시부터 계속하여 해당 토지를 소유한 자,

2. 토지의 사용·수익이 사실상 불가능하게 되기 전에 해당 토지를 취득하여 계속 소유한 자, 3. 제1호나 제2호에 해당하는 자로부터 해당 토지를 상속받아 계속하여 소유한 자)의 어느 하나에 해당하는 자는 국토교통부장관에게 그 토지의 매수를 청구할 수 있다(개제법 제17조 제1항). 국토교통부장관은 제1항에 따라 매수청구를 받은 토지가 제3항에 따른 기준에 해당되면 그 토지를 매수하여야 한다(개제법 제17조 제2항).

1943 (5) **협의에 의한 토지의 매수** 국토교통부장관은 개발제한구역을 지정한 목적을 달성하기 위하여 필요하면 소유자와 협의하여 개발제한구역의 토지와 그 토지의 정착물을 매수할 수 있다(개제법 제20조 제1항 제1문).

제3장 국토의 이용질서

제1절 개발행위

제1항 개발행위의 허가와 그 제한

1. 개발행위의 허가

(1) **허가를 요하는 사항** 다음 각 호(1. 건축물의 건축 또는 공작물의 설치, 2. 토지의 형질 변경(경작을 위한 경우로서 대통령령으로 정하는 토지의 형질 변경은 제외한다), 3. 토석의 채취, 4. 토지 분할(건축물이 있는 대지의 분할은 제외한다), 5. 녹지지역·관리지역 또는 자연환경보전지역에 물건을 1개월 이상 쌓아놓는 행위)의 어느 하나에 해당하는 행위로서 대통령령으로 정하는 행위(이하 "개발행위"라 한다)를 하려는 자는 특별시장·광역시장·특별자치시장·특별자치도지사·시장 또는 군수의 허가(이하 "개발행위허가"라 한다)를 받아야 한다.[1)] 다만, 도시·군계획사업(다른 법률에 따라 도시·군계획사업을 의제한 사업을 포함한다)에 의한 행위는 그러하지 아니하다(토용법 제56조 제1항). 1944

(2) **허가를 요하지 아니하는 사항** 다음 각 호(1. 재해복구나 재난수습을 위한 응급조치, 2. 「건축법」에 따라 신고하고 설치할 수 있는 건축물의 개축·증축 또는 재축과 이에 필요한 범위에서의 토지의 형질 변경(도시·군계획시설사업이 시행되지 아니하고 있는 도시·군계획시설의 부지인 경우만 가능하다), 3. 그 밖에 대통령령으로 정하는 경미한 행위)의 어느 하나에 해당하는 행위는 제1항에도 불구하고 개발행위허가를 받지 아니하고 할 수 있다. 다만, 제1호의 응급조치를 한 경우에는 1개월 이내에 특별시장·광역시장·특별자치시장·특별자치도지사·시장 또는 군수에게 신고하여야 한다(토용법 제56조 제4항). 1945

2. 개발행위허가의 제한

국토교통부장관, 시·도지사, 시장 또는 군수는 다음 각 호(1. 녹지지역이나 계획관리지역으로서 수목이 집단적으로 자라고 있거나 조수류 등이 집단적으로 서식하고 있는 1946

---

1) 헌재 2013. 10. 24, 2012헌바241(개발행위허가제의 입법취지는 이웃토지와 연접되어 있는 어느 한 토지의 이용이 인접토지의 이용과 부조화를 발생시킬 수 있고, 사적인 개발행위가 각종 계획(도시관리계획, 도시계획사업 등)과 상충할 수 있어, 이러한 문제점을 사전에 예방하고 계획적 개발을 유도하여 국토를 효율적·합리적으로 이용하고 체계적으로 관리하기 위하여 기반시설의 확보 여부, 주변 환경과의 조화 등을 사전에 검토하여 허가를 받도록 하는 것이다).

지역 또는 우량 농지 등으로 보전할 필요가 있는 지역, 2. 개발행위로 인하여 주변의 환경·경관·미관 및 「국가유산기본법」 제3조에 따른 국가유산 등이 크게 오염되거나 손상될 우려가 있는 지역, 3. 도시·군기본계획이나 도시·군관리계획을 수립하고 있는 지역으로서 그 도시·군기본계획이나 도시·군관리계획이 결정될 경우 용도지역·용도지구 또는 용도구역의 변경이 예상되고 그에 따라 개발행위허가의 기준이 크게 달라질 것으로 예상되는 지역, 4. 지구단위계획구역으로 지정된 지역, 5. 기반시설부담구역으로 지정된 지역)의 어느 하나에 해당되는 지역에 대해서는 대통령령으로 정하는 바에 따라 중앙도시계획위원회나 지방도시계획위원회의 심의를 거쳐 한 차례만 3년 이내의 기간 동안 개발행위허가를 제한할 수 있다. 다만, 제3호부터 제5호까지에 해당하는 지역에 대해서는 중앙도시계획위원회나 지방도시계획위원회의 심의를 거치지 아니하고 한 차례만 2년 이내의 기간 동안 개발행위허가의 제한을 연장할 수 있다(토용법 제63조 제1항).

제2항 개발행위의 실효성확보

1. 개발행위허가의 이행확보

1947 (1) **이행보증금의 예치** 특별시장·광역시장·특별자치시장·특별자치도지사·시장 또는 군수는 기반시설의 설치나 그에 필요한 용지의 확보, 위해 방지, 환경오염 방지, 경관, 조경 등을 위하여 필요하다고 인정되는 경우로서 대통령령으로 정하는 경우에는 이의 이행을 보증하기 위하여 개발행위허가(다른 법률에 따라 개발행위허가가 의제되는 협의를 거친 인가·허가·승인 등을 포함한다. 이하 이 조에서 같다)를 받는 자로 하여금 이행보증금을 예치하게 할 수 있다. 다만, 다음 각 호(1. 국가나 지방자치단체가 시행하는 개발행위, 2. 「공공기관의 운영에 관한 법률」에 따른 공공기관(이하 "공공기관"이라 한다) 중 대통령령으로 정하는 기관이 시행하는 개발행위, 3. 그 밖에 해당 지방자치단체의 조례로 정하는 공공단체가 시행하는 개발행위)의 어느 하나에 해당하는 경우에는 그러하지 아니하다(토용법 제60조 제1항).

1948 (2) **원상회복명령** 특별시장·광역시장·특별자치시장·특별자치도지사·시장 또는 군수는 개발행위허가를 받지 아니하고 개발행위를 하거나 허가내용과 다르게 개발행위를 한 자에게는 그 토지의 원상회복을 명할 수 있다(토용법 제60조 제3항). 특별시장·광역시장·특별자치시장·특별자치도지사·시장 또는 군수는 제3항에 따른 원상회복의 명령을 받은 자가 원상회복을 하지 아니하면 행정대집행법에 따른 행정대집행에 따라 원상회복을 할 수 있다(토용법 제60조 제4항 본문).

2. 개발밀도관리구역

(1) **개발밀도관리구역의 의의** 국토의 계획 및 이용에 관한 법률에서 개발밀도관리구역이라 함은 개발로 인하여 기반시설이 부족할 것이 예상되나 기반시설을 설치하기 곤란한 지역을 대상으로 건폐율이나 용적률을 강화하여 적용하기 위하여 제66조에 따라 지정하는 구역을 말한다(토용법 제2조 제18호). 1949

(2) **개발밀도관리구역의 지정** 특별시장·광역시장·특별자치시장·특별자치도지사·시장 또는 군수는 주거·상업 또는 공업지역에서의 개발행위로 기반시설(도시·군계획시설을 포함한다)의 처리·공급 또는 수용능력이 부족할 것으로 예상되는 지역 중 기반시설의 설치가 곤란한 지역을 개발밀도관리구역으로 지정할 수 있다(토용법 제66조 제1항). 특별시장·광역시장·특별자치시장·특별자치도지사·시장 또는 군수는 개발밀도관리구역에서는 대통령령으로 정하는 범위에서 제77조나 제78조에 따른 건폐율 또는 용적률을 강화하여 적용한다(토용법 제66조 제2항). 1950

3. 기반시설부담구역

(1) **기반시설의 의의** 국토의 계획 및 이용에 관한 법률에서 "기반시설"이란 다음 각 목(가. 도로·철도·항만·공항·주차장 등 교통시설, 나. 광장·공원·녹지 등 공간시설, 다. 유통업무설비, 수도·전기·가스공급설비, 방송·통신시설, 공동구 등 유통·공급시설, 라. 학교·운동장·공공청사·문화시설 및 공공필요성이 인정되는 체육시설 등 공공·문화체육시설, 마. 하천·유수지(遊水池)·방화설비 등 방재시설, 바. 화장시설·공동묘지·봉안시설 등 보건위생시설, 사. 하수도·폐기물처리시설 등 환경기초시설)의 시설로서 대통령령으로 정하는 시설을 말한다(토용법 제2조 제6호). 1951

(2) **기반시설부담구역의 의의** 국토의 계획 및 이용에 관한 법률에서 기반시설부담구역이라 함은 개발밀도관리구역 외의 지역으로서 개발로 인하여 도로, 공원, 녹지 등 대통령령으로 정하는 기반시설의 설치가 필요한 지역을 대상으로 기반시설을 설치하거나 그에 필요한 용지를 확보하게 하기 위하여 제67조에 따라 지정·고시하는 구역을 말한다(토용법 제2조 제19호). 1952

(3) **기반시설부담구역의 지정** 특별시장·광역시장·특별자치시장·특별자치도지사·시장 또는 군수는 다음 각 호(1. 이 법 또는 다른 법령의 제정·개정으로 인하여 행위 제한이 완화되거나 해제되는 지역, 2. 이 법 또는 다른 법령에 따라 지정된 용도지역 등이 변경되거나 해제되어 행위 제한이 완화되는 지역, 3. 개발행위허가 현황 및 인구증가율 등을 고려하여 대통령령으로 정하는 지역)의 어느 하나에 해당하는 지역에 대하여 1953

는 기반시설부담구역으로 지정하여야 한다. 다만, 개발행위가 집중되어 특별시장·광역시장·특별자치시장·특별자치도지사·시장 또는 군수가 해당 지역의 계획적 관리를 위하여 필요하다고 인정하면 다음 각 호에 해당하지 아니하는 경우라도 기반시설부담구역으로 지정할 수 있다(토용법 제67조 제1항). 특별시장·광역시장·특별자치시장·특별자치도지사·시장 또는 군수는 기반시설부담구역을 지정 또는 변경하려면 주민의 의견을 들어야 하며, 해당 지방자치단체에 설치된 지방도시·군계획위원회의 심의를 거쳐 대통령령으로 정하는 바에 따라 이를 고시하여야 한다(토용법 제67조 제2항). 특별시장·광역시장·특별자치시장·특별자치도지사·시장 또는 군수는 제2항에 따라 기반시설부담구역이 지정되면 대통령령으로 정하는 바에 따라 기반시설설치계획을 수립하여야 하며, 이를 도시·군관리계획에 반영하여야 한다(토용법 제67조 제4항).

제 3 항 개발이익의 환수(개발부담금)

1954 토지에서 발생하는 개발이익을 환수하여 이를 적정하게 배분하여서 토지에 대한 투기를 방지하고 토지의 효율적인 이용을 촉진하여 국민경제의 건전한 발전에 이바지하는 것을 목적으로 개발이익환수에 관한 법률이 제정되어 있다. 동법의 주요 내용은 다음과 같다.

1. 개발부담금의 관념

1955 **(1) 개발부담금의 의의** 개발사업의 시행이나 토지이용계획의 변경, 그 밖에 사회적·경제적 요인에 따라 정상지가(正常地價)상승분을 초과하여 개발사업을 시행하는 자(사업시행자)나 토지 소유자에게 귀속되는 토지 가액의 증가분을 개발이익이라 하고(환수법 제2조 제1호), 개발이익 중 이 법에 따라 국가가 부과·징수하는 금액을 개발부담금이라 한다(환수법 제2조 제4호). 국가는 제5조에 따른 개발부담금 부과 대상 사업이 시행되는 지역에서 발생하는 개발이익을 이 법으로 정하는 바에 따라 개발부담금으로 징수하여야 한다(환수법 제3조).

1956 **(2) 개발부담금제도의 필요성** 국민의 부담 하에 이루어지는 개발사업을 시행한 결과로 인하여 발생하는 이익을 특정의 사업시행자가 독점한다는 것은 공평과 형평의 원리에 반하는 것이 된다. 따라서 그러한 이익을 사회에 환원하는 것이 요구된다. 이러한 요구에 부응하기 위한 것이 개발부담금제도인 것이다.[1]

---

1) 대판 2016. 1. 28, 2013두2938(개발부담금 제도는 사업시행자가 개발사업을 시행한 결과 개발

그것은 또한 토지의 투기를 억제하고 토지의 효율적 이용을 촉진하기 위한 것이다.

(3) **개발부담금의 법적 성질** 개발부담금도 통상의 부담금과 마찬가지로 1957
공법상 금전납부의무의 일종이다. 그러나 개발부담금은 목적에 있어서 통상의 부담금(일정한 공익사업과 이해관계가 있는 자가 그 사업에 필요한 비용의 전부나 일부를 납부하는 경우의 금전급부)과 다르다. 개발부담금은 조세에 접근하는 성질도 갖는다.[1)] 판례는 조세로 본다.[2)]

2. 개발부담금부과의 대상사업

개발부담금의 부과 대상인 개발사업은 다음 각 호(1. 택지개발사업(주택단지조 1958
성사업을 포함한다. 이하 같다), 2. 산업단지개발사업, 3. 관광단지조성사업(온천 개발사업을 포함한다. 이하 같다), 4. 도시개발사업, 지역개발사업 및 도시환경정비사업, 5. 교통시설 및 물류시설 용지 조성사업, 6. 체육시설 부지조성사업(골프장 건설사업 및 경륜장·경정장 설치사업을 포함한다), 7. 지목 변경이 수반되는 사업으로서 대통령령으로 정하는 사업, 8. 그 밖에 제1호부터 제6호까지의 사업과 유사한 사업으로서 대통령령으로 정하는 사업)의 어느 하나에 해당하는 사업 등으로 한다(환수법 제5조 제1항).

대상 토지의 지가가 상승하여 정상지가상승분을 초과하는 개발이익이 생긴 경우에 이를 일부 환수함으로써 경제정의를 실현하고 토지에 대한 투기를 방지하여 토지의 효율적인 이용의 촉진을 도모하기 위한 제도이다); 헌재 2005. 4. 28, 2002헌가25(공익사업의 시행으로 발생하는 개발이익은 그 비용의 부담자인 사업시행자를 통하여 궁극적으로는 공익에 귀속되어야 할 것이지 특정의 토지소유자에게 귀속될 성질의 것이 아니어서 환매권자에게 이를 보장해줄 수는 없으며, 비록 수용되지 아니한 인근 토지소유자들이 간접적, 반사적으로 개발이익을 누리고 있다 하더라도 이를 대비하여 평등의 원칙에 위배된다고 볼 수 없다. 또 이 사건 법률조항이 환매가격에 대하여 징발재산정리에관한특별조치법(국가가 매수한 당시의 가격에 증권의 발행연도부터 환매연도까지 연 5푼의 이자를 가산한 금액, 제20조 제1항), 임대주택법(토지의 매각 또는 공급가격에 환매시까지의 법정이자를 가산한 금액, 제8조 제1항)과 달리 규정하고 있더라도, 이러한 법률들과는 입법목적 등을 달리하는 것이므로 평등의 원칙에 위반되지 않는다).

1) 개발부담금의 성질과 관련하여 일종의 공용부담으로 보는 견해(인적공용부담설), 새로운 의무확보수단으로 보는 견해(새로운 의무확보수단설), 수익자부담금에 유사한 제도로 보는 견해(수익자부담금유사설)가 있다(김남욱, "개발부담금제도에 관한 고찰," 토지공법연구, 제10집, 2000, 160쪽).

2) 헌재 2016. 6. 30, 2013헌바191(개발이익환수법을 통해 도입된 '개발부담금'은, 사업시행자가 국가 또는 지방자치단체로부터 인가 등을 받아 개발사업을 시행한 결과 개발사업 대상토지의 지가가 상승하여 정상지가 상승분을 초과하는 불로소득적인 개발이익이 생긴 경우 이를 사업시행자에게 독점시키지 아니하고 국가가 이를 환수하여 그 토지가 속하는 지방자치단체 등에 배분함으로써 경제정의를 실현하고 토지에 대한 투기를 방지하며 토지의 효율적인 이용의 촉진을 도모하기 위한 제도이다. … 개발부담금은 '국가 또는 지방자치단체가 재정수요를 충족시키기 위하여 반대급부 없이 법률에 규정된 요건에 해당하는 모든 자에 대하여 일반적 기준에 의하여 부과하는 금전급부'라는 조세로서의 특징을 지니고 있으므로, 실질적인 조세로 보아야 한다. … 구 토지초과이득세법(1998. 12. 28. 법률 제5586호로 폐지되기 전의 것) 소정의 '토지초과이득세'의 성질도 같다).

3. 개발부담금의 부과기준과 부담률

1959 (1) **부과기준** ① 개발부담금의 부과 기준은 부과 종료 시점의 부과 대상 토지의 가액(종료시점지가)에서 다음 각 호(1. 부과 개시 시점의 부과 대상 토지의 가액(개시시점지가), 2. 부과 기간의 정상지가상승분, 3. 제11조에 따른 개발비용)의 금액을 뺀 금액으로 한다(환수법 제8조). ② 부과 개시 시점은 원칙적으로 사업시행자가 국가나 지방자치단체로부터 개발사업의 인가 등을 받은 날로 한다(환수법 제9조 제1항).

1960 (2) **부 담 률** 납부 의무자가 납부하여야 할 개발부담금은 제8조에 따라 산정된 개발이익에 다음 각 호(1. 제5조 제1항 제1호부터 제6호까지의 개발사업 : 100분의 20, 2. 제5조 제1항 제7호 및 제8호의 개발사업 : 100분의 25. 다만, 「국토의 계획 및 이용에 관한 법률」 제38조에 따른 개발제한구역에서 제5조 제1항 제7호 및 제8호의 개발사업을 시행하는 경우로서 납부 의무자가 개발제한구역으로 지정될 당시부터 토지 소유자인 경우에는 100분의 20으로 한다)의 구분에 따른 부담률을 곱하여 산정한다(환수법 제13조).

4. 개발부담금의 부과·납부

1961 (1) **개발부담금의 부과** 시장·군수·구청장은 부과 종료 시점부터 5개월 이내에 개발부담금을 결정·부과하여야 한다. 다만, 제9조 제3항 각 호 외의 부분 단서에 해당하는 경우로서 해당 사업이 대규모 사업의 일부에 해당되어 제11조에 따른 개발비용의 명세(明細)를 제출할 수 없는 경우에는 대통령령으로 정하는 바에 따라 개발부담금을 결정·부과할 수 있다(환수법 제14조 제1항). 시장·군수·구청장은 제1항에 따라 개발부담금을 결정·부과하려면 대통령령으로 정하는 바에 따라 미리 납부 의무자에게 그 부과 기준과 부과 금액을 알려야 한다(환수법 제14조 제2항). 시장·군수·구청장은 이 법에 따라 개발부담금을 부과하기로 결정하면 납부 의무자에게 대통령령으로 정하는 바에 따라 납부고지서를 발부하여야 한다(환수법 제15조 제1항). 개발부담금은 부과 고지할 수 있는 날부터 5년이 지난 후에는 부과할 수 없다(환수법 제15조 제2항 본문).

1961a (2) **개발부담금의 납부** 개발부담금의 납부 의무자는 부과일부터 6개월 이내에 개발부담금을 납부하여야 한다(환수법 제18조 제1항). 개발부담금은 현금 또는 대통령령으로 정하는 납부대행기관을 통하여 신용카드·직불카드 등(이하 "신용카드등"이라 한다)으로 납부할 수 있다. 다만, 토지(해당 부과 대상 토지 및 그와 유사한 토지를 말한다) 또는 건축물로 하는 납부[이하 "물납(物納)"이라 한다]를 인정할 수 있다(환수법 제18조 제2항).

5. 개발부담금부과에 대한 불복

(1) **사전통지에 대한 불복**(심사청구) 제14조 제2항(부과의 사전통지)에 따라 1962
통지받은 개발부담금에 대하여 이의가 있는 자는 대통령령으로 정하는 바에 따라 심사를 청구할 수 있다(환수법 제14조 제3항).

(2) **개발부담금 등의 부과·징수에 대한 불복**(행정심판) 개발부담금 등의 부 1962a
과·징수에 이의가 있는 자는 「공익사업을 위한 토지 등의 취득 및 보상에 관한 법률」에 따른 중앙토지수용위원회에 행정심판을 청구할 수 있다(환수법 제26조 제1항). 제1항에 따른 행정심판청구에 대하여는 「행정심판법」 제5조와 제6조에도 불구하고 「공익사업을 위한 토지 등의 취득 및 보상에 관한 법률」에 따른 중앙토지수용위원회가 심리·의결하여 재결(裁決)한다(환수법 제26조 제2항).

제 2 절 부동산 거래의 신고·토지거래계약의 허가 등

제 1 항 부동산 거래의 신고 등

Ⅰ. 부동산 거래의 신고

1. 의 의

거래당사자는 다음 각 호[1. 부동산의 매매계약, 2. 「택지개발촉진법」, 「주택법」 등 1963
대통령령으로 정하는 법률에 따른 부동산에 대한 공급계약, 3. 다음 각 목(가. 제2호에 따른 계약을 통하여 부동산을 공급받는 자로 선정된 지위, 나. 「도시 및 주거환경정비법」 제74조에 따른 관리처분계획의 인가 및 「빈집 및 소규모주택 정비에 관한 특례법」 제29조에 따른 사업시행계획인가로 취득한 입주자로 선정된 지위)의 어느 하나에 해당하는 지위의 매매계약]의 어느 하나에 해당하는 계약을 체결한 경우 그 실제 거래가격 등 대통령령으로 정하는 사항을 거래계약의 체결일부터 30일 이내에 그 권리의 대상인 부동산등(권리에 관한 계약의 경우에는 그 권리의 대상인 부동산을 말한다)의 소재지를 관할하는 시장(구가 설치되지 아니한 시의 시장 및 특별자치시장과 특별자치도 행정시의 시장을 말한다)·군수 또는 구청장(이하 "신고관청"이라 한다)에게 공동으로 신고하여야 한다. 다만, 거래당사자 중 일방이 국가, 지방자치단체, 대통령령으로 정하는 자의 경우(이하 "국가등"이라 한다)에는 국가등이 신고를 하여야 한다(부신법 제3조 제1항).

2. 부동산 거래의 해제등 신고

거래당사자는 제3조에 따라 신고한 후 해당 거래계약이 해제, 무효 또는 취 1963a

소(이하 "해제등"이라 한다)된 경우 해제등이 확정된 날부터 30일 이내에 해당 신고관청에 공동으로 신고하여야 한다. 다만, 거래당사자 중 일방이 신고를 거부하는 경우에는 국토교통부령으로 정하는 바에 따라 단독으로 신고할 수 있다(부신법 제3조의2 제1항).

3. 금지행위

1963b 누구든지 제3조 또는 제3조의2에 따른 신고에 관하여 다음 각 호(1. 개업공인중개사에게 제3조에 따른 신고를 하지 아니하게 하거나 거짓으로 신고하도록 요구하는 행위, 2. 제3조 제1항 각 호의 어느 하나에 해당하는 계약을 체결한 후 같은 조에 따른 신고 의무자가 아닌 자가 거짓으로 같은 조에 따른 신고를 하는 행위, 3. 거짓으로 제3조 또는 제3조의2에 따른 신고를 하는 행위를 조장하거나 방조하는 행위, 4. 제3조 제1항 각 호의 어느 하나에 해당하는 계약을 체결하지 아니하였음에도 불구하고 거짓으로 같은 조에 따른 신고를 하는 행위, 5. 제3조에 따른 신고 후 해당 계약이 해제등이 되지 아니하였음에도 불구하고 거짓으로 제3조의2에 따른 신고를 하는 행위)의 어느 하나에 해당하는 행위를 하여서는 아니 된다(부신법 제4조).

4. 신고 내용의 검증

1963c 국토교통부장관은 제3조에 따라 신고받은 내용, 「부동산 가격공시에 관한 법률」에 따라 공시된 토지 및 주택의 가액, 그 밖의 부동산 가격정보를 활용하여 부동산거래가격 검증체계를 구축·운영하여야 한다(부신법 제5조 제1항). 신고관청은 제3조에 따른 신고를 받은 경우 제1항에 따른 부동산거래가격 검증체계를 활용하여 그 적정성을 검증하여야 한다(부신법 제5조 제2항).

5. 거짓 신고에 대한 제재

1963d 부당하게 재물이나 재산상 이득을 취득하거나 제3자로 하여금 이를 취득하게 할 목적으로 제4조 제4호 또는 제5호를 위반하여 거짓으로 제3조 또는 제3조의2에 따라 신고한 자는 3년 이하의 징역 또는 3천만원 이하의 벌금에 처한다(부신법 제26조 제1항).

Ⅱ. 주택 임대차 계약의 신고

1. 의 의

1964a 임대차계약당사자는 주택(「주택임대차보호법」 제2조에 따른 주택을 말하며, 주택을 취득할 수 있는 권리를 포함한다. 이하 같다)에 대하여 대통령령으로 정하는 금액을 초과하는 임대차 계약을 체결한 경우 그 보증금 또는 차임 등 국토교통부령으

로 정하는 사항을 임대차 계약의 체결일부터 30일 이내에 주택 소재지를 관할하는 신고관청에 공동으로 신고하여야 한다. 다만, 임대차계약당사자 중 일방이 국가등인 경우에는 국가등이 신고하여야 한다(부신법 제6조의2 제1항).

2. 대상금액과 대상지역

(1) **대상금액** 제6조의2 제1항 본문에서 "대통령령으로 정하는 금액을 초 1964b
과하는 임대차 계약"이란 보증금이 6천만원을 초과하거나 월 차임이 30만원을 초과하는 주택 임대차 계약(계약을 갱신하는 경우로서 보증금 및 차임의 증감 없이 임대차 기간만 연장하는 계약은 제외한다)을 말한다(부신법 시행령 제4조의3 제1항).

(2) **대상지역** 제1항에 따른 주택 임대차 계약의 신고는 임차가구 현황 1964c
등을 고려하여 대통령령으로 정하는 지역에 적용한다(부신법 제6조의2 제2항). 법 제6조의2 제2항에서 "대통령령으로 정하는 지역"이란 특별자치시·특별자치도·시·군(광역시 및 경기도의 관할구역에 있는 군으로 한정한다)·구(자치구를 말한다)를 말한다(부신법 시행령 제4조의3 제1항).

(3) **변경신고·해제신고** 임대차계약당사자는 제6조의2에 따라 신고한 후 1964d
해당 주택 임대차 계약의 보증금, 차임 등 임대차 가격이 변경되거나 임대차 계약이 해제된 때에는 변경 또는 해제가 확정된 날부터 30일 이내에 해당 신고관청에 공동으로 신고하여야 한다. 다만, 임대차계약당사자 중 일방이 국가등인 경우에는 국가등이 신고하여야 한다(부신법 제6조의3 제1항).

3. 주택 임대차 계약의 변경 및 해제 신고

임대차계약당사자는 제6조의2에 따라 신고한 후 해당 주택 임대차 계약의 1964e
보증금, 차임 등 임대차 가격이 변경되거나 임대차 계약이 해제된 때에는 변경 또는 해제가 확정된 날부터 30일 이내에 해당 신고관청에 공동으로 신고하여야 한다. 다만, 임대차계약당사자 중 일방이 국가등인 경우에는 국가등이 신고하여야 한다(부신법 제6조의3 제1항). 제1항에도 불구하고 임대차계약당사자 중 일방이 신고를 거부하는 경우에는 국토교통부령으로 정하는 바에 따라 단독으로 신고할 수 있다(부신법 제6조의3 제2항).

4. 다른 법률에 따른 신고 등의 의제

제6조의2에도 불구하고 임차인이 「주민등록법」에 따라 전입신고를 하는 경 1964f
우 이 법에 따른 주택 임대차 계약의 신고를 한 것으로 본다(부신법 제6조의5 제1항). 제6조의2 또는 제6조의3에도 불구하고 「공공주택 특별법」에 따른 공공주택

사업자 및 「민간임대주택에 관한 특별법」에 따른 임대사업자는 관련 법령에 따른 주택 임대차 계약의 신고 또는 변경신고를 하는 경우 이 법에 따른 주택 임대차 계약의 신고 또는 변경신고를 한 것으로 본다(부신법 제6조의5 제2항). 제6조의2, 제6조의3에 따른 신고의 접수를 완료한 때에는 「주택임대차보호법」 제3조의6 제1항에 따른 확정일자를 부여한 것으로 본다(임대차계약서가 제출된 경우로 한정한다). 이 경우 신고관청은 「주택임대차보호법」 제3조의6 제2항에 따라 확정일자부를 작성하거나 「주택임대차보호법」 제3조의6의 확정일자부여기관에 신고 사실을 통보하여야 한다(부신법 제6조의5 제3항).

Ⅲ. 외국인 등의 부동산 취득 등에 관한 특례

1. 상호주의

1965 국토교통부장관은 대한민국국민, 대한민국의 법령에 따라 설립된 법인 또는 단체나 대한민국정부에 대하여 자국(自國) 안의 토지의 취득 또는 양도를 금지하거나 제한하는 국가의 개인·법인·단체 또는 정부에 대하여 대통령령으로 정하는 바에 따라 대한민국 안의 토지의 취득 또는 양도를 금지하거나 제한할 수 있다. 다만, 헌법과 법률에 따라 체결된 조약의 이행에 필요한 경우에는 그러하지 아니하다(부신법 제7조).

2. 외국인등의 부동산 취득·보유 신고

1965a 외국인등이 대한민국 안의 부동산등을 취득하는 계약(제3조 제1항 각 호에 따른 계약은 제외한다)을 체결하였을 때에는 계약체결일부터 60일 이내에 대통령령으로 정하는 바에 따라 신고관청에 신고하여야 한다(부신법 제8조 제1항). 외국인등이 상속·경매, 그 밖에 대통령령으로 정하는 계약 외의 원인으로 대한민국 안의 부동산등을 취득한 때에는 부동산등을 취득한 날부터 6개월 이내에 대통령령으로 정하는 바에 따라 신고관청에 신고하여야 한다(부신법 제8조 제2항).

3. 내국인의 국적 변경의 경우 등

1965b 대한민국 안의 부동산등을 가지고 있는 대한민국국민이나 대한민국의 법령에 따라 설립된 법인 또는 단체가 외국인등으로 변경된 경우 그 외국인등이 해당 부동산등을 계속보유하려는 경우에는 외국인등으로 변경된 날부터 6개월 이내에 대통령령으로 정하는 바에 따라 신고관청에 신고하여야 한다(부신법 제8조 제3항).

4. 외국인등의 토지거래 허가

제3조 및 제8조에도 불구하고 외국인등이 취득하려는 토지가 다음 각 호(1. 「군사기지 및 군사시설 보호법」 제2조 제6호에 따른 군사기지 및 군사시설 보호구역, 그 밖에 국방목적을 위하여 외국인등의 토지취득을 특별히 제한할 필요가 있는 지역으로서 대통령령으로 정하는 지역, 2. 「문화유산의 보존 및 활용에 관한 법률」 제2조 제3항에 따른 지정문화유산과 이를 위한 보호물 또는 보호구역, 2의2. 「자연유산의 보존 및 활용에 관한 법률」에 따라 지정된 천연기념물·명승 및 시·도자연유산과 이를 위한 보호물 또는 보호구역, 3. 「자연환경보전법」 제2조 제12호에 따른 생태·경관보전지역, 4. 「야생생물 보호 및 관리에 관한 법률」 제27조에 따른 야생생물 특별보호구역)의 어느 하나에 해당하는 구역·지역 등에 있으면 토지를 취득하는 계약(이하 "토지취득계약"이라 한다)을 체결하기 전에 대통령령으로 정하는 바에 따라 신고관청으로부터 토지취득의 허가를 받아야 한다. 다만, 제11조에 따라 토지거래계약에 관한 허가를 받은 경우에는 그러하지 아니하다(부신법 제9조 제1항). 신고관청은 관계 행정기관의 장과 협의를 거쳐 외국인등이 제1항 각 호의 어느 하나에 해당하는 구역·지역 등의 토지를 취득하는 것이 해당 구역·지역 등의 지정목적 달성에 지장을 주지 아니한다고 인정하는 경우에는 제1항에 따른 허가를 하여야 한다(부신법 제9조 제2항). 1965c

5. 무허가거래에 대한 제재

(1) **민사상 제재** 제9조 제1항을 위반하여 체결한 토지취득계약은 그 효력이 발생하지 아니한다(부신법 제9조 제3항). 1965d

(2) **형사상 제재** 제9조 제1항에 따른 허가를 받지 아니하고 토지취득계약을 체결하거나 부정한 방법으로 허가를 받아 토지취득계약을 체결한 외국인등은 2년 이하의 징역 또는 2천만원 이하의 벌금에 처한다(부신법 제26조 제2항). 1965e

제 2 항 토지거래계약허가제

Ⅰ. 허가구역의 지정

1. 지정요건

(1) **실체적 요건** 국토교통부장관 또는 시·도지사는 국토의 이용 및 관리에 관한 계획의 원활한 수립과 집행, 합리적인 토지 이용 등을 위하여 토지의 투기적인 거래가 성행하거나 지가(地價)가 급격히 상승하는 지역과 그러한 우려가 있는 지역으로서 대통령령으로 정하는 지역에 대해서는 다음 각 호(1. 허가구 1966

역이 둘 이상의 시·군(광역시의 관할 구역에 있는 군을 포함한다) 또는 구의 관할 구역에 걸쳐 있는 경우 : 국토교통부장관이 지정, 2. 허가구역이 동일한 시·군 또는 구 안의 일부지역인 경우 : 시·도지사가 지정)의 구분에 따라 5년 이내의 기간을 정하여 제11조 제1항에 따른 토지거래계약에 관한 허가구역(이하 "허가구역"이라 한다)으로 지정할 수 있다(부신법 제10조 제1항 본문). 이 경우 국토교통부장관 또는 시·도지사는 대통령령으로 정하는 바에 따라 허가대상자(외국인등을 포함한다. 이하 이 조에서 같다), 허가대상 용도와 지목 등을 특정하여 허가구역을 지정할 수 있다(부신법 제10조 제1항 단서). 판례는 허가구역의 지정을 행정처분으로 본다.[1)]

(2) 절차적 요건

1966a (가) 도시계획위원회의 심의 국토교통부장관 또는 시·도지사는 제1항에 따라 허가구역으로 지정하려면 중앙도시계획위원회 또는 시·도도시계획위원회의 심의를 거쳐야 한다. 다만, 지정기간이 끝나는 허가구역을 계속하여 다시 허가구역으로 지정하려면 중앙도시계획위원회 또는 시·도도시계획위원회의 심의 전에 미리 시·도지사(국토교통부장관이 허가구역을 지정하는 경우만 해당한다) 및 시장·군수 또는 구청장의 의견을 들어야 한다(부신법 제10조 제2항).

1966b (나) 공고·통지·열람 국토교통부장관 또는 시·도지사는 제1항에 따라 허가구역으로 지정한 때에는 지체 없이 허가대상자, 허가대상 용도와 지목 등 대통령령으로 정하는 사항을 공고하고, 그 공고 내용을 국토교통부장관은 시·도지사를 거쳐 시장·군수 또는 구청장에게 통지하고, 시·도지사는 국토교통부장관, 시장·군수 또는 구청장에게 통지하여야 한다(부신법 제10조 제3항). 제3항에 따라 통지를 받은 시장·군수 또는 구청장은 지체 없이 그 공고 내용을 그 허가구역을 관할하는 등기소의 장에게 통지하여야 하며, 지체 없이 그 사실을 7일 이상 공고하고, 그 공고 내용을 15일간 일반이 열람할 수 있도록 하여야 한다(부신법 제10조 제4항).

1) 대판 2006. 12. 22, 2006두12883(항고소송의 대상이 되는 행정처분이란 특정 사항에 대하여 법규에 의한 권리의 설정 또는 의무의 부담을 명하거나 기타 법률상 효과를 발생하게 하는 등 국민의 권리의무에 직접 관계가 있는 행위를 가리키는 것인바, 국토의 계획 및 이용에 관한 법률의 규정에 의하면, 같은 법에 따라 토지거래계약에 관한 허가구역으로 지정되는 경우, 허가구역 안에 있는 토지에 대하여 소유권이전 등을 목적으로 하는 거래계약을 체결하고자 하는 당사자는 공동으로 행정관청으로부터 허가를 받아야 하는 등 일정한 제한을 받게 되고, 허가를 받지 아니하고 체결한 토지거래계약은 그 효력이 발생하지 아니하며, 토지거래계약허가를 받은 자는 5년의 범위 이내에서 대통령령이 정하는 기간 동안 그 토지를 허가받은 목적대로 이용하여야 하는 의무도 부담하며, 같은 법에 따른 토지이용의무를 이행하지 아니하는 경우 이행강제금을 부과당하게 되는 등 토지거래계약에 관한 허가구역의 지정은 개인의 권리 내지 법률상의 이익을 구체적으로 규제하는 효과를 가져오게 하는 행정청의 처분에 해당하고, 따라서 이에 대하여는 원칙적으로 항고소송을 제기할 수 있다).

2. 지정의 효력발생

허가구역의 지정은 제3항에 따라 허가구역의 지정을 공고한 날부터 5일 후에 그 효력이 발생한다(부신법 제10조 제5항). 1967

3. 지정의 해제와 축소

국토교통부장관 또는 시·도지사는 허가구역의 지정 사유가 없어졌다고 인정되거나 관계 시·도지사, 시장·군수 또는 구청장으로부터 받은 허가구역의 지정 해제 또는 축소 요청이 이유 있다고 인정되면 지체 없이 허가구역의 지정을 해제하거나 지정된 허가구역의 일부를 축소하여야 한다(부신법 제10조 제6항). 제6항에 따라 해제 또는 축소의 경우에는 제2항 본문 제3항 및 제4항을 준용한다(부신법 제10조 제7항). 1968

Ⅱ. 토지거래계약허가제의 관념

1. 토지거래계약허가제의 의의

허가구역에 있는 토지에 관한 소유권·지상권(소유권·지상권의 취득을 목적으로 하는 권리를 포함한다)을 이전하거나 설정(대가를 받고 이전하거나 설정하는 경우만 해당한다)하는 계약(예약을 포함한다. 이하 “토지거래계약”이라 한다)을 체결하려는 당사자는 공동으로 대통령령으로 정하는 바에 따라 시장·군수 또는 구청장의 허가를 받아야 한다. 허가받은 사항을 변경하려는 경우에도 또한 같다(부신법 제10조 제1항). 이러한 제도를 토지거래계약허가제라 부른다. 거래계약허가대상토지인지의 여부는 매매계약체결일을 기준으로 하여야 한다.[1] 1969

2. 토지거래계약허가제의 적용배제

⑴ **용도별 면적 이하의 토지 등** 제1항에도 불구하고 다음 각 호(1. 경제 및 지가의 동향과 거래단위면적 등을 종합적으로 고려하여 대통령령으로 정하는 용도별 면적 이하의 토지에 대한 토지거래계약을 체결하려는 경우, 2. 토지거래계약을 체결하려는 당사자 또는 그 계약의 대상이 되는 토지가 제10조 제3항에 따라 공고된 사항에 해당하지 아니하는 경우)의 어느 하나에 해당하는 경우에는 제1항에 따른 허가가 필요하지 아니하다(부신법 제11조 제2항). 1970

⑵ **특별법에 따른 적용배제** 공익사업을 위한 토지 등의 취득 및 보상에 관한 법률에 따른 토지의 수용, 민사집행법에 의한 경매[2] 그 밖에 대통령령으 1971

---

1) 대판 1994. 5. 24, 93다53450(어느 토지가 거래신고대상토지인지 거래허가대상토지인지의 여부는 매매계약체결일을 기준으로 하여야 하는 것이다); 대판 1993. 4. 13, 93다1411.

로 정하는 경우에는 제11조를 적용하지 아니한다(부신법 제14조 제2항).

3. 토지거래계약허가제의 성질

1972 토지거래허가제에 있어서 허가란 ① 토지거래를 원칙적으로 금지하였다가 사후에 이를 해제하는 것인가,[1] 아니면 ② 사인간의 토지거래를 국가가 후견적으로 돕는 것인가,[2] 또는 ③ 양자의 성질을 모두 갖는 것인가는 문제이다. ①은 학문상 허가, ②는 학문상 인가에 해당한다. 대법원은 인가로 본다.[3] 생각건대 토지거래허가제가 투기억제라는 면에서 나타난 것임을 고려하고 또한 국가가 사인의 거래를 지도·조정하는 점을 고려한다면, 토지거래허가제의 허가는 허가와 인가의 양면성을 갖는다고 볼 것이다. 여기서 허가는 기속행위로 볼 것이다. 판례의 입장도 같다.[4]

4. 토지거래계약허가제의 합헌성

1973 토지거래계약허가제는 소위 토지공개념을 구현하는 한 형태로서 나타난 것임은 물론이다. 그런데 토지거래허가제는 사유재산제도를 부정하는 헌법위반의 제도가 아닌가에 관해 논란이 있었다. 헌법재판소는 토지거래계약허가제가 헌법에 위배되지 아니한다고 선언하였다.[5]

---

2) 대결 1990. 11. 6, 90마769(지목이 농지로 된 토지라도 도시계획구역 내에 들어 있는 토지를 경매하는 경우에는 농지매매증명이 필요 없는 것이고 토지거래허가는 경매절차에는 적용되지 아니한다).

1) 박균성, 행정법론(하), 813쪽(2019).

2) 김성수, 개별행정법, 662쪽; 류지태·박종수, 행정법신론, 1292쪽(2019).

3) 대판 1991. 12. 24, 90다12243(같은 법 제21조의3 제1항 소정의 허가가 규제지역 내의 모든 국민에게 전반적으로 토지거래의 자유를 금지하고 일정한 요건을 갖춘 경우에만 금지를 해제하여 계약체결의 자유를 회복시켜 주는 성질의 것이라고 보는 것은 위 법의 입법취지를 넘어선 지나친 해석이라고 할 것이고, 규제지역 내에서도 토지거래의 자유가 인정되나 다만 위 허가를 허가 전의 유동적 무효상태에 있는 법률행위의 효력을 완성시켜 주는 인가적 성질을 띤 것이라고 보는 것이 타당하다). 그러나 이 판결에서 소수의견은 허가로 보았다.

4) 대판 1997. 6. 27, 96누9362(토지거래계약 허가권자는 그 허가신청이 국토이용관리법 제21조의4 제1항 각호 소정의 불허가 사유에 해당하지 아니하는 한 허가를 하여야 하는 것인데, 인근 주민들이 당해 폐기물 처리장 설치를 반대한다는 사유는 국토이용관리법 제21조의4 규정에 의한 불허가 사유로 규정되어 있지 아니하므로 그와 같은 사유만으로는 토지거래허가를 거부할 사유가 될 수 없다).

5) 헌재 1989. 12. 22, 88헌가13(구 국토이용관리법 제21조의3 제1항의 토지거래허가제는 사유재산제도의 부정이 아니라 그 제한의 한 형태이고 토지의 투기적 거래의 억제를 위하여 그 처분을 제한함은 부득이한 것이므로 재산권의 본질적인 침해가 아니며, 헌법상의 경제조항에도 위배되지 아니하고 현재의 상황에서 이러한 제한수단의 선택이 헌법상의 비례의 원칙이나 과잉금지의 원칙에 위배된다고 할 수도 없다); 헌재 1997. 6. 26, 92헌가5.

Ⅲ. 토지거래계약의 허가

1. 허가의 신청

토지거래계약의 허가를 받으려는 자는 그 허가신청서에 계약내용과 그 토 1974
지의 이용계획, 취득자금 조달계획 등을 적어 시장·군수 또는 구청장에게 제출하여야 한다. 이 경우 토지이용계획, 취득자금 조달계획 등에 포함되어야 할 사항은 국토교통부령으로 정한다. 다만, 시장·군수 또는 구청장에게 제출한 취득자금 조달계획이 변경된 경우에는 취득토지에 대한 등기일까지 시장·군수 또는 구청장에게 그 변경 사항을 제출할 수 있다(부신법 제11조 제3항).

2. 허가처분의 기한

시장·군수 또는 구청장은 제3항에 따른 허가신청서를 받으면 「민원 처리 1975
에 관한 법률」에 따른 처리기간에 허가 또는 불허가의 처분을 하고, 그 신청인에게 허가증을 발급하거나 불허가처분 사유를 서면으로 알려야 한다. 다만, 제15조에 따라 선매협의 절차가 진행 중인 경우에는 위의 기간 내에 그 사실을 신청인에게 알려야 한다(부신법 제11조 제4항).

3. 허가의 간주

(1) 허가의 지체의 경우 제4항에 따른 기간에 허가증의 발급 또는 불허가 1976
처분 사유의 통지가 없거나 선매협의 사실의 통지가 없는 경우에는 그 기간이 끝난 날의 다음날에 제1항에 따른 허가가 있는 것으로 본다. 이 경우 시장·군수 또는 구청장은 지체 없이 신청인에게 허가증을 발급하여야 한다(부신법 제11조 제5항).

(2) 당사자가 국가 등인 경우 제11조 제1항을 적용할 때에 그 당사자의 1977
한쪽 또는 양쪽이 국가, 지방자치단체, 「한국토지주택공사법」에 따른 한국토지주택공사(이하 "한국토지주택공사"라 한다), 그 밖에 대통령령으로 정하는 공공기관 또는 공공단체인 경우에는 그 기관의 장이 시장·군수 또는 구청장과 협의할 수 있고, 그 협의가 성립된 때에는 그 토지거래계약에 관한 허가를 받은 것으로 본다(부신법 제14조 제1항).

4. 허가의 금지

시장·군수 또는 구청장은 제11조에 따른 허가신청이 다음 각 호[1. 토지거래 1978
계약을 체결하려는 자의 토지이용목적이 다음 각 목의 어느 하나에 해당되지 아니하는 경우

(가. 자기의 거주용 주택용지로 이용하려는 경우, 나. 허가구역을 포함한 지역의 주민을 위한 복지시설 또는 편익시설로서 관할 시장·군수 또는 구청장이 확인한 시설의 설치에 이용하려는 경우, 다. 허가구역에 거주하는 농업인·임업인·어업인 또는 대통령령으로 정하는 자가 그 허가구역에서 농업·축산업·임업 또는 어업을 경영하기 위하여 필요한 경우, 라. 「공익사업을 위한 토지 등의 취득 및 보상에 관한 법률」이나 그 밖의 법률에 따라 토지를 수용하거나 사용할 수 있는 사업을 시행하는 자가 그 사업을 시행하기 위하여 필요한 경우, 마. 허가구역을 포함한 지역의 건전한 발전을 위하여 필요하고 관계 법률에 따라 지정된 지역·지구·구역 등의 지정목적에 적합하다고 인정되는 사업을 시행하는 자나 시행하려는 자가 그 사업에 이용하려는 경우, 바. 허가구역의 지정 당시 그 구역이 속한 특별시·광역시·특별자치시·시(「제주특별자치도 설치 및 국제자유도시 조성을 위한 특별법」 제10조 제2항에 따른 행정시를 포함한다. 이하 이 조에서 같다)·군 또는 인접한 특별시·광역시·특별자치시·시·군에서 사업을 시행하고 있는 자가 그 사업에 이용하려는 경우나 그 자의 사업과 밀접한 관련이 있는 사업을 하는 자가 그 사업에 이용하려는 경우, 사. 허가구역이 속한 특별시·광역시·특별자치시·시 또는 군에 거주하고 있는 자의 일상생활과 통상적인 경제활동에 필요한 것 등으로서 대통령령으로 정하는 용도에 이용하려는 경우), 2. 토지거래계약을 체결하려는 자의 토지이용목적이 다음 각 목(가. 「국토의 계획 및 이용에 관한 법률」 제2조 제2호에 따른 도시·군계획이나 그 밖에 토지의 이용 및 관리에 관한 계획에 맞지 아니한 경우, 나. 생태계의 보전과 주민의 건전한 생활환경 보호에 중대한 위해(危害)를 끼칠 우려가 있는 경우)의 어느 하나에 해당되는 경우, 3. 그 면적이 그 토지의 이용목적에 적합하지 아니하다고 인정되는 경우]의 어느 하나에 해당하는 경우를 제외하고는 허가하여야 한다(부신법 제12조).

5. 허가의 효과

1979 (1) **사용목적의 제한** 제11조에 따라 토지거래계약을 허가받은 자는 대통령령으로 정하는 사유가 있는 경우 외에는 5년의 범위에서 대통령령으로 정하는 기간에 그 토지를 허가받은 목적대로 이용하여야 한다(부신법 제17조 제1항).[1]

1980 (2) **농지취득자격증명** 농지에 대하여 제11조에 따라 토지거래계약 허가를 받은 경우에는 「농지법」 제8조에 따른 농지취득자격증명을 받은 것으로 본

1) 헌재 2013. 2. 28, 2012헌바94(토지거래허가구역 내에서 허가받은 목적대로 토지를 이용할 의무를 이행하지 아니하는 자에게 이행강제금을 부과하는 내용의 국토의 계획 및 이용에 관한 법률 제124조의2 제2항은 과잉금지원칙에 위배되거나 재산권의 본질적 내용을 침해하지 아니하므로, 헌법에 위반되지 아니한다); 대판 2013. 9. 12, 2012두6087(구 국토의 계획 및 이용에 관한 법률(2009. 2. 6. 법률 제9442호로 개정되기 전의 것) 제124조 제1항은 토지거래계약 허가를 받은 자는 그 토지를 허가받은 목적대로 이용하여야 한다고 규정하고 있다. 이 경우 그 허가받은 목적이 무엇인지는 원칙적으로 토지거래계약허가증의 기재에 의하여야 하므로, 토지거래계약허가증에 허가받은 자가 그 토지를 직접 이용해야 한다는 내용의 기재가 없다면 특별한 사정이 없는 한, 허가받은 자가 그 토지를 직접 이용하지 않고 임대하였다고 하더라도 이를 두고 허가받은 목적대로 이용하지 않았다고 볼 수 없다).

다. 이 경우 시장·군수 또는 구청장은 「농업·농촌 및 식품산업 기본법」 제3조 제5호에 따른 농촌(「국토의 계획 및 이용에 관한 법률」에 따른 도시지역의 경우에는 같은 법에 따른 녹지지역만 해당한다)의 농지에 대하여 토지거래계약을 허가하는 경우에는 농지취득자격증명의 발급 요건에 적합한지를 확인하여야 하며, 허가한 내용을 농림축산식품부장관에게 통보하여야 한다(부신법 제20조 제1항).

(3) **부동산등기 특별조치법상 검인** 제11조 제4항 및 제5항에 따라 허가증 1981
을 발급받은 경우에는 부동산등기 특별조치법 제3조에 따른 검인을 받은 것으로 본다(부신법 제20조 제2항).

(4) **허가와 타법상 제한** 판례는 "토지거래계약허가제도는 토지의 투기적 1981a
인 거래가 성행하거나 지가가 급격히 상승하는 지역과 그러한 우려가 있는 지역에서의 투기적인 거래를 방지하기 위한 것임에 비하여, 개발행위허가제도는 무분별한 개발이 이루어지는 것을 방지하고 토지이용의 합리화라는 도시관리계획의 목적을 달성하기 위하여 건축물의 건축 등 개발행위를 제한하려는 것이다. 따라서 관할 행정청은 토지거래계약을 체결하려는 이의 토지이용목적이 위와 같은 입법취지를 고려한 국토계획법 제119조에 규정된 허가기준에 적합한 경우 토지거래계약을 허가하는 것일 뿐이고, 토지거래계약의 허가 여부를 정함에 있어서 국토계획법 제58조 제1항에 규정된 개발행위허가의 기준을 갖추었는지를 함께 고려하여야 하는 것은 아니다. 또한 토지거래계약허가를 받은 이가 그 토지에 관하여 건축물의 건축 등 개발행위를 하고자 하는 경우에는 그에 필요한 개발행위허가의 기준이나 다른 법령에 정하여진 허가요건을 갖추어 개발행위허가 등을 받아야 하는 것이고, 이는 토지거래계약허가와는 별개의 문제"로 본다.[1)]

Ⅳ. 이해당사자의 보호

1. 행정쟁송

제11조(토지거래계약에 관한 허가)에 따른 처분에 이의가 있는 자는 그 처분을 1982
받은 날부터 1개월 이내에 시장·군수 또는 구청장에게 이의를 신청할 수 있다(부신법 제13조 제1항). 제1항에 따른 이의신청을 받은 시장·군수 또는 구청장은 시·군·구도시계획위원회의 심의를 거쳐 그 결과를 이의신청인에게 통보하여야 한다(부신법 제13조 제2항). 행정심판법에 따른 행정심판이나 행정소송법에 따른 행정소송을 제기할 수도 있다.

1) 대판 2012. 3. 29, 2009두1341.

2. 매수청구

1983 제11조 제1항에 따른 허가신청에 대하여 불허가처분을 받은 자는 그 통지를 받은 날부터 1개월 이내에 시장·군수 또는 구청장에게 해당 토지에 관한 권리의 매수를 청구할 수 있다(부신법 제16조 제1항). 제1항에 따른 매수 청구를 받은 시장·군수 또는 구청장은 국가, 지방자치단체, 한국토지주택공사, 그 밖에 대통령령으로 정하는 공공기관 또는 공공단체 중에서 매수할 자를 지정하여, 매수할 자로 하여금 예산의 범위에서 공시지가를 기준으로 하여 해당 토지를 매수하게 하여야 한다. 다만, 토지거래계약 허가신청서에 적힌 가격이 공시지가보다 낮은 경우에는 허가신청서에 적힌 가격으로 매수할 수 있다(부신법 제16조 제2항).

Ⅴ. 무허가거래에 대한 제재

1984 **▌참고▐ 토지거래계약허가위반의 발생원인**

토지거래계약허가구역에서의 토지거래는 ① 계약체결의 준비단계로 당사자간의 사전협의→② 시장·군수·구청장에 공동으로 허가신청→③ 허가취득→④ 계약체결→⑤ 등기의 순으로 이루어지는 것이 관련법령에 적합하다.

그러나 실제의 거래관행은 ① 계약체결→② 시장·군수·구청장에 공동으로 허가신청→③ 허가취득→④ 별도의 계약체결 없이 등기의 순으로 이루어지기도 하는바, 토지거래계약허가위반이 발생한다.

1. 민사상 제재(유동적 무효)

1985 제11조 제1항에 따른 허가를 받지 아니하고 체결한 토지거래계약은 그 효력이 발생하지 아니한다(부신법 제11조 제6항). 판례는 여기서 무효를 유동적 무효의 법리로 해명하면서, 동시에 「허가를 받지 아니하고 체결한 계약」을 다만 처음부터 허가를 배제하거나 잠탈하는 경우로 새기고 있다.[1] 토지거래계약을 체

1) 대판 2010. 6. 10, 2009다96328(국토의 계획 및 이용에 관한 법률(이하 '법'이라 한다)상 토지거래계약 허가구역 내의 토지에 관하여 허가를 배제하거나 잠탈하는 내용으로 매매계약이 체결된 경우에는 법 제118조 제6항에 따라 그 계약은 체결된 때부터 확정적으로 무효라고 할 것이다(대법원 1991. 12. 24. 선고 90다12243 전원합의체 판결, 대법원 2007. 2. 8. 선고 2005다61553 판결 등 참조). 그리고 이러한 허가의 배제·잠탈행위에는 토지거래허가가 필요한 계약을 허가가 필요하지 않은 것에 해당하도록 계약서를 허위로 작성하는 행위뿐만 아니라, 정상적으로는 토지거래허가를 받을 수 없는 계약을 허가를 받을 수 있도록 계약서를 허위로 작성하는 행위도 포함된다고 할 것이다); 대판 1995. 4. 28, 93다26397(구 국토이용관리법상의 규제지역 내의 토지에 대하여 관할도지사의 허가를 받기 전에 체결한 매매계약은 처음부터 위 허가를 배제하거나 잠탈하는 내용의 계약일 경우에는 확정적으로 무효로서 유효화될 여지가 없으나 이와 달리 허가받을 것을 전제로 한 계약일 경우에는 허가를 받을 때까지는 법률상의 미완

결한 후 허가구역의 지정이 해제된 경우에는 사정이 다르다.[1)]

2. 형사상 제재(벌칙)

제11조 제1항에 따른 허가 또는 변경허가를 받지 아니하고 토지거래계약을 체결하거나, 속임수나 그 밖의 부정한 방법으로 토지거래계약 허가를 받은 자는 2년 이하의 징역 또는 계약 체결 당시의 개별공시지가에 따른 해당 토지가격의 100분의 30에 해당하는 금액 이하의 벌금에 처한다(부신법 제26조 제3항). 판례는 여기서 말하는 「허가를 받지 아니하고 체결한 토지거래계약」을 역시 처음부터 허가를 배제하거나 잠탈하는 경우로 새기고 있다.[2)] 1986

Ⅵ. 선 매

1. 선매자의 지정

시장·군수 또는 구청장은 제11조 제1항에 따른 토지거래계약에 관한 허가 1987

성의 법률행위로서 소유권 등 권리의 이전에 관한 계약의 효력이 전혀 발생하지 않음은 위의 확정적 무효의 경우와 다를 바 없지만, 일단 허가를 받으면 그 계약은 소급하여 유효한 계약이 되고 이와 달리 불허가가 된 때에는 무효로 확정되므로 허가를 받기까지는 유동적 무효의 상태에 있다고 보아야 하며, 이러한 유동적 무효 상태에 있는 계약을 체결한 당사자는 쌍방이 그 계약이 효력이 있는 것으로 완성될 수 있도록 서로 협력할 의무가 있다); 대판 1993. 9. 14, 91다41316; 대판 1991. 12. 24, 93다26397.

1) 대판 2019. 1. 31, 2017다228618; 대판 2010. 3. 25, 2009다41465(토지거래허가구역 지정기간 중에 허가구역 안의 토지에 대하여 토지거래허가를 받지 아니하고 토지거래계약을 체결한 후 허가구역 지정이 해제되거나 허가구역 지정기간이 만료되었음에도 재지정을 하지 아니한 때에는 그 토지거래계약이 허가구역 지정이 해제되기 전에 확정적으로 무효로 된 경우를 제외하고는, 더 이상 관할 행정청으로부터 토지거래허가를 받을 필요가 없이 확정적으로 유효로 되어 거래당사자는 그 계약에 기하여 바로 토지의 소유권 등 권리의 이전 또는 설정에 관한 이행청구를 할 수 있고, 상대방도 반대급부의 청구를 할 수 있다고 보아야 할 것이지, 여전히 그 계약이 유동적 무효상태에 있다고 볼 것은 아니다).

2) 대판 2010. 5. 27, 2010도11160(구 국토의 계획 및 이용에 관한 법률 위반죄로 처벌되는 '토지거래허가 없이 토지 등의 거래계약을 체결하는 행위'라 함은 처음부터 위 법 소정의 토지거래허가를 배제하거나 잠탈하는 내용의 계약을 체결하는 행위를 가리키고, 허가받을 것을 전제로 한 거래계약을 체결하는 것은 여기에 해당하지 아니한다. 토지거래허가구역 안에 있는 토지를 매수하면서 구 국토의 계획 및 이용에 관한 법률 및 같은 법 시행령에서 정하는 토지거래허가 요건을 갖추지 못하였음에도 허가요건을 갖춘 타인 명의로 매매계약을 체결한 경우, 위 행위는 이 매매계약에 관하여 토지거래허가를 잠탈하고자 하는 것으로서, 위 법에서 처벌대상으로 삼고 있는 '토지거래허가 없이 토지의 거래계약을 체결한 경우'에 해당한다); 대판 1992. 4. 24, 92도245(같은 법 제31조의2 제1호와 그 제21조의3 제1항의 취지는 같은 법 소정의 규제구역 내에 있는 토지 등에 대한 어떠한 내용의 거래계약도 허가 없이 체결하는 것을 금지하고 이를 위반한 자를 처벌하고자 하는 것은 아니고 처음부터 허가를 배제하거나 잠탈하는 내용의 거래계약의 체결을 금지하는 것이고, 같은 법 제31조의2 소정의 벌칙적용대상인 '허가 없이 토지 등의 거래계약을 체결하는 행위'라 함은 이와 같이 처음부터 허가를 배제하거나 잠탈하는 내용의 계약을 체결하는 행위를 가리키고, 허가받을 것을 전제로 한 거래계약을 체결하는 것은 여기에 해당하지 않는다).

신청이 있는 경우 다음 각 호(1. 공익사업용 토지, 2. 제118조 제1항에 따른 토지거래계약허가를 받아 취득한 토지를 그 이용목적대로 이용하고 있지 아니한 토지)의 어느 하나에 해당하는 토지에 대하여 국가, 지방자치단체, 한국토지주택공사, 그 밖에 대통령령으로 정하는 공공기관 또는 공공단체가 그 매수를 원하는 경우에는 이들 중에서 해당 토지를 매수할 자(이하 "선매자(先買者)"라 한다)를 지정하여 그 토지를 협의 매수하게 할 수 있다(부신법 제15조 제1항).

2. 선매협의의 완료

1988 시장·군수 또는 구청장은 제1항 각 호의 어느 하나에 해당하는 토지에 대하여 토지거래계약 허가신청이 있는 경우에는 그 신청이 있는 날부터 1개월 이내에 선매자를 지정하여 토지 소유자에게 알려야 하며, 선매자는 지정 통지를 받은 날부터 1개월 이내에 그 토지 소유자와 대통령령으로 정하는 바에 따라 선매협의를 끝내야 한다(부신법 제15조 제2항).

3. 선매가격

1989 선매자가 제1항과 제2항에 따라 토지를 매수할 때의 가격은 「감정평가 및 감정평가사에 관한 법률」에 따라 감정평가법인등이 감정평가한 감정가격을 기준으로 하되, 토지거래계약 허가신청서에 적힌 가격이 감정가격보다 낮은 경우에는 허가신청서에 적힌 가격으로 할 수 있다(부신법 제15조 제3항).

4. 선매협의의 불성립

1990 시장·군수 또는 구청장 제2항에 따른 선매협의가 이루어지지 아니한 경우에는 지체 없이 허가 또는 불허가의 여부를 결정하여 통보하여야 한다(부신법 제15조 제4항).

제 3 절 부동산 가격의 공시

제 1 항 지가의 공시

Ⅰ. 표준지공시지가

1. 표준지공시지가의 관념

1991 (1) 표준지공시지가의 의의 국토교통부장관은 토지이용상황이나 주변 환경, 그 밖의 자연적·사회적 조건이 일반적으로 유사하다고 인정되는 일단의 토

지 중에서 선정한 표준지에 대하여 매년 공시기준일 현재의 단위면적당 적정가격을 조사·평가하고, 제24조에 따른 중앙부동산가격공시위원회의의 심의를 거쳐 이를 공시하여야 하는바(부공법 제3조 제1항), 그 단위면적당 적정가격을 "표준지공시지가"라 부른다.

(2) **표준지공시지가제의 도입배경**(기능) 　표준지공시지가제는 토지가격의 1992
평가에 관해 종래에 존재하던 여러 종류의 평가기준, 즉 구 국토이용관리법상 기준지가(용도 : 토지수용시보상기준 등)·구 소득세법상 기준시가(용도 : 양도소득세 등의 부과기준)·구 지방세법상 과세시가표준액(용도 : 재산세 등의 부과기준)·구 감정평가에관한법률상 토지감정시가(용도 : 금융기관의 담보재산평가)를 일원화하기 위한 것이었다. 말하자면 ① 공시지가제는 하나의 토지 위에 여러 종류의 지가평가제도가 있음으로 인하여 야기되는 문제점을 제거하고, 아울러 토지에 대한 각종 과세를 현실화하기 위한 것이었다. 그러나 이러한 취지가 잘 반영되고 있는지는 의문이다. 한편 ② 공시지가제는 토지시장에 관한 정보를 제공하는 의미도 갖는다.

(3) **표준지공시지가의 성질**

(가) **학 설** 　표준지공시지가(결정)의 법적 성질과 관련하여 학설은 ① 입 1993
법행위설(표준지공시지가는 개별공시지가의 산정기준이 되는 일반추상적 규율이라는 견해),[1] ② 행정계획설(표준지공시지가는 일반적인 토지거래의 지표가 되고 행정주체나 감정평가자의 감정평가시에 기준이 되는 계획의 일종이라는 견해),[2] ③ 사실행위설(지가정보를 제공하는 의사작용을 요소로 하는 사실행위에 불과하다는 견해), ④ 행정행위설(국민의 구체적인 권리·의무 내지 법률상 이익에 영향을 미치며 이의신청의 대상이 된다는 점에서 행정행위라는 견해), ⑤ 개별검토설(표준지공시지가가 개별공시지가의 성질을 갖는 경우에는 행정행위이고, 표준지공시지가가 토지거래의 지표에 불과한 경우에는 처분성을 인정할 수 없으나, 개별공시지가의 기준이 되거나 토지수용시 보상액산정의 기준이 되는 경우 등에는 처분성이 인정된다는 견해)[3]이 논급되고 있다.

(나) **판 례** 　판례는 표준지공시지가가 처분에 해당한다는 입장을 취한 1994
다.[4]

1) 박균성, 행정법론(하), 821쪽(2019).
2) 류지태·박종수, 행정법신론, 1277쪽(2019).
3) 김동희, 행정법(Ⅱ), 491쪽(2019); 김남진·김연태, 행정법(Ⅱ), 553쪽(2019).
4) 대판 1994. 3. 8, 93누10828(지가공시및토지등의평가에관한법률 제4조 제1항에 의하여 표준지로 선정되어 공시지가가 공시된 토지의 공시지가에 대하여 불복을 하기 위하여는 같은 법 제8조 제1항 소정의 이의절차를 거쳐 처분청인 건설부장관을 피고로 하여 위 공시지가 결정의 취소를 구하는 행정소송을 제기하여야 한다); 대판 1997. 2. 28, 96누10225; 대판 1998. 3. 24, 96누6851 참조.

1995 (다) 사 견 생각건대 현행 행정소송법상 처분개념은 항고소송의 본질에 비추어 국민의 권리의무를 직접 구체적으로 발생시키는 공권력 행사에 한정될 수밖에 없다는 저자의 입장에서는, 표준지공시지가 그 자체를 처분으로 보지 아니한다. 왜냐하면 표준지공시지가는 그 자체로서 국민의 권리의무를 발생시키는 것은 아니기 때문이다. 표준지공시지가의 공시는 일종의 행정입법으로 볼 것이다. 다만, 표준지공시지가가 개별공시지가의 성질을 갖는 경우에는 개별공시지가의 문제로 보면 된다.

2. 표준지공시지가의 공시

1996 (1) 공시시기와 공시사항 국토교통부장관은 매년 공시기준일 현재의 표준지공시지가를 공시하여야 한다(부공법 제3조 제1항). 제3조에 따른 공시에는 다음 각 호(1. 표준지의 지번, 2. 표준지의 단위면적당 가격, 3. 표준지의 면적 및 형상, 4. 표준지 및 주변토지의 이용상황, 5. 그 밖에 대통령령으로 정하는 사항)의 사항이 포함되어야 한다(부공법 제5조).

1997 (2) 열람 등 국토교통부장관은 제3조에 따라 표준지공시지가를 공시한 때에는 그 내용을 특별시장·광역시장 또는 도지사를 거쳐 시장·군수 또는 구청장(지방자치단체인 구의 구청장에 한정한다. 이하 같다)에게 송부하여 일반인이 열람할 수 있게 하고, 대통령령으로 정하는 바에 따라 이를 도서·도표 등으로 작성하여 관계 행정기관 등에 공급하여야 한다(부공법 제6조).

3. 표준지공시지가의 효력

1998 표준지공시지가는 토지시장에 지가정보를 제공하고 일반적인 토지거래의 지표가 되며, 국가·지방자치단체 등이 그 업무와 관련하여 지가를 산정하거나 감정평가법인등이 개별적으로 토지를 감정평가하는 경우에 기준이 된다(부공법 제9조).

4. 표준지공시지가에 대한 불복(권리보호)

1999 (1) 이의신청 표준지공시지가에 이의가 있는 자는 그 공시일부터 30일 이내에 서면(전자문서를 포함한다. 이하 같다)으로 국토교통부장관에게 이의를 신청할 수 있다(부공법 제7조 제1항). 국토교통부장관은 제1항에 따른 이의신청 기간이 만료된 날부터 30일 이내에 이의신청을 심사하여 그 결과를 신청인에게 서면으로 통지하여야 한다. 이 경우 국토교통부장관은 이의신청의 내용이 타당하다고 인정될 때에는 제3조에 따라 해당 표준지공시지가를 조정하여 다시 공시하여야 한다(부공법 제7조 제2항).

⑵ 행정소송

㈎ 제소가능성 판례와 같이 표준지공시지가의 처분성을 인정하는 입장 2000
에서 보면, 표준지공시지가는 당연히 항고소송의 대상이 된다. 따라서 이의신청의 재결에 대하여 불복하는 자는 행정소송을 제기할 수 있다. 이 경우에도 원처분중심주의가 적용된다(행소법 제19조 단서). 한편, 표준지공시지가에 대한 불복방법을 개별토지가격에 대한 불복방법과 달리 규정하는 것이 헌법상 평등원칙, 재판권보장의 원칙에 반하는 것이 아니다.[1)]

㈏ 이의신청과 행정소송의 관계 종래의 판례는 이의신청절차를 행정소송의 2001
제기에 있어서 필요적 전치절차로 보았다.[2)] 판례는 최근에 입장을 변경하였다.[3)]

㈐ 하자의 승계 판례는 표준지공시지가를 조세부과처분의 취소를 구하는 2002
소송에서 다툴 수 없다고 하고,[4)] 이의신청절차를 거치지 아니하고 개별토지가격결정을 다투는 절차에서 표준지 공시지가를 다툴 수는 없다는 입장이다.[5)]

Ⅱ. 개별공시지가

1. 개별공시지가의 관념

⑴ 개별공시지가의 의의 시장 · 군수 또는 구청장은 국세 · 지방세 등 각종 2003

1) 대판 1997. 9. 26, 96누7649(개별토지가격에 대한 불복방법과는 달리 표준지의 공시지가에 대한 불복방법을 지가공시및토지의평가등에관한법률 제8조 제1항 소정의 절차를 거쳐 처분청을 상대로 다툴 수 있을 뿐 그러한 절차를 밟지 아니한 채 조세소송에서 그 공시지가결정의 위법성을 다툴 수 없도록 제한하고 있는 것은 표준지의 공시지가와 개별토지가격은 그 목적·대상·결정기관·결정절차·금액 등 여러 가지면에서 서로 다른 성질의 것이라는 점을 고려한 것이므로, 이러한 차이점에 근거하여 표준지의 공시지가에 대한 불복방법을 개별토지가격에 대한 불복방법과 달리 인정한다고 하여 그것이 헌법상 평등의 원칙, 재판권 보장의 원칙에 위반된다고 볼 수는 없다).
2) 대판 1997. 2. 28, 96누10225(표준지로 선정된 토지의 공시지가에 불복하기 위하여는 구 지가공시및토지등의평가에관한법률(1995. 12. 29. 법률 제5108호로 개정되기 전의 것) 제8조 1항 소정의 이의절차를 거쳐 처분청인 건설부장관을 상대로 그 공시지가 결정의 취소를 구하는 행정소송을 제기하여야 하는 것이지 그러한 절차를 밟지 아니한 채 그 표준지에 대한 조세부과처분의 취소를 구하는 소송에서 그 공시지가의 위법성을 다툴 수는 없다).
3) 대판 2010. 1. 28, 2008두19987.
4) 대판 1997. 2. 28, 96누10225; 대판 2022. 5. 13, 2018두50147(표준지로 선정된 토지의 표준지공시지가를 다투기 위해서는 처분청인 국토교통부장관에게 이의를 신청하거나 국토교통부장관을 상대로 공시지가결정의 취소를 구하는 행정심판이나 행정소송을 제기해야 한다. 그러한 절차를 밟지 않은 채 토지 등에 관한 재산세 등 부과처분의 취소를 구하는 소송에서 표준지공시지가결정의 위법성을 다투는 것은 원칙적으로 허용되지 않는다).
5) 대판 1996. 12. 6, 96누1832(표준지로 선정된 토지의 공시지가에 대하여 불복하기 위하여는 지가공시및토지등의평가에관한법률 제8조 제1항 소정의 이의절차를 거쳐 처분청을 상대로 그 공시지가결정의 취소를 구하는 행정소송을 제기하여야 하는 것이지, 그러한 절차를 밟지 아니한 채 개별토지가격 결정을 다투는 소송에서 그 개별토지가격 산정의 기초가 된 표준지 공시지가의 위법성을 다툴 수는 없다).

세금의 부과, 그 밖의 다른 법령에서 정하는 목적을 위한 지가산정에 사용되도록 하기 위하여 제25조에 따른 시·군·구부동산가격공시위원회의 심의를 거쳐 매년 공시지가의 공시기준일 현재 관할 구역 안의 개별토지의 단위면적당 가격(이하 "개별공시지가"라 한다)을 결정·공시하고, 이를 관계 행정기관 등에 제공하여야 하는바(부공법 제10조 제1항), 그 개별토지의 단위면적당 가격을 "개별공시지가"라 부른다.

⑵ 개별공시지가의 법적 성질

2004 ㈎ 학 설 개별공시지가(결정)의 법적 성질과 관련하여 ① 입법행위설(개별공시지가는 개발부담금 등의 부과의 기준인 일반추상적 규율이라는 견해), ② 행정계획설(개별공시지가는 개발부담금 등의 부과처분의 기준이 되는 계획의 일종이라는 견해), ③ 사실행위설(개별공시지가는 그 자체가 아무런 법적 효과도 갖지 아니하는 사실행위라는 견해), ④ 행정행위설(개별공시지가를 구체적 사실에 대한 법집행행위라는 견해)이 논급되고 있다. 행정행위설에도 통상의 행정행위로 보는 견해와 물적 행정행위로서[1] 일반처분으로 보는 견해가 있다.

2005 ㈏ 판 례 판례는 개별공시지가의 결정을 행정소송의 대상이 되는 행정처분으로 본다.[2]

2006 ㈐ 사 견 생각건대 개별공시지가는 개발부담금 등의 부과의 전제가 되는 법적인 것이지만, 개별공시지가의 결정·고시 그 자체는 사인의 권리·의무를 발생시키는 구체적 사실입법에 대한 법집행행위로 보기 어려운바, 행정소송법상 처분개념으로 보기 곤란하다. 개별공시지가의 공시는 일종의 행정입법으로 볼 것이다. 한편, 개별공시지가가 실제 거래가액을 보장하는 것은 아니다.[3]

1) 류지태·박종수, 행정법신론, 1281쪽(2019).

2) 대판 1993. 1. 15, 92누12407(… 개발이익환수에관한법률 및 각 그 시행령이 각 그 소정의 … 개발부담금을 산정함에 있어서 기초가 되는 각 토지의 가액을 시장, 군수, 구청장이 지가공시및토지등의평가에관한법률 및 같은법 시행령에 의하여 정하는 개별공시지가를 기준으로 하여 산정한 금액에 의하도록 규정하고 있고, 시장, 군수, 구청장은 같은 법 제10조 제1항 제6호, 같은 법 시행령 제12조 제1호·제2호의 규정에 의하여 각개 토지의 지가를 산정할 의무가 있다고 할 것이므로 시장, 군수, 구청장이 산정하여 한 개별토지가액의 결정은 …개발부담금 산정 등의 기준이 되어 국민의 권리, 의무 내지 법률상 이익에 직접적으로 관계된다고 할 것이고, 따라서 이는 행정소송법 제2조 제1항 제1호 소정의 행정청이 행하는 구체적 사실에 관한 법집행으로서의 공권력행사이어서 행정소송의 대상이 되는 행정처분으로 보아야 할 것이다); 대판 1993. 6. 11, 92누16706.

3) 대판 2010. 7. 22, 2010다13527(개별공시지가는 그 산정 목적인 개발부담금의 부과, 토지 관련 조세 부과 등 다른 법령이 정하는 목적을 위해 지가를 산정하는 경우에 그 산정 기준이 되는 범위 내에서는 납세자인 국민 등의 재산상 권리·의무에 직접적인 영향을 미칠 수 있지만, 이에 더 나아가 개별공시지가가 당해 토지의 거래 또는 담보제공을 받음에 있어 그 실제 거래가

2. 개별공시지가의 결정과 정정

(1) **개별지공시지가의 공시와 제공** 시장·군수 또는 구청장은 매년 공시지가의 공시기준일 현재 관할 구역 안의 개별토지의 단위면적당 가격(이하 “개별공시지가”라 한다)을 결정·공시하고, 이를 관계 행정기관 등에 제공하여야 한다(부공법 제10조 제1항 본문). 시장·군수 또는 구청장은 공시기준일 이후에 분할·합병 등이 발생한 토지에 대하여는 대통령령으로 정하는 날을 기준으로 하여 개별공시지가를 결정·공시하여야 한다(부공법 제10조 제3항). 제1항에도 불구하고 표준지로 선정된 토지, 조세 또는 부담금 등의 부과대상이 아닌 토지, 그 밖에 대통령령으로 정하는 토지에 대하여는 개별공시지가를 결정·공시하지 아니할 수 있다. 이 경우 표준지로 선정된 토지에 대하여는 해당 토지의 표준지공시지가를 개별공시지가로 본다(부공법 제10조 제2항). 2007

(2) **표준지공시지가와의 균형** 시장·군수 또는 구청장이 개별공시지가를 결정·공시하는 경우에는 해당 토지와 유사한 이용가치를 지닌다고 인정되는 하나 또는 둘 이상의 표준지의 공시지가를 기준으로 토지가격비준표를 사용하여 지가를 산정하되, 해당 토지의 가격과 표준지공시지가가 균형을 유지하도록 하여야 한다(부공법 제10조 제4항). 2008

(3) **검 증** 시장·군수 또는 구청장은 개별공시지가를 결정·공시하기 위하여 개별토지의 가격을 산정할 때에는 그 타당성에 대하여 감정평가법인등의 검증을 받고 토지소유자, 그 밖의 이해관계인의 의견을 들어야 한다. 다만, 시장·군수 또는 구청장은 감정평가법인등의 검증이 필요 없다고 인정되는 때에는 지가의 변동상황 등 대통령령으로 정하는 사항을 고려하여 감정평가법인등의 검증을 생략할 수 있다(부공법 제10조 제5항). 2009

(4) **개별공시지가의 정정** 시장·군수 또는 구청장은 개별공시지가에 틀린 계산, 오기, 표준지 선정의 착오, 그 밖에 대통령령으로 정하는 명백한 오류가 2010

액 또는 담보가치를 보장한다거나 어떠한 구속력을 미친다고 할 수는 없다. 그럼에도 개개 토지에 관한 개별공시지가를 기준으로 거래하거나 담보제공을 받았다가 당해 토지의 실제 거래가액 또는 담보가치가 개별공시지가에 미치지 못함으로 인해 발생할 수 있는 손해에 대해서까지 그 개별공시지가를 결정·공시하는 지방자치단체에 손해배상책임을 부담시키게 된다면, 개개 거래당사자들 사이에 이루어지는 다양한 거래관계와 관련하여 발생한 손해에 대하여 무차별적으로 책임을 추궁당하게 되고, 그 거래관계를 둘러싼 분쟁에 끌려들어가 많은 노력과 비용을 지출하는 결과가 초래되게 된다. 이는 결과발생에 대한 예견가능성의 범위를 넘어서는 것임은 물론이고, 행정기관이 사용하는 지가를 일원화하여 일정한 행정목적을 위한 기준으로 삼음으로써 국토의 효율적인 이용과 국민경제의 발전에 기여하려는 구 부동산 가격공시 및 감정평가에 관한 법률(2008. 2. 29. 법률 제8852호로 개정되기 전의 것)의 목적과 기능, 그 보호법익의 보호범위를 넘어서는 것이다).

있음을 발견한 때에는 지체 없이 이를 정정하여야 한다(부공법 제12조).

3. 개별공시지가의 효력

2011 개별공시지가는 국세·지방세 등 각종 세금의 부과, 그 밖의 다른 법령에서 정하는 목적을 위한 지가산정에 사용된다(부공법 제10조 제1항 본문).

4. 개별공시지가에 대한 불복(권리보호)

2012 ⑴ 이의신청 ① 개별공시지가에 이의가 있는 자는 그 결정·공시일부터 30일 이내에 서면으로 시장·군수 또는 구청장에게 이의를 신청할 수 있다(부공법 제11조 제1항). 시장·군수 또는 구청장은 제1항에 따라 이의신청 기간이 만료된 날부터 30일 이내에 이의신청을 심사하여 그 결과를 신청인에게 서면으로 통지하여야 한다. 이 경우 시장·군수 또는 구청장은 이의신청의 내용이 타당하다고 인정될 때에는 제10조에 따라 해당 개별공시지가를 조정하여 다시 결정·공시하여야 한다(부공법 제11조 제2항).

⑵ 행정소송

2013 ㈎ 제소가능성 판례와 같이 개별공시지가의 처분성을 인정하는 입장에서 보면, 개별공시지가는 당연히 항고소송의 대상이 된다.[1] 따라서 이의신청의 재결에 대하여 불복하는 자는 행정소송을 제기할 수 있다. 이 경우에도 원처분중심주의가 적용됨은 물론이다(행소법 제19조 단서).

2014 ㈏ 하자의 승계 판례는 개별공시지가를 다투는 소송에서 표준지 공시지가의 위법을 다툴 수 없다고 한다.[2] 그러나, 수인성의 원칙을 근거로 개별공시지가의 결정상 위법은 이를 기초로 한 조세소송에서 다툴 수 있다고 한다.[3][4]

1) 대판 1996. 6. 25, 93누17935(개별공시지가의 결정에 위법이 있는 경우에는 그 자체를 행정소송의 대상이 되는 행정처분으로 보아 그 위법 여부를 다툴 수 있다).

2) 대판 1995. 3. 28, 94누12920(표준지로 선정된 토지의 공시지가에 대하여 불복하기 위하여는 지가공시및토지등의평가에관한법률 제8조 제1항 소정의 이의절차를 거쳐 처분청을 상대로 그 공시지가결정의 취소를 구하는 행정소송을 제기하여야 하는 것이지, 그러한 절차를 밟지 아니한 채 개별토지가격결정을 다투는 소송에서 그 개별토지가격 산정의 기초가 된 표준지공시지가의 위법성을 다툴 수는 없다).

3) (하자의 승계를 긍정한 판례) 대판 1994. 1. 25, 93누8542(두 개 이상의 행정처분이 연속적으로 행하여지는 경우 선행처분과 후행처분이 서로 결합하여 1개의 법률효과를 완성하는 때에는 선행처분에 하자가 있으면 그 하자는 후행처분에 승계되므로 선행처분에 불가쟁력이 생겨 그 효력을 다툴 수 없게 된 경우에도 선행처분의 하자를 이유로 후행처분의 효력을 다툴 수 있는 반면 선행처분과 후행처분이 서로 독립하여 별개의 법률효과를 목적으로 하는 때에는 선행처분에 불가쟁력이 생겨 그 효력을 다툴 수 없게 된 경우에는 선행처분의 하자가 중대하고 명백하여 당연무효인 경우를 제외하고는 선행처분의 하자를 이유로 후행처분의 효력을 다툴 수 없는 것이 원칙이나 선행처분과 후행처분이 서로 독립하여 별개의 효과를 목적으로 하는 경우에도 선행처분의 불가쟁력이나 구속력이 그로 인하여 불이익을 입게 되는 자에게 수인한도를 넘는

(3) **개별공시지가를 다투는 방식** 판례는 "구 부동산 가격공시 및 감정평가 에 관한 법률 제12조, 행정소송법 제20조 제1항, 행정심판법 제3조 제1항의 규정 내용 및 취지와 아울러 부동산 가격공시 및 감정평가에 관한 법률에 행정심판의 제기를 배제하는 명시적인 규정이 없고 부동산 가격공시 및 감정평가에 관한 법률에 따른 이의신청과 행정심판은 그 절차 및 담당 기관에 차이가 있는 점을 종합하면, 부동산 가격공시 및 감정평가에 관한 법률이 이의신청에 관하여 규정하고 있다고 하여 이를 행정심판법 제3조 제1항에서 행정심판의 제기를 배제하는 '다른 법률에 특별한 규정이 있는 경우'에 해당한다고 볼 수 없으므로, 개별공시지가에 대하여 이의가 있는 자는 곧바로 행정소송을 제기하거나 부동산 가격공시 및 감정평가에 관한 법률에 따른 이의신청과 행정심판법에 따른 행정심판청구 중 어느 하나만을 거쳐 행정소송을 제기할 수 있을 뿐 아니라, 이의신청을 하여 그 결과 통지를 받은 후 다시 행정심판을 거쳐 행정소송을 제기할 수도 있다고 보아야 하고, 이 경우 행정소송의 제소기간은 그 행정심판 재결서 정본을 송달받은 날부터 기산한다"고 한다.[1] 2014a

---

가혹함을 가져오며, 그 결과가 당사자에게 예측가능한 것이 아닌 경우에는 국민의 재판받을 권리를 보장하고 있는 헌법의 이념에 비추어 선행처분의 후행처분에 대한 구속력은 인정될 수 없다…개별공시지가결정은 이를 기초로 한 과세처분 등과는 별개의 독립된 처분으로서 서로 독립하여 별개의 법률효과를 목적으로 하는 것이나, 개별공시지가는 이를 토지소유자나 이해관계인에게 개별적으로 고지하도록 되어 있는 것이 아니어서 토지소유자 등이 개별공시지가결정 내용을 알고 있었다고 전제하기도 곤란할 뿐만 아니라 결정된 개별공시지가가 자신에게 유리하게 작용될 것인지 또는 불이익하게 작용될 것인지 여부를 쉽사리 예견할 수 있는 것도 아니며, 더욱이 장차 어떠한 과세처분 등 구체적인 불이익이 현실적으로 나타나게 되었을 경우에 비로소 권리구제의 길을 찾는 것이 우리 국민의 권리의식임을 감안하여 볼 때 토지소유자 등으로 하여금 결정된 개별공시지가를 기초로 하여 장차 과세처분 등이 이루어질 것에 대비하여 항상 토지의 가격을 주시하고 개별공시지가결정이 잘못된 경우 정해진 시정절차를 통하여 이를 시정하도록 요구하는 것은 부당하게 높은 주의의무를 지우는 것이라고 아니할 수 없고, 위법한 개별공시지가결정에 대하여 그 정해진 시정절차를 통하여 시정하도록 요구하지 아니하였다는 이유로 위법한 개별공시지가를 기초로 한 과세처분 등 후행 행정처분에서 개별공시지가결정의 위법을 주장할 수 없도록 하는 것은 수인한도를 넘는 불이익을 강요하는 것으로서 국민의 재산권과 재판받을 권리를 보장한 헌법의 이념에도 부합하는 것이 아니라고 할 것이므로, 개별공시지가결정에 위법이 있는 경우에는 그 자체를 행정소송의 대상이 되는 행정처분으로 보아 그 위법 여부를 다툴 수 있음은 물론 이를 기초로 한 과세처분 등 행정처분의 취소를 구하는 행정소송에서도 선행처분인 개별공시지가결정의 위법을 독립된 위법사유로 주장할 수 있다고 해석함이 타당하다); 대판 1996. 6. 25, 93누17935.

4) (하자의 승계를 부정한 판례) 대판 1998. 3. 13, 96누6059(개별토지가격 결정에 대한 재조사 청구에 따른 감액조정에 대하여 더 이상 불복하지 아니한 경우, 이를 기초로 한 양도소득세 부과처분 취소소송에서 다시 개별토지가격 결정의 위법을 당해 과세처분의 위법사유로 주장할 수 없다).

1) 대판 2010. 1. 28, 2008두19987.

제2항 주택가격의 공시

Ⅰ. 단독주택의 공시

1. 표준주택가격의 공시

2015 (1) **표준주택가격 공시의 의의** 국토교통부장관은 용도지역, 건물구조 등이 일반적으로 유사하다고 인정되는 일단의 단독주택 중에서 선정한 표준주택에 대하여 매년 공시기준일 현재의 적정가격(이하 "표준주택가격"이라 한다)을 조사·산정하고, 제24조에 따른 중앙부동산가격공시위원회의 심의를 거쳐 이를 공시하여야 한다(부공법 제16조 제1항).

2016 (2) **표준주택가격의 법적 성질** 표준주택가격의 법적 성질은 표준지 공시지가의 법적 성질과 같다.

2017 (3) **표준주택가격 공시사항** 제1항에 따른 공시에는 다음 각 호[1. 표준주택의 지번, 2. 표준주택가격, 3. 표준주택의 대지면적 및 형상, 4. 표준주택의 용도, 연면적, 구조 및 사용승인일(임시사용승인일을 포함한다), 5. 그 밖에 대통령령으로 정하는 사항]의 사항이 포함되어야 한다(부공법 제16조 제2항).

2018 (4) **표준주택가격 공시의 효력** 표준주택가격은 국가·지방자치단체 등이 그 업무와 관련하여 개별주택가격을 산정하는 경우에 그 기준이 된다(부공법 제19조 제1항).

(5) **표준주택가격에 대한 불복**(권리보호)

2019 (가) **이의신청** 표준주택가격에 이의가 있는 자는 그 공시일부터 30일 이내에 서면(전자문서를 포함한다. 이하 같다)으로 국토교통부장관에게 이의를 신청할 수 있다(부공법 제16조 제7항, 제7조 제1항). 국토교통부장관은 제1항에 따른 이의신청 기간이 만료된 날부터 30일 이내에 이의신청을 심사하여 그 결과를 신청인에게 서면으로 통지하여야 한다. 이 경우 국토교통부장관은 이의신청의 내용이 타당하다고 인정될 때에는 제3조에 따라 해당 표준주택가격을 조정하여 다시 공시하여야 한다(부공법 제16조 제7항, 제7조 제2항).

2020 (나) **행정소송** 표준지 공시지가의 경우와 같다.

2. 개별주택가격의 공시

2021 (1) **개별주택가격 공시의 의의** 시장·군수 또는 구청장은 제25조에 따른 시·군·구부동산가격공시위원회의 심의를 거쳐 매년 표준주택가격의 공시기준일 현재 관할 구역 안의 개별주택의 가격(이하 "개별주택가격"이라 한다)을 결정·공

시하고, 이를 관계 행정기관 등에 제공하여야 한다(부공법 제17조 제1항).

⑵ **개별주택가격의 법적 성질** 개별주택가격의 법적 성질은 개별공시지가의 법적 성질과 같다. 2022

⑶ **개별주택가격 공시사항** 제1항에 따른 개별주택가격의 공시에는 다음 각 호(1. 개별주택의 지번, 2. 개별주택가격, 3. 그 밖에 대통령령으로 정하는 사항)의 사항이 포함되어야 한다(부공법 제17조 제3항). 2023

⑷ **개별주택가격 공시의 효력** 개별주택가격은 주택시장의 가격정보를 제공하고, 국가·지방자치단체 등이 과세 등의 업무와 관련하여 주택의 가격을 산정하는 경우에 그 기준으로 활용될 수 있다(부공법 제19조 제2항). 2024

⑸ **개별주택가격에 대한 불복**(권리보호)

㈎ **이의신청** 개별주택가격에 이의가 있는 자는 그 결정·공시일부터 30일 이내에 서면으로 시장·군수 또는 구청장에게 이의를 신청할 수 있다(부공법 제17조 제7항, 제11조 제1항). 시장·군수 또는 구청장은 제1항에 따라 이의신청 기간이 만료된 날부터 30일 이내에 이의신청을 심사하여 그 결과를 신청인에게 서면으로 통지하여야 한다. 이 경우 시장·군수 또는 구청장은 이의신청의 내용이 타당하다고 인정될 때에는 제10조에 따라 해당 개별주택가격을 조정하여 다시 결정·공시하여야 한다(부공법 제16조 제7항, 제7조 제2항). 2025

㈏ **행정소송** 개별공시지가의 경우와 같다. 2026

Ⅱ. 공동주택의 공시

1. 공동주택가격 공시의 의의

국토교통부장관은 공동주택에 대하여 매년 공시기준일 현재의 적정가격(이하 "공동주택가격"이라 한다)을 조사·산정하여 제24조에 따른 중앙부동산가격공시위원회의 심의를 거쳐 공시하고, 이를 관계 행정기관 등에 제공하여야 한다. 다만, 대통령령으로 정하는 바에 따라 국세청장이 국토교통부장관과 협의하여 공동주택가격을 별도로 결정·고시하는 경우를 제외한다(부공법 제18조 제1항). 2027

2. 공동주택가격의 법적 성질

공동주택가격의 법적 성질은 개별주택가격의 법적 성질과 같다. 2028

3. 공동주택가격 공시의 효력

공동주택가격은 주택시장의 가격정보를 제공하고, 국가·지방자치단체 등이 과세 등의 업무와 관련하여 주택의 가격을 산정하는 경우에 그 기준으로 활용될 수 있다(부공법 제19조 제2항).

4. 공동주택가격에 대한 불복(권리보호)

2030 ⑴ **이의신청** 공동주택가격에 이의가 있는 자는 그 공시일부터 30일 이내에 서면(전자문서를 포함한다. 이하 같다)으로 국토교통부장관에게 이의를 신청할 수 있다(부공법 제18조 제8항, 제7조 제1항). 국토교통부장관은 제1항에 따른 이의신청 기간이 만료된 날부터 30일 이내에 이의신청을 심사하여 그 결과를 신청인에게 서면으로 통지하여야 한다. 이 경우 국토교통부장관은 이의신청의 내용이 타당하다고 인정될 때에는 제3조에 따라 해당 공동주택가격을 조정하여 다시 공시하여야 한다(부공법 제18조 제8항, 제7조 제2항).

2031 ⑵ **행정소송** 표준지 공시지가의 경우와 같다.

제 3 항 부동산가격공시위원회와 감정평가사

Ⅰ. 부동산가격공시위원회

1. 중앙부동산가격공시위원회

2032 부동산 가격공시 관계 법령의 제·개정에 관한 사항 중 국토교통부장관이 부의하는 사항 등을 심의하기 위하여 국토교통부장관 소속으로 중앙부동산가격공시위원회(이하 이 조에서 "위원회"라 한다)를 둔다(부공법 제24조 제1항). 위원회는 위원장을 포함한 20명 이내의 위원으로 구성한다(부공법 제24조 제2항). 위원회의 위원장은 국토교통부 제1차관이 된다(부공법 제24조 제3항).

2. 시·군·구부동산가격공시위원회

2032a 제10조에 따른 개별공시지가의 결정에 관한 사항 등을 심의하기 위하여 시장·군수 또는 구청장 소속으로 시·군·구부동산가격공시위원회를 둔다(부공법 제25조 제1항).

Ⅱ. 감정평가사·감정평가법인

1. 감정평가사

2033 제14조에 따른 감정평가사시험에 합격한 사람은 감정평가사의 자격이 있다(감정평가 및 감정평가사에 관한 법률 제11조). 감정평가법인등(제21조에 따라 신고를 한 감정평가사와 제29조에 따라 인가를 받은 감정평가법인)은 다음 각 호(1. 「부동산 가격공시에 관한 법률」에 따라 감정평가법인등이 수행하는 업무, 2. 「부동산 가격공시에 관한 법률」

제8조 제2호에 따른 목적을 위한 토지등의 감정평가, 3. 「자산재평가법」에 따른 토지등의 감정평가, 4. 법원에 계속 중인 소송 또는 경매를 위한 토지등의 감정평가, 5. 금융기관·보험회사·신탁회사 등 타인의 의뢰에 따른 토지등의 감정평가, 6. 감정평가와 관련된 상담 및 자문, 7. 토지등의 이용 및 개발 등에 대한 조언이나 정보 등의 제공, 8. 다른 법령에 따라 감정평가법인등이 할 수 있는 토지등의 감정평가, 9. 제1호부터 제8호까지의 업무에 부수되는 업무)의 업무를 행한다(감정평가 및 감정평가사에 관한 법률 제10조).

2. 감정평가법인

감정평가사는 제10조에 따른 업무를 조직적으로 수행하기 위하여 감정평가 2034
법인을 설립할 수 있다(감정평가 및 감정평가사에 관한 법률 제29조 제1항). 감정평가법인은 해당 법인의 소속 감정평가사 외의 사람에게 제10조에 따른 업무를 하게 하여서는 아니 된다(감정평가 및 감정평가사에 관한 법률 제29조 제9항).

3. 한국감정평가사협회

감정평가사의 품위 유지와 직무의 개선·발전을 도모하고, 회원의 관리 및 2035
지도에 관한 사무를 하도록 하기 위하여 한국감정평가사협회(이하 "협회"라 한다)를 둔다(감정평가 및 감정평가사에 관한 법률 제33조 제1항). 협회는 법인으로 한다(감정평가 및 감정평가사에 관한 법률 제33조 제2항). 감정평가업자와 그 소속 감정평가사는 협회에 회원으로 가입하여야 하며, 그 밖의 감정평가사는 협회의 회원으로 가입할 수 있다(감정평가 및 감정평가사에 관한 법률 제35조 제1항).

제 4 절 건축물의 건축과 관리

Ⅰ. 일 반 론

1. 건축의 자유와 규제

모든 국민은 행복추구권의 한 내용으로서 건축의 자유를 갖는다. 그러나 무 2036
분별한 건축은 공동체의 안전에 위험을 가져올 수 있다. 이 때문에 건축물의 대지·구조·설비 기준 및 용도 등을 정하여 건축물의 안전을 확보하고 아울러 건축물의 기능·환경 및 미관을 향상시킴으로써 공공복리의 증진에 이바지하는 것을 목적으로 건축법이 제정되어 있다(건축법 제1조).

2. 건축물의 의의

건축법은 건축물을 "토지에 정착(定着)하는 공작물 중 지붕과 기둥 또는 벽 2037

이 있는 것과 이에 딸린 시설물, 지하나 고가(高架)의 공작물에 설치하는 사무소·공연장·점포·차고·창고, 그 밖에 대통령령으로 정하는 것"으로 정의하고 있고(건축법 제2조 제2호). 건축을 "건축물을 신축·증축·개축·재축(再築)하거나 건축물을 이전하는 것"으로 규정하고 있다(건축법 제2조 제8호).

Ⅱ. 건축물의 건축

1. 건축허가

2038 ⑴ **의 의** 건축물을 건축하거나 대수선하려는 자는 특별자치시장·특별자치도지사 또는 시장·군수·구청장의 허가를 받아야 한다. 다만, 21층 이상의 건축물 등 대통령령으로 정하는 용도 및 규모의 건축물을 특별시나 광역시에 건축하려면 특별시장이나 광역시장의 허가를 받아야 한다(건축법 제11조 제1항).

2038a ⑵ **소방본부장 등의 동의** 건축물 등의 신축·증축·개축·재축(再築)·이전·용도변경 또는 대수선(大修繕)의 허가·협의 및 사용승인(「주택법」 제15조에 따른 승인 및 같은 법 제49조에 따른 사용검사, 「학교시설사업 촉진법」 제4조에 따른 승인 및 같은 법 제13조에 따른 사용승인을 포함하며, 이하 "건축허가등"이라 한다)의 권한이 있는 행정기관은 건축허가등을 할 때 미리 그 건축물 등의 시공지(施工地) 또는 소재지를 관할하는 소방본부장이나 소방서장의 동의를 받아야 한다(소방시설 설치 및 관리에 관한 법률 제6조 제1항).

2039 ⑶ **사전결정신청** 제11조에 따른 건축허가 대상 건축물을 건축하려는 자는 건축허가를 신청하기 전에 허가권자에게 그 건축물의 건축에 관한 다음 각 호(1. 해당 대지에 건축하는 것이 이 법이나 관계 법령에서 허용되는지 여부, 2. 이 법 또는 관계 법령에 따른 건축기준 및 건축제한, 그 완화에 관한 사항 등을 고려하여 해당 대지에 건축 가능한 건축물의 규모, 3. 건축허가를 받기 위하여 신청자가 고려하여야 할 사항)의 사항에 대한 사전결정을 신청할 수 있다(건축법 제10조 제1항). 사전결정은 예비결정의 성질을 갖는다.

2040 ⑷ **법적 성질** 건축허가는 학문상 허가의 전형적인 예에 해당한다. 일반 건축물의 건축허가는 기속행위로 이해되고 있다. 판례는 기본적으로 기속행위로 보면서 예외적으로 재량행위로 보기도 한다. 건축법은 위락시설이나 숙박시설에 해당하는 건축물의 건축허가를 명시적으로 재량행위로 규정하고 있다(건축법 제11조 제4항).

2041 ⑸ **건축허가의 의제** 건축법 제11조 제5항은, 건축법 제11조 제1항에 따른 건축허가를 받으면 「도로법」 제61조에 따른 도로의 점용허가 등의 허가를

받거나 신고를 한 것으로 본다. 건축법 제11조 제5항은 대표적인 인·허가의제 조항에 해당한다.[1]

2. 건축신고

(1) 의 의　　제11조에 해당하는 허가 대상 건축물이라 하더라도 다음 2042
각 호(1. 바닥면적의 합계가 85제곱미터 이내의 증축·개축 또는 재축, 다만, 3층 이상 건축물인 경우에는 증축·개축 또는 재축하려는 부분의 바닥면적의 합계가 건축물 연면적의 10분의 1 이내인 경우로 한정한다. 2. 「국토의 계획 및 이용에 관한 법률」에 따른 관리지역, 농림지역 또는 자연환경보전지역에서 연면적이 200제곱미터 미만이고 3층 미만인 건축물의 건축. 다만, 「국토의 계획 및 이용에 관한 법률」 제51조 제3항에 따른 지구단위계획구역에서의 건축은 제외한다. 3. 연면적이 200제곱미터 미만이고 3층 미만인 건축물의 대수선, 4. 주요구조부의 해체가 없는 등 대통령령으로 정하는 대수선, 5. 그 밖에 소규모 건축물로서 대통령령으로 정하는 건축물의 건축)의 어느 하나에 해당하는 경우에는 미리 특별자치도지사 또는 시장·군수·구청장에게 국토교통부령으로 정하는 바에 따라 신고를 하면 건축허가를 받은 것으로 본다(건축법 제14조 제1항).

(2) **법적 성질**　　종래 판례는 건축신고를 수리를 요하지 않는 신고로 보았 2043
다.[2] 그러나 최근 대법원 전원합의체 판결[3]에서 다수의견은 인·허가의제 효과를 수반하는 건축신고는 일반적인 건축신고와는 달리, 특별한 사정이 없는 한 행정청이 그 실체적 요건에 관한 심사를 한 후 수리하여야 하는 이른바 '수리를 요하는 신고'로 보았고, 소수의견은 여전히 수리를 요하지 않는 신고로 보았다.

3. 건축물의 사용승인

(1) 의 의　　건축주가 제11조·제14조 또는 제20조 제1항에 따라 허가를 2044
받았거나 신고를 한 건축물의 건축공사를 완료(하나의 대지에 둘 이상의 건축물을 건축하는 경우 동(棟)별 공사를 완료한 경우를 포함한다)한 후 그 건축물을 사용하려면 제25조 제6항에 따라 공사감리자가 작성한 감리완료보고서(같은 조 제1항에 따른 공사감리자를 지정한 경우만 해당된다)와 국토교통부령으로 정하는 공사완료도서를 첨

---

1) 대판 2016. 8. 24, 2016두35762(건축법과 국토계획법령의 규정 체제 및 내용 등을 종합해 보면, 건축물의 건축이 국토계획법상 개발행위에 해당할 경우 그에 대한 건축허가를 하는 허가권자는 건축허가에 배치·저촉되는 관계 법령상 제한 사유의 하나로 국토계획법령의 개발행위허가 기준을 확인하여야 하므로, 국토계획법상 건축물의 건축에 관한 개발행위허가가 의제되는 건축허가신청이 국토계획법령이 정한 개발행위허가기준에 부합하지 아니하면 허가권자로서는 이를 거부할 수 있다고 보아야 한다).
2) 대판 1968. 4. 30, 68누12; 대판 2004. 9. 3, 2004도3908.
3) 대판 2011. 1. 20, 2010두14954 전원합의체 판결.

부하여 허가권자에게 사용승인을 신청하여야 한다(건축법 제22조 제1항).[1)]

2045 (2) 효 과 건축주는 제2항에 따라 사용승인을 받은 후가 아니면 건축물을 사용하거나 사용하게 할 수 없다. 다만, 다음 각 호(1. 허가권자가 제2항에 따른 기간 내에 사용승인서를 교부하지 아니한 경우, 2. 사용승인서를 교부받기 전에 공사가 완료된 부분이 건폐율, 용적률, 설비, 피난·방화 등 국토교통부령으로 정하는 기준에 적합한 경우로서 기간을 정하여 대통령령으로 정하는 바에 따라 임시로 사용의 승인을 한 경우)의 어느 하나에 해당하는 경우에는 그러하지 아니하다(건축법 제22조 제3항).

Ⅲ. 건축물의 유지와 관리

1. 건축물대장

2046 특별자치시장·특별자치도지사 또는 시장·군수·구청장은 건축물의 소유·이용 및 유지·관리 상태를 확인하거나 건축정책의 기초 자료로 활용하기 위하여 다음 각 호[1. 제22조 제2항에 따라 사용승인서를 내준 경우, 2. 제11조에 따른 건축허가 대상 건축물(제14조에 따른 신고 대상 건축물을 포함한다) 외의 건축물의 공사를 끝낸 후 기재를 요청한 경우, 3. 삭제, 4. 그 밖에 대통령령으로 정하는 경우]의 어느 하나에 해당하면 건축물대장에 건축물과 그 대지의 현황 및 국토교통부령으로 정하는 건축물의 구조내력(構造耐力)에 관한 정보를 적어서 보관하여야 한다(건축법 제38조 제1항).

2. 점검의 실시

2047 다중이용 건축물 등 대통령령으로 정하는 건축물의 관리자는 건축물의 안전과 기능을 유지하기 위하여 정기점검을 실시하여야 한다(건축물관리법 제13조 제1항). 특별자치시장·특별자치도지사 또는 시장·군수·구청장은 다음 각 호(1. 재난 등으로부터 건축물의 안전을 확보하기 위하여 점검이 필요하다고 인정되는 경우, 2. 건축물의 노후화가 심각하여 안전에 취약하다고 인정되는 경우, 3. 그 밖에 대통령령으로 정하는 경우)의 어느 하나에 해당하는 경우 해당 건축물의 관리자에게 건축물의 구조안전, 화재안전 등을 점검하도록 요구하여야 한다(건축물관리법 제14조 제1항).

---

1) 대판 2014. 7. 24, 2011두30465(사용검사처분은 건축물을 사용·수익할 수 있게 하는 데에 그치므로 건축물에 대하여 사용검사처분이 이루어졌다고 하더라도 그 사정만으로는 건축물에 있는 하자나 건축법 등 관계 법령에 위반되는 사실이 정당화되지는 아니하며, 또한 그 건축물에 대한 사용검사처분이 취소된다고 하더라도 사용검사 이전의 상태로 돌아가 그 건축물을 사용할 수 없게 되는 것에 그칠 뿐 곧바로 건축물의 하자 상태 등이 제거되거나 보완되는 것도 아니다).

Ⅳ. 위반 건축물 등에 대한 조치

1. 허가의 취소와 시정명령

허가권자는 이 법 또는 이 법에 따른 명령이나 처분에 위반되는 대지나 건축물에 대하여 이 법에 따른 허가 또는 승인을 취소하거나 그 건축물의 건축주·공사시공자·현장관리인·소유자·관리자 또는 점유자(이하 "건축주등"이라 한다)에게 공사의 중지를 명하거나 상당한 기간을 정하여 그 건축물의 철거·개축·증축·수선·용도변경·사용금지·사용제한, 그 밖에 필요한 조치를 명할 수 있다(건축법 제79조 제1항). 2048

2. 영업의 제한(관허사업의 제한)

허가권자는 제1항에 따라 허가나 승인이 취소된 건축물 또는 제1항에 따른 시정명령을 받고 이행하지 아니한 건축물에 대하여는 다른 법령에 따른 영업이나 그 밖의 행위를 허가·면허·인가·등록·지정 등을 하지 아니하도록 요청할 수 있다. 다만, 허가권자가 기간을 정하여 그 사용 또는 영업, 그 밖의 행위를 허용한 주택과 대통령령으로 정하는 경우에는 그러하지 아니하다(건축법 제79조 제2항). 제2항에 따른 요청을 받은 자는 특별한 이유가 없으면 요청에 따라야 한다(건축법 제79조 제3항). 2049

3. 이행강제금

(1) 의 의　허가권자는 제79조 제1항에 따라 시정명령을 받은 후 시정기간 내에 시정명령을 이행하지 아니한 건축주등에 대하여는 그 시정명령의 이행에 필요한 상당한 이행기한을 정하여 그 기한까지 시정명령을 이행하지 아니하면 다음 각 호(1. 건축물이 제55조와 제56조에 따른 건폐율이나 용적률을 초과하여 건축된 경우 또는 허가를 받지 아니하거나 신고를 하지 아니하고 건축된 경우에는 「지방세법」에 따라 해당 건축물에 적용되는 1제곱미터의 시가표준액의 100분의 50에 해당하는 금액에 위반면적을 곱한 금액 이하의 범위에서 위반 내용에 따라 대통령령으로 정하는 비율을 곱한 금액, 2. 건축물이 제1호 외의 위반 건축물에 해당하는 경우에는 「지방세법」에 따라 그 건축물에 적용되는 시가표준액에 해당하는 금액의 100분의 10의 범위에서 위반내용에 따라 대통령령으로 정하는 금액)의 이행강제금을 부과한다(건축법 제80조 제1항 본문). 2050

(2) 요 건　허가권자는 제1항 및 제2항에 따른 이행강제금을 부과하기 전에 제1항 및 제2항에 따른 이행강제금을 부과·징수한다는 뜻을 미리 문서로써 계고(戒告)하여야 한다(건축법 제80조 제3항). 허가권자는 제1항 및 제2항에 따 2051

른 이행강제금을 부과하는 경우 금액, 부과 사유, 납부기한, 수납기관, 이의제기 방법 및 이의제기 기관 등을 구체적으로 밝힌 문서로 하여야 한다(건축법 제80조 제4항).

2052 (3) **반복부과** 허가권자는 최초의 시정명령이 있었던 날을 기준으로 하여 1년에 2회 이내의 범위에서 해당 지방자치단체의 조례로 정하는 횟수만큼 그 시정명령이 이행될 때까지 반복하여 제1항 및 제2항에 따른 이행강제금을 부과·징수할 수 있다(건축법 제80조 제5항).

2053 (4) **강제징수** 허가권자는 제79조 제1항에 따라 시정명령을 받은 자가 이를 이행하면 새로운 이행강제금의 부과를 즉시 중지하되, 이미 부과된 이행강제금은 징수하여야 한다(건축법 제80조 제6항). 허가권자는 제4항에 따라 이행강제금 부과처분을 받은 자가 이행강제금을 납부기한까지 내지 아니하면 「지방세외수입금의 징수 등에 관한 법률」에 따라 징수한다(건축법 제80조 제7항).

제8편 경제행정법

제1장 일 반 론

제 1 절 경제행정법의 관념

제 1 항 경제행정법의 의의

1. 개 념

2098 경제행정법은 경제법과 행정법의 복합개념이므로 양자를 결합하면, 경제행정법이란 "경제생활에 참여하는 자와 공행정간의 관계 및 경제의 감시·지도·촉진 등을 위한 공행정기관의 설치 및 그 활동을 규율하는 규범의 전체"라고 할 수 있다.[1] 경제행정법은 국가전체경제의 방향과 사회적 정의를 지향한다. 이러한 개념방식에 따르면, 경제행정법은 특별행정법의 한 부분이 된다. 다만 세법이나 노동법은 일반적으로 독립된 법영역으로 다루어지고 있다.[2]

2098a 이러한 개념상 경제생활에 참여하는 자란 사인으로서의 국민을 의미하며, 행정주체가 사인의 지위에서 고유한 경제활동을 하는 경우는 제외된다. 후자의 경우도 공법적 기속 하에 놓이는 것으로 보아야 함은 물론이다.

2. 헌법과의 관계

2099 경제행정법의 구체적인 형성은 행정의 범위와 한계를 정하는 헌법에 의존한다. 경제행정법은 구체화된 (경제)헌법이다. 경제헌법규정이나 헌법상 기본원칙이 없는 상황에서 경제행정법을 설정하고 서술한다는 것은 오늘날의 헌법국가에서 예상할 수가 없다.[3] 달리 말한다면, (경제)헌법은 경제행정법의 지도이념·지도원리이자[4] 경제행정법의 최상위의 법원이다.

---

1) Jarass, Wirtschaftsverwaltungsrecht mit Wirtschaftsverfassungsrecht, § 1, Rn. 26; Stober, Allgemeines Wirtschaftsverwaltungsrecht, S. 18.

2) 독일의 경우를 보면, 국토와 건축에 관련된 법도 경제에 중요한 의미를 가지는 것이나 부분적으로만 경제행정법에서 다루고 있고, 독과점금지·불공정거래에 관한 법도 성질상 상당부분이 경제행정법에 속하는 것이지만 경제사법과 관련하에 다루거나 아니면 고유법영역으로 다루는 것이 일반적인 경향인 것으로 보인다(Jarass, Wirtschaftsverwaltungsrecht mit Wirtschafts-verfassungsrecht, § 1, Rn. 30).

3) Jarass, Wirtschaftsverwaltungsrecht mit Wirtschaftsverfassungsrecht, § 1, Rn. 29.

4) 헌재 2018. 6. 28, 2016헌바77(우리 헌법은 제119조 제1항에서 "대한민국의 경제질서는 개인과 기업의 경제상의 자유와 창의를 존중함을 기본으로 한다"고 규정하여 자유경쟁을 존중하는 시장경제를 기본으로 하면서도, 같은 조 제2항에서 "국가는 균형있는 국민경제의 성장 및 안정과

3. 일반행정법 등과의 관계

① 경제행정법은 특별행정법으로서 일반행정법의 발전에 영향을 미칠 것이며, 또한 일반행정법의 원리는 경제행정법에도 그대로 적용될 것이다. ② 경제행정법은 다른 특별행정법에 대한 연구와 관계 없이 법상 독립되어 연구될 성질의 것이 아니다. 오히려 다른 특별행정법영역에 표준적인 것은 경제행정법에도 적용될 것이다. ③ 경제행정법은 경우에 따라 경제형법(경제형벌·경제질서벌)이나 사법의 도움을 받아 실현되기도 한다. 2100

제2항 경제행정법의 목적

1. 헌법상 목표

헌법상 다음 사항들, 즉 ① 민주적 기본질서(기본권보장·국민주권·권력분립·법치주의·법원의 독립성·다수결원리·기회균등 등)의 확립, ② 급부행정·침해행정·공과행정 등 모든 행정의 영역에서 사회적 정의의 실현, ③ 균형 있는 국민경제의 실현은 우리 경제행정과 경제행정법상 최상위의 목표(일반추상적 목표)를 구성한다고 볼 것이다. 이러한 헌법상 목표규정들은 입법자에 의해 구체화가 요구됨은 물론이다(구체화된 목표). 2101

2. 경제행정법상 목표

(1) **목표형성의 방식** 입법자가 헌법상 목표를 법률에서 구체화함에는 두 가지 방식이 이용된다.[1] 첫째는 규정의 구체화와 전문화를 통해 보다 명백한 목표규정을 형성하는 것이고, 둘째는 일반조항적인 목표규정을 두어 그 구체화를 다시 특별법으로 형성하든지 아니면, 행정청이 법률해석을 통하여 형성토록 하는 방식이다. 2102

(2) **목표형성의 자유성** 입법자는 경제행정의 목표형성에 있어서 헌법상 미리 주어진 목표설정방식에 단순히 제한되는 것만은 아니다. 입법자는 자신의 특별한 경제정책적·사회정책적인 관념에 따라 목표를 형성하는 것이다. 그리하 2103

적정한 소득의 분배를 유지하고, 시장의 지배와 경제력의 남용을 방지하며, 경제주체간의 조화를 통한 경제의 민주화를 위하여 경제에 관한 규제와 조정을 할 수 있다"고 규정함으로써 우리 헌법의 경제질서가 사회정의, 공정한 경쟁질서, 경제민주화 등을 실현하기 위한 국가의 규제와 조정을 허용하는 사회적 시장경제임을 밝히고 있다).

1) Tettinger, Rechtsanwendung und gerichtliche Kontrolle im Wirtschaftsverwaltungsrecht, S. 190.

여 국회의 경제행정법상 목표설정은 명백히 잘못되었거나 또는 헌법의 가치질서와 양립할 수 없는 경우에만 비난받게 되며 아울러 사법통제의 대상이 된다(위헌심사).

2104 (3) **실정법상 목표의 예** 실정법상 경제의 영역에서 국가활동을 위한 개별적이고도 구체적인 목표로,

① 경제의 생산성과 성과 : 이것은 모든 국민에게 보다 나은 생활수준의 보장과 관련한다.

② 완전고용 : 이것은 생산력의 극대화와 각자의 인격발현의 보장과 관련한다.

③ 화폐가치의 안정 : 이것은 경제행정목표의 실효성 확보와 관련한다.

④ 대외무역의 균형 : 이것은 국가간의 정의, 세계의 자유무역질서와 관련한다.

⑤ 분배의 정의 : 이것은 공공의 급부를 통해 획득된 사회적인 생산의 적합한 분배의 문제로서 사회적 정의의 실현과 관련한다.

⑥ 공급보장 : 이것은 ⓐ 생활상 중요한 재화의 공급에 대한 최소한도의 보장(예 : 생활필수품·원자재·에너지 등의 충분한 준비, 저장), ⓑ 생활배려, ⓒ 인간 삶에 관한 환경의 미래지향적·발전적 형성과 관련한다.

⑦ 경제력남용의 방지 : 이것은 독과점의 폐해를 방지함을 목적으로 한다.

⑧ 각 사회집단의 보호 : 이것은 사회적 정의, 경제의 생산성, 생활배려 등과 관련하여 중산층, 근로자, 수공업자, 중소기업자, 어민, 농민 등 각기의 사회적 집단의 보호에 관련한다.

⑨ 건강의 보호 : 이것은 생명과 신체의 불가침성과 관련한다.

⑩ 소비자보호 등을 들 수 있다.[1]

제 2 절 경제행정법의 헌법적 기초

2105 경제행정법이 행정법의 한 부분영역인 까닭에 행정법에 적용되는 헌법상 원리는 경제행정법의 경우에도 적용된다. 따라서 구체화된 헌법으로서의 경제행정법에도 민주주의원리·법치국가원리·사회복지국가원리가 적용된다.[2]

1) Tettinger, Rechtsanwendung und gerichtliche Kontrolle im Wirtschaftsverwaltungsrecht, S. 191ff.

2) 본문에서 언급한 원리 외에도 환경국가원리를 경제행정법상 헌법원칙의 하나로 들기도 한다

제 1 항 민주주의원리와 경제행정

1. 의 의

민주주의에 대한 개념규정은 보이지 아니하지만, 우리 헌법은 대한민국이 민주국가임을 선언하고 있다(헌법 제1조 제1항). 민주주의 개념 내지 민주주의 국가형태에 대한 헌법상의 결단이 경제의 면에서 어느 정도로 관련성을 갖는가는 문제이다. 정치학에서 나타나는 민주주의경제이론에서는 시장경제의 모델을 “민주주의는 많은 판매자(정당·정치가) 사이에서 개인적인 효용극대화의 원칙에 따라 개개인이 그 어느 것을 선택할 수 있는 시장”이라는 의미에서 정치에 적용한다. 이러한 정치이론이 우리 헌법의 태도와 일치하는가는 별문제이다. 헌법은 내용상으로나 헌법정책상으로도 순수한 시장경제모델을 택하였다기보다 오히려 실질적 법치주의의 실현과도 관련하여 사회국가 지향적이라고 함이 타당할 것이다.[1] 따라서 순수한 시장경제모델을 그대로 헌법상의 민주원리에 적용하는 것은 문제가 있다고 하겠다. 2106

2. 지방자치와 경제행정

헌법상 국가(중앙정부)만이 경제행정임무를 수행하는 것은 아니다. 지방자치단체도 지방세를 부과하거나 교부지원을 행하고, 산업을 육성하기도 한다. 현행 헌법이 지방자치단체에 대하여 법령의 범위 안에서 지방자치단체의 구역 내의 모든 임무를 고유의 책임 하에 규율할 수 있는 권리를 부여하고 있음은 주지하는 바와 같다. 한편 국가는 지방자치단체가 자신의 임무를 법질서에 어긋나게 수행하거나 국가의 기능이나 임무를 침해할 때에 통제를 할 수 있는 지위에 선다. 국가의 통제가 법률에 근거하여야 함은 물론이다. 이 밖에도 상공회의소와 같은 경제상 자치행정의 주체도 경제행정에 관련한다. 2107

3. 경제민주주의와 공동결정

(1) **개 념** 경제민주주의라는 개념은 민주주의원칙을 경제의 영역에까지 확대·관철하려는 서구 노동조합의 프로그램에서 나타난 개념이다. 독일의 경우, 이미 20세기 초에 자유노조와 사회민주당에 의해 경제민주주의가 사회주의의 실현을 위한 길로서 주장되었다.[2] 오늘날 경제의 민주화는 노동조합의 핵 2108

(Stober, Allgemeines Wirtschaftsverwaltungsrecht, S. 142).

1) 이에 관해 자세한 것은 졸고, “한국헌법의 경제체계,” 논총(이화여대), 1992, 171쪽 참조.

2) G. Benelli, Mitbestimmung und Selbstverwaltung, 1983, S. 131.

심적인 목표의 하나가 되고 있다. 노동조합은 극단적이라 표현되는 자유주의의 제한을 통해 근로자의 이익을 실현할 수 있다고 믿는다. 경제민주주의는 한편으로는 자본주의에 대한 선택으로서, 또 한편으로는 프롤레타리아독재를 위한 선택으로 이해될 수도 있다. 경제민주주의는 아직도 여전히 정치적 민주주의를 경제의 영역에로 확대하는 것으로 이해된다. 이러한 경제민주주의는 독일의 기업조직법에서 공동결정제도로 나타나고 있다.

(2) **제도화의 동기** 경제민주주의는 다양한 논거를 가지고 주장된다. 그 논거는 대체로 다음의 세 가지 방향에서 언급될 수 있다.[1)]

2109 (가) **윤리적 근거** 현대산업사회에서 인간은 기술의 노예가 되었으며, 산업화는 또한 인간의 자기소외와 현실로부터의 도피를 가져오는바, 이에 사회윤리적으로 인간의 주체화가 요구되고 그것은 소외로부터 해방될 때 실현된다고 한다. 이러한 현대적 상황하에서 근로와 관련한 인간화의 문제로서 필요한 것이 경제민주주의와 공동결정제도라는 것이다.

2110 (나) **정치적 근거** 공동결정은 정치민주주의를 사회의 모든 경제적인 영역에 확대하여야 할 필요성에서도 근거가 주어진다고 한다. 즉 경제의 민주화를 통해 노동쟁의가 방지될 수 있고, 정치적 안정이 보장될 수 있다는 것이다.

2111 (다) **경제적 근거** 기업에 있어서 권위적인 지도는 협력형식으로 변화되어야 한다는 것이 공동결정인정의 경제적 근거로 제시되기도 한다. 공동결정제도의 옹호론자들은 공동결정의 제도화를 통해 근로조건이 개선될 수 있고, 따라서 기업의 생산성(수익성)이 증대될 수 있다는 것이다.

제 2 항 법치국가원리와 경제행정

2112 법치주의가 지배하는 국가, 즉 법치국가의 의미는 형식적인 면과 실질적인 면에서 검토될 수 있다. ① 형식적인 면에서 법치국가란 국가의 권력이 법에 구속되어야 한다는 점, 권력의 분립을 통하여 국가의 권력이 절제되어야 한다는 점, 국가작용이 독립된 법원에 의하여 심사될 수 있는 가능성이 있어야 한다는 점을 들 수 있다. ② 실질적인 면에서 법치국가란 국가의 권력이 정의를 지향하는 것이어야 함을 의미한다. 경제행정법과 관련하여 그 내용으로 경제생활의 참여에 필요한 개인의 기본권보장, 경제상 국가행위(입법·행정행위 등)에 대한 권리보호, 경제행정의 법률적합성, 경제행정작용의 예측가능성, 경제행정법상 처분

1) G. Benelli, Mitbestimmung und Selbstverwaltung, 1983, S. 136f.

법률의 허용성, 경제행정법상 처분의 명확성, 경제행정법상 처분의 비례성, 경제행정의 법적 안정성 등이 지적되기도 한다.[1] 이하에서 몇 가지의 경우를 보기로 한다.

1. 행정의 법률적합성의 원칙

행정의 법률적합성의 원칙은 행정은 법률에 반할 수 없다는 원칙으로서 법률의 우위의 원칙과 법률의 유보의 원칙으로 표현되고 있으며, 그것은 동시에 법치국가원리의 본질적 요소로 간주되고 있다. 행정의 법률적합성의 원칙은 헌법의 최고성 아래에서 인정되고 있다. 따라서 여기서 법률이란 합헌적 법률을 의미하게 된다. 행정의 법률적합성의 문제는 (넓은 의미에서) 행정의 법에의 구속의 문제이다. 행정이 법에 구속된다는 것은 행정이 헌법규정, 행정기본법 제8조, 권한에 관한 조직법률, 개별 행위의 근거가 되는 개별법률, 행정법의 일반이론 등에 구속됨을 의미한다. 2113

2. 법적 안정성의 원칙

자유와 평등의 실현 외에 법적 안정성의 보장도 법치국가의 중심적인 관심사이다. 법적 안정성이란 경제주체가 예견불가능한 침해로부터 보호되어야 함을 의미한다. 법적 안정성은 국가작용의 예견가능성·계산가능성·측정가능성을 내용으로 갖는다고 말해진다. 경제의 영역에서 볼 때, 경제의 기능성·수익성·급부태세·투자태세·적응태세는 경제행정법상 처분의 예견가능성·가측성에 결정적으로 의존된다고 볼 것이다. 사실 행정청이 어떠한 구체적인 상황에 어떻게 대처할 것인가를 미리 알게 되면 개인은 장기적인 안목에서 계획을 수립할 수 있고, 또한 행정에 대한 무지로부터 나타날 수 있는 그릇된 결정을 피할 수도 있는 것이다. 국가침해의 예견가능성·측정가능성은 국가침해의 법정주의를 통해 그 보장이 제고된다. 2114

3. 경제행정의 비례성

비례원칙은 헌법적 지위를 갖는 법치국가원리의 한 부분이다. 비례원칙은 과잉금지로 불리기도 한다. 법익형량과 처분의 불가피성을 내실로 하는 비례원칙[2]은 자유권과 개인의 구속 사이의 긴장관계에서 문제된다. 개인의 자유는 공공의 복지를 깨뜨릴 수 없는 경우에, 그리고 개인의 자유의 본질적인 내용이 침 2115

---

1) Stober, Allgemeines Wirtschaftsverwaltungsrecht, S. 87ff.
2) H. H. Hollmann, Rechtsstaatliche Kontrolle der Globalsteuerung, 1980, S. 155.

해되지 않는 한에서 제한될 수 있다. 이 때문에 비례원칙은 헌법적 지위를 갖고 또한 모든 국가적인 작용에 적용된다. 비례원칙은 헌법상 규정되고 있지만(헌법 제37조 제2항) 동시에 그것은 기본권 그 자체의 본질에서 나오는 것이기도 하다.[1]

행정기본법 제10조는 비례원칙을 명시적으로 규정하고 있다.

4. 경제행정처분의 명확성

2116 「경제행정법상 모든 작용은 명확하여야 한다」는 것은 법치국가원리의 한 부분이다. 명확성의 요구는 ① 국가조직과 관련하여, 입법자는 행정권에 법규명령의 발령권을 부여할 때 행정권의 남용을 방지하기 위하여 한정적으로 부여하여야 한다는 점, ② 국가작용은 수범자에게 분명하여야 하고, 사법적으로 다툴 수 있어야 한다는 점을 바탕으로 한다.

5. 권력분립주의

2117 (1) 의 의 국가기관 사이의 권한분배와 관련하여 경제의 영역에서도 권력분립의 원칙이 적용된다. 헌법은 제40조에서 입법권이 국회에 속함을, 제66조 제1항에서 행정권이 대통령을 수반하는 정부에 속함을, 그리고 제101조 제1항에서 사법권이 법관으로 구성된 법원에 속함을 규정하여 헌법상 국가의 기본조직이 견제와 균형(Checks and Balances, Hemmung und Kontrolle)의 체계에 따른 3권분립주의에 입각하고 있음을 규정하고 있다. 헌법상 원칙으로서 인정되고 있는 권력분립이란 세 가지의 상이한 의미를 갖는다. ① 상이한 국가 기능의 내용상의 구분으로서 실질적 권력분립, ② 국가기관의 제도상의 구분으로서 조직상 권력분립, ③ 각각의 국가기관에 상이한 국가기능의 귀속으로서 기능상 권력분립이 그것이다.

(2) 입 법 권

2118 (가) 입법권(법률)의 개념 ① 헌법은 입법권의 개념을 정의하고 있지 않다. 학설은 헌법 제40조의 입법권의 의의와 관련하여 형식설(입법권을 형식적 의미의 법률의 제정권으로 보는 견해)[2]과 실질설(입법권을 실질적 의미의 법률의 제정권으로 보는 견해)[3]로 나뉜다. 이러한 이원적인 법률개념은 P. Laband의 이원적 법률개념과 그 후 입헌주의의 발전에 따라 법률을 형식과 내용으로 분리·고찰하는 데에 기인한다. ② 헌법상 사용되고 있는 법률개념은 한 마디로 말하기 곤란하다. 그것

1) Jarass, Wirtschaftsverwaltungsrecht mit Wirtschaftsverfassungsrecht, § 2, Rn. 16; Rinck/Schwark, Wirtschaftsrecht, S. 31.
2) 김철수, 헌법학(하), 1530쪽.
3) 권영성, 헌법학원론, 691쪽.

은 개별적으로 검토되어야 한다. 예컨대 헌법 제37조 제2항이 말하는 법률은 형식적 의미의 법률을 의미할 것이고, 헌법 제103조의 법률은 실질적 의미의 법률을 의미하는 것으로 보아야 할 것이다.

(나) **입법사항** 헌법은 또한 (형식적 의미의) 법률로 정할 사항을 망라적으로 2119
규정하고 있지 않고 다만 개별적으로 몇몇 경우를 규정하고 있을 뿐이다. 명시적 규정이 없는 한, 법률의 제정은 국회의 자유로운 결정에 놓인다고 하겠다. 경제의 영역에서도 모든 형식적인 의미의 법률(경제입법·경제법률)은 국회가 정한다. 헌법은 제9장 경제 등에서 많은 종류의 경제입법을 예정하고 있다. 법률의 제정·개정에 있어서 국회는 ① 인간의 존엄·가치의 보장과 관련하여 과잉의 금지, ② 다원적 사회의 각 이익집단 사이에서 중립성, ③ 각각의 기본권 사이의 충돌에서 형평, ④ 일관성 있는 기본권존중과 관련하여 국가의사의 계속성, ⑤ 그리고 법치국가에서의 일반적인 요청을 고려하여야 한다.

(다) **입법의 기능** 입법의 기본적인 기능은 정치적으로 책임있는 지도적 결 2120
단으로서, 그리고 모든 국가활동에 대한 우선순위결정으로서 민주적으로 정당화된 규범설정에 있다. 국회는 자신이 갖는 이러한 중요한 기능을 국가의 그 어느 기관에도 넘겨 줄 수 없다.

(라) **창조적 형성** 법률을 제정함에 있어서 입법자는 사회적 정의의 실현이 2121
라는 목적하에 헌법규정의 범위(평등원칙, 비례원칙, 기본권보장, 행정의 법률적합성의 원칙 등) 내에서 광범위하고 창조적인 형성영역(입법재량, 경제정책적 결정의 자유)을 갖는다. 입법자가 형성의 자유를 갖는다는 것은 헌법이 특정의 경제질서를 확정적으로 정해 두고 있는 것이 아니라, 그 대신 그것을 각 정치적 집단으로 구성되는 국회에 맡겼다는 것을 전제로 한다.

(마) **사회적 법치국가의 급부법** P. Häberle는 사회적 법치국가를 급부국가 2122
라는 개념 하에서 급부와 관련된 법, 급부법(Leistungsrecht, Leistungsgesetz)을 시민적 법치국가의 침해법(Eingriffsrecht) 내지 고전적 규범법(Klassisches Normgesetz)에 대비시키면서 다음의 여섯 가지의 유형으로 구분하였다.[1] 물론 이러한 유형화에도 각 유형간에 다소의 중첩이 있을 수 있다고 하였다.

① 처분법률(Maßnahmegesetz)[2]

② 지도법률(Lenkungsgesetz) : 이것은 법기술상 단순한 구성을 가진 것으로

---

1) P. Häberle, Leistungsrecht im sozialen Rechtsstaat, in : Festschrift für Günter Küchenhoff zum 65. Geburtstag, 1972, S. 456ff.

2) 이에 관해서는 졸저, 헌법과 정치, 1986, 120쪽 이하를 보라.

서 일정의 사회적·정치적 목표의 실현을 위하여 고정된 수단이 주어져 있는 법률을 의미한다(예 : 독일의 주거보조비법, Wohngeldgesetz. 한편 여기서 지도의 개념은 본서상의 경제의 지원·촉진에 유사한 개념으로 보인다).

③ 계획법률(Plangesetz)[1]

④ 총괄법률(Rahmengesetz, Richtliniengesetz) : 이것은 시간적으로나 물적으로 공백적인 법률을 의미한다. 이러한 법률은 포괄적인 기본권관련의 목표를 갖고서 권한 있는 기관에 형성의 자유를 부여하는 법률이다. 수단은 이 법에서 정해져 있고 그 방향 안에서 다른 기관에 의해 수단 등이 구체적으로 정해진다(독일이 연방국가인 관계상 연방은 기본사항을 정하고, 개별적인 것은 란트가 규율하게 되는 경우의 연방의 법률형식이다. 독일 기본법 제175조 참조).

⑤ 조종법률(Steuerungsgesetz) : 이것은 시간적으로나 사항적으로 처분법률보다 광범위하게, 그리고 영속적으로 효력을 갖는 법률이다. 이러한 법률은 구체적인 사건에 반작용으로서 대응할 뿐만 아니라 또한 미래의 기본권정책문제를 극복하기 위한 법률로서 주로 경제영역에서 총체적 조정(Globalsteuerung)을 내용으로 갖는다고 한다(여기서 조종의 개념은 본서상 경제의 지도·조종에 유사한 개념으로 보인다).

⑥ 조직법률과 절차법률(Organisations- und Verfahrensgesetz)

(3) 집 행 권

2123 **(가) 통치와 행정의 구분** 입법권 외에 두 번째 권력으로서 집행권이 있다. 집행권(넓은 의미의 행정권)은 국가권력 중에서 입법권과 사법권을 제외한 권력으로 이해된다. 집행권은 다시 통치권과 (좁은 의미의) 행정권으로 구성된다. 법적 개념으로서 양자의 기본적인 차이를 부인하는 견해가 없는 것은 아니나 일반적으로는 좁은 의미의 행정 외에 통치권·통치행위의 개념을 인정한다. 행정이 지도되는 방향이 정해진 작용이라면, 통치권에 근거한 통치행위는 지도적·방향설정적 행위이다. 통치작용은 정치적인 국가의 지도로서 내정과 외정의 전체의 책임있는 지도를 의미하며, 경제의 영역에서 그것은 경제과정의 조정을 의미한다. 집행부의 영역에서 경제상 통치작용은 대통령과 경제장관들에 의해 이루어진다.

2124 **(나) 경제행정법률의 집행으로서 경제행정** 경제행정법의 입법은 국회의 소관사항이나 그러한 법률의 집행(행정)은 행정부의 소관사항이다. 행정은 기본적으로 국가행정과 지방자치행정으로 구분된다. 그 어느 것도 실정법률에 구속

1) 이에 관해 자세한 것은 졸저, 헌법과 정치, 1986, 122쪽을 보라.

됨은 물론이다. 법률에의 구속과 관련하여 행정의 임무는 두 가지로 구분된다. 즉 ① 행정은 법률의 우위의 원칙상 법률의 집행을 행한다. ② 법률의 결여시에 법질서의 유지의 범위 내에서 행정권은 고유한 형성권능을 갖는다.

⑷ 사 법 권

⑺ **법 원** 헌법상 사법권은 법관으로 구성된 법원에 속한다(헌법 제101 2125
조 제1항). 법원은 개인과 국가의 권리·의무에 대하여 최종적인 판단을 행하는 포괄적인 사후심사권을 가진 권리보호기관이다. 사법권은 독립이다. 대법원과 각급 법원의 조직은 법률로 정하며(헌법 제102조 제3항), 법원은 헌법과 법률에 의하여 그 양심에 따라 독립하여 심판한다(헌법 제103조). 한편, 경제행정법률에는 많은 불확정개념이 도입되고 있는바, 이에 대한 법원의 판단은 행정의 효율성과 개인의 권리보호와 관련하여 기본권과 경제의 전문성이 조화되는 것이어야 한다(판단여지설·대체성설). 그 밖에 경제행정의 영역에서 법통제가 상당히 축소 또는 제한되는 계획재량(Planungsermessen)의 문제가 있다.

⑷ **헌법재판소** 헌법재판소는 위헌법률심사 또는 헌법소원을 통하여 경 2126
제입법을 심사하며, 만약 그것이 소극적으로 판단되는 경우에는 그 법률의 위헌·무효 등을 선언할 것이다. 물론 헌법이 경제질서에 관하여 구체적인 기준을 제시하고 있지도 않고 또한 경제입법의 위헌선언이 민주적으로 정당화된 입법기관인 국회의 의사를 배제하는 것이라는 점에서 헌법재판소의 규범통제에 문제가 없는 것도 아니다. 그럼에도 불분명한 헌법규범의 구체화는 필요하고, 또한 법에 의해서만 그 행동이 가능한 사법기관이 필요한 것인 한 경제질서와 관련하여서도 헌법재판소의 의미는 중요하다. 문제는 헌법재판소가 정치가 아니라 법의 영역에만 머무르는 사법자제의 태도일 것이다.

제 3 항 사회복지국가원리와 경제행정

1. 의 의

사회복지주의원리가 지배하는 국가, 즉 사회복지국가의 원리는 헌법이 지 2127
향하는 또 하나의 원리이다. 국가가 개인의 인간다운 삶과 경제적·사회적 안전의 최소한을 보장하고 사회의 균등화를 통해 사회의 정의를 실현하고 재화와 용역의 수요를 공동의 책임으로 충족시키고, 완전고용과 적당한 경제성장, 그리고 경제적 약자에 대한 배려를 통해 공동의 복지를 실현하여 나아가는 국가를 사회복지국가라 할 것이다. 사회복지국가는 최소한의 삶의 보장과 최대한의 삶에로의 인도를 내용으로 하는 국가라 하겠다. 사회적 정의라는 지도이념은 개개인이나 집단의 이기주의와 자의에 대항하고 모든 사람의 자유를 도모하려는 법적 공동체의 연대를 실현시키는 도구의 기능을 갖는다. 물론 이러한 사회적 정의는 19세기의 시장경제이론에 의해 달성될 수는 없으며, 생산수단의 사유의 부인에 의해서 달성될 수도 없다. 그것은 의회민주주의의 절차에 따라서, 그리고 사유재산제도·사적자치·사회적 시장경제원리의 준수하에 이루어져야 한다.

2. 특 징

2128 사회복지국가에서는 국가의 강화된 책임이 요구된다. 국가에 건전하고 정당한 사회질서를 실현할 의무가 부과된다. 말하자면 기존질서의 유지 외에 계획적·급부적·지도적·분배적인 행위가 국가에 요구된다. 이러한 임무는 사회적 약자의 보호와 각인의 자유실현의 필수적인 전제조건이 된다. 그것은 압제·착취·빈곤·사회적 차별로부터 인간을 해방시키고 아울러 한 단계 더 향상된 수준의 삶으로 이끈다. 사회적 정의를 실현하고 인간의 가치의 유지와 보호를 확보하는 것은 국가의 목적이다. 다만 그 목적실현을 위한 수단은 어느 정도 공백적인 것이므로,[1] 입법자는 경제적·사회적·문화적 상황의 고려하에 사회적 통합을 위한 시책을 강구하여야 할 것이다. 요컨대 사회복지국가는 형식적인 자유가 아니라 사회실제에 있어서의 자유의 보장을 목표로 한다.

3. 법적 성질

2129 사회복지국가원리는 직접으로 효력 있는 법이며 단순한 프로그램은 아니라는 것이 독일의 일반적 견해인 것으로 보인다.[2] 그렇다고 이 원리가 입법자에 대하여 특정의 사회적 입법을 강제하는 것도 아니고 이 원리로부터 특정의 경제적인 형성과 결단이 도출되는 것도 아니다. 다만 이 원리로부터 사회적 정의의 실현을 위한 일반적인 헌법상 의무가 국가에 부과된다고 할 수 있다. 이러한 인식에도 불구하고 구체적인 내용에 관해서는 다음과 같이 견해가 나뉘고 있다.[3]

2130 ①설은 이 원리가 다만 행정권에 대하여 의미를 갖는다고 본다. 말하자면 사회복지국가원리는 행정권이 개인의 구체적인 생활보호에 대하여 의무를 지고 있다고 한다. ②설은 평등원칙과 재산의 공유화와 관련하여 사회복지국가원리는 공동사회의 경제상 개혁을 임무로 한다는 입장이다. ③설은 앞의 두 견해의

1) H. C. F. Liesegang, Die verfassungsrechtliche Ordnung der Wirtschaft, 1977, S. 48.
2) BVerfGE 1, 106; Stober, Allgemeines Wirtschaftsverwaltungsrecht, S. 83.
3) Battis/Gusy, öffentliches Wirtschaftsrecht, 1983, S. 45.

중간에 위치하는 것으로서 사회복지국가원리는 모든 사람에게 인간다운 삶을 보장하고, 각 인간의 복지상의 차이를 줄이고 또한 종속관계를 제거하거나 통제함을 목적으로 하는 사회에서의 경제적인 관계를 유지·보호·변화시키는 국가를 의미한다는 입장이다. 생각건대 사회복지국가원리는 행정권뿐만 아니라 입법권·사법권 모두에 향한 것이다. 국회는 입법에 있어서, 행정권과 사법권은 법의 해석·적용에 있어서 동 원리를 준수하여야 한다. 그리고 사회복지국가원리는 사회법뿐만 아니라 경제법의 영역에서도 타당한 것이다.

4. 개인적 공권성

사회복지국가원리의 제1의 수범자는 입법자·행정기관과 사법기관이다. 그 2131
러나 이 원리로부터 개인이 국가에 대하여 특정의 경제적인 작용을 청구할 수 있는 주관적인 권리가 나오지는 않는다.[1] 개인의 주관적 공권은 입법자가 규범에서 사회국가원리를 구체화한 경우에 나올 수 있다. 어떠한 규범이 공익뿐만 아니라 개인의 이익을 위하여 발해질 때에 사인은 개인적 공권을 갖게 될 것이다.

제 3 절 경제행정조직법

제 1 항 국가의 경제행정조직

1. 직접국가경제행정조직

(1) 의의와 구성 ① 직접국가경제행정이란 국가가 다른 공법상의 법인을 2132
통하지 않고 스스로 직접 수행하는 경제행정을 말한다. 이러한 직접국가경제행정을 수행하는 국가의 조직이 직접국가경제행정조직이 된다. ② 직접국가경제행정조직을 구성하는 기관으로는 대통령·국무회의(헌법 제89조 제4호)·기획재정부장관·경제관련장관(농림축산식품부장관·산업통상자원부장관·국토교통부장관·고용노동부장관)·경제장관회의 등을 들 수 있다. 이 밖에 「독점규제 및 공정거래에 관한 법률」에 의한 사무를 독립적으로 수행하기 위해 국무총리소속하에 공정거래위원회가 설치된다(독점법 제35조). 공정거래위원회는 합의제행정관청의 성격을 갖는다.

(2) 공 기 업

(가) 의 의 직접경제행정의 한 부분으로 법상 독립성이 없는 공기업이 2133

1) Hamann, Deutsches Wirtschaftsverfassungsrecht, 1958, S. 47; Stober, Allgemeines Wirtschaftsverwaltungsrecht, S. 84.

있다. 말하자면 공행정의 한 구성부분으로서 공기업이 있다. 공기업이 법인격을 갖는 경우에는 후술하는 간접경제행정조직의 문제가 된다. 공기업의 개념에 대해서 논란이 있을 수 있겠으나, 직접경제행정조직의 한 부분으로서 공기업이란 재화나 서비스의 공급·분배자로서 경제과정에 참여하는 공행정기관의 기구를 말한다. 공기업의 특별형태가 공·사혼합기업이다.

2134 (나) 공기업의 목적 공기업은 통상 단순히 이윤추구를 위해서가 아니라 경제상의 발전, 생활보호, 사회적·경제정책적 임무의 수행을 목적으로 한다. 보다 구체적으로 말한다면 공기업은 ① 가격정책상의 목적(예 : 기간산업물자의 책임 있는 확보와 가격형성을 통한 국민경제안정에 기여), ② 생활배려정책상의 목적(예 : 생활배려를 위한 급부제공, 즉 수도와 같이 생활상 중요한 재화에 대한 국민의 수요의 직접적인 충족), ③ 경기정책상·투자정책상의 목적(예 : 장기에 걸친 경기유지를 위한 장기투자프로그램설정, 투자기금조성 활용), ④ 구조정책상의 목적(예 : 비합리적인 생산프로그램의 제거, 기술상 경험교환), ⑤ 사회정책상의 목표(예 : 완전고용목적을 위한 일자리확보, 연로자보호 등) 또는 그 밖의 일반적인 국가정책목표의 실현을 그 존립이유로서 갖는다.[1]

2135 (다) 공법적 제한의 회피 국가는 국가에 가해지는 공법상의 제한을 회피하기 위해 법인으로서의 공기업의 설립을 꾀할 수는 없다. 국가에 주어지는 법적 구속은 공기업이 국가임무를 그대로 수행하는 한에 있어 공기업에도 그대로 주어진다고 볼 것이다. 여기서 문제는 공기업에 대한 법적 구속을 어떻게 실현할 수 있을 것인가이다. 왜냐하면 국가와 개인간은 공법관계에 놓이나, 개인과 공기업간은 언제나 공법관계에 놓이는 것은 아니기 때문이다. 이와 관련하여 국가는 공기업에 대한 임무부여자인 까닭에 국가가 공기업에 주어지는 법적 구속을 실현시킬 수밖에 없을 것이다. 이상에서 세 가지의 법관계가 나타난다. 즉 ① 사인과 공기업간의 계약관계 ② 국가와 사인간의 공법상 관계, ③ 임무부여자로서 국가와 공기업간의 개입관계가 그것이다.

2. 간접국가경제행정조직

2136 (1) 의 의 간접경제행정이란 국가가 직접 수행하는 것이 아니라 공법상 법인에 의해 수행되는 경제행정을 말한다. 이러한 행정을 수행하는 국가의 조직이 간접국가경제행정조직이다. 간접국가경제행정조직은 오로지 국가의 감독하에 놓이기도 한다. 간접경제행정조직체는 공익과 관련한 조직체이므로 독

1) L. Fröhler, Das Wirtschaftsrecht als Instrument der Wirtschaftspolitik, 1969, S. 90f.

점권을 갖는 경우도 많다. 간접국가경제행정조직으로는 ① 공법상 사단법인과 ② 공법상 영조물법인이 있다.

(2) **필 요 성** 일반적인 생활조건·환경조건·경제조건이 점증적으로 복잡해지고, 이와 관련하여 다양한 국가임무의 수행에 있어 전문기술성이 요구되는 관계상, 그 결과로서 독립된 행정단일체에 의한 국가행정의 다원화가 나타나게 된다. 말하자면 그러한 특별관청들은 전문지식·기술로 무장된 자들로 하여금 특별한 공적 임무를 효율적으로 처리하고자 생겨나게 되는 것이다. 2137

3. 사법상으로 구성된 국가경제행정조직

(1) **의 의** 앞서 본 직접경제행정조직과 간접경제행정조직은 공법상의 경제행정조직의 문제이나, 그 밖에 또 하나의 유형으로 사법상으로 조직된 경제행정조직이 있다. 말하자면 국가는 사법상의 조직을 설치하여, 그로 하여금 경제행정임무의 일부를 수행하도록 할 수도 있는 것이다(만약 행정조직의 의미를 공법에 근거한 것만 한정하여 파악한다면, 사법상으로 구성된 경제행정조직이라는 용어는 사용하기 곤란할 것이다). 2138

(2) **필요성과 효과** 사법상으로 구성되는 경제행정조직은 경기정책, 경제촉진, 경제지도, 영리획득 등의 목적을 갖는다. 경제행정조직을 사법상으로 구성하는 것은 행정의 분산화, 특수한 행정임무의 책임경영, 그리고 탄력적·효율적·비관료적인 행정작용의 실현에 이바지한다. 2139

(3) **형 식** 사법상으로 구성되는 행정조직의 법적 형식으로는 상법상 회사법에 따른 각종 회사의 형식, 민법상의 법인에 관한 규정에 따른 사단법인의 형식, 그 밖에 특별법에 근거하는 형식 등으로 나타날 수 있을 것이다. 2140

제2항 기타의 경제행정조직

1. 지방자치단체

① 직접경제행정조직의 의미는 국가경제행정조직의 경우와 동일하다. 집행기관의 장을 정점으로 하는 지방자치단체의 집행기관의 조직의 구체적인 내용은 법령 및 조례로 정해진다. 지방자치단체에는 헌법상 자치권이 인정되고 있다. 지방자치단체는 재정고권·계획고권 등을 가질 뿐만 아니라 경제상 고유한 활동 영역을 갖는다. 그리고 지방자치단체는 직접 공기업을 경영하기도 한다. 법적 독립성이 없는 공기업은 바로 지방행정조직의 한 구성부분이다. 법인격이 2141

있는 공기업은 간접경제행정조직상의 문제가 된다. ② 간접경제행정조직의 의미도 국가의 경우와 같다. 지방공기업법에 의거하여 지방자치단체는 지방공사 또는 지방공단을 설치·운영할 수 있다. ③ 사법상으로 구성된 경제행정조직의 의의·필요성·효과·형식 등은 앞에서 본 국가의 경우와 같다.

2. 경 제 인

2142 (1) **의 의** 국가는 경제행정임무를 경제와 관련 있는 단체(예 : 상공회의소·의사회·치과의사회·한의사회·조산사회·간호사회·약사회 등)에 위탁하여 수행토록 하기도 한다. 이러한 제도는 관계자들의 특별한 전문지식의 활용과 관련하여 그들의 행정결정과정에 참여의 강화를 기본적인 목적으로 한다(독일의 경우, 경제상 자치는 제1차대전 후 경제사회의 조직원칙으로서 자치행정의 사상을 받아들인 데에 기인한다).

2143 (가) **간접국가행정과 구분** 경제상 자치행정을 위한 것이라는 점, 법인격을 갖는바 법상 국가(지방자치단체)로부터 독립적이라는 점, 그리하여 독자의 책임으로 임무를 수행한다는 점 등에서 경제인에 의한 경제상 자치행정과 간접국가행정조직은 유사한 점을 갖는다. 제한된 범위의 것이긴 하나 국가에 의한 감독이 따른다는 점도 양자에 유사점이다. 그러나 전자는 동업자간의 관계를 주된 관심사로 하나, 후자는 국민(주민)과의 관계에서 특정의 공익사업을 수행한다는 점을 주된 관심사로 하는 점에서 기본적인 차이점을 갖는다.

2144 (나) **경제단체의 구분** 전국경제인연합회·중소기업연합회·노동조합 등의 일반적인 경제단체는 공법상의 경제조직이 아니고, 사법상의 이익집단일 뿐이다. 이러한 단체들은 일반공중이나 국가에 대하여 자신들의 경제상의 공통의 이익을 촉진시키기 위한 자발적·임의적인 조직체이다. 이들은 경제와 관련하여 국가에 정보도 제공하고 조언도 한다. 그리고 이러한 단체들은 비공식적으로 영향력을 발휘하는 것을 특징으로 한다(로비스트).

2145 (2) **근 거** 지방자치행정의 경우와 달리 헌법은 경제인들 스스로에 의한 자치행정의 보장을 규정하고 있지는 않다. 이러한 경제기구의 설치와 그 기구에 공적임무를 부여하기 위해서는 법률상 근거가 요구된다. 그러한 법률의 제정시에는 법률의 유보(중요사항유보설)의 원리에 따라 그 자치행정기구의 활동의 중요한 대상은 모두 법률로 정하여야 할 것이다. 자치행정조직으로서 그러한 기구는 통상 공법상 사단의 형식을 띠게 될 것이다(예 : 상공회의소법 제2조; 약사법 제11조 제2항; 의료법 제28조 제2항).

2146 (3) **임무와 감독** 경제관련단체의 임무는 통상 일반적인 직업규칙의 제정,

구성원의 감시와 징계(약사법 제11조 제1항·제16조 제2항), 구성원에 대한 교육(약사법 제15조 제1항; 의료법 제30조 제2항) 등이다. 이러한 단체에 법률상 주어지는 임무는 공적 임무로 해석된다. 그것은 경제상 자치행정의 성질을 갖는다. 공적 임무의 수행이라는 점에서 경제상 자치행정은 공행정의 한 부분이기도 하다. 한편 국가는 그 단체에 대해 기본적으로 법규감독만을 행한다(약사법 제13조 제3항; 의료법 제29조 제3항·제32조). 경우에 따라 각종 처분에는 국가의 사전승인이 요구될 수도 있을 것이다.

(4) 구성원의 의무

(가) 법적 근거 　구성원의 권리·의무는 자치법규(직업규칙) 또는 준칙으로 2147
정해진다. 문제는 공법상 자치법규형식으로 정할 경우, 국회에 의한 수권이 필요한가이다. 수권이 필요하다면, 일반적인 수권으로 족한가 아니면 개별 구체적인 수권이 있어야 하는가는 문제이다. 생각건대 자치행정권에는 그 자치권의 보유자인 행정단일체가 자신의 권능의 범위 내에서 법을 제정할 수 있는 권능을 가진다고 볼 것이나 기본권을 제한·침해하는 것인 경우에는 반드시 법률의 근거를 요한다(헌법 제37조 제2항).[1]

(나) 회원의 강제가입 　통상 이러한 단체의 구성원은 가입이 강제된다(약사 2148
법 제11조 제3항; 의료법 제28조 제3항). 즉 관련영역의 직업에 종사하는 자는 자동적으로 그 단체의 구성원이 되며, 동시에 그 단체에 권리·의무를 갖게 된다 그런데 가입강제가 기본권침해가 아닌가 하는 의문이 제기된다. 물론 강제가입은 그 가입단체가 정당한 공적 임무의 수행을 위한 것인 경우에만 헌법상 허용된다는 점을 전제로 한다.[2]

1) 결사의 자유와의 관계 　독일의 일반적인 견해에 따르면[3] 단체에 강제 2149
가입은 결사의 자유의 보장에 반하는 것이라 본다. 그러나 결사의 자유는 사법상의 단체에 적용되는 것이며, 공법상의 사단이나 영조물 같은 공법상의 단체에는 적용되는 것은 아니라는 것이다. 우리의 경우에도 적용될 수 있는 논리라고 본다.

2) 직업선택의 자유와의 관계 　경제공법인에서 회원의 강제가입은 직업 2150
활동의 직접적인 결과이다. 여기서 강제가입은 직업선택의 자유의 침해로 해석될 수 있는 것이 아닌가 문제된다. 그러나 강제가입이 실제상 가입자의 직업활

1) Jarass, Wirtschaftsverwaltungsrecht mit Wirtschaftsverfassungsrecht, § 6, Rn. 7.
2) Frotscher, Wirtschaftsverfassungs- und Wirtschaftsverwaltungsrecht, Rn. 429.
3) Frotscher, Wirtschaftsverfassungs- und Wirtschaftsverwaltungsrecht, Rn. 430.

동에 직접적인 영향을 가져오는 것은 아니기 때문에 직업선택의 자유의 침해문제는 야기하지 않는다.

3. 수탁사인 등

(1) 수탁사인(공무수탁사인)

2151 (가) 의 의 경제행정은 사인의 도움을 받아 이루어지기도 한다. 이 경우에 사인은 국가나 지방자치단체로부터 공권이 부여된 경우이다. 이것은 사인에게 자치행정임무를 부여하는 것이 아니다. 경제인에 의한 자치행정과 수탁사인의 차이점은 경제상 자치법인은 구성원에 작용하고 예외적으로 제3의 사인과 관련하나, 수탁사인의 임무수행은 언제나 제3자와 관련한다는 점이다. 수탁사인은 자신의 이름으로 독립적으로 고권을 행사한다.1) 사인에 의한 경제행정은 예방적인 임무, 기술적인 임무, 안전상의 임무 등과 관련한다. 단순히 경영위탁을 받은 사인은 수탁사인이 아니다(예 : 쓰레기수거·환경보호 등).

2152 (나) 취 지 이러한 제도의 취지는 행정의 분산을 기하고, 사인이 갖는 독창성, 전문지식이나 재정수단을 활용하여 행정의 효율을 증대하고자 하는 데 있다. 그러나 공행정임무를 사인에게 맡김으로써 나타날지도 모를 폐해를 어떻게 방지할 것인가가 문제이며, 따라서 감독이 중요한 과제가 되어야 한다는 점도 유념하여야 할 것이다.

2153 (다) 법적 근거 수탁사인에게는 공권(고권)이 부여되므로, 수탁사인은 법률에 의하거나 법률에 따른 처분에 의해서만 인정된다.2) 우리 헌법은 국가나 지방자치단체가 사인으로 하여금 경제행정임무를 수행하도록 할 수 있는가에 대하여 아무런 규정도 두고 있지 않다. 그러나 ① 정부조직법(제6조 제3항)은 "행정기관은 법령이 정하는 바에 의하여 그 소관사무 중 검사·조사·검정·관리업무 등 국민의 권리·의무와 직접 관계되지 아니하는 사무를 지방자치단체가 아닌 법인·단체 또는 그 기관이나 개인에게 위탁할 수 있다"고 규정하고, ② 지방자치법(제104조 제3항)도 "지방자치단체의 장은 조례 또는 규칙이 정하는 바에 의하여 그 권한에 속하는 사무 중 조사·검사·검정·관리업무 등 주민의 권리·의무와 직접 관련되지 아니하는 사무를 법인·단체 또는 그 기관이나 개인에게 위탁할 수 있다"고 규정하여 사인에 대한 행정임무 위탁의 가능성을 예정해 두고 있다. ③ 이 밖에 개별법률에서 수탁사인제도를 예정해 두고 있는 경우도 나타난다.

1) Jarass, Wirtschaftsverwaltungsrecht mit Wirtschaftsverfassungsrecht, §6, Rn. 25.
2) Jarass, Wirtschaftsverwaltungsrecht mit Wirtschaftsverfassungsrecht, §6, Rn. 26.

㈑ 사인의 법적 지위

1) 지위의 특수성 공행정임무수행을 위해 공권을 부여받은 사인은 관계법령에 따라 모든 의사결정을 자신의 책임하에 하게 된다(조직상의 독립). 고권부여자와 고권을 부여받은 자와의 고권부여 관계는 공법적이다. 2154

2) 행위의 효과 수탁사인의 결정은 행정기관의 결정과 동일시된다. 만약 수탁사인(또는 그 보조자)이 부여된 임무에 위배하여 제3자에 침해를 가하면, 제3자는 행정쟁송을 제기할 수도 있을 것이며, 또한 손해배상청구소송을 제기할 수도 있다. 배상책임은 국가배상법에 따라야 할 것이다. 2155

3) 의 무 수탁사인은 경영의무를 진다. 공권부여의 효과가 지속하는 한, 임무를 수행하지 아니하여서는 아니 되고, 공권을 부여한 자의 동의 없이 임무수행을 포기하여서도 아니 된다. 이러한 의무는 국가뿐만 아니라 사인(제3자)에 대해서도 존재한다. 또한 수탁사인은 그가 수행하는 고권의 행사와 관련된 공법상 규정에 구속된다. 2156

4) 기본권과의 관계 국가가 사인에게 공행정임무를 부여하는 경우, 직업선택의 자유·평등권을 준수하여야 한다. 말하자면 고권을 부여할 사인의 선정에 합리성이 결여되면 그 선임행위는 하자 있는 것이 된다. 한편 국가적 수탁사인도 공행정임무의 수행에 있어서 역시 기본권을 존중하여야 한다. 공행정임무를 수행하는 한, 그 사인은 공행정기관의 한 부분이기 때문이다. 수탁사인이 그 상대방의 자유를 침해하려면 법적 근거가 필요하다. 2157

5) 국가의 감독 수탁사인은 당연히 국가의 감독하에 놓인다. 국가의 감독은 경우에 따라 임무수행의 합목적성이나 합법성 또는 단순히 합법성에만 미친다. 2158

6) 지위의 종료 수탁사인의 공적 지위는 법상의 요건(예 : 사망·파산·기간경과·유죄선고 등) 또는 고권부여 근거인 법률이나 행정행위의 폐지 등으로 상실된다. 2159

⑵ 행정의 보조자로서 사인 경제행정관청은 자신의 다양한 임무실현과 관련하여 행정의 보조자(Verwaltungshelfer)로서의 사인의 도움을 받을 수도 있다(예 : 국가의 건축물의 안전도의 심사에 전문건축가의 도움을 받는 경우). 여기서 행정의 보조자로서의 사인(예 : 상기 예의 경우는 건축전문가)은 고권임무수행에 있어서 행정청의 지휘하에서 독자성이 없는 하나의 도구로서 활동할 뿐이다. 보조자인 사인의 행위의 효과는 그가 위해 일하는 행정청의 것으로 직접 귀속된다. 이러한 사인은 앞에서 본 수탁사인과 달리 제3자와 아무런 직접적인 법관계를 갖지 않 2160

는다. 그는 행정청의 위탁과 지시하에 놓일 뿐이다. 제3자는 행정청을 상대로 제3자가 한 행위를 다툴 수 있을 뿐이다.[1] 경제행정청은 특별한 법적 근거 없이도 행정의 보조자로서 사인을 활용할 수 있다고 본다. 그러나 특정인을 행정의 보조자로서 선임함에는 평등원칙 등의 기본권을 존중하여야 할 것이다.

(3) 공적 의무가 부과된 사인

2161 (가) 의 의 공적 의무가 부과된 사인(Indienstnahme Privater)은 고권을 행사하는 것은 아니다. 이러한 사인은 공익을 위해 국가의 경제행정의 부담을 경감시키는 의무를 감당한다.[2] 그 예로 근로소득세의 원천징수의무가 부여된 자(소득법 제127조)의 경우에 볼 수 있다. 원천징수의무자의 원천징수행위는 행정소송법상 처분에 해당하지 아니한다.[3]

2162 (나) 인정여부 독일연방헌법재판소는 사인에 공적 의무를 부과하는 것이 기본법상으로 허용된다고 한다. 그리고 헌법상 심사의 기준으로서 직업선택의 자유와 평등권을 제시한다.[4] 적법성심사의 구체적인 원칙으로서 사인에 대한 의무부과는 의무와 그 사인 사이에 관련이 있어야 하고, 적법하게 존재하는 국가적 임무의 수행을 위한 것이어야 하고, 과잉금지원칙을 침해하는 것이 아니어야 하며, 영업상의 경쟁에 부담을 주는 것이 아니어야 한다는 것이다.

2163 (다) 성 질 특정사인에 공적 의무를 부과시키는 것은 경제감시나 경제감독이 아니라, 이미 경영상에 놓이고 있는 사인의 인적·물적 요소를 공적 필요에 활용코자 하는 데 있다. 이것은 그 사인의 직업과 내적 관련이 있는 것인바, 직업선택의 자유와 반드시 상충된다고 보지는 않는다. 문제는 사인에게 공적 의무를 부과함에 있어서 노력의 대가를 지급하지 않아도 좋은가의 여부이다.

2164 (라) 반대급부 명문의 규정이 있으면 간단하다. 문제는 명문의 규정이 없는 경우이다. 이러한 경우에는 그 사인이 비용을 제3자에게 전가시킬 수 있거나 또는 스스로 수인해야 할 정도이면 보상될 수 없을 것이다. 통상 그러한 종류의

---

1) Jarass, Wirtschaftsverwaltungsrecht mit Wirtschaftsverfassungsrecht, §6, Rn. 28.

2) H. P. Ipsen, Gesetzliche Indienstnahme Privater für Verwaltunhgsaufgaben, in : Festgabe für E.Kaufmann, 1950, S. 141ff.

3) 대판 1990. 3. 23, 89누4789(원천징수하는 소득세에 있어서는 납세의무자의 신고나 과세관청의 부과결정이 없이 법령이 정하는 바에 따라 그 세액이 자동적으로 확정되고, 원천징수의무자는 소득세법 제142조 및 제143조의 규정에 의하여 이와 같이 자동적으로 확정되는 세액을 수급자로부터 징수하여 과세관청에 납부하여야 할 의무를 부담하고 있으므로, 원천징수의무자가 비록 과세관청과 같은 행정청이더라도 그의 원천징수행위는 법령에서 규정된 징수 및 납부의무를 이행하기 위한 것에 불과한 것이지, 공권력의 행사로서의 행정처분을 한 경우에 해당되지 아니한다).

4) BVerfGE 30, 292, 311ff.; 77, 308.

국가의 침해는 보상을 요하는 침해라 보기 어려울 것이다. 왜냐하면 그러한 의무는 사회구속적인 것이라 볼 것이기 때문이다. 그렇지 않다면 국민들은 보다 많은 공과금(세금)을 납부하여야 할 것이다. 다만 경제정책상의 이유에서 영세업자의 경우에는 그러한 의무를 면제시키거나 보상을 해 주는 것도 필요하다.

제 2 장 경제행정의 임무

2165 기술의 변화, 사회의 변화, 경제의 변화 등으로 인해 국가의 경제행정상의 임무도 변화한다. 그 임무를 완벽하게 열거할 수는 없다. 경제에 대한 국가의 개입작용으로서 경제행정임무는 크게 보아 소극적인 목적의 경제감시(감독)임무와 적극적인 목적의 경제의 지도(조종)임무와 경제의 촉진(지원)임무로 나눌 수 있다.[1]

2166 ① 경제의 감시(Wirtschaftsüberwachung)란 경제영역에서의 위험의 방지와 위험의 제거를 내용으로 하는 작용을 말하며 그것은 새로운 경제상태의 실현이 아니라 일정한 수준의 경제상 안전의 보장을 위한 작용이다.[2] 경제의 감시는 경제감독(Wirtschaftsaufsicht) 또는 경제상 위험방지라 표현되기도 한다.[3] ② 경제의 지도(Wirtschaftslenkung)란 시장질서와 관련하여 고무적이거나 위협적인 요소를 설정하고, 기업이 그러한 요소에 상응하는 행위를 하게 함으로써 전체로서 바람직한 경제상태를 실현하려는 작용을 의미한다.[4] 이를 협의의 경제지도라 할 수 있다. 이 책에서 경제의 지도란 협의로 사용하기로 한다. ③ 경제의 촉진(Wirtschaftsförderung)이란 기업에 대해 직접 급부의 보장이나 급부의 면제를 통해 경제의 발전을 꾀하는 작용을 말한다. 협의의 경제지도와 경제의 촉진을 합하여 광의의 경제지도라 부를 수 있다. 이상은 아래와 같이 도해될 수 있다.

2167

- 소극적 임무 ― 경제의 감시 또는 감독(Wirtschaftsüberwachung, Wirtschaftsaufsicht)
- 적극적 임무
  - 경제의 지도 또는 조종(Wirtschaftslenkung, Wirtschaftssteuerung)
  - 경제의 지원 또는 촉진(Wirtschaftshilfe, Wirtschaftsförderung)

---

1) Stober, Allgemeines Wirtschaftsverwaltungsrecht, S. 283, 301, 310.

2) M. Bullinger, Staatsaufsicht in der Wirtschaft, in : VVDStRL, 22, 1965, S. 107.

3) Jarass, Wirtschaftsverwaltungsrecht mit Wirtschaftsverfassungsrecht, § 2, Rn. 5; Stober, Allgemeines Wirtschaftsverwaltungsrecht, S. 284; Tettinger, Rechtsanwendung und gerichtliche Kontrolle im Wirtschaftsverwaltungsrecht, S. 253.

4) Püttner, Wirtschaftsverwaltungsrecht, S. 26.

상기와 같은 경제행정임무의 구분이 완전한 것은 아니다. 왜냐하면 경제의 감시는 경제의 지도·촉진작용에 의해서도 부수적으로 이루어지기 때문이다. 특히 경제지도와 경제촉진작용은 서로 겹치는 경우도 많기 때문이다.[1] 예컨대 교부지원제도는 경제촉진목적이나, 그것은 또한 경제지도의 의미도 갖는 것이다. 그럼에도 상기와 같이 구분한 것은 경제행정을 보다 체계적으로 살펴보기 위해서는 이러한 구분이라도 의미 있다고 보기 때문이다. 2168

제 1 절 경제의 감독

제 1 항 경제감독의 관념

1. 경제감독의 개념

경제와 관련된 행정의 고전적 임무는 ① 경찰상 위험방지를 목적으로 사인의 경제활동에 대한 경찰상 감독과 ② 전체 국민경제의 이익의 관점에서 혼란 없는 경제기능의 수행을 위한 배려로서의 경제의 감독이다.[2] 여기서 경제의 감독이란 사인의 경제상의 행위, 즉 사인이 경제행정상의 규정을 따르고 있는가의 여부를 감독하는 것을 말한다.[3] 그것은 무엇보다 공익상 그 경영이 문제되고 또한 공공복지에 일정한 책임을 지는 일련의 기업에 대해 보다 중요한 의미를 갖는다(기업감독). 2169

2. 유사개념과 비교

(1) **경제상 경찰감독과 경제감독** 경제상 경찰감독이 경제활동외부에서 나타나는 위험방지를 목적으로 한다면(예 : 유흥음식점에서 윤락행위의 단속), 경제의 감독은 경제상 그릇된 영업활동·기업활동의 예방을 목적으로 하는 데에(예 : 기준미달의 위생시설단속) 차이가 있다. 부연한다면 영업상 경찰감독은 영업으로 발생할지 모를 단순하고 일반적인 그리고 외부적인 위험방지를 목적으로 하는 것임에 반해, 경제의 감독은 감독하고자 하는 경제분과의 성질에서 나오는 위험에 대한 감독을 목적으로 하는 점이 다르다.[4] 그러나 양자가 모두 적극적인 경제 2170

---

1) Püttner, Wirtschaftsverwaltungsrecht, S. 26.

2) B.－C.Funk, Das System des österreichschen Wirtschaftslenkungsrechts, in : K. Korinek/H.P.Rill(Hrsg.), Grundfragen des Wirtschaftslenkungsrechts, 1982, S. 78; Tettinger, Rechtsanwendung und gerichtliche Kontrolle im Wirtschaftsverwaltungsrecht, S. 256.

3) Badura, in : Schmidt－Aßmann(Hrsg.), Besonderes Verwaltungsrecht(13. Aufl.), Rn. 79.

4) K. Wanger, Die Wirtschaftsaufsicht als Rechtsinstitut des Wirtschaftsverwaltungsrecht, in :

상의 형성이 아니라 소극적인 경제상의 무질서·위험의 방지를 목적으로 한다는 점에서는 성질이 같다. 따라서 엄밀히 말한다면 양자 모두 실질적 경찰개념에 포함된다고 하겠다.

2171 (2) **경제지도와 경제의 감독** 경제의 감독은 통제와 시정에 제도의 중점이 놓이나, 좁은 의미의 경제지도는 국가적인 결정(예 : 정부에 의한 가격결정)을 통해 기업의 경영상의 결정(예 : 기업에 의한 가격설정)을 대체함으로써 국가의 기업에 대한 상당한 정도의 강도 높은 침해를 특징으로 갖는다. 물론 감독이라는 것도 결과에 있어 지도적인 효과를 갖는 것을 부인할 수 없다. 따라서 감독과 지도를 반드시 대립적인 개념으로 볼 수는 없다. 한편 M. Bullinger는 경제지도는 경제행위에 새로운 요구를 제기하는 것이나, 경제의 감독은 오로지 기존의 요구를—그것이 법구속적인 한—관철시키는 것을 내용으로 한다고 양자를 구분한다.[1] 그렇지만 경제지도규정도 장기간 경과하면 감독기준으로 변화될 수도 있으므로 이러한 구분에 의문이 없는 것은 아니다. 경제감독은 경제관계법규의 위반여부의 감독이며, 이를 위해 정보상의 수단(예 : 신고의무), 예방적 수단(예 : 허가의 유보), 진압적 수단(예 : 철거) 등이 도입된다.

제 2 항 경제감독의 수단

I. 수단의 개관

2172 서구의 경우, 한 세기에 걸쳐 경제감독을 위한 법기술적인 수단이 너무나 많고 다양하게 발전되었으나, 아직까지 경제감독의 법적 문제를 다루는 학자들이 그 수단들을 체계적으로 구성하려는 시도는 많이 보이지 않는다. 논자에 따라서는[2] ① 감시수단(überwachungsmittel)과 보고수단(Berichtungsmittel), ② 인적 감독수단(Personsbezogenen Aufsichtsmitteln)과 물적 감독수단(Sachbezogenen Aufsichtsmitteln), ③ 또는 승인제도(Konzession)와 계속적 감독수단(Mittel der laufenden Aufsicht) 등으로 구분하기도 한다. 크게 보아 유형적으로 말한다면, 다음의 네 가지를 경제의 감독과 관련된 수단으로 지적할 수 있을 것이다.

Oberndorf/Schambeck(Hrsg.), Verwaltung im Dienste von Wirtschaft und Gesellschaft, 1980, S. 380.

1) M. Bullinger, Staatsaufsicht in der Wirtschaft, in : VVDStRL, 22, 1965, S. 287.

2) K. Wanger, Die Wirtschaftsaufsicht als Rechtsinstitut des Wirtschaftsverwaltungsrecht, in : Oberndorf/Schambeck(Hrsg.), Verwaltung im Dienste von Wirtschaft und Gesellschaft, 1980, S. 382.

1. 경제계획

경제상 기초의 안전은 무엇보다도 먼저 경제계획에 의해 추구된다. 오늘날 경제계획은 경제안정의 관점에서 환경계획이라고도 할 수 있다. 왜냐하면 자원의 고갈, 자연환경파괴의 위험, 미래세대에 대한 국가의 책임과 관련하여 경제생활전개에 필요한 생활상의 터전을 계속적으로 확보하기 위해서는 장기적으로 고려되는 포괄적인 계획이 불가피하기 때문이다. 따라서 국토계획 같은 것은 경제의 안전을 위해 당연히 요청되는 것이다. 2173

2. 감시제도

감시적인 규율에 의해서도 경제의 안전이 추구된다. 여기서는 예방적인 금지(예 : 산지관리법 제10조에 따른 산지전용·일시사용제한지역에서의 행위제한)와 위험방지를 통한 명령(예 : 약사법 제71조에 따른 폐기명령, 제76조에 따른 허가의 취소 등)이 문제된다. 이 문제에 대해서는 항을 바꾸어 보다 자세히 살펴보기로 한다. 여하튼 경제의 감시는 방법상 강제금·형벌 또는 기타의 제재수단으로서 강제될 수 있는 명령·금지의 방식으로 이루어지는데, 이와 관련하여 원인제공자(책임)주의(Verursacheprinzip)가 부각된다. 원인제공자주의란 규범상 위험방지의무, 비용제공의무, 보상의무 내지 위험제거의무가 부과된 자가 그러한 위험의 발생 내지 손해의 발생에 책임을 져야 한다는 원칙이다. 원인제공자주의는 환경보호와 관련하여 활용되고 있다. 말하자면 환경보호를 위한 부담금의 부과제도가 경제상의 안전과 관련하여 문제된다. 2174

3. 촉진제도

경제촉진제도 또한 경제적인 삶의 터전을 보호하는 데 기여한다. 예컨대 천연자원을 대체하는 자원을 스스로 개발하거나 사경제 주체가 연구하도록 지원·촉진하는 제도는 환경보전에 기여하는 의미도 갖는 것이기 때문이다. 2175

4. 국가와 사회의 협력

한번 파괴된 환경의 복구는 매우 어려운 것임을 고려할 때, 경제의 안전은 경제생활에 참여하는 모든 자의 경제의 안전에 대한 적극적인 태도에 크게 의존된다. 국가와 사회의 노력이 함께 어울려질 때에 경제의 안전은 비로소 확보될 수 있다는 점을 명심할 필요가 있다. 2176

Ⅱ. 감독수단으로서 명령·금지

2177 위험방지와 위험예방을 위해 입법이나 행정으로 도입할 수 있는 명령·금지의 구체적인 유형으로는 크게 보아 ① 일정한 전제요건이 충족되는 경우에 경제상의 활동을 가능하게 하는 경우와 ② 경제활동 그 자체를 아예 제한해 버리는 경우가 있다. ①의 경우로는 신고주의·허가주의가 있고, ②의 경우로는 절대적인 금지를 들 수 있다. 나누어서 보기로 한다.

1. 신고주의

2178 신고주의란 허가를 받음이 없이 신고만 하면 영리활동을 할 수 있는 경우를 말한다(예 : 식품법 제37조 제4항에 따른 영업의 신고). 신고 그 자체는 어떠한 효과의사를 갖는 공법상의 의사표시가 아니다. 신고 없이는 일정한 영리행위는 금지된다(예 : 식품법 제75조 제1항 제7호에 따른 영업소 폐쇄). 이를 신고유보부금지라고도 부른다. 신고주의는 개인에 대한 침해가 가장 경미한 형식이다. 그런데 신고의무(Anzeigepflicht)도 침해행위이므로 법적 근거를 요한다. 신고유보부금지에서 신고의무는 위험발생예방 등과 관련한 행정권의 정보를 위한 것이다. 이러한 제도의 취지를 확보하기 위해 신고는 신고의무기간개시 전에 미리 이루어지고 진실에 따른 진술로 이루어져야 한다. 신고에 따른 증명서가 주어져도, 그것이 승인을 뜻하는 것도 아니고, 행정행위도 아니다. 그리고 그것이 신고의 효과를 발생시키는 것도 아니다.

2179 신고주의는 행정청의 사후확인과 결합된다. 권한을 가진 행정청은 사인의 신고와 신고사항이 일치하는가의 여부를 확인하는 권한을 갖는다. 그러한 권한은 신고를 받는 권한에 내재한다. 따라서 권한행정청은 사업장을 둘러보고, 시설 등 신고요건을 확인할 수 있다. 그러나 확인의 권한이 주거나 신체의 수색권한을 포함하는 것은 아니다.

2. 허가주의

2180 (1) 의 의 허가주의란 일정한 영업활동이 원칙적으로는 금지되어 있으나 권한 있는 관청으로부터 허가를 취득한 후에는 그러한 영업활동을 할 수 있는 경우를 말한다(예 : 식품법 제37조 제1항). 허가 없이는 일정한 영업행위가 금지되는바, 허가주의는 허가유보부금지라 부르기도 한다. 여기서 허가는 원칙적으로 예방적 금지의 해제이다. 허가는 금지와 해제를 2대요소로 한다. 허가제도는 경제행정법상 그 수에 있어서 매우 중요한 의미를 갖는다. 허가를 요구하는 구

체적인 목적은 충분한 공간확보, 위험방지, 환경보호, 부적합한 자의 배제 등 매우 다양하다. 그것은 일반공익의 보호, 소비자(고객)의 보호 그리고 근로자(종업원)의 보호에 기여한다. 실정법이 허가라는 표현 외에 승인·동의·특허·인가·면허 등을 사용하고 있어도 그 성질이 허가인 이상 이들을 달리 다룰 수는 없다.

(2) **허가제도와 기본권** 허가제도(허가유보부금지제도)는 법위반에 대한 사후 2181 적인 통제나 제재수단으로는 충분한 효과를 기대할 수 없는 경우에 도입된다. 말하자면 공익과 제3자의 권익의 보호를 위해서는 사전적인 통제가 불가피하게 요구되는 경우에 요청되는 제도이다. 이러한 제도의 성질로 인해 허가제도는 관계자의 기본권을 제한하는 성질도 갖게 된다. 따라서 허가제도는 당연히 법적 근거를 요하게 된다. 그리고 비례원칙 또한 적용되어야 한다.

(3) **허가의 성질**

(가) **사 익 성** 허가는 공익에 장해가 되지 않는 경우에 발해지는 것이지 2182 만, 허가 그 자체는 신청인 등의 사익을 위해 발해진다는 점에서 공익의 실현을 주된 관심사로 하는 특허와 동일한 것이 아니다.

(나) **기속허가·재량허가** 법규상 요건이 충족되면 허가의 발령이 법상 강제 2183 되는 경우의 허가를 기속허가라 부른다. 이러한 경우에 개인은 행정청에 대하여 허가발령에 대한 개인적 공권을 갖는다. 직업선택의 자유와 관련하여 허가의 유형 중에서 기속허가가 허가의 원칙적인 형태라 할 것이다.

법규상 구성요건이 충족되는 경우에도 여러 종류의 법적 효과의 부여가 가 2184 능하고 그 중에서 특정효과의 선택가능성이 행정청에 주어져 있는 경우의 허가가 재량허가이다. 재량허가는 기본권침해의 성격을 강하게 갖기 때문에 명문의 규정이 있는 경우에만 허용된다고 보아야 할 것이다. 허가요건이 갖추어진 경우에도 허가발령 여부를 재량에 따르게 한다는 것은 영업의 자유와는 거리가 멀다. 재량허가의 경우에는 재량행사의 일반원칙에 따라야 한다. 따라서 재량허가의 경우에도 영으로의 재량축소, 확언, 행정의 자기구속의 법리(행정의 자기구속의 전제요건으로는 ① 사실관계의 동일, ② 적용법규의 동일, ③ 기존결정의 적법성, ④ 상이한 결정을 정당화시켜 줄 근거의 결여가 언급될 수 있다)가 적용되는 경우에는 기속적인 것이 된다. 기속허가와 재량허가의 구분은 기속행위와 재량행위의 구분에 대한 일반행정법의 원리에 따른다.

(다) **부 관** 명문으로 정하고 있는 경우(예 : 식품법 제37조 제2항) 외에도 2185 행정기본법 제17조가 정하는 바에 따라 허가에 부관을 붙일 수 있음은 물론이다.

(라) **취소·철회** 허가는 행정기본법 제18조와 제19조가 정하는 바에 따라 2186

의 취소 또는 철회될 수 있다.

(4) 허가의 유형

2187 (가) 인적 허가·물적 허가 허가의 대상의 성질과 관련하여 허가는 인적 허가(Persönliche Erlaubnisse)와 물적 허가(Dingliche Erlaubnisse)로 구분된다. 예컨대 허가의 발령이 영업자의 개인적인 성질·능력(예 : 신뢰성·전문성·건강 등) 등에 의존되는 경우의 허가가 인적 허가이고, 영업장 위치, 공간상 상태, 경제상 급부능력, 환경보호의 관련성 등에 의존되는 경우의 허가가 물적 허가이다. 순수한 인적 허가나 물적 허가는 비교적 드물고, 대개의 경우는 허가를 위해 인적·물적 요건이 동시에 요구된다. 인적 허가·물적 허가의 구분의 실익은 권리의 승계문제와 관련한다. 예컨대 물적 허가의 경우에는 입법자가 특별한 규율을 가하지 않는 한 법적 승계가 이루어지나(예 : 상속), 인적 허가는 영업자 개인과 밀접히 관련된 관계로, 새로운 영업자는 새로운 허가를 받아야 한다. 인적 허가와 물적 허가의 두 가지 성질 모두를 갖는 허가를 혼합적 허가라 부른다. 혼합적 허가의 법적 승계는 상황에 따라 다르다.

2188 (나) 시설허가·경영허가·판매허가 경제과정의 단계와 관련하여 시설허가·경영허가·판매허가로 구분된다.[1] 즉 투자단계에서 시설허가가 문제되기도 한다. 시설허가는 환경보호법·건축법·도로법·문화유산의 보존 및 활용에 관한 법률 등과 관련을 맺는다. 생산활동의 단계에서 경영허가가 문제되기도 한다(예 : 음식점·숙박업의 경영허가). 판매단계에서 생산품에 대한 판매허가가 문제되기도 한다. 시설허가·경영허가가 생산요소와 생산과정의 통제를 가능하게 하는 것인 반면, 판매허가는 생산품의 판매의 감시를 목적으로 한다(예 : 의료품검사). 판매검사가 요구되는 경우에는 모든 생산품에 대한 검사가 아니라 견본상품의 검사가 이루어지게 됨이 일반적이다.

2189 (다) 계속적 허가·일시적 허가 허가의 효과의 지속성과 관련하여 계속적 허가와 일시적 허가의 구분이 가능하다. 계속적 허가란 그 효과가 무제한 또는 상당한 기간 동안 지속하는 경우를 말하고, 일시적 허가란 시간적으로 극히 한정된 기간 동안만 그 효과가 지속하는 경우(예 : 귀성객 수송 특별운송허가)를 말한다.

2190 (5) 허가의 요건 허가의 요건은 개별 경제행정법상 상이하게 규정되고 있다. 독일의 경우, 대체로 보아 경제행정법상 영업허가의 요건은 ① 무위험성, ② 신뢰성, ③ 전문성을 중심내용으로 한다고 언급된다.[2] 우리의 경우도 별로

1) Jarass, Wirtschaftsverwaltungsrecht mit Wirtschaftsverfassungsrecht, § 9, Rn. 7ff.

2) Badura, in : Schmidt-Aßmann(Hrsg.), Besonderes Verwaltungsrecht(13. Aufl.), Rn. 148.

다를 바 없다. 이들에 관해 보기로 한다.

(가) 무위험성 기술상 설비나 기술상 행위에는 위험방지의 문제와 관련하 2191
여 무위험성(Ungefährlichkeit)이 허가의 중심적이고도 필수적인 척도로 나타난다(예 : 약사법 제31조 제10항). 무위험성은 객관적인 면에서 무위험성이라 하겠다(물적 무위험성).

(나) 신 뢰 성 개인적인 성격 내지 속성과 관련하여 공적 안전의 준수·보 2192
호, 관련법규의 준수에 대한 피허가자의 신뢰성(Zuverlässigkeit)이 허가의 또 하나의 척도로 기능한다. 허가신청자가 과연 자신의 영업을 질서에 합당하게 경영할 것인가에 대한 문제가 신뢰성의 문제이다. 법규를 준수하고 제3자의 권익을 침해하지 않는다면 신뢰성은 있다고 하게 된다.[1] 신뢰성은 도덕상·형벌상의 문제가 아니라 경찰상의 책임에 대한 것이다(예 : 약사법 제46조 제2호). 법인의 경우에는 특히 대표자의 신뢰성이 문제된다. 신뢰성은 주관적인 면에서 무위험성이라 보겠다(인적 무위험성). 불확정개념인 신뢰성의 유무의 판단에 있어서는 과거의 법위반이 절대적인 기준일 수가 없으나, 하나의 중요한 기준임에는 의문이 없다(예 : 약사법 제46조 제2호). 그 판단은 허가시를 기준으로 보면, 장래에 있어서의 예측적인 것이 된다.[2] 즉 신뢰성의 전제로서 질서에 합당한 경영은 미래에 보장되어야 하는 것이다. 한편 신뢰성 유무의 판단은 전문성의 판단은 아니고, 경제상태(재정상태)에 대한 판단도 아니다. 신뢰성 유무의 판단이 사법통제의 대상이 되어야 함은 당연하다.

(다) 전 문 성 신뢰성 외에 허가신청자의 인적 성격과 관련하여 일련의 경 2193
제활동에는 전문성(Sachkunde)이 또한 불가피하게 요청된다. 그러한 경우에는 전문성이 허가의 척도로 기능하게 된다. 경우에 따라서는 전문성이 신뢰성의 전제가 되는 경우도 있을 것이다(약사법 제3조 제2항). 전문성이란 필요한 지식이라는 말로 대체될 수 있다. 전문성의 내용 정도는 분야마다 상이할 것이다. 영업에 일정시험의 합격이나 일정교육이수 등의 자격을 요구하는 경우가 이에 해당할 것이다. 그런데 이러한 전문성을 기업의 경우 반드시 영업주(허가신청자)가 갖추어야 하는가는 별문제이다. 예컨대 고용된 자가 관련전문지식을 갖고서 전문성에 관한 한 고용주로부터 독립적으로(그러나 물론 고용주의 이름과 계산으로) 행위할 수 있다면, 그것으로 전문성은 갖추어지는 것으로 볼 것이다.

(라) 도덕성의 문제 선량한 풍속 기타 사회질서가 허가의 또 하나의 척도 2194

---

1) Jarass, Wirtschaftsverwaltungsrecht mit Wirtschaftsverfassungsrecht, § 15, Rn. 71.
2) Püttner, Wirtschaftsverwaltungsrecht, S. 91.

로 기능할 수도 있다. 사회질서가 어떠한 것인가는 논자에 따라 달리 파악될 수 있을 것이나, 적어도 형사처벌의 대상이 되는 행위는 반사회적이라고 할 것이다.

2195 (6) 허가와 존속보호 만약 어떠한 영업허가가 주어지면, 그로부터 어느 정도 존속보호가 생겨난다. 존속보호는 두 가지 의미를 갖는다. 즉 ① 허가의 폐지·부인을 위해서는 그에 합당한 전제가 충족되어야 한다는 소극적 존속보호와, ② 새로운 처분의 확대에도 일정한 전제가 요구되는 적극적 존속보호가 그것이다.

2196 (가) 소극적 존속보호 ① 경제행정청은 행정행위의 취소·철회의 형식으로 기존의 허가를 위법행위의 경우에는 취소, 적법한 행위의 경우에는 철회로 폐지할 수 있다. 행정청의 폐지는 해당 허가를 규정하는 법과 폐지에 관한 행정법상의 일반원리에 따른 제한을 받는다. 이러한 원리에 반하는 폐지를 하게 되면, 경우에 따라서는 보상이 따라야 할 것이다. 사후부관(부담의 경우) 역시 근거법에서 예정되고 있거나, 해당 허가행위에서 예정된 경우, 상대방의 동의가 있는 경우 등이 아니라면 곤란하다. ② 일반경찰법에 근거한 각종 처분은 각 개별법규에 따른 허가의 효과에 직접 영향을 미치지 아니한다. 실제상으로 경찰처분의 효과가 부분적으로나 전체적으로 폐지의 효과를 능가할 수도 있을 것이다.

2197 (나) 적극적 존속보호 이미 허가를 받은 시설 등이 허가 후의 법의 개정으로 사후의 법(신법)에 적합하지 않게 되는 경우에 기존의 허가는 계속하여 존속력을 갖는가는 문제이다. 이 문제와 관련하여 적법하게 창조된 존속은 헌법상 재산권보호규정의 고려하에 여태까지의 기능을 주장할 수 있고, 이로써 그에 반하는 법률에 대항할 수 있다는 입장이 있다.[1] 이러한 입장은 영업상의 시설의 허가의 경우에는 타당하다고 볼 수도 있으나, 환경보호법적인 영역에서는 타당하지 않다고 하는 견해도 있다.[2] 후자의 견해에 따르게 되면, 환경법의 영역에서는 기존의 시설을 새로운 법에 맞게 보완하도록 하는 경과규정이 필요하게 된다.

2198 (7) 허가의 위반 허가를 요하는 영업행위에서 허가를 취득함이 없이 영업을 하게 되면, 그것은 실체법의 위반을 뜻하게 된다. 그것은 공적 질서에 위험을 가져오는 것으로 경찰처분의 대상이 된다. 경우에 따라 경찰은 영업의 폐쇄를 강제할 수도 있다(예 : 식품법 제75조 제1항 후단).

2199 (8) 허가의 소멸 허가는 법령이 정한 바에 따라 소멸된다. 즉 허가의 취

1) BVerwGE 50, 49, 57 참조.
2) Jarass, Wirtschaftsverwaltungsrecht mit Wirtschaftsverfassungsrecht, §9, Rn. 74.

소와 철회, 조건의 성취, 기한의 도래 등으로 소멸한다. 특히 기한의 도래와 관련하여 볼 때, 법은 일정기간 영업에 종사하지 아니하면 허가의 효력이 자동으로 소멸되는 것으로 규정하기도 한다. 그 밖에 자연인에 대한 허가의 경우에는 사망 또한 소멸원인이 된다.

3. 절대적 금지

절대적 금지(Absolute Verbot)는 경제행정영역에서 발견하기 어렵다. 왜냐하 2200
면 국가작용의 비례원칙과 관련하여 경제활동을 예외 없이 금지한다는 것은 기대하기 어렵기 때문이다. 그러나 절대적 금지는 형법의 영역으로서는 제한없이 적용될 것이다(예 : 장물취득업의 금지, 포르노관련 물건의 판매 금지, 포르노영화상영 금지). 그러나 절대적 금지의 대상이 되는 행위도 시대의 변천으로 인한 윤리감정에 변화가 있게 되면 금지의 대상에서 제외될 수도 있을 것이다. 현재로서 성인에 대한 포르노관련 도서의 판매나 영화의 상영의 금지 등은 허용하는 방향으로 검토를 요한다고 볼 것이다.

Ⅲ. 감독수단으로서 시설상 일정한 수준의 요구

앞에서 본 예방적 수단 외에 경제감시의 수단으로 경영상 필요한 시설들에 2201
대하여 일정한 수준을 요구하기도 한다. 이에는 ① 시설 자체에 대한 요구와 ② 시설이 갖는 효능에 대한 요구의 두 가지가 있을 수 있다. 시설에 일정한 수준을 요구하는 것은 법적 안전에 봉사하기 위한 것이다. 그러나 그것은 또한 새로운 기술상의 발전에 대한 적응과 관련하여 수준의 구체적인 확정에 어려움이 있다. 실제상 구체적으로 요구되는 수준은 특정의 법규에서 확정하기가 곤란하다. 오히려 법은 그 척도로서 불확정개념인 '일반적으로 승인된 기술상의 원리', '과학기술상의 수준', '기술수준'이라는 표현 등을 도입하거나 또는 그 결정권을 행정권에 위임하게 될 것이다.

Ⅳ. 기타 수단

경제의 안전을 위한 그 밖의 수단으로 ① 허가의 취소·철회, 철회권의 유 2202
보, 조건이나 부담의 부과, 일정사항의 표시의무의 부과 등이 있다. 또한 ② 국가는 경제활동을 직접 제한하는 것이 아니라, 계속적인 감시·관찰의 의미에서 예방적인 목적을 위해 관련정보와 관련하여 보고징수권·조사권·열람권·시설검사권 등을 가진다. 보고징수권은 사인에게 일정사항을 보고·통지하게 하는 의무를 부과함으로써 이루어지게 된다. 한편 ③ 국가의 위기시에는 배급제도가 활용되기도 한다. 배급제도란 통상 구입표를 가진 자만이 일정한 물자를 구입할 수 있게 하는 제도이다. 구입제한은 일종의 허가유보부금지라고도 할 수 있다. 평시에는 배급제도를 찾아보기 어렵다.

Ⅴ. 경제영역별 경제감독수단

2203 ① 경제영역별로 각 영역의 특수성을 고려하여 앞서 본 각종 수단을 적절히 선택·도입함으로써 경제의 감시를 꾀하고 있다. 구체적인 내용은 각 영역 분야별(예 : 농업경제·산림경제·어업경제·광업·에너지·물·폐기물·상업·공업·서비스업 등) 실정법제도의 분석을 통해 이루어질 것이다. 한편 ② 경제의 감시에는 특정 경제영역 분야의 감시를 능가하는 성질을 갖는, 즉 모든 기업이나 경제의 전반에 걸치는 성질을 갖는 것도 있다. 이러한 영역포괄적인 경제감시로 경쟁제한감시, 조세감시 등을 예로 들 수 있다. 물론 조세감시는 모든 납세의무자와 관련하는 것으로서 단순한 경제감시의 성격을 능가하는 것이다. Püttner 교수의 말대로 조세감시는 기업자에 대한 과세에서 중심적인 의미를 갖는다고 볼 때,[1] 경제감시의 제목 하에 여기서 언급하는 것도 의미는 있을 것이다.

Ⅵ. 경제에 대한 규제의 완화

1. 의 의

2204 대한민국의 경제질서는 개인과 기업의 경제상의 자유와 창의를 존중함을 기본으로 한다(헌법 제119조 제1항). 그러나, 국가는 균형있는 국민경제의 성장 및 안정과 적정한 소득의 분배를 유지하고, 시장의 지배와 경제력의 남용을 방지하며, 경제주체간의 조화를 통한 경제의 민주화를 위하여 경제에 관한 규제와 조정을 할 수 있다(헌법 제119조 제2항). 그동안 경제의 성장과 발전을 위해 있어온 규제가 1980년대부터는 지나친 것으로 인식되면서 규제완화가 이루어지고 있다. 규제완화와 관련된 법률로 ① 기업활동 규제완화에 관한 특별조치법, ② 행정규제기본법, ③ 민원 처리에 관한 법률 등을 볼 수 있다. 이하에서는 다만 ① 에 관해서만 약간 언급한다.

2. 기업활동의 규제완화(기업활동 규제완화에 관한 특별조치법)

2205 기업활동 규제완화에 관한 특별조치법은 기업활동에 관한 행정규제의 완화

1) Püttner, Wirtschaftsverwaltungsrecht, S. 227.

및 특례에 관한 사항을 규정하여 원활한 기업활동을 도모하고 국민경제의 건전한 발전에 이바지함을 목적으로 제정되었다(기업활동 규제완화에 관한 특별조치법 제1조). 동법은 행정규제를 정하고 있는 다른 법령(행정규제기본법을 제외한다)의 규정에 우선하여 적용한다(기업활동 규제완화에 관한 특별조치법 제3조 본문). 다만, 다른 법령의 개정으로 이 법의 규정에 의하여 완화된 행정규제 내용보다 그 규제내용이 더 완화되는 경우에는 그 법령에서 정하는 바에 의한다(기업활동 규제완화에 관한 특별조치법 제3조 단서). 기업활동 규제완화에 관한 특별조치법은 의무고용의 완화(제28조 이하), 검사 등의 완화(제47조 이하), 입찰 참가자격 제한의 완화(제60조 이하) 등에 관한 규정을 두고 있다.

제 2 절 경제의 지도

제 1 항 경제지도의 관념

1. 개념의 다양성

2206 경제지도(Wirtschaftslenkung)의 개념은 다의적이다. 문헌상 나타나는 경제지도의 여러 개념을 종합하여 보면, 대체로 다음의 세 가지로 구분할 수 있다.[1)] 물론 경제에 대한 국가의 개입(경제지도)은 복지국가의 실현 등과 관련하여 매우 다양하고 또 하나하나의 수단들이 여러 목적, 여러 성질을 동시에 갖기도 하기 때문에 그 작용(특히 경제지도)을 분명하게 세분하는 것은 불가능하고, 다만 개괄적·유형적으로만 구분이 가능하다고 볼 것이다.

2207 (1) **최광의의 경제지도** 가장 넓은 의미로 경제지도란 경제에 대해 이루어지는 지도처분으로서 국가의 모든 간섭작용을 의미한다. 이러한 의미의 개념에는 사회정책적인 개입, 사회보험체계, 단순한 국고적인 개입작용, 모든 공과금 부과작용, 그 밖에 안전배려를 위한 개입작용의 전부(예 : 건축경찰·소방경찰·보건경찰 등)까지도 포함된다. 그런데 이러한 의미의 경제지도란 개념은 바로 경제행정전반에 걸치는 것이므로 개념 자체가 갖는 특별한 의미는 없다. 독일의 문헌상으로도 이러한 의미로 경제지도라는 말은 거의 사용되지 않는다.

2208 (2) **광의의 경제지도** 넓은 의미로 경제지도란 특히 경제정책적 견지에서 생산자·교환자·소비자로서의 경제주체의 활동에 영향을 미치고자 하는 국가의

---

1) B.－C. Funk, Das System des österreichschen Wirtschaftslenkungsrechts, in : K. Korinek/H. P. Rill(Hrsg.), Grundfragen des Wirtschaftslenkungsrechts, 1982, S. 58ff.

간섭을 의미한다. 달리 말해 넓은 의미에서 경제지도란 경제정책상·사회정책상 희망하는 상태나 경제생활의 과정을 가져오거나 유지하기 위해서 경제과정상 영향을 미치는 일체의 국가적인 처분을 의미한다.[1] 그것은 개별경제작용에 합목적적인 영향을 가하여 특정경제정책목적을 최선으로 형성·실현하기 위해 이루어지는 경제과정에 대한 합계획적인 국가적인 규율의 전체를 의미한다고도 할 수 있다. 여기에서 그 처분이나 규율의 법형식이 법률·명령·법규명령·행정행위·행정기관의 사법행위인가는 묻지 않는다. 한편 비록 행정기관이 사법형식에 따른다고 하여도 그것은 국가의 사회형성임무를 위한 것인 점에서 사적 자치에 따른 단순한 사법관계는 아니다.

2208a 한편 이러한 의미의 경제지도는 국가의 사회형성임무로부터 나오는 국가적인 임무인 점에서 경제상의 공적 안전과 질서를 위한 위험방지작용인 경제감독과 구분된다. 광의의 경제지도는 협의의 경제지도와 경제촉진으로 나눌 수 있다.

2209 ⑶ **협의의 경제지도** 좁은 의미로 경제지도란 넓은 의미의 경제지도개념 중에서 급부의 보장과 관련된 경제촉진을 제외한 것을 말한다. 이에 관해서는 항을 바꾸어서 보기로 한다. 이하에서 경제지도란 좁은 의미로 사용한다.

2. 경제지도의 개념

2210 (좁은 의미의) 경제지도에는 자유시장에서 수요·공급의 원리 대신에 행정상의 생산·분배구조의 도입을 통해 가격규제, 물자나 시장질서의 통제 등의 형식으로 경제에 대해 가해지는 국가의 직접적인 간섭작용과 그 밖에 간접적인 간섭작용이 포함된다.[2] 경제행정은 경제가 공적 안전과 질서에 바람직하지 않은 영향을 주지 않도록 하는 데 관심을 가질 뿐만 아니라(경제감독), 한 걸음 더 나아가서 국민경제상 생활관계의 개선이 이루어지도록 하기 위하여 경제에 대해 예측적으로, 그리고 형성적으로 영향을 미치기도 한다. 경제생활에 대한 이러한 종류의 영향의 발휘를 경제지도라 부른다.[3] 말하자면 일정한 경제적 목적을 달성하기 위하여 직·간접으로 경제과정에 개입하는 부과적인 여러 국가적인 처분의 총체를 말한다(채택되는 수단의 성질을 중심으로 볼 때, 경제지도에는 부과적인 처분이 중심이 되고, 후술하는 경제촉진은 수익적인 처분이 중심적인 수단이 된다).

---

1) Badura, in : Schmidt-Aßmann(Hrsg.), Besonderes Verwaltungsrecht(13. Aufl.), Rn. 85; Tettinger, Rechtsanwendung und gerichtliche Kontrolle im Wirtschaftsverwaltungsrecht, S. 252.

2) 직접적인 간섭작용만을 좁은 의미의 경제지도로 부르기도 한다(Rinck/Schwark, Wirtschaftsrecht, 1986, S. 279ff.).

3) Stober, Allgemeines Wirtschaftsverwaltungsrecht, S. 301.

3. 경제지도의 전제(국가와 경제의 이원주의)

경제지도는 국가와 경제의 이원주의를 전제로 한다.[1] 경제지도는 개념필수 2211
적으로 경제가 국가에 대해 대칭관계에 놓일 때에만 생각될 수 있다. 지도는 자신이 아니라 타인에 대한 것이기 때문이다. 완전히 사회화된 경제에서는 논리적으로 진정한 의미의 지도가 존재할 수 없고, 모든 기업이 국공유화되었다면 국가의 경제는 하나일 뿐이다. 따라서 경제지도는 경제지도의 상대방(기업)이 존재함을 그 내용상의 한계로 갖는다.[2]

제 2 항 직접적 지도수단

I. 일 반 론

1. 의 의

경제지도적인 성질을 갖고서 직접적으로 작용하는 국가적인 수단에는 국가 2212
가 자유로운 시장, 수요와 공급 그리고 가계와 기업이 수요와 공급에 대해 갖는 결정권능을 전부(총괄적 지도) 또는 부분적으로(부분적 지도) 무력화시키는 것을 특징으로 한다.[3] 말하자면 원하는 경제정책상의 목표를 달성하기 위하여 여러 경제세력간의 자유로운 경쟁 대신 국가가 수요·공급, 기업과 소비자의 계획과 수요에 대해 결정하게 되는 경우를 말한다.[4] 논자에 따라서는 이를 통제(Bewirt-schaftung), 규제된 경쟁(Geordneter Wettbewerb) 또는 시장규제(Marktordnung)라 부르기도 한다.

통제란 재화의 생산·판매를 규율하는 국가적인 명령·금지라 요약할 수도 2213
있으며, 통제는 성질상 침해행정의 한 내용이 된다. 일반소비자는 통제를 통상 지각하지 못한다. 왜냐하면 통제는 초기경제단계(생산·수입단계)에서 이루어지기 때문이다. 구체적으로 본다면 시장규제란 생산성의 제고, 노동력 등 생산요소의 최대한 활용, 근로자들의 적당한 생활수준, 시장의 안전, 적당한 소비자가격 등을 보장하기 위하여 나타나는 관련시장의 규율(즉 생산범위·투자범위·가격 등의 규율)을 위한 법적 수단을 의미한다.

---

1) R. Schmidt, Wirtschaftspolitik und Verfassung, 1971, S. 56.
2) A. Hamann, Rechtsstaat und Wirtschaftslenkung, 1953, S. 14.
3) Stober, Allgemeines Wirtschaftsverwaltungsrecht, S. 303.
4) Badura, in : Schmidt-Aßmann(Hrsg.), Besonderes Verwaltungsrecht(13. Aufl.), Rn. 86.

2. 성 질

2214 시장규제가 무조건 자유시장경제원리에 반하는 것은 아니다. 시장규제가 일정한 계획을 전제로 하여도 그것은 계획경제를 뜻하는 것이 아니라 경제에 대한 국가의 책임을 구체화하는 것이라고 새겨야 할 것이다. 시장규제는 — 그것이 총괄적 지도이든 부분적인 지도이든 — 공공복지에 이바지하기 위한 범위 내에서만 정당화될 수 있고 허용될 수 있다. 시장구조가 위기에 처해 있을 때(경제위기)에는 총괄적 경제지도의 도입이 더욱 강조될 것이다(예 : 에너지위기의 경우).

3. 종 류

2215 직접적 경제지도는 총괄적 지도와 부분적 지도로 구분될 수 있다. 총괄적 지도는 긴급권적인 성질을 갖고서 긴장사태 내지 긴급사태(예 : 전쟁·공황 등)시에 국민들의 생존배려를 위해 생활상 중요한 교통이나 재화공급의 확보를 위해 쉽게 나타난다. 부분적 지도는 개인에게 일정한 필수불가결의 재화나 서비스의 공급을 위해 활용된다. 부분적인 경제지도는 생산과잉의 방지를 위해서도 활용된다.

Ⅱ. 개별수단의 검토

1. 가격통제

2216 (1) 의의와 성질 ① 정부에 의한 최고가격의 지정, 가격승인 등을 통해 경제지도가 이루어지기도 한다. 가격통제는 인플레이션경향을 중단시키는 데에도 의미를 갖는다. 가격통제제도는 물가수준의 유지·안정을 목적으로 한다. ② 가격규정은 수용침해가 아니다. 그것은 단지 헌법 제23조 제1항(재산권의 내용과 제한)에 따른 사회적 정의의 실현을 지향하는 재산권의 내용상의 제한일 뿐이다.[1]

2217 (2) 합 헌 성 최고가격 등 가격지도제도는 헌법에 반하지 않는다. 왜냐하면 그것이 계약자유를 침해하는 것이기는 하나, 사회복지국가의 이념에 의해 정당화되는 것이고, 또한 그것은 헌법 제10조(인간의 존엄과 가치)가 보장하는 개인의 자유영역과 고유책임성을 침해하는 것은 아니기 때문이다.

2218 (3) 한 계 가격통제로 수익을 목적으로 하는 기업에 대해 손실을 감수하도록 강제할 수는 없다. 그것은 비례원칙에 반하기 때문이다. 만약 손실을 가져온다면 경우에 따라 국가는 보상하여야 한다(예 : 구 양곡관리법 제16조 제3항).

2219 (4) 유 형 시장경제체제하에서 가격은 수요와 공급의 관계에 따라 결

1) G. Rinck, Wirtschaftrecht, 1977, S. 91.

정됨이 원칙이다. 그러나 경제의 지도를 위해 ① 가격이 행정청에 의해 결정되는 경우와 ② 행정청이 규제를 가하는 경우가 있다. ①의 경우에는 ⓐ 행정청이 구체적인 금액을 결정하는 경우도 있고(구 양곡관리법 제16조 제3항), ⓑ 행정청이 가격의 최고한도나 최저한도를 정하는 경우도 있다(예 : 물가법 제2조에 따른 최고가격의 지정). 이러한 경우에 계약당사자간에는 일정한 자유영역이 주어지게 된다. 한편, ②의 경우에도 ⓐ 가격의 결정에 행정청의 인가를 요하는 경우(예 : 구 의료법 제37조에 따른 의료보수의 인가), ⓑ 가격의 표시가 요구되는 경우(물가법 제3조), ⓒ 가격조정을 명령하는 경우(교과용도서에 관한 규정 제33조 제2항, 초·중등교육법 제29조 제2항) 등이 있다.

(5) **행위방식** ① 가격지도는 법률로서 이루어질 수도 있겠으나, 법률의 2220
성질(입법의 장기성, 법의 효과의 영속성 등)과 관련하여 실제상 기대하기 곤란하다. ② 가격지정은 법규명령에 의해 이루어질 수도 있을 것이다. ③ 긴급한 경우에는 개별거래와 관련하여 행정행위로서 이루어질 수도 있을 것이다. 한편 이의 근거법으로 긴급입법(예 : 긴급재정·경제명령)도 활용될 수 있을 것이다.

(6) **가격통제위반의 효과** 가격통제위반의 효과와 관련하여 부당이득의 환 2221
수와 경제행정벌의 경우가 문제된다. ① 정부는 국민생활과 국민경제의 안정을 위하여 필요하다고 인정할 때에는 특히 긴요한 물품의 가격, 부동산등의 임대료 또는 용역의 대가에 대하여 최고가액을 지정할 수 있다(물가법 제2조 제1항). 기획재정부장관은 제2조 제1항에 따라 정부가 지정한 최고가격을 초과하여 거래를 함으로써 부당한 이득을 얻은 자에게는 과징금을 부과한다(물가법 제2조의2 제1항). 제1항에 따른 과징금은 실제로 거래한 가격·임대료 또는 요금에서 최고가격을 뺀 금액으로 한다(물가법 제2조의2 제2항). ② 가격통제의 위반은 경제행정벌로 처벌이 가해지기도 한다(예 : 화물자동차 운수 사업법 제70조 제2항 제2호).

2. 물가감시

물가감시는 가격통제규정으로부터 독립하여 가격통제요인의 존재 여부를 2222
살피하기 위한 것이다.

3. 생산량할당과 생산명령

기업에 대해 일정량 이상의 생산을 하도록 명령함으로써 경제지도가 이루 2223
어지기도 한다. 말하자면 생산량의 최고한도를 고권적으로 확정하는 생산량할당과 생산명령제도가 도입되기도 한다. 이러한 제도는 전체생산량의 조절(과잉방지)을 통해 시장의 안정화를 기하거나 공급부족을 방지하고자 함에 의미를 갖는다(예 : 구 비료관리법 제5조에 따른 생산할당과 생산명령).

4. 공급명령

2224 경우에 따라서는 생산자가 수요자에게 일정량의 상품을 공급하도록 하는 공급명령(Liefergebot)을 발하기도 한다. 공급명령은 법규에 근거하여 행정행위로서 발해진다(비료관리법 제7조).

5. 보통거래약관

2225 국가는 경미한 통제형식으로 보통거래약관을 작성하도록 한다. 이에 관한 일반법으로 「약관의 규제에 관한 법률」이 있다. 동법(제3조 제2항)은 “사업자는 계약을 체결할 때에는 고객에게 약관의 내용을 계약의 종류에 따라 일반적으로 예상되는 방법으로 분명하게 밝히고, 고객이 요구할 경우 그 약관의 사본을 고객에게 내주어 고객이 약관의 내용을 알 수 있게 하여야 한다. 다만, 다음 각 호(1. 여객운송업, 2. 전기·가스 및 수도사업, 3. 우편업, 4. 공중전화 서비스 제공 통신업)의 어느 하나에 해당하는 업종의 약관에 대하여는 그러하지 아니하다”고 명시하고 있다. 보통거래약관에는 책임문제·품질·통지의무·이자 등이 포함된다. 보통거래약관은 법률에 유사한 효과를 갖는다고 본다.[1)]

Ⅲ. 물가안정에 관한 법률

2226 물가의 안정을 기함으로써 소비자의 권익을 보호함과 아울러 국민생활과 국민경제의 안정 및 발전에 이바지함을 목적으로 「물가안정에 관한 법률」이 제정되어 있다. 이하에서 동법의 주요내용을 간략히 보기로 한다.

1. 최고가격의 지정

2227 정부는 국민생활과 국민경제의 안정을 위하여 필요하다고 인정할 때에는 특히 중요한 물품의 가격, 부동산 등의 임대료 또는 용역의 대가에 대하여 최고가격을 지정할 수 있다(물가법 제2조 제1항). 최고가격은 생산단계·도매단계·소매단계 등 거래단계별 및 지역별로 지정할 수 있다(물가법 제2조 제2항).

2. 공공요금 등의 결정

2228 주무부장관은 다른 법률이 정하는 바에 따라 결정·승인·인가 또는 허가하는 사업이나 물품의 가격 또는 요금(이하 “공공요금”이라 한다)을 정하거나 변경하고자 할 때에는 미리 기획재정부장관과 협의하여야 한다(물가법 제4조 제1항). 국

1) G. Rinck, Wirtschaftrecht, 1977, S. 87.

가 또는 국가로부터 위탁받은 기관이 다른 법률이 정하는 바에 따라 제공하는 행정서비스, 시설이용 및 특정한 권리 부여 등에 대한 보상으로 징수하는 대가(이하 "수수료"라 한다)를 정하거나 변경하려는 경우에는 주무부장관은 미리 기획재정부장관과 협의하여야 한다(물가법 제4조 제2항). 기획재정부장관은 제2항에 따른 협의를 위하여 협의 대상 및 절차 등 필요한 사항에 관하여 고시하여야 한다(물가법 제4조 제3항).

3. 가격표시명령

주무부장관은 소비자의 보호 또는 공정한 거래를 위하여 필요하다고 인정 2229
할 때에는 물품을 생산·판매하거나 그 매매를 업으로 하는 자 또는 용역의 제공을 업으로 하는 자에게 대통령령으로 정하는 바에 따라 해당 물품의 가격 또는 용역의 대가를 표시할 것을 명할 수 있다(물가법 제3조).

4. 시정명령

주무부장관은 제7조에 따른 매점매석행위를 하고 있는 사업자에 대하여는 2230
그 행위의 시정 또는 중지를 명하여야 한다(물가법 제9조).

5. 긴급수급조정조치

정부는 물가가 급격히 오르고 물품 공급이 부족하여 국민생활의 안정을 해 2231
치고 국민경제의 원활한 운영을 현저하게 저해할 우려가 있을 때에는 해당 물품의 사업자나 수출입 또는 운송이나 보관을 업으로 하는 자에 대하여 대통령령으로 정하는 바에 따라 5개월 이내의 기간을 정하여 다음 각 호(1. 생산계획의 수립·실시 및 변경에 관한 지시, 2. 공급 및 출고에 관한 지시, 3. 수출입의 조절에 관한 지시, 4. 운송·보관 또는 양도에 관한 지시, 5. 유통조직의 정비, 유통단계의 단순화 및 유통시설의 개선에 관한 지시)의 어느 하나에 해당하는 조치(이하 "긴급수급조정조치"라 한다)를 할 수 있다(물가법 제6조 제1항).

제 3 항 간접적 지도수단

Ⅰ. 경기조종(총괄적 수단)

총괄적인 경제지도·조종은 바로 경기조종이라 할 수 있다. 이를 위한 수단 2233
으로는 균형있는 국민경제의 실현을 위한 예산법상의 처분, 조세의 부과, 화폐정책 등이 있다. 그 밖에 각종 보고서(백서)의 발간도 하나의 수단이 된다고 볼 것이다. 사실 ① 예측불가능한 인간행동의 변화, ② 예측곤란한 자연의 변화, ③ 외국의 영향, ④ 파악하기 곤란한 사회·경제체계 등으로 인해 경제조정이 반드시 용이한 것은 아니다.[1] 고전경제학이 말하는 시장의 자율적인 조정기능이 실제에 있어서는 잘 이루어지지 않고, 또한 심한 경기의 변동은 국민경제생활에 미치는 영향이 매우 큰 것이므로(인플레이션을 상기하라) 국가에 의한 경기조종책은 불가피하게 요청된다. 국가적인 경기정책은 근대의 일로서 자유방임의 종말을 의미한다.[2] 그리고 그것은 이론상 케인즈에게서 비롯된 것이다(The General Theory of Employment, Interest and Money).

Ⅱ. 투자의 통제

2234 국민경제상 무의미하거나 그릇된 투자의 방지 등을 목적으로 하여 사인의 투자에 통제가 이루어지고 있다. 이러한 투자의 통제가 경제의 지도·조종의 기능을 갖는다는 점에 의문이 없다. 투자의 통제(Investitionskontrolle)란 사기업의 투자결정에 관한 국가적인 영향력의 투입을 뜻한다. 다만 독립된 공기업의 투자의 경우에 그에 대한 통제가 소유권자로서의 관청에 의해 이루어지는 것이 아니라 일반 경제행정관청에 의해 이루어지는 것이라면 투자의 통제개념에 포함될 것이다.

Ⅲ. 기타의 수단

2235 국가가 직접 또는 다른 기관으로 하여금, 그것도 경제과정에 간접적으로 관여하는 부분적인 경제지도의 방법도 있다. 국가가 개별경제영역에 영향을 미치는 수단으로 다음을 볼 수 있다.[3]

1. 계획과 지원 등

2236 국가의 장래의 행위 또는 기존의 경제상황에 대한 국가의 계획(예 : 기술인력 육성계획)이나 각종 지원수단 역시 효과적인 경제지도의 수단이다. 예컨대 특정영역에 대한 국가지원의 중단, 특정분야의 육성계획 또는 특정분야의 인력부족과 그 대책 등은 분명 개인으로 하여금 그에 대비하게 하는 효과를 가질 것이다.

---

1) H. H. Hollmann, Rechtsstaatliche Kontrolle der Globalsteuerung, 1980, S. 22.
2) Püttner, Wirtschaftsverwaltungsrecht, S. 250.
3) Püttner, Wirtschaftsverwaltungsrecht, S. 272.

2. 경제교육

경제의 상황에 따른 수시의 교육 또한 경제지도의 효과를 가질 것이다. 그 2237 것은 자율적인 제한을 유도하는 효과를 가진다. 자율적 제한의 유도는 경제감시의 차원에서뿐만 아니라 경제지도의 차원에서도 의미를 갖는다.

3. 공기업경영

공기업은 여러 방향에서 경제정책의 도구로서 의미를 갖는다. 국가가 재화 2238 의 생산·분배자로서 경제과정에 참여함으로써 경제에 영향을 미칠 수도 있다(예 : 전기·물·가스의 공급, 우편사업). 국가의 기업경영이 반드시 시장경제원리에 모순되는 것은 아니다. 그것은 시장경제의 보완에 의미가 있다. 즉 시장경제원리를 가능하게 하고 보장하는 데 의미가 있다. 이것은 또한 개인의 생활보호와 관련을 갖기도 한다. 공기업은 법규상으로 이용자의 편익을 위해 공기업측의 자유가 배제되는 계약강제를 특징으로 갖는다. 계약강제는 차별금지를 또한 내용으로 한다.

4. 공공기관의 구매

행정주체의 조달행위는 공공기관의 수요물자의 조달이라는 직접적인 목적 2239 외에 경제정책·사회정책의 도구로서의 기능도 갖는다(예 : 건축분야·군수물자분야). 말하자면 공적 구매는 국가 등이 갖는 강력한 구매력을 활용하여 일정 경제분야 또는 중소기업의 성장·발전을 유도하는 효과를 갖기도 한다.

5. 경제감독수단 등

① 일정행위의 요구나 금지를 명하는 경제감독법규도 어느 정도로 조종기 2240 능을 가진다. 그러나 법률을 통한 경제조종은 한계를 갖는다(예 : 암시장·지하경제). ② 후술하는 경제의 촉진을 위한 제수단도 경제지도의 효과를 갖는다.

제 4 항 수단의 선택과 통제

1. 선택과 성과분석

경제지도를 위한 구체적인 수단의 선택은 모든 경제정책이 그러하듯이 경 2241 제지도의 목적(예 : 경제의 성장·안정, 소득의 재분배 등) 그 자체의 설정을 전제로 하여야 한다. 그 목적과 수단의 선택은 국회와 정부의 소관임무이다. 그것은 정치의 한 부분이자 행정의 한 부분이다. 그러한 선택은 시대적 상황을 고려하여 이루어질 것이나, 헌법상 경제질서와 민주적 기본질서의 제약하에 놓이는 것이다. 어떠한 수단이 목적실현에 적합한 것인가는 경제학의 주된 관심분야의 하나이겠으나, 법학에서는 채택된 목표와 수단의 법적 체계화가 관심의 대상이 된다. 그리고 수단도입의 결과로서 나타나는 성과·효과의 분석은 경제학의 테마가 될 것이다.

2. 법적 통제

2242 (1) 의 의 경제지도를 위한 각종 수단의 선택과 실제적용은 바로 경제정책의 수립·시행을 의미한다. 경제정책은 모든 정책과 마찬가지로 법이나 헌법으로부터 자유로운 것이 아니다. 그것은 법 아래 놓이는 것이고 동시에 적법성의 통제하에 놓이는 것이다. 적법성의 통제와 구별을 요하는 것으로 합목적성의 통제가 있다. 후자는 법상 주어진 제한의 준수가 아니라 그 제한의 범위 내에서의 행위의 사항적인 정확성 내지 정당성의 문제이다.[1] 정책수립자의 행위영역이 넓으면 넓을수록, 법적 제한이 적으면 적을수록 적법성의 통제는 보다 중요해진다. 적법성의 통제는 합목적성의 통제가 효과적으로 이루어질 때, 정당한 평가가 이루어질 수 있을 것이다. 민주국가에서 정부작용(경제정책)에 대한 판단은 국회와 일반공중, 그리고 법원의 소관사항이다. 최종적으로는 선거를 통해 국민이 판단할 것이다.

2243 (2) **사법통제의 곤란성** 경제정책목표나 그 실현을 위한 개별수단의 적법성이 사법심사의 대상이 되기 위해서는 사법심사의 전제요건이 충족되어야 할 것이다. 바꾸어 말하자면 경제정책수단 내지 경제지도수단도 사법심사의 전제요건을 갖추기만 하면 사법적 통제의 대상이 됨은 당연하다. 그러나 전제요건을 갖춘다고 할지라도 ① 정책목표의 선택·확정은 그 자체가 고도의 정치성이 있는 행위로서의 성격이 강하고, ② 정책설정의 전제가 되는 기존 경제상황의 분석·판단 그 자체 또한 논자의 학문세계·세계관·인생관 등에 따라 상이할 것이고, ③ 각종 수단은 미래에 대한 예측을 전제로 하는 것인데, 미래에 대한 예측의 사법심사는 행정계획의 경우와 같이, 결코 용이한 것이 아니므로 경제정책(경제지도)은 사법심사와 비교적 거리가 멀다. 따라서 사법심사와 거리가 멀면 멀수록 경제정책(경제지도)에 대한 국회와 정부의 책임은 더욱 강조되어야 한다.

---

1) Püttner, Wirtschaftsverwaltungsrecht, S. 236.

제 3 절 경제의 촉진

제 1 항 경제촉진의 관념

1. 개 념

경제촉진이란 국가나 지방자치단체에 의해 직접·간접으로, 그리고 총괄적 으로나 부분적으로 이루어지는 경제구조개선, 경제상·기술상의 변천에 적응, 생산성의 진보, 기업의 발전, 일자리·교육자리의 증대, 특정기업의 존속보장 등을 위해 자연재해나 그 밖의 외적 영향으로 인한 경제상의 손실을 보전해 주는 등의 특정경제활동의 촉진을 위한 작용을 말한다. 경제촉진은 균형 있는 국민경제의 성장뿐만 아니라 실질적 법치국가원리와 관련을 맺는다. 왜냐하면 경제상의 발전과 복지는 바로 실질적 법치국가의 한 내용이기 때문이다. 그런데 실질적 법치국가문제는 현세대의 생활보호뿐만 아니라 미래세대의 경제생활까지도 고려하는 것이어야 한다. 개념상 경제감독이 공적 안전과 공적 질서에 관련된 것이고, 경제지도가 전체경제의 바른 방향과 관련된 것이나, 경제촉진은 급부의 보장과 관련된 개념이다. 한편 용례상 경제의 촉진이란 넓은 의미의 경제지도의 한 부분을 이루는 것이라 함은 이미 언급한 바 있다. 이러한 연유로 경제촉진(교부지원제도)을 경제지도라는 제목하에 다루는 경우도 있다.[1) 2244

2. 목 적

경제촉진의 목적은 실질적인 생활의 기반과 관련하여 공공복지의 촉진에 놓인다고 하겠는데, 공공복지의 구체화로 Püttner 교수는 다음을 열거하고 있다.[2) 2245

① 개선·증가된 경제상 급부로 인한 공공복지수준의 증대(진흥교부지원)

② 급부개선을 위한 연구·기술개발의 촉진(개발교부지원)

③ 외국과의 경쟁을 감당할 수 있는 내국경제의 촉진(보호교부지원)

④ 내국기업 상호간의 균형확보(지역간 경제촉진)

⑤ 국민경제상 상당한 손실회피를 위한 부문적 위기극복(유지교부지원)

⑥ 실업방지(고용증대교부지원)

⑦ 공익목적상 소비자를 위한 특정급부의 할인급부(소비지도교부지원)

⑧ 창업을 요하는 기업의 개시보장(창업교부지원)

---

1) Rinck/Schwank, Wirtschaftsrecht, S. 261ff. 참조.

2) Püttner, Wirtschaftsverwaltungsrecht, S. 98f.

⑨ 희망하는 기업구조·시장구조의 도입 또는 유지(시장구조교부지원)

⑩ 특정지역에로의 기업의 이주(지역적 경제촉진)

⑪ 더 이상 불필요한 기업의 폐업(폐업교부지원 또는 해체교부지원)

물론 이러한 열거는 Püttner 교수의 말대로 완전한 것도 사물의 본성에 따른 체계적인 것도 아니다. 교부지원을 위한 동기 내지 목적의 판단은 선과 악의 판단과도 같을 것이며, 그것은 정치적 평가와 분리되어 이루어질 성질의 것도 아니다.

3. 문 제 점

2246 경제촉진의 정당성과 근거는 경제헌법과 경제정책을 기초로 판단될 성질의 것이다. 균형있는 국민경제, 실질적 법치국가와 관련한 시장경제의 원리상 경제촉진이 그 의미를 가지는 것은 당연하다. 그러나 또 한편으로 경제촉진은 몇 가지의 문제점을 갖는다.[1] 즉, ① 경제상의 발전·창조성·기술혁신·투자성 등이 오로지 국가의 경제적인 지원만으로 가능한 것은 아니라는 데에 경제촉진은 한계를 갖는다. ② 국가에 의한 경제촉진은 자칫 시장경제의 자유경쟁원리를 침해할 가능성이 크다. 이 때문에 경제촉진수단은 시장경제의 문제를 보완하는 보충적인 수단으로만 활용되어야 한다. ③ 경제촉진은 전체경제와 관련을 맺는다. 그것은 경제행정의 한 부분으로서 일반경제정책과 어울릴 때에만 활용하여야 한다. ④ 경제촉진은 예산법적·재정법적 효과도 갖는다. 그것은 예산에 부담을 주는 문제점도 갖는다. ⑤ 경제촉진은 기본권과 관련성을 갖는다. 왜냐하면 경제촉진을 위해 특정인이 국가로부터 교부지원제도를 통해 도움을 받게 되면, 그와 경쟁관계에 있는 자의 권리가 침해되지 않는가 하는 문제가 생겨나기 때문이다. 말하자면 경제촉진책은 직업선택의 자유, 경쟁의 자유와 충돌되기 쉽다. 여기에 경제촉진의 한계가 있다.

4. 경제촉진수단으로서 교부지원제도

2247 경제촉진은 각종의 교부지원제도에 의해 이루어진다. 그런데 교부지원의 수단은 다양할 뿐만 아니라, 교부지원의 의미 또한 다의적이다. 보다 구체적인 것은 항을 바꾸어 살펴보기로 한다.[2]

---

1) Stober, Wirtschaftsverwaltugsrecht Ⅰ, 1987, S. 257ff.

2) 교부지원이란 독일어인 Subvention을 옮긴 것이다. 본문에서 보는 바와 같이 폭넓은 개념인 Subvention을 국내학자들은 일반적으로 가장 좁은 의미인 자금지원(자금조정·보조금)으로 옮기고 있다.

제 2 항 교부지원(조성행정)

Ⅰ. 교부지원의 의의

경제의 촉진을 위해 개별 기업자에 대해 활용되는 수단으로서 교부지원제 2248
도는 재정상으로나 행정실무상으로도 매우 중요하다(1984년 Hamburg에서 열린 독일국법학자대회는 교부지원법의 질서구조를 행정법분야의 주제로 다룬 바 있다). 그것은 경제행정법상으로는 특별한 의미를 가지며, 동시에 급부행정의 한 내용이 된다. 현재로서 교부지원제도는 완결된 법전으로 규정되고 있는 것도 아니고 또한 행정법상 의미에서도 일반적인 개념으로 정의되고 있는 것도 아니다. 다만 교부지원의 성격을 갖는 법률들은 교부지원의 개념을 이미 정해진 것으로 전제하고 있는 것으로 보인다. 특별규정이 없는 한 교부지원에 관한 법적 문제는 일반행정법원리에 따라 해결될 수밖에 없을 것이다. 하여튼 교부지원의 주체는 공행정기관이고, 교부지원의 수령자는 사법상 자연인 또는 법인이며, 그것은 또한 반대급부 없이 주어지는 재정상의 지원으로서 그 목적은 경제적·사회적 정책실현인 점은 분명하다고 일응 말할 수 있다. 교부지원의 개념은 다음의 여러 개념으로 사용되고 있는 것으로 보인다.[1] 교부지원과 관련하여서는 법률유보의 적용여부, 사인의 급부청구권의 인정 여부, 급부수령자와의 법관계 형성에 있어서 행정권의 선택의 자유, 제3자의 보호 등이 중요한 문제가 된다.

1. 최협의의 교부지원(보조금)

최협의의 교부지원이란 바로 경제촉진목적으로 반대급부 없이 기업에 주어 2249
지는 금전, 즉 보조금 또는 보조금의 지급을 말한다. 그 보조금이 일시적인 것

---

1) Püttner, Wirtschaftsverwaltungsrecht, S. 100f. 한편 본문에서 살펴보는 것은 경제행정법상의 교부지원제도이지만, 넓게 보면 교부지원이라는 개념은 경제행정법분야 외에 교육·체육·과학·사회 등의 여러 분야에서도 사용된다. 편의상 이의 예를 몇 가지로 도해하면 다음과 같다.

① 교육의 경우 : 교육기본법(동법 제28조)상 장학금·학비보조금, 산업교육진흥 및 산학협력촉진에 관한 법률(제23조)상 장학금, 과학교육 진흥법(제7조 제2항)상 탐구활동과 연구활동지원비
② 체육의 경우 : 국민체육진흥법(제18조)상 보조금·연구비
③ 사회의 경우 : 사회복지사업법(제42조)상 보조금
④ 과학의 경우 : 국가과학기술 경쟁력강화를 위한 이공계지원특별법(제9조)상 연구장려금·생활비, 기초연구진흥 및 기술개발지원에 관한 법률(제13조)상 학회지원비
⑤ 문화의 경우 : 문화예술진흥법(제11조)상 장려금, 지방문화원진흥법(제15조)상 지방문화원에 대한 보조금

한편, 우리 학자들은 대체로 교부지원에 관한 행정을(자금)조성행정이라 하고, 특히 기업활동을 조성하기 위한 경우를 기업조성이라 부르고 있다. 그리고 기업조성·(교육조성)·문화조성·과학기술조성을 합하여 (자금)조성행정이라 부른다.

이든 계속적인 것이든 가리지 않는다. 장려금이라 부르든 보조금이라 부르든 그 명칭 또한 가릴 필요가 없다. 일반적으로 경제행정법상 교부지원이란 최협의 내지 협의의 의미로 사용된다. 「보조금 관리에 관한 법률」 제2조 제1호는 보조금을 "국가 외의 자가 수행하는 사무 또는 사업에 대하여 국가(「국가재정법」 별표 2에 규정된 법률에 따라 설치된 기금을 관리·운용하는 자를 포함한다)가 이를 조성하거나 재정상의 원조를 하기 위하여 교부하는 보조금(지방자치단체에 교부하는 것과 그 밖에 법인·단체 또는 개인의 시설자금이나 운영자금으로 교부하는 것만 해당한다), 부담금(국제조약에 따른 부담금은 제외한다), 그 밖에 상당한 반대급부를 받지 아니하고 교부하는 급부금으로서 대통령령으로 정하는 것을 말한다"고 정의하고 있다. 이하에서 최협의의 교부지원은 보조금으로 부르기로 한다.

2. 협의의 급부교부지원(교부지원)

2250 협의의 교부지원이란 급부교부지원(Leistungssubvention)을 말하는바, 그것은 반대급부 없이 국가가 기업에 일정급부를 행함으로써 경제의 촉진을 꾀하는 것을 말한다.[1] 협의의 교부지원은 다시 보조금(최협의의 교부지원)과 기타의 급부교부지원(예 : 대부·보증 등)으로 구분된다.

3. 광의의 교부지원(급부교부지원+감면교부지원)

2251 광의의 교부지원이란 전체적으로나 부분적으로 시장원리에 따른 반대급부 없이, 그리고 경제촉진에 기여하기 위해 공적 수단에 의해 직접적으로 기업에 주어지는 모든 급부를 말한다.[2] 이것은 급부교부지원과 감면교부지원으로 이루어진다. 감면교부지원(Verschonungssubventionen)이란 일반적으로 징수되는 공과금이나 그 밖의 급부의무의 감면을 통해 기업의 촉진을 꾀하는 것을 말한다. 감면 교부지원은 감추어진 교부지원이라고도 한다.[3] 일설은 급부교부지원과 감면교부지원을 교부지원이라는 하나의 개념으로 포괄하는 것을 의문시한다. 그 이유로 ① 급부교부지원은 예산상의 근거만으로 족하나 감면교부지원은 법률상의 근거를 요한다는 점, ② 급부교부지원은 경제행정법의 한 내용이 되는데, 감면교부지원은 전통적으로 세법의 한 내용으로 다루어져 왔다는 것을 든다.

4. 최광의의 교부지원(급부교부지원+감면교부지원+간접수단)

2252 최광의의 교부지원이란 경제촉진의 목표하에 기업의 행위에 영향을 미칠

1) Rinck/Schwank, Wirtschaftsrecht, S. 295.
2) Arndt/Fetze, in : Streiner(Hrsg.), Besonderes Verwaltungsrecht(8. Aufl.), Rn. 162f.
3) Badura, in : Schmidt-Aßmann(Hrsg.), Besonderes Verwaltungsrecht(11. Aufl.), Rn. 85.

의도로 상응하는 반대급부 없이 국가에 의해 직·간접으로 기업에 주어지는 모든 급부나 영향을 의미한다. 이러한 의미의 교부지원에는 광의의 교부지원 외에 각종 간접적인 수단이 포함된다. 「중소기업진흥에 관한 법률」상 각종 지원사업(중소기업진흥에 관한 법률 제3조 내지 제5조)은 최광의의 교부지원으로 이해될 수 있을 것이다.

〈교부지원개념의 도해〉

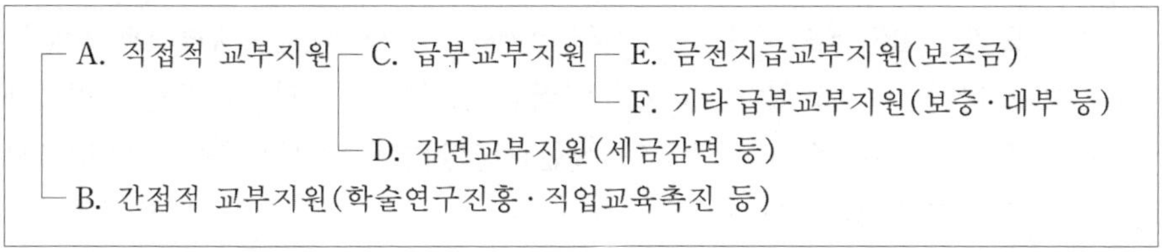

2253

최협의의 교부지원 : E　　광의의 교부지원 : A
협의의 교부지원 : C　　최광의의 교부지원 : A+B

Ⅱ. 보 조 금

1. 보조금의 관념

(1) **보조금의 의의** 　보조금이란 경제촉진을 목적으로 반대급부 없이 주어지 2254
는 금전을 말한다. 금전의 지급이 일시적인 것인가 아니면 계속적인 것인가를 가리지 않는다. 보조금은 장려금이라 불리기도 한다. 보조금은 성질상 양도나 강제집행의 대상이 될 수 없다는 것이 판례의 입장이다.[1]

(2) **제한요소** 　보조금의 지원이 경제의 촉진수단이라 하여도 그것이 무제 2255
한으로 활용될 수는 없다. 그것은 ① 국가와 관련하여서는 재원상의 한계, 통계상의 어려움, 외국과의 마찰(덤핑과 보호무역) 등, ② 기업과 관련하여서는 관료적인 통제로부터의 회피, 업무상 기밀의 유지, 기업의 독자성 확보의 요구 등과 충돌하는 가능성을 가져오는바, 여기에 보조금지원의 한계가 있다.[2]

(3) **부분영역내부적 균형화제도** 　일정 경제부문에서는 기업자로 하여금 일 2256
정금액을 납부케 하여 국가가 징수하고, 그러한 기업군에 문제가 생겼을 때 적립된 금액의 일부를 되돌려 주는 제도도 있을 수 있다. 이러한 것은 급부교부지

1) 대결 1996. 12. 24, 96마1302(사립학교법 제43조 제1항, 보조금의예산및관리에관한법률 제22조 제1항 등에 의하여 국가 또는 지방자치단체로부터 교육의 진흥상 필요하다고 인정되어 사립학교 교육의 지원을 위하여 교부되고 그 목적 이외의 사용이 금지되는 보조금은, 그 금원의 목적 내지 성질상 국가나 지방자치단체와 학교법인 사이에서만 수수, 결제되어야 하므로 그 보조금 교부채권은 성질상 양도가 금지된 것으로 보아야 하고 따라서 강제집행의 대상이 될 수 없다).
2) Püttner, Wirtschaftsverwaltungsrecht, S. 104.

원제도의 한 특별한 경우에 해당한다고 보겠다. 그것은 급부교부지원의 수익자가 재원의 부담자이고, 납부금은 오로지 납부자를 위해서만 사용된다는 것이 특징적이다. 이러한 특별납부금제도가 법상 허용될 수 있는가의 문제와 관련하여 독일연방헌법재판소는[1] 관련단체가 한정적이고, 납부의무자와 수익자가 밀접관계에 놓이는 경우에 그것은 허용된다고 하였다.

2. 법적 근거

2257 (1) **명문의 규정이 있는 경우** 보조금의 법적 근거는 경제촉진과 관련된 특별법으로 나타날 수도 있다. 그리고 이러한 법률은 교부지원절차를 완벽하게 규정하지 않고, 교부지원의 구체적인 실현과정의 상세한 부분을 행정입법으로 정하도록 규정하게 될 것이다.

▮참고▮ 국가의 보조금 교부는 개별 법률에서 규정되고 있다(예 : 여객자동차 운수사업법 제50조). 국가가 보조하는 보조금의 관리에 관한 일반법으로 보조금 관리에 관한 법률이 있다. 지방자치단체가 보조하는 것은 원칙적으로 금지되고 있다(지방재정법 제17조 제1항).

2258 (2) **명문의 규정이 없는 경우**

(가) **근거로서 예산** 보조금지급은 시장이나 경쟁상황과 관련하여 경우에 따라서는 제3자에 침익적인 성격도 갖기 때문에 그것은 반드시 법률의 근거를 요하는가의 문제가 있다. 독일의 판례[2]와 지배적인 견해[3]는 보조금지원에 법률의 유보가 적용되는 것은 아니고, 보조금지원은 급부행정의 한 부분으로서 예산상의 근거만으로도 가능하다고 본다. 말하자면 통상의 경우, 보조금지원은 법적 근거 없이 국회에서 통과된 예산과 행정규칙만을 근거로 이루어질 수도 있다고 한다.[4] 예산만으로도 가능하다는 것은 민주주의원리나 법치주의원리는 의회가 정부에 수권함에 있어 언제나 법률형식만으로 하여야 한다는 것을 요구하는 것은 아니라는 것이다.[5] 예산은 단순히 숫자만을 내용으로 갖는 것이 아니

---

1) BVerfGE 55, 274; 67, 256.
2) BVerwGE 6, 282, 287; 18, 352, 353; 58, 45, 48.
3) Stober, Allgemeines Wirtschaftsverwaltungsrecht, S. 90.
4) BVerfGE 6, 282; W.Nordemann, Kunst und Subvention, in : Festshrift für Werner Weber zum 70. Geburtstag, 1974, S. 218; Rinck/Schwank, Wirtschaftsrecht, S. 296. 한편, 중요사항유보설에 의할 때, 보조금의 지급이 공동체의 중요한 사항이라면 법률의 근거가 있어야 할 것이다(Arndt/Fetze, in : Streiner(Hrsg.), Besonderes Verwaltungsrecht(8. Aufl.), Rn. 165).
5) G. Rinck, Wirtschaftrecht, 1977, S. 107.

라 일정한 목적에 일정한 금액을 사용할 것을 의회가 정부에 수권하는 것이라고 보는 것이다. 이렇게 되면 보조금지원의 수령자에게 행정규칙은 실체법적 근거와 같은 의미를 갖게 될 것이다. 이러한 경우의 행정규칙은 법률대체적(gesetzesvertretend) 성질을 갖게 된다고 본다.

(나) **행정의 자기구속** 보조금지원행정청이 유사한 경우에 행정규칙에 따라 2259
이미 보조금을 지원하였다면 다른 특별한 사유가 없는 한 그 후행의 신청의 경우에도 보조금지원을 하여야 할 것이다. 이것은 평등원칙에 근거하여 행정청에 구속력이 발생한다고 보기 때문이다. 한편 보조금지원이 예산계획상 책정된 금액을 최고한도로 한다. 아울러 보조금지원은 법치국가원리의 한 내용이 되는 비례원칙을 준수하여야 한다. 다만 면제교부지원의 경우에는 언제나 법률상의 근거를 요한다. 왜냐하면 그것은 관련 공과금법의 회피를 뜻하기 때문이다.

3. 보조금지급의 법관계

(1) 보조금청구권

(가) **청구권의 존부** 개인적 공권으로서 보조금청구권의 존재 여부는 근거 2260
법을 기초로 하여 판단되어야 한다. 교부지원의 성격을 갖는 법률이 그 법에서 정한 요건을 갖추고 보조금지원을 신청하는 자에게 반드시 교부지원토록 규정하고 있다면, 사인에게 보조금청구권이 인정된다고 할 것이다(기속적 교부지원).

(나) **무하자재량행사청구권** 법률의 규정이 행정청에 재량을 부여하고 있거 2261
나 또는 교부지원이 단순히 예산에만 근거하고 있는 경우에는 — 이러한 경우가 일반적이다 — 행정청은 의무에 합당한 재량에 따라야 하고, 이 때 그 재량행사는 국민전체경제·지역경제의 상황 그리고 경제발전 경향 등의 고려하에 이루어져야 할 것이다. 보조금신청자는 형식적·개인적 공권으로서 무하자재량행사청구권만을 갖는다고 볼 것이다.[1)]

(다) **청구권의 일회성** 보조금지원은 성질상 시간적으로 한정된다. 그것은 2262
그때 그때의 예산이나 경제정책에 의존된다. 따라서 교부지원의 계속적인 존속에 대한 법적인 청구권은 원칙적으로 인정되지 아니한다.

(2) 보조금지원의 형식

(가) **일 반 론** 보조금지원의 법형식이 행정행위이어야 하는가 아니면 공 2263
법상 계약이 적법한 것인가에 관해 견해의 상이가 없었던 것은 아니나, 보조금

1) Arndt/Fetze, in : Steiner(Hrsg.), Besonderes Verwaltungsrecht(8. Aufl.), Rn. 169; Jarass, Wirtschaftsverwaltungsrecht mit Wirtschaftsverfassungsrecht, § 10, Rn. 51.

지원은 공법형식으로도 사법형식으로도 가능하다는 것(형식선택의 자유)이 독일의 태도이다.[1] 실제상으로는 행정행위의 형식(이단계론)이 일반적인 것이라 한다.[2]

2264 (나) 우리 실정법의 태도 ① 보조금의 법적 근거의 유무를 불문하고 보조금의 교부신청·교부결정·사후관리에는 일반적으로 「보조금 관리에 관한 법률」이 적용된다(동법 제1조).[3] ② 동법에 따른 보조금의 교부관계의 법적 성질에 관해서는 견해가 갈린다. 공법상 증여계약으로 보는 견해도 있고,[4] 협력을 요하는 행정행위(쌍방적 행정행위)로 보는 견해도 있다.[5] 생각건대 행정청이 보조금의 교부 여부를 결정한다는 규정(보조법 제17조), 그리고 일정한 경우에는 행정청이 보조금교부의 결정을 취소할 수 있다는 규정(보조법 제30조)을 고려할 때, 동법상 교부관계의 법적 성질은 협력을 요하는 행정행위로 볼 것이다. 보조금 교부는 수익적 행정행위로서 교부대상의 선정과 취소, 그 기준과 범위 등에 관하여 교부기관에 상당히 폭넓은 재량이 부여되어 있다.[6]

2265 (다) 법관계의 추정 이미 이루어진 보조금지원관계의 법적 성질이 분명하지 않은 경우, 그 관계는 공법적인 성질을 갖는 것으로 추정되어야 할 것이다.[7] 왜냐하면 보조금지원은 공행정임무이고, 순수한 사법관계와는 거리가 멀기 때문이다.

(3) 보조금지원목적실현의 확보

2266 (가) 반환청구 경제촉진수단으로서 보조금지원의 효과(실현성)의 확보를 위해 보조금은 목적에 위반하여 사용하는 경우에는 반환이 요구된다. 이와 관련하여 「보조금 관리에 관한 법률」은 보조사업자가 다음 각 호(1. 보조금을 다른 용도에 사용한 경우, 2. 법령, 보조금 교부 결정의 내용 또는 법령에 따른 중앙관서의 장의 처분을 위반한 경우, 3. 거짓 신청이나 그 밖의 부정한 방법으로 보조금을 교부받은 경우)의 어느

---

1) Frotscher, Wirtschaftsverfassungs- und Wirtschaftsverwaltungsrecht, Rn. 405.
2) Arndt/Fetze, in : Steiner(Hrsg.), Besonderes Verwaltungsrecht(8. Aufl.), Rn. 165.
3) 대판 2011. 6. 9, 2011다2951(보조금의 예산 및 관리에 관한 법률(이하 '보조금법'이라 한다) 제2조 제1호는 "위 법에 규정된 보조금이라 함은 국가 외의 자가 행하는 사무 또는 사업에 대하여 국가가 이를 조성하거나 재정상의 원조를 하기 위하여 교부하는 보조금(지방자치단체에 대한 것과 기타 법인 또는 개인의 시설자금이나 운영자금에 대한 것에 한한다)·부담금(국제조약에 의한 부담금은 제외한다) 기타 상당한 반대급부를 받지 아니하고 교부하는 급부금으로서 대통령령으로 정하는 것을 말한다."고 규정하고 있으므로, 위 법의 적용을 받는 보조금은 국가가 교부하는 보조금에 한정된다. 따라서 지방자치단체인 원고가 피고에게 교부하는 보조금에 관하여는 위 법의 적용이 없고, 지방재정법 및 지방재정법 시행령 그리고 홍성군 보조금관리조례가 적용될 뿐이다).
4) 이상규, 신행정법론(하), 503쪽.
5) 김도창, 일반행정법론(하), 442쪽.
6) 대판 2023. 8. 18, 2021두41495.
7) 대판 1997. 5. 30, 95다28960(석탄산업법에 근거한 석탄산업지원금의 지급청구권은 공법상 권리이고, 지원금의 지급을 구하는 소송은 공법상 당사자소송에 의한다).

하나에 해당하는 경우에는 보조금 교부 결정의 전부 또는 일부를 취소할 수 있음을 규정하고 있고(보조법 제30조 제1항),[1] 그리고 취소된 경우에는 이미 지급된 보조금이 있다면 기한을 정하여 보조금의 반환을 명할 것을 규정하고 있다(보조법 제31조 제1항). 그리고 반환하여야 할 보조금은 국세징수의 예에 따라 이를 징수할 수 있다(보조법 제33조의3 제1항).

(나) **명확성의 요구** 목적위반을 이유로 반환을 청구하는 경우와 관련하여 2267
보조금지원시에 먼저 보조금지원의 목적을 구체화해 둘 것이 요구된다. 왜냐하면 반환청구 그 자체는 행정법상 침해작용이기 때문이다. 불명확한 경우에는 보조금을 지원하는 국가나 지방자치단체의 부담이 되어야 할 것이다.[2]

(4) **행정소송** 보조금지원행정청과 보조금수령자간의 소송은 그 교부지원 2268
이 공법상 형식에 의한 것이면 행정소송, 사법상 형식에 의한 것이면 민사소송의 대상이 될 것이다.

(5) **보조금지원과 제3자**(경쟁자) 보조금지원제도는 통상 경쟁관계에 있는 2269
비지원자에 대해서도 영향(수령자에게는 경쟁상 우위, 미수령자에게는 시장에서의 기회의 약화)을 미친다. 즉 그것은 제3자효를 갖는다. 제3자는 경우에 따라 경쟁상의 기회균등이라는 의미에서의 평등원칙, 직업선택의 자유와 관련하여 경쟁자에게 주어지는 보조금지급의 위법을 다투거나 아니면 자신에게도 보조금이 주어질 것을 요구할 수 있을 것이다(경업자소송, Konkurrentenklage).[3] 이러한 주장을 위해서는 물론 적어도 제3자를 보호하는 규범이 있어야 한다(보호규범론). 요컨대 자기의 보호가치 있는 이익이 자의적으로 침해된 경우에 경쟁자는 소송을 제기할 수 있다고 본다. 한편 보조금지원에 대한 제3자의 소송제기 가능성은 무분별한 보조금지원이 있는 경우에 이의 억제수단으로 기능할 수도 있을 것이다.

---

1) 대판 2005. 1. 28, 2002두11165(보조금의예산및관리에관한법률 제30조 제1항은 중앙관서의 장은 보조사업자가 보조금을 다른 용도에 사용하거나 법령의 규정, 보조금의 교부결정의 내용 또는 법령에 의한 중앙관서의 장의 처분에 위반한 때 및 허위의 신청이나 기타 부정한 방법으로 보조금의 교부를 받은 때에는 보조금의 교부결정의 전부 또는 일부를 취소할 수 있다고 규정하고 있는바, 보조사업자가 허위의 신청이나 기타 부정한 방법으로 보조금의 교부를 받았음을 이유로 보조금의 교부결정을 취소함에 있어서 전부를 취소할 것인지 일부를 취소할 것인지 여부와 일부를 취소하는 경우 그 범위는 보조사업의 목적과 내용, 보조금을 교부받음에 있어서 부정한 방법을 취하게 된 동기, 보조금의 전체액수 중 부정한 방법으로 교부받은 보조금의 비율과 교부받은 보조금을 그 조건과 내용에 따라 사용한 비율 등을 종합하여 개별적으로 결정하여야 한다).

2) Badura, in : Schmidt-Aßmann(Hrsg.), Besonderes Verwaltungsrecht(11. Aufl.), Rn. 89; Rinck/Schwark, Wirtschaftsrecht, S. 299.

3) Rinck/Schwark, Wirtschaftsrecht, S. 300.

2269a (6) **보조금반환청구권** 판례는 보조금 관리에 관한 법률상 보조금반환청구권을 공법상 권리로 본다.[1] 이것은 판례가 보조금 관리에 관한 법률상 보조금지원의 법관계를 공법관계로 보는 것을 반증하는 것이기도 하다.

4. 기 타

2270 (1) **보조금지원의 정치적 통제** 보조금지원에 대해서는 이미 언급한 바 있는 보조금수령자나 그 밖의 이해관계자의 소송제기를 통한 통제(사법적 통제) 외에 대정부질문·국정조사·국정감사 등에 따른 국회를 통한 정치적 통제도 가능하다. 법원에 의한 통제가 적법성의 통제라면 국회에 의한 정치적 통제는 주로 합목적성의 확보를 위한 통제라 하겠다. 국회의 통제력을 강화하기 위해 정부가 주기적으로 국회에 보조금지원현황을 보고하게 하는 것은 의미가 있다.

2271 (2) **실질적 보조금교부로서 국가의 구매행위** 국가는 계속적으로 상당한 금액의 물자를 구입한다(조달행정). 기업에 따라서는 정부의 대단위구매가 보조금의 교부보다 더 큰 의미를 갖는다(예 : 방위산업체의 경우). 따라서 국가에 의한 대량구매는 특정기업, 특정경제분야에 발전, 기술상의 진보, 국민경제잠재력의 강화에 중요한 역할을 한다.

Ⅲ. 보조금 외 급부교부지원

1. 종 류

2272 (1) **대 여**(신용의 공여) ① 대여(융자)란 금전을 빌려 주는 것을 말하나, 통상은 일반시장에서의 조건보다 유리한 조건(무이자 또는 낮은 이자율, 기간의 장기성)으로 금전을 빌려 주는 것을 말한다. ② 독일의 판례는 대여의 경우, 법률관계를 이단계설로 설명함이 일반적이다.[2] 국가가 직접 대여하면 이면관계(국가－수령자간)가 생기나, 국가가 은행으로 하여금 대여하게 하면 삼면관계(국가－수령자, 국가－은행, 은행－수령자)가 생긴다. 이때 국가－은행간, 은행－수령자간의 관계는 사법관계로 형성될 것이다.

---

1) 대판 2012. 4. 26, 2010도5693(구｢보조금의 예산 및 관리에 관한 법률｣(이하 '구 보조금관리법') 제30조 제1항, 제31조 제1항에 의한 보조금의 교부결정취소 및 보조금 반환명령은 행정처분이고 그 처분이 있어야 반환의무가 발생하는 것이므로, 반환받을 보조금에 대한 징수권은 공법상의 권리로서 사법상의 채권과는 그 성질을 달리한다. 따라서 구 보조금관리법 제33조가 '반환하여야 할 보조금에 대하여는 국세징수의 예에 따라 이를 징수할 수 있다'고 규정한 것은 보조금의 반환에 대하여는 국세체납처분의 예에 따라 강제징수할 수 있도록 한 것뿐이고, 이를 민사집행법에 의한 강제집행과 국세체납처분에 의한 강제징수 중에서 선택할 수 있도록 허용한 규정이라고 볼 것은 아니다); 대판 2012. 3. 15, 2011다17328.

2) Jarass, Wirtschaftsverwaltungsrecht mit Wirtschaftsverfassungsrecht, § 10, Rn. 69.

(2) 보 증 보증은 지원을 받는 자의 신용을 증대시킨다(예 : 국제입찰시 정부의 보증, 수출시 정부의 보증). 예산에 직접 부담을 미치지 않는 한 별문제는 없을 것이다. 정부에 의한 지불보증의 경우에 국회의 의결이 요구되기도 한다(구 외자법 제27조). 보증은 사법형식의 공행정작용의 하나가 된다. 2273

(3) 기 타 이 밖에도 산업시설의 저가매도, 산업관련토지나 시설의 저 가임대 등도 경제의 촉진수단이 될 것이다. 2274

2. 법적 문제

보조금의 지급에 관하여 기술한 내용은 보조금 외의 급부교부지원의 경우 에도 그대로 적용된다고 볼 것이다.[1] 2275

Ⅳ. 감면교부지원

1. 조세상 우대

이것은 조세의 감면으로 경제를 촉진시키고자 하는 것을 말한다. 그 목적은 생산의 제고, 투자의 촉진, 경제적·기술적인 발전의 촉진, 주택의 확보 등 매우 다양하다. 조세상 우대는 ① 납세자와 관련하여, ② 과세대상과 관련하여, ③ 과세표준과 관련하여, 또는 ④ 세율과 관련하여 이루어진다. 이에 관한 일반법으로 조세특례제한법이 있다. 수입물품의 경우, 관세의 감면은 관세법(제88조 이하)에서 규정되고 있다. 2276

2. 수수료·분담금감면

이것은 징수권자가 수수료·분담금의 징수를 면제하거나 감하는 것을 말한다. 수수료 면제는 특히 이용수수료의 경우에 많이 활용될 만하다. 2277

Ⅴ. 기타 경제촉진수단

1. 환경의 개선

기업의 경쟁력·급부능력이 공행정기관의 원조 없이도 장기간 계속하여 유지되고 또한 기업의 결정의 자유, 기술혁신능력을 강화시킬 수 있는 경제정책적·재정정책적 그리고 사회정책적인 기본구조를 형성함으로써도 간접적으로 경제촉진을 꾀하기도 한다. 구체적인 수단으로는 예컨대 행정과정의 간소화, 법제에 대한 규칙적인 검토, 입법의 간소화, 투자방해요인의 제거, 직업교육의 촉진 등을 들 수 있다. 그 밖에 기업에 대한 조언이나 정보제공 등의 방식도 있다. 2278

---

1) Püttner, Wirtschaftsverwaltungsrecht, S. 105.

2. 국제박람회 등

2279 국제박람회, 전시회의 개최·주선, 경제광고지원을 통한 수출의 촉진 또한 경제촉진수단의 의미를 가질 것이다.

3. 연구·개발촉진

2280 (1) 의 의 한국경제(수출포함)의 번영과 사활이 경쟁국가와 서구 선진국가를 능가하는 과학기술의 발전에 달렸다는 인식이 확산되면서, 기업에 대해 기술개발을 체계적이고도 직접적으로 촉진하는 정부의 노력이 증대되고 있다. 이것 역시 경제촉진에 중요한 요소임은 물론이다. 대학에 대해 이루어지고 있는 연구·개발을 위한 정부의 지원제도도 우리 경제의 번영에 기여하는 것임을 고려할 때, 대학의 연구·개발에도 가능한 한 많은 투자가 이루어져야 할 것이다.

2281 (2) 법적 문제 연구·개발을 위한 교부지원이 동업자단체에 주어지는 것이 아니거나 또는 일정기준에 구속적인 것이 아니라 다만 개개 기업에 개별적으로 주어지는 것이라면, 그것은 경쟁자보호의 문제와 교부지원제도의 의미에 대한 근본문제를 야기한다. 왜냐하면 교부지원의 혜택을 받은 기업은 국가의 비용으로, 경쟁자의 부담으로 경쟁상의 우위를 점하게 되기 때문이다. 그리고 기업의 경쟁상 균등취급의 원칙에 반하여 생기는 부당한 이익이 기업에 돌아가서는 아니 되기 때문이다. 따라서 연구의 결과는 모든 경쟁자(동업자)가 고루 활용할 수 있든지, 아니면 특정기업만이 활용할 수 있는 특별한 사유가 있어야만 할 것이다.[1)]

1) Püttner, Wirtschaftsverwaltungsrecht, S. 318.

제3장 경제행정의 행위형식

제1절 공법형식과 사법형식

제1항 공법과 사법의 구분

1. 선택의 자유

경제행정법이 공법의 한 부분이자 특별행정법의 한 부분임은 물론이다. 2282
그렇다고 경제행정관청이 반드시 공법적으로, 즉 일방적·고권적으로 행위하여야만 한다는 것은 아니다. 경제행정관청은 자신에 부여된 임무의 수행을 위해 사법상의 수단을 도입할 수도 있다.[1] 이를 선택자유의 원칙(Grundsatz der Wahlfreiheit)이라고도 한다. 이 때 활용하고자 하는 사법상의 수단으로 목적달성이 가능한 것이어야 함은 물론이다(예 : 쓰레기수거는 공법적인 행위이나 사법상 계약을 통해서도 가능한 것임은 주지하는 바와 같다). 경제의 기술성·효율성 등으로 인해 경제행정과 관련하여 사법형식에 따른 국가작용이 증대될 것이다. 선택의 자유가 있다고 하여 그것이 무제한의 선택의 자유가 있다는 것은 아니다. 사법형식의 남용은 금지된다. 한편, 경제행정상 행정에 의한 사법의 적용문제는 두 가지의 방향에서 검토를 요한다. 사법에 의한 경제행정조직문제(경제행정조직과 사법)와 사법에 의한 경제행정작용의 문제(경제행정작용과 사법)가 그것이다. 본서에 전자는 경제행정조직의 문제로, 후자는 경제행정의 법적 행위형식의 문제로 다룬다.

2. 구분의 의의

경제행정청이 선택의 자유를 가져도 경제행정상 공법작용과 사법작용의 효 2283
과는 상이하다. 즉 선택 여하에 따라 ① 결정절차(행정절차의 적용 여부), ② 책임요건(국가배상 또는 민사배상), ③ 법적 구속(기본권의 직접적 구속 여부), ④ 소송방식(행정소송 또는 민사소송), ⑤ 집행방식(행정집행 또는 민사집행)이 달라진다.

3. 구분의 기준

① 어떠한 법규가 「그 법규에 따른 법률관계가 공법관계」라거나 또는 「그 2284

1) L. Fröhler, Das Wirtschaftsrecht als Instrument der Wirtschaftspolitik, 1969, S. 72; A. Hamann, Rechtsstaat und Wirtschaftslenkung, 1953, S. 98.

법규에 따른 법률관계에 대한 소송이나 강제는 행정소송이나 행정강제에 의한다」는 등의 규정을 두고 있을 때에는 큰 문제가 없다. ② 법규에 명문의 규정이 없는 경우에는 경제행정관청에 의한 법관계를 일단 공법관계로 추정하여야 할 것이다. 왜냐하면 공행정기관은 자신의 임무수행시 공법적인 형성수단을 사용하는 것이 원칙적인 것이기 때문이다. 그러나 추정에 의문이 따르는 경우에는 다른 기준에 따라야 할 것이다. 그 기준으로 학설은 여러 가지의 기준을 제시하고 있다. 이익설·복종설·주체설·신주체설·전통설 등이 그것이다. 공법과 사법의 구분은 일반법이론의 문제이기도 하고 일반행정법이론의 문제이기도 하다.

4. 이단계론(공법과 사법의 혼재)

2285 (1) **의의와 성질** 독일의 행정법이론은 행정법상 하나의 생활관계에 공법과 사법이 나란히 적용되는 경우도 있다고 하고, 이 때의 법관계를 이단계법관계(Zweistufige Rechtsverhältnisse), 그에 관한 이론을 이단계론(Zweistufentheorie)이라 부른다. 예컨대 국가가 특정기업에 장려금을 지원하는 경우, 그 법관계는 이단계로 구분되는바, 장려금을 지급키로 결정하는 일단계와 그 결정에 따라 지급을 위해 이루어지는 쌍방간의 합의의 절차인 이단계가 예라 할 수 있다. 일단계는 언제나 공법에 속하나(여기서는 지급 여부만이 문제된다), 이단계는 공법이나 사법 그 어디에도 속할 수 있다(여기서는 방법이 문제된다). 이단계론은 공법과 사법의 구분을 위한 것은 아니고, 공법과 사법의 구분을 전제로 하는 이론이다. 이단계론의 주요적용대상은 교부지원관계임은 물론이다. 이단계론은 Hans Peter Ipsen의 öffentliche Subventionierung Private라는 논문에서[1] 체계적으로 다루어진 이래 오늘날에 있어서는 독일행정법이론서에서 새로운 법제로서 자리잡고 있다. Manfred Zuleeg는 이단계론이 사회적 법치국가에서의 교부행정을 위한 새로운 형식에 대한 요구에 응해 생겨난 것이라 하여 이단계론의 생성배경을 사회적 법치국가의 급부행정에서 찾고 있다.[2]

2286 (2) **비 판** 이단계론은 하나의 생활관계의 문제를 두 가지의 방향으로 분리시켜 관계자에게 법적 불안정을 야기하고 또한 권리보호에 어려움을 가져다 준다고 비판을 받는다.[3] 이러한 비판에 대해 정당성을 어느 정도 인정하면

---

1) DVB1. 1956, S. 461, 498, 602.

2) M. Zuleeg, Zweistufenlehre, in : Oberndorf/Schambeck(Hrsg.), Verwaltung im Dienst von Wirtschaft und Gesellschaft, Festschrift für Ludwig Fröhler zum 60. Geburtstag, 1980, S. 277ff.

3) M. Zuleeg, Zweistufenlehre, in : Oberndorf/Schambeck(Hrsg.), Verwaltung im Dienst von Wirtschaft und Gesellschaft, Festschrift für Ludwig Fröhler zum 60. Geburtstag, 1980, S.

서 실정법의 현실이 이단계인 경우가 있다고 하면서 이를 공법과 사법의 그 어느 하나로 하려면 그것은 입법자의 임무라고 하는 견해도 있다.[1)]

제 2 항 행정주체의 사법적 경제활동

Ⅰ. 국고이론

1. 이론의 성립

행정주체의 사법적 경제활동을 고찰함에 있어서는 먼저 국고이론을 살펴볼 2287
필요가 있다. 국고이론은 절대주의가 퇴조해 갈 무렵, 국가에 사법상의 권력을 부여하려는 법치국가적 동기로 강학상 나타나게 된 이론이라 한다.[2)] 국고이론은 전능하고 모든 재판으로부터 제외되는 국가에 대하여 일정 재산법상 청구권과 관련하여서는 사인이 사법적으로 소구할 수 있고 책임을 추궁할 수 있게 해주는 이론이었다. 말하자면 동이론은 권력적이고 사법통제의 대상이 되지 아니하였던 국가에 국고(Fiskus)라는 속죄양을 설정하고, 그 국고의 범위 내에서 국가가 사인에게 과도한 요구를 하는 경우에는 사인이 재산상의 손해라는 형식으로 보호를 주장할 수 있게 하려는 것이었다.[3)] 따라서 국가도 재산상의 주체·사법상의 주체로서 사인에게 피해를 가하면 보상을 하여야 한다는 법리를 통하여 사인(신민)의 수인의무, 국가의 권력작용에 대한 권리보호제도의 결여는 어느 정도 완화되게 된 것이다. '참아라, 그리고 청구하라'(Dulde und liquidiere)는 구호는 절대국가이념을 건드리지 않고서 법치국가로 나아가게 하는 돌파구였다.

2. 파생효과

사법상 사인과 동등한 지위에 놓인다는 국고의 법학적 구성으로부터 국고 2288
로서 국가도 사인과 마찬가지로 손해배상의무를 질 뿐만 아니라 국가도 일반경제거래에 참여할 수 있다는 결과가 나오게 되었다. 특히 국가는 사인과 같이 영리를 목적으로 기업을 경영할 수도, 그리하여 재정을 강화할 수도 있게 된 것이었다. 한편, 공법과 사법의 명백한 구분을 주장하는 O. Mayer에게서 사법적 국가작용은 공법영역에서 완전히 단절되어 있었다. 국고작용은 사인의 작용과 동

277ff.

1) Stober, Wirtschaftsverwaltungsrecht, Ⅰ(1987), S. 274.

2) L. Fröhler, Das Wirtschaftsrecht als Instrument der Wirtschaftspolitik, 1969, S. 193ff.

3) O. Mayer, Deutsches Verwaltungsrecht Ⅰ, S.51; W.Reuss, öffentliche Wirtschaftsverwaltung, in : Ulrich Scheuner(Hrsg.), Die staatliche Einwirkung auf die Wirtschaft, 1971, S. 468.

등하다는 것을 명백히 하였다. 그리하여 Fröhler에 따르면 O. Mayer 시기에는 특정국가목적을 위한 국고적인 국가기업의 경영과 그것의 공법원칙의 준수는 부인되었다고 한다.[1)]

3. 국고개념의 세분화

2289 독일의 고전행정론은[2)] 공공기관(öffentliche Hand)이 행하는 모든 사법적이고 비권력적인 활동을 국고작용으로 보았다. 그런데 이러한 개념에는 상이한 종류의 행위가 포괄되어 있는 관계로, 학문상으로나 실제상으로 이러한 국고개념이 의미를 갖는가에 관해 의문이 있었다.[3)] 그리하여 오늘날에 있어서는 후술하는 바와 같이 국고의 내용을 ① 행정사법작용, ② 조달작용, ③ 영리작용의 세 가지로 재구분하여 검토하고 있음이 일반적이다. 그런데 이러한 고찰방식은 국고도 완전히 공법으로부터 해방되어 있는 것이 아니라는 인식을 전제로 하는 것임은 물론이다. 오늘날의 독일이론은 일반적으로 국고라는 개념보다 공행정기관의 사법적 경제작용이라는 표현을 사용하고 있다. 따라서 국고를 단순히 사법적으로 활동하는 국가, 즉 사법상의 주체로서의 국가를 위한 이름으로서 새기는 것이 바람직한 것이라 하겠다.

Ⅱ. 사법적 경제활동의 관념과 문제상황

사경제의 전개를 위한 사인의 경제상의 활동(경제상의 기본권)에 대한 문제 외에 국가나 지방자치단체 등도 여러 방향에서 경제생활에 참여하는바, 이에 대한 검토가 또한 필요하다.

1. 경제활동의 목적

2290 공행정주체는 경제와 관련하여 경제의 안전·계획·촉진·지도와 같은 경제행정 외에 사회정책적인 관점에서 ① 교통시설·양로원 등 각종 보호시설 등의 설치·유지를 위한 작용, ② 행정지원으로서 공무수행에 필요한 물자조달작용, ③ 그리고 자신이 또한 영리의 목적으로 물자를 생산하고 시장에서 판매·교환하는 등의 경제활동을 행한다.

1) L. Fröhler, Das Wirtschaftsrecht als Instrument der Wirtschaftspolitik, 1969, S. 193ff.
2) O. Mayer, Deutsches Verwaltungsrecht Ⅰ, S.116; W.Jellinek, Verwaltungsrecht, 1931, S. 123.
3) W. Reuss, öffentlicheWirtschaftsverwaltung, in : Ulrich Scheuner(Hrsg.), Die staatliche Einwirkung auf die Wirtschaft, 1971, S. 471.

2. 경제활동의 형식

상기의 작용은 국가의 참여형식상 공기업의 형식 또는 공·사혼합기업의 형식으로도 이루어지며, 그에 따라 이루어지는 법관계는 사법 내지 행정사법의 적용을 받게 된다. 이러한 일련의 행정을 사경제행정(Privatwirtschaftsverwaltung)이라 부르기도 한다.[1] 사경제행정에 참여하는 국가의 지위는 원칙적으로 사인의 경우와 다를 바 없다. 2291

3. 문 제 점

이러한 경제활동과 관련하여 법적 허용가능성·허용범위 등에 관한 검토가 필요하다. 공행정주체의 경제활동 중에서도 생활보호나 조달작용 같은 경우에는 헌법적으로 큰 문제가 생기지 아니한다. 그러한 작용들은 공공복지에 직접 기여하거나 또는 사경제작용의 전개와 보장에 전제가 되기 때문이다. 문제는 영리목적의 영업활동, 즉 행정주체가 생산·판매자로서 활동하는 경우이다. 행정주체에 의한 지나친 영업활동은 사경제영역에 중대한 침해가 될 수도 있기 때문이다. 한편 오늘날 행정주체의 사경제행정은 그 역사적인 뿌리를 소위 국고이론(Fiskustheorie)에 두고 있는바, 사경제행정의 기능변천 내지 오늘날의 사경제행정의 의미에 대한 보다 나은 이해를 위해서는 이미 살펴본 바 있는 국고이론을 상기할 필요가 있다. 하여튼 경제행정관청이 사법적으로 행위할 때, 경제행정관청은 어느 범위에서 공법상의 구속하에 놓이는가는 문제이다. 공법상의 구속의 문제는 두 가지 방향, 즉 ① 경제행정청의 기본권에의 구속 여부 및 그 범위의 문제와 ② 개별법률에 의한 경제행정청의 구속문제이다. 전자는 경제헌법상의 문제가 되며, 후자의 경우도 그 목적에 따라 기술한 세 가지로 구분하여 살펴볼 필요가 있다. 항을 바꾸어서 보기로 한다. 2292

Ⅲ. 사법적 경제활동의 유형

1. 행정사법작용(사법형식에 의한 공행정임무수행작용)

(1) **행정사법의 관념** 행정사법(Verwaltungsprivatrecht)이란 개념은 H.J. Wolff에 의해 사용되기 시작하였다.[2] 그는 공행정주체가 법규나 행정행위 등의 고권적인 결정을 근거로 하여 사법형식으로 영리활동을 하는 것이 아니라 직접 공행정목적(급부나 지도)을 수행코자 사법관계로 나아가게 되는 경우에 행정사법 2293

1) L. Fröhler, Das Wirtschaftsrecht als Instrument der Wirtschaftspolitik, 1969, S. 71.
2) Wolff/Bachof, Verwaltungsrecht Ⅰ (9. Aufl.), S. 108.

이 적용된다고 하였다. 그런데 이러한 행정사법의 특성은 행정주체가 법률 행위에서 완전한 사적 자치를 누릴 수 있는 것이 아니라 어느 정도 공법적 구속하에, 특히 자유권과 평등원칙의 구속하에 놓인다는 것이었다. 그러한 논리는 「독일기본법 제3조 제1항에서 말하는 "기본권이 집행권을 구속한다"는 것은 집행권의 행위형식을 가리지 않고 적용된다」고 새기는 데서 나온다는 것이다. 그 예로서 교통·수도·가스·전기공급·폐수처리·쓰레기제거 등의 생활배려(Daseinsvorsorge)와 보조금·보증·주택보조금제도 등을 통한 경제지도(Wirtschaftslenkung)를 들었다.[1]

2294 (2) **행정사법의 증가원인** 공법영역에 속한다고 보여지는 공행정임무수행을 위해 사법형식을 활용하는 것이 계속 증가할 것으로 보이는데, 그 이유는 사법상의 주체로서 보다 많은 자유를 원하기 때문이라 하겠다. 즉 사법상의 주체(국고)로서의 국가는 고권주체로서의 국가보다 많은 자유를 갖게 되기 때문이라는 것이다(공법의 엄격성). 이것은 결국 사법에로의 도피(Die Flucht in das Privatrecht),[2] 고권으로부터의 도피(Die Flucht aus der Hoheitsgewalt),[3] 법률 앞에서의 도피(Die Flucht vor dem Gesetz)[4]를 가져올 가능성이 많다. 따라서 행정사법에서는 그 공법적 제한이 문제로 제기될 수밖에 없다.

2295 (3) **제 한** 사법형식의 공행정작용, 즉 행정사법작용에는 공법작용에 가해지는 표준적인 구속이 기본적으로 가해진다고 본다.[5] 따라서 행정사법작용에 있어서는 기본권(특히 평등원칙), 경제성·합목적성의 제한이 가해지며 공행정기관은 경영의무를 지고, 경영포기 내지 중단이 부인된다(예 : 우편업무).

2. 조달작용

2296 국가는 물자와 용역의 조달을 위해 매년 엄청난 예산을 사용한다. 이러한 엄청난 구매는 경제계에 여러 방향으로 영향을 미친다. 그런데 이러한 조달작용은 기본적으로는 경제의 촉진이 아니라 물자나 용역의 조달 그 자체에 의미가 있다. 조달작용은 또한 경제촉진의 기능도 갖는다(군수물자조달의 경우를 생각해 보라).

2297 (1) **구매행정청** 현행법상 정부가 행하는 물자(군수품 제외)의 구매·공급 및 관리에 관한 사무와 정부의 주요시설공사계약에 관한 사무는 기획재정부장

---

1) Wolff/Bachof, Verwaltungsrecht I (9. Aufl.), S. 108.
2) Fleiner, Institutionen des deutschen Verwaltungsrechts, 1928, S. 326.
3) R. Naumann, VVDStRL 11, 1953, S. 131.
4) L. Fröhler, Das Wirtschaftsrecht als Instrument der Wirtschaftspolitik, 1969, S. 77.
5) Wertenbruch/Schaumann, Grundrechtsanwendung im Verwaltungsprivatrecht, in : Ulrich Scheuner(Hrsg.), Einwirkung auf die Wirtschaft, 1971, S. 44ff.

관소속하의 조달청장이 관장한다(정조법 제27조 제7항).

(2) **예산상의 한계** 물자의 조달은 예산을 한도로 한다. 예산에서 목적이 2298
구체적으로 정해져 있는 경우에는 그 목적에 따른 구매만이 가능하다(국정법 제45조).

(3) **법규상 제한과 특징** 물자의 조달 등에 법적 제한(예 : 상급행정청의 승인) 2299
이 요구된다면, 그러한 제한을 따라야 할 것이다. 말하자면 구매에 관련된 절차·종류·방법 등에 공법상의 제한이 있는 경우에는 구매 자체의 법적 성질 여하를 불문하고 그러한 제한을 준수하여야 한다. 이러한 범위에서 국가의 계약의 자유는 제한된다. 한편 조달작용이 사법작용이라 할지라도 기본권, 특히 평등권에 구속되어야 한다.[1] 따라서 조달관청은 사항적인 근거가 없는 한 모든 잠재적인 공급자들을 동등하게 취급하여야 한다. 조달관청은 최적가격의 제공자를 거래의 상대방으로 선택하게 된다. 최적 여부의 판단에는 경제성의 원칙과 예산집행상의 절약의 원칙이 적용될 것이다. 그렇다고 최적가격이 언제나 최저가격을 의미하는 것은 아니다. 그 밖에 조달관청은 공급자의 자유권을 침해하여서도 아니 된다. 즉 조달계약에 자유제한조항을 포함시켜서는 아니 된다.

3. 영리작용

(1) **가 능 성** 헌법은 국가나 지방자치단체의 순수한 영업활동(영리작용)에 2300
관해 아무런 명문의 규정도 두고 있지 않다. 허용규정도 없지만 금지규정도 보이지 않는다. 역대헌법에서도 이에 관한 규정은 찾아볼 수 없다. 이에 관한 완결된 법률도 없다. 이와 관련하여 두 가지 입장이 있을 수 있다.

(가) **자유주의적 견해** 이 견해의 내용은 다음과 같다. 공행정주체에 의한 2301
지나친 영업활동 내지 공행정주체의 영업의 자유는 개인의 직업선택의 자유, 영업의 자유를 침해할 가능성을 갖는다. 말하자면 공행정주체의 영업활동으로 인해 개인의 몇몇 자유는 공허한 것이 될 수도 있다(사실상 기본권침해). 그리고 국가나 지방자치단체 등은 기본적으로 사인과 달리 이기적인 영리추구를 목적으로 하는 것은 아니므로, 개인(사경제)에 부담이 될 정도의 영리행위는 성질상 허용되지 않는다. 또한 헌법 제10조에서 나온다고 생각되는 경제상 경쟁의 자유는 먼저 국가에 향해진 기본권으로서 국가가 경쟁의 자유를 보장하여야 하는 관계상 국가의 순수영리활동은 곤란하다.[2] 국가의 영리활동은 장기적으로는 경

1) Jarass, Wirtschaftsverwaltungsrecht mit Wirtschaftsverfassungsrecht, § 2, Rn. 13; G.Rinck, Wirtschaftrecht, 1977, S. 58.

2) Kröll s, Das Grundgesetz als Verfassung des staatlich organisierten Kapitalismus, S. 170 참조.

쟁에서 사인의 패배와 이로 인한 사경제의 황폐를 초래할 수도 있다.

2302 한편 공공기관에 의한 영리활동은 재정충족을 위한 수입의 목적 또는 예산의 적절한 개선과 관련하여 그 가능성이 생각될 수도 있을 것이다. 그러나 이 경우에 있어서도 국가에 과세고권이 주어져 있음을, 그리고 과세특권은 고권주체가 독자적으로 영업활동에 참여하여 재정을 확보하는 것이 아니라 일방적인 징세에 의하는 것임을 고려할 때(물론 헌법상으로는 국가의 재정이 오로지 공과금으로만 충족되어야 한다는 명문의 규정이 없다는 점에서 문제가 없는 것은 아니다), 국가 등의 행정주체에 있어서 영업적인 동기는 거리가 먼 것이라고 할 수 있다. 요컨대 국가나 지방자치단체 등은 자신의 임무와 무관하게 오로지 영리취득을 목적으로 하는 그리하여 재정상의 수요의 충족만을 목적으로 하는 영업활동은 할 수 없다고 보아야 한다는 것이다. 이 견해가 독일의 지배적인 견해인 것으로 보인다.[1] 다만 이러한 견해도 개인이 경영할 수 없는 성질의 영업활동이 있을 수 있다면, 혹은 또 다른 합리적인 사유가 있다면 공공에 의한 기업의 경영은 가능하다(보충성의 원칙)고 새긴다.[2] 물론 이러한 경우에도 최소한 개별법률상의 근거가 필요하며, 개별법률상 근거 없는 기업이 있다면, 그것은 사임무화(민간이양)가 이루어져야 한다는 것이다.[3]

2303 (나) **사회정책적 견해** 사회경제적·정책적 측면에서 국가에 의한 사회적 재생산과정상 경제적인 기능요건의 확보, 그리고 급부행정강화를 위한 국가재정의 최대한의 확보를 강조하게 되면, 국가의 순수영리활동은 허용된다고 보게 될 것이다.[4] 특히 시장지배기업이 있는 경우, 그에 대응하는 국가기업운용은 자유주의적 견해에서도 긍정할 것이다.

2304 (2) **경쟁자의 보호** 국가의 경제활동시 사인인 경쟁자에 아무런 법상의 금지조치가 가해지지 않는다고 하여도 사경쟁자는 사실상 불이익을 받게 되기 쉽다(우체국 예금·보험에 관한 법률에 따른 체신관서의 예금·보험사업은 국가의 신용·시설·인력을 기초로 하는 것으로서, 민간금융기관과 경쟁을 가져오며, 공정한 경쟁을 기대하기 곤란한 면도 갖는다). 바꾸어 말하면 공적 기업에 의해 사인은 사실상의 기본권침해를 받게 된다고 할 수 있다. 이러한 경우 사경쟁자에게 법적 보호수단이 주어지는가의 여부는 문제이다. 이러한 문제는 국가로 하여금 그러한 경제활동을 가능

1) Jarass, Wirtschaftsverwaltungsrecht mit Wirtschaftsverfassungsrecht, §12, Rn. 30; Stober, Allgemeines Wirtschaftsverwaltungsrecht, S. 263.
2) Herzog, Der Staat, 1963, S. 393ff.; G.Rinck, Wirtschaftrecht, 1977, S. 51.
3) Stober, Allgemeines Wirtschaftsverwaltungsrecht, S. 263.
4) Krölls, Das Grundgesetz als Verfassung des staatlich organisierten Kapitalismus, S. 170.

하게 하는 법률 등의 법적 근거의 해석문제가 된다고 본다. 정책적인 견지에서 본다면, 국가의 경제활동에 관하여는 관련법규에서 한계를 설정하는 것, 그리고 영세의 경쟁자에게는 교부지원을 하는 것도 의미 있을 것이다.

제 3 항 국가의 독점과 국공유화

Ⅰ. 국가의 독점

1. 의 의

국가나 지방자치단체는 가끔 특정의 경제활동에 참여하면서 사적 경쟁자에 2305
게 관련 경제활동을 금하기도 한다(독점). 이러한 독점은 ① 독점기업의 무경쟁, ② 직업폐쇄로서 사인의 직업선택의 자유를 제한하는 것을 기본적인 특징으로 갖는다. 이러한 독점이 직접 공적 임무의 수행을 위한 것인 경우(예 : 화폐주조)에는 행정독점(Verwaltungsmonopol)이라 부르고, 수입목적인 경우는 재정독점(Finanzmonopol)이라 부른다.[1] 한편 이러한 공독점(Öffentliches Monopol)의 대립개념으로 사독점(Privatmonopol)이 있다. 그리고 이러한 독점들이 헌법이나 법률에 근거한 경우가 법적 독점이고, 그러하지 않은 경우가 사실상 독점이다. 양자의 구분의 실익은 경우에 따라서는 독점이 무너질 수 있는가의 여부에 있다. 한편 공기업을 위한 일반적인 이용강제제도는 법적 독점과 같은 효과를 가져온다. 이것 역시 독점에 해당한다. 물론 독점공급은 당연히 이용강제를 가져온다. 독점은 경제생활에 대한 국가의 개입으로서는 경쟁의 경우보다 강력함은 당연하다. 독점 하에서는 경쟁의 자유가 존재하지 아니한다.

2. 직업선택의 자유와 관계

특정경제활동의 국가 독점은 특정경제활동으로부터 사인의 배제를 뜻하는 2306
것이므로, 그것은 직업선택의 자유와 충돌한다. 물론 독점이 헌법 제126조(국공유화)에 해당하는 것이면 별문제를 가져오지 아니할 것이다. 국가는 어떠한 임무가 국가임무이고, 그것을 어떻게 누구로 하여금 수행하게 할 것인가를 임의로 결정할 권한을 가진다고 생각되지는 아니한다. 국가는 헌법의 제규정과 관련하여 영역에 따라 상이한 결정권을 가질 뿐이다. 행정독점의 경우는 국가가 비교적 광범위한 결정권을 가지나, 즉 생활배려의 요구상 필요한 범위 내에서 결정

---

1) R. Breuer, Die staatliche Berufsregelung und Wirtschaftslenkung, in : Isensee/Kirchhof, Handbuch des Staatsrechts der B.R.D. 1989, S. 1006.

권을 가지나, 재정독점의 경우는 그러하지 않다고 하겠다.

Ⅱ. 기업의 국공유화

1. 헌법규정

2307 행정주체에 의한 경제활동의 한 특수한 경우로 사기업의 국공유화의 문제가 있다. 이와 관련하여 헌법(제126조)은 "국방상 또는 국민경제상 긴절한 필요로 인하여 법률이 정하는 경우를 제외하고는 사영기업을 국유 또는 공유로 이전하거나 그 경영을 통제 또는 관리할 수 없다"고 규정하여 기업의 국공유화를 예외적인 것으로 하고 있다.

2. 의 미

2308 국공유화는 국고상의 이유에서가 아니라 국방상, 그리고 국민경제상 경제구조의 변화를 목적으로 하는 것이다. 국공유화는 헌법이 명하는 국가의 의무가 아니다. 그것은 다만 입법자에게 국공유화의 가능성을 부여한 것뿐이다. 국공유화는 사회국가사상의 한 형식이라 볼 수 있고, 동시에 재산권보장을 제한하는 하나의 예가 되기도 한다. 국공유화제도는 국가는 국민경제상, 그리고 국방상 중요한 기구·조직들(예 : 은행·공영방송)을 국영으로 할 수 있다는 데에 근거를 갖는다. 이러한 특정공행정 목적을 위한 사기업의 국공유화제도는 긴급사태나 위기시에 활용될 가능성이 많다. 국공유화는 사기업의 통제보다 더 강력한 사유재산의 침해이므로 비례원칙상 보다 경미한 방식으로 목적을 달성할 수 있다면, 국공유화는 택하지 말아야 할 것이다.

3. 성 질

2309 (1) **수용제도와의 관계** 헌법 제126조의 국공유화제도는 그 자체가 고유한 법제도인가 아니면 헌법 제23조 제3항의 수용제도의 한 특수한 경우에 해당하는 것인가는 문제이다. ① 독일의 다수의 견해는 기존의 경제질서상 국공유화가 갖는 비상한 중점을 근거로 국공유화를 고유한 법제도로 본다.[1] 한편 ② 독일의 소수의 견해는 국공유화도 공익목적을 위한 개인의 주관적인 법적 지위의 박탈이고 또한 보상이 주어져야 한다는 점에서, 즉 수용요건과 국공유화의 요건은 결국 같은 것이라는 점에서 국공유화제도를 수용의 한 특수한 경우로 본다.[2)]

---

1) Maunz, in : Maunz/Dürig, Grungdesetz, Kommentar, Art.15, Rn. 5; E.R.Huber, Wirtschaftsverwaltungsrecht Ⅱ, S. 160.

2) Frotscher, Wirtschaftsverfassungs- und Wirtschaftsverwaltungsrecht, Rn. 69.

만약 국공유화를 고유한 법제도로 본다면 국공유화의 요건은 헌법 제126조에 따라 판단하게 될 것이고, 수용의 한 형태로 본다면 헌법 제23조 제3항 또한 적용되어야 할 것이다.[1] 본서는 우리 헌법의 해석상 국공유화제도를 상기 소수의 견해와 같이 수용제도의 한 특수한 경우로 보고자 한다. 왜냐하면 비록 국공유화를 규정하는 우리 헌법 제126조는 보상에 관하여 규정하는 바가 없어도 국공유화의 제도의 취지가 수용제도와 동일하다고 보아서 국공유화의 경우에도 보상이 주어져야 한다고 볼 필요가 있기 때문이다.

(2) **사유재산제도와의 관계** 헌법규정상 국공유화는 국방상 또는 국민경제 2310
상 '긴절한 필요'가 있는 경우에만 허용되는 것인바, 국공유화제도는 우리의 경제가 사권질서·사유재산제도를 전제로 함을 뜻한다.

4. 국공유화의 요건

(1) **목적상의 요건** 사영기업의 국공유화는 국방상 또는 국민경제상 긴절 2311
한 필요가 있는 경우에 한하여 인정된다. 이 요건은 재산권의 수용상의 요건인 공공필요가 보다 강화되고 구체화된 것이라 할 수 있다. 국공유화의 제도는 재산권의 보장을 통해 보호되는, 그리고 이익극대화의 원리에 입각하는 사경제부문도 전체사회의 공동의 이익이 공동의 사용이 우선되어야 하는 절실한 경우에는 공공부문으로 편입될 수밖에 없다는 것을 뜻하고, 또한 경제학적 측면에서 본다면 그것은 사경제·시장경제체계의 전제로서, 그리고 수정도구로서 공공경제부문의 불가피성의 한 단면이기도 하다. 긴절한 필요란 국공유화를 하지 않고서는 국방이나 국민경제의 유지가 곤란한 경우를 말한다. 긴절한 필요의 여부는 선험적으로 정해지는 것이 아니라 우리 나라의 경제발전상태·국방상태와 관련하여 판단되어질 성질의 것이다. 예컨대 ① 과도한 자본의 계속적인 투입이 요구되는, 그러나 국가의 국방이나 경제에 필요한 사기업, ② 국민경제상의 필요에 의해 여태까지 국가의 교부지원금을 받아 경영된 기업이 더 이상 수익을 도모하는 기업으로 존속하는 것이 국민감정에 반하게 될 때, ③ 사기업생산물의 가격이 고가이어서 국제경쟁에 도저히 대처해 나아갈 수 없는 경우를 들 수 있다.[2] 긴절한 필요의 판단은 일차적으로는 국회(평상시) 또는 정부(위기시)가 할 것이고, 최종적으로는 헌법재판소가 하게 될 것이다.

(2) **주체상의 요건** 국공유화의 주체는 국가 또는 지방자치단체이다. 수용 2312

1) A. Hamann, Deutsches Wirtschaftsverwaltungsrecht, 1958, S. 166.
2) Krölls, Das Grundgesetz als Verfassung des staatlich organisierten Kapitalismus, S. 246.

의 경우에는 사인도 주체가 될 수 있다는 점과 다르다. 헌법은 공유라는 표현을 사용하나, 그것은 지방자치단체만을 뜻하는 것으로 본다. 왜냐하면 국가 외에는 지방자치단체만이 진실로 전체의 공공복지·공익에 충실한 공동체라 생각되고, 그 밖의 공공단체(공법인)는 국가나 지방자치단체의 한 구성부분으로서 부분이익을 강조할 가능성이 있기 때문이다.

2313 (3) **대상의 요건** 헌법 제126조는 국공유화의 대상을 사영기업으로 한정하고 있다. 독일 기본법이 그 대상을 토지·천연가스 및 생산수단으로 규정하고 있는 것과는 다르다. 사영기업이란 국영과 공영기업이 아닌 모든 사기업을 의미한다. 독일의 경우와 비교해 보면 독일의 경우는 땅·천연자원을 제외하고는 생산수단만이 공유화의 대상이 되는데, 독일의 지배적 견해는 생산수단을 재화(물적 재산)의 생산·획득만을 뜻하는 것으로 새기는바, 우리의 경우는 국공유화의 대상이 될 수 있는 교통관련기업·상업·은행 그 밖의 서비스업들이 독일의 경우는 배제된다.[1] 그리고 우리의 경우는 원칙적으로 모든 사기업이 국공유화의 대상이 될 것이나, 실제상 소규모의 영세기업의 경우는 국공유화와 거리가 멀다고 하겠다.

제 2 절 불확정법개념과 재량조항(경제행정의 자유와 구속)

2314 많은 불확정법개념과 재량조항의 사용은 경제행정법의 한 특징이 된다. 그것은 경제적·사회적 상황의 영속적인 변화에 대처하고자 하는 데에 기본적인 이유가 있다. 불확정법개념과 재량조항은 일반행정법상의 기본문제이기도 한 까닭에 여기서는 경제행정에 초점을 두고서 살펴보기로 한다.

제 1 항 불확정법개념

1. 관 념

2315 (1) 의 의 법규가 한 가지 뜻으로 분명하게 구성요건을 규정함과 아울러 특정한 법적 효과를 규정하고 있다면, 법적용에 있어서 행정청은 별다른 문제를 갖지 아니한다. 그러나 입법자는 경제생활의 다양한 형성과 관련하여, 그리고 미래에 대한 정확한 예측의 불가능으로 인하여 구성요건을 한 가지의 뜻

1) Kröll s, Das Grundgesetz als Verfassung des staatlich organisierten Kapitalismus, S. 252.

으로 분명하게 규정하지 않는 경우가 많다. 이와 같이 한 가지 분명한 뜻을 갖지 않는 개념을 불확정법개념(Unbestimmte Rechtsbegriffe)이라 부른다. 이러한 불확정법개념(예 : 신뢰·필요·공익)은 계획적, 경제감시적, 경제조정적인 내용을 갖는 법률에서 흔히 나타날 수 있다. 독일연방헌법재판소도 경제법영역에서 입법시에 불확정법개념의 도입을 인정하고 있다.[1] 불확정법개념에서 입법자는 하나의 결정만을 의도하고 있다고 본다. 다만 그것의 발견은 어려운 문제이다. 이와 관련하여 판단여지가 문제된다. 불확정법개념은 실정화된 법에서의 문제이므로 불확정법률개념(Unbestimmter Gesetzesbegriff)으로 불리기도 한다. 법규명령이나 자치법규에서도 문제되는 점을 고려하여 본서에서는 불확정법개념으로 부르기로 한다.

(2) **확정법개념과 불확정법개념** 규범의 명확성은 인식적 요소와 경험적 2316
요소의 관련성 속에서, 그리고 규범해석 당시의 상황 속에서 판단되어지는 것이라 할 수 있다. 독일의 일반적 견해에 따르면, 양자의 구분은 질적인 것이 아니고, 오히려 상대적·분량적이고 단지 등급상으로만 구분될 수 있을 뿐이라 한다.[2]

(3) **과학기술발전과 불확정법개념** 급속한 과학기술의 발전은 새로운 위험 2317
과 새로운 위험해결방식을 가져온다. 이와 관련하여 과학기술과 밀접한 관련이 있는 법률들은 '과학기술의 수준', '일반적으로 승인된 기술상의 원칙' 등의 불확정법개념을 도입하여 법과 기술을 결합시키기도 할 것이다. 이러한 개념을 해석함에 있어서 행정청이나 법원은 전문가단체의 도움을 받을 것이나, 그 단체의 해석이 바로 구속적인 것이 아님은 당연하다. 만약 구속력을 인정한다면 그것은 전문가단체에 입법권을 부여하는 결과가 되기 때문이다.

(4) **불확정법개념의 구체화** 법률에 나타난 불확정법개념은 하위법(법규 2318
명령이나 자치법규)에서 구체화될 수도 있고, 행정규칙에서 구체화될 수도 있을 것이다.

2. 판단여지와 사법심사

(1) **의 의** 독일의 지배적 견해는 불확정법개념의 해석·적용은 원칙적 2319
으로 완전한 사법심사의 대상이 된다고 한다. 그러나 예외적으로 구체적인 개별사건에서의 포섭과정상 불확정법개념은 동시에 판단여지(Beurteilungsspielraum), 즉 경제행정청이 구성요건의 면에 관한 결정권을 갖게 되는 일정범위를 갖는다

1) BVerfGE 31, 33, 42.
2) H. H. Rupp, VVDStRL 34, S. 287.

고 말한다. 바꾸어 말하면 독일의 이론은 판단여지 내에서의 행정권의 판단은 사법적으로 단지 한정적으로 심사될 뿐이라는 것이다. 왜냐하면 그러한 판단은 고도로 개성과 관련있는 또는 대체가 불가능한 가치판단이기 때문이라는 것이다. 이러한 입장에 따르게 되면 판단여지 내에서 행정권의 판단은 최종적인 국가의사가 된다. 물론 판단여지 내에서의 결정이라도 그것과 관련하여 경제행정청이 절차에 관한 규정을 준수하였는가? 정당한 사실관계로부터 출발한 것인가? 등에 관한 사항은 역시 사법심사의 대상이 된다.

2320 (2) **판단여지의 유형** 판단여지에도 전형적인 경우와 특별한 경우가 있다. 전형적인 판단여지란 행정청 내지 결정권을 가진 자가 과거나 현재에 놓여 있는 사실상태를 평가하여야 하는 경우를 말한다. 그러나 특별한 경우란 경제행정법상 미래지향적인 결정을 하여야 하는 소위 예측여지(Prognosespielraum)의 경우를 말한다. 이러한 예측여지에서는 경제상 미래예측적인 판단에 따른 결정이 나오게 된다.[1] 예측여지상의 판단에 있어서는 미래발전에 대한 평가가능성의 한계로 인해 사법심사가 더욱 제한되기 쉽다.

3. 경제행정법상 불확정법개념의 계량화

2321 (1) **의 의** 법조문에서 사용될 불확정법개념을 숫자(예 : 총계·기간·날짜수·비율·한계가치)로 변경시켜 표현하거나 또는 법조문에서 사용된 불확정법개념을 수치로 변경시켜 해석함으로써 불확정법개념에서 나타내고자 한 것을 더욱 정밀하게 하려는 경우가 발견된다.[2] 이와 같이 수를 척도로서 사용하는 것은 법적용의 실용성을 증대시키고, 특히 대량결정의 경우에 있어서는 행정실현의 단일화에 기여하게 하는 데에 그 의미가 있는 것으로 보인다. 예컨대 '물가안정'이라는 표현 대신에 물가가 몇 퍼센트 이상 상승하는 경우로 표현하는 경우를 생각할 수 있다.

2322 (2) **계량화의 가능성** 불확정법개념의 계량화의 대전제는 결정기준의 단계화이다. 즉 규범적 요소가 수량에 의해 단계화될 수 있고 또한 기술적인 가능성이 있어야 한다. 그리고 불확정법개념의 계량화는 여러 상황을 개별화할 수 있는 충분한 비교자료가 또한 전제되어야 한다. 그런데 수치만을 법적 한계 문제의 해결에 사용한다는 것은 질적 관점에 따른 이면의 문제에 대한 의식적인 포기가 전제되어 있다는 데에 문제가 있다고 지적된다. 이러한 전제에서 보면,

---

1) BVerwGE 62, 330, 340.

2) Tettinger, Rechtsanwendung und gerichtliche Kontrolle im Wirtschaftsverwaltungsrecht, S. 412ff. 참조.

법의 단일성과 법적 안정성의 관점에서 ① 불확정법개념의 계량화의 도입 여부는 당해 규범구조나 목적에 따라 판단되어야 하고, ② 엄격한 한계수치(수량의 범위의 엄격한 한정)를 통한 계량화는 그에 대한 특별한 기능적인 정당화가 요구되어야 하며, ③ 계량화된 법규의 해석은 오로지 수량에만 따를 것이 아니라 질적인 관점에서 조정적인 관찰도 고려되어야 할 것이다.

제 2 항 재량조항

1. 일 반 론

(1) 의 의 법률을 집행하는 행정의 영역에서 법적 구속의 강도와 관련하여 기속행정과 재량행정의 구분이 승인되고 있다. 엄격한 법적 규율하에 놓이는 행정이 기속행정이고 입법자가 행정기관에 따라 재량결정을 부여하는 경우가 재량행정이다. 여기서 재량결정이란 구성요건에 해당하는 사실이 있는 경우에도 법효과면과 관련하여 여러 종류의 결정을 할 수 있는 가능성이 경제행정청에 주어져 있는 경우, 그 가능성을 행위재량 또는 재량이라고 한다. 기속행정에 있어서 집행부의 행위과정은 완전한 범위에서 사법심사에 놓이고, 재량행정에 있어서는 집행부에 자주적인 평가권능을 부여한 관계상 일정범위에서만 그 행위과정이 사법심사에 놓인다. 한편 모든 재량은 의무에 합당한 재량이어야 한다. 그리고 모든 관련법익과 이익의 고려하에 이루어진 형량을 전제로 한다. 2323

(2) 경제행정법과 재량 1954년 E. R. Huber는 사법통제의 발전에도 불구하고 경제행정법상 행정청의 재량행위는 상당수에 달한다고 한 바 있는데, 그 상황은 오늘날에도 유사하다고 보겠다. 예나 지금이나 앞으로도 경제의 영역에서 재량결정은 개별 경우에 있어서의 정의실현과 행정의 탄력성의 표식으로서 불가피하게 존속할 것이다. 2324

(3) 종 류 재량에는 결정재량과 선택재량이 있다. 결정재량이란 구성요건의 충족이 있는 경우에 어떤 행위를 할 것인가의 여부(Ob)에 관한 재량이고, 선택재량이란 경제행정청이 어떠한 행위를 해야 하나 그 방법, 그 수단을 어떻게 할 것인가(Wann und Wie)에 대한 재량을 의미한다. 2325

(4) 재량의 수축

(가) 영으로의 재량수축 법규에서 행정청에 재량이 부여되어 있더라도 구체적인 경우에는 재량이 없고 행정청은 반드시 특정한 행위를 하여야만 하는 경우가 있는바, 이를 영으로의 재량수축이라 부른다. 이러한 재량축소는 경제행정 2326

상 재량의 행사가 기본권에 정면으로 배치되거나 개인에게 개인적 공권이 부여되어 있는 경우에 나타난다고 설명한다.

2327 (나) **평등원칙과 재량수축** 재량이 법적 한계 내에서 행사되었지만, 그것이 행정내부의 기준이나 여태까지의 행정결정과 모순관계에 설 때, 그 재량을 평등원칙위반을 이유로 관련 사인이 다툴 수 있다. 이것이 평등원칙의 매개를 통한 재량축소의 문제이다. 사실 기본적으로는 광범위한 재량도 시간의 경과와 확립된 재량실제를 통해, 즉 비교가능한 많은 사례를 통해 점차 제한된다고 보겠다.

2328 (5) **무하자재량행사청구권** 경제행정청에 재량에 따라 행위할 권한이 주어져 있어도 경제행정청은 수권의 목적에 따라 재량을 행사하여야 하고, 법적 한계를 준수하여야 한다. 이와 관련하여 신청인이나 관계자에게 경제행정청에 대한 하자 없는 재량행사를 청구할 수 있는 개인적 공권을 소위 무하자재량행사청구권이라 부른다.

(6) **사법심사**

2329 (가) **사 유** 재량행사와 관련하여 ① 재량불행사, ② 재량일탈, ③ 재량남용의 사유가 있는 경우에는 하자가 있는 것, 즉 위법한 것이 되어 사법심사의 대상이 된다. 재량불행사란 행정청에 재량이 있음에도 고의나 착오로 인해 재량을 행사하지 않은 경우를 말하고, 재량일탈이란 법상 허용되는 재량상의 한계를 넘어서 결정이 있는 경우를 말하고, 재량남용이란 행정청이 재량을 재량이 주어진 목적 등에 따라 행사하지 않은 경우를 말한다. 그 재량이 주어진 행위의 목적은 통상 그 재량행위를 정하는 개별법률의 목적규정에서 규정된다.

2330 (나) **행정청의 자유존중** 하나의 법률에 여러 개의 목적이 규정되어 있고, 그 목적 사이에 충돌이 있을 수 있다면 구체적인 경우에 있어서 그 목적간의 조화는 어려운 문제가 된다. 이 경우에 있어서 재량을 행사하는 행정청은 각 목적 사이의 우열에 관한 특별한 정함이 없는 한 보다 넓은 재량평가의 자유를 갖게 된다고 보겠다. 그리고 어떠한 경우든 경제행정상 재량의 목적은 궁극적으로, 그리고 당연히 개인의 경제상의 자유와 창의, 균형 있는 국민경제와 사회정의의 실현에 놓여야 할 것이다.

2331 (다) **판단의 방법** 사법심사시 법관은 행정재량의 입장에서 자신의 재량을 행사하여서는 아니 된다. 왜냐하면 법관은 권력분립의 차원에서 집행권의 결정의 자유를 존중하여야 하기 때문이다. 따라서 법관은 행정청의 재량결정 그 자체가 상기의 하자에 기인한 것인가 아닌가를 판단하여야 하는 것이다.

2. 계획재량

(1) 의 의 판단여지나 행위재량으로부터 구별되어야 할 것으로 계획재량(Planungsermessen)이 있다. 계획재량은 국토계획·개발계획 등과 관련하여 중요한 의미를 갖는다. 여기에서는 법효과나 포섭(Subsumtion)이 아니라 행정상 새로운 질서의 형성과 관련하여 행위의 목표와 이해관계가 중요하다. 2332

(2) 하 자 계획재량의 경우에도 법상 평가는 가능하고 또한 고유한 형량하자론(Abwägungsfehlerlehre)을 갖는다. 형량하자로 형량의 결여, 형량의 부족, 형량의 과잉, 형량의 오판, 형량상 불비례가 언급된다. ① 형량의 결여(Abwägungsausfall)란 형량이 전혀 없는 경우를 말한다. ② 형량의 부족(Abwägungsdefizit)이란 본질적인 이해관계가 형량에서 제외된 경우를 말한다. ③ 형량의 과잉(Abwägungsüberschuß)은 어떠한 의미가 과대평가된 형량을 말한다. ④ 형량의 오판(Abwägungsfehleinschätzung)은 형량이 규범상으로 규율되는 평가나 일반적으로 승인되는 원칙에 모순되는 경우를 말한다. ⑤ 형량의 불비례(Abwägungsdisproportionalität)란 계획상 관련된 이해관계자 사이의 조정이 개개인의 이해의 객관적인 가치를 비례에 두지 않은 채 이루어진 경우를 말한다. 2333

3. 전통적인 불확정법개념론·재량론의 비판론

H. Huber에 의해[1] 법치국가행정법상 트로이목마(das trojanische Pferd des rechtsstaatlichen Verwaltungsrechts)로 불리기도 하는 재량론과 불확정개념론은 독일에서 많은 학자들에 의해 새로운 접근이 시도되어 왔다. 이를 크게 구분하면 두 개의 군으로 나눌 수 있다. ① 하나는 보다 강화된 사법적 통제를 주장하는 입장이고, ② 또 하나는 행정의 자율영역의 확대와 그에 따른 통제의 약화를 주장하는 경향이 그것이다. Tettinger[2]는 ①에 속하는 학자로 행정사건에서 예외 없는 법원의 최종결정권을 주창한 H. H. Rupp, 재량결정은 선택의 자유가 아니라 법상 수권된 범위 내에서 하나의 정당한 결정을 스스로 찾아 낼 자유로 해석한 K. A. Bettermann, 법원은 재량결정에서 합목적성의 심사도 하여야 한다고 한 H. H. Lohmann 등을 들고, ②에 속하는 학자로 행정의 형성기능을, 그리고 행정의 미래형성이라는 동적 임무를 강조한 K. Redeker, 불확정개념에서는 행정청이 행정정책적·계획적 관점에서 결정권을 갖는다고 하는 H. Kellner, 2334

1) H. Huber, Niedergang des Rechts und Kriese des Rechtsstaates, in : Festgabe zum 60. Geburtstag von Zaccaria Giacometti, 1953, S. 66.
2) Tettinger, Rechtsanwendung und gerichtliche Kontrolle im Wirtschaftsverwaltungsrecht, S. 82ff.

판단여지론도 단일의 행정재량으로 파악하여 재량을 유형적으로 구성요건재량·법효과재량·형성재량으로 구분한 R. Scholz, 독자적인 행정법이론상의 제도로서 불확정개념의 폐기를 주장하고 그 불확정개념에서 행정권이 목표·수단관계를 통해 적합한 결정을 선택할 수 있다는 구성요건상의 수권을 언급한 W. Scheuner 등을 들고 있다.

제 3 절 행위형식개관

제 1 항 행정입법

2335 경제행정관청(예 : 농림축산식품부장관·산업통상자원부장관 등 경제관련장관, 지방자치단체의 장)은 행정행위 또는 법규명령이나 자치법규의 발령을 통해 경제과정에 참여하는 사인을 구속하기도 한다. 경제행정법상 위임입법은 급변하는 생활관계에 신속히 탄력적으로 작용할 수 있다는 점에서 그 의의가 매우 크다.

Ⅰ. 법규명령

1. 의의와 성질

2336 법규명령이란 법령상 수권에 근거하여 대통령이나 국무총리 또는 행정각부의 장이 발하는 일반추상적인 법적 규율을 말한다. 통상 법규적 성질을 갖는다. 법률과 법규명령은 규범의 단계구조, 정당성의 근거에 차이가 있다. 법률이 본래적 법원임에 반하여, 법규명령은 전래적인 법원이다. 법규명령은 집행기관이 발하는 것인 까닭에 간접적으로 민주적으로 정당화된다고 할 수도 있다. 간접적인 민주성으로 인해 법규명령은 원칙적으로 법률의 집행기능만을 가질 뿐 법률의 대체기능은 갖지 못한다.

2. 적법성의 요건

2337 법규명령은 전래적 법원으로서 입법자에 의한 수권을 필요로 한다. 헌법은 법규명령의 위임시 구체적인 범위를 정할 것을 요구한다. 독일기본법은 수권의 내용·목적까지도 정할 것을 요구하고(독일기본법 제80조 제1항), 그 밖에 법규명령에 그 법적 근거를 표시할 것을 요구하기도(독일기본법 제80조 제1항 제3문) 한다. 해석상 중요한 사항은 위임할 수 없다고 본다(의회유보설). 물론 수권법률 그 자체도 명확하여야 한다. 한편 법규명령이 수권의 범위를 벗어나면 무효가 된다.

그 밖에 법규명령은 내용상으로도 명확하고 상위법에 반해서는 아니되고 또한 일정한 절차(예 : 국무회의심의)도 거쳐야 한다. 그리고 공포되어야 한다.

Ⅱ. 행정규칙과 특별명령

1. 의 의

2338 행정규칙이란 법률의 집행, 행정조직내부에서 근무상의 규율 등을 위해 상급관청이 자신의 지시에 따르는 하위의 관청에 발하는 구속적인 명령을 말한다. 행정규칙의 발령은 행정권의 고유업무라고 말해진다.

2. 성 질

2339 (1) **비법규성·내부법** 전통적인 견해에 따르면, 행정규칙은 법규범이 아니라고 한다. 왜냐하면 행정규칙은 단순히 법규범의 집행을 위한 것일 뿐이고, 그 밖에 직접 국민의 권리·의무를 제한하는 규범은 아니기 때문이라는 것이다. 따라서 전통적 견해는 행정규칙의 발령에는 법적 근거를 요하지 않는다고 한다. 요컨대 행정규칙의 발령권은 집행부의 권능에 내재한다는 것이 일반적인 견해이다. 다만 행정규칙은 발령청의 소속 행정기관에만 적용되고 또한 그것만을 구속한다. 따라서 제3의 행정청 또는 국민에 대해서는 외부적인 효과가 없고, 오직 내부적으로만 효과가 있다는 의미에서 행정규칙은 내부법이라 불리기도 한다. 그러나 법률대체적 규칙 또는 법률보충적 규칙의 경우에는 예외적으로 법규적 효력을 인정하여야 할 경우도 있다고 하겠다.

2340 (2) **행정의 자기구속** 행정규칙은 내부법인 관계로 직접 국민을 구속하는 것은 아니다. 따라서 국민은 원칙적으로 행정규칙위반을 다툴 수 없다. 그러나 일정 행정규칙이 있다면, 행정청이 그 규칙과 관련있는 동일한 사항을 동일하게 취급한다는 것(자기구속)이 평등원칙에 적합하다. 따라서 행정규칙위반은 경우에 따라서 평등원칙위반을 이유로 다툴 수 있다. 이것은 행정규칙이 평등원칙을 매개로 하여 국민에 대해 간접적인 효력을 가질 수 있음을 의미한다.

2341 (3) **요 건** 행정규칙의 발령에는 법률상 근거를 요하지 아니한다. 형식상·절차상 제한도 없다. 그리고 행정규칙은 법규가 아니므로 일정한 공포방식도 없고, 적당한 방법으로 수범행정청에 알려지면 된다는 것이 전통적인 입장이다. 물론 권한을 가진 행정청이 자신의 소관사항에 관해 발해야만 행정규칙으로 성립할 수 있다. 다만 법률집행과 관련하여 또는 국민개개인의 경제적 이해가 직접 관련되어 있는 행정규칙(예 : 교부지원에 관한 행정규칙)은 국민들에게도 알려

져야 할 것이다. 그렇게 되면 국민들에게 행정청의 평등위반을 다툴 가능성이 생겨난다.

2342 (4) **특별명령** 특별명령이란 Wolff에 의해 창안된 개념이다. 그에 따르면 특별명령이란 소위 특별권력관계내부에서 법규범상 달리 정함이 없는 한 구속적인 효력을 갖는 행정권에 의해 정립되는 일반추상적인 규범으로 이해된다.[1] 이 개념이 독일연방행정재판소에서 사용된 바 있으나,[2] 연방헌법재판소는 법치국가의 법률유보의 원칙에 입각하여 극히 비판적이다.[3] 말하자면 특별권력관계는 법치국가에서 이미 고사되었다는 것이다.

Ⅲ. 자치법규

2343 국가에 속한 공법상의 법인이 법상 자신에게 주어진 자치권의 범위 내에서 자신의 사무의 규율을 위해 자신의 구성원에게 발하는 법규를 말한다. 자치법규는 법규명령과 같이 전래적인 법원이다. 자치법규가 법률의 집행기능을 가진다는 것은 의문이 없다. 문제는 자치법규가 법률의 대체기능, 즉 입법자가 자치입법권자에게 자치입법권자의 이름과 고유책임으로 새로운 내용의 규율을 할 수 있도록 수권할 수 있는가의 여부이다. 자치입법자가 민주적으로 정당화되는 기관인 한 긍정할 수도 있을 것이다. 그러나 기본권을 제한하는 사항은 반드시 법률로써 정하여야 할 것이다.

제2항 행정계획

Ⅰ. 계획의 종류

1. 규범적 계획·영향적 계획·자료제공적 계획

2344 이러한 구분은 법적 구속력을 갖는가를 기준으로 한 구분이다. 개인의 권리보호와 관련하여 법적 관점에서는 이러한 구분이 매우 중요하다. ① 규범적 계획(Normative Planung)이란 국민에 대하여 직접적인 법적 구속력을 갖는 계획을 말한다. 그것은 스스로 명령·금지를 내용으로 갖는 경우를 말한다(예 : 도시·군관리계획). 명령적 계획(Imperative Planung)이라고도 한다. 규범적 계획은 법적 근거를 요한다. ② 영향적 계획(Influenzierende Planung)이란 명령이나 강제가 아니라

1) Wolff/Bachof, Verwaltungsrecht Ⅰ(9. Aufl.), S. 134ff.
2) BVerwGE 45, 8, 10f.
3) BVerfGE 33, 1, 10f.

재정수단(예 : 조세감면) 등을 통해 그 실현을 확보하는 계획을 말한다. 이러한 계획은 일정한 행위를 목표로 하고 자료제공·수익제공 등을 통해 사인에게 영향을 미치는 것을 내용으로 한다. ③ 자료제공적 계획(Indikative Planung)이란 다른 국가기관이나 사인에 대하여 구속력을 갖지는 못하고, 다만 자료나 예측만을 내용으로 갖는 계획을 말한다. 이러한 계획은 정보제공의 의미를 갖는다.

2. 전체계획·부문계획

전체계획(Gesamtplanung)이란 특정부문을 능가하는 광범위한 영역에 미치는 2345
계획을 말한다. 일정 광범위한 영역의 전체의 발전을 예상하는 목적을 가진 구조계획(Strukturplanung)이다. 한편 부문계획(Fachplanung)이란 특정의 전문분야와 관련된 구체적인 프로그램중심의 계획이다.

3. 법률에 의한 계획 등

계획은 그 표현방식에 따라 법률에 의한 계획, 행정행위에 의한 계획, 행정 2346
규칙에 의한 계획, 자치법규에 의한 계획, 그 밖의 사실상의 행위로서의 계획 등으로 구분할 수 있다.

Ⅱ. 계획의 신뢰

1. 신뢰보호 일반론

(1) 의 의 국가작용은 인간의 예측가능성의 한계, 오류가능성 등으로 2347
인하여 변경가능성을 속성으로 갖는다. 이러한 국가작용의 속성과 관련하여 개인이 국가작용을 신뢰하고 어떠한 처분을 한 경우, 그 후 국가작용에 변경이 있게 되면 어떠한 조건하에서 그 처분이 법상 보호되는가의 문제가 생긴다. 이것이 소위 신뢰보호의 문제이다. 말하자면 그것은 일정한 법적 상태의 계속에 대한 개인의 신뢰를 어떻게 보호할 것인가의 문제이다. 신뢰보호의 문제는 행정법상 행정청의 처분에 대한 경우 외에 법률과 관련하여서도 문제된다. 전자는 행정행위의 취소·철회가 문제의 중심에 놓이고, 후자는 법률의 소급효의 문제가 된다.

(2) 근 거 독일연방헌법재판소는 법적 안정성의 원칙이 나오는 법치국 2348
가원리로부터 신뢰보호를 인정한다. 그러나 이러한 태도에 대해 법치국가원리는 국가가 개인에 대해서는 왜 신뢰를 주장할 수 없는가에 대하여 아무런 답변을 하고 있지 않다는 비판이 가해진다. 또한 신뢰보호는 동위의 원칙인 법률의 우위의 원칙과 충돌된다는 지적도 가해진다.[1] 하여튼 신뢰보호는 자유에 대한

1) Battis/Gusy, öffentliches Wirtschaftsrecht, 1983, S. 98.

위법한 침해로부터 개인을 보호한다. 경제행정법상 신뢰보호는 재산과 관련 있는 지위에 관계되는 것이므로 그 근거가 재산권보호규정인가 아니면 모든 기본권규정인가가 문제될 수 있다.

2349 (3) 요 건 신뢰보호의 전제로서 보호할 가치 있는 신뢰의 유무 내지 범위의 판단이 문제된다. 이의 판단에는 침해의 예견가능성, 공익과 사익의 형량, 처분의 강제성과 임의성 등을 고려하여야 할 것이다. 물론 위법한 처분에 대한 신뢰보호는 적법한 행위의 경우에 비해 상대적이지만 인정하기 어려울 것이다.

2350 (4) 내 용 신뢰보호의 내용은 다양한데 일설은[1] 그 법적 효과에 따라서 존속보호·수익보호·재산보호로 구분하고 있다. ① 존속보호는 개인의 어떠한 처분 그 자체가 침해되지 않는 경우를 말한다. 이것은 기존상태의 유지를 뜻한다. ② 수익보호는 공권력을 통해 야기되거나 법질서의 범위 내에서 이루어진 개인의 어떠한 처분에 근거하여 획득한 기회가 제한적으로만 침해될 수 있는 경우를 말한다. ③ 재산보호란 어떠한 처분이 보상이 주어지면서 침해될 수 있는 경우를 말한다. 여기서 신뢰보호는 보상금의 한도에 영향을 미친다.

2. 계획의 보장

2351 경제계획은 기업이나 개인으로 하여금 그 계획을 기초로 한 재산상의 처분을 유도하게 된다. 그런데 장래의 계획에 일관성이 없게 되면 개인이나 기업의 재산권은 사실상 침해될 가능성이 농후하다. 이와 관련한 신뢰보호의 특별한 경우로서 계획보장의 문제가 있다. 이 문제는 두 경우로 나누어 볼 필요가 있다. ① 하나는 존속보호 내지 수익보호로서 대국가행위청구권의 문제이고, ② 또 하나는 재산보호로서 보상청구권의 문제이다. ① 일반적으로 말해 경제계획의 경우에 개인이 국가에 대해 일정행위의 청구권을 갖는다고 보기는 어렵다. 왜냐하면 경제계획은 공공의 복지를 위한 것이지 개인의 이익을 위한 것은 아니기 때문이다. ② 그러나 보호할 가치 있는 신뢰의 경우와 관련하여 보상청구권으로서 계획보장청구권은 인정되어야 할 것이다.[2]

1) Battis/Gusy, öffentliches Wirtschaftsrecht, 1983, S. 98.
2) 졸고, 고시계, 1985. 7, 121쪽 이하를 보라.

Ⅲ. 사법적 통제

1. 일 반 론

계획의 사법적 통제는 논리적으로 보면 계획과정에서 구체적인 계획(Plan) 2352
이 확정된 경우에 특히 문제된다. 확정된 행위는 한편으로 계획상 형성의 자유, 또 한편으로 내용상의 법적 구속을 특징으로 갖는다. 형성의 자유와 내용상의 법적 구속 사이의 긴장관계를 어떻게 조화롭게 해결할 것인가가 계획의 사법적 통제의 중심내용이 된다. 계획상의 형성의 자유는 계획재량으로도 불리며, 고유한 책임이 부여된 권한개념과 관련하여서는 계획고권이라는 표현, 계획의 미래지향성의 구체화와 관련하여서는 계획예측이라는 표현이 사용된다. 하여튼 계획의 사법적 통제와 관련하여 계획하자의 유형화가 제시되기도 한다.

2. 경제계획의 경우

경제계획은 통상 그 자체가 직접 개인의 권리를 침해하는 것은 아니기 때 2353
문에 사법심사로 취소될 수 있는 성질의 국가행위는 아니다. 더욱이 경제계획의 주요 목표 중의 하나인 균형있는 국민경제는 불확정개념으로서 행정부에 판단여지를 부여하고 있다. 그러나 만약 경제계획이 외부적 효과를 갖고서 사인의 권리를 침해하게 되면(예컨대 구체적인 계획(Plan)이 법률이나 행정행위로서 정해지고, 그것이 직접 사인의 권리를 침해하게 되는 경우), 그것은 당연히 사법심사의 대상이 되어야 한다. 한편 사인과 계약을 통해 경제계획을 수립하고자 한다면, 그것은 정부가 조직권력상, 그리고 생활보호상 행위의 자유를 갖는 한계 내에서 가능할 것이다.

Ⅳ. 경제계획

1. 의 미

경제와 사회에 대한 국가의 책임은 문제가 발생한 뒤에 사후적인 처리로써 2354
충분히 실현될 수 있는 것은 아니다. 그것은 국가가 경제과정에 예측적·지도적·적극적으로 참여할 때 기대될 수 있음이 오늘날의 상황이다. 이러한 상황과 관련하여 경제계획이 나타난다. 경제계획이란 경제정책적인 목표에 봉사하는 고권적이고 목표구속적인 행위로서 계획의 한 종류를 뜻한다. 계획상의 목표는 특정상태를 새로이 창조한다는 의미에서 적극적인 것과 특정상태의 실현을 회피하려는 의미에서의 소극적인 것이 있다. 경제계획과 시장경제는 반드시 대립적인 것은 아니다. 그것은 시장경제를 유지할 수도, 제한할 수도 그리고 부인할 수도 있는 것이다.[1] 달리 말하면 경제계획과 시장경제원리는 양립될 수 있는 것이다. 왜냐하면 그 기능에 비추어 볼 때, 계획은 오로지 개인의 자유영역만을 제한하거나 부인하는 것이 아니고, 그것은 개인의 시장에서의 지위의 강화를 뜻할 수도 있기 때문이다. 다만 헌법은 국가임무로서의 계획에 관해 통일적으로 규정하고 있지 아니하다. 그러나 제120조 제2항에서 국토 및 자원에 관하여, 제123조 제1항에서 농어촌개발과 관련하여 제119조 제2항에서 사회정의의 실현과 균형 있는 국민경제의 발전과 관련하여 경제계획의 가능성을 규정하고 있고, 제54조에서 예산을 규정하고 있는데, 그것이 계획의 한 유형임은 물론이다. 이러한 헌법규정들은 근대경제국가, 산업국가에서 경제계획은 포기될 수 없는 것이라는 점을 전제로 한다고 볼 것이다. 말하자면 사회적·경제적 과정은 자신의 고유한 법칙에 맡겨질 수 있는 것은 아니라는 점, 그리고 국가는 순수히 방어적인 경찰상의 법률만으로는 만족할 수 없다는 점을 근거로 하여 오늘날 국가적 계획은 불가피한 것이다.

2355 전체 국민경제에 비추어 사경제활동만으로는 충분하지 않다는 점에서 경제계획의 필요성이 인정된다고 볼 때, 경제계획도 보충성의 원칙에 따른 것이라고 할 수 있다.[2] 실질적 법치국가, 균형있는 국민경제의 실현을 목표로 하는 국가에서 경제계획은 능동적인 경제의 형성과 광범위하고도 계획적인 경제과정상의 질서를 의미한다. 왜냐하면 광범위하고, 분업적으로 조직화되어 있고, 고도로 기술적이며, 복잡하고 다양하게 얽혀 있는 공동체는 고립적이 아니라 상호관련적으로 조종되어야 하기 때문이다. 경제계획은 경제지도의 주요형식의 하나인 것이다.

2. 성 격

2356 경제계획은 개념상·성질상으로 미래관련적이고 발전지향적이다. 경제계획은 경제의 영역에서 희망하는 상태를 미래에 실현하고자 하는 국가활동을 위한 프로그램이다. 또한 경제계획은 경제정책과 경제행정의 영역에서 미래 작용에 대한 목표설정이자 목표지향적인 개괄적인 조건의 설정이라 할 수 있다. 한편 경제계획은 미래의 결단을 위한 결단의 전제를 정하는 것인 까닭에, 그것은 미래경제상의 결단에 대한 사전결단이라 할 수 있다. 경제계획은 계획경제와 구분되어

1) G. Rinck, Wirtschaftrecht, 1977, S. 65.
2) Tettinger, Rechtsanwendung und gerichtliche Kontrolle im Wirtschaftsverwaltungsrecht, S. 130.

야 한다. 개인의 자유영역을 보장하고 확대하고, 생활관계의 통일성을 보장하기 위해 시장경제는 경제계획을 필요로 하는 것이다. 요컨대 경제계획은 사회적 경제질서·전체 국민경제의 균형, 그리고 적절한 경제성장에 대한 국가의 책임에서 당연히 나오는 귀결이다. 그리고 경제계획은 기본권을 근거로 하는 법질서와 경제질서의 분산적인 조정메커니즘에 반대되는 헌법상 인정되는 균형추이다.

제 3 항 행정행위

Ⅰ. 관 념

1. 의 의

2357 경제행정법의 영역에서도 행정행위(경제행정행위)가 경제행정작용의 법적 행위형식의 중심에 놓인다. 행정행위는 경제상 위험방지(예 : 영업허가거부), 경제촉진(예 : 보조금지급결정), 경제지도(예 : 공급명령) 등을 위해 발해진다.

2. 한국은행법상의 행위

2358 (1) **예금지급준비금의 최저율의 결정** 고권적인 기능수행으로서 강제성을 갖고서 이루어지는 화폐순환 및 신용보증의 조종을 위한 화폐정책적인 예금지급준비금의 최저율의 결정(한은법 제56조)이 공법상의 행위임에는 의문이 없으나, 그 구체적인 성질에 관해서는 의문이 있다. 한국은행(그리고 금융통화운영위원회)이 일종의 경제상 자치기관의 성격을 갖는다고 보아, 최저율의 결정을 일종의 자치법규로 볼 수 있는 것이 아닌가 생각된다.[1)]

2359 (2) **재할인율의 결정** 재할인율결정(한은법 제28조 제3호) 역시 전체경제에 관련된 것으로서 공법상의 행위인 바에는 의문이 없으나, 그것이 행정행위인지는 의문이다. 이것도 예금지급준비율의 최저율의 결정과 동일하게 새길 수 있을 것이다.

3. 종 류

2360 행정행위는 법적 효과의 상이 등에 따라 여러 가지로 구분된다. 말하자면

1) 독일의 지배적 견해는 그것이 기본법 제88조에 근거한 규범정립행위로서 실질적으로는 법규명령의 성질을 갖는다고 본다(Tettinger, Rechtsanwendung und gerichtliche Kontrolle im Wirtschaftsverwaltungsrecht, S. 283). 한편 연방행정재판소는 그것이 개별적인 경우를 규율하는 것이 아니기 때문에 행정행위가 아니라고 본다(BVerwGE 41, 334, 337). 그렇다고 그것이 법규명령인지 자치법규인지 또는 그 자체 고유한 종류의 법규인지에 관해서는 밝히고 있지 않다.

① 명령적 행위(예 : 영업허가거부)·형성적 행위(예 : 광업권의 취소), ② 계속적 행위(예 : 영업허가), ③ 침익적 행위(예 : 영업허가거부)·수익적 행위(예 : 영업의 허가)·혼합적 행위(예 : 침익적인 부관부 식품접객업허가), ④ 협력을 요하는 행위(예 : 신청을 전제로 하는 보조금지급), ⑤ 적법한 행위·부당한 행위·위법한 행위 등으로 구분된다.

Ⅱ. 경제행정법상 행위의 적법성

1. 대량절차

2361 일반절차에 따르는 경제행정법상의 행정행위 외에 경제행정법상 특별한 요구에 따르는 특별행정절차가 있다. 특별한 시설 내지 프로젝트를 위한 특별한 형식적인 승인절차가 그것이다. 이러한 절차는 모든 관련 있는 관점을 고려하고 이해관계 있는 모든 자의 입장도 고려하고 또한 모든 관련 있는 행정청이 참여함을 특색으로 한다.

2. 다단계절차

2362 경우에 따라서 경제행정법은 승인절차상 여러 단계를 규정하기도 한다. 왜냐하면 과학기술의 발전이 사후에도 고려되어야만 하는 것이 경제의 실제와 공익을 위해 필요한 경우도 있기 때문이다. 이러한 경우로 부분승인과 예비결정이 있다.

2363 ⑴ **부분승인** 부분승인이란 사인이 원하는 바(예 : 건축·시설허가 및 영업허가의 신청)의 일부에 대해서만 승인하는 것(예 : 건물이나 시설의 설치만을 허가)을 말한다. 나머지 부분(예 : 영업허가부분)에 대해서는 새로이 승인을 받아야 한다.

2364 ⑵ **예비결정** 예비결정이란 개별적인 승인의 전제요건에 대한 결정이다. 부분승인의 경우와 달리 예비결정은 신청자에게 어떠한 행위를 할 수 있음을 허용하는 것이 아니다.

3. 잠정적 행정행위(가행정행위)

2365 예비결정이나 행정행위로부터 구별을 요하는 것으로 잠정적 행정행위가 있다. 예컨대 경제행정상 목적의 효과적인 달성을 위해 보조금의 수령대상자를 빨리 결정할 필요가 있을 때 이러한 방식이 도입될 수 있다. 잠정적 행정행위는 문자 그대로 잠정적인 것일 뿐이다. 행정행위를 통해 종국적인 결정이 나기까지는 행정행위의 효과가 발생하지 않는다. 따라서 종국적인 결정이 내려질 것인가에 대한 위험부담은 행정청이 아니라 신청자가 부담한다. 여기서 신뢰문제는 생기지 아니한다.

4. 개별승인과 승인의 집중

일반적으로 영업을 하거나 시설을 설치하려면(특히 대단위기업의 경우), 여러 2366
종류의 허가·승인을 받아야 한다. 그런데 그 여러 종류의 허가·승인권은 각각 상이한 기관에 분리되어 있어서 신청인은 이중·삼중의 노력을 하여야 하고, 경우에 따라서는 행정청간에 모순된 결정이 내려질 수도 있다. 이것은 비경제적이고 기본권존중에도 적합하지 않다. 이 때문에 그러한 경우 하나의 허가·승인절차로서 영업이나 시설의 설치를 가능하게 하는 승인의 집중의 제도가 확대되어야 할 것이다.

Ⅲ. 부 관

1. 의의·종류·가능성

많은 경제행정법률은 행정행위에 부관을 붙일 수 있음을 예정해 두고 있다. 2367
개별법률에 규정이 없다고 하여도 경우에 따라서 부관을 붙일 수 있다. 부관으로는 조건·기한·철회권의 유보·부담·부담유보가 언급되고 있다. 사후부관은 법률상 사후부관이 예정된 것으로 볼 수 있는 경우, 상대방의 동의가 있는 경우, 기본행위와 부관이 일치하는 경우 등에만 가능하다고 볼 것이다. 부관이 법상의 구성요건을 확장하는 수단으로 활용되어서는 아니 된다.

2. 소 송

(1) 조건·기한·철회권의 유보의 경우 조건·기한·철회권의 유보는 허가에 2368
따른 수익적인 것을 시간적으로나 내용상 제한하는 것이므로, 그것들은 기본적인 행정행위의 구성부분이어서 기본행위로부터 독립하여 취소소송의 대상이 되지 않는다는 것이 전통적인 견해의 입장이다.

(2) 부 담 부담은 기본행위로부터 독립성이 있으므로 원칙적으로 독립 2369
하여 소송의 대상이 될 수 있다는 것이 판례의 입장이다.[1] 수익적 행정행위의 대상 그 자체(예 : 영업허가 그 자체)가 아닌, 즉 허가 자체로 인한 수익을 내용상으로 제한하는 것이 아니라 그것을 능가하는 부담(예 : 수력발전소건설 및 전력공급의 영업을 허가하면서 승인기간경과 후 국가에 무상으로 헌납하도록 하는 경우)인 독립부담도 기본행위와 독립하여 다툴 수 있을 것이다. 취소소송의 대상이 된다고 본다.

---

1) 대판 1991. 12. 13, 90누8503.

Ⅳ. 제3자효 있는 행정행위

1. 의 의

2370 행정행위는 빈번히 이중의 효과를 갖기도 한다. 그런데 이러한 이중효과적 행정행위도 혼효적 행정행위와 제3자효 있는 행정행위의 두 가지로 나누어진다. ① 혼효적 행정행위란 행정행위가 행위의 상대방에 대해 수익적이자 동시에 침익적인 경우를 말한다. ② 제3자효 있는 행정행위란 행정청과 상대방 사이의 행정법관계에 직접 참여하지 않은 제3자에 대해서는 침익적인 효과를 갖는 행정행위를 말한다(예 : 건축관청이 건축주에게 건축허가를 한 경우, 건축주에 이웃하는 자는 그 건축허가로 일조권의 침해 등 침익적인 효과를 받게 되는 수가 있는바, 이러한 경우의 건축허가는 제3자효 있는 행위에 해당한다).

2. 보호규범

2371 제3자효 있는 행정행위는 행정절차·행정소송상 문제를 가져온다. 왜냐하면 원래 행정청에 대한 관계에서는 행정행위의 상대방만이 전면에 나타났고, 소송은 자신의 권리가 침해된 자만이 제기할 수 있음이 원칙인 점과 관련하여 제3자의 보호 여부가 문제되기 때문이다. 제3자의 보호문제는 어떠한 법규가 공익뿐만 아니라 특정 개인의 이익을 또한 보호하고 있는 경우에 한정된 문제이다. 법규가 공익만을 위한다고 하면, 그 법규가 근거한 행정행위로 인해 받게 되는 제3자의 이익은 반사적 이익일 뿐이다. 만약 법규가 명시적으로 제3자의 보호를 규정하고 있다면 문제가 없으나 그러하지 않은 경우에는 법규의 해석문제가 된다.

3. 종 류

2372 (1) **보조금지원** 보조금지원은 보조금의 수령자에게 수익적인 행위이다. 보조금지원이 경쟁관계에 있는 자의 시장에서의 기회균등을 침해하거나 오로지 보조금수령자에 경쟁상의 이익을 부여하기 위한 것이라면, 그러한 보조금지원은 제3자효를 갖는다고 볼 수 있다. 헌법은 직업선택의 자유(자유경쟁)·평등원칙을 보장하고 있고, 행정청은 그 결정을 함에 있어서 이러한 기본권·원칙을 준수하여야 한다. 따라서 보조금을 받지 못한 자는 경우에 따라서 자신의 직업선택의 자유와 평등권이 침해되었음을 이유로 소송을 제기할 수도 있다.[1)]

1) 참고로 독일의 이론은 경업자간에서 특정인에 수익을 가져오는 보조금지원결정에 대해 불이익한 자가 취소를 구하는 소송을 소극적 경업자소송(Negative Konkurrentenklage)이라 부른다. 그리고 이와 반대로 보조금지원결정을 구하는 소송을 적극적 경업자소송(Positive Konkurrentenklage)이라 부른다.

(2) **영업면허의 제한** 어떠한 영업에 종사하는 자는 행정청이 많은 수의 2373
제3자에 대해 동종의 영업을 새로이 면허하는 경우, 그 영업면허의 취소를 구할 수 있는가의 문제가 있다. 예컨대 기존택시업자는 관계행정청이 많은 제3자에 대해 신규로 택시업을 면허하는 경우, 그 면허의 취소를 구할 수 있는가는 문제이다. 이러한 경우에 대체로 기존업자에게는 경영상 기회가 줄어들고 경제상 이익에 감소가 올 것이다. 생각건대 자유경쟁을 원칙으로 하는 사회적 시장경제질서상 기존의 활동영역의 보장과 보다 많은 영업가능성의 확보를 구할 수 있는 개인적 공권은 존재하지 않는다. 따라서 앞의 예의 경우, 기존택시업자는 신규면허의 취소를 주장할 수 있는 권리를 갖지 못한다. 보조금지원의 경우는 수익자와 비수익자간의 문제이나, 영업면허제한의 경우에는 기존수익자와 신규수익자간의 문제이다. 다만 예외적으로 특정 경쟁자가 독점권을 갖거나 법률이 공익뿐만 아니라 특정 경쟁자의 이익을 또한 정하고 있는 경우에는 제3자효가 인정될 수 있다고 본다.

(3) **이웃보호**(인인보호) 제3자효 있는 행정행위의 세번째 유형은 영업이나 2374
어떠한 시설로 인해 이웃하는 제3자에게 손해를 가져오는 경우이다. 예컨대 어떠한 고층시설이나 소란한 영업장을 이웃하게 되는 자는 일조권 등 여러 권리를 침해받는 것이 아닌가의 문제가 있다. 이때 침해되는 이웃의 이익이 법적으로 보호되는 이익인가 아니면 단순히 반사적 이익인가가 문제된다. 이웃보호와 관련된 행정행위의 제3자효는 건축법·환경관계법에서 특히 중요한 문제가 된다.

4. 행정쟁송절차상 특징

(1) **행정심판상 특징** 제3자는 ① 행정심판청구인의 적격을 가지며(행심법 2375
제13조), ② 행정심판에 참가할 수 있으며(행심법 제20조 제1항), ③ 행정심판에 대한 고지를 요구할 수 있다(행심법 제58조 제2항).

(2) **행정소송상 특징** 제3자는 ① 원고적격을 가지며(행소법 제12조), ② 행 2376
정심판전치제도가 적용되고(행소법 제18조 제1항), ③ 참가제도가 인정되며(행소법 제16조 제1항), ④ 취소의 확정판결의 효력이 미치며(행소법 제29조 제1항), ⑤ 재심도 청구할 수 있다(행소법 제31조 제1항).

5. 기타 행정작용으로 인한 제3자효

(1) **의 의** 행정행위의 발령 없이도 제3자효가 발생할 수 있는가의 문 2377
제가 있다. 이러한 문제와 관련하여 ① 공행정기관이 사인처럼 경쟁영업에 참가하는 경우와 ② 공행정기관이 제3자에 대한 직무상 의무를 수행하여야 하는 경우를 나누어 검토할 필요가 있다.

2378 (2) **영업행위의 경우** 예컨대 지방자치단체가 화장장을 경영하는 경우, 수의나 관을 판매한다면, 그 지방자치단체는 결국 장의사업자의 권익을 침해하는 것이 아닌가의 문제가 생긴다. 이러한 문제는 우리의 법질서가 사인이 공행정기관과의 경쟁으로부터 보호되어야 하는가의 여부에 대해 특별한 규정을 갖고 있지 않는 데 기인한다. 물론 지방자치단체 등의 경제활동은 그 지방자치단체에 관한 법령에 따를 것이지만, 그러한 법령들은 경쟁으로부터 사경제의 보호를 규정하고 있지 않다. 물론 입법자가 사경제의 보호를 정할 수도 있다.

2379 (3) **직무의무위반의 경우** 예컨대 금융행정기관(예 : 기획재정부)이 금융기관을 감독하여 채권자를 보호하는 것도 자신의 직무상 의무 중의 하나이다. 그런데 금융행정기관이 이러한 의무를 위반한 경우에 제3자인 채권자의 권익이 침해되는 것이 아닌가의 문제가 발생한다. 물론 이 경우에 금융행정기관의 임무가 일반의 공익만을 위한 것인가, 아니면 사인의 이익의 보호를 위한 것인가가 결정적인 기준이 될 것이다. 생각건대 건축행정청이 무허가 고층건물이 축조되고 있음을 알고서도 이를 묵인한 경우가 있다고 하면, 그리고 이로써 이웃이 권익의 침해를 받는다고 하면, 이것 역시 행정청의 직무위반으로 인해 제3자효가 발생하는 경우에 해당할 것이다. 이러한 경우에는 손해배상청구소송 외에 의무이행심판·부작위위법확인소송을 제기하는 것도 가능할 것이다.

Ⅴ. 확 약

1. 의 의

2380 법령등에서 당사자가 신청할 수 있는 처분을 규정하고 있는 경우 행정청은 당사자의 신청에 따라 장래에 어떤 처분을 하거나 하지 아니할 것을 내용으로 하는 의사표시를 확약이라 한다(절차법 제40조의2 제1항). 경제행정법상으로도 확약은 중요한 역할을 한다. 경제행정상 확약은 그 상대방에게 경제상 예지이익과 대체이익을 부여한다.

2. 성 질

2381 확약의 법적 성질에 관해서는 다툼이 있으나 행정행위의 성질을 갖는다고 볼 것이다. 독일의 지배적 견해도 행정행위로 본다.[1)]

1) 졸저, 행정법원리, 206쪽.

(1) **예비결정과 구별** 확약은 구속적인 약속이므로 상대방이 행정청에 대해 확약의 이행을 청구할 수 있는 권리를 가지나, 예비결정(Vorbescheid)은 개별적인 승인(본승인)의 전제요건에 대한 승인일 뿐이므로, 특별한 경우가 아닌 한 상대방은 행정청에 대해 본승인을 청구할 권리를 갖는 것이 아니다. 2382

(2) **통지수령권과 구별** 행정청의 통지의무에 따른 통지의 수령권은 현재의 상황에 대한 단순한 개별적인 사실의 통지의 수령일 뿐, 구속적인 문제가 생기지 않는 점이 확언과 다르다. 2383

(3) **공법상 계약과 구별** 확약에는 공법상 계약에서 볼 수 있는 쌍무적인 법관계의 근거가 없다는 점에서 확약과 공법상 계약은 구별된다. 2384

3. 요 건

① 유효한 확약은 권한을 가진 행정청에 의해서만, 그리고 권한의 범위 내에서만 발해질 수 있다. ② 확약은 문서로 하여야 한다(절차법 제40조의2 제2항). ③ 확약은 당사자의 신청을 전제로 한다(절차법 제40조의2 제1항). 당사자의 신청 없이 이루어지는 행정청의 일방구속적인 약속은 행정절차법 제40조의2의 적용대상이 아니다. ④ 행정청은 다른 행정청과의 협의 등의 절차를 거쳐야 하는 처분에 대하여 확약을 하려는 경우에는 확약을 하기 전에 그 절차를 거쳐야 한다(절차법 제40조의2 제3항). ⑤ 확약은 법령등에서 당사자가 신청할 수 있는 처분을 대상으로 한다(절차법 제40조의2 제1항). 2385

4. 효 과

① 적법한 확약이 성립하면, 행정청은 상대방에 대해 확약한 행위를 이행하여야 할 의무를 부담하고, 상대방은 당해 행정청에 대해 그 이행을 청구할 수 있다. ② 행정청은 확약을 한 후에 확약의 내용을 이행할 수 없을 정도로 법령등이나 사정이 변경된 경우(대판 1996. 8. 20, 95누10877. 현진종합건설(주)사건) 또는 확약이 위법한 경우에는 확약에 기속되지 아니한다(절차법 제40조의2 제4항). 2386

제 4 항 공법상 계약

1. 공법상 계약의 의의

공법상 계약이란 행정청이 행정목적을 달성하기 위하여 체결하는 공법상 법률관계에 관한 계약을 말한다(기본법 제27조 제1항). 달리 말하면, 공법의 영역에서 법관계를 발생·변경·폐지시키는 대등한 복수당사자의 반대방향의 의사의 2387

합치 또는 공법상 효과의 발생을 목적으로 하는 복수당사자의 의사의 합치에 의해 성립되는 공법행위로 정의할 수 있다.

2. 행정의 법률적합성의 원칙과의 관계

2387a (1) **법률의 우위의 원칙과의 관계** 공법상 계약에도 법률의 우위의 원칙은 적용된다. 즉, 행정청은 법령등을 위반하지 아니하는 범위에서 행정목적을 달성하기 위하여 필요한 경우에는 공법상 법률관계에 관한 계약(이하 "공법상 계약"이라 한다)을 체결할 수 있다(기본법 제27조 제1항 본문). 강행법규에 반하는 공법상 계약은 위법한 것이 된다.

2387b (2) **법률의 유보의 원칙과의 관계** 행정기본법 제27조가 공법상 계약에 관해 일반적인 근거법이므로, 공법상 계약에 법률유보의 원칙이 적용되고 있는 셈이다.

3. 공법상 계약의 적법요건

2388 공법상 계약의 한쪽 당사자는 행정청이다(기본법 제27조 제1항). 공법상 계약의 내용은 법령등을 위반하지 않아야 한다(기본법 제27조 제1항). 공법상 법률관계에 관한 것이어야 한다(기본법 제27조 제1항). 사인의 급부와 행정청의 급부가 부당하게 결부되어서는 아니 된다(기본법 제13조). 행정청은 공법상 계약의 상대방을 선정하고 계약 내용을 정할 때 공법상 계약의 공공성과 제3자의 이해관계를 고려하여야 한다(기본법 제27조 제2항). 공법상 계약의 체결은 계약의 목적 및 내용을 명확하게 적은 계약서(문서)로 하여야 한다(기본법 제27조 제1항).

제 4 장 실효성확보와 권리보호

제 1 절 실효성확보

제1항 관 념

1. 의 의

경제행정법은 공공의 복지를 위해 경제생활에 참여하는 자에게 많은 종류 2389
의 명령과 금지를 행한다. 그리고 경제상 개인의 자유를 침해하는 명령·금지의 실현을 위해 여러 가지의 강제수단이 또한 존재한다. 말하자면 경제질서를 파괴나 위험으로부터 보호하고 공동체의 중요한 이익(예 : 생명·건강)을 보호하기 위해 입법자는 경제행정법의 영역에서도 여러 강제적인 수단을 두고 있는바, 그것이 바로 경제행정법상의 실효성확보의 문제이다.

2. 종 류

일반행정법에서 살펴본 행정작용의 실효성확보수단은 경제행정의 영역에서 2390
도 그대로 적용된다. 여기서는 다만 경제행정에 초점을 두고서 간략히 살펴보기로 한다. 경제행정상 실효성확보의 수단은 다양하다. 그 수단으로는 ① 영업활동 자체에 관한 행정법상 제한(예 : 영업허가 거부·금지·철회 등), ② 행정형벌 내지 금전벌의 부과, ③ 강제집행, ④ 경제행정법규에 반하는 법률행위의 무효화, ⑤ 지방자치단체 아닌 공공단체(예 : 상공회의소·의사회)에 있어서 구성원의 징계 등을 들 수 있다. 경제행정법상으로는 ①이 목적달성에 가장 효과적인 방법 중의 하나이다. ②의 경우에는 비례원칙의 적용이 중요하다. 경제형법에 있어서 형벌의 부과도 경제범죄의 처벌과 극복에 기여하고 있는바, 그것 또한 경제행정법질서유지에 중요한 것임은 물론이다. 아래에서는 ①의 경우만을 보기로 한다.

제 2 항 영업의 금지

1. 의의·방식·종류

① 영업금지는 영업자의 법위반행위에 대해 가해지는 제재로서 경제행정법 2391

상 가장 극단적인 것이다. 그것은 영업허가와 대칭을 이룬다. 실정법상 영업금지의 표현방식은 다양하다. ② 신고의무 있는 영업행위의 경우에는 신고의 반려, 허가를 요하는 영업행위의 경우에는 기존영업허가의 철회의 방식을 택하게 될 것이다. ③ 영업금지도 영업전부금지(이 경우에는 전부철회의 형식이 될 것이다)와 영업일부금지(이 경우에는 일부철회의 형식이 된다)로 나눌 수 있다.

2. 영업금지와 상황의 변화

2392 영업활동과 관련있는 상황이 국가에 의해 변화되는 경우에는 영업금지와 유사한 효과가 발생한다(예 : 섬 사이의 교각건설로 나룻배에 의한 승객운송업이 무의미해지는 경우). 그러나 이러한 경우에는 법 위반이 아닌 점에서 영업금지와 확연히 구분된다. 이러한 경우에는 사회정책적인 견지에서 폐업자에 대해 보상 내지 경제적 지원이 검토되어야 할 것이다.

제 2 절 권리보호

제 1 항 경제행정과 헌법소송

2393 헌법은 헌법재판소제도를 두고 있다(헌법 제111조 이하). 헌법재판소의 헌법해석은 법률을 제정한 국회나 그것을 해석·적용하는 집행부나 법원 모두에 우위하고 구속적임은 물론이다. 요컨대 헌법재판소의 결정권은 최종구속적이요, 권위적이다. 이것은 헌법재판소법 제47조에서 명시적으로 규정되고 있다. 이 때문에 헌법재판소는 최상위의 보증인이요, 헌법의 수호자이다. 헌법재판소에 의한 개인의 권리보호에는 헌법소원과 구체적 규범통제의 두 가지가 문제된다.

1. 헌법소원

2394 공권력의 행사 또는 불행사로 인하여 헌법상 보장된 기본권을 침해받은 자는 법원의 재판을 제외하고는 헌법재판소에 헌법소원심판을 청구할 수 있다. 다만 다른 법률에 구제절차가 있는 경우에는 그 절차를 모두 거친 후가 아니면 청구할 수 없다(헌재법 제68조 제1항). 경제행정영역에서의 기본권이 침해된 자 역시 경우에 따라서는 헌법소원심판을 청구할 수 있다.

2. 구체적 규범통제

2395 구체적 규범통제에 의한 권리보호는 간접적이다. 왜냐하면 구체적 규범통

제에서 헌법재판소는 경제행정처분의 시정을 직접 행정청에, 그리고 관할법원에 명하는 것이 아니기 때문이다. 헌법재판소는 어떠한 법률의 해석상의 기준이나 한계를 구속적으로 정할 뿐이며, 그 법률의 어떠한 사건에의 해석·적용은 바로 관할권을 가진 법원의 업무인 것이다. 경제정책적인 입법에서 국회는 광범위한 형성의 자유를 갖는다. 이 범위 내에서는 헌법재판의 대상 밖이다. 그런데 경제정책적인 입법이 미래에 대한 예측, 미래의 경제과정의 불확실성을 전제로 한 것이기는 하나, 만약 그것이 명백히 헌법의 가치질서에 반하거나 헌법규정에 반하면, 아울러 그것이 사인의 권익의 침해를 가져오는 것이라면 당연히 심사되어야 한다.

3. 한 계(경제문제)

(1) **문제의 소재** 경제영역에서 국가행위에 대한 헌법재판소의 통제도 외 2396
교·전쟁의 경우에서와 같이 헌법과 정치 사이의 긴장관계에 불가피하게 빠져든다(통치행위론). 말하자면 경제문제에 관해 헌법재판소가 어느 범위까지 개입할 것인가 또는 할 수 있는가의 문제가 있다. 헌법재판소는 권한규범에서 자신의 임무를 수행하는 것이지만, 헌법재판소가 국가의 생존문제에 대한 결정을 법원이 법적 문제에 관해 판단하는 바와 같은 방식으로 하는 것이 헌법정책적으로 합목적적인가는 문제이다. 왜냐하면 헌법재판소가 정치적 결정을 행한다는 것은 정당하다고 보기 어려우며, 헌법재판소는 다만 입법자에게 놓여진 정치적 결정을 위한 입법적 상황을 명백히 할 임무만을 갖고 있다고 보기 때문이다.[1]

(2) **경제문제론** 입법자는 광범위하게 경제정책형성영역과 결정영역을 가 2397
진다는 전제하에서 경제영역에 있어서 헌법재판소의 권한행사의 한계와 관련하여, 즉 사법적 통제임무와 정치적 형성기능 사이의 한계설정을 위해 독일에서 경제문제론(Economical Question Doctrine)을 논급하는 이가 있다. 헌법재판소가 아니라 입법부와 집행부가 경제의 형성과 사회의 형성을 담당하여야 한다는 전제하에 경제지도와 아울러 경제정책과 관련된 법적 사건에서 특별한 헌법재판의 억제를 주장하는 경제문제론은 소위 미국의 정치문제론(Political Question Doctrine)에서 변형·구성된 이론이다.

우리 법제상 이러한 개념을 인정할 수 있는가는 헌법정책상 필요를 근거로 2398
헌법재판소의 권한에 변형을 가할 수 있는가의 여부에 놓인다고 보겠고, 그것은

1) Tettinger, Rechtsanwendung und gerichtliche Kontrolle im Wirtschaftsverwaltungsrecht, S. 332.

또한 우리의 헌법재판소가 사안의 정치적 성격을 이유로 헌법분쟁에 결정을 하지 않을 수 있는가의 문제이기도 하다. 입법자의 경제정책상 형성영역이 무제한의 것은 아니며, 우리 헌법재판소의 기능이 독일 헌법재판소와 같이 포괄적인 권리보호기관이라면 경제문제론의 개념은 부인하여야 할 것이다. 말하자면 헌법재판소는 법적 문제, 즉 헌법상의 규정이나 법치국가원칙이 입법자에게 가하고 있는 제한을 입법자가 준수하였는가에 관한 한은 판단하여야 할 것이다. 그러나 헌법이 입법자에게 부여한 형성영역범위 내에서의 경제정책상의 프로그램이나 그에 수반한 경제이론에 대한 정당성 여부를 판단해서는 아니 될 것이다.

제 2 항 경제행정과 행정소송

Ⅰ. 행정소송의 기능

1. 사인에 대한 기능

2399 행정재판은 소송당사자인 사인의 권리보호에 기여한다. 그런데 여기서 사인의 권리보호가 완전한 것이 되기 위해서는 포괄적인 권리보호, 집중적인 권리보호, 신속한 권리보호, 효과적인 권리보호가 확보되어야 한다.

첫째, 포괄적인 권리보호(Umfassender Rechtsschutz)란 공권력에 의해 개인의 영역에 가해지는 모든 권리침해에 대해 권리보호가 보장되어야 하는 것을 말한다. 포괄적 권리보호와 관련하여서는 선험적인 '집행부의 재판으로부터 자유로운 행위의 개념'은 부인되어야 할 것이다(예 : 소위 특별권력관계론의 수정형태인 기본관계와 경영관계의 구분론은 구 시대 행정전통의 유물일 뿐이다)(헌법 제27조 제1항).

둘째, 집중적인 권리보호(Intensiver Rechtsschutz)란 사법심사가 법상·사실상의 관점에서 국가행위의 완전한 심사이어야 하는 것을 말한다. 집중적 권리보호와 관련하여서는 행정재판 한계의 축소가 문제된다(후술의 행정재판의 한계를 보라).

셋째, 신속한 권리보호(Rascher Rechtsschutz)란 행정작용이 변경곤란한 효과를 발생하기 이전의 적합한 시기에 그 행정작용에 대한 사법적 통제가 일반적으로 가능하여야 함을 말한다. 신속한 권리보호와 관련하여서는 행정소송제기의 집행정지효가 검토를 요한다(헌법 제27조 제3항 제1문).

넷째, 효과적인 권리보호(Effektiver Rechtsschutz)란 사인의 법적 지위를 공권력에 대해 관철시킬 수 있는 적합한 보장수단이 확보되어야 함을 의미한다. 효과적인 권리보호와 관련하여서는 다양한 소송형식의 확보와 개인적 공권의 성립범위의 확대가 문제된다고 보겠다.

2. 사회에 대한 기능

국가전체 질서와의 관련 속에서 구체적인 법적 사건에서 법률과 법의 구속 2400
하에 중립적인 결정을 하고 이로써 사회의 평화와 통합에 기여하는 행정소송의 본질은 경제행정에 대한 행정소송의 경우에도 하등 다를 바가 없다.

3. 입법권·행정권에 대한 기능

경제행정에 대한 사법판단은 경우에 따라 경제행정법의 발전을 지체시키거 2401
나 또는 촉진시키기도 할 것이다. 그리고 전형적인 경제행정사건에 관한 사법판단은 행정에 하나의 모범을 제시하게 되어 행정권의 임무수행에 신속성·효율성을 제고하게 될 것이다.

4. 법원에 대한 기능

표준적인 경제행정사건에 대한 정당한 사법적 판단은 동종사건에 대한 법 2402
원의 부담의 완화를 가져오게 될 것이다.

Ⅱ. 행정소송의 한계

1. 형성의 자유영역과 행정소송

독일의 판례와 이론은 불확정법개념과 관련하여 일정영역에서는 사법심사 2403
에서 배제되는 판단의 특권 또는 판단여지가 행정청에 주어진다고 본다. 우리의 경우에도 적용가능한 논리이다. 이하에서 행정권이 갖는 자유영역과 관련하여 살펴보기로 한다.[1]

(1) **사람의 적성·능력에 관한 결정** 독일의 판례상 학교법이나 공무원법상 2404
시험이나 시험유사의 판단에 행정청의 판단여지가 인정된다.[2] 이유는 그러한 결정들은 반복하기 곤란하고(즉 상황의 제약을 받고) 또한 인격과 결부된 가치판단을 내포하는 것이어서 일반적으로 객관화된 평가기준의 방식으로는 파악하기 곤란하다는 데에 있다.

(2) **독립의 합의제기관의 결정** 청소년위해도서목록선정에 대한 연방심사 2405
기관에 판단여지가 인정된 것[3]은 다음의 두 가지 관점을 근거로 한다. 첫째는 그 심사기관이 평가적인 요소의 가미 하에 예견적이고도 동시에 방향설정적인

---

1) Tettinger, Rechtsanwendung und gerichtliche Kontrolle im Wirtschaftsverwaltungsrecht, S. 424ff.
2) BVerwGE 57, 130.
3) BVerwGE 39, 204.

판단을 하였다는 것이고, 둘째는 그 위원회가 관련전문성의 요소와 사회 각계의 대표성의 요소가 결합된 특별한 원칙에 따라 구성된 다원적인 합의제기관으로, 그 기관의 결정은 본질적으로 의사형성과정상 대체 가능한 것이 아니라는 데 있었다.

2406 (3) **예측적 결정** 독일의 일부이론은 소위 예측적 결정(Prognoseentscheidungen)에서도 행정청에 판단의 여지를 인정한다.[1] 말하자면 계획행정에는 입법자에게 인정되는 바와 같은 성질의 예측상 특권이 인정된다는 것이다. 그러나 입법자에게 주어지는 평가의 자유영역이 행정권에 무분별하게 도입되어서는 아니된다는 반대론도 있다. 생각건대 사법통제상 이용가능한 여러 척도와의 관련하에 해당 예측이 특별한 성질을 갖는다고 믿기에 충분한 법문상의 표현에 근거해서만, 그리고 기능에 적합한 권력분립의 의미에 따른 권한의 구분과 세심한 규범분석에 따라 그 근거가 인정되는 경우에만 예측적인 결정의 영역에서 행정권에 사법심사로부터 자유로운 형성의 자유가 인정된다고 말할 수 있다. 하여튼 경제행정법의 영역에서는 미래의 발전, 경제의 성장 및 안정 등과 관련하여 많은 예측적 결정(예 : 소비량·수요량의 예측, 장래소요·전문인력예측)이 요구되는바, 이와 관련하여 예측적 결정의 사법심사배제 여하는 밀도 있게 검토되어야 할 것이다.

2407 (4) **계획상의 결정** 사법통제로부터 거리가 먼 창조적으로 형성하는 행정결정의 범위에 미래형성적인 효과를 갖는 계획결정(계획재량)도 빈번히 포함되고 있다. 계획고권이 부여된 행정단일체(공동체)에 주어지는, 그리고 사법심사로부터 제외되는 계획재량에는 의사형성과정상 중요한 형량이 중심적인 위치에 놓인다. 그러나 형량이 결여되거나, 부족하거나, 그릇 평가되거나 또는 비례성이 침해된 경우에는 계획상의 형성의 자유도 사법통제하에 놓인다. 한편 용례상 예측(Prognose)과 계획(Planung)은 구분할 필요가 있다. 예측은 빈번히 계획의 요인이 되기도 하나(예 : 석탄생산량 예측과 그에 따른 에너지 계획) 반드시 계획의 요인이 되는 것은 아니다. 그러나 계획에는 통상 예측을 기본적인 구성요소로 한다.

2. 합목적성과 행정소송(재량의 사법통제)

2408 (1) **적법성과 합목적성의 구분** 지배적인 견해에 따르면 행정재판통제는 행정작용의 적법성에 대한 것이지 합목적성에 대한 것은 아니라고 한다. 합법성

---

1) F. Ossenbühl, Gutachten B zum 50. DJT., 1974, S. 188ff.; H.H.Seidler, Rechtsschutz bei staatlicher Wirtschaftsplanung, 1973, S. 86ff.

과 합목적성의 구분은 전통적인 것으로 우리 행정소송법의 기초가 되고 있다. 즉 행정심판법상으로는 행정행위의 적법성뿐만 아니라 합목적성도 심사의 대상이 되나(행심법 제1조), 행정소송법상으로는 오로지 행정행위의 적법성만이 심사의 대상이 된다(행소법 제1조).

(2) **합목적성의 사법통제** 행정소송상 합목적성의 문제는 재량결정에서 문 2409
제가 된다. 즉 행정권에 의한 선택의 자유를 의미하는 재량결정은 합목적성의 판단문제인바, 이론과 제도는 지나치게 그릇된 비합목적적인 판단을 위법한 판단으로 간주한다. 재량권의 일탈과 남용의 경우가 이에 해당한다.

제9편 기　　　타

제1장 • 사회행정법
제2장 • 교육행정법
제3장 • 문화행정법
제4장 • 환경행정법
제5장 • 재무행정법
제6장 • 군사행정법

제 1 장 사회행정법(사회복지행정법)

제1항 일 반 론

Ⅰ. 사회의 안전(사회행정의 목표)

1. 의 의

2410 사회행정의 임무는 공동체구성원 개개인의 기본적인 자유의 전제가 되는 삶의 보장이다. 사회행정은 헌법이 보장하는 인간다운 삶의 보장을 위한 것이다. 사회행정은 ① 공동체의 부담을 전제로 위험을 분산시키는 것과, ② 노동력을 확보하고 일자리를 마련하는 것과, ③ 능력이 미약한 자에게 필요에 상응하는 최소한의 급부를 행하는 것 등을 통해 이루어진다. 직접적으로 개개인에게 도움을 주는 국가의 보조적인 조치나 시설의 총괄개념은 사회의 안전(Social security, Soziale Sicherheit, Soziale Sicherung)으로 표현되고 있다. 사회의 안전은 헌법상 인간의 존엄·가치권의 실현을 위한 것이다.

2. 성 격

2411 사회행정은 ① 인간다운 삶의 보장·실현을 위한 것이라는 점, ② 급부행정의 중심영역을 이룬다는 점, ③ 비권력적 행정작용의 전형을 이룬다는 점, ④ 국가나 지방자치단체에 의해 이루어진다는 점 등을 주요 특징으로 갖는다.

3. 사회안전을 위한 제도

2412 ① 사회적 안전의 중점은 사회보험에 놓인다. 사회보험은 국민연금제도·건강보험제도·산업재해보상보험제도를 내용으로 한다. ② 또 하나 중요한 것은 사회적 약자의 보호제도인 공적 부조이다. 이에는 아동·청소년의 보호(영유아의 보육, 아동의 복지, 청소년의 보호·육성), 부녀자의 보호(성매매의 방지, 한부모가족의 지원), 노인의 보호, 장애인의 보호, 저소득층의 보호를 내용으로 한다. 공적 부조에는 기초생활의 보장(최소한의 삶의 보장을 기본적인 취지로 한다), 보충성의 원칙(자립을 위한 보호대상자 스스로의 노력을 전제로 한다), 개별성의 원칙(부조내용은 보호대상자별로 결정한다), 목적성의 원칙(보호를 필요로 하는 원인을 묻지 아니한다), 과잉금지의 원칙(보호내용은 비례원칙에 따른다)이 적용되는 것으로 이해되고 있다.[1] ③ 그

---

1) 김남진·김연태, 행정법(Ⅱ), 491쪽(2019).

리고 근로보호(노동자의 보호와 실업의 방지) 또한 사회의 안전에 중요한 문제가 된다. 여기에는 직업교육의 문제도 내용으로 갖는다. 이와 관련하여서는 「직업안정법」·「직업교육훈련 촉진법」을 살펴볼 필요가 있다. ④ 이 밖에도 특별한 원호제도(Versorgung)가 있다. 이와 관련하여서는 「국가유공자 등 예우 및 지원에 관한 법률」을 살펴볼 필요가 있다.[1)]

Ⅱ. 사회행정법

1. 사회행정법의 개념

사회의 안전을 도모하는 것을 내용으로 하는 행정법을 사회행정법이라 부 2413
를 수 있다. 바꾸어 말하면 사회적 안정, 사회적 정의의 실현을 위하여 사회적 약자에 대한 보호와 사회보험을 내용으로 하는 행정법이 사회행정법이다. 이러한 의미의 사회행정법을 넓은 의미의 사회행정법이라 부르기도 한다. 광의의 사회행정법은 노동법과 좁은 의미의 사회행정법으로 구성된다. 협의의 사회행정법은 사회적 급부법이라고도 한다.[2)] 본서에서 사회행정법이란 좁은 의미로 사용하기로 한다. 사회행정법은 공법이고, 공급부법 중에서 가장 중요한 영역이 되고 있다.

2. 사회행정법의 성격

① 사회행정법은 우리의 사회는 함께 사는 사회 또는 더불어 사는 사회라 2414
는 의식을 전제로 한다. 이것은 사회행정법이 공공적이고 기술적인 내용을 많이 갖게 됨을 의미한다. 또한 그 내용은 국가의 정책의 방향에 따라 정해짐을 특징으로 한다. 따라서 사회행정법은 그 내용이 매우 탄력적이라 할 수 있다. ② 이러한 이유로 사회행정법은 불확정개념을 많이 도입하게 된다. ③ 무엇보다도 사회행정법의 원만한 실현은 국가의 충분한 예산에 의해 뒷받침되어야 가능하다는 점도 사회행정법이 갖는 특징 중의 하나가 된다.

---

1) 사회행정의 내용은 학자에 따라 다소 상이하게 파악되고 있다. 즉 ① 공적 부조·사회보험·특별원호·사회복지서비스로 구분하는 입장(김남진·김연태, 행정법(Ⅱ), 490쪽(2019) 이하), ② 사회보험·공적 부조·사회복지서비스·특별원호·보건위생·근로보호로 구분하는 입장(김도창, 일반행정법론(하), 483쪽), ③ 공공부조·사회보험·사회복지서비스·특별원호로 구분하는 입장(박윤흔·정형근, 최신행정법강의(하), 475쪽 이하), ④ 공적 부조·사회보험·특별원호·사회복지사업·근로보호로 구분하는 입장(이상규, 신행정법론(하), 481쪽 이하)이 있다. 본서에서는 사회복지 역시 공적 부조의 한 내용이라 보아 사회행정의 내용을 공적 부조·사회보험·특별원호·근로보호의 네 가지로 구분하기로 한다. 다만 본서에서는 공적 부조·사회보험·특별원호만을 살피기로 하고, 근로보호는 노동법에 맡기기로 한다.

2) Ruland, Sozialrecht, in : Schmidt－Aßmann(Hrsg.), Besonderes Verwaltungsrecht(11. Aufl.), Rn. 3.

3. 사회행정법의 법원

2415 (1) **법원의 종류** 사회행정법의 최상위의 법원은 헌법이다. 헌법은 "모든 국민은 인간다운 생활을 할 권리를 가진다"고 선언할 뿐만 아니라(헌법 제34조 제1항),[1] 사회보장과 사회복지(헌법 제34조 제2항), 노인과 청소년의 복지(헌법 제34조 제4항), 생활무능력자의 보호(헌법 제34조 제5항), 근로자의 보호(헌법 제32조) 등에 관하여 규정하고 있다. 그런데 이러한 규정들은 구체적인 내용을 법률로 정하도록 하고 있는 탓으로 실제상 기능하는 바를 중심으로 할 때 법원으로서의 법률의 의미는 매우 중요하다.

2416 사회행정법의 법원으로서 기본법률의 성격을 가지는 것으로 사회보장기본법이 있고, 이의 시행을 위한 법률로 사회복지사업법이 있으며, 영역에 따른 법률로 영유아보육법·아동복지법·한부모가족지원법·노인복지법·장애인복지법·국민기초생활 보장법·국민연금법·국민건강보험법 등이 있다.

2417 (2) **사회보장기본법 등** 사회보장에 관한 국민의 권리와 국가 및 지방자치단체의 책임을 정하고 사회보장제도에 관한 기본적인 사항을 규정함으로써 국민의 복지증진에 이바지하는 것을 목적으로 사회보장기본법이 제정되어 있다. 사회보장기본법은 사회행정법률 중에서 기본법률의 지위에 있다. 사회보장기본법은 사회보장을 받을 권리, 사회보장위원회, 사회보장제도의 운영에 관하여 규정하고 있다. 사회보장기본법에 따른 사회보장급여의 이용 및 제공에 관한 기준과 절차 등 기본적 사항을 규정하고 지원을 받지 못하는 지원대상자를 발굴하여 지원하기 위하여 「사회보장급여의 이용·제공 및 수급권자 발굴에 관한 법률」이 제정되었다.

---

1) 헌재 2020. 4. 23, 2017헌마103(헌법 제34조 제1항은 "모든 국민은 인간다운 생활을 할 권리를 가진다."고 규정하면서, 제34조 제2항에서 "국가는 사회보장·사회복지의 증진에 노력할 의무를 진다."고 규정함과 아울러 제34조 제5항에서 "신체장애자 및 질병·노령 기타의 사유로 생활능력이 없는 국민은 법률이 정하는 바에 의하여 국가의 보호를 받는다."고 규정하고 있다. 이러한 헌법규정들은 생활능력이 없거나 생활이 어려운 질환자에게 인간다운 생활을 할 권리가 있고, 이에 대응하여 국가에게 생활능력이 없거나 생활이 어려운 질환자를 보호할 헌법적 의무가 있음을 보여주고 있는 것이다. 헌법 제34조 제1항이 보장하는 인간다운 생활을 할 권리는 사회권적 기본권의 일종으로서 인간의 존엄에 상응하는 최소한의 물질적인 생활의 유지에 필요한 급부를 요구할 수 있는 권리를 의미하는데, 이러한 권리는 국가가 재정형편 등 여러 가지 상황들을 종합적으로 고려하여 법률을 통하여 구체화함으로써 법률적 권리로 인정된다. 의료급여법에 의하여 인정되는 의료급여수급권도 이러한 법률적 권리에 해당하는데, 다만 그 보장수준이 헌법 제34조 제1항의 인간다운 생활을 할 권리를 침해하는 정도로 되어서는 아니되는 것이다).

4. 사회행정법상 행위형식

사회행정법의 영역에서 행정의 행위형식은 일반행정법에서 언급한 바와 다를 바 없다. 말하자면 ① 법률의 규정에 의해 법관계가 직접 형성되는 경우도 있지만(산재법 제7조), ② 법규명령의 형식, ③ 행정행위의 형식, 그리고 ④ 사실행위의 형식(예 : 각종 복지시설의 설치) 등이 도입됨은 물론이다. 2418

제 2 항 사회적 약자의 보호(공적 부조)

Ⅰ. 입법상황

1. 일 반 법

사회복지사업에 관한 기본적 사항을 규정하여 사회복지를 필요로 하는 사람에 대하여 인간의 존엄성과 인간다운 생활을 할 권리를 보장하고 사회복지의 전문성을 높이며, 사회복지사업의 공정·투명·적정을 도모하고, 지역사회복지의 체계를 구축하고 사회복지서비스의 질을 높여 사회복지의 증진에 이바지함을 목적으로 「사회복지사업법」이 제정되어 있다(복사법 제1조). 사회복지사업법은 사회복지사업에 관한 일반법이다(복사법 제3조). 2419

2. 사회복지사업의 의의

동법상 사회복지사업이란 다음 각 목의 법률(가. 「국민기초생활 보장법」, 나. 「아동복지법」, 다. 「노인복지법」, 라. 「장애인복지법」, 마. 「한부모가족지원법」, 바. 「영유아보육법」, 사. 「성매매방지 및 피해자보호 등에 관한 법률」, 아. 「정신보건법」, 자. 「성폭력방지 및 피해자보호 등에 관한 법률」, 차. 「입양특례법」, 카. 「일제하 일본군위안부 피해자에 대한 생활안정지원 및 기념사업 등에 관한 법률」, 타. 「사회복지공동모금회법」, 파. 「장애인·노인·임산부 등의 편의증진 보장에 관한 법률」, 하. 「가정폭력방지 및 피해자보호 등에 관한 법률」, 거. 「농어촌주민의 보건복지증진을 위한 특별법」, 너. 「식품등 기부 활성화에 관한 법률」, 더. 「의료급여법」, 러. 「기초연금법」, 머. 「긴급복지지원법」, 버. 「다문화가족지원법」, 서. 「장애인연금법」, 어. 「장애인활동 지원에 관한 법률」, 저. 「노숙인 등의 복지 및 자립지원에 관한 법률」, 처. 「보호관찰 등에 관한 법률」, 커. 「장애아동 복지지원법」, 터. 「발달장애인 권리보장 및 지원에 관한 법률」, 퍼. 「청소년복지 지원법」, 허. 그 밖에 대통령령으로 정하는 법률)에 따른 보호·선도 또는 복지에 관한 사업과 사회복지상담·직업지원·무료숙박·지역사회복지·의료복지·재가복지·사회복지관운영·정신질환자 및 한센병력자 사회복귀에 관한 사업 등 각종 복지사업과 이와 관련된 자원봉사활동 및 복지 2420

시설의 운영 또는 지원을 목적으로 하는 사업을 말한다(복사법 제2조 제1호).

3. 관련기구

2421 사회복지관련기구로 사회복지사업을 행할 목적으로 설립되는 사회복지법인(복사법 제2조 제3호·제16조)이 있다.

Ⅱ. 아동·청소년의 보호·복지

2422 아동·청소년은 건전하게 성장하여야 한다. 그것은 아동·청소년 본인의 문제이기도 하지만 부모와 사회, 그리고 국가의 공동의 책임이다. 이를 위해서 교육·양육제도·후견제도·경제적 지원 등 각종의 수단이 동원된다.

1. 영유아의 보육

2423 영유아의 심신을 보호하고 건전하게 교육하여 건강한 사회 구성원으로 육성함과 아울러 보호자의 경제적·사회적 활동이 원활하게 이루어지도록 함으로써 영유아 및 가정의 복지 증진에 이바지함을 목적으로 「영유아보육법」이 제정되어 있다. 영유아보육법상 영유아란 6세 미만의 취학 전 아동을 말한다(유아법 제2조 제1호).

2424 (1) **보육이념** 보육은 영유아의 이익을 최우선적으로 고려하여 제공되어야 한다(유아법 제3조 제1항). 보육은 영유아가 안전하고 쾌적한 환경에서 건강하게 성장할 수 있도록 하여야 한다(유아법 제3조 제2항). 영유아는 자신 또는 보호자의 성, 연령, 종교, 사회적 신분, 재산, 장애, 인종 및 출생지역 등에 따른 어떠한 종류의 차별도 받지 아니하고 보육되어야 한다(유아법 제3조 제3항).

2425 (2) **어린이집의 종류** 영유아를 위한 보육시설로 국공립어린이집(국가나 지방자치단체가 설치·운영하는 어린이집)·사회복지법인어린이집(사회복지사업법에 따른 사회복지법인이 설치·운영하는 어린이집)·법인·단체등 어린이집[각종 법인(사회복지법인을 제외한 비영리법인)이나 단체 등이 설치·운영하는 어린이집으로서 대통령령으로 정하는 어린이집]·직장어린이집[사업주가 사업장의 근로자를 위하여 설치·운영하는 어린이집(국가 또는 지방자치단체의 장이 소속 공무원 및 국가나 지방자치단체의 장과 근로계약을 체결한 자로서 공무원이 아닌 자를 위하여 설치·운영하는 어린이집을 포함한다)]·가정어린이집(개인이 가정이나 그에 준하는 곳에 설치·운영하는 어린이집)·협동어린이집[보호자 또는 보호자와 보육교직원이 조합(영리를 목적으로 하지 아니하는 조합에 한정한다)을 결성하여 설치·운영하는 어린이집]·민간어린이집(제1호부터 제6호까지의 규정에 해당하지 아니하는 어린이집)이 있다(유아법 제10조).

(3) 비 용 국가와 지방자치단체는 영유아에 대한 보육을 무상으로 하되, 그 내용 및 범위는 대통령령으로 정한다(유아법 제34조 제1항). 국가와 지방자치단체는 어린이집이나 「유아교육법」 제2조에 따른 유치원을 이용하지 아니하는 영유아에 대하여 영유아의 연령과 보호자의 경제적 수준을 고려하여 양육에 필요한 비용을 지원할 수 있다(유아법 제34조의2 제1항). 국가와 지방자치단체는 제34조 및 제34조의2에 따른 비용 지원을 위하여 보육서비스 이용권(이하 "이용권"이라 한다)을 영유아의 보호자에게 지급할 수 있다(유아법 제34조의3 제1항). 2426

2. 아동의 보호·복지

아동이 건강하게 출생하여 행복하고 안전하게 자라나도록 그 복지를 보장하기 위하여 「아동복지법」이 제정되었다. 동법에서 아동이란 18세 미만의 사람을 말한다(아동법 제3조 제1호). 2427

(1) 국가·국민의 책임 국가와 지방자치단체는 아동의 안전·건강 및 복지 증진을 위하여 아동과 그 보호자 및 가정을 지원하기 위한 정책을 수립·시행하여야 한다(아동법 제4조 제1항). 아동의 보호자는 아동을 가정에서 그의 성장시기에 맞추어 건강하고 안전하게 양육하여야 한다(아동법 제5조 제1항). 2428

(2) 금지행위 누구든지 다음 각 호(1. 아동을 매매하는 행위, 2. 아동에게 음란한 행위를 시키거나 이를 매개하는 행위 또는 아동에게 성적 수치심을 주는 성희롱 등의 성적 학대행위, 3. 아동의 신체에 손상을 주거나 신체의 건강 및 발달을 해치는 신체적 학대행위, 4. 삭제, 5. 아동의 정신건강 및 발달에 해를 끼치는 정서적 학대행위, 6. 자신의 보호·감독을 받는 아동을 유기하거나 의식주를 포함한 기본적 보호·양육·치료 및 교육을 소홀히 하는 방임행위, 7. 장애를 가진 아동을 공중에 관람시키는 행위, 8. 아동에게 구걸을 시키거나 아동을 이용하여 구걸하는 행위, 9. 공중의 오락 또는 흥행을 목적으로 아동의 건강 또는 안전에 유해한 곡예를 시키는 행위 또는 이를 위해 아동을 제3자에게 인도하는 행위, 10. 정당한 권한을 가진 알선기관 외의 자가 아동의 양육을 알선하고 금품을 취득하거나 금품을 요구 또는 약속하는 행위, 11. 아동을 위하여 증여 또는 급여된 금품을 그 목적 외의 용도로 사용하는 행위)의 어느 하나에 해당하는 행위를 하여서는 아니 된다(아동법 제17조). 2429

(3) 아동의 보호 아동복지법은 아동의 보호·복지와 관련하여 아동 안전 및 건강지원(아동법 제30조~제36조), 취약계층 아동 통합서비스지원 및 자립지원 등(아동법 제37조~제58조)에 관해 규정하고 있다. 2429a

3. 청소년의 육성·보호

(1) 일 반 론 청소년은 미래사회의 주역인바, 청소년의 건강의 확보, 지 2430

식의 함양, 예절과 협동정신의 고취 등은 청소년 개인을 위해서뿐만 아니라 국가의 미래를 위해서도 중요한 과제가 아닐 수 없다. 이에 청소년의 육성과 보호는 국가적인 과제가 된다.

2431 ⑵ **청소년 육성** 청소년의 권리 및 책임과 가정·사회·국가 및 지방자치단체의 청소년에 대한 책임을 정하고 청소년육성정책에 관한 기본적인 사항을 규정함을 목적으로 「청소년 기본법」이 제정되어 있다. 동법상 청소년은 9세 이상 24세 이하인 사람을 말한다(청기법 제3조 제1호 본문). 동법은 청소년육성정책, 청소년시설, 청소년지도자, 청소년단체, 청소년활동 등에 관해 규정하고 있다.

2432 ⑶ **청소년 보호** 청소년의 보호·복지와 관련하여서는 ① 청소년복지, ② 근로청소년보호, ③ 청소년보호, ④ 청소년형법 등이 검토대상이 되어야 한다. 특히 ③ 청소년보호는 공공으로부터 청소년보호, 유해도서로부터 청소년보호, 유해방송으로부터 청소년보호가 문제된다. 이와 관련하여 청소년보호에 관한 일반법으로 「청소년 보호법」이 제정되어 있다. 청소년 보호법은 청소년에게 유해한 매체물과 약물 등이 청소년에게 유통되는 것과 청소년이 유해한 업소에 출입하는 것 등을 규제하고 청소년을 유해한 환경으로부터 보호·구제함으로써 청소년이 건전한 인격체로 성장할 수 있도록 함을 목적으로 한다(동법 제1조). 이를 위해 동법은 청소년유해매체물의 청소년대상 유통 규제, 청소년유해업소 및 청소년유해약물 등의 규제,[1] 청소년보호위원회 등에 관해 규정하고 있다. 동법상 청소년은 19세 미만의 자(만 19세에 도달하는 해의 1월 1일을 맞이한 자를 제외한다)를 말한다(청소년보호법 제2조 제1호).

---

1) 헌재 2001. 1. 18, 99헌마555(주점을 경영하는 청구인이 청소년보호법 제2조 제1호, 제26조 제1항의 규정에 의하여 만 19세 미만의 자에게 술을 팔 수 없어 그 직업수행의 자유가 부분적으로 제한을 받는 것은 분명하지만, 만 19세 미만의 청소년들은 우리 나라의 교육제도에 따라 상당수가 고등학교 또는 대학의 저학년에 재학중인 학생들이고 그렇지 않은 경우에도 상당수가 생업이나 군복무에 갓 종사하기 시작한 사람들이어서 이들이 무절제한 음주를 할 경우 그 학업성취 및 직업 등에의 적응 그리고 심신의 건전한 성장과 발전에 중대한 지장을 받을 위험이 매우 크고, 그로 인하여 그 개인은 물론 국가와 사회가 모두 큰 피해를 입게 되므로 이들에게 술을 팔지 못하게 하는 위 법률조항은 그 합리성이 인정되고, 나아가 식품접객업자인 청구인이 위 법률조항으로 인하여 만 19세 미만의 자에게 술을 팔지 못하여 받게 되는 불이익의 정도와 청소년에 대한 술의 판매를 규제하여 청소년이 건전한 인격체로 성장하는 데 기여하게 되는 공익을 비교할 때에 전자의 불이익은 그렇게 크다고 볼 수 없는 반면, 후자의 공익은 매우 크고 중요한 것이라고 인정되어 위 법률조항이 청구인의 직업수행의 자유를 과도하게 제한하여 이를 침해하는 것이라고 할 수 없다).

Ⅲ. 부녀자의 보호·복지

1. 성매매의 방지와 부녀의 보호

선량한 풍속을 해치는 윤락행위를 방지하고 윤락행위를 하거나 할 우려가 있는 자를 선도함을 목적으로 하던 「윤락행위등방지법」이 성을 파는 여성들의 인권을 고려하지 못하고 있다는 문제제기가 있어 왔다. 이에 2004년 3월 「윤락행위등방지법」이 폐지되고 성매매 여성의 인권문제에 대한 사회적 관심과 실제적 대응책에 대한 욕구를 반영하여 피해자 보호 및 지원체계를 더욱 강화한 「성매매방지 및 피해자보호 등에 관한 법률」이 제정되었다. 그리고 성매매 알선자에 대한 처벌 강화를 위하여는 「성매매알선 등 행위의 처벌에 관한 법률」이 별도로 제정되었다. 이하에서 「성매매방지 및 피해자보호 등에 관한 법률」의 주요 내용을 살펴본다. 2433

(1) **국가 등의 책임** 국가와 지방자치단체는 성매매를 방지하고, 성매매피해자 및 성을 파는 행위를 한 사람(이하 "성매매피해자등"이라 한다)의 보호, 피해회복 및 자립·자활을 지원하기 위하여 다음 각 호(1. 성매매, 성매매알선등행위 및 성매매 목적의 인신매매 신고체계의 구축·운영, 제2호 이하 생략)의 사항에 대한 법적·제도적 장치를 마련하고 필요한 행정적·재정적 조치를 하여야 한다(성보법 제3조 제1항). 2434

(2) **성매매 예방교육** 국가기관, 지방자치단체, 초·중·고등학교, 그 밖에 대통령령으로 정하는 공공단체의 장은 성에 대한 건전한 가치관 함양과 성매매 방지 및 인권보호를 위하여 성매매 예방교육을 실시하고, 그 결과를 여성가족부장관에게 제출하여야 한다(성보법 제5조 제1항). 2435

(3) **지원시설의 종류** 성매매피해자등을 위한 지원시설의 종류는 다음[1. 일반 지원시설 : 성매매피해자등을 대상으로 1년의 범위에서 숙식을 제공하고 자립을 지원하는 시설, 2. 청소년 지원시설 : 19세 미만의 성매매피해자등을 대상으로 19세가 될 때까지 숙식을 제공하고, 취학·교육 등을 통하여 자립을 지원하는 시설, 3. 외국인 지원시설 : 외국인 성매매피해자등을 대상으로 3개월(「성매매알선 등 행위의 처벌에 관한 법률」 제11조에 해당하는 경우에는 그 해당 기간)의 범위에서 숙식을 제공하고, 귀국을 지원하는 시설, 4. 자립지원 공동생활시설 : 성매매피해자등을 대상으로 2년의 범위에서 숙박 등의 편의를 제공하고, 자립을 지원하는 시설]과 같다(성보법 제9조 제1항). 2436

(4) **상담소의 설치, 운영** 국가 또는 지방자치단체는 성매매피해상담소를 설치·운영할 수 있다(성보법 제17조). 상담소는 다음 각 호(1. 상담 및 현장 방문, 2. 2437

지원시설 이용에 관한 고지 및 지원시설에의 인도 또는 연계, 3. 성매매피해자등의 구조, 4. 제11조 제1항 제3호부터 제5호까지의 업무, 5. 성매매 예방을 위한 홍보와 교육, 6. 다른 법률에서 상담소에 위탁한 사항, 7. 성매매피해자등의 보호를 위한 조치로서 여성가족부령으로 정하는 사항)의 업무를 수행한다.

2. 한부모가족의 보호·복지

2438 한부모가족이 건강하고 문화적인 생활을 영위할 수 있도록 함으로써 한부모가족의 생활 안정과 복지 증진에 이바지함을 목적으로 한부모가족지원법이 제정되어 있다. 이 법에서 "모" 또는 "부"란 다음 각 목(가. 배우자와 사별 또는 이혼하거나 배우자로부터 유기(遺棄)된 자, 나. 정신이나 신체의 장애로 장기간 노동능력을 상실한 배우자를 가진 자, 다. 교정시설·치료감호시설에 입소한 배우자 또는 병역복무 중인 배우자를 가진 사람, 라. 미혼자(사실혼(事實婚) 관계에 있는 자는 제외한다), 마. 가목부터 라목까지에 규정된 자에 준하는 자로서 여성가족부령으로 정하는 자)의 어느 하나에 해당하는 자로서 아동인 자녀를 양육하는 자를 말하고(한지법 제4조 제1호), "한부모가족"이란 모자가족 또는 부자가족을 말한다(한지법 제4조 제2호). 아동이란 18세 미만(취학 중인 경우에는 22세 미만을 말하되, 「병역법」에 따른 병역의무를 이행하고 취학 중인 경우에는 병역의무를 이행한 기간을 가산한 연령 미만을 말한다)의 자를 말한다(한지법 제4조 제5호).

2439 (1) **보호대상자의 조사·보고** 특별자치시장·특별자치도지사·시장·군수·구청장(자치구의 구청장을 말한다)은 매년 1회 이상 관할구역 지원대상자의 가족상황, 생활실태 등을 조사하여야 한다(한지법 제10조 제1항). 특별자치시장·특별자치도지사·시장·군수·구청장은 제1항에 따른 조사 결과를 대장으로 작성·비치하여야 한다(한지법 제10조 제2항 본문).

2440 (2) **복지급여** 지원대상자 또는 그 친족이나 그 밖의 이해관계인은 제12조에 따른 복지 급여를 관할 특별자치시장·특별자치도지사·시장·군수·구청장에게 신청할 수 있다(한지법 제11조 제1항). 국가나 지방자치단체는 제11조에 따른 복지 급여의 신청이 있으면 다음 각 호(1. 생계비, 2. 아동교육지원비, 3. 삭제, 4. 아동양육비, 5. 그 밖에 대통령령으로 정하는 비용)의 복지 급여를 실시하여야 한다. 다만, 이 법에 따른 지원대상자가 「국민기초생활 보장법」 등 다른 법령에 따라 보호를 받고 있는 경우에는 그 범위에서 이 법에 따른 급여를 하지 아니한다(한지법 제12조 제1항).

2441 (3) **복지 자금 대여** 국가 또는 지방자치단체는 한부모가족의 생활안정과 자립을 촉진하기 위하여 자금(사업에 필요한 자금·아동교육비·의료비·주택자금·기타

대통령령으로 정하는 한부모가족의 복지를 위하여 필요한 자금)을 대여할 수 있다(한지법 제13조).

(4) **고용의 촉진** 국가 또는 지방자치단체는 한부모가족의 모 또는 부의 직업능력을 개발하기 위하여 능력 및 적성 등을 고려한 직업능력개발훈련을 실시하여야 한다(한지법 제14조 제1항). 국가 및 지방자치단체는 한부모가족의 모 또는 부의 취업기회를 확대하기 위하여 한부모가족 관련 시설 및 기관과 「직업안정법」 제2조의2 제1호에 따른 직업안정기관간 효율적인 연계를 도모하여야 한다(한지법 제14조의2 제1항). 2442

(5) **공공시설내 매점 및 시설설치** 국가나 지방자치단체가 운영하는 공공시설의 장은 그 공공시설에 각종 매점 및 시설의 설치를 허가하는 경우 이를 한부모가족 또는 한부모가족복지단체에 우선적으로 허가할 수 있다(한지법 제15조). 2443

(6) **시설우선이용** 국가나 지방자치단체는 한부모가족의 아동이 공공의 아동 편의시설과 그 밖의 공공시설을 우선적으로 이용할 수 있도록 노력하여야 한다(한지법 제16조). 2444

(7) **가족지원서비스** 국가나 지방자치단체는 한부모가족에게 다음 각 호(1. 아동의 양육 및 교육 서비스, 2. 장애인, 노인, 만성질환자 등의 부양 서비스, 3. 취사, 청소, 세탁 등 가사 서비스, 4. 교육·상담 등 가족 관계 증진 서비스, 5. 인지청구 및 자녀양육비 청구 등을 위한 법률상담, 소송대리 등 법률구조서비스, 6. 그 밖에 대통령령으로 정하는 한부모가족에 대한 가족지원서비스)의 가족지원서비스를 제공하도록 노력하여야 한다(한지법 제17조). 2445

(8) **국민주택의 분양 및 임대** 국가나 지방자치단체는 「주택법」에서 정하는 바에 따라 국민주택을 분양하거나 임대할 때에는 한부모가족에 일정 비율이 우선 분양될 수 있도록 노력하여야 한다(한지법 제18조). 2446

Ⅳ. 노인의 보호·복지

1. 노인보호의 의의

노인은 후손의 양육과 국가 및 사회의 발전에 기여하여 온 자인 까닭에 존경을 받으며, 건전하고 안정된 생활을 보장받아야 하고, 능력에 따라 적당한 일에 종사하고 사회적 활동에 참여할 기회를 보장받아야 하고, 노령에 따르는 심신의 변화를 자각하여 항상 심신의 건강을 유지하고 그 지식과 경험을 활용하여 사회의 발전에 기여하도록 노력하여야 한다(노인법 제2조). 국가와 국민은 경로효친의 미풍양속에 따른 건전한 가족제도가 유지·발전되도록 노력하여야 한 2447

다(노인법 제3조).

2. 노인복지의 내용

2448 노인복지법은 노인복지의 내용으로 노인사회참여 지원(노인법 제23조), 지역봉사지도원 위촉(노인법 제24조), 생업지원(노인법 제25조), 경로우대(노인법 제26조), 건강진단(노인법 제27조), 상담·입소(노인법 제28조) 등을 규정하고 있다. 아울러 노인복지법은 노인복지시설(노인주거복지시설·노인의료복지시설·노인여가복지시설·재가노인복지시설·노인보호전문기관·노인일자리지원기관)의 설치·운영에 관한 규정도 두고 있다(노인법 제31조 이하).

Ⅴ. 장애인의 보호·복지

1. 장애인복지의 의의

2449 장애인은 인간으로서 존엄과 가치를 존중받으며, 그에 걸맞은 대우를 받으며(장애법 제4조 제1항), 장애인은 국가·사회의 구성원으로서 정치·경제·사회·문화, 그 밖의 모든 분야의 활동에 참여할 권리를 가진다(장애법 제4조 제2항). 장애인은 장애인 관련 정책결정과정에 우선적으로 참여할 권리가 있다(장애법 제4조 제3항). 한편, 국가와 지방자치단체는 장애 발생을 예방하고, 장애의 조기 발견에 대한 국민의 관심을 높이며, 장애인의 자립을 지원하고, 보호가 필요한 장애인을 보호하여 장애인의 복지를 향상시킬 책임을 진다(장애법 제9조 제1항). 국가와 지방자치단체는 여성 장애인의 권익을 보호하기 위하여 정책을 강구하여야 한다(장애법 제9조 제2항). 그리고 모든 국민은 장애 발생의 예방과 장애의 조기 발견을 위하여 노력하여야 하며, 장애인의 인격을 존중하고 사회통합의 이념에 기초하여 장애인의 복지향상에 협력하여야 한다(장애법 제10조).

2. 장애인복지의 내용

2450 (1) **기본정책의 강구** 국가와 지방자치단체는 장애발생 예방, 의료와 재활치료, 사회적응 훈련, 교육, 직업, 정보에의 접근, 편의시설, 안전대책 강구, 사회적 인식개선, 선거권 행사를 위한 편의 제공, 주택 보급, 문화환경 정비 등, 복지 연구 등의 진흥, 경제적 부담의 경감 등에 관한 필요한 정책·조치를 강구하여야 한다(장애법 제17조 내지 제30조).

2450a (2) **복지 조치** 복지조치의 내용으로 장애인의 실태조사, 장애인 등록, 장애인복지상담원, 재활상담과 입소 등의 조치, 장애 유형·장애 정도별 재활 및 자립지원 서비스 제공 등, 의료비 지급, 산후조리도우미 지원 등, 자녀교육비 지

급, 장애인이 사용하는 자동차 등에 대한 지원 등, 장애인 보조견의 훈련·보급 지원 등, 자금 대여 등, 생업 지원, 자립훈련비 지급, 생산품 구매, 생산품 인증, 고용 촉진, 공공시설의 우선 이용, 국유·공유 재산의 우선매각이나 유상·무상 대여, 장애수당, 장애아동수당과 보호수당, 장애인의 재활 및 자립생활의 연구 등이 있다(장애법 제31조 내지 제52조).

⑶ **자립생활의 지원** 자립생활의 지원으로 자립생활지원, 중증장애인자립 2450b
생활지원센터, 활동지원급여의 지원, 장애동료간 상담이 있다(장애법 제53조 내지 제56조).

Ⅵ. 저소득층의 보호

1. 저소득층보호의 의의

2451 모든 국민은 인간다운 생활을 할 권리를 가진다. 이 때문에 생활유지의 능력이 없거나 생활이 어려운 자에게는 국가가 이들의 최저생활을 보장하고 자활을 조성해 주어야 한다. 이것은 전체로서 균형 있는 복지국가로 나아가는 데 불가피한 요청의 하나이다. 이를 위한 방편의 하나로 「국민기초생활 보장법」이 제정되어 있다. 이하에서 동법의 주요내용을 보기로 한다.

2. 급여의 기본원리

2452 국민기초생활 보장법에 따른 급여는 수급자가 자신의 생활의 유지·향상을 위하여 그의 소득, 재산, 근로능력 등을 활용하여 최대한 노력하는 것을 전제로 이를 보충·발전시키는 것을 기본원칙으로 한다(생활법 제3조 제1항). 부양의무자의 부양과 다른 법령에 따른 보호는 이 법에 따른 급여에 우선하여 행하여지는 것으로 한다(생활법 제3조 제2항 본문). 한편, 국민기초생활 보장법에 의한 급여는 건강하고 문화적인 최저생활을 유지할 수 있는 것이어야 한다(생활법 제4조 제1항).

3. 생계급여 수급권자의 범위

2453 생계급여 수급권자는 부양의무자가 없거나, 부양의무자가 있어도 부양능력이 없거나 부양을 받을 수 없는 사람으로서 그 소득인정액이 제20조 제2항에 따른 중앙생활보장위원회의 심의·의결을 거쳐 결정하는 금액(이하 이 조에서 "생계급여 선정기준"이라 한다) 이하인 사람으로 한다. 이 경우 생계급여 선정기준은 기준 중위소득의 100분의 30 이상으로 한다(생활법 제8조 제2항). 생계급여 최저보장수준은 생계급여와 소득인정액을 포함하여 생계급여 선정기준 이상이 되도록 하여야 한다(생활법 제8조 제3항).

4. 급여의 종류

2454 국민기초생활보장법상 급여의 종류에는 생계급여(수급자에게 의복·음식물 및 기타 일상생활에 기본적으로 필요한 금품을 지급하여 그 생계를 유지하게 하는 것)·주거급여(수급자에게 주거안정에 필요한 임차료, 유지수선비 기타 대통령령이 정하는 수급품을 지급하는 것)·의료급여(생활유지능력이 없거나 생활이 어려운 자에 대한 의료보호)·교육급여(수급자에게 입학금·수업료·학용품비 기타 수급품을 지원하는 것)·해산급여(조산, 분만전후의 필요한 조치와 보호)·장제급여(수급자가 사망한 경우 사체의 검안·운반·화장 또는 매장 기타 장제조치를 행하는 것)·자활급여(수급자의 자활을 조성하기 위하여 행하는 급여)가 있다(생활법 제7조 제1항·제8조·제11조 제1항·제12조 제1항·제13조 제1항·제14조 제1항·제15조 제1항).

2454a ▌참고▐ 의료급여

⑴ 급여의 내용 의료급여는 수급자에게 건강한 생활을 유지하는 데 필요한 각종 검사 및 치료 등을 지급하는 것으로 한다(생활법 제12조의2 제1항).

⑵ 수급권자 의료급여 수급권자는 부양의무자가 없거나, 부양의무자가 있어도 부양능력이 없거나 부양을 받을 수 없는 사람으로서 그 소득인정액이 제20조 제2항에 따른 중앙생활보장위원회의 심의·의결을 거쳐 결정하는 금액(이하 이 항에서 "의료급여 선정기준"이라 한다) 이하인 사람으로 한다. 이 경우 의료급여 선정기준은 기준 중위소득의 100분의 40 이상으로 한다(생활법 제12조의2 제2항).

⑶ 의료급여법 의료급여에 필요한 사항은 따로 법률에서 정한다(생활법 제12조의2 제3항). 이에 따라 의료급여법이 제정되어 있다. 의료급여법은 「국민기초생활 보장법」에 따른 의료급여 수급자 외에 「재해구호법」에 따른 이재민으로서 보건복지부장관이 의료급여가 필요하다고 인정한 사람 등을 수급권자(의료급여를 받을 수 있는 자격을 가진 사람)로 규정하고 있다(의료급여법 제3조).

5. 보장기관

2455 국민기초생활 보장법에 따른 급여는 수급권자 또는 수급자의 거주지를 관할하는 시·도지사와 시장·군수·구청장[제7조 제1항 제4호의 교육급여인 경우에는 특별시·광역시·특별자치시·도·특별자치도의 교육감(이하 "시·도 교육감이라 한다")을 말한다. 이하 같다]이 실시한다. 다만, 주거가 일정하지 아니한 경우에는 수급권자 또는 수급자가 실제 거주하는 지역을 관할하는 특별자치도지사·시장·군수·구청장이 행한다(생활법 제19조 제1항). 제1항에도 불구하고 보건복지부장관, 소관 중앙행정기관의 장과 시·도지사는 수급자를 각각 국가 또는 해당 지방자치단체가

경영하는 보장시설에 입소하게 하거나 다른 보장시설에 위탁하여 급여를 실시할 수 있다(생활법 제19조 제2항).

6. 급여의 실시

수급권자와 그 친족, 그 밖의 관계인은 관할 시장·군수·구청장에게 수급권자에 대한 급여를 신청할 수 있다(생활법 제21조 제1항 본문). 사회복지 전담공무원은 동법에 의한 급여를 필요로 하는 사람이 누락되지 아니하도록 하기 위하여 관할 지역에 거주하는 수급권자에 대한 급여를 직권으로 신청할 수 있다(생활법 제21조 제2항 제1문). 이 경우 수급권자의 동의를 구하여야 하며, 수급권자의 동의는 수급권자의 신청으로 볼 수 있다(생활법 제21조 제2항 제2문). 2456

7. 권리보호(이의신청)

(1) 시·도지사에 대한 이의신청과 시·도지사의 처분 등 2456a

(가) 시·도지사에 대한 이의신청 수급자나 급여 또는 급여 변경을 신청한 사람은 시장·군수·구청장(제7조 제1항 제4호의 교육급여인 경우에는 시·도교육감을 말한다)의 처분에 대하여 이의가 있는 경우에는 그 결정의 통지를 받은 날부터 90일 이내에 해당 보장기관을 거쳐 시·도지사(특별자치시장·특별자치도지사 및 시·도교육감의 처분에 이의가 있는 경우에는 해당 특별자치시장·특별자치도지사 및 시·도교육감을 말한다)에게 서면 또는 구두로 이의를 신청할 수 있다. 이 경우 구두로 이의신청을 접수한 보장기관의 공무원은 이의신청서를 작성할 수 있도록 협조하여야 한다(생활법 제38조 제1항). 제1항에 따른 이의신청을 받은 시장·군수·구청장은 10일 이내에 의견서와 관계 서류를 첨부하여 시·도지사에게 보내야 한다(생활법 제38조 제2항).

(나) 시·도지사의 처분 등 시·도지사가 제38조 제2항에 따라 시장·군수·구청장으로부터 이의신청서를 받았을 때(특별자치시장·특별자치도지사 및 시·도교육감의 경우에는 직접 이의신청을 받았을 때를 말한다)에는 30일 이내에 필요한 심사를 하고 이의신청을 각하 또는 기각하거나 해당 처분을 변경 또는 취소하거나 그 밖에 필요한 급여를 명하여야 한다(생활법 제39조 제1항). 시·도지사는 제1항에 따른 처분 등을 하였을 때에는 지체 없이 신청인과 해당 시장·군수·구청장에게 각각 서면으로 통지하여야 한다(생활법 제39조 제2항).

(2) 보건복지부장관 등에 대한 이의신청과 이의신청의 결정 및 통지 2456b

(가) 보건복지부장관 등에 대한 이의신청 ① 제39조에 따른 처분 등에 대하여 이의가 있는 사람은 그 처분 등의 통지를 받은 날부터 90일 이내에 시·도지

사를 거쳐 보건복지부장관(제7조 제1항 제2호 또는 제4호의 주거급여 또는 교육급여인 경우에는 소관 중앙행정기관의 장을 말하며, 보건복지부장관에게 한 이의신청은 소관 중앙행정기관의 장에게 한 것으로 본다)에게 서면 또는 구두로 이의를 신청할 수 있다. 이 경우 구두로 이의신청을 접수한 보장기관의 공무원은 이의신청서를 작성할 수 있도록 협조하여야 한다(생활법 제40조 제1항). ② 시·도지사는 제1항에 따른 이의신청을 받으면 10일 이내에 의견서와 관계 서류를 첨부하여 보건복지부장관 또는 소관 중앙행정기관의 장(제7조 제1항 제2호 또는 제4호의 주거급여 또는 교육급여인 경우에 한정한다)에게 보내야 한다(생활법 제40조 제2항).

㈏ **이의신청의 결정 및 통지** ① 보건복지부장관 또는 소관 중앙행정기관의 장은 제40조 제2항에 따라 이의신청서를 받았을 때에는 30일 이내에 필요한 심사를 하고 이의신청을 각하 또는 기각하거나 해당 처분의 변경 또는 취소의 결정을 하여야 한다(생활법 제41조 제1항). ② 보건복지부장관 또는 소관 중앙행정기관의 장은 제1항에 따른 결정을 하였을 때에는 지체 없이 시·도지사 및 신청인에게 각각 서면으로 결정 내용을 통지하여야 한다. 이 경우 소관 중앙행정기관의 장이 결정 내용을 통지하는 때에는 그 사실을 보건복지부장관에게 알려야 한다(생활법 제41조 제2항).

제 3 항 사회보험제도

2457 앞에서 살펴본 여러 종류의 사회복지제도와 다소 성질을 달리하는 것으로 사회보험에 관한 제도가 있다. 앞에서 본 여러 (협의의) 사회복지제도가 국가나 지방자치단체에 의한 일방적인 지원이 중심을 이루는 제도라고 하면, 사회보험제도는 — 물론 국가에 의한 지원이 없는 것은 아니나 — 기본적으로 이해관계자가 공동출연의 운명공동체를 결성하여 서로의 위험을 분산하고 이로써 안정된 생활을 확보하려는 제도이다. (협의의) 사회복지제도가 사회적 약자를 사회로부터 보호하는 제도라면, 사회보험제도는 사회적 구성원이 서로 힘을 합하여 위험에 대처하는 제도라 하겠다. 사회보험제도에는 국민연금제도·건강보험제도·산업재해보상보험제도·고용보험제도 등이 있다. 이를 4대보험이라 한다.

Ⅰ. 국민연금제도

국민의 노령·장애 또는 사망에 대하여 연금급여를 실시함으로써 국민의 생활 안정과 복지 증진을 가져오기 위해 「국민연금법」이 제정되어 있다.

1. 관장기관

국민연금법에 의한 국민연금사업은 보건복지부장관이 맡아 주관한다(국연법 제2조). 보건복지부장관의 위탁을 받아 제1조의 목적을 달성하기 위한 사업을 효율적으로 수행하기 위하여 국민연금공단(이하 "공단"이라 한다)을 설립한다(국연법 제24조). 공단은 법인으로 한다(국연법 제26조). 공단에 임원으로 이사장 1명, 상임이사 4명 이내, 이사 9명, 감사 1명을 두되, 이사에는 사용자 대표, 근로자 대표, 지역가입자 대표, 수급자 대표 각 1명 이상과 당연직 이사로서 보건복지부에서 국민연금 업무를 담당하는 3급 국가공무원 또는 고위공무원단에 속하는 일반직 공무원 1명이 포함되어야 한다(국연법 제30조 제1항). 2458

2. 가 입 자

국내에 거주하는 국민으로서 18세 이상 60세 미만인 자는 국민연금 가입대상이 된다. 다만, 「공무원연금법」, 「군인연금법」, 「사립학교교직원 연금법」 및 「별정우체국법」을 적용받는 공무원, 군인, 교직원 및 별정우체국 직원, 그 밖에 대통령령으로 정하는 자는 제외한다(국연법 제6조). 국민연금가입자는 사업장가입자·지역가입자·임의가입자 및 임의계속가입자로 구분한다(국연법 제7조). 2459

3. 급 여

국민연금법상 급여로는 노령연금·장애연금·유족연금·반환일시금 등이 있다(국연법 제49조·제61조·제67조·제72조·제77조).[1] 2460

4. 권리보호(심사청구와 재심사청구)

(1) **심사청구** 가입자의 자격, 기준소득월액, 연금보험료, 그 밖의 이 법에 따른 징수금과 급여에 관한 공단 또는 건강보험공단의 처분에 이의가 있는 자는 그 처분을 한 공단 또는 건강보험공단에 심사청구를 할 수 있다(국연법 제108조 제1항). 제1항에 따른 심사청구는 그 처분이 있음을 안 날부터 90일 이내에 문서(「전자정부법」 제2조 제7호에 따른 전자문서를 포함한다)로 하여야 하며, 처분이 2461

---

1) 헌재 2020. 5. 27, 2018헌바129(국민연금법상의 연금수급권은 사회보장수급권의 성격과 아울러 재산권적 성격을 가지고 있다는 점에서 양 권리의 성격이 불가분적으로 혼재되어 있다고 할 것이므로, 비록 연금수급권에 재산권의 성격이 일부 있다 하더라도 그것은 이미 사회보장법리의 강한 영향을 받지 않을 수 없다 할 것이고, 또한 사회보장수급권과 재산권의 두 요소가 불가분적으로 혼재되어 있다면 입법자로서는 연금수급권의 구체적 내용을 정함에 있어 이를 하나의 전체로서 파악하여 어느 한 쪽의 요소에 보다 중점을 둘 수도 있다 할 것이다. 따라서 연금수급권의 구체적 내용을 형성함에 있어서는 일차적으로 입법자의 재량에 맡겨져 있다고 할 것이다).

있은 날부터 180일을 경과하면 이를 제기하지 못한다. 다만, 정당한 사유로 그 기간에 심사 청구를 할 수 없었음을 증명하면 그 기간이 지난 후에도 심사 청구를 할 수 있다(국연법 제108조 제2항).

2461a ⑵ **재심사청구** 제108조에 따른 심사청구에 대한 결정에 불복하는 자는 그 결정통지를 받은 날부터 90일 이내에 대통령령으로 정하는 사항을 적은 재심사청구서에 따라 국민연금재심사위원회에 재심사를 청구할 수 있다(국연법 제110조).

2461b ⑶ **행정심판과의 관계** 재심사위원회의 재심사와 재결에 관한 절차에 관하여는 「행정심판법」을 준용한다(국연법 제112조 제1항). 제110조에 따른 재심사 청구 사항에 대한 재심사위원회의 재심사는 「행정소송법」 제18조를 적용할 때 「행정심판법」에 따른 행정심판으로 본다(국연법 제112조 제2항).

Ⅱ. 국민건강보험제도

2462 국민의 질병·부상에 대한 예방·진단·치료·재활과 출산·사망 및 건강증진에 대하여 보험급여를 실시함으로써 국민보건을 향상시키고 사회보장을 증진함을 목적으로 「국민건강보험법」이 제정되어 있다.

1. 관장기관

2463 건강보험사업은 보건복지부장관이 맡아 주관한다(건보법 제2조). 건강보험정책에 관한 다음 각 호[1. 제3조의2 제1항 및 제3항에 따른 종합계획 및 시행계획에 관한 사항(심의에 한정한다), 2. 제41조 제3항에 따른 요양급여의 기준, 3. 제45조 제3항 및 제46조에 따른 요양급여비용에 관한 사항, 4. 제73조 제1항에 따른 직장가입자의 보험료율, 5. 제73조 제3항에 따른 지역가입자의 보험료부과점수당 금액, 6. 그 밖에 건강보험에 관한 주요 사항으로서 대통령령으로 정하는 사항]의 사항을 심의·의결하기 위하여 보건복지부장관 소속으로 건강보험정책심의위원회(이하 “심의위원회”라 한다)를 둔다(건보법 제4조 제1항). 요양급여비용을 심사하고 요양급여의 적정성을 평가하기 위하여 건강보험심사평가원을 설립한다(건보법 제62조). 심사평가원의 업무를 효율적으로 수행하기 위하여 심사평가원에 진료심사평가위원회를 둔다(건보법 제66조 제1항).

2. 가입자·보험자

2464 가입자는 직장가입자 및 지역가입자로 구분한다(건보법 제6조 제1항). 모든 사업장의 근로자 및 사용자와 공무원 및 교직원은 직장가입자가 된다. 다만, 다음 각 호(1. 고용 기간이 1개월 미만인 일용근로자, 2. 「병역법」에 따른 현역병(지원에 의하지

아니하고 임용된 하사를 포함한다), 전환복무된 사람 및 군간부후보생, 3. 선거에 당선되어 취임하는 공무원으로서 매월 보수 또는 보수에 준하는 급료를 받지 아니하는 사람, 4. 그 밖에 사업장의 특성, 고용 형태 및 사업의 종류 등을 고려하여 대통령령으로 정하는 사업장의 근로자 및 사용자와 공무원 및 교직원)의 어느 하나에 해당하는 사람은 제외한다(건보법 제6조 제2항). 지역가입자는 가입자 중 직장가입자와 그 피부양자를 제외한 자를 말한다(건보법 제6조 제3항). 건강보험의 보험자는 국민건강보험공단으로 한다(건보법 제13조).

3. 보험급여와 내용

가입자 및 피부양자의 질병, 부상, 출산 등에 대하여 다음 각 호(1. 진찰·검사, 2. 약제·치료재료의 지급, 3. 처치·수술 그 밖의 치료, 4. 예방·재활, 5. 입원, 6. 간호, 7. 이송)의 요양급여를 실시한다(건보법 제41조 제1항). 공단은 이 법에서 정한 요양급여 외에 대통령령으로 정하는 바에 따라 임신·출산 진료비, 장제비, 상병수당, 그 밖의 급여를 실시할 수 있다(건보법 제50조). 2465

4. 보험급여의 제한과 정지

(1) 제 한　공단은 보험급여를 받을 수 있는 사람이 다음 각 호(1. 고의 또는 중대한 과실로 인한 범죄행위에 그 원인이 있거나 고의로 사고를 일으킨 경우, 2. 고의 또는 중대한 과실로 공단이나 요양기관의 요양에 관한 지시에 따르지 아니한 경우, 3. 고의 또는 중대한 과실로 제55조에 따른 문서와 그 밖의 물건의 제출을 거부하거나 질문 또는 진단을 기피한 경우, 4. 업무 또는 공무로 생긴 질병·부상·재해로 다른 법령에 따른 보험급여나 보상(報償) 또는 보상(補償)을 받게 되는 경우)의 어느 하나에 해당하면 보험급여를 하지 아니한다(건보법 제53조). 2465a

(2) 정 지　보험급여를 받을 수 있는 사람이 다음 각 호(1. 삭제, 2. 국외에 체류하는 경우, 3. 제6조 제2항 제2호에 해당하게 된 경우, 4. 교도소, 그 밖에 이에 준하는 시설에 수용되어 있는 경우)의 어느 하나에 해당하면 그 기간에는 보험급여를 하지 아니한다. 다만, 제3호 및 제4호의 경우에는 제60조에 따른 요양급여를 실시한다(건보법 제54조). 2465b

5. 권리보호(행정상 쟁송)

(1) 이의신청　가입자 및 피부양자의 자격, 보험료등, 보험급여, 보험급여 비용에 관한 공단의 처분에 이의가 있는 자는 공단에 이의신청을 할 수 있다(건보법 제87조 제1항). 요양급여비용 및 요양급여의 적정성 평가 등에 관한 심사평가원의 처분에 이의가 있는 공단, 요양기관 또는 그 밖의 자는 심사평가원에 이 2466

의신청을 할 수 있다(건보법 제87조 제2항). 제1항 및 제2항에 따른 이의신청(이하 "이의신청"이라 한다)은 처분이 있음을 안 날부터 90일 이내에 문서(전자문서를 포함한다)로 하여야 하며 처분이 있은 날부터 180일을 지나면 제기하지 못한다. 다만, 정당한 사유로 그 기간에 이의신청을 할 수 없었음을 소명한 경우에는 그러하지 아니하다(건보법 제87조 제3항). 제3항 본문에도 불구하고 요양기관이 제48조에 따른 심사평가원의 확인에 대하여 이의신청을 하려면 같은 조 제2항에 따라 통보받은 날부터 30일 이내에 하여야 한다(건보법 제87조 제4항).

2466a (2) **심판청구** 이의신청에 대한 결정에 불복하는 자는 제89조에 따른 건강보험분쟁조정위원회에 심판청구를 할 수 있다. 이 경우 심판청구의 제기기간 및 제기방법에 관하여는 제87조 제3항을 준용한다(건보법 제88조 제1항). 제1항에 따라 심판청구를 하려는 자는 대통령령으로 정하는 심판청구서를 제87조 제1항 또는 제2항에 따른 처분을 한 공단 또는 심사평가원에 제출하거나 제89조에 따른 건강보험분쟁조정위원회에 제출하여야 한다(건보법 제88조 제2항).

2466b (3) **행정소송** 공단 또는 심사평가원의 처분에 이의가 있는 자와 제87조에 따른 이의신청 또는 제88조에 따른 심판청구에 대한 결정에 불복하는 자는 「행정소송법」에서 정하는 바에 따라 행정소송을 제기할 수 있다(건보법 제90조).

Ⅲ. 산업재해보상보험제도

2467 근로자의 업무상의 재해를 신속하고 공정하게 보상하며, 재해근로자의 재활 및 사회 복귀를 촉진하기 위하여 이에 필요한 보험시설을 설치·운영하고, 재해 예방과 그 밖에 근로자의 복지 증진을 위한 사업을 시행하여 근로자 보호에 이바지하는 것을 목적으로 「산업재해보상보험법」이 제정되어 산업재해보상보험제도가 시행되고 있다.

1. 관장기관 등

2467a 산업재해보상보험법에 따른 산업재해보상보험 사업(이하 "보험사업"이라 한다)은 고용노동부장관이 관장한다(산재법 제2조 제1항). 국가는 회계연도마다 예산의 범위에서 보험사업의 사무 집행에 드는 비용을 일반회계에서 부담하여야 한다(산재법 제3조 제1항).

2. 적용대상

2468 산업재해보상보험법은 근로자를 사용하는 모든 사업 또는 사업장(이하 "사업"이라 한다)에 적용한다. 다만, 위험률·규모 및 장소 등을 고려하여 대통령령으

로 정하는 사업에 대하여는 이 법을 적용하지 아니한다(산재법 제6조).

3. 보험급여의 종류

보험급여의 종류는 다음 각 호(1. 요양급여, 2. 휴업급여, 3. 장해급여, 4. 간병급여, 5. 유족급여, 6. 상병보상연금, 7. 장례비, 8. 직업재활급여)와 같다(산재법 제36조 제1항). 2468a

4. 수급권의 보호

근로자의 보험급여를 받을 권리는 퇴직하여도 소멸되지 아니한다(산재법 제88조 제1항). 보험급여를 받을 권리는 양도 또는 압류하거나 담보로 제공할 수 없다(산재법 제88조 제2항). 제82조 제2항에 따라 지정된 보험급여수급계좌의 예금 중 대통령령으로 정하는 액수 이하의 금액에 관한 채권은 압류할 수 없다(산재법 제88조 제3항). 2468b

5. 권리보호(심사 청구와 재심사청구)

(1) 심사 청구 2468c

(가) 심사 청구의 제기 다음 각 호(1. 제3장, 제3장의2 및 제3장의3에 따른 보험급여에 관한 결정, 제2호 이하 생략)의 어느 하나에 해당하는 공단의 결정 등(이하 "보험급여 결정등"이라 한다)에 불복하는 자는 공단에 심사 청구를 할 수 있다(산재법 제103조 제1항).

(나) 산업재해보상보험심사위원회 제103조에 따른 심사 청구를 심의하기 위하여 공단에 관계 전문가 등으로 구성되는 산업재해보상보험심사위원회(이하 "심사위원회"라 한다)를 둔다(산재법 제104조 제1항).

(다) 심사 청구에 대한 심리·결정 공단은 제103조 제4항에 따라 심사 청구서를 받은 날부터 60일 이내에 심사위원회의 심의를 거쳐 심사 청구에 대한 결정을 하여야 한다. 다만, 부득이한 사유로 그 기간 이내에 결정을 할 수 없으면 한 차례만 20일을 넘지 아니하는 범위에서 그 기간을 연장할 수 있다(산재법 제105조 제1항).

(2) 재심사 청구 2468d

(가) 재심사 청구의 제기 제105조 제1항에 따른 심사 청구에 대한 결정에 불복하는 자는 제107조에 따른 산업재해보상보험재심사위원회에 재심사 청구를 할 수 있다. 다만, 판정위원회의 심의를 거친 보험급여에 관한 결정에 불복하는 자는 제103조에 따른 심사 청구를 하지 아니하고 재심사 청구를 할 수 있다(산재법 제106조 제1항).

㈏ **산업재해보상보험재심사위원회** 제106조에 따른 재심사 청구를 심리·재결하기 위하여 고용노동부에 산업재해보상보험재심사위원회(이하 "재심사위원회"라 한다)를 둔다(산재법 제107조 제1항).

㈐ **재심사 청구에 대한 심리와 재결** 재심사 청구에 대한 심리·재결에 관하여는 제105조 제1항 및 같은 조 제3항부터 제5항까지를 준용한다. 이 경우 "공단"은 "재심사위원회"로, "심사위원회의 심의를 거쳐 심사 청구"는 "재심사 청구"로, "결정"은 "재결"로, "소속 직원"은 "재심사위원회의 위원"으로 본다(산재법 제109조 제1항). 재심사위원회의 재결은 공단을 기속(羈束)한다(산재법 제109조 제1항).

2468e ⑶ **다른 법률과의 관계** ① 제103조 및 제106조에 따른 심사 청구 및 재심사 청구의 제기는 시효의 중단에 관하여 「민법」 제168조에 따른 재판상의 청구로 본다(산재법 제111조 제1항). ② 제106조에 따른 재심사 청구에 대한 재결은 「행정소송법」 제18조를 적용할 때 행정심판에 대한 재결로 본다(산재법 제111조 제2항). ③ 제103조 및 제106조에 따른 심사 청구 및 재심사 청구에 관하여 이 법에서 정하고 있지 아니한 사항에 대하여는 「행정심판법」에 따른다(산재법 제111조 제3항).

Ⅳ. 고용보험제도

2469 고용보험의 시행을 통하여 실업의 예방, 고용의 촉진 및 근로자의 직업능력의 개발과 향상을 꾀하고, 국가의 직업지도와 직업소개 기능을 강화하며, 근로자가 실업한 경우에 생활에 필요한 급여를 실시하여 근로자의 생활안정과 구직활동을 촉진함으로써 경제·사회 발전에 이바지하는 것을 목적으로 고용보험법이 제정되어 고용보험제도가 시행되고 있다.

1. 관장기관 등

2469a 고용보험은 고용노동부장관이 관장한다(고용법 제3조). 국가는 매년 보험사업에 드는 비용의 일부를 일반회계에서 부담하여야 한다(고용법 제5조 제1항). 국가는 매년 예산의 범위에서 보험사업의 관리·운영에 드는 비용을 부담할 수 있다(고용법 제5조 제2항).

2. 적용대상

2470 이 법은 근로자를 사용하는 모든 사업 또는 사업장에 적용한다. 다만, 산업별 특성 및 규모 등을 고려하여 대통령령으로 정하는 사업에 대하여는 적용하

지 아니한다(고용법 제8조). 다음 각 호(1. 삭제, 2. 소정근로시간이 대통령령으로 정하는 시간 미만인 자, 3. 「국가공무원법」과 「지방공무원법」에 따른 공무원. 다만, 대통령령으로 정하는 바에 따라 별정직공무원, 「국가공무원법」 제26조의5 및 「지방공무원법」 제25조의5에 따른 임기제공무원의 경우는 본인의 의사에 따라 고용보험(제4장에 한한다)에 가입할 수 있다. 4. 「사립학교교직원연금법」의 적용을 받는 자, 5. 그 밖에 대통령령으로 정하는 자)의 어느 하나에 해당하는 자에게는 이 법을 적용하지 아니한다(고용법 제10조).

3. 보험사업과 급여의 종류

고용노동부장관은 피보험자 및 피보험자였던 자, 그 밖에 취업할 의사를 가 2470a
진 자에 대한 실업의 예방, 취업의 촉진, 고용기회의 확대, 직업능력개발·향상의 기회 제공 및 지원, 그 밖에 고용안정과 사업주에 대한 인력 확보를 지원하기 위하여 고용안정·직업능력개발 사업을 실시한다(고용법 제19조 제1항). 보험급여에는 실업급여, 구직급여, 취업촉진수당, 육아휴직급여, 산전후휴가 급여가 있다(고용법 제37조 이하).

4. 권리보호(심사와 재심사)

(1) **의 의** 제17조에 따른 피보험자격의 취득·상실에 대한 확인, 제4 2470b
장의 규정에 따른 실업급여 및 제5장에 따른 육아휴직 급여와 출산전후휴가 급여등에 관한 처분(이하 "원처분등"이라 한다)에 이의가 있는 자는 제89조에 따른 심사관에게 심사를 청구할 수 있고, 그 결정에 이의가 있는 자는 제99조에 따른 심사위원회에 재심사를 청구할 수 있다(고용법 제87조 제1항).

(2) **제기 기간** 제1항에 따른 심사의 청구는 같은 항의 확인 또는 처분이 2470c
있음을 안 날부터 90일 이내에, 재심사의 청구는 심사청구에 대한 결정이 있음을 안 날부터 90일 이내에 각각 제기하여야 한다(고용법 제87조 제2항).

(3) **시효중단** 제1항에 따른 심사 및 재심사의 청구는 시효중단에 관하여 2470d
재판상의 청구로 본다(고용법 제87조 제3항).

제 4 항 특별원호

국가를 위하여 희생하거나 공헌한 국가유공자와 그 유족에게 합당한 예우 2471
를 하고 국가유공자에 준하는 군경 등을 지원함으로써 이들의 생활안정과 복지향상을 도모하고 국민의 애국정신을 기르는 데에 이바지함을 목적으로 「국가유공자 등 예우 및 지원에 관한 법률」이 제정되어 있다. 이 법률은 보훈급여(보상금, 수당 및 사망일시금)의 지급(동법 제11조 이하), 교육지원(동법 제21조 이하), 취업지원(동법 제28조 이하), 의료지원(동법 제41조 이하), 대부(동법 제46조 이하) 등에 관하여 규정하고 있다.

제 2 장 교육행정법

제1항 일 반 론

Ⅰ. 교육행정의 성격

1. 교육행정의 필요

교육은 개인과 가정의 문제만은 아니다. 교육은 피교육자 개인의 인격 함양 2472
뿐만 아니라 사회와 국가가 필요로 하고 사회와 국가에 유익한 건전한 인간을 교양하는 것인 까닭에 국가나 지방자치단체가 교육에 개입하지 않을 수 없다. 교육은 헌법이 보장하는 인간다운 생활을 할 권리(헌법 제34조 제1항)의 전제조건이기도 하다. 말하자면 교육은 공민으로서나 생활인으로서 전제요건이 된다.

2. 헌법규정

헌법은 교육에 관한 원칙적인 사항으로 "모든 국민은 능력에 따라 균등하 2473
게 교육을 받을 권리를 가진다"고 하여(헌법 제31조 제1항) 교육의 권리를 명문으로 규정하고 있다. 이를 위해 모든 국민에게는 그가 보호하는 자녀를 초등교육 등 법률이 정하는 교육을 받게 할 의무를 부과시키고(헌법 제31조 제2항), 의무교육은 무상으로 한다고 규정하고 있다(헌법 제31조 제3항). 평생교육에 관한 규정도 두고 있다(헌법 제31조 제5항).

3. 교육의 목표

교육행정이 달성하여야 할 목표는 바로 교육의 목표이다. 교육법은 "홍익인 2474
간의 이념아래 모든 국민으로 하여금 인격을 도야하고 자주적 생활능력과 민주시민으로서의 필요한 자질을 갖추게 함으로써 인간다운 삶을 영위하게 하고 민주국가의 발전과 인류공영의 이상을 실현하는 데 이바지하게 함을 목적으로 한다"고 규정하고 있다(교육법 제2조).

Ⅱ. 교육행정법

1. 의의·성격

교육행정에 관한 공법체계가 교육행정법이다. 교육행정법은 특별행정법의 2475
한 부분이다. 교육행정법 역시 행정법의 일부분이므로 일반행정법의 내용은 교육행정법에도 그대로 적용된다. 교육행정법은 교육내용의 목표, 교육내용의 설정, 교원의 자격, 피교육자의 자격, 교육시설의 기준, 교육재정 등을 내용으로 한다.

2. 교육행정법에 대한 헌법상 원칙

2476 (1) **능력에 따른 균등한 교육** 모든 '국민'은 '능력'에 따라 '균등'하게 '교육'을 받을 권리를 가진다(헌법 제31조 제1항). ① 국민이란 한국인을 의미한다고 본다. 외국인은 포함하지 아니한다. ② 능력이란 일신전속적인 능력을 의미한다. 그것은 정신적·육체적 능력을 의미하며 재산이나 가정환경을 의미하는 것은 아니다. ③ 균등이란 성별, 종교, 신념, 인종, 사회적 신분, 경제적 지위 또는 신체적 조건등을 이유로 교육에 있어서 차별을 받지 아니한다는 것을 의미한다. 그리고 균등은 기본적으로 교육의 기회균등을 의미하는 것이고, 또한 능력에 따른 균등이어야 한다. 더욱이 균등이라는 의미는 차별배제라는 소극적인 의미뿐만 아니라 보다 적극적인 의미로도 해석되어야 한다. 국가와 지방자치단체는 학습자가 평등하게 교육을 받을 수 있도록 지역 간의 교원수급 등 교육여건 격차를 최소화하는 시책을 마련하여 시행하여야 한다(교육법 제4조 제2항). ④ 교육이란 학교교육뿐만 아니라 사회교육·가정교육 등을 포함하는 것으로 이해되어야 한다.

2477 (2) **교육의 자주성·전문성·정치적 중립성** 헌법은 교육의 자주성·전문성·정치적 중립성을 규정하고 있다(헌법 제31조 제4항). 교육은 전문적인 지식과 경험을 전제로 하는 것이므로 교육자들에 의해 자주적으로(이와 관련하여 교육기구의 경선제, 교육자에 의한 교육자의 감독 등이 문제된다), 전문적으로(이와 관련하여 교육자에 의한 교육정책의 수립과 집행이 문제된다) 이루어져야 한다. 그리고 교육은 보편적인 가치관에 따라야 하는 것이므로 특정의 정치적 신조로부터 독립되어 이루어져야 한다. 이것은 교육에 정치적 중립성이 요구됨을 의미한다. 이 때문에 교육은 교육 본래의 목적에 기하여 운영·실시되어야 하며, 어떠한 정치적·파당적 기타 개인적 편견의 선전을 위한 방편으로 이용되어서는 아니 되며, 국가와 지방자치단체가 설립한 학교에서는 특정한 종교를 위한 종교교육을 하여서는 아니 된다(교육법 제6조 제2항).[1]

2478 (3) **제도보장** 헌법(제31조 제4항)은 "교육의 자주성·전문성·정치적 중립

1) 대판 1989. 9. 26, 87도519(국·공립학교에서의 특정종교를 위한 종교교육은 금지되나, 사립학교에서의 종교교육 및 종교지도자육성은 선교의 자유의 일환으로 보장된다).

성 및 대학의 자율성은 법률이 정하는 바에 의하여 보장된다"고 규정하여 교육을 제도로서 보장한다(제도보장). 입법자가 교육에 관한 사항을 형성하는 경우에도 제도보장의 본질을 훼손함이 없어야 한다. 교육제도의 본질인 내용을 침해하는 입법은 헌법위반이 될 것이다.

3. 교육행정법의 법원(법률의 유보)

① 교육행정법의 최상위 법원은 헌법이다. 앞에서 본 헌법상의 원칙들은 바 2479
로 교육행정법의 직접적인 법원이 된다. ② 교육제도는 국가공동체의 중요한 부분을 구성하는 것이므로 기본적인 사항은 반드시 법률로 정하여야 한다(중요사항유보설).[1] 이와 관련하여 헌법은 학교교육 및 평생교육을 포함한 교육제도(교육기관·교육방침·교육내용·교육상 감독 등)와 그 운영, 교육재정 및 교원의 지위에 관한 기본적인 사항은 법률로 정한다(교육제도법률주의·교육제도법정주의)고 규정하고 있다(헌법 제31조 제6항).[2] 교육에 관한 법률로는 교육기본법·초·중등교육법·고등교육법·지방교육자치에 관한 법률·사립학교법·교육공무원법·과학교육진흥법·산업교육진흥법·특수교육진흥법·평생교육법·지방교육재정교부금법 등 상당히 많다. ③ 이 밖에도 교육행정법의 법원에는 법규명령·조례·규칙 등의 형태로 존재하는 것도 많다. 특히 지방교육자치제와 관련하여서는 조례와 규칙이 갖는 의미가 증대하고 있다.

Ⅲ. 교육행정의 행위형식·교부지원

교육행정의 경우에도 일반행정법에서 언급한 행정의 행위형식(법규명령·행 2480
정규칙·행정계획·행정행위·사실행위 등)이 그대로 적용된다. 교육을 받을 권리의 보호·육성과 관련하여 교육행정의 영역에서는 많은 종류의 교부지원이 이루어지고 있다. 그 예로서 장학금·연구비제도(교육법 제28조), 교원에 대한 주택 제공과 도서벽지수당의 지급(도서·벽지교육진흥법 제3조·제5조), 운영비 등을 볼 수 있다.

---

1) 헌재 2009. 7. 30, 2008헌가2 전원재판부(헌법은 학교교육 등 교육제도에 관한 기본적인 사항을 법률로 정하도록 규정하였다(제31조 제6항). 이에 따라 국가는 학생들에 대한 학교교육의 책임과 함께 학교교육제도에 관한 전반적·포괄적인 형성권과 규율권을 가진다).

2) 헌재 2016. 2. 25, 2013헌마838(헌법 제31조 제6항은 "학교교육 및 평생교육을 포함한 교육제도와 그 운영, 교육재정 및 교원의 지위에 관한 기본적인 사항은 법률로 정한다."고 하여 교육제도 법정주의를 규정하고 있다. 이 조항은, 특히 학교교육의 중요성에 비추어 교육에 관한 기본정책 또는 기본방침 등 교육에 관한 기본적 사항을 국민의 대표기관인 국회가 직접 입법절차를 거쳐 제정한 형식적 의미의 법률로 규정하게 함으로써 국민의 교육을 받을 권리가 행정기관에 의하여 자의적으로 무시되거나 침해당하지 않도록 하고, 교육의 자주성과 중립성을 유지하고자 하는 데에 그 의의가 있다).

Ⅳ. 교육행정기관

1. 교육행정청

2481 국가와 지방자치단체는 학교 및 사회교육시설을 지도·감독한다(교육법 제17조). 교육행정에 관한 최고의 중앙행정기관은 교육부장관이다(정조법 제28조). 지방교육자치행정기관으로 교육감이 있다. 교육감에 관해서는 「지방교육자치에 관한 법률」에서 규정되고 있다.

2. 학교법인

2482 사립학교법에 따르면 사립학교만을 설치·경영함을 목적으로 사립학교법에 따라 설립되는 법인을 학교법인이라 부른다(사학법 제2조 제2호). 학교법인은 사법인이지만 그 설립목적이 국가로부터 위임받은 교육목적을 달성하는 법인(특허법인)이므로(사학법 제10조) 공적 목적실현을 위한 사법인이라 하겠다. 이 때문에 학교법인은 국가의 지원과 감독을 받는다(사학법 제43조 내지 제48조).

제2항 학교교육

Ⅰ. 초·중등교육

1. 학 교

2483 (1) **학교의 종류** 초·중등교육을 실시하기 위하여 다음 각 호(1. 초등학교, 2. 중학교·고등공민학교, 3. 고등학교·고등기술학교, 4. 특수학교, 5. 각종학교)의 학교를 둔다(초중법 제2조).

2484 (2) **학교의 설립·감독** 국가와 지방자치단체는 학교와 사회교육시설을 설립·경영한다(교육법 제11조 제1항). 법인이나 사인은 법률이 정하는 바에 따라 학교 및 사회교육시설을 설립·경영할 수 있다(교육법 제11조 제2항). 학교를 설립하려는 자는 시설·설비 등 대통령령으로 정하는 설립기준을 갖추어야 한다(초중법 제4조 제1항). 사립학교를 설립하려는 자는 특별시·광역시·특별자치시·도·특별자치도 교육감의 인가를 받아야 한다(초중법 제4조 제2항). 그리고 국립학교는 교육부장관의 지도·감독을 받으며, 공립·사립학교는 교육감의 지도·감독을 받는다(초중법 제6조).

2485 (3) **학교교칙** 학교의 장(학교를 설립하는 경우에는 그 학교를 설립하려는 자를 말한다)은 법령의 범위에서 학교 규칙(학칙)을 제정 또는 개정할 수 있다(초중법

제8조 제1항).

2. 의무교육

(1) **의무교육을 받을 권리** 의무교육은 6년의 초등교육과 3년의 중등교육 2486
으로 한다(교육법 제8조 제1항). 모든 국민은 제1항에 따른 의무교육을 받을 권리를 가진다(교육법 제8조 제2항).

(2) **학교의 설립·경영의무** 국가는 교육기본법 제8조 제1항에 따른 의무 2487
교육을 실시하여야 하며, 이를 위한 시설을 확보하는 등 필요한 조치를 강구하여야 한다(초중법 제12조 제1항). 지방자치단체는 그 관할 구역의 의무교육대상자 모두를 취학시키는 데 필요한 초등학교, 중학교 및 초등학교·중학교의 과정을 교육하는 특수학교를 설립·경영하여야 한다(초중법 제12조 제2항).

3. 교 원

(1) **교원의 지위**[1] 학교교육에서 교원의 전문성은 존중되며, 교원의 경제 2488
적·사회적 지위는 우대되고 그 신분은 보장된다(교육법 제14조 제1항). 교원은 교육자로서 갖추어야 할 품성과 자질을 향상시키기 위하여 노력하여야 한다(교육법 제14조 제2항). 교원은 특정 정당이나 정파를 지지하거나 반대하기 위하여 학생을 지도하거나 선동하여서는 아니 된다(교육법 제14조 제4항). 교사는 법령이 정하는 바에 따라 학생을 교육한다(초중법 제20조 제4항).

(2) **교원의 자격·정년 등** ① 교사는 정교사(1급·2급)·준교사·전문상담교 2489
사(1급·2급)·사서교사(1급·2급)·실기교사·보건교사(1급·2급) 및 영양교사(1급·2급)로 나누되, 별표 2의 자격 기준에 해당하는 사람으로서 대통령령으로 정하는 바에 따라 교육부장관이 검정·수여하는 자격증을 받은 사람이어야 한다(초중법 제21조 제2항). ② 교육공무원의 정년은 62세로 한다(교공법 제47조 제1항 본문). 다만, 고등교육법 제14조의 규정에 의한 교원인 교육공무원의 정년은 65세로 한다(교공법 제47조 제2항). ③ 교원은 특별시·광역시·도·특별자치도 단위 또는 전국 단위로만 노동조합을 설립할 수 있다(교원의 노동조합 설립 및 운영 등에 관한 법률 제2조·제4조).

(3) **교원의 신분보장** 교육공무원은 형의 선고나 징계처분 또는 이 법에서 2490
정하는 사유에 의하지 아니하고는 본인의 의사에 반하여 강임·휴직 또는 면직을 당하지 아니한다(교공법 제43조 제2항; 사학법 제56조 제1항; 교원법 제6조 제1항). 국

1) 헌재 1991. 7. 22, 89헌가106(교원의 지위 등에 관한 헌법 제31조 제6항은 근로자의 권리에 관한 헌법 제33조 제1항에 우선하여 적용된다).

공립학교교원의 징계 기타 그 의사에 반하는 불리한 처분은 교육공무원법이 정함(제50조 이하)에 따라, 사립학교교원은 사립학교법이 정함(제61조 이하)에 따라 이루어진다.

2491 (4) 소청심사 교원에 대한 징계처분과 그 의사에 반하는 불리한 처분에 대한 소청(재심)은[1] 국공립학교와 사립학교의 구분 없이 교육부에 두는 교원소청심사위원회에서 행한다(교원법 제7조 제1항).

2491a (가) 교원소청심사위원회의 설치 각급학교 교원의 징계처분과 그 밖에 그 의사에 반하는 불리한 처분(교육공무원법 제11조의4 제4항 및 사립학교법 제53조의2 제6항에 따른 교원에 대한 재임용 거부처분을 포함한다)에 대한 소청심사를 하기 위하여 교육부에 교원소청심사위원회(심사위원회)를 둔다(교원법 제7조 제1항). 심사위원회는 위원장 1인을 포함하여 9명 이상 12명 이내의 위원으로 구성하되 위원장과 대통령령으로 정하는 수의 위원은 상임으로 한다(교원법 제7조 제2항).

2491b (나) 소청심사의 청구 교원이 징계처분과 그 밖에 그 의사에 반하는 불리한 처분에 대하여 불복할 때에는 그 처분이 있었던 것을 안 날부터 30일 이내에 심사위원회에 소청심사를 청구할 수 있다. 이 경우에 심사청구인은 변호사를 대리인으로 선임할 수 있다(교원법 제9조 제1항).

(다) 소청심사의 결정

2491c 1) 결정기간 심사위원회는 소청심사청구를 접수한 날부터 60일 이내에 이에 대한 결정을 하여야 한다. 다만, 심사위원회가 불가피하다고 인정하면 그 의결로 30일을 연장할 수 있다(교원법 제10조 제1항).

2491d 2) 결정의 종류 심사위원회는 다음 각 호(1. 심사 청구가 부적법한 경우에는 그 청구를 각하(却下)한다. 2. 심사 청구가 이유 없다고 인정하는 경우에는 그 청구를 기각(棄却)한다. 3. 처분의 취소 또는 변경을 구하는 심사 청구가 이유 있다고 인정하는 경우에는 처분을 취소 또는 변경하거나 처분권자에게 그 처분을 취소 또는 변경할 것을 명한다. 4. 처분의 효력 유무 또는 존재 여부에 대한 확인을 구하는 심사 청구가 이유 있다고 인정하는 경우에는 처분의 효력 유무 또는 존재 여부를 확인한다. 5. 위법 또는 부당한 거부처분이나 부작위에 대하여 의무 이행을 구하는 심사 청구가 이유 있다고 인정하는 경우에는 지체 없이 청구에 따른 처분을 하거나 처분을 할 것을 명한다)의 구분에 따라 결정한다(교원법 제10조 제2항).

2491e 3) 결정의 효력 심사위원회의 결정은 처분권자를 기속한다.[2] 이 경우

---

1) 헌재 1998. 7. 16, 95헌바19등(병합)(교원지위향상을 위한 특별법상 재심위원회의 재심은 행정심판에 유사한 구제절차이며, 재심결정은 일반적인 행정처분이 아니라 국가의 감독권행사로서의 처분으로서 행정심판의 재결에 유사하다).

2) 대판 2018. 7. 12, 2017두65821(교원소청심사위원회의 결정은 학교법인 등에 대하여 기속력을 가지고 이는 그 결정의 주문에 포함된 사항뿐 아니라 그 전제가 된 요건사실의 인정과 판단,

제10조 제4항에 따른 행정소송 제기에 의하여 그 효력이 정지되지 아니한다(교원법 제10조의2).

4) 결정에 따른 처분권자의 조치와 구제명령 등 ① 처분권자는 심사위원회의 결정서를 송달받은 날부터 30일 이내에 제1항에 따른 결정의 취지에 따라 조치(이하 "구제조치"라 한다)를 하여야 하고, 그 결과를 심사위원회에 제출하여야 한다(교원법 제10조 제3항). ② 교육부장관, 교육감 또는 관계 중앙행정기관의 장은 처분권자가 상당한 기일이 경과한 후에도 구제조치를 하지 아니하면, 그 이행기간을 정하여 서면으로 구제조치를 하도록 명하여야 한다(교원법 제10조의3). ③ 교육부장관, 교육감 또는 관계 중앙행정기관의 장은 처분권자가 제10조의3에 따른 구제명령(이하 이 조에서 "구제명령"이라 한다)을 이행하지 아니한 경우에는 처분권자에게 2천만원 이하의 이행강제금을 부과한다(교원법 제10조의4 제1항). 2491f

5) 결정에 대한 행정소송과 결정의 확정 ① 제1항에 따른 심사위원회의 결정에 대하여 교원, 「사립학교법」 제2조에 따른 학교법인 또는 사립학교 경영자 등 당사자(공공단체는 제외한다)는 그 결정서를 송달받은 날부터 30일 이내에 「행정소송법」으로 정하는 바에 따라 소송을 제기할 수 있다(교원법 제10조 제4항).[1] ② 제4항에 따른 기간 이내에 행정소송을 제기하지 아니하면 그 결정은 확정된다(교원법 제10조 제5항). 한편, 사립학교 교원의 경우, 민사소송을 제기하여 권리구제를 받을 수도 있다.[2] 2491g

▌참고판례▐ 국공립학교 교원과 사립학교 교원의 징계소송의 차이

(학교법인 셋방학원이 교원소청심사위원회의 해임처분취소결정에 대하여 취소를 구한 사건에서) 국·공립학교 교원에 대한 징계처분의 경우에는 원 징계처분 자체가 행정처분이므로 그에 대하여 위원회에 소청심사를 청구하고 위원회의 결정이 있은 후 그에 불복하는 행정소송이 제기되더라도 그 심판대상은 교육감 등에 의한 원 징계처분이 되는 것이 원칙이다. 다만 위원회의 심사절차에 위법사유가 있다는

즉 불리한 처분 등의 구체적 위법사유에 관한 판단에까지 미친다).

1) 헌재 2006. 2. 23, 2005헌가7(행정심판이라 함은 행정청의 처분등으로 인하여 침해된 국민의 기본권 등 권익을 구제하고, 행정의 자기통제 및 자기감독을 실현함으로써 행정의 적법성을 보장하는 권리구제절차이므로 학교법인과 그 소속 교원 사이의 사법적 고용관계에 기초한 교원에 대한 징계 등 불리한 처분을 그 심판대상으로 삼을 수는 없는 것이다. 따라서 재심위원회를 교육인적자원부 산하의 행정기관으로 설치하는 등의 교원지위법 규정에도 불구하고 여전히 재심절차는 학교법인과 그 교원 사이의 사법적 분쟁을 해결하기 위한 간이분쟁해결절차로서의 성격을 갖는다고 할 것이므로, 재심결정은 특정한 법률관계에 대하여 의문이 있거나 다툼이 있는 경우에 행정청이 공적 권위를 가지고 판단·확정하는 행정처분에 해당한다고 봄이 상당하다).

2) 헌재 2003. 12. 18, 2002헌바14·32(병합).

등 고유의 위법이 있는 경우에 한하여 위원회의 결정이 소송에서의 심판대상이 된다. 따라서 그 행정소송의 피고도 위와 같은 예외적 경우가 아닌 한 원처분을 한 처분청이 되는 것이지 위원회가 되는 것이 아니다. 또한 법원에서도 위원회 결정의 당부가 아니라 원처분의 위법 여부가 판단대상이 되는 것이므로 위원회 결정의 결론과 상관없이 원처분에 적법한 처분사유가 있는지, 그 징계양정이 적정한지가 판단대상이 되고(다만 위원회에서 원처분의 징계양정을 변경한 경우에는 그 내용에 따라 원처분이 변경된 것으로 간주되어 그 변경된 처분이 심판대상이 된다), 거기에 위법사유가 있다고 인정되면 위원회의 결정이 아니라 원 징계처분을 취소하게 되고, 그에 따라 후속절차도 원 징계처분을 한 처분청이 판결의 기속력에 따라 징계를 하지 않거나 재징계를 하게 되는 구조로 운영된다. 반면, 사립학교 교원에 대한 징계처분의 경우에는 학교법인 등의 징계처분은 행정처분성이 없는 것이고 그에 대한 소청심사청구에 따라 위원회가 한 결정이 행정처분이고 교원이나 학교법인 등은 그 결정에 대하여 행정소송으로 다투는 구조가 되므로, 행정소송에서의 심판대상은 학교법인 등의 원 징계처분이 아니라 위원회의 결정이 되고, 따라서 피고도 행정청인 위원회가 되는 것이며, 법원이 위원회의 결정을 취소한 판결이 확정된다고 하더라도 위원회가 다시 그 소청심사청구사건을 재심사하게 될 뿐 학교법인 등이 곧바로 위 판결의 취지에 따라 재징계 등을 하여야 할 의무를 부담하는 것은 아니다(대판 2013. 7. 25, 2012두12297).

4. 학 생

2492 (1) 학 습 권 모든 국민은 평생에 걸쳐 학습하고, 능력과 적성에 따라 교육받을 권리를 가진다(교육법 제3조).[1] 학생을 포함한 학습자의 기본적 인권은 학교교육 또는 사회교육의 과정에서 존중되고 보호된다(교육법 제12조 제1항). 판례상 학생의 학습권은 교원의 수업권에 우월한 것으로 인정되고 있다.[2]

---

1) 대판 2022. 6. 16, 2022다204708(학습권의 주체인 학생은 비록 그가 미성년자인 경우에도, 부모와 국가에 의한 교육의 단순한 대상이 아니라 독자적인 인격체로서 국가의 교육권한과 부모의 교육권 범주 내에서 자신의 교육에 관하여 스스로 결정할 권리를 독자적으로 가진다. 따라서 학생의 학습권의 내용·범위가 국가의 교육권한과 부모의 교육권이라는 내재적인 한계 내에서 인정된다고 하여, 학생에게 부여된 학습권이 부모의 교육권에 포함될 뿐 이와 구별되는 독자적인 권리에 해당하지 않는다고 볼 수는 없다).

2) 대판 2007. 9. 20, 2005다25298(학교교육에 있어서 교원의 가르치는 권리를 수업권이라고 한다면, 이것은 교원의 지위에서 생기는 학생에 대한 일차적인 교육상의 직무권한이지만 어디까지나 학생의 학습권 실현을 위하여 인정되는 것이므로, 학생의 학습권은 교원의 수업권에 대하여 우월한 지위에 있다. 따라서 학생의 학습권이 왜곡되지 않고 올바로 행사될 수 있도록 하기 위해서라면 교원의 수업권은 일정한 범위 내에서 제약을 받을 수밖에 없고, 학생의 학습권은 개개 교원들의 정상을 벗어난 행동으로부터 보호되어야 한다. 특히, 교원의 수업거부행위는 학생의 학습권과 정면으로 상충하는 것인바, 교육의 계속성 유지의 중요성과 교육의 공공성에 비추어 보거나 학생·학부모 등 다른 교육당사자들의 이익과 교량해 볼 때 교원이 고의로 수업을 거부할 자유는 어떠한 경우에도 인정되지 아니하며, 교원은 계획된 수업을 지속적으로 성실히

⑵ **학생의 인권보장** 학교의 설립자·경영자와 학교의 장은 「헌법」과 국제인권조약에 명시된 학생의 인권을 보장하여야 한다(초중법 제18조의4 제1항). 학생은 교직원 또는 다른 학생의 인권을 침해하는 행위를 하여서는 아니 된다(초중법 제18조의4 제2항). 2492a

⑶ **자치활동** 학생의 자치활동은 권장·보호되며, 그 조직과 운영에 관한 기본적인 사항은 학칙으로 정한다(초중법 제17조). 2493

⑷ **학생의 징계** 학교의 장은 교육을 위하여 필요한 경우에는 법령과 학칙으로 정하는 바에 따라 학생을 징계할 수 있다. 다만, 의무교육을 받고 있는 학생은 퇴학시킬 수 없다(초중법 제18조 제1항). 학교의 장은 학생을 징계하려면 그 학생이나 보호자에게 의견을 진술할 기회를 주는 등 적정한 절차를 거쳐야 한다(초중법 제18조 제2항). 2494

⑸ **학생정보의 보호원칙** 학교생활기록 등의 학생정보는 교육적 목적으로 수집·처리·이용 및 관리되어야 한다(교육법 제23조의3 제1항). 학생정보는 법률로 정하는 경우 외에는 해당 학생(학생이 미성년자인 경우에는 학생 및 학생의 부모 등 보호자)의 동의 없이 제3자에게 제공되어서는 아니 된다(교육법 제23조의3 제3항). 2494a

5. 교육과정·학년제 등

⑴ **교육과정·교과용도서** 학교는 교육과정을 운영하여야 한다(초중법 제23조 제1항). 학교의 교과는 대통령령으로 정한다(초중법 제23조 제3항). 학교에서는 국가가 저작권을 가지고 있거나 교육부장관이 검정하거나 인정한 교과용 도서를 사용하여야 한다(초중법 제29조). 2495

⑵ **학년도·학년제** 학교의 학년도는 3월 1일부터 시작하여 다음해 2월 말일까지로 한다(초중법 제24조 제1항). 수업은 주간·전일제를 원칙으로 한다(초중법 제24조 제2항 본문). 학생의 진급 또는 졸업은 학년제에 의한다(초중법 제26조 제1항). 2496

⑶ **학교운영위원회** 학교운영의 자율성을 높이고 지역의 실정과 특성에 맞는 다양하고도 창의적인 교육을 할 수 있도록 초등학교·중학교·고등학교 및 특수학교에 학교운영위원회를[1] 구성·운영하여야 한다(초중법 제31조 제1항). 국· 2497

이행할 의무가 있다).

1) 헌재 2007. 3. 29, 2005헌마1144(학교운영위원회는 다양한 의견을 수렴하여 학교운영에서 민주성과 투명성을 높이기 위한 단위 학교차원의 자치기구로서 그 선거과정은 공직선거법에 의해서가 아니라 자체규정에 의하여 규율되고 국·공립학교의 경우에는 심의기구, 사립학교의 경우에는 자문기구로서의 기능을 할 뿐이므로 학교운영위원회가 기능상 부분적으로는 공공성을 가지고 있다고 하더라도 한계가 있다. 또한 학교운영위원의 지위는 그 신분에 있어서 국가공무원

공립학교에 두는 학교운영위원회는 그 학교의 교원 대표·학부모 대표 및 지역사회 인사로 구성한다(초중법 제31조 제2항). 학교운영위원회의 위원 수는 5명 이상 15명 이하의 범위에서 학교의 규모 등을 고려하여 대통령령으로 정한다(초중법 제31조 제3항).

Ⅱ. 고등교육

1. 학　교

2498 (1) **학교의 종류**　고등교육을 실시하기 위하여 다음 각 호(1. 대학, 2. 산업대학, 3. 교육대학, 4. 전문대학, 5. 방송대학·통신대학·방송통신대학 및 사이버대학(이하 "원격대학"이라 한다), 6. 기술대학, 7. 각종학교)의 학교를 둔다(고등법 제2조).

2499 (2) **학교의 설립·감독**　국가와 지방자치단체는 학교와 사회교육시설을 설립·경영한다(교육법 제11조 제1항). 법인이나 사인은 법률이 정하는 바에 따라 학교와 사회교육시설을 설립·경영할 수 있다(교육법 제11조 제2항). 학교를 설립하려는 자는 시설·설비 등 대통령령으로 정하는 설립기준을 갖추어야 한다(고등법 제4조 제1항). 학교의 설립·경영자는 대통령령으로 정하는 바에 따라 교육부장관의 인가를 받아 국내외에 분교를 설치할 수 있다(고등법 제24조). 국가 외의 자가 학교를 설립하려는 경우에는 교육부장관의 인가를 받아야 한다(고등법 제4조 제2항). 학교는 교육부장관의 지도·감독을 받는다(고등법 제5조).

2500 (3) **학교교칙**　학교의 장(학교를 설립하는 경우에는 해당학교를 설립하려는 자를 말한다)은 법령의 범위에서 학교규칙(학칙)을 제정하거나 개정할 수 있다(고등법 제6조 제1항).

2. 교　원

2501 (1) **교원의 지위**　학교교육에서 교원의 전문성은 존중되며, 교원의 경제적·사회적 지위는 우대되고 그 신분은 보장된다(교육법 제14조 제1항). 교원은 교육자로서 갖추어야 할 품성과 자질을 향상시키기 위하여 노력하여야 한다(교육법 제14조 제2항). 교원은 특정한 정당이나 정파를 지지하거나 반대하기 위하여 학생을 지도하거나 선동하여서는 아니된다(교육법 제14조 제4항). 교원은 학생을 교육·지도하고 학문을 연구하되, 필요한 경우 학칙 또는 정관으로 정하는 바에 따라 교육·지도, 학문연구 또는 「산업교육진흥 및 산학협력촉진에 관한 법률」 제2조 제5호에 따른 산학협력만을 전담할 수 있다(고등법 제15조 제2항).

법상의 결격사유가 적용되기는 하나 어디까지나 무보수 봉사직의 성격을 가지므로 헌법상 보호되는 피선거권의 대상으로서의 공무원으로 보기 어렵다).

(2) **교원의 자격·임용·정년 등** ① 교원이나 조교가 될 수 있는 사람의 자격기준과 자격인정에 관한 사항은 대통령령으로 정한다(고등법 제16조). ② 대학은 교육 또는 연구를 위하여 외국인을 교원으로 임용할 수 있다(교공법 제10조의2). 대학의 교원을 신규채용할 때에는 특정 대학에서 학사학위를 취득한 자가 편중되지 아니하도록 하여야 하며, 그 구체적인 채용 비율 등은 대통령령으로 정한다(교공법 제11조의3 제1항). 대학의 교원을 신규채용하고자 할 때에는 심사위원을 임명 또는 위촉하여 객관적이고 공정한 심사를 거쳐야 한다(교공법 제11조의3 제2항). 대학의 교원은 대통령령으로 정하는 바에 따라 근무기간, 급여, 근무조건, 업적 및 성과 약정 등 계약조건을 정하여 임용할 수 있다(교공법 제11조의4 제1항).[1][2][3] ③ 고등교육법 제14조에 따른 교원인 교육공무원의 정년은 65세로 한다(교공법 제47조 제1항 단서). 2502

(3) **징계 등의 재심** 기술한 초·중등교원의 경우와 같다.[4] 2503

3. 학 생

(1) **학 습 권** 모든 국민은 평생에 걸쳐 학습하고, 능력과 적성에 따라 교육받을 권리를 가진다(교육법 제3조). 학생을 포함한 학습자의 기본적 인권은 학 2504

---

1) 대판 1998. 1. 23, 96누12641(국립대학교수 등의 임용 여부는 임용권자의 재량에 속한다).

2) 헌재 2006. 2. 23, 2005헌가7(사립학교 교원은 학교법인과의 사법상 고용계약에 의하여 임면되고, 학생을 교육하는 대가로서 학교법인으로부터 임금을 지급받으므로 학교법인과 교원의 관계는 원칙적으로 사법적 법률관계에 기초하고 있다. 비록 학교법인에 대하여 국가의 광범위한 감독 및 통제가 행해지고, 사립학교 교원의 자격, 복무 및 신분보장을 공무원인 국·공립학교 교원과 동일하게 보장하고 있지만, 이 역시 이들 사이의 법률관계가 사법관계임을 전제로 그 신분 등을 교육공무원의 그것과 동일하게 보장한다는 취지에 다름 아니다. 따라서 학교법인의 사립학교 교원에 대한 인사권의 행사로서 징계 등 불리한 처분 또한 사법적 법률행위로서의 성격을 가진다); 대판 1997. 12. 23, 97다25477; 대판 1996. 1. 20, 93다55425; 대판 1996. 7. 30, 95다11689(사립학교 교원의 임용계약의 성질은 사법상 고용계약에 해당한다).

3) 대판 2006. 3. 9, 2003다52647(① 현행 사립학교법 제53조의2 제4항 내지 제8항의 규정 내용에 비추어 볼 때, 기간제로 임용되어 임용기간이 만료된 사립대학 교원으로서는 교원으로서의 능력과 자질에 관하여 합리적인 기준에 의한 공정한 심사를 받아 위 기준에 부합되면 특별한 사정이 없는 한 재임용되리라는 기대를 가지고 재임용 여부에 관하여 합리적인 기준에 의한 공정한 심사를 요구할 권리를 가진다고 할 것이므로, 임면권자가 임용기간이 만료된 사립대학 교원에 대하여 한 재임용을 거부하는 결정 및 통지는 그 대학교원의 권리관계에 영향을 주는 것으로서 임면권자와 사이에 재임용거부결정 및 통지의 효력 여부에 관하여 다툼이 있는 이상 그 대학교원은 그 거부결정 및 통지의 무효확인을 구할 소의 이익이 있다. ② 정관이나 인사규정 또는 임용계약에 재임용 강제조항이 있거나 그 외 임용계약이 반복 갱신되는 등 특별한 사정이 없는 이상 임용기간이 만료된 사립학교교원은 임용기간 만료로 대학교원 신분을 상실한다).

4) 대판 2009. 10. 29, 2008두12092(학교법인이 교원에게 계약기간의 만료로 교원의 신분이 상실되었음을 통보한 사안에서, 학교법인과 교원 사이에 계약 내용에 관한 의사의 불일치로 재임용계약의 체결이 무산되었다고 하더라도 교원이 재임용을 원하고 있었던 이상 재임용계약의 무산은 결과적으로 재임용거부행위로 볼 여지가 있는 점 등에 비추어, 위 통보행위가 재임용거부처분에 해당하여 교원지위향상을 위한 특별법 제9조 제1항에 정한 소청심사청구의 대상이 된다).

교교육 또는 사회교육의 과정에서 존중되고 보호된다(교육법 제12조 제1항).[1)]

2505 (2) **자치활동** 학생의 자치활동은 권장·보호되며, 그 조직과 운영에 관한 기본적인 사항은 학칙으로 정한다(고등법 제12조).

2506 (3) **학칙준수와 징계** 학생은 학습자로서의 윤리의식을 확립하고, 학교의 규칙을 준수하여야 하며, 교원의 교육·연구활동을 방해하거나 학내의 질서를 문란하게 하여서는 아니 된다(교육법 제12조 제3항). 학교의 장은 교육상 필요하면 법령과 학칙으로 정하는 바에 따라 학생을 징계할 수 있다(고등법 제13조 제1항). 학교의 장은 학생을 징계하려면 그 학생에게 의견을 진술할 기회를 주는 등 적정한 절차를 거쳐야 한다(고등법 제13조 제2항).

4. 교육과정·학년제 등

2507 (1) **교육과정** 학교는 학칙으로 정하는 바에 따라 교육과정을 운영하여야 한다. 다만, 국내대학 또는 외국대학과 공동으로 운영하는 교육과정에 대하여는 대통령령으로 정한다(고등법 제21조 제1항). 교과의 이수는 평점 및 학점제 등에 의하되, 학점당 필요한 이수시간 등은 대통령령으로 정한다(고등법 제21조 제3항).

2508 (2) **학년도·수업** 학교의 학연도는 3월 1일부터 다음해 2월 말일까지로 한다. 다만, 학교운영상 필요한 경우에는 학칙으로 다르게 정할 수 있다(고등법 제20조 제1항). 학기·수업일수 및 휴업일 등 필요한 사항은 대통령령으로 정하는 범위에서 학칙으로 정한다(고등법 제20조 제2항).

Ⅲ. 학원의 민주화

1. 의의와 배경

2509 1960년대 말부터 한동안 서구에서는 학원의 민주화운동이 있었다. 우리의 경우는 1980년대 후반기에 학원의 민주화운동이 제기되어 왔다. 서구에서 학원의 민주화는 ① 학원에 민주주의원리를 도입·확충하고, ② 학원에서 법적·정치적 평등을 실질적으로 실현하고, 즉 학원에서 기본권과 교육원리를 실현하고, ③ 학원에서 관료체계를 해체하고자 하는 것을 배경으로 하여 제기되었다.

---

1) 대판 2022. 6. 16, 2022다204708(학습권의 주체인 학생은 비록 그가 미성년자인 경우에도, 부모와 국가에 의한 교육의 단순한 대상이 아니라 독자적인 인격체로서 국가의 교육권한과 부모의 교육권 범주 내에서 자신의 교육에 관하여 스스로 결정할 권리를 독자적으로 가진다. 따라서 학생의 학습권의 내용·범위가 국가의 교육권한과 부모의 교육권이라는 내재적인 한계 내에서 인정된다고 하여, 학생에게 부여된 학습권이 부모의 교육권에 포함될 뿐 이와 구별되는 독자적인 권리에 해당하지 않는다고 볼 수는 없다).

2. 내 용

대학에서 학원의 민주화운동에 대하여는 다음의 사항이 지적되어야 할 것이다. 즉 ① 교육에 직접 관련되는 사항의 결정에는 결정권의 50% 이상이 교수에게 있어야 한다. 교수는 교육의 전문가이자 교육에 책임을 지는 집단이기 때문이다. ② 연구에 관련되는 사항은 오로지 교수에게 유보되어야 하며, ③ 교수 이외의 집단이 교수와 차이 없이 학원의 의사결정에 참여하는 것은 배제되어야 하며, ④ 교수 이외의 대학의 구성원도 대학의 구성원으로서의 자기들의 권리·의무에 관한 결정에 참여할 수 있어야 할 것이다.[1] 2510

초·중·고등학교에서 민주화는 학교의사결정과정에 교사의 참여와 학부모의 참여가 문제된다. 교사의 참여의 문제는 교육의 담당자로서의 참여를 의미하며 가능한 한 그 참여의 폭이 확대되어야 한다. 한편 학부모의 참여는 학교와 학부모의 공동결정문제가 된다. 학부모가 학교의사결정에 참여한다는 것은 민주화된 사회의 한 본질적 부분이라 말해지기도 한다.[2] 학부모의 참여와 관련하여서는 ① 학부모도 학교와 마찬가지로 어린이에 대하여 책임이 있다는 점, ② 부모는 학교의 대표가 아니라 가족으로서 어린이의 이익을 대변한다는 점, ③ 교사는 협력의무를 갖고 동시에 교육적 자유영역을 갖는다는 점, ④ 공동결정의 대상은 사회나 국가의 형성이 아니라 학교형성에 있다는 점, ⑤ 어린이교육과 관련하여서는 무엇보다 가정교육이 우선 강조되어야 한다는 점이 지적될 만하다. 2511

제 3 항 평생교육

「헌법」과 「교육기본법」에 규정된 평생교육의 진흥에 대한 국가 및 지방자치단체의 책임과 평생교육제도와 그 운영에 관한 기본적인 사항을 정함을 목적으로 「평생교육법」이 제정되어 있다. 2512

1. 평생교육의 의의와 성질

"평생교육"이란 학교의 정규교육과정을 제외한 학력보완교육, 성인 문자해독교육, 직업능력 향상교육, 인문교양교육, 문화예술교육, 시민참여교육 등을 포함하는 모든 형태의 조직적인 교육활동을 말한다(평교법 제2조 제1호). 모든 국민은 평생교육의 기회를 균등하게 보장받는다(평교법 제4조 제1항). 평생교육은 학습 2513

1) Boppel/Kollenberg, Mitbestimmnug in der Schule, 1981, S. 17ff.
2) Boppel/Kollenberg, Mitbestimmnug in der Schule, 1981, S. 207ff.

자의 자유로운 참여와 자발적인 학습을 기초로 이루어져야 한다(평교법 제4조 제2항). 평생교육은 정치적·개인적 편견의 선전을 위한 방편으로 이용되어서는 아니 된다(평교법 제4조 제3항). 일정한 평생교육과정을 이수한 자에게는 그에 상응하는 자격 및 학력인정 등 사회적 대우를 부여하여야 한다(평교법 제4조 제4항).

2. 평생교육진흥위원회

2514 평생교육진흥정책에 관한 주요사항을 심의하기 위하여 교육부장관 소속으로 평생교육진흥위원회(이하 "진흥위원회"라 한다)를 둔다(평교법 제10조 제1항). 진흥위원회는 다음 각 호(1. 기본계획에 관한 사항, 2. 평생교육진흥정책의 평가 및 제도개선에 관한 사항, 3. 평생교육지원 업무의 협력과 조정에 관한 사항, 4. 그 밖에 평생교육진흥정책을 위하여 대통령령으로 정하는 사항)의 사항을 심의한다(평교법 제10조 제2항). 시행계획의 수립·시행에 필요한 사항을 심의하기 위하여 시·도지사 소속으로 시·도평생교육협의회(이하 "시·도협의회"라 한다)를 둔다(평교법 제12조 제1항). 시·군 및 자치구에는 지역주민을 위한 평생교육의 실시와 관련되는 사업간 조정 및 유관기관간 협력 증진을 위하여 시·군·자치구평생교육협의회를 둔다(평교법 제14조 제1항).

3. 국가평생교육진흥원

2515 국가는 평생교육진흥과 관련된 업무를 지원하기 위하여 국가평생교육진흥원을 설립한다(평교법 제19조 제1항). 진흥원은 법인으로 한다(평교법 제19조 제2항). 진흥원은 다음 각 호(1. 평생교육진흥을위한 지원 및 조사 업무, 2. 진흥위원회가 심의하는 기본계획 수립의 지원, 3. 평생교육프로그램 개발의 지원, 4. 제24조에 따른 평생교육사를 포함한 평생교육 종사자의 양성·연수, 5. 평생교육기관 간 연계체제의 구축, 6. 제20조에 따른 시·도평생교육진흥원에 대한 지원, 7. 평생교육 종합정보시스템 구축·운영, 8. 「학점인정 등에 관한 법률」 및 「독학에 의한 학위취득에 관한 법률」에 따른 학점 또는 학력인정에 관한 사항, 9. 제23조에 따른 학습계좌의 통합 관리·운영, 9의2. 문해교육의 관리·운영에 관한 사항, 9의3. 이 법 또는 다른 법령에 따라 위탁받은 업무, 10. 그 밖에 진흥원의 목적수행을 위하여 필요한 사업)의 업무를 수행한다(평교법 제19조 제4항). 시·도지사는 대통령령으로 정하는 바에 따라 시·도평생교육진흥원을 설치 또는 지정·운영할 수 있다(평교법 제20조 제1항). 시·도교육감은 관할구역 내의 주민을 대상으로 평생교육프로그램 운영과 평생교육 기회를 제공하기 위하여 평생학습관을 설치 또는 지정·운영하여야 한다(평교법 제21조 제1항).

제 4 항 학술진흥

1. 학술진흥정책의 수립

교육부장관은 학술진흥을 위하여 다음 각 호(1. 학술진흥을 위한 정책의 기본방향, 2. 학술진흥을 위한 투자 및 재원 확보, 3. 학술진흥을 위한 연구자 지원, 4. 학술진흥을 위한 학술활동 지원, 5. 학술진흥을 위한 학술 교류 및 협력 촉진, 6. 학술진흥을 위한 기반 구축 및 관리, 7. 학술진흥을 위한 제도와 법령의 개선, 8. 그 밖에 학술진흥을 위한 환경조성)의 사항에 관한 정부의 정책을 수립하고, 이에 수반되는 업무를 수행하며 조정·관리한다(학술진흥법 제4조). 2517

2. 한국연구재단

한국연구재단을 설립하여 학술 및 연구개발 활동과 관련 인력의 양성 및 활용 등을 보다 효율적이고 공정하게 지원하는 것을 목적으로 한국연구재단법이 제정되었다(한국연구재단법 제1조). 한국연구재단은 법인으로 한다(한국연구재단법 제2조 제1항). 재단에 임원으로서 이사장 1명을 포함한 15명 이내의 이사와 감사 1명을 둔다(한국연구재단법 제6조 제1항). 2518

3. 학 술 원

대한민국학술원을 설치하여 학술 발전에 현저한 공적이 있는 과학자를 우대·지원하고 학술 연구와 그 지원사업을 함으로써 학술 발전에 이바지함을 목적으로 대한민국학술원법이 제정되어 있다(대한민국학술원법 제1조). 대한민국학술원(이하 "학술원"이라 한다)은 국내외에 대한 과학자의 대표기관으로서 학술 발전에 필요한 다음 각 호(1. 학술 진흥 관련 정책 자문에 대한 조언 및 학술 진흥에 관한 건의, 2. 학술 연구와 그 지원, 3. 국내외 학술의 교류 및 학술행사 개최, 4. 학술원상 수여, 5. 그 밖에 학술 진흥에 관한 사항)의 사업을 수행한다(대한민국학술원법 제2조). 2519

제3장 문화행정법

제1항 일 반 론

1. 문화행정의 성격

2520 (1) 문화행정의 필요 국민의 교양을 증진하고 정신생활의 풍요로움을 확보하고 증진하는 것은 현대의 문화국가에서 당연한 요청이다. 그것은 문화·예술의 면에서 모든 국민의 인간다운 생활의 보장에 기여한다(본서에서 문화란 문화·예술의 줄임말로 사용하기로 한다). 그러나 문화의 문제를 개인에게만 맡겨 둘 수는 없다. 국가나 지방자치단체가 개입하여 보다 많은 문화, 보다 양질의 문화를 국민들로 하여금 향수케 하고 아울러 그것을 보존하고 발전시키는 것은 오늘날의 적극국가에서는 더욱더 불가피하게 요청된다. 여기에서 문화행정의 필요성은 나타난다.

2521 (2) 헌법규정 헌법은 전문에서 “유구한 역사와 전통”을 강조하고, 제9조에서 “국가는 전통문화의 계승·발전과 민족문화의 창달에 노력하여야 한다”고 하고, 제22조 제1항에서 “모든 국민은 학문과 예술의 자유를 가진다”고 하고, 동조 제2항에서 “저작자·발명가·예술가의 권리는 법률로써 보호한다”고 규정하고 있다. 뿐만 아니라 제69조에서 대통령으로 하여금 “민족문화의 창달에 노력”하도록 하는 의무를 부과하고 있다. 이러한 헌법규정을 전제로 우리나라는 문화국가를 국가의 이념으로 지향하고 있다.[1)]

2. 문화행정법

2522 (1) 의의·성질 문화행정에 관한 공법체계를 문화행정법이라 할 수 있다. 문화행정법은 특별행정법의 한 부분이 된다. 문화행정법 역시 행정법의 한 부분이므로 일반행정법의 내용은 문화행정법에도 그대로 적용된다. 문화행정법은 문화·예술의 진흥시책, 저작권과 공연권, 정기간행물과 방송, 문화의 보존 등 문화의 전분야에 걸친다.

2523 (2) 법 원(법률의 유보) ① 헌법이 문화행정법의 최상위의 법원이다. ② 문화행정의 영역에서도 법률은 중요한 역할을 한다(중요사항유보설). 문화에 관한

1) 김철수, 헌법학(상), 139쪽.

법률로는 문화예술진흥법 · 공연법 · 영화 및 비디오물의 진흥에 관한 법률 · 문화유산의 보존 및 활용에 관한 법률 · 신문 등의 진흥에 관한 법률 · 방송법 · 저작권법 등 상당히 많다. ③ 이 밖에도 문화행정법의 법원에는 법규명령 · 조례 · 규칙 등의 형태로 존재하는 것도 많다.

3. 문화행정의 행위형식과 교부지원

① 문화행정의 경우에도 일반행정법에서 언급한 행정의 행위형식(법규명령 · 2524
행정규칙 · 행정계획 · 행정행위 · 사실행위 등)이 그대로 적용된다. ② 문화와 예술의 진흥과 관련하여서는 교부지원제도가 또한 빈번히 적용됨을 언급할 필요가 있다(예 : 문예법 제11조 · 제16조 등).

4. 문화행정기관

문화행정기관으로 국가행정의 영역에서는 대통령과 국무총리 아래 문화체 2525
육관광부장관(정조법 제35조 제1항)과 문화재청장(정조법 제35조 제3항 · 제4항)이 있고, 지방자치행정의 영역에서는 지방자치단체의 장이 있다.

5. 문화 · 예술진흥의 기본시책

문화예술의 진흥을 위한 사업과 활동을 지원함으로써 전통문화예술을 계승 2526
하고 새로운 문화를 창조하여 민족문화 창달에 이바지함을 목적으로 「문화예술진흥법」이 제정되어 있다. 이 법에서 문화예술이란 문학, 미술(응용미술을 포함한다), 음악, 무용, 연극, 영화, 연예, 국악, 사진, 건축, 어문, 출판 및 만화를 말한다(문예법 제2조 제1호). 이 법은 문화예술 공간의 설치(문화예술 공간의 설치 권장, 전문인력 양성, 전문예술법인 등의 지정 · 육성, 문화지구의 지정 · 관리 등, 건축물에 대한 미술장식)(문예법 제5조 내지 제9조), 문화예술복지의 증진(문화의 날 설정 등, 장려금 지급 등, 문화강좌 설치, 학교 등의 문화예술 진흥, 문화산업의 육성 · 지원, 도서 · 문화 전용 상품권 인증제도)(문예법 제10조 내지 제15조), 문화예술진흥기금(문예법 제16조 내지 제19조), 한국문화예술위원회 등(문예법 제20조 이하)에 관해 규정하고 있다.

제 2 항 저작권과 공연권

Ⅰ. 저 작 권

저작자의 권리와 이에 인접하는 권리를 보호하고 저작물의 공정한 이용을 2527
도모함으로써 문화 및 관련 산업의 향상발전을 도모하기 위해 「저작권법」이 제정되어 있다.

1. 저작권의 의의·성질

2528 저작권이란 저작물(정신의 세계인 학술·문학·예술의 범위에 속하는 창작물)에 대하여 저작자가 갖는 독점적이고도 배타적인 권리를 말한다. 저작권은 저작자의 정신세계와 그에 대한 노력,[1] 저작자의 명예 등을 보호하고 아울러 그것이 갖는 재산적 가치를 보호하는 것도 내용으로 한다. 따라서 저작권은 인격권과 재산권의 양면성을 갖는다. 따라서 인간의 정신적 산물이기는 하나 학문이나 예술적인 것이 아니라 공업상의 제작에 대한 권리인 무체재산권과 저작권은 권리의 성립대상에서 차이가 난다.

2. 저작권의 주체·객체·내용

2529 ① 저작자는 저작권(저작인격권과 저작재산권)을 갖는다(저작법 제10조). 저작자란 저작물을 창작한 자를 말한다(저작법 제2조 제2호). 저작물과 저작자의 의미는 저작권법에서 규정되고 있다(저작법 제4조 내지 제9조 참조).[2] ② 저작자는 저작인격권과 저작재산권을 가진다. 저작권은 저작물을 창작한 때부터 발생하며, 어떠한 절차나 형식의 이행을 필요로 하지 아니한다(저작법 제10조 제1항·제2항). 말하자면 저작권의 발생에 등록이나 신고 등은 요구되지 아니한다. 다만 저작권법에는 등록에 관한 사항이 규정되고 있으나, 그것은 저작권의 효력발생과는 무관하고 다만 저작권의 행사 등과 관련하여 제약을 가할 뿐이다(저작법 제53조 내지 제55조).

2530 (1) **저작인격권** 저작자는 그 저작물을 공표하거나 공표하지 아니할 것을 결정할 권리(공표권)를 가진다(저작법 제11조 제1항). 저작자는 저작물의 원본이나 그 복제물에 또는 저작물의 공표 매체에 그의 실명 또는 이명을 표시할 권리(성

---

1) 대판 1999. 11. 26, 98다46259(저작권법이 보호하는 것은 문학·학술 또는 예술에 관한 사상·감정을 말·문자·음·색 등에 의하여 구체적으로 외부에 표현하는 창작적인 표현형식이고, 그 표현되어 있는 내용 즉 아이디어나 이론 등의 사상 및 감정 그 자체는 설사 그것이 창작성이 있다 하더라도 원칙적으로는 저작권법에서 정하는 저작권의 보호대상이 되지 아니하며, 특히 학술의 범위에 속하는 저작물의 경우 그 학술적인 내용은 만인에게 공통되는 것이고 누구에 대하여도 자유로운 이용이 허용되어야 하는 것으로서 그 저작권의 보호는 창작적인 표현형식에 있지 학술적인 내용에 있는 것은 아니므로, 저작권의 침해 여부를 가리기 위하여 두 저작물 사이에 실질적인 유사성이 있는가의 여부를 판단함에 있어서도 창작적인 표현형식에 해당하는 것만을 가지고 대비하여야 한다).

2) 대판 1999. 11. 26, 98다46259(저작권법에 의하여 보호되는 저작물은 문학·학술 또는 예술의 범위에 속하는 창작물이어야 하는바, 여기에서 창작물이라 함은 저작자 자신의 작품으로서 남의 것을 베낀 것이 아니라는 것과 수준이 높아야 할 필요는 없지만 저작권법에 의한 보호를 받을 가치가 있는 정도로 최소한도의 창작성이 있다는 것을 의미한다).

명표시권)를 가진다(저작법 제12조 제1항). 저작자는 그 저작물의 내용·형식 및 제호의 동일성을 유지할 권리(동일성유지권)를 가진다(저작법 제13조 제1항). 저작인격권은 저작자 일신에 전속한다(저작법 제14조).

(2) 저작재산권

(개) 의 의 저작자는 그 저작물을 복제할 권리(복제권), 공연할 권리(공연 2531
권), 공중송신할 권리(공중송신권)를 가지며(저작법 제16조~제18조), 저작자는 미술저작물 등의 원본이나 그 복제물을 전시할 권리(전시권)를 가지며, 저작물의 원본이나 그 복제물을 배포할 권리(배포권)를 가지며, 대여권도 가진다. 그리고 그 저작물을 원저작물로 하는 이차적 저작물을 작성하여 이용할 권리(이차적 저작물등의 작성권)를 가진다(저작법 제16조~제22조).

(내) 제 한 저작재산권은 재판절차, 학교교육목적 등에의 이용, 시사보 2532
도를 위한 이용, 공표된 저작물의 인용, 영리를 목적으로 하지 아니하는 공연·방송, 영리목적 아닌 사적 이용, 시험문제에의 이용 등의 경우에 제한을 받는다(저작법 제23조 내지 제38조).

(대) 보호기간 등 저작재산권은 이 관에 특별한 규정이 있는 경우를 제외 2533
하고는 저작자가 생존하는 동안과 사망한 후 70년간 존속한다(저작법 제39조 제1항). 공동저작물의 저작재산권은 맨 마지막으로 사망한 저작자가 사망한 후 70년간 존속한다(저작법 제39조 제2항). 저작재산권은 전부 또는 일부를 양도할 수 있다(저작법 제45조).

3. 배타적발행권

(1) 의 의 저작물을 발행하거나 복제·전송(이하 "발행등"이라 한다)할 권 2534
리를 가진 자는 그 저작물을 발행등에 이용하고자 하는 자에 대하여 배타적 권리(이하 "배타적발행권"이라 하며, 제63조에 따른 출판권은 제외한다. 이하 같다)를 설정할 수 있다(저작법 제57조 제1항). 제1항에 따라 배타적발행권을 설정받은 자(이하 "배타적발행권자"라 한다)는 그 설정행위에서 정하는 바에 따라 그 배타적발행권의 목적인 저작물을 발행등의 방법으로 이용할 권리를 가진다(저작법 제57조 제3항).

(2) 배타적발행권자의 의무 배타적발행권자는 그 설정행위에 특약이 없는 2535
때에는 배타적발행권의 목적인 저작물을 복제하기 위하여 필요한 원고 또는 이에 상당하는 물건을 받은 날부터 9월 이내에 이를 발행등의 방법으로 이용하여야 한다(저작법 제58조 제1항). 배타적발행권자는 그 설정행위에 특약이 없는 때에는 관행에 따라 그 저작물을 계속하여 발행등의 방법으로 이용하여야 한다(저작법 제58조 제2항).

2536 ⑶ 배타적발행권의 존속기간 등 배타적발행권은 그 설정행위에 특약이 없는 때에는 맨 처음 발행등을 한 날로부터 3년간 존속한다. 다만, 저작물의 영상화를 위하여 배타적발행권을 설정하는 경우에는 5년으로 한다(저작법 제59조 제1항).

4. 저작인접권

2537 ⑴ 의 의 저작인접권이란 실연자의 권리(실연복제권, 실연방송권, 실연전송권)·음반제작자의 권리(음반의 복제·배포권·전송권)·방송사업자의 권리(방송의 복제·동시중계방송권·공연권)를 말한다(저작법 제64조 내지 제86조).

2537a ⑵ 보호기간 저작인접권은 다음 각 호(1. 실연의 경우에는 그 실연을 한 때, 2. 음반의 경우에는 그 음을 맨 처음 음반에 고정한때, 3. 방송의 경우에는 그 방송을 한 때)의 어느 하나에 해당하는 때부터 발생하며, 어떠한 절차나 형식의 이행을 필요로 하지 아니한다(저작법 제86조 제1항). 저작인접권(실연자의 인격권은 제외한다. 이하 같다)은 다음 각 호(1. 실연의 경우에는 그 실연을 한 때. 다만, 실연을 한 때부터 50년 이내에 실연이 고정된 음반이 발행된 경우에는 음반을 발행한 때, 2. 음반의 경우에는 그 음반을 발행한 때. 다만, 음을 음반에 맨 처음 고정한 때의 다음 해부터 기산하여 50년이 경과한 때까지 음반을 발행하지 아니한 경우에는 음을 음반에 맨 처음 고정한 때, 3. 방송의 경우에는 그 방송을 한 때)의 어느 하나에 해당하는 때의 다음 해부터 기산하여 70년(방송의 경우에는 50년)간 존속한다(저작법 제86조 제2항).

5. 영상제작자의 권리

2538 ① 영상제작물의 제작에 협력할 것을 약정한 자로부터 영상제작자가 양도 받는 영상저작물의 이용을 위하여 필요한 권리는 영상저작물을 복제·배포·공개상영·방송·전송 그 밖의 방법으로 이용할 권리로 하며, 이를 양도하거나 질권의 목적으로 할 수 있다(저작법 제101조 제1항). ② 실연자로부터 영상제작자가 양도 받는 권리는 그 영상저작물을 복제·방송 또는 전송할 권리로 하며, 이를 양도하거나 질권의 목적으로 할 수 있다(저작법 제101조 제2항).

6. 저작권위원회

2539 저작권과 그 밖에 이 법에 따라 보호되는 권리(이하 이 장에서 "저작권"이라 한다)에 관한 사항을 심의하고 저작권에 관한 분쟁(이하 "분쟁"이라 한다)을 알선·조정하며, 권리자의 권익증진 및 저작물등의 공정한 이용에 필요한 사업을 수행하

기 위하여 한국저작권위원회(이하 "위원회"라 한다)를 둔다(저작법 제112조 제1항). 조정은 당사자간에 합의된 사항을 조서에 기재함으로써 성립한다(저작법 제117조 제1항). 제1항의 규정에 따른 조서는 재판상의 화해와 동일한 효력이 있다. 다만 당사자가 임의로 처분할 수 없는 사항에 관한 것은 그러하지 아니하다(저작법 제117조 제2항).

7. 저작권의 보호

저작권의 침해에 대해서는 민사상의 보호와 형사상의 보호가 주어진다. ① 2540
민사상의 보호로는 침해의 정지·예방·손해배상의 담보청구(저작법 제123조 제1항), 손해배상의 청구(저작법 제125조), 명예회복 등의 청구(저작법 제127조) 등이 인정된다.[1] 법원은 손해가 발생한 사실은 인정되나 제125조의 규정에 의한 손해액을 산정하기 어려운 때에는 변론의 취지 및 증거조사의 결과를 참작하여 상당한 손해액을 인정할 수 있다(저작법 제126조). 한편 ② 형사상으로 저작권의 침해에 대해서는 권리의 침해죄(저작법 제136조), 부정발행 등의 죄(저작법 제137조), 출처명시위반의 죄(저작법 제138조) 등으로 처벌된다.

Ⅱ. 공 연 권

예술의 자유를 보장하고, 공연자 및 공연예술 작업자의 안전한 창작환경 조 2542
성과 건전한 공연활동의 진흥을 위하여 공연에 관한 사항을 규정함을 목적으로 「공연법」이 제정되어 있다. 동법에서 공연이란 음악·무용·연극·연예·국악·곡예 등 예술적 관람물을 실연에 의해 공중에게 관람케 하는 행위를 말한다. 다만 상품 판매나 선전에 부수한 공연은 제외한다(공연법 제2조 제1호).

1. 연소자유해공연물의 제한

누구든지 「청소년 보호법」 제9조의 기준(청소년유해매체물의 심의기준)에 따른 2543
연소자 유해 공연물을 연소자에게 관람시킬 수 없다(공연법 제5조 제1항). 「청소년 보호법」 제9조에 해당하는 선전물은 공중이 통행하는 장소에 공공연히 설치·부착하거나 배포할 수 없고, 같은 내용으로 관람을 권유하는 등 광고를 할 수 없다(공연법 제5조 제2항). 공연자는 「영화 및 비디오물의 진흥에 관한 법률」에 따른 영상물등급위원회(이하 "위원회"라 한다)에 제1항의 공연물 및 제2항의 선전물의 연소자 유해성 여부에 대하여 확인을 요청할 수 있다(공연법 제5조 제3항).

---

1) 대판 1989. 10. 24, 89다카12824(저작인격권이 침해되었다면, 특별한 사정이 없는 한 저작자는 그 명예와 감정에 손상을 입는 정신적 고통을 받았다고 볼 것이다).

2. 공연장업의 등록

2544 공연장을 설치하여 운영하려는 자(국가와 지방자치단체를 포함한다.이하 "공연장운영자"라 한다)는 문화체육관광부령으로 정하는 시설기준을 갖추어 공연장 소재지를 관할하는 특별자치시장·특별자치도지사·시장·군수·구청장에게 등록하여야 한다(공연법 제9조 제1항). 공연장운영자는 문화체육관광부령으로 정하는 등록 변경 사유가 있을 때에는 특별자치시장·특별자치도지사·시장·군수·구청장에게 변경등록을 하여야 한다(공연법 제9조 제2항).

3. 무대예술 전문인의 양성

2545 국가와 지방자치단체는 무대예술 전문인 양성과 자질향상을 위하여 필요한 시책을 마련하여야 한다(공연법 제13조). 문화체육관광부장관은 대통령령으로 정하는 응시기준을 갖추고 제15조에 따라 지정된 무대예술전문인 검정기관이 실시하는 검정에 합격한 사람에게 무대예술전문인 자격을 부여한다(공연법 제14조 제1항).

4. 지도·감독

2546 특별자치시장·특별자치도지사·시장·군수·구청장은 소속 공무원으로 하여금 공연자나 공연장운영자가 이 법 또는 이 법에 따른 명령을 준수하는지 확인하기 위하여 장부 및 서류를 검사·열람하게 할 수 있다(공연법 제31조). 특별자치시장·특별자치도지사·시장·군수 및 구청장은 공연법이 정하는 바에 따라 폐기명령(공연법 제32조)·공연장 운영 정지명령 등 행정처분(공연법 제33조)·폐쇄조치(공연법 제34조)의 권한을 갖는다.

5. 영화의 경우

2547 (1) **영화업의 신고** 영화업자(영리를 목적으로 하는 영화제작업자·영화수입업자·영화배급업자·영화상영업자)가 되려는 자는 특별자치시장·특별자치도지사·시장·군수·구청장(구청장은 자치구의 구청장을 말하며, 이하 "시장·군수·구청장"이라 한다)에게 신고하여야 한다. 신고한 사항을 변경할 때에도 또한 같다(영진법 제26조 제1항).

2547a (2) **상영등급분류** 영화업자는 제작 또는 수입한 영화(예고편 및 광고영화를 포함한다)에 대하여 그 상영 전까지 제71조의 규정에 의한 영상물등급위원회(이하 "영상물등급위원회"라 한다)로부터 상영등급을 분류받아야 한다.[1] 다만, 다음 각

---

1) 헌재 2008. 7. 31, 2007헌가4(영진법 제21조 제3항 제5호는 '제한상영가' 등급의 영화를 '상영 및 광고·선전에 있어서 일정한 제한이 필요한 영화'라고 규정하고 있는데, 이 규정은 제한상영

號(1. 대가를 받지 아니하고 특정한 장소에서 청소년이 포함되지 아니한 특정인에 한하여 상영하는 소형영화·단편영화, 2. 영화진흥위원회가 추천하는 영화제에서 상영하는 영화, 3. 국제적 문화교류의 목적으로 상영하는 영화 등 문화체육관광부장관이 등급분류가 필요하지 아니하다고 인정하는 영화)의 어느 하나에 해당하는 영화에 대하여는 그러하지 아니하다(영진법 제29조 제1항).

(3) **영화상영관의 등록** 영화상영관을 설치·경영하려는 자는 문화체육관광부령으로 정하는 시설을 갖추어 그 시설의 소재지를 관할하는 시장·군수·구청장에게 등록하여야 한다. 등록사항을 변경할 때에도 또한 같다(영진법 제36조 제1항). 2547b

제 3 항 신문·방송·정기간행물

Ⅰ. 헌법과 언론·출판의 자유

1. 의의·성격

모든 국민은 언론·출판의 자유를 가진다(헌법 제21조 제1항). 언론·출판의 자유는 정치적 의견의 형성을 촉진하여 선거와 투표의 본래의 목적을 발휘하게 하는 데 필수적인 것인바, 민주정치의 생명선이라고도 부른다.[1] 언론·출판의 자유는 개인적 자유권의 성격과 제도보장의 성격을 동시에 갖는다.[2] 언론·출판에 대한 허가나 검열은 인정되지 아니한다(헌법 제21조 제2항).[3] 2548

가 등급의 영화가 어떤 영화인지를 말해주기보다는 제한상영가 등급을 받은 영화가 사후에 어떠한 법률적 제한을 받는지를 기술하고 있는바, 이것으로는 제한상영가 영화가 어떤 영화인지를 알 수가 없고, 따라서 영진법 제21조 제3항 제5호는 명확성원칙에 위배된다. 한편, 영진법은 영화상영등급분류의 구체적 기준을 영상물등급위원회의 규정에 위임하고 있는데, 이 사건 위임 규정에서 위임하고 있는 사항은 제한상영가 등급분류의 기준에 대한 것으로 그 내용이 사회현상에 따라 급변하는 내용들도 아니고, 특별히 전문성이 요구되는 것도 아니며, 그렇다고 기술적인 사항도 아닐 뿐만 아니라, 더욱이 표현의 자유의 제한과 관련되어 있다는 점에서 경미한 사항이라고도 할 수 없는데도, 이 사건 위임 규정은 영상물등급위원회 규정에 위임하고 있는바, 이는 그 자체로서 포괄위임금지원칙을 위반하고 있다고 할 것이다. 나아가 이 사건 위임 규정은 등급분류의 기준에 관하여 아무런 언급 없이 영상물등급위원회가 그 규정으로 이를 정하도록 하고 있는바, 이것만으로는 무엇이 제한상영가 등급을 정하는 기준인지에 대해 전혀 알 수 없고, 다른 관련규정들을 살펴보더라도 위임되는 내용이 구체적으로 무엇인지 알 수 없으므로 이는 포괄위임금지원칙에 위반된다 할 것이다).

1) 김철수, 헌법학(상), 977쪽.
2) 김철수, 헌법학(상), 979쪽.
3) 헌재 2020. 8. 28, 2017헌가35, 2019헌가23(병합)(헌법 제21조 제2항은 언론·출판에 대한 허가나 검열은 인정되지 아니한다고 규정하고 있다. 여기서 말하는 검열은 그 명칭이나 형식과 관계없이 실질적으로 행정권이 주체가 되어 사상이나 의견 등이 발표되기 이전에 예방적 조치로서 그 내용을 심사, 선별하여 발표를 사전에 억제하는, 즉 허가받지 아니한 것의 발표를 금지

2. 시설기준법정주의

2549 통신·방송의 시설기준과 신문의 기능을 보장하기 위하여 필요한 사항은 법률로 정한다(헌법 제21조 제3항). 이를 시설기준법정주의라 한다. 이에 의거 현재로 신문에 관한 것은 「신문 등의 진흥에 관한 법률」에서, 방송에 관한 것은 「방송법」에서, 잡지 등 정기간행물에 관해서는 「잡지 등 정기간행물의 진흥에 관한 법률」에서 규정되고 있다.

3. 언론·출판의 책임

2550 언론·출판은 타인의 명예나 권리 또는 공중도덕이나 사회윤리를 침해하여서는 아니 된다. 언론·출판이 타인의 명예나 권리를 침해한 때에는 피해자는 이에 대한 피해의 배상을 청구할 수 있다(헌법 제21조 제4항).

Ⅱ. 신 문

신문 등의 발행의 자유와 독립 및 그 기능을 보장하고 사회적 책임을 높이며 신문산업을 지원·육성함으로써 언론의 자유 신장과 민주적인 여론형성에 기여함을 목적으로 「신문 등의 진흥에 관한 법률」이 제정되어 있다.

1. 의 의

2551 (1) 신 문 "신문"이란 정치·경제·사회·문화·산업·과학·종교·교육·체육 등 전체 분야 또는 특정 분야에 관한 보도·논평·여론 및 정보 등을 전파하기 위하여 같은 명칭으로 월 2회 이상 발행하는 간행물로서 다음 각 목[가. 일반일간신문 : 정치·경제·사회·문화 등에 관한 보도·논평 및 여론 등을 전파하기 위하여 매일 발행하는 간행물, 나. 특수일간신문 : 산업·과학·종교·교육 또는 체육 등 특정 분야(정치를 제외한다)에 국한된 사항의 보도·논평 및 여론 등을 전파하기 위하여 매일 발행하는 간행물, 다. 일반주간신문 : 정치·경제·사회·문화 등에 관한 보도·논평 및 여론 등을 전파하기 위하여 매주 1회 발행하는 간행물(주 2회 또는 월 2회 이상 발행하는 것을 포함한다), 라. 특수주간신문 : 산업·과학·종교·교육 또는 체육 등 특정 분야(정치를 제외한다)에 국한된 사항의 보도·논평 및 여론 등을 전파하기 위하여 매주 1회 발행하는 간행물(주 2회 또는 월 2회 이상

하는 제도를 뜻하고, 이러한 사전검열은 법률에 의하더라도 불가능하다. 사전검열금지원칙이 모든 형태의 사전적인 규제를 금지하는 것은 아니고, 의사표현의 발표 여부가 오로지 행정권의 허가에 달려있는 사전심사만을 금지한다. 헌법재판소는 헌법이 금지하는 사전검열의 요건으로 첫째, 일반적으로 허가를 받기 위한 표현물의 제출의무가 존재할 것, 둘째, 행정권이 주체가 된 사전심사절차가 존재할 것, 셋째, 허가를 받지 아니한 의사표현을 금지할 것, 넷째, 심사절차를 관철할 수 있는 강제수단이 존재할 것을 들고 있다).

발행하는 것을 포함한다)]의 것을 말한다(신문법 제2조 제1호).

(2) **인터넷신문** 인터넷신문이란 컴퓨터 등 정보처리능력을 가진 장치와 통신망을 이용하여 정치·경제·사회·문화 등에 관한 보도·논평 및 여론·정보 등을 전파하기 위하여 간행하는 전자간행물로서 독자적 기사 생산과 지속적인 발행 등 대통령령으로 정하는 기준을 충족하는 것을 말한다(신문법 제2조 제2호). 2552

2. 등 록

신문을 발행하거나 인터넷신문 또는 인터넷뉴스서비스를 전자적으로 발행하려는 자는 대통령령으로 정하는 바에 따라 다음 각 호[1. 신문 및 인터넷신문의 명칭(신문 및 인터넷신문에 한정한다), 2. 인터넷뉴스서비스의 상호 및 명칭(인터넷뉴스서비스에 한정한다), 3. 종별 및 간별(신문에 한정한다), 4. 신문사업자와 신문의 발행인·편집인(외국신문의 내용을 변경하지 아니하고 국내에서 그대로 인쇄·배포하는 경우를 제외한다. 이하 같다) 및 인쇄인의 성명·생년월일·주소(신문사업자 또는 인쇄인이 법인이나 단체인 경우에는 그 명칭, 주사무소의 소재지와 그 대표자의 성명·생년월일·주소), 5. 인터넷신문사업자와 인터넷신문의 발행인 및 편집인의 성명·생년월일·주소(인터넷신문사업자가 법인이나 단체인 경우에는 그 명칭, 주사무소의 소재지와 그 대표자의 성명·생년월일·주소), 6. 인터넷뉴스서비스사업자와 기사배열책임자의 성명·생년월일·주소(인터넷뉴스서비스사업자가 법인이나 단체인 경우에는 그 명칭, 주사무소의 소재지와 그 대표자의 성명·생년월일·주소), 7. 발행소의 소재지, 8. 발행목적과 발행내용, 9. 주된 보급대상 및 보급지역(신문에 한정한다), 10. 발행 구분(무가 또는 유가), 11. 인터넷 홈페이지 주소 등 전자적 발행에 관한 사항]의 사항을 주사무소 소재지를 관할하는 특별시장·광역시장·특별자치시장·도지사 또는 특별자치도지사(이하 "시·도지사"라 한다)에게 등록하여야 한다.[1] 등록된 사항이 변경된 때에도 또한 같다. 다만, 국가 또는 지방자치단체가 발행 또는 관리하거나 법인이나 그 밖의 단체 또는 기관이 그 소속원에게 보급할 목적으로 발행하는 경우와 대통령령으로 정하는 경우에는 그러하지 아니하다(신문법 제9조 제1항). 2553

3. 대기업의 일반일간신문 소유제한 등

「독점규제 및 공정거래에 관한 법률」 제2조 제2호에 따른 기업집단 중 자산총액 등 대통령령으로 정하는 기준에 해당하는 기업집단에 속하는 회사(이하 "대기업"이라 한다)와 그 계열회사(대통령령으로 정하는 특수한 관계에 있는 자를 포함한 2554

---

1) 대판 2019. 8. 30, 2018두47189(신문을 발행하려는 자는 신문의 명칭('제호'라는 용어를 사용하기도 한다) 등을 주사무소 소재지를 관할하는 시·도지사(이하 '등록관청'이라 한다)에게 등록하여야 하고, 등록을 하지 않고 신문을 발행한 자에게는 2천만 원 이하의 과태료가 부과된다(신문법 제9조 제1항, 제39조 제1항 제1호). 따라서 등록관청이 하는 신문의 등록은 신문을 적법하게 발행할 수 있도록 하는 행정처분에 해당한다).

다)는 일반일간신문을 경영하는 법인이 발행한 주식 또는 지분의 2분의 1을 초과하여 취득 또는 소유할 수 없다(신문법 제18조 제1항). 일반일간신문을 경영하는 법인의 이사(합명회사의 경우에는 업무집행사원, 합자회사의 경우에는 무한책임사원을 말한다) 중 그 상호 간에 「민법」 제777조에 따른 친족관계에 있는 자가 그 총수의 3분의 1을 넘지 못한다(신문법 제18조 제2항).

4. 외국신문의 지사 등의 설치

2555 외국신문의 지사 또는 지국을 국내에 설치하려는 자는 대통령령으로 정하는 바에 따라 문화체육관광부장관에게 등록하여야 한다(신문법 제28조 제1항). 문화체육관광부장관은 제1항에 따라 등록한 자가 다음 각 호(1. 거짓이나 그 밖의 부정한 방법으로 등록한 사실이 있는 경우, 2. 지사 또는 지국이 그 설치목적을 현저히 위반한 경우, 3. 해당 외국신문이 국헌을 문란하게 하거나 국가안보를 현저히 해한 기사를 게재한 경우)의 어느 하나에 해당하는 경우에는 그 등록을 취소할 수 있다(신문법 제28조 제2항).

Ⅲ. 방 송

2556 방송의 자유와 독립을 보장하고 방송의 공적책임을 높임으로써 시청자의 권익보호와 민주적 여론형성 및 국민문화의 향상을 도모하고 방송의 발전과 공공복리의 증진에 이바지함을 목적으로 「방송법」이 제정되어 있다.

1. 의 의

2557 "방송"이라 함은 방송프로그램을 기획·편성 또는 제작하여 이를 공중(개별계약에 의한 수신자를 포함하며, 이하 "시청자"라 한다)에게 전기통신설비에 의하여 송신하는 것으로서 다음 각 목(가. 텔레비전방송 : 정지 또는 이동하는 사물의 순간적 영상과 이에 따르는 음성·음향 등으로 이루어진 방송프로그램을 송신하는 방송, 나. 라디오방송 : 음성·음향 등으로 이루어진 방송프로그램을 송신하는 방송, 다. 데이터방송 : 방송사업자의 채널을 이용하여 데이터(문자·숫자·도형·도표·이미지 그 밖의 정보체계를 말한다)를 위주로 하여 이에 따르는 영상·음성·음향 및 이들의 조합으로 이루어진 방송프로그램을 송신하는 방송(인터넷 등 통신망을 통하여 제공하거나 매개하는 경우를 제외한다), 라. 이동멀티미디어방송 : 이동중 수신을 주목적으로 다채널을 이용하여 텔레비전방송·라디오방송 및 데이터방송을 복합적으로 송신하는 방송)의 것을 말한다(방송법 제2조 제1호).

2. 자유·독립·책임

2558 방송편성의 자유와 독립은 보장된다(방송법 제4조 제1항). 방송의 자유는 주관

적 권리로서의 성격과 함께 신문의 자유와 마찬가지로 자유로운 의견형성이나 여론형성을 위해 필수적인 기능을 행하는 객관적 규범질서로서 제도적 보장의 성격을 함께 가진다.[1] 누구든지 방송편성에 관하여 방송법 또는 다른 법률에 의하지 아니하고는 어떠한 규제나 간섭도 할 수 없다(방송법 제4조 제2항).[2] 방송은 인간의 존엄과 가치 및 민주적 기본질서를 존중하여야 한다(방송법 제5조 제1항). 방송에 의한 보도는 공정하고 객관적이어야 한다(방송법 제6조 제1항).

3. 방송통신위원회

방송과 통신에 관한 규제와 이용자 보호 등의 업무를 수행하기 위하여 대 2559
통령 소속으로 방송통신위원회를 둔다(방송통신위원회의 설치 및 운영에 관한 법률 제3조 제1항). 위원회의 소관사무는 다음 각 호(1. 방송광고정책, 편성평가정책, 방송진흥기획, 방송정책기획, 지상파방송정책, 방송채널정책에 관한 사항, 2. 조사기획총괄, 방송통신시장조사, 방송통신이용자보호, 시청자 권익증진, 개인정보보호윤리에 관한 사항, 3. 방송용 주파수 관리에 관한 사항, 4. 그 밖에 이 법 또는 다른 법률에서 위원회의 사무로 정한 사항)로 한다(동법 제11조).

4. 방송평가위원회

방송통신위원회는 방송사업자의 방송프로그램 내용 및 편성과 운영 등에 2560
관하여 종합적으로 평가할 수 있다(방송법 제31조 제1항). 방송통신위원회는 제1항의 평가업무를 효율적으로 수행하기 위하여 방송평가위원회를 둘 수 있다(방송법 제31조 제2항).

5. 시청자의 보호

방송사업자는 시청자가 방송프로그램의 기획·편성 또는 제작에 관한 의사 2561
결정에 참여할 수 있도록 하여야 하고, 방송의 결과가 시청자의 이익에 합치하도록 하여야 한다(방송법 제3조). 종합편성, 보도전문편성 및 상품소개와 판매에 관한 전문편성을 행하는 방송사업자는 시청자의 권익을 보호하기 위하여 시청자위원회를 두어야 한다(방송법 제87조 제1항).

1) 헌재 2003. 12. 18, 2002헌바49.

2) 대판 2019. 11. 21, 2015두49474 전원합의체(헌법 제21조 제1항의 언론·출판의 자유에는 방송의 자유가 포함되는데, 방송의 자유는 주관적인 자유권으로서의 특성을 가질 뿐 아니라 다양한 정보와 견해의 교환을 가능하게 함으로써 민주주의의 존립·발전을 위한 기초가 되는 언론의 자유의 실질적 보장에 기여한다는 특성을 함께 가지는 것으로서, 이러한 방송의 자유를 보장하기 위하여 국가권력은 물론 사회의 다양한 세력들로부터 방송편성의 자유와 독립은 보장되어야 한다).

Ⅳ. 잡 지

잡지 등 정기간행물의 발행 및 육성에 관한 사항을 규정함으로써 여론의 다양성과 정기간행물의 건전한 발전을 도모하고 국민의 문화 생활 증진에 이바지함을 목적으로 잡지 등 정기간행물의 진흥에 관한 법률이 제정되어 있다.

1. 의 의

2561a “잡지”란 정치·경제·사회·문화·시사·산업·과학·종교·교육·체육 등 전체분야 또는 특정분야에 관한 보도·논평·여론 및 정보 등을 전파하기 위하여 동일한 제호로 월 1회 이하 정기적으로 발행하는 책자 형태의 간행물(잡지법 제2조 제1호 가목)을 말한다.

2. 등 록

2561b 잡지를 발행하고자 하는 자는 대통령령으로 정하는 바에 따라 다음 각 호(1. 제호, 2. 종별 및 간별, 3. 발행인 및 편집인의 성명, 생년월일, 주소. 다만, 외국 잡지의 내용을 변경하지 아니하고 국내에서 그대로 인쇄·배포하는 경우를 제외한다. 4. 발행소 및 발행소의 소재지, 5. 발행목적과 발행내용, 6. 무가 또는 유가 발행의 구분)의 사항을 주된 사무소의 소재지를 관할하는 시·도지사에게 등록하여야 한다. 등록된 사항을 변경하고자 할 때에도 또한 같다. 다만, 국가 또는 지방자치단체가 발행 또는 관리하거나 법인, 그 밖의 기관·단체가 그 소속원에게 무료로 보급할 목적으로 발행하는 경우와 대통령령으로 정하는 잡지는 그러하지 아니하다(잡지법 제15조 제1항).

3. 직권취소(등록취소)

2561c 등록관청은 정기간행물등록자가 다음 각 호(1. 정당한 사유 없이 등록 또는 신고 후 6개월(연 2회간의 경우는 1년) 이내에 해당 정기간행물을 발행하지 아니한 때, 2. 정당한 사유 없이 1년 이상(계간·연 2회간의 경우는 2년 이상) 해당 정기간행물의 발행을 중단한 때)의 어느 하나에 해당하는 때에는 해당 정기간행물의 등록 또는 신고를 취소할 수 있다(잡지법 제25조).

제 4 항 국가유산의 보존·관리·활용

국가유산 정책의 기본적인 사항을 정하고, 국가유산 보존·관리 및 활용에 대한 국가와 지방자치단체의 책임을 명확히 함으로써 국가유산을 적극적으로 보호하고 창조적으로 계승하여 국민의 문화향유를 통한 삶의 질 향상에 이바지 함을 목적으로 국가유산기본법이 제정되어 있다.

Ⅰ. 국가유산의 관념

1. 국가유산의 의의

국가유산이란 인위적이거나 자연적으로 형성된 국가적·민족적 또는 세계 2562
적 유산으로서 역사적·예술적·학술적 또는 경관적 가치가 큰 문화유산·자연유산·무형유산을 말한다(국유법 제3조 제1호).

(1) 문화유산 "문화유산"이란 우리 역사와 전통의 산물로서 문화의 고유 2562a
성, 겨레의 정체성 및 국민생활의 변화를 나타내는 유형의 문화적 유산을 말한다(국유법 제3조 제2호).

(2) 자연유산 "자연유산"이란 동물·식물·지형·지질 등의 자연물 또는 2562b
자연환경과의 상호작용으로 조성된 문화적 유산을 말한다(국유법 제3조 제3호).

(3) 무형유산 "무형유산"이란 여러 세대에 걸쳐 전승되어, 공동체·집단 2562c
과 역사·환경의 상호작용으로 끊임없이 재창조된 무형의 문화적 유산을 말한다(국유법 제3조 제3호).

2. 국가유산의 지정·등록

국가는 국가유산 중 중요한 것을 국가지정유산으로 지정 또는 국가등록유 2562d
산으로 등록하여 보호할 수 있다(국유법 제13조 제1항). 지방자치단체는 제1항에 따른 국가지정유산 또는 국가등록유산으로 지정·등록되지 아니한 국가유산 중 중요한 것을 시·도지정유산 또는 시·도등록유산 등으로 지정·등록하여 보호할 수 있다(국유법 제13조 제2항).

3. 국민의 국가유산복지 증진

국가와 지방자치단체는 국민의 문화적 삶을 보장하기 위하여 국가유산 관 2562e
람·전시·교육·체험 등의 다양한 향유 프로그램을 제공하여야 한다(국유법 제23조 제1항). 국가와 지방자치단체는 모든 국민이 국가유산을 향유할 수 있도록 필요한 환경을 조성하여야 한다(국유법 제23조 제2항). 국가와 지방자치단체는 신체적·경제적·지리적 제약 등으로 국가유산 향유가 제한되는 취약계층을 위하여 필요한 지원과 시책을 강구하여야 한다(국유법 제23조 제3항).

Ⅱ. 문화유산의 보존 및 활용

문화유산을 보존하여 민족문화를 계승하고, 이를 활용할 수 있도록 함으로써 국민의 문화적 향상을 도모함과 아울러 인류문화의 발전에 기여함을 목적으로 문화유산의 보존 및 활용에 관한 법률이 제정되어 있다.

1. 문화유산의 의의

2563 문화유산이란「국가유산기본법」제3조 제2호에 해당하는 다음 각 호의 것(유형문화유산, 기념물, 민속문화유산)을 말한다(문보법 제2조 제1항).

⑴ 유형문화유산이란 건조물, 전적(글과 그림을 기록하여 묶은 책), 서적, 고문서, 회화, 조각, 공예품 등 유형의 문화적 소산으로서 역사적·예술적 또는 학술적 가치가 큰 것과 이에 준하는 고고자료를 말한다(문보법 제2조 제1항 제1호).

⑵ 기념물이란 절터, 옛무덤, 조개무덤, 성터, 궁터, 가마터, 유물포함층 등의 사적지와 특별히 기념이 될 만한 시설물로서 역사적·학술적 가치가 큰 것을 말한다(문보법 제2조 제1항 제2호).

⑶ 민속문화유산이란 의식주, 생업, 신앙, 연중행사 등에 관한 풍속이나 관습에 사용되는 의복, 기구, 가옥 등으로서 국민생활의 변화를 이해하는 데 반드시 필요한 것을 말한다(문보법 제2조 제1항 제3호).

2. 국가지정문화유산

⑴ 지 정

2564 **㈎ 보물 및 국보의 지정** 문화재청장은 문화유산위원회의 심의를 거쳐 유형문화유산 중 중요한 것을 보물로 지정할 수 있다(문보법 제23조 제1항). 문화재청장은 제1항의 보물에 해당하는 문화유산 중 인류문화의 관점에서 볼 때 그 가치가 크고 유례가 드문 것을 문화유산위원회의 심의를 거쳐 국보로 지정할 수 있다(문보법 제23조 제2항).

2564a **㈏ 사적의 지정** 문화재청장은 문화유산위원회의 심의를 거쳐 기념물 중 중요한 것을 사적으로 지정할 수 있다(문보법 제25조 제1항).

2564b **㈐ 국가민속문화유산 지정** 문화재청장은 문화유산위원회의 심의를 거쳐 민속문화유산 중 중요한 것을 국가민속문화유산으로 지정할 수 있다(문보법 제26조 제1항).

㈑ **보호물 또는 보호구역의 지정** 문화재청장은 제23조·제25조 또는 제26조에 따른 지정을 할 때 문화유산 보호를 위하여 특히 필요하면 이를 위한 보호물 또는 보호구역을 지정할 수 있다(문보법 제27조 제1항). 2564c

(2) **행정명령** 문화재청장이나 지방자치단체의 장은 국가지정문화유산(보호물과 보호구역을 포함한다. 이하 이 조에서 같다)과 그 역사문화환경 보존지역의 보존·관리를 위하여 필요하다고 인정하면 다음 각 호(1. 국가지정문화유산의 관리 상황이 그 문화유산의 보존상 적당하지 아니하거나 특히 필요하다고 인정되는 경우 그 소유자, 관리자 또는 관리단체에 대한 일정한 행위의 금지나 제한, 2. 국가지정문화유산의 소유자, 관리자 또는 관리단체에 대한 수리, 그 밖에 필요한 시설의 설치나 장애물의 제거, 3. 국가지정문화유산의 소유자, 관리자 또는 관리단체에 대한 문화유산 보존에 필요한 긴급한 조치, 4. 제35조 제1항 각 호에 따른 허가를 받지 아니하고 국가지정문화유산의 현상을 변경하거나 보존에 영향을 미칠 우려가 있는 행위 등을 한 자에 대한 행위의 중지 또는 원상회복 조치)의 사항을 명할 수 있다(문보법 제42조 제1항). 2564d

(3) **공 개** 국가지정문화유산은 제2항에 따라 해당 문화유산의 공개를 제한하는 경우 외에는 특별한 사유가 없으면 이를 공개하여야 한다(문보법 제48조 제1항). 문화재청장은 국가지정문화유산의 보존과 훼손 방지를 위하여 필요하면 해당 문화유산의 전부나 일부에 대하여 공개를 제한할 수 있다. 이 경우 문화재청장은 해당 문화유산의 소유자(관리단체가 지정되어 있으면 그 관리단체를 말한다)의 의견을 들어야 한다(문보법 제48조 제2항). 2564e

3. 시·도지정문화유산

(1) **지 정** 시·도지사는 제70조 제1항 또는 제2항에 따른 지정을 할 때 문화유산 보호를 위하여 특히 필요하면 이를 위한 보호물 또는 보호구역을 지정할 수 있다(문보법 제70조의2 제1항). 시·도지사는 인위적 또는 자연적 조건의 변화 등으로 인하여 조정이 필요하다고 인정하면 제1항에 따라 지정된 보호물 또는 보호구역을 조정할 수 있다(문보법 제70조의2 제2항). 2565

(2) **행정명령·공개** 국가지정문화유산의 경우와 같다(문보법 제74조 제1항). 2565a

4. 개별 법률상 문화유산의 보존 및 활용

(1) **사료의 수집·보존** 우리나라의 역사를 연구하고 그 체계를 정립함에 필요한 각종 사료의 조사·수집·보존·편찬과 이를 바탕으로 한 한국사의 연구·편찬·연수·보급을 원활하게 하여, 한국사 연구의 심화와 체계적인 발전 및 국민의 역사인식 고양에 기여함을 목적으로 「사료의 수집·편찬 및 한국사의 보급 2566

등에 관한 법률」이 제정되어 있다. 한국사 연구의 심화와 체계적인 발전을 위하여 교육부장관 소속으로 국사편찬위원회를 둔다(사료의 수집·편찬 및 한국사의 보급 등에 관한 법률 제4조).

2566a (2) **독립기념관** 독립기념관을 설립하여 외침(外侵)을 극복(克服)하고 민족의 자주와 독립을 지켜 온 우리 민족의 국난 극복사와 국가 발전사에 관한 자료를 수집·보존·전시·조사·연구함으로써 민족문화의 정체성을 확립하고 국민의 투철한 민족정신을 북돋우며 올바른 국가관을 정립하는 데에 이바지함을 목적으로 「독립기념관법」이 제정되어 있다.

2566b (3) **전통사찰의 보존** 민족문화의 유산으로서 역사적 의의를 가진 전통사찰과 전통사찰에 속하는 문화유산을 보존·지원함으로써 전통문화의 계승 및 민족문화 향상에 이바지함을 목적으로 「전통사찰의 보존 및 지원에 관한 법률」이 제정되어 있다. 동법은 전통사찰의 등록, 주지의 관리의무, 주지의 일정행위의 제한 등을 규정하고 있다.

Ⅲ. 자연유산의 보존

역사적·경관적·학술적 가치를 지닌 자연유산을 체계적으로 보존·관리하고 지속가능하게 활용하는 것을 목적으로 「자연유산의 보존 및 활용에 관한 법률」이 2023. 3. 21. 제정되었다. 이 법률의 제정으로 문화재보호법상 관련 부분은 삭제되었다.

1. 자연유산의 의의

2567 "자연유산"이란 자연물 또는 자연환경과의 상호작용으로 조성된 문화적 유산으로서 역사적·경관적·학술적 가치가 큰 다음 각 목[가. 동물(그 서식지, 번식지 및 도래지를 포함한다), 나. 식물(그 군락지를 포함한다), 다. 지형, 지질, 생물학적 생성물 또는 자연현상, 라. 천연보호구역, 마. 자연경관: 자연 그 자체로서 심미적 가치가 인정되는 공간, 바. 역사문화경관: 자연환경과 사회·경제·문화적 요인 간의 조화를 보여주는 공간 또는 생활장소, 사. 복합경관: 자연의 뛰어난 경치에 인문적 가치가 부여된 공간]의 어느 하나에 해당하는 것을 말한다(동법 제2조 제1호).

2. 자연유산의 종류

2568 (1) **천연기념물** 제2조 제1호 가목부터 라목까지의 자연유산 중 역사적·경관적·학술적 가치가 인정되어 제11조에 따라 문화재청장이 지정하고 제14조에 따라 고시한 것을 말한다(동법 제2조 제2호).

(2) **명 승** 제2조 제1호 마목부터 사목까지의 자연유산 중 역사적·경관적·학술적 가치가 인정되어 제12조에 따라 문화재청장이 지정하고 제14조에 따라 고시한 것을 말한다(동법 제2조 제3호). 2568a

(3) **시·도자연유산** 천연기념물 및 명승이 아닌 자연유산 중 역사적·경관적·학술적 가치가 인정되어 제40조에 따라 특별시장·광역시장·특별자치시장·도지사·특별자치도지사(이하 "시·도지사"라 한다)가 지정하고 제42조에 따라 준용되는 제14조에 따라 고시한 것을 말한다(동법 제2조 제4호). 2568b

3. 자연유산 보호의 기본원칙

자연유산은 다음 각 호(1. 인위적인 간섭을 최대한 배제하되, 자연적인 변화 등 자연유산의 고유한 특성을 반영할 것, 2. 자연유산의 보존·관리는 지속가능한 활용과 조화를 이룰 것, 3. 국민의 재산권을 과도하게 제한하지 아니할 것)의 원칙에 따라 보존·관리 및 활용되어야 한다(동법 제3조). 2569

4. 행정명령

① 문화재청장이나 지방자치단체의 장은 천연기념물 또는 명승(보호물과 보호구역을 포함한다. 이하 이 조에서 같다)과 그 역사문화환경 보존지역의 보존·관리 및 활용을 위하여 필요하다고 인정하면 대통령령으로 정하는 바에 따라 다음 각 호(1. 천연기념물 또는 명승의 관리 상황이 보존상 적당하지 아니하거나 특히 필요하다고 인정되는 경우 그 소유자등에 대한 대통령령으로 정하는 행위의 금지 또는 제한, 2. 천연기념물 또는 명승의 소유자등에 대한 해당 천연기념물 또는 명승의 수리·복원, 그 밖에 필요한 시설의 설치나 장애물의 제거, 3. 천연기념물 또는 명승의 소유자등에 대한 해당 천연기념물 또는 명승의 보존에 필요한 긴급한 조치로서 대통령령으로 정하는 행위, 4. 천연기념물 또는 명승으로 인하여 사람의 생명·신체 또는 동물·식물에 대한 위해 발생의 우려가 있는 경우 이를 방지하기 위하여 필요한 조치, 5. 제17조 제1항 각 호에 따른 허가를 받지 아니하고 천연기념물 또는 명승의 보존·관리에 영향을 미칠 우려가 있는 행위 등을 한 자에 대한 행위의 중지 또는 원상회복 조치)의 사항을 명할 수 있다(동법 제22조). 2569a

제4장 환경행정법

제1절 일 반 론

2570 환경의 질적인 향상과 그 보전을 통한 쾌적한 환경의 조성 및 이를 통한 인간과 환경 간의 조화와 균형의 유지는 국민의 건강과 문화적인 생활의 향유 및 국토의 보전과 항구적인 국가발전에 반드시 필요한 요소임에 비추어 국가, 지방자치단체, 사업자 및 국민은 환경을 보다 양호한 상태로 유지·조성하도록 노력하고, 환경을 이용하는 모든 행위를 할 때에는 환경보전을 우선적으로 고려하며, 지구환경상의 위해를 예방하기 위하여 공동으로 노력함으로써 현 세대의 국민이 그 혜택을 널리 누릴 수 있게 함과 동시에 미래의 세대에게 그 혜택이 계승될 수 있도록 하여야 한다(환기법 제2조). 여기에 환경행정의 의미가 있다. 사실 환경문제는 오늘날의 일만은 아니다. 그럼에도 현대의 고도산업사회에서는 현대과학이 가져다 준 부산물(예 : 핵폐기물·대기오염 등)로 인해 더욱 문제되며, 또한 환경문제는 세계적인 문제가 되고 있다. 이제 환경문제는 현대국가의 운명의 문제라 하겠다.[1] 환경문제는 국가임무의 확대와 국가임무의 중점의 이동을 가져온다. 환경문제는 자원경제적인 측면뿐만 아니라 생태적 측면의 고려를 요구한다.

제1항 환경과 환경정책

1. 환 경

2571 (1) 환경의 의의 광의로 환경이란 인간을 둘러싸고 있는 모든 환경을 말한다. 여기에는 자연환경·사회환경·문화환경 등을 모두 포함한다. 한편 협의로 환경이란 자연환경과 생활환경을 말한다. 이것은 실정법(환경정책기본법)상 정의이기도 하다(환기법 제3조 제1호). 여기서 자연환경이란 지하·지표(해양포함) 및 지상의 모든 생물과 이들을 둘러싸고 있는 비생물적인 것을 포함한 자연의 상태

---

1) Breuer, Umweltschutzrecht, in : Schmidt-Aßmann(Hrsg.), Besonderes Verwaltungsrecht(13. Aufl.), Rn. 2.

(생태계 및 자연경관을 포함한다)를 말하며, 생활환경이란 대기, 물, 폐기물, 소음, 진동, 악취, 일조, 인공조명, 화학물질 등 사람의 일상생활과 관계되는 환경을 말한다(환기법 제3조 제2호·제3호).

(2) **환경의 보호·육성** 자연의 자원은 더 이상 무제한으로 처분이 가능한 2572
것이 아니다. 모든 자원에는 한계가 있다. 자원의 한계를 인식하여야 하고, 토지·물·공기 등의 자원의 황폐화는 더 이상 있어서는 아니된다. 이 때문에 자연환경으로부터의 위험의 방지만이 우리의 관심사일 수는 없다. 그리고 자연의 단순한 보호에만 우리의 관심이 머무를 수도 없다. 오히려 한 걸음 더 나아가서 보다 쾌적하고 아름다운 환경을 육성해 내는 데에 인류의 관심이 놓여야 한다. 이 때문에 환경에 대한 구호는 '환경의 보호에서 환경의 육성'으로 바뀌지 않을 수 없다.

2. 환경정책상 목표

환경정책은 기본적으로 ① 환경은 인간이 건강하고 인간다운 삶을 영위하 2573
는 데 기여하는 것이어야 하고, ② 토지·물·공기·동식물 등을 인간의 침해로부터 보호하는 것이어야 하고, ③ 그러한 것에 가해지는 인간의 침해를 제거하는 것이어야 한다. 이러한 환경정책상의 목적은 환경의 육성 그 자체가 고유한 목적일 수는 없는 것이고, 오히려 인간을 위한 것임을 유념할 필요가 있다.

한편, 이러한 목표의 달성은 ① 자연자원 사용의 제한, ② 자연에의 임밋시온 배출제한, ③ 생태계의 재생산기능 확보, ④ 자연계의 순환의 촉진을 통해서 가능할 것이다.

3. 환경정책상 기본원칙

환경정책상의 목표를 달성하기 위하여 환경정책에는 다음의 세 가지 원칙, 2574
즉 ① 사전대비의 원칙, ② 원인제공자 책임의 원칙, ③ 협력의 원칙이 적용될 필요가 있다.[1)]

(1) **사전대비의 원칙**(사전배려의 원칙) 사전대비의 원칙(Vorsorgeprinzip)은 2575
오늘날 환경정책에 있어서 실질상·내용상의 지도원칙이 된다. 사전에 적절한 수단을 도입하여 가능한 환경침해의 위험을 미리 예방함으로써 환경에 대한 잠

1) Schmidt, Einführung in das Umweltrecht, § 1, Rn. 6ff.; Storm, Umweltrecht, Rn. 17ff. 한편, 일부 견해는 환경정책상 기본원칙으로 본문에서 논급하는 3원칙 외에 존속보장의 원칙과 공동부담의 원칙을 제시한다(Breuer, Umweltschutzrecht, in : Schmidt－Aßmann(Hrsg.), Besonderes Verwaltungsrecht(13. Aufl.), Rn. 7ff.). 그러나 존속보장의 원칙은 사전배려의 원칙에 내재하는 것이며, 공동부담의 원칙은 원인제공자책임의 원칙의 한 내용이라 볼 것이다.

재적인 침해를 최대한으로, 그리고 원천적으로 방지하여 환경의 이용에 잘못이 없도록 하는 것은 환경정책의 기본이 아닐 수 없다. 환경정책기본법은 이를 명시적으로 밝히고 있다(환기법 제8조). 사전대비의 원칙은 단순히 환경정책상의 요구에 그치는 것이 아니라 많은 환경법률에서 명문으로 규정되기도 한다(예 : 환경관련시설 승인제도). 사전대비의 원칙은 환경의 질의 개선을 목적으로 한다. 한편 사전대비의 원칙이란 가능한 환경침해를 사전에 예방하고, 이로써 피해나 위험한 상황이 발생하지 아니하도록 하는 것을 목표로 하는 것이기 때문에 사전대비의 원칙은 현재의 환경의 존속을 보장하는 것을 내용으로 한다고 볼 수 있다. 따라서 사전대비의 원칙에는 존속보호의 원칙이 내재한다고 보겠다.[1] 사전대비의 원칙을 사전배려의 원칙이라고도 한다.[2]

(2) **원인제공자책임의 원칙**(원인자책임의 원칙)

2576 (가) 의 의 　원인제공자책임의 원칙(Verursacherprinzip)은 환경관련목적을 직접적인 내용으로 하는 것이 아니라 환경개선비용부담을 내용으로 한다. 따라서 이 원칙은 비용귀속의 원칙으로 이해될 수 있다. 이것은 책임분배의 문제가 아니다. 이 원칙은 환경침해를 방지·제거·회복하기 위한 비용(환경부담금)은 그 원인을 제공한 자가 부담하여야 함을 의미한다. 환경정책기본법은 이 원칙을 명시적으로 밝히고 있다(환기법 제7조). 환경개선비용 부담법에 따라 시설물의 소유자·점유자 또는 자동차의 소유자에게 부과하는 환경개선부담금(환경개선비용 부담법 제9조)도 이러한 원칙에 따른 것이라 하겠다. 국가도 원인제공자일 수 있다. 물론 이 원칙은 자기로 인한 오염의 범위 내에서 책임을 부담함을 내용으로 한다. 원인제공자가 확정될 수 없는 경우에는 공동체구성원의 공동의 부담으로 해결될 수밖에 없을 것이다. 이를 공동부담의 원칙(Gemeinlastprinzip)이라 부른다. 결국 공동부담의 원칙은 원인제공자책임의 원칙의 한 내용이 된다.[3]

2576a (나) 특 징 　사전대비의 원칙은 환경의 질의 유지·개선을 직접 목표로 하지만, 원인제공자책임의 원칙은 누가 환경침해에 책임이 있으며, 누가 침해를 제거·감소에 책임을 지는가의 문제를 내용으로 한다. 그렇다고 하여 원인제공자책임의 원칙을 단순히 환경침해의 제거·감소에 대한 비용부담의 문제로만 보

1) 존속보호의 원칙(Bestandsschutzprinzip)을 사전대비의 원칙과 분리하여 다루는 견해도 있다(Breuer, Umweltrecht, in : Schmidt－Aßmann Eberhard(Hrsg.), Besonderes Verwaltungsrecht(13. Aufl.), Rn. 10ff.).

2) 고영훈, 환경법, 60쪽.

3) 공동부담의 원칙과 원인제공자책임의 원칙을 대립개념으로 이해하는 견해도 있다(Arndt, Umweltrecht, in : Stiener(Hrsg.), Besonderes Verwaltungsrecht(13. Aufl.), Rn. 45).

아서는 아니 된다. 오히려 원인제공자책임의 원칙은 환경침해의 극복의무에 관한 법적 규율이 명령·금지·부담이라는 법적 행위형식을 통하여 실체적 책임과 관련한다는 점이 강조되어야 한다.[1] 원인제공자책임의 원칙을 원인자책임의 원칙이라고도 한다.[2] 환경정책기본법은 환경훼손의 원인자에게 무과실책임을 부과하고 있다(환기법 제44조).[3]

(다) **수익자부담 원칙** 2020. 12. 3. 국회를 통과한 환경정책기본법 개정법률은 "국가 및 지방자치단체는 국가 또는 지방자치단체 이외의 자가 환경보전을 위한 사업으로 현저한 이익을 얻는 경우 이익을 얻는 자에게 그 이익의 범위에서 해당 환경보전을 위한 사업 비용의 전부 또는 일부를 부담하게 할 수 있다"는 수익자부담 원칙을 규정하고 있다. 이 원칙은 원인제공자책임의 원칙의 한 부분으로 이해될 수 있다. 2577

(3) **협력의 원칙**(협동의 원칙) 국가만이 단독으로 환경목적을 달성한다는 것은 불가능한 일이다. 이 때문에 협력의 원칙이 나타난다. 협력의 원칙(Kooperationsprinzip)은 형식적이고 조직적인 의미를 갖는다. 협력의 원칙은 법령에 반하지 않는 한 환경정책의 영역에서 국가와 사회는 공동으로 협력하여야 함을 의미한다. 무엇보다도 협력의 원칙은 환경정책적인 의사형성절차·의사결정절차에 있어서 사회의 여러 전문집단의 사전적인 참여를 통하여 환경문제의 해소를 위한 협력이 이루어져야 함을 의미한다.[4] 협력은 국가기관 사이의 협력과 국가와 지방자치단체간의 협력 외에 공행정주체와 국민(주민), 전문가간의 협력, 그리고 국제협력도 포함한다(환기법 제25조·제26조·제27조·제27조의2). 국가와 사회와의 관계에서 관계자의 협력은 환경에 의미 있는 결정을 개선시키게 될 것이고 국가의 부담을 완화시키게 될 것이다. 환경정책상의 의사형성절차나 결정절차상 사회의 사전적인 참여는 환경문제 해결에 기여한다. 협력의 원칙은 사회와의 대립이 아니라 사회와의 협력을 통해 환경목적을 보다 용이하게 달성함을 목적으로 한다. 그렇다고 협력의 원칙만으로 모든 문제가 해결되는 것은 아 2578

1) R. Schmidt, Einführung in das Umweltrecht, § 1, Rn. 10.
2) 고영훈, 환경법, 61쪽.
3) 대판 2020. 6. 25, 2019다292026, 292033, 292040(환경정책기본법 제44조 제1항은 '환경오염의 피해에 대한 무과실책임'이라는 제목으로 "환경오염 또는 환경훼손으로 피해가 발생한 경우에는 해당 환경오염 또는 환경훼손의 원인자가 그 피해를 배상하여야 한다."라고 정하고 있다. 이는 민법의 불법행위 규정에 대한 특별 규정으로서, 환경오염 또는 환경훼손의 피해자가 그 원인자에게 손해배상을 청구할 수 있는 근거규정이다. 따라서 환경오염 또는 환경훼손으로 피해가 발생한 때에는 그 원인자는 환경정책기본법 제44조 제1항에 따라 귀책사유가 없더라도 피해를 배상하여야 한다).
4) R. Schmidt, Einführung in das Umweltrecht, § 1, Rn. 13.

니다. 말하자면 협력의 원칙이 국가적인 규율을 완전히 대체할 수 있는 것은 아니다.

4. 환경행정청

2579 국가의 환경행정에 관한 기본적인 관할행정청에는 환경부장관이 될 것이나 (정조법 제39조), 적지 않은 환경사무가 지방자치단체의 장에게 위임되기도 한다. 한편 환경의 보호·육성은 지방자치단체의 임무이기도 한바, 지방자치단체의 영역에서는 지방자치단체의 장이 환경행정의 관할행정청이 된다.

제 2 항 환경행정법의 관념

1. 환경행정법의 의의·성격

2580 환경법을 환경에 관련한 법규의 총괄개념으로 이해한다면,[1] 여기에는 환경헌법·환경행정법·환경공과금법·환경형법·환경사법·환경소송법·국제환경법 등이 포함될 것이다. 환경행정법이란 환경에 관한 행정법규의 총괄개념이다. 환경행정법과 관련하여 다음의 특징이 언급될 수 있다.[2]

2581 (1) **공법으로서 환경행정법** 환경의 보호와 육성이라는 공적 임무에 관한 법은 「사전대비의 원칙에 따라 포괄적으로 파악되는 자연의 이용을 위해 생태계의 관리·통제를 목적으로 하는 금지·명령」을 내용으로 하는 환경관련규정을 상당하게 가지게 된다. 이 때문에 환경법은 일차적으로 공법으로서 환경행정법의 성격을 가지게 된다. 뿐만 아니라 환경행정법은 특별행정법의 한 부분으로 볼 수 있다. 이러한 범위에서 환경행정법에는 일반행정법의 원리가 적용된다.

2582 (2) **환경정책의 수단이자 계획법으로서 환경행정법** 환경법은 환경헌법의 구체화를 위한 규율, 즉 환경보호를 위한 환경질서를 규율하는 법이다. 이러한 환경법의 대부분 규정은 수단(도구)적인 성질을 갖는다. 일부의 환경법률은 구체적인 위험을 극복하기 위하여 위기상황에 대응하여 규정된다. 이 때문에 환경법은 처분법률(Maßnahmegesetz)로 간주될 수 있다. 동시에 일부의 환경법률은 예견할 수 있는 목표와 수단에 관심을 갖고, 미래의 발전에 대한 동인을 설정하여 환경침해를 사전적으로 예방하려고 한다. 이 때문에 환경법은 계획법(Planungsgesetz)의 성격도 갖게 된다. 따라서 환경법은 조건프로그램인 전통적인 법률과 달리

---

1) 환경법은 '환경보호'에 관한 법규(규범)의 총괄개념으로 정의되기도 한다(Arndt, Umweltrecht, in : Stiener(Hrsg.), Besonderes Verwaltungsrecht(13. Aufl.), Rn. 4).

2) Storm, Umweltrecht, Rn. 43ff.

목표를 설정하고 수단을 목적에 결부시키는 목적프로그램의 성격을 갖는다.

(3) **기술적인 법으로서 환경행정법** 환경법은 기술상의 발전과 법적인 규범 2583
화 사이의 긴장관계에서 자연과학적이고 기술적인 규정을 갖게 된다. 이 때문에 계획법규범은 기술성을 하나의 특징으로 갖는다고 할 수 있다. 이러한 기술성으로 인해 법률의 유보의 원칙은 형식적인 것으로 변화할 가능성도 갖게 된다. 아울러 입법자는 환경보호의 기술성으로 인해 일반조항 내지 불확정개념을 사용하고 행정입법자에게 광범위한 수권을 할 가능성도 갖는다.

(4) **현대법으로서 환경행정법** 처분법·계획법 그리고 기술적인 법으로서의 2584
환경법은 과학과 기술의 발전을 전제로 하는 것이라는 점에서 환경법은 전통적인 것이 아니라 현대의 법이라 부를 수 있다. 현대법으로서 환경법은 과거의 법과 달리 영원한 미래를 지향하는 법이다.

2. 환경행정법과 헌법

(1) **헌법상 결단** 제5공화국헌법 이래 환경에 관한 사항이 헌법에서 규정 2585
되고 있다. 현행헌법 제35조는 "① 모든 국민은 건강하고 쾌적한 환경에서 생활할 권리를 가지며, 국가와 국민은 환경보전을 위하여 노력하여야 한다.[1] ② 환경권의 내용과 행사에 관하여는 법률로 정한다. ③ 국가는 주택개발정책 등을 통하여 모든 국민이 쾌적한 주거생활을 할 수 있도록 노력하여야 한다"고 규정하고 있다. 말하자면 헌법은 ① 환경권의 기본권성, ② 국가와 국민의 환경보전 의무, ③ 환경권법률주의, ④ 쾌적한 주거생활에 대한 국가의 의무를 규정하고 있다고 하겠다.[2]

(2) **환경행정과 기본권** 기본권은 환경보호행정과 관련하여 3가지의 면에 2586

1) 헌재 2018. 3. 29, 2016헌마795(헌법 제35조 제1항은 "모든 국민은 건강하고 쾌적한 환경에서 생활할 권리를 가지며, 국가와 국민은 환경보전을 위하여 노력하여야 한다"라고 규정하여, 국민의 환경권을 보장함과 아울러 국가와 국민에게 환경보전을 위하여 노력할 의무를 부과하고 있다. 이 헌법조항은 환경정책에 관한 국가적 규제와 조정을 뒷받침하는 헌법적 근거가 되고 (헌재 2007. 12. 27, 2006헌바25), 따라서 이 규정으로부터 대기오염으로 인한 국민건강 및 환경에 대한 위해를 방지하여야 할 국가의 추상적인 의무는 도출될 수 있다. 그러나 이와 같은 국가의 추상적인 의무로부터 청구인들이 주장하는 바와 같이 피청구인이 아우디폭스바겐코리아 주식회사 등에게 자동차교체명령을 하여야 할 구체적이고 특정한 작위의무가 도출된다고는 볼 수 없다).

2) 독일은 1994년에 비로소 기본법개정을 통해 환경보호에 관한 명시적 규정을 두었다. 동법 제20a조는 "국가는 미래세대에 대한 책임을 부담하면서 헌법적 질서의 범위 내에서 입법을 통해 그리고 법률과 권리의 기준에 따른 집행권과 사법권을 통해 자연적인 생활기반을 보호한다"고 규정하고 있다. 동규정은 환경보호에 관한 일반적인 기본권을 규정하고 있는 것이 아니라, 국가의 목표를 정한 규정으로 이해되고 있다(R. Schmidt, Einführung in das Umweltrecht, §2, Rn. 2). 기본권으로서의 환경권은 기본법 제2조에서 도출되고 있다(a.a.O., §2, Rn. 3).

서 관련성을 갖는다. 즉, ① 국가가 환경보호를 위한 처분을 하는 경우(예 : 일정 약품의 판매를 금지하는 법률을 제정함으로서 영업의 자유를 침해하는 경우), 환경권은 개인의 방어권으로서 기능하며, ② 국가가 환경에 부담이 되는 처분을 하는 경우(예 : 지방자치단체가 설치한 정수시설에서 심한 악취가 나는 경우)에도 환경권은 개인의 방어권으로서 기능한다. 그리고 ③ 환경권으로부터 국가가 환경보호를 위한 처분을 하여야 할 보호의무가 나온다(예 : 국가가 환경침해물질을 보관하는 경우, 국가는 그로부터 생겨나는 위험으로부터 개인을 보호하여야 할 의무를 진다).[1)]

3. 환경행정법의 법원(법률의 유보)

2587 환경행정은 국가의 중요문제이다. 이 때문에 환경행정에 관한 기본적인 사항은 법률로 정해져야 한다(중요사항유보설). 법치국가의 원리상 법률은 명확하여야 한다(예측가능성). 그러나 그 명확성은 상당부분이 과학기술수준에 의존될 수 밖에 없다.[2)] 여기서 기술적인 내용의 구체화는 행정규칙에 의해 이루어지는 경우가 생겨나며, 이러한 행정규칙은 규범구체화규칙의 성질을 갖기도 한다. 또한 환경법률은 시와 장소에 적합한 환경정책을 가능하게 하는 탄력적인 것이어야 할 것이다. 현행법제상 환경행정법의 법원은 적지 않다. 가장 근원적인 것은 환경에 관한 헌법규정이다.

2588 환경에 관한 가장 기본적인 법률로는 「환경정책기본법」이 있고, 자연환경의 보전과 관련하여 「자연환경보전법」이 있고, 환경분야에 따라 「소음·진동관리법」, 「물환경보전법」, 「대기환경보전법」과 「오존층보호를 위한 특정물질의 제조규제 등에 관한 법률」, 「화학물질관리법」과 「폐기물관리법」 등이 있다.

제3항 환경행정법상 행위형식

2589 일반행정법상의 행위형식(예 : 행정행위·행정계획 등)이 환경행정법의 영역에서도 적용됨은 당연하다. 다만 여기서는 행위형식의 효과에 따라 침해행위·급부행위·계획행위로 나누어서 보기로 한다.

Ⅰ. 침해행위

2590 환경행정의 목적달성을 위해 개인의 자유와 권리에 대한 침해수단이 도입

1) Arndt, Umweltrecht, in : Stiener(Hrsg.), Besonderes Verwaltungsrecht(13. Aufl.), Rn. 34ff.
2) BVerfGE 49, 133ff.; Breuer, Umweltschutzrecht, in : Schmidt−Aßmann(Hrsg.), Besonderes Verwaltungsrecht(13. Aufl.), Rn. 21.

된다. 침해수단이 아닐지라도 공동체에 중요한 사항이라면 법률의 근거를 요한다.[1] 침해수단의 도입에는 법적 근거를 요한다. 환경법은 환경의무자인 사인에게 작위의무(예 : 일정시설의 운영명령 · 이전명령 · 개선명령 등) · 부작위의무(예 : 조업정지명령 등) · 수인의무(예 : 배출시설검사의 경우)를 부과하기도 하고, 각종 자료의 신고 · 통지 · 보고의무를 부과하기도 할뿐만 아니라 허가유보부 금지(예방적 금지 · 억제적 금지)와 행정감시제도가 활용되기도 한다. 그러한 의무는 환경계획의 수립에 전제가 된다.

① 국가 및 지방자치단체는 환경오염을 줄이기 위한 녹지대, 폐수 · 하수 및 2590a
폐기물의 처리를 위한 시설, 소음 · 진동 및 악취의 방지를 위한 시설, 야생동식물 및 생태계의 보호 · 복원을 위한 시설, 오염된 토양 · 지하수의 정화를 위한 시설 등 환경보전을 위한 공공시설의 설치 · 관리에 필요한 조치를 하여야 한다(환기법 제29조). ② 정부는 환경보전을 위하여 대기오염 · 수질오염 · 토양오염 또는 해양오염의 원인이 되는 물질의 배출, 소음 · 진동 · 악취의 발생, 폐기물의 처리, 일조의 침해 및 자연환경의 훼손에 대하여 필요한 규제를 하여야 한다(환기법 제30조 제1항). ③ 정부는 화학물질에 의한 환경오염과 건강상의 위해를 예방하기 위하여 유해화학물질을 적정하게 관리하기 위한 시책을 마련하여야 한다(환기법 제33조). 이상의 임무수행과 관련하여 「소음 · 진동관리법」, 「물환경보전법」, 「대기환경보전법」, 「화학물질관리법」, 「해양오염방지법」, 「폐기물관리법」 등이 제정되었다.

Ⅱ. 급부행위

침해행정은 급부행정에 의해 보완되기도 한다. 환경행정의 영역에서 급부 2591
행정은 환경보호 · 육성의 견지에서 공적 시설(예 : 하수종말처리장)을 설치하거나 공적인 보조(예 : 환경개선을 위한 보조금지급) · 조언 · 지도 · 보상이 주어지는 경우에 볼 수 있다. 경우에 따라서는 조세상 혜택이 부여될 수도 있다.

Ⅲ. 계획행위

1. 의 의

환경행정작용상 계획수단은 매우 중요한 역할을 수행한다. 원하는 환경의 2592
보호 · 육성의 효과를 가능한 한 최대한으로 확실히 달성하기 위하여 무엇보다도

1) Breuer, Rüdiger, in : E.Schlidt－Aßmann/F. Schoch(Hrsg.), Besonderes Verwaltungsrecht (14. Aufl.), 5.Kap., Rn. 19.

사전대비의 원칙에 의거, 예견가능한 수단과 목적을 결합시킬 수밖에 없기 때문이다. 말하자면 환경계획은 복잡하고 다양한 환경저해요인 및 관계자의 이익을 종합적으로 고려하게 되는바, 예방적 환경정책의 수단의 성격을 갖는다. 환경계획은 환경종합계획(예 : 환경정책기본법상 국가환경종합계획)과 부분별 전문계획(예 : 자연환경보전법상 자연환경보전계획)으로 구분하여 이루어진다.

2. 환경기준

2593 (1) **환경기준의 의의** 학자에[1] 따라서는 환경기준의 의의를 협의(국민의 건강을 보호하고 쾌적한 환경을 조성하기 위하여 달성하고 유지하여야 할 환경의 질적 수준을 수치화한 것)와 광의(협의의 환경기준과 각종 개별법상의 배출허용기준을 포함하는 각종 환경규제의 기준을 정하고 있는 것)로 구분하기도 한다. 환경정책기본법은 환경기준을 국민의 건강을 보호하고 쾌적한 환경을 조성하기 위하여 국가가 달성하고 유지하는 것이 바람직한 환경상의 조건 또는 질적인 수준으로 정의하고 있다(환기법 제3조 제8호).

2594 (2) **환경기준의 설정** 국가는 생태계 또는 인간의 건강에 미치는 영향 등을 고려하여 환경기준을 설정하여야 하며, 환경 여건의 변화에 따라 그 적정성이 유지되도록 하여야 한다(환기법 제12조 제1항). 환경기준은 대통령령으로 정한다(환기법 제12조 제2항). 특별시·광역시·특별자치시·도·특별자치도(이하 "시·도"라 한다)는 해당 지역의 환경적 특수성을 고려하여 필요하다고 인정할 때에는 해당 시·도의 조례로 제1항에 따른 환경기준보다 확대·강화된 별도의 환경기준(이하 "지역환경기준"이라 한다)을 설정 또는 변경할 수 있다(환기법 제12조 제3항). 특별시장·광역시장·특별자치시장·도지사·특별자치도지사(이하 "시·도지사"라 한다)는 제3항에 따라 지역환경기준을 설정하거나 변경한 경우에는 이를 지체 없이 환경부장관에게 통보하여야 한다(환기법 제12조 제4항).

2595 (3) **환경기준의 유지** 국가 및 지방자치단체는 환경에 관계되는 법령을 제정 또는 개정하거나 행정계획의 수립 또는 사업의 집행을 할 때에는 제12조에 따른 환경기준이 적절히 유지되도록 다음 사항(1. 환경 악화의 예방 및 그 요인의 제거, 2. 환경오염지역의 원상회복, 3. 새로운 과학기술의 사용으로 인한 환경오염 및 환경훼손의 예방, 4. 환경오염방지를 위한 재원(財源)의 적정 배분)을 고려하여야 한다(환기법 제13조).

---

1) 고영훈, 환경법, 68쪽.

Ⅳ. 환경영향평가

1. 의 의

환경에 영향을 미치는 계획 또는 사업을 수립·시행할 때에 해당 계획과 사업이 환경에 미치는 영향을 미리 예측·평가하고 환경보전방안 등을 마련하도록 하여 친환경적이고 지속가능한 발전과 건강하고 쾌적한 국민생활을 도모함을 목적으로 환경영향평가법이 제정되어 있다. 이 법률은 전략환경영향평가, 환경영향평가 및 소규모 환경영향평가를 규정하고 있다. 2596

2. 전략환경영향평가

(1) 의 의 전략환경영향평가란 환경에 영향을 미치는 상위계획을 수립할 때에 환경보전계획과의 부합 여부 확인 및 대안의 설정·분석 등을 통하여 환경적 측면에서 해당 계획의 적정성 및 입지의 타당성 등을 검토하여 국토의 지속가능한 발전을 도모하는 것을 말한다(환평법 제2조 제1호). 2597

(2) 대 상 다음 각 호(1. 도시의 개발에 관한 계획, 2. 산업입지 및 산업단지의 조성에 관한 계획, 3. 에너지 개발에 관한 계획, 4. 항만의 건설에 관한 계획, 5. 도로의 건설에 관한 계획, 6. 수자원의 개발에 관한 계획, 7. 철도(도시철도를 포함한다)의 건설에 관한 계획, 8. 공항의 건설에 관한 계획, 9. 하천의 이용 및 개발에 관한 계획, 10. 개간 및 공유수면의 매립에 관한 계획, 11. 관광단지의 개발에 관한 계획, 12. 산지의 개발에 관한 계획, 13. 특정지역의 개발에 관한 계획, 14. 체육시설의 설치에 관한 계획, 15. 폐기물 처리시설의 설치에 관한 계획, 16. 국방·군사 시설의 설치에 관한 계획, 17. 토석·모래·자갈·광물 등의 채취에 관한 계획, 18. 환경에 영향을 미치는 시설로서 대통령령으로 정하는 시설의 설치에 관한 계획)의 어느 하나에 해당하는 계획을 수립하려는 행정기관의 장은 전략환경영향평가를 실시하여야 한다(환평법 제9조 제1항). 2597a

(3) 전략환경영향평가서 초안의 작성 개발기본계획을 수립하는 행정기관의 장은 제11조에 따라 결정된 전략환경영향평가항목등에 맞추어 전략환경영향평가서 초안을 작성한 후 제13조에 따라 주민 등의 의견을 수렴하여야 한다. 다만, 행정기관 외의 자가 제안하여 수립되는 개발기본계획의 경우에는 개발기본계획을 제안하는 자가 전략환경영향평가서 초안을 작성하여 개발기본계획을 수립하는 행정기관의 장에게 제출하여야 한다(환평법 제12조 제1항). 2597b

(4) 주민 등의 의견 수렴 개발기본계획을 수립하려는 행정기관의 장은 개발기본계획에 대한 전략환경영향평가서 초안을 공고·공람하고 설명회를 개최하여 해당 평가 대상지역 주민의 의견을 들어야 한다. 다만, 대통령령으로 정하 2597c

는 범위의 주민이 공청회의 개최를 요구하면 공청회를 개최하여야 한다(환평법 제13조 제1항). 개발기본계획을 수립하려는 행정기관의 장은 개발기본계획이 생태계의 보전가치가 큰 지역, 환경훼손 또는 자연생태계의 변화가 현저하거나 현저하게 될 우려가 있는 지역 등으로서 대통령령으로 정하는 지역을 포함하는 경우에는 관계 전문가 등 평가 대상지역의 주민이 아닌 자의 의견도 들어야 한다(환평법 제13조 제2항). 개발기본계획을 수립하려는 행정기관의 장은 다른 법령에 따른 의견 수렴 절차에서 전략환경영향평가서 초안에 대한 의견을 수렴한 경우에는 제13조에 따른 의견 수렴 절차를 거치지 아니할 수 있다(환평법 제14조).

3. 환경영향평가

2598 (1) 의 의 환경영향평가란 환경에 영향을 미치는 실시계획·시행계획 등의 허가·인가·승인·면허 또는 결정 등(이하 "승인등"이라 한다)을 할 때에 해당 사업이 환경에 미치는 영향을 미리 조사·예측·평가하여 해로운 환경영향을 피하거나 제거 또는 감소시킬 수 있는 방안을 마련하는 것을 말한다(환평법 제2조 제2호).

2598a (2) 대 상 다음 각 호(1. 도시의 개발사업, 2. 산업입지 및 산업단지의 조성사업, 3. 에너지 개발사업, 4. 항만의 건설사업, 5. 도로의 건설사업, 6. 수자원의 개발사업, 7. 철도(도시철도를 포함한다)의 건설사업, 8. 공항의 건설사업, 9. 하천의 이용 및 개발 사업, 10. 개간 및 공유수면의 매립사업, 11. 관광단지의 개발사업, 12. 산지의 개발사업, 13. 특정 지역의 개발사업, 14. 체육시설의 설치사업, 15. 폐기물 처리시설의 설치사업, 16. 국방·군사 시설의 설치사업, 17. 토석·모래·자갈·광물 등의 채취사업, 18. 환경에 영향을 미치는 시설로서 대통령령으로 정하는 시설의 설치사업)의 어느 하나에 해당하는 사업(이하 "환경영향평가대상사업"이라 한다)을 하려는 자(이하 이 장에서 "사업자"라 한다)는 환경영향평가를 실시하여야 한다(환평법 제22조 제1항).

2598b (3) **평가항목·범위 등의 결정** 승인등을 받지 아니하여도 되는 사업자는 환경영향평가를 실시하기 전에 평가준비서를 작성하여 대통령령으로 정하는 기간 내에 환경영향평가협의회의 심의를 거쳐 다음 각 호(1. 환경영향평가 대상지역, 2. 환경보전방안의 대안, 3. 평가 항목·범위·방법 등)의 사항(이하 이 장에서 "환경영향평가항목등"이라 한다)을 결정하여야 한다(환평법 제24조 제1항).

2598c (4) **주민 등의 의견 수렴** 사업자는 제24조에 따라 결정된 환경영향평가항목등에 따라 환경영향평가서 초안을 작성하여 주민 등의 의견을 수렴하여야 한다(환평법 제25조 제1항). 사업자가 제1항에 따른 환경영향평가서 초안에 대하여 다른 법령에 따라 주민 등의 의견을 20일 이상 수렴하는 등 제2항의 절차에 준하

여 수렴한 경우에는 제1항에 따라 주민 등의 의견을 수렴한 것으로 본다(환평법 제25조 제3항). 사업자는 제1항 및 제3항에 따른 주민 등의 의견 수렴 결과와 반영 여부를 대통령령으로 정하는 방법에 따라 공개하여야 한다(환평법 제25조 제4항).

4. 소규모 환경영향평가

(1) 의 의 소규모 환경영향평가란 환경보전이 필요한 지역이나 난개발 2599a
이 우려되어 계획적 개발이 필요한 지역에서 개발사업을 시행할 때에 입지의 타당성과 환경에 미치는 영향을 미리 조사·예측·평가하여 환경보전방안을 마련하는 것을 말한다(환평법 제2조 제3호).

(2) 대 상 다음 각 호(1. 보전이 필요한 지역과 난개발이 우려되어 환경보전을 2599b
고려한 계획적 개발이 필요한 지역으로서 대통령령으로 정하는 지역(이하 "보전용도지역"이라 한다)에서 시행되는 개발사업, 2. 환경영향평가 대상사업의 종류 및 범위에 해당하지 아니하는 개발사업으로서 대통령령으로 정하는 개발사업) 모두에 해당하는 개발사업(이하 "소규모 환경영향평가 대상사업"이라 한다)을 하려는 자(이하 이 장에서 "사업자"라 한다)는 소규모 환경영향평가를 실시하여야 한다(환평법 제43조 제1항). 제1항에도 불구하고 다음 각 호(1. 「재난 및 안전관리 기본법」 제37조에 따른 응급조치를 위한 사업, 2. 국방부장관이 군사상 고도의 기밀보호가 필요하거나 군사작전의 긴급한 수행을 위하여 필요하다고 인정하여 환경부장관과 협의한 개발사업, 3. 국가정보원장이 국가안보를 위하여 고도의 기밀보호가 필요하다고 인정하여 환경부장관과 협의한 개발사업)의 어느 하나에 해당하는 개발사업은 소규모 환경영향평가 대상에서 제외한다(환평법 제43조 제2항).

(3) 소규모 환경영향평가서의 작성 및 협의 요청 등 승인등을 받아야 하는 2599c
사업자는 소규모 환경영향평가 대상사업에 대한 승인등을 받기 전에 소규모 환경영향평가서를 작성하여 승인기관의 장에게 제출하여야 한다(환평법 제44조 제1항). 승인기관장등은 소규모 환경영향평가 대상사업에 대한 승인등을 하거나 대상사업을 확정하기 전에 환경부장관에게 소규모 환경영향평가서를 제출하고 소규모 환경영향평가에 대한 협의를 요청하여야 한다(환평법 제44조 제2항).

(4) 소규모 환경영향평가서의 검토 및 통보 환경부장관은 제44조 제2항에 2599d
따라 협의를 요청받은 경우에는 협의 요청 절차의 적합성과 소규모 환경영향평가서의 내용 등을 검토한 후 협의를 요청받은 날부터 대통령령으로 정하는 기간 이내에 협의 내용을 승인기관장등에게 통보하여야 한다(환평법 제45조 제1항).

5. 권리보호(원고적격)

대법원은 환경영향평가제도에 의하여 보호되는 주민의 이익을 행정소송법 2600

第12조가 정하는 원고적격을 가져다 주는 법률상 이익으로 보았다.[1)2)] 이러한 판례의 태도로 인해 환경법분야에서 원고적격은 상당히 확대되었다고 하겠다.

6. 환경영향평가의 하자

2600a (1) **환경영향평가의 하자와 사업계획승인처분의 관계** 환경영향평가는 환경영향평가대상이 되는 사업의 실시를 위한 사업계획승인처분의 절차로서의 성격을 가진다. 따라서 환경영향평가의 하자는 실체(내용)상 하자든 절차상 하자든 사업계획승인처분의 절차상 하자로서의 성질을 갖는다.[3)]

(2) **환경영향평가의 하자의 종류**

2600b (가) **환경영향평가 자체를 결한 하자** 법령상 환경영향평가가 행해져야 함에도 불구하고 환경영향평가가 행해지지 않고 대상사업계획승인처분이 내려진 경우 사업승인은 위법하며 중대, 명백한 하자로 무효이다.[4)]

2600c (나) **절차(형식)상 하자** ① 환경영향평가대상사업임에도 불구하고 의견수렴절차나 환경부장관의 협의절차 등 환경영향평가절차가 전혀 행하여지지 않았음에도 사업계획승인처분이 이루어진 경우 당해 사업계획승인처분은 위법하며,[5)]

---

1) 대판 2015. 12. 10, 2011두32515(행정처분의 직접 상대방이 아닌 사람으로서 그 처분에 의하여 자신의 환경상 이익이 침해받거나 침해받을 우려가 있다는 이유로 취소소송을 제기하는 제3자는, 자신의 환경상 이익이 그 처분의 근거 법규 또는 관련 법규에 의하여 개별적·직접적·구체적으로 보호되는 이익, 즉 법률상 보호되는 이익임을 증명하여야 원고적격이 인정된다).

2) 대판 2015. 12. 10, 2011두32515(그 영향권 내의 주민들은 해당 처분으로 인하여 직접적이고 중대한 환경피해를 입으리라고 예상할 수 있고, 이와 같은 환경상의 이익은 주민 개개인에 대하여 개별적으로 보호되는 직접적·구체적 이익으로서 그들에 대하여는 특단의 사정이 없는 한 환경상 이익에 대한 침해 또는 침해 우려가 있는 것으로 사실상 추정되어 법률상 보호되는 이익으로 인정될 수 있으므로 원고적격이 인정된다); 대판 2015. 12. 10, 2011두32515(그 영향권 밖의 주민들은 해당 처분으로 인하여 그 처분 전과 비교하여 수인한도를 넘는 환경 피해를 받거나 받을 우려가 있다는 자신의 환경상 이익에 대한 침해 또는 침해 우려가 있음을 증명하여야만 법률상 보호되는 이익으로 인정되어 원고적격이 인정된다).

3) 박균성, 행정법론(하), 867쪽(2019).

4) 대판 2006. 6. 30, 2005두14363(환경영향평가를 거쳐야 할 대상사업에 대하여 환경영향평가를 거치지 아니하였음에도 불구하고 승인 등 처분이 이루어진다면, 사전에 환경영향평가를 함에 있어 평가대상지역 주민들의 의견을 수렴하고 그 결과를 토대로 하여 환경부장관과의 협의내용을 사업계획에 미리 반영시키는 것 자체가 원천적으로 봉쇄되는바, 이렇게 되면 환경파괴를 미연에 방지하고 쾌적한 환경을 유지·조성하기 위하여 환경영향평가제도를 둔 입법 취지를 달성할 수 없게 되는 결과를 초래할 뿐만 아니라 환경영향평가대상지역 안의 주민들의 직접적이고 개별적인 이익을 근본적으로 침해하게 되므로, 이러한 행정처분의 하자는 법규의 중요한 부분을 위반한 중대한 것이고 객관적으로도 명백한 것이라고 하지 않을 수 없어, 이와 같은 행정처분은 당연무효이다).

5) 김동희, 행정법(Ⅱ), 526쪽(2019); 박균성, 행정법론(하), 871쪽(2019). 대판 2015. 12. 10, 2011두32515(환경영향평가법령에서 정한 환경영향평가를 거쳐야 할 대상사업에 대하여 그러한 환경영향평가를 거치지 아니하였음에도 승인 등 처분을 하였다면 그 처분은 위법하다. 그렇지만 그러한 절차를 거쳤다면, 비록 그 환경영향평가의 내용이 다소 부실하다 하더라도, 그 부실의

중대·명백한 하자로 무효라고 보아야 한다.[1] 반면 ② 환경영향평가절차는 행해졌지만 절차에 하자가 있거나 의견수렴이 부실하였던 경우에는 절차상 하자가 경미한 경우에는 사업계획승인처분은 취소사유가 되지는 않지만, 절차상 하자가 중요한 경우에는 사업계획승인처분은 독립된 취소사유가 된다는 견해가[2] 있다. 그리고 ③ 환경부장관의 협의절차를 거쳐야 하는 경우 협의는 했지만, 환경부장관의 반대에도 불구하고 사업계획을 승인한 경우에는 당해처분이 위법하게 되지는 않는다.[3]

(다) 실체(내용)상 하자 판례는 환경영향평가의 내용이 다소 부실하다 하더 2600d
라도, 그 부실의 정도가 환경영향평가제도를 둔 입법 취지를 달성할 수 없을 정도이어서 환경영향평가를 하지 아니한 것과 다를 바 없는 정도의 것이 아닌 이상 그 부실은 당해 승인 등 처분에 재량권 일탈·남용의 위법이 있는지 여부를 판단하는 하나의 요소로 됨에 그칠 뿐, 그 부실로 인하여 당연히 당해 승인 등 처분이 위법하게 되는 것이 아니라고 한다.[4] 반면 환경영향평가의 내용상 부실이 신청된 사업계획의 승인여부의 결정에 중대한 영향을 미치는 경우 환경영향

정도가 환경영향평가 제도를 둔 입법 취지를 달성할 수 없을 정도이어서 환경영향평가를 하지 아니한 것과 다를 바 없는 정도의 것이 아닌 이상, 그 부실은 해당 승인 등 처분에 재량권 일탈·남용의 위법이 있는지 여부를 판단하는 하나의 요소로 됨에 그칠 뿐, 그 부실로 인하여 당연히 해당 승인 등 처분이 위법하게 되는 것이 아니다).

1) 대판 2006. 6. 30, 2005두14363(구 환경영향평가법(1999. 12. 31. 법률 제6095호 환경·교통·재해 등에 관한 영향평가법 부칙 제2조로 폐지) 제1조, 제3조, 제9조, 제16조, 제17조, 제27조 등의 규정 취지는 환경영향평가를 실시하여야 할 사업(이하 '대상사업'이라 한다)이 환경을 해치지 아니하는 방법으로 시행되도록 함으로써 당해 사업과 관련된 환경공익을 보호하려는 데 그치는 것이 아니라, 당해 사업으로 인하여 직접적이고 중대한 환경피해를 입으리라고 예상되는 환경영향평가대상지역 안의 주민들이 전과 비교하여 수인한도를 넘는 환경침해를 받지 아니하고 쾌적한 환경에서 생활할 수 있는 개별적 이익까지도 보호하려는 데에 있는 것이다. 그런데 환경영향평가를 거쳐야 할 대상사업에 대하여 환경영향평가를 거치지 아니하였음에도 불구하고 승인 등 처분이 이루어진다면, 사전에 환경영향평가를 함에 있어 평가대상지역 주민들의 의견을 수렴하고 그 결과를 토대로 하여 환경부장관과의 협의내용을 사업계획에 미리 반영시키는 것 자체가 원천적으로 봉쇄되는바, 이렇게 되면 환경파괴를 미연에 방지하고 쾌적한 환경을 유지·조성하기 위하여 환경영향평가제도를 둔 입법 취지를 달성할 수 없게 되는 결과를 초래할 뿐만 아니라 환경영향평가대상지역 안의 주민들의 직접적이고 개별적인 이익을 근본적으로 침해하게 되므로, 이러한 행정처분의 하자는 법규의 중요한 부분을 위반한 중대한 것이고 객관적으로도 명백한 것이라고 하지 않을 수 없어, 이와 같은 행정처분은 당연무효이다).

2) 박균성, 행정법론(하), 871쪽(2019).

3) 대판 2001. 7. 27, 99두2970(국립공원 관리청이 국립공원 집단시설지구개발사업과 관련하여 그 시설물기본설계 변경승인처분을 함에 있어서 환경부장관과의 협의를 거친 이상, 환경영향평가서의 내용이 환경영향평가제도를 둔 입법 취지를 달성할 수 없을 정도로 심히 부실하다는 등의 특별한 사정이 없는 한, 공원관리청이 환경부장관의 환경영향평가에 대한 의견에 반하는 처분을 하였다고 하여 그 처분이 위법하다고 할 수는 없다).

4) 대판 2001. 6. 29, 99두9902.

평가의 부실은 사업계획승인처분의 위법사유가 된다는 견해도[1] 있다.

Ⅴ. 환경공과금

2601 환경의 유지·개선을 위한 공과금의 부과가 환경행정의 행위형식의 하나로 도입되기도 한다(예 : 하수도료의 부과·징수). 환경공과금의 부과는 침해행위의 일종이지만, 그 자체가 갖는 의미를 고려하여 별도로 다루는 것도 방법론상 가능하다.[2] 환경관련 공과금 중에서 보다 특별한 의미를 갖는 것은 환경개선부담금이다.[3] 환경개선을 위한 대책을 종합적·체계적으로 추진하고 이에 따른 투자재원을 합리적으로 조달하여 환경개선을 촉진함으로써 국가의 지속적인 발전의 기반이 되는 쾌적한 환경의 조성에 이바지함을 목적으로 「환경개선비용 부담법」이 제정되어 있다. 환경부장관은 경유를 연료로 사용하는 자동차의 소유자로부터 환경개선부담금(이하 "개선부담금"이라 한다)을 부과·징수한다(환경개선비용 부담법 제9조 제1항).

Ⅵ. 비정식적 행정작용(경고와 지도)

2602 행정실제상 환경보호·건강보호를 위해 비정식적 행정작용인 행정상 경고와 지도가 보다 큰 의미를 얻어가고 있다. 행정상 경고와 지도는 사실행위로서 비명령적이며, 단순공행정작용에 해당한다. 행정상 경고와 지도는 사인에게 정보제공·조언·설득의 의미를 갖는다. 행정상 경고와 지도도 침해의 성격을 갖는 경우(예 : 품질평가리스트의 공개로 인한 직업선택의 자유침해)에는 법률상의 근거를 요한다고 볼 것이다.[4] 이러한 비정식적 행정작용은 환경행정의 탄력성·효율성에 유익하고, 경비와 시간의 절약에 기여하며, 법적 분쟁을 미연에 감소시키는 효과도 갖는다. 그러나 구속성이 없다는 점, 따라서 사법적 통제가능성(권리보호가능성)이 희박하다는 점에서, 그리고 제3자의 이익이 무시되거나 존중되지 아니

1) 박균성, 행정법론(하), 869쪽(2019).
2) R. Schmidt, Einführung in das Umweltrecht, § 1, Rn. 32ff.
3) 헌재 2022. 6. 30, 2019헌바440(환경개선부담금은 부담금의 부과를 통해 대기오염물질 배출을 억제하고 환경개선을 위한 투자재원을 합리적으로 조달한다는 특정한 공적 과제의 수행을 목적으로 하고, '경유차 소유자'라는 특정 부류의 집단에만 특정한 반대급부 없이 강제적·일률적으로 부과된다. 또한, 징수된 환경개선부담금은 '환경개선특별회계'로 편입되어, 별도로 관리·운영되고(법 제19조, 환경정책기본법 제46조 제14호), 법이 정하는 제한된 용도로만 지출된다(법 제11조). 이러한 점을 종합적으로 고려할 때, 환경개선부담금은 조세와는 그 목적과 기능이 구별되므로, '조세'가 아닌 '부담금'이라고 볼 수 있다).
4) BVerwGE 71, 193; Breuer, Umweltschutzrecht, in : Schmidt－Aßmann(Hrsg.), Besonderes Verwaltungsrecht(13. Aufl.), Rn. 84.

하는 가능성도 갖는다는 점에서 문제점을 갖는다.

Ⅶ. 환경정보

1. 환경정보청구권

사인이 환경보호에 효과적으로 협력할 수 있기 위해서는 사인이 행정주체 2603
가 보유하는 환경정보에 용이하게 접근할 수 있어야 한다(환기법 제20조, 제24조 등). 환경정보에 대한 용이한 접근은 환경정책에 대한 효과적인 통제의 전제가 되는 것이기도 하다. 환경정보의 청구에 관한 법적 근거로 행정절차법상 문서열람청구권에 관한 규정(절차법 제37조 제1항)과 공공기관의 정보공개에 관한 법률상 정보공개청구권에 관한 규정(공개법 제5조 제1항)을 들 수 있다. 후자의 규정이 일반법적인 성질을 갖는다. 전자의 문서열람청구권은 청문절차에만 적용되는 제한적인 규정이다. 국가에 따라서는 환경정보에 관한 법률을 따로 두기도 한다(예 : 독일의 환경정보법).

2. 환경정보의 보급·교육

환경부장관은 모든 국민에게 환경보전에 관한 지식·정보를 보급하고, 국민 2604
이 환경에 관한 정보에 쉽게 접근할 수 있도록 노력하여야 한다(환기법 제24조 제1항). 국가 및 지방자치단체는 환경보전에 관한 교육과 홍보 등을 통하여 국민의 환경보전에 대한 이해를 깊게 하고 국민 스스로 환경보전에 참여하며 일상생활에서 이를 실천할 수 있도록 필요한 시책을 수립·추진하여야 한다(환기법 제25조).

제 4 항 권리보호와 환경분쟁조정

Ⅰ. 권리보호

1. 절차적 보호

환경행정의 영역에서도 국가의 침해로부터 개인의 권리를 보호하는 것은 2605
중요한 문제이다. 개인의 권리보호는 먼저 적합한 절차의 확보를 통해 보호되어야 한다. 환경에 침해를 가져오는 환경관련정책이나 처분을 함에 있어서는 청문회·공청회가 활용되어야 한다. 주민의 참여는 합리적인 결정에 유익할 것이다. 그리고 주민들의 효과적인 참여를 위해 관련 행정기관은 환경관련정보를 있는 그대로 주민들에게 공개하여야 할 것이다.

2. 손해전보

2606 환경행정의 영역에서 공무원의 위법한 직무집행행위로 인하여 사인이 손해를 입거나, 영조물의 설치·관리상의 하자로 인해 손해를 입으면, 국가배상법이 정하는 바에 따라 손해배상을 청구할 수 있다. 사인간의 피해분쟁과 관련하여서는 특별절차로서 환경분쟁조정절차가 있다. 한편, 국가나 지방자치단체가 환경행정의 영역에서 적법한 행위로 인하여 사인의 재산권에 특별한 희생을 가한다면 손실보상을 청구할 수 있다.

3. 행정쟁송

2607 환경행정상 처분으로 인해 자신의 법률상 이익이 침해된 자는 개별법률에 특별한 규정이 없는 한, 행정심판법과 행정소송법이 정하는 바에 따라 행정심판과 행정소송을 제기할 수 있다. 환경행정상 처분은 제3자효를 갖는 경우가 적지 아니하므로, 제3자에 의한 행정심판과 행정소송의 제기는 환경행정의 영역에서 특히 의미를 갖는다. 한편, 환경은 공동체구성원 모두의 삶의 터전인 까닭에 직접적으로 자기의 법률상 이익이 침해되지 아니한 경우라고 하더라도 소속 공동체를 위하여 행정쟁송을 제기할 수 있는 길이 모색되어야 할 것이다. 말하자면 시민소송이나 단체소송의 도입이 필요할 것이다.

4. 행정개입청구권(환경규제조치발령청구권)

2608 (1) 의 의 수질환경보전법 등 환경법에서 정하는 사업자가 당해 법률에서 금지하는 행위를 하거나 요구되는 행위를 하지 아니하는 경우, 권한행정청은 관련법률이 정하는 바에 따라 필요한 조치(예 : 개선명령·조업정지명령·시설이전명령)를 할 수 있다. 그런데 권한행정청이 필요한 조치를 취하지 아니하면, 이로 인해 피해를 입게 되는 인근주민 등이 필요한 조치를 취할 것을 청구할 수 있는가의 문제가 발생한다. 이것이 소위 행정개입청구권으로서 환경규제조치발령청구권의 문제이다.

2609 (2) 인정여부 관련법령이 규제조치의 발령을 행정청의 의무로 규정하고 동시에 사익보호도 고려하고 있다면, 사인은 행정개입청구권을 갖는다고 볼 것이다. 다만 행정청의 의무로 된 행위가 기속행위라면 주민은 특정행위(특정한 조치)의 발령청구권을 갖는다. 재량행위에 있어서 재량이 영으로 수축되는 경우라면 기속행위의 경우와 동일한 것이 된다.

2610 (3) 권리의 실현 권한행정청이 주민의 신청을 받아 거부한다면 취소소송

의 제기를 통해 다툴 수 있고, 주민의 신청에 대하여 상당한 부작위로 일관한다면 부작위위법확인소송을 제기할 수도 있다. 물론 항고소송의 제기와 별도로 의무이행심판을 제기할 수도 있다.

Ⅱ. 환경분쟁조정

1. 의 의

국가 및 지방자치단체는 환경오염 또는 환경훼손으로 인한 분쟁이나 그 밖에 환경 관련 분쟁이 발생한 경우에 그 분쟁이 신속하고 공정하게 해결되도록 필요한 시책을 마련하여야 한다(환기법 제42조). 국가 및 지방자치단체는 환경오염 또는 환경훼손으로 인한 피해를 원활하게 구제하기 위하여 필요한 시책을 마련하여야 한다(환기법 제43조). 이에 의거 환경분쟁의 알선·조정·재정 및 중재의 절차 등을 규정함으로써 환경분쟁을 신속·공정하고 효율적으로 해결하여 환경을 보전하고 국민의 건강 및 재산상의 피해를 구제함을 목적으로 「환경분쟁조정법」이 제정되어 있다. 2611

2. 환경분쟁조정위원회

제5조에 따른 사무[1. 환경분쟁(이하 "분쟁"이라 한다)의 조정. 다만, 다음 각 목(가. 「건축법」 제2조 제1항 제8호의 건축으로 인한 일조 방해 및 조망 저해와 관련된 분쟁 : 그 건축으로 인한 다른 분쟁과 복합되어 있는 경우, 나. 지하수 수위 또는 이동경로의 변화와 관련된 분쟁 : 공사 또는 작업(「지하수법」에 따른 지하수의 개발·이용을 위한 공사 또는 작업은 제외한다)으로 인한 경우)의 어느 하나에 해당하는 분쟁의 조정은 해당 목에서 정하는 경우만 해당한다. 2. 환경피해와 관련되는 민원의 조사, 분석 및 상담, 3. 분쟁의 예방 및 해결을 위한 제도와 정책의 연구 및 건의, 4. 환경피해의 예방 및 구제와 관련된 교육, 홍보 및 지원, 5. 그 밖에 법령에 따라 위원회의 소관으로 규정된 사항]를 관장하기 위하여 환경부에 중앙환경분쟁조정위원회(이하 "중앙조정위원회"라 한다)를 설치하고, 특별시·광역시·특별자치시·도·특별자치도(이하 "시·도"라 한다)에 지방환경분쟁조정위원회(이하 "지방조정위원회"라 한다)를 설치한다(분쟁법 제4조). 2612

3. 분쟁조정

(1) **조정의 신청과 합의의 권고** 조정을 신청하려는 자는 제6조에 따른 관할 위원회에 알선·조정(調停)·재정 또는 중재 신청서를 제출하여야 한다(분쟁법 제16조 제1항). 위원회는 조정신청이 적법하지 아니한 경우에는 적절한 기간을 정하여 그 기간 내에 흠을 바로 잡을 것을 명할 수 있다(분쟁법 제17조 제1항). 2613

2613a (2) **알 선** 위원회에 의한 알선은 3명 이내의 위원(이하 "알선위원"이라 한다)이 한다(분쟁법 제27조 제1항). 알선위원은 당사자 양쪽이 주장하는 요점을 확인하여 사건이 공정하게 해결되도록 노력하여야 한다(분쟁법 제28조). 알선위원은 알선으로는 분쟁 해결의 가능성이 없다고 인정할 때에는 알선을 중단할 수 있다(분쟁법 제29조 제1항).

2613b (3) **조 정** 중앙조정위원회는 환경오염으로 인한 사람의 생명·신체에 대한 중대한 피해, 제2조 제2호의 환경시설의 설치 또는 관리와 관련된 다툼 등 사회적으로 파급효과가 클 것으로 우려되는 분쟁에 대하여는 당사자의 신청이 없는 경우에도 직권으로 조정절차를 시작할 수 있다(분쟁법 제30조 제1항). 조정위원회는 해당 조정사건에 관하여 당사자 간에 합의가 이루어질 가능성이 없다고 인정할 때에는 조정을 하지 아니한다는 결정으로 조정을 종결시킬 수 있다(분쟁법 제35조 제1항).

(4) **재 정**

2614 (가) **재정위원회** 재정은 5명의 위원으로 구성되는 위원회(이하 "재정위원회"라 한다)에서 한다. 다만, 다음 각 호(1. 다수인의 생명·신체에 중대한 피해가 발생한 분쟁이나 제2조 제2호에 따른 환경시설의 설치 또는 관리와 관련된 다툼 등 사회적으로 파급효과가 클 것으로 우려되는 사건으로서 대통령령으로 정하는 사건 : 10명 이상의 위원으로 구성되는 재정위원회, 2. 대통령령으로 정하는 경미한 사건 : 3명의 위원으로 구성되는 재정위원회)에 해당하는 사건의 재정은 해당 호에서 정한 재정위원회에서 할 수 있다(분쟁법 제36조 제1항).

2614a (나) **심문·재정** 재정위원회는 심문의 기일을 정하여 당사자에게 의견을 진술하게 하여야 한다(분쟁법 제37조 제1항). 재정은 문서로써 하여야 하며, 재정문서에는 다음 각 호[1. 사건번호와 사건명, 2. 당사자, 선정대표자, 대표당사자 및 대리인의 주소 및 성명(법인의 경우에는 명칭을 말한다), 3. 주문, 4. 신청의 취지, 5. 이유, 6. 재정한 날짜]의 사항을 적고 재정위원이 기명날인하여야 한다(분쟁법 제40조 제1항).

2614b (다) **소송과의 관계** 재정이 신청된 사건에 대한 소송이 진행 중일 때에는 수소법원(受訴法院)은 재정이 있을 때까지 소송절차를 중지할 수 있다(분쟁법 제45조 제1항). 재정위원회는 제1항에 따른 소송절차의 중지가 없는 경우에는 해당 사건의 재정절차를 중지하여야 한다(분쟁법 제45조 제2항 본문). 다만, 제4항에 따라 원인재정을 하는 경우는 제외한다(분쟁법 제45조 제2항 단서). 환경분쟁에 대한 소송과 관련하여 수소법원은 분쟁의 인과관계 여부를 판단하기 위하여 필요한 경우에는 중앙조정위원회에 원인재정을 촉탁할 수 있다. 이 경우 제16조 제1항

에 따른 당사자의 신청이 있는 것으로 본다(분쟁법 제45조 제4항 단서).

⑸ **무과실책임** 환경오염 또는 환경훼손으로 피해가 발생한 경우에는 해 2615
당 환경오염 또는 환경훼손의 원인자가 그 피해를 배상하여야 한다(환기법 제44조 제1항). 환경오염 또는 환경훼손의 원인자가 둘 이상인 경우에 어느 원인자에 의하여 제1항에 따른 피해가 발생한 것인지를 알 수 없을 때에는 각 원인자가 연대하여 배상하여야 한다(환기법 제44조 제2항).

제 2 절 영역별 환경행정

제 1 항 자연환경의 보전과 야생 동·식물의 보호

1. 자연환경보전법

자연환경을 인위적 훼손으로부터 보호하고, 생태계와 자연경관을 보전하는 2616
등 자연환경을 체계적으로 보전·관리함으로써 자연환경의 지속가능한 이용을 도모하고, 국민이 쾌적한 자연환경에서 여유 있고 건강한 생활을 할 수 있도록 함을 목적으로 자연환경보전법이 제정되어 있다.

⑴ **자연환경보전기본원칙** 자연환경은 다음의 기본원칙(1. 자연은 모든 국민 2617
의 자산으로서 공익에 적합하게 보전되고 현재와 장래의 세대를 위하여 지속가능하게 이용되어야 한다. 2. 자연환경보전은 국토의 이용과 조화·균형을 이루어야 한다. 3. 자연생태와 자연경관은 인간 활동과 자연의 기능 및 생태적 순환이 촉진되도록 보전·관리되어야 한다. 4. 모든 국민이 자연환경보전에 참여하고 자연을 건전하게 이용할 수 있는 기회가 증진되어야 한다. 5. 자연자원을 이용하거나 개발하는 때에는 생태적 균형이 파괴되거나 그 가치가 저하되지 아니하도록 하여야 한다. 다만, 자연생태와 자연경관이 파괴·훼손되거나 침해되는 때에는 최대한 복원·복구되도록 노력하여야 한다. 6. 자연환경보전에 따르는 부담은 공평하게 분담되어야 하며, 자연으로부터 얻어지는 혜택은 지역주민과 이해관계인이 우선하여 누릴 수 있도록 하여야 한다. 7. 자연환경보전과 자연환경의 지속가능한 이용을 위한 국제협력은 증진되어야 한다)에 따라 보전되어야 한다(자보법 제3조).

⑵ **자연환경보전기본방침** 환경부장관은 제1조에 따른 목적 및 제3조에 2618
따른 자연환경보전의 기본원칙을 실현하기 위하여 관계중앙행정기관의 장 및 특별시장·광역시장·특별자치시장·도지사·특별자치도지사(이하 "시·도지사"라 한다)의 의견을 듣고 「환경정책기본법」 제58조에 따른 환경정책위원회(이하 "중앙환경정책위원회"라 한다) 및 국무회의의 심의를 거쳐 자연환경보전을 위한 기본방침(이하 "자연환경보전기본방침"이라 한다)을 수립하여야 한다(자보법 제6조 제1항).

2619 ⑶ **자연환경보전기본계획** 환경부장관은 전국의 자연환경보전을 위한 기본계획(이하 "자연환경보전기본계획"이라 한다)을 10년마다 수립하여야 한다(자보법 제8조 제1항). 환경부장관은 자연환경보전기본계획을 수립함에 있어서 미리 관계중앙행정기관의 장과 협의를 거쳐야 한다. 이 경우 자연환경보전기본방침과 제6조 제4항의 규정에 의하여 관계중앙행정기관의 장 및 시·도지사가 통보하는 추진방침 또는 실천계획을 고려하여야 한다(자보법 제8조 제3항). 자연환경보전기본계획은 중앙환경정책위원회의 심의를 거쳐 확정한다(자보법 제8조 제2항).

2. 생태·경관보전지역의 관리

2620 ⑴ **생태·경관보전지역의 지정** 환경부장관은 다음 각 호(1. 자연상태가 원시성을 유지하고 있거나 생물다양성이 풍부하여 보전 및 학술적 연구가치가 큰 지역, 2. 지형 또는 지질이 특이하여 학술적 연구 또 는 자연경관의 유지를 위하여 보전이 필요한 지역, 3. 다양한 생태계를 대표할 수 있는 지역 또는 생태계의 표본지역, 4. 그 밖에 하천·산간계곡 등 자연경관이 수려하여 특별히 보전할 필요가 있는 지역으로서 대통령령이 정하는 지역)의 어느 하나에 해당하는 지역으로서 자연생태·자연경관을 특별히 보전할 필요가 있는 지역을 생태·경관보전지역으로 지정할 수 있다(자보법 제12조 제1항).

2621 ⑵ **생태·경관보전지역에서의 행위제한 등** 누구든지 생태·경관보전지역 안에서는 다음 각 호[1. 핵심구역 안에서 야생동·식물을 포획·채취·이식(移植)·훼손하거나 고사(枯死)시키는 행위 또는 포획하거나 고사시키기 위하여 화약류·덫·올무·그물·함정 등을 설치하거나 유독물·농약 등을 살포·주입(注入)하는 행위, 2. 건축물 그 밖의 공작물(이하 "건축물등"이라 한다)의 신축·증축(생태·경관보전지역 지정 당시의 건축연면적의 2배 이상 증축하는 경우에 한한다) 및 토지의 형질변경, 3. 하천·호소 등의 구조를 변경하거나 수위 또는 수량에 증감을 가져오는 행위, 4. 토석의 채취, 5. 그 밖에 자연환경보전에 유해하다고 인정되는 행위로서 대통령령이 정하는 행위]의 어느 하나에 해당하는 자연생태 또는 자연경관의 훼손행위를 하여서는 아니 된다(자보법 제15조 제1항 본문). 다만, 생태·경관보전지역 안에 자연공원법에 의하여 지정된 공원구역 또는 문화유산의 보존 및 활용에 관한 법률에 의한 문화유산(보호구역을 포함한다)이 포함된 경우에는 자연공원법 또는 문화유산의 보존 및 활용에 관한 법률이 정하는 바에 의한다(자보법 제15조 제1항 단서).

2622 ⑶ **생태·경관보전지역에서의 금지행위** 누구든지 생태·경관보전지역 안에서 다음 각 호[1. 「물환경보전법」 제2조의 규정에 의한 특정수질유해물질, 폐기물관리법 제2조의 규정에 의한 폐기물 또는 「화학물질관리법」 제2조에 따른 유독물질을 버리는 행위, 2. 환경부령이 정하는 인화물질을 소지하거나 환경부장관이 지정하는 장소 외에서 취사 또는 야

영을 하는 행위(핵심구역 및 완충구역에 한한다), 3. 자연환경보전에 관한 안내판 그 밖의 표지물을 오손 또는 훼손하거나 이전하는 행위, 4. 그 밖에 생태·경관보전지역의 보전을 위하여 금지하여야 할 행위로서 풀·나무의 채취 및 벌채 등 대통령령이 정하는 행위]의 어느 하나에 해당하는 행위를 하여서는 아니 된다. 다만, 군사목적을 위하여 필요한 경우, 천재·지변 또는 이에 준하는 대통령령이 정하는 재해가 발생하여 긴급한 조치가 필요한 경우에는 그러하지 아니하다(자보법 제16조).

3. 생물다양성의 보전

(1) **자연환경조사** 환경부장관은 관계중앙행정기관의 장과 협조하여 5년 2623
마다 전국의 자연환경을 조사하여야 한다(자보법 제30조 제1항). 환경부장관은 관계중앙행정기관의 장과 협조하여 생태·자연도에서 1등급 권역으로 분류된 지역과 자연상태의 변화를 특별히 파악할 필요가 있다고 인정되는 지역에 대하여 2년마다 자연환경을 조사할 수 있다(자보법 제30조 제2항).

(2) **자연환경조사원** 환경부장관 또는 지방자치단체의 장은 제30조의 자 2624
연환경조사 또는 제31조에 따른 정밀·보완조사와 그 밖의 자연환경에 대한 조사를 실시하기 위하여 필요한 경우에는 조사기간중 자연환경조사원(이하 "조사원"이라 한다)을 둘 수 있다(자보법 제32조 제2항).

(3) **생물다양성과 생물자원의 보전대책 수립 및 국제협력** 정부는 생물다양성 2625
의 보전 및 지속가능한 이용, 생물자원의 적절한 관리와 국가가 가입한 생물다양성에관한협약·멸종위기종국제거래협약 및 물새서식처로서국제적으로중요한습지에관한협약의 이행에 필요한 시책을 수립·시행하여야 한다(자보법 제35조 제1항).

4. 자연자산의 관리

(1) **자연휴식지의 지정·관리** 지방자치단체의 장은 다른 법률에 따라 공 2626
원·관광단지·자연휴양림 등으로 지정되지 아니한 지역 중에서 생태적·경관적 가치 등이 높고 자연탐방·생태교육 등을 위하여 활용하기에 적합한 장소를 대통령령이 정하는 바에 따라 자연휴식지로 지정할 수 있다(자보법 제39조 제1항 제1문). 이 경우 사유지에 대하여는 미리 토지소유자 등의 의견을 들어야 한다(자보법 제39조 제1항 제2문).

(2) **생태마을의 지정** 환경부장관 또는 지방자치단체의 장은 ① 생태·경 2627
관보전지역 안의 마을, ② 생태·경관보전지역 밖의 지역으로서 생태적 기능과 수려한 자연경관을 보유하고 있는 마을(산림기본법 제28조의 규정에 의하여 지정된 산촌진흥지역의 마을을 제외한다)의 어느 하나에 해당하는 마을을 생태마을로 지정할 수 있다(자보법 제42조 제1항).

2628 (3) **생태통로의 설치** 국가 또는 지방자치단체는 개발사업등을 시행하거나 인·허가등을 함에 있어 야생생물의 이동 및 생태적 연속성이 단절되지 아니하도록 생태통로 설치 등의 필요한 조치를 하거나 하게 하여야 한다(자보법 제45조 제1항).

5. 야생생물의 보호

2629 (1) **일 반 론** 야생생물과 그 서식환경을 체계적으로 보호·관리함으로써 야생생물의 멸종을 예방하고, 생물의 다양성을 증진시켜 생태계의 균형을 유지함과 아울러 사람과 야생생물이 공존하는 건전한 자연환경을 확보함을 목적으로 야생생물 보호 및 관리에 관한 법률이 제정되어 있다(야생법 제1조).

2630 (2) **야생생물보호 및 이용의 기본원칙** 야생생물은 현세대 및 미래세대의 공동자산임을 인식하고 현세대는 야생생물과 그 서식환경을 적극 보호하여 그 혜택이 미래세대에게 돌아갈 수 있도록 하여야 한다(야생법 제3조 제1항). 야생생물과 그 서식지를 효과적으로 보호하여 야생생물이 멸종에 이르지 아니하고 생태계의 균형이 유지되도록 하여야 한다(야생법 제3조 제2항). 국가, 지방자치단체 및 국민이 야생생물을 이용할 때에는 야생생물이 멸종되거나 생물다양성이 감소되지 아니하도록 하는 등 지속가능한 이용이 되도록 하여야 한다(야생법 제3조 제3항).

2631 (3) **야생동물의 학대방지** 누구든지 정당한 사유 없이 야생동물에게 다음 각 호(1. 때리거나 산 채로 태우는 등 다른 사람에게 혐오감을 주는 방법으로 죽이는 행위, 2. 포획·감금하여 고통을 주거나 상처를 입히는 행위, 3. 살아 있는 상태에서 혈액, 쓸개, 내장 또는 그 밖의 생체의 일부를 채취하거나 채취하는 장치 등을 설치하는 행위, 4. 목을 매달거나 독극물을 사용하는 등 잔인한 방법으로 죽이는 행위)의 학대행위를 하여서는 아니된다(야생법 제8조).

2631a (4) **인공구조물로 인한 야생동물의 피해방지** 국가기관, 지방자치단체 및 「공공기관의 운영에 관한 법률」 제4조에 따라 지정된 공공기관(이하 "공공기관등"이라 한다)은 건축물, 방음벽, 수로 등 인공구조물(이하 "인공구조물"이라 한다)로 인한 충돌·추락 등의 야생동물 피해가 최소화될 수 있도록 소관 인공구조물을 설치·관리하여야 한다(야생법 제8조의2 제1항).

2632 (5) **멸종위기 야생생물의 포획·채취 등의 금지** 누구든지 멸종위기 야생생물을 포획·채취·방사·이식·가공·유통·보관·수출·수입·반출·반입(가공·유통·

보관·수출·수입·반출·반입하는 경우에는 죽은 것을 포함한다)·죽이거나 훼손(이하 "포획·채취등"이라 한다)해서는 아니 된다. 다만, 다음 각 호(1. 학술 연구 또는 멸종위기 야생생물의 보호·증식 및 복원의 목적으로 사용하려는 경우, 2. 제35조에 따라 등록된 생물자원 보전시설이나 「생물자원관의 설립 및 운영에 관한 법률」 제2조 제2호에 따른 생물자원관에서 전시용으로 사용하려는 경우, 3. 「공익사업을 위한 토지 등의 취득 및 보상에 관한 법률」 제4조에 따른 공익사업의 시행 또는 다른 법령에 따라 인가·허가 등을 받은 사업의 시행을 위하여 멸종위기 야생생물을 이동시키거나 이식하여 보호하는 것이 불가피한 경우, 4. 사람이나 동물의 질병 진단·치료 또는 예방을 위하여 관계 중앙행정기관의 장이 환경부장관에게 요청하는 경우, 5. 대통령령으로 정하는 바에 따라 인공증식한 것을 수출·수입·반출 또는 반입하는 경우, 6. 그 밖에 멸종위기 야생생물의 보호에 지장을 주지 아니하는 범위 안에서 환경부령이 정하는 경우)의 어느 하나에 해당하는 경우로서 환경부장관의 허가를 받은 경우에는 그러하지 아니하다(야생법 제14조 제1항).

(6) **야생생물의 포획금지** 누구든지 멸종위기 야생생물에 해당하지 아니하 2633
는 야생생물 중 환경부령으로 정하는 종(해양만을 서식지로 하는 해양생물은 제외하고, 식물은 멸종위기 야생생물에서 해제된 종에 한정한다. 이하 이 조에서 같다)을 포획 또는 채취하거나 고사시켜서는 아니 된다. 다만, 다음 각 호(1. 학술 연구 또는 야생생물의 보호·증식 및 복원의 목적으로 사용하려는 경우, 2. 제35조에 따라 등록된 생물자원 보전시설이나 제39조에 따라 설치된 생물자원관에서 관람용·전시용으로 사용하려는 경우, 3. 「공익사업을 위한 토지 등의 취득 및 보상에 관한 법률」 제4조에 따른 공익사업의 시행 또는 다른 법령에 따른 인가·허가 등을 받은 사업의 시행을 위하여 야생생물을 이동시키거나 이식하여 보호하는 것이 불가피한 경우, 4. 사람이나 동물의 질병 진단·치료 또는 예방을 위하여 관계 중앙행정기관의 장이 시장·군수·구청장에게 요청하는 경우, 5. 환경부령으로 정하는 야생생물을 환경부령으로 정하는 기준 및 방법 등에 따라 상업적 목적으로 인공증식하거나 재배하는 경우)의 어느 하나에 해당하는 경우로서 특별자치시장·특별자치도지사·시장·군수·구청장(구청장은 자치구의 구청장을 말하며, 이하 "시장·군수·구청장"이라 한다)의 허가를 받은 경우에는 그러하지 아니하다(야생법 제19조 제1항).

(7) **야생생물특별보호구역의 지정** 환경부장관은 멸종위기 야생생물의 보 2634
호 및 번식을 위하여 특별히 보전할 필요가 있는 지역을 토지소유자 등 이해관계인과 지방자치단체의 장의 의견을 듣고 관계중앙행정기관의 장과 협의하여 야생생물특별보호구역(이하 "특별보호구역"이라 한다)으로 지정할 수 있다(야생법 제27조 제1항). 누구든지 특별보호구역에서는 다음 각 호[1. 건축물 또는 그 밖의 공작물의 신축·증축(기존건축 연면적을 2배 이상 증축하는 경우만 해당한다) 및 토지의 형질변경, 2. 하천, 호소 등의 구조를 변경하거나 수위 또는 수량에 변동을 가져오는 행위, 3. 토석의 채취, 4. 그 밖에 야생생물 보호에 유해하다고 인정되는 훼손행위로서 대통령령으로 정하는 행위]의 어느 하나에 해당하는 훼손행위를 하여서는 아니 된다. 다만, 「문화유산의 보존 및 활용에 관한 법률」 제2조에 따른 문화유산(보호구역을 포함한다)에 대하여는 그 법에서 정하는 바에 따른다(야생법 제28조 제1항).

2635 ⑻ **박제업자의 등록** 야생동물 박제품의 제조 또는 판매를 업으로 하려는 자는 시장·군수·구청장에게 등록하여야 한다(야생법 제40조 제1항 제1문). 등록한 사항 중 환경부령으로 정하는 사항을 변경할 때에도 또한 같다(야생법 제40조 제1항 제2문).

2636 ⑼ **수렵의 관리** 시장·군수·구청장은 야생동물의 보호와 국민의 건전한 수렵활동을 위하여 대통령령으로 정하는 바에 따라 일정한 지역에 수렵을 할 수 있는 장소(이하 "수렵장"이라 한다)를 설정할 수 있다(야생법 제42조 제1항 본문). 누구든지 수렵장 외의 장소에서 수렵을 하여서는 아니 된다(야생법 제42조 제2항). 환경부장관은 수렵장에서 수렵할 수 있는 야생동물(수렵동물)의 종류를 지정·고시하여야 한다(야생법 제43조 제1항). 수렵장에서 야생동물을 수렵하려는 사람은 대통령령으로 정하는 바에 따라 그 주소지를 관할하는 시장·군수·구청장으로부터 수렵면허를 받아야 한다(야생법 제44조 제1항).

2637 ⑽ **야생생물 보호원** 환경부장관이나 지방자치단체의 장은 멸종위기 야생생물, 「생물다양성 보전 및 이용에 관한 법률」 제2조 제8호에 따른 생태계교란 생물, 유해야생동물 등의 보호·관리 및 수렵에 관한 업무를 담당하는 공무원을 보조하는 야생생물 보호원을 둘 수 있다(야생법 제59조 제1항).

제2항 물의 보호(수질환경보전과 해양오염방지)

1. 수질의 보전

수질오염으로 인한 국민건강 및 환경상의 위해를 예방하고 하천·호소 등 공공수역의 물환경을 적정하게 관리·보전함으로써 국민이 그 혜택을 널리 향유할 수 있도록 함과 동시에 미래의 세대에게 물려줄 수 있도록 함을 목적으로 「물환경보전법」이 제정되어 있다. 양질의 수자원의 유지, 풍부한 수자원의 확보는 삶의 기초가 된다.

2638 ⑴ **배출등의 금지** 누구든지 정당한 사유 없이 다음 각호(1. 공공수역에 특정수질유해물질, 「폐기물관리법」에 의한 지정폐기물, 「석유 및 석유대체연료 사업법」에 의한 석유제품 및 원유(석유가스를 제외한다. 이하 "유류"라 한다), 「화학물질관리법」에 따른 유독

물질(이하 "유독물"이라 한다), 「농약관리법」에 의한 농약(이하 "농약"이라 한다)을 누출·유출하거나 버리는 행위, 2. 공공수역에 분뇨, 축산폐수, 동물의 사체, 폐기물(「폐기물관리법」에 의한 지정폐기물을 제외한다) 또는 오니(汚泥)를 버리는 행위, 3. 하천·호소에서 자동차를 세차하는 행위, 4. 공공수역에 환경부령으로 정하는 기준 이상의 토사(土砂)를 유출하거나 버리는 행위)의 어느 하나에 해당하는 행위를 하여서는 아니 된다(물환법 제15조 제1항).

(2) **국가 및 수계영향권별 물환경 관리** 환경부장관 또는 지방자치단체의 장은 제23조의2 및 제24조부터 제26조까지의 규정에 따른 국가 물환경관리기본계획 및 수계영향권별 물환경관리계획에 따라 물환경 현황 및 수생태계 건강성을 파악하고 적절한 관리대책을 마련하여야 한다(물환법 제22조 제1항). 2639

(3) **공공폐수처리시설의 설치** 국가·지방자치단체 및 한국환경공단은 수질오염이 악화되어 환경기준을 유지하기 곤란하거나 물환경 보전에 필요하다고 인정되는 지역의 각 사업장에서 배출되는 수질오염물질을 공동으로 처리하여 배출하기 위하여 공공폐수처리시설을 설치·운영할 수 있으며, 국가와 지방자치단체는 다음 각 호(1. 한국환경공단, 2. 「산업입지 및 개발에 관한 법률」 제16조 제1항(제5호와 제6호는 제외한다)에 따른 산업단지개발사업의 시행자, 3. 「사회기반시설에 대한 민간투자법」 제2조 제7호에 따른 사업시행자, 4. 제1호부터 제3호까지의 자에 준하는 공공폐수처리시설의 설치·운영 능력을 가진 자로서 대통령령으로 정하는 자)의 어느 하나에 해당하는 자에게 공공폐수처리시설을 설치하거나 운영하게 할 수 있다. 이 경우 사업자 또는 그 밖에 수질오염의 원인을 직접 야기한 자(이하 "원인자"라 한다)는 공공폐수처리시설의 설치·운영에 필요한 비용의 전부 또는 일부를 부담하여야 한다(물환법 제48조 제1항). 2640

2. 해양의 오염방지

해양환경의 보전 및 관리에 관한 국민의 의무와 국가의 책무를 명확히 하고 해양환경의 보전을 위한 기본사항을 정함으로써 해양환경의 훼손 또는 해양오염으로 인한 위해를 예방하고 깨끗하고 안전한 해양환경을 조성하여 국민의 삶의 질을 높이는데 이바지함을 목적으로 해양환경관리법이 제정되어 있다. 2641

(1) **해양오염방지를 위한 규제** 해양오염방지를 위해 오염물질의 배출금지(해양환경관리법 제22조), 육상에서 발생한 폐기물의 해양배출금지(해양환경관리법 제23조), 해양오염방지활동(해양환경관리법 제24조) 등이 규정되고 있다. 2642

(2) **선박에서의 해양오염방지** 선박에서의 해양오염방지를 위하여 폐기물오염방지설비의 설치(해양환경관리법 제25조), 기름오염방지설비의 설치(해양환경관리법 제26조), 유해액체물질오염방지설비의 설치(해양환경관리법 제27조), 선박평형 2643

수 및 기름의 적재제한(해양환경관리법 제28조) 등이 규정되고 있다.

2644 ⑶ **해양시설에서의 해양오염방지** 해양시설에서의 해양오염방지를 위하여 해양시설의 신고(해양환경관리법 제33조), 해양시설오염물질기록부의 관리(해양환경관리법 제34조), 해양시설오염비상계획서의 관리(해양환경관리법 제35조) 등이 규정되고 있다.

제 3 항 공기의 보호(대기환경보전과 오존층보호)

1. 대기환경보전

2645 대기오염으로 인한 국민건강이나 환경에 관한 위해를 예방하고 대기환경을 적정하고 지속가능하게 관리·보전하여 모든 국민이 건강하고 쾌적한 환경에서 생활할 수 있게 하는 것을 목적으로 「대기환경보전법」이 제정되어 있다.

2646 ⑴ **사업장의 대기오염물질배출규칙** 대기오염물질배출시설을 설치하고자 하는 자는 대통령령이 정하는 바에 의하여 환경부장관의 허가를 받거나 환경부장관에게 신고하여야 하고, 허가받은 자는 법령이 정하는 대기오염방지시설 등을 설치하고 또한 이를 정상 운영하여야 한다(대기법 제23조~제32조). 이에 위반하면 개선명령, 조업정지명령, 배출부과금, 허가의 취소, 과징금의 부과, 위법시설에 대한 폐쇄조치 등이 가해지기도 한다(대기법 제33조~제37조).

2647 ⑵ **생활환경상의 대기오염물질배출규제** 생활환경과 관련하여 연료용 유류 및 그 밖의 연료의 황함유기준에 대한 규제, 연료의 제조와 사용 등의 규제, 비산먼지의 규제, 휘발성유기화합물의 규제, 기존 휘발성유기화합물 배출시설에 대한 규제가 이루어질 수 있다(대기법 제41조~제45조).

2648 ⑶ **자동차·선박 등의 배출가스 규제** 자동차·선박 등과 관련하여 제작차의 배출허용기준, 제작차에 대한 인증, 제작차배출허용기준 검사, 결함확인검사 및 결함의 시정, 부품의 결함시정, 부품의 결함 보고 및 시정, 인증의 취소, 과징금 처분, 운행차배출허용기준, 저공해자동차의 운행, 공회전의 제한, 배출가스 저감장치의 인증, 운행차의 수시 점검, 운행차의 배출가스 정기검사, 운행차의 배출가스 정밀검사, 과징금 처분, 운행차의 개선명령, 자동차연료 또는 첨가제 검사, 자동차연료 또는 첨가제 제조·공급·판매중지, 선박의 배출허용기준 등에 이루어질 수 있다(대기법 제46조~제76조).

2. 오존층보호

「오존층 보호를 위한 비엔나 협약」과 「오존층 파괴물질에 관한 몬트리올 의정서」를 시행하기 위하여 특정물질의 제조와 사용 등을 규제하고 대체물질의 개발과 이용을 촉진하며, 특정물질의 배출 억제와 사용합리화 등을 효율적으로 추진하는 것을 목적으로 「오존층보호를 위한 특정물질의 제조규제 등에 관한 법률」이 제정되어 있다. 2649

제 4 항 위험물질로부터의 보호(유해물질 및 폐기물의 관리)

1. 유해화학물질관리

화학물질로 인한 국민건강 및 환경상의 위해(危害)를 예방하고 화학물질을 적절하게 관리하는 한편, 화학물질로 인하여 발생하는 사고에 신속히 대응함으로써 화학물질로부터 모든 국민의 생명과 재산 또는 환경을 보호하는 것을 목적으로 하는 「화학물질관리법」이 있다. 2650

(1) **유해화학물질의 표시 등** 유해화학물질을 취급하는 자는 해당 유해화학물질의 용기나 포장에 다음 각 호[1. 명칭 : 유해화학물질의 이름이나 제품의 이름 등에 관한 정보, 2. 그림문자 : 유해성의 내용을 나타내는 그림, 3. 신호어 : 유해성의 정도에 따라 위험 또는 경고로 표시하는 문구, 4. 유해·위험 문구 : 유해성을 알리는 문구, 5. 예방조치 문구 : 부적절한 저장·취급 등으로 인한 유해성을 막거나 최소화하기 위한 조치를 나타내는 문구, 6. 공급자정보 : 제조자 또는 공급자의 이름(법인인 경우에는 명칭을 말한다)·전화번호·주소 등에 관한 정보, 7. 국제연합번호 : 유해위험물질 및 제품의 국제적 운송보호를 위하여 국제연합이 지정한 물질분류번호]의 사항이 포함되어 있는 유해화학물질에 관한 표시를 하여야 한다. 제조하거나 수입된 유해화학물질을 소량으로 나누어 판매하려는 경우에도 또한 같다(화질법 제16조 제1항). 2651

(2) **환각물질의 흡입 등의 금지** 누구든지 흥분·환각 또는 마취의 작용을 일으키는 화학물질로서 대통령령으로 정하는 물질(이하 "환각물질"이라 한다)을 섭취 또는 흡입하거나 이러한 목적으로 소지하여서는 아니 된다(화질법 제22조 제1항). 누구든지 환각물질을 섭취하거나 흡입하려는 자에게 그 사실을 알면서도 이를 판매하거나 제공하여서는 아니 된다(화질법 제22조 제2항). 2652

(3) **유해화학물질 영업허가** 제1항에 따른 서류(1. 유해화학물질 취급시설의 설치·운영에 관하여 제23조 제5항에 따라 적합통보를 받은 화학사고예방관리계획서, 2. 유해화학물질 취급시설에 관하여 제24조 제5항에 따라 적합 판정을 받은 검사결과서)를 제출한 2653

자는 환경부령으로 정하는 기준에 맞는 유해화학물질별 취급시설·장비 및 기술인력을 갖추어 업종별로 환경부장관의 허가를 받아야 한다(화질법 제28조 제2항). 제1항에 따라 서류를 제출한 자는 환경부령으로 정하는 기간 내에 환경부장관의 허가를 받아야 한다. 이 경우 환경부장관은 해당 유해화학물질 취급에 적정한 관리를 위하여 필요한 조건을 붙일 수 있다(화질법 제28조 제3항).

2. 폐기물관리

2654 폐기물의 발생을 최대한 억제하고 발생한 폐기물을 적정하게 처리하여 환경보전과 국민생활의 질적 향상에 이바지함을 목적으로 「폐기물관리법」이 제정되어 있다. 폐기물은 ① 제거도 중요하지만, ② 재활용도 중요하고, ③ 더욱이 중요한 것은 폐기물의 발생을 억제하는 것인바, 이에 보다 많은 관심이 주어져야 할 것이다. 여기서 폐기물이란 쓰레기, 연소재, 오니, 폐유, 폐산, 폐알칼리 및 동물의 사체 등으로서 사람의 생활이나 사업활동에 필요하지 아니하게 된 물질을 말한다(폐기법 제2조 제1호). 사실 폐기물은 인간뿐만 아니라 자연의 동물·새·산천·어류 등에도 위험을 야기할 뿐만 아니라 토지나 물의 황폐화도 초래한다.

2655 (1) **국민의 책임** 모든 국민은 자연환경과 생활환경을 청결히 유지하고 폐기물의 감량화와 자원화를 위하여 노력하여야 한다(폐기법 제7조 제1항). 토지나 건물의 소유자·점유자 또는 관리자는 그가 소유·점유 또는 관리하고 있는 토지나 건물의 청결을 유지하도록 노력하여야 하며, 특별자치시장, 특별자치도지사, 시장·군수·구청장이 정하는 계획에 따라 대청소를 실시하여야 한다(폐기법 제7조 제2항). 그리고 누구든지 특별자치시장, 특별자치도지사, 시장·군수·구청장이나 공원·도로 등 시설의 관리자가 폐기물의 수집을 위하여 마련한 장소나 설비 외의 장소에 폐기물을 버려서는 아니 된다(폐기법 제8조 제1항).

2656 (2) **폐기물의 배출·처리** ① 누구든지 폐기물을 수집·운반·보관·처리하려는 자는 대통령령으로 정하는 기준과 방법을 따라야 한다(폐기법 제13조 제1항 본문). ② 특별자치시장, 특별자치도지사, 시장·군수·구청장은 관할 구역에서 배출되는 생활폐기물을 처리하여야 한다. 다만, 환경부령으로 정하는 바에 따라 특별자치시장, 특별자치도지사, 시장·군수·구청장이 지정하는 지역은 제외한다(폐기법 제14조 제1항). 특별자치시장, 특별자치도지사, 시장·군수·구청장은 해당 지방자치단체의 조례로 정하는 바에 따라 대통령령으로 정하는 자에게 제1항에 따른 처리를 대행하게 할 수 있다(폐기법 제14조 제2항).

(3) 폐기물처리업의 허가 절차

(가) 폐기물처리사업계획서 제출 폐기물의 수집·운반, 재활용 또는 처분을 업(이하 "폐기물처리업"이라 한다)으로 하려는 자(음식물류 폐기물을 제외한 생활폐기물을 재활용하려는 자와 폐기물처리 신고자는 제외한다)는 환경부령으로 정하는 바에 따라 지정폐기물을 대상으로 하는 경우에는 폐기물 처리 사업계획서를 환경부장관에게 제출하고, 그 밖의 폐기물을 대상으로 하는 경우에는 시·도지사에게 제출하여야 한다. 환경부령으로 정하는 중요 사항을 변경하려는 때에도 또한 같다(폐기법 제25조 제1항). 2657

(나) 적합 여부 통보 환경부장관이나 시·도지사는 제1항에 따라 제출된 폐기물 처리사업계획서를 다음 각 호[1. 폐기물처리업 허가를 받으려는 자(법인의 경우에는 임원을 포함한다)가 제26조에 따른 결격사유에 해당하는지 여부, 2. 폐기물처리시설의 입지 등이 다른 법률에 저촉되는지 여부, 3. 폐기물처리사업계획서상의 시설·장비와 기술능력이 제3항에 따른 허가기준에 맞는지 여부, 4. 폐기물처리시설의 설치·운영으로 「수도법」 제7조에 따른 상수원보호구역의 수질이 악화되거나 「환경정책기본법」 제12조에 따른 환경기준의 유지가 곤란하게 되는 등 사람의 건강이나 주변 환경에 영향을 미치는지 여부]의 사항에 관하여 검토한 후 그 적합 여부를 폐기물처리사업계획서를 제출한 자에게 통보하여야 한다(폐기법 제25조 제2항). 2657a

(다) 허 가 제2항에 따라 적합통보를 받은 자는 그 통보를 받은 날부터 2년(제5항 제1호에 따른 폐기물 수집·운반업의 경우에는 6개월, 폐기물처리업 중 소각시설과 매립시설의 설치가 필요한 경우에는 3년) 이내에 환경부령으로 정하는 기준에 따른 시설·장비 및 기술능력을 갖추어 업종, 영업대상 폐기물 및 처리분야별로 지정폐기물을 대상으로 하는 경우에는 환경부장관의, 그 밖의 폐기물을 대상으로 하는 경우에는 시·도지사의 허가를 받아야 한다. 이 경우 환경부장관 또는 시·도지사는 제2항에 따라 적합통보를 받은 자가 그 적합통보를 받은 사업계획에 따라 시설·장비 및 기술인력 등의 요건을 갖추어 허가신청을 한 때에는 지체 없이 허가하여야 한다(폐기법 제25조 제3항). 2657b

제 5 항 소리의 규제(소음과 진동의 규제)

I. 의 의

공장·건설공사장·도로·철도 등으로부터 발생하는 소음·진동으로 인한 피해를 방지하고 소음·진동을 적정하게 관리하여 모든 국민이 조용하고 평온한 2658

환경에서 생활할 수 있게 함을 목적으로 「소음·진동관리법」이 제정되어 있다.

Ⅱ. 대상별 규제의 내용

1. 공장소음·진동의 관리

2659 ⑴ **허가·신고** 소음·진동 배출시설을 설치하려는 자는 대통령령으로 정하는 바에 따라 특별자치시장·특별자치도지사 또는 시장·군수·구청장(자치구의 구청장을 말한다)에게 신고하여야 한다. 다만, 학교 또는 종합병원의 주변 등 대통령령으로 정하는 지역은 특별자치시장·특별자치도지사 또는 시장·군수·구청장의 허가를 받아야 한다(소음법 제8조 제1항). 제1항에 따른 신고를 한 자나 허가를 받은 자가 그 신고한 사항이나 허가를 받은 사항 중 환경부령으로 정하는 중요한 사항을 변경하려면 특별자치시장·특별자치도지사 또는 시장·군수·구청장에게 변경신고를 하여야 한다(소음법 제8조 제2항).

2659a ⑵ **개선명령** 특별자치시장·특별자치도지사 또는 시장·군수·구청장은 조업 중인 공장에서 배출되는 소음·진동의 정도가 배출허용기준을 초과하면 환경부령으로 정하는 바에 따라 기간을 정하여 사업자에게 그 소음·진동의 정도가 배출허용기준 이하로 내려가는 데에 필요한 조치(이하 "개선명령"이라 한다)를 명할 수 있다(소음법 제15조).

2659b ⑶ **조업정지명령 등** 특별자치시장·특별자치도지사 또는 시장·군수·구청장은 개선명령을 받은 자가 이를 이행하지 아니하거나 기간 내에 이행은 하였으나 배출허용기준을 계속 초과할 때에는 그 배출시설의 전부 또는 일부에 조업정지를 명할 수 있다. 이 경우 환경부령으로 정하는 시간대별 배출허용기준을 초과하는 공장에는 시간대별로 구분하여 조업정지를 명할 수 있다(소음법 제16조 제1항). 특별자치시장·특별자치도지사 또는 시장·군수·구청장은 소음·진동으로 건강상에 위해와 생활환경의 피해가 급박하다고 인정하면 환경부령으로 정하는 바에 따라 즉시 해당 배출시설에 대하여 조업시간의 제한·조업정지, 그 밖에 필요한 조치를 명할 수 있다(소음법 제16조 제2항).

2659c ⑷ **위법시설에 대한 폐쇄조치 등** 특별자치시장·특별자치도지사 또는 시장·군수·구청장은 제8조에 따른 신고를 하지 아니하거나 허가를 받지 아니하고 배출시설을 설치하거나 운영하는 자에게 그 배출시설의 사용중지를 명하여야 한다. 다만, 그 배출시설을 개선하거나 방지시설을 설치·개선하더라도 그 공장에서 나오는 소음·진동의 정도가 배출허용기준 이하로 내려갈 가능성이 없거나 다른 법률에 따라 그 배출시설의 설치가 금지되는 장소이면 그 배출시설의

폐쇄를 명하여야 한다(소음법 제18조).

2. 생활소음과 진동의 관리

(1) **생활소음과 진동의 규제** 특별자치시장·특별자치도지사 또는 시장·군수·구청장은 주민의 조용하고 평온한 생활환경을 유지하기 위하여 사업장 및 공사장 등에서 발생하는 소음·진동(산업단지나 그 밖에 환경부령으로 정하는 지역에서 발생하는 소음과 진동은 제외하며, 이하 "생활소음·진동"이라 한다)을 규제하여야 한다(소음법 제21조 제1항). 제1항에 따른 생활소음·진동의 규제대상 및 규제기준은 환경부령으로 정한다(소음법 제21조 제2항). 2660

(2) **특정공사의 사전신고 등** 생활소음·진동이 발생하는 공사로서 환경부령으로 정하는 특정공사를 시행하려는 자는 환경부령으로 정하는 바에 따라 관할 특별자치시장·특별자치도지사 또는 시장·군수·구청장에게 신고하여야 한다(소음법 제22조 제1항). 제1항에 따라 신고를 한 자가 그 신고한 사항 중 환경부령으로 정하는 중요한 사항을 변경하려면 특별자치도지사 또는 시장·군수·구청장에게 변경신고를 하여야 한다(소음법 제22조 제2항). 2660a

(3) **방음·방진시설의 설치 등** 특별자치시장·특별자치도지사 또는 시장·군수·구청장은 생활소음·진동이 제21조 제2항에 따른 규제기준을 초과하면 소음·진동을 발생시키는 자에게 작업시간의 조정, 소음·진동 발생 행위의 분산·중지, 방음·방진시설의 설치, 환경부령으로 정하는 소음이 적게 발생하는 건설기계의 사용 등 필요한 조치를 명할 수 있다(소음법 제23조 제1항). 특별자치시장·특별자치도지사 또는 시장·군수·구청장은 제1항에 따른 조치명령을 받은 자가 이를 이행하지 아니하거나 이행하였더라도 제21조 제2항에 따른 규제기준을 초과한 경우에는 해당 규제대상의 사용금지, 해당 공사의 중지 또는 폐쇄를 명할 수 있다(소음법 제23조 제4항). 2660b

(4) **이동소음의 규제** 특별자치시장·특별자치도지사 또는 시장·군수·구청장은 이동소음의 원인을 일으키는 기계·기구(이동소음원)로 인한 소음을 규제할 필요가 있는 지역을 이동소음 규제지역으로 지정하여 이동소음원의 사용을 금지하거나 사용 시간 등을 제한할 수 있다(소음법 제24조 제1항). 2660c

(5) **폭약의 사용으로 인한 소음·진동의 방지** 특별자치시장·특별자치도지사 또는 시장·군수·구청장은 폭약의 사용으로 인한 소음·진동피해를 방지할 필요가 있다고 인정하면 지방경찰청장에게 「총포·도검·화약류 등의 안전관리에 관한 법률」에 따라 폭약을 사용하는 자에게 그 사용의 규제에 필요한 조치 2660d

를 하여 줄 것을 요청할 수 있다. 이 경우 지방경찰청장은 특별한 사유가 없으면 그 요청에 따라야 한다(소음법 제25조).

3. 교통소음·진동의 관리

2661 ⑴ **교통소음·진동 관리지역의 지정** 특별시장·광역시장·특별자치시장·특별자치도지사 또는 시장·군수(광역시의 군수는 제외한다)는 교통기관에서 발생하는 소음·진동이 교통소음·진동 관리기준을 초과하거나 초과할 우려가 있는 경우에는 해당 지역을 교통소음·진동 관리지역(이하 "교통소음·진동관리지역"이라 한다)으로 지정할 수 있다(소음법 제27조 제1항).

2661a ⑵ **자동차 운행의 규제** 특별자치시장·특별자치도지사 또는 시장·군수·구청장은 교통소음·진동 관리지역을 통행하는 자동차를 운행하는 자(이하 "자동차운행자"라 한다)에게 「도로교통법」에 따른 속도의 제한·우회 등 필요한 조치를 하여 줄 것을 지방경찰청장에게 요청할 수 있다. 이 경우 지방경찰청장은 특별한 사유가 없으면 지체 없이 그 요청에 따라야 한다(소음법 제28조).

2661b ⑶ **방음·방진시설의 설치 등** 특별시장·광역시장·특별자치시장·특별자치도지사 또는 시장·군수(광역시의 군수는 제외한다)는 교통소음·진동 관리지역에서 자동차 전용도로, 고속도로 및 철도로부터 발생하는 소음·진동이 교통소음·진동 관리기준을 초과하여 주민의 조용하고 평온한 생활환경이 침해된다고 인정하면 스스로 방음·방진시설을 설치하거나 해당 시설관리기관의 장에게 방음·방진시설의 설치 등 필요한 조치를 할 것을 요청할 수 있다. 이 경우 해당 시설관리기관의 장은 특별한 사유가 없으면 그 요청에 따라야 한다(소음법 제29조 제1항).

2661c ⑷ **제작차 소음허용기준** 자동차를 제작(수입을 포함한다)하려는 자는 제작되는 자동차에서 나오는 소음이 대통령령으로 정하는 제작차 소음허용기준에 적합하도록 제작하여야 한다(소음법 제30조).

4. 항공기소음의 관리

2661d 환경부장관은 항공기소음이 대통령령으로 정하는 항공기 소음의 한도를 초과하여 공항 주변의 생활환경이 매우 손상된다고 인정하면 관계 기관의 장에게 방음시설의 설치나 그 밖에 항공기소음의 방지를 위하여 필요한 조치를 요청할 수 있다(소음법 제39조 제1항).

제 6 항 환경오염시설의 통합관리

사업장에서 발생하는 오염물질 등을 효과적으로 줄이기 위하여 배출시설 등을 통합 관리하고, 최적의 환경관리기법을 각 사업장의 여건에 맞게 적용할 수 있는 체계를 구축함으로써 환경기술의 발전을 촉진하고 국민의 건강과 환경을 보호하는 것을 목적으로 환경오염시설의 통합관리에 관한 법률이 제정되어 있다. 주요 내용을 보기로 한다.

Ⅰ. 통합허가

1. 의 의

환경에 미치는 영향이 큰 업종으로서 대통령령으로 정하는 업종에 속하는 사업장 중 다음 각 호(1. 제2조 제1호 가목에 따른 대기오염물질 중 환경부령으로 정하는 대기오염물질이 연간 20톤 이상 발생하는 사업장, 2. 「물환경보전법」 제2조 제4호의 폐수를 일일 700세제곱미터 이상 배출하는 사업장)의 어느 하나에 해당하는 사업장(이하 "통합관리사업장"이라 한다)에서 배출시설등(제10조 제1항 각 호의 구분에 따른 허가 또는 승인을 받거나 신고를 하여야 하는 배출시설등만 해당한다)을 설치·운영하려는 자는 환경부장관의 허가를 받아야 한다. 이 경우 대통령령으로 정하는 업종별 적용시기는 제24조 제2항에 따른 최적가용기법 기준서의 준비 상황 등을 고려하여 단계적으로 정할 수 있다(동법 제6조 제1항). 2662

2. 허가기준

환경부장관은 제6조에 따른 허가 또는 변경허가를 하는 경우에는 다음 각 호(1. 배출시설등에서 배출하는 오염물질등을 제8조 제1항 전단에 따른 허가배출기준 이하로 처리할 것, 2. 사람의 건강이나 주변 환경에 중대한 영향을 미치지 아니하도록 배출시설등을 설치·운영할 것, 3. 환경오염사고의 발생으로 오염물질등이 사업장 주변 지역으로 유출 또는 누출될 경우 사람의 건강이나 주변 환경에 미칠 수 있는 영향을 방지하기 위한 환경오염사고 사전예방 및 사후조치 대책을 적정하게 수립할 것)의 허가기준을 충족하는지를 검토하여야 한다(동법 제7조 제1항). 2662a

3. 허가배출기준

환경부장관은 제6조에 따른 허가 또는 변경허가를 하는 경우에는 제24조 제4항에 따른 최대배출기준 이하로 허가배출기준을 설정하여야 한다. 이 경우 허가배출기준의 설정 방법 및 절차는 환경부령으로 정한다(동법 제8조 제1항). 환 2662b

경부장관은 제1항에 따라 허가배출기준을 설정하는 경우에는 다음 각 호[1. 「환경정책기본법」 제12조 제1항에 따른 환경기준(같은 조 제3항에 따른 지역환경기준을 포함한다), 2. 「환경정책기본법」 제18조 및 제19조에 따른 시·도 환경계획 및 시·군·구 환경계획에 반영된 환경의 질(質) 목표, 3. 배출시설등을 설치·변경하려는 지역의 기존 대기질·수질의 오염상태 및 수계 이용 현황, 4. 제1호부터 제3호까지에서 규정한 사항 외에 환경부령으로 정하는 환경의 질 목표 수준]의 사항을 고려하여야 한다(동법 제8조 제1항).

Ⅱ. 통합허가의 대행

1. 통합허가대행업의 등록 등

2662c 통합허가서류등의 작성을 대행하는 영업(이하 "통합허가대행업"이라 한다)을 하려는 자는 대통령령으로 정하는 기술인력과 시설 및 장비를 갖추어 환경부장관에게 등록하여야 한다. 등록한 사항 중 대통령령으로 정하는 중요 사항을 변경하려는 경우에도 또한 같다(동법 제11조의2 제1항). 환경부장관은 제1항에 따라 통합허가대행업의 등록을 한 자(이하 "통합허가대행업자"라 한다)에게 환경부령으로 정하는 바에 따라 등록증을 발급하여야 한다(동법 제11조의2 제1항).

2. 통합허가대행업자의 권리·의무 승계

2662d 통합허가대행업자가 사망하거나 그 영업을 양도한 때 또는 통합허가대행업자인 법인이 합병한 때에는 그 상속인·양수인 또는 합병 후 존속하는 법인이나 합병에 따라 설립되는 법인은 종전의 통합허가대행업자의 권리·의무를 승계한다(동법 제11조의5 제1항). 제1항에 따라 종전의 통합허가대행업자의 권리·의무를 승계한 자는 환경부령으로 정하는 바에 따라 1개월 이내에 그 사실을 환경부장관에게 신고하여야 한다(동법 제11조의5 제2항).

Ⅲ. 통합관리사업장의 배출시설등에 대한 관리

1. 가동개시 신고 및 수리

2662e 사업자는 배출시설등 및 방지시설의 전부 또는 일부의 설치 또는 변경(변경신고를 하고 변경을 하는 경우에는 대통령령으로 정하는 경우만 해당한다)을 완료하고 해당 시설을 가동하려는 경우에는 환경부령으로 정하는 바에 따라 환경부장관에게 가동개시 신고를 하여야 한다. 이 경우 배출시설등 중 「폐기물관리법」 제30조 제1항에 따른 검사를 받아야 하는 폐기물처리시설의 경우에는 가동개시 신고를 할 때 검사결과서를 함께 제출하여야 한다(동법 제12조 제1항). 환경부장관은

제1항 전단에 따른 신고를 접수한 날부터 환경부령으로 정하는 기간 이내에 현장 확인을 실시하여 배출시설등 및 방지시설이 제6조에 따른 허가 또는 변경허가나 변경신고된 사항에 적합하게 설치 또는 변경된 경우에는 환경부령으로 정하는 바에 따라 그 신고를 수리하여야 한다(동법 제12조 제2항).

2. 개선명령 · 조업정지

(1) **개선명령** 환경부장관은 배출시설등에서 배출되는 오염물질등이 제8조 제3항을 위반하여 허가배출기준을 초과한다고 인정되는 경우에는 대통령령으로 정하는 바에 따라 기간을 정하여 사업자(「물환경보전법」 제35조 제4항 및 「대기환경보전법」 제29조 제1항에 따른 공동방지시설을 설치·운영하는 자를 포함한다)에게 그 오염물질등이 허가배출기준 이하로 배출되도록 필요한 조치 등 개선을 명할 수 있다(동법 제14조 제1항). 2662f

(2) **조업정지 · 사용중지** 환경부장관은 제1항에 따른 개선명령을 받은 자가 개선명령을 이행하지 아니하거나 기간 내에 이행은 하였으나 측정 결과 허가배출기준을 계속 초과하는 경우에는 해당 배출시설등의 전부 또는 일부에 대하여 환경부령으로 정하는 바에 따라 6개월 이내의 조업정지 또는 사용중지를 명할 수 있다(동법 제14조 제1항). 2662g

3. 배출부과금의 부과 · 징수

환경부장관은 오염물질 등으로 인한 환경오염을 방지하거나 줄이기 위하여 다음 각 호[1. 제2조 제1호 가목에 따른 대기오염물질 또는 제2조 제1호 마목에 따른 수질오염물질을 배출하는 사업자(「물환경보전법」 제35조 제4항 및 「대기환경보전법」 제29조 제1항에 따른 공동방지시설을 설치·운영하는 자를 포함한다), 2. 제6조에 따른 허가 또는 변경허가를 받지 아니하거나 변경신고를 하지 아니하고 제2조 제2호 나목에 따른 대기오염물질배출시설 또는 제2조 제2호 사목에 따른 폐수배출시설을 설치·변경한 자]의 어느 하나에 해당하는 자에게 배출부과금을 부과·징수한다(동법 제15조 제1항). 2662h

제 5 장 재무행정법

제 1 절 일 반 론

제 1 항 재무행정(재정)

1. 의 의

2663 국가나 지방자치단체의 존립과 활동에는 경제적인 기초로서 재력의 취득과 유지작용이 필수적이다. 국가나 지방자치단체의 이러한 작용을 재무행정 또는 재정이라 부른다. 재정작용은 재력의 취득과 유지 그 자체를 직접적인 목적으로 하는 작용이다. 국가나 지방자치단체가 금전적인 수입을 가져오는 경우라도 그것이 다른 목적의 부수적 결과로 인한 것이라면(예 : 행정수수료인 주민등록등본발급수수료, 이용수수료인 터널통행료의 징수 등), 여기서 말하는 재정작용에 해당하지 아니한다. 국가나 지방자치단체가 재정을 행할 수 있는 권능을 재정권이라 부른다. 재정권이란 재무행정의 영역에서 발동되는 일반통치권이라 할 수 있다.

2. 종 류

2664 (1) **재정권력작용 · 재정관리작용** 재정은 그 수단에 따라 재정권력작용과 재정관리작용으로 구분된다. 재정권력작용이란 재정목적의 달성을 위해 국민이나 주민에 대하여 명령 · 강제하는 작용을 말한다. 징세가 재정권력작용의 중심적인 대상이다. 한편 재정관리작용이란 국가나 지방자치단체의 수입 · 지출이나 재산을 관리하는 비권력적인 작용을 의미한다(예 : 회계 · 재산관리). 재정권력작용을 행하는 권력을 통상 재정권이라 부르기도 하나, 광의로는 재정관리작용까지 포함하는 의미로도 사용된다.

2665 (2) **국가의 재정 · 지방자치단체의 재정** 이것은 주체를 기준으로 하는 구분이다. 국가재정이란 국가의 존립과 활동을 유지하기 위해 국가가 재력을 취득하고 이를 관리하는 작용을 말하나, 지방재정이란 지방자치단체의 존립과 활동을 위해 재력을 취득하고 이를 관리하는 작용을 말한다. 국가재정작용과 지방재정작용은 그 내용에 유사한 점이 많다.

제 2 항 재무행정법(재정법)

재무행정에 관한 공법체계를 재무행정법 또는 재정법이라 할 수 있다. 재무행정법은 특별행정법의 한 부분이다. 재무행정법 역시 행정법의 한 부분인 까닭에 일반행정법의 내용은 거의 그대로 재무행정법에도 적용된다.

1. 법 원(법률의 유보)

재무행정의 영역에서 법률의 유보의 문제는 재정권력작용의 경우와 재정관 2666
리작용의 경우를 구분하여 살펴볼 필요가 있다. ① 재정권력작용은 법적 근거를 갖고서 이루어져야 한다. 재정권력작용은 기본권에 대한 침해를 수반하는 것이므로 엄격한 법적 근거를 요한다(헌법 제37조 제2항·제54조~제59조). 그 해석 또한 엄격하여야 한다.[1] 실정법상 근거로는 국세기본법·국세징수법·소득세법·지방세법 등 각종의 세법을 들 수 있다. ② 재정관리작용은 성질상 권력작용이 아니며, 본질에 있어서는 사인의 가계·재산관리와 다를 바 없다고 할 수 있다. 그러나 국가나 지방자치단체의 재정의 엄정·공정을 위하여 특별한 공법적인 규율을 가하는 경우가 적지 않다. 이에 관한 실정법으로 국가재정법·국유재산법·물품관리법·보조금 관리에 관한 법률 등을 볼 수 있다.

2. 재정법의 기본원칙

특별행정법인 재정법도 행정법의 한 부분인 이상, 행정법에 대한 헌법상 결단인 민주주의원리·법치주의원리·사회복지주의원리가 재정법에도 적용됨은 당연하다. 이러한 원리를 바탕으로 하여 재정법에는 재정의회주의·엄정관리주의·건전재정주의가 적용된다.[2]

(1) **재정의회주의** 재정의회주의란 재정작용도 국민의 대표기관인 국회가 2667
제정한 법률과 국회의 통제 하에 이루어져야 한다는 원칙을 말한다. 이 원칙은 재정의 영역에서 민주주의원리와 법치주의원리의 반영이라 할 수 있다. 동 원칙은 다음의 제도로써 구체화되고 있다.

(가) **조세법률주의** 헌법 제59조는 "조세의 종목과 세율은 법률로 정한다" 2668
고 규정하고 있다. 이것은 '대표 없이는 과세 없다'(no taxation without representation)

---

1) 대판 1991. 7. 9, 90누9797(조세법률주의 원칙상 과세요건이거나 비과세요건이거나 또는 감면세요건이거나를 막론하고 조세법규의 해석은 엄격하여야 하고 확장해석이나 유추해석은 허용되지 아니한다).

2) 김남진·김연태, 행정법(Ⅱ), 739쪽(2019) 이하; 김도창, 일반행정법론(하), 629쪽 이하; 김동희, 행정법(Ⅱ), 624쪽(2019).

는 원칙이 헌법상 반영되고 있음을 뜻한다. 이러한 법원칙은 영미에서 그 유래를 갖는 것으로 이해되고 있다. 조세법률주의는 국세뿐만 아니라 지방세의 경우에도 마찬가지로 적용되는 원칙으로서, 그것은 국민의 대표기관인 국회의 결정(세법)에 근거하여서만 국민은 구체적인 납세의무를 부담하게 됨을 의미한다.

2669 (나) 국회(지방의회)에 의한 예산의 심의·확정 헌법 제54조는 "국회는 국가의 예산안을 심의·확정한다"고 규정하고 있고, 지방자치법도 예산의 심의·확정을 지방의회의 권한으로 하고 있다(지자법 제40조 제1항 제2호·제142조~제145조). 추가경정예산안의 심의·확정도 국회 또는 지방의회의 권한사항이다(헌법 제56조; 지자법 제145조). 예산은 일회계연도의 국가(지방자치단체)의 세입·세출의 예정준칙으로서 국민(주민)의 부담을 전제로 하는바, 국민(주민)의 대표기관인 국회(지방의회)의 심의·의결을 요하게 하는 것인데, 이것은 근대국가의 일반적인 원칙이다.

2670 (다) 결산의 심사 헌법은 "감사원은 세입·세출의 결산을 매년 검사하여 대통령과 차년도 국회에 그 결과를 보고하여야 한다"고 규정하여(헌법 제99조) 예산의 집행도 국회의 감독(통제)에 두고 있다. 지방자치법도 지방자치단체의 결산승인을 지방의회의 의결사항으로 규정하고 있다(지자법 제150조 제1항·제134조).

2671 (2) 엄정관리주의 엄정관리주의란 국가나 지방자치단체의 재산이 모든 국민 또는 모든 주민의 재산이요, 그들을 위한 재산인 까닭에 관리에 만전을 기하여 그러한 재산이 멸실되거나 훼손됨이 없도록 엄정하게 관리되어야 한다는 원칙을 말한다. 동 원칙의 구체화로 국유재산을 보호하고 그 취득·유지·보존 및 운용과 처분의 적정을 목적으로 국유재산법, 국가채권의 관리를 위해 국가채권관리법이 제정되어 있다.

2672 (3) 건전재정주의 건전재정주의란 국가나 지방자치단체의 재정이 수입과 지출간에 균형을 이루어 적자를 방지하여야 한다는 원칙이다. 동 원칙은 다음 제도로써 구체화되고 있다.

2673 (가) 기채의 금지 국채를 모집하거나 예산 외에 국가의 부담이 될 계약을 체결하려 할 때에는 정부는 미리 국회의 의결을 얻어야 한다(헌법 제58조). 지방자치단체가 지방채를 발행하려는 경우에도 지방의회의 의결을 거쳐야 한다(지자법 제139조 제1항; 지정법 제11조 제2항).

2674 (나) 보증의 제한 국가가 보증채무를 부담하고자 하는 때에는 미리 국회의 동의를 얻어야 한다(국정법 제92조 제1항).

제 3 항 재정작용

일반행정법상 원리에 따라 재정작용은 행위의 성질을 기준으로, 재정권력작용과 재정관리작용으로 구분할 수 있다. 전자는 다시 재정상 행정입법과 재정상 행정행위, 재정상 실효성확보수단(재정벌·재정강제·재정상 조사) 등으로 구분할 수 있다. 2675

Ⅰ. 재정권력작용

1. 재정상 행정입법(재정명령)

재정행정기관이 재정목적을 위해 발하는 일반·추상적인 명령을 재정상 행정입법 또는 재정명령이라 부른다. 일부의 견해는 재정상 법규하명과 재정처분으로서의 하명을 포괄하는 개념으로 사용하고 이를 재정하명이라 부르는 견해도 있는데,[1] 양자는 효력범위나 쟁송방법 등에 차이가 있으므로 구분하는 것이 합리적이다.[2] 여기에는 법규명령으로서의 재정명령과 행정규칙으로서의 재정명령이 포함된다. 목적이 재정을 위한 것이라는 점만을 제외한다면 일반행정법에서 행정입법에 관하여 논급한 여러 원리들이 재정명령의 경우에도 그대로 적용된다. 법규명령으로서의 재정명령은 재정처분을 통해 구체화되는 경우가 많겠으나, 그 명령에서 국민에게 직접 의무를 부과하는 것도 가능하다. 한편, 헌법(제76조)상 긴급재정·경제명령이 발동된 경우에는 사정이 다르다. 그것은 법률적 효과를 갖는바, 요건이나 효과 또는 통제 등에 있어서 통상의 행정입법과 상이하다. 2676

2. 재정상 행정행위(재정처분)

재정행정기관이 재정상의 목적을 위해 발하는 행정행위를 말한다. 재정처분이라고도 한다. 여기서 말하는 행정행위는 일반행정법에서 말하는 실체법상 행정행위개념을 의미한다. 따라서 재정처분도 일반행정법상의 원리에 따라 여러 가지로 구분이 가능하다. 즉 ① 내용에 따라 명령적 행위(작위·부작위·수인·급부·허가·면제)로서의 재정처분·형성적 행위(특허·인가)로서의 재정처분·준법률행위적 행정행위(확인·공증·통지·수리)로서의 재정처분으로 구분이 가능하고, ② 재무행정기관의 판단의 자유성과 관련하여 재량처분으로서의 재정처분과 기속 2677

1) 김도창, 일반행정법론(하), 631쪽; 윤세창·이호승, 행정법(하), 534쪽.
2) 김남진·김연태, 행정법(Ⅱ), 743쪽(2019).

처분으로서의 재정처분으로 구분이 가능하며, ③ 효과의 성질에 따라 수익적 행위로서의 재정처분·침익적 행위로서의 재정처분·복효적 행위로서의 재정처분 등으로 구분할 수 있음은 물론이다. 한편 헌법(제76조)상 긴급재정·경제처분이 발동된 경우는 사정이 다르다. 그것은 요건이나 효과 또는 통제 등에 있어서 통상의 행정처분과 달리 다루어야 한다.

3. 재정상 실효성 확보수단

2678 재무행정의 경우에도 그 실효성 확보수단은 일반행정법에서 논급한 바와 특별히 다를 바가 없다. 이하에서 간략히 보기로 한다.

⑴ 재 정 벌

2679 ㈎ **의의와 종류** 재정벌이란 국가나 지방자치단체가 부과한 재정상 의무를 위반한 경우에 대해 과해지는 제재로서의 벌을 말한다. 재정벌은 재정형벌과 재정질서벌로 구분된다. 재정형벌이 일반적이다. 일반행정법상 행정벌에 관한 원리는 재정벌에도 그대로 적용된다. 재정벌을 가져오는 범죄를 재정범이라 부른다. 재정범에는 포탈범과 재정질서범의 구분이 이루어지기도 한다. 전자는 조세의 포탈 등을 통하여 국가나 지방자치단체에 대해 현실적으로 재산상의 손해를 가하는 행위를 말하고, 후자는 허위신고 등을 통해 재산상의 손해를 발생하게 할 우려가 있는 행위를 말한다.

2680 ㈏ **내용상 특수성** ① 재정벌은 국가나 지방자치단체의 수입의 확보를 제1의 목적으로 한다. 따라서 금전벌이 부과되는 것이 일반적이다. ② 그리고 범죄의 성립·처벌과 관련하여 고의·과실의 불요, 감독자나 법정대리인의 처벌 등 형법총칙의 적용을 배제하는 규정을 두는 경우가 있다.

2681 ㈐ **과형절차상 특수성** 재정범의 특수성을 고려하여 재정범의 처벌절차는 특별한 규정에 의해 규율되고 있다. 내국세의 경우에는 「조세범처벌절차법」, 관세의 경우에는 「관세법」이 적용된다. 이러한 법률이 규정하는 특별절차의 핵심은 그 절차가 조사·통고처분·고발로 이루어진다는 점에 있다.

2682 1) **조 사** 세무공무원과 세관공무원은 특별사법경찰관리(형소법 제197조)로서 조세 또는 관세에 관한 범칙사건을 적발하는 데 필요한 조사권을 가진다(조처법 제7조·제8조; 관세법 제290조·제291조·제294조). 조사는 강제조사와 임의조사로 구분되는데, 강제조사의 경우는 원칙적으로 법원의 영장을 요한다(조처법 제9조 제1항; 관세법 제296조).

2683 2) **통고처분** ① 통고처분이란 국세청장·지방국세청장·세무서장·관세

청장·세관장이 범칙사건에 대한 조사의 결과 범칙의 심증을 얻은 경우에 이유를 명시하여 벌금 또는 과료에 상당하는 금액, 몰수에 해당하는 물품, 추징금에 상당하는 금액, 서류송달·압류물건의 운반·보관비용을 지정한 장소에 납부할 것을 통고하는 것을 말한다(조처법 제15조; 관세법 제311조). ② 통고처분은 간편하고 신속한 처리, 범칙자의 명예와 신용의 보호 등을 위한 제도로 이해되고 있다. ③ 통고처분을 이행할 것인가의 여부의 결정은 범칙자의 자유로운 판단에 따른다. 만약 통고내용을 이행하였다면, 그것은 확정판결과 같은 효력을 가지며, 일사부재리의 원칙에 의해 소추되지 아니한다(조처법 제15조 제3항; 관세법 제317조).[1] ④ 만약 범칙자가 통고처분에 응하지 않는다면, 통고처분은 효력을 상실하며 당해 관청은 고발하여야 한다(조처법 제17조 제2항; 관세법 제316조). 통고처분은 행정소송의 대상이 되지 아니한다는 것이 판례의 태도이다.

3) 고　발　　조세범과 관세범에 대해서는 원칙적으로 국세청장·지방 2684
국세청장·세무서장·관세청장·세관장의 고발이 없으면 검사는 공소를 제기하지 못한다.[2]

⑵ 재정상 강제집행

㈎ 의　의　　재정상 강제집행이란 재정상 의무의 불이행이 있는 경우에 2685
권한을 가진 행정기관이 의무자의 신체나 재산에 실력을 가하여 의무의 이행을 강제하거나 의무가 이행된 것과 같은 상태를 실현하는 작용을 말한다.

㈏ 종　류　　재정상 강제집행의 수단으로는 대집행·직접강제·강제금(집 2686
행벌)·강제징수의 네 가지를 생각할 수 있다. 재정법상 일반적으로 활용되는 것은 강제징수의 경우이다. 강제징수는 다시 국세징수법상 강제징수와 관세법상 강제징수로 구분하여 살펴볼 수 있다. 이러한 수단들의 내용과 성질 등은 일반행정법의 강제집행에서 논급한 바가 그대로 적용된다. 다만 여기에서는 본서 상권에서 언급하지 않았던 관세법상 특별한 제도를 보기로 한다.

㈐ 관세법상 강제집행

1) 담보의 종류 등　　관세법에 따라 제공하는 담보의 종류는 다음 각 호 2687
(1. 금전, 2. 국채 또는 지방채, 3. 세관장이 인정하는 유가증권, 4. 납세보증보험증권, 5. 토지, 6. 보험에 든 등기 또는 등록된 건물·공장재단·광업재단·선박·항공기나 건설기계, 7. 세관장

1) 대판 1956. 1. 31, 4288비상1(피고인이 주세령(폐) 위반사건에 관하여 통고처분을 받고 해통고처분을 이행하였다면 이에 대한 검사의 공소는 조세범처벌절차법 제11조 제1항에 위반하여 제기된 위법이 있는 것이므로 형사소송법 제327조 제2호에 의하여 기각되어야 할 것이다).

2) 대판 1971. 11. 30, 71도1736(본법상 범칙행위는 국세청장, 지방국세청장, 세무서장 또는 세무에 종사하는 공무원의 고발을 기다려 논하게 되어 있으므로, 고발 없이 공소가 제기된 경우에는 공소제기절차가 법률규정에 위반한 것이니 공소를 기각하여야 한다).

이 인정하는 보증인의 납세보증서)와 같다(관세법 제24조 제1항). 납세의무자는 이 법에 따라 계속하여 담보를 제공하여야 하는 사유가 있는 경우에는 관세청장이 정하는 바에 따라 일정 기간에 제공하여야 하는 담보를 포괄하여 미리 세관장에게 제공할 수 있다(관세법 제24조 제4항).

2688 2) 담보의 관세충당 세관장은 담보를 제공한 납세의무자가 그 납부기한까지 해당 관세를 납부하지 아니하면 기획재정부령으로 정하는 바에 따라 그 담보를 해당 관세에 충당할 수 있다(관세법 제25조 제1항 본문).

2689 3) 담보 등이 없는 경우의 관세징수 담보 제공이 없거나 징수한 금액이 부족한 관세의 징수에 관하여는 이 법에 규정된 것을 제외하고는 국세기본법과 국세징수법의 예에 따른다(관세법 제26조 제1항). 세관장은 관세의 체납처분을 할 때에는 재산의 압류, 보관, 운반 및 공매에 소요되는 비용에 상당하는 체납처분비를 징수할 수 있다(관세법 제26조 제2항).

⑶ 재정상 즉시강제

2690 ㈎ 의 의 재정상 목적으로 이루어지는 행정상 즉시강제를 재정상 즉시강제라 부른다. 말하자면 재정상 즉시강제란 조세 또는 관세의 포탈을 방지하기 위하여 급박한 필요가 있거나, 미리 의무를 명하여서는 목적을 달성할 수 없는 경우에 직접 사인의 신체 또는 재산에 실력을 가하여 재정목적을 달성하는 권력적 행위를 말한다.

2691 ㈏ 종 류 재정상 즉시강제 역시 대인적 강제·대물적 강제·대가택강제로 구분할 수 있다. ① 대인적 강제의 예로 범칙혐의자나 참고인의 심문·수색(조처법 제8조·제9조; 관세법 제291조), ② 대물적 강제의 예로 물건의 압수·수색 또는 영치(조처법 제8조·제9조; 관세법 제296조), ③ 대가택강제의 예로 가옥·창고의 임검·수색(국징법 제26조; 관세법 제300조) 등을 볼 수 있다.

2692 ㈐ 영장주의와의 관계 세무공무원이 제8조에 따라 압수 또는 수색을 할 때에는 근무지 관할 검사에게 신청하여 검사의 청구를 받은 관할 지방법원판사가 발부한 압수·수색영장이 있어야 한다. 다만, 다음 각 호(1. 조세범칙행위가 진행 중인 경우, 2. 조세범칙행위 혐의자가 도주하거나 증거를 인멸할 우려가 있어 압수·수색영장을 발부받을 시간적 여유가 없는 경우)의 어느 하나에 해당하는 경우에는 해당 조세범칙행위 혐의자 및 그 밖에 대통령령으로 정하는 자에게 그 사유를 알리고 영장 없이 압수 또는 수색할 수 있다(조처법 제9조 제1항). 제1항 단서에 따라 영장 없이 압수 또는 수색한 경우에는 압수 또는 수색한 때부터 48시간 이내에 관할 지방법원판사에게 압수·수색영장을 청구하여야 한다(조처법 제9조 제2항).

(4) **재정상 조사** 재정상 조사란 재정목적을 위하여 이루어지는 행정조사를 말한다. 재정상 조사에는 권력적 조사 외에 비권력적 조사까지 포함된다. 재정상 조사의 예로는 상기의 재정벌 및 재정상 즉시강제에서 언급한 '조사'부분을 보라. 2693

(5) **기타 수단** 일반행정법에서 살펴본 바 있는 금전상 제재(예 : 과징금·가산세·부당이득세), 제재적 행정처분(인가·허가 등의 거부·정지·취소), 공표 등은 역시 재무행정상의 실효성확보수단으로서 의미를 갖는다. 2694

Ⅱ. 재정관리작용

1. 성 질

국가나 지방자치단체의 수입·지출이나 재산을 관리하는 작용인 재정관리작용은 그 성격이 사법상의 재산관리작용과 본질적으로 다른 것은 아니다. 다만 재정관리작용의 관리주체가 공행정주체이고 관리목표가 공적목적을 위한 것인 까닭에 합리적이고 공정한 관리를 위하여 법령이 특별한 감독 내지 제한을 가하는 경우가 있는 것이 특징적이다. 본질적으로 재정관리작용은 비권력적인 작용이다. 2695

2. 종 류

재정관리작용에는 ① 수입·지출의 관리와 ② 재산의 관리로 구분할 수 있다. 용례상 일설은 ①만을 회계라 하며,[1] 타설은 ①과 ②를 합하여 회계라 부르기도 한다.[2] 본서는 후자의 입장을 따르기로 한다. 수입·지출의 관리란 국가나 지방자치단체의 예산을 중심으로 한 것이고, 재산의 관리란 채권·동산·부동산의 관리를 중심으로 하는 개념이다. 이하에서 구체적인 내용을 살펴보기로 한다. 2696

1) 김도창, 일반행정법론(하), 648쪽.
2) 김남진·김연태, 행정법(Ⅱ), 749쪽(2019); 김동희, 행정법(Ⅱ), 623쪽(2019); 이상규, 신행정법론(하), 775쪽.

제2절 회 계

제1항 일 반 론

Ⅰ. 회 계

1. 회계의 의의·성질

2697 ① 행정법이론서상 나타나는 회계의 개념은 크게 보아 두 가지 입장이 있다. 일부의 견해는 회계를 국가나 지방자치단체가 자신의 수입과 지출, 그리고 재산을 관리하는 작용으로 정의하고, 일부의 견해는 재산관리부분을 회계의 개념에서 제외하고 있으나, 현재로서는 기술한 바와 같이 우리 나라의 경우에 전자의 입장을 따르는 이론서가 많아 보인다. ② 회계는 기본적으로 행정내부적인 작용이고 동시에 비권력적인 작용이다.

2. 회계의 종류

2698 회계는 관점에 따라 여러 가지로 분류할 수 있다. ① 회계는 주체에 따라 국가의 회계, 지방자치단체의 회계로 나눌 수 있고, ② 회계는 목적에 따라 일반회계(국가나 지방자치단체의 일반적인 활동에 관한 회계)와 특별회계(국가나 지방자치단체의 특별한 사업, 특정한 자금보유 등의 목적을 위한 회계), ③ 회계는 경리의 대상에 따라 현금회계·채권회계·동산회계·부동산회계로 나누어 볼 수 있다.

Ⅱ. 회 계 법

1. 회계법의 법원

2699 회계는 대체로 국가나 지방자치단체의 내부에서 이루어지는 작용이므로, 회계에 관한 사항은 침해유보론을 따를 때 반드시 법률의 근거를 요하는 것은 아니라고 할 수 있다. 그러나 회계에 관한 사항이 경우에 따라서는 국민의 권리·의무와 직접 관련을 맺을 수도 있고, 간접적으로는 국민의 권리·의무와 관련을 갖는다고 볼 수도 있으므로 우리나라도 각종의 회계관련법규를 갖고 있다. 국가의 회계관련법원으로 국가회계법·국가재정법·국유재산법·물품관리법·국가채권관리법 등을 볼 수 있고, 지방자치단체의 회계관련법원으로 지방자치법·지방재정법 등을 볼 수 있다.

2. 회계법의 특성

2700 ① 회계법은 무엇보다도 먼저 행정내부법적인 성격을 강하게 갖는다. 회계

법은 행정기관의 내부적 규율에 관한 규정을 많이 가지고 있다. 이러한 규율의 위반행위는 행위자에게 책임추궁을 가져다 줄 것이다. 한편 경우에 따라서는 국민의 권리·의무에 직접 관련하는 사항을 규정하기도 한다. ② 회계법은 강행법규의 성질을 갖는 경우도 적지 아니하다. 강행법규의 위반은 행위를 무효로 가져온다. ③ 회계법은 공·사법이 혼재되어 구성되고 있다. 회계법의 모든 규정이 공법규정인 것도 사법규정인 것도 아니다.

제 2 항 현금회계

I. 일 반 론

1. 국가회계의 원칙

국가회계는 다음 각 호(1. 국가회계는 신뢰할 수 있도록 객관적인 자료와 증빙에 의하여 공정하게 처리되어야 한다. 2. 국가회계는 재정활동의 내용과 그 성과를 쉽게 파악할 수 있도록 충분한 정보를 제공하고, 간단·명료하게 처리되어야 한다)의 원칙에 따라 처리되어야 한다(국가회계법 제4조). 2701

2. 국가회계에 관한 사무의 관장

기획재정부장관은 국가회계에 관한 사무를 총괄하고, 중앙관서의 장과 기금관리주체는 그 소관의 회계에 관한 사무를 관리한다(국가회계법 제6조 제1항). 중앙관서의 장은 제1항에 따른 사무에 관한 법령을 제정·개정 또는 폐지하려는 때에는 기획재정부장관 및 감사원과 협의하여야 한다(국가회계법 제6조 제2항). 2702

3. 회계책임관의 임명

중앙관서의 장은 그 소관에 속하는 회계업무를 총괄적으로 수행하도록 하기 위하여 회계책임관을 임명하여야 한다(국가회계법 제7조 제1항). 회계책임관은 다음 각 호(1. 제24조에 따른 내부통제 등 회계업무에 관한 사항, 2. 회계·결산 및 분석에 관한 사항, 3. 제1호 및 제2호의 업무와 관련된 공무원에 대한 지도·감독, 4. 그 밖에 회계업무의 수행에 관하여 대통령령으로 정하는 사항)의 업무를 수행한다(국가회계법 제7조 제2항). 2703

4. 국가회계제도심의위원회

국가회계업무의 수행과 관련하여 다음 각 호(1. 국가회계제도와 그 운영, 2. 국가회계의 처리 또는 결산 관련 법령의 제정·개정 및 폐지, 3. 국가와 지방자치단체 및 공공기관(「공공기관의 운영에 관한 법률」 제4조부터 제6조까지의 규정에 따라 지정·고시된 공공기관을 말한다)간 회계제도의 연계, 4. 그 밖에 국가회계제도의 운영에 관한 사항으로서 대통령령 2704

으로 정하는 사항)의 사항을 심의하기 위하여 기획재정부에 국가회계제도심의위원회를 둔다(국가회계법 제8조 제1항).

Ⅱ. 예 산

1. 관 념

2709 (1) 의 의 예산(Budget)이란 1회계연도에 있어서 국가의 세입·세출의 예정준칙으로서 헌법과 법률이 정하는 바에 따라 국회의 의결에 의하여 성립하는 하나의 국법행위형식을 말한다. 이러한 개념에는 예산의 실질적 의미와 형식적 의미가 결합되어 있다. 실질적 의미로 예산이란 1회계연도에 있어서의 국가재정행위(세입·세출)의 준칙을 의미하고, 형식적 의미로 예산이란 국법형식의 하나로서의 예산을 의미한다.[1] 예산의 확정과 결산의 승인은 헌법학의 과제이나, 예산의 편성과 집행은 행정법의 영역에서 문제된다는 지적[2]이 있다.

(2) 성 질

2710 (가) 구속력의 문제 예산의 실질적인 성격의 문제로서 예산이 구속력을 갖는가의 문제가 있다. 예산의 구속력은 국가에 대한 구속력의 문제이지 국민에 대한 구속력의 문제는 아니다.[3] 일반적인 견해에 따르면 세입은 단순한 예정에 불과한 것으로서 국가를 구속하는 것이 아니나, 세출은 구속력을 갖는 것으로 이해되고 있다. 말하자면 세출은 국고지출의 목적·범위·시기 등을 한정하는 구속력을 갖는 것으로 이해되고 있고, 실정법의 태도 또한 그러하다(국정법 제45조·제48조 제1항). 한편 세출예산은 법률의 근거가 없는 행정영역(특히 급부영역)에서 행정권의 활동을 가능하게 하는 근거로서 기능할 수 있다는 점에서도 특별한 의미를 갖는다(법률의 유보의 보충).

2711 (나) 형식상의 문제 예산을 법률형식(영국·미국·독일의 경우)으로 할 것인가, 아니면 법률과 상이한 형식(스위스·일본의 경우)으로 할 것인가는 입법정책의 문제이다. 헌법이 국회의 입법권(제40조)과는 별도로 국회의 예산심의·확정권을 규정하고 있는 탓으로, 우리나라의 경우는 후자의 입법례를 따르고 있는 셈이다.

1) 김철수, 헌법학(하), 1676쪽.
2) 김도창, 일반행정법론(하), 696쪽.
3) 헌재 2006. 4. 25, 2006헌마409(예산은 일종의 법규범이고 법률과 마찬가지로 국회의 의결을 거쳐 제정되지만 법률과 달리 국가기관만을 구속할 뿐 일반국민을 구속하지 않는다. 국회가 의결한 예산 또는 국회의 예산안 의결은 헌법재판소법 제68조 제1항 소정의 '공권력의 행사'에 해당하지 않고 따라서 헌법소원의 대상이 되지 아니한다).

2. 종 류

(1) **본예산·추가경정예산** 본예산이란 1회계연도의 모든 세입과 세출을 망라한 예산을 말하며, 추가경정예산이란 본예산의 확정 후 새로운 사정[1. 전쟁이나 대규모 재해(「재난 및 안전관리 기본법」 제3조에서 정의한 자연재난과 사회재난의 발생에 따른 피해를 말한다)가 발생한 경우, 2. 경기침체, 대량실업, 남북관계의 변화, 경제협력과 같은 대내·외 여건에 중대한 변화가 발생하였거나 발생할 우려가 있는 경우, 3. 법령에 따라 국가가 지급하여야 하는 지출이 발생하거나 증가하는 경우]으로 인해 본예산에 변경을 가하는 예산을 말한다(헌법 제56조; 국정법 제89조). 본예산은 기초예산이라 불리기도 하고, 추가경정예산은 보정예산이라 불리기도 한다.[1] 2712

(2) **확정예산·준예산** 확정예산이란 헌법과 법률이 정하는 바에 따라 회계연도 개시 30일 전까지 국회의 의결로써 정해지는 통상의 예산을 말하고, 준예산이란 확정예산이 회계연도 개시 전에 국회의 의결로서 확정되지 못한 경우 헌법(제54조 제3항)에 의거하여 전년도의 예산에 준하여 세입의 범위 안에서 집행되는 예산을 말한다(국정법 제55조 제1항). 준예산으로 집행될 수 있는 것은 ① 헌법이나 법률에 의하여 설치된 기관 또는 시설의 유지·운영비, ② 법률상 지출의무가 있는 경비, ③ 이미 예산으로 승인된 계속비에 한한다(헌법 제54조 제3항; 국정법 제55조 제1항). 2713

(3) **일반회계예산·특별회계예산** 일반회계예산이란 국가의 총수입과 총지출을 망라하여 편성한 예산을 말하고, 특별회계예산이란 국가가 특정한 사업을 운영하거나, 특정한 자금을 보유하거나, 기타 특정세입으로 특정한 세출에 충당함으로써 일반회계와 구분하여 계리할 필요가 있는 때에 편성되는 예산을 말한다. 2714

3. 내 용

예산은 예산총칙·세입세출예산·계속비·명시이월비와 국가채무부담행위로 구성된다(국정법 제19조). 이하에서 나누어 살펴보기로 한다. 2715

(1) **예산총칙** 예산총칙에는 세입세출예산·계속비·명시이월비 및 국고채무부담행위에 관한 총괄적 규정을 두는 외에 다음 각호의 사항[1. 제18조 단서의 규정에 따른 국채와 차입금의 한도액(중앙관서의 장이 관리하는 기금의 기금운용계획안에 계상된 국채발행 및 차입금의 한도액을 포함한다), 2. 「국고금관리법」 제32조의 규정에 따른 재정증권의 발행과 일시차입금의 최고액, 3. 그 밖에 예산집행에 관하여 필요한 사항]을 규정 2716

1) 김도창, 일반행정법론(하), 696쪽.

하여야 한다(국정법 제20조).

2717 ⑵ **세입세출예산** 세입세출예산은 필요한 때에는 계정으로 구분할 수 있다(국정법 제21조 제1항). 세입세출예산은 독립기관 및 중앙관서의 소관별로 구분한 후 소관 내에서 일반회계·특별회계로 구분한다(국정법 제21조 제2항). 세입예산은 제2항의 규정에 따른 구분에 따라 그 내용을 성질별로 관·항으로 구분하고, 세출예산은 제2항의 규정에 따른 구분에 따라 그 내용을 기능별·성질별 또는 기관별로 장·관·항으로 구분한다(국정법 제21조 제3항).

2718 ⑶ **계 속 비** 완성에 수년도를 요하는 공사나 제조 및 연구개발사업은 그 경비의 총액과 연부액을 정하여 미리 국회의 의결을 얻은 범위 안에서 수년도에 걸쳐서 지출할 수 있다(국정법 제23조 제1항). 제1항의 규정에 따라 국가가 지출할 수 있는 연한은 그 회계연도부터 5년 이내로 한다. 다만, 사업규모 및 국가재원 여건상 필요한 경우에는 예외적으로 10년 이내로 할 수 있다(국정법 제23조 제2항). 기획재정부장관은 필요하다고 인정하는 때에는 국회의 의결을 거쳐 제2항의 지출연한을 연장할 수 있다(국정법 제23조 제2항).

2719 ⑷ **명시이월비** 세출예산 중 경비의 성질상 연도 내에 지출을 끝내지 못할 것이 예측되는 때에는 그 취지를 세입세출예산에 명시하여 미리 국회의 승인을 얻은 후 다음 연도에 이월하여 사용할 수 있다(국정법 제24조 제1항). 각 중앙관서의 장은 제1항의 규정에 따른 명시이월비에 대하여 예산집행상 부득이한 사유가 있는 때에는 사항마다 사유와 금액을 명백히 하여 기획재정부장관의 승인을 얻은 범위 안에서 다음 연도에 걸쳐서 지출하여야 할 지출원인행위를 할 수 있다(국정법 제24조 제2항). 기획재정부장관은 제2항의 규정에 따라 다음 연도에 걸쳐서 지출하여야 할 지출원인행위를 승인한 때에는 감사원에 통지하여야 한다(국정법 제24조 제3항).

2720 ⑸ **국고채무부담행위** 국가는 법률에 따른 것과 세출예산금액 또는 계속비의 총액의 범위 안의 것 외에 채무를 부담하는 행위를 하는 때에는 미리 예산으로써 국회의 의결을 얻어야 한다(국정법 제25조 제1항). 국가는 제1항에 규정된 것 외에 재해복구를 위하여 필요한 때에는 회계연도마다 국회의 의결을 얻은 범위 안에서 채무를 부담하는 행위를 할 수 있다. 이 경우 그 행위는 일반회계 예비비의 사용절차에 준하여 집행한다(국정법 제25조 제2항). 국고채무부담행위는 사항마다 그 필요한 이유를 명백히 하고 그 행위를 할 연도 및 상환연도와 채무부담의 금액을 표시하여야 한다(국정법 제25조 제3항).

4. 성 립

(1) **편성·제출** 정부는 제32조의 규정에 따라 대통령의 승인을 얻은 예산 2721
안을 회계연도 개시 120일 전까지 국회에 제출하여야 한다(헌법 제54조 제2항; 국정법 제33조). 예산안의 제출권은 정부에만 있고 국회에는 없다. 정부의 예산안은 국무회의의 심의사항이다(헌법 제89조 제4호). 정부의 예산안편성은 기획재정부장관이 관장한다(국정법 제32조).

(2) **국회의 심의·의결** 정부가 제출한 예산안은 회계연도 개시 30일 전까 2722
지 국회의 의결로써 확정된다(헌법 제54조 제2항). 국회는 예산안에 소극적 수정(삭감·소멸 등)을 가할 수 있으나 적극적 수정(증액수정·새로운 비목설치 등)을 가할 수는 없다(헌법 제57조).

(3) **공 고** 국회에서 의결된 예산은 정부에 이송되어 대통령이 공고한 2723
다. 예산의 공고는 전문을 붙여 대통령이 서명하고 국무총리와 관계국무위원이 부서하여 관보에 게재함으로써 한다(공포법 제8조·제11조).

5. 효 력

(1) **세입예산의 효력** 세입예산은 세입의 예측표에 지나지 않는다. 세입 2724
(예 : 세금· 부담금 등)은 법령에 의해 징수된다. 따라서 세입예산은 당해 회계연도에 있어서 세입을 개관할 수 있도록 하는 의미를 가지는 데 불과하다.

(2) **세출예산의 효력** 세출예산은 세입예산의 경우와 달리 지출의 목적· 2725
금액·시기의 세 가지 점에서 정부를 구속하는 힘을 갖는다. 말하자면 ① 각 중앙관서의 장은 원칙적으로 세출예산이 정한 목적 이외에 경비를 사용할 수 없고(국정법 제45조), ② 지출은 원칙적으로 예산이 정한 금액의 한도 내에서만 지출할 수 있고(국정법 제46조), ③ 매 회계연도의 세출예산은 원칙적으로 다음 연도에 이월하여 사용할 수 없다(국정법 제48조 제1항).

6. 집 행

(1) **예산의 배정** 기획재정부장관은 제42조의 규정(각 중앙관서의 장은 예산 2726
이 확정된 후 사업운영계획 및 이에 따른 세입세출예산·계속비와 국고채무부담행위를 포함한 예산배정요구서를 기획재정부장관에게 제출하여야 한다)에 따른 예산배정요구서에 따라 분기별 예산배정계획을 작성하여 국무회의의 심의를 거친 후 대통령의 승인을 얻어야 한다(국정법 제43조 제1항). 기획재정부장관은 각 중앙관서의 장에게 예산을 배정한 때에는 감사원에 통지하여야 한다(국정법 제43조 제2항). 기획재정부장관은 재정수지의 적정한 관리 및 예산사업의 효율적인 집행관리 등을 위하여 필요한 때에는 제1항의 규정에 따른 분기별 예산배정계획을 조정하거나 예산배정을 유보할 수 있으며, 배정된 예산의 집행을 보류하도록 조치를 취할 수 있다(국정법 제43조 제5항).

2727 ⑵ **예산의 전용** 각 중앙관서의 장은 예산의 목적범위 안에서 재원의 효율적 활용을 위하여 대통령령이 정하는 바에 따라 기획재정부장관의 승인을 얻어 각 세항 또는 목의 금액을 전용할 수 있다. 이 경우 사업 간의 유사성이 있는지, 재해대책 재원 등으로 사용할 시급한 필요가 있는지, 기관운영을 위한 필수적 경비의 충당을 위한 것인지 여부 등을 종합적으로 고려하여야 한다(국정법 제46조 제1항). 각 중앙관서의 장은 제1항에도 불구하고 회계연도마다 기획재정부장관이 위임하는 범위 안에서 각 세항 또는 목의 금액을 자체적으로 전용할 수 있다(국정법 제46조 제2항).

2728 ⑶ **예산성과금의 지급 등** 각 중앙관서의 장은 예산의 집행방법 또는 제도의 개선 등으로 인하여 수입이 증대되거나 지출이 절약된 때에는 이에 기여한 자에게 성과금을 지급할 수 있으며, 절약된 예산을 다른 사업에 사용할 수 있다(국정법 제49조 제1항). 각 중앙관서의 장은 제1항의 규정에 따라 성과금을 지급하거나 절약된 예산을 다른 사업에 사용하고자 하는 때에는 예산성과금심사위원회의 심사를 거쳐야 한다(국정법 제49조 제2항).

2729 ⑷ **총사업비의 관리** 각 중앙관서의 장은 완성에 2년 이상이 소요되는 사업으로서 대통령령으로 정하는 대규모사업에 대하여는 그 사업규모·총사업비 및 사업기간을 정하여 미리 기획재정부장관과 협의하여야 한다. 협의를 거친 사업규모·총사업비 또는 사업기간을 변경하고자 하는 때에도 또한 같다(국정법 제50조 제1항).

2730 ⑸ **예비비의 관리와 사용** 예비비는 기획재정부장관이 관리한다(국정법 제51조 제1항). 각 중앙관서의 장은 예비비로 사용한 금액의 명세서를 작성하여 다음 연도 2월 말까지 기획재정부장관에게 제출하여야 한다(국정법 제52조 제1항). 기획재정부장관은 제1항의 규정에 따라 제출된 명세서에 따라 예비비로 사용한 금액의 총괄명세서를 작성한 후 국무회의의 심의를 거쳐 대통령의 승인을 얻어야 한다(국정법 제52조 제2항). 기획재정부장관은 제2항의 규정에 따라 대통령의 승인을 얻은 총괄명세서를 감사원에 제출하여야 한다(국정법 제52조 제3항). 정부는 예비비로 사용한 금액의 총괄명세서를 다음 연도 5월 31일까지 국회에 제출하여 그 승인을 얻어야 한다(국정법 제52조 제4항).

7. 결 산

(1) **결산의 원칙** 정부는 결산이 「국가회계법」에 따라 재정에 관한 유용하고 적정한 정보를 제공할 수 있도록 객관적인 자료와 증거에 따라 공정하게 이루어지게 하여야 한다(국정법 제56조). 2731

(2) **결산보고서** ① 각 중앙관서의 장은 「국가회계법」에서 정하는 바에 따라 회계연도마다 작성한 결산보고서(이하 "중앙관서결산보고서"라 한다)를 다음 연도 2월 말일까지 기획재정부장관에게 제출하여야 한다(국정법 제58조 제1항). ② 기획재정부장관은 「국가회계법」에서 정하는 바에 따라 회계연도마다 작성하여 대통령의 승인을 받은 국가결산보고서를 다음 연도 4월 10일까지 감사원에 제출하여야 한다(국정법 제59조). ③ 감사원은 제59조에 따라 제출된 국가결산보고서를 검사하고 그 보고서를 다음 연도 5월 20일까지 기획재정부장관에게 송부하여야 한다(국정법 제60조). ④ 정부는 제60조에 따라 감사원의 검사를 거친 국가결산보고서를 다음 연도 5월 31일까지 국회에 제출하여야 한다(국정법 제61조). 2732

8. 국가재정법상 금전채권의 소멸시효

(1) **시효기간** 금전의 급부를 목적으로 하는 국가의 권리의 경우 시효에 관하여 다른 법률에 규정이 없는 것은 5년 동안 행사하지 아니하면 시효로 인하여 소멸한다(국정법 제96조 제1항). 국가에 대한 권리로서 금전의 급부를 목적으로 하는 것도 또한 같다(국정법 제96조 제2항).[1] 2733

(2) **중단·정지** 금전의 급부를 목적으로 하는 국가의 권리에 있어서는 소멸시효의 중단·정지 그 밖의 사항에 관하여 다른 법률의 규정이 없는 때에는 민법의 규정을 준용한다. 국가에 대한 권리로서 금전의 급부를 목적으로 하는 것도 또한 같다(국정법 제96조 제3항). 법령의 규정에 따라 국가가 행하는 납입의 고지는 시효중단의 효력이 있다(국정법 제96조 제4항). 2734

---

1) 헌재 2018. 2. 22, 2016헌바470(국가의 재정은 세입·세출계획인 예산을 통하여 이루어지고 예산은 회계연도단위로 편성되어 시행된다. 따라서 국가가 금전채권을 가지거나 금전채무를 부담하고 오랜 세월이 지난 뒤에도 언제든지 채권자가 채권을 행사할 수 있다면 국가의 채권채무관계가 상당한 기간 확정되지 못하게 되고 결국 예산수립 시 예측가능성이 떨어짐으로써 국가재정의 안정적이고 효율적인 운용이 어려워진다. 따라서 국가채무에 대하여 단기소멸시효를 두는 것은 국가의 채권, 채무관계를 조기에 확정하고 예산 수립의 불안정성을 제거하여 국가재정을 합리적으로 운용하기 위한 것이다).

제3항 채권회계

Ⅰ. 관 념

1. 채권회계의 성질

2735 채권회계란 국가나 지방자치단체가 자기들의 채권을 보전·행사·내용변경 및 소멸 등을 행하는 채권의 관리작용을 말한다. 채권회계 역시 재정관리작용의 일종이다. 채권회계에 관한 일반법으로 「국가채권 관리법」이 있다. 동법은 국가의 채권에 대한 관리기관·관리 절차, 채권의 내용 변경 및 면제 등에 관한 기준을 정함으로써 채권의 적정한 관리를 도모함을 목적으로 한다(국채법 제1조).

2. 채권의 종류

2736 국가채권 관리법상 채권이란 금전의 지급을 목적으로 하는 국가의 권리를 말한다(국채법 제2조 제1항). 일정 종류의 채권은 국가채권 관리법의 적용이 배제된다. 그러한 것으로는 ① 벌금, 과료, 형사추징금, 과태료 및 이에 준하는 것으로서 대통령령으로 정하는 채권, ② 증권으로 되어 있는 채권, ③ 국가의 예금 및 예탁금에 관한 채권, ④ 보관금이 될 금전의 지급을 목적으로 하는 채권, ⑤ 기부금에 관한 채권, ⑥ 국세 및 관세와 이의 징수에 관련된 채권이 있다(국채법 제3조 제1항).

Ⅱ. 채권의 관리

1. 채권관리기관

2737 (1) 기획재정부장관 기획재정부장관은 채권관리를 적정하게 하기 위하여 다음 각 호(1. 채권관리에 관한 제도정비, 2. 채권관리사무에 관한 통일적인 기준 설정, 3. 채권관리사무의 처리에 관한 조정, 4. 채권관리사무에 대한 성과관리)의 사무를 수행한다(국채법 제5조 제1항). 기획재정부장관은 채권관리를 적정하게 하기 위하여 필요하다고 인정하는 경우에는 각 중앙관서의 장에게 그 소관에 속하는 채권의 내용 및 관리 상황에 관하여 보고를 요구하거나 소속 직원으로 하여금 실지지도·조사를 하게 하며 그 밖에 필요한 조치를 할 수 있다(국채법 제5조 제3항).

2738 (2) 총괄채권관리관 각 중앙관서의 장은 해당 관서의 채권관리관 중에서 채권관리사무를 총괄하는 채권관리관(이하 "총괄채권관리관"이라 한다)을 임명하여야 한다(국채법 제5조의2 제1항). 총괄채권관리관은 소속 중앙관서의 장이 정하는 바에 따라 해당 관서의 소관에 속하는 다음 각 호(1. 제36조에 따른 채권현재액 보고

서의 작성, 2. 채권관리 절차의 정비, 3. 채권관리사무의 처리에 관한 조정, 4. 채권관리사무에 대한 성과관리(납입기한이 지난 미회수 채권에 대한 회수 방안의 수립을 포함한다), 5. 채권관리사무에 대한 감독)의 사무를 수행한다(국채법 제5조의2 제2항).

2. 채권관리의 내용

(1) **관리준칙** 채권관리사무는 법령과 채권의 발생원인 및 내용에 따라 2739
재정상 국가의 이익에 적합하도록 처리하여야 한다(국채법 제11조). 채권관리관은 장부의 비치, 납입의 고지·독촉, 가압류와 가처분의 신청 등을 하여야 한다(국채법 제12조~제25조).

(2) **채권의 내용변경 등** 채권의 이행기한은 일정한 기한으로 명시되어야 2740
하나(국채법 제26조 제1항), 이행연기의 특약이 가능한 경우도 있고(국채법 제27조), 5년의 범위 내에서 이행기한의 연장도 가능하며(국채법 제28조), 이행기간이 10년이나 경과하여도 변제가능성이 없는 경우 등에는 당해 채권·연체금·이자를 면제할 수도 있다(국채법 제31조).

제 4 항 동산회계(물품관리)

Ⅰ. 관 념

1. 동산회계(물품관리)의 의의

동산회계란 국가나 지방자치단체가 자신의 재산 중에서 동산을 관리하는 2741
작용을 말한다. 동산회계는 물품관리라 불리기도 한다. 동산회계에 관한 법원으로 「물품관리법」이 있다. 물품관리법은 국가의 물품의 취득·보관·사용 및 처분에 관한 기본적 사항을 정함으로써 효율적이고 적정한 관리를 도모함을 목적으로 한다(물품법 제1조). 군수품의 관리에 관하여는 따로 법률로 정한다(물품법 제3조). 물품관리에 관하여는 다른 법률에 특별한 규정이 있는 경우 외에는 이 법에서 정하는 바에 따른다(물품법 제4조).

2. 물품(동산)의 의의

"물품"이란 국가가 소유하는 동산과 국가가 사용하기 위하여 보관하는 동 2742
산(「국유재산법」에 따라 관리하고 있는 국유재산에서 개별적으로 분리된 동산을 포함한다)을 말한다. 다만, 다음 각 호(1. 현금, 2. 법령에 따라 한국은행에 기탁하여야 할 유가증권, 3. 「국유재산법」 제5조 제1항 제1호부터 제3호까지와 같은 조 제2항에 따른 국유재산)의 동산은 제외한다(물품법 제2조 제1항).

Ⅱ. 물품의 관리

1. 물품관리기관

2743 (1) **총괄기관** ① 기획재정부장관은 물품관리의 제도와 정책에 관한 사항을 관장하며, 물품관리에 관한 정책의 결정을 위하여 필요하면 조달청장이나 각 중앙관서의 장으로 하여금 물품관리 상황에 관한 보고를 하게 하거나 필요한 조치를 할 수 있다(물품법 제7조 제1항). ② 조달청장은 각 중앙관서의 장이 수행하는 물품관리에 관한 업무를 총괄·조정한다(물품법 제7조 제2항).

2744 (2) **관리기관**(명령기관) 각 중앙관서의 장은 그 소관 물품을 관리한다(물품법 제8조). 각 중앙관서의 장은 대통령령으로 정하는 바에 따라 그 소관 물품관리에 관한 사무를 소속 공무원에게 위임할 수 있고, 필요하면 다른 중앙관서의 소속공무원에게 위임할 수 있다(물품법 제9조 제1항). 제1항에 따라 각 중앙관서의 장으로부터 물품관리에 관한 사무를 위임받은 공무원을 물품관리관이라 한다(물품법 제9조 제2항).

2745 (3) **집행기관** 물품관리관(제12조 제1항에 따라 그의 사무의 일부를 분장하는 공무원을 포함한다)은 대통령령으로 정하는 바에 따라 그가 소속된 관서의 공무원에게 그 관리하는 물품의 출납과 보관에 관한 사무(출납명령에 관한 사무는 제외한다)를 위임하여야 한다(물품법 제10조 제1항). 제1항에 따라 물품의 출납과 보관에 관한 사무를 위임받은 공무원을 물품출납공무원이라 한다(물품법 제10조 제2항).

2. 물품관리의 내용

2746 (1) **물품의 분류 및 표준화** 각 중앙관서의 장은 그 소관 물품을 기관별·사업별 및 성질별로 분류하여 효율적이고 적정하게 관리하여야 한다(물품법 제5조 제1항). 각 중앙관서의 장은 해당 관서와 그 소속 기관에서만 사용하는 주요 물품에 관하여 그 표준을 정하고, 조달청장은 정부 각 기관에서 공통적으로 사용하는 주요 물품에 관하여 그 표준을 정하여야 한다(물품법 제6조 제1항).

2747 (2) **수급관리계획** 조달청장은 대통령령으로 정하는 바에 따라 매년 물품수급관리계획 작성지침을 정하여 각 중앙관서의 장에게 통보하여야 한다. 이 경우 중앙관서별 지침을 따로 정할 수 있다(물품법 제15조 제1항). 각 중앙관서의 장은 제1항의 물품수급관리계획 작성지침에 따라 매년 그 소관 물품의 취득·보관·사용 및 처분에 관한 계획(이하 "물품수급관리계획"이라 한다)을 수립하여 조달청장에게 제출하여야 한다(물품법 제15조 제2항). 조달청장은 제2항에 따라 제출된

물품수급관리계획을 종합한 정부종합물품수급관리계획을 작성하여 기획재정부 장관에게 제출하여야 한다(물품법 제15조 제3항).

(3) **취득·보관·사용·처분** ① 물품관리관은 물품수급관리계획에 정하여진 물품에 대하여는 그 계획의 범위에서, 그 밖의 물품에 대하여는 필요할 때마다 계약담당공무원에게 물품의 취득에 관한 필요한 조치를 할 것을 청구하여야 한다(물품법 제28조 제1항). ② 물품은 항상 사용하거나 처분할 수 있도록 선량한 관리자의 주의로써 국가의 시설에 보관하여야 한다. 다만, 물품관리관이 국가의 시설에 보관하는 것이 물품의 사용이나 처분에 부적당하다고 인정하거나 그 밖에 특별한 사유가 있으면 국가 외의 자의 시설에 보관할 수 있다(물품법 제30조). ③ 물품관리관은 물품을 사용하게 하기 위하여 출납명령을 한 때에는 그 사용목적을 명백히 하여 그 사실을 물품운용관에게 알려야 한다. 다만, 물품운용관의 요청에 따라 출납명령을 한 때에는 그러하지 아니하다(물품법 제33조). ④ 물품관리관은 그 소관 물품 중 사용할 필요가 없거나 사용할 수 없는 물품이 있으면 그 물품에 대하여 불용의 결정을 하여야 한다. 다만, 대통령령으로 정하는 물품에 대하여는 소속 중앙관서의 장의 승인을 받아야 한다(물품법 제35조 제1항). 2748

(4) **자연감모와 관급** ① 물품의 장기보관이나 운송 그 밖의 불가피한 사유로 인하여 생기는 감모는 자연감모로 하여 정리할 수 있다(물품법 제43조 제1항). 자연감모로 하여 정리할 수 있는 물품의 종류·품목 및 자연감모율에 관하여는 대통령령으로 정한다(물품법 제43조 제2항). ② 물품은 법률에 따른 계약에 의하지 아니하고는 공사·제조 그 밖의 계약자에게 관급할 수 없다(물품법 제44조). 2749

제 5 항 부동산회계

Ⅰ. 관 념

1. 부동산회계의 성질

부동산회계란 국가 또는 지방자치단체가 자신의 부동산을 취득·유지·보존·운용·처분하는 작용을 말한다. 부동산회계는 부동산관리라 불리기도 한다. 2750

2. 법 원

국가의 부동산회계에 관한 법원에는 ① 일반법으로 「국유재산법」이 있다. 국유재산의 관리와 처분에 관하여는 다른 법률에 특별한 규정이 있는 경우를 제외하고는 국유재산법에서 정하는 바에 따른다(국재법 제4조 본문). 국유재산법 2751

은 국유재산에 관한 기본적인 사항을 정함으로써 국유재산의 적정한 보호와 효율적인 관리·처분을 목적으로 한다(국재법 제1조). 한편 부동산에 관한 ② 특별법으로는 고속국도법·귀속재산처리법·도로법·산림자원의 조성 및 관리에 관한 법률·자연공원법·하천법 등이 있다. 이하에서는 국유재산에 관해서만 보기로 한다.

Ⅱ. 국유재산

1. 국유재산의 종류

2752 국유재산은 그 용도에 따라 행정재산[1]과 일반재산으로 구분한다(국재법 제6조 제1항). 일반재산이란 행정재산 외의 모든 국유재산을 말한다(국재법 제6조 제3항). 구 국유재산법상으로는 일반재산을 잡종재산이라 하였다. 행정재산의 종류는 다음 각 호[1. 공용재산 : 국가가 직접 사무용·사업용 또는 공무원의 주거용(직무 수행을 위하여 필요한 경우로서 대통령령으로 정하는 경우로 한정한다)으로 사용하거나 대통령령으로 정하는 기한까지 사용하기로 결정한 재산, 2. 공공용재산 : 국가가 직접 공공용으로 사용하거나 대통령령으로 정하는 기한까지 사용하기로 결정한 재산, 3. 기업용재산 : 정부기업이 직접 사무용·사업용 또는 그 기업에 종사하는 직원의 주거용(직무 수행을 위하여 필요한 경우로서 대통령령으로 정하는 경우로 한정한다)으로 사용하거나 대통령령으로 정하는 기한까지 사용하기로 결정한 재산, 4. 보존용재산 : 법령이나 그 밖의 필요에 따라 국가가 보존하는 재산]와 같다(국재법 제6조 제2항).[2]

---

1) 대판 2014. 11. 27, 2014두10769(국유재산법상의 행정재산이란 국가가 소유하는 재산으로서 직접 공용, 공공용, 또는 기업용으로 사용하거나 사용하기로 결정한 재산을 말한다. 그 중 도로, 공원과 같은 인공적 공공용 재산은 법령에 의하여 지정되거나 행정처분으로써 공공용으로 사용하기로 결정한 경우, 또는 행정재산으로 실제로 사용하는 경우의 어느 하나에 해당하면 행정재산이 되는 것인데, 1980. 1. 4. 법률 제3256호로 제정된 도시공원법이 시행되기 이전에 구 도시계획법(2002. 2. 4. 법률 제6655호 국토의 계획 및 이용에 관한 법률 부칙 제2조로 폐지, 이하 같다)상 공원으로 결정·고시된 국유토지라는 사정만으로는 행정처분으로써 공공용으로 사용하기로 결정한 것으로 보기는 부족하다고 할 것이나, 서울특별시장이 구 공원법(1980. 1. 4. 법률 제3243호로 폐지되기 전의 것), 구 도시계획법에 따라 사업실시계획의 인가내용을 고시함으로써 공원시설의 종류, 위치 및 범위 등이 구체적으로 확정되거나 도시계획사업의 시행으로 도시공원이 실제로 설치된 토지라면 공공용물로서 행정재산에 해당한다).

2) 대판 2016. 5. 12, 2015다255524(국유재산법상의 행정재산이란 국가가 소유하는 재산으로서 직접 공용, 공공용 또는 기업용으로 사용하거나 사용하기로 결정한 재산을 말하는 것이고(국유재산법 제6조 제2항 참조), 그중 도로와 같은 인공적 공공용 재산은 법령에 의하여 지정되거나 행정처분으로써 공공용으로 사용하기로 결정한 경우 또는 행정재산으로 실제로 사용하는 경우의 어느 하나에 해당하여야 비로소 행정재산이 되는 것인데, 특히 도로는 도로로서의 형태를 갖추고 도로법에 따른 노선의 지정 또는 인정의 공고 및 도로구역 결정·고시를 한 때 또는 도시계획법 또는 도시재개발법 소정의 절차를 거쳐 도로를 설치하였을 때에 공공용물로서 공용개시행위가 있다고 할 것이므로, 토지의 지목이 도로이고 국유재산대장에 등재되어 있다는 사정만으로 바로 그 토지가 도로로서 행정재산에 해당한다고 할 수는 없다).

2. 국유재산의 관리기관

(1) **총 괄 청** 총괄청(기획재정부장관을 말한다. 국재법 제2조 제10호)은 국유재산에 관한 사무를 총괄하고 그 국유재산(제3항에 따라 중앙관서의 장이 관리·처분하는 국유재산은 제외한다)을 관리·처분한다(국재법 제8조 제1항). 총괄청은 중앙관서의 장등에 해당 국유재산의 관리상황에 관하여 보고하게 하거나 자료를 제출하게 할 수 있다(국재법 제21조 제1항). 총괄청은 중앙관서의 장등의 재산 관리상황과 유휴 행정재산 현황을 감사(監査)하거나 그 밖에 필요한 조치를 할 수 있다(국재법 제21조 제3항). 2753

(2) **중앙관서의 장** 중앙관서의 장은 「국가재정법」 제4조에 따라 설치된 특별회계 및 같은 법 제5조에 따라 설치된 기금에 속하는 국유재산과 제40조 제2항 각 호에 따른 재산을 관리·처분한다(국재법 제8조 제3항). 중앙관서의 장은 소관 행정재산 중 대통령령으로 정하는 유휴 행정재산 현황을 매년 1월 31일까지 총괄청에 보고하여야 한다(국재법 제21조 제2항). 2753a

3. 국유재산의 관리·처분

(1) 행정재산

(가) **처분등의 제한** 행정재산은 처분하지 못한다. 다만, 다음 각 호(1. 공유 또는 사유재산과 교환하여 그 교환받은 재산을 행정재산으로 관리하려는 경우, 2. 대통령령으로 정하는 행정재산을 직접 공용이나 공공용으로 사용하기 위하여 필요로 하는 지방자치단체에 양여하는 경우)의 어느 하나에 해당하는 경우에는 교환하거나 양여할 수 있다(국재법 제27조 제1항). 2754

(나) **사용허가** 중앙관서의 장은 다음 각 호(1. 공용·공공용·기업용 재산 : 그 용도나 목적에 장애가 되지 아니하는 범위, 2. 보존용재산 : 보존목적의 수행에 필요한 범위)의 범위에서만 행정재산의 사용허가를 할 수 있다(국재법 제30조 제1항).[1] 행정재산을 사용허가하려는 경우에는 그 뜻을 공고하여 일반경쟁에 부쳐야 한다. 다만, 사용허가의 목적·성질·규모 등을 고려하여 필요하다고 인정되면 대통령령으로 정하는 바에 따라 참가자의 자격을 제한하거나 참가자를 지명하여 경쟁에 부치거나 수의의 방법으로 할 수 있다(국재법 제31조 제1항). 2755

---

1) 대판 2006. 3. 9, 2004다31074(국유재산 등의 관리청이 하는 행정재산의 사용·수익에 대한 허가는 순전히 사경제주체로서 행하는 사법상의 행위가 아니라 관리청이 공권력을 가진 우월적 지위에서 행하는 행정처분으로서 특정인에게 행정재산을 사용할 수 있는 권리를 설정하여 주는 강학상 특허에 해당한다).

▌참고▐ 국유재산법·공유재산 및 물품 관리법상 관리위탁계약의 특수성

[1] 국유재산법[제29조(관리위탁) ① 중앙관서의 장은 행정재산을 효율적으로 관리하기 위하여 필요하면 국가기관 외의 자에게 그 재산의 관리를 위탁(이하 "관리위탁"이라 한다)할 수 있다] 또는 공유재산 및 물품 관리법[제27조(행정재산의 관리위탁) ① 지방자치단체의 장은 행정재산의 효율적인 관리를 위하여 필요하다고 인정하면 대통령령으로 정하는 바에 따라 지방자치단체 외의 자에게 그 재산의 관리를 위탁(이하 "관리위탁"이라 한다)할 수 있다]에 따른 관리위탁계약은 행정행위의 성질을 갖는 것(예 : 공유재산의 사용허가)도 내용으로 할 수 있다.[1] 예컨대 사용에 허가(행정행위)를 요하는 공공시설임에도 불구하고 관리위탁계약을 체결하면, 사용허가를 받은 것으로 간주된다. 공법상 계약과 행정행위는 상이한 행정의 행위형식임에도 불구하고 이러한 사정으로 인해 국유재산법이나 공유재산 및 물품 관리법상 관리위탁계약은 통상의 계약이 아니라, 행정행위까지 아우르는 넓은 의미의 계약이라 불러야 할 것이다.

[2] 대법원도 공법상 계약에 근거한 의사표시라고 하여 항상 그것이 대등한 당사자 지위에서 행해지는 것은 아니며, 개별 행정작용마다 관련법령이 당해 행정주체와 사인간의 관계를 어떻게 규정하고 있는지를 행위형식이나 외관이 아니라 당해 행위의 실질을 기준으로 개별적으로 검토하여야 한다는 입장이다(대판 2016. 11. 24, 2016두45028 참조).

2756 (다) **사 용 료** 행정재산을 사용허가한 때에는 대통령령으로 정하는 요율과 산출방법에 따라 매년 사용료를 징수한다. 다만, 연간 사용료가 대통령령으로 정하는 금액 이하인 경우에는 사용허가기간의 사용료를 일시에 통합 징수할 수 있다(국재법 제32조 제1항). 중앙관서의 장은 동일인(상속인이나 그 밖의 포괄승계인은 피승계인과 동일인으로 본다)이 같은 행정재산을 사용허가기간 내에서 1년을 초과하여 계속 사용·수익하는 경우로서 대통령령으로 정하는 경우에는 사용료를 조정할 수 있다(국재법 제33조 제1항). 사용료가 면제되는 경우도 있다(국재법 제34조).

2756a 사용료 부과행위는 행정행위의 성질을 갖는다.[2] 사용료 납부를 체납하면, 강제징수가 따른다.[3]

2757 (라) **사용허가기간** 행정재산의 사용허가기간은 5년 이내로 한다. 다만, 제

1) 졸저, 민간위탁의 법리와 행정실무, 박영사 참조.
2) 대판 2017. 4. 13, 2013다207941(국유재산의 관리청이 행정재산의 사용·수익을 허가한 다음 그 사용·수익허가를 받은 자에 대하여 사용료를 부과하는 행위는 순전히 사경제주체로서 행하는 사법상의 이행청구가 아니고, 관리청이 공권력을 가진 우월적 지위에서 행하는 행정처분이다).
3) 대판 2017. 4. 13, 2013다207941(사용·수익허가를 받은 자가 적법한 사용료 부과처분을 받고도 이를 체납하는 경우에는 관리청은 국유재산법 제73조 제2항에 의하여 국세징수법 제23조와 같은 법의 체납처분에 관한 규정에 따라 사용료와 연체료를 징수할 수 있으므로 민사소송의 방법으로 그 이행을 구하는 것은 허용되지 아니한다).

34조 제1항 제1호의 경우에는 사용료의 총액이 기부를 받은 재산의 가액에 이르는 기간 이내로 한다(국재법 제35조 제1항). 제1항의 허가기간이 끝난 재산에 대하여 대통령령으로 정하는 경우를 제외하고는 5년을 초과하지 아니하는 범위에서 종전의 사용허가를 갱신할 수 있다. 다만, 수의의 방법으로 사용허가를 할 수 있는 경우가 아니면 1회만 갱신할 수 있다(국재법 제35조 제2항).

(마) 사용허가의 취소와 철회 중앙관서의 장은 행정재산의 사용허가를 받은 2758
자가 다음 각 호(1. 거짓 진술을 하거나 부실한 증명서류를 제시하거나 그 밖에 부정한 방법으로 사용허가를 받은 경우, 2. 사용허가 받은 재산을 제30조 제2항을 위반하여 다른 사람에게 사용·수익하게 한 경우, 3. 해당 재산의 보존을 게을리하였거나 그 사용목적을 위배한 경우, 4. 납부기한까지 사용료를 납부하지 아니하거나 제32조 제2항 후단에 따른 보증금 예치나 이행보증조치를 하지 아니한 경우, 5. 중앙관서의 장의승인 없이 사용허가를 받은 재산의 원래 상태를 변경한 경우)의 어느 하나에 해당하면 그 허가를 취소하거나 철회할 수 있다(국재법 제36조 제1항). 중앙관서의 장은 사용허가한 행정재산을 국가나 지방자치단체가 직접 공용이나 공공용으로 사용하기 위하여 필요하게 된 경우에는 그 허가를 철회할 수 있다(국재법 제36조 제2항). 제2항의 경우에 그 철회로 인하여 해당 사용허가를 받은 자에게 손실이 발생하면 그 재산을 사용할 기관은 대통령령으로 정하는 바에 따라 보상한다(국재법 제36조 제3항). 사용허가의 취소와 철회는 행정소송법상 처분에 해당한다.[1)]

(2) 일반재산

(가) 관리·처분 일반재산은 대부 또는 처분할 수 있다(국재법 제41조 제1항). 2759
일반재산의 처분은 행정소송법상 처분에 해당하지 아니한다.[2)] 중앙관서의 장등은 국가의 활용계획이 없는 건물이나 그 밖의 시설물이 다음 각 호(1. 구조상 공중의 안전에 미치는 위험이 중대한 경우, 2. 재산가액에 비하여 유지·보수 비용이 과다한 경우, 3. 위치, 형태, 용도, 노후화 등의 사유로 철거가 불가피하다고 중앙관서의 장등이 인정하

1) 대판 1997. 4. 11, 96누17325(국·공유재산의 관리청이 행정재산의 사용·수익을 허가한 다음 그 사용·수익하는 자에 대하여 하는 사용·수익허가취소는 순전히 사경제주체로서 행하는 사법상의 행위라 할 수 없고, 이는 관리청이 공권력을 가진 우월적 지위에서 행한 것으로서 항고소송의 대상이 되는 행정처분이다); 대판 2001. 6. 15, 99두509(공유재산의 관리청이 하는 행정재산의 사용·수익에 대한 허가는 순전히 사경제주체로서 행하는 사법상의 행위가 아니라 관리청이 공권력을 가진 우월적 지위에서 행하는 행정처분이다).

2) 대판 2010. 11. 11, 2010다59646(구 공유재산 및 물품관리법(2008. 12. 26. 법률 제9174호로 개정되기 전의 것) 제14조 제1항, 제28조 제1항 등의 규정에 의하여 특별시장광역시장 또는 도지사로부터 공유재산 관리의 권한을 위임받은 시장군수 또는 구청장이 공유재산인 잡종재산을 대부하는 행위는 지방자치단체가 사경제 주체로서 상대방과 대등한 위치에서 행하는 사법상의 계약이다); 대판 1998. 9. 22, 98두7602(지방자치단체장이 국유 잡종재산을 대부하여 달라는 신청을 거부한 것은 항고소송의 대상이 되는 행정처분이 아니므로 행정소송으로 그 취소를 구할 수 없다).

는 경우)의 어느 하나에 해당하는 경우에는 철거할 수 있다(국재법 제41조 제2항).

2759a (나) 계약의 방법　　일반재산을 처분하는 계약을 체결할 경우에는 그 뜻을 공고하여 일반경쟁에 부쳐야 한다. 다만, 계약의 목적·성질·규모 등을 고려하여 필요하다고 인정되면 대통령령으로 정하는 바에 따라 참가자의 자격을 제한하거나 참가자를 지명하여 경쟁에 부치거나 수의계약으로 할 수 있으며, 증권인 경우에는 대통령령으로 정하는 방법에 따를 수 있다(국재법 제43조 제1항). 국가가 일반재산에 관하여 체결하는 대부계약은 사법상 계약이다.[1] 대부료의 미납이 발생하면 강제징수가 따른다.[2]

4. 기　　타

2760 (1) 국유재산의 보호　　① 누구든지 국유재산법 또는 다른 법률에서 정하는 절차와 방법에 따르지 아니하고는 국유재산을 사용하거나 수익하지 못한다(국재법 제7조 제1항). ② 행정재산은 「민법」 제245조에도 불구하고 시효취득의 대상이 되지 아니한다(국재법 제7조 제2항; 공재법 제6조 제2항). 일반재산은 시효취득의 대상이 된다.[3] 구 국유재산법에서는 잡종재산(일반재산)도 시효취득의 대상이 아니라고 규정하였는데, 헌법재판소는 이를 헌법위반으로 선언하였다.[4] 지방자치단체의 공유재산의 경우에도 사정이 동일하였다.[5] 이러한 헌법재판소의 위헌선언

1) 대판 2022. 10. 14, 2020다289163(국유재산법상 일반재산에 관한 관리·처분의 권한을 위임받은 기관의 일반재산 대부 행위는 국가나 지방자치단체가 사경제 주체로서 상대방과 대등한 위치에서 행하는 사법상 계약이므로 그 권리관계는 사법의 규정이 적용됨이 원칙이다. 다만 계약당사자의 일방이 국가나 지방자치단체이고 그 목적물이 국유재산이라는 공적 특성이 있어서 국유재산법 등 특별법의 규제를 받을 수 있다).

2) 대판 2017. 4. 13, 2013다207941(국유재산법 제42조 제1항, 제73조 제2항 제2호에 따르면, 국유 일반재산의 관리·처분에 관한 사무를 위탁받은 자는 국유 일반재산의 대부료 등이 납부기한까지 납부되지 아니한 경우에는 국세징수법 제23조와 같은 법의 체납처분에 관한 규정을 준용하여 대부료 등을 징수할 수 있다. 이와 같이 국유 일반재산의 대부료 등의 징수에 관하여는 국세징수법 규정을 준용한 간이하고 경제적인 특별구제절차가 마련되어 있으므로, 특별한 사정이 없는 한 민사소송의 방법으로 대부료 등의 지급을 구하는 것은 허용되지 아니한다).

3) 대판 2009. 12. 10, 2006다19177(구 지방재정법 제74조 제2항은 "공유재산은 민법 제245조의 규정에 불구하고 시효취득의 대상이 되지 아니한다. 다만, 잡종재산의 경우에는 그러하지 아니하다"라고 규정하고 있으므로, 구 지방재정법상 공유재산에 대한 취득시효가 완성되기 위하여는 그 공유재산이 취득기간 동안 계속하여 시효취득의 대상이 될 수 있는 잡종재산이어야 하고, 이러한 점에 대한 증명책임은 시효취득을 주장하는 자에게 있다).

4) 헌재 1991. 5. 13, 89헌가97(국유잡종재산은 사경제적 거래의 대상으로서 사적 자치의 원칙이 지배되고 있으므로 시효제도의 적용에 있어서도 동일하게 보아야 하고, 국유잡종재산에 대한 시효취득을 부인하는 동규정은 합리적 근거없이 국가만을 우대하는 불평등한 규정으로서 헌법상의 평등의 원칙과 사유재산권 보장의 이념 및 과잉금지의 원칙에 반한다).

5) 헌재 1992. 10. 1, 92헌가6·7(병합)(구 지방재정법 제74조 제2항이 같은 법 제72조 제2항에 정한 공유재산 중 잡종재산에 대하여까지 시효취득의 대상이 되지 아니한다고 규정한 것은, 사권을 규율하는 법률관계에 있어서는 그 권리주체가 누구냐에 따라 차별대우가 있어서는 아니되

으로 국유재산법 등이 개정되었다.

(2) **변상금의 징수** 중앙관서의 장등은 무단점유자에 대하여 대통령령으 2761
로 정하는 바에 따라 그 재산에 대한 사용료나 대부료의 100분의 120에 상당하는 변상금을 징수한다. 다만, 다음 각 호[1. 등기사항증명서나 그 밖의 공부상의 명의인을 정당한 소유자로 믿고 적절한 대가를 지급하고 권리를 취득한 자(취득자의 상속인이나 승계인을 포함한다)의 재산이 취득 후에 국유재산으로 판명되어 국가에 귀속된 경우, 2. 국가나 지방자치단체가 재해대책 등 불가피한 사유로 일정 기간 국유재산을 점유하게 하거나 사용·수익하게 한 경우]의 어느 하나에 해당하는 경우에는 변상금을 징수하지 아니한다(국재법 제72조 제1항; 공재법 제81조 제1항).[1] 변상금부과처분은 행정소송의 대상이 되는 처분이다.[2] 판례는 사법상 계약으로 본조를 대신할 수 없다고 한다.[3] 말하자면 행정처분과 사법상 계약 사이에서 관리청은 선택의 자유를 갖지 아니한다고 한다. 변상금 부과처분은 기속적 행위이다.[4]

며 비록 지방자치단체라 할지라도 사경제적 작용으로 인한 민사관계에 있어서는 사인과 대등하게 다루어져야 한다는 헌법의 기본원리에 반하고, 공유재산의 사유화로 인한 잠식을 방지하고 그 효율적인 보존을 위한 적정한 수단도 되지 아니하여 법률에 의한 기본권 제한에 있어서 비례의 원칙 또는 과잉금지의 원칙에 위배된다).

1) 대판 2019. 9. 9, 2018두48298(금전적 제재(변상금 부과처분)는 무단점유를 예방·근절하여 공공의 목적에 제공되는 공유재산의 적정한 보호와 관리를 꾀하고, 지방자치단체가 공유재산을 통해 추구하는 행정목적을 달성하는 한편, 사용료 또는 대부료에 해당하는 부당이득을 환수하고 그에 덧붙여 징벌적으로 추가 금액을 징수하여 지방재정을 확충하고자 함에 그 입법취지가 있다); 대판 1992. 3. 10, 91누5211(구 국유재산법 제51조 제1항에서 법률에 의한 국유재산의 대부 또는 사용수익허가 등을 받지 아니하고 국유재산을 점유하거나 이를 사용수익한 자에 대하여 당해 재산에 대한 대부료 또는 사용료의 100분의 120에 상당하는 변상금을 징수하도록 규정하고 있는 것은 국유재산에 대한 점유나 사용수익의 개시 그 자체가 법률상 아무런 권원없이 이루어진 경우에는 정상적인 대부료 또는 사용료를 징수할 수 없으므로 그 대부료나 사용료 대신에 변상금을 징수한다는 취지라고 풀이되므로 점유나 사용수익을 정당화할 법적 지위에 있는 자에 대하여는 그 적용이 없다).

2) 대판 2013. 1. 24, 2012다79828(공유재산 및 물품 관리법은 제81조 제1항에서 공유재산 등의 관리청은 사용·수익허가나 대부계약 없이 공유재산 등을 무단으로 사용·수익·점유한 자 또는 사용·수익허가나 대부계약의 기간이 끝난 후 다시 사용·수익허가를 받거나 대부계약을 체결하지 아니한 채 공유재산 등을 계속하여 사용·수익·점유한 자에 대하여 대통령령이 정하는 바에 따라 공유재산 등의 사용료 또는 대부료의 100분의 120에 해당하는 변상금을 징수할 수 있다고 규정하고 있는데, 이러한 변상금의 부과는 관리청이 공유재산 중 일반재산과 관련하여 사경제 주체로서 상대방과 대등한 위치에서 사법상의 계약인 대부계약을 체결한 후 그 이행을 구하는 것과 달리 관리청이 공권력의 주체로서 상대방의 의사를 묻지 않고 일방적으로 행하는 행정처분에 해당한다).

3) 대판 1989. 11. 24, 89누787(국유재산의 무단점유로 인한 변상금징수권은 공법상의 권리채무를 내용으로 하는 것으로서 사법상의 채권과는 그 성질을 달리하는 것이므로 위 변상금징수권의 성립과 행사는 국유재산법의 규정에 의하여서만 가능한 것이고 제3자와의 사법상의 계약에 의하여 그로 하여금 변상금채무를 부담하게 하여 이로부터 변상금징수권의 종국적 만족을 실현하는 것은 허용될 수 없다).

4) 대판 2014. 4. 10, 2012두16787(변상금 연체료 부과처분은 국유재산의 적정한 보호와 효율적인

2762 (3) **불법시설물의 철거** 정당한 사유 없이 국유재산을 점유하거나 이에 시설물을 설치한 경우에는 중앙관서의 장등은 「행정대집행법」을 준용하여 철거하거나 그 밖에 필요한 조치를 할 수 있다(국재법 제74조; 공재법 제83조).[1] 본조는 행정대집행의 근거규정이 된다.[2] 대체적 작위의무가 아닌 의무의 이행을 위해서는 행정대집행법이 적용될 수 없다.[3] 대부계약의 해지는 정당한 사유가 없는 경우에 해당한다.[4]

관리·처분을 목적으로 하는 행정행위로서 국유재산 관리의 엄정성이 확보될 필요가 있으며, 또한 이는 변상금 납부의무를 지체한 데 따른 제재적 성격을 띠고 있는 침익적 행정행위이고, 연체료는 변상금의 납부기한이 경과하면 당연히 발생하는 것이어서 그 부과 여부를 임의로 결정할 수는 없다).

1) 대판 2017. 4. 3, 2013다207941(공유재산 및 물품 관리법 제83조 제1항은, '지방자치단체장은 정당한 사유 없이 공유재산을 점유하거나 공유재산에 시설물을 설치한 경우에는 원상복구 또는 시설물의 철거 등을 명하거나 이에 필요한 조치를 할 수 있다.'고 규정하고, 제2항은, '제1항에 따른 명령을 받은 자가 그 명령을 이행하지 아니할 때에는 「행정대집행법」에 따라 원상복구 또는 시설물의 철거 등을 하고 그 비용을 징수할 수 있다.'고 규정하고 있다. 위 규정에 따라 지방자치단체장은 행정대집행의 방법으로 공유재산에 설치한 시설물을 철거할 수 있고, 이러한 행정대집행의 절차가 인정되는 경우에는 민사소송의 방법으로 시설물의 철거를 구하는 것은 허용되지 아니한다).

2) 대판 1998. 10. 23, 97누157(지방재정법 제85조는 철거 대집행에 관한 개별적인 근거 규정을 마련함과 동시에 행정대집행법상의 대집행 요건 및 절차에 관한 일부 규정만을 준용한다는 취지에 그치는 것이고, 그것이 대체적 작위의무에 속하지 아니하여 원칙적으로 대집행의 대상이 될 수 없는 다른 종류의 의무에 대하여서까지 강제집행을 허용하는 취지는 아니다).

3) 대판 1998. 10. 23, 97누157(도시공원시설인 매점의 관리청이 그 공동점유자 중의 1인에 대하여 소정의 기간 내에 위 매점으로부터 퇴거하고 이에 부수하여 그 판매 시설물 및 상품을 반출하지 아니할 때에는 이를 대집행하겠다는 내용의 계고처분은 그 주된 목적이 매점의 원형을 보존하기 위하여 점유자가 설치한 불법 시설물을 철거하고자 하는 것이 아니라, 매점에 대한 점유자의 점유를 배제하고 그 점유이전을 받는 데 있다고 할 것인데, 이러한 의무는 그것을 강제적으로 실현함에 있어 직접적인 실력행사가 필요한 것이지 대체적 작위의무에 해당하는 것은 아니어서 직접강제의 방법에 의하는 것은 별론으로 하고 행정대집행법에 의한 대집행의 대상이 되는 것은 아니다).

4) 대판 2001. 10. 12, 2001두4078(지방재정법 제85조 제1항은, 공유재산을 정당한 이유 없이 점유하거나 그에 시설을 한 때에는 이를 강제로 철거하게 할 수 있다고 규정하고, 그 제2항은, 지방자치단체의 장이 제1항의 규정에 의한 강제철거를 하게 하고자 할 때에는 행정대집행법 제3조 내지 제6조의 규정을 준용한다고 규정하고 있는바, 공유재산의 점유자가 그 공유재산에 관하여 대부계약 외 달리 정당한 권원이 있다는 자료가 없는 경우 그 대부계약이 적법하게 해지된 이상 그 점유자의 공유재산에 대한 점유는 정당한 이유 없는 점유라 할 것이고, 따라서 지방자치단체의 장은 지방재정법 제85조에 의하여 행정대집행의 방법으로 그 지상물을 철거시킬 수 있다).

제3절 조 세

제1항 일 반 론

I. 조세와 법

1. 조세법의 의의와 성질

① 조세법이란 조세에 관한 공법법규의 총괄개념을 의미한다. 그것은 조세에 관한 공법체계라고 할 수 있다(공법으로서의 조세법). 조세법은 공익에 기여하는 법이다. ② 조세법은 공법으로서 특별행정법의 한 부분이다. 따라서 조세법에서도 행정법의 일반원리는 적용된다(특별행정법으로서의 조세법). ③ 조세법은 공과금법·예산법·공재산법과 더불어 재정법의 한 부분을 구성한다(재정법으로서의 조세법). 2763

2. 조세법의 법원

(1) **조세와 헌법** 국가와 사회의 질서를 유지하고 복지를 실현하기 위해서는 재정이 요구될 수밖에 없고, 재정의 주요부분을 구성하는 것이 조세임은 의문이 없다. 조세의 부과·징수작용도 국가나 지방자치단체의 행정의 한 부분영역인 한 법적 규율 하에 놓일 수밖에 없다. 왜냐하면 오늘날의 헌법국가에서는 어떠한 국가권력·국가작용도 헌법의 테두리 밖에 놓일 수 없고, 또한 조세는 국가재정공동체의 재정적 기초를 이루는 것일 뿐만 아니라 국민의 재산권보장과도 밀접한 관련을 갖기 때문이다. 사실 조세행정은 전형적인 침해행정의 한 부분을 구성하는 것인 까닭에, 그 근거와 한계를 분명히 한다는 것은 중요한 과제이다. 이러한 문제의 규명은 조세행정에 대한 헌법의 태도를 밝히는 것으로부터 출발하여야 할 것이다. "모든 국민은 법률이 정하는 바에 의하여 납세의 의무를 진다"(헌법 제38조). "조세의 종목과 세율은 법률로 정한다"는 명문의 규정(헌법 제59조) 외에도 헌법의 여러 규정은 조세행정과 관련하여서도 중요한 의미를 갖는다. 구체적인 것은 아래에서 조세법의 기본원칙의 문제로서 살펴보기로 한다. 2764

(2) **법 률** 조세법의 법원으로는 헌법 외에 법률로 국세기본법·국세징수법·교육세법·관세법·법인세법·상속세법·주세법·지방세기본법·지방세법·조세범 처벌법·조세범 처벌절차법 등이 있다. 이러한 조세법원은 ① 조세의 기본원칙에 관한 법(기본법), ② 조세채무의 내용에 관한 법(실체법), ③ 조세의 부과·징수에 관한 법(절차법), ④ 조세범의 처벌에 관한 법(처벌법), ⑤ 위법·부당 2765

한 조세의 부과·징수에 대한 쟁송에 관한 법(쟁송법)을 내용으로 한다.

2766 (3) 기 타 조세에 관한 행정입법, 조례, 규칙, 행정법의 일반원칙, 국제법규 또한 조세법의 법원으로서 중요한 기능을 수행함은 물론이다. 침해적인 관습법은 조세법의 법원으로 성립될 수 없다(헌법 제37조 제2항).

Ⅱ. 조세법의 기본원칙

법질서는 정의를 지향하는 질서이다. 따라서 조세법질서 또한 정의의 질서이어야 한다. 법치국가의 조세법은 법률적합성의 원칙과 법적 안정성의 원칙에 부합하는 것이어야 한다. 이 때문에 조세법은 다음을 기본원칙으로 갖게 된다.[1)]

1. 조세법률주의(조세와 법률의 유보)

2767 (1) 의의·근거 조세법률주의란 조세의 부과·징수는 반드시 국회가 제정한 법률에 따라야 하며, 행정부가 법률에 근거 없이 일방적이고 자의적으로 조세를 부과·징수할 수 없다는 원칙을 말한다. 헌법(제59조)은 "조세의 종목과 세율은 법률로 정한다"고 규정하여 동 원칙을 명기하고 있다.[2)] 조세법률주의는 "대표 없이는 조세 없다"는 원칙을 바탕으로 한다.

2768 (2) 목 적 조세법률주의는 법치주의의 실현에 그 목적이 있고, 또한 국민의 재산권을 보호하는 동시에 법률생활의 안정(예측가능성)을 기하려는 데 그 의의가 있다고 말해진다.[3)]

2769 (3) 내 용 ① 헌법이 법률로 정하도록 한 사항은 조세의 종목과 세율

---

1) 조세법의 기본원칙의 내용은 학자들간에 다소 차이가 있다. 즉 ① 조세법률주의, ② 조세평등의 원칙, ③ 법적 안정성의 원칙(명확성의 원칙, 소급금지의 원칙, 유추금지의 원칙, 신뢰보호의 원칙), ④ 과잉금지의 원칙을 드는 입장(김남진·김연태, 행정법(Ⅱ), 752쪽(2019) 이하), ① 형식상의 기본원칙(조세법률주의·영구세주의), ② 실질상의 기본원칙(공평부담의 원칙, 신의성실의 원칙, 수입확보·능률의 원칙), ③ 과세기술상의 원칙(소급과세금지의 원칙, 실질과세의 원칙, 근거과세의 원칙)을 드는 입장(김도창, 일반행정법론(하), 655쪽 이하; 김동희, 행정법(Ⅱ), 638쪽(2019) 이하; 이상규, 신행정법론(하), 736쪽), ① 형식면에서의 원칙(조세법률주의·영구세주의), ② 실질면에서의 원칙(공공성의 원칙, 공평부담의 원칙, 민주주의 원칙, 수입확보·능률의 원칙)을 드는 입장(박윤흔·정형근, 최신행정법강의(하), 720쪽 이하)이 있다.

2) 헌재 2022. 12. 22, 2019헌바237(헌법은 제38조에서 "모든 국민은 법률이 정하는 바에 의하여 납세의 의무를 진다."라고 규정하고, 제59조에서 "조세의 종목과 세율은 법률로 정한다."라고 규정하여 조세법률주의를 선언하고 있다. 조세법률주의는 입법부가 제정한 법률의 근거 없이는 조세를 부과·징수할 수 없고 국민은 조세의 납부의무를 부담하지 아니한다는 헌법상의 원칙으로, 행정권의 자의적인 법해석과 집행으로부터 국민의 재산권을 보장함과 동시에 국민의 경제생활에 법적 안정성과 예측가능성을 부여하는 기능을 한다).

3) 김철수, 헌법학(하), 1650쪽; 헌재 2020. 11. 26, 2018헌바379(조세법률주의의 이념은 과세요건을 국민의 대표기관인 국회가 제정한 법률로 규정하도록 하여 국민의 재산권을 보장하고, 과세요건을 명확하게 규정하여 국민생활의 법적 안정성과 예측가능성을 보장하는 데에 있다).

뿐이다. 그러나 납세의무자·과세물건·과세표준·과세시기·과세방법 등도 법률로 정하여야 할 것이다.[1] ② 조세법의 해석과 조세의 징수는 법에 엄격히 기속되어 이루어져야 한다.[2]

(4) **예 외** ① 지방세의 경우, 법률이 지방세의 종류·부과·징수 등에 2770
관하여 일반적으로 규정하면서 부과와 징수에 관해 필요한 구체적 사항을 조례로 정하도록 하고 있고(지자법 제152조; 지세법 제2조), ② 관세의 경우, 역시 법률에 의함이 원칙이나 협상에 따라 협정세율을 정할 수도 있는바(관세법 제73조), 이러한 것은 조세법률주의의 예외로 볼 수 있겠으나 헌법 제6조와의 관계상 헌법위반은 아니라 하겠다. ③ 긴급재정·경제명령이 발해지는 경우에는(헌법 제76조) 조세법률주의의 예외를 규정할 수도 있을 것이다. 그러나 긴급재정·경제명령이 국회의 승인을 얻지 못하면 효력을 상실하게 된다.

(5) **영구세주의** 조세에는 ① 조세를 매년 의회의 의결을 거쳐서 부과·징 2771
수하는 일년세주의와 ② 조세를 한번 법률의 형식으로 국회의 의결로 정하면 매년 계속해서 과세할 수 있게 하는 영구세주의가 있다. 헌법규정상 분명하지 않으나, 해석상 통설은 조세법률주의를 규정하는 헌법 제59조는 영구세주의를 채택한 것으로 새긴다. 이러한 해석은 법률의 효력이 영구적이며, 헌법이 일년세주의를 택한다는 명언도 하고 있지 아니함을 근거로 한다.[3]

2. 조세공평의 원칙(조세와 평등원칙)

(1) **의 의** 대한민국은 법치국가이고 법치국가는 정의의 국가이다. 정 2772
의는 기본권(평등권)으로 보장된다. 평등은 정의의 본질적 요소이다. 평등없는 정의는 불가능하다(Tipke). 그러나 평등은 능력에 따라 이루어지는 것이어야 한

1) 헌재 2013. 6. 27, 2012헌마386(조세법률주의는, 조세는 국민의 재산권을 제한하는 것이므로 납세의무를 성립시키는 납세의무자, 과세물건, 과세표준, 과세기간, 세율 등의 과세요건과 조세의 부과·징수절차는 모두 국민의 대표기관인 국회가 제정한 법률로써 이를 규정하여야 한다는 과세요건법정주의와 과세요건을 법률로 규정하였다 하더라도 그 규정 내용이 지나치게 추상적이고 불명확하면 과세관청의 자의적인 해석과 집행을 초래할 염려가 있으므로 그 규정 내용이 명확하고 일의적이어야 한다는 과세요건명확주의를 그 핵심적 내용으로 삼고 있다).

2) 대판 2012. 11. 22, 2010두17564(헌법 제38조는 "모든 국민은 법률이 정하는 바에 의하여 납세의 의무를 진다"고 규정하고, 제59조는 "조세의 종목과 세율은 법률로 정한다"고 규정함으로써 조세법률주의를 채택하고 있다. 이러한 조세법률주의 원칙은 과세요건 등은 국민의 대표기관인 국회가 제정한 법률로써 규정하여야 하고, 그 법률의 집행에 있어서도 이를 엄격하게 해석·적용하여야 하며, 행정편의적인 확장해석이나 유추적용은 허용되지 않음을 의미하므로, 법률의 위임이 없이 명령 또는 규칙 등의 행정입법으로 과세요건 등에 관한 사항을 규정하거나 법률에 규정된 내용을 함부로 유추, 확장하는 내용의 해석규정을 마련하는 것은 조세법률주의 원칙에 위배된다).

3) 김철수, 헌법학(하), 1656쪽.

다. 납세의 의무 역시 국민의 자력에 따라서 공평·평등하게 과세되어야 한다.[1)]

2773 (2) 근 거 인간의 존엄과 가치의 실현을 보장하고, 직업선택의 자유를 보장하고 재산권을 보장하고 법 앞에 평등을 보장하는 헌법의 규정(제11조)은 조세공평의 원칙의 헌법적 근거가 된다고 하겠다. 조세공평의 원칙이 유지되지 않고서는 상기의 기본권들은 공허한 것이 될 것이기 때문이다.

2774 (3) 내 용 조세공평의 원칙은 조세법규의 일반성을 요구한다.[2)] 그리고 조세법규의 내용이 구속적으로 과세의 평등을 규정할 것을 요구한다. 조세공평의 원칙은 급부능력에 따른 과세와 평등한 과세를 내용으로 한다. ① 인간다운 삶의 최소한이 보장되고 난 후, 즉 최소한의 주거비·의복비·식비 등을 제외하고 난 후에 급부능력(Leistungsfähigkeit)이 있는 경우에 세금납부는 가능하다. 오늘날의 문화국가에서는 문화적 비용의 고려 또한 중요한 요청이다. ② 급부능력이 동일한 자에게는 동일한 과세가 이루어져야 한다. 여기에서 과세의 일반성이 요구된다.

3. 조세비례의 원칙(조세와 비례원칙)

2775 비례원칙은 헌법적 지위를 갖는 원칙인 까닭에 법률이나 행정의 그 어디에도 당연히 적용된다. 비례원칙은 다시 적합성의 원칙, 필요성의 원칙, 좁은 의미의 비례원칙으로 구성된다.

4. 조세안정의 원칙(조세와 법적 안정성)

2776 (1) 구성요건명확의 원칙 세금의 부과·징수는 침해행정을 구성하는 것이어서 법적 근거가 요구될 뿐만 아니라 법규의 의미내용이 또한 명확하여야 한다. 세법에서는 가능한 한 불확정개념·일반조항·재량조항이 활용되지 않아야 한다. 세법은 최대한 정밀한 용어로 구성되어야 한다.

---

1) 헌재 2022. 5. 26, 2019헌바7(오늘날 세원이 극히 다양하고 납세의무자인 국민의 담세능력에도 차이가 있을 뿐만 아니라 조세도 국가재원의 확보라는 고전적 목적 이외에 다양한 정책적 목적으로 부과되고 있으므로, 조세법의 영역에서는 입법자에게 광범위한 형성권이 부여되어 있다. 다만 이러한 결정을 함에 있어서도 입법자는 재정정책적, 국민경제적, 사회정책적, 조세기술적 제반 요소들에 대한 교량을 통하여 그 조세관계에 맞는 합리적인 조치를 하여야만 평등원칙에 부합할 수 있으며, 입법형성권의 행사가 비합리적이고 불공정한 조치라고 인정될 때에는 조세평등주의에 반하여 위헌이 된다).

2) 헌재 2022. 10. 27, 2018헌바409(조세평등주의는 헌법 제11조 제1항의 평등원칙이 세법 영역에서 구현된 것으로서, 조세의 부과와 징수는 납세자의 담세능력에 상응하여 공정하고 평등하게 이루어져야 하고 합리적인 이유 없이 특정 납세의무자를 불리하게 차별하거나 우대하는 것은 허용되지 아니한다는 원칙이다. 조세감면 등의 우대조치의 경우에 있어서도 특정 납세자에 대하여만 우대조치를 적용하는 것이 현저하게 비합리적이고 불공정한 조치라고 인정될 때에는 조세평등주의에 반하여 위헌이 된다).

(2) **소급금지의 원칙** 모든 국민은 소급입법에 의하여 재산권을 박탈당하지 아니하는바(헌법 제13조 제2항), 과세는 소급적으로 부과될 수 없다. 이리하여 국세기본법(제18조 제2항)은 국세를 납부할 의무(세법에 징수의무자가 따로 규정되어 있는 국세의 경우에는 이를 징수하여 납부할 의무)가 성립한 소득·수익·재산·행위 또는 거래에 대하여는 그 성립 후의 새로운 세법에 의하여 소급하여 과세하지 아니한다고 규정하여 조세법에 있어서의 소급금지의 원칙을 선언하고 있다.[1] 소급과세의 금지의 원칙은 법적 안정성과 예측가능성의 확보를 위한 것임은 물론이다.[2] 2777

(3) **유추해석금지의 원칙** 조세행정은 원칙적으로 침해행정의 영역에 놓이는 것이므로 그 해석·적용은 엄격하여야 한다.[3] 이 때문에 국가기관(세무행정청·법원)은 세법을 납세자에게 불이익하게 확대해석하거나 유추해석하여서는 아니된다고 본다. 다만 수익적인 유추는 허용된다고 볼 것이다. 2778

(4) **신뢰보호의 원칙** 행정법의 일반원칙 중의 하나로 인정되고 있는 신뢰보호의 원칙이 세법·조세행정의 영역에서는 제도화되어 있다. 즉 국세기본법(제18조 제3항)은 "세법의 해석 또는 국세행정의 관행이 일반적으로 납세자에게 받아들여진 후에는 그 해석 또는 관행에 의한 행위 또는 계산은 정당한 것으로 보며 새로운 해석 또는 관행에 의하여 소급하여 과세하지 아니한다"고 명언하고 있다. 2779

5. 사회국가원리

오늘날의 사회국가적 법치국가에서 조세와 조세법은 국가의 재정확보의 목적뿐만 아니라 경제적 약자의 보호·배려, 동등한 경제상의 기회배려, 납세자의 가족의 보호 등도 고려하여야 한다.[4] 2780

1) 대판 1997. 9. 5, 97누7493(소급과세금지의 원칙은 이전부터 계속되어 오던 사실이나 그 이후에 발생한 과세요건사실에 대한 새로운 법령의 적용을 제한하는 것은 아니다).

2) 대판 1983. 12. 13, 83누149(국가의 과세권은 법치국가의 원리에 따라 조세법률주의와 재산권보장에 관한 헌법 규정에 구속받는 것이며 모든 세법은 이러한 헌법정신에 따라 국가의 자의적인 과세권 발동을 방지하고 국민의 경제활동에 관한 법적 안정성과 예측가능성을 보호하는 의미로 해석되어야 하는바 국세기본법 제18조 제2항이나 관세법 제2조의2 제2항이 소급과세를 금지하는 것이 이 때문이다).

3) 대판 2000. 11. 28, 98다63278(조세법규의 해석은 특별한 사정이 없는 한 그 법문대로 엄격하게 해석하여야 하고 합리적인 이유 없이 확장해석하거나 유추해석하는 것은 허용되지 않는다).

4) 헌재 2018. 2. 22, 2016헌바420(오늘날에 있어서 조세는 국가의 재정수요를 충족시킨다고 하는 본래의 기능 외에도 소득의 재분배, 자원의 적정배분, 경기의 조정 등 여러 가지 기능을 가지고 있으므로, 국민의 조세부담을 정함에 있어서 재정·경제·사회정책 등 국정전반에 걸친 종합적인 정책판단을 필요로 한다. 조세법규를 어떠한 내용으로 규정할 것인지에 관하여는 입법자가 국가재정, 사회경제, 국민소득, 국민생활 등의 실태에 관하여 정확한 자료를 기초로 하여 정책적, 기술적인 판단에 의하여 정하여야 하는 문제이므로, 이는 입법자의 입법형성적 재량에 기

Ⅲ. 조세의 관념

1. 조세의 의의

2781 헌법상 조세의 개념은 정의되고 있지 않다. 오히려 헌법은 조세개념이 주어져 있음을 전제로 한다. 조세(Steuer)란 “공행정주체가 특정급부에 대한 반대급부가 아니라 수입의 목적으로[1] 법률이 급부의무를 정한 구성요건에 해당하는 모든 사람에게 부과하는 금전급부”로 이해될 수 있다. 이를 분설하기로 한다.

2782 (1) **공동의 부담** 조세는 특정급부에 대한 반대급부가 아니고 또한 원칙적으로 특정목적에 이바지하는 것이 아니다. 그것은 공동체 일반의 이익을 위한 것이다. 이 때문에 조세는 공동체구성원의 공동의 부담이다.

2783 (2) **공행정주체의 과세독점** 세금의 부과·징수의 주체는 공행정주체이다. 어떠한 경우에도 사인은 과세의 주체가 될 수 없다. 왜냐하면 사인간에는 공법상의 강제력을 행사할 수 없기 때문이다.

2784 (3) **국고적인 조세목적** 공적 재정수요의 충족, 즉 수입의 유지라는 국고상의 목적은 조세개념상 필수적인 부분이다. 조세는 특별급부에 대한 반대급부도 아니다. 따라서 환경공과금과 같은 특별공과금은 수입목적을 갖는 것이 아니므로 조세가 아니다. 그렇다고 국고목적만이 조세목적이라고 할 수는 없다.[2]

2785 (4) **금전급부** 조세는 금전급부를 내용으로 한다. 그것은 노동력의 제공도 아니고, 물건의 급부도 아니다.

2786 (5) **구성요건해당성·일반성·법률적합성·평등성** 조세는 관련세법의 구성요건에 해당하는 모든 사람(구성요건해당성·일반성)에게 법률이 정하는 바에 따라 평등하게(법률적합성·평등성) 부과·징수된다. 일반성이 결여된 금전급부의무의 부과는 일반적으로 공용수용에 비견될 수 있는 성격을 가지며, 평등성은 같은 재정상태에 있는 자에게는 같게, 다른 재정상태에 있는 자에게는 다른 금액의 세금의 부과를 의미한다. 이것은 급부력에 따른 과세를 의미한다. 법률적합성은 행정

초한 정책적, 기술적 판단에 맡겨져 있다고 할 수 있다).

1) 헌재 2012. 4. 24, 2010헌가87(조세는 재정수입의 확보라는 목적 이외에 국민경제적, 재정정책적, 사회정책적 목적을 달성하기 위한 수단으로 이용되기도 하는바, 조세감면의 혜택 범위를 결정하는 문제는 이러한 정책적 목적과 조세 부담의 형평성 등을 종합적으로 고려하는 가운데 입법자가 광범위한 형성의 자유를 행사할 수 있는 영역에 속한다); 헌재 1999. 11. 25, 98헌마55; 헌재 2000. 7. 29, 98헌바99.

2) 헌재 2021. 8. 31, 2020헌바181(오늘날에 있어 조세는 국가의 재정수요를 충족시킨다고 하는 본래의 기능 외에도 소득의 재분배, 자원의 적정배분, 경기의 조정 등 여러 가지 기능을 가지고 있다).

법의 일반원칙의 하나로서 과세의 경우에도 적용됨은 물론이다. 한편 일반성·법률적합성·평등성은 과세의 구체적 요건이 성문의 규정으로 표현되는 것을 요구한다. 그 구성요건에는 과세의 근거, 과세의 대상, 세율 등이 규정되어야 한다.

2. 조세의 종류

(1) **국세·지방세** 과세권에 따른 구분이다. 국세란 국가가 부과하는 조세 2787
중 다음 각 목(가. 소득세, 나. 법인세, 다. 상속세와 증여세, 라. 부가가치세, 마. 개별소비세, 바. 주세(酒稅), 사. 인지세(印紙稅), 아. 증권거래세, 자. 교육세, 차. 농어촌특별세, 카. 종합부동산세)의 것을 말한다(국세법 제2조 제1호). "지방세"란 특별시세, 광역시세, 특별자치시세, 도세, 특별자치도세 또는 시·군세, 구세(지방자치단체인 구의 구세를 말한다. 이하 같다)를 말한다(지기법 제2조 제1항 제3호).

2788

- 지방세
  - 특별시세, 광역시세
    - 보통세 — 취득세·레저세·담배소비세·지방소비세·주민세·지방소득세·자동차세
    - 목적세 — 지역자원시설세·지방교육세
  - 도 세
    - 보통세 — 취득세·등록면허세·레저세·지방소비세
    - 목적세 — 지역자원시설세·지방교육세
  - 시·군세 (광역시의 군세 포함) — 보통세 — 담배소비세·주민세·지방소득세·재산세·자동차세
  - 구 세 — 보통세 — 등록면허세·재산세
  - 특별자치시세 — 취득세·등록면허세·레저세·담배소비세·지방소비세·주민세·지방소득세·재산세·자동차세·지역자원시설세·지방교육세
  - 특별자치도세

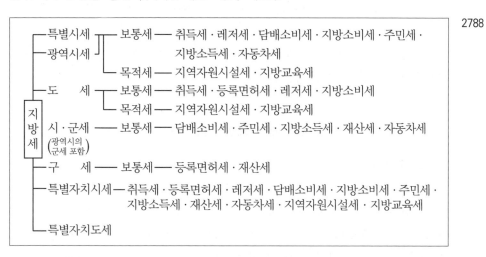

(2) **내국세·관세** 과세대상이 수입물품인가의 여부에 따른 구분이다. ① 2789
내국세란 국내에 있는 물건에 과해지는 조세를 말하고, ② 관세는 외국으로부터 수입되는 물건에 과해지는 조세를 말한다. 관세는 관세법에서 규정한다.

(3) **직접세·간접세** 법률상 납세의무자와 실제상 부담자의 상이에 따른 2790
구분이다. ① 직접세란 법률상 납세의무자와 실제상 조세부담자가 동일한 경우의 조세(예 : 소득세·법인세·상속세)를 말하고, ② 간접세란 양자가 상이한 경우의 조세(예 : 주세·관세·부가가치세·특별소비세)를 말한다.

(4) **인세·물세·행위세** 과세물건의 차이에 따른 구분이다. ① 인세란 납 2791
세자의 거주지·소득 등에 부과되는 조세(예 : 주민세·소득세)를 말하고, ② 물세란 물건의 소유·취득·제조·판매·수익 등의 경우에 그 물건에 대해 부과되는 조

세(예 : 취득세 · 재산세)를 말하며, ③ 행위세란 물건이나 특정인에 대한 것이 아니라 사람의 행위에 부과되는 세(예 : 등록세)를 말한다. 인세는 주거지에서, 물세는 주소지에서, 행위세는 행위지에서 부과되는 것이 원칙적이다.

2792 (5) **수익세 · 재산세 · 거래세 · 소비세** 과세물건의 성질에 따른 구분이다. ① 수익세는 소득에 부과되는 조세(예 : 소득세 · 법인세)를 말하고, ② 재산세는 소유재산에 대하여 부과되는 조세(예 : 재산세)를 말하며, ③ 거래세란 경제상 거래행위에 부과되는 조세(예 : 인지세 · 등록세 · 부가가치세)를 말한다. 그리고 ④ 소비세란 특정한 물건의 소비에 부과되는 조세(예 : 주세 · 개별소비세)를 말한다.

2793 (6) **보통세 · 목적세** 징수되는 조세의 사용목적에 따른 분류이다. ① 보통세란 국가 또는 지방자치단체가 일반경비에 충당하기 위하여 부과되는 조세를 말하고, ② 목적세란 특정한 목적(경비)에 충당하기 위하여 부과되는 조세를 말한다.

2794 (7) **정기세 · 임시세** 과세의 시기에 따른 구분이다. 정기세란 정기적으로 부과되는 조세를 말한다.

제2항 조세의 부과 · 징수와 납세의무의 소멸

Ⅰ. 조세의 부과

1. 과세권자

2795 세법이 정하는 바에 따라 세금의 납부를 명하는 권한을 가진 자를 과세권자라 부른다. 현행법상 ① 일반국세의 과세권자는 세무서장이다(국징법 제5조). 관세의 경우는 세관장이 과세권자이다(관세법 제38조). 한편 ② 지방세의 과세권자는 지방자치단체이나(지기법 제4조), 납세의 고지권자는 지방자치단체의 장(지징법 제12조)과 지방자치단체의 장에 의해 과세권의 위임을 받은 공무원이다(지기법 제6조).

2. 납세의무자

2796 "납세자"란 납세의무자(연대납세의무자와 납세자를 갈음하여 납부할 의무가 생긴 경우의 제2차 납세의무자 및 보증인을 포함한다)와 세법에 따라 국세를 징수하여 납부할 의무를 지는 자를 말한다(국세법 제2조 제10호). ① 모든 국민은 납세의무자가 될 수 있고, 외국인도 납세의무자가 될 수 있으나 치외법권을 가진 자의 경우는 예외가 된다. ② 법인의 합병의 경우에는 합병 후 존속하는 법인 또는 합병으로

설립된 법인에게,[1] 사망의 경우에는 상속인이나 상속재산관리인에게 납세의무가 승계되며(국세법 제23조·제24조),[2] ③ 공유물·공동사업 또는 그 공동사업에 속하는 재산과 관계되는 국세 및 체납처분비는 그 공유물 또는 공동사업자가 연대하여 납부할 의무를 지며(국세법 제25조 제1항; 지기법 제44조), ④ 청산인·출자인·법인·사업양수인은 제2차 납세의무자로서 납세의무를 부담하기도 한다(국세법 제38조~제41조).[3]

3. 과세요건

(1) **과세물건** ① 과세물건이란 법령상 조세가 부과되는 대상을 말한다. 2797
과세물건은 조세부과의 물적 기초이다. 따라서 그것은 개개인의 담세력을 가능한 한 정확하게 산정하여 표시할 수 있는 것이어야 한다. ② 과세물건의 종류로는 소득(예 : 소득세)·재산(예 : 재산세·농지세)·경제상 거래행위(예 : 등록세·인지세)·소비행위(예 : 주세) 등이 있다. ③ 과세의 적정과 공평을 위하여 동일한 과세물건에 대해서는 이중으로 과세할 수 없다. 이중과세의 방지는 국가간, 국가와 지방자치단체간, 지방자치단체 상호간에서도 문제된다. 이의 조정을 위해 ⓐ 국가간의 경우는 조약으로, 그리고 조약이 없으면 각국이 행정적으로, ⓑ 그 밖의 경우는 법률로써(현재 이에 관한 법률로 「국세와 지방세의 조정 등에 관한 법률」이 있다) 해결할 수밖에 없을 것이다. 특히 국내에서의 이중과세방지를 위해 과세가 거주지(인세의 경우)·소재지(물세의 경우)·행위지(행위세의 경우)를 기준으로 하여 이루어지기도 한다. ④ 과세의 대상이 되는 소득, 수익, 재산, 행위 또는 거래의 귀속이 명의일 뿐이고 사실상 귀속되는 자가 따로 있을 때에는 사실상 귀속되는 자를 납세의무자로 하여 세법을 적용한다(국세법 제14조 제1항). 말하자면 우리의 세법은 명목과세주의와 실질과세주의 중에서 실질과세주의를 택하고 있다.

(2) **과세표준** ① 과세표준이란 세법에 따라 직접적으로 세액산출의 기초 2798
가 되는 과세물건의 수량 또는 가액을 말한다(국세법 제2조 제14호). ② 과세표준의 결정방법에는 수량에 의한 경우(주세의 경우에서 주량)와 금액에 의한 경우(소득세의 경우에서 소득액)가 있다. 전자를 종량세, 후자를 종가세라 부르기도 한다. ③

1) 대판 1980. 3. 25, 77누265(회사합병이 있는 경우, 피합병회사의 권리의무는 공·사법관계를 불문하고 성질상 이전이 불가한 것을 제외하고 모두 존속회사에 승계한다).
2) 대판 1983. 6. 14, 82누175(상속인이 2인 이상인 경우, 국세 등의 납부의무는 실질상속내용을 불문하고 민법상 상속분에 따라 부담한다).
3) 대판 1982. 12. 14, 82누192(제2차 납세의무는 납세의무자와 특수한 관계에 있는 제3자에 대하여 납세의무자로부터 징수할 수 없는 액을 한도로 보충적으로 납세의무를 부담하게 하는 제도이다).

과세표준의 결정시기는 정기세의 경우에는 정기적으로, 임시세의 경우에는 과세원인이 발생할 때마다이다. ④ 과세표준은 법률에서 확정되어 있는 경우가 아닌 한 확정행위가 필요하다. 여기서 확정권자는 과세관청이다. ⑤ 그런데 과세표준의 확정행위의 성질에 대해서는 견해가 갈린다. 확인행위로 보는 견해도 있고, 그러하지 않은 견해도 있다.

2799 (3) **세 율** 세율이란 세액의 산정을 위하여 과세표준에 곱하는 비율을 말한다. ① 세율에는 두 종류가 있다. 종량세나 법정세(예 : 인지세)의 경우에는 일정한 금액으로 표현되고, 종가세에 있어서는 백분비 또는 천분비로 표현된다. ② 한편 세율을 정하는 방법에도 비례세율과 누진세율의 두 가지가 있다. 비례세율이란 언제나 동일세율이 적용되는 경우이고, 누진세율이란 과세표준인 수량이나 금액의 증가에 따라 누진적으로 고율의 세율이 적용되는 것을 말한다. 이에도 단순누진세율과 초과누진세율이 있다.

4. 조세의 부과처분(과세처분)

2800 (1) **의 의** 조세부과의 방법에는 ① 법령에서 납세의무가 명확하게 확정되어 있는 법정세(예 : 인지세)의 경우(국세법 제22조 제4항)와 ② 과세관청의 부과처분에 의하여 납세의무가 확정되는 부과세의 경우가 있다. 여기서 ①의 경우에는 부과처분이 문제되지 않고, ②의 경우에 문제된다. 부과처분이란 과세물건에 대하여 과세표준과 세율을 적용하여 세액을 결정하고 이를 일정기일까지 납부하도록 납세의무자에게 명하는 과세관청의 행정행위를 말한다.

2801 (2) **성질·형식** 과세처분[1]은 명령적 행위로서 하명행위이다. 그것은 재정상의 행위이므로 재정하명에 해당한다. 조세의 부과처분은 원칙적으로 고지서(납세고지서)라 부르는 서면으로 한다. 고지서에는 국세의 과세기간, 세목, 세액, 산출 근거, 납부하여야 할 기한(납부고지를 하는 날부터 30일 이내의 범위로 정한다) 및 납부장소를 적어야 한다(국징법 제6조 제1항).[2]

1) 대판 1984. 2. 28, 83누674(조세권은 과세와 징수의 두 단계를 거쳐 행사되며 과세는 추상적으로 성립한 납세의무를 구체적으로 확정하는 절차를 말하고 징수는 이와 같이 확정된 납세의무의 이행을 명하고 이를 수납 또는 강제징수하는 절차를 말하는 것인바, 부과납세방식의 국세에 있어서는 과세관청이 조사확인한 과세표준과 세액을 부과결정한 때에 납세의무가 구체적으로 확정되는 것이나 그 확정의 효력은 납세의무자에게 그 결정이 고지된 때에 발생한다. 그러므로 이러한 결정의 고지행위는 과세처분의 일부를 이루는 것으로서 고지행위의 하자는 바로 과세처분의 하자가 된다고 할 것인바, 과세관청이 부과결정의 고지를 별도로 하지 아니하고 징수절차에서의 납부명령인 납세고지서에 의하여 고지를 하는 경우에는 그 납세고지는 부과결정을 고지하는 과세처분의 성질과 확정된 세액의 납부를 명하는 징수처분의 성질을 아울러 갖는 것이므로, 고지행위의 하자는 부과처분과 징수처분 모두의 하자가 되는 것이며 오로지 징수처분만의 하자에 불과하다고 말할 수는 없음이 분명하다).

⑶ **부과기간** 국세징수에도 시효제도가 있지만(국세법 제27조), 국세부과의 경우에도 제척기간의 제도가 도입되어 있다(국세법 제26조의2). 2802

5. 과세제외

과세제외란 과세의 대상이 되고 있는 물건을 특별한 사정이 있는 경우에 과세의 대상으로부터 제외하는 것을 말한다. 과세제외 물건은 처음부터 납세의무가 발생하지 아니한다. 이와 구별을 요하는 개념으로 조세의 감면이 있다. 조세의 감면이란 납세의무가 있음을 전제로 납세의무자의 신청에 의해 납세의무를 감면하는 것을 말한다. 과세제외는 공익상의 보호, 외교상의 이유를, 조세의 감면은 공익사업의 육성, 외화의 획득 등을 목적으로 한다. 과세제외와 조세의 감면에 관한 법으로는 조세특례제한법·관세법 그리고 각종의 세법이 있다. 2803

Ⅱ. 조세의 징수

1. 징수방법

⑴ **통상의 경우** 원칙적으로 국세는 세무서장 또는 세관장이 징수하고(국징법 제6조·제7조 제1항; 관세법 제38조), 지방세는 지방자치단체의 장이 징수권자가 된다(지징법 제12조). 2804

⑵ **특별한 경우** ① 인지세는 과세문서에 「수입인지에 관한 법률」 제2조 제2항 제1호에 따른 종이문서용 전자수입인지(이하 "종이문서용 전자수입인지"라 한다)를 첨부하여 납부한다. 다만, 대통령령으로 정하는 바에 따라 인지세액에 해당하는 금액을 납부하고 과세문서에 인지세를 납부한 사실을 표시함으로써 종이문서용 전자수입인지를 첨부하는 것을 갈음할 수 있다(인지법 제8조). ② 우편물관세는 세관장이 결정하여 통지한 세액을 통관우체국장이 그대로 통지하고 통지받은 납세자가 수입인지나 금전으로 납부함으로써 하고(관세법 제259조·제260조), ③ 특정한 조세(예 : 소득세·부가가치세)의 징수는 징수의 편의를 위해 사인·사법인에게 위임되기도 한다(소득법 제127조 제2항 이하). ④ 그 밖에도 교부청구(국징법 제59조)나 참가압류(국징법 제61조)를 통해서 징수되기도 한다. 2805

2) 대판 1984. 2. 28, 83누674(납세의무자에 대한 과세표준과 세율·세액 기타 세액의 산출근거 등 필요한 사항의 통지는 위에서 본 바와 같은 부과결정의 고지행위에 해당하는 것으로서 부과처분의 일부를 이룬다고 볼 것이므로, 통지의 내용과 방법에 관한 위 각 법령규정은 단순한 징수처분에 관한 훈시규정이 아니라 부과처분에 관한 강행규정이라고 하겠으며, 납세고지서에 위 각 법령규정이 요구하는 통지사항 중 일부의 기재를 누락시킨 하자가 있는 때에는 그 부과처분은 위법하다고 볼 수밖에 없다).

2. 징수시기

2806 조세는 납기에 납부하는 것이 원칙적이다. 정기세는 정기적으로, 임시세는 과세물건이 발생할 때마다 수시로 납부하게 된다. 이러한 원칙에 대하여 다음의 예외가 있다.

2807 ⑴ **납기전 징수** 관할 세무서장은 납세자에게 다음 각 호(1. 국세, 지방세 또는 공과금의 체납으로 강제징수 또는 체납처분이 시작된 경우, 2.「민사집행법」에 따른 강제집행 및 담보권 실행 등을 위한 경매가 시작되거나「채무자 회생 및 파산에 관한 법률」에 따른 파산선고를 받은 경우, 3.「어음법」 및「수표법」에 따른 어음교환소에서 거래정지처분을 받은 경우, 4. 법인이 해산한 경우, 5. 국세를 포탈(逋脫)하려는 행위가 있다고 인정되는 경우, 6. 납세관리인을 정하지 아니하고 국내에 주소 또는 거소를 두지 아니하게 된 경우)의 어느 하나에 해당하는 사유가 있는 경우 납부기한 전이라도 이미 납세의무가 확정된 국세를 징수할 수 있다(국징법 제9조 제1항).

2808 ⑵ **납부기한등의 연장** 관할 세무서장은 납세자가 다음 각 호(1. 납세자가 재난 또는 도난으로 재산에 심한 손실을 입은 경우, 2. 납세자가 경영하는 사업에 현저한 손실이 발생하거나 부도 또는 도산의 우려가 있는 경우, 3. 납세자 또는 그 동거가족이 질병이나 중상해로 6개월 이상의 치료가 필요한 경우 또는 사망하여 상중(喪中)인 경우, 4. 그 밖에 납세자가 국세를 납부기한등까지 납부하기 어렵다고 인정되는 경우로서 대통령령으로 정하는 경우)의 어느 하나에 해당하는 사유로 국세를 납부기한 또는 독촉장에서 정하는 기한(이하 이 조, 제15조 및 제16조에서 "납부기한등"이라 한다)까지 납부할 수 없다고 인정되는 경우 대통령령으로 정하는 바에 따라 납부기한등을 연장(세액을 분할하여 납부하도록 하는 것을 포함한다. 이하 같다)할 수 있다(국징법 제13조 제1항).

3. 조세의 담보제도(조세의 우선징수)

2810 조세채권의 확보·조세의 우선징수를 위해 세법은 독자적인 특별한 담보제도를 가지고 있다. 여기에는 법률상 당연히 인정되는 담보제도와 법률행위에 의해 설정되는 특별한 담보제도가 있다. 이러한 담보제도는 공법상의 제도인 까닭에 행정상 강제집행과 행정상 쟁송의 대상이 된다.

2811 ⑴ **법정담보제도** 국세 및 강제징수비는 원칙적으로 다른 공과금이나 그 밖의 채권에 우선하여 징수한다(국세법 제35조 제1항 본문).

2812 ⑵ **특별담보제도** 특별담보제도는 조세관청의 담보제공명령에 의해 담보를 제공하게 하는 것을 말한다. 국세징수법 및 다른 세법에 따라 제공하는 담보(이하 "납세담보"라 한다)는 다음 각 호[1. 금전, 2.「자본시장과 금융투자업에 관한 법률」

제4조 제3항에 따른 국채증권 등 대통령령으로 정하는 유가증권(이하 이 절에서 "유가증권"이라 한다), 3. 납세보증보험증권(보험기간이 대통령령으로 정하는 기간 이상인 것으로 한정한다), 4.「은행법」 제2조 제1항 제2호에 따른 은행 등 대통령령으로 정하는 자의 납세보증서(이하 "납세보증서"라 한다), 5. 토지, 6. 보험(보험기간이 대통령령으로 정하는 기간 이상인 것으로 한정한다)에 든 등기·등록된 건물, 공장재단(工場財團), 광업재단(鑛業財團), 선박, 항공기 또는 건설기계]의 어느 하나에 해당하는 것이어야 한다(국징법 제18조).

4. 독 촉

(1) **독촉장 발부** 관할 세무서장은 납세자가 국세를 지정납부기한까지 완납하지 아니한 경우 지정납부기한이 지난 후 10일 이내에 체납된 국세에 대한 독촉장을 발급하여야 한다.[1]` 다만, 제9조에 따라 국세를 납부기한 전에 징수하거나 체납된 국세가 일정한 금액 미만인 경우 등 대통령령으로 정하는 경우에는 독촉장을 발급하지 아니할 수 있다(국징법 제10조 제1항). 관할 세무서장은 제1항 본문에 따라 독촉장을 발급하는 경우 독촉을 하는 날부터 20일 이내의 범위에서 기한을 정하여 발급한다(국징법 제10조 제1항). 2814

(2) **독촉의 성질** 독촉은 준법률행위적 행정행위의 하나인 통지행위에 해당한다. 독촉이나 납부최고는 강제징수를 위한 전제요건이며 또한 그것은 시효중단의 효과를 발생시킨다(국세법 제28조 제1항). 2815

(3) **납부지연가산세** 납세의무자(연대납세의무자, 납세자를 갈음하여 납부할 의무가 생긴 제2차 납세의무자 및 보증인을 포함한다)가 법정납부기한까지 국세(「인지세법」 제8조 제1항에 따른 인지세는 제외한다)의 납부(중간예납·예정신고납부·중간신고납부를 포함한다)를 하지 아니하거나 납부하여야 할 세액보다 적게 납부(이하 "과소납부"라 한다)하거나 환급받아야 할 세액보다 많이 환급(이하 "초과환급"이라 한다)받은 경우에는 가산세를 납부하여야 한다(국징법 제47조의4 제1항). 납부지연가산세는 부과된 국세채권의 이행을 독촉하는 수수료의 성질[2] 내지 지연이자의 성질을 가 2816

---

1) 대판 2001. 10. 30, 2001다21120(국세의 체납이라고 함은 납세자가 국세를 납부기한까지 납부하지 아니한 채 납부기한이 도과한 것을 의미하고(국세징수법 제3조 제1항 참조), 세무서장은 국세의 납부기한을 납세·납부 또는 납입의 고지를 하는 날부터 30일 내로 지정할 수 있으므로(국세징수법 제11조 참조), 납부기한은 세무서장이 징수결정에 의하여 국세의 납세·납부 또는 납입을 명하는 납세고지서 또는 납부통지서를 통하여 지정한 국세 납부의 시한을 의미한다고 할 것이고, 납세자가 납부고지서 또는 납부통지서를 받고서도 그 납부고지서 또는 납부통지서에서 정한 납부기한 내에 국세를 납부하지 않은 채 납부기한을 도과한 때(납부기한 다음날)에 당해 납세자가 국세를 체납하였다고 말할 수 있다).

2) 대판 1986. 9. 9, 86누76(가산금이라 함은 국세를 납부기한까지 납부하지 아니한 때에 국세징수법에 의하여 고지세액에 가산하여 징수하는 금원을 말하고 이러한 가산금은 부과된 국세채권의 이행을 독촉하는 수수료의 성질을 띤 금원이라고 할 것이나 다만 당초 부과된 고지세액 등

지며, 법규정에 의해 당연히 발생하게 된다.[1]

Ⅲ. 강제징수의 절차

2817 관할 세무서장(체납기간 및 체납금액을 고려하여 대통령령으로 정하는 체납자의 경우에는 지방국세청장을 포함한다. 이하 이 장에서 같다)은 납세자가 제10조에 따른 독촉 또는 제9조 제2항에 따른 납부기한 전 징수의 고지를 받고 지정된 기한까지 국세 또는 체납액을 완납하지 아니한 경우 재산의 압류(교부청구·참가압류를 포함한다), 압류재산의 매각·추심 및 청산의 절차에 따라 강제징수를 한다(국징법 제24조). 강제징수는 침익작용이므로 법적 근거(법률의 유보)를 요한다(헌법 제37조 제2항). 국세징수법이 이의 일반법이다.

1. 압　　류

2818 (1) **압류의 요건 등**　관할 세무서장은 다음 각 호(1. 납세자가 제10조에 따른 독촉을 받고 독촉장에서 정한 기한까지 국세를 완납하지 아니한 경우, 2. 납세자가 제9조 제2항에 따라 납부고지를 받고 단축된 기한까지 국세를 완납하지 아니한 경우)의 어느 하나에 해당하는 경우 납세자의 재산을 압류한다(국징법 제31조 제1항).[2] 관할 세무서장은 국세를 징수하기 위하여 필요한 재산 외의 재산을 압류할 수 없다.[3] 다만, 불가분물(不可分物) 등 부득이한 경우에는 압류할 수 있다(국징법 제32조).

2819 (2) **수　　색**　세무공무원은 재산을 압류하기 위하여 필요한 경우에는 체납자의 주거·창고·사무실·선박·항공기·자동차 또는 그 밖의 장소(이하 "주거등"이라 한다)를 수색할 수 있고, 해당 주거등의 폐쇄된 문·금고 또는 기구를 열게 하거나 직접 열 수 있다(국징법 제35조 제1항). 세무공무원은 다음 각 호(1. 체납자 또는 제3자가 제3자의 주거등에 체납자의 재산을 감춘 혐의가 있다고 인정되는 경우, 2. 체납자의 재산을 점유·보관하는 제3자가 재산의 인도(引渡) 또는 이전을 거부하는 경우)의 어느 하나에 해당하는 경우 제3자의 주거등을 수색할 수 있고, 해당 주거등의 폐

이 결정취소 또는 경정결정 등으로 인하여 감액된 경우에는 위 가산금 역시 이에 따라 결정취소 또는 감액된다고 봄이 상당하다).

1) 대판 1990. 5. 8, 90누1168(국세징수법 제21조가 규정하는 가산금은 국세가 납부기한까지 납부되지 않는 경우, 미납분에 관한 지연이자의 의미로 부과되는 부대세의 일종으로서 과세권자의 가산금 확정절차 없이 국세를 납부기한까지 납부하지 아니하면 위 법규정에 의하여 가산금이 당연히 발생하고 그 액수도 확정된다고 할 것이고, 다만 그에 관한 징수절차를 개시하려면 독촉장에 의하여 그 납부를 독촉함으로써 가능한 것이고 그 가산금 납부독촉이 부당하거나 그 절차에 하자가 있는 경우에는 그 징수처분에 대하여 취소소송에 의한 불복이 가능할 뿐이라 할 것이다).

2) 대판 1988. 6. 28, 87누1009(독촉절차 없이 이루어진 압류처분이 당연무효는 아니다).

3) 대판 1986. 11. 11, 86누479(압류한 재산의 가액이 국세액을 초과하여도 당연무효는 아니다).

쇄된 문·금고 또는 기구를 열게 하거나 직접 열 수 있다(국징법 제35조 제2항).

(3) **질문·검사** 세무공무원은 강제징수를 하면서 압류할 재산의 소재 또 2820
는 수량을 알아내기 위하여 필요한 경우 다음 각 호(1. 체납자, 2. 체납자와 거래관계가 있는 자, 3. 체납자의 재산을 점유하는 자, 4. 체납자와 채권·채무 관계가 있는 자, 5. 체납자가 주주 또는 사원인 법인, 6. 체납자인 법인의 주주 또는 사원, 7. 체납자와 「국세기본법」 제2조 제20호 가목에 따른 친족관계나 같은 호 나목에 따른 경제적 연관관계가 있는 자 중에서 체납자의 재산을 감춘 혐의가 있다고 인정되는 자)의 어느 하나에 해당하는 자에게 구두(口頭) 또는 문서로 질문하거나 장부, 서류 및 그 밖의 물건을 검사할 수 있다(국징법 제36조 제1항).

(4) **압류금지** ① 다음 각 호(1. 체납자 또는 그와 생계를 같이 하는 가족(사실상 2821
혼인관계에 있는 사람을 포함한다. 이하 이 조에서 "동거가족"이라 한다)의 생활에 없어서는 아니 될 의복, 침구, 가구, 주방기구, 그 밖의 생활필수품, 2. 체납자 또는 그 동거가족에게 필요한 3개월간의 식료품 또는 연료, 제3호 이하 생략)의 재산은 압류할 수 없다(국징법 제41조 제1항). ② 급료, 연금, 임금, 봉급, 상여금, 세비, 퇴직연금, 그 밖에 이와 비슷한 성질을 가진 급여채권에 대해서는 그 총액의 2분의 1에 해당하는 금액은 압류가 금지되는 금액으로 한다(국징법 제42조 제1항).

(5) **압류의 효력** ① 세무공무원이 재산을 압류한 경우 체납자는 압류한 2822
재산에 관하여 양도, 제한물권의 설정, 채권의 영수, 그 밖의 처분을 할 수 없다(국징법 제43조 제1항). ② 압류의 효력은 압류재산으로부터 생기는 천연과실(天然果實) 또는 법정과실(法定果實)에도 미친다(국징법 제44조 제1항). 제1항에도 불구하고 체납자 또는 제3자가 압류재산의 사용 또는 수익을 하는 경우 그 재산의 매각으로 인하여 권리를 이전하기 전까지 이미 거두어들인 천연과실에 대해서는 압류의 효력이 미치지 아니한다(국징법 제44조 제2항).

(6) **압류의 해제** 관할 세무서장은 다음 각 호[1. 압류와 관계되는 체납액의 2823
전부가 납부 또는 충당(국세환급금, 그 밖에 관할 세무서장이 세법상 납세자에게 지급할 의무가 있는 금전을 체납액과 대등액에서 소멸시키는 것을 말한다. 이하 이 조, 제60조 제1항 및 제71조 제5항에서 같다)된 경우, 2. 국세 부과의 전부를 취소한 경우, 3. 여러 재산을 한꺼번에 공매(公賣)하는 경우로서 일부 재산의 공매대금으로 체납액 전부를 징수한 경우, 4. 총 재산의 추산(推算)가액이 강제징수비(압류에 관계되는 국세에 우선하는 「국세기본법」 제35조 제1항 제3호에 따른 채권 금액이 있는 경우 이를 포함한다)를 징수하면 남을 여지가 없어 강제징수를 종료할 필요가 있는 경우. 다만, 제59조에 따른 교부청구 또는 제61조에 따른 참가압류가 있는 경우로서 교부청구 또는 참가압류와 관계된 체납액을 기준으로 할 경우 남을 여지가 있는 경우는 제외한다. 5. 그 밖에 제1호부터 제4호까지의 규정에 준하는 사유로 압류할 필요가 없게 된 경우]의 어느 하나에 해당하는 경우 압류를 즉시 해제하여야 한다(국징법 제57조 제1항).[1)]

2. 매　각

2824 (1) **매각 방법**　압류재산은 공매 또는 수의계약으로 매각한다(국징법 제65조 제1항). 공매는 다음 각 호[1. 경쟁입찰: 공매를 집행하는 공무원이 공매예정가격을 제시하고, 매수신청인에게 문서로 매수신청을 하게 하여 공매예정가격 이상의 신청가격 중 최고가격을 신청한 자(이하 "최고가 매수신청인"이라 한다)를 매수인으로 정하는 방법, 2. 경매: 공매를 집행하는 공무원이 공매예정가격을 제시하고, 매수신청인에게 구두 등의 방법으로 신청가격을 순차로 올려 매수신청을 하게 하여 최고가 매수신청인을 매수인으로 정하는 방법]의 어느 하나에 해당하는 방법(정보통신망을 이용한 것을 포함한다)으로 한다(국징법 제65조 제2항).

2825 (2) **공매의 공고**　관할 세무서장은 공매를 하려는 경우 다음 각 호[1. 매수대금을 납부하여야 할 기한(이하 "대금납부기한"이라 한다), 2. 공매재산의 명칭, 소재, 수량, 품질, 공매예정가격, 그 밖의 중요한 사항, 3. 입찰서 제출 또는 경매의 장소와 일시(기간입찰의 경우 그 입찰서 제출기간), 4. 개찰의 장소와 일시, 5. 공매보증을 받을 경우 그 금액, 6. 공매재산이 공유물의 지분 또는 부부공유의 동산·유가증권인 경우 공유자(체납자는 제외한다. 이하 같다)·배우자에게 각각 우선매수권이 있다는 사실, 7. 배분요구의 종기, 8. 배분요구의 종기까지 배분을 요구하여야 배분받을 수 있는 채권, 9. 매각결정기일, 10. 매각으로 소멸하지 아니하고 매수인이 인수하게 될 공매재산에 대한 지상권, 전세권, 대항력 있는 임차권 또는 가등기가 있는 경우 그 사실, 11. 공매재산의 매수인으로서 일정한 자격이 필요한 경우 그 사실, 12. 제77조 제2항 각 호에 따른 자료의 제공 내용 및 기간, 13. 차순위 매수신청의 기간과 절차]의 사항을 공고하여야 한다(국징법 제72조 제1항).[2)]

2826 (3) **공매통지**　관할 세무서장은 제72조 제1항 및 제2항에 따른 공매공고를 한 경우 즉시 그 내용을 다음 각 호[1. 체납자, 2. 납세담보물 소유자, 3. 다음 각 목의 구분에 따른 자(가. 공매재산이 공유물의 지분인 경우: 공매공고의 등기 또는 등록 전 날 현재의 공유자, 나. 공매재산이 부부공유의 동산·유가증권인 경우: 배우자), 4. 공매공고의 등기 또는 등록 전 날 현재 공매재산에 대하여 전세권·질권·저당권 또는 그 밖의 권리를 가진 자]의 자에게 통지하여야 한다(국징법 제75조 제1항).

2827 (4) **공매공고 기간**　공매공고 기간은 10일 이상으로 한다. 다만, 그 재산을 보관하는 데에 많은 비용이 들거나 재산의 가액이 현저히 줄어들 우려가 있

1) 대판 1982. 7. 13, 81누360(압류처분 후 세액을 납부하면 그 압류가 해제되어야 하는 것이고, 압류가 당연히 무효로 되는 것은 아니다).
2) 대판 1990. 2. 9, 89누5553(공매예정가격을 부당하게 지나치게 낮춘 것이 아닌 한, 공매예정가격이 실세보다 저렴하다고 공매처분이 위법하게 되는 것은 아니다).

으면 이를 단축할 수 있다(국징법 제73조).[1)]

(5) **공매의 실시** 공매를 입찰의 방법으로 하는 경우 공매재산의 매수신 2828
청인은 그 성명·주소·거소, 매수하려는 재산의 명칭, 매수신청가격, 공매보증, 그 밖에 필요한 사항을 입찰서에 적어 개찰이 시작되기 전에 공매를 집행하는 공무원에게 제출하여야 한다(국징법 제82조 제1항). 개찰은 공매를 집행하는 공무원이 공개적으로 각각 적힌 매수신청가격을 불러 입찰조서에 기록하는 방법으로 한다(국징법 제82조 제2항). 공매를 집행하는 공무원은 최고가 매수신청인을 정한다. 이 경우 최고가 매수신청가격이 둘 이상이면 즉시 추첨으로 최고가 매수신청인을 정한다(국징법 제82조 제3항).

(6) **공매등의 대행** 관할 세무서장은 다음 각 호(1. 공매, 2. 수의계약, 3. 매각 2829
재산의 권리이전, 4. 금전의 배분)의 업무(이하 이 조에서 "공매등"이라 한다)에 전문지식이 필요하거나 그 밖에 직접 공매등을 하기에 적당하지 아니하다고 인정되는 경우 대통령령으로 정하는 바에 따라 한국자산관리공사에 공매등을 대행하게 할 수 있다. 이 경우 공매등은 관할 세무서장이 한 것으로 본다(국징법 제103조 제1항).

(7) **공매의 성질** 공매는 우월한 공권력의 행사로서 행정소송의 대상이 2830
되는 공법상 행정처분이라는 것이 판례 입장이다.[2)] 사법상 계약으로 보는 견해도 있다.

(8) **무효인 압류처분에 기한 공매처분** 무효인 압류처분에 기한 공매처분 2831
역시 당연무효의 처분이고, 공매처분이 무효인 이상 이에 대한 이의신청 등을 제기하지 아니한 사실만 가지고 그 처분이 유효하게 되었다고 할 수 없다는 것이 판례 입장이다.[3)]

3. 청 산

(1) **배분금전의 범위** 배분금전은 다음 각 호(1. 압류한 금전, 2. 채권·유가증 2832
권·그 밖의 재산권의 압류에 따라 체납자 또는 제3채무자로부터 받은 금전, 3. 압류재산의 매각대금 및 그 매각대금의 예치 이자, 4. 교부청구에 따라 받은 금전)의 금전으로 한다(국징

1) 대판 1974. 2. 26, 73누86(공매공고기간 경과 전의 공매는 위법하다).
2) 대판 1984. 9. 25, 84누291(과세관청이 체납처분으로서 행하는 공매는 우월한 공권력의 행사로서 행정소송의 대상이 되는 공법상의 행정처분이며 공매에 의하여 재산을 매수한 자는 그 공매처분이 취소된 경우에 그 취소처분의 위법을 주장하여 행정소송을 제기할 법률상 이익이 있다).
3) 대판 1991. 6. 28, 89다카28133(무효인 압류처분에 기한 공매처분 역시 당연무효의 처분이고, 공매처분이 무효인 이상 이에 대해 이의신청 등을 제기하지 아니한 사실만 가지고 그 처분이 유효하게 되었다 할 수 없다).

법 제94조 제1항).

2833 (2) **배분기일의 지정** 관할 세무서장은 제94조 제2호 또는 제3호의 금전을 배분하려면 체납자, 제3채무자 또는 매수인으로부터 해당 금전을 받은 날부터 30일 이내에서 배분기일을 정하여 배분하여야 한다. 다만, 30일 이내에 배분계산서를 작성하기 곤란한 경우에는 배분기일을 30일 이내에서 연기할 수 있다(국징법 제95조 제1항). 관할 세무서장은 제1항에 따른 배분기일을 정한 경우 체납자, 채권신고대상채권자 및 배분요구를 한 채권자(이하 "체납자등"이라 한다)에게 그 사실을 통지하여야 한다. 다만, 체납자등이 외국에 있거나 있는 곳이 분명하지 아니한 경우 통지하지 아니할 수 있다(국징법 제95조 제2항).

4. 강제징수에 대한 불복

2834 행정상 강제징수에 대하여 불복이 있을 때에는 개별법령에 특별규정이 없는한, 국세기본법(제55조 이하)·행정심판법·행정소송법이 정한 바에 따라 행정상 쟁송을 제기할 수 있다. 물론 불복을 할 수 있는 자는 강제징수에 대하여 법률상 직접적인 이해관계를 가진 자에 한한다.[1)]

Ⅳ. 납세의무의 소멸

2835 국세 및 강제징수비를 납부할 의무는 다음 각 호(1. 납부·충당되거나 부과가 취소된 때, 2. 제26조의2에 따라 국세를 부과할 수 있는 기간에 국세가 부과되지 아니하고 그 기간이 끝난 때, 3. 제27조에 따라 국세징수권의 소멸시효가 완성된 때)의 어느 하나에 해당하는 때에 소멸한다(국세법 제26조 제1항).

1. 제척기간(조세부과권의 소멸)

2836 국세를 부과할 수 있는 기간(이하 "부과제척기간"이라 한다)은 국세를 부과할 수 있는 날부터 5년으로 한다. 다만, 역외거래[「국제조세조정에 관한 법률」 제2조 제1항제1호에 따른 국제거래(이하 "국제거래"라 한다) 및 거래 당사자 양쪽이 거주자(내국법인과 외국법인의 국내사업장을 포함한다)인 거래로서 국외에 있는 자산의 매매·임대차, 국외에서 제공하는 용역과 관련된 거래를 말한다. 이하 같다]의 경우에는 국세를 부과할 수 있는 날부터 7년으로 한다(국세법 제26조의2 제1항).

---

1) 대판 1990. 10. 16, 89누5706(과세관청이 조세의 징수를 위하여 납세의무자 소유의 부동산을 압류한 이후에 압류등기가 된 부동산을 양도받아 소유권이전등기를 마친 사람은 위 압류처분에 대하여 사실상 간접적 이해관계를 가질 뿐, 법률상 직접적이고 구체적인 이익을 가지는 것은 아니어서 그 압류처분의 무효확인을 구할 당사자 적격이 없다).

2. 시효(조세징수권의 소멸)

국세의 징수를 목적으로 하는 국가의 권리(이하 이 조에서 "국세징수권"이라 한다)는 이를 행사할 수 있는 때부터 다음 각 호(1. 5억원 이상의 국세: 10년, 2. 제1호 외의 국세: 5년)의 구분에 따른 기간 동안 행사하지 아니하면 소멸시효가 완성된다. 이 경우 다음 각 호의 국세의 금액은 가산세를 제외한 금액으로 한다(국세법 제27조 제1항). 2837

3. 충 당

충당이란 국세환급금, 그 밖에 관할 세무서장이 세법상 납세자에게 지급할 의무가 있는 금전을 체납액과 대등액에서 소멸시키는 것을 말한다(국징법 제57조 제1호). 2838

제3항 조세행정상 권리보호

위법하거나 부당한 조세의 부과·징수처분으로 인하여 개인의 권리나 이익이 침해당하였다면, 이를 구제하는 수단이 마련되어야 하는 것은 법치국가·법치행정의 원리상 당연하다. 이러한 것은 조세행정의 경우에만 문제되는 것은 아니다. 그것은 널리 행정작용 전반에 관련하는 문제로서 일반행정법의 문제이기도 하다. 그러나 조세행정은 특히 전문성·기술성·대량성을 주요특징으로 하므로, 그 분쟁의 효율적인 해결을 위해서 현행법체계는 특칙을 인정하고 있는바 아래에서 간략히 보기로 한다. 2841

Ⅰ. 행정쟁송(행정심판과 행정소송)

1. 의 의

조세의 부과·징수에 관한 분쟁은 1차적으로 행정심판에 의하고, 이에 불복하는 경우에는 행정소송의 제기를 통해 다툴 수 있음은 물론이다. 조세심판에 관한 법원으로는 국세기본법·관세법·지방세기본법 등이 있다. 국세기본법 또는 세법에 따른 처분으로서 위법 또는 부당한 처분을 받거나 필요한 처분을 받지 못함으로 인하여 권리나 이익을 침해당한 자는 이 장의 규정에 따라 그 처분의 취소 또는 변경을 청구하거나 필요한 처분을 청구할 수 있다. 다만, 다음 각 호(1. 「조세범 처벌절차법」에 따른 통고처분, 2. 「감사원법」에 따라 심사청구를 한 처분이나 그 심사청구에 대한 처분, 3. 이 법 및 세법에 따른 과태료 부과처분)의 처분에 대해서 2842

는 그러하지 아니하다(국세법 제55조 제1항).

2. 불복방법의 고지

2843 이의신청, 심사청구 또는 심판청구의 재결청은 결정서에 그 결정서를 받은 날부터 90일 이내에 이의신청인은 심사청구 또는 심판청구를, 심사청구인 또는 심판청구인은 행정소송을 제기할 수 있다는 내용을 적어야 한다(국세법 제60조 제1항).

3. 행정심판

국세에 대한 행정심판은 이의신청·심사청구·심판청구로 구성되어 있다. 관세의 경우도 유사하다(관세법 제119조 이하 참조). 이하에서는 국세기본법의 주요 규정내용만을 보기로 한다.

2844 (1) 이의신청 이의신청은 대통령령으로 정하는 바에 따라 불복의 사유를 갖추어 해당 처분을 하였거나 하였어야 할 세무서장에게 하거나 세무서장을 거쳐 관할 지방국세청장에게 하여야 한다. 다만, 다음 각 호(1. 지방국세청장의 조사에 따라 과세처분을 한 경우, 2. 삭제, 3. 세무서장에게 제81조의15에 따른 과세전적부심사를 청구한 경우)의 경우에는 관할 지방국세청장(제2호의 경우 과세처분한 세무서장의 관할 지방국세청장)에게 하여야 하며, 세무서장에게 한 이의신청은 관할 지방국세청장에게 한 것으로 본다(국세법 제66조 제1항). 이의신청은 해당 처분이 있음을 안 날(처분의 통지를 받은 때에는 그 받은 날)부터 90일 이내에 제기하여야 한다(국세법 제66조 제6항·제61조 제1항). 이의신청을 거친 후 심사청구를 하려면 이의신청에 대한 결정의 통지를 받은 날부터 90일 이내에 제기하여야 한다. 다만, 제66조 제7항 후단에 따른 결정기간 내에 결정의 통지를 받지 못한 경우에는 결정의 통지를 받기 전이라도 그 결정기간이 지난 날부터 심사청구를 할 수 있다(국세법 제66조 제6항·제61조 제2항). 이의신청은 임의적인 절차이다(국세법 제55조 제3항 단서·제61조 제2항).

2845 (2) 심사청구 심사청구는 해당 처분이 있음을 안 날(처분의 통지를 받은 때에는 그 받은 날)부터 90일 이내에 제기하여야 한다(국세법 제61조 제1항). 이의신청을 거친 후 심사청구를 하려면 이의신청에 대한 결정의 통지를 받은 날부터 90일 이내에 제기하여야 한다. 다만, 다음 각 호(1. 제66조 제7항에 따른 결정기간 내에 결정의 통지를 받지 못한 경우: 그 결정기간이 지난 날, 2. 이의신청에 대한 재조사 결정이 있은 후 제66조 제6항에 따라 준용되는 제65조 제5항 전단에 따른 처분기간 내에 처분 결과의 통지를 받지 못한 경우: 그 처분기간이 지난 날)의 어느 하나에 해당하는 경우에는 해

당 호에서 정하는 날부터 90일 이내에 심사청구를 할 수 있다(국세법 제61조 제2항). 심사청구는 대통령령으로 정하는 바에 따라 불복의 사유를 갖추어 해당 처분을 하였거나 하였어야 할 세무서장을 거쳐 국세청장에게 하여야 한다(국세법 제62조 제1항). 지방세의 경우, 종래에는 시·군·구세에 불복하는 경우에 시장·군수·구청장에게 이의신청을 하고, 그 이의신청에 대한 시장·군수·구청장의 결정에 대하여 불복하는 경우, 시·도지사에게 심사청구를 할 수 있었다(구 지기법 제91조). 그러나 2019. 12. 31. 개정 지방세기본법에서는 실제 활용률이 낮다는 이유로 심사청구 제도는 폐지되었다(지기법 제91조).

⑶ **심판청구** 심판청구는 해당 처분이 있음을 안 날(처분의 통지를 받은 때에는 그 받은 날)부터 90일 이내에 제기하여야 한다(국세법 제68조 제1항). 이의신청을 거친 후 심판청구를 하는 경우의 청구기간에 관하여는 제61조 제2항을 준용한다(국세법 제68조 제2항). 심판청구는 대통령령으로 정하는 바에 따라 불복의 사유를 갖추어 그 처분을 하였거나 하였어야 할 세무서장을 거쳐 조세심판원장에게 하여야 한다(국세법 제69조 제1항). 2846

⑷ **행정심판의 제한**

㈎ **심사청구·심판청구의 제한**

1) **심사청구·심판청구에 대한 처분에 대한 재청구의 제한** ① 이 장의 규정에 따른 심사청구 또는 심판청구에 대한 처분에 대해서는 이의신청, 심사청구 또는 심판청구를 제기할 수 없다(국세법 제55조 제5항 본문). ② 다만, 제65조 제1항 제3호 단서(다만, 취소·경정 또는 필요한 처분을 하기 위하여 사실관계 확인 등 추가적으로 조사가 필요한 경우에는 처분청으로 하여금 이를 재조사하여 그 결과에 따라 취소·경정하거나 필요한 처분을 하도록 하는 재조사 결정을 할 수 있다)(제81조에서 준용하는 경우를 포함한다)의 재조사 결정에 따른 처분청의 처분에 대해서는 해당 재조사 결정을 한 재결청에 대하여 심사청구 또는 심판청구를 제기할 수 있다(국세법 제55조 제5항 단서). 2846a

2) **동일한 처분에 대한 심사청구·심판청구 중복청구의 제한** 동일한 처분에 대해서는 심사청구와 심판청구를 중복하여 제기할 수 없다(국세법 제55조 제9항). 2846b

㈏ **이의신청의 제한** 이 장의 규정에 따른 이의신청에 대한 처분과 제65조 제1항 제3호 단서(제66조 제6항에서 준용하는 경우를 말한다)의 재조사 결정에 따른 처분청의 처분에 대해서는 이의신청을 할 수 없다(국세법 제55조 제6항 단서). 2846c

4. 행정소송

(1) 국 세

(가) 필요적 심판전치

2847 1) 원 칙 국세기본법 제55조에 규정된 위법한 처분에 대한 행정소송은 「행정소송법」 제18조 제1항 본문, 제2항 및 제3항에도 불구하고 이 법에 따른 심사청구 또는 심판청구와 그에 대한 결정을 거치지 아니하면 제기할 수 없다(국세법 제56조 제2항 본문).[1)]

2847a 2) 예 외 다만, 심사청구 또는 심판청구에 대한 제65조 제1항 제3호 단서(다만, 취소·경정 또는 필요한 처분을 하기 위하여 사실관계 확인 등 추가적으로 조사가 필요한 경우에는 처분청으로 하여금 이를 재조사하여 그 결과에 따라 취소·경정하거나 필요한 처분을 하도록 하는 재조사 결정을 할 수 있다)(제81조에서 준용하는 경우를 포함한다)의 재조사 결정에 따른 처분청의 처분에 대한 행정소송은 그러하지 아니하다(국세법 제56조 제2항 단서).

2847b 3) 감사원에 심사청구를 한 경우 제55조 제1항 제2호의 심사청구를 거친 경우에는 이 법에 따른 심사청구 또는 심판청구를 거친 것으로 보고 제2항을 준용한다(국세법 제56조 제5항).

(나) 제소기간

2847c 1) 필요적 심판전치를 거친 경우 제2항 본문에 따른 행정소송은 「행정소송법」 제20조에도 불구하고 심사청구 또는 심판청구에 대한 결정의 통지를 받은 날부터 90일 이내에 제기하여야 한다. 다만, 제65조 제2항 또는 제81조에 따른 결정기간에 결정의 통지를 받지 못한 경우에는 결정의 통지를 받기 전이라도 그 결정기간이 지난 날부터 행정소송을 제기할 수 있다(국세법 제56조 제3항).

2847d 2) 재조사결정에 따른 처분에 대한 행정소송의 경우 제2항 단서에 따른 행정소송은 「행정소송법」 제20조에도 불구하고 다음 각 호[1. 이 법에 따른 심사청구 또는 심판청구를 거치지 아니하고 제기하는 경우 : 재조사 후 행한 처분청의 처분의 결과 통지

---

1) 대판 2011. 1. 27, 2009두13436(조세행정에 있어서 2개 이상의 같은 목적의 행정처분이 단계적·발전적 과정에서 이루어진 것으로서 서로 내용상 관련이 있다든지, 세무소송 계속중에 그 대상인 과세처분을 과세관청이 변경하였는데 위법사유가 공통된다든지, 동일한 행정처분에 의하여 수인이 동일한 의무를 부담하게 되는 경우에 선행처분에 대하여 또는 그 납세의무자들 중 1인이 적법한 전심절차를 거친 때와 같이, 과세관청과 국세심판원으로 하여금 기본적 사실관계와 법률문제에 대하여 다시 판단할 수 있는 기회를 부여하였을 뿐더러 납세의무자로 하여금 굳이 또 전심절차를 거치게 하는 것이 가혹하다고 보이는 등 정당한 사유가 있는 때에는 납세의무자가 전심절차를 거치지 아니하고도 과세처분의 취소를 청구하는 행정소송을 제기할 수 있다).

를 받은 날부터 90일 이내. 다만, 제65조 제5항(제81조에서 준용하는 경우를 포함한다)에 따른 처분기간(제65조 제5항 후단에 따라 조사를 연기하거나 조사기간을 연장하거나 조사를 중지한 경우에는 해당 기간을 포함한다. 이하 이 호에서 같다)에 처분청의 처분 결과 통지를 받지 못하는 경우에는 그 처분기간이 지난 날부터 행정소송을 제기할 수 있다. 2. 이 법에 따른 심사청구 또는 심판청구를 거쳐 제기하는 경우 : 재조사 후 행한 처분청의 처분에 대하여 제기한 심사청구 또는 심판청구에 대한 결정의 통지를 받은 날부터 90일 이내. 다만, 제65조 제2항(제81조에서 준용하는 경우를 포함한다)에 따른 결정기간에 결정의 통지를 받지 못하는 경우에는 그 결정기간이 지난 날부터 행정소송을 제기할 수 있다]의 기간 내에 제기하여야 한다(국세법 제56조 제4항).

(다) **제소의 방식** 국세부과처분에 대해서는 ① 국세청장에의 심사청구 또는 조세심판원장에의 심판청구를 거친 후 제소하거나, ② 세무서장 또는 지방국세청장에의 이의신청을 거친 후 다시 국세청장에의 심사청구 또는 조세심판원장에의 심판청구를 거쳐 제소하거나, ③ 감사원에의 심사청구를 거쳐 제소할 수 있다. 2847e

(2) **지 방 세** 구 지방세법 제78조 제2항도 필요적 심판전치를 규정하고 있었다. 그런데 헌법재판소는 이의신청 및 심사청구를 거치지 아니하고서는 지방세 부과처분에 대하여 행정소송을 제기할 수 없도록 한 지방세법 제78조 제2항이 행정심판에 사법절차를 준용하도록 한 헌법 제107조 제3항 및 재판청구권을 보장하는 헌법 제27조에 위반된다고 판시하였다.[1] 이에 국회는 구 지방세법 제78조 제2항을 삭제하였다. 따라서 지방세부과처분에 대해서는 ① 바로 제소하거나, ② 이의신청을 거친 후 제소하거나, ③ 심사청구를 거친 후 제소하거나 또는 ④ 이의신청과 심사청구를 거쳐 제소하거나, ⑤ 감사원에의 감사청구를 거쳐 제소할 수 있다(지기법 제100조 참조). 2848

1) 헌재 2001. 6. 28, 2000헌바30(지방세 부과처분에 대한 이의신청 및 심사청구의 심의·의결기관인 지방세심의위원회는 그 구성과 운영에 있어서 심의·의결의 독립성과 공정성을 객관적으로 신뢰할 수 있는 토대를 충분히 갖추고 있다고 보기 어려운 점, 이의신청 및 심사청구의 심리절차에 사법절차적 요소가 매우 미흡하고 당사자의 절차적 권리보장의 본질적 요소가 결여되어 있다는 점에서 지방세법상의 이의신청·심사청구제도는 헌법 제107조 제3항에서 요구하는 '사법절차 준용'의 요청을 외면하고 있다고 할 것인데, 지방세법 제78조 제2항은 이러한 이의신청 및 심사청구라는 2중의 행정심판을 거치지 아니하고서는 행정소송을 제기하지 못하도록 하고 있으므로 위 헌법조항에 위반될 뿐만 아니라, 재판청구권을 보장하고 있는 헌법 제27조 제3항에도 위반된다 할 것이며, 나아가 필요적 행정심판전치주의의 예외사유를 규정한 행정소송법 제18조 제2항·제3항에 해당하는 사유가 있어 행정심판제도의 본래의 취지를 살릴 수 없는 경우에까지 그러한 전심절차를 거치도록 강요한다는 점에서도 국민의 재판청구권을 침해한다 할 것이다).

Ⅱ. 과오납반환청구

1. 의 의

2849 과오납이란 법률상 납부할 원인이 없음에도 불구하고 일정액의 조세를 납부한 것을 말한다. 과오납된 조세(과오납금)는 일종의 부당이득의 성질을 가진다. 따라서 과오납금은 납부자에게 반환되어야 한다. 과오납은 과세처분이 무효인 경우, 위법한 과세처분이 사후에 취소된 경우, 납세자가 착오로 초과납부한 경우 등에서 나타난다.

2. 처 리

2850 세무서장은 납세의무자가 국세·가산금 또는 체납처분비로서 납부한 금액 중 잘못 납부하거나 초과하여 납부한 금액이 있거나 세법에 따라 환급하여야 할 환급세액(세법에 따라 환급세액에서 공제하여야 할 세액이 있을 때에는 공제한 후에 남은 금액을 말한다)이 있을 때에는 즉시 그 잘못 납부한 금액, 초과하여 납부한 금액 또는 환급세액을 국세환급금으로 결정하여야 한다. 이 경우 착오납부·이중납부로 인한 환급청구는 대통령령으로 정하는 바에 따른다(국세법 제51조 제1항).

3. 국세환급가산금

2851 세무서장은 국세환급금을 제51조에 따라 충당하거나 지급할 때에는 대통령령으로 정하는 국세환급가산금 기산일부터 충당하는 날 또는 지급결정을 하는 날까지의 기간과 금융회사 등의 예금이자율 등을 고려하여 대통령령으로 정하는 이자율에 따라 계산한 금액(이하 "국세환급가산금"이라 한다)을 국세환급금에 가산하여야 한다(국세법 제52조).

4. 양도·소멸시효

2852 납세자는 국세환급금에 관한 권리를 대통령령으로 정하는 바에 따라 타인에게 양도할 수 있다(국세법 제53조 제1항). 납세자의 국세환급금과 국세환급가산금에 관한 권리는 행사할 수 있는 때부터 5년간 행사하지 아니하면 소멸시효가 완성한다(국세법 제54조 제1항).

제6장 군사행정법

제1절 일 반 론

제1항 국가의 안전보장

1. 행정의 목표로서 국가의 안전보장

헌법상 국가의 목표가 무엇인가를 단적으로 말하기는 곤란하다. 그러나 우리 헌법의 인간상은 독일연방헌법재판소가 판시한 것과 같이 "고립된 주관적인 개인이 아니고, 개인과 공동체의 긴장관계에 있어서는 인간의 독립적인 가치를 침해함이 없이 공동체구속성과 공동체관련성을 가지고 있는 인격"으로 보아 우리 헌법상 국가의 목표는 기본적으로 중용의 인격주의(Personalismus)를 채택하고 있다고 할 것이다.[1] 그런데 인격주의의 실현도 국가의 존립을 전제로 하는 것인 이상, 국가의 존립 그 자체도 또 하나의 국가의 목표이자 행정의 목표일 수밖에 없다. 국가의 안전보장이 국가목표 중의 하나인 것은 어느 시대 어떠한 나라를 불문하고 동일한 것임은 별다른 설명이 필요 없을 것이다. 이러한 사정으로 우리의 헌법도 국민에게 국방의 의무를 부과하고 있을 뿐만 아니라(헌법 제39조 제1항), 국가의 존립(안전보장)을 위해 필요한 경우에는 개인의 기본권을 제한할 수 있는 가능성까지도 규정하고 있다(헌법 제37조 제2항). 2855

2. 국가안전보장의 개념

(1) **소극적 개념으로서 국가안전보장** 양자의 구분이 명백한 것은 아니지만, 국가작용을 소극적인 현상유지작용과 적극적인 형성작용으로 구분할 때, 국가안전보장을 위한 작용은 기존의 국가질서·헌법질서의 유지작용으로서 소극적인 작용으로 이해된다. 국가안전보장을 위한 국방행정은 내란이나 외침으로부터 국가의 존립을 보장하고 아울러 국민의 생명과 재산을 보호하는 것이지, 국가와 국민에게 새로운 질서와 복지를 가져다 주는 작용은 아니다. 결국 국가안전보장이란 내·외의 적으로부터 국가 자체의 존립을 영속적으로 보장하는 것을 의미한다고 보겠다. 이러한 목표의 소극성으로 인하여 국가의 안전보장을 위 2856

---

1) 김철수, 헌법학(상), 502쪽.

한 국방행정은 그 임무에 한계를 갖게 된다.

2857 (2) **국가안전보장개념과 질서유지개념** 제3공화국헌법은 국가안전보장이라는 개념을 질서유지의 개념 속에 포함하고 있었으나, 제4·제5공화국헌법과 현행헌법은 국가의 안전보장을 질서유지개념과 별도로 사용하고 있다(헌법 제37조 제2항). 학설상 현행헌법의 국가안전보장과 질서유지의 개념에 관하여 견해가 통일되어 있지 않는 것으로 보이나, 양자의 개념이 모두 소극적인 개념인 것은 비교적 분명한 것으로 보인다. 헌법상 국가안전보장의 개념과 (협의의) 질서유지 개념을 합하여 광의의 질서유지개념을 구성한다고 새기는 견해[1]가 논리적이라고 생각된다. 이러한 입장에서 보면, 협의의 질서유지란 공공의 안녕질서를 뜻하는 것으로 새기게 되고, 그것은 또한 공적 안전과 공적 질서의 유지를 개념요소로 하게 된다. 이러한 작용은 특별행정법상 경찰법의 연구대상이 된다. 물론 국가안전보장과 질서유지의 개념이 언제나 반드시 구분되는 것은 아니고 경우에 따라서는 양자의 개념이 겹치기도 한다는 것(예 : 반국가단체의 폭력시위의 진압)을 유념할 필요가 있다.

3. 군사행정법의 대상으로서 국가안전보장

2858 국가안전보장에 관한 행정작용을 연구하는 특별행정법의 한 분과가 군사행정법이다. 군사행정법은 줄여서 군정법이라고도 한다. 군사행정법은 행정의 한 부분영역에 대한 법이기 때문에 특별행정법의 한 종류이다. 군사행정법은 군사행정의 의의와 일반원칙, 군사행정조직법, 군사행정작용법을 주된 연구대상으로 한다.

제2항 군사행정의 관념

1. 군사행정의 의의

2859 군사행정이란 국토방위의 목적을 실현하기 위하여 국가의 병력을 취득·관리·유지하는 행정작용을 의미하며, 그것은 성질상 사회목적적이 아니라 국가목적적인 행정작용에 속한다. 군사행정작용은 새로운 정치·경제·사회·문화질서의 형성을 위한 것이 아니라, 국가 그 자체의 안전을 보장하기 위한 소극적인 작용인 점에서 복리행정작용과 구분된다. 보호의 대상이 국가 그 자체인 점에서 그 보호의 대상이 사회질서인 경찰작용과도 구분된다.

---

1) 김철수, 헌법학(상), 449쪽.

2. 군정과 군령

(1) 의 의 군사행정(즉 광의의 군정)은 (협의의) 군정과 군령을 내용으로 한다. 협의의 군정이란 병력을 취득하고 아울러 국가의 한 부분조직으로서 군대를 형성·편제·관리하는 작용을 말하고, 군령이란 국가가 보유하는 실력수단으로서의 군을 동원하고 군의 행동을 지휘·통솔하는 용병작용 내지 용병작전작용을 의미한다.[1) 2860

(2) **병정분리주의와 병정통합주의** 협의의 군정과 군령을 상이한 기관에 분장시킬 것인가 아니면 하나의 기관에 관장시킬 것인가에 따라 병정분리주의와 병정통합주의가 구분된다. 병정분리주의란 군정은 일반행정기관이 관장하나 군령은 국가원수직속의 독립적인 군령기관을 설치하여 그 기관으로 하여금 정부의 책임과 무관하게 임무를 수행하도록 하는 제도를 말한다. 이 경우에 최고군령기관은 직업군인으로 구성되는 참모본부가 담당함이 일반적이다. 병정분리주의의 예는 제정독일이나 패전 전의 일본에서 볼 수 있는데, 그것은 제국주의의 소산이라고도 할 수 있다.[2) 2861

병정통합주의는 군정과 군령을 일정행정기관이 관장함으로써 정부의 책임과 의회의 통제 하에 임무를 수행하도록 하는 제도를 말한다. 우리 헌법은 "대통령은 헌법과 법률이 정하는 바에 의하여 국군을 통수한다"고 하여(헌법 제74조) 병정통합주의를 채택하고 있다. 우리 헌법상 대통령은 행정수반의 지위에서 국군통수권을 가지는바, 국군최고사령관으로서 국군을 지휘·통솔한다.[3) 2862

제 3 항 군사행정에 대한 헌법상 원칙

1. 국제평화주의의 원칙

우리 헌법은 전문에서 "안으로는 국민생활의 균등한 향상을 기하고 밖으로는 항구적인 세계평화와 인류공영에 이바지함으로써 우리들과 우리들의 자손의 안전과 자유와 행복을 영원히 확보할 것을 다짐하면서"라고 규정하여 국제평화주의를 헌법상의 원칙으로 선언하고 있다. 국제평화주의는 헌법상 다음의 조항들에 의해 보다 구체화되고 있다. 2863

(1) **침략전쟁의 부인** 헌법 제5조 제1항은 "대한민국은 국제평화의 유지에 2864

1) 김철수, 헌법학(하), 1736쪽; 윤세창·이호승, 행정법(하), 99쪽.
2) 윤세창·이호승, 행정법(하), 99쪽.
3) 김철수, 헌법학(하), 1737쪽.

노력하고 침략적 전쟁을 부인한다"고 선언하고 있다. 헌법례에 따라서는 침략전쟁뿐만 아니라 교전권 자체도 부인하는 경우가 있으나(예 : 일본), 우리 헌법은 침략전쟁만을 금지하고 있다. 침략전쟁이란 자위전쟁에 대응하는 개념이다. 자위전쟁은 적의 직접적인 공격을 물리치기 위한 전쟁을 말한다. UN헌장에 의할 때, 자위전쟁에는 개별적 자위와 집단적 자위가 있다. 자위전쟁이 아닌 전쟁은 모두 침략전쟁에 해당한다고 볼 것이다.[1] 국제평화주의의 원칙상 전쟁은 당연히 국가의 방위 외에 국제평화에 기여하는 범위 내에서만 가능하고 허용된다.

2865 (2) **조국의 평화적 통일** 우리 헌법은 전문에서 "조국의 민주개혁과 평화적 통일의 사명에 입각하여"라고 규정하고, 제4조는 "대한민국은 통일을 지향하며, 자유민주적 기본질서에 입각한 평화적 통일정책을 수립하고 이를 추진한다"고 규정하고, 제66조 제3항은 "대통령은 조국의 평화적 통일을 위한 성실한 의무를 진다"고 규정하고, 제92조 제1항은 "평화통일정책의 수립에 관한 대통령의 자문에 응하기 위하여 민주평화통일자문회의를 둘 수 있다"고 규정하는바, 이상으로부터 우리의 헌법은 평화통일의 원칙을 천명하고 있다고 하겠다. 따라서 군사행정은 무력통일을 위해 수행될 수 없음이 명백하다. 물론 헌법 제3조가 "대한민국의 영토는 한반도와 그 부속도서로 한다"고 규정하여 북한에도 헌법의 효력이 미치는 까닭에 통일의 문제가 국제간의 문제는 아니겠으나, 그럼에도 무력에 의한 통일은 국제평화에 직접적인 영향을 미치는 까닭에 헌법상 평화통일의 원칙도 국제평화주의에 부응하는 것임은 명백하다.

2. 민주군사행정의 원칙

2866 국군이 민주국가인 대한민국의 군대인 이상 군사행정은 민주주의원리에 따라야 한다. 이와 관련하여 헌법 제74조 제2항은 "국군의 조직과 편성은 법률로 정한다"고 하고, 헌법 제60조 제2항은 "국회는 선전포고, 국군의 외국에의 파견 또는 외국군대의 대한민국 영역 안에서의 주류에 대한 동의권을 가진다"고 하여 국군의 조직·편성 등에 국민의 대표기관인 국회의 개입을 결부시킴으로써 군사행정에도 민주주의원칙이 반영되도록 하고 있다.

3. 국군의 정치적 중립성의 원칙

2867 우리 헌법은 제5조 2항에서 "국군은 국가의 안전보장과 국토방위의 신성한 의무를 수행함을 사명으로 하며, 그 정치적 중립성은 준수된다"고 규정하고 있다. 우리의 국군은 국민의 군대이지 집권정당의 군대도 아니고 일부 국민의

1) 김철수, 헌법학(하), 328쪽.

군대도 아니다. 따라서 국군은 정치적으로 중립적인 지위에서 그 임무를 수행하여야 하는 것이며, 이것은 군사행정이 또한 정치적으로 무색투명하여야 함을 의미한다. 오늘날의 민주국가에서 이러한 논리는 지극히 당연하다고 하겠다. 그럼에도 헌법에서 이것을 명문으로 규정한 것은 군이 정치에 개입한 바 있는 지나간 헌정사의 반성에서 나온 것이라고 하겠다. 한편 헌법과 법률은 군의 정치적 중립성을 보다 더 보장하기 위해 여러 규정을 두고 있다. 즉 ① 군인은 현역을 면한 후가 아니면 국무총리로 임명될 수 없고(헌법 제86조 제3항), 국무위원으로 임명될 수도 없으며(헌법 제87조 제4항), ② 군인은 정치운동이 금지되며(군인의 지위 및 복무에 관한 기본법 제33조), ③ 군인이 정치단체에 가입하거나 연설·문서 기타의 방법으로 정치적 의견을 공표하거나 정치운동을 하면 처벌된다(군형법 제94조).

4. 병정통합주의

우리 헌법은 병정통합주의를 채택하고 있다. 즉 대통령의 국군통수권(헌법 2868
제74조 제1항), 대통령의 선전포고와 강화권(헌법 제73조), 대통령의 긴급명령권(헌법 제76조 제1항), 대통령의 계엄선포권(헌법 제77조 제1항), 선전·강화 기타 중요한 대외정책, 합동참모의장·각군참모총장의 임명 등 군사에 관한 중요사항에 대한 국무회의의 심의제도(헌법 제89조 제2호·제16호·제13호 등) 등은 우리 헌법이 병정통합주의를 채택하고 있음을 나타낸다.

제 2 절 군사행정조직법

제 1 항 행정조직

Ⅰ. 대통령과 소속기관

1. 대 통 령

우리 헌법상 대통령은 국가의 원수이며 외국에 대하여 국가를 대표하고(헌 2869
법 제66조 제1항), 행정권이 속하는 정부의 수반이 된다(헌법 제66조 제4항). 대통령은 헌법과 법률이 정하는 바에 따라 국군을 통수하는 권한을 가지는바(헌법 제74조), 이러한 지위로 말미암아 대통령은 최고의 군사행정기관이 된다. 국군을 지휘·통제하는 대통령의 국군통수권(군사행정권)은 헌법과 법률에 따라 행사되어야 하는 것인데, 헌법상으로는 ① 군사에 중요한 사항은 국무회의의 심의에 앞서 국가안전보장회의의 자문을 거쳐야 하고(헌법 제91조 제1항), ② 국무회의의 심의를 거쳐야 하고(헌법 제89조 제6호), ③ 국군을 외국에 파견하는 경우에는 국회의 사전동의가 있어야 한다(헌법 제60조 제2항). ④ 국군의 조직과 편성은 법률로 정하여야 하고(헌법 제74조 제2항), 이에 의거 국군조직법이 제정되어 있다. 국군조직법도 "대통령은 헌법, 이 법 및 그 밖의 법률에서 정하는 바에 따라 국군을 통수한다"고 규정하고 있다(국군법 제6조).

2. 국가안전보장회의

2870 (1) **성 격** 국가안전보장회의는 국가안전보장에 관련되는 대외정책·군사정책과 국내정책의 수립에 관하여 국무회의의 심의에 앞서 대통령의 자문에 응하기 위하여 설치되는 기관이다(헌법 제91조 제1항). 국가안전보장회의는 헌법에서 직접 설치가 예정된 기관으로서 필수기관이다. 그러나 그것은 의결기관도 심의기관도 아닌 단순한 자문기관이다.

2871 (2) **조 직** 국가안전보장회의의 조직은 법률로 정하게 되어 있는데(헌법 제91조 제3항), 이에 따른 법률이 국가안전보장회의법이다. 국가안전보장회의는 대통령·국무총리·외교부장관·통일부장관·국방부장관 및 국가정보원장과 대통령령으로 정하는 약간의 위원으로 구성한다(안보법 제2조). 대통령이 의장이 되며(안보법 제2조 제2항), 의장은 국무총리로 하여금 그 직무를 대행하게 할 수 있다(안보법 제4조 제2항).

2872 (3) **회 의** 회의는 의장이 소집하고 주재한다(안보법 제4조 제1항). 의장은 필요하다고 인정하는 경우에는 관계 부처의 장, 합동참모회의 의장 또는 그 밖의 관계자를 회의에 출석하여 발언하게 할 수 있다(안보법 제6조). 회의는 관계 부처에 자료의 제출과 그 밖에 필요한 사항에 관하여 협조를 요구할 수 있다(안보법 제9조).

Ⅱ. 국무회의

2873 대통령·국무총리와 15인 이상 30인 이하의 국무위원으로 구성되는 국무회의는 정책심의기관으로서 군사행정과 관련하여 ① 선전·강화 기타 중요한 대외정책, ② 대통령의 긴급명령… 계엄과 그 해제, ③ 군사에 관한 중요사항, ④ 행정각부의 중요한 정책의 수립과 조정, ⑤ 합동참모의장·각군참모총장… 등의 임명, ⑥ 기타 대통령·국무총리 또는 국무위원이 제출한 사항 등을 심의한다(헌법 제89조).

Ⅲ. 국무총리

국무총리는 대통령을 보좌하며 행정에 관하여 대통령의 명을 받아 행정각부(군사행정의 경우는 국방부장관)를 통할하고(헌법 제86조 제2항), 대통령의 제1차적 권한대행자이며(헌법 제71조), 국무회의의 부의장이 되고(헌법 제88조 제3항), 국가안전보장회의의 의장의 직무대행자인 까닭에(안보법 제4조 제2항) 군사행정에 있어서 제2차적인 최고행정기관이 된다. 2874

Ⅳ. 국방부장관과 소속기관

1. 국방부장관

국방부장관은 대통령과 국무총리의 지휘·감독하에(정조법 제11조·제18조) 국방에 관련된 군정 및 군령과 기타 군사에 관한 사무를 관장하는(정조법 제33조 제1항) 중앙행정관청이다. 국방부장관은 대통령의 명을 받아 군사에 관한 사항을 장리하고 합동참모의장과 각군참모총장을 지휘·감독한다(국군법 제8조). 2875

2. 병무청과 방위사업청

① 징집·소집 그 밖에 병무행정에 관한 사무를 관장하기 위하여 국방부장관소속으로 병무청을 둔다(정조법 제33조 제3항). 병무청에 청장 1명과 차장 1명을 두되, 청장은 정무직으로 하고, 차장은 고위공무원단에 속하는 별정직국가공무원으로 보한다(정조법 제33조 제4항). ② 방위력 개선사업, 군수물자 조달 및 방위산업 육성에 관한 사무를 관장하기 위하여 국방부장관 소속으로 방위사업청을 둔다(정조법 제33조 제6항). 방위사업청에 청장 1명과 차장 1명을 두되, 청장은 정무직으로 하고, 차장은 고위공무원단에 속하는 별정직국가공무원으로 보한다(정조법 제28조 제6항). 2876

3. 합동참모본부

(1) 조　　직　　각군의 전투를 주임무로 하는 작전부대에 대한 작전 지휘·감독 및 합동작전·연합작전을 수행하기 위하여 국방부에 합동참모본부를 둔다(국군법 제2조 제2항). 합동참모본부에 합동참모의장을 두며(국군법 제9조 제1항), 아울러 소속 군이 다른 3명 이내의 합동참모차장과 필요한 참모부서를 둔다(국군법 제12조 제1항). 합동참모의장은 참모총장을 역임한 자 또는 장관급장교 중에서 국방부장관의 추천에 의하여 국무회의의 심의를 거쳐 대통령이 임명한다. 이 경우 국회의 인사청문을 거쳐야 한다(헌법 제89조 제16호; 군인법 제18조 제1항). 합동 2877

참모의장의 임기는 2년으로 한다. 다만, 전시·사변 또는 국방상 필요한 때에는 1년 이내의 기간에 한하여 그 임기를 연장할 수 있다(군인법 제18조 제3항). 합동참모의장은 군령에 관하여 국방부장관을 보좌하며 국방부장관의 명을 받아 전투를 주임무로 하는 각군의 작전부대를 작전지휘·감독하고 합동작전 수행을 위하여 설치된 합동부대를 지휘·감독한다. 다만, 평시 독립전투여단급 이상의 부대이동 등 주요 군사사항은 국방부장관의 사전승인을 받아야 한다(국군법 제9조 제2항).

2878 (2) **합동참모회의** 군령에 관하여 국방부장관을 보좌하며 주요 군사사항과 그 밖에 법령에서 정하는 사항을 심의하기 위하여 합동참모본부에 합동참모회의를 둔다(국군법 제13조 제1항). 합동참모회의는 월 1회 이상 정례화한다(국군법 제13조 제4항).

4. 각군본부

2879 국군은 육군·해군·공군(이하 각군이라 한다)으로 조직하며, 해군에 해병대를 둔다(국군법 제2조 제1항). 육군에 육군참모총장, 해군에 해군참모총장, 공군에 공군참모총장을 두며(국군법 제10조 제1항), 각군 참모총장은 국방부장관의 명을 받아 각각 당해 군을 지휘·감독한다(국군법 제10조 제2항 본문). 참모총장은 해당 군의 장관급 장교 중에서 국방부장관의 추천을 받아 국무회의의 심의를 거쳐 대통령이 임명하며, 해병대사령관은 해병대 장관급 장교 중에서 해군참모총장의 추천을 받아 국방부장관의 제청으로 대통령이 임명한다(헌법 제89조 제16호; 군인법 제19조 제1항). 참모총장의 임기는 2년으로 하며, 해병대사령관의 임기는 2년으로 한다. 다만 전시·사변시에는 한 차례 연임할 수 있다(군인법 제19조 제3항).

제2항 군공무원

2880 군인에게 적용할 인사행정의 기준을 정하는 법으로 군인사법이 있다(군인법 제1조). 군인사법은 ① 현역에 복무하는 장교, 준사관, 부사관 및 병, ② 사관생도, 사관후보생, 준사관후보생 및 부사관후보생, ③ 소집되어 군에 복무하는 예비역 및 보충역에 적용된다(군인법 제2조). 군인사법은 국가공무원법에 대한 특별법의 지위에 선다. 한편 군무원의 경우에는 군무원인사법이 적용된다. 이하에서는 군인사법에 관해서만 보기로 한다.

1. 계 급

장교는 다음 각 호(1. 장성 : 원수, 대장, 중장, 소장 및 준장, 2. 영관 : 대령, 중령 및 소령, 3. 위관 : 대위, 중위 및 소위)와 같이 구분한다(군인법 제3조 제1항). 준사관은 준위로 한다(군인법 제3조 제2항). 부사관은 원사, 상사, 중사 및 하사로 한다(군인법 제3조 제3항). 병은 병장, 상등병, 일등병 및 이등병으로 한다(군인법 제3조 제4항). 군인의 서열은 제3조에 규정된 계급의 순위에 따른다(군인법 제4조 제1항). 2881

2. 복 무

군인에게는 일정한 의무복무기간이 있다(군인법 제7조). 그리고 현역정년제도로서 연령정년(원수 : 종신, 대장 : 63세, 중장 : 61세, 소장 : 59세, 준장 : 58세, 대령 : 56세, 중령 : 53세, 소령 : 50세, 대위 이하 : 43세, 준위 : 55세, 원사 : 55세, 상사 : 53세, 중사 : 45세, 하사 : 40세), 근속정년(대령 : 35년, 중령 : 32년, 소령 : 24년, 대위 이하 : 15년, 준위 : 32년), 계급정년(중장 : 4년, 소장 : 6년, 준장 : 6년)이 적용된다(군인법 제8조). 물론 전시·사변 등의 국가비상시에는 예외가 인정되고 있다(군인법 제7조 제1항 단서·제8조 제1항 단서). 2882

3. 보 임

장교, 준사관 및 부사관은 학력과 자격에 기초를 두고 공개경쟁시험으로 임용한다. 다만, 공개경쟁시험 외에 능력의 실증에 기초를 둘 때에는 전형에 의하여 임용할 수 있다(군인법 제9조 제1항). 장교는 참모총장의 추천을 받아 국방부장관의 제청으로 대통령이 임용한다. 다만, 대령 이하의 장교는 대통령의 위임을 받아 국방부장관이 임용할 수 있으며 이 경우 국방부장관은 제11조 제1항 제6호 및 같은 조 제2항에 따른 장교의 임용을 참모총장으로 하여금 하게 할 수 있다(군인법 제13조 제1항). 준사관은 국방부장관이 임용한다. 다만, 국방부장관은 참모총장에게 임용권을 위임할 수 있다(군인법 제13조 제2항). 부사관은 참모총장이 임용한다. 다만, 참모총장은 장성급 지휘관에게 임용권을 위임할 수 있다(군인법 제13조 제3항). 2883

4. 보 수

군인의 보수는 계급과 복무연한에 걸맞도록 법률로 정한다(군인법 제52조). 2884
군인은 보수를 받는 것 외에 법령이 정하는 바에 따라 직무수행에 드는 실비에 대한 변상을 받는다(군인법 제53조). 군인이 다음 각 호(1. 전사 또는 전상, 2. 공무로 인한 질병·부상 또는 사망)의 어느 하나에 해당하게 되면 법률에서 정하는 바에 따라 본인이나 그 유족은 그에 대한 상당한 보상을 받는다(군인법 제54조). 장교, 준사관 및 부사관으로서 상당한 기간 성실히 근무하고 전역되었거나 제54조 각 호에 해당하는 사유로 전역되거나 제적되었을 때에는 법률에서 정하는 바에 따라 본인이나 그 유족에게 연금을 지급한다(군인법 제55조).

5. 징　계

2885 ⑴ **징계사유**　제58조에 따른 징계권자는 군인이 다음 각 호(1. 이 법 또는 이 법에 따른 명령을 위반한 경우, 2. 품위를 손상하는 행위를 한 경우, 3. 직무상의 의무를 위반하거나 직무를 게을리한 경우)의 어느 하나에 해당하는 경우에는 제58조의2에 따른 징계위원회에 징계의결을 요구하고, 그 징계의결의 결과에 따라 징계처분을 하여야 한다(군인법 제56조). 징계권자는 제56조에 따라 군인의 징계의결을 요구하는 경우 그 징계 사유가 다음 각 호(1. 금전, 물품, 부동산, 향응 또는 그 밖에 대통령령으로 정하는 재산상 이익을 취득하거나 제공한 경우. 제2호 이하 생략)의 어느 하나에 해당하면 해당 징계 외에 다음 각 호의 행위로 취득하거나 제공한 금전 또는 재산상 이득(금전이 아닌 재산상 이득의 경우에는 금전으로 환산한 금액을 말한다)의 5배 이내의 징계부가금 부과 의결을 제58조의2에 따른 징계위원회에 요구하여야 한다(군인법 제56조의2 제1항).

⑵ **징계의 종류**

2885a ㈎ **장교, 준사관 및 부사관**　장교, 준사관 및 부사관에 대한 징계처분은 중징계와 경징계로 나눈다. 이 경우 중징계는 파면·해임·강등 또는 정직으로 하며, 경징계는 감봉·근신 또는 견책으로 하되 징계의 종류에 따른 구체적인 내용은 다음 각 호[1. 파면이나 해임은 장교·준사관 또는 부사관의 신분을 박탈하는 것을 말한다. 2. 강등은 해당 계급에서 1계급 낮추는 것을 말한다. 다만, 장교에서 준사관으로 강등시키거나 부사관에서 병으로는 강등시키지 못한다. 3. 정직은 그 직책은 유지하나 직무에 종사하지 못하고 일정한 장소에서 근신하게 하는 것을 말하며, 그 기간은 1개월 이상 3개월 이하로 한다. 정직기간에는 보수의 3분의 2에 해당하는 금액을 감액(減額)한다. 4. 감봉은 보수의 3분의 1에 해당하는 금액을 감액하는 것을 말하며, 그 기간은 1개월 이상 3개월 이하로 한다. 5. 근신은 평상 근무 후 징계권자가 지정한 영내(營內)의 일정한 장소에서 비행(非行)을 반성하게 하는 것을 말하며, 그 기간은 10일 이내로 한다. 6. 견책은 비행을 규명하여 앞으로 비행을 저지르지 아니하도록 훈계하는 것을 말한다]와 같다(군인법 제57조 제1항).

2885b ㈏ **병**　병에 대한 징계처분은 강등, 군기교육, 감봉, 휴가단축, 근신 및 견책으로 구분하되 징계의 종류에 따른 구체적인 내용은 다음 각 호(1. 강등은 해당 계급에서 1계급 낮추는 것을 말한다. 2. 군기교육은 국방부령으로 정하는 기관에서 군인

정신과 복무 태도 등에 관하여 교육·훈련하는 것을 말하며, 그 기간은 15일 이내로 한다. 3. 감봉은 보수의 5분의 1에 해당하는 금액을 감액하는 것을 말하며, 그 기간은 1개월 이상 3개월 이하로 한다. 4. 휴가단축은 복무기간 중 정해진 휴가일수를 줄이는 것을 말하며, 단축일수는 1회에 5일 이내로 하고 복무기간 중 총 15일을 초과하지 못한다. 5. 근신은 훈련이나 교육의 경우를 제외하고는 평상 근무에 복무하는 것을 금하고 일정한 장소에서 비행을 반성하게 하는 것을 말하며, 그 기간은 15일 이내로 한다. 6. 견책은 비행 또는 과오를 규명하여 앞으로 그러한 행위를 하지 아니하도록 하는 훈계를 말한다)와 같다(군인법 제57조 제2항).

제 3 절 군사행정작용법

제 1 항 일 반 론

1. 군사행정작용과 법률의 유보

국가작용의 하나로서 국가의 병력을 취득·관리·유지하는 군사행정은 일반 2886
통치권에 의거, 일반국민들에게 직접·간접의 권력을 행사함으로써 수행된다. 이와 같이 군사행정의 영역에서 발동되는 국가권력을 군정권이라 부른다. 그런데 군정권의 행사는 통상 국민의 자유와 재산에 침해를 가져오는 것이기 때문에, 군사행정의 영역에서도 법률의 근거(법률의 유보)는 중요한 문제가 된다(구체적인 예는 기술한 군사행정법의 법원을 보라).

2. 군사행정작용의 행위형식

군사행정작용의 행위형식은 일반행정법에서 다룬 행정의 행위형식과 다를 2887
바 없다. 말하자면 군사행정의 행위형식에는 행정입법·행정계획·행정행위(하명·허가·면제)·공법상 계약·행정지도·행정상 사실행위 등이 그대로 적용되고, 아울러 일반행정법상의 행정작용의 실효성확보수단으로서 행정강제·행정벌의 이론이 그대로 적용된다. 다만, 용어는 달리 표현될 것이다(예 : 군정하명·군정허가·군정면제·군징벌 등). 이러한 용어례는 경찰작용이나 재정작용에서도 마찬가지이다.

3. 군사행정작용의 종류

군사행정작용은 크게 보아 두 가지로 구분할 수 있다. 하나는 국민을 병역 2888
에 복무하게 하는 작용이요, 또 하나는 국민에게 군사와 관련하여 각종의 부담(이를 군사부담이라 부른다)을 지우는 작용이다. 전자는 병력취득작용을 의미하고, 후자는 병력을 유지하는 작용이라고 할 수도 있다. 이 밖에 국가의 비상사태와 관련한 일련의 작용이 또한 문제된다(예 : 긴급명령·계엄).

제2항 병 역

Ⅰ. 일 반 론

1. 의 의

2889 모든 국민은 법률이 정하는 바에 의하여 국방의 의무를 진다(헌법 제39조 제1항). 국방의 의무는 국민의 기본적인 의무 중의 하나이다(국방의 의무의 의미에 관해서는 견해가 갈린다. 광의설은 병역제공의무 외에 방공·방첩 등 국방에 필요한 모든 의무를 포함한다고 하고, 협의설은 병역제공의무만을 의미한다고 본다. 광의설이 통설이나 이하에서는 병역제공의무만을 살펴보기로 한다). 국방의 의무의 구체적인 사항은 병역법 등이 정하고 있다.[1] 대한민국 국민인 남성은 대한민국헌법과 이 법에서 정하는 바에 따라 병역의무를 성실히 수행하여야 한다. 여성은 지원에 의하여 현역 및 예비역으로만 복무할 수 있다(병역법 제3조 제1항). 병역의무자로서 사형, 무기 또는 6년 이상의 징역이나 금고의 형을 선고받은 사람은 병역에 복무할 수 없으며 병적에서 제적된다(병역법 제3조 제4항).

2. 종 류

2890 병역은 다음 각 호[1. 현역: 다음 각 목{가. 징집이나 지원에 의하여 입영한 병(兵), 나. 이 법 또는 「군인사법」에 따라 현역으로 임용 또는 선발된 장교(將校)·준사관(準士官)·부사관(副士官) 및 군간부후보생}의 어느 하나에 해당하는 사람, 2. 예비역: 다음 각 목(가. 현역을 마친 사람, 나. 그 밖에 이 법에 따라 예비역에 편입된 사람)의 어느 하나에 해당하는 사람, 3. 보충역: 다음 각 목{가. 병역판정검사 결과 현역 복무를 할 수 있다고 판정된 사람 중에서 병력수급(兵力需給) 사정에 의하여 현역병입영 대상자로 결정되지 아니한 사람, 나. 다음(1) 사회복무요원, 2) 삭제 ＜2016. 1. 19.＞, 3) 예술·체육요원, 4) 공중보건의사, 5) 병역판정검사전담의사, 6) 삭제 ＜2016. 1. 19.＞, 7) 공익법무관, 8) 공중방역수의사, 9) 전문연구요원,

---

1) 헌재 2018. 6. 28, 2011헌바379(국방의 의무는 외부의 적대세력의 직접적·간접적인 위협으로부터 국가의 독립을 유지하고 영토를 보전하기 위한 의무를 말한다(헌재 1995. 12. 28, 91헌마80 참조). 현대전이 고도의 과학기술과 정보를 요구하고 국민 전체의 협력을 필요로 하는 이른바 총력전인 점, 그리고 오늘날 국가안보의 개념이 군사적 위협뿐만 아니라 자연재난이나 사회재난, 테러 등으로 인한 안보 위기에 대한 대응을 포함하는 포괄적 안보 개념으로 나아가고 있는 점 등을 고려할 때, 국방의 의무의 내용은 군에 복무하는 등의 군사적 역무에만 국한되어야 한다고 볼 수 없다. 즉, 전시·사변 또는 이에 준하는 비상사태, 재난사태 발생 시의 방재(防災)·구조·복구 등 활동이나, 그러한 재난사태를 예방하기 위한 소방·보건의료·방재·구호 등 활동도 넓은 의미의 안보에 기여할 수 있으므로, 그와 같은 비군사적 역무 역시 입법자의 형성에 따라 국방의 의무 또는 그 주요한 부분을 이루는 병역의무의 내용에 포함될 수 있다).

10) 산업기능요원)의 어느 하나에 해당하는 사람으로 복무하고 있거나 그 복무를 마친 사람, 다. 그 밖에 이 법에 따라 보충역에 편입된 사람}의 어느 하나에 해당하는 사람, 4. 병역준비역: 병역의무자로서 현역, 예비역, 보충역, 전시근로역 및 대체역이 아닌 사람, 5. 전시근로역: 다음 각 목{가. 병역판정검사 또는 신체검사 결과 현역 또는 보충역 복무는 할 수 없으나 전시근로소집에 의한 군사지원업무는 감당할 수 있다고 결정된 사람, 나. 그 밖에 이 법에 따라 전시근로역에 편입된 사람}의 어느 하나에 해당하는 사람, 6. 대체역: 병역의무자 중 「대한민국헌법」이 보장하는 양심의 자유를 이유로 현역, 보충역 또는 예비역의 복무를 대신하여 병역을 이행하고 있거나 이행할 의무가 있는 사람으로서 「대체역의 편입 및 복무 등에 관한 법률」에 따라 대체역에 편입된 사람]와 같이 구분한다(병역법 제5조 제1항).

3. 병역판정검사와 병역처분

병역의무자는 19세가 되는 해에 병역을 감당할 수 있는지를 판정받기 위하 2891
여 지방병무청장이 지정하는 일시(日時)·장소에서 병역판정검사를 받아야 한다. 다만, 군(軍)에서 필요로 하는 인원과 병역자원의 수급(需給) 상황 등을 고려하여 19세가 되는 사람 중 일부를 20세가 되는 해에 병역판정검사를 받게 할 수 있다(병역법 제11조 제1항). 여기서 19세가 되는 해란 19세가 되는 해의 1월 1일부터 12월 31일까지를 의미한다(병역법 제2조 제2항). 병역판정검사는 신체검사와 심리검사로 구분한다(병역법 제11조 제3항).

Ⅱ. 현역복무 등

1. 현역병입영(징집)

(1) 의 의 　국가가 병역의무자에 대하여 현역에 복무할 의무를 부과하 2893
는 것을 징집이라 한다(병역법 제2조 제1항 제1호). 징집은 지방병무청장이 행한다(병역법 제15조·제16조). 현역병입영의무는 원칙적으로 36세부터 면제된다(병역법 제71조 제1항).

(2) 복 무 　현역은 입영한 날부터 군부대에서 복무한다. 다만 국방부장 2894
관이 허가한 사람은 군부대 밖에서 거주할 수 있다(병역법 제18조 제1항). 현역병(지원에 의하지 아니하고 임용된 하사를 포함한다. 이하 같다)의 복무기간은 다음(1. 육군: 2년, 2. 해군: 2년 2개월. 다만, 해병은 2년으로 한다. 3. 공군: 2년 3개월)과 같다(병역법 제18조 제2항). 경우에 따라 국방부장관은 현역의 복무기간을 조정할 수 있다(병역법 제19조).

2. 상근예비역복무

2895 (1) 의 의 상근예비역이란 징집에 의하여 현역병으로 입영한 사람이 일정기간을 현역병으로 복무하고 예비역에 편입된 후 지역방위와 이와 관련된 업무를 지원하기 위하여 소집되어 복무하는 사람을 말한다(병역법 제2조 제8호).

2896 (2) 복 무 상근예비역(常勤豫備役) 소집은 징집에 의하여 상근예비역소집 대상으로 입영하여 1년의 기간 내에서 대통령령으로 정하는 현역 복무기간을 마치고 예비역에 편입된 사람과 제65조 제3항에 따라 예비역에 편입된 사람을 대상으로 한다(병역법 제21조 제1항). 상근예비역으로 소집된 사람의 복무기간은 2년 6개월 이내로 하며, 다음 각 호[1. 제21조 제1항에 따른 현역 복무기간, 2. 제65조 제3항에 따라 예비역에 편입되기 전에 현역병(제25조에 따라 복무 중인 사람을 포함한다)으로 복무한 기간]의 기간을 상근예비역의 복무기간에 산입한다(병역법 제23조 제1항). 복무기간을 마친 때에는 징집에 의하여 입영한 현역병의 복무기간을 마친 것으로 본다(병역법 제23조 제2항). 제21조의2에 따라 승선근무예비역에 편입된 사람은 대통령령으로 정하는 바에 따라 항해사·기관사로서 3년간 승선근무하여야 하며, 그 기간을 마친 경우에는 현역의 복무를 마친 것으로 본다(병역법 제23조의2 제1항).

3. 전환복무

2897 (1) 의 의 전환복무란 현역병으로 복무중인 사람이 의무경찰대원 또는 의무소방원의 임무에 복무하도록 군인으로서의 신분을 다른 신분으로 전환하는 것을 말한다(병역법 제2조 제1항 제7호). 국방부장관은 다음 각 호(소방청장으로부터 「의무소방대설치법」 제3조 제2항에 따라 소방업무의 보조를 임무로 하는 의무소방원 임용예정자를 추천받은 경우, 2. 경찰청장 또는 해양경찰청장으로부터 「의무경찰대 설치 및 운영에 관한 법률」 제3조에 따라 대간첩작전 수행과 치안업무의 보조를 임무로 하는 의무경찰 임용예정자와 경찰대학 졸업예정자로서 의무경찰대에 복무할 사람을 추천받은 경우)의 어느 하나에 해당할 경우에는 그 추천을 받은 사람을 현역병지원자로 보고 지방병무청장으로 하여금 이들을 입영하게 하여 정하여진 군사교육을 마치게 한 후 전환복무시킬 수 있다(병역법 제25조 제1항).

2898 (2) 복 무 제1항에 따라 전환복무된 사람은 입영한 날부터 기산하여 현역병의 복무기간과 같은 기간 동안 복무를 하여야 한다(병역법 제25조 제2항). 경찰청장 소방청장 또는 해양경찰청장은 다음 각 호(1. 전시·사변에 준하는 사태, 2. 「재난 및 안전관리기본법」 제60조 제1항에 따라 특별재난지역이 선포된 경우, 3. 전환복무 자

원의 충원이 곤란한 경우)의 어느 하나에 해당하는 경우에는 제1항에 따라 전환복무된 사람의 복무기간을 6개월의 범위에서 연장할 수 있다. 이 경우 국방부장관과 협의하고 국무회의의 심의를 거쳐 대통령의 승인을 받아야 한다(병역법 제25조 제3항). 제2항 및 제3항에 따른 전환복무기간과 연장된 전환복무기간은 현역병으로 복무한 기간으로 본다(병역법 제25조 제4항).

Ⅲ. 보충역복무

1. 사회복무요원

사회복무요원은 다음 각 호(1. 국가기관·지방자치단체·공공단체 및 사회복지시설 2899
의 공익목적에 필요한 사회복지, 보건·의료, 교육·문화, 환경·안전 등 사회서비스업무의 지원업무, 2. 국가기관·지방자치단체·공공단체의 공익목적에 필요한 행정업무 등의 지원업무)의 어느 하나에 해당하는 업무에 복무하게 하여야 한다(병역법 제26조 제1항). 사회복무요원의 복무기간은 2년 2개월로 한다(병역법 제30조 제1항).

2. 예술·체육요원

병무청장은 다음 각 호[1. 현역병입영 대상자, 2. 현역병으로 복무(제21조 및 제25조 2901
에 따라 복무 중인 사람을 포함한다) 중인 사람, 3. 승선근무예비역으로 복무 중인 사람, 4. 사회복무요원 소집 대상인 보충역, 5. 보충역으로 복무(사회복무요원, 공중보건의사, 병역판정검사전담의사, 공익법무관, 공중방역수의사, 전문연구요원 및 산업기능요원으로 복무하는 것을 말한다) 중인 사람]의 어느 하나에 해당하는 사람 중 대통령령으로 정하는 예술·체육 분야의 특기를 가진 사람으로서 문화체육관광부장관이 추천한 사람을 예술·체육요원으로 편입할 수 있다. 이 경우 제1호부터 제3호까지에 해당하는 사람은 보충역에 편입한다(병역법 제33조의7 제1항). 예술·체육요원의 의무복무기간은 2년 10개월로 하며, 그 기간을 마치면 사회복무요원의 복무를 마친 것으로 본다(병역법 제33조의8 제1항).

3. 공중보건의사·징병검사전담의사·국제협력의사

병무청장은 의사·치과의사 또는 한의사 자격이 있는 사람으로서 다음 각 2902
호(1. 현역병입영 대상자로서 제58조 제1항 제1호에 따른 의무 분야 현역장교의 병적 편입을 지원한 사람 중 편입이 되지 아니한 사람, 2. 제58조 제2항 제1호에 따른 의무사관후보생의 병적에 편입된 사람으로서 의무 분야 현역장교 병적에 편입되지 아니한 사람, 3. 의사·치과의사 또는 한의사 자격이 있는 사람으로서 사회복무요원 소집 대상인 보충역에 해당하는 사람)의 어느 하나에 해당하는 사람이 원할 경우 공중보건의사·병역판정검사전담의

사(한의사 자격이 있는 사람은 제외한다. 이하 같다)로 편입할 수 있다. 이 경우 현역병입영 대상자는 보충역에 편입한다(병역법 제34조 제1항). 제1항에 따라 공중보건의사 또는 병역판정검사전담의사로 편입된 사람은 해당 분야에 3년간 복무하여야 하며, 그 기간을 마치면 사회복무요원의 복무를 마친 것으로 본다(병역법 제34조 제2항).

4. 공익법무관

2903 병무청장은 변호사 자격이 있는 사람으로서 다음 각 호(1. 현역병입영 대상자로서 제58조 제1항 제2호에 따른 법무 분야 현역장교의 병적 편입을 지원한 사람 중 편입이 되지 아니한 사람, 2. 제58조 제2항 제2호에 따른 법무사관후보생의 병적에 편입된 사람으로서 법무 분야 현역장교의 병적에 편입되지 아니한 사람, 3. 변호사 자격이 있는 사람으로서 사회복무요원 소집 대상인 보충역에 해당하는 사람)의 어느 하나에 해당하는 사람이 원할 경우 공익법무관으로 편입할 수 있다. 이 경우 현역병입영 대상자는 보충역에 편입한다(병역법 제34조의6 제1항). 제1항에 따라 공익법무관에 편입된 사람은 해당 분야에서 3년간 복무하여야 하며, 그 기간을 마치면 사회복무요원의 복무를 마친 것으로 본다(병역법 제34조의6 제2항).

5. 공중방역수의사

2904 병무청장은 수의사 자격을 가진 사람으로서 다음 각 호(1. 현역병입영 대상자로서 제58조 제1항 제4호에 따른 수의 분야 현역장교의 병적 편입을 지원한 사람 중 편입이 되지 아니한 사람, 2. 제58조 제2항 제4호에 따른 수의사관후보생의 병적에 편입된 사람으로서 수의 분야 현역장교 병적에 편입되지 아니한 사람, 3. 수의사 자격이 있는 사람으로서 사회복무요원 소집 대상인 보충역에 해당하는 사람)의 어느 하나에 해당하는 사람이 원할 경우 공중방역수의사로 편입시킬 수 있다. 이 경우 현역병입영 대상자는 보충역에 편입한다(병역법 제34조의7 제1항). 제1항에 따라 공중방역수의사로 편입된 사람은 해당 분야에 3년간 복무하여야 하며, 그 기간을 마치면 사회복무요원의 복무를 마친 것으로 본다(병역법 제34조의7 제2항).

6. 전문연구요원·산업기능요원

2904a 병무청장은 연구기관·기간산업체 및 방위산업체 중에서 전문연구요원이나 산업기능요원이 복무할 병역지정업체(농업회사법인과 사후관리업체는 제외한다)를 대통령령으로 정하는 기준에 따라 선정한다(병역법 제36조 제1항). 전문연구요원과 산업기능요원은 해당 분야에서 다음 각 호(1. 전문연구요원 : 3년, 2. 산업기능요원 : 2년 10개월. 다만, 사회복무요원 소집 대상인 보충역에서 편입된 산업기능요원은 2년 2개월로

하고, 사회복무요원으로 복무하다가 편입된 사람은 대통령령으로 정하는 기준에 따라 산정한 남은 기간으로 한다)의 구분에 따른 기간 동안 의무복무를 하여야 하며, 그 기간을 마치면 사회복무요원의 복무를 마친 것으로 본다(병역법 제39조 제1항).

Ⅳ. 소 집

1. 병력동원소집

2905 병력동원소집은 전시·사변 또는 이에 준하는 국가비상사태에 부대편성이나 작전수요(作戰需要)를 위하여 다음 각 호(1. 예비역, 2. 군사교육소집을 마친 보충역, 3. 제66조에 따라 보충역에 편입된 사람)의 사람(이하 "병력동원소집 대상자"라 한다)을 대상으로 한다(병역법 제44조). 병력동원소집으로 입영한 사람의 복무와 처우는 현역과 같이한다(병역법 제48조 제1항).

2. 병력동원훈련소집

2906 병력동원훈련소집은 병력동원소집에 대비한 훈련이나 점검을 위하여 병력동원소집 대상자에 대하여 실시하며, 그 기간은 연간 30일 이내로 한다(병역법 제49조 제1항). 병력동원소집훈련으로 입영한 사람은 현역에 준하여 복무하며, 예산의 범위에서 급식 또는 실비지급을 할 수 있다(병역법 제52조 제1항).

3. 전시근로소집

2907 전시근로소집은 전시·사변 또는 이에 준하는 국가비상사태에 군사업무를 지원하기 위하여 다음 각 호[1. 제44조 제2호의 보충역 중 병력동원소집 지정에서 제외된 사람, 2. 전시근로역(「국가기술자격법」이나 그 밖의 다른 법령에 따라 면허나 자격을 취득한 사람 및 외국의 법령에 따라 기술면허나 자격을 취득한 사람으로서 행정안전부장관이 인정하는 사람은 제외한다), 3. 제55조 제3항에 따라 군사교육소집에서 제외된 사람]의 어느 하나에 해당하는 사람을 대상으로 한다(병역법 제53조 제1항). 제1항에 따른 전시근로소집 대상자에 대하여는 전시근로소집에 대비한 점검을 할 수 있으며, 기간은 연간 2일 이내로 한다(병역법 제53조 제2항). 국방부장관은 전시근로소집된 사람에 대하여는 제1항에도 불구하고 군부대 밖에서 거주하게 할 수 있으며, 예산의 범위에서 급식 또는 실비 지급 등을 할 수 있다(병역법 제54조 제3항).

4. 군사교육소집

2908 군사교육소집은 군사교육을 위하여 보충역과 승선근무예비역에 대하여 60일 이내로 실시할 수 있으며, 그 시기·소집기간·소집해제 등에 필요한 사항은

대통령령으로 정한다. 다만, 전시근로역에 대하여는 군사교육이 필요한 경우 소집할 수 있다(병역법 제55조 제1항). 국방상 필요한 경우에는 대통령령으로 정하는 바에 따라 예비역·보충역 또는 전시근로역에 대하여 진급시키거나 장교임용에 필요한 자격을 부여하기 위하여 제1항의 소집을 할 수 있다. 이 경우 소집기간은 120일 이내로 한다(병역법 제55조 제2항). 교육소집으로 입영한 사람의 복무와 처우는 현역의 경우와 같이 한다(병역법 제56조 제3항).

Ⅴ. 대 체 역

2908a 헌법이 보장하는 양심의 자유를 이유로 현역, 예비역 또는 보충역의 복무를 대신하여 병역을 이행하기 위한 대체역의 편입 및 복무 등에 관한 사항을 규정함을 목적으로 대체역의 편입 및 복무 등에 관한 법률이 제정되어 있다.

1. 대체역 편입신청

2908b 대한민국헌법이 보장하는 양심의 자유를 이유로 현역, 예비역 또는 보충역의 복무를 대신하여 병역을 이행하려는 사람으로서 다음 각 호(1. 현역병입영 대상자, 2. 사회복무요원 소집 대상인 보충역, 3. 「예비군법」 제3조 제1항 각 호의 어느 하나에 해당하는 예비역 또는 보충역 중 그 복무를 마친 날의 다음 날부터 8년이 되는 해의 12월 31일까지의 기간에 있는 사람)의 어느 하나에 해당하는 사람은 입영일 또는 소집일의 5일 전까지 제4조에 따른 대체역 심사위원회에 「병역법」 제5조 제1항 제6호에 따른 대체역(이하 "대체역"이라 한다)으로 편입을 신청(이하 "편입신청"이라 한다)할 수 있다(대체역의 편입 및 복무 등에 관한 법률 제3조 제1항).

2. 대체역 심사위원회

2908c 편입신청 등을 심사·의결하기 위하여 병무청장 소속으로 대체역 심사위원회(이하 "위원회"라 한다)를 둔다(대체역의 편입 및 복무 등에 관한 법률 제4조 제1항). 위원회는 그 권한에 속하는 업무를 독립하여 수행한다(대체역의 편입 및 복무 등에 관한 법률 제4조 제3항).

3. 대체복무기관 및 대체복무요원의 업무

2908d 병역법 제2조 제17호의2에 따른 대체복무요원(이하 "대체복무요원"이라 한다)은 교정시설 등 대통령령으로 정하는 대체복무기관(이하 "대체복무기관"이라 한다)에서 공익에 필요한 업무(이하 "대체업무"라 한다)에 복무하여야 한다(대체역의 편입 및 복무 등에 관한 법률 제16조 제1항). 다음 각 호(1. 무기·흉기를 사용하거나 이를 관리·단속

하는 행위, 2. 인명살상 또는 시설파괴가 수반되거나 그러한 능력 향상을 위한 행위, 3. 그 밖에 제1호 또는 제2호에 따른 행위와 유사한 행위)에 따른 행위는 대체업무에 포함되어서는 아니 된다(대체역의 편입 및 복무 등에 관한 법률 제16조 제2항).

4. 대체복무요원의 지위

① 대체복무요원의 복무기간은 36개월로 한다(대체역의 편입 및 복무 등에 관한 2908e
법률 제18조 제1항). ② 대체복무기관의 장은 배치된 대체복무요원에게 대체업무를 부여하여 복무하게 하여야 한다(대체역의 편입 및 복무 등에 관한 법률 제21조 제1항). 대체복무요원은 합숙하여 복무한다(대체역의 편입 및 복무 등에 관한 법률 제21조 제1항).

제 3 항 군사부담

군사부담이란 군사행정상 목적을 위하여 행정주체가 행정의 상대방에 대하 2909
여 그의 신체나 재산에 대하여 일정한 부담을 과하는 것을 말한다. 분설하면 다음과 같다. ① 군사부담은 군사행정상의 목적을 위한 것이지 복리행정목적을 위한 것(공용부담)이 아니다. 따라서 군사부담과 공용부담은 목적에서 차이를 갖는다. ② 군사부담은 노력의 제공, 물품의 납부 또는 수용, 권리행사의 제한 등을 내용으로 한다. 이러한 점은 공용부담과 다를 바 없다. ③ 군사부담은 법률에 의해 직접 부과되거나 아니면 법률에 근거한 행정처분에 의하여 부과한다. ④ 군사부담의 종류로는 징발·군사제한 등이 있다.

Ⅰ. 징 발

1. 징발의 관념

(1) 징발의 의의 징발이란 전시·사변 또는 이에 준하는 비상사태 하에서 2910
보상을 지급하고 군작전수행을 위하여 필요로 하는 토지·물자와 시설 또는 권리에 부담(수용 또는 사용)을 과하는 것을 말한다. 징발은 물적 군사부담의 성질을 갖는다. 징발에 관한 일반법으로 징발법이 있다.

(2) 징발의 목적물 징발목적물은 다음 각 호[1. 소모품인 동산(가. 식량, 식료 2911
품, 음료수, 나. 의약품, 다. 건축용 및 축성용재료, 라. 학용품, 마. 연료, 바. 통신용품, 사. 그 밖에 군 작전상 긴요한 소모성 물품), 2. 비소모품인 동산(가. 선박, 항공기, 차량, 그 밖의 수송기기 및 그 부속품, 나. 의료기기 및 그 부속품, 다. 인쇄기기 및 그 부속품, 라. 통신기기 및 그 부속품, 마. 의복제조가공기기 및 그 부속품, 바. 건축기기 및 그 부속품, 사. 동물, 아.

그 밖에 군 작전상 긴요한 시설, 설비 등 비소모성 물품), 3. 부동산(가. 토지, 나. 건물, 다. 인공구조물), 4. 권리(가. 군 작전상 긴요한 특허권, 나. 그 밖에 대통령령으로 정하는 재산에 관한 권리]의 어느 하나에 해당하는 동산·부동산 및 권리로 구분하며, 동산은 소모품인 동산과 비소모품인 동산으로 구분한다(징발법 제5조).

2. 징발의 절차

2912 ⑴ **징발집행절차** 징발관이 징발을 하려는 경우에는 징발영장을 발행하여 징발집행관에게 교부하고 집행하게 한다(징발법 제7조 제1항). 징발영장을 받은 징발집행관은 징발집행통지서를 징발목적물의 소유자·점유자 또는 관리자에게 교부하여야 한다(징발법 제7조 제2항 본문). 급박한 경우나 원격지징발의 경우에는 전신에 의한 징발이 이루어지는 경우도 있다(징발법 제8조 제1항).

2913 ⑵ **징발목적물제출의무** 징발대상자가 제7조 제2항에 따른 징발집행통지서를 받았을 때에는 그 목적물을 지정 기일까지 지정 장소에 제출하여야 한다. 다만, 징발목적물이 부동산이나 권리인 경우에는 지정 기일까지 징발집행관에게 인계하여야 한다(징발법 제9조 제1항). 징발집행관은 징발목적물을 제출받았거나 인계받았을 때에는 즉시 그 징발대상자에게 징발물인수증을 교부하고 그 징발목적물을 징발관에게 인계하여야 한다(징발법 제11조). 징발관이 제11조에 따라 징발집행관으로부터 징발목적물을 받았을 때에는 대통령령으로 정하는 바에 따라 지체 없이 그 형상(形狀), 과세기준, 가격, 그 밖에 필요한 사항을 조사하고 그에 대한 징발증을 그 징발대상자에게 교부하여야 한다(징발법 제12조 제1항).

3. 징발의 해제

2914 ⑴ **징발을 해제할 경우** 징발관은 징발물을 사용할 필요가 없게 되었거나 징발물이 멸실된 경우에는 지체 없이 징발을 해제하여야 한다(징발법 제15조 제1항). 계속 사용할 필요가 있는 징발물이라 하더라도 징발된 날부터 10년이 지났을 때에는 징발대상자는 국방부장관에게 징발물의 매수에 관하여 협의할 것을 요청할 수 있다(징발법 제15조 제2항).

2915 ⑵ **해제의 절차** 징발관이 제15조에 따라 징발을 해제할 때에는 징발해제통지서와 징발해제증을 발행하여 징발집행관에게 교부하고 징발물을 징발대상자에게 반환하게 한다. 다만, 징발물이 멸실되어 반환할 수 없을 때에는 반환불능통지서를 발행하여 교부하게 한다(징발법 제16조 제1항). 제1항에 따라 징발집행관이 징발물을 징발대상자에게 반환할 때에는 징발해제증을 교부하여야 한다(징발법 제16조 제2항). 징발관은 징발물을 보호하기 위하여 필요하다고 인정하

면 직접 징발대상자에게 징발해제증을 교부하고 징발물을 반환할 수 있다. 이 경우 징발관은 지체 없이 징발집행관에게 그 뜻을 통고하여야 한다(징발법 제16조 제3항).

(3) **원상회복** 징발물은 소모품인 동산을 제외하고는 원상을 유지하여야 하며, 징발이 해제되어 징발대상자에게 반환할 때에는 원상으로 반환하여야 한다. 다만, 징발대상자가 원상회복을 원하지 아니하거나 멸실, 그 밖의 사유로 원상회복을 할 수 없을 때에는 예외로 한다(징발법 제14조). 2916

4. 징발에 대한 보상

(1) **손실보상의 원칙** 소모품인 동산을 징발하였을 때에는 정당한 대가를 징발대상자에게 보상한다(징발법 제19조 제1항). 비소모품인 동산이나 부동산을 징발하였을 때에는 정당한 사용료를 지급한다(징발법 제19조 제2항). 제14조 단서의 경우, 징발대상자에게 손실이 있을 때에는 그 손실을 보상한다. 다만, 그 손실이 천재지변, 전쟁, 그 밖의 불가항력으로 인한 경우에는 예외로 한다(징발법 제19조 제3항). 권리를 징발하였을 때에도 정당한 사용료를 지급한다(징발법 제19조 제4항). 2917

(2) **보상기준과 방법** 징발물에 대한 사용료 등은 해당 사용연도나 징발해제 당시의 표준지의 공시지가 또는 실제 거래가격 등을 기준으로 평가한 적정 가격으로 정한다(징발법 제21조 제1항). 징발재산에 대한 보상금은 현금으로 지급하되 국가의 재정 형편상 부득이한 경우에는 국무회의의 심의를 거쳐 징발보상증권(이하 "증권"이라 한다)으로 지급할 수 있다. 다만, 보상금액 또는 그 끝수가 증권의 액면가액 미만인 경우에는 현금으로 지급한다(징발법 제22조의2 제1항). 제1항에 따라 증권으로 지급하는 경우에는 10년의 범위에서 기간을 정하여 일시 또는 분할 상환하여야 하며, 상환금에 대한 이율과 지급 절차 및 증권의 액면가액은 대통령령으로 정하되 상환금에 대한 이율은 법정이자율 이상으로 한다(징발법 제22조의2 제1항). 2918

(3) **보상금지급절차** 국방부장관은 징발물에 대한 보상을 할 때에는 대통령령으로 정하는 바에 따라 보상의 범위와 일시, 청구 절차, 그 밖에 필요한 사항을 미리 공고하여야 한다. 다만, 공고기간은 10일 이상으로 하여야 한다(징발법 제22조 제1항). 국방부장관은 징발보상금의 지급을 결정하였을 때에는 즉시 징발대상자에게 징발보상금지급통지서를 보내야 한다(징발법 제22조 제2항). 2919

(4) **보상청구권의 소멸시효** 보상청구권은 제22조 제1항에 따른 공고기간이 끝난 날부터 5년간 행사하지 아니하면 소멸시효가 완성된다(징발법 제23조). 2920

2921 (5) **재심과 전치주의** 보상에 관하여 이의가 있는 자는 대통령령으로 정하는 바에 따라 징발보상심의회에 재심을 청구할 수 있다. 다만, 징발보상심의회는 재심 청구를 받은 날부터 60일 이내에 재심 결정을 하여야 한다(징발법 제24조 제3항). 징발보상금지급청구의 소(訴)는 국방부장관의 징발보상금 지급 결정의 통지를 받고 제24조 제3항에 따른 재심 절차를 거친 후가 아니면 제기할 수 없다. 다만, 제19조 제5항 본문에서 규정하는 기한까지 징발보상금 지급 결정의 통지가 없거나 재심 청구를 한 날부터 60일이 지난 경우에는 그러하지 아니하다(징발법 제24조의2).

Ⅱ. 군사제한

2922 군사제한이란 군사행정의 목적을 위하여 국민에게 일정한 작위·부작위·수인의 의무를 부과하는 것을 말한다. 현행 법제상 군사제한과 관련된 법률로는 「군사기지 및 군사시설 보호법」·「방어해면법」 등을 볼 수 있다.

1. 군사기지 및 군사시설 보호법상 군사제한

2923 군사기지 및 군사시설을 보호하고 군사작전을 원활히 수행하기 위하여 필요한 사항을 규정하기 위해 「군사기지 및 군사시설 보호법」이 제정되었다. 동법상 군사제한의 예로 통제보호구역 또는 군사기지 및 군사시설에의 출입이 제한되는 경우, 통제보호구역 안에서의 주택의 신축의 제한, 통제보호구역 안에서의 수산동식물의 포획 또는 채취의 제한 등이 있으며(군사기지 및 군사시설 보호법 제9조), 관할부대장이 작전상 장애물의 소유자와 그 밖의 권리를 가진 자에게 퇴거를 강제하거나 장애물의 제거, 그 밖에 필요한 조치를 명할 수 있는 경우 등이 있다(군사기지 및 군사시설 보호법 제11조).

2. 방어해면법상 군사제한

2924 동법상 사인에 가해지는 제한에도 ① 허가 없이는 방어해면(군사상 방어를 요하는 해면)의 구역에의 출입이나 통행이 금지되는 부작위의무(방어해면법 제4조), ② 허가를 받은 경우에도 통제권자의 명령에 따라야 하는 수인의무(방어해면법 제5조), ③ 그 밖에 퇴거의 명령과 강제(방어해면법 제7조)에 따라야 하는 수인의무 등이 있다.

제 4 항 비상사태와 군사행정

Ⅰ. 긴급명령

1. 의 의

대통령은 국가의 안위에 관계되는 중대한 교전상태에 있어서 국가를 보위 2926
하기 위하여 긴급한 조치가 필요하고 국회의 집회가 불가능한 때에 한하여 법률의 효력을 가지는 명령을 발할 수 있는바(헌법 제76조 제2항), 이러한 명령이 긴급명령이다. 긴급명령은 입법권과 행정권의 권력분립주의의 일시적인 배제의 경우이다.[1] 긴급명령은 국가보위의 목적으로만 가능한 것이지 공공복리를 위한 적극적인 목적으로 발령될 수는 없다. 긴급명령은 법률과 동위의 효력을 가지는 것이지 헌법적 효력을 갖는 것은 아니다. 따라서 긴급명령으로는 헌법조항을 변경할 수는 없다.

2. 요 건

긴급명령은 그 요건으로 ① 국가의 안위에 관계되는 중요한 교전(내란도 포 2927
함된다)이 있을 것, ② 국가를 보위하기 위하여 긴급한 조치가 필요할 것, 그런데 조치는 방어적인, 그리고 법률적 효력을 갖는 것일 것, ③ 국회의 집회가 불가능할 것, 국회가 폐회중인가 개회중인가 또는 휴회중인가는 불문한다. 그리고 ④ 국무회의의 심의를 거칠 것을 요건으로 한다.

3. 절 차

대통령이 긴급명령을 발하기 전에는 국무회의의 심의를 거쳐야 한다(헌법 2928
제89조 제5호). 대통령이 긴급명령을 발한 경우에는 지체 없이 국회에 보고하고 승인을 얻어야 한다(헌법 제76조 제3항). 만약 승인을 얻지 못한 때에는 그 명령은 그 때부터 효력을 상실한다. 이 경우 그 명령에 의하여 개정 또는 폐지되었던 법률은 그 명령이 승인을 얻지 못한 때부터 당연히 효력을 회복한다(헌법 제76조 제4항). 국회의 불승인에 대하여 대통령은 거부권을 행사할 수 없다. 대통령은 긴급명령을 발한 후에 국회에 보고하여 승인을 요청했다는 사실과 그 승인여부를 지체 없이 공포하여야 한다(헌법 제76조 제5항).

4. 효 과

긴급명령은 국회제정법률과 동일한 효력을 갖는다. 그것은 국민의 권리와 2929

---

1) 김철수, 헌법학(하), 1743쪽.

자유를 제한할 수도 있다. 그리고 기존의 법률을 개정하거나 폐지할 수도 있다. 이 때문에 긴급명령의 통제가 중요한 문제로 부각될 수밖에 없다.

5. 통 제

2930 긴급명령에 대한 사전통제로는 국무회의의 심의가 있다. 사후통제로는 국회에 의한 통제(국회의 승인거부·탄핵소추·법률개정)와 헌법재판소에 의한 통제가 있다. 긴급명령은 법률적 효력을 가지는 까닭에 법원은 긴급명령에 대한 통제권을 갖지 못한다.

Ⅱ. 계 엄

1. 의 의

2931 대통령은 전시·사변 또는 이에 준하는 국가비상사태에 있어서 병력으로써 군사상의 필요에 응하거나 공공의 안녕질서를 유지할 필요가 있을 때에는 법률이 정하는 바에 의하여 계엄을 선포할 수 있다(헌법 제77조 제1항). 말하자면 계엄이란 전시·사변 또는 이에 준하는 국가비상사태에 있어서 병력으로써 군사상의 필요 또는 공공의 질서를 유지할 필요가 있는 경우에 한해서, 그 지역 내의 행정권 또는 사법권을 군대의 권력 밑에 이관하고 헌법에 보장된 개인의 기본권의 일부에 대하여 예외조치를 할 수 있는 법제도를 말하며, 계엄은 법률로써도 침해할 수 없는 헌법의 일부규정을 배제할 수 있는 가장 강력한 비상사태권한이다.[1] 계엄은 비상계엄과 경비계엄으로 한다(헌법 제77조 제2항).

2. 계엄의 종류

2932 계엄은 비상계엄과 경비계엄으로 구분한다(계엄법 제2조 제1항). 비상계엄은 대통령이 전시·사변 또는 이에 준하는 국가비상사태 시 적과 교전(交戰) 상태에 있거나 사회질서가 극도로 교란(攪亂)되어 행정 및 사법(司法) 기능의 수행이 현저히 곤란한 경우에 군사상 필요에 따르거나 공공의 안녕질서를 유지하기 위하여 선포한다(계엄법 제2조 제2항). 경비계엄은 대통령이 전시·사변 또는 이에 준하는 국가비상사태 시 사회질서가 교란되어 일반 행정기관만으로는 치안을 확보할 수 없는 경우에 공공의 안녕질서를 유지하기 위하여 선포한다(계엄법 제2조 제3항).

1) 김철수, 헌법학(하), 1748쪽.

3. 절 차

2933 대통령이 계엄을 선포하거나 변경하고자 할 때에는 국무회의의 심의를 거쳐야 한다(계엄법 제2조 제5항, 헌법 제89조 제5호). 대통령이 계엄을 선포할 때에는 그 이유, 종류, 시행일시, 시행지역 및 계엄사령관을 공고하여야 한다(계엄법 제3조). 대통령이 계엄을 선포하였을 때에는 지체 없이 국회에 통고(通告)하여야 한다(계엄법 제4조 제1항). 제1항의 경우에 국회가 폐회 중일 때에는 대통령은 지체 없이 국회에 집회(集會)를 요구하여야 한다(계엄법 제4조 제2항).

4. 효 력

2934 (1) **비상계엄의 효력** 비상계엄이 선포된 때에는 법률이 정하는 바에 의하여 영장제도, 언론·출판·집회·결사의 자유, 정부나 법원의 권한에 관하여 특별한 조치를 할 수 있다(헌법 제77조 제3항). 비상계엄의 선포와 동시에 계엄사령관은 계엄지역의 모든 행정사무와 사법사무를 관장한다(계엄법 제7조 제1항). 계엄지역의 행정기관(정보 및 보안업무를 관장하는 기관을 포함한다. 이하 같다) 및 사법기관은 지체 없이 계엄사령관의 지휘·감독을 받아야 한다(계엄법 제8조 제1항). 비상계엄지역에서 계엄사령관은 군사상 필요할 때에는 체포·구금(拘禁)·압수·수색·거주·이전·언론·출판·집회·결사 또는 단체행동에 대하여 특별한 조치를 할 수 있다.[1] 이 경우 계엄사령관은 그 조치내용을 미리 공고하여야 한다(계엄법 제9조 제1항). 비상계엄지역에서 계엄사령관은 법률에서 정하는 바에 따라 동원(動員) 또는 징발을 할 수 있으며, 필요한 경우에는 군수(軍需)로 제공할 물품의 조사·등록과 반출금지를 명할 수 있다(계엄법 제9조 제2항). 비상계엄지역에서 계엄사령관은 작전상 부득이한 경우에는 국민의 재산을 파괴 또는 소각(燒却)할 수 있다(계엄법 제9조 제3항).

2935 (2) **경비계엄의 효력** 경비계엄의 선포와 동시에 계엄사령관은 계엄지역의 군사에 관한 행정사무와 사법사무를 관장한다(계엄법 제7조 제2항). 경비계엄은 안녕질서의 회복이라는 치안유지의 행정목적을 위한 것이므로 경비계엄하에서는 국민의 자유에 관한 침해는 허용되지 않는다(헌법 제77조 제3항 참조).

---

1) 대판 2018. 12. 13, 2016도1397(구 계엄법 제15조에서 정하고 있는 '제13조의 규정에 의하여 취한 계엄사령관의 조치'는 구 헌법 제75조 제3항, 구 계엄법 제13조에서 계엄사령관에게 국민의 기본권 제한과 관련한 특별한 조치를 할 수 있는 권한을 부여한 데 따른 것으로서 구 계엄법 제13조, 제15조의 내용을 보충하는 기능을 하고 그와 결합하여 대외적으로 구속력이 있는 법규명령으로서 효력을 가진다).

5. 해 제

2936 국가비상사태가 평상사태로 회복되거나 국회가 재적의원 과반수의 찬성으로 계엄의 해제를 요구하면 대통령은 지체없이 계엄을 해제하여야 한다(헌법 제77조 제5항; 계엄법 제11조). 이 경우에 국무회의의 심의를 거쳐야 한다(헌법 제89조 제5호). 국방부장관 또는 행정안전부장관은 제2조 제2항 또는 제3항에 따른 계엄 상황이 평상상태로 회복된 경우에는 국무총리를 거쳐 대통령에게 계엄의 해제를 건의할 수 있다(계엄법 제11조 제3항). 계엄이 해제된 날부터 모든 행정사무와 사법사무는 평상상태로 복귀한다(계엄법 제12조 제1항). 비상계엄 시행 중 제10조에 따라 군사법원에 계속(係屬) 중인 재판사건의 관할은 비상계엄 해제와 동시에 일반법원에 속한다. 다만, 대통령이 필요하다고 인정할 때에는 군사법원의 재판권을 1개월의 범위에서 연기할 수 있다(계엄법 제12조 제2항).

사 항 색 인

저자약력

서울대학교 법과대학 졸업
서울대학교 대학원 졸업(법학박사)
독일 Universität Tübingen, Universität Wuppertal, Freie Universität Berlin, 미국 University of California at Berkeley 등에서 행정법연구
한국공법학회 회장(현 고문)
한국지방자치법학회 회장(현 명예회장)
국가행정법제위원회 위원장(현)·행정법제혁신자문위원회 위원장·지방자치단체 중앙분쟁조정위원회 위원장·주식백지신탁심사위원회 위원장·행정자치부정책자문위원회 위원장·서울특별시민간위탁운영평가위원회 위원장·지방분권촉진위원회위원·민주화운동관련자명예회복및보상심의위원회위원·헌법재판소공직자윤리위원회위원·행정소송법개정위원회위원·국무총리행정심판위원회위원·중앙분쟁조정위원회위원·중앙토지평가위원회위원·경찰혁신위원회위원·전국시장군수구청장협의회자문교수·서울특별시강남구법률자문교수 등
사법시험·행정고시·입법고시·외무고시·지방고등고시 등 시험위원
이화여자대학교 법과대학 교수
연세대학교 법학전문대학원·법과대학 교수

저 서

헌법과 정치(법문사, 1986)
행정법원리(박영사, 1990)
판례행정법(길안사, 1994)
사례행정법(신조사, 1996)
행정법연습(신조사, 초판 1999, 제 8 판 2008)
신행정법연습(신조사, 초판 2009, 제 2 판 2011)
행정법원론(상)(박영사, 초판 1992, 제32판 2024)
행정법원론(하)(박영사, 초판 1993, 제32판 2024)
경찰행정법(박영사, 초판 2007, 제 3 판 2013)
신지방자치법(박영사, 초판 2009, 제 5 판 2022)
신행정법특강(박영사, 초판 2002, 제23판 2024)
신행정법입문(박영사, 초판 2008, 제17판 2024)
신판례행정법입문(박영사, 2018)
신경찰행정법입문(박영사, 초판 2019, 제 3 판 2023)
기본 행정법(박영사, 초판 2013, 제12판 2024)
기본 경찰행정법(박영사, 2013)
기본 CASE 행정법(박영사(공저), 2016)
최신행정법판례특강(박영사, 초판 2011, 제 2 판 2012)
로스쿨 객관식 행정법특강(박영사(공저), 2012)
민간위탁의 법리와 행정실무(박영사, 2015)
공직자 주식백지신탁법(박영사, 2018)
행정기본법 해설(박영사, 초판 2021, 제 2 판 2022)

제32판(2024년판)
행정법원론(하)

초판발행 1992년 2월 29일
제32판발행 2024년 1월 10일

지은이 홍정선
펴낸이 안종만 · 안상준

편 집 이승현
기획/마케팅 조성호
표지디자인 이수빈
제 작 고철민 · 조영환

펴낸곳 (주) 박영사
서울특별시 금천구 가산디지털2로 53, 210호(가산동, 한라시그마밸
등록 1959. 3. 11. 제300-1959-1호(倫)
전 화 02)733-6771
f a x 02)736-4818
e-mail pys@pybook.co.kr
homepage www.pybook.co.kr
ISBN 979-11-303-4569-7 94360
979-11-303-4567-3 (세트)

정 가 68,000원